无锡市惠山区钱桥街道志编纂委员会编

# 钱桥街道志

下册

主编　丁剑华

方志出版社

# 总　目

## 第五篇　教育科技



## 第六篇　文化体育卫生



## 第七篇　社会



## 第八篇　人物

# 下　册

# 目　录

## 第四篇　政治

## 第五篇　教育科技



## 第六篇　文化体育卫生

## 第七篇　社会

# 第四篇 政治

# 第十九章 中国共产党基层组织

民国16年（1927）加入中国共产党组织的秦柳方（胡埭张舍人）以任钱桥初级小学校长为掩护，在区域内进行地下革命活动。中共无锡县领导人高文华多次到钱桥开展地下革命工作，准备创建地下党组织，与秦柳方联系后住在钱桥初级小学。20世纪40年代初，锡西地区建立中共锡西工委。中共锡西工委委派中共党员陆道南、吴志勤等在钱桥、藕塘地区进行地下革命活动。无锡解放以后，钱桥、藕塘镇分别成立党支部。1950年，成立中共藕塘区委员会，下辖钱桥、藕塘等9个乡党支部。是年12月，会龙乡党支部划归无锡市郊区区委领导。1954年，藕塘区委撤销，钱桥、舜柯、西漳、洋溪、社冈等乡党支部划归中共无锡市郊区区委领导，藕塘、稍塘、新民3个乡党支部划归中共新渎区区委领导。1956年，藕塘乡、西漳乡、钱桥乡先后成立党总支。1957年，钱桥乡、藕塘乡分别成立乡党委。是年11月，藕塘乡召开第一次党员代表大会。1958年2月，钱桥乡召开第一次党员代表大会。4月，中共新渎区委撤销，藕塘乡党委属中共无锡县委领导。7月，钱桥乡党委划归中共无锡县委领导。9月，钱桥、藕塘乡党委分别改设为钱桥、藕塘公社党委。1983年，钱桥、藕塘公社党委分别改设为钱桥、藕塘乡党委。1984年，中共藕塘乡委员会成立党校；1986年，钱桥乡党委成立党校，加强对党员干部的教育工作。1987年，中共钱桥乡委员会改设为中共钱桥镇委员会。1990年，钱桥镇、藕塘乡先后成立中共钱桥镇纪律检查委员会、中共藕塘乡纪律检查委员会，加强党风廉政建设，监督检查同级及下属党组织和党员遵守党纪党规的情况。1992年，中共钱桥镇委员会配备专职统战委员，负责统战工作，做好对民主党派、少数民族、港澳同胞、台湾同胞、海外侨胞、非公有制经济人士、宗教界等人士的统战工作；藕塘乡党委由宣传委员负责统战工作。1993年，藕塘乡党委改设为藕塘镇党委。1995年7月，钱桥镇、藕塘镇党委属中共锡山市委领导。2000年12月，钱桥镇、藕塘镇党委属中共无锡市惠山区委领导。

2004年2月，钱桥、藕塘两镇合并，两镇党委同时合一，成立新的中共钱桥镇委员会。至此，藕塘（公社、乡）镇先后共召开12次党员代表大会。2006年，无锡市委在钱桥区域内建立中共无锡（藕塘）职教园区工作委员会，为副处（县）级建制，与钱桥镇党委实行一套班子的体制。2007年11月，撤销中共钱桥镇委员会，设立中共钱桥街道工作委员会。中共钱桥街道工作委员会为中共惠山区委的派出机构，不再设立乡镇级党员代表大会。至此，钱桥（乡、公社）镇先后共召开13次党员代表大会。2010年，中共无锡（藕塘）职教园区工作委员会改设为中共无锡职教园工作委员会。2015年，中共无锡职教园工作委员会、中共钱桥街道工作委员会仍为两块牌子、一套班子，下辖24个党总支、58个党支部，共有党员4296人。

## 第一节 组织沿革及主要工作

民国30年（1941）1~6月，锡西地区（钱桥、藕塘属锡西地区）建立中共锡西工委，孙宁、凌峰、许英先后任书记；民国30年6月至民国32年9月，建立中共锡西区委，秦宝光任书记；民国32年9月至民国33年4月，建立中共锡西区工委，秦宝光任书记；民国34年8~10月，沈秉清任书记。解放战争时期，锡西地区设有单独建立的区级党的秘密组织。民国35年9月直至解放，由武南丁舍地区党的秘密组织负责人吴桂达到锡西地区从事秘党工作。

## 1949~2015年钱桥、藕塘地区中国共产党基层组织沿革表

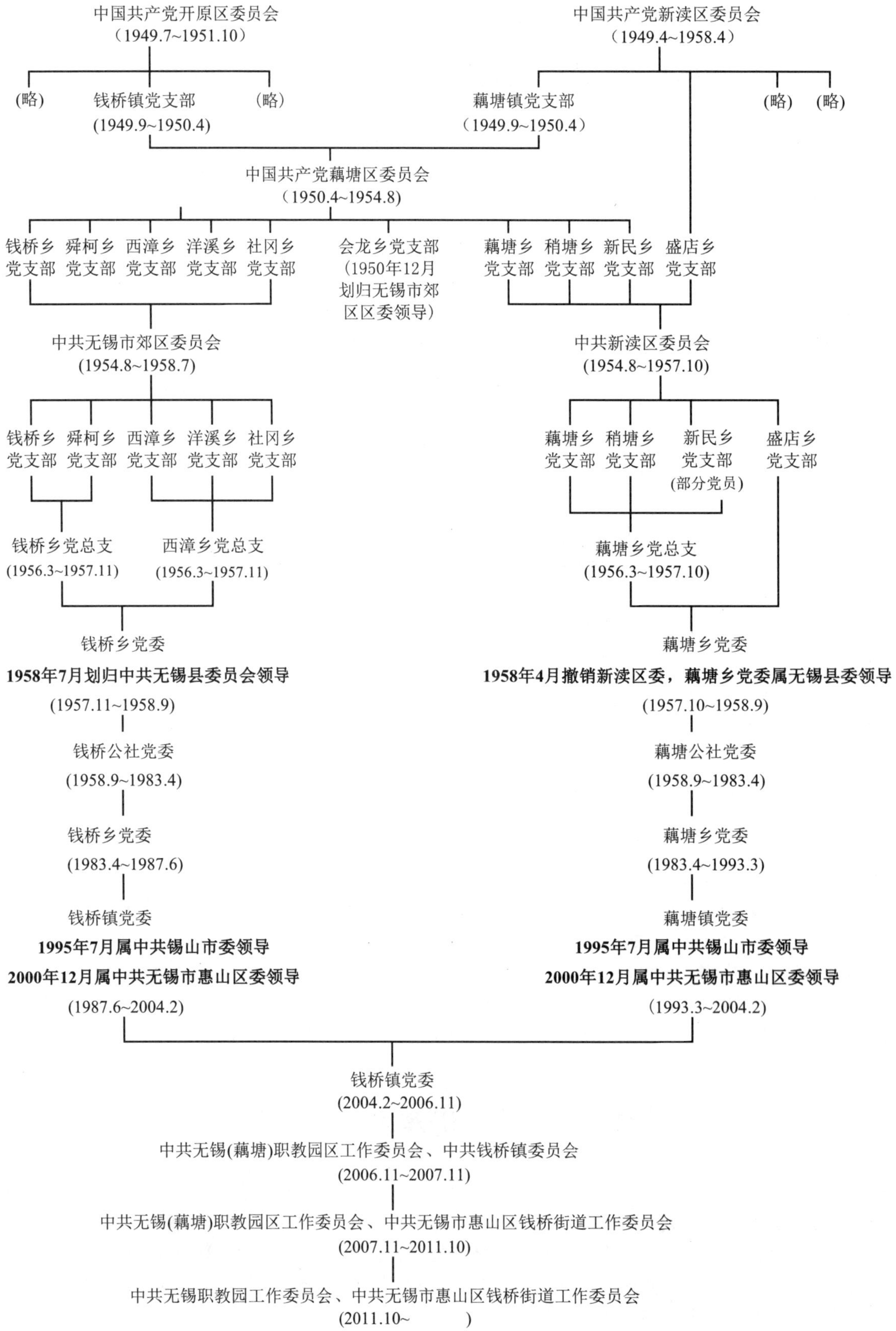

新中国成立后，钱桥、藕塘镇分别成立党支部。1950年4月，成立中共藕塘区委员会，辖钱桥、藕塘、稍塘、万东等乡党支部；7月，辖藕塘、稍塘、钱桥、舜柯、西漳、洋溪、社冈、会龙、新民等9个乡党支部。12月，会龙乡党支部划归无锡市郊区区委领导。1954年8月，中共藕塘区委撤销，钱桥、舜柯、西漳、洋溪、社冈等5个乡党支部划归中共无锡市郊区区委领导；藕塘、稍塘、新民3个乡党支部划归中共新渎区区委领导。1956年3月，藕塘乡、稍塘乡党支部合并，成立中共藕塘乡总支委员会（新民乡庙塘桥地区党员同时并入）；洋溪、社冈乡党支部并入西漳乡党支部，成立中共西漳乡总支委员会；舜柯乡党支部并入钱桥乡党支部，成立中共钱桥乡总支委员会。1957年10月，盛店乡党支部并入藕塘乡党总支，成立中共藕塘乡委员会。是年11月，西漳乡党总支并入钱桥乡党总支，成立中共钱桥乡委员会。1958年7月，钱桥乡党委划归中共无锡县委领导。

1958年9月，钱桥人民公社、藕塘人民公社成立，分别成立中共钱桥公社委员会、中共藕塘公社委员会。1983年4月，撤销钱桥、藕塘两个人民公社，重建乡体制，钱桥乡、藕塘乡分别成立中共钱桥乡委员会、中共藕塘乡委员会。1987年6月，钱桥乡撤乡建镇，成立中共钱桥镇委员会。1993年3月，藕塘乡撤乡建镇，成立中共藕塘镇委员会。

2004年2月，钱桥、藕塘两镇合并，成立新的中共钱桥镇委员会。2006年11月，中共无锡市委决定建立中共无锡（藕塘）职教园区工作委员会，与中共钱桥镇委员会实行二块牌子、一套班子的体制。2007年11月，撤销钱桥镇，设立钱桥街道，是月27日，设立中国共产党无锡市惠山区钱桥街道工作委员会。2011年10月，撤销中共无锡（藕塘）职教园区工作委员会，建立中共无锡职教园工作委员会。中共无锡职教园工作委员会与中共钱桥街道工作委员会仍为一套班子。2015年，中共无锡职教园工作委员会、中共钱桥街道工作委员会下辖24个党总支、58个党支部。

### 一、新中国成立初期（1949年4月~1950年4月）

1949年4月23日，钱桥、藕塘地区解放，中共基层党组织相继建立。钱桥镇成立中国共产党钱桥镇支部委员会，隶属中共第四指导区区委管辖，驻地钱桥老街；藕塘镇成立中国共产党藕塘镇支部委员会，隶属中共新渎区区委领导，驻地藕塘桥南街。钱桥、藕塘两镇支部委员会分别设支部书记（政治指导员）1人。

1949年10月1日，中华人民共和国成立，钱桥、藕塘两镇支部委员会分别组织群众召开庆祝大会，举行盛大游行，庆祝新中国成立。

### 二、小乡时期（1950年4月~1956年2月）

1950年4月，为加强基层政权建设，给土改作准备，中共无锡县委对区、乡基层党组织进行较大调整，决定成立中共藕塘区委员会，驻地藕塘桥镇，隶属中共无锡县委领导。藕塘区委在钱桥、藕塘地区建立藕塘、稍塘、钱桥、舜柯、西漳、洋溪、社冈、会龙、新民等乡党支部，各乡党支部分别设1名党支部书记（政治指导员）负责基层党组织工作。时藕塘地区盛店乡党支部属新渎区委领导。是年，中共无锡县委向下属党组织贯彻政务院和最高人民法院《关于镇压反革命运动的指示》，藕塘区委组织各乡党支部领导农民大张旗鼓地在区域内开展镇压反革命运动，惩治一批罪大恶极的地主和反革命分子，稳定社会秩序。是年冬，藕塘区委领导钱桥、藕塘、舜柯、西漳、洋溪、社冈、稍塘、会龙、新民各乡党支部积极贯彻实施《中华人民共和国土地改革法》，开展土改工作，组织各村成立农会。农会带领农民打土豪、斗地主、分田地、评成分，没收和征收地主的土地、房屋、家具，分配给无地、少地、无房的贫农、雇农和中农，区域内农户实现耕者有其田的夙愿。基层党组织还发动群众开展抗美援朝、保家卫国运动。藕塘区各乡有数十名青年报名参加中国人民志愿军，其中藕塘许巷上吴阿海在朝鲜战场上牺牲，被追认为革命烈士。是年12月，会龙乡划归无锡市郊区，中共会龙乡党支部属中共无锡市郊区区委领导。

1952年2月，在中共无锡县委领导下，藕塘区委组织各乡党支部开展反对贪污、反对浪费、反对官僚主义的“三反”运动；在工商界中开展反行贿、反偷税漏税、反盗窃国家财产、反偷工减料、反盗窃国家经济情报的“五反”运动。3月30日，苏南行政公署召开苏南区农业劳动模范代表会议后，藕塘区委组织钱桥、藕塘等乡党支部下发开展爱国增产竞赛的挑战书，组织区域内互助组和农民群众开展爱国增产活动。是年8月，藕塘区委驻地迁至钱桥陈漕巷。

1953年1月3日，中共藕塘区委员会上报、中共无锡县委拟定并上报的《关于无锡县农会选择藕塘乡周泉根互助组试办农业生产合作社的报告》得到江苏省委批准。省委指示无锡县委“今后县委要加强对藕塘乡周泉根互助组试办农业合作社的领导，并将试办情况随时报告省农委”。是年初，藕塘区委组织各乡党支部开展取缔反动会道门运动。3月，藕塘区各乡党支部开展宣传、学习、贯彻、执行《中华人民共和国婚姻法》。4月，藕塘区委驻地由陈漕巷迁至钱桥老街南街私立钱桥初中补习班校舍内。10月，各乡党支部组织各村进行新中国成立后的第一次普选人民代表。是年冬，各乡党支部宣传贯彻“一化”（社会主义工业化）“三改造”（农业、手工业、资本主义工商业改造）为主要内容的党在过渡时期的总路线，实行粮食统购统销政策。是年，中共藕塘区委员会又送55名合格青年参加中国人民志愿军。

1954年2月，藕塘区委组织各乡开展农业合作化运动，藕塘乡、稍塘乡以及新渎区盛店乡相继成立初级农业生产合作社。是年8月21日，藕塘区委撤销。同月，根据无锡县人民政府通知，钱桥、舜柯、西漳、洋溪、社冈等乡划给无锡市管辖。随之，这5个乡党支部同时归属无锡市郊区区委领导。藕塘、稍塘、新民乡划归新渎区管辖，藕塘、稍塘、新民乡党支部同时隶属于新渎区委领导。1955年3月，中共无锡县委、县政府组织农民疏浚直湖港工程，藕塘、稍塘、盛店3个乡党支部积极响应号召，组织民工参加疏浚直湖港会战。

### 三、中乡时期（1956年3月~1957年9月）

1956年3月，为适应合作化形势发展的需要，以有利于经济建设、文化建设和便于开展农村工作为原则，以人口、地理区域为依据，以高级社为基础，稍塘乡、新民乡中的火花高级社并入藕塘乡，成立中共藕塘乡总支委员会；洋溪、社冈乡党支部并入西漳乡党支部，同时建立西漳乡党总支；舜柯乡党支部并入钱桥乡党支部，同时建立钱桥乡党总支。藕塘、西漳、钱桥3个乡党总支各设总支书记1人、副书记1人。

### 四、大乡时期（1957年10月~1958年9月）

1957年10月，在农业社会主义改造基本完成后，为适应新形势，中共无锡县委决定撤区并乡，原属于新渎区管辖的盛店乡党支部并入藕塘乡党总支，同时成立中共藕塘乡委员会，设党委书记1人、副书记1 人。是年11月，无锡市委决定西漳乡党总支并入钱桥乡党总支，同时成立中共钱桥乡委员会，设党委书记1人、副书记1人。是年11月20日，藕塘乡党委召开第一次党员代表大会，选举吕德一为书记（1958年3月到任），吴伯泉为副书记。会议通过是年冬至翌年春全乡工作任务的决议，决定召开党委扩大会议。同年，藕塘乡党委组织区域内运用“大鸣、大放、大辩论、大字报”四大武器开展整风反右斗争。1958年7月，钱桥乡党委划归无锡县委领导。

### 五、人民公社至“文化大革命”开始时期（1958年10月~1967年3月）

1958年9月，在全国掀起人民公社化高潮中，无锡县各乡实行政社合一体制，钱桥乡撤乡，建立无锡县钱桥人民公社，同时成立中共钱桥人民公社委员会，设书记1人、副书记2人；藕塘乡撤乡，建立无锡县藕塘人民公社，同时成立中共藕塘人民公社委员会，设书记1人、副书记2人。钱桥、藕塘公社党委均隶属于无锡县委领导。钱桥公社党委下辖18个大队党支部。是年，钱桥、藕塘公社党委贯彻“鼓足干劲，力争上游，多快好省地建设社会主义”的总路线，掀起“大跃进”运动。10月，钱桥、藕塘地区掀起“大炼钢铁”热潮，把农户家庭所有铁制品全部归公炼钢炼铁；农业上提出“人有多大胆，地有多高产”的口号，有些人夏天穿的背心后部刻有“水稻一万斤”的红色字样；召开“水稻万斤放卫星”誓师大会；提出“农村城市化、农业机械化、灌溉水利化、工业电气化、布局合理化、劳动军事化、生活集体化、全民红专化、风景优美化”的目标规划。藕塘公社党委在藕塘地区划分南北两大工区（一年后撤销）。钱桥公社、藕塘公社各生产队普遍办公共食堂，实行吃饭不要钱，洗澡、理发不要钱等20多个“不要钱”，刮起“共产风”“浮夸风”。在秋收中放“高产卫星”，秋种实行“大兵团作战”。是年10月，直湖港拓宽工程开工，藕塘公社党委组织民工投入23793个人工，其中藕塘南北工区各投入1个民兵营，完成土方127.1万立方米。

1959年4月，钱桥、藕塘公社党委开始纠正“共产风”“瞎指挥”等倾向，对无偿调用社员的物资、劳力、资金等进行调查登记，民主评议，一一偿还。是年9月，钱桥、藕塘公社党委组织开展“反右倾”活动，一些坚持实事求是原则的干部受到批判。1960年初，钱桥、藕塘公社党委组织开展整风整社运动，围绕总路线、“大跃进”、人民公社“三面红旗”，进行社会主义教育和两条道路斗争的教育。同时，在实际工作中纠正前两年“一平二调”（集体资产无偿调拨使用）的错误。但由于工作上的失误和自然灾害，造成钱桥、藕塘地区粮食严重减产，区域内农民、居民口粮严重不足，11月起，实行粮食定量供应，提倡节约粮食，糠菜代粮。

1961年，钱桥、藕塘公社党委组织开展以反“五风”（共产风、浮夸风、强迫命令风、干部特殊风、生产瞎指挥风）为重点的整风整社运动，贯彻国民经济“调整、巩固、充实、提高”的八字方针和《农村人民公社工作条例修正草案》（即六十条）。1962年，钱桥公社党委下设历村、舜一、溪南、竞丰、钱桥、五星、晓星、胜丰、西漳、新丰、黎明、洋溪12个大队党支部；藕塘公社党委下设五五、五九、五星、火花、宇峰、凯旋、一鸣、勤建、林业、渔业10个大队党支部。是年，根据中共中央七千人大会精神，钱桥、藕塘公社党委认真总结教训，进一步纠正“大跃进”以来在指导思想和实际工作中“左”的错误，制定区域内恢复和发展农业生产规划。5月，钱桥、藕塘公社党委根据上级精神，调整核算体制，由原来以大队为核算单位改成以生产队为基本核算单位，明确“三级（公社、大队、生产队）所有，生产队为基础”的体制。

1963~1964年，钱桥、藕塘公社党委开展社会主义教育运动，全面贯彻“双十条”，即《中共中央关于目前农村工作中若干问题的决定（草案）》（前十条）和《关于农村社会主义教育运动中一些具体政策的规定（修正草案）》（后十条）。1963年12月5日，第一批社会主义系统教育工作队由无锡县委书记费铭钊带队，组织323名工作队员进驻钱桥公社市镇各单位和每个大队，在钱桥公社开展社会主义教育运动，工作重点是全面贯彻“双十条”，对群众进行阶级教育，开展清工分、清账目、清财物、清仓库的“小四清”运动，向群众进行社会主义、集体主义、爱国主义教育；开展对敌斗争；建立贫下中农组织。1964年3月，无锡县委工作队从钱桥公社撤走。

1965年初，钱桥、藕塘公社党委贯彻中共中央关于《农村社会主义教育运动中目前提出的一些问题》（即二十三条）精神，在区域内开展清政治、清经济、清组织、清思想的“四清”运动，对生产大队、生产队干部进行经济清理。“四清”运动夸大阶级斗争，伤害一批党员和基层干部。是年，钱桥、藕塘公社党委组织各党支部开展“比学赶帮超”运动，组织群众开展学习毛泽东著作。勤建大队党支部组织青年在陈村祠堂开办《毛泽东选集》学习班，坚持多年。

1966年5月，“文化大革命”开始，区域内掀起大批判和破“四旧”（旧思想、旧文化、旧风俗、旧习惯）立“四新”（新思想、新文化、新风俗、新习惯）运动，民间文物、书籍、字画、圣像、古建筑等均遭厄运。随即，红卫兵和造反派组织在钱桥、藕塘市镇及各大队纷纷建立，红卫兵进行“革命大串连”。钱桥、藕塘公社党委领导干部在批判“资产阶级反动路线”的口号声中遭到批斗。1967年，钱桥、藕塘公社党委陷于瘫痪。红卫兵、造反派批斗“一小撮党内走资本主义道路的当权派”，钱桥、藕塘公社党委主要领导悉遭批斗。是年3月，党委、党支部靠边站，成立由公社人武部部长负责的生产办公室，主持公社全面工作，大队由民兵营长“抓总”。

## 六、成立革命委员会时期（1968 年 4 月~1980 年）

1968 年 4 月，钱桥、藕塘人民公社成立“三结合”（即包括部分“革命干部”、群众组织代表、“工宣队”“农宣队”或部队军管会代表）的革命委员会。革命委员会取消党委和管委会的分别，党政合为一体，隶属于无锡县革命委员会领导，管辖范围和机关驻地不变。各大队成立革命生产领导小组，替代党支部领导工作。革命委员会“以阶级斗争为纲”，抓革命，促生产。7 月下旬，钱桥、藕塘公社革命委员会召开“三忠于”（忠于毛主席、忠于毛泽东思想、忠于毛主席的无产阶级革命路线）“四无限”（对毛主席无限热爱、无限忠诚、无限信仰、无限崇拜）大会。会后，“三忠于”“四无限”标语在室内、室外、桥上、路边、房屋墙上处处张贴，或用红漆书写，钱桥、藕塘地区成为一片“红海洋”。公社、各大队驻地搞“忠字室”，村村巷巷群众跳“忠字舞”，干部、社员随身携带被称为“红宝书”的《毛主席语录》。各单位干部职工、生产队社员、学校师生上班、上工、上课前都搞“早请示”，即“一祝”（敬祝毛主席万寿无疆、敬祝林副主席身体永远健康）、“二唱”（唱毛主席语录歌、革命歌曲）、“三学”（学若干段毛主席语录），有些单位还搞“中对照”“晚汇报”，注重所谓的突出政治、抓革命，贻误生产和经济建设。1969 年 4 月，钱桥、藕塘公社各大队成立革命委员会，生产队成立革命领导小组。

1971 年 10 月，钱桥、藕塘公社革委会先党内、后党外传达中共中央关于揭露林彪反革命集团罪行的文件。钱桥、藕塘公社革委会召开三级干部会议，集中学习中央印发的揭露林彪反革命集团罪行的 5 个文件。翌年春，钱桥、藕塘公社革委会举办三级干部学习班，进一步批判林彪反革命集团炮制的《571 工程纪要》，在全公社开展“批林整风”运动，进行路线教育。继而，掀起“农业学大寨”高潮。

1976 年 10 月，党中央一举粉碎江青反革命集团。钱桥、藕塘公社革委会组织党员和群众学习中国共产党十届三中全会公报，批判“四人帮”分裂党、篡党夺权的罪行。

1979~1980 年，钱桥、藕塘公社革委会全面贯彻中共党的十一届三中全会精神，坚持实事求是的思想路线，清除“左”的思想倾向，拨乱反正，平反冤假错案。经过评审，区域内四类分子（地主、富农、反革命分子、坏分子）全部“摘帽”，右派分子全部平反纠错。

## 七、恢复管委会时期（1981~1982 年）

1981 年 10 月、12 月，藕塘、钱桥公社实行体制改革，先后恢复公社党委和人民公社管理委员会，由政社合一改为党政分开。机关驻地、管辖范围、党组织建制、隶属关系不变。钱桥、藕塘公社党委工作重心转移到以经济建设为中心。

1982 年，钱桥、藕塘公社党委贯彻中央《全国农村工作会议纪要》，全面推行农业家庭联产承包责任制。根据无锡县委精神，区域内农村实施“人分口粮田，劳分责任田”，分田到户。有的干部和群众思想上想不通，说“辛辛苦苦几十年，一夜回到解放前”。事实上，土地所有权仍在集体，与解放前有本质上的区别。

## 八、恢复乡党委时期（1983 年 4 月~1987 年）

1983 年 4 月，根据无锡县委指示，钱桥、藕塘地区取消人民公社制度，在人民公社的基础上重建乡体制，建立钱桥乡、藕塘乡。同时，成立中共无锡县钱桥乡委员会、中共无锡县藕塘乡委员会，机关驻地、管辖范围、隶属关系不变；生产大队改为行政村，各村建立村党支部。钱桥乡党委下设历村、舜一、溪南、苏庙、钱桥、威华、晓星、胜丰、西漳、溪北、周家弄、洋溪、鸭船浜渔业 13 个村党支部；藕塘乡党委下设藕塘、东风、南水渠、火花、宇峰、盛店、稍塘、勤建、井亭、渔业 10 个村党支部。

1984~1986 年，钱桥、藕塘乡党委在完善和稳定农业生产责任制的基础上，在农村大力发展多种经营，加快农业结构调整，促进商品经济发展。钱桥、藕塘乡党委组织全体党员学习整党文件，分期分批进行整党，重点解决领导班子和党员干部中严重的以权谋私等问题，开展普法教育。

## 九、撤乡建镇时期（1987年6月~2006年10月）

1987年6月，根据无锡县委指示，钱桥乡撤乡建镇，同时建立中共钱桥镇委员会。镇机关驻地、管辖范围和隶属关系不变。1987~1989年，钱桥镇、藕塘乡党委学习贯彻《中共中央关于社会主义精神文明建设指导方针的决议》，在区域内加强精神文明建设，继续深化农村经济体制改革，强调企业内部挖潜，加快投入，加快经济建设步伐。1989~1991年，钱桥镇、藕塘乡党委在党内进行坚持四项基本原则（即坚持社会主义道路，坚持人民民主专政，坚持中国共产党领导，坚持马列主义、毛泽东思想），反对资产阶级自由化教育，坚定共产党员的社会主义信念。

1991年6月28日~7月2日，钱桥、藕塘地区遭受百年未遇的特大洪涝灾害。钱桥镇万亩大圩田及藕塘地区的低洼地区遭受严重水灾。钱桥镇、藕塘乡党委组织群众，奋力抗灾，把损失降到最低。1992~1993年，钱桥镇、藕塘乡党委以党的基本路线“一个中心”“两个基本点”（以经济建设为中心，坚持四项基本原则、坚持改革开放）和邓小平南方谈话为指针，全面贯彻落实党的十四大精神，加大经济建设步伐，向党内、党外提出“外向带动，科技推动，规模驱动，整体协动”的战略，做到精神文明和物质文明两手抓、两手硬。

1993年3月，根据无锡县委指示，藕塘乡撤乡建镇，同时建立中共藕塘镇委员会，驻地、管辖范围和隶属关系不变。1994~2001年，钱桥、藕塘镇党委组织镇、村集体企业逐步进行转制。转制企业或成为有限责任公司，或成为股份制企业，或成为私营企业，区域内工业形成多种经济成分并存、共同协调发展的新格局。两镇党委组织党员学习邓小平理论，进行“三个代表”思想教育，促进经济建设有序、快速增长和“三个文明”（精神文明、物质文明、政治文明）同步发展。钱桥人民群众围绕钱桥镇党委提出的“南北工业园区联动，经济发展镇村联动，物质文明、精神文明、政治文明联动”的要求，落实科学发展观，构建和谐社会，促进经济高质量快速发展。

2004年2月，钱桥、藕塘两镇合并，成立新的中共钱桥镇委员会，驻地钱桥市镇。是年，中共钱桥镇党委下属党总支13个、党支部73个，共有党员2763人。2005年，无锡（藕塘）职教园校区落户钱桥镇勤建村。7月5日，钱桥镇党委配合无锡市委、市政府在勤建村举行无锡（藕塘）职教园区奠基仪式。是月，钱桥镇党委根据惠山区委统一部署，组织全体党员开展保持共产党员先进性教育活动，为时3个月。

**1949~2004年钱桥小乡、中乡时期党支部、党总支，公社、乡、镇党委历任正副书记任职表**

表4—19—1

| 党组织名称 | 书记 | | 副书记 | |
|---|---|---|---|---|
| | 姓名 | 任职时间 | 姓名 | 任职时间 |
| 钱桥镇党支部（新中国成立初期） | 吴亚平 | 1949.09~1950.04 | — | — |
| 钱桥乡党支部（小乡时期） | 杜根兴 | 1950.00~1956.03 | — | — |
| 西漳乡党支部（小乡时期） | 蔡绍元（政治指导员） | 1950.00~1951.00 | — | — |
| | 朱金荣（政治指导员） | 1951.00~1956.03 | — | — |
| 舜柯乡党支部（小乡时期） | 何鹤鸣（政治指导员） | 1950.07~1955.07 | — | — |
| | 张金鹤（政治指导员） | 1955.07~1956.03 | — | — |
| 洋溪乡党支部 | 俞顺源（政治指导员） | 1950.07~1956.03 | — | — |
| 钱桥乡党总支（中乡时期） | 张金鹤 | 1956.03~1957.09 | — | — |
| 西漳乡党总支（中乡时期） | 俞顺源 | 1956.03~1957.09 | 王宝兴 | 1956.03~1956.09 |
| | — | — | 朱金荣 | 1956.03~1957.09 |
| 钱桥乡党委（大乡时期） | 黄玉度 | 1958.01~1958.09 | 丁国侃 | 1958.01~1958.09 |
| | | | 王宝兴 | 1958.01~1958.09 |
| | | | 张金鹤 | 1958.01~1958.09 |

续表 4—19—1

| 党组织名称 | 书记 | | 副书记 | |
|---|---|---|---|---|
| | 姓名 | 任职时间 | 姓名 | 任职时间 |
| 钱桥人民公社党委（管委会时期） | 黄玉度 | 1958.09~1962.07 | 丁国侃 | 1958.09~1961.08 |
| | 秦廷栋 | 1962.07~1963.05 | 王宝兴 | 1958.09~1967.03 |
| | 许震寰 | 1963.05~1966.04 | 俞顺源 | 1960.01~1961.09 |
| | 钱国明 | 1966.04~1967.03 | 何鹤鸣 | 1960.01~1967.03 |
| | — | — | 秦廷栋 | 1961.03~1962.07 |
| | — | — | 黄玉度 | 1962.07~1967.03 |
| 钱桥人民公社党委（革委会时期） | 孟志成 | 1970.09~1976.01 | 王宝兴 | 1970.10~1976.10 |
| | 邹子钧 | 1976.01~1976.10 | 计金铨 | 1970.10~1976.09 |
| | — | — | 陈德明 | 1972.10~1973.05 |
| | — | — | 翁锡根 | 1973.05~1976.10 |
| | — | — | 许其南 | 1975.03~1976.10 |
| | — | — | 范　萌 | 1976.01~1976.10 |
| 钱桥人民公社党委（管委会时期） | 邹子均 | 1976.10~1981.12 | 翁锡根 | 1976.10~1982.04 |
| | — | — | 许其南 | 1976.10~1983.04 |
| | — | — | 王守基 | 1976.10~1978.10 |
| | — | — | 毛仲篪 | 1976.10~1983.04 |
| | — | — | 潘群智 | 1980.03~1982.10 |
| | — | — | 彭焕明 | 1981.12~1983.04 |
| 钱桥乡党委（恢复乡时期） | 邹子均 | 1981.12~1984.05 | 许其南 | 1983.04~1984.05 |
| | 彭焕明 | 1984.05~1987.06 | 毛仲篪 | 1983.04~1983.07 |
| | — | — | 彭焕明 | 1983.04~1984.04 |
| | — | — | 龚如清 | 1984.03~1986.10 |
| | — | — | 俞觉然 | 1984.05~1987.06 |
| | — | — | 唐雨旭 | 1986.12~1987.06 |
| 钱桥镇党委（撤乡建镇时期） | 彭焕明 | 1987.07~1990.12 | 俞觉然 | 1987.07~1990.12 |
| | — | — | 唐雨旭 | 1987.07~1989.09 |
| | 俞觉然 | 1990.12~1997.07 | 吕国琪 | 1988.12~1992.03 |
| | — | — | 时建良 | 1991.03~1997.06 |
| | — | — | 刘焕清 | 1991.04~1995.08 |
| | — | — | 孟建康 | 1993.12~1999.10 |
| | — | — | 包金明 | 1995.11~1997.07 |
| | 包金明 | 1997.07~1998.09 | 钱俊法 | 1998.01~2001.11 |
| | — | — | 马其兴 | 1998.12~1999.11 |
| | 戴家元 | 1998.10~2004.02 | 杨祥娣 | 1995.02~1998.12（兼职） |
| | — | — | 边裕安 | 2001.11~2004.02 |
| | — | — | 沈国良 | 2000.12~2004.02 |
| | — | — | 华亚军 | 1999.11~2004.02 |

**1949~2004 年藕塘小乡、中乡时期党支部、党总支，公社、乡、镇党委历任正副书记任职表**

表 4—19—2

| 党组织名称 | 书记 | | 副书记 | |
|---|---|---|---|---|
| | 姓名 | 任职时间 | 姓名 | 任职时间 |
| 藕塘镇党支部 | 吉智权（政治指导员） | 1949.04~1949.07 | — | — |
| | 钱明华（政治指导员，又名钱梅芳） | 1949.08~1950.04 | — | — |
| 藕塘乡党支部 | 吕正道（政治指导员） | 1950.05~1951.07 | — | — |
| | 吴宏源（政治指导员） | 1951.08~1953.02 | — | — |
| | 朱章汉（政治指导员） | 1954.01~1956.03 | — | — |
| 稍塘乡党支部 | 缪产兴（政治指导员） | 1950.05~1953.01 | — | — |
| | 蔡绍元（政治指导员） | 1953.02~1956.03 | — | — |
| 盛店乡党支部 | 范士济（政治指导员） | 1950.01~1950.12 | — | — |
| | 姚汉林（政治指导员） | 1950.12~1953.01 | — | — |
| | 黄汉清（政治指导员） | 1953.01~1954.06 | — | — |
| | 杨秋茂（政治指导员） | 1954.07~1956.03 | — | — |

续表 4—19—2

| 党组织名称 | 书记 | | 副书记 | |
|---|---|---|---|---|
| | 姓名 | 任职时间 | 姓名 | 任职时间 |
| 藕塘乡党总支（中乡时期） | 朱章汉 | 1956.03~1957.09 | 芮爱娣（女） | 1956.03~1956.10 |
| | — | — | 周绍林 | 1956.03~1957.09 |
| 藕塘乡党委（大乡时期） | 吕德一 | 1957.11~1958.09 | 吴伯泉 | 1957.10~1958.09 |
| 藕塘公社党委（管委会时期） | 吕德一 | 1958.10~1959.06 | — | — |
| | 袁文奇（第一书记） | 1959.06~1962.07 | 杨祖峰(第二书记) | 1960.04~1962.07 |
| | 袁文奇 | 1962.07~1967.01 | 杨祖峰 | 1962.07~1964.04 |
| | — | — | 吴伯泉 | 1958.10~1961.03 |
| | — | — | 朱章汉 | 1960.02~1967.01 |
| | — | — | 冯荣南 | 1966.04~1967.01 |
| 藕塘公社党委（革命委员会时期） | 万廼扬 | 1970.05~1973.12 | 万祖培 | 1970.05~1972.10 |
| | — | — | 朱剑秋 | 1970.05~1971.01 |
| | — | — | 唐国忠 | 1972.06~1979.07 |
| | 杨祖峰 | 1973.12~1981.10 | 丁国民 | 1973.05~1976.09 |
| | — | — | 陆国珍 | 1975.04~1981.09 |
| | — | — | 王　骏 | 1976.08~1979.09 |
| | — | — | 徐慕达 | 1978.04~1981.06 |
| | — | — | 杨锡良 | 1979.07~1981.10 |
| | — | — | 冯荣南 | 1980.03~1981.10 |
| 藕塘公社党委（管委会时期） | 杨祖峰 | 1981.10~1983.01 | 杨锡良 | 1981.10~1983.04 |
| | 黄翰增 | 1983.02~1983.04 | 冯荣南 | 1981.10~1983.04 |
| | — | — | 丁育夫 | 1981.10~1983.04 |
| 藕塘乡党委（恢复乡时期） | 黄翰增 | 1983.04~1989.05 | 冯荣南 | 1983.04~1989.09 |
| | — | — | 丁育夫 | 1983.04~1984.07 |
| | — | — | 丁建华 | 1984.07~1992.10 |
| | — | — | 王伯生 | 1984.07~1986.09 |
| | 许其南 | 1989.05~1993.03 | 陈汉汉 | 1989.01~1990.06 |
| | — | — | 臧效年 | 1989.09~1993.03 |
| | — | — | 周国范 | 1992.10~1993.03 |
| | — | — | 芮卓君 | 1992.10~1993.03 |
| 藕塘镇党委（撤乡建镇时期） | 许其南 | 1993.04~1993.12 | 臧效年 | 1993.03~1998.12 |
| | 王仁祖 | 1993.12~1997.11 | 芮卓君 | 1993.03~1995.08 |
| | — | — | 周国范 | 1993.03~1995.08 |
| | — | — | 朱正平 | 1995.12~1997.11 |
| | — | — | 陈喜成 | 1995.12~2001.11 |
| | 朱正平 | 1997.11~2001.10 | 顾德祖 | 1997.11~1998.10 |
| | — | — | 张桐生 | 1998.10~2004.02 |
| | 秦志宏 | 2001.10~2004.02 | 唐国良 | 1998.12~2004.02 |

## 1956~2004年中乡、公社、乡、镇时期中共藕塘基层组织各部门主要负责人任职表

表 4—19—3

| 部门 | 职务 | 时间 | 曾任职人员 |
|---|---|---|---|
| 组织 | 委员 | 1956~2004.02 期间 | 朱章汉（兼） 钱其发 杨锡良 芮炳兴 黄云良 丁建华 冯法兴 丁松贤 张桐生 孙志光 冯敏之 |
| 宣传 | 委员 | 1956.03~2004.02 期间 | 穆叙宝 盛玉春 浦明奋 吕国琪 郁伟伦 杨忠伟 谢汉祖 |
| 纪律检查 | 委员 | 1982~2004.02 期间 | 黄云良 盛锡兴 臧效年 郁伟伦 冯敏之 李　锋 |
| | 书记 | 1990.03~2004.02 期间 | 臧效年 唐国良 |
| 统一战线 | 委员 | 1992~2004.02 期间 | 杨忠伟（兼） 谢汉祖（兼） |
| 人民武装部 | 部长 | 1962.01~2004.02 期间 | 缪惟咸 陈炳良 章以道 陈子焕 唐圻成 华卫贤（兼） 谢汉祖 |
| 党委办公室 | 秘书（主任） | 1959.08~2004.02 期间 | 汤　辉 周明高 杨　姗 管庆祥 杨士生 陈凤鸣 马其兴 丁耀良 樊德焕 吴伯初 杨　勇 王盘兴 杨国忠 |

### 2004~2007 年中共钱桥镇委员会历任正副书记任职表

表 4—19—4

| 党组织名称 | 书记 | | 副书记 | |
|---|---|---|---|---|
| | 姓名 | 任职时间 | 姓名 | 任职时间 |
| 钱桥镇党委（钱桥、藕塘两镇合并后） | 戴家元 | 2004.03~2006.08 | 华亚军 | 2004.03~2006.08 |
| | — | — | 边裕安 | 2004.03~2007.11 |
| | — | — | 张桐生 | 2004.03~2007.11 |
| | — | — | 沈国良 | 2004.03~2007.11 |
| | — | — | 华卫贤 | 2004.03~2007.11 |
| | 吴少华 | 2006.08~2007.11 | 倪海兵 | 2006.08~2007.11 |

### 1998~2007 年中共钱桥、藕塘（乡）镇委员会调研员名录表

表 4—19—5

| 乡镇名 | 党委调研员 |
|---|---|
| 钱桥 | 俞觉然、彭建清、吕开明、臧效年、陈喜成 |
| 藕塘 | 吕开明、臧效年 |

### 1956~2015 年中乡、公社、乡、镇、街道时期中共钱桥基层组织各部门主要负责人任职表

表 4—19—6

| 部门 | 职务 | 时间 | 曾任职人员 |
|---|---|---|---|
| 组织 | 委员 | 1956.0~2015.12 期间 | 俞顺源 陈荣法 朱 克 钱德甫 俞仲华 王惠民 陈仁荣 施丽萍 薛建祖 诸葛强 冯敏之 杨国忠 姚 亮 |
| 宣传 | 委员 | 1956.0~2015.12 期间 | 许荣大 芮叙法 吴岳泉 戈德生 邵文斌 苏佑成 施丽萍 薛建祖 李立初 戴震乾 成建兴 吴 婷 张惕浩 |
| 纪律检查 | 委员 | 1982.0~2015.12 期间 | 王惠民 陈洪明 苏佑成 尤亚萍 赵肃川 王志明 费红萍 |
| | 书记 | 1990.0~2015.12 期间 | 吕国琪 刘焕清 孟建康 边裕安 华卫贤 杨国忠 费红萍 |
| 统一战线 | 委员 | 1992.0~2015.12 期间 | 戴震乾（兼） 成建兴 吕 明 吴 婷 张 凌 |
| 政法委员会 | 书记 | 2004.0~2015.12 期间 | 华卫贤 杜 巍 范 良 杨国忠 华坚宏 |
| 人民武装部 | 部长 | 1962.0~2015.12 期间 | 计金铨 朱世根 薛年高 薛建祖 戴震乾 谢汉祖 马靖宇 |
| 党委办公室 | 秘书（主任） | 1959.0~2015.12 期间 | 黄煜铭 计金铨 张仲歧 周伯笙 周松圻 李立初 苏佑成 严其坤 朱 明 周宏良 戴震乾 杨国忠 王 华 谢汉祖 费红萍 朱一骏 |

## 十、建立无锡职教园、撤镇建立街道时期（2006 年 11 月~）

2006 年 11 月，中共无锡市委决定建立中共无锡（藕塘）职教园区工作委员会、无锡（藕塘）职教园区管理委员会，实行园区与钱桥镇“区镇合一”的管理体制。中共无锡（藕塘）职教园区工作委员会与中共钱桥镇委员会下辖桥北、桥南、新村、藕塘 4 个社区党支部和苏庙、华新、舜柯、溪南、洋溪、西漳、胜丰、晓星、藕塘、东风、南水渠、庙塘桥、盛峰、稍塘、勤建、恒源祥 16 个村党总支（支部），以及 69 个企事业单位党支部，共有党员 3018 人。2007 年 11 月 7 日，江苏省人民政府批复撤销钱桥镇，设立钱桥街道。11 月 27 日，中共无锡市惠山区委员会决定设立中国共产党无锡市惠山区钱桥街道工作委员会为区委派出机构。中共钱桥街道工作委员会下设组织办公室、纪律检查委员会、宣传办公室、统战办公室、政法委员会、人武部、党政办公室 7 个部门。2009 年 9 月~2010 年 3 月，无锡（藕塘）职教园区、钱桥街道党工委按照中共中央的统一部署，开展全国第三批（市、县、区、镇和高等院校）“深入学习实践科学发展观”教育活动，汇编、印刷、发放《教育　实践　展望》科学发展观教育实践

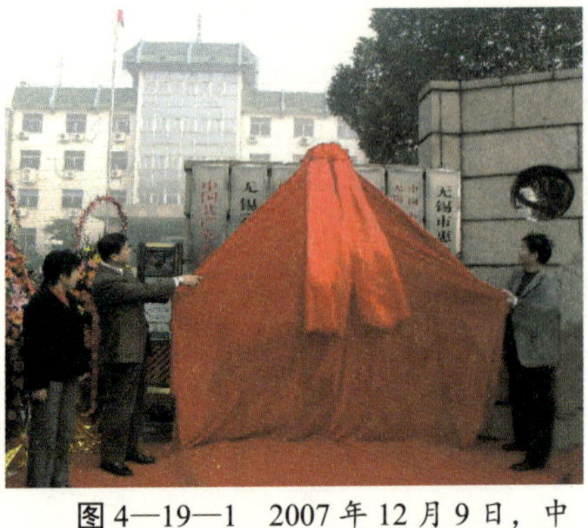

图 4—19—1　2007 年 12 月 9 日，中国共产党无锡市惠山区钱桥街道工作委员会举行揭牌仪式

活动成果书籍。

2011 年 10 月，根据无锡市委办公室批文，撤销中共无锡（藕塘）职教园区工作委员会，改设中共无锡职教园工作委员会。2013 年 2~9 月，无锡职教园、钱桥街道党工委组织党员开展“惠山区发展大讨论活动”，以“重振雄风、再创辉煌、赢得未来”为主题，着眼于“率先发展、科学发展、和谐发展”“促进转型、靓丽城市、改善民生”“凝心聚力、攻坚克难、争先进位”，以“有什么”“缺什么”“怎么干”为核心话题，提炼、培育和弘扬无锡职教园、钱桥街道“敢为人先、敢于担当”的精神，为争当惠山区现代化建设先行军和科学发展排头兵提供强有力的思想保证、精神动力、舆论氛围和智力支持。

2014 年 3~9 月，无锡职教园、钱桥街道党工委根据党中央的统一部署，开展全国第三批“党的群众路线教育实践活动”，主题是“为民、务实、清廉”；切入点是“贯彻落实中央八项规定，着力解决形式主义、官僚主义、享乐主义、奢靡之风突出问题”；总要求是“照镜子、正衣冠、洗洗澡、治治病”。无锡职教园、钱桥街道党工委领导分工到各社区，通过走访、召开座谈会、社情民情调研，为老百姓办实事，有些拖着难办的事解决了“最后一公里”。是年，无锡职教园、钱桥街道党工委启动《钱桥街道志》编纂工作。10 月，组建街道志编纂班子，并着手资料采集工作。2015 年 3 月，成立《钱桥街道志》编纂委员会，召开动员大会，全面部署《钱桥街道志》编纂工作。

2014~2015 年，无锡职教园、钱桥街道党工委组织党员干部学习习近平总书记提出的“既严以修身、严以用权、严以律己，又谋事要实、创业要实、做人要实”的“三严三实”讲话，开展“三严三实”专题教育。

**2006~2015 年中共无锡（藕塘）职教园区、无锡职教园、钱桥街道工作委员会领导干部任职表**

表 4—19—7

<table>
<tr><th rowspan="3">姓名</th><th colspan="4">无锡（藕塘）职教园区、无锡职教园党工委</th><th colspan="4">钱桥街道党工委</th></tr>
<tr><th rowspan="2">任书记任职时间</th><th rowspan="2">任副书记任职时间</th><th colspan="2">委员</th><th rowspan="2">任书记任职时间</th><th rowspan="2">任副书记任职时间</th><th colspan="2">委员</th></tr>
<tr><th>职务</th><th>任职时间</th><th>职务</th><th>任职时间</th></tr>
<tr><td>吴仲林</td><td>2006.11</td><td>—</td><td>—</td><td>—</td><td>—</td><td>—</td><td>—</td><td>—</td></tr>
<tr><td>吴少华</td><td>—</td><td>2007.01~2009.12</td><td>—</td><td>—</td><td>2007.12~2009.12</td><td>—</td><td>—</td><td>—</td></tr>
<tr><td>倪海兵</td><td>—</td><td>2007.01~2013.07</td><td>—</td><td>—</td><td>2009.12~2013.07</td><td>2007.12~2009.12</td><td>—</td><td>—</td></tr>
<tr><td>沈国良</td><td>—</td><td>2007.01~2009.11</td><td>—</td><td>—</td><td>—</td><td>2007.12~2009.11</td><td>—</td><td>—</td></tr>
<tr><td>戴震乾</td><td>—</td><td>2014.12~</td><td>党工委委员<br>纪工委副书记</td><td>2007.01~2007.07</td><td>—</td><td>2014.12~</td><td>—</td><td>—</td></tr>
<tr><td>马向东</td><td>—</td><td>—</td><td>党工委委员</td><td>2007.01~2013.09</td><td>—</td><td>—</td><td>—</td><td>—</td></tr>
<tr><td rowspan="2">边裕安</td><td rowspan="2">—</td><td rowspan="2">2007.11~2011.09</td><td rowspan="2">纪工委书记</td><td rowspan="2">2007.11~2011.09</td><td rowspan="2">—</td><td rowspan="2">2007.12~2011.09</td><td>纪工委书记</td><td>2007.12~2011.09</td></tr>
<tr><td>党工委调研员</td><td>2011.09~</td></tr>
<tr><td>华卫贤</td><td>—</td><td>2007.11~2010.12</td><td>政法委书记</td><td>2007.11~2010.12</td><td>—</td><td>2007.12~2010.12</td><td>政法委书记</td><td>2007.12~2010.12</td></tr>
<tr><td>高建国</td><td>—</td><td>—</td><td>党工委委员</td><td>2007.11~2009.11</td><td>—</td><td>2007.12~2009.11</td><td>—</td><td>—</td></tr>
<tr><td>刘国胜</td><td>—</td><td>—</td><td>党工委委员</td><td>2007.11~2011.09</td><td>—</td><td>2007.12~2011.09</td><td>—</td><td>—</td></tr>
<tr><td>谢汉祖</td><td>—</td><td>—</td><td>—</td><td>—</td><td>—</td><td>—</td><td>党工委委员<br>人民武装部部长</td><td>2007.12~2011.12</td></tr>
<tr><td rowspan="2">杨国忠</td><td rowspan="2">—</td><td rowspan="2">2013.12~2015.10</td><td>党群工作部部长</td><td>2007.11~2011.09</td><td rowspan="2">—</td><td rowspan="2">2013.12~2015.10</td><td>党工委委员</td><td>2007.12~2011.09</td></tr>
<tr><td>纪工委书记</td><td>2013.12~2014.12</td><td>纪工委书记</td><td>2013.12~2014.12</td></tr>
</table>

续表 4—19—7

| 姓名 | 无锡（藕塘）职教园区、无锡职教园党工委 | | | | 钱桥街道党工委 | | | |
|---|---|---|---|---|---|---|---|---|
| | 任书记任职时间 | 任副书记任职时间 | 委员 | | 任书记任职时间 | 任副书记任职时间 | 委员 | |
| | | | 职务 | 任职时间 | | | 职务 | 任职时间 |
| 王志明 | — | — | 纪工委副书记<br>监察室主任 | 2007.11~2012.11 | — | — | 党工委委员<br>纪工委副书记 | 2007.12~2012.11 |
| | | | | | | | 党工委调研员 | 2012.11~ |
| 成建兴 | — | — | — | — | — | — | 党工委委员 | 2007.12~2013.11 |
| 吕　明 | — | — | — | — | — | — | 党工委委员 | 2007.12~ |
| 唐国良(钱桥) | — | — | — | — | — | — | 政法委副书记 | 2007.12~ |
| 张桐生 | — | — | — | — | — | 2007.12~2009.11 | 党工委调研员 | 2012.03~2014.03 |
| 陈喜成 | — | — | — | — | — | — | 党工委调研员 | 2007.12~2009.09 |
| 吕开明 | — | — | — | — | — | — | 党工委调研员 | 2007.12~2008.03 |
| 唐国良(藕塘，与钱桥唐国良同姓名) | — | — | — | — | — | — | 党工委调研员 | 2007.12~2014.10 |
| 臧效年 | — | — | — | — | — | — | 党工委调研员 | 2007.12~2008.01 |
| 薛建祖 | — | — | — | — | — | — | 党工委调研员 | 2007.12~2014 |
| 朱　焱 | — | — | 党工委委员 | 2008.07~2011.09 | — | 2008.07~2011.09 | — | — |
| 朱益明 | — | — | 党工委委员 | 2009.11~2011.09 | — | 2009.11~2011.09 | — | — |
| 杜　巍 | — | 2010.06~2014.12 | — | — | — | 2010.06~2014.12 | — | — |
| 范　良 | — | 2011.09~2013.07 | 纪工委书记 | 2011.09~2013.07 | — | 2011.09~2013.07 | 纪工委书记 | 2011.09~2013.07 |
| 马靖宇 | — | — | — | — | — | — | 党工委委员<br>人民武装部部长 | 2011.12~ |
| 姚　亮 | — | — | 党群工作部部长 | 2012.09~ | — | — | 党工委委员 | 2012.09~ |
| 费红萍 | — | — | 纪工委副书记<br>监察室主任 | 2012.11~ | — | — | 党工委委员<br>纪工委副书记 | 2012.11~2014.11 |
| | | | | | | | 党工委委员<br>纪工委书记 | 2014.12~ |
| 刘俊伟 | — | 2013.07~ | — | — | 2013.07~ | — | — | — |
| 邵伟东 | — | — | — | — | — | — | 党工委委员 | 2013.11~ |
| 吴　婷 | — | — | — | — | — | — | 党工委委员 | 2013.01~2014.03 |
| 龚　伟 | — | — | — | — | — | 2013.08~2014.07 | — | — |
| 张　凌 | — | — | — | — | — | — | 党工委委员 | 2014.12~ |
| 张惕浩 | — | — | — | — | — | — | 党工委委员 | 2014.03~ |
| 华坚宏 | — | 2015.10~ | 政法委书记 | — | — | 2015.10~ | — | — |
| 张　晟 | — | — | 党工委委员 | 2015.10~ | — | — | — | — |

2015 年，刘俊伟、戴震乾、杨国忠、华坚宏任中共无锡职教园工作委员会副书记；刘俊伟任中共钱桥街道工作委员会书记，戴震乾、杨国忠、华坚宏任副书记。是年，中共无锡职教园工作委员会、钱桥街道工作委员会下辖党总支 24 个、党支部 58 个。

**附1：中共无锡市委、无锡市人民政府关于建立中共无锡（藕塘）职教园区工作委员会无锡（藕塘）职教园区管理委员会的通知（2006年11月22日）**

惠山区委、区政府：

为进一步优化我市职业教育资源配置，推进我市职业教育资源整合，切实增强我市职业教育综合实力，加快我市职业教育园区建设步伐，经研究，决定建立中共无锡（藕塘）职教园区工作委员会、无锡（藕塘）职教园区管理委员会，由惠山区委、区政府管理，副处（县）级建制，实行园区与钱桥镇区镇合一的管理体制。其职能配置、内设机构、人员编制规定由市编办另行发文确定，干部配备按规定的管理权限执行。

**附2：无锡市惠山区机构编制委员会关于印发《中共无锡（藕塘）职教园区工作委员会无锡（藕塘）职教园区管理委员会职能配置内设机构人员编制规定》的通知（2007年10月22日）**

各镇党委、政府，区各部委办局，区各人民团体，各直属单位：

根据锡编办〔2007〕101号文件精神，《中共无锡（藕塘）职教园区工作委员会、无锡（藕塘）职教园区管理委员会职能配置内设机构和人员编制规定》经区机构编制委员会审核批准，现予印发。

根据《中共无锡市委、无锡市人民政府关于建立中共无锡（藕塘）职教园区工作委员会、无锡（藕塘）职教园区管理委员会的通知》（锡委发〔2006〕112号）精神，设立中共无锡（藕塘）职教园区工作委员会、无锡（藕塘）职教园区管理委员会，副处（县）级建制，实行园区与钱桥镇区镇合一的管理体制，由惠山区委、区政府管理。同时，保留“中共无锡市惠山区钱桥镇委员会”“无锡市惠山区钱桥镇人民政府”“无锡市惠山区钱桥镇人民代表大会”“中共无锡惠山区钱桥镇纪律检查委员会”“无锡市惠山区钱桥镇人民武装部”的牌子。

中共无锡（藕塘）职教园区工作委员会、无锡（藕塘）职教园区管理委员会的职能配置、内设机构人员编制规定如下：

一、主要职责

中共无锡（藕塘）职教园区工作委员会、无锡（藕塘）职教园区管理委员会的主要职责是：

（一）宣传、贯彻党和国家的各项路线、方针、政策和国家的法律、法规，保证党和政府各项任务在园区内顺利完成。

（二）负责园区的党建和精神文明建设工作，加强党的政治、思想和组织领导，加强党的思想建设、组织建设和作风建设。做好党的组织、宣传、统战、纪检、监察和群团工作。按照干部管理权限，做好园区干部的教育、培养、选拔、考核和监督工作。

（三）研究拟订园区建设总体规划和园区经济社会综合发展计划，经批准后组织实施。负责园区社区管理、市容环卫、园林绿化、环境保护、安全生产监督等方面的管理工作。

（四）负责园区计划生育、文化教育、体育卫生、农副业生产、科技科普等工作，做好防灾救灾、社会救助、劳动就业和社会保障等方面的工作。

（五）负责园区内依法节约用地以及进驻园区单位的管理服务工作。按规定负责规划、审核和协助报批园区内的投资建设项目，并提供全方位服务。负责园区内路、水、电、气、通讯设备等公用设施的建设和管理。

（六）指导、支持和帮助社区居委会工作，负责群众信访工作，维护人民群众的合法权益。

（七）负责园区社会治安综合治理、保卫、法制宣传、外来人口管理、人民调解等工作；开展拥军优属，做好国防动员和兵役工作。

（八）负责贯彻执行国家、省、市有关财政工作的方针、政策，负责园区财政收支、预决算，财政监督、国有和集体资产管理等工作。

（九）负责协调区各有关部门设在园区分支机构的工作。

（十）承办上级交办的其他事项。

二、内设机构

根据上述主要职责，中共无锡（藕塘）职教园区工作委员会、无锡（藕塘）职教园区管理委员会设7个内设机构，均为副科级建制。

（一）党政办公室

负责园区党政机构的日常事务；检查、督办和协调党工委、管委会布置的工作；负责党工委、管委会工作计划和有关文稿的起草工作；负责政策研究、文书档案、文印、机要保密、信息和信访接待、对外联络等工作；负责机关行政事务、资产管理及后勤服务工作；负责园区对外事务的协调处理和宣传工作。

（二）党群工作部

负责园区基层班子建设和干部、人才、人事及机构编制管理工作；协助党工委领导抓好基层党组织建设和党员教育培训发展工作；负责做好党的宣传工作、统战工作和民族宗教事务工作；负责园区的社会主义精神文明建设；负责做好工会、共青团、妇联等群众工作；负责人大、政协联络工作；负责老干部管理和服务等工作。

（三）经济发展和招商局（挂“企业服务中心”牌子）

负责园区总体发展规划纲要、产业发展规划、国民经济综合计划的编制并组织实施；负责三产、科技创新、技改、统计等工作；负责园区内各类企业的综合管理、新增项目权限内的审核与报批工作；负责安全生产监督工作；负责与上级综合经济管理部门的对口衔接工作；负责做好市条线驻园区相关经济职能部门的联络工作；负责园区招商引资工作和企业服务工作；配合做好经济发展动态的研究工作。

（四）财政审计局（挂“财政支付中心”牌子）

负责园区建设资金的筹集、组织和融通；负责园区财政的概预、决算，负责园区国有（集体）资产的管理指导工作，做好对国税、地税等部门的协调工作；负责园区内有关税费及各项基金的征收及管理工作，按政策规定做好税收退库工作；依法结算园区范围内征地项目的土地出让金，并做好征用土地及附着物的补偿结算工作；负责园区内项目建设资金的财务核算，配合做好审计监督工作；负责园区机关统一采购工作；负责园区下属单位会计集中核算工作；负责园区会计人员教育培训工作。

（五）规划建设局

承办园区建设用地规划管理，受理建设项目用地申请，审核上报建设用地规划；负责园区建设工程的招投标管理工作；负责园区各类建设工程的施工管理、质量监督。

（六）公共事业局（挂“动迁安置办公室”牌子）

负责园区拆迁安置工作；负责园区各项基础公用设施建设和公用事业管理工作；负责环境保护、市容市貌、城市绿化、环境卫生、创建等工作。

（七）社会事务管理局

负责园区内水利、农业、劳动和社会保障、民政、文体、教育、卫生工作；负责社区管理、计划生育等工作；负责社会稳定、外来人口管理、民事调解、社会治安综合治理工作；负责人民武装工作。

另按有关规定，设立无锡（藕塘）职教园区纪检监察机构。

三、人员编制及领导职数

中共无锡（藕塘）职教园区工作委员会、无锡（藕塘）职教园区管理委员会核定编制70名（将无锡市惠山区钱桥镇机关编制70名划入，统筹使用）。

领导职数为8名，其中：党工委书记、管委会主任各1名，副主任（副书记）6名（含1名纪工委书记）。

内设机构领导职数为：正副局长（主任）22名，其中：局长（主任、部长）8名（含纪工委副书记、监察室主任1名），副部长（副主任、副部长）14名。

附：《中共无锡（藕塘）职教园区工作委员会、无锡（藕塘）职教园区管理委员会内设机构核定编制领导职数分配表》

**中共无锡（藕塘）职教园区工作委员会、无锡（藕塘）职教园区管理委员会内设机构核定编制领导职数分配表**

表4—19—8　　单位：人

| 内设机构 | 核定编制数 | 领导职数 | 核定中层职数 | | | 备注 |
|---|---|---|---|---|---|---|
| | | | 小计 | 正职 | 副职 | |
| 合计 | 70 | 8 | 22 | 8 | 14 | — |
| 部门领导职数 | 8 | 8 | — | — | — | — |
| 党政办公室 | 8 | — | 3 | 1 | 2 | — |
| 党群工作部 | 8 | — | 3 | 1 | 2 | — |
| 经济发展和招商局 | 9 | — | 3 | 1 | 2 | 挂“企业服务中心”牌子 |
| 财政审计局 | 8 | — | 2 | 1 | 1 | 挂“财政支付中心”牌子 |
| 规划建设局 | 8 | — | 3 | 1 | 2 | — |
| 公共事业局 | 8 | — | 3 | 1 | 2 | 挂“动迁安置办公室”牌子 |
| 社会事务管理局 | 11 | — | 3 | 1 | 2 | 含原钱桥镇政府职能 |
| 纪工委（监察室） | 2 | — | 2 | 1 | 1 | — |

## 第二节 历届党代会

1957年，钱桥乡、藕塘乡先后成立中共钱桥乡委员会、中共藕塘乡委员会。1957年11月至2004年2月，藕塘（乡、公社）镇先后召开12次党员代表大会；1958年2月至2004年2月，钱桥（乡、公社）镇先后召开12次党员代表大会。党员代表大会听取党委书记的工作报告，选举党委委员，产生党委书记、副书记。1990年，中共钱桥镇委员会第七次党员代表大会、中共藕塘乡委员会第八次党员代表大会始，同时选举纪律检查委员会委员，产生纪委书记、副书记。2004年2月，钱桥、藕塘两镇合并后至2007年11月建立中共无锡市惠山区钱桥街道工作委员会，召开1次党员代表大会。中共无锡市惠山区钱桥街道工作委员会为中共惠山区委员会的派出机构，不再设乡镇级党员代表大会。

### 一、钱桥（公社、乡）镇历届党代会

**中共钱桥乡委员会第一次党员代表大会** 于1958年2月召开。大会选举产生钱桥乡第一届党委委员，黄玉度任党委书记，丁国侃、王宝兴、张金鹤任党委副书记。

**中共钱桥人民公社委员会第一次党员代表大会** 于1959年2月召开。大会选举产生钱桥公社第一届党委委员，黄玉度任党委书记，丁国侃、王宝兴任党委副书记。

**中共钱桥人民公社委员会第二次党员代表大会** 于1960年12月召开。大会选举产生钱桥公社第二届党委委员，黄玉度任党委书记，何鹤鸣、王宝兴、俞顺源任党委副书记。

**中共钱桥人民公社委员会第三次党员代表大会** 于1970年9月召开。大会选举产生钱桥公社第三届党委委员。第三届党委由孟志成、王宝兴、计金铨、何鹤鸣、徐焕妹（女）、钱德甫、陶阿菊等7位委员组成，孟志成任党委书记，王宝兴、计金铨任党委副书记。

**中共钱桥人民公社委员会第四次党员代表大会** 于1976年10月5日召开，应出席代表116人，实到代表116人。大会听取邹子均所作的工作报告，选举产生钱桥公社第四届党委委员。第四届党委会由邹子均、翁锡根、许其南、王守纪、毛仲篪、潘群智、彭焕明、俞仲华、戈德生、周细妹（女）、芮叙法、朱世根、唐盘泉等13名委员组成，邹子均任党委书记，翁锡根、许其南、王守纪、毛仲篪任党委副书记。

**中共钱桥乡委员会第五次党员代表大会** 于1983年7月召开。大会听取邹子均所作《加强党的建设，振奋革命精神，为搞好社会主义物质文明和精神文明而努力奋斗》的报告，选举产生钱桥乡第五届党委委员。第五届党委会由邹子均、许其南、彭焕明、王惠民、邵文斌、陈洪明、毛仲篪、薛年高等8位委员组成，邹子均任党委书记，许其南、彭焕明任党委副书记。

**中共钱桥乡委员会第六次党员代表大会** 于1986年12月22~23日召开，应出席代表105人，实到代表105人。大会听取彭焕明所作的工作报告，选举产生第六届党委委员。第六届党委会由彭焕明、唐雨旭、俞觉然、王惠民、邵文斌、陈洪明、薛年高、张煜良等8位委员组成，彭焕明任党委书记，唐雨旭、俞觉然任党委副书记。

**中共钱桥镇委员会第七次党员代表大会** 于1990年3月8~9日召开，应出席代表105人，实到代表101人。大会听取彭焕明所作《加强党的建设，团结一致，再接再厉，夺取两个文明建设新胜利》的报告，选举产生第七届党委委员。第七届党委会由彭焕明、俞觉然、吕国琪、王惠民、张煜良、陈洪明、薛年高等7位委员组成，彭焕明任党委书记，俞觉然、吕国琪任党委副书记。同时，大会选举产生中共钱桥镇纪律检查委员会。纪律检查委员会由吕国琪、陈洪明、王惠民、陶晋才等4位委员组成，吕国琪任纪委书记，陈洪明任纪委副书记。

**中共钱桥镇委员会第八次党员代表大会** 于1993年2月9日召开，应出席代表103人，实到代表100人。大会听取俞觉然所作《坚持以经济建设为中心，切实加强党的领导，为夺取我镇社会主义现代化建设事业的新胜利而努力奋斗》的报告。大会采取差额选举、无记名投票方式选举产生第八届党委委员。第八届党委会由俞觉然、时建良、刘焕清、王惠民、苏佑成、杨祥娣（女）、陈仁荣、

陈洪明、龚明达、彭建清、薛年高等11位委员组成，俞觉然任党委书记，时建良、刘焕清任党委副书记。同时，大会选举产生中共钱桥镇纪律检查委员会。纪律检查委员会由刘焕清、陈洪明、陈仁荣、邵仁杰、陶晋才等5位委员组成，刘焕清任纪委书记，陈洪明任纪委副书记。

**中共钱桥镇委员会第九次党员代表大会** 于1996年1月22日召开，应出席代表118人，实到代表116人。大会听取俞觉然所作的工作报告，采取差额选举、无记名投票方式选举产生第九届党委委员。第九届党委会由俞觉然、包金明、刘焕清、时建良、孟建康、杨祥娣（女）、李立初、沈国良、苏佑成、施丽萍（女）、薛建祖等11位委员组成，俞觉然任党委书记，包金明、刘焕清、时建良、孟建康、杨祥娣任党委副书记。同时，大会选举产生中共钱桥镇纪律检查委员会。新一届纪律检查委员会由孟建康、苏佑成、周伯兴、施丽萍、陶晋才等5位委员组成，孟建康任纪委书记，苏佑成任纪委副书记。

**中共钱桥镇委员会第十次党员代表大会** 于1998年12月18~19日召开，应出席代表132名，实到代表132名。大会听取戴家元所作的工作报告，听取钱俊法所作的纪检工作报告。大会通过《钱桥镇1999~2001年党的基层组织建设三年规划》，选举产生第十届党委委员和新一届纪律检查委员会。第十届党委会由戴家元、孟建康、钱俊法、马其兴、沈国良、武阿扣、吴立江、薛建祖、李立初、尤亚萍（女）等10位委员组成，戴家元任书记，孟建康、钱俊法、马其兴任副书记。新一届纪律检查委员会由钱俊法、尤亚萍、陆建清、冯建康、周伯兴5位委员组成，钱俊法任纪委书记、尤亚萍任副书记。

**中共钱桥镇委员会第十一次党员代表大会** 于2001年12月4~5日召开，应出席代表150名，实到代表145名。大会听取戴家元所作的工作报告，采取差额选举、无记名投票方式选举产生钱桥镇第十一届党委委员。第十一届党委会由戴家元、华亚军、边裕安、沈国良、唐国良、武阿扣、莫治中、高建国、李立初、尤亚萍（女）、诸葛强、戴震乾等12位委员组成，戴家元任党委书记，华亚军、边裕安、沈国良任党委副书记。同时，大会选举产生中共钱桥镇纪律检查委员会。纪律检查委员会由边裕安、尤亚萍、冯建康、陆建清、诸葛强等5位委员组成，边裕安任纪委书记，尤亚萍任纪委副书记。

**中共钱桥镇（钱桥、藕塘镇两镇合并后）委员会第一次党员代表大会** 于2004年4月28日召开，应出席代表155人，实到代表151人。2004年初，钱桥镇各支部选举产生参加中共钱桥镇委员会第一次代表大会的党代表共155人，党员参选率达90.3%。代表中，干部代表占50%，各条战线的先进人物代表占30%，专技人员代表占20%，妇女代表占17.4%，年龄在45岁以下的代表占52.9%。大会听取戴家元所作的工作报告，采取差额选举、无记名投票方式选举产生新的中共钱桥镇委员会第一届党委委员。新的钱桥镇第一届党委会由戴家元、华亚军、张桐生、边裕安、华卫贤、沈国良、冯敏之（女）、尤亚萍（女）、戴震乾、成建兴、谢汉祖等11位委员组成，戴家元任党委书记，华亚军、张桐生、边裕安、华卫贤、沈国良任党委副书记。大会同时选举产生中共钱桥镇纪律检查委员会。纪律检查委员会由华卫贤、尤亚萍、冯敏之、冯建康、陆建清等5名委员组成，华卫贤任纪委书记，尤亚萍任纪委副书记。

2007年11月，钱桥镇撤镇设钱桥街道，建立中共无锡市惠山区钱桥街道工作委员会，为惠山区委的派出机构，不再设立乡镇级党员代表大会，只是根据工作需要不定期地召开党员代表会议。

图4—19—2 2011年6月10日中共钱桥街道工作委员会召开首届党员代表会议

## 二、藕塘（公社、乡）镇历届党代会

**中共藕塘乡委员会第一次党员代表大会** 于1957年11月20日召开。大会听取朱章汉所作的工作报告，吴伯泉所作《1957年冬及1958年春工作意见》的报告，选举吕德一为党委书记，吴伯泉为党委副书记。

**中共藕塘人民公社委员会第二次党员代表大会** 中共藕塘人民公社委员会第二次党员代表大会（1958年建立中共藕塘公社委员会，党代会届次衔接乡党代会届次）于1959年2月19日召开。大会听取吕德一所作的工作报告，选举吕德一为党委书记，吴伯泉为党委副书记。

**中共藕塘人民公社委员会第三次党员代表大会** 于1961年5月16日召开。大会听取袁文奇所作的工作报告，选举产生中共藕塘人民公社第三届委员会。第三届委员会由袁文奇、杨祖峰、朱章汉、钱其发、穆叙宝、秦惠金、顾炳南、丁国雄、王全度9位委员组成。袁文奇任党委第一书记，杨祖峰任第二书记，朱章汉任副书记。

**中共藕塘人民公社委员会第四次党员代表大会** 于1970年10月5日召开。大会听取万迺扬所作的工作报告，选举产生中共藕塘人民公社第四届委员会。第四届委员会由万迺扬、万祖培、朱剑秋、缪惟咸、杨锡良、王全度、冯宝兴、殷秀娣（女）、冯法兴9位委员组成。万迺扬任党委书记、万祖培任副书记。

**中共藕塘人民公社委员会第五次党员代表大会** 于1976年10月召开。大会听取杨祖峰所作的工作报告，选举产生中共藕塘人民公社第五届委员会。第五届委员会由杨祖峰、唐国忠、王骏、杨锡良、缪惟咸、戈菊英（女）、浦毅成、陆国珍（女）、浦青度等9位委员组成，杨祖峰任党委书记，唐国忠、陆国珍、王骏任副书记。

**中共藕塘乡委员会第六次党员代表大会** 于1984年5月13日召开。大会应出席代表83人，实到代表81人。大会听取黄翰增所作的工作报告，选举产生中共藕塘乡第六届委员会。第六届委员会由黄翰增、冯荣南、丁育夫、丁建华、盛锡兴、郁伟伦、冯法兴、章以道8位委员组成，黄翰增任党委书记，冯荣南、丁育夫任副书记。

1984年9月7日，中共藕塘乡第六届委员会召开第六届第二次党员代表大会。会议主要议程是选举产生出席中共无锡县第六次代表大会的代表。经大会选举，黄翰增、唐志澄、管忠兴、陈喜成、徐建华、吴桂秀（女）、王秉政7人为中共无锡县第六次代表大会代表。

**中共藕塘乡委员会第七次党员代表大会** 于1986年12月19日召开。大会应出席代表92人，实到代表87人。大会听取黄翰增所作的《坚持改革、锐意进取，为把我乡建设成为“两个文明”的先进乡而努力》的工作报告。大会通过乡党委所作出的《关于加强党的建设的决定》，选举产生中共藕塘乡第七届委员会。第七届委员会由黄翰增、冯荣南、丁建华、马其兴、冯法兴、陆稼英、陈子焕、郁伟伦、臧效年9位委员组成，黄翰增任党委书记，冯荣南、丁建华任副书记。

1987年9月22日，中共藕塘乡第七届委员会召开第七届第二次党员代表大会。会议主要议程为选举产生出席中共无锡县第七次代表大会代表。经大会选举，黄翰增、王秉政、许志荣、吴惠英（女）、陈银根、张桐生、徐建华、贾忠贤8人为中共无锡县第七次代表大会代表。

**中共藕塘乡委员会第八次党员代表大会** 于1990年3月9~10日召开。大会应出席代表82人，实到代表81人。大会听取许其南所作的工作报告，选举产生中共藕塘乡第八届委员会。第八届委员会由丁建华、冯法兴、许其南、陈子焕、陆稼英、陈汉汉、杨忠伟、郁伟伦、唐圻成、臧效年10位委员组成，许其南任党委书记，丁建华、臧效年、陈汉汉任副书记。同时，大会选举产生中共藕塘乡纪律检查委员会。纪律检查委员会由冯法兴、郁伟伦、张志法、臧效年4位委员组成，臧效年任纪律检查委员会书记、郁伟伦任副书记。大会一致通过《关于加强党的建设的决定》。

**中共藕塘乡委员会第九次党员代表大会** 于1993年2月23日召开。大会应出席代表81人，实到代表81人。大会听取许其南所作的《以经济建设为中心，切实加强党的建设，为夺取我乡社会主义现代化事业更大胜利而奋斗》的报告，听取臧效年所作的纪检工作报告，选举产生中共藕塘乡第九届委员会。第九届委员会由许其南、臧效年、周国范、芮卓君、丁松贤、杨忠伟、郁伟伦、唐圻成、马其兴9位委员组成。许其南任党委书记，臧效年、周国范、芮卓君任副书记。同时，大会选举产生中共新一届纪律检查委员会。新一届纪律检查委员会由臧效年、郁伟伦、冯法兴、张志法4位委员组成，臧效年任纪律检查委员会书记，郁伟伦任副书记。

**中共藕塘镇委员会第十次党员代表大会** 于1996年1月22~23日召开。大会应出席代表81人，实到代表78人。大会听取王仁祖所作《开拓创新，奋力拼搏，为加速我镇社会主义现代化建设而奋斗》的报告，听取臧效年所作的纪检工作报告，通过《藕塘镇、村、厂党组织建设三年规划》。大会选举产生中共藕塘镇第十届委员会。第十届委员会由王仁祖、朱正平、臧效年、陈喜成、张桐生、杨忠伟、冯敏之（女）、唐圻成、张惠伦9位委员组成，王仁祖任党委书记，朱正平、臧效年、陈喜成任副书记。同时，大会选举产生新一届纪律检查委员会。新一届纪律检查委员会由臧效年、冯敏之、张志法3位委员组成，臧效年任纪律检查委员会书记，冯敏之任副书记。

**中共藕塘镇委员会第十一次党员代表大会** 于1998年12月15~16日召开。大会应出席代表85人，实到代表85人。大会听取朱正平所作的《面向新世纪，为实现农村现代化而奋斗》的报告，听取唐国良所作的纪检工作报告，选举产生中共藕塘镇第十一届委员会。第十一届委员会由朱正平、张桐生、陈喜成、唐国良、华卫贤、徐焕敏、杨忠伟、孙志光、冯敏之（女）9位委员组成，朱正平任党委书记，张桐生、陈喜成、唐国良任副书记。同时，大会选举产生新一届纪律检查委员会。新一届纪律检查委员会由唐国良、冯敏之、孙志光、张志法、陈亚娥5位委员组成，唐国良任纪律检查委员会书记，冯敏之任副书记。大会一致通过《1999~2001年基层党组织建设三年规划》。

**中共藕塘镇委员会第十二次党员代表大会** 于2001年12月7~8日召开。大会应出席代表85人，实到代表83人。大会听取秦志宏所作《实践“三个代表”重要思想，为实现富民强镇总目标而奋斗》的工作报告，听取唐国良所作《坚持从严治党方针，加大标本兼治力度，努力开创党风廉政建设和反腐斗争新局面》的纪律检查报告，选举产生中共藕塘镇第十二届委员会和新的纪律检查委员会。第十二届委员会由秦志宏、张桐生、唐国良、华卫贤、王盘兴、胡锡建、冯敏之（女）、李峰、谢汉祖9位委员组成，秦志宏任党委书记，张桐生、唐国良任副书记。纪律检查委员会由唐国良、李峰、冯敏之、张志法、张惠仙5位委员组成，唐国良任纪律检查委员会书记，李峰任副书记。大会一致通过《藕塘镇2002~2004年基层党组织建设三年规划》。

## 第三节 组织建设

1949年，钱桥、藕塘地区建立钱桥、藕塘2个镇党支部。新渎区（时藕塘镇党支部属新渎区委领导）时有中共党员54人。1956年，成立钱桥乡、藕塘乡、西漳乡3个党总支。1957年，钱桥乡、藕塘乡分别成立党委。1958年，中共钱桥公社委员会下辖24个党支部，共有党员298人；中共藕塘公社委员会下辖12个党支部，共有党员156人。2004年，钱桥、藕塘两镇合并时，中共钱桥镇委员会下辖13个党总支、73个党支部，共有2763名党员。2015年，中共无锡职教园工作委员会、钱桥街道工作委员会下辖24个党总支、58个党支部，共有4296名党员。

### 一、基层组织建设

1949年5月，钱桥、藕塘两镇分别建党支部。1950年4月，为加强基层政权建设，给土改作准备，无锡县委对区乡基层党组织进行较大调整，决定成立中共藕塘区委员会，驻地藕塘镇，后迁至陈漕巷、钱桥老街南街，隶属于中共无锡县委领导。7月，藕塘区委下辖藕塘乡党支部、稍塘乡党支部、钱桥乡党支部、舜柯乡党支部、洋溪乡党支部、西漳乡党支部、会龙乡党支部、社冈乡党支部、新民乡党支部。是年12月，会龙乡党支部划归无锡市郊区委员会领导。盛店乡党支部隶属于新渎区委领导。1954年8月，藕塘区委撤销，钱桥、舜柯、西漳、社冈、洋溪5个乡党支部划归中共无锡市郊区委员会领导；藕塘、稍塘、新民3个乡党支部划归中共新渎区委员会领导。

1950 年 4 月~1954 年 8 月中共藕塘区委员会正副书记任职表

表 4—19—9

| 书记 | 任职时间 | 副书记 | 任职时间 |
|---|---|---|---|
| 陆道南 | 1950.04~1950.11 | 魏家磊 | 1950.01~1950.11 |
| 魏家磊 | 1950.12~1952.07 | 王志海 | 1950.04~1952.07 |
| 王志海 | 1952.08~1954.02 | 李昌贤 | 1952.07~1954.02 |
| 李昌贤 | 1954.02~1954.08 | 诸耀山 | 1953.10~1954.08 |

1956 年 3 月，钱桥、藕塘地区小乡并成中乡后，舜柯乡党支部并入钱桥乡党支部，成立中共钱桥乡总支委员会；洋溪乡、社冈乡党支部并入西漳乡党支部，成立中共西漳乡总支委员会，隶属于中共无锡市郊区委员会领导。同年，稍塘乡党支部并入藕塘乡党支部，成立中共藕塘乡总支委员会，隶属于中共新渎区委员会领导。1957 年 10 月，盛店乡党支部并入藕塘乡党总支，成立中共藕塘乡委员会，隶属于中共无锡县委员会领导。是年 11 月，西漳乡党总支并入钱桥乡党总支，成立中共无锡市郊区钱桥乡委员会。

1958 年 7 月，中共钱桥乡委员会隶属于中共无锡县委员会领导。是年 9 月，钱桥、藕塘分别成立人民公社，同时建立钱桥公社党委、藕塘公社党委。至 1970 年，基层党组织建设以农村生产大队、市镇单位建立党支部为主。1974 年，社队工业起步，尤其是 1978 年后社队工业快速发展，无锡县委指示凡有党员 3 人以上独立核算的企业都必须建立党支部，钱桥、藕塘公社党委遵照无锡县委的指示，在有 3 人以上党员的独立核算企业分别建立党支部。1990 年，钱桥镇、藕塘乡党委贯彻无锡县委先后下发的《乡镇企业党组织工作条例》《关于加强农村党支部对村办企业领导的若干意见》等文件，对党员人数、销售产值达到一定规模的村或企业设立党总支委员会，按行业或自然村分设党支部或党小组。

1992 年起，钱桥镇、藕塘乡党委根据中央提出的农村基层党组织“五好”（一个好班子、一支好队伍、一条好路子、一个好体制、一套好制度）的要求，在加强农村基层党组织建设的同时，积极探索三资企业、私营企业、新社会组织的党建工作路子。

1999 年，藕塘镇党委加强组织建设，制订《基层组织建设三年规划》，全面增强基层党组织的整体功能，充分发挥镇党委的领导核心作用和“龙头”作用，村（企）党组织的战斗保垒作用，各类基层配套组织的职能作用。镇党委建设贯彻落实省委提出的“五个有”的目标要求，切实提高领导班子的整体素质、领导水平和驾驭全局的能力；年龄结构进一步改善，保持梯次结构的领导干部队伍；知识结构进一步优化，领导班子中具有大专以上学历的占 40%以上，具有各类专业知识的干部比重加大；以民主集中制为核心的各项管理和监督制度健全，党委工作规范化、制度化、科学化。村党支部班子的年龄结构、知识结构进一步改善，党员发展工作健康正常，新党员中 35 岁以下的占 60%以上；党支部制度健全，活动正常，党员教育管理严格；各类新经济组织党建形成比较规范的工作机制，全镇 50%的村党支部达到“五个好”的目标要求。

2002 年 12 月，藕塘镇党委开展二年一次党员民主评议活动，全镇 800 余名党员参加，评出优秀党员 29 人、基本合格党员 3 人，其余为合格党员；对各党支部书记进行年度考核，在考核前进行公示，考核内容为干部深入实际、民心民意、工作实绩等，考核后作出客观、公正的评价。

2003 年，钱桥镇党委在钱桥工业配套区建立党的工作委员会，在“两新”（新的社会组织、新的经济组织）组织建立党建工作委员会。2004 年，钱桥镇在园区建立党支部，在企业中建立党小组、党支部或联合支部，逐步使党的基层组织形成网络。是年 2 月，钱桥和藕塘两镇合并，成立新的钱桥镇党委。新的钱桥镇党委共有党总支 13 个、党支部 73 个，党员 2763 人。是年 5 月 26 日，钱桥镇党委开展新设镇后第一次党建和精神文明工作检查，分成 2 组对 16 个村及街道办党建和精神文明工作进行全面检查。检查小组实地详细检查各村、街道办党支部的宣传阵地建设、“十星级文明家庭户”及党员学习中心户的建设、党外后备干部推荐、贯彻落实党的民族宗教政策、老年党员和外出党员联系、扶贫帮困、支部活动室建设、党风廉政责任制分解落实情况以及村务公开和村级费用包干、费用压降等方面的情况。

2006年11月，成立中共无锡（藕塘）职教园区工作委员会。无锡（藕塘）职教园区党工委、钱桥镇党委根据无锡五洲国际装饰城进驻商家近千家，内有公司管理层和经营户党员33人，其中经营户业主党员19名，党员中成分复杂，管理层的党员多数来自浙江和无锡市区，经营户的党员则来自全国各地，因平时忙于生意，在外多年仅有几次回其家乡党支部参加组织生活，成为“流动”党员，不少党员有参加正常组织生活的强烈愿望等情况，按照“围绕经济抓党建，抓好党建促经济”的指导思想和“一手抓组建、一手抓提高”的工作思路，探索开展大型市场党建工作的有效途径，给党员安个“家”，给市场设立党支部，让党员过正常的组织生活。钱桥镇党委在外出参观学习、组织召开座谈会、征求良方的基础上，决定成立五洲国际装饰城党支部。2007年4月17日，钱桥镇党委组织办全体成员，负责纪检、宣传、统战等部门的党委委员一起组织召开五洲国际装饰城党员座谈会，听取全体党员对装饰城即将成立党支部的意见和建议。座谈会上，与会领导和党员一致认为在五洲国际装饰城设置基层党组织，既可以理顺装饰城党员的组织关系，也可以借助这个平台更好地开展党的组织生活，激发全体党员加强自身发展、积极参与市场管理、诚信经营的责任感和使命感，并在维护企业形象方面能积极起到模范带头作用，提升五洲国际形象、扩大五洲国际知名度和影响力。是年5月23日，五洲国际装饰城成立党支部，由华新村党总支书记窦建平兼任五洲国际装饰城的党支部书记，副书记则由装饰城内一名中层管理人员担任，形成村和市场联建、互建、优势互补的党建工作新机制。五洲国际装饰城党支部办公室建筑面积达200平方米，并设立集阅报、上网、读书、文体娱乐功能的党员服务中心。五洲国际装饰城党支部不仅是惠山区成立的首家大型市场党支部，而且被江苏省委、无锡市委唯一推荐为中央组织部的联系点。

图4—19—3　2007年4月17日钱桥镇党委组织办在五洲国际装饰城召开党员座谈会，听取建立基层党组织的意见

图4—19—4　2007年6月1日钱桥镇溪南工业集中区永凯达齿轮有限公司与金博电子电器有限公司成立党支部大会

2007年6月1日，钱桥镇溪南工业集中区无锡永凯达齿轮有限公司、无锡金博电子电器有限公司成立党支部，为钱桥配套区党总支注入“新鲜血液”。无锡永凯达齿轮有限公司原隶属滨湖区管理，因企业发展需要进驻钱桥配套区溪南工业集中区内，公司有党员11人；无锡金博电子电器有限公司原为军工企业，有党员9人。这两家企业提出要组建企业党支部的申请，钱桥镇党委批准同意成立。这两家企业成为配套区建立以来成立的首批非公企业党支部。6月5日，钱桥镇召开基层党组织换届选举工作会议，对换届选举工作进行动员和部署。基层党组织的换届选举工作分组织准备、考察和民主推荐、党内选举和总结完善4个步骤进行，按照提高素质、优化结构、增强活力的要求，通过“两推一选”“公推直选”的方式选举产生新一届党支部（总支）领导班子，为构建和谐钱桥、争做全区“一当好三争创”

图4—19—5　2007年6月5日钱桥镇召开基层党组织换届选举工作会议

的先行军提供坚强有力的组织保证。是年，同时成立钱桥街道党工委。

2008 年 7 月 1 日，无锡五洲国际装饰城党支部为加强党建工作成立党校。是年 12 月，钱桥街道党工委下辖 15 个村（社区）基层党总支、1 个离退休党总支、6 个非公有制企业党总支、4 个机关党支部、20 个事业单位党支部、40 个非公有制企业和个体工商户党支部。是年，钱桥街道预备党员转正 56 人，发展新党员 30 人，共有党员 3307 人。

图 4—19—6　2008 年 7 月 1 日五洲装饰城党校成立

2010 年，钱桥街道党工委以开展学习实践科学发展观活动为契机，结合经济社会发展需要，全面加强党的建设，开展市级党建工作示范点创建和区级“强基工程”示范点的创建，做好基层单位两委换届选举工作。通过两委换届，一批年轻干部充实进两委班子。同时，完善规范农村社区及城镇社区管理体制，合理划分设置 15 个社区，形成完整的社区管理网络体系。2011 年，钱桥街道党工委以集中开展“100 天加速度行动”和建党 90 周年为契机，创新机制，组织开展“创先争优”系列活动，扩大两新组织覆盖面，“统筹共建”工作再上新高度，部署做好街道机构改革。根据精简高效、职责相对统一的原则，钱桥街道党工委启动政府机构改革，街道行政设置 7 个综合部门，实行街道与职教园内设机构合署办公。同时，整合所属事业单位，引才育才，加强干部教育培训，利用多种途径加快青年干部培养步伐，不断提升工作执行力。启动机关和社区干部双向交流，首次通过公开选拔，选出一批街管干部。2011 年 11 月，无锡（藕塘）职教园区党工委更设为无锡职教园党工委。

2012 年，钱桥街道党工委以开展“基层组织建设年”和“作风建设年”活动为抓手，开展创先争优、“三解三促”（了解社情民意，破解发展难题，化解社会矛盾；促进干群关系融洽，促进基层发展稳定，促进机关作风改变）和“走基层、听民生、强作风”实践活动，走进企业，贴心服务，加强党的建设和精神文明建设，发挥基层组织战斗堡垒作用和党员干部先锋模范作用。同时，加强基层党组织党员干部的教育培训和监督管理，举办党员干部、村支书、村官培训班，加强基层党务干部队伍建设；探索党代表发挥作用的途径和方式，逐步设立基层党代表工作站（室）。党风廉政建设全力深化，围绕经济社会发展大局，执行党风廉政建设责任制，加强党的作风建设、监督检查、教育防范和制度创新，推进惩治和预防腐败体系建设，促进治本抓源工作，查处违法违纪党员干部，纪检监察和反腐倡廉工作取得新的成效；增强宣传工作影响力，宣传报道“项目推进年”和“作风建设年”活动推进过程中涌现出来的先进典型，引导良好的社会舆论，利用政务 OA 平台及时发布信息，提神鼓劲，凝聚街道两级干部力量，营造共同关注园区发展的良好氛围；加强村级“四有一责”（有持续稳定的经济收入，有功能齐全的活动阵地，有先进适用的信息网络，有群众拥护的“三强”（家庭经济实力强、带领群众致富能力强、奉献精神强）带头人，加强基层组织建设责任）和星级社区创建工作，加强基层干部队伍管理，开展干部轮岗交流，通过选拔使用、教育培训、岗位锻炼、结对帮带，加快培养青年干部步伐；推进争先创优工作，全街道 86 个党支部（总支）、3378 人党员接受群众评议。

2013 年，钱桥街道党工委深入开展“党建提升年”“城市提升年”“作风提升年”活动，顺利完成 80 个党支部（总支）与 15 个社区居委会换届选举工作。同时，加快后备人才培养，通过民主推荐方式开展新一轮后备干部选拔，共有 40 人被列为后备干部人选；完善机关普通党员“二对一”、干部党员“一对一”结对贫困户制度，建立结对帮扶活动定期跟踪机制。2014 年，钱桥街道党工委深入开展党的群众路线教育实践活动和深化“三个年”（项目建设年、生态环境建设年、营商环境建设年）活动，全街道 82 个党支部（总支）、3599 名党员完成学习教育、听取意见，查摆问题、开展批评，整改落实、建章立制三个环节的工作任务，达到预期目标。规范社区专职工作人员准入机制，强化一把手抓党建责任制，打造党建工作特色品牌，建成全市首个党员志愿者培训基地，有力推动钱桥街道志愿服务朝着专业化、项目化、制度化方向发展；结合“内评比”“外监督”，加大对干部完成工作情况的督察考核，机关作风得到明显转变。

2015年12月，中共无锡职教园工作委员会、钱桥街道工作委员会共有一级党工委2个、二级党工委2个；党总支24个，其中社区党总支15个、非公企业党总支6个，其他党总支3个；一级党支部（总支）82个，其中机关支部1个、市镇单位党支部24个、非公企业党支部42个；二级党支部69个。是年，钱桥街道党工委被表彰为无锡市先进基层党组织，晴山蓝城党总支、东风社区党总支，惠山地税局第四分局党支部，钱桥派出所党支部被表彰为惠山区先进基层党组织。

## 二、发展党员

新中国成立初期，新渎区委（时钱桥镇党支部、藕塘镇党支部属新渎区委领导）实有党员54人，其中抗战时期入党的党员13人、抗战结束以后发展的党员41人；机关党员42人，农村党员12人；青年党员15人；妇女党员4人。随着形势发展的需要，各级党组织根据中心工作，将成分好、觉悟高的乡村干部和土改运动中涌现出来的积极分子吸收入党。

1950年4月，藕塘区成立区委。至1954年，藕塘区党员发展到73人，其中机关党员14人、企业党员8人、农村党员50人、市镇党员1人。1957年后，党组织重点在贫下中农中发展党员。1958年，钱桥公社党员发展到298人，藕塘公社党员发展到156人。“文化大革命”开始后，党员发展工作停止。1970年，基层党组织恢复，又重新重视党员发展工作。1972年，中共钱桥公社委员会下辖29个党支部（总支），党员369人；中共藕塘公社委员会下辖18个党支部（总支），党员274人。中共十一届三中全会后，根据积极慎重的方针，在优秀知识分子和工交财贸第一线的中青年骨干、有文化的青年农民中发展党员。经济体制改革后，个体经济和私营经济蓬勃发展，党员发展逐步放开，允许个体和私营业主加入中国共产党。1981年，中共钱桥公社委员会下辖40个党支部（总支），党员668人；中共藕塘公社委员会下辖29个党支部（总支），党员506人。1987年，中共钱桥镇委员会下辖49个党支部（总支），党员826人。1993年，中共藕塘镇委员会下辖46个党支部（总支），党员678人。

**1958~1992年钱桥公社、乡、镇中共基层组织建设情况选年统计表**

表4—19—10　　单位：个、人

| 年份 | 党支部（总支）个数 | | | | 党员人数 | 年份 | 党支部（总支）个数 | | | | 党员人数 |
|---|---|---|---|---|---|---|---|---|---|---|---|
| | 工业支部 | 农业支部 | 市镇支部 | 合计 | | | 工业支部 | 农业支部 | 市镇支部 | 合计 | |
| 1958 | 1 | 18 | 5 | 24 | 298 | 1974 | 5 | 15 | 10 | 30 | 435 |
| 1959 | 1 | 18 | 5 | 24 | 299 | 1975 | 6 | 15 | 10 | 31 | 491 |
| 1960 | 1 | 15 | 4 | 20 | 298 | 1976 | 8 | 16 | 11 | 35 | 539 |
| 1961 | 1 | 14 | 5 | 20 | 298 | 1977 | 8 | 17 | 10 | 35 | 568 |
| 1962 | 1 | 12 | 5 | 18 | 298 | 1978 | 9 | 13 | 13 | 35 | 569 |
| 1963 | 1 | 13 | 7 | 21 | 371 | 1979 | 9 | 17 | 11 | 37 | 615 |
| 1964 | 1 | 13 | 7 | 21 | 355 | 1980 | 11 | 17 | 11 | 39 | 646 |
| 1965 | 1 | 13 | 7 | 21 | 355 | 1981 | 10 | 14 | 16 | 40 | 668 |
| 1966 | “文化大革命”期间，党的基层组织瘫痪 | | | | | 1982 | 9 | 12 | 9 | 30 | 516 |
| 1967 | | | | | | 1983 | 11 | 20 | 11 | 42 | 699 |
| 1968 | | | | | | 1984 | 13 | 20 | 11 | 44 | 708 |
| 1969 | | | | | | 1985 | 15 | 20 | 11 | 46 | 722 |
| 1970 | | | | | | 1986 | 22 | 15 | 14 | 51 | 770 |
| 1971 | 7 | 13 | 8 | 28 | 364 | 1987 | 19 | 16 | 14 | 49 | 826 |
| 1972 | 6 | 13 | 10 | 29 | 369 | 1992 | — | — | — | — | 994 |
| 1973 | 6 | 13 | 10 | 29 | 392 | — | — | — | — | — | — |

1991 年、1992 年、1994 年藕塘（乡）镇中国共产党党员情况统计表

表 4—19—11　　　　单位：人

| 项目 | | 1991 年 | 1992 年 | 1994 年 |
|---|---|---|---|---|
| 党员总数 | | 630 | 658 | 696 |
| 其中 | 正式党员 | 622 | 637 | 669 |
| | 预备党员 | 8 | 21 | 27 |
| 性别 | 男 | 570 | 596 | 627 |
| | 女 | 60 | 62 | 69 |
| 民族 | 汉族 | 630 | 658 | 696 |
| 年龄 | 25 岁以下 | 5 | 12 | 21 |
| | 26~35 岁 | 82 | 69 | 28 |
| | 36~45 岁 | 242 | 245 | 245 |
| | 46~55 岁 | 133 | 150 | 172 |
| | 56~60 岁 | 47 | 55 | 101 |
| | 61 岁以上 | 121 | 127 | 129 |
| 入党时期 | 1945 年 9 月 3 日至 1949 年 9 月入党 | 1 | 1 | 1 |
| | 1949 年 10 月至 1966 年 4 月入党 | 179 | 180 | 174 |
| | 1966 年 5 月至 1976 年 10 月入党 | 201 | 201 | 204 |
| | 1976 年 11 月以后入党 | 249 | 276 | 317 |
| 文化程度 | 大专以上 | 16 | 18 | 19 |
| | 中专 | 22 | 24 | 32 |
| | 高中 | 123 | 132 | 146 |
| | 初中 | 237 | 252 | 276 |
| | 小学 | 226 | 226 | 217 |
| | 文盲 | 6 | 6 | 6 |
| 党员中 | 工人 | 9 | 9 | 8 |
| | 营业员服务员 | 14 | 14 | 14 |
| | 行政机关行政人员 | 46 | 43 | 43 |
| | 各类专业技术人员 | 28 | 30 | 33 |
| | 集体事企业单位在职人员 | 8 | 6 | 8 |
| | 集体企事业单位专业技术人员 | 4 | 4 | 8 |
| | 其他职工 | 5 | 4 | 2 |
| | 乡镇企业劳动者 | 320 | 326 | 348 |
| | 农牧渔民 | 147 | 172 | 183 |
| | 民办教师乡村医生 | 4 | 4 | 3 |
| | 离休干部 | 3 | 3 | 3 |
| | 退休职工 | 42 | 43 | 43 |

2000 年，无锡市委普遍推行在“两新”组织（新社会组织、新经济组织）中建立党组织后，钱桥、藕塘地区党员的发展工作进入全新时期。藕塘镇党委严格把好党员入口关，2002 年，藕塘镇发展党员 23 人，转正 19 人，“七一”前夕组织 20 名新党员到浙江嘉兴南湖进行入党宣誓和廉政宣誓。2003 年，中共藕塘镇委员会下辖 36 个党支部（总支），党员 857 人。

1958~2003 年藕塘公社、乡、镇中共基层组织建设情况统计表

表 4—19—12　　　　单位：个、人

| 年份 | 党支部（总支）个数 | | | | 党员人数 | 年份 | 党支部（总支）个数 | | | | 党员人数 |
|---|---|---|---|---|---|---|---|---|---|---|---|
| | 工业支部 | 农业支部 | 市镇支部 | 合计 | | | 工业支部 | 农业支部 | 市镇支部 | 合计 | |
| 1958 | — | 8 | 4 | 12 | 156 | 1968 | “文化大革命”期间，党的基层组织瘫痪 | | | | |
| 1959 | — | 8 | 4 | 12 | 178 | 1969 | | | | | |
| 1960 | 1 | 8 | 4 | 13 | 217 | 1970 | | | | | |
| 1961 | 1 | 9 | 4 | 14 | 212 | 1971 | | | | | |
| 1962 | 1 | 10 | 4 | 15 | 218 | 1972 | 2 | 10 | 6 | 18 | 274 |
| 1963 | 1 | 10 | 4 | 15 | 224 | 1973 | 2 | 10 | 6 | 18 | 309 |
| 1964 | 1 | 10 | 4 | 15 | 234 | 1974 | 2 | 10 | 6 | 18 | 322 |
| 1965 | 1 | 10 | 4 | 15 | 234 | 1975 | 3 | 10 | 6 | 19 | 357 |
| 1966 | “文化大革命”期间，党的基层组织瘫痪 | | | | | 1976 | 3 | 10 | 6 | 19 | 416 |
| 1967 | | | | | | 1977 | 6 | 10 | 7 | 23 | 433 |

续表 4—19—12　　单位：个、人

| 年份 | 党支部（总支）个数 | | | | 党员人数 | 年份 | 党支部（总支）个数 | | | | 党员人数 |
|---|---|---|---|---|---|---|---|---|---|---|---|
| | 工业支部 | 农业支部 | 市镇支部 | 合计 | | | 工业支部 | 农业支部 | 市镇支部 | 合计 | |
| 1978 | 6 | 10 | 7 | 23 | 445 | 1991 | 17 | 14 | 13 | 44 | 630 |
| 1979 | 7 | 13 | 7 | 27 | 463 | 1992 | 16 | 14 | 14 | 44 | 658 |
| 1980 | 7 | 13 | 8 | 28 | 476 | 1993 | 18 | 14 | 14 | 46 | 678 |
| 1981 | 8 | 13 | 8 | 29 | 506 | 1994 | 17 | 12 | 14 | 43 | 696 |
| 1982 | 10 | 12 | 8 | 30 | 516 | 1995 | 12 | 16 | 16 | 44 | 714 |
| 1983 | 10 | 13 | 9 | 32 | 534 | 1996 | 14 | 12 | 15 | 41 | 732 |
| 1984 | 12 | 13 | 9 | 34 | 539 | 1997 | 14 | 12 | 16 | 42 | 748 |
| 1985 | 16 | 13 | 10 | 39 | 576 | 1998 | 11 | 12 | 16 | 39 | 761 |
| 1986 | 18 | 15 | 9 | 42 | 588 | 1999 | 11 | 12 | 16 | 39 | 774 |
| 1987 | 18 | 14 | 10 | 42 | 620 | 2000 | 11 | 12 | 16 | 39 | 788 |
| 1988 | 17 | 14 | 14 | 45 | 624 | 2001 | 11 | 12 | 16 | 39 | 801 |
| 1989 | 18 | 14 | 12 | 44 | 623 | 2002 | 11 | 9 | 16 | 36 | 826 |
| 1990 | 18 | 14 | 14 | 46 | 627 | 2003 | 11 | 9 | 16 | 36 | 857 |

2005 年 7 月 1 日，钱桥镇党委、纪委组织 45 名新党员举行入党和廉政宣誓仪式。2006 年 6 月 27 日，钱桥镇党委在政府二楼大会议室内组织 32 名新党员举行庄严的入党宣誓仪式。钱桥镇党委发展中共党员均按照党章规定，必须由个人申请，党支部对入党积极分子进行为期一年的考察，年满一年后经支部推荐、党委考察，在征求党内外意见的基础上，对外公示。申请人经党支部考察、讨论确定为入党积极分子后，经过培训，由党委进一步审查，报区组织部门审核同意，确定为发展对象。发展对象经党支部大会讨论通过，党委审批同意，即吸收为预备党员。预备党员预备期一年，期满后由所在党支部（党总支）大会讨论，合格者报上级党委审批同意，即成为正式党员。预备党员经考核不合格，需要延期的可延长一年，仍不合格者取消预备党员资格。

图 4—19—7　2014 年 9 月 29 日中共钱桥街道工作委员会举办入党积极分子培训班

2015 年，钱桥街道共吸收新党员 35 人、预备党员转正 42 人。是年，钱桥街道共有中共党员 4296 人，其中正式党员 4261 人、预备党员 35 人。

**2004~2015 年中共钱桥镇委员会、钱桥街道工作委员会组织建设情况统计表**

表 4—19—13　　单位：个、人

| 年份 | 党总支数 | 党支部数 | 党员数 | 年份 | 党总支数 | 党支部数 | 党员数 |
|---|---|---|---|---|---|---|---|
| 2004 | 13 | 73 | 2763 | 2010 | 24 | 57 | 3552 |
| 2005 | 13 | 73 | 2875 | 2011 | 24 | 61 | 3716 |
| 2006 | 14 | 71 | 3018 | 2012 | 24 | 63 | 3922 |
| 2007 | 14 | 71 | 3168 | 2013 | 24 | 60 | 4028 |
| 2008 | 16 | 71 | 3307 | 2014 | 24 | 58 | 4209 |
| 2009 | 24 | 57 | 3419 | 2015 | 24 | 58 | 4296 |

## 三、干部队伍建设

钱桥、藕塘地区根据干部分级管理权限，分为由上一级组织任免和（乡、公社、镇）街道管理的、由党员大会以差额选举方式选出的党的干部两种。2000 年，按省委、省政府通知要求，藕塘镇藕塘村、钱桥镇西漳村各招录一名大学生村官。2002 年，钱桥镇苏庙村招录一名大学生村官。2005~2007 年，大学生村官由惠山区统一招录。

钱桥（镇）街道坚持和实施后备干部队伍建设，由各社区、各部门、各单位推荐后备干部名单，组织部门对后备干部进行常年跟踪管理。党工委每年有 50~60 名后备干部进入人才名单库。

钱桥街道党工委在干部队伍建设上通过挂钩结对子、培训专业知识、挂职压担子、轮岗练活力、活动增才干等方式培养大学生村官，并适时选拔任用。2010年，钱桥街道党工委根据上级要求，按部署推荐区管后备干部，并把符合条件的后备干部充实到社区、机关部门的领导岗位。是年，2名市聘大学生村官当选为社区主任。

2013年换届选举时，钱桥街道所有社区党总支采用“公推直选”的选举方式产生，并在江苏龙源催化剂有限公司、无锡市惠山区江南船舶设备有限公司、无锡市藕塘绒线厂进行无候选人直接选举试点。是年，1名市聘村官当选为社区主任，2名省聘村官当选为社区副主任。2014年7月至2015年4月，钱桥街道党工委组织举办中青年干部培训班，集中为来自街道各部门和各社区的120余名中青年干部“充电”，进行脱产式的集中轮训，有效增强青年干部的责任感、使命感和成就感，凝聚思想共识，切实提升工作能力和水平，加速后备梯队干部培养进程，增强基层工作活力。参加培训的中青年干部是钱桥街道近三年内新提拔的、工作在基层第一线的街管干部、大学生村官、选调生以及社区后备干部。为确保学有所获，学以致用，培训班紧紧围绕中青年干部综合素质和工作能力提升设置教学课程，既有法律、政治、经济等模块，也有心理调节和沟通、领导素养与艺术、廉政建设等内容，并融入社区工作人员素质和礼仪要求、社区矛盾调解、社区工作常用法律等“接地气”的内容，还开展新老干部交流会、与专家课堂互动交流、小组讨论交流等形式多样的课内外学习活动。2008~2015年，区域内由省统一招录省聘大学生村官。2010~2015年，85%新提拔的街管干部从后备干部人才库中选拔出来。2015年，钱桥街道党工委提拔任用1名省聘大学生村官任社区副书记、1名区聘大学生村官任社区书记，先后8名大学生村官进社区“两委”班子。

**2000~2015年钱桥镇、藕塘镇，钱桥街道大学生村官招聘一览表**

表4—19—14 单位：人

| 年份 | 录用单位 | 人数 | 性质 | 备注 |
|---|---|---|---|---|
| 2000 | 藕塘镇 | 1 | 市聘 | — |
| | 钱桥镇 | 1 | 市聘 | — |
| 2002 | 钱桥镇 | 1 | 市聘 | — |
| 2005 | 钱桥镇 | 1 | 区聘 | — |
| 2006 | 钱桥镇 | 1 | 区聘 | 考入事业单位离开 |
| 2007 | 钱桥镇 | 2 | 区聘 | 1人考入事业单位离开，1人在服务业发展办公室任职 |
| 2008 | 钱桥街道 | 1 | 省聘 | — |
| 2009 | 钱桥街道 | 5 | 省聘 | 1人原在晓丰社区工作，现在组织科任职 |
| 2010 | 钱桥街道 | 3 | 省聘 | — |
| 2011 | 钱桥街道 | 1 | 省聘 | — |
| 2012 | 钱桥街道 | 2 | 省聘 | 选聘于“985”高校 |
| 2013 | 钱桥街道 | 1 | 省聘 | 选聘于“985”高校 |
| 2014 | 钱桥街道 | 1 | 省聘 | 选聘于“985”高校 |
| 2015 | 钱桥街道 | 1 | 省聘 | 选聘于“985”高校 |
| 合计 | — | 22 | — | 其中有2人考入事业单位离开，有2人在街道任职。2015年在岗区聘大学生村官1人、市聘大学生村官3人、省聘大学生村官14人。 |

## 第四节 思想建设

新中国成立初期，钱桥、藕塘地区农村基层党组织围绕土地改革、镇压反革命、抗美援朝、互助合作化运动、“三反”“五反”运动等对党员进行教育，选派干部参加中共无锡县委员会举办的党训班和各种类型的学习班。经过历次政治运动，区域内党员队伍不断扩大。1957年11月，中共钱桥乡、藕塘乡委员会成立后利用冬季开展冬训，对党员进行社会主义和共产主义理想教育，无产阶级专政理论教育，党的基本理论知识教育，党的路线、方针、政策教育以及时事形势教育。1963年，无锡县委组织全县党组织进行整党，钱桥公社被无锡县委定为试点先行单位，全公社各党支部都进驻工作队。

1971~1982年，钱桥、藕塘公社党委组织各支部批判林彪反党集团和江青反革命集团的滔天罪行，在党内肃清极“左”思想的影响，端正党支部的思想路线，把党的中心工作重点转移到以经济建设为中心的轨道上。1983年，钱桥、藕塘乡党委着重加强对党员进行思想作风、组织纪律、法制民主、更新观念以及形势教育。1985年7月，钱桥、藕塘乡党委组织各党支部分批进行整党。各党支部组织党员学习中共中央《关于整党的决定》《中国共产党章程》《关于党内政治生活的若干准则》等重要文件，对党员进行理想宗旨、党风党纪、党员标准和彻底否定“文化大革命”等四个方面的教育，开展批评和自我批评，进行党员登记，对思想作风和组织纪律性有错误的党员作出处理结论。1984年春、1986年春，藕塘、钱桥乡党委相继成立党校。党校校长由党委书记兼任，配有专职副校长。党委分管领导每年年初制定培训计划，党校按照培训计划实施，负责培训党员和干部工作。其间，在基层党支部建立和健全“三会一课”（党支部每月召开一次支委会议、一次支部党员会议、一次党小组会和上好一次党课）、“四簿一册”（党的活动记载簿、党的组织生活记载簿、党费缴纳记载簿、党员好人好事记载簿，党员花名册）制度。每年年终，钱桥、藕塘乡党委对各党支部进行检查、考核、评比“三会一课”“四簿一册”制度的贯彻落实情况，使党的活动和支部对党员的教育正常化、制度化、规范化。1987~1989年，钱桥镇、藕塘乡党委对党员进行“一个中心、两个基本点”党的基本路线教育，教育党员坚持以经济建设为中心，坚持改革开放、坚持四项基本原则（即坚持社会主义道路，坚持人民民主专政，坚持党的基本路线，坚持共产党的领导），反对资产阶级自由化，引导党员为改革开放建功立业，为党的形象增光添彩。

1990~1991年，钱桥镇、藕塘乡党委重点加强对党员进行马克思主义基本理论、党的基本路线、党的基本知识（三基本）教育。从1991年起，钱桥镇、藕塘乡党委每年对党支部（总支）、党务员（政工员）、党员三个层次进行百分考核，开展两年一度民主评议党员活动，并作为党内争先创优的评比依据。1992~1995年，钱桥镇、藕塘（乡）镇党委对党员教育重点放在学习中国共产党第十四次全国代表大会精神、邓小平关于建设有中国特色的社会主义理论和南方谈话，学习十四大通过的新党章，在党员干部中开展学理论、学党章的“双学”运动；在全体党员中开展“学雷锋，见行动，增光彩，树形象”活动。1996~1998年，钱桥、藕塘镇党委利用党校阵地，结合党员冬训，组织全体党员学习党的十五大和十五届二中、三中全会精神，全面落实《中共中央关于农业和农村工作若干重大问题的决定》，贯彻党在农村的各项方针政策，保证农村改革的发展、稳定，在党员干部中开展“讲学习、讲政治、讲正气”的“三讲”活动；在党员中开展“向曹克明（时任江苏省委副书记、纪委书记）同志学习活动”；在基层党组织，干部、党员中开展“堡垒杯”“公仆杯”“先锋杯”（三杯）竞赛活动，激励广大党员干部奋发向上，开拓进取。三年中，钱桥镇党委组织党员、干部培训共6582人次，其中党员冬训人数分别为1026人、1034人、1042人，共3102人；组织党员学习中共十五大，十五届二中、三中全会决定，开展“三讲”活动共5次。每次宣讲，各支部派选4名党员参加，58个党支部3年共选派3480人次参加学习。藕塘镇党委组织党员干部培训4800人次。

1999~2001年，钱桥、藕塘镇党委紧紧围绕形势和党员队伍实际，集中对广大党员进行新时期共产党员标准的再教育，坚持“从严治党”的方针，着力解决一些党员在理想信念、根本宗旨、组织纪律、模范作用等方面存在的突出问题，确保党员队伍的先进性和纯洁性，推进党内反腐败和党风廉政建设，进一步增强党组织的凝聚力和战斗力。2002~2004年，钱桥、藕塘镇党委组织党员认真学习邓小平理论、“三个代表”重要思想和十六大精神，破除党员干部“小富即安、骄傲自满、片面发展”的观念，树立科学发展观；教育党员干部“带头创业、带头创新、带头致富”，加快经济建设步伐，加快城市化建设步伐，加快三个文明（物质文明、精神文明、政治文明）建设步伐，为钱桥、藕塘地区全面建设小康社会，实现镇党委提出的“富民强镇”的总目标而努力奋斗。

2005年，钱桥镇党委开展共产党员先进性教育活动。是年8月，中共钱桥镇委员会开展先进性教育首先从机关作风建设抓起，认真查摆问题，找出不足，对照党员干部要求、对照机关人员职责要求和钱桥老百姓的期望，深刻剖析机关少数工作人员存在的5个方面问题，专门抽调人员成立2个工作班子，对机关人员执行制度情况进行检查考核，每日进行常规检查，每星期进行不定期抽查，每月将检查考核情况上报机关支部，在全机关公布，与年度考核、评选先进和年终奖金挂钩。2006年7月，钱桥镇党委全力建设“学习型、服务型、效能型”机关，在机关内弘扬“甘为人先、勇争第一”的钱桥精神，营造“团结一致创事业，凝心聚力谋发展”和“人人争当先进”的良好氛围。是年7月26日，藕塘卫生院全体党员在先进性教育活动中将学习理论转换到实实在在的行动上，冒着酷暑前往藕塘敬老院，为院内30多位老人免费体检，测血压、做心电图、检查心肺功能，免费为患病老人用药。8月，钱桥派出所根据钱桥地区案件多发的实际，结合党员志愿者活动，党员民警自发组织成立义务巡逻队，对多发案路段、公共复杂场所和农贸市场加强执勤巡逻，抓获各类违法犯罪嫌疑人7人，破获各类案件50余起。无锡市重点工程——藕塘职教园地面附着物清点统计工作启动后，钱桥交管所57岁老党员、原藕塘交管所老所长、老书记王巧生主动请缨，参加清点拆迁户种植在农田里的果树、农户家前屋后树木数量。钱桥交管所全所党员相继为溪南村火车浜村民资助10000多元学费，还扶持5户贫困户。8月16日，中共钱桥镇委员会先进性教育知识竞赛决赛在镇政府二楼大会议室举行。进入决赛的有镇机关、广电站、藕塘中心小学等6个单位的18名选手，其他单位的党员代表现场观看。经过近二个小时的紧张角逐，镇机关党支部3名党员以总分200分的绝对优势获得一等奖，镇广电站党支部、藕塘中心小学党支部获二等奖，邮政分局党支部、镇劳动和社会保障所党支部、钱桥中心小学党支部分获三等奖。9月，为深入推进先进性教育活动，钱桥镇党委将溪南、南水渠定为“包村联户建小康”的试点村，确定29户有劳动能力，但无就业、无创业门路，或老弱病残等无劳动能力的贫困户为结对帮扶对象，分派到24个单位帮扶有劳动能力的贫困户寻找就业岗位或门路，或支持创业，对有创业愿望但无门路的贫困家庭，帮助其成为个体工商户等自主创业者。藕塘派出所党支部以“包村联户建小康”活动为载体，紧密结合实际，在全所党员中开展“送温暖、解民忧”活动，全所党员自发捐款700元，送至南水渠村贫困户家中。钱桥工业集中区全体党员每人捐款100元，捐赠给溪南村两户贫困家庭。钱桥社保所党员每人捐款200元，共4000元，送至溪南村埭二村民小组贫困户家中。12月15日，钱桥镇第三批先进性教育活动举行动员大会。镇党委书记、先进性教育活动领导小组组长戴家元作动员和部署。第三批先进性教育活动参加单位为各村、社区居委、企业及离退休支部党员2335人，对象主体是农村党组织和农村党员，共涉及学教单位60个，其中行政村党总支7个、党支部9个，党员1313人，社区党总支1个、党支部1个，党员309人，企业党总支5个、党支部37个，党员713人；党员中，村和社区领导干部党员128人、村企业和企业党支部在职党员691人、务农党员684人、个体工商户党员56人、下岗党员5人、流动党员103人、老年党员612人、老弱病残等不便参加集中教育的党员56人，参加单位面广量大，党员分布和流动情况较第二批学教活动复杂。针对第三批学教活动学教单位多、农村党员多、老年党员多、流动党员多的特点，钱桥镇党委提出“着眼大局，提高认识，坚定搞好第三批先进性教育活动的责任感和使命感；把握主题，明确重点，落实第三批先进性教育活动的各项任务；立足实际，把握方法，增强第三批先进性教育活动的针对性和实效性；加强领导，精心组织，确保圆满完成先进性教育各项任务”等四项要求，围绕建设社会

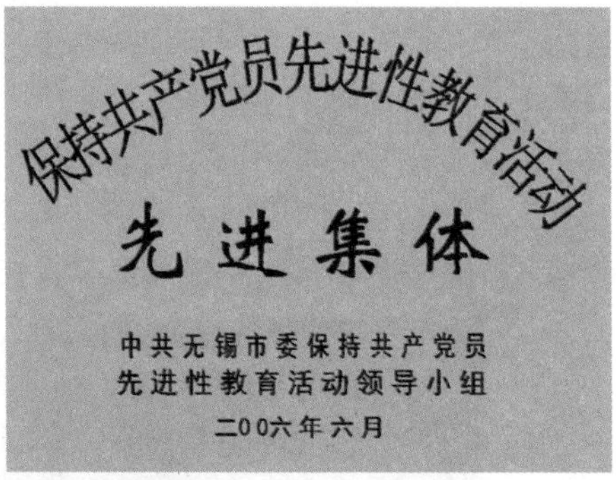


图4—19—8 2006年6月，中共钱桥镇党委被中共无锡市委保持共产党员先进性教育活动领导小组表彰为保持共产党员先进性教育活动先进集体

主义新农村主题，按照“提高党员素质、加强基层组织、服务人民群众、促进各项工作”的目标，解决群众最关心的农村社保、医保、就业、就学、征地拆迁补偿、失地安置、环境保护等事关群众切身利益的重点问题，推动和谐农村建设，开展“三走进三服务”（走进校园、走进农村、走进社区，服务发展、服务基层、服务学生）和“党员干部联系户”“双义务”等党员志愿活动；解决党组织和党员队伍中存在的突出问题，把村、社区居委、企业基层党组织建设成为贯彻“三个代表”、推进“两个率先”（率先全面建成小康社会，率先基本实现现代化）的组织者、推动者和实践者，夯实党在农村的执政基础；发挥先进典型的示范引领作用，培育、树立来自村、社区、企业一线的党员典型，用生动鲜活的身边人、身边事感染人、教育人，激发党组织的内在动力，自觉向先进看齐，为开展第三批先进性教育活动营造良好的舆论氛围。2008 年 3~12 月，钱桥街道党工委组织各党总支、党支部开展“科学发展观教育”实践活动。

图 4—19—9　2011 年 7 月 1 日，中共无锡职教园工作委员会、中共钱桥街道工作委员会举行纪念中国共产党成立 90 周年暨先进表彰大会

2013 年 2~6 月，无锡职教园、钱桥街道党工委开展以“重振雄风、再创辉煌、赢得未来”为主题，着眼于“率先发展、科学发展、和谐发展”，着眼于“促进转型、靓丽城市、改善民生”，着眼于“凝心聚力、攻坚克难、争先进位”，以“有什么”“缺什么”“怎么干”为核心话题，提炼、培育和弘扬无锡职教园、钱桥街道“敢为人先、敢于担当”的精神，紧紧围绕“一城三中心”的发展定位，打造品质新锡西，开展立足实际、广泛参与、形成亮点、创出特色、成效显著的大讨论活动，为争当惠山区现代化建设先行军和科学发展排头兵提供强有力的思想保证、精神动力、舆论氛围和智力支持。

2014 年 1~10 月，无锡职教园、钱桥街道党工委开展全国第二批党的群众路线教育实践活动。活动紧紧围绕保持和发展党的先进性和纯洁性，主题是“为民、务实、清廉”；切入点为“贯彻落实中央八项规定（要改进调查研究，要精简会议活动，要精简文件简报，要规范出访活动，要改进警卫工作，要改进新闻报道，要严格文稿发表，要厉行勤俭节约）”，突出作风建设，反对形式主义、官僚主义、享乐主义、奢靡之风；总要求为“照镜子、正衣冠、洗洗澡、治治病”。

图 4—19—10　2014 年 5 月 26 日惠山区代区长李秋峰给钱桥街道党员干部上《践行群众路线，以发展成效取信于民》的群众路线教育实践活动专题党课

2015 年，钱桥街道党工委组织各党总支、党支部学习习近平总书记关于推进作风建设的“既严以修身、严以用权、严以律己，又谋事要实、创业要实、做人要实”的“三严三实”重要论述，在党内开展“三严三实”专题教育活动，加强党员干部队伍的思想建设、作风建设、道德建设。是年，西漳社区党总支坚持以党建工作为引领，确保经济平稳健康增长，打造特色品牌，提升民生福祉，西漳社区党总支抓党员理论武装，严格“三会一课”制度，

高标准发展党员，优化党员结构，培养后备干部，优化社区班子，促进素质提高。通过加强廉政教育，强化群众监督，抓好作风建设，促进工作落实，形成契合社区发展的《西漳社区党建、管理、服务工作规章及考核细则》。特色党建工作品牌是西漳社区党总支推进党建工作的又一有力抓手，依托统筹共建平台，推进党建“一社区一品牌”特色项目创建活动，与市民政局、市革命烈士陵园联系，开展革命传统和爱国主义的“红色教育”系列活动，引进市未成年人思想道德建设创新品牌——“红色记忆之旅”，组织社区居民、青少年参与红色文艺演出，举行红色知识问答、红色事迹展览、红色书籍赠送以及邀请烈士陵园宣讲员走进社区宣传红色文化、弘扬红色精神等丰富多彩的活动。同时吸收社区志愿者加入“红色志愿者”队伍，与共建单位联合开展一系列红色志愿实践服务。此外，西漳社区作为市党风廉政建设优秀社区、区廉政文化示范点，党总支还开展“廉政文化进社区”活动，加强党员干部的勤政、廉政建设，更好地服务居民。

## 第五节 宣传工作

1949年4月23日无锡解放，钱桥、藕塘镇党支部成立后即组织群众开展庆祝解放活动。是年夏，为迎接开国大典，稍塘地区一批青年农民按照藕塘镇党支部的指示，像筹备解放前庙会那样做好大游行的准备工作。稍塘乡七村、八村有舞龙灯的，耍杂技的，都精心组织排练；以蒋耀明为主，与小青年一起扎制许多灯具，有翅膀长2米多的飞机灯，有鱼灯、青蛙灯。蒋耀明还和仲泉、阿度、喜根、产泉、小狗郎组织排练一个活报剧。后庄小学的老师还组织小学生秧歌队，又唱又扭秧歌。10月1日早上，稍塘地区锣鼓喧天，翻身农民扛着红旗，手拿各种灯具、标语牌，秧歌队、活报剧队、舞龙队、马灯队等绵延在大路上，长达六七里路。1950年，藕塘区委组织藕塘、稍塘、钱桥、舜柯、西漳、洋溪、社冈、会龙等乡党支部宣传《中华人民共和国婚姻法》《中华人民共和国土地改革法》，开展征粮工作等宣传，组织贫苦农民开展诉苦活动。1951年，藕塘区委组织各党支部开展抗美援朝宣传工作。1953年，藕塘区委组织各党支部开展党在过渡时期总路线的宣传工作。

1958年，钱桥、藕塘公社党委开展社会主义建设总路线、“大跃进”、人民公社“三面”红旗的宣传。1961年，钱桥、藕塘公社党委先后宣传、贯彻中共中央八届九中全会关于对国民经济实行“调整、巩固、充实、提高”的八字方针和中共中央关于《农村人民公社工作条例（草案）》（即农业60条）。1963年，钱桥、藕塘公社党委组织开展“向雷锋同志学习”的宣传活动。

1966年，钱桥、藕塘公社党委组织党员学习《中国共产党中央委员会关于无产阶级文化大革命的决定》，开展宣传活动。1967~1970年，钱桥、藕塘公社党委先后开展宣传、学习焦裕禄、门合、王国福等英雄模范事迹活动。1971年“九一三”事件后，钱桥、藕塘公社党委组织各支部开展批判林彪反革命集团及《571工程纪要》活动。

1978年12月起，钱桥、藕塘公社党委宣传中共十一届三中全会精神，组织党员开展“实践是检验真理的唯一标准”的大讨论。1981年6月，钱桥、藕塘公社党委开展《关于建国以来党的若干历史问题的决议》的学习和宣传。1983年以后，钱桥、藕塘乡党委深入开展以“五讲四美三热爱”为主要内容的宣传活动，组织各村党支部开展创建文明单位（村）、文明户活动。1987年起，钱桥镇、藕塘乡党委在干部群众中开展党的基本路线的宣传教育活动，引导党员干部、群众坚定不移地走中国特色的社会主义道路。

1992年，钱桥镇、藕塘乡党委开展学习宣传邓小平南方谈话精神，深入开展社会主义思想教育活动。1993~1996年，钱桥、藕塘镇党委开展贯彻中共十四大精神，进行社会主义市场经济理论学习教育，同时开展学习《邓小平文选》活动，开展“我为华夏第一县增光彩”活动。1996年，钱桥、藕塘镇党委结合开展红军长征胜利60周年活动，进行爱国主义、集体主义、社会主义宣传教育活动。

2000年，钱桥、藕塘镇党委组织开展“致富思源，富而思进”的“双思”教育活动。2002年，钱桥、藕塘镇党委开展宣传贯彻党的十六大精神，开展宣传和实践“三个代表”的活动。2004年，新的钱桥镇党委组织党员学习胡锦涛总书记视察江苏的讲话精神，开展落实科学发展观宣传教育活动。是年为中国共产党成立83周年，“七一”前后，中共钱桥镇委员会精心组织，积极参加惠山区委举办的纪念建党83周年知识竞赛。7月6日，中共惠山区委员会组织部、宣传部、纪委联合举办迎接建党83周年知识竞赛决赛。全区各参赛代表队在严格进行书面考试后，获得决赛入场券的仅有钱桥镇、区教育局等6支队伍。在决赛过程中，钱桥镇参赛队员以奋勇争先、满怀信心的精神状态，认真听题，沉着抢答，经过2个多小时的紧张角逐，钱桥镇参赛队获得一等奖。同年，钱桥镇党委组织各党支部（总支、党委）开展以“发挥党员先进性作用，积极为钱桥发展作贡献”为主题的征文活动。6月28日，共收到征文稿66篇。党委组织评委对参赛作品进行认真评选，共评出单位组织奖5个，个人一等奖3个、二等奖5个、三等奖10个。藕塘中心小学党支部、工业集中区党工委、街道办党总支、西漳村党总支、百乐集团党支部分别获纪念建党83周年征文组织奖。

2005年，钱桥镇党委围绕建设和谐社会的主题，开展“保持先进性，争当排头兵，争创双百亿，再造新钱桥”主题宣传活动，开展保持共产党员先进性的宣传教育活动。2006年，钱桥镇党委开展“发扬钱桥精神，争创‘双超双学’竞赛活动排头兵”主题宣传教育活动；围绕胡锦涛总书记提出的“八荣八耻”，开展社会主义荣辱观宣传教育。是年，钱桥镇党委在庆祝中国共产党成立85周年之际组织开展“八个一”庆祝活动，即开展一次“党在我心中”知识竞赛、一次纪念建党85周年征文比赛、一次廉政教育、一次荣辱观讲座、一次入党宣誓活动、一次走访结对贫困户活动、为民办一件实事、出一期纪念建党85周年专题黑板报。华新村党员还以“八荣八耻”为题材，自编自演编排说唱节目《夸媳妇》，以身边的人和事阐述践行“八荣八耻”的重要意义。6月30日，钱桥镇党委组织开展“党在我心中”知识竞赛决赛，经过激烈的角逐，藕塘中心小学代表队勇夺第一名，藕塘中学代表队和邮政分局代表队分获第二名，国税分局代表队、农技站代表队和钱桥医院代表队分获第三名。

2007年，钱桥（镇）街道党工委开展“培育和谐精神、建设富裕钱桥”和“构建和谐社会、实现新的跨越”建言献策、建功立业两项主题宣传教育活动，建立位于华新村周基头的村级“爱国主义教育基地”，推广钱桥中心小学理想教育的成功经验。钱桥街道理想教育事迹被惠山区文明办评选为未成年人“四心（孝心、爱心、诚心、公心）教育之星”，在全区进行成果展示。2008年，钱桥街道党工委扎实开展“尚德励新•和谐惠山”主题宣传教育活动，“人与自然和谐相处”系列创建活动，“惠山大讲坛”系列宣讲活动；筹建江苏省首家市场党校——无锡五洲国际装饰城市场党校，并借助惠山区委党校配套设立教学实践基地。2009年，以纪念新中国成立六十周年活动为契机，钱桥街道党工委举行“盛世华诞•锦绣钱桥”庆祝大会，集中展示区域内文明创建和传播先进文化过程中涌现出来的优秀人物事迹，编撰《2009年度钱桥故事》专辑。

2010年，钱桥街道党工委开展“高扬科学发展主旋律、谱写幸福钱桥新篇章”主题宣传教育活动，开展“新钱桥、智慧城”城市品牌建设宣传，编印反映职教园校区建设成就和发展方向的新的内部刊物《无锡职教园》。2011年，钱桥街道党工委围绕“创先争优当模范，转型升级争先锋”主题宣传教育活动，立足“大拆迁、大发展、大建设”工作大局，宣传城市化建设的重大意义；围绕建党90周年，开展系列庆祝活动；配合“创先争优当模范，转型升级争先锋”主题活动，组织开展“100天加速度行动”活动。2012年，中共十八大前，钱桥街道党工委组织开展以“献礼十八大，发展创佳绩”为主题的系列活动；中共十八大期间，组织党工委中心组全体成员和各社区街管以上干部集中观看中共十八大现场直播；中共十八大以后，以“学习贯彻十八大，领航推进现代化”为主题，在全街道迅速掀起学习、宣传、贯彻中共十八大会议精神的热潮。同时，推进“项目推进年”

和“作风建设年”活动。

2013年，钱桥街道党工委按照“高举旗帜、围绕大局、服务群众、改革创新”的总要求，开展“双争双创”“三个提升年”和“重振雄风、再创辉煌、赢得未来”主题活动，舆论宣传工作全面加强；开展“学习贯彻十八大、重振雄风创辉煌”“职教园大讨论”主题宣教活动，党员干部理论水平和能力得到提高。党工委利用各种媒体大力宣传、打造“锡西新城”品牌，“山水智都、魅力锡西”知名度提高；区域内注册中国社区志愿者1500余人，注册无锡市学雷锋志愿者1.3万人，实现15个社区全覆盖，公民道德建设和文明创建得到进一步提升，广大干部群众的凝聚力、向心力增强。2014年，钱桥街道党工委结合“三优三宜”（经济优质而宜业、环境优美而宜居、生活优越而宜人）新惠山、幸福钱桥的宣传教育，开展中国梦和“强信念、强宗旨、强素质”的“三强”主题宣传教育活动，开通钱桥街道政务微博“幸福钱桥”和官方微信公众服务平台“幸福钱桥”，探索微公益、微党课、微话题等网络微活动，致力于把官微打造成幸福钱桥的宣传名片、为民服务的窗口、真诚沟通的桥梁。2015年，钱桥街道党工委打造“精彩钱桥、与爱同行”志愿服务项目，设立无锡职教园“志愿服务同行日”，传播“奉献、友爱、互助、进步”的志愿服务精神。

## 第六节 纪律检查

钱桥、藕塘（公社、乡）镇基层党组织于20世纪60年代始设监察委员，至80年代，设专职纪检委员。监察委员、纪检委员负责党内的纪律检查工作。1990年，钱桥镇党委、藕塘乡党委分别成立纪律检查委员会。纪律检查委员会在同级党的委员会和上级纪律检查委员会的双重领导下开展工作，维护党的章程和法规在基层党组织和党员中切实贯彻执行，监督、检查党组织和党员遵守党的纪律情况，对违犯党的纪律的党组织及其成员进行处理，受理党员的控告和申诉，保障党员的权利，协助党的委员会加强党风廉政建设和开展反腐败工作。2007年，中共钱桥街道工作委员会被中共无锡市纪委、中共无锡市委宣传部命名为无锡市廉政文化建设示范点。1990~2015年，钱桥、藕塘（乡）镇，钱桥街道受到党纪政纪处分的党员87人，其中开除党籍43人、留党察看2人、严重警告13人、警告19人、开除公职2人、行政撤职5人、行政警告3人。

### 一、组织机构

1960年3月，钱桥、藕塘公社党委分别始设监察委员。1963年春，钱桥、藕塘公社各大队党支部始设监察委员。1966年夏，“文化大革命”开始，基层党组织瘫痪，纪检工作停止。1969年，基层党组织恢复纪检工作，钱桥、藕塘公社党委分别由一名党委委员兼管纪律检查工作。1979年，钱桥、藕塘公社党的纪律检查工作分别由1名党委副书记或委员兼管。1984年，按照无锡县委要求，钱桥乡党委、藕塘乡党委配齐专职纪检委员。1990年3月，钱桥镇党委、藕塘乡党委分别设立纪律检查委员会，纪委干部由乡、镇党员代表大会选举产生。同年9月，钱桥镇、藕塘乡分别成立监察室，与镇纪委合署办公。

2004年，钱桥镇成立新的纪律检查委员会，原两镇监察室合并，与镇纪委合署办公。2007年，钱桥镇撤镇设街道，设立中共钱桥街道纪律检查工作委员会。2013年，钱桥街道15个社区分别设立监督委员会。2015年，钱桥街道纪律检查工作委员会继续指导15个社区监督委员会开展工作。

### 二、纪检工作

#### （一）党风廉政责任制

1990年起，钱桥镇党委、藕塘乡党委于每年初与基层各支部签订《党风廉政建设责任状》，半年进行一次重点抽查，年终对党风廉政建设进行全面检查和考核，对发现的问题和群众反映的热点问题进行自查、自纠、整改。1993年以后，钱桥镇党委、藕塘镇党委健全完善民主生活会制度（一年两次)、廉政考核制度、民主评议党员制度、两公开一监督制度、党风联络员制度、精神文明建设百分考核制度。2004年，新的钱桥镇党委首先和全镇80余个党（总）支部“一把手”签订《党风廉政建设责任书》，同时在党委班子内部明确分工，落实责任，检查各支部的责任书履行到位情况。2014年，钱桥街道党工委与各社区、各单位党总支、党支部签订的《党风廉政建设责任书》进一步明确党风廉政“一把手”负责制，实行“一票否决制”，积极营造“一岗双责”氛围，认真贯彻落实党风廉政建设党委主体责任和纪委监督责任的规定。

**（二）廉政建设**

**党政领导“述职述廉”** 2001年始，钱桥、藕塘镇党委领导每年年底进行述职述廉报告。2003年始，钱桥、藕塘镇党委领导每年年底作个人书面述职述廉报告、口头述职述廉报告。党委领导述职述廉报告会的参加对象有机关中层正职以上干部，各村（社区）书记、主任，市镇各单位及条线负责人；书面述职述廉报告上墙公示。党委领导述职述廉报告后作民主测评。2006~2015年，钱桥镇党委、钱桥街道党工委进一步贯彻《中国共产党党员领导干部廉洁从政若干准则》中的“八个禁止、52个不准”，教育全（镇）街道党员干部始终保持“为民、务实、清廉”的服务宗旨。

**党员干部廉洁自律** 1990~1996年，钱桥、藕塘（乡）镇党委全面清理党员干部个人宕欠款。钱桥镇清理宕欠款50余万元，藕塘（乡）镇清理宕欠款35万元。1996~1998年，钱桥、藕塘镇党委清理收缴或作价处理用公款配置的手机和安装的住宅电话。钱桥镇党委清理手机27只、住宅电话47部，按规定作价2.91万元；藕塘镇党委清理手机14只、住宅电话22部，作价为1.54万元。

2002年5月，藕塘镇党委成立“百人评议机关作风”活动领导小组，下设办公室，确保评议活动有序进行。镇全体机关人员围绕以经济发展为中心，为全镇群众和所有纳税人做好服务，对所有新办项目和企业提供“一站式”“保姆式”服务，实践“企业围墙内的事企业办、企业围墙外的事政府办”承诺。2003年，钱桥镇党委、政府被中共无锡市惠山区委员会评为“团结、廉洁、高效、开拓”好班子。

2004年，钱桥镇党委开展一系列党员干部廉洁自律教育活动。是年5月10日，钱桥镇党委、纪委召开全体机关工作人员会议，联合颁布《钱桥镇关于严禁在工作期间饮酒的规定》实施细则，规定在工业集中区、镇机关各部门、各村委严禁在工作日午间饮酒，严禁在值班期间饮酒，严禁穿制服在社会公共场所饮酒，严禁在任何时间、任何场所酗酒，严禁在酒后驾驶机动车，违者将被责令检查、通报批评及扣发奖金。同年5月18~20日，惠山区公务用车公开拍卖会在钱桥镇影剧院举行。拍卖会拍卖的198辆汽车均是惠山区部、委、办、局的公务用车，3场拍卖会共设立2100个举牌位，由无锡嘉德拍卖公司等三家公司主持拍卖。2006年3月18日，钱桥镇党委、政府举办各村（社区）公务用车拍卖会，各村委（社区）居委会不再使用公车。

图4—19—11　2006年3月18日，钱桥镇举办村务用车拍卖会

2008年1月9日，区委副书记、区长吴仲林带领区党风廉政建设考核小组一行到钱桥进行2007年度党风廉政建设考评。检查组听取中共钱桥街道工作委员会关于2007年钱桥落实党风廉政建设责任制和反腐败工作报告、班子成员执行廉政建设责任制报告和主要领导个人述职述廉报告，开展民主测评，征求社会各界人士对钱桥党政班子执行廉政建

图4—19—12　2008年1月9日，钱桥街道党工委召开落实党风廉政建设责任制暨述职述廉大会

设的意见和建议，并查看钱桥开展党风廉政建设活动和执行相关制度的台账资料。吴仲林对钱桥街道党工委党风廉政建设工作取得的成效予以肯定，并要求钱桥各级干部学习党的十七大精神，争做党风廉政建设的表率。

2011 年，钱桥街道党工委推进党风廉政建设工作，强化抓督察整改、抓整顿治理、抓警示教育、抓检查落实、抓监管完善“五个抓”，有效增强干部廉洁自律意识和拒腐防变能力。对拆迁和安置过渡工作、创建文明城市工作、机关作风与效能建设工作进行多次专项督察，确保各项工作规范有序推进。重点整治“小金库”，清理和规范庆典、研讨会和论坛活动，规范党政机关公务用车，三项专项治理取得阶段性成果。2012 年，钱桥街道党工委对党风廉政建设切实加强监督检查，推进基层党风廉政建设，切实加强教育防范和制度创新，促进治本抓源工作；加强查信办案工作，查处违法违纪案件。

2013 年，钱桥街道党工委贯彻落实中央“八项规定”和省、市、区委“十项规定”，制定出台《机关工作人员量化考核办法》，开展督察活动 20 多次，开展“廉润钱桥”反腐倡廉活动，完成社区“三务公开”（党务、政务、财务）信息平台建设和运行，完善“三务公开”信息网络；切实加强查信办案工作，严肃查处违法违纪案件，园区惩防体系进一步完善。2014 年，钱桥街道党工委组织开展“5 • 10”（“我要廉”）思廉日主题教育活动，街道机关干部、社区主要负责人 200 多人观

图 4—19—13　2014 年 5 月 12 日，中共无锡职教园工作委员会、钱桥街道工作委员会召开“廉润钱桥”反腐倡廉教育大会

图 4—19—14　2014 年 8 月 29 日，中共无锡职教园工作委员会、钱桥街道工作委员会召开领导干部民主评议大会

看教育片《锡城反腐录》，组织党员干部前往无锡市预防职务犯罪基地开展警示教育活动。是年 3 月，钱桥街道党工委对全街道公务用车的实际使用情况进行调研摸底，出台《关于钱桥街道行政事业单位实施公务用车定点维修（保养）及定点保险的通知》的“二定”方案。

**纠风治乱**　1996~1998 年，钱桥、藕塘镇党委规范工程建设领域的招投标行为，对工程建设中的违规行为进行专项治理。钱桥镇党委确保投资 30 万元以上工程项目的报建率、招投标率均达 100%。藕塘镇党委对全镇 30 万元以上投资的 46 项工程进行排队摸底，对 13 个基建工程项目进行清理审查，审计核减工程造价 149 万元。

1998~2001 年，钱桥、藕塘镇党委不断完善行政事业单位“收支两条线”管理工作，对预算外资金实行阳光操作，加大对“小金库”的查处，建立长效管理机制。同时，全面推行党务公开、政务公开、村务公开工作。“村务公开”每年进行 1~2 次检查，根据五个方面 35 项内容逐项检查，现场评分，上墙公布。特别是村级干部年终报酬、村级收支费用等群众最为关心的问题做到公开透明。

2007 年，钱桥街道党工委成立招标办。招标办成员有财政、资管、农办、纪检、工程、司法等部门领导组成，以加强对招投标过程进行全程监督，防止干预招标、虚假投标、串标等问题的发生。2014 年 2 月，钱桥街道党工委出台《钱桥街道工程项目管理实施意见（试行）》，加强对工程项目招投标等制度的监管。至是年 9 月，共办理小型项目招标 117 个，包括水利工程、绿化亮化工程、村

庄改造、污水处理等项目，标的额达 1326.56 万元。是年，钱桥街道党工委执行中央八项规定和省市区委“十项规定”，严格控制公务接待费用，严格执行公车管理规定，规范领导干部操办和出席婚丧喜庆相关事宜。完善各项制度，规范社区财务和工程项目管理。同时，提升查信办案水平，全年配合上级或自行办理辖区内信访举报 22 件（次）。加强廉政教育，从源头上预防腐败，结合“内评比”和“外监督”，加大对工作完成情况的督察考核，机关作风得到明显转变，促进街道重点工作按照时序进度和质量要求完成。

**廉政文化建设** 2004 年起，钱桥镇党委开展廉政文化“进机关、进社区、进企业、进校园、进农村、进家庭”六进活动，创建廉政文化示范点。2007 年，钱桥街道被无锡市纪委、无锡市委宣传部命名为无锡市廉政文化建设示范点。2013 年，西漳社区、钱桥中心小学创建为无锡市级廉政文化示范点。

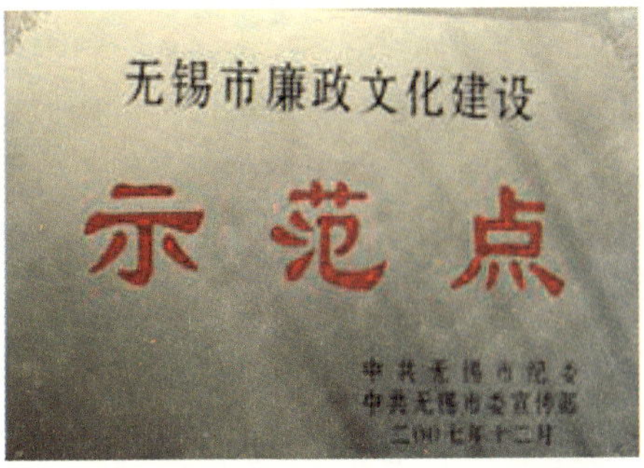

图 4—19—15 2007 年 12 月钱桥街道被中共无锡市纪委、中共无锡市委宣传部命名为无锡市廉政文化建设示范点

（三）纪检信访

1990~1993 年，钱桥镇党委建立信访网络，聘请 20 多名党员为信访工作联络员，设立 8 个联络点，先后收到来信来访 80 件，其中镇纪委受理 50 件，不属受理和转办的 30 件，办结率达 100%。藕塘（乡）镇党委通过来信来访，查到不正之风的重要线索，共立案查处违法违纪案件 8 起，为集体挽回经济损失 120 万元。同期，钱桥、藕塘（乡）镇党委对本镇 1949~1989 年 40 年间的违纪党员档案进行整理，归档立卷。40 年间，钱桥、藕塘（公社、乡）镇分别有违纪党员 124 人、90 人，立专卷和分卷分别为 71 册、33 册。

2004 年以后，钱桥镇、钱桥街道纪委认真执行廉政防范“四项制度”，配合区纪委、区人民检察院、纪委洛社工作室做好查办来信、接待来访群众及调查取证工作。2014 年，钱桥街道纪委受理群众信件、群众投诉共 27 件。

（四）查处案件

在新中国成立后的各个历史时期，钱桥、藕塘地区一些思想蜕化变质的党员干部违纪违法事件时有发生，有生活作风或经济问题，有赌博、嫖娼、寻衅滋事、吸毒、迷信、失（渎）职、醉驾，有贪污受贿，有的甚至走向经济犯罪、侵吞集体资金财产等。对于上述党员干部违纪违法行为，钱桥、藕塘（乡）镇党委，钱桥街道党工委决不姑息，严肃对待，立案查处，并视不同情况对违纪违法的党员进行党纪、政纪处分，甚至移送司法机关查办。

1990 年，藕塘乡成立纪委后，始终把查处党内违纪案件作为严肃党纪、从严治党的中心环节来抓，查案中争取各级组织的支持配合，做到坚持原则、排除干扰、克服困难、严肃执纪。1990~1992 年，钱桥镇、藕塘乡共查处各类违纪案件 8 件，处分党员 6 人，其中开除党籍 1 人，留党察看 4 人，党内警告 1 人；三年中，共收到和接待群众来信来访 13 次，全部办结完毕，办结率达到 100%。2005~2015 年，钱桥（镇）街道共处分党员 65 人，其中开除党籍 33 人，留党察看 2 人，党内严重警告 10 人，党内警告 15 人，开除公职 2 人，行政警告 3 人。

1990~2015 年钱桥、藕塘地区党员干部党纪政纪处分统计表

表 4—19—15 单位：人

| 年份 | 处分党员总数 | 党纪处分 | | | | | 政纪处分 | | |
|---|---|---|---|---|---|---|---|---|---|
| | | 开除党籍 | 留党察看 | 撤销党内职务 | 严重警告 | 警告 | 开除公职 | 行政撤职 | 行政警告 |
| 1990~2004 | 22 | 10 | — | — | 3 | 4 | — | 5 | — |
| 2005~2015 | 65 | 33 | 2 | — | 10 | 15 | 2 | — | 3 |

# 第七节 统一战线工作

1992年，中共钱桥镇委员会始配备专职统战委员，负责统战工作；中共藕塘乡委员会由宣传委员负责统战工作；各基层党支部设兼职统战委员。2004年2月，新的钱桥镇党委设专职统战委员。2015年，中共钱桥街道工作委员会设统战委员，负责区域内的统战工作。钱桥街道党工委统战委员的统战对象为各民主党派成员、无党派人士、党外知识分子、少数民族人士、宗教界人士、非公有制经济人士、香港和澳门同胞、台湾同胞及其台湾人员留在大陆的亲属、出国和归国留学人员、海外侨胞和归侨等，听取并反映他们的意见和建议，贯彻党领导的多党合作和政治协商制度及对民主党派、少数民族、港澳同胞、台湾同胞、海外侨胞的方针政策，凝心聚力，团结一切可以团结的力量，维护和发展安定团结的政治局面。

## 一、组织机构

1949~1979年，钱桥、藕塘地区党组织的统一战线工作在无锡县委的领导下开展工作。为加强党的基层统战工作，无锡县委于1980年4月、1985年8月先后两次发文规定各乡镇党委由宣传委员兼管统战工作，或配备统战专职委员。1992年，钱桥镇、藕塘乡成立统战办公室。是年，钱桥镇党委配备专职统战委员，藕塘乡党委由宣传委员兼管统战工作；钱桥、藕塘地区各基层党支部也都设有兼职统战委员，基本形成一支专兼职结合、上下贯通的统战干部队伍。2004年2月，新的钱桥镇党委设专职统战委员，负责统战工作。2015年，钱桥街道党工委专职统战委员负责统战办做好区域内的统战工作。

## 二、统战工作

钱桥（镇）街道统战委员学习、宣传、贯彻执行党的统战、对台侨务、民族宗教、党外、非公经济等工作的方针政策，确保各项方针政策落到实处；发挥统战工作的优势，组织统战成员服务于地方社会事业建设，并借助有效服务载体，为统战对象提供各项服务；做好台胞、侨胞眷属等统战对象思想政治工作，鼓励其与海外亲人保持密切联系，动员其积极为祖国统一事业做出贡献；加强党外干部、党外知识分子和党外代表人士的队伍建设，关心党外人士和民主党派成员的工作和生活，发挥其在地方建设中的积极作用；依法加强对民族、宗教事务的管理，确保民族宗教等统战领域的社会稳定，促进社会和谐建设；重点加强非公经济代表人士的队伍建设，教育引导他们为地区经济发展和社区公益事业发展多做贡献；主动为非公企业做好服务协调工作，宣传有关政策法规，维护他们的合法权益；掌握本（镇）街道统战成员的基本情况，建立完善的统战工作基础台账和工作规范。

### （一）政协、民主党派工作

1981年4月，钱桥、藕塘两公社分别成立政协小组。20世纪80年代中期，钱桥、藕塘（乡）镇相继建立侨台联小组、工商联小组。2002年2月，政协小组改建为政协工作委员会。随着改革开放和经济建设及民主政治建设的不断发展，镇村基层统战工作进一步得到加强，作用日见显现，政协队伍逐年扩大，民主党派也得到发展。

钱桥街道统战办还建立“纳税人之家”沟通平台、商务服务沟通平台、产学研技术平台，为企业发展提供服务。建立《少数民族人口登记表》《民主党派人士登记表》《港、澳、台胞人士登记表》《宗教人士登记表》等台账。

2007年，钱桥（镇）街道统战工作全面贯彻落实省、市、区统战会议精神，紧紧围绕党委、政府的中心工作，最大限度地调动全（镇）街道统战成员的积极性，加强协调，化解矛盾，理顺关系，减少阻力，形成合力，巩固和发展统一战线团结、稳定、振奋、活跃的局面。是年，钱桥（镇）街道有区政协委员15人，委员中中共党员5人，党外人士10人、其中民主党派1人；建立重点党外代表人士档案库18人。同时，统战工作纳入钱桥街道党工委工作议事日程，党工委及时研究解决统战工作中存在的困难和问题。健全统战工作制度，做到年初有计划、年终有总结，按规定及时上报惠山区委统战部各种材料、报表；加强党外人士的联系交友工作，进一步完善协商、通报、谈心、交心和走访党外人士制度。统战办还经常组织党外人士代表和知名人士召开通报会、讨论会、座谈会，传达上级党委、政府的重要精神，通报协商街道党工委、办事处的重大决策、社会发展规划、年度工作报告，加强与重点党外人士、非公有制经济代表人士的联系，重视做好党外知识分子工作。是年，结合镇机关效能建设，组织党外代表人士参加国土所、派出所等部门座谈会，组织参与街道重点工程协调工作，如殡葬整治中西漳唐川度祖母的坟墓动迁、恒源祥薛福成家族的坟墓动迁等得到圆满解决。

2015年，钱桥街道统战办组织统战人士先后深入基层社区、企业4次，围绕政府工作主线，就经济转型、产业升级、社会管理、百姓生活的热点、难点等方面开展专题调研，及时反映社情民意，撰写提案，为区域建设议政建言，为党和政府决策提供依据和参考。是年，统战办共收到各类社情民意信息53条，报区政协17条，录用14条。是年，钱桥街道共有18人参加农工民主党、民进会、民盟、民建、九三学社等民主党派，其中2人当选为惠山区人大代表，3人当选为惠山区政协委员，充分发挥民主党派参政议政的作用。

**（二）服务商会**

1996年7月，在统战办的牵头下成立钱桥镇商会。1999年9月，藕塘镇商会成立。2007年，钱桥街道商会会员132家，其中超3000万元的企业53家；台资、外资企业52家。统战工作全力做好商会的服务立会工作，经常走访联系会员企业，及时为会员企业提供信息，搭建企业与政府部门沟通的平台；推荐4家企业评选三信企业，12家企业争创三信企业，15人分别参加评选双爱双评活动；组织30多家会员企业参加无锡市中小企业管理培训班，3家准备上市的企业参加民营企业资本运作培训班；组织华东电力、五洲国际装饰城、钢材市场等会员参与“双百”（百个企业、百个个人）竞赛活动，引导非公有制经济人士投身“光彩事业”，举行结对助学活动，捐资助学4万余元；引导会员企业注重公益事业，为所在村建桥修路，铺设自来水管，结对扶贫帮困，资助贫困大学生，走访慰问敬老院等，产生良好的社会反响。是年11月3日，组织青年商会进行第一届换届选举，选出第二届商会会长、副会长及常务理事。

2015年，钱桥街道统战工作以“同心”思想引领，完善党政领导班子成员与结对党派、非公有制经济代表人士的走访联系与协商制度，广交深交党外朋友，看望统战对象，及时了解他们的工作、生活和思想情况，倾听并及时反映他们的意见、建议。组织统战人士深入基层社区、企业4次，就经济转型、产业升级、城市发展、社会管理、百姓生活的热点难点等方面开展专题调研，及时掌握社情民意，撰写提案，为区域建设议政建言。钱桥为知名的“焊管之乡”“冷轧之都”，钢类产业聚集度高，受外部竞争加剧、内部成本上升等因素影响，产品附加值低，相关企业举步维艰。针对经济形势，统战工作搭建三大服务平台（纳税人之家沟通平台、商会服务平台、校企合作平台），建立服务体系，推动落实帮扶政策，协调解决企业在生产经营中碰到的问题。3月，通过“纳税人之家”沟通平台，组织部分企业家代表参加地税四分局组织召开的区“纳税人之家”工作会议，推动“纳税人之家”下设的纳税人参事团、资讯服务团、监督评议团、争议调解团4个职能机构的有效运行，实现“纳税人之家”具有参政议事、民主评税、税收研讨、政策扶持、监督评议、涉税维权等功能，让企业得到切实的服务和更多的话语权。搭建商会服务平台，沟通企业与企业、企业与政府之间的关系，开展确定一个时间、办好一个网站、发展一批会员、办好一次公益活动、做好一次论坛、实践一个宗旨的“六个一”活动。商会服务平台坚持服务为本，满足会员企业在发展壮大企业中提出的各项服务要求。坚持“每季有主题，每月有活动”，确定每月20日为商会活动日。活动日采取专题讲座、座谈会、政策解读会、外出参观等多种形式开展活动。商会秘书处定期梳理信息资源，让更多的会员企业了解政策，解读政策，扩大其信息面，协助其理清思路、准确定位，同时引导企业家在慈善事业中发挥作用，扶贫帮困，热心公益，奉献社会。5月，统战委员邀请经济发展和招商局科技部门为企业详细解读区委、区政府对于促进产业转型升级、扶持企业的相关政策，引导企业上报科技创新成果。通过校企合作平台，多家企业与东北大学研究院签订长期技术合作协议。是年中秋节，商会举办钱桥经济传承与发展高峰论坛，钱桥街道200多家工业企业负责人参加。论坛面对新的经济变革、新的经济形势，研讨如何调整思路，再造辉煌。无锡市政协副主席孙志亮在论坛上做了点评。同年，开展“光彩事业”活动，充分发挥各统战团体的人才资源优势，扶贫帮困，奉献社会，相继开展 “奉献爱心·点燃梦想”贫困妇女儿童深度救助活动及“关爱·圆梦”工程。

**（三）团结少数民族**

随着改革开放和经济建设的快速发展，少数民族地区的人民群众与区域内村（居）民通婚结婚、经商、办企业、外来务工的人员越来越多。统战办协同计划生育办公室、派出所对辖区内常住、暂住的少数民族困难家庭、商户进行走访调查。2007年，钱桥街道定居少数民族人口127人，10个民族，其中较为贫困的有2户。了解后，统战办走访慰问困难的少数民族家庭，为2名生活困难但不在低保范围内的少数民族居民送上慰问金4000余元；对2名少数民族学生给予学费减免，帮助少数民族家庭的子女解决上学难问题；推荐2家清真拉面店参加无锡市清真饮食行业创优评比活动，对清真拉面店和周围群众进行民族政策的宣传教育，维护民族大团结，促进社会稳定。

2015年，统战工作牢固树立“台侨、民宗无小事”理念，组织社区人员到少数民族家庭上门登记、调查，建立名册。是年，钱桥街道常住少数民族人口170人，暂住少数民族人口214人，清真拉面店13家。同时，协同街道计生办、派出所对辖区内常住、暂住少数民族的困难家庭、商户进行走访调查，了解他们的户籍、子女入学等情况，发放慰问金，帮助解决少数民族家庭子女上学难的问题。

**（四）宗教管理**

新中国成立后，辖区内历史遗存的寺庙改建成乡村小学。“文化大革命”中“破四旧、立四新”时，寺庙受到严重破坏。为加强对宗教活动的规范化管理，20世纪90年代，钱桥、藕塘两镇统战人员根据上级要求，对辖区内的宗教活动场所进行清理整顿，并报上级批准钱桥南西漳慈云寺、藕塘庙塘桥常寿寺和井亭基督教活动点为合法宗教场所，同时为三个活动场所建立管理机构，明确责任管理单位和责任人，制定制度，加强监督管理，确保宗教活动规范开展。对群众反映的非法宗教活动点和宗教活动，统战办及时做好疏导工作，发现一起取缔一起。2006年10月，钱桥镇成立宗教工作领导小组，领导小组组长由镇长兼任。

2007年，钱桥（镇）街道重视和巩固民族宗教工作，明确（镇）街道宗教工作领导小组职责，完善村级宗教工作联络员制度，充实和调整宗教场所管理队伍，落实宗教场所安全管理责任。是年4月，组织各宗教场所负责人参加区宗教局举办的法律法规培训班，组织各村宗教联络员、宗教场所负责人学习党的宗教政策、法律法规和各级宗教工作会议精神，提高宗教场所管理人员素质。5月，镇统战办、民宗办协同安监部门、村建办和派出所以及所在村委对宗教活动场所进行消防安全、房屋安全、电气安全和防盗设施等全面检查，发现不规范的地方，下发限期整改通知书。是年，钱桥街道共有合法宗教活动场所3处，分别是1个基督教堂、1个佛教活动点、1座寺院。

2008年，钱桥街道统战办加强对宗教活动的管理。钱桥街道统战办在抓好宗教场所日常管理各项制度落实的同时，对照星级宗教场所创建要求，抓好场所的财务公开、财务监督工作。6月，区民族宗教局、佛教协会等部门对区域内各宗教场所的财务情况进行检查，发现财务制度执行不规范的地方，即组织各宗教场所负责人学习财务制度，进行改进和完善。是年4~10月，慈云寺举办3次较大规模的宗教活动，统战办及时将活动计划上报区宗教局，并协调派出所、卫生院、交管所以及所在村委做好安全、食品卫生和交通疏导工作，确保宗教活动平稳有序开展。12月，区民族宗教局对区域内3个宗教场所进行星级创建活动考评，发现存在不规范的地方，街道统战、民宗部门及时和场所负责人沟通，落实改进措施。

2015年，钱桥街道统战部门不断加强宗教事务管理，抓好宗教场所的日常管理，抓好场所的财务公开、财务监督工作，提高场所财务管理的透明化和规范化。是年11月，统战办对三个宗教活动场所进行财务检查。同年，抓好宗教场所安全管理责任制落实，每季度深入辖区内三家宗教场所开展安全检查，督促宗教活动场所加强对房屋的维修和安全设施的维护、保养，确保宗教活动场所安全；抓好宗教活动审批制度，做好活动预案，确保场所和信教群众生命财产安全。井亭基督教堂多次反映教堂开展活动时，来往人数众多，进出路段只有一个能够通行助力车的小道口，交通不便，经常发生汽车碰擦情况，而且信教群众去活动场所需穿越马路，道口处没有斑马线，带来很大的交通安全隐患。统战部门经过与相关职能部门协调，是年，在钱胡路上增设一处通往藕塘井亭基督教堂的道口，方便群众通行，并在道口处设置明显的位置标志，提醒来往车辆减速慢行。是年，统战部门切实加强对非法宗教场所的管理力度，落实管理单位和责任人，巩固管理成果，与城管部门联动，取缔非法集会点。

**（五）侨务**

1978年前，区域内民众普遍认为有港台关系、海外关系是不光彩的，是“累赘”。改革开放后，钱桥、藕塘公社党委把侨务工作提上议事日程，区域内部分台胞、侨胞思乡心切，开始探索到大陆寻祖探亲，统战部门积极协助，为台胞和侨胞提供服务和便利，使港、澳、台同胞，华侨与钱桥、藕塘地区的亲友建立联系，促成团聚，部分台胞和侨胞给予亲属经济上的支持和帮助。1980年，藕塘公社党委组织人员对区域内华侨，港、澳、台同胞深入调查，建立《华侨、港、澳、台同胞登记表》。时藕塘公社登记到有港、澳同胞18户，台湾同胞15户，华侨3户。1982年底，藕塘公社建立联系的台胞和侨胞共47户，其中居住在中国台湾的19户、居住在中国香港的25户，居住在美国的3户，绝大部分是在新中国成立前到台湾和香港定居的。

随着改革开放的不断深入，部分港澳同胞、台胞和侨胞开始到大陆投资创业。20世纪80年代末、90年代初，钱桥镇共有台商独资企业1家、合资企业2家，港商企业6家；藕塘（乡）镇共有台商企业2家、港商企业7家。2007年，钱桥街道有台属54户，侨胞15户。统战办加强港、澳、台同胞和华侨的走访工作，及时在传统佳节给港、澳、台同胞和华侨送去关怀，组织港、澳、台属参加街道各界人士座谈会，请他们为钱桥经济和社会发展建言献策。2015年底，钱桥街道共有台资企业6家、港资企业23家。统战办热情为台资、港资企业提供服务，协助有关部门解决企业在生产、生活中遇到的困难，调解矛盾，使台资、港资企业稳定发展，为钱桥经济建设作出贡献。

## 第八节 党校

1984年、1986年，中共藕塘乡委员会、中共钱桥乡委员会先后成立党校，乡党委书记任党校校长，同时配备1名专职副校长负责党校具体工作。2004年，钱桥、藕塘两镇党校合并，成立新的中共钱桥镇委党校。2015年，中共钱桥街道工作委员会党校位于钱桥镇育才路108号。钱桥、藕塘（乡）镇党校，钱桥街道党校担负培训农村、企事业单位基层干部、党员和入党积极分子的任务，是加强党员干部教育的重要阵地。

### 一、中共钱桥（乡、镇）委员会党校、中共钱桥街道工作委员会党校

1986年，钱桥乡党委成立党校，设在政府机关内。钱桥（乡）镇党校每年承担农村党员冬训、业务骨干培训、中青年干部培训、入党积极分子培训、工会干部培训、妇女干部培训、综治干部培

训等任务，年均办培训班 6 期以上。此外，还组织 11 人组成宣讲队伍，常年为基层党组织上党课，年均讲课 100 余次。

2004 年 2 月，钱桥与藕塘两镇党校合二为一，成立新的钱桥镇党校。钱桥镇党校发挥教育主阵地的功能，立足实际，切入党员干部需求，举办各类培训班，进行政治理论和社会科学的主题讲座。2007 年，钱桥镇党校更名为中共钱桥街道工作委员会党校。2010 年，钱桥街道党校搬迁至育才路 108 号，与成人教育中心资源共享，校区占地面积 8000 平方米，建筑面积 2000 平方米，配置办公室 2 间、多媒体教室 3 间、电化教室 1 间、图书室 1 间、微机室 1 间；配备专职副校长 1 人，专职教师 3 人。2004~2015 年，钱桥（镇）街党校共举办入党积极分子培训班 10 期，培训人数 450 多人次；举办两级干部，党务委员，工、青、妇干部，综治调解主任，青年后备干部等各类干部培训班 48 期，培训人数 3800 多人次，培训内容包括政治理论、业务技能、个人素养、廉洁文化、党章知识、法律法规等；为基层社区、学校、企业党组织送课上门 450 场次，受教育人数 4200 多人次。

钱桥（乡、镇）街道党校历任校长为彭焕明、俞觉然、戴家元、吴少华、倪海兵、刘俊伟；历任副校长为吴永清、章士良、周建洪、周宏良。

## 二、中共藕塘（乡）镇党校

1984 年春，藕塘乡开办中共藕塘乡委员会党校。党校设在藕塘桥桥堍原藕塘中心小学校舍内，有两个教室和一个办公室。藕塘乡党校对党委下属的 38 个党支部的党务员每个季度组织一次教育业务培训，每年组织一次工作培训；每季度编写党课资料一份，发至各党支部，由各党支部组织党员学习；对各党支部的纪检委员每年进行一次党的政策、法规学习培训；对入党积极分子进行党的基本知识学习、培训、考试，时间一般 3 天；对新党员每年进行一次《党章》和党的纪律、法规的培训；对 9 个村村委主任、副主任每年进行一次领导科学、领导方法、领导艺术等知识培训；对村委条线副职干部每年进行一次业务培训；对企业正副厂长每年进行一次经济知识和企业管理知识培训；对企业车间管理人员每年进行一次职责培训；与成人教育中心校联合开办干部非学历培训。

1988 年，藕塘乡党校搬迁至藕塘新街工业公司内。2002 年，藕塘镇党校搬迁至藕塘教育文化服务站内。2004 年 2 月，藕塘镇党校与钱桥镇党校合并，成立新的钱桥镇党校。藕塘（乡）镇党校历任校长为黄翰增、许其南、王仁祖、朱正平、秦志宏；历任专职副校长为郁伟伦、沈毅男、高勤宝、陈凤鸣、周平康。

# 第二十章 政 务

宋代，钱桥、藕塘地区地方政权机构实行乡都保制，有神护、富安、布政、开原4个乡。神护乡设2都19保，富安乡设3都30保，布政乡设2都20保，开原乡设2都20保。都设都保长，保设保长。元承宋制。明万历至清光绪三十三年（1907），钱桥、藕塘地区地方行政机构实行区都图制，有富安区、开原区2个区。富安区设9都34图，开原区设5都36图。区设区长，都设都董，图设图董。清光绪三十四年，无锡县设17个市乡，钱桥、藕塘地区分属开原乡、富安乡。

民国元年（1912），无锡县承清区划，仍辖17个市乡，钱桥、藕塘地区仍属开原、富安两乡。民国18年，无锡县17个市乡改为17个区，以序数为区名。钱桥镇、藕塘镇属第四区（原开原乡）。第四区区公所驻地前桥头，辖4个镇32个乡。藕塘地区西部之稍塘、青山、井亭、盛店属第十七区。第十七区（原富安乡）区公所驻地张舍里，下辖4个镇34个乡。民国23年，无锡全境17个区合并为10个区，第四区（原开原乡）与第十七区（原富安乡）合并，设第四区。第四区区署驻地前桥头，辖9个镇13个乡。民国26年无锡沦陷后，钱桥、藕塘地区在日伪统治之下。民国27年1月，恢复民国23年前的17个区。抗日战争胜利后，无锡县政府决定恢复抗日战争时期前10个区的区域旧制，各区序数区名改为所在地名称，第四区更设为藕塘区。藕塘区区署驻地藕塘桥，辖9个镇（藕塘镇、钱桥镇、盛店镇、新渎镇、张舍镇、胡埭镇、荣巷镇、河埒口镇、徐巷镇）13个乡（福山乡、修浦乡、鸿桥乡、崇仁乡、陆区桥乡、兴隆乡、阊江乡、刘塘乡、稍塘乡、溪北乡、惠北乡、仙蠡乡、大池乡）。民国37年1月，无锡县政府决定裁区设置，合并乡镇。藕塘镇、盛店乡、稍塘乡、溪北乡属新渎区署领导，钱桥镇、万东乡属第四指导区署领导。

1949年4月23日，钱桥、藕塘地区解放后，建立人民民主政权，至1950年4月，钱桥、藕塘地区地方行政机构设置、辖区驻地均未变，钱桥镇、万东乡人民政府属开原区署管辖，藕塘镇、盛店乡、稍塘乡、溪北乡属新渎区署管辖。1950年4月，成立藕塘区人民政府。钱桥镇、藕塘镇、稍塘乡、万东乡人民政府属藕塘区人民政府（后改区公所）管辖，盛店乡人民政府属新渎区人民政府管辖。是年7月，钱桥、藕塘地区划成9个小乡，各小乡分别成立乡人民政府。1954年8月，藕塘区公所撤销，钱桥、舜柯、社冈、西漳、洋溪乡人民政府划归无锡市郊区人民政府管辖，藕塘、稍塘、新民乡人民政府划归新渎区人民政府管辖。1956年，舜柯乡划归钱桥乡，建立钱桥乡人民委员会；社冈、洋溪乡划归西漳乡，建立西漳乡人民委员会；稍塘乡全乡及新民乡的部分地区划归藕塘乡，建立藕塘乡人民委员会。1957年，盛店乡划归藕塘乡，属藕塘乡人民委员会管辖。是年，钱桥、藕塘乡建立人民代表大会制度，先后分别召开第一届人民代表大会。钱桥、藕塘乡人民代表大会是本行政区域内的国家权力机构。

1958年1月，西漳乡划归钱桥乡，属钱桥乡人民委员会管辖。9月，钱桥、藕塘地区分别成立钱桥、藕塘人民公社，建立钱桥、藕塘人民公社管理委员会。1968年，钱桥、藕塘公社管理委员会撤销，建立钱桥、藕塘人民公社革命委员会。1981年，钱桥、藕塘人民公社革命委员会撤销，恢复钱桥、藕塘人民公社管理委员会。同年，钱桥、藕塘公社分别建立政协小组。1983年，钱桥、藕塘人民公社管理委员会撤销，建立钱桥、藕塘乡人民政府。1987 年，钱桥撤乡建镇，建立钱桥镇人民政府。1993 年，藕塘撤乡建镇，建立藕塘镇人民政府。2002 年，钱桥镇、藕塘镇分别建立政协钱桥、藕塘镇工作委员会。政协小组、政协工作委员会组织区域内各民主党派人士、无党派人士、工商联人士、非公有制经济人士等参政议政，向政府建言献策。

2004 年 2 月，钱桥、藕塘两镇合并，成立新的钱桥镇人民政府。藕塘乡自 1957 年建立人民代表大会制度至 2004 年 2 月钱桥、藕塘两镇合并，藕塘（公社、乡）镇先后共召开 15 届人民代表大会。2006 年，区域内建立无锡（藕塘）职教园区管理委员会，是与钱桥镇人民政府实行“镇园合一”的地方政权机构。2007 年，钱桥镇撤销，设钱桥街道，同时建立钱桥街道办事处。钱桥街道办事处为无锡市惠山区人民政府的派出机构，不再设立乡镇级人民代表大会。钱桥乡自 1957 年建立人民代表大会制度至 2007 年设立钱桥街道，钱桥（公社、乡）镇先后共召开 16 届人民代表大会。2010 年，钱桥（藕塘）职教园区管理委员会更设为无锡职教园管理委员会。2015 年，无锡职教园管理委员会与钱桥街道办事处仍实行“街园合一”的地方政府体制。

## 第一节 民国前地方行政机构

宋代，钱桥、藕塘地区地方行政机构实行乡都保制，乡统都，都设保。10 户为保，置保长 1 人；50 户为大保，置大保长 1 人；十大保为一都保，置都保长 1 人。保长、大保长、都保长之职权为征纳赋税钱粮、输送差役、勾摄人犯、办理上供物件、编造黄册等。区域内有神护、富安、布政、开原 4 个乡。神护乡在无锡县城西北 25 公里，东至布政乡，西至阳湖，南至布政乡，北至青城乡，设 2 都 19 保，盛店桥地区属神护乡。富安乡在县城西 25 公里，东至布政乡，西至阳湖，南至阳湖，北至神护乡，设 3 都 30 保，稍塘营地区属富安乡。布政乡在县城西 20 公里，东至开原乡，西至富安乡，南至太湖，北至神护乡，设 2 都 20 保，藕塘桥地区属布政乡。开原乡东在县城，西至布政乡，南至扬名乡，北至万安乡，设 2 都 20 保，钱桥地区属开原乡。元袭宋制。

明万历元年（1573）至清光绪三十四年（1908），计户分里，随粮定区，区分上下扇，区以下设都，都以下设图，图以下设甲。时神护、富安、开原、布政 4 个乡分别划归富安区、开原区。富安、开原两区均设上扇、下扇。神护乡全部，富安乡、布政乡部分划归富安区上扇；富安乡、布政乡部分划归富安区下扇。富安区上扇设 5 都 17 图；富安区下扇设 4 都 17 图。开原乡部分，县城西北、东北 3 图及东南 2 图划归开原区上扇；布政乡部分，开原乡部分，县城西北、西南、东北 3 图及东南 1 图划归开原区下扇。开原区上扇设 2 都 17 图，下扇设 3 都 19 图。钱桥为第 22 都、三图，“伏”字；龙山梢为第 22 都、四图，“戎”字，均属开原区上扇。周公弄为第 22 都、一图，“首”字；苏巷上为第 22 都、二图，“臣”字；下虞桥（又称夏虞桥）为第 22 都、八图，“壹”字；羊毛岸为第 22 都、十图，“率”字；历村为第 21 都、一图，“章”字，均属开原区下扇。赤墩里为第 20 都、一图，“问”字；郑（盛）店桥为第 20 都、四图，“拱”字；庙桥为第 20 都、五图，“平”字，均属富安区下扇。另外，钱桥地区马客桥、西漳、社冈里属万安区下扇第 10 都，马客桥为第 10 都、四图，“珍”字；西漳为第 10 都、五图，“李”字；社冈里为第 10 都、六图，“柰”字。

清光绪三十四年（1908），无锡县划分为 17 市乡，人口满 5 万人的称市，不满 5 万人的为乡。时富安区上扇、下扇合一，为富安乡；开原区上扇、下扇合一，为开原乡。

## 第二节 民国时期地方行政机构

辛亥革命无锡光复后，无锡县仍辖 17 个市乡。钱桥、藕塘属开原乡；藕塘地区西部之盛店、稍塘、后庄、青山、井亭乡属富安乡。区域内实行地方自治，开原、富安乡设有乡议会组织。各乡选举乡董，乡董执行议会讨论决定的各项兴革事宜。民国4年（1915）废议会，但仍设乡董，处理乡内行政事务。民国16年春，北伐军抵定江南，钱桥、藕塘地区取消乡董制，设行政筹备员。民国17年，开原、富安乡行政局奉令组织成立。

民国18年8月，第四区（原开原乡）、第十七区（原富安乡）撤销行政局，改设区公所。第四区（原开原乡）区公所驻地前桥头，由无锡县府委员朱镳任区长。区长以下设助理2人、雇员2人。区政府经费月收经常费250元、临时费350元、其他费100元。资产有区公所房屋8间。区政府主管事业土地登记、整理治安；改善公共卫生、清查户口；改良风俗、办理人事登记；修筑道路，推广教育，训练运用四权。第十七区（原富安乡）区公所驻地张舍里，区长杨仁溥。区长以下设助理2人、雇员2人。经费有忙漕附税全年1473元、茧捐900元。资产有书院田产53333.33余平方米。事业有筑路、建桥等。施政积极者，筹设公安分局，装置全区电话，提倡教育，训练人民；消极者禁烟赌，除迷信，纠正习惯，取缔有碍卫生物。是年12月，钱桥、藕塘设镇，两镇属无锡县第四区（原开原乡）区公所领导。钱桥、藕塘镇分别设镇长1人、副镇长2人。钱桥地区社冈、果新、铁狮、西漳、潘葑5个乡属无锡县第十六区（原万安市）区公所领导。藕塘地区盛店、后庄、青山、稍塘、井亭5个乡属无锡县第十七区（原富安乡）区公所领导。

**民国18年（1929）钱桥、藕塘地区各乡镇镇长、副镇长，乡长、副乡长一览表**

表4—20—1

| 区名 | 乡镇名 | 乡镇长 | 副乡镇长 |
|---|---|---|---|
| 第四区（开原乡） | 钱桥镇 | 王维一 | 毛良 许士英 |
| | 藕塘镇 | 王绍庭 | 胡文镛 徐伯平 |
| | 严家棚 | 田俊甫 | 盛近三 |
| | 双河乡 | 谈祖懋 | 孙叙安 |
| | 惠北乡 | 周景辉 | 盛锦裕 李燮元 |
| | 大支乡 | 章烈昕 | 龚成荣 |
| | 夏虞乡 | 龚月溪 | 顾广人 张子逵 |
| | 景丽乡 | 吴炳泰 | 厉彦威 |
| | 东济乡 | 许少庆 | 徐志义 陆士栋 |
| | 莫塘桥乡 | 薛仲达 | 俞锡芳 计耀祥 |
| | 居仕乡 | 吴伯麒 | 足鹤九 |
| | 溪山乡 | 龚斗华 | 费仲良 龚 揆 |
| | 水渠乡 | 冯孝全 | 冯云生 |
| | 官渎乡 | 王子侯 | 张鑫魁 |
| | 三塘乡 | 沈裕斋 | 沈锡泉 |
| | 石门乡 | 周焕章 | 张裕宽 |
| 第十六区（万安市） | 社冈乡 | 徐绍箕 | 唐佩华、徐理臣、张春芳、王寿泉 |
| | 果新乡 | 孙本坚 | 孙俊贤、朱培根、吴中岳、朱根宝 |
| | 铁狮乡 | 宋祖殷 | 凌焕文、唐安福、宋文江 |
| | 西漳乡 | 张 浩 | 唐礼仁、唐以仁、唐宝镜、张仲贤、彭国均、毛凌云 |
| | 潘葑乡 | 孙昌越 | 宋克明、邵凤岐、邓云仑、郁庆祥 |
| 第十七区（富安乡） | 盛店乡 | 张 谟 | 张月清、许明曜、胡为乎 |
| | 后庄乡 | 王凤仪 | 包文辉 |
| | 青山乡 | 倪乐三 | 丁可成、袁永法 |
| | 稍塘乡 | 陈焕文 | 陈英、丁旭月 |
| | 井亭乡 | 殷承祖 | 朱英华、王鑑渊 |

民国 19 年（1930）钱桥、藕塘地区各乡镇原属都图一览表

表 4—20—2

| 乡镇别 | 原属都图 | 原属都图字号 | 乡镇别 | 原属都图 | 原属都图字号 |
|---|---|---|---|---|---|
| 藕塘桥镇 | 211 | 章字 | 水渠乡 | 211 | 章字 |
| 钱桥镇 | 223 | 伏字 | 官渎乡 | 213 | 育字 |
| 夏虞乡 | 228 | 壹字 | — | — | — |

民国 20 年（1931），第四区共划分 4 个镇 32 个乡。镇设镇长，乡设乡长，镇乡以下设闾、邻长，襄助乡镇长办理乡内各项事务。

民国 20 年第四区（原开原乡）钱桥、藕塘地区各乡镇农村闾、邻数统计表

表 4—20—3　单位：个

| 乡镇别 | 农村总数 | 市镇总数 | 闾总数 | 邻总数 |
|---|---|---|---|---|
| 藕塘桥镇 | 8 | 1 | 8 | 39 |
| 钱桥镇 | 10 | 1 | 11 | 58 |
| 夏虞乡 | 11 | — | 12 | 50 |
| 水渠乡 | 11 | — | 8 | 36 |
| 官渎乡 | 10 | — | 7 | 30 |

说明：25 户为一闾，5 户为一邻

民国 23 年，第四区（原开原乡）、第十七区（原富安乡）两区合并，设第四区，区公所驻地藕塘桥，暂驻前桥头。第四区政府辖区为原第四区（开原乡）和第十七区（富安乡）辖地。第四区区长朱镳，无锡人，48 岁。助理员殷铬，无锡人，60 岁；蒋平，金坛人，50 岁。雇员朱少甫，无锡人，48 岁；沈堃，无锡人，49 岁；龚耀北，无锡人，29 岁。各乡镇设乡、镇长。同年 11 月 16 日，无锡县实行保甲制度，编设保甲。是年，钱桥、藕塘地区实行保甲制，乡以下设保，保以下设甲，保设保长，甲设甲长。

民国 23 年第四区（开原乡、富安乡）钱桥、藕塘地区乡、镇长名册表

表 4—20—4

| 乡镇名 | 乡镇长姓名 | 乡镇名 | 乡镇长姓名 |
|---|---|---|---|
| 钱桥镇 | 毛　良 | 藕塘镇 | 龚斗华 |
| 溪北乡 | 厉翼清 | 稍塘乡 | 殷承祖 |
| 盛店乡 | 张尔嘉 | — | — |

民国 34 年，第四区改设为藕塘区，区署驻地藕塘桥，辖地和行政机构均不变。民国 35 年 4 月 5 日，无锡县正式成立临时参议会。是年，无锡县临时参议会举行过 3 次会议，分别是民国 35 年 4 月 6~27 日、民国 35 年 8 月 13~26 日、民国 36 年 1 月 8~12 日，藕塘桥地区由臧文达参加会议，钱桥地区由宋今人、唐惠民参与会议。

民国 37 年 1 月，无锡县裁区设置，合并乡镇，共设 5 个区署、6 个指导区及 1 个自治实验乡。是月，藕塘区公所撤销，其所辖乡镇重新划定，设立地方政权机构。荣巷、河埒口、徐巷镇政府与仙蠡、大池乡政府合并，成立开原镇公所，属第五指导区领导。藕塘镇政府与溪北乡政府合并，成立藕塘镇公所。新渎镇政府与修浦乡、盛店镇政府合并，成立新渎镇公所。张舍镇政府，稍塘、刘塘乡政府与盛店乡三保、四保合并，成立张舍镇公所。陆区桥乡政府与崇仁、兴隆、鸿桥乡政府合并，成立陆区镇公所。胡埭镇政府、闾江乡政府与张舍镇一保、二保合并，成立胡埭镇公所。福山乡政府划归杨墅镇政府。新成立的藕塘、新渎、张舍、陆区、胡埭、杨墅镇政府均属新渎区署领导。钱桥镇政府与惠山乡政府合一，成立钱桥镇公所，属第四指导区管辖。是月，万东乡公所划归第四指导区领导。

## 民国37年（1948）无锡县藕塘镇各保干事履历表

表4—20—5

| 姓名 | 年龄 | 祖籍 | 担任保别 | 办公地址 | 备注 |
|---|---|---|---|---|---|
| 范　範 | 31 | 镇江 | 一、二、三保 | 东济庵单家坝 | — |
| 蔡　扑 | 40 | 蔡顾巷 | 四、五、六保 | 蔡巷 | 历任保长 |
| 高长庚 | 30 | 武进（原籍本镇） | 七、八、九保 | 本镇区公所 | — |
| 陈金祥 | 31 | 本地 | 十、十一、十二保 | 陆家庙 | 原藕塘刘家桥 |
| 邵季芳 | 27 | 本地 | 十三、十四、十五保 | 本镇南街 | 原张舍 |
| 吴伯均 | 42 | 本地 | 十六、十七、二十一保 | 埭上 | — |
| 许　谦 | 23 | 本地 | 十八、十九、二十保 | 吴许神庙 | — |

## 民国37年江苏省无锡县藕塘镇共同事业户保甲调查表

表4—20—6　　单位：人

| 机关或学校团体名称 | 户长姓名 | 管理员人数 | | 所在地 | 保甲户番号 | 迁入登记日期 | 备注 |
|---|---|---|---|---|---|---|---|
| | | 男 | 女 | | | | |
| 天月巷 | 许涌泉 | 2 | 2 | 前周岸 | 一保二甲十户 | — | — |
| 保国民学校 | 强惠畅 | 2 | — | 前羊毛岸 | 五甲一户 | — | — |
| 青莲庵 | 陆朱民 | 1 | 1 | 前羊毛岸 | 六甲九户 | — | — |
| 青莲禅院 | 僧济元 | 4 | 1 | 小刘巷 | 三保四甲四户 | — | — |
| 东济庵 | 赵福泉 | 6 | 6 | 单家坝 | 九甲二户 | — | — |
| 保国民学校 | 徐　俭 | 4 | 1 | 周家巷 | 四保 | — | — |
| 保国民学校 | 俞世永 | 1 | 1 | 俞巷上 | 五保一甲九户 | — | — |
| 镇溪庵 | 何梁氏 | 1 | 3 | 俞巷上 | 一甲十户 | — | — |
| 释廉庙 | 马培恩 | 4 | 3 | 大坝上 | 四甲一户 | — | — |
| 私立基本小学 | 曾春林 | 2 | — | 钱绛巷 | 十七保二甲六户 | — | — |
| 单丁庵 | 钱士根 | 1 | 1 | 大坝上 | 五保四甲二户 | — | — |
| 单宗祠 | 罗阿虎 | 1 | 1 | 单巷 | 六甲一户 | — | — |
| 保国民学校 | 许宗达 | 2 | — | 江胜桥 | 新编一保一甲一户 | — | — |
| 乡约庵 | 方金和 | 1 | 3 | 江胜桥 | 新编一保一甲二户 | — | — |
| 国民学校 | 黄泰东 | 3 | 1 | 南水渠 | 附一保一甲一户 | — | — |
| 西莲庵 | 夏阿荣 | 3 | 1 | 东吴巷 | 八保五甲五户 | — | — |
| 国民学校 | 周作新 | 2 | — | 西吴巷 | 九保一甲十二户 | — | — |
| 兴福庵 | 陆三男 | 2 | 1 | 西岸桥 | 十保二甲九户 | — | — |
| 国民学校 | 张奠北 | 1 | — | 刘家桥 | 十一保五甲六户 | — | — |
| 建宁庵陆家庙 | 冯腊生 | 4 | 3 | 庙头 | 七甲十二户 | — | — |
| 寿丰庵 | 李桂生 | 3 | 3 | 大冯巷 | 九甲一户 | — | — |
| 梅宗祠 | 梅盘生 | 1 | 2 | 梅巷 | 十二保十甲一户 | — | — |
| 冯宗祠 | 何建柱 | 4 | 2 | 小冯巷 | 十二保十甲二户 | — | — |
| 猛将殿 | 刘阿大 | 6 | 3 | 张漕巷 | 十三保四甲十户 | — | — |
| 中心国民学校 | 钱作民 | 5 | 2 | 藕塘镇本街 | 新编一保一甲四户 | 1948.08.01 | 吴法盛<br>王敏道 |
| 镇公所 | 张邦彦 | 5 | — | 藕塘镇本街 | 十四保七甲三户 | — | — |
| 常备班 | 张邦彦 | 15 | — | 藕塘镇本街 | 七甲六户 | — | — |
| 清宁道院 | 支正泉 | 2 | 1 | 藕塘镇本街 | 七甲四户 | — | — |
| 徐塘桥 | 陈阿四 | 1 | 3 | 徐塘庙 | 一甲五户 | — | — |
| 十四保十五保合作社 | 单少棠 | 1 | — | 本镇南街 | 九甲十二户 | 1948.05.01 | — |
| 国民学校 | 龚文惠 | 2 | 1 | 龚巷 | 十五保十甲七户 | — | — |
| 普福庵 | — | — | 1 | 龚巷 | 另三户 | — | — |
| 同仁庙 | 奚玉茂 | 3 | 2 | 龚巷 | 五甲一户 | — | — |
| 柏寿庵 | 殷心航 | — | 2 | 埭上 | 十六保二甲八户 | — | — |
| 国民学校 | 朱耀奎 | 4 | 3 | 张高漕 | 新编一保一甲五户 | — | — |
| 福宁庵 | 刘福祥 | 1 | 1 | 毛村 | 十七保七甲四户 | — | — |
| 吴、许神庙 | 李金根 | 4 | 1 | 蒋巷 | 十九保一甲一户 | — | — |
| 藕塘国民学校 | 缪金南 | 2 | — | 上秦巷 | 二十保另附户 | — | — |
| 舜皇殿 | 邓秀英 | | 2 | 上秦巷 | 三甲七户 | — | — |
| 永乐庙 | 杨老庆 | 1 | 2 | 张巷 | 二十一保八甲二户 | — | — |

续表 4—20—6　　单位：人

| 机关或学校团体名称 | 户长姓名 | 管理员人数 | | 所在地 | 保甲户番号 | 迁入登记日期 | 备注 |
|---|---|---|---|---|---|---|---|
| | | 男 | 女 | | | | |
| 乐善堂 | 杨智明 | — | 7 | 三家村 | 十三甲十三户 | — | — |
| 地籍整理处十四收件分处 | 章丕淦 | 2 | 3 | 藕塘镇南街 | 十四保四甲三户 | 1948.09.10 | 李金凤<br>王兆英<br>夏玉兰 |

1949 年 10 月 1 日前，区域内藕塘镇公所驻地藕塘桥，下辖 21 个保；钱桥镇公所驻地钱桥，下辖 15 个保；万东乡公所驻地社冈里，下辖 11 个保。

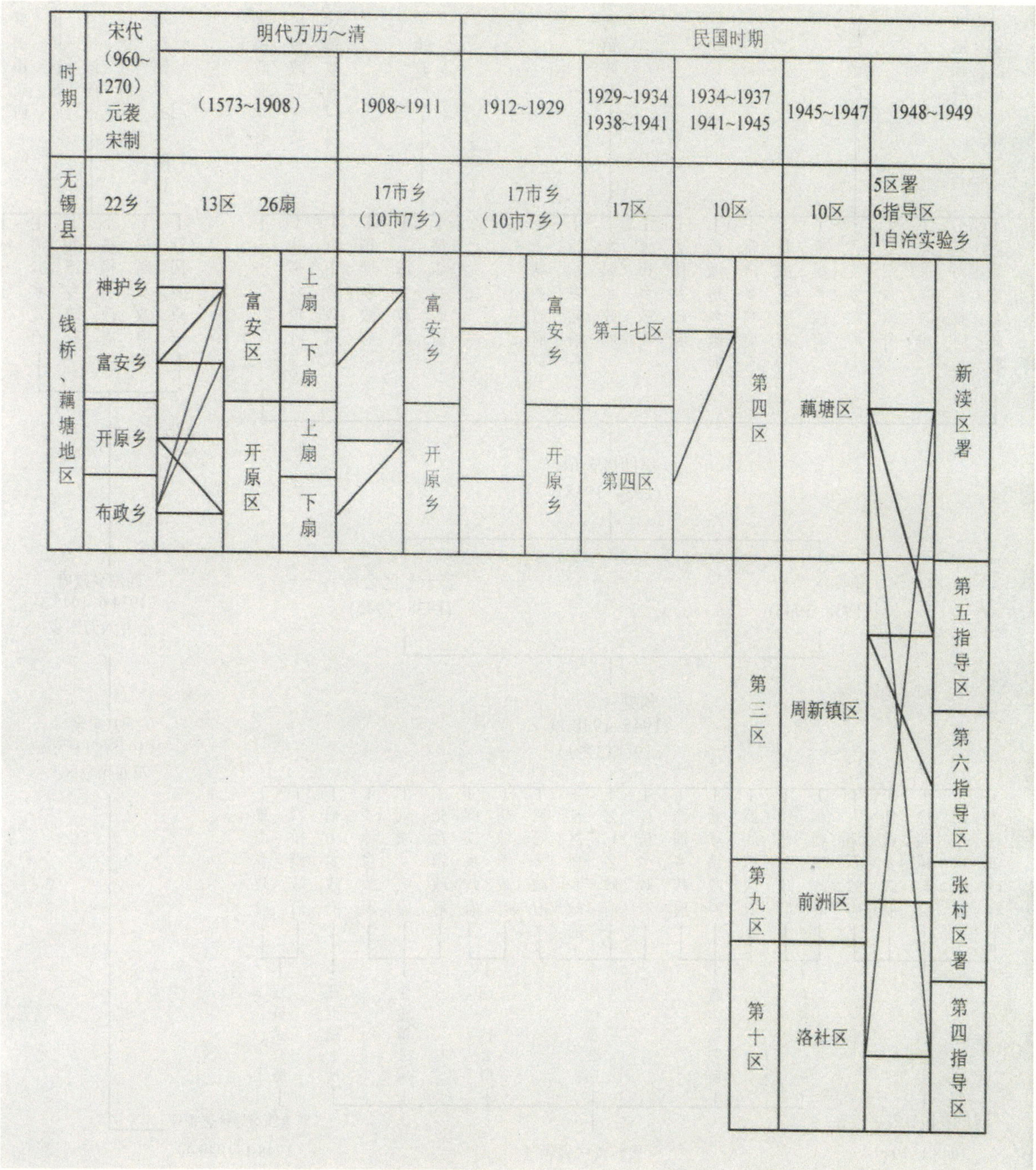


图 4—20—1　960~1949 年钱桥、藕塘地区行政区域划分沿革表

## 清光绪三十四年（1908）~1949年4月钱桥、藕塘地区地方政权演变图

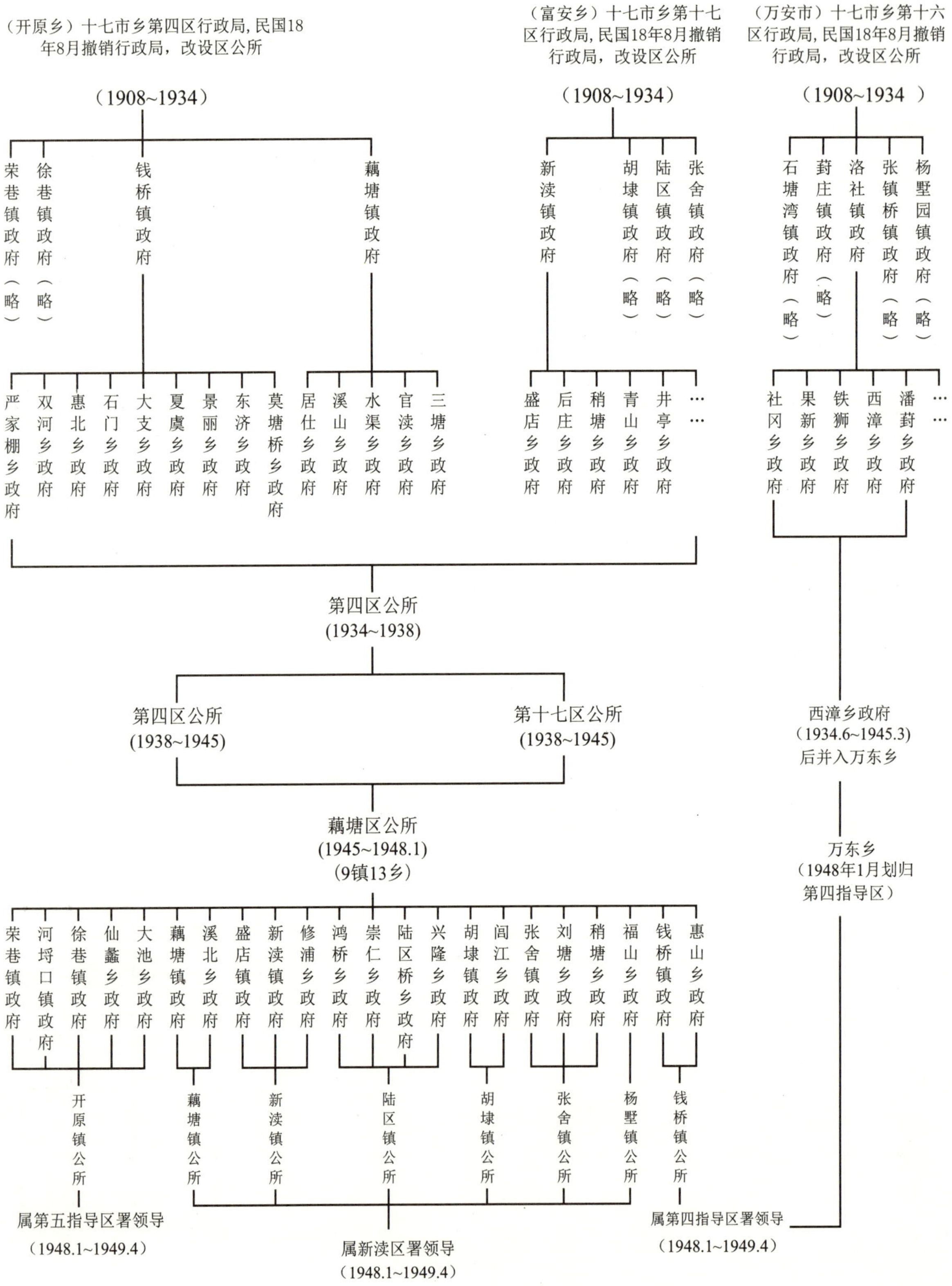

# 第三节 地方人民代表大会

1949 年 10 月~1953 年，无锡县及钱桥、藕塘（镇）乡未设立人民代表大会机构，由各界人民代表会议代行人民代表大会的职能。1954 年 9 月 21 日，第一届全国人民代表大会第一次会议通过的《中华人民共和国地方各级人民代表大会和地方各级人民委员会组织法》规定，地方各级人民代表大会的执行机关是地方各级人民委员会，它同时行使同级人民代表大会常设机关的职权。1957 年，钱桥、藕塘乡分别召开第一届人民代表大会。1957~2002 年，钱桥、藕塘（公社、乡）镇先后分别召开 15 届人民代表大会。其间因“文化大革命”，钱桥公社在 1966~1978 年未召开人民代表大会，藕塘公社在 1968~1979 年未召开人民代表大会。2004 年 2 月至 2007 年 1 月，钱桥、藕塘两镇合并后，新的钱桥镇召开第一届人民代表大会一、二、三、四次人民代表会议。

钱桥、藕塘（公社、乡）镇人民代表大会是本行政区域内的国家权力机构，在本行政区域内保证宪法、法律、行政法规和上级人民代表大会及其常务委员会决议的遵守和执行，在职权范围内通过和发布决议，根据国家计划决定本行政区域内的经济、文化事业和公共事业的建设计划，审查和批准本行政区域内的财政预算和预算执行情况的报告，决定本行政区域内民政工作的实施计划，选举本级人民代表大会主席团主席、副主席，选举乡镇长、副乡镇长，听取审查乡、镇人民政府的工作报告，撤销乡、镇人民政府不适当的决定和命令，保护社会主义全民所有的财产和劳动群众集体所有的财产，保护公民私人所有的合法财产，维护社会秩序，保障公民的人身权利、民主权利和其他权利，保护各种经济组织的合法权益，保障少数民族的权利，保障宪法和法律赋予妇女的男女平等、同工同酬和婚姻自由等各项权利。

2007 年，钱桥镇撤镇，建立钱桥街道。惠山区人大常委会在钱桥街道设立惠山区人大常委会钱桥街道工作委员会，为惠山区人大常委会的派出机构，不再设立乡镇级人民代表大会。2015 年，惠山区人大常委会钱桥街道工作委员会继续负责本行政区域内的人大工作。

## 一、人大机构

钱桥、藕塘公社、乡、镇人民代表大会设立人大主席团和人大办公室。2007 年，建制为钱桥街道后，设无锡市惠山区人大常委会钱桥街道工作委员会。

### （一）人大主席团

1957 年，钱桥、藕塘地区召开第一届人民代表大会，大会设立主席团。钱桥、藕塘（公社、乡）镇人大主席团由各届人民代表大会代表选举产生。人大主席团负责并主持人大会议；审议并通过大会的主要议程、日程安排及有关事项；收集代表建议、意见和批评，并提交政府办理；汇总代表对人大报告的讨论意见；通过预算审查报告、提案审查报告和有关决议；汇总对候选人的提名和选举办法的意见和建议，讨论确定正式候选人、选举工作人员；组织大会选举，听取、审核选举结果。闭会期间，人大主席团在同级党委领导下、上级人大指导下开展工作。为加强人大工作，90 年代，钱桥、藕塘镇人大主席团设立常务主席，并挂人大主席团牌子。1996~2007 年，设立人大主席团正、副主席。

### （二）人大办公室

80 年代末，钱桥镇、藕塘乡分别设立人大办公室。人大办公室是镇、乡人大的办事机构，具体工作由人大办公室主任负责。人大办公室根据乡、镇人大主席团的要求，负责人大日常事务工作，制订全年人大活动工作计划，并按工作计划协助人大正、副主席组织实施。在人大代表开展活动中，负责通知、安排、联络，做好各项活动记载、宣传、指导等工作。在换届选举工作中，人大办公室具体做好代表选举的业务工作；召开代表大会例会时，做好会议的有关准备工作；会后，做好总结，归档等工作。

（三）人大钱桥街道工作委员会

2007 年 12 月，钱桥撤镇建立钱桥街道。是年 12 月 7 日，无锡市惠山区第一届人大常委会第 47 次会议通过决定在钱桥街道设立无锡市惠山区人大常委会钱桥街道工作委员会。人大钱桥街道工作委员会为惠山区人大常委会派出机构，负责本行政区域内人大日常事务工作。

**附：无锡市惠山区第一届人民代表大会常务委员会关于设立无锡市惠山区人大常委会钱桥街道工作委员会的决定（2007 年 12 月 7 日无锡市惠山区第一届人大常委会第四十七次会议通过）**

为切实加强街道人大工作，充分发挥代表作用，不断推进基层民主政权建设，根据《中华人民共和国地方各级人民代表大会和地方各级人民政府组织法》第五十三条关于“常务委员会根据工作需要，设立办事机构和其他工作机构”的规定和区委文件精神，区人大常委会决定在钱桥街道设立无锡市惠山区人大常委会钱桥街道工作委员会。

## 二、代表选举

1954 年春，钱桥、藕塘地区进行第一次人民代表普选。1954~1978 年，区域内先后进行的 7 次人民代表普选均依照《中华人民共和国人民代表大会及地方各级人民代表大会选举法》的规定进行，程序为宣传发动、选区划分、选民登记、选民审查、公布选民名单、核发选民证、选举代表、人民代表名单张榜公布等。人民代表的选举先把代表的名额、类型分配到各选区，再经过选区选民酝酿协商，提出候选人名单，然后采取等额选举的办法，以无记名投票的方式，由选民选举产生乡、公社人大代表。县人民代表大会的代表则由乡、公社人民代表大会选举产生。1981~2002 年，钱桥、藕塘（公社、乡）镇先后进行 8 次人大代表普选，均根据 1979 年第五届全国人民代表大会第二次会议通过的《全国人民代表大会和地方各级人民代表大会选举法》和江苏省《选举实施细则》的规定实施，在县（市、区）选举委员会的指导下，按照组织准备、宣传发动、选民登记，根据各选区分配的代表要求（党派、职业、性别等）提名协商确定代表候选人等程序，采取差额选举的办法，以无记名投票的方式，由选民直接选举产生（公社、乡）镇、县（市、区）人大代表。

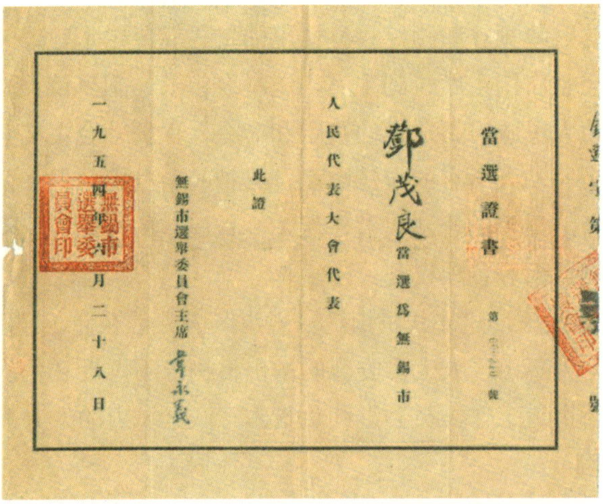


图 4—20—2　1954 年 6 月，无锡市选举委员会主席韦永义颁发给社冈乡邓茂良当选为无锡市人民代表大会代表的当选证书

图 4—20—3　邓茂良参加无锡市第一届人民代表大会出席证

## 三、钱桥（公社、乡）镇人民代表大会

钱桥乡第一届人民代表大会、第二届人民代表大会在隶属无锡市郊区辖区期间召开，查无资料。

**钱桥乡第三届人民代表大会**　于 1958 年 2 月召开。大会选举产生钱桥乡人民政府正、副乡长，乡长为何鹤鸣，副乡长为朱灿根、高泉福、许荣度。

**钱桥人民公社第四届人民代表大会**　于 1961 年 4 月召开。大会选举产生钱桥公社管委会正、副主任（正、副社长），主任（社长）为张金鹤，副主任（副社长）为黄玉度、朱灿根、高泉福。

**钱桥人民公社第五届人民代表大会**　于 1963 年 10 月召开。大会选举产生钱桥公社管委会正、副主任（正、副社长），主任（社长）为黄玉度，副主任（副社长）为张金鹤。

1963 年钱桥人民公社第五届人民代表大会代表、人民委员会组成人员情况调查表

表 4—20—7　　单位：人

| 单位数 | 代表和委员总人数 | | 性别 | | 党派 | | | 民族 | 职业 | | | | |
|---|---|---|---|---|---|---|---|---|---|---|---|---|---|
| | | | 男 | 女 | 共产党 | 青年团 | 无党派 | 汉族 | 农民 | | 机关工作人员 | 文教卫生 | 工商企业 |
| | | | | | | | | | 贫 | 中 | | | |
| 52 | 代表数 | 119 | 90 | 29 | 63 | 13 | 43 | 119 | 69 | 28 | 17 | 3 | 2 |
| | 委员数 | 17 | 15 | 2 | 16 | 0 | 1 | 17 | 4 | 0 | 11 | 0 | 2 |

**钱桥人民公社第六届人民代表大会**　于 1966 年 3 月召开。大会选举产生钱桥公社管委会正、副主任（正、副社长），主任（社长）为黄玉度、副主任（副社长）为张金鹤、冯云洲。

**钱桥人民公社第七届人民代表大会**　于 1978 年 9 月 15~16 日召开。大会应出席代表 195 人，实到代表 195 人。大会听取邹子均所作的《坚持三大革命运动一起抓，为高速度发展农业建成高标准大寨社而奋斗》的工作报告，选举产生第七届钱桥公社革命委员会委员。第七届钱桥公社革命委员会由任汉良、芮叙法、陆锡兴、肖林泉、沈凤生、邵菊英（女）、周明芳、顾祖根、顾荣泉、查煜兴、俞德生、陶炳伟、诸耀歧、韩凤娣（女）14 名委员组成。选举产生革委会主任为邹子均，副主任为翁锡根、许其南、王守纪、毛仲箎、潘群智、彭焕明。大会选举苏佑成、武阿扣为钱桥公社人民陪审员。

**钱桥人民公社第八届人民代表大会**　于 1981 年 12 月 26~28 日召开，应出席代表 70 人，实到代表 69 人。大会听取邹子均所作的政府工作报告，选举产生第八届钱桥公社管理委员会委员。第八届钱桥公社管理委员会由任汉良、江厚璧、陆其伦、邵奇林、张珍娣（女）、周细妹（女）、唐榴珍（女）、诸耀歧、龚永庆、惠少栋等 10 名委员组成。选举产生管委会主任为潘群智，副主任为毛仲箎、俞仲华、俞德生、彭焕明。钱桥乡第八届人民代表大会第二次会议于 1983 年 4 月 20 日召开，应出席代表 70 人，实到代表 66 人。会议听取彭焕明所作的政府工作报告，选举产生钱桥乡乡长和副乡长，乡长为彭焕明，副乡长为俞仲华、周松圻。

**钱桥乡第九届人民代表大会**　于 1984 年 8 月 24~25 日召开。大会应出席代表 67 人，实到代表 67 人。大会听取俞觉然所作的政府工作报告，选举产生钱桥乡乡长和副乡长。乡长为俞觉然，副乡长为周松圻、董月新。大会通过《关于计划生育的具体规定》《市镇建设管理规定》《关于禁止土葬实行火化的规定》《关于农村社员建房用地的管理细则》《关于治安保卫的有关规定》《保护和使用水利设施的规定》《市镇卫生管理规定》7 项规定。钱桥乡第九届人民代表大会第二次会议于 1985 年 5 月 7 日召开。会议应出席代表 67 人，实到代表 54 人。会议听取俞觉然所作的政府工作报告，严其坤所作的财政预决算报告。钱桥乡第九届人民代表大会第三次会议于 1986 年 4 月 10 日召开。会议应出席代表 67 人，实到代表 67 人。会议听取俞觉然所作的政府工作报告，严其坤所作的财政预决算报告，补选张煜良任副乡长。

**钱桥乡（镇）第十届人民代表大会**　于 1987 年 3 月 23~24 日召开。大会应出席代表 70 人，实到代表 67 人。人大主席团主席为彭焕明。大会听取俞觉然所作的政府工作报告，严其坤所作的财政预决算报告。大会通过代表提出的为民办 7 件实事，交政府办理。大会选举产生乡长、副乡长。乡长为俞觉然，副乡长为张煜良、时建良、周学良。钱桥镇第十届人民代表大会第二次会议于 1988 年 4 月 20~21 日召开。会议应出席代表 70 人，实到代表 67 人。会议听取俞觉然所作的政府工作报告，严其坤所作的财政预决算报告。会议补选周柏清任副镇长。

**钱桥镇第十一届人民代表大会**　于 1990 年 3 月 20~21 日召开。第十一届人民代表大会代表中干部代表 10 人、占代表总数的 14.3%，工农代表 55 人、占代表总数的 78.6%，知识分子代表 5 人、占

代表总数的 7.1%；其中非党代表 27 人、占代表总数的 38.6%；妇女代表 14 人、占代表总数的 20%；35 岁以下的代表 7 人、占代表总数的 10%。代表平均年龄为 42.78 岁，初中文化以上程度占代表总数的 90%。大会应出席代表 70 人，实到代表 65 人。大会听取俞觉然所作的政府工作报告，听取严其坤所作的财政预决算报告，选举产生镇长、副镇长，人大主席团常务主席，人民陪审员。镇长为俞觉然，副镇长为时建良、张煜良、周学良；大大主席团常务主席为彭焕明；人民陪审员为姚焕良、钱子良。钱桥镇第十一届人民代表大会第二次会议于 1990 年 9 月 13 日在钱桥镇文化宫召开。会议应出席代表 70 人，实到代表 69 人。会议听取俞觉然所作的政府工作报告，听取严其坤所作的财政预决算报告。当日，代表们分成 8 组，开展调研视察活动，其中第 2 组、第 5 组到教育部门调研视察，第 1 组、第 8 组到卫生院和市镇调研视察，第 3 组、第 7 组到锦纶厂、制革厂调研视察，第 4 组和第 6 组到胜丰村调研农业规模经营方式。调研后，各组代表分别建言献策。钱桥镇第十一届人民代表大会第三次会议于 1991 年 1 月 17~18 日召开。会议应出席代表 67 人，实到代表 55 人。会议听取俞觉然所作的政府工作报告，听取严其坤所作的财政预决算报告。会议接受并通过彭焕明辞去钱桥镇第十一届人大主席团常务主席、俞觉然辞去钱桥镇人民政府镇长、张煜良辞去钱桥镇人民政府副镇长职务的报告；吕国琪当选为钱桥镇人民政府镇长，俞觉然当选为第十一届人大主席团常务主席。钱桥镇第十一届人民代表大会第四次会议于 1992 年 4 月 23 日召开。会议应出席代表 67 人，实到代表 59 人。会议选举时建良为镇长，彭建清为副镇长。

**钱桥镇第十二届人民代表大会** 于 1993 年 3 月 3 日召开。大会应出席代表 71 人，实到代表 67 人。大会听取时建良所作的政府工作报告，听取苗盘清所作的财政预决算报告，选举镇长、副镇长、人大主席团常务主席。镇长为时建良，副镇长为王元春、张祖德、周学良、彭建清，人大主席团常务主席为俞觉然。钱桥镇第十二届人民代表大会第二次会议于 1994 年 3 月 15 日召开。会议应出席代表 70 人，实到代表 62 人。会议补选包金明为副镇长。钱桥镇第十二届人民代表大会第三次会议于 1995 年 2 月 28 日召开。会议应出席代表 70 人，实到代表 70 人。会议听取时建良所作的政府工作报告，苗盘清所作的财政预决算报告。

**钱桥镇第十三届人民代表大会** 于 1996 年 2 月 8~9 日召开。大会应出席代表 70 人，实到代表 62 人。大会听取时建良所作的政府工作报告，苗盘清所作的财政预决算报告，选举镇长、副镇长、人大主席团常务主席。镇长为时建良，副镇长为包金明、沈国良、张祖德、武阿扣；人大主席团常务主席为俞觉然、副主席为周松圻。钱桥镇第十三届人民代表大会第二次会议于 1997 年 3 月 6 日召开。人大主席团主席为俞觉然、副主席为周松圻。会议应出席代表 70 人，实到代表 65 人。会议听取时建良所作的政府工作报告、苗盘清所作的财政预决算报告。钱桥镇第十三届人民代表大会第三次会议于 1998 年 1 月 15 日召开，人大主席团主席为戴家元，副主席张祖德。会议听取孟建康所作的政府工作报告，苗盘清所作的财政预决算报告。会议选举孟建康为镇长，吴立江、马其兴为副镇长。会议中代表们提出的建议、批评和意见共 6 条，交政府办理。

1998 年 12 月 20 日钱桥（镇）选举县（乡）代表提名推荐情况汇总表

表 4—20—8　　单位：个、人、%

| 类别 | 选区个数 | 选民总数 | 参加提名推荐的选民人数 | 参提率 | 提名倍数 | | | 提名推荐的候选人组成情况 | | | | | | | | | |
|---|---|---|---|---|---|---|---|---|---|---|---|---|---|---|---|---|---|
| | | | | | | | | 其中 | | | | 其中 | | | | 其中 | |
| | | | | | 代表名额 | 候选人数提名推荐 | 是应选代表倍数 | 男 | | 女 | | 党员 | | 非党员 | | 中青年 | |
| | | | | | | | | 人数 | 占比 | 人数 | 占比 | 人数 | 占比 | 人数 | 占比 | 人数 | 占比 |
| 县代表 | 6 | 24149 | 7014 | 29.0 | 14 | 138 | 9.86 | 108 | 78.3 | 30 | 21.7 | 79 | 57.2 | 59 | 42.8 | 110 | 79.7 |
| 乡镇代表 | 4 | 17714 | 11998 | 67.7 | 70 | 259 | 3.70 | 204 | 78.8 | 55 | 21.2 | 109 | 42.1 | 150 | 57.9 | 212 | 81.9 |

续表 4—20—8　　　　单位：个、人、%

| 类别 | 选区个数 | 候选人数提名推荐 | 提名推荐的候选人组成情况 | | | | | | | | | | | | | | | | | |
|---|---|---|---|---|---|---|---|---|---|---|---|---|---|---|---|---|---|---|---|---|
| | | | 其中 | | | | | | | | | | | | | | | | | |
| | | | 县党政干部 | | 乡党政干部 | | 农民 | | | | | 工人职员 | | 文化教育 | | 医卫人员 | | 科技人员 | |
| | | | | | | | 小计 | | 村定员干部 | 乡镇企业干部 | 生产队干部 | | | | | | | | |
| | | | 人数 | 占比 | 人数 | 占比 | 人数 | 占比 | | | | 人数 | 占比 | 人数 | 占比 | 人数 | 占比 | 人数 | 占比 |
| 县代表 | 6 | 138 | 2 | 1.4 | 3 | 2.2 | 12 | 8.7 | 12 | 0 | 0 | 99 | 71.7 | 5 | 3.6 | 2 | 1.4 | 15 | 10.9 |
| 乡镇代表 | 4 | 259 | 0 | 0.0 | 13 | 5.0 | 172 | 66.4 | 71 | 34 | 67 | 41 | 15.8 | 29 | 11.2 | 2 | 0.8 | 2 | 0.8 |

**钱桥镇第十四届人民代表大会**　于 1999 年 1 月 15~17 日召开。第十四届人民代表大会代表的构成比例既体现代表的先进性，又考虑到代表的广泛性，也兼顾到各行各业各个方面，68 名代表中，干部代表 13 人、占代表总数的 19.1%，工人代表 17 人、占代表总数的 25%，农民代表 28 人、占代表总数的 41.2%，知识分子代表 8 人、占代表总数的 11.8%，其他代表 2 人、占代表总数的 2.9%；其中非党代表 32 人、占代表总数的 47.06%；代表平均年龄 42.8 岁，其中最大的 56 岁、最小的 27 岁；代表中初中文化程度的 23 人、占代表总数的 33.8%，高中及中专文化程度的 28 人、占代表总数的 41.2%，大专以上文化程度的 17 人、占代表总数的 25%，大专以上文化程度的代表比上届增加 5.7 个百分点。大会应出席代表 68 人，实到代表 68 人。大会听取孟建康所作的政府工作报告、苗盘清所作的财政预决算报告，选举产生镇长、副镇长、人大主席、人大副主席。镇长为孟建康，副镇长为马其兴、沈国良、武阿扣、吴立江，人大主席团常务主席为戴家元、副主席张祖德。钱桥镇第十四届人民代表大会第三次会议于 2001 年 1 月 17 日召开。会议听取张祖德所作的人大主席团工作报告；听取沈国良所作的关于第十四届人民代表大会第二次会议上代表提出的涉及工业用电、村镇建设、农业水利、文化教育、社会治安、集资兑付等共 33 件建议、批评办理情况的汇报。

**钱桥镇第十五届人民代表大会**　于 2002 年 1 月 10~11 日召开。大会应出席代表 68 人，实到代表 66 人。大会听取华亚军所作的政府工作报告，冯建康所作的财政预决算报告，选举产生镇长、副镇长，人大主席团常务主席、副主席。镇长为华亚军，副镇长为沈国良、唐国良、武阿扣、高建国、莫治中。选举戴家元为镇人大主席团常务主席、彭建清为副主席。钱桥镇第十五届人民代表大会第一次会议代表提出的建议、批评和意见共 26 条，涉及村镇建设、集资兑付、农田水利、文化教育、卫生创建、环境保护等多个方面，交政府办理。钱桥镇第十五届人民代表大会第二次会议于 2003 年 1 月 16~17 日召开。大会应出席代表 68 人，实到代表 68 人。会议听取戴家元所作的钱桥镇人大主席团工作报告、华亚军所作的钱桥镇人民政府工作报告、冯建康所作的钱桥镇财政预决算报告。钱桥镇第十五届人民代表大会第二次会议代表提出的建议、批评和意见共 16 条，涉及村镇建设、社保就业、征土补偿、文教卫生、人口管理、环境保护等多个方面，交政府办理。钱桥镇第十五届人民代表大会第三次会议于 2003 年 12 月 18 日召开。会议应出席代表 67 人，实到代表 67 人。会议听取戴家元所作的人大工作报告、华亚军所作的政府工作报告、冯建康所作的财政预决算报告，听取提案审查委员会关于第三次会议代表提出的建议、批评和意见的审查情况的报告。

## 四、藕塘（公社、乡）镇人民代表大会

藕塘乡（小乡时期）第一次各界人民代表会议于 1950 年 5 月召开。会议选举产生第一届藕塘乡人民委员会正、副乡长各 1 人。刘群任乡长，吴宏源任副乡长。

藕塘乡（中乡时期）第二次各界人民代表会议于 1956 年 3 月召开。会议选举产生藕塘乡第二届

人民委员会乡长、副乡长。王骏任乡长，蒋菊英（女）、陆逢献、赵泉生任副乡长。

**藕塘乡（大乡时期）第一届人民代表大会** 于 1957 年 12 月 14 日召开。大会应出席代表 70 人，实到代表 50 人。大会选举产生第一届藕塘乡人民政府正、副乡长。乡长为丁国雄、副乡长为浒子贤。大会一致通过成立乡财粮委员会和文教卫生委员会的决议。

1957 年藕塘乡第一届人民代表大会代表、人民委员会组成人员情况调查表

表 4—20—9　　单位：人

| 代表和委员总人数 | | 性别 | | 党派 | | | 民族 | 职业 | | | | | 代表和委员的连任人数 |
|---|---|---|---|---|---|---|---|---|---|---|---|---|---|
| | | 其中 | | 其中 | | | | 其中 | | | | | |
| | | 男 | 女 | 共产党 | 青年团 | 无党派 | 汉 | 农民 | 机关工作人员 | 文教卫生 | 工商企业 | 其他 | |
| 代表 | 70 | 53 | 17 | 25 | 7 | 38 | 70 | 58 | 6 | 1 | 4 | 1 | 32 |
| 委员 | 13 | 12 | 1 | 3 | 6 | 4 | 13 | 6 | 5 | 0 | 2 | 0 | 6 |

**藕塘乡第二届人民代表大会** 于 1958 年 4 月 16 日召开。大会应出席代表 56 人，实到代表 56 人。大会听取浒子贤所作的政府工作报告，选举产生藕塘乡第二届人民政府组成人员。乡人民政府委员会由丁国雄、浒子贤、秦奇宝、樊产宜、蔡绍元、蒋菊英（女）、朱一明、穆叙宝、吕德一、吴伯泉、许耀忠、范一清、杨国志 13 人组成。丁国雄任乡长，浒子贤任副乡长。

**藕塘人民公社第三届人民代表大会** 于 1958 年 10 月召开。大会选举产生藕塘人民公社管理委员会正、副主任（正、副社长）。丁国雄任主任（社长），浒子贤任副主任（副社长）。

**藕塘人民公社第四届人民代表大会** 于 1959 年 9 月 13~14 日召开。大会应出席代表 101 人，实到代表 101 人。大会听取丁国雄所作的政府工作报告，选举产生藕塘公社第四届管理委员会组成人员和正、副主任（正、副社长）。主任（社长）为丁国雄，副主任（副社长）为浒子贤。

**藕塘人民公社第五届人民代表大会** 于 1963 年 3 月 3 日召开。大会听取袁文奇所作的“政治报告”和王全度所作的“为争取 63 年农业的全面丰收而斗争”的政府工作报告。大会期间，全体代表认真学习中共中央《农村人民公社工作条例（修正草案）》，选举产生藕塘公社第五届管理委员会组成人员和正、副主任（正、副社长）。万祖培任管委会主任（社长），王全度、丁国雄任副主任（副社长）。

1963 年藕塘人民公社第五届人民代表大会代表、人民委员会组成人员情况调查表

表 4—20—10　　单位：人

| 单位数 | 代表和委员总人数 | | 性别 | | 党派 | | | 民族 | 职业 | | | | |
|---|---|---|---|---|---|---|---|---|---|---|---|---|---|
| | | | 其中 | | 其中 | | | | 其中 | | | | |
| | | | 男 | 女 | 共产党 | 青年团 | 无党派 | 汉族 | 农民 | | 机关工作人员 | 文教卫生 | 工商企业 |
| | | | | | | | | | 贫 | 中 | | | |
| 38 | 代表 | 151 | 116 | 35 | 70 | 19 | 62 | 151 | 67 | 58 | 16 | 4 | 6 |
| | 委员 | 17 | 14 | 3 | 17 | 0 | 0 | 17 | 4 | 1 | 9 | 1 | 2 |

**藕塘人民公社第六届人民代表大会** 于 1968 年 4 月 3 日召开。大会听取万祖培所作的政府工作报告，选举产生藕塘公社第六届革命委员会委员。第六届革命委员会由袁文奇、万祖培、缪惟咸、王全度、朱剑秋、冯法兴、陈俊兴、高凤娟（女）、马美娟（女）、王仲兴、朱德明、姚栋良、朱云泉 13 名委员组成。王全度、朱剑秋、冯法兴、陈俊兴任革命委员会常委，袁文奇任革命委员会主任，万祖培、缪惟咸任革命委员会副主任。

**藕塘人民公社第七届人民代表大会** 于 1979 年元月 14 日召开，出席代表 138 人。大会听取杨祖峰所作的政府工作报告，选举产生藕塘公社第七届革命委员会委员。第七届革命委员会由杨祖峰、唐国忠、杨锡良、陆国珍（女）、浦青度、徐慕达、李建群、丁育夫、王伯生、冯法兴、吴文玉、

吴建芬（女）、吴国兴、李仁兴、苏远景、张自新、强寿根17名委员组成。杨祖峰任革命委员会主任，唐国忠、杨锡良、陆国珍（女）、浦青度、徐慕达、李建群、丁育夫任副主任。大会同时选举周泉根、邵焕清为人民陪审员。

**藕塘人民公社第八届人民代表大会** 于1981年11月3日召开。大会应出席代表60人，实到代表58人。大会听取杨祖峰所作的政府工作报告，选举产生藕塘公社第八届管理委员会委员。第八届管理委员会由杨锡良、冯荣南、冯法兴、黄海兴、丁建华、于建庄、马国娣（女）、王菊娣（女）、吴国兴、姚巧珍（女）、姚金生、黄志康、樊德兴13名委员组成。杨锡良任管委会主任，冯荣南、冯法兴、黄海兴任副主任。大会同时选举石金度、王巧生、朱正昌、俞秋芬（女）、樊祥兴为人民陪审员。藕塘乡第八届人民代表大会第二次会议于1983年4月15日召开。会议应出席代表59人，实到代表54人。会议选举产生藕塘乡人民政府正、副乡长。乡长为冯荣南，副乡长为吕国琪。

**藕塘乡第九届人民代表大会** 于1984年8月20日召开。大会应出席代表60人，实到代表59人。大会听取冯荣南所作的政府工作报告，选举产生藕塘乡第九届人民政府正、副乡长。乡长为冯荣南，副乡长为吕国琪、于建庄。大会审议《关于原藕塘集镇内商业区和文化设施实行变迁》的报告，一致同意原藕塘集镇内商业区和文化设施迁至新址并形成决议。大会同时选举王巧生、吴惠兴、樊祥兴为人民陪审员。藕塘乡第九届人民代表大会第二次会议于1985年4月10日召开。会议听取冯荣南所作的政府工作报告。藕塘乡第九届人民代表大会第三次会议于1986年5月28日召开。会议听取冯荣南所作的政府工作报告。

**藕塘乡第十届人民代表大会** 于1987年3月14~15日召开。大会应出席代表60人，实到代表58人。大会听取冯荣南所作的政府工作报告、吴国根所作的财政预决算报告，选举产生藕塘乡人民政府第十届正、副乡长。乡长为冯荣南，副乡长为陆稼英、冯南华、章末全。大会通过《关于计划生育补充规定》的决议。藕塘乡第十届人民代表大会第二次会议于1988年3月17日召开。会议听取冯荣南所作的政府工作报告，吴建芬所作的财政预决算报告。会议接受冯南华因工作调动辞去副乡长职务的请求，补选陈子焕任副乡长。藕塘乡第十届人民代表大会第三次会议于1989年3月17日召开。会议听取冯荣南所作的政府工作报告，吴建芬所作的财政预决算报告。

**藕塘乡第十一届人民代表大会** 于1989年10月9日召开。大会应出席代表56人，实到代表54人。大会听取丁建华所作的政府工作报告。大会接受冯荣南因任期届满提出的辞职请求，选举丁建华任藕塘乡乡长。藕塘乡第十一届人民代表大会第二次会议于1991年3月24日召开。会议应出席代表56人，实到代表55人。会议听取丁建华所作的政府工作报告，吴建芬所作的财政预决算报告。会议接受陆稼英辞去副乡长职务的请求，补选芮卓君任副乡长。会议通过《藕塘乡实施九年制义务教育规划》的决议。

**藕塘镇第十二届人民代表大会** 于1993年3月5日召开。大会应出席代表57人，实到代表57人。大会听取周国范所作的政府工作报告、吴建芬所作的财政预决算报告，选举产生正、副镇长。镇长为周国范，副镇长为冯法兴、芮卓君、陈子焕。选举许其南为人大主席团常务主席。大会通过《关于藕塘镇建设总体规划调整的报告》，决定启动市镇拓宽规划，提出5件实事，交政府办理。藕塘镇第十二届人民代表大会第二次会议于1994年3月10日召开。会议应出席代表57人，实到代表56人。会议听取周国范所作的政府工作报告、吴建芬所作的财政预决算报告。会议接受许其南辞去人大主席团常务主席的请求，选举王仁祖任人大主席团常务主席，章末全任副主席。会议接受陈子焕辞去副镇长职务的请求，选举马其兴任副镇长。会议决定为民办好按期建好镇幼托中心等6件实事，交政府办理。藕塘镇第十二届人民代表大会第三次会议于1995年2月28日召开。会议应出席代表57人，实到代表57人。会议听取周国范所作的政府工作报告、吴建芬所作的财政预决算报告。会议通过藕塘镇教育现代化工程实施规划的决议。藕塘镇第十二届人民代表大会第四次会议于1995

年12月28日召开。会议应出席代表57人，实到代表57人。会议接受周国范辞去镇长职务、芮卓君辞去副镇长职务的请求，选举朱正平为镇长、张桐生为副镇长，王仁祖为人大主席团常务主席、章末全为副主席。

**藕塘镇第十三届人民代表大会** 于1996年3月7~8日召开。大会应出席代表53人，实到代表53人。大会听取朱正平所作的政府工作报告、吴建芬所作的财政预决算报告，选举产生正、副镇长，人大主席团常务主席和副主席。镇长为朱正平，副镇长为冯法兴、马其兴、张桐生，人大主席团常务主席为王仁祖，副主席为章末全。会议选举王巧生为人民陪审员。会议决定年内为民办好结束锡陆杨公路拓宽工程等8件实事，交政府办理。藕塘镇第十三届人民代表大会第二次会议于1997年3月10日召开。会议应出席代表53人，实到代表52人。会议听取朱正平所作的政府工作报告、吴建芬所作的财政预决算报告、章末全所作的人大主席团工作报告。藕塘镇第十三届人民代表大会第三次会议于1998年1月11日召开。会议应出席代表53人，实到代表50人。会议选举朱正平为人大主席团常务主席，顾德祖为镇长，免去王仁祖镇人大主席职务、马其兴镇人民政府副镇长职务。藕塘镇第十三届人民代表大会第四次会议于1998年11月25日召开。会议应出席代表53人，实到代表50人。会议听取张桐生所作的政府工作报告，吴建芬所作的财政预决算报告。会议接受顾德祖辞去镇长职务，张桐生、唐国良、冯法兴3人辞去副镇长职务的请求。会议选举张桐生任镇长，华卫贤、陈喜成、徐焕敏任副镇长。

**藕塘镇第十四届人民代表大会** 于1999年1月24~25日召开。大会应出席代表53人，实到代表53人。大会听取张桐生所作的政府工作报告，臧效年所作的人大工作报告，张惠仙所作的财政预决算报告。大会选举产生正、副镇长和人大主席、副主席。镇长为张桐生，副镇长为陈喜成、华卫贤、徐焕敏，人大主席团常务主席为朱正平，副主席臧效年。藕塘镇第十四届人民代表大会第三次会议于2001年2月28日召开。会议应出席代表53人，实到代表53人。会议听取张桐生所作的政府工作报告，臧效年所作的人大工作报告，张惠仙所作的财政预决算报告。会议决定启动中心小学扩建工程；督促、协调有关村委完成安装饮用自来水任务；规划桥南老街区的改造；完成安息堂、中心绿化广场的竣工验收工作；完成规划全镇的防洪工程，完成庙塘桥、南水渠村的防洪设施建设，为全镇人民创造安居乐业的良好生存环境等5件实事，交政府办理。

**藕塘镇第十五届人民代表大会** 于2002年1月7~8日召开。大会应出席代表52人，实到代表50人。大会听取张桐生所作的政府工作报告，臧效年所作的人大主席团工作报告，张惠仙所作的财政预决算报告。大会选举产生镇长、副镇长和人大主席团常务主席、副主席。镇长为张桐生，副镇长为王盘兴、华卫贤、胡锡建，人大主席团常务主席为陈喜成、副主席为徐焕敏。会议决定本届政府重点办好新建镇3000平方米的社会停车场等10件实事，交政府办理。藕塘镇第十五届人民代表大会第二次会议于2003年1月14日~15日召开。会议应出席代表52人，实到代表48人。会议听取张桐生所作的政府工作报告，陈喜成所作的人大主席团工作报告，张惠仙所作的财政预决算报告。会议补选倪军任副镇长。藕塘镇第十五届人民代表大会第三次会议于2003年12月25~26日召开。会议应出席代表52人，实到代表51人。会议听取张桐生所作的政府工作报告，陈喜成所作的人大主席团工作报告，张惠仙所作的财政预决算报告。会议决定2004年全面实施6大实事工程，交政府办理。

## 五、钱桥镇（钱桥、藕塘两镇合并后）人民代表大会

2004年2月，钱桥镇与藕塘镇合并。3月底，钱桥镇成立镇选举委员会和镇选举办公室，建立选区和选举单位工作机构。全镇143个选举单位分为39个选区，确定选区负责人。各选举单位成立选举领导小组，由单位主要领导任选举领导小组组长。全镇范围内有455人担任各选举单位工作人员，镇机关派出54人担任各选举单位联络员，依法认真进行新的钱桥镇第一届人民代表大会代表的

选举工作和惠山区第一届人大代表的补选工作。5 月 15 日，是钱桥镇人大选举日。各选区以无记名投票方式选举人大代表。钱桥镇 39 个选区都设立选举会场，选举采用投票站和流动票箱相结合的方式进行。15 日下午，新的钱桥镇选举第一届人民代表工作完成，全镇选民参加投选率达 98.9%，选举取得一次性成功。全镇有 92 名正式代表候选人得票超过半数，当选为钱桥镇第一届人民代表大会代表。代表构成中，男性 69 人、占代表总数的 75%，女性 23 人、占代表总数的 25%；中共党员 55 人、占代表总数的 60%，民主党派和群众代表 37 人、占代表总数的 40%；工人 15 人、占代表总数的 16.3%，农民 56 人、占代表总数的 60.9%，干部 12 人、占代表总数的 13%，知识分子 6 人、占代表总数的 6.5%，其他代表 3 人、占代表总数的 3.3%。另有 1 人补选为区第一届人大代表。选举结果于 5 月 20 日前在各选区张榜公布。

2004 年 6 月 7~8 日，新的钱桥镇召开第一届人民代表大会。大会应出席代表 92 人，实到代表 91 人。大会听取华亚军所作的《求真务实、开拓创新、努力开创全镇工作新局面》报告，听取冯建康所作的《关于钱桥镇 2004 年财政预算（草案）的报告》。大会选举产生钱桥镇人民代表大会主席团常务主席 1 人、副主席 3 人，钱桥镇人民政府镇长 1 人、副镇长 5 人。张桐生当选为钱桥镇第一届人民代表大会主席团常务主席，唐国良、武阿扣、徐焕敏当选为副主席；华亚军当选为钱桥镇人民政府镇长，高建国、胡锡建、倪军、马伟、倪海兵当选为副镇长。张桐生代表新当选的人大主席、副主席讲话，表达做好人大工作的决心。2005 年 2 月，钱桥镇召开第一届人民代表大会第二次会议，代表们根据《中华人民共和国宪法》《中华人民共和国地方各级人民代表大会和地方各级人民政府组织法》，行使当家作主权力，积极参政、督政，有 32 位代表单独或联名对镇政府提出 25 件建议、批评和意见，交政府办理。钱桥镇第一届人民代表大会第三次会议于 2006 年 2 月 25 日召开。会议应出席代表 92 人，实到代表 92 人。会议听取华亚军所作的政府工作报告，听取张桐生所作的人大工作报告、冯建康所作的财政预决算报告。会议选举胡锡建任人大常务副主席、免去钱桥镇副镇长职务，免去武阿扣人大副主席职务。2007 年 1 月 6 日，钱桥镇召开第一届人民代表大会第四次会议。

图 4—20—4 2006 年 2 月 25 日，钱桥镇举行第一届人民代表大会第三次会议

图 4—20—5 2007 年 1 月 6 日，钱桥镇举行第一届人民代表大会第四次会议

## 六、惠山区人大常委会钱桥街道工作委员会

2007 年 11 月，钱桥镇撤镇建立钱桥街道，设立惠山区人大常委会钱桥街道工作委员会。2013 年，惠山区人大常委会钱桥街道工作委员会视察食品安全工作，听取关于食品监督检查情况汇报；视察企业加快技改投入、产品升级推进实体经济发展工作；视察锡西新城建设情况，实施城市“提升年”活动；视察服务业重点项目，推动街道服务业加快发展。

2014 年，惠山区人大常委会钱桥街道工作委员会围绕民生工作、实事工作、环境卫生工作、工业发展工作、三产服务业工作等方面进行 7 次人大视察活动；组织开展每月市、区人大代表的接待日活动，全年活动 12 次，接待群众 9 批次，群众反映的问题主要集中在拆迁、环境卫生、交通秩序等方面。钱桥街道工作委员会积极与相关职能部门协调，把能够解决的问题迅速处理好，给群众一个满意的答复；不定期地走访各位人大代表，关心他们的工作和生活，并及时把群众向各位人大代表反映的情况收集起来，迅速及时地处理好各种问题；督促街道办出台街道办物业管理办法（试行）

的文件。2015 年，钱桥街道人大代表向惠山区人民代表大会提出 7 件建议和意见。

2015 年钱桥街道人大代表建议、批评和意见及复函一览表

表 4—20—11

| 时间 | 代表姓名 | 事由 | 复函 |
|---|---|---|---|
| 2015.01.15 | 周建秋 吴永伟 | 对短期内不可能拆迁的村庄中为适婚年龄青年解决婚房 | 政策正在紧锣密鼓制订中，农村住房困难问题将得到根本性解决<br>2015 年 5 月 12 日惠山区建设局 |
| 2015.01.15 | 陈　炜 何宇漾 | 建议开通梅园地铁站到职教园区等地公交线路 | 已于 3 月份调整为新辟的公交 161 路，沿途停靠 13 个公交点<br>2015 年 5 月 15 日惠山区交通局 |
| 2015.01.15 | 陈卫国 | 整治钱桥与滨湖区勤新交界处交通及环境混乱 | 目前两区城管中队已安排队员进行蹲点值勤 6：30~7：30，16：30~18：30，责任落实到人，确保长效管理到位，市容秩序良好<br>2015 年 5 月 18 日惠山区城市管理局 |
| 2015.01.15 | 张文珍 | 方便惠山经济开发区企业职工优化至开发区公交线路 | 途经的公交线路有公交 607 路、607 支路、610 路、623 路、630 路等 6 条，对公交 616 路再次优化调整，进一步方便开发区各园区早晚高峰出行<br>2015 年 6 月 5 日惠山区交通运输局 |
| 2015.01.15 | 张文珍 | 进一步繁荣惠山区经济发展帮助企业规避风险 | 成立建议办理工作组、编制服务企业案例集、开展法制宣传，充分发挥企业的自身资源优势，营造学法用法良好氛围，做好企业的依法治理工作<br>2015 年 6 月 29 日惠山区司法局 |
| 2015.01.15 | 陈　炜 何宇漾 | 建议加强货车超载、小飞龙违章载客等现象的管理 | 加大宣传力度，积极配合公安机关查处，继续坚持优先发展公交交通<br>2015 年 5 月 15 日惠山区交通运输局<br>加强巡逻管控，加大处罚力度，今年共暂扣“小飞龙”34 辆，查处交管交通违法行为 1700 多起<br>2015 年 6 月 5 日市公安局交警支队惠山大队 |
| 2015.01.15 | 章丽亚 | 关于加快惠山区公立医院人事编制进程的建议 | 上级政策暂无调整，一次性内部进编政策将无法实施，请理解。今后，随着全面推行公立医院编制备案机制，在岗人员由身份管理变为岗位管理，编制公招指标也会逐渐淡化，人事分配制度改革将使医院全面落实用人自主权，激发医务工作者业务水平和服务技能的提高，卫生事业将更加健康蓬勃发展<br>2015 年 4 月 13 日无锡市惠山区机构编制委员会办公室 |

## 七、代表活动

钱桥、藕塘（公社、乡）镇人大代表除参加历届、次（公社、乡）镇人代会外，在闭会期间，人大主席团组织人大代表不定期开展各项督察活动，发挥人大代表当家作主的作用，督促政府完成人代会提出的各项工作任务、建议，促进区域内经济发展，促进社会主义精神文明建设和社会主义法制建设。

钱桥、藕塘（公社、乡）镇人大主席团举办人大代表培训班，邀请市、区（县市）等有关领导、教授讲课，组织代表学习党的路线，各项方针、政策，及党中央重要会议精神和有关法律、法规等，组织代表到外地参观学习，到市、区公检法、政府有关单位、部门参观，不断提高代表对人大性质、地位和作用的认识，提高代表的代表观念、法制观念和政策水平，增强代表参政议政能力，更好地发挥代表们的作用。

20 世纪 90 年代初，钱桥、藕塘两镇人大主席团根据无锡县人大常委会的要求，组织区域内县、镇人大代表及部分选民对有关单位进行调研评议。90 年代中期，钱桥、藕塘两镇人大主席团在人大代表中开展“人民选我当代表，我当代表为人民”的争先创优活动，开展“好建议、争贡献”的竞

赛活动。

2000 年 3 月，钱桥镇人大组织市、镇两级人大代表 30 多人对全镇防洪保安基础设施进行视察。视察后，代表们提出 6 条意见和建议，形成书面材料交镇政府有关部门。8 月，钱桥镇人大组织市、镇两级代表和有关职能部门负责人 70 余人对全镇外来人口管理工作进行视察，居住证办证率在 90% 以上。9 月，钱桥镇人大组织市、镇两级代表 20 人对镇、村 12 家有“三废”（废水、废气、废固体污染物）排放的企业进行现场视察检查，对存在的三个方面问题和五点进一步治理污染的建议形成书面材料，送交钱桥镇政府及有关部门。是年 5~12 月，钱桥、藕塘镇人大主席团根据锡山市人大常委会要求，组织市、镇人大代表开展对不同类型的私营企业、工业企业经济发展情况进行视察、调研。同时，召开工商、税务、社保所等有关部门负责人座谈会，广泛听取私营企业业主在工商、税务、社保等方面的执行情况。钱桥、藕塘人大主席团根据视察及座谈会的情况，建言两镇人民政府在私企发展过程中给予有利于私营企业发展的政策，为私营企业营造良好的发展环境，促进私营企业健康发展。

2001 年始，钱桥、藕塘镇人大主席团建立“代表之家”接待活动日，调动代表参与人大工作的积极性，促进人大工作的提升。2002 年，钱桥镇人大全年召开主席团成员会议 5 次；组织代表学习、调研、视察活动 9 次；组织区、镇二级代表学习培训，提高代表履行职责、参政议政的能力；对区属企业体制改革、“二园一街”的开发建设进行考察调研。4 月，对农村卫生整治情况进行视察检查，加快创建工作进度。5 月，先后三次组织人大代表分别视察惠山农药厂、锡兴钢铁公司等原市属、区属企业及镇级、村级、民营企业的环境保护工作。是年，锡兴钢铁公司投资 1000 多万元治理“黄龙”。全镇有 6 个村通过“整治三大顽症”验收；苏庙、洋溪、舜柯 3 个合并村通过省级卫生村复查验收。

钱桥、藕塘镇人大主席团把代表视察列入人大工作议事日程。2003 年下半年，根据惠山区人大常委会《关于组织人大代表评议区质量技术监督局工作的意见》，钱桥、藕塘镇人大主席团花 2 个月时间，组织区、镇人大代表对区质监局工作进行评议。区、镇人大代表考察、走访企事业单位，召开镇村部分企业负责人会议，听取对质监局的意见和建议，下发征求意见表，广泛听取意见。此次活动，对提高境内企业产品的质量取得良好的成效。

2004 年 9 月 22 日，钱桥镇人大主席团、政协工作委员会联合组织部分区、镇人大代表，区政协委员视察工业企业环保工作。与会代表、委员积极参政督政，通过听（听取分管副镇长高建国汇报环保工作情况）、看（实地察看晓星污水处理厂、苏南异型钢管公司、振华印染厂等工业企业的废水废气治理情况）、议（针对全镇工业企业污水、废气排放处理情况谈各自观点和想法），提出建议和意见。代表们对政府环保工作取得的成绩给予充分肯定，认为镇党委、政府历年来对环保工作相当重视，在建设中始终以经济建设、城镇建设和环境建设协调发展为指导思想，坚持走可持续发展道路，严格控制新污染，加强建设项目环保执法工作力度；积极治理老污染，狠抓工业污染源治理达标排放工作，进一步改善镇区环境质量，加强环境综合整治，取得显著成绩，全镇 29 家酸性废水企业废水经处理后全部循环使用，特别是苏南异型钢管公司的废水处理后养鱼经验获得推广。同时，部分企业对污水废气处理设备积极进行改造升级，为进一步确保污水和废气的排放达标打下坚实基础。

2007 年 4 月 17 日，钱桥镇人大主席团组织 30 多名区、镇人大代表视察区域内各企业的安全生产工作，并到锡兴钢铁公司和江南高精度冷拔管有限公司实地查看安全生产情况。人大代表们通过实地查看和听汇报，对各企业的安全生产工作取得的成效给予肯定，认为全镇的安全生产能做到思想统一、管理到位，有效地控制事故的发生，保证区域内经济持续快速健康运行。人大代表同时希望镇政府有关部门加大对企业安全生产的监督，加强安全生产的宣传，加大执法力度，加大对企业安全生产的考核力度。

2009 年 3 月 20 日，钱桥街道人大工作委员会组织辖区内全体区人大代表深入华润实业、苏嘉法斯特钢管、舜特钢管、金球集团、江南高精度钢管热轧分厂等企业进行视察活动，详细了解生产情况，征求企业对有关职能部门服务企业发展的意见和建议。人大代表实地调研企业的生产、运行情况、企业发展面临的突出困难和问题，有针对性地提出意见、建议，呼吁政府各职能部门采取切实有效措施，更好地为企业服务，尽力帮助企业排忧解难，增强发展信心，提升工业经济质量，加快推进“保增长、促转型，保民生、促稳定”战略的深入实施。5 月 6 日，钱桥街道人大工作委员会组织辖区内全体区人大代表对社区卫生工作进行专项视察、调研。代表们重点对藕塘卫生院的内外环境进行实地察看，了解藕塘卫生院相关情况，分别听取有关人员关于街道内社区卫生状况和藕塘卫生院的工作汇报。代表们针对藕塘卫生院在设施规模、医疗条件方面与发展要求、群众需求不相适应等实际情况畅所欲言，提出积极的建议和意见。2010 年，钱桥街道人大工作委员会从代表工作的实际出发，着眼于筑平台、建制度，将“人大代表之家”作为代表与选民交流的良好平台，分别在钱桥街道办事处机关四楼、藕乐苑社区建起东西两片的“人大代表之家”，积极实施区人大代表定期接待选民制度，进一步加强区人大代表与基层群众的联系，方便代表与选民零距离接触，方便选民与代表坦诚交流。钱桥街道人大工作委员会设立的“人大代表之家”还配备必要的软硬件设施，建立具体的接待日活动工作台账，逐条记录来访选民的姓名、联系方式、所提出的建议、意见以及向来访选民反馈的内容等。

图 4—20—6　2011 年 4 月 7 日，人大惠山区钱桥街道工作委员会组织人大代表开展环保视察活动

2013 年，人大惠山区钱桥街道工作委员会组织人大代表视察企业加快技改投入、产品升级状况，推进私营企业经济发展；视察锡西新城建设情况，开展城市提升年活动；视察服务业重点项目，推动服务业加快发展；视察食品安全工作，听取关于食品监督检查情况的汇报。

**2013 年 6 月 28 日惠山区人大常委会钱桥街道工作委员会“人大代表之家”接待选民安排表**

表 4—20—12

| 召集人 | 参加代表 | | | | | 联络员 | 地点 |
|---|---|---|---|---|---|---|---|
| 杜　巍 | 杜巍 | 厉墨龙 | 支向军 | 强樊新 | 窦　杰 | 唐国良 | 钱桥片区在钱桥街道办公楼主楼“人大代表之家”活动室 |
| | 时惠娟 | 王百南 | 周建秋 | 陈金良 | 缪正明 | | |
| | 戴晓华 | 林玉金 | 张文珍 | 唐岳生 | 浦建军 | | |
| | 马元兴 | 何宇漾 | 陈　炜 | 朱　明 | 邓　超 | | |
| | 杨伟民 | — | — | — | — | | |
| 高建国 | 高建国 | 邓晓华 | 平　伟 | 陈卫国 | 费红丹 | 傅　毅 | 藕塘片区在藕乐苑社区“人大代表之家”活动室 |
| | 倪海兵 | 唐新芳 | 吴仲林 | 王伟维 | 吴永伟 | | |
| | 徐盛希 | 王　军 | 冯晓平 | 陈继干 | 吴毅强 | | |
| | 章丽亚 | 葛琴英 | 丁志康 | 张宇蔚 | — | | |

2014 年，人大惠山区钱桥街道工作委员会根据社会事业发展重点、热点，围绕民生工作、实事工作、环境卫生、工业发展、三产服务等方面进行 7 次视察活动；组织开展每月市、区人大代表接待日活动，全年开展活动日 12 次，接待群众 9 批次。群众反映问题主要集中在拆迁、环境卫生、交通秩序、食品安全等方面。人大代表根据群众反映的问题，积极与相关职能部门协调，迅速处理解决，给群众一个满意的答复。

2015 年 9 月 9 日，人大惠山区钱桥街道工作委员会组织辖区内的区人大代表视察企业科技创新工作情况，实地察看无锡恒力标准件制造有限公司、天津物产集团公司科技创新工作和企业运营情况。视察结束后，钱桥街道办事处副主任刘永祥向代表们报告相关工作情况，对钱桥重点行业发展情况进行分析。代表们建议，街道和区政府有关职能部门要进一步强化服务，不断做优科技创新环境，加大对企业科技创新的政策扶持力度，帮助企业加快科技创新步伐；进一步借助外力，通过人才引进、科技带动，促使科技创新，不断提升区域核心竞争力；进一步加强引导，不断提高全社会创新意识。

## 八、历届人大主席、副主席

80年代末，钱桥镇、藕塘乡设立人大办公室，人大办公室主任具体负责人大闭会期间人大工作。1995年，钱桥、藕塘镇人民代表大会始设人大主席团常务主席、常务副主席，主持闭会期间的人大工作。人大主席团常务主席、常务副主席由人民代表大会代表选举产生。

**1990~2015年钱桥镇、藕塘镇，钱桥街道人大主席团主席、副主席，人大工作委员会主任、副主任任职表**

表4—20—13

| 镇名 | 主席（主任） | | 副主席（副主任） | | 镇名 | 主席 | | 副主席 | |
|---|---|---|---|---|---|---|---|---|---|
| | 姓名 | 任职时间 | 姓名 | 任职时间 | | 姓名 | 任职时间 | 姓名 | 任职时间 |
| 钱桥镇 | 彭焕明 | 1990.03~1991.01 | — | — | 藕塘镇 | 许其南 | 1993.03~1994.03 | — | — |
| | 俞觉然 | 1991.01~1998.01 | 周松圻 | 1996.02~1999.01 | | 王仁祖 | 1994.03~1998.01 | 章末全 | 1995.12~1999.01 |
| | 包金明 | 1998.01~1998.12 | 张祖德 | 1999.01~2002.01 | | 朱正平 | 1998.01~2002.01 | 臧效年 | 1999.01~2002.01 |
| | 戴家元 | 1999.01~2004.06 | 彭建清 | 2002.01~2004.06 | | 陈喜成 | 2002.01~2004.06 | 徐焕敏 | 2002.01~2004.06 |
| 钱桥（镇）街道 | 张桐生 | 2004.06~2009.10 | 唐国良 | 2004.06~2014.12 | — | — | — | — | — |
| | — | — | 武阿扣 | 2004.06~2006.02 | — | — | — | — | — |
| | — | — | 徐焕敏 | 2004.06~2010 | — | — | — | — | — |
| | 高建国 | 2009.10~2014.10 | 胡锡建 | 2006.02~2011.12 | — | — | — | — | — |
| | — | — | 成建兴 | 2012.11~ | — | — | — | — | — |

2015年，惠山区人大常委会钱桥街道工作委员会副主任为成建兴。

## 九、辖区内县、区人民代表构成情况

1954年6月27日~7月3日，藕塘区参加无锡县第一届人民代表大会代表共23人，其中区干部代表4人、占代表总数的17.4%，农民代表9人、占代表总数的39%，军工烈属民兵代表2人、占代表总数的8.7%，民主人士代表2人、占代表总数的8.7%，文教卫生代表4人、占代表总数的17.4%，工商界代表2人、占代表总数的8.7%；代表中男代表21人、占代表总数的91.3%，女代表2人、占代表总数的8.7%；年龄最大的50岁、最小的17岁，平均年龄为31.6岁。盛店乡农民代表黄焕清属新渎区，同时参加无锡县第一届人民代表大会。

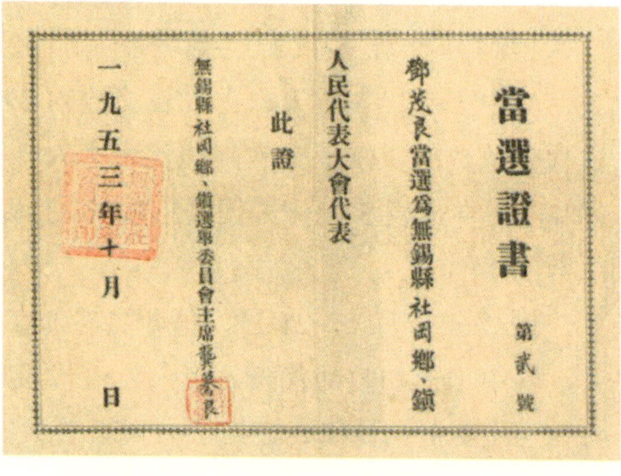
當選證書 第貳號
鄧茂良當選為無錫縣社岡鄉、鎮
人民代表大會代表
此證
無錫縣社岡鄉、鎮選舉委員會主席龔蕎良
一九五三年十月 日

图4—20—7 1953年10月，无锡县社冈乡选举委员会主席龚蕎良颁发给邓茂良当选为无锡县社冈乡人民代表大会代表的当选证书

1957年1月，新渎区（当时藕塘乡、盛店乡属新渎

区）参加无锡县第二届人民代表大会代表共70人，其中共产党员代表25人、占代表总数的35.7%，共青团员代表7人、占代表总数的10%，无党派人士代表38人、占代表总数的54.3%；农民代表58人、占代表总数的82.9%，机关工作人员代表6人、占代表总数的8.6%，文教卫生代表1人、占代表总数的1.4%，工商企业代表4人、占代表总数的5.7%，其他代表1人、占代表总数的1.4%；代表中男代表53人、占代表总数的75.7%，女代表17人、占代表总数的24.3%。

1963年4月，钱桥公社参加无锡县第五届人民代表大会代表共9人，其中干部代表2人、占代表总数的22.2%，工商代表4人、占代表总数的44.4%，农民代表2人、占代表总数的22.2%，文教代表1人、占代表总数的11.2%；男代表8人、占代表总数的88.9%，女代表1人、占代表总数的11.1%。藕塘公社参加无锡县第五届人民代表大会代表共8人，其中干部代表3人、占代表总数的37.5%，卫生界代表1人、占代表总数的12.5%，农民代表4人、占代表总数的50%；男代表6人、占代表总数的75%，女代表2人、占代表总数的25%。

1966年1月，钱桥、藕塘两公社经过民主选举，产生出席无锡县第六届人民代表大会代表。钱桥公社选举产生代表12人，其中县乡干部代表2人、占代表总数的16.67%，文教代表2人、占代表总数的16.67%，工商界代表3人、占代表总数的25%，农民代表5人、占代表总数的41.67%；男代表10人、占代表总数的83.33%，女代表2人、占代表总数的16.67%；年龄最大的为59岁，最小的为21岁，平均年龄39.8岁。藕塘公社选举产生代表9人，其中县乡干部代表4人、占代表总数的44.44%，农民代表4人、占代表总数的44.44%，卫生界代表1人、占代表总数的11.12%。中共党员代表4人、占代表总数的44.44%，民主党派及无党派人士代表5人、占代表总数的55.56%。男代表7人、占代表总数的77.78%，女代表2人、占代表总数的22.22%。代表中年龄最大的52岁，年龄最小的为32岁，平均年龄为39.4岁。无锡县第六届人民代表大会原定于是年6月召开，后因“文化大革命”，大会未能如期举行。

1979年1月19~22日，钱桥公社参加在县人民大会堂举行的无锡县第七届人民代表大会代表共49人，其中干部代表5人、占代表总数的10.2%，工业战线代表18人、占代表总数的36.7%，农民代表17人、占代表总数的34.7%，文教卫生代表5人、占代表总数的10.2%，财贸代表3人、占代表总数的6.1%，革命干部1人、占代表总数的2%；代表中党员代表25人、占代表总数的51%，非党代表24人、占代表总数的49%；男代表39人、占代表总数的80%，女代表10人、占代表总数的20%。藕塘公社共有24人代表参加大会，其中干部代表3人、占代表总数的12.5%，工业战线代表7人，占代表总数的30%，农民代表10人、占代表总数的42%，文教卫生代表3人、占代表总数的12.5%，财贸代表1人、占代表总数的4.2%；代表中党员代表6人、占代表总数的25%，非党代表18人、占代表总数的75%；男代表18人、占代表总数的75%，女代表6人、占代表总数的25%。

1984年9月9~11日，藕塘乡参加在县人民大会堂召开的无锡县第九届人民代表大会代表共7人，其中干部代表2人、占代表总数的29%，企业代表2人、占代表总数的29%，农村代表2人、占代表总数的29%，文教战线代表1人、占代表总数的14%；代表中党员代表2人、占代表总数的29%，非党代表5人、占代表总数的71%；男代表6人、占代表总数的86%，女代表1人、占代表总数的14%。

1987年4月17~21日，藕塘乡参加在县人民大会堂召开的无锡县第十届人民代表大会代表共6人，其中干部和教师代表各1人、占代表总数的33%，企业、个体及农村代表4人、占代表总数的67%；代表中党员代表2人、占代表总数的33%，非党代表4人、占代表总数的67%；男性代表占100%。

1990年4月3~7日，钱桥镇参加在县人民大会堂召开的无锡县第十一届人民代表大会代表共14人，其中国家干部代表3人、占代表总数的21%，工农代表6人、占代表总数的43%，知识分子代

表 3 人、占代表总数的 21%，各界人士代表 2 人、占代表总数的 14%；代表中党员代表 8 人、占代表总数的 57%，非党代表 6 人、占代表总数的 43%；男代表 10 人、占代表总数的 71%，女代表 4 人、占代表总数的 29%。藕塘乡共 7 名代表参加大会，其中国家干部代表 2 人、占代表总数的 29%，工农代表 4 人、占代表总数的 57%，知识分子代表 1 人、占代表总数的 14%：代表中党员代表 5 人、占代表总数的 71%，非党代表 2 人、占代表总数的 29%；大专学历以上的代表 2 人、占代表总数的 29%，高中文化的代表 2 人、占代表总数的 29%，初中文化的代表 3 人、占代表总数的 42%；男代表 6 人、占代表总数的 86%，女代表 1 人、占代表总数的 14%；代表中年龄最大的 51 岁，最小的 37 岁，平均年龄为 43.8 岁。

1993 年 2 月 16~20 日，钱桥镇参加无锡县第十二届人民代表大会的代表共 15 人，其中干部代表 3 人、占代表总数的 20%，文教代表 2 人、占代表总数的 13%，工商界代表 3 人、占代表总数的 20%，农民代表 4 人、占代表总数的 26%，乡镇企业代表 3 人、占代表总数的 20%；男代表 13 人、占代表总数的 86.7%，女代表 2 人、占代表总数的 13.3%；党员代表 6 人、占代表总数的 40%，民主党派、无党派人士代表 9 人、占代表总数的 60%。

2001 年 5 月 9 日，钱桥镇参加惠山区第一届人民代表大会的代表共 19 人，其中干部代表 5 人、占代表总数 26.3%，农村代表 6 人、占代表总数 31.6%，企业代表 7 人、占代表总数 36.8%，文教代表 1 人、占代表总数 5%；男代表 14 人、占代表总数的 73.7%，女代表 5 人、占代表总数的 26.3%；党员代表 11 人，占代表总数的 57.9%，民主党派、无党派人士代表 8 人、占代表总数的 42.1%；大专以上学历的代表 8 人、占代表总数的 42.1%，高中文化学历的代表 8 人、占代表总数的 42.1%，初中学历的代表 3 人、占代表总数的 15.8%；代表中最大年龄 58 岁，最小年龄 28 岁，代表平均年龄为 43.3 岁。藕塘镇参加大会的代表共 10 人，其中干部代表、农村代表和企业代表各 3 人，共 9 人，占代表总数的 90%，文教代表 1 人、占代表总数的 10%；男代表 8 人、占代表总数的 80%，女代表 2 人、占代表总数的 20%；党员代表 7 人、占代表总数的 70%，民主党派、无党派人士代表 3 人，占代表总数的 30%；大专以上学历的代表 3 人、占代表总数的 30%，高中学历的代表 5 人、占代表总数的 50%，初中文化和小学文化的代表各 1 人、占代表总数的 20%；代表中年龄最大的 60 岁，最小的 37 岁，代表平均年龄为 46.1 岁。

2007 年 1 月 10~12 日，钱桥镇参加（钱桥、藕塘两镇已合并）在无锡市国际饭店召开的惠山区第一届人民代表大会第七次会议的代表共 31 人，其中干部代表 11 人、占代表总数的 35.5%，农村代表 10 人、占代表总数的 32.3%，文教代表 2 人、占代表总数的 6.5%，工商代表 8 人、占代表总数的 25.8%；党员代表 21 人、占代表总数的 67.7%，民主党派、无党派人士代表 10 人、占代表总数的 32.3%；大专以上学历的代表 11 人、占代表总数的 35.5%，高中学历的代表 16 人、占代表总数的 51.6%，初中学历的代表 4 人、占代表总数的 13%；男代表 23 人、占代表总数的 74.2%，女代表 8 人、占代表总数的 25.8%；代表中年龄最大的 66 岁，年龄最小的 33 岁，代表平均年龄为 50.1 岁。是年 12 月 22~25 日，钱桥街道参加在无锡市华美达广场酒店举行的惠山区第二届人民代表大会的代表共 30 人，其中干部代表 8 人、占代表总数的 26.7%，工商业界代表 9 人、占代表总数的 30%，农村代表 9 人、占代表总数的 30%，文教卫生代表 4 人、占代表总数的 13.3%；党员代表 19 人、占代表总数的 63.3%，民主党派、无党派人士代表 11 人、占代表总数的 36.7%；大专以上学历的代表 19 人，占代表总数的 63.3%，高中学历的代表 9 人、占代表总数的 30%，初中学历的代表 2 人、占代表总数的 6.7%；男代表 22 人，占代表总数的 73.3%，女代表 8 人、占代表总数的 26.7%；代表中年龄最大的 55 岁，最小的 28 岁，代表平均年龄为 41.1 岁。

2012 年 2 月 22 日，钱桥街道参加惠山区第三届人民代表大会的代表共 38 人。由于工作变动及少数代表病故等原因，2015年底，钱桥街道参加惠山区第三届人民代表大会第五次会议实有代表36人，其中干部代表9人、占代表总数的25%，工商企业代表12人、占代表总数的33.3%，社区代表8人、占代表总数的22.2%，民主人士代表2人、占代表总数的5.5%，文教卫生代表5人、占代表总数的13.9%；党员代表24人、占代表总数的66.7%，民主党派、无党派人士代表12人，占代表总数的33.3%；大专以上学历的代表28人、占代表总数的77.8%，高中学历的代表7人、占代表总数的19.4%，初中学历的代表1人、占代表总数的2.8%；男代表25人、占代表总数的69.4%，女代表11人、占代表总数的30.6%；代表中年龄最大的63岁，年龄最小的30岁，代表平均年龄为49.4岁。

### 十、钱桥街道无锡市、江苏省人大代表

无锡市第十四届人大代表（2008.01~2012.06）

吴少华　钱桥街道党工委书记

邓　超　钱桥街道晓星村委主任、晴山蓝城社区党总支书记

浦惠林　江苏锡兴集团有限公司董事长

无锡市第十五届人大代表（2012.06~　）

邓　超　钱桥街道晴山蓝城社区党总支书记

杨伟民　无锡振兴钢材市场有限公司总经理

张宇蔚　无锡爱邦辐射技术有限公司技术总监

江苏省第十二届人大代表（2012.01~　）

龚育才　江苏苏嘉集团有限公司总裁

## 第四节 解放后至建立职教园区前地方行政机构

1949年4月23日，钱桥、藕塘地区解放，建立人民民主政权。钱桥地区设钱桥镇人民政府和万东乡人民政府，属开原区署领导；藕塘地区设藕塘镇人民政府，溪北乡、稍塘乡、盛店乡人民政府，属新渎区署领导。1950年4月，成立藕塘区人民政府，辖钱桥镇、万东乡、藕塘乡、稍塘乡；盛店乡属新渎区人民政府管辖。是年7月，钱桥、藕塘地区划成9个小乡，分别是钱桥乡、舜柯乡、社冈乡、西漳乡、洋溪乡、会龙乡、藕塘乡、稍塘乡、新民乡，各乡成立人民政府。同年12月，会龙乡划归无锡市郊区辖。1953年9月，藕塘区人民政府改设为藕塘区公所。1954年8月，藕塘区公所撤销，钱桥、舜柯、社冈、西漳、洋溪5个乡划归无锡市郊区人民政府管辖；藕塘、稍塘、新民乡划归新渎区人民政府管辖。1956年3月，舜柯乡并入钱桥乡，建立钱桥乡人民委员会；社冈、洋溪乡并入西漳乡，建立西漳乡人民委员会；稍塘乡及新民乡的庙塘桥地区并入藕塘乡，建立藕塘乡人民委员会；新民乡大部分地区划入杨墅乡。1957年10月，盛店乡并入藕塘乡，建立新的藕塘乡人民委员会，驻地藕塘桥。同时，藕塘乡从新渎区划出，隶属无锡县人民委员会领导。

1958年1月，西漳乡并入钱桥乡，建立新的钱桥乡人民委员会，驻地钱桥市镇，仍隶属无锡市郊区人民委员会领导。7月，钱桥乡人民委员会隶属无锡县人民委员会领导。9月，钱桥、藕塘地区分别成立人民公社，建立钱桥人民公社管理委员会、藕塘人民公社管理委员会。1968年4月~1981年，改设为钱桥、藕塘人民公社革命委员会，驻地、管辖范围均未变。1981年10月、12月，先后恢复为藕塘、钱桥人民公社管理委员会。1983年4月，分别改设为钱桥乡人民政府、藕塘乡人民政府，驻地、管辖范围不变。1987年6月，钱桥撤乡建镇，建立钱桥镇人民政府，驻地、管辖范围不变。1993年3月，藕塘撤乡建镇，建立藕塘镇人民政府，驻地、管辖范围不变。2004年2月，钱桥、藕塘两镇合并，建立新的钱桥镇人民政府，驻地钱桥新街，管辖范围为原钱桥、藕塘两镇的辖地。

## 中华人民共和国成立后

## 1949~2015年钱桥、藕塘地区地方政权机构演变图

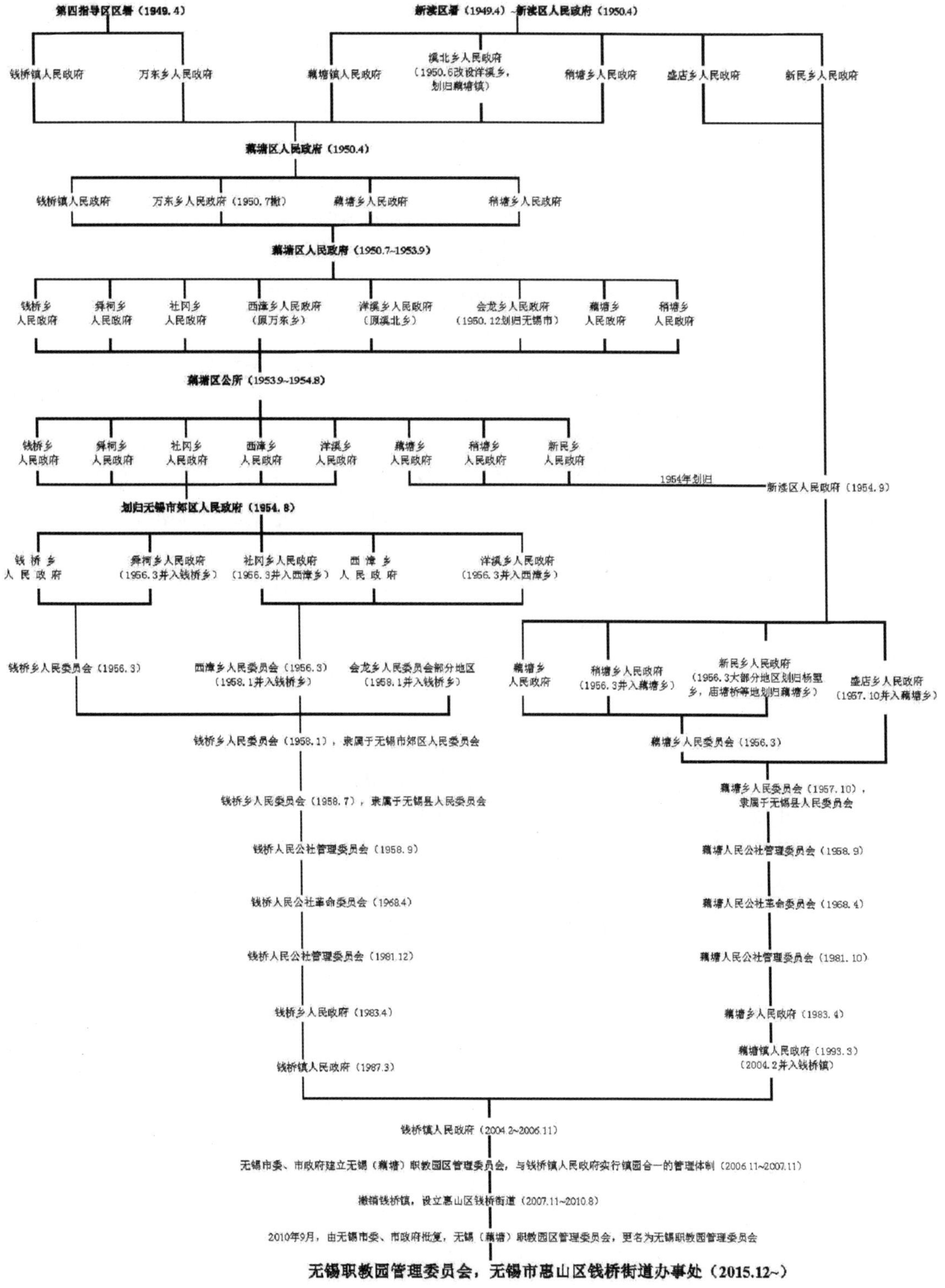

## 一、解放初期（1949年4月~1950年4月）

1949年4月，钱桥地区建立有钱桥镇人民政府，驻地钱桥老街，设镇长、副镇长各1人；有万东乡人民政府，驻地南西漳，设乡长、副乡长各1人。钱桥镇、万东乡人民政府属开原区署管辖。藕塘地区建立有藕塘镇人民政府，驻地藕塘桥南街，设镇长、副镇长各1人；有稍塘乡人民政府，驻地稍塘营，设乡长、副乡长各1人；有溪北乡人民政府，驻地单巷，设乡长、副乡长各1人；有盛店乡人民政府，驻地盛店桥，设乡长1人。藕塘镇、稍塘乡、溪北乡、盛店乡人民政府隶属新渎区署管辖。为便于接管和维持社会秩序，按照华东局关于暂时利用保长、甲长的通知精神，钱桥、藕塘地区没有立即废除保甲制度，对原保长、甲长采取区别对待的方针，争取他们配合人民政府做好社会治安工作。10月，中共苏南区委书记陈丕显在苏南各界人民代表会议上指出："废除保甲制度，建立人民基层政权，开好各界人民代表会议，是秋冬两季民主政权建设的重要工作。"是月起，无锡县由点到面，推行废除保甲制度，开展建立行政村的基层民主建政工作。分派农村工作队进驻相关地区，进行划小乡镇、废除保甲制度和建立基层民主政权的试点。试点乡镇率先废除保甲制，成立村行政委员会和村民小组。

1950年1月，在试点的基础上，无锡县政府颁布《废除保甲制，改造基层政权的实施办法（草案）》。钱桥、藕塘地区全面废除保甲制度，开展基层民主建政工作。至2月底，钱桥、藕塘地区的保、甲全部废除，分别建立村行政委员会和村民（居民）小组。村行政委员会的委员和正、副主任由村民大会选举产生；村民（居民）小组设正、副组长，由村民（居民）小组选举产生。钱桥、藕塘地区通过基层民主建政，完全取代旧的保甲制度。与此同时，根据中共苏南区委关于"有准备地划小区乡，召开区乡农民代表大会，建立乡镇委员会，选举乡长"的指示精神，无锡县政府重新规定划分区、乡（镇）的基本原则，对原有的区、乡（镇）作较大调整。按照有关规定，一般以市镇或较大的村庄为中心，将其四周的村庄划归其管辖；每个区人口数量为3万~6万人，每个乡人口数量在4000人左右；人口数量在2500人以上的市镇单独建立镇人民政府，人口数量不足2500人的市镇则与周围农村合并建立新乡；新建乡的人口数量最多不得超过7000人，其中农村人口占三分之二，市镇人口占三分之一。是年6月，溪北乡人民政府改设为洋溪乡人民政府。同年7月，钱桥、藕塘地区划成钱桥、舜柯、社冈、西漳、洋溪、会龙、藕塘、稍塘、新民等9个小乡。

## 二、小乡时期（1950年4月~1956年2月）

1950年4月，经苏南人民行政公署批准,设藕塘区，同时成立藕塘区人民政府隶属无锡县人民政府领导，驻地藕塘市镇。藕塘区下辖钱桥、藕塘、稍塘、万东等4个乡。是年7月，藕塘区增辖舜柯、社冈、西漳、会龙、洋溪、新民等6个乡，撤销万东乡。同年12月，会龙乡划归无锡市管辖。钱桥乡人民政府驻地钱桥老街，辖36个自然村，设正、副乡长各1人；藕塘乡人民政府驻地藕塘桥，辖43个自然村，设乡长1人，于1951年增设副乡长1人；稍塘乡人民政府驻地稍塘营，辖15个自然村，设乡长1人；舜柯乡人民政府驻地毛村，辖29个自然村，设乡长1人，于1952年增设副乡长1人；社冈乡人民政府驻地邓巷，辖29个自然村，设乡长1人，于1953年增设副乡长1人；西漳乡人民政府驻地南西漳小街，辖30个自然村，设正、副乡长各1人；洋溪乡人民政府驻地单巷上，辖31个自然村，设乡长1人，于1952年增设副乡长1人；新民乡人民政府驻地福山上舍村，辖31个自然村，设乡长1人。乡（镇）各界人民代表会

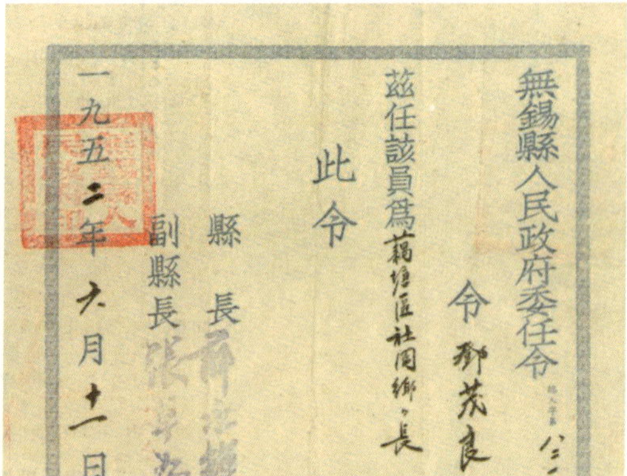
無錫縣人民政府委任令

令 鄧茂良

茲任該員爲藕塘區社岡鄉鄉長

此令

縣長

副縣長

一九五二年六月十一日

图4—20—8　1952年6月11日，无锡县县长薛永辉、副县长张卓如委任邓茂良为藕塘区社冈乡乡长的《无锡县人民政府委任令》

议为乡的权力机构。

1952年8月，藕塘区政府驻地由藕塘桥迁至钱桥镇陈漕巷。1953年4月，藕塘区政府驻地由陈漕巷迁入钱桥老街南街私立无锡钱桥初中补习班校舍内。是年9月，无锡县藕塘区人民政府改设为无锡县人民政府藕塘区公所，管辖范围和驻地均未变。1954年8月，遵照江苏省人民政府整顿编制、精简行政机构的精神，决定撤销藕塘区公所，将所辖钱桥、舜柯、西漳、社冈、洋溪等5个乡划归无锡市郊区管辖，隶属无锡市郊区人民委员会领导；藕塘、稍塘、新民3个乡划归新渎区管辖，隶属于新渎区人民委员会领导。

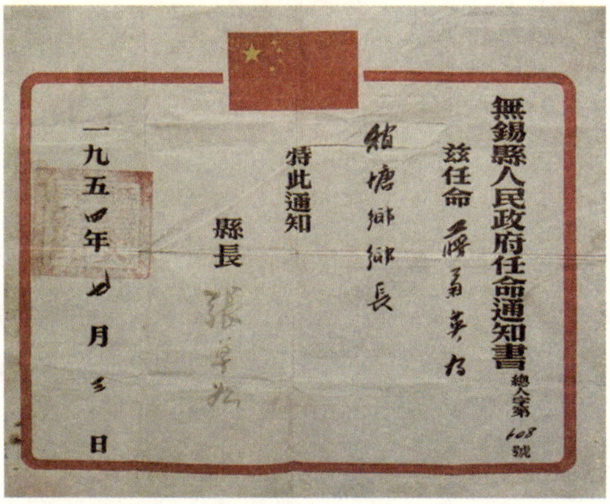
無錫縣人民政府任命通知書

茲任命 蔣菊英 為

稍塘鄉鄉長

特此通知

縣長 張卓如

一九五四年七月三日

图4—20—9　1954年7月3日，无锡县人民政府县长张卓如任命蒋菊英为稍塘乡乡长的任命通知书

1950年4月~1954年8月藕塘区政府正、副区长任职表

表4—20—14

| 区长 | 任职时间 | 副区长 | 任职时间 |
| --- | --- | --- | --- |
| 周宝瑞（代） | 1950.05~1951.08 | 庞维松 | 1950.05~1951.07 |
| 李昌贤 | 1951.08~1952.06 | 周　雄 | 1953.02~1953.12 |
| 吴　鉴 | 1952.06~1953.03 | — | — |
| 李飞超 | 1953.03~1953.11 | — | — |
| 周　雄 | 1953.12~1954.05 | 李飞超 | 1953.12~1954.08 |

## 三、中乡时期（1956年3月~1958年8月）

1956年3月，舜柯乡并入钱桥乡，建立新的钱桥乡人民委员会，设正、副乡长各1人，机关驻地钱桥老街，管辖范围为原钱桥、舜柯两乡辖地，隶属关系不变；洋溪乡、社冈乡并入西漳乡，建立新的西漳乡人民委员会，设正、副乡长各1人，机关驻地南西漳小街，管辖范围为原洋溪、社冈、西漳三乡辖地，隶属关系不变。同月，稍塘乡和新民乡的庙塘桥地区（新民乡大部分地区划归杨墅乡）并入藕塘乡，建立新的藕塘乡人民委员会，设代理乡长1人、代理副乡长1人，管辖范围为原藕塘乡和稍塘乡的辖地及新民乡的庙塘桥地区，机关驻地藕塘桥，隶属关系不变。

1957年10月，经苏州专署批准，将盛店乡和藕塘乡合并后设藕塘乡，成立无锡县藕塘乡人民委员会。是年12月、翌年4月，藕塘乡召开第一届、第二届人民代表大会，选举产生正、副乡长。藕塘乡人民委员会设在藕塘市镇南街，隶属无锡县人民委员会领导。1958年1月，钱桥乡、西漳乡和会龙乡的部分地区合并后设钱桥乡，成立无锡市郊区钱桥乡人民委员会。是年2月，钱桥乡人民委员会召开第三届人民代表大会，选举产生乡长1人、副乡长3人。钱桥乡人民委员会管辖范围为原钱桥乡和西漳乡的辖地及会龙乡部分地区，驻地钱桥老街，隶属无锡市郊区人民委员会领导。同年7月，钱桥乡划归无锡县，钱桥乡人民委员会隶属无锡县人民委员会领导，机关驻地、辖区范围不变。

## 四、人民公社时期（1958年9月~1983年4月）

### （一）钱桥人民公社

1958年9月，根据江苏省人民委员会通知精神，成立无锡县钱桥人民公社管理委员会，设主任（社长）1人、副主任（副社长）2人。钱桥公社管委会辖原钱桥乡的范围，机关驻地和隶属关系均不变。1961年4月、1963年10月、1966年3月，钱桥人民公社先后召开第四届、第五届、第六届人民代表大会，分别选举钱桥公社管委会正、副主任（正、副社长）。

1968年4月，成立钱桥人民公社革命委员会，设主任1人、副主任2人。管辖范围、机关驻地均不变，隶属无锡县革命委员会领导。1978年9月，钱桥人民公社召开第七届人民代表大会，选举产生钱桥公社革命委员会正、副主任。

1981年12月，在体制改革中，根据党政分开的原则，撤销钱桥公社革命委员会机构，恢复钱桥人民公社管理委员会。同月，钱桥公社召开第八届人民代表大会第一次会议，选举产生钱桥公社管理委员会委员、主任和副主任。管辖范围和机关驻地不变，隶属无锡县人民政府领导。钱桥人民公社管理委员会直至1983年4月撤销。

**（二）藕塘人民公社**

1958年9月，根据江苏省人民委员会通知精神，成立无锡县藕塘人民公社管理委员会，设主任（社长）1人、副主任（副社长）1人。藕塘人民公社管理委员会管辖原藕塘乡的范围，驻地和隶属关系均不变。是年10月、1959年9月、1963年3月，藕塘公社召开第三届、第四届、第五届人民代表大会，选举产生藕塘公社管委会正、副主任。1967年1月公社党政机关瘫痪。

1968年4月，撤销藕塘人民公社管理委员会，成立藕塘人民公社革命委员会，设主任1人、副主任2人。藕塘人民公社革命委员会管辖范围、机关驻地均不变，隶属无锡县革命委员会领导。是年4月、1979年1月，藕塘公社召开第六届、第七届人民代表大会，选举产生藕塘公社革命委员会正、副主任。

1981年10月，在体制改革中，根据党政分开的原则，撤销藕塘人民公社革命委员会机构，恢复藕塘人民公社管理委员会，设主任（社长）1人、副主任（副社长）3人。藕塘人民公社管理委员会管辖范围、机关驻地不变，隶属无锡县人民政府领导。是年11月，藕塘公社召开第八届人民代表大会，选举产生藕塘公社管委会正、副主任。藕塘人民公社管理委员会直至1983年4月撤销。

## 五、恢复乡时期

**（一）钱桥乡人民政府（1983年4月~1987年6月）**

1983年4月，根据经济体制改革的需要，撤销钱桥公社管理委员会，改设钱桥乡人民政府。同月20日，召开钱桥乡第八届人民代表大会第二次会议，选举产生钱桥乡人民政府正、副乡长。钱桥乡人民政府的管辖范围、机关驻地和隶属关系均不变。1984年8月，钱桥乡召开第九届人民代表大会，选举产生钱桥乡人民政府正、副乡长。

**（二）藕塘乡人民政府（1983年4月~1993年4月）**

1983年4月，根据经济体制改革的需要，撤销藕塘公社管理委员会，改设藕塘乡人民政府。同月，藕塘乡召开第八届人民代表大会第二次会议，选举产生藕塘乡人民政府正、副乡长。藕塘乡人民政府管辖范围、机关驻地和隶属关系均不变。1984年8月、1987年3月、1989年10月，藕塘乡先后召开第九届、第十届、第十一届人民代表大会，分别选举产生藕塘乡人民政府正、副乡长。

## 六、建立镇时期

**（一）钱桥镇人民政府（1987年3月~2004年2月）**

1987年6月，经江苏省人民政府批准，撤销钱桥乡，改设钱桥镇人民政府，实行镇管村体制。管辖范围、机关驻地和隶属关系均不变。1988年4月20~21日，钱桥镇召开第十届人民代表大会第二次会议，选举产生正、副镇长。1990年3月、1993年3月，钱桥镇先后召开第十一届、第十二届人民代表大会，分别选举产生钱桥镇人民政府正、副镇长。1995年，钱桥镇人民政府隶属锡山市人民政府领导。1996年2月、1999年1月，钱桥镇先后召开第十三届、第十四届人民代表大会，分别选举产生钱桥镇人民政府正、副镇长。2000年12月，钱桥镇人民政府隶属无锡市惠山区人民政府领导。2002年1月，钱桥镇召开第十五届人民代表大会，选举产生钱桥镇人民政府正、副镇长。

**（二）藕塘镇人民政府（1993年3月~2004年2月）**

1993年3月，经江苏省人民政府批准，撤销藕塘乡，改设藕塘镇人民政府，实行镇管村体制。是年3月5日，藕塘镇召开第十二届人民代表大会，选举产生正、副镇长。藕塘镇人民政府管辖范围、机关驻地和隶属关系均不变。1995年，藕塘镇人民政府隶属于锡山市人民政府领导。1996年3

月、1999 年 1 月，藕塘镇先后召开第十三届、第十四届人民代表大会，分别选举产生正、副镇长。2000 年 12 月，藕塘镇人民政府隶属无锡市惠山区人民政府领导。2002 年 1 月，藕塘镇召开第十五届人民代表大会，选举产生正、副镇长。

**（三）钱桥、藕塘两镇合并成立新的钱桥镇人民政府（2004 年 2 月~2007 年 11 月）**

2004 年 2 月，钱桥镇与藕塘镇两镇合并，建立新的钱桥镇人民政府。6 月 7~8 日，新的钱桥镇召开第一届人民代表大会，选举产生镇长 1 人、副镇长 5 人。新的钱桥镇人民政府管辖范围为原钱桥、藕塘两镇人民政府辖地，机关驻地在钱桥大街 141 号，隶属关系不变。

2007 年 11 月，钱桥镇撤销，设立钱桥街道。

**1949 年 4 月~2004 年 2 月钱桥地区地方行政机构名、驻地，正、副乡长、社长、主任、镇长任职表**

表 4—20—15

| 时期 | 地方行政机构名称 | 机关驻地 | 姓名 | 职务 | 任期 |
|---|---|---|---|---|---|
| 解放初期 | 钱桥镇人民政府 | 钱桥老街 | 许志芳（许杏泉） | 镇长 | 1949.04~1950.04 |
| | | | 张文达 | 副镇长 | 1949.04~1949.09 |
| | | | 华中（宗）慰 | 副镇长 | 1949.04~1950.04 |
| | 万东乡人民政府 | 西漳小街 | 陈才兴 | 乡长 | 1949.04~1950.04 |
| | | | 杨海度 | 副乡长 | 1949.04~1950.04 |
| | 溪北乡人民政府（1950 年 6 月更名为洋溪乡人民政府） | 单巷 | 徐坤元 | 乡长 | 1949.04~1950.06 |
| 小乡时期 | 钱桥乡人民政府 | 钱桥老街 | 许志芳（许杏泉） | 乡长 | 1950.05~1951.00 |
| | | | 华中（宗）慰 | | 1951.00~1952.00 |
| | | | 凌盘兴 | | 1952.00~1954.03 |
| | | | 凌盘兴 | 副乡长 | 1949.04~1951.00 |
| | | | 陶阿菊 | | 1951.05~1953.00 |
| | | | 杜根兴 | | 1953.00~1956.03 |
| | 舜柯乡人民政府（1950.05~1956.02） | 毛村 | 朱灿根 | 乡长 | 1950.05~1952.07 |
| | | | 何鹤鸣 | | 1952.07~1954.07 |
| | | | 吴荣清 | | 1954.07~1955.00? |
| | | | 龚士兴 | 副乡长 | 1953.08~1954.12 |
| | 西漳乡人民政府（1950.05~1956.03） | 西漳小街 | 蔡绍元 | 乡长 | 1950.05~1952.00 |
| | | | 陈善生 | | 1952.00~1953.00 |
| | | | 张克明 | | 1953.00~1954.00 |
| | | | 朱金荣 | | 1954.00~1955.00 |
| | | | 邓茂良 | 副乡长 | 1950.00~1952.00 |
| | | | 唐本贤 | | 1954.00~1956.03 |
| | 洋溪乡人民政府（1950.06~1956.02） | 单巷 | 费悦心 | 乡长 | 1950.06~1952.11 |
| | | | 丁国侃 | | 1952.12~1953.00 |
| | | | 王宝兴 | | 1953.00~1955 冬 |
| | | | 丁国侃 | 副乡长 | 1950.06~1952.12 |
| | | | 俞顺源 | | 1953.01~1956.00 |
| | 社冈乡人民政府（1950.05~1956.02） | 邓巷 | 胡晨耕 | 乡长 | 1950.04~1950.09 |
| | | | 陈才兴 | | 1950.09~1951.04 |
| | | | 贾洪夫 | | 1951.04~1951.07 |
| | | | 袁惠伦 | | 1951.07~1952.06 |
| | | | 邓茂良 | | 1952.06~1954.10 |
| | | | 唐小弟 | | 1954.10~1956.02 |
| | | | 杨海度 | 副乡长 | 1951.02~1954.00 |
| | | | 周叙金 | | 1951.08~1956.02 |
| | 会龙乡人民政府（1950 年 7 月~12 月）（1950 年 12 月划归无锡市管辖） | 双河 | 匡再平 | 乡长 | 1950.01~1951.04 |
| 中乡大乡时期 | 无锡市郊区钱桥乡人民委员会（1954.08~1958.09）（1958.07 钱桥乡人民委员会划归无锡县人民委员会领导） | 钱桥老街 | 何鹤鸣 | 乡长 | 1956.03~1957.04 |
| | | | 朱灿根 | | 1957.04~1957.09 |
| | | | 杜根兴 | 副乡长 | 1956.03~1956.12 |
| | | | 何鹤鸣 | 乡长 | 1958.01~1958.09 |
| | | | 朱灿根 | 副乡长 | 1958.01~1958.09 |
| | | | 高泉福 | | 1958.01~1958.09 |
| | | | 许荣度 | | 1958.01~1958.09 |

续表 4—20—15

| 时期 | 地方行政机构名称 | 机关驻地 | 姓名 | 职务 | 任期 |
|---|---|---|---|---|---|
| 中乡时期 | 西漳乡人民委员会（1956.03~1958.01） | 南西漳 | 唐小弟 | 乡长 | 1956.03~1957.03 |
| | | | 邓茂良 | | 1957.03~1958.01 |
| | | | 唐本贤 | 副乡长 | 1956.03~1958.01 |
| 人民公社时期 | 钱桥人民公社管理委员会（1958.09~1968.03）（1967.01~02 公社党政机关瘫痪，被逼于 1967.03~1968.03 停止办公） | 钱桥老街 | 何鶴鸣 | 主任（社长）（1968 年“文革”期间行政机构瘫痪） | 1958.09~1960.01 |
| | | | 张金鶴 | | 1960.01~1961.09 |
| | | | 黄玉度 | | 1961.05~1967.01 |
| | | | 朱灿根 | 副主任（副社长） | 1958.09~1962.09 |
| | | | 高泉福 | | 1958.09~1962.09 |
| | | | 芮叙法 | | 1961.08~1962.07 |
| | | | 张金鶴 | | 1962.10~1967.01 |
| | | | 冯云洲 | | 1965.09~1967.01 |
| | 钱桥人民公社革命委员会（1968.04~1981.11） | 钱桥老街 | 孟志成 | 主任 | 1968.05~1976.01 |
| | | | 邹子钧 | | 1976.01~1981.12 |
| | | | 王宝兴 | 副主任 | 1968.04~1976.10 |
| | | | 计金铨 | | 1968.04~1976.09 |
| | | | 陈德明 | | 1972.10 未到职 |
| | | | 胡海宏 | | 1973.05~1974.10 |
| | | | 翁锡根 | | 1973.05~1981.12 |
| | | | 范　萌 | | 1974.10~1976.10 |
| | | | 潘群智 | | 1976.04~1981.12 |
| | | | 毛仲篪 | | 1976.09~1981.12 |
| | | | 彭焕明 | | 1976.09~1981.12 |
| | | | 王守基 | | 1976.10~1978.10 |
| | | | 许其南 | | 1978.12~1981.11 |
| | | | 俞仲华 | | 1981.09~1981.12 |
| | | | 俞德生 | | 1981.09~1981.12 |
| | 钱桥人民公社管理委员会（1981.12~1983.04） | 钱桥老街 | 潘群智 | 主任 | 1981.12~1982.10 |
| | | | 彭焕明 | 副主任 | 1981.12~1983.04（1982 年 10 月后主持工作） |
| | | | 毛仲篪 | | 1981.12~1983.03 |
| | | | 俞仲华 | | 1981.12~1983.04 |
| | | | 俞德生 | | 1981.12~1982.12 |
| | | | 许其南 | | 1981.12~1983.00 |
| 恢复乡时期 | 钱桥乡人民政府（1983.04~1987.06） | 钱桥老街 | 彭焕明 | 乡长 | 1983.04~1984.08 |
| | | | 俞觉然 | | 1984.09~1987.06 |
| | | | 俞仲华 | 副乡长 | 1983.04~1984.04 |
| | | | 周松圻 | | 1983.04~1986.12 |
| | | | 董月新 | | 1984.08~1986.12 |
| | | | 张煜良 | | 1986.03~1987.06 |
| | | | 唐镜清 | | 1987.03~1987.06 |
| 建立镇时期 | 钱桥镇人民政府（1987.06.09~2004.02） | 钱桥老街 钱桥大街 141 号 | 俞觉然 | 镇长 | 1987.06~1991.01 |
| | | | 吕国琪 | | 1991.01~1992.04 |
| | | | 时建良 | | 1992.04~1997.06 |
| | | | 包金明 | | 1997.06~1997.07 |
| | | | 孟建康 | | 1997.07~1999.11 |
| | | | 华亚军 | | 1999.11~2004.02 |
| | | | 周学良 | 副镇长 | 1987.03~1993.03 |
| | | | 张煜良 | | 1987.12~1991.01 |
| | | | 唐镜清 | | 1987.12~1989.09 |
| | | | 周柏清 | | 1988.04~1990.03 |
| | | | 时建良 | | 1990.03~1992.04 |
| | | | 徐月秋 | | 1990.09~1992.12 |
| | | | 彭建清 | | 1992.04~1995.03 |
| | | | 张祖德 | | 1992.12~1995.12 |
| | | | 王元春 | | 1992.12~1994.05 |
| | | | 包金明 | | 1994.03~1997.06 |
| | | | 沈国良 | | 1995.12~2003.11 |

续表 4—20—15

| 时期 | 地方行政机构名称 | 机关驻地 | 姓名 | 职务 | 任期 |
|---|---|---|---|---|---|
| 建立镇时期 | 钱桥镇人民政府（1987.06.09~2004.02） | 钱桥老街<br>钱桥大街 141 号 | 武阿扣 | 副镇长 | 1996.02~2003.01 |
| | | | 吴立江 | | 1998.01~2001.00 |
| | | | 马其兴 | | 1998.01~1999.11 |
| | | | 唐国良 | | 1999.11~2004.02 |
| | | | 莫治中 | | 2001.10~2004.02 |
| | | | 高建国 | | 2002.01~2004.02 |

## 1949 年 4 月~2004 年 2 月藕塘地区地方行政机构名、驻地，正、副乡长、社长、主任、镇长任职表

表 4—20—16

| 时期 | 地方行政机构名称 | 机关驻地 | 姓名 | 职务 | 任期 |
|---|---|---|---|---|---|
| 解放初期 | 藕塘镇人民政府（1949.04~1950.04） | 藕塘桥南街 | 吴亚平 | 镇长 | 1949.04~1949.09 |
| | | | 洑子贤 | | 1949.09~1950.04 |
| | | | 洑子贤 | 副镇长 | 1949.04~1949.08 |
| | | | 虞自新 | | 1949.08~1950.04 |
| | 稍塘乡人民政府 | 稍塘营 | — | — | — |
| | 盛店乡人民政府 | 盛店桥 | — | — | — |
| 小乡时期 | 藕塘乡人民政府（1950.05~1956.03） | 藕塘桥 | 刘　群 | 乡长 | 1950.05~1950.12 |
| | | | 吴宏源 | | 1950.12~1951.08 |
| | | | 冯关泉 | | 1951.08~1953.03 |
| | | | 朱章汉 | | 1953.04~1954.01 |
| | | | 王　骏 | | 1954.01~1956.03 |
| | | | 沈凤生 | 副乡长 | 1950.03~1951.10 |
| | | | 朱章汉 | | 1951.08~1953.03 |
| | 稍塘乡人民政府（1950.04~1956.03） | 稍塘营 | 陆仁康 | 乡　长 | 1950.05~1951.12 |
| | | | 龚士兴 | | 1952.01~1954.01 |
| | | | 蒋菊英（女） | | 1954.01~1956.03 |
| | | | 樊产宜 | 副乡长 | 1954.07~1955.08 |
| | | | 章汗宝 | | 1955.09~1956.03 |
| | 盛店乡人民政府（1950.01~1956.03） | 盛店桥 | 虞绍近 | 乡　长 | 1950.01~1950.11 |
| | | | 姚汉林 | 代乡长 | 1950.12~1951.07 |
| | | | 吴根度 | 乡　长 | 1951.08~1954.03 |
| | | | 杨秋茂 | | 1954.04~1956.03 |
| | | | 蒋泉根（不脱产） | 副乡长 | 1950.01~1951.03 |
| | | | 吴根度（不脱产） | | 1951.03~1951.08 |
| | | | 孙阿兴（不脱产） | | 1951.08~1956.03 |
| | | | 赵泉生 | | 1954.12~1955.12 |
| | 新民乡（1949.10~1956.03） | 福山上舍村 | 吴　泽 | 乡长 | 1950.07~1951.11 |
| | | | 冯仲庆 | | 1951.12~1952.03 |
| | | | 陆仁富 | | 1952.03~1953.03 |
| | | | 徐耀忠 | | 1953.03~1954.06 |
| | | | 毛法根 | | 1954.06~1956.03 |
| 中乡时期 | 藕塘乡人民委员会（1956.03~1957.09） | 藕塘桥 | 王　骏 | 乡长 | 1956.03~1956.06 |
| | | | 蒋菊英（女） | 第二乡长 | 1956.03~1957.09 |
| | | | 陆逢献 | 第三乡长 | 1956.06~1957.09 |
| | | | 陆逢献 | 副乡长 | 1956.03~1956.06 |
| | | | 赵泉生 | | 1956.03~1957.09 |
| 大乡时期 | 藕塘乡人民委员会（1957.10~1958.09） | 藕塘桥 | 丁国雄 | 代理乡长、乡长 | 1957.10~1958.09 |
| | | | 洑子贤 | 代理副乡长、副乡长 | 1957.10~1958.09 |
| 人民公社时期 | 藕塘人民公社管理委员会（1958.09~1967.01）（1967.01~02 公社党政机关瘫痪，停止办公；1967.03~1968.03 建立以公社人武部为主的生产办公室，负责日常工作） | 藕塘桥 | 丁国雄 | 社长（主任） | 1958.10~1963.03 |
| | | | 万祖培 | | 1963.03~1967.01 |
| | | | 洑子贤 | 副社长（副主任） | 1958.10~1960.05 |
| | | | 王全度 | | 1960.07~1967.01 |
| | | | 顾炳南 | | 1960.07~1962.01 |
| | | | 丁国雄 | | 1963.05~1964.05 |
| | | | 蔡绍元 | | 1966.02~1967.01 |
| | | | 钱子焕 | | 1960.11~1962.09 |

续表 4—20—16

| 时期 | 地方行政机构名称 | 机关驻地 | 姓名 | 职务 | 任期 |
|---|---|---|---|---|---|
| 人民公社时期 | 藕塘人民公社革命委员会（1968.04~1981.10） | 藕塘桥 | 袁文奇 | 主任 | 1968.04~1969.12 |
| | | | 万廼扬 | | 1970.05~1973.12 |
| | | | 杨祖峰 | | 1973.12~1981.10 |
| | | | 万祖培 | 副主任 | 1968.04~1972.10 |
| | | | 缪惟咸 | | 1968.04~1978.10 |
| | | | 戈菊英（女） | | 1972.10~1978.09 |
| | | | 唐国忠 | | 1972.06~1978.08 |
| | | | 丁国民 | | 1973.05~1976.09 |
| | | | 浦毅成 | | 1973.05~1977.07 |
| | | | 杨锡良 | | 1976.03~1981.10 |
| | | | 浦青度 | | 1977.07~1981.10 |
| | | | 陆国珍（女） | | 1975.04~1981.09 |
| | | | 王　骏 | | 1976.08~1979.09 |
| | | | 徐慕达 | | 1978.04~1981.06 |
| | | | 李建群 | | 1978.10~1980.03 |
| | | | 丁育夫 | | 1978.12~1981.10 |
| | | | 冯荣南 | | 1980.03~1981.10 |
| | 藕塘人民公社管理委员会（1981.10~1983.04） | 藕塘桥 | 杨锡良 | 主任 | 1981.10~1983.03 |
| | | | 冯荣南 | 副主任 | 1981.10~1983.04 |
| | | | 冯法兴 | | 1981.10~1983.04 |
| | | | 黄海兴 | | 1981.10~1982.11 |
| 恢复乡时期 | 藕塘乡人民政府（1983.04~1993.04） | 藕塘老街<br>藕塘新街 | 冯荣南 | 乡长 | 1983.04~1989.10 |
| | | | 丁建华 | | 1989.10~1992.11 |
| | | | 周国范 | | 1992.11~1993.04 |
| | | | 吕国琪 | 副乡长 | 1983.04~1984.12 |
| | | | 于建庄 | | 1984.08~1987.03 |
| | | | 陆稼英 | | 1987.03~1991.03 |
| | | | 冯南华 | | 1987.03~1988.04 |
| | | | 章末全 | | 1987.03~1990.03 |
| | | | 陈子焕 | | 1988.04~1993.04 |
| | | | 冯法兴 | | 1990.03~1993.04 |
| | | | 芮卓君 | | 1991.03~1993.04 |
| 建立镇时期 | 藕塘镇人民政府（1993.04~2004.02） | 藕塘新街 | 周国范 | 镇长 | 1993.04~1995.12 |
| | | | 朱正平 | | 1995.12~1997.12 |
| | | | 顾德祖 | | 1997.12~1998.11 |
| | | | 张桐生 | | 1998.11~2004.02 |
| | | | 芮卓君 | 副镇长 | 1993.04~1995.12 |
| | | | 陈子焕 | | 1993.04~1994.03 |
| | | | 冯法兴 | | 1993.04~1998.11 |
| | | | 马其兴 | | 1994.03~1997.12 |
| | | | 唐国良 | | 1997.11~1998.11 |
| | | | 陈喜成 | | 1998.11~2001.12 |
| | | | 张桐生 | | 1995.12~1998.11 |
| | | | 徐焕敏 | | 1998.10~2001.12 |
| | | | 华卫贤 | | 1998.11~2004.02 |
| | | | 胡锡建 | | 1999.10~2004.02 |
| | | | 成德友 | | 2001.03~2001.10 |
| | | | 王盘兴 | | 2001.00~2004.02 |
| | | | 倪　军 | | 2002.12~2004.02 |

## 2004~2007 钱桥镇人民政府驻地，正、副镇长任职表

表 4—20—17

| 时期 | 地方行政机构名称 | 机关驻地 | 姓名 | 职务 | 任期 |
|---|---|---|---|---|---|
| 钱桥藕塘两镇合并后 | 钱桥镇人民政府（2004~2007） | 钱桥大街 141 号 | 华亚军 | 镇　长 | 2004.02~2006.08 |
| | | | 倪海兵 | | 2006.08~2007.11 |
| | | | 高建国 | 副镇长 | 2004.02~2005.04 |
| | | | 胡锡建 | | 2004.02~2006.02 |
| | | | 倪　军 | | 2004.02~2007.10 |

续表 4—20—17

| 时期 | 地方行政机构名称 | 机关驻地 | 姓名 | 职务 | 任期 |
|---|---|---|---|---|---|
| 钱桥藕塘两镇合并后 | 钱桥镇人民政府（2004~2007） | 钱桥大街 141 号 | 倪海兵 | 副镇长 | 2004.06~2006.08 |
| | | | 马 伟 | | 2004.06~2007.00 |
| | | | 杜 巍 | | 2006.09~2007.11 |
| | | | 奚晓敏 | | 2006.09~2007.11 |

1986~2007 年钱桥、藕塘（乡）镇政府调研员名表

表 4—20—18

| 乡镇名 | 政府调研员 |
|---|---|
| 钱桥 | 范 萌、朱孝义、周学良、周松圻、张祖德、武阿扣、薛建祖、章末全、李建兴、唐圻成 |
| 藕塘 | 冯荣南、冯法兴、章末全 |

## 第五节 镇园合一、街园合一

2006 年 11 月 22 日，中共无锡市委、无锡市人民政府决定在钱桥镇建立无锡（藕塘）职教园区管理委员会。无锡（藕塘）职教园区管理委员会由惠山区委、区政府管理，副处（县）级建制。无锡（藕塘）职教园区管理委员会与钱桥镇人民政府实行两块牌子、一套班子、“镇园合一”的管理体制。无锡（藕塘）职教园区管理委员会和钱桥镇人民政府机关驻地仍在钱桥大街 141 号，管辖范围为原钱桥镇人民政府辖地。

图 4—20—10 2007 年 12 月 19 日，钱桥街道办事处挂牌仪式

2007 年 11 月 7 日，江苏省人民政府批复撤销无锡市惠山区钱桥镇，以其原辖区域设立钱桥街道办事处，办事处管理 4 个居委会、16 个村委会。原钱桥镇政府一套班子转为钱桥街道办事处班子。无锡（藕塘）职教园区管理委员会与钱桥街道办事处实行“街园合一”的行政管理体制。

图 4—20—11 2010 年 9 月 17 日，钱桥街道第九届村（社区）换届选举工作动员大会

2010 年 9 月，中共无锡市委、无锡市人民政府批复：无锡（藕塘）职教园区管理委员会更名为无锡职教园管理委员会。无锡职教园管理委员会与钱桥街道办事处继续实行“街园合一”的行政管理体制，机关驻地和管辖范围不变。

2015 年无锡职教园管理委员会、惠山区钱桥街道办事处机构设置一览表

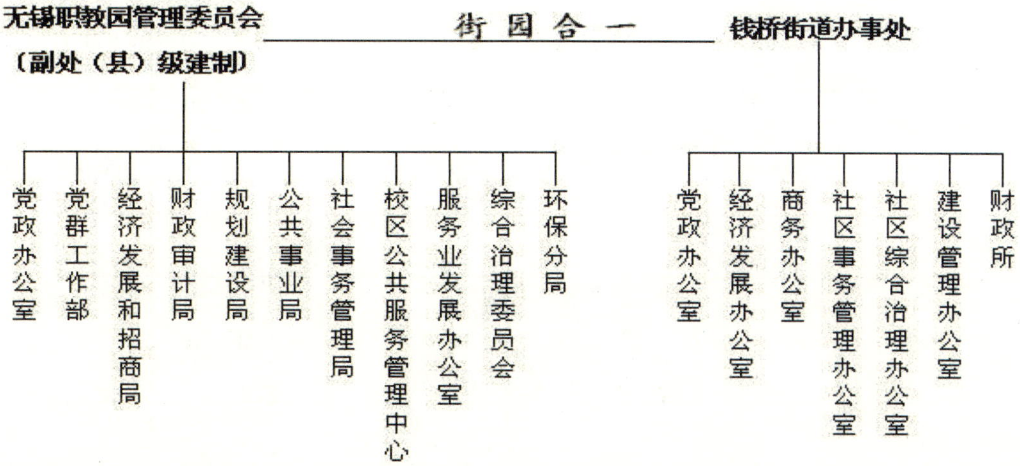

2006~2015 年无锡（藕塘）职教园区、无锡职教园管理委员会、钱桥街道办事处领导干部任职表

表 4—20—19

| 姓名 | 无锡（藕塘）职教园区、无锡职教园管理委员会 | | | | 钱桥街道办事处 | | | |
|---|---|---|---|---|---|---|---|---|
| | 主任 | 副主任 | 局级等其他领导 | | 主任 | 副主任 | 其他领导 | |
| | 任职时间 | 任职时间 | 职务 | 任职时间 | 任职时间 | 任职时间 | 职务 | 任职时间 |
| 吴少华 | 2006.11~2010.02 | — | — | — | — | — | — | — |
| 倪海兵 | 2011.02~2013.07 | 2007.01~2011.02 | — | — | 2007.12~2010.06 | — | — | — |
| 沈国良 | — | 2007.01~2009.11 | 管委会调研员 | 2009.11~2011.02 | — | — | — | — |
| 高建国 | — | 2007.11~2009.10 | 配套区管委会主任<br>经济发展和招商局局长 | 2007.11~2009.10 | — | 2007.12~2009.10 | — | — |
| 刘国胜 | — | 2007.11~2011.09 | — | — | — | 2007.12~2011.09 | — | — |
| 倪　军 | — | — | 社会事务局局长 | 2007.11~ | — | 2007.12~ | — | — |
| 奚晓敏 | — | — | 财政审计局局长 | 2007.11~2011.09 | — | 2007.12~2011.09 | — | — |
| 杜　巍 | — | 2010.06~2014.12 | 公共事业局局长 | 2007.11~2011.10 | 2010.06~2014.12 | 2007.12~2010.06 | — | — |
| 马向东 | — | — | 规划建设局局长 | 2007.11~2013.09 | — | — | — | — |
| 成建兴 | — | — | 公共事业局副局长<br>动迁安置办公室主任 | 2007.11~2013.11 | — | — | — | — |
| 吕　明 | — | — | 经济发展和招商局副局长<br>企业服务中心主任<br>财政审计局局长 | 2007.11~2012.11<br>2012.11~ | — | 2014.12~ | — | — |
| 戴震乾 | — | 2007.03~2008.12<br>2014.12~ | — | — | 2014.12~ | — | 环保分局局长 | 2007.12~2008.12 |
| 华卫贤 | — | — | 综合治理委员会主任<br>管委会调研员 | 2007.12~2010.12<br>2010.12~2015.04 | — | — | — | — |
| 唐国良(钱桥) | — | — | — | — | — | — | 办事处调研员 | 2007.12~2011.12 |
| 武阿扣 | — | — | — | — | — | — | 办事处调研员 | 2007.12~2012.05 |
| 唐圻成 | — | — | — | — | — | — | 办事处调研员 | 2007.12~2008.01 |
| 李建兴 | — | — | — | — | — | — | 办事处调研员 | 2007.12~2014.02 |
| 杨国忠 | — | — | — | — | — | 2011.10~2013.12 | — | — |
| 朱益明 | — | 2009.11~2014.12 | 经济发展和招商局局长 | 2009.11~2014.12 | — | 2009.11~2014.12 | 配套区管委会主任 | 2009.11~2014.12 |
| 朱　焱 | — | 2009.11~2011.09 | — | — | — | — | — | — |
| 王　华 | — | — | 配套区管委会副主任<br>环保分局局长<br>公共事业局局长 | 2008.11~2011.10<br>2011.10~ | — | 2011.10~ | — | — |
| 徐焕敏 | — | — | — | — | — | — | 办事处调研员 | 2009.11~ |

续表 4—20—19

| 姓名 | 无锡（藕塘）职教园区、无锡职教园管理委员会 | | | | 钱桥街道办事处 | | | |
|---|---|---|---|---|---|---|---|---|
| | 主任 | 副主任 | 局级等其他领导 | | 主任 | 副主任 | 其他领导 | |
| | 任职时间 | 任职时间 | 职务 | 任职时间 | 任职时间 | 任职时间 | 职务 | 任职时间 |
| 胡锡建 | — | — | — | — | — | — | 办事处调研员 | 2010.12~ |
| 邵小明 | — | — | — | — | — | 2011.03~ | — | — |
| 虞黎杰 | — | — | 环保分局局长 | 2011.09~ | — | — | 配套区管委会副主任 | 2011.09~ |
| 张　凌 | — | — | 财政审计局副局长 | 2012.12~ | — | — | — | — |
| 姜　军 | — | — | 规划建设局局长 | 2013.09~ | — | 2014.12~ | — | — |
| 邓　莉 | — | — | 服务业发展办公室主任 | 2013.12~ | — | 2013.12~ | — | — |
| 刘永祥 | — | — | 经济发展和招商局局长 | 2014.12~ | — | 2014.12~ | 配套区管委会主任 | 2014.12~ |
| 张　晟 | — | 2015.10~ | — | — | — | — | — | — |
| 朱一骏 | — | — | 党政办公室主任 | 2015.10~ | — | — | — | — |

2015年12月，无锡职教园区管理委员会副主任为戴震乾、张晟，配套区管委会主任为刘永祥、副主任为虞黎杰，财政审计局局长为吕明、副局长为张凌，经济发展和招商局局长为刘永祥，规划建设局局长为姜军，公共事业局局长为王华，社会事务局局长为倪军，环保分局局长为虞黎杰，服务业发展办公室主任为邓莉，党政办公室主任为朱一骏；钱桥街道办事处主任为戴震乾，副主任为刘永祥、倪军、吕明、姜军、王华、邵小明、邓莉。

**附1：江苏省人民政府关于撤销无锡市惠山区钱桥镇设立钱桥街道办事处的批复（2007年11月7日）**

无锡市人民政府：

你市《关于撤销惠山区钱桥镇设立钱桥街道办事处的请示》（锡政发〔2007〕273号）悉。经研究，现批复如下：

同意撤销无锡市惠山区钱桥镇，以其原辖区域设立钱桥街道办事处。办事处管理4个居委会、16个村委会。

行政区划调整工作涉及面广，政策性强，望你市切实加强领导，精心组织，周密部署，确保社会稳定。

**附2：无锡市人民政府关于同意撤销惠山区钱桥镇设立钱桥街道办事处的批复（2007年11月13日）**

惠山区人民政府：

你区《关于撤销钱桥镇设立钱桥街道办事处的请示》（惠府发〔2007〕91号）悉。根据《省政府关于撤销无锡市惠山区钱桥镇设立钱桥街道办事处的批复》（苏政复〔2007〕64号）精神，现批复如下：

同意撤销惠山区钱桥镇，以其原辖区域设立钱桥街道办事处。办事处管理4个社区居委会和16个村委会。办事处驻钱桥育才路（原钱桥镇政府驻地）。

行政区划调整工作涉及面广，政策性强，请你区切实加强领导，精心组织，周密部署，实现平稳过渡，确保社会稳定。

**附3：中共无锡市惠山区委无锡市惠山区人民政府关于撤销钱桥镇设立钱桥街道办事处及机构设置的意见（2007年11月27日）**

根据无锡市人民政府《关于撤销无锡市惠山区钱桥镇设立钱桥街道办事处的批复》（锡政发〔2007〕451号）精神，经研究，撤销钱桥镇，设立钱桥街道办事处。

一、钱桥街道办事处管理范围

钱桥街道办事处管理桥北居委、桥南居委、新村居委、藕塘居委4个社区居委会，华新村、胜丰村、西漳村、苏庙村、晓星村、溪南村、洋溪村、舜柯村、藕塘村、东风村、恒源祥村、勤建村、稍塘村、盛峰村、庙塘桥村、南水渠村16个村委会。管理面积46.5平方公里，人口5.7万人。

二、钱桥街道办事处机关机构设置

1、设立中国共产党无锡市惠山区钱桥街道工作委员会，为区委派出机构。

设立中国共产党无锡市惠山区钱桥街道纪律检查工作委员会（监察室）。

2、设立无锡市惠山区钱桥街道办事处，为区政府派出机构。

3、设立无锡市惠山区人大常委会钱桥街道人大工作委员会，为区人大常委会派出机构。

4、设立无锡市惠山区钱桥街道人民武装部。

三、钱桥街道办事处机关内设机构及职能配置

钱桥街道办事处机关内设机构及职能配置由区编委另行发文明确。

**附4：无锡市人民政府关于同意将无锡（藕塘）职教园区更名为无锡职教园的批复（2010年9月21日）**

无锡（藕塘）职教园区管理委员会：

你委《关于申请将“无锡（藕塘）职教园区”更名为“无锡职教园区”的请示》（职教园管发〔2008〕33号）收悉，经研究，现批复如下：

一、同意将无锡（藕塘）职教园区更名为无锡职教园，更名后园区原有规划区域、领导体制、机构编制及人员性质不变。

二、建设高水平的无锡职教园，是我市加快职业教育发展、加速区域城市化进程的重大战略举措。你委要以园区更名为契机，进一步做大园区规模，创出园区特色，形成园区品牌，着力强化园区的职教资源聚集功能、改革开放试验功能、创新人才培养功能、新兴产业孵化功能和园区建设示范辐射功能，为无锡经济社会转型发展培养更多的适用人才，不断提升无锡职教园的影响力和辐射力。

**附5：中共无锡市惠山区委办公室、无锡市惠山区人民政府办公室关于印发钱桥街道行政管理体制改革方案的通知（2011年5月16日）**

根据《中共惠山区委、惠山区人民政府关于印发〈惠山区街道行政管理体制改革实施意见〉的通知》（惠发〔2011〕21号）精神，结合钱桥街道与无锡职教园街园合一的实际，制订本方案：

一、主要职责

钱桥街道侧重履行：

1、宣传贯彻党的路线、方针、政策和国家的法律法规，执行上级的决议、决定。研究决定本街道市政建设管理、公共服务、综合治理等方面的重大问题。

2、加强党组织、行政组织和群众组织的自身建设。领导群众组织并支持他们开展工作。指导、支持村（居）委会工作。按照干部管理权限，做好干部的教育、培养、考核和监督工作。反映村（居）民的意见和要求，处理群众来信来访。

3、搞好街道市政建设总体规划，做好市政建设管理和环境保护等工作。

4、负责精神文明建设和思想教育工作，加强社会管理和公共服务，做好计划生育、文化教育、体育卫生和科学技术等工作。兴办社会福利事业，做好就业和社会保障、社会救助等工作。

5、搞好社会治安综合治理，做好治安保卫、外来人口管理、人民调解、法制建设等工作。推进农村民主政治建设和村民自治，开展便民利民的社区服务，维护居民的合法权益。

6、负责做好街道、村（居委）的财务、审计以及集体资产管理工作。

7、完成区委、区政府委托和交办的其他事项。

二、钱桥街道行政机关机构设置

钱桥街道机关设置7个综合办公室，具体为：

1、党政办公室（挂“应急管理办公室”“农村工作办公室”牌子）

2、经济发展办公室

3、商务办公室

4、社区事务管理办公室（挂“人口与计划生育办公室”牌子）

5、社区综合治理办公室

6、建设管理办公室（挂“城市管理办公室”牌子）

7、财政所（挂“集体资产管理办公室”牌子）

根据精简高效、职责相对统一的原则，钱桥街道机关内设机构与无锡职教园内设机构合署办公，并在职教园内设机构上增挂相应的牌子。

另外，区司法局派驻街道的司法所（挂“社会矛盾纠纷调解中心”牌子）与社区综合治理办公室合署办公。

三、人员编制和领导职数

核定钱桥街道机关（无锡职教园）行政编制 62 个，司法专项编制 4 个。

核定钱桥街道党工委、人大工委、办事处领导职数为 11 名，其中：党工委书记 1 名，党工委副书记兼办事处主任 1 名，党工委专职书记 1 名，人大工委主任或副主任 1 名，办事处副主任 7 名；

同时按规定配备纪工委书记、组织委员、宣传委员、统战委员、政法委员、人武部部长各 1 名。

四、事业单位机构设置、人员编制和主要职责

根据省市要求，钱桥街道所属事业机构调整为 6 个，核定事业总编制 62 个。具体为：

1、街道经济贸易服务站、农业技术综合服务站合并组建街道经济贸易服务中心（挂“农业服务中心”、“安全生产管理所”、“统计站”牌子），核定人员编制 30 个，人员经费渠道为街道财政差额拨款，现有在编人员身份、经费渠道维持不变。

主要职责为：负责做好工业经济、外向型经济、服务业的指导和服务工作；负责农（林、牧、副、渔）业新技术、新品种、新机械的试验、示范、技术培训、指导和服务工作；做好安全生产、统计的相关指导和服务工作。

2、街道计划生育服务站更名为人口与计划生育服务站，核定人员编制 4 个，人员经费渠道为财政差额拨款。

主要职责为：负责人口计划生育、外来人口管理等。

3、街道文体服务站更名为文体服务中心（挂“党校”牌子），核定编制 4 个，人员经费渠道为街道财政拨款。

主要职责为：负责成教、文卫、体育等事务的指导和服务工作；负责党校日常事务。

4、街道劳动和社会保障所更名为人力资源和社会保障所，人员编制调整为 12 个，人员经费渠道为街道财政全额拨款。

主要职责为：负责做好劳动就业、社会保障、人才开发与服务等事务的指导和服务工作。

5、街道村镇建设管理服务站更名为街道建设管理服务所，人员编制调整为 6 个，人员经费渠道暂维持不变（自筹），日常经费由街道财政予以保障。

主要职责为：负责做好街道市政规划、建设、拆迁安置、城管事务的指导、管理和服务工作。

6、设立街道社区服务中心，核定编制 6 个，人员经费渠道为街道财政差额拨款。

主要职责为：负责行政服务、科创服务、社区管理、社区福利、社会救助等。

另外，保留钱桥街道水利农机服务站、街道畜牧兽医站，其机构设置、管理机制、经费渠道暂维持不变。街道水利农机服务站编制调整为 20 个，街道畜牧兽医站人员编制调整为 4 个。

## 第六节 政务工作

钱桥、藕塘公社管理委员会，钱桥、藕塘（乡）镇人民政府，无锡职教园管理委员会，钱桥街道办事处执行上级国家行政机关的决定、命令和国家制定的法令、法规，接受同级党委的领导，执行本级人民代表大会的各项决议，并报告执行决议、决定和命令的情况；制定和组织实施经济、科技和社会发展计划，制定资源开发和产业结构调整方案，组织指导好各业生产，搞好商品流通，协调好本地区与外地区的经济交流与合作，抓好招商引资、人才引进项目开发，不断培育市场体系，组织经济运行，促进区域内经济发展；开展社会主义民主和法制道德教育，保障公民的权利，制定社会治安综合治理工作规划并组织实施，加强（村）社区管理工作，依法管理外来流动人口，处理

人民来信来访，调解民间纠纷，惩治违法犯罪，维护社会稳定；承担国有资产、集体资产管理、监督及增值保值责任，保护公民私人所有的合法财产，保障集体经济组织的应有自主权，监督企业、各种经济联合体、个体户认真执行国家的法律、法令和政策，履行经济合同；制定并组织实施村镇建设规划，部署重点工程建设、地方道路建设及公共设施、水利设施的建设和管理；负责本区域内土地、林木、水等自然资源和生态环境的保护，做好护林防火工作；负责本行政区域内的民政、计划生育、文化教育、卫生、体育等社会公益事业的综合性工作；按计划组织本地财政收入和地方税的征收，完成国家财政计划，不断培植税源，管好财政资金，增强财政实力；抓好精神文明建设，丰富群众文化生活，提倡移风易俗，反对封建迷信，破除陈规陋习，树立社会主义新风尚；完成上级政府交办的其他事项。

## 一、重要政务

1949年10月至1950年2月，钱桥、藕塘镇，万东、溪北、稍塘、盛店乡等乡镇人民政府开展减租减息运动，根据规定，农村减租减息实行“二五减租”（即减去原租额的25%~30%，一般为每亩租额减少稻谷20~40公斤）。在实行“二五减租”的同时，还明确规定除地租外，其他任何变相剥削均应取消；地主不得因减租而收回出租土地，或将土地转租、出卖；过去农民向地主所借高利贷，一律停息还本，为开展土地改革运动创造必要的条件。1950年9月，区域内一些反革命组织造谣惑众，给干部群众造成心理压力。钱桥镇、藕塘乡人民政府在开展借粮、夏征工作时，出现“把粮食运往苏联去了，共产党要逃走了”的谣言。在抗美援朝运动中，又出现散布“马上就要爆发第三次世界大战”的谣言。同时，“一贯道”等反动会道门也蠢蠢欲动，秘密集会，发展道徒，散布“一贯道”要得天下等政治谣言。藕塘乡某些农会被两个伪乡长的爪牙把持，发生3次纠集不明真相的群众包围工作队和乡政府的事件。发生此类事件的原因是多方面的，有的是群众对借粮、征粮不满；有的是干部工作方法简单粗暴，授人以柄；有的是一些伪保长等不纯分子制造干群矛盾，而匪特组织和尚未摧垮的封建势力利用群众情绪，制造事端与新政权作对，起到推波助澜的作用。面对解放初期极其复杂的治安情况，中共藕塘区委审时度势，决定在全区范围内组织开展剿匪肃特的斗争，以打击匪特活动的嚣张气焰，安定民心，确立革命秩序，保卫和巩固政权，保障党在钱桥、藕塘地区各项工作顺利开展。

1950~1954年，钱桥、舜柯、社冈、西漳、洋溪、会龙、藕塘、稍塘等乡人民政府在藕塘区政府领导下，组织农民进行土地改革，深入开展镇压反革命运动，重点打击土匪、特务、恶霸、反动党团骨干分子和反动会道门头子，使区域内社会安定，有力地支持、配合土地改革和抗美援朝斗争。同时，组织农民开展互助合作化运动，引导农民在互助组的基础上成立初级社，走合作化道路。1955~1957年，钱桥、西漳、藕塘、稍塘、新民、盛店等乡人民委员会引导农民在初级社的基础上成立高级社，把农业合作化运动推向高潮。

1958年，钱桥、藕塘人民公社成立，两公社管委会组织农民进行大兵团作战，大炼钢铁，“大跃进”，实行全民皆兵。1959~1961年，区域内遭受严重困难，钱桥、藕塘公社管委会组织农民自力更生，艰苦奋斗，全党全民大办粮食。1963~1965年，大搞农田基本建设，整田平地，农田格子化，水利河网化。1966~1976年“文化大革命”期间，钱桥、藕塘公社管理委员会撤销，建立革命委员会。造反派破“四旧”，横扫“牛鬼蛇神”，批判“走资本主义道路当权派”；革命委员会组织开展农业学大寨运动，区域内全面种植双季稻，改二熟制为三熟制，相继创办社队办企业。1978年中共十一届三中全会以后，钱桥、藕塘公社革命委员会以经济建设为中心，大办农业，发展工业，调整产业结构，发展多种经营。

1983年起，钱桥、藕塘乡人民政府把为民办实事作为政府的中心工作之一。

1991~1993年，钱桥镇人民政府为民办6件实事：加快钱桥中学新校舍施工进度，一期于1993

年9月交付使用；抓好镇政府及工业总公司办公楼建设，改善对外接待条件，年内交付使用；抓好文化中心配套工程卡拉OK厅、游泳池建设进度以及星级宾馆的装修工程，投入营业；建好中国银行钱桥办事处，为发展金融业打好基础；搞好镇区绿化规划，改善镇区居民生活环境；建设镇区西部250千伏安供电设施，并投入运行。藕塘（乡）镇人民政府为民办5件实事：市镇拓宽规划开始启动；建好幼托中心；搞好锡陆杨公路市镇规划区段内的绿化；按期完成邮电大楼建设工程；继续搞好自来水工程建设，建好1000吨水池，翻建好12寸管道，解决供水不足的矛盾。

1994~1997年，钱桥镇人民政府为民办6件实事：按期建好镇幼托中心，于1997年9月1日交付使用；完成市镇过境公路新街区建设；搞好农贸市场改造工程建设；继续搞好新街区辅助设施建设；为3个村安装有线电视；新建敬老院。藕塘镇人民政府为民办6件实事：按期完成镇幼托中心建设，于1997年9月1日交付使用；完成市镇过境公路新街区建设；搞好农贸市场改造工程建设；继续搞好新街区辅助设施建设；为3个村安装有线电视；启动敬老院建设。

1998年，钱桥镇人民政府为民办7件实事：抓好大联圩建设和标准农田建设，万亩大联圩达6.5米设防标准；全面完成钱威路基础工程建设；扩大电讯装机容量，通过电话镇达标验收；完成部分居民区的自来水改造；完善钱桥中学球类运动场设施建设；完成新街农贸市场二期改造工程；加强环境治安，开创“三安”（安全文明村镇、安全文明小区、安全文明单位）工作新局面，建成安全文化单位15个。是年底，钱桥镇共还兑集资款2.9亿元，其中镇政府两个窗口共还兑分流1.47亿元，占集资总额的50.7%；村办厂集资还兑1.43亿元，占总额的49.3%。藕塘镇人民政府为民办8件实事：结束锡陆杨公路拓宽工程；继续改造自来水管道，增设增压泵，三年内全镇人民都能用上自来水；继续搞好市镇建设配套工程；逐步实施小学并校规划和中学定址扩建计划；对市镇老街区进行逐年改造；加强新长铁路车站商业网点、住宅区配套工程建设；继续搞好有线电视的普及工作；继续加快电力建设。

1999~2000年，钱桥镇人民政府为民办8件实事：三年内创建省级文明卫生镇，村村创建无锡市文明村；全面完成钱威路拓建改造工程及美化亮化工程；全面实施教育现代化工程三年规划，实施中学教育现代化二年工程，完成洋溪村小学并校工作，规划实施全镇村校合并工作；加强殡葬改革，建造安息堂，逐步实现无坟镇；完成市镇居民区自来水改造；新创建3个安全文明村、5个安全文明单位、3个安全文明小区；做好万亩大联圩堤圩加固提高工程，清理河道淤泥38万立方米；发展托老事业，规划扩建敬老院。

2001年，钱桥镇人民政府为民办8件实事：完成锡陆路溪南路段和晓星至西漳路段的拓宽；全面完成春来广场长廊及“大众看台”的拓建工程；抓好钱威路两侧“欧风”建筑，规划商业网点开发，把钱威路逐步办成一条商业中心街；高标准建设安息堂；全面完成小学撤点并校工作，形成“一个中心、三个村校”布局；积极开展社区服务，在钱桥新村搞试点；抓好水利工程建设，提高圩堤设防标准，增加流量3立方米/秒，完成河道清淤土方6.3万立方米；做好高速公路在钱桥路段的建筑物的动迁，全面完成征土任务，妥善处理与群众密切相关的各类矛盾和问题。

图4—20—12 2002年，钱桥镇被江苏省精神文明建设指导委员会表彰为“2001~2002江苏省文明乡（镇）”

2002年，藕塘镇人民政府为民重点办10件实事：新建3000平方米的市镇社会停车场；新建10000平方米的中心小学新校舍；新建市镇中心标志性雕塑，拆除中心花坛；新建老年公寓；拓建政新北路，建设住宅小区；筹建文化娱乐中心；改造藕塘桥南公路两侧，开辟绿花带；改造南街建住宅区；启动编组站的规划建设开发工程；启动镇村交通道路建设和绿化工程。

2003 年，藕塘镇人民政府为民办 6 件实事：抓好富民工程，提高企业密集度，增加就业人数，扩大桃树种植面积，注重亩均产出，搞好社会保险，增加低保就业面，加大扶贫力度，减少贫困户和贫困人数；抓好自来水工程建设，庙塘桥、藕塘、勤建、恒源祥村，南水渠村南片自来水改造和管理全面到位，东风、盛峰、稍塘三村自来水改造投入资金 60 万元；抓好交通通讯工程，全面结束镇村水泥路面建设，抓好政新北路的延伸工程建设，新增电话容量 2000 门；抓好绿化亮化工程，完成镇村主干道、镇域范围区的绿化工程，完成重点道路路灯建设；抓好老年公寓的交付使用准备工作，尽快结束工程；抓好六个规划，规划建设休闲广场，规划启动安居工程，规划设计娱乐中心，规划论证污水处理中心，规划构建大交通网络，规划争取建设锡西车站物流中心。

图 4—20—13　2004 年，钱桥镇被江苏省精神文明建设指导委员会表彰为 2003~2004 年度江苏省文明乡（镇）

2004~2005 年，钱桥、藕塘两镇合并后，钱桥镇人民政府按照“三个代表”重要思想的要求，切实为民办实事、办好事。其间，钱桥镇人民政府为民办 10 件实事工程：水利设施建设工程共投入 300 多万元资金用于防洪设施建设，增加圩区排涝能力，东风村新成段“二水夹一岸”工程建设确保安全度汛不出险，投入资金 80 多万元做好直湖港驳岸工程建设；农村环境整治工程全年投入资金 100 多万元，加大对镇区环境的整治力度，各行政村通过环卫全覆盖，在 3~5 年时间内建成绿色村；加快自来水管网改造工程，镇村两级共投入 500 多万元资金用于自来水管网改造，特别是加大对原藕塘镇恒源祥、南水渠、藕塘、盛峰、庙塘桥等村的自来水改造力度，使全镇老百姓都能喝上太湖水，同时对年久失修的自来水支线进行维修，减少自来水流失，减轻农民负担；加快路桥改造工程，全年投入资金近 1000 万元，对工区路、印染厂路进行改建，完成对镇区钢铁桥、胜丰宋家桥、华新戴巷桥和洋溪莫塘桥等危桥的改造；加大对教育设施的投入，投入资金 200 多万元完成钱桥中心小学标准操场和钱桥中心幼儿园停车场建设，在省实验小学的验收过程中又投入 130 多万元；进一步完善钱桥敬老院和藕塘老年公寓的功能设施，为老年人提供一个安度晚年的舒适环境；建设原藕塘镇区的政新北路休闲广场，投入资金 100 万元；抓好“平安钱桥”创建活动，在技防建设的基础上又投入 80 多万元，把电子监控系统向社区、居民住宅小区和农村延伸，加强对联防队伍的建设，完善技防镇的功能设施，开展技防村的试点推广创建活动，形成点、线、面、控四位一体的社会防控体系，在全镇范围内建立安全防范网络，全力打造一个良好的安全发展环境；进一步完善保障体系，全镇在年龄段范围内的本地职工参保 13109 人，参保率达 100%，提前实现本籍职工 2004 年度社保全覆盖的目标，大力推进医疗改革，健全多层次的医疗保险制度，扩大医疗保险覆盖面，切实制定有关政策，加快实施土地换社保，高度重视和关心社会弱势群体，完善结对帮扶制度，加大帮困救济力度，切实解决就业、就学、就医、住房等方面的实际问题，使贫困户尽快脱贫；扩大就业面，千方百计创造就业机会，拓宽城乡劳动力就业渠道，抓好失地农民的就业，确保失地不失业，于春季、冬季两次举办大型劳务洽谈会，为失地农民和无业人员提供就业岗位 3577 个。

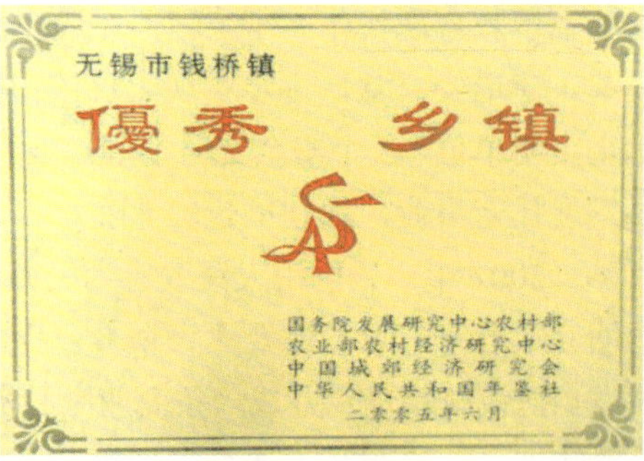

图 4—20—14　2005 年 6 月，钱桥镇获国务院发展研究中心农村部、农业部农村经济研究中心、中国城郊经济研究会、中华人民共和国年鉴社颁发的“优秀乡镇”奖牌

2006 年，钱桥镇人民政府为民办 8 件实事：新建陈家桥、金岸、庙塘桥三个排涝站，修建庙塘

桥、前金岸、渔业队石驳岸；对向阳河、戴巷桥河等家河进行清淤，在钱桥镇区新建一座压缩式垃圾中转库，完成藕塘政新北路休闲广场的绿化工程，配合做好国家卫生镇调研，加大生态村的建设力度；对钱桥大街进行改造，藕塘大街街面道路整修，做好稍塘麻姑桥和老洋溪桥的改造工作；对钱桥中心小学教学楼进行扩建，确保达到教育现代化要求；确保污水处理厂及管网建设年底顺利完工，对42家冶金酸洗企业进行专项整治；加大就业再就业工作力度，新增就业人员3480人，对“4050”人员及失地农民进行家政服务培训，增强就业本领；加快外来人员社保扩面工作，农村医疗保险覆盖面达到98%；加强社区管理，完善社区服务功能，新建9个社区卫生服务站。

2007年，钱桥镇与新疆伊犁州霍城县芦草沟镇本着优势互补、互惠互利、长期合作、共谋发展的原则，建立经济和社会事业合作关系。是年，钱桥镇扶持芦草沟镇中心花园文化活动中心建设以及重点村的文化中心建设，辐射带动芦草沟镇在体育设施、图书、音响等配套设施上的建设；开展“一对一”“手拉手”活动。钱桥镇人民政府确定4个单位帮助芦草沟镇乌拉斯台村、别西阿尕什村、元宝山村、墩买里村的建设发展，在壮大集体经济及发展后劲上提供人才、资金、项目扶持，实现弱村向强村的转化。定点扶持芦草沟镇医院，通过送医送药、学术交流等形式，帮助芦草沟镇医院提高医疗救护水平，促进芦草沟镇医疗事业发展。

图4—20—15 2007年3月，钱桥镇被无锡市对口支援领导小组评为2006年度全市对口支援工作先进集体

2008年7月，钱桥街道行政服务中心竣工并投入运行。一年中，钱桥街道行政服务中心服务窗口累计受理事件12000余件，配合做好群众咨询投诉近百起，深受广大人民群众和投资创业者的好评。2009年3月1日起，钱桥街道全体机关工作人员上下班执行指纹考勤制度，使机关作风与效能建设更加扎实有效地开展，进一步提高机关办事效率，树立机关良好形象。为解决机关作风与效能建设深层次问题，钱桥街道办事处成立机关内部管理考核领导小组，负责考核的具体工作，实现以制度管人管事。是年5月23日，惠山区镇（街道）服务中心建设工作会议在钱桥街道行政服务中心四楼会议室召开。钱桥街道党工委副书记边裕安在会上作交流发言。钱桥街道行政服务中心实行“六公开、五个一”服务，即服务项目公开、政策依据公开、办事程序公开、申报材料公开、服务时限公开、收费标准公开，一个窗口受理、一次性告知、一条龙服务、一站式办结、一次性收费；建立六项服务制度，即时办理制、承诺办理制、联审会办制、代办制、协办制、陪同办理制等优质服务制度。

图4—20—16 2009年3月1日，钱桥街道召开机关作风与效能建设大会

图4—20—17 2009年5月23日，惠山区镇（街道）服务中心建设工作会议在钱桥街道召开

2010年，钱桥街道办事处重点做好9大惠民工程：双置换工程围绕“三年任务一年完成”的要求，加速双置换工作进度，为960人办理社保，置换宅基地总计近30万平方米；畅通工程投入1.6亿元，开工建设上伟路、钱藕路、华学南路；社区商贸中心工程投入27.5亿元，建设金岸、藕塘、盛岸三大商贸中心；安居工程新开工安置房面积40.3万平方米；生态环境工程以市场化方式，

投入1000万元资金开发建设舜柯山生态旅游度假区和洋溪河湿地公园；加快水利建设工程，投入4000万元资金加快污水处理厂二期建设，强力推进“河长制”“片长制”工作；平安工程充分发挥天网工程作用，加大投入，易地改建藕塘派出所，增强人民群众安全感；扶贫助残工程做好重残人员集中供养工作，探索重残人员集中供养新模式；教育工程投入400万元资金加快藕塘中心小学扩建，投入700万元资金新建藕塘中心幼儿园，同时规划投资2000万元新建钱桥中心幼儿园。

2011~2012年，钱桥街道办事处为民办8大实事工程：教育优化工程改造藕塘中学，起用藕塘幼儿园，对鉴定为C级的10幢约2万平方米校舍进行加固；水利保障工程投入2818万元资金，建设洋溪江胜桥排涝站及防洪工程、大联圩庙塘桥河改移工程、大联圩莫塘桥排涝站工程等水利防洪工程，完善藕塘市镇排水系统；社区平安工程为街道4000户家庭安装小技防报警器，覆盖率达40%，藕乐苑、春满园两个安置小区进行技防监控；环境改造工程启动建设占地面积16公顷、建筑面积16万平方米的洋溪河湿地公园，包括4个主题公园，总投资3500万元，年内完成一半工程量，实施舜柯山生态环境整治工程，新建污水管网20.25公里，全面完成4个片的“片长制”工作；市政配套工程金岸、春来商贸市场投入使用，藕塘新街建设全面启动，钱威路、惠钱路、盛岸路、江海路等主干道进行美化、绿化、亮化；路网畅通工程新建新藕路、钱桥大道、钱洛路等12条道路，改造顾巷桥等5座危桥；群众安居工程竣工安置房面积36.9万平方米，探索小区物业管理新模式，市场化组建物管公司，优化小区物业管理；社会保障工程集中重残人员供养，社区居家养老实现全覆盖，实现新增就业2000人，职业培训超3400人，按“双置换”工作要求，为1500人办理社保。2012年，钱桥街道办事处全面启用惠山区首个乡镇电子OA政务平台，镇政府投资平台50万元人民币，内容涵盖任务报送与督办、政务公开等诸多方面，在进行无纸化办公的基础上，极大地提高工作效率，简化办公流程，提升无锡职教园、钱桥街道政务处理的整体水平。

2013年，钱桥街道办事处为民办8大实事工程：教育优化工程加大投入，投资3000万元推进钱桥中心幼儿园项目，投资2000万元推进华锐实验小学项目，投资1.8亿元推进金桥实验小学项目建设，优化教育资源布局；医疗卫生工程加快社区卫生事业发展，投资4000万元推进藕塘医院改扩建工程建设，推进钱桥医院现代化计划免疫门诊建设工程，优化服务环境；水利保障工程投资3000万元新建排涝站2座，新建钢筋混凝土防洪墙1.3公里，河道清淤8万立方米；环境改造工程投资1.18亿元打造占地面积20公顷，集生态、休闲、观光、健身于一体的生态岛公园，建设完善占地面积46.7公顷的洋溪公园城6大生态公园；社区管理提标工程强力推进社区制度化、扁平化、网格化管理，加强社区公共服务平台建设，辖区内15个社区全部健全组织结构，因地制宜，优化集中社区和分散村庄配套，围绕居民需求，创建社区特色品牌，大力发展志愿者队伍，做好居家养老延伸服务工作；路网畅通工程确保区间“七横七纵”道路建设全部完工并投入使用；社会保障工程净增社保扩面人数1440人，净增就业人数1800人，整合社区资源，加快农村社区股份合作联社建设步伐，抱团增加村级收入，促进农民增收；文体乐民工程投入1500万元增设文体设施，并延伸至村头巷尾，更多的群众能就近休闲、娱乐和健身。

2015年，钱桥街道办事处为民办8件实事工程：校安工程对钱桥中学B级校舍分批进行加固改建，总投资3500万元，是年，投入1500万元改建一幢教学楼，拆除1号学生宿舍楼，原地重建一幢教育宿舍楼；医疗卫生工程总投资3500万元，完成藕塘社区卫生服务中心改扩建工程，拆除部分危旧房屋，新建一幢综合大楼，建筑面积6250平方米；水利工程投资550万元，完成钱桥市镇联圩防洪排涝工程、钱桥洋溪河南岸（镇区西段）综合整治一期工程、生态堤防整治500米，投资70万元完成钱桥市镇支巷排涝站改建工程，投资28万元完成钱桥市镇塘泗桥排涝站改建工程；居家养老工程实施居家养老全覆盖，为独居空巢、低保低收入、残疾老人等对象提供各类免费或低偿居家养老服务；白内障复明工程对辖区内白内障患者实施免费复明手术；环保工程对位于东风社区的洗马浜和位于苏庙社区的金岸浜 2 条黑臭河道进行整治，稍塘、盛峰工业园污水管网接管；藕塘农贸市场工程竣工、开业；老新村改造工程对锡兴二村改造，约 3.5 万平方米，完成华锐小学、背街里弄改造。

## 二、提案办理

1983 年，钱桥乡人民政府收到第八届人民代表大会第二次会议代表的提案 44 件，其中农业方面 6 件、工业交通方面 12 件、教育卫生 11 件、群众生活方面 10 件、计划生育方面 2 件、其他 3 件。政府在人大的监督支持下，积极办理并完成。

1987 年，钱桥（乡）镇人民政府收到第十届人民代表大会代表建议 25 件，涉及农村经济政策和乡镇企业管理、建房分房、落实政策、干部作风、违法乱纪等多个方面。根据代表所提建议，政府在人大的监督支持下，落实部门，组织专人承办，做到在规定时间内办结：已经解决的有 23 件，占办理总数的 92%；因政策因素未能解决的 2 件，占办理总数的 8%。办理情况及时答复代表后，共收到代表反馈意见 25 条，反馈率 100%，其中满意的 22 件、基本满意 2 件、满意程度一般的 1 件。

1988 年，钱桥镇人民政府收到第十届人民代表大会第二次会议代表建议 14 件，涉及到落实政策、干部作风、违法乱纪、生活困难、建设住房等多个方面。根据代表所提建议，政府在人大的监督支持下，落实部门，组织专人承办，做到在规定时间内办结：已经解决的 13 件，占办理总数的 93%；因客观原因未能解决的 1 件，占办理总数的 7%。办理情况及时答复代表后，共收到代表反馈意见 14 条，反馈率 100%，其中满意的 11 件、基本满意的 2 件、满意程度一般的 1 件。

2000 年，钱桥镇人民政府收到第十四届人民代表大会第二次会议代表提出的建议、批评和意见 33 件。根据代表所提建议，政府在人大的监督支持下，落实办理，“改变市属企业对周围居民供电”得到一次性解决；“加强环保执法，净化钱桥镇空气”已有明显改善；“关于钱姚公路南侧通讯光缆影响泄洪的问题”，镇政府分管镇长会同水利部门与舜一村委商定解决方案，于汛期前按预定方案解决两处公路的泄洪通道；“关于开通镇级河道（西漳河）西漳段拦水坝，确保引水河道畅通，发挥排涝站的正常效能”的意见，得到镇政府高度重视，责成镇防汛防旱指挥部及水利站调解此项提案，防汛指挥部和水利站与西漳村委达成协议，圆满解决存在问题；“关于在调整农业产业结构方面制定有关扶持政策，成立农业工人产业化服务中心”的建议，是年已成立钱桥镇农业产业结构调整信息服务中心和技术服务中心；“关于环境治理、河道清理、建筑垃圾收集房”等建议，已圆满解决。是年，已经解决和基本解决的 30 件，占办理总数的 90.9%；因权限和条件限制或与现行政策规定不符，尚不能解决的有 3 件，占办理总数的 9.1%。办理情况及时答复代表后，共收到代表反馈意见 33 条，反馈率 100%，其中满意的 30 件、基本满意的 1 件、不满意的 2 件。

2001 年，钱桥镇人民政府收到第十四届人民代表大会第三次会议代表提案共 33 件，涉及工业用电、村镇建设、农田水利、文化教育、社会治安、集资兑付等多个方面。根据代表们所提的建议，政府在人大的监督和支持下，明确责任，组织专人承办，做到在规定时间内办结。办理情况及时答复代表后，共收到代表反馈意见 33 条，反馈率 100%，其中满意的 30 件、基本满意的 1 件、不满意的 2 件。

2002 年，钱桥镇人民政府收到第十五届人民代表大会代表建议、批评和意见共 26 件，涉及村镇建设、集资兑付、农田水利、文化教育、卫生创建、环境保护等多个方面。根据代表所提建议，政府在人大的监督支持下，以认真负责的态度，落实部门，组织专人承办，做到在规定时间内办结：已经解决和基本解决或措施基本落实的 14 件，占办理总数的 54%；正在解决或列入计划逐步解决的有 10 件，占办理总数 38%；因各种条件限制，未能解决的有 2 件，占办理总数的 8%。办理情况及时答复代表后，共收到代表反馈意见 26 条，反馈率 100%，其中满意的 22 件、基本满意的 1 件、满意程度一般的 3 件。

2003 年，钱桥镇人民政府收到第十五届人民代表大会第二次会议代表的提案共 16 件，涉及村镇建设、社保就业、征土补偿、文教卫生、人口管理、环境保护等多个方面。根据代表所提建议，钱桥镇政府及其相关部门在人大的监督和支持下，落实责任，积极承办，在规定时间内办结。具体办理结果为：已经解决和基本解决或措施基本落实的建议、批评和意见 8 件，占办理总数的 50%；正在解决或列入计划逐步解决的建议、批评和意见 7 件，占办理总数的 44%；因各种条件限制，未能解决的 1 件，占办理总数的 6%。办结后就每条建议答复代表，共收到代表反馈意见 16 条，反馈率 100%，其中答复满意的 12 件、基本满意的 4 件。

2005 年，钱桥镇人民政府（两镇合并后）收到第一届人民代表大会第二次会议代表提案 25 件，涉及到基础设施建设、文教卫生、社会治安、市场管理、安全生产等多个方面。是年，钱桥镇政府及其职能部门对代表提出的建议、批评和意见均已办结，已经解决和基本解决的 17 件，占代表建议、批评和意见总数的 68%，其中基础设施建设与管理方面的 10 件、文教卫生方面的 2 件、社会治安和市场管理方面的 2 件、安全生产和环境保护方面的 2 件、其他方面的 1 件；已经落实方案，正在解决和逐步解决的 5 件，占代表建议、批评和意见总数的 20%，其中基础设施建设与管理方面的 4 件、文教方面的 1 件；因客观原因暂缓解决和不予解决的 3 件，占代表建议、批评和意见总数的 12%。钱桥镇政府办理的 25 件代表建议、批评和意见反馈给代表后，代表们对办理结果表示满意的 22 件，占代表建议、批评和意见总数的 88%；对办理结果表示基本满意的 3 件，占代表建议、批评和意见总数的 12%。

**2003~2015 年钱桥（镇）街道获得无锡市级以上荣誉一览表**

表 4—20—20

| 年份 | 基层政权名称 | 获得荣誉称号 |
|---|---|---|
| 2003 | 钱桥镇人民政府 | 钱桥镇被评为江苏省文明镇<br>钱桥镇被评为江苏省统计先进镇<br>钱桥镇被评为江苏省基层依法治理先进集体<br>钱桥镇被评为无锡市人武工作先进镇<br>钱桥镇被评为无锡市社会治安安全镇<br>钱桥镇被评为无锡市农村卫生工作先进集体<br>钱桥镇被评为无锡市经济发展先进镇 |
| 2004 | 钱桥镇人民政府 | 钱桥镇被评为省婚育新风先进集体<br>钱桥镇被评为无锡市扶持民营经济发展先进集体<br>钱桥镇被评为无锡市农村就业工作就业培训先进集体<br>钱桥镇被评为无锡市拥军模范镇 |
| 2005 | 钱桥镇人民政府 | 钱桥镇被评为全国残疾人工作先进镇<br>钱桥镇被评为江苏省五四普法先进镇<br>钱桥镇被评为江苏省文明镇<br>钱桥镇被评为无锡市文明镇 |
| 2006 | 无锡（藕塘）职教园区管理委员会<br>钱桥镇人民政府 | 钱桥镇被评为江苏省法制宣传教育先进单位<br>钱桥镇被评为江苏省环境优美乡镇<br>钱桥镇被评为无锡市农村医保先进镇<br>钱桥镇被评为无锡市安全生产先进单位<br>钱桥镇被评为无锡市社会治安安全镇<br>钱桥镇被评为无锡市十佳社保先进镇 |
| 2007 | 无锡（藕塘）职教园区管理委员会<br>钱桥镇人民政府<br>钱桥街道办事处 | 钱桥镇被评为无锡市护林防火先进镇<br>钱桥镇被评为无锡市先进乡镇<br>钱桥镇被评为无锡市安全先进镇<br>钱桥镇被评为无锡市拥军先进镇<br>钱桥镇被评为无锡市人口计划生育先进集体<br>钱桥镇被评为无锡市第九届运动会群众体育工作先进集体<br>钱桥镇被评为无锡市经济发展先进镇<br>钱桥镇被评为无锡市扶持民营经济发展先进集体<br>钱桥镇被评为江苏省婚育新风先进集体 |

续表 4—20—20

| 年份 | 基层政权名称 | 获得荣誉称号 |
| --- | --- | --- |
| 2008 | 无锡（藕塘）职教园区管理委员会<br>钱桥街道办事处 | 无锡（藕塘）职教园区被联合国人居署授予“城市生态恢复示范区”奖项<br>无锡（藕塘）职教园区管理委员会在护林防火森林无火情竞赛中被评为无锡市优胜单位<br>钱桥街道被评为无锡市科普文明街道<br>钱桥街道被无锡市政府评为征兵工作先进单位<br>钱桥街道被无锡市政府评为社会治安安全镇<br>钱桥街道被无锡市委、市政府评为扶持民营经济工作先进集体<br>钱桥街道被无锡市政府评为“创建无毒社区”工作先进集体<br>钱桥街道被评为无锡市全民健身月先进单位<br>钱桥街道被江苏省体育局评为省体育强镇<br>钱桥街道在无锡市举办的水稻高产增效示范方竞赛活动中荣获二等奖<br>钱桥街道被评为无锡市义务献血先进单位（市级）<br>钱桥街道被无锡市委、市政府评为新农村建设争创示范镇村工作先进单位 |
| 2009 | 无锡（藕塘）职教园区管理委员会<br>钱桥街道办事处 | 无锡（藕塘）职教园区被无锡市委、市政府评为治安安全镇（街道、园区）<br>无锡（藕塘）职教园区被无锡市委、市政府评为依法治镇（街道）创建工作先进单位<br>无锡（藕塘）职教园区被评为无锡市禁毒工作先进集体<br>无锡（藕塘）职教园区被评为无锡市安全生产工作先进集体<br>无锡（藕塘）职教园区在无锡市夏季百日安全竞赛活动中被评为先进单位<br>无锡（藕塘）职教园区被评为无锡市化工行业专项整治先进集体<br>钱桥街道被评为无锡市体育工作十佳街道<br>钱桥街道水稻示范方在无锡市水稻高产增效示范方（园区）竞赛活动中荣获二等奖<br>钱桥街道被江苏省体育局评为江苏省全民健身活动先进单位<br>钱桥街道被评为无锡市文明街道<br>钱桥街道被评为无锡市社会主义新农村镇建设先进单位<br>钱桥街道被评为江苏省国际服务外包人才培训基地<br>钱桥街道被评为无锡市无偿献血先进单位<br>钱桥街道被评为无锡市“绿色家园示范镇” |
| 2010 | 无锡职教园管理委员会<br>钱桥街道办事处 | 无锡职教园被无锡市人民政府评为无锡市扶持民营经济发展先进集体<br>钱桥街道被评为无锡市城市建设先进单位<br>钱桥街道被江苏省体育局评为 2010 年度江苏省全民健身月先进单位<br>钱桥街道被江苏省体育局评为 2010 年度省级社区体育健身俱乐部<br>钱桥街道被江苏省老年人体协评为江苏省老年体协示范街道<br>钱桥街道被评为无锡市老龄工作先进集体 |
| 2011 | 无锡职教园管理委员会<br>钱桥街道办事处 | 钱桥街道被评为无锡市控污截污先进单位<br>钱桥街道被评为无锡市争创幸福镇村工作先进单位<br>钱桥街道被评为无锡市农村水利现代化建设工作先进单位<br>钱桥街道被评为无锡市生态综合整治先进单位 |
| 2012 | 无锡职教园管理委员会<br>钱桥街道办事处 | 钱桥街道被评为全国环境优美乡镇<br>钱桥街道被评为国家级卫生镇<br>钱桥街道被江苏省体育局评为省级全民健身先进单位<br>钱桥街道被江苏省民政厅评为江苏省和谐社区建设示范街道<br>钱桥街道被评为无锡市 2011 年度村镇建设美丽乡村<br>钱桥街道被无锡市人民政府评为无锡市双拥模范街道<br>钱桥街道被评为无锡市老龄工作先进集体<br>钱桥街道被评为 2011 年度全市社会稳定风险评估工作先进集体<br>钱桥街道被国家体育总局评为全国体育健身示范工程单位 |
| 2013 | 无锡职教园管理委员会<br>钱桥街道办事处 | 钱桥街道被无锡市委、市政府评为争创幸福镇村工作先进单位、农村股份合作建设先进单位<br>钱桥街道被无锡市政府、江苏省军分区评为基层人民武装工作先进单位<br>钱桥街道被评为无锡市知识产权示范区<br>钱桥街道被江苏省新闻出版局评为江苏省第二届农民读书节先进单位<br>钱桥街道被评为无锡市体育工作十佳街道<br>钱桥街道被评为无锡市人口服务管理先进街道<br>钱桥街道被无锡市人民政府评为无锡市学前教育现代化乡镇<br>钱桥街道被评为无锡市和谐劳资关系街道<br>钱桥街道被无锡市委、市政府评为无锡市农村重点工作先进单位<br>钱桥街道被评为无锡市森林护林防火先进单位 |

续表 4—20—20

| 年份 | 基层政权名称 | 获得荣誉称号 |
|---|---|---|
| 2014 | 无锡职教园管理委员会<br>钱桥街道办事处 | 无锡职教园管理委员会被江苏省教育厅、江苏省发展和改革委员会、江苏省财政厅、江苏省人力资源和社会保障厅、江苏省农业委员会、江苏省扶贫工作领导小组办公室等 6 部门评为江苏省职业教育先进单位<br>钱桥街道被江苏省文化厅、江苏省财政厅评为江苏省公共文化服务体系示范区<br>钱桥街道被江苏省质量技术监督局评为 2013 年度江苏省优质产品生产示范区<br>钱桥配套区被无锡市人民政府评为第一批无锡市特色产业集聚区<br>钱桥街道被评为 2013 年度法治无锡创建工作先进单位<br>钱桥街道被江苏陆军预备役高射炮兵第二师第一团评为军事训练优胜单位<br>钱桥街道被江苏陆军预备役高射炮兵第二师第一团评为管理工作优胜单位<br>钱桥街道被江苏省经济和信息化委员会评为 2014 年度全省“禁粘”试点合格乡镇<br>钱桥街道被评为无锡市 2014 年科普示范街道<br>钱桥街道惠山冶金新材料产业集群被江苏省质量技术监督局评为“2013 年度江苏省优质产品生产示范区” |
| 2015 | 无锡职教园管理委员会<br>钱桥街道办事处 | 钱桥街道被江苏省质量管理协会评为江苏省质量管理示范乡镇<br>钱桥街道被江苏省劳动监察总队评为 2014 年度江苏省劳动保障监察示范网络<br>钱桥街道被命名为无锡市生育关怀培训基地<br>钱桥街道获 2014 年度无锡市民宗教信息工作三等奖<br>钱桥街道被评为无锡市第二十七届科普周先进集体<br>钱桥街道被评为无锡市 2015 年度推进企业上市工作先进单位<br>钱桥街道被评为无锡市 2015 年度征地拆迁清零工作先进单位<br>钱桥街道被评为无锡市 2015 年度环境保护先进单位 |

## 第七节 地方人民政治协商会议

解放初期，无锡县各界人民代表会议及其常务委员会是无锡县政协成立前的人民民主统一战线过渡协商组织，并代行人民代表大会的职能。1949 年 10 月至 1952 年 10 月，无锡县先后召开 6 届各界人民代表会议。在此期间，钱桥、藕塘（镇）乡，万东、溪北、稍塘、舜柯、社冈、西漳、洋溪、新民等乡选出代表出席无锡县召开的各界人民代表会议。钱桥、藕塘地区出席无锡县第一届各界人民代表会议的有 5 位代表，出席第二届各界人民代表会议 15 位代表，出席第三届各界人民代表会议 16 位代表，出席第四届各界人民代表会议 22 位代表，出席第五届各界人民代表会议 26 位代表，出席第六届各界人民代表会议 2 位代表。1950 年 5 月、1953 年 3 月，藕塘乡先后召开第一次、第二次各界人民代表会议。

**1949 年 10 月至 1952 年 10 月钱桥、藕塘地区出席无锡县各界人民代表会议代表名单**

表 4—20—21

| 届 次 | 召开时间 | 参 加 代 表 |
|---|---|---|
| 第一届 | 1949.10.09~14 | 顾　琨 毕荣祖 贾之光 梅逸才 杜洪祥 |
| 第二届 | 1950.03.16~19 | 毕荣祖 吴寿宝 梅逸才 杜洪祥 杨金根 邵　健 朱阿梅 许光旭 吴荣南 贾之光 浦伯清 王应宣 狄桂芳 邵　铿 杨海度 |
| 第三届 | 1950.10.03~08 | 钱馀龄（钱寿根）金君佩 丁立人 龚菊英 吴振珠 王应宣 吴荣南 邵　健 盛伟君 顾　琨 张耀诚 许光旭 陈三南 陈培祥 张健文 贾之光 |
| 第四届 | 1951.04.14~19 | 周金奎 孙汉良 薛　治 杜熊翔 杜根兴 王宝兴 李桂生 朱金荣 是補生 张浩大 钱明华 周宝瑞 丁如芬 陈　熙 吕正道 许光旭 冯世根 黄焕清 顾根法 过雅仙 丁凤山 徐世兴 |
| 第五届 | 1951.11.17~22 | 李昌贤 陈　熙 吕正道 王怡萍 吴亚军 倪增寿 秦荫圻 石锡成 张伯沂 盛　濂 朱勤康 杜根兴 时三福 费佩芝 徐世兴 陶成宝 张金发 蒋金祥 钱馀龄 龚山南 薛　治 陈荣生 盛宝兴 王津梁 包震海 黄泉根 |
| 第六届 | 1952.10.03~08 | 陈荣生 时三福 |

1956 年 2 月 29 日，无锡县第一届政治协商会议在无锡市政协礼堂召开，委员 45 人，出席 36

人，列席 3 人。钱桥当时属无锡市郊区，藕塘无政协委员代表参加。

1959 年 7 月 13~16 日，钱桥公社钱馀龄（又名钱寿根）和邹镜吾、藕塘公社唐善庆作为县政协委员，出席在无锡市红星剧场召开的无锡县第二届政治协商会议，参政议政。1960 年 2 月，无锡县第二届政治协商会议召开第二次会议，钱桥公社钱馀龄、邹镜吾、邵文海，藕塘公社唐善庆等 4 位政协委员出席会议。1961 年 7 月 22~24 日，钱桥、藕塘两公社有县政协委员钱馀龄、邹镜吾、邵文海、唐善庆参加在无锡市政协礼堂举行的无锡县第三届政治协商会议。1962 年 7 月 26 日至 8 月 1 日，无锡县召开政协第三届第二次会议，与第四届人民代表大会第二次会议同时召开。县政协代表钱桥合作商店钱馀龄在会上发言说："去年社员生产积极性不高，今年桩桩都主动，不管插秧、积肥，都是一说就干。"县政协代表钱桥中学副校长邵文海发言说："钱桥医院一位医生替人家注射消治龙说成是青霉素，收费 2 元，从中贪污。"有的代表还提出市县学生定粮标准不一，市里学生每月 15~15.5 公斤，县里学生每月 11.5 公斤，不合理，应该统一；人口增长惊人，有的公社一年增加小孩 800 多个；驱虫药物少，疟疾不断根；建议政协会议与人大会议要分开召开。1963 年 12 月 31 日至翌年 1 月 4 日，钱桥公社邹镜吾、藕塘公社唐善庆等县政协委员出席无锡县举行的第四届政治协商会议。

1981 年，钱桥、藕塘公社分别建立政协小组。80 年代后期起，钱桥镇、藕塘乡政协小组由两镇党委宣传委员分管。1981 年 3 月至 1993 年 2 月，无锡县先后召开第五届至第八届政治协商会议，钱桥、藕塘（公社、乡）镇先后有惠少栋、邵文海、杨纪泉、张一飞等县政协委员参加。1993 年，无锡江南皮件厂杨祥娣当选为中国人民政治协商会议江苏省第七届委员会委员。

1995 年 6 月，无锡县改设锡山市。1996 年 6 月，继无锡县第九届第三次政治协商会议，锡山市召开第九届第四次政治协商会议。钱桥镇以李立初为组长，带领辖区内 14 位锡山市政协委员参加；藕塘镇以杨忠伟为组长，带领辖区内 5 位锡山市政协委员参加会议。是年，钱桥、藕塘两镇党委设专职统战委员，政协工作由统战委员分管。1998 年 1 月 2~6 日，锡山市召开第十届政治协商会议，钱桥镇以李立初为组长，带领辖区内 13 位锡山市政协委员参加；藕塘镇以杨忠伟为组长，带领辖区内 5 位锡山市政协委员参加会议。

2001 年 5 月 9 日，惠山区召开第一届政治协商会议。钱桥镇以李立初为组长，带领辖区内 14 位惠山区政协委员参加；藕塘镇以唐国良为组长，带领辖区内 6 位惠山区政协委员参加会议。2002 年，钱桥、藕塘镇分别建立政协惠山区钱桥、藕塘镇工作委员会。钱桥、藕塘镇的区政协委员参政议政，列席乡、镇各届人民代表大会，一同参加地方人大组织的各项视察活动，听取群众意见，提交提案。政协小组每年不定期召开会议，反映群众对政府工作的意见和建议，并参加钱桥镇"三胞"（海外侨胞、台湾同胞、港澳同胞）统战工作，努力为地方经济和社会事业发展建言献策，建功立业。

2004 年 2 月，钱桥、藕塘两镇合并，政协钱桥镇工作委员会主任由镇党委副书记边裕安担任。新的钱桥镇共有 15 位惠山区政协委员。2005 年 2 月 23 日，政协钱桥镇工作委员会开展政协委员"结对助学"活动启动仪式，委员们给 20 名品学兼优的小学生发放崭新的书包和每人 500 元助学金。2007 年 2 月，惠山区召开第二届政治协商会议。政协钱桥镇工作委员会主任边裕安带领 15 位区政协委员参加会议。是年 11 月，钱桥镇改设为钱桥街道，政协惠山区钱桥镇工作委员会更名为政协惠山区钱桥街道工作委员会。

2008 年 3 月 28 日，钱桥街道区政协委员戴红霞提出"关于江苏信息职业技术学院门前绿化带影响师生通行的问题"的提案，职教园区接到提案后，即组织相关部门进行现场勘察了解。信息职业技术学院大门前的钱藕路正中间为一段绿化隔离带（中分带），由于原来设计的公路转弯口离学校大门口比较远，因此学校师生到马路对面乘坐公交车要绕行一大段路，确实给师生出行带来极大不便。政协钱桥街道工作委员会与政协委员戴红霞和信息职业技术学院领导积极沟通，达成方案，在绿化隔离带上交错铺设两条各长 10 米、宽 1.2 米的水泥板通行道，以便利师生出行。是年，这两条通行道即完工。同年 12 月 15 日，政协无锡市惠山区委员会钱桥街道工作委员会挂牌成立。

图 4—20—18　2008 年 12 月 15 日，政协无锡市惠山区委员会钱桥街道工作委员会举行揭牌仪式

2009 年 6 月 2 日，无锡市政协主席贡培兴带领政协委员到钱桥街道开展农村环境卫生整治视察活动。其间，视察南水渠村的农村环境整治情况。南水渠村小桥流水、绿树成荫、整洁优美的村容村貌给市政协视察人员留下深刻印象。政协委员对南水渠村的环境整治予以高度评价。惠山区常务副区长顾中明、区政协副主席陈奇梅等陪同视察。2010 年 6 月 5 日，无锡市政协主席贡培兴、副主席朱伦昌等一行在惠山区领导吴仲林、方瑛陪同下视察五洲国际装饰城二期——红星美凯龙家居生活广场，听取五洲国际装饰城董事长舒策城的项目情况汇报。贡培兴对五洲国际装饰城的经营模式和管理理念给予肯定，指出五洲国际装饰城的成功开发和经营解决了周边近万人的劳动就业问题，为区域经济和相关产业的发展起到积极的推动作用；建议市场培育出来后，要从招商引资转向招商选资，在商业竞争中形成优势互补、优胜劣汰、优化配置。

图 4—20—19　2009 年 6 月 2 日，无锡市政协主席贡培兴带领政协委员视察南水渠村环境整治工作，钱桥街道人大领导陪同视察

2012 年 1 月 24~27 日，无锡市惠山区第三届政治协商会议在华美达酒店召开。钱桥街道党工委副书记、政协钱桥街道工作委员会主任范良及 18 位区政协委员参加会议。

图 4—20—20　2011 年 9 月 29 日，政协钱桥街道工作委员会、工会联合会举行金秋助学捐助仪式

2014 年，政协钱桥街道工作委员会于 1 月和 5 月 22 日分两次视察、调研钱桥养老院服务工作。视察中，政协委员充分肯定钱桥养老院对广大老年人的良好服务水平和为广大老年人服务取得的成绩，同时对养老院的服务工作提出新的要求。是年 3 月和 8 月两次视察、调研藕塘农贸市场，参加有关部门对藕塘农贸市场的评审。同年 4 月和 9 月 12 日，政协委员分两次赴海达集装箱厂视察、调研企业科技创新情况，对海达集装箱厂的科技创新成果予以充分肯定。是年，政协钱桥街道工作委员会撰写的《关于当前促进高端人才向企业聚集的思考和建议》被惠山区政协评为 2014 年度优秀调研报告；在区政协三届四次会议上提出的《关于加强钱桥沿山河道治理的社情民意》被评为惠山区优秀社情民意；钱桥街道区政协委员在惠山区政协三届四次会议上提出的《关于尽快规划建设建筑垃圾消纳场》的提案被评为惠山区优秀提案。

2015 年 4 月，政协钱桥街道工作委员会会同钱桥街道公共事业局，听取钱桥街道拆迁办公室关于拆迁及安置房建设推进工作情况的汇报，并视察、调研已建安居房项目的状况。是年 5 月，会同钱桥街道社会事务管理局去惠山区金桥小学视察、调研，听取钱桥街道教育发展情况的汇报，听取金桥实验学校建设、招生情况的介绍，视察调研金桥实验学校运行情况。6 月，会同钱桥街道经济发展和招商局去南塘工业园区凯龙高科技股份有限公司视察、调研，对凯龙高科技股份有限公司生产运行和企业升级转型等方面的举措予以充分肯定；同时听取钱桥街道经济发展招商局所作的关于钱桥街道工业企业总体运行情况的汇报。8 月，会同钱桥街道规划建设局，到锡西投资公司进行视察、调研，听取钱桥街道所作的新农村建设推进工作情况汇报，现场察看相关基础设施及村道建设情况。10 月，会同钱桥街道服务业发展办公室到天物金属贸易公司视察调研，听取钱桥街道服务业发展办公室关于商贸配套设施建设情况汇报，听取生产性服务业发展情况通报，听取天物金属贸易中心建设运行情况汇报。是年，钱桥街道区政协委员在政协惠山区三届五次会议上提出的《关于当前经济形势下推进扶持我区中小企业发展的几点建议》《关于联建大学生实训基地，推进惠山区大众创业万众创新》《关于进一步加强回收家庭过期药品工作》《关于做好居家养老援助服务工作》《关于农村私房整治改建》《关于完善盛岸西路和苏嘉路交界处的交通安全设施》《关于加强大客车乱停乱放监管力度》《关于钱桥大道（钱桥大街—钱胡路）纳入 2016 年惠山区重点工程建议》《关于修复锡陆路藕塘段路面》《关于加强惠山区道路交通治理》《关于加强对京杭运河堤岸防洪墙检修工作》的提案均被惠山区政协立案；提出的《关于加强对舜柯山赤墩遗址保护、开发和利用的社情民意》被评为惠山区优秀社情民意。是年，政协钱桥街道工作委员会被惠山区政协评为先进镇（街道）工作委员会，同时获学习宣传奖；金国洪、高波、裴晓春、余熙乾被评为惠山区优秀政协委员；吴国忠被评为区优秀政协工作者。

2014 年至 2015 年 11 月，钱桥街道党工委副书记杨国忠任政协钱桥街道工作委员会主任。2015 年 11 月始，钱桥街道党工委副书记华坚宏任政协钱桥街道工作委员会主任。

**1996~2015 年政协钱桥镇、藕塘镇，钱桥街道小组、工作委员会领导一览表**

表 4—20—22

| 政协组织名称 | 政协领导 | | | 政协组织名称 | 政协领导 | | |
|---|---|---|---|---|---|---|---|
| | 姓名 | 职务 | 任职时间 | | 姓名 | 职务 | 任职时间 |
| 政协钱桥镇小组 | 李立初 | 组长 | 1996.04~2002.02 | 政协藕塘镇小组 | 杨忠伟 | 组长 | 1996.04~2001.05 |
| 政协钱桥镇工作委员会 | 边裕安 | 主任 | 2002.02~2004.02 | 政协藕塘镇小组 | 唐国良 | 组长 | 2001.05~2002.02 |
| | 李立初 | 副主任 | 2002.02~2005.07 | 政协藕塘镇工作委员会 | | 主任 | 2002.02~2004.02 |
| 政协钱桥（镇）街道工作委员会 | 边裕安 | 主任 | 2004.02~2012.01 | | — | — | — |
| | 吕　明 | 副主任 | 2007.03~2012.01 | — | — | — | — |
| | 俞伟军 | 副主任 | 2007.03~2012.01 | — | — | — | — |
| | 范　良 | 主任 | 2012.01~2013.07 | — | — | — | — |
| | 杨国忠 | 主任 | 2013.12~2015.10 | — | — | — | — |
| | 华坚宏 | 主任 | 2015.11~ | — | — | — | — |

# 第二十一章 其他党派 社会组织

2015年，钱桥街道有中国民主同盟、中国民主建国会、中国民主促进会、中国农工民主党、九三学社5个民主党派，共18位成员；有全国工商联会员4家；有人民团体3家、社会团体17家（不完全统计）。民主党派、工商联、人民团体、社会团体在钱桥、藕塘镇，钱桥街道的经济建设、精神文明建设、和谐社会建设中发挥各自的积极作用。中共钱桥、藕塘（乡）镇委员会，中共钱桥街道工作委员会与区域内的各民主党派人士密切合作，建立长期共存、互相监督、肝胆相照、荣辱与共的关系。

## 第一节 中国国民党钱桥地方组织

民国15年（1926），江苏省国民党党部派刘重明、曾华、乔心全3人到无锡（均为中共党员），指导无锡县各区组织建立国民党分党部。是年6月，开原乡成立国民党第三区党部。民国15年7月4日，无锡县成立国民党县党部，开原乡徐梦影（中共党员）任县党部农民部长。民国16年3月，北伐军自常州到无锡，国民党无锡县党部改组各区党部，公开征求党员。开原乡为国民党第二区党部，区党部执行委员有李菊青、陈小文、夏奠川、蒋汉士、徐才昌。第二区党部下设6个分部。富安乡为国民党第五区党部，区党部执行委员有钱君匋、钱重庆、蒋振远、冯俊彦、杨世明。第五区党部下设3个分部。4月10日，成立无锡“清党委员会”。4月25日，无锡县、市举行国民党党部联席会议，会议决定调查各市乡共产党活动情形，要求雷厉风行，不复容共产党有活动之余地。7月14日，无锡县成立国民党特别委员会，登记国民党党员和各区党部、分党部组织情况，委派改组委员至各区乡党部。开原乡改组委员成员为殷光新、蒋曾耀、马裕泉。8月20日，开原乡改组委员完成区域内国民党党员及区党部、分部登记工作。

民国17年11月，无锡县成立国民党党部临时执监委员会。开原乡张锡昌任临时执监委员会组织部部长，富安乡钱重庆任临时执监委员会宣传部部长。临时执监委员会的第一步工作即为改组各区国民党党部。改组后的开原乡党部于翌年1月10日成立，为第一区党部，执监委员为吴天池、蒋谦、殷克新、王之江；富安乡为第三区党部，于1月17日成立，执监委员为章士祥、严伯乔、杨世明、钱文采。民国18年1月18~20日，无锡县举行国民党第一次党员代表大会。大会调整各区党部和分党部，进行选举，并作出8项主要议决案，开原乡张锡昌当选为候选监察委员，同时当选为国代表。是年1月，开原乡、开化乡、新安乡、扬名乡党部合一，成立第六区党部，下设3个分部。第六区党部执监委员为钱允中、倪铁如、王复初、徐涵清、袁玉祥。同日，富安乡与青城乡、万安市党部合一，成立第五区党部，下设3个分部。第五区党部执监委员为强化民、荣文光、蒋南卿、孙中权、钱君匋。富安乡属第五区党部第三分部，分部成立时间为是年8月3日。第五区党部第三分部有国民党党员34人，执行委员常委薛萃章，执行委员组训薛养中，执行委员宣传刘玉全；候补执行委员王淇、薛广远。开原乡属第六区党部第三分部，分部成立时间为是年8月6日。第六区党部第三分部有国民党党员13人，执行委员常委章维康，执行委员组训殷鉴清，执行委员宣传陈亚愁；

候补执行委员钱企文、吴邦杰。

民国37年（1948），藕塘区国民党党员龚振邦（党证号20935）、张邦彦（党证号20929）、徐伯平（党证号93563），在藕塘区区党部任职；胡研光（党证号52618），任盛店小学校长；周振民钱桥人（党证号12331），在匡村中学任职；臧文达任教育科巡校团无锡藕塘桥区主任。1949年初，国民党无锡县党部在区域内大量发展党员，报名者均可入党。是年4月23日，钱桥、藕塘地区解放，区域内国民党组织解体，活动停止。

## 第二节 三青团地方组织

民国27年（1938）秋，三青团在锡发展团员。其时，统一战线已经形成，青年纷纷寻找出路，图谋报国的不乏其人。民国30年夏，三青团无锡分团筹备处书记虞铭甫从北乡潜入西乡，团务活动中心移至锡西盛店桥。在盛店桥成立分队，不久改为区队，队长为盛店桥小学的胡惠坞，副队长为稍塘营的张鹤皋，下设钱桥、张舍、稍塘桥、陆区桥、修浦、胡埭等分队，油印《宪法草案》在青年中宣传。是年，钱桥分队单独成立区队，由宋祖殷任区队长，办公地点在钱桥邓巷，下设西漳分队。区队未有任何活动。民国32年，区队负责人更换。民国33年下半年，三青团上海支团负责人姚冬声从安徽屯溪回锡，在锡西与当地上层分子钱重庆、孙尔嘉联系，取得他们的支持，发展三青团员六、七十人。其时，无锡三青团组织换了一批西乡人任职，胡惠坞任书记，张鹤皋任组训股长，藕塘的周济德任宣传股长，稍塘营的李仁奎任警卫队长。至抗战胜利后，盛店桥区队结束，钱桥区队改为第十区队，下设9个分队，还有未编序列的6个分队，共有团员60余人。抗战后，在国民党与三青团的党团之争中，姚冬声等为竞选国大代表与争夺在国民党县党部中的地位，以“入团可以不抽壮丁”为名滥收团员，借此扩展三青团组织而壮大自己的政治势力，农村基层组织基本无活动，也无实际作用，团员空有其名。至民国36年，三青团与国民党合并，钱桥、藕塘地区的三青团区队及分队无形解散，绝大部分团员不再进行国民党党员登记。

## 第三节 民主党派

钱桥街道民主党派成员有中国民主同盟、中国民主建国会、中国民主促进会、中国农工民主党、九三学社，另有无党派人士等。

**中国民主同盟** 2002年、2010年，无锡市钱桥中学、江苏省惠山中等专业学校、无锡百乐薄板有限公司各有一名专业人士，以及无锡市华东电力设备有限公司总经理先后参加中国民主同盟，分别属民盟惠山区第二支部、民盟惠山区第三支部。

**中国民主建国会** 无锡市城市职业技术学院工程系主任、无锡天辰冷拉型钢有限公司总经理、无锡威华电泳涂料厂厂长、无锡市凯龙汽车设备制造有限公司董事长、无锡翎力雪铁龙汽车有限公司总经理、无锡市东凯数控科技有限公司总经理、无锡市建昊混凝土有限公司各一名专业人士先后于2004年、2005年、2011年、2013年、2015年参加中国民主建国会，分别属民建无锡市城市职业学院支部、民建惠山区第三支部。无锡市凯龙汽车设备制造有限公司董事长臧志成任民建惠山区副主委，兼第三支部主委。

**中国民主促进会** 1992年、1997年、2015年，钱桥镇卫生院、江苏省惠山中等专业学校、无锡市钱桥中学各有一名专业人士先后参加中国民主促进会，属民进惠山区第二支部。

**中国农工民主党** 无锡市矿泉水厂一名专业人士、无锡市新兴建筑工程有限公司董事长，先后于1999年、2007年参加中国农工民主党，分别属农工民主党惠山区支部、农工民主党无锡市支部。

**九三学社** 2013年，无锡海景壹号大酒店董事长参加九三学社，属九三学社惠山区基层委员会。

**无党派人士**　无锡爱西匹钢芯有限公司总经理秘书于2009年为无党派人士，参加惠山区无党派代表人士联谊会。

钱桥街道的民主党派、无党派人士大多是成就卓越的专家学者，或者是对社会有积极贡献和影响的企业家。民主党派、无党派人士有的以人大代表的身份依法进行活动，参政议政，发挥监督作用；有的在人民政协中发挥作用，建言献策，进行政治协商，参政议政；有的发挥自身的特点和优势，积极参与经济建设和社会事业，为钱桥街道的经济发展服务；有的参与各类协商会、座谈会等，积极参政议政。2015年，钱桥街道18位民主党派、1位无党派人士中有15人分别担任无锡市、惠山区政协委员、人大代表。

## 第四节　工商联（商会）

2015年，钱桥街道有钱桥商会、钱桥金属制品行业商会、无锡带钢贸易协会、钱桥青年商会4家商会，属无锡市惠山区工商联基层商会组织，均为全国工商联会员。是年，区域内无锡华精新型材料有限公司龚明达、江苏苏嘉集团有限公司龚育才任无锡市惠山区工商联兼职副会长。

### 一、钱桥（藕塘）商会

1996年7月，钱桥镇为促进个体私营经济发展，成立钱桥商会。钱桥商会首届理事会会长为李立初（兼秘书长），后由成建兴接任会长，周建洪、陆文晓先后任秘书长。钱桥商会有无锡县钱桥龙山包装装璜彩印厂、无锡溪南鞋厂等企业会员34家，个人会员4人。1999年9月23日，藕塘商会成立。藕塘商会首届理事会11人，会长唐国良，秘书长杨忠伟，企业会员有勤建茶场、藕塘中学电器厂、锡山市新田摩托车厂等39家，个人会员4人。

2004年，钱桥、藕塘两镇合并，钱桥、藕塘商会合二为一。是年12月18日，召开新的钱桥镇第一届商会代表大会，88名会员业主参加。会议选举产生钱桥商会第一届理事会。理事会选举高建国为钱桥商会会长，毛群、匡优新、龚海涛等11名企业主为副会长，陆文晓为秘书长，吴怀雯为副秘书长。钱桥镇人大主席张桐生、镇长华亚军、惠山区商会副会长陆明生到会祝贺并讲话。钱桥镇第一届商会拥有企业会员147家，个人会员4人。2007年11月3日，钱桥商会召开第二届代表大会。大会选举产生钱桥商会第二届理事会，高建国任会长，陆文晓任秘书长。2013年3月19日，钱桥商会召开第三届代表大会，产生第三届理事会，范良任会长。

图4—21—1　2013年3月19日，无锡职教园、钱桥街道召开钱桥商会第三届会员代表大会

钱桥（藕塘）商会加强与钱桥、藕塘镇党委、政府，钱桥街道党工委、办事处的联系，在政府管理非公有制经济中充分发挥桥梁与纽带作用，积极搭建服务平台，助推经济发展，开展政企对话、银企合作、对外交流等，帮助解决企业融资困难，组织企业学习外地企业先进管理模式和经营理念，组织会员开展扶贫帮困、慈善募捐、民企助村、经济交流、优秀中国特色社会主义建设者评选等活动。同时，商会还发挥非公经济人士在担任人大代表、政协委员期间参政议政、服务社会的作用。2014年，钱桥商会被惠山区工商联评为先进基层商会。2015年，杨国忠、华坚宏先后任会长，企业会员135家，个人会员4人。是年，钱桥商会获无锡市工商联先进基层商会称号。

### 二、钱桥青年商会

2009年4月9日，江苏省首个乡镇（街道）级钱桥青年商会成立大会暨一届一次会员会议开幕，60多名钱桥青年企业家参加大会。成立大会通过《钱桥青年商会章程》，选举并产生钱桥青年商会会长、副会长、秘书长。经选举，无锡市龙之杰钢材市场董事长王汉平当选为会长，无锡天辰冷拉型钢有限公司副总经理唐杰、无锡华工薄板有限公司总经理陈协、无锡市盛世房地产有限公司总经理强樊新、无锡市船舶设备有限公司总经理蔡加波当选为副会长，钱桥街道团工委书记张宇当选为秘书长。

图4—21—2 2009年4月9日，钱桥街道举行青年商会成立大会

钱桥青年商会是由青年企业家、青年经营管理者以及工商界中具有代表性的青年人士自愿组成的联谊性、非营利性的社会组织。钱桥青年商会立足服务钱桥街道商贸服务工作大局，服务青年商贸企业家成长发展，引导青年商贸企业家为钱桥改革开放和现代化建设多作贡献，促进钱桥经济社会全面发展。同时，组织青年商贸企业家针对经济体制和企业生产经营中遇到的新情况、新问题开展交流研讨活动；举办各类培训，帮助青年企业家提高经营管理水平和经济理论水平；组织与外地有关团体进行友好交流，组织青年商贸企业家外出考察和学习，邀请、接待外地友好团体到钱桥街道交流；帮助青年商贸企业家了解有关经济、科技、人才等方面信息；为青年商贸企业家开展经济技术协作提供服务；沟通青年商贸企业家与政府部门、社会各界的联系，扩大青年商贸企业家的交往范围和社会影响；宣传、评选、表彰全街道优秀青年商贸企业家，维护青年商贸企业家的合法权益。

2015年7月16日，钱桥青年商会召开第二届第一次会员大会，举行换届选举，产生第二届会长、副会长。青年商会第二届会长为强樊新，副会长为丁建峰、陆斌武。

## 三、钱桥金属制品行业商会

2013年，无锡市惠山区钱桥金属制品行业商会成立，位于钱桥大街103号。钱桥金属制品行业商会是钱桥街道办事处工作的延伸，为会员企业解决融资转贷问题，对企业进行税收、安全、防诈骗等方面的培训，建立网站与街道、科技、社团、企业之间沟通。商会每年组织会员开展2次活动。

2015年，钱桥金属制品行业商会有会员52人。商会理事会有理事12人，设会长1人、副会长7人，秘书长1人、副秘书长3人，秘书1人。龚育才（无锡市政协委员、市青年企业家联合会会长、苏嘉集团有限公司总经理）任会长，潘国荣任秘书长。是年，钱桥金属制品行业商会被惠山区评为优秀行业商会。

## 四、无锡带钢贸易协会

2014年2月27日，无锡首家带钢类行业协会——无锡带钢贸易协会成立。无锡市政协副秘书长、市工商联副主席兼秘书长，市民政局副调研员、社会组织管理处处长，无锡职教园党工委副书记、钱桥街道党工委书记，惠山区工商联9个分会等领导出席会议；无锡本地109家会员企业，天津友发钢管、唐山国丰钢铁、唐山瑞丰钢铁等22家北方大型带钢钢厂，14家无锡本地银行代表应邀出席会议。

无锡带钢贸易协会是由无锡地区具有法人资格的109家带钢类企业和经营者自愿组成的无锡市首家带钢类行业协会，是依照《中国工商业联合会章程》、钢材贸易行业的有关法规和无锡带钢贸易协会章程开展活动的非营利性社会组织。协会受业务主管单位无锡市工商业联合会和登记主管部门无锡市民政局管理。协会业务范围为规范行业行为、提供咨询服务、促进交流合作、维护会员的合法权益。

无锡带钢贸易协会有效发挥在行业中的引领作用，促进行业自律、引导行业规范发展、依法推进行业标准的制定和规范，维护会员的合法权益；积极发挥协会的凝聚作用，推动无锡钢铁贸易行业之间的交流与合作，促进会员单位共同发展；努力发挥协会的群体优势，积极开拓国内外市场，推动钢铁贸易行业之间的交流与合作，助力行业发展；发挥协会的监督和行业规范职能；做好钢贸信息集中推广，为广大钢贸商提供宣传服务；致力于拓宽资源渠道，为广大企业搭建同北方带钢厂的沟通平台；搭建银企桥梁，做好企业与银行之间的交流工作；做好政企沟通服务，规范企业发展，提供行政帮扶。

无锡带钢贸易协会为稳定市场价格，参照北方协会钢材类指导价格，结合无锡市场行情和会员单位价格情报，每天上午发布无锡带钢贸易协会指导价，要求各会员单位维护执行。指导价是建议销售价，不是市场定价，原则上折中而定，主要目的是稳定市场、规范市场竞争行为。同时，提供信息推广服务，搭载天物现代物流江苏有限公司的信息网站，为会员企业提供资源信息、采购信息。协会还专设广告席位，为会员企业提供推广服务，抱团发展，与“钢之家”“我的钢铁”等国内一线网站洽谈，拓宽资源渠道，为广大会员企业与带钢厂搭建紧密的沟通平台，及时把钢厂资源信息与需求信息进行常态化沟通，做好牵线搭桥工作。建立金融服务渠道，帮助会员企业加强与银行的沟通，进一步紧密银企关系，依托协会为会员企业做好信用担保和融资担保工作，确保金融界将会员企业与“虚拟经济钢贸商”区分开来。建立行政服务渠道，有效发挥协会的行政协调职能，代表广大会员做好民意表达工作，做好“上传下达”工作，服务广大会员企业，助力区域经济发展。制定行业操作规范，通过协会对无锡带钢市场秩序进行一定程度的约束，对于市场恶意砸价行为，协会出面给予协调；对于不开发票、以次充好、恶意亏吨等违法违规现象，出面予以协调，情况严重的向有关部门反映；对于行业内不守信用，采用欺诈手段骗取银行贷款的行为予以干涉，树立行业内的公信力。

2015年，无锡带钢贸易协会会员109家，法人代表裴晓春。

## 第五节 人民团体

钱桥街道总工会、共青团工委、妇女联合会等组织享有法律法规赋予的权利，具有广泛的代表性，具有参政议政的职能，是中共钱桥、藕塘（乡）镇委员会，中共钱桥街道工作委员会直接领导的群众性组织。2015年，钱桥街道总工会下辖企业工会组织275个、行业工会组织6个，工会会员50332人；共青团钱桥街道工委下辖27个团支部（总支），共有共青团员8289人；钱桥街道妇联共在15个社区、28家企事业单位建立基层妇联组织。

### 一、钱桥街道总工会

#### （一）组织机构

1951年4月，根据《中华人民共和国工会法》，钱桥、藕塘镇相继成立工会组织。钱桥、藕塘工会在对私营工商业进行社会主义改造和增产节约运动中起到积极作用。是年11月，中国教育工会无锡县委员会委任徐文彬为藕塘区办事处委员。1954年8月至1958年7月，钱桥、舜柯、社冈、西漳、洋溪5个乡划归无锡市管理，各乡分别成立工会组织，接受无锡市总工会领导。1956年，钱桥装卸搬运队成立钱桥搬运工会，负责人陈和生。1958年，钱桥、藕塘成立人民公社，实行工、农、商、学、兵五位一体，除工商联合会存在外，工会被撤销。

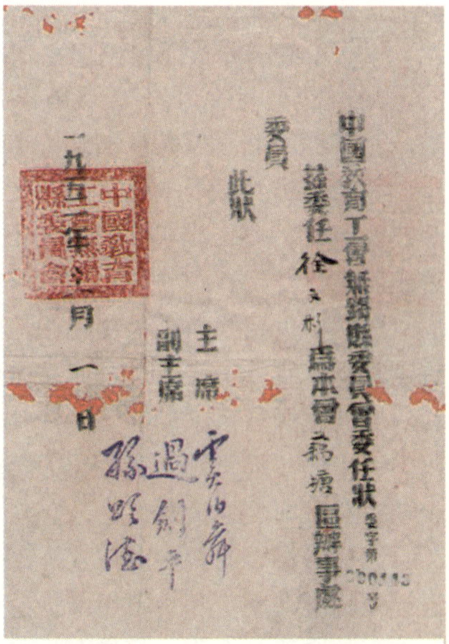

图4—21—3 1951年11月1日，中国教育工会无锡县委员会委任徐文彬任藕塘区办事处委员的委任状

1986年，钱桥、藕塘乡分别成立工会，并召开钱桥、藕塘乡第一届第一次职工代表大会，选举产生第一届钱桥、藕塘乡工会委员会委员，王惠民、郁伟伦分别担任钱桥、藕塘乡工会主席。此后，钱桥、藕塘乡工会在乡办企业、私营企业及市镇单位中发展工会组织，工会组织迅速壮大。1987年、1993年，

钱桥、藕塘镇先后成立镇工会，并分别召开钱桥、藕塘镇第一届第一次职代会，选举产生第一届镇工会委员会委员。1996 年，钱桥镇、藕塘镇工会分别召开镇第二届第一次职代会，选举产生第二届镇工会委员会委员。2003 年，钱桥、藕塘镇工会先后召开镇第三届第一次职代会，选举产生第三届镇工会委员会委员。2004 年 2 月，钱桥、藕塘两镇合并。两镇工会合二为一，成立新的钱桥镇工会。是年，召开新的钱桥镇第一届第一次职代会，选举产生新的钱桥镇第一届工会委员会委员。2008 年 5 月，钱桥街道工会成立。是月，钱桥街道工会召开第一届第一次职代会，选举产生第一届钱桥街道工会委员会委员。2011 年 10 月，成立钱桥街道总工会。是月，钱桥街道总工会召开第一届第一次职工代表大会，选举产生钱桥街道第一届总工会委员会委员。钱桥、藕塘（乡）镇，钱桥街道的职工代表大会原则上每年召开一次。钱桥、藕塘两镇合并后，2004~2007 年，钱桥镇先后召开 4 次职代会；2008~2015 年，钱桥街道先后召开 8 次职代会。

**1986~2015 年钱桥、藕塘（乡）镇、钱桥街道工会主席一览表**

表 4—21—1

| 工会名称 | 工会主席 | | 工会名称 | 工会主席 | |
|---|---|---|---|---|---|
| | 姓名 | 任职时间 | | 姓名 | 任职时间 |
| 钱桥（乡、镇）街道工会 | 王惠民 | 1986~1991 | 藕塘（乡）镇工会 | 郁伟伦 | 1986~2002 |
| | 苏佑成 | 1991~2004 | | 冯敏之 | 2002~2004 |
| | 徐焕敏 | 2004~2011 | — | — | — |
| 钱桥街道总工会 | 章芬芳 | 2011~ | — | — | — |

2015 年，章芬芳任钱桥街道总工会主席。

**（二）工会工作**

1986 年，全国总工会号召基层工会广泛开展建家活动。钱桥、藕塘乡工会积极响应，开展“合格职工俱乐部”“职工书屋”建设。1989 年、1992 年，钱桥镇、藕塘乡工会组织有关企业职工先后参加无锡县总工会举办的万名职工技术比赛、八五奉献杯劳动竞赛、“技术革命和技术革新”“八五奉献杯立功劳动竞赛”以及“合理化建议和技术改进”评比等活动。同时，组织职工以提高经济效益为中心，开展“比学赶帮超”“双增双节”活动，组织职工开展技术操作比赛和岗位练兵等竞赛，参赛职工覆盖面在 80%以上。

进入 21 世纪，钱桥、藕塘镇工会组织职工广泛开展各类岗位技能比武、劳动竞赛、技能培训活动。参加比武、竞赛培训的有纺织、皮件相关工种，钳工、车工、数控机床、电焊工、行车工、计算机应用、机械 CAD 及餐厅服务员等 30 多个工种职工。2003 年，钱桥镇工会被江苏省总工会授予“年度百强示范镇工会先进单位”称号。2004 年，钱桥、藕塘两镇合并，两镇工会同时合并。新的钱桥镇工会于每年 3 月组织开展“工资集体协商月”活动，每年 7~8 月组织开展劳动法律监督检查活动，规范企业劳动用工，有效维护广大劳动者的合法权益，构建和谐劳资关系；组织企业为职工办理医疗互助保障，制定女职工健康计划；坚持搞好“金秋助学”和困难职工帮扶活动，每年帮助困难职工子女助学超 100 人次，救助困难职工和特困职工超 200 人次。是年 11 月 16 日，钱桥镇工会召开钱桥、藕塘两镇合并后第一次代表大会，57 名工会代表到会参加会议。会上，徐焕敏当选为镇工会主席。

2007 年 11 月钱桥撤镇建立街道后至 2008 年 5 月，钱桥街道工会新组建企业工会 220 家，其中独立工会 57 家、工会小组 163 个，新增会员 7558 人。同时，还加强外资企业组建工会力度，新建外资企业工会 10 家，组建率 91%。5 月底，钱桥街道 882 家企业单位成立工会组织 761 家，其中独立工会 243 家、工会小组 518 个，各村（社区）规模以上企业挂上工会委员会牌子的有 100 家。钱桥街道职工总人数 29375 人，工会会员人数达 28165 人。是年，钱桥街道工会选拔一批年轻、充满活力、热爱工会工作的人员担任村、社区工会主席，加强园区工会主席的配备，建立、完善园区工会组织网络，调整全街道骨干规模以上企业工会主席。各工会组织紧紧围绕街道中心工作，切实履行职责，推进企业转型发展，为广大职工办实事，全街道共计协调劳动关系 425 起，其中调解工伤纠纷72起、劳资纠纷353次；并发布招工信息183条，提供就业岗位6306个，新增就业人数3516人，签订劳动合同25300人。全年举行各类职工培训55次，达3854人次。华新村、钱桥社区、恒源祥村、勤建村、西漳村、华润公司等6个单位建立职工俱乐部，华新村工会联合会、南水渠村工会联合会、华冠集装箱厂、金球机械、百特皮件、华润实业工会被评为惠山区基层模范工会，其中华新村工会联合会、华润实业工会还被评为无锡市级模范基层工会。为进一步发挥工会组织的桥梁和纽带作用，在区划调整后，原钱桥镇工会根据区总工会及街道党工委要求成立街道工会筹备组，选举产生钱桥街道工会第一次代表大会的代表。钱桥街道工会第一次代表大会代表共76人，代表中有工会干部代表、工人代表、外来民工代表、劳模代表、科技工作者代表、女职工代表，村（社区）部分规模企业的工会主席和工会积极分子代表等，其中专兼职工会工作者48人、科技管理人员8人、先进劳模4人、企业负责人4人、一线职工代表12人（其中外来职工代表2人）；男代表64人、女代表12人。代表构成具有先进性，体现广泛性。2008年5月30日，钱桥街道工会第一次代表大会开幕，徐焕敏作工会工作报告。会上，选举徐焕敏担任钱桥街道第一届工会主席。

2009年，钱桥街道各级工会深入学习实践科学发展观，站在新的起点探索工会工作，围绕街道中心工作开展宣传教育、劳动竞赛、组织建设、民主管理、法律工作、生活保障、财务经审、调研信息和创新创优等9个方面工作，实现新突破，创出新特色。是年，钱桥街道有工会基层组织800多家。按照时代赋予的新要求，钱桥街道工会着重做好8项工作：夯实工会组建工作基础，加强工会自身建设，加大“职工之家”创建步伐，调整建会思路，改进建会方法，创新建会形式，把难以建会的单位组织到联合基层工会或行业性工会中，有效推动工会服务职能转变，扩大工会组织在职工群体中的影响力；唱响服务大局主旋律，搭建争先创优平台，组织开展各类培训和劳动技能比赛，提升职工素质，深化职工技术创新活动，提高培育一线技术能手、技术骨干，营造争先创优的良好氛围；全力打造工人先锋号品牌，开展评选劳模、工会工作先进单位和先进个人活动，发挥工人主力军作用和主人翁意识，提高企业职工应对金融危机、与企业共渡难关的主动性和积极性；开展丰富多彩的文体和宣传活动，围绕文化大发展的要求，组织形式多样的文艺活动，强化工会工作宣传阵地建设，新建一批“职工书屋”示范点和农民工流动读书站，全面启动为各村、各社区送影、送知识、送技能下乡活动；建立帮困体系长效机制，为广大职工办好事、做实事、解难事，推进和谐企业创建，有效提升基层工会的凝聚力和号召力；履行工会职能，加强职工维权机制建设，加强普法宣传教育力度，加快基层工会法律援助点组建步伐，维护职工合法权益，保障职工共享发展成果；有效深化工资集体协商，全面开展企业工资集体协商签订工作；有序推进劳动关系预警组织建立工作，劳动关系预警组织建立覆盖率达100%。同年，钱桥街道总工会被无锡市总工会评为无锡市“安康杯”竞赛先进集体。

图4—21—4　2009年2月17日，钱桥街道工会召开年度工作会议

2011年8月，钱桥街道党工委、办事处总投资500多万元，建成钱桥街道职工技能培训中心，并投入使用，总建筑面积2500平方米。钱桥街道职工技能培训中心拥有能容纳200人的阶梯教室1个，普通车工、数控车工、钳工、电焊工、餐饮5个工种的实验室，以及计算机技术（数控编程CAD）、家政服务、创业培训三大系列培训室。钱桥街道职工技能培训中心拥有计算机125台、投影仪5台、

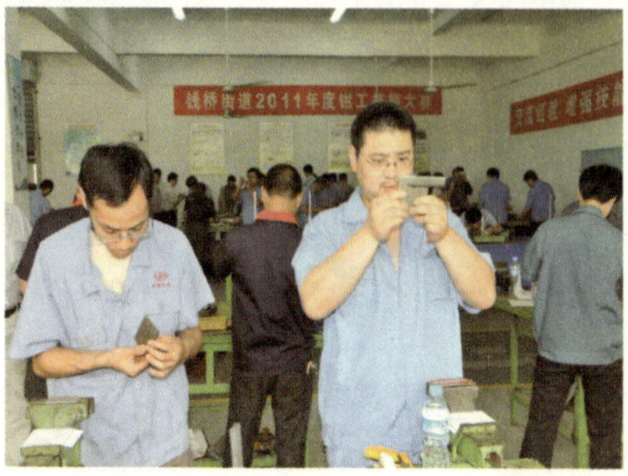

图4—21—5　2011年6月3日，钱桥街道工会组织钳工技能大赛

数控车床2台、普通车床2台、钳工设备20余套、电焊机8台等培训设备。

2012年，钱桥街道总工会建成21个工会服务工作室，建成16个劳动争议调解室，成立1家劳模创新工作室。是年，钱桥街道总工会被惠山区总工会评为2012年度先进单位、劳动竞赛先进集体；倪蕾敏被江苏省总工会授予“江苏省优秀工会积极分子”荣誉。2013年，钱桥街道总工会依托“钱桥街道人口家庭公共服务中心”硬件资源，成立钱桥街道女职工健康服务中心。女职工健康服务中心设置咨询室、检查室、B超室、化验室、治疗室、健康宣教室、健身活动室等七大功能室和相对独立的“女职工之家”和“爱心驿站”。同年，钱桥街道总工会响应江苏省总工会提出的开展“会站家”一体化建设号召，在全街道工会组织中开展“模范职工之家”创建活动。同年始，钱桥街道总工会又全面实施职工技能提升、星级职代会创建、女职工健康服务中心3个惠山区级项目化管理工程和个性化命名创新成果（金点子），组建2个职工群众文化艺术团街道级工会项目管理工程。是年，钱桥街道总工会被惠山区总工会评为工会工作先进单位、推进工资集体协商先进单位、新闻宣传工作先进单位、职工技术创新成果金点子活动优秀组织单位，在惠山区职工职业技能比赛中获团体第一名；总工会主席章芬芳被无锡市总工会授予无锡市优秀工会工作者称号，倪蕾敏被中华全国总工会授予全国优秀工会积极分子称号。

2014年，钱桥街道总工会组织开展“结对传帮带、薪火永相传”职工技能提升“一镇一品”活动。是年起，钱桥街道总工会全面组织开展“关爱圆梦”工程，发动企业为全街道年满16周岁以上的困难职工家庭子女提供寒暑假实习就业岗位，开通一条勤工俭学、社会实习、毕业见习的实践渠道，企业给予一定的工作报酬，实现街道助学由“输血”型向“造血”型转变，在一定程度上缓解困难职工家庭的经济压力。同时，钱桥街道总工会切实加强对困难女职工、失独女职工和单亲女职工的关爱力度，联合街道妇联开展贫困妇女（女职工）、儿童深度救助行动和“牵手新希望、关爱女职工”活动，动员钱桥街道政协、女企业家协会成员等积极参与；组织爱心团队，采取一对一帮扶的形式对患“两癌”及单亲的贫困女职工进行深度救助。钱桥街道总工会每年开展高温慰问一线职工活动，相继组织职工开展登山、歌咏、篮球、足球、乒乓球、跳绳、健步走、象棋比赛和送影下乡、送书进基层、法律法规咨询等形式多样的活动，丰富职工的业余文化体育生活；每年联合社保所举办人才交流洽谈会，为失业人员、失地农民和应届毕业生提供就业渠道和服务；利用多种载体和媒介大力宣传劳动模范和先进典型事迹，营造创先争优氛围。是年，钱桥街道总工会获无锡市立功劳动竞赛优秀组织奖、惠山区工会工作项目化管理二等奖。

2015年5月，钱桥街道总工会举办“工会杯”足球联赛，钱桥足球协会所属的5个会员球队和1家企业参加。比赛采用7人制单循环赛制，共分5个比赛日进行。联赛结束后，每支参赛队伍中的优秀队员统一进行集训，代表钱桥街道参加惠山区足球比赛。8月14日，钱桥街道“工会杯”篮球联赛谢幕，惠汕代表队获得第一名，东风社区代表队获得第二名，苏庙社区代表队获得第三名。是月，钱桥街道总工会开展金秋助学活动，共发放专项补助金59.66万元，补助困难职工276人，其中困难农民工48人。钱桥街道总工会为帮助青年学生完成学业、创业梦想，还深入开展“关爱圆梦”活动，为青年学生健康成长、创业创新创造良好实习环境，20余家企业单位参与活动，为157名在读困难职工子女及大中专学生提供141个暑期勤工俭学、社会实践岗位，其中83名学生上岗实习。10月28日，钱桥街道总工会劳动保护监督检查员片区服务站分别在东风社区和街道配套区设立启用。东风服务站涵盖45家企业，开展监督检查、学习培训、班组安全建设等群众性劳动保护活

图4—21—6 2015年8月31日，钱桥街道举行职工职业技能大赛

动；街道配套区服务站涵盖的50多家企业多数为安全生产重点监管企业，聘请专人担任劳动保护监督检查指导员，发动49名热爱劳动保护工作的职工加入监督检查员队伍，有效解决对部分小微企业安全监督不到位、企业安全管理水平不高的问题。12月8日，钱桥街道总工会、科技办联合举办2015年个性化冠名创新成果和金点子集中展示、民主评审会。是年，钱桥街道总工会连续开展工会劳动法律监督暨“送法进企”活动。针对少数被检查企业存在的问题，工会积极宣传劳动法律法规，帮助企业正确认识权利和义务，树立依法经营理念。钱桥街道各基层工会以“中国梦•劳动美”为主题，以街道经济效益为中心，以培养造就一支高素质职工队伍为目的，深入推进“结对传帮带、薪火永相传”职工技能提升“一镇一品”活动，全街道有近百家企业、近2000人参加，其中有近1000名企业骨干、技师、金牌工人、劳模、标兵等与近1000名新员工、青年员工结成师徒对子，参与人数较上年增幅94%。近1000对师徒中有40对师徒获评“好师徒”称号，其中24对入围竞技年度“十佳师徒”和“十佳导师”，有效激发广大职工的劳动热情和创造活力，提升职工队伍整体素质，催生一批当代工人的先进典型。12月24日，钱桥街道总工会举行“2015年度结对传帮带、薪火永相传”竞技大赛活动，有24对师徒同台竞技角逐年度“十佳师徒”和“十佳导师”。结对师徒上台通过ppt从结成对子、互相学习、取得成果的全过程及今后结对计划、展望等展示各自风采。是年，钱桥街道总工会共培育产生2名首届“金牌工人”、11名技能比赛获奖选手、287名“技术大王”、980名“技术标兵”和“技术能手”，带动326名职工晋升职业资格。俞晓东、黄新和等是活动中的杰出代表，当选为无锡市劳动模范。同年，钱桥街道总工会还组织开展亮身份、亮组织、亮制度、亮项目、亮程序“五亮”活动，助推“模范职工之家”创建。“亮身份”，组织工会工作人员佩戴统一标识，“职工之家”第一责任人向职工公布手机号码、电子邮箱；“亮组织”，不断健全各级工会组织，建立工会联络员队伍，利用业余时间开展服务工作；“亮制度”，将各会员单位人员分工、管理办法等工作制度公开、上墙，并不断完善相关制度，保障“职工之家”持续规范运行；“亮项目”，除室内公布服务项目外，还在室外设置宣传栏，定期发布服务项目、活动信息、宣传工作；“亮程序”，根据工作职责和不同服务项目特点，制定服务工作程序，以流程图形式对外公开。是年，钱桥街道共创成全国模范职工之家1家、江苏省级模范职工之家5家、无锡市级模范职工之家1家；建成惠山区合格职工俱乐部5家、惠山区级模范职工之家12家；建成职工书屋34家，其中创建成惠山区职工书屋32家、惠山区职工书屋示范点5家、无锡市职工书屋示范点2家；相继建成“安康•爱心驿站”4家，建成“劳动保护监督检查员片区服务站”4家。是年12月，钱桥街道总投资150万元、建筑面积1600多平方米的职工技能培训中心分基地一期工程在职教园校区文良路88号竣工，并投入使用。是年底，启动建筑面积近3000平方米的钱桥街道职工服务中心建设。年底，钱桥街道共有五星级职代会企业18家、四星级职代会企业27家、三星级职代会企业72家；企业工会有独立工会和联合工会组织275个，涵盖1695个单位，另有行业工会组织6个。是年，钱桥街道职工总人数50492人，工会会员总数达50332人，工会组建率和职工入会率均达到98%。钱桥街道总工会被惠山区总工会评为2015年度工会先进单位、“安康•爱心驿站”建设先进单位、2014~2015年度工会经费审查工作先进单位。

## 二、共青团钱桥街道工作委员会

新中国成立初期，在中国新民主主义青年团（简称新青团）藕塘区工作委员会领导下，钱桥、藕塘、稍塘、舜柯、社冈、西漳、洋溪、会龙等乡都建立团支部。各乡团支部组织发动团员青年投入土地改革、镇压反革命、抗美援朝和互助合作化等运动。1956年8月，钱桥、藕塘乡以黄煜铭、李金昌为团支部书记的团组织在各村青年积极分子中发展新团员，基层团组织队伍不断壮大。1957年10月，中国新民主主义青年团钱桥、藕塘乡支部改为中国共产主义青年团（简称共青团）钱桥、藕塘乡支部。共青团钱桥、藕塘乡支部组织团员青年投入农业增产运动和农业合作化运动。各高级农业生产合作社组织共青团员成立青年突击队，在团员青年中掀起社会主义劳动竞赛热潮。同时，发挥共青团员在农村扫盲工作中的主力军作用。1959 年 11 月，钱桥、藕塘公社分别成立中国共产主义青年团钱桥、藕塘人民公社委员会，张仲岐、朱益明分别任团委书记。

1963 年，钱桥、藕塘公社团委组织各团支部开展学“毛选”，学雷锋，争当“五好青年”等活动。“文化大革命”前期，钱桥、藕塘公社共青团组织停止活动。1970 年，钱桥、藕塘公社团组织逐步恢复活动。是年 11 月 8 日，中共藕塘公社委员会召开三级干部大会，共青团代表张伯坚在会上作“在共青团员中组建学雷锋小组、业余文艺宣传队、青年突击队，在“农业学大寨”运动中发挥团员青年积极作用”为主要内容的发言。

1971 年，钱桥公社团委召开第八次代表大会，选举钱德甫为团委书记。大会号召各团支部要继续突出无产阶级政治，进一步落实毛主席关于青年工作和加强共青团建设的指示，落实中共中央关于整团建团工作的通知精神，自觉接受党的领导，把共青团组织建设好，培养和造就千百万无产阶级革命事业接班人。1975 年，共青团藕塘公社委员会召开第八次代表大会，选举产生浦明奋、王霞君等 13 人组成的共青团藕塘公社委员会。是年，藕塘公社团委表彰王蓉芳（火花大队团支部副书记）在“农业学大寨”运动中的先进事迹。1976~1977 年，藕塘公社团委相继表彰火花大队、林业大队团支部为先进集体，杨冠诚、冯小芳等为共青团员先进个人。其间，藕塘公社各大队、市镇企事业单位有 1 个团总支、15 个团支部，719 名团员，其中女团员 324 人，团员入党人数累计 30 人。1978 年，钱桥、藕塘公社团委相继开办团训班，传达无锡县第七次团代会精神，纪念“五四”运动 60 周年。是年 7 月 18 日，藕塘公社团委书记浦明奋参加江苏省第七次团代会。1979 年，钱桥、藕塘公社团委以十一届三中全会精神为指导，以经济建设为中心，带领广大团员青年立足本职，为“四化”建设建功立业。同时，加强基层团组织的思想建设，进行普法教育，开展“五讲四美三热爱”活动。

1984 年 4 月 26 日，共青团无锡县委员会表彰钱桥乡团委为先进团委；藕塘乡勤建村、钱桥乡西漳村团组织为先进团支部；钱桥乡吴庆一、唐建武，藕塘乡周宁英、冯志伟为新长征突击手。1985 年，钱桥乡团委、藕塘乡东风村团支部、钱桥乡钱桥村团支部被团县委评为先进团组织。藕塘整流设备厂青年技术攻关组被团县委评为新长征突击队；钱桥公社吴庆一、梅建刚被团县委评为新长征突击手；徐晓峰、李立初被评为优秀团干部，石卫东、钱坤生被评为优秀团员。是年，钱桥乡团委组织的“我们的企业”答卷活动被团县委评为创新成果奖。1987 年，共青团钱桥镇委员会召开第十二次代表大会，选举李立初为团委书记，钱坤生、杨斌为副书记。

进入 20 世纪 90 年代，钱桥镇、藕塘镇团委组织团员青年开展“希望工程”“献爱心”“争创青年文明号”“争当青年岗位能手”等活动，举行各种征文竞赛、知识竞赛和演讲比赛等。

进入 21 世纪，钱桥镇、藕塘镇，钱桥街道各行各业都活跃着共青团员无私奉献、艰苦创业、奋力拼搏的身影。在争做“两个率先”（率先实现小康生活水平、率先实现现代化）排头兵进程中，团员青年充分发挥生力军和先锋模范作用，涌现出一批青年企业家和致富带头人。江南高精度冷拔管有限公司在青年企业家支向军带领下，2003 年成为年销售超亿元的骨干企业。钱桥镇团委带领团员青年广泛开展“弘扬雷锋精神、参与志愿服务、建设精神文明”“中学生助学计划”“青年志愿者劝募行动”“一助一、多助一结对助学、结对扶贫帮困”等各类青年志愿者服务活动，被村民们亲切地称为“可爱的红帽子”，获得良好的社会反响。钱桥镇团委还组织各支部开展争创“‘五四’红旗团支部”活动，农村基层团组织建设得到进一步加强，各村团建和非公企业团建工作得到进一步巩固，晓星村团组织被评为无锡市“‘五四’红旗团支部”、惠山区首批“十佳团组织”，钱桥地税分局获无锡市“青年文明号”称号，钱桥卫生院和钱桥中心幼儿园分别获惠山区“青年文明号”称号。

2004 年，钱桥、藕塘两镇合并，两镇团委同时合二为一。新的钱桥镇团委以“党建带团建、团建促党建、党团共发展”的工作思路，充分发挥共青团作为党的助手和后备军的作用，开展形式多样的主题活动。是年3月5日，无锡市委副书记樊金龙在惠山区团委书记陪同下，专程到钱桥镇考察共青团工作，在实地察看晓星村团支部阵地建设，听取工作汇报后，充分肯定钱桥镇团组织所取得的成绩。2007年，成立钱桥街道团工委。2010年2月，钱桥街道团工委被共青团江苏省委评为“五四”红旗团委。

2013年，钱桥街道团工委组织开展的“助放夏花”项目获“中国青年志愿者公益圆梦活动”的支持，并获得“公益圆梦基金”。2014年，钱桥街道整合团工委、妇联、民政等部门共同开展的“蓓蕾计划”项目成功入围无锡市公益创投。是年起，钱桥街道团工委与入驻院校开展区域化共建，做到共建活动覆盖区域内各社区，每年开展打扫卫生、亲情陪伴、心理咨询、暑期班、爱心支教、便民服务等20余次。至2015年，“蓓蕾计划”共开展12次活动，直接帮助弱势家庭青少年儿童85人，间接帮助145人，惠及钱桥街道近300户家庭，共青团员参与活动率在85%以上。是年，共青团钱桥街道工委下辖27个团支部（总支），有共青团员8289人，其中男团员5478人、女团员2811人。同年5月，钱桥社区团总支被共青团江苏省委评为2014年度江苏五四红旗团支部（总支）。

**1956~2015年钱桥、藕塘（乡）公社、乡、镇，钱桥街道共青团历任负责人一览表**

表4—21—2

| 组织名称 | 时间 | 团委书记 |
|---|---|---|
| 钱桥乡团支部、团总支<br>钱桥公社、乡、镇团委 | 1956.03~2004.02期间 | 黄煜铭（支部、总支书记）<br>张仲岐、张泉荣、钱德甫、许其南、陈浩明、龚如清、李立初、杨斌、王汉平、戴震乾 |
| 藕塘乡团支部、团总支<br>藕塘公社、乡、镇团委 | 1956.08~2004.02期间 | 李金昌（支部书记）、唐玉成（总支书记）<br>朱益明、周明高、朱剑秋、陆国珍、浦明奋、马其兴、马仁昌、杨国忠 |
| 钱桥（镇）街道团工委（团委）<br>（钱桥、藕塘两镇合并后） | 2004.02~2015.12期间 | 张宇、邓哲熹、李鹏 |

2015年，李鹏任钱桥街道团工委书记。

## 三、钱桥街道妇女联合会

20世纪50年代初，钱桥、藕塘、稍塘、舜柯、社冈、西漳、洋溪、会龙、盛店等乡各配备1名妇女干部，组织发动妇女参加土地改革，宣传贯彻《中华人民共和国婚姻法》，开展保障妇女儿童权益等各项社会活动，并组织妇女参加社会生产和文化学习。

1957年，钱桥、藕塘乡相继建立妇女联合会（简称妇联），设立专职妇女主任。钱桥乡13个高级农业生产合作社及藕塘乡7个高级农业生产合作社同时成立基层妇女组织。1958年，钱桥、藕塘人民公社成立，两公社分别成立公社妇女联合会，各生产大队建立妇女代表大会（妇代会），生产队设立妇女队长。妇女联合会、妇代会，妇女队长组织领导妇女参加各项政治、生产活动，开展妇幼保健知识教育，组织妇女开展社会主义劳动竞赛等工作。

1973年，钱桥公社召开第五次妇代会，选举周细妹担任妇联主任，由王梅秀、邵秀凤等10名委员组成委员会。1976年3月6日，藕塘公社东风大队妇女队长冯小芳（知青）被无锡县革命委员会生产指挥组评为“农业学大寨”先进个人。1980年10月5日，藕塘公社召开第七次妇女代表大会。1985年1月30日，藕塘乡召开第八次妇女代表大会，选举马国娣担任妇联主任，由王桂芬、吴巧仙等12名委员组成委员会。是时，钱桥、藕塘乡妇联配合党委、政府中心工作，开展妇女自尊、自信、自立、自强“四自”精神教育，加强巾帼示范岗建设，协调处理婚姻、家庭中的夫妻关系，推进“五好”文明家庭标兵户创建工作。

1959~1989年，钱桥、藕塘（公社）乡、镇分别召开妇女代表大会9次。

1993年3月8日，藕塘镇妇联主任马国娣被中华全国妇女联合会、中国林业部授予全国“三八”

绿色奖章。1994年，藕塘镇妇联被无锡市妇联授予农村优质“三八绿色工程”称号。1995年，马国娣获中国妇女杂志宣传发行先进个人称号。是年，钱桥镇妇联主任丁桂珍到北京参加“《中国妇女》94年先进表彰、95年宣传发行工作大会”，并在会上介绍做好妇女宣传工作的经验，获中国妇女杂志宣传发行先进个人称号。

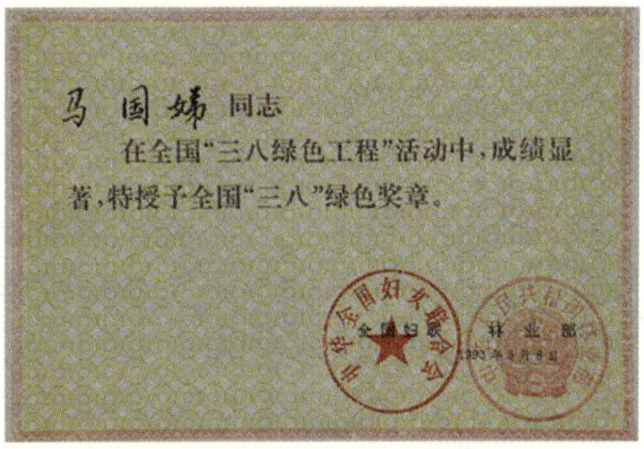

图4—21—7 1993年，藕塘镇妇联主任马国娣获中华全国妇女联合会、中华人民共和国林业部授予的全国“三八”绿色奖章

2004年，钱桥、藕塘两镇妇联合二为一，成立新的钱桥镇妇女联合会。2005年3月5日，钱桥镇妇联召开新的钱桥镇第一次妇女代表大会，112位妇女代表参加大会。2006年，钱桥镇妇联“一手抓发展，一手抓维权”，按照妇女所需、党政所急、妇联所能，开展各项活动。年初召开执委会，会上通过全年妇联工作计划。“三八”妇女节组织各条战线上的30多名妇女代表畅谈工作和生活心得，听取积极的意见和建议；组织女企业家协会每个会员与一户贫困家庭或一个贫困儿童结对。是年，妇联联合农技站、社保所和成教中心对妇女开展蔬菜种植技术培训，组织社会主义新农村示范点西漳村和华新村的失地妇女进行创业心理准备讲座，以及有关电脑知识培训。“六一”国际儿童节之际，钱桥镇妇联走访慰问孤贫儿童，送上慰问金和慰问品合计3.3万元，为50名流动儿童进行内、外科，检验科和五官科身体检查。同年，钱桥镇妇联开展街头咨询活动2次，共发放宣传手册1050份；开展《中华人民共和国妇女权益保障法》知识要点竞赛，提高妇女工作者知法用法能力，配合计生办开展妇女病的普查普治工作，把外地来钱桥镇打工的妇女也列入查治的范围，普查率达65%。2007年，钱桥街道妇联开展贴近妇女与家庭实际的道德实践活动，拓展和创新各类特色家庭创建活动，把“学习型家庭”“创新型家庭”和“平安家庭”创建活动结合起来，推进邻里和睦；进一步健全基层家庭教育工作阵地，探索农民工子女和留守儿童的家教思路，不断拓宽“家长学校”的办学渠道，提高家教水平，创新和推广家教工作新模式。2009年，钱桥街道妇联制订村级妇女组织的百分考核表，让基层组织有章可依，工作有重点；对3名新上任的社区妇女主任进行指导和培训，对各社区妇女主任进行妇女维权、公关礼仪、安居消防、应用文写作方面培训，提高妇女干部的服务水平和技能；开展妇女保健知识培训，参加培训人数78人；开展巾帼助老志愿者老人心理及卫生救护知识培训，参加培训人数45人；开展妇女电脑培训，参加培训人数42人；开展“廉内助”培训，培训人数66人。同时，开展两次街头咨询活动，发放宣传资料2500份。做好来信来访调处工作，全年接待妇女群众来信来访15起，调处率100%。积极协调，组织女企业家与贫困母亲、贫困儿童结成扶贫帮困对子15对。配合无锡市妇联开展“社会妈妈助春蕾”活动，2名优秀贫困学生受到资助，4名贫困妇女享受各2000元的慰问金；开展“关爱母亲、健康体检”活动，组织20名贫困女性去市妇幼保健医院体检。

2010年3月，钱桥街道妇联开展外来女性“四自”（自尊、自信、自立、自强）精神讲座，45名外来女性听讲。4月，与劳动保障所开展插花培训，50名女性参加培训，提高妇女的创业技能和美化家庭的能力。7月，与工会联合举办女职工素质提升大讲课，培训妇女的社交礼仪。8月，组织家庭教育名师志愿者根据社区家长的需求，开办2期家庭教育知识讲座，向广大家长传授科学家教的知识和理念。10月，与民政办公室、老龄委、文化站、钱桥敬老院联合举办“九九重阳节 浓浓敬老情”联谊活动，深得老人们的喜爱。是年，钱桥街道妇联通过走访或召开座谈会的形式对156名不同层面的女性进行访谈，听取妇女的困惑和对妇联工作的建议。同年，妇联共接待来信来访13起，做好解释调处服务工作，做到件件有落实、事事有交代。在庆“三八”之际，妇联对34名先进个人、10个先进集体和50户特色家庭、17户“四世和美”家庭进行表彰，向区妇联申报6户特色家庭、4名“‘三八’红旗手”，向无锡市妇联申报幸福家庭10户、幸福楼院2个。2012年1月，钱桥街道妇联组织藕乐苑社区妇代会人员和藕塘中心小学30名师生冒着寒冷天气和濛濛细雨，为藕乐苑社区开展“新春送福”活动。在“3·5”学雷锋日和“三八”妇女节之际，妇联联合工会、团工委组织“志愿者在行动”活动，来自各社区的志愿者500多人参加。志愿者们为广大群众提供法律宣传咨询、就业指导、身体检查、科普知识、妇女健康知识、女职工维权等便民服务活动。4月，开展“走进春天，玫瑰有约”活动，发放调查试卷500多份，从中了解妇女对妇联的工作建议。是年，举办失业女性就业上岗培训，40多名失业女性通过培训后人人拿到结业上岗证。同年，钱桥街道妇联进一步加强基层、企事业单位、“两新”组织以及流动妇女群体中的妇女组织建设工作，完成新建基层妇联组织20家。2013年，钱桥街道妇联全面贯彻落实党的十八大精神，推进妇女儿童各项事业发展，培训妇女300多人次，使更多失业女性走上新的工作岗位；多次向辖区内30名特困儿童发放学习文具用品；进一步帮助贫困妇女、儿童及其家庭解决生产、生活中的困难。街道妇联与有关部门组成巾帼爱心团队，与4名患有重病的妇女，14名单亲贫困母亲、女职工一一结对。2014年，钱桥街道妇联走访困难家庭妇女100余人次，给她们发放慰问金和物品；组织妇女开展创业就业服务，进行巾帼创业就业培训，实施“千名困难妇女技能培训”。同时，钱桥街道妇联组织妇女进行玫瑰新家庭课堂、“五好”文明家庭创建、妇女儿童维权和救济，帮助弱势群体等家庭文化建设；常年开展妇女儿童和家庭服务，基层妇女儿童之家在区域内实现全覆盖。

2015年，钱桥街道妇联围绕中心工作，谋篇布局，广泛开展“玫瑰新家庭课堂”“创业就业培训”“玫瑰有约走访”等主题活动；围绕妇女儿童需求，策划项目，积极实施“深度救助”“蓓蕾计划”“助放夏花”等公益项目；扎实开展妇女儿童民生项目，帮扶妇女创业就业，弘扬社会主义核心价值观。是年3月6日，钱桥街道妇联举办纪念“三八”国际劳动妇女节105周年表彰大会，对75户“五好”文明家庭标兵户、76名“‘三八’红旗手”和4个“‘三八’红旗集体”等一批展现“自尊、自信、自立、自强”时代风采的先进典型进行表彰。同年8月，钱桥街道家庭教育工作接受全国妇联儿童部部长向阳，江苏省妇联副主席常胜梅、儿童部部长张丽娟，无锡市妇联副主席王健、儿童部部长谢立新等领导调研，得到一致好评。是年，钱桥街道共有15个社区、28个企事业单位建立基层妇联组织。

图4—21—8　2015年3月6日，钱桥街道妇联举行“纪念三八国际劳动妇女节105周年表彰大会”

**1956~2015年钱桥、藕塘（公社、乡）镇，钱桥街道历届妇联主席（主任）一览表**

表4—21—3

| 钱桥（公社、乡）镇 | | 藕塘（公社、乡）镇 | | 钱桥（镇）街道 | |
|---|---|---|---|---|---|
| 姓 名 | 任职时间 | 姓 名 | 任职时间 | 姓 名 | 任职时间 |
| 马爱媛 | 1959~1965 | 丁锡珍 | 1956~1959 | 杭月新 | 2004~2010 |
| 马英玉 | 1965~1971 | 蒋菊英 | 1959~1965 | 冯丽萍 | 2010~2014 |
| 湘海珍 | 1971~1972 | 章云秀 | 1965~1967 | 阮　倩 | 2014~ |
| 周细妹 | 1972~1992 | 刘兴悌 | 1967~1974 | — | — |
| 丁桂珍 | 1992~2004 | 吴雅芬 | 1974~1975 | — | — |
| — | — | 浦明奋（兼） | 1975~1976 | — | — |
| — | — | 马国娣 | 1976~2001 | — | — |
| — | — | 冯敏之 | 2001~2002 | — | — |
| — | — | 杭月新 | 2002~2004 | — | — |

2015年，阮倩任钱桥街道妇联主席。

# 第六节 社会团体

民国时期，钱桥、藕塘地区设有乡农会。乡农会在建立乡村社会秩序方面发挥有限的作用。解放初期，在中国共产党的领导下，钱桥、藕塘区域内各乡、村都建立农民协会。1950年，钱桥、藕塘地区建有9个乡农民协会、55个村农民协会。根据1950年7月政务院通过并公布的《农民协会组织通则》，规定“农民协会是农村中改革土地制度的合法执行机关”的精神，钱桥、藕塘乡、村农民协会团结雇农、贫农、中农及农村中的一切反封建分子，遵照人民政府的政策法令，有步骤地实行反封建的社会改革，进行土地改革，保护农民利益，组织农民生产，举办农村合作社，发展农业和副业，改善农民生活，保障农民的政治和文化水平提高，参加人民民主政权的建设工作。随着土地改革的完成，1954年春，钱桥、藕塘等乡经过普选，建立乡人民代表大会，乡农民协会组织为乡人民代表大会、乡村基层政权所取代，农民协会的骨干大多转为乡、村干部。

1964年，钱桥、藕塘公社根据《中共中央关于目前农村工作中若干问题的决定（草案）》要求，开展社会主义教育运动，巩固集体经济，发展集体生产，分别成立公社贫下中农协会。钱桥公社12个大队成立12个贫下中农协会，藕塘公社9个大队成立9个贫下中农协会，各生产队建立贫下中农协会小组。1982年，钱桥、藕塘公社贫下中农协会、各大队贫下中农协会撤销。是年，钱桥、藕塘公社分别成立离退休教育工作者分会。1983年8月，钱桥乡成立个体劳动者协会。1984年1月，藕塘乡成立个体劳动者协会。同月，钱桥、藕塘乡分别成立老龄工作委员会。1985年，钱桥、藕塘乡相继成立科学技术普及协会。1987年9月，钱桥集邮协会成立。1990年，钱桥镇、藕塘乡分别成立老年人体育协会。1992年，钱桥镇、藕塘乡分别成立残疾人联合会。1993年6月，钱桥、藕塘镇分别成立关心下一代工作委员会。1999年，钱桥、藕塘镇分别成立老区开发促进会钱桥分会、藕塘分会。2003年，钱桥镇成立红十字会。2009年11月，无锡养生协会职教园分会成立。2011年12月，钱桥街道成立惠山区老科技工作者协会钱桥分会。2013年4月，钱桥街道成立文艺体育界联合会。2015年2月，仁良公益协会成立。

## 一、农会

民国时期，钱桥、藕塘地区农村设有农会，是农村基层政权的补充形式，但对乡村社会秩序重建的影响相当有限。民国15年（1926）10月，国民党江苏省党部委派邑人杭果人到无锡县负责办理农民协会，第四区（开原乡）、第十七区（富安乡）组办农民协会。民国16年4月14日“清党”以后，杭果人等遁避无踪，区域内农民协会遂解散。是月28日，省农民协会筹备处委派顾元伯等5人为无锡农民协会筹备员。顾元伯等奉命后，即先行委派各市乡分会筹备员在农村筹备建立农会工作，时开原乡筹备员为朱云泉、诸云伯、蒋仲良、赵乐煊、丁锡培5人。民国19年3月20日，第四区钱桥、藕塘地区各乡均建立乡农会。

**民国19年第四区钱桥、藕塘地区乡农会一览表**

表4—21—4　　单位：人

| 名称＼项目 | 区域 | 会员人数 | 正副干事 | 成立日期 | 会址 |
|---|---|---|---|---|---|
| 水渠乡农会 | 水渠乡 | 56 | 冯孝泉 张子范 | 3月20日 | 大冯巷 |
| 藕塘乡农会 | 藕塘桥镇 | 59 | 胡友松 吴仲文 | 3月20日 | 藕塘桥 |
| 夏虞乡农会 | 夏虞乡 | 67 | 龚月溪 龚月洲 | 3月20日 | 龚 巷 |
| 钱桥乡农会 | 钱桥镇 大支乡 景丽乡 | 69 | 王允中 章立昕 | 3月20日 | 钱 桥 |

民国20年4月，第四区（原开原乡）建有农会会所10所。

1949年冬，钱桥、藕塘地区组织农民开展声势浩大的土地改革运动。为保障土改工作顺利进行，藕塘区政府组织钱桥、西漳、藕塘、稍塘等各乡政府成立土改工作领导小组，分派乡土改工作领导小组成员到各村领导土改工作。1950年，乡土改工作领导小组成员下村后第一件事就是发动群众成立农民自己的组织——农民协会（简称农会）。是年春，钱桥、藕塘地区各乡村都相继成立农民协会。农民协会发动农民开展土地改革运动，并且保卫土地改革成果。农民协会在贫雇农分得的每块土地上都插上木牌子，上面写着地名、田亩数。乡政府给农民颁发土地所有证。土地证都用毛笔小楷书写，由各乡农会派员集中填写。钱桥、藕塘地区填写土地证的各小乡人员全部集中到钱桥老街北面一个两间大厅内，每个小乡出4个人。稍塘乡由大巷上蒋耀明、丁村丁文焕、章巷上章洪达、井亭里朱献达4人参加书写。书写土地证要求正确工整，不能有错别字。土地证为8开大纸，按规格印成长条格，先写上土地户主姓名，再在每格上面写土地名称，顺下写田亩数，下面分别写明东、南、西、北各相邻田块的名称及所属户主。每一户的田亩都填写在一张土地证上，左下方盖上“无锡县人民政府”的大红印章。农会还组织农民开展大生产运动，组织推荐区、乡两级劳动积极分子，组织农民开展互助合作化运动。

1954年，钱桥、藕塘地区各乡、各村的农会撤销。

### 1950~1954年钱桥、藕塘地区各乡农会主任一览表

表4—21—5

| 乡名 | 农会主任 | 乡名 | 农会主任 | 乡名 | 农会主任 |
|---|---|---|---|---|---|
| 钱桥乡 | 吴亚平、吴瑞林 | 西漳乡 | 缪富林 | 会龙乡 | 陈忠保 |
| 社冈乡 | 胡晨耕 | 洋溪乡 | 洑子贤 | 舜柯乡 | 朱产根 |
| 藕塘乡 | 吕正道、冯关泉 | 盛店乡 | 黄焕清 | 稍塘乡 | 樊产宜 |

### 1950~1954年钱桥、藕塘地区各行政村农民协会主任一览表

表4—21—6

| 乡名 | 行政村名 | 自然村 | 农会主任 |
|---|---|---|---|
| 钱桥乡 | 复兴村 | 钱桥东巷、南巷等 | 祝金根 |
| | 新兴村 | 苏庙支巷、杜巷等 | 张锡泉 |
| | 胜利村 | 苏庙埭桥、沈巷等 | 邵德兴 |
| | 新民村 | 钱桥桥南、塘泗等 | 龚顺钧 |
| | 自由村 | 苏庙前、后金岸等 | 陶寿根 |
| | 翻身村 | 苏庙缪巷、苏巷等 | 缪龙祥 |
| 会龙乡 | 十 村 | 钱桥沿河、直街等 | 周惠成 |
| | 十一村 | 钱桥站头、潘巷等 | 陈根生<br>唐浩正 |
| 社冈乡 | 一 村 | 威华杨思桥、高草棚等 | 李阿大 |
| | 八 村 | 威华南下塘、小园里等 | 潘洪元 |
| | 五 村 | 晓星砖场上等 | 周仁清 |
| | 七 村 | 威华唐家庄、浦巷等 | 唐小弟 |
| | 九 村 | 威华南、北戴巷等 | 章锡度 |
| | 四 村 | 晓星邓巷、时巷等 | 陆金元 |
| | 六 村 | 晓星大花岸、陆岸头等 | 梅士根<br>陆根荣 |
| 洋溪乡 | 三 村 | 新丰金巷、肖尤巷等 | 蒋金祥 |
| | 一 村 | 新丰前、后杨毛岸等 | 吴宝兴 |
| | 五 村 | 周家弄薛巷、江胜桥等 | 薛文荣 |
| | 七 村 | 洋溪东、西马山等 | 朱浩裳 |
| | 二 村 | 新丰前、后周基头等 | 俞顺元 |
| | 四 村 | 周家弄蔡顾巷等 | 蔡荣根 |
| | 六 村 | 洋溪丁巷、单巷等 | 杜阿大 |

| 乡名 | 行政村名 | 自然村 | 农会主任 |
|---|---|---|---|
| 藕塘乡 | 一 村 | 藕塘桥南、桥北等 | 芮爱娣 |
| | 二 村 | 藕塘施巷、黄泥坝等 | 朱云生 |
| | 三 村 | 藕塘徐塘湾、丁巷等 | 吴滑伦 |
| 新民乡 | 新南村 | 小园里、浦巷等 | — |
| | 南水渠 | — | 冯三度 |
| | 胜利村 | 殷巷、高冯巷等 | 冯三度<br>陈正祥 |
| | 大张巷 | 大张巷 | 张焕泉 |
| | 福山 | 庙塘桥 | 冯仲庆<br>边泉宝<br>陆仁夫 |
| 盛店乡 | 新平村 | — | 蒋富兴 |
| | 新民村 | — | 张阿荣 |
| | 庙桥村 | — | 李斌泉 |
| 稍塘乡 | 三 村 | 稍塘章巷、稍塘营等 | 徐桂生 |
| | 六 村 | 西村、三家村等 | 徐金生 |
| | 一 村 | 井亭、李家湾等 | 朱有为 |
| | 五 村 | 丁村、大东店等 | 任根荣 |
| | 四 村 | 稍塘新丰里、俞巷等 | 徐世兴 |
| | 七 村 | 湛大坝、木排头 | 樊产宜 |
| | 八 村 | 稍塘杨树浜、枣树下等 | 顾杏春 |
| | 二 村 | 管巷、秦家漕等 | 管阿纪 |
| 舜柯乡 | 二 村 | 溪南龚巷等 | 龚锡堂 |
| | 四 村 | 舜一吴巷、石巷等 | 朱荣增 |
| | 六 村 | 历村田舍头、舜一花园里等 | 朱光华<br>芮金宝 |

续表 4—21—6

| 乡名 | 行政村名 | 自然村 | 农会主任 | 乡名 | 行政村名 | 自然村 | 农会主任 |
|---|---|---|---|---|---|---|---|
| 西漳乡 | 五　村 | 胜丰潘葑、龙亨沟等 | 张凤根 | 舜柯乡 | 八　村 | 历村上秦巷、东浜等 | 秦福南 |
| | 八　村 | 胜丰宋巷、吴巷等 | 张永祥 | | 一　村 | 溪南 | 张阿三 |
| | 二　村 | 西漳张家、查家等 | 钱焕金<br>宦布昌 | | 三　村 | 溪南 | 是补生 |
| | 四　村 | 西漳墙门、牌楼等 | 毛玉成<br>朱金荣<br>钱金祥 | | 五　村 | 舜一田肚、殷巷等 | 王叙生 |
| | 七　村 | 胜丰王巷、庙头等 | 苏德均 | | 七　村 | 历村庄家、蒋巷等 | 费培芝<br>张生茂 |
| | 一　村 | 西漳南漳、孙家等 | 张金发 | — | — | — | — |
| | 三　村 | 西漳毛家、马家等 | 唐祥生<br>唐惠泉 | — | — | — | — |

说明：2015 年不属于钱桥街道区域内的乡、村不作统计

## 二、贫下中农协会

1964 年，钱桥、藕塘公社和各大队相继成立贫下中农协会（简称贫协）。贫协在党的领导下，坚决贯彻党的路线、方针和政策，紧紧围绕党的中心工作开展忆苦思甜，开展阶级斗争；组织成立贫下中农毛泽东思想宣传队，为群众排忧解难；组织贫下中农管理学校；组织革命大联合、开展“斗、批、改”等活动。1982 年，钱桥、藕塘公社贫下中农协会、各大队贫下中农协会撤销。

钱桥公社贫协主任先后由邵胜奎、徐焕妹担任；藕塘公社贫协主任先后由陈进兴、朱章汉、唐国忠担任。

1964~1982 年钱桥、藕塘公社各大队贫协主任一览表

表 4—21—7

| 公社 | 大队名 | 贫协主任 | 公社 | 大队名 | 贫协主任 |
|---|---|---|---|---|---|
| 钱桥 | 钱桥 | 徐月凤 | 藕塘 | 五五（东方红） | 吴炳泉 |
| | 竞丰 | 顾士荣 | | 勤建 | 时庆生、徐洪生 |
| | 溪南 | 吴士荣 | | 林业（井亭） | 谭阿兴 |
| | 历村 | 费银泉 | | 凯旋 | 杨全兴 |
| | 舜一 | 何荣泉 | | 宇峰 | 王仲兴 |
| | 五星 | 浦阿二 | | 一鸣 | 俞阿明 |
| | 晓星 | 梅士根 | | 火花 | 杨泉玉 |
| | 胜丰 | 吴如林 | | 五九（东风） | 刘德清 |
| | 西漳 | 胡庆德 | | 五星 | 张炳良 |
| | 新丰 | 陆盘根、吕小龙 | | — | — |
| | 黎明 | 计金宝 | | — | — |
| | 洋溪 | 杜阿大 | | — | — |

## 三、离退休教育工作者分会

1982 年，无锡县离退休教育工作者协会钱桥公社分会、藕塘公社分会同时成立。钱桥、藕塘公社分会分别设立中学、小学辅导区两个退协小组。

1995 年，钱桥、藕塘镇同时设立离退休教育工作者协会（简称退教协），下设钱桥中学退教协分会、藕塘中学退教协分会、钱桥中心小学退教协分会、藕塘中心小学退教协分会。钱桥、藕塘中学，中心小学退教协分会组织离退休教育工作者学习时事政治；组织离退休教师体检，走访慰问离退休教师，春节前为 60 岁、70 岁、80 岁、90 岁的离退休教师祝寿；举办离退休教师书画展览；举办老年卫生、保健、养生讲座；组织开展老年文体活动；组织退休教师开展爱心捐助、学生校外辅导等活动。藕塘中心小学退教协分会于 2009 年、2011 年先后两次被评为惠山区先进退教协会。藕

塘中学退教协分会负责指导的东风社区校外教育辅导站于 2011 年获无锡市校外教育辅导站工作先进辅导站称号。

钱桥中、小学退教协分会历任理事长缪砥中、徐凤英、唐焕文、金寿春、沈正良、张雪琴、孙文元、张伯洪、朱重光、张国川；藕塘中、小学退教协分会历任理事长强申畅、薛守玉、高琼玑、王锡清、朱伯良、张其清、丁如玉、王时法、顾金法、王祖恒、沈伯兴、吴惠英、丁一新。

## 四、钱桥私营个体经济协会

无锡市惠山区钱桥私营个体经济协会（简称钱桥私个协会）前身为钱桥个体劳动者协会与藕塘个体劳动者协会。钱桥个体劳动者协会成立于 1983 年 8 月，隶属钱桥工商管理组，首届协会有个体工商户 108 家，凡钱桥地区个体工商户都由协会审批同意后方可开门营业。藕塘个体劳动者协会成立于 1984 年 1 月，隶属藕塘工商管理组。1995 年 6 月，钱桥、藕塘个体劳动者协会分别更名为锡山市钱桥、藕塘个体劳动者协会。2000 年 12 月，分别更名为无锡市惠山区私营个体经济协会钱桥分会、藕塘分会。

私营个体经济协会钱桥、藕塘分会及时向会员宣传党和政府的各项政策、法规，引导会员经营自律、诚信守法、维护市场公平竞争秩序，为党和政府联系广大会员起到桥梁作用；认真对会员需求进行调研，维护会员合法权益，为会员提供政策咨询、法律咨询和援助服务；搭建融资贷款、经贸合作、信息交流、人才技术、培训教育、法律维权等服务平台，为会员转变发展方式、加快转型升级提供服务；开展免费体检、志愿服务、帮扶救助、社会保险、文化娱乐等服务，使会员感到协会组织的温暖；以协会工作为主旋律，积极配合工商部门做好验证、年报、检查、市场创建、食品放心工程建设等工作；引导会员树立质量意识，促进私个经济协会健康发展，指导“重合同守信用企业”创建、商标注册，为会员提供共性化和个性化的服务。

1983~2004 年，钱桥（个体劳动者协会）私营个体经济协会先后有顾士荣、陆伯良、孙国兴、冯正翔、王巧英、刘国胜、冯海荣任会长（2000 年后由工商所所长、工商分局局长兼任会长），毛秋霞、浦寿岐、唐燕月任副会长。藕塘（个体劳动者协会）私营个体经济协会先后由张国兴、曹惠良、张志刚、陈丽英任会长，邵焕清、高勤宝、谢伯振、冯听根、唐惠平任副会长。

2004 年，钱桥、藕塘两镇合并，撤销藕塘分会，藕塘地区的个体工商户业务归钱桥分会管辖。2014 年 12 月 9 日，成立无锡市惠山区钱桥私营个体经济协会，位于钱桥街道钱桥大街 34 号，法人代表钱平江。2004~2015 年，私营个体经济协会钱桥分会、无锡市惠山区钱桥私营个体经济协会先后由冯海荣、朱剑峰、周信毅、钱平江任会长；浦寿歧、唐燕月任副会长。

## 五、钱桥街道老龄工作委员会

1984 年 1 月 27 日，钱桥、藕塘两乡分别成立老龄工作委员会。老龄工作委员会设主任 1 人、副主任 1 人，主任由乡（镇）长兼任，副主任由 1 名副乡（镇）长兼任，或设 1 名专职人员担任；委员由民政、财政、司法、妇联、计划生育等部门领导组成。在此之后，各村相继成立老龄工作小组，村委主任兼任组长。1987 年起，各村（居）委先后建立老年活动室，设立老年健身房、阅览室、棋牌室、书场，室内配备彩电、空调等设备，室内外配备健身器材。各老年活动室建立老年登记薄和老年活动台账，做到老龄组织网络化、老人活动制度化、老人健身常态化。

1984~2004 年，钱桥（乡）镇老龄委副主任先后由吴宝兴、周松圻、陈仁荣担任；藕塘（乡）镇老龄委副主任先后由章末全、臧效年担任。

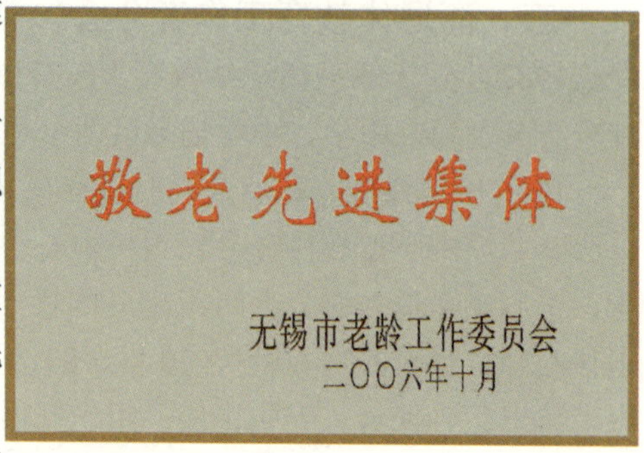

图 4—21—9　2006 年 10 月，钱桥镇被无锡市老龄工作委员会表彰为敬老先进集体

2004 年，钱桥、藕塘镇两镇老龄委合二为一，成立新的钱桥镇老龄委。2007 年，更名为钱桥街道老龄工作委员

会。钱桥街道老龄委围绕党的中心工作，贯彻执行《中共中央、国务院关于加强老龄工作的决定》和《中华人民共和国老年人权益保障法》，以“老有所养、老有所医、老有所教、老有所学、老有所为、老有所乐”为目标，坚持“党的领导，社会参与，全民关怀”的方针，为老年人办实事、做好事，维护老年人的合法权益，开创老龄工作新局面。至2013年，钱桥街道15个社区均被评为惠山区老年文体特色社区。

2015年7月31日，钱桥街道有60周岁及以上老人14621人，占总人口的20.6%，其中80~89周岁的高龄老人1461人，占总人数的2.06%；90~99周岁的高龄老人246人，百岁老人5人。80周岁及以上老人由社区祝寿并发慰问金，90周岁及以上老人由街道祝寿并发放慰问金，百岁老人由惠山区政府祝寿并每月给予一定生活补贴。

2005~2015年，钱桥（镇）街道老龄委负责人先后由丁桂珍、华卫贤、周群新担任。

## 六、钱桥街道科学技术协会

1985年，钱桥乡、藕塘乡相继成立科学技术普及协会。2001年12月12日，钱桥镇成立科学技术协会，并召开第一次代表大会。大会选举沈国良为钱桥镇科学技术协会第一届主席、陆文晓为副主席，黄党霞为秘书长。

2004年，钱桥、藕塘两镇合并后，藕塘地区的科技工作者加入钱桥镇科学技术协会。2007年，更名为钱桥街道科学技术协会（简称钱桥科协）。是年，钱桥街道科学技术协会开展活动项目150多个，召开科技人员交流会15次，开展科普下乡服务活动120余次，放映科普电影150场，悬挂科普标语200多条，举行实用技术培训讲座30场，接受科技咨询服务2000多人次，展出科普展板1350多块次，培训农民、新市民6000余人次，发放科普资料6万余份，赠送科普书籍10000余册，参加校园科技节、科普实践活动的中小学生有5000余人次，全街道受益群众超过30万人次，全面夯实科普示范街道、科普示范社区、科普示范户、农业科普示范基地、示范项目等创建工作。

钱桥街道科学技术协会同时积极实施惠农兴村工程，促进社会主义新农村建设，以省、市百名科技专家兴农富民工程为重点，为农民提供生产前、生产中、生产后各种服务；积极开展“金桥工程”“厂会协作”，推动企业创新创造，申报“金桥工程”项目9项、“厂会协作”项目6项；批准省级“金桥工程”重点项目1个、市级“金桥工程”重点项目2个、市级厂会协作优秀项目2个。积极推进科技咨询，繁荣技术中介服务，以“普及推广、服务社会”为目标，以团结、组织科技咨询网络单位开展“四技”活动为主线，深化政产学研，组建战略联盟，与北京科技大学深入合作，成立北京科技大学技术转移中心，与东北大学共建东北大学无锡研究院，并成立东北大学技术转移中心无锡分中心，同时，还建立无锡质检中心钱桥金属材料检验服务中心等有效载体，助推产业转型升级和经济社会事业持续发展。2010年，钱桥街道科学技术协会被评为“无锡市农村党员科技示范基地”；2013年，被评为“2008~2013年度无锡市科协系统先进集体”。2014年，钱桥街道被评为无锡市科普示范街道。是年，天辰冷拉型钢有限公司王富国、华顺食品工业有限公司连惠章和新一代电力电器有限公司高赟被评为无锡市第十一届优秀科技工作者。

2015年7月，钱桥街道科学技术协会召开第二届代表大会。大会选举刘永祥为第二届科协主席，陆文晓为副主席兼秘书长、周明霞为副秘书长。是年，钱桥街道有勤建茶场有机茶推广基地、区现代园艺科技示范园等5个科普示范基地，39户科普示范户，2个科普示范社区，15个社区科普协会。同年，钱桥街道科学技术协会被评为无锡市科普周先进集体。

## 七、钱桥集邮协会

钱桥集邮协会成立于1987年9月，主管部门为无锡县集邮协会，登记发证单位为无锡县民政局，证号为社登字651号，社团代码为A8054226—6，业务指导为无锡市集邮协会。是年9月19日，钱桥镇集邮协会召开第一届会员代表大会。大会通过钱桥镇集邮协会章程，选举俞觉然为名誉会长，邵文斌为会长，朱仁宝、严其坤为副会长，周焕章为秘书长。协会成立同时，在钱桥镇文化宫音乐茶座举办钱桥地区首届邮票展，印发“成立大会首届邮展”二枚纪念封。首届邮票展有28位集邮爱好者送来37部邮票集参展，内容有革命斗争史、领袖人物、祖国风光、名胜古迹、灿烂文化、古典文学、全运会、奥运会、动物、植物、花卉等邮展贴片311片，邮票2010枚，以及封、片、卡、戳等。首届邮展为期4天，观展人数400多人，在钱桥地区获得良好的社会影响。1992年春节，钱桥镇文化站举办春节“书画、摄影、集邮”联展，集邮协会选送3部邮集参展。是年，钱桥镇集邮协会创办会刊《钱桥邮苑》，前后出刊20期，为时2年。集邮协会曾多次参加玉祁、石塘湾、洛社、前洲、查桥、雪浪、长安、天一中学、新苑公司、交通局航运公司、县物资局、无线电二厂等集邮组织举办的联谊会；先后参加无锡市总工会在市工人文化宫举办的邮展，参加崇安区文化宫、城中公园艺术馆举办的邮展，参加锡西地区集邮联展，参加无锡县印刷厂、钢铁厂、农机厂、洛社化肥厂等举办的邮展，还应邀选送展品参加无锡市柴油机厂、市自行车鞍座厂、天元麻纺厂举办的邮展。2013年，会员周焕章在钱桥社区玉泉公园活动中心举办个人红色收藏展，其中包括邮票展。是年7月1日，周焕章在镇文体中心二楼举办为期5天的个人邮展、粮票展。周焕章个人邮票展分为“光辉的历程”“改革开放三十年”“祖国风光”三个系列；粮票展包括29个省、直辖市系列。展览的时间安排是文体站的一次尝试和探索，即在日间向广大居民公益性开放外，在晚间6:00~7:30免费开放，以吸引不同年龄层次的群众鉴赏邮票、粮票文化。

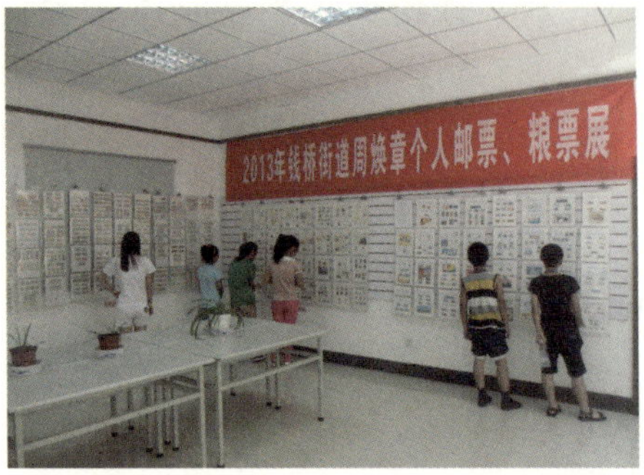

图4—21—10　2013年，周焕章举办个人邮票、粮票展

2015年，会员宣中鑛、周焕章参加在无锡市运河公园举办的《全国签名封片》展览，送展的邮集均获大奖。是年底，钱桥街道集邮协会从1987年刚成立时的40多名会员发展到注册会员120余人，加上钱桥地区各厂矿企业的集邮爱好者参与，人数有300多人。

## 八、钱桥街道老年人体育协会

钱桥镇、藕塘乡老年人体育协会（简称老年体协）均建立于1990年，由镇（乡）长任名誉会长，分管副镇（乡）长任会长。钱桥镇老年体协首任兼职副会长、秘书长周松圻，藕塘乡老年体协首任会长为章末全。

2004年，钱桥、藕塘两镇老年体协合并。2006年5月，钱桥镇老年体协由镇长华亚军任名誉会长，副镇长倪军任会长，陈仁荣任秘书长，吴伯初、陆文琴任副会长，有会员18人。是月底，各村委（居委）相应成立老年人体育分会，村（居）委主任任会长，老年人工作专职负责人任副会长，分会理事由老年人体育骨干、积极分子担任。2008年，钱桥镇老年体协更名为钱桥街道老年人体育协会。钱桥街道老年体协组织老年人学习有关法规，维护老年人合法权益，组织老年人因地制宜、因人而宜地开展门球、太极拳、太极剑、健身操、健身舞、新疆舞、健身球、功夫扇、排舞、 广场舞等生动活泼、形式多样、科学文明、健康有益的老年体育锻炼和健身活动，特别提倡老年人开展健身走活动；举行全镇性老年人体育比赛，组织选拔老年人参加上级老年体协举办的各项比赛活动；总结交流经验，表彰先进，评选健康老人。2009年始，钱桥街道老年体协每年都举行街道全民健身（康乐）节启动仪式，组织老年人开展各类文化健身活动。

图4—21—11　2011年4月27日，省老体协主席王湛（左二）一行至钱桥街道考察基层老年体育工作

2012年，根据区老年体协的工作安排，钱桥街道老年人体育协会组织50人参加惠山区大型太极拳比赛（杨式30人、陈式20人），组织参加老年人双人太极剑表演，得到区老年体协及数百名观众的一致称赞。是年，钱桥街道老年体协门球比赛获惠山区第二名，象、围棋赛分别获区第二名、第六名，男女乒乓球赛分别获区第一名、第四名。同年，钱桥街道老年体协开展首批惠山区老年文体特色社区创建活动，围绕《惠山区老年体协开展创建老年文体特色村（社区）活动的意见》，挑选华新、苏庙、东风3个社区为首批创建单位。同年10月30日，在华新苑广场进行惠山区首批老年文体特色社区创建成果展示。惠山区老年体协一行在陈奇梅主席的带领下，观看华新、苏庙、东风3个特色社区验收汇报演出。观看演出后，区老年体协领导对华新、苏庙、东风3个争创社区作出高度评价，认为“基础扎实，指导到位，成效突出”，当场宣布顺利通过区老年文体特色社区验收。2013年，钱桥、晓丰、西漳、晴山蓝城、藕乐苑、稍塘社区为第二批争创文体特色社区单位。9月25日，在钱桥社区玉泉公园举行第二批惠山区老年文体特色社区创建成果展示。区老年体协领导通过对钱桥等6个社区听汇报、看台账、看现场活动展示后，肯定钱桥街道在创建老年人文体特色社区方面所取得的成绩，认为“领导重视，摆上位子；建立网络，层层健全；制度规范，经常活动；各有特色，丰富多彩”，当场宣布钱桥等6个社区为区老年文体特色社区。

2014年，钱桥街道老年体协组织老年人参加区门球骨干培训、佳木斯操培训、太乙游龙拳培训班，组织老年人参加区体育比赛，其中乒乓球获男子团体第二名、男子单打第三名，女子团体第三名、女子单打第一名；象棋获团体第二名，围棋获团体第四名，门球获团体第四名。是年，第三批舜柯、藕塘、南塘、盛峰社区争创区老年文体特色社区一举成功。2015年，钱桥街道老年体协组织培训基层分会指导员40人，举办太极拳培训、柔力球培训、佳木斯操培训，分别培训60人、30人、300人。是年，钱桥街道老年人在惠山区老年体育各类比赛中，门球获三等奖，象棋获团体第三名，乒乓球比赛获男乒团体第二名、单打第一名，获女乒团体第三名、单打第三名。同年，洋溪社区和溪南社区最后一批顺利通过区老年文体特色社区的创建验收。至此，钱桥街道15个社区全部创建成为惠山区老年文体特色社区。

钱桥（镇）街道老年体协历任副会长兼秘书长为周松圻、陈仁荣、薛建祖、华卫贤、丁桂珍、陈建明、李玢、沈秀娟；藕塘（乡）镇老年体协历任副会长兼秘书长为章末全、臧效年。

## 九、钱桥街道残疾人联合会

1992年，钱桥镇残疾人联合会、藕塘乡残疾人联合会（简称残联）同时成立。诸耀歧任钱桥镇首届残联理事长，后由周细妹、苏佑成接任。藕塘乡（镇）残联理事长为浦明奋。2004年6月18日，钱桥、藕塘两镇合并后召开钱桥镇残联第一次代表大会，推举苏佑成为残联执行理事会理事长，张桐生、杨寿均为副理事长。2005年2月，钱桥镇被中国残疾人联合会评为年度全国残疾工作先进乡镇。2007年11月，钱桥镇残联更名为钱桥街道残疾人联合会。2015年，钱桥街道有持证残疾人1179人，残联理事长周群新。残联建立以来，理事会根据《中国残疾人联合会章程》，切实履行工作职能，开展各项残疾人服务工作。

### （一）建立残疾人社会保障机制

钱桥、藕塘（乡）镇、钱桥街道残疾人联合会切实做好残疾人的社会保障工作，对无固定收入的重残人员发放补助金、无业重残金、三四级精神（智力）残疾人救助金、困难残疾人救助金、贫困老年残疾人生活补助券，给购买残疾燃油车残疾人发放10年的燃油补贴，申请和发放残疾人证等。

残联同时认真做好残疾人康复服务工作，开展助听器适配、白内障复明手术工程；开展0~6岁贫困家庭残疾儿童免费康复；为7~14岁贫困家庭残疾儿童提供儿童救助；发放残疾人轮椅、拐杖、助行架、电动残疾车、残疾人燃油车等辅助器具；开展辖区内小学五、六年级学生及初中学生脊柱侧凸的筛查，进行分级康复干预；精神残疾人住院和服药救助实行全覆盖；开展盲人定向行走训练；

对残疾人开展两年一次体检；配合做好重度残疾人区级集中托养工作，实现主动对接，良性互动；做好社区康复服务站的建设等工作。

残联还不断活跃残疾人的文化生活，组织残疾人参加全市残疾人文艺会演；做好残疾人职业技能选手选拔培养工作；开展“全国助残日”活动；贯彻落实《江苏省残疾人就业保障金征收使用管理实施办法》，做好残疾人就业保障金征收工作；组织街道内有就业需求的残疾人参加招聘会；加大残疾人就业培训力度，切实增强培训工作的针对性和实效性，完成上级规定的残疾人就业数；做好贫困残疾人家庭子女就读资助工作；做好残疾人维权工作，高度重视残疾人的信访，促进相关部门对残疾人反映的问题及时解决；加强与法律援助机构和专业法律服务机构联系、合作，为残疾人提供广泛的法律援助。

图4—21—12　2015年5月7日，钱桥街道组织开展残疾人康复活动

**（二）建立惠山区惠和居家养残综合服务平台**

2008年起，钱桥街道各社区相继建成社区居家养残服务站，以满足部分残疾人的娱乐、健身、康复等需求。但是，区域内尚有部分重度残疾人、老年残疾人由于行动不便等原因享受不到此服务。为此，钱桥街道在区政府的统一部署下，进行深入调研、论证和综合考量，确定钱桥街道便民服务中心为残疾人综合服务平台的实施机构，通过政府购买及低偿服务，为辖区内残疾人提供居家养残援助服务。是年，钱桥街道建成无锡市首个居家养残社会化综合服务平台，对街道15个社区238名重度残疾人居家养残实施全覆盖。残联通过上门走访、面对面访谈、问卷调查等形式，深入了解重度残疾人的服务需求，定制重度残疾人的专属服务套餐，主要服务项目有家政保洁、家电水电维修、心理慰藉、康复理疗、足疗等。

**（三）实施“智障智能关爱行动项目”**

区域内精神、智力残疾人由于精神或智力上的原因，在认知、情感和行为的能力上存在缺陷，有的精神、智力残疾人的家庭监护能力有限，亲属长期为看护所累，家庭负担沉重；有的又因为监护力度不够，每年都会发生精神或智力残疾人走失的状况，给残疾人家庭、社会带来不良影响。钱桥街道残联在实施“智障智能关爱行动项目”中对重度残疾人发放智护星手机。智护星手机能够运用高精度的定位系统，追踪服务对象的位置，全天候为残疾人提供安全监护服务。只要残疾人走出钱桥街道的区域范围，监护人的手机便会自动提示，还能实时查询残疾人位置信息，掌握残疾人的活动范围，为其家庭监护提供便利，减轻负担。

**（四）建立残疾人辅助器具展示暨康复指导中心平台**

2015年7月，钱桥街道建立残疾人辅助器具展示暨康复指导中心平台。是年，钱桥街道残联举行残疾人辅助器具配发暨康复指导培训活动，共发放20余件5个品种辅助器具，给部分残疾人生活、学习和工作提供便利和帮助。在康复指导中心平台，残疾人可根据自身所需，配备辅助器具。同时，全面启动白内障第二只眼免费复明工程。为加大贫困白内障患者复明救助力度，改善提高视力障碍者的生活质量，残联将区域内白内障第二只眼免费复明工程列入2015年为民办实事的系列工程，免费为贫困白内障患者施行复明手术，成为实实在在的“惠民、利民”工程。

**（五）建立残疾人创业就业孵化中心平台**

残疾人创业就业孵化中心平台以“公司+中心+残疾人”为运行模式，选择简单手工劳动为有劳动能力和就业愿望的残疾人提供就业和创业培训。残联联系街道相关部门，在辖区企业中筛选适合残疾人来料加工的手工活提供给残疾人，使其获得工作岗位。2015年，区域内已有3家企业与残联签订长期合作协议。对于每位辅助就业的残疾人，中心每月发放300元生活补贴费，企业免费提供一顿午餐。对已熟练掌握手工技能的残疾人，中心积极向相关企业推荐；鼓励残疾人把手工活带回家，在实现自己就业的同时带动全家一起就业。

**（六）成立扶残助残公益街**

钱桥街道扶残助残公益街位于通溪路街区金岸世家，依托钱桥街道残疾人创业就业孵化中心、精神病人康复庇护站、残疾人辅助器具暨康复指导中心、惠和居家养残（老）服务站、社会组织孵化中心、慈善爱心超市和红十字衣物捐赠站7个公益平台，按照"政府主导、公益参与、因地制宜"的原则，致力于全方位服务民生百姓，覆盖残疾人的就业、康复、托养、教育、扶贫、文体等领域，成为钱桥街道残联的特色和亮点，有效提高残疾人生活质量和幸福指数，走出一条公益助残的新路。

## 十、钱桥街道关心下一代工作委员会

1993年6月，同时分别成立无锡县钱桥、藕塘镇关心下一代工作委员会（简称关工委），各村同时建立关工委组织。1995年6月，分别更名为锡山市钱桥镇关工委、藕塘镇关工委。2000年12月，分别更名为惠山区钱桥镇关工委、藕塘镇关工委。2004年2月，钱桥、藕塘两镇关工委合二为一。2007年11月，更名为钱桥街道关工委。

钱桥镇、藕塘镇，钱桥街道关工委是以离退休老同志为主体，以关心、教育、培养辖区内青少年健康成长为目的的群众性组织，是党和政府教育青少年的参谋和助手，是联系青少年的桥梁和纽带。钱桥镇、藕塘镇，钱桥街道关工委组织、协调辖区内各村（社区）居委会广泛发动"五老"（老干部、老战士、老专家、老教师、老模范）积极参与、做好关心下一代工作，加强青少年思想道德教育，预防未成年人犯罪，引导青少年健康成长；协助学校抓好中、小学生的思想教育，使学生养成良好的道德品德和文明行为；为青少年办实事、好事，积极开展助学、助教、助孤、助困等活动。在老同志的辛勤工作下，关工委基层组织从无到有，队伍从小到大，形成覆盖全区域关心下一代的工作网络，活动正常规范、效果明显，以创建"五有五好"（有组织、有队伍、有制度、有活动、有效果，领导班子建设好、"五好"作用发挥好、制度健全执行好、活动经常效果好、探索创新成果好）先进村（社区）为抓手，坚持"急党政所急，想青少年所需，尽关工委所能"的工作方针，走出一条符合本地特色的工作路子。关工委抓住重大纪念日和节假日，以及暑期各社区开办校外教育辅导站为契机，采取集中、分散相结合的办法，在青少年中开展主题教育活动，用先进的文化、优秀的作品引导、鼓舞、激励青少年，提高青少年的思想道德素质。关工委强化关爱力度，跟进帮扶未成年人，配合党委开展"未成年人零犯罪社区"创建工作。结合社区实际，关工委充分发挥"五老"优势，以失管、失学、失控、失足未成年人为重点，把未成年人违法犯罪苗头消除在萌芽状态。同时，组织"五老"做好网吧义务监督工作，着力净化青少年成长的社会环境，定期对网吧进行检查，促使网吧依法经营。关工委还做好重点关注人员跟踪随访工作，以失管、失学、失控、失足青少年为重点，抓好法制教育、禁毒教育和"四帮一"等关爱帮教活动。

2008年以后，钱桥街道关工委抓住重点，创出特色，创办家校交流服务中心、"四点半"课堂，得到社会各界的充分肯定。家校交流服务中心创设在藕乐苑社区，双休日开放活动，以"交流服务中心"为主平台，成立"成就成长课题组""智慧家长联谊会""儿童成长心理指导帮扶站"，开通"智慧家长联盟网站"，建立"智慧家长数据库和资料库"。藕塘中心小学始终坚持安排教师到藕塘家校交流服务中心进行每周两次值班。同时，藕乐苑家校交流服务中心还利用周末下午邀请心理咨询师前往讲课。2015年，有60名家庭教育志愿者轮流到藕乐苑家校交流服务中心服务，组织亲子活动，或进行家庭教育指导。是年，省、市、区关工委领导到钱桥街道藕乐苑家校交流服务中心进行调研，对钱桥街道关心下一代工作给予高度赞扬和充分肯定。同年，钱桥

图4—21—13 2015年7月9日，钱桥街道举行"关爱·圆梦"工程暑假活动启动仪式

街道关工委及15个社区关工委加强关工队伍建设，共吸收355名“五老”人员加入队伍。同时，每个社区都建立青少年活动场所。同年，钱桥街道未成年人零犯罪。

钱桥镇、藕塘镇，钱桥街道关工委由（党委）党工委副书记兼任关工委主任，设常务副主任1人及办公室。钱桥镇关工委首任常务副主任为周松圻，藕塘镇关工委常务副主任先后为章末全、臧效年。2004年，钱桥、藕塘两镇合并后，常务副主任先后由陈仁荣、薛建祖、华卫贤担任；关工委办公室历任主任为丁桂珍、陈建明、李玢。

## 十一、惠山区老区开发促进会钱桥街道分会

1999年，钱桥、藕塘镇分别成立锡山市老区开发促进会钱桥分会、藕塘分会（简称老促分会）。2004年2月，钱桥、藕塘镇合并，两镇老促分会合二为一。2008年，更名为惠山区老区开发促进会钱桥街道分会。钱桥街道老促分会宣传党关于革命老区建设的路线、方针、政策，宣传老区人民为革命事业所做出的巨大牺牲和贡献，宣传老区建设发展的先进典型，弘扬老区革命精神和光荣传统；动员社会力量为老区引进资金，接受社会团体、企事业单位和个人捐助，抓好老区扶贫助学活动；提高老区群众科学文化素质，促进老区经济社会的发展。2015年，钱桥街道老促分会开展助学工程活动，钱桥、藕塘中学、中心小学，职教园校区部分院校以及其外地学校学生77人得到资助，资助金额共7.34万元。

钱桥镇老促分会首任常务副会长周松圻，藕塘镇老促会历任副会长为章末全、臧效年。两镇合并后，钱桥（镇）街道历任常务副会长为陈仁荣、薛建祖、华卫贤；历任分会办公室主任为丁桂珍、陈建明、李玢。

## 十二、无锡市惠山区钱桥街道藕塘桃农协会

2002年5月，无锡市惠山区藕塘镇桃农协会成立，主管部门为惠山区民政局，由惠山区科协负责业务指导。2004年，更名为无锡市惠山区钱桥镇藕塘桃农协会。2007年，更名为无锡市惠山区钱桥街道藕塘桃农协会。钱桥街道藕塘桃农协会紧紧依靠广大桃农，不断总结、积累经验，改进种桃技术，按照无公害水蜜桃生产操作规程实现无公害、标准化种植。

藕塘毗邻阳山，水蜜桃种植历史悠久。藕塘桃农协会与阳山桃农协会结成共同体，一起组织技术培训，推广种桃经验，引导桃农不断提高种植水蜜桃的科技含量，打响水蜜桃品牌，提高经济效益。2011年，钱桥街道藕塘桃农协会承担江苏省水蜜桃科技入户项目。2012年，参与开展水蜜桃测土配方施肥项目，承担江苏省水蜜桃检疫性病虫桔小食蝇和李小食心虫监测项目以及无锡市农委水蜜桃高效设施基地建设项目。是年，获惠山区科协授予的科普示范创建工作先进集体称号。2012~2013年，承担中央财政现代农业产业基地建设项目。2013年，被惠山区科协授予科协工作先进集体称号，被惠山区科协命名为惠山区科普惠农服务站。2013~2014年，承担中央财政有机肥、生物农药农业科技示范推广项目。2015年，被评为江苏省基层科普行动计划农村专业技术协会。是年，藕塘桃农协会有会员106人，有水蜜桃种植面积3164亩。

钱桥街道藕塘桃农协会历任理事长为胡锡建、卞惠忠、龚卫光。

## 十三、钱桥街道红十字会

无锡市惠山区钱桥镇红十字会成立于2003年，设在钱桥（镇）街道文卫办公室。钱桥街道红十字会弘扬“人道、博爱、奉献”的红十字精神，履行职责，开展困难救助、人道万人捐、卫生救护培训等活动，积极推进无偿献血、遗体（器官）捐献登记，开展红十字志愿服务活动。2007年11月，更名为钱桥街道红十字会。2013~2014年，钱桥街道红十字会人道救助特困家庭90户，发挥红十字会在政府人道主义救助工作领域的助手作用；联系社会各界募集爱心款物，其中“红十字人道万人捐”共募集捐款54.3万元；多次开展爱心衣物捐赠活动，累计筹集爱心衣物超过1.2万件。同时，推进救护培训工作，二年中共培训初级救护员2189人。并利用逃生演练、社区讲座、初一新生

军训等有利时机，开展普及性救护培训活动，累计完成普及性救护培训 2000 余人。

2015 年，钱桥街道红十字会在晴山蓝城社区建成无锡市首家街道级衣物捐赠中心。是年，完成

图 4—21—14 2015 年 10 月 4 日，钱桥街道红十字会赴贫困地区开展爱心助学活动

图 4—21—15 2015 年 12 月 18 日，钱桥街道举行“无锡职教园‘慈善一日捐、红十字人道万人捐’动员会议”

国家级试点公益项目“东风社区+藕塘中学红十字生命健康安全教育”培训及宣传，取得良好的社会效果。开展志愿服务活动，弘扬社会正能量，志愿者队伍逐步扩容壮大。志愿者经常性地开展敬老、助残、帮困等志愿服务活动。倡导无偿献血活动，每年都完成上级下达的献血指标，并完成遗体志愿捐献登记 3 例。是年，钱桥街道红十字会下设钱桥中心小学、藕塘中心小学、钱桥中学、藕塘中学、惠山中等专业学校 5 个学校红十字分会，钱桥、藕塘 2 个社区卫生服务中心分会以及钱桥、藕塘、晴山蓝城、晓丰、藕乐苑 5 个社区红十字分会，共有成人会员 1217 人，青少年会员 9918 人，登记志愿者 237 人。

2004~2015 年，钱桥（镇）街道红十字会历任会长为倪军、邵小明，历任秘书长为杨燕、杭月新、陈贤。

## 十四、钱桥街道文艺体育界联合会

2013 年 4 月，无锡市惠山区钱桥街道文艺体育界联合会（简称钱桥文体联）成立，会所位于钱桥大街 105 号（钱桥街道文体服务中心内），会长沈秀娟、秘书长顾敏燕。钱桥文体联业务主管单位为惠山区文体局，社团登记管理机关为惠山区民政局。钱桥文体联下设机构有书画摄影、音舞、戏曲、足球、篮球、乒乓球、登山、棋类、羽毛球、武术、文学、钓鱼、龙狮等 13 个非营利性社会组织，会员总人数 115 人。

钱桥文体联遵守宪法、法律、法规和国家政策，遵守社会道德风尚，团结全街道文艺体育工作者、爱好者坚持文艺为人民服务、为社会主义服务的方向，贯彻“百花齐放，百家争鸣”的方针，弘扬主旋律，提倡多样化，开展丰富多彩的群众性文艺体育活动，贯彻实施《全民健身计划纲要》，广泛开展全民健身活动，增强人民体质。同时，不断发现和培养文艺体育人才向上级推荐，以对区、市、省乃至全国的文艺体育事业有所贡献。

钱桥街道文体联有计划地组织开展书画摄影、音乐、舞蹈等培训讲座，出刊书画作品橱窗专栏，组织开展文艺、体育等各类竞赛、巡演、沙龙、交流等形式多样的活动，活跃钱桥、藕塘地区居民的文艺、体育生活。

## 十五、无锡养生协会职教园分会

无锡养生协会职教园分会的前身为无锡市癌症康复俱乐部钱桥活动中心和无锡市惠山区钱桥养生保健服务中心，是养生保健爱好者和癌症患者自愿结合组成的非营利性公益社会团体，成立于 2009 年 11 月 27 日，邵鹤林任负责人，两块牌子、一套班子。2010 年 9 月 6 日，无锡养生协会批复成立无锡养生协会职教园分会（简称养生分会），并报中国生命协会、无锡市民政局备案。2011 年 1 月，

分会负责人邵鹤林在深圳召开的全国肿瘤康复暨城市义工论坛上被评为“全国城市康复义工之星”。

随着养生事业和癌症康复事业的发展，2013 年下半年，职教园养生分会下设钱桥癌症康复活动中心。钱桥癌症康复活动中心建立社区癌症康复服务站（组），组织癌症患者学习防癌抗癌知识，交流抗癌生存经验，对癌症新病人及时走访慰问，疏导心理障碍，消除恐惧心理，确立抗癌新观念，树立信心，重建人生。同时，举办群众性讲座和展板巡回展出，宣传良好的生活习惯，以科学方法防治癌症，宣传中老年每年进行体检查出疾病隐患及时治疗的好处。

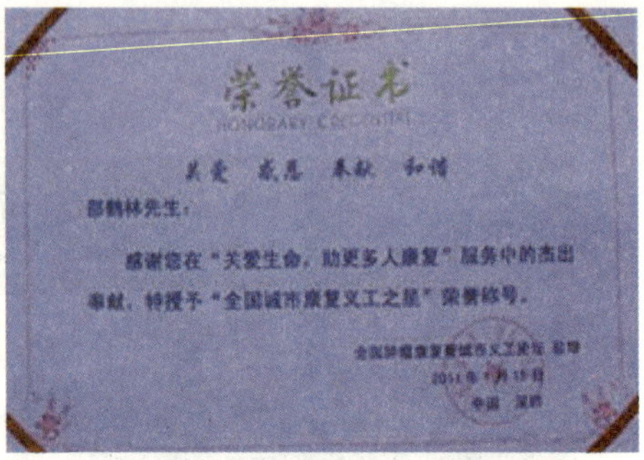


图 4—21—16　2011 年 1 月 15 日，无锡养生协会职教园分会会长邵鹤林被全国肿瘤康复暨城市义工论坛授予“全国城市康复义工之星”称号

养生分会以理念聚会、民主建会、制度律会、公益兴会为准则，以公益性、群体性、科学性、关爱性、服务性为指针，以服务为宗旨、活动为载体，以科学为依据、社区为支点、群众为对象，以主办《无锡职教园养生》双月刊和每年组织十多场养生讲座为主要阵地，宣传科学养生理念，传播养生知识，提高养生意识，交流养生经验，舒缓慢性病患者压力，融养生、健体、康复于一体，锻炼、保健、祛病于一炉，把养生治未病与治已病获长寿相结合，使养生生活化、娱乐化、个性化，为全民健身、全民养生和健康无锡、幸福钱桥服务。

无锡养生协会职教园分会成立六年来，走出一条养生康体、群体抗癌、全面保健的道路，探索出一条公益性社团组织自身建设和承接部分社会服务的经验，得到政府的肯定、社会的认可和业内的推崇，多次在市内、省内介绍经验，并在全国性会议上做介绍。2015 年底，养生分会建立理事会、秘书处、《无锡职教园养生》期刊编辑室、5 个养生康复片区服务站、16 支健身队伍及书画摄影、太极拳等 12 个兴趣小组，有会员 63 人，凝聚 3000 多位养生爱好者开展养生康复活动；钱桥癌症康复活动中心有会员 108 人，先后有 150 位癌症病人参加康复活动中心。无锡养生协会职教园分会会长邵鹤林，历任副会长臧效年、陈凤鸣、汪军。

## 十六、惠山区老科技工作者协会钱桥分会

2011 年 12 月 31 日，惠山区老科技工作者协会钱桥分会（简称老科协钱桥分会）成立，成立大会通过首届老科协钱桥分会领导名单，名誉会长杜巍（办事处主任），第一会长范良（党工委副书记），会长华卫贤，副会长陈卫国、王伟维、唐岳生，秘书长胡松林。老科协钱桥分会首届团体与个人会员 32 个。2015 年，老科协钱桥分会名誉会长由钱桥街道办事处主任戴震乾接任，第一会长由钱桥街道党工委副书记杨国忠、华坚宏接任。

老科协钱桥分会工作由会长华卫贤负责。老科协钱桥分会下设农林组、工业组、科企组、文体组、财会组。农林组由周正坚负责，开展兴办科技农业，调整水蜜桃品种结构、茶叶产业管理，做好“菜篮子”工程协调工作，把无公害绿色产品推向市场；工业组由李正华负责，进行房屋经济评估、项目论证、工程设计与监理、工程质量论证、建设工程许可证协调，为城乡企事业单位介绍建设项目；文体组由宋鸿良负责，发挥老科技工作者特长，面向青少年、面向会员、面向市民开展文化娱乐、教育、卫生保健、科普宣传活动；科企组由胡松林负责（兼），组织并参与科技考察、科技开发、新技术推广和教育培训，开展学术讲座，组织人才交流、人才资源第二次开发，组织开展有利于科技进步、经济繁荣、社会发展和民族振兴的各项活动，反映老科技会员的呼声、要求和建议；财会组由张惠仙负责，做好协调财务审计、成本控制、国地税、金融系统服务工作。老科协钱桥分会为科技工作者搭建服务平台，承接政府职能转移项目，加强为企业会员服务，推动厂会协作，架设企业会员与政府之间的金桥工程，关心和维护老科技工作者及其团体的合法利益，成为老科技人

员与政府的纽带和桥梁。

## 十七、仁良公益协会

2015年2月9日，无锡市惠山区仁良公益协会经惠山区民政局批准成立，协会名称以钱仁良名字命名。协会活动由多年致力于公益事业的曹玲华组织，联合社会各界热心于公益事业的人士开展敬老、助老、助残、助学活动。仁良公益协会敬老、扶弱、济困，奉献、友爱、互助、进步，帮助他人、快乐自己。是年，协会两次慰问钱桥、玉祁、惠丰、山北敬老院老人，给老人送去文艺节目，送去水蜜桃260箱；对153户困难户帮困，给每户送去大米10公斤、食油5公斤；给藕乐苑社区老人赠送重阳糕750份，给10家残疾人机构送上重阳糕500份；组织相关团体在洋溪社区公益演出，为“双癌”家庭募捐51000元；两次慰问无锡市和惠山区消防队；给无锡市戒毒所送去水蜜桃220箱；在7 个社区开展公益文艺演出；到江苏省滨海崔桥小学为困难学生送去书包22只，送去学习用品及床上用品。12月，仁良公益协会会员有500多人，其中有一批企业界人士志愿出车、出力、出钱、出物，开展公益活动。

# 第二十二章 公安司法

民国时期，钱桥、藕塘地区的社会治安工作由无锡县第四公安分局第一分支所管辖，后属第九分局管辖，稍塘、盛店等地区属第九分局第六分支所管辖。1952~1954年，藕塘区政府先后设公安助理员、公安特派员，负责辖区内社会治安工作。1958~1967年，钱桥、藕塘公社分别设公安特派员。1982年、1984年，钱桥公社、藕塘乡先后成立公安派出所，负责社会治安、禁毒、消防、户政等工作。1985年，钱桥乡、藕塘乡分别成立司法办公室，从事调处民间纠纷、法制宣传、法律服务、安置帮教、社区矫正等工作。1998年，钱桥镇、藕塘镇分别成立社会治安综合治理委员会。2006年，钱桥镇成立政法综治中心，实现综合治理工作联动、矛盾联调、“一站式”接待、“一条龙”服务、“一篮子”解决社会问题的综治创新机制，开展平安创建，维护社会稳定。2008年，惠山区人民法院阳山人民法庭迁入钱桥街道藕塘政新路1号，负责钱桥、藕塘、阳山、陆区、杨市等地的民事、商事案件。2009年，无锡市惠山区人民检察院派驻钱桥检察室成立，负责钱桥街道、阳山镇的检察工作。是年，无锡市公安局监所管理支队迁入钱桥街道舜柯社区，担负羁押、监管犯罪人员，保障刑事诉讼和行政执法活动顺利进行的任务。2013年，惠山区人民检察院未成年人检察科在钱桥街道区域内成立，负责惠山区全区未成年人检察工作。

## 第一节 公安

民国时期，钱桥、藕塘两镇的公安由无锡县公安局第四分局、第九分局管辖，稍塘、盛店等乡的公安由第九分局第六分支所管辖。同时，藕塘桥地区在每年冬防期间，地方人士组织临时保卫团，以保地方安宁。

1949年4月28日，无锡县人民政府建立公安局，钱桥、藕塘地区治安工作由县公安局管理。1952年，藕塘区按无锡县公安局的意见，设公安助理员。1954年，藕塘区公所公安助理员改称公安特派员。1958~1967年，钱桥、藕塘公社分别设公安特派员。钱桥公社历任公安特派员（助理员）为任汉良、杨进才；藕塘公社公安特派员先后由姚伯麟、秦冠兴、江柱高、于建庄担任。

1982年10月25日，无锡县公安局在钱桥公社设派出所，辖钱桥、藕塘。1984年，藕塘乡设立派出所。2015年，钱桥街道辖区内设钱桥派出所、藕塘派出所。

### 一、民国时期公安

民国16年（1927），成立无锡县公安局，在农村设钱桥、堰桥、后宅3个警察分局。民国18年，无锡县第四公安分局第一分支所驻地开原乡钱桥，设警官1人，巡长1人、巡士10人。

民国19年，第四区（原开原乡）设公安第九分局，驻地前桥头，隶属于无锡县公安局领导。第九分局下设分支所1个（第六分支所）、派出所3个。第六分支所驻地为山北钱桥，派出所均设在山南。分局设分局长，分支所设巡官，派出所设巡长，共有巡士38人，长枪32支、手枪6支，主持陆上公安。在藕塘桥地方，每届冬防期间，由地方人士组织临时保卫团，防范闾里，藉以维持公安，系冬防期内临时组织，为公团性质，只能保卫地方，不能干涉行政。藕塘桥居水陆要冲，由于公安及保卫团维持有力，盗贼畏惧，地方安谧。藕塘桥临时保卫团经费除就地设法筹募外，所有经费由第九公安分局上报第四区公所按月在杂捐项内筹拨洋350元，其中不足之数再由县公安局支拨。是年，第四区消防队共16支，有木龙19具、机龙3具，凡在市镇及户口繁密的农村，都设有消防组织。

**民国19年（1930）钱桥、藕塘地区消防器材一览表**

表4—22—1　　单位：具

| 乡镇别 | 村别 | 水龙名 | 水龙数 |
|---|---|---|---|
| 藕塘桥镇 | 藕塘桥 | 木龙 | 1 |
| 钱桥镇 | 钱　桥 | 木龙 | 1 |
| 水渠乡 | 水渠上 | 木龙 | 1 |

**民国20年无锡县公安局第九分局、所、队枪械子弹统计表**

表4—22—2　　单位：支、发

| 局所队别 | 枪械名称 | 数目 | 子弹数目 |
|---|---|---|---|
| 第九分局 | 林明登步枪 | 16 | 658 |
| | 套筒步枪 | 1 | 40 |
| | 九响毛瑟枪 | 6 | 600 |
| | 俄式步枪 | 1 | 60 |
| | 木壳抢 | 2 | 140 |
| | 左轮手枪 | 7 | 198 |
| | 白郎林手枪 | 5 | 127 |
| 直辖第六分支所 | 俄造步枪 | 8 | 329 |
| | 林明登步枪 | 2 | 30 |
| | 左轮手枪 | 1 | 50 |
| | 白郎林手枪 | — | 15 |

第九分局管辖范围为第四区钱桥、藕塘桥等四镇，同时直辖第六分支所。第六分支所管辖第四区稍塘、盛店等九乡。

民国26年2月，无锡县公安局改称无锡县警察局，下辖城中、钱桥等9个分局。民国37年，无锡县保安队和警察大队合并为保警一、二大队，乡区设4个分局和钱桥、张泾2个分支所。范範、蔡扑为负责藕塘镇1~6保的保干事，分别在单家坝、东济庵、蔡巷办公。

## 二、钱桥派出所

1982年10月25日，无锡县公安局钱桥派出所成立，位于钱桥大街38号。1995年8月，更名为锡山市公安局钱桥派出所。2001年3月，更名为无锡市惠山区公安分局钱桥派出所。

2008年，钱桥派出所获无锡市公安机关奥运安保集体三等功；获评无锡市派出所“做强公安主业、提升打防质效”竞赛活动优胜单位，立集体三等功；追逃工作成绩列无锡市前10名，获评追逃工作先进基层单位、江苏省基层派出所消防监督管理先进集体。2012年，钱桥派出所获江苏省全省公安机关追逃工作成绩突出集体称号。2014年1月26日，钱桥派出所获惠山区侦破“11·19”故意杀人案专案组集体嘉奖。2015年，钱桥派出所获评惠山区安全生产先进集体。

**1983~2015年钱桥派出所历任领导一览表**

表4—22—3

| 派出所名称 | 所长 | | 指导员（教导员） | | 副所长 | |
|---|---|---|---|---|---|---|
| | 姓名 | 任职时间 | 姓名 | 任职时间 | 姓名 | 任职时间 |
| 无锡县公安局钱桥派出所 | 黄行剡 | 1983.05~1992.06 | 任汉良（副） | 1983.04~1983.06 | 张广苏 | 1983.05~1984.11 |
| | — | — | — | — | 于建庄 | 1983.05~1984.11 |

续表 4—22—3

| 派出所名称 | 所长 | | 指导员（教导员） | | 副所长 | |
|---|---|---|---|---|---|---|
| | 姓名 | 任职时间 | 姓名 | 任职时间 | 姓名 | 任职时间 |
| 无锡县公安局钱桥派出所 | — | — | 任汉良 | 1984.11~1986.08 | 陈介琪 | 1984.11~1992.06 |
| | — | — | — | — | 华　建 | 1987.08~1989.04 |
| | — | — | — | — | 周胜培 | 1989.04~1992.06 |
| | 吴国兴 | 1992.06~1995.08 | 黄行剡 | 1992.06~1995.08 | 马　勇 | 1992.06~1995.02 |
| | — | — | — | — | 华　建 | 1992.06~1995.08 |
| | — | — | — | — | 倪叙兴 | 1995.02~1995.08 |
| 锡山市公安局钱桥派出所 | 吴国兴 | 1995.08~2000.03 | 黄行剡 | 1995.08~2000.03 | 华　建 | 1995.08~2000.03 |
| | — | — | — | — | 倪叙兴 | 1995.08~2000.03 |
| | 张茂坤 | 2000.03~2006.09 | 华　建 | 2000.03~2001.02 | 冯永平 | 2000.03~2001.02 |
| | — | — | — | — | 陆　飞 | 2000.03~2001.02 |
| 无锡市惠山公安分局钱桥派出所 | — | — | 华　建 | 2001.03~2006.01 | 黄建业 | 2001.06~2003.05 |
| | — | — | — | — | 邵晓庆 | 2003.05~2009.10 |
| | 沈国良 | 2006.12~2011.01 | 吴国良 | 2006.01~2011.10 | 秦　毅 | 2006.01~2010.09 |
| | — | — | — | — | 张　奇 | 2006.01~2011.09 |
| | — | — | — | — | 周　锋 | 2010.04~2011.05<br>2013.11~ |
| | 吴建农 | 2011.01~2014.07 | 廉　锋 | 2011.10~2015.10 | 钱胜明 | 2011.05~2013.11 |
| | — | — | — | — | 陈　灏 | 2011.05~2014.09 |
| | 姚星洪 | 2014.07~2015.09 | — | — | 陆　滨 | 2011.11~ |
| | 张　奇 | 2015.09~ | 冯震新 | 2015.10~ | 王　健 | 2014.09~ |

2015 年，张奇任钱桥派出所所长，冯震新任教导员，陆滨、周锋、王健任副所长。

**（一）治安**

钱桥派出所自 1982 年成立以后，积极抓好社会治安工作，确保一方平安。20 世纪 90 年代起，钱桥镇治安形势日趋复杂。针对社会治安新情况、新特点，钱桥派出所以实现“发案少、秩序好、群众满意、社会稳定”为目标，深化社会治安管控体系建设，强化街面巡逻防控网、城乡社区防控网、单位内部防控网、社会视频监控网、区域边查控网、实有人口管理网、阵地控制网、虚拟社会管控网等“八网”建设，提高驾驭社会治安局势能力。在打击各类违法犯罪活动中，钱桥派出所有针对性地开展一系列专项斗争：惩治黑恶势力犯罪、惩治“两抢一盗一骗”侵财型犯罪、惩治盗抢电动车犯罪、惩治涉毒犯罪以及清网追逃等。

1990 年，钱桥派出所抓获江西婺源县的抢劫、强奸犯俞某某。1991 年，俞某某被无锡县人民法院判处极刑，执行枪决。是年 3~8 月，钱桥镇区发生 4 起撬盗保险箱案件。钱桥派出所在全镇范围内开展深挖工作，重点排查外来人员。9 月 3 日夜，在无锡市运河饭店卡拉 OK 舞厅将曾在县钢等地做过临时工的安徽人王某某查获。经审查，一举破获由王某某、王某某、孙某某、堵某某等人纠集在一起的撬盗保险箱犯罪团伙。该犯罪团伙从 1989 年下半年开始至 1990 年 8 月 31 日止，流窜在无锡市郊山北、黄巷、会龙、扬名、渔港乡、荣巷、梅园，市区南长、崇安两区，无锡县洛社、石塘湾、金城湾、钱桥等地，共犯案 48 起，盗窃保险箱 18 只，窃得现金 35000 多元、国库券等 6000 多元、金戒指 2 只、照相机 4 架、各类中高档香烟 300 多条、粮票 2650 多公斤，还有自行车、手表等物，总价值 51000 多元。

1998 年，钱桥镇成立 110 社会报警服务工作领导小组，张祖德任组长，吴国兴、薛年高任副组长，镇民政办、环保办、村建办、电力管理站、广播站、工商所、交管所、邮电支局、医院等部门为成员单位。报警服务工作领导小组办公室设在镇公安派出所接处警服务室，负责处理日常事务工作。办公室对报警、求助请求认真受理，快速反应，热情服务，及时为人民群众排忧解难。“110”报警受理的主要内容为：对正在实施或准备实施各类违法犯罪行为的发现或掌握违法犯罪线索、犯罪嫌疑人的，酝酿或举行非法集会、游行、示威活动的，张贴散发非法宣传品的，妨碍国家工作人员依法执行公务的，发生火灾、火警等治安灾害事故、突发事件或可能酝酿事故险情的，发生交通事故、道路交通严重受阻的，发生重大治安纠纷的，遇到意外情况受困并处于无援状态的，正常生产、工作秩序受到严重干扰的，其他需要公安机关紧急援助的警情。“110”社会服务的范围还涉及供电、供水、供气、医疗救护、环保等群众生活方面遇到较大困难必须得到及时求助的情况。

2002年，为提高警务效能，钱桥派出所进行警务改革，将警力充实到社区，下派至基层，尝试“四班三运转”“错时工作制”“弹性工作制”等警务模式，实行分级动态警务，提高见警率、管事率，建立全方位、立体化的社会管控体系。2006年，钱桥派出所围绕建设平安和谐钱桥目标，突出抓好“三基”（基层建设、基础工作、基本功训练）工程建设，始终坚持严打方针不动摇，保持主动进攻的态势，先后组织开展命案侦破、打黑除恶、打击和整治“两抢一盗”（抢劫、抢夺、盗窃）犯罪、百日破案会战等一系列专项斗争行动，成功破获“1•28”“2•23”故意杀人命案。是年，共立刑事案件545起，破获各类刑事案件357起，共查获各类违法犯罪人员538人，其中逮捕103人、劳教5人、刑事拘留146人，治安拘留174人，治安罚款99人，移交上级公安部门11人。2007年，钱桥街道投入300余万元资金，为派出所更新、增添治安巡逻警车、消防车辆42辆。

钱桥地处惠山、滨湖、北塘交界，为城乡结合部，经济繁荣、交通便利，物流发达，人员流动频繁，外来人口不断增加。2014年12月底，钱桥登记在册的流动人口36062人。外来务工人员为钱桥的发展作出很大贡献，同时也有一些不法分子隐匿其中，成为社会治安的一大隐患。2015年，钱桥派出所共配有流动人口专管员26人。流动人口全部进入计算机管理系统，并实行居住证管理。

**1993~2015年钱桥派出所接处案件统计表**

表4—22—4　　　　单位：件、人

| 年份 | 刑事案件总数 | 破获刑事案件数 | 查获刑事作案人员数 | 治安案件数量 | 年份 | 刑事案件总数 | 破获刑事案件数 | 查获刑事作案人员数 | 治安案件数量 |
|---|---|---|---|---|---|---|---|---|---|
| 1993 | 101 | 67 | — | — | 2005 | 434 | 203 | 201 | 97 |
| 1994 | 112 | 84 | — | — | 2006 | 545 | 357 | 177 | 896 |
| 1995 | 90 | 65 | — | — | 2007 | 550 | 263 | 224 | 1102 |
| 1996 | 106 | 75 | — | — | 2008 | 596 | 294 | 268 | 923 |
| 1997 | 96 | 45 | 17 | 36 | 2009 | 564 | 260 | 275 | 923 |
| 1998 | 215 | 89 | 16 | 230 | 2010 | 1255 | 167 | 261 | 531 |
| 1999 | 215 | 81 | 27 | 199 | 2011 | 1161 | 121 | 231 | 752 |
| 2000 | 338 | 128 | 107 | 379 | 2012 | 957 | 244 | 305 | 793 |
| 2001 | 309 | 127 | 155 | 354 | 2013 | 872 | 165 | 201 | 930 |
| 2002 | 414 | 179 | 156 | 149 | 2014 | 862 | 91 | 149 | 1090 |
| 2003 | 411 | 167 | 158 | 761 | 2015 | 900 | 191 | 126 | 1152 |
| 2004 | 410 | 178 | 174 | 485 | — | — | — | — | — |

### （二）禁毒

20世纪90年代起，钱桥地区吸毒贩毒者逐年增多。随着涉毒形势的发展，吸毒由原先吸食、注射传统毒品（海洛因）向吸食新型毒品（冰毒、K粉、麻谷等）发展。为切实加强对涉毒违法犯罪的查处，钱桥派出所每年都组织开展禁毒专项行动，严厉打击涉毒违法犯罪行为。2014年，组织开展“除毒害”“百城禁毒会战”两个专项行动，行动中共查处涉毒人员84人。钱桥派出所在查处涉毒违法犯罪的同时，开展禁毒宣传教育活动，全力营造全社会共同抵制毒品的浓厚氛围，重点加强对青少年的教育，每年多次举办禁毒知识讲座，开展“远离毒品、珍爱生命”征文签

图4—22—1　2011年6月26日，中共无锡职教园工作委员会、钱桥街道工作委员会举行无锡市职业院校禁毒教育基地开馆仪式

名等活动，并利用网络开展禁毒宣传，提高青少年对禁毒的认识，努力实现“教育一个孩子、带动一个家庭、影响整个社会”。此外，切实加强对吸毒人员的教育管控，建立“四位（公安、单位、社区、家庭）一体”的帮教小组，落实帮扶措施，定期开展尿检。钱桥派出所还建立以老党员、老干部、志愿者组成的禁毒社工队伍，义务宣讲禁毒知识，帮教帮扶涉毒人员。2015 年，钱桥地区登记在册本地户籍的涉毒人员 175 人。

**（三）消防**

图4—22—2　钱桥集镇旧时水龙宫内的灭火器械

民国时期至新中国成立初期，钱桥街上设有“救火会”，建有水龙宫。水龙宫地点位于钱桥南街（民国时期门面上的“水龙宫”字样在 2015 年依然清晰可见）。水龙宫内有木龙（揿龙）、水枪、报警锣、照明用长电筒与油葫芦、木水桶等配套设备。在钱桥农村，周基头、周家弄、邓巷、大花岸等较大的自然村同样设有“救火会”，备有木龙等救火设施，推荐村上有名望的人任“救火会”负责人，热心人负责掌管救火库，村上成年男丁均为义务消防员。救火会经费由群众募捐筹集。发现火灾，群众会急敲铜锣报警，闻讯的各处“救火会”接锣示警，纷纷出龙，汇集灭火。火势平息后，慢敲铜锣，以示火已熄灭。秋冬时节，钱桥市镇、乡村间均设更夫喊火烛。新中国成立初期，钱桥地区一度组织少年儿童喊火烛。每天傍晚，街头巷尾可以听到“天气干燥，小心火烛，灶仓清清，水缸满满”的童声。

20 世纪 60 年代中期，晓星大队有邓巷、大花岸、陆岸头 3 座“水龙间”。邓巷水龙间坐落于邓巷村东头，由时巷村民时末林一手操办，建成一间朝东开门，面积约 20 平方米的瓦房。邓巷水龙间由邓巷村民邓焕福负责看守管理。大花岸水龙间坐落于大花岸村中段原唐祠堂内，由大花岸村民朱阿福看守管理，属唐古庄所有，与大花岸共享。陆岸头水龙间坐落于陆岸头原大屋里，消防水龙由民国时期杨阿二购置、赠送于陆岸头使用。1968 年，陆岸头建新的水龙间，坐落于陆岸头村东，由陆岸头村民陆建坤看守管理。水龙间是晓星大队百姓的消防保障。三座水龙间各有一支有组织、有纪律的消防队伍，设备齐全，有一个 2 人或 4 人扛起的大水箱，有 20 多个把斗（用箩筐做成的水桶），有 10 几把火葫芦，并有水枪、水管等。只要哪里发生火情，就有水龙间看守管理员敲响铜锣，声音响彻全村，即时就有原定消防队伍中的壮劳力奔向水龙间，扛出水龙，赶赴火灾发生地就近河边取水，四邻八乡百姓也会闻讯赶来，齐心协力灭火。

进入 70 年代，钱桥地区消防设备逐步更新。钱桥公社各大队相继由木龙更换“洋龙”“汽油机龙”，配有自动吸水皮带，灭火时不用人工提桶端盆运水。为保证机器正常运转，及时出水灭火，各大队指定专人（业余、义务）负责灭火器械保养，定期对“洋龙”“汽油机龙”进行维护，定期出水试机。

1985 年，根据无锡县公安局要求，钱桥乡筹建专职消防队。钱桥派出所积极争取企业赞助、政府支持，在派出所大院内建造消防车库、值勤宿舍 3 间，添置东风消防水罐车一辆、北京小吉普消防指挥车一辆、水箱式运水车一辆以及水枪、水带、消防服等配套消防设备。1995 年，邓巷水龙间、大花岸水龙间、陆岸头水龙间拆除。

2002 年，钱桥镇政府组建成立专职消防队。专职消防队属钱桥派出所、镇综治办管理。钱桥镇联防队员 10 余人兼任消防员，配专职消防车驾驶员 1 人。钱桥派出所由于消防设备较先进，消防管理与训练抓得紧，因而出警反应快，接到火警后灭火效果相当好。此后，区域内无锡县钢铁厂、无锡市惠山农药厂相继建立专（兼）职消防队，配备东风消防水罐车。2006 年，舜柯村建立护林防火专业队，队员 15 人，配有风力灭火器、沙箱 150 只以及铁扫帚等山林灭火器械。是年起，钱桥、华新等9个村先后挂牌成立消防监管工作站。

2011年12月，钱桥街道专职消防队撤并至五洲国际装饰城内，属无锡市公安消防支队惠山区大队管辖，挂牌为中国人民武装警察部队无锡市消防支队惠山区大队钱桥专职队。钱桥专职队建队时有东风消防水罐车2辆，65口径、80口径水带各10盘，水枪2把，战斗服6套，消防人员10人。是年，钱桥派出所设有专职消防民警1人，惠山区公安消防大队派驻消防员1人，负责辖区内消防安全。消防民警、派驻消防员加强对重点单位的消防设施到位情况做好监督管理工作，定期进行检查。同年，根据惠山区消防大队、综治办与农办的通知精神，钱桥街道成立农村消防工作站，设置消防工作办公室，由街道办事处主任任主任，综治办主任、分管工业领导任常务副主任。2012年底，钱桥派出所辖区内各社区挂牌成立消防监管工作站。消防监管工作站由社区主任任站长，社区安全员为专职副站长，社区联防队员为义务消防员。是年，钱桥地区9个社区消防监管工作站均配齐简易三轮驱动汽油灭火机及配套器材。

钱桥街道消防办公室加强对社区义务消防员进行技能训练，组织技能演练。2013年起，消防办每年组织两次社区消防演练比赛，先后在无锡交通技师学院、藕乐苑、新藕苑、五洲国际装饰城、东风社区等地举行，由全街道各社区安全员、义务消防员、保安、物业公司负责人参加比赛。同时，组织学生开展逃生演练、现场救护示范、消防车出水灭火操练等活动，有效地增强大中专学生、中学生的消防安全意识，提高消防技能。

2015年，钱桥派出所加快社区微型消防站建设，增添钱桥、华新等9个社区消防站设施设备。各社区均配置9万元左右的一辆电子行驶专业消防车及必备的消防器材，明确组织网络、工作职责，确保实现“救早、灭小和3分钟到现场扑灭初起火灾”的目标。是年，惠山区消防大队钱桥专职队又增添65口径水带100盘、80口径水带20盘、战斗服10套、呼吸器10个、三分水器1个、头灯6套、二分水器2个、直流枪4把、多功能水枪4把、消防靴10双、手套10副、空气呼吸器6具、头盔10个、转换接口20个、手抬泵1只、消防扳手3个。

图4—22—3 2015年5月13日，钱桥街道举办“5·12”防震减灾暨消防应急救援演练

**2004~2015年钱桥（镇）街道辖区内火灾及接出警情况统计表**

表4—22—5 单位：起、元、平方米、户、人、次、人次、辆次

| 年份 | 火灾起数 | 经济损失 | 过火面积 | 受灾户 | 伤亡人数 | 接出警 | | |
|---|---|---|---|---|---|---|---|---|
| | | | | | | 出动次数 | 出动人次 | 出动车辆次 |
| 2004 | 1 | 8000 | 84.0 | 1 | 0 | 1 | 10 | 2 |
| 2005 | 4 | 477200 | 2200.0 | 4 | 0 | 8 | 80 | 15 |
| 2006 | 3 | 18600 | 215.0 | 3 | 0 | 3 | 21 | 4 |
| 2007 | 3 | 3300 | 31.0 | 3 | 0 | 3 | 16 | 3 |
| 2008 | 5 | 30650 | 77.0 | 5 | 0 | 6 | 42 | 8 |
| 2009 | 2 | 2800 | 30.0 | 2 | 0 | 2 | 12 | 2 |
| 2010 | 9 | 97500 | 885.0 | 9 | 0 | 10 | 63 | 12 |
| 2011 | 8 | 75000 | 62.0 | 8 | 0 | 8 | 56 | 10 |
| 2012 | 9 | 90278 | 156.0 | 9 | 0 | 10 | 62 | 12 |
| 2013 | 6 | 3500 | 30.0 | 6 | 0 | 6 | 16 | 3 |
| 2014 | 17 | 89350 | 285.5 | 1 | 17 | 28 | 201 | 31 |
| 2015 | 57 | 741053 | 950.0 | 42 | 0 | 127 | 942 | 181 |

## （四）户政

民国中期，钱桥、藕塘地区的户政管理实行保甲制度，由保长、保代表、甲长、警察局、乡镇

公所办理户口登记。1949年5月14日，钱桥、藕塘两镇，稍塘、万东、溪北、盛店四乡贯彻无锡市军管会制定的《暂行户口管理规则》。1949年12月~1950年春，钱桥、藕塘地区废除保甲制度，建立村和户口（居民）小组，实行新的户口登记制度，按户发放户口簿。

1952年7月25日起，藕塘区政府组织钱桥、藕塘、稍塘、舜柯、社冈、西漳、洋溪各乡对本地固定船只以船为单位逐户进行登记。1955年1月，藕塘等8个乡按照无锡县公安局的意见推行出生、死亡、迁入、迁出4项户口申报登记制度。是年7月，时属无锡市郊区的钱桥、舜柯、社冈、西漳、洋溪各乡开始对公共户口进行登记，并建立公共户口册。

1958年，钱桥人民公社成立后，区域内户籍由公社民政办公室管理。根据规定，出生、死亡、迁入、迁出、逮捕人员的户口申报、注销、分户并户、暂住人口来去、户口项目变更等工作由钱桥人民公社管理委员会统计上报。

1982年，钱桥公社成立派出所，辖区内户籍由钱桥派出所管理。1987年，钱桥派出所开始办理居民身份证发证工作。1991年，钱桥派出所成立流动人口管理办公室，对居住本辖区内的外来务工人员进行登记，办理暂住证（暂住证延用至2013年）。

2003年5月1日，钱桥镇取消“农业家庭户口”“非农业家庭户口”户口性质的称谓，统称“家庭户”。居民可按实际居住地和工作需要登记常住户口。2004~2005年，钱桥派出所对持有一代居民身份证的居民换发二代居民身份证。2014年，钱桥派出所将外来务工人员持有暂住证的升级为江苏省居住证。2015年7月，钱桥派出所辖区内居民二代身份证允许实行异地办理。

## 三、藕塘派出所

1984年11月，无锡县公安局藕塘派出所成立，位于藕塘新村。1987年，藕塘派出所迁至藕塘新街65号。1995年8月，更名为锡山市公安局藕塘派出所。2001年3月，更名为无锡市公安局惠山分局藕塘派出所。2011年5月，藕塘派出所迁至钱桥街道藕塘政新路6号。

1984~2015年藕塘派出所历任领导一览表

表4—22—6

| 派出所名称 | 所长 | | 指导员（教导员） | | 副所长 | |
|---|---|---|---|---|---|---|
| | 姓名 | 任职时间 | 姓名 | 任职时间 | 姓名 | 任职时间 |
| 无锡县公安局藕塘派出所 | 于建庄 | 1984.11~1985.12 | — | — | 周胜培 | 1984.11~1986.11 |
| | 孙锦清 | 1986.01~1989.04 | — | — | 虞国忠 | 1987.08~1995.02 |
| | 虞国忠 | 1995.02~1995.08 | — | — | 李德兴 | 1995.02~1995.08 |
| 锡山市公安局藕塘派出所 | 虞国忠 | 1995.08~1998.12 | — | — | 李德兴 | 1995.08~1997.03 |
| | 张茂坤 | 1998.12~2000.03 | 李德兴（副） | 1997.03~2001.02 | 郑正南 | 1997.03~2000.03 |
| | 金国清 | 2000.03~2001.02 | — | — | 华勤年 | 2000.03~2001.02 |
| | — | — | — | — | 钱胜明 | 2000.03~2001.02 |
| 惠山公安分局藕塘派出所 | 金国清 | 2001.03~2006.01 | 周胜培 | 2001.03~2008.10 | 华勤年 | 2001.03~2005.03 |
| | — | — | — | — | 钱胜明 | 2001.03~2008.01 |
| | 蔡晓波 | 2006.01~2008.10 | — | — | 孙健良 | 2005.04~2012.12 |
| | 任　远 | 2008.10~2014.06 | 华志刚 | 2008.10~2011.01 | 姚国强 | 2008.01~2011.05 |
| | — | — | 万正喜 | 2011.01~ | 唐黎明 | 2011.05~ |
| | — | — | — | — | 杨晓平 | 2011.05~2011.10 |
| | — | — | — | — | 龚　静 | 2011.11~2013.10 |
| | — | — | — | — | 徐德强 | 2012.11~2013.11 |
| | 李莘威 | 2014.07~ | — | — | 李洪胜 | 2013.11~2015.03 |
| | — | — | — | — | 马林春 | 2013.11~ |
| | — | — | — | — | 周　慧 | 2015.03~2015.11 |
| | — | — | — | — | 张云峰 | 2015.12~ |

2015年，李莘威任藕塘派出所所长，万正喜任教导员，唐黎明、马林春、张云峰任副所长。

### （一）治安

1984年，藕塘派出所刚成立，针对辖区内社会治安新情况、新特点，按照上级公安机关的部署和要求，会同有关部门对各种场所进行整治，有针对性地开展一系列专项治理。进入90年代，藕塘派出所辖区内外来人口逐渐增加。1993年，为强化外来人员管理，藕塘派出所成立外来人员管理办公室，由一名副所长兼任办公室主任，并配有流动人口专职协管员5人、兼职协管员11人，流动人口实行计算机管理，实行上门登记和办理暂住证制度。

2000年11月7日，藕塘派出所破获一系列价值高达17万余元的敲诈勒索案，犯罪嫌疑人在常州市天宁区九州服装城被藕塘镇警方抓获。

2002年，藕塘派出所进行警务改革。为切实维护区域内社会治安秩序，藕塘派出所将大部分警力充实到社区，并安排民警实行"弹性工作制""错时工作制"等新的勤务模式，一改以往群众上班警察上班、群众下班警察值班的传统模式，变值班为上班、变被动接处警为主动设防，开展区域巡防，最大程度减少案（事）件发生。2003年，藕塘派出所共接报各种案件382起，其中刑事案件121起（包括现行案件110起），破获刑事案件64起，破案率为53%；全年抓获刑事案件人员84人，审查各类违法犯罪人员170人，其中逮捕22人、劳动教养2人、刑拘26人、收教1人、治安处罚105人、强制戒毒7人、移交其他单位处理7人，抓获"网上三逃"（批捕在逃人员、负罪在逃人员、服刑或羁押在逃人员）2人。2007年"春雷行动"开始后，藕塘派出所在现行大案、要案上下功夫，攻克一批影响较大的案件，其中一举抓获犯罪嫌疑人郑某、匡某、施某等8人。经审查，8人交待先后在藕塘、洛社、钱桥、杨市、胡埭、武进等地盗窃作案130余起，总案值30万元的犯罪事实。配合有关部门在无锡商校召开治安秩序整治协调会，对职教园校区消防工作、安全防范工作进行检查。同时，及时做好外来务工人员的登记发证及上网比对、函查工作，建立一支治安信息员队伍。2009年"夏季攻势"开始后，藕塘派出所制定工作方案，对目标任务进行量化、细化，梳理案件、线索，明确分工，落实措施，扎扎实实开展严打整治。7月20~26日，成功抓获四川盗窃团伙3人，涉案价值4万余元；成功破获发生在区域内的两起拦路抢劫案件，打击犯罪分子的嚣张气焰；多层次地广泛收集社情民意，对于各种矛盾做到及时疏导、化解调处。针对辖区内的"法轮功"人员，藕塘派出所做好教育、化解、疏导工作，确保区域内社会稳定。藕塘派出所始终把流动人口管理工作作为基础工作的重要方面来抓，全面落实各项管理措施，是年，登记暂住人口4670人，发证4670人，登记发证率100%；加大对房屋出租户的管理力度，共办理登记房屋出租户276户，取缔31户；继续推行外来人口"两集中"管理，提高外来务工人员的集中住宿率；对外来收旧拾荒人员进行集中管理，在盛峰社区废品回收站建立外来收旧拾荒人员集中住宿点，落实管理措施，堵塞收销赃渠道。在做好外来人口管理工作的同时，做好常住人口管理工作，开展入户调查，了解治安动态和社情民意，增加社区有警时间和有警密度，密切警民关系，坚持一手抓打击，一手抓防范，以防为主，打防结合。积极增加优质保险箱、增设CK防盗报警装置，动员群众添置加固防盗门窗等设施；开展保安联防队员大巡防，组织保安联防队员巡逻、守卡，预防和压降可防性案件及其它刑事案件发生。藕塘派出所忠实履行"有警必接，有难必帮，有险必救，有求必应"的"四有四必"服务承诺，实行24小时接受群众报警求助，完善"110"接处警制度。是年，共接报"110"初警令735次，接警5分钟之内出警，15分钟之内到达现场，及时采取相应的处置措施，未发生因延误处警或处置不当的有效投诉。2010年，藕塘派出所登记辖区内在册的外来人口达11647人。

随着辖区内城市化建设步伐的加快，传统的治安维护模式已不适应形势的需要。藕塘派出所会同有关部门做好协调工作，加强辖区技防设施建设。2014年，藕塘地区已安装各类监控探头126个、CK报警器202个。

2015年底，藕塘派出所共登记辖区内在册外来人员15080人。是年9月1日，江苏省取消办理外来人员暂住证，藕塘派出所统一实行办理居住证制度。是年，藕塘派出所共接辖区内刑事、治安案件分别为376起、459起，抓获各类违法犯罪嫌疑人161人。

1997~2015年藕塘派出所接处案件、CK报警器、外来人口统计表

表4—22—7　　单位：件、人、个

| 年度 | 刑事案件 | 治安案件 | 抓获人员 | 其中吸毒人员数 | CK安装数 | 外来人口数 | 年度 | 刑事案件 | 治安案件 | 抓获人员 | 其中吸毒人员数 | CK安装数 | 外来人口数 |
|---|---|---|---|---|---|---|---|---|---|---|---|---|---|
| 1997 | 133 | 5 | — | — | — | — | 2007 | 193 | 385 | 102 | — | — | 15177 |
| 1998 | 83 | 48 | — | — | — | — | 2008 | 200 | 350 | 90 | — | — | 16450 |
| 1999 | 71 | 45 | — | — | — | — | 2009 | 222 | 916 | 153 | 2 | — | 14457 |
| 2000 | 116 | 74 | — | — | — | — | 2010 | 469 | 434 | 394 | 25 | — | 17623 |
| 2001 | 85 | 65 | — | — | — | 3836 | 2011 | 462 | 469 | 425 | 43 | — | 15964 |
| 2002 | 131 | 60 | — | — | — | 4620 | 2012 | 444 | 476 | 450 | 39 | — | 14902 |
| 2003 | 121 | 261 | — | — | — | 6739 | 2013 | 446 | 499 | 318 | 67 | — | 15081 |
| 2004 | 127 | 137 | 39 | — | — | 9282 | 2014 | 455 | 323 | 173 | 33 | 202 | 14031 |
| 2005 | 154 | 400 | 75 | — | — | 11394 | 2015 | 376 | 459 | 161 | 42 | 207 | 15080 |
| 2006 | 209 | 424 | 116 | — | — | 11647 | — | — | — | — | — | — | — |

### （二）禁毒

20世纪80年代起，藕塘地区吸毒贩毒人数逐渐增多，给社会和家庭带来极大危害。藕塘派出所会同综治办、司法所等部门每年结合“6•26”国际禁毒日开展禁毒宣传教育活动，提高居民对毒品危害的认识。同时，藕塘派出所每年开展专项整治活动，严厉打击吸毒贩毒这一社会丑恶现象。2015年，藕塘派出所共查处涉毒人员42人。是年，藕塘地区共有在册涉毒人员94人。

### （三）消防

民国时期，藕塘街上设有“救火会”，水龙宫建在藕塘北街。盛店、稍塘、庙塘桥、丁村、陈村等地也设有“水龙宫”，内有木龙等配套消防器材，配有义务业余救火消防人员。救火会用于消防灭火的器械是手揿木龙（又称太平龙）。每年秋冬时节，藕塘、稍塘、盛店集镇与较大的自然村落在晚上均有提醒防火的喊火烛活动。

2002年，藕塘镇建立消防队，配置东风消防水罐车一辆及相应人员和设备。2007年，藕塘恒源祥村（2011年划归藕乐苑社区）建立护林防火半专业队，配制20万元左右的全携型四轮驱动爬山森林灭火车一辆，每台价7万~8万元的进口消防水泵9台，每台价4000元的小型山林灭火机17台，以及水带、消防服等配套设施。恒源祥村护林防火半专业队有16位消防队员。2011年12月，藕塘消防队撤销，设备并入五洲国际装饰城内的无锡市公安消防支队惠山区大队钱桥专职队。

藕乐苑恒源祥护林防火队队员训练有素，操作娴熟。2014年10月22日，恒源祥护林防火队代表无锡市参加在宿迁市举行的江苏省第五届森林防火技能大赛，获全省第一名，奖品为价值20多万元的消防车一辆。2015年，恒源祥护林防火队代表惠山区参加在无锡市滨湖区勤新社区举行的无锡市森林防火技能大赛，获第一名。是年，藕塘派出所推进社区微型消防站建设工作。钱桥街道西片的藕塘、东风等6个社区均建立健全社区消防监管站，建立微型消防站制度，按高标准每个消防站配置9万元左右的1台小型电子行驶专业消防车及灭火器、水带、水枪、战斗服、消防扳手等器材，达到“有人员、有器材、有战斗力”，实现有效处置初起火灾的目标。

### （四）户政

1953年，全国进行第一次人口普查，藕塘地区全面进行户口登记。5月，藕塘地区使用户口迁移证，建立居民户口簿。1958年，藕塘人民公社成立后，户籍由公社民政办公室管理。1984年，藕塘乡成立公安派出所后，藕塘公安派出所负责辖区内户籍登记工作。户籍登记以户为单位，家庭人员居住一处的立为一户，单身居住者自立一户，居住在机关、团体、学校、企事业等单位的人员共

立一集体户口。时户籍登记性质分为“非农业家庭户口”“农业家庭户口”两种。藕塘派出所登记户籍内容为出生、死亡、迁入、迁出、所内移居、变更；主要项目有姓名、出生年月、民族，此三个项目改动必须由县级以上公安机关批准，其他次要项目由派出所户籍民警凭群众提供的原始资料进行变更。每年年末，藕塘派出所以手工分类统计人口，向上级汇报。1988年，藕塘地区居民向藕塘派出所申领一代居民身份证。

1991年，藕塘派出所成立流动人口管理办公室，对居住在辖区内的外来务工人员进行登记，办理暂住证，全面对辖区内外来务工人员进行户籍管理（暂住证延用至2013年）。1996年底，藕塘派出所户籍室采用计算机办理辖区内所有的户口业务，每月统计人口月报表，年末统计人口年报表，对每月办理的户籍业务资料进行装订归档，编制辖区道路及居民小区门牌号。

2003年5月1日，藕塘派出所取消辖区内“农业家庭户口”“非农业家庭户口”的户口性质称谓，统称“家庭户”。居民可按实际居住地和工作需要登记常住户口。2004年11月，藕塘派出所为辖区内持有一代居民身份证居民换发二代居民身份证，此项工作于2005年底结束。2006年，藕塘派出所户籍窗口实现服务标准化、制度化、规范化。户籍窗口服务工作由民警专人负责接待，不允许由非警务人员替代。户籍窗口实行24小时服务工作制度，节假日或晚上指定值班民警负责接待办事群众。户籍窗口按照财务规定收取费用，并出具财政统一票据。窗口服务形成的资料按照规定定期归档。是年10月，藕塘派出所实行网上迁移户口，按照无锡市公安局印发的《无锡市公安局户口登记操作规范》，户口登记操作实行居民申请、民警审核并收缴相关凭证。居民申请户口登记必须持居民身份证等合法有效证件到户籍窗口申请，填写户口登记受理单。为方便群众，按规定凡无锡本市户口迁移实行网上迁移，由迁移人凭合法固定住所证明、房屋所有人及户主同意，到藕塘派出所申报迁入登记。

2011年1月，无锡市公安局户政处出台《无锡市常住户口登记管理规定》，藕塘派出所进一步规范常住户口登记工作。2014年，藕塘地区将外来人员持有的暂住证升级为江苏省居住证。2015年7月，按省公安厅规定，藕塘派出所实行辖区内居民二代身份证异地办理工作，即在原来居住地申领了江苏省居住证或持有有效证件者，就可以到现实际居住地派出所户籍窗口办理二代身份证，办证范围为身份证期满换领或丢失补领及损坏换领。

## 第二节 检察

2009年11月4日，无锡市惠山区人民检察院派驻钱桥检察室揭牌成立，位于藕塘新街44号。2012年8月，派驻钱桥检察室更名为无锡市惠山区人民检察院派驻职教园区检察室。是年，派驻职教园区检察室负责的犯罪预防警示教育基地被评为惠山区十大法制教育基地。

2013年4月，惠山区人民检察院成立未成年人检察科（简称未检科），与派驻职教园区检察室合署办公办案。同年11月获区编办批复。未检科与派驻职教园区检察室位于无锡市惠山区钱桥街道钱藕路10号。派驻职教园区检察室辖区为惠山区钱桥街道及阳山镇，未检科负责惠山区全区未成年人及无锡职教园大中专院校学生的检察工作。

无锡职教园区检察室负责受理群众举报、控告和申诉，接待群众来信、来访，排查化解涉检矛盾纠纷，妥善解决群众的合理诉求；协助职能部门排查、收集辖区内的职务犯罪线索，协助查办辖区内的职务犯罪案件，开展基层职务犯罪预防工作；加强对派出法庭、派出所等基层执法活动和社区矫正工作的法律监督，对发现的违法情形及时进行纠正；受理辖区内的民事、行政申诉案件，配合民事行政检察部门做好当事人的息诉服判工作；参与基层社会管理创新和社会治安综合治理，协同基层机构开展社会风险研判、矛盾纠纷化解及特殊人群帮教等工作；结合检察职能开展法制宣传、法律咨询，为群众提供优质法律服务，帮助群众运用法律手段维护自身合法权益；做好辖区内人大代表、政协委员的联络工作，扩大检务公开范围，主动接受社会各界监督；负责辖区内民生服务站和检务联络员工作；加强管理和指导，不断完善服务基层检察工作网络；办理检察长交办的其他工作。未检科负责办理惠山区未成年人犯罪及被害人是未成年人的案件、职教园区学生犯罪及被害人系职教园区学生的案件，具体包括批捕、起诉、法律监督及犯罪预防工作。

2013年，派驻职教园区检察室撰写的《整治无锡职教园周边“黑车”刻不容缓》调研报告获无锡市派驻检察室优秀调研报告二等奖，同时获无锡市检察机关优秀调研成果风险研判报告类一等奖；《职教园区检察室工作展示》在惠山区级机关优秀PPT课件展示比赛中获三等奖；未检科集体立无锡市检察院三等功，办理的陆某盗窃案被评为无锡市未检典型示范案例。2014年，未检科被评为惠山区“法护成长”青少年法制宣传教育十佳示范基地；“性保护•救救孩子”项目获“青春坐标”无锡市青少年权益工作创新示范项目二等奖。

2015年2月，职教园区检察室被评为无锡市依法治市“规范执法示范点”；4月，职教园检察室“‘触角延伸+五位一体’工作机制”的项目被评为无锡市检察创新项目二等奖；“帮助父母双双被判刑的未成年孩子落实监护权”入选“无锡市未成年人保护十大事件”。同月，“‘触角延伸+五位一体’提升检察室履职空间与质效”被评为无锡市派驻基层检察室十大优秀案例；“监护保护还孩子一个完整的家”获“青春新坐标”无锡市青少年权益工作新示范优秀项目。是年6月24日，无锡汽车工程学院年满18周岁的500余名学生在检察官的带领下，面向国旗宣誓成年，并向前来观礼的父母和师长行感恩礼。派驻职教园区检察室举办盛大而隆重的十八岁成人仪式，检察官作为“成长引路人”，与老师、家长们共同见证这一时刻。“我为同学们准备了一份特殊的成年礼物”，检察官奚晓雯把《宪法》交到学生代表手中，勉励大家懂得感恩，铭记责任，将祖国、法律、责任放在心头。

2009~2015年，派驻职教园区检察室协助查办职务犯罪案件34件39人，接待群众来信来访、提供法律服务、咨询110人次，化解处理各类社会矛盾133件，督促行政机关履职29件，参与社会综合治理15次。2013年5月~2015年，未检科共受理批捕案件56件79人，受理起诉案件101件124人，开展职务犯罪预防宣传以及青少年法制教育宣传61次、受教育青少年34500余人，编印、发放《暑期提醒》《防范网络诈骗》《网络空间的自由与秩序》等宣传手册30000余份，并联合无锡市人民检察院举办以“网络空间的自由与秩序”为主题的法制志愿者服务活动，牵手无锡职教园管委会组织职教园大中专学生开展法治作品大赛等多项活动。

2015年，未检科与派驻职教园区检察室设有主任1人，正式干警2人，聘用书记员1人。是年，司马莹任派驻职教园区检察室主任。

## 第三节 法庭

1976年1月，无锡县人民法院设阳山人民法庭，位于阳山农场新渎市镇，管辖范围为阳山农场、陆区、杨市、胡埭、藕塘、钱桥公社的民事案件。1983年4月，阳山人民法庭管辖范围有所调整，管辖范围为阳山镇和陆区、杨市、胡埭、藕塘等乡的民事案件。1995年，无锡县人民法院阳山人民法庭改设为锡山市人民法院阳山人民法庭。

2000年底，锡山市撤市，设立惠山区，因区划调整，阳山人民法庭人员、物资等进行分流。2002年2月22日，阳山人民法庭全体人员正式分流。4月，最高人民法院、省高院批复，设立无锡市惠山区人民法院，锡山市人民法院阳山人民法庭划归惠山区人民法院。随之，更名为无锡市惠山区人民法院阳山人民法庭，管辖范围为阳山、陆区、杨市、藕塘4个镇的民事、商事案件。2002年，钱桥镇民事、商事案件审理工作划归阳山法庭负责。

2004年，钱桥、藕塘两镇合并以后，阳山人民法庭负责审理钱桥镇、阳山镇民事、商事案件。2008年2月，阳山人民法庭从新渎市镇迁至钱桥街道藕塘政新路1号，法庭审判业务新大楼落成启用，建筑面积2786平方米。

阳山人民法庭的主要职责是审理辖区内的第一审民事和商事案件，执行本庭审理的生效法律文书，指导基层人民调解员组织开展工作，参与社会治安、综合治理。阳山人民法庭以“便于人民群众参与诉讼”为目标，紧扣“面向农村、面向群众、面向基层”的要求，立足基层，扎根基层，充分发挥基层法庭的职能，及时有效化解群众矛盾和纠纷，全力做好定分止争工作，为辖区的社会稳定、经济发展和创建平安、和谐的环境提供有力的司法保障。2015年，阳山人民法庭负责钱桥街道、阳山镇及杨市地区的民事、商事案件审理工作，执行案件由惠山区人民法院执行局办理。

## 一、收、结案件

2001~2015年，阳山人民法庭共收到民事、商事案件12803件，结案12327件，结案标的额共计221548.1万元。

**2001~2015年阳山人民法庭收、结案情况统计表**

表4—22—8　　　　单位：件、万元

| 年份 | 收案 | 结案 | 结案标的额 | 年份 | 收案 | 结案 | 结案标的额 |
|---|---|---|---|---|---|---|---|
| 2001 | 241 | 250 | 4321.24 | 2009 | 1035 | 1041 | 9321.84 |
| 2002 | 684 | 595 | 6321.81 | 2010 | 1160 | 1135 | 9779.23 |
| 2003 | 493 | 575 | 7534.72 | 2011 | 890 | 856 | 8362.49 |
| 2004 | 611 | 543 | 7764.39 | 2012 | 1293 | 1283 | 18774.26 |
| 2005 | 536 | 543 | 6906.21 | 2013 | 1236 | 1083 | 31571.70 |
| 2006 | 602 | 589 | 7005.51 | 2014 | 986 | 976 | 51183.96 |
| 2007 | 861 | 848 | 8065.75 | 2015 | 1254 | 1060 | 35935.60 |
| 2008 | 921 | 950 | 8699.34 | 合计 | 12803 | 12327 | 221548.05 |

## 二、荣誉

2004~2014年，阳山人民法庭先后获得江苏省法院学习陈燕萍工作先进集体、无锡市社会综合治理工作先进集体、江苏省优秀人民法庭等荣誉，荣立集体三等功；法庭干警多人多次立功受奖。

**2004~2014年阳山人民法庭获得集体荣誉一览表**

表4—22—9

| 获奖时间 | 获奖荣誉 | 颁奖单位 | 获奖时间 | 获奖荣誉 | 颁奖单位 |
|---|---|---|---|---|---|
| 2004.12 | 全省法院调解工作先进集体 | 江苏省高级人民法院 | 2012.04 | 全省法院文化建设示范点 | 江苏省高级人民法院 |
| 2010.12 | 全省法院学习陈燕萍先进集体 | 江苏省高级人民法院 | 2014.11 | 全省优秀人民法庭 | 江苏省高级人民法院 |

## 三、干部任职

1976年，阳山人民法庭成立以后至2015年，有8人先后任法庭庭长。

**1976~2015年阳山人民法庭历任庭长任期表**

表4—22—10

| 姓名 | 任职时间 | 姓名 | 任职时间 |
|---|---|---|---|
| 张雪亭 | 1976年1月~1979年8月 | 王　瑾 | 2002年11月~2005年5月 |
| 杨仁良 | 1979年8月~1994年3月 | 顾皖军 | 2005年5月~2009年6月 |
| 郑重扬 | 1994年3月~2001年11月 | 边剑扬 | 2009年6月~2012年11月 |
| 钱新宏 | 2001年11月~2002年11月 | 徐景全 | 2012年11月~ |

2015年，阳山人民法庭有干警15人，其中在编干警6人，结案1060件，审判人员人均结案200件以上。是年，徐景全任阳山人民法庭庭长。

# 第四节 司法行政

新中国成立以后，钱桥、藕塘地区司法行政制度从无到有、不断完善。改革开放以后，随着社会主义民主法制建设的深入，钱桥、藕塘（乡）镇，钱桥街道的司法行政工作在经济社会发展和民主法制建设中发挥着越来越重要的作用。

## 一、机构设置

新中国成立后至1980年，钱桥、藕塘地区无司法行政机构。1981年，无锡县成立司法局，钱桥、藕塘公社的司法工作由相关部门的领导兼任，钱桥公社党委组织委员王惠民兼管司法工作。1983年4月，转业干部董月新任钱桥乡第一任司法助理员。翌年，钱桥乡又增加一名乡管干部协助司法工作。1985年，董月新提升为钱桥乡副乡长，仍兼司法助理员。是年底，钱桥乡成立司法办公室，从钱桥供销社借用2人到乡司法办公室工作。同年，藕塘乡成立司法办公室，谢伯振任司法办公室主任。1986年9月，无锡县司法局基层股股长殷荣兴到钱桥乡司法办公室任司法助理员兼主任。时钱桥乡司法办公室由殷荣兴等3人组成。

钱桥、藕塘乡司法办公室从事调处民间纠纷，进行法制宣传，做好法律服务工作，协办公证工作。1987年，钱桥镇又调入2名镇管干部充实司法办公室。1988年2月，钱桥镇成立法律服务所。司法办公室与法律服务所为二块牌子、一套班子，班子由殷荣兴等5人组成，殷荣兴兼任法律服务所主任。同年9月，无锡县精简机构，钱桥镇党委决定钱桥法律服务所人员由任用制改为聘用制，除司法助理员殷荣兴外，其余人员全部实行合同聘用制，其工资、奖金、办公费用全部由自己解决。从此，司法办公室、法律服务所经历11年的经济相对独立、人员全部实行聘用的时期。钱桥司法办公室、法律服务所先后聘用时石予等20多人。1987~1988年，钱桥镇司法办公室连续被无锡县司法局评为先进集体。

1996年，朱雪慰接任藕塘镇司法办公室主任。1999年，钱桥镇成立司法所，第一任所长为殷荣兴。是年，藕塘镇成立司法所，朱雪慰任所长，徐建明任副所长。2002年，周建洪接任钱桥镇司法所长职务。2003年，藕塘司法所开展“百人评议机关作风”活动，广泛听取基层村委和企业各界人士、村民群众的建议和意见，塑造“廉洁、勤政、务实、高效”新形象，全面完成依法行政、依法治理以及行政执法监督检查各项指标任务。全年无因行政执法不规范引起的行政诉讼和行政投诉案件。2001~2003年，藕塘司法所连续被惠山区司法局评为先进集体。

2004年，钱桥镇与藕塘镇合并，撤销藕塘司法所，成立新的钱桥镇司法所，继续由周建洪任司法所所长。新的钱桥镇司法所有效发挥法制宣传、人民调解、帮教安置、社区矫正、法律服务、法律援助等司法行政职能，2004年、2007年，先后立集体三等功2次。2007年，钱桥镇司法所更设为钱桥街道司法所。2009年，钱桥街道司法所被评为江苏省优秀司法所；2007~2010年，连续3年被评为江苏省司法行政系统先进集体；2010年，被评为无锡市五星级司法所。2010年、2011年，中央政法委副书记王乐泉、江苏省委书记罗志军先后视察钱桥街道司法所，给予高度评价。殷荣兴立二等功一次，两次被评为江苏省司法行政系统先进工作者，同时被评为无锡市劳动模范，并被司法部评为优秀司法所长；周建洪先后获全国模范调解员、江苏省司法行政先进工作者（享受市劳模待遇）、江苏好人等荣誉。2015年，周建洪任钱桥街道司法所所长。

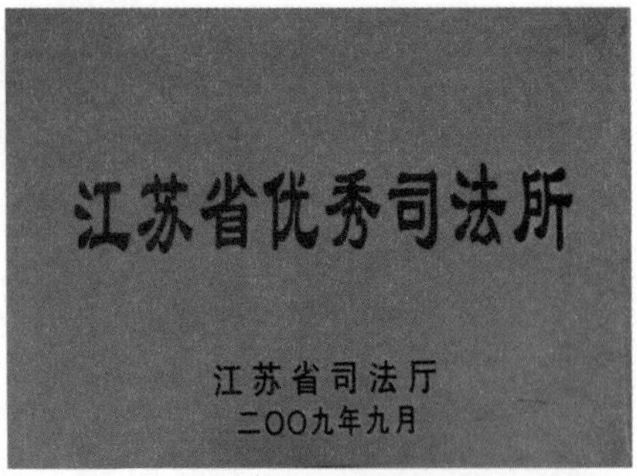

图4—22—4 2009年9月，钱桥街道司法所被江苏省司法厅评为江苏省优秀司法所

## 二、法制宣传

新中国成立后，钱桥、藕塘地区法制宣传工作由各乡政府宣教委员负责，主要宣传土地法、婚

姻法、宪法、惩治反革命条例、惩治贪污条例等国家法律、法令。1986 年开始，钱桥、藕塘地区经历“一五”至“六五”普法教育，围绕国家新出台的法律法规进行重点宣传教育。

**（一）“一五”普法教育（1986~1990 年）**

钱桥、藕塘（乡）镇司法办公室在“一五”普法中主要是宣传“十法一条例”，即宪法、民族区域自治法、刑法、刑事诉讼法、民法通则、民事诉讼法（试行）、婚姻法、继承法、经济合同法、兵役法、治安管理处罚条例。通过“十法一条例”的宣传教育，在钱桥、藕塘地区群众中普及法律知识，使全体公民增强法制观念，知法、守法，养成依法办事习惯。

**（二）“二五”普法教育（1991~1995 年）**

钱桥镇、藕塘（乡）镇司法办公室在“二五”普法中以宣传宪法为核心，以专业法为重点，进入学用结合、依法治理的轨道。钱桥、藕塘司法办紧紧围绕党和国家的中心工作，组织区域内公民深入学习宪法，有针对性地学习国家基本法律常识，有计划、有步骤、分层次、分部门地学习专业法律常识，促进钱桥、藕塘地区各项事业能够依法管理，人民依法办事。

**（三）“三五”普法教育（1996~2000 年）**

钱桥、藕塘镇（司法办公室）司法所组织公民学习邓小平关于社会主义民主与法制建设的理论，继续开展宪法知识教育，与公民工作、生活密切相关的基本法律知识以及与维护社会稳定有关的法律知识的教育，着重抓好社会主义市场经济法律知识的普及。区域内公民进一步增强法律意识和法制观念，各级干部不断提高依法行政、依法管理的水平和能力。

**（四）“四五”普法教育（2001~2005 年）**

钱桥、藕塘镇司法所在“四五”普法中继续组织公民学习邓小平关于社会主义民主与法制建设理论，宣传宪法和国家基本法律，宣传与公民工作、生活密切相关的基本法律知识以及与维护社会稳定相关的法律知识，宣传社会主义市场经济相关的法律法规，宣传保障和促进国家西部大开发，宣传加入世界贸易组织等社会发展迫切要求有关的各项法律法规。通过“四五”普法教育，实现由提高全民法律意识向提高全面法律素质的转变，实现由注重依靠行政手段管理向注重运用法律手段管理的转变，全方位推进区域内各项事业依法治理。

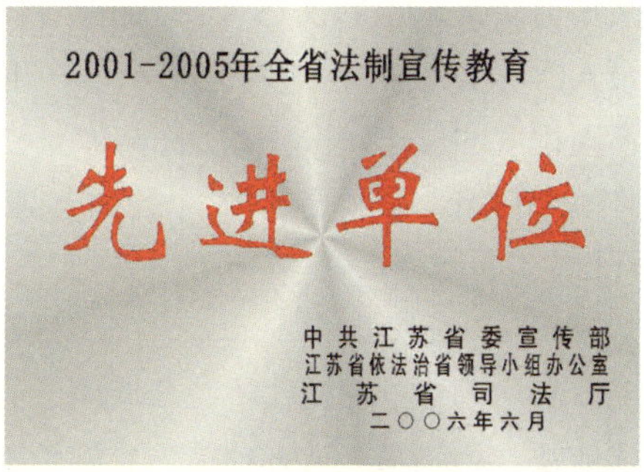


图 4—22—5　2006 年 6 月，钱桥镇被中共江苏省委宣传部、江苏省依法治省领导小组办公室、江苏省司法厅评为 2001~2005 年全省法制宣传教育先进单位

**（五）“五五”普法教育（2006~2010 年）**

钱桥（镇）街道司法所在“五五”普法教育中，通过开展“法律六进”活动和法治城市、法治街道创建活动以及法治文化建设，全面提升法制宣传教育的文化品位和社会法治化管理水平。通过深入扎实开展“五五”法制宣传教育和法治实践，区域内公民进一步提高法律意识和法律素质，公务员进一步增强社会主义法治理念，提高依法行政能力和水平，各级政府和社会组织进一步增强依法管理和服务社会的水平和能力。

**（六）“六五”普法教育（2011~2015 年）**

钱桥街道司法所在“六五”普法教育中，组织公民学习宪法，深入宣传社会主义法治理念、中国特色社会主义法律体系和国家基本法律，深入宣传促进经济发展、保障和改善民生社会管理的法律法规，加强反腐倡廉法制宣传教育，积极推进社会主义法治文化建设，继续深化“法律六进”主题活动。通过“六五”法制宣传教育，坚定区域内公民法治建设的中国特色社会主义方向，提高全民法律意识和法律素质，提高全社会法治化管理水平，促进社会主义法治文化建设，推动辖区内公民形成自觉学法、守法、用法的良好氛围。

从“一五”普法教育至“六五”普法教育，钱桥、藕塘（乡）镇司法（办公室）所，钱桥街道司法所的普法形式经历单向灌输、复合探索、创新延伸三个阶段；从讲座培训、咨询等传统的普法形式向微信、微博、法治专栏、QQ群等新兴媒体的转变；从建立法治文化团队、建设法治文化阵地等普法载体着手，提高法制宣传覆盖面。2012年，钱桥街道乡韵文艺队、星星文艺团等普法教育团队被惠山区命名为法治文化文艺团队。“六五”普法期间，钱桥街道司法所组织开展“法护成长”青少年法制教育三年行动计划，创立“爱心驿站”“青春加油站”等“法护成长”品牌。根据“一社一品”“一地一特色”的要求，全面建设社区法治文化阵地，从各社区实际出发，将法治文化与社区文化、地域文化有机结合，整合街道、社区文化、设施等资源，合理设置法治元素，打造不同类型、不同特色、不同规模的法治文化阵地。2013年，钱桥街道共投入资金100余万元，实现社区法治文化全覆盖。同时，为满足群众对法律咨询的要求，全街道15个社区全部配齐法律顾问。各社区依托法律顾问，组建社区公共法律服务工作室，为群众提供强有力的法律服务。2014年7月，钱桥街道各社区公共法律服务实现全覆盖。

“六五”普法期间，钱桥街道实现“教育分层化、普法无死角”，对普法对象进行立足全面，分类施教，把法制教育落到实处。领导干部每月集中培训一次，机关干部、街道干部分批参加培训；社区居民、务工人员利用讲座、文艺演出、发放资料、联系卡、法律咨询进行直面宣传教育；学校配备法制副校长，通过班会、征文、知识竞赛等开设普法第二课堂，对青少年进行普法教育；联合工会、安监、商会、社保等组织送课上门，通过咨询会、送书、讲授等形式对企业经营人员进行普法培训教育。2011~2015年“六五”普法期间，钱桥街道共举办法制讲座350场，解答法律咨询5000余人次，编写法制材料40000余份，开展法制文艺演出50余场次，全街道50000多名普法对象受到不同程度的法律知识教育。

2015年，钱桥街道15个社区全部成为无锡市民主法治社区，6个社区成为江苏省民主法治示范社区。

### 三、人民调解

新中国成立前，钱桥、藕塘地区的民间纠纷一般采用氏族调解、政府调解和乡民自行调解的方式解决，由当事人双方约请同族族长、地方贤士或保长、乡长出面调停；也有的在茶馆内邀请公众裁定，俗称“吃茶讲理性”，由缺理者支付茶钱与点心费。新中国成立初期，钱桥、藕塘、稍塘、舜柯等9个乡的人民调解工作继承和发扬老解放区调解工作的优良传统，初步确立人民调解制度。

20世纪50年代，钱桥、藕塘等乡级基层政府普遍建立调解委员会，一般由乡长兼任调解委员会主任，妇女主任与农委主任任副主任，委员由各村调解员组成，大多采用集体调解的方式处理民间纠纷。80年代开始，钱桥、藕塘（公社）乡人民调解工作制度逐步完善，各村建立由5~7人组成的调解委员会，村委主任兼任调解委员会主任，并设一名专职副主任负责调解工作。

90年代以后，区域内调解范围和内容增多，环境污染、征用土地、劳资纠纷等社会矛盾大量涌现。钱桥、藕塘司法办公室始终把防止民事纠纷激化和实现民事纠纷转化作为民调工作的重点，强化源头预防，坚持每月召开调解主任例会，排查各类矛盾纠纷。在具体调解过程中，牢牢把握“合法、合情、合理”三个原则，讲究调解艺术，疏通群众感情，做到接待群众诚心、调解纠纷耐心、制定法律文书细心。

2003年，藕塘司法所接待来访群众580余人次，全年受理调处各类纠纷109起，其中有较大影响的9起，无因调解不及时或调解不合法引发的矛盾激化案件，也无民事转刑事、民事转非正常上访案件。是年，藕塘镇司法调解中心被评为江苏省纠纷调解和防激化先进集体。2004年，钱桥镇司法所共调解各类矛盾和纠纷574起，调解成功率在98%以上；接待上访群众620余人次，稳妥处置和消除矛盾激化事件21起，防止群体性上访18起，为民工讨回工资130多万元，杜绝了“民转非”“民转刑”案件的发生。为适应形势，钱桥镇（钱桥、藕塘两镇已合并）于是年7月建立由党委、政府统一领导，综治办牵头，司法所进行业务指导，调处中心总体管理，职能部门各司其职，全社会共同参与的大调解工作机制，实行统一受理、集中梳理、分级办理、限期处理的机制，形成领导批转、部门协商沟通、借助社区力量、集体会商会办等4种分流协调机制，诉调、公调、检调、访调、援调有效对接，人民调解、行政调解、司法调解有机衔接，提升调解工作的水平和效力。

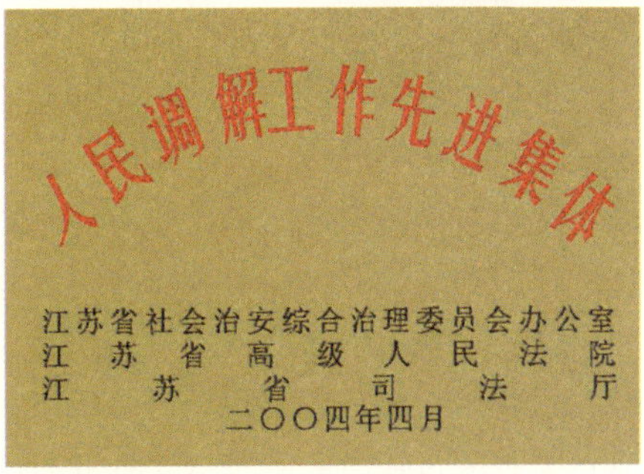

图4—22—6　2004年4月，钱桥镇被江苏省综治办、省高院、省司法厅评为人民调解工作先进集体

2005年，钱桥镇调处中心不断夯实全镇大调解工作基础，并形成“横向到边、纵向到底”的大调解网络体系，全镇16个村、1个街道办、4个社居委都建立调解委员会；8家重点骨干企业、6个流动人口聚居点、2个农贸市场同时建立调解委员会；各村居民小组和年产值200万元以下企业建立调解小组。是年，钱桥镇各类调解小组已达352个，从事调解工作的人员有1200多人。钱桥镇调处中心坚持矛盾纠纷排查预警制度，采取每月定期一次排查和不定期排查相结合，以镇为单位集中排查和以村为单位分散排查相结合的形式，深入开展矛盾排查活动，在第一时间掌握矛盾信息来源，做到超前预防、未雨绸缪，消除矛盾隐患，成功处置钱威路拆迁，东风村灭螺，一钢厂因噪音、烟尘以及稍塘村土地流转中引发的一系列群体性矛盾纠纷。是年，钱桥镇共调处各类矛盾纠纷331起，防止群体上访8起，接待来访群众240批365人次，受理和成功办结人民来信103件，成功调处矛盾纠纷329起，调解成功率达98%。同年11月1~3日，钱桥镇相继发生5起伤亡事故，造成两人死亡、3人不同程度受伤。事发后，钱桥镇公安派出所、安监中队、社保所、司法所等相关部门从各自的工作职责入手，调查取证，然后召开协调会，通报事故性质、责任等相关情况，并根据个案制定不同的调解方案，组成调解小组。由于实施联动机制，调解资源得到有效整合，工作效率明显提高，在11月4~8日，5起纠纷全部调处成功，85万元赔偿款全部赔付完毕。是年11月 11日，无锡市司法局信息快报介绍钱桥镇调处中心发挥大调解联动机制优势，相关职能部门共同调处，以使工作效率提高的信息。无锡市副市长吴建选看到这则信息后，作出“钱桥镇建立大调解机制，为无锡平安创建做出了明显积极贡献，各级政府要重视和关心这项工作，为实现两个率先作出更大贡献”的批示，对钱桥镇大调解联动机制给予肯定。钱桥（镇）街道调委会获2005~2007年度无锡市人民调解（大调解）工作先进集体、2008年度江苏省人民调解防激化工作先进集体称号。2013年8月28日，全国人民调解工作会议在北京人民大会堂召开，钱桥街道司法所所长周建洪参加会议，并获全国模范人民调解员称号。

图4—22—7　2009年1月钱桥街道调委会被江苏省司法厅评为2008年度人民调解防激化工作先进集体

2014年起，钱桥街道探索建立五个“一线”以防为主的调解模式，实现队伍在一线组建，建立实在管用的调解队伍；情况在一线掌握，建立快速高效的预警机制；信息在一线化解，建立实时顺畅的共享机制；矛盾在一线化解，建立多元权威的调解机制；保障在一线完善，建立长效的工作机制，以争创江苏省规范化调解委员会为抓手，规范社区调解委员会建设，实行周计划排查制度，街道实行半月排查制度，深化排查矛盾纠纷，从源头上预防矛盾纠纷扩大化、尖锐化，实现小事不出社区、大事不出街道、矛盾不上交。1981~2015年，钱桥、藕塘地区共调处各类纠纷21100起，调解率达100%，调解成功率达98%，未发生一起“民转非”和“民转刑”事件。

## 四、安置帮教与社区矫正

### （一）安置帮教

钱桥、藕塘地区对刑释解教人员的安置帮教工作在党委、政府的统一领导下，依靠各社区、各有关部门和社会力量，对特定对象进行非强制性的引导、扶助、教育和管理。

钱桥、藕塘地区的安置帮教工作从20世纪50年代的“多留少放”（刑满释放后基本上留在劳改农场就地安置就业，不返回原籍安置就业或流入社会），到90年代的依法规范，经历一个逐步发展和完善的过程。安置帮教工作从健全组织机构着手，健全镇、村两级组织网络。刑满释放人员回归社区后，社区建立帮教小组，签订帮教责任书，落实帮教措施。1998年，钱桥、藕塘两镇分别成立安置帮教工作领导小组，组长由镇综治办主任兼任。领导小组下设办公室，办公室主任由司法所所长兼任。安置帮教工作领导小组负责辖区内刑释解教人员回归社会后的安置与帮教，并协调全社会共同参与。1999年，实施延伸帮教。90年代末，区域内安置帮教工作已形成完善的工作网络，帮教队伍不断扩大，安置帮教工作由过去依靠行政手段逐步转向就业教育、技术培训、择业指导、推荐岗位、自主择业等多种形式。

2002年，开始探索安置帮教新路子，对刑释解教人员不仅限于帮教，更立足于安置，把安置刑释人员的企业建成安置帮教基地。对符合撤帮条件的，建立定期审定撤帮工作制度，由刑释解教帮教小组提出撤帮申请，逐一审定，定期撤帮。1998~2013年，钱桥镇、藕塘镇，钱桥街道共接收刑释解教人员390人，撤帮 237人。2013年12月28日，国家正式废止劳教制度，劳教人员剩期不再执行，钱桥街道刑释解教帮教安置更名为刑满释放人员帮教安置。2014~2015年，钱桥街道共接收刑满释放帮教安置人员48人。

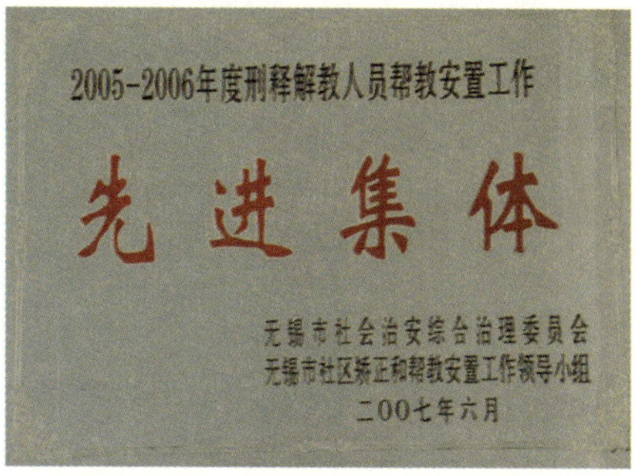

图4—22—8　2007年6月，钱桥镇被无锡市社会治安综合治理委员会、无锡市社区矫正和帮教安置工作领导小组表彰为2005~2006年度刑释解教人员帮教安置工作先进集体

### （二）社区矫正

钱桥（镇）街道社区矫正工作始于2004年。辖区内社区矫正是与监禁矫正相对的行刑方式，是将符合社区矫正条件的罪犯放置于社区内，由专门的国家机关在相关社会团体和民间组织及社会志愿者的协助下，在判决、裁定或决定确定的期限内矫正其犯罪意识和行为恶习，促进其顺利回归社会的非监禁刑罚执行。

2005年4月27日，钱桥镇召开社区矫正交接会议，率先在惠山区开展社区矫正工作，共接收社区矫正对象33人，其中受贿3人、抢劫3人、交通肇事6人、虚开增值税发票8人、介绍卖淫1人、寻衅滋事1人、贪污徇私舞弊1人、偷税1人、其他9人。社区矫正从起步开始，严格规范要求，成立社区矫正领导小组，建立社区矫正联络员队伍、社区矫正志愿者队伍，落实帮教监管措施。社区矫正对象每周必须电话汇报，每月必须进行书面汇报，月月参加公益劳动。街道、社区矫正机构组织力量经常开展走访活动，及时了解社区矫正对象的工作、思想动态，确保辖区内矫正对象底数清、情况明。

钱桥街道辖区内社区矫正对象有缓刑、管制、假释、监外执行、剥夺政治权利等五种类型。2013年始，剥夺政治权利矫正对象移交公安派出所。2015年，为强化社区服刑人员监管，钱桥街道引入社区公益劳动APP软件和指纹考核管理。

2005~2015年10年间，钱桥（镇）街道共接收社区矫正对象258人，解除社区矫正211人，完成审前评估61例、假释评估11例。

## 五、法律援助

钱桥、藕塘地区的法律援助是由钱桥、藕塘镇政府，钱桥街道办事处设立的法律援助机构组织法律帮助的律师为经济困难或特殊案件的人给予无偿服务。2001 年 9 月，钱桥、藕塘镇政府执行江苏省第九届人大常委会第二十五次会议通过的《江苏省法律援助条例》规定，对经济困难条件的人员按照规定的最低生活保障标准执行。为贴近群众，延伸服务，2008 年 10 月，钱桥街道成立法律援助工作站，各社区建立法律援助工作联系点，形成一公里服务圈，实施“法律援助便民公示牌”进社区。公示牌统一标准、统一印制，列明法律援助范围、申请程序、受理机构、地址、援助热线、监督电话等，以方便群众。

2012 年 2 月，钱桥街道按照江苏省政府再次转发省司法厅《关于扩大法律援助受理事项范围的意见》，从制度层面将因环境污染、征地拆迁而使权益受到严重损害等六类事项纳入法律援助范围，法律援助的覆盖面进一步扩大，使更多的困难群众获得法律援助。2003~2015 年，钱桥街道完成法律援助案件 350 余件。

### 六、法律服务

20 世纪 80 年代末，钱桥镇成立无锡县钱桥法律服务所，殷荣兴任主任。1989 年 10 月，藕塘乡成立藕塘法律服务所，主任朱雪慰，副主任高敏华。1995 年，钱桥法律服务所变更为锡山市钱桥法律服务所，有专职法律工作者 6 人。是年，在锡山市司法局及钱桥镇司法办公室领导下，成立钱桥经济法律服务所，有专职法律工作者 5 人。钱桥法律服务所多次被评为无锡市、锡山市优秀法律服务所。1998 年，钱桥法律服务所、钱桥经济法律服务所应聘担任常年法律顾问 60 家，催讨应收款到账数 1000 万元，年收费 45 万元，协办各类公证 150 件、见证 30 件。1998~2000 年，钱桥经济法律服务所凭着优质、高效的法律服务，被评为江苏省文明法律服务所。2001 年，钱桥镇司法所分管法律服务工作的人员担任常年法律顾问 8 家，催讨应收款到账数 120 万元，业务收费 45 万元（含顾问费）。经济法律服务的重点放在区域范围内的骨干企业及合资企业，协办公证工作，不但办一般公证，同时办转制公证。

2002 年 3 月，钱桥法律服务所、钱桥经济法律服务所与钱桥司法所脱钩转制，分别成立无锡市惠山区金诚法律服务所、无锡市惠山区天顺法律服务所。转制后的金诚法律服务所第一任主任为王勤根，天顺法律服务所第一任主任为殷建国。两家法律服务所脱钩转制后，法律服务有了质的飞跃，担任企事业单位、社区法律顾问 100 多家，每年办理 150 多件民商事重大案件，为企业挽回 10 多亿元经济损失。2001~2002 年，天顺法律服务所被评为无锡市文明法律服务所。2002~2004 年，金诚法律事务所被评为无锡市文明法律服务所。2006 年 3 月，丁震球任金诚法律服务所主任。2005~2006 年，天顺法律服务所被评为无锡市文明法律服务所。2015 年，金诚法律服务所有专职法律工作者 7 人。

## 第五节 综合治理

进入 20 世纪 90 年代，钱桥、藕塘地区经济快速发展，交通便捷，外来人口大量增加，劳资纠纷、拆迁纠纷、意外伤害、企业转制后遗症等问题凸现，社会矛盾复杂化、多元化、频发化。为加强平安建设，加强维稳工作，加强和谐社会建设，钱桥、藕塘镇于 1998 年分别成立综治委、综治办。2006 年，钱桥镇（钱桥、藕塘两镇已合并）设立政法综治中心，集政法委、综治办、司法所、信访办、外管中心、平安建设创建办、调处中心、维稳办、610 办（反邪教办公室）、法律援助中心、社区矫正、帮教安置、禁毒办、社区戒毒康复办公室等部门于一体，对辖区内社会治安进行综合治理，有效地化解各类社会矛盾，有力地打击各种违法犯罪活动，保障钱桥、藕塘地区社会平安稳定，人民安居乐业。

### 一、机构设置

20 世纪 90 年代初，钱桥、藕塘镇党委、政府根据《全国人大常委会关于加强社会治安综合治理的决定》精神，把社会治安综合治理列入全镇党政工作管理目标。1990年12月25日，钱桥镇副镇长徐月秋在无锡县社会治安综合治理工作会议上作《强化外来人员管理，稳定社会治安》发言。1998年，钱桥、藕塘镇分别成立社会治安综合治理委员会（简称综治委）和社会治安综合治理委员会办公室（简称综治办），由镇长兼任综治委主任，人武部部长兼任综治办主任。综治委成员单位有综治办、派出所、司法所、人武部、组织办、宣传办、党政办、文卫办、民政办、工会、妇联、团委等部门。

2000年始，钱桥、藕塘镇政府于每年年初与各村签订社会治安综合治理目标责任书，列入年度考核内容。2003年，钱桥镇被评为江苏省基层依法治理先进集体。2004年，钱桥与藕塘两镇合并，原两镇综治委、综治办合二为一。钱桥镇综治委、综治办注重人防、技防有机结合，注重提高立体化实战效能，有专职联防队员406人、治安志愿者1050余人。

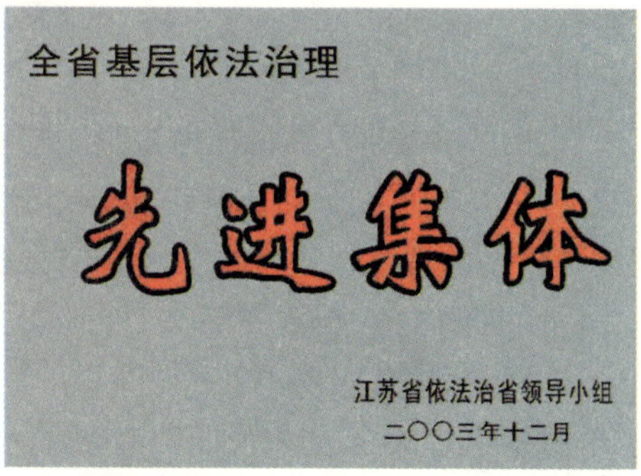

图4—22—9　2003年12月，钱桥镇被江苏省依法治省领导小组评为全省基层依法治理先进集体

2005年，钱桥镇根据上级精神，成立政法委员会，由党委副书记华卫贤兼任政法委书记，分管政法综治工作。同年，成立钱桥镇大调解工作中心。大调解工作中心设立在司法所，由镇党委副书记、政法委书记任大调解中心主任，综治办主任、派出所所长、司法所所长任常务副主任，司法所所长兼任大调解中心办公室主任。同时，为加强开展政法综治业务工作，钱桥镇政府另任命两位综治办副主任。为加强镇、村治安巡逻防范工作，维护地方治安秩序，防范违法犯罪，是年12月，钱桥镇人武部、团委联合组织民兵、青年志愿者开展治安巡逻执勤，抽调民兵应急分队队员和青年志愿者组成4个分队、12个巡逻小组配合日常巡逻队，每天18：00至24：00，分街区、村道、路段、区域，在全镇范围内开展大规模、高密度、全方位的治安巡逻，盘查可疑人员。巡逻队严格执行“定时、定人、定岗、定区域”责任制，采用公开巡逻和秘密守候相结合的方法，密切配合民警、联防队执行任务。这一举措在惠山区各乡镇中属首创。同年，钱桥镇顺利实现无锡市“社会综合治理安全镇”三连冠目标，成为惠山区首批无锡市级“三星级”技防镇。

2006年，钱桥、藕塘地区社会矛盾多元化、复杂化，劳资纠纷、拆迁纠纷、意外伤害、企业转制后遗症问题等迭现，有个体的，也有群体的。为适应新形势，化解新矛盾，钱桥镇政府在无锡市召开的乡镇政法工作调研会上率先提出以乡镇为主体，设立政法综治中心，整合综治、司法、大调解、民政、人武、派出所等资源，合署办公，切实协调、解决、处置社会综合治理难题，得到无锡市政法部门领导和与会人员一致赞成。

2007年，钱桥撤镇设立钱桥街道。钱桥街道政法综治中心下设信访办、调处工作科、特殊人群管理科、法制宣传信息科、维稳工作科、平安创建科、法治工作科7个部门。各部门以综合治理为中心，开展各项工作，同时与各社区建立挂钩联系工作制度。无锡（藕塘）职教园区、钱桥街道党政领导均有明确的联系社区、蹲点单位；文卫办、纪检（监察室）、环保分局等15个综治中心成员单位分别与15个社区建立平安共建单位关系。是年，钱桥街道共设立调委会35个，其中镇级1个，村、社区居民委员会级18个，厂企及专业的调委会16个。各村民小组及小单位共设立调解小组352个，共有调解人员1200多人，形成“纵向到底、横向到边”的大调解工作网络。同年，为深入推进平安创建和法治建设，钱桥街道党工委、办事处投入资金400余万元，建造政法、综治大楼，把政法委、综治办、司法所、调处中心及相关行政执法部门归并一处，合署办公，整合资源，统一管理。各村委会、社区居委会建设高标准、“多位一体”的村级综治站和警务室，把警务、消防、交通、治保、联防、调解、外来人口等纳入一体化管理，并实行定岗定员、定职定待遇，做到网络健全、工作规范，形成上下联动、齐抓共管的格局。是年，辖区内18个村、社区居委会综治站和警务室均按照无锡市公安局、政法委统一规范的标准建设。钱桥街道办事处对经济薄弱的村级综治站投入15万元资金支持建设。是年，钱桥街道连续4年被无锡市委、市政府评为“社会治安安全镇”。

2008年5月，钱桥街道政法综治中心挂牌。钱桥街道政法综治中心大楼建筑面积3000平方米，共有工作人员13人。政法综治中心由政法委、综治委、综治办、司法所、信访办、外管中心、平安建设创建办、调处中心、维稳办、610办、法律援助中心、社区矫正、帮教安置、禁毒办、社区戒毒康复办公室等部门合署办公，并设置群众接待室、调解室、听证室，建立规范完善的各项制度。政法综治中心具体开展系列平安创建、系列法治创建，维稳、社会稳定风险评估，610工作、禁毒、消防、社区戒毒康复、国家安全人民防线、预防青少年违法犯罪、铁路护路、人民调解、法律援助、“六五”普法、社区矫正、帮教安置、法制宣传、信访等各项工作。

图4—22—10 2006年，钱桥镇设立政法综治中心。2008年5月，钱桥街道政法综治中心挂牌，图为挂牌后的政法综治中心大楼

2010年，钱桥街道成立维稳工作领导小组，由街道党工委书记、办事处主任任领导小组组长，副书记、政法委书记任常务副组长。维稳工作领导小组针对辖区内社会矛盾，简化归为九大类型的社会矛盾，专门设立9个工作化解小组，确定事件性质、人数及处置方法。工作化解小组成立以后，各职能部门各司其职，处置各类社会矛盾，维护社会稳定。

钱桥（镇）街道历任综治委主任为华亚军、杜巍、戴震乾。

**1998~2015年钱桥镇、藕塘镇，钱桥街道政法委、综治办历任领导一览表**

表4—22—11

| 乡、镇名 | 政法委 | | | 综治办 | | |
|---|---|---|---|---|---|---|
| | 姓名 | 职务 | 任职时间 | 姓名 | 职务 | 任职时间 |
| 钱桥镇 | — | — | — | 薛年高 | 主任 | 1998.12~2004.02 |
| | 华卫贤 | 书记 | 2005~2007.12 | 唐国良 | 主任 | 2004.02~2007.12 |
| 藕塘镇 | — | — | — | 唐圻成 | 主任 | 1998.12~2004.02 |
| 钱桥街道 | 华卫贤 | 书记 | 2007.12~2010.06 | 唐国良 | 主任 | 2007.12~2011.12 |
| | 杜 巍 | 书记 | 2010.06~2011.10 | 马靖宇 | 主任 | 2011.12~2013.05 |
| | 范 良 | 书记 | 2011.10~2014.05 | 邵伟东 | 主任 | 2013.05~ |
| | 杨国忠 | 书记 | 2014.05~2015.10 | — | — | — |
| | 华坚宏 | 书记 | 2015.10~ | — | — | — |

2015年，钱桥街道有联防队员、治安志愿者、治安信息员、调解信息员、治安中心户（楼）长，红袖标志愿者等社会群防群治队伍4000多人，构建成强有力的社会治安防范力量。是年，杨国忠、华坚宏先后任钱桥街道政法委书记，邵伟东任综治办主任。

## 二、基层建设

新中国成立后，钱桥、藕塘地区各（村）大队、各单位均设置治保干部。以后，组建（村）大队联防队、护厂队等各治安联防组织。20世纪80年代中期，钱桥镇15个村每个村都有4~6名联防队员，共有70多名村级联防队员。钱桥派出所有35名联防队员，藕塘派出所有20名联防队员。

1998年，藕塘镇政府加强社会治安综合治理组织建设，按规定配齐配强综治办人员，逐步完善目标责任制和群防群治网络，加强镇、村两级联防队伍建设，健全治保、调解组织；继续加大社会治安综合治理的力度，开展“创三安”（安全文明小区、安全文明村、安全文明镇）活动，安全文明村的达标率在80%以上。

2008年始，钱桥街道加强各村、社区综合治理基础建设。各村、社区设置综治站、调解室、警务室、信访办等多位一体的工作站。各村、社区综治工作站办公面积均超40平方米，配备电话、电脑，并开展星级社区综治办创建达标活动。至2010年，钱桥街道15个社区综治工作站全部达到市级星级要求。是年，各社区均配有民警、治保主任、调解主任及安全员，同时配备工作助理、社区联防队员和城管队伍，人数在5人以上。随着星级社区创建工作提升，2012年底，钱桥街道15个社区全部挂牌成立社区综治办，社区党总支书记兼任主任，社区民警和社区主任为副主任。各社区综治办重点开展矛盾排查、调处，治安打击防范，联系群众，解决困难，组织群防群治等工作。同年，各社区组织“红袖标”、楼道长、治安志愿者、交通协管员等群防群治队伍，常年开展群防群治工作，与派出所巡防中队、社区联防队互为补充。

## 三、“三防”建设

2004年，钱桥镇围绕发展大局，对综合治理在整体推进上下功夫，在深化措施上求突破，不断完善保稳定、创安全、促发展的长效机制，把平安创建作为一项重要的政治任务来抓，列为“一把手”工程和为民办实事的重要内容，纳入本地经济社会发展的总体规划，像抓经济发展一样抓平安创建、社会稳定工作。钱桥镇政府抓重点、破难点、创亮点，围绕“全镇域覆盖、全天候监控”的建设总目标，整合各类防控资源，加强人防、物防、技防的“三防”建设，突出防控重点，编织钱桥“平安网”。2005年，钱桥镇、村二级用于技防设施建设投入350万元，吸引社会和企业单位投资420万元，建图像监控探头420只，居民住宅安装CK和家庭防盗报警器2600套，以及一大批电子巡更、周界报警等配套技防系统。是年，钱桥镇高标准通过无锡市三星级技防镇验收。之后，钱桥镇又投入85万元增添治安巡逻配套的警用设施，在钱桥镇范围内实行全天候、多层次的治安巡逻、盘查、伏击等活动，提升钱桥、藕塘地区治安防控能力，遏制各类案件的发生。同年，西漳村投资17.8万元，安装12台闭路电视监控系统，对全村主要干道路口、重点部位、主要出入场所全天候地实施技防监控。

2006年，钱桥镇采取打防结合、预防为主的多种措施，不断加强全镇治安防控体系建设，加大投入，增添技防硬件设施，全镇建成西漳、胜丰等技防村5个，欣欣山庄小区等技防小区2个，技防企业8家，安装CK、AA报警装置556个，闭路电视监控摄像头117只。在建设技防企业上求突破、创亮点，年内技防企业达23家。2007年，西漳村积极参与“技防进万家”活动，投入3万元补贴资金，为350多户家庭安装价廉高效的家庭防盗报警器，与7名专职联防保安队员、50名治安志愿者共同构筑技防、物防、人防相结合的立体治安防控网。是年，钱桥街道建成集道路闭路电视监控系统，电子巡更系统，周界报警、门禁系统，防盗报警系统，“110”报警系统于一体的立体安全防范网络。欣欣山庄、盛岸花园、华新苑等住宅小区全部装上电子防盗门，有条件的住户安装AA或CK报警装置。同时，钱桥镇相继在辖区内建立8家电视监控室，在钱桥镇区、藕塘镇区、欣欣山庄、钱桥街道办、胜丰、西漳、包装装璜公司等市镇、居民小区、村及企业中安装数字摄像机及远红外线区域报警装置等设施。钱桥街道还加大技防改革力度，投入资金250万元，不断有效提高镇区、农村、企业单位内部的技防覆盖面，并在街道办和胜丰、西漳两个村率先建成“技防村”网络，安装与“110”联网的报警系统或与派出所联网的报警系统和电子巡更系统。2008年，钱桥街道建成技防村5个、技防小区3个、技防企业34家，安装CK、AA报警装置1000余个，监控摄像头300余只。

2009年，钱桥街道继续加大人防、物防、技防“三防”体系建设，压降可防性案件发生。根据钱桥大街改建，省道S342线、惠钱路、钱威路、钱姚路等主干道先后施工的实际情况，全部落实大技防方案和预置点。同时，不断推广居民小区和村级电子巡更系统，春来苑、春满园、春光苑等5个大型安置小区建成电子巡更系统。全街道有专职保安联防人员204人、治安志愿者900多人，建成技防村 9 个、技防小区 10 个、技防企业 90 家，安装闭路电视监控摄像头 1331 只，监控有效覆盖面占区域范围的 40%左右。稍塘、庙塘桥村等 4 个村相继落实电子巡更系统安装工作，西漳村、舜柯村等近 10 个村分别开展电子巡更系统的洽谈、安装、调试工作。

2011 年，钱桥街道积极推进社区平安工程，街道 4000 户家庭安装小技防报警器，覆盖率达 40%；藕乐苑、春满园两个安置小区进行技防监控。2015 年 12 月，钱桥街道投入 1300 余万元资金在 2 个社区、7 个安置小区安装 1130 余只高清监控探头。商品房小区全部有开发商建成监控探头。根据惠山区“平安慧眼”建设要求，小区采用租赁电信的形式，租用 600 余只平安慧眼，实现技防全覆盖，达到人防、技防、物防的全面统一。

图 4—22—11　2015 年，南塘社区监控中心一角

## 四、平安创建

20 世纪 90 年代初期，钱桥、藕塘镇统一部署，平安创建纳入社会治安综合治理目标管理，各村委建立明确创建责任人。

2003 年始，钱桥、藕塘镇政府制定三年一轮平安创建目标，镇长为平安创建领导小组组长，各村支部书记为创建第一责任人。每年，镇长与各村书记签订平安建设工作目标责任书，列入年度考核内容。同时，全镇每年投入 50 余万元资金，利用治安警示栏、法制宣传栏、横幅、标语等开展法律、法规、防范意识等方面的宣传。为加强在校学生的法制意识，钱桥镇在育才路设置 60 余块大型法制宣传栏，被无锡市政法委命名为镇级法制宣传一条街。在安全创建中，钱桥镇相继出台平安创建目标责任书、考核督察制、评先评优、末位诫勉谈话、一票否决制等一系列规章制度，从机制上保障创建的顺利进行。在实际工作中，以创平安校园、平安企业、平安医院、平安工地、平安家庭为主体的系列平安创建工作为抓手，积小平安为大平安，使百姓的安全感逐步提升。是年，钱桥镇被评为无锡市安全文明镇。

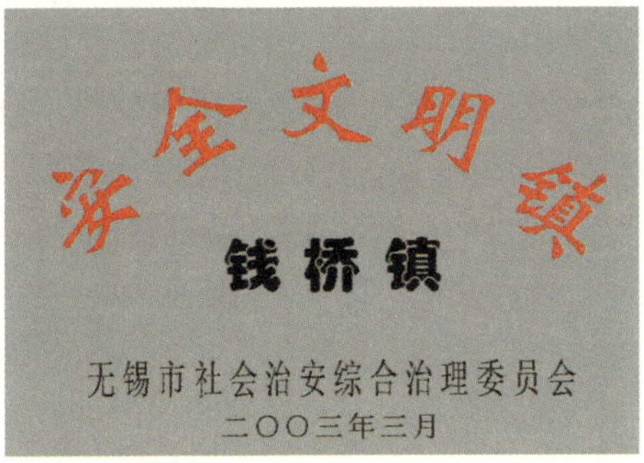


图 4—22—12　2003 年 3 月，钱桥镇被无锡市社会治安综合治理委员会评为安全文明镇

2004 年 4 月 15 日，惠山区“建设平安惠山、创建最安全地区”领导小组组织的检查考评小组到钱桥镇进行综治、平安创建工作检查考评。检查考评小组成员详细检查辖区内一季度综治、平安创建的工作台账，听取综治、平安创建工作汇报，特别是对自 2 月进行区划调整，钱桥、藕塘两镇合并成立新的钱桥镇以后的创建工作进行重点整查。检查考评小组一行还分成 2 组，分别到溪南村、藕塘村、藕塘居委及 3 个安全小区、2 家企业以及 2 处建筑工地进行实地抽查，并查看派出所、司法所、宣传办的工作台账，对钱桥镇综治和创建工作给予较高评价。2005 年 1 月，钱桥镇被中共无锡市委、无锡市人民政府表彰为社会治安安全镇。

图 4—22—13　2005 年 1 月，钱桥镇被中共无锡市委、无锡市人民政府评为 2004 年度社会治安安全镇

2006 年 4 月 28 日，钱桥镇组织创建办、城管中队、综治办、派出所、联防队、司法所、村建办、妇联、交管所、行政执法大队钱桥中队、宣传办、广电站等 10 多个部门、90 余人进行废品回

收行业集中整治活动。辖区内共有废品回收点 118 个，整治主要道路两侧和镇村结合部地段废品回收行业乱堆乱放 14 家，拆除违章乱搭建 2 处，取缔无证经营场所 2 处。是年，钱桥镇辖区内登记的外来流动人员达 5 万人。钱桥镇防患于未然，不等不靠，坚持双管齐下、内外并治，从源头上强化管理，充实外来流动人口管理人员队伍，外来流动人口管理专业人员达 78 人；不断扩大法制宣传教育覆盖面，落实民警登记发证责任制，组织民警、外来流动人口管理人员逐村、逐巷、逐户、逐家进行梳理、登记和发证，做到村不漏户、户不漏人。同时，加强外来人员集中居住区建设和管理，全镇有恒源祥职工家园等外来人员居住区 12 处，入住外来务工人员近 2 万人，为“新钱桥人”的居住和安全提供坚实保障。是年，钱桥镇平安创建工作获“江苏省依法治理先进集体”“江苏省法制宣传教育先进单位”等荣誉称号，多次获市、区“创建无毒社区先进镇”“依法行政先进单位”等荣誉称号。是年，钱桥镇获无锡市平安创建先进称号。

图 4—22—14　2007 年 1 月，钱桥镇被中共无锡市委、无锡市人民政府表彰为 2006 年度社会治安安全镇

2007 年，钱桥街道综治办调处各类矛盾纠纷 283 起。同时，开展矛盾纠纷排查工作，把矛盾纠纷消除在萌芽状态，全年开展矛盾纠纷排查活动 15 次，建立村级调委会例会书面汇报制度，内容涵盖人民调解、帮教安置、社区矫正、矛盾纠纷排查、法制宣传、民主法治村创建等。是年，调处中心、司法所共接待来访咨询群众 191 批、623 人次，对反映的各类矛盾纠纷均妥善处置；受理人民来信 81 件，处理办结 76 件。同时，发动大调解联动机制，以钱桥司法所、派出所、劳动保障所、安监中队为主体，实行部门联动、矛盾共调，共联合调处重大疑难纠纷 59 起，调结标的数 780 余万元，比上年上升 70%，有效地预防各类“民转刑”“民转非”事件的发生，有效地维护当事人的合法权益，维护了社会的稳定。是年，钱桥司法所、调处中心参与重点工程工作，有效地化解征土拆迁中的矛盾纠纷。无锡（藕塘）职教园区建设共涉及 800 余户农民的利益，创下无锡市一次性征土面积、拆迁面积、安置户数等之最。司法所指派 2 名人员积极介入征土拆迁工作，在前期宣传、排查、发动中，为村民化解家庭内部、邻里之间沉疴多年的各类纠纷 100 余起；在评估、签订安置协议中，解答各类咨询 300 余人次，并积极调处涉及人身损害、财产、继承、赡养等各类纠纷 16 件，使原有因纠纷不肯签约的 43 户被拆迁户均顺利签约。在辖区内其他重点建设项目中，司法所也积极介入，同年又调处纠纷 45 起，涉及村民 107 户，确保社会稳定和重点工程顺利推进。同时，钱桥街道综治办制定《外来人口管理服务实施意见》，协调处理农民工工资纠纷 8 件，涉及 100 余名农民工，解决标的金额 70 余万元。是年春节即将来临之际，钱桥街道党工委针对春节前后社会治安案件高发期的特点，成立民兵、青年志愿者治安巡逻队。民兵、青年志愿者巡逻队由政治素质过硬、身体强壮的民兵应急分队队员及青年志愿者组成，下设 4 个分队、10 个巡逻班组。巡逻队队员在派出所民警带领下，于每天 18：00~24：00 时在镇区和重点地区开展夜间治安巡逻执勤行动，实施村、组联动，采取动态巡逻盘查与蹲点守候巡逻相结合、车巡与步巡相结合、定时与不定时巡逻相结合的方式，织严织密街面、小巷、社区的巡逻防控网格，维护社会稳定，最大限度挤压犯罪空间，排查化解不安定因素，制止各种不法行为。

钱桥街道党工委、办事处把维护社会稳定工作放在首位，一手抓具体案件的应急处置，一手抓社会稳定的长效机制健全。2008 年，钱桥政法综治中心成立以后，坚持每月召开工作例会，排查治安矛盾纠纷；相关职能部门定期研判，每月撰写维稳信息报告；坚持领导定期信访接待，畅通群众诉访渠道，化解各类矛盾，坚持有访必接、有信必复；坚持政策宣传，统一思想，把合理解决诉求放在首位；坚持打击一小部分别有用心之人，逐步形成统一受理、分口管理、依法办理、限期处理的有效措施。是年，钱桥街道单独设置信访办，由 2 人专门办理信访事项，每年办结政务平台投诉及各类信访案件 600 余件。同年，钱桥街道 16 个村（社区）被评为惠山区社会安全村，钱桥街道连续多年被评为无锡市安全镇。

钱桥街道法治平安创建工作以“公平、公正、公开”为主题，开展以法治政府、法治社区、法治村、诚信守法企业、法治满意站所、法治政府建设为载体的创建活动。为开展法治政府创建工作，钱桥街道设置便民服务中心，设置党务、政务公开栏；在惠山中专内设立与惠山区共同建设面对“十万学生法治宣传基地”；各社区利用广场、村道、小公园设置法治宣传长廊。特别是藕乐苑社区在藕乐苑安置小区一期设置大型法治宣传基地，吸引市、区及省外各地友好单位前来参观。2009 年，钱桥街道政法综治中心“听民声、安民心、解民忧、办民事”，把“解决问题、维护稳定”作为绩效建设的唯一衡量标准，实现“调解矛盾纠纷、保驾经济发展、融洽干群关系、维护社会稳定”，共接待来访 330 批 641 人次，接待来信 97 件，群众满意率在 99%以上。是年 5 月 21 日，钱桥街道政法综治中心聘请无锡神阙律师事务所 2 位律师到钱桥街道现场为 200 多位企业家、管理人员、销售人员“问诊把脉”，详细传授相关应知法律法规知识。同年，钱桥街道司法所积极推进人民调解工作向专业化、制度化、网络化、应急化方向发展，不断使人民调解工作适应新时期新发展的要求。是年，钱桥街道共设立调委会 35 个，建立厂企调委会 8 个，流动人口聚居点调委会 6 个。街道司法所全年共调处矛盾纠纷 185 起，调解成功率 97%，防止矛盾激化 11 起，劝阻群体性上访 3 批 230 人，实现小纠纷不出社区、疑难复杂纠纷不出街道的工作目标。

图 4—22—15　2009 年 5 月 21 日，钱桥街道举办法律法规专题讲座

2012 年，钱桥街道以矛盾大调解机制为抓手，实行网格化管理，社区扁平化管理实现全覆盖，人口服务管理工作得到进一步加强，“平安钱桥”“法治钱桥”建设推进有力，“四项排查”、安全生产、矛盾纠纷化解等工作成效明显。2014 年，钱桥街道狠抓矛盾排查、稳控和化解，及时处理信访事件，全年有效处置不稳定事件 11 起，处理网上政务通 741 件，调处各类纠纷 56 件，完成社会稳定风险评估项目 22 件。

2015 年，钱桥街道综治办开展法律咨询活动 9 场次、法制讲座 8 场次、法治文艺 30 场次，送法进企业 10 场次，以全方位、多层次的普法活动，打造特色法治品牌，丰富法治创建内容。同时，综治办以平安为抓手，以满意为责任，组织开展“民声行在行动”专项主题活动，以党政领导、人大代表、政协委员、法律顾问、党代表为主体，以社区书记、职能部门为责任单位，切实开展“下基层、访民情、听民声、办实事、谋发展、促和谐”为主题的“民声行”活动。通过活动，是年排查不稳定事项 31 件，化解 19 件；发现矛盾 17 件，处置 17 件；听取合理建议 11 条，开展各项活动 20 余次。“民声行”活动中，消除隔阂，促进理解，密切干群关系，提升政府形象，促进满意率提升。是年，15 个社区全部成为无锡市级民主法治社区示范点，其中西漳、钱桥、华新、藕乐苑、东风、舜柯获省级民主法治社区示范村（社区）称号。政法综治中心每月召开各社区综治干部工作例会，全年共召开 12 次，集中排查各类社会矛盾 11 起，召集城管、社保、安监、派出所等部门专项排查 15 次，对重大事件专项研判 15 次，召开专项协调会 8 次，消除化解群访集访、越级上访等苗头性事件 9 起。是年，通过各职能部门共同努力，有效化解处置万健置业农民工工资、香缇半岛延期交房、地铁三号线拆迁、淳泰公司车主办证事件及相关企业主跑路欠薪事件等事件，有效配合处置黄旭峰户强拆事项。全年接待群众各种来访 143 批、200 余人，受理“12345”政府公共服务热线 530 件，其中办理来人来访 37 件、来信来访 44 件，未发生信访存量增加和越级事件。同年，调处中心、司法所直接调处各类矛盾纠纷38件，赔付总标的额120万元，未发生“民转非”“民转刑”案件。法律咨询80余人次，法律援助4件。辖区内未发生重新犯罪及意外事件。是年底，共有涉毒人员269人，其中纳入社区戒毒康复人员76人，对涉毒人员按规定实施尿检监管，每月汇报思想，每月走访调查，建立帮教小组等管理措施。是年，辖区内有社区矫正对象48人，其中缓刑46人、监外执行2人，完成审前评估14例、假释环境评估2例，所出具的评估报告均被法院采纳；刑释解教人员47人，矫正对象无一人重新犯罪。同年，政法综治中心每月1次组织矫正对象集中法制教育，每月组织每人8小时公益义务劳动，请区人民检察院工作人员对矫正对象进行法制教育2次。

### 五、社会维稳

2004年8月25日，惠山区公安分局在钱桥镇影剧院召开“打黑除恶”公开审判大会，会上对10名犯罪分子所犯罪行进行公开审判，近千名群众到现场观看审判过程，接受教育。是年，钱桥镇被评为无锡市社会治安安全镇、无锡市社会治安综合治理先进镇、惠山区社会治安综合治理先进镇。2005年，钱桥镇共抓获违法犯罪嫌疑人10人，破获各类案件9起，通过技防报警后及时出警避免发生案件22起，协助处置群体性事件9起。2007年，通过完善技防设施，抓获犯罪嫌疑人11人，破获各类案件8起，通过技防报警后及时出警避免发生案件25起。

2009年，钱桥街道共破获各类刑事案件377起，破获治安案件314起，破获八大类案件（故意杀人、故意伤害致人重伤或死亡、强奸、抢劫、贩卖毒品、放火、爆炸、投毒罪）18起，八大类案件破案率达100%；共拘留刑事、治安案件作案人员509人，逮捕126人，抓获网上“三逃人员”70余人。6月2日，无锡市综治委副书记魏持红率领市教育局、市公安局等相关人员在钱桥街道召开高职院校综合治理研判会。惠山区政法委副书记顾惠恩、钱桥街道政法委书记华卫贤参加会议。研判会对无锡（藕塘）职教园区的综合治理工作予以肯定，同时提出在综合治理的工作体制、机制、组织、治安巡防、工作方法上还要有所改进，各职能部门要明确分工、加强沟通、密切联系，采取有效措施，把学校综合治理工作做细、做深、做实，确保学校教育环境安全稳定，创建平安校园。是年6月18日，北京市朝阳区等多个考察团到钱桥街道考察综治工作。

图4—22—16　2009年6月18日，北京市朝阳区政法委考察团考察钱桥街道政法综治中心

2010年，为预防社会矛盾激化，钱桥街道维稳领导小组开展社会稳定风险评估工作。社会稳定风险评估是在办理实施涉及民生事件的重大决策、重大项目前，进行社会稳定风险评估，把事后矛盾放在事前预测，进行评估和化解，减少和降低项目处置中的不稳定事件发生，最大限度减少社会矛盾。开展社会维稳风险评估以后，平均每年完成30余件评估项目，化解各类矛盾200余件。

钱桥街道政法综治中心实现工作联动、矛盾联调、“一站式”接待、“一条龙”服务、“一篮子”解决社会问题的创新工作机制，工作绩效连续数年在全市、全省领先。钱桥街道政法综治中心开展反邪教宣传和打击工作，把打击、教育、感化三位连成一体。政法综治中心在街道驻地及晓丰社区设立反邪教警示室，每年6月10日为固定宣传日。政法综治中心还对每个涉邪教人员成立帮教小组，促使涉邪教人员及时回归社会。同时，政法综治中心在辖区内配备专职禁毒人员，开展禁毒和社区戒毒康复工作。每年6月26日，召集涉毒人员集中教育，同时在全街道开展“远离毒品、珍爱生命”专项主题教育活动。

## 第六节　监所

2009年5月，无锡市第一、第二、第四看守所，无锡市拘留所，无锡市公安局收容教育所，无锡市强制隔离戒毒所迁至钱桥街道舜柯社区，设立无锡市公安局监所管理支队。

无锡市公安局监所管理支队位于钱桥街道舜柯山下，占地面积16.67公顷，为副处级建制。监所管理支队下设办公室、监管科、技术科、侦审科、警务保障室5个科室，为副科级建制；设无锡市第一、第二、第四看守所，无锡市拘留所，无锡市公安局收容教育所，无锡市强制隔离戒毒所6个监管场所，为正科级建制。

无锡市公安局监所管理支队担负着羁押、监管违法犯罪人员，保障刑事诉讼和行政执法活动顺利进行的职责。第一看守所主要收押市中级人民法院、市人民检察院，崇安区、北塘区、滨湖区、新区公安分局、检察院、法院和交通治安、水上、机场公安分局送押的对象，以及市区送押的男性未成年的犯罪嫌疑人、被告人；第二看守所主要收押锡山区、惠山区、南长区公安分局、检察院、法院及市公安局机关各部门送押的犯罪嫌疑人、被告人，以及市区送押的女性犯罪嫌疑人、被告人（包括未成年女性）；第四看守所主要承担被判处拘役及有期徒刑余刑三个月以下罪犯刑罚执行和劳动改造的管理工作。无锡市拘留所主要承担市区公安局、法院裁决的行政拘留、司法拘留、外籍拘留审查人员的管理教育工作。无锡市公安局收容教育所主要承担全市被收容教育妇女的教育感化任务。无锡市强制隔离戒毒所主要承担全市涉毒拘留、强制隔离戒毒人员的管理治疗工作，依法对吸食、注射毒品成瘾人员在一定时期内进行生理脱毒、心理矫治、适度劳动、身体康复和法律、道德教育。

# 第二十三章 军 事

元朝末年，莫天佑曾在藕塘桥开凿河道、稍塘营扎水军营盘。民国年间，钱桥、藕塘地区成立保安团，有冯庸根（冯耕庸）部、周阿福部、杨友清部等武装力量，并有联防队、自卫游击队等。民国 26 年（1937）11 月 23 日，日本侵略者侵占无锡，钱桥、藕塘地区的百姓惨遭日本侵略军的烧杀抢掠，有的死于日军的枪口刺刀之下，有的妇女遭受日军奸淫，有的被日军鞭打致残，有的被日军抓去当苦力。解放战争时期，陆道南带领锡西武工队开辟钱桥，在钱桥、藕塘地区发展革命武装力量，进行地下革命活动。时亦有胡少梅等反动武装力量。新中国成立初期，藕塘区，钱桥、藕塘等各乡建立人民武装部。钱桥、藕塘地区适龄青年积极参加志愿军，抗美援朝、保家卫国；各乡农民、各行业职工踊跃捐粮捐款，支援抗美援朝。20 世纪 50 年代后，钱桥、藕塘（公社、乡）镇，钱桥街道人民武装部在辖区内组建民兵组织。民兵组织有基干民兵、普通民兵、武装民兵之分，后改为基干民兵、普通民兵二种，实行全民皆兵，地方武装力量不断增强。适龄青年响应政府号召，踊跃报名应征，参加中国人民解放军。进入 21 世纪，辖区内加强人民防空工作，建设人防工程和报警系统，形成预防空袭网络。同时，加强国防教育，增强区域内人民的国防观念、忧患意识。钱桥、藕塘（公社、乡）镇党委、政府，钱桥街道党工委、办事处与驻军建立鱼水深情关系，地方支持部队建设，部队支持地方建设。2015 年，钱桥街道基干民兵设工程防护分队、应急连、车辆装备维修队等军事组织，另有预备役民兵编入工化连。

## 第一节 武装力量

2015 年，钱桥街道设有人武部，各社区建立民兵营，基干民兵设工程防护分队、应急连、车辆装备维修分队、独立应急排、油库保障分队、机动防卫分队、步兵分队等军事组织。

### 一、古代武装力量

元至正十七年（1357），张士诚遣将莫天佑据无锡安阳山。莫天佑与朱元璋部将徐达等征战累年，屯兵藕塘扫荡营（今稍塘营），开挖与大河连通的护营河，构筑水军营盘，故至今仍有“稍塘营”地名。

### 二、民国时期的地方武装力量和斗争

20 世纪 20 年代初，藕塘南水渠冯耕庸（冯庸根）在苏州萃英中学读书时入选苏州学生联合会代表，结识以苏州省立第二工业专门学校预科学生会代表选入苏州学生联合会代表的无锡同乡秦邦宪（博古），一起开展学生运动。两人志趣相投，声气相应，结成莫逆之交。后由秦邦宪介绍，冯耕庸于国共合作时期加入国民党以及锡社社团组织。民国 14 年（1925），冯耕庸回家乡无锡洛社当一名小学教员，参加锡社，组织募捐队，参加者还有秦邦宪、陆定一、安剑平、顾谷宜等 87 人。是年，五卅运动波及无锡农村。为进一步唤起民众，掀起反帝高潮，冯耕庸等活跃在城乡开展援沪募捐活动。当时无锡出版一本《无锡评论》进步期刊，秦邦宪任编辑主任，冯耕庸等 7 人为编辑部成员。

秦邦宪、冯耕庸联署“则民、耕庸”，发表《五卅惨案中的无锡舆论界》一文。是年4月，开原乡廿二、廿三图藕荡（塘）桥图董王允中在镇上组织保安团，召集本镇商学子弟44人为团员，分作四班，聘定徐志芳为教练。保安团所需经费均由商家凑集，于是年4月9日成立。

民国15年（1926）初，冯耕庸在无锡万安市洛社发起成立进步青年团体万安协进社，编辑出版社刊《协进月刊》，并任主编。是年1月15日《协进月刊》创刊号一出版，秦邦宪专门写一篇评论文案，称该刊物“不失为水平线上的一本刊物”，赞之为打破“当时无锡沉闷空气，迎接新的春天的第一燕”。是年6月，社会上风传有人秘告冯耕庸等6名锡社骨干成员为“赤党”，将通缉拘捕。冯耕庸得悉后连夜逃往上海，投奔在上海的秦邦宪与安剑平。同月，开原乡藕荡（塘）桥保安团将富安乡胡埭镇巨劫案在藕塘镇堵截，开枪击退匪众。藕塘乡佐朱伯麟开具御盗出力人员名单，呈县转省署请奖励。无锡县知事张修府接呈后谓“藕荡桥保安团御盗有功，准予转呈省府”。是年8月，省总司令孙传芳在县呈报上批语：“该县藕荡桥保安团团长朱绶章（又名朱伯麟）等击匪得力，防范有方，殊堪嘉许。”同年冬，随着国民革命军的胜利进军和革命形势的发展，中共无锡党组织为加强宣传工作，建议以国民党无锡县党部、市党部的名义筹办《无锡民国日报》。民国16年1月，国民党无锡县党部、市党部委派冯耕庸负责筹备。冯耕庸时系中共党员，其公开身份是“锡社”骨干。经过两个多月的紧张工作，3月22日，无锡民国日报社正式成立，冯耕庸任编辑部主任。报刊出版后，深受各进步社团和广大革命群众的欢迎和支持，每日印刷量高达6000~7000份，除无锡外，在宜兴、溧阳等邻近各县流传广泛，产生较大影响。同月，国民革命北伐军到达无锡，中共领导下的无锡工人、农民运动高涨。同年3月30日，在县农民协会的指导下，富安、万安、青城三市乡农民协会指导员秦柳方会同藕荡（塘）桥冯耕庸、冯梦阳等部，联系万安市洛社、杨墅园、西漳等地数十乡3000多人集会，严厉声讨石塘湾土豪劣绅孙霖甫、孙屏东等“四孙”。4月1日，藕荡（塘）桥、洛社、杨墅园三四千群众分水陆两路从城中游行到县政府请愿，要求通缉孙霖甫等“四孙”，十四军政治部遂下令惩办13名土豪劣绅。“四一二”事变后，国民党无锡市党部于4月14日晚血洗无锡总工会，袭击无锡民国日报社，《无锡民国日报》被迫停刊，冯耕庸等22人遭悬赏通缉。是年9月，无锡东北乡地区农民举行声势浩大的秋收暴动。为策应东北乡农民暴动，乔心全派人通知藕荡（塘）桥、钱桥、洛社等地农民协会组织破坏铁路、焚烧地主粮仓。民国17年3月12日，中共无锡县委在锡西藕荡（塘）桥、洛社一带坚持斗争，以农民革命军名义号召农民进行抗租，与东北乡的农民武装斗争遥相呼应。

民国24年4月23日，开浚闾江河盛店桥段，河工500余人因不满遭受乡政当局欺压，群起反抗，痛打区长，并捣毁乡长家宅。盛店桥段河工的抗暴斗争遭到县保安大队第四中队的武装镇压。民国26年冬，锡西各乡镇民众，特别是地方绅士、工商地主为保护其自身安全及地方安宁，纷纷组织防夜队或自卫游击武装。民国27年1~3月，无锡四乡出现游击武装30多个，钱桥、藕塘地区有4个游击武装组织，藕荡（塘）桥有冯耕庸部，盛店桥有杨友清、王阿兴部，钱桥有周阿福部。是年6月，富安乡钱重庆发起组织钱桥、藕荡（塘）桥、盛店桥、杨墅园、北新桥、高明桥、胡埭、陆区桥、张舍、新渎桥等西片的10个镇成立联防队。联防队总部设在高明桥（今洛社镇），钱重庆任主任，严文耀任司令。联防队下设4个大队，钱桥周阿福任第二大队大队长。

民国30年2月，日伪军开始“清乡”，经常到乡间集中村民突击检查询问，任意进入民房翻箱倒柜，掠夺财物。钱桥、藕塘地区的群众愤恨地称之为“清箱队”。日伪军在钱桥的双河尖设检问所，凡过往群众经检查后方得通行。检查时，日伪警和翻译趁机向百姓敲诈勒索。这一时期，藕塘桥一带和闾江口多数民房被毁，钱桥头、杨湾部分民房被毁。民国33年7月，锡西警卫队组织藕塘20多个贫苦农民进藕塘镇，待了解熟悉伪警察活动规律后，持刀斧袭击镇伪警察局，缴获步枪15支及弹药等。民国34年2月，藕塘桥井亭小学校长孙振亚秘密把先天道组织从锡东引领到锡西，自带道徒到杨墅园活捉日伪“清乡”队长。此后，先天道在藕塘及锡西地区迅速发展，曾数次攻打日伪据点。是年12月11日，县保安团与保安第二大队合编为县保安大队，李沾祥任大队长，藕塘桥胡少梅任副大队长，下设4个中队。民国35年7月，武南武工队队员朱伟亦以帮工身份到藕塘乡管家湾从事秘密工作。民国36年3月，国民党锡西督剿专员胡少梅和区长章星垣率部协助武进县保安队，以藕塘为中心，向胡埭、杨墅园、新渎桥一带展开“清剿”。是年12月8日，在锡西地区普遍建立普通民众自卫队的基础上，藕塘桥建立自卫队常备中队。民国37年3月5日，江苏省无锡县民众自卫总队分别在藕塘区藕塘镇、钱桥镇征集13人、10人当兵。藕塘区暨所属各乡镇组织成立自卫队。各自卫队设队长1人、队副1人，队员56人，传令兵1 人，合计59 人。是年12月，锡西武工队负责人张涛、陆道南鉴于地下武装活动形势好转，逐步扩大活动范围为东至钱桥双河尖，南抵藕塘管家湾、杨湾，北至洛社镇，并在陆区、藕塘、胡埭、洛社、杨墅园、双庙等地建立9个武装小组。

1949年2月，江苏省无锡县保安第一团三营九连一排一班驻扎藕荡（塘）桥，担任保护仓库的职责。是年4月，藕塘桥区自卫队分别由钱桥镇、藕塘镇、稍塘乡、盛店乡、溪北乡各出16名队员组成。4月5日，锡西武工队负责人张涛积劳成疾，患伤寒症医治无效，于钱桥黄旗岸逝世。4月22日，锡西武工队秦国光等10余人在钱桥龚巷后洋溪河上阻拦携带人、枪、粮草仓皇逃跑的锡西反动分子胡少梅、李仁奎等，逼使坐船的逃跑之敌全部投降，共缴获步枪100多支、短枪3支，弹药若干，粮船两艘。同日，收缴藕塘乡、张镇乡等自卫队的武器。是年5月，锡西的洛社、藕塘、玉祁、新渎等乡联合建立洛社联防区。9月，武工队歼灭锡西地区“青年反共江南指挥独立第三支队”，缴获机枪1挺、长短枪15支，子弹113发，以及全部印章和信函。民国35年5月~1949年，张涛、陆道南组织领导锡西地区武装政治工作小组，唐廷轩任组长，直至解放。

### 三、新中国成立以后地方武装力量

新中国成立初期，无锡县成立人民武装部，藕塘区，钱桥、藕塘、稍塘、舜柯、社冈、西漳、洋溪、会龙、盛店等各乡亦相继成立人民武装部。同时，以乡、村为单位普遍建立民兵组织，乡设民兵中队，村设民兵分队。1952年，藕塘、钱桥建立两个民兵连。1953年1月，根据无锡县委、县政府的决定，藕塘区，钱桥、藕塘、舜柯、社冈、西漳、洋溪、稍塘、新民乡分别成立区、乡人民武装委员会。5月，钱桥、藕塘、舜柯、稍塘、社冈、西漳、洋溪、盛店各乡民兵中队改为民兵营，村民兵分队改为民兵连。

1957年2月，钱桥、藕塘、稍塘、西漳、盛店各乡按不同年龄和条件，将民兵区分为武装基干民兵和普通民兵。其中武装基干民兵年龄为18~28周岁，普通民兵年龄为28~35周岁。

1961年12月，钱桥、藕塘两公社贯彻中共中央、国务院颁发的《民兵工作条例》。1962年，钱桥、藕塘两公社根据《民兵工作条例》精神，结合贯彻毛泽东主席关于民兵工作要做到“组织落实、政治落实、军事落实”的指示，整顿民兵组织，将16~45岁的男性公民、16~35岁的女性公民编入民兵组织，其中16~30岁的男性公民、16~25岁的女性公民编入基干民兵组织，其余则编入普通民兵组织。是年，钱桥、藕塘公社分别配备专职人武部干部。之后，钱桥、藕塘两公社每年整顿一次民兵组织，由县人武部进行点验。1973年，钱桥公社辖区内的县钢铁厂、县印刷厂、县塑料厂、县农机修造厂、县水泥制品厂等县属厂矿企业分别建立人民武装部和民兵组织。

1981年，根据中共中央、国务院和中央军委的通知精神，钱桥、藕塘两公社缩小组建民兵的范围，由原来的“人民公社、厂矿、机关、学校、街道及其它企事业单位都要建立民兵组织”改为“人民公社、厂矿等单位建立民兵组织”，压缩参加民兵组织年龄。钱桥、藕塘公社男性公民参加民兵组织年龄由16~45岁改为18~35岁，基干民兵的男性年龄由16~30周岁改为18~28周岁；女性公民参加民兵组织的年龄则为18~28周岁。同时，简化民兵组织层次，把原规定分编为普通民兵、基干民兵、武装民兵改为普通民兵、基干民兵两种民兵组织，且女兵只编入基干民兵，数额不超过民兵总数的10%。1985年以后，钱桥、藕塘乡将民兵组织建制由农村向乡镇工业企业转移。1989年，无锡县对与经济建设不相适应的民兵传统组建形式进行改革，钱桥镇、藕塘乡按照“五个有利于”和“以厂为主，厂村结合”及“五优先”“三少编”（即工作流动性小、易于抽调的人员优先，在本市镇工作的优先，年纪轻、身体好的优先，退伍军人、经过训练的人员和与军队专业对口的技术人员优先，政治和文化高的优先；年内连续三个月以上在外的人员少编，在关键岗位、平时无法抽调的人员少编，常年往返各地的驾驶人员、供销人员等少编）的原则，统一组建民兵技术保障分队，即修理分队、起重分队、运输分队等八个类型的专业对口技术民兵分队。

2001年6月18日、21日，惠山区人武部针对辖区内地势低洼，圩区众多，防汛抗洪任务重的特点，以片为单位，分别组织钱桥、藕塘等5个镇的民兵应急分队在杨市文化广场进行抗洪抢险演练。是年7月21日，钱桥镇人武部副部长戴震乾在无锡军分区举办的“四会”教练员“一二三工程”比武中，获优秀教练员称号。同年，钱桥镇、藕塘镇分别成立国防动员委员会领导小组，由党委书记任第一组长，镇长、分管领导和人武部长任副组长，领导小组在武装部设立办公室。2002年5月，钱桥镇人武部被无锡军分区评为民兵通信专业训练先进单位。5~6月，钱桥镇、藕塘镇人武部组织民兵建立防“非典型性肺炎”专业队伍，分赴车站、公路道口拦阻来自疫区和非疫区车辆及人员入境，从源头上杜绝“非典”的流入。是年12月，钱桥镇被无锡市人民政府、无锡军分区评为2002年度人民武装工作先进单位，藕塘镇人武部部长谢汉祖被无锡军分区表彰为基层人武工作先进个人。2004年2月，钱桥、藕塘两镇合并，两镇国防动员委合二为一，成立新的钱桥镇国防动员委员会领导小组。同年，两镇人武部合并后，钱桥镇人武部被无锡军分区评为人民武装工作先进单位。

2015年，钱桥街道武装力量编制设人武部部长、副部长，基层社区各设民兵营。

## 四、军事设施

1950年，藕塘区成立人民武装部，下属各乡都建有民兵组织，拥有一定数量的枪支弹药。基层人民武装部的武器弹药由各乡集中保管。1950~1956年小乡、中乡时期，钱桥、藕塘等各乡建有武器弹药库。1958年，钱桥、藕塘人民公社成立后，两公社各建有武器弹药库，由专人负责看管。1966年8月，毛泽东主席鉴于反帝反修的国际形势，提出“备战、备荒、为人民”“深挖洞，广积粮、不称霸”的号召，钱桥、藕塘地区驻军工程兵某部在勤建鸡笼山中开凿战备防空坑道。由于当时开挖坑道只能人工操作，进展十分缓慢，停下几年。1976年，鸡笼山中防空坑道继续开挖。解放军工程兵动用机械工具三班制24小时连续施工，用风钻把岩石打松，实行定向爆破，洞底铺上铁轨，挖出的石块用车在轨道上用人工推出。经过一年多时间的施工，洞口呈三角形的坑道全部打通。鸡笼山中坑道的三个道口分别在陈家湾、青山湾、基康里。后来鉴于国际形势缓和，鸡笼山的防空坑道没有安装任何设施。

1977年，无锡县人民武装部在钱桥公社历村大队道士湾征用6000.03平方米土地，建造武器弹药库，库房面积390平方米，生活区215平方米。县人武部武器弹药库于1980年投入使用。是年，无锡县各公社的武器弹药全部集中到历村道士湾县人武部武器弹药库统一保管。1986年5月，历村道士湾武器弹药库撤销，无锡县人武部所有武器弹药由无锡军分区后勤部武器弹药库接收。至此，钱桥、藕塘两乡军事设施全部撤除。

## 五、战备物资库

进入21世纪，为确保民兵军事训练正规化、规范化、实战化，钱桥（镇）街道人武部建立民兵战备物资库。战备物资库内购置储存充足的战备物资，有警棍、盾牌、头盔、防毒面具、战备背囊、迷彩服、迷彩帽、迷彩鞋、外腰带、救生衣、救生圈、工兵铲、小

图4—23—1 2015年，钱桥街道人武部民兵战备物资库一角

铁锹、大铁锹、水壶、挎包、雨衣、雨鞋、炊事用具、洗漱用具等。战备物资库的物资用于民兵应急连、基干民兵集训，开展军事活动等。

## 第二节 兵役

宋朝时，兵役实行募兵制。官府募兵制定兵样，按身长和体魄划分若干等，到钱桥、藕塘地区募兵。被募者按身长、体魄、用技确立等级，编入不同军营。元朝统一中国后，实行世袭兵役制，把全体军人和壮丁之户定为军户，与民户分籍登记，军户世代为兵。明朝主要实行世兵制（军户制），也采用募兵制和临时性的“抽籍法”补充兵员。清朝后期主要实行募兵制，省设立选验处，到期派员督促各州县按规定的募额和条件选募，地保带领符合条件的壮丁到指定地点听候检验，合格者注册编伍。民国25年（1936），沿用募兵制，募兵时由各省保安司令部及保安团、团管区协同部队到钱桥、藕塘地区开设招募站，张贴招兵告示，进行募兵。民国25年后，主要实行征兵制，并兼用募兵的方法在区域内补充征兵。

中华人民共和国成立后，钱桥、藕塘地区兵役实行现役和预备役相结合的制度。1978年以前，现役实行义务兵役制；1978年以后，现役实行义务兵和志愿兵相结合的兵役制。预备役分为第一类预备役和第二类预备役。2015年，钱桥街道预备役中军事组织基干民兵若干名。

### 一、兵役制度

#### （一）国民政府的募兵制

抗战前，钱桥、藕塘地区沿用募兵制，根据国民党江苏省政府规定，应募者需有固定职业，或相当资产，体格健壮，年龄在20~35岁。民国22年（1933），国民政府虽颁布《兵役法》，但仍允许就地招募。江苏省政府根据《兵役法》决定“在自治未完成区域内试行志愿常备兵，称为‘募兵’”。钱桥、藕塘地区志愿常备兵先从失业青年和流入社会的适龄壮丁中募集，应募者须进行身家调查和身体检查，合格者优先入营。民国25年8月，国民政府公布《陆军征募事务暂行规则》，募兵时由省保安司令部及保安团、团管区协同，到钱桥、藕塘地区开设招募站，张贴招兵告示，进行募兵。钱桥、藕塘地区应募者到招募站报名，符合年龄、身体等条件者，准募入营。被募者除给予国币5万元安家费外，还酌情给其家庭予以适当照顾。时区域内有“好铁不打钉，好男不当兵”之说，应募者多系生活所迫。

民国25年（1936）9月，国民政府颁布征兵令。根据国民政府规定，钱桥、藕塘地区实行征兵制，并兼用募兵的方法。民国26年，区域内普行征兵。7月起，钱桥、藕塘地区分批抽签征兵。1949年2月，为急补兵员，江苏省根据国防部颁发的《戡乱期间志愿兵招募实施办法》，大量在区域内许官募兵，规定凡募集40人以上者任排长，募集100人以上者任连长，募兵4~5连者任营长。是时，国民政府在藕塘区藕塘镇和钱桥镇分别征集13名和10名人员入伍。

#### （二）民国时期中国共产党领导下的兵役制度

中国共产党建立人民武装后，实行的是志愿兵役制度。抗日战争时期，区域内青年学生及各阶层青壮年中，拥护共产党抗日和革命主张的进步分子在自愿的基础上参军。民国28年2月，钱桥龚巷16岁的吴志勤加入由新四军第六团和地方抗日武装改编的江南抗日义勇军（简称“江抗”）。吴志勤是革命样板戏《沙家浜》十八个伤病员原型之一。解放战争时期，藕塘丁村丁巧生等自愿参加新四军。

#### （三）中华人民共和国成立后兵役制度

**义务兵役制** 新中国成立初期，钱桥、藕塘地区按国家规定，仍沿袭革命根据地的志愿兵役制。1955年7月，第一届全国人民代表大会常务委员会第二次会议通过并颁布《中华人民共和国兵役法》，钱桥、藕塘地区实行义务兵役制。年满 18 周岁的男性公民，不分民族、种族、职业、社会出身、宗教信仰和教育程度，都有依法服兵役的义务。义务兵役分现役和预备役，其中士兵现役期限为陆军 3 年、空军 4 年、海军 5 年。

**义务兵和志愿兵相结合的兵役制** 1978 年，全国人民代表大会常务委员会通过《关于兵役制度问题的决定》，钱桥、藕塘公社实行义务兵与志愿兵相结合的兵役制，部分服役期满 5 年的专业技术骨干转为志愿兵。1984 年 5 月 31 日，按照全国六届人大二次会议通过的《中华人民共和国兵役法》，钱桥、藕塘地区的义务兵现役期限为陆军 3 年，海军、空军 4 年。义务兵服役期满，根据军队需要和本人自愿可超期服役，超期服役期限为陆军 1~2 年，海军、空军 1 年。1998 年 12 月 29 日，全国九届人大常委会第六次会议通过的《中华人民共和国兵役法》规定，国家实行义务兵与志愿兵相结合、民兵与预备役相结合的制度。钱桥、藕塘镇政府积极贯彻新的《中华人民共和国兵役法》，应征入伍的义务兵服役期限 2 年，服役期满，根据军队需要和本人自愿，经团级以上单位批准，可以改为志愿兵。志愿兵实行分期服现役制度，服役期限从服役志愿兵之日算起，至少 3 年，一般不超过 30 年，年龄不超过 55 岁。

**征兵** 新中国成立初期，国家实行志愿兵制度，钱桥、藕塘地区民间以参军为荣，适龄青年积极参军入伍。1951 年 2 月，无锡县委和无锡县人民政府发起抗美援朝参军运动后，辖区内出现参军热潮。1953 年，藕塘区抗美援朝参军送区 164 人、送县 55 人。1955 年，新中国第一部《兵役法》规定实施义务兵役制后，除特殊情况外，钱桥、藕塘地区每年征兵一次，个别年份征兵两次。是年，钱桥、藕塘乡设征兵机构，具体承办兵员征集工作。适龄青年自愿报名后，经政治审查和体检，合格者根据征兵命令所赋予的任务，选优秀者批准入伍。钱桥、藕塘两乡（镇）每年都能完成义务兵征集任务，并多次被评为征兵工作先进单位。

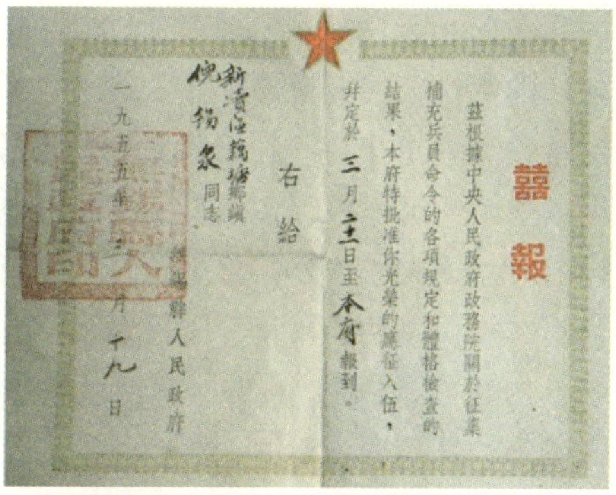


图 4—23—2 1955 年 3 月 19 日，无锡县人民政府批准新渎区藕塘乡倪锡泉应征入伍喜报

21 世纪初，钱桥镇人武部积极做好兵役登记工作，利用各种形式做好宣传工作。各村民兵营长主动上门，到适龄青年家中进行兵役登记，力争做到不漏、不重复。在定籍征兵过程中，人武部积极做好应征公民的摸底调查工作，并且建立好台账。在征兵体检过程中严格把好体检关，对双合格（政审合格、体检合格）青年及其家长做好思想工作。2003 年，钱桥镇征集的新兵中，党团员比例达到 100%，高中以上文化程度占 69%，兵员素质好，达到“数量一个不少、质量一个不差、时间一天不拖”和无一政审、体格责任与非责任的退兵，较好完成上级赋予的征兵工作任务，被惠山区人民政府、区人武部评为 2003 年度征兵工作先进集体。“兵精民安，国强厂盛”，这是“锡兴人”的追求与心声。是年，锡兴钢铁集团公司领导以国防大业为己任，把高学历优秀青年送到军营，成为当年度惠山区唯一的出兵大户。2004 年，锡兴集团再次成为钱桥镇的出兵大户。是年，钱桥镇华新村周基头青年周晓炎被长春飞行学院招飞录取，毕业后编入长春某部战斗机大队任战斗机驾驶员、教练员，后升任副大队长。2005

图 4—23—3 2009 年 10 月，惠山区人武部在无锡职教园区江苏信息职业技术学院开展征兵宣传

图 4—23—4 2015 年 7 月 13 日，钱桥街道召开征兵工作会议

年，钱桥镇被无锡市人民政府、无锡军分区评为征兵工作先进集体。2006 年 10 月 18 日，钱桥镇适龄青年全部到镇人武部登记，应征公民报名率达 100%。

2006~2015 年，钱桥（镇）街道均高质量完成义务兵征集任务。

## 二、预备役

### （一）预备役制度

1955 年 7 月，钱桥、藕塘地区按照《中华人民共和国兵役法》规定，士兵服役期满退出现役，转入第一类预备役；在征集年度内未被征集现役的公民，依法进行预备役登记，18~40 岁的男性公民编入第二类预备役。第一、二类预备役按年龄分为一、二等，30 岁以下为一等，31~40 岁为二等。

图 4—23—5　1957 年 9 月 9 日，藕塘乡何老三士兵服役期满退出现役时，中华人民共和国国防部颁发给他的编入第一类预备役的兵役证

1984 年 5 月，钱桥、藕塘两乡按照新的《中华人民共和国兵役法》规定“凡 18 岁至 35 岁符合服兵役条件的男性公民，除应服现役者外，均编入民兵组织预备役”；“退出现役符合继续服预备役条件的人员，也编入民兵组织服预备役”。钱桥、藕塘地区士兵预备役的年龄为 18~35 岁，分为第一类和第二类。士兵退出现役人员，28 岁以下的为第一类，29~35 岁为第二类；民兵中，基干民兵为第一类，普通民兵为第二类。

1998 年 12 月，钱桥、藕塘镇按照新的《中华人民共和国兵役法》中的“经过兵役登记的应征公民未被征集服现役的，服士兵预备役”；“士兵退出现役时，符合预备役条件的，由部队确定服士兵预备役；经过考核，适合担任军官职务的，服军官预备役”；“军官退出现役时，符合服预备役条件的，经过考核，适合担任军官职务的，转军官预备役”规定，做好区域内的预备役工作。士兵预备役的年龄为 18~35 岁，分为第一类和第二类。第一类士兵预备役包括经过登记服士兵预备役的 35 岁以下的退出现役士兵和地方与军事专业对口的技术人员，其他编入预备役部队和预编到现役部队的 28 岁以下的预备役士兵；第二类士兵预备役为除服第一类编入民兵组织的人员外，其他经过登记服预备役的 35 岁以下的男性公民，编入预备役部队和预编到现役部队的 29~35 岁的专业人员。至 2015 年，钱桥街道人武部一直执行以上规定。

### （二）预备役建设

20 世纪 90 年代，钱桥、藕塘（乡）镇按照上级人民武装部规定的任务，区分成立民兵和民兵预备役组织，并在每年适当时候根据任务进行一次转换组织整组。整组结束后，由上级人武部对辖区内基干民兵和民兵预备役组织实施点验。点验民兵预备役组织按照预案，查考按时、满员待命的处置能力，确保首批兵员在动员、专业对口率、优化应急分队、民兵干部队伍建设等方面整组任务的落实。2002 年，钱桥镇人武部做好预备役“三落实”（组织、政治、军事落实）工作，提高军政素质，抓好规范化建设，增强国防观念。是年 8 月 17 日，扬州预备役师首长实地考察钱桥镇预备役连部，钱桥镇的预备役工作获得师首长的好评。

2003 年 3 月，钱桥镇人武部组织各村基干民兵进行“四课二考”及神圣使命教育。在 3 月学雷锋活动中，人武部组织全镇基干民兵开展学雷锋做好事活动，共计做好事 50 余件。是年 4 月，钱桥镇人武部组织民兵到训练基地进行为期一个月的集训。参训人数按上级部门下达的任务数达到 100%。军事训练中，严格按照训练要求，按纲施训，做到训练规范、管理规范、教育规范，人员、时间、内容、质量“四落实”。一个月集训结束后进行考核评比，取得良好成绩，在结业典礼大会上受到省民兵训练基地领导的表扬。5 月，钱桥镇人武部在各村组建青年“民兵之家”，抓好组建配额人员的调整，各村分别成立应急分队，同时做好新老民兵的出入队工作。6月，钱桥镇基干民兵、应急分队人员接受上级部门的检查和验收，到点率达100%。同年，钱桥镇人武部在民兵中开展“经济建设尖兵”“精神文明标兵”“维护社会稳定卫兵”的“三兵活动”，骨干民兵在全镇治安及消防方面发挥积极作用，一些基干民兵抓好镇区镇容镇貌及秩序工作、各厂基干民兵在做好本职工作的同时协助城管、交警和公安部门处理好各类突发性事件和调处社会治安纠纷。每年汛期到来之前，钱桥镇人武部做到人员到位、组织到位、碎石准备到位，以应付突发性险情。

2005年，钱桥镇开展民兵整组工作，根据区人武部提出的整组任务，成立由党政主要领导任正副组长的民兵整组工作领导小组，精心组织，依法、规范、高标准开展民兵整组工作。尤其在优化民兵应急分队建设上，把“拉得出、打得响”作为工作的着力点予以落实，全镇民兵应急分队成员中90%以上为退伍军人。是年4月26日，钱桥镇举行2005年度民兵整组点验大会。镇基干民兵营防化二连全体官兵接受无锡军分区司令员邵继忠等首长的严格点验。钱桥镇民兵整组工作得到无锡军分区首长的高度评价。是年底，钱桥镇应编基干民兵全部整编到位，并在藕塘社区中心进行连部建设的尝试，实现基干民兵营连部建设新突破。

2005~2007年，钱桥镇党委、政府对预备役高炮团防化连在资金和物质上予以支持，拨出经费用于预备役部队规范化建设、阵地建设、成建建制建设，以及军事训练和民兵实弹射击。2007年11月9日，钱桥街道人武部组织预任军官述职报告会。预备役高炮二师工化连副连长谢汉祖（预备役中尉军衔）、副指导员俞亚度（预备役上尉军衔）分管民兵预备役工作，先后在会上述职。是年，钱桥街道人武部对预备役组织进行全面整顿，做到档案完整、卡片齐全、兵员清楚、联系方便；对村级民兵营营长进行规范化建设，组织全街道民兵营营长进行全面性的业务培训及考核，提高综合素质，以适应新时期军队的需要。全街道民兵营营长都进入（村）社区两委班子。

2015年，钱桥街道进一步加强民兵组织整组，编有预备役工化连、工程防护分队、区应急连、车辆装备维修队、街道独立应急排、油库保障分队、机动防卫分队、步兵分队、情报信息员等。

**（三）民兵与预备役军事训练**

1953年初，民兵与预备役人员的军事训练由无锡县人武部组织。钱桥、藕塘乡组织18~25岁的青年民兵参加县人武部组织的军事训练，训练时间一般为120小时（15天），其中政治教育占80%、军事训练占20%。军事训练以学会使用手中武器为主。

1962年，钱桥、藕塘公社民兵训练对象以专职人武干部、民兵干部、基干民兵为主，尤其以民兵连排干部和武装基干民兵为重点。1963年，钱桥、藕塘公社民兵军事训练在贯彻围绕中心、服从生产的前提下，利用农闲时节，采取小型、分散、就地的方法进行训练。1972年后，钱桥、藕塘公社贯彻国务院、中央军委批转总参谋部关于《1973年至1975年民兵军事训练三年纲要》和《1977年至1980年民兵军事训练四年纲要》，民兵军事训练逐步规范化。1978年10月中旬，无锡县人武部在钱桥公社召开人武系统全体干部、民兵营长、县级机关有关部门负责人参加的民兵工作会议暨清除“四人帮”流毒专题学习班，传达全国和江苏省民兵工作会议精神，决定民兵工作恢复坚持毛泽东人民战争思想，坚持野战军、地方军和民兵相结合的武装力量体制。

1981年，钱桥、藕塘公社民兵军事训练贯彻“缩小范围，减少人数，精简内容，改进方法，提高质量”的方针，将民兵训练改为每两年为一个训练周期，每个周期训练30天。1983年，无锡县人武部推出把民兵工作重点由农村向工厂转移的要求，钱桥、藕塘两乡人武部把民兵组织建制由农村向乡镇工业企业转移，建立乡镇工业公司民兵营。是年，钱桥乡和钱桥村被南京军区政治部评为民兵政治教育先进单位。1985年，钱桥、藕塘两乡民兵周期训练改为年度训练，由乡分散训练改为由乡组织民兵参加县集中训练。钱桥、藕塘乡参加县民兵集中训练的对象、形式、时机概括为“三改”“三结合”，即改历来抽在职工人训练为初高中毕业生上岗前训练，改先编后训为先训后编，改农闲训练为招工前训练；训练合格者编入民兵组织的组训相结合，学生在校实施超前训练和离校后再参加民兵训练相结合，民兵训练与就业培训相结合，解决了民兵训练中长期存在的工训矛盾。

1995年，为加强训练管理，提高训练质量，锡山市人民武装部把统一施训改为以片为单位逐个施训，钱桥镇和藕塘镇划归阳山片组施训。民兵训练时，由人武部部长或干事带队参训，钱桥、藕塘两镇各编成一个班，每期训练20天，参训者必须全部达到军政训练合格要求。

1998年，藕塘镇民兵组织建设继续深化“经济建设当尖兵，精神文明建设当标兵，维护社会稳定当卫兵”活动，建立一支政治可靠、思想进步、结构合理、训练有素的基干民兵队伍，基层民兵组织建设达到组织健全、编组合理、活动经常、制度落实、硬件达标、软件规范、强化训练、配齐装备，基干民兵参训率在95%以上。同时，加强村民兵营长的选拔、培养和使用，逐步提高村民兵营长进“两委”的比例。

进入21世纪，民兵预备役训练以预备役人员为主，根据预备役人员所担负的任务，参加由钱桥镇、藕塘镇，钱桥街道人武部组织的年度训练。2013年3~5月，钱桥街道组织预备役人员参加省军区高炮实弹射击，圆满完成训练任务。2015年，钱桥街道组织防卫分队参加无锡军分区集训、组织预备役工化连到镇江工兵团参加工化训练、组织基干民兵到安镇参加应急分队集训、组织预备役人员到某师炮团参加防化训练，参训人员不辱使命，刻苦训练，取得优异成绩。

## 第三节 人民防空

2001年，根据惠山区人民防空办公室指示精神，钱桥镇、藕塘镇分别组建人民防空办公室。人民防空办公室设在人武部，人武部部长兼任主任。2004年2月，钱桥、藕塘两镇合并，两镇人民防空办公室同时合并，成立新的钱桥镇人民防空办公室。钱桥（镇）街道人防工作认真贯彻落实《中华人民共和国人民防空法》，贯彻“长期准备、重点建设、平战结合”方针，坚持人防建设与街道城镇化建设、与经济发展相结合，辖区内人防工程、指挥通信和警报系统、社区人防工作站等基础建设有较大发展，战时应战、平时应急能力有较大提升。

### 一、人防工程

2001年5月28日，惠山区政府第一次常务会议审议通过《惠山区结合民用建筑修建防空地下室实施办法》，规定城区经济开发区和各镇规划区范围内新翻建的住宅、旅馆、招待所、商店、学校教学楼、办公、科研、医疗用房等民用建筑的一切单位和个人，均应按规定和标准修建防空地下室。新建民用建筑，按不少于地面建筑面积的2%修建，战时可用于防空的地下室。新建10层（含10层）或开挖深度3米（含3米）以下基础的9层地下民用建筑的单位和个人，必须修建面积不少于楼房基底面积的防空地下室。钱桥、藕塘两镇按区政府“办法”的规定做好防控地下室建设工作。

2005年12月，惠山区人防办对钱桥镇辖区内已竣工的人防工程逐一登记造册，签订“人防工程维护管理责任书”，编写《平战转换预案》，所有档案资料由区人防办公室进行归档管理。区域内竣工验收合格的人防工程，有关单位都指定专人负责维护，实行归口管理。

2015年，钱桥街道人防工程均依据惠山区人民防空办公室人防工程建设总体规划进行建设。钱桥街道人防工程主要有人员与物资掩蔽、医疗救护和人防专业队等。

### 二、指挥通信和警报系统

2003~2005年，惠山区人防办先后在钱桥镇政府、藕塘中学安装电声防空报警器。防空报警器平时指定专人负责维护管理，业务由区人防办公室统一组织培训。每年4月23日，钱桥镇政府、藕塘中学配合无锡市人防办公室统一组织试鸣，鸣响率达100%，覆盖率达98%，形成辖区内预防空袭警报网络。

2015年，按照惠山区人防办指挥通信和警报系统建设规划，钱桥街道建成镇级人防地面指挥所。指挥所有集成高清视频、数据传输、IP电话等功能。指挥所辖区内设置7个警报点，警报器由无线自动控制，为战时人民防空与平时自然灾害预警提供指挥通信和警报系统。

### 三、社区人防工作站

钱桥街道贯彻落实《无锡市惠山区人民防空办公室人防工作进社区实施意见》，至2015年，先后在藕乐苑、华新、晴山蓝城、稍塘、藕塘、洋溪等6个社区建立社区人防工作站。惠山区人防办统一给6个社区配置应急柜、应急包和相关应急救灾器材。街道每年组织群众性防空防灾演练和人防知识演讲，帮助居民了解人防法律法规，掌握防空防灾基础知识和基本技能。

### 四、人防应急准备建设

2008年起，钱桥街道组建抢险抢修、医疗救护和治安3个人防专业队，总人数90人，按照排、班的建制进行编组。同时，建立健全人防专业队联动机制，制订年度整组训练计划。人防专业队基本具备应急救援和协调保障能力。

## 第四节 国防教育

钱桥、藕塘（乡）镇，钱桥街道国防教育主要围绕“爱国、拥军”主题开展多种形式的教育活动。

### 一、国防教育纳入党校教育计划

钱桥、藕塘（乡）镇，钱桥街道开展国防教育以党员和干部、民兵骨干为重点，利用党校集训时间，对在职干部、后备干部和入党积极分子等进行国防教育，使参训对象受到爱国主义教育、国防教育，增强忧患意识，增强国防观念。

### 二、组织国防知识竞赛，开展国防宣传教育

钱桥、藕塘（乡）镇、钱桥街道组织各单位参加由新闻单位组织的国防宣传周活动，参加“强我国防、兴我中华”国防知识竞赛，参加“稳军心 固长城”有奖征文活动。1998年5月，钱桥镇、藕塘镇参加锡山市委宣传部、人武部、团委、妇联、总工会等单位组织，由无锡市国教办、人防办、国家安全局和军分区政治部等单位联合举办的“‘八一’恒通杯”国防知识竞赛，钱桥镇获二等奖。同月，钱桥镇、藕塘镇参加全市开展的以贯彻落实《中华人民共和国国防法》为主题的国防教育系列宣传活动，设立国防教育咨询站，分发《中国国防报》特刊、国防教育法规文件汇编等。2001年，《中华人民共和国国防教育法》实施，根据无锡市国防教育委员会关于开展“国防教育宣传周”和“国防教育宣传日”的活动安排，钱桥、藕塘两镇党政干部、专武干部和民兵干部在宣传周和宣传日走上街头，设立咨询站，张贴宣传标语，发放宣传资料。同时，利用有线电视、宣传画廊、黑板报等大张旗鼓地进行国防宣传教育，辖区内干部群众受教育面达88%。

每年春节前夕，钱桥、藕塘（乡）镇，钱桥街道人武部和民政办一起组织慰问烈军属活动，前往烈军属家中送立功喜报，发放“光荣之家”和纪念年历，弘扬“一人当兵，全家光荣”的优良传统。

每年征兵期间，钱桥、藕塘（乡）镇党委、政府，钱桥街道党工委、办事处在主要马路两旁的建筑物上张挂横幅，张贴宣传标语，树立宣传牌，利用广播、电视进行征兵动员。新兵入伍时，隆重举行欢送会。同时，以各种形式宣传《中华人民共和国兵役法》和国防知识，提高全民国防意识。

### 三、培养学生国防意识

#### （一）组织军训

钱桥中学、藕塘中学、商业职业技术学院、无锡城市职业技术学院、江苏信息职业学院、无锡

技师学院、江南影视学院、惠山中专、无锡汽车工程学校、无锡高等师范学校等在每年新生入学前都组织学生进行军训，接受国防基础知识教育，进行队列训练，培养学生遵守纪律、吃苦耐劳的军人作风。初中应届毕业生中考结束后，学校对毕业生进行国防基础知识培训，学习《中华人民共和国兵役法》等有关法规，为初中生即将由未成年人向应征公民转变，为履行义务服役打好思想基础。

### （二）少年军校

1995年3月28日，藕塘中心小学以“立德育才”为办学目标，利用地域优势，与驻锡某部结成共建单位，创办少年军校。少年军校以军训为载体，借助部队的力量，让学生在军校这所熔炉中得到锤炼，接受国防教育，磨练意志，增强国防意识。少年军校成为藕塘中心小学的一大特色。

藕小少年军校为孩子的成长创造良好的教育环境，组织学生在军营中观看战士们的列队训练、军事表演，和解放军叔叔一起就餐、活动，从中感受解放军战士崇高的思想、严明的纪律、朴素的生活、规范的言行。学生在真实、直观的教育环境中接受国防教育，激发从小爱军人、做小军人，长大参军担当保卫祖国重任的思想感情。藕小很多男同学长大后走进军营，实现儿时的愿望。学生在军训中，腿站肿，膀子酸，喉咙哑，没有退缩，意志、品格得到升华。军训结束，班主任担当“教官”的角色，对学生强化“军人意识”和“国防意识”教育。藕小学生“站如松，坐如钟，行如风”展示出小军人的风采；热爱集体，助人为乐，爱做好事，反映出小军人的精神；纪律严明，吃苦耐劳，敢于负责体现出小军人的风格。平时，藕塘中心小学每学期组织由部队首长、教官、学校师生、学生家长组成的观摩团观看学生的展示汇报，展示汇报节目有《军校同奏希望曲》《军徽闪闪缚苍龙》《兵娃娃风采展》等，以巩固国防教育成果。

藕塘中心小学的少年军校为学校教育工作创出一条新路，获得“锡山市儿童少年工作先进集体”“先进少年军警校”“雏鹰大队”等荣誉称号，成为一所军事化特色学校，在无锡地区乃至江苏省有较大影响。无锡市教委、无锡电视台多次到校采访，制作纪录片，在电视台播放。江苏教育电视台到藕塘中心小学制作《军校纪实》专题片，在省教育电视台播放。藕塘中心小学少年军校自1995年建立至2015年，20年久经不衰。

2015年12月18日，藕塘中心小学举办少年军校的责任与未来暨庆祝藕小少年军校成立20周年座谈会，原南京军区司令员向守志上将作为少年军校的名誉校长发来贺电；惠山区政府、区人武部、区民政局、区教育局、钱桥街道等领导到会祝贺并参加座谈会。

### 四、祭扫烈士陵园

每年清明节前，钱桥、藕塘（乡）镇，钱桥街道组织（乡）镇、街道机关、企事业单位、社区、社会团体、大中专院校、中小学的干部、职工、师生等到烈士陵园祭扫烈士墓，参观烈士事迹展览，缅怀革命先烈，激发爱国情怀，鼓舞革命斗志，增强国防观念。

## 第五节　驻军与共建

钱桥、藕塘（公社、乡）镇党委、政府，钱桥街道党工委、办事处与区域内驻军加强联系，互相支持，精诚合作，建立军民鱼水情的关系。驻军支援地方建设，帮助地方克服突发性的水灾、火灾、雪灾等灾害；地方积极支持部队建设。钱桥镇、藕塘镇，钱桥街道多次被评为“双拥模范镇”。

### 一、驻军

1954年2月，步兵某师坦克团驻军钱桥，1969年10月调防。1969年11月，有两支部队分别驻钱桥和杨湾，1976年5月、1981年6月，两支部队先后调防。1976年5月，又两支部队分别驻钱桥和藕塘青山湾。

1980年6月，总参谋部无锡离职干部休养所在龙山北麓钱桥公社建成。总参谋部干休所为正团级单位，1983年开始接收干部。截至2011年，总参干休所先后接收、安置军队离休老干部89人。后总参干休所隶属关系转至北塘区。

2015年，钱桥街道有4个驻军单位。

## 二、共建

2015年，钱桥街道开展共建的单位有某部队团部二营、三营，某部队教导队，无锡武警支队看守所，区人武部，预备役一团，军区通信营。

### （一）部队支援地方建设和抢险救灾

部队官兵把驻地钱桥、藕塘作为第二故乡，主动协助和支援地方政府的急、难、险、重任务。1991年，在钱桥、藕塘地区抗洪抢险中，驻军官兵和地方干部群众众志成城，及时排除一个又一个险情，确保人民生命财产的安全。在钱桥、藕塘镇创建文明卫生城镇工作中，共建部队有求必应，从人力、运输上帮助钱桥和藕塘地区解决突击性的打扫和清运垃圾任务。1992年8月，驻军某师汽车营出动300多名官兵，6辆运输车，冒着酷暑清除藕塘镇区内公路两边的杂草、垃圾。

1987~2001年，藕塘乡（镇）陈家湾先后发生4次山林火灾。火灾发生后，驻军部队炮九师汽车营和教导队每次都主动组织干部、战士100多人投入灭火。其中最严重的一次山林过火面积20余万平方米，最少一次山林过火面积66666.67平方米。在军民的共同努力下，山林火灾被成功扑灭。2007年4月，舜柯山发生山林大火，过火面积66666.67平方米，驻军某师炮兵出动150多名官兵赴山林灭火。在军地双方的共同努力下，山火很快被扑灭。

2008年1月，区域内连续大雪，造成雪灾。驻军某师炮团出动150多名官兵协助地方完成救灾任务。是年8月北京奥运会期间，驻军某师教导队出动20名官兵协助钱桥街道守护重点保护目标（变电站）。2013年，某部队出动几百名官兵到钱桥街道搞卫生整治工作。

### （二）地方支持部队建设

钱桥、藕塘（乡）镇党委、政府，钱桥街道党工委、办事处十分关心区域内驻军。每年“八一”建军节前夕，党政领导都要带领相关部门负责人前往部队慰问，送去慰问品和慰问金，为部队解决学习和生活上的困难。1991年，藕塘乡赠送炮兵某师汽车营洗衣机一台和肉食等过节食品。1992年“八一”建军节前夕，藕塘乡政府与部队官兵开展军民联欢，并赠送汽车营价值4000多元的录像机和卡拉OK音响设备。1993年建军节前夕，藕塘镇党委、政府赠送给部队4台洗衣机。是年，藕塘镇被无锡市政府、无锡军分区评为“双拥”先进镇。1994年，藕塘镇被命名为“双拥模范镇”。

1995年1月，钱桥镇文化中心发挥自身优势，为驻锡某部高炮分队培训连队宣传骨干24人，帮助6个连队建立6个文体俱乐部，赠送图书1350册，为连队建起图书室和阅览室。是年，藕塘镇被命名为“双拥模范镇”。同年，钱桥镇被无锡市政府、无锡军分区命名为“双拥模范镇”。1998年，钱桥镇被无锡市政府、无锡军分区命名为“双拥模范镇”。2001年，藕塘镇为教导队添置洗衣机1台，为部队营区内修路600米。2003年5月，藕塘镇出资4万余元为共建部队汽车营和教导队安装有线电视、修建道路和池塘；钱桥镇与部队官兵在玉泉公园联合举办“实践三个代表，军民携手奔小康”广场文艺演出晚会。是年“八一”建军节前夕，藕塘镇给共建部队教导队赠送2台空调、1车西瓜；钱桥镇政府分别走访部队干休所、军区通信营、惠山区消防大队和预备役高炮三团，送上慰问金共4万余元。

图4—23—6 2003年5月，钱桥镇与部队官兵联合举办“实践三个代表，军民携手奔小康”广场文娱活动

2004年，钱桥、藕塘两镇合并后，每次评比，钱桥镇都被无锡市政府、无锡军分区评为“双拥模范镇”。2006年8月1日，钱桥镇政府慰问驻军，送去慰问品和慰问金合计85000元。

2015年7月28日，钱桥街道舜柯社区与武警无锡市支队、市中队联合主办“警民鱼水情，共圆中国梦”“八一”双拥联欢晚会。50余名武警官兵与百余名社区居民相聚在舜柯社区广场，共同庆祝建军88周年，尽显警民团结一家亲的和谐场面。双拥联欢会上，还开展庆祝建军88周年知识问答互动，回顾抗战历史，缅怀革命先烈，重温中华民族全民抗战可歌可泣的英勇事迹。是年，钱桥街道全年支持部队物资与现金56万元。

## 第六节 支援抗美援朝战争

1950年6月27日，美国出兵入侵朝鲜，并派遣第七舰队进入台湾海峡的消息传到江南水乡，激起钱桥、藕塘地区人民无比愤慨，纷纷举行集会，进行声讨谴责。钱桥、藕塘、稍塘、万东各乡成立宣传组、读报组、时事学习组等组织，根据农村的忙闲特点，开展抗美援朝宣传学习活动，农忙时利用农民工间休息、乘凉等时机，开好“田头会”“乘凉会”；抓住集市、庙会和农闲季节，运用标语、画片、路牌、黑板报、说唱等群众喜闻乐见的形式，大张旗鼓地进行宣传。钱桥、藕塘地区干部、群众运用回忆对比、忆苦思甜的方法，控诉日军烧杀抢掠的罪行，燃起翻身农民和热血青年胸中的熊熊怒火，“不吃二遍苦”“打败美国野心狼”成为共同心声，从而激发区域内民众捐献废钢废铁，支援国家制造枪炮，动员子女报名参加志愿军的热情。是年，庙塘桥檀树垛王柏年（民国37年参加中共地下组织，1949年进汤山炮校学习）入朝参战，在炮师某部任观察班班长、团支部书记。同年，钱桥地区陆月清、王大林等入朝参战。

1951年秋，钱桥乡政府在钱桥北街藕塘区文化站（原礼昌茧行）召开征兵动员大会，发动广大适龄青年参加志愿军，抗美援朝、保家卫国。钱桥村青年踊跃报名，参加志愿军。村里陈瑞良（1936年7月出生）年龄未满16周岁，强烈要求参加志愿军，成为当时年龄最小的一名志愿军。年龄最大的周学良（1921年8月出生）时已30岁，隐瞒自己的实际年龄，积极参加志愿军。乡亲们送村里青年参军那天，手持彩旗，敲锣打鼓。被批准入伍的宋伯均的母亲陆爱珍身穿红衣裳，坐上黄包车，把儿子送到志愿军新兵接收站（广益乡石人桥某仓库）。陆爱珍被村民尊称为光荣妈妈。是年，藕塘区各乡农民、各行业职工踊跃捐粮捐款，共捐献稻谷72366.13公斤，人民币（旧币）80749000元，支援抗美援朝。

**1951年藕塘区各乡农民支援抗美援朝捐粮捐款统计表（截至11月18日）**

表4—23—1　　单位：斤、元（旧币）、户

| 乡别 | 捐献稻谷 | 捐献金额 | 户数 | 乡别 | 捐献稻谷 | 捐献金额 | 户数 |
|---|---|---|---|---|---|---|---|
| 藕塘 | 31926.00 | 4221000 | 1043 | 洋溪 | 18527.00 | 8000 | 671 |
| 稍塘 | 29139.00 | — | 966 | 西漳 | 15652.00 | 4077800 | 956 |
| 钱桥 | 12160.00 | 4145200 | 1050 | 社冈 | 22404.88 | 1042700 | 860 |
| 舜柯 | 14923.38 | 5990300 | 822 | 合计 | 144732.26 | 19485000 | 6368 |

**1951年藕塘区各行业支援抗美援朝捐款统计表（截至11月18日）**

表4—23—2　　单位：元（旧币）

| 行业 | 捐献金额 | 行业 | 捐献金额 | 行业 | 捐献金额 |
|---|---|---|---|---|---|
| 工商界 | 42146200 | 区机关 | 885000 | 戽水业 | 11185000 |
| 医务界 | 3857900 | 文教界 | 3189900 | 合　计 | 61264000 |

1952年2月，藕塘庙桥王巷王时云到朝鲜后加入工程兵部队，负责修路、架桥、打坑道。在一

次战斗中，王时云所在的工程兵部队完成修路任务后撤退。夜里天黑路滑，王时云不慎掉入3米多深的壕沟，怎么爬也爬不出来。谁知敌人突然开始炮击，猛烈的炮火把壕沟彻底炸塌。王时云被埋在沟底，昏死过去。醒过来时，王时云用尽全力从土中钻出，幸运的是壕沟已被炸塌，他方才从豁口爬出。待炮轰过后，副营长和连长找来，赶忙把王时云救回部队。王时云所在的工程兵营原有100多人，在朝鲜战场上的几次战斗中有不少人牺牲，回国时只剩下十五六人。藕塘许巷吴阿海为中国人民志愿军某部副班长。1952年10月，檀树埄王柏年参加上甘岭战役战斗，立三等功。1953年1月18日，吴阿海在朝鲜战场上的一次战斗中牺牲，时年30岁。中华人民共和国民政部评定吴阿海为烈士，予以褒扬。

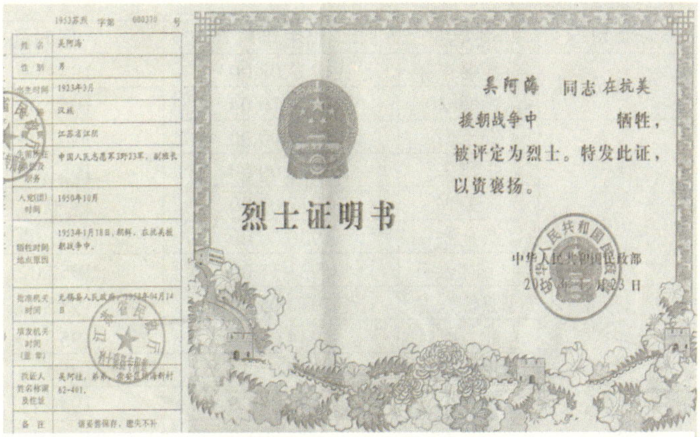
烈士证明书

吴阿海 同志在抗美援朝战争中 牺牲，被评定为烈士。特发此证，以资褒扬。

中华人民共和国民政部

图4—23—7 藕塘许巷吴阿海在抗美援朝战争中牺牲的烈士证明书（本证为民政部第5次换发给其家属的烈士证明书）

1950~1953年钱桥、藕塘地区青年参加志愿军一览表（不完全统计）

表4—23—3

| 所属社区 | 姓名 | 出生年月 | 入伍时间 | 退伍时间 | 援朝年份 |
|---|---|---|---|---|---|
| 钱桥 | 周学良 | 1921.08.00 | 1951.10 | 1955.02 | 1953.03~1954.08 |
| | 唐伯均 | 1926.01.00 | 1950.00 | 1955.00 | 1952.10~1954.08 |
| | 严福根 | 1930.06.00 | 1953.01 | 1957.04. | 1953.03~1957.02 |
| | 宋伯均 | 1935.12.00 | 1953.01 | 1957.05 | 1953.03~1955.05 |
| | 陈瑞良 | 1936.07.00 | 1951.10 | 1957.05 | 1953.03~1955.02 |
| 苏庙 | 陆月清 | 1925.00.00 | 1948.00 | 1955.00 | 1950.00~1953.00 |
| | 王大林 | 1926.00.00 | 1948.00 | 1957.00 | 1950.00~1953.00 |
| | 刘锡良 | 1932.00.00 | 1950.00 | 1953.00 | 1950.00~1953.00 |
| | 袁义兴 | 1933.00.00 | 1952.00 | 1956.00 | 1952.00~1953.00 |
| | 钱炳荣 | 1933.00.00 | 1951.00 | 1953.00 | 1951.00~1953.00 |
| | 张瑞林 | 1933.00.00 | 1950.00 | 1955.00 | 1950.00~1953.00 |
| | 缪浩泉 | 1934.00.00 | 1950.00 | 1983.00 | 1950.00~1953.00 |
| | 刘进福 | 1934.00.00 | 1949.00 | 1964.00 | 1950.00~1953.00 |
| 舜柯 | 张宝兴 | 1927.02.00 | 1950.00 | 1956.00 | 1951.00~1953.00 |
| | 朱宝元 | 1929.10.05 | 1951.00 | 1956.00 | 1951.00~1953.00 |
| | 石根兴 | 1930.10.17 | 1951.00 | 1956.00 | 1951.00~1953.00 |
| | 庄福海 | 1932.10.15 | 1951.00 | 1957.00 | 1951.00~1953.00 |
| | 周　斌 | 1932.12.18 | 1950.00 | 1953.00 | 1950.00~1953.00 |
| | 卢希玲 | 1931.00.00 | 1952.05 | 1954.12 | 1952.05~1954.12 |
| 晴山蓝城 | 秦大南 | 1925.05.15 | 1953.02 | 1955.11 | 1953.07 |
| | 高富泉 | 1936.02.24 | 1953.01 | 1979.12 | 1953.01~1955.05 |
| 藕塘 | 吴阿海 | 1923.03.00 | 1951.12 | — | 1953.01 牺牲 |
| | 张国基 | 1933.02.16 | 1950.00 | — | 1950.00~1953.07 |
| | 赵进法 | 1933.03.18 | 1951.01 | — | 1951.01~1953.05 |
| | 魏富根 | 1935.01.03 | 1953.07 | 1957.05 | 1953.07 |
| | 樊炳华 | 1936.07.01 | 1953.01 | 1957.05 | 1953.01 |
| 东风 | 钱洪发 | — | — | 1956.10 | 1950.08~1956.10 |
| | 冯友清 | — | — | 1956.10 | 1950.08~1956.10 |
| 南塘 | 殷永仁 | 1927.00.00 | 1950.00 | 1954.00 | 1950.00~1954.00 |
| | 蒋泉兴 | 1928.00.00 | 1950.00 | 1956.00 | 1950.00 |
| | 王柏年 | 1929.00.00 | 1948.00 | 1953.00 | 1950.00~1953.00 |

续表 4—23—3

| 所属社区 | 姓名 | 出生年月 | 入伍时间 | 退伍时间 | 援朝年份 |
|---|---|---|---|---|---|
| 南塘 | 秦晏平 | 1933.08.00 | 1953.00 | 1958.00 | 1953.00 |
| | 冯焕法 | 1934.10.04 | 1952.00 | 1956.00 | 1952.00 |
| 盛峰 | 朱正南 | 1925.00.00 | 1952.00 | 1954.00 | 1952.00~1954.00 |
| | 张建华 | 1926.00.00 | 1951.00 | 1956.00.00 | 1951.00.00 |
| | 张荣兴 | 1927.02.00 | 1950.11 | 1954.11.00 | 1950.00~1954.00 |
| | 戚金海 | 1930.09.00 | 1952.02 | 1953.12.00 | 1952.00~1953.00 |
| | 王时云 | 1931.11.00 | 1952.02 | 1954.03.00 | 1952.00~1954.00 |
| | 章仁兴 | 1932.05.00 | 1950.04 | 1953.12.00 | 1950.00~1953.00 |
| | 俞　刚 | 1934.01.00 | 1951.10 | 1954.10.00 | 1951.00~1954.00 |
| | 邓华樵 | 1934.01.22 | 1950.06 | 1955.08.00 | 1950.10.19 |
| | 章仲山 | 1934.00.00 | 1950.11 | 1953.12.00 | 1950.00~1953.00 |
| | 朱祖元 | 1934.00.00 | 1951.10 | 1954.10.00 | 1951.00~1954.00 |
| | 张仁焕 | 1935.03.01 | 1951.00 | 1956.00.00 | 1951.00.00 |
| 稍塘 | 李达宝 | 1924.02.22 | 1943.00 | — | 1953.01~1954.09 |
| | 金全法 | 1927.05.00 | 1951.00 | 1955.00.00 | 1951.00~1955.00 |
| | 吴永兴 | 1933.08.13 | 1952.12 | 1958.04.00 | 1952.12~1954.00 |
| | 魏金明 | 1934.02.19 | 1952.12 | 1957.04.00 | 1953.00~1954.00 |
| | 丁洪根 | 1934.02.27 | 1952.12 | 1958.04.00 | 1953.00~1954.00 |
| 藕乐苑 | 王立章 | 1926.03.15 | 1953.01 | 1957.01.00 | 1953.00 |
| | 周泉法 | 1927.03.00 | 1953.01 | 1957.00.00 | 1953.00 |
| | 闵阿友 | 1928.04.16 | 1952.00 | 1957.10.00 | 1952.00 |
| | 陆阿宜 | 1930.06.15 | 1953.01 | 1957.01.00 | 1953.00 |
| | 朱福生 | 1933.07.00 | 1953.01 | 1957.01.05 | 1953.00 |

## 第七节 战事

20 世纪 30~40 年代，钱桥、藕塘地区经历抗日战争、解放战争。民国 26 年（1937）11 月 23 日，无锡沦陷，日军执行野蛮的烧光、杀光、抢光的“三光”政策，成千上万的无锡百姓被屠杀或致残，民不聊生，流离失所。是时，钱桥、藕塘地区的百姓遭到日本侵略者的践踏。钱桥、藕塘地区人民组织抗日游击自卫队，开展抗日活动。民国 35 年，陆道南带领武工队开辟钱桥根据地，发展武工队员，开展除叛肃特斗争。1949 年，中共地下党组织成立锡西办事处，与反动武装力量斗争，迎接人民解放军渡江。

### 一、抗日战争

民国 26 年 11 月，藕塘南水渠冯庸根（后更名为冯耕庸）被推举为“无锡县工会联合会”委员。同月，无锡沦陷。次年初，冯庸根任锡西十镇联防队（抗日组织）第一大队队长。是年 12 月，为破坏日军通讯线，冯庸根组织指挥人员一夜之间将藕塘地区通讯电杆全部拔下，沉在南水渠高区河里。民国 27 年，新四军地下工作者经常到钱桥张高漕小学宣传抗日，大多是下午放学前。新四军地下工作者到学校后，老师就会停一节课，让地下工作者教学生唱新四军的歌曲。1~3 月，无锡四乡出现 30 多个抗日游击自卫武装，分布在各个乡镇。钱桥、藕塘地区有冯庸根部、杨友清部等。是年 8 月中旬，钱桥周基头村张锡昌在省立无锡教育学院学习，为中共党员，主持创办《警钟报》，宣传抗日救

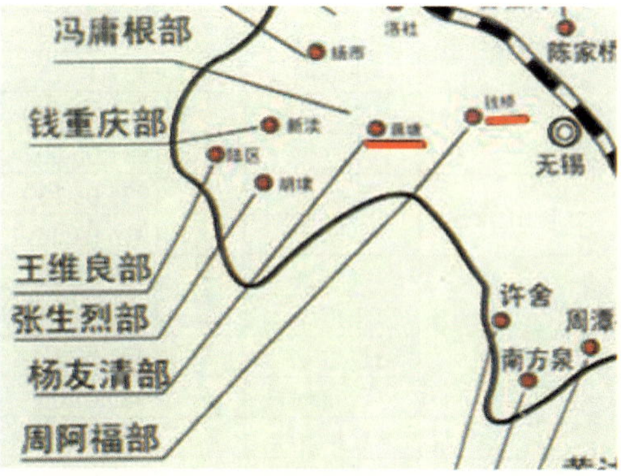

图 4—23—8　民国 27 年钱桥、藕塘地区抗日自卫游击武装分布图

亡。

民国31年5月，独立二团二营政委王香雄率部两度进入锡西地区，率两个连伏击日伪军杨玉亭部，击毙日伪军10多人。民国32年2月，武南县政府在锡西地区建立锡西办事处，顾彬任主任。朱如言、蒋继奋、钱革萍、吴志勤（化名吴争，为钱桥溪南人）先后带领武装人员进行抗日活动。

图4—23—9 民国32年，溪南吴志勤（左）“江抗”时期照片

图4—23—10 钱桥溪南吴志勤获得的抗日战争胜利纪念章和反法西斯战争胜利纪念章

民国30~34年锡西地区地方抗日武装力量一览表

表4—23—4

| 活动地区 | 名称 | 建立时间 | 备注 |
|---|---|---|---|
| 锡西地区 | 锡西警卫队 | 民国33年5月 | 负责人为吴志勤（吴争），民国33年12月编入区大队 |
| | 锡西区大队 | 民国34年8月 | 负责人为钱革新（兼）、吴志勤，民国34年10月撤往苏北，并被编入主力部队。 |

说明：吴志勤为钱桥溪南毛村人

民国33年5月，锡西建立警卫队。同年7月，锡西警卫队发动贫苦农民，持大刀小斧袭击藕塘镇日伪警察所，缴获步枪数支及弹药等。是年，勤建西村18岁的倪吉春参加抗日游击队。同年，倪吉春离家随队伍去马山。有一次日军对马山进行“围剿清乡”，倪吉春躲在百姓家里，被日军发现后当场枪杀。

民国34年8月10日晚10点刚过，刊载《波茨坦公告》消息的《新华日报》号外刚出版的当天，区域内有条件的百姓通过收音机及时得知这一胜利喜讯。当日夜里，钱桥、藕塘地区有人点起炮仗庆祝。

图4—23—11 民国33年加入八路军参加抗日战争的王同法（钱桥人）于2005年获中共中央、国务院、中央军委颁发的中国人民抗日战争胜利60周年纪念章

## 附录一：日军暴行

民国26年（1937），日军占领上海后，立即分南、北两路向西进击。是年11月23日，日军自南门、西门攻入无锡城，左、右翼军在周山浜汇合后，于25日破城而入，无锡沦于敌手。时钱桥、藕塘地区四乡道路上扶老携幼、妇啼婴嚎，潮涌般的难民充塞于途。是年13岁的钱桥吴巷头村民吴梅英脸上抹上锅屑灰（怕被日军认作“花姑娘”）逃难到田肚里，躲在杆棵墩中，亲眼看到官路上日军进军的队列前面以三五个斥候（侦察）兵为一组开路，手持三八式步枪或手提冲锋枪不断射击，作火力侦察，向西进军。后面是杀气腾腾的冲锋队，最后是大队人马。军队前方上空，飘荡着一个灰色的系留气球，指示着前进方向或炮击目标。是年冬天，日军的飞机在稍塘营上空盘旋。稍塘营大巷上蒋耀明跟着父母刚逃到后门外的高岗上，只见飞机俯冲下来，扔下炸弹。钱桥大花岸村民时荣根（2015年邓巷已81岁的村民时桂珍的父亲）搭乘木船去无锡丽新厂运物资。时荣根肩扛货物从丽新厂出来上船时，被日军一枪打死在河里，连尸骨也没有还乡。时荣根年仅20多岁，其妻由于过度悲伤，不久离开人世。是年冬天，日军强迫历村费巷12号住户庄渭春到河埒口夏家边给日军摇船。庄渭春是账房先生，不会摇船。日军就把庄渭春推到河里。庄渭春在河水中挣扎着浮起来，日军又用枪托把他摁下去。就这样，庄渭春被活活淹死。钱桥历村后周巷（又叫朝北巷）周朝生儿子周孝增在上海学生意。日军打到上海，周孝增就从上海逃回无锡，一路上鞋子掉了，就赤脚逃回家。回到家后，周孝增、费耀林等人到小箕山去运布匹。布匹是一家面粉厂的，日军早已在那里占领看守。守卫的日军看到后，就向费耀林等人开枪。费耀林30多岁，斜来斜去地跑，没有中弹。周孝增吓慌了，只会直着跑。日军瞄准周孝增一枪，子弹从周孝增后背进去，胸口出来。村上人用门板把周孝增的尸体从小箕山抬回历村，埋葬在大水渠岗上的塘滩边。

民国26年12月13日，日军攻占南京，制造震惊世界的南京大屠杀。藕塘东风漳漕巷冯根法的小儿子冯锡泉就惨死在南京大屠杀中，全身被浇上汽油，活活烧死，年仅24岁。噩耗传至家中，母亲整日以泪洗面，以致双目失明，一直沉浸在丧子的痛苦之中。冯锡泉原来准备年底结婚，噩耗传来，其未婚妻伤心欲绝。（2015年，《无锡日报》记者陪同南京《现代快报》记者到冯锡泉家中采访，但只有小辈侄子在，老一辈的人都已不在人世）

历村吴西房村吴荣庆是常熟过来的佃农，有5个儿子。民国27年，吴荣庆20多岁，为增加家庭经济收入，经常到无锡城里去贩炮仗（爆竹）卖。有一次，吴荣庆挑着一担炮仗经过日军设的关卡。日军查问吴荣庆挑的是什么。吴荣庆拿出一个炮仗，用香烟头点给日军看，想说明是爆竹。“呼”的一声，日军吓坏了，端起枪就朝吴荣庆打。子弹从吴荣庆的脖子上擦过，没有伤到要害处。吴荣庆丢下担子，躺倒在旁边田里，用手按住出血的地方。等日军走后，吴荣庆就逃回家。自此，村里人还给吴荣庆起了个“打不死”的绰号。是年，江苏省第五监狱临时搬到历村红庙头。日军一来，第五监狱里的犯人、狱警全部逃光。监狱里有个医生，是个老头，中国人。那个医生正巧躲在费巷村费翰初家里。吴荣庆负伤后，就找那个医生看过几次，伤口才慢慢痊愈。是年夏天，砖场上村民周振清（2015年砖场上61岁村民周育义的爷爷）在农田干完农活回家时，在邓巷桥边被日军无故杀害，年仅27岁。是年秋天，一个外地来的裁缝黄关元借住在邓祠堂内。有一天，几个日军扛着枪走进祠堂，抓着黄关元就问：“有鸡、鸭、猪、花姑娘的没有？”黄关元回答：“没有、没有”。日军就往东走，不料正巧碰上村上的一个年轻女子（2015年已83岁的时巷村民时醉度的堂嫂）唐秀凤。唐秀凤看到日军，拔脚就拼命逃，逃进时醉度家的前门，然后往后门逃去，不慎碰翻弄堂里藏有鸡、鸭的缸。鸡从缸中飞出来。日军就去抓鸡，唐秀凤有幸逃脱。日军抓住鸡后责问黄关元，说黄关元撒谎，把黄关元打了几枪柄，正要朝黄关元开枪。好心的时醉度的奶奶就跪地向日军不断磕头求饶，总算救下黄关元一条命。是年秋，日军常常开着炮艇，顺着洋溪河横冲直撞到藕塘桥、稍塘营等地巡逻，并在稍塘营后庄小学的围墙上书写“共存共荣”“大东亚共荣圈”等大幅标语。有一天，驻扎稍塘营镇上的三排日军扛着上了刺刀的步枪在练步伐，一个教官做着示范动作，侧着身子，一手一脚撑地，另一只手握着步枪，侧爬快速前进，绕茧行操场一圈。日军照着教官的样子操练。操练完毕，三排日军端着刺刀飞速奔向桑田，刺杀一阵，又争先恐后跑回操场，仍然排成三排，指挥官哇啦哇啦讲一阵。稍塘街上的村民都不敢出门，只是在门缝中偷偷观看。

20世纪30年代末，日军在藕塘老街街口修筑一个两人多高的巷门。巷门由日军看守，来往经过的人都要进行盘查。一到晚上，巷门就关闭起来。在巷门前，日军还修筑了一个瞭望塔。修筑巷门和瞭望塔的都是日军从藕塘街镇的居民中和周边农村的农民中拉来做苦力。当时，日军还出过一桩意外事故。一次，日军的坦克从藕塘桥上开过，到望江庙附近的时候，坦克一头栽到庙前的一个小泥潭里，其中一个日军坦克兵被淹死。日军垂头丧气，老百姓暗中叫好。

龙亨沟村民张胜阳生于清光绪五年（1879），民国27年11月11日，其儿子张奎宝被日军抓去摇船。船至苏州，张奎宝被扣押在苏州当苦力。张胜阳知道儿子在苏州后，就去给张奎宝送衣服。在日军驻扎地，日军莫名其妙地向张胜阳开了第一枪，打在右手臂上。张胜阳倒在地上后说："我是来给儿子送衣服的。"日军残暴地又开第二枪，打在张胜阳的胸口，当场致死，时年59岁。龙亨沟村民张盘根生于清光绪十九年（1893）。民国27年，45岁的张盘根在京杭大运河河边看到一队日军，拔腿就跑。日军开枪打在张盘根的腿上。当时虽然没有伤害生命，但是没有良药医治。过了一段时间，张盘根因伤口发炎而死亡。张阿泉生于民国2年（1913）。民国27年11月，张阿泉在田间种麦，被日军抓去当劳工，和张奎宝一起摇船去苏州。张奎宝把船先摇到清名桥后，日军叫张阿泉替换张奎宝，让张奎宝休息。张阿泉不会摇船，日军就把张阿泉推入清名桥河中。张阿泉拼命拉住船舷，日军拿起枪柄打张阿泉的手，把张阿泉打入河中。清名桥下水流急，张阿泉被淹死。后来，家人连张阿泉的尸体都没有找到。同年，张姆泾一名青年女子被日军追赶到张姆泾村民邵阿学家。青年女子从邵阿学家的后门逃脱。日军没有抓到女子，就把邵阿学的二间房屋烧毁。

民国27年冬，日军部队途经藕塘去胡埭，在漳漕巷强拉冯叙度、冯二度、冯焕培、冯坤培等36人挑东西。一路上，如果走得慢一点，日军就用枪托砸，或拳打脚踢。宋巷村民王云泉生于清光绪二十九年（1903）。民国27年，日军进入钱桥、藕塘地区，王云泉被日军抓去当劳工后失踪。王巷村民王阿毛生于清光绪二十八年。民国27年，王阿毛被日军抓去当劳工，看铁路，不慎被火车撞死。同年，有一两个日军经常到钱桥历村巡视。历村费翰初、费焕秋在张高漕小学念6年级。老师教学生念一段日文，大意是"东方升起了红太阳，多么美丽呀，多么美丽呀"。日军进行文化侵略，还要老师教学生用日语背诵。日军到学校里来，同学们就赶紧翻书，把这段日文念念。当时，老师常对学生们说，语文最重要，日文"嘎个"（不重要的）。是年冬，稍塘营陈村河西巷30岁的陈春宝经过双河上渡口时，见一日军在渡口站岗。陈春宝停下看了日军一眼，日军举枪就射。陈春宝当场被枪杀。

民国28年秋，日军驻山南徐巷的一个小分队从肖岭湾翻山到山北骚扰。井亭朱巷的村民大部分逃离。朱邵氏不愿离家，躲在家中。日军在其家中翻箱倒柜后发现朱邵氏，5个日军当场轮奸了朱邵氏。朱邵氏身心遭到严重摧残，致其精神失常，直到临终。同年秋，井亭里村民朱荣根在田间劳作，被日军抓去当劳工，后朱荣根失踪。是年10月，中国共产党党员、时任锡西十镇联防队（抗日组织）第一大队长的冯耕庸（藕塘南水渠人）由于汉奸指认，在藕塘桥北向的官渎桥被捕，被日军带至设在无锡社桥头（谢巷）日本宪兵司令部，严刑拷打。第二天夜里，冯耕庸被日军秘密放入消镪水池内杀害，并销尸灭迹。同时被抓去有幸死里逃生的同村青年冯立人（小名阿产）将冯耕庸遇害的消息告诉乡邻冯金法。第三天夜里，冯金法、冯培学两人偷偷摇一只小船，带一付棺材去社桥头收尸未收到。冯耕庸的衣冢坟埋在藕塘南水渠西冯巷上，时年34岁。

民国29年春，几个日军到西村西巷头找花姑娘。日军刚进村，大部分村民（特别是妇女）早就躲起来。日军找遍西巷头及附近，没有找到花姑娘，恼羞成怒，就放火烧房子。一个日军点燃火把，走进西巷头第一家的灶间放起火来。村民倪爱士见日军烧自己的房子，急忙冲进屋去，夺下日军手中的火把。这下惹怒了日军，将倪爱士毒打一顿。事后，倪爱士在床上躺一个多月不能走动。是年麦收季节，日军在藕塘管家湾一带遭到游击队伏击，吃了亏。几天后，5个日军到西村找到甲长吴金发，逼其带路寻找游击队。吴金发带着日军向山脚下的管家湾方向走去，走到老虎水渠，见一日军举枪要射击。吴金发非常害怕，以为是向自己开枪，迅速钻进路旁麦田里。日军朝麦田开了几枪，找不到人就走。吴金发事后好长一段时间精神失常。是年冬，井亭里朱巷村民朱浩泉挑着自酿的酒到山南荣巷走亲戚。朱浩泉走到肖岭湾山脚下，遇到日军。朱浩泉惊慌失措，丢下担子就往山上跑，被日军当场打死。傍晚时，家人见其还未归来，就沿路寻找，见其已惨死在山路上。村民连夜把尸体抬回，全村人痛哭流涕。

民国30年春末夏初，日军经常到稍塘营乡下“清乡扫荡”。老百姓只要一听见枪声或远远看到日军，就到处躲藏，有的躲在坟地里，有的躲在麦地里。是年秋天，一天早上天刚亮，一队日军穿过稍塘营前头巷，站在后底巷东北角吴焕金场上的大树下，叫男人们都统统出来，集中场上。喊了数遍，无人应声。一个日军到前头巷叫来伪保长猪头阿荣。猪头阿荣就按照日军的意思，在村子里喊：“没有事的，大家都出来，皇军只检查户口。”躲藏在水稻田里的乡民们陆续出来，在场中央聚集起来。日军对村民伊哩哇啦讲了一阵，就押着乡民向西边大巷上走去。走出大巷村，走到双人坝水塘边，日军远远看见油盏塘塘土墩上有一个人举着镐头在挖树桩，举起枪就“叭”的一枪，因为太远，没有打中人。只见挖树桩的人还在不断地挖，日军也就没有开第二枪。后来才知道挖树桩的人是大巷上开茶馆的摇头阿锡。摇头阿锡年纪大、耳朵聋，没有听到枪声，只顾挖树桩，免去一场危险。日军押着农民，走过双人坝，向南走过小石桥，到大巷上西段，走到李耀兴场上。李耀兴老婆怀有身孕，坐在场中央草板凳上乘凉。日军走过去对着她的肚子就是一脚，把她踢倒在地上，致使其流产。日军在大巷上西段押走李阿度、饭桶阿宝、耀兴、耀根、关南、阿全，又到大巷上东段押走老菊、洪坤、林坤、王锡章等人。日军押着一群农民走出大巷上东端的石桥，向南走上大路，又穿过茅蓬桥，在雷尊殿前停了一会儿。从雷尊殿一眼可以望到张舍镇，路旁有一片桑树田，桑树已有大半人高，很密，可以躲人。日军在前在后押着农民往前行走，起了疑心，怕农民逃入桑树林里，盯得特别紧。这时，队伍里年老的王锡章走得很慢，腿有点残缺，走起路来一拐一拐。日军怀疑王锡章要逃跑，端起刺刀对着王锡章的屁股就是一刀，鲜血直冒，王锡章倒在桑树田旁。中午时分，日军将农民押过大桥弄，沿着大河到了张舍镇的三官堂里，开始审问。日军开始先查看每个人的手掌及指甲和脚趾甲，凡是手上有老茧，脚趾甲为棕红色的（荸荠红）就认定是农民，站到一边排成一队；凡是手上没有老茧，脚趾甲上没有棕红色的，则站在另一边。然后日军对没有老茧的一队人进一步审问。审问中，前头巷的赖皮阿四因为口吃说话不连续，下巴上就挨一刺刀，横着割开成两片，鲜血直流。审问结果，没有一个人承认是军人。日军不肯罢休，就到旁边农民家里拿来木梯子和水桶，将木梯子斜靠在墙壁上，把人倒绑在木梯上，手脚张开绑着，用水桶把水灌进乡民的鼻孔和嘴里逼供。被日军灌冷水的人有大巷上的王和尚、前头巷上的伪保长猪头阿荣、赖皮阿四、从莲杆村来探亲的胡阿度的姨夫。临到傍晚，日军才将农民和上刑的人都放出来。民国31年夏末，唐家庄唐瑞荣、唐仁根等4名村民到漕瓜塘去车水（人工灌溉农田），钻篱笆时被日军发现，遭到日军一顿毒打。唐瑞荣稍有反抗，被日军推到河里，险些淹死。小园里浦锡根到十八亩头种田，钻篱笆被日军抓到，遭到一顿毒打。中巷唐全福去洛社，在曹家桥钻篱笆被日军发现后，被吊打三天三夜，后托人保释，才被救出来。

民国时期，钱桥塘泗桥沿洋溪河边上有一处江苏农民银行仓库。民国32年，日军占领钱桥时把农民银行仓库据为驻军大本营，并在那里设置检问所，设置关押犯人的所谓监牢。检问所设有陆上检查站和水上检查站。水上检查站在河面上打桩围栏竹篱笆，只留一个小口子，可让一条船只通行。凡过往船只，都要经水上检查站检查，船上的人员都必须具备“良民证”。陆上检查站设在塘泗桥桥堍，过往人员同样要经严格盘查，查验“良民证”。一天，墅塘桥奚金珠去钱桥办事，钻篱笆被日军发现。日军对准奚金珠开枪。奚金珠回家后由于流血过多，当天就惨死在家中阁楼上。肖尤巷村民尤荣林前妻因病亡故，肖叙根、尤荣林去日军打造的篱笆旁“烧床尖”。日军用枪柄、刺刀将肖叙根、尤荣林等人打成重伤。日军还经常在肖尤巷村奸淫妇女，无恶不作。杨思桥一名妇女被日军强奸，当时无法反抗。后来这位妇女设法偷到日军枪支，想打死日军，哪知枪中无子弹，当场被日军打死。

民国33年，日军组织日伪军保安队经常进行“清乡扫荡”。有一天，日伪军保安队把塘泗桥村上毛文虎抓走，五花大绑关进日本检问所农民仓库。毛文虎（地方上都叫毛和尚）住在苏庙村后金岸，时43岁。日军抓毛文虎的罪名是：毛和尚是大刀会的头子（当时大刀会是抗日民众组织“先天道”的下属群体），私通新四军。同时被抓去的还有前金岸陶阿菊等人，也被关押在农民仓库（陶阿菊解放后任苏庙第一任高级社社长、人民公社竞丰大队第一任大队书记）。毛文虎被单独关押，日军要毛文虎交待反日组织详细情况。毛文虎说不知道。日军就对毛文虎进行严刑拷打。后来，日军和日伪军围成一个圈，让毛文虎站在中间。日军和伪军用刺刀和大刀刺劈毛文虎。毛文虎就这样被活活折磨而死。

**附录二：钱桥上秦巷人高中玉于 1940 年 3 月 31 日给蒋介石的秘密呈文及国民党军令部、军政部的批示，国民政府的签呈等**

## 高中玉给蒋介石的秘密呈文

具呈人高中玉，年四十四岁，无锡人，现暂寓无锡钱桥上秦巷。

呈为请求派员饬队、剿办、严惩、收抚、改编、受予军事训练以充国防而安地方事。

窃自八一三暴敌侵华遣派大批舰队威胁淞沪，幸我国当局并委座暨各将领为争取国家民族独立自由生存，于是指挥前方忠勇将士作神圣抗战，浴血杀敌。数月间来，予敌重创受挫，斩获歼灭过半。旋经敌寇调派倾国之师，施以残酷手段，滥肆轰炸我国无军事设防商业市区、文化教育机关，炮击平民住区，屠杀良民难胞，奸淫妇女，盗取财宝，天良道德、国际公约丧失殆尽。旋因我国当局为战略关系，我国大军西移，转赴预定新阵地，严阵以待，乘机痛击，不久即可一鼓歼灭，建国必成，抗战必胜，最后胜利必属于我。

惟大军西移之际，无锡县城车站被敌强占，所有地方大批无耻地痞流氓棍徒不顾天良人伦道德，竟敢为虎作伥，狼狈为奸，吸收民脂膏液，朋比分化一般利欲熏心之辈，做汉奸者不胜枚举，请求严密查捕拘案，处以极刑，杀无可赦。更有无锡著名流氓周阿福（即周汉良），前充无锡黄埠墩面粉厂工作，嗣因身心险恶、行为不正，致厂方开革停歇，流落光复门外马路上，为流氓常业，专事索诈良民，滋事生端，开场聚赌，抽头渔利，奸淫盗骗，无所不为。经人密报省府转令无锡县政府拘捕到案处，讯明确实，并该周阿福亦在庭供认不讳，遂判处有期徒刑 10 年。甫执行在狱四、五个月，适国军西移，该周阿福结党成群，毁监越狱，潜逃至无锡钱桥、稍塘桥、藕荡桥之间红庙头一带，强占民房为家，劫夺地方国军西移时遗留枪械，开堂收徒，私设关卡，假立法庭，强抢有夫之妇王福生之妻孙菊仙，吸食鸦片，贩卖各种毒品，绑掳地方士绅朱伯麟等数十人并稍有积蓄财产良民，挨户搜索，无一幸免，约计巨款有数十万之多。枪杀无辜民众，稍不遂其意，即嘱羽党爪牙枪杀惨害，地方人民畏如蛇蝎。

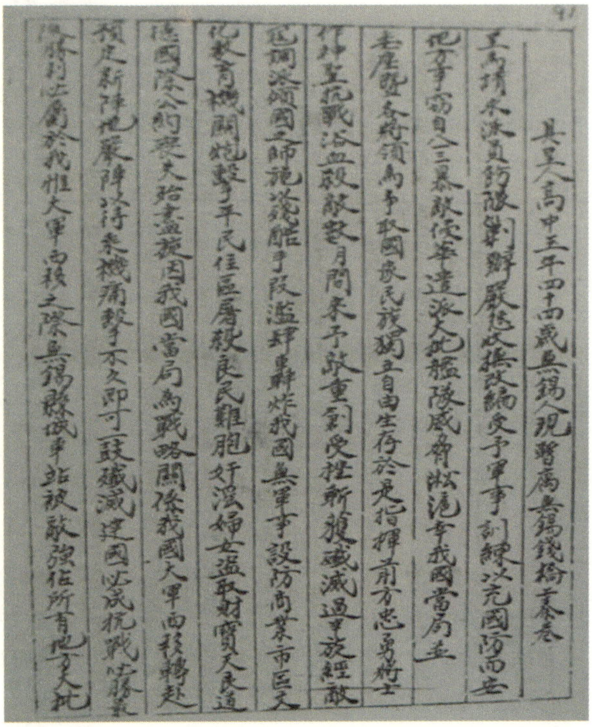
具呈人高中玉年四十四歲無錫人現暫寓無錫錢橋上秦巷
呈爲請求派員飭隊剿辦嚴懲收撫改編受予軍事訓練以充國防而安
地方事竊自八一三暴敵侵華遣派大批艦隊威脅淞滬幸我國當局並
委座暨各將領爲爭取國家民族獨立自由生存於是指揮前方忠勇將士
作神聖抗戰浴血殺敵數月間來予敵重創受挫斬獲殲滅過半旋經敵
寇調派傾國之師施以殘酷手段濫肆轟炸我國無軍事設防商業市區文
化教育機關炮擊平民住區屠殺良民難胞奸淫婦女盜取財寶天良道
德國際公約喪失殆盡旋因我國當局爲戰略關係我國大軍西移轉赴
預定新陣地嚴陣以待乘機痛擊不久即可一鼓殲滅建國必成抗戰必勝
最後勝利必屬於我惟大軍西移之際無錫縣城車站被敵強佔所有地方大批

图 4—23—12 “高中玉给蒋介石的秘密呈文”复印件第 1 页书影

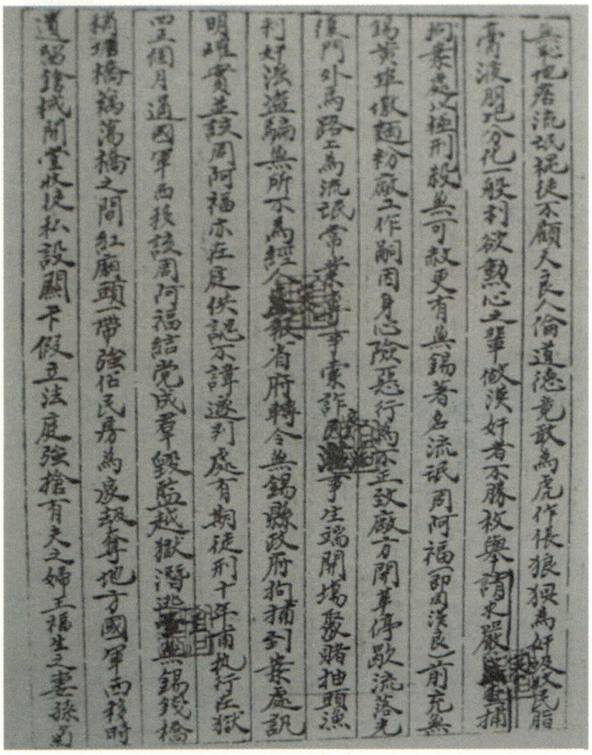
無恥地痞流氓棍徒不顧天良人倫道德竟敢爲虎作倀狼狽爲奸吸收民脂
膏液朋比分化一般利欲熏心之輩做漢奸者不勝枚舉請求嚴密查捕
拘案處以極刑殺無可赦更有無錫著名流氓周阿福(即周漢良)前充無
錫黃埠墩麵粉廠工作嗣因身心險惡行爲不正致廠方開革停歇流落光
復門外馬路上爲流氓常業專事索詐良民滋事生端開場聚賭抽頭漁
利奸淫盜騙無所不爲經人密報省府轉令無錫縣政府拘捕到案處訊
明確實並該周阿福亦在庭供認不諱遂判處有期徒刑十年甫執行在獄
四五個月適國軍西移該周阿福結黨成群毀監越獄潛逃至無錫錢橋
稍塘橋藕蕩橋之間紅廟頭一帶強佔民房爲家劫奪地方國軍西移時
遺留槍械開堂收徒私設關卡假立法庭強搶有夫之婦王福生之妻孫菊

“高中玉给蒋介石的秘密呈文”复印件第 2 页书影

虽有十镇民众公敌，然敢怒而不敢言。后经国军侦悉，一再拘捕，致被脱逃上海逍遥法外（即二十八年废历十二月之事也）。现承国军进山受训调防之际，该周阿福（即周汉良）并拜无锡毛木君为师，押帖金为数甚巨（均系地方民脂民膏），就此肆无忌惮，异想天开，将所刮地方民脂民膏贿通贪官，串同地痞毛锡根等，挟带大量红丸、吗啡、鸦片各种毒品，复返无锡钱桥，结党成群，故态复萌，变本加厉，藐法妄为，无恶不作。十镇民众怨声载道，众称劫后余生，生不如死等云，实为惨不忍闻，比比皆是。因此，中玉为国家抗战计，地方民族痛苦计，特此不揣冒昧，据实代民呈请委座鉴核俯准，迅速饬查拘案，依法询明，从重严办，处以极刑，以维国法而安闾阎[1]。

况查周阿福（即周汉良）系一字不识粗鲁蠢虫，胆敢假借冒称游击队名义，专事索诈民间财物，枪杀奸淫劫掳，惨酷恶辣手段，糜烂地方，笔难尽述。若不拘案严办，地方祸患，人民痛苦，不堪设想。并恳将具呈人姓名请守秘密，因该周阿福（即周汉良）羽党均系无业流氓，亡命之徒，倘被其本人或其羽党知悉具呈人姓名，必遭毒手残害，因再恳请严守秘密，不胜感荷。

惟中玉自幼家贫，于15岁时背井离乡。出仕以来，自知身心坦白，仰不愧于天理，俯不怍[2]于人情，对国家社会不求有功，但求无过。本拟于八一三事变以前因病辞职。在沪除任职官商创办天章造纸厂高等顾问、沪嘉长途汽车公司董事长、浦东川沙南汇金山奉贤四县沙田[3]督办、闸北房地产承买人联合会主席等职外，承舍亲现任中委兼国民政府立法院立法委员卢仲琳并国民政府机要室高级文官吴醒民（即已故中委吴醒亚胞弟）函介中玉上海淞沪警备司令部杨啸天司令处任军职。旋因沪战发生，中玉呈电国民政府林主席、军事委员会蒋委员长，请缨杀敌，有案有各该当地报纸可稽。嗣因病赴往后方治疗，现告健痊，于是年4月5日呈电委座，请示抗战杀敌机宜，业奉渝务防949号军事快邮函复（呈电奉复另抄附阅）。奉复以来，愧班笔之未投，祖鞭[4]之先著，本拟亲往趋谒委座暨舍亲卢吴二君及诸同志，请再推毂[5]介绍重整部队开赴前方，效命疆场，誓以乘机袭击，藉以

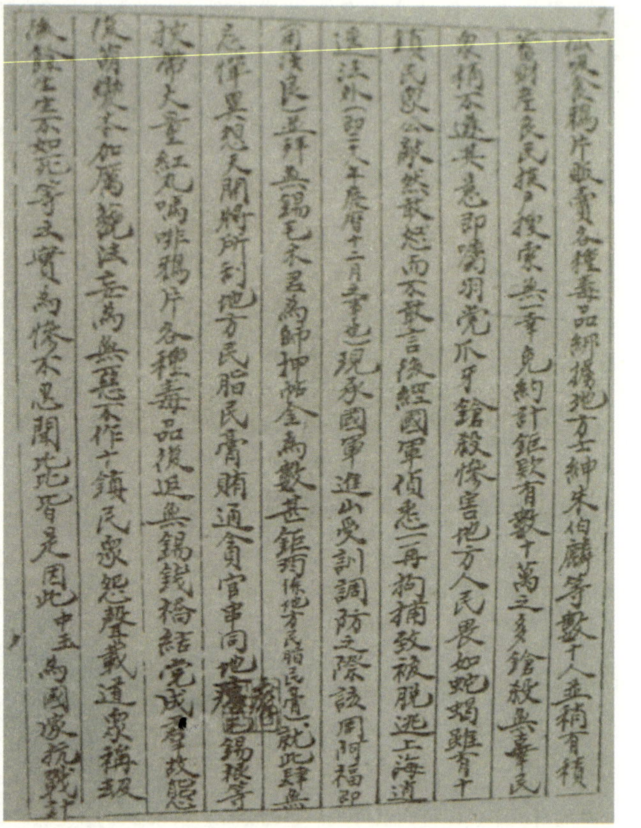

“高中玉给蒋介石的秘密呈文”复印件第3页书影

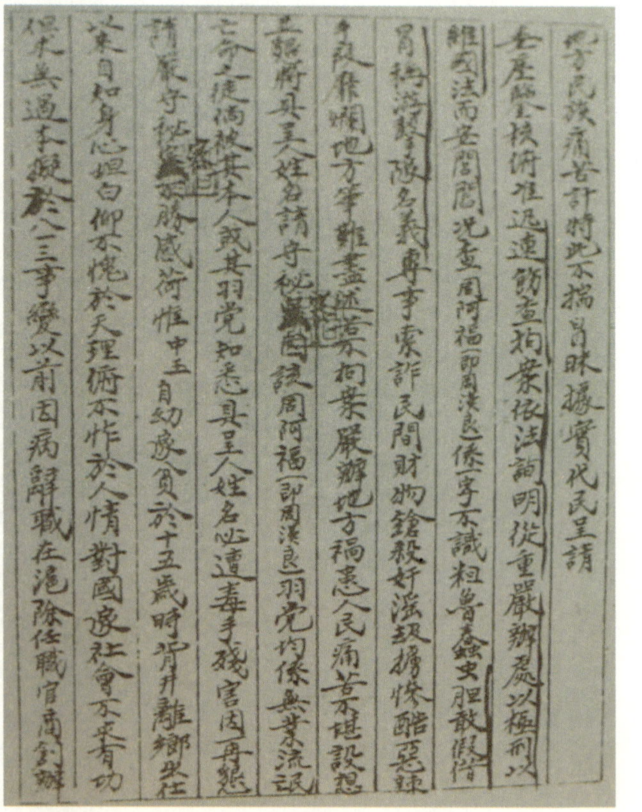

“高中玉给蒋介石的秘密呈文”复印件第4页书影

捍卫国家之志而尽军人天职。若能抗战杀敌成仁，虽死亦甘心瞑目，开颜含笑于九泉。奈中玉随军西移，由鄂赣转浙，携眷避难浙西佛堂舍亲处，讵（ju，曾）与重庆遥隔关山万里。况正在财尽囊空，日暮穷途，生计窘迫，川旅各费筹措不易，因于前月由浙化名乔装返锡故居，收取租米变卖。除一部（分）便道送往家属维持生计外，一部分作为往重庆旅费等项。旋因由浙搭轮至沪，途遇舍亲吴绮纹女士（即已故中委吴醒亚之妻）亦由重庆返沪。据告旅费之浩大，路途之不便，因此中止赴渝。特此呈请委座俯赐鉴核，若能栽培，赐以名义上职务，誓执蹬以待，愿报效犬马之劳。

中玉虽对吾邑暨浦东川沙、南汇、金山、奉贤等处不能称登高一呼，万众皆和，然无锡西乡各镇区及浦东、川南、金奉各乡镇，地方民众欢迎爱戴拥护，能称良者和，逆者顺，在数固属不少，因再具呈沥陈[6]，仰乞察核示复。临陈不胜迫切待命之至，实为德便。谨呈国民政府军事委员会委员长蒋。

具呈人 高中玉

赐示请寄江苏省政府江南行署转交江苏无锡县政府再转陆区桥镇公所交具呈人亲收。因具呈人拟在沦陷区内敌人后背重整部队乘机袭击，以尽军人天职。惟呈件投递殊感不便，兹嘱妥人赶赴宜兴丁山我国军队所在地邮局密呈。

中华民国二十九年三月三十一日

**（《高中玉给蒋介石的秘密呈文》原件现存中国第二历史档案馆 787~4276）**

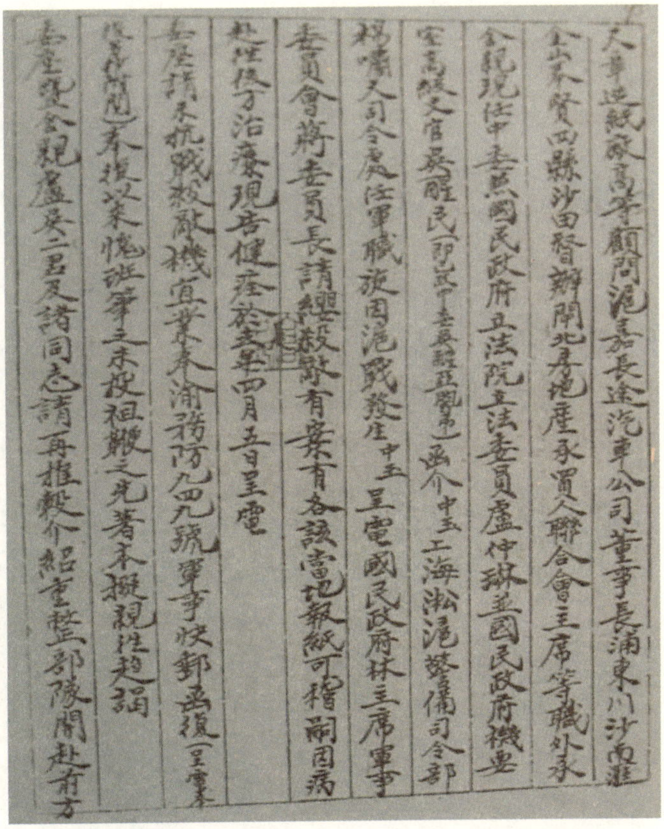

“高中玉给蒋介石的秘密呈文”复印件第5页书影

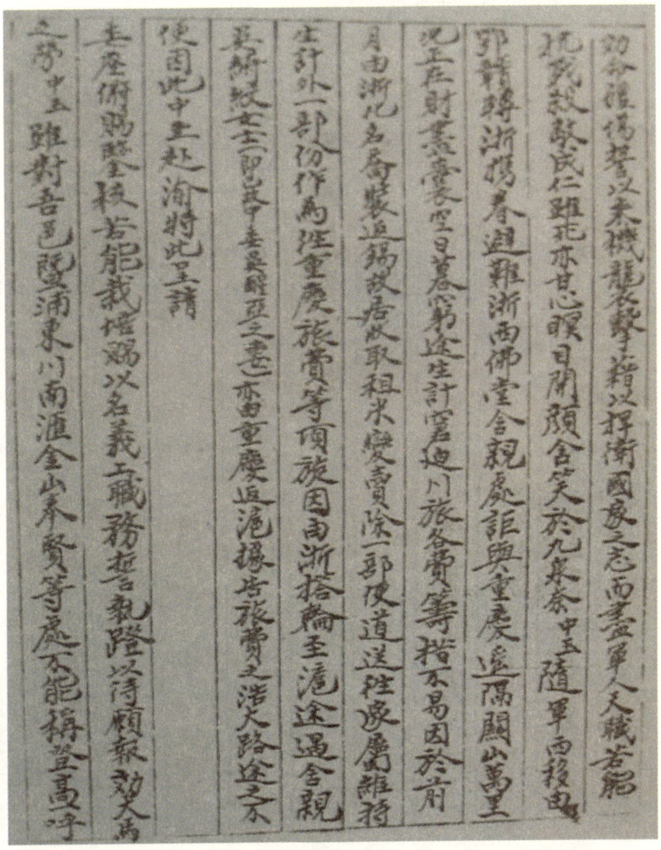

“高中玉给蒋介石的秘密呈文”复印件第6页书影

【注释】

（1）闾阎：指里巷，借指平民。

（2）怍：惭愧。

（3）沙田：江海沿岸或河湖中由泥沙淤

积的新涨滩地经开垦而成的农田。

（4）祖鞭：《晋书刘琨传》："吾枕戈待旦，志枭逆虏。常恐祖生先吾着鞭。"祖生，即东晋名将祖逖。后因用为先著、先手的意思。

（5）推毂：推车前进，比喻推荐人才。

（6）沥陈：大胆倾诉心里的话。沥胆陈辞。

注：高中玉，钱桥历村上秦巷人，原名赵冬根，国民党少将。1940年，高中玉寓寄老家上秦巷，亲眼所见日军"炮击平民住区，屠杀良民难胞，奸淫妇女，盗取财宝"，地痞流氓周阿福为虎作伥，狼狈为奸，"专事索诈良民，滋事生端，开场聚赌，抽头渔利，奸淫盗骗，无所不为"。高中玉以强烈的正义感，给蒋介石写了秘密呈文，"为国家抗战计，地方民族痛苦计，特此不揣冒昧，据实代民呈请委座鉴核俯准；迅速饬查拘案，依法询明，从重严办，处以极刑，以维国法而安闾阎"。

高中玉的秘密呈文，反映了二十世纪三四十年代日本侵略者及地痞流氓恶棍给钱桥、藕塘地区人民带来的灾难、苦难和磨难。

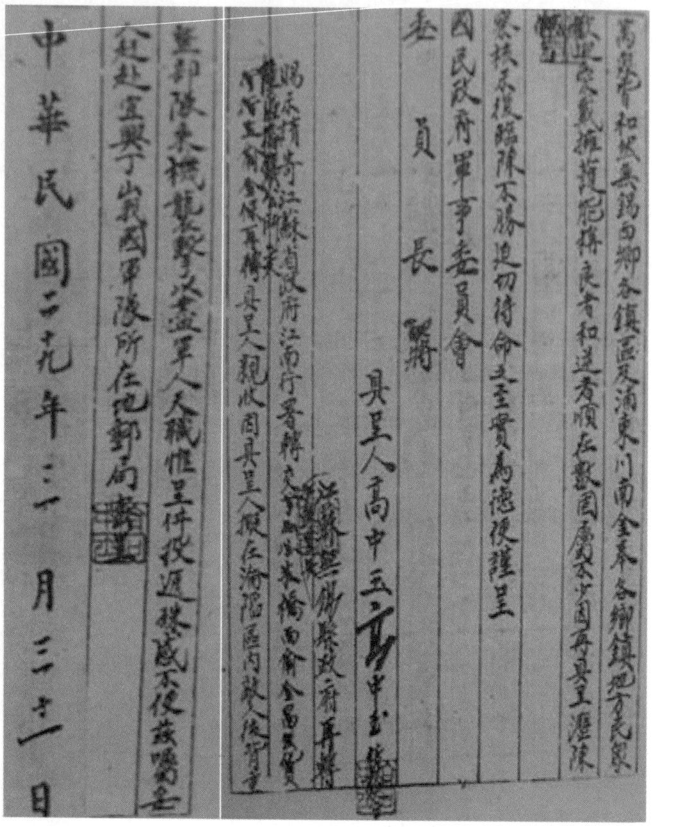

"高中玉给蒋介石的秘密呈文"复印件第7页书影

## 军令部、军政部 第一厅 9021 事由拟办批示备考

事由：呈为请求派员饬队剿办、严惩、收抚、改编，受予军事训练以充国防而安地方由。

拟办：三区核办 5月1日

29年5月1日（1940年）

字第219号

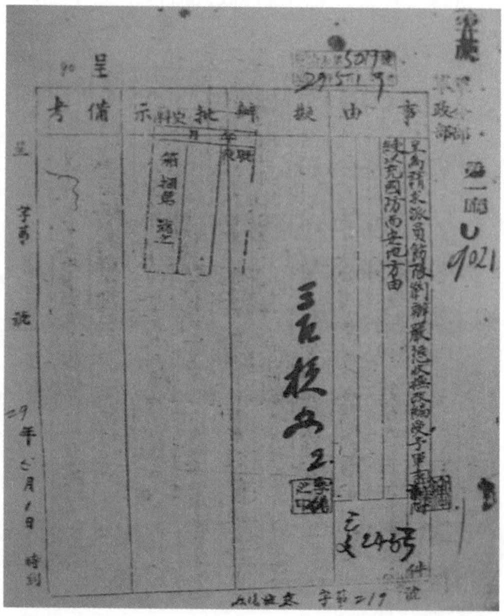

图4—23—13 "军令部、军政部 第一厅 9021 事由拟办批示备考"复印件书影

# 国民政府对高中玉秘密呈文的签呈

## 签呈

民国二十九年五月五日

**无锡高中玉原呈大意**

一、无锡著名流氓周阿福（即周汉良）贿通贪官，串同地痞，强佔民房，强抢人妻，贩卖毒品，绑掳士绅，私设关卡，惨杀人民，民众怨声载道，苦不欲生，俯请迅饬拘办严处，以维国法。

二、具呈人于抗战前在沪历任造纸厂顾问，长途汽车董事长，浦东川沙、南汇、金山、奉贤四县沙田督办，极受各该地民众爱戴拥护，恳请俯赐名义，以便在敌后重整部队，乘机袭击。

**意见**

一、拟电顾长官查明核办。

二、该具呈人对其所述各该地如实，确有相当势力，无妨给予名义，委以专任淞沪附近地区破坏暗杀工作，给伪政权严重打击。本项亦致电顾长官查明核办右二项。当否乞示。

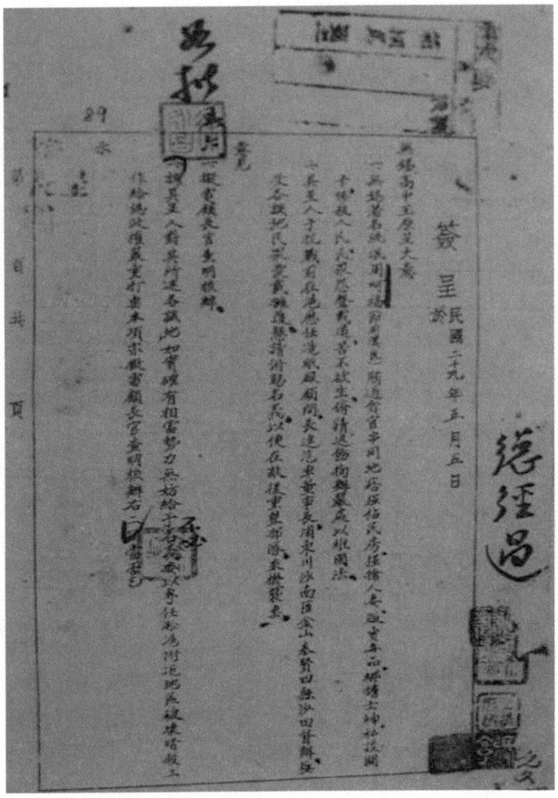
簽呈

民國二十九年五月五日

图 4—23—14 “国民政府对高中玉秘密呈文的签呈”复印件书影

# 国民政府军事委员会军令部电稿复印件

## 廿九年六月六日

事由：饬查办无锡流氓周阿福

[代电] 上饬顾长官　　据无锡高中玉呈节称，无锡流氓周阿福（即周汉良）私设关卡，假立法庭，强抢有夫之妇王福生之妻孙菊仙，吸食鸦片，贩卖各种毒品，绑掳地方士绅朱伯麟等数十人及稍有积蓄之良民，挨户搜索，无一幸免，约计巨款有数十万之多。枪杀无辜民众，稍有不遂其意，即嘱羽党爪牙枪杀惨害。人民畏如蛇蝎，均敢怒而不敢言。后经国军侦悉，一再拘捕，终被脱逃上海，逍遥法外（即廿八年废历十二月间之事也）。现乘国军进山受训调防之际，该周阿福并拜无锡毛木君为师，押帖金数甚巨（均系地方民脂民膏），就此肆无忌惮，且贿通贪官，串同地痞毛锡根等，挟带大量红丸、吗啡、鸦片各种毒品，复返无锡钱桥，结党成群，故态复萌，变本加厉，藐法妄为。民众怨声载道，苦不欲生。谨代民呈请迅饬查拘捕严处，以维国法而安闾阎。查周阿福目不识丁，胆敢假借冒称游击队名义，专事索诈民间财物，枪杀奸淫，劫掳惨酷，糜烂地方。倘不拘案严办□□□□□□□呈请人姓名秘密，因该周阿福（即周汉良）党羽众多，倘被其查□□□□□示请寄江苏省政府江南行署转交无锡县政府□□□□□□具呈人亲收。案情仰即查明核办，近复为要。中O鱼令一元渝

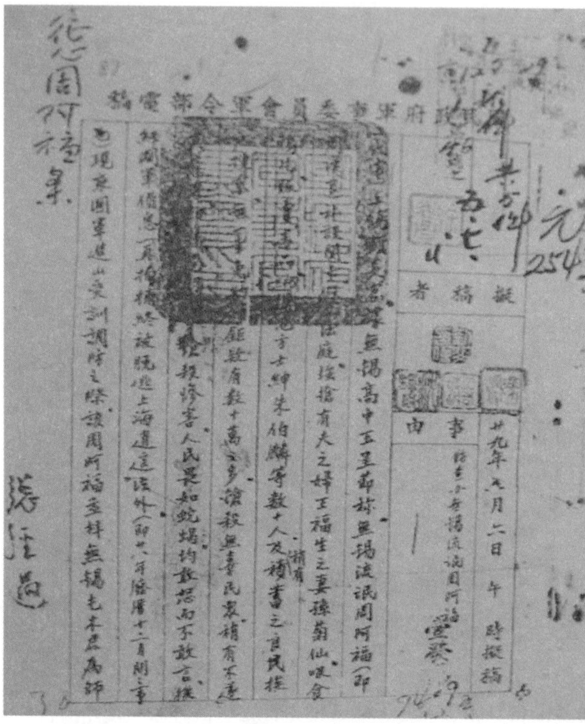

图 4—23—15　“国民政府军事委员会军令部电稿”复印件第 1 页书影

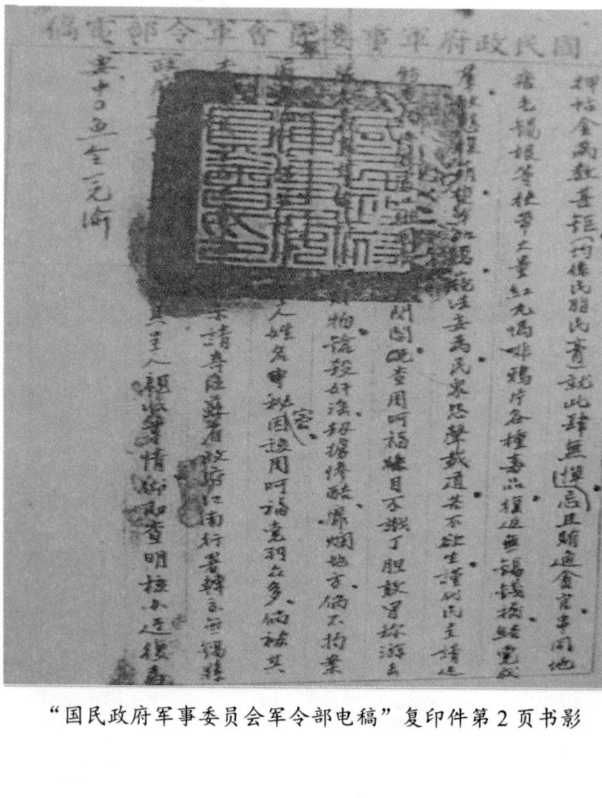

“国民政府军事委员会军令部电稿”复印件第 2 页书影

## 二、解放战争时期地下革命斗争

解放战争时期，以陆道南为首的锡西武工队自陆区、阳山地区向东发展至稍塘营、藕塘桥、钱桥等地开展地下革命活动。陆道南在藕塘、钱桥地区发展武工队队员，发展共产党员，开辟钱桥，开展地下革命斗争，镇压顽劣大地主高凤岗，推进减租减息运动，配合人民解放军横渡长江，缴获地方反动武装势力的枪械，为解放后在钱桥、藕塘地区建立人民民主政权做好基础工作。

### （一）锡西武工队开辟钱桥

钱桥是锡西地区紧靠无锡市区的一个重镇，洋溪河横贯其间。无锡的工业品经水路过钱桥运往宜兴、溧阳各地，宜兴等地的大米及农副产品经钱桥镇运往无锡市区。民国时期，钱桥全镇有一千多人口，商业发达，其中庄源大油坊、鸿大米行等有相当经营规模，远近闻名。钱桥镇上政治情况复杂，驻有国民党保安部队，还有三青团、国民党、中统、军统等党团特务组织。国民党无锡县社会科长张一飞、《大锡报》总务主任冯侠农等都是钱桥街镇人。民国35年（1946）起，陆道南带领武工队在锡西进行地下革命活动，由西向东发展，先到稍塘、藕塘一带进行地下革命活动，然后再向东扩展到钱桥。陆道南在藕塘联系到地下人员吴亚平和缪产兴，通过他俩又找到胡其清。胡其清早在抗战时期浙江江山县工作时就加入中国共产党，后来因故与党失去联系，回乡当一名教师，但仍然与武南县锡西特别支部取得联系，在地方上继续做地下革命工作。胡其清以其教师的特殊身份，联系到吴巷头朱茂人、朱如源、朱产根、陈洪生、胡锡明等。在钱桥，陆道南找到曾参加新四军的陈子才，通过陈子才，又找到胡仁根、毛甫林、毛增根等人。时陆道南带领武工队在稍塘、藕塘地区开展许多工作，地下工作局面有很大的进展，发现并培养一批积极分子，其中有的加入共产党，有的参加武工队。当时，物价很不稳定。是年1月上半月，钱桥、藕塘地区每石米价为8000元法币（中华民国时期国民政府发行的货币），到7月上半月已涨至每石米6万法币，区域内百姓怨声载道。是年冬，陆道南带领武工队逐渐深入钱桥北部地区黄旗岸、周家弄村一带进行地下革命活动，与胡晨耕、缪富林、缪正根等一批进步青年进行秘密联系。不久以后，陆道南还把胡晨耕等一批人吸收参加中国共产党。但是在钱桥南部地区，由于反动势力猖獗，武工队不能去活动。

民国36年3月，国民党锡西督剿专员胡少梅和区长章星垣率部协同武进县保安队，以藕塘为中心，向胡埭、杨墅、修浦、新渎桥、南阳桥一带展开“清剿”。正当张涛、陆道南带领锡西武工队对付保安队的时候，已叛变革命的原武工队队员陈义带领国民党武进县突击队到锡西袭击。张涛、陆道南领导的的武工队通过上层人士钱福玉的关系，以杨墅镇公所的名义函告武进县：“此地属无锡县地界，不劳武进县突击队越界行动。”从此，叛徒陈义不敢再来锡西，局势渐趋平稳。是年3~8月，张涛、陆道南带领武工队通过除叛肃特的斗争，粉碎国民党反动军警先后发起的3次重点“清剿”，对打击反革命势力、分化瓦解敌人、巩固发展斗争阵地、鼓舞群众情绪、保护人民利益起到积极的作用。同时，为开展地下革命活动创造有利条件，锡西地区武工队的活动地区有所扩大。武工队还开展除奸肃特斗争，坚决镇压最反动的顽敌，先后击毙三乡联防队队长朱明、在稍塘营击毙反动地主高凤岗、军统特务杭良。下半年，陆道南带领武工队，派在锡西地区做合法工作的吴桂大到钱桥西南的天墩头村认识了许杏泉。后来陆道南和几个武工队员住到许杏泉家里。许杏泉是一个孤儿，父母早亡，家庭穷苦，住在一间很小的破旧房子里。许杏泉对陆道南带领的武工队去开展活动非常热心，尽心帮助，表现很是突出。以后，陆道南又多次和许杏泉见面，对许杏泉已有所了解。不久，陆道南就吸收许杏泉参加武工队。稍塘营西村臧月成，小时候家里很穷。是年冬至那天，年仅13岁的臧月成跟随钱桥缪巷的缪产兴、吴亚平参加共产党领导的游击队。因为臧月成是个小孩，游击队就派他当通讯员，负责武进礼嘉区区长钱梦梧（武进前璜人）和无锡锡西片中共地下组织负责人陆道南之间的情报传递工作。臧月成经常到杨墅（戈菊英家）、阳山、藕塘管家湾、李家湾、李巷等交通点传递情报。有一次，上级派臧月成送两个步枪枪栓到武进陆家桥交通点。那天上午，臧月成把枪栓绑在腰里，跟赶集的大人一起，向陆家桥走去。走到陆家桥桥旁，发现两个保安人员正在桥上站岗，其中一个保安人员向臧月成招手，让他过去。臧月成急中生智到路旁的杆稞丛里假装大便。那两个保安见状就走了。后来，臧月成绕道到陆家桥完成了任务。

民国37年（1948）春，国民党败兵驻扎钱桥街镇。一日早晨，国民党败兵到开肉墩头铺的陈培德处买肉，挑肥拣瘦，去骨去皮，横竖不称心。陈培德与败兵引起纷争，20多名败兵把肉墩头推倒，将陈培德打死。后国民党败兵听说钱桥地区有中共地下党活动，随即向张舍方向西撤。是年，陆道南在胡晨耕陪同下开展钱桥以北一带的革命工作。陆道南到过钱桥以北邓巷上，与邓守仁、邓守义相识。邓守仁是当地有名的一位老中医。邓守义又名邓长茂，儿子在民国28年到外地参加革命工作。邓守义对陆道南带领的武工队开展工作十分支持。陆道南带领武工队还到社冈里一带活动过。胡晨耕对陆道南说，西漳有一个唐文祥，在西漳那里发展多名共产党员。陆道南听到后深感奇怪，参加共产党如果被国民党知道是要杀头的。陆道南就要胡晨耕陪着去西漳唐文祥家了解情况。唐文祥年约40岁左右，在庐山国民党中央训练团受过训，夫妻两人无正当职业。唐文祥和共产党的关系来自锡东方面（解放后才知道是诸子炎的关系）。唐文祥对陆道南说，在西漳街上已发展36名共产党员，准备再增加一倍，发展到72人，然后再增一倍，发展到144人。后经了解，唐文祥发展的对象皆是街上的地痞、流氓、有名的坏人。陆道南看到这种情况，觉得路线不正，很不对头。在当时形势下，又是锡东的关系，陆道南不便和唐文祥讲什么，坐了一会，就和胡晨耕两人告辞走了。在路上，陆道南关照胡晨耕，以后切莫和唐文祥再联系。到无锡解放时，唐文祥这批人被解放军缴械，彻底取缔解散。民国37年秋，陆道南带领武工队陆续在藕塘李巷上、朱巷上，钱桥花园里、苏庙、庙浜等村里住过，发展的青年救国团员有徐一民、张文达、张国同、何荣坤、杜根兴、章杏泉、吴瑞林、支士良、石洪寿、支虎生等30多人。张文达原来在上海华夏书店工作。华夏书店是中共地下党领导的，书店出版过多本革命理论书籍。张文达有一定文化，喜欢看书，思想进步，书店收缩，上海维持不下去，他就回到钱桥老家。张文达与陆道南武工队有联系后，秘密参加青年救国团，并团结附近村上的青年，开展工作。当时，适逢国民党抽壮丁，要适龄青年交壮丁米，而有钱势的人家反而不交。张文达也是适龄青年，他根据上海出版的《展望》杂志上的材料，写了一封警告信，揭露当时钱桥镇镇公所收壮丁米的种种不公，提出要合理负担，以中国人民解放军江南办事处名义邮寄给当时的镇长、保长。后来，钱桥镇镇长顾健武召集保长开会，张文达组织80多人去参加会议。参加会议的人挤满会场。张文达在会场上揭露单纯由适龄壮丁负担壮丁米的不合理做法，与镇长顾健武进行面对面的斗争。会上，还有几个人控诉一年数次交壮丁费、负担重的困境。杜鸿翔在会上也作发言。那次会议以后，只有少数富裕户偷偷地交壮丁费，多数人拒交壮丁米。陆道南认为，在当时国民党的统治下，能够这样起来和镇长、保长斗争，保护适龄青年的利益，张文达是有一定胆识的。

陆道南在钱桥开展地下革命工作时，和反动武装力量张根兴、尹子明、陈炳南等人进行过多次斗争。陈炳南是钱桥龙泉巷旁一个村庄上的人，抗日战争时期在周阿福手下，后又去张根兴处，被收为门徒，在地方上很有势力，但敲诈勒索、收钱不多，群众中对陈炳南恶感尚少。许杏泉参加武工队后，陆道南由许杏泉等陪同，在龙泉巷和陈炳南见面。陆道南的目的是想争取团结陈炳南，有利于武工队在钱桥地区开展地下工作。以后，陈炳南和张根兴、尹子明等人和锡南地区的薛永辉有了联系。薛永辉委任张根兴为大队长，组织一支武装在荣巷、徐巷一带活动。杜鸿翔、许杏泉几次与陆道南谈，说张根兴、尹子明等人要和陆道南碰头联系，以便双方能互相配合活动。那时，张根兴已聚集有数十人的队伍，从军事力量来讲，张根兴已比陆道南强。但张根兴这些人在抗日战争时期当过伪军汉奸，作恶多端，在群众中的名声不好。陆道南带领的锡西地区武工队则在群众中有很高的威望。为避免武工队在政治上受到严重损失，陆道南坚决拒绝和张根兴等人发生任何联系。

稍塘营陈村陈汀声和陈彦璋是兄弟俩，陈汀声是同盟会成员，陈彦璋是中共地下党员。解放战争时期，兄弟俩积极为党工作。民国37年（1948），锡西片地下负责人陆道南在陈汀声家中设立秘密电台，还经常在他家召集地下党员开会，通过电台接收上级指示，把收集到的情报发送给苏北解放区。

1949年初，钱梦梧带领一批武工队员，在新渎桥北王大岸和敌人遭遇，发生战斗。丁春元、沈金保两个武工队员牺牲在王大岸南岸的杆棵坟中。那里距新渎桥敌人据点很近。当夜，陆道南通知钱桥的许杏泉等三人去收丁春元、沈金保两人的尸体。冒着敌人埋伏的危险，许杏泉等用船靠近坟边。陆道南、许杏泉等悄悄地把尸体搬回船上，运回后妥然地埋葬。有一次，陆道南和张玉培，许杏泉等7人，住在孔山里缪产兴的亲戚家中。缪产兴亲戚家是一幢地处半山的独居屋，向下约100多米是一个十多户人家的村庄。上午武工队吃过早饭后，陆道南等看见张根兴部队几十人围在那个村庄上，引起陆道南等的注意，立即作好战斗准备，严密进行监视。坚持到下午三时许，武工队主动向北撤走。在天墩头，经许杏泉介绍，陆道南和杜鸿翔相识。当时，陆道南只知道杜鸿翔在上海一家进步书店当职员，上了国民党的黑名单，书店被查封，避居家乡天墩头。杜鸿翔社会经验丰富，很有魄力，活动能力很强。在上海由于受到中共地下党的影响，又因为他的弟弟杜凤翔在苏北新四军中工作（民国33年在宝应牺牲），在政治上反对国民党，拥护共产党。杜鸿翔在钱桥一带对上层人士较熟悉，关系较密切。陆道南与杜鸿翔联系后，就安排杜鸿翔在钱桥地区开展上层工作。淮海战役的胜利，杜鸿翔在上层的工作给江南地区各界人士影响极大，“国民党必败，共产党必胜”已成为钱桥、藕塘地区广大群众的共同看法。时国民党上中下层人士纷纷动摇，对武工队开展地下工作极为有利。洋溪乡上层人士许少卿、徐俭等人主动找陆道南联系，要求组织一个洋溪联谊社。洋溪联谊社成立那天，许少卿等要求陆道南出席并讲话。陆道南当时答应了，后临时派杜鸿翔作为陆道南的代表去参加。新开河乡自卫队武器精良，陆道南要求杜鸿翔去做乡长兼自卫队长张保诚的工作。在杜鸿翔陪同下，陆道南和张保诚直接见面。见面后，陆道南规定张保诚将新开河乡自卫队的所有武器弹药保存完好，一件也不能丢，待中国人民解放军渡江之后，全部交缴给武工队。张保诚答应了。陆道南又通过杜鸿翔，将冯侠农约到杜鸿翔钱桥家中。陆道南交给冯侠农一本关于解放区各项政策汇编，要冯侠农在《大锡报》上宣传土改、工商业改造等中国共产党的有关政策。冯侠农接受任务后，用听到苏北来人谈讲的口气，在《大锡报》上刊登关于土改、工商业改造的有关政策。1949年春，钱桥镇镇长毛良，经营益泰丰米行。毛良对群众态度尚好，对武工队也严守中立。通过杜鸿翔的工作，毛良向陆道南武工队捐助十石大米。此外，鸿大米行老板陈洪根，老家姓周，武进塘桥渔庄人，从小领养到钱桥陈复兴家。陈复兴是钱桥镇三青团分子、中统，有自备短枪一枝。陆道南通过武进塘桥渔庄周瑞林、周和生等人做陈洪根父子俩的工作。后来，陈复兴将那枝自备短枪秘密交给陆道南武工队。是年2月，孙文主义革命同盟（简称孙盟）江苏支盟迁至无锡。时国民党无锡县政府社会科科长张一飞（钱桥老街东巷人）任江苏支盟委员，负责工运并担任无锡分盟书记。江苏支盟遵照总盟指示，抓紧策动国民党军队起义，迎接解放军渡江。就在这时，国民党对孙盟领导人及其成员进行大逮捕，张一飞为其中一员。3月，中共地下党员周沙尘在完成策反爆炸上海江湾火车站的任务后，转移到无锡，任务是与国民党无锡县政府社会科科长张一飞接头，做国民党策反工作。周沙尘到无锡后，中共公益小学地下党组织给其在荣巷市镇租借一间洋房。一切都进行得非常顺利，周沙尘很快与张一飞接上关系。4月5日半夜，张一飞被城防指挥部李资（兼任无锡县县长）部下从家中以查户口名义骗出，在大市口被逮捕。几天后，报纸上就登出“社会科科长张一飞通匪有据被逮捕”的消息。4月初，为确保地方治安，地下党成立锡西办事处，陆道南任办事处主任，贴出公告，要求地方势力交出枪械。有天上午，投机分子张根兴率领一批人从山南翻舜柯山到山北，想到藕塘桥一带接收枪支。陆道南即派出两个小分队到舜柯山上将张根兴打跑。此事，陆道南告诉了薛永辉。后来，张根兴这支部队在南桥附近被中共苏南军区部队缴械，并将张根兴、尹子明、陈炳南等人全部逮捕。

1949 年 4 月 21 日，人民解放军横渡长江。4 月 23 日无锡解放，无锡市区建立地委级的无锡市，无锡农村建立无锡县政府，区乡镇经过接收，钱桥、藕塘地区相继建立人民政权。许杏泉任钱桥镇第一任镇长，张文达任副镇长，徐一民任民兵中队长，章杏泉任治安员，杜鸿翔当时在镇里帮助工作，没有安排职务。上海解放后，杜鸿翔工作过的被查封的书店开业。陆道南就介绍杜鸿翔仍回到上海书店工作。刚解放，陆道南指导钱桥镇政府开展粮食征借征实，抢救水灾等繁重工作。当时，钱桥镇上抽大烟的人很多，许杏泉安排几间房子，对吸食大烟的人进行强迫戒烟，由家属负责送饭。

图 4—23—16　中央电视台新闻联播节目播放的陆道南百岁时的照片

稍塘营陈村解放后的当日，陈汀声和陈彦璋就把电台上缴给无锡市军管会。新中国成立后，陈汀声担任中央电影学院录音系专业主任、北京市人大代表、全国政协委员。

1950 年 3~4 月，新渎、藕塘划成两区，乡镇也划小。陆道南到藕塘区担任区委书记。陆道南撰写《往事难忘》的回忆录，书中第三十部分的标题为“三十、开辟钱桥”。

图 4—23—17　陆道南所著《往事难忘》书影

**（二）锡西地下党在藕塘**

高凤岗是无锡城中心人，民国时期在锡西有好几百亩土地出租给佃户，在藕塘桥稍塘乡就有两百余亩土地。高凤岗每年要到藕塘桥稍塘营收租米。家庭十分困难的佃户当年交不出租米，就逐年拖欠。高凤岗便计算高利贷，利上加利，本利翻翻。20 世纪 30 年代，高凤岗在稍塘营费家弄村建造收租房，三间二厢平瓦房。收租房的选址出入便利，就在大路旁，离稍塘营街及洋溪河只有 400 余米，运输方便。收租房是高凤岗下乡收租时的临时住房，“收来租米暂时放，屋前码头用船装，运到城里仓库放，囤积粮食可收放”是高凤岗以租盘剥农民的发财经。

高凤岗与稍塘乡伪乡长陈皖生，伪保长包锡根、郑焕荣勾结，用地方势力欺压佃户，每亩收多少租米他们说了算，佃户没有还价的余地。特别是从江阴、常熟等外地到稍塘营落户、租种其租田的佃户，身无寸土，在租田里搭草房，高凤岗收租米就要加收两倍。每年稻熟上场，高凤岗就到稍塘营挨家挨户收租米。高凤岗量米的斗具大一点，斗口夹米不用尺，用他伸不直的手夹，斗里装的米能满一点。用这两个一点点，四两驳千斤，暗地里多收佃户的租米。

20 世纪 40 年代，陆道南在稍塘营通过武工队员陆文庆，与吴顺发、俞阿锡、吴泽、吴伯泉、俞永生、高阿龙等接上头，带领武工队活跃在藕塘地区，开展地下工作，打击恶霸，伸张正义。

民国 33 年（1944）下半年，中共锡西地下党陆道南接到上级命令，苏南地区要求地主土豪逐年实行减租减息。于是，锡西地区的中共地下党组织把减租减息的精神通知高凤岗。高凤岗根本不接受，连续两年（民国 34 年~民国 35 年）对佃户按照老规矩收租收息，丝毫未减。

民国 36 年夏，中共锡西地下党组织专门派人送信到城里，命令高凤岗必须减租减息一半，上半年不准下乡收租收息。中共锡西地下党组织秘密决定，高凤岗如果秋冬继续公开抗拒“双减”运动，再要按他的老办法下乡收租收息，就要对其镇压。是年秋，稻谷登场。地主高凤岗按照老规矩带着儿子到稍塘营，落脚在收租房里，打听风声，准备仍按老办法收租米。陆道南当即决定，坚决打击不法地主分子的嚣张气焰，迅速铲除恶霸高凤岗，扫除推进“双减”工作的障碍。武工组对铲除恶霸高凤岗的任务进行周密安排，由俞阿锡派高泉根侦察高凤岗的活动规律，曹洪飞直接执行处决任务，其余五六人在稍塘桥南北街口戒备，以防国民党自卫队。

新丰里邵荣宝明里是稍塘乡保长，暗地里与中共地下党组织联系，把高凤岗已下乡的消息告诉锡西地下交通员俞阿锡。俞阿锡立即把这一消息报告给锡西地下党组织领导人陆道南。陆道南获得消息后派武工队员曹鸿飞到稍塘营与邵荣宝碰头。曹鸿飞秘密隐藏在高家旦高阿龙家。曹鸿飞、邵荣宝、俞阿锡三人暗里商定：首先弄清高凤岗的活动情况，弄清高凤岗的长相，同时摸清后撤路线；邵荣宝负责安全，俞阿锡负责把握时机。曹鸿飞等经过进一步摸情况，得知高凤岗和其儿子都有枪，已到稍塘营两天。保长邵荣宝立即通知稍塘自卫团第二天去井亭李家湾集训，以确保处决高凤岗的行动安全。第二天上午，俞阿锡就到稍塘营街上察看，看到高凤岗真的已在茶馆店吃茶，立即报告曹鸿飞。曹鸿飞听了俞阿锡的汇报：高凤岗穿什么衣服，戴什么帽子，脸长啥样子，朝南方向坐着吃茶，旁边坐着什么样的人。于是，曹鸿飞手提糖篮，篮底暗藏手枪，装着去茶馆店卖糖、卖烟，暗地侦察。弄清情况以后，曹鸿飞就等候在大悲庵（离高凤岗收租房不远，高凤岗回收租房的必经之处）后屋角厕所旁。稍塘营街上落市，茶店散场，高凤岗走出街梢，走过稍塘营桥，走到大悲庵后屋角厕所旁时，曹鸿飞一个箭步窜出，认准高凤岗，走前几步说：“你是高先生？”高凤岗点头连说：“是，是，是！”曹鸿飞把早已准备好的手枪从篮底拿出，对准高凤岗连开两枪。高凤岗被击毙倒地。随后，曹鸿飞把一张布告贴在高凤岗的尸体上。布告上面写着“恶霸高凤岗抗拒减租减息，锡西武工队奉命予以处决”。曹鸿飞贴好布告后，按照原定的路线飞速踏麦埨后撤，经过麻姑桥直奔新渎方向，凯旋归队。

锡西武工队在藕塘稍塘营处决恶霸地主高凤岗之事在无锡地区上层社会引起很大震动，有力地推动了减租减息运动在无锡地区顺利开展。

# 第五篇　教育科技

# 第二十四章 基础教育

清代，钱桥、藕塘地区普设私塾，开展私塾教育。清宣统三年（1911），藕塘桥西溪小学创办（藕塘中心小学前身）。民国元年（1912），开原乡第四国民小学创办（钱桥中心小学前身）。民国12年，钱桥、藕塘地区有8所小学。民国19年，钱桥、藕塘地区有5所公立小学。民国24年，钱桥地区有私塾62所，藕塘地区有私塾41所。民国37年，许浩然创办私立养正中小学（钱桥中学前身），孙德良创办私立万东中学。1957年，藕塘乡政府创办藕塘民办初级中学（藕塘中学前身）。1958年，钱桥公社创办钱桥中心小学附属幼儿园。是年，钱桥、藕塘公社各大队开办红儿班，对幼儿进行学前教育。1970年始，钱桥、藕塘公社各大队红儿班改设为幼儿园。是年，藕塘公社创办藕塘幼儿园。20世纪90年代，钱桥地区有12所完全小学、1所完全中学、3所初中；藕塘地区有9所完全小学、1所完全中学。20世纪末至21世纪初，政府提出规模办学，至2008年，藕塘地区各村办小学全部并入藕塘中心小学；至2013年，钱桥地区各村办小学全部并入钱桥中心小学。2015年，钱桥街道共有幼儿园6所，其中2所公办、4所民办，占地面积54285平方米、建筑面积34231平方米，105个班、保教员390人、幼儿3757人；小学4所，其中2所公办、2所民办，占地面积159293平方米、建筑面积86787平方米，147个班、教师388人、学生6953人；中学2所，占地面积102398平方米、建筑面积50399平方米，54个班、教师213人、学生2383人。

2015年钱桥街道基础教育基本情况统计表

表5—24—1　　单位：人、班、平方米

| 分类 | 校名 | 学校性质 | 教职工数 | 班级数 | 学生数 | 毕业生数 | 占地面积 | 建筑面积 |
|---|---|---|---|---|---|---|---|---|
| 学前 | 钱桥中心幼儿园 | 公办 | 117 | 29 | 1047 | — | 18805 | 12043 |
| | 藕塘中心幼儿园 | | 91 | 23 | 837 | — | 10980 | 6455 |
| | 盛岸花园幼儿园 | 民办 | 57 | 15 | 525 | — | 5900 | 3300 |
| | 晴山蓝城幼儿园 | | 62 | 16 | 585 | — | 4500 | 3400 |
| | 南西漳幼儿园 | | 37 | 9 | 315 | — | 7600 | 4260 |
| | 开心宝贝幼儿园 | | 26 | 13 | 448 | — | 6500 | 4773 |
| 小学 | 钱桥中心小学 | 公办 | 211 | 68 | 3428 | 575 | 54780 | 21514 |
| | 藕塘中心小学 | | 82 | 34 | 1531 | 226 | 29083 | 13889 |
| | 华锐实验小学 | 民办 | 63 | 30 | 1456 | — | 30000 | 15000 |
| | 金桥实验学校 | | 32 | 15 | 538 | — | 45430 | 36384 |
| 中学 | 钱桥中学 | 公办 | 128 | 37 | 1708 | 529 | 74150 | 27528 |
| | 藕塘中学 | | 85 | 17 | 675 | 177 | 28248 | 22871 |
| 合计 | | | 1007 | 306 | 13093 | 1510 | 315976 | 171417 |

说明：表内幼儿园教工数为保教员数、学生数为幼儿数

## 第一节 私塾

清代，私塾是钱桥、藕塘地区的主要教育单位。随着区域内商品经济的逐步发展，百姓对文化需求日益提高，钱桥、藕塘地区设有各类私塾，有一般富商延请塾师在家中教读子弟的家塾，有地

方（村）或宗族捐助钱财、学田，聘师设立私塾以教贫寒子弟的村塾、族塾，有塾师在自己家里或租赁别人家屋舍厢房开办的私塾。

私塾开设的课程和教学因塾师水准和私塾性质而异。家塾和名师设立的私塾，旨在培养仕途人才，从开蒙教方块字起，随着塾生年龄的增长，教读《大学》《中庸》《论语》《孟子》《古文观止》以及经史子集，同时讲授诗韵、平仄，习作诗文，准备应试。一般私塾，则以识字为主，先教塾生识写在一寸多见方纸上的楷书字，待识至千字左右后，教读《三字经》《百家姓》《千字文》《千家诗》等，还加授珠算。塾师教读几年，塾生学会看书、写信，打算盘即可，以谋生计。19世纪末，随着西学东渐，区域内私塾日趋改良，有的加教英文，有的加授算术。民国初期，区域内私塾课程仍无统一规定。民国7年（1918），开原乡藕荡桥附近私塾之多冠于全乡。

民国19年钱桥、藕塘地区私塾部分一览表

表5—24—2　　单位：人

| 乡镇别 | 村名及私塾 | 塾生人数 | 乡镇别 | 村名及私塾 | 塾生人数 |
|---|---|---|---|---|---|
| 溪山乡 | 芮巷私塾 | 10 | 居仕乡 | 上秦巷私塾 | 28 |
| 东济乡 | 周基头私塾 | 10 | 夏虞乡 | 埭上私塾 | 39 |

民国22年，江苏省教育厅公布《江苏省管理私塾实施办法》52条，规定私塾的科目设置可视实际情况分别相当于完全小学、初级小学、简易小学或短期小学。此后，钱桥、藕塘地区的私塾纳入普及教育轨道，一律用审定的教科书，开设国语、算术、常识、体育、写作等课程。民国24年，第三学区（钱桥地区）有私塾62所，塾生1567人，塾师62人；第六学区（藕塘地区）有私塾41所，塾生556人，塾师41人。

私塾的教学方法是单个教读，注重读写与抄练。塾师大多先教学生熟读背诵，然后在适当的时候进行逐句讲解；除读书背诵外，塾生须习字，由塾师扶手润字开始，再描红，再写映本，然后临帖。一般塾师，不是科班出身，才学不深，只会教读，不作讲解。少数秀才、举人出身的学问高深的塾师，精通古典文学、诗词歌赋，教授文章，经验丰富，不仅能教读讲解，而且能启发学生的读写兴趣。

清末至民国时期钱桥、藕塘地区私塾情况一览表

表5—24—3　　单位：人

| 2015年所属社区 | 自然村名 | 私塾户主姓名 | 塾师姓名 | 塾生数 | 开办时间 | 停办时间 | 备注 |
|---|---|---|---|---|---|---|---|
| 钱桥 | 北街站头 | 凌焕章 | 凌焕章 | 8~10 | 民国初年 | 民国15年 | — |
| 华新 | 毛村园 | 许少卿 | 徐浩然<br>袁唯深 | 60 | 民国26年 | 民国37年 | — |
| | 杨毛岸 | 许少卿 | 徐浩然 | 25 | 民国27年 | 民国37年 | — |
| 苏庙 | 支巷 | 支浩明 | — | 20 | 清嘉庆年间 | 民国14年 | 民国14年由李惕平改为无锡县第九小学 |
| | 缪巷 | — | 缪玉昌 | 15 | 清末 | 民国4年 | — |
| 舜柯 | 缪家 | 缪文轩 | — | 3~5 | 民国20年 | 民国28年 | — |
| 洋溪 | 庙前巷 | 许少卿<br>计耀祥 | 薛茂林<br>张荣奎 | 60 | 民国14年 | 民国31年 | 后发展为青莲小学 |
| | 庙前巷 | 许少卿<br>计耀祥 | 强　光<br>许国钊<br>薛玉仁<br>方祖寿<br>张亚珍 | 162 | 民国31年 | 1949年 | 后发展为周家弄国民小学 |
| | 江胜桥 | 许宗达 | 狄良旭 | 25 | 民国33年 | 1949年 | 后发展为江胜桥小学 |
| | 俞巷 | 俞世永 | 葛麟振<br>刘月英<br>刘伯清<br>单中焕 | 42 | 民国35年 | 1949年 | 后发展为俞巷小学 |

续表 5—24—3 单位：人

| 2015 年所属社区 | 自然村名 | 私塾户主姓名 | 塾师姓名 | 塾生数 | 开办时间 | 停办时间 | 备注 |
|---|---|---|---|---|---|---|---|
| 晓丰 | 大花岸 | 谈菊林 | 谈菊林<br>钱士听 | 50 人左右 | 民国元年 | 民国 21 年 | — |
| | 王巷 | 王家祠堂 | 王海泉<br>孙岐叶 | 30 人左右 | 不详 | 民国 37 年 | — |
| 会西（原钱桥，现山北） | 社冈 | 徐宝鋆（徐寿曾孙、徐建寅孙） | 徐宝鋆 | 30 人左右 | 民国 27 年 | 民国 37 年 | 徐宝鋆为社冈小学首任校长 |
| 西漳 | 孙家 | 孙维翰 | — | 6~10 人 | 民国 19 年 | 民国 29 年 | — |
| 藕塘 | 藕塘桥南 | 杨炳堂 | 吴仲祥 | 25 | 民国 20 年 | 民国 28 年 | — |
| 东风 | 马巷 | 陈宪章 | 陈宪章 | 15 | 清光绪 21 年 | 民国 31 年 | — |
| 南塘 | 南水渠 | — | 吴生倍 | 5 个左右 | 清朝末期 | 民国初年 | — |
| | 浦巷 | 钱俊裕 | 钱俊裕 | 10 个左右 | 民国 29 年 | 民国末期 | — |
| 盛峰 | 弄里 | 张国香 | — | 12 | 清末 | 民国 2 年 12 月 | — |
| | 吴巷上 | 俞焕堂 | 俞焕堂 | 15 | 清末 | 民国 2 年 12 月 | — |
| | 杨家 | 杨友清 | — | 16 | 民国初期 | 民国 7 年 12 月 | — |
| | 庙桥王巷 | 王大宝 | — | 15 | 民国初期 | 民国 7 年 12 月 | — |
| 稍塘 | 大巷 | 李耀兴 | 王重山 | 20 | 民国初 | 民国 26 年 | — |
| | 费家弄 | 严招庆 | — | 30 | 民国初 | 1949 年 | — |
| | 沈巷 | 沈培生 | 陈国君 | 20 | 民国初 | 民国 26 年 | — |
| 藕乐苑 | 朱巷 | 朱文焕 | 朱英华<br>朱有为<br>朱潾宝 | 35 | 宣统元年 | 民国 31 年 | 由荣德生、黄达浦发起并资助 |
| | 管巷 | 管淑芳 | 陈翰庆 | 15 | 民国初 | 民国 27 年 | |
| | 陈村 | 陈祠堂 | 陈友详<br>冯耀奎 | 50 | 民国初 | 民国 26 年 | — |
| | 西村 | 倪承宪 | 倪承宪 | 20 | 民国初 | 民国 27 年 | — |
| | 东村 | 丁邦达 | 丁邦达<br>丁邦千 | 40 | 民国 20 年 | 民国 22 年 | — |
| | 东村 | 丁立人 | 丁映美 | 20 | 民国 21 年 | 民国 22 年 | — |

民国 23 年后，钱桥、藕塘地区逐步开设国民学校，日渐替代私塾教育。1950 年，钱桥、藕塘地区私塾消失，被小学教育所替代。

## 第二节 学前教育

民国时期，钱桥、藕塘地区无学前教育机构。1958 年，钱桥、藕塘地区人民公社化，各大队开办红儿班。是年 9 月，钱桥中心小学开设附属幼儿园。20 世纪 70 年代，钱桥、藕塘公社各大队红儿班改设为幼儿园。1970 年，藕塘公社创办藕塘幼儿园。1989 年，钱桥镇政府投入专项资金，建造钱桥中心幼儿园，自此，钱桥中心幼儿园从钱桥中心小学内分离出来。2007~2013 年，区域内先后开办盛岸花园、晴山蓝城、南西漳、开心宝贝民办幼儿园。2015 年，钱桥街道幼儿园教职工 390 人、班级 105 个、幼儿 3757 人；其中钱桥中心幼儿园有教职工 117 人，幼儿 1047 人，班级 29 个；藕塘中心幼儿园有教职工 91 人，幼儿 837 人，班级 23 个；盛岸花园等 4 所民办幼儿园有教职工 182 人，幼儿 1873 人，班级 53 个。

### 一、村办幼儿园

1970 年始，钱桥、藕塘公社各大队在红儿班的基础上先后改设成大队幼儿园。1973 年，钱桥地区有舜一、历村、溪南、新丰、洋溪、黎明、晓星、胜丰、西漳、五星等 10 所大队幼儿园；藕塘地区有凯旋、宇峰、五星、火花、东方红、勤建、林业、东风、永红等 9 所大队幼儿园。进入 21 世纪，各村村办幼儿园先后并入钱桥、藕塘中心幼儿园。2011 年、2013 年，稍塘幼儿园、西漳幼儿园分别是藕塘、钱桥地区最后一所并入中心幼儿园的村办幼儿园。至此，钱桥街道各社区的幼儿园全部并入中心幼儿园。

### 1970~2013年钱桥、藕塘地区（大队）村办幼儿园选年统计表

表5—24—4　　　　单位：班、人

| 钱桥地区 | | | | | | 藕塘地区 | | | | | |
|---|---|---|---|---|---|---|---|---|---|---|---|
| 幼儿园名 | 年份 | 班级数 | 幼儿数 | 保教员数 | 负责人 | 幼儿园名 | 年份 | 班级数 | 幼儿数 | 保教员数 | 负责人 |
| 舜一幼儿园 | 1972 | 1 | 20 | 1 | 蒋正福 | 盛店（凯旋）幼儿园 | 1972 | 1 | 38 | 2 | 杨梅英 |
| | 1984 | 2 | 45 | 2 | 石海芳 | | 1984 | 2 | 45 | 2 | 张小平 |
| | 2009 | 1 | 38 | 1 | 黄月华 | | 2001 | 3 | 68 | 3 | 俞建琴 |
| 历村幼儿园 | 1970 | 1 | 23 | 1 | 蒋杏英 | 宇峰幼儿园 | 1975 | 1 | 25 | 1 | 管亚珍 |
| | 1985 | 2 | 56 | 2 | 顾　燕 | | 1986 | 2 | 38 | 3 | 沈静芬 |
| | 2009 | 3 | 105 | 3 | 周素香 | | 2000 | 2 | 45 | 2 | |
| 溪南幼儿园 | 1972 | 1 | 28 | 1 | 吴惠娣 | 南水渠（五星）幼儿园 | 1975 | 1 | 24 | 1 | 张丽敏 |
| | 1987 | 2 | 76 | 2 | 王凤英 | | 1985 | 2 | 47 | 2 | 周亚琴 |
| | 2001 | 2 | 73 | 2 | 何红炎 | | 1999 | 2 | 43 | 2 | 龚凤仙 |
| 溪北（新丰）幼儿园 | 1970 | 1 | 28 | 1 | 何美凤 | 庙塘桥（火花）幼儿园 | 1975 | 1 | 26 | 1 | 殷秀琴 |
| | 1985 | 2 | 58 | 2 | 何美凤 | | 1989 | 2 | 47 | 2 | 何国芬 |
| | 2000 | 2 | 75 | 2 | 钱文霞 | | 2002 | 2 | 35 | 2 | 钱海霞 |
| 洋溪幼儿园 | 1970 | 1 | 16 | 1 | 谈光新 | 藕塘（东方红）幼儿园 | 1977 | 1 | 30 | 1 | 龚凤鸣 |
| | 1975 | 1 | 21 | 1 | 张勤娣 | | 1983 | 1 | 25 | 1 | |
| | 1998 | 2 | 52 | 2 | 丁红华 | 勤建幼儿园 | 1980 | 1 | 25 | 1 | 蔡友娣 |
| 周家弄（黎明）幼儿园 | 1973 | 1 | 20 | 1 | 何惠芬 | | 2003 | 3 | 85 | 4 | 倪湘君 |
| | 1995 | 2 | 80 | 3 | 王惠英 | 井亭（林业）幼儿园 | 1981 | 1 | 27 | 1 | 冯敏玉 |
| | 1997 | 3 | 110 | 4 | 蔡　萍 | | 1988 | 1 | 32 | 1 | 朱国娟 |
| | 2000 | 3 | 105 | 3 | 陈国平 | | 1999 | 1 | 37 | 1 | 蔡友娣 |
| | 2006 | 2 | 80 | 3 | 丁红华 | 东风幼儿园 | 1981 | 2 | 66 | 3 | 华荣妹 |
| 晓星幼儿园 | 1970 | 1 | 43 | 1 | 时梅英 | | 1989 | 3 | 105 | 4 | |
| | 1985 | 2 | 85 | 2 | 时梅英 | | 1994 | 4 | 110 | 5 | |
| | 2013 | 3 | 98 | 5 | 丁红华 | 稍塘（永红）幼儿园 | 1983 | 1 | 45 | 1 | 包　健 |
| 胜丰幼儿园 | 1973 | 1 | 23 | 1 | 张瑞珍 | | 1986 | 2 | 88 | 3 | 钱　萍 |
| | 1982 | 2 | 51 | 2 | 王晓萍 | | 1990 | 5 | 150 | 5 | 何国芬 |
| | 2003 | — | 70 | 2 | 王晓萍 | | 2003 | 3 | 115 | 4 | 顾红雅 |
| 西漳幼儿园 | 1970 | 1 | 28 | 1 | 张凤娣 | — | — | — | — | — | — |
| | 1996 | 3 | 95 | 4 | 张凤娣 | — | — | — | — | — | — |
| | 2013 | 3 | 105 | 5 | 潘晓红 | — | — | — | — | — | — |
| 威华（五星）幼儿园 | 1970 | 1 | 25 | 1 | 徐瑞娟 | — | — | — | — | — | — |
| | 1978 | 2 | 49 | 2 | 徐瑞娟 | — | — | — | — | — | — |
| | 2009 | 2 | 80 | — | 杨秋琴 | — | — | — | — | — | — |

## 二、无锡市钱桥中心幼儿园

1958年9月，钱桥公社创办钱桥中心小学附属幼儿园，位于惠钱路钱桥中心小学内，仅1位幼儿教师，25名幼儿。1989年，钱桥镇政府投资150万元建造钱桥镇中心幼儿园，位于钱桥大街24号，开设8个班级，有22名教师。1995年，钱桥镇中心幼儿园扩建午睡大楼，班级增至14个，教师增至50人。钱桥镇中心幼儿园在办园过程中，得到社会各界的大力支持。

### 1990~1997年钱桥镇中心幼儿园社会捐资助学统计表

表5—24—5　　　　单位：万元

| 年份 | 助学单位 | 助学金额 | 经费用途 | 年份 | 助学单位 | 助学金额 | 经费用途 |
|---|---|---|---|---|---|---|---|
| 1990 | 手联社、三电办等 | 0.62 | 日常开支 | 1994 | 金属压延厂、土管所等 | 4.00 | 教学活动用品 |
| 1991 | 苏庙村、房产公司等 | 2.90 | 购买办公桌、教玩具 | 1995 | 供销社、交管所等 | 72.55 | 电脑、教玩具 |
| 1992 | 钱桥实业公司、充氧站等 | 3.04 | 电话机、仓库 | 1996 | 华润实业公司、工商所等 | 19.70 | 钢琴、大型玩具 |
| 1993 | 供销公司、钢窗厂等 | 9.43 | 幼儿教材及教具 | 1997 | 交管所、居委等 | 5.50 | 冰柜、电风扇等 |

2000年，钱桥镇中心幼儿园更名为无锡市钱桥镇中心幼儿园。钱桥镇中心幼儿园把师资队伍建设作为可持续发展的根本大计，树立“以人为本、民主和谐、科学规范”的管理理念，外培内练并举，加快师资队伍建设的步伐。2001年，无锡市钱桥镇中心幼儿园被评为江苏省示范性实验幼儿园；2003年，获江苏省绿色幼儿园称号。2007年，无锡市钱桥镇中心幼儿园更名为无锡市钱桥中心幼儿园。2011年，被评为江苏省平安校园，同时获全国幼儿创意美术大赛教育成果一等奖。办园过程中，多次获市、区常规管理先进幼儿园、三八红旗集体、课程改革先进幼儿园等荣誉称号。2002~2011年，钱桥中心幼儿园集体在省级以上刊物发表论文18篇。

图5—24—1 2013年钱桥中心幼儿园被江苏省教育厅命名为“江苏省优质幼儿园”

2012年，钱桥中心幼儿园舞蹈《小小兵》获伊酷童杯迎“六一”无锡市小铃铛演唱会一等奖。2013年，钱桥街道投入资金，易地新建钱桥中心幼儿园。是年，参加无锡市幼儿园趣味乒乓球托球接力比赛获女子组第一名、男子组第一名；同获男子个人第一名、第二名，女子个人第二名。同年，参加“童话之星”世界华人幼儿美术大赛获特金奖5名，金奖39名。

**2001~2013年无锡市钱桥中心幼儿园获省级条线以上荣誉一览表**

表5—24—6

| 年份 | 荣誉称号 | 颁奖单位 | 年份 | 荣誉称号 | 颁奖单位 |
|---|---|---|---|---|---|
| 2001 | 江苏省示范幼儿园 | 江苏省教育厅 | 2011 | 江苏省平安校园 | 江苏省教育厅、综治办、公安厅 |
| 2003 | 江苏省绿色幼儿园 | 江苏省教育厅、环境保护厅 | 2013 | 江苏省优质幼儿园 | 江苏省教育厅 |

2014年，参加无锡市幼儿园趣味乒乓球托球接力比赛，获团体第一名、男子个人第三名、女子个人第一名和第二名；参加“童话之星”世界华人幼儿美术大赛获特金奖14名、金奖138名；歌唱《我的小鸡》在无锡市第十七届迎“六一”幼儿小铃铛艺术展演中获一等奖。

钱桥中心幼儿园以“创建现代化学园、乐园、花园”为目标，确立“优质服务、内涵发展、开拓创新、争创一流”的办园宗旨，以科研带动教研，将艺体特色活动作为校园文化建设品牌，是无锡市乒乓球传统特色幼儿园之一。校园营造特色化的艺体文化氛围，从室内到室外，全方位创设艺体特色教育环境，创设乒乓球室、舞蹈房、音乐教室、美工创意室等专用教室，并利用走廊、墙壁定期展示幼儿艺术作品，积极参加各级各类艺体特色竞赛、表演。园内的小篮球、小乒乓球等体育特色活动丰富多彩；幼儿舞蹈、合唱等文艺表演多次获市级一等奖。钱桥中心幼儿园将艺体特色活动与“十二五”课题“幼儿园经历活动课程化的研究”有机融合，以科研带动品牌特色校园文化建设。

图5—24—2 舞蹈《唐装娃娃》获无锡市小铃铛艺术展演比赛一等奖

2015年9月，钱桥街道总投入资金4000多万元、位于育英路58号新建的钱桥中心幼儿园投入使用。新建的幼儿园占地面积18805平方米，建筑面积12042.85平方米，户外活动场地面积4793.87平方米，园内绿化面积6273平方米，新幼儿园环境优美，场地宽敞，现代化设施设备齐全。是年，共有29个班级、1047名幼儿迁入新建的幼儿园；园内教职工117人，其中专任教师62人，教师中本科学历达61.3%，市区级骨干教师16人，小学一级教师职称25人、高级教师职称4人，无锡市教学新秀 1 人、区教学能手 3 人、区教学新秀 15 人。是年，打击乐“小小斗牛士”获无锡市第十八届迎“六一”幼儿小铃铛艺术展演二等奖。2001~2015 年，钱桥中心幼儿园教师集体在省级以上刊物获得国家级论文奖共 79 篇。

1958~2015 年无锡市钱桥中心幼儿园基本情况选年统计表

表 5—24—7　　单位：平方米、班、人

| 年份 | 办学地点 | 占地面积 | 建筑面积 | 场地面积 | 投入资金 | 设备总额 | 班级数 | 幼儿人数 | 保教员数 |
|---|---|---|---|---|---|---|---|---|---|
| 1958 | 惠钱路钱桥中心小学内 | 340 | 40.00 | 300.00 | 200 元 | 50 元 | 1 | 25 | 1 |
| 1968 | | 380 | 80.00 | 400.00 | 500 元 | 100 元 | 2 | 60 | 2 |
| 1974 | | 420 | 120.00 | 400.00 | 800 元 | 300 元 | 3 | 85 | 4 |
| 1988 | | 420 | 120.00 | 400.00 | 1000 元 | 500 元 | 3 | 98 | 6 |
| 1989 | 钱桥大街 24 号 | 10043 | 5020.00 | 5000.00 | 150 万元 | 25 万元 | 8 | 235 | 22 |
| 1995 扩建 | 钱桥大街 24 号 | 10706 | 5607.00 | 5663.00 | 250 万元 | 30 万元 | 13 | 477 | 50 |
| 2015 年 9 月搬迁至新园 | 钱桥街道育英路 58 号 | 18805 | 12042.85 | 4793.87 | 4300 万元 | 300 万元 | 29 | 1047 | 117 |

1990~2015 年无锡市钱桥中心幼儿园教育经费统计表

表 5—24—8　　单位：万元

| 年份 | 投入教育经费总额 | | 年份 | 投入教育经费总额 | | 年份 | 投入教育经费总额 | |
|---|---|---|---|---|---|---|---|---|
| | （镇）街道投入 | 学费收入 | | （镇）街道投入 | 学费收入 | | （镇）街道投入 | 学费收入 |
| 1990 | 1.47 | 2.90 | 1999 | 1.94 | 109.35 | 2008 | 20.24 | 356.44 |
| 1991 | 1.85 | 6.87 | 2000 | 16.10 | 106.20 | 2009 | 11.61 | 364.59 |
| 1992 | 4.76 | 18.40 | 2001 | 2.45 | 109.19 | 2010 | 49.70 | 376.59 |
| 1993 | 22.87 | 35.22 | 2002 | 2.00 | 123.61 | 2011 | 90.23 | 371.20 |
| 1994 | 47.73 | 42.61 | 2003 | 3.20 | 137.55 | 2012 | 48.51 | 381.34 |
| 1995 | 18.60 | 54.90 | 2004 | 2.00 | 157.24 | 2013 | 41.18 | 404.54 |
| 1996 | 46.36 | 69.00 | 2005 | 12.00 | 171.88 | 2014 | 36.81 | 404.89 |
| 1997 | 22.58 | 59.77 | 2006 | 32.22 | 246.56 | 2015 | 147.37 | 446.03 |
| 1998 | 21.38 | 111.65 | 2007 | 13.05 | 315.17 | — | — | — |

1990~2015 年无锡市钱桥中心幼儿园教师数量、学历、职称选年统计表

表 5—24—9　　单位：人

| 年份 | 教师数量 | | | 学历 | | | | | 职称 | | | | |
|---|---|---|---|---|---|---|---|---|---|---|---|---|---|
| | 总数 | 其中男 | 其中女 | 研究生 | 本科 | 大专 | 中师 | 其他 | 正高级 | 副高级 | 中级 | 助理级 | 无职称 |
| 1990 | 20 | 0 | 20 | 0 | 0 | 0 | 7 | 13 | 0 | 0 | 1 | 4 | 15 |
| 2000 | 40 | 0 | 40 | 0 | — | 7 | 3 | 30 | 0 | 0 | 2 | 34 | 4 |
| 2015 | 62 | 1 | 61 | 0 | 38 | 22 | 2 | 0 | 0 | 4 | 25 | 24 | 9 |

1989~2015 年无锡市钱桥中心幼儿园历任领导任职表

表 5—24—10

| 党支部书记 | | 园长 | | 副园长 | |
|---|---|---|---|---|---|
| 姓名 | 任职时间 | 姓名 | 任职时间 | 姓名 | 任职时间 |
| — | — | 朱惠芳 | 1989.09~1993.02 | 谢茂兴 | 1989.08~1990.07 |
| 朱惠芳 | 1993.08~1997.07 | 杨秀侬 | 1993.03~1993.07 | 周亚琴 | 1990.08~1996.03 |
| — | — | 朱惠芳 | 1993.08~1996.03 | 吴文红 | 1996.04~2005.06 |
| 周亚琴 | 1997.08~2006.06 | 周亚琴 | 1996.04~2005.06 | 马俊妹 | 2005.07~ |
| — | — | 吴文红 | 2005.07~ | 钦雯虹 | 2005.07~ |
| 吴文红 | 2006.06~ | — | — | 陈　艳 | 2012.02~ |

2015 年，吴文红任无锡市钱桥中心幼儿园党支部书记、园长，马俊妹、钦雯虹、陈艳任副园长。

## 三、无锡市藕塘中心幼儿园

无锡市藕塘中心幼儿园的前身为藕塘幼儿园，创办于1970年，位于藕塘桥南侧。1993年9月，园址迁至藕塘北路34号，具有幼教特色建筑的中心幼儿园投入使用。随着藕塘地区城市现代化进程的推进，村园井亭、东风、南水渠、盛店、宇峰、勤建、庙塘桥及稍塘幼儿园先后并入藕塘中心幼儿园。2010年5月，藕塘中心幼儿园在藕乐苑住宅小区南面易地重建，于2011年10月投入使用。新园占地面积10980平方米，建筑面积6455平方米，共投入资金2420万元。是年，开设23个班级，有800多名幼儿就学。新的幼儿园各种活动室一应俱全，并安装CK报警、监控探头、周界报警器等各种技防设施。每个级部配备液晶投影设备一套，班班配有多媒体交互一体机、实物投影、液晶电视等现代化教学设备。同时，每位教师人手一台手提电脑，以满足开展教育教学活动。此外，藕塘中心幼儿园还配备美工操作室、科学探索室、娃娃阅览室、多媒体展示厅、保健隔离室、图书资料室、会议室、先进的多媒体演示平台、智能化的网络系统以及塑胶操场，为幼儿的发展提供全方位服务。园部还充分利用有限的场地，在楼梯口创设幼儿动手自选区、休息区、体育器械区、养殖、玩沙池等。另外，添置数码相机、摄像机及大、中、小型玩具，使幼儿园成为孩子们的乐园。

藕塘中心幼儿园办园40多年来，遵循“让每一个孩子拥有一份童年美好的记忆”的办园理念，贯彻“呵护童心 成就未来”的办园精神，努力培植“生活科学、历美激趣”的办园特色，积极开展“幼儿科学教育整合课程”特色研究，先后获江苏省节水型学校、江苏省绿色学校、无锡市节水型学校、无锡市平安校园、无锡市A级食堂、惠山区“三八”红旗集体、区课改先进幼儿园等荣誉称号。

2002~2015年藕塘中心幼儿园教师在省级以上刊物发表、获奖论文共72篇。

**1970~2015年无锡市藕塘中心幼儿园基本情况选年统计表**

表5—24—11　　单位：平方米、万元、班、人、件

| 时间 | 办园地点 | 占地面积 | 建筑面积 | 场地面积 | 投入资金 | 设备总额 | 班级数 | 幼儿人数 | 保教员数 | 滑滑梯 | 荡龙船 | 蹦蹦床 |
|---|---|---|---|---|---|---|---|---|---|---|---|---|
| 1970 | 藕塘桥南侧 | — | 55 | — | — | — | 1 | 53 | 1 | 1 | — | — |
| 1993 | 藕塘北路34号 | 4939 | 3655 | 2200 | 373 | 373 | 8 | 287 | 27 | 2 | 1 | — |
| 2015 | 藕乐苑199号 | 10980 | 6455 | 4577 | 2420 | 1576 | 23 | 837 | 91 | 3 | — | 1 |

**1990~2015年无锡市藕塘中心幼儿园教师情况选年统计表**

表5—24—12　　单位：人

| 年份 | 教师数量 | | | 学历 | | | | 职称 | | | | |
|---|---|---|---|---|---|---|---|---|---|---|---|---|
| | 总数 | 其中 男 | 其中 女 | 本科 | 大专 | 中师 | 其他 | 正高级 | 副高级 | 中级 | 助理级 | 无职称 |
| 1990 | 9 | — | 9 | — | — | 1 | 8 | — | — | — | — | 9 |
| 2000 | 25 | — | 25 | — | 6 | 15 | 4 | — | — | — | 18 | 7 |
| 2015 | 48 | 1 | 47 | 41 | 7 | — | — | — | 2 | 12 | 19 | 15 |

**1993~2015年无锡市藕塘中心幼儿园历任领导任职表**

表5—24—13

| 党支部书记 | | 园长 | | 副园长 | | | |
|---|---|---|---|---|---|---|---|
| 姓名 | 任职时间 | 姓名 | 任职时间 | 姓名 | 任职时间 | 姓名 | 任职时间 |
| — | — | 杨梅英 | 1993.09~1999.11 | 唐淑敏 | 1993.09~1999.02 | — | — |
| — | — | 沈秀娟 | 1999.12~2002.08 | 冯红霞 | 1999.03~2002.08 | 邵云娣 | 2002.09~ |
| 刘　芳 | 2007.08~ | 刘　芳 | 2002.09~ | 俞吟珠 | 2004.02~ | 管红亚 | 2012.08~ |

2015年，刘芳任无锡市藕塘中心幼儿园党支部书记、园长，邵云娣、俞吟珠、管红亚任副园长。

## 四、盛岸花园幼儿园

无锡盛岸花园幼儿园为华锐集团董事长韩荣寨于2007年8月投资创办的民办幼儿园，总投资380万元，位于钱桥街道盛德路24号。幼儿园占地面积5900平方米，建筑面积3300平方米，绿化面积和户外活动场地2600平方米。园内每个班级都配套有活动室、午睡室、盥洗室、储物柜，配备钢琴（电钢琴）、空调、电视机、收录机、消毒柜和开放式的教学玩具柜。教室内各种照明、通风、消防及防寒降温设备齐全。园内还开设美术创意室、科学发现室、图书室、多功能活动室和敞开式围棋活动区等。多媒体设备及摄像机、数码相机、电脑等教学设备均符合省优质幼儿园配备标准。同时，园内还开辟饲养角、种植园地、玩沙池、嬉水池等活动区，为幼儿提供安全、舒适、优美、丰富的活动环境，成为花园式幼儿园。

图5—24—3　2015年盛岸花园幼儿园

### （一）办学规模

2007年，盛岸花园幼儿园开设6个班级，在园幼儿191名。2015年，盛岸花园幼儿园有15个班级，是2007年的2.5倍，其中大班5个、中班5个、小班5个，在园幼儿525名，是2007年的2.7倍。

2007~2015年盛岸花园幼儿园办学规模统计表

表5—24—14　　　　单位：班、人

| 年份 | 班级数 | | | | 幼儿数 | | | | 保育员数 |
|---|---|---|---|---|---|---|---|---|---|
| | 小计 | 小班 | 中班 | 大班 | 小计 | 小班 | 中班 | 大班 | |
| 2007 | 6 | 3 | 2 | 1 | 191 | 90 | 66 | 35 | 6 |
| 2008 | 12 | 4 | 4 | 4 | 420 | 120 | 140 | 160 | 12 |
| 2009 | 13 | 5 | 4 | 4 | 450 | 150 | 140 | 160 | 13 |
| 2010 | 15 | 5 | 5 | 5 | 505 | 150 | 165 | 190 | 15 |
| 2011 | 15 | 5 | 5 | 5 | 515 | 150 | 172 | 193 | 15 |
| 2012 | 12 | 3 | 5 | 4 | 451 | 90 | 175 | 186 | 12 |
| 2013 | 15 | 5 | 5 | 5 | 517 | 150 | 175 | 192 | 15 |
| 2014 | 15 | 5 | 5 | 5 | 522 | 150 | 175 | 197 | 15 |
| 2015 | 15 | 5 | 5 | 5 | 525 | 160 | 175 | 190 | 15 |

### （二）师资队伍

2015年，盛岸花园幼儿园教职工57人，其中园领导3人（其中1名顾问）、专任教师30人、保育员15人、保健医生3人（1人专职、2人兼职）、后勤6人。专任教师中具有大专以上学历的28人、占93.3%，持有幼儿园教师资格证的27人、占90%；保育员持证上岗率100%。

2007~2015年盛岸花园幼儿园专任教师学历、职称、持证情况统计表

表5—24—15　　　　单位：人

| 年份 | 园长、专任教师数 | | | | 园长、专任教师学历 | | | | | 园长、专任教师职称 | | | | 持证数 | |
|---|---|---|---|---|---|---|---|---|---|---|---|---|---|---|---|
| | 小计 | 园长 | 专任教师 | 男教师 | 园长 | | 专任教师 | | | 园长 | | 专任教师 | | 教师资格证 | 其中幼儿园教师资格证 |
| | | | | | 本科以上 | 大专 | 本科以上 | 大专 | 中师中专 | 一级 | 二级 | 一级 | 二级 | | |
| 2007 | 13 | 1 | 12 | 0 | 0 | 1 | 0 | 6 | 6 | 1 | 0 | 0 | 0 | 8 | 3 |
| 2008 | 25 | 1 | 24 | 0 | 0 | 1 | 0 | 15 | 9 | 0 | 0 | 0 | 3 | 16 | 10 |
| 2009 | 28 | 2 | 26 | 0 | 0 | 2 | 1 | 16 | 9 | 0 | 1 | 0 | 5 | 20 | 10 |
| 2010 | 32 | 2 | 30 | 0 | 0 | 2 | 2 | 20 | 8 | 0 | 1 | 0 | 5 | 23 | 12 |
| 2011 | 32 | 2 | 30 | 0 | 0 | 2 | 2 | 24 | 4 | 0 | 1 | 0 | 6 | 32 | 15 |
| 2012 | 32 | 2 | 30 | 1 | 0 | 2 | 2 | 26 | 2 | 0 | 1 | 0 | 7 | 32 | 20 |
| 2013 | 32 | 2 | 30 | 1 | 0 | 2 | 5 | 22 | 3 | 0 | 1 | 0 | 6 | 32 | 22 |
| 2014 | 32 | 2 | 30 | 2 | 1 | 1 | 5 | 22 | 3 | 0 | 1 | 0 | 5 | 32 | 27 |
| 2015 | 32 | 2 | 30 | 0 | 2 | 0 | 6 | 22 | 2 | 1 | 0 | 0 | 9 | 32 | 27 |

**（三）办学特色**

盛岸花园幼儿园本着“一切为了孩子，为了孩子的一切”的办园宗旨，确立“以人为本、育人为本、发展为本，服务幼儿、服务家长、服务社会”的办园理念，于2012年11月顺利通过江苏省优质幼儿园评估，并参加江苏电视台“超级宝贝”的录制。

2015年5月，盛岸花园幼儿园幼儿参加无锡市举办的“小铃铛文艺汇演”，运用铃鼓、三角铁、碰铃、双响筒、小军鼓、打鼓等乐器，尝试进行打击乐演奏，演奏世界名曲“西班牙斗牛舞曲”，获得三等奖。之后，“西班牙斗牛舞曲”打击乐又参加江苏电视台《超级宝贝》的录制。同年，幼儿参加无锡市机器人竞赛获三等奖。11月26~30日，盛岸花园幼儿园参加由中国民办教育协会学前教育专业委员会、中国宋庆龄基金会事业发展中心、中国关心下一代教育研究院共同主办的“新纲要、新机遇、新挑战——2015年度全国民办优质特色幼儿园”颁奖典礼。参加颁奖典礼的有全国人大常委、民进中央副主席、中国民办教育协会常务副会长王佐书，教育部部长助理吴德刚，中国宋庆龄基金会机关党委专职书记林卫国，中国民办教育协会监事会副主席黄新茂，以及各省、自治区、直辖市教育厅和民办教育协会的有关领导。大会倡导建立政府主导、社会参与、公办民办并举的新体制，积极落实基本普及学前教育、重视婴幼儿教育的新任务。颁奖典礼上，盛岸花园幼儿园获“全国民办优质特色幼儿园”称号。

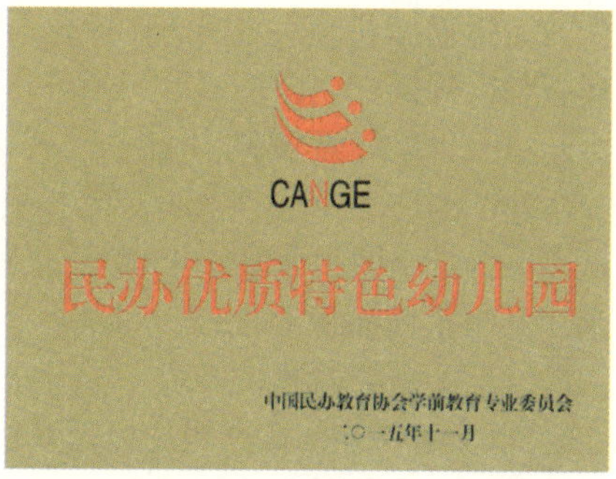

图5—24—4 2015年11月盛岸花园获“全国民办优质特色幼儿园”的奖牌

**（四）教育科研**

2008~2015年，盛岸花园幼儿园教师获国家级一等奖论文4篇、二等奖论文10篇、三等奖论文14篇。

**（五）办学成果**

2011年8月，盛岸花园幼儿园被中国学前教育研究会评为“童话之星”创意美术大赛百佳幼儿园；11月，被无锡市人民政府评为无锡市2009~2010年度先进社会组织。2012年11月，被江苏省教育厅评为江苏省优质幼儿园。2015年11月，被中国民办教育协会评为民办优质特色幼儿园。

图5—24—5 2011年盛岸花园幼儿园被无锡市人民政府表彰为先进社会组织

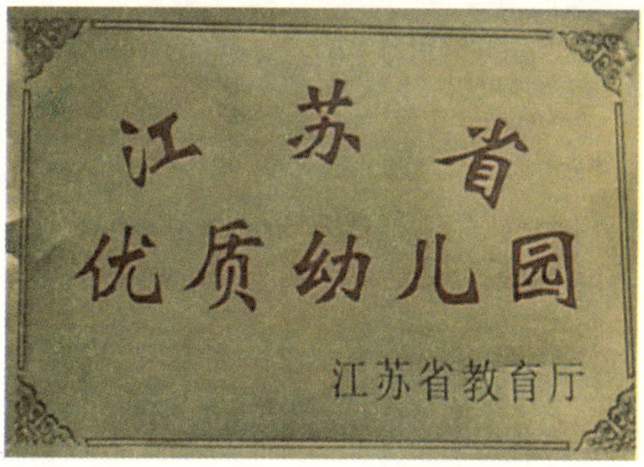

图5—24—6 2012年盛岸花园幼儿园被江苏省教育厅表彰为江苏省优质幼儿园

**（六）办学经费**

2011~2015年，盛岸花园幼儿园投入办园经费1562.61万元，其中2015年投入设备设施经费88.39万元。

2011~2015 年盛岸花园幼儿园办学经费统计表

表 5—24—16 单位：万元

| 年份 | 收入 | 其中：补助收入 | 支出 | 年份 | 收入 | 其中：补助收入 | 支出 |
|---|---|---|---|---|---|---|---|
| 2011 | 241.67 | 0 | 251.60 | 2014 | 369.92 | 25.4 | 323.07 |
| 2012 | 233.78 | 22 | 315.02 | 2015 | 395.38 | 40.3 | 401.50 |
| 2013 | 291.08 | 7 | 271.42 | — | — | — | — |

（七）领导任职

无锡盛岸花园幼儿园历任领导为园长郭玉芬、毛丹华、蒋海燕；副园长周圆。2015 年，蒋海燕任园长，周圆任副园长。

## 五、晴山蓝城幼儿园

2009 年 5 月，董事长韩荣寨投资 390 万元资金创办晴山蓝城民办幼儿园，位于钱桥街道晴山蓝城小区内。全园占地面积 4500 平方米，建筑面积 3400 平方米，绿化面积和户外活动面积 2000 平方米（其中软地面积 1300 平方米）。

（一）办学规模

2009 年办学初，办园规模为 6 个班，其中苗苗班 1 个、小班 3 个、中班 1 个、大班 1 个，幼儿总数 190 人。2015 年，全园小班 5 个、中班 5 个、大班 6 个，幼儿 585 名，班级数和幼儿数均是办园初的 3 倍。

2009~2015 年晴山蓝城幼儿园办学规模统计表

表 5—24—17 单位：班、人

| 年份 | 班级数 | 幼儿数 | 保教员数 | 年份 | 班级数 | 幼儿数 | 保教员数 |
|---|---|---|---|---|---|---|---|
| 2009 | 6 | 190 | 22 | 2013 | 18 | 650 | 68 |
| 2010 | 12 | 420 | 47 | 2014 | 17 | 600 | 62 |
| 2011 | 16 | 550 | 62 | 2015 | 16 | 585 | 62 |
| 2012 | 18 | 620 | 68 | — | — | — | — |

（二）师资队伍

2009 年开办时，晴山蓝城幼儿园有教职员工 28 名，其中专任教师 14 名、保育员 7 名、后勤总务 1 名、财会人员 1 名、门卫 1 名、保安员 2 名、厨房人员 2 名。各班师资配备均达到“二教一保”要求，教师专业合格率达 58%。是年，教师本科学历 3 人、大专学历 9 人、中专学历 2 人；具备教师资格证 13 人、育婴师证 1 人；营养师、保育员上岗证达标率 100%；全体教职工体检健康合格率 100%。2015 年，全园有专任教师 32 人，其中本科学历 14 人、大专学历 15 人、中师学历 3 人；一级教师 1 人、二级教师 3 人。全园保教员共 62 人。

2009~2015 年底晴山蓝城幼儿园专任教师学历、职称、持证统计表

表 5—24—18 单位：人

| 年份 | 园长、专任教师数 | | | | | 园长、专任教师学历 | | | | | | 园长、专任教师职称 | | | | | | 持证数 | |
|---|---|---|---|---|---|---|---|---|---|---|---|---|---|---|---|---|---|---|---|
| | 小计 | 园长 | 专任教师 | 男教师 | 在编教师 | 小计 | 园长 | | 专任教师 | | | 小计 | 园长 | | 专任教师 | | | 教师资格证 | 其中幼儿园教师资格证 |
| | | | | | | | 本科以上 | 大专 | 本科以上 | 大专 | 中师中专 | | 一级 | 二级 | 有职称教师总数 | 一级 | 二级 | | |
| 2009 | 14 | 2 | 12 | 0 | 0 | — | 1 | 1 | 2 | 8 | 2 | 4 | 1 | | 3 | 2 | 1 | 13 | 13 |
| 2010 | 26 | 2 | 24 | 0 | 0 | — | 1 | 1 | 4 | 18 | 2 | 5 | 1 | 1 | 3 | 2 | 1 | 26 | 26 |
| 2011 | 26 | 2 | 24 | — | — | — | 1 | 1 | 5 | 17 | 2 | 4 | 1 | 1 | 2 | 2 | 0 | 26 | 26 |
| 2012 | 26 | 2 | 24 | — | | — | 1 | 1 | 8 | 14 | 2 | 4 | 1 | 1 | 2 | 2 | 0 | 26 | 26 |
| 2013 | 26 | 2 | 24 | 0 | — | — | 1 | 1 | 10 | 12 | 2 | 4 | 1 | 1 | 2 | 2 | 0 | 26 | 26 |
| 2014 | 32 | 2 | 30 | 0 | 0 | — | 2 | 0 | 11 | 16 | 3 | 4 | 1 | 1 | 2 | 0 | 2 | 32 | 32 |
| 2015 | 32 | 2 | 30 | 0 | 0 | — | 2 | 0 | 12 | 15 | 3 | 4 | 1 | 1 | 2 | 0 | 2 | 32 | 32 |

（三）教育科研

2012 年初，晴山蓝城幼儿园申报的《利用积极心理学在幼儿自理能力培养中的实践研究》成为

无锡市教育科学十二五规划立项课题。课题通过系列教育教学活动和幼儿一日生活各个环节的技能操作练习，在取得家长配合的基础上，探索积极心理学在幼儿自理能力培养的有效手段和活动组织策略。为进行课题研究，园部成立《利用积极心理学在幼儿自理能力培养中的实践研究》课题领导小组，以年级为子课题研究单位，以班级为专题研究单位，以课题组研讨、园内教师 QQ 群和幼儿园网站为交流辅助平台。课题在华锐教育集团专家狄静忱全程指导下开展研究工作。通过三年研究实践，幼儿养成自理能力意识，掌握自理能力的技能，促进幼儿身心全面发展。根据幼儿心理特点，从兴趣上培养幼儿生活自理、能力自立，在吃水果前让幼儿参与清洗工作，比赛谁洗得干净；午睡起床时，比一比谁的床铺整理得好，谁的衣服叠得又快又整齐；收放玩具时，比一比谁能最快帮玩具找到家；通过故事《我长大了》《勤劳的小蜜蜂》、儿歌《我是爸妈的小帮手》、情景表演《自己的事情自己做》等，让幼儿自己能做的事情自己做，在家做爸爸妈妈的小帮手，把劳动当成一种乐趣。

实施课题以后，幼儿管理上变“管”为“放”，鼓励入园早的幼儿为大家摆好桌椅；在每天值日生工作中，让幼儿管理种植区和自然角、整理玩具和学习用品、擦桌椅和窗台；生活中，让幼儿练习剪指甲、剪图形；学习活动中，让幼儿自己卷（削）铅笔；板凳上的钉子冒出来，让幼儿学习使用锤子把小椅子上的钉子砸下去；午睡起床后，让幼儿自己学习梳头发；自由活动时，让幼儿按自己的意愿选择喜欢的区域；创造性游戏时，让幼儿自己决定游戏内容、寻找伙伴。课题研究中变“管”为“放”的教育方法，调动了幼儿参与活动的主动性、积极性，幼儿自理、自立能力得到明显提高。一些性格孤僻、不爱说话的孩子，变得愿意和大家一起活动，一起商量游戏玩法，增强参与能力。在对幼儿提出任务和要求的同时，注重循序渐进，由易到难。幼儿喝完牛奶或豆浆后，孩子自己清洗自己的杯子；桌面游戏前后由小组长放收好玩具，整理好图书架；定期让中、大班幼儿自己修补图书等。在日常生活及区域游戏中，对幼儿进行生活技能的操作练习；在“我是维修工”游戏中，通过给小椅子拧螺丝等动作，巩固幼儿动手动脑的技能；在“坐公交车”游戏中，让幼儿知道上车要投币，要给老人、孩子、孕妇以及残疾人让座；通过“逛超市”游戏，提高幼儿自主能力以及解决问题的能力；在“小医院”游戏中，通过幼儿照顾小病人，让幼儿学会关爱他人、学会怎样照顾病人等。同时，组织幼儿开展竞赛活动、强化幼儿生活自理技能，定期开展幼儿生活自理能力（小班穿脱衣服、鞋子，中班穿衣服、叠被子，大班系鞋带、叠被子、套枕套）比赛，学习自理能力（小班整理玩具、中班整理蜡笔、大班整理拉杆箱）比赛，安全自理能力比赛，让幼儿在比赛中提高自理、自护、自救能力。

课题组在调查中，发现很少幼儿在家中能做到独立如厕、漱洗、入睡、进餐，穿脱衣服，一些幼儿在园在家表现极不一致。这表明家园在教育上有脱节，老师的辛勤劳动因此而事倍功半。为此，园方通过家长园地、家长讲座、家长半日活动等与家长沟通，使家园双方取得共识，从而促使家园相互配合、同步教育，培养幼儿生活自理、自立能力。

2014 年，晴山蓝城幼儿园参加无锡市小手拼出大世界比赛，获得幼儿组一等奖。2015 年，参加无锡市小手拼出大世界比赛获得三等奖。12 月 30 日，历经三年的《利用积极心理学在幼儿自理能力培养中的实践研究》课题顺利结题。参加结题的有无锡市教育学会和惠山区教育局领导组成课题鉴定组。结题以集体现场结题的方式进行，课题鉴定组专家们经过实地考察、查阅资料、听取汇报、课题答辩后，认为课题研究立足园本，以“家园携手”为切入口，过程扎实，资料翔实，管理规范，成效突出，不但增强幼儿的生活自理能力、提高教师的专业化水平，而且还提升家长的育儿水平，具有一定的推广价值，准予结题。2010~2015 年，晴山蓝城幼儿园教师获国家级奖论文 12 篇。

图 5—24—7 2015 年 5 月，晴山蓝城幼儿园孩子们在无锡电视台参加无锡市第十八届迎“六一”幼儿小铃铛艺术展演

**（四）办学成果**

2010 年 5 月，晴山蓝城幼儿园被全国围棋育苗工程理事会获批围棋培训基地。6 月，成功创建

无锡市二类幼儿园。2013 年，晴山蓝城幼儿园被江苏省教育厅评为江苏省优质幼儿园。

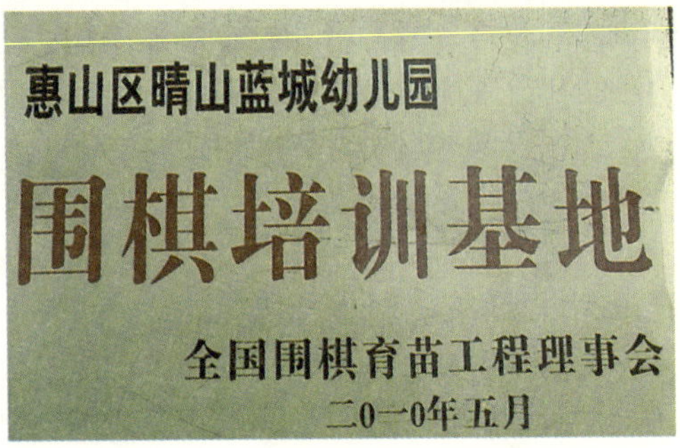


图 5—24—8　2010 年 5 月，晴山蓝城幼儿园被全国围棋育苗理事会定为围棋培训基地

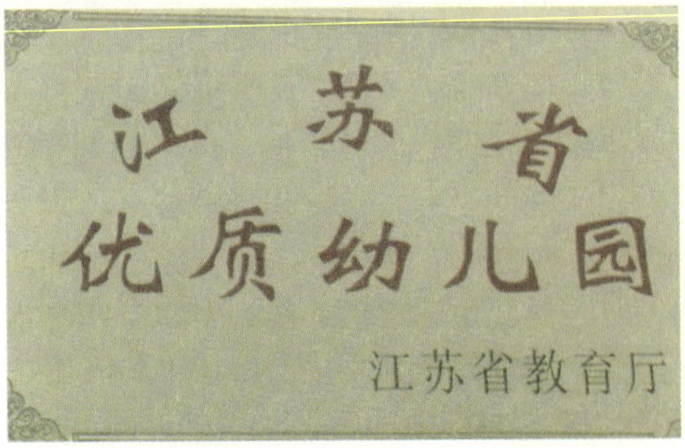


图 5—24—9　2013 年 12 月，晴山蓝城幼儿园被江苏省教育厅评为江苏省优质幼儿园

2015 年 5 月，参加无锡教育电视台第十八届迎“六一”幼儿小铃铛艺术展演，获得好评。

**（五）办学经费**

2011~2015 年，晴山蓝城幼儿园办学经费总收入 1688.04 万元，投入经费 1709.83 万元

2011~2015 年晴山蓝城幼儿园办学经费统计表

表 5—24—19　　单位：万元

| 年份 | 收入 | 其中：补助收入 | 支出 | 年份 | 收入 | 其中：补助收入 | 支出 |
|---|---|---|---|---|---|---|---|
| 2011 | 249.18 | 0 | 239.44 | 2014 | 399.15 | 43.60 | 392.78 |
| 2012 | 290.91 | 1 | 286.02 | 2015 | 399.15 | 23.79 | 424.31 |
| 2013 | 349.65 | 15 | 367.28 | — | — | — | — |

2009~2015 年，李锦任园长、汪燕任副园长。

## 六、南西漳幼儿园

南西漳幼儿园于 2013 年 8 月由华锐集团投资 405 万元资金创办，为在原南西漳小学基础上改建而成的民办幼儿园。幼儿园占地面积 7600 平方米，建筑面积 4260 平方米，绿化面积 2060 平方米，户外活动场地面积 2540 平方米。南西漳幼儿园户外场地宽敞，草坪、种植园地、塑胶软地、沙池等能满足幼儿不同活动的需要，并配备多种体育玩具。园外高清晰监控，园内电子监控等安全技防、物防设施完善。同时，建有各类配套用房，设多功能厅、创意美术室、建构室、图书室、科学发现室等多个专用室。各班设备齐全，有符合幼儿年龄的桌椅、床、活动区柜，班班配有实用的教学实物展示仪、钢琴、消毒柜、教具操作板和各类玩具、区域材料以及杯子、毛巾等生活用品，满足幼儿在园生活、游戏、学习的需要。各班教师人人配备电脑，为教师带班和进行教学研究创造良好条件。

南西漳幼儿园围绕创意阅读特色，创设和谐、灵动的育人环境，对幼儿园空间和资源进行整体规划、合理布局：楼梯两侧的活动掠影墙面展示孩子们的多彩活动；一楼过道中各种绘本的推荐，彰显幼儿园浓厚的阅读氛围；班内阅读区、活动区的多元呈现，既满足孩子活动的需要，又充分体现环境育人的功能。

南西漳幼儿园贯彻《幼儿园管理条例》《幼儿园规程》《幼儿园教育指导纲要》《江苏省学前教育条例》《3~6 岁儿童学习与发展指南》等教育法规，依法办园、依法治园，建立健全教育教学、安全卫生、家长及社区工作等层面的基本制度，制订《教工手册》《教工工资考核发放方案》《教师月工作量量化考核》制度，切实提高管理水平。建立园长室→部门→班级的层级管理网络，上下畅通、各司其职、分工协作。实行民主管理，通过教职工大会，引导教工交流、探讨各项管理中的目标、内容、方法、策略，让教工充分发表意见建议、群策群力、集智汇力，创建省级优质幼儿园。有目的、有计划地开展园本研训，舍得投入经费，组织教师到南京、上海、苏州等地参观学习、培训，让老师们开阔视野，启发思考。同时，集团邀请专家到园讲座，让老师们在与专家的对话中吸收幼

教改革最新的理念和信息，更新观念，改进方法。园内围绕“如何有效进行主题审议”“怎样写好课题课堂课例”“区域材料的选择与投放”“怎样凸显课程游戏化”等专题，循序渐进地开展园本研讨活动以及儿童舞蹈创编、主题绘画、自制教学玩具等教师基本功大练兵活动，不断提高教师的专业理论素养与专业实践能力。建立课程审议和集体备课制度，以年级组为阵地，每周进行集体备课和每个主题的质量审议，逐步建立基础课程框架。开展每周、每日计划检查，引导教师建立科学的课程观念，提高每周、每日计划质量。定期开展年级组常规调研活动，促进课程严谨规范地构建与实施。围绕幼儿发展，制定过程性评价、动态性评价的幼儿评价方案，以日常观察调研为主要手段，对幼儿的知、情、意、行进行评价，引导幼儿全面和谐、富有个性地发展。注重开发、利用家长及社区资源，通过家长委员会、家长开放日、家长志愿者活动等，密切家园联系，将社区资源融入课程中，把幼儿园周围显性和隐性的环境因素加以课程化。同时，积极搭建幼儿多元化学习平台，推进幼儿素质教育。参加无锡市迎“六一”幼儿小铃铛艺术展演、无锡市“童话之星”亲子讲故事比赛获得好评。

南西漳幼儿园始终把安全工作放在首位，坚持“安全第一、预防为主”的原则，成立以园长为第一责任人的安全工作领导小组，制订幼儿园安全工作制度、安全工作预案，幼儿接送制度等，层层签定安全责任书，将安全工作与奖惩绩效考核挂钩，增强教职工的安全意识和责任意识。同时加强安全教育，定期开展“安全教育周”活动，组织开展消防逃生、防拐骗、防地震等各类演练活动。利用家长园地、告家长书、校讯通等渠道向家长宣传安全知识，邀请专业人士开展消防、法制、卫生知识等方面的家长学校讲座。为深入推进“安全工程”，华锐集团加大硬件投入，2014 年暑假新建两层多功能厅、保健室等，对幼儿园活动室以及车棚等建筑进行加固改建，按照星级食堂标准改建食堂。2015 年暑假，又投入资金用于消防安全工程，安装消火栓、拆除耐火等级低的保健室建筑，并进行重建，新增消防应急楼梯、重新浇铸塑胶软地，从源头上把好消防安全关。同年，创建卫生保健站，配备 1 名专职保健老师，添置药品柜、诊察床、电冰箱、体检设备、消毒设备、医疗用品等配套设备设施。是年，南西漳幼儿园先后获江苏省平安校园、无锡市优秀家长学校荣誉称号。

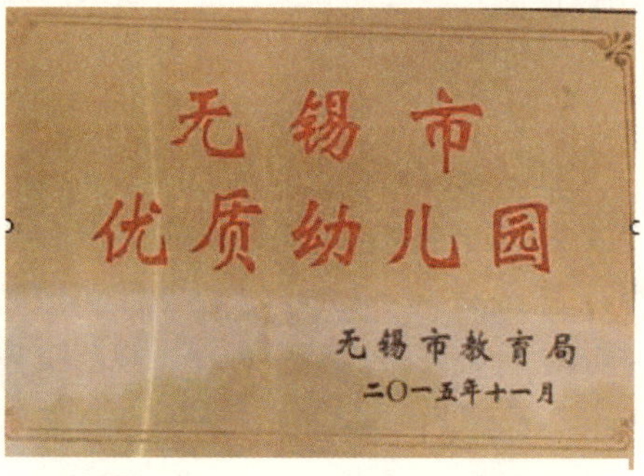


图 5—24—10　2015 年南西漳幼儿园被无锡市教育局评为无锡市优质幼儿园

**2014~2015 年南西漳幼儿园办学规模统计表**

表5—24—20　　单位：班、人

| 年份 | 班级数 | 幼儿总数 | 其中 小班 | | | | 中班 | | | | 大班 | | | | 离园幼儿 |
|---|---|---|---|---|---|---|---|---|---|---|---|---|---|---|---|
| | | | 班级 | 幼儿数 | 其中 男 | 女 | 班级 | 幼儿数 | 其中 男 | 女 | 班级 | 幼儿数 | 其中 男 | 女 | |
| 2014 | 7 | 238 | 3 | 90 | 51 | 39 | 2 | 70 | 40 | 30 | 2 | 78 | 46 | 32 | 84 |
| 2015 | 9 | 315 | 3 | 90 | 40 | 50 | 3 | 105 | 57 | 48 | 3 | 120 | 63 | 57 | 130 |

**2014~2015年南西漳幼儿园教职工基本情况统计表**

表5—24—21　　单位：人

| 年份 | | 2014 | | | | | 2015 | | | | |
|---|---|---|---|---|---|---|---|---|---|---|---|
| 项目 | | 教职工数 | | | | | 教职工数 | | | | |
| | | 合计 | 园长 | 专任教师 | 保健员 | 其他 | 合计 | 园长 | 专任教师 | 保健员 | 其他 |
| 合计 | | 30 | 2 | 14 | 2 | 12 | 37 | 2 | 18 | 2 | 15 |
| 其中 | 女 | 28 | 2 | 14 | 2 | 10 | 34 | 2 | 18 | 3 | 11 |
| | 幼教专业毕业 | 16 | 2 | 14 | 0 | 0 | 12 | 2 | 10 | — | — |
| | 少数民族 | 0 | 0 | 0 | 0 | 0 | 1 | — | 1 | — | — |

**2014~2015年南西漳幼儿园教师学历、职称统计表**

表5—24—22　　　　　　　　　　　　　　　　　　　　　　　单位：人

| 年份 | 项目 | 合计 | 学历 | | | 职称 | | | |
|---|---|---|---|---|---|---|---|---|---|
| | | | 本科毕业 | 专科毕业 | 高中毕业 | 小学高级 | 小学一级 | 小学二级 | 未评职称 |
| 2014 | 专任教师 | 16 | 5 | 10 | 1 | 1 | 3 | 3 | 9 |
| 2015 | 专任教师 | 20 | 7 | 11 | 2 | 0 | 1 | 8 | 11 |

**2015年南西漳幼儿园办学条件统计表**

表5—24—23　　　　　　　　　　　　　　　　　　　　　单位：平方米、册、盘

| 项目 | | | 合计 | 框架结构 | 项目 | | 合计 | 框架结构 |
|---|---|---|---|---|---|---|---|---|
| 幼儿园占地面积 | | | 7600.0 | — | 行政办公用房 | 计 | 110 | 110 |
| 校舍建筑面积 | | | 4260.0 | 4260.0 | | 其中教师办公室 | 110 | 110 |
| 教学及辅助用房 | 计 | | 1079.8 | 1079.8 | 生活用房 | | 300 | 300 |
| | 其中 | 活动室 | 487.8 | 487.8 | 其他用房 | | 450 | 450 |
| | | 睡眠室 | 487.8 | 487.8 | 校舍面积中 | 危房面积 | — | — |
| | | 保健室 | 50.0 | 50.0 | | 当年新增 | 310 | 310 |
| | | 图书室 | 54.2 | 54.2 | 图书 | | 4500 | — |
| 户外活动场 | | | 2540.0 | — | 教学用录像录音带 | | 10 | — |

2015年，南西漳幼儿园有大、中、小9个班级，315名幼儿；教职工37名，其中正副园长2名、教师18名、保健老师2名（兼职）、保育员9名、炊事员4名、财务2名。20名专任教师中本科学历7人、大专学历11人；本科在读11人；取得教师职称9人；3名教师为区教学新秀。是年11月，南西漳幼儿园在华锐集团的引领下，顺利创建成功“无锡市优质幼儿园”。

建园以来，园长为陈翠方。

## 七、开心宝贝幼儿园

钱桥街道开心宝贝幼儿园为王士才于2013年投资30万元资金创建的民办幼儿园，位于钱威路119号。园内占地面积6500平方米，建筑面积4773平方米，户外活动场地1300平方米，建有活动室、盥洗室、专用室、多功能厅、保健室等。建园以来，学园确立“一切为教育、教育为幼儿”的办园宗旨，形成“科学管理、规范服务、孩子快乐、家长放心”的办园特色，成为“蒙氏数学”实验园。

**2013~2015年开心宝贝幼儿园教师学历、职称统计表**

表5—24—24　　　　　　　　　　　　　　　　　　　　　　　单位：人

| 年份 | 教师数量 | | | 学历 | | | 职称 | | | 教师资格证书 | 专职保健老师有双证 |
|---|---|---|---|---|---|---|---|---|---|---|---|
| | 总数 | 其中 | | | | | | | | | |
| | | 男 | 女 | 本科 | 大专 | 中师 | 中级 | 助理级 | 无职称 | | |
| 2013 | 24 | — | 24 | 4 | 17 | 3 | — | 2 | 22 | — | — |
| 2014 | 30 | — | 30 | 5 | 22 | 3 | — | 4 | 26 | — | — |
| 2015 | 26 | — | 26 | 7 | 16 | 3 | — | 5 | 21 | 19 | 1 |

**2013~2015年开心宝贝幼儿园办学规模统计表**

表5—24—25　　　　　　　　　　　　　　　　　　　　　　　单位：班、人

| 年份 | 学生总数 | 其中 | | | | 班级总数 | 其中 | | | | | | 托班开设情况 | | | |
|---|---|---|---|---|---|---|---|---|---|---|---|---|---|---|---|---|
| | | 地域 | | 性别 | | | 小班 | | 中班 | | 大班 | | | | | |
| | | 本地 | 外地 | 男生 | 女生 | | 幼儿数 | 班级数 | 幼儿数 | 班级数 | 幼儿数 | 班级数 | 班级数 | 托儿数 | 教师配备数 | 保育员配备数 |
| 2013 | 330 | 2 | 328 | 178 | 152 | 10 | 120 | 4 | 130 | 4 | 80 | 2 | 2 | 40 | 4 | 2 |
| 2014 | 400 | 2 | 398 | 220 | 180 | 12 | 120 | 4 | 140 | 4 | 140 | 4 | 3 | 60 | 5 | 4 |
| 2015 | 448 | 4 | 444 | 244 | 204 | 13 | 149 | 5 | 139 | 4 | 160 | 4 | 1 | 22 | 1 | 2 |

2015年，开心宝贝幼儿园有13个班级，2~6周岁448名幼儿；另有托儿班1个，托儿22人；张静娟任园长。

# 第三节 小学教育

清宣统元年（1909），地方人士在南水渠观音堂内创办南水渠小学。清宣统三年，朱伯麟在藕塘桥创办西溪小学堂。民国时期，钱桥、藕塘地区地方人士先后创办初级小学、完全小学、国民小学、洛社乡村师范附属小学分校等22所。新中国成立后，区域内又先后创办初级小学、渔民子弟学校、五七学校等6所小学。20世纪末至21世纪初，钱桥、藕塘镇政府提出规模办学，苏庙、舜一、胜丰、历村、威华、溪南、周家弄、西漳小学先后并入钱桥中心小学；南水渠、井亭、庙塘桥、勤建、宇峰、盛店、东风、稍塘小学先后并入藕塘中心小学。2012年，钱桥街道办事处投资兴建、华锐教育集团承办的民办华锐实验小学开办。至2013年，钱桥街道所有公办村校全部分别并入无锡市钱桥、藕塘中心小学。2014年，钱桥街道办事处投资建设的民办惠山金桥实验学校开办。2015年，钱桥街道有公民办小学4所，公民办教师388人；班级147个、学生6953人，其中钱桥中心小学有68个班级，3428名学生，211名教师；藕塘中心小学有34个班级，1531名学生，82名教师；民办华锐实验小学有30个班级，1456名学生，63名教师；民办惠山金桥实验学校有15个班级，538名学生，32名教师。

## 一、民国时期小学

民国元年（1912），藕塘桥西溪小学堂改为第三国民学校。藕塘地区经朱伯麟竭力劝导后，各塾师大多能够领悟，即将私塾停闭，投入第三国民学校，但塾师在家坐守者也有不少。图董王子厚担保至亲冯士锡设私塾一所。朱伯麟察悉后即与第三国民学校校长磋商，报告乡学务委员。朱伯麟本想把冯士锡私设私塾之事报政府处理，由于地保王桂初出面说情，表示以后决不再有私设私塾之事发生，因此未报政府。又有冯金生见图董王子厚可以开门授徒，乃效尤设馆于藕荡桥北冯巷。朱炳奎见冯金生如此，亦招揽生徒，设馆于附近芦朱巷。地保王桂初阳奉阴违，在外搬弄是非，以致第三国民学校学生大受影响，私塾教师蠕蠕欲动。

民国7年，开原乡钱桥镇第五国民学校校长金素宜任职后，十分热心校务，于暑假创办第二十八团童子军，金校长自任教练。童子军训练规范、勤奋，不数月间，成绩斐然可观。是年秋高气爽之时，金校长与全体职员率领童子军并女生七八十人，于9月18日赴附近各校参观，以增加见闻。先后至毛村第七国民学校、藕塘桥第三国民学校参观，日行程20余里，学生兴致勃勃、毫无倦态，尤以女生精神活泼，为乡民所赞叹。开原乡立学校共8所，钱桥国民学校支巷上第八国民学校于暑假后开办童子军，教练员由第五国民学校体操教员马效融担任。是年，开原乡立第三国民学校陆、辛两位教员平日对校务十分热心，因而寒假期内学生报名者增加至三四十人。学务委员吴棣决定在学校南首添置教室一个，并聘请城中施教员为专科教员。民国8年，开原乡藕荡（塘）镇第三国民学校于寒假修理校舍，建筑西面墙壁需用石灰百余斤，向镇上石灰行吴源泰购买。吴源泰行主吴国桢热心公益，慷慨解囊，将第三国民学校所用石灰自愿捐入，不收分文。民国9年，开原乡张高漕设立第三师范学校附属小学农科。

民国11年2月27日，开原北乡毛村第七国民学校迁移至22图水渠上，因改建校舍，布置教室，开学延期至三月初二。校舍竣工，遂于当天行开学礼，适值大雨，学董蒋留春，县视学张杏村，图董王子厚、朱伯麟，第三国民学校校长辛载臣，学务委员朱云泉等冒雨参加典礼。开学礼议程为学董讲述学校迁移经过，改建布置以及应用物具所用经费计洋175元有余，此款尽系地方人士捐赠，诚为难得；县视学行演说礼；学务委员勉辞；校长报告；朱伯麟讲述学校开办经过。民国12年，开原乡藕荡（塘）桥第三国民小学操场由乡学董蒋留春出租给丁姓建筑房屋。第三国民小学操场原为民国7年由蒋仲怀、朱伯麟等向清宁道院争出，立有契约，绝对没有出租建屋的理由。朱伯麟得知此事后，即函告蒋留春，请其收回成命。

## 民国 12 年（1923）钱桥、藕塘地区小学统计表

表 5—24—26　　　　单位：人、个、元

| 乡名 | 校名 | 创办时间 | 性质 | 校长 | 教员数 | 学生数 | 教室数 | 校址 | 经营费 |
|---|---|---|---|---|---|---|---|---|---|
| 开原乡 | 第三国民小学 | 民国元年 | 乡立 | 彭古愚 | 2 | 63 | 1 | 藕塘清宁道院 | 442 |
| | 第五国民小学 | 民国元年 | 乡立 | 卫　权 | 4 | 124 | 3 | 钱桥民房 | 773 |
| | 第七国民小学 | 民国 3 年 | 乡立 | 倪铭新 | 2 | 48 | 1 | 水渠上民房 | 406 |
| | 第八国民小学 | 民国 4 年 | 乡立 | 邹步鳌 | 2 | 51 | 1 | 严家棚民房 | 454 |
| | 第五分校 | 民国 12 年 | 乡立 | 卫　权 | 3 | 46 | 1 | 支巷民房 | 1100 |
| 富安乡 | 盛店小学 | 民国 3 年 | 乡立 | 胡文觉 | 2 | 41 | 1 | 盛店桥关帝庙 | 427 |
| | 育志小学 | 民国 9 年 | 私立 | 张文彦 | 2 | 47 | 1 | 庙桥三官堂 | 360 |
| | 后庄小学 | 民国 11 年 2 月 | 县立 | — | — | — | — | 湛大坝王祠堂 | — |

## 民国 14 年钱桥、藕塘地区小学办学情况统计表

表 5—24—27　　　　单位：个、人、元

| 学区 | 校名 | 学级数 | 学生数 | | 教职员数 | | 全年经费 |
|---|---|---|---|---|---|---|---|
| | | | 男 | 女 | 男 | 女 | |
| 第六学区 | 藕塘桥小学 | 1 | 44 | 9 | 3 | 1 | 1151 |
| | 钱桥小学 | 3 | 116 | 36 | 2 | 2 | 1092 |
| | 支巷小学 | 1 | 53 | 11 | 2 | — | 474 |
| | 水渠小学 | 1 | 50 | 10 | 2 | — | 484 |
| | 盛店桥小学 | 2 | 52 | 18 | 3 | — | 744 |

民国 17 年，开原乡教育事业日益发达，而经费时现不足。新任学务员荣吉人有鉴于此，概然将应得月薪捐助为教育经费。是年，藕荡（塘）桥第三国民学校由辛载臣主持校务后，学校与地方感情颇为和洽。寒假正月开学，学生增加至 80 人。校主任等与学务员吴建昌商量扩充教室之事，吴建昌即由锡城至乡，与辛载臣商酌、规划关于添置教室事宜，决定将休息室改为第二教室，另把清宁道院捐助前造房屋改为休息室。

## 民国 18 年钱桥、藕塘地区无锡县立初级小学校基本情况统计表

表 5—24—28　　　　单位：个、人、元

| 学区名 | 校名 | 学级数 | 学生数 | | | 教职员数 | | | 经费 |
|---|---|---|---|---|---|---|---|---|---|
| | | | 男 | 女 | 合 | 男 | 女 | 合 | |
| 第三学区 | 潘葑小学 | 1 | 57 | 9 | 66 | 2 | 1 | 3 | 743.4 |
| | 严家棚小学 | 1 | 33 | 8 | 41 | 2 | — | 2 | 512.0 |
| | 西漳小学 | 2 | 52 | 16 | 68 | 3 | — | 3 | 682.4 |
| 第六学区 | 盛店小学 | 2 | 51 | 8 | 59 | 3 | — | 3 | 704.0 |
| | 钱桥小学 | 3 | 103 | 21 | 124 | 3 | 2 | 5 | 1176.0 |
| | 苏庙小学 | 1 | 38 | 3 | 41 | 2 | — | 2 | 480.0 |
| | 藕塘桥小学 | 3 | 94 | 25 | 119 | 4 | 1 | 5 | 1044.0 |
| | 庙桥小学 | 2 | 64 | 22 | 86 | 3 | — | 3 | — |
| | 南水渠小学 | 1 | 46 | 4 | 50 | 2 | — | 2 | 490.0 |

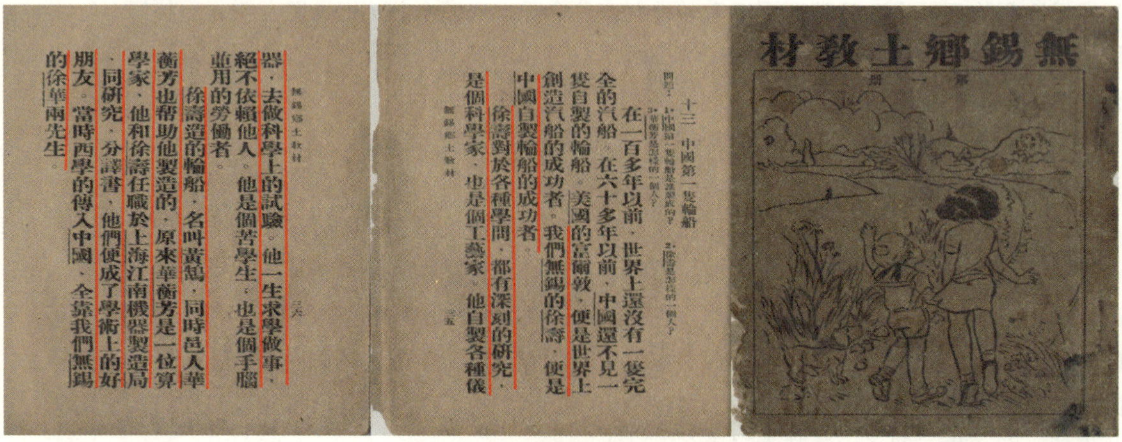


图 5—24—11　民国期间，钱桥、藕塘地区小学使用的《无锡乡土教材》课本中《十三 中国第一只轮船》的教学内容为钱桥社冈乡徐寿设计制造的“黄鹄”轮

民国 19 年，藕塘桥地区学童较多，小学校舍不敷应用。藕塘桥小学校门两旁原有平屋两间，都被藕塘桥保卫团终年借用。保卫团仅于冬防期间举办，为时不过 1 个月，学校提出保卫团应该设法迁让、房屋收回，以作扩充教室之用。是年，苏庙小学仅 1 个教室，扩充校舍无着，校方提出应设法添置校地。

**民国 19 年（1930）钱桥、藕塘地区各乡镇儿童受教育情况统计表**

表 5—24—29　　单位：人、%

| 乡镇别 | 儿童 | | | | 百分比 | | |
|---|---|---|---|---|---|---|---|
| | 总数 | 未达学龄者 | 受教育者 | 未受教育者 | 未达学龄者 | 受教育者 | 未受教育者 |
| 藕塘桥镇 | 323 | 26 | 71 | 226 | 8.0 | 22.0 | 70.0 |
| 钱桥镇 | 451 | 219 | 100 | 132 | 48.6 | 22.2 | 29.3 |
| 夏虞乡 | 395 | 133 | 103 | 159 | 33.7 | 26.1 | 40.3 |
| 水渠乡 | 370 | 165 | 104 | 101 | 44.6 | 28.1 | 27.3 |
| 官渎乡 | 277 | 107 | 69 | 101 | 38.6 | 24.9 | 36.5 |

**民国 19 年钱桥、藕塘地区公立学校一览表**

表 5—24—30　　单位：人、个

| 校名 | 校长 | 教职员人数 | 教室数 | 班级数 | 学生人数 | 校址 |
|---|---|---|---|---|---|---|
| 钱桥小学校 | 高鸿勋 | 5 | 3 | 5 | 123 | 钱桥 |
| 苏庙小学校 | 蒋汉士 | 2 | 1 | 5 | 56 | 苏庙 |
| 藕塘桥小学校 | 周凤彬 | 3 | 3 | 7 | 152 | 藕塘桥 |
| 水渠上小学校 | 张邦彦 | 4 | 2 | 6 | 88 | 水渠上 |
| 乡师实验小学校 | 王廷扬 | 5 | 3 | 6 | 151 | 小毛村 |

1949 年 3 月，钱桥地区有西漳、邓巷、苏庙、龚唐巷、俞巷、上秦巷、周家弄、江胜桥、溪北、杨毛岸、保国民、潘葑、严家棚、大吴巷等初级小学及完小，学生 1200 多人；藕塘地区有南水渠、福莲、庙桥、盛店、后庄、稍塘、丁村、井亭等初级小学或完小。

图 5—24—12　民国 36 年（1947）1 月 7 日无锡县藕塘区第五次校长会议全体校长合影

## 二、无锡市钱桥中心小学

民国元年秋，邵宗虎在钱桥南街东岳观创办开原乡第四国民初等小学，并任第一任校长。学校规模为 2 教室复式班，2 名教员，招收 73 名学生。第四国民初等小学属乡校，当时无锡仅三所，毕业后可报考县学。民国 4 年，更名为开原乡第五国民小学。民国 12 年，更名为无锡县第十学区第五初等小学。民国 16 年，更名为钱桥初级小学。民国 19 年，学校更名为钱桥乡中心国民学校。

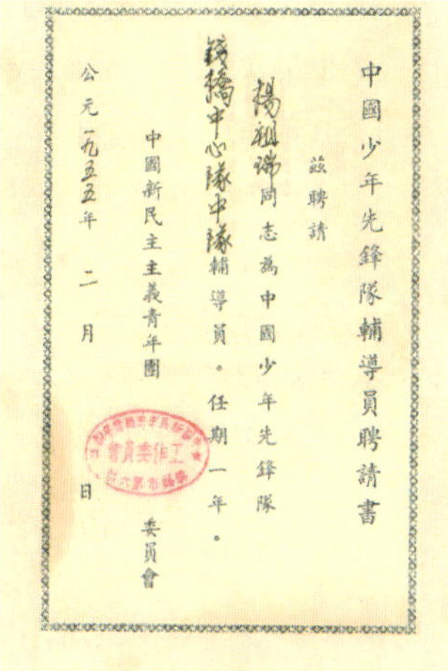

中國少年先鋒隊輔導員聘請書
茲聘請
楊祖瑞同志為中國少年先鋒隊錢橋中心隊中隊輔導員。任期一年。
中國新民主主義青年團
委員會
公元一九五五年二月　日

图 5—24—14　1955 年 2 月，中国新民主主义青年团无锡市第六区工作委员会颁发给杨祖瑞任钱桥中心队中队辅导员的聘书

图 5—24—13　50 年代中期，钱桥中心小学组织学生在秋收时到农田捡拾的稻穗堆成小山，钱桥农业社赠给钱桥中心小学全体小朋友的锦旗

1949 年 4 月，无锡解放，人民政府接管钱桥乡中心国民学校。1950 年 9 月，更名为无锡县钱桥中心小学。1957 年，为加强党对学校的领导，钱桥中心小学与钱桥医院成立文卫联合党支部，周惠娟任联合党支部书记。1958 年冬，农村实行人民公社化，

学校相应更名为无锡县钱桥人民公社中心小学，建立独立党支部。

1966年7月，“文化大革命”开始，学校领导和教师受到冲击，教育秩序被打乱，校产遭受损失。是年底开始停课闹革命，“红小兵”取代少先队组织。1967年3月，学校复课闹革命，停止使用“文化大革命”前教材，以《毛主席语录》为主要教材，数学等科目使用县编和公社自编教材，取消考试和升留级制度。1968年，钱桥公社成立教育革命领导小组，统管全公社教育工作，钱桥中心小学陆锡兴任公社教革组副组长。11月14日《人民日报》发表山东嘉祥县侯振民、王庆余《将公办小学下放到大队办的建议》，翌年，区域内小学、中学、农中均分到大队办，中小学合一，冠名“五七”学校。钱桥中心小学下放到钱桥大队，与钱桥中学合并，取名为钱桥“五七”学校。除鸭船浜大队外，全公社其余12个大队均办“五七”学校，小学加设初中班，称“戴帽子学校”。1969年9月，中小学分开。各小学的初中班分别并入钱桥、西漳、向阳、黎明初中，钱桥“五七”学校更名为钱桥小学，属钱桥大队领导，学制改为五年制，由秋季招生改为春季招生。课程设置改为政文、数学、常识、军体、革命文艺、劳动等六门学科。同年，无锡县教育局革委会领导在晓星大队蹲点，在钱桥召开无锡县贫下中农管理学校现场会。

1970年，钱桥小学部分教师下放农村，教师力量有所削弱。1972年，周总理提出加强“基础理论教育”和“改革招生制度”等指示，给教育带来生机，贫下中农管理学校代表撤离钱桥小学。学校开始重视文化课教育，并使用省编教材，课程设置为语文、数学、体育、革命文艺（图画、唱歌）、劳动、红小兵活动，四、五年级增设常识课，恢复考试、升留级制度。不久，在“白卷英雄”“一个小学生的日记”等冲击下，钱桥小学恢复考试等被视作“修正主义教育路线回潮”进行批判，于是“读书无用论”回潮，教育质量下降。1973年，恢复无锡县钱桥人民公社中心小学建制。1974年，恢复秋季招生。1975年，根据毛泽东“五•七指示”，学校开展勤工俭学，钱桥中心小学开办“五七”工厂。1976年10月，钱桥中心小学教育秩序逐步恢复正常，思想政治工作得到加强，学校进入一个新的发展阶段。1977年，学校校办工厂逐步增多，先后开办无锡县文教塑料用品厂、无锡县环保设备二厂，为学校发展筹集教育资金。1978年，中共十一届三中全会召开，实行工作重点转移，钱桥中心小学以教育教学为中心，改革教学方法，加强“两基”教育，提高课堂教学效益，向45分钟要质量。9月，开始使用部编教材。时苏州地区首次召开教育系统先进集体和先进工作者代表大会，教师吴明文、孙文元作为钱桥辅导区（中心小学与中心小学所管辖的村校为一个辅导区）代表参加大会，并受到表彰。是年，为满足学校发展需要，校办厂出资10余万元建造一幢四层教育楼，面积1300平方米。1979年，学校重视教师队伍的建设，教师积极参加函授和各类短训学习，提高自身素质，改进课堂教学，组织课外兴趣小组，开展体育、作文、数学竞赛，激发学生学习兴趣。

1980年，学校实施“一无两有”目标，即“学校无危房、班班有教室、人人有课桌椅”。1981年9月起，学校执行教育部颁布的《全日制五年制小学教学计划》（修订草案），课程设置为思想品德、语文（讲读、写字）、数学、体育、音乐、美术，三年级以上增加自然，语文中增加历史内容。是年，学校新建48间、16个教室的四层教学大楼。1983年，学校更名为无锡县钱桥乡中心小学。9月，小学从四年级开始分批向六年制过渡，同时从1~3年级开始执行《江苏省全日制六年制小学教学计划》，使用新的省编教材。学校坚持以教学为中心，坚持改革，实施“以学生为教育主体，发展智力、培养能力，努力提高课堂教学质量”战略，开展第二课堂活动。是年，钱桥中心小学在“全国快乐的中队活动”中，四（1）、五（1）中队被评为全国快乐的中队；《我们的活动多又多》《快乐的中队》获全国“快乐的中队”竞赛优秀奖；四年级3个中队获团中央、中国少年报社颁发的全国指导读书读报先进集体奖，被团省委授予“红领巾为六五作贡献”功勋小队。同年，学校规模扩大至19个班级，学生850人；幼儿班4班，幼儿150余人；教职工53人。学校校办工厂不断壮大，规划筹建工厂综合大楼。1984年，学校获全国“快乐的中队”竞赛园丁奖、获无锡县田径运动会团体总分第一名。是年，校办厂投资70余万元的10间六层工厂大楼由钱桥建筑公司开工建设，建筑面积2160平方米，并配备电梯，成为当时钱桥地区东大门的标志性建筑。

1985年4月，学校根据形势和学生实际，开展“寻找理想”教育活动。4月18日，田玲等10位自称“迷途的羔羊”的少先队员联名给著名作家巴金写信，寻求理想的真谛，还向韦珏、袁伟民等去信探求理想。6月25日，巴金给孩子们书写长达3000多字的回信，“寻找理想”活动在全国引起强烈反响。10月，《无锡日报》首先全文刊登巴金复信。接着，《人民日报》《光明日报》《解放日报》《文汇报》《中国少年报》《人民教育》等10多家报刊纷纷转载巴金的复信或发表文章，无锡、江苏、上海、北京等地的广播电台、电视台均作报道。10月19日，巴金在上海寓所接见田玲等4位学生代表，赞扬和鼓励少先队员寻求理想的远大抱负，并赠送书籍和礼品。韦珏、袁伟民也给予复信。是年，学校少先队大队部参加全国“万名创造杯”竞赛活动，获“快乐的中队”竞赛园丁奖。《看我的》《寻找理想的孩子们》《我爱家乡龙山美》获全国创造杯少先队活动优秀奖；《一块闪光的金子》获省创造杯少先队活动竞赛最佳奖。9月10日，中国第一个教师节，钱桥乡举行庆祝大会，钱桥中心小学优秀教师受到表彰。1982~1985年，学校少先队连续被评为无锡县、无锡市优秀大队。1983~1985年，学校“四率”（入学率、巩固率、合格率、升学率）连续3年达百分之百。1986年，学校完成六年制学制过渡。1987年，学校开始使用部编统一教材，实施“面向全体学生，重视学生的非智力因素”策略，教育质量进一步提高。是年，钱桥撤乡建镇，学校更名为无锡县钱桥镇中心小学。1989年，钱桥中心小学校办企业产值483.18万元，上交学校20.33万元。

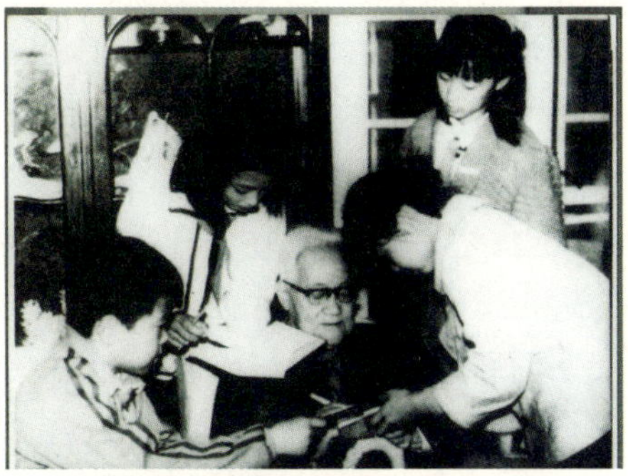

图5—24—15 1985年10月19日，巴金在上海寓所亲切接见钱桥中心小学田玲等4位学生代表

**1989年钱桥中心小学列入无锡县超10万元利润的校办企业基本情况统计表**

表5—24—31 单位：人、万元

| 校名 | 厂名 | 主要产品 | 职工数 | 产值 | 利润 | 固定资产 | 流动资金 | 全员劳动生产率 | 上交学校 |
|---|---|---|---|---|---|---|---|---|---|
| 钱桥中心小学 | 县环保设备二厂 | 环保设备加工 | 70 | 200.18 | 27.16 | 27.89 | 188.48 | 2.85 | 13.58 |
| | 电器自控设备厂 | 电器自控设备 | 123 | 283.00 | 22.41 | 39.95 | 73.25 | 2.30 | 6.75 |

1990年，学校通过九年制义务教育达标验收。在钱桥镇政府的支持下，易地重建新校舍。5月，团中央、中国青少年发展基金会、《中国少年报》向全国小伙伴发出开展“全国小伙伴手拉手、救助贫苦地区失学少年”活动，钱桥辅导区3000多名少先队员踊跃参与，捐献文具用品1000多件、衣服1500多件、零用钱1600多元。7月，大队辅导员陈国平和顾勇老师受全镇小伙伴委托，带着15公斤硬币和物品，到“手拉手”联谊学校——四川省城口县平坝乡中心小学开展手拉手活动。1991年，学校被团中央评为“全国手拉手十佳联谊学校”。8月，钱桥镇政府投资500多万元易地新建的校舍竣工。9月1日，钱桥中心小学师生搬迁至新校舍上课，苏庙小学同时并入。新校占地面积3.3万平方米，建筑面积6200平方米，建有两幢四层教学楼、一幢二层办公楼，拥有较为完善的体育场地，办学规模扩大到30个班级，1300名学生。10月，少先队大队辅导员陈国平和队员代表王圆赴京参加表彰大会，受到团中央领导的亲切接见；五（2）中队被评为全国“学赖宁，做党的好孩子”先进集体。是年，学校被评为无锡市德育先进学校。1994年，学校建造综合楼一幢，面积3400平方米，设置阶梯教室和音乐、美术、电脑等专用教室，办学条件得到进一步改善。1995年，无锡县撤县建市，学校随之更名为锡山市钱桥镇中心小学。1997年，学校通过江苏省教育初步现代化评估验收。是年，学校获全国中小学纪念周恩来诞辰100周年“读书征文活动”优秀组织奖。

2001年，学校更名为无锡市钱桥中心小学。3月，南京师范大学副校长朱小蔓带队到钱桥中心小学，与钱桥镇政府签订联合办学协议，南京师范大学钱桥实验小学即挂牌。是年，学校获第十二届国际“科学与和平”全国中小学（江苏地区）金钥匙科技竞赛团体一等奖，无锡市航模比赛团体一等奖。同年，钱桥镇政府加大教育投入，进一步加强钱桥中心小学硬件建设，配备图书室、阅览室、计算机室、多媒体教室、少先队室、仪器室、科学实验室、劳技室、乒乓球室等专用教室，拥有图书3万多册、电脑30余台、彩色电视机50台、钢琴3架。同年，学校获第十三届国际“科学与和平”全国中小学（江苏地区）金钥匙科技竞赛先进学校称号、全国中小学“保护地球　爱我家园”征文活动组织奖。2002年初，学校被评定为无锡市第三批“红领巾小事业”授牌单位，在市、区少工委的指导下，创立“巧巧美食坊”，成为学生综合实践活动课程的主要内容之一。下半年，学校代表惠山区参加无锡市第四次少代会博览会，获“无锡市红领巾小事业博览会优秀组织奖”。11月24日，巴金99岁生日，学校组织师生进行铜牛揭幕仪式，共青团无锡市委书记华伟在会上作《追求理想，一个永恒的话题》的发言。同年，学校被评为全国“双有”主题教育活动先进集体、第十四届国际“科学与和平”全国中小学（江苏地区）金钥匙科技竞赛青少年科技教育先进学校；获江苏省健康教育知识竞赛组织奖。2003年9月，学校扩建的2幢教学楼竣工启用，增加教学用房3900平方米。11月，为迎接巴金百年华诞，学校开展为期一个月的“心香一瓣、祝福久久”系列活动。同月，在无锡金球机械有限公司的大力支持下，学校成立“金球少儿乒乓球俱乐部”。是年，学校再次被评为全国“双有”主题教育活动先进集体。2004年2月，中共中央、国务院《关于加强和改进未成年人思想道德建设的若干意见》颁发，学校融道德教育于“理想教育”之中，建成校史陈列室，成为学校对学生进行德育教育、继承学校传统的重要基地。5月，学校通过江苏省实验小学验收。同年，制定《五年发展规划调整方案》，并通过专家论证。9月，校本教材《巴金伴我行》初稿完成，复旦大学教授、上海巴金文学研究会会长陈思和为教材题写书名。10月18日，钱桥中心小学成立巴金文学研究社，由巴金的侄子李致担任名誉社长，巴金女儿李小林和上海巴金文学研究会会长陈思和担任顾问。是年，学校被评为无锡市德育先进学校、无锡市少先队现代化教育首批示范学校、惠山区优秀家长学校；获无锡市第20届科技航模比赛综合团体特等奖、优秀组织奖。同年，学校承办“焱丰杯”江苏省青少年俱乐部乒乓球联赛预赛（无锡赛区），获团体总分第二名。

2005年1月，中央电视台《实话实说》栏目组到学校就“理想教育”主题进行为期两天的采访。3月，惠山区教育局取缔无证外来民工子女学校“誉华学校”，钱桥中心小学坚决执行上级决定，克服困难，安置800多名外来民工子女入学就读。5月，举行“无锡市未成年人思想道德建设现场会暨与巴金通信20周年庆祝活动”，巴金秘书陆正伟代表巴金女儿李小林向学校赠送《巴金选集》，巴金随身摄影记者祁鸣赠送《巴金对你说》摄影集，无锡市及惠山区领导参加大会。学校自编校本教材《巴金伴我行》同时出版。10月25日，中国作家协会、嘉兴市人民政府、上海巴金文学研究会共同主办的“第八届巴金国际学术研讨会”在嘉兴开幕，钱桥中心小学副校长周文华应邀参加，就学校开展“理想教育”活动和校本教材《巴金伴我行》的使用，进行题为《我们要为自己的理想献身》的大会发言。同年，学校少先队大队部被评为无锡市十佳红旗大队，在无锡市“百灵鸟”文艺汇演舞蹈比赛中获铜奖。2006年，学校在无锡市红十字青少年救护技能比赛中获第一名。2007年5月，钱桥中心小学少先队大队部被江苏省少工会授予江苏省红旗大队，学校巴金中队获第三批“江苏省少先队英雄中队”称号。是年，学校在第十九届国际科学与和平周全国中小学生（江苏地区）“可一”杯金钥匙科技竞赛中获6项二等奖。2008年5月，学校成立“绿色小天使”环保社团，积极开展环境保护教育，培养学生环保意识。是年，学校被共青团无锡市委，市环保局、少工委授予“红领巾环境小主人”“红领巾环境教育活动优秀社团”称号。再次获全国“双有”主题教育活动优秀集体奖，同时被授予江苏省陶行知研究会实验学校称号，被评为2006~2007年度无锡市文明单位、2007~2008年度无锡市管理规范先进学校、惠山区德育工作先进学校、工会工作先进学校、教科研工作先进集体、教育质量进步奖、图书管理先进集体、少先队阵地建设先进集体。2009年，学校深化“理想教育”，逐步形成“围绕教育谈理想，围绕理想搞教育”的独具特色的校园文化氛围。同年，全校师生开展阅读活动，强化阅读理念，营造阅读氛围，构建阅读课程，打造“书香校园”。11月，学校承办无锡市图书馆协会阅读现场会，展示一堂高年级课外阅读指导课，学校图书馆作经验介绍。是月，副校长周文华应邀参加第九届巴金国际学术研讨会。学校承办惠山区庆祝建队60周年暨英雄中队现场展示活动。是年，学校被无锡市陶行知研究会评为2007~2008年度市学陶先进集体，被授予江苏省绿色学校称号，继续被评为全国“心中有祖国心中有他人”主题教育活动优秀集体，获江苏省教育系统关心下一代工作先进集体、2008~2009年度无锡市平安校园荣誉称号。学校少先队室通过无锡市验收，获“无锡市五星级队室”称号。包红心老师获全国优秀教师、全国中小学优秀德育课教师称号，刘艺慧老师获江苏省优秀红领巾环保社团辅导奖。

2010年2月，学校获2008~2009年度全国中小学图书馆先进集体、江苏省优秀少先队集体、无锡市未成年人思想道德建设先进集体、无锡市廉政文化建设示范点等称号。10月，校长华金标在第十九届全国中小学班集体建设理论研讨会上获“全国特别重视班集体建设的优秀校长”称号。学校“理想教育”获“无锡市未成年人思想道德建设工作创新品牌提名奖”。学校承办无锡市综合实践活动“聚焦课堂，有效推进教与学”现场推进会惠山区专场；在无锡市第30届小学生百灵鸟艺术展中获合唱银奖、乐器银奖、情景剧二等奖；包红心老师参加第十届国际巴金学术研讨会，并以《巴金作品与青少年教育》为题作大会交流。《构建绿色生态环境，倡导绿色低碳生活》生态道德教育课题项目活动案例获全国最佳成果奖。学校“巴金文学研究社”获无锡市优秀学生社团称号。同年，学校获无锡市第二十届计算机表演赛决赛一等奖、无锡市航模通讯赛 “最佳组织奖”“无锡市团体特等奖”，无锡市艺术节获合唱银奖、舞蹈银奖、乐器铜奖。

2012年10月13日，学校成功举行百年校庆庆典活动，得到社会各界广泛支持，社会影响好，意义深远。同年，学校被评为2010~2011年度无锡市德育先进学校。2013年，学校成功举办第八届教科研月活动。在无锡市“双有”主题教育活动中，学校被评为无锡市“双有”活动先进集体；学生在无锡市32届百灵鸟艺术展演中，舞蹈《芦花香香鼓儿响》获特等奖；在33届百灵鸟艺术展演中，学生舞蹈获银奖。少先队大队部工作突出，被共青团江苏省委、省教育厅、省少工委评为“江苏省优秀少先队集体”，学校被评为2013年度全国“双有”活动先进集体。2014年，学校“汤聿文中队”被评为“江苏省英雄中队”。学生在无锡市体育、艺术、科技、信息技术等科目比赛中，均取得好成绩，多位老师被评为无锡市优秀科技辅导员。

2015年，学校成功申报“惠山区法制宣传（法治文化）品牌项目”；8名少先队员被省少工委评为“江苏好少年”，15名少先队员被无锡市少工委评为“追梦好少年”，5名少先队员获惠山区“美德好少年”称号，五（2）中队被评为无锡市“魅力中队”。学生的中华经典传唱节目“江南流韵”参加无锡市第八届“我的未来不是梦”才艺展示获金奖。

**（一）校训、校风、教风、学风、校徽、校歌**

校训：少讲空话　多干实事

校风：求实文明　团结创新

教风：严谨刻苦　务实求真

学风：广读多思　好问勤练

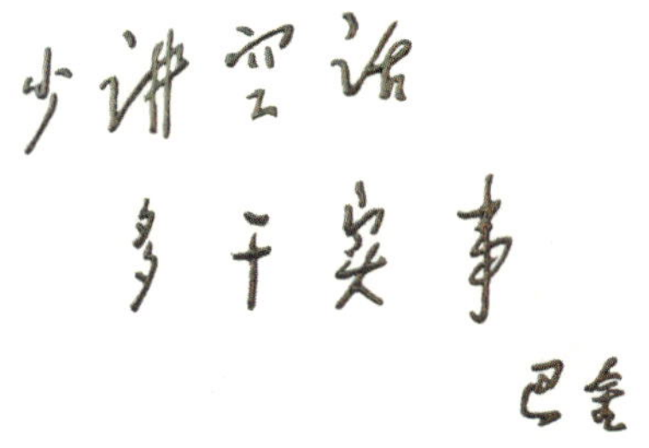


图 5—24—16　巴金给钱桥中心小学少先队员手迹“少讲空话 多干实事”定为该校校训

## （二）办学规模

1949 年，钱桥中心小学仅有 6 个班级、245 名学生、11 名教师，30 名毕业生。2015 年，钱桥中心小学有 68 个班级，是 1949 年的 11 倍；3428 名学生，是 1949 年的 14 倍；211 名教师，是 1949 年的 19.2 倍；毕业生 575 人，是 1949 年的 19.2 倍。

### 1949~2015 年钱桥中心小学办学规模选年统计表

表 5—24—32　　　　单位：班、人

| 年份 | 班级数 | 学生数 | 教师数 | 毕业生数 | 年份 | 班级数 | 学生数 | 教师数 | 毕业生数 |
|---|---|---|---|---|---|---|---|---|---|
| 1949 | 6 | 245 | 11 | 30 | 1989 | 24 | 1080 | 68 | 180 |
| 1959 | 12 | 480 | 35 | 82 | 1999 | 38 | 1793 | 177 | 341 |
| 1969 | 10 | 450 | 30 | 90（五年制） | 2009 | 76 | 3404 | 223 | 581 |
| 1979 | 18 | 820 | 45 | 140 | 2015 | 68 | 3428 | 211 | 575 |

### 2015 年钱桥中心小学基本情况统计表

表 5—24—33　　　　单位：平方米、人、万元

| 学校地址 | 惠山区钱桥街道育才路 50 号 | 设备、设施名称 | 及投入资金 | 智能平板一体机、电脑 | 167.18 |
|---|---|---|---|---|---|
| 占地面积 | 54780 | | | 课桌椅、办公桌椅 | 15.47 |
| 建筑面积 | 21514 | | | 蔬菜农药降解机 | 15.50 |
| 教师人数 | 211 | | | 空调 | 3.57 |
| 学生数 | 3428 | | | 体育健身器材翻新 | 2.29 |

## （三）师资队伍

1990 年，学校教师学历以中师毕业为主，职称刚起评，以老教师初评小学高级教师为主。2000 年，学校办学规模扩张迅速，教师数（含代课）达 220 多人，学历层次大幅提高，合格学历（中师）占 90%，大专及以上学历占 34%，中级职称教师增加到 86 人，形成以中青年教师为主的教师队伍。

2015 年，教师素质全面提高，本科学历 155 人，占教师总数的 73.5%；中级以上职称教师 127 人，占教师总数的 60%。

1990~2015 年钱桥中心小学教师学历、职称选年统计表

表 5—24—34　　单位：人

| 年份 | 教师数量 | | | 学历 | | | | 职称 | | | | |
|---|---|---|---|---|---|---|---|---|---|---|---|---|
| | 总数 | 其中 | | 本科 | 大专 | 中师 | 其他 | 正高 | 副高 | 中级 | 助理 | 无职称 |
| | | 男 | 女 | | | | | | | | | |
| 1990 | 75 | 28 | 47 | — | 5 | 60 | 10 | — | — | 25 | 30 | 20 |
| 2000 | 228 | 37 | 191 | 20 | 58 | 127 | 23 | — | — | 86 | 102 | 40 |
| 2015 | 211 | 40 | 171 | 155 | 55 | 1 | 0 | — | 14 | 113 | 45 | 39 |

### （四）办学特色

理想教育是钱桥中心小学显著的办学特色。1985 年改革开放初期，国家实行计划经济向市场经济的转换，人们传统的理念、封闭的思想受到冲击，拜金主义严重，常以收入多少作为一个人成功与否的标志。赚钱，发财，成为有些人的人生信条。在这样一个时代背景下，“黄金潮”冲击着钱桥中心小学学生的心灵。是年 4 月 18 日，五（3）中队中队长田玲、少先队员俞奕一脚跨进教师办公室，冲着班主任严老师：“严老师，乱套了，大家都说现在有钱最吃香。”“我们知道这个结论不对，但我们讲不清道理，咋办呢？”俞奕求救似地看着老师。现在是不是金钱最吃香？严老师不作回答，让同学们自己去寻找答案。

到底什么是 80 年代少年应该追求的？田玲、俞奕等 10 位少先队员怀着困惑，向父母、亲友，向周围成功的人询问、探索，但都没有得到满意的答案。苦苦追寻中，10 位少先队员想到巴金爷爷。他们认为巴金爷爷是一位敢说真话、德高望重的老人。于是，10 位少先队员写了一封“如何寻找理想”的信，寄给他们所崇拜的老作家巴金爷爷。时年 81 岁的巴金收到 10 名少先队员们寻找理想的信，用颤抖得厉害的手，整整花三个星期，亲自给 10 个孩子写一封长达 3000 多字的信，为孩子们指点迷津，并把一头小瓷牛赠送给孩子们，希望孩子们像牛一样踏实工作，好好做人。

“一石激起千层浪”，巴金的回信字里行间充满着对孩子们至真至诚至爱的一片深情，一下子在全国各地引起强烈共鸣，多家媒体进行报道，成为当时轰动全国的“寻找理想”活动。钱桥中心小学以巴金的书信为纽带，始终坚持对学生进行理想教育，引导学生从小树立远大理想。

**围绕理想教育，打造活动平台**　学校每月开展“巴金中队”创建活动，围绕落实《小学生日常行为规范》，结合“文明守纪”“清洁卫生”“常规管理”流动红旗评比，全面开展以“巴金中队”为最高目标的“瓷牛中队”“铜牛中队”“金牛中队”创建活动，培养学生养成良好的学习、生活习惯。2007 年，学校巴金中队获得江苏省英雄中队称号。

**构建活动体系，开展多样活动**　学校规定每年 10 月为“理想教育月”，围绕理想，创造性地开展教育活动：2002 年为“寻找理想十七年”；2003 年为“祝福久久 百岁献礼”；2004 年为“学习

图 5—24—17　2005 年 5 月 27 日，无锡市文明办在钱桥中心小学召开青少年理想教育现场会暨钱桥中心小学与巴金通信 20 周年纪念活动

图 5—24—18　1985 年 4 月 18 日，钱桥中心小学田玲等写信给巴金“寻找理想的十位少先队员”于 2005 年 5 月 27 日回母校参加纪念活动

名人 时刻准备”；2005年为“学习巴金 缅怀巴金”；2006年为“好书名家伴我成长”；2007年为“树立远大理想 传承四心火炬”；2008年为“理想之光——我与巴金的一本书、一篇文章、一句话”；2009年为“学习英雄榜样 争做四好少年”；2010年为“有你在，灯亮着！纪念巴金逝世5周年”；2011年为“巴金作品与青少年教育”；2012年为“祝福百年 放飞理想”；2013年为“拥抱理想 相约中国梦”；2014年为“巴金爷爷，我们想您！”巴金诞辰110周年活动；2015年为“追梦30年 理想耀校园，纪念通信30周年暨巴金逝世10周年”。同时，开展巴金故事演讲、巴金作品诵读、读书交流、征文评比、巴金知识竞赛等，引导学生在实践中学习巴金精神，从小树立远大理想，做一个对社会、对国家、对人民有用的人。

**创建活动载体，探索人生意义** 学校成立“巴金文学研究社”，设立活动基地，开展各类活动：结合“书香校园”读书排行榜活动，添置巴金文集供学生阅读，编写校本阅读教材《少儿巴金读本》；结合“作家进校园”，与黄蓓佳、汤素兰、魏梦华等作家探讨人生意义，学习写作技巧；结合外出采风、夏令营活动，与巴金母校——上海南洋中学文学社的大哥哥大姐姐研讨交流，和少先队活动杂志社策划开展“小记者与大编辑面对面”活动；通过“文学班”“小巴金”评比等激发学生写作兴趣，提高写作水平。2008年，学校与上海巴金文学研究会共同发起“理想之光——我与巴金的一本书（一篇文章、一句话）”征文活动，收到来自上海、四川、广东、安徽、江苏等省市70多所中小学校2000多篇文章，并与四川成都巴金小学、上海南洋中学、南京树人国际学校等十几所学校结成联谊学校，成立“中小学生巴金文学读书会”，将名人文化资源渗透到学校教育教学中。2015年，钱桥中心小学文学社社刊《小草》已编辑出版16期，刊登500多篇师生作品。学校队员上百篇习作在《中国少年报》《成长之路》《扬子晚报》《无锡日报》《七彩语文》《学习导报》等发表。《中国少年报》在头版介绍宣传钱桥中心小学文学社，文学社小记者团获“江苏省优秀小记者团”称号。

**实施课程引领 打造理想教育品牌** 围绕理想教育，钱桥中心小学以课题《巴金精神观照下的理想课堂校本研究》为抓手，着力打造“简朴语文”“本真数学”等特色课堂，探讨如何赋课程文化以丰富内涵，实现理想教育的生活化、校本化、有效化。2002年，学校发扬光大“理想教育”传统，由无锡江南高精度冷拔管有限公司捐资，把巴金赠送给学校的珍贵礼物——一头瓷牛放大，塑成铜牛，矗立在校园，激励师生牢记巴金教诲，发扬孺子牛精神，做一个对社会、对国家、对人民有用的人；巴金的手迹“少讲空话 多干实事”作为校训镌刻在墙上；校园一侧巴金回信《我的回答》直入眼帘；“巴金勉语”“理想感言”等一块块精致的标语牌，悬挂在走廊过道，点缀于花坛树丛。

2005年，学校一至六年级六册校本教材《巴金伴我行》出版，上海巴金文学研究会会长、上海复旦大学人文学院副院长陈思和教授题写书名。《巴金伴我行》教材围绕“走近巴金”“巴金与我们”“巴金伴我行”三大版块，让学生更好地了解巴金生平、巴金为人、巴金精神。围绕巴金的“真”与“爱”，教材选用《巴金和他的侄子》《无私的捐助》《珍贵的友谊》《不拿一分工资》等，反映巴金与家人之间的亲情、伙伴之间的友情以及爱祖国、爱人民炽热感情的小故事，让学生真正懂得巴金所说“生命的意义在于付出，在于给予……”“生的目标是什么？是丰富满溢的生命。一个人的生命应该为他人放射，在必要的时候还应该为他人牺牲……自我牺牲是人的天性，就像植物不得不开花”。2012年，钱桥中心小学铸塑的巴金铜像伫立学校广场中心，启迪着每一位师生。

**附：1985年4月18日，钱桥中心小学五（3）班的10名少先队员为“寻找理想”写给巴金爷爷的信**

敬爱的巴金爷爷：

我们是五年级的十个学生，平均年龄不到十一周岁，在学校里都获得了“三好”或“品学兼优”的奖励。但是近年来，我们被一些新的现象迷惑了。爸爸妈妈说话三句不离钞票，有些人常以收入多作为自己的骄傲。有位每月工资三十多元的老师，当我们问她工资多少时，她脸红了。我们有位同学数学考了九十四分，她呜咽起来，原来爸爸答应她，考了九十五分可得五元奖金。许多家长都用金钱、新衣、旅游来鼓励我们取得好成绩。有些同学在谈到将来时，往往把单位好、工资高、奖金多作为自己最好的向往。一句话，为金钱工作，为金钱学习，已经成为理所当然的事。这难道就是我们八十年代的少年应该追求的理想吗？

作为“三好”学生，我们可以攻克学习上的重重难关，然而，在人们一味追求钞票的当儿，我们在理想问题上却成了十只迷途的“羔羊”。但是，我们不甘沉沦，我们决心探索、寻求！于是，我们十个同学决定开展一个“寻求理想”的活动。

巴金爷爷，我们读过您写的很多书。现在您已上了年纪，可是我们还常常在报纸上、电视里看到您在忙碌地工作。我们想您那里一定有一种神奇的力量，有打开我们心灵窗户的神秘钥匙。因此，我们想向您请教：当您伏案写作的时候，您想的是什么？您写了那么多的书，您追求的是什么？

巴金爷爷，我们知道您很忙，您有更重要的工作，您还需要休息，我们实在不愿意打搅您，但是我们十分需要您的帮助。十只迷途的“羔羊”向您呼救，请您以最快的速度给我们指点。

祝您长寿！

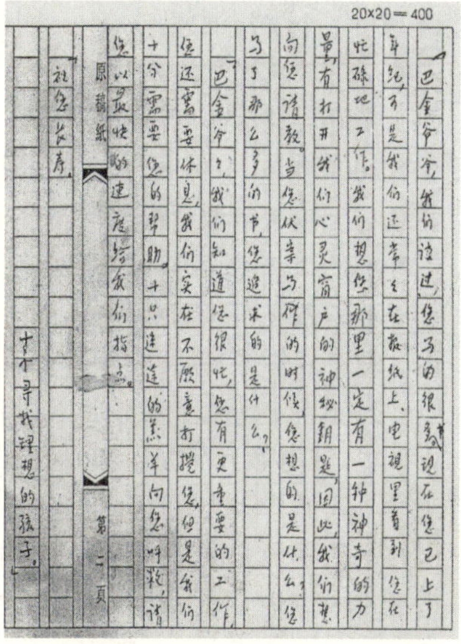

图 5—24—19　钱桥中心小学10名少先队员为寻找理想写给巴金书信的手迹（部分）

江苏省无锡县钱桥中心小学

田玲、俞奕、王伟、王静、李波、

沈岚、毛海虹、刘如岗、惠恺恺、李燕芬

一九八五年四月十八日

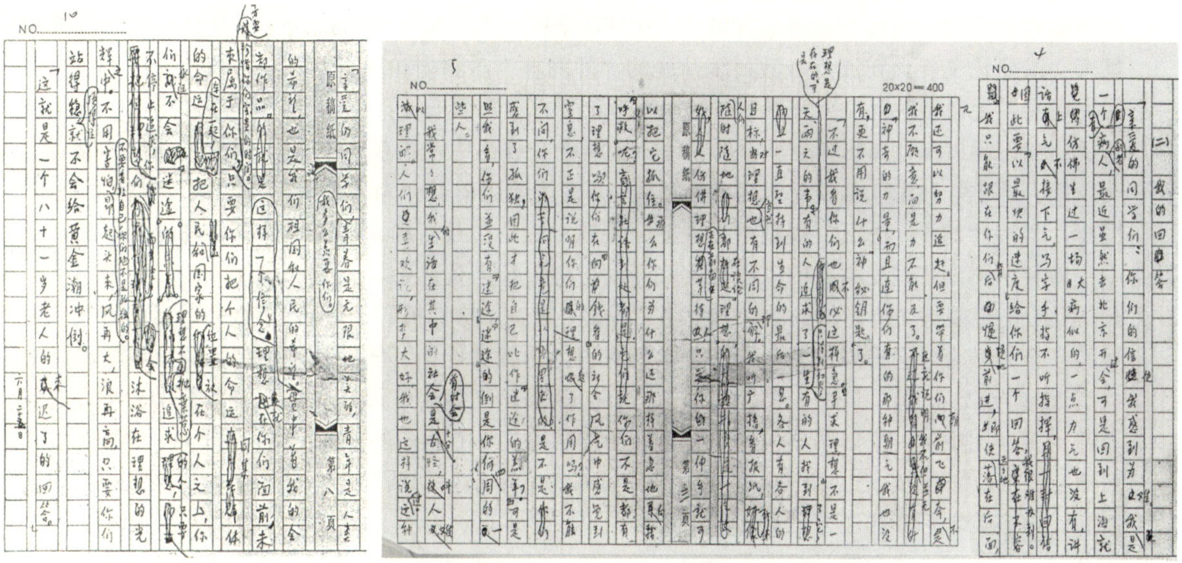

图 5—24—20　巴金给钱桥中心小学少先队员复信的手迹（部分）

## （五）教育科研

1999 年 6 月，第三次全国教育工作会议召开，颁布《中共中央国务院关于深化教育改革全面实施素质教育的决定》，明确提出要“调整和改革课程体系、结构、内容，建立新的基础教育课程体系”，钱桥中心小学开始课改实验。2001 年，学校在中央教科所副所长、南京师范大学教授朱小蔓的指导下制定《南师大实验小学、惠山区钱桥镇中心小学 21 世纪初五年发展规划》。根据中央教科所副所长、南京师范大学教授朱小蔓提出的“让教育科研上升为每一个教师的自觉行为”“以科研发展教师，以教改发展学生”的意见，钱桥中心小学调整教科研工作思路、淡化教学科研功利主义倾向，让教科研更好地为课堂教学服务，更好地发展教师、发展学生，学校成功申报 4 个无锡市“十五”

课题和 1 个省级课题。6 月，全国基础教育工作会议召开，进一步明确“加快构建符合素质教育要求的基础教育课程体系”的任务，钱桥中心小学为首批参与课改实验的试点学校，使用新教材。为进一步开展课程改革，抢抓机遇，积极接受学术引领、寻求主动发展，学校与南京师范大学合作办学。2002 年 5 月 16 日，学校成功举办无锡市科学学科教师培训暨课堂教学观摩活动，教学能手顾晓军与无锡市名教师倪明伟同台上课。6 月，顾晓军在全国国标本苏教版小学科学教材实验研讨会上参赛的《热水变凉》观摩课获二等奖。11 月 16 日，学校举行“我们与课改同行”为主题的首届青年教师教学科研学术沙龙活动，江苏省教科所副所长彭钢、《江苏教育研究》副主编金连平以及惠山区教育局领导参加。

2003 年，学校制定校本教研管理制度，完善促进教师发展的措施，实施“名师工程”“青蓝工程”。《江苏教育研究》2003 年第 6 期以《科学而艺术地把握教学中的预设与生成》报道钱桥中心小学“我们与课改同行”全过程，特约记者吴晓玲作深入评论。9 月 18 日，钱桥中心小学承办惠山区村小数学优秀课评比活动；28 日，学校接待南通地区课改代表团一行 30 多人；11 月上旬，接待宿迁市 8 位中心小学校长到校考察；11 月 20 日，举办青年教师“教育特色”研讨会，有江苏省教科所、南京师范大学、南京琅琊路小学、晓庄师院、南京江宁区教科室、惠山区教育局领导、专家参加活动。11 月 30 日，学校举行第二届“教科研月”成果展示暨闭幕式。2004 年 6 月，学校举行“青年教师群教学特色”系列活动，总结教学特色、上特色课、举办展示活动、请专家“会诊”，促使青年教师建构自己的教学特色，9 位有 5 年以上教龄的青年教师向省、市、区各级专家和教学同行展示课堂教学特色，接待 5 名新疆教师到校考察、学习。是年，先后承办惠山区一、二、三年级语文教材培训及惠山区课改座谈会。2006 年，学校成功承办无锡市品德学科会课活动、无锡市英语教学研讨会。5 月下旬，接待新加坡维新小学交流访问团一行 50 人。同年，学校被授予“无锡市现代教育技术实验学校”称号。2007 年 10 月，学校大力开展“陶行知研究”活动，青年教师积极撰写“陶研论文”，在江苏省教科院开展的“师陶杯”教科研论文评选中，2 篇获二等奖；在无锡市陶研会、无锡市教育工会开展的《行知教育论著百篇》读书征文评选中，3 篇获二等奖、5 篇获三等奖；在无锡市陶行知研究会举办的无锡市陶研论文评比中，共获奖 27 篇，其中一等奖 2 篇、二等奖 7 篇、三等奖 18 篇。学校被无锡市教育局、共青团无锡市委评为“无锡市行知式青年教师集体”。同年，学校参加“十一五”规划重点课题分课题“综合实践活动课程的有效实施与评价”活动，在中央教科所科研管理处举办的“综合实践活动方案设计”评选中，张慧、虞红霞的《走进中秋》获一等奖，王艳阳等 7 位老师的活动方案获二等奖，许竞、徐红梅等 10 位青年教师的活动方案获三等奖。在全国教育学会举办的“全国中小学新课程优秀教育设计、教育教学论文征集评审活动”中，共有 32 篇论文获奖，其中一等奖 6 篇、二等奖 19 篇、三等奖 7 篇。在江苏省教育学会举办的优秀教育论文评比中，共有 15 篇论文获奖，其中 5 篇二等奖、10 篇三等奖。2008 年 12 月，学校开展“教科研月”活动，《小学语文研究》主编袁浩到钱桥中心小学参加活动，针对青年教师课堂教学现状作讲评。梅小英老师参加江苏省第七次中小学图书馆学术研讨会暨世界华语学校图书馆长论坛。2009 年 9 月，学校承办小学数学骨干教师课堂教学展示暨专题研讨活动，与南京百家湖小学、南京北村瑞金小学、南京致远外国语小学等名校开展主题交流活动，共同探讨如何建构有效课堂。

2010 年 4 月、5 月，钱桥中心小学先后邀请南京仙林小学、常州三井小学教师到校开展习作研讨活动。10 月，《小学理想教育的深化研究》课题结题。2011 年 4 月，学校承办无锡市“教师专业发展与课堂有效教学”专题研讨会，全国著名特级教师孙双金及南师大有关领导、专家参加，钱桥中心小学刘艺慧、宋明月及南京市北京东路小学吴静、李静老师分别上展示课。5 月，虞玺老师在第四届长三角“美术创新、探究分享”教育教学发展论坛“人教杯”地方美术、校本优质课评比中《理想中的我》课获幼小组一等奖。是康老师获无锡市数学优质课评比一等奖。同月，学校无锡市“十一五”重点研究课题《品德与社会（社会）课程资源的开发和利用》结题，《巴金精神观照下理想课堂的校本研究》通过江苏省“十二五”教科研课题立项。12 月，学校承办无锡市英语教学年会。

是年，全校教师教育教学论文、教学设计获奖215篇，其中全国一等奖7篇，省一等奖8篇，市一等奖5篇。

2013年，学校承办惠山区数学专题研讨暨课例打造交流活动，“十二五”课题研究活动深入开展，选送20多篇论文参加无锡市教科研论文评比，其中13篇获奖（一等奖1个，二等奖5个，三等奖7个）。 2014年，在无锡市教育学会年度优秀教科研论文评比中，钱桥中心小学30位老师参加，24位老师获奖（一等奖1个、二等奖4个、三等奖19个）。2015年，在无锡市陶行知研究会优秀论文评比中，学校选送29篇论文，其中24篇获奖（一等奖2个，二等奖8个，三等奖14个）。同年，学校两个“十二五”课题顺利结题；学校开展青年教师基本功比赛，12人获一等奖，18人获二等奖，27人获三等奖。2008~2015年，钱桥中心小学教师在省级以上刊物发表论文74篇，获全国级奖论文117篇。

**（六）办学成果**

钱桥中心小学以教书育人为目标，服务社会为宗旨，积极拓展教育资源，着力加强内涵建设，努力发展办学规模，全面提升办学质量，成为全国“双有”活动先进集体、江苏省红十字示范学校、江苏省绿色学校、江苏省平安学校、江苏省三星级档案管理学校、无锡市德育先进学校、无锡市文明单位、无锡市园林式单位、无锡市现代技术实验学校、无锡市依法治校示范校。在少先队工作中，学校巴金中队“汤聿文”中队被评为江苏省英雄中队、大队部被评为江苏省红旗大队，多次被评为无锡市十佳红旗大队。同时，学校科技教学方面多次参加江苏省“金钥匙”比赛，并屡获奖项，参加无锡市各类科技比赛均获一、二等奖；在艺体方面，多次获得无锡市“百灵鸟”艺术展演金银奖、无锡市乒乓球比赛多项获奖。

**1986~2014年钱桥中心小学获无锡市委、市政府及省级条线以上荣誉一览表**

表5—24—35

| 获奖年份 | 荣誉名称 | 颁奖单位 |
|---|---|---|
| 1986 | 全国少先队“以共产主义教育为中心”的创造性活动征文一等奖 | 团中央辅导员杂志 |
| 1987 | 全国手拉手十佳联谊学校 | 中国少年报社 |
| 1989 | 无锡市改革十年少先队工作金苹果奖 | 中国少年报社 |
| 1997 | 97香港回归活动组织奖 | 全国香港回归活动少儿组织委 |
| 1998 | 97纪念周恩来诞辰100周年活动组织奖 | 全国少工委 |
| 1999 | 全国双有知识教育与手工制作组织奖 | 全国双有组委会 |
| 2000 | 全国双龙少儿书画优秀集体奖 | 全国双龙少儿书画委员会 |
| 2001 | 全国心中有祖国心中有他人歌咏活动银奖 | 全国少儿双有主题活动组委会 |
| 2002 | 联合国基金会支持儿童组织奖 | 全国少工委 |
| | 全国双有活动优秀集体奖 | 全国双有组委会 |
| 2004 | 金球杯第11届全国青少年美术书法大赛金奖 | 中国少儿书画编辑部 |
| 2007 | 江苏省红十字示范学校 | 江苏红十字会 |
| | 少先队大队部获江苏省“红旗大队” | 江苏省少工委 |
| | 巴金中队获第三批江苏省少先队“英雄中队” | 中共江苏省委宣传部、共青团江苏省委、江苏省少工委 |
| | 图书馆被列入江苏省“名馆园地” | 江苏省中小学文献信息网公布 |
| | 《北京迎奥运会世界ETEGAMI画信展》全球征文活动纪念奖 | 北京奥林匹克办公室 |
| | 第十九届全国中小学生（江苏地区）“可一”杯金钥匙科技竞赛6项二等奖 | 中国教育学会小学科学教育专业委员会、全国小学科学探索大赛组委会 |
| 2008 | 2006-2007年度无锡市文明单位 | 无锡市市委、无锡市人民政府 |
| | CCTV少儿频道“和王子一起保护地球”活动优秀组织奖 | CCTV少儿栏目 |
| | 江苏省环境保护绿色学校 | 江苏教育厅 |
| | 心中有祖国心中有他人主题教育活动优秀集体奖 | 全国少儿双有主题教育活动 |
| 2009 | 红领巾江苏省环保社团绿色小小天使环保社团 | 团省委 |
| | 红领巾寻访春的故事小记者采访活动优秀小记者团 | 共青团江苏省委少工委 |
| | 中国少年儿童美术书法摄影作品第12卷集体二等奖 | 中国青少年研究中心 |
| | 第一届未成年人科学在我身边优秀美术作品一等奖 | 江苏省教育学会 |
| | “倡导绿色共建生态文明”全国公益招贴画征文大赛组织奖 | 全国公益招贴画大赛组委会 |

续表 5—24—35

| 获奖年份 | 荣誉名称 | 颁奖单位 |
|---|---|---|
| 2010 | 2008~2009 年全国中小学图书馆先进集体 | 中国图书馆学会 |
| 2011 | 全国少年儿童生态道德教育活动优秀成果奖 | 全国少年儿童双有主题教育活动组委会 |
| | 第六届七彩语文杯全国小学生作文大赛组织奖 | 七彩语文杂志社 |
| 2012 | 第九届中国中小学校校园影视专题类铜奖 | 中国电化教育馆 |
| | 全国校园影视教育研究实验学校 | 中国教育电视协会 |
| 2013 | 江苏省优秀少先队集体 | 江苏省教育厅 |
| | “发现号”江苏省少年科学院创新奖优秀组织奖 | 江苏省少年儿童研究会少年科学院建设与发展委员会 |
| 2014 | 我是美丽江苏小主人生态环保活动优秀组织奖 | 江苏省教育厅 |
| | 江苏省少先队英雄中队：汤聿文中队 | 江苏省教育厅 |
| | 2014 全国啦啦操冠军赛小学丁组爵士规定动作一等奖 | 国家体育总局体操运动管理中心 |
| | 江苏省档案工作评比三星级 | 江苏省档案局 |

## （七）教育经费

2008 年前，钱桥中心小学办学经费来源于各级政府拨款、学费收入、捐资助学、上级补助等。2009 年始，国家规定义务教育阶段学生不再交纳学杂费，学校办学经费主要来自钱桥街道拨款。2006~2015 年，钱桥（镇）街道共拨给钱桥中心小学办学经费 30012.88 万元。

**1912~2010 年钱桥中心小学易地新建、扩建校舍投入资金统计表**

表 5—24—36　　单位：平方米、万元

| 时间 | 地点 | 新建校舍名称 | 建筑面积 | 投入资金 | 结构 |
|---|---|---|---|---|---|
| 1912.00 | 钱桥南街东岳观 | 开原乡第四国民初等小学 | 未知 | 未知 | — |
| 1926.00 | 钱桥村周巷 | 铁狮桥小学 | 未知 | 未知 | — |
| 1953.09 | 惠钱路 280 号 | — | 2350.0 | 56.00 | — |
| 1981.12 | 惠钱路 280 号 | 1 号楼、2 号楼加层 | 854.0 | 114.19 | 框架 |
| 1991.09 | 育才路 50 号 | 教学用房 | 6200.0 | 530.00 | 框架 |
| 1992.09 | | 司令台 | 85.0 | 3.70 | 砖混 |
| 1996.12 | | 亭阁 | 55.0 | 15.00 | 其它 |
| 1998.12 | | 3 号楼 | 3400.0 | 320.00 | 框架 |
| 2001.09 | | 1、2 号楼加层 | 854.0 | 114.20 | — |
| 2003.12 | | 食堂 | 2826.5 | 307.93 | 框架 |
| | | 5、6 号楼新建 | 5000.0 | 455.50 | |
| 2007.11 | | 7 号教学楼新建 | 2565.0 | 233.95 | 框架 |
| 2010.01 | | 扩建辅助用房 | 3495.0 | 312.00 | 框架 |
| | | 教学辅助用房 | 1527.7 | 210.08 | |

**2012 年无锡市钱桥中心小学百年校庆捐资助学单位及金额统计表**

表 5—24—37　　单位：万元

| 捐助单位 | 捐助金额 | 捐助单位 | 捐助金额 | 捐助单位 | 捐助金额 |
|---|---|---|---|---|---|
| 钱桥街道办事处 | 10 | 金晨型钢有限公司 | 1.0 | 省锡中实验学校（分部） | 0.20 |
| 惠山区教育局 | 10 | 欣宏房地产开发有限公司 | 1.0 | 石塘湾中心小学 | 0.30 |
| 苏庙社区居民委员会 | 5 | 隆舜置业有限公司 | 10.0 | 堰桥中学 | 0.30 |
| 华新社区居民委员会 | 5 | 爱邦辐射技术有限公司 | 3.0 | 钱桥中心幼儿园 | 0.50 |
| 洋溪社区居民委员会 | 5 | 建昊混凝土有限公司 | 3.0 | 惠山实验幼儿园 | 0.50 |
| 晓丰社区居民委员会 | 5 | 锦宏精密缸体有限公司 | 2.0 | 省锡中匡村中学 | 0.20 |
| 西漳社区居民委员会 | 5 | 亿和盛化纤有限公司 | 1.0 | 长安中学 | 0.20 |
| 晴山蓝城社区居民委员会 | 3 | 苏鑫焊管有限公司 | 1.5 | 玉祁高中 | 0.50 |
| 钱桥社区居民委员会 | 5 | 振兴仓储有限公司 | 10.0 | 无锡文化艺术学校 | 0.20 |
| 溪南社区居民委员会 | 5 | 中亿钢品有限公司 | 3.0 | 杨市中心小学 | 0.30 |
| 舜柯社区居民委员会 | 5 | 钱桥对外贸易有限公司 | 3.0 | 藕塘中心小学 | 0.50 |
| 天辰冷拉型钢有限公司 | 5 | 群力钢件有限公司 | 10.0 | 西漳中学 | 0.20 |
| 华润实业公司 | 5 | 三六九钢管有限公司 | 2.0 | 阳山中学 | 0.20 |
| 惠钱设备安装有限公司 | 3 | 万能胶粘剂有限公司 | 1.0 | 洛社中心小学 | 0.30 |

续表 5—24—37　　单位：万元

| 捐助单位 | 捐助金额 | 捐助单位 | 捐助金额 | 捐助单位 | 捐助金额 |
|---|---|---|---|---|---|
| 翔盛化纤厂 | 5 | 东大型钢彩板有限公司 | 1.0 | 73036 部队 | 1.00 |
| 永凯达齿轮有限公司 | 5 | 荣兴加温设备厂 | 1.0 | 江苏有线无锡分公司 | 0.50 |
| 雪丰钢铁有限公司 | 10 | 五洲国际装饰城有限公司 | 15.0 | 无锡农村商业银行钱桥支行 | 1.00 |
| 江南高精度冷拔管有限公司 | 15 | 龙山冷轧有限公司 | 1.0 | 钱桥液化气站 | 0.50 |
| 泉济混凝土有限公司 | 5 | 江南船舶设备有限公司 | 3.0 | 天一实验小学 | 1.00 |
| 钱桥建筑安装工程有限公司 | 10 | 大宗钢铁电子交易中心有限公司 | 3.0 | 藕塘中学 | 0.50 |
| 高嘉仓储有限公司 | 10 | 鸿运来装饰 | 1.0 | 石塘湾中学 | 0.20 |
| 龙之杰投资担保有限公司 | 10 | 钱桥焊管有限公司 | 1.0 | 阳山中心小学 | 0.50 |
| 金球机械有限公司 | 5 | 豪普金属制品有限公司 | 1.0 | 前洲中学 | 0.20 |
| 华生精密材料股份有限公司 | 5 | 华顺民生食品有限公司 | 1.0 | 惠山中专 | 0.50 |
| 大金高精度冷拔钢管有限公司 | 10 | 钱桥带钢有限公司 | 1.0 | 东北塘实验小学 | 0.30 |
| 百特皮件有限公司 | 5 | 泰杰焊管 | 0.3 | 玉祁初级中学 | 0.20 |
| 天盛置业有限公司 | 5 | 锡宏机器有限公司 | 0.3 | 港下实验小学 | 0.20 |
| 华工薄板有限公司 | 2 | 恒田纺织品有限公司 | 0.3 | 雪浪中心小学 | 0.20 |
| 光彩机械制造有限公司 | 5 | 钱桥中学 | 1.0 | 藕塘中心幼儿园 | 0.50 |
| 江苏大耀纺织有限公司 | 5 | 钱桥成教中心 | 1.0 | 堰桥实验小学 | 0.30 |
| 苏南异型钢管有限公司 | 3 | 华锐实验小学 | 0.2 | 锡山高级中学实验学校 | 1.00 |
| 苏嘉集团新材料有限公司 | 20 | 祝塘中心小学 | 0.5 | 钱桥医院 | 0.10 |
| 舜特精密合金板带有限公司 | 5 | 长安中心小学 | 0.3 | 钱桥敬老院 | 0.10 |
| 华盛化工助剂厂 | 10 | 洛社高中 | 0.3 | 无锡市少年宫 | 0.20 |
| 江苏德克环保设备有限公司 | 10 | 前洲中心小学 | 0.3 | 陈志保 | 0.01 |
| 威华机械有限公司 | 5 | 洛社初中 | 0.2 | 合计 | 339.61 |

### 2006~2015 年无锡市钱桥中心小学教育经费统计表

表 5—24—38　　单位：万元

| 年份 | 经费收入 | | | | | | 经费支出 |
|---|---|---|---|---|---|---|---|
| | 街道拨款 | 学杂费收入 | 捐资助学 | 其他收入 | 上级补助收入 | 合计 | |
| 2006 | 432.52 | 61.98 | — | 71.09 | 33.00 | 598.59 | 553.77 |
| 2007 | 1790.76 | 85.79 | — | 9.09 | 84.85 | 1970.49 | 2160.04 |
| 2008 | 1955.03 | 76.77 | 50 | 38.97 | 0.20 | 2120.97 | 1977.27 |
| 2009 | 2734.16 | — | 45 | 156.13 | 8.00 | 2943.29 | 2954.52 |
| 2010 | 3057.61 | — | 40 | 83.17 | 15.00 | 3195.78 | 3229.89 |
| 2011 | 3880.12 | — | 50 | 189.83 | 22.00 | 4141.95 | 4154.91 |
| 2012 | 3733.12 | — | 300 | 96.43 | 30.00 | 4159.55 | 4117.44 |
| 2013 | 4056.75 | — | — | 244.30 | 15.00 | 4316.05 | 4313.40 |
| 2014 | 4008.67 | — | — | 132.27 | — | 4140.94 | 4095.62 |
| 2015 | 4364.14 | — | — | 89.61 | 2.58 | 4456.33 | 4466.83 |
| 合计 | 30012.88 | 224.54 | 485 | 1110.89 | 210.63 | 32043.94 | 32023.69 |

## （八）领导任职

钱桥中心小学自民国元年创办至 1949 年解放，先后 8 人任校长，不设副校长。1949 年新中国成立后至 2015 年，先后 7 人任校长、14 人任副校长，5 人任党支部书记。

### 1912~2015 年钱桥中心小学校级领导任职表

表 5—24—39

| 党支部书记 | | 校长 | | 副校长 | |
|---|---|---|---|---|---|
| 姓名 | 任职时间 | 姓名 | 任职时间 | 姓名 | 任职时间 |
| — | — | 邵宗虎 | 1912.09~1913.01 | — | — |
| — | — | 金　声 | 1913.02~1913.12 | — | — |
| — | — | 金素宜 | 1914.00~1918.00 | — | — |
| — | — | 韦执中 | 1918.00~1927.00 | — | — |
| — | — | 秦柳芳 | 1927.00~1929.00 | — | — |
| — | — | 高鸿勋 | 1930.00~1935.00 | — | — |
| — | — | 周绮霞 | 1935.00~? | — | — |

续表 5—24—39

| 党支部书记 | | 校长 | | 副校长 | |
|---|---|---|---|---|---|
| 姓名 | 任职时间 | 姓名 | 任职时间 | 姓名 | 任职时间 |
| — | — | 冯振才 | — | — | — |
| — | — | 郑圻源 | ~1951.08 | — | — |
| — | — | 陈荣生 | 1951.09~1958.00 | — | — |
| 周惠娟 | 1957.00~1958.00 | — | — | — | — |
| — | — | 荣继芳(以副代正) | 1959.02~1959.08 | — | — |
| 刘兴悌 | 1959.09~1964.09 | 刘兴悌 | 1959.09~1964.09 | 王俊发 | 1959.09~1964.09 |
| — | — | 王俊发（以副代正） | 1964.10~1965.08 | — | — |
| 陆锡兴 | 1965.09~1969.01 | 陆锡兴 | 1965.09~1969.01 | — | — |
| 1968.09~1973.02 | | 1968 年 9 月钱桥中心与钱桥中学合并，定名“钱桥五七学校”；1969 年 9 月中小学又分开 | | | |
| 陆锡兴 | 1973.03~1991.08 | 陆锡兴 | 1973.03~1991.08 | — | — |
| — | — | — | — | 庄沈青 | 1975.09~1979.08 |
| — | — | — | — | 朱涵生 | 1979.09~1990.08 |
| — | — | — | — | 杨秀依 | 1985.02~1993.02 |
| — | — | — | — | 孙文元 | 1990.09~1996.03 |
| 龚志胜 | 1991.09~2002.09 | 龚志胜 | 1991.09~2001.09 | 俞建华 | 1993.02~2010.10 |
| — | — | — | — | 华金标 | 1996.04~2001.09 |
| — | — | 华金标 | 2001.09~ | 邓向群 | 2001.09~2003.10 |
| 华金标 | 2002.09~ | — | — | 周文华 | 2003.10~2012.05 |
| — | — | — | — | 钱凌洁 | 2007.09~ |
| — | — | — | — | 冯　晟 | 2010.10~ |
| — | — | — | — | 包红心 | 2013.09~ |
| — | — | — | — | 邓向群 | 2014.08~ |

2015 年，华金标任党支部书记、校长，钱凌洁、冯晟、包红心、邓向群任副校长。

## 三、无锡市藕塘中心小学

清宣统三年（1911），朱伯麟在藕塘桥创办西溪小学堂，以藕塘桥桥南清宁道院和油车里两地为校舍，开设两个复式班教室，学生 65 人，陆迪范任校长。民国元年（1912），西溪小学堂易名为开原乡立第三国民小学。民国 7 年，藕塘地区私塾十分盛行，朱伯麟竭力劝阻停办私塾，动员学生入公学。民国 12 年，朱伯麟向董事蒋留春严正提出，清宁道院划拨给第三国民小学的操场只能学校使用，不能出租给他人。民国 16 年，学校更名为藕塘桥初级小学。民国 17 年，辛载臣主持学校工作后，学生增至 80 人，扩建教室一个。民国 34 年抗日战争胜利后，更名为藕塘中心国民学校，开设 4 个教室，其中 2 个教室设在藕塘桥桥北茧行内。

1949 年 4 月下旬，无锡县人民政府接管学校，更名为无锡县藕塘中心小学，学校全部搬迁至藕塘桥桥北茧行内。20 世纪 50 年代，无锡县文教局拨款和调拨建材给藕塘中心小学，逐步拆除旧茧行，建造新校舍，教学设施日臻完善。

1966 年 8 月“文化大革命”开始，藕塘中心小学正常教育秩序被打乱，教育处于停顿状态。1968 年，藕塘中学、藕塘中心小学、藕塘卫生院组建文卫联合党支部。1969 年，在“把学校办到贫下中农家门口”的口号下，藕塘中心小学解散，原中心小学下放到东方红大队办，校名改称为东方红小学，校址迁至藕塘民办中学旧址徐塘庙内。是年 9 月，藕塘人民公社建立教育革命领导小组，公社革命委员会副主任杨锡良兼任组长；藕塘中学校长黎家楷、东方红小学浦仲述任领导小组副组长，分别具体负责中、小学校工作。

1970 年，部分教师下放农村。1973 年，东方红小学更名为藕塘市镇小学。1976 年，学校更名为无锡县藕塘人民公社中心小学。下半年，校长浦仲述向自行车缝纫机工具厂借款 3000 元，在徐塘庙旧校舍内创办塑料彩印厂。校办厂所得经济收益用来添置教学设备，减免学生全部书费。1977 年，藕塘中心小学教育秩序逐渐恢复，教育设备、办学条件逐步完善。1978 年，藕塘公社支持藕塘中心小学建造9间二层楼新校舍，建筑面积2225平方米，投资5万元。1979年8月，藕塘中心小学从徐塘庙迁至藕塘南街新校舍内，开设1~6年级6个班，1个幼儿园班。

1980年，藕塘人民公社中心小学成立独立党支部。1985年5月，藕塘乡政府投资17万元，建造3间四层楼、8间三层楼教学楼1幢，建筑面积1392.32平方米，教学条件大为改善。在原9间二层楼内开办3个幼儿班，幼儿园属中心小学管理。是年，学校发展成10个班级、337名学生；另有3个幼儿班、181名幼儿；25名教职工。1989年，藕塘乡小学辅导区有村校9所，教职工98人，班级55班、学生1805人。

**1989年藕塘乡小学辅导区事业概况表**

表5—24—40 单位：班、人

| 校名 | 创办时间 | 班数 | 学生数 | 教职工数 | 校址 | 校长姓名 |
|---|---|---|---|---|---|---|
| 南水渠小学 | 1909.09 | 4.5 | 147 | 6 | 南水渠村 | 华荣娣 |
| 中心小学 | 1911.00 | 12.0 | 417 | 33 | 藕塘南街 | 吴惠英 |
| 盛店小学 | 1914.02 | 6.0 | 176 | 9 | 盛店村 | 周浓珍 |
| 稍塘小学 | 1914.00 | 7.0 | 229 | 12 | 稍塘村 | 倪叙成 |
| 宇峰小学 | 1919.06 | 6.0 | 155 | 9 | 宇峰村 | 顾金法 |
| 勤建小学 | 1932.00 | 6.0 | 209 | 9 | 勤建村 | 朱立南 |
| 井亭小学 | 1942.09 | 3.0 | 92 | 4 | 井亭村 | 张国清 |
| 东风小学 | 1945.00 | 6.0 | 221 | 10 | 东风村 | 王锡清 |
| 火花小学 | 1952.00 | 4.5 | 159 | 6 | 火花村 | 朱瑞英 |

1991年，藕塘中心小学高质量通过九年制义务教育达标验收；11月，学校被评为无锡县贯彻小学生日常行为规范“先进集体”“文明单位”“合格中心小学”。1992年，学校新建成的中小学合用田径场启用，开设仪器室、实验室、音乐室、图书室、阅览室、体育、卫生等7个专用教室。1993年4月，学校更名为无锡县藕塘镇中心小学。1994年5月，藕塘镇党委、政府果断决策，停止校园内打螺丝车间生产，彻底解决“冷墩车”噪音严重影响教学的问题。10月，镇政府划拨给藕塘中心小学6666.67平方米抛荒地，学校开辟学农劳动实践基地，种植小麦、油菜和蔬菜等各种农作物。是月，无锡县人民政府督导室对藕塘中心小学督导评估，获优秀级。1995年，无锡县撤县改市，学校更名为锡山市藕塘镇中心小学。同年3月28日，学校与驻锡某部队共建，创办少年军校。1998年11月，学校顺利通过基本实现教育现代化验收。1999年7月，藕塘镇迈开小学布局调整第一步，井亭、南水渠两所村校并入藕塘中心，政府购买1辆大客车接送学生。同年，藕塘镇政府和庙塘桥村委共同出资100余万元，学校扩建三层楼上的教室4个，新建四层楼梯和4个厕所，共计600多平方米，并建造车库、修缮厨房、改建校门，建立闭路电视系统，装备多媒体电教室、微机房。是年，三年级率先开设英语学科。

2000年7月，庙塘桥小学并入藕塘中心小学，盛店、宇峰、勤建三所学校采取“高年级统一集中，中低级暂留本校”的过渡办法，勤建五年级并入藕塘中心小学，盛店、宇峰五年级并入东风小学，二、三、四年级暂留本校，一年级由藕塘中心小学统一招生。9月，全镇五年级均开设英语课程，四年级开设信息技术课。2001年，学校更名为无锡市藕塘中心小学。7月，勤建小学并入藕塘中心小学，盛店、宇峰小学并入东风小学，藕塘镇小学布局调整为一中心二村校（稍塘小学和东风小学）。同年8月，学校征土31333.33平方米，做好筹建新校舍工作。9月，一年级使用新教材，全面实施新课程教学。2002年，学校易地新建。4月28日，藕塘镇人民政府举行藕塘中心小学新校舍奠基典礼，镇长张桐生、校长张丽华分别代表镇政府和藕塘中心小学致辞，企业主徐美度、强林华、陈伯清、浦国源、陈振华等为建造新校舍奠基。2003年8月18日，藕塘镇人民政府隆重举行藕塘中心小学新校舍落成典礼，藕塘中心小学搬入新校舍。同时，新操场塑胶跑道和人工草坪建成启用，并装备多媒体电化教室3个，校园网建成开通。9月，东风小学并入藕塘中心小学。是年，藕塘中心各类设备达江苏省一类标准，顺利通过江苏省实验小学验收。政府投资 100 多万元建成的“藕小少年农学院”启用，被批准为“无锡市少先队创业教育基地”。2005 年 10 月 27 日，学校成功举办“无锡市第三届红领巾小事业博览会”，团中央书记处原书记张晓兰到校视察，《中国少年报》《无锡日报》等均作相关报道。2008 年 4 月，学校挂牌“无锡徐悲鸿美术学校”“江南大学艺术学院实验协作基地”。8 月，藕塘镇最后一所村小——稍塘小学并入中心小学。

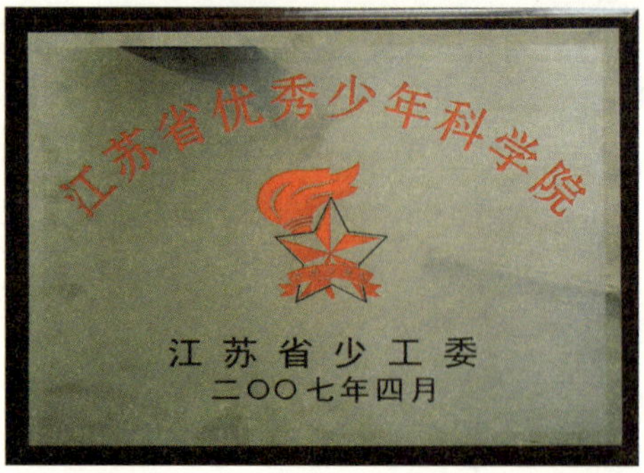

图 5—24—21　2007 年 4 月，藕塘中心被江苏省少工委表彰为“江苏省优秀少年科学院”

2009 年，钱桥街道投入近 500 万元资金建设的藕塘中心艺术楼竣工，并投入使用。学校为每位老师配置笔记本电脑。2010 年，钱桥街道办事处投入 100 多万元资金，对学校田径场进行重新铺设。10 月 29 日，学校举行“少年军校成立 15 周年暨少年军校陈列馆落成典礼”。2011 年 7~8 月，学校主体楼全面加固。10 月 6 日，学校隆重举行“藕塘中心小学建校百年庆祝大会”。12 月，举行“‘百年春秋、杏坛牧歌’藕塘中心小学建校百年总结暨表彰大会”。2013 年 4 月，学校“少年农学院——校本课程一奇葩”获江苏省基础教育教学成果特等奖。5 月，学校举行羽毛球特色课程建设启动暨惠山区藕小青少年羽毛球俱乐部揭牌仪式。12 月，学校在钱桥影剧院举办为期 10 天的“翰墨飘香小荷芬芳”学生迎新书画作品展，展出学生作品 300 余幅。

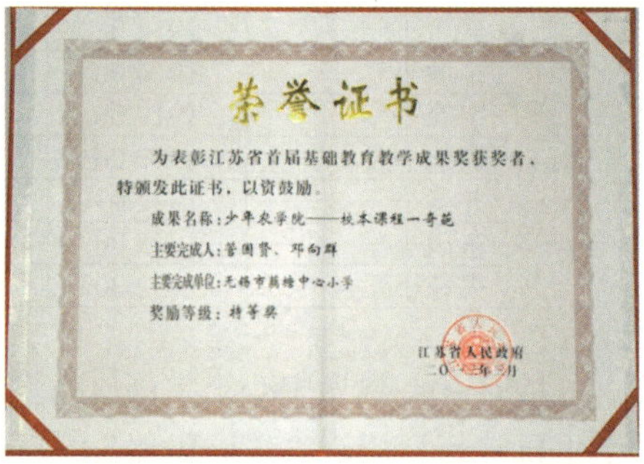

图 5—24—22　2013 年 4 月，《少年农学院——校本课程一奇葩》获江苏省人民政府颁发的“首届江苏省基础教育教学成果评选特等奖”

2014 年 5 月，学校举行“清·荷”班主任工作室揭牌仪式暨首次培训活动。12 月，无锡市普通小学素质教育督导评估组一行 15 人，对藕小三年来实施素质教育情况进行全面督导，给予高度评价。2015 年 1 月 16 日，学校在艺趣馆举办以“小荷芬芳、快乐成长”为主题的素质教育成果汇报展演活动，同时举行“藕塘家校交流服务中心”揭牌仪式。钱桥街道办事处主任戴震乾、惠山区教育局党委书记张盘荣为“藕塘家校交流服务中心”揭牌。

**（一）校训、校风、教风、学风**

校训：赤子之心

校风：健康　诚信　和谐　进取

教风：唯真唯实　求质求新

学风：知书达礼　勤学善思　能说会做

**（二）办学规模**

清宣统三年（1911），藕塘中心小学的前身西溪小学堂创办，仅开设 2 个教室，均为复式班，65 名学生。2015 年，藕塘中心小学发展至 34 个班级，是清宣统三年的 17 倍；1531 名学生，是清宣统三年的 23.6 倍。

**1945~2003 年藕塘中心小学易地及新建校舍选年统计表**

表 5—24—41　　　　单位：平方米、万元

| 时间 | 地点 | 占地面积 | 建筑面积 | 投入资金 |
|---|---|---|---|---|
| 1945 | 藕塘桥北茧行 | 未知 | 4 间教室 | 未知 |
| 1969 | 藕塘大队徐塘庙 | 未知 | 未知 | 未知 |
| 1979 | 藕塘南路 | 225 | 9 间 2 层楼 | 5 |
| 1985 | 藕塘南路（扩建） | 未知 | 1392.32 | 17 |
| 2003 | 钱藕路 | 29083 | 13889.00 | 1200 |

1949~2015 年藕塘中心小学办学规模选年统计表

表 5—24—42 单位：班、人

| 年份 | 班级数 | 学生数 | 教职工数 | 毕业生数 | 年份 | 班级数 | 学生数 | 教职工数 | 毕业生数 |
|---|---|---|---|---|---|---|---|---|---|
| 1949 | 6 | 210 | 13 | 35 | 1989 | 12 | 417 | 33 | 72 |
| 1959 | 11 | 485 | 24 | 40 | 1999 | 15 | 425 | 47 | 99 |
| 1969 | 12 | 510 | 27 | 42 | 2009 | 32 | 1360 | 97 | 238 |
| 1979 | 6 | 251 | 18 | 36 | 2015 | 34 | 1531 | 98 | 226 |

### （三）师资队伍

1949 年，藕塘中心小学仅有教师 13 名，多为中师、高中生。2015 年，学校教师发展至 82 名，大部分教师本科学历，中师生仅 3 名，其中中级以上职称教师 56 人，占教师总数的 68.29%。

1990~2015 年藕塘中心小学教师数量、学历、职称选年统计表

表 5—24—43 单位：人

| 年份 | 教师数量 | | | 学历 | | | | | 职称 | | | | |
|---|---|---|---|---|---|---|---|---|---|---|---|---|---|
| | 总数 | 其中 男 | 其中 女 | 研究生 | 本科 | 大专 | 中师 | 其他 | 正高级 | 副高级 | 中级 | 助理级 | 无职称 |
| 1990 | 75 | 30 | 45 | — | — | 4 | 40 | 31 | — | — | 21 | 38 | 16 |
| 2000 | 102 | 25 | 77 | — | — | 27 | 59 | 16 | — | — | 27 | 50 | 25 |
| 2015 | 82 | 17 | 65 | 1 | 74 | 4 | 3 | — | — | 6 | 50 | 25 | 1 |

### （四）办学特色

1995 年以来，藕塘中心小学开办少年军校、少年农学院、少年书画院。

图 5—24—23 1995 年 3 月 28 日，藕塘中心小学创办少年军校

**少年军校** 1995 年，藕塘中心小学创办少年军校。少年军校着眼于“学生成长”，行进在坚守与创新的发展之路上，成为展示学校发展内涵和办学品质的一张闪亮名片。少年军校引导少年儿童“自学、自理、自护、自强、自律”，以其特殊的内容和形式，开展“小鬼当家”“小脚丫走天下”等主题教育活动。1996 年，学校创办校报《小军人》报。

图 5—24—24 解放军教官带领少年军校学生进行军事化训练

藕小少年军校针对不同年级学生特点，组织学生开展多种多样的课内外、校内外活动，有军事知识竞赛、军营参观学习、假期拥军优属等，以各类实践性、体验性、探究性活动帮助学生在少年军校内从感悟、体悟、领悟中成长。每年 8 月 31 日，学校邀请共建部队教官协同班主任对学生进行一日常规军事化训练，规范学生的坐、立、行、走。每年以“军营一日”“军事夏令营”等形式，组织学生到军营参观，使学生在耳濡目染中受到军队传统、纪律、作风的影响和熏陶。

图 5—24—25 2010 年藕塘中心小学被无锡市全民国防教育委员会命名为“无锡市全民国防教育基地”

藕塘中心小学依托少年军校独特的德育载体，不断探索德育工作新内涵，取得丰硕成果，被评为无锡市“学生先进军警校”、惠山区国防教育特色学校、无锡市全民国防教育基地、全国“双有”活动优秀集体。“少年军校”这一特色品牌获得迟浩田、向守志等老将军和各级领导的高度评价。2004 年 6 月 9 日，原南京军区司令员向守志亲笔为藕小少年军校题词“今日学做小军人，明朝成为栋梁才”。2010

年，少年军校编印《少年军校学做真人——学习记录手册》，引导学生有效开展体验性、探究性课程学习，为学生参加丰富多彩的少年军校生活留下过程性图文资料。

**少年农学院** 2003年，藕塘中心小学获藕塘镇政府投资近100万元，建成占地近10000平方米的“少年农学院”实践基地。少年农学院编印《我们的乐园——走进少年农学院》等12册实践参考用书，开发农业科普教育长廊、红领巾养鱼塘、红领巾方桌试验田、小小农展馆、红领巾爱心林、红领巾小桃园、葡萄种植长廊、蔬菜大棚、红领巾小花房等9个项目，为学生开展综合实践活动提供丰富的课程资源。2005年10月27日，团中央书记处书记张晓兰参观藕小农学院。2009年3月，江苏省教育厅厅长沈健视察藕小农学院。2010年5月，省教育厅副厅长胡金波率领江苏省科普教育先进县、市、区专家组考察藕小少年农学院，给予高度评价。是年，因无锡职教园校区道路规划需要，少年农学院基地被拆。2012年5月，少年农学院小学员参加无锡市第六次少代会“魅力风采展”。2015年，学校“少年农学院课程文化建设”成功申报批准为江苏省基础教育课程建设项目，3000平方米的少年农学院基地易地重建工作启动，逐步修建农展馆、美食工坊、阳光玻璃小花房、方桌田、蔬菜大棚等项目。

图5—24—26 2005年10月27日，团中央书记处书记张晓兰（前中）参观藕小少年农学院

图5—24—27 2009年3月，江苏省教育厅厅长沈健（右二）至藕小考察少年农学院

**少年书画院** 2007年，藕塘中心小学成立少年书画院。2008年，藕小与北京徐悲鸿纪念馆、江南大学艺术学院协作，挂牌“无锡徐悲鸿美术学校”和“江南大学实验协作基地”。学校依据《美术课程标准》、惠山区《五个一工程之“有一项艺术特长”》等，编写《少年书画院课程标准》，梳理确定书画特色课程的目标、内容、实施要求、评价建议、保障举措等；依据课程标准，编写《少年书画院课程纲要》，明确各年级每学期的书画教学目标、内容实施和评价体系，编写《少年书画院管理控制程序》，界定书画教学的适用范围、职责分配、组织网络、管理流程等。同时，学校编写《清清水墨》校本教材，按低年级段实验水墨，中年级段水墨辅导，高年级段水墨拓展练习三个方向编写。为丰富少年书画院课程内涵，拓宽学生艺术视野，提升学生艺术素养，学校开展一系列书画活动，与国内、省内许多知名书画家、艺术课程专家、美术教学能手联系，邀请他们来校进行艺术讲座和互动交流活动，为藕小书画艺术特色课程实施提供优秀的师资力量。

图5—24—28 2008年，藕小举行“无锡徐悲鸿美术学校”“江南大学实验协作基地”挂牌仪式

2013年5月，南京艺术学院艺术考级委员会批准藕塘中心小学为“社会艺术水平（美术类）考级无锡唯一指定考点”，同时还被定为“无锡报名点”和“美术考级考前培训点”。2014~2015年，藕小近500名学生在连续两年的美术考级中通过率达100%。

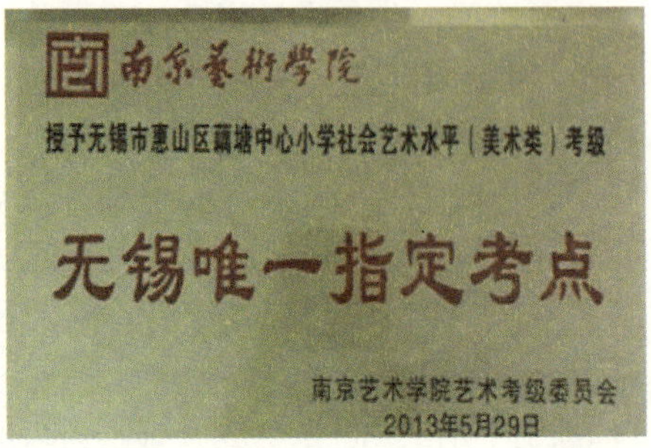


图5—24—29 2013年，南京艺术学院艺术考级委员会授予藕塘中心小学为“无锡唯一指定考点”

### （五）教育科研

1995 年，藕塘中心小学立项锡山市“九五”课题《军校强化学生行为习惯的训练》，经过 4 年的研究，于 1999 年顺利结题。2002 年，藕塘中心小学立项无锡市“十五”规划课题《农村（后修改为苏南城镇）小学综合实践活动课程的实施研究》。2003 年，藕塘中心小学成立教科室，同时成立由校长任组长的教科研领导工作小组。教科室制定《教科研工作控制程序》《教科研实施细则》《课题组长岗位职责》等教科研系列制度，以推进和规范学校的教科研工作。是年 10 月，藕塘中心小学立项无锡市“十五”规划课题《构建培养学生创新性人格的班级文化》。2006 年 5 月，《农村（后修改为苏南城镇）小学综合实践活动课程的实施研究》课题经过 4 年的探索与实践，召开结题论证会，获得专家的一致好评，顺利通过结题。2007 年 1 月，无锡市“十五”规划课题《构建培养学生创新性人格的班级文化》经过 4 年的研究，顺利结题。2009 年 9 月 30 日，藕塘中心小学立项无锡市“十一五”课题《生态阅读之实践研究》，经过 3 年的研究于 2012 年结题，鉴定组一致认为课题研究有效构建学校生态阅读的基本策略，大阅读观的理念基本形成。2012 年 5 月，藕塘中心小学立项江苏省“十二五”规划课题《小学校本课程的生本开发与实施研究》（于 2016 年 3 月 5 日顺利结题），结题会上专家一致认为实施比开发做得更好，站在学生的角度上，有标本的意义。藕塘中心小学各阶段以课题研究引领全体教师投身教育科研工作，不断提升教师教科研的能力和素养，获得显著的教科研成果。2004~2015 年，藕塘中心小学教师在省级以上刊物发表论文 14 篇。

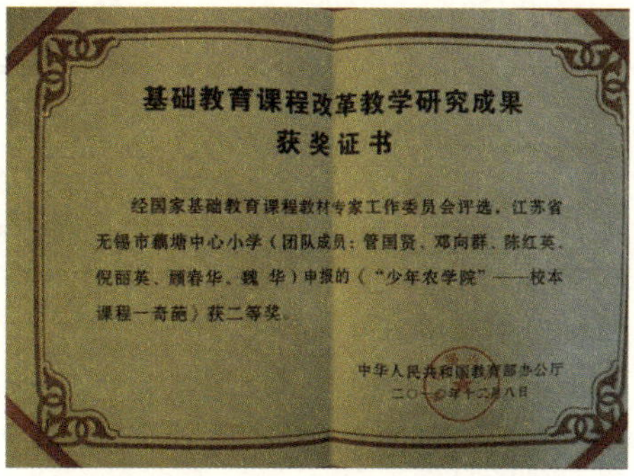
基础教育课程改革教学研究成果

获奖证书

经国家基础教育课程教材专家工作委员会评选，江苏省无锡市藕塘中心小学（团队成员：管国贤、邓向群、陈红英、倪丽英、顾春华、魏 华）申报的（“少年农学院”——校本课程一奇葩）获二等奖。

中华人民共和国教育部办公厅

图 5—24—30　2010 年 12 月，藕小《少年农学院——校本课程一奇葩》被中华人民共和国教育部办公厅评为“全国基础教育课程改革教学成果”二等奖

### （六）办学成果

藕塘中心小学积淀百年文化，逐渐形成“真真切切、和和美美”的学校文化。2014 年 9 月，藕塘中心小学“少年农学院——农村小学综合实践活动课程开发”被中华人民共和国教育部授予基础教育国家级教学成果二等奖。《中国教师报》《江苏教育研究》《江苏教育》《无锡日报》《江南晚报》、无锡教育电视台等多家媒体报道藕塘中心小学农校的办学特色与成果。

**1999~2014 年藕塘中心小学获得无锡市委、市政府及省级条线以上荣誉一览表**

表 5—24—44

| 获奖时间 | 荣誉名称 | 颁奖单位 |
| --- | --- | --- |
| 1999.00 | 江苏省优秀家长学校 | 江苏省妇女联合会、教育委员会 |
| 2005.12 | 全国“双有”活动先进学校 | 全国“双有”活动组委会、全国少工委 |
| 2005.11 | 未成年人科技创新教育先进学校 | 江苏省教育厅 |
| 2006.12 | 江苏省青少年科技教育先进学校 | 江苏省教育厅、科学技术厅 |
| 2007.04 | 江苏省优秀少年科学院 | 江苏省少工委 |
| 2007.12 | 江苏省“绿色学校” | 江苏省环保厅、教育厅 |
| 2008.12 | 2006~2007 年度无锡市文明单位 | 中共无锡市委、无锡市人民政府 |
| 2010.12 | 《“少年农学院”——校本课程一奇葩》获“全国基础教育课程改革教学研究成果二等奖” | 中华人民共和国教育部办公厅 |
| 2013.04 | 《“少年农学院”——校本课程一奇葩》获“首届江苏省基础教育教学成果评选”特等奖 | 江苏省人民政府 |
| 2014.09 | “少年农学院——农村小学综合实践活动课程开发”获基础教育国家级教学成果二等奖 | 中华人民共和国教育部 |

2015 年，学校为江苏省实验小学、无锡徐悲鸿美术学校、无锡市艺术特色学校。

### （七）教育经费

2004 年以前，藕塘中心小学的教育经费主要由各级政府财政拨款。2004 年，钱桥、藕塘两镇合并后，藕小教育经费由钱桥（镇）街道拨款。2011~2015 年，钱桥街道财政共拨给藕小办学经费 9073 万元。

2011~2015 年无锡市藕塘中心小学教育经费统计表

表 5—24—45　　单位：万元

| 年份 | 收入合计 | 经费来源 | | | | 经费支出总数 |
|---|---|---|---|---|---|---|
| | | 钱桥街道财政拨款 | 上级补助收入 | 非税收入 | 其他 | |
| 2011 | 2111.4 | 1782.4 | 10 | 90 | 229.0 | 2132.2 |
| 2012 | 2164.2 | 1867.9 | 5 | — | 291.3 | 2291.5 |
| 2013 | 2061.5 | 1856.5 | — | — | 205.0 | 1956.6 |
| 2014 | 1889.4 | 1777.7 | — | — | 111.7 | 1987.7 |
| 2015 | 2027.0 | 1788.5 | — | — | 238.5 | 1996.3 |
| 合计 | 10253.5 | 9073.0 | 15 | 90 | 1075.5 | 10364.3 |

### （八）领导任职

清宣统三年（1911），朱伯麟创办西溪小学堂。是年至 1949 年 4 月，西溪小学堂、第三国民小学、藕塘桥初级小学、藕塘中心国民学校历任校长为：第一任陆迪范、第二任辛载臣、第三任彭古愚、第四任褚金秀、第五任许丕烈、第六任王云中、第七任许士生、第八任言卓君。

1949 年 4 月~2015 年藕塘中心小学历任校级领导任职表

表 5—24—46

| 党支部书记 | | 校长 | | 副校长 | | | |
|---|---|---|---|---|---|---|---|
| 姓名 | 任职时间 | 姓名 | 任职时间 | 姓名 | 任职时间 | 姓名 | 任职时间 |
| — | — | 贾知光 | 1949.04~1951.02 | — | — | — | — |
| — | — | 薛　治 | 1951.02~1953.02 | — | — | — | — |
| — | — | 秦荫圻 | 1953.02~1958.09 | — | — | — | — |
| — | — | 浦仲述 | 1958.09~1960.07 | — | — | — | — |
| — | — | 袁梦江 | 1960.09~1963.07 | — | — | — | — |
| — | — | 浦仲述 | 1963.09~1966.02 | — | — | — | — |
| — | — | 章凤娣 | 1966.03~1969.09 | — | — | — | — |
| — | — | 陈素娣 | 1974.09~1976.02 | — | — | — | — |
| 浦仲述 | 1980.02~1985.01 | 浦仲述 | 1976.02~1985.01 | 吴怡初 | 1980.02~1985.01 | — | — |
| 吴惠英 | 1985.02~1995.08 | 吴惠英 | 1985.02~1994.01 | 李祖尧 | 1985.02~1999.02 | — | — |
| 张丽华 | 1995.08~2004.07 | 张丽华 | 1994.02~2002.07 | 金海清 | 1997.08~2002.07 | — | — |
| 陈凤鸣（副） | 1998.02~2002.07 | 张丽芬 | 2002.08~2007.08 | — | — | — | — |
| 张丽芬 | 2004.08~2007.08 | — | — | 管国贤 | 2003.08~2007.08 | 王佩军 | 2005.08~ |
| 管国贤 | 2007.09~ | 管国贤 | 2007.09~ | 邓向群 | 2007.09~2014.07 | 倪丽英 | 2009.02~ |

2015 年，管国贤任藕塘中心小学党支部书记、校长，王佩军、倪丽英任副校长。

## 四、无锡市惠山区华锐实验小学

无锡市惠山区华锐实验小学创办于 2012 年，是由钱桥街道办事处投资兴建、华锐教育集团承办的一所新市民子女全日制民办学校，总投资达 5000 余万元，其中华锐集团投资 610 万元，位于钱桥街道育英路 60 号。学校占地面积 3 万平方米，建筑面积 1.5 万平方米，拥有 48 只教室，其中 18 只专用教室。每间教室都安装现代化教学设备，达到省级实验小学硬件标准。

### （一）校训、教风、学风、校徽

校训：学习改变命运、习惯成就人生

教风：爱生如子、与生为友、伴生共学

学风：勤于学习、乐于分享、敢于探索

学校承诺：真待学生、善待教师、诚待家长

**（二）办学规模**

2012 年，华锐实验小学开办时仅 5 个班级、226 名学生。办学 4 年中，学校规模有很大的发展。2015 年，学校共有 30 个班级，是办学初的 6 倍；学生 1456 名，是办学初的 6.5 倍。

**2012~2015 年华锐实验小学办学规模统计表**

表 5—24—47　　　　单位：班、人

| 年份 | 班级数 | 学生数 | 毕业学生数 | 年份 | 班级数 | 学生数 | 毕业学生数 |
|---|---|---|---|---|---|---|---|
| 2012 | 5 | 226 | — | 2014 | 22 | 1054 | — |
| 2013 | 14 | 632 | — | 2015 | 30 | 1456 | — |

说明：华锐实验小学 2012 年招生至 2015 年办学三年，尚未有毕业生

**（三）师资队伍**

2012 年，华锐实验小学开办时仅有教师 10 名。2015 年，学校有教师 63 名，是办学初的 6 倍多，其中研究生 1 名、本科学历 40 名，占教师总数的 65%；中级职称教师 10 名。

**2012~2015 年华锐实验小学教师学历、职称统计表**

表 5—24—48　　　　单位：人

| 年份 | 教师数量 | | | 学历 | | | | 职称 | | |
|---|---|---|---|---|---|---|---|---|---|---|
| | 总数 | 其中 | | 研究生 | 本科 | 大专 | 中师 | 中级 | 助理级 | 无职称 |
| | | 男 | 女 | | | | | | | |
| 2012 | 10 | 1 | 9 | 0 | 4 | 6 | 0 | 1 | 0 | 9 |
| 2013 | 25 | 3 | 22 | 0 | 14 | 11 | 0 | 5 | 0 | 20 |
| 2014 | 43 | 9 | 34 | 1 | 26 | 15 | 1 | 6 | 0 | 37 |
| 2015 | 63 | 9 | 54 | 1 | 40 | 20 | 2 | 10 | 0 | 53 |

**（四）办学特色**

华锐实验小学致力于探索中国普惠教育新模式，为在无锡打工的“新市民”子女提供适合其自身发展的教育，为探索江苏和全国新市民子女学校提供一个实践样本，为优先落实国家“教育公平”政策开辟一条切实可行之路。

学校整合国家课程、地方课程、校本课程，打造“三业”特修课程，即一年级认识同学、认识学校、认识环境；二、三、四、五年级开展“社业”，即教育中融入社会实践；六年级开展“毕业”课程，即毕业生在一个月内制作一组家乡特色的作品与开展一项社会调查活动，展现公民素养。

学校确立以培养“会生存、善学习、有教养”的现代中国公民为育人目标，实施新市民子女的“三民——乡民、市民、公民”教育模式，按照“你从哪里来”“你现处哪里”“你往哪里去”三个不同视角，设计出适合新市民子女发展的“三民”教育课程体系。华锐学生来自于全国各地的农村，学校以“身份认同”为主线，确立“三民”角色意识，让一、二年级学生明白自己从哪里来，让学生彼此分享家乡的特色，确立作为“乡民”的自豪感与认同感；让三、四年级学生体会自己现在在哪里，在无锡读书，意味着就要融入无锡这座城市，参与服务社会，确立“新市民”的参与感和责任感；让五、六年级学生领会未来要往哪里去，想成为什么样的人，培养学生具备走向全国和世界的人格素养，确立“公民”的目标感和使命感。

与“育人目标”相对应，学校培养学生“三力”能力结构。华锐构建“生存力、学习力、教养力”的“三力”课程模式：生存力课程，包括人身安全、营养饮食、阳光运动、生活自立、健康心理、职业体验、理财常识七大主题内容，以“阳光体育”为切入点，打造“生存力课程”特色；学

习力课程，包括对国家课程中各学科的系统学习以及掌握基于脑科学的学习方法等，以让学生掌握终身快速学习能力作为“学习力课程”建设的着力点；教养力课程，包括中西文化研习、文明礼仪训练、良好习惯养成、优秀人格培养等，以提升学生中英文阅读能力和中华传统礼仪规范为“教养力课程”建设的着眼点。

**（五）教育科研**

华锐实验小学秉承科学创新的教育理念，引进3D创新教育课程，组建3D打印与机器人兴趣小组，开设3D打印及机器人课程，并启动学校科技节。2014年，学校举行首届阅读节启动仪式暨《留美博士的童年日记》首发式活动，邀请《留美博士的童年日记》作者的父亲、全国名师诸向阳到学校做讲座，畅谈家庭教育的重要性。2015年，华锐实验小学经过一年多的策划和准备，获得华东师范大学国家级重点课题子课题《学校、家庭和社会多元化联动对亲子关系影响的实验研究》的立项。

**（六）办学成果**

2015年，华锐实验小学99名学生首次参加全国IAP中小学生综合竞赛初赛，有81人进入复赛，复赛时获得1金6银71铜的好成绩。在全国总决赛中，16位华锐学子发挥出色，取得1银1铜和11个优秀奖的好成绩。自2012年开办至2015年，华锐在全国第十六届《语文报》杯作文竞赛中获14个一等奖和多个二、三等奖；李宇康、金浩的3D打印创意设计作品获首届无锡市中小学生创客大赛一等奖；15名学生在无锡市中小学生英语口语电视大赛中获一等奖；10名学生获“江苏好少年”“无锡市追梦好少年”等荣誉称号；学生参加各类学科测试均取得优秀成绩，赢得社会和家长的认可。

图5—24—31　2015年，华锐实验小学99名学生首次参加全国IAP中小学生综合竞赛初赛

同时，学校成为“无锡市棋类协会”“江南棋院”后备人才培训基地、华东师范大学体育与健康研究生实习基地、华东师范大学国家级重大课题实验学校、南京师范大学数字化教育评价中心基地和全国民办学校信息化服务中心示范学校。

**（七）办学经费**

2012年华锐实验小学创办至2015年，共投入教育经费983.12万元。

**2012~2015年华锐实验小学办学经费统计表**

表5—24—49　　单位：万元

| 年份 | 收入 | | 支出 | | |
|---|---|---|---|---|---|
| | 总额 | 来源 | 总额 | 其中 | |
| | | | | 教师工资福利 | 设施设备 |
| 2012 | 37.98 | 学费及投资款 | 32.83 | 23.56 | 2 |
| 2013 | 142.23 | 学费及投资款 | 116.66 | 88.88 | 10 |
| 2014 | 283.03 | 学费及投资款 | 426.60 | 312.21 | 30 |
| 2015 | 519.88 | 学费及投资款 | 471.04 | 355.10 | 20 |

华锐实验小学历任校级领导为校长韩荣寨，副校长高晨、林晓东、阎巍巍。2015年，韩荣寨任校长，林晓东、阎巍巍任副校长。

## 五、无锡惠山金桥实验学校

无锡惠山金桥实验学校于2013年6月8日奠基，由钱桥街道办事处投入1亿6千多万元资金创建。2014年8月竣工，9月1日开学启用。学校位于钱桥街道上伟路268号，占地面积45430平方米，建筑面积36384平方米，设有教学楼、艺体楼、图书信息楼、综合实验楼、运动场等。

校徽

惠山金桥实验学校是一所九年一贯制民办学校，规划办学规模60个班级。学校校风为博爱　诚信　严谨；教风为挚爱　严谨　善导；学风为慎思　善问　精炼。

2014~2015 年惠山金桥实验学校办学规模统计表

表 5—24—50　　单位：班、人

| 年份 | 学生总数 | 其中 | | | | | | | | | |
|---|---|---|---|---|---|---|---|---|---|---|---|
| | | 一年级 | | 二年级 | | 三年级 | | 四年级 | | 五年级 | |
| | | 班级 | 学生 | 班级 | 学生 | 班级 | 学生 | 班级 | 学生 | 班级 | 学生 |
| 2014 | 284 | 6 | 212 | 1 | 24 | 1 | 18 | 1 | 30 | — | — |
| 2015 | 538 | 6 | 247 | 6 | 215 | 1 | 25 | 1 | 19 | 1 | 32 |

2014~2015 年惠山金桥实验学校教师学历、职称统计表

表 5—24—51　　单位：人

| 年份 | 学历 | | | | 职称 | | | |
|---|---|---|---|---|---|---|---|---|
| | 教师总数 | 本科生 | 大专生 | 其他 | 小中高 | 中级 | 小学一级 | 小学二级 |
| 2014 | 24 | 14 | 1 | 9 | — | — | — | — |
| 2015 | 32 | 29 | — | 3 | 1 | — | 7 | — |

2014 年 9 月~2015 年 9 月，刘伟虹任校长。2015 年 9 月始，张勃任校长。

## 六、钱桥地区先后并入钱桥中心小学的农村小学（简称村小）

民国时期，钱桥地区利用庵堂庙宇或民房先后开办小学，有的为初级小学，有的为完小，大多进行复式班教学。新中国成立以后，人民政府接收钱桥地区的小学，先后发展成完全小学，开设单级独教班。

1949~1995 年钱桥地区各村小学生人数选年统计表

表 5—24—52　　单位：人

<table>
<tr><th>校名</th><th>1949</th><th>1953</th><th>1955</th><th>1960</th><th>1965</th><th>1970</th><th>1975</th><th>1980</th><th>1985</th><th>1989</th><th>1990</th><th>1995</th></tr>
<tr><td>西漳小学</td><td>300</td><td>540</td><td>520</td><td>530</td><td>480</td><td>中小学合并五七学校 800</td><td>420</td><td>350</td><td>280</td><td>308</td><td>315</td><td>320</td></tr>
<tr><td>晓星小学</td><td>115</td><td>128</td><td>150</td><td>160</td><td>252<br>含大花岸</td><td>200</td><td>250</td><td>200</td><td>200</td><td>227</td><td>230</td><td>250</td></tr>
<tr><td>胜丰小学</td><td colspan="5">1969 年开始建校</td><td>110</td><td>120</td><td>160</td><td>135</td><td>162</td><td>150</td><td>160</td></tr>
<tr><td>威华小学</td><td colspan="5">1968.09 建校</td><td>120</td><td>125</td><td>215</td><td>276</td><td>268</td><td>280</td><td>285</td></tr>
<tr><td>苏庙小学</td><td>156</td><td rowspan="2">180</td><td rowspan="2">260</td><td rowspan="2">310<br>含民办班</td><td rowspan="2">315</td><td>320</td><td>360 含两个初中班</td><td>210</td><td>230</td><td>248</td><td colspan="2">并入中心小学</td></tr>
<tr><td>溪北小学</td><td>20</td><td>150</td><td>150</td><td>160</td><td>140</td><td>175</td><td>180</td><td>170</td></tr>
<tr><td>周家弄小学</td><td>130</td><td>142</td><td>156</td><td>160</td><td>168</td><td>171</td><td>180</td><td>192</td><td>203</td><td>206</td><td>208</td><td>210</td></tr>
<tr><td>洋溪小学</td><td>俞巷小学 42</td><td>俞巷小学 65</td><td>俞巷小学 70</td><td>俞巷小学 75</td><td>俞巷小学 95</td><td>98</td><td>118</td><td>125</td><td>150</td><td>157</td><td>171</td><td>180</td></tr>
<tr><td rowspan="2">历村小学</td><td rowspan="2">75</td><td colspan="4">上秦巷、赤墩两个班</td><td rowspan="2">120</td><td rowspan="2">135</td><td rowspan="2">145</td><td rowspan="2">156</td><td rowspan="2">206</td><td rowspan="2">175</td><td rowspan="2">180</td></tr>
<tr><td>50</td><td>60</td><td>70</td><td>80</td></tr>
<tr><td>舜一小学</td><td>1951 年单班独教</td><td>30</td><td>40</td><td>85</td><td>160</td><td>172</td><td>210<br>有部分藕塘学生</td><td>170</td><td>180</td><td>162</td><td>120</td><td>125</td></tr>
<tr><td>张高漕小学</td><td>180</td><td>200</td><td>205</td><td>210</td><td>220</td><td colspan="7">1966 年撤销</td></tr>
<tr><td>铁狮桥小学</td><td>110</td><td>160</td><td>200</td><td>220</td><td>240</td><td colspan="7">1969 年撤销</td></tr>
<tr><td>鸭船浜小学</td><td colspan="4">1964.09 建校开学</td><td>59</td><td>70</td><td>114</td><td>120</td><td colspan="4">1982 年并入周家弄小学</td></tr>
<tr><td>溪南小学</td><td>84</td><td>60</td><td>65</td><td>81</td><td>205</td><td>210</td><td>260</td><td>245</td><td>240</td><td>187</td><td>224</td><td>230</td></tr>
</table>

20 世纪末至 21 世纪初，政府提出规模办学，苏庙小学、舜一小学、威华小学、历村小学、溪南小学、周家弄小学、西漳小学等先后并入钱桥中心小学。

**1991~2013年钱桥地区先后并入无锡市钱桥中心小学的村小示意图**

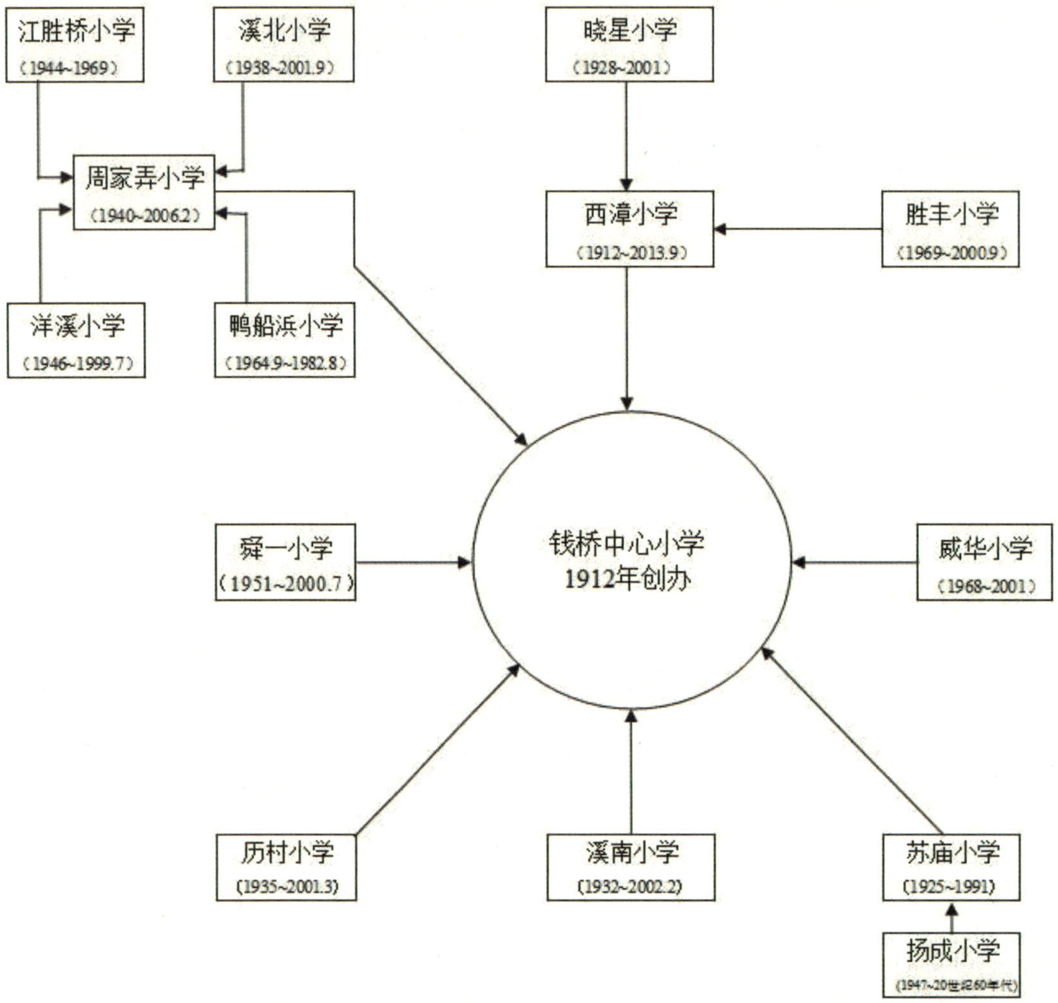


**(一)西漳小学**

民国元年(1912)9月,南西漳中街知名人士张秋庭(号逸山)发起,创办"洋学堂",借用南西漳西街的唐祠堂做教室,定名为"无锡县南西漳小学校",聘唐策庭为校长。是年,学校规模为2教室复式班初小,3名教师,50余名学生。民国18年9月,周竹荀接任校长后,学校纪律严明,校门内悬挂国父孙中山像,学生早晨入学必须向国父三致鞠躬礼,并背诵《总理遗嘱》。之后,学校增设高小年级,成为完全小学,施教区范围扩大到砖场、陆岸头、高石头、张姆泾等周边自然村。民国26年"八一三事变"后,无锡沦陷,百姓逃难,南西漳小学教育受到冲击。是年9月,过念劬接任校长,语文课吟诵四书五经,抵制日语教学。同年,郁祖德借用东街民宅开办育英小学,为一教室综合复式班,自任校长,聘请社冈徐宝鋆为教师。民国31年,由于学生人数逐年增多,班级增加,唐祠堂容纳不下,南西漳小学迁至坐落在村东北面的广福坛,把佛坛改造成教室。是年,育英小学及当地几所私塾同时并入南西漳小学。民国34年9月,邵健担任校长。民国35年,南西漳知名人士孙介良、孙德良等人发起募捐,筹集资金,新办中学,大礼堂由中小学合用,学校形成一定规模,

图5—24—32 民国时期,县立南西漳小学校徽

班级发展至6班。

1949年新中国成立后，南西漳小学更名为无锡县万东中心小学。学校初具规模，有8个教学班，10多名教职员工，近300名学生。万东中心小学辅导区辖管社西、周家弄、杨毛岸、社冈、潘葑等小学。邵健续任校长。1953年，南西漳乡划至无锡市郊区，学校更名为无锡市万东中心小学。9月，盛保兴调入任校长。1958年，区划再次调整，南西漳划入无锡县钱桥乡。同年，无锡县钱桥人民公社成立，学校撤销中心小学建制，改设为村级小学，划归钱桥中心小学辅导区管理，更名为无锡县钱桥人民公社西漳小学。盛保兴续任校长。

1969年2月，公办小学下放到大队办，西漳小学与南西漳初中合并，胜丰、砖场、陆岸头等非南西漳籍学生回本大队就读。时课程设置为政文、数学、常识、军体、革命文艺、劳动6门。学校领导及教师队伍不稳定，王荷珍、王本兴先后任小学部负责人。1970年9月，西漳小学与西漳初中分开，公社教革组任命王兰珍为学校负责人。1972年，西漳大队出资翻建校舍，改造危房10间，整治操场，学校教育环境得到改善。1975年，学校开办"五七"小工厂，主要经营仪表车床、小五金加工和修理汽车、轮船用的电瓶。利用小工厂的盈利资金，学校更换办公桌、部分课桌椅，增添体育器具和其它教学设备。1988年，西漳村再次出资翻建三层教学楼，同时更换全部课桌椅、增添教学设备，学校办学条件进一步改善，规模稳定在8个教学班、14名教职工，300余名学生。同年9月，俞建华接任校长。学校实现"一无二有"（无危房、班班有教室、人人有课桌椅），"四率"（入学率、巩固率、合格率、升学率）均达百分之百，教学质量进一步提升。1991年，学校通过九年制义务教育验收。1992年2月，华金标接任校长。1995年9月，姚本道任校长。西漳小学通过九年制义务教育验收后，进行农村学校基本现代化建设，按标准配置电化教育室、电脑教室、自然实验室、图书阅览室、少先队活动室、音乐教室、乒乓球室等专用教室，"三机一幕"（电视机、电脑、投影机、投影幕）进教室，办学条件得到优化。1997年，学校通过锡山市教育现代化工程验收，同时被评为锡山市常规管理先进学校。

2000年9月，强曙风任校长。同年，南西漳初中并入钱桥中学，其校舍划拨给西漳小学，学校总面积达5500平方米。2000年、2001年，晓星小学、胜丰小学先后并入西漳小学。学校规模为12个班级，500多名学生。西漳、晓星、胜丰三个村对教育事业十分关心支持，每年都给予西漳小学足够的经费支持。学校优化办学条件，增设电脑教室，加大电化教育步伐，加强教学研究和课程改革，教育质量稳步上升。2005年，学校通过惠山区首批高标准优秀农村小学验收。2010年9月，根据惠山区教育局"规模办学"规划，西漳小学作为钱桥中心小学分部（办学点），保留1~5年级，六年级学生并入钱桥中心小学就读。是年，西漳小学10个教学班，400余名学生。2013年9月，西漳小学并入钱桥中心小学。

**（二）晓星小学**

晓星小学前身为邓巷小学和大花岸（刻爱）小学。邓巷小学创办于民国17年（1928），校舍借用道成庵，规模为初小四个年级两个教室复式班。宋祖殷、时国泉、唐元清、唐希清等先后任教。民国21年，大花岸（花南）皮毛商界人士朱勇泉为便利西片农家子弟读书，借用附近唐祠堂创办刻爱小学，聘当地文化人郑荣元任校长，规模为2个教室，3名教师，50多名学生；民国24年9月，黄梦根任校长；民国27年4月，时荣金任校长。民国28年9月，唐希清任邓巷小学校长。民国30年，刻爱小学更名为大花岸小学，梅逸少任校长。民国34年，邓巷小学发展成一至六年级完全小学。由于战乱和办学经费不稳定，学校断断续续开设初小或完小。邓巷小学无高小年级时，升入五、六年级的学生转入西漳、社冈等学校就读。民国32年9月至1953年8月，邓巷小学先后由宋志远、匡晓益、丁易东任校长。1953年9月，姚瑞政接任校长。1954年，邓巷小学与大花岸小学合并，更名为无锡市社西小学，梅逸少任校长，为完小。为便于低幼孩子读书，大花岸小学作为社西小学分部，仍保留低年级，单级独教。1957年春，社西小学分部撤销，并入社西小学本部。1958年，钱桥人民公社成立，社西小学更名为钱桥人民公社晓星小学。是年9月，刘春耕接任校长。1960年9月，吴荣章任校长。1962年9月，吴明文接任校长。

1966年下半年，学校停课闹革命，正常教育秩序被打乱。1967年3月，学校开始复课。1969年春，公办学校下放到大队办学，晓星小学开设初中班，学校更名为晓星“五七”学校。同时，实行贫下中农管理学校，大队贫管会进驻学校。1970年9月，晓星小学“戴帽子”初中班并到南西漳初中后，仍为完全小学。其间，学校教育秩序基本稳定。1976年，晓星大队对道成庵庙宇旧房进行改造，改、扩建两排校舍，中间为校内花园。校门南面开辟土操场。学校规模发展成6个教学班，200余名学生。

1977年9月，徐祝明接任校长；1979年2月，金寿春接任校长；1984年3月，周雨亭接任校长。这一时期，晓星小学工作重点转移到以教育教学为中心，改进教学方法，加强“两基”教学，提高课堂教学效果，教学质量稳步上升。1986年，晓星村再次出资翻建楼房4间。1988年，又翻建4间楼房，彻底解决学校教育用房问题。晓星村队办企业慷慨解囊，为学校添置教学设备设施、更换课桌椅，在教室内安装电风扇、“三机一幕”进教室，并拥有全镇中小学第一架钢琴，办学条件得到改善。1991年，学校顺利通过九年制义务教育验收。学校规模稳定在6个班级，8名教师，250余名学生。1992年3月，谢茂兴接任校长；1998年3月，陆宝林接任校长。其间，学校加强内部管理，教师积极开展教学研究活动，进行课程改革，开展丰富多彩的少先队活动，教学质量逐年提高。2001年秋，晓星小学并入西漳小学。晓星小学前后办学共73年。

**（三）胜丰小学**

1969年以前，胜丰地区没有学校，村民子女分别就读于邻近的西漳小学和社冈小学。是年，公办小学下放到大队办。在学校办到贫下中农家门口的浪潮中，胜丰大队于1969年创办胜丰“五七”学校。开办时没有校舍，5个班级（4个小学班、1个戴帽子初中班）分散在宋巷、吴巷、王巷、龙亨沟等生产队仓库或民房家里和一个小庙里上课。教师集中住宿在宋巷社员家里。课桌椅由中心小学、西漳小学支援一部分，另一部分用门板搁成，办学条件十分艰苦。苏柏钧任胜丰“五七”学校负责人。与此同时，胜丰大队选址在宋巷北面筹建校舍。1970年底，新校舍竣工，面对面两排共24间教育用房，为当时较流行的四合院式校园，中间为操场。1971年寒假开学，各办学点学生搬到新校舍上课。暑假开学，初中班并入南西漳初中，学校更名为钱桥人民公社胜丰小学，戈兆良任学校负责人。1976年9月，汤同声任校长。是年，胜丰小学教育秩序逐渐恢复正常。胜丰大队领导决定为胜丰小学更新、添置必要的教学设备和体育器材，减免学生的书簿费。1977年，胜丰小学开办校办厂，主要业务是针织羊毛衫。校办厂获得一定经济收益，用于改善办学条件和教工福利。

1982年9月，吕友良任校长，胜丰小学开始步入“以教育为中心”的轨道，教育质量逐步上升。1984年，胜丰村委在“再苦不能苦孩子”的理念指导下，实施“一无二有”（无危房、有教室、有课桌椅）目标，进一步改善办学条件，在原学校西面重建校舍，主体为二层、局部三层的教学楼，共26间。教学大楼朝南，前面是一片宽敞的操场。围墙四周植树种花，进行绿化。学校规模为5个班级、8名教职工、170余名学生，附设大、中、小3个幼儿班。1989年9月，姚本道任校长。学校贯彻“三个面向”（面向现代化、面向世界、面向未来）精神，狠抓“四率”。1991年，胜丰小学一举通过普及九年制义务教育验收。1994年，学校工作向素质教育转轨，启动教育现代化工程。1995年9月，朱建国任校长，学校严格执行教育法规，加强活动课程，面向全体学生，巩固和发展“普九”成果，提高办学水平，取得明显成效。2000年9月，胜丰小学撤销，并入西漳小学。

**（四）威华小学**

1968年前，威华地区没有小学，农家孩子北片去社西小学、东片去铁狮桥小学、西片去周家弄小学、南片去钱桥小学读书。1968年，五星大队创办“钱桥人民公社五星小学”。由于时间紧迫，是年9月，学校借用原铁狮桥小学的校舍开学上课，为5教室完小，徐祝明任学校负责人。是年，五星大队决定将“大觉庵”（现乐多花园内）改建小学。大队分管教育的窦培良负责筹建工作，除保留大觉庵原有建筑外，新建两排平房，南面一排为4间两只教室、北面一排为10间5个教室（含办公室），中间空地为操场，改扩建面积600多平方米。大觉庵老房子用于幼儿园及教师宿舍及食堂等生活用房。新校舍于1969年7月竣工，暑假开学投入使用，大部分课桌椅、黑板、教师办公桌椅由原铁狮桥小学搬来，不足部分由大队出资购买，总投资10余万元。8月，金寿春调至五星小学任校长，负责学校搬迁工作。“文化大革命”期间，五星小学正常教学秩序被打乱，教育工作受到严重干扰。五星大队干部群众十分关心学校，在经济上给予支持，生活上关心教师。1978年以后，学校以教育教学为中心，改进教学方法，加强“两基”教育，提高课堂教学效益，面向全体学生，德、智、体、美、劳“五育”并举，使学生得到全面和谐发展。1979年2月，胡祥伦任校长。1980年，学校更名为威华小学。1983年暑假，大队改造学校危房，把北面教室翻建成11间二层楼，改善办学条件。时学校规模为6个班级、276名学生，9名教职工。

1990年，威华小学通过无锡县普及九年制义务教育达标验收。此后，学校巩固、发展普九成果，提高办学水平，实施现代化教育工程，依靠村委支持和校办厂经济积累，按照《江苏省农村小学基本实现现代化》配置标准，完善专用教室，扩建操场，更新学生课桌椅，添置教学仪器，“三机一幕”进教室，提升办学水平。1996年9月，强曙风接任校长，学校重视教师培训，提高教师教学基本功、教学业务水平和整体素质。1997年，威华小学通过锡山市基本实现教育现代化评估验收。2000年9月，强曙风调任西漳小学校长，教导主任钱桂芬担任临时负责人。2001年秋季开学，威华小学并入钱桥中心小学。

**（五）苏庙小学**

民国14年（1925），无锡“显应桥事件”之“御灾捍患、桥通瞑目”乡贤先哲支浩明的第五代孙支吉清出资，在自己家中开办洋学堂，名支巷初等小学堂。后改名为无锡县第九初等小学，聘李惕平为校长。

民国20年，苏庙苏巷绅士章烈昕资助一亩三分桑树田，同时与另外4位乡贤发起，募捐资金，在苏庙旁易地新建三间二侧厢校舍。秋季，第九初等小学迁入新校舍，命名为“无锡县第六学区苏庙初级小学”，校长蒋汉士，王达奎、徐树德（中共地下党员）、李舜芳先后任教。民国25年，高祥呈任校长，薛轶民任教。抗战期间，苏庙初级小学传播抗日救国思想，教唱抗日歌曲，培养杜凤祥（又名杜浩）等一批革命志士。民国29年，章骥接任校长。民国33年，苏庙地区在上海开印刷业的老板缪丽生出资，买下苏庙初级小学附近顾锡初的老房子，改建教室，开办高级班，学校发展成三教室复式完小，更名为无锡县苏庙小学，丁易东任校长。民国34年，苏庙庙宇“文昌阁”改造为苏庙小学教室。民国35年，唐善艺接任校长。

民国36年，李巷杨小狗在李氏观音堂创办扬成小学，为单班独教小学，聘孔林坤任校长。孔林坤为中共地下党员，当时锡西片地下党书记陆道南经常在扬成小学召开地下工作会议。民国37年，毕荣祖任苏庙小学校长。

1949年，人民政府接管苏庙小学，毕荣祖续任校长。其间，教师经历思想改造、镇反肃反、三反五反、社会主义改造、整风反右等运动。学校组织教师学习苏联凯洛夫教育学，课堂教育实施五个环节，教育秩序正常。1957年，孙朔续任苏庙小学校长。1958年，苏庙小学更名为钱桥人民公社竞丰小学。其间，竞丰小学师生过多地参加劳动和社会活动，一度影响正常的教育秩序。1961年，徐祝明任校长。1963年，学校贯彻《全日制小学暂行工作条例》，教育工作恢复正常，教育质量开始回升。是年，扬成小学并入竞丰小学。1968年9月，竞丰小学下放到大队办。竞丰大队翻建一排

10间平房，扩大校舍，在天墩头大队办公室旁新建12间教室，开设竞丰小学戴帽子初中班，更名为钱桥公社竞丰“五七”学校。竞丰“五七”学校负责人支学良，小学部负责人先后由吕友良、刘玉琪担任。

1970年9月，初中部回归至钱桥中学，竞丰“五七”学校恢复竞丰小学名称。1972年9月，徐祝明调回竞丰小学任校长。“文化大革命”期间，竞丰小学与其他学校一样，教育工作受到严重冲击。1976年9月，胡祥伦任校长。学校重视教师队伍建设，教师参加函授和各类短训学习，改进课堂教学，教育质量上升。是年，学校开办校办工厂，主要业务是修理电器，为改善办学条件提供部分资金。1978年，竞丰大队再次出资扩建校舍，新建二层楼房14间，征地1333.34平方米新建操场，是年底竣工。1979年2月，徐祝明再次调回任校长。

1983年，学校更名为苏庙小学，规模为5个班级、8名教职工、210余名学生。此后，苏庙小学贯彻党的教育方针、端正办学方向，建立健全学校内部管理体制，开展“普九”工作，实施素质教育，教育质量提高。1991年1月，易地新建的钱桥中心小学新校舍落成，苏庙小学并入钱桥中心小学。

**（六）溪南小学**

溪南小学创办于民国21年（1932）。是年，龚巷文化人士龚汉良、龚斗华等捐资300元，改建“龚公祠”作校舍，添置课桌椅、办公桌、黑板等教育设施开办学校。时任洛社乡村师范附属小学校长龚汉良亲自兼任校长，定名为龚唐巷初级小学。民国24年，张秉谦接任校长。民国26年，“八一三事变”爆发，学校被迫停办一年。民国27年，赵德华女士积极筹措复校，借龚巷龚如平家民房开办一个教室过渡。一年后，龚唐巷初级小学搬回龚公祠。赵德华治学严谨、注重实践，组织学生在校旁空闲地种菜劳动，深受当地民众欢迎。民国36年秋，龚文惠接任校长。为方便村民子女就近读书，龚文惠先后在吴南生家办埭上小学、岸里李南宝家办龚巷小学分部及毛村小学，时间均不长，后陆续并入龚唐巷小学。

1951年9月，强惠畅接任校长，学校发展为4教室完全小学，更名为龚巷小学。学校除搞好日常教育工作外，还积极配合社会中心运动，创办冬学夜校等，校群关系融洽。1955年9月，高俊南任校长，学校教育秩序比较稳定。1958年3月，姚文宝接任校长。师生过多地参加社会活动，教学秩序受到影响。1960年9月，汤同声接任校长，学校贯彻“调整、巩固、充实、提高”八字方针，困难时期维持学校正常教学秩序。“文化大革命”期间，在学校下放到大队办的大潮中，学校更名为溪南“五七”学校。溪南大队拆除龚公祠前半部分，在龚一生产队靠近公路地块建造8间校舍，1~2年级留在老校舍上课，3~5年级搬入新校舍上课。1969年3月，吴炳康任学校负责人。1969年9月，盛保兴任校长。“文化大革命”中，正常教学秩序被打乱。因学校分在两处，不方便学校教学工作，1976年春季，龚公祠全部拆除，扩建新校舍，建造4间楼房、1间厨房、操场3000平方米，资金由大队承担。同年，学校坚持以教学工作为中心，积极开展教学研究活动，加强教师业务文化进修，教育质量逐步回升。1977年8月，新校舍竣工使用，更名为溪南小学。9月，华维新接任校长。

1982年9月，汤同声任校长。1983年，溪南小学提出“向45分钟要质量”，强调培养学生智力、发展学生能力，组织教师开展教研活动，改革教学方法，加强体育卫生工作，开展兴趣小组活动，提高教学质量。1991年，溪南小学通过无锡县“普九”验收，学校规模为6个班级、8名教职员工、224名学生。1994年，学校实施教育现代化工程，溪南村委投资18万元在公路南面500米处易地新建二层楼校舍，建筑面积800余平方米，操场4800平方米。学校小工厂投资2.5万元进行绿化，更新课桌椅、添置教学设备、图书仪器，“三机一幕”进教室，办学条件得到改善。1998年，溪南小学通过锡山市教育初步现代化评估验收。1998年9月，丁解军任校长。2000年9月，陈建平接任校长。2002年2月，根据钱桥镇政府撤点并校规划，溪南小学并入钱桥中心小学。

**（七）历村小学**

历村小学前身为洛社乡村师范附属小学第二分校。民国24年（1935），校董费仲良、秦坤夫借用上秦巷舜皇殿及赵英杰家民房作教室，创办洛社乡村师范附属小学第二分校，规模为1~4年级二复式初小，由洛师实习生轮流任教。后有魏锦镖任校长，何浩荣任教。民国26年，无锡沦陷时停办。民国27年复课，更名为代用小学。后经上级批准，命名为上秦巷初级小学，魏锦镖任校长。民国33年，溪南地下党员吴志勤在该校任教，传播抗日救国思想。张耀宗、张介伦、周济德、是文熙、俞世永等先后任校长，直至解放。

1949年，人民政府接管上秦巷初级小学，俞世永任校长。1953年9月，姚文宝任校长。1958年3月，高俊南接任校长。1964年，金诚接任校长。1967年，强贞娟任学校负责人。1968年10月，在“把学校办到贫下中农家门口”的号召下，命名为钱桥人民公社历村小学，为五年制完全小学。因时间紧迫，来不及建造校舍，历村小学就地借用生产队蚕室和民房上课。1969年冬，历村大队在红庙头建造一幢两排共20间教室及配套用房的新校舍，中间为操场。新校舍于1970年初竣工，暑假开学历村小学师生迁入新校舍。1976年9月，朱德法任校长。1978年，学校“请进来、走出去”，组织学生开展访贫问苦、听老干部讲村史，对学生进行思想道德教育。历村大队划拨两亩多山地给学校，作为学生学农基地。教师关心每一位学生的健康成长，时有一位学生的母亲因工伤去世，班主任边燕萼陪学生睡觉、帮学生梳头，像慈母一样无微不至地关心学生，被传为佳话。

1983年，历村大队为学校翻建厨房，新建两间办公室与教师宿舍的楼房。1984年，村委在校舍南面征用1333.33平方米土地扩建操场，砌好学校围墙。1986年，历村村委第二次易地建造历村小学，总投资20多万元，建造35间新校舍，校容校貌焕然一新。1988年9月，陆宝林任校长。1990年，历村村委选择在蒋巷南面中心地带第三次易地新建历村小学。1991年9月，徐祝明任校长。1997年2月，陈建平任校长。1999年，徐明珠担任学校负责人。学校切实贯彻党的教育方针，实施教育现代化工程，加强师资队伍建设，改革教学方法，优化学科课程，强化活动课程，开发环境课程，提高教育教学质量。2001年3月，历村小学并入钱桥中心小学。

**（八）舜一小学**

1951年秋，井亭小学校长黄泰东为方便赤墩地区孩子上学，在赤墩王巷王祠堂内开办井亭小学分校，1~4年级复式班教学，由井亭小学派教师轮流授课，主要接纳王巷、殷巷、田肚里、沈巷、东河头等自然村的农家子女入学。1953年，经无锡县教育局批准，建立独立的公办初小，命名为赤墩初级小学，仍为一教室1~4年级复式班，校长胡健生。1955年，成耕象接任校长。学生初小毕业后，分别转入井亭小学、张高漕小学读高小。1968年，公办小学下放到大队办。舜一大队在石巷南面划出3500余平方米农田建造新校舍，拆除王祠堂一半和石祠堂一半，利用拆下的砖木修建11间平房校舍。9月1日开学投入使用，命名为无锡县钱桥人民公社舜一小学，王惠祖任学校负责人。同时，赤墩初级小学并入舜一小学。同年，张高漕小学撤销，改办向阳中学，在张高漕就读的舜一大队学生转入舜一小学就读。1969年，舜一大队在舜一小学北面再造11间平房，一半给学校作教室，一半作大队办公室，中间为操场，围成一个四合院式的农村小学。

1973年9月，华维新接任校长。1975年9月，蒋正福接任校长。1979年3月，孙文元接任校长。1982年，学校利用小工厂积累的资金和中心小学的支持，拆除西侧危房，翻建二层楼，增设少先队室、图书室及活动室，自制活动器具，改善办学条件，丰富学生课余生活。时学校规模为5个班级，8名教工，180余名学生。1984年3月，胡国梁任校长。学校组织教师学习教育理论，开展教育教学改革，开发学生智力，注重学生能力培养，施教区儿童入学率、巩固率、普及率、毕业率均达100%。1991年，舜一小学通过“普九”验收。是年9月，丁解军接任校长。为实施农村小学教育初步现代化，舜一村投资30万元，在吴巷二队征地10666.72平方米，易地新建三层楼校舍，扩建操场、更新教育设备，进一步改善办学条件。1998年9月，张文星任校长。2000年7月，舜一小学并入钱桥中心小学。

（九）周家弄小学

民国29年（1940），毛村园许少卿和庙前巷计耀祥发起，利用庙前巷对面的青莲庵（观音堂）创办青莲小学，同时把办在许少卿家中的学校并入青莲小学，为综合复式班。许少卿长子许允中执教，并任校长。民国31年，由于学生增多，青莲庵容纳不下，暑假，青莲小学搬至徐氏宗祠，徐俭任校长（原为徐氏宗祠负责人），课桌椅、师资等由徐俭安排，经费大部分由许少卿、计耀祥筹助，学校更名为周家弄国民学校，为三个复式班级的完全小学，有强光、徐国钊、薛玉仁、张亚珍等任教。薛玉仁为中共地下工作者，在学校传播抗日革命思想，对同事和学生都有较大影响。

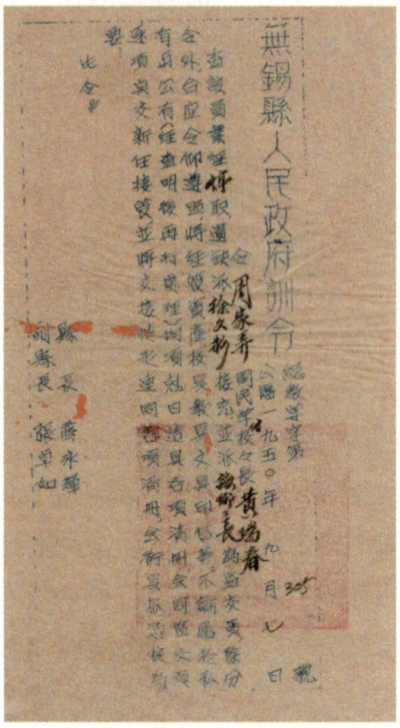

图5—24—33　1950年9月7日，周家弄国民学校校长调任时无锡县人民政府颁发的训令

1949年解放，学校由人民政府接管，划归万东中心辅导区管理。1950年暑期，学校搬迁至东济庵，并由民办转为公办，更名为周家弄小学，划归钱桥中心辅导区管理，徐文彬任校长，规模为6个教学班。1959年，朱玉华接任校长。1961年，薛桂初任校长。1968年，曹志刚任校长。下半年，学校办到家门口，周家弄小学撤销，黎明大队择地新建校舍，与本大队江胜桥小学合并，命名为钱桥公社黎明“五七”学校，为小学戴帽子初中，小学部由金寿春任负责人。1969年9月，顾逸之接任小学部负责人。

1970年中小学分开，紧靠小学北侧建中学，学校更名为钱桥公社黎明小学，顾逸之续任校长。1975年，张伯洪任校长。1977年9月，吴明文任黎明中小学校长。1978年，开办黎明小学五七工厂（搪瓷厂）。1979年，黎明小学恢复“周家弄小学”校名。1982年9月，高俊南任校长。学校利用校办厂积累的资金，扩建校舍，修建操场，改造校门，添置教育设备。1984年2月，金寿春任校长。1985年，学校规模为6个教学班、8名教师、203名学生。1991年，周家弄小学“四率”（入学率、巩固率、合格率、毕业率）达100%，通过无锡县九年制义务教育达标合格验收。

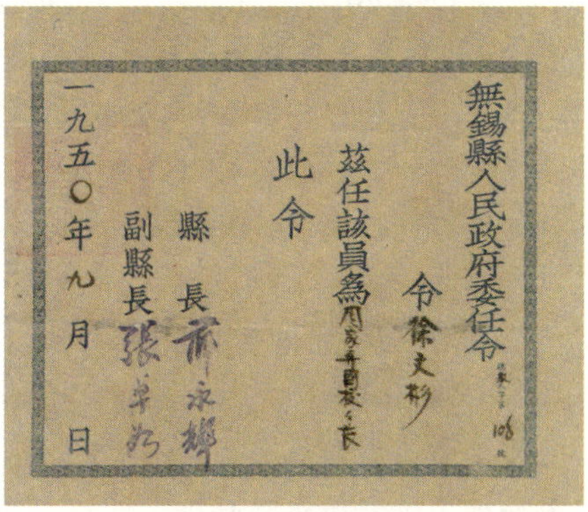

無錫縣人民政府委任令
令徐文彬
茲任該員為周家弄國校校長
此令
縣長 薛永輝
副縣長 張卓如
一九五〇年九月　日

图5—24—34　1950年9月，无锡县县长薛永辉、副县长张卓如委任徐文彬为周家弄国校校长的委任令（锡教人字第108号）

2001年9月，根据镇政府规划，溪北小学并入周家弄小学，陈国平任校长。学校积极巩固和发展普九成果，启动教育现代化工程，全面推行“内管改”，端正办学方向、改善办学条件、提高办学水平，重视教师队伍建设，着力提高教师教学基本功和教学业务水平。同时，紧紧依靠村委和社会的支持，增添现代化教学设备设施，开设电脑教室，教育质量稳步提高。2006年2月，根据钱桥镇撤点并校规划，周家弄小学并入钱桥中心小学。

（十）江胜桥小学

民国33年（1944），许宗达借用当地村民俞大龙家宅，开办江胜桥小学，为二教室复式初小，聘狄良旭任校长。江胜桥小学接收江胜桥、薛巷、张镇、清上桥、北俞巷、尖上等自然村数十名农家子弟就读。民国37年，学校搬至孙仲英家。1951年，单中焕任学校负责人。1953年，学校又搬至江胜桥观音堂，发展为1~4年级复式、5、6年级复式的两教室完全小学，徐若君任校长。1964年9月，1~4年级改为单级独教，曹胜祖任校长。1969年，江胜桥小学并入黎明“五七”学校。

（十一）溪北小学

民国27年，毛村园知名人士许少卿等3人出资，购置课桌椅30副，在自己家中办学，定名为溪北小学，聘周孚山任校长，规模为1~4年级复式班，先后有许允中、许宗达、徐浩然担任教师。民国30年2月，强惠畅在厉氏宗祠开办杨毛岸小学，为1~3年级复式单班。民国31年，溪北小学搬入徐氏宗祠，与周家弄青莲小学合二为一。

1949年，强光接任杨毛岸小学负责人；1953年，陶芸芳任负责人；1957年，钱子畏任负责人；1961年，唐根林任负责人；1963年，周仁荣任负责人。1969年8月，学校下放到大队办，周家弄小学校舍移交给新丰大队。新丰大队在原校舍内开办新丰“五七”学校，为五年制小学，戴初中班帽子，汤同声任学校负责人。杨毛岸小学作为新丰“五七”学校分部予以保留，周凤宝任临时负责人，规模在1~3年级复式单班。1972年，为方便学生上学，新丰大队在周基头东易地建造新校舍，拆除东济庵、厉氏祠堂，利用拆下的建筑材料新建校舍，建校资金由大队负担，新建10间5个教室。1973年暑假竣工，开学投入使用，新丰五七学校与新丰“五七”学校分部（杨毛岸小学）同时迁入，更名为新丰小学。

1976年9月，戴贵延任新丰小学校长。是年，学校创办校办厂，先后开办轴承厂、袜厂、密封条厂，用所得利润先后新建16间平房，解决教学用房不足的问题。同时，利用校办厂资金打好学校围墙、浇好水泥操场。1979年，新丰小学更名为无锡县钱桥公社溪北小学。1987年，溪北小学再造5间楼房，为校办厂办公室和教师宿舍，并添置新的课桌椅、购置教学仪器和设备，改善办学条件，提高师生福利。学校体育运动会及辅导区文艺汇演均取得良好成绩。1991年，学校通过普及九年制义务教育验收。是年9月，陈国平任校长。学校进行内部管理改革，实施素质教育，启动教育现代化工程，严格执行教育法规，规范教学内容，把德育放在首位，保证学生课外活动时间，组织学生开展社会实践。2001年9月，溪北小学并入周家弄小学。

**（十二）洋溪小学**

洋溪小学的前身为俞巷小学。民国35年，文化人俞世永作为校董，在自己家开办俞巷小学，1~4年级复式单班独教，有42名学生，聘刘月英任校长，先后有刘伯清、单中焕任教。

1950年，俞巷小学学生人数增加，学校搬至关帝庙，规模为1~4年级二教室复式班，更名为俞巷初级小学，单中焕任校长。1952年，倪国良任校长。学校规模逐步发展，成为三教室复式班完全小学，4名教师，更名为俞巷小学。1961年，高竟成任校长。1965年9月，支瑾珠代校长。1968年，公办学校下放到大队办，洋溪大队选址对桥，新建校舍二排20间平房，用围墙围成四合院，中间为操场，更名为钱桥人民公社洋溪小学。洋溪小学先后由陈仲圻、徐祝明、汤同声任学校负责人。1973年9月，朱德法任校长。1976年，俞建华任校长。1985年9月，何学庆任校长。1986年2月，王茂松接任校长。时学校规模为6教室，6名教师、171名学生。1992年，国家对农村小学办学条件提出标准。为改善办学条件，洋溪村委选择地点适中的丁巷，总投资20余万元易地新建洋溪小学，建成二层楼、局部三层楼校舍24间，添置教育设施设备。之后，洋溪小学通过农村小学九年制义务教育达标验收。1994年，陆宝林任校长。1997年，张文星任校长。1999年7月，洋溪小学并入周家弄小学。

**（十三）鸭船浜小学**

20世纪60年代初，为改善渔民生活，政府号召渔民上岸。1963年，无锡县委工作组指示钱桥公社党委开办渔民子弟小学，解决渔民子女读书问题。钱桥公社党委决定时任公社农技员的单瑞英负责筹建工作。1964年9月1日，学校开学上课，首批招收渔民子女14人，校名为鸭船浜渔民子弟小学，单瑞英任校长。春节期间，外出渔民子女陆续回家，第二学期学生人数增加至29人，第二年达59人。1966年，钱桥公社投资新建校舍平房5间、楼房1间，学校发展成三个复式班完全小学，学生达114名。1968年，学校更名为红旗小学。为改善办学条件，学校积极开展勤工俭学。1969年，学生利用劳动课为公社水泥厂印刷水泥包装袋，公社划拨红旗小学一个鱼池、两块地，作为学校的劳动基地。由于渔民长期在外捕鱼，流动性较大，学生的学习基础和学习习惯与农村孩子有一定差距，学校坚持党的教育方针，学习上关心学生，生活上关怀学生，渔民子女成长很快，在辅导区运动会和文艺汇演中取得较好成绩。1976 年 9 月，高俊南任校长。1979 年，学校更名为鸭船浜小学。1982 年暑假，鸭船浜小学并入周家弄小学。

## 七、藕塘地区先后并入藕塘中心小学的农村小学（村小）

清末，藕塘地区创办南水渠小学、西溪小学堂。民国时期，藕塘地区先后创办井亭小学、盛店小学、庙桥小学、后庄小学、稍塘小学、丁村小学、陆家庙小学等。解放后，又创办殷家庙小学。20 世纪末至 21 世纪初，藕塘地区的所有村小全部并入藕塘中心小学，形成规模办学。

**1999~2008年藕塘地区先后并入无锡市藕塘中心小学的村小示意图**

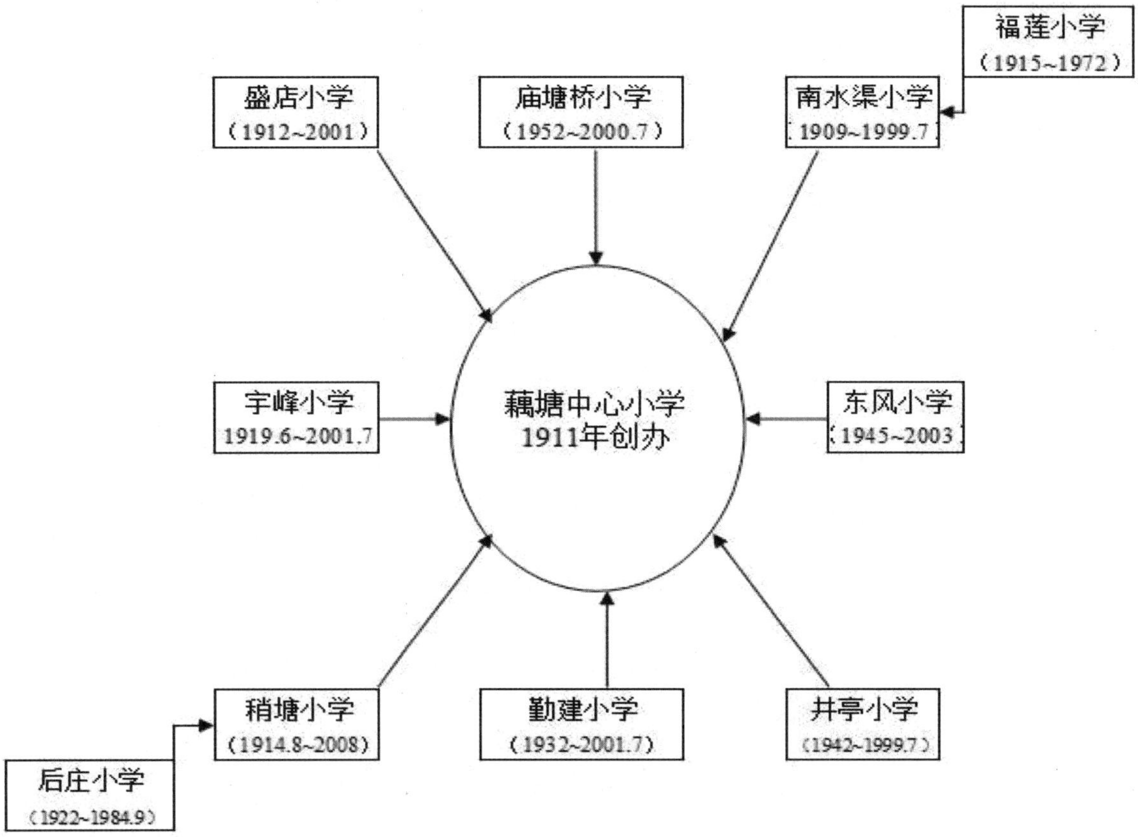


### （一）东风小学

东风小学前身是一所私塾学堂，民国 34 年（1945）由朱奠北创办，校址在刘家桥西的一间约 20 平方米的民房内，教师 1 人，学生 25 人。

1950 年，藕塘乡行政一村农会把学校易地至陆家庙，取名陆家庙小学。庙宇有 8 间房子，开设 1~6 年级，成为一所完小，张镇南任校长。之后，钱忠立、庄胜清先后接任校长，严克炎等老师被任用。由于施教区西片高年级学生转入庙桥小学，东片高年级学生转入中心小学，学校即由完小变为初小。1957 年，徐剑英任陆家庙小学校长。1959 年，王炳南任校长，陆家庙小学开办一、二年级，三、四年级复式班教学。

1962 年，许彩芬任陆家庙小学校长。1965 年，为提高农民文化素质，提倡各大队开办半耕半读的农业中学，陆家庙小学开办“五九农中”，冯法兴等任农中老师。1969 年，东风大队在积德桥西南方（芦朱巷北边）新建 20 间平房作为小学校舍，陆家庙小学迁入，改名东风小学。东风小学校门朝东，20 间平房分列南北两排，为教室和教师办公室，中间是一片内操场，西边是一个水泥浇制的司令台。学生集会、上早操一般在内操场，体育课则在外操场进行。学校占地面积 2664 平方米。时东风小学开设 1~6 年级六个教学班，附设一个幼儿班。杨家祥、强申畅先后任校长。为改善办学条件，学校办起塑料压机、金加工等校办厂。

1987 年，东风村委出资 13 万元在刘古桥东边易地新建三层教学大楼一幢。教学大楼前铺浇水泥操场。学校占地面积 5333.33 平方米，教学用房面积为 1150 平方米。1991 年 11 月，东风小学高标准通过无锡县九年制义务教育达标验收。1995 年，东风小学发展成有 10 个小学教学班、2 个幼儿班，16 名教职工的较大规模的村小。学校设有图书馆、仪器室、实验室、少先队活动室等。1998 年，班班配齐“三机一幕”，学校设有专用多功能教室。东风小学建造新校舍后，先后由王锡清、周浓珍、冯晟、蒋静珠、王佩军、魏华任校长。2003 年，东风小学并入藕塘中心小学。

**（二）南水渠小学**

清宣统元年（1909），南水渠小学创办于南水渠观音堂内，开办 3 个复式班，为完全小学，4 个教师，70 多名学生，吴伯渠（钱桥毛村人）任校长。民国 17 年（1928），校长黄林荣申请办国立学校。1967 年，学校迁至新桥头一排平房内，由原来的 3 个班增加到 4 个班，5 名教师，110 多名学生。一、二年级，三、四年级为复式班，五、六年级为单式班。先后由黄泰东、过荣华、冯肇春、冯锡芳、俞浩祥、刘佩芬、冯仁清、华荣娣任校长。1986 年 9 月，由于学生增加到 130 多人，全部实施单式班教学，共 8 名教师。1988 年，南水渠村决定在新桥头往北 200 米左右处建造新校舍。新校舍投资 12 万元，占地面积 5333.33 平方米。是年，竣工并投入使用。1999 年 7 月，南水渠小学并入藕塘中心小学。

**（三）福莲小学**

民国 4 年，福莲小学创办于西吴巷东边的观音堂内，首任校长张金度，后由钱焕全、龚文惠任校长。一直办一个班，初小，1~4 年级复式，一个教师。最初学生 20 多人，后增加到 40 多人。1972 年，福莲小学并入南水渠小学。

**（四）庙塘桥小学**

1952 年，庙塘桥村民把殷家庙大堂里的老爷搬掉，在庙里办起学校，教室设在大堂内。同时，村民把庙前一条河填平，用作操场。因为是民办学校，把庙宇改建成学校的工作都是当地村民尽义务，每家派工，群众都很热心。开办时校名为殷家庙小学，校长曹仁初，两个教室，1~4 年级复式班。20 世纪 60 年代，殷家庙小学更名为胜利小学。

1970 年，火花大队新建平房校舍，校址在减震器厂土地上，学校更名为火花小学，宗希宝任校长。1974 年，张明达任校长，开办 1~6 年级三个复式班，增加一个初一班，教师 6 人。1977 年，王时法任校长。1984 年，村委和学校共同为建造楼房校舍筹集资金。王时法从县文教局申请到建校资金 5000 元，其余资金由村委出，易地建造 7 间二层楼新校舍，开设 1~6 年级 4 个教室。时有 3 名公办教师，2 名代课教师。代课教师工资由村委支付。1987 年，村委在学校东面再扩建 4 间校舍，先是一层，1988 年再造第二层。下面为幼儿园，上面为小学教室。至此，学校共有 11 间二层楼。1989 年，朱瑞英任校长。1992 年，因村名改为庙塘桥村，学校同时更名为庙塘桥小学。

1995 年，村委再次出资 20 万元，建造 4 间二层楼，用于队室、体育活动室、厨房。同时，新浇水泥活动场 1500 平方米，新辟花圃 360 平方米，使学校成为学生的书园、花园、乐园。1999 年，王锡东任校长。2000 年 7 月，庙塘桥小学并入藕塘中心小学。

图5—24—35　20世纪90年代庙塘桥小学校舍

### （五）宇峰小学

民国8年（1919）6月，西张巷在外读书的张伯安受兴办新学的影响，回乡办学，把杨家和庙桥王巷两个私塾合并起来，自己出资购买课桌椅等教学用具，在庙桥南堍广福庵内开设两个班级，定名为庙桥小学，聘请2名教师任教。民国16年后，学生数增加，学校增设班级，增加师资。教师有萧逸之、苏文祺、张九灵、陈一千、张耀昌等。教师中有的是共产党地下工作者，一边教书，一边传播民主革命思想，并出版《中国儿童报》等进步刊物（解放后在翻建校舍时，从厢弄中发现刊物原版，后上交给无锡县文联）。抗日战争全面爆发后，部分教师离去，有的走上抗日前线，有的继续参加地下工作。后由地方士绅杨友清任校董，聘请许裕梅任校长，周济德、张耀中等为教师。民国32年（1943），沈汉良任校长，聘请钱善德、钱慕松（善兴）等当教师。民国37年，李仁奎当校董，聘请邵健、刘月英、刘伯清、唐善庆、章维农、李双影（金宝）等任教。

1950年，无锡县政府接管庙桥小学，派徐寿奎任校长。以后历任校长有庄胜清、许灿贤、曹荣坤、王锡清、强申畅等。1958年，学校更名为宇峰小学。1969~1976年，学校附设2个戴帽子初中班（在农村小学中设初中班），更名为宇峰中小学，章凤娣、浦仲述先后任校长。1976年暑假，初中班并入藕塘中学，学校仍更名为宇峰小学。

1986年，宇峰村村委会出资32万元，征地9333.38平方米，在西张巷村东，锡陆公路北侧新建宇峰小学（包括幼儿园）12间三层教育大楼一幢，另有教师用厨房、餐室3间和浴室1间（共4间平房），总计建筑面积1850平方米，开设6个小学班，2个幼儿班。村委还拨款为学校更新全部课桌椅，购买上千册图书，教室里装上日光灯、广播喇叭，每个教室里有一台投影设备。1986年后历任校长有顾金法、金海清、倪丽英、冯德英。2000年暑期开学，五年级学生并入东风小学，仅保留二、三、四年级，不招一年级新生，一年级由藕塘中心小学统一招生，进入中心小学学习。2001年暑假，宇峰小学并入藕塘中心小学，原校舍用作厂房。

图5—24—36　2015年，仍保存完好的民国时期的庙桥小学校舍

### （六）盛店小学

民国初年，盛店桥弄里士绅张国香老人为方便子女读书，在家中大厅中（乡民称三间头）办一所私塾；另有盛店桥河北面俞焕堂在家中办一所私塾。民国3年2月，盛店桥知名人士张月清牵头，把两所私塾合并起来，购置课桌椅和教学用具，兴办新学堂，取名盛店小学。校舍分设在盛店桥街东关帝殿（高级班）和弄里（低级班）两地。办学初为2个班级、2名教师，后发展成3个班级，教师也有所增加。民国28年（1939），张月清牵头，借重修关帝殿和观音堂的名义，募捐、集资，修理、建设学校，吴定初、刘产根等具体经办。除重修关帝殿外，并把关帝殿东侧即将倒塌的观音堂整修一新，在大殿前左、右两侧各造厢房两间，用作教室；把关帝殿和观音堂之间的一块荒地用围墙围起来，种上花木，辟成花园；在观音堂东荒坟地上开辟一片操场，设有篮球架、足球门、沙坑等运动设施。操场周围种有千瓣桃花和杨柳树。翌年，学生全部进入新校舍学习，学校更名为“无锡县四区中心小学”，聘请知名文化人、书法家曾可述任校长。曾可述多才多艺，治校有方，教学工作有声有色，学校成为当时锡西各乡村小学学习观摩的榜样。民国时期曾在盛店小学任校长的有杭苇、仇宽生、胡国瑞、朱震华、秦志云、徐春宜等。

新中国成立初期，盛店小学为新渎区东片示范学校，片中重大教育活动、集会都至盛店小学举行。1968年，更名为凯旋小学。1978年，恢复老校名盛店小学。1988年，盛店村委出资12万元、无锡县教育局出资5万元，在原操场北边建造10间二层楼新校舍一幢，后又在花园北边建造4间二层楼，学校迁入新校舍。原校舍一半作为幼儿园，一半作厂房。1991 年，无锡县义务教育验收，村委又出资为学校添置各类教学设备。2000 年暑期开学，五年级并入藕塘中心小学，学校保留二、三、四年级，不招一年级新生。一年级由藕塘中心小学统一招生，新生进入藕塘中心小学学习。2001 年，盛店小学全部并入藕塘中心小学，校舍作厂房使用。解放后，历任校长为胡研光、王杰人、黄馨声、华兆新、陆锡兴、王浩清、杨家祥、曹荣坤、苏远景、王时法、顾金法、周浓珍、朱立南、魏华。

图 5—24—37 解放初期盛店小学部分老校舍

**（七）后庄小学**

民国 11 年（1922），包家岸一所私塾小学搬至湛大坝王祠堂内，开设国立无锡县后庄初级小学，包文奎、王凤仪、吴超群 3 人为校董，开办一个班级。

民国 22 年，吴中堂任教长，发展成两个复式班。此后，陆续由倪永成、韩守昌、蒋伯明、张鹤皋、张耀翔、华萍、徐建云、周和清、胡雪娣、蒋英娣、强贞娟、张国清任校长。学校在长期的发展过程中，从初办时 1 个班，发展为 2 个班、3 个班，由初小发展为完小，办成 3 个复式班。后庄小学有来自稍塘地区 7 个自然村村民的子女。1984 年 9 月，稍塘小学易地新建至麻姑桥之东，后庄小学并入稍塘小学。后庄小学前后办学 62 年。

**（八）稍塘小学**

稍塘小学的前身为匡村中学附属第一小学，创办于民国 3 年 8 月，在学校大门的墙角竖有“匡村中学附属小学”石碑。校舍坐落在稍塘老街南面的老茧行内，大门朝北。学校创始人郑树新，张舍坝头人，受实业家、匡村中学创始人匡仲谋邀请创办稍塘小学。郑树新利用旧茧行进行改造后开办学校。校舍最前一排是五间平房，第二造为五间楼房。平房和楼房中间是一个宽阔的天井，楼房底楼两边为教室，楼上亦设 2 个教室。第三造为烘茧的灶房，解放时已是残灶断墙，后改为学校内操场。第四造为 5 间平房。

新中国成立后，匡村中学第一附属小学更名为无锡县稍塘小学。是年至 1955 年，稍塘小学一、二年级，三、四年级为复式班，五、六年级为单式班。1955 年，第一造五间平房建成两只教室，一、二年级和三、四年级分成单式班。1965~1966 年，一鸣大队把第二造已成危房的楼房拆除，新建南、北两排平房教室。1968 年 9 月，稍塘小学增设戴帽子初中 4 个班，学校更名为永红中小学。1982 年 7 月，初中班并入藕塘中学，学校恢复稍塘小学校名。

1983 年 9 月，稍塘村委投资 50 多万元，在麻姑桥东北面建造一幢 5 间四层、7 间三层的稍塘小学教学楼，学校占地面积 10000 平方米。1984 年 9 月 1 日，稍塘小学全体师生搬迁至新校舍内上课，后庄小学同时并入。是年，稍塘村委又投资 10 万元，在稍塘小学内建造 7 间二层幼儿教育楼，开设幼儿园。2008 年，稍塘小学并入藕塘中心小学。

稍塘小学历史悠久，前后开办 94 年，先后有郑树新、蔡博文、秦荫圻、章怀秋、孙一明、高竟成、曹荣坤、吴怡初、苏远景、俞浩祥、倪叙成、张英华、王锡东等任校长。尤其是蔡博文到稍塘小学任校长时带来 10 石大米，补贴学校开支，对贫困生免费提供中饭。

**（九）勤建小学**

20 世纪 30 年代初，青山乡丁村、西村办起多所私塾学堂，农家子弟纷纷到私塾学堂读书。在上海开办呢毛厂的丁邦彦和在报社工作的丁立人看到这种浓厚的读书氛围，决定回乡筹办学校。民国 21 年，丁村小学创办，丁邦彦、丁立人任校董。由于缺少校舍，一个班办在丁邦彦家中，一个班办在丁立人家中，前后维持两年。由于学生越来越多，家庭教室不够用，两位校董决定把丁村祠堂改建成学校。民国 23 年，学生全部迁至丁村祠堂里上课。经过 6 年的发展，至民国 28 年，学校已成为一所完全小学。

丁村小学学习课程有国语、算术，《大学》《中庸》《论语》《古文观止》的文选、常识（历史、自然、地理）等，五、六年级开设简单英语课。学习期间，学生需交束脩（学费），每学期5元。每届六年级学生毕业时，学校组织毕业生举着校旗，步行到盛店小学，参加附近几所学校联合组成的毕业典礼。校旗为白底黑字，书写“无锡县国立丁村小学”。教师多为附近村上的文化人，有丁村丁邦达、丁立人、张鹤皋，西村倪文瑛，陈村陈荣生，井亭朱德法等，也有外地王曼夫、郁自云等到校当教师。有一位外地来丁村小学任教的金千里，名义上是丁村小学教师，实则是中共地下工作者。民国时期，丁村小学为私人办学。

新中国成立后，丁村小学由无锡县人民政府接管，为公办小学。1961年，国家在发展国民经济的政策上实行“调整、巩固、充实、提高”的方针，其中一条就是紧缩全民事业单位和全民事业单位人员，丁村小学调整为民办小学。1966年，丁村小学教育秩序遭到严重破坏，学校教育处于停顿状态。1969年，丁村小学实行复课“闹革命”，教师边上课，边写大字报。1976年，丁村小学更名为勤建小学。

1982年，勤建大队把村里积聚起来三年的财力，在小东店队的东面建造9间二层楼，作为勤建小学校舍。第二年秋季开学，勤建小学全体师生从丁村祠堂里搬进宽敞明亮、各室俱全的新校舍。1991年11月，勤建小学以高标准通过九年制义务教育达标验收。1992年，勤建村委又投资20万元，在教育楼西面建造二层楼幼儿园。

图5—24—38　1991年11月，勤建小学九年制义务教育达标验收时市县乡镇村委领导在校门前合影，前排左三为时任勤建村党支部书记陈喜成

2000年7月，勤建小学以“高集中低留校”的方式进行过渡，即高年级集中至藕塘中心小学读书，中低年级暂留本校。2001年7月，勤建小学中、低年级学生全部集中至藕塘中心小学上课，至此，勤建小学撤销。勤建小学（丁村小学）从私塾办学，到撤点并校，历时70年，先后任校董、校长的有丁邦彦、丁立人、陈荣生、张鹤皋、朱德法、秦月琴、陆丽珍、俞浩祥、丁明泉、张明达、朱立南、苏远景、王凤棣、陈红英、倪叙成、华荣娣等。

**（十）井亭小学**

清宣统元年（1909），黄达浦、朱英华等在井亭里利用民房开办私塾，前后有数十个学生就读。民国31年（1942），中共地下党员查善康在井亭里宣传群众、发动百姓、破除迷信，和荣士坤一起在井亭里天福庵、朱祠宗堂创办井亭小学，井亭里的多个私塾遂并入井亭小学。时学生、教师不足百人。

全国刚刚解放，校长陈荣生带领下，在天福庵、朱祠宗堂供佛像、放牌位的约350平方米的大厅中办起完小复式班，有学生100多人。1950年，井亭小学被批准为无锡县国立井亭小学校。此后，黄泰东、孙一明、张静珍、杨婉琴先后任校长，带领教师克服食宿困难（没厨房、没宿舍），坚持办学近20年，编唱“曲流小桥，古亭涵井……”的校歌，激励学生，培养出一批又一批有志青年。

1969年，林业大队出资3万元资金，建造形如四合院式的三排平房，内设3个教室、2个教师宿舍、1个厨房、1个办公室和1个大会议室，另辟一片操场，占地3500平方米，改善办学条件。时有学生150余人，教师5名。历任校长冯仁清、刘佩芬、刘祥娣。

1988年，井亭村委选址在绿树葱茏、风雅幽静的鸡笼山麓陈家湾东，出资80万元建造六教室完小新校舍，占地面积5400平方米。新校舍为两排坐北朝南的两层楼校舍1000平方米，教室、办公室、少先队活动室、图书馆、厨房、宿舍、厕所，一应俱全。教学楼前是一片大操场，场地用水泥铺浇。操场四周建有花坛。校园既整洁又美丽。张国清、周琴芳先后任校长。1999年7月，井亭小学并入藕塘中心小学。

## 八、钱桥地区消失或划出的其他小学

民国时期，钱桥地区还有张高漕小学、潘葑小学、铁狮小学、严家棚小学、宪丰小学等5所小学。潘葑小学、严家棚小学于1961年划归双河中心辅导区，宪丰小学于1961年划归黄巷中心辅导区，张高漕小学于1968年改办向阳中学，铁狮小学于1969年撤销。

### （一）张高漕小学

民国16年（1927），无锡师范在舜柯山北麓、田舍头西侧征地6666.7平方米，建造乡村实验小学，作为师范毕业生的实习基地，命名为无锡师范乡村实验小学。办学规模为一至六年级完全小学，聘请龚巷文化人龚汉良任校长。民国22年，无锡师范将乡村实验小学移交给江苏省洛社乡村师范，作为洛社师范附属小学，更名为江苏省洛社乡村师范附属小学，龚汉良续任校长。民国25年，唐醒璜接任校长。民国26年无锡沦陷，学校被迫停课，半年后复课。

民国27年9月，无锡县伪政府接收洛社师范附小，更名为无锡县张高漕小学，胡其清任校长。胡其清为暨南大学毕业生、中共地下党员，组织老师在学生中进行抗日救国教育，要求学生读书不忘救国，教唱《义勇军进行曲》《大路歌》《卖报歌》等歌曲，培养出一批革命志士，其中有沙家浜十八个伤病员之一的吴志勤，有无锡市委副书记龚伦兴（后任中国仪征化纤工业联合公司副董事长、党委书记兼扬州市委副书记），有无锡市人民政府副秘书长龚一鸣，有离休干部朱茂人、朱如源、朱灿根等。民国34年抗战胜利后，胡其清奉命调任。是年9月，陆觉人接任校长，学校更名为无锡县实验中心小学。民国36年9月，张建人任校长，学校与附近的种子试验场合作，组织学生参加劳动实践活动。

1949年4月23日，无锡解放，人民政府接管学校，更名为张高漕小学。秦荫圻接任校长。根据“维持与改造”的原则，教师全部留用。学校加强对师生政治思想教育，组织教师在做好教学工作的同时参加各项社会中心运动和政治活动。1953年9月，时国泉任校长。学校组织教师学习苏联凯洛夫教育学，着重学习教育原则和课堂教学五个环节，对于提高教育质量起到积极作用。1958年3月，周惠娟任校长。时钱桥中小学与钱桥医院建立中共联合支部，周惠娟任党支部书记。1959年8月，朱德法任校长。学校加强劳动教育，组织师生参加支农劳动，由于过多地参加社会活动，教学秩序受到影响。

1960年，国家处于困难时期，学校维持正常教学秩序。1963年，学校响应“向雷锋同志学习”的号召，好人好事不断涌现。1966年“文化大革命”开始，学校教学受到冲击。1968年8月，张高漕小学撤销，改办向阳中学。

### （二）铁狮桥小学

民国15年，钱桥文化人士宋祖荫在钱桥北侧玉泉庵开办珍聘小学，亲自担任校长，为初级小学。民国34年抗战胜利后，更名为“保国民小学”。1949年，无锡解放，学校更名为无锡县铁狮桥小学。1950年9月，薛治任校长。1951年2月，盛保兴任校长。1953年9月，铁狮桥小学设为钱桥中心小学分部，邹丽芬任分部主任。1955年9月，任命周锡春为分部主任，因周借调到无锡县肃反办公室工作，未到任，学校工作由周允文具体负责。1960年9月，铁狮桥分部单独建制，恢复无锡县铁狮桥小学校名。1969年8月，铁狮桥小学撤销，校舍调拨给钱桥中学，部分教学设备调拨给威华小学。

### （三）潘葑小学

潘葑小学创办于民国12年，由地方人士孙叔嘉和邵亦民筹建，聘孙干越任校长，校址在会西四保庵，校名为万安市第十四国民小学。民国24年，社冈小学并入第十四国民小学。民国26年，更名为无锡县立潘葑小学（社冈小学成为分校）。民国27年，社冈小学与潘葑小学分开，更名为无锡县潘葑初级小学。1961年，潘葑初级小学划归双河中心辅导区。学校历任负责人：孙干越、唐叔辉、孙昌越、许仁勇、吴春生、吴炳良。

**（四）严家棚小学**

严家棚小学创建于民国 4 年（1915），为开原乡第八小学（乡立），校长邹步鳌，一教室，2 位教师，51 名学生。校舍为严家棚民房。民国 10 年，更名为无锡县第八国民学校，校长邓逸斋，校址迁至严家棚许巷。民国 17 年，更名为无锡县严家棚小学。学校经蒋仲怀视察后，组织捐款，抢修学校危房，同时批准为二室三员小学。民国 28 年，更名为江益小学，校长单亚芬。因单亚芬之妹在新四军工作，学校一度成为新四军秘密联络点。民国 31 年，校长周淑民，恢复无锡县严家棚小学校名，从初级小学发展成完全小学。

1949 年，王文雄任校长。学校集资修建 2 个教室，发展到 5 个班级、1 个幼儿班。1954 年，徐梁任校长，学校又建造 2 个教室，并把惠峰村膳业山庄分部并入总部，更名为无锡县严家棚中心小学，归西分区领导。1956~1958 年，赵鼎山、荣纪方任正、副校长，学校又扩建 2 个教室。1958 年下半年，撤销中心小学，恢复严家棚小学校名，归钱桥中心辅导区领导。1961 年，严家棚小学划归双河中心辅导区领导。

**（五）宪丰小学**

宪丰小学原名无锡县私立大吴巷小学，创建于民国 35 年秋，校长吴钧，校址在大吴巷。民国 36 年 9 月，学校被无锡县文教局批准为公办学校，校名为无锡县钱桥镇大吴巷小学，并在龙山湾设立分校。1949 年 4 月无锡解放，学校更名为无锡县大吴巷小学，校址迁至龙山湾，后更名为宪丰小学。1958 年，宪丰小学划归钱桥中心辅导区领导。时任钱桥中心小学负责人把宪丰小学的公办班级调至钱桥中心辅导区，把钱桥中心辅导区的民办班级调至宪丰小学。这样，宪丰小学成为一所民办小学。1961 年 4 月 21 日，宪丰小学划归黄巷中心辅导区领导。宪丰小学历任校长为：吴钧、任康龄、黄进法、尤锡良。

## 第四节 中学教育

民国 37 年，许浩然创办钱桥中学的前身私立养正中小学，孙德良创办私立万东中学，这是钱桥、藕塘地区有史以来最早的 2 所中学。1957 年 9 月，藕塘乡创办藕塘民办初中。1968 年，钱桥公社先后创办向阳初中、黎明初中。1993 年，向阳、黎明初中并入钱桥中学。2000 年，南西漳初中并入钱桥中学。2015 年，钱桥街道有无锡市钱桥中学、无锡市藕塘中学 2 所中学。

### 一、无锡市钱桥中学

民国 37 年，钱桥地区一南一北，几乎在同一时间创办两所初级中学，开启钱桥数千年来没有中学教育的先河。一所是位于钱桥街镇南端的钱桥中学前身——私立养正中小学，由出生在荣巷的社会名流许浩然一手创办，校址在陈漕湾；另一所位于钱桥北侧的南西漳，名私立万东中学，由南西漳籍的上海工商界开明人士孙德良出资创办，校址在南西漳街。养正中小学创办翌年，苏庙天墩头杜鑫翔、杜鸿翔两兄弟和邵文海等接手学校，更名为私立无锡钱桥初级中学。为筹集办学资金，学校成立由钱桥社会贤达吴瑞林、庄福庆等组成的董事会。草创之初，处于襁褓中的养正、万东中学学生不过数十人，教职工仅数人。

图5—24—39　万东中学1952年第三届毕业生留影

钱桥初级中学创立之后，短短几年中由陈漕湾迁至钱桥老街，再由钱桥老街搬回陈漕湾，多次易址。1956 年，钱桥乡人民政府出资，钱桥初级中学在塘泗桥征土后新建 97 间正规校舍及运动场，完善教学设施。钱桥初级中学迁入新址不久，在社会主义改造运动中，和万东中学一起由私立转为公办，并分别更名为无锡市第十二初级中学和无锡市第十三初级中学。1958年，无锡市第十二、十三初级中学划归无锡县领导，两校分别更名为无锡县钱桥中学、无锡县南西漳初中。

1960年，钱桥中学设立高中部，招收两个高中班。1961年经济困难时期，高中并入洛社中学。1966年，钱桥中学、南西漳初中不同程度受到伤害，其中受到重创的钱桥中学则被彻底分解。1968年，钱桥中学按生源所在片区被分成四块：西部的舜柯片在原张高漕小学校址上开办向阳初级中学；西北部洋溪片在原黎明农中的旧址上开办黎明初级中学；苏庙地区的学生划归竞丰小学，竞丰小学更名为竞丰“五七”学校；钱桥大队及集镇上的学生划入钱桥中心小学就读，钱桥中心小学更名为钱桥“五七”学校。与此同时，钱桥中学的教职员工，图书、仪器、课桌椅、橱柜等所有物品全部分到四所学校。是年，钱桥、西漳、向阳、黎明点各开办一个高中班，学制2年。1969年9月，钱桥“五七”学校（中心小学）初中部师生从中心小学剥离出来，搬到钱桥北街的原铁狮桥小学之内，并恢复无锡县钱桥中学校名。是年起，钱桥中学在铁狮桥小学内生存发展20余年。1977年恢复高考制度，钱桥中学辅导“老三届”（1966年、1967年、1968年初中、高中毕业生）学生参加高考。1978~1980年，钱桥中学47名高中毕业生分别被南京大学、西安交通大学等高校录取，高考升学率名列苏州地区同类学校前列。1982年恢复高中三年制。1984年开办职业高中班。

20世纪90年代初，钱桥镇党委、政府决定易地在苏庙前金岸新建钱桥中学校舍。在经历3年紧张施工之后，钱桥中学新校舍第一期工程竣工。1993年秋，钱桥中学由铁狮桥迁至育才路100号新校址。与此同时，向阳、黎明两所点上初中撤销，两校师生，仪器、设备等并入钱桥中学。1995年，学校更名为锡山市钱桥中学。是年，职业高中班停办，前后共办5班，培养职高毕业生176人。

2001年，与钱桥中学同龄的南西漳初中在存在半个多世纪以后，根据上级决定并入钱桥中学。是年，学校更名为无锡市钱桥中学。在此期间，钱桥中学同时挂“无锡教育学院第二附属中学”“江南大学实习基地”“南京师范大学成教学院钱桥函授站”等多块校牌，实行“多块校牌，一套班子”的办学模式。2006年8月高中停办，先后开办47个高中班，培养高中毕业生2966人。2008年10月8日，钱桥中学举行建校60周年校庆。

**民国37年~2015年钱桥中学（含南西漳、向阳、黎明初中）翻建、新建校舍、占地面积选年统计表**

表5—24—53　　单位：平方米、万元

<table>
<tr><th>时间</th><th>校址<br>校名</th><th>项目<br>名称</th><th>占地<br>面积</th><th>建筑<br>面积</th><th>投入<br>资金</th><th>学校发展<br>情况</th><th>学校<br>设备</th><th>学校<br>设施</th><th>活动室</th><th>活动<br>场地</th></tr>
<tr><td>1948</td><td>南西漳（私立万东中学）</td><td>新建</td><td>6666.7（10亩）</td><td>2000</td><td>15.0</td><td>学校创办</td><td>有简易的理化实验设备</td><td>教学活动、运动、生活设施配套齐全</td><td>图书阅览室、乒乓球室等</td><td>200米跑道田径场</td></tr>
<tr><td>1956</td><td>钱桥塘泗桥（无锡市第十二初级中学）</td><td>新建</td><td>约20000（30亩）</td><td>3000（约97间屋）</td><td>35.0</td><td>私立改成公办学校，由政府投资兴建</td><td>江苏省理化生的标准化设备</td><td>教学、生活、运动等设施较为齐全</td><td>图书、阅览室各一个，乒乓球室、教工活动室</td><td>有250米跑道的运动场地和篮球场</td></tr>
<tr><td rowspan="3">1974~1979</td><td>钱桥北街原铁狮桥小学（无锡县钱桥中学）</td><td rowspan="3">新建与翻建都有</td><td>30000（约45亩）</td><td>约4000（共87间，有二幢两层楼房）</td><td>60.0</td><td rowspan="3">由铁狮桥小学不断扩建、翻建、新建而成</td><td rowspan="3">理化生、职业教学实验室、实习设备配套，按当时标准配备齐全</td><td rowspan="3">教学、生活布局合理，运动场地受历史条件限制辟在教室前不合理</td><td rowspan="3">有图书室一个，教工、学生阅览室各一个，教工活动室一处</td><td rowspan="3">有280米煤渣铺就的跑道，中央篮球场地全是泥土（共2片）</td></tr>
<tr><td>洋溪周家弄（黎明初中）</td><td>约5330（8亩）</td><td>1420</td><td>28.5</td></tr>
<tr><td>舜一张高漕（向阳初中）</td><td>约8000（12亩）</td><td>1280</td><td>25.6</td></tr>
</table>

续表 5—24—53　　单位：平方米、万元

| 时间 | 校址校名 | 项目名称 | 占地面积 | 建筑面积 | 投入资金 | 学校发展情况 | 学校设备 | 学校设施 | 活动室 | 活动场地 |
| --- | --- | --- | --- | --- | --- | --- | --- | --- | --- | --- |
| 1986 | 钱桥北街（钱桥中学） | 新建 | 27534（41.3 亩） | 5650 | 13.0 | — | — | — | — | — |
| 1990~2015 | 钱桥前金岸育才路 100 号（无锡市钱桥中学） | 易地重建 | 74150（111.17 亩） | 27528 | 20000.0 | 易地至金岸上育才路 100 号重建，分三期实施，2015 年又翻建三幢教学楼 | 理化生史地、电教、职教各种实验、实习设备多个 | 教学、生活、运动、休闲、娱乐分布合理，设施齐全，配标现代 | 有专用图书楼，图书、阅览、书库齐全，各种活动室，配备完备，符合现代化标准 | 有 400 米标准跑道的塑胶田径场地、篮球和足球场地齐全 |

2015 年，校名为无锡市钱桥中学，同时挂无锡教育学院第二附属中学、江南大学实习基地牌子。

**（一）校训、校风、教风、学风**

校训：厚德、行实

校风：团结、进取、求实、创新

教风：严谨、精业

学风：严、勤、实、钻、恒

**（二）办学规模**

民国 37 年（1948），万东中学占地面积 6666.7 平方米，校舍 2000 平方米，学生 40 余人；养正中小学和尔后的私立钱桥初中、钱桥初中补习班没有一寸土地，租借民房作校舍，初一至初三学生共 37 人，教职工数人。1955 年，钱桥中学转为公办中学前，有学生 200 多名，教职工 10 多人；万东中学有学生数百名，其中 100 多名为寄宿生。1956 年，无锡市第十二初级中学出现教育上的第一个发展高潮，有师生员工 300 多人，6 个班级。

1960 年，钱桥中学创设高中部，招收两班高一新生，成为一所农村完全中学，学生总数超过 700 人。1966 年，钱桥中学分解成四块：舜柯片的学生划到新开办的向阳初中就读，师生 200 余名，校舍在原张高漕小学之内；洋溪片的学生在原黎明农中旧址上开办的黎明初中就读，学生 200 多名；竞丰的学生到竞丰小学更名的竞丰“五七”学校就读，学生 100 多名；钱桥大队和镇区学生到钱桥中心更名而来的钱桥“五七”学校就读，学生 200 多名。60 年代末，钱桥中学开办初、高中共 6 个班，300 余名师生。80 年代中期，钱桥中学有校舍 86 间，学生 800 余人，教职工 80 多人。1987 年，开设机电职业高中班。

90 年代初，钱桥中学重建。1993 年，向阳初中并入钱桥中学后，钱桥中学有初、高中 25 个教学班，1200 多名学生，教职工 100 余人，学校占地面积 74000 平方米，教学设备、设施日臻完善。90 年代末至 21 世纪初，钱桥中学教育教学设备、设施更加完备，教育现代化水平更加提高，区域布局更加合理，成为教育质量一流的、初步实现现代化的新颖农村中学，教学班超过 30 个，师生员工达 1800 多人。

2001 年始，学校新建行政办公楼、图书馆，翻建原有三幢各三层的教学大楼，增加 3000 余平方米的教学用房。2015 年，钱桥中学占地面积 74150 平方米，建筑面积 27528 平方米，开设 37 个班级，在校学生 1708 人，教职工 166 人，其中专任教师 128 人。

**1949~2015 年无锡市钱桥中学办学规模（含南西漳、向阳、黎明点上初中）选年统计表**

表 5—24—54　　单位：班、人

| 年份 | 校名 | 班级数 | 学生数 | 教师数 | 毕业生数 | 数校合计情况 |
| --- | --- | --- | --- | --- | --- | --- |
| 1949 | 养正中小学 | 4 | 37+45（小学） | 6 | 3 | 班级 5 个，学生 122 人，教师 14 人 |
| | 万东中学 | 1 | 40 余 | 8 | — | |

续表 5—24—54

单位：班、人

| 年份 | 校名 | 班级数 | 学生数 | 教师数 | 毕业生数 | 数校合计情况 |
|---|---|---|---|---|---|---|
| 1959 | 钱桥中学 | 10 | 520 | 32 | 92 | 班级 16 个，学生 772 人、毕业生 171 人，教师 52 人 |
| | 南西漳初中 | 6 | 252 | 20 | 79 | |
| 1969 | 钱桥中学 | 5 | 242 | 19 | — | 班级 18 个，学生 802 人，毕业生无，教师 66 人 |
| | 南西漳初中 | 4 | 186 | 17 | | |
| | 向阳初中 | 4 | 155 | 15 | | |
| | 黎明初中 | 5 | 219 | 15 | | |
| 1979 | 钱桥中学 | 12 | 527 | 43 | 105 | 班级 26 个，学生 1040 人，毕业生 337 人，教师 96 人 |
| | 南西漳初中 | 6 | 179 | 21 | 98 | |
| | 向阳初中 | 4 | 169 | 16 | 46 | |
| | 黎明初中 | 4 | 165 | 16 | 88 | |
| 1989 | 钱桥中学 | 21 | 963 | 79 | 148 | 班级数 35 个，学生 1434 人，毕业生 257 人，教师 135 人 |
| | 南西漳初中 | 6 | 181 | 22 | 42 | |
| | 向阳初中 | 5 | 168 | 17 | 36 | |
| | 黎明初中 | 3 | 122 | 17 | 31 | |
| 1999 | 钱桥中学 | 28 | 1259 | 118 | 412 | 班级 30 个，学生 1369 人，毕业生 472 人，教师 129 人 |
| | 南西漳初中 | 2 | 110 | 11 | 60 | |
| 2009 | 钱桥中学 | 36 | 1582 | 118 | 492 | 教职工 142 人 |
| 2015 | 钱桥中学 | 37 | 1708 | 128 | 529 | 教职工 166 人 |

**2015 年无锡市钱桥中学固定资产分类统计表**

表 5—24—55

单位：万元

| 类别 | | 价值 | 类别 | | 价值 |
|---|---|---|---|---|---|
| 一级 | 二级 | | 一级 | 二级 | |
| 总计 | 总计 | 3723.77 | 专用设备 | 医疗器械 | 0.09 |
| 房屋建筑物 | 小计 | 2660.59 | | 文化艺术体育 | 45.79 |
| | 房屋 | 1985.07 | | 保卫消防 | 19.48 |
| | 建筑物 | 675.52 | | 其它专用设备 | 11.42 |
| 通用设备 | 小计 | 928.35 | 文物、陈列品 | 小计 | 9.20 |
| | 电子及通讯 | 542.67 | | 文物 | 7.59 |
| | 办公设备 | 184.70 | | 标本 | 1.00 |
| | 交通设备 | 0.54 | | 模型 | 0.25 |
| | 电气设备 | 94.67 | | 其它陈列品 | 0.36 |
| | 炊事设备 | 25.72 | 图书、档案 | 小计 | 45.78 |
| | 其它通用设备 | 80.05 | | 图书 | 45.56 |
| 专用设备 | 小计 | 79.85 | | 多媒体 | 0.15 |
| | 教学专用仪器 | 3.07 | | 挂图 | 0.07 |

**（三）师资队伍**

钱桥中学（含南西漳、向阳、黎明三所点上初中）的师资发展和变化大致可以分为五个阶段。

学校创办至 1956 年由私立转为公办，教师数量少，队伍弱。其时，钱桥中学及南西漳初中两校加起来教师不足 20 人；教师总体学历不高，除南西漳初中用重金聘到 2 位本科学历教师、钱桥中学 1 名教师为本科学历外，大部分教师为中师、中专和高中学历，专科生几乎没有，大专以上学历教师占整个师资队伍仅 15%；教师年龄结构不合理，20 余名教师中没有一位是教育教学经验丰富的老教师，年富力强的中年教师也难觅踪迹，几乎是清一色的青年教师，但他们有一个共同的特点，人人都怀有为培养下一代的一腔热血，敬业精神尤强，由此产生崭露头角的青年名师。

1956~1966 年，学生数增加，钱桥和南西漳两校班级总数近 20 个，而教师仅 60 名，后逐年增加教师。增加的教师除一部分来自困难时期停办的无锡县农校、卫校外，主要来自于无锡、苏州、南京等地大学专科毕业生和江苏师范学院毕业生。学校由于大量充实大学本、专科师范院校毕业生，教师队伍的学历结构发生明显变化，本科学历上升到 20%，大专学历超过 70%。教师队伍的年龄结构同样发生变化，学校创办之初的教师大多已人到中年，教育教学经验丰富，成为各学科骨干。

1966年夏开始的十年“文化大革命”，师资队伍受到冲击和破坏，一些业务出众、教育教学成果显著的教师被戴上走“白专道路”帽子，一些出身成分较高的教师被打成“狗崽子”“黑五类”。广大教师统统被扣上资产阶级知识分子的帽子，成为受到批斗、改造的“臭老九”。教师队伍分裂成革命造反派、保皇派和逍遥派。在此期间，由于高校不招生，没有毕业生充实教师队伍，加上学生数增加，教师不够，大量停办的农中教师和民办、代课教师被补充到教师队伍中，因此，学校教师的学历结构不是提升，而是下降。

“文化大革命”结束到20世纪末，教师敢于抓业务、钻业务，听课、评课、观摩活动频繁，教师业务水平都有不同程度提高。同时，教师参加各种学历进修，大部分教师获得相关专业的大专学历，有的甚至报考江苏师院和南师大等高校本科学习。恢复高考后的师范院校毕业生也被分配来校。1990年，钱桥中学80余位教师中本科学历15人、大专学历49人。大专以上学历的教师近80%。20世纪末，钱桥中学本科学历教师上升到37人，是10年前的2.4倍，专科学历教师74人，大专以上学历的教师达80%以上。

21世纪初至2015年，钱桥中学的师资队伍发生巨大变化，大批“文化大革命”前和“文化大革命”初期参加工作的老教师先后退休，本科学历的毕业生及3位研究生补充进入钱中教师队伍。2015年，钱桥中学128位教师中本科及以上学历的教师达125人，占教师队伍总数的97.7%；高级教师49名，占教师总数的38.3%，中、高级教师相加达76.6%以上。

20世纪80年代~2015年钱桥中学教师基本情况选年统计表

表5—24—56　　单位：人

| 年份 | 教师数量 | | | 学历 | | | | | 职称 | | | |
|---|---|---|---|---|---|---|---|---|---|---|---|---|
| | 总数 | 其中 | | 研究生 | 本科 | 大专 | 中师 | 其他 | 副高级 | 中级 | 助理级 | 无职称 |
| | | 男 | 女 | | | | | | | | | |
| 80年代 | 107 | 59 | 48 | — | 25 | 74 | 8 | — | 未评 | 未评 | 未评 | 未评 |
| 1990 | 81 | 46 | 35 | — | 15 | 49 | 9 | 8 | 4 | 48 | 28 | 1 |
| 1995 | 134 | — | — | — | 43 | 84 | 7 | — | 7 | 42 | 85 | — |
| 2000 | 138 | 82 | 56 | — | 37 | 74 | 17 | 10 | 12 | 68 | 46 | 12 |
| 2010 | 128 | — | — | — | 103 | 24 | 1 | | 41 | 44 | 34 | 9 |
| 2015 | 128 | 43 | 85 | 3 | 122 | 3 | — | — | 49 | 49 | 27 | 3 |

### （四）办学特色

20世纪50年代，钱桥中学办学特色是“教育与生产劳动相结合”，建立学农生产劳动基地，各班级都安排有学农责任田，种植各种瓜果、蔬菜及小麦等。地块虽然不大，但翻地、碎土、平整、做埨、播种、施肥、浇水、除草、收割都在老师指导下由学生一一完成，工具都由学生从家里带来。

“文化大革命”期间，钱桥中学实行“开门办学”。1975年，全校师生肩扛铁钯、山锄，手执洋镐、铁锹，吃住在历村上秦巷，在舜柯山麓叩石垦壤，劈山造田60余亩，创办“五七”农场，在山坡上种上桃树、梨树、茶树、山芋、玉米、南瓜等。在山坡下因陋就简，建造农场场部、仓库和猪舍。学校生物组还利用南瓜藤、山芋藤等副产品开展生物发酵饲料的研制，推动本地农村养猪事业发展。学校“五七”农场的开辟和发展，生物发酵饲料的成果引起县、市、省各级领导的关注，各地参观者纷至沓来。江苏省教育委员会、省委宣传部先后到钱桥中学召开勤工俭学现场会，中央电视台派记者采访后，制作专题片进行报道。与此同时，钱桥中学创办“五七”工厂——教学仪器厂和五金厂。工厂生产的平板仪、直轴线电桥等主导产品受到大中专学校的欢迎，受到相关科研院所的青睐。由于产品质量可靠，价格合理，钱桥中学教学仪器厂成为江苏省教学仪器公司定点生产厂家。五金厂则发展成为钱桥密封件厂，生产各种型号的金属密封件产品销往全国各大中型石油、化工企业，甚至大庆油田。钱桥中学“开门办学”的成果，吸引省内外诸多参观学习者。南京大学哲学系党总支书记、《实践是检验真理的唯一标准》作者胡福明亲率南大哲学系师生前到钱桥中学调研蹲点一个月。1989 年，钱桥中学密封件厂成为无锡县教育系统年利润超 10 万元的名厂。

1989~1991 年钱桥中学、黎明联中列入无锡县教育系统年利润超十万元校办厂概况表

表 5—24—57　　单位：人、万元

| 校名 | 厂名 | 主要产品 | 年份 | 职工数 | 产值 | 利润 | 固定资产 | 流动资金 | 全员劳动生产率 | 上缴税金 | 上交学校 |
|---|---|---|---|---|---|---|---|---|---|---|---|
| 钱桥中学 | 密封件厂 | 密材件填料 | 1989 | 34 | 129.92 | 28.2 | 28.66 | 17.07 | 3.82 | 5.03 | 9.48 |
| | | | 1990 | 20 | 150.00 | 20.0 | — | — | — | — | 10.00 |
| | | | 1991 | 20 | 160.00 | 22.0 | — | — | — | — | 10.00 |
| 黎明联中 | 搪瓷厂 | 搪瓷产品 | 1989 | 26 | 143.00 | 17.0 | 3.30 | 4.40 | 5.50 | 4.70 | 8.60 |

20 世纪 90 年代，钱桥中学“小三模”（航模、船模、车模）科技教育活动学生参加面广、制作精良，年年创出佳绩，成为江苏省知名科技教育先进学校。

进入 21 世纪，高波老师凭着对中国数千年民俗文化的热爱和追求，利用新农村建设的大好时机，长期奔波在各个被拆迁的村庄及废墟之中，搜集传统民俗文化的坛坛罐罐、旧木碎砖、农用工具、生活器具。2008 年，学校全力支持，把旧物件分门别类，加以整理，一一陈列，创建民俗风情陈列馆，被誉之为“有根德育”。2010 年，无锡市、惠山区、钱桥街道及学校共同投资 200 余万元，把陈列馆打造成为无锡乃至全省学校范围内绝无仅有的具有浓浓乡情的民俗文化风情馆。为进一步研究、挖掘民俗文化的内涵，学校成立工作室，相继出版两本介绍研究民俗风情文化的专著《锡韵乡情》《旧物新语》。

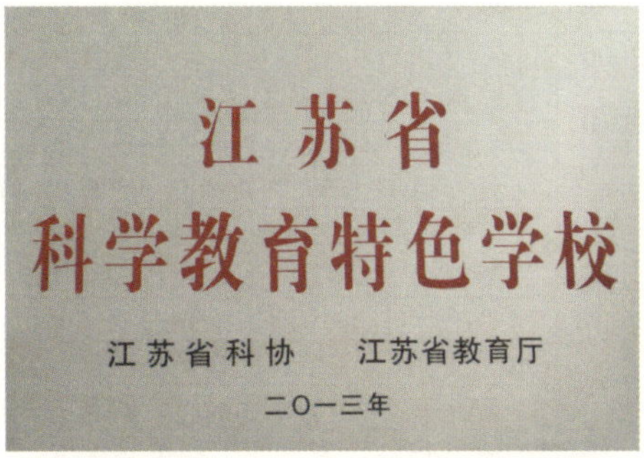


图 5—24—40　2013 年，学校被江苏省科协、江苏省教育厅命名为江苏省科学教育特色学校

图 5—24—41　2015 年，钱桥中学被江苏省科协、科技厅、教育厅命名为江苏省科普教育基地

**（五）教育科研**

钱桥中学高度重视教育、教学研究，提高学校管理水准，提升学校办学能力，提高教育教学质量，涌现丰硕的教育教学研究成果。学校教学研究有教学研究小组、教科研办公室、《钱中教研》杂志编辑室等机构；教育研究有教科所、高波工作室（有根德育教育的民俗文化研究）等机构。2015 年，钱桥中学被江苏省科协、科技厅、教育厅命名为“江苏省科普教育基地”。1984~2015 年，钱桥中学教师在省级以上刊物发表论文 86 篇。2006~2015 年，钱桥中学教师获国家级奖论文 44 篇。

**（六）办学成果**

1986~2015 年，无锡市钱桥中学先后获得无锡市委、市政府，省级条线以上荣誉 41 项。

1986~2015 年钱桥中学获得无锡市委、市政府及省级条线以上荣誉一览表

表 5—24—58

| 获奖时间 | 获奖名称 | 颁发单位 |
|---|---|---|
| 1986 | 生物组“青蛙生态箱”一等奖 | 江苏省教育厅 |
| | 生物组“青蛙生态箱”一等奖 | 华东六省市 |
| 2000 | 江苏省金钥匙科技竞赛“青少年科技教育先进单位”称号 | 江苏省教育厅、科技厅、科协 |
| 2001 | 第十二届江苏省青少年科技创新大赛发明创造“三等奖” | 省教育厅、科协、知识产权局 |
| 2002 | 江苏省第 2 届中小学生健康教育知识竞赛“组织奖” | 江苏省教育厅 |
| 2003 | 园林式单位 | 无锡市人民政府 |

续表 5—24—58

| 获奖时间 | 获奖名称 | 颁发单位 |
|---|---|---|
| 2003 | 实验标准化学校 | 无锡市人民政府 |
| | 省青少年读写大赛优秀组织奖 | 江苏省教育厅 |
| | “国际科学与和平”江苏地区“金钥匙科技竞赛”科技先进学校 | 江苏省教育厅、省科委 |
| 2004 | 江苏省实施教育现代化工程示范初中 | 江苏省教育厅 |
| | 江苏省青少年科技活动先进集体 | 江苏省教育厅、省科委 |
| | 第 16 届“中国电信杯”金钥匙科技竞赛团体赛二等奖 | 省教育厅、省科协、省科技厅 |
| 2005 | 省优秀教育论文评选先进学校 | 江苏省教育学会 |
| | 省“金钥匙”科技竞赛先进学校 | 江苏省教育厅、省科委 |
| 2006 | 第 18 届“国际科学与和平”“金钥匙”科技活动中获科技教育先进学校 | 江苏省教育厅、省科委 |
| | 江苏省优秀论文优秀组织奖 | 江苏省教育厅、教育学会 |
| 2007 | 无锡市文明单位 | 无锡市人民政府 |
| | 中国青少年读写大赛全国优秀组织奖 | 江苏省教育厅 |
| 2008 | 第 20 届“科学大众杯”金钥匙科技竞赛团体赛二等奖 | 省教育厅、科协、科技厅、文明办 |
| | 2008 年度江苏省教育学会系统初中教育研究先进集体 | 江苏省教育学会初中教育专业委员会 |
| 2009 | 2009 年度江苏省教育学会系统初中教育研究先进集体 | 江苏省教育学会初中教育专业委员会 |
| 2010 | 江苏省优秀教育论文评选优秀组织奖 | 江苏省教育学会 |
| | 第 22 届全国中小学金钥匙科技竞赛科技教育先进单位 | 江苏省教育厅 |
| 2011 | 江苏省第 11 届青少年电子应用技术竞赛初中组团体三等奖 | 江苏省教育厅 |
| | 江苏省首届阳光体育节团体总分第二名 | 江苏省教育厅 |
| | 江苏省第 23 届金钥匙科技竞赛科技教育先进单位 | 江苏省教育厅 |
| | 第 16 届全国中小学生绘画书法作品比赛组织工作先进集体 | 教育部艺教委员会 |
| 2012 | 第 17 届全国中小学生绘画书法作品比赛组织工作先进集体 | 中国艺术教育促进会 |
| | 江苏省第 24 届金钥匙科技竞赛科技教育先进单位 | 江苏省教育厅 |
| 2013 | 2012 年度江苏省青少年科技教育四星级先进集体 | 江苏省青少年科技教育协会 |
| | 江苏省青少年科技教育先进学校 | 江苏省教育厅 |
| | “祖国在我心中”全国国家版图知识竞赛优秀组织奖 | 国家测绘地理信息局 |
| | 被评为 2012 年度江苏省平安校园 | 省教育厅、综治办、公安厅 |
| | 被命名为江苏省科学教育特色学校 | 江苏省科协 江苏省教育厅 |
| | 被命名为“国家级非物质文化遗产教学活动基地” | 中国泥人博物馆、无锡市教科院 |
| 2014 | 2013 年度江苏省青少年科技教育四星级先进集体 | 江苏省青少年科技教育协会 |
| | 江苏省第 26 届金钥匙科技竞赛科技教育先进单位 | 江苏省教育厅 |
| | 江苏省档案工作三星级单位 | 江苏省档案局 |
| 2015 | 连续 15 年被评为江苏省青少年科技教育先进学校 | 江苏省教育厅 |
| | 2015 年度江苏省青少年科技教育五星级先进集体 | 江苏省青少年科技教育协会 |
| | 江苏省科普教育基地 | 江苏省科协、科技厅、教育厅 |

## 1961~2015 年钱桥中学历届毕业生及录取江苏省锡山高级中学学生人数统计表

（不含南西漳、向阳、黎明三所初中）

表 5—24—59　　单位：人

| 年份 | 毕业生数 | 录取省锡中数 | 年份 | 毕业生数 | 录取省锡中数 | 年份 | 毕业生数 | 录取省锡中数 | 年份 | 毕业生数 | 录取省锡中数 |
|---|---|---|---|---|---|---|---|---|---|---|---|
| 1961 | 225 | 2 | 1984 | 148 | 10 | 1996 | 372 | 50 | 2008 | 473 | 54 |
| 1962 | 201 | 3 | 1985 | 181 | 11 | 1997 | 412 | 46 | 2009 | 492 | 46 |
| 1963 | 143 | 5 | 1986 | 175 | 25 | 1998 | 410 | 60 | 2010 | 464 | 46 |
| 1964 | 181 | 5 | 1987 | 153 | 27 | 1999 | 337 | 52 | 2011 | 478 | 60 |
| 1965 | 151 | 3 | 1988 | 137 | 28 | 2000 | 257 | 51 | 2012 | 476 | 51 |
| 1977 | 128 | 5 | 1989 | 148 | 20 | 2001 | 376 | 50 | 2013 | 471 | 51 |
| 1978 | 207 | 2 | 1990 | 219 | 32 | 2002 | 545 | 48 | 2014 | 501 | 45 |
| 1979 | 105 | 3 | 1991 | 266 | 47 | 2003 | 579 | 40 | 2015 | 529 | 43 |
| 1980 | 150 | 4 | 1992 | 260 | 28 | 2004 | 537 | 58 | 合计 | 13631 | 1373 |
| 1981 | 131 | 7 | 1993 | 268 | 32 | 2005 | 445 | 44 | — | — | — |
| 1982 | 125 | 6 | 1994 | 406 | 31 | 2006 | 490 | 50 | — | — | — |
| 1983 | 107 | 7 | 1995 | 379 | 37 | 2007 | 393 | 48 | — | — | — |

## （七）教育经费

2002~2015 年，钱桥（镇）街道拨发给钱桥中学教育经费共 23279.46 万元。

### 2002~2015 年钱桥中学教育经费统计表

表 5—24—60　　单位：万元

| 年份 | 收入 | | | | 收入总数 | 支出总数 |
|---|---|---|---|---|---|---|
| | 街道（镇）财政补助 | 事业收入（住宿费） | 其他收入 | 上级补助 | | |
| 2002 | 412.71 | 350.00 | 7.01 | 10.70 | 780.42 | 780.91 |
| 2003 | 492.39 | 243.00 | 8.77 | 5.00 | 749.16 | 780.61 |
| 2004 | 633.44 | 162.88 | 79.47 | 2.00 | 877.79 | 904.33 |
| 2005 | 775.31 | 164.00 | 57.82 | 3.00 | 1000.13 | 960.08 |
| 2006 | 280.08 | — | 0.50 | 5.10 | 285.68 | 325.49 |
| 2007 | 1211.65 | 107.85 | 15.45 | 25.40 | 1360.35 | 1267.25 |
| 2008 | 1541.00 | 225.69 | — | 12.00 | 1778.69 | 1541.68 |
| 2009 | 1905.07 | 131.36 | 107.09 | 21.00 | 2164.52 | 1611.86 |
| 2010 | 2501.38 | 203.50 | 7.64 | 5.00 | 2717.52 | 3427.82 |
| 2011 | 2504.51 | 74.92 | 63.66 | 13.00 | 2656.09 | 2663.69 |
| 2012 | 2535.19 | 68.60 | 39.30 | 60.50 | 2703.59 | 2767.93 |
| 2013 | 2731.66 | 68.25 | 8.18 | 17.00 | 2825.09 | 2794.90 |
| 2014 | 2748.90 | 74.40 | 89.98 | 10.00 | 2923.28 | 3039.32 |
| 2015 | 3006.17 | 78.67 | 54.58 | — | 3139.42 | 3119.33 |
| 合计 | 23279.46 | 1953.12 | 539.45 | 189.70 | 25961.73 | 25985.20 |

## （八）领导任职

1948~2000 年，南西漳初中历任校长共 10 人、副校长 2 人；1968~1993 年，向阳初中历任校长 6 人、副校长 1 人；1968~1993 年，黎明初中历任校长 6 人、副校长 3 人；1948~2015 年，钱桥中学历任校长 11 人、副校长 18 人，党支部书记 8 人、副书记 2 人。

### 1948~2000 年南西漳、向阳、黎明初中校级领导任职表

表 5—24—61

| 校名 | 校长 | 任职时间 | 校名 | 校长 | 任职时间 | 校名 | 校长 | 任职时间 |
|---|---|---|---|---|---|---|---|---|
| 南西漳初中 | 顾　昆 | 1948~1953 | 向阳初中 | — | — | 黎明初中 | — | — |
| | 包振海 | 1953~1954 | | — | — | | — | — |
| | 殷国瑞 | 1954~1955 | | — | — | | — | — |
| | 冯锡金 | 1955~1970 | | — | — | | 陈仲圻 | 1968.00~1969.00 |
| | 沈正良 | 1970~1973 | | 吴英奇 | 1968~1973 | | 沈正良、金寿春（副） | 1969.02~1969.07 |
| | 王林富 | 1973~1975 | | 祝正芳 | 1973~1977 | | 张锡良、陈仲圻（副） | 1969.09~1970.07 |
| | 张明欣 | 1975~1978 | | 盛保兴 | 1977~1982 | | 王林富 | 1970.08~1973.07 |
| | 沈正良、邵文海（副） | 1978~1981 | | 薛琪元 | 1982~1985 | | 徐遗生 | 1973.08~1977.07 |
| | 邵文海、黎家楷（副） | 1981~1984 | | 芮林森 | 1985~1990 | | 吴明文 | 1977.08~1982.10 |
| | 王树钧 | 1984~1994 | | 朱重光、芮林森（副） | 1990~1993 | | 沈正良、薛琪元（副） | 1982.11~1993.07 |
| | 沈正良 | 1994~1999 | | — | — | | — | — |
| | 张学清 | 1999~2000 | | — | — | | — | — |

### 1948~2015 年无锡市钱桥中学校级领导任职表

表 5—24—62

| 党支部书记 | | 校长 | | 副校长 | |
|---|---|---|---|---|---|
| 姓名 | 任职时间 | 姓名 | 任职时间 | 姓名 | 任职时间 |
| — | — | 许浩然 | 1948.08~1949.07 | — | — |
| — | — | 杜鑫翔 | 1949.08~1951.07 | — | — |
| — | — | 邵文海 | 1951.08~1957.07 | — | — |

续表 5—24—62

| 党支部书记 | | 校长 | | 副校长 | |
|---|---|---|---|---|---|
| 姓名 | 任职时间 | 姓名 | 任职时间 | 姓名 | 任职时间 |
| 周志浩 | 1957.08~1961.07 | 周志浩 | 1957.08~1961.07 | 邵文海 | 1957.08~1969.07 |
| 张锡良 | 1961.08~1968.07 | 张锡良 | 1961.08~1969.07 | 郑伟达 | 1959.01~1959.08 |
| （1968.08~1970.03）由徐凤英主持学校工作 | | | | | |
| 周京生 | 1970.03~1980.10 | 周京生 | 1970.03~1980.10 | 徐凤英 | 1970.03~1980.10 |
| 朱坤元（副） | 1975.08~1978.01 | — | — | 朱坤元 | 1975.08~1978.01 |
| 张永宪（副） | 1978.10~1980.10 | — | — | 张永宪 | 1978.10~1980.10 |
| 苏凤歧 | 1980.10~1984.08 | 苏凤歧 | 1980.10~1984.08 | 惠少栋 | 1980.10~1984.08 |
| 王林富 | 1984.10~1991.07 | 王林富（以副代正） | 1984.10~1986.07 | 戴惠民 | 1984.10~1986.07 |
| — | — | 王林富 | 1986.08~1991.07 | 黄荣欣 | 1986.08~1987.07 |
| — | — | — | — | 胡福康 | 1987.08~2001.07 |
| — | — | — | — | 丁静伟 | 1989.08~1995.07 |
| 戴惠民 | 1991.08~1998.07 | 戴惠民 | 1991.08~1998.07 | 宋鸿良 | 1995.08~1998.07 |
| — | — | — | — | 唐建华 | 1995.08~2009.08 |
| 宋鸿良 | 1998.08~2010.07 | 宋鸿良 | 1998.08~2012.07 | 苏晓东（校长助理） | 2001.08~2002.07 |
| — | — | — | — | 陶　伟 | 2002.08~2006.07 |
| — | — | — | — | 张学清 | 2007.08~2010.08 |
| 浦国治 | 2010.08~ | — | — | 浦国治 | 2010.08~2012.07 |
| — | — | — | — | 徐　宁 | 2005.08~ |
| — | — | 浦国治 | 2012.08~ | 顾正良 | 2010.08~2014.08 |
| — | — | — | — | 谢　龙 | 2013.08~ |
| — | — | — | — | 黄宗益 | 2014.08~ |

2015 年，浦国治任钱桥中学党支部书记、校长，徐宁、谢龙、黄宗益任副校长。

## 二、无锡市藕塘中学

1957 年 9 月，藕塘乡政府在徐塘庙创办藕塘民办初级中学。1960 年 8 月，学校转为公办中学，更名为藕塘公社初级中学。1962 年 8 月，学校又转为民办中学，同时更名为藕塘民办初级中学。1968 年 8 月，学校又转为公办中学，开办首届普通高中班，更名为无锡县藕塘中学。1969 年 2 月，藕塘中学迁至藕塘桥北堍原藕塘中心小学校舍内。

1970 年，藕塘公社在藕塘老街南端建造藕塘中学新校舍。1971 年 2 月，藕塘中学学生迁至藕塘老街南端新校舍上课，教职工宿舍仍在藕塘桥北堍。1972 年 2 月，藕塘中学师生全部迁入新校舍，校址为藕塘南路 54 号。1976 年 9 月，宇峰中小学初中部撤销，并入藕塘中学。1982 年 7 月，永红中小学初中部撤销，并入藕塘中学。1987 年开设职业高中班。1995 年 8 月，无锡县藕塘中学更名为锡山市藕塘中学。2001 年 3 月，锡山市藕塘中学更名为无锡市藕塘中学。无锡市藕塘中学坐落于钱桥街道西南部，南临鸡笼山，北依洋溪河。50 多年的办学历程，学校励精图治、积累丰厚的底蕴，与时俱进，取得较为显著的办学效益，赢得良好的社会声誉。学校师生团结一心、奋力拼搏，全面实施素质教育，教育教学质量不断提高，中考成绩稳步上升，生命教育特色凸显。学校先后获全国生命教育示范学校、生命教育课题重点实验基地、全国生命教育科研先进集体、生命教育示范基地、全国心理健康教育示范学校、全国校园影视教育研究实验学校、江苏省平安校园、江苏省档案工作三星级单位、江苏省红十字示范学校、无锡市优秀家长学校等多项全国、省、市级荣誉称号，培养出一批又一批优秀学生，为高一级学校输送优秀、合格的人才。

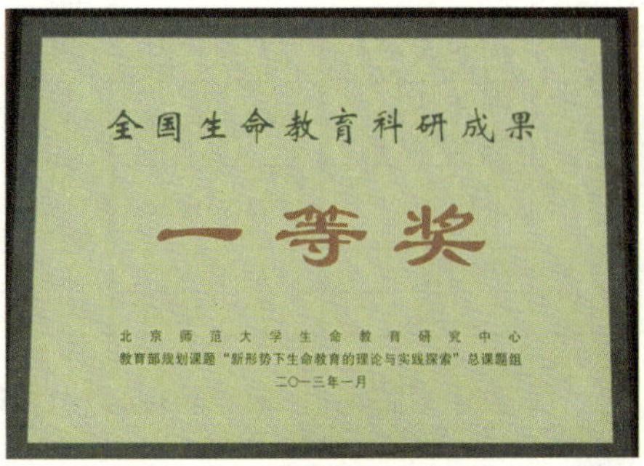

图 5—24—42　2013 年 1 月，学校获全国生命教育科研成果一等奖

2015 年，学校占地面积 28248 平方米，校舍建筑面积 22871.6 平方米，其中学生宿舍楼建筑面积 2120 平方米。运动场面积 13580 平方米。是年，学校共有 17 个班级，675 名学生，85 名教职工，其中专任教师 63 名。同年，学校初中毕业学生 177 人。学校通过不断改建，基础设施日臻完善，教学、生活、运动三大功能区分布有序，校园环境优美，教室宽敞明亮。

**1957~2015 年无锡市藕塘中学校舍建设选年统计表**

表 5—24—63　　单位：平方米、万元

| 时间 | 建设项目 | 占地面积 | 建筑面积 | | 投入资金 |
|---|---|---|---|---|---|
| | | | 新建 | 合计 | |
| 1957 | 旧庙改造 | — | — | 400.0 | — |
| | 新建两只教室 | — | 100.0 | 500.0 | — |
| 1969 | 教室 6 只、办公室 2 只、教工宿舍 4 只、食堂 | — | 480.0 | 980.0 | — |
| 1972 | 新建平房 3 排 | — | 1300.0 | 2280.0 | — |
| 1976 | 新建 4 只教室 | — | 200.0 | 2480.0 | — |
| 1985 | 新建 4 只教室 | — | 240.0 | 2720.0 | — |
| 1987 | 新建教学大楼 | — | 1997.0 | 4717.0 | — |
| 1991 | 新建 2 层楼 8 只教室 | — | 735.0 | 5452.0 | — |
| 1992 | 改建食堂、教工宿舍 | — | 928.6 | 6380.6 | — |
| 1999.05 | 新建综合实验楼 | 1000 | 4000.0 | 10380.6 | 273.2 |
| 2002.07 | 新建食堂 | 650 | 1165.0 | 11545.6 | 95.2 |
| 2003 | 改建学生宿舍 | — | 2080.0 | 13625.6 | — |
| 2013.03 | 拆除旧教育楼，新建 5 层楼教室、4 层楼实验室、4 层楼学生公寓 | — | 8650.0（拆除旧教育楼 2297） | 22275.6 | 2048.0 |
| 2015.07 | 食堂加固扩建 | 300 | 596.0 | 22871.6 | 165.0 |
| 2015.12 | 学校占地、建筑面积 | 28248 | — | 22871.6 | — |

### （一）校训、校风、教风、学风、校徽

校训：勤、实

校风：文明　和谐　求真　创新

教风：身正　学高　敬业　争先

学风：乐学　善思　自强　求实

### （二）办学规模

1957 年，藕塘民办初中校舍选用藕塘桥南的徐塘庙，砍下庙内树木做课台凳，开设 2 个班级，招收 110 名学生，生源大部分是普通中学的落榜生，招收部分寄宿生租住前方桥、后方桥等附近民房住宿。1958 年，藕塘民中新建两个教室，增加到 6 个班级，学生 300 多人，教职工 15 人。学校费用除靠学杂费收入外，无锡县文教局按月有少量拨款。1968 年，藕塘中学开设高中部。1987 年开设职业高中班。1998 年高中部和职业高中班撤销。至此，藕塘中学先后共开设 37 个高中班，培养高中毕业生 1753 人。2015 年，藕塘中学设有 17 个初中班，675 名学生。

**1960~2015 年无锡市藕塘中学办学规模选年统计表**

表 5—24—64　　单位：班、人

| 年份 | 班级数 | 学生数 | 教师数 | 毕业学生数 | 年份 | 班级数 | 学生数 | 教师数 | 毕业学生数 |
|---|---|---|---|---|---|---|---|---|---|
| 1960 | 6 | 336 | 24 | 112 | 1993 | 17 | 795 | 59 | — |
| 1969 | 6 | 330 | 26 | 108 | 1999 | 16 | 685 | 67 | 208 |
| 1979 | 10 | 552 | 28 | 268 | 2009 | 18 | 756 | 63 | 227 |
| 1986 | 14 | 643 | 59 | 214 | 2015 | 17 | 675 | 63 | 177 |
| 1989 | 16 | 728 | 53 | 171 | — | — | — | — | — |

### （三）师资队伍

1957年，藕塘民办初中开办时仅有6名教师，大多选拔的是农村中高中毕业的待业青年。1958年，招收大专生和高中毕业生4人，充实教师队伍。1960年转为公办学校时，教职工24人。1961年困难时期，办学规模压缩，有近20名教工。1968年，在中小学办到贫下中农家门口的号召下，无锡县中学何其正、陆安国、王慧君、王建翎、蒋志蓉等骨干教师调派到藕塘中学任教，师资力量得到加强，学校教学质量大幅度提高。2015年，藕塘中学教师63人，其中研究生1人、本科生60人、大专生2人，本科以上学历占教师总数的96.83%；中级以上职称52人，占教师总数的82.54%。

1990~2015年藕塘中学教师数量、学历、职称选年统计表

表5—24—65　　单位：人

| 年份 | 教师数 | | | 学历 | | | | | 职称 | | |
|---|---|---|---|---|---|---|---|---|---|---|---|
| | 总数 | 其中 | | 研究生 | 本科 | 大专 | 中师 | 其他 | 副高级 | 中级 | 助理级 |
| | | 男 | 女 | | | | | | | | |
| 1990 | 57 | 38 | 19 | — | 11 | 36 | 2 | 8 | 3 | 11 | 43 |
| 2000 | 67 | 36 | 31 | — | 12 | 51 | — | 4 | 7 | 28 | 32 |
| 2015 | 63 | 26 | 37 | 1 | 60 | 2 | — | — | 26 | 26 | 11 |

### （四）办学特色

藕塘中学在不同的历史时期有其不同的办学特色，1974年创办小农场，为学生学农基地；1976年创办校办厂，为学校发展提供资金；2009年开展生命教育，2015年被评为全国生命教育百佳学校。

**校办农场**　1974年，藕塘公社在陈家湾山坡上规划30000平方米山地划拨给藕塘中学，作为学生学农基地。是年，藕塘中学组织师生在山坡上开山辟田，用山石砌起一层层梯田，彻底改变荒山面貌。同时，在山坡下建造6间简易平房置放农具，开设厨房。师生在梯田上种上杉木、梨树、桃树、山芋、花生、蔬菜。肥料从5里外的藕塘镇上用船运到井亭浜，再由学生用粪桶自井亭浜扛到山上。藕塘中学小农场经过4年的辛勤管理，杉木成林，梨树、桃树长势茂盛，进入结果盛产期。藕塘中学在小农场内还专门开设一个半农半读班，在简陋艰苦的条件下培养出一批心地淳朴、热爱劳动、掌握知识的新型学生，其中5位学生考取高校。师生不畏艰难，艰苦奋斗的精神受到藕塘公社和无锡县文教局的高度评价。1980年，学校进行体制改革，小农场归还林业大队，辛苦经营7年的小农场停办。

**校办工厂**　1976年，藕塘中学在一无所有的情况下创办校办厂。创办时，学校至杨市一个大队办厂拿来一台报废的三吨冲床，聘请一位师傅，抽调浦伯铭老师任厂长，第一批产品为鞋掌。为降低成本，校办厂到市里各厂收集边角废料，由师生用船运回，生产各种垫片。此后，增设修理马达业务。1982年，校办厂联系到无锡市仪表五厂，仪表五厂无偿支援藕塘中学各吨位的冲床4台，并定期委派技术骨干到校办厂进行技术指导，藕中校办厂得到迅速发展，五金加工业务繁忙，年利润增加到十几万元，有力地支援学校发展。接着，藕塘中学又增办千斤顶厂，与上海千斤顶厂联营。同时开发吸塑包装业务。80年代中期，藕塘中学校办厂发展成为无锡市小天鹅洗衣机厂和常州洛阳新科VCD厂的外协单位，从此走上健康发展的道路。1989年，藕塘中学校办厂职工40人，产值96.68万元，利润14.21万元，固定资产51.63万元，流动资金27.47万元，全员劳动生产率2.41万元，上交税金3.99万元，上交学校6.3万元。1990年，校办厂征地10666.72平方米，建造新厂房，年产值达1000多万元，在无锡县校办厂中名列前茅。1997年，藕塘中学校办厂转制为私有制企业。

**生命教育**　2009年，藕塘中学从生命教育观出发，重新定位日常的教学与德育工作，形成以生命教育为主体的“德育+教学”模式，打造生命教育的品牌特色，落实学校“合格+特长”的办学目标，为学校持续地、科学地发展奠基。学校组织学生开展多种形式的生命教育活动，探索唤醒、优化学生生命意识的有效手段，健全生命教育体系，研讨并建立切合学生生命发展的评价标准，不断

强化学生认识、珍惜、尊重和发展生命的自觉意识，促进学生在校和未来的生命发展。学校构建有效教学的生命课堂，发挥生命意识与新课程改革相互促进的作用，推进课程改革。

2010~2012 年，藕塘中学为提高教师对生命教育的认识，组织 8 批次老师参加全国范围的生命教育培训，有近 20 位老师成为全国生命教育研究员。学校特别注重教师职业幸福指数的提升，制定《教师提高幸福指数的必备的工作理念》，倡导做一个幸福的教育工作者，培养出有幸福感的学生。生命教育中，学校提出德育的"三全"模式，即全员性、全方位性和全过程性，要求每一位教师自觉抓住每一个节点，铸炼学生的各项能力，促进学生生命意识的全面发展。为提高每个教师开展德育工作的实践能力，藕中规划设计"走进生命课堂"系列专题讲座，有说课篇、心理健康篇、班级文化篇等多个专题，多次举行校本教材《突发事件应对策略及预案百例》和校本课程《为生命护航》研讨会，搜集学生生活中可能会遇到的突发事件，研究帮助学生解决生命中遇到问题的最优策略。

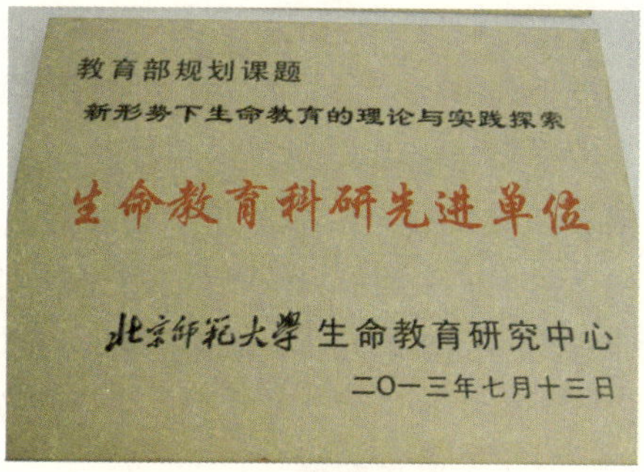

图 5—24—43 2013 年，藕塘中学被北京师范大学生命教育研究中心表彰为"生命教育科研先进单位"

2013 年，藕塘中学成立生命教育研究中心，健全生命教育组织网络，并聘请北师大肖川教授和北京生命教育中心李伟老师任学校生命教育德育课题研究的导师。在专家的指导下，藕塘中学细化生命教育德育品牌的目标与内容，提出铸造有道德鉴赏能力、有生活自理能力、有课程自学能力、有心理调适能力、有事件应对能力、有险情救护能力等"六种能力的学生"目标。

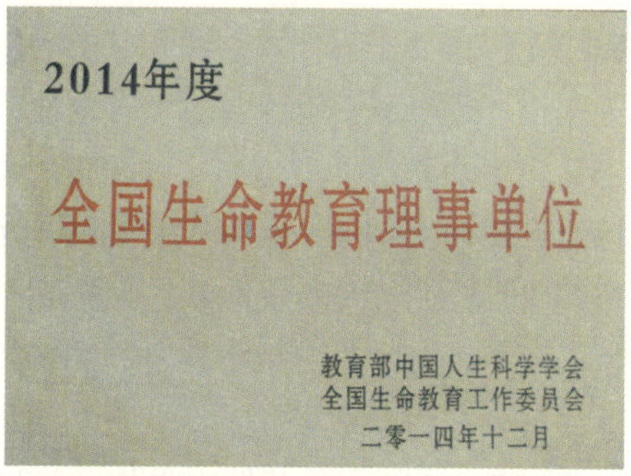

图 5—24—44 2014 年，藕塘中学成为教育部中国人生科学学会、全国生命教育工作委员会"全国生命教育理事单位"

2014 年，藕塘中学编写的第二套生命教育校本教材《突发事件应对策略及预案百例》出版。全书分 4 个篇章，采用大量鲜活的事例，介绍各类自然灾害、社会公共安全事件、意外伤害与事故、常见疾病的特点，结合实际情况和青少年成长特征，归纳总结出有针对性的应对策略，引导学生掌握正确应对各类突发事件的基本技能，从而实现生命的健康和安全成长。学校打造生命德育品牌着眼于课堂，打造能够彰显生命魅力、助推生命成长的课堂教学模式，将教学的有效性与生命性加以整合，提出全力构建以生命教育为核心理念的"四元八度"（"四元"为前置学习、探究展示、合作提升、巩固反馈；"八度"为导学案的适用度、学生预习的重视度、学生探究的参与度、师生间的互动度、学习探求的互帮度、知识结构的发散度、知识内容的掌握度、综合运用的灵活度）高效生命课堂教学模式；提出教学目标体现生命意识，教学内容凸显生命内涵，课堂教学展现生命活力，教学过程展示生命特色；提出"教学要服务于完整的人的成长，课堂要实现生命的解放"的口号，让学生在前置学习中养成生命中的良好习惯，在自主探究中体味学习的乐趣，在课堂展示中品味生命的自信，在拓展延伸中将知识技能内化为生命成长的扶手。是年 10 月，藕塘中学举办"一句话点亮世界"作文竞赛，帮助学生感受生命文化的内涵。同年，学校生命教育活动中心启动，修建校园交通信号系统、灾害视频播放室、红十字会展室以及美术、音乐、史地、科技航模专用室等。同时，学校组织开展"校园心理剧汇演"，学生"自己演，演自己"，把心理问题和生活道理用戏剧的形式表演出来，不但促进校园心理健康知识的宣传、优化学生心理氛围，而且让学生从中受到心灵上的启迪，提高学生自我心理调适的意识和能力，有力地推进学校心理健康教育。夺冠节目《幸福就在我们身边》参加惠山区首届心理剧决赛获一等奖，在省中小学"校园心理剧"评选中获三等奖。

2015年，藕塘中学结合社会主义核心价值观，提出生命教育品牌年度核心词为“自理、和谐、敬业”。核心词包含两个层面：学生层面的“自理”是指生活自理、学习自主、行为自律、目标自立，能科学合理地规划初中阶段及毕业后的发展方向，并为之努力；“和谐”是能够处理好与自然、生命的关系，处理好与同学、老师、家人的关系，处理好与班级团队、与社区、社会的关系；“敬业”是学习认真，成绩优异，工作负责，能力突出，多才多艺，全面发展。教师层面的“自理”是规范自遵、师德自律、学习自主、工作自钻，能科学合理地规划自身职业发展；“和谐”是能够处理好与自然、生命的关系，处理好与学生、同事、家人的关系，处理好与教研组、备课组、社区、社会的关系；“敬业”是教育教学中奉献争优、成绩优异，教研科研中开拓创新、成果显著。是年1月，北京师范大学生命教育研究中心在南京市举办全国性专题活动，藕塘中学副校长陶伟到会作生命教育方面的经验介绍，获得北师大曹专教授和与会代表的好评，学校获“全国安全教育科研成果奖”。至2015年，藕塘中学相继出版《唤醒和优化初中生生命意识的实践研究课题报告汇编》《唤醒和优化初中生生命意识的实践研究获奖成果汇编》，校报《生命之谱》、教学设计专辑《走进生命课堂》和生命教育画册《足迹》等。

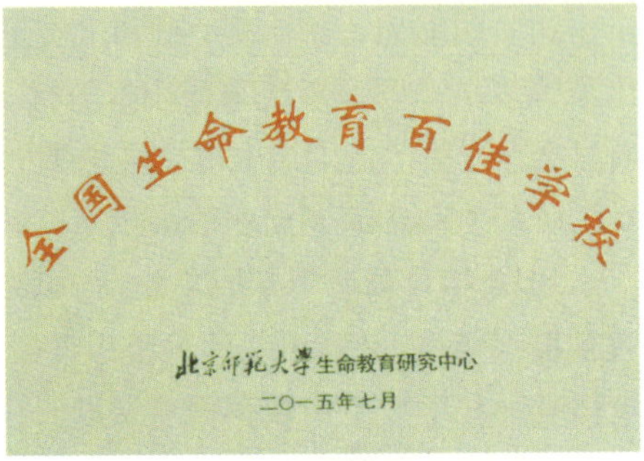

图5—24—45 2015年，藕塘中学获全国生命教育百佳学校称号

**（五）教育科研**

2004年，藕塘中学成立教科研领导小组，制定《教科研考核条例》，从制度上保障教科研工作的落实和推进。在教科研领导小组的领导和策划下，藕塘中学教科研成果显著。2006年，学校顺利完成无锡市“十五”规划课题《影响学生学习方式转变的教师因素的研究》的结题。2012年，完成无锡市“十一五”《课堂教学有效性的实践研究》课题结题。2015年，完成教育部、北师大的《新形势下生命教育的理论与实践探索》课题子课题《学校生命教育课程的开发研究与实践》结题。在以上课题研究期间，藕中相继出版《为生命护航》《突发事件应对策略及预案百例》两本专著，先后获得北师大生命教育研究中心授予的全国生命教育科研成果“一等奖”“生命教育科研先进单位”“示范基地”等荣誉称号。2010~2015年，藕塘中学教师在省级以上刊物发表论文33篇。

**（六）办学成果**

2009~2015年，藕塘中学共培养初中毕业生1398名，其中考取省重点高中492名，考取省职业高中749名，升学率达88.8%。2003~2015年，藕中先后获得省级条线以上荣誉32项。

**2009~2015年藕塘中学考取省重点高中、省职业高中学生人数统计表**

表5—24—66　　　　单位：人

| 年份 | 毕业生数 | 考取省重点高中学生数 | 考取省职业高中学生数 | 年份 | 毕业生数 | 考取省重点高中学生数 | 考取省职业高中学生数 |
|---|---|---|---|---|---|---|---|
| 2009 | 227 | 82 | 125 | 2013 | 191 | 72 | 100 |
| 2010 | 199 | 75 | 119 | 2014 | 239 | 71 | 136 |
| 2011 | 191 | 67 | 93 | 2015 | 177 | 66 | 80 |
| 2012 | 174 | 59 | 96 | 合计 | 1398 | 492 | 749 |

**2003~2015年藕塘中学获得无锡市委、市政府，省级条线以上荣誉一览表**

表5—24—67

| 获得时间 | 荣誉名称 | 颁发单位 |
|---|---|---|
| 2003.11 | 江苏省实施教育现代化工程示范初中 | 江苏省教育厅 |
| 2006.11 | 江苏省实施教育现代化工程示范初中 | 江苏省教育厅 |
| 2009.01 | 江苏省优秀教育论文组织奖 | 江苏教育学会 |

续表 5—24—67

| 获得时间 | 荣誉名称 | 颁发单位 |
|---|---|---|
| 2010.11 | 国际科学与和平周全国中小学生（江苏地区）金钥匙科技竞赛青少年科技教育先进学校 | 江苏省教育厅、科学技术协会、科学技术厅 |
| 2010.12 | 江苏省教育学会系统初中教育研究先进集体 | 江苏教育学会初中教育专业委员会 |
| 2010.12 | 江苏省优秀教育论文评选荣获优秀组织奖 | 江苏省教育学会 |
| 2011.01 | 江苏省青少年科技活动三星级先进集体 | 江苏省青少年科技教育学会 |
| 2011.05 | 全国校园法制安全教育示范基地 | 全国校园法制安全普及专项活动办公室 |
| 2011.07 | 全国青少年普法教育先进单位 | 中华人民共和国司法部 |
| 2011.11 | 江苏省科技教育先进学校 | 江苏省教育厅 |
| 2011.12 | 江苏省第十一届青少年电子技师应用技术竞赛团体三等奖 | 江苏省基础教育处 |
| 2011.12 | 江苏省第十一届青少年电子技师应用技术竞赛“电子百拼”团体三等奖 | 江苏省基础教育处 |
| 2011.12 | 江苏省优秀教育论文评选优秀组织奖 | 江苏省教育学会 |
| 2012.02 | 江苏省青少年科技活动三星级先进集体 | 江苏省青少年科技教育协会 |
| 2012.04 | 江苏省平安校园 | 江苏省教育厅 |
| 2012.07 | 全国生命教育示范学校 | 教育部中国人生科学学会 |
| 2012.07 | 无锡市生命教育研究中心 | 教育部中国人生科学学会 |
| 2012.08 | 心理教育示范学校 | 教育部中国发展基金会 |
| 2012.12 | 师德建设先进集体 | 中国现代教育杂志社 |
| 2013.01 | 全国生命教育科研成果一等奖 | 北师大生命教育研究中心<br>教育部规划课题总课题组 |
| 2013.07 | 生命教育示范基地 | 北师大生命教育研究中心 |
| 2013.07 | 生命教育科研先进单位 | 北师大生命教育研究中心 |
| 2013.09 | 江苏省红十字示范学校 | 江苏省红十字会 |
| 2013.12 | 江苏省档案工作三星级单位 | 江苏省档案局 |
| 2013.12 | 中国校园健康行动单位 | 中国校园健康行动学生安全教育办公室 |
| 2014.01 | 全国生命教育（2013）科研成果一等奖 | 北师大生命教育研究中心 |
| 2014.01 | 江苏省中小学校优秀校园网站评比一等奖 | 江苏省电教馆 |
| 2014.07 | 2013~2014 年度全国生命教育示范学校 | 北师大生命教育研究中心 |
| 2014.12 | 全国生命教育理事单位 | 全国生命教育工作委员会 |
| 2014.12 | 优秀家长学校 | 江苏省教育系统关工委 |
| 2014.12 | 省校园心理剧“幸福就是现在”评比荣获三等奖 | 江苏省中小学“校园心理剧”评比组 |
| 2015.07 | 全国生命教育百佳学校 | 北师大生命教育研究中心 |

### （七）教育经费

藕塘中学教育经费主要来源于各级政府拨款。由于学校不断发展，经费支出逐年增长，政府对学校的拨款也逐年增加，确保学校的正常经费支出，为藕塘中学更快更好地发展提供经济保障。2004~2015 年，钱桥（镇）街道拨发给藕塘中学教育经费 10850.42 万元。

**2004~2015 年藕塘中学教育经费统计表**

表 5—24—68　　　　单位：万元

| 年份 | 经费支出总数 | 经费来源 | | | |
|---|---|---|---|---|---|
| | | 街道（镇）拨款 | 学杂费收入 | 补助捐资等 | 合计 |
| 2004 | 499.11 | 348.96 | 19.26 | 60.15 | 428.37 |
| 2005 | 474.27 | 394.63 | 21.88 | 62.52 | 479.03 |
| 2006 | 544.56 | 423.08 | 12.41 | 58.45 | 493.94 |
| 2007 | 666.94 | 583.63 | 5.51 | 69.28 | 658.42 |
| 2008 | 812.13 | 730.37 | 5.08 | 71.95 | 807.40 |
| 2009 | 1049.81 | 930.99 | — | 150.92 | 1081.91 |
| 2010 | 1086.68 | 1054.78 | — | 35.61 | 1090.39 |
| 2011 | 1269.17 | 1248.08 | — | 142.34 | 1390.42 |

续表 5—24—68 单位：万元

| 年份 | 经费支出总数 | 经费来源 | | | |
|---|---|---|---|---|---|
| | | 街道（镇）拨款 | 学杂费收入 | 补助捐资等 | 合计 |
| 2012 | 1215.26 | 1232.17 | — | 82.59 | 1314.76 |
| 2013 | 1424.90 | 1299.10 | — | 85.20 | 1384.30 |
| 2014 | 1388.95 | 1223.04 | — | 112.75 | 1335.79 |
| 2015 | 1437.13 | 1381.59 | — | 85.67 | 1467.26 |
| 合计 | 11868.91 | 10850.42 | 64.14 | 1017.43 | 11931.99 |

### （八）领导任职

1957~1968 年，藕塘中学未设立党支部。1968 年，藕塘中学与东方红小学、藕塘卫生院组建文卫联合党支部。1980 年，藕塘中学单独设立党支部。1957~2015 年，藕塘中学先后有 10 人任校长，19 人任副校长；1968~2015 年，先后有 11 人任学校党支部书记。

**1957~2015 年藕塘中学校级领导任职表**

表 5—24—69

| 党支部书记 | | 校长 | | 副校长 | | | |
|---|---|---|---|---|---|---|---|
| 姓名 | 任职时间 | 姓名 | 任职时间 | 姓名 | 任职时间 | 姓名 | 任职时间 |
| — | — | 戴小泉 | 1957.09~1968.07 | — | — | — | — |
| 袁昆玉 | 1968.08~1970.02 | 黎家楷 | 1968.08~1972.07 | 朱瑞兴 | 1968.08~1975.08 | — | — |
| 黎家楷 | 1970.02~1972.08 | 席兴泉 | 1972.08~1978.02 | 沈纪兴 | 1973.02~1978.02 | — | — |
| 席兴泉 | 1972.08~1978.02 | — | — | — | — | — | — |
| 苏阿琪 | 1978.02~1981.07 | — | — | 苏阿琪 | 1978.02~1981.07 | 唐志澄 | 1978.02~1981.08 |
| 唐志澄 | 1981.08~1986.08 | 唐志澄 | 1981.08~1986.08 | 许荣芳 | 1983.08~1984.08 | 周浩卿 | 1984.08~1986.08 |
| 周浩卿 | 1986.08~1988.08 | 周浩卿 | 1986.08~1988.08 | 李伟雄 | 1986.08~1991.08 | 谢祖来 | 1986.08~1989.08 |
| 李伟雄 | 1988.08~1998.08 | 李伟雄 | 1991.08~1998.08 | 谢松兴 | 1989.08~1995.08 | 汤森源 | 1993.08~1998.08 |
| — | — | — | — | 徐美度 | 1995.08~1998.08 | 沈　东 | 2000.08~2007.08 |
| 汤森源 | 1998.08~2004.08 | 汤森源 | 1998.08~2004.08 | 徐大立 | 1998.08~2001.08 | 徐　宁 | 2002.08~2005.08 |
| 孟兆良 | 2004.08~2008.08 | 孟兆良 | 2004.08~2008.08 | 尤永清 | 2004.08~2009.08 | 陶　伟 | 2005.08~ |
| 胡志衍 | 2008.08~2014.08 | 胡志衍 | 2008.08~2014.08 | 张学清 | 2010.08~2014.08 | 顾正良 | 2007.08~2010.08 |
| 张学清 | 2014.08~ | 张学清 | 2014.08~ | — | — | 马建荣 | 2014.08~ |

2015 年，张学清任藕塘中学党支部书记、校长，陶伟、马建荣任副校长。

## 三、私立无锡稍塘初中补习班

新中国成立初期，时任稍塘小学校长章怀秋考虑到稍塘乡农民子女读初中要到阳山安阳中学、杨墅匡村中学读书，很不方便，于是向上级教育部门打报告，要求在稍塘小学内开办初中。1950 年，无锡县文教局批准在稍塘小学内开办私立无锡稍塘初中补习班，教室用房利用稍塘小学内茧行 5 间楼房二楼空房，课台由稍塘小学供给，长凳由学生自带，聘稍塘、张舍等地素质好、文化高的韩休畅、王开正、强光等青年为专职教师。韩休畅任校长、贾保和任教导主任。

学生为稍塘本乡及藕塘、刘塘、张舍、盛店等地农民子女。有的学生上学路途较远，中午就用饭盒自己带饭，学校为学生蒸热。农民子女由于实现上初中的愿望，内心都很高兴，学习上刻苦认真，生活上互相帮助。遇到雨雪天，道路泥泞，梅车口、边巷、张舍、盛店桥吴巷、藕塘桥冯巷、毛村、埭上、殷士桥、上舍等的学生单程要走 1 个多小时，但早读课从不迟到。教师在教学上尽责尽力，面对学生年龄、文化程度差异较大的情况，给予个别辅导、补课，循循善诱。有的学生因家庭困难，中途停学，教师就上门走访。贲巷里学生王浩良父亲突然病故，无法交纳

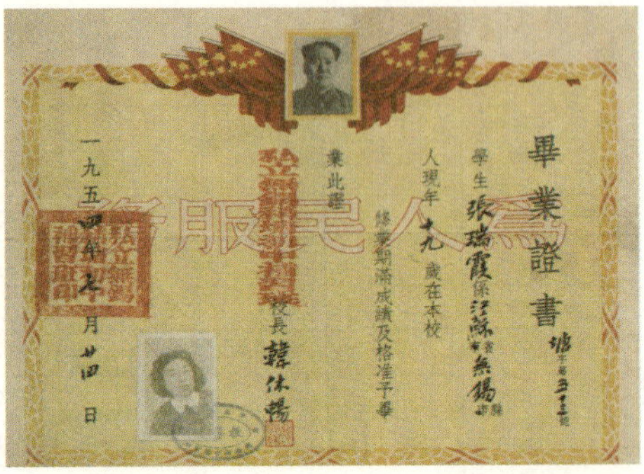


图 5—24—46 私立无锡稍塘初中补习班 1954 届毕业生张瑞霞的毕业证书

费用，学校就为他减免学费。因此，学生入学后都能坚持到学习期满。

1955年秋，私立无锡稍塘初中补习班因办学经费困难、师资短缺而停办，补习班并入陆区民办中学。私立无锡稍塘初中补习班自开办至停办共毕业3届学生，毕业学生数为1953届62人、1954届60人、1955届55人。

## 第五节 无锡县青少年业余体校

1976年，无锡县人民政府批准，无锡县教育局和无锡县体委联合筹建创办无锡县青少年业余体校。校址在原钱桥供销社农具部、钱桥村老村委办公楼西面的铁狮生产队。无锡县青少年业余体校（简称业余体校）建有4层综合楼一幢，另有一排简易房。综合楼南面浇制一片水泥篮球场，一片水泥排球场。综合楼内为教室、教师办公室、师生宿舍，另设两层招待所。简易房内设有乒乓球训练房，后改为击剑训练房及学校厨房、食堂。

业余体校规定，培训对象必须是青少年，必须具备体育训练的身材素质，训练项目符合上级用人单位的需求和发展需要，有较好的发展前途，能为无锡地区培养具有体育特长的中小学师资。业余体校到无锡县各中小学校选拔，符合条件的即录取入学；或由学生所在学校推荐，经体校测试，符合条件者录取入学。体校学生总数每年保持在50~60人。业余体校开办初期，设男子篮球和男子乒乓球两项。随着社会的需要，男子篮球队改设为女子篮球队，再由女子篮球队改设为女子排球队，乒乓球男女队改设为男女击剑队。

由于学校办学的性质为青少年业余，因此必须兼顾到学生的读书和体育训练两个方面。为解决学生的学习，业余体校根据学生的学历，安排学生分别寄读在钱桥中心小学和钱桥中学。体校教师做好学生文化学习和体育训练的协调工作，配合文化学习学校做好管理工作。学生在业余体校的训练时间每天定为2.5小时，即早晨半小时、下午2小时。学生早晨7时至下午3时在钱桥中、小学上课，下午3时返回体校参加体育训练至5时30分结束，晚上进行1.5小时晚自习。学生的吃、住等生活费用全部由体校供给。

业余体校的教师凡由教育局分配到体校的教练和工作人员编制在教育局，凡体委引进的人员编制在体委。体校设2名副校长，职级参照完中领导，由无锡县委组织处任命。吴天欣为体校副校长，负责学校全面工作；徐阿洪（军转干部）为副校长，负责学校后勤工作。体委安排陈友君为男子篮球队教练，后李树森接任；张剑萍（女）先为女子篮球队教练，后为女子排球队教练；曹植夫为男女乒乓球教练，后乒乓球队撤销，另行分配工作。黄刚为男女击剑教练。

1985年上半年，业余体校女子排球队代表无锡市参加江苏省中学生排球联赛获冠军，下半年代表江苏省参加全国青少年排球赛获亚军。1986年，无锡县青少年业余体校搬迁至东亭柏庄新建造的无锡县体校，校牌挂“锡东中学”。无锡县青少年业余体校在钱桥办学时间虽然不长，培训条件又比较差，但办学10年中取得可喜的成绩，其中男女乒乓球队在苏州地区7个县比赛中多次获得地区男女团体冠军和男女单打冠军，女子排球队获江苏省中学排球联赛冠军、全国青少年排球赛亚军。

## 第六节 教师队伍

清末，钱桥、藕塘地区有私塾29所、塾师40余人。民国期间，各私塾相继发展成国民学校。民国12年（1923）区域内有县立、乡立国民小学与私立小学11所，教师30余人，大多数为原塾师。

20世纪50年代，区域内小学教师以简师、中师毕业生为主。钱桥、藕塘地区由于教育规模扩展，中小学教师严重不足，一批农村知识青年充实进入中、小学教师队伍，代课、民办教师所占比例较高，特别是村校，代课、民办教师比例超过75%。钱桥中学与南西漳初中教师队伍中只有3位教师为本科学历，大专以上学历仅占教师总数的15%，大部分教师为中师、中专和高中学历。60年代，钱桥、藕塘地区中小学教师队伍有停办的无锡县农校、卫校一部分教师调入，有无锡、苏州、南京等地大学专科与江苏师范学院的毕业生分配至中小学。时由于师范院校专、本科毕业生充实到教师队伍，钱桥与南西漳初中教师本科学历超过20%、大专学历比例超过70%。

“文化大革命”后，政府重视教育，鼓励和要求在职教师参加继续教育，提升学历，提高教学水平，钱桥、藕塘地区中小学中一大批学历不达标的教师纷纷参加相关学科的函授进修学习，有的参加无锡县教师进修学校开设的中师函授班、大专进修班、小学教学（语文、数学）研修班，有的参加江苏师院、南师大等高校的大专、本科学习。80年代，区域内一批代课、民办教师达到规定学历后择优经无锡县教育局考核评定，转为公办教师。

1987年，钱桥、藕塘地区中小学教师进行职称评定。1990年，钱桥、藕塘地区幼儿教师中中师学历8人，占幼师总数的27.6%。小学教师中中师学历100人，占小学教师总数的71.9%；大专学历9人，占6.5%。中学教师大专学历85人，占中学教师总数的61.6%；本科学历26人，占18.8%。幼儿教师中中级职称（小学高级）1人，占3.4%。小学教师中中级职称（小学高级）46人，占33.1%；助理级（小学一、二级）68人，占48.9%。中学教师副高职称（中学高级）7人，占5.1%；中级职称（中学一级）59人，占42.8%；助理级（中学二级）71人，占51.4%。

2015年，钱桥街道幼儿教师220人，大专及以上学历达94.5%，其中本科学历占51.8%；小学教师388人，大专及以上学历占98.4%，其中本科占77%，并有2名研究生；中学教师191人，本科及以上学历占97.4%，其中研究生4人。是年，幼儿教师助理级占31%、中级17.73%、副高占2.73%；小学教师助理级占19.84%、中级占44.6%、副高占5.4%；中学教师助理级占19.9%、中级占39.3%、副高占39.3%。

**1990~2015年钱桥、藕塘（乡）镇，钱桥（镇）街道幼儿园、中小学教师学历职称选年统计表**

表5—24—70　　单位：人

| 年份 | 乡镇别 | 校别 | 教师数量 | | | 学历 | | | | | 职称 | | | |
|---|---|---|---|---|---|---|---|---|---|---|---|---|---|---|
| | | | 总数 | 其中男 | 其中女 | 研究生 | 本科 | 大专 | 中师 | 其它 | 副高 | 中级 | 助理级 | 无职称 |
| 1990 | 钱桥 | 幼儿园 | 20 | 0 | 20 | 0 | 0 | 0 | 7 | 13 | 0 | 1 | 4 | 15 |
| | | 小学 | 75 | 28 | 47 | 0 | 0 | 5 | 60 | 10 | 0 | 25 | 30 | 20 |
| | | 中学 | 81 | 46 | 35 | 0 | 15 | 49 | 9 | 8 | 4 | 48 | 28 | 1 |
| | | 小计 | 176 | 74 | 102 | 0 | 15 | 54 | 76 | 31 | 4 | 74 | 62 | 36 |
| 1990 | 藕塘 | 幼儿园 | 9 | 0 | 9 | 0 | 0 | 0 | 1 | 8 | 0 | 0 | 0 | 9 |
| | | 小学 | 64 | 29 | 35 | 0 | 0 | 4 | 40 | 20 | 0 | 21 | 38 | 5 |
| | | 中学 | 57 | 38 | 19 | 0 | 11 | 36 | 2 | 8 | 3 | 11 | 43 | 0 |
| | | 小计 | 130 | 67 | 63 | 0 | 11 | 40 | 43 | 36 | 3 | 32 | 81 | 14 |
| 2000 | 钱桥 | 幼儿园 | 40 | 0 | 40 | 0 | 0 | 7 | 3 | 30 | 0 | 2 | 34 | 4 |
| | | 小学 | 228 | 37 | 191 | 0 | 20 | 58 | 127 | 23 | 0 | 86 | 102 | 40 |
| | | 中学 | 138 | 82 | 56 | 0 | 37 | 74 | 17 | 10 | 12 | 68 | 46 | 12 |
| | | 小计 | 406 | 119 | 287 | 0 | 57 | 139 | 147 | 63 | 12 | 156 | 182 | 56 |
| 2000 | 藕塘 | 幼儿园 | 25 | 0 | 25 | 0 | 0 | 6 | 15 | 4 | 0 | 0 | 18 | 7 |
| | | 小学 | 89 | 25 | 64 | 0 | 0 | 27 | 59 | 3 | 0 | 27 | 50 | 12 |
| | | 中学 | 67 | 36 | 31 | 0 | 12 | 51 | 0 | 4 | 7 | 28 | 32 | 0 |
| | | 小计 | 181 | 61 | 120 | 0 | 12 | 84 | 74 | 11 | 7 | 55 | 100 | 19 |
| 2015 | 钱桥街道 | 钱桥中心幼儿园 | 62 | 1 | 61 | 0 | 38 | 22 | 2 | 0 | 4 | 25 | 24 | 9 |
| | | 藕塘中心幼儿园 | 48 | 1 | 47 | 0 | 40 | 8 | 0 | 0 | 2 | 12 | 19 | 15 |
| | | 盛岸花园幼儿园 | 32 | — | 32 | — | 8 | 22 | 2 | — | — | 1 | 9 | 22 |

续表 5—24—70 单位：人

| 年份 | 乡镇别 | 校别 | 教师数量 | | | 学历 | | | | | 职称 | | | |
|---|---|---|---|---|---|---|---|---|---|---|---|---|---|---|
| | | | 总数 | 其中 | | 研究生 | 本科 | 大专 | 中师 | 其它 | 副高 | 中级 | 助理级 | 无职称 |
| | | | | 男 | 女 | | | | | | | | | |
| 2015 | 钱桥街道 | 晴山蓝城幼儿园 | 32 | — | 32 | — | 14 | 15 | 3 | — | — | 1 | 3 | 28 |
| | | 南西漳幼儿园 | 20 | — | 20 | — | 7 | 11 | — | 2 | — | — | 8 | 12 |
| | | 开心宝贝幼儿园 | 26 | — | 26 | — | 7 | 16 | 3 | — | — | — | 5 | 21 |
| | | 钱桥中心小学 | 211 | 40 | 171 | 0 | 155 | 55 | 1 | 0 | 14 | 113 | 45 | 39 |
| | | 藕塘中心小学 | 82 | 17 | 65 | 1 | 74 | 4 | 3 | 0 | 6 | 50 | 25 | 1 |
| | | 华锐实验小学 | 63 | 9 | 54 | 1 | 40 | 20 | 2 | — | — | 10 | — | 53 |
| | | 金桥实验学校 | 32 | 6 | 26 | — | 28 | 4 | — | — | 1 | — | 7 | 24 |
| | | 钱桥中学 | 128 | 43 | 85 | 3 | 122 | 3 | 0 | 0 | 49 | 49 | 27 | 3 |
| | | 藕塘中学 | 63 | 26 | 37 | 1 | 60 | 2 | 0 | 0 | 26 | 26 | 11 | 0 |
| | | 小计 | 799 | 143 | 656 | 6 | 593 | 182 | 16 | 2 | 102 | 287 | 183 | 227 |

# 第七节 教育经费

钱桥、藕塘（乡）镇党委、政府、钱桥街道党工委、办事处十分重视中小学教育，每年把中小学教育经费列入财政预算，并确保到位。1990~2003 年，钱桥镇投入中小学教育经费 9381.92 万元；藕塘（乡）镇投入中小学教育经费 4805.22 万元。2004 年，钱桥、藕塘两镇合并后至 2015 年，钱桥（镇）街道投入教育经费 107392.48 万元。

1990~2003 年钱桥镇投入基础教育经费统计表

表 5—24—71 单位：万元

| 年份 | 投入基础教育经费 | 年份 | 投入基础教育经费 | 年份 | 投入基础教育经费 | 年份 | 投入基础教育经费 |
|---|---|---|---|---|---|---|---|
| 1990 | 301.91 | 1994 | 600.75 | 1998 | 596.57 | 2002 | 1013.00 |
| 1991 | 347.99 | 1995 | 567.77 | 1999 | 592.45 | 2003 | 1321.18 |
| 1992 | 315.09 | 1996 | 622.21 | 2000 | 697.11 | 合计 | 9381.92 |
| 1993 | 821.80 | 1997 | 774.92 | 2001 | 809.17 | — | — |

1990~2003 年藕塘（乡）镇投入基础教育经费统计表

表 5—24—72 单位：万元

| 年份 | 投入基础教育经费 | 年份 | 投入基础教育经费 | 年份 | 投入基础教育经费 | 年份 | 投入基础教育经费 |
|---|---|---|---|---|---|---|---|
| 1990 | 69.68 | 1994 | 295.05 | 1998 | 290.03 | 2002 | 704.00 |
| 1991 | 111.26 | 1995 | 197.06 | 1999 | 318.78 | 2003 | 1065.00 |
| 1992 | 121.25 | 1996 | 220.19 | 2000 | 441.38 | 合计 | 4805.22 |
| 1993 | 211.91 | 1997 | 277.63 | 2001 | 482.00 | — | — |

2004~2015 年钱桥（镇）街道投入基础教育经费统计表

表 5—24—73 单位：万元

| 年份 | 投入基础教育经费 | 年份 | 投入基础教育经费 | 年份 | 投入基础教育经费 | 年份 | 投入基础教育经费 |
|---|---|---|---|---|---|---|---|
| 2004 | 2856.82 | 2008 | 7412.51 | 2012 | 12094.42 | 合计 | 107392.48 |
| 2005 | 2993.88 | 2009 | 7486.76 | 2013 | 14654.96 | — | — |
| 2006 | 3799.72 | 2010 | 8489.00 | 2014 | 11719.95 | — | — |
| 2007 | 4505.85 | 2011 | 15769.04 | 2015 | 15609.57 | — | — |

## 第八节 管理机构

人民公社时期，钱桥、藕塘公社党委分别有一名党委委员分管文教卫生工作。1983年，政府进行体制改革，钱桥、藕塘人民公社改设为钱桥、藕塘乡人民政府。改设为乡后，钱桥、藕塘乡分别设立一位文卫助理，协助分管文卫工作的副乡长具体负责中学、小学、幼儿园及成人教育工作。

2004年，钱桥、藕塘两镇合并后，中学、小学、幼儿园、成人教育的管理工作量增大，新的钱桥镇设立文卫办公室，文卫助理任办公室主任，同时增设1名工作人员。2007年，改设为钱桥街道文卫办公室。文卫办公室贯彻执行上级有关教育方针政策、法律法规，拟订本街道教育事业发展规划与目标；加强对中小学、幼儿园、成教工作的服务与指导，提高管理质量和办学水平。同时，配合上级文教主管部门做好相关工作；加强辖区内教育系统安全管理，组织开展安全督查，开展安全隐患排查治理，打击非法办学活动；做好有关入学入园纠纷等来信来访工作，及时疏导和化解矛盾；制订年度工作计划，负责教育条线年度考核工作。

钱桥（乡）镇历任文卫助理为张珍娣、吴凤兴、陆文琴、杨燕；藕塘（乡）镇历任文卫助理为浦明奋、陈凤鸣、杨国忠、胡松林、沈秀娟；钱桥（镇）街道历任文卫办公室主任为杨燕、杭月新。2015年，杭月新任钱桥街道文卫办公室主任。

# 第二十五章 无锡职教园校区

2005 年，无锡市委、市政府决定在钱桥镇建设无锡（藕塘）职教园区。是年 7 月 8 日，市委、市政府在钱桥镇勤建村举行无锡（藕塘）职教园区奠基开工典礼，同时成立无锡（藕塘）职教园区建设领导小组，由市委、市政府领导担任领导小组组长、成员。2006 年 12 月，无锡市委、市政府决定无锡（藕塘）职教园区与钱桥镇实行“区镇合一”的领导体制，副处（县）级建制。2007 年 11 月 29 日，无锡（藕塘）职教园区举行无锡市公共实训基地奠基仪式。2008 年 1 月，成立无锡（藕塘）职教园区建设指挥部。是年 11 月，无锡市公共实训基地建成并投入使用。2010 年 7 月，无锡（藕塘）职教园区建设指挥部更名为“无锡职教园校区公共服务管理中心”。9 月，无锡（藕塘）职教园区更名为“无锡职教园”。2006~2011 年，因建设无锡职教园拆迁勤建、稍塘、藕塘、恒源祥、舜柯村农户 1572 户，涉及人口 5366 人。2005~2015 年，钱桥（镇）街道投入无锡职教园校区建设经费 17.96 亿元。2015 年，无锡职教园校区有无锡商业职业技术学院、江苏信息职业技术学院、无锡城市职业技术学院、无锡技师学院、江苏省无锡汽车工程中等专业学校、江苏省惠山中等专业学校、江南影视艺术职业学院、无锡文化艺术学校等 8 所大中专院校，占地面积 376.6 万平方米、建筑面积 160.53 万平方米、教师 3158 人、班级 1472 个、学生 56376 人。

**2015 年无锡职教园校区大中专院校基本情况统计表**

表 5—25—1　　单位：人、个、平方米

| 校名 | 性质 | 教师数 | 班级数 | 学生数 | 毕业生数 | 占地面积 | 建筑面积 |
|---|---|---|---|---|---|---|---|
| 无锡商业职业技术学院 | 公办 | 489 | 293 | 12365 | 4499 | 1066672.00 | 270000.00 |
| 江苏信息职业技术学院 | 公办 | 587 | 301 | 11602 | 3445 | 779630.56 | 325041.25 |
| 无锡城市职业技术学院 | 公办 | 492 | 271 | 9644 | 2891 | 666670.00 | 300000.00 |
| 无锡技师学院 | 公办 | 520 | 211 | 8160 | 2046 | 281333.33 | 200000.00 |
| 江苏省无锡汽车工程中等专业学校 | 公办 | 344 | 117 | 3781 | 1260 | 259688.10 | 144379.08 |
| 江苏省惠山中等专业学校 | 公办 | 366 | 152 | 5888 | 1366 | 283334.75 | 168000.00 |
| 江南影视艺术职业学院 | 民办 | 240（含外聘） | 106 | 4236 | 1020 | 336667.00 | 155377.00 |
| 无锡文化艺术学校 | 公办 | 120 | 21 | 700 | 130 | 92000.46 | 42500.00 |
| 合计 | — | 3158 | 1472 | 56376 | 16657 | 3765996.20 | 1605297.33 |

## 第一节 规划与建设

无锡职教园是无锡市“十一五”规划的“五大中心”重点项目之一，是无锡重点建设发展的集职业教育、科研、实训、文化、旅游、生态、居住、商业为一体的综合性职教园区，也是无锡重点打造城市建设中的新的功能片区。

2005 年 8 月 29 日，无锡市政府确定无锡（藕塘）职教园区控制性详细规划，规划范围为东至钱洛路，南临舜柯山、鸡笼山，西至西环线，北至锡宜高速公路，总面积 14.78 平方公里，整体空间结构为以洋溪河及道路两侧绿地为依托，形成一个十字形绿化景观轴、两个园区共享区、四个组团、

图 5—25—1　2005 年 7 月 8 日，无锡市委、市政府隆重举行无锡（藕塘）职教园区奠基典礼

两条校际共享景观带以及四条生活街。9 月 7 日，无锡市委、市政府就加快建设无锡（藕塘）职教园区提出详细的实施意见并下发文件，提出争取用 5 年时间至“十一五”期末基本建成面向长三角、面向国内外具有国际一流水准的现代化职业教育园区。是年，启动首期 2 平方公里园区建设。同时，成立无锡（藕塘）职教园区建设领导小组，由市领导担任组长，负责园区建设规划、政策制定，负责土地、老校区存量资源置换等工作，协调园区建设重大事项。领导小组下设办公室，办公室设在无锡市教育局。市教育局抽调专门人员负责园区建设的日常协调工作。惠山区委、区政府成立相应工作机构，负责征地、拆迁、安置房建设、园区基础设施及公共设施的配套建设。是年，实施无锡（藕塘）职教园区第一阶段工作，做好园区的总体规划和首期启动规划，园区内道路、拆迁安置房及首期学校的一期工程开工建设。

2006 年 12 月 22 日，无锡市委、市政府决定建立中共无锡（藕塘）职教园区工作委员会、无锡（藕塘）职教园区管理委员会，由惠山区委、区政府管理，副处（县）级建制，实行园区与钱桥镇“区镇合一”的管理体制。2006~2007 年启动园区 2 平方公里的道路、安置房、环境工程、共享设施等建设工程，园区首期工程全部竣工并投入使用，二期部分开工建设。

2007 年 2 月 5 日，无锡市委、市政府调整无锡（藕塘）职教园区建设领导小组成员，组长由市长担任，副组长由三名副市长担任，成员为市委、市政府各部局领导。园区建设领导小组下设办公室，办公室设在无锡（藕塘）职教园区管委会。园区建设领导小组定期召开会议。是年 9 月，无锡商业职业技术学院、江苏信息职业技术学院、江南影视艺术职业学院、无锡技师学院四所院校 3 万多名师生入驻无锡（藕塘）职教园区。11 月 13 日，无锡市人民政府同意撤销惠山区钱桥镇，设立钱桥街道办事处。钱桥街道办事处与无锡（藕塘）职教园区实行“街园合一”的行政管理体制（两块牌子，一套班子）。同时，另设立无锡（藕塘）职教园区建设指挥部、纪检监察等机构。11 月 29 日，无锡（藕塘）职教园区举行无锡市公共实训基地奠基仪式。同年，无锡（藕塘）职教园区钱藕路、新藕路、华学环路、文良路等“两纵两横”4 条主要干道基本建成，5.5 公里自来水管线和涉及进园区学校的天然气管道全部投入运作；文良路至污水提升站以及钱藕路至文良路共 1.5 公里污水管道全部投入使用；1.38 公里长的 35 千伏/110 千伏电力管线和 10 千伏高压线电缆工程完工使用，并建成投运 110 千伏朱巷变电所；各院校的护校景观河建设基本完成；钱藕路标志性景观雕塑建成。是年，园区内的农户征地补偿、拆迁协议的签订基本完成。第一批次勤建、舜柯两村 833 户、21.3 万平方米的民房，第二批次稍塘村 4 个村民小组以及藕塘村共 223 户、 4.24 万平方米的民房和 1 万平方米的非住宅（工厂等）完成拆迁结算；第三批次洋溪西马山拆迁顺利推进。同年，园区被征地农民全面纳入社保范围，首期 27 万平方米的安置房交付使用，拆迁村民搬进藕乐苑新居，完成藕乐苑二期 10 万平方米安置房的规划方案，并开工建设。园区内公交停车场和公交站台建成使用，直达园区的 115 路、206 路公交车于是年 9 月 3 日通车。园区外围引导牌和园区内道路信号灯、交通斑马线等全部完工。配套服务中心（学生街一期）投入运营。同时，成立环卫、城管、联防三支队伍入驻园区，实施日常管理。

2008年1月，成立职教园校区建设指挥部，利用藕塘税务所搬迁后空房为办公用房。是年1月22日，亚洲最大IT软件培训公司印度国家信息技术学院（NIIT）中国区教育业务总监柯谋一行至无锡（藕塘）职教园区考察。NIIT是印度第一大软件培训机构，在全球38个国家设有3882家教育中心，其中在中国各大城市开设100多家教育中心，并与60多所高校建立合作关系。惠山区区长、无锡（藕塘）职教园区党工委书记吴仲林、无锡（藕塘）职教园区管委会主任，钱桥街道党工委书记、办事处主任相继会见印度总监柯谋，双方就服务外包产业的发展以及人才培训合作等问题进行热烈交谈。柯谋一行实地考察、参观无锡（藕塘）职教园区，重点参观职业学院中规模位居全国第三、江苏省第一的无锡商业职业技术学院，表示与藕塘职教园区在软件培训产业方面进行全方位合作。是年，印度时间2月18日晚7时，惠山软件外包产业说明会在印度班加罗尔市一家名为Taj West End的酒店举行。会上，无锡（藕塘）职教园区与印度软件大鳄NIIT签订关于服务外包人才培训合作协议。这是继印度NIIT到无锡（藕塘）职教园区考察访问之后，正式与职教园区亲密“牵手”，共谋发展。由此，无锡（藕塘）职教园区实现服务外包工作突破国界线、与国外专业培训机构合作的目标。同年，无锡（藕塘）职教园区累计完成工程总量投入11亿元，首期2平方公里启动区基本建成，启动区内“九通一平”、征地、拆迁、安置、社保和绿化、亮化、美化工作基本到位。1.1万平方米的学生街一期于9月1日建成开街，学生街二期和展示接待服务中心启动建设，无锡市劳动局负责建设的公共实训基地（一期工程）建成使用。无锡（藕塘）职教园区管委会为大力提升园区服务水平，建立园区与入驻院校联席会议制度，定期召集入驻院校与会，研究发展举措；对已入驻院校强化物业和后勤管理；加强学校周边综合治理工作，确保学校及职教园区有良好的环境；推进园区规范化管理，协助各校抓好校园建设的同时，进一步抓好校园内部规范化、制度化管理；完善各学校人防、技防、物防等安全防范措施，建立校区安全、治安联动机制；对在建院校项目开展工程质量和安全培训工作，加强工程安全质量监督。

图5—25—2　2008年1月22日，印度国家信息技术学院（NIIT）中国区教育业务总监柯谋一行至无锡（藕塘）职教园校区考察

至2009年，无锡（藕塘）职教园区累计投入超过43亿元，其中入驻院校投入32亿元，园区完成道路等各项基础设施投入11亿元。是年，园区拥有各类中高职院校8所和1个公共实训基地，学生和教职工近6万人，其中高职院校4所，即无锡商业职业技术学院、江苏信息职业技术学院、江南影视艺术职业学院和无锡城市职业技术学院；中职院校4所，即无锡技师学院、无锡汽车工程学校、江苏省惠山职教中心校、无锡高等师范学校。是年3月4日，江苏省职业技术教育学会第三届会员代表大会暨2009年年会在无锡（藕塘）职教园区召开，3000多名会议代表参观考察无锡（藕塘）职教园区，并重点参观考察无锡商业职业技术学院和江苏省惠山职业技术教育中心校，听取园区管委会主任关于园区建设情况介绍。中国职教学会常务副会长、教育部职成司原司长刘来泉，省教育厅副厅长殷翔文，省职教教育学会会长、省教育厅原副厅长周稽裘等分组带队参观考察，对职教园区取得的成绩予以充分肯定。同年，中共无锡市惠山区委和区政府抓紧推进二期开发建设，各项工作实现新突破。无锡城市职业技术学院和无锡高等师范学校新校区建设加快推进拆迁工作，确保两所院校如期建设。园区二期开

图5—25—3　2009年3月4日，江苏省职业技术教育学会第三届会员代表大会暨2009年年会在无锡（藕塘）职教园区召开

发建设涉及到17个村民小组、计670户、2989人办理社保手续，拆迁居民全部纳入基本生活保障体系，解决拆迁居民的后顾之忧。同时，建成藕乐苑社区安置房4.7万平方米，基本保证园区建设拆迁居民实现零过渡。加快推进重点基础设施建设工程，重点抓好钱藕路延伸段和新藕路延伸段建设，把钱藕路向东延伸500米，打通惠钱路与园区的连接，形成无锡市区与职教园区之间的东西快速通道；把新藕路向南延伸1020米，以连接钱胡路，形成职教园区的南北快速通道；做好园区内南环路、显山路、钱洛路、洋溪路等重要道路规划工作，会同水利部门进一步疏理和完善园区内水系，重点对井亭河、大坝漕等主要河道实行“河长制”管理，实施“捞清”“截污”“控源”等措施，对井亭河重新改造。抓紧完善园区公共配套，按照“公共服务、综合服务、创业服务”的要求，不断完善园区商业配套设施，2.4万平方米的二期学生街建成使用；占地近5000平方米的集展示、规划和建设发展成果为一体的园区展示接待服务中心建成使用；完善园区生活后勤配套设施，建筑面积2000平方米的外来人口与学生公寓于9月交付使用；1000平方米职教园区医疗卫生中心于11月6日开业；在开通园区直达市区115路、206路和4路三条公交常规路线的基础上，新增园区公交快2专线，延长班次时间，基本解决师生高峰时间段乘车难题。针对园区学校集群、学生集中、资源集聚的特点，在无锡市、惠山区两级公安部门支持下，无锡（藕塘）职教园区管委会积极搭建公共管理服务平台，提供425平方米的办公场所，设置园区警务站，新增警力3名，联防队员18名。与此同时，成立学生街物业管理办公室，强化环卫、城管、联防三支队伍，配合入驻院校实施日常管理，切实加强园区综合治理，会同无锡市教育局、驻地公安机关、入驻院校先后实施园区安全稳定管理、联勤联合值班、打击“黑车”、查处乱设摊点等综合整治行动，进一步净化院校周边环境。

图5—25—4 2009年3月4日，中国职教学会常务副会长、教育部职成司原司长刘来泉（右2），省职教教育学会会长、省教育厅原副厅长周稽裘（左2）等带领江苏省职业技术教育学会第三届会员代表参观考察江苏省惠山职业技术教育中心校

2010年9月21日，无锡市人民政府同意将无锡（藕塘）职教园区更名为无锡职教园，更名后园区原有规划区域、领导体制、机构编制及人员性质不变。是年底，园区共累计投入资金超过63亿元，其中，入驻院校投入45亿元、园区管委会投入18亿元，共完成拆迁50万平方米，易地新建安置房40万平方米，共建成各类校舍和园区公共配套设施近150万平方米，完成钱藕路、新藕路、文良路和华学环路等4条主要道路建设，道路总长10公里，职教新城规模初显，影响不断扩大。同月，无锡城市职业技术学院入驻。2011年1月8日，无锡城市职业技术学院、无锡高等师范学校新校区落成启用典礼暨生态环境与经济发展高层论坛举行。2月17日，亚太经合组织技能开发促进中心揭牌仪式暨亚太经合组织技能开发促进项目启动仪式在无锡技师学院和市公共实训基地隆重举行。国务院副总理张德江，省委书记罗志军，人力资源和社会保障部部长尹蔚民，省长李学勇，国务院副秘书长肖亚庆，外交部副部长崔天凯，人力资源和社会保障部副部长王晓初，无锡市委书记、省政府秘书长、无锡市市长、副市长以及亚太经合组织各成员的代表出席仪式。是年，无锡职教园先后被授予“江苏省服务外包人才培训基地”“联合国生态恢复示范区”等称号。6月底，园区召开职教高层专家咨询会，组成专家咨询委员会，邀请教育部原职成司司长、中国职教学会顾问杨金土教授一行国内顶级专家7人，为职教园“十二五”发展会诊把脉，为下一阶段职教园发展谋划蓝图。同年，与上海华东师范大学教育学院共同筹建华师大长三角职业教育战略发展研究院，并与华师大签约，把国内顶尖的职业教育培训基地和研究机构设立在无锡职教园。是年，依托职教园平台，在职教园校区周边规划40公顷土地，建立无锡应用科技园，大力发展2.5产业（介于第二与第三产业之间的产业），为企业培训和社会培训服务，为企业培养应用型高技能人才，为产业转型发展提供应用型技术支持。无锡职教园管委会通过搭建资源共享平台，在校园安全、建筑安全、人才资源等诸多领域形成园区和院校联动机制，创办园区的杂志和网站，为院校提供展示窗口和交流平台；联合

入驻院校，创办“职教园大讲堂”，大讲堂深受师生欢迎；创办无锡职教园人力资源中心，为院校学生就业创业提供信息渠道；联合公、检、法等相关部门，分别在职教园设立法制教育基地、维权基地等，受到院校师生欢迎；还组织各入驻院校师生开展“百姓大舞台走进职教园”等多种形式的文体活动，丰富师生的课余生活。无锡职教园管委会按照“规划先行、生态先行、配套先行”的战略，推进园区周边城市化进程，为职教园师生提供良好的学习、生活环境，为职教园吸引企业培训资源和产学研合作资源提供环境支撑。是年，按照法国 AS 公司的总体规划，园区管委会投入 3.5 亿元资金，启动占地 20 公顷的“生态岛”、占地 40 公顷的 “智慧岛”、2 公里的洋溪河滨水休闲景观带和李家湾生态休闲区的建设，为企业培训和产学研合作提供良好的生态环境。是年 9 月，无锡高等师范学校新校区建设基本完成，无锡技师学院国际交流中心大楼顺利结顶，无锡公共实训基地二期建设全面启动。是年，无锡职教园校区 6 平方公里、8 所学校建设规模基本定型，职教园由原来的建设阶段全面转入管理、提升阶段。同年，联合市优质职业中介机构，搭建职教服务平台，共同成立职教园人力资源中心。是年，无锡职教园校区学生和教职工 6.1 万人。无锡商业职业技术学院、江苏省惠山中等专业学校被教育部和省教育厅确定为高水平示范性职业院校建设单位，江苏信息职业技术学院成为江苏省示范性高职院校，无锡技师学院和无锡汽车工程学校分别被评为国家高技能人才培训基地和国家技能型紧缺人才培养培训基地。

**2006~2011 年无锡职教园校区建设拆迁自然村、农户、人数统计表**

表 5—25—2　　　　单位：户、人

| （村）社区名 | 村庄 | 户数 | 人数 | 拆迁日期 | （村）社区名 | 村庄 | 户数 | 人数 | 拆迁日期 |
|---|---|---|---|---|---|---|---|---|---|
| 勤建村 | 管巷 | 45 | 171 | 2006.05 | 舜柯（村）社区 | 壤东 | 21 | 98 | 2006.04 |
| | 陈村 | 30 | 97 | 2006.05 | | 壤西 | 25 | 96 | 2006.04 |
| | 韩巷 | 32 | 77 | 2006.05 | | 陆东 | 18 | 78 | 2009.07 |
| | 小方桥 | 31 | 107 | 2006.05 | | 陆西 | 24 | 109 | 2009.07 |
| | 河西巷 | 21 | 74 | 2006.05 | | 石东 | 31 | 127 | 2009.07 |
| | 大东店 | 57 | 234 | 2006.05 | | 石西 | 24 | 83 | 2009.07 |
| | 小东店 | 22 | 82 | 2006.05 | | 田肚里 | 28 | 99 | 2010.03 |
| | 椿树巷 | 30 | 102 | 2006.05 | | 吴巷二队 | 11 | 37 | 2010.04 |
| | 袁巷 | 28 | 110 | 2006.05 | | 殷巷 | 26 | 91 | 2011.08 |
| | 邵巷 | 44 | 215 | 2006.05 | | 沈巷 | 29 | 126 | 2011.08 |
| | 街里 | 29 | 101 | 2006.05 | | 东河 | 22 | 87 | 2011.08 |
| | 长巷 | 39 | 160 | 2006.05 | 藕塘（村）社区 | 许巷 | 70 | 232 | 2007.05 |
| | 三家村 | 59 | 207 | 2006.05 | | 徐塘湾 | 74 | 262 | 2009.07 |
| | 西一 | 46 | 169 | 2006.05 | | 缪巷 | 34 | 112 | 2009.07 |
| | 西二 | 41 | 120 | 2006.05 | | 张巷 | 14 | 49 | 2009.07 |
| | 西三 | 40 | 134 | 2006.05 | | 徐塘庙 | 14 | 40 | 2012.03 |
| | 西四 | 34 | 143 | 2006.05 | | 前方桥 | 25 | 95 | 2011.03 |
| | 秦家漕 | 28 | 119 | 2008.09 | | 后方桥 | 45 | 139 | 2011.03 |
| 稍塘（村）社区 | 章东 | 34 | 133 | 2007.05 | | 渔东 | 38 | 118 | 2011.03 |
| | 章西 | 28 | 109 | 2007.05 | | 渔西 | 49 | 157 | 2011.03 |
| | 稍一 | 38 | 126 | 2007.05 | 恒源祥村 | 井亭 | 57 | 186 | 2009.00 |
| | 稍二 | 24 | 85 | 2007.05 | 藕乐苑社区 | 李家湾 | 70 | 204 | 2010.00 |
| | 包家岸 | 21 | 65 | 2011.03 | 合计 | — | 1572 | 5633 | — |
| | 芦岸 | 22 | 68 | 2011.03 | — | — | — | — | — |

2012 年，无锡职教园强化服务，校区建设管理稳步推进。围绕平安校区创建，职教园管委会组织各项专项检查，发现问题督促院校及时整改；加强校区安全管理，有效遏制和减少事故发生；积极搭建平台，同步引进资源。为整合园区资源，利用 APEC 技能人才开发促进中心等多个平台，吸引更高层次相关培训机构和高科技企业入驻园区。是年，无锡应用科技园完成前期地块图和建设方案设计工作。2013 年，无锡职教园、钱桥街道围绕打造长三角国际职教培训中心总目标，整合校区资源，打造公共平台，锡西智谷 • 江苏惠山大学科技园引进企业 5 家、教育培训机构 1 家。5 月 17

日，无锡职教园成立锡西智谷云智慧公共平台，大力发展教育培训、呼叫中心、创意、咨询等服务外企专业；与英国伦敦城市行业协会合作，成立英国伦敦城市行业协会无锡中心。12月，启动文化艺术学校、江南影视学院第二期、实训基地 APEC 楼建设。

2014年，无锡职教园校区文化艺术学校一期完成封顶，江南影视学院二期大剧院竣工投用，实训基地 APEC 楼封顶。是年，设立大学生法律援助平台，加强大联防机制，优化交通环境，整合园区职教资源，利用锡西智谷云智慧公共服务外包平台运营，推进校企合作，为地方经济和企业服务。同年，职教园依托无锡市公共实训基地，引进无锡艺梵文化交流、无锡摩意科技等2家企业。是年，无锡职教园转变工作重点，整合职教资源，强化服务本地企业功能，锡西智谷云智慧公共服务外包平台的发展模式由自建载体、招商推介转变为由社会力量建设载体，再由社会力量来进行二次招商，强化为地方经济和企业服务。

1996~2014年无锡职教园校区院校及管理中心开工建设、进驻时间基本情况一览表

表5—25—3　　单位：人

| 院校 | 开工时间 | 竣工时间 | 进驻时间 | 至2015年 | | |
|---|---|---|---|---|---|---|
| | | | | 教师数 | 职工数 | 学生数 |
| 无锡商业职业技术学院 | 1996.00 | 2004.02 | 2004.02 | 489 | — | 12365 |
| 江苏信息职业技术学院 | 2005.05 | 2007.00 | 2007.03 | 587 | — | 11602 |
| 江南影视艺术职业技术学院 | 2006.03 | 2007.09 | 2007.09 | 80（专职） | — | 4236 |
| 无锡技师学院 | 2006.00 | 2008.00 | 2008.00 | 613（2016） | — | 8160 |
| 无锡汽车工程学校 | 2008.09 | 2008.08 | 2007.11 | 344 | — | 1126（新生） |
| 无锡市公共实训基地 | 2007.11 | 2008.11 | 2007.11 | 47 | — | — |
| 江苏省惠山中等专业学校 | 2007.08 | 2009.01 | 2009.02 | 366 | — | 5888 |
| 公共服务管理中心 | 2008.01 | 2009.09 | 2008.10 | — | — | — |
| 无锡城市职业技术学院 | 2009.05 | 2010.08 | 2010.09 | 492 | — | 9644 |
| 无锡高等师范学校 | 2014年无锡高等师范学校并入城市职业技术学院 | | | | | |
| 无锡文化艺术学校 | 2013.12 | — | — | — | — | — |

说明：无锡商业职业技术学院在藕塘起始建设时还没有无锡（藕塘）职教园

2015年8月，无锡职教园、钱桥街道举办职教园大学毕业生电子商务网创培训班，邀请专家就电子商务创业形势分析、电子商务创业与实践、农村电商及机会等作详细讲解。同时，惠山区就业管理中心解读大学生创业优惠扶持政策，激发职教园校区大中专学生的创业热情。是年，无锡职教园校区完成建设面积6平方公里，进驻学校有无锡商业职业技术学院、江苏信息职业技术学院、无锡技师学院、江

2015年无锡职教园校区院校坐落示意图

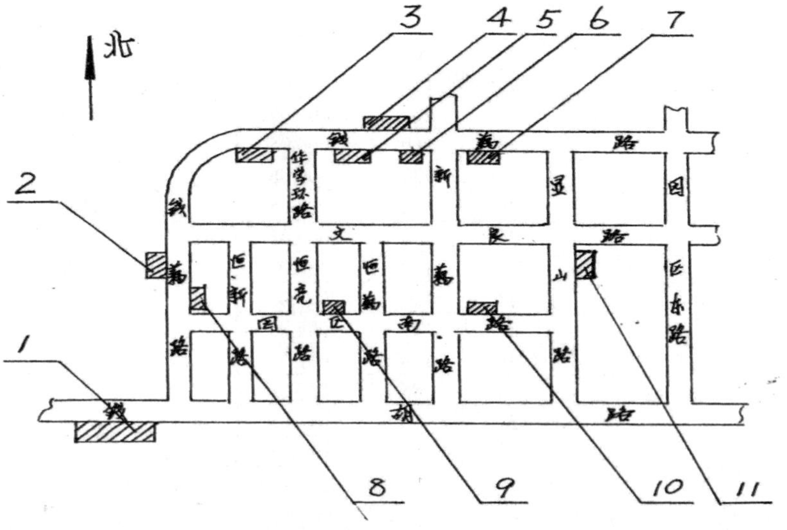


图5—25—5 编号之相应大中专院校为：

1、无锡商业职业技术学院　2、江苏信息职业技术学院
3、无锡技师学院　4、江苏省惠山中等专业学校
5、江苏省无锡汽车工程中等专业学校　6、职教园校区公共服务管理中心
7、无锡城市职业技术学院　8、江南影视艺术职业学院
9、无锡市公共实训基地　10、无锡高等师范学校（2014年与城市职业技术学院合并）
11、无锡文化艺术学校

苏省惠山中等专业学校、无锡汽车工程学校、无锡城市职业技术学院、江南影视艺术职业学院、无锡文化艺术学校。无锡职教园校区公共服务管理中心进一步加强校区的管理，无锡市公共实训基地为园区大中专院校学生的实训提供优质服务。

2005~2015 年钱桥（镇）街道投入无锡职教园校区建设经费统计表

表 5—25—4　　单位：万元

| 年份 | 投入建设经费总额 | 年份 | 投入建设经费总额 | 年份 | 投入建设经费总额 |
|---|---|---|---|---|---|
| 2005 | 15672.01 | 2009 | 32192.69 | 2013 | 12141.35 |
| 2006 | 13704.80 | 2010 | 23348.22 | 2014 | 3181.87 |
| 2007 | 8899.47 | 2011 | 21418.22 | 2015 | 12695.35 |
| 2008 | 21174.87 | 2012 | 15153.20 | 合计 | 179582.05 |

## 第二节 管理机构、交流合作

2007 年 7 月，无锡市政府批准建设无锡（藕塘）职教园校区建设指挥部办公楼，选址位于钱藕路 10 号。是年 11 月，指挥部办公楼开工建设，2008 年 11 月启用，2009 年 9 月 24 日竣工验收。校区指挥部占地面积 15311 平方米，建筑面积 3834.7 平方米，土地性质为国有。2010 年 7 月，更名为无锡职教园校区公共服务管理中心。

### 一、管理机构

2008 年 1 月，无锡（藕塘）职教园区成立校区建设指挥部，配备领导、职工 28 人。时指挥部办公地利用藕塘税务所的原办公楼。11 月，指挥部迁入钱藕路 10 号新建竣工的办公楼办公。2010 年 7 月，中共无锡（藕塘）职教园工作委员会决定将无锡（藕塘）职教园校区建设指挥部更名为无锡（藕塘）职教园公共服务管理中心；是年 10 月，更名为无锡职教园公共服务管理中心（简称“管理中心”）。管理中心下设综合管理部、规划建设部、职教事业发展部。

综合管理部负责职教园公共服务管理中心后勤服务工作，中心会务接待工作，中心财务工作，中心办公室工作，报送各类工作计划、总结、园区通讯信息、起草中心工作计划、总结，负责中心党务工作，配合街道计生办做好园区入驻院校、文良路学生街、校区公共管理服务中心计生工作，负责入驻院校征地工作，学生街两证手续办理工作，单位社保办理工作等。

规划建设部负责江苏惠山大学科技园（2.5 产业园）招商走访、接洽工作；为入驻企业办理工商、税务等手续服务工作；做好入驻企业与街道职能部门、入驻院校就业处、学工处、市镇单位联系协调工作；负责入驻企业优惠政策与各类奖励资金争取及服务工作；负责入驻院校大学生创业中心管理，企业注册、协调、服务工作；负责大学科技园外协工作；负责广和云智慧平台回购工作；负责职教资源整合工作、职教资源整合平台建设工作。

职教事业发展部负责联系、服务园区入驻院校，负责文良路学生街物业收费、自持商铺出租、租金催缴及商铺管理工作，协调入驻院校与街道各市镇单位的关系。

2013 年 1 月，无锡职教园公共服务管理中心规划建设部并入职教园规划建设局，管理中心职工调整为 17 人。2015 年，无锡职教园公共服务管理中心职工 13 人。

### 二、管理中心与高校、科研机构的交流与合作

2011 年 6 月，管理中心配合无锡职教园管委会邀请中国职教学会专家实地考察，并专门召开中国职教学会专家咨询研讨会，以教育部原职成司司长、中国职教学会顾问杨金土教授为首的专家组一行考察无锡职教园建设、发展情况，为无锡职教园在“十二五”期间的发展出谋划策。是年 12 月，管理中心与华东师范大学联系，拟合作在无锡职教园筹建华东师范大学长三角职业教育发展研究院。

2012 年 3 月初，管理中心配合无锡职教园管委会、华师大教育学院与英国总领事馆文化教育处

合作，共同举办首届中西部中职校长领导力与质量提高培训班，江苏省教育厅原副厅长周稽裘教授、华师大石伟平教授等专家以及来自中西部的 30 多名中职校长进行研讨和培训，取得良好效果，为华师大长三角研究院的运行奠定基础。2012 年 10 月 25 日，华师大长三角研究院在无锡职教园揭牌成立，为全国职业教育培训提供高层次平台，同时也提高无锡职教园校区自身服务能力。翌年，无锡职教园加大公共项目投入，设立职教园人力资源中心。

2013 年 7 月，为打造江苏惠山大学科技园，管理中心配合钱桥街道党工委、办事处圆满完成商务部 2013 年非洲国家电子化人力资源研修班接待任务，科技园先后接触英国伦敦城市行业协会（在职教园成立英国伦敦城市行业协会无锡中心）、安博教育集团、中国惠普培训学院、精英教育、淘宝大学等相关教育培训机构，与江苏广和服务外包有限公司、镇江艾科半导体有限公司、中科院三网融合项目、苏州裕通科技有限公司、北京信诺达泰斯特科技有限公司、陈嘉庚基金等相关产学研合作单位进行联系和洽谈。

### 三、管理中心历任领导

2008 年 1 月成立无锡（藕塘）职教园区建设指挥部，2010 年 10 月更名为无锡职教园公共服务管理中心至 2015 年，先后有 4 人任主任。

2008~2015 年无锡职教园建设指挥部、管理中心历任领导任职表

表 5—25—5

| 姓名 | 职务 | 任职时间 | 姓名 | 职务 | 任职时间 |
| --- | --- | --- | --- | --- | --- |
| 沈国良 | 主任 | 2008.01~2009.11 | 邵小明 | 主任 | 2011.10~2015.10 |
| 朱　焱 | 主任 | 2009.11~2011.10 | 张　晟 | 主任 | 2015.10~ |

2015 年，邵小明、张晟任管理中心主任。

## 第三节 无锡商业职业技术学院

无锡商业职业技术学院的前身为 1965 年 6 月创办的无锡市商业学校，中专性质，经费由省商业厅拨发，隶属于无锡市商业局领导，校址位于锡惠路（后改人民西路）贸易新村俱乐部。是年 10 月上旬，根据省商业厅指示，更名为“无锡市半工半读商业学校”。1970 年 11 月，无锡市财贸系统革命委员会核心小组决定无锡市半工半读商业学校停办，校舍改作无锡财贸锡惠片革委会办公地。1973 年 9 月，经江苏省革命委员会批准复校，更名为无锡市商业中等技术学校，收回占用房屋，并与无锡市教委对调场所，相邻的人民初中校舍划归商校，校址位于锡惠路贸易新村 3678 号，占地面积 3133.35 平方米。10 月，无锡市商业中等技术学校与无锡市财贸技校合并，迁入贸易新村商校原址。1978 年 10 月，经无锡市革委会批准，并报请省革命委员会、省商业厅同意，更名为“江苏省无锡商业学校”，隶属江苏省商业厅及无锡市商业局领导，并以省厅为主。1983 年 4 月，省商业厅决定将江苏省无锡商业学校迁址至梅园毗邻东横山麓，7 月奠基建设。1986 年 5 月，经省商业厅和省编委批准，学校由科级单位上升为县处级建制，隶属于江苏省商业厅管理。

1987 年，横山新校舍落成，学校占地面积 54666.67 平方米，位于荣巷郑巷 90 号，7 月迁入。1993 年 10 月，学校被江苏省人民政府评定为全省 38 所省级重点中专之一，扩展校园面积 9333.38 平方米。1994 年 11 月，学校被国内贸易部发文公布为部系统重点中专校。1996 年 6 月，在横山校区发展空间受到极大限制的情况下，江苏省无锡商业学校与锡山市藕塘镇勤建村委开展联合办学，构建占地面积 13333.33 平方米、建筑面积达 3800 平方米的塘山校区，开设基础教育部。1997 年，学校办学规模进一步扩大，横山校区在原有的基础上扩地 13333.33 平方米，同时又租建建筑面积 870 平方米的青祁校区，基本形成横山校区、塘山校区和青祁校区三地办学格局。

2000 年 4 月，江苏省人民政府批准将江苏省无锡商业学校、无锡市商业技工学校、无锡市商业职工中等专业学校合并，筹建无锡商业职业技术学院。5 月，江苏省无锡商业学校被国家教育部命名为国家级重点中专。10 月，经江苏省人民政府批准、教育部备案，江苏省无锡商业学校、无锡市商业技工学校、无锡市商业职工中等专业学校合并，建立无锡商业职业技术学院（简称“无锡商院”）。是月，中共江苏省委组织部批文，商院党组织隶属关系由无锡市贸易局党委调整为无锡市委，党的工作主管部门为江苏省省委组织部和省委教育工作委员会。2002 年 11 月，无锡市青山林果场划归商院。商院将青山林果场的 80 公顷土地作为塘山新校区扩建用地。2003 年 2 月，无锡商院购买位于胡埭镇湖山村姚湾的江苏省食品职工无锡休养所，占地面积 2.46 公顷，建筑面积 5561.6 平方米，成为学校姚湾校区。2004 年 2 月，商院总部搬迁至塘山新校区。

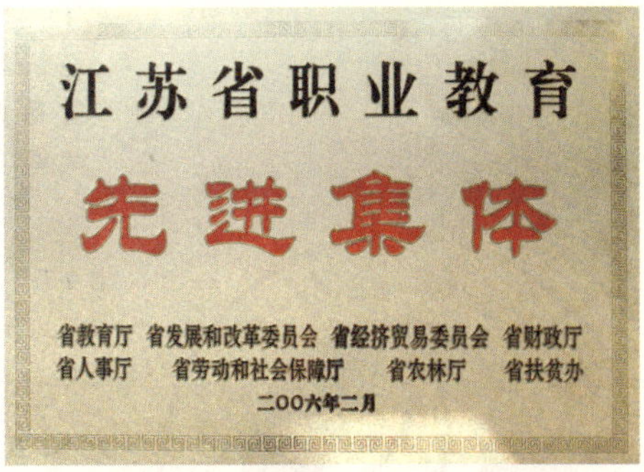


图 5—25—6　2006 年，无锡商业职业技术学院被江苏省教育厅等 8 个部门表彰为江苏省职业教育先进集体

图 5—25—7　2008 年，无锡商业职业技术学院被江苏省教育厅表彰为江苏省大学生创业教育示范校

2005 年 6 月，塘山校区更名为九龙校区（无锡职教园），横山校区更名为梅园校区，增设姚湾校区（无锡市西环路），锡惠校区名称不变。2007 年 3 月，商院在滨湖区胡埭镇刘塘村、惠山区藕塘镇勤建村征地 24.97 公顷。2008 年上半年，梅园校区各部门全部搬迁至九龙校区，继续教育与培训学校自锡惠校区搬迁至姚湾校区。2011 年 1 月，继续教育与培训学校自姚湾校区搬迁至九龙校区总部。2012 年 5 月，经省教育厅批准，商院与江苏省无锡立信中等专业学校和江苏省惠山中等专业学校开展会计和

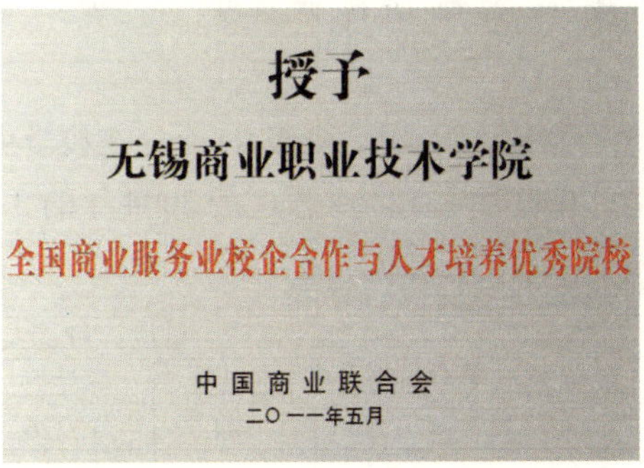


图 5—25—8　2011 年，无锡商业职业技术学院被中国商业联合会表彰为全国商业服务业校企合作与人才培养优秀院校

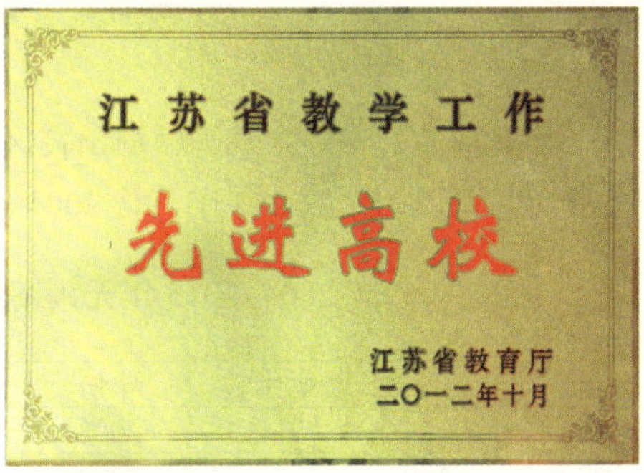


图 5—25—9　2012 年，无锡商业职业技术学院被江苏省教育厅表彰为江苏省教学工作先进高校

旅游管理专业“中高职 3+2 分段培养”。2013 年 5 月，新增与南京财经大学财务管理和旅游管理 2 个专业高职与本科“3+2”分段培养试点，实现高职本科办学新突破。2014 年 5 月，商院与南京审计学院联合申报的会计与审计专业“高职与本科 3+2 分段培养”项目成功获批。2015 年，无锡商业职业技术学院位于钱胡路 809 号，占地面积 106.67 公顷，建筑面积近 270000 平方米。

## 一、校训、校歌、校徽

校训：崇德　勤学　敬业　强能

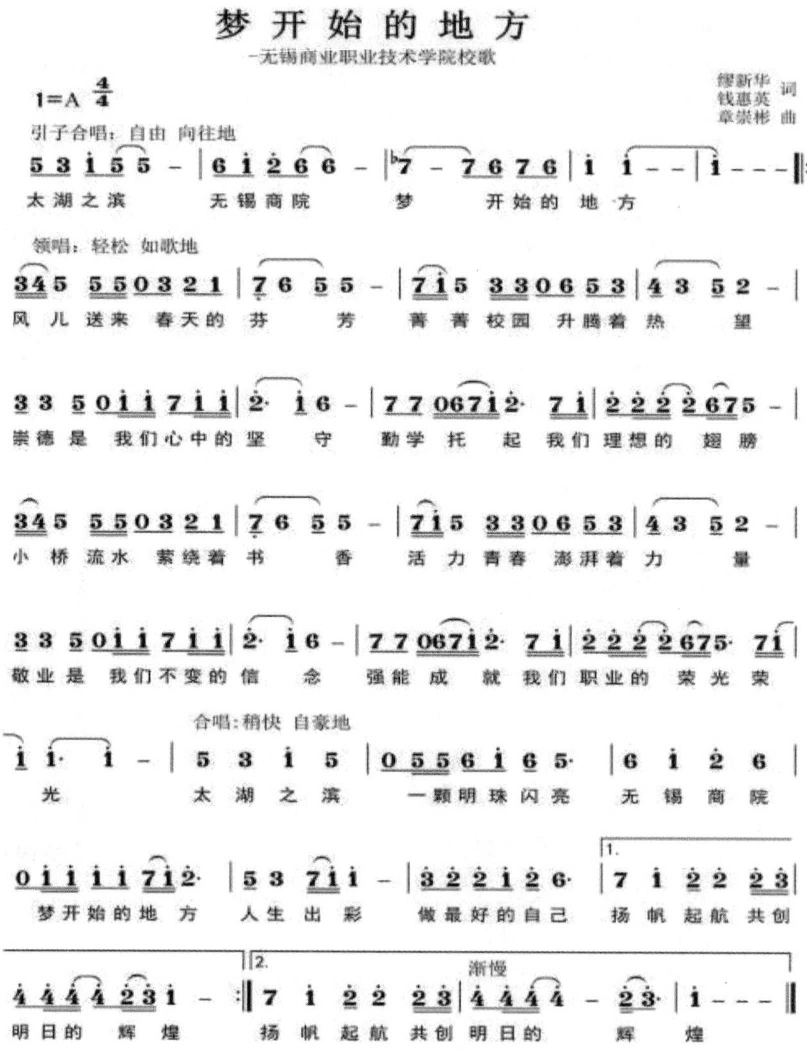


## 二、办学规模

2004 年，商院总部迁入藕塘镇塘山校区（后改为“九龙校区”）时，班级 94 个，在校学生 3455 名。2015 年，商院班级数 293 个，是 2004 年的 3.12 倍；在校学生 12365 人，是 2004 年的 3.58 倍。

2004~2015 年无锡商业职业技术学院办学规模统计表

表 5—25—6　　单位：班、人

| 年份 | 班级数 | 学生数 | 年份 | 班级数 | 学生数 | 年份 | 班级数 | 学生数 |
|---|---|---|---|---|---|---|---|---|
| 2004 | 94 | 3455 | 2008 | 302 | 12871 | 2012 | 304 | 12226 |
| 2005 | 180 | 6467 | 2009 | 312 | 13079 | 2013 | 307 | 12329 |
| 2006 | 294 | 9745 | 2010 | 287 | 11963 | 2014 | 299 | 12294 |
| 2007 | 331 | 12469 | 2011 | 297 | 12069 | 2015 | 293 | 12365 |

## 三、专业设置

2015 年，学院设有工商管理专业群、市场营销专业群、电子商务专业群、国际商务专业群、财务会计专业群、金融保险专业群、旅游管理专业群、装饰艺术设计专业群、数字媒体技术专业群、汽车技术服务专业群、物联网应用技术专业群、电子信息技术专业群、机电一体化技术专业群，保留 1 个独立设置的服装设计专业。其中市场营销、会计 2 个专业为教育部、财政部支持的“高等职业学校提升专业服务产业发展能力”项目；应用电子技术、旅游管理专业、市场营销 3 个专业为中央财政支持实训基地建设依托专业；电子商务、旅游管理、室内设计技术 3 个专业获省“十二五”

高等学校重点专业群立项建设；另有省级品牌专业 3 个、特色专业 8 个，无锡市示范专业 3 个、重点专业 5 个、重点专业群 6 个。学院 13 个专业群和一个独立设置的专业构成“商科为主、工商复合、协调发展”的专业新体系，形成以现代服务业为主体、以服务战略性新兴产业与服务先进制造业为两翼的专业（群）格局。

### 2015 年无锡商业职业技术学院专业设置一览表

表 5—25—7

| 所属系部 | 专业名称 | 专业方向名称 | 批准设置日期 |
|---|---|---|---|
| 工商管理学院 | 电子商务 | 电子商务(单招) | 2001.04 |
| | 电子商务 | 电子商务 | 2001.04 |
| | 工商企业管理 | 工商企业管理 | 2001.04 |
| | 物流管理 | 物流管理 | 2002.04 |
| | 连锁经营管理 | 连锁经营管理 | 2005.04 |
| | 市场营销 | 市场营销 | 2006.04 |
| | 市场营销 | 市场营销(单招) | 2006.04 |
| | 社区管理与服务 | 社区管理与服务 | 2012.04 |
| 国际商务学院 | 珠宝鉴定与营销 | 珠宝鉴定与营销 | 2014.04 |
| | 商务英语 | 商务英语 | 2001.04 |
| | 商务日语 | 商务日语 | 2001.04 |
| | 国际经济与贸易 | 国际经济与贸易 | 2001.04 |
| | 应用韩语 | 应用韩语 | 2006.04 |
| | 报关与国际货运 | 报关与国际货运 | 2013.04 |
| 会计金融学院 | 财务管理 | 财务管理 | 2001.04 |
| | 会计 | 会计 | 2001.04 |
| | 会计 | 会计(单招) | 2001.04 |
| | 会计与审计 | 会计与审计 | 2004.04 |
| | 会计与统计核算 | 会计与统计核算 | 2007.04 |
| | 会计与统计核算 | 会计与统计核算(单招) | 2007.04 |
| | 金融保险 | 金融保险 | 2008.04 |
| | 资产评估与管理 | 资产评估与管理 | 2012.04 |
| | 财务管理 | 财务管理(与南京财经大学分段培养项目) | 2013.04 |
| | 会计与审计 | 会计与审计(与南京审计学院分段培养项目) | 2014.04 |
| 机电技术学院 | 制冷与空调技术 | 制冷与空调技术 | 2001.04 |
| | 制冷与空调技术 | 制冷与空调技术(单招) | 2001.04 |
| | 机电一体化技术 | 机电一体化技术 | 2004.04 |
| | 机电一体化技术 | 机电一体化技术(单招) | 2004.04 |
| | 数控技术 | 数控技术 | 2005.04 |
| | 楼宇智能化工程技术 | 楼宇智能化工程技术 | 2005.04 |
| | 楼宇智能化工程技术 | 楼宇智能化工程技术(单招) | 2005.04 |
| | 模具设计与制造 | 模具设计与制造 | 2007.04 |

| 所属系部 | 专业名称 | 专业方向名称 | 批准设置日期 |
|---|---|---|---|
| 汽车技术学院 | 汽车运用技术 | 汽车运用技术 | 2001.04 |
| | 汽车技术服务与营销 | 汽车技术服务与营销 | 2007.04 |
| | 汽车检测与维修技术 | 汽车检测与维修技术 | 2013.04 |
| | 汽车制造与装配技术 | 汽车制造与装配技术 | 2015.04 |
| 物联网技术学院 | 应用电子技术 | 应用电子技术(光伏新能源) | 2001.04 |
| | 应用电子技术 | 应用电子技术(嵌入式系统设计)(单招) | 2001.04 |
| | 计算机网络技术 | 计算机网络技术 | 2001.04 |
| | 计算机网络技术 | 计算机网络技术(单招) | 2001.04 |
| | 电子信息工程技术 | 电子信息工程技术 | 2001.04 |
| | 应用电子技术 | 应用电子技术 | 2001.04 |
| | 应用电子技术 | 应用电子技术(单招) | 2001.04 |
| | 计算机应用技术 | 计算机应用技术 | 2002.04 |
| | 计算机应用技术 | 计算机应用技术(单招) | 2002.04 |
| | 软件技术 | 软件技术 | 2004.04 |
| | 软件技术 | 软件技术(单招) | 2004.04 |
| | 电气自动化技术 | 电气自动化技术 | 2005.04 |
| | 电气自动化技术 | 电气自动化技术(单招) | 2005.04 |
| | 物联网应用技术 | 物联网应用技术 | 2011.04 |
| | 物联网应用技术 | 物联网应用技术(单招) | 2011.04 |
| | 软件外包服务 | 软件外包服务 | 2011.04 |
| | 软件技术 | 软件技术(嵌入式培养) | 2014.04 |
| 艺术设计学院 | 室内设计技术 | 室内设计技术 | 2001.04 |
| | 室内设计技术 | 室内设计技术(单招) | 2001.04 |
| | 环境艺术设计 | 环境艺术设计 | 2002.04 |
| | 工程造价 | 工程造价 | 2012.04 |
| | 服装设计 | 服装设计 | 2004.04 |
| | 服装设计 | 服装设计(单招) | 2004.04 |
| | 建筑装饰工程技术 | 建筑装饰工程技术 | 2005.04 |
| | 装饰艺术设计 | 装饰艺术设计 | 2011.04 |
| | 装饰艺术设计 | 装饰艺术设计(单招) | 2011.04 |
| 旅游管理学院 | 烹饪工艺与营养 | 烹饪工艺与营养 | 2001.04 |
| | 景区开发与管理 | 景区开发与管理 | 2015.04 |

续表 5—25—7

| 所属系部 | 专业名称 | 专业方向名称 | 批准设置日期 | 所属系部 | 专业名称 | 专业方向名称 | 批准设置日期 |
|---|---|---|---|---|---|---|---|
| 旅游管理学院 | 旅游管理 | 旅游管理 | 2001.04 | 数字媒体学院 | 广告设计与制作 | 广告设计与制作 | 2002.04 |
| | 烹饪工艺与营养 | 烹饪工艺与营养(单招) | 2001.04 | | 广告设计与制作 | 广告设计与制作(单招) | 2002.04 |
| | 旅游管理 | 旅游管理(单招) | 2001.04 | | 动漫设计与制作 | 动漫设计与制作 | 2007.04 |
| | 酒店管理 | 酒店管理 | 2001.04 | | 视觉传达艺术设计 | 视觉传达艺术设计 | 2014.04 |
| | 酒店管理 | 酒店管理(单招) | 2001.04 | | 视觉传达艺术设计 | 视觉传达艺术设计(单招) | 2014.04 |
| | 涉外旅游 | 涉外旅游 | 2013.04 | | 数字媒体设计与制作 | 数字媒体设计与制作 | 2014.04 |
| | 旅游管理 | 旅游管理(与南京财经大学分段培养项目) | 2013.04 | | 数字媒体设计与制作 | 数字媒体设计与制作(单招) | 2014.04 |

## 四、实训基地

无锡商院加大实训基地建设投入力度，2004~2015 年累计投入资金 8600 多万元、社会（准）捐赠 150 万元，用于购置实训设备，自主研制设备 7.03 万元，设备总数 2 万多套（台），大型仪器设备 140 多件，教学仪器设备总值为 8674.76 万元。改造、整合校内实训场所资源，不断改善实训条件，强化学生技能培养。建有校内实训基地 17 个，涵盖各专业实训（分）室 214 个，实训基地建筑面积达 5 万余平方米。同时建有校外实习实训基地 120 余个。校内实训基地中应用电子技术实训基地、现代旅游服务实训基地、市场营销专业（群）实训基地获中央财政资助；现代商业技术实训基地和创意设计技术实训基地、现代商贸实训基地获省财政资助。学校“非遗文化传承与创新中心”入选江苏省首批非物质文化遗产研究基地、第一批市级非物质文化遗产传承示范基地。

2015 年无锡商业职业技术学院校内实训基地一览表

表 5—25—8　　单位：个、平方米、万元

| 实训基地名称 | 实训分室数 | 面向主要专业 | 被列为实训基地项目 | | 建筑面积 | 设备总值 |
|---|---|---|---|---|---|---|
| | | | 支持部门 | 批准日期 | | |
| 计算机公共实训基地 | 50 | 电子商务、电子信息工程技术、服装设计、国际经济与贸易、会计、酒店管理 | — | 2007 | 1582.00 | 242.71 |
| 现代教育技术实训基地 | 8 | 电子信息工程技术、计算机网络技术、软件技术、视觉传达艺术设计、应用电子技术 | — | 2007 | 692.00 | 1051.06 |
| 应用电子技术实训基地 | 4 | 电气自动化技术、电子信息工程技术、物联网应用技术、应用电子技术 | 国家级 | 2009 | 2289.30 | 729.14 |
| 信息工程实训基地 | 4 | 计算机网络技术、计算机应用技术、软件技术、软件外包服务 | — | 2008 | 1985.10 | 662.96 |
| 创业孵化基地 | 48 | 电子商务、工商企业管理、广告设计与制作、市场营销、物流管理 | 省　级 | 2012 | 5611.40 | 31.64 |
| 电工电子基础实训基地 | 4 | 电气自动化技术、电子信息工程技术、物联网应用技术、应用电子技术 | 省　级 | 2002 | 1073.80 | 363.81 |
| 创业教育培训基地 | 48 | 电子商务、工商企业管理、广告设计与制作、市场营销、物流管理 | 省　级 | 2012 | 602.60 | 30.15 |
| 汽车技术实训基地 | 4 | 汽车技术服务与营销、汽车检测与维修技术、汽车运用技术、汽车制造与装配技术 | — | 2007 | 2394.00 | 393.77 |
| 现代旅游服务实训基地 | 5 | 景区开发与管理、酒店管理、旅游管理、烹饪工艺与营养、涉外旅游 | 国家级 | 2010 | 7120.80 | 797.00 |
| 市场营销专业（群）实训基地 | 4 | 电子商务、工商企业管理、连锁经营管理、市场营销 | 国家级 | 2013 | 2853.50 | 520.69 |
| 现代商业技术实训基地（一） | 6 | 电子商务、工商企业管理、连锁经营管理、市场营销、物流管理 | 省　级 | 2005 | 3416.40 | 327.69 |

续表 5—25—8　　　　单位：个、平方米、万元

| 实训基地名称 | 实训分室数 | 面向主要专业 | 被列为实训基地项目 | | 建筑面积 | 设备总值 |
|---|---|---|---|---|---|---|
| | | | 支持部门 | 批准日期 | | |
| 现代制造技术实训基地 | 5 | 机电一体化技术、楼宇智能化工程技术、模具设计与制造、数控技术、制冷与空调技术 | — | 2007 | 3841.50 | 659.36 |
| 创意设计技术实训基地（一） | 6 | 服装设计、工程造价、建筑装饰工程技术、室内设计技术、装饰艺术设计 | 省　级 | 2009 | 2297.47 | 272.49 |
| 创意设计技术实训基地（二） | 4 | 动漫设计与制作、广告设计与制作、视觉传达艺术设计、数字媒体设计与制作 | 省　级 | 2009 | 921.78 | 272.30 |
| 现代商业技术实训基地（二） | 5 | 财务管理、会计、会计与审计、会计与统计核算、金融保险 | 省　级 | 2005 | 1745.81 | 450.53 |
| 语言学习中心 | 5 | 报关与国际货运、国际经济与贸易、商务日语、商务英语、应用韩语 | — | 2007 | 1133.60 | 135.25 |
| 现代商业技术实训基地（三） | 4 | 报关与国际货运、国际经济与贸易、商务日语、商务英语 | 省　级 | 2005 | 613.60 | 107.65 |

无锡商院高度重视校内实训基地的建设流程规范和管理、考核工作。校内实训基地建设以专业（群）实践教学体系需求为出发点，以三年建设规划、专业建设重点和支持校企共建等因素为统筹，实行专业（群）需求论证与申报、学校规划论证、相关职能部门和专家参与技术论证的三级论证程序实施。实训基地日常运行中，商科类专业实训基地引入先进服务企业管理模式，工科类专业实训基地引进现代生产企业工厂和车间管理模式，突出营造职场氛围，使实训基地成为样板性的职场。同时，开展实训室年终绩效考核评价，加强实训室过程管理，确保实训室建有所需、高效利用、用有所管。

图 5—25—10　2012 年 6 月 14 日，无锡商院与红豆集团合作共建的西哈努克港经济特区培训中心隆重揭牌

2015 年，无锡商业职业技术学院校企合作单位有红豆实业股份有限公司、若尔航空发展集团等 201 家。校企合作单位为学生社会实践提供众多岗位。

## 五、师资队伍

2015 年，无锡商院有专任教师 489 人，其中正高职称 31 人、副高职称 161 人，具有硕士、博士学位教师 336 人，45 岁以下中青年专任教师中具有研究生学历或硕士以上学位占比为 78.46%，双师型教师占比 80.53%。是年，有国家级教学团队 1 个、省级优秀教学团队 2 个，江苏省有突出贡献中青年专家、“333”工程培养对象、教学名师、“青蓝工程”中青年学术带头人 20 余人。

1990~2015 年无锡商业职业技术学院专任教师学历、职称选年统计表

表 5—25—9　　　　单位：人

| 年份 | 教师数量 | | | 学历学位 | | | | | 职称 | | | | |
|---|---|---|---|---|---|---|---|---|---|---|---|---|---|
| | 总数 | 其中 | | 博士研究生 | 硕士研究生 | 本科 | 大专 | 其他 | 正高 | 副高 | 中级 | 初级 | 无 |
| | | 男 | 女 | | | | | | | | | | |
| 1990 | 53 | 33 | 20 | — | — | 36 | 15 | 2 | — | 1（高级讲师） | 14（讲师） | 29（助理讲师） | 9 |
| 2000 | 149 | 84 | 65 | — | 139 | | 10 | — | — | 17 | 63 | 58 | 11 |
| 2015 | 489 | 231 | 258 | 13 | 323 | 153 | — | — | 31 | 161 | 267 | 26 | 4 |

## 六、教育科研

无锡商院对知识产权高度重视，制订《无锡商业职业技术学院专利技术管理办法》，鼓励师生发

明专利，要求申报领域紧密结合无锡地方支柱产业及新兴产业，以及师生个人学术方向和从事（或学习）专业，发明专利申请量及授权量逐年提升。2011 年 3 月，无锡商院与无锡市滨湖区科技局联合举办“专利申请百日竞赛”，当年共申请实用新型专利 239 件、外观设计专利 81 件。2012 年 3 月，无锡商院与无锡市惠山区科技局、职教园管理委员会联合开展首届“科技创新与服务大赛”活动，当年共申请发明专利 10 件、实用新型专利 463 件、外观设计专利 164 件。2013 年 4 月，无锡商院与无锡市惠山区科技局、职教园管理委员会联合开展第二届“科技创新与服务大赛”活动，当年共申请发明专利 21 件、实用新型专利 462 件、外观设计专利 388 件。

2009~2015 年，无锡商院被国家知识产权局授予发明专利 71 项、实用新型专利 1487 项、外观专利 706 项；共承担横向课题 234 项，到账金额 1013.23 万元。2011~2015 年五年间，无锡商院获国家授权专利 1700 余项，承担国家级课题 2 项、部（省）级课题 31 项、市（厅）级课题 77 项、横向课题 158 项。教师发表论文近 5000 篇，其中中文核心期刊发表近 700 篇、权威期刊发表近 300 篇；开展科技服务项目 130 余个，“四技”服务累计到账金额超 530 万元。2012~2015 年，无锡商院获 4 个市厅级科研成果产业化推进项目立项，分别是防松型钢丝螺套技术研发及产业化、高效静音地源热泵产品研发与推广、基于新一代互联网的区域经济中心城智能交通系统产业化、基于无线传感网的焊机数据管理系统研发及产业化，其中 3 项已验收通过，取得验收证书。2015 年，无锡商院教学科研及辅助用房 142114.37 平方米。

2009~2015 年无锡商业职业技术学院被国家知识产权局授予专利统计表

表 5—25—10　　单位：件

| 年份 | 专利类别 | | | 授予专利单位 | 年份 | 专利类别 | | | 授予专利单位 |
|---|---|---|---|---|---|---|---|---|---|
| | 发明专利 | 新型实用专利 | 外观专利 | | | 发明专利 | 新型实用专利 | 外观专利 | |
| 2009 | — | 10 | — | 国家知识产权局 | 2013 | 21 | 462 | 388 | 国家知识产权局 |
| 2010 | 1 | 69 | 16 | 国家知识产权局 | 2014 | 15 | 121 | 58 | 国家知识产权局 |
| 2011 | 5 | 239 | 80 | 国家知识产权局 | 2015 | 19 | 123 | — | 国家知识产权局 |
| 2012 | 10 | 463 | 164 | 国家知识产权局 | 合计 | 71 | 1487 | 706 | 国家知识产权局 |

2014 年、2015 年无锡商业职业技术学院教科研资产总值统计表

表 5—25—11　　单位：万元、台

| 年份 | 资产总值 | 教科研设备总值 | 生均教科研设备值（元/生） | 百名学生配教学用计算机 |
|---|---|---|---|---|
| 2014 | 104114.00 | 8245.54 | 6706.96 | 44 |
| 2015 | 105162.22 | 8674.76 | 7015.58 | 46 |

2012~2015 年，无锡商院转让发明专利 3 件、实用新型专利 5 件、外观设计专利 2 件，分别与 6 家企业签订转让协议，共获转让费 84995 元。

## 七、办学成果

无锡商院坚持“以赛促教、以赛促管”的理念，充分利用职业技能、科技创新、文化艺术、社会实践等各类竞赛平台，着力提高师生综合素质和职业能力。2014~2015 年，无锡商院教师参加全国职业院校信息化教学大赛获一等奖 1 项、全国多媒体课件大赛获一等奖 1 项、二等奖 7 项；获全国高校（高职高专）微课教学比赛江苏赛区微课大赛一等奖 3 项、二等奖 2 项；获江苏省高等职业院校信息化教学大赛一等奖 1 项、二等奖 2 项；教师获其他国家，中国省、市级以上各级各类职业技能赛事奖 40 余项。

学校秉承以赛促学理念，每年举办校内技能比武和积极参加各级各类大赛，不断提高学生技术技能水平。2014~2015 年，无锡商院获全国职业技术院校技能大赛宴席设计与制作、中餐热菜、中餐面点、西餐宴会服务等一等奖 4 项、二等奖 16 项，获江苏省高等职业院校技能大赛市场营销技能、

银行综合业务、信息安全管理与评估、工程造价、电子产品设计及制作等一等奖6项、二等奖11项；获第九届全国高职高专“发明杯”大学生创新创业大赛一等奖6项；获第十四届“挑战杯”江苏省大学生课外科技作品竞赛一等奖8项；获其他国家，中国省、市级以上各级各类职业技能赛事奖340余项。2015年，无锡商院参加江苏省高等职业院校技能大赛中，获得金牌总数和奖牌总数全省并列第一，并获“2015年江苏省职业院校技能大赛先进单位”。在全国职业技术院校技能大赛获一等奖的李鹏程等7位学生被授予“2015年江苏省职业院校学生技能标兵”称号。

2008~2015年无锡商业职业技术学院获无锡市委、市政府、省级条线以上荣誉一览表

表5—25—12

| 年度 | 获奖名称 | 授予单位 |
|---|---|---|
| 2008 | 江苏省大学生创业教育示范校 | 江苏省教育厅 |
| | 安全文明校园 | 江苏省教育厅、江苏省公安厅 |
| | 江苏省高校毕业生就业工作先进集体 | 江苏省高校毕业生就业工作领导小组 |
| | 江苏省模范职工小家 | 江苏省总工会 |
| | 2008年省级高等教育人才培养模式创新实验基地 | 江苏省教育厅 |
| | 2007年江苏省高等教育教学成果一等奖 | 江苏省教育厅 |
| | 2008年省级示范性高等职业院校建设单位 | 江苏省教育厅、江苏省财政厅 |
| | 2007年高职高专院校人才培养工作水平评估优秀 | 江苏省教育厅 |
| 2009 | 江苏省教育纪检监察先进集体 | 江苏省委教育工委、江苏省教育厅 |
| | 江苏省第三批“节水型高校” | 江苏省教育厅、江苏省水利厅 |
| | 江苏省教育系统关心下一代工作先进集体 | 江苏省委教育工委、江苏省教育厅 |
| | 2008年度“江苏省五四红旗团支部” | 共青团江苏省委 |
| | “三位一体”创业教育模式第六届高等教育国家教学成果奖二等奖 | 教育部 |
| | 第六届高等教育国家教学成果奖二等奖——依托江苏商贸职教集团提升高职人才培养水平的探索与实践 | 教育部 |
| | 江苏省高等教育教学成果奖特等奖——坚持开展创业教育 提升人才培养水平的探索与实践 | 江苏省人民政府 |
| | 江苏省高等教育教学成果奖二等奖——校企深度融合 订单培养行业营销人才的探索与实践 | 江苏省教育厅 |
| | 2009年度中央财政支持建设项目——应用电子技术职业教育实训基地 | 财政部、教育部 |
| | 江苏省高等学校优秀教学团队——电子商务教学团队 | 江苏省教育厅 |
| | 第二批江苏省高等学校品牌特色专业建设点——应用电子技术、工商企业管理 | 江苏省教育厅 |
| | 2004~2008年省级实训基地建设点——现代商业技术实训基地、创意设计技术实训基地 | 江苏省教育厅 |
| | 2009年省级高职实训基地建设点 | 江苏省教育厅 |
| 2010 | 2008~2009年度江苏省高等学校和谐校园 | 江苏省教育厅 |
| | 江苏省教育审计工作先进集体 | 江苏省教育厅 |
| | 江苏省平安校园 | 江苏省教育厅、综治办、公安厅 |
| | 2008-2009年度江苏省学生军训工作先进单位 | 江苏省教育厅、江苏省军区司令部 |
| | 2010年度江苏省高校毕业生就业工作先进集体 | 江苏省教育厅 |
| | 2006~2009年江苏省高校“文明食堂” | 江苏省教育厅 |
| | 江苏省高等学校优秀教学团队——市场营销专业教学团队 | 江苏省教育厅 |
| | 2010江苏省高等学校特色专业建设点——电子信息工程技术、 市场营销 | 江苏省教育厅 |
| | 2010年省级高等教育人才培养模式创新实验基地——校企共育工商复合的技术服务人才培养模式创新实验基地 | 江苏省教育厅 |
| | 2010年度中央财政支持建设项目——旅游管理专业（群）实训基地 | 财政部、教育部 |
| | 江苏省模范职工之家 | 江苏省总工会 |
| 2011 | 江苏省高等学校思想政治教育工作先进集体 | 江苏省教育厅 |
| | 江苏省第三届大学生艺术展演活动优秀组织奖 | 江苏省教育厅 |
| | 全省内部审计先进集体 | 江苏省审计厅　江苏省内部审计协会 |
| | 全省节水型高校创建先进集体 | 江苏省节约用水办公室 |
| | 2006~2010年全省教育系统法制宣传教育先进单位 | 中共江苏省委宣传部、司法厅、教育厅 |
| | 2011年江苏省高等教育教学成果奖一等奖——“四育四联”：高职商科人才培养模式探索与实践 | 江苏省教育厅 |

续表 5—25—12

| 年度 | 获奖名称 | 授予单位 |
|---|---|---|
| 2011 | 2011 年江苏省高等教育教学成果奖二等奖——“厂校融合、三段递进”服装小门类岗位人才培养的探索与实践 | 江苏省教育厅 |
| | 2011 年普通高等教育精品教材——ERP 原理与应用（第二版） | 教育部高等教育司 |
| | 教育部、财政部“高等职业学校提升专业服务产业发展能力”项目立项建设专业——会计和市场营销 | 教育部、财政部 |
| | 2010 年高校“最佳党日活动”优胜奖 | 中共江苏省教育工作委员会 |
| 2012 | 2010~2011 年度江苏省高等学校和谐校园 | 江苏省教育厅 |
| | 江苏省高校毕业生就业工作先进集体 | 江苏省教育厅 |
| | 江苏省五四红旗团委 | 共青团江苏省委 |
| | 2012 年江苏省职业院校技能大赛先进单位 | 江苏省教育厅 |
| | 江苏省教学工作先进高校 | 江苏省教育厅 |
| | 江苏省“十二五”高等学校重点专业——电子商务专业群、旅游管理专业群、室内设计技术专业群 | 江苏省教育厅 |
| | 2012 年省级高等职业教育实训基地建设点——现代商贸实训基地 | 江苏省教育厅 |
| 2013 | 2012 年度江苏省消防安全教育示范学校 | 江苏省公安厅、教育厅 |
| | 2012 年度江苏省教育宣传工作先进单位 | 江苏省教育厅 |
| | 全省第六届校园廉洁文化活动周创新项目三等奖 | 江苏省教育厅 |
| | 2012 年高校“最佳党日活动”优胜奖 | 中共江苏省教育工作委员会 |
| | 江苏省青年志愿服务事业贡献奖 | 共青团江苏省委、江苏省志愿者协会 |
| | 2011~2012 年度江苏省高校后勤工作先进集体 | 江苏省教育厅 |
| | 2013 年江苏省职业院校技能大赛先进单位 | 江苏省教育厅 |
| | 全省教育系统关心下一代工作先进集体 | 中共江苏省教育工作委员会、教育厅 |
| | 2013 年高技能人才培养突出贡献奖单位 | 无锡市人民政府 |
| | 首批江苏省国防教育示范学校 | 江苏省全民国防教育委员会办公室<br>江苏省教育厅 |
| | 国防教育征文优秀组织奖 | 江苏省教育厅<br>江苏省全民国防教育委员会 |
| | 江苏省首届大学生安全知识竞赛优秀组织奖 | 江苏省教育厅 |
| | 第七届高校校园文化建设优秀成果二等奖 | 教育部思想政治工作司 |
| | 江苏省教学成果奖（高等教育类）一等奖——高素质商科职业人才“3343”培养体系探索与实践 | 江苏省教育厅 |
| | 江苏省教学成果奖（高等教育类）一等奖——“三三制”校企合作实岗育人的探索与实践 | 江苏省教育厅 |
| | 江苏省教学成果奖（高等教育类）二等奖——“五环相扣”：高职旅游类专业学生职业能力培养的探索与实践 | 江苏省教育厅 |
| | 2013 年度中央财政支持建设项目——市场营销专业实训基地 | 财政部、教育部 |
| | 教育部首批设立的“江泰保险实用型人才培养培训基地”项目院校 | 教育部 |
| | 教育部职业教育现代学徒制的理论研究与实践探索试点学校 | 教育部职业教育与成人教育司 |
| 2014 | 2012~2013 年度江苏省高等学校和谐校园 | 江苏省教育厅 |
| | 2014 年度江苏省高校毕业生就业工作先进集体 | 江苏省教育厅 |
| | 第四届大学生艺术展演活动“校长杯”优秀组织奖 | 江苏省教育厅 |
| | 江苏省高校先进基层党组织 | 中共江苏省委教育工作委员会 |
| | 全省高校校园文化建设优秀成果一等奖 | 江苏省教育厅办公室 |
| | 首届江苏省普通高校军事课教师微课教学竞赛“优秀组织奖” | 江苏省教育厅办公室 |
| | 江苏省第四届大学生就业创业知识竞赛优秀组织奖 | 江苏省高校招生就业指导服务中心 |
| | “花桥国际商务城杯”江苏省第九届大学生职业规划大赛最佳组织奖 | 江苏省高校招生就业指导服务中心 |
| | 2013 年度高校“最佳党日活动”优胜奖 | 中共江苏省委教育工作委员会 |
| | 第十六批江苏省五四红旗团委创建单位 | 共青团江苏省委 |
| | 2012~2013 年度江苏省学生军训工作先进单位 | 江苏省军区司令部、江苏省教育厅 |
| | 职业教育 2014 年国家级教学成果奖二等奖——高职商科人才“3343”培养体系的探索与实践 | 教育部 |
| | 首批非物质文化遗产研究基地 | 江苏省文化厅 |
| 2015 | 全省教育信息工作先进集体 | 江苏省教育厅办公室 |

续表 5—25—12

| 年度 | 获奖名称 | 授予单位 |
| --- | --- | --- |
| 2015 | 第八届高校校园文化建设优秀成果奖二等奖 | 教育部思想政治工作司 |
| | 2014 年度高校“最佳党日活动”优胜奖 | 中共江苏省委教育工作委员会 |
| | 2015 年度江苏高等学校优秀科技创新团队 | 江苏省教育厅 |
| | 江苏省高校品牌专业建设工程一期项目——市场营销、烹饪工艺与营养 | 江苏省教育厅 |
| | 国家第二批节约型公共机构示范单位创建学校 | 国家机关事务管理局办公室、国家发展和改革委员会办公厅、财政部办公厅 |
| | 首批现代学徒制试点单位 | 教育部办公厅 |
| | 江苏省普通高等学校国旗班比武三等奖、江苏省普通高等学校军训成果汇报大会光盘评比三等奖 | 江苏省教育厅 江苏省军区司令部<br>江苏省军区政治部<br>江苏省全民国防教育委员会办公室 |
| | 首届江苏省“互联网+”大学生创新创业大赛优秀组织奖 | 江苏省教育厅办公室 |
| | 2015 年度全省高职院校信息化教学大赛优秀组织奖 | 江苏省教育厅 |
| | 江苏省高校档案工作先进集体 | 江苏省档案局　江苏省教育厅 |
| | 第二届平安校园建设优秀成果三等奖 | 中央综治委校园及周边治安综合治理专项组 |
| | 江苏省第三届高校就业创业指导教师教学技能比赛优秀组织单位 | 江苏省高校招生就业指导服务中心 |

## 八、办学经费

2008~2015 年，无锡商业职业技术学院教育经费总收入为 18.78 亿元，总支出为 17.96 亿元。

**2008~2015 年无锡商业职业技术学院教育经费收入统计表**

表 5—25—13　　单位：万元

| 年度 | 总收入 | 其中 | | | | |
| --- | --- | --- | --- | --- | --- | --- |
| | | 学费收入 | 财政经常性补助 | 中央、地方财政专项投入 | 社会（准）捐赠 | 其他收入 |
| 2008 | 30341.45 | 6189.64 | 4664.52 | 10722.70 | 225.00 | 8539.59 |
| 2009 | 25253.99 | 5867.40 | 4974.34 | 8902.30 | 473.66 | 5036.29 |
| 2010 | 16780.73 | 5739.96 | 5345.89 | 2027.90 | 58.22 | 3608.76 |
| 2011 | 19418.87 | 5477.78 | 5876.44 | 4759.89 | 312.00 | 2992.76 |
| 2012 | 22313.95 | 5485.84 | 9619.26 | 3207.96 | 310.00 | 3690.89 |
| 2013 | 22842.21 | 5538.75 | 11256.30 | 2867.02 | 132.50 | 3047.64 |
| 2014 | 23689.85 | 5687.89 | 12840.31 | 2402.75 | 97.95 | 2660.95 |
| 2015 | 27141.16 | 6134.22 | 14458.53 | 3023.15 | 80.00 | 3445.26 |

说明：自 2010 年起，社会捐赠额不包含准捐赠数据

**2008~2015 年无锡商业职业技术学院教育经费支出统计表**

表 5—25—14　　单位：万元

| 年度 | 总支出 | 其中 | | | | | | | |
| --- | --- | --- | --- | --- | --- | --- | --- | --- | --- |
| | | 征地 | 基础设施建设 | 设备采购 | 日常教学经费 | 教学改革及研究 | 师资建设 | 图书购置费 | 其他支出 |
| 2008 | 29435.38 | 1600.78 | 14790.29 | 1992.50 | 417.25 | 57.85 | 319.59 | 126.84 | 10130.28 |
| 2009 | 25821.06 | 1619.50 | 10219.57 | 1196.36 | 1957.29 | 124.42 | 365.10 | 161.28 | 10177.54 |
| 2010 | 13117.91 | — | — | 826.18 | 1147.32 | 271.57 | 267.66 | 120.93 | 10484.25 |
| 2011 | 19397.00 | — | 415.83 | 1012.01 | 1057.84 | 260.78 | 300.66 | 177.81 | 16172.07 |
| 2012 | 22130.82 | — | 3325.09 | 1150.56 | 1232.25 | 234.82 | 358.97 | 185.66 | 15643.47 |
| 2013 | 22200.61 | — | 1729.44 | 907.47 | 1273.66 | 347.92 | 474.55 | 142.50 | 17325.07 |
| 2014 | 22371.34 | — | — | 827.57 | 1344.51 | 331.97 | 421.77 | 129.63 | 19315.89 |
| 2015 | 25080.81 | — | 852.13 | 648.28 | 1620.96 | 445.09 | 281.98 | 169.01 | 21063.36 |

## 九、院级领导及机构设置

2000 年，江苏省人民政府批准、教育部备案建立无锡商业职业技术学院，至 2015 年，先后有 3 人任党委书记，4 人任校长，4 人任党委副书记，5 人任副校长。2015 年，戴庆华任党委书记，杨建

新任院长，杨建新、马元兴任党委副书记，沈苏林、桂海进、徐汉文任副院长。

2000~2015 年无锡商业职业技术学院校级领导任职表

表 5—25—15

| 党委书记 | | 党委副书记 | | 院长 | | 副院长 | |
|---|---|---|---|---|---|---|---|
| 姓名 | 任职时间 | 姓名 | 任职时间 | 姓名 | 任职时间 | 姓名 | 任职时间 |
| 李春成 | 2001.12~2003.12 | 晏维龙 | 2005.01~2006.02 | 杭中茂 | 2001.12~2004.09 | 马元兴 | 2001.12~2012.07 |
| 李　刚 | 2003.12~2012.06 | 华桂宏 | 2006.07~2011.05 | 晏维龙 | 2004.12~2006.02 | 黄永辉 | 2005.01~2015.10 |
| 戴庆华 | 2012.06~ | 杨建新 | 2012.07~ | 华桂宏 | 2006.07~2011.05 | 沈苏林 | 2005.01~ |
| — | — | 马元兴 | 2012.07~ | 杨建新 | 2012.06~ | 桂海进 | 2012.07~ |
| — | — | — | — | — | — | 徐汉文 | 2014.05~ |

2015 年无锡商业职业技术学院机构设置一览表

表 5—25—16

| | |
|---|---|
| 院级机构 | 中共无锡商业职业技术学院第二届委员会<br>院行政<br>中共无锡商业职业技术学院第二届纪律检查委员会<br>无锡商业职业技术学院中级职务任职资格评审委员会<br>无锡商业职业技术学院第四届学术委员会<br>无锡商业职业技术学院教职工大会执行委员会 |
| 党政管理机构 | 党委办公室、党委组织部、机关党总支、党校、党委宣传部、党委统战部、纪委办公室、党委学生工作部、人民武装部、党委保卫部<br>院长办公室、监察处、审计处、发展规划与合作处、人事处、教师发展中心、教务处、高等职业教育研究所、学生工作处、招生与就业处、科技处、财务处、资产与设备管理处、国际合作与交流处、国际教育学院、保卫处、后勤与基建处 |
| 社团组织 | 工会<br>离退休工作办公室 |
| 教学部门 | 工商管理学院、国际商务学院、会计金融学院、旅游管理学院、艺术设计学院、数字媒体学院、物联网技术学院、机电技术学院、汽车技术学院、继续教育学院<br>体育部、基础教学部、思想政治理论课教学部、创业教育学院、大学生创业园管理办公室 |
| 教学辅助部门 | 图书馆、教育信息化中心<br>公共计算机教学部、学报编辑部 |
| 直属单位 | 资产经营中心、餐饮服务中心<br>物业管理中心、教育超市管理中心 |

## 第四节　江苏信息职业技术学院

江苏信息职业技术学院的前身为创建于 1953 年的国家级重点中专无锡无线电工业学校和创建于 1997 年的国家级职教中心无锡市锡山职教中心。2002 年 8 月，经江苏省人民政府批准，江苏信息职业技术学院为国有公办普通高等学校，并被教育部备案为国家级示范性软件职业技术学院、江苏省示范性高等职业院校。2005 年 5 月，经江苏省发展和改革委员会批准，学校选址无锡市钱桥镇勤建村，在无锡（藕塘）职教园区兴建新校区，占地面积 77.96 公顷。新校区一期工程有教学楼、实训楼、学生公寓等共 17 万平方米建筑，2007 年底基本建成。学院校址位于钱藕路 1 号。

2002 年 8 月至 2009 年 6 月，学院承担江苏省教育厅高校管理体制和运行机制改革试点任务，实行董事会领导下的院长负责制。2009 年 6 月，学院恢复党委领导下的院长负责制，实行领导体制的转变。是年下半年始，启动学院新校区二期工程。二期工程建有图书馆等共 6 万多平方米建筑和 2 万平方米的景观湖，2012 年上半年竣工，形成“宜教、宜学、宜居”的生态湿地式校园。

江苏信息职业技术学院秉承“养正修能”的校训，弘扬“立德树人”的校风，努力培养面向生产、建设、服务和管理第一线，具有创新创业精神的“懂专业、精技能、高素质”的技术、技能型人才，在校全日制学生每年规模稳定在 12000 人左右，成人学历教育 3000 人左右；每年保持一定规模的非学历职业技术培训。

**2007~2015 年江苏信息职业技术学院基本情况选年统计表**

表 5—25—17　　　　　　　　　　　　　　　　　　　　　　　　单位：平方米、万元

| 时间 | 竣工时间 | 土地面积 | 建筑面积 | 绿化面积 | 投入资金 |
|---|---|---|---|---|---|
| 2007.03 入驻无锡（藕塘）职教园<br>2007.12 在无锡（藕塘）职教园开学 | 2008.01.04 | 689891.00 | 325041.00 | 190943 | 47206.72<br>（含土地） |
| 2010 | — | 779630.56 | 325041.25 | 190943 | 67902.19 |
| 2015 | — | 779630.56 | 325041.25 | 190943 | 67902.19 |

## 一、校训、校风、教风、学风、校徽

校训：养正修能

校风：立德树人

教风：德能兼备

学风：求真创新

## 二、办学规模

2007 年，江苏信息职业技术学院入驻无锡（藕塘）职教园区。2008 年，信息职业技术学院设有 237 个班级，在校学生 11035 名。2015 年，学院有 301 个班级，在校学生 11602 名。

**2008~2015 年江苏信息职业技术学院办学规模统计表**

表 5—25—18　　　　　　　　　　　　　　　　　　　　　　　　单位：个、班、人

| 年份 | 2008 | 2009 | 2010 | 2011 | 2012 | 2013 | 2014 | 2015 |
|---|---|---|---|---|---|---|---|---|
| 专业数 | 48 | 39 | 41 | 37 | 39 | 41 | 43 | 45 |
| 班级数 | 237 | 231 | 241 | 247 | 263 | 278 | 298 | 301 |
| 学生数 | 11035 | 10518 | 10477 | 9547 | 9312 | 9662 | 10404 | 11602 |
| 毕业生数 | 3264 | 3987 | 5315 | 3161 | 2647 | 2728 | 2744 | 3445 |
| 教职工数 | 610 | 584 | 629 | 613 | 587 | 579 | 583 | 587 |

## 三、专业设置

江苏信息职业技术学院专业设置和专业方向紧密契合区域经济发展和产业结构调整。2015 年，学院设有电子信息工程学院、机电工程学院、物联网工程学院、艺术设计学院、商学院、继续教育学院 6 个二级学院，共有 12 个专业群、45 个专业、87 个专业方向。同时，学校拥有中央财政支持的重点建设专业 2 个、省品牌专业 2 个、省重点建设专业群 4 个、省特色专业 3 个、江苏高校优秀科技创新团队 1 个、江苏省“青蓝工程”科技创新团队 1 个，形成以微电子技术、模具设计与制造、数控设备应用与维护、软件技术、动漫设计与制作、电气自动化技术等省市级品牌、特色专业为龙头，相关重点建设专业为支撑的专业群。学校并有多个省示范重点建设专业。

## 四、实训基地

江苏省信息职业技术学院为提高学生的专业技能水平，强化校内外实训基地的建设。2015 年，学院规范基础实训室、专业实训室、虚拟实训室论证过程，各二级学院加强企业调研，完成高质量实验实训室建设论证报告，基于建设项目成熟一个建设一个的工作思路，组织校内专家分 6 批完成校内实验实训室建设项目论证，共立项建设 36 项，投入经费 831.769 万元，建成诸如网络与信息安全综合实训室、BIM 技术应用与仿真实训室、电商运营实训中心等实训室和开放式虚拟仿真实验与管理共享平台。是年，校内实训基地共有 164 个室（场），总面积 24186.2 平方米，拥有精良、先进实训设备 8133 台（套），设备资产总值 9229.7 万元。学校并有多个省级以上实训基地，其中无锡市数控设备维护维修共享型实训基地获省财政资助 1000 万元，在江苏省高校中仅有 5 所。

## 2015年江苏信息职业技术学院校内实训基地、实训设备统计表

表5—25—19　　单位：平方米、台、套

| 实训基地名称 | 建筑面积 | 设备总数 | 实训基地名称 | 建筑面积 | 设备总数 |
|---|---|---|---|---|---|
| 自动线安装与调试实训室 | 264.0 | 25 | 模具调试室 | 198.0 | 5 |
| 西门子自动化实训室 | 264.0 | 131 | 模具设计室 | 66.0 | 18 |
| 嵌入式一体化实训室 | 198.0 | — | 机制工艺装备实训室 | 132.0 | 30 |
| 气动技术实训室 | 132.0 | 15 | 基础工艺实训室2（石膏陶瓷加工） | 70.0 | 36 |
| 机电综合控制实训室 | 198.0 | 20 | 服装立体裁剪室 | 115.0 | 40 |
| 机电技术综合实训室 | 198.0 | 13 | 服装工艺室 | 115.0 | 40 |
| 机床电气维修实训室 | 198.0 | 18 | 专业资料室 | 100.0 | 3 |
| 电子技术实训室（2） | 198.0 | 50 | 机工实训区 | 1440.0 | 251 |
| 电拖与电力电子实训室 | 132.0 | 20 | 机械零件陈列室 | 198.0 | 120 |
| 电工实训室（二） | 198.0 | 60 | 电火花线切割实训区 | 198.0 | 6 |
| PLC技术应用实训室（2） | 198.0 | 51 | 大学生创新工作室 | 66.0 | 5 |
| 西餐实训室 | 86.4 | 61 | 冲压模具装配与调试区 | 120.0 | 4 |
| 中餐实训室 | 86.4 | 66 | 冲压模具设计专业教室 | 198.0 | 5 |
| 客房实训室 | 86.4 | 18 | FANUC数控实训室 | 132.0 | 5 |
| 旅游综合实训室 | 86.4 | 22 | CAD实训室 | 198.0 | 123 |
| 商务礼仪实训室 | 86.4 | 3 | 财会手工实训室 | 90.0 | 29 |
| 物联网展示与技术应用实训室 | 165.0 | 35 | 财会实训室 | 90.0 | 65 |
| 网站设计开发实训室 | 96.0 | 62 | 商务情景模拟实训室 | 115.2 | 103 |
| 网络工程与信息安全综合实训室 | 200.0 | 101 | 公文写作实训室 | 115.2 | 59 |
| 数据库开发实训室 | 96.0 | 60 | 无线传感实训室 | 132.0 | 64 |
| 软件开发实训室（一） | 100.0 | 65 | 通信技术实训室 | 102.0 | 151 |
| 软件开发实训室（二） | 100.0 | 72 | 嵌入式系统实训室 | 102.0 | 81 |
| 软件测试专业实训室 | 100.0 | 60 | 集成电路组装中心（1） | 264.0 | 7 |
| 计算机组装与运维实训室 | 165.0 | 65 | 集成电路芯片制造中心（3）（表面金属化） | 198.0 | 5 |
| 计算机应用实训室 | 100.0 | 136 | 集成电路芯片制造中心（2）（光刻腐蚀） | 198.0 | 5 |
| 机器人技术实训室 | 132.0 | 50 | 集成电路芯片制造中心（1）（氧化扩散） | 198.0 | 6 |
| 电子技术实训室（1） | 132.0 | — | 集成电路创新训练实训室 | 132.0 | 62 |
| 电气装调与维修实训室 | 198.0 | 30 | 集成电路测试中心（3） | 102.0 | 20 |
| 电工实训室（一） | 198.0 | 60 | 集成电路测试中心（2） | 132.0 | 49 |
| 单片机实训室 | 132.0 | 50 | 集成电路测试中心（1） | 78.0 | 10 |
| 气动实训室 | 132.0 | 30 | 基站理实一体化实训室 | 102.0 | 13 |
| 物联网综合实验室 | 265.0 | 75 | 光伏技术实训室 | 102.0 | 12 |
| 物联网专业实训室 | 100.0 | 98 | 光电子技术实训室 | 102.0 | 58 |
| 基础工艺实训室1（木材加工） | 80.0 | 20 | IC设计中心 | 66.0 | 45 |
| 企业形象策划实训室 | 55.0 | 38 | 汽车电子控制技术实训室 | 198.0 | 30 |
| 环艺制图机房 | 110.0 | 4 | 汽车电器实训室 | 198.0 | 37 |
| 环艺创新班实训基地 | 500.0 | 15 | 汽车底盘实训室 | 198.0 | 39 |
| 环艺空间表达实训室 | 55.0 | 35 | 模具技术展示中心 | 198.0 | 80 |
| 画室一 | 80.0 | 41 | 模具CAD/CAM/CAE实训室(2) | 198.0 | 58 |
| 三维动画实训室 | 55.0 | 36 | 模具CAD/CAM/CAE实训室(1) | 198.0 | 58 |
| 画室四 | 80.0 | 41 | 精密慢走丝线切割实训室 | 66.0 | 2 |
| 三维建模实训室 | 55.0 | 36 | 精密雕铣实训室 | 66.0 | 3 |
| 多媒体综合实训室1 | 55.0 | 3 | 精密电火花成型实训室 | 198.0 | 5 |
| 画室三 | 110.0 | 41 | 精密测量实训室 | 66.0 | 8 |
| 多媒体综合实训室2 | 55.0 | 35 | 技术测量实验室 | 198.0 | 30 |
| 画室六 | 80.0 | 41 | 审计综合实训室 | 120.0 | 51 |
| 多媒体综合实训室3 | 55.0 | 3 | 金融专业技能实训室 | 120.0 | 0 |
| 画室二 | 80.0 | 41 | ERP沙盘实训室 | 90.0 | 12 |

续表 5—25—19 单位：平方米、台、套

| 实训基地名称 | 建筑面积 | 设备总数 | 实训基地名称 | 建筑面积 | 设备总数 |
|---|---|---|---|---|---|
| 多媒体综合实训室 4 | 55.0 | 3 | 综合布线实训室 | 102.0 | 22 |
| 工程造价专业实训室 | 115.2 | 55 | 现代物流综合模拟实训室 | 144.0 | 8 |
| 通用机房（二） | 100.0 | 60 | 商学创新工作站 | 115.2 | 0 |
| 通用机房（五） | 100.0 | 60 | 电子商务实训室 | 90.0 | 0 |
| 塑料模具装配与调试室 | 198.0 | 5 | 电子工艺实训室（二） | 102.0 | 91 |
| 数控机械装调实训区 | 132.0 | 6 | 电信系专业机房（一） | 132.0 | 64 |
| 汽车装饰与美容实训室 | 198.0 | 10 | 单片机技术实训室（一） | 102.0 | 132 |
| 汽车发动机实训室 | 132.0 | 46 | 表面贴装技术组装中心（SMT） | 252.0 | 55 |
| 华为网络工程实训室 | 100.0 | 96 | 电子技术项目实训室（三） | 198.0 | 116 |
| 通用机房（一） | 100.0 | 60 | 电子工艺实训室（一） | 198.0 | 247 |
| 影视特效机房 | 110.0 | 45 | 集成电路设计实训室 | 198.0 | 250 |
| 视觉艺术设计实训室 | 55.0 | 38 | 电子测量实训室 | 132.0 | 347 |
| 影视特效无线机房 | 110.0 | 38 | 电信系专业机房（二） | 132.0 | 61 |
| 服装 CAD 室 | 55.0 | 38 | 单片机技术实训室（二） | 102.0 | 72 |
| 画室五 | 80.0 | 41 | 大学生创新实训室 | 102.0 | 57 |
| 产品设计实训室 | 55.0 | 38 | PLD 实训室 | 132.0 | 50 |
| 广告设计制作室 | 50.0 | 9 | 电子技术项目实训室（二） | 198.0 | 123 |
| 摄影工作室 | 115.0 | 30 | 电子技术项目实训室（一） | 198.0 | 123 |
| 工程招投标实训室 | 120.0 | 55 | 语音室 1(终端型) | 115.2 | 59 |
| 建筑工程测量绘图实训室 | 96.0 | 20 | 国际贸易实训室 | 90.0 | 50 |
| 通用机房（三） | 100.0 | 60 | 金融证券综合实训室 | 200.0 | 70 |
| 通用机房（四） | 100.0 | 60 | 国际贸易模拟实训室 | 90.0 | 50 |
| 西门子数控实训室 | 198.0 | 43 | 市场营销实训室 | 90.0 | 50 |
| 数控综合维修实训室 | 132.0 | 15 | 物流实训室 | 120.0 | 50 |
| 数控铣实训区 | 480.0 | 55 | 计算机组装实训室 | 90.0 | 50 |
| 数控仿真实训室(2) | 198.0 | 74 | 实验实训资源平台室 | 48.0 | 32 |
| 数控仿真实训室(1) | 198.0 | 66 | 语音室 2(终端型) | 115.2 | 59 |
| 数控车实训区 | 480.0 | 43 | 电子商务综合模拟实训室 | 90.0 | 20 |
| 钳工实训室(2) | 198.0 | 110 | 语音室 3(终端型) | 115.2 | 59 |
| 钳工实训室(1) | 198.0 | 110 | 语音室 4(网络型) | 115.2 | 59 |
| 汽车检测与排故实训室 | 360.0 | 28 | 语音室 5(网络型) | 115.2 | 59 |
| 汽车仿真实训室 | 198.0 | 58 | 语音室 6(网络型) | 115.2 | 59 |
| 汽车营销实训室（德尔集团共建） | 120.0 | 30 | 语音室 7(网络型) | 115.2 | 59 |
| 汽车保时捷实训基地 | 360.0 | 20 | 逆向工程实训室 | 132.0 | 5 |

学院同时拥有多个校外实训基地，提供学生上岗前技能实践训练。2015 年，学院建有昌硕科技（上海）有限公司、海力士半导体（中国）等 306 个校外实训基地。

## 五、师资队伍

江苏信息职业技术学院重视师资引进和培训，深化建立党管人才制度，结合专业发展需要，调整并改善师资队伍的人员结构，以提高专业教师“双师型”素质为重点，以校企“互培共育”为主要手段，实施“师德工程”“双师素质工程”“专业双带头人工程”“能工巧匠工程”“兼职教师工程”“基地建设工程”，努力建设一支名师引领、校企融合、专兼结合的“双师型”教师队伍。2015 年，学院“双师型”素质教师比例达 85.16%，正高级职称 22 人，25 名教师获评高级工程师专业技术职务，拥有国家级教学名师 1 名，国家级技术能手 1 名，享受国务院特殊津贴专家 1 名，全国优秀教师 1 名，省级教学名师 2 名，省“333 高层次人才培养工程”中青年科学技术带头人 6 名，省有突出贡献的中青年专家 1 名，省高校“青蓝工程”中青年学术带头人培养对象 2 名、骨干教师培养对象 9 名，“六大人才高峰”项目资助培养对象 3 名，形成具有素质优良、结构合理、专兼结合的业务能力强、科研水平高的专业建设团队、课程建设团队、技术服务团队、竞赛指导团队和学

生创新创业指导团队的师资队伍。

2010年、2015年江苏信息职业技术学院教师学历、职称统计表

表5—25—20　　单位：人

| 年份 | 教师数量 | | | 学历 | | | | | 职称 | | | | |
|---|---|---|---|---|---|---|---|---|---|---|---|---|---|
| | 总数 | 其中 | | 研究生 | 本科 | 大专 | 中师 | 其他 | 正高级 | 副高级 | 中级 | 助理级 | 无职称 |
| | | 男 | 女 | | | | | | | | | | |
| 2010 | 629 | 322 | 307 | 129 | 327 | 33 | 21 | 119 | 7 | 101 | 233 | 103 | 185 |
| 2015 | 587 | 289 | 298 | 175 | 342 | 22 | 11 | 37 | 22 | 120 | 254 | 59 | 132 |

## 六、教育科研

2013年，学院首次获得国家社会科学基金项目（是全国高职院校7个立项项目之一，江苏省高职院校2个立项项目之一，全国职业院校中唯一获得的应用经济项目立项课题），首次取得江苏省科技计划项目、2项产学研联合创新资金引导项目（全省仅2所高职院立项）、1项自然科学基金项目(全省仅6所高职院立项)。2014年，首次获批无锡市物联网发展专项资金扶持项目1项，获得扶持资金71万元（是无锡市高职院校中唯一申报成功的单位）。2013~2015年，学院成功申报各级各类科研项目153项，其中国家社会科学基金1项、教育部人文社科研究项目1项、江苏省自然科学基金项目2项、江苏省产学研前瞻性研究项目2项、省级研究项目116项、市级研究项目31项；获评省级优秀科技创新团队1个。同时，取得国家专利和软件著作权52件；发表论文468篇，其中核心期刊发表95篇，被SCI、EI、ISTP等收录论文37篇；取得横向项目44项，完成30多项横向科技攻关项目，为企业提供技术开发、技术咨询、技术转让等，共获技术服务到款额98.78万元。2015年，学院首次获评省级优秀科技创新团队1个（全省仅5所高职院获得财政经费支持立项）；获发明专利9项、外观专利4项、新型实用专利26项、软件著作权13项。

## 七、办学成果

江苏信息职业技术学院自1953年创办至2006年的53年间，培养数十万名毕业生，大多数毕业生成为社会的栋梁、各行各业的骨干。2007年3月，江苏信息职业技术学院入驻无锡（藕塘）职教园区。2008~2015年，学院获得中共无锡市委、市政府、省级条线以上集体荣誉56项，培养毕业生总数27291人。

2008~2015年江苏信息职业技术学院获得无锡市委、市政府及省条线以上荣誉一览表

表5—25—21

| 获奖时间 | 荣誉名称 | 颁发单位 |
|---|---|---|
| 2008 | “正保教育杯第四届全国ITAT教育工程就业技能大赛”特殊贡献奖 | 教育部教育管理信息中心 |
| | 安全文明校园 | 江苏省教育厅、公安厅 |
| | 2005~2006年度江苏省群众性精神文明建设工作先进单位 | 江苏省精神文明建设指导委员会 |
| | 江苏省高校毕业生就业工作先进集体 | 江苏省高校毕业生就业工作领导小组 |
| | 2007年高职高专院校人才培养工作水平评估优秀 | 江苏省教育厅 |
| 2009 | 江苏省大学生创业教育示范校 | 江苏省教育厅 |
| | 江苏省高校校报质量考评达标单位 | 江苏省教育厅 |
| | 2006~2009年高等学校文明食堂先进单位 | 江苏省教育厅 |
| | 2006~2007年度无锡市文明单位 | 中共无锡市委 |
| 2010 | 全国农村信息化专业人才实训基地 | 教育部教育管理信息中心 |
| | 全国物联网技术应用专业人才实训基地 | 教育部教育管理信息中心 |
| | 2010年高校校园文化建设成果优秀奖 | 教育部思想政治教育司 |
| | 2009~2010年度教育部ITAT教育工程优秀培训机构银奖 | 教育部教育管理信息中心 |
| | 2010年度江苏省高校毕业生就业工作先进集体 | 江苏省教育厅 |
| | 2007~2009年度江苏省精神文明建设工作先进单位 | 江苏省精神文明建设指导委员会 |
| | 开展无线电测向运动江苏省先进单位 | 江苏省无线电和定向运动协会 |
| | 江苏省高校公共卫生管理工作考核合格 | 江苏省教育厅 |

续表 5—25—21

| 获奖时间 | 荣誉名称 | 颁发单位 |
|---|---|---|
| 2010 | 无锡市先进基层党组织 | 中共无锡市委 |
| | 2010 年度服务外包人才培养先进单位 | 无锡市人民政府 |
| | 2009 年度征兵工作先进单位 | 无锡市人民政府、无锡军分区 |
| 2011 | 2011 年省级示范性高等职业院校立项建设单位 | 江苏省教育厅、财政厅 |
| | 开展青少年无线电测向运动江苏省先进单位 | 江苏省无线电和定向运动协会 |
| | 2010 年度江苏省平安校园 | 江苏省教育厅、综治办、公安厅 |
| | 江苏省学生资助工作先进单位 | 江苏省教育厅、财政厅 |
| | 会计基础工作规范化优秀单位 | 江苏省教育厅 |
| | 江苏省教育收费规范高校 | 江苏省教育厅、财政厅、物价局、监察厅 |
| | 第五批节水型高校 | 江苏省教育厅、水利厅 |
| | 全省高校党史知识在线答题组织奖 | 中共江苏省委教育工作委员会 |
| | 2011 年度江苏省教育财会系统先进集体 | 江苏省教育会计学会 |
| | 2007~2009 年度无锡市群众性精神文明建设先进单位 | 中共无锡市委 |
| 2012 | 教育部高校校园文化建设优秀成果二等奖 | 教育部 |
| | 江苏省高校先进基层党组织 | 中共江苏省教育工作委员会 |
| | 2010~2011 年度江苏省高等学校和谐校园 | 江苏省教育厅 |
| | 江苏省教学工作先进高校 | 江苏省教育厅 |
| | 2012 年度江苏省高校毕业生就业工作先进集体 | 江苏省教育厅 |
| | 2011~2012 年度江苏省价格诚信单位 | 江苏省物价局 |
| | “两型社会”示范机关创建活动先进单位 | 中共无锡市委、无锡市人民政府 |
| 2013 | 2013 年全国无线电测向锦标赛优秀基层单位 | 2013 年全国无线电测向锦标赛组委会 |
| | 2010~2012 年度江苏省文明单位 | 江苏省精神文明建设指导委员会 |
| | 全省教育纪检监察先进集体 | 中共江苏省委教育工委、教育厅 |
| | 2011~2012 年度江苏高校思想政治教育工作先进集体 | 江苏省教育厅 |
| | 2012 年度全省学生资助工作绩效评价优秀 | 江苏省教育厅、财政厅 |
| | 无锡市先进基层党组织 | 中共无锡市委 |
| 2014 | 2014 年全国职业院校就业竞争力示范校 | 中国青年报、全国职业院校宣传部长联席会议 |
| | 以优秀成绩通过江苏省示范性高等职业院校验收 | 江苏省教育厅 |
| | 江苏省职业教育先进单位 | 江苏省教育厅 |
| | 2012-2013 年度江苏省高等学校和谐校园 | 江苏省教育厅 |
| | 江苏省大学生创业示范基地 | 江苏省教育厅 |
| | 2014 年度江苏省高校毕业生就业工作先进集体 | 江苏省教育厅 |
| 2015 | 2015 年全国无线电测向锦标赛“优秀基层组织单位”“体育道德风尚奖” | 国家体育总局、中国无线电运动协会 |
| | 2014 年度江苏省教育宣传工作先进单位 | 江苏省教育厅 |
| | 2014 年度全省教育信息工作先进单位 | 江苏省教育厅 |
| | 2015 年江苏省高等职业院校信息化教学大赛优秀组织奖 | 江苏省教育厅 |
| | 2014 年度江苏省高校节能工作先进单位 | 江苏省高校后勤管理研究会能源管理专业委员会 |
| | 2013 年至 2014 年度《全国高等学校英语应用能力考试》江苏省考区优秀考点 | 江苏省英语应用能力考试委员会 |
| | 2014 年度征兵工作先进单位 | 无锡市人民政府、无锡市军分区 |

## 八、办学经费

江苏信息职业技术学院的办学经费主要来源于财政拨款、学费收入；经费支出主要用于教职工工资、福利、学校建设和服务支出、对个人和家庭的补助，债务利息支出、学院资本性支出等方面。学院收入逐年增长，投入于教育的支出也逐年增长。

2007~2015 年江苏信息职业技术学院教育经费选年统计表

表 5—25—22　　单位：万元

| 年份 | 经费来源 | | | | 经费支出 |
|---|---|---|---|---|---|
| | 财政拨款 | 学费收入 | 其他 | 合计 | |
| 2007 | 3896.51 | 8905.51 | 1096.52 | 13898.54 | 11353.14 |
| 2010 | 3186.30 | 11373.08 | 4859.08 | 19418.46 | 18873.86 |
| 2014 | 12917.37 | 5558.72 | 2121.47 | 20597.56 | 19286.36 |
| 2015 | 16579.12 | 6867.00 | 2259.40 | 25705.52 | 20342.87 |

## 九、院级领导及机构设置

江苏信息职业技术学院自2007年3月入驻无锡（藕塘）职教园区至2015年，先后有5人任院长，3人任党委书记，2人任党委副书记，8人任副院长，均为教授、副教授、研究员或中学高级教师职称。

2003~2015年江苏信息职业技术学院历任院领导任职表

表5—25—23

| 院长、党委书记 | | | | 副院长、党委副书记 | | | |
|---|---|---|---|---|---|---|---|
| 姓名 | 职务 | 任职时间 | 职称 | 姓名 | 职务 | 任职时间 | 职称 |
| 周炳秋 | 院长、党委书记 | 2003.04~2007.06 | 教授 | 曹建林 | 常务副院长 | 2003.04~2009.06. | 教授 |
| — | — | — | — | 冯炳尧 | 副院长 | 2003.04~2004.07 | 副教授 |
| | | | | | 党委副书记 | 2004.07~2006.07 | |
| — | — | — | — | 叶惠清 | 副院长 | 2003.04~2009.07 | 中学高级 |
| — | — | — | — | 任　远 | 副院长 | 2004.07~2006.07 | 高级经济师 |
| 陶文沂 | 院长 | 2007.07~2008.04 | 教授 | | 党委副书记 | 2006.07~ | 高级经济师 |
| 钱　兴 | 院长 | 2008.04~2009.06 | 教授 | 任建伟 | 副院长 | 2009.06~ | 副教授、高级工程师 |
| 夏成满 | 党委书记 | 2009.06~2014.04 | 研究员 | 陆锦军 | 副院长 | 2012.07~ | 教授 |
| 陆国平 | 院长 | 2009.06~2014.04 | 教授 | 辛春晖 | 副院长 | 2012.07~ | 研究员 |
| | 党委书记 | 2014.04~ | 教授 | — | — | — | — |
| 席海涛 | 院长 | 2014.04~ | 教授 | 张　瑜 | 副院长 | 2015.01~ | 副教授 |

2015年，陆国平任党委书记，席海涛任院长；任远任党委副书记，任建伟、陆锦军、辛春晖、张瑜任副院长。是年，江苏信息职业技术学院下设党委办公室、纪委等22个部门和电子信息工程学院等6所二级学院。

2015年江苏信息职业技术学院部门与二级学院设置表

表5—25—24

| 部门 | 部门 |
|---|---|
| 党委办公室（院长办公室、国际合作与交流办公室、港澳台事务办公室） | 基础课部 |
| 纪委（监察处、审计处） | 省无线电测向运动训练基地 |
| 组织部（统战部） | 图书馆 |
| 宣传部 | 后勤服务总公司 |
| 发展规划处（质量管理处） | 机电研究所 |
| 财务处 | 机电设备厂 |
| 人事处 | 无锡精智模具技术研究院有限公司 |
| 教学与科研处 | **二级学院** |
| 党委学工部（学生处、人武部、大学生心理健康中心、团委） | 电子信息工程学院（微电子学院） |
| 招生就业处（大学生就业与创业指导中心） | 机电工程学院 |
| 保卫处 | 物联网工程学院（信息安全学院、现代教育技术中心） |
| 离退休工作处（工会） | 艺术设计学院 |
| 后勤与资产管理处（招投标办公室） | 商学院 |
| 校企合作办公室（校友会、服务外包办公室） | 继续教育学院 |
| 东亭校区开发利用协调小组 | — |

# 第五节　无锡城市职业技术学院

无锡城市职业技术学院的前身为无锡高等师范学校和无锡市工业学校。清宣统三年（1911），江苏提学使樊文宗委任顾倬为监督（校长），创办“官立江苏第三师范学堂”。民国时期，第三师范学堂名师荟萃，有钱基博、钱穆、沈颖若、向宾讽、胡汀鹭等学者担纲任教，办学成绩斐然，曾获教育部褒奖。学校培养和造就荣毅仁、曾涛、薛暮桥、徐铸成、钱松嵒、吴冠中、杨荫浏、陈瘦竹、徐中玉、钱保功、汤定元、唐敖庆、胡福明等众多人才。2002 年 9 月，江苏省无锡师范学校与江苏省洛社师范学校合并，组建新的江苏省无锡师范学校。

2003 年 1 月，无锡市委、市政府为优化无锡市高等教育资源配置，调整高等教育结构，将无锡市干部学校、江南学院旅游经贸分院、无锡市职工大学、无锡市轻工职工大学 4 所学校合并，组建成新的无锡市职工大学（同时挂无锡市干部学校牌子），并申报转制为普通高校。2004 年 7 月，经江苏省人民政府批准，无锡市城建职工大学并入无锡市职工大学，组建无锡城市职业技术学院。2005 年 4 月，江苏省无锡师范学校更名为无锡高等师范学校。2006 年 8 月，无锡高等师范学校与无锡市工业学校合并，组建新的无锡高等师范学校。2009 年 5 月 31 日，无锡城市职业技术学院易地新建至无锡（藕塘）职教园区。是日，新校奠基，开工建设。2010 年 8 月 28 日，新校区建设竣工。9 月，无锡城市职业技术学院整体迁入无锡职教园新校区，位于钱藕路 12 号。

2013 年，无锡城市职业技术学院顺利通过江苏省高职高专人才培养水平评估，各项工作得到评估专家的高度评价。2014 年 3 月，无锡城市职业技术学院与无锡高等师范学校合并。无锡城市职业技术学院历经百年发展，秉承首任校长顾倬提出的“弘毅”校训，与时代同呼吸、与民族共命运，求教育之进步、谋国家之强盛，旨在培育志存高远、胸怀天下、刚毅坚卓、自强不息的栋梁之才。

2015 年，学院由无锡市政府投资建设的位于无锡职教园的新校区占地面积 66.67 公顷，建筑面积 30 万平方米，融江南建筑风格与人文生态景观于一体。学院拥有教职工 700 余人，全日制在校学生近万人。学院先后获江苏省职业教育先进单位、江苏省文明单位、国家级语言文字规范化示范校、江苏省平安校园、江苏省教育纪检监察先进集体、江苏省模范职工之家、江苏省红十字示范学校、江苏省学习陶行知教育思想先进集体等多项荣誉称号。

## 一、校训、校徽

校训：弘毅

## 二、办学规模

2010 年，无锡城市职业技术学院迁址无锡职教园时开设 31 个专业、161 个班级，学生 6364 人、教职工 298 名。2015 年，学院开设 40 个专业，是 2010 年的 1.3 倍；班级 271 个，是 2010 年 1.7 倍；学生 9644 人，是 2010 年 1.52 倍；教职工 700 名，是 2010 年的 2.35 倍。

2010~2015 年无锡城市职业技术学院办学规模选年统计表

表 5—25—25　　　　单位：人、个、班

| 年份 | 教职工数 | 专业数 | 班级数 | 学生数 | 毕业生数 |
|---|---|---|---|---|---|
| 2010 | 298 | 31 | 161 | 6364 | 2136 |
| 2013 | 310（城职院在编）+42（城职院人事代理）+349（高等师范在编） | 34 | 264 | 10157 | 3321 |
| 2014 | 665（在编）+40（人事代理） | 37 | 251 | 9056 | 2873 |
| 2015 | 659（在编）+41（人事代理） | 40 | 271 | 9644 | 2891 |

## 三、专业设置

无锡城市职业技术学院坚持“地方高校地方办，办好高校为地方”的办学宗旨，紧扣无锡市构建以新兴产业为先导、先进制造业为主体、现代服务业为支撑的现代产业发展新体系对高素质技术技能型人才的需求，设置和调整专业结构。二级学院设有师范学院、贸易金融学院、会计学院、旅

游学院、物联网工程学院、传媒与艺术设计学院、建筑与环境工程学院、国际合作学院与继续教育学院等教学单位。

无锡城市职业技术学院各专业面向生产、建设、服务和经营一线，培养掌握较好理论基础和专业知识，具备较强实践能力和创新意识的高素质技术技能型人才。学院共设置三年制高职专业（高中起点）43 个、五年制高职和师范专业（初中起点）10 个。按专业服务域划分，可分为八大专业群，分别是旅游专业群、物联网应用技术专业群、建筑工程技术专业群、建筑装饰工程技术专业群、会计专业群、营销与贸易专业群、艺术设计专业群、师范教育专业群，初步实现院级—市级—省级—国家级重点专业建设与培育体系。旅游专业群面向现代旅游服务业，培养在高星级酒店、旅行社、旅游景区、会展公司、运动休闲场馆等企业从事接待、服务及管理等工作的高素质技术技能型人才。物联网应用技术专业群面向物联网技术领域，培养在电子器件生产、电子终端设备集成制造、软件设计开发、物联网应用系统集成、物联网应用系统运营维护等企业从事物联网相关产品的生产、质检、应用系统辅助设计、应用系统安装调试与维护等工作的高素质技术技能型人才。营销与贸易专业群面向制造业、商业、贸易、电子商务、物流、金融等技术领域，培养在制造业、外贸、电子商务、物流等企业从事销售、市场调查、外贸单证、外贸跟单、报关、报检、网站编辑、网络客服、网站优化、网络推广、仓管、采购、调度、货运代理、商务管理、营销策划、行政管理等工作的高素质技术技能型人才。建筑工程技术专业群面向建筑、交通等建设行业技术领域，培养在建设工程施工、监理、咨询、检测等企业中从事施工员、质检员、资料员、安全员、造价员、测量员、试验员等工作的高素质技术技能型人才。建筑装饰工程技术专业群面向建筑装饰工程、景观、园林为主的装饰工程、园林景观工程等设计与施工领域以及相关的制作与施工管理工作，培养在装饰工程及景观设计公司、园林绿化等企业从事设计与制作、管理工作的高素质技术技能型人才。会计专业群面向经济管理领域，培养在各类企业、非营利组织等单位从事会计核算、会计监督、纳税筹划、财务管理以及在会计师事务所、税务事务所从事鉴证、咨询等工作的高素质技术技能型人才。艺术设计专业群面向以艺术设计为主的装潢艺术设计、环境艺术设计、视觉传达艺术设计、广告设计与制作等领域及相关的设计、策划、制作与施工管理领域，培养在室内及环境景观设计公司、广告与传媒公司等企业从事设计与制作管理工作的高素质技术技能型人才。

2015 年，学院拥有酒店管理、建筑工程技术等国家级重点专业 2 个，江苏省品牌专业酒店管理 1 个，江苏省重点专业群旅游（含酒店管理、旅游管理、会展策划与管理、涉外旅游、休闲服务与管理共 5 个专业）专业群、物联网工程技术（含物联网应用技术、计算机应用技术、计算机网络技术、应用电子技术共 4 个专业）专业群 2 个，江苏省特色专业会展策划与管理 1 个，无锡市品牌专业酒店管理 1 个，无锡市特色专业视觉传播设计与制作 1 个。

## 四、实训基地

2010 年，无锡城市职业技术学院迁入无锡职教园后，加大校内实训基地的建设力度。2012 年投入 691.69 万元资金、2013 年投入 709.11 万元资金用于校内实训基地建设与改造，形成与七大专业群相对应的七大实训中心，其中包括各类实训室与工作室 97 个，教学仪器设备资产总值达 4061.96 万元。校内实训、实习场所总面积达 23591 平方米。

学院高度重视学生的职业技能培训和就业能力的提升，通过实践成功探索出“院地互动、校企合一、理实交融、系统育成”的创新型人才培养模式：企业即学校、现场即课堂、学生即员工，学生入学即入行，身处真实工作环境之中，在各个环节中均得到实践，于潜移默化中养成必备的职业技能和职业素养，实现学校与企业在人才培养合作上的高度融合。2015 年，学院建有 78 个校内实训室，并与有关行业、企业通力合作，建立 207 个校外实习基地，开设多个订单培养班，与艾迪酒店、香梅国际酒店共建“企中校”，与央企大唐电信和星级酒店共建“校中企”智慧酒店，与江苏鼎都检测有限公司合作共建检测中心，实现“校中企”项目的突破。师范教育是城市职业技术学院办学资源最丰富、社会影响力最大的一个品牌。学院分别与无锡师范附属小学等20所小学、无锡市实验幼儿园等20所幼儿园签订合作协议，并建立40个教研培合作基地、聘请20名特聘教授、6名特聘专家，合作双方在教学、科研、培训等方面开展深度合作，共同培育教育人才。学院开设好莱坞数码艺术班等多个订单培养班，实现多元化的建设模式，形成与企业产教结合、产学合作、优势互补、资源共享的良性互动。

## 五、师资队伍

无锡城市职业技术学院拥有一支结构合理、师德高尚、业务精湛的专业教师队伍和管理人员队伍。学院以中外合作办学为平台，引进国外同类院校中优质教育资源，稳步提升国际化水平，先后与美国、澳大利亚、新加坡等9个国家和地区的18所高校和教育培训机构建立教育交流与合作关系。2014年，学院启动实施“百名教师出国（境）进修计划”，67名骨干教师分赴新加坡、加拿大等地进行职业教育专题研修学习。

2015年，学院专任教师中硕士及以上比例达64.7%，高级职称比例达33.4%。学院有国家教学名师1人、享受国务院津贴的中青年专家1人、江苏省“六大人才高峰”高层次人才2人、省“333工程”培养对象12人、省高校“青蓝工程”中青年学术带头人2人、省“青蓝工程”骨干教师培养对象6人、无锡市社会事业领军人才5人、市有突出贡献中青年专家2人、市学科带头人6人、市名师2人、市教学能手6人。

**2010~2015年无锡城市职业技术学院教师及辅导员学历、学位选年统计表**

表5—25—26　　单位：人

| 教育对象 | 教师学位 | 2010 | 2014 | | | 2015 | | |
|---|---|---|---|---|---|---|---|---|
| | | 教师 | 教师 | 专职辅导员 | 合计 | 教师 | 专职辅导员 | 合计 |
| 博士研究生 | 博　士 | 7 | 33 | — | 33 | 34 | — | 34 |
| 硕士研究生 | 硕　士 | 66 | 97 | 18 | 115 | 101 | 18 | 119 |
| 本科 | 硕　士 | — | 166 | 8 | 174 | 179 | 11 | 190 |
| | 学　士 | 84 | 151 | 11 | 162 | 139 | 9 | 148 |
| | 本科无学位 | 17 | 42 | — | 42 | 37 | — | 37 |
| 专科 | 本科无学位 | — | 2 | — | 2 | 2 | — | 2 |
| 总计 | — | 174 | 491 | 37 | 528 | 492 | 38 | 530 |

**2010~2015年无锡城市职业技术学院教师及辅导员职称选年统计表**

表5—25—27　　单位：人

| 职称层次 | 年份 / 职称 | 2010 | 2014 | | | 2015 | | |
|---|---|---|---|---|---|---|---|---|
| | | 教师 | 教师 | 专职辅导员 | 合计 | 教师 | 专职辅导员 | 合计 |
| 正高级 | 小计 | 2 | 13 | — | 13 | 13 | — | 13 |
| | 教授 | — | 10 | — | 10 | 11 | — | 11 |
| | 研究员级高级工程师 | — | 2 | — | 2 | 1 | — | 1 |
| | 正高级经济师 | — | 1 | — | 1 | 1 | — | 1 |
| 副高级 | 小计 | 13 | 164 | — | 164 | 164 | — | 164 |
| | 副教授 | — | 130 | — | 130 | 137 | — | 137 |
| | 高级讲师 | — | 26 | — | 26 | 21 | — | 21 |
| | 中小学高级教师 | — | 7 | — | 7 | 5 | — | 5 |
| | 高级工程师 | — | 1 | — | 1 | 1 | — | 1 |
| 中级 | 小计 | 104 | 270 | 21 | 291 | 271 | 25 | 296 |
| | 讲师 | — | 266 | 21 | 287 | 266 | 24 | 290 |
| | 工程师 | — | 3 | — | 3 | 3 | — | 3 |

续表 5—25—27　　　　单位：人

| 年份 | | 2010 | 2014 | | | 2015 | | |
|---|---|---|---|---|---|---|---|---|
| 职称层次 | 职称 | 教师 | 教师 | 专职辅导员 | 合计 | 教师 | 专职辅导员 | 合计 |
| 中级 | 经济师 | — | 1 | — | 1 | 1 | — | 1 |
| | 会计师 | — | — | — | — | 1 | — | 1 |
| | 实验师 | — | — | 1 | — | — | 1 | 1 |
| 初级 | 小计 | 45 | 33 | 14 | 47 | 26 | 10 | 36 |
| | 助教 | — | 27 | 14 | 41 | 18 | 10 | 28 |
| | 助理讲师 | — | 5 | — | 5 | 5 | — | 5 |
| | 助理工程师 | — | 1 | — | 1 | 1 | — | 1 |
| | 助理会计师 | — | — | — | — | 1 | — | 1 |
| | 四级演员 | — | — | — | — | 1 | — | 1 |
| 无职称 | — | 10 | 11 | 2 | 13 | 18 | 3 | 21 |
| 总计 | | 174 | 491 | 37 | 528 | 492 | 38 | 530 |

## 六、教育科研

2010~2012 年，无锡市环境科学与工程研究中心、无锡市重点高校研究生实践创新基地、江苏省博士后创新实践基地先后落户无锡城市职业技术学院，其中“江苏省博士后创新实践基地”是国家首批、江苏省高职院校首家博士后创新实践基地。2013 年，学院获江苏省教育科研先进集体称号。2014 年，学院成立教师教育研究所。2013~2015 年，学院共承担市级以上科技计划项目 82 项，其中国家部委项目 1 项、省级项目 16 项，市级项目 65 项；共获国家、省、市级纵向研究项目 82 项，获得科研资助资金 144.2 万元；学院组织教师深入产业第一线，参与企业应用技术研究、科技开发和技术咨询服务，取得横向科技服务经费 232.3 万元，有 84 项专利获得国家专利局授权；教师发表论文 1121 篇，其中发表在各类中文核心期刊 111 篇、SCI 收录 11 篇、EI 收录 17 篇。

2015 年，无锡城市职业技术学院建有江苏省博士后创新实践基地、无锡市环境科学与工程研究中心、无锡市重点高校研究生实践创新基地等科研平台，积极引进海内外高层次人才。同时，学院设有教育研究所、修辞研究所、现代职业教育改革与发展研究所、学报编辑部、旅游发展研究中心、无锡环境科学与工程研究中心等教育科研机构，以专职管理和教师兼职研究的形式运行，从事教育科学和教育实践研究。

**2013~2015 年无锡城市职业技术学院教育科研相关项目统计表**

表 5—25—28

| 项目 | 类别 | 2013 | 2014 | 2015 | 小计 |
|---|---|---|---|---|---|
| 纵向课题 | 国家部委项目（项） | 1.0 | — | — | 1.0 |
| | 省级项目（项） | 1.0 | 15.0 | — | 16.0 |
| | 市级项目（项） | 22.0 | 17.0 | 26.0 | 65.0 |
| | 小计（项） | 24.0 | 32.0 | 26.0 | 82.0 |
| 横向课题 | 项目数量（个） | 17.0 | 18.0 | 13.0 | 48.0 |
| | 到账金额（万元） | 76.5 | 77.5 | 78.3 | 232.3 |
| 获得专利 | 发明专利（个） | 3.0 | 2.0 | — | 5.0 |
| | 实用新型专利（个） | 14.0 | 44.0 | 21.0 | 79.0 |
| 科技服务 | 项目数（项） | 24.0 | 32.0 | 26.0 | 82.0 |
| | 到账金额（万元） | 56.3 | 79.0 | 8.9 | 144.2 |
| 发表论文 | 公开发表论文（篇） | 430.0 | 443.0 | 248.0 | 1121.0 |
| | SCI 收录（篇） | 4.0 | 4.0 | 3.0 | 11.0 |
| | EI 收录（篇） | 6.0 | 7.0 | 4.0 | 17.0 |

## 七、办学成果

2013~2015 年，无锡城市职业技术学院获得无锡市委、市政府及省级条线以上荣誉共 15 项。

### 2013~2015 年无锡城市职业技术学院获得无锡市委、市政府及省级条线以上荣誉一览表

表 5—25—29

| 获奖时间 | 荣誉名称 | 颁发单位 |
|---|---|---|
| 2013 | 全省教育纪检监察先进集体 | 中共江苏省教育工委　江苏省教育厅 |
| | 2011~2012 年度无锡市“两型社会”示范机关创建先进单位 | 中共无锡市委、无锡市人民政府 |
| | 2013 年省教学成果奖（高等教育类）一等奖 | 江苏省教育厅 |
| | 2010-2012 年度江苏省文明单位 | 江苏省精神文明建设指导委员会 |
| | 无锡市先进基层党组织 | 中共无锡市委 |
| | 江苏省红十字示范学校 | 江苏省红十字会 江苏省教育厅 |
| | 江苏省高等学校信息化建设优秀单位 | 江苏省高校网络技术专业委员会 |
| | 江苏省高校英语应用能力考试优秀考点 | 江苏省高校专科英语应用能力考试委员会 |
| | 2013 年春运优秀青年志愿者组织 | 铁道部团委 |
| 2014 | 江苏省廉政文化建设示范点 | 江苏省纪委、江苏省委宣传部 |
| | 全省职业教育先进单位 | 江苏省教育厅、发改委、财政厅、人社厅、农委、扶贫办 |
| | 2014 年江苏省大学生创业基地建设单位 | 江苏省教育厅 |
| | 省级公共机构节能示范单位 | 江苏省省级机关事务管理局、江苏省经济和信息化委员会 |
| 2015 | 2014 年深化“同心共建”十佳活动先进集体（民盟无锡城职院支部） | 江苏省纪委、江苏省委宣传部 |
| | 院教育发展基金会获评省 AAAA 级社会组织 | 江苏省民政厅 |

## 八、办学经费

2010 年、2014 年、2015 年，无锡城市职业技术学院财政补助、事业收入等教育经费总收入共 74691.61 万元，支出经费共 76871.2 万元。

### 2010~2015 年无锡城市职业技术学院教育经费选年统计表

表 5—25—30　　单位：万元

<table>
<tr><th colspan="6">收入</th><th colspan="4">支出</th></tr>
<tr><th colspan="3">项目</th><th>2010</th><th>2014</th><th>2015</th><th>项目</th><th>2010</th><th>2014</th><th>2015</th></tr>
<tr><td rowspan="11">财政补助收入</td><td rowspan="9">公共财政预算拨款</td><td>教育事业费</td><td>7408.60</td><td>11378.95</td><td>13163.10</td><td rowspan="11">事业支出（财政补助支出）</td><td rowspan="11">12512.87</td><td rowspan="11">22452.93</td><td rowspan="11">30053.91</td></tr>
<tr><td>教育费附加</td><td>—</td><td>1128.97</td><td>432.57</td></tr>
<tr><td>市教育专项</td><td>—</td><td>283.24</td><td>—</td></tr>
<tr><td>中央、省专项</td><td>—</td><td>801.98</td><td>2408.35</td></tr>
<tr><td>基本建设</td><td>421.37</td><td>—</td><td>7321.00</td></tr>
<tr><td>地方教育附加</td><td>—</td><td>—</td><td>3079.00</td></tr>
<tr><td>土地出让收益</td><td>—</td><td>—</td><td>1262.00</td></tr>
<tr><td>其他财政拨款</td><td>—</td><td>164.91</td><td>87.89</td></tr>
<tr><td>小计</td><td>7829.97</td><td>13758.05</td><td>27753.91</td></tr>
<tr><td colspan="2">政府性基金预算拨款</td><td>—</td><td>10994.89</td><td>—</td></tr>
<tr><td colspan="2">合计</td><td>7829.97</td><td>24752.94</td><td>27753.91</td></tr>
<tr><td colspan="3">事业收入</td><td>6279.92</td><td>3870.21</td><td>4159.17</td><td>事业支出（非财政补助支出）</td><td>3377.97</td><td>4055.53</td><td>4417.99</td></tr>
<tr><td colspan="3">其他收入</td><td>—</td><td>27.59</td><td>17.90</td><td>其他支出</td><td>—</td><td>—</td><td>—</td></tr>
<tr><td colspan="3">收入总计</td><td>14109.89</td><td>28650.74</td><td>31930.98</td><td>支出总计</td><td>15890.84</td><td>26508.46</td><td>34471.90</td></tr>
</table>

## 九、院级领导及机构设置

2005~2015 年，无锡城市职业技术学院先后有 2 人任党委书记，3 人任院长，6 人任党委副书记，4 人任副院长。

### 2005~2015 年无锡城市职业技术学院历任院级领导任职表

表 5—25—31

| 院长、党委书记 | | | | 副院长、党委副书记 | | | |
|---|---|---|---|---|---|---|---|
| 姓名 | 职务 | 任职时间 | 职称 | 姓名 | 职务 | 任职时间 | 职称 |
| 沈毅烈 | 院长 | 2005.12~2010.02 | 高级政工师 | 沈毅烈 | 党委副书记 | 2005.12~2010.03 | 高级政工师 |
| 高国强 | 党委书记 | 2007.11~2013.07 | 中学高级 | 胡骏鸣 | 党委副书记、纪委书记 | 2005.12~2009.09 | 高级经济师 |

续表 5—25—31

| 院长、党委书记 | | | | 副院长、党委副书记 | | | |
|---|---|---|---|---|---|---|---|
| 姓名 | 职务 | 任职时间 | 职称 | 姓名 | 职务 | 任职时间 | 职称 |
| 周伟灿 | 院长 | 2010.02~2013.07 | 教授 | 邹亚平 | 副院长 | 2005.12~2013.09 | 高级政工师 |
| 高建宁 | 党委书记 | 2013.07~ | 教授 | 瞿立新 | 副院长 | 2005.12~ | 教授 |
| 郁宝荣 | 院长 | 2013.07~ | 经济师 | 刘　彬 | 党委副书记、纪委书记 | 2009.09~2015.11 | 副教授 |
| — | — | — | — | 周伟灿 | 党委副书记 | 2010.03~2013.08 | 教授 |
| — | — | — | — | 郁宝荣 | 党委副书记 | 2013.08~ | 经济师 |
| — | — | — | — | 王远东 | 副院长 | 2013.09~ | 中学高级 |
| — | — | — | — | 陈　新 | 副院长 | 2013.09~ | 中学高级 |
| — | — | — | — | 俞力元 | 党委副书记 | 2015.11~ | 高级讲师 |

2015 年，高建宁任党委书记，郁宝荣任院长、党委副书记，俞力元任党委副书记，瞿立新、王远东、陈新任副院长。

2015 年无锡城市职业技术学院机构设置表

表 5—25—32

| 党群机构 | 行政机构 | 教学机构 | |
|---|---|---|---|
| 党委办公室（党委宣传部、党校） | 院长办公室 | 师范学院 | 贸易金融学院 |
| 党委组织部（党委统战部） | 现代职业教育改革与发展研究所<br>无锡环境科学与工程研究中心办公室 | 会计学院 | 旅游学院 |
| 团委 | 教务处 | 物联网工程学院 | 传媒与艺术设计学院 |
| 党委保卫工作部、保卫处（人武部） | 教学督导室 | 建筑与环境工程学院 | 国际合作学院（外事办公室） |
| 纪委办公室（监察审计处） | 招生就业处 | 基础课部 | 体育部 |
| 工会（退管会、关工委） | 发展规划处（升本办公室、校企合作办公室） | 干部培训与继续教育学院 | 图书馆 |
| — | 人事处 | 现代教育技术中心 | 职业技能鉴定所 |
| — | 科技处（学报编辑部） | 实训基地管理中心 | — |
| — | 计划财务处 | — | — |
| — | 后勤管理处 | — | — |

# 第六节 无锡技师学院

无锡技师学院的前身为1955年创办的无锡市劳动局技工学校，校址位于锡惠路李巷。1958年，学校改组为地方国营无锡内燃机厂（即原无锡市油泵油嘴厂）。1960年，借工人文化宫部分房舍重新筹办技工学校，更名为无锡市机电技工学校。1961年，无锡市机电技工学校与无锡机器制造学校合并，定名为无锡市技工学校，校址迁至跨塘桥53号。1962年，江苏省劳动厅停办省属各技工学校，仅保留无锡市技工学校，学校划归市劳动局主管。1966~1970年停止招生。1970年，无锡市技工学校迁至宜兴张公洞东南白马山麓，建立无锡市煤矿机械修配厂。1978年，江苏省革命委员会同意恢复无锡市技工学校，校址迁至羊腰湾52号。1991年，学校被评为江苏省重点技工学校；1994年，被评为国家级重点技工学校。1996年，学校升格，更名为无锡市高级技工学校。2001年，学校升格，更名为无锡技师学院。2002年，锡山市机械职业高级中学并入无锡技师学院。2006年，无锡技师学院选址于无锡（藕塘）职教园区建造新校舍，并开工建设。2008年，学校入驻无锡（藕塘）职教园区新校，位于钱藕路6号。2012年，学校被列为国家中等职业教育改革发展示范学校。2014年，学校与江苏省无锡立信中等专业学校合并，定名为无锡技师学院（立信中专）。2015年，无锡技师学院属无锡市教育局主管、无锡市人社局共建的市属公办学校，有藕塘、扬名两大校区，占地面积281333.33平方米，建筑面积20余万平方米。

## 一、校训、校风、教风、学风、校徽

校训：进德修业

校风：团结　勤奋　求实　创新

教风：崇德　敬业　博学　笃行

学风：立志　诚信　善学　精艺

校徽以传统的正圆形为底，体现学院文化源远流长、精神博大、包容兼蓄，以篆书“技”字为图，整个构图简洁大方，重点突出，体现出厚重的历史文化底蕴。篆书的“技”字形态自由，状似跳跃的人，反映学院“以技能为本”的人本主义精神。背景为象征生命延续的孔雀蓝，寓意学院发展的无穷活力和勃勃生机。

## 二、办学规模

2008年，无锡技师学院入驻无锡（藕塘）职教园区时开设24个专业，151个班级，有6584名学生。2015年，学院开设38个专业，是2008年入驻职教园时的1.6倍；211个班级，是2008年入驻时的1.4倍；8160名学生，是2008年入驻时的1.24倍。

2000~2015年无锡技师学院办学规模选年统计表

表5—25—33　　单位：人、个、班

| 年份 | 教职员工数 | 专业数 | 班级数 | 学生数 | 毕业生数 |
|---|---|---|---|---|---|
| 2000 | 265 | 18 | 102 | 4214 | 1037 |
| 2008 | 371 | 24 | 151 | 6584 | 1845 |
| 2015 | 613 | 38 | 211 | 8160 | 2046 |

## 三、专业设置

无锡技师学院是一所以机械加工类、电工电子类、机电工程类、信息管理类和现代会计类专业为主体，融技工教育与中职教育为一体，结合社会培训、技能鉴定协调发展的国家中等职业教育改革发展示范学校。2015年，学校设有38个专业，以电气自动化设备安装与维修专业等7个专业为重点专业，建有11个省级示范重点专业和26门省市级精品课程。

## 四、实训基地

2015年，无锡技师学院有数控技术、现代财经、商贸、电气自动化等4个校内综合实训中心，涵盖136个实训实验室。同时，拥有3个江苏省高技能人才专项公共实训基地和1个江苏省示范专业实训基地。是年，学校拥有无锡新银叶机电有限公司等188个校外实训基地。

2015年无锡技师学院校内实训基地一览表

表5—25—34　　单位：平方米、个

| 二级院系名称 | 实训基地名称 | 建筑面积 | 实训项目 | | 工位数 |
|---|---|---|---|---|---|
| | | | 总数 | 主要项目名称 | |
| 机械工程系 | 数控实训中心 | 2360.0 | 35 | 数控车、数控铣技术训练 | 234 |
| 财经系 | 财经实训中心 | 2318.4 | 15 | 财务软件应用、手工账实训等 | 480 |
| 商贸服务系 | 商贸实训中心 | 1099.0 | 27 | 锐捷网络组建实训、影视动画编辑等 | 765 |
| 电气工程系 | 电气自动化实训中心 | 2451.0 | 31 | 电工实训、自动化实训 | 1021 |

## 五、师资队伍

2008年，无锡技师学院入驻无锡（藕塘）职教园时，教师总数为242人，其中副高级以上职称人数47人。2009年，学院教师朱建明被人力资源和社会保障部、教育部授予全国模范教师荣誉称号，

2011年被江苏省人力资源和社会保障厅授予江苏省技工院校教学名师荣誉称号，2012年被江苏省人民政府授予江苏省有突出贡献高级技师荣誉称号，2013~2014年度担任江苏省高技能人才重点建设项目评审专家，2014年担任无锡市技能大师工作室评审专家。钱晓平主持参与人社部、学院多项科研课题，主编、参编教材3册，发明专利8项。顾宏亮主持、参与省市校各级课题10余项，参与省市各级技能鉴定卷库开发工作，指导学生获得省市各级技能竞赛多项奖项。王建林主持、参与各级课题研究2项，编写教材1册，多次获国家、省和市级教研成果和作品奖。梅亚萍主持各级课题研究8项，编写教材12册。杨健主持市级以上课题4项，参与编写教材3册。

2015年，学院教师增至520人，是2008年入驻时的2.15倍；副高级以上职称人数151人，是2008年入驻时的3.21倍。

2008~2015年无锡技师学院教师学历、职称选年统计表

表5—25—35　　　　单位：人

| 年份 | 教师数量 | 学历 | | | | 职称 | | | | |
|---|---|---|---|---|---|---|---|---|---|---|
| | | 研究生 | 本科 | 大专 | 其他 | 正高级 | 副高级 | 讲师 | 助讲 | 无 |
| 2008 | 242 | 12 | 126 | 51 | 53 | 2 | 45 | 68 | 52 | 75 |
| 2010 | 275 | 22 | 158 | 48 | 47 | 3 | 56 | 72 | 65 | 79 |
| 2013 | 371 | 31 | 257 | 42 | 41 | 4 | 78 | 98 | 81 | 110 |
| 2015 | 520 | 108 | 412 | 0 | 0 | 6 | 145 | 203 | 92 | 74 |

## 六、教育科研

2008年，无锡技师学院人社部立项课题电工类教材试验项目获优秀教材实验基地二等奖，无锡市人社局立项的《关于加强校企合作创新技能人才培养新路》课题获调研工作组织奖，立项院级课题32项；2009年，学院立项人社部“技工院校一体化课程改革试点工作方案”课题，立项院级课题35项；2010年，立项院级课题39项；2011年，学院立项人社部《计算机组装与维修》素材包、动漫类教材试验项目课题，立项教育部重点课题“技能训练课有效教学模式研究”，立项院级课题37项；2012年，立项人社部基础类教材试验课题获优秀教材实验基地三等奖，立项江苏省人社厅“学生核心素质养成研究”教育教学课题，立项院级课题43项；2013年，立项人社部机械类教材试验项目获优秀教材实验基地二等奖，立项无锡市人社局《校企双制共同培养学制技师的研究》课题获调研课题二等奖，立项无锡市人社局“技能人才培养模式创新与实践研究”教育教学课题，立项院级课题40项；2014年，立项人社部计算机类教材试验项目课题获优秀教材实验基地二等奖，立项院级课题48项；2015年，立项江苏省教科院、无锡市教科院等课题15项，立项院级课题43项。2008~2015年，无锡技师学院共立项省部级课题8项、厅局级课题19项、院级课题317项。2011~2015年，无锡技师学院教师在省级以上刊物发表论文665篇，获得国家级奖论文112篇，发明专利8项。

## 七、办学成果

2006~2015年，无锡技师学院获中共江苏省委、省人民政府及省级条线以上荣誉15项，其中连续2届获江苏省技能状元大赛高技能人才摇篮奖。

2006~2015年无锡技师学院获得省委、省政府及省级条线以上荣誉一览表

表5—25—36

| 获奖时间 | 荣誉名称 | 颁发单位 |
|---|---|---|
| 2006 | 国家技能人才培育突出贡献奖 | 劳动和社会保障部 |
| 2006.02 | 江苏省职业教育先进集体 | 江苏省教育厅、发改委、经济贸易委员会、财政厅、人事厅、劳动和社会保障厅、农林厅、扶贫办 |
| 2008.11 | 江苏省职业教育德育特色学校 | 江苏省职教学会德育工作委员会 |
| 2009 | 江苏省节水型单位 | 江苏省水利厅 |
| 2010.04 | 江苏省平安校园 | 江苏省教育厅、综治办、公安厅 |

续表5—25—36

| 获奖时间 | 荣誉名称 | 颁发单位 |
|---|---|---|
| 2010.06 | 全国中等职业学校德育工作先进集体 | 教育部、人社部 |
| 2011.06 | 国家高技能人才培养示范基地 | 人力资源和社会保障部 |
| 2012.08 | 第一届江苏省技能状元大赛高技能人才摇篮奖 | 江苏技能状元大赛组委会 |
| 2007~2012 | 江苏省文明单位标兵 | 中共江苏省委、江苏省人民政府 |
| 2013.06 | 全国文化艺术教育示范学校 | 全国文化艺术发展委员会 |
| 2013.07 | 江苏省高技能人才培养优秀示范基地 | 江苏省人力资源和社会保障厅、江苏省财政厅 |
| 2014.04 | 第二届江苏省技能状元大赛高技能人才摇篮奖 | 江苏技能状元大赛组委会 |
| 2014.10 | 江苏省职业教育先进单位 | 省教育厅、省发改委、省财政厅、省人社厅、省农委、省扶贫办 |
| 2015 | 国家中等职业教育改革发展示范学校 | 教育部、人社部、财政部 |
| 2015.12 | 江苏省技工院校教学管理优秀院校 | 江苏省人力资源和社会保障厅 |

2008~2015年无锡技师学院培养中技毕业生3460人，培养高技毕业生7513人，培养技师1145人。

2008~2015 年无锡技师学院培养技师、高技、中技毕业生人数统计表

表 5—25—37　　单位：人

| 毕业时间 | 中技人数 | 高技人数 | 技师人数 | 合计 | 毕业时间 | 中技人数 | 高技人数 | 技师人数 | 合计 |
|---|---|---|---|---|---|---|---|---|---|
| 2008 | 588 | 809 | 113 | 1510 | 2012 | 281 | 1277 | 226 | 1784 |
| 2009 | 1103 | 472 | 160 | 1735 | 2013 | 282 | 1213 | 45 | 1540 |
| 2010 | 448 | 1097 | 178 | 1723 | 2014 | 219 | 928 | 160 | 1307 |
| 2011 | 325 | 751 | 185 | 1261 | 2015 | 214 | 966 | 78 | 1258 |

## 八、办学经费

2008年、2010~2015年，无锡技师学院办学经费由市、省、国家财政拨款48620.39万元，学费收入15498.4万元，其他收入22679.41万元；经费总支出80572.55万元。

2008 年、2010~2015 年无锡技师学院办学经费统计表

表 5—25—38　　单位：万元

| 年份 | | | 2008 | 2010 | 2011 | 2012 | 2013 | 2014 | 2015 |
|---|---|---|---|---|---|---|---|---|---|
| 收入 | 财政拨款 | 市级 | 2029.27 | 1677.21 | 4837.76 | 4464.53 | 12538.71 | 6558.85 | 13660.29 |
| | | 省级 | | | | 307.00 | 130.00 | 899.60 | 377.17 |
| | | 国家级 | | | | 570.00 | 570.00 | — | — |
| | | 小计 | 2029.27 | 1677.21 | 4837.76 | 5341.53 | 13238.71 | 7458.45 | 14037.46 |
| | 学费收入 | | 2655.66 | 2688.05 | 3171.45 | 2812.37 | 1534.34 | 874.47 | 1762.06 |
| | 其他收入 | | 1873.75 | 4050.33 | 4436.28 | 4068.24 | 2665.60 | 2327.07 | 3258.14 |
| | 合计 | | 6558.68 | 8415.59 | 12445.49 | 12222.14 | 17438.65 | 10659.99 | 19057.66 |
| 经费支出合计 | | | 6558.00 | 8415.00 | 12445.00 | 8213.98 | 17400.00 | 10600.00 | 16940.57 |

## 九、院级领导及机构设置

2002~2015年，无锡技师学院先后有1人任党委书记、院长，2人任副书记，6人任副院长。

2002~2015年无锡技师学院历任领导任职表

表5—25—39

| 党委书记、院长 | | | 党委副书记、副院长 | | | | | |
|---|---|---|---|---|---|---|---|---|
| 姓名 | 职务 | 任职时间 | 姓名 | 职务 | 任职时间 | 姓名 | 职务 | 任职时间 |
| 巫伟钢 | 书记、院长 | 2003.10~ | 王跃明 | 副院长 | 2002.09~2012.11 | — | — | — |
| — | — | — | 杨永林 | 副书记、副院长 | 2003.06~2011.03 | 孙大俊 | 副院长 | 2003.06~2014.11 |
| — | — | — | 陈志勇 | 副院长 | 2007.09~ | 邹建威 | 副院长 | 2013.05~ |
| — | — | — | 梅亚萍 | 副书记 | 2014.10~ | 杨　健 | 副院长 | 2014.10~ |

2015年，巫伟钢任党委书记、院长，梅亚萍任副书记、纪委书记，陈志勇、邹建威、杨健任副院长。

无锡技师学院实行二级管理，下设“六系一中心”：机械工程系、电气工程系、信息工程系、文化创意系、商贸服务系、财经系和通用能力建设中心，并设有国家职业技能鉴定所、服务外包培训学院和立信日语进修学院。

2015年无锡技师学院机构设置一览表

表5—25—40

| 党委 | 院长室 | | |
| --- | --- | --- | --- |
| | 党政办公室 | | |
| 机械工程系党支部 | 组织人事处 | 教务处 | 六系一中心 |
| 信息工程系党支部 | 学生工作处 | 纪检监察室 | 机械工程系 |
| 文化创意系党支部 | 财务处 | 团委 | 信息工程系 |
| 电气工程系党支部 | 督导室 | 工会 | 文化创意系 |
| 商贸服务系党支部 | 科研处 | 退管会 | 电气工程系 |
| 财经系党支部 | 培训处（成教学院） | | 财经系 |
| 通用能力建设中心党支部 | 招生与就业管理处 | | 商贸服务系 |
| 东埄综合党支部 | 资产设备管理处 | | 通用能力建设中心 |
| 行政第一支部 | 后勤管理处 | 安全保卫处 | |
| 行政第二支部 | 信息管理中心 | | |
| | 无锡市新光电器机械厂 | | |

# 第七节 江苏省无锡汽车工程中等专业学校

江苏省无锡汽车工程中等专业学校（无锡交通技师学院）的前身为1966年创建的无锡市建设初中，校址在建设村119号。学校先后更名为无锡市第十八中学、江苏省无锡轻工职业高级中学，挂无锡市综合高级中学、无锡汽车工程学校（股份制）牌子。2006年10月，无锡轻工职业高级中学与无锡市公益中学合并，组建无锡市公益职业学校。2007年10月，学校与无锡交通技师学院资源整合。11月，学校入驻无锡（藕塘）职教园区，并开工建设。2008年8月，学校新校区建设竣工，建设总资金4.2亿元。是年9月，学校入迁无锡（藕塘）职教园区，并开学上课。10月，公益中学初中部从无锡市公益职业学校剥离。2009年4月，学校更名为无锡汽车工程学校，同时挂无锡交通技师学院牌子，原股份制“无锡汽车工程学校”建制撤销。2010年3月，学校成为江苏联合职业技术学院办班点。2011年2月，学校成功晋级为江苏省四星级中等职业学校、江苏省高水平示范性中等职业学校。是年3月，学校更名为江苏省无锡汽车工程中等专业学校，同时挂无锡交通技师学院牌子。2011年7月，根据无锡市学校管理中心专业调整部署，原无锡旅游商贸高职校房管系整体调入江苏省无锡汽车工程中等专业学校。2015年，江苏省无锡汽车工程中等专业学校位于无锡职教园钱藕路8号，校园占地面积259688.1平方米，建筑面积144379.08平方米，绿化面积108220平方米。

## 一、校训

校训：有道正业。

语出《论语•学而第一》。“道”为“有”之对象，言谓道德、道义、正义，“业”为“正”之目标，言谓学业、职业、事业。“有道正业”意即有道德、懂道义、讲正义、兴学业、爱职业、创事业，为做人、为学、立身之本。

## 二、办学规模

2008年，无锡汽车工程学校入迁无锡（藕塘）职教园区。翌年，学校开设13个专业，89个班级，3382名学生。2015年，学校专业增至18个，是2009年的1.4倍；班级增至117个，是2009年的1.31倍；学生增至3781名，是2009年的1.12倍。

2009~2015年江苏省无锡汽车工程中等专业学校办学规模统计表

表5—25—41　　单位：个、班、人

| 年份 | 2009 | 2010 | 2011 | 2012 | 2013 | 2014 | 2015 |
| --- | --- | --- | --- | --- | --- | --- | --- |
| 专业数 | 13 | 13 | 17 | 20 | 19 | 19 | 18 |
| 班级数 | 89 | 90 | 108 | 107 | 112 | 112 | 117 |

续表 5—25—41　　　　单位：个、班、人

| 年份 | 2009 | 2010 | 2011 | 2012 | 2013 | 2014 | 2015 |
|---|---|---|---|---|---|---|---|
| 其中新生班数 | 33 | 18 | 32 | 28 | 28 | 28 | 35 |
| 学生数 | 3382 | 3463 | 4243 | 4063 | 4108 | 3924 | 3781 |
| 其中新生数 | 605 | 782 | 1234 | 898 | 817 | 857 | 1126 |
| 毕业生数 | 1552 | 1231 | 1049 | 1479 | 1148 | 1059 | 1260 |
| 教职工数 | 344 | 323 | 359 | 347 | 347 | 347 | 344 |

## 三、专业设置

江苏省无锡汽车工程中等专业学校在充分调研人才市场的基础上，形成汽车、建筑、轨道三大专业群，并进行各系部专业设置整体推进。2015 年，学校共有五年制高职专业 7 个，三年制中职专业 5 个、3+2 高级工及成人大专专业 4 个，三年制高级工及成人大专专业 2 个。是年，建成省级品牌特色专业（汽车运用与维修、建筑工程技术、车身修复专业、房地产经营与估价专业）4 个、市级重点专业群（汽车运用与维修、车身修复、建筑工程技术、城市轨道交通运营管理）4 个、校管中心级五星级品牌专业（汽车运用与维修）1 个、校管中心级四星级品牌专业（汽车维修、汽车车身修复、建筑工程技术）3 个、校管中心级三星级品牌专业（汽车技术服务与营销、房地产经营与估价、建筑装饰工程技术、物流管理与服务、城市轨道交通运营管理）5 个，创建市级紧缺型专业（建筑装饰工程技术、城市轨道运输与管理专业）2 个。

**2011~2015 年江苏省无锡汽车工程中等专业学校品牌特色专业、专业群一览表**

表 5—25—42

| 级别 | 建成年份 | 专业名称 | 命名 | 级别 | 建成年份 | 专业名称 | 命名 |
|---|---|---|---|---|---|---|---|
| 省级 | 2011 | 汽车运用与维修 | 品牌专业 | 市级 | 2012 | 城市轨道交通运输与管理 | 重点专业 |
| | 2012 | 汽车车身修复 | 特色专业 | | 2013 | 汽车维修类 | 重点专业群 |
| | 2014 | 建筑工程施工技术 | 品牌专业 | | | 建筑类 | 重点专业群 |
| | 2015 | 房地产经营与估价 | 特色专业 | | 2014 | 城市轨道交通运输与管理 | 重点专业群 |
| 市级 | 2011 | 建筑工程施工技术 | 重点专业 | | 2015 | 车身修复类 | 重点专业群 |

## 四、实训基地

2011 年 2 月，无锡汽车工程学校与中国宝马培训学院洽谈合作，在无锡汽车工程学校内建立宝马集团 BEST 无锡培训基地。2012 年 6 月，江苏省无锡汽车工程中等专业学校校内的宝马培训基地基建工程完工，并开始试运行。宝马集团 BEST 无锡培训基地是无锡汽车工程学校与中国华晨宝马有限公司合作举办的一个高端校企合作项目，是为宝马 4S 店培养合格乃至优秀技术人才的场所。宝马培训基地管理模式采用双重管理，教学业务由中国宝马培训学院统筹安排，人财物由无锡汽车工程学校统筹安排。培养对象为选拔优秀汽车专业学生进入宝马 BEST 班，在培训基地和宝马 4S 店进行为期一年的工学交替式学习培训，取得宝马培训学院认证的资格证书后进入宝马 4S 店成为正式员工。教学模式为小班化教学，每班人数在 12~16 人之间；标准的理实一体化教学，理论教学和实践操作紧密相连；工学交替式培养，符合现代学徒制的理念。合作双方的职责是无锡汽车工程学校负责前期投入，按照宝马的统一要求进行场地设施建设，选拔优秀教师参与宝马培训师选拔，配备其他辅助人员以及宝马专用工具设备的购买等；宝马培训学院负责培训师的资格认证，提供宝马培训车辆及专用检测诊断设备，负责实训耗材的供应，并在培训期间给学校支付一定数量的租金。

**2004~2013 年江苏省无锡汽车工程中等专业学校实训基地评估级别一览表**

表 5—25—43

| 批准日期 | 二级院系名称 | 实训基地名称 | 主要面向专业 | 级别 |
|---|---|---|---|---|
| 2004 | 汽车服务工程系 | 汽车营销实训基地 | 汽车技术服务与营销 | 校级 |
| 2010 | 轨道交通工程系 | 工程机械实训基地 | 工程机械运用与维护 | 校级 |

续表 5—25—43

| 批准日期 | 二级院系名称 | 实训基地名称 | 主要面向专业 | 级别 |
|---|---|---|---|---|
| 2011 | 建筑系 | 房地产实训基地 | 房地产经营与估价 | 校级 |
| | 建筑系 | 建筑装饰实训基地 | 建筑装饰工程技术 | 校级 |
| | 轨道交通工程系 | 城市轨道交通实训基地 | 城市轨道交通运营管理 | 校级 |
| 2013 | 建筑系 | 建筑工程施工实训基地 | 建筑工程技术 | 省级 |
| | 汽车维修工程系 | 汽车维修实训基地 | 汽车检测与维修技术 | 国家级 |

2013 年 5 月，江苏省无锡汽车工程中等专业学校宝马培训基地开业，至 2015 年，宝马培训基地成功培养 3 届 BEST 学员 180 余人，都取得宝马 IBT 初级证书。宝马培训基地毕业生分布在江浙沪地区的宝马 4S 店。同时，宝马培训基地每年还承担大量的宝马 4S 店经销商员工的培训任务，为各宝马 4S 店员工技术能力水平的提升做出很大贡献。

图 5—25—11 校内汽车钣金现场教学图

图 5—25—12 校内汽车整车现场教学图

图 5—25—13 校内宝马基地现场教学图

2015 年，江苏省无锡汽车工程中等专业学校实训基地总建筑面积 4 万平方米，专业设备总资产达 4664.57 万元，生均设备值超过 1 万元，建有汽车运用与维修、涂装实训中心，钣金实训中心，建筑工程实训中心，测量实训中心，轨道实训中心，车辆调度实训中心等共涵盖 108 个实训室。学校借鉴宝马管理经验，建立健全的实训基地建设、管理、使用体制、机制，各系部初步建成标准化管理的实训基地。是年，学校通过中央财政支持的“汽车维修与运用”专业高水平示范性实训基地中期验收，正在建设“建筑工程”省级高水平示范性实训基地，完成上海景格公司“实训教室”的建设和建筑类钢筋构造模型建设。同时，改变实训教学手段，创设实训教学环境，提高实训教学效率。

## 五、师资队伍

2015 年，江苏省无锡汽车工程中等专业学校有各级各类名师（技能大师）工作室 12 个，其中江苏省中职学校名师工作室 1 个、无锡市职业院校名师工作室 2 个、市区级名师工作室 1 个、无锡市技能大师工作室 2 个、校级名师工作室 6 个。是年，学校有各级各类骨干教师 116 名，其中江苏省职业教育领军人才 2 名，江苏省特级教师 1 名，江苏省中职正高级讲师 1 名，江苏省技工院校名教师 3 名，无锡市名教师 1 名，无锡市学科带头人、德育工作带头人 7 名，无锡市教学能手、班主任能手 26 名，江苏省技工院校专业带头人 13 名。

**2013 年、2015 年江苏省无锡汽车工程中等专业学校教师学历、职称统计表**

表 5—25—44

| 年份 | 教师数量 | | | 学历学位 | | | | | 职称 | | | | |
|---|---|---|---|---|---|---|---|---|---|---|---|---|---|
| | 总数 | 其中 | | 研究生 | 本科 | 大专 | 中师 | 其他 | 正高级 | 副高级 | 中级 | 助理级 | 无职称 |
| | | 男 | 女 | | | | | | | | | | |
| 2013 | 347 | 177 | 170 | 62 | 229 | 30 | 5 | 21 | 0 | 60 | 173 | 58 | 56 |
| 2015 | 344 | 184 | 160 | 76 | 231 | 23 | 5 | 9 | 1 | 84 | 166 | 59 | 34 |

## 六、教育科研

2003 年 1 月 8 日，无锡汽车工程中等专业学校成立教研督导办公室，负责教科研工作。2008 年

9月1日，成立科研督导室。2015年8月29日，成立科研与规划处。科研与规划处负责学校发展规划、综合改革、政策研究、教育科研、教学科研、教育成果考评、创新大赛、创意论坛、教学团队建设、骨干人才管理、学术管理等工作。2009~2015年，无锡汽车工程学校在《汽车维护与修理》《汽车电器》《信息与电脑》《现代车用动力》《公路与汽运》《汽车实用技术》《海外英语》《高教学刊》等215种省级以上刊物发表论文543篇。2013~2015年，无锡汽车工程中等专业学校出版教材25本，立项研究市级以上课题27个，校级课题44个。同时，学校在全国汽车行业知名专家的带领下，校企合作开发出版发行教材30余本。

**2010~2015年江苏省无锡汽车工程中等专业学校立项省级、省级以上课题统计表**

表5—25—45

| 课题来源 | 课题名称 | 主持人 | 立项编号 |
|---|---|---|---|
| 教育部《中等职业教育改革创新行动计划（2010-2012）》科研课题 | 子课题三：无锡市专业建设规划化创新保障机制研究——创新机制九：创新专业建设投入机制 | 赵　奇 | 国家级(子课题三) |
| | 子课题三：无锡市专业建设规划化创新保障机制研究——创新机制八：工学结合与校企合作机制的规范化 | 梅　冬 | 国家级(子课题三) |
| 全国教育技术研究“十一五”规划课题 | 《校园影视对爱国主义教育的效能研究》（《中小学校园影视教育运行模式及效能研究》一级子课题） | 方顺浩 | 重点子课题 |
| 中国教育学会教育机制研究分会“十一五”系列规划课题 | 《职业院校的特色学校文化建设研究》 | 梁国忠 | 教及职字〔2010〕031号 |
| 中国教育学会教育机制研究分会“十二五”规划课题 | 《提高课堂教学实效性的教学策略研究》 | 赵　奇 | 教及职字〔2011〕082号 |
| | 《汽车专业校企合作集团化发展实践与研究》 | 梅　冬 | 教及职字〔2011〕083号 |
| 中央电教馆“十二五”全国教育技术研究重点课题 | 《微影制作促进校园文化建设的实践与探索》（《数字校园环境下的影视教育理论与实践研究》子课题） | 潘　巍 | 122720689-0019 |
| 中国交通教育研究会2014~2016年度教育科学研究课题 | 《技工院校“伙伴合作”式班集体建设研究》 | 徐　敏 | 交教研1402-192 |
| 全国学校共青团2015研究课题 | 《中职学校学生社团与学生职业精神培养的实践研究》 | 葛燕萍 | 2015lx131 |
| 江苏省“十二五”规划课题 | 《基于无锡区域创新型经济的高职教育功能定位研究》 | 贾厚林 | D/2011/03/098 |
| 第一期江苏省职业教育教学改革研究课题 | 《职业道德与法律体验式教学的实效性研究》（省级重点自筹课题） | 祝美华 | ZCZ48 |
| | 《<汽车维护>项目课程开发与实施研究》（省级重点资助课题） | 蒋红枫 | ZZZ19 |
| 第二期江苏省职业教育教学改革研究课题 | 《大客车维修专业建设及研究》 | 梁国忠 | ZYB242 |
| | 《职业学校学生网络评教体系的实践研究》 | 赵　奇 | ZYB235 |
| | 《汽车技能竞赛与教学生态的实证研究》 | 蒋红枫 | ZYB245 |
| 江苏省职业技术教育学会职业教育研究课题 | 《服务器虚拟化在职业教育信息化建设中的应用研究》 | 张　建 | 2010119 |
| | 《职校学生数学学习障碍的案例研究》 | 徐蓓丽 | 2013170 |
| | 《职业院校班主任队伍建设研究》 | 严亦飞 | 2013072 |
| | 《职业学校学生职业精神培育的实践研究》 | 沈卫红 | XHDY2015040 |
| 江苏省教育厅中高等职业教育衔接课程体系建设立项课题 | 《“3+3”汽车运用类专业中高职教育衔接课程体系建设研究　》 | 汽车维修工程系 | 中职领衔单位 |
| | 《建筑工程技术专业中高职教育衔接课程体系建设研究》 | 房管建设系 | 中职参与单位 |
| | 《构建能力本位、项目导向、专通拓展的中高职模块化课程衔接体系研究》 | 交通物流系 | 中职参与单位 |
| 江苏联合职业技术学院立项研究课题 | 《五年制高职城市轨道交通运营管理专业人才培养模式研究》 | 朱贵钦 | B/2014/06/073 |
| 江苏省技工教育教学研究课题 | 《中职学生法律行为调查研究》 | 许　俭 | 14SJY1302 |
| 江苏省陶行知研究会“十二五”规划课题 | 《促进中等职业学校教师专业发展问题研究》 | 李爱琴 | Z2011117 |
| | 《中职学生弱势群体心理优化的研究》 | 任玲玲 | Y2011232 |
| | 《中等职业学校生活德育实施策略研究》 | 邹宜伶 | Y2011231 |

## 2010~2015年江苏省无锡汽车工程中等专业学校发明专利统计表

表5—25—46

| 专利名称 | 发明人 | 专利号 | 专利申请日 | 发证单位 | 证书号 | 授权公告日 |
|---|---|---|---|---|---|---|
| 婴儿学步车 | 许林峰 | 实用新型专利证书 ZL200920235267.3 | 2009.09.28 | 国家知识产权局 | 第1486305号 | 2010.07.21 |
| 挂壁式折叠课桌 | 刘 彬<br>袁忠忠 | 实用新型专利证书 ZL201120002040.1 | 2011.01.06 | 国家知识产权局 | 第1885401号 | 2011.08.10 |
| 可拆洗纱窗 | 徐 佳 | 实用新型专利证书 ZL201120002008.3 | 2011.01.06 | 国家知识产权局 | 第1880936号 | 2011.08.10 |
| 学生课桌专利 | 陈竞意 | 实用新型专利证书 ZL201120002186.6 | 2011.01.06 | 国家知识产权局 | 第1896436号 | 2011.08.17 |
| 简易晾鞋架 | 王欣欣 | 实用新型专利证书 ZL201120002009.8 | 2011.01.06 | 国家知识产权局 | 第1892334号 | 2011.08.17 |
| 纯净水搬运机构 | 张 达 | 实用新型专利证书 ZL201120002039.9 | 2011.01.06 | 国家知识产权局 | 第1970467号 | 2011.10.12 |
| 一种后视镜刮水器 | 蒋红枫<br>胡 昊 | 实用新型专利证书 ZL201320243125.8 | 2013.04.26 | 国家知识产权局 | 第3286453号 | 2013.11.27 |
| 汽车轮毂安装拆卸装置 | 刘 权 | 实用新型专利证书 ZL20132 0803022.2 | 2013.12.06 | 国家知识产权局 | 第3601149号 | 2014.06.04 |
| 高精度调节蝶阀 | 张 琴 | 实用新型专利证书 ZL20152 0305090.5 | 2015.05.12 | 国家知识产权局 | 第4608410号 | 2015.09.09 |
| 一种新型工作台 | 张启森<br>张颂平<br>陈锡良 | 实用新型专利证书 ZL2015204877366 | 2015.07.08 | 国家知识产权局 | 第4916698号 | 2015.12.00 |

## 2011~2015年江苏省无锡汽车工程中等专业学校精品课程资源库一览表

表5—25—47

| 年份 | 课程名称 | 类别 | 级别 | 颁发机构 |
|---|---|---|---|---|
| 2011 | 汽车空调构造与维修 | 精品课程 | 市级 | 无锡市教育局 |
| | 汽车涂装技术 | 精品课程 | 市级 | 无锡市教育局 |
| 2012 | 汽车底盘构造与维修 | 精品课程 | 市级 | 无锡市教育局 |
| | 汽车空调构造与维修 | 精品课程 | 省级 | 江苏省人力资源和社会保障厅 |
| 2013 | 汽车发动机构造与维修 | 精品课程资源库 | 市级 | 无锡市教育局 |
| | 汽车涂装技术 | 精品课程资源库 | 市级 | 无锡市教育局 |
| | 汽车底盘构造与维修 | 精品课程 | 省级 | 江苏省人力资源和社会保障厅 |
| | 汽车钣金技术 | 精品课程 | 省级 | 江苏省人力资源和社会保障厅 |
| 2014 | 汽车底盘构造与维修 | 精品课程资源库 | 市级 | 无锡市教育局 |
| | 汽车钣金技术 | 精品课程资源库 | 市级 | 无锡市教育局 |
| | 汽车涂装技术 | 精品课程 | 省级 | 江苏省人力资源和社会保障厅 |
| | 汽车发动机构造与维修 | 精品课程 | 省级 | 江苏省人力资源和社会保障厅 |
| 2015 | 汽车电器构造与维修 | 精品课程资源库 | 市级 | 无锡市教育局 |
| | 汽车整形技术 | 精品课程 | 省级 | 江苏省人力资源和社会保障厅 |

## 2011~2015年江苏省无锡汽车工程中等专业学校编写出版教材统计表

表5—25—48

| 年份 | 教材名称 | 编写人员 | 出版社 |
|---|---|---|---|
| 2011 | 《汽车钣金维修》 | 主编：张启森 | 中国劳动社会保障出版社 |
| | 《汽车发动机》理实一体化教材（中级工） | 主编：张启森 | 人民交通出版社 |
| | 《汽车底盘》理实一体化教材（中级工） | 主编：赵 奇 羌春晓 | |
| | 《汽车维护》理实一体化教材 | 主编：陈社会 秦 来 季亮亮 | |
| | 《汽车电器》理实一体化教材（中级工） | 主编：蒋红枫 邢亚林 | |
| | 《汽车底盘构造与维修》 | 主编：陈 旗 | 江苏教育出版社 |
| 2012 | 建筑工程材料质量检验实用教程 | 主编：俞 航 | 中国铁道出版社 |
| | C语言程序设计实用教程 | 主编：张桂珠 韩亦强 程建敏 | 北京邮电大学出版社 |
| | C语言程序设计实用教程习题解答与实验 | 主编：张桂珠 韩亦强 | |

续表 5—25—48

| 年份 | 教材名称 | 编写人员 | 出版社 |
|---|---|---|---|
| 2013 | 汽车材料（第三版） | 审稿：丁宏伟 | 中国劳动社会保障出版社 |
| | 混合动力汽车构造与维修 | 主编：陈社会 | |
| | | 主审：张海龙 | |
| 2014 | 汽车涂装 | 主编：胡小牛 | 中国劳动社会保障出版社 |
| | 汽车文化 | 主编：张海龙 | |
| | 汽车材料（第二版） | 主编：丁宏伟 副主编：邹明珠 | |
| | 汽车车身整形 | 主编：张启森 | |
| | | 主审：陈锡良 | |
| | 汽车空调构造与维修（第二版） | 主编：陈社会 | |
| | | 主审：顾重伟 | |
| | 汽车电气构造与维修（第二版） | 主编：马洁 | |
| | 汽车维护理实一体化教材（第二版） | 主编：蒋红枫 邢亚林 | 人民交通出版社 |
| 2015 | 汽车钣金技术——理实一体化教材 | 主编：张启森 | 人民交通出版社 |
| | 汽车材料习题册（第二版） | 主编：丁宏伟 | 中国劳动社会保障出版社 |
| | 汽车构造与拆装（底盘部分）（第二版） | 主编：蒋红枫 | 机械工业出版社 |
| | 汽车电气构造与维修习题册（第二版） | 主编：马洁 | 中国劳动社会保障出版社 |
| | 汽车发动机构造与维修（第二版） | 主编：羌春晓 | |
| | 汽车调漆 | 主编：胡小牛 | |
| | 汽车调漆习题册 | 主编：胡小牛 | |
| | 汽车钣金维修（第二版） | 主编：张启森 | |
| | 汽车电气构造与维修课（教学参考书） | 主编：马洁 | |
| | 英语（第二版） | 主编：王玉坤 | |
| | 汽车空调构造与维修（第二版）（电子课件） | 主编：陈社会 | |
| | 汽车构造与拆装（发动机部分） | 主编：蒋红枫 | 机械工业出版社 |
| | 装饰工程预算 | 副主编：纪敏 | 武汉大学出版社 |

## 七、办学成果

2000~2015 年，江苏省无锡汽车工程中等专业学校获得省级条线以上集体荣誉 17 项。2008~2015 年获得省级创新大赛一等奖 3 项、二等奖 2 项，市、省、国家级信息化大赛一等奖 4 项、二等奖 3 项、三等奖 4 项。2011~2015 年，获得省、全国职业院校技能大赛金牌 74 块、银牌 82 块、铜牌 96 块。

**2000~2015 年江苏省无锡汽车工程中等专业学校获得省级条线以上荣誉统计表**

表 5—25—49

| 获得时间 | 荣誉名称 | 颁发单位 |
|---|---|---|
| 2000 | 江苏省德育先进学校 | 江苏省教育厅 |
| 2004 | 国家技能型紧缺人才培养培训基地（汽车运用与维修专业） | 教育部、劳动保障部、国防科工委、信息产业部、交通部、卫生部 |
| 2006 | 江苏省职业教育先进集体 | 省教育厅、省发改委、省经贸委、省财政厅、省人事厅、省劳动和社会保障厅、省农林厅、省扶贫办 |
| 2009 | 江苏省职业教育与社会教育先进单位 | 江苏省教育厅 |
| 2010 | 江苏省职业教育课程改革实验学校 | 江苏省教育厅 |
| | 二〇〇九年度江苏省平安校园 | 省教育厅、省综治办、省公安厅 |
| | 2010 年江苏省职业院校技能大赛特别贡献奖 | 江苏省教育厅 |
| 2011 | 江苏省四星级中等职业学校<br>江苏省高水平示范性中等职业学校 | 江苏省教育厅 |
| | 江苏省毒品预防教育示范学校 | 江苏省禁毒委员会 |
| 2012 | 姑苏杯·第一届江苏技能状元大赛高技能人才摇篮奖 | 江苏技能状元大赛组委会 |
| 2013 | 获中国汽车维修行业协会“2013 年度特别贡献奖” | 中国汽车维修行业协会 |
| 2014 | 绿色学校 | 省环保厅、省教育厅 |
| | 教育部校企合作项目—PPG 示范联合培训中心 | 庞贝捷漆油贸易（上海）有限公司 |

续表 5—25—49

| 获得时间 | 荣誉名称 | 颁发单位 |
|---|---|---|
| 2014 | 第二届江苏技能状元大赛江苏省高技能人才摇篮奖 | 江苏技能状元大赛组委会 |
| | 全省职业教育先进单位 | 省教育厅、省发改委、省财政厅、省人社局、省农委、省扶贫办 |
| | 获中国汽车维修行业协会“2014 年度特别贡献奖” | 中国汽车维修行业协会 |
| 2015 | 教育部校企合作项目—奔腾 ARS 汽车维修实训中心 | 迈特汽车服务股份有限公司 |

**2008~2015 年江苏省无锡汽车工程中等专业学校学生获省级创新大赛成果奖统计表**

表 5—25—50

| 年份 | 创新大赛项目名称 | 选手姓名 | 获奖等级 | 辅导教师 | 所属组别 | 级别 |
|---|---|---|---|---|---|---|
| 2008 | 观光游览车的设计和研发 | 王　斌 | 一等奖 | 吴书龙 | 中职组 | 省赛 |
| 2009 | 太阳能观光车 | 姜长飞 | 一等奖 | 吴书龙 | 中职组 | 省赛 |
| 2009 | 柴油共轨发动机台架 | 陈　龙 | 一等奖 | 耿　彪 | 高职组 | 省赛 |
| 2010 | 易水将军 | 张　达 | 二等奖 | 严亦飞<br>冯　倩 | 高职组 | 省赛 |
| 2015 | 我国城轨交通的发展及城轨运营管理短缺人才的培养 | 阮克浪 | 二等奖 | 陈　龙<br>陈　磊 | 中职组 | 省赛 |

**2012~2015 年江苏省无锡汽车工程中等专业学校参加市、省、国家信息化大赛获奖统计表**

表 5—25—51

| 年份 | 比赛内容 | 奖项 | 级别 | 年份 | 比赛内容 | 奖项 | 级别 |
|---|---|---|---|---|---|---|---|
| 2012 | 车身电子测量与校正仿真实训软件 | 一等奖 | 省赛 | 2014 | 语文教学信息化 | 二等奖 | 市赛 |
| 2013 | 车身电子测量与校正仿真实训软件 | 一等奖 | 市赛 | | 汽车教学信息化 | 三等奖 | 市赛 |
| | 车身电子测量与校正仿真实训软件 | 二等奖 | 省赛 | 2015 | 信息化课堂教学-凸转轴位置传感器检测 | 三等奖 | 省赛 |
| 2013 | 车身电子测量与校正仿真实训软件 | 二等奖 | 国赛 | | 信息化实训教学-机油泵拆装检测 | 三等奖 | 省赛 |
| 2014 | 信息化实训教学设计内容 B-建筑桁架模型设计 | 一等奖 | 市赛 | | 综合组课件 | 一等奖 | 市赛 |
| | 信息化实训教学设计内容 B-建筑桁架模型设计 | 三等奖 | 省赛 | — | — | — | — |

**2011~2015 年无锡汽车工程中等专业学校参加江苏省、全国职业院校技能大赛获奖统计表**

表 5—25—52　　单位：枚

| 年份 | 项目 | 省级 | | | 国家级 | |
|---|---|---|---|---|---|---|
| | | 学生+教师 | | | 中职 | |
| | | 金牌 | 银牌 | 铜牌 | 金牌 | 银牌 |
| 2011 | — | 8 | 16 | 25 | — | 3 |
| 2012 | 汽车空调 | 10 | 13 | 16 | 3 | 1 |
| 2013 | 车身涂装 | 7 | 15 | 16 | 4 | 1 |
| 2014 | 基本技能 | 15 | 14 | 17 | 6 | — |
| 2015 | 二级维护 | 20 | 16 | 22 | 1 | 3 |

## 八、办学经费

2011~2015 年，江苏省无锡汽车工程中等专业学校教育经费总收入 62298.03 万元，其中国家财政拨款 297.42 万元，省财政拨款 1551.39 万元，市财政拨款 54149.39 万元；5 年中总支出 62371.75 万元。

2011~2015 年江苏省无锡汽车工程中等专业学校教育经费统计表

表 5—25—53　　单位：万元

| 项目 | 来源 | 2011 | 2012 | 2013 | 2014 | 2015 | 合计 |
|---|---|---|---|---|---|---|---|
| 经费收入 | 市级财政拨款 | 5396.39 | 13678.30 | 20637.40 | 6727.46 | 7709.84 | 54149.39 |
| | 省级财政拨款 | — | 270.77 | 473.45 | 248.22 | 558.95 | 1551.39 |
| | 国家级财政拨款 | — | — | — | 145.42 | 152.00 | 297.42 |
| | 单位非税收入 | 2081.37 | 1084.99 | 1196.64 | 949.55 | 987.28 | 6299.83 |
| | 收入合计 | 7477.76 | 15034.06 | 22307.49 | 8070.65 | 9408.07 | 62298.03 |
| 经费支出 | 支出合计 | 7421.04 | 15046.10 | 22301.50 | 8117.56 | 9485.55 | 62371.75 |

## 九、校级领导及机构设置

江苏省无锡汽车工程中等专业学校为无锡市教育局直属单位。学校领导班子坚持民主集中制，建立党政联席会议制度，“三重一大”集体决策机制，班子成员分工负责、协同配合机制，完善教代会民主管理制度，积极深化现代学校制度建设，发挥学校理事会独特作用，健全完善学校校、系二级学术委员会功能，积极构建专家治校管理新模式。

2006~2015 年江苏省无锡汽车工程中等专业学校历任领导任职表

表 5—25—54

| 党委书记（副书记） | | | 校长 | | | 副校长 | | |
|---|---|---|---|---|---|---|---|---|
| 姓名 | 任职时间 | 职称 | 姓名 | 任职时间 | 职称 | 姓名 | 任职时间 | 职称 |
| 张建鸿 | 2006.10~2009.08 | — | 张国明 | 2006.10~2009.08 | — | 沈小珠 | 2006.10~2011.05 | 中学高级 |
| 任玲玲（副） | 2006.10~2009.11 | — | — | — | — | 陆晓东 | 2006.10~2009.11 | 中学高级 |
| — | — | — | — | — | — | 连伟锋 | 2006.10~2007.08 | 中学高级 |
| — | — | — | — | — | — | 刘燕华 | 2006.10~2008.09 | 中学高级 |
| — | — | — | — | — | — | 袁伊平 | 2006.10~2008.09 | 中学高级 |
| 赵　奇（副） | 2007.10~ | 高级讲师 | 梁国忠 | 2009.08~ | 中学高级 | 赵　奇 | 2007.10~ | 高级讲师 |
| 张国明 | 2009.08~2011.10 | 副教授 | — | — | — | 许　焱 | 2008.12~2013.02 | 副教授 |
| 贾厚林 | 2012.08~ | 副教授 | — | — | — | 任惠珠 | 2009.09~2011.02 | 高级讲师 |
| — | — | — | — | — | — | 季玲莉 | 2011.02~2014.08 | 副教授 |
| — | — | — | — | — | — | 吴艳瑾 | 2013.02~ | 高级讲师 |

2015 年，江苏省无锡汽车工程中等专业学校校长梁国忠，党委书记贾厚林、副书记赵奇，副校长赵奇、吴艳瑾。

2015 年江苏省无锡汽车工程中等专业学校机构设置一览表

表 5—25—55

| 部门级别 | 内设处室 | 群团组织 | 自设处室 |
|---|---|---|---|
| 一级管理部门 | 党政办公室、督导室、教务处、学生处、总务处、财务处、科研与规划处、招生就业办公室 | 工会<br>团委 | 信息中心<br>安全保卫处 |
| 二级管理部门 | 汽车维修工程系、汽车服务工程系、建筑系、轨道交通工程系、宝马集团 BEST 无锡培训基地、培训部、交通驾校 | | |

# 第八节　江苏省惠山中等专业学校

江苏省惠山中等专业学校的前身为 1981 年 9 月在无锡县机电工业公司支持下创办的无锡县洛社先锋中学家用电器专业班，首届录取新生 46 名。是年，先锋中学高中部随之更名为“无锡县先锋工业职业中学”，先锋中学校长、党支部书记葛福清兼任先锋工业职业中学校长、书记。

1982年9月，先锋工业职业中学家用电器专业班分成机械、电子两个专业班，并尝试在高中毕业生中招收一年制机械班。是年，学校设置机械、电子、化工三个专业职业高中班。创办初期，学校提出“振奋精神，艰苦办学”的口号，自编教学计划，自选教材，勤工俭学筹措办学经费。时实训设备是向无锡县柴油机厂求援的2台车床、1台磨床、1台铣床、1台攻丝机。设备运到学校后，师生自己动手用油毛毡搭建一个工棚后，把设备安装到位。1984年11月，学校航模队获无锡市航模比赛团体第四名。1983年、1985年学校两届毕业生137人，部分分配至无锡县机电工业公司及电子、化工、轻工、冶金等公司所属的20多个厂矿，部分至无锡县29个乡镇企业就业，就业率达100%。毕业生知识面宽，适应性强，深受企业欢迎。1985年5月，83级机械班学生糜志强获苏南四市机械制图大赛冠军。9月，先锋工业职业中学开设机械制造、电机制造与维修、电子3个专业、6个班级，学生303人，教师22人。随着办学规模的扩大，先锋工业职业中学决定易地筹建新校，突破校舍不足的瓶颈。11月，经无锡市人民政府报省教育厅、计经委批准，无锡县先锋工业职业中学升格为职业中等专业学校，同时更名为“无锡县工业学校”。当时由于校名与无锡县经委的职工培训基地“无锡县工业学校”重名，在无锡县人民政府协调下，学校先后采用“无锡县工业学校机电分校”“无锡县机电工业学校”名称。

1986年9月，无锡县工业学校位于洛社人民南路40号的2800平方米教学大楼落成，学校迁入新校区。是年，学校招收四年制机械、电机制造两个专业职业中专班。1987年5月29日，无锡县工业学校召开首届教代会。1988年，学校建成学生宿舍1641平方米、学生食堂1200平方米、校办厂厂房和有关用房3450平方米，占地面积达41600.21平方米，初具规模。1989年，学校开设9个班级，学生341人，教职工62人；由于政策调整，学校职业中专由四年制改成三年制。

1990年8月，无锡县工业学校在办好职业中专班的同时，思考创新办学模式。1991年10月，无锡县经委职工培训基地“无锡县工业学校”更名为“无锡县工业干部学校”，于是学校“无锡县工业学校”的校名得以实至名归。1992年8月起，学校先后与无锡无线电工业学校、常州轻工业学校、无锡机械制造学校、南京机械高等专科学校、南京无线电工业学校、淮阴供销学校、南京航运学校等省部属中专校进行联合办学。学校借鉴省部属中专校优质办学的方式方法，专业建设水平和办学质量得到迅速提高，规模不断扩大。1993年9月，学校开设7个专业，班级增至23个，学生1083人，教职工99人。是年起，学校先后征用学生食堂以东地块和人民南路西侧地块66666.67余平方米，占地面积达112666.67平方米。学校在自身发展的同时，积极发挥职业教育的辐射作用，于是年11月牵头组建无锡县工业学校办学集团，以提高办学效能。1994年3月，学校被评为江苏省德育先进学校。

在无锡县和洛社镇政府以及社会各界的支持下，学校自筹资金，先后扩建教学楼、宿舍、食堂，新建实训中心和标准运动场。1995年，学校各项建设资金总投入达1328万元。是年12月，无锡县撤县建市，学校更名为“锡山市工业学校”。同月，学校获世界银行贷款40万美元，用于添置实习实训设备，办学水平提升。同年，学校抓住创建国家级重点职业学校契机，围绕“一切想着国家级，一切为了国家级，一切围绕国家级，一切服从国家级”的主线，用“艰苦奋斗的创业精神，敢为人先的开拓精神，埋头苦干的求实精神，严谨细致的科学精神，团结协作的合作精神”激励全校师生，提出打造名校、名师、名专业的“三名工程”目标。1996年2月，经国家级职业高级中学评估

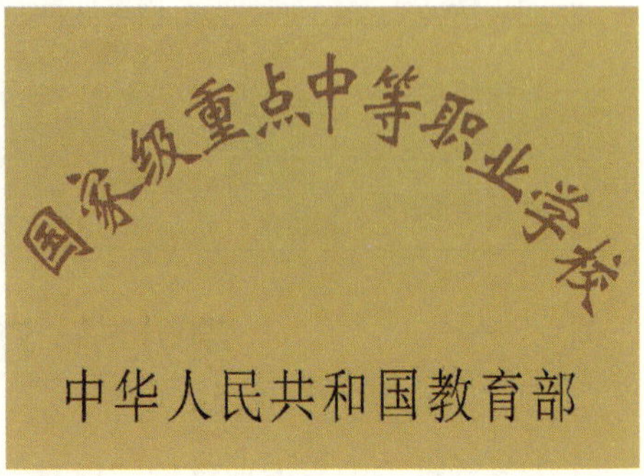


图5—25—14　1996年2月，锡山市工业学校被中华人民共和国教育部批准为国家级重点中等职业学校

审议小组考察审议、报教育部批准，锡山市工业学校成为国家级重点中等职业学校，步入省内同类学校前列，机电一体化专业成为全省 23 个示范专业试点之一。1997 年 9 月，学校规模达到在校生 2000 人，教职工 174 人。是年 12 月，学校被评为无锡市教育现代化工程示范学校。1998 年，学校配套设施完善，4000 平方米图书楼建成。1998 年 8 月，锡山市工业干部学校并入锡山市工业学校。

2001 年 12 月，学校被批准成立国家职业技能鉴定所，为学生和社会培训提供职业技能鉴定。2002 年 6 月，学校更名为“江苏省惠山职业教育中心校”。是年 8 月，学校始招五年一贯制高职学生 77 名。2003 年 8 月，惠山区职业教育布局结构调整，惠山区的 6 所职业学校（工业学校、阳山职高、钱桥机电职高、石塘湾化工职高、前洲机电职高、长安纺织职高）并入惠山职业教育中心校，建立阳山校区。9 月，学校在校学生 4056 人，教职工 221 人，以“一校两区” 洛社校区、阳山校区的形式运作。2003 年招收五年制高职新生 130 人。2004 年，学校成为江苏联合职业技术学院办学点，每年招收五年制高职学生 600~700 人，管理单元分为大专部和中专部。2005 年，学校被江苏省教育厅命名为紧缺型人才培养基地。

图 5—25—15　2005 年 9 月，惠山职教中心校被江苏省教育厅命名为“紧缺型人才培养基地”

2006 年 8 月，学校借用省锡中老校区校舍，中专对口单招班入迁，成立杨市校区，形成“一校三区”的格局。校区管理实行执行校长负责制。9 月，学校管理单元调整为专业部形式，洛社校区设置机电工程部和电信工程部。2007 年，学校在惠山区与德国拉丁根市缔结友好城市之际，与拉丁根市教育部门签订合作协议，每年选送专业教师去拉丁根市职业学校接受培训。同年，学校与印度 NIIT 合作培养计算机软件人才，被授予印度 NIIT 合作项目教学基地。是年 4 月，惠山区委、区政府在广泛调研、广集众智、深入论证的基础上果断决策，决定易地无锡（藕塘）职教园区建设惠山职业教育中心校新校区。7 月，惠山区委、区政府批准学校行政职级升格为正科级单位。8 月，延安甘泉 166 名学生和江西临川 254 名学生前到惠山职业教育中心校报到就读，东西部合作办学取得成果。8 月 28 日，新校区奠基开工建设。2008 年 7 月，前洲综合高中并入惠山职教中心校。12 月，江苏省教育评估院专家组对惠山职教中心校创建“四星级”进行现场评估，获得一致好评。

位于无锡（藕塘）职教园区钱藕路 5 号的江苏省惠山职业教育中心校易地新建工程历时 16 个月竣工，于 2009 年 1 月 13 日举行新校区落成典礼。2 月 12 日，洛社、阳山、杨市三校区 5500 余名师生整体搬迁入驻新校区。新校区环境优美，占地面积 28.33 公顷，建筑面积 16.8 万平方米，绿化面积 30000 平方米，总投资 4.6 亿元。学校入驻无锡（藕塘）职教园区后，设置机电工程系、电信工程系、商贸旅游系和综合基础部，采用校系二级管理模式；后勤服务实现社会化改革。9 月，学校成为首批“江苏省四星级中等职业学校”“江苏省高水平示范性中等职业学校”。学校在整合职教资源快速发展的同时，基础能力建设取得新的突破，开发建设高职专业 6 个、中职专业 15 个。数控技术应用、电子与信息技术和计算机网络技术等 3 个专业成为省示范专业及省课改实验点；电子应用技术专业成为江苏省技能型紧缺人才培养基地。学校培训中心开展职称计算机培训、会计上岗证培训、企业工人技能等级培训等，每年培训和考核超过 2 万人次，被认定为无锡市创业培训基地。11 月，学校成立

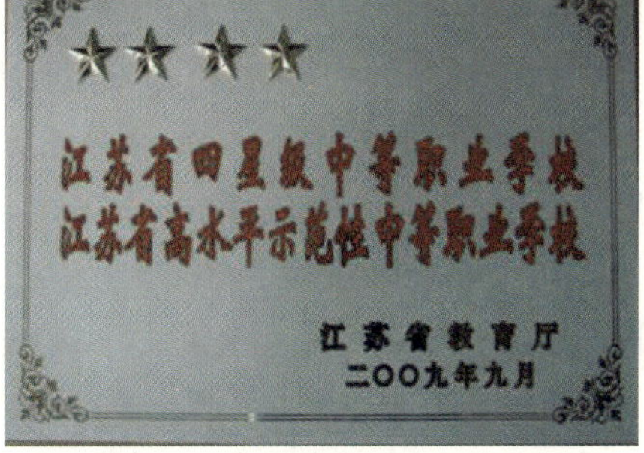

图 5—25—16　2009 年 9 月，惠山职业教育中心校成为首批江苏省四星级中等职业学校、江苏省高水平示范性中等职业学校

中共江苏省惠山职业教育中心校委员会。

2010年6月，学校更名为江苏省惠山中等专业学校（简称“惠山中专”）。11月19日，惠山中专与江苏锦绣铝业有限公司就双方合作培养技术人才举行签约仪式，企业提供500万元资金在惠山中专设立“锦绣铝业”奖励基金会，并建立“锦绣铝业”冠名班，校企合作培养生产型技术人才。是年，惠山中专被无锡市授予参加省市技能大赛、创新大赛杰出贡献单位称号。2011年4月，惠山中专116位学生参加江苏省高校对口高考，54位学生进入本科分数线，专科达线率100%，学校连续6年对口单招高考成绩名列无锡市前列。

2012年3月5日，惠山中专配合无锡职教园管委会在钱桥影剧院广场开展“发挥专业技能、志愿服务进社区”便民服务活动。4月18日，职业技能鉴定所被评为无锡市职业技能鉴定先进单位。5月18日，江苏省教育厅主办的江苏省职业学校第三届“现代职教杯”健美操、啦啦操比赛在常州嬉戏谷举办，惠山中专获团体一等奖。6月8日，无锡市中专校篮球比赛在惠山中专举行，在决赛中，惠山中专男、女篮双双获得冠军。6月30日，在惠山区纪念中国共产党成立91周年暨先进表彰大会上，惠山中专被评为创先争优活动先进集体。8月30日，在首届江苏技能状元大赛决赛中，惠山中专被大赛组委会授予“高技能人才摇篮奖”。是年，惠山中专学生参加第四届江苏省中等职业学校“文明风采”竞赛中有201件作品获奖，其中一等奖17件、二等奖36件、三等奖54件、优秀奖94件。2012年，在无锡市中学生田径运动会上，惠山中专取得男子团体总分第一名、女子团体总分第二名的好成绩，同时学校被授予“最佳表演展示奖”“体育道德风尚奖”。2013年3月24日，惠山中专首次成为省录用公务员笔试考点，承担40个考场、1172名考生参考。5月18日，江苏省单招高考成绩和省控分数线揭晓，惠山中专5个专业258名考生参考，122人达本科分数线，专科100%达线，再次名列无锡市第一，其中机电专业曹铭浩、计算机专业吕倪倪、化工专业刘家利分别以834、855、825的高分成为无锡市状元。是年，惠山中专获“江苏省平安校园”称号。

2014年1月17日，惠山中专举行理事会成立大会暨第一次会议，国家教育咨询委员会委员、江苏省职教学会会长周稽裘，无锡市惠山区教育局局长范良，无锡华光投资、锦绣铝业、惠山经济开发区、职教园管委会、部队等40家理事单位领导、家长代表共50余人出席。1月23日，全国校园足球冬令营暨第三十届华东地区“视立佳杯”少年女子足球协作赛在惠山中专开赛，来自北京、上海、江苏、浙江、安徽5省市14支球队，234名运动员、教练员参加比赛。5月4日，共青团江苏省学校“青春五月”主题团月启动仪式暨无锡各界青年纪念“五四运动”95周年活动在惠山中专举行，省委常委、市委书记黄莉新，团省委书记万闻华，市领导朱劲松、华博雅以及全市各界青少年代表出席活动。5月15日，2014年江苏省对口单招高考成绩揭晓，惠山中专252位考生参加考试，本科达线156人、达线率61.9%，专科达线率100%，再创历史新高。6月26日，惠山中专机电工程系学生黄龙获2014年全国职业院校技能大赛数控车（中职组）金牌。是年，惠山中专“云机房”和“录播教室”构建完成并投入试运行。2015年3月3日，江苏省教育厅、财政厅联合发文公布惠山中专电子技术应用实训基地被评为江苏省高水平示范性实训基地。3月31日，惠山中专在2015年江苏省技能大赛中，取得2金3银3铜的成绩。5月12日，惠山中专共有6个专业236位考生参加单招高考，本科达线130人，达线率55%，专科达线率100%。是年，惠山中专计算机网络技术（中职）专业被认定为江苏省职业学校省级品牌专业。同年，惠山中专与无锡旭阳动画制作有限公司联合申报的校企合作项目被评为“2015年无锡市职业教育校企合作示范项目”。

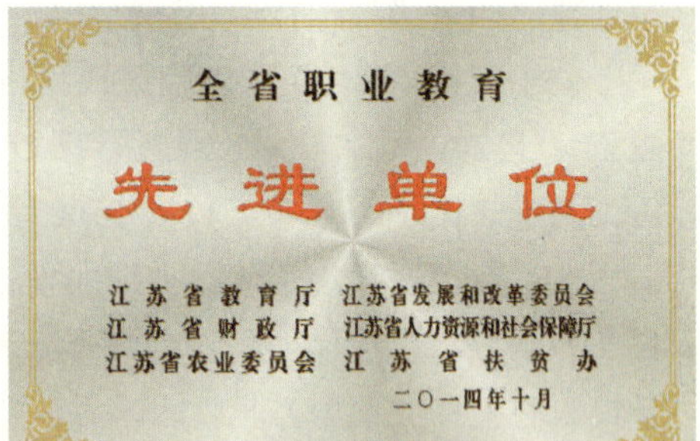

图5—25—17　2014年10月，惠山中专被江苏省教育厅等6部门表彰为全省职业教育先进单位

## 一、校训、校风、教风、学风

校训：厚德精技

校风：求实创新　和谐奋进

教风：严爱相济　言传身教

学风：勤学苦练　学以致用

## 二、办学规模

2009~2015 年，惠山中专入驻无锡职教园后，专业设置稳定在 16 个左右，班级稳定在 160 个左右，学生数稳定在 6000 人左右。

2009~2015 年江苏省惠山中等专业学校办学规模统计表

表 5—25—56　　　　单位：个、班、人

| 年份 | 2009 | 2010 | 2011 | 2012 | 2013 | 2014 | 2015 |
|---|---|---|---|---|---|---|---|
| 专业数 | 13 | 14 | 15 | 15 | 18 | 17 | 16 |
| 班级数 | 156 | 164 | 171 | 163 | 164 | 161 | 152 |
| 学生数 | 6569 | 6600 | 6875 | 6246 | 6291 | 6251 | 5888 |
| 毕业生数 | 1018 | 1591 | 1709 | 1746 | 1650 | 1417 | 1366 |
| 教职工数 | 378 | 376 | 373 | 371 | 376 | 379 | 400 |

## 三、专业设置

2015 年，惠山中专开设五年制高职专业 7 个，分别为数控技术、电子信息工程技术、会计信息管理、精细化工技术、计算机网络技术、物联网应用技术、机电一体化技术；三年制中职专业 11 个，分别为数控技术应用、机电技术应用、模具制造技术、计算机网络技术、计算机动漫与游戏制作、会计、会计电算化、金融事务、中餐烹饪、电子与信息技术、工业分析与检验。学校围绕区域产业发展现状，紧贴市场需求和岗位特点，重点建设数控技术、机电一体化、电子与信息技术和计算机网络技术等专业。机电一体化技术、数控技术、计算机网络技术成为江苏省重点专业；计算机动漫与游戏制作、数控技术应用成为无锡市职业教育现代化特色专业。

## 四、实训基地

惠山中专按照铸一流、可共享、重实用的要求精心打造高标准实训基地。校内建有占地 3.5 万平方米，设备总值 4100 万元的 8 个专业实训基地和 5 大校企共建产学研中心，提升基地的仿真性、全真性和研发性。

2015 年，学校拥有国家职业技能鉴定站 1 个、省级实训基地 1 个、在建国家级实训基地 1 个。与此同时，惠山中专加大校外实训基地建设，学校与无锡福尔赛特增压器制造有限公司、青岛海尔家居集成股份有限公司等 60 多家企业建立紧密型合作关系，与 52 家企业签订校外实习基地协议，实现学生实习和企业生产的零距离对接。

图 5—25—18　惠山中专车加工实训区

图 5—25—19　惠山中专中式烹调实训区

**2015 年江苏省惠山中等专业学校校内实训基地实训设备价值统计表**

表 5—25—57　　单位：万元

| 实训基地名称 | 实训设备价值 | 实训基地名称 | 实训设备价值 |
|---|---|---|---|
| 会计实训基地 | 280.18 | 计算机教室设备 | 348.80 |
| 餐饮与服务实训基地 | 66.95 | 电子技术应用实训基地 | 945.34 |
| 动漫实训基地 | 55.67 | 数控技术应用实训基地 | 837.25 |
| 化工实训基地 | 147.50 | 机电技术应用实训基地 | 1098.26 |
| 计算机实训基地 | 317.28 | 合计 | 4097.23 |

## 五、师资队伍

2011 年 6 月，惠山中专规模达到在校学生 6875 人，教职工 373 人；专任教师本科学历达 92%，有 35 名教师取得或正在攻读研究生学历（学位）；有技师以上职称 92 人、工程师以上职称 21 人；有国家和省级教学名师 8 人、省学科中心组负责人或成员 2 人、市级学科中心组负责人或成员 10 人；市、区教学新秀以上骨干教师 68 人。2015 年，惠山中专专任教师 366 人，其中本科以上学历达 97.27%，副高级职称占 33.3%、中级职称占 52.7%。

**1990~2015 年江苏省惠山中等专业学校教师学历、职称选年统计表**

表 5—25—58　　单位：人

| 年份 | 教师数量 | | | 学历 | | | | | 职称 | | | | |
|---|---|---|---|---|---|---|---|---|---|---|---|---|---|
| | 总数 | 其中 | | 研究生 | 本科 | 大专 | 中师 | 其他 | 正高 | 副高 | 中级 | 助理级 | 无职称 |
| | | 男 | 女 | | | | | | | | | | |
| 1990 | 48 | 31 | 17 | — | 20 | 21 | 7 | — | — | 1 | 9 | 29 | 9 |
| 2000 | 133 | 57 | 76 | 1 | 101 | 31 | — | — | — | 42 | 71 | 16 | 4 |
| 2015 | 366 | 157 | 209 | 9 | 347 | 10 | — | — | — | 122 | 193 | 45 | 6 |

## 六、教育科研

2010 年 3 月，学校被认定为“江苏省职业教育课程改革实验学校”。是年，学校向江苏省教育科学研究院申报的 8 个课题均获准立项，数量居苏南同类学校前茅。2009~2011 年，惠山中专获国家专利 6 项，参与编写的国家职业教育规划教材 22 本，担任教材主编 11 人次。

2013~2015 年，惠山中专教师在《科技资讯》《教育教学论坛》《中国科教创新导刊》《电子技术与软件工程》《计算机光盘软件与应用》《装备制造技术》《产业与科技论坛》《电子制作》等省级以上刊物发表论文 324 篇。

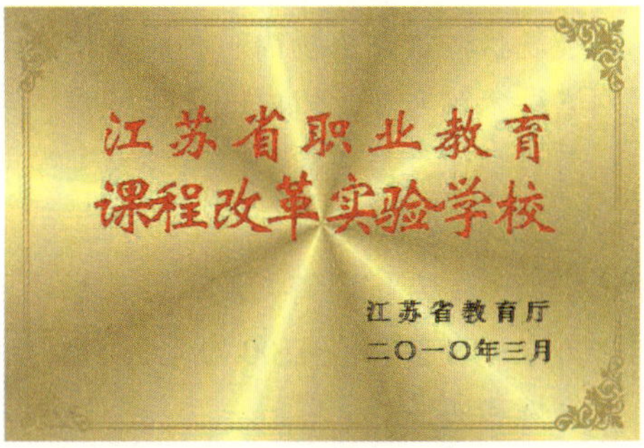


图 5—25—20　2010 年，惠山中专被江苏省教育厅命名为江苏省职业教育课程改革实验学校

**2000~2011 年江苏省惠山中等专业学校获得专利、产品研发一览表**

表 5—25—59

| 年份 | 获得专利 | | | 产品研发 | |
|---|---|---|---|---|---|
| | 专利名称 | 类别 | 状态 | 产品名称 | 合作单位 |
| 2000 | — | — | — | 基于 485 总线的电池电压温度巡检模块 | 无锡斯达电气 |
| 2001 | 文波检测仪 | 实用新型 | 授权 | 基于三线总线的直流馈线电检测传感器 | 无锡斯达电气 |
| 2002 | — | — | — | 基于 485 总线的变电所智能交流监控系统 | 无锡斯达电气 |
| 2003 | — | — | — | 基于 485 总线的通用测控显示人机界面 | 无锡斯达电气 |
| 2006 | — | — | — | ETC—1 型挤塑机多点温度集中测控系统 | 无锡斯达电气 |
| 2008 | 可变偏角 V 型器 | 实用新型 | 授权 | 基于光纤传输的兆瓦级可控硅移相触发控制板 | 无锡斯达电气 |

续表 5—25—59

| 年份 | 获得专利 | | | 产品研发 | |
| --- | --- | --- | --- | --- | --- |
| | 专利名称 | 类别 | 状态 | 产品名称 | 合作单位 |
| 2008 | 燕尾开档距辅助检测块 | 实用新型 | 授权 | — | — |
| 2009 | 金刚线硅芯切割机床 | 实用新型 | 授权 | 金刚线硅芯切割机床 | 无锡斯达电气 |
| 2011 | 检测圆弧大小及中心位置装置 | 实用新型 | 授权 | — | — |
| | 一种双片独立式导线轮 | 实用新型 | 授权 | — | — |
| | 一种利用手持测距器扫描建筑内轮廓的方法 | 实用新型 | 授权 | — | — |
| | 一种建筑物内轮廓激光测绘仪 | 实用新型 | 授权 | — | — |
| | 一种基于蓝牙通信的数控云台 | 实用新型 | 授权 | — | — |

## 七、办学成果

1981 年创办至 2015 年，惠山中专累计培养中专、高职毕业生达 27670 人。2008~2015 年，惠山中专参加市、省、全国职业院校中职组、高职组、教师组钳工技术、车加工技术、数控车工技术、电子产品的装配与调试技术、机电一体化设备的组装与调试技术、网络及应用技术、中式烹饪（红案、白案、果蔬雕）技术、机电设备组装与调试技术、无线装调工技术、数控铣工技术、会计实务技术、网络综合布线系统工程技术、多媒体作品制作技术、化学检验技术、电子商务技术、工业产品设计技术、数字影音后期制作技术、学生模特服装表演技术、维修电工技术、导游技术、珠算技术、CAD 技术、机械装配技术、工业分析检验技术、计算机硬件检测维修技术、智能家居安装与维护技术、会计电算化技术、计算机辅助设计技术、沙盘模拟企业经营技术、动画设计与制作技术技能大赛中，获得无锡市级一等奖 59 名、二等奖 154 名、三等奖 160 名；江苏省一等奖 11 名、二等奖 30 名、三等奖 31 名；国家级一等奖 1 名。同时在状元杯大赛中获无锡市第一名 1 人、第二名 1 人、第三名 1 人，江苏省第二名 2 人、第六名 1 人，全国第四名 1 人。

**2007~2014 年江苏省惠山中等专业学校参加省级创新大赛获奖一览表**

表 5—25—60

| 年份 | 学生姓名 | 组别 | 获奖项目名称 | 获奖等级 | 指导教师 |
| --- | --- | --- | --- | --- | --- |
| 2007 | 程锡军 | — | 易变速台式钻床 | 一等奖 | 周军华 |
| 2007 | 汪栋梁 | — | 单片控制器双驱车 | 优秀奖 | 毛钧治 |
| 2008 | 汪栋梁、陆杜鑫 | 高职 | 袖珍编程器 | 三等奖 | 顾建达 |
| 2008 | 张园、孔令东 | 高职 | 多功能益健饮水机 | 三等奖 | 周军华 |
| 2008 | 邵军 | 中职 | 可变倾角 V 形器 | 二等奖 | 周军华 |
| 2008 | 朱海滨 | 中职 | 太阳能热水器上水装置的改进 | 三等奖 | 毛钧治 |
| 2008 | 余佳佳 | 中职 | 燕尾开档距辅助检测块 | 三等奖 | 周军华 |
| 2009 | 张杨、胡航 | 中职 | 利用“极坐标原理”检测圆弧尺寸、形状和位置度的装置 | 一等奖 | 周军华 |
| 2009 | 臧潇俊、虞晓鹏 | 高职 | 一种用于机床尾座的定直径端面沟槽刀 | 二等奖 | 周军华、钱志萍 |
| 2009 | 虞晓鹏、杨杰 | 高职 | 正弦 V 形块 | 三等奖 | 周军华 |
| 2009 | 钱佳煜 | 中职 | 多功能液晶电脑底座 | 优秀奖 | 陆浩刚 |
| 2009 | 钱威、胡航 | 中职 | 百变手提砂轮机 | 优秀奖 | 周军华、周永康 |
| 2009 | 陆志鹏 | 中职 | 家校短信平台—学生在校状况查询系统 | 优秀奖 | 顾建达 |
| 2010 | 何秀秀 | 高职 | 全自动轮廓内边界激光扫描仪 | 一等奖 | 顾建达 |
| 2011 | 许志杰、汪涛 | 中职 | 四工位刀架镗、钻快速转换装置 | 二等奖 | 侯朱伟、钱志萍 |
| 2011 | 刘振升、刘新涛 | 高职 | 便携式大直径内孔检测表 | 一等奖 | 马洪兴、周军华 |
| 2011 | 葛夏豪 | 高职 | 让钥匙记住锁的状态 | 二等奖 | 顾建达 |
| 2014 | 陈磊 | 高职 | 经济型可调角度内梯形螺纹刀 | 三等奖 | 周迅阳、高嵩 |

**1996~2014 年江苏省惠山职教中心、江苏省惠山中等专业学校获得省级条线以上荣誉一览表**

表 5—25—61

| 获奖时间 | 荣誉名称 | 颁发单位 |
| --- | --- | --- |
| 1996.02 | 国家级重点中等职业学校 | 中华人民共和国教育部 |
| 2009.00 | 全国校园文化艺术教育先进单位 | 中国儿童音乐协会 |

续表 5—25—61

| 获奖时间 | 荣誉名称 | 颁发单位 |
|---|---|---|
| 2009.09 | 江苏省职教先进集体 | 江苏省教育厅 |
| 2009.09 | 江苏省首批四星级职业学校暨省首批高水平示范性职业学校 | 江苏省教育厅 |
| 2009.10 | 首届江苏省职业教育创新大赛优秀组织学校 | 江苏省教育厅等 7 个部门 |
| 2010.03 | 江苏省职业教育课程改革实验学校 | 江苏省教育厅 |
| 2010.03 | 江苏省职业教育主题教研年先进学校 | 江苏省教育科学研究院 |
| 2013.00 | 青年文明号 | 共青团江苏省委 |
| 2013.00 | 江苏省平安校园 | 江苏省教育厅 |
| 2014.00 | 全省职业教育先进单位 | 江苏省教育厅 |
| 2014.06 | 2014 年全国职业技能大赛一等奖 | 全国职业院校技能大赛组织委员会 |

## 八、办学经费

2009 年、2011 年、2012 年、2014 年、2015 年，江苏省惠山中等专业学校办学经费有财政拨款 36495.86 万元，学费收入 8175.13 万元，其他收入 696.63 万元；经费支出总额 37625.19 万元。

2009~2015 年江苏省惠山中等专业学校办学经费选年统计表

表 5—25—62　　单位：万元

| 年份 | 经费收入 | | | | 经费支出 |
|---|---|---|---|---|---|
| | 财政拨款 | 学费收入 | 其他 | 总计 | |
| 2009 | 5224.68 | 2242.86 | 296.25 | 7763.79 | 5071.44 |
| 2011 | 5200.17 | 2163.65 | 77.13 | 7440.95 | 6327.40 |
| 2012 | 8054.17 | 2155.51 | 213.68 | 10423.36 | 9124.80 |
| 2014 | 8417.47 | 886.65 | 21.23 | 9325.35 | 8648.57 |
| 2015 | 9599.37 | 726.46 | 88.34 | 10414.17 | 8452.98 |

## 九、校级领导及机构设置

惠山中专自 2009 年入驻无锡职教园至 2015 年，先后有 2 人任党委书记兼校长，1 人任党委副书记，7 人任副校长。

2009~2015 年江苏省惠山中等专业学校校领导任职表

表 5—25—63

| 党委书记 | | | 校长 | | | 副校长 | | |
|---|---|---|---|---|---|---|---|---|
| 姓名 | 任职时间 | 职称 | 姓名 | 任职时间 | 职称 | 姓名 | 任职时间 | 职称 |
| 丁静伟 | 2009.11~2010.05 | 中学高级 | 丁静伟 | 2002.08~2009.10 | 中学高级 | 沈建春 | 1996.08~2009.08 | 高级讲师 |
| — | — | — | — | — | — | 浦国治 | 2001.07~2010.05 | 高级讲师 |
| 丁志康 | 2010.06~ | 中学高级 | 丁志康 | 2009.11~ | 中学高级 | 徐春晓 | 2003.08~2010.05 | 中学高级 |
| — | — | — | — | — | — | 陈玉新 | 2004.08~2009.08 | 中学高级 |
| 陈建良（副） | 2011.10~2014.08 | 中学高级 | — | — | — | 刘玉岗 | 2006.12~ | 高级实验师 |
| — | — | — | — | — | — | 吴海良 | 2007.07~ | 中学高级 |
| — | — | — | — | — | — | 徐益清 | 2015.08~ | 高级讲师 |

2015 年，江苏省惠山中专党委书记兼校长丁志康，副校长刘玉岗、吴海良、徐益清。是年，惠山中专在校党委、校长室领导下，全面实施校系二级管理机制，设有机电工程系、电信工程系、商贸旅游系和综合基础部、继续教育部等 5 个教学系部，中层部门设有党政办公室、督导室、学工处、团委、教师发展处、教学处、总务处、招就办、实训处。

# 第九节 江南影视艺术职业学院

1993年9月，宜兴市教育工作者卢国忠携8位职业学校校长捐资办学，开设会计中专班。1994年1月，经江苏省教委批准，在会计中专班的基础上创办江苏省江南志立进修学院，租借宜兴市人民南路中国人民解放军部队宜兴教导队营地，与解放军国际关系学院等联合举办成人大专班。1999年3月，江南志立进修学院迁址至无锡市山水西路9号中国水产科学研究院淡水渔业研究中心培训基地。2001年9月，江南志立与北京广播学院联合成立北京广播学院继续教育无锡分院，增设播音和广告专业成人大专脱产班。2002年7月，江南志立进修学院、中国电视艺术家协会和中国水产科学研究院淡水渔业研究中心联合筹办江南影视艺术职业学院，与南京艺术学院联合招生。2003年7月，经江苏省人民政府批准、教育部备案后建校，定名为江南影视艺术职业学院，列入国家普通高等教育序列。

2006年3月28日，根据无锡市政府规划，江南影视艺术职业学院在无锡(藕塘)职教园区钱藕路2号建设新校区，2007年9月入驻、开学。2013年7月，无锡市人民政府支持学校启动新校区扩建工程，学校发展列入无锡市教育重点项目。

图5—25—21　江南影视艺术职业学院

2015年，新建图书信息楼9000多平方米，设置报刊馆、图书阅览馆、电子阅览馆、非遗展示馆和学术馆，新增图书20万册，同时设立无锡名人著作专柜。8月，学院列入国家“十三五”教育发展规划，学院发展进入新的里程碑。是年，校园占地面积33.67公顷，建筑面积15万平方米。

## 一、校训、校风、教风、学风、校徽

校训：博学竞取　励志立业

校风：求实创新　严谨勤奋

教风：爱岗敬业　崇德奉献

学风：会说（标准的普通话和日常英语）、会写（新闻和公文）、会摄（摄影和摄像）、会演（表演）、会主持（礼仪和电视节目）、会设计（广告和动画）、会制作（影视作品）、会包装（自我形象）。

## 二、办学规模

2003年，江南影视艺术职业学院开设4个专业，在校学生118人。2015年，学院开设专业39个，是2003年的近10倍；在校学生4236人，是2003年的35.9倍。

1995~2015年江南影视艺术职业学院办学规模选年统计表

表5—25—64　单位：个、平方米、人

| 年份 | 专业数 | 校园面积 | 建筑面积 | 在校学生数 | 毕业生数 |
|---|---|---|---|---|---|
| 1995 | 6 | 20000 | 3000 | 38 | 0 |
| 2003 | 4 | 120000 | 38500 | 118 | 0 |
| 2005 | 12 | 128000 | 34538 | 1051 | 49 |
| 2010 | 26 | 330000 | 84483 | 3456 | 1191 |
| 2015 | 39 | 336667 | 155377 | 4236 | 1020 |

## 三、专业设置

江南影视艺术职业学院开设表演艺术类、影视传媒类、动漫和设计类、航空乘务类、经济和管理类五大专业群。设有影视表演专业、音乐表演专业、计算机音乐专业、MIDI制作专业、主持与播音专业、新闻采编与制作专业、编导专业、摄影摄像专业、后期编辑专业、影视动画专业、形象设计专业、服装设计专业、环艺设计专业、产品装帧设计专业、空中乘务专业、高铁乘务专业、空港服务专业、酒店管理等50多个热门艺术类和普通类专业。

学院面向国家及江苏省重点发展的文化产业培养人才，特别重视面向影视业、航空、高铁旅游业、文化创意产业培养高技能专业人才，建立集导、编、演、管能力于一体的演艺人才和演艺管理人才培养体系；集采、编、播、制能力于一体的影视艺术应用人才培养体系；集语言、形体、礼仪规范和管理于一体的航空高铁旅游服务人才培养体系；集创意、设计、创作于一体的文化创意制作人才培养体系。

## 四、实训基地

2015年，江南影视艺术职业学院音乐舞蹈学院设有彩虹剧院、音乐厅、音乐广场、练琴房、钢琴工厂等实训基地；影视传媒学院设有微型外景基地、演播室、访谈室、录播室、摄影棚等实训基地；航空乘务学院设有模拟空港基地、模拟高铁站等实训基地；艺术设计学院设有服装工厂、动漫工作室等实训基地。同时，学院建立扬州电视台、苏州广电总台等100余家校外实训实习基地。

图5—25—22　江南影视艺术职业学院剧院内景

## 五、师资队伍

2015年，江南影视艺术职业学院特聘教授级教师80多名，其中全职20余名；新聘硕士研究生及以上学历教师43名，其中含博士生1名、博士后1名。全校教师具有副高以上职称比例达32.7%，具有研究生及以上学历达33.3%。是年，学院设有表演艺术名师工作室、旅游文化名师工作室、微电影名师工作室、数字艺术名师工作室4个重点机构。

## 六、教育科研

2003~2015年，江南影视艺术职业学院专任教师获无锡市级以上教科研成果奖64项，主持省市级以上教科研项目23项。2005年、2010年、2014年三年出版专著、教材43部，发表在各级各类刊物的论文44篇。

**2005~2014年江南影视艺术职业学院教师发表论文、出版专著、教材等选年统计表**

表5—25—65　　单位：篇、本、项

| 年份 | 论文数 | 专著数 | 教材数 | 师生获省级以上奖项数 | 年份 | 论文数 | 专著数 | 教材数 | 师生获省级以上奖项数 |
|---|---|---|---|---|---|---|---|---|---|
| 2005 | 1 | 0 | 2 | — | 2014 | 19 | 7 | 21 | 60 |
| 2010 | 24 | 7 | 6 | 22 | 合计 | 44 | 14 | 29 | 82 |

## 七、办学成果

2010年5月25日，江南影视艺术职业学院09级音乐表演专业学生雷皓宇在“星耀中华”2010年全国青少年艺术展示活动中获声乐专业青年组金奖。10月16日，学院学生承担第19届中国金鸡百花电影节礼仪服务。是年，在全国大学生原创动画大赛中，数字艺术学院06影视动画班学生王佳舜获银奖，07动画1班学生陈廉昌、许微获铜奖。2012年，学院获中国·桂林首届漓江动漫大赛优秀院校组织奖。2014年，在江苏省第八届校园廉洁文化活动周中，周佳鑫等同学的作品《背影》获高校表演艺术类一等奖，周羽曦等同学的作品《爱心热线》获高校表演艺术类三等奖；刘刚老师的作品《清芙蓉》获高校书画摄影类二等奖。是年，学校获江苏省高校校园文化建设优秀成果二等奖，合唱队获省艺术展演一等奖。2015年，获江苏省高等职业院校技能大赛动漫赛一等奖。

图 5—25—23　舞蹈练习

图 5—25—24　礼仪服务

## 2007~2015 年江南影视艺术职业学院获得无锡市政府及省级条线以上荣誉一览表

表 5—25—66

| 获奖时间 | 荣誉名称 | 颁奖单位 |
|---|---|---|
| 2007 | 中国西部教育顾问单位 | 中国高等教育学会、中国职业技术教育学会、中国教育报 |
| | 全国最受欢迎职业院校 | 中国教育研究会 |
| | 第四届“中华之声”主持人大赛优秀组织奖 | 中央人民广播电台 |
| | 2007 年亚洲青年动漫大赛组委会奖 | 2007 亚洲青年动漫大赛组委会 |
| 2008 | 江苏质量诚信 AAAAA 级品牌企业 | 中国质量诚信企业协会、中国品牌价值评估中心、中质协江苏质量诚信监督委员会 |
| | 2008 年《民办教育》杂志常务理事单位 | 江苏省教育学会民办教育专业委员会、《民办教育》编辑部 |
| | 亚洲青少年艺术人才培养（交流）基地 | 中国人民对外友好协会、东西方艺术家协会、亚洲青少年艺术盛典组委会 |
| | 2008 年美少女中国模特大赛华东赛区最佳组织奖 | 美少女中国模特大赛华东赛区组委会　南京梦想模特经济文化有限公司 |
| | 中国广播电视传媒教育示范基地 | 中国广播电视协会 |
| | 国家教育部首届广播影视类专业学生创作作品大赛优秀组织奖 | 教育部高等学校高职高专广播影视专业教学指导委员会 |
| 2009 | 中国民办十大知名品牌学校 | 中国教育家联合会、中国民办教育家协会、中国校长协会、中国民办教育报刊社 |
| | 第三届全国数字艺术动画设计大赛江苏分赛区特别大奖 | 中国电子学会、中国电子视像行业协会、第三届全国数字艺术动画设计大赛江苏分赛区组委会 |
| | 服务外包人才培训机构 | 无锡市人民政府 |
| | 江苏省大学生合唱团 | 江苏省教育厅 |
| | 中国传媒教育创新人才培养品牌院校 | 第二届中国传媒教育发展论坛　中国广播电视协会 |
| | 全国德育管理先进学校 | 中国教育学会教育管理分会 |
| | 亚洲博鳌·中国十大新星品牌院校 | 中国教育改革与发展研究会、中国教育品牌研究院、中国教学科技发展促进会、联合国教育基金会、企促联合（北京）咨询中心、今日财富报社 |
| 2011 | 全国艺术学科教研示范基地 | 中国教育发展联合会<br>全国教育发展“十一五”计划重点课题组" |
| 2012 | 中国最具办学特色专科院校 | 中国教育改革与发展研究会、中国教育品牌研究院、中国教学科技发展促进会、中国民办教育发展研究中心、联合国教育基金会等 |
| | 江苏节庆文化产业研发基地 | 江苏省节庆协会 |
| | 中国·桂林首届漓江动漫大赛优秀院校组织奖 | 中国·桂林创新创意文化节暨桂林动漫节组委会 |
| | 全国特色教育示范单位 | 教育部中国教师发展基金会国家教师科研基金管理办公室 |
| 2013 | 江苏省平安校园 | 江苏省教育厅、江苏省综治办、江苏省公安厅 |
| | 中央人民广播电台《宏村·阿菊》第三届“夏青杯”全国朗诵大赛江苏赛区（大学组）比赛中获优秀组织奖、特别贡献奖 | 中央人民广播电台第三届“夏青杯”江苏赛区组委会 |
| 2014 | 亚洲文化艺术家交流创作基地 | 亚洲文化艺术家联合会 |
| | 中国民办教育创新改革示范院校 | 中国人生科学学会、中国民办教育家协会等 |
| | 苏南硕放国际机场集团人才培养基地 | 苏南硕放国际机场集团 |
| | 江苏省五四红旗团委 | 共青团江苏省委 |
| | 新年“心”动系列活动优秀组织单位 | 省教育厅办公室 |

续表 5—25—66

| 获奖时间 | 荣誉名称 | 颁奖单位 |
| --- | --- | --- |
| 2015 | 中国人类学民族学研究会艺术人类学专业委员会江南影视艺术职业学院研究中心 | 中国人类学民族学研究会艺术人类学专业委员会 |
| | 无锡市职业院校实习实训定点企业 | 无锡市人民政府 |
| | 江苏省 AAAAA 级社会组织 | 江苏省民政厅 |

### 八、院级领导及机构设置

2007 年，江南影视艺术职业学院入驻无锡职教园区后，优化校级领导班子结构，7 名校级领导中有 5 名副教授以上职称，且均有 10 年以上高校管理经历；同时优化中层领导班子结构，学校为下属 4 个二级学院配备既懂业务、又会管理并具有教授职称的全职一把手院长，为每个专业配备教授级别的学科带头人。

2015 年江南影视艺术职业学院机构设置表

表 5—25—67

| 部门 | | | 二级学院 |
| --- | --- | --- | --- |
| 党政办公室（院长办公室、国际合作与交流办公室） | 财务处 | 图书馆 | 音乐舞蹈学院 |
| 纪委（监察室） | 后勤处 | 演艺中心 | 影视传媒学院 |
| 组织人事处 | 基建处 | 教学设备中心 | 航空乘务学院 |
| 教务处（教学科研处） | 保卫处 | 网络中心 | 艺术设计学院 |
| 学工处 | 招生办公室 | 工会（建设办） | 创新创业教育学院 |

2015 年，卢国忠任董事长兼党委书记，杨力任院长，赵杰、颜惠庚、卢丽明、卢胜强、张炳生、宋兆宽任副院长。

## 第十节 无锡文化艺术学校

2012 年，无锡文化艺术学校原址位于钱荣路 12 号。2013 年，学校易地新建，选址无锡职教园，新校址位于显山路 28 号。是年 12 月 25 日，无锡文化艺术学校在新址奠基、动工兴建，总面积 9.2 公顷，建设用地 6.76 公顷，预留发展用地 2 公顷，总投资 2 亿元，工程建筑面积 4.25 万平方米，设计学校招生规模 2000 人。

2015 年，新校舍正在无锡职教园新址建设中（计划 2017 年学校进驻无锡职教园）。是年，在校学生 700 多人。无锡文化艺术学校主管部门为无锡市教育局。

## 第十一节 无锡市公共实训基地

2007 年 11 月 29 日，无锡（藕塘）职教园区无锡市公共实训基地举行奠基仪式，劳动和社会保障部培训就业司副司长张斌，江苏省劳动和社会保障厅厅长陈震宁、副厅长吴可立，无锡市市委、市政府领导，惠山区区委、区政府领导以及无锡市有关部委办局领导参加。公共实训基地位于无锡职教园源兴路 15 号，规划用地 21.07 公顷，建设用地面积 10.2 万平方米，基地将建成“五个中心一个配套区”，即现代制造业中心、现代信息技术中心、现代电工电子技术中心、现代服务业中心、现代汽车业中心、后勤服务配套区，总建

图 5—25—25 2007 年 11 月 29 日，无锡（藕塘）职教园区举行无锡市公共实训基地奠基仪式

筑面积为 17.6 万平方米。“五个中心一个配套区”有机联系，实行最优化设置。无锡市公共实训基地定位于为培养高技能人才提供实训条件，集技能培训、技能鉴定、职业技术教育指导服务和教材教法研究于一体，通过设置高中端技术和装备，全力打造高等院校理工科专业和高中等职业院校学生的高技能实习基地、社会各类职业培训机构和企业培训部门培养高技能人才的实训基地、高中级技能人才职业资格鉴定认证的技能鉴定基地、职业技术教育研究和师资资格培训基地、企业新技术新项目新职业的研发推广基地、中外职业技术教育培训合作交流基地。2008 年 11 月，无锡市公共实训基地建成并投入使用，建设投入总资金 9.2 亿元。无锡市公共实训基地经费由财政全额拨款，主要经费来源为就业专项资金、失业保险金、教育费附加。

图 5—25—26　2008 年 11 月 11 日，人力资源和社会保障部副部长王晓初（右三）考察无锡市公共实训基地

2011 年，APEC 技能开发促进中心落户无锡市公共实训基地。中心作为国内第一个技能开发领域的国际交流合作平台，开展师资培训、职教政策研讨以及青年技能夏令营和教材开发等活动，涉及环保、数控、服装设计等多个领域，有 21 个 APEC 经济体超过 500 人次的境内外人员参加。是年 2 月，中共中央政治局委员、国务院副总理张德江到基地视察时，赞扬市公共实训基地是国际先进的、一流的公共实训基地，代表国内职业培训的最高水平。2015 年，基地已建成适应新兴产业需求的现代制造业、现代服务业、现代信息技术、现代电工电子技术、现代汽车维修技术、现代环保水处理技术、职业素质训练技术、创业模拟实训技术、集成电路应用和物联网等十大实训中心，拥有 118 个实训室，3581 个实训工位。基地已具备开展高技能人才所急需而紧缺的现代制造业、环保、汽车、电子、服务外包、新一代信息、微电子和物联网等八大产业 50 余个特色专业（职业）的实训与鉴定能力。基地开展职业鉴定的主要工种有：加工中心操作工、维修电工、计算机网络管理员、污水处理工、汽车维修工、集成电路测试技术员、集成电路封装技术员和计算机程序员等。是年，无锡市公共实训基地有工作人员 47 人，其中研究生 3 人、本科生 36 人、大专生 2 人、其他学历 6 人；有副高级职称 4 人、中级职称 6 人、技师职称 2 人。

图 5—25—27　2013 年 8 月 19 日，无锡市市长汪泉（左三）、副市长华博雅（左一）考察无锡市公共实训基地

无锡市公共实训基地主要为无锡职教园院校学生和企业职工服务，对学生和职工进行技能培训、技能鉴定、师资培训、技术研发、教研研究，以及承办各项技能大赛等。基地先后被亚太经合组织（APEC）认定为技能开发促进中心、中国（无锡）高技能人才公共实训中心、全国职工职业技能实训基地。

图 5—25—28　2015 年 4 月 15 日，中国职工教育和职业培训协会会长孙宝树考察无锡市公共实训基地

图 5—25—29　2015 年 9 月，德国金属切削师 Hass（左一）在无锡市公共实训基地向中国学生传授技能

## 2013~2015 年无锡市公共实训基地培训工种、等级、人数统计表

表 5—25—68　　单位：人

| 培训职业/工种及等级 | 培训人数 | | |
|---|---|---|---|
| | 2013 年 | 2014 年 | 2015 年 |
| 数控车床/中、高级 | 818 | 916 | 1055 |
| 加工中心/中、高级 | 2363 | 1308 | 958 |
| 污水处理工/初、中级 | 38 | 72 | 125 |
| 维修电工/中、高级 | 377 | 203 | 322 |
| 动漫/中、高级 | 742 | 1103 | 1119 |
| 计算机网络管理员/中、高级 | 6935 | 5859 | 9421 |
| 集成电路测试员/中、高级 | 469 | 703 | 925 |
| 汽车修理工/中、高级 | 263 | 494 | 351 |
| 创业培训 | 9211 | 12531 | 13394 |
| 其他 | 709 | 2711 | 1415 |
| 合计 | 21925 | 25900 | 29085 |

## 2015 年无锡市公共实训基地实训资源一览表

表 5—25—69　　单位：个

| 资源名称 | 主要设备 | 实训工位 |
|---|---|---|
| 制造业实训中心 | 数控车床、数控铣床、数控加工中心、电火花数控线切割机、电火花成型机等高端数控设备、配套电脑和数控模拟仿真软件以及现代化的测量仪器 | 401 |
| 服务业实训中心 | 数据服务器、应用服务器、多维图形工作站、12 个镜头的动作捕捉系统、高速扫描仪和美国 TheFoundry 最先进的数字创意制作技术和设备以及各类影像处理软件、新媒体网络编辑软件及生产实训系统、云端软件服务开发工具集等 | 984 |
| 信息技术实训中心 | 核心交换机、普通交换机、防火墙、服务器、小型机、网关、路由器、认证测试仪、门禁、光纤熔接机及配套教学软件等信息化设备、iphone 手机软件开发设备、Oracle 课程实训—认证体系、云服务器—瘦客户端教学实训体系、移动通信语音测试系统、移动通信数据测试系统、移动通信网络应用开发实训平台、信息技术测试验证设备、失效分析设备、频谱与网络分析设备等 | 687 |
| 电工电子技术实训中心 | 传感器实训台、电力电子技术实训台、变频与伺服技术实训台、直流调速实训台、工业控制总线实训台、可编程控制器实训台、过程控制系统以及电子技术实训台等现代化的实训设备 | 109 |
| 环保技术实训中心 | 水处理工艺单体设备、小型水处理设备、大气和生物技术分析测试仪器、水处理分析仪器、给排水系统等实训装置 | 66 |
| 汽车实训中心 | 自动变速器综合性能检测台、电控汽油发动机和柴油机发动机排故试验台，汽车转向系统虚拟实训模块，ABS、ASR、ESP 故障模拟实训台、汽车空调系统虚拟实训模块、美国、德国、日本车型系列故障诊断仪，奥迪 A6 定速巡航控制装置等实训模块 | 186 |
| 职业素质训练中心 | 配备职业素质测评系统、心理能力训练系统、压力与情绪管理系统等软件以及高空训练器械和低空训练器械，充分运用心理学、现代计算机技术以及特定场所和器械，通过情景模拟，对学员进行有针对性的测试和训练 | 100 |
| 创业实训中心 | 培训教室、宣讲教室、远程互动室、企业模拟经营室、报告厅、会展中心、模拟工商局、模拟税务局、模拟银行、创业咨询室等。该中心依托模拟公司创业培训项目和领航者创业培训项目，通过“上课、上班、上网”三种模式的结合，开展创业实训活动 | 186 |
| 集成电路及应用技术实训中心 | 晶圆测试产线、成品测试产线、集成电路封装生产线和高级别无尘室生产实训车间，并配备了泰瑞达 J750EX 测试机、ASL1000 测试机、PXI 测试仪、UF200/UF200A 晶圆测试仪等一系列高端测试仪器及 SEICO EPSON 机械手以及电路设计与应用、嵌入式系统开发和数字信号处理综合开发等平台。 | 664 |
| 物联网技术实训中心 | FRID 平台、仿真器及其集成开发环境平台、ARM 开发平台、中间件基础平台、MEMS 传感器教学设备等先进技术教学设备 | 198 |
| 合计 | — | 3581 |

2009~2015 年无锡市公共实训基地历任领导任职表

表 5—25—70

| 党支部书记 | | | 主任 | | | 副主任 | | |
|---|---|---|---|---|---|---|---|---|
| 姓名 | 任职时间 | 职称 | 姓名 | 任职时间 | 职称 | 姓名 | 任职时间 | 职称 |
| 王剑飚 | 2009.04~ | 中级 | 范国勋 | 2013.05~2015.10 | — | 王剑飚 | 2009.01~ | 中级 |
| — | — | — | 张文华 | 2015.12~ | — | 赵　勇 | 2012.09~ | — |
| — | — | — | — | — | — | 陈布言 | 2013.11~ | 副高 |

2015 年，王剑飚任党支部书记，张文华任主任，王剑飚、赵勇、陈布言任副主任。

# 第二十六章 成人及其他教育

钱桥、藕塘地区的成人教育始于晚清时期。民国16年（1927），区域内开办民众学校，对成人进行识字教育。民国19年，创办毛村农民教育馆，馆内设有民众学校、民众茶园、民众阅报处、壁报等。1950年，钱桥、藕塘地区各乡、各村开办冬学、民校，扫除文盲。1958年，藕塘、钱桥公社先后创办公社农业中学或大队农业中学。1976年，华润实业公司创办“七二一工人大学”。1978年，钱桥公社创办水利农机职业学校。1983年，藕塘乡创办藕塘成人教育中心校。1986年，钱桥乡创办钱桥成人教育中心校。2008年，钱桥街道各社区先后创办社区学校。2015年，钱桥街道有1所成人教育中心校，15所社区学校，28所社会培训机构。

## 第一节 扫盲与速成识字教育

解放前，钱桥、藕塘地区教育差，学校少，农户食不果腹、衣不暖身，更谈不上供孩子上学读书，上学者大多是富户人家子女，失学者占70%，造成大量文盲。新中国成立初期，藕塘区政府组织各乡开办夜校，开展声势浩大的扫盲运动。扫盲教师都是由当地的识字农民担任义务教员，教材自编，学员多为不识字的中青年男女。扫盲班设初级班、中级班、高级班。文盲经过一段时间学习，经考核合格，摘除文盲帽子。时藕塘南水渠地区就有文盲235人、小学生150人、初中生9人、高中生仅4人，无大学生，文盲占59.1%，当时区域内农民急需提升文化水平，藕塘区政府组织钱桥、藕塘镇，稍塘、溪北、万东乡各地开办冬学、民校。冬学、民校开办在各乡村大户人家的客厅里或附近的祠堂内。

1950年，西漳乡组织有一定文化的人士，先后在牌楼巷唐九保家大客厅和西漳观音堂开办扫盲识字班和小学速成教育班。西漳小学教师周孝朴担负起扫盲教育任务，每天晚上和节假日到扫盲识字班和小学速成教育班上课。经过一段时间教学，西漳乡很多群众先后摘掉文盲帽子，同时提高了思想觉悟。其中一部分扫盲对象成为土地改革运动、肃反运动、“三反”“五反”运动、合作化运动中的骨干。是年下半年，藕塘乡开展轰轰烈烈的扫盲运动。全乡贫苦农民踊跃参与，有钱出钱，有力出力，胡锡春、过丑仙、夏彩英、吴阿桂等自发出资购买汽油灯、铅笔等夜校用品；许惠珍、张曙东、张焕兴、徐全生、赵荣才等识字农民主动义务担任扫盲班教师，分别任教初级班和中级班的算术、语文。王津良、赵泉生任夜校校长。高级班学员由在扫盲运动中学习成绩较好，具有一定文化基础的学员组成，共50名学员。高级班由高玉妹任教语文、沈毅男任教数学。扫盲班设东片、西片和南片三所夜校。东片夜校办在藕塘南街朱祖根厅屋内，学员为施巷、大浜斗、岸里、李巷、朱巷、三家村、藕塘街上的农民；西片夜校因上课学员较多，分别设在解放村永乐庙和张巷吴乾生厅屋内，每班有50余名学员，为许巷、渔池头、解放村、毛巷、前方桥、后方桥的农民；南片夜校设在徐塘湾王长生厅屋内，有30余名学员。藕塘乡扫盲夜校先后有400多名农民参加学习。参加夜校学习的学员经过一段时间的学习，做到会看书、会写字、会简单计算，摘掉文盲的帽子。到夜校学习的学员，不仅学到文化知识，还提高了政治思想觉悟，有的学员参加抗美援朝，大部分学员在各自的岗位上发挥积极作用，有的成为生产能手和农村合作化运动中的骨干。

1951 年，藕塘区文化站派干部在钱桥镇上的北片（钱桥桥北地区）、南片（钱桥桥南地区）两处开办扫盲识字冬学夜校。冬学夜校设初级班（文盲不识字者）、中级班（少量识点字者）、高级班（有初小水平者），每晚二节课（晚上 7~9 点）。教材为自编的乡土教材。北片办学地点在铁狮小学内，文化站干部王俊良、盛建忠组织发动农民进冬学夜校学习，盛保兴、任玉英任夜校校长，盛建忠任教政治、宋志远任教语文、宋志明任教算术、周德化和宋炳南任教珠算、蒋瑞芬和任文懿任教文娱，张祖良、朱岳九任教扫盲识字。北片到夜校学习的学员是钱桥沿河至马客桥各自然村的农民群众以及邻村杨思桥、南北下塘、小元里，社冈、会西等地的群众。南片夜校办在原中心小学内，文化站干部王玉伦负责组织发动农民参加，陈龙泉任校长，教员有龚顺金、黄海泉、朱文林、唐荣圻、陈仁源、陈寿生。南片上冬学夜校的除钱桥南街的居民、农民外，邻村埭桥、邵巷、金岸、勤新陈漕湾、宪丰龙山湾、民干村、东邵巷、三家村等地的群众也纷纷至夜校上课。钱桥镇上的冬学夜校从 1951 年始，前后开办 4 年多时间，有数百名农民（居民）先后参加学习，摘除文盲帽子，基本达到会看、会写、会算，具有初小水平；原初小水平的学员通过几期学习，达到准高小水平。夜校学员除学习文化外，还学唱歌、扭秧歌等，使长期劳作在田头、灶头的男女群众身心得到释放和欢乐，有的学员在上夜校的路上还唱课堂上教的《东方红》《解放区的天》《中国人民志愿军军歌》等歌曲，成为当时一道文化的风景线。到夜校学习的群众，既学到文化知识，又提高思想觉悟，成为农村开展各项运动的骨干。是年冬，稍塘乡在南部井亭、陈村、东村、西村四个点开办扫盲识字夜校班。井亭扫盲识字班开设在井亭小学，学员 30 多人，教师是安阳书院学生章光夏、朱濂宝和井亭小学孙一鸣老师。陈村扫盲识字班开设在陈村祠堂内，管巷、秦家漕、陈村、小方桥、河西巷、大东店等都有青年农民参加学习，学员 25 人左右，教师由小学毕业的陈杏凤担任。东村扫盲识字班开设在丁村小学，学员约 30 人左右，教师由丁承启及丁村小学的教师担任。西村扫盲识字班开设在西村祠堂，学员约 40 人，教师是稍塘初中补习班学生谢良祖、朱月仙、倪樨琴。扫盲识字班都在晚上组织学员学习。一到晚上，夜校里点上汽油灯，灯火通明。参加学习的农民手拿扫盲课本，铅笔和本子到夜校学习。教师一字一字地写，手把手地教；学员一字一字地认，一笔一笔地写。夜校还不时教唱一些革命歌曲，有“老黄牛，肥又大，土改以后到我家……”，气氛十分活跃。政府对扫盲工作十分重视，稍塘乡干部蔡绍元经常到夜校视查开班情况。每到星期六晚上，井亭、陈村、东村、西村的夜校扫盲教师集中到稍塘小学，由新渎区政府派来的杨老师给扫盲教师上课，指导扫盲工作，发放扫盲材料。同年，稍塘乡北部扫盲夜校开办 4 个班：稍塘小学内的扫盲夜校班负责人为蒋金清，学员 40 多人，文盲和半文盲都在同班学习。新丰里邵祠堂扫盲夜校班负责人张志文、教员吴宏达，学员 40 余人，一个课堂，文盲半文盲复式教学，学员学识字、学写字、学唱歌，学习兴趣很高，学习三年结束，学员能识、会写、会算、会唱，一般能识能写 500~800 字。后庄小学扫盲夜校班负责人顾生宝，教员马琴芳、马秀英，学员 30 多人，复式课堂，老师把歌词写在黑板上：“东方红、太阳升……”，边唱歌边识字，激发学员学习兴趣，算术老师把算术题写在黑板上，学员抢着到黑板上做题。三年学习后，学员都能识、能写、能算，摘除文盲帽子。茅蓬里扫盲夜校班负责人吴焕金，教员王产泉、蒋耀明，学员 30 多人。茅蓬里扫盲班的学员都会唱锡剧，不识字的人也会唱。学员在扫盲班以剧本当教材，以唱句学识字，一起唱，同识字，兴趣高涨，越办越好。学员能唱、能识、能写、能背。1953 年，扫盲班建立琴师队。从那年起，茅蓬里扫盲班在热闹的课堂里办起新民锡剧团，排练“打死美国狼”“一贯道害人”“说唱新婚姻法”“新儿女英雄传”等锡剧剧目，到各乡各村演出。

1953 年，西漳乡南漳、前潘、后潘、孙家、东塘等自然村开办初级扫盲班及中级扫盲班，地点在孙家巷孙汉良家中，由万东中心小学高年级学生任教，教材为自编的乡土教材。1956年，钱桥地区扫盲运动掀起高潮。钱桥、舜柯、社冈、西漳、洋溪各乡列出扫盲名单，全面动员，有领导、有组织、有计划地分步实施，开设扫盲教育班和识字速成班。是年，新民乡庙塘桥地区办有两个扫盲班，分为南班和北班。南班开设在小园里，北班开设在庙塘桥，学员150多人，扫盲班主要负责人赵瑞华。南水渠有一个扫盲班，学员来自于南水渠、蔡巷、大河头、浜顶、西冯巷等，有30多人，负责扫盲的老师为沈明珍、黄菊妹。扫盲老师主要负责教学员识字，都是义务，没有工资；学生也不用交学费。当时庙塘桥、南水渠有句顺口溜："要吃果子先种树，要穿衣服种棉花。过河必须要造桥。要幸福、搞生产，要懂道理、要识字，只有上民校。"1958年，钱桥公社开办业余初中夜校。

1960年，钱桥、藕塘公社分别配备扫盲辅导员。钱桥公社由吴旭丹、吴一星、蒋未央、许其南先后任扫盲辅导员；藕塘公社由丁明泉负责全公社的扫盲工作。1963年，南水渠地区有文盲30人、小学生300余人、初中生90余人、高中生40余人、大学生15人，钱桥、藕塘地区人民的文化程度普遍得到提高。钱桥、藕塘地区的农民扫盲识字运动一直延续到1965年。

1970年10月，根据苏州行署的指示，新一轮扫盲教育在钱桥、藕塘地区展开。是年10月，苏州地区行署在昆山县千灯公社召开全地区扫盲工作会议，钱桥公社扫盲辅导员周松圻、藕塘公社扫盲辅导员陈凤鸣参加会议。会议根据国务院《扫除文盲工作条例》，明确规定扫除文盲的对象为年满15周岁以上、60周岁以下不识字或识字很少的公民。扫除文盲的标准是通过不同形式的教育途径，文盲或识很少字的公民能识1500个汉字，能看简单的文章，能记简单的账目。无锡县教育主管部门负责督查和进行扫除文盲验收。

1972年4月12日，无锡市、县成人教育办公室到藕塘公社检查扫盲情况，带着藕塘公社原上报的各大队文盲名单，指定抽查渔业队和五星大队两个大队。渔业队、五星大队拿出大队户口簿，进行核查，名单百分之一百正确。扫盲学习班利用晚上时间，组织文盲和识字很少的公民学习，总时间三年。扫盲教师为本地有文化的青年。除集中开办扫盲班外，扫盲教师还负责对分散在各生产队的文盲进行包教包学。每年春末和冬末，无锡县成人教育办公室组织统一考试，合格者摘除文盲帽子。前后经过四年时间，学员通过逐批考试验收，钱桥、藕塘成为基本扫除文盲的公社。1974年，经过扫盲后统计，藕塘公社青壮年总数9140人，青壮年文盲62人，青壮年文盲占青壮年人口的比例为0.68%，非文盲率为99.32%。其中藕塘居委和农业行政村青壮年人口总数9077人，青壮年文盲51人，青壮年文盲占青壮年人口比例的0.56%，非文盲率为99.44%；渔业村青壮年人口总数63人，青壮年文盲11人，青壮年文盲占青壮年总数的比例为17.46%，非文盲率为82.54%。

**1970~1974年藕塘公社扫盲办班点统计表**

表5—26—1　　　　单位：人

| 办班点 | 学员数 | 教员姓名 | 办班点 | 学员数 | 教员姓名 |
|---|---|---|---|---|---|
| 渔业队 | 20 | 汪祥珍（渔业队青年） | 火花大队 | 20 | 宗希宝（小学教师） |
| 渔池头 | 7 | 王月珠（大队团书记） | 三坝头 | 10 | 郭凤梅（大队团书记） |
| 解放村 | 5 | 王月珠（大队团书记） | — | — | — |

## 第二节　农业中学

1958年，中共中央决定教育实行两条腿走路，一条是普通教育，一条是职业教育，在全国掀起大办农业中学的热潮。是年5月，藕塘公社组织各大队联合开办4所农业中学（简称农中）。藕塘公社各大队农业中学办班初期，缺乏经费、没有校舍、没有教学设备、没有师资，各生产大队自聘教师，招收小学生，或借用小学的校舍，或利用祠堂、庙宇，因陋就简，开班办学。五九大队与五五大队合办一所农中，五星大队与火花大队合办一所农中，凯旋大队开办一所农中，勤建与一鸣大队合办一所农中。学生上午上课，下午回家参加农业劳动，实行半耕半读的教育制度。是年9月，钱桥公社在上秦巷开办无锡县规模最大的农中，公社管委会安排农户腾出房屋做教室、宿舍，朱荣增任校长、吴旭丹任副校长、陆才林任教导主任，开设初一、初二两个年级4个班，180余名学生。在上秦巷开办农中的同时，钱桥公社组织人员把南西漳威华（畏湖）庙改造成6间农中教室。同年秋季，藕塘公社党委决定将分散在各大队办的4所农业中学集中起来，实行规模办学。校址选在林业大队朱巷生产队，借用朱洪金家房屋为校舍，是一幢五间门面、两造进深的二层楼房。学校定名为藕塘公社农中，属藕塘中心小学领导和管理。藕塘公社农中将楼上作为师生宿舍，楼下作为办公室和教室，并将校舍前的两户农民房屋办作食堂，办学条件十分艰苦，没有课桌和床铺，都是师生自带长凳和木板到校上课、住宿。庙桥小学教师唐善庆任藕塘公社农中校长，沈毅男任教导主任。藕塘公社农中开设两个春季班（春季招生）、两个秋季班（暑期招生），学生150多人。学习课程为语文、数学、物理、农业知识。藕塘公社党委划拨藕塘农中土地，其中水稻田10多亩、旱田6~7亩，作为学生的学农劳动基地，派李家湾生产队队长丁阿祥任农业生产技术指导员。学校遵照党的“教育为无产阶级政治服务，教育与生产劳动相结合”的教育方针，实行闲时多学、忙时少学、半耕半读的办学原则，学生上午在教室上课，下午到田间劳动、学习生产技能。学校管理有条不紊，办得很有特色，被评为江苏省先进农业中学，唐善庆校长赴南京参加江苏省教育战线群英大会。1959年8月，钱桥公社农中自上秦巷搬迁至南西漳威华（畏湖）庙内办学。

1961年春，藕塘公社农中搬迁至藕塘桥北面的小冯巷生产队办学，利用冯昇泉（地主）家房屋作教室。师生借用生产队食堂用膳，全部住宿在社员家里。学校组织师生利用生产队旱地种植西红柿、青菜等作物，解决师生吃菜问题。藕塘公社党委为解决农中校舍，拆除位于勤建大队庙沟漕的分庄庙，用其砖、瓦、木料等材料在小冯巷生产队建造8间平房，作为农中校舍。是年7月，钱桥公社农中停办。

1962年初，钱桥、藕塘人民公社贯彻“三级所有，队为基础”的核算政策，藕塘公社农中占用的土地必须归还给生产队，因此学生不能食宿在校，改为走读。为便于学生就读，藕塘农中一分为二，改为南北两校，南校设在位于鸡笼山下的藕塘公社采矿厂（当时采矿厂停办），北校设在五九大队唐巷生产队。是年6月，藕塘公社农业中学停办。藕塘农业中学虽然只办4年，却为公社培养很多人才，有的学生成为公社广播员，有的学生成为兽医，有的学生成为手联社、药店的职工，更有众多学生成为生产队队长、会计、农技员。

1964年，钱桥公社贯彻中共中央关于“调整、巩固、充实、提高”的方针，为提高农民的文化水平，在办好钱桥初中和南西漳初中的同时，在南西漳、钱桥、溪南、舜一、黎明、历村等大队开办6所农业中学。南西漳农中负责人彭焕明，溪南农中负责人吴炳康，历村农中负责人费泉根，舜一农中负责人王伟祖，黎明农中负责人陈仲圻，钱桥农中负责人祝振芳。每所农中各开设初一、初二两个班级，学生70~80人左右，基本上把不能进入初中学习的小学毕业生录入农业中学就读。

1965年3月，藕塘公社开办五五农中、五九农中、星火农中、宇峰农中、凯旋农中、一鸣农中、勤建农中等7所农中。各大队农中开办时，为一个班级，招收小学毕业生。半年后，班级增多，教师相应增加。各大队农中校长由大队书记兼任，学校确定一名教导，负责学校管理工作。藕塘公社先后由管委会副主任王全度、党委宣传委员蔡绍元分管农中。

1966年6月“文化大革命”开始，农中师生停课闹革命。是年冬季，藕塘公社部分农中教师带领学生到上海、南京、浙江等地串联。1967年秋，学校复课闹革命，各大队农中陆续上课。1968年夏，钱桥、藕塘公社农中宣布解散。与此同时，藕塘地区永红、南水渠、宇峰、盛店小学开设戴帽子初中班。藕塘公社党委选择部分年轻的、有一定教学能力的农中教师到戴帽子初中班任教。

1975年春，藕塘公社党委决定借用陈家湾5间空闲房，调拨当地生产队20亩农田开办“农大”，实际上相当于农业中学，首期招生40多人。学生农闲多学农学理论，农忙多搞农业科学实验。1980年，藕塘“农大”停办。

## 第三节 成人教育

民国时期，钱桥、藕塘地区成人识字者仅占36%，且以男性为主，识字妇女罕见。民国16年（1927），钱桥开设民众学校，藕塘桥、稍塘桥、盛店桥开设民众阅报处，以提高民众素质，注重民众生计，培养民众道德，增进民众健康及正当娱乐。1964年，江苏省函授大学面向农村招生，开设农学、牧学两个专业。钱桥公社组织青年农民参加江苏省函授大学学习。溪南、历村、舜一、新丰、西漳、竞丰6个大队有8人参加学习，其中5人拿到大专毕业证书。1983年、1986年，藕塘、钱桥乡先后创办成人教育中心校，负责区域内的农业技术人员、企业职工、管理人员等各项培训。同时，开办大专、本科学历班，提高区域内成人的学历。2004年，钱桥、藕塘两镇合并，藕塘成教中心校并入钱桥成教中心校。2015年，钱桥街道成人教育中心校位于育才路108号。

### 一、民国时期成人教育

民国16年，钱桥、藕塘地区设有一所民众学校，对成人进行识字教育；另设有3处民众阅书、阅报处，供民众阅读，以提高成人的文化程度。

民国16年钱桥、藕塘地区民众学校一览表

表5—26—2

| 市乡 | 事业 | 地址 | 职员 |
|---|---|---|---|
| 开原乡 | 民众学校 | 钱　桥 | 高鸿勋 |
| | 民众阅书处 | 藕塘桥 | 高鸿勋 |
| | | 钱　桥 | — |
| | 民众阅报处 | 藕塘桥 | — |
| 富安乡 | 民众阅报处 | 盛店桥 | 张逸清 |
| | | 稍塘桥 | 恒昌祥 |

民国19年10月，毛村农民教育馆创立于旸庄。是年，第四区（原开原乡）成人识字者仅占36%，而识字妇女凤毛麟角。时区域内除钱桥已设有民众学校外，其他中心地点都未设立。

民国19年钱桥、藕塘地区部分乡镇成人识字暨不识字人数统计表

表5—26—3　单位：人、%

| 乡镇别 | 成人总数 | 人数 | | 百分比 | |
|---|---|---|---|---|---|
| | | 识字者 | 不识字者 | 识字者 | 不识字者 |
| 藕塘桥镇 | 632 | 236 | 396 | 37.3 | 62.7 |
| 钱桥镇 | 986 | 192 | 794 | 19.5 | 80.5 |
| 夏虞乡 | 814 | 264 | 550 | 32.4 | 67.6 |
| 水渠乡 | 583 | 232 | 351 | 39.8 | 60.2 |
| 官渎乡 | 460 | 181 | 279 | 39.3 | 60.7 |

民国22年，钱桥、藕塘地区开设四所民众学校。

民国22年钱桥、藕塘地区民众学校统计表

表5—26—4　单位：班、人

| 区别 | 乡名称 | 校名 | 校址 | 附设地 | 班级 | 学生 | 校长 | 开学日期 |
|---|---|---|---|---|---|---|---|---|
| 第四区 | 开原乡 | 钱桥民众学校 | 钱桥小学 | 钱桥小学 | 1 | 男26<br>女17 | 高鸿勋 | 1933.09 |
| 第四区 | 开原乡 | 水渠民众学校 | 南水渠 | 水渠小学 | 1 | 男27<br>女15 | 黄泰东 | 1933.09 |

续表 5—26—4　　单位：班、人

| 区别 | 乡名称 | 校名 | 校址 | 附设地 | 班级 | 学生 | 校长 | 开学日期 |
|---|---|---|---|---|---|---|---|---|
| 第四区 | 开原乡 | 张高漕民众学校 | 乡师附小二部 | 张高漕小学 | 1 | 男 20<br>女 33 | 方逸民 | 1933.09 |
| 第十六区 | 万安乡 | 南西漳民众学校 | 南西漳 | 西漳小学 | 1 | 男 2<br>女 35 | 周作新 | 1933.09 |

民国 23 年 9 月，旸庄农民教育馆迁至毛村，位于藕塘桥东南。毛村农民教育馆基本施教区 352 户，约 2000 人，其中职业农民占 88%、工人占 2%、商人占 4%、其他占 6%。农民教育馆分生计、教导、总务 3 部。馆长殷邦健，泰兴人，江苏省立教育学院毕业；干事王家栋，江阴人，江阴县立师范学校毕业；干事华学曾，淮阴人，江苏省立第三农业学校毕业；练习干事杨有润，武进人，贵州中学毕业。毛村农民教育馆有馆舍房屋 12 间、场地 4 片，设备用具 699 件，图书 1300 册。农民教育馆上午 8 时至 11 时 30 分，下午 1 时至 5 时，晚上 7 时至 9 时开放，全年经常费 2000 元，经常费中薪工、事业各占 50%。毛村农民教育馆举办民众学校、民众茶园、民众阅书报处、民众诊疗所、壁报等固定事业；事业中活动的有保甲宣传、识字宣传、各种纪念日宣传；事业中推广的有介绍改良麦种，协助区公所举办各种自治事业。

## 二、钱桥成人教育中心校

1986 年，钱桥乡政府调用钱桥老街钱桥中心小学旧校舍，成立钱桥成人教育中心校。钱桥成人教育中心校校舍三层楼，开设十多个班级，开展各级各类的培训，有农业技术培训、企业职工技术培训、管理人员培训、会计培训、统计员培训、仓库保管员培训、经济管理培训、安保培训、排污环保培训、绿化工程培训、吊车工行车工培训、电力管理培训、法治培训、计算机培训、各类人员上岗培训等。同时与江南大学联办经济管理专业大专班，与无锡电大联办会计专业大专班，与人口管理学校联办人口管理培训班、计划生育培训班、外来人口教育培训班，老年健康养生培训班等。农业技术培训内容有水稻、三麦、油菜管理、增产培训，畜牧业培训内容有养猪、羊、兔、鸭等致富培训，瓜果技术培训内容有水蜜桃、葡萄、草莓、西瓜、西红柿种植以及管理、防治病虫害等培训。1989 年，钱桥镇成人教育中心校专职教师 1 人、兼职教师 5 人，开办 14 个培训班，培训学员 914 人。1998 年，钱桥成人教育中心校开办各级各类培训达 56 期、培训人数达 4952 人；企业职工培训率从 1997 年的 45.4%提高到 52.8%；从业人员全员培训率从 1997 年的 35.5%提高到 45.5%。

2004 年，钱桥成人教育中心校有教职工 4 名、外聘教师 12 名。是年，开办 1 个学历班，47 人。是年至 2010 年，钱桥成人教育中心校校舍不够，借用钱桥中学两个教室和两个办公室。2010 年，钱桥街道党工委、办事处投入近 500 万元资金，新建钱桥街道成人教育中心校，位于钱桥市镇育才路 108 号。钱桥街道成人教育中心校占地面积 9333.33 平方米，总建筑面积 2650 平方米，设有能容纳 200 人的阶梯教室 1 个、专用教室 12 个、电脑房 2 个、创业培训室 1 个，普通车工、数控车工、钳工、焊工、餐饮、家政服务 6 个工种实训室各 1 个。同时，相应配备 125 台“联想启天”电脑、5 台数字投影仪、2 台沈机 CA6150 数控车床、2 台普通车床、钳工工位 20 个，电焊、氩弧焊焊机 5 台等教育设备以及复印机、一体机、摄影机等办公设备。

2011 年 8 月 31 日，“惠山区职业技能公共实训基地”在钱桥街道成人教育中心校挂牌运行，承担惠山区各镇、各单位、各部门的各类培训。是年，钱桥街道成人教育中心校有教师 13 人、兼职教师 48 人，业余大专班学员 130 人、本科班学员 13 人、成人高中学员 101 人。钱桥成教中心校本着“服务当地经济，服务社区居民，服务社会发展”的宗旨，常年开设大中专学历教育、会计上岗证培训、统计上岗证培训、计算机等级证书培训班以及进行会计、统计继续教育培训，技术工人初、中级技能培训，失地农民职前岗位培训，社区居民文化教育，青少年智力开发及学习辅导等，并为社区、企事业单位提供教育咨询指导，于2011年顺利通过江苏省社区教育评估验收。同时，办学中不断拓宽平台，与惠山区有关部门、条线和单位协作，所开展的学习培训活动源源不断。惠山区财政局、劳动局、统计局、安监局先后在钱桥成教中心校挂牌成立培训基地。是年，钱桥成教中心校与惠山区财政局合作，开办会计继续教育培训班，年培训人数11281人；与惠山区劳动局合作，开办就业指导、就业技能、创业培训班，年培训人数12743人；与惠山区统计局合作，开办统计继续教育培训班，年培训人数2083人；与惠山区农林局合作，开办职业农民培训班，年培训人数272人；与惠山区安监局合作，开办安监培训班，年培训人数1800人。2012年，钱桥成教中心校开办各级各类培训班225期，培训总人数21288人。

钱桥成教中心校服务到位，管理到位，培训效果显著，在惠山区各部委办局树立良好的口碑。2015年，钱桥成教中心校与惠山区人社局就业管理中心技能培训合作，开设25个技能培训班，涉及6个技能工种；开设8个创业培训班，培训总人数656人。是年，钱桥成教中心财政局培训基地完成惠山区会计职称审核、20000张会计证换证和2015年度会计继续教育售卡工作；农林局培训基地完成622人的区级职业农民和40人的省级培训工作；民政局培训基地招收2014年退伍军人35人，其中高中升专科学历教育16人、技能（数控、CAD）培训19人。学校还加强同街道各部门的联系，以“专业水准，优质服务”谋划各类社区教育活动，强化服务意识，提升服务能力，使钱桥成人教育成为提高居民素质、服务地方经济、推进社会发展的“助推器”。同年，钱桥成人教育中心校向无锡职教园管理委员会提出申请，建设无锡市惠山区钱桥成人教育中心校职教园区教学点。经无锡职教园管委会批准，钱桥成人教育中心校职教园校区教学点设在职教园校区青春假日风情时尚街区。是年，钱桥成教中心校职教园校区教学点街面教育用房1600平方米装修完毕，资金由成教中心自行解决，总投资180万元。钱桥成教中心校职教园校区教育点有综合服务大厅1个、大型阶梯教室1个、普通培训室4个，大学生创业培训室1个，曼博英语专用教室1个。是年下半年，经街道社会事务局协调，藕塘青少年校外活动分中心场地得以解决。钱桥成教中心自筹资金，投入25万元资金对藕塘青少年校外活动分中心房舍进行全面装修，分中心办学条件得到明显改善，实现青少年校外活动的均衡发展。是年，钱桥青少年校外活动中心全年开展2465人次的兴趣活动。

2004~2015年无锡市钱桥（镇）街道成人教育中心校校舍、师资、培训学员统计表

表5—26—5　　单位：平方米、人、班、万元

| 年份 | 校园规模 | | 师资 | | 学历班 | | 短训班 | | 投资 | |
|---|---|---|---|---|---|---|---|---|---|---|
| | 占地面积 | 建筑面积 | 共有 | 其中外聘 | 班数 | 人数 | 班数 | 人数 | 校舍 | 设施 |
| 2004 | 无 | 无 | 16 | 12 | 2 | 47 | 3 | 159 | 无 | 无 |
| 2005 | 无 | 无 | 17 | 13 | 3 | 68 | 3 | 142 | 无 | 无 |
| 2006 | 无 | 无 | 19 | 15 | 6 | 114 | 3 | 156 | 无 | 无 |
| 2007 | 无 | 无 | 20 | 14 | 6 | 170 | 4 | 190 | 无 | 无 |
| 2008 | 无 | 无 | 24 | 18 | 6 | 205 | 55 | 1192 | 无 | 无 |
| 2009 | 无 | 无 | 27 | 20 | 6 | 188 | 58 | 8091 | 无 | 无 |
| 2010 | 无 | 无 | 30 | 21 | 6 | 126 | 92 | 14709 | 无 | 无 |
| 2011 | 9300 | 2500 | 61 | 48 | 6 | 244 | 219 | 29417 | 221 | 150.00 |
| 2012 | 9300 | 2500 | 63 | 50 | 6 | 104 | 206 | 21184 | 无 | 90.00 |
| 2013 | 9300 | 2500 | 68 | 56 | 6 | 131 | 175 | 24108 | 无 | 50.00 |
| 2014 | 9338 | 2500 | 69 | 66 | 7 | 177 | 149 | 21987 | 无 | 50.00 |
| 2015 | 9938 | 3500 | 86 | 70 | 6 | 177 | 112 | 9034 | 70 | 68.69 |

钱桥乡、镇，钱桥街道成人教育中心校历任校长（负责人）为吴明文、王树均、孙浩川、张学清。2015年，朱建良任钱桥成教中心校校长。

## 三、藕塘成人教育中心校

1983年，藕塘成人教育中心校创办，校舍利用藕塘大桥北桥堍原藕塘中心小学搬出后空闲的一

排 5 个教室，改造成 2 个教室和 1 个办公室。藕塘成人教育中心校成立后，开办的第一个班为全日制两年新职工机械技术教学班，学员 40 人，由 721 厂技工学校老师授课。同时开办党员教育班、各种短训班、专业证书班。是年至 1985 年，藕塘成人教育中心校对“文化大革命”期间的初高中毕业生进行文化补习，先后开办 2 期高中补习班，学员 50 人；开办 3 期初中补习班，学员 70 人。1985 年，藕塘成教中心校与工业公司合作选送 3 名高中毕业生到华东纺织大学三年全日制学习印染工艺，毕业后分配至藕塘印染厂专职从事颜料调配，使印染颜色增加 80 多种，藕塘印染厂业务量大为提升。

1986 年，藕塘成人教育中心校与无锡市技工学校合作，花五、六年时间对藕塘各乡办厂一线骨干工人进行技术等级工培训，开办初级工培训 7 个班、中级工培训 3 个班，每个班 30~40 人。1988 年，藕塘成教中心校与无锡县电视大学合作，开办二年制业余助理工程师教学班。1989 年，业余助理工程师教学班学员两年学完规定课程，并经考试合格，无锡县党校专职副校长俞觉先、县成人教育办公室领导华荣荪、陆宝祥和藕塘乡党委副书记臧效年向 38 位学员颁发结业证书。是年，藕塘乡成人教育中心校专职教师 2 人、兼职教师 25 人，开设各类培训班 14 个，培训学员 618 名。

1990 年，无锡县自学考试办公室在藕塘乡成人教育中心校设立自学考试报名点，每年报名两次、考试两次，以开设文、理课程为主。藕塘成教中心校除藕塘地区自考人员报名外，阳山、陆区、杨市等乡镇也有前来报名者，每次报名 80~100 名，每次通过率约 60%。是年，藕塘成教中心校与省锡师合作，开办三年制业余中师面授班，学员为藕塘、杨市、阳山、陆区、胡埭的幼儿教师，共 35 人。学习期满，30 人获得省锡师颁发的国家认可的中师学历证书。同年，藕塘成人教育中心校搬迁至藕塘新街工业公司大楼内，利用工业公司二楼和三楼两个大会议室作教室，在二楼设 1 个办公室，二楼和底楼各设 1 个库房。1992 年，藕塘成教中心校与工业公司合作选送 18 名青年职工到江南学院与其他乡镇选送人员组成二年全日制藕塘机械中专班进行专业学习，选送 10 名高中毕业生至江南学院电子工程系二年全日制大专班学习。

1995 年，藕塘成教中心校借用藕塘中学计算机室开办 15 期计算机初级、中级培训班，为藕塘镇企事业单位培养计算机人才。同年，开办会计上岗培训班，把计算机培训转为“会计电算化”，另学《会计基础》《政策法规》两门课程。同时，举办 8 期车间主任培训班。是年，藕塘成人教育中心校搬迁至藕塘中学内。20 世纪 90 年代中期，藕塘成教中心校与无锡县电视大学合作，开办三年制全日制外经外贸中专班，学员 40 人，均为藕塘中学应届初中毕业生，由县电大教师授课。学员毕业后部分在藕塘镇村企业工作，大部分至无锡市工作，也有的到上海外资企业工作。1996 年，藕塘成教中心校与无锡轻工业大学经济管理系合作，开办二年制会计大专专业证书班，在锡山市属首例，每周二天脱产面授，学员 30 人。课程设置完全按照大学要求，由轻工业大学经济管理系委派教师上课，藕塘成教中心校负责教学管理。1997 年，藕塘成人教育中心校迁至藕塘新街“教育文化服务站”内。1999 年 11 月，藕塘成教中心通过无锡市“实施教育基本现代化”验收。

2000 年，藕塘成人教育中心校与锡山市电视大学合作，开办锡山市乡镇第一个“经济管理”大专班，学员 26 人，学制业余三年，每周二天全脱产学习，聘请江南大学教师授课。是年，藕塘成教中心校添置彩色电视机、录像机、计算机、打印机等设备，课程教学开始电教化。

**1983~2003 年藕塘（乡）镇成人教育中心校校舍、师资、培训学员选年统计表**

表 5—26—6　　　　单位：平方米、人、个

| 年份 | 校舍规模 | | 师资 | | 学历班 | | 短训班 | |
|---|---|---|---|---|---|---|---|---|
| | 占地面积 | 建筑面积 | 自有 | 外聘 | 班数 | 学员数 | 班数 | 学员数 |
| 1983 | 200 | 200 | 2 | 25 | — | — | 14 | 618 |
| 1985 | 200 | 200 | 2 | 20 | — | — | 18 | 818 |
| 1990 | 200 | 200 | 3 | 18 | 2 | 61 | 43 | 1520 |
| 1995 | 300 | 300 | 3 | 23 | 1 | 26 | 52 | 2300 |
| 2000 | 300 | 300 | 4 | 25 | 1 | 26 | 62 | 2603 |
| 2003 | 300 | 300 | 4 | 21 | 1 | 26 | 59 | 2501 |

2003 年 12 月 15 日，藕塘成人教育中心校举行经济管理大专班毕业典礼，给学员颁发江苏省教育厅核发带有防伪标志的毕业证书。接着，藕塘成人教育中心校又开办两期会计大专班。2004 年 2 月，钱桥镇与藕塘镇合并，藕塘成人教育中心校并入钱桥成人教育中心校。为便于藕塘片区成人教育各种培训，在藕塘大桥北桥堍西侧原藕塘工业公司二楼设立钱桥成人教育中心校藕塘培训点。

藕塘成人教育中心校办学 20 年间，联办幼教中师培训班，开办外经外贸中专班、机械大专专业证书班、机械中专班、会计大专专业证书班、经济管理大专班、会计大专班、助理经济师培训班等 9 期，企业初级技工、中级技工培训班 10 期以及各企业车间主任培训班。此外，藕塘成教中心每年和企事业单位合办短训班 60~80 期，年培训人数 3500 人左右。由于事业发展与师资力量不足，藕塘成教中心与无锡乡镇企业培训中心、无锡农校、无锡技工学校、721 厂技工学校、无锡师范学校、无锡教育学院、无锡县电视大学、江南学院、无锡轻工业大学、江南大学等 10 所大中专院校建立良好的合作关系，以上院校先后共派出 50 多位教师到藕塘成教中心授课。藕塘成人教育中心校历任校长陈凤鸣。

## 第四节 职工培训与社区学校

钱桥地区县属企业的职工培训始于 1968 年。钱桥、藕塘公社的职工技术文化学校始创于 1978 年。职工技术文化学校主要对乡镇、村办企业职工进行文化补习和技术培训，以技术培训为主。2008 年始，钱桥街道各社区先后建立社区学校，对居民进行思想、道德、文化、养生、健身等知识传授和培训。社区学校还开办小学生暑期校外教育辅导站，对小学生进行校外辅导。2015 年，钱桥街道有 15 所社区学校。

### 一、企业职工培训

1968 年，县属企业无锡县水泥制品厂成立职工“双补”（语文、数学）领导小组。“双补”领导小组负责企业职工的文化补习工作，提高职工的文化素质。1976 年 7 月 23 日，无锡县水泥制品厂举行“七二一工人大学”开学典礼。工人大学学制 2 年，教师由本厂技术人员、老技术工人担任，形式采取半工半读，学生 10 人。1978 年，钱桥公社创办水利农机职工学校，专职教师 8 人，负责人殷永康。是年，水利农机职工学校开班 15 个，学员 407 人。

80 年代初，金球集团（无锡县冶金机械厂）分期分批安排员工带薪外出学习，有的参加半脱产高中课程学习，有的参加全脱产三年制大专或中等专业技术学校学习。1981 年，钱桥公社创办钱桥职工学校，专职教师 1 名，负责人许文汉。是年，钱桥职工学校开班数 8 个，学员 369 人。1982 年，华润实业公司选送职工 1 人去苏州地区职工大学学习、2 人参加电大外语班学习、7 人参加电大经济管理学习；职工 70 人参加双课普测，其中 15 人双课合格、15 人单课合格。是年 10 月 31 日，华润实业公司职工邹荣华在江苏电视大学苏州分校电子专业学习结业。1983 年 11 月 8 日，华润实业公司提前 2 年完成职工初中文化课补习工作，实有补课职工 66 人，其中完成文化补课合格人数 53 人、占 80.3%，5 人初中补课合格生提前一年进入高中学习。是年 12 月 8 日，华润实业公司建立职教领导小组。1984 年 5~7 月，华润实业公司 2 名员工参加无锡县职校工会干部培训；10 月 3 日，厂长沈纪度参加无锡市第二期厂长、经理统考培训班 5 个月的学习培训。1984 年后，藕塘乡传动起重机械厂、集装箱厂、采煤机配件厂、自行车缝纫机工具厂、藕塘绒线厂，东风村的无锡县第二标准件厂、涡轮减速机厂，宇峰村加热器厂等都建立企业职工学校。无锡县教育局对钱桥、藕塘地区的企业职工学校统一颁发企业职工学校校牌。

1985 年始，钱桥、藕塘乡乡镇企业蓬勃发展，不但企业工人增加，而且产品质量要求逐年提高，就必须提高乡镇企业工人的文化技术素质。钱桥、藕塘（乡）镇政府规定职工百人以上的企业须开办职工文化技术学校，有计划、有组织地对职工进行培训。藕塘乡集装箱厂、自行车缝纫机工具厂、采煤机配件厂、中学电器厂、恒源祥绒线厂，东风村无锡县第二标准件厂、涡轮减速机厂，宇峰村加热器厂等都办起职工文化技术学校，均以学习技术为主。职工文化技术学校教员主要是本企业的工程师，有一技之长的老师傅，也有外请无锡市技工学校的专职教师任教。是年初，华润实业公司调整职教领导小组后，举办首届青工政治培训班，系统培训青工 197 人，取得及格以上的成绩占 97.5%。4 月 2~30 日，国家建材局、省建材总公司在华润实业公司举办混凝土（构件）培训班。同年，华润实业公司选送会计脱产培训 3 人，职工参加微机应用培训 3 人，职工参加计量培训 1 人，职工参加机械制图及维修培训 5 人，职工参加函大学习 4 人。6 月 13 日，无锡县相关部门对华润实业公司职工教育进行验收，得分 96 分，取得合格证。1986 年，锡兴钢铁公司对征用附近土地的土地工按各种岗位进行岗位培训，重点进行安全培训。1987 年 7~11 月，华润实业公司选送 2 名职工参加无锡市档案专业辅导班学习。1988 年，锡兴钢铁公司对生产车间（冷轧、举钢、轮钢）职工进行全面安全培训。是年 3~4 月，华润实业公司选送 2 名职工参加无锡市档案专业辅导班学习。1989 年 4 月，华润实业公司 10 名职工在无锡县职工学校完成高中文科规定课程学习，成绩合格。

1991~1994 年，锡兴钢铁公司对 300 余名土地工（被征土安排工作的农民）先后进行厂纪厂规、岗位安全轮训。1995~1997 年，华润实业公司 2 名职工参加省委宣传部举办的企业思想政治工作专业岗位培训，修完规定的 12 门课程，成绩合格。1998 年 3 ~5 月，华润实业公司选送 1 名员工参加无锡市干部学校学习，完成江苏省企业经营者工商管理职业资格培训，成绩合格。

2000 年，锡兴钢铁公司对计量工种，特别是加油工进行定期培训。是年 9 月，华润实业公司 12 名员工参加北京大陆航星质量认证中心 2000 版 9000 标准培训班，10 名员工参加北京牛津—剑桥高级培训中心质量体系内部审核员培训。2002 年，华润实业公司 45 名专技人员参加无锡市人事局组织的专技人员继续教育培训。2003 年，华润实业公司 2 名人员参加省委宣传部举办的企业思想政治工作专业岗位培训。2005 年 6 月，华润实业公司 1 名员工参加无锡市技术、知识产权经纪人培训。2007 年 7 月，华润实业公司 42 名专技人员参加无锡市人事局组织的继续教育培训。2010 年，锡兴钢铁公司针对惠山隧道出现的火警事故，全年对全厂职工进行交通安全及行业安全轮训。

2012 年，华润实业公司 40 名专技人员参加无锡市人事局组织的继续教育培训，1 名职工参加惠山职教中心维修电工培训。2013 年，华润实业公司 1 名职工参加惠山职教中心维修电工培训。是年 11 月，金球集团由民营转为独资，企业始终没有放松职工教育培训这根弦，每年定期对全公司人员进行安全知识教育培训，对技术操作岗位人员进行专业理论知识培训，对营销人员进行产品专业知识和法律法规知识培训，对技术设计人员进行专业知识互培，对一般管理岗位人员给予不定期的外培机会。2014 年，华润实业公司 2 名班组长参加无锡市总工会班组长培训，3 名维修电工参加电工维修培训，3 名电焊工参加技术培训。

2015 年，华润实业公司 32 名专技人员参加无锡市人事局组织的继续教育培训，2 名员工参加安全管理员培训，1 名员工参加无锡技师学院机电一体化技术培训，1 名员工参加街道成教中心计算机操作培训，55 名员工参加公司健康保健知识培训，3 名职工参加叉车培训，2 名电工参加电工进网证培训，1 名职工参加行车工培训，4 名电工参加电工安全培训。

## 二、社区学校

2008 年始，钱桥街道各社区逐步建立社区学校。同年始，钱桥街道各社区学校开办小学生暑期校外教育活动辅导站，每期办班时间 7 天。小学生暑期班教育活动用讲故事形式进行思想道德教育；用视屏教育学生自觉保护环境；参观军营由解放军组织小学生进行军事训练，培养学生不畏艰难、克服困难的精神；通过手工制作，培养学生的动手能力；开展各种活动，增强学生的团队合作精神。

社区学校的开办给居民带来思想、道德、文化、养生、健身的实惠。社区学校还对党员进行教育，使广大党员对党的方针政策和当前的时局有更清晰的认识，从而自觉执行党的方针政策，自觉维护党的团结；通过养生健身讲座，使广大居民认识到合理饮食、适量运动、戒烟限酒、心理平衡是人体健康的四大基石，从而形成科学饮食、运动健身、少烟少酒、邻里团结的良好氛围；对居民进行法制教育和对小学生进行法制道德教育，使居民树立良好的道德和法制观念，使小学生从小就养成良好的道德情操，多年来大部分社区实现青少年零犯罪。

2015 年，钱桥街道 15 个社区全部建有社区学校。大部分社区的大会议室挂有惠山区教育局颁发的“合格社区学校”以及上级有关部门挂牌的市民学校、党员教育学校、健康大讲堂、法制学校、青少年道德教育学校等标牌。同年，社区学校小学生暑期班每期由 7 天增加至 15 天。

2015 年钱桥街道社区学校基本情况一览表

表 5—26—7　　单位：平方米、人、人次

| 社区学校名称 | 创办时间 | 办学地点 | 面积 | 学校负责人 | 开设课程 | 兼职教师总数 | 培训人次 |
|---|---|---|---|---|---|---|---|
| 钱桥社区学校 | 2010 | 玉泉公园三楼会议室 | 120 | 唐　杰 | 党员教育、法制教育、小学生暑期辅导教育、妇幼保健教育、养生保健和防癌抗癌知识讲座、插花知识培训、文化戏曲培训、家庭用电用气安全教育、老年人健康讲座、志愿者培训、瑜伽、女职工健康教育、青少年兴趣小组培训班 | 48 | 2010~2015 年 9370 |
| 华新社区学校 | 2008 | 华新社区三楼大会议室 | 150 | 陈红梅 | 党员教育、道德讲堂、中小学生暑期班、法制宣传教育、环保宣传教育、健康知识讲座、下岗人员职业培训、大学生创业培训、妇幼保健知识讲座、老年人疾病预防、青少年书法、绘画培训 | 11 | 2008~2015 年 7080 |
| 苏庙社区学校 | 2008 | 苏庙社区春来苑小区大会议室 | 114 | 钱晓伟 | 党员教育、法制教育、小学生暑期辅导教育、妇幼保健教育、养生保健和防癌抗癌知识讲座、文化戏曲培训、家庭用电用气安全教育、科技环保知识培训、消防安全知识培训 | 24 | 2008~2015 年 3910 |
| 溪南社区学校 | 2008 | 溪南社区大会议室 | 200 | 钱　娟 | 党员教育、法制教育、学生暑期辅导教育、妇幼保健教育、养生保健知识讲座、文化戏曲培训、家庭用电、用气、食品安全教育、道德宣讲 | 18 | 2008~2015 年 8600 |
| 舜柯社区学校 | 2008 | 舜柯社区大会议室 | 120 | 缪润英 | 党员教育、法制教育、小学生暑期辅导教育、妇幼保健教育、养生保健和防癌抗癌知识讲座、舞蹈、拳剑知识培训、文化戏曲培训、家庭用电用气安全教育 | 22 | 2008~2015 年 12269 |
| 洋溪社区学校 | 2005 | 洋溪社区大会议室 | 180 | 金　星 | 党员教育、人口、计划生育讲座、小学生暑期辅导教育、养生保健和防癌知识讲座、舞蹈、拳剑知识培训、环保培训、健康知识讲座、3D 技术宣传讲座、二十四节气农耕文化、江南学子快闪假日洋溪 | 42 | 2005~2015 年 13840 |
| 晓丰社区学校 | 2009 | 晓星公园内大楼 | 650 | 周建秋 | 党员教育、法制教育、健康讲座（养生保健知识讲座）、青少年暑期辅导教育、妇幼保健教育、舞蹈、拳剑知识培训、安全知识教育、财务会计业务培训 | 20 | 2009~2015 年 5350 |
| 西漳社区学校 | 2008 | 西漳社区大会议室 | 130 | 吴基石 | 暑期辅导教育、党员教育、法制教育、科普教育、妇幼保健、健康讲座、文体培训 | 19 | 2008~2015 年 7500 |
| 晴山蓝城社区学校 | 2012 | 晴山蓝城社区大会议室 | 160 | 邓　超 | 党员教育、法制教育、小学生暑期辅导教育、养生保健知识讲座、技能培训 | 22 | 2012~2015 年 6280 |

续表 5—26—7　　单位：平方米、人、人次

| 社区学校名称 | 创办时间 | 办学地点 | 面积 | 学校负责人 | 开设课程 | 兼职教师总数 | 培训人次 |
|---|---|---|---|---|---|---|---|
| 藕塘社区学校 | 2009 | 藕塘社区大会议室 | 200 | 吴毅强 | 党员学习教育、法制教育、小学生暑期辅导教育、卫生知识和养生知识讲座、文体娱乐培训 | 60 | 2009~2015 年 4771 |
| 东风社区学校 | 2008 | 东风社区二楼会议室 | 60 | 金国洪 | 党员教育、青少年平安讲座、关爱未成年人活动、暑期活动、法制教育、法律知识宣讲、养生保健健康知识讲座、食品的安全卫生知识讲座、反邪教宣传活动、居民学习 | 4 | 2008~2015 年 3600 |
| 南塘社区学校 | 2009 | 南塘社区二楼会议室 | 60 | 钱晓海 | 基层党员、干部学习教育、农业技术指导教育、小学生暑期辅导教育、健康教育讲座、失业人员技能学习教育消防安全教育 | 6 | 2009~2015 年 5800 |
| 盛峰社区学校 | 2009 | 盛峰社区大会议室 | 128 | 王　征 | 党员教育、法制教育、小学生暑期辅导教育、妇幼保健教育、各种健康知识讲座、工会烘焙培训、桃农培训 | 21 | 2009~2015 年 9180 |
| 稍塘社区学校 | 2008 | 稍塘社区大会议室 | 126 | 成仁和 | 党员教育、健康教育讲座、企业安全教育、失地农民再就业教育、桃农科普教育、小学生暑期辅导教育、小学生七彩课堂 | 20 | 2008~2015 年 14215 |
| 藕乐苑社区学校 | 2008 | 藕乐苑社区大会议室 | 150 | 徐　伟 | 党员教育、法制教育、小学生暑期辅导教育、妇幼保健教育、养生保健和防癌抗癌知识讲座、舞蹈、拳剑知识培训、文化戏曲培训、家庭用电用气安全教育 | 39 | 2008~2015 年 16980 |

# 第五节 社会培训机构

2008 年始，钱桥街道辖区内先后开设各类社会培训机构。社会培训机构主要从事对青少年进行乐器、舞蹈、书法、美术、象棋、围棋、武术等各类培训。2015 年，钱桥街道共有 28 家社会培训机构。

2015 年钱桥街道社会培训机构一览表

表 5—26—8

| 培训机构名称 | 地点 | 负责人 | 培训内容 | 证照核准日期 |
|---|---|---|---|---|
| 藕乐苑神州武馆 | 藕乐苑社区 320 号 | 祖家玉 | 武术培训 | 2008.04.01 |
| 千和文化艺术培训中心 | 藕乐苑藕洛路 54 号 | 杨　洁 | 乐器、舞蹈 | 2010.11.24 |
| 蒙西电脑数控培训部 | 钱桥镇玉泉路 170 号 | 王晓峰 | 计算机数控技术培训 | 2011.09.28 |
| 新天一教育 | 藕塘南路 72 号 | 朱建平 | 棋类、舞蹈 | 2012.01.12 |
| 钱桥靠谱琴行 | 钱桥大街 409 号 | 李　响 | 乐器培训 | 2012.02.24 |
| 钱桥九舜培训服务部 | 钱桥育才路 108 号 | 邵　亮 | 培训服务 | 2012.03.23 |
| 钱桥弦之语琴行 | 钱桥盛岸西路 316 号 | 孙　宁 | 钢琴等乐器培训 | 2012.09.07 |
| 钱桥勤思学艺术培训 | 钱桥锡陆路 345 号 | 杨兴军 | 艺术培训 | 2012.10.19 |
| 钱桥艺菲舞蹈培训工作室 | 钱桥盛岸西路 434 号 | 杨玲玲 | 儿童舞蹈培训 | 2013.03.14 |
| 钱桥雨润围棋馆 | 振华印刷有限公司内 | 邵晓阳 | 围棋象棋、书法美术、舞蹈 | 2013.04.02 |
| 钱桥智慧树艺术文化馆 | 钱桥盛岸西路 448 号 | 夏智勇 | 艺术文化培训 | 2013.07.18 |
| 钱桥希望书法培训部 | 钱桥育才路 31 号 | 施佳俊 | 书法培训 | 2013.09.22 |
| 钱桥舞魅街舞培训工作室 | 钱桥钱藕路 331 号 | 沈兰怡 | 舞蹈艺术培训 | 2013.10.23 |
| 钱桥锐音琴行 | 钱胡路 809 号大学生创业园 | 杨　庆 | 乐器艺术培训服务 | 2014.05.29 |
| 钱桥心林艺术培训工作室 | 钱桥街道藕塘新街 47 号 | 林　晓 | 艺术培训服务 | 2014.10.28 |
| 惠山区钱桥墨文阁画廊 | 钱桥育才路 22 号 | 张　根 | 书法、绘画 | 2014.11.12 |

续表 5—26—8

| 培训机构名称 | 地点 | 负责人 | 培训内容 | 证照核准日期 |
|---|---|---|---|---|
| 钱桥知韵堂艺术培训工作室 | 钱桥盛岸西路 436 号 | 夏　晶 | 艺术培训 | 2014.11.14 |
| 钱桥三声琴行 | 钱桥钱藕路 423—11 号 | 牛　婧 | 艺术培训 | 2014.11.24 |
| 钱桥严格书画培训服务部 | 钱桥藕塘新藕苑 95、97 号 | 尤旭旦 | 书画培训 | 2014.11.28 |
| 钱桥飞腾书画培训服务部 | 钱桥育才路 95 号 | 朱建平 | 书画培训 | 2014.11.28 |
| 小兔牙文化艺术培训部 | 钱桥钱藕路 361 号 | 曹学安 | 艺术培训服务 | 2014.12.05 |
| 钱桥多知艺术培训部 | 育才路 71—73 号 | 常堂钊 | 艺术培训服务 | 2014.12.31 |
| 钱桥威茗武术馆 | 钱桥大街 488 号 | 韩玉龙 | 体育培训 | 2015.04.24 |
| 钱桥辰益艺术培训服务部 | 钱桥钱中路 5 号 | 陈　玲 | 艺术培训服务 | 2015.04.30 |
| 钱桥知明文化培训中心 | 钱桥通溪路 79 号—3166—3175 | 管可玥 | 文化艺术培训 | 2015.07.20 |
| 钱桥振兴搏击馆 | 钱桥通溪路 77—22 | 李多军 | 体育培训 | 2015.07.23 |
| 钱桥源艺美术工作室 | 恒泰广场 2—2105 | 王卞静 | 美术培训 | 2015.09.02 |
| 惠山区钱桥乐绘创意绘画工作室 | 钱桥大街 534 号 722 室 | 吕　兰 | 绘画 | 2015.12.00 |

## 第六节　老年大学

2014 年 3 月 10 日，钱桥街道创办老年大学并开班上课。钱桥街道老年大学地点位于钱桥街道育才路 108 号（钱桥成人教育中心校内），拥有多功能厅、大小教室、会议室、办公室等。有名誉校长 1 人，正、副校长各 1 人，教务主任 1 人，具体负责老师 1 人，外聘专业教师 8 人。校园环境优美、整洁、舒适，文化氛围浓厚。

钱桥街道老年大学本着为地方离退休干部、职工和社会老年人服务的宗旨，以“老有所教、老有所学、老有所乐、老有所为”为办学思路，以提高老年人综合素质为目标，以增长老年人文化、健身、养生知识为重点，以丰富生动的课程吸引老年人，达到“增长知识、丰富生活，陶冶情操、促进健康”的目的。

钱桥街道老年大学注重老年人的特点，坚持以人为本，办学严谨，管理规范，适应学员生源结构的不断变化，创造条件，开设具有一定文化品位的、深受学员欢迎的精品课程。学校开设电脑、养身保健、歌咏、广场舞、太极拳、锡剧等 6 个专业班，学员人数 250 余人。各课程每学期上 16 周，每周 1 次，每次 2 小时。学校对教材的选用、订购、编写、印刷、管理十分规范，按照选购和自编相结合的原则，积极鼓励教师自编讲义。2014 年，自编教材 2 套。2015 年，钱桥街道老年大学开设广场舞、太极拳等教学班。

# 第二十七章 科 技

民国时期，藕塘桥开办私立小麦试验场，从事小麦品种、产量科学试验；江苏省农矿厅在钱桥设立江苏省立蚕桑试验场，从事蚕种、养蚕技术的试验。区域内农业科技贫乏，农民缺乏科学种田意识，种田只能靠天，遇到农作物发生病虫害则求神拜佛；工业少之又少，因而也谈不上工业科技。20世纪60年代，钱桥、藕塘公社相继成立农技站。70年代，建立公社、大队、生产队三级农技队伍，科技兴农得到长足发展。80年代，钱桥、藕塘（公社）乡先后设立科技办公室，乡镇企业逐步建立工业科技队伍，科技兴厂成为企业的共识。1996年，钱桥镇被评为江苏省科技工作先进镇。2001年，钱桥、藕塘镇相继建立农业技术综合服务站，进一步加强农业科技研究。2007年，钱桥镇建立科技创新和品牌经济发展基金。2008年，钱桥街道经济和发展招商局设立科技科。2010年，钱桥街道出台《关于科技创新、产业升级和引育人才优惠政策和奖励措施》。2004~2015年，钱桥（镇）街道投入科技经费123.03亿元。2006~2015年，钱桥街道企业与大专院校、科研单位合作研发科技项目93个。2009~2015年，钱桥街道引进高端科技人才722名；建有院士工作站、博士后工作站、研究生工作站、研究中心8家。2011~2015年，钱桥街道115家企业获江苏省民营科技企业、江苏省科技型中小企业称号。2013~2015年，钱桥街道个性化创新冠名成果83项。2015年，钱桥街道辖区内获国家知识产权局授予企业发明专利、实用新型专利、外观专利共318件。

## 第一节 科技队伍

民国时期至20世纪50年代，钱桥、藕塘地区专职农业、工业科技人员极少。60年代，钱桥、藕塘公社始有公社农技员。70年代，钱桥、藕塘公社分别建立公社、大队、生产队自上至下的农技队伍。80年代，钱桥、藕塘地区有助理农艺师6人，乡镇企业工业科技人员54人。90年代，钱桥、藕塘镇有高级农艺师1人、农艺师8人、助理农艺师3人，技术员4人；工业科技人员471人。进入21世纪，钱桥（镇）街道工业科技人员不但数量增多，而且有多名高端科技人才。2015年，钱桥街道有海归人才45人、外国专家4人；国家千人计划人才2人、省双创人才5人；高级经济管理人才453人；东方硅谷人才14人；博士5人、硕士20人；海外工程师3人、正高级工程师37人、副高级工程师509人、工程师889人、助理工程师439人。

### 一、农业科技队伍

民国9年（1920），顾复为农业技术人员，在开原乡钱桥田舍头从事稻麦试验及科学繁殖种子。民国24年，毛村产销合作社进行改良稻种试验。民国36年，无锡县仅有农业技术推广人员8人，钱桥、藕塘地区专业农业科技人员1人。

20世纪50年代，钱桥、藕塘地区少专业农业科技人员。60年代初，无锡县逐步培养一批社办农技员上岗，钱桥、藕塘公社选送有一定文化的农村优秀青年至县培训合格，合格者负责预测、预报区域内稻麦病虫害的发生以及指导各生产队防治稻麦病虫害。1965年，钱桥、藕塘公社相继成立农业技术推广站，两公社分别有社办农技员2~3人。70年代初，国家开始分配大专院校毕业的农技员充实到钱桥、藕塘公社农技站，各大队、生产队设专职农技员。1976年，藕塘公社成立农科队，负责新品种试验繁育工作。1978年，钱桥公社成立“五七”农场，担负农业科学试验等多项任务。70年代末，钱桥公社农业科技人员达220余人，藕塘公社农业科技人员160余人，区域内农业科技队伍日益壮大。

1985年，钱桥、藕塘乡分别成立科学技术普及协会。1988年，钱桥镇有助理农艺师3人，藕塘乡有助理农艺师3人。1996年，钱桥镇有高级农艺师1人、农艺师4人、助理农艺师3人、技术员3人，渔业技术员1人；藕塘镇有农艺师4人。2001年，钱桥、藕塘镇分别成立农业技术综合服务站。2015年，钱桥街道有高级农艺师6人、高级兽医师1人。

## 二、工业科技队伍

80年代初，钱桥、藕塘地区乡镇工业企业科技人才匮乏。1985年，无锡县人民政府颁发评定乡镇企业首批技术职称的通知。是年，无锡县钱桥农机厂宋根华被评定为区域内乡镇企业的第一位工程师。同时，钱桥乡被评定为乡镇企业技术师的有金耀明、张擎天，无锡县藕塘农机厂有黄耀华、匡国伟；评定为技术员的钱桥乡有芮浩清、藕塘乡有陈钟。1986年，钱桥乡工业科技人员23人，其中工程师1人、助理工程师2人、技师5人、技术员15人；藕塘乡工业科技人员31人，其中助理工程师1人。是年，无锡传动起重机械厂吴福初，藕塘乡建筑公司李冬青、吴永忠评定为技术员。1987年，钱桥镇镇村办企业科技人员110人，其中工程师1人、各类技师16人、各类技术人员93人；镇村两级企业从外单位聘请星期日科技人员102人，其中工程师23人。是年，藕塘乡办企业科技人员65人，其中工程师1人、各类技术人员64人；乡村两级企业从外单位聘请星期日科技人员45人，其中工程师19人。

1991年，钱桥镇共有各类工业科技人员283人，其中工程师5人、助理工程师16人、员级职称262人；藕塘乡共有各类工业科技人员188人，其中工程师2人、初级职称186人。1993年，钱桥镇共有工业各类科技人员317人，其中工程师7人、助理工程师18人、员级职称292人；同时向外地聘用星期日科技人员68人，其中工程师22人。是年，藕塘镇共有各类工业科技人员247人，其中工程师5人、助理工程师15人、员级职称227人；同时向外地聘请星期日科技人员48人，其中工程师29人。1995年，钱桥镇乡镇企业具有职称的工程技术人员360人，其中高级工程师1人、工程师25人、助理工程师135人、员级职称199人；藕塘镇乡镇企业具有职称的工程技术人员313人，其中工程师18人、助理工程师60人、员级职称235人。1996年，钱桥镇有各类工程技术人员495人，其中高级工程师2人、工程师33人、助理工程师129人、员级职称331人。

**1997年钱桥镇各类技术人员统计表**

表5—27—1　　　　单位：人

| 类别 | | 人数 | 类别 | | 人数 | 类别 | | 人数 |
|---|---|---|---|---|---|---|---|---|
| 工程技术人员 | 工程师 | 3 | 建筑业技术人员 | 工程师 | 2 | 经济人员 | 经济师 | 7 |
| | 助理工程师 | 16 | | 助理工程师 | 4 | | 助理经济师 | 34 |
| | 技术员 | 31 | | 技术员 | 23 | | 经济员 | 17 |
| 政工人员 | 高级政工师 | 1 | 其他技术人员 | 统计员 | 5 | 会计人员 | 会计师 | 13 |
| | 政工师 | 4 | | 档案员 | 1 | | 助理会计师 | 60 |
| | 助理政工师 | 9 | | 三级公证员 | 1 | | 会计员 | 163 |
| | 政工员 | 2 | 水利技术人员 | 助理工程师 | 1 | — | — | — |
| 电影放映员 | 助理工程师 | 1 | | | | — | — | — |
| | 技术员 | 3 | | | | — | — | — |

说明：三级公证员（相当助理级）

1999 年，藕塘镇有各类工程技术人员 358 人，其中高级工程师 1 人、工程师 21 人、助理工程师 87 人、员级职称 249 人。

2002~2003 年，钱桥、藕塘镇分别引进大专生和各类科技人才 1031 人、845 人。2003 年，无锡市惠山区职称工作领导小组发布的关于工程技术人员资格的数据中钱桥镇新增各类技术人员 53 人、藕塘镇新增各类技术人员 15 人。

**2005 年钱桥镇机关事业单位人才基本情况统计表**

表 5—27—2　　　　单位：人

| 项　目 | | | 学历 | | 专业技术职称 | | |
|---|---|---|---|---|---|---|---|
| | | | 大学本科及以上（含研究生、博士生） | 大学专科 | 高级 | 中级 | 初级 |
| 其中 | 管理人才 | | 46 | 21 | — | — | — |
| | 专业技术人才 | 小计 | 34 | 18 | 4 | 23 | 35 |
| | | 工程技术人员 | 11 | 13 | 2 | 9 | 13 |
| | | 农业技术人员 | 4 | 1 | 1 | 6 | 9 |
| | | 会计人员 | 14 | 2 | — | 7 | 10 |
| | | 统计人员 | 5 | 1 | — | 1 | 3 |
| | | 政工人员 | — | 1 | 1 | — | — |
| 人才总计 | | | 80 | 39 | 4 | 23 | 35 |

2007 年，钱桥（镇）街道引进“海归”“双高”人才各 2 人，引进各类科技人才 639 人。

2011 年，钱桥街道利用多种途径加快人才引进，全年共引进高层次科技人才 22 人，千人计划海外高层次人才 1 人，引进各类人才 756 人，培养高技能人才 2752 人。2013 年 5 月 17 日，锡西智谷云智慧公共服务外包平台项目正式签约。钱桥街道办事处投入资金超 1000 万元，与无锡市公共实训基地合作建设智谷云智慧公共服务外包平台。江苏广和服务外包有限公司注册成立无锡大广数据信息科技有限公司，注册资金 100 万元，主要从事锡西智谷云智慧公共服务外包平台建设和运营、云计算人才培训业务。

2015 年 11 月 5 日，钱桥街道在北京举办“才聚金桥 凤赢未来”招才引智洽谈会。中科研（北京）科技发展中心、全国中小企业信用融资公共服务中心、北京中关村高端人才创业基地管理办公室、中国钢研科技集团有限公司、北京科技大学、清华同方股份有限公司等 20 多家单位的专家、学者和企业家应邀出席。

**1993~2015 年钱桥（镇）街道新增工业科技人才选年统计表**

表 5—27—3　　　　单位：人

| 年份 | 正高级工程师 | 副高级工程师 | 工程师 | 助理工程师 | 年份 | 正高级工程师 | 副高级工程师 | 工程师 | 助理工程师 |
|---|---|---|---|---|---|---|---|---|---|
| 1993 | — | 1 | — | — | 2007 | 1 | 1 | 4 | — |
| 1994 | — | 1 | — | — | 2008 | — | 13 | 1 | 73 |
| 1998 | — | 2 | — | — | 2009 | — | 6 | 10 | 1 |
| 1999 | — | 3 | — | — | 2010 | — | 1 | 18 | 37 |
| 2000 | — | 1 | — | — | 2011 | — | 2 | 3 | 45 |
| 2001 | — | 4 | — | — | 2012 | — | 1 | 5 | 43 |
| 2003 | — | 2 | 4 | 55 | 2013 | — | 9 | 21 | 52 |
| 2004 | 2 | 2 | 3 | — | 2014 | — | 17 | 74 | 75 |
| 2005 | 3 | — | 5 | — | 2015 | — | 3 | 2 | — |
| 2006 | — | 1 | 1 | — | 2015 年区域内大中专院校 | 31 | 439 | 738 | 58 |

2009~2015 年钱桥街道引进工业高端科技人才统计表

表 5—27—4 单位：人

| 年份 | 海归人才 | 双高人才 | 高级经济管理人才 | 外国专家 | 海外工程师 | 国家千人计划人才 | 省双创人才 | 东方硅谷人才 | 博士 | 硕士 |
|---|---|---|---|---|---|---|---|---|---|---|
| 2009 | 3 | 5 | — | — | — | — | — | — | — | — |
| 2010 | 5 | 25 | 142 | — | — | — | — | — | — | — |
| 2011 | 5 | 22 | 140 | — | 1 | — | — | — | — | — |
| 2012 | 5 | 22 | 140 | — | 2 | — | 2 | — | 2 | 3 |
| 2013 | 9 | 33 | — | — | — | 2 | — | — | 1 | — |
| 2014 | 9 | 32 | 8 | 2 | — | — | 3 | 5 | 1 | 12 |
| 2015 | 9 | 32 | 23 | 2 | — | — | — | 9 | 1 | 5 |
| 合计 | 45 | 171 | 453 | 4 | 3 | 2 | 5 | 14 | 5 | 20 |

2009~2015 年，钱桥街道引进工业高端科技人才共 722 人。

## 第二节 科技政策与知识产权

2004 年钱桥、藕塘两镇合并后，钱桥（镇）街道重视科技创新，鼓励企业进行品牌建设。2007 年，钱桥镇建立“科技创新和品牌经济发展基金”，对专利发明、高新技术产品、中国名牌产品、国家免检产品等实施奖励。是年，钱桥镇被评为无锡市级知识产权示范乡镇。2010 年，钱桥街道出台《关于科技创新、产业升级和引育人才优惠政策和奖励措施》。2013 年，钱桥街道成立促进产业转型升级工作领导小组，出台《关于促进产业转型升级的扶持意见》，对技改项目、科技创新、品牌建设、人才引进等奖励作进一步明确规定。

### 一、科技政策

2007 年，钱桥镇人民政府切实实施“科技兴镇”的发展战略，以无锡创建国家创新型城市为契机，以市场为导向、以企业为主体、以加速经济增长为目标，强化政府引导与扶持，促进企业采用新技术、开发新产品，整合资源、集聚优势，不断提高自主开发和创新能力，建立科技创新和品牌经济发展基金。科技创新和品牌经济发展基金的基数为 150 万元，之后以 5%~10%的幅度逐年递增，主要用于对获得省级以上高新技术企业、省级高新技术产品、省级以上名牌产品、国家免检产品，及培育、引进优秀科技人才有突出贡献的人员进行奖励。基金由镇政府财政拨款。同时，建立科技创新和品牌建设工作先进单位和有功人员年度通报嘉奖制度，对每年在该领域活动中成绩突出并获得省级以上荣誉的集体和个人给予通报嘉奖和一定的物质奖励，对于国家专利项目奖励，申请受理发明专利每项奖励 3000 元/件；申报国家新颖实用专利奖励 500 元/件；专利重点企业年申请量超过 100 件的奖励 2 万元，年申请量超过 200 件的奖励 3 万元；单个企业发明专利申请超过 5 件（含 5 件）奖励 1 万元，超过 10 件（含 10 件）奖励 2 万元；专利授权每件奖励 500 元。对于高新技术企业奖励，认定当年给予一次性奖励，省级 1 万元，国家级 2 万元；高新技术产品奖励，批准当年省级每件给予 5000 元奖励，国家级给予 1 万元奖励（包括国家级重点新产品）；省级以上星火、火炬计划项目奖励，批准当年省级给予 2000 元奖励，国家级给予 5000 元奖励；名牌、免检产品奖励，中国名牌奖励 40 万元，国家免检产品奖励 15 万元，省名牌奖励 5 万元；工程技术中心奖励，认定省级工程技术中心的当年给予 5 万元的扶持资金，认定国家级工程技术中心的当年给予 10 万元扶持资金；“海归”“双高”人才奖励及有特出专长的优秀人才创新创业给予资助，对培育、引进人才有特殊贡献的单位和个人予以通报和嘉奖。奖励扶持项目由钱桥镇科技办公室汇总列出方案，报镇政府批准后实施。

2010 年，钱桥街道为加大科技创新、产业升级和引育人才工作力度，紧紧抓住“扩大内需、加快发展”的机遇，全力实施“双百”竞赛和“双千计划”工程，积极构建全方位、宽领域、多层次的对外招商、引智模式，促进科技进步、产业升级和转型发展。是年初，钱桥街道成立招商引资、招才引智奖励审核领导小组。领导小组下设办公室，经济发展与招商局局长朱益明兼任办公室主任。1月20日，制定出台《关于科技创新、产业升级和引育人才优惠政策和奖励措施》。优惠政策适用于本行政区域内符合产业政策和环保要求，且在地方缴纳增值税和所得税的独立核算企业；奖励措施适用于本行政区域内各相关单位及社会个人。对于技术改造项目优惠政策，凡符合惠山区政府办公室下发文件中四大新兴产业界定标准的投资项目，并惠山区政府办公室下发文件中设备投资额度标准的企业，按实际到位投资额度享受区政府设备贴息外，钱桥街道再奖励2%设备贴息，其销售超基数增长部分予以三年减免综合基金的扶持。经区备案或核准的节能减排、填平补齐、完善产业链、提升产品档次的技改投资项目，同时投资额度在200万元以上（含200万元），按实际投资到位额享受1%设备贴息奖励，其销售超基数增长部分予以三年减免综合基金的扶持。经备案或核准的重大技改项目、新建项目和研发项目（注册资金超5000万元，总投资超1亿元的内资企业；或注册资金超1000万美元，总投资超2000万美元的外资企业）实行个案处理。对于科技创新及品牌建设奖励，除执行2007年设立的“科技创新和品牌经济发展基金”外，发明专利获授权证书的当年产生500万元以上销售收入的再给予2000元一次性专项奖励。年内获得国家、省级高新技术产品、高新技术企业、火炬（星火）计划项目、创新项目，除按惠山区政府、惠山区政府办公室下发文件执行外，钱桥街道再分别奖励1万元、5000元。建成国家级企业研发中心、技术中心、培训中心的企业，除区给予扶持资金外，钱桥街道再给予20万元一次性补助；建成省级企业研发中心、技术中心、培训中心的企业，除区给予扶持资金外，钱桥街道再给予10万元一次性补助。

2013年，无锡职教园管委会、钱桥街道办事处为促进辖区内企业产业转型升级，以科技发展助力经济发展，鼓励企业进行技术改造、科技创新、科技兴企，成立促进产业转型升级工作领导小组，同时制订出台《关于促进产业转型升级的扶持意见》。意见对技术改造项目、科技创新、品牌建设、东方硅谷、计划项目、人才引进等的奖励措施作明确规定。关于技术改造项目，除执行2010年制定的《关于科技创新、产业升级和引育人才优惠政策和奖励措施》外，凡符合《中共无锡市惠山区委、无锡市惠山区人民政府关于促进产业转型升级扶持企业又好又快发展的意见》的投资项目，钱桥街道再奖励1%设备贴息，最高限额不超过100万元。对于科技创新及品牌建设奖励，专利项目中单位和个人申请受理发明专利资助分别为1000元/件和500元/件；专利授权每件奖励500元；专利大户中凡专利申请超过100件或发明专利申请超过20件的单位和个人，经确认后奖励2万~5万元；区域内有关院校申请应为职务发明，并经学院（校）主管部门同意确认后，由无锡职教园管委会、钱桥街道办事处领导小组审核后予以资助。年内获得国家、省级院士工作站、博士后工作站、研究工作站、研发中心（技术中心）、培训中心、高新技术产品、高新技术企业、火炬（星火）计划项目等创新项目的，分别奖励5000~10000元。产学研合作年内与高等院校所签约的产学研合作项目，按企业实际支付发生额补贴5%。营业收入在5000万元以上，按增幅排名前10名的给予2万~5万元的营业收入增幅奖。税收基数500万元以上，按增幅排名前10名的给予返回新增税收收入地方留成部分20%的税收增幅奖，对年内新获中国名牌奖励40万元，省名牌奖励5万元。对于企业被无锡市评为“东方硅谷”计划项目的，除市政府给予的创业启动资金或创新人才课题经费外，根据项目资金到位、工商注册及启动进程等情况，经相关部门对项目性质、孵化周期、产业进程等考评结果，给予不超过150万元的资金扶持，按项目进展情况分三年予以兑现。对领军型海外留学归国创业人才除按惠山区政府优惠政策执行外，无锡职教园、钱桥街道财政给予博士每年20000元/人（享受5年）、硕士研究生每年10000元/人（享受5年）的补助。企业（单位）引进国内具有博士学历的人才、高级工程师和工程技术类高级技师，与用人单位签订三年以上聘用（劳动）合同、经区人事劳动主管部门办理鉴证手续、并参加区社会保险统筹的，除享受区规定的经济补贴外，无锡职教园、钱桥街道财政给予引进当年一次性补贴1万元。对职教园经济建设和社会发展作出突出贡献的外国专家，按照有关规定为其申报“国家友谊奖”“江苏友谊奖”、无锡市人民政府“杜鹃花奖”；对获得以上奖励的人员，无锡职教园、钱桥街道财政给予1万元的一次性奖励。奖励由申报单位（或个人）向领导小组办公室提出书面申请；领导小组办公室与项目主管部门组织联合审查组进行审查核实，根据奖励标准，提出奖金发放意见，并提交领导小组审核后发放。

## 二、知识产权

根据中华人民共和国专利法，钱桥街道辖区内的企业、大中专院校发明获得专利分为发明专利、实用新型专利、外观设计专利以及软件著作专利4种。钱桥街道各企业的发明专利受到国家法律保护，具有时效性，发明专利权期限为20年，实用新型专利，外观设计专利权期限10年，均自申请日起计算。软件著作专利属于知识产权，受到法律保护，具有极高的经济价值。

2007年，钱桥街道被评为无锡市级知识产权示范乡镇，另有7家企业被评为无锡市级知识产权示范企业，居惠山区前列。是年，钱桥街道三创载体建设成效显著，全年完成11000平方米，其中锡兴集团与东南大学合作的博士后流动工作站4000平方米、德克脱硫脱硝工程技术中心1000平方米、爱邦辐射技术电子加速器工程技术中心3000平方米、苏嘉钢管检测中心1000平方米、新一代电器智能开关工程技术中心2000平方米。

2011年，钱桥街道科技创新、知识产权工作有效推进，获国际级重点新产品3个、省级以上高新技术产品18个，引进高新技术项目8个，专利申请1147件，其中发明专利179件、专利授权619件。2012年，钱桥街道申报专利超1500项，其中发明专利超300项，专利授权 1112项。2015年，江苏龙源催化剂有限公司的“适用于高温烟气条件的SCR脱硝催化剂制备方法”2件专利获无锡市专利金奖。

2001~2015年，钱桥（镇）街道部分乡镇企业、市县属企业、各大中专院校由国家知识产权局授予的发明专利202件，实用新型专利683件，外观设计专利77件，软件著作专利19件。

2001~2015年钱桥（镇）街道由国家知识产权局授予专利统计表

表5—27—5　　单位：件

| 年份 | 获得专利单位 | 专利类别 | | | |
|---|---|---|---|---|---|
| | | 发明专利 | 实用新型专利 | 外观专利 | 软件著作 |
| 2001 | 惠山区中等专业学校 | — | 1 | — | — |
| 2004 | 无锡永凯达齿轮有限公司 | 2 | — | — | — |
| | 无锡华润实业公司 | | 2 | | |
| 2005 | 无锡市新一代电力电器有限公司 | — | 1 | — | — |
| 2006 | 凯龙高科技股份有限公司 | — | 1 | — | — |
| | 江苏苏嘉集团有限公司 | — | 1 | 3 | — |
| | 无锡华润实业公司 | — | 2 | — | — |
| 2007 | 无锡华顺民生食品有限公司 | — | — | 1 | — |
| | 凯龙高科技股份有限公司 | — | 2 | — | — |
| | 无锡华润实业公司 | — | — | 2 | — |
| 2008 | 无锡金球机械有限公司 | 2 | 6 | — | — |
| | 无锡华生精密材料股份有限公司 | — | 1 | — | — |
| | 凯龙高科技股份有限公司 | 1 | — | — | — |
| | 惠山区中等专业学校 | — | 2 | — | — |
| | 江苏苏嘉集团有限公司 | 1 | 2 | — | — |
| 2009 | 无锡永凯达齿轮有限公司 | 1 | — | — | — |
| | 无锡华顺民生食品有限公司 | — | — | 1 | — |
| | 无锡华盛橡胶新材料科技股份有限公司 | — | 1 | — | — |

续表 5—27—5 单位：件

| 年份 | 获得专利单位 | 专利类别 | | | |
|---|---|---|---|---|---|
| | | 发明专利 | 实用新型专利 | 外观专利 | 软件著作 |
| 2009 | 无锡华生精密材料股份有限公司 | 1 | — | — | — |
| | 无锡海达安全玻璃有限公司 | — | 2 | — | — |
| | 凯龙高科技股份有限公司 | — | 1 | — | — |
| | 惠山区中等专业学校 | — | 1 | — | — |
| | 江苏苏嘉集团有限公司 | 1 | — | — | — |
| 2010 | 无锡永凯达齿轮有限公司 | 3 | 7 | — | — |
| | 无锡天辰冷拉型钢有限公司 | — | 1 | — | — |
| | 无锡华生精密材料股份有限公司 | 1 | 1 | — | — |
| | 无锡市新一代电力电器有限公司 | 1 | — | — | — |
| | 无锡海达安全玻璃有限公司 | 3 | — | — | — |
| | 凯龙高科技股份有限公司 | 1 | 1 | — | — |
| | 无锡汽车工程学校 | — | 1 | — | — |
| | 江苏苏嘉集团有限公司 | — | 5 | — | — |
| 2011 | 无锡永凯达齿轮有限公司 | 1 | 2 | — | — |
| | 无锡金球机械有限公司 | 1 | 1 | — | — |
| | 无锡华顺民生食品有限公司 | — | 1 | — | — |
| | 无锡华盛橡胶新材料科技股份有限公司 | — | 1 | — | — |
| | 无锡天辰冷拉型钢有限公司 | 1 | — | — | — |
| | 无锡华生精密材料股份有限公司 | 1 | — | — | — |
| | 无锡市新一代电力电器有限公司 | — | 2 | — | — |
| | 无锡市晨源建筑器材有限公司 | — | 2 | — | — |
| | 无锡海达安全玻璃有限公司 | 3 | — | — | — |
| | 无锡华精新材股份有限公司 | 1 | 3 | — | — |
| | 凯龙高科技股份有限公司 | 6 | 7 | — | — |
| | 惠山区中等专业学校 | — | 5 | — | — |
| | 无锡汽车工程学校 | — | 5 | — | — |
| | 无锡江南高精度冷拔管有限公司 | | 1 | — | — |
| | 江苏苏嘉集团有限公司 | 1 | 1 | — | — |
| 2012 | 无锡红旗船厂有限公司 | — | 1 | — | — |
| | 无锡永凯达齿轮有限公司 | 1 | 3 | — | — |
| | 无锡金球机械有限公司 | — | 2 | — | — |
| | 无锡华顺民生食品有限公司 | 1 | — | — | — |
| | 无锡华盛橡胶新材料科技股份有限公司 | 1 | 3 | — | — |
| | 无锡市新一代电力电器有限公司 | — | 2 | — | — |
| | 无锡海达安全玻璃有限公司 | 3 | 2 | — | — |
| | 无锡华精新材股份有限公司 | 1 | — | — | — |
| | 凯龙高科技股份有限公司 | 1 | — | — | — |
| | 无锡美业机械制造有限公司 | 5 | — | — | — |
| | 江苏苏嘉集团有限公司 | 5 | — | — | — |
| 2013 | 无锡永凯达齿轮有限公司 | 1 | 1 | — | — |
| | 无锡华顺民生食品有限公司 | — | — | 2 | — |
| | 无锡华盛橡胶新材料科技股份有限公司 | 3 | — | — | — |
| | 无锡天辰冷拉型钢有限公司 | — | 2 | — | — |
| | 无锡市新一代电力电器有限公司 | — | 7 | — | — |
| | 无锡市光彩机械制造有限公司 | — | 10 | — | — |
| | 无锡海达安全玻璃有限公司 | 1 | — | — | — |
| | 凯龙高科技股份有限公司 | 12 | 9 | — | — |
| | 无锡城市职业技术学院 | — | 21 | 1 | — |
| | 无锡汽车工程学校 | — | 1 | — | — |
| | 无锡江南高精度冷拔管有限公司 | 1 | — | — | — |
| | 江苏苏嘉集团有限公司 | 5 | 1 | — | — |

续表 5—27—5 单位：件

| 年份 | 获得专利单位 | 专利类别 | | | |
|---|---|---|---|---|---|
| | | 发明专利 | 实用新型专利 | 外观专利 | 软件著作 |
| 2014 | 无锡红旗船厂有限公司 | 2 | 17 | — | — |
| | 无锡永凯达齿轮有限公司 | — | 7 | — | — |
| | 无锡华盛橡胶新材料科技股份有限公司 | 1 | 3 | — | — |
| | 无锡天辰冷拉型钢有限公司 | 1 | 2 | — | — |
| | 无锡华生精密材料股份有限公司 | — | 1 | — | — |
| | 无锡市新一代电力电器有限公司 | — | 2 | — | — |
| | 无锡市晨源建筑器材有限公司 | — | 11 | — | — |
| | 无锡市光彩机械制造有限公司 | 2 | 10 | — | — |
| | 无锡海达安全玻璃有限公司 | 1 | — | — | — |
| | 无锡华精新材股份有限公司 | 6 | 3 | — | — |
| | 凯龙高科技股份有限公司 | 7 | 9 | — | — |
| | 无锡恒力标准件制造有限公司 | 1 | — | — | — |
| | 无锡商业职业技术学院 | 15 | 121 | 58 | — |
| | 无锡城市职业技术学院 | 2 | 17 | — | — |
| | 无锡汽车工程学校 | — | 1 | — | — |
| | 无锡江南高精度冷拔管有限公司 | — | 3 | — | — |
| | 江苏苏嘉集团有限公司 | 5 | — | — | — |
| 2015 | 无锡红旗船厂有限公司 | — | 5 | — | — |
| | 无锡永凯达齿轮有限公司 | — | 3 | — | — |
| | 无锡金球机械有限公司 | — | 1 | — | — |
| | 无锡华顺民生食品有限公司 | — | 2 | 4 | — |
| | 无锡华盛橡胶新材料科技股份有限公司 | 1 | 1 | — | — |
| | 无锡天辰冷拉型钢有限公司 | 1 | 3 | — | — |
| | 无锡华生精密材料股份有限公司 | 2 | 1 | — | — |
| | 无锡市新一代电力电器有限公司 | 2 | 2 | — | — |
| | 无锡市光彩机械制造有限公司 | 2 | 10 | — | — |
| | 无锡华精新材股份有限公司 | 1 | 1 | — | — |
| | 凯龙高科技股份有限公司 | 23 | 21 | 1 | — |
| | 无锡美业机械制造有限公司 | — | 3 | — | — |
| | 无锡恒力标准件制造有限公司 | 1 | — | — | — |
| | 江苏德克环保有限公司 | 3 | 9 | — | — |
| | 江苏丰华联合科技公司 | 3 | — | — | 6 |
| | 无锡商业职业技术学院 | 19 | 123 | — | — |
| | 无锡城市职业技术学院 | 4 | 46 | — | — |
| | 无锡汽车工程学校 | — | 2 | — | — |
| | 无锡江南高精度冷拔管有限公司 | — | 8 | — | — |
| | 江苏苏嘉集团有限公司 | 3 | 1 | — | — |
| | 无锡华润实业公司 | — | 2 | — | — |
| 2006~2015 | 无锡广润金属制品有限公司 | 3 | 19 | — | — |
| 2010~2015 | 江苏信息职业技术学院 | 9 | 26 | 4 | 13 |
| 2011~2015 | 无锡市第二标准件制造有限公司 | — | 5 | — | — |
| 2011~2015 | 无锡技师学院 | 8 | — | — | — |
| 2012~2015 | 江苏龙源催化剂公司 | — | 34 | — | — |
| 2013~2015 | 无锡市华东电力设备有限公司 | — | 10 | — | — |

## 第三节 科技活动及投入

20 世纪 80 年代，钱桥、藕塘地区乡镇企业兴起，钱桥、藕塘（乡）镇政府重视科技宣传、科技培训，鼓励企业与科研单位、大专院校协作，开发高新技术产品，鼓励个人进行专利发明。2004 年，钱桥、藕塘两镇合并后，钱桥镇、钱桥街道实施“科技兴镇”战略，加强各类科技培训，加大科技经费投入。2004~2015 年，钱桥（镇）街道及企业投入科技经费达 123.03 亿元，其中 2010~2015 年引进科技人才专项经费 1.024 亿元。2012~2015 年，钱桥街道开展各类培训 310 场，培训人员达 29564 人次。

## 一、科技宣传

1985 年 8 月，钱桥、藕塘乡分别建立科学技术协会。两乡科学技术协会每年开展一次科普宣传周活动，利用广播、宣传画廊、宣传牌、科普黑板报等宣传工具，宣传科技进步对人类社会的影响和推动作用，传播现代科技信息，普及现代科技知识，推进科学技术在工农业生产中的应用，崇尚科学文明，反对邪教迷信，倡导科学、文明、健康向上的生活方式。同时，钱桥、藕塘乡科协在街头、村口发放科普资料，把科普宣传展板送到各企业进行巡回展出。1990 年，钱桥科协印发各类科技资料共 78 期 7000 多份，藕塘科协印发各类科技资料共 56 期 5000 多份。科技协会还在中小学学生中开展“爱科学、学科学、用科学”活动，组织每个班每周上一堂科技课，使学生从小热爱科学。

2000 年，钱桥、藕塘镇科学技术协会以弘扬科学精神、普及科学知识、广泛发动宣传、营造科普氛围为宗旨，全面部署科普宣传周活动。科普宣传周期间，利用有线电视、网络、影视等进行科普宣传，在市镇主要路口、政府、中小学等地张挂横幅标语。两镇科协还会同司法、文教、妇联、农技、环保、医院等部门在农贸市场、影剧院等地举办科普为民服务活动。科普志愿者向社会发放法律法规、健康保健、节能减排、科学种植等宣传资料 3000 余册。

2004 年，钱桥、藕塘两镇合并后，钱桥（镇）街道科协贯彻《科普法》，积极实施《全民科学素质纲要》，把科普宣传纳入街道“十一五”文明建设规划。2009 年，无锡职教园管委会，钱桥街道党工委、办事处会同街道科协以多种形式进行太阳能、风能、生物质新能源知识宣传。街道科协利用街道及 15 个社区、企业配备的 LED 电子显示屏、科普宣传橱窗、QQ 群等进行低碳技术、循环经济、安全生产、绿色健康生活等方面的科技知识宣传。晴山蓝城社区申报无锡市科普示范社区。

2010 年，钱桥街道科学技术协会被评为无锡市农村党员科技示范基地，藕塘中心小学被评为无锡市级科普教育基地；陆文晓被无锡市评为知识产权工作科技先进个人。2013 年，钱桥街道科协更新科普画廊展板 158 块，新建科普画廊 50 多平方米，科普电影进社区 197 场次，举办展览 4 场，开展室内外科技文艺活动 47 场。钱桥街道科协还组织中小学学生读科普书、写科普文章、出科普小报、做科学小实验、进行小发明活动，培养青少年热爱科学的兴趣。5 月，藕塘中学举办一年一度的“生命之光”航模比赛，学生的科技知识、科学思维、科学方法、科学精神等都有明显的增强。7 月中旬，钱桥街道科协组织 30 名妇女参加“全国农村妇女科学素质网络竞赛”活动。8 月 16 日，组织百人参加江苏“绿叶思科杯”万企学法知识竞赛活动。在科普活动宣传周期间，街道科协组织司法、文教、妇联、计生、安监、农技、环保、社保、医院等部门在金龙广场、春来广场举办科普为民服务活动，进行节约用水、液化气安全使用常识等宣传，当场发放节能减排、优生优育、生活中节水小窍门等宣传资料 1500 多份和 250 只节水型龙头，并为群众提供科技法律、社会保障等方面的难题咨询解答服务。10 月，在第二十届江苏省青少年科技模型竞赛（无锡赛区）暨无锡市第二十九届“江溪杯”中小学生科技模型竞赛中，钱桥中学获科技模型综合团体特等奖。是年，钱桥街道被评为“2008~2013 年无锡市科协系统先进集体”。

2014 年，钱桥街道科协对市镇、社区的科普画廊展板进行系统更新。是年，钱桥街道科协创设防震减灾展示馆 2 个、民族文化馆 1 个，并依托街道图书馆、阅览室和各社区活动中心，专门建立科普图书室，成立科普学校和科普活动室，完善街道和社区的科普活动场所。同年，新建“中国梦”水粉文化墙 3600 平方米和科普画廊 60 平方米。科协在街道居民集中区、商业繁华区，以及每个社区的公众点都建立醒目的科普宣传专栏，为优化公众科学素养服务。是年，天辰冷拉型钢有限公司王富国、华顺食品工业有限公司连惠章、新一代电力电器有限公司高赟被评为无锡市第十一届优秀科技工作者。同年，钱桥街道被评为无锡市科普示范街道。

2015年，钱桥街道科协围绕“创新创业、科技惠民梦”开展科普主题宣传活动。科协联合计生、工会、团委、安监、环保、司法、妇联等部门在金龙广场、西城荟商业街区开展主题宣传活动，发放各类宣传画册3500多份，环保袋1600多个，宣传科普小扇子1200多把，展出宣传画板60多幅。为营造科普氛围，无锡美业机械制造有限公司等6家企业进行科普展板展示，并向全体员工发送现代科普系列书本近700套；18个单位系统更新科普画廊展板184块；晴山蓝城、藕乐苑、钱桥、华新、洋溪社区新建科普宣传画廊100多平方米。是年9月9日，晴山蓝城社区代表无锡市科普示范社区参加由省科协、省教育厅、省经信委、中科院南京分院主办，省金融办、省电力公司协办的2015年全国科普日江苏主场活动，并获得省级科普示范社区称号。同年，钱桥街道相继举办3场科普知识专题讲座，赠阅升级版科普地图及科普图书近2000册。是年，钱桥街道被无锡市科协评为第27届科普周先进集体。

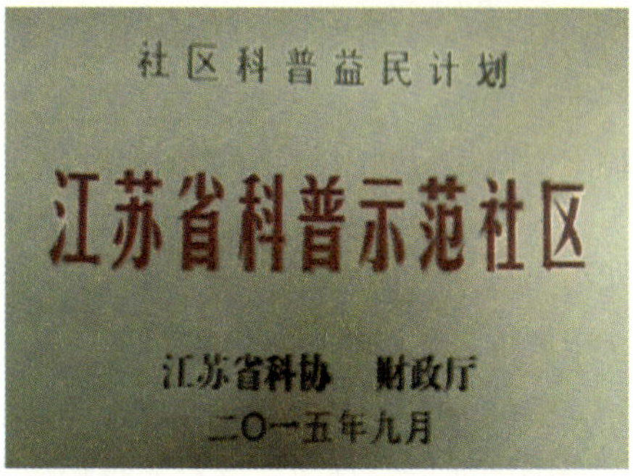


图5—27—1 2015年，晴山蓝城社区被江苏省科协、财政厅命名为江苏省科普示范社区

## 二、科技培训

钱桥镇、藕塘（乡）镇，钱桥街道科协围绕科技为企业服务、科技为经济发展服务，每年有组织、有计划、有目的、有针对性地为企业开展培训。90年代，钱桥镇科协举办农业、工业、会计、统计、安全生产等培训。1990~1996年，钱桥镇科协会同成教中心采用外培、内培、代培，请进来、送出去、自办的方式共举办农技、工程技术人员，经济管理、质量管理、安全生产、财会人员、企业厂长（经理）、职称晋升等培训班70期，培训人数3050人，有1200多人获得各类证书。1993~1999年，藕塘镇科协会同成教中心采用请进来、送出去、自办的方式共举办各类培训班55期，培训人数达2200余人，其中850多人获得各类证书。同期，钱桥、藕塘镇农副业总公司举办农业科学技术与现代农业发展趋势知识讲座，两镇妇联、计生办举办优生优育知识讲座，两镇卫生院举办“劳动保护与健康”科学知识讲座，环保部门举办环境保护科学知识讲座等活动。

进入21世纪，钱桥科协进行知识产权专利申请、特种岗位专业和工程技术人员培训，进行企业管理培训、新产品质量法知识培训班等。2008年，钱桥街道举办各类科技培训班8期，接受培训人员1650余人。2009年，举办各类科技培训班7期，培训人员2400多人。2010年，举办各类科技培训班13期，培训人员1300多人。是年6月，江南大学与苏嘉集团合作设立的中高级人才定向培训基地、商业职业技术学院与海达安全玻璃有限公司设立的学生实习实训就业基地分别揭牌。

2011年，钱桥街道举办各类科技培训班8期，培训人员1200多人。2008~2011年4年中，钱桥街道共举办各类科技培训班36期，培训人员达6550多人。2012年6月29日，盛峰社区组织桃农举办科学种植水蜜桃现场培训，引导桃农科学施肥、合理用药，掌握运用种植水蜜桃的科学方法，桃农对此产生浓厚兴趣。8月30日，西漳社区举办健康科普讲座，参加人员受到健康和全民健身的科普教育。

2014年10月，无锡质检中心钱桥金属材料检验服务中心成立。无锡质检中心钱桥金属材料检验服务中心是集检验、科研、培训、技术开发、服务于一体的产品质量专业检测培训机构。是年，江苏龙源催化剂有限公司、无锡市新一代电力电器有限公司、江苏苏嘉集团新材料有限公司各有1名企业家选送至江苏省第一期省级“科技企业家培育工程”进行培训。2012~2015年，钱桥街道科协全面实施《全民科学素质行动计划纲要》，以科技城市、科学生活为重点内容，结合城市转型和产业升级、低碳城市与低碳经济、节能减排与气候变化、生态环境、资源共享等开展一系列丰富多彩科技培训活动。

2012~2015 年钱桥街道各类科技、科普培训统计表

表 5—27—6　　单位：场、人

| 项目 \ 年份 | | 2012 | 2013 | 2014 | 2015 | 合计 |
|---|---|---|---|---|---|---|
| 安全 | 场次 | 2 | 15 | 9 | 10 | 36 |
| | 人数 | 230 | 2000 | 865 | 1294 | 4389 |
| 健康讲座 | 场次 | 2 | 23 | 35 | 53 | 113 |
| | 人数 | 530 | 3000 | 4200 | 5500 | 13230 |
| 餐饮服务 | 场次 | 1 | — | — | — | 1 |
| | 人数 | 102 | — | — | — | 102 |
| 红十字会 | 场次 | 1 | — | — | — | 1 |
| | 人数 | 62 | — | — | — | 62 |
| 各类管理人员 | 场次 | 1 | 14 | 13 | 45 | 73 |
| | 人数 | 117 | 438 | 650 | 2035 | 3240 |
| 职业技能 | 场次 | 1 | 11 | 8 | 16 | 36 |
| | 人数 | 197 | 1354 | 900 | 1740 | 4191 |
| 消防演练 | 场次 | — | 1 | — | — | 1 |
| | 人数 | — | 150 | — | — | 150 |
| 创业培训 | 场次 | — | — | 21 | — | 21 |
| | 人数 | — | — | 654 | — | 654 |
| 失业人员培训 | 场次 | — | — | 15 | — | 15 |
| | 人数 | — | — | 340 | — | 340 |
| 大学生创业 | 场次 | — | — | 3 | — | 3 |
| | 人数 | — | — | 646 | — | 646 |
| 参加省市培训 | 场次 | 2 | — | — | — | 2 |
| | 人数 | 106 | — | — | — | 106 |
| 退伍军人 | 场次 | — | — | 1 | — | 1 |
| | 人数 | — | — | 23 | — | 23 |
| 自主创业 | 场次 | — | — | 2 | — | 2 |
| | 人数 | — | — | 371 | — | 371 |
| 金融公益 | 场次 | — | — | — | 1 | 1 |
| | 人数 | — | — | — | 530 | 530 |
| 法律 | 场次 | — | — | — | 1 | 1 |
| | 人数 | — | — | — | 500 | 500 |
| 公益素质提升 | 场次 | — | — | — | 1 | 1 |
| | 人数 | — | — | — | 430 | 430 |
| 企业转型发展 | 场次 | — | — | — | 1 | 1 |
| | 人数 | — | — | — | 280 | 280 |
| 商业模式转型 | 场次 | — | — | — | 1 | 1 |
| | 人数 | — | — | — | 320 | 320 |

## 三、科技投入

钱桥、藕塘镇科技投入采用自我积累、滚动投入。投入主要用于引进科技人才、设备改造、先进设备引进、工艺改造、发明专利、开发高新技术产品等。科技投入讲究到位快，经济见效快，成功率高。1987~1988 年，钱桥镇及企业技改投入 2800 万元。1994~1998 年，钱桥镇及企业技改投入 3.8 亿元，另有外资投入 7057 万美元；其间，藕塘镇及企业技改投入 2.45 亿元。

2004 年 2 月，钱桥、藕塘两镇合并后，钱桥镇及企业当年技改投入资金 10.1 亿元；2005 年，技改投入 10.7 亿元；2006 年，技改投入 9.76 亿元；2007 年，钱桥（镇）街道及企业技改投入 9.8 亿元；2008 年，钱桥街道及企业技改投入 10.6 亿元；2009 年，技改投入 9.1 亿元；2010 年，技改投入 9.7 亿元；2011 年，技改投入 10 亿元；2012 年，技改投入 9.5 亿元；2013 年，技改投入 9.3 亿元；2014 年，技改投入 11.77 亿元；2015 年，技改投入 12.7 亿元。同时，2010~2015 年，钱桥街道用于引进科技人才专项经费 1.024 亿元。

# 第四节 科技协作

钱桥、藕塘（乡）镇，钱桥街道为不断增强企业竞争能力，走专、精、配的路子，引导企业对新产品开发、新项目研发，走专业化科技交流、协作之路。区域内工业企业与科技单位、大专院校、国有大中型企业挂钩，开发新产品、研发新项目。20世纪七八十年代，无锡县塑料制品厂（龙舜实业公司）与西北、东北、华北、华东四家电力设计院和西安热工院、邮电部设计院、上海电缆研究所、武汉高压研究所、晨光化工研究院等10多家科研院所合作，把企业建成科研院所的中试基地，研发用于电力、通信、自控、卫星发射基地等科技产品。1986年，藕塘乡办企业与中国船舶第九设计研究院、721厂建立协作关系，改进技术装备，开发新产品。90年代，无锡县传动起重机械厂与山东兖州煤矿设计院研发矿车修理成套设备新产品。2004年始，钱桥（镇）街道科协每年组织（镇）街道重点企业科技负责人、技术骨干参加无锡市举办的企业高新技术、政产学研合作项目洽谈会。2005年，江苏德克环保设备有限公司与南京理工大学合作，研发火电厂烟气脱硫脱硝环保技术服务。2006年，江苏苏嘉集团新材料有限公司、无锡市金球机械有限公司等10家企业与洛阳耐火材料研究院、浙江大学等10所院校共同研发新产品。2007年，无锡爱邦辐射技术有限公司、无锡市星亿涂装环保设备有限公司等13家企业先后与中科院高能物理研究所、同济大学等13所院校共同研发产品及技术服务。2008年5月27日，德克环保公司、新一代电力电器公司分别与南京理工大学化工学院、中科院电工所合作，进行新产品研发和技术服务。是年，钱桥街道共有18家企业与18所大专院校及科研单位进行新产品研发。2009年5月8日，钱桥街道10多家企业与中科院南京分院、南京大学、东南大学、南京航空航天大学、南京理工大学、南京工业大学等院校科技处举办政产学研合作洽谈会。会上，龙源催化剂公司、新一代电力电器公司等企业与南京大学等院校达成共识，签订7项合作项目。11月1~2日，钱桥街道在惠山区产学研活动中，新一代电力电器有限公司与中科院电工所无锡分所签订“高压真空BC开关”的开发项目，永凯达高科技股份有限公司与同济大学签订“科技创新合作与实践”等6个项目的协议。是年，中科院高能物理研究所陈森玉、柴之芳院士和21名研究员共同组成“豪华”科研阵容，走进爱邦辐射技术有限公司中心实验室，围绕“高效节能高频高压电子辐照加速器研发和产业化”省重大科技成果转化项目开展一系列关键技术攻关，爱邦辐射技术有限公司为中心实验室投入的设备和研发经费超过5000万元，并取得显著成果。

2010年6月3日，苏嘉集团公司、华精新材料股份有限公司、华生精密材料股份有限公司、天辰冷拉公司等11家重点冶金骨干企业与冶金行业具有先进水平的东南大学、北京科技大学、上海交通大学等8所名校签订冶金新材料产业产学研战略联盟框架协议。是月，江苏苏嘉集团有限公司与安徽工业大学签订研合P110S抗硫化氢应力腐油管以及N80-1直焊缝套管的项目协议。是年，钱桥街道有7家企业与相关大专院校挂靠科技合作项目。

2011年，江苏龙源催化剂有限公司等6家企业与清华大学（环境学院）、中国科学院电工研究所等院所进行项目协作，研制开发科技新产品。2012年，无锡华盛橡胶新材料科技股份有限公司、无锡红旗造船厂有限公司等7家企业分别与江南大学、解放军理工大学挂靠科技项目，建立长期的产学研合作关系。2013年，无锡联创薄板有限公司、无锡恒力标准件制造有限公司分别与东北大学无锡研究院、华中科技大学合作，系统开发研制新产品。

2014年，苏嘉集团新材料有限公司、华顺民生食品有限公司、凯龙汽车设备有限公司等52家企业先后与清华大学、江南大学、中科院南京分院等52家大专院校进行产学研合作项目开发，制造新产品。是年，钱桥街道160家规模以上企业中，与大专院校、科研单位等已进行产学研签约的有52家，占规模以上企业的32.5%。2015年，凯龙高科技股份有限公司、无锡华润实业公司等8家企业先后与华中科技大学无锡研究院、东北大学无锡研究院等合作，进行科技项目研发。是年，钱桥街道近60家企业与大专院校、科研单位进行科技产品、技术项目等协作研发，成果显著。

## 2006~2015 年钱桥（镇）街道产学研协作部分项目一览表

表 5—27—7

| 产学研协作单位 | | 签约年份 | 签约项目 |
|---|---|---|---|
| 学研机构 | 企业名称 | | |
| 江南大学 | 无锡华顺食品工业有限公司 | 2006 | 传统特色食品微波化中试生产 |
| 上海环境学院 | 无锡金鹏环保工程有限公司 | 2006 | 废水处理关键技术及工艺 |
| 东南大学 | 无锡东南测控科技有限公司 | 2006 | 球磨机自行优测控系统 |
| 郑州大学 | 江苏苏嘉集团新材料有限公司 | 2006 | 高抗镁碳砖 |
| 洛阳耐火材料研究院 | 江苏苏嘉集团新材料有限公司 | 2006 | 高强度碳砖 |
| 南京工业大学 | 无锡市钱桥橡胶助剂厂 | 2006 | 橡胶促进剂 |
| 浙江大学 | 无锡市金球机械有限公司 | 2006 | 电气控制 |
| 华中科技大学 | 无锡市三峰仪器设备有限公司 | 2006 | 型沙仪器 |
| 冶金工业信息标准研究院 | 无锡市三峰仪器设备有限公司 | 2006 | 不锈钢冷轧精密钢带 |
| 上海海事大学 | 无锡市新一代电力电器有限公司 | 2007 | KCY1-12 侧装移开式交流金属封闭开关设备 |
| 复旦大学化学系 | 无锡同济新型材料有限公司 | 2007 | PVC 改性热缩材料 |
| 上海交通大学机械与动力工程学院 | 无锡天辰冷拉型钢有限公司 | 2007 | 纳米涂层冷拉型钢磨具 |
| 中科院高能物理研究所 | 无锡爱邦辐射技术有限公司 | 2007 | 高频高压电子加速器 |
| 上海大学材料学院 | 江苏苏嘉集团新材料有限公司 | 2007 | 纳米技术低碳镁碳砖 |
| 上海新材料学院 | 江苏苏嘉集团新材料有限公司 | 2007 | 无碳钢包渣线砖 |
| 东南大学 | 无锡华生精密材料股份有限公司 | 2007 | 技术研发合作 |
| 电子 14 所 | 无锡华信雷达工程有限公司 | 2007 | 雷达天线、应急天线 |
| 苏州大学纺织与服装工程学院 | 无锡市藕塘绒线厂 | 2007 | 生态羊毛丝光关键技术 |
| 同济大学 | 无锡市星亿涂装环保设备有限公司 | 2007 | 环保节能电镀生产线 |
| 上海交通大学材料科学与工程学院 | 无锡永凯达齿轮有限公司 | 2008 | 硬齿面高速齿轮等零件喷丸强化工艺开发与优化 |
| 同济大学材料科学与工程学院 | 无锡永凯达齿轮有限公司 | 2008 | 轿车用皮带自动紧张器高分子材料研究项目 |
| 冶金工业规划研究院 | 无锡华生精密材料股份有限公司 | 2008 | 不锈钢精密带钢研究 |
| 东南大学材料科学与工程学院 | 无锡华生精密材料股份有限公司 | 2008 | 不锈钢精密箔材生产及其产业化 |
| 南京理工大学化工学院 | 江苏德克环保设备有限公司 | 2008 | 燃煤烟气脱硫脱硝关键技术及装备研发 |
| 江南大学 | 无锡市星亿涂装环保设备有限公司 | 2008 | 电镀生产线机械结构优化设计的研究电镀生产线全自动处理控制系统 |
| 清华大学环境科学与工程学院 | 江苏龙源催化剂有限公司 | 2008 | 火电厂 SCR 催化剂合作研究 |
| 武汉科技大学材料与冶金学院 | 江苏苏嘉集团新材料有限公司 | 2008 | 低碳镁碳砖及相关技术和专利的开发 |
| 江南大学通信与控制工程学院 | 无锡市星亿涂装环保设备有限公司 | 2008 | 电镀生产线全自动控制系统 |
| 上海师范大学生命环境科学学院 | 无锡市钱氏功能塑胶有限公司 | 2008 | 纳米稀土复合氧化物改性的环保节能玻璃贴膜 |
| 省农科院 | 无锡奥波除湿净化设备有限公司 | 2009 | 超低露点转轮干燥装置 |
| 中国科学院电工研究所无锡分所 | 无锡市新一代电力电器有限公司 | 2009 | 高压真空 BC 开关的开发 |
| 中科院高能物理研究所 | 无锡爱邦辐射技术有限公司 | 2009 | 新型高能电子辐射加速器研制 |
| 北京射线应用研究中心 | 无锡爱邦辐射技术有限公司 | 2009 | 片型材料束下装置 |
| 北京科技大学机械工程学院 | 无锡永凯达齿轮有限公司 | 2009 | 齿轮弯曲承载能力对比试验系统 |
| 同济大学汽车学院 | 无锡永凯达齿轮有限公司 | 2009 | 新能源汽车用传动系统 |
| 南开大学 | 无锡市海达安全玻璃有限公司 | 2009 | 太阳能镀膜玻璃 |
| 东南大学 | 无锡舜特精密合金板带有限公司 | 2009 | 新型铁铝基合金 |
| 江南大学 | 江苏苏嘉集团新材料有限公司 | 2009 | 钢包用铝镁无碳机压砖 |
| 上海理工大学 | 无锡永凯达齿轮有限公司 | 2010 | 空压机齿轮减震降噪技术 |
| 江南大学 | 无锡华顺民生食品有限公司 | 2010 | 爆汁小鱼丸加工技术项目 |
| 南京航空航天大学机电学院 | 无锡金球机械有限公司 | 2010 | 数控系统 |
| 南开大学 | 无锡海达安全玻璃有限公司 | 2010 | 太阳能玻璃增透膜技术开发 |
| 江南大学 | 无锡金鑫科技有限公司 | 2010 | 纤维用改性瓜尔胶制备及应用 |
| 青岛科技大学 | 无锡金鑫科技有限公司 | 2010 | 卷烟纸、卷烟薄片、日化用改性瓜尔胶生产技术开发 |
| 北京联合大学生物化学工程学院 | 无锡爱邦辐射技术有限公司 | 2010 | 足叶乙肝灭菌工艺路线及制剂研究 |
| 安徽工业大学 | 江苏苏嘉集团有限公司 | 2010 | FP110S 抗硫化氢应力腐蚀油管以及 N80-1 直焊缝套管的研制开发 |
| 安徽工业大学 | 江苏苏嘉集团新材料有限公司 | 2010 | 经济型高强度防腐性油（套）管 |

续表 5—27—7

| 产学研协作单位 | | 签约年份 | 签约项目 |
|---|---|---|---|
| 学研机构 | 企业名称 | | |
| 清华大学（环境学院） | 江苏龙源催化剂有限公司 | 2011 | 火电厂烟气脱硝催化剂的研究 |
| 中国科学院电工研究所 | 无锡凯龙汽车设备制造有限公司 | 2011 | NOX 传感器的性能优化及后续开发 |
| 华南理工大学 | 无锡永凯达齿轮有限公司 | 2011 | EFEAD 系统震动控制技术开发 |
| 江苏信息职业技术学院（机电研究所） | 无锡京运钢带有限公司、无锡爱西匹钢芯有限公司 | 2011 | 金属带材多功能自动焊接设备研发 |
| 华中科技大学材料科学工程学院 | 无锡市三峰仪器设备有限公司 | 2011 | 智能湿拉试验仪的开发应用 |
| 江南大学（机械工程学院弹簧研究所） | 无锡凯伦纳弹簧有限公司 | 2011 | 耐疲劳弹簧研发项目 |
| 东北大学 | 无锡舜特合金板带有限公司 | 2012 | 铬铁铝电热合金薄型冷轧带钢 |
| 东北大学 | 无锡申宝汽车钢管有限公司 | 2012 | 汽车轻量化新型材料－差厚板生产技术开发 |
| 东北大学 | 无锡华精新材股份有限公司 | 2012 | 冷轧取向硅钢的研究与开发 |
| 江南大学 | 无锡华盛橡胶新材料科技股份有限公司 | 2012 | 一步法连续生产高热稳定性不溶性硫磺的开发与产业化研究 |
| 江南大学 | 无锡市金义博仪器科技有限公司 | 2012 | 直读光谱仪动态分析与设计 |
| 江南大学 | 无锡金球机械有限公司 | 2012 | 折弯机、剪板机结构优化设计 |
| 江南大学 | 无锡华顺民生食品有限公司 | 2012 | 速冻淀粉质调理食品微波化技术研究与产业化 |
| 解放军理工大学 | 无锡红旗船厂有限公司 | 2012 | 道路桥梁应急抢通箱式模块 |
| 无锡油泵油嘴研究所 | 无锡市凯龙汽车设备制造有限公司 | 2012 | 满足国四以上排放标准的商用车柴油发动机后处理 SCR 系统的研究与产业化 |
| 河南科技大学 | 江苏德克环保设备有限公司 | 2012 | 风电机组所用偏航变桨轴承制造的全程技术支持 |
| 东北大学无锡研究院 | 无锡联创薄板有限公司 | 2013 | 冷轧低碳钢薄板镀锌生产工艺与性能稳定化技术 |
| 东北大学无锡研究院 | 无锡市创能机械制造有限公司 | 2013 | 智能圆周切割机的研究开发 |
| 东北大学无锡研究院 | 无锡天辰冷拉型钢有限公司 | 2013 | 高精度、高强度冷拉型钢 |
| 东北大学无锡研究院 | 无锡广润金属制品有限公司 | 2013 | 提升镀锌钢带的深冲性能及其表面深度防腐的工艺 |
| 江南大学 | 无锡华盛橡胶新材料科技股份有限公司 | 2013 | 气化连续一步法清洁生产高性能聚合硫研发与产业化 |
| 中科院电工所无锡分所 | 无锡市新一代电力电器有限公司 | 2013 | BC 开关 |
| 东北大学无锡研究院 | 无锡京运带钢有限公司 | 2013 | 汽车零部件轻量化差厚板研发 |
| 东北大学无锡研究院 | 无锡美业机械制造有限公司 | 2013 | 汽车零部件精密模具设计技术的研究开发 |
| 华中科技大学无锡研究院 | 无锡星亿涂装环保设备有限公司 | 2013 | 滚挂镀电镀设备的新技术研发与标准化设计 |
| 华中科技大学 | 无锡恒力标准件制造有限公司 | 2013 | 传动轴与洗涤零件尺寸检测系统研制 |
| 中科院电工所无锡分所 | 无锡金仪博仪器科技有限公司 | 2013 | 光声光谱技术研发、生产项目 |
| 江南大学 | 无锡市利凯儿童用品有限公司 | 2013 | — |
| 吉林大学 | 无锡海达安全玻璃有限公司 | 2013 | 应用于硅太阳能电池光致发光膜研制 |
| 解放军理工大学野战工程学院 | 无锡红旗船厂有限公司 | 2014 | 应急工程装备 |
| 东北大学无锡研究院 | 无锡鼎实电子科技有限公司 | 2014 | 海洋船舶压载水超声波处理装备、工艺、技术开发 |
| 东北大学无锡研究院 | 无锡苏嘉法斯特汽车零配件有限公司 | 2014 | 高强度轻量化（700QZ）传动轴用管工艺、技术开发 |
| 东北大学无锡研究院 | 无锡市华泰医药包装有限公司 | 2014 | 高阻隔、长寿命医药包装技术开发 |
| 东北大学无锡研究院 | 无锡南方电工机械有限公司 | 2014 | 电线电缆生产装备技术开发 |
| 东北大学无锡研究院 | 无锡市三六九钢管有限公司 | 2014 | 高可塑性焊管技术开发 |
| 东北大学无锡研究院 | 无锡金瑞特防腐设备有限公司 | 2014 | 耐腐蚀填料蒸发器装备开发 |
| 东北大学无锡研究院 | 无锡市锦立换热设备有限公司 | 2014 | 高效能换热器技术开发 |
| 东北大学无锡研究院 | 无锡联创薄板有限公司 | 2014 | 高强度、耐腐蚀镀锌薄板工艺、技术开发 |
| 东北大学无锡研究院 | 无锡市佳欣电子产品有限公司 | 2014 | 集成电路包装材料技术开发合作协议 |
| 东北大学无锡研究院 | 无锡罗特新风技术有限公司 | 2014 | 相变储热材料技术开发及在节能领域的运用 |

续表 5—27—7

| 产学研协作单位 | | 签约年份 | 签约项目 |
|---|---|---|---|
| 学研机构 | 企业名称 | | |
| 中国科学院金属研究所 | 无锡华生精密材料股份有限公司 | 2014 | 海水淡化用国产化钛带材相关性能的研究 |
| 南京理工大学 | 无锡乐普金属科技有限公司 | 2014 | 高性能钨铜复合材料技术 |
| 华中科技大学机械科学与工程学院 | 无锡江南高精度冷拔管有限公司 | 2014 | 探伤设备技术研发 |
| 安徽工业大学 | 无锡苏嘉法斯特汽车零配件有限公司 | 2015 | 轻量化汽车用高性能焊管关键技术及产业化 |
| 东北大学无锡研究院 | 无锡爱西匹钢芯有限公司 | 2015 | 密封条骨架轻量化技术开发 |
| 华中科技大学无锡研究院 | 无锡凯龙汽车设备制造有限公司 | 2015 | 尿素计量泵关键技术研究技术服务合同 |
| 吉林大学 | 无锡海达安全玻璃有限公司 | 2015 | 高性能稀土材料功能薄膜的制备及其在光伏玻璃中的应用研究 |

# 第五节 科技研发工作站

2009 年始，钱桥街道辖区内江苏苏嘉集团有限公司等企业先后建立科研工作站。2015 年，钱桥街道有院士工作站、博士后科研工作站、研究生工作站、工程技术研究中心 8 家。

### 2015 年钱桥街道辖区内科研工作站、研究中心及研发成果一览表

表 5—27—8

| 工作站名称 | 建立年份 | 企业名称 | 科技研发课题 | 科技研发成果 |
|---|---|---|---|---|
| 江苏苏嘉集团有限公司院士工作站 | 2009 | 江苏苏嘉集团有限公司 | “油套管螺纹抗粘扣”及“ERW焊管下井”项目 | 研发成功并实现产业化目标 |
| 无锡爱邦辐射技术有限公司院士工作站 | 2009 | 无锡爱邦辐射技术有限公司 | 新型加速器和辐照应用 | 完成 5.0MeV-100kW 高频高压电子加速器、S 波段 10MeV-20kW 电子直线加速器、L 波段 10MeV-40kW 电子直线加速器 |
| 无锡爱邦辐射技术有限公司博士后科研工作站 | 2010 | 无锡爱邦辐射技术有限公司 | 新型加速器的研究和加速器应用研究 | 成功研发“AB200-50 型电子辐照处理机”、“AB0.55-70 自屏蔽型地拉米加速器”项目的研发，已完成中试，2016 年将进行批量生产；2015 年，申报中青年科技创新领军人才项目、中国博士后科学基金面上资助项目；在站博士张宇蔚完成公司与国家出入境检验检疫局合作项目《高能电子射线阻断有害生物综合应用技术研究》的后期应用工作，并就该应用方向在 IAEA（国际原子能机构）奥地利维也纳会议、NICSTAR 2015 IIA（国际辐照协会）印度孟买会议等国际合作及交流中屡获好评；进站博士郭春生完成“基于电子辐照技术改善快恢复二极管特性的研究”项目的前期调研工作，并展开快恢复二极管样品制作 |

续表 5—27—8

| 工作站名称 | 建立年份 | 企业名称 | 科技研发课题 | 科技研发成果 |
|---|---|---|---|---|
| 江苏省新型镁基复合耐火新材料工程技术研究中心 | 2010 | 江苏苏嘉集团有限公司 | “高抗镁碳砖技术”及“非氧化物复合低碳镁碳砖”新技术 | 研发成功并实现产业化 |
| 国电集团SCR催化剂分析测试中心 | 2011 | 江苏龙源催化剂公司 | 国家863课题“高灰烟气对催化剂性能影响研究及脱硝工程示范”“高效脱硝催化剂开发及关键生产设备的研制”和“大宗工业固废处理与资源化技术及示范”研究 | 完成国家863项目高灰烟气对催化剂性能及高效脱硝催化剂生产设备及用于国内电厂富含尘烟气条件的脱硝催化剂的研究 |
| 江苏省（华盛）橡胶制品关键助剂工程技术研究中心 | 2012 | 无锡华盛橡胶新材料科技股份有限公司 | 研究开发环保型橡胶助剂新产品 | 取得高性能不溶性硫磺（1S-HS）系列橡胶硫化剂技术成果，华盛橡胶新材料科技股份有限公司成为亚洲地区不溶性硫磺行业龙头企业 |
| 江苏省柴油发动机尾气后处理与热能再利用工程技术研究中心 | 2014 | 无锡市凯龙汽车设备制造有限公司 | 涵盖催化剂载体催化涂层及催化剂活性组分、喷射控制器软硬件控制策略和尾气后处理产品结构及其焊接技术等课题 | 开发生产车船用柴油发动机SCR尾气后处理系统，柴油机颗粒捕集系统（DPF），气体发动机尾气后处理系统，发动机智能温控冷却系统（ATS）等产品 |
| 凯龙公司与江苏大学企业研究生工作站 | 2014 | 无锡市凯龙汽车设备制造有限公司 | 技术研发人才培训培养 | 柴油机尾气后处理系统（KL—CX—09） |

## 第六节 高新技术企业与产品

2006年，钱桥镇以科技发展助力经济发展。科技创新、科技兴企，是钱桥镇工业经济发展的一大亮点。是年，钱桥镇实现新批省级火炬计划6项、省级高新技术企业3家、国家级火炬计划10项，名列惠山区第一；新批国家级免检产品3个，申报省级名牌产品6个。2007年，钱桥镇拥有国家级高新技术企业2家，省级高新技术企业28家（其中省级民营科技企业24家），市级高新技术企业47家，高新技术企业总数居惠山区前列。

2012年，钱桥街道金义博科技、华盛橡胶、华精材料、奥波除湿、永凯达齿轮5家企业获批国家火炬重点高新技术企业，星亿涂装获国家创新基金项目，凯龙科技、华盛橡胶获市级重大成果转化资金；此外还批准国家创新基金项目1项，获批省级博士后创新实践基地1个、省博士集聚计划项目1个。

2014年，钱桥街道新批高新技术企业15家（其中国家级3家），新批国家重点新产品2项，新批省重大成果转化资金项目1个（为惠山区乡镇板块中累计批准数最多的乡镇），新批省级研发机构4项、省级科技进步奖1项。东北大学无锡研究院引进研究团队与实验工厂2个，与钱桥20多家企业签订产学研合作协议。2015年，钱桥街道有国家级高新技术企业29家、省级高新技术企业11家。

### 1996~2015年钱桥（镇）街道高新技术产品一览表

表 5—27—9

| 企业名称 | 产品名称 | 级别 | 获得年份 |
|---|---|---|---|
| 无锡华润实业公司 | 270毫米—24米、27米 高强度部分预应力砼电杆 | 国家级 | 1996 |
| | 高强度转角混凝土法兰电杆（$\phi$400×13×360×BY法兰电杆） | 省级 | 2004 |
| 无锡爱邦辐射技术有限公司 | 5.0MeV-20mA 高频高压电子辐照加速器 | 国家级 | 2009 |
| 无锡海达安全玻璃有限公司 | 太阳能光伏用镀膜玻璃 | 国家级 | 2010 |
| 无锡永凯达齿轮有限公司 | 高精度艾格压缩机齿轮 | 国家级 | 2010 |
| 无锡海达安全玻璃有限公司 | 太阳能光伏用镀膜玻璃 | 省级 | 2010 |

续表 5—27—9

| 企业名称 | 产品名称 | 级别 | 获得年份 |
|---|---|---|---|
| 无锡华生精密材料股份有限公司 | 3G 手机电池外壳用不锈钢带 | 省级 | 2010 |
| 无锡华生精密材料股份有限公司 | 电子薄膜超薄弹片用不锈钢带 | 省级 | 2010 |
| 无锡华生精密材料股份有限公司 | 太阳能柔性薄膜电池用不锈钢带 | 省级 | 2010 |
| 无锡华生精密材料股份有限公司 | 电子线路板用喷砂面不锈钢带 | 省级 | — |
| 江苏龙源催化剂有限公司 | 脱硝蜂窝状 SCR 催化剂 | 省级 | 2010 |
| 江苏龙源催化剂有限公司 | 用于国内电厂高含烟气条件的脱硝催化剂 | 国家级 | 2011 |
| 无锡市金义博仪器科技有限公司 | TY-9610 型光电直读光谱仪 | 国家级 | 2011 |
| 无锡星亿智能环保设备有限公司 | 一种电镀生产线用喷射装置 | 国家级 | — |
| 无锡永凯达齿轮有限公司 | 轿车发动机用皮带自动张紧器 | 国家级 | — |
| 无锡华生精密材料股份有限公司 | 电子薄膜超薄弹片用不锈钢带 | 省级 | 2011 |
| 无锡金义博仪器科技有限公司 | CS-8800C 型高频红外碳硫分析仪 | 省级 | 2011 |
| 无锡唐氏环保科技有限公司 | 生活垃圾环保再生煤生产线设备 TS-300 | 省级 | 2011 |
| 无锡市星亿涂装环保设备有限公司 | XY 型清洁电镀废液废水全自动回收设备 | 省级 | 2011 |
| 无锡爱邦辐射技术有限公司 | 5.0MeV-20mA 高频高压电子轴射加速器 | 省级 | 2011 |
| 江苏龙源催化剂有限公司 | 用于国内电厂高含尘烟气条件的脱硝催化剂 | 省级 | 2011 |
| 无锡凯龙汽车设备制造有限公司 | 柴油发动机 SCR 尾气后处理系统 | 省级 | 2011 |
| 无锡海达安全玻璃有限公司 | 太阳能光伏用镀膜玻璃 | 省级 | — |
| 江苏德克环保设备有限公司 | 燃煤烟气脱硫 FRP 喷淋管装置 | 省级 | 2011 |
| 无锡华生精密材料股份有限公司 | 声学器械用不锈钢冷轧箔材 | 省级 | 2011 |
| 无锡华精新型材料有限公司 | 冷轧取向硅钢 | 省级 | 2011 |
| 无锡永凯达齿轮有限公司 | 058 903 133 自动皮带张紧器 | 省级 | 2011 |
| 无锡永凯达齿轮有限公司 | 阿特拉斯.科普柯离心压缩机齿轮 | 省级 | 2011 |
| 无锡凯龙汽车设备制造有限公司 | 低成本高灵敏度新型光纤 NOX 传感器 | 省级 | 2011 |
| 无锡凯龙汽车设备制造有限公司 | 柴油发动机尾气处理控制器（DCU) | 省级 | 2011 |
| 无锡爱邦辐射技术有限公司 | S-波段 10MeV-20KW 电子直线加速器 | 省级 | 2011 |
| 无锡金义博仪器科技有限公司 | TY-9920 型 ICP 光谱仪 | 省级 | 2011 |
| 无锡金义博仪器科技有限公司 | CS-8800 型高频红外碳硫分析仪 | 省级 | 2011 |
| 无锡舜特金属制品有限公司 | 超深冲合金化热镀锌钢带 | 省级 | 2011 |
| 凯龙高科技股份有限公司 | 柴油机尾气后处理系统（KL-CX-09） | 国家级 | 2012 |
| 华盛橡胶新材料科技股份有限公司 | 高性能不溶性硫磺 IS-HS | 国家级 | 2012 |
| 江苏苏嘉集团新材料有限公司 | 低热导率镁碳质耐火材料 | 省级 | 2012 |
| 江苏苏嘉集团新材料有限公司 | 镁铝尖晶石与镁阿隆和碳复合的不烧砖 | 省级 | 2012 |
| 江苏苏嘉集团新材料有限公司 | 延展性镁铝碳砖 | 省级 | 2012 |
| 华盛橡胶新材料科技股份有限公司 | 高热稳定性不溶性硫磺 IS-HS-6033 | 省级 | 2012 |
| 华盛橡胶新材料科技股份有限公司 | 橡胶用粘合剂 RA | 省级 | 2012 |
| 华盛橡胶新材料科技股份有限公司 | 高热稳定性不溶性硫磺 IS-HS-7020 | 省级 | 2012 |
| 无锡华精新型材料有限公司 | 强附着高塑性连续热镀铝锌合金钢带 | 省级 | 2012 |
| 江苏德克环保设备有限公司 | 烟气脱硝系统选择性催化还原 SCR 反应器 | 省级 | 2012 |
| 无锡金鑫科技有限公司 | 高效助留助滤剂阳离子瓜尔胶 | 省级 | 2012 |
| 无锡天辰冷拉型钢有限公司 | 高精度、高性能冷拉型钢 | 省级 | 2013 |
| 无锡舜特金属制品有限公司 | 相变诱导性塑性镀锌带钢 | 省级 | 2013 |
| 无锡海达安全玻璃有限公司 | 太阳能光伏用镀膜背板玻璃 | 省级 | 2013 |
| 无锡华生精密材料股份有限公司 | 轻触开关用超薄超硬高弹性冷轧不锈钢带 | 省级 | 2013 |
| 无锡市钱氏功能塑胶有限公司 | 金属铠装纳米改性复合燃气软管 | 省级 | 2013 |
| 无锡永凯达齿轮有限公司 | 正时皮带张紧轮 | 省级 | 2013 |
| 华盛橡胶新材料科技股份有限公司 | 橡胶硫化促进剂 OT20 | 省级 | 2013 |
| 无锡爱邦辐射技术有限公司 | L 波段 10MeV-40kW 工业辐照电子加速器 | 省级 | 2013 |
| 江苏苏嘉集团新材料有限公司 | 超低碳钢包内衬 | 省级 | 2013 |
| 江苏苏嘉集团新材料有限公司 | 自修复铝镁碳砖 | 省级 | 2013 |
| 江苏苏嘉集团新材料有限公司 | 纤维复合铝镁砖 | 省级 | 2013 |
| 无锡市星亿涂装环保设备有限公司 | XY 型盐酸酸洗废气循环回收装置 | 省级 | 2013 |

续表 5—27—9

| 企业名称 | 产品名称 | 级别 | 获得年份 |
|---|---|---|---|
| 无锡大金高精度冷拔钢管有限公司 | 高精度冷拔精密无缝钢管 | 省级 | 2013 |
| 无锡市创能机械制造有限公司 | 智能遥控圆周切割机 | 省级 | 2014 |
| 无锡爱西匹钢芯有限公司 | 汽车密封条用滚剪钢芯 | 省级 | 2014 |
| 江苏龙源催化剂有限公司 | 高含尘脱硝催化剂 | 省级 | 2014 |
| 无锡华信雷达工程有限责任公司 | 固定站三轴控制铰链式卫星天线 | 省级 | 2014 |
| 无锡华信雷达工程有限责任公司 | 座驾式滑块调整卫星天线 | 省级 | 2014 |
| 无锡江南高精度冷拔管有限公司 | 高精度冷拔精密油缸缸筒管 | 省级 | 2014 |
| 华盛橡胶新材料科技股份有限公司 | 高热稳定性不溶性硫磺 HDOT20 | 省级 | 2014 |
| 无锡罗特新风技术有限公司 | 转轮式空气—空气能量回收装置 | 省级 | 2014 |
| 江苏苏嘉集团新材料有限公司 | 糠醛树脂结合镁碳砖 | 省级 | 2014 |
| 江苏苏嘉集团新材料有限公司 | 轻烧镁铝碳砖 | 省级 | 2014 |
| 江苏苏嘉集团新材料有限公司 | 无基质镁碳砖 | 省级 | 2014 |
| 无锡市新一代电力电器有限公司 | GKG1-1250/10 矿用一般型高压开关柜 | 省级 | 2014 |
| 无锡市江南船舶设备有限公司 | 电动液压双体克令吊 | 省级 | 2014 |
| 无锡市江南船舶设备有限公司 | 电动船用克令吊 | 省级 | 2014 |
| 无锡海达尔精密滑轨有限公司 | 高精度耐低温冰箱同步滚珠滑轨 | 省级 | 2014 |
| 无锡市晨源建筑器材有限公司 | 高强度耐腐蚀快速搭建物料承载系统 | 省级 | 2014 |
| 无锡永凯达齿轮有限公司 | 开利双叶轮高速离心压缩机齿轮 | 省级 | 2014 |
| 华盛橡胶新材料科技股份有限公司 | 高热稳定性不溶性硫磺 HD-6033 | 省级 | 2015 |
| 无锡华精新材股份有限公司 | 低合金高强度热镀铝锌合金钢带 | 省级 | 2015 |
| 无锡华精新材股份有限公司 | 高磁导率级冷轧取向硅钢 | 省级 | 2015 |
| 无锡市联众控湿节能设备有限公司 | 节能型转轮除湿机 | 省级 | 2015 |
| 华盛橡胶新材料科技股份有限公司 | 不溶性硫磺预分散母胶粒 IS-90/G | 省级 | 2015 |
| 无锡市星亿涂装环保设备有限公司 | 智能环保型电镀自动化生产线 | 省级 | 2015 |
| 无锡大金高精度冷拔钢管有限公司 | 用于海洋装备工程的高强度耐腐蚀冷拔管 | 省级 | 2015 |
| 江苏苏嘉集团新材料有限公司 | 铝镁碳砖 | 省级 | 2015 |
| 江苏苏嘉集团新材料有限公司 | 镁质修补料 | 省级 | 2015 |
| 无锡乐普金属科技有限公司 | 超薄超大型钨铜热沉晶圆 | 省级 | 2015 |
| 无锡奥波麦尔科技发展有限公司 | 超导冷（热）回收除湿机组 | 省级 | 2015 |
| 无锡永凯达齿轮有限公司 | 大众 EA888 发动机平衡轴齿轮组 | 省级 | 2015 |
| 无锡华生精密材料股份有限公司 | 超薄手机主板中板半蚀刻埋入数据通讯线用材料 | 省级 | 2015 |
| 无锡苏嘉法斯特汽车零配件有限公司 | 大众途观传动轴用管 | 省级 | 2015 |
| 无锡苏嘉法斯特汽车零配件有限公司 | 汽车高强度传动轴用管 | 省级 | 2015 |

2009~2015 年，钱桥街道创新符合国家高新技术重点范围、技术领域和产品参考目录的全新型产品、高科技术新产品 9 项；符合省高新技术重点范围、技术领域和产品参考目录的全新型产品、高科技术新产品 79 项。

## 2008~2015 年钱桥街道辖区内获批高新技术企业一览表

表 5—27—10

| 获批年份 | 企业名称 | 级别 | 获批年份 | 企业名称 | 级别 |
|---|---|---|---|---|---|
| 2008 | 华生精密材料股份有限公司 | 国家级 | 2012 | 奥波除湿空调有限公司 | 国家级 |
| | 爱邦辐射技术有限公司 | 国家级 | | 金义博仪器科技有限公司 | 国家级 |
| | 凯龙高科技股份有限公司 | 国家级 | | 华精新材科技股份有限公司 | 国家级 |
| | 星亿涂装环保设备有限公司 | 国家级 | | 华盛橡胶新材料科技股份有限公司 | 国家级 |
| 2009 | 江苏苏嘉集团新材料有限公司 | 国家级 | | 江苏苏嘉集团新材料有限公司 | 国家级 |
| | 永凯达齿轮有限公司 | 国家级 | | 德克环保科技有限公司 | 省级 |
| 2010 | 龙源催化剂有限公司 | 国家级 | 2013 | 美业机械制造有限公司 | 省级 |
| 2011 | 海达安全玻璃有限公司 | 国家级 | | 广润金属制品有限公司 | 省级 |
| 2012 | 天辰冷拉型钢有限公司 | 国家级 | | 新一代电力电器有限公司 | 国家级 |
| | 舜特金属制品有限公司 | 国家级 | | 大金高精度冷拔钢管有限公司 | 国家级 |

续表 5—27—10

| 获批年份 | 企业名称 | 级别 | 获批年份 | 企业名称 | 级别 |
|---|---|---|---|---|---|
| 2013 | 乐普金属科技有限公司 | 国家级 | 2014 | 华泰医药包装有限公司 | 省级 |
| | 钱氏功能塑胶有限公司 | 国家级 | | 锦立换热设备有限公司 | 省级 |
| 2014 | 江南高精度冷拔管有限公司 | 国家级 | | 华东电力设备有限公司 | 省级 |
| | 光彩机械制造有限公司 | 国家级 | 2015 | 江苏苏嘉集团新材料有限公司 | 国家级 |
| | 江南船舶设备有限公司 | 国家级 | | 海达尔精密滑轨有限公司 | 国家级 |
| | 南方电工机械有限公司 | 省级 | | 爱西匹钢芯有限公司 | 国家级 |
| | 鼎实电子科技有限公司 | 省级 | | 罗特新风技术有限公司 | 国家级 |
| | 联创薄板有限公司 | 省级 | | 联众控湿节能设备有限公司 | 国家级 |
| | 三六九钢管有限公司 | 省级 | | 创能机械制造有限公司 | 国家级 |
| | 佳欣电子产品有限公司 | 省级 | | 红旗船厂有限公司 | 国家级 |

## 第七节 农业科技

20 世纪 70 年代，钱桥、藕塘公社农技站开始从事水稻病虫害综合防治技术的科学研究；80 年代，钱桥、藕塘乡农技站进行蚕豆优质高产栽培技术的科学研究；90 年代，钱桥、藕塘镇农技站进行水稻新品种和水稻塑盘抛秧技术的科学研究。进入 21 世纪，钱桥（镇）街道农业综合服务站进行稻麦测土配方施肥技术的科学研究，都取得很好的农业科技成果。

### 一、水稻病虫害综合防治技术

20 世纪 70 年代，随着耕作方式和气候的变化，钱桥、藕塘地区的水稻病虫种类增多，危害程度越来越严重。钱桥、藕塘公社农技站针对这一情况，不断进行试验，开展水稻病虫害定点预测及田间系统调查，及时发布病虫害发生时间，指导各大队、生产队使用综合防治技术。

80 年代，钱桥、藕塘地区水稻病虫害综合防治技术采用人工措施和化学药剂防治相结合的方法。人工措施主要是采用机械旋耕田块，降低虫源基数，推迟水稻秧苗播种期、延长盖膜期，减低螟虫危害水稻程度。化学药剂防治水稻病虫害主要是掌握用药准确时间，筛选使用高效低毒农药如扑虱灵，保质保量喷洒农药。推广水稻病虫害综合防治技术以后，区域内防治水稻病虫害不仅减少用药次数和药量、节省农本 15%左右，而且防治效果明显提高，有效地控制稻飞虱和大螟的特大发生，多年无中毒和药害事故发生，经济效益和生态效益进一步提高。

90 年代至 21 世纪初，根据水稻病虫害的抗药性，钱桥、藕塘镇，钱桥街道农技站筛选推广使用高效低毒农药吡虫啉、吡蚜酮，区域内水稻病虫害防治技术和专业化统防统治应用率年保持在 90%以上。2006 年、2008 年，钱桥（镇）街道先后通过无锡市农林局组织的综合防治水稻病虫害示范镇、水稻专业化防治示范镇项目验收。2012 年，钱桥街道参与制订“无锡市水稻大螟综合防治规程（无锡市地方标准）”经无锡市质量技术监督局通过，并于 2013 年 2 月 10 日开始实施。2014~2015 年，钱桥街道实施惠山区水稻病虫害监控及生物防治技术推广项目，采用理化诱控技术，使用太阳能杀虫灯以及大螟、纵卷叶螟性信息素诱杀器进行针对性地防控病虫，降低农药成本 10%，进一步提高病虫防治效果。

### 二、稻麦测土配方施肥技术

长期以来，钱桥、藕塘地区农民偏好施用氮肥，导致肥料利用率下降，施肥增产作用降低。为扭转这一弊端，钱桥（镇）街道农业技术综合服务站推广水稻、小麦测土配方施肥技术，对作物施用肥料进行田间小区试验。2008 年，钱桥街道农业技术综合服务站共进行不同配比的 30 多个处理，180 个小区的试验，对比示范试验区不同配方施肥的增产效果。同时，开展不同地点土壤基础地力的测定，验证并完善肥料配方、优化测土配方施肥技术参数。通过测土配方施肥，做到宏观控制稻麦施肥结构和施肥总量，调减氮肥用量和调整磷钾肥的不同配比以及不同作物不同生长阶段肥料的运筹比例，发挥配方肥料的最大效益。与此同时，钱桥街道农业技术综合服务站通过惠山区农技站与化肥生产厂家对接，将适合区域内稻麦使用的配方肥料直供到农户。钱桥（镇）街道农业技术综合服务站参与研究的水稻、小麦测土配方技术在区域内取得较好的经济效益。同年，钱桥街道参与制订的“无锡市水稻氮肥减量适用技术（无锡市地方标准）”经无锡市质量技术监督局通过，并于2008年12月5日开始实施。至2015年，钱桥街道农业技术综合服务站每年继续进行地力化验监测，不断完善化肥配方，区域内农场种植稻麦100%使用配方专用肥。

### 三、推广种植水稻新品种

20世纪90年代末至21世纪初，钱桥镇胜丰农场、西漳农场是锡山市、惠山区的水稻新品种试验和繁育新品种基地。水稻新品种从试验到当家一般须有二年左右时间，胜丰、西漳农场试验繁育的新品种比老品种在同等栽培条件、技术水平下增产10%以上。胜丰、西漳农场每年为周边地区提供水稻良种5万~6万公斤。2006年，钱桥镇农业技术综合服务站被无锡市农林局评为无锡市水稻新品种示范推广先进单位。2006~2015年，钱桥（镇）街道种植水稻推广应用的主要新品种有武香粳14号、武粳15号、武育粳20号、武运粳23号、武运粳30号等。

### 四、水稻塑盘抛秧技术

1990年，钱桥、藕塘地区引入水稻塑盘抛秧技术，使区域内农民从传统的“面朝黄土背朝天”的插秧模式中解放出来。塑盘抛秧技术在设孔抛秧塑料软盘上浇上河泥后播种，育成带泥球的秧苗，然后把秧苗抛入整平的大田。塑盘抛秧技术方法省工、省本，抛入大田后秧苗根系发达，暴发力强，水稻长势好，高产不倒伏，为广大农户所接受。

为解决农户分散塑盘育秧的麻烦，钱桥镇西漳村探索成功全村统一育秧、商品供秧到农户的新模式。全村2500亩水稻全部由村办农场统一供秧，既方便群众，又提高秧苗素质，在90年代开创农业科技社会化服务的新模式。1999年，钱桥镇村办农场水稻塑盘育秧抛秧高产栽培技术应用项目获省农林厅科技成果三等奖。2000年，钱桥镇参与完成锡山市40万亩水稻统一供秧，商品化供秧技术获省农林厅丰收奖二等奖。

随着城市化的推进，钱桥街道粮田面积越来越少，仅有2个种粮基地一直采用塑盘抛秧技术，西漳村抛秧示范方成为无锡市唯一的抛秧技术示范点。2010年，西漳村抛秧水稻亩产达720公斤。2012年，西漳村抛秧示范方获无锡市水稻丰产方二等奖。2013~2015年，西漳农场水稻抛秧方成为无锡市唯一一个应用抛秧技术的绿色高产示范方，受到省、市农业专家的一致好评。

### 五、菜用蚕豆优质高产栽培技术

钱桥、藕塘历史上素有种植蚕豆的习惯。1982年，藕塘公社农技站引进肖山早蚕豆，在单季稻秧田推广种植，鲜豆5月初即可上市，比本地蚕豆早上市5天。1983年、1984年，藕塘乡农技站通过引种栽培试验，肖山蚕豆亩产鲜豆766公斤，比本地蚕豆420公斤亩增82.4%，亩收入208.3元，比本地蚕豆85.5元亩增效益143.6%。1984年，藕塘乡农技站蚕豆引种栽培成果获江苏省农林厅技术进步四等奖。1985年，藕塘乡农技站引进浙江慈溪白皮蚕豆，平均亩产690.9公斤，比本地蚕豆亩增64.5%；亩收入319.7元、亩增收入234.2元。1987年、1988年，藕塘乡农技站进行蚕豆品比试验，确定在区域内推广选用粒大、皮薄、质糯、抗病力强、产量高的慈溪白皮豆，“藕塘千亩青蚕豆喜获丰收”常见之于报端。随着蚕豆种植面积扩大，区域内蚕豆赤斑病流行，危害日益严重，蚕豆产量不稳定，如遇春季雨水较多，严重的可使蚕豆颗粒无收。为攻克这一技术难关，1986~1990年，藕塘乡农技站连续进行蚕豆防病试验，取得可喜成果。蚕豆是喜钾作物，施用钾肥（氯化钾6.25~12.5公斤/亩）后，蚕豆抗病能力增强。试验结果显示施钾区成熟期发病级数为1级，对照区为3.65级（最严重4级）；施钾区白皮蚕豆鲜豆亩产860.95公斤，比对照区（常规栽培）256.25公斤平均亩产增236%。1999年，藕塘镇蚕豆施钾栽培技术经专家鉴定，认为该成果填补市内空白，为省内首创，获江苏省农林厅科技成果三等奖。其间，藕塘乡农技站在引种、品比、播期、密度、肥料、病害防治等方面搞试验项目 10 个，试验田 28 块，总小区 144 个，取得上百个试验数据，撰写调研文章 30 余篇。藕塘乡蚕豆种植面积从 1983 年的 513.2 亩到 1993 年发展到 2418 亩。钱桥镇历村、舜一村夏熟作物都种蚕豆，亩收入一般 500~700 元，高的达千元，纯收入比种麦高 5~6 倍。种植蚕豆每亩残留鲜豆萁 1000 多公斤，豆萁耕翻后种植水稻，每亩可节省标准化肥 10 公斤，产量比麦茬水稻增 115.6 公斤。随着钱桥、藕塘地区工业经济的发展，农田面积被挤占。2000 年后，区域内蚕豆种植面积逐渐减少。至 2015 年，仅有农民在自留地上零星种植，但是农户仍在种植白皮豆、使用钾肥等优质高产栽培技术。

## 第八节 科研成果

1982 年，藕塘公社集装箱厂所生产的折叠式玻璃集装架获国家专利。1984~2008 年，钱桥、藕塘（乡）镇先后获得 9 项省、市农业科技成果奖。2013 年，钱桥街道对企业职工在技术创新中具有原创性、先进性、应用性的科技成果予以个性化冠名。是年至 2015 年，钱桥街道个性化创新冠名成果 83 项。2008~2015 年，钱桥（镇）街道的县属企业、乡镇企业先后获得多项国家级、省部级、地市级工业科技成果。2011~2015 年，钱桥街道 115 家企业获江苏省民营科技企业、江苏省科技型中小企业称号。

### 一、工业科技成果

#### （一）国家级

1982 年，藕塘公社社办无锡县集装箱厂开始生产拆解式、折叠式、固定式集装箱、集装笼和集装架，所生产的 ZDBJ 系列折叠式玻璃集装架比通常的“A 型”“L 型”集装架运输破损率减少 2%，铁路运输设备利用率由 70%提高到 100%，获国家专利。1985 年，无锡县塑料制品厂研制生产的冷却塔芯材料获国家科技进步三等奖。1990 年，无锡市苏嘉镁碳砖有限公司研制开发替代进口电炉喷补料获得成功，填补国内空白，获得国家专利。1993 年，苏嘉镁碳砖有限公司开发的电炉喷补料产品先后获省高新技术产品、中国电炉计划及高新技术产品展览会优秀项目奖、冶金部科学技术进步奖、全国科技成果大赛中获中国爱迪生杯金奖、中国高新技术新产品博览会科技新产品银奖、国家级新产品奖；1996 年，获江苏省乡镇企业科技二等奖；1997 年，又被评为国家级乡镇企业科技二等奖（无锡地区仅此一家）。

2008 年，无锡金球机械有限公司研发的“CX08-665 异型曲面快速成形机”等 5 个项目获批国家科技中小企业创新基金项目。2010 年，无锡永凯达齿轮有限公司生产的“高精度艾格压缩机齿轮”获国家重点新产品成果奖。2011 年，江苏龙源催化剂有限公司与清华大学合作的“钙基工业固废”制备脱硫剂及脱硝固废再生技术与示范项目获国家“863”计划成果。2012 年，凯龙高科技股份有限公司研发的“年产 10 万台（套）商用车柴油机尾气后处理系统（SCR）项目”获国家重点产业振兴技术改造专项资金项目；无锡华精新材股份有限公司成功研发的“高磁感取向硅钢生产线技术”、无锡市金义博仪器科技有限公司研发的“TY-9610 型光电直读光谱仪”冶金检测仪器等 10 多个项目获国家重点新产品和国家火炬计划项目成果。

2013 年，无锡华盛橡胶新材料科技股份有限公司研发生产的清洁型离分散耐高温不溶性硫磺列入国家火炬计划成果。2014 年，无锡华盛橡胶新材料科技股份有限公司研发的“气化连续一步法高性能不溶性硫磺”获国家科技进步二等奖，列入国家重点新产品计划项目，并获国家科技拨款 100 万元。是年，无锡市凯龙汽车设备制造有限公司研发的柴油机尾气后处理系统（KL-CX-09）列入国家重点新产品计划项目，获国家科技拨款 100 万元。

2015年，钱桥街道洋溪社区居民孙智晓在深入研究雾霾形成原理之后，结合自身日常工作、生活经验，发明“室外雾霾处理装置”，成功获得国家实用新型专利。这项发明是将雾霾等有害气体通过吸风机等装置吸入处理器内后，启动处理器内的加温装置形成蒸汽，由此蒸汽形成的水珠与有害气体中的颗粒物结合坠落到装置底部，并通过装置底部安装的有孔夹层对颗粒物加以过滤。

**（二）省部级**

1974年，无锡市惠山农药厂研发生产的氨基甲酸酯农药受到全国科学大会表彰，获江苏省科技成果三等奖。1982年，无锡县塑料制品厂研制生产的开启式市话电缆接头附件装置，能够解决电缆接头不易打开和复接的难题，并可以多次开启复接使用，在邮电、铁道、机械系统推广应用，产品获江苏省科技成果四等奖。

1996年，无锡县冶金机械厂研制生产的Z-WE67K-400/5000型双机联动数控板料折弯机，获江苏省科技成果三等奖；江苏金球集团公司研发生产的ZY50/180型毯带式热转移印花机产品获江苏省科技成果四等奖；无锡锡兴钢铁股份有限公司会同冶金部自动化研究院、冶金部钢铁研究院、上海钢铁工艺研究所、北京科技大学、东北大学、北京高瑞冶金节能技术开发公司、冶金部马鞍山钢铁设计研究院共同研发完成的“电炉—全连铸—热送—热轧”高效节能流程示范生产线获江苏省科技成果二等奖。1998年，无锡华润实业公司与无锡供电局共同研制完成270×24000mm、27000mm环形高标号、高强度部分预应力高压电杆获江苏省科技成果三等奖。

2005年，无锡华润实业公司在国内首创电杆中间连接法兰，解决法兰热镀锌防腐等6项电杆新技术，所研发生产的新产品填补国内空白，获江苏省人民政府科技进步三等奖。2007年，无锡永凯达齿轮有限公司研发的“引进关键设备、电控内燃机精密齿轮生产技术改造”项目，获江苏省科技成果三等奖；无锡爱邦辐射技术有限公司研发的“高频高压电子加速器”等4个项目获批江苏省重大成果转化资金项目。“十一五”期间，钱桥街道获省级以上高新技术产品62个，其中冶金新材料28个。

2013年，无锡市凯龙汽车设备制造有限公司研发的柴油机选择性催化还原系统关键技术与应用项目获中国机械工业部科学技术进步一等奖。

**（三）地市级**

1978年，无锡县仪器设备厂研制生产的SQY液压强度试验机和SYE垂击式制样机获苏州地区科技成果四等奖。1979年，无锡县水泥制品厂研制的悬辊法生产农用压力管新工艺获苏州地区科委科技成果三等奖。

1980年，无锡县仪器设备厂研制生产的ZSX铸造合金线收缩仪获苏州地区科委科技成果四等奖。1981年，无锡塑料制品厂研制生产的B0-50/160型除水器获苏州地区科技成果三等奖。1983年，无锡县人民印刷厂研发生产的涤纶不干胶贴花纸获无锡市科委科技成果三等奖；无锡县仪器设备厂研制生产的CFD-A单笛风量压料位测定仪获无锡市科委科技成果四等奖。1985年，无锡县藕塘粘接材料厂研制生产的N—羟甲基丙烯酰胺获无锡市科委科技成果四等奖。1986年，藕塘整流器设备厂研制生产的节能型RPTS-B可控硅串级调速装置，合成型材厂研制生产的PVC渔轮漕板、“藕花”中空企口型材分别获无锡市科技成果奖。

1995年，无锡锡兴钢铁股份有限公司研制的“电炉—全连铸—热送—热轧”高效节能短流程示范生产线获无锡市人民政府科技成果一等奖；无锡冶金机械厂研制生产的Z-WE67K-400/5000型双机联动数控板料折弯机获无锡市人民政府科技成果三等奖；江苏金球集团公司转钢印花机厂研发生产的ZY50/180型毯带式热转钢印花机获无锡市人民政府科技成果三等奖。

2011年，江苏苏嘉集团新材料有限公司研发生产的非氧化物复合纸碳镁碳砖等获无锡市科技成果三等奖；江苏龙源催化剂有限公司研发生产的SCR蜂窝式烟气脱硝催化剂获无锡市科技成果三等奖。2013 年，无锡华盛橡胶新材料科技股份有限公司研制生产的“气化连续一步法高性能不溶性硫磺”获无锡市科委科技进步二等奖。

**（四）个性化冠名创新成果**

2013 年，钱桥街道对企业职工在技术创新活动中产生的具有原创性、先进性、应用性的，且为经济发展和社会进步作出积极贡献的重大技术成果，用成果发明人或部门、或班组的名字命名。

钱桥街道以个性化冠名的创新成果主要包括在提高单位科技创新能力、开发新产品、劳动安全保护、提高产品质量、提高工作效率、降低成本、降低消耗、提高产量、设备检修与维护、工器具改进等方面效果明显、作用独特的创新成果。

申报命名钱桥街道个性化冠名创新成果必须具备以下条件：原创性，在实际生产、工作中独创或在吸收他人成果基础上的再创造，具有自身核心创新内容的技术成果；先进性，创新成果在本街道同行业中处于领先地位；应用性，经实际生产、工作的检验，具备一定的推广及应用价值，能够产生明显的经济效益和社会效益，创新成果能进一步调动班组成员（工人）积极性，调整产品结构、促进企业转型升级，促进节能降耗、降低费用支出、增加收益收入，提高企业生产效率，增加经济效益。

申报钱桥街道个性化冠名创新成果，可以个人作为第一署名，也可以部门或班组作为集体第一署名。集体作为第一署名的，应当同时有主创人署名。拟命名的创新成果在所在单位公示三天后无异议的，街道总工会予以命名公布。钱桥街道创新成果个性化冠名工作遵循公开、公平、公正的原则。

**2013~2015 年钱桥街道个性化冠名创新成果统计表**

表 5—27—11 单位：万元

| 年份 | 单位名称 | 成果名称 | 成果类别 | 第一发明人部门或班组名称 | | 实现销售收入 | 实现利润 |
|---|---|---|---|---|---|---|---|
| 2013 | 无锡爱邦辐射技术有限公司 | 大功率辐照加速器X射线转换靶及转换装置 | 发明创造 | — | 张宇蔚 | 500 | — |
| | 无锡爱邦辐射技术有限公司 | 双收双放自动控制束下系统 | 发明创造 | — | 张宇蔚 | 3000 | — |
| | 无锡永凯达齿轮有限公司 | 正时张紧器 | 发明创造 | 技术中心 | 花正明 | 500 | — |
| | 无锡永凯达齿轮有限公司 | 张紧器总成 | 发明创造 | 技术中心 | 花正明 | 170 | — |
| | 无锡永凯达齿轮有限公司 | 惰轮总成 | 发明创造 | 技术中心 | 花正明 | 250 | — |
| | 无锡永凯达齿轮有限公司 | 自动张紧器 | 实用新型 | 技术中心张紧器室 | 许秋海 | 8500 | — |
| | 无锡天辰冷拉型钢有限公司 | 中碳钢钢棒冷拉拔法 | 发明创造 | 生产技术部 | 许 适 | 3445 | — |
| | 无锡华润实业公司 | $350MM×12 米新品电杆 | 技术改进 | 技术科 | 陈卫国 | 2500 | — |
| | 江苏苏嘉集团有限公司 | 210 吨钢包超低碳内衬 | — | 苏嘉新材料技术中心 | 张雪松 | 20 | — |
| | 无锡金鹏水处理有限公司 | 金属切削乳化液废水处理循环经济项目 | 技术改进 | 工程技术部 | 陈 伟 | 360 | — |
| | 无锡市钱氏功能塑胶有限公司 | 复合燃气软管组件 | 发明创造 | 技术部 | 钱 镭 | 600 | — |
| | 无锡市金义博仪器科技有限公司 | TY-9610 型光电直读光谱仪 | 发明创造 | 直读光谱工程技术研究中心 | 叶返修 | 2800 | — |
| | 无锡金鑫科技有限公司 | 高效助留助滤剂阳离子瓜尔胶的研发及产业化 | 发明创造 | 技术中心 | — | 700 | — |
| | 无锡市新一代电力电器有限公司 | KCY1-12 侧装移开式交流金属封闭开关设备 | 发明使用新型 | 技术部 | 高 赟 | 1506 | — |
| | 无锡舜特金属制品有限公司 | 超深冲合金化热镀锌钢带 | 发明创造 | 无锡市高性能复合金属新材料工程技术研究中心 | 黎 立 | 1800 | — |

续表 5—27—11 单位：万元

| 年份 | 单位名称 | 成果名称 | 成果类别 | 第一发明人部门或班组名称 | | 实现销售收入 | 实现利润 |
|---|---|---|---|---|---|---|---|
| 2013 | 无锡海达安全玻璃有限公司 | 一种太阳能电池组件封装用高增透玻璃的加工方法 | 发明创造 | 技术中心 | — | 6000 | — |
| | 无锡市创能机械有限公司 | 智能遥控圆周切割机 | 发明创造 | 创能技术中心 | 贾君剑 | 1000 | — |
| | 无锡华精新材股份有限公司 | 一种取向硅钢带卷罩式炉内高温退火的布气系统 | 发明创造 | 技术中心 | 龚建达 | 1200 | — |
| | 无锡爱邦辐射技术有限公司 | L 波段 10MeV-40KW 工业辐照电子加速器 | 新产品 | — | — | 2500 | — |
| | 无锡爱邦辐射技术有限公司 | 自屏蔽电子辐照加速器 | 发明 | — | 张宇蔚 | 3000 | — |
| | 江苏龙源催化剂有限公司 | 用于高含尘烟气的蜂窝式脱硝催化剂产品 | 技术改进 | 技术部 | 汪德志 | 6 亿元 | — |
| | 江苏苏嘉集团 | 纳米碳镁碳砖 | 发明创造 | 新型镁基复合耐火新材料工程技术研究中心 | 俞晓东 | 3338 | — |
| 2014 | 无锡爱邦辐射技术有限公司 | 电子束流位移监视仪 | 发明创造 2013.8 授权 | 工程中心 | 张宇蔚 | 300 | 100 |
| | 无锡爱邦辐射技术有限公司 | 双加速管加速器 | 发明创造 2013.6 申请 | 工程中心 | 张宇蔚 | 2480 | 992 |
| | 无锡天辰冷拉型钢有限公司 | 低碳合金钢球化方法 | 发明创造 2014.2 授权 | 生产技术部 | 许　适 | 1865 | 190 |
| | 无锡天辰冷拉型钢有限公司 | 一种六角型钢冷拔模具 | 发明创造 2014.4.2 授权 | 质检部 | 王富国 | 375 | — |
| | 无锡天辰冷拉型钢有限公司 | 冷拉型钢盘圆料矫直剪切装 | 发明创造 2014.4.2 授权 | 设备部 | 杨　奇 | — | 32 |
| | 无锡华精新材股份有限公司 | 一种高精度冷轧取向硅钢带的生产工艺 | 发明创造 2014.4 授权 | 技术中心 | 龚建达 | 2 万吨 | 240 |
| | 无锡华精新材股份有限公司 | 一种取向硅钢带表面绝缘漆的涂布工艺 | 发明创造 2014.7 授权 | 技术中心 | 龚建达 | 320 | — |
| | 无锡新金鑫交通设备有限公司 | 新型高效散热器的研发及产业化 | 发明创造 2012.4 申请 | 技术中心 | 于新江 | 1000 | 350 |
| | 无锡金鑫科技有限公司 | 高取代度羧甲基瓜尔胶印花糊料的研发及产业化 | 发明创造 2013.12 授权 | 技术中心 | 张　荣 | 700 | 300 |
| | 无锡华生精密材料股份有限公司 | 轻触开关用超薄超硬高弹性精密冷轧不锈钢带的生产方法 | 发明创造 2013.5 申请 | 技术部 | 余叙斌 | 300 吨 | 500 |
| | 无锡华生精密材料股份有限公司 | 去应力退火钢带的无油防锈方法 | 发明创造 2014.06 申请 | 技术部 | 余叙斌 | 800 吨 | 600 |
| | 江苏苏嘉集团新材料有限公司 | 无基质镁碳砖 | 发明创造 2013.12 申请 | 新型镁基复合耐火新材料工程技术研究中心 | 俞晓东 | 3302 | 437 |
| | 江苏苏嘉集团新材料有限公司 | 轻烧镁铝碳砖 | 发明创造 2014.02 授权 | 新型镁基复合耐火新材料工程技术研究中心 | 俞晓东 | 949 | 149 |
| | 江苏苏嘉集团新材料有限公司 | 抗冲击铝镁碳砖 | 发明创造 2013.12 申请 | 新型镁基复合耐火新材料工程技术研究中心 | 俞晓东 | 4075 | 549 |
| | 江苏苏嘉集团新材料有限公司 | 糠醛树脂结合镁碳砖 | 发明创造 2013.12 申请 | 新型镁基复合耐火新材料工程技术研究中心 | 俞晓东 | 959 | 150 |

续表 5—27—11

单位：万元

| 年份 | 单位名称 | 成果名称 | 成果类别 | 第一发明人部门或班组名称 | | 实现销售收入 | 实现利润 |
|---|---|---|---|---|---|---|---|
| 2014 | 无锡市新一代电力电器有限公司 | PBG650侧装式矿用隔爆型高压真空配电装置 | 发明创造 2014.8申请 | 技术中心 | 高 赟 | 2000.0 | 300.0 |
| | 无锡海达安全玻璃有限公司 | 改进的玻璃钻孔机 | 发明创造 2014.7授权 | 技术部 | 陆斌武 | 4000.0 | 400.0 |
| | 无锡金瑞特防腐设备有限公司 | 填料密封型蒸发器 | 发明创造 2014.7.23授权 | 车间 | 邓 浩 | 24.0 | 10.5 |
| | 无锡罗特新风技术有限公司 | 新风净化机 | 节能减排 2014.05申请 | 无锡罗特新风有限公司技术部 | 俞敏光 | — | 300.0 |
| | 无锡永凯达齿轮有限公司 | 大众EA211发动机正时皮带驱动系统 | 技术改进 2014年 | 技术中心张紧器室 | 花正明 | 400.0 | — |
| | 无锡永凯达齿轮有限公司 | 大众EA888平衡箱齿轮组制造 | 技术改进 2014年 | 技术中心齿轮室 | 陈贵强 | 4000.0 | — |
| | 无锡永凯达齿轮有限公司 | 福特蒙迪欧、马自达6发动机附件轮系统 | 技术改进 2014.5-6 | 技术中心张紧器室 | 花正明 | 700.0 | — |
| | 无锡永凯达齿轮有限公司 | 自动张紧器 | 发明创造 2013.04申请 | 技术中心 | 许秋海 | 3000.0 | — |
| | 无锡市创能机械制造有限公司 | 轻巧式移动搅拌机 | 发明创造 2014.06授权 | 科研部 | 贾君剑 | 800.0 | 45.0 |
| | 无锡市广润金属制品有限公司 | 诱导相变塑性镀锌钢带 | 发明创造 | 研发中心 | 黎 立 | 1440.0 | — |
| | 无锡市广润金属制品有限公司 | 钢带输送的自动防偏装置 | 发明创造 2014.03授权 | 研发中心 | 黎 立 | 50.0 | — |
| | 凯龙高科技股份有限公司 | 柴油机尾气净化关键技术与应用 | 发明创造 2014.9.10授权 | 技术部 | 臧志成 | 65528.8 | 11617.0 |
| | 江苏龙源催化剂有限公司 | 废烟气脱硝催化剂再生 | 发明创造 2014.08授权 | 研发部 | 汪德志 | 10000.0 | — |
| | 无锡海达尔精密滑轨有限公司 | 一种定心旋转定位式自动闭合装置 | 发明创造 2014.08授权 | 研发部 | 张海文 | — | 2000.0 |
| | 无锡海达尔精密滑轨有限公司 | 用于抽屉滑轨的自动回收装置 | 发明创造 2014.04授权 | 研发部 | 许兴隆 | — | 2000.0 |
| 2015 | 无锡天辰冷拉型钢有限公司 | 用低碳高硫易切削钢生产小型方扁钢的冷轧拉拔方法 | 发明创造 | 生产技术部 | 许 适 | 1420.0 | — |
| | 无锡华信雷达工程有限责任公司 | 折叠式碳纤维车载反射体 | 实用新型 | 技术部 | 许 冬 | 100.0 | — |
| | 无锡爱邦辐射技术有限公司 | 电子束流位移监视仪 | 发明创造 | 工程中心 | 张宇蔚 | 450.0 | — |
| | 无锡金球机械有限公司 | 数控刨槽机用触摸屏系统BTC800 | 软著 | 技术部 | 倪 伟 | — | 净利润25万元 |
| | 无锡苏嘉法斯特汽车零配件有限公司 | 直缝高频焊接钢管离线内毛刺磨除装置 | 发明创造 | 技术部 | 徐征巍 | 50.0 | — |
| | 无锡苏嘉法斯特汽车零配件有限公司 | 直缝高频焊管焊接温度监测报警装置 | 发明创造 | 技术部 | 徐征巍 | 20.0 | — |
| | 无锡苏嘉法斯特汽车零配件有限公司 | 翅片换热器 | 发明创造 | 技术部 | 周伟强 | 1500.0 | — |
| | 无锡市华昊热能设备有限公司 | 烟气余热回收系统 | 发明创造 | 技术部 | 周伟强 | 1490.0 | — |
| | 江苏苏嘉集团新材料有限公司 | 抗特殊钢种钢渣侵蚀镁碳砖—用于喷气精炼金属液的除气片及其制备方法 | 发明创造 | 新型镁基复合耐火新材料工程技术研究中心 | 俞晓东 | 1688.0 | — |

续表 5—27—11　　单位：万元

| 年份 | 单位名称 | 成果名称 | 成果类别 | 第一发明人部门或班组名称 | | 实现销售收入 | 实现利润 |
|---|---|---|---|---|---|---|---|
| 2015 | 江苏苏嘉集团新材料有限公司 | 铝镁锆砖——一种耐火砖的生产方法 | 发明创造 | 新型镁基复合耐火新材料工程技术研究中心 | 曹丽云 | 4368 | — |
| | 江苏苏嘉集团新材料有限公司 | 镁质修补料—镁碳质浇注料 | 发明创造 | 新型镁基复合耐火新材料工程技术研究中心 | 俞晓东 | 3026 | — |
| | 江苏苏嘉集团新材料有限公司 | 添加超微铝粉的镁碳砖—石墨复合耐火材料 | 发明创造 | 新型镁基复合耐火新材料工程技术研究中心 | 曹丽云 | 1533 | — |
| | 无锡华精新材股份有限公司 | 一种底部电阻带加热的连续隧道式退火炉结构 | 发明创造 | 技术中心 | 龚建达 | 800 | — |
| | 无锡华润实业公司 | 用于连接高强度砼电杆杆段的内法兰 | 发明创造 | 公司科协 | 陈卫国 | 720 | — |
| | 无锡永凯达齿轮有限公司 | 北车集团高铁列车压缩机齿轮组 | 发明创造 | 技术中心齿轮室 | 陈贵强 | 375 | — |
| | 无锡永凯达齿轮有限公司 | 福特福克斯发动机附件皮带自动张紧轮 | 技术改进 | 技术中心张紧器室 | 花正明 | 800 | — |
| | 无锡永凯达齿轮有限公司 | 大众帕萨特发动机正时皮带驱动系统 | 技术改进 | 技术中心张紧器室 | 花正明 | 800 | — |
| | 无锡永凯达齿轮有限公司 | 汽车发动机皮带动态张力采集单元 | 发明创造 | 技术中心 | 许秋海 | 250 | — |
| | 无锡龙舜实业有限公司 | 一种深埋型改性聚丙烯牵引管成型机 | 技术改进 | 生技部 | 宗　良 | 200 | — |
| | 无锡华生精密材料股份有限公司 | 防穿刺超 400 万疲劳次数军工用鞋底料 | 发明创造 | 华生技术部 | 余叙斌 | 100 | — |
| | 无锡华生精密材料股份有限公司 | 低磁通防辐射不锈钢带的生产方法 | 发明创造 | 华生技术部 | 余叙斌 | 120 | — |
| | 无锡天驰钢带有限公司 | 在线磨辊器 | 发明创造 | 生产部 | 周贤平 | 15 | — |
| | 无锡天驰钢带有限公司 | 在线宽测仪 | 发明创造 | 生产部 | 周贤平 | 10 | — |
| | 无锡市广润金属制品有限公司 | 一种带钢连续热浸镀锌工艺 | 发明创造 | 研发中心 | 黎　立 | 240 | — |
| | 无锡市广润金属制品有限公司 | 窄钢带的收集装置 | 发明创造 | 研发中心 | 黎　立 | 35 | — |
| | 无锡金鑫科技有限公司 | 一步法制备高效造纸助剂两性瓜尔胶 | 发明创造 | 研发部 | 张　荣 | 200 | — |
| | 无锡金鑫科技有限公司 | 高效节能清洁型机车散热器的研发 | 发明创造 | 设计部 | 杨　解 | 7557 | — |
| | 凯龙高科技股份有限公司 | 满足欧Ⅵ排放标准的商用车柴油机后处理（SCR+DPF 系统）关键技术研究 | 发明创造 | 技术研究院 | 臧志成 | 4451 | — |
| | 无锡海达尔精密滑轨有限公司 | 抽屉滑轨的同步机构 | 发明创造 | 研发部 | 陆斌武 | 900 | — |
| | 无锡海达尔精密滑轨有限公司 | 一种能自动缓冲回收的抽屉滑轨装置 | 发明创造 | 研发部 | 许兴隆 | 700 | — |

## 二、农业科技成果

钱桥、藕塘（乡）镇农技站、农服公司，钱桥街道农业综合服务站注重农业科学技术研究，研发蘑菇栽培新技术、蚕豆高产栽培新技术、壮秧培育新技术、水稻施肥新技术等。1984~2008 年间，先后获得 9 项省、市农业科技成果。

1984~2008 年钱桥、藕塘（乡）镇，钱桥街道农业科技成果一览表

表 5—27—12

| 获奖单位 | 成果名称 | 颁发单位 | 获奖年份 | 级别 | | 主要完成人员 |
|---|---|---|---|---|---|---|
| | | | | 省级 | 市级 | |
| 钱桥乡菌种场 | 应用发酵和后发酵栽培蘑菇新技术 | 江苏省人民政府 | 1984 | 三等奖 | — | 集 体 |
| 藕塘乡农技站 | 单季稻秧田种植经济绿肥效益高 | 江苏省农林厅 | 1984 | — | 条线省级四等奖 | 周正坚<br>徐世民 |
| | 近郊菜用蚕豆的引种与高产栽培技术 | 无锡市人民政府 | 1986 | — | 四等奖 | 周正坚<br>徐世民 |
| 钱桥镇农业服务公司 | 无锡县单季稻亩产超 550 公斤高产技术 | 江苏省农林厅 | 1995 | — | 农业丰收奖一等奖 | 龚卫光 |
| 钱桥镇农业服务公司 | 村办农场水稻盘育抛秧高产栽培技术应用 | 江苏省农林厅 | 1999 | — | 条线省级三等奖 | 龚卫光<br>陆锦贤 |
| 藕塘镇农技站 | 菜用蚕豆高产栽培技术研究与应用 | 江苏省农林厅 | 1999 | — | 三等奖 | 周正坚<br>华勤新<br>丁有为<br>徐世民<br>江萍娴 |
| 钱桥镇农业服务公司 | 锡山市 40 万亩水稻统一供秧商品化供秧技术 | 江苏省农林厅 | 2000 | — | 条线省级二等奖 | 龚卫光<br>陆锦贤 |
| 钱桥街道农业综合服务站 | 水稻机插秧的壮秧培育及高产栽培技术规程 | 无锡市质量技术监督局 | 2008 | — | 市级 | 集 体 |
| 钱桥街道农业综合服务站 | 水稻氮肥减量运用技术 | 无锡市质量技术监督局 | 2008 | — | 市级 | 集 体 |

## 三、科技荣誉

1996~2015 年，钱桥（镇）街道获得市级以上科技荣誉 5 项。2006~2015 年，钱桥（镇）街道辖区内企业获得省级以上科技荣誉 113 项。

1996~2015 年钱桥（镇）街道获得市级以上科技荣誉称号一览表

表 5—27—13

| 荣誉名称 | 颁发单位 | 获奖年份 | 荣誉名称 | 颁发单位 | 获奖年份 |
|---|---|---|---|---|---|
| 江苏省科技工作先进镇 | 江苏省科技协会 | 1996 | 无锡市知识产权示范区 | 无锡市科技局 | 2013 |
| 无锡市科普文明街道 | 无锡市科技局 | 2008 | 无锡市第二十八届科普周先进集体 | 无锡市全民科学素质工作领导小组 | 2015 |
| 无锡市第二十七届科普周先进集体 | 无锡市全民科学素质工作领导小组 | 2012 | — | — | — |

2006~2015 年钱桥（镇）街道辖区内企业获得省级（条线）科技荣誉一览表

表 5—27—14

| 企业名称 | 荣誉名称 | 颁发单位 | 获奖年份 |
|---|---|---|---|
| 无锡华润实业有限公司 | 江苏省高新技术企业 | 江苏省科技厅 | 2006 |
| 无锡华润实业有限公司 | 江苏省明星企业 | 江苏省品牌战略委员会、产品质量监督管理中心 | 2007 |
| 无锡华生精密材料股份有限公司 | 江苏省民营科技企业 | 江苏省科技厅 | 2011 |
| 无锡南方制动件有限公司 | 江苏省民营科技企业 | 江苏省科技厅 | 2011 |
| 无锡金义博仪器科技有限公司 | 江苏省民营科技企业 | 江苏省科技厅 | 2011 |
| 无锡新一代电器有限公司 | 江苏省民营科技企业 | 江苏省科技厅 | 2011 |
| 无锡华信雷达工程有限责任公司 | 江苏省民营科技企业 | 江苏省科技厅 | 2011 |
| 无锡华东电力设备有限公司 | 江苏省民营科技企业 | 江苏省科技厅 | 2011 |
| 无锡星亿涂装环保设备有限公司 | 江苏省民营科技企业 | 江苏省科技厅 | 2011 |
| 无锡光彩机械制造有限公司 | 江苏省民营科技企业 | 江苏省科技厅 | 2011 |
| 无锡彪王化工设备厂 | 江苏省民营科技企业 | 江苏省科技厅 | 2011 |
| 无锡唐氏环保科技发展有限公司 | 江苏省民营科技企业 | 江苏省科技厅 | 2011 |

续表 5—27—14

| 企业名称 | 荣誉名称 | 颁发单位 | 获奖年份 |
|---|---|---|---|
| 无锡佳欣电子产品有限公司 | 江苏省民营科技企业 | 江苏省科技厅 | 2011 |
| 无锡华精新型材料有限公司 | 江苏省民营科技企业 | 江苏省科技厅 | 2011 |
| 华盛橡胶新材料科技股份有限公司 | 江苏省民营科技企业 | 江苏省科技厅 | 2011 |
| 无锡雷恩森弹簧有限公司 | 江苏省民营科技企业 | 江苏省科技厅 | 2011 |
| 江苏苏嘉新材料有限公司 | 江苏省民营科技企业 | 江苏省科技厅 | 2012 |
| 无锡海达安全玻璃有限公司 | 江苏省民营科技企业 | 江苏省科技厅 | 2012 |
| 无锡东方热能锅炉设备有限公司 | 江苏省民营科技企业 | 江苏省科技厅 | 2012 |
| 无锡凯伦纳弹簧有限公司 | 江苏省民营科技企业 | 江苏省科技厅 | 2012 |
| 无锡乐谱金属科技有限公司 | 江苏省民营科技企业 | 江苏省科技厅 | 2012 |
| 无锡金鑫科技有限公司 | 江苏省民营科技企业 | 江苏省科技厅 | 2012 |
| 无锡舜特金属制品有限公司 | 江苏省民营科技企业 | 江苏省科技厅 | 2012 |
| 无锡美业机械制造有限公司 | 江苏省民营科技企业 | 江苏省科技厅 | 2012 |
| 无锡神意环保法兰有限公司 | 江苏省民营科技企业 | 江苏省科技厅 | 2012 |
| 无锡新贝来液压有限公司 | 江苏省民营科技企业 | 江苏省科技厅 | 2012 |
| 无锡申宝汽车钢管有限公司 | 江苏省民营科技企业 | 江苏省科技厅 | 2012 |
| 无锡天辰冷拉型钢有限公司 | 江苏省民营科技企业 | 江苏省科技厅 | 2013 |
| 无锡永凯达齿轮有限公司 | 江苏省民营科技企业 | 江苏省科技厅 | 2013 |
| 无锡市钱氏功能塑胶有限公司 | 江苏省民营科技企业 | 江苏省科技厅 | 2013 |
| 无锡苏南异型钢管有限公司 | 江苏省民营科技企业 | 江苏省科技厅 | 2013 |
| 无锡舜特金属合金板带有限公司 | 江苏省民营科技企业 | 江苏省科技厅 | 2013 |
| 无锡江南高精度冷拔管有限公司 | 江苏省民营科技企业 | 江苏省科技厅 | 2013 |
| 无锡金球机械有限公司 | 江苏省民营科技企业 | 江苏省科技厅 | 2013 |
| 无锡金球机械有限公司 | 江苏省科技型中小企业 | 江苏省科技厅 | 2013 |
| 无锡罗特新风技术有限公司 | 江苏省科技型中小企业 | 江苏省科技厅 | 2013 |
| 无锡光彩机械制造有限公司 | 江苏省科技型中小企业 | 江苏省科技厅 | 2013 |
| 无锡星亿涂装环保设备有限公司 | 江苏省民营科技企业 | 江苏省科技厅 | 2013 |
| 无锡佳欣电子产品有限公司 | 江苏省民营科技企业 | 江苏省科技厅 | 2013 |
| 无锡华东电力设备有限公司 | 江苏省民营科技企业 | 江苏省科技厅 | 2013 |
| 无锡华精新型材料有限公司 | 江苏省民营科技企业 | 江苏省科技厅 | 2013 |
| 无锡爱邦辐射技术有限公司 | 江苏省民营科技企业 | 江苏省科技厅 | 2013 |
| 无锡华顺民生食品有限公司 | 江苏省民营科技企业 | 江苏省科技厅 | 2013 |
| 无锡大金高精度冷拔管有限公司 | 江苏省民营科技企业 | 江苏省科技厅 | 2013 |
| 无锡广润金属制品有限公司 | 江苏省民营科技企业 | 江苏省科技厅 | 2013 |
| 华盛橡胶新材料科技股份有限公司 | 江苏省科技型中小企业 | 江苏省科技厅 | 2013 |
| 无锡天辰冷拉型钢有限公司 | 江苏省科技型中小企业 | 江苏省科技厅 | 2013 |
| 无锡市凯龙汽车设备制造有限公司 | 江苏省科技型中小企业 | 江苏省科技厅 | 2013 |
| 无锡广润金属制品有限公司 | 江苏省科技型中小企业 | 江苏省科技厅 | 2013 |
| 无锡奥波净化除湿空调有限公司 | 江苏省科技型中小企业 | 江苏省科技厅 | 2013 |
| 无锡乐谱金属科技有限公司 | 江苏省科技型中小企业 | 江苏省科技厅 | 2013 |
| 无锡金义博仪器科技有限公司 | 江苏省科技型中小企业 | 江苏省科技厅 | 2013 |
| 无锡市钱氏功能塑胶有限公司 | 江苏省科技型中小企业 | 江苏省科技厅 | 2013 |
| 无锡海达安全玻璃有限公司 | 江苏省科技型中小企业 | 江苏省科技厅 | 2013 |
| 无锡爱邦辐射技术有限公司 | 江苏省科技型中小企业 | 江苏省科技厅 | 2013 |
| 无锡大金高精度冷拔管有限公司 | 江苏省科技型中小企业 | 江苏省科技厅 | 2013 |
| 无锡美业机械制造有限公司 | 江苏省科技型中小企业 | 江苏省科技厅 | 2013 |
| 无锡星亿涂装环保设备有限公司 | 江苏省科技型中小企业 | 江苏省科技厅 | 2013 |
| 无锡金鑫科技有限公司 | 江苏省科技型中小企业 | 江苏省科技厅 | 2013 |
| 无锡华生精密材料股份有限公司 | 江苏省科技型中小企业 | 江苏省科技厅 | 2013 |
| 无锡华顺民生食品有限公司 | 江苏省科技型中小企业 | 江苏省科技厅 | 2013 |
| 无锡新一代电器有限公司 | 江苏省科技型中小企业 | 江苏省科技厅 | 2013 |
| 无锡永凯达齿轮有限公司 | 江苏省科技型中小企业 | 江苏省科技厅 | 2013 |
| 无锡新一代电器有限公司 | 江苏省民营科技企业 | 江苏省科技厅 | 2014 |
| 华盛橡胶新材料科技股份有限公司 | 江苏省民营科技企业 | 江苏省科技厅 | 2014 |

续表 5—27—14

| 企业名称 | 荣誉名称 | 颁发单位 | 获奖年份 |
|---|---|---|---|
| 无锡新贝来液压有限公司 | 江苏省民营科技企业 | 江苏省科技厅 | 2014 |
| 江苏苏嘉新材料有限公司 | 江苏省民营科技企业 | 江苏省科技厅 | 2014 |
| 无锡海达安全玻璃有限公司 | 江苏省民营科技企业 | 江苏省科技厅 | 2014 |
| 无锡新金鑫交通设备有限公司 | 江苏省民营科技企业 | 江苏省科技厅 | 2014 |
| 无锡金鑫科技有限公司 | 江苏省民营科技企业 | 江苏省科技厅 | 2014 |
| 无锡联创薄板有限公司 | 江苏省民营科技企业 | 江苏省科技厅 | 2014 |
| 无锡罗特新风技术有限公司 | 江苏省民营科技企业 | 江苏省科技厅 | 2014 |
| 无锡鼎实电子科技有限公司 | 江苏省民营科技企业 | 江苏省科技厅 | 2014 |
| 无锡乐谱金属科技有限公司 | 江苏省民营科技企业 | 江苏省科技厅 | 2014 |
| 无锡迪奥机械有限公司 | 江苏省民营科技企业 | 江苏省科技厅 | 2014 |
| 无锡海达尔精密滑轮有限公司 | 江苏省民营科技企业 | 江苏省科技厅 | 2014 |
| 无锡华生精密材料股份有限公司 | 江苏省民营科技企业 | 江苏省科技厅 | 2014 |
| 无锡锦立换热设备有限公司 | 江苏省民营科技企业 | 江苏省科技厅 | 2014 |
| 无锡爱西匹钢芯有限公司 | 江苏省科技型中小企业 | 江苏省科技厅 | 2014 |
| 无锡华泰医药包装有限公司 | 江苏省科技型中小企业 | 江苏省科技厅 | 2014 |
| 无锡华信雷达工程有限责任公司 | 江苏省科技型中小企业 | 江苏省科技厅 | 2014 |
| 无锡海达尔精密滑轮有限公司 | 江苏省科技型中小企业 | 江苏省科技厅 | 2014 |
| 无锡鼎实电子科技有限公司 | 江苏省科技型中小企业 | 江苏省科技厅 | 2014 |
| 无锡永凯达齿轮有限公司 | 江苏省科技型中小企业 | 江苏省科技厅 | 2015 |
| 无锡江南高精度冷拔管有限公司 | 江苏省科技型中小企业 | 江苏省科技厅 | 2015 |
| 无锡华顺民生食品有限公司 | 江苏省科技型中小企业 | 江苏省科技厅 | 2015 |
| 无锡华精新型材料有限公司 | 江苏省科技型中小企业 | 江苏省科技厅 | 2015 |
| 无锡天辰冷拉型钢有限公司 | 江苏省科技型中小企业 | 江苏省科技厅 | 2015 |
| 无锡大金高精度冷拔管有限公司 | 江苏省科技型中小企业 | 江苏省科技厅 | 2015 |
| 无锡广润金属制品有限公司 | 江苏省科技型中小企业 | 江苏省科技厅 | 2015 |
| 无锡星亿涂装环保设备有限公司 | 江苏省科技型中小企业 | 江苏省科技厅 | 2015 |
| 无锡金球机械有限公司 | 江苏省科技型中小企业 | 江苏省科技厅 | 2015 |
| 无锡华东电力设备有限公司 | 江苏省科技型中小企业 | 江苏省科技厅 | 2015 |
| 无锡苏南异型钢管有限公司 | 江苏省科技型中小企业 | 江苏省科技厅 | 2015 |
| 无锡爱邦辐射技术有限公司 | 江苏省科技型中小企业 | 江苏省科技厅 | 2015 |
| 无锡佳欣电子产品有限公司 | 江苏省科技型中小企业 | 江苏省科技厅 | 2015 |
| 无锡普瑞腾传动机械有限公司 | 江苏省科技型中小企业 | 江苏省科技厅 | 2015 |
| 无锡市晨源建筑器材有限公司 | 江苏省科技型中小企业 | 江苏省科技厅 | 2015 |
| 无锡奥旭光电科技有限公司 | 江苏省科技型中小企业 | 江苏省科技厅 | 2015 |
| 无锡华东电力设备有限公司 | 江苏省民营科技企业 | 江苏省科技厅 | 2015 |
| 无锡永凯达齿轮有限公司 | 江苏省民营科技企业 | 江苏省科技厅 | 2015 |
| 无锡江南高精度冷拔管有限公司 | 江苏省民营科技企业 | 江苏省科技厅 | 2015 |
| 无锡华顺民生食品有限公司 | 江苏省民营科技企业 | 江苏省科技厅 | 2015 |
| 无锡华精新型材料有限公司 | 江苏省民营科技企业 | 江苏省科技厅 | 2015 |
| 无锡天辰冷拉型钢有限公司 | 江苏省民营科技企业 | 江苏省科技厅 | 2015 |
| 无锡大金高精度冷拔管有限公司 | 江苏省民营科技企业 | 江苏省科技厅 | 2015 |
| 无锡广润金属制品有限公司 | 江苏省民营科技企业 | 江苏省科技厅 | 2015 |
| 无锡爱邦辐射技术有限公司 | 江苏省民营科技企业 | 江苏省科技厅 | 2015 |
| 无锡佳欣电子产品有限公司 | 江苏省民营科技企业 | 江苏省科技厅 | 2015 |
| 无锡普瑞腾传动机械有限公司 | 江苏省民营科技企业 | 江苏省科技厅 | 2015 |
| 无锡市晨源建筑器材有限公司 | 江苏省民营科技企业 | 江苏省科技厅 | 2015 |
| 无锡奥旭光电科技有限公司 | 江苏省民营科技企业 | 江苏省科技厅 | 2015 |
| 无锡龙舜实业有限公司 | 江苏省民营科技企业 | 江苏省科技厅 | 2015 |

## 第九节 科技管理机构

20 世纪 80 年代初，钱桥、藕塘公社相继成立科技办公室，设科技助理一名。科技办公室主要职能是为企业做好科技条线项目计划申报，跟踪项目服务及验收结题；为企业申请国家专利及申请国家、省、市高新企业及产品；为企业会同科研单位进行有关工程项目研究以及技术方面开发等工作；为企业培养及引进各类人才、各类职称评定等工作；为企业认定科技产品成果及产品转化等工作。

1983年，钱桥、藕塘两乡成立工业公司。工业公司下设生产技术科，设科长一名。生产技术科帮助企业开发各类新产品及产品更新、技术改造工作；帮助企业申请新建科技项目报批工作；为企业会同上级有关主管部门制定各类产品质量标准、质量管理及计量管理；为企业申请领取各类生产许可证书、企业代码申报；协助企业做好各类工业生产管理工作；帮助有一定规模的大中型企业组建集团公司，扩大生产经营规模。1998年，钱桥、藕塘镇工业公司分别改设为经济贸易服务站，下设生产技术科，其职能不变。

2004年，钱桥、藕塘两镇合并，藕塘镇经济贸易服务站生产技术科并入钱桥镇经济贸易服务站生产技术科。2007年，钱桥撤镇设钱桥街道，生产技术科隶属关系、名称及职能不变。2008年1月，由于管理体制及机构改革，无锡职教园、钱桥街道撤销经济贸易服务站，设立经济发展和招商局，同时生产技术科与科技办公室合并，成立科技科，设科长一名，属经济发展和招商局领导。钱桥街道经济发展和招商局科技科以经济建设为中心，团结和组织广大科技工作者为全街道经济社会发展服务，推动实施科技发展战略和可持续发展战略；开展学术交流，活跃学术思想，促进学术繁荣与科技发展，促进企业科技的交流和渗透，促进自然科学与社会科学的合作，推动自主创新，征集、评审、推荐优秀学术论文；组织科学技术工作者为建立以企业为主体的技术创新体系、全面提升企业的自主创新能力服务，促进经济和社会的可持续发展；依照《中华人民共和国科学技术普及法》《实施全民科学素质行动计划纲要》，开展群众性、社会性、经常性科普活动，弘扬科学精神，普及科学知识，传播科学思想和科学方法，捍卫科学尊严，实施未成年人、农民、城镇劳动者、领导干部和公务员科学素质行动，提高全民的科学文化素质；反映科学技术工作者的建议、意见和诉求，维护科学技术工作者的合法权益；促进学术道德建设和学风建设；组织科学技术工作者参与本街道科学技术政策、法规规定和地方事务的政治协商、科学决策、民主监督工作；宣传、表彰奖励全街道优秀科学技术工作者，举荐科技人才；开展科技咨询和技术服务，促进科学技术成果的转化，开展专业技术资格评审和认证等服务；开展科技工作者的继续教育和知识更新等培训工作。

2015年，无锡职教园经济发展和招商局科技科继续负责区域内高新技术企业、企业研发费用加计扣除、江苏省重点研发计划、无锡市重点科技研发（专项）计划、无锡市技术创新引导计划、江苏省重大科技成果转化专项引导资金、江苏省产学研前瞻性联合研究计划、区级产学研合作补助、区级企业研发机构奖励、区级科技服务机构补助、省级专利资助、市级专利资助、区级专利资助和奖励等的申报以及对企业产品质量抽查，开展各类科普宣传活动，开展职称培训工作等。

# 第六篇 文化体育卫生

# 第二十八章 文 化

钱桥、藕塘山水佳胜，才贤钟聚，文化发达，百姓崇尚诗书，潜心耕读之风尤盛，且代代传承。5000多年前的崧泽文化时期，钱桥、藕塘地区已形成浓厚的祭祀文化，舜柯山下赤墩筑有2个大祭坛，用于祭祀天地神灵。南北朝、唐代、宋代、明代、清代诗人均留下关于钱桥、藕塘山水风物的脍炙人口诗篇。清同治九年（1870）始，徐寿、徐建寅父子先后翻译、创著34部（本）工业、军事方面的著作。

民国14年（1925），藕塘桥高冯巷匡耀良至上海拜滩簧名艺人唐仲卿为师，后成为锡剧界“哭煞小生”名角。民国27年，钱桥俞巷俞介君至苏锡文戏李家班拜师学艺，后从事戏剧创作，先后创作、改编50多部锡剧剧本。民国36年，钱桥北街周巷周怀民在无锡城中公园同庚厅举办画展，名扬锡城，后有“周芦荡”“周葡萄”之雅称。民国时期，区域内百姓皆能哼唱几句锡剧，排演锡剧遍及各个乡村。春节、元宵节舞龙灯、舞狮子、走马灯、走高跷及钱桥缪巷调采茶灯等民俗文化尤为知名，为广大群众所喜闻乐见。同期，钱桥、藕塘、西漳、稍塘、盛店老街均在茶馆店内开设书场。节日、庙会期间，“草台班戏”也经常在钱桥、藕塘地区街头巷尾流动演出。

无锡解放初期，钱桥、藕塘地区百姓踊跃跳秧歌舞，庆祝解放。唐家庄、杨毛岸、周基头、金巷、肖尤巷、稍塘、盛店等地皆成立锡剧团。1957年，钱桥、藕塘乡分别设立广播放大站。1962年，钱桥、藕塘公社分别成立文化站，组织群众开展文化活动。“文化大革命”时期，钱桥、藕塘区域内各行各业成立毛泽东思想文艺宣传队，演唱革命样板戏、毛主席语录歌。1969年、1971年，钱桥、藕塘公社先后成立电影放映队。1980年，藕塘公社创办图书室。1986年，钱桥乡建造文化宫。1987年，钱桥镇、藕塘乡分别建造影剧院。是年，钱桥镇创办图书室。1989年，钱桥镇开通有线电视。1992年，钱桥镇、藕塘乡分别成立文化市场管理小组，加强对区域内文化市场的管理。1993年，藕塘镇开通有线电视。2004年，钱桥、藕塘地区兴起广场舞热潮。2012年，钱桥社区创办玉泉书场。

2015年，钱桥街道有21支广场舞蹈队，有南水渠太平龙灯、钱桥挑花担、东风乡韵文艺队等11个特色文艺团队；有影剧院1家、影院2家、歌舞厅8家、网吧14家，社区老年活动中心27家；有宣传橱窗、画廊64处计760平方米；有惠山区法治宣传教育中心、钱桥中学民俗文化展览馆、钱桥文体中心展览室、钱桥中心小学巴金文学展览室、藕塘中心小学军校陈列馆、藕塘中心小学少年农学院农展馆等6个展览馆（室）；镇级图书馆1家，藏书88000册；农家书屋15家，藏书65329册；中小学图书馆4家，总藏书316550册；大中专院校、市公共实训基地图书馆8家，总藏书3127089册。

## 第一节 管理机构

1962年，钱桥、藕塘公社分别建立文化站，负责区域内的文化工作。1991年，钱桥镇文化站更名为钱桥镇文化中心。1999年，钱桥镇文化中心更名为钱桥镇教育文体服务站（简称文体站）。2004

年2月，藕塘文化站并入钱桥镇教育文体服务站。2007年，钱桥镇教育文体服务站更名为钱桥街道文体服务站。2011年，钱桥街道文体服务站更名为钱桥街道文体服务中心。2015年，钱桥街道文体服务中心下辖钱桥社区等15个社区文体服务中心。

## 一、钱桥文化站

1962年，钱桥人民公社成立文化站。文化站设在公社机关院内，第一任站长殷玉清。1987年，钱桥乡文卫助理陆文琴兼任文化站站长。是年，钱桥文化站办公地迁至钱桥乡农民文化宫。1992年，钱桥文化站更名为钱桥镇文化中心，办公地点随着文化宫的搬迁迁至金龙大酒店处。1994年，钱桥镇获江苏省群众文化先进乡镇。1997年，钱桥镇获江苏省体育强镇称号。1999年，钱桥镇文化中心搬迁至育才路108号钱桥老春来广场内，办公室及辅助用房面积达15000平方米，更名为钱桥镇教育文体服务站，站长樊德焕，党支部书记戴新华。当时，钱桥镇教育文体服务站经营项目有广告、培训等，同时逐步设置乒乓球室、健身房、交谊舞池、羽毛球场等活动设施。

2001年，周宏良任钱桥镇教育文体服务站站长兼党支部书记。2004年，钱桥镇教育文体服务站与藕塘镇文化站合并。是年，钱桥镇教育文体服务站获惠山区文明单位称号。

## 二、藕塘文化站

1962年，藕塘人民公社成立藕塘文化站，办公地点设在公社机关院内，第一任站长邵正明，第二任站长钱金华，第三任站长冯国洪。1971年4月，樊德焕任站长，办公室迁至藕塘广播站内，没有活动室。1980年，藕塘文化站迁至自行车橡胶厂，人员30余人，工资自己经营自己补给。文化站工作人员利用空余时间排练《叔嫂冤》等大型古装锡剧，在藕塘公社9个大队进行巡回演出。同时，增加露天电影文化服务项目，创办藕塘图书室。1985年，藕塘乡文化站创办藕塘照相馆。文化站日渐丰富群众文化活动，组织国庆大型文艺汇演、大合唱比赛，春节期间组织拔河、象棋、猜灯谜、打乒乓球等系列文体活动。时文化站还没有自己的活动场所，大型活动借用藕塘中学设施。1991年12月，杨国忠任藕塘乡文化站站长，办公地点迁至藕塘乡乡政府内，活动阵地有图书馆。1999年，胡松林任藕塘镇文化站站长。

2000年，黄洪萱任藕塘镇文化站站长，俞亚度任副站长。同年，藕塘镇影剧院归文化站管理，文化站办公地点迁至影剧院内。2001年，沈秀娟任藕塘镇文化站站长。文化站办公地点迁至藕塘新街，与藕塘镇成人教育中心校合并。2003年春节，藕塘镇文化站组织迎新春系列活动；4月，藕塘镇举办无锡藕塘首届茶叶节，藕塘文化站组织民间文艺方队进行展示表演，开展书画笔友会等活动。2004年，藕塘文化站并入钱桥镇教育文体服务站。

## 三、钱桥街道文体服务中心

2004年2月，藕塘镇文化站并入钱桥镇教育文体服务站，站长沈秀娟，党支部书记周宏良，工作人员15人，办公地点位于育才路108号。是年起，教育文体服务站开支逐步实行政府全额拨款，乒乓球室、书画室、健身房等设施免费对外开放，图书馆分设钱桥、藕塘两处。同年，钱桥文体站获惠山区第一届运动会开幕式大型文体表演优秀组织奖、被评为江苏省全民健身周暨第三个全民健身日活动先进单位。2007年，钱桥撤镇改设街道，钱桥镇教育文体服务站更名为钱桥街道教育文体服务站。

2008年，钱桥街道教育文体服务站获惠山区首届社区文化节优秀组织奖。2009年，钱桥街道教育文体服务站和钱桥影剧院合并，工作人员10人。办公地点由老春来广场迁至钱桥大街105号钱桥影剧院，面积5900多平方米。教育文体服务站的图书阅览室、绿色上网中心、共享工程查询点、书画室、国民体质测试室等全部免费开放。

2010年，藕塘图书馆并入钱桥图书馆。是年，钱桥街道教育文体服务站获江苏省农家书屋书法法制文化建设示范点创建活动先进单位、惠山区先进集体称号。2011年5月，钱桥街道教育文体服务站更名为钱桥街道文体服务中心（简称文体中心）。是年，钱桥街道文体服务中心、图书馆均被评为惠山区先进集体，获无锡市全民健身节优秀组织奖，无锡市“两馆一站”年度考核优秀单位。2012年，文体中心党支部并入钱桥街道社会事务局党支部。是年，钱桥街道文体服务中心被评为惠山区先进集体、无锡市人民满意基层站所。

2013年，钱桥街道文体服务中心被评为无锡市优秀文化站、惠山区群众性精神文明健身先进单位，图书馆被评为惠山区先进集体。2014年，“欢乐大舞台”广场文艺获第二届无锡市“群芳奖”公共文化服务项目奖。2015年，钱桥街道文体服务中心在全国乡镇综合文化站评估中定级为一级文化站。是年，钱桥街道文体服务中心主任沈秀娟，副主任顾敏燕，工作人员11人。

### 四、社区文体服务中心

钱桥街道15个社区均设立社区文体服务中心，街道文体服务中心对其进行业务指导。社区文体服务中心组织学习、宣传党和国家关于加强思想文化建设的法律法规，运用多种形式对社区居民进行社会公德教育，倡导文明向上的思想道德风尚，加强社会主义文化、体育阵地建设，组织、开展内容健康、形式多样的群众性文化、体育活动，丰富社区居民的文化生活。各社区文体服务中心以社区文化为主体，以楼院文化为基础，创建社区文化特色，建立社区文艺团体、社区阅览室、乒乓球室、健身房、茶室、书场、多功能活动室、老年活动室等多个活动阵地。

2015年钱桥街道各社区文体服务中心基本情况表

表6—28—1

| 中心所在社区 | 成立时间 | 活动阵地 |
|---|---|---|
| 钱桥 | 1984 | 阅览室、棋牌室、农家书屋、书场、乒乓球室、书画室、多功能活动室 |
| 西漳 | 1984 | 棋牌室、文艺排练室、播放室、农家书屋、多功能活动室 |
| 晓丰 | 1989 | 老年协会文化大厅、棋牌室、茶室、电视室、乒乓球室、健身房、阅览室 |
| 东风 | 1990 | 老年活动室 |
| 溪南 | 2003 | 图书馆、阅览室、播放室、乒乓球室、老年活动室 |
| 舜柯 | 2003 | 农家书屋、电视播放室、健身场 |
| 华新 | 2007 | 多功能厅、健身房 |
| 藕乐苑 | 2007 | 健身室、乒乓球室、排练室、书场、棋牌室、老少同乐室 |
| 苏庙 | 2008 | 农家书屋、多功能活动室、乒乓球室、健身室、老年活动室 |
| 藕塘 | 2009 | 农家书屋、多功能活动室、乒乓球室、健身室、棋牌室、舞蹈室 |
| 南塘 | 2009 | 老年活动室，农家书屋、多功能活动室、健身室 |
| 盛峰 | 2009 | 多功能活动室、农家书屋、乒乓球室、健身室、老年活动室 |
| 洋溪 | 2011 | 乒乓球室、农家书屋、健身室、棋牌室、志愿者服务室、党员活动室、老年活动室 |
| 晴山蓝城 | 2011 | 乒乓球室、健身房、农家书屋、老年活动室、多功能活动室 |
| 稍塘 | 2011 | 棋牌室、健身室、排练室、乒乓球室、农家书屋、多功能活动室 |

## 第二节 文化场所

2015年，钱桥街道区域内有1家影剧院、1家书场、14家网吧、8家歌舞厅，64处宣传画廊、橱窗，6个展览室，27家社区老年活动中心。各类文化场馆都按照各自的功能，开展各种形式的文化活动。

### 一、（大会堂）影剧院

新中国成立后至1969年，钱桥、藕塘地区分别利用茧行开展文艺活动、召开会议。1969年、1970年，钱桥、藕塘公社先后建造大会堂。大会堂既用于放映电影，也用于文艺表演和召开大型会议。1987年，钱桥镇、藕塘乡分别建造钱桥、藕塘影剧院。2015年，钱桥街道区域内有钱桥影剧院1家，全年开展送影下乡191场。

**（一）钱桥大会堂**

新中国成立初期至60年代末，钱桥（乡）公社利用老街上的鸿大、钱桥两所茧行召开会议，开展文艺活动、演出等。1969年9月，钱桥公社建造钱桥大会堂，位于钱桥粮管所西侧，占地面积约1000平方米，建筑面积720平方米。大会堂朝西设2个安全门，内设砖头砌墩搁水泥板座位500余个，舞台坐南朝北。大会堂建成后，钱桥公社既用于召开各种大型会议，又放映电影，也用作各类文艺表演的场所。1996年底，钱威路拓宽，钱桥大会堂被拆除。

**（二）藕塘大会堂**

新中国成立初期至60年代末，藕塘（乡）公社利用北街裕昌茧行召开会议，开展文艺活动、演出等。1970年，藕塘公社建造藕塘大会堂，位于藕塘南街桥南弄60号，占地面积370平方米，建筑面积324平方米。大会堂内设有水泥浇制墩子后搁水泥方条的座位420个。大会堂门面朝东，舞台坐西朝东，北面另有一个安全门。藕塘大会堂建成后主要用于召开各种大型会议、放映电影及各种文艺演出等活动。2015年，藕塘大会堂还保存基本完好，只是已经弃用。

**（三）钱桥影剧院**

1987年初，钱桥镇动工兴建钱桥影剧院，1989年初竣工，位于钱桥大街105号。钱桥影剧院占地面积9990平方米，主体建筑面积3000平方米，设有座位1008个。正厅建有坐北朝南舞台，正厅东西各设2个安全厅，舞台后面设演员休息室及化妆室。影剧院西侧设2个篮球场和1个健身场，东侧为钱桥镇文化站办公区域。影剧院建成后，时任无锡市委书记邓鸿勋为钱桥影剧院题词。是年5月28日，钱桥影剧院开张营业，配有8.75毫米放映机2台、16毫米放映机2台。同年10月，钱桥影剧院再配备哈尔滨生产的5502型35毫米座机2台。钱桥影剧院每年上映电影500余场，先后有无锡市锡剧团、无锡市歌舞团、江苏省锡剧团、南京军区前线歌舞团、唐山歌舞团、东北铁岭歌舞团以及著名相声演员冯巩等前至献艺，繁荣钱桥、藕塘地区群众的文化生活。钱桥镇政府对于富有教育意义的戏剧和电影，要求影剧院做好宣传、放映、接待、演出工作，放映的影片受到钱桥、藕塘群众的欢迎和好评。钱桥镇宣传部门对于教育意义深刻的影片放映后还组织有关单位座谈、评论，增强影剧的教育作用，弘扬爱国主义精神。1992年4月，钱桥影剧院建成立体声影剧院。同年，中国电影发行公司命名钱桥影剧院为全国一级影剧院。2010年，钱桥影剧院原用胶片机退出历史舞台，启用美国生产的丽信牌350W8000流明型号数码放像机2台，另配备录音机、幻灯机、扩大机、发电机等。2011年起，钱桥影剧院属钱桥街道文体服务中心管理。钱桥影剧院历任负责人胡根海、戴新华、沈秀娟。

**（四）藕塘影剧院**

1987年，藕塘乡兴建藕塘影剧院，位于藕塘新街45号，占地面积2000平方米，主体建筑面积1500平方米，内设座位500个。影剧院正厅坐南朝北，舞台后及北向各设一个安全门。藕塘影剧院建成后，配备8.75毫米放映机和16毫米放映机各1台，另配有幻灯机、发电机、扩大机等。藕塘影剧院每年放映电影200余场，每场观众500余人。同时，先后有无锡市、无锡县锡剧团，无锡市歌舞团等前至演出锡剧，也有评弹、杂技等。藕塘（乡）镇政府经常联系有教育意义的电影，为广大群众放映。2004年2月，钱桥、藕塘两镇合并后，藕塘影剧院停业。

## 二、书场

民国时期，钱桥、藕塘地区的书场多数设在茶馆店内。评弹艺人间断性地到茶馆店内演出，小书有2人演出，大书有1人演出。民国11年（1922），无锡县立通俗教育馆评弹演出团杨锡兴前往开原乡演出，时间从10月17日至30日。25日傍晚，到钱桥头培之医院演出《好人》，听者100余人；26日，在钱桥锡记茶室演出《大家为什么有迷信嗜好》，听者80余人；后又在苏巷苏庙内演出

《勤俭是立身的根本》，听者30余人；27日，在藕塘桥北街冯寿记茶园演出《快除四害》，听者120余人。20世纪30年代中期，西漳孙家巷孙传迁开办的茶馆内设有书场，每场听者50余人。钱桥北街桥堍向北20米处，张纪根开办的茶馆店内设书场，每场开讲时听者100余人。40年代初，彭阿锡、唐二毛在西漳老街西街分别开办的茶馆店内开设书场，每场听者各40余人。评弹演出内容多以古典文学为主，也有民间故事或传说，有的劝人为善，有的提倡勤俭节约，有的宣传烟酒之害等。

新中国成立后，张纪根茶馆店书场由于听者逐年增加，茶馆店规模较小，即迁移至桥北东沿河王阿如老虎灶内，规模有所扩大，每场听者200余人。60年代中期，钱桥商业合作社在南西漳街设立分点后，在饭店旁开设茶馆店，内设书场，每场听者60余人，茶馆店负责人张小毛。60年代末，茶馆店内开设的书场全部停演。70年代末，钱桥、藕塘公社所辖集镇开设季节性书场。80年代后期至90年代末，钱桥、藕塘（乡）镇各村先后建立老年活动室，钱桥、藕塘、东风、盛店等村在老年活动室每年组织评弹团演出。评弹内容除传统节目外，增加有歌颂新中国、歌颂共产党、歌颂毛主席等内容，也有歌颂革命人物。书场听者一般以老年人为主，时间大多利用农闲上午和晚上时间。

2012年9月，钱桥社区创办玉泉书场，位于玉泉公园活动中心。玉泉书场内设12张桌子、76个座位，听者多时则增加临时座位。最多时，玉泉书场听众达100多人。华新社区、晓丰社区、藕乐苑社区书场季节性地组织评弹团演出，每年1~2场，每场约15天。藕乐苑社区书场因评弹演出费较高，听者人数少，于2013年暂停办。2015年，玉泉书场每季度说书一次，大书小书轮流，每场15天。听者收取茶水费，每位3元。

## 三、网吧

2007年12月，无锡瑞得在线恒溢网络服务有限公司在钱桥街道恒新路11号开设钱桥、藕塘地区首家网吧，电脑500台。同月，钱胡路535号开设第2家网吧，名无锡钱胡欣网易家网络服务有限公司。2015年，钱桥街道辖区内开有14家网吧。各网吧内部配有消防栓、灭火器等消防设施，有的还设有报警系统、应急广播系统、应急照明灯等设备设施。

2015年钱桥街道区域内网吧一览表

表6—28—2　　单位：台

| 许可证号 | 网吧名称 | 创办时间 | 地址 | 电脑 | 法定负责人 |
|---|---|---|---|---|---|
| 3020206200089 | 无锡瑞得在线恒溢网络服务有限公司 | 2007.12.14 | 恒新路11号 | 500 | 倪小明 |
| 3020206200079 | 无锡钱胡欣网易家网络服务有限公司 | 2007.12.26 | 钱胡路535号 | 200 | 窦　朋 |
| 3020206200097 | 无锡市华琴网吧 | 2012.01.10 | 恒新路 | 200 | 顾　均 |
| 3020206200081 | 无锡市艺海文斓网吧 | 2012.01.10 | 钱桥大街504号301-307 | 110 | 窦　龙 |
| 3020206200047 | 无锡市钱桥飞越网吧 | 2012.01.10 | 盛岸花园462号二楼 | 200 | 黄金兴 |
| 3020206200043 | 无锡市盛岸网吧 | 2012.01.10 | 盛岸西路华新社区农贸市场2楼 | 210 | 陈财兴 |
| 3020206200041 | 无锡市惠山区钱桥益智网吧 | 2012.01.10 | 钱胡路309号 | 136 | 姚亚芬 |
| 3020206200057 | 无锡市金莎网吧 | 2012.01.10 | 钱桥大街50号 | 200 | 陈霏霏 |
| 3020206200085 | 无锡市艺海晴斓网吧 | 2013.04.28 | 新兴路4、6号二楼 | 110 | 陈　芸 |
| 3020206200067 | 无锡市成功网吧 | 2013.12.05 | 钱桥大街105号 | 180 | 孙　莹 |
| 3020206200031 | 无锡市鑫源之家网吧 | 2013.12.05 | 藕塘政新北路3号二楼 | 110 | 王建新 |
| 3020206200116 | 无锡市坐标网吧 | 2015.06.20 | 恒泰商业广场1-2128~1-2148 | 178 | 杨　昕 |
| 3020206200104 | 无锡市星辰网咖服务部 | 2015.11.04 | 通溪路77号 | 112 | 别应青 |
| 3020206200103 | 无锡市轻语网吧 | 2015.11.04 | 盛岸西路369号玉泉商业街5号楼2楼 | 143 | 杨　明 |

## 四、歌舞厅

1987年10月，钱桥文化宫经无锡县文体局批准，开办区域内首家歌舞厅，负责人吴瑞良。此后，钱桥、藕塘地区又陆续开办出一些歌舞厅，有的开、有的关。至2015年，钱桥街道区域内共有

8家歌舞厅。

2015年钱桥街道区域内歌舞厅一览表

表6—28—3　　单位：平方米

| 名称 | 创办时间 | 地点 | 面积 | 经营情况 | 负责人姓名 |
|---|---|---|---|---|---|
| 无锡市钱桥镇藕塘南洋歌舞厅 | 1992.06.01 | 藕塘北路 | 280 | 正常 | 冯静华 |
| 无锡市百凤歌城 | 2008.01.01 | 钱桥街道影剧院三楼 | 200 | 正常 | 张小燕 |
| 惠山区钱桥高音海歌厅 | 2010.01.01 | 钱威路199号 | 366 | 正常 | 朱兴高 |
| 惠山区钱桥钱潮歌厅 | 2012.01.01 | 锡陆路398号 | 640 | 正常 | 吴　杰 |
| 无锡佳乐汇娱乐有限公司 | 2014.10.20 | 钱桥大街1号恒达商业广场3楼 | 2350 | 正常 | 潘　平 |
| 无锡市久虹娱乐有限公司 | 2014.10.20 | 钱桥大街103号 | 576 | 正常 | 彭宇峰 |
| 无锡欢唱娱乐有限公司盛岸分公司 | 2015.04.01 | 盛岸西路369号玉泉商业街2号楼3楼 | 950 | 正常 | 浦振伟 |
| 无锡市迈乐迪娱乐发展有限公司 | 2015.04.24 | 钱桥大街386-1号 | 585 | 正常 | 唐永忠 |

## 五、展览（室）馆

2015年，钱桥街道区域内有惠山区法治宣传教育中心，钱桥中学民俗文化展览馆，钱桥文体中心展览室，钱桥中心小学巴金文学展览室，藕塘中心小学军校陈列馆、少年农学院农展馆等6个展览（室）馆。

### （一）惠山区法治宣传教育中心

惠山区法治宣传教育中心坐落于江苏省惠山中等专业学校内，展厅面积1400余平方米。法治宣传教育中心分序厅引导、法律长廊、警示教育、法治成果、体验互动、知识教育、法庭、法律服务八大区域。惠山区政府投资300余万元资金建成，于2014年12月4日第一个国家宪法日开馆。开馆以后，法治宣传教育中心立足无锡职教园区、面向全国，每年接待20000多名全国各地参观学习者。法治宣传教育中心有惠山中专学生社团“法治宣讲社”志愿者负责讲解，利用宪法日、国际禁毒日、体育中考、暑假等时间节点，向社会开展法治宣传教育，被评为江苏省第三批省级法治文化建设示范点、无锡市“六五”普法先进集体、惠山区青少年法治文化教育基地等荣誉。

图6—28—1 惠山中专校园内的惠山区法治宣传教育中心

### （二）钱桥中学民俗文化展览馆

钱桥中学民俗文化展览馆坐落于育才路100号钱桥中学科技图书楼底层，创建于2008年，2012年6月新馆落成，建筑面积400平方米。馆内展品主要由该校高波老师从近10年无锡乡村大拆迁中征集、收集而来。民俗文化展览馆有3000多件展品，分七个展板：倾听远古呼唤——模拟考古现场、触摸平民生活、感受旧时百工、体验先农辛劳、探寻太湖水韵、土与火的艺术——陶瓷、感受江南营造——老建筑照片。展馆常年为师生展出，同时面向社会、党员、群众开放。民俗文化展览馆编著《旧物新语》《锡韵乡情》等校本教材，深受各界群众喜爱。民俗文化展览馆由钱桥中学民俗文化研究室管理，管理人员52人，其中学生社团人员40人。2013年，钱桥中学民俗文化展览馆被命名为国家级非遗传承教育基地；2014年，被命名为惠山区爱国主义教育基地；2015年，被命名为无锡市行知大学堂。

### （三）钱桥文体中心展览室

2009年，钱桥街道教育文体服务站在钱桥大街105号建立钱桥文体中心展览室，面积45平方米。钱桥文体中心展览室常年开展公益性书画、儿童画、摄影等展览。是年至2015年，中心展览室先后举办的大型展览有庆祝建国60周年“喜看钱桥新貌 尽绘和谐家园”书画展；庆祝建国61周年书画、摄影展，“我和春天手拉手”儿童画展；庆祝建党90周年老年书画展、“庆祝国庆 福满重阳”老年书画展；“金秋十月、童心飞翔”儿童画展、“欢度重阳节 喜迎十八大”老年书画展；“钱桥故事”儿童绘画展，周焕章个人邮票展；庆祝建国65周年书画展；春季老年画展、寿星画展；纪念抗日战争胜利70周年暨庆祝建国66周年书画展；庆祝建国66周年“美丽家园 幸福钱桥”书画展；“我们的幸福生活”青少年美术展等。

**（四）钱桥中心小学巴金文学展览室**

2008年，钱桥中心小学筹集5.2万元资金在校史陈列室东面创建巴金文学展览室，作为学校巴金文学社的活动基地，面积80平方米。推开巴金文学展览室大门，正面墙上张贴着巴金的大幅照片，慈祥的目光给少先队员温暖和力量，以及“有你在，灯亮着，我们便不在黑暗中，我们就放心”的文字。东西两边靠墙分别是两排柜子，一边是5个敞开式的书架，上面摆放着巴金的著作《家》《春》《秋》《随想录》《巴金文集》等200余部书籍；另一边是4个玻璃展示柜，陈列着巴金的手模、用过的单词卡、钢笔等以及巴金在1985年赠送给钱桥中心小学寻找理想的10名少先队员的一头小瓷牛、给10个孩子的回信复印件等。

文学展览室北面墙上布置着钱桥中心小学历年来开展理想教育活动的掠影，有巴金侄子、钱桥中心小学巴金文学社名誉社长李致，上海巴金文学研究会会长陈思和以及巴金女儿、顾问李小林与钱桥中心小学少先队员的合影以及各级领导、专家学者到钱桥中心小学与少先队员一起活动的场景；下方是巴金文学社首届成员的集体照，还有一张张旧照片，记录着巴金成长的足迹。

**（五）藕塘中心小学军校陈列馆**

2010年5月，为庆祝少年军校成立15周年，藕塘中心小学投入16万元资金建成军校陈列馆，位于藕塘中心小学艺术楼二楼。军校陈列馆陈列藕塘中心小学从1995年成立少年军校后，历任校领导，共建部队领导关怀少年军校的照片，建设少年军校的历程，实物等，是开展国防教育的重要基地。

**（六）藕塘中心小学少年农学院农展馆**

2015年9月，藕塘中心小学投入150万元资金，建成农学院农展馆，面积200平方米。馆内分小小农展馆、美食工坊、组织培养实验室三个部分。农展馆主要用于学生进行农作物的组织培养实验，培养学生对农业科学知识的兴趣和动手操作的能力。

**（七）周怀民藏画馆**

1984年12月，出生于钱桥北街周巷的当代著名国画家、鉴赏家、收藏家周怀民率全家将自己节衣缩食、披沙拣金、尽毕生心力收藏的74件宋、元、明、清时期名家巨匠之作全部捐赠给家乡无锡。之后，周怀民又分批捐赠所藏名人作品226件。无锡市人民政府为表彰周怀民的贡献和桑梓情深，于1987年在河埒口建造周怀民藏画馆，陈列收藏这批珍贵的文物书画。随着无锡经济社会发展和城市规划调整，原址建筑空间和收藏条件难堪重担。为更好发挥藏画馆文化展览、艺术教育、审美熏陶等功能，2015年底，无锡市委、市政府决定将周怀民藏画馆迁移至蓉湖大桥堍、运河公园A区23号5层高的民国建筑内。新馆利用九丰面粉厂工业遗产建筑，一楼为序厅，二楼是周怀民生平事迹展，三楼、四楼分别陈列周怀民捐赠的古书画和名人作品，完整展现周怀民光辉的艺术生涯和杰出的社会贡献。同时，新馆还运用数媒技术，实现线上线下展陈，打造“永不闭馆”的数字博物馆。展览馆中一组组照片、一幅幅书画，让观看者对周怀民学画、藏画、捐画的故事有更为感性的认识。周怀民披沙拣金、护传文化的崇高精神，恪守传统、自出新意的丹青艺术，勤俭朴素、忠厚谦诚的人生品质，感染、感动着每一位参观者。（2016年10月11日，周怀民藏画馆新馆正式对外开放，省委常委、无锡市委书记李小敏致辞，并与省文化厅厅长徐耀新共同为新馆揭牌，市长汪泉主持仪式，民革中央社会服务部部长边旭光致辞。中宣部新闻局原副局长张文祥，省文化厅副厅长、南京博物院院长龚良，省文物局局长刘谨胜，市领导王国中、曹锡荣、华博雅、张丽霞以及周怀民先生家属等出席开放仪式。仪式上，周怀民家属代表周国瑾等被聘为藏画馆名誉馆长。）

## 六、宣传画廊（橱窗）

20世纪六七十年代，钱桥、藕塘公社驻地及各大队驻地都用黑板报进行党的政策宣传、法律法规宣传、农事宣传等。进入80年代，钱桥镇、藕塘乡所在地创建宣传橱窗。1987年，钱桥、西漳、藕塘村先后创建橱窗，进行党务、政务、财务（三务）公开。1988年、1989年，溪南、东风、稍塘村分别创建宣传橱窗。进入21世纪，钱桥、藕塘镇各村均创设宣传橱窗或宣传画廊。2004年，钱桥、藕塘两镇合并后，钱桥镇在钱桥新街以及藕塘老菜场北面分别创设宣传画廊。2007年，钱桥街道在钱桥、藕塘市镇创设无锡职教园政务公开栏和党务公开栏。无锡职教园政务公开栏和党务公开栏向人民群众公开展示无锡（藕塘）职教园区、钱桥（镇）街道领导职务及分工情况、公开钱桥街道财政预算内（外）资金执行情况和为民办实事工程等情况。2009年，钱桥街道文体服务中心根据新搬迁的文体服务中心宣传氛围需要，在活动中心南外墙制作木框宣传栏。2011年，根据无锡市提出建设综合文体站的要求，钱桥街道文体站又在活动中心进门处的东西外墙上制作20米长的不锈钢底板玻璃面板宣传橱窗，每年出版12期，面向广大群众刊登有关街道政风行风、时事政治、文化体育活动以及健康知识、科普知识、文明新风等资料或图片，成为“窗口文化”风景线。

2015年，钱桥街道辖区内设有宣传橱窗、宣传画廊64处，15个社区均设有电子显示屏幕。宣传橱窗、宣传画廊布置的主要内容有党务、政务、财务公开，有法制宣传栏、治安警示栏、科普知识栏、计划生育栏、食品安全栏、妇女保健栏、儿童保健栏、青少年教育栏、交通安全栏、老年养生保健栏、文明新风宣传栏、反邪教宣传栏、消防知识宣传栏、社区居民信息栏、志愿者服务宣传栏、政风行风宣传栏、文化宣传栏、中华文明宣传栏、传统道德宣传栏等。宣传橱窗定期更换，党务、政务公开每季度更换一次，财务公开每半年更换一次，其他专栏有的一个季度更换一次，有的每月进行更换。各社区电子显示屏幕每天播放，及时向群众宣传党和政府的各项方针政策。

2015年钱桥街道宣传画廊、橱窗一览表

表6—28—4　　单位：平方米

| 单位 | 创设时间 | 面积 | 主要宣传内容 | 画廊（橱窗）设置点 |
|---|---|---|---|---|
| 钱桥社区 | 1987 | 91 | 党建专栏、政策宣传专栏 | 社区居委会 |
| | | | 时事新闻（电子显示屏每天播放） | 社区居委会 |
| | | | 反邪教、消防宣传专栏 | 社区居委会东侧 |
| | | | 卫生宣传专栏 | 社区居委会东侧 |
| | | | 科普宣传专栏 | 桥北菜场东大门东侧 |
| | | | 公告栏、阅报栏、志愿者宣传栏 | 桥北菜场东大门西侧 |
| | | | 阅报栏、宣传栏 | 站头新村、新民新村、春惠苑、杨树岸新村、陈家岸新村共5处 |
| | | | 法制长廊，科普、卫生、健康专栏 | 玉泉公园 |
| 西漳社区 | 1987 | 15 | 党务、政务、财务公开，健康卫生、法制宣传 | 社区居委会、西漳公园共2处 |
| 藕塘社区 | 1987 | 43 | 党务、政务、财务公开，计划生育，生活知识，健康知识，卫生知识，科普、法制宣传 | 社区所在地菜场旁 |
| 溪南社区 | 1988 | 15 | 党务、政务、财务公开，生活、健康、卫生、计划生育 | 社区居委会所在地 |
| 东风社区 | 1989 | 20 | 党务、政务、财务公开橱窗 | 社区办公大楼东面 |
| | | | 健康教育宣传橱窗 | 社区办公大楼东面 |
| | | | 计划生育宣传专栏 | 社区办公大楼东面 |

续表 6—28—4 单位：平方米

| 单位 | 创设时间 | 面积 | 主要宣传内容 | 画廊（橱窗）设置点 |
|---|---|---|---|---|
| 东风社区 | 1989 | 20 | 治安警示专栏，法制宣传专栏，反邪教教育专栏，消防知识专栏，志愿者服务专栏，社区文明宣传专栏，社区居民信息专栏，中华文明、孝文化宣传专栏 | 新藕苑广场 |
| 稍塘社区 | 1989 | 15 | 法制宣传、健康教育、计划生育、财务公开、安全教育 | 社区办公楼周围 |
| 华新社区 | 2001 | 45 | 党务、政务、财务公开、食品安全、文卫、法治、阅报栏 | 社区居委会、华新苑、盛岸花园共 3 处 |
| 苏庙社区 | 2001 | 246 | 党务、政务、财务公开，法制园地、计划生育、食品安全 | 社区办公楼 3 处，社区对面围墙、隆舜园、美林湖、春来苑、春光苑、欣欣山庄、欣欣苑、育才公寓共 8 处 |
| 舜柯社区 | 2001 | 20 | 党务、政务、财务公开，法制宣传、计划生育、卫生、健康知识 | 社区居委会、舜柯农贸市场、舜柯家园、舜柯庄家活动场共 4 处 |
| 洋溪社区 | 2001 | 30 | 党务公开栏、村务公开栏、时政宣传栏、计划生育专栏、法制宣传专栏 | 社区办公楼外墙 |
| 盛峰社区 | 2001 | 10 | 党务、政务、财务公开、精神文明、法制、报刊、健康宣传 | 社区所在地 |
| 钱桥街道（钱桥市镇） | 2004 | 15 | 党务、政务、财务公开、政策宣传、法制宣传 | 钱桥大街 141 号 2 处，街道所在地 |
| 钱桥街道（藕塘市镇） | 2004 | 15 | 党务、政务、财务分开、政策宣传、法制宣传 | 藕塘新街 2 处，老菜场北 |
| 文体中心 | 2004 | 80 | 街道文体活动动向，健康、科普、政风行风、文化宣传 | 钱桥影剧院内 |
| 晓丰社区 | 2009 | 20 | 党务、政务、财务公开，生活、健康、卫生、计划生育 | 社区居委会，胜丰、晓星公园，顺风苑公园共 4 处 |
| 南塘社区 | 2009 | 20 | 党务、政务、财务公开栏，精神文明、法制、健康知识、计划生育专栏 | 南塘社区文化长廊 |
| | | | 名人题词、古典文化 | 南水渠文化长廊 |
| | | | 法律法规宣传，思想道德宣传 | 庙塘桥法制文化公园 |
| 晴山蓝城社区 | 2010 | 20 | 党务、政务、财务公开栏，计划生育专栏，健康保健、法制宣传等，《无锡日报》 | 邵巷新村、钱桥新村、梅林春苑、金龙公寓、金岸小区、晴山蓝城、华润小区共 7 处 |
| 藕乐苑社区 | 2015 | 20 | 党务、政务、财务公开橱窗 | 社区办公大楼 |
| | | | 健康教育宣传橱窗 | 社区办公大楼 |
| | | | 社区计生宣传橱窗 | 社区办公大楼 |
| | | | 治安警示栏、法制宣传栏、反邪教教育栏、消防知识宣传栏、志愿者宣传栏、社区文明宣传栏、社区居民信息栏 | 藕乐苑社区广场 |

## 七、老年活动中心

1987 年，苏庙村率先创办钱桥地区首个村级老年活动室。1988 年，钱桥镇威华、溪北、周家弄、胜丰村相继创办老年活动室。1994 年，勤建村创办藕塘地区首个村级老年活动室。2004 年 2 月，钱桥、藕塘两镇各村、社区的老年活动室更名为老年活动中心。2015 年，钱桥街道共建有社区级老年活动中心 27 家。

**1987~2015 年钱桥、藕塘（乡）镇，钱桥街道（村）社区创建老年活动中心统计表**

表 6—28—5 单位：平方米、万元

| 名称 | 创办时间 | 地点 | 面积 | 投入资金 | 备注 |
|---|---|---|---|---|---|
| 苏庙社区竞丰老年活动中心 | 1987 | 村委所在地 | 30 | 5 | 2011 年移至春来苑小区 |
| 华新社区威华老年活动室 | 1988 | 威华村委所在地 | 50 | 30 | 2003 年 10 月，因建乐泉花园拆除 |
| 华新社区溪北老年活动室 | 1988 | 前周基头 | 45 | 20 | 2011 年建钱桥大道拆除 |

续表 6—28—5　　　　单位：平方米、万元

| 名称 | 创办时间 | 地点 | 面积 | 投入资金 | 备注 |
|---|---|---|---|---|---|
| 洋溪社区周家弄老年活动中心 | 1988 | 周家弄村委 | 50 | 3 | 2014 年因拆迁被拆除 |
| 晓丰社区胜丰老年活动中心 | 1988 | 村委大楼西侧 | 415 | 15 | — |
| 舜柯社区历村老年活动中心 | 1989 | 红庙头 | 60 | 30 | — |
| 舜柯社区舜一老年活动中心 | 1991 | 舜一小学旁 | 50 | 30 | 2011 年建无锡高等师范学校时拆迁，2012 年原地往南处翻建 |
| 西漳社区老年活动中心 | 1993 | 社区居委会旁 | 600 | 35 | — |
| 勤建村老年活动中心 | 1994 | 老村委楼上 | 60 | 3 | 2006 年因建职教园区拆除 |
| 盛峰社区盛店桥老年活动中心 | 1996 | 盛店街盛峰饭店旁 | 60 | 15 | — |
| 稍塘社区老年活动中心 | 1996 | 稍塘菜场旁 | 300 | 15 | 1999 年搬迁至麻姑桥旁，2011 年拆迁至 39 路公交终点站 |
| 洋溪社区洋溪老年活动中心 | 2001 | 洋溪村委 | 80 | 10 | 2014 年因拆迁拆除 |
| 钱桥社区玉泉公园老年活动中心 | 2002 | 玉泉公园 | 1000 | 300 | — |
| 东风社区一期老年活动中心 | 2004 | 东风桥堍二楼 | 350 | 60 | — |
| 钱桥社区桥南老年活动中心 | 2005 | 复兴村旁 | 160 | 30 | — |
| 溪南社区老年活动中心 | 2005 | 龚巷 | 120 | 25 | — |
| 华新社区老年活动中心 | 2007 | 华新苑小区 15 号 | 600 | 150 | — |
| 南塘社区南水渠老年活动中心 | 2007 | 南水渠 | 150 | 20 | — |
| 藕乐苑社区一期老年活动中心 | 2007 | 社居委大楼底层 | 400 | 32 | — |
| 藕塘社区老年活动中心 | 2008 | 藕塘新街 2 号 | 200 | 25 | — |
| 晓丰社区晓星老年活动中心 | 2008 | 晓星公园内 | 400 | 15 | — |
| 南塘社区庙塘桥老年活动中心 | 2008 | 南塘社区居委旁 | 100 | 10 | — |
| 藕塘社区老年活动中心 | 2009 | 藕塘北路 34 号 | 96 | 7 | — |
| 苏庙社区老年活动中心 | 2011 | 春来苑小区 | 550 | 90 | — |
| 藕乐苑社区老年活动中心 | 2011 | 钱胡路北侧 | 300 | 21 | — |
| 晴山蓝城老年活动中心 | 2012 | 育才路 49 号 | 300 | 5 | — |
| 钱桥社区老街老年活动中心 | 2013 | 油车弄旁 | 251 | 40 | — |
| 洋溪社区老年活动中心 | 2013 | 洋溪人家安置小区 | 180 | 30 | — |
| 东风社区二期老年活动中心 | 2013 | 新藕苑一期 | 280 | 2 | — |
| 盛峰社区老年活动中心 | 2013 | 盛店桥车站旁 | 53 | 40 | — |
| 溪南社区老年活动中心 | 2014 | 春满园广场旁 | 60 | 40 | — |
| 盛峰社区宇峰老年活动中心 | 2014 | 东张巷 | 30 | 2 | — |
| 藕乐苑社区三期老年活动中心 | 2015 | 社区三期 | 200 | 28 | — |

老年活动中心是社区居委会为老年人提供开展各类文化娱乐活动的场所。各社区老年活动中心有空调、电视机、吊扇、懒汉茶炉、棋牌室，健身器材等设备设施。

## 第三节 广播影视

1957 年，钱桥、藕塘乡分别设立广播放大站。1969 年、1971 年，钱桥、藕塘公社先后成立电影放映队。1987 年、1989 年，藕塘、钱桥放映队先后并入藕塘、钱桥影剧院。1989 年、1993 年，钱桥、藕塘镇先后建立广播电视放大站。1997 年，随着区域内电视事业的发展，钱桥、藕塘镇广播放大站撤销。2006 年，藕塘广电站并入钱桥广电站。2015 年，钱桥街道有 2 家影院，1 家广电网络管理站。

### 一、电影

#### （一）钱桥电影放映队

民国时期，钱桥地区没有电影放映点。由于钱桥邻近无锡市，有的老百姓到无锡城里电影院观看电影。解放初，老百姓又到附近部队（五支队）驻地观看电影。1953 年春，江苏省电影教育工作放映二队到无锡县境内放映电影，钱桥地区偶尔放映，老百姓十分稀罕，自带板凳，踊跃观看。1955

年，电影队下放到县，无锡县人民政府文教科管理无锡县放映队。无锡县放映队陆续到县内各地放映电影，钱桥放映点设在车骡门西迎龙路大场上。60年代，钱桥放映点设至钱桥中学、钱桥中心小学操场，每场观众一般2000余人，最多时达3000多人。西漳地区的放映点设在南西漳中、小学操场上，每场观众达2000余人。1969年，钱桥公社成立公社电影放映队，放映员2人。1970年1月起，钱桥公社放映队轮流至各大队放映露天电影，每场观众约1000余人。钱桥公社电影放映员早于1971年无锡县电影放映队为各公社培训电影放映员之前，由公社派送外地委培。1986年，钱桥乡电影放映队全年放映电影270场。1989年，钱桥影剧院正式开张营业，成立影剧院管理机构，配备36名工作人员，钱桥放映队2名人员纳入其中。2004年，钱桥、藕塘两镇合并，钱桥影剧院管理机构划归钱桥镇教育文体服务站，属教育文体服务站的内设机构。之后，钱桥放映队继续下乡下村放映露天电影。是年，钱桥放映队至乡村放映露天电影152场，观众60200余人次。

2005年起，钱桥（镇）街道文体服务（站）中心与各（村）社区签订每年至（村）社区不少于10次放映露天电影的合同。2015年，虽然电视普及、电影放映次数逐年减少，但是钱桥放映队仍然至各社区每年放映露天电影不少于10次。

**（二）藕塘电影放映队**

1955年，无锡县成立电影放映队后在藕塘中心小学操场上设立露天放映点，每场观众达1500余人。以后，无锡县放映队又在稍塘老街稍塘小学操场、盛店桥老街盛店小学操场上分别设立放映点。稍塘、盛店放映点放映电影时，每场观众皆达500余人。1971年，无锡县电影放映队为藕塘公社培训电影放映员后，藕塘公社成立电影放映队，有放映员1人。藕塘放映队轮流至各大队放映露天电影，每场观众500~800余人。

1986年，藕塘乡电影放映队全年放映电影584场，其中巡回放映320场，观众达52万人次。1987年，藕塘乡建成藕塘影剧院，成立影剧院管理机构，配备26名工作人员，放映员纳入其中。2003年，藕塘镇东风村露天电影放映点有梅巷、小冯巷、漳漕巷、陆巷、芦朱巷、马巷、西沟桥、小王巷、唐巷里；藕塘村放映点有李巷、许巷、徐塘湾、渔池头；庙塘桥村放映点有高冯巷、小章巷、小园里；南水渠村放映点有南水渠、大张巷、姚巷、篮球场；稍塘村放映点有陈巷上、新丰里、湛大坝；勤建村放映点有陈村、椿树巷、东村、西村；盛峰村放映点有弄里、王巷；恒源祥村放映点在恒溢路广场。2004年2月，钱桥、藕塘两镇合并，藕塘影剧院管理机构并入钱桥影剧院，放映队亦随之并入。

图6—28—2 2003年8月28日，藕塘放映队在勤建村丁村放映露天电影《威龙骑兵》

**（三）北京新影联影院责任有限公司无锡分公司**

2014年10月，北京新影联影院责任有限公司无锡分公司（公司性质国集联营）创建，位于钱桥大街1号中环恒泰广场四楼。电影院建筑面积1500平方米，内设大小厅5个。大厅设125个座位，小厅设80个座位，每次放映可容纳500余人。每天放映30余场，每人每场票价80元。影院设备有电彩数字科视放映机5台（套）及其配套音响设备数套。影院设安全通道10处，消防栓10个、灭火器30余个。2015年，北京新影联影院责任有限公司无锡分公司工作人员12名，负责人武晓宽。

**（四）江苏希界维影院投资有限公司**

2015年6月30日，江苏希界维影院投资有限公司（外资）创办，位于盛岸西路331号百乐时代广场四楼，建筑面积4300平方米。影院内设8个影厅，最大厅可容纳380人观看，小厅设105个座位，共有座位1432个。每天放映50余场，全天观众1000余人左右。票价（门市）2D每位70元、3D每位90元、IMAX每位120元。影院有巴可普通电影放映机7台（套）、世界先进IMAX电影放映机 1 台（套）设备。消防设施有 30 个消防栓、各类灭火器 75 个、消防箱 50 个、安全门 20 个。是年，江苏希界维影院投资有限公司工作人员 28 人，负责人杜莉莉。

## 二、广播

民国时期，钱桥、藕塘地区无有线广播。民国 21 年（1932）6 月，无锡第一座中波广播电台（江苏省教育学院电台）开播，钱桥、藕塘地区一些工商业主、富绅购置收音机，收听电台播放的新闻、戏剧、歌曲等节目。少数有文化的农民自己安装矿石收音机收听节目。

1957 年，钱桥广播放大站成立，位于钱桥老街南街 5~7 号，属无锡市郊区广播站管辖。是年，藕塘乡同时成立藕塘广播放大站，属无锡县广播站管辖。1958 年，钱桥人民公社成立，钱桥广播放大站划归无锡县广播站管辖。钱桥、藕塘广播放大站同时接收播放无锡县人民广播站的节目，亦有自办节目；管理模式为双重管理，既受县广播站的管理，又接受公社领导。

1961 年，钱桥广播放大站并入藕塘片广播放大站。1964 年，钱桥公社广播放大站回到钱桥公社机关所在地迎龙路 10 弄 3 号。1968 年，钱桥、藕塘公社响应上级大办广播的号召，村村通喇叭，户户通广播。钱桥、藕塘公社广播放大站共架设 500 多根线杆，3 吨多 8 号铅丝，总线杆每 50 米一档，广播线总长 20 余公里。广播电线杆开始为毛竹，后逐步以水泥杆替代，线杆高度有 5.5 米和 7.5 米两种。1969 年，无锡县政府对各公社广播事业建设基本情况进行统计、检查，钱桥广播站是全县传输效率最好、质量最好的放大站。每当夏收夏种、秋收秋种期间，钱桥、藕塘公社广播放大站均自办节目，上午 9 时播音，下午 3 时重播，报道公社领导对大忙的工作安排、当前工作、大忙中的好人好事等。

1969 年钱桥、藕塘公社广播事业建设基本情况统计表

表 6—28—6

| 项目 | 钱桥 | 藕塘 | 项目 | | 钱桥 | 藕塘 |
|---|---|---|---|---|---|---|
| 大队数（个） | 13 | 10 | 机房 | | 新建 | 新建 |
| 生产队数（个） | 193 | 141 | 机器总 W 数 | | 6650 | 4900 |
| 农户数（户） | 5100 | 3567 | 其中 | 1000W | 5 | 3 |
| 用户喇叭数（个） | 5050 | 4250 | | 800W | — | 1 |
| 25W 高音喇叭数（个） | 80 | 80 | | 550W | 3 | 2 |
| 线路全长（米） | 42000 | 50800 | 扩音机（台） | | 1 | 2 |
| 公社到大队的线路长（米） | 18000 | 15800 | 录音机（台） | | 2 | 2 |
| 大队到重点生产队线路长（米） | 15000 | 28000 | 电唱机（台） | | 1 | 1 |
| 村头用户线（米） | 9000 | 7000 | 话筒（个） | | 2 | 4 |
| 线杆（根） | 300 | 525 | 大队维护员（人） | | 13 | 9 |
| 其中自主杆数（根） | 150 | 105 | 生产队维护员（人） | | 90 | — |
| 附加杆数（根） | 150 | 420 | — | | — | — |

1972 年，钱桥广播放大站随公社办公场所搬迁，一同迁至钱桥南街西巷弄 40 号。1986 年，钱桥乡有线广播放大站拥有扩大机 3 台，户装广播喇叭 5245 个，主馈线路总长 39 公里，支线 45 公里。1993 年 12 月，钱桥广播放大站迁至钱桥大街 141 号。1997 年，随着电视事业的发展，钱桥、藕塘广播放大站停止运行。

钱桥广播放大站历任站长唐伯兴、许其南、毛仲篪、宋祺清。藕塘广播放大站历任站长钱京华、黄洪萱。

## 三、电视

20 世纪 70 年代初，钱桥、藕塘地区个别家庭开始有 9 英寸黑白电视机，后出现 12 英寸、14 英寸黑白电视机。黑白电视机上有一根伸缩天线，用于接收电视节目信号。1989 年，钱桥镇始建广电站，钱桥市镇首次开通有线电视。1992 年，钱桥广电站开始自办有线电视节目《钱桥新闻》，每周

一期，每期 10 分钟。1993 年，藕塘镇始建藕塘广电站。是年，藕塘市镇及洗马浜首次开通有线电视。1995 年，钱桥镇全镇开通有线电视。是年，藕塘广电站开始自办有线电视节目。1997 年，藕塘镇全镇开通有线电视。

2003 年，钱桥、藕塘广电站人、财、物由原来的隶属地方政府管理收归为无锡市广电集团管理。2006 年 9 月，钱桥、藕塘广电站合并，成立新的钱桥广电站。2007 年起，钱桥广电站模拟有线电视逐步向传输节目内容丰富、图像清晰的数字有线电视转变（每户配置数字电视机顶盒），中小学及部分企业的电视设备也随之逐步更新，丰富学校、企业文化。2008 年 12 月，江苏省有线电视分公司成立，钱桥广电站收归江苏有线无锡分公司管理，全面普及数字有线电视，节目频道 60 多套。2009 年，钱桥广电站对有线电视网络进行双向化改造，发展高清互动电视、光电宽带多功能业务。是年 12 月，钱桥广电站更名为江苏省广电有限信息网络股份有限公司无锡分公司钱桥广电网络管理站。

2015 年底，钱桥广电网络管理站有线数字电视用户达 22000 多户，光电宽带用户 3300 多户。钱桥广电站历任站长黄洪萱、陈建东、倪志强。

## 第四节 群众文艺

民国时期，钱桥、藕塘地区有“草台班子戏”长期流动演出于集镇、农村，所演之处为庙宇庵堂、野外旷地、人家场前，搭台就演。演出草台班戏的人员没几个，道具没几件，但是演得投入，使没有多少机会看戏的区域内农民兴致勃勃，看得格外开心。同时，各种地方戏到村村落落表演小热昏唱滩簧，所唱戏曲形式各有不同，有锡剧、昆曲、沪剧、京剧等，因锡剧甚受钱桥、藕塘百姓欢迎，所以锡剧居多。表演间隙，演员突然来个“买梨膏糖！买梨膏糖啰！”场面十分热闹。1952 年，无锡市锡剧团到钱桥车骡门西、迎龙路老戏场送戏下乡，演出《双推磨》等，主要演员为梅兰珍、王彬彬等。1953 年，无锡市锡剧团到钱桥老戏场送戏下乡，演出《珍珠塔》，主要演员为梅兰珍、王彬彬、汪韵芝等。钱桥、藕塘乃至周边地区的百姓争相观看，盛况空前。

“文化大革命”时期，钱桥、藕塘地区各行各业（包括学校）、各大队都成立毛泽东思想文艺宣传队。文艺宣传队不但到街头村巷宣传演出，而且到单位联谊演出。尤其是演唱革命样板戏《红灯记》《沙家浜》《智取威虎山》等，屡演不衰。

改革开放后，钱桥、藕塘文化站建办实体，都有自己的经营项目，经营之余，工作人员自排节目，或组织群众排练节目，组场演出，有锡剧专场、国庆文艺汇演、合唱比赛、迎新春文体娱乐比赛等。

进入 21 世纪，钱桥、藕塘地区从镇到村分别组建文体特色团队，群众文艺空前活跃。钱桥、藕塘镇文体站，钱桥街道文体服务中心以节日为契机，开展迎新春系列活动、大型巡游活动、元宵节猜灯谜活动、广场音乐会、到部队慰问演出、重阳节敬老院慰问演出、国庆专场文艺演出、送戏下乡、龙狮表演等。除此以外，还开展群众性的声乐、舞蹈、戏曲等单项文艺比赛展示活动。

### 一、歌咏

民国前期，钱桥、藕塘地区流行民歌民谣，以口头传唱为主。内容涉及田间劳作、风光景物、风俗节庆、男女爱情、劝人为善等。口头歌谣有《山歌好唱口难开》，劳动山歌有《牵砻歌》《养蚕歌》《劳动号子》《摇船山歌》，生活歌谣有《无锡景》《同胞姐妹看娘面》《哭七七》《叹五更》等，情歌有《嫁郎勿着气愤愤》等，儿童歌谣有《摇呀摇》《狼来了》等。抗战时期，钱桥、藕塘地区群众爱唱抗日救亡爱国歌曲《义勇军进行曲》《黄河大合唱》《松花江上》《大刀进行曲》《打回老家去》《游击队之歌》《歌唱二小放牛郎》等。民国 37 年（1948）《锡报》报道，钱桥地区举行歌咏比赛，参加代表 70 余人，万东中心小学孙焕秋获中级组第 4 名、邵民清获高级组第 2 名。

新中国成立初期，钱桥、藕塘地区群众演唱《东方红》《没有共产党就没有新中国》《解放区的天》《团结就是力量》《社会主义好》等歌曲。“文化大革命”期间流行《毛主席语录歌》《毛主席诗词》、歌曲《大海航行靠舵手》《北京的金山上》《我们走在大路上》《草原上的红卫兵见到毛主席》等。

改革开放后，钱桥、藕塘群众中流行的歌曲有《甜蜜蜜》《在希望的田野上》《我的中国心》《血染的风采》《酒干倘卖无》《冬天里的一把火》等。1992年5月，为纪念毛泽东主席《在延安文艺座谈会上的讲话》发表五十周年，钱桥镇、藕塘乡分别组织歌咏专场比赛。2003年3月18日，钱桥社区成立“天天合唱团”。合唱团人员有老干部、老教师、退休职工等80余人，以演唱革命老歌为主，也唱流行歌曲。2004年3月，钱桥中心小学退休教师成立合唱队，成员50余人，每周二下午唱红歌、流行歌曲。是年9月28日，钱桥镇组成的80多人大合唱队参加在前洲娱乐城举行的惠山区大合唱比赛，获得全区大合唱比赛第一名。9月29日晚，钱桥镇在钱桥中学操场举行“迎国庆55周年祖国颂”大合唱决赛暨大型广场焰火晚会，18支进入决赛的基层合唱队经过激烈角逐，华新村合唱队以9.85分获特等奖；百乐集团、钱桥中学、钱桥中心幼儿园合唱队分别获得一等奖；藕塘中心、钱桥中心小学，苏庙、洋溪、庙塘桥、晓星村合唱队分别获得二等奖；苏嘉集团、溪南村、钱桥街道工作办公室、东风村、藕塘村、藕塘中学、盛峰村、稍塘村合唱队分别获得三等奖。惠山区区委副书记、区长毛海圻也来到晚会现场，和大家一起兴致勃勃观看演出，并亲自为获得特等奖的华新村合唱队颁奖。

2005年8月，东风村成立说唱队，参加人员有退休教师、老干部、退休职工等30余人，主要演唱红色经典歌曲、现代流行歌曲及自编自唱《钱桥明天更美好》等歌曲。2006年，无锡市委宣传部、市文化广电新闻出版局举办无锡市群众文艺汇演成人音乐舞蹈专场，钱桥镇男声独唱《荷塘月色》获金奖，同时获第七届江苏省“五星工程奖”铜奖。2008年，钱桥街道男声独唱《回望故乡》参加无锡市群众文艺汇演成人音乐类表演获银奖、创作获金奖，同时获第八届江苏省“五星工程奖”银奖。

2010年，晴山蓝城社区组建蓝桥艺术团，参加人员有老教师、老干部等40余人，演唱革命歌曲。是年，钱桥街道男声独唱《青春河》参加无锡市委宣传部、市文化广电新闻出版局、市文化艺术管理中心举办的演唱会，获银奖。2012年1月，文体服务中心组织职工举行群众迎新春“幸福生活大家唱”歌咏比赛。2014年，钱桥街道女声独唱《舜歌》获无锡市第二届“群芳奖”成人组金奖、第十一届江苏省“五一工程奖”金奖。5月8日晚，钱桥文体服务中心主办，钱桥街道总工会、职工群众文化艺术团、藕塘社区协办的“欢乐大舞台——幸福歌声•唱响藕塘”决赛在藕苑广场举行。经过前两场在洋溪、苏庙的预赛后共有16位选手晋级此次决赛。经过将近一个半小时的决赛，西漳社区彭磊的女高音《茉莉花》、业余歌唱爱好者来自街道理发店的孙健师傅的《我像雪花天上来》获得决赛并列一等奖。是年9月29日，由钱桥街道党工委书记、办事处主任、党工委副书记和无锡职教园城市职业技术学院、高等师范学校的师生组成的钱桥大合唱团队参加在前洲影剧院举行的惠山区“祖国颂 惠山放歌”迎国庆65周年大合唱比赛。钱桥街道83人的大合唱队在八个参赛队中脱颖而出，以9.984的高分获得比赛第一名。

## 二、舞蹈

新中国成立初期，钱桥、藕塘地区老百姓喜欢跳秧歌舞，跳“嘿啦啦啦啦，嘿啦啦啦，天空出彩霞呀，地上开红花呀……”集体舞。“文化大革命”时期，区域内盛行忠字舞。20世纪90年代，藕塘镇藕塘村成立藕姿韵舞蹈队，成员27人。藕姿韵舞蹈队跳民族舞、秧歌舞，开展自娱自乐活动。

2001年起，钱桥、藕塘两镇15个村先后创办中老年广场舞蹈队，积极参与市、区、镇多项舞蹈表演活动。2010年，钱桥街道文体站选送的双人舞《藕魂》参加无锡市舞蹈比赛，获无锡市委宣传部、文化广电新闻出版局、文化艺术管理中心铜奖。2012年，文体站选送舞蹈《喜•嫁》参加比赛，获无锡市创作金奖、表演银奖、省第十届“五星工程奖”铜奖。2013年5月24日，钱桥街道第六届全民健身康乐节启动仪式暨广场舞大赛在春来广场举行，各社区的18支健身舞团队参赛。中国社会舞蹈研究会副研究馆员江燕、中国舞蹈研究会会员解幸东、惠山区文体局王希龙任评委。《中国美》《欢聚一堂》《欢庆》等广场舞反映改革开放后人民的美好生活；《卓玛》《姑娘我爱你》反映中国少数民族的舞蹈艺术；《印度风情》《印度恰恰》反映曼妙的异国风情。经评委评选，晴山蓝城社区惠山姐妹广场舞队的《卓玛》获一等奖；藕乐苑特色文艺团队《今夜舞起来》、华新社区中老年舞蹈队《排舞串烧》分获二等奖。

图6—28—3 2013年3月18日，钱桥街道文体服务中心举行文艺辅导员培训班

2014年3月20日，文体服务中心在影剧院四楼舞蹈房举办“无锡是个好地方”广场舞培训，15个社区的30多位活跃在社区一线的广场舞骨干参加。8月8日晚，钱桥街道在五洲国际小商品城举行全民健身日暨“五洲杯”广场舞展示，15个社区15支广场舞队参赛。11月，举行上海国际艺术节无锡惠山区分会场无锡职教园“青春伴我行”校园街舞大赛。是年，文体站选送的舞蹈《芦花情》参加比赛，获无锡市文化广电新闻出版局举办的无锡市第二届“群芳奖”成人组金奖、江苏省文化厅评定的第十一届江苏省“五星工程奖”银奖、江苏省舞蹈家协会举办的江苏省第四届社会舞蹈比赛青年创作节目组表演金奖、创作金奖。2015年，钱桥街道共有21支舞蹈队、广场舞队、民族舞队。

图6—28—4 2014年3月20日，钱桥街道文体服务中心举行舞蹈培训

1990~2015年钱桥、藕塘（乡）镇，钱桥街道各（村）社区舞蹈队基本情况统计表

表6—28—7　　　　单位：人

| 舞蹈队名称 | 创办年份 | 人员数 | 活动项目 | 负责人 | 备注 |
|---|---|---|---|---|---|
| 藕塘藕姿韵舞蹈队 | 1990 | 27 | 民族舞、广场舞 | 张英华 | — |
| 玉泉歌舞队 | 2001 | 30 | 中老年舞、广场舞 | 钱竹莺 | 2011~2013获无锡市特色团队称号 |
| 华新中老年舞蹈队 | 2001 | 30 | 广场舞、扇子舞等 | 唐惠娟 | — |
| 苏庙老年舞蹈队 | 2005 | 22 | 中老年舞、广场舞 | 支月芬 | — |
| 西漳老年舞蹈队 | 2006 | 20 | 广场舞、文艺舞 | 钱寿英 | — |
| 溪南老年舞蹈队 | 2008 | 20 | 广场舞、大秧歌舞等 | 卜爱香 | — |
| 南塘舞蹈队 | 2009 | 20 | 健身操、广场舞等 | 张勤勤 | — |
| 晓丰文艺健身队 | 2009 | 30 | 广场舞、交谊舞等 | 樊忠恺 | — |
| 盛峰老年舞蹈队 | 2009 | 25 | 广场舞 | 张　萍 | — |
| 东风夕阳红广场舞队 | 2010 | 20 | 舞蹈 | 黄明珍 | 无锡市体育运动舞蹈协会成员 |
| 钱桥健身舞蹈队 | 2010 | 22 | 民族舞、广场舞 | 朱玲娣 | 2011~2013获无锡市特色团队称号 |
| 稍塘舞蹈队 | 2010 | 30 | 球舞、扇子舞等 | 成仁和 | — |
| 东风健身舞蹈队 | 2010 | 16 | 舞蹈 | 施云娣 | — |
| 洋溪广场舞蹈队 | 2010 | 30 | 广场舞 | 贾云娟 | — |
| 洋溪蝴蝶飞健身队 | 2011 | 15 | 太极拳、舞蹈 | 钱正英 | — |
| 晴山蓝城惠山姐妹广场舞队 | 2012 | 76 | 舞蹈 | 陈玲凤 | 无锡市舞蹈协会广场舞成员 |
| 舜柯广场舞队 | 2012 | 20 | 广场舞 | 毛灵红 | — |

续表 6—28—7　　单位：人

| 舞蹈队名称 | 创办年份 | 人员数 | 活动项目 | 负责人 | 备注 |
|---|---|---|---|---|---|
| 舜柯民族舞队 | 2012 | 11 | 民族舞蹈 | 张咏梅 | — |
| 藕乐苑舞蹈队 | 2012 | 41 | 广场舞 | 李建英 | 2011~2013 获无锡市特色团队称号；2014 年获市广电局、老龄会三等奖和优胜奖、优秀表演奖 |
| 稍塘广场舞蹈队 | 2013 | 60 | 广场舞 | 成仁和 | — |
| 西漳天天广场舞队 | 2015 | 30 | 交谊舞、广场舞等 | 王敏娟 | — |

## 三、戏曲

民国时期，钱桥、藕塘地区每逢春节或庙会，都要演戏数天，民间修谱完成要演戏多场，富户婚嫁祝寿请戏班子庆贺唱戏。锡剧在区域内流传已久，男女老少都会哼上几句。本土艺人、锡剧名演员匡耀良等颇具盛名。

新中国成立初期，威华唐家庄锡剧文艺队在钱桥地区颇具盛名，逢年过节演出《双推磨》《两兄弟》等锡剧。唐家庄锡剧文艺队除在本地演出外，还被邀请到周边兄弟村演出，受到观众热烈赞扬。1951~1954 年合作化运动中，钱桥新丰地区有 3 个群众性锡剧团，分别是杨毛岸新艺剧团，周基头群艺剧团，金巷、肖尤巷自然村的新光剧团。3 个群众性文艺锡剧团先后演出《赵小兰》《刘胡兰》《白毛女》《红花绿叶》等锡剧。在本地成功演出后，新艺、群艺、新光剧团又到附近洛社、藕塘、杨市等地演出 20 余场，在周边地区轰动一时。其时，稍塘乡成立的新民锡剧团演出大型锡剧《打死美国佬》《一贯道》《新婚姻法》等节目到各乡各村巡演。盛店乡、新民乡各村纷纷组织农民锡剧团，其中名气较大的有庙桥村剧团与新民村剧团。庙桥村剧团演出的《白蛇传》、新民村剧团演出的《卓文君》深受群众欢迎。在互助合作化时期，新民村剧团还演出《走上新路》。成立人民公社后，新民村剧团原班人马改组为藕塘公社剧团，排练《红色的种子》，其演出在藕塘地区红极一时。

20 世纪 50 年代末至 60 年代，藕塘公社东风、火花、五星、勤建等大队分别成立文艺宣传队。各大队文艺宣传队分别有 20 余名宣传队员，排演锡剧、折子戏等节目。70 年代，藕塘公社永红大队毛泽东思想文艺宣传队排练样板戏《沙家浜》等，到附近乡村巡演，还到无锡县人民大会堂和基康解放军部队演出。钱桥公社洋溪、藕塘公社东方红大队成立文艺宣传队后，排演《智取威虎山》《红灯记》《沙家浜》等锡剧。

2000 年始，钱桥、藕塘镇各村村委每逢重要节日，邀请无锡市锡剧团、惠山区红花锡剧团、常州市锡剧团等到村内演出《珍珠塔》《双珠凤》《哑女告状》《窦娥冤》等传统剧目，每次演 4~5 天。2008 年 3 月 15 日，华新村邀请常州市芙蓉锡剧团连续演出 30 余场锡剧。2012 年 1 月，文体服务中心组织戏曲专场至敬老院进行慰问演出。2013 年，藕乐苑社区成立锡剧演唱队，有 30 余人参加，每逢周四在社区书场演唱锡剧。2014 年 5 月，钱桥街道组织开展锡剧送下乡活动。2015 年，钱桥街道文体服务中心选送锡剧《宝莲灯》选段、《二堂放子》《定能战胜顽敌度难关》参加惠山区第四届社区文化艺术节演出，《宝莲灯》选段获一等奖、《二堂放子》《定能战胜顽敌度难关》获二等奖。是年，钱桥街道 15 个社区组织戏剧演出 120 场次。

图 6—28—5　2014 年 5 月 22 日，钱桥街道组织职工艺术团锡剧送下乡演出

## 四、器乐

钱桥、藕塘地区民间爱好器乐演奏的人很多。1978 年改革开放以后，随着人民物质生活水平的不断提高，钱桥、藕塘地区群众的文化需求日益增长，器乐成为一些家庭文化娱乐的活动，呈现出百花争艳的繁荣景象。西漳社区音乐之家王树均家庭，全家人员都会器乐，有二胡、笛子、钢琴、

电子琴，曾参加中央电视台经济频道《金土杯》希望快车无锡站表演，被无锡市评为十佳文艺特色家庭。东风社区沈伯兴有器乐演奏特长，创办东风社区“乡韵文艺队”，器乐节目经常参加区、（镇）街道的演出。

2010年、2012年，钱桥街道文体站选送器乐节目《瑶山夜歌》《黄种人》参加惠山区演出，获得创作表演铜奖。2012年11月，乡韵文艺队获惠山区法治文化特色团队称号。2011~2013年，东风社区沈伯兴获无锡市特色文化标兵称号。2015年11月6日，钱桥街道残疾人小乐队队员徐平、周洁，支海锋、刘佳音参加无锡市残疾人文艺展演，获得优秀奖。

## 五、广场文艺

2000年起，钱桥、藕塘镇，钱桥街道及各（村）社区先后建造春来、山泉、藕苑、恒源祥、玉泉、西漳、藕乐苑等大型广场，总面积20多万平方米，为群众开展广场文艺创造了条件。每天清晨、晚上，居民纷纷到广场开展各类文艺活动或健身等活动，广场文艺形式一年比一年多。2008年2月21日（农历正月十五），钱桥街道在江苏信息职业技术学院运动场上举行“贺新年、迎奥运”闹元宵巡游活动，各村、各企事业单位16个表演团体1100多人依次巡游演出，区宣传部、文体局领导与职教园区5000多名干部群众共同欢度元宵佳节，舞龙队、警车方队、国旗护卫队、刀旗队，昂扬奋进；鲜花队、鼓乐队、大头娃娃队，活泼可爱；彩球队、挑花担队、腰鼓队，英姿飒爽，充满朝气；炼钢工人方队、民营企业方队、社区居民方队，精神抖擞；秧歌队、扇舞队、莲湘方队，歌甜舞美。10月，钱桥街道举行无锡市“威孚杯”激情周末广场文艺演出。是年，钱桥街道文体站选送的广场文艺《百姓大舞台》钱桥专场获惠山区首届社区文化节广场文艺演出金奖。

图6—28—6 2008年2月21日，钱桥街道在江苏信息职业技术学院运动场举行“贺新年迎奥运”闹元宵巡游活动

2010年，钱桥街道广场文艺群舞《幸福的花儿》获惠山区表演金奖。2011年，广场舞《西部放歌》参加惠山区第二届社区“舞动生活、美化社区”文化艺术节，获广场舞蹈大赛二等奖。2013年4月26日晚，钱桥街道文体服务中心主办、钱桥社区协办的社区文化节开幕式暨“欢乐大舞台”首场文艺演出在钱桥社区玉泉大舞台举行，演职人员、观众共800余人。文体服务中心负责人表演的配乐诗朗诵《欢乐大舞台 群众的文化品牌》声情并茂，东风社区的说唱《六样机》反映钱桥、藕塘百姓蒸蒸日上的生活，戏曲协会《锡剧联唱》深受戏迷爱好者的捧场，滑稽戏《生意人》风趣幽默、观众捧腹大笑，钱桥社区舞蹈《好日子》《我们是党的好儿女》、晴山蓝城社区舞蹈《彝山歌谣》体现广大老年文艺爱好者对幸福生活的热爱。5月24日，钱桥街道在春来广场举办广场舞大赛，各社区组队参加，特邀无锡市专家为评委，晴山蓝城社区惠山姐妹广场舞队获第一名，藕乐苑社区文艺队获第二名。6月2日晚，钱桥街道文体服务中心文艺品牌“欢乐大舞台”第二场走进溪南社区，观众近3000人。有76岁的龚梅兴歌曲《我的太阳》、各社区表演的舞蹈《功夫扇》《卓玛》《火火火》、滑稽戏《最炫生活风》、音舞快板《山水之都 魅力锡西》等观众喜闻乐见的节目，掌声不断。同时有歌曲演唱、器乐演奏、锡剧联唱等表演。6月4日晚，“欢乐大舞台”第三场走进藕乐苑社区，观众2000多

图6—28—7 2013年4月26日晚，文体服务中心主办的首场“欢乐大舞台”广场文艺在玉泉公园举行

图6—28—8 2013年7月3日晚，“欢乐大舞台”广场文艺走进东风社区

人。7月2日晚，“欢乐大舞台”走进稍塘社区，社区干群对街道文体服务中心文艺下乡活动的近距离感充分肯定。7月3日晚，“欢乐大舞台”文艺演出走进东风社区，晚会在社区舞蹈《好运来》中拉开帷幕。8月28日晚，钱桥街道群众文化品牌“欢乐大舞台”走进藕塘社区，140多位演职人员和近千名观众一起分享由钱桥街道文体站和藕塘社区共同策划的14个精彩纷呈的文艺节目。演出中，观众们为舞蹈《最炫民族风》《茶园飘香》《百变拉丁》《大草原小情歌》等送上最热烈的掌声，许多摄影发烧友不停地拍照、录像。9月25日晚，无锡市“激情周末”广场文艺演出暨钱桥街道“欢乐大舞台”走进晓丰社区。10月11日，庆祝第26个老人节暨钱桥街道老年文艺汇演在春来广场举行。10月20日，锡西新城金秋惠山菊会广场文艺职教园专场在锡惠景区举行，钱桥街道100多位草根明星用嘹亮的歌声和动情的舞姿向观众展示钱桥发展的精彩和文化艺术特色，学校、社区文艺特色团队的舞蹈《蝴蝶泉边》《彝山歌谣》《情满天路 扎西德勒》《天马舞》《ONLY ONE》等节目让现场观众赞不绝口。11月9日，无锡电视台《梦想舞台》在钱桥街道晴山蓝城社区广场录制第八场海选。节目于11月25~29日在无锡经济频道播出。

图6—28—9 2013年10月11日，庆祝第26个老人节文艺汇演在春来广场举行

2014年7月10日晚，无锡市文明办、民政局主办，钱桥街道文体服务中心、总工会承办，稍塘社区等单位协办的钱桥街道“欢乐大舞台——福彩•爱基金”志愿服务活动在稍塘居家养老服务站广场举行。9月17日晚，苏庙社区举行“一社一品”广场舞展示活动。老年组朱月芬团队表演《火火的爱》《摇啊摇》《小苹果》舞蹈，青年组郭士云带领的团队表演《粉红情歌》《妈妈恰恰》《无锡是个好地方》3支广场舞等获得观众的不断掌声。11月11日，晴山蓝城社区主办，区文体局、文化馆承办，街道文体服务中心协办的欢乐大舞台系列活动“百姓大舞台，金秋话名嘴”一社一品特色文化汇演在晴山蓝城广场举行。晴山蓝城合唱团、惠山姐妹广场舞队、钱桥健身舞蹈队、喜乐汇锡剧表演队和俏夕阳健身队5支社区文体团队进行一个多小时的倾情演出，《建设平安新钱桥》《和谐家庭真正好》等说唱节目体现钱桥人民积极向上的精神风貌。是年，钱桥街道开展广场文艺、送戏下乡等近200场次，新增工商注册500万元以上文化企业3家，新增年销售2000万元以上骨干文化企业1家，实现投入1.2亿元，产值3.4亿元。

2015年 4月，举行劳动颂歌“欢乐大舞台 职工庆五一”广场文艺演出。7月，举行“唱响钱桥公益 营造和谐家园”大型公益广场文艺晚会。4~9月，组织“欢乐大舞台”广场文艺走进15个社区表演。10月，举行庆祝第28个敬老节“九九重阳节 共抒重阳情”广场文艺展演。11月，组织惠山区百姓大舞台专场“乡里乡亲 和谐社区行”广场文艺在晓星公园演出。12月，举行“多彩志愿 美丽绽放”惠山区“12•5”国际志愿者日主题活动暨“精彩钱桥•最美故事”专场广场文艺汇演。

## 六、传统文艺

钱桥、藕塘地区的民间传统文艺有舞龙灯、舞狮、走马灯、调采茶等，大都由农民在春节、节场、庙会表演。清朝乾隆年间，开原乡钱桥百姓有“正月看龙灯”“二月采茶灯”之说。农历正月、二月，是钱桥、藕塘老百姓一年之中的空闲时光，年初一到正月十五元宵节老百姓看舞龙灯。看完舞龙灯，大家期盼看传统的二月调采茶灯。采茶灯由农民自己扎制各种精巧花灯，有飞禽走兽、车船鱼鸟、花篮彩云灯等，也有吉庆灯、和合灯、百鸟朝凤灯、十二月花神灯、八仙灯、五谷丰收灯等。调采茶灯在钱桥地区有祈祝丰收、五谷丰登、风调雨顺的说法。

新中国成立后，钱桥、藕塘地区盛行秧歌、腰鼓、莲湘、荡湖船等。1956~1958年间，钱桥、藕塘地区的秧歌、腰鼓、莲湘曾参加无锡县举办的大型民间文艺演出。“文化大革命”中，钱桥、藕塘地区的传统文艺趋于消失。1978 年改革开放以后，传统文艺活动得以恢复，舞龙等盛行。1984 年元宵节，钱桥农民扎制的几百只彩灯在无锡市城中公园和工人文化宫内展出，获得无锡市民的一致好评。是年，钱桥采茶灯在无锡市体育馆作精彩表演。2015 年，钱桥街道的传统文艺有舞龙灯、舞狮、打莲湘、荡湖船、调采茶等。

## 第五节 节庆文艺

明清时期，钱桥、藕塘地区乡村农民每逢春节、元宵节、中秋节都要开展各类传统文艺活动。民国时期，钱桥、藕塘地区春节文艺活动有舞龙灯、舞狮、唱戏、抖空竹、锣鼓、武术、走高跷、马灯、舞蹈及邀请戏班子唱戏等活动。新中国成立后，每逢元旦、春节、妇女节、劳动节、国庆节等节日，政府组织广场文艺活动，民间仍以舞龙灯、舞狮、唱戏等为主。

20 世纪 80 年代末始，钱桥、藕塘各村、各社区先后办起挑花担队、腰鼓队、莲湘队、女子舞龙队、荡湖船队及南水渠太平龙灯队等团队。这些文艺团队在节日期间都根据各自的特长在街镇、乡村演出。进入 21 世纪，钱桥、藕塘地区在节日兴起文艺汇演、文艺晚会、文艺巡演、欢乐大舞台、广场文艺等文艺演出活动。

### 一、正月龙灯

钱桥、藕塘地区舞龙灯在农历正月初一至初八以及正月十五元宵节最盛。民国时期，钱桥地区有东、南两龙。舞龙时，以旌旗、锣鼓、号角为前导，将龙身从龙宫中请出，接上龙头龙尾，举行点睛仪式。龙身用竹片扎成，节节相连，外面用画有龙鳞的巨幅红布、或黄布、或青布包裹起来（称红龙、黄龙、青龙），龙身中间点上蜡烛，每隔五六尺有一根撑竿（舞龙灯人手握），首尾约有十多丈长，由一人持龙珠竿引领舞龙。

东龙在开原乡钱桥龙山湾，舞龙者都是男子，有 20 余人。舞龙灯时请龙出宫后，龙队一路沿双河、洋溪河，舞至钱桥东观音堂。在东观音堂内点灯、上香、拜观音后至观音堂场上进行蟠龙表演。然后到周围村庄依次舞龙，看到村里的井台，要进行盘井表演。之后，东龙舞龙队经钱桥市镇沿河过街棚一路往西，再转身，回至钱桥北桥堍，在钱桥桥顶与南龙会合，表演二龙戏珠。随后，东、南二龙在桥上架起龙门，百姓争相在龙门内南北穿越，祈求吉祥、和谐。接着，两龙在南、北两街分舞。东龙在北街映秀街舞至东猛将殿，再舞至马客桥，一路上如遇居民有喜事寿堂，龙灯定会进去拜堂，领赏钱。最后，东龙舞至社冈里后，舞回龙山湾。

南龙在陈漕乌泾桥。舞龙灯者请龙出宫后，龙队一路舞至南观音堂，进入观音堂上灯、点香、拜佛、盘龙。然后，龙队出门起舞，至东岳观山门转三圈后进通津桥车骡门。接着，龙队在迎龙路老戏场进行舞龙表演，再进迎龙街舞至东巷街东桥头。之后回到南街，再舞至西巷弄口表演洗龙鳞、盘龙表演，随后到棉子巷表演盘龙后，回头至钱桥南桥堍，在桥顶与东龙会合双龙戏珠，再从南桥堍西沿河舞出，至唐泗桥。最后，从河桩头出，结束舞龙表演。正月十五调完龙灯后举行杀龙仪式，东、南两条舞龙灯人员聚餐，龙灯安置在龙宫中。

钱桥东龙、南龙两条龙在每年除夕至正月半期间白天舞龙。白天舞龙时龙身外面包裹着彩绘的鳞布，舞起来五颜六色，活灵活现。正月十五夜晚和八月半夜晚，两龙则撤去彩布，在竹龙身体中点上蜡烛灯火，表演时别有一番风味。

民国时期，藕塘盛店桥有一支较有名气的舞龙队。领头人是练过武术的何老三。何老三年轻时得过官府赏的快靴，这是乡民练武者的特殊荣誉，很少有人得到。盛店舞龙队员是盛店、李巷的青年农民，利用农闲、节日期间练习武术与舞龙。春节期间，盛店舞龙队到锡西地区各镇各村表演舞龙和武术，很受乡民欢迎，盛极一时。何老三在解放前夕去世，舞龙队随之解散。

稍塘大巷夜龙灯队始建于民国 29 年（1940）。每年农历十二月二十日一过，大巷夜龙灯队就准备龙起身，描龙连身，整理队伍，上阵演练。大巷夜龙灯队有30多名队员，主要负责人王锡章、吴菊根。正月初一至十五夜晚，一支具有特色的大巷舞龙队舞动着一条明亮的长龙，绚丽夺目地活跃在藕塘地区的街头巷尾。离大巷二里之外，大塘河对岸大桥弄也有一支夜间舞龙队。每逢年初八晚上，大巷和大桥弄龙灯队进行双龙相会，双方由舞龙骨干举着龙来到巷庙，进入庙里烧香拜佛，然后到庙场上进行双龙比舞，夜明珠领先，龙头紧跟，龙身舞动。接着，两支龙灯队就表演串龙门、龙打滚、来回转、转圈圈，忽高忽低，双龙相蟠，各显身手，各有特色。庙场上锣鼓喧天，热闹翻天，观众齐声喝彩，比舞达到高潮。比舞活动结束，双方队员握手，约定翌年年初八再相会。1952年，因移风易俗，大巷、大桥弄夜龙灯队解散。钱桥东、南两支龙灯队均在20世纪50年代初期解散。

改革开放后，南水渠成立丰收太平龙灯队。每逢春节、年初八、元宵节，太平龙灯队在钱桥、藕塘地区舞龙灯，到村委、企业等单位拜年。2007年，藕乐苑社区建立女子舞龙队。2015年春节期间，南水渠太平龙灯队、藕乐苑女子龙灯队到政府、社区、企业舞龙灯、拜年，祈求国强民富、国泰民安。

图6—28—10　南水渠丰收太平龙灯队舞龙至桥上表演龙取水

## 二、二月茶灯

清代，钱桥缪巷的老百姓就有“正月看龙灯，二月采茶灯”的民俗。正月、二月正是老百姓一年当中空闲时，所以看完正月里的龙灯，就期盼二月的茶灯。茶灯的样式各种各样，有飞鸟走兽灯、动物灯、人物灯、民俗物品灯……都是家家户户自己动手扎制而成。农户用细竹丝做造型，用彩色丝绵纸外封，做成各种各样的彩灯，然后在灯中心插上蜡烛（后来用小灯泡、干电池代替）。

农历二月，苏庙百姓只要听见门前或屋后锪锣一响（一般下午三四点钟），不管是在家做家务，还是在田头劳作的人都会放下手中的活，拿起家里的彩灯集中至指定地点做调采茶灯的各项准备工作。锪锣是当时钱桥民间一呼即应的信息传递工具，速度十分快。老百姓笑称“锪锣响，脚底痒；锪锣敲得急，两脚跑得急”。跑来的人能调的立刻排进队伍，不能调的积极参与帮助拿衣服、挑杂物，真是众人齐心舞茶灯（解放前妇女不能参加调采茶灯，解放后男女都可参加）。天色渐暗，缪巷一支80余人的民间舞蹈队队员个个手拿彩灯，调出与手中彩灯种类的相应动作，伴着锪锣、鼓点声开始走街穿巷，舞调起来。

调采茶灯舞蹈队伍前头两人一手持两只黄莺鸟，一手拿扇子，表示二月里的黄莺来报春。接着，两条长龙队表演双龙闹海约5分钟，锪锣、鼓点就转入队伍行进的音乐节奏。长龙后面有的调花篮灯，表示四季如春；有的调花瓶灯，表示四海升平、如意平安；有的调鲤鱼灯，表示鲤鱼跳龙门、新年交好运；有的调金鸡灯，表示金鸡一鸣天下亮，四方百姓齐迎春。再后面是各式各样的花朵灯，表示繁花似锦。随后是人物灯，其中有些灯的调演还有故事情节，人们在调采茶灯时除顾及自己的精彩，更会考虑队伍的整体性，如前后保持距离、空档穿梭、及时补位等。队伍最后又是两条长龙，“龙灯在后，风雨不愁”。

调采茶灯在钱桥地区民间有祈祝风调雨顺、五谷丰登的寓意。此民俗表演在1985年消失。

## 三、三月蚕豆节

清嘉庆年间，钱桥地区已有蚕豆节。钱桥蚕豆也叫“惠山豆”。清嘉庆年间蚕豆大多种在钱桥龙山脚下。钱桥龙山属惠山延脉，所以民间也称“惠山豆”。《无锡菜典》中记载“无锡惠山种植蚕豆已有200多年的历史，以皮薄肉糯、粒大清香而闻名。饭店取新鲜惠山蚕豆烹饪菜肴，尤以煸炒青蚕豆子最为著名”。钱桥蚕豆是无锡时令滋味代表菜，锡帮菜中就有一道名菜叫“惠山蚕豆子”。立夏时节，锡城家家户户都吃钱桥蚕豆。钱桥蚕豆种植面积大、产量高、吃口好。当时有乡绅带领百姓以每年农历三月初三组织钱桥蚕豆节，以祈福钱桥蚕豆种植蒸蒸日上，高产丰收。钱桥蚕豆节开始时举办在钱桥南街，后随着项目的扩大和集市的丰富，地点延伸到钱桥南街附近。钱桥蚕豆节时集市上有草台班演戏、小热昏卖梨膏糖，有民间舞龙、踩高跷，更多的是小商小贩摆摊。钱桥和周边地区四乡八方的百姓跻身于这民俗节日里，热闹得很。“文化大革命”时期，钱桥蚕豆节消失。

### 四、国际妇女节

新中国成立后，钱桥、藕塘地区政府在“三八”妇女节日前后组织群众开展文艺活动，有说唱、舞蹈、锡剧、弦乐、鼓乐等。2004年钱桥、藕塘合并后，钱桥（镇）街道文体站每年组织“庆三八、促和谐、展风采”“巾帼风采促和谐、特色文化展文明”等专题文艺活动。

### 五、国际劳动节

“五一”国际劳动节前夕，钱桥街道文体服务中心、各社区都组织、开展文艺活动，有“五一”广场文艺晚会、欢乐“五一”文化演出等。

### 六、端午节

自古至今，端午节为钱桥、藕塘地区民间的一个重要民俗节。民国时期至20世纪五六十年代，区域内百姓家家户户裹粽子、吃粽子，吃咸鸭蛋，饮雄黄酒，挂艾草与菖蒲，小朋友们一群一伙地在河边斗草戏、放纸船。进入21世纪端午节期间，钱桥街道文体服务中心组织“百姓大舞台、端午忆亲情”“百姓大舞台，浓浓粽香情”等广场文艺演出。

### 七、建党节

“七一”建党节前夕，钱桥街道文体服务中心、各社区每年组织文艺活动，有“伟大的祖国、伟大的党”“百姓戏院”晚会、庆“七一”文艺晚会、文艺汇演下乡进社区等活动。

### 八、建军节

“八一”建军节前夕，钱桥街道，舜柯、藕乐苑等社区与驻锡部队开展军民联欢活动，有“八一”双拥联欢会、“警民鱼水情、共圆中国梦”等文艺演出。

### 九、中秋节

中秋节期间，钱桥街道各社区举行文艺晚会。各社区有迎中秋一社一品文艺巡演，“邀月共舞、情满中秋”等文艺晚会。

### 十、国庆节

“十一”国庆节是钱桥、藕塘地区的一个重要节日，钱桥文体服务中心、各社区都组织开展文艺活动，有“盛世华诞、锦绣钱桥”“祖国颂放歌”“盛世迎国庆、幸福在钱桥”“美好钱桥、礼赞祖国”等广场文艺、文艺晚会、文艺汇演、一社一品广场巡演等文艺活动。

图6—28—11　钱桥社区“盛世迎国庆 幸福在钱桥”国庆晚会

### 十一、重阳节

重阳节期间，钱桥街道文体服务中心组织“情暖中秋、欢度重阳”“喜迎重阳 幸福钱桥”“福满重阳节、人间重晚情”“欢度重阳节、敬老系情结”等文艺会演。各社区亦都开展重阳节文艺演出，如稍塘社区举行“九九重阳节，浓浓敬老情”文艺晚会，藕乐苑社区举行“欢乐重阳节、幸福藕乐苑”“人间百善孝为先、九九重阳献真情”等文艺演出。

图6—28—12　钱桥街道“喜迎重阳 幸福钱桥”文艺展演

## 第六节 特色文艺团队

民国时期，钱桥地区有东、南两支特色舞龙队，苏庙缪巷调采茶灯特色文艺队；藕塘地区有盛店桥、大巷、大桥弄舞龙队等特色文艺团队；西漳孙家巷沈阿焕一支、潘巷潘全培一支吹喇叭特色乐队；大花岸走高跷、荡湖船特色文艺团队；龙亨沟舞大刀特色文艺团队。新中国成立初期，区域内先后涌现群众性的莲湘队、腰鼓队。大跃进时期，舞龙队、莲湘队、腰鼓队先后解散，但是，威华杨思桥的锣鼓特色团队、戴巷桥的民乐队自民国时期起一直活动至20世纪80年代。改革开放后，钱桥、藕塘地区民间不但成立舞龙队，而且先后涌现挑花担队、乡韵文艺队、广场舞蹈队、荡湖船队、莲湘队、锣鼓队、腰鼓队、铜鼓队等特色文艺团队。2015年，钱桥街道有南水渠丰收太平龙灯队、钱桥挑花担队、东风乡韵文艺队、惠山姐妹广场舞队、钱桥广场舞蹈队、藕乐苑文艺队、钱桥莲湘队、玉泉锣鼓队、钱桥腰鼓队、藕塘铜鼓队等特色文艺团队。

## 一、南水渠丰收太平龙灯队

南水渠丰收太平龙灯队成立于1983年12月，负责人冯裕兴，队员35人，都是当地农民和企业职工，基本是男性，平均年龄45岁。2008年，南水渠丰收太平龙灯队又增加舞狮，成员为8名女性，50岁左右。丰收太平龙灯表演前，焚香请龙、请狮子。表演时，1人手持夜明珠，10人舞龙、8人舞狮子，多人敲击铜锣铜鼓，数人举旗，各有分工。是年4月3日，南水渠丰收太平龙灯队举行龙狮协会成立仪式。全世界第一个登上世界最高峰——珠穆朗玛峰的女运动员、新中国体育开拓者，五届、六届、七届、八届、九届全国人大代表，原全国体育总会副主席、无锡市体委副主任潘多虽已70多岁高龄，也到场参加成立仪式，并和队员们一起舞动长龙。南水渠丰收太平龙灯队（龙狮协会）多次参加阳山桃花节、惠山庙会、华藏庙会、梅园灯光节、灵山大佛佛教活动、社区拜年活动等，祈求一方平安、风调雨顺，深受百姓好评。表演结束，龙狮请进南水渠寺庙的龙宫里。

图6—28—13　南塘社区南水渠丰收太平龙灯队

## 二、钱桥挑花担队

1998年成立的钱桥挑花担队具有浓郁的江南水乡特色。队员由退休教师和社会老年文艺爱好者组成，共35人，年龄最大的锣鼓手已76岁高龄，其他人员年龄都在55岁以上。队里的钱竹莺是一位热心人，排练、协调、归放物品等都由她负责。

钱桥挑花担队在钱竹莺的组织下，原先比较单调的花篮变得越来越丰富多彩，有美丽的鲜花篮，象征四季如春；有大红的鲤鱼篮，象征年年有余；有金黄的稻穗篮，象征金谷满仓；有晶莹剔透的葡萄篮，象征四季丰收……表演时，队员们个个浓妆艳抹，身着淡绿色舞衣，伴随着喜庆的锣鼓声，手中挥动鲜红的丝巾，时而表演精神抖擞的四方步，时而表演瞬间变化的换肩舞，时而表演队列变化的交叉走动步。从五颜六色的花篮中，钱桥人民看到五谷丰登、兴旺发达的幸福生活景象。

钱桥挑花担队曾多次参加无锡市、惠山区的庆典活动，参加职教园区闹元宵巡游，参加阳山（国际）桃花节表演，参加无锡市太博会国庆巡游，参加历届无锡市惠山庙会巡游等，获得广泛好评，被评为无锡市特色文化团队。

## 三、玉泉锣鼓队

钱桥社区玉泉锣鼓队创建于2002年，建队负责人钱竹莺，成员36人，都是退休工人、社区女性居民，平均年龄62岁。表演时，队员们穿着传统的表演服装，8人敲大鼓，4人敲大铜钹，6人敲小锵钹，2人敲锣，十分热闹。每逢区域内喜庆或文艺演出活动，玉泉锣鼓队都会前去助阵表演。

图6—28—14　玉泉锣鼓队在进行威风锣鼓表演

## 四、东风乡韵文艺队

2005年8月，退休教师沈伯兴创办东风说唱队。说唱队主要成员为中、小学退休教师、社会文艺爱好者，活动经费以自筹和藕塘中、小学行政适当拨付相结合。2009年，说唱队在东风社区活动室活动。2011年12月，说唱队归东风社区统一领导，社区解决活动经费，并命名为乡韵文艺队。2012年11月，乡韵文艺队获惠山区法治文艺特色团队称号。2015年，乡韵文艺队下设说唱、舞蹈、鼓乐、拳操4个分队，各分队设分队长1名，共有队员58人，其中年龄最大的70多岁，最小的50多岁。说唱分队每周活动2次，风雨无阻，学唱新戏、新歌，排练新节目。遇有演出，甚至会在晚上突击加班排练。舞蹈、鼓乐、拳操分队同样每周活动不少于2次。队员纪律性强，遇事缺席都要请假。乡韵文艺队的特色是根据党和政府的政策或社区老百姓中的好人好事自编、自导、自演与时代同步的节目。自建队至2015年，乡韵文艺队自编节目30多个，有《文明新风暖人心》《钱桥明天更美好》《改革开放三十年》《赌博真是害煞人》《禁毒》《新藕苑里儿女孝长辈》《新藕苑真是个好地方》《夸夸好媳妇》《夸夸好婆婆》等。接地气的创作和乡情乡音的表演，贴近群众，加上表演形式灵活多样、用音符谱写生活的旋律，用语言描绘生活的丰富，深受群众欢迎。

图6—28—15　东风乡韵文艺队在进行器乐表演

## 五、钱桥腰鼓队

腰鼓是流传于钱桥、藕塘地区民间的一种打击乐器，据考已有1400多年的历史。钱桥腰鼓队成立于2005年，团队成员大部分是社区的老年妇女，也有少数的学生。钱桥腰鼓队打腰鼓不但成为街道、社区各种表演、比赛、庆典活动的重要节目，而且成为广大老年人平日强身健体、陶冶情操的文体、康乐活动。

图6—28—16　钱桥腰鼓队在表演打腰鼓

## 六、藕乐苑文艺队

藕乐苑社区文艺队成立于2007年，由社区文艺爱好者组成，共25人。藕乐苑文艺队的双节莲湘、荡湖船、舞蹈、女子舞龙等民俗表演都具有一定的基础和特色。

藕乐苑文艺队打莲湘时，队员们舞动亲手制作的翠绿莲湘，用莲湘敲击肩、臂、胸、背、脚等部位，让人感受到丰富多彩的艺术性。

图6—28—17　藕乐苑文艺队在表演荡湖船

荡湖船又称跑旱船，是钱桥、藕塘地区流传已久的民间舞蹈。藕乐苑文艺队自筹资金，自己动手制作富有民间文化艺术特色的湖船、河蚌、鲤鱼、荷花等表演道具。表演前，队员们着装、配饰，有的扮船夫，有的扮蚌，有的扮鲤鱼，有的扮荷花仙子。表演时，船夫划桨引船，蚌、鲤鱼、荷花仙子似在江南水乡穿梭往来，十分热闹，活跃在社区、公园等文艺舞台上，给广大观众送上欢乐和笑声。

藕乐苑文艺队的舞龙队由年龄60以上的老年女性组成，舞龙艺术多姿多彩，在无锡地区小有名气。惠山庙会、阳山（国际）桃花节表演、无锡市民俗队伍公园拜年会、惠山区闹元宵、舞龙展示、节日或庆典活动都少不了藕乐苑社区的女子舞龙队，均获得观众一致好评。藕乐苑文艺队的龙灯平时存放在社区专用活动室，演出前焚香请龙。舞龙灯时，藕乐苑老阿姨有

图6—28—18　藕乐苑女子舞龙队在舞龙

的手持夜明珠，有的高举龙身，有的敲锣打鼓，十分喜庆热闹。俗话说，龙头动一动，龙尾甩煞人。训练有素的老阿姨舞龙队任凭龙头上下舞动，卧地打滚，都会灵活自如地舞动龙身。2011 年，藕乐苑舞龙队代表钱桥街道参加惠山区举办的舞龙比赛，获第三名。每年农历大年初一，女子舞龙队一早就在社区服务中心大楼前伴随着铜锣声、鼓声舞动龙灯，祝贺社区居民新年快乐，然后登门向 60 岁、70 岁、80 岁、90 岁的寿星拜年，祝贺老人健康长寿。

## 七、钱桥广场舞蹈队

2009 年 8 月 1 日，退休教师吴惠英等组织成立钱桥广场舞蹈队。钱桥广场舞蹈队面向市镇中老年群体，自创健身舞蹈，边教边辅导。活动中，中老年人健身壮体受益匪浅，人数越来越多，属无锡市人数较多的广场舞蹈队。无锡电视台曾多次采访报道。钱桥广场舞蹈队全年活动不少于 320 次，是钱桥一道亮丽的风景。钱桥广场舞蹈队平时还排练民族舞蹈，为周边社区培养文艺骨干，与无锡市各社区交流、联谊，多次在锡惠公园、梅园、鼋头渚公园、中央公园等地表演，带动和邀请游园群众一起参加活动。钱桥广场舞蹈队的广场舞还录制录像，上传到网上。

## 八、钱桥莲湘队

钱桥莲湘队创建于 2009 年。莲湘这一文艺传统项目在钱桥有一定的普及性，大到 70 多岁的钱桥、晓丰社区老人，小到 90 后的职教园校区学生都参加钱桥莲湘队。翠绿的莲湘分单支和双节两种，中间夹着铁质小片，两头拴红色绸带。表演时，演员手挥莲湘时左时右、时上时下，用莲湘敲击全身各部位，发出悦耳动听的音乐声。挥舞着的莲湘两头的绸带犹如翠竹中盛开的梅花，煞是好看。钱桥莲湘队以自信、自立、自强的精神风貌载歌载舞，意气奋发地和年轻朋友一起共同歌颂党的恩情，歌颂社区居民的幸福生活。

图 6—28—19 钱桥莲湘队在表演打莲湘

## 九、藕塘铜鼓队

藕塘铜鼓队成立于 2010 年，团队负责人浦明奋，组成人员 16 名，都是社区的女性文艺爱好者，平均年龄 53 岁。藕塘铜鼓队表演时 6 人敲击铜钹，5 人敲击大铜鼓，其余人员敲击锡锣。藕塘铜鼓队成立后，积极参加藕塘地区各种文体活动的闹场、敬老院的慰问、特色团队的表演、文体场所的开业等，营造热烈场面和喜庆氛围。

图 6—28—20 藕塘铜鼓队在表演

## 十、惠山姐妹广场舞队

惠山姐妹广场舞队是活跃在晴山蓝城社区的一支全民健身特色团队，是无锡市广场健身舞运动协会团体会员、无锡市五星级群众文化特色团队，成立于 2012 年 2 月。惠山姐妹广场舞队成立后，每晚坚持开展 1 小时广场健身舞活动，并发挥自身优势，自编自导排练广场健身舞，参与市、区、街道、社区各级各类展示与比赛。是年，组队 60 人参加钱桥街道全民健身节展示。2013 年，排练的广场舞《卓玛》获钱桥街道全民健身节暨广场舞大赛第一名。同年，选拔 30 人参加无锡市广场舞舞友联谊展示赛。2014 年，广场舞《金达莱盛开的地方》在钱桥街道“欢乐大舞台群众才艺秀”活动中获五颗星最高荣誉，参加无锡市“绿地俏夕阳广场舞大赛”获季军；参加

图 6—28—21 2013 年，惠山姐妹广场舞队的广场舞《卓玛》参加钱桥街道第六届全民健身节启动仪式暨广场舞大赛获第一名

无锡市网民公益体育大会百队3000人广场舞展示。是年起，受邀承担钱桥老年大学广场舞班教学任务。2012~2015年，在网上上传团队广场健身舞视频130多个。2015年，参加无锡市全民健身日启动仪式、市文明风尚科学健身“宁波银行杯”广场舞展示、市网民公益体育大会闭幕式广场舞展示，均获优秀表演奖，《江苏乐天》《乐天无锡》刊物均有报道。是年，姐妹广场舞队成员76人，负责人陈玲凤、王亚红。

### 十一、钱桥街道职工群众文化艺术团

2013年5月28日，钱桥街道职工群众文化艺术团成立，党工委副书记范良任名誉团长，总工会主席章芬芳任团长，各社区、工业园区、骨干企业工会主席为艺术团成员，同时聘请2位常务副团长和1位顾问，团员为全街道优秀职工群众中的文艺人才。是年8月2~4日晚，钱桥街道职工群众文化艺术团送戏下乡，给晓丰社区广大职工群众送上欢乐，历时三天，除精彩的广场文艺节目外，还特地邀请惠山区红花锡剧团演出《夜明珠》《玲珑女》《叔嫂冤》等精彩锡剧。8月20日晚，钱桥街道职工群众文化艺术团进基层暨送戏下乡文艺演出活动在藕乐苑社区举行，演出的节目有表现民族风情的舞蹈《火火的姑娘》《北江美》《阿图什》《最炫民族风》和饱含热情的歌曲《咱老百姓》《暗香》以及极富有教育意义的独脚戏《赌鬼》等。

图6—28—22 2013年8月2日，钱桥街道职工群众文化艺术团送戏下乡至晓丰社区

2014年1月16日，钱桥街道职工群众文化艺术团在钱桥影剧院举行“迎新春文艺演出”，大合唱《走向复兴》《兵哥哥》、舞蹈《红红的日子》《我是女兵》《排舞串烧》《雪山阿佳》《天马舞》、歌曲《我像雪花天上来》《桃花依旧笑春风》《等待》《相亲相爱》、器乐独奏《金蛇狂舞京戏情》等充分体现钱桥职工文化的发展与繁荣。7月21日晚，钱桥街道职工群众文化艺术团主办、东风社区协办的“职工艺术团 锡剧送下乡”文艺表演和锡剧专场在东风社区新藕苑篮球场举行，职工艺术团舞蹈演员、歌手为大家表演专业性较强的歌舞节目。2015年，钱桥街道职工群众文化艺术团努力构筑职工文化发展的新高地，成员已从成立时的900多人增加到1500多人。是年，职工文化艺术团举办迎新春活动、庆“五一”文艺汇演，深入安置小区、市镇广场及社区广场开展文艺演出40余场，送戏、送剧下乡活动117场。

## 第七节 特色文化家庭、个人

改革开放以后，随着钱桥、藕塘地区人们物质生活水平的不断提高，群众的文化需求也日益增长。顺应时代发展的要求，融思想性、知识性、趣味性、艺术性为一体的家庭文化在区域内呈现出百花争艳的繁荣景象。同时，涌现出特色文化标兵和个人。

### 一、特色文化家庭

2015年，钱桥街道特色文化家庭有王树均器乐家庭，歌舞、戏曲特色文化吴惠英家庭，特色文化谈论行家庭，收藏特色文化丁伟南家庭。

#### （一）王树均器乐家庭

西漳社区拥有几个老兄弟的王树均大家庭中，个个都是器乐演奏的好手。王树均吹的笛子悠扬美妙。王树均的大孙子王佳彬少年时就获得二胡十级证书，曾参加“江苏二胡之乡演奏”“第三届中国青少年精品节目展示”“中国青少年文化艺术盛典”等表演；侄女的手风琴拉得有声有色；侄外孙的扬琴敲得悦耳动听。用“家庭乐队”来形容王树均特色文化家庭恰如其分。这支家庭乐队不仅自娱自乐，而且经常活跃在村头、街镇、市区文艺舞台，参加过中央电视台经济频道《金土杯》

希望快车无锡站表演、无锡市文艺家庭表演、惠山区特色文化家庭表演、钱桥街道文艺家庭表演。王树均器乐家庭先后获得“无锡市家庭特色才艺展创意奖”“无锡市特色文化家庭”“无锡市十佳文艺特色家庭”“惠山区特色文明家庭”等多个荣誉称号。

**（二）吴惠英歌舞、戏曲特色文化家庭**

晴山蓝城吴惠英家庭是一个集唱、舞、演、武术为一体的无锡市特色文化家庭。

**吴惠英（母亲）** 吴惠英排演的扇舞《珊瑚颂》获无锡市二等奖。

**王雄华（父亲）** 王雄华的表演唱《小放牛》获江苏省二等奖，锡剧《红灯记》中扮演李玉和获无锡县一等奖，武术《少林棍》获江苏省表演奖。在全国健晨杯总决赛中，王雄华的《少林齐眉棍》网上排名第四位、武术第一位。2015 年，王雄华任无锡市健晨艺术团副团长、无锡市红歌会崇安分会领导班子人员。

**王晓峰（儿子）** 王晓峰在 1985 年无锡县首届锡剧清唱比赛中获一等奖，之后先后获无锡市首届声乐比赛通俗二等奖、无锡市第四届青年歌手大奖赛银奖、两次获得江苏省五星工程奖银奖。2015 年，王晓峰为无锡市广电艺术团特约演员、江苏沙钢艺术团歌唱演员。

吴惠英、王雄华二人组建的钱桥健身舞蹈队为无锡市规模最大、人数最多的舞蹈队，一般有 200~300 人参加，最多时 527 人参加。无锡电视台于 2012 年 5 月 19 日与 8 月曾报道钱桥健身舞蹈队的广场舞。

**（三）谈论行特色文化家庭**

晴山蓝城社区谈论行家庭是集歌咏、舞蹈、器乐于一体的特色文化家庭。

**谈论行（父亲）** 1988 年起，谈论行就积极参加钱桥镇及无锡县举办的各种歌唱比赛和演出，获得好评。1992 年，谈论行获无锡县首届卡拉 OK 比赛一等奖，并被聘为无锡县文化馆特邀歌手；2010 年，获惠山区青歌赛二等奖；2012 年，获钱桥街道歌唱比赛一等奖。

**朱燕燕（母亲）** 朱燕燕曾担任井冈山棉纺织厂舞蹈队长。1987 年，朱燕燕调至无锡工作后，积极投入无锡市、县，钱桥镇的各种舞蹈比赛和演出。1989 年，朱燕燕获江苏省水利系统舞蹈优秀奖。同时，获无锡县首届交谊舞比赛二等奖。

**谈咏洁（女儿）** 谈咏洁从小学习电子琴演奏，获江苏省统一考级十级优秀。同时，谈咏洁也爱好唱歌，经常参加钱桥街道组织的各种文艺演出和比赛，获得一致好评。

**（四）丁伟南收藏特色文化家庭**

藕乐苑社区丁伟南从小就有收集漂亮的糖果纸、洋牌等爱好。1976 年 3 月，丁伟南响应政府号召应征入伍，在部队专职为团参谋长开车。参谋长是一位集邮爱好者，经常与丁伟南讲集邮的故事，还赠送给他一套邮票。在参谋长的影响下，丁伟南对集邮产生浓厚兴趣，不断向参谋长讨教集邮的方法和经验，并开始集邮，结交集邮朋友，交流集邮信息，集邮工作有很大起色。1981 年，丁伟南复员回家后，其集邮工作得到全家支持，藏品越来越多。1982 年，开始收藏各种纪念卡、纪念章、人民币、印花税票、中国藏书票、火车站台票、袖珍织纺、织绣等，取得一定成果。2015 年，丁伟南为全国集邮协会会员、无锡市集邮协会会员。

**1976~2015 年丁伟南收藏成果统计表**

表 6—28—8

| 收藏起始年份 | 种类 | 名称与数量 | 收藏起始年份 | 种类 | 名称与数量 |
|---|---|---|---|---|---|
| 1976 | 邮票 | 纪念、特种邮票大全套 1 套 | 1982 | 纪念币及纪念章 | 中国流通币大全套 1 套 |
| | | 编号票大全套 1 套 | | | 2008 年纪念币大全套 10 套 |
| | | “文革”时邮票大全套 1 套 | | | 航天币大全套 3 套 |
| | | JT 新票大全套 1 套 | | | 伟人币大全套 5 套 |

续表 6—28—8

| 收藏起始年份 | 种类 | 名称与数量 |
|---|---|---|
| 1982 | 纪念币及纪念章 | 纪念章大全套 15 套 |
| | | 第三、第四、第五套壹分、贰分、伍分人民币 |
| | | 2000 年龙币一枚 |
| 1992 | 纸币和钱币 | 中澳联合发行生肖纪念钞 10 套 |
| | | 第三套人民币小全套 4 套 |
| | | 第四套人民币小全套 5 套 |
| | | 第五套人民币小全套 6 套 |
| | | 人民币纸币 1000 套 |
| | | 孙中山纪念钞 3 套 |
| | | 建国 50 周年纸币 10 枚 |
| | | 2008 年奥运会纪念币 1 枚 |
| | | 香港回归纪念钞 1 枚 |
| | | 澳门回归纪念钞 3 枚 |
| | | 四联体人民币 2 套 壹分、贰分、伍分 |
| | | 四联系钞 1 套 |

| 收藏起始年份 | 种类 | 名称与数量 |
|---|---|---|
| 1994 | 纪念卡 | 全国通卡大全套 1 套 |
| | | 生肖卡大全套 4 套 |
| | | 伟人卡大全套 3 套 |
| | | 风景卡约 45 套 |
| | | 香港回归卡 10 套 |
| 1995 | 印花税票 | 中国印花税票 8 本 |
| 1999 | 地铁卡站台票 | 无锡地铁卡 60 套 |
| | | 火车站台票 10 多本、100 套 |
| 2003 | 藏书票 | 中国藏书票 10 本、100 套 |
| | | 建党 80 周年大全套 80 枚 |
| | | 小版票手册 14 册（邮票） |
| | | 大版票手册 10 册（邮票） |
| | | 布票、粮票 1 本 |
| 2015 | 袖珍织纺及织绣 | 袖珍织纺 |
| | | 袖珍织绣 13 本、100 套 |
| | | 袖珍织绣错版 6 套 |

## 二、特色文化个人

改革开放后，钱桥、藕塘（乡）镇，钱桥街道不仅涌现特色文化家庭，而且出现特色文化个人。2015 年，钱桥街道有特色绘画文化标兵李军，书法、收藏、声乐特色文化标兵胡寿夫，收藏先进个人周焕章，地方文献收藏文化传承人龚明。

### （一）特色绘画文化标兵李军

钱桥社区李军，号墨龙，无锡惠山书画院院长、专职画师，江苏省书法家协会会员、江苏省美术家协会会员、香港国际画院花鸟艺术委员会副主席，被无锡市文化广电新闻出版局评为无锡市特色文化标兵。李军中国画主攻写意花鸟和青绿山水，立足在传统的基础上融入现代审美艺术，逐步形成个人风格。20 世纪 90 年代初期，墨龙作品开始推向社会，并参加国内外展出和举办个人画展，曾参加《全国花鸟画展》《全国画院画师作品邀请展》《当代中青年画师赴日交流展》《江苏省书画家赴港作品展》等系列展出；书法作品参加《江苏省首届现代书刻展》《第七届全国现代书刻展》《第十二届国际刻字艺术交流大展》等，其展出的书画编入作品集。90 年代中后期，墨龙书画作品先后在无锡、芜湖、济南、香港等地及日本等国家举办个人书画展览，其作品被港澳台地区和日本、新加坡友人收购收藏。艺术成就和作品入编《当代书画名人名作博览》《中国当代书画艺术人才精品大典》等。2000 年，墨龙作品进入市场化操作，在香港及山东部分地区具有稳定的市场基础和市场前景。2004 年，《墨龙花鸟画集》《墨龙中国画作品》先后在香港出版发行。2012 年 3 月，墨龙应澳大利亚官方邀请，赴澳洲布里斯班市举行为期一月的讲学交流以及作品展出活动。2013 年，李军在江西景德镇开拓瓷绘事业，并成立江南墨龙国瓷艺术空间。“胸贮芳华，腕底丹青”，江南墨龙由国画入瓷，把中国画的“墨分五色”在青花瓷上以“料分五彩”的笔墨情趣表现出来，意味隽永，浑然天成，在青花瓷上溢发出一股天趣盎然的气息，率意的笔势笔力，体现出国画的墨韵墨趣。其创作的青花瓷艺术品儒雅逸秀，意韵外溢，颇有“笔不工而心工，笔不至而心至”的文墨之气，馨香清雅，溢于瓷上，俨然是永不褪色的中国画。2014 年 10 月，墨龙应泰国南邦省政府邀请赴泰国举办陶瓷艺术展，作品由泰方收购，并永久陈列于陶瓷工业博物馆。2015 年，墨龙在山东淄博、滨州，福建厦门以及无锡举办瓷画艺术巡展，其陶瓷艺术作品入选《中国高端收藏》。同年，《甲骨风华——李军书画作品集》由北京工艺美术出版社出版，全国发行。

**（二）书法、收藏、声乐特色文化标兵胡寿夫**

钱桥社区胡寿夫兴趣特长广泛，首先是对书画的青睐。临摹和创作是胡寿夫最大的爱好之一，尤其对楷书“瘦筋书”（瘦金体）极为喜好。在胡寿夫的书画室里，有多幅临摹和创作的瘦金体作品。2012 年 8 月，胡寿夫选送的一幅瘦金体作品《秾芳诗》获无锡市首届“群芳奖”老年组优秀奖，选送的一幅《秋菊》博得评委一致好评。胡寿夫的爱好不仅在书画方面，对于收藏也是情有独钟。在他的书房里，收藏的各类古书籍、名字画、石头、玉石等一件件陈列整齐，体现一位收藏者的丰厚积累。与此同时，胡寿夫对歌唱也十分喜爱。钱桥街道每次组织歌唱比赛，他总是积极参加，同时多次参加邻区、邻街道、邻乡镇的歌唱表演。

胡寿夫任钱桥街道书画、摄影沙龙的会长，被无锡市文化广电新闻出版局评为无锡市特色文化标兵。

**（三）收藏先进个人周焕章**

钱桥社区周焕章在 20 世纪 60 年代初上高中的时候，就萌发对邮票的喜爱。当时邮局除出售新票外，还特地为青少年集邮者提供盖销票，价格为新票的三折。周焕章常常把身边仅有的几角零花钱选买几套盖销票，为最初集邮。因没有经济来源，周焕章主要是收集信销票（即寄信时贴用过的邮票）。

1984 年 2 月，周焕章领到无锡县集邮协会筹备组发出的第一批会员证。是年 5 月，无锡县集邮协会成立，周焕章作为钱桥乡集邮代表参加协会第一次代表大会，并当选为第一届理事会理事。时周焕章选送 4 部邮集，参加无锡县首届邮展，均获奖。1985 年，无锡县锡西地区举办首届邮展，周焕章送展二部，分获一等奖和三等奖。1987 年 9 月，钱桥镇集邮协会成立，周焕章当选为集邮协会秘书长。以后，周焕章应邀多次参加无锡市总工会职工集邮协会在市文化宫举办的邮展，并获奖，多次被评为无锡市、无锡县集邮协会先进个人。在周焕章影响下，他的两个孩子也喜爱上集邮，主要收集新中国邮票，兼集民国邮票、港澳邮票以及前苏联等外国邮票。

周焕章除集邮外，还产生对其他收藏领域的浓厚兴趣，如计划经济时代各省、市、县的粮票、布票、购物票证近万枚；新中国成立后的纸币、硬币、流通纪念币以及清代铜钱、铜币，民国铜币等；新中国成立以后的烟标、火花、火车站站台票、公园门票、福利体育彩票、有关无锡乡土资料、报刊、书籍等。

**1960~2015 年周焕章收藏品统计表**

表 6—28—9

| 种类 | 收藏品名称 |
|---|---|
| 邮票 | 新中国成立后的 1950~2015 年大量邮票 |
| | 部分民国邮票、台湾邮票，部分香港、澳门邮票，部分外国邮票 |
| 粮、布票 | 计划经济时期的 1955~1992 年粮、布票 3000 枚，其它各种票证近千枚 |
| 钱币 | 第二套至第五套纸质人民币，建国以来的全部硬币 |
| | 民国老纸币，民国铜钱若干 |
| | 大清铜钱、铜板若干 |
| | 外国纸币、硬币（100 多个国家）若干 |
| 流通纪念币 | 人民银行 1984 年开始发行的全部流通纪念币 |
| 门票 | 各公园门券、浏览券、各种参观券近万枚 |
| 烟标 | 1950~2015 年中国烟草公司的各种香烟标（包括软标、硬标、3D 标、百园卡等）约 6000 枚 |
| 彩票 | 各种福利彩票、体育彩票（成套的）约 3000 枚 |
| 火花 | 各种火柴商标约 5000 枚 |
| 火车站台票，公交车、地铁票 | 全国各铁路局发售的车站站台票 2000 多枚 |
| | 公交汽车广告纪念车票、地铁纪念票约 800 枚 |
| 像章 | 毛主席像章约 800 枚 |
| 书籍资料 | 无锡乡土资料、书籍、报纸、剪报等 |
| | “文化大革命”时期有关书籍、纪念书。国家前领导人、元帅、将军逝世时国家发行的各种报纸及新闻报导等资料。 |

**（四）地方文献收藏特色个人龚明**

溪南社区龚巷龚明，笔名龙日，1980年始集邮，1990年始重点收集无锡地方史料。其藏品涉及无锡历史的各个方面，其中无锡地图、土地、田赋、税务、教育史料尤为丰富。龚明在收藏中，还能对收藏品的时代背景进行研究，结合收藏品发表一些关于无锡史料方面的文章，《没有这一天的邮戳》刊登于1987年7月号香港《邮票世界》杂志、《Old city map authenticated（经过鉴定的老城区地图》）发表在2006年7月13日《上海日报（英文版）》。藏品多次参加省市县的展览并获奖，省市电视台和报纸多次报道其藏品的史料价值，多次捐赠或提供相关部门档案室、资料室收录。

1980~2000年龚明收藏品统计表

表6—28—10

| 收藏起始时间 | 类别 | 名称与数量 |
|---|---|---|
| 1980 | 邮票类 | 各类邮品（封片）2000 余枚 |
| 1985 | 门票类 | 新中国各地门票 5000 余枚 |
| | 钱币类 | 各类钱币 1000 余枚 |
| 1990 | 地图类 | 清光绪二十二年（1896）《新增重修上海县城厢租界地理全图》1 幅，民国年间《无锡地图》35 幅，新中国无锡地图 1000 余幅 |
| | 报刊类 | 清朝末期发行的《无锡白话报》全套，民国年间发行的《无锡杂志》（刊名）全套，民国至 2000 年无锡发行的各类报刊 300 余份 |
| | 其它票据、文书 | 民国至 20 世纪 80 年代无锡车船票、各类发票 3000 余份，民国至 20 世纪 80 年代无锡的各类任命书（委任状）18 份 |
| | 税票类 | 清光绪元年至清宣统三年无锡、金匮两县漕粮、上忙、下忙税票 180 余枚，清朝其它税票 50 余枚，民国元年至 38 年无锡农业税票据 100 余枚，新中国无锡税票 1000 余枚 |
| | 教育史料类 | 清宣统二年无锡人“毕业证书”1 份，民国无锡教育史料 48 份，新中国无锡教育史料 200 余份 |
| 1992 | 土地史料类 | 清朝无锡土地史料 25 份，民国无锡土地史料 59 份，新中国无锡土地史料 42 份 |
| 1995 | 各类书籍 | 清朝后各类藏书 8000 余册 |
| 1998 | 股票类 | 民国至 20 世纪 90 年代无锡各类股票 200 余枚 |
| 2000 | 公检法史料 | 民国至 20 世纪 90 年代无锡公检法各类史料 83 份 |

## 第八节 图书馆与农家书屋

1980 年、1987 年，藕塘公社、钱桥镇先后创办图书室。1984 年、1992 年，藕塘、钱桥图书室先后建成图书馆。2010 年，藕塘图书馆并入钱桥街道图书馆。2015 年，钱桥街道图书馆藏书 8.8 万册。是年，钱桥街道 15 个社区均建有农家书屋，总面积 958 平方米，总藏书量 65329 册。

### 一、图书馆

**（一）钱桥街道图书馆**

1987 年 7 月，钱桥镇创办图书室，设在原文化宫内，藏书 1 万余册，工作人员 3 名。1992 年 5 月，钱桥镇图书室搬迁至钱桥镇文化中心，成立图书馆，面积 100 多平方米，藏书 2 万多册。1999 年，图书馆搬迁至钱桥新华书店二楼。

图 6—28—23　2005 年，钱桥镇图书馆被评为无锡市一级乡镇图书馆

2005 年，钱桥镇图书馆被无锡市文化局授予一级乡镇图书馆称号。2008 年，钱桥街道图书馆搬迁至市镇中心地带钱桥大街 105 号，以方便群众至图书馆阅览。

2013 年 3 月 27 日，钱桥街道文体服务中心图书馆举行“品质锡西 书香钱桥”全民读书节启动仪式暨“锡西新城——我美丽的家园”职教园发展大讨论征文比赛活动。参加活

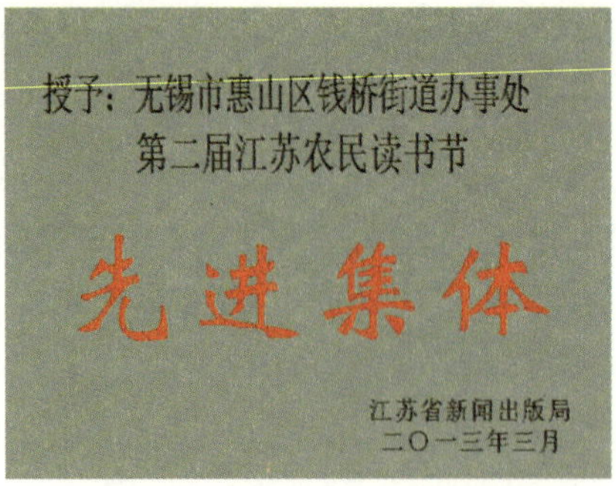


图6—28—24　2013年，钱桥街道办事处被江苏省新闻出版局表彰为第二届江苏农民读书节先进集体

图6—28—25　2014年1月13日，钱桥街道举行全民读书节启动仪式

动的有来自惠山区文体局、钱桥街道宣传办、惠山区图书馆、街道有关部门的负责人以及各幼儿园、中小学分管领导及各社区文体负责人兼农家书屋负责人。7月11日，靖江市文化广电新闻出版局领导在惠山区图书馆馆长陆慧敏带领下参观钱桥街道图书馆。参观团成员对钱桥图书馆的现代化设施、精致布置和开放情况给予高度评价。是年，钱桥街道办事处被江苏省新闻出版局评为第二届江苏省农民读书节先进集体。同年，"书香江苏环省行"采访活动走进钱桥，钱桥街道通过3个点、5项活动、35块展板充分展现区域内全民阅读的良好氛围。2014年初，钱桥街道成立全民阅读活动领导小组。钱桥街道全民阅读活动领导小组从长效机制建设入手，建立阅读学习机制、图书管理员培训机制和阅读活动机制，形成一套"政府倡导、专家指导、部门联动、社会参与"的运作模式。1月13日，江苏省"全民阅读手拉手·春风行动"暨"书香惠山"全民阅读节启动仪式在钱桥社区文化活动中心图书馆举行，江苏省新闻出版局、无锡市文化广电新闻出版局、惠山区政府、《科学大众》杂志社、南京师范大学出版社、《江南晚报》、省财政厅等单位领导出席。是年4月23日第19个世界读书日之际，钱桥街道全民阅读领导小组、宣传办、文体中心、图书馆共同主办的"书香钱桥全民阅读节"启动仪式暨第三届锡西新城杯《奋进中的钱桥》征文比赛活动在钱桥文体中心图书馆举行。

2015年，钱桥街道启动图书馆改造工程，投入10多万元资金，合理调整图书馆阅读区域，完善硬件设施，为读者提供舒适、人性化的阅读环境。是年，钱桥街道图书馆面积939平方米，内设综合阅览室、少儿阅览室、电子阅览室、播放室、青少年绿色上网中心，馆藏图书8.8万册、音像制品380盒、电脑28台，年订购报刊50余种。图书馆全年无休，免费开放，平均年接待读者2万余人次，年流通书刊达10万多册次。

**（二）藕塘镇图书馆**

1980年，藕塘公社在藕塘信用社内建立公社图书室，面积40余平方米，书橱8个，图书6000册，工作人员1名。1984年，藕塘图书室搬迁至供销合作社生产资料部，成立藕塘图书馆，面积扩大至70余平方米，藏书1万册，工作人员2名。1986年，藕塘图书馆全年接待读者3.06万人次。2003年，藕塘图书馆搬迁至藕塘新街教育文化服务站内。2005年，藕塘镇图书馆被无锡市文化局授予二级乡镇图书馆称号。2010年，藕塘图书馆并入钱桥街道图书馆。

**（三）大中专、中小学、无锡市公共实训基地图书馆**

钱桥街道区域内的2所中心小学、2所中学、7所大中专院校以及无锡市公共实训基地均建有图书馆。2015年，中小学、大中专院校、市公共实训基地图书馆总面积89433平方米、总藏书量3443639册。

2015年钱桥街道中小学校、大中专、市公共实训基地图书馆基本情况统计表

表6—28—11　　单位：平方米、万元、册、种

| 单位 | 面积 | 投入资金 | 开放时间 | 借阅对象 | 借阅方法 | 藏书 | 报刊杂志 | 电子阅览 | 管理 |
|---|---|---|---|---|---|---|---|---|---|
| 信息学院 | 28500 | 8000 | 工作日 | 师生 | 开　架 | 850000 | 450 | 100台电脑 | 专职 |
| 藕塘中学 | 120 | 50 | 全　天 | 师生 | 借书卡 | 37352 | 92 | 40平方米<br>42个座位 | 专职 |

续表 6—28—11　　单位：平方米、万元、册、种

| 单位 | 面积 | 投入资金 | 开放时间 | 借阅对象 | 借阅方法 | 藏书 | 报刊杂志 | 电子阅览 | 管理 |
|---|---|---|---|---|---|---|---|---|---|
| 钱桥中心 | 896 | 70 | 全　天 | 师生 | 借书卡 | 98289 | 140 | 电子图书5万册 | 专职 |
| 藕塘中心 | 480 | 95 | 全　天 | 师生 | 借书卡 | 58853 | 120 | 60台电脑 | 专职 |
| 城市职业技术学院 | 18375 | 2500 | 工作日 | 师生 | 一卡通 | 530000 | 70 | 有 | 专职 |
| 技师学院 | 1000 | 750 | 工作日 | 师生 | 一卡通 | 130000 | 230 | 50台电脑 | 专职 |
| 影视学院 | 3282 | 4800 | 工作日 | 师生 | 一卡通 | 400000 | 144 | 有 | 专职 |
| 钱桥中学 | 1064 | 60 | 全　天 | 师生 | 借书卡 | 122056 | 150 | 60台电脑 | 专职 |
| 无锡商院 | 32985 | 10519 | 工作日 | 师生 | 一卡通 | 970816 | 780 | 284台电脑 | 门禁系统 |
| 汽车工程学校 | 1500 | 1000 | 工作日 | 师生 | 一卡通 | 93643 | 216 | 100台电脑 | 专职 |
| 惠山中专 | 1100 | 70 | 工作日 | 师生 | 借书卡 | 147630 | 150 | 有 | 专职 |
| 无锡市公共实训基地 | 131 | 16 | 工作日 | 职工 | 刷餐卡 | 5000 | 24 | — | 专职 |

## 二、农家书屋

1999年，藕塘镇稍塘村率先创建村级图书室。此后，钱桥、藕塘镇，钱桥街道各村、社区先后建立农家书屋。2015年，钱桥街道15个社区均建有农家书屋，总面积958平方米。

### （一）钱桥社区农家书屋

2008年10月，钱桥社区农家书屋创建，面积120平方米，内设全开架书架10个，各类书籍13000多册、报刊50多种、音像制品200多种，设专职图书管理员1名。

钱桥社区农家书屋全面实现通借还、通购、通网上阅读、通电影电视“四通工程”标准。“通借还”是在惠山区实行区、街道、社区三级联网，有区图书馆统一制作、发放“惠山区图书借还一卡通”。居民拥有这张借书卡，在惠山区任何一个农家书屋都可以就近借还。“通购”是钱桥社区农家书屋的亮点，即与新华书店“三农读物”代购点和凤凰出版传媒股份有限公司代销点通购，可以享受购书优惠。“通网上阅读”是钱桥社区农家书屋的6台电脑与惠山区图书馆联网，读者可以在网上阅读惠山区图书馆的藏书。“通电影电视”是钱桥社区农家书屋配有一个多功能播放室，每周二次为居民播放各类优秀影片或在文化信息工程网站下载的种养殖节目。钱桥社区农家书屋围绕全民阅读，每年开展一系列内容丰富、形式多样的好书推荐活动、读书征文活动、书画收藏免费展览交流活动、青少年暑期活动、讲座演讲活动等。

2009年12月，钱桥社区农家书屋被评为江苏省百佳农家书屋；2010年9月，被评为江苏省农家书屋法制文化建设示范点创建活动先进单位；2012年1月，被评为江苏省五星级示范农家书屋、惠山区五有特色农家书屋；2014年1月，被评为江苏省全民阅读志愿者服务站。2015年，钱桥社区农家书屋已为读者办理1000多张一卡通。

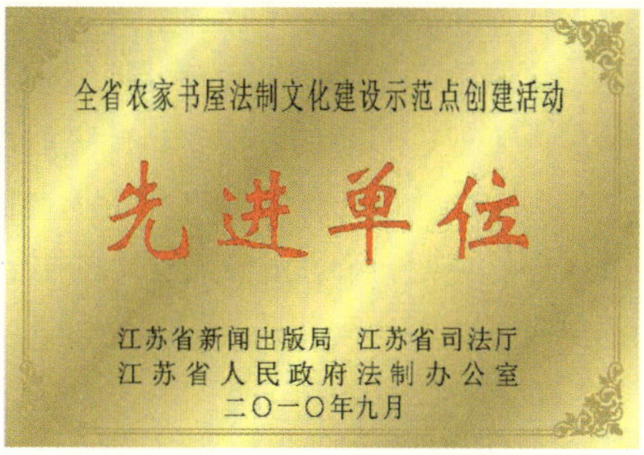


图6—28—26　2010年，钱桥社区农家书屋被评为江苏省法制文化建设示范点创建活动先进单位

### （二）晴山蓝城社区农家书屋

2011年11月，晴山蓝城社区创建农家书屋。社区党总支搭建相应的载体，利用各种资源和阵地为社区农家书屋的创建发展提供有效平台，充实书屋的读书量。晴山蓝城社区农家书屋面积66平方米，拓展多功能室面积107平方米，共173平方米，藏书6000册，涉及社会百科及多种文献类型图书。同时，每年订阅报刊30多种。为确保农家书屋规范管理，社区配备1名图书管理员，全年无休，

每日开放。是年，晴山蓝城社区农家书屋实现“四通工程”（通借还、通购、通网上阅读、通电影电视）服务。2012年，创建成为惠山区“五有”（基础设施有保障、环境布置有特色、日常工作有安排、图书活动有内涵、村民参与有热情）特色农家书屋。2013年，创建成为江苏省五星级示范农家书屋，申报“第四届江苏省服务农民、服务基层文化建设先进集体”和“第五届全国服务农民、服务基层文化建设先进集体”。2014年，晴山蓝城农家书屋获江苏省和全国服务农民、服务基层文化建设先进集体荣誉称号。

晴山蓝城社区还利用农家书屋平台开展一系列文化活动，不定期地组织党员、群众在农家书屋学习、听讲座，邀请相关部门人员进行食品安全知识、健康知识、急救知识等讲座，每个传统节日开展节日读书活动。暑假中邀请在职年轻教师和退休教师组织中小学生开展暑期学习实践活动，组织开展读书小组活动。晴山蓝城农家书屋每年向上级选送的读书征文都能获奖。

**2015年钱桥街道各社区农家书屋基本情况统计表**

表6—28—12　　单位：平方米、万元、册、种、台

| 社区名称 | 建立时间 | 面积 | 投入资金 | 藏书 | 报刊 | 电脑 | 开放时间 | 借阅方式 |
|---|---|---|---|---|---|---|---|---|
| 稍塘 | 1999.00 | 30 | 5.0 | 2100 | 16 | 3 | 全天候 | 卡、登记 |
| 华新 | 2005.00 | 40 | 15.0 | 3000 | 5 | 5 | 全天候 | 借书证 |
| 溪南 | 2005.00 | 80 | 10.0 | 5000 | 16 | 5 | 全天候 | 卡 |
| 西漳 | 2005.00 | 20 | 10.0 | 3300 | 6 | 4 | 全天候 | 卡、登记 |
| 东风 | 2005.00 | 40 | 15.0 | 4000 | 20 | 4 | 全天候 | 登记 |
| 藕乐苑 | 2007.00 | 40 | 30.0 | 9500 | 10 | 10 | 全天候 | 登记 |
| 晓丰 | 2008.07 | 79 | 15.0 | 3948 | 36 | 5 | 全天候 | 登记 |
| 钱桥 | 2008.10 | 120 | 15.0 | 13000 | 50 | 6 | 全天候 | 一卡通 |
| 苏庙 | 2008.00 | 43 | 15.0 | 3000 | 18 | 5 | 全天候 | 登记 |
| 舜柯 | 2008.00 | 22 | 7.0 | 2017 | 7 | 2 | 全天候 | 登记 |
| 藕塘 | 2009.10 | 81 | 18.0 | 3564 | 18 | 5 | 全天候 | 登记 |
| 南塘 | 2010.00 | 30 | 3.5 | 2300 | 10 | 3 | 全天候 | 登记 |
| 盛峰 | 2011.00 | 50 | 5.0 | 2300 | 16 | 4 | 全天候 | 登记 |
| 晴山蓝城 | 2011.11 | 173 | 20.0 | 6000 | 30 | 10 | 全天候 | 登记 |
| 洋溪 | 2013.00 | 110 | 20.0 | 2300 | 15 | 4 | 全天候 | 登记 |

## 第九节　乡人著作书目

清同治九年（1870），徐寿、徐建寅父子开始译著国外关于机械、化学、军事等方面的书籍，推动国内工业、军事的发展。自此之后，钱桥、藕塘地区乡人在经济、教育、科学、科技、医学、文学、历史、地理、戏剧、艺术等领域都有著作出版。清光绪七年（1881），徐寿成为第一个在国际顶级《自然》期刊杂志上发表文章的中国人，对传统声学定律“空气柱”的振动模式（即伯男利定律）提出质疑，并用现代科学矫正一项古老的定律。据不完全统计，1870~2015年，区域内乡人共出版293部（本）著作。

**1870~2015年钱桥、藕塘地区乡人著作书目统计表**

表6—28—13

| 作者 | 书名 | 类别 | 出版社 | 出版时间 |
|---|---|---|---|---|
| 徐建寅 | 运规约指（几何学） | 译著 | 上海江南制造局 | 1870 |
| | 器象显真（机械制图） | 译著 | 上海江南制造局 | 1871 |
| | 化学分原 | 译著 | 上海江南制造局 | 1872 |
| | 汽机新制 | 译著 | 上海江南制造局 | 1872 |
| | 汽机必以（蒸汽机原理与构造） | 译著 | 上海江南制造局 | 1873 |
| | 声学 | 译著 | 上海江南制造局 | 1874 |

续表 6—28—13

| 作者 | 书名 | 类别 | 出版社 | 出版时间 |
|---|---|---|---|---|
| 徐建寅 | 水师操练 | 译著 | 上海江南制造局 | 1874.00 |
| | 轮船布阵 | 译著 | 上海江南制造局 | 1874.00 |
| | 格林炮操法 | 译著 | 上海江南制造局 | 1875.00 |
| | 电学 | 译著 | 上海江南制造局 | 1880.00 |
| | 造铁全法 | 译著 | 上海江南制造局 | 1880.00 |
| | 谈天 | 译著 | 上海江南制造局 | 1881.00 |
| | 伏耳铿厂管工章程 | 译著 | 上海格致汇编 | 1881.00 |
| | 德国议院章程 | 译著 | 徐氏自刻本 | 1882.00 |
| | 艺器记珠（建筑、机械工程手册） | 译著 | 上海江南制造局 | 1884.00 |
| | 德国合盟纪事本末 | 政治 | 上海哲学丛书 | 1887.00 |
| | 美国合盟本末 | 政治 | 上海西政丛书 | 1887.00 |
| | 欧游杂录 | 地理 | 上海小方壶斋舆地丛书 | 1887.00 |
| | 兵学新书 | 军事 | 徐氏自刊 | 1898.00 |
| | 测地捷法 | 科学 | 徐氏自刊 | 1898.00 |
| 徐　寿 | 汽机发轫 | 译著 | 上海江南制造局 | 1871.00 |
| | 化学鉴原 | 译著 | 上海江南制造局 | 1872.00 |
| | 化学鉴原续编 | 译著 | 上海江南制造局 | 1874.00 |
| | 营城揭要 | 译著 | 上海江南制造局 | 1876.00 |
| | 测地绘图 | 译著 | 上海江南制造局 | 1876.00 |
| | 西艺知新 | 译著 | 上海江南制造局 | 1878.00 |
| | 化学鉴原补编 | 译著 | 上海江南制造局 | 1879.00 |
| | 化学求质 | 译著 | 上海江南制造局 | 1883.00 |
| | 化学求数 | 译著 | 上海江南制造局 | 1883.00 |
| | 西艺知新续刻 | 译著 | 上海江南制造局 | 1884.00 |
| | 宝藏兴焉 | 译著 | 上海江南制造局 | 1884.00 |
| | 物体遇热改易记 | 译著 | 上海江南制造局 | 1899.00 |
| | 法律医学 | 译著 | 上海江南制造局 | 1899.00 |
| | 中西化学材料名目录 | 译著 | 上海江南制造局 | 1902.00 |
| 徐家保 | 工艺准绳 | 译著 | 江南造船厂 | 1894.00 |
| | 保富述要 | 译著 | 江南造船厂 | 1895.00 |
| | 航海章程 | 译著 | 江南造船厂 | 1895.00 |
| | 《炼钢要言》（附镍实验法） | 译著 | 江南造船厂 | 1896.00 |
| | 国政贸易相关书 | 译著 | 江南造船厂 | 1897.00 |
| | 钢铁化学 | 译著 | 江南造船厂 | 1918.00 |
| 徐华封 | 考试司机 | 译著 | 江南制造局 | 1895.00 |
| | 种植学 | 译著 | 江南制造局 | 不详 |
| 张锡昌 | 河南省农村调查 | 农业 | 商务印书馆 | 1934.00 |
| | 农村社会调查 | 农业 | 黎明书局 | 1934.00 |
| 徐宝鼎 | 煤炭液化法 | 工业 | 商务印书馆 | 1935.00 |
| | 橡胶用化学药品汇编 | 医学 | 台湾徐氏基金会 | 1938.00 |
| | 煤造汽油法 | 工业 | 商务印书馆 | 1938.00 |
| 张志澄 | 茶叶栽培学 | 农业 | 复旦大学农学院茶叶出版社 | 1940.00 |
| | 怎样繁殖茶苗 | 农业 | 江苏人民出版社 | 1954.00 |
| | 茶树快速育苗法 | 农业 | 农业出版社 | 1959.00 |
| | 阳羡茶录 | 农业 | 江苏宜兴市政协文史资料研究委员会出版 | 1988.00 |
| 王补宣 | 热力学 上（工程热力学） | 科学 | 上海中华书局 | 1952.09 |
| | 传热学基础 | 译著 | 高等教育出版社 | 1954.09 |
| | 传热学习题 | 译著 | 高等教育出版社 | 1954.11 |
| | 热机和它的原理 | 工业 | 中华全国科学技术普及协会 | 1955.12 |
| | 设计管道热的速算图解法 | 工业 | 电力工业出版社 | 1957.01 |
| | 热工基础 | 工业 | 高等教育出版社 | 1960.05 |
| | 热工学 | 工业 | 人民教育出版社 | 1960.06 |

续表 6—28—13

| 作者 | 书名 | 类别 | 出版社 | 出版时间 |
|---|---|---|---|---|
| 王补宣 | 内燃动力装置 | 工业 | 人民教育出版社 | 1963.10 |
| | 《高等学校教材》热工学第 3 版 | 教育 | 人民教育出版社 | 1964.08 |
| | 传热学计算及习题集 | 译著 | 高等教育出版社 | 1965.04 |
| | 工程传热传质学（上） | 工业 | 科学出版社 | 1982.08 |
| | 涡轮和高温零件温度场专题文集 | 工业 | 国防工业出版社 | 1984.01 |
| | 王补宣论文集 | 理论 | 清华大学出版社 | 1993.06 |
| | 工程传热传质学（下） | 工业 | 科学出版社 | 1998.09 |
| | 王补宣论文集 1992~2001 中英文本 | 理论 | 机械工业出版社 | 2002.03 |
| | 工程热力学 | 教育 | 高等教育出版社 | 2011.05 |
| | 工程传热传质学第 2 版 | 工业 | 中国科技出版传媒公司 | 2014.05 |
| 管燮初 | 殷墟甲骨刻辞的语法研究 | 文化 | 中国科学院出版社 | 1953.00 |
| | 汉语的构词法 | 参著 | 科学出版社 | 1957.00 |
| | 现代汉语语法讲话 | 教育 | 商务印书馆 | 1961.00 |
| | 西周金文语法研究 | 文化 | 商务印书馆 | 1981.00 |
| | 左传句法研究 | 文化 | 安徽教育出版社 | 1994.00 |
| 徐宝彝 | 阑尾炎手术疗法 | 医学 | 广协书局出版社 | 1954.00 |
| 俞介君 | 显应桥（锡剧剧本） | 戏剧 | 北京宝文堂出版 | 1958.00 |
| | 双推磨（锡剧剧本） | 戏剧 | 不详 | 不详 |
| | 秋香送茶（锡剧剧本） | 戏剧 | 不详 | 不详 |
| | 三看御妹（锡剧剧本） | 戏剧 | 不详 | 不详 |
| | 救风尘（锡剧剧本） | 戏剧 | 不详 | 不详 |
| | 红色的种子（锡剧剧本） | 戏剧 | 不详 | 不详 |
| | 嫁媳（锡剧剧本） | 戏剧 | 不详 | 不详 |
| | 玲珑女（锡剧剧本） | 戏剧 | 不详 | 不详 |
| | 双珠凤（锡剧剧本） | 戏剧 | 不详 | 不详 |
| | 嫦娥奔月（锡剧剧本） | 戏剧 | 不详 | 不详 |
| | 龙宫舞缘（锡剧剧本） | 戏剧 | 不详 | 不详 |
| | 孟姜女（锡剧剧本） | 戏剧 | 不详 | 不详 |
| | 三女审夫（锡剧剧本） | 戏剧 | 不详 | 不详 |
| | 红楼妙玉（锡剧剧本） | 戏剧 | 不详 | 不详 |
| | 窦娥冤（锡剧剧本） | 戏剧 | 不详 | 不详 |
| 龚家彪 | 流量计 | 译著 | 水利电力出版社 | 1958.00 |
| | 热工测量和仪表 | 工业 | 中国工业出版社 | 1961.07 |
| 毛海椿 | 蒸汽机车通风装置 | 工业 | 人民铁道出版社 | 1958.00 |
| | TQC 问答 | — | 不详 | 不详 |
| 陈汀声 | 电影放映与还音 | 文化 | 中国电影出版社 | 1959.01 |
| 钱仲章 | 百花齐放图集 | 艺术 | 江苏文艺出版社 | 1959.04 |
| | 中国当代艺术家画库 | 艺术 | 中国画报出版社 | 2000.00 |
| 王时炎 | 中国测量学 | 科学 | 人民铁道出版社 | 1959.09 |
| 吴树清 | 组合机床设计 | 工业 | 机械工业出版社 | 1975.00 |
| 陈全伦 | 定量分析 | 科学 | 上海科学技术出版社 | 1980.00 |
| | 纺织化学分析 | 工业 | 上海科学技术出版社 | 1982.00 |
| 张茹英 | 医疗护理技术操作常规 | 医学 | 中国人民解放军战士出版社 | 1980.02 |
| | 基础护理学 | 医学 | 福建科学出版社 | 1994.12 |
| | 护理学 | 医学 | 不详 | 1995.00 |
| | 护理学总论 | 医学 | 第二军医大学出版 | 1995.04 |
| | 护理管理学 | 医学 | 第四军医大学出版 | 1995.05 |
| | 临床护理科研原理与方法 | 医学 | 世界图书出版公司 | 1996.12 |
| | 护理学概论 | 医学 | 第四军医大学出版 | 1997.07 |
| | 社会护理学 | 医学 | 第四军医大学出版 | 1997.07 |
| | 急救护理与临床监护学 | 医学 | 第四军医大学出版 | 1999.09 |
| | 现代护理学 | 医学 | 人民军医出版社 | 2000.01 |
| | 护理管理学再版 | 医学 | 第四军医大学出版 | 2000.09 |

续表 6—28—13

| 作者 | 书名 | 类别 | 出版社 | 出版时间 |
| --- | --- | --- | --- | --- |
| 张茹英 | 护理美学与礼仪 | 医学 | 第四军医大学出版 | 2001.03 |
| | 整体护理理论与实践 | 医学 | 陕西护理学会出版 | 2002.06 |
| 周福昌 | 古代文学作品选讲 | 教育 | 上海少儿出版社 | 1981.00 |
| | 唐代文选(上中下) | 文学 | 江苏大学出版社 | 1990.00 |
| | 精注今译春秋左传读本(上中下) | 文学 | 台北三民图书公司 | 1991.00 |
| | 无锡方言存录 | 文化 | 北京语言大学出版社 | 2013.00 |
| 支焕琦 | 计算机辅助设计 | 科技 | 山东工业大学出版社 | 1982.00 |
| | 数字电路 | 科技 | 青岛远洋学校出版社 | 1987.00 |
| 李士兴 | 美国五十个州 | 译著 | 新华出版社 | 1982.05 |
| | 出使伊朗 | 译著 | 世界知识出版社 | 1984.02 |
| | 宋家王朝 | 译著 | 参考消息报社 | 1985.07 |
| | 无冕之王（美国四大新闻机构内幕） | 译著 | 新华出版社 | 1985.10 |
| | 拉吉夫·甘地传 | 译著 | 参考消息报社 | 1985.12 |
| | 长征秘闻 | 译著 | 参考消息报社 | 1986.04 |
| | 抓间谍的人 | 译著 | 新华出版社 | 1987.12 |
| | 天使-影星玛丽莲.梦露秘史 | 译著 | 华艺出版社 | 1988.12 |
| | 创新和企业家精神 | 译著 | 新华出版社 | 1989.03 |
| | 2020 年 | 译著 | 新华出版社 | 1993.06 |
| | 驾驶旋风 | 译著 | 新华出版社 | 1995.03 |
| | 美国科技发展史 | 译著 | 不详 | 不详 |
| | 荷兰旅游指南 | 译著 | 不详 | 不详 |
| | 跑步 | 译著 | 不详 | 不详 |
| 朱纪如 | 美尼尔氏病 | 医学 | 湖南科学技术出版社 | 1983.00 |
| | 过敏性疾病 | 医学 | 湖南科学技术出版社 | 1986.00 |
| 钱松宝 | 实用初级救护手册 | 医学 | 金盾出版社 | 1984.11 |
| 张亦政 | 研究生英语词汇习题集 | 教育 | 中国科学技术大学出版社 | 1987.00 |
| | 英语结构习题集 | 教育 | 中国科学技术大学出版社 | 1987.00 |
| 徐宾远 | 《徐宾远墨竹》画册第二集 | 艺术 | 不详 | 1987.06 |
| 章定康 | 超大规模集成电路技术 | 译著 | 科学出版社 | 1987.11 |
| 俞盘祥 | 数据库系统原理 | 科技 | 清华大学出版社 | 1988.00 |
| | ORACIE 数据库系统基础 | 科技 | 清华大学出版社 | 1995.04 |
| 周文表 | 微波集成电路计算机辅助设计手册 | 科技 | 人民邮电出版社 | 1988.05 |
| 强振南 | 超声波探伤 | 科技 | 华东化工学院出版社 | 1989.00 |
| 强家模 | 原发性肝癌（英文版） | 医学 | 不详 | 1989.00 |
| 冯云青 | 当代小说理论与技巧 | 文学 | 江苏教育出版社 | 1989.05 |
| | 写作语典 | 工具书 | 江苏教育出版社 | 1992.06 |
| | 新编中国当代文学发展史 | 文学 | 杭州大学出版社 | 1992.08 |
| | 中国现代文学作品选续 | 文学 | 江苏教育出版社 | 1994.02 |
| | 写作例典 | 工具书 | 江苏教育出版社 | 1997.10 |
| | 中国当代散文大系 | 文学 | 江苏教育出版社 | 1999.03 |
| 孙尧卿 | 陶瓷材料学 | 工业 | 华东理工大学出版社 | 1990.00 |
| 吴树青 | 组合机床设计调整与应用 | 工业 | 机械工业出版社 | 1990.00 |
| 杜伯伦 | 中国革命史新编 | 政治 | 上海人民出版社 | 1990.00 |
| 周怀民 | 周怀民藏画集 | 艺术 | 无锡市博物馆出版 | 1990.08 |
| | 周怀民画辑 | 艺术 | 对外贸易教育出版社 | 1994.00 |
| 王本兴 | 本兴砖刻 | 艺术 | 江苏美术出版社 | 1991.08 |
| | 王本兴书法集 | 艺术 | 南京出版社 | 1994.04 |
| | 印章边栏分类 | 艺术 | 河南美术出版社 | 1995.00 |
| | 怎样用蘸水笔创作书法作品 | 艺术 | 新疆青少年出版社 | 1996.00 |
| | 字甲骨文 | 艺术 | 文物出版社 | 2001.04 |
| | 雨花台烈士印谱 | 艺术 | 南京出版社 | 2002.00 |

续表 6—28—13

| 作者 | 书名 | 类别 | 出版社 | 出版时间 |
| --- | --- | --- | --- | --- |
| 王本兴 | 中国历代印章边栏演变简史 | 艺术 | 辽宁美术出版社 | 2002.00 |
| | 印章法分类（修订再版） | 艺术 | 天津人民出版社 | 2003.00 |
| | 22 家甲骨文书法赏评 | 艺术 | 华夏文化艺术出版社 | 2004.00 |
| | 傅抱石篆刻艺术世界 | 艺术 | 北京工艺美术出版社 | 2004.00 |
| | 中国篆刻技法 | 艺术 | 北京工艺美术出版社 | 2004.00 |
| | 甲骨文拓片精选 | 艺术 | 天津美术出版社 | 2005.08 |
| | 篆刻字典与技法 | 艺术 | 北京工艺美术出版社 | 2005.01 |
| | 印章章法分类 | 艺术 | 天津美术出版社 | 2006.06 |
| | 甲骨文小字典 | 艺术 | 文物出版社 | 2006.07 |
| | 老年学书法 | 艺术 | 北京工艺美术出版社 | 2006.05 |
| | 印章边栏分类（修订再版） | 艺术 | 天津美术出版社 | 2006.00 |
| | 怎样学篆刻 | 艺术 | 天津美术出版社 | 2008.00 |
| | 中国奥运冠军印谱 | 艺术 | 人民体育出版社 | 2008.00 |
| | 印章边栏详解 | 艺术 | 北京工艺美术出版社 | 2008.01 |
| | 33 家甲骨文书法诠释 | 艺术 | 辽宁美术出版社 | 2010.01 |
| | 甲骨文字典 | 艺术 | 北京工艺美术出版社 | 2010.12 |
| | 颜体楷书习字帖：双鹤铭 | 艺术 | 北京工艺美术出版社 | 2011.07 |
| | 甲骨文字辨异 | 艺术 | 辽宁美术出版社 | 2012.01 |
| | 江苏印人传 | 艺术 | 南京大学出版社 | 2012.04 |
| | 甲骨文书法篆刻作品集 | 艺术 | 华夏文化艺术出版社 | 2012.05 |
| | 四喜堂绝句 | 艺术 | 北京工艺美术出版社 | 2013.03 |
| | 甲骨文诠释与辨异 | 艺术 | 辽宁美术出版社 | 2014.02 |
| | 甲骨趣闻 | 艺术 | 北京工艺美术出版社 | 2014.04 |
| | 甲骨文经典拓片 100 例 | 艺术 | 北京工艺美术出版社 | 2015.01 |
| | 甲骨文字帖 | 艺术 | 北京工艺美术出版社 | 2015.01 |
| | 中国古代体育印谱—肖形印经典 | 艺术 | 天津人民美术出版社 | 2015.12 |
| 邬尧清 | 文医双绝恽铁樵 | 人物传 | 上海书店出版社 | 1991.08 |
| | 经方大家夏仲方 | 人物传 | 上海书店出版社 | 1991.08 |
| 缪柏其 | 随机过程 | 科学 | 中国科学技术大学出版 | 1993.00 |
| | 概率论基础 | 科学 | 中国科学技术大学出版 | 1998.00 |
| | 管理统计学 | 科学 | 中国科学技术大学出版 | 2002.09 |
| | 大学综合素质现状调查报告 | 科学 | 湖北人民出版社 | 2006.10 |
| | 管理统计学 | 科学 | 中国科学技术大学出版 | 2010.02 |
| 张振兴 | 名犬的饲养与保健 | 农科技 | 江苏科技出版社 | 1993.12 |
| | 小型宠物的饲养与保健 | 农科技 | 江苏科学技术出版社 | 1995.02 |
| | 蟹、虾、鳖、龟疾病防治技术 | 农科技 | 江苏科技出版社 | 1997.00 |
| | 鹿、兔疾病防治技术 | 农科技 | 江苏科技出版社 | 2000.06 |
| | 特禽饲养与疾病防治 | 农科技 | 中国农业出版社 | 2001.05 |
| | 肉鸽饲养与疾病防治大全 | 农科技 | 中国农业出版社 | 2002.00 |
| | 兽医消毒学 | 农科技 | 中国农业出版社 | 2010.01 |
| 丁剑华 | 德育研究与实践 | 教育 | 南京大学出版社 | 1994.05 |
| | 中等职业技术学校学生心理指导 | 教育 | 南京大学出版社 | 1994.08 |
| | 职业指导 | 教育 | 南京大学出版社 | 1994.09 |
| | 职教管见集 | 教育 | 陕西职教研究编辑部 | 1995.03 |
| | 中等职业学校班集体建设指导 | 教育 | 中国教育学研究会德育专业委员会 | 1996.11 |
| | 染鬓集 | 教育 | 中国教育学会德育专业委员会 | 2001.10 |
| | 一得诗集 | 文学 | 香港国际画院出版社 | 2005.08 |
| | 古今咏桃诗词选 | 文学 | 中国文联出版社 | 2006.02 |
| | 无锡市阳山中学校史 | 校志 | — | 2010.12 |
| | 杏坛新韵 | 教育 | 凤凰出版传媒集团、凤凰出版社 | 2011.07 |
| | 书院回音 | 回忆录 | 作家出版社 | 2011.10 |
| | 教改新语 | 教育 | 教育科学出版社 | 2012.09 |
| | 安阳书院 | 历史文学 | 中国文联出版社 | 2013.10 |

续表 6—28—13

| 作者 | 书名 | 类别 | 出版社 | 出版时间 |
|---|---|---|---|---|
| 丁剑华 | 诗教韵花 | 文学 | 苏出准印字 JSE-1003120 | 2014.08 |
| 徐逢贤 | 走向世界的中国乡镇企业 | 工业 | 中国青年出版社 | 1996.00 |
| | 中国农业发展战略研究 | 农业 | 广西人民出版社 | 1998.09 |
| | 跨世纪难题 | 科学 | 中国社会科学出版社 | 1999.04 |
| | 中国农业扶持与保护实践理论对策 | 农业 | 首都经济贸易大学出版社 | 1999.00 |
| | 县级综合改革与经济社会协调发展 | 经济 | 不详 | 不详 |
| | 中国大百科全书 农业卷 | 农业 | 不详 | 不详 |
| | 中国百县市经济社会调查 陵县卷 | 农业 | 不详 | 不详 |
| | 中国经济社会咨询大全 香港版 | 工具书 | 不详 | 不详 |
| | 中国农产品的价格改革与农业发展问题 | 农业 | 不详 | 不详 |
| | 中国经济体制改革的实践与研究 | 经济 | 不详 | 不详 |
| 谢　庄 | 肉用鹅饲养法 | 教育 | 中国农业出版社 | 1997.01 |
| | 兽医统计学 | 教育 | 高等教育出版社 | 2005.08 |
| | 肉鹅高效益养殖技术 | 农业 | 金盾出版社 | 2006.12 |
| 周亦平 | 棉花加工 | 科技 | 商业出版社 | 1997.00 |
| | 棉花加工工序手册 | 科技 | 商业出版社 | 不详 |
| 费仲兴 | 线性代数 | 教育 | 兵器工业出版社 | 1997.11 |
| | 汤山觅踪 | 历史 | 中国工人出版社 | 2004.08 |
| | 城市生死劫 | 历史 | 中国工人出版社 | 2008.02 |
| | 南京大屠杀史料集（第 27、39 卷） | 历史 | 江苏人民出版社 | 2010.12 |
| 邓鸿勋 | 跨世纪战略发展过程中的中国经济结构研究 | 经济 | 经济科学出版社 | 1998.00 |
| | 农民就业与中国现代化 | 经济 | 四川人民出版社 | 1999.00 |
| | 国际金融危机与中国农民就业 | 经济 | 中国发展出版社 | 2010.05 |
| 吴祥兴 | 近代物理实验 | 科技 | 上海科技教育出版社 | 1998.10 |
| | 电磁学 | 科技 | 上海科技教育出版社 | 不详 |
| | 混沌学导论 | 教育 | 上海人民出版社 | 2001.01 |
| | 现代科技概论 | 教育 | 世界图书出版公司 | 2005.00 |
| | 师道永恒 | 教育 | 上海人民出版社 | 2009.00 |
| | 深入浅出电源设计 | 科技 | 电子工业出版社 | 2014.04 |
| 郁有满 | 无锡帮会志 | 社会 | 香港大世界出版公司 | 1999.03 |
| | 无锡掌故 | 社会 | 陕西旅游出版社 | 2001.10 |
| | 吴地藏书家 | 社会 | — | 2002.00 |
| | 无锡地名 | 社会 | 西安地图出版社 | 2003.10 |
| | 江苏帮会志 | 社会 | 方志出版社 | 2004.12 |
| | 方志年鉴文集 | 社会 | 中央文献出版社 | 2005.09 |
| | 无锡运河志 | 社会 | 西安地图出版社 | 2008.10 |
| | 地方史研究文集 | 社会 | 哈尔滨出版社 | 2010.03 |
| | 生命的流淌 | 文学 | 哈尔滨出版社 | 2010.03 |
| 钱树本 | 海洋科学导论 第九章 | 教育 | 高等教育出版社 | 1999.00 |
| | 中国海藻志 | 志书 | 科学出版社 | 2003.00 |
| | 海藻学 | 教育 | 中国海洋大学出版社 | 2005.12 |
| | 中国海洋本草 | 教育 | 上海科学技术出版社 | 2009.00 |
| | 海藻学再版 | 教育 | 中国海洋大学出版社 | 2014.05 |
| 黄荣昌 | 刘佛年教育文选 | 教育 | 华东师范大学出版社 | 1999.00 |
| 吴锡芳 | 吴锡芳小楷字帖 | 艺术 | 香港榕文出版社 | 2000.01 |
| 李　军 | 墨龙花鸟画作品选 | 艺术 | 香港国际画院出版社 | 2000.05 |
| | 甲骨风华——李军书画作品集 | 艺术 | 北京工艺美术出版社 | 2015.08 |
| 费仲芳 | 百家专题突破，高中英语语法经典 1680 题精练与详析 | 教育 | 华东理工大学出版社 | 2001.01 |
| | 寒假生活英语双基础训练（通用新版） | 教育 | 上海外语教育出版社 | 2003.05 |
| | 耕耘者畅想录：从教育中学英语 40 年心路 | 教育 | 华东理工大学出版社 | 2011.09 |
| | 中学生常用英语短语、习语 3000 例（扩充词汇量的必备秘笈超越传） | 教育 | 华东理工大学出版社 | 2013.09 |
| 戴国忠 | APCHI2002 | 科技 | 科学出版社 | 2002.02 |

续表 6—28—13

| 作者 | 书名 | 类别 | 出版社 | 出版时间 |
|---|---|---|---|---|
| 戴国忠 | 笔试用户界面 | 科技 | 中国科学技术大学出版社 | 2009.03 |
| 陈文照 | 新西兰 | 地理 | 世界知识出版社 | 2002.10 |
| | 吴音柔媚醉天涯 | 文学 | 四川人民出版社 | 2006.01 |
| | 风雪桑梓情 | 文学 | 上海东方出版中心 | 2008.10 |
| | 散文集 | 文学 | 海洋出版社 | 不详 |
| 徐慰曾 | 简明不列颠百科全书 | 工具书 | 中国大百科全书出版社 | 2004 |
| | 不列颠百科全书 | 工具书 | 中国大百科全书出版社 | 2004.08 |
| 徐　萱 | 忘忧草 | 文学 | 人民日报出版社 | 2004.12 |
| 支海坤 | 高等学校财务预算执行和决算审计指南 | 教育 | 东南大学出版社 | 2006.00 |
| | 履迹 | 教育 | 东南大学出版社 | 2014.12 |
| 沈　悦 | 房地产价格与宏观经济的关系研究 | 经济 | 水利水电出版社 | 2006.12 |
| 冯朝福 | 1957~2007 江西农垦的改革发展与实践 | 农业 | 江西人民出版社 | 2007.12 |
| 窦亚萍 | 新大纲英语专业四八级考试高分攻略 | 教育 | 广东省语言音像电子出版社 | 2008.01 |
| | TEM8 翻译与人文知识考点精粹 | 教育 | 广东省语言音像电子出版社 | 2008.01 |
| 张　敏 | 国外工程机械内燃机—农机机电一体化产品文集 | 工业 | 香港大马出版社 | 2010.10 |
| 张春新 | 武广客运专线施工技术 | 工业 | 中国铁道出版社 | 2011.03 |
| 宋鸿良<br>高　波<br>浦国治 | 旧物新语 | 社会 | 凤凰出版社 | 2011.07 |
| 高　波 | 无锡乡村记忆 | 文学 | 广陵出版社 | 2012.00 |
| 殷　東 | 中国古代经济文选 | 教育 | 不详 | 不详 |
| | 中国近代经济文选 | 教育 | 不详 | 不详 |
| 张凤兮 | 有色金属生产过程检测 | 工业 | 中南工业大学出版社 | 不详 |
| 杜顺兴 | 科研会计 | 经济 | 中科院干部学院出版社 | 不详 |
| 冯兴娣 | 合理施肥、科学用药 | 农业 | 不详 | 不详 |
| 缪海度 | 环卫工程结构与施工 | 科技 | 不详 | 不详 |
| 龚龙明 | 世界历史复习资料 | 教育 | 不详 | 不详 |
| | 奉贤革命史迹 | 历史 | 不详 | 不详 |

说明：本表以每位作者出版首本著作时间先后排序，然后每位作者再按出版书籍的时间先后顺序排列

## 第十节 咏钱桥、藕塘古今诗词选辑

钱桥、藕塘为锡邑之古名镇，山水佳胜，才贤钟聚。古今文人学者到此，都会留下点点笔墨，或赞颂这里的乡山村水、人杰地灵，或表达过往、旅居之心得。其中古诗词的文学价值，无可非议，其以最简练的文字、精彩的诗句，而又生动地描述所见、所闻、所思。本节咏钱桥、藕塘诗词选辑是古今文人墨客以最富有、最美丽的文字记录钱桥、藕塘地区在历史沧桑和时代进程中的秀美与灵动。

### 一、古 代

**南北朝 江淹**

**无锡县历山集诗**

愁生白露日，思起秋风年。
窃悲杜蘅暮，揽涕吊空山。
落叶下楚水，别鹤噪吴田。
岚气阴不极，日色半亏天。
酒至情萧瑟，凭樽还惘然。
一闻清琴奏，歔泣方留连。
况乃客子念，直置丝竹间。

## 唐代诗僧　皎然

### 赋得夜雨滴空阶，送陆羽归龙山

闲阶夜雨滴，偏入别情中。
断续清猿应，淋漓候馆空。
气令烦虑散，时与早秋同。
归客龙山道，东来杂好风。

## 宋代 杨万里

### 晓经潘葑

油窗着雨光不湿，东风忽转西风急。
篷声萧萧河水涩，牵船不行人却立。
雨中篙师风堕笠，潘葑未到眼先入。
岸柳垂头向人揖，一时唤入诚斋集。

### 潘葑回望惠山真如龙形

惠山分明龙样活，玉脊琼腰百千折。
锡泉泉上吐一珠，簸弄太湖波底月。
苍石为角松为须，须里黄金古佛庐。
请君更向潘葑看，龙尾缴到珠南畔。

说明：“潘葑”为钱桥之北一古镇

## 宋代 蒋重珍

### 题云龙小隐

龙山锡山两山云，出能为雨入为晴。
云山之气有敛散，敛散之理斯为神。
我庐山下有小隐，云为动兮山为静。
悠然而出物之泽，屹然而峙地之镇。
我见云山喜与俱，云山无情不见余。
我比云山多此见，不如一似云山无。

说明：南宋状元蒋重珍，别业建于龙山梢。诗中“龙山”即今之钱桥龙山梢

## 明代 王绂

### 题青山白云图

我曾九龙山下住，结庐正在云深处。
日日看山还看云，长教剪却当檐树。
无端一别猿鹤群，马蹄南北徒纷纭。
尘途底事拂衣晚，回首愧负山中云。

## 明代 王问

### 堽剁草堂

草緆衫袂叠纱巾，眼底惟君出世人。
半榻闲云松岭夕，一畦芳草石田春。

露冷岂知萝是屋，道高常与虎为邻。
嗟予自比山图子，愿得相随一问真。

## 明代 王鉴

### 题五老图

朝看山云暮岭烟，春花秋月自年年。
忘机共得逍遥乐，疑是人间别有天。

## 明代 邹迪光

### 龙尾陵道

胜地还于绝壑搜，藜筇何惜恣探求。
千年积藓坚如石，百尺垂藤曲似钩。
伐竹引泉来树杪，缉茅为屋挂山头。
离城数里衣冠别，此际疑从太古游。

注：“龙尾陵道”在今钱桥龙山梢。

## 清代 严绍宗

### 阳溪丙舍

烟波十里问吾庐，曲曲芦花入小渠。
聊复艺蔬成野圃，偶然种竹即幽居，
鸿冥谁复争周粟，牛角常悬是汉书。
溪水粼粼试芳饵，豳风输我一帆渔。

## 清代 顾贞观

### 离亭燕·藕荡莲

烟水晚来空阔，望处白鸥飞没。折戟沉沙磨不尽，中有小乔香骨。谁唤起凌波，欲语亭亭似活。
钓罢绿蓑慵脱，叶底画桡轻拨。粗服乱头相对处，绝称淡妆浓抹。俗累此全遗，翻恐为伊消渴。

藕荡地近阳湖，暑月香甚，其旁为埽荡营，盖元明间水战处也，荪友往来湖上，因号藕荡渔人。

注：“藕荡”即今“藕塘”，“埽荡营”今称为“稍塘营”。

## 清代 纳兰性德

### 浣溪沙·寄严荪友

藕荡桥边理钓筒。苎萝西去五湖东。笔床茶灶太从容。
况有短墙银杏雨。更兼高阁玉兰风。画眉闲了画芙蓉。

注：此为纳兰性德写给严荪友（名绳孙）的一首词。严荪友祖父严一鹏（明朝刑部侍郎）葬藕荡桥（即今藕塘桥）之东阳溪（即今洋溪）口，故严荪友晚号藕荡渔人。

## 清代 赵汝瑚

### 九日登龙尾陵道（在九龙山上）

此地探幽好，相携人更闲。
世情千日酒，诗境九秋山。
青霭看初合，丹崖望可攀。

渊明琴外意，空见鸟飞还。

### 清代 秦瀛

**龙山、 舜柯山**

天辟西神九点烟，枕中名与华山传。

舜柯峰下龙陵道，万古虞姚一稜田。

**阳溪之一**

尚书坟上夜啼乌，丙舍凄凉百草枯。

秋水无情连藕荡，西风摧折到青梧。

注：明代严尚书一鹏葬阳溪口，子绍宗有阳溪丙舍诗。严一鹏孙名绳孙，字荪友，号秋水，晚号藕荡渔人，著有《秋水集》。“阳溪”即今钱桥、藕塘之洋溪河。“藕荡”即今藕塘。

**阳溪之二**

阳溪女儿双髻丫，乌篷三尺惯捞虾。

落日采莲船更好，纷纷荡桨入荷花。

### 清代 秦琦

**藕荡**

藕荡桥边多港叉，阳溪一水渺无涯。

生来已见汤溪涸，藕荡何曾见藕花。

## 二、近 现 代

### 李毓珍

**蚕余吟草**

别后龙山忆旧图，耽吟不碍绣工夫。

蚕桑自古关生计，一片婆心画得无。

望国思乡奈老何，夕阳影里听山歌。

闻闻见见空闻见，云自高飞水自波。

### 舒贵生

**颂钱桥街道**

江南古镇看钱桥，水秀山青物富饶。

生态家园开画卷，工商耕读乐逍遥。

**赤墩遗址**

舜柯山下古家园，灰土祭坛诗史前。

水稻先民勤种植，农耕文化五千年。

**钱桥老街**

街坊市井越千年，商贾繁华今胜前。

史迹遗踪留镜鉴，兴荣德业重勤贤。

**咏钱桥、藕塘安置房**

钱桥云水绘春秋，绿野清风拂面柔。

十里新城开画卷，千家倚梦醉琼楼。

**无锡职教园**

三吴学子气轩昂，职教名园育栋梁。
技艺学成兴骏业，百行皆有状元郎。

**勤建茶场**

福地名山春草翠，氤氲紫气绕茶林。
勤梅碧蕊香萦梦，玉露清泉常润心。

**过玉泉公园**

玉泉漾碧草茵茵，花木芳菲四季春。
歌舞管弦人喜乐，和谐岁月笑容亲。

**小游洋溪公园**

洋溪澄澈涤乡愁，林木葱茏绿影稠。
岸柳池莲风送爽，清泉活水有源头。

**赵　钲**

**听钱桥街道党工委书记介绍**

手绘钱桥五色霞，山光水态画中赊。
乘风破浪力推引，诗意生成乐万家。

**顾氏宗祠**

巍峨高仰九龙游，顾氏宗祠大字遒。
爱国清廉传德远，钱桥世泽福人修。

**咏钱桥**

钱桥云涌震雷声，感慨龙吟气韵生。
活水宝街名士出，庶民沐浴室家荣。

**玉泉公园赞**

斯园幽雅为民建，步道康庄乡里魁。
颐养天年修厚德，玉泉争看大歌台。

**赞凯龙高科企业**

环保先锋凯龙称，十年拼搏现恢宏。
节能排放合标准，环境优良尾气惊。

**山泉广场**

源源不绝老林泉，矿物渊含益寿年。
虞舜名山盈紫气，居民锻炼当神仙。

**生态岛**

天赋钢琴横眼前，无边美景展河沿。
皋原叠翠怡心目，脚下虹桥任意蜒。

**留影无锡城市职业技术学院**

人文历史喜传承，音乐厅前一韵成。
满目青春施教化，下车留影校门迎。

## 陈永昌

**舜锄石**

禾苗久旱稻畴枯，痛哭黎民泪已无。
心急如焚虞舜帝，挥锄击石向天呼！

**龙山消息树**

一株古柏立山头，恰似哨兵监寇仇。
消息及时传万众，早张天网杀倭酋。

**玉泉公园仙境**

微风阵阵送清芬，花木扶疏四季春。
莫道人间少仙境，身临此际远红尘。

**勤梅茶飘香**

勤梅佳茗一奇葩，傍水依山着雾纱。
最是连年频获奖，香飘万里众人夸。

## 沈道初

**颂钱桥职教园**

群峰环抱里，古镇沐朝阳。
河水终年碧，繁花四季香。
幽篁掩琼阁，翠柏绕红房。
文化誉声远，情深育栋梁。

**钱桥春行**

春暖江南柳色鲜，洋溪河畔喜流连。
画桥倒影扁舟过，水笑山欢颂舜天。

**咏钱桥老街**

古镇钱桥瑞景明，惠山脚下绘图宏。
繁华街市添华彩，鸟语花香风物清。

**小憩洋溪公园**

亭台楼阁映云开，纷向池中倒影栽。
柳绿桃红入客梦，莺声燕舞起歌台。
吴侬雅韵翻柔浪，翠竹青松展俊才。
锡惠太湖山水秀，洋溪细读几回来。

**观缪巷二月采茶灯会感赋**

花灯二月采茶忙，缪巷春风溢彩香。
老骥扬蹄犹奋发，雏鹰展翅任飞翔。
歌吟雅韵讴当世，词赋新篇咏故乡。
起舞黄龙情正热，诗文再续万千章。

## 袁宗翰

**顾氏宗祠**

朴活九龙连舜柯，得琛避乱骋车骡。
宗祠匾额传光绪，名镇钱桥百代歌。

**洋溪公园**

溪边无觅尚书坟，幸有歌诗丙舍文。
诵若竹枝欸乃曲，难描画卷更缤纷。

**赤墩**

稽古赤墩推史前，祭台崧泽五千年。
且从稻米寻根脉，当信智城梦必圆。

**访凯龙高科读何光远部长题辞有感**

无锡钱桥腾凯龙，坚心环保作先锋。
节能控放生清净，科技名牌含量浓。

**钱桥镇**

智城崛起锡之西，百业臻隆足赞题。
绿水一泓兰桂盛，碧梧万树凤凰栖。
置身热土惊春色，瞩目沙盘想彩霓。
诸韵写来终觉浅，最宜放棹泛洋溪。

## 陆振德

**访锡城职教园**

龙山屏学府，曲水贯西城。
黉舍横云岭，翩翩万里征。

**访赤墩遗址**

舜柯山下舜尧村，无字碑书读赤墩。
版筑神坛西郭外，流莺声里古风存。

**题凯龙公司**

科技高新仰凯龙，吟鞭一路向春风。
临门不敢高声语，别有辞章环保中。

## 蔡棣华

**无锡职教园**

育才宝地境清幽，职教园区不胜收。
学子书声花树绕，洋溪河畔遍骅骝。

**沁园春·钱桥剪影**

无锡西郊，浪涌洋溪，翠叠舜柯。有祠堂遗址，芬芳传世；古街旧貌，残缺无多。横卧飞虹，通衢南北，百舸千舟掀碧波。抬头望，见群楼林立，靓丽巍峨。

轻车辖地穿梭，赏生态瀛台镜始磨。赞水光潋滟，晶莹澄澈；栈桥宽敞，升降调和。信步其间，神怡心旷，如上蓬莱仙境过。高科技，喜“凯龙”飞舞，圆梦欢歌。

注：凯龙集团乃钱桥街道辖区一国家级高新技术企业

## 陆国华

**钱桥老街**

明清建筑不矜夸，疏牖木门檐上花。
拐角一条青石路，直通昔日举人家。

**玉泉公园**

琪花锦树手亲栽，辟地新型大舞台。
渌水池边藤架下，妪翁学唱燕归来。

**舜柯山泉**

冽清犹似雪初消，邻比二泉分一瓢。
萃取名牌应有日，他时驰誉过康桥。

**钱桥生态岛三首**

一湾碧水对青山，两岸繁花压画栏。
最是晨烟收未尽，浮桥步屐更追欢。

泛绿清流久已无，洋溪入眼迭相呼。
柳风似忘随云动，要与吾侪共画图。

隔岸抻波柳色幽，画桥九曲日光浮。
他年再咏千寻碧，定有鱼龙一并收。

**钱桥采风分得“庚”韵，作咏凯龙高科技**

华章自古汗浇成，回首当年百计营。
晨露驱驰为缚虎，星光闪耀再降鲸。
犹新理念潮头立，倍惜由缘棘里行。
不尽青山占一色，阳溪河外岂无名？

**赤墩遗址**

熏风柳陌本悠闲，破壁翻然一日间。
耕垦舜柯今有据，叠加崧泽史能攀。
应留人物传三楚，似见图腾镇八蛮。
绳结文明如解得，桃源古貌载云还。

**浣溪沙·玉泉公园书场**

忽喜忽悲未肯收，柳梢新月又如钩。时光何苦逞风流。　细品唱词无限美，重温旧梦一襟幽。但将笑语付南楼。

## 张产胜

**赤墩遗址**

面向舜柯山，专家惊眼前。
先民生活谱，史越五千年。

注：赤墩遗址在舜柯山下，考古人员除发现灰坑、房屋槽基、红烧土堆积、柱洞等遗迹外，还发现崧泽文化时期一处目前国内最大的祭坛，经美国有关著名实验室年代测定，确定该祭坛为距今5140年前后。中国科学院专家到现场取样，发现水稻种子遗迹，确证钱桥先民在5000多年前就已种植水稻。

**钱桥镇**

凤翥龙翔地，锡西谁与齐？
三条青玉带，八杆杏坛旗。
院校春风度，凯龙云海驰。
高歌玉泉苑，正乃舜皇滋。

**洋溪公园**

浮桥灵动锦鱼游，古木扶苏百鸟啾。
笑语盈盈弄姿处，荷花映面倍风流。

**咏钱桥**

惠山玉脊卧西郊，龙气升腾德泽昭。
山下赤墩遗古迹，洋溪垂柳涨新潮。
元朝顾氏沧桑业，民国油坊甃石桥。
最是玉泉留秀处，品茶访古话今朝。

**仰舜柯山**

寒来暑往四千春，虞帝柯相事业醇。
求雨山头求雨迹，神锄石畔留锄轮。
仙人塘水传医术，缪巷灯笼照舜巡。
四岳举贤谁接力，重华心底最亲民。

注：据有关史料记载，虞舜于4000多年前曾在舜柯山耕作；3000多年前仲雍六世孙柯相治所该域。

**赞支浩明**

江南稻米水先筹，天迕农时地裂沟。
九祀雨神无济事，一通湖水犯官谋。
显应桥坝千家哭，开泄民心万亩收。
碎骨粉身何所惧，堪为里式颂千秋。

注：支浩明，钱桥大支巷人。嘉庆十九年（1814）无锡大旱，为打通"显应桥坝"引流太湖水灌溉钱桥周围几万亩禾苗，与锡城劣绅作坚决斗争，被捕入狱、惨遭酷刑、腿断身裂，最终取得胜利，成为当时惊动朝野的"显应桥"案。为表彰支浩明的正义精神，官府赠送支浩明"堪为里式"匾额，以示支浩明为民众学习榜样。

**藕塘职教园**

龙山西望太湖北，绿树浓荫八院藏。
面向长江三角带，目标国际一流庠。
老师诚做奠基石，学子争相效栋梁。
但等新荷含蕊后，万千英杰出藕塘。

**玉泉公园**

会所西偎盛岸前，绿肥红瘦总娇妍。
球场小伙争球霸，乐苑顽童玩水边。
楼上评弹吴语软，林间踏舞锡腔绵。
更兼节假月圆夜，众里歌声上九天。

## 丁剑华

**龙尾陵道怀古**

春申君迹九龙寻，古柏森森陵道深。
岁岁年年伴丘壑，犹闻昔日毂轮音。

**咏钱桥**

钱桥又称卧龙桥，建造元朝时世迢。
四度重修成势稳，风雷不动任浪摇。

**咏藕塘桥**

藕塘桥畔碧莲塘，夏日清风遍地香。
桥面遥望晴翠里，朱红点点映波光。

**咏官渎桥**

明代官船桥下过，经磨历劫雪涛多。
桥碑今岁可观字，绿树丛中附茑萝。

**咏龙栖湾大桥**

洋溪河水浪滔滔，驻足行人首自搔。
改革时期架彩霓，钢筋水泥降狂涛。

**钱桥赤墩遗址**

著意桃花三月好，赤墩遗址谜团开。
六千年始先民迹，一瞬史前文化回。
祭祀神坛堪为首，浮沉稻谷可称胎。
舜山翠色抱怀里，源远钱桥崧泽魁。

**稍塘营怀古**

四面河流一径通，莫天佑扎柳营中。
潺潺水伴士兵曲，淡淡波吟血战风，
闪闪刀光晨雾里，鳞鳞剑影夕阳东。
坐听老叟翻前事，自有清漪觅角弓。

**舜柯山怀古**

天造钟灵古舜山，重华垦植泪潸潸。
后娘分地廿三块，虞舜耕耘十八湾。
青鸟衔枚出奇事，夜间落雨旱过关。
善人好报天公道，舜帝孝忠传宇寰。

**春日洋溪公园风光**

寻芳春日洋溪岸，碧水清清过钱桥。
几叶扁舟推绿浪，一双白鹭落纤条。
杜鹃花艳枝头秀，芦苇芽青鸟语娇。
画意诗情来眼底，柳条更如女儿腰。

**舜柯山下仙人塘怀古**

仙水小塘何所由？循山探迹问清流。
沧桑岁月讲详事，虞舜昔时耕稼畴。
工后劳累池畔歇，水浆饮解釜中忧。
而今塘水洗双眼，犹如甘霖治疾眸。

**咏中国化学之父徐寿**

化学先驱不虚称，人生短暂印深痕。
科兵救国平生意，自学成才当国魂。
苦研多年造黄鹄，胸存一志报皇恩。
动人最是心扉曲，不羡功名德义尊。

### 洋溪生态岛

木桥九曲月河环，芦苇青青栖白鹇。
波动万鳞留墨客，路通一岛抱溪湾。
远望碧树舜山翠，近观游鱼池底闲。
身在此间浑欲醉，心怀流水伴芳颜。

### 咏藕塘

天光云影问由来？景观藕塘碧水开。
一片丹霞明晓色，几分清雾绕亭臺。
娇花枝上迎风秀，茂叶丛中好鸟陪。
画意渔舟浪中客，惊飞芦荡野凫徊。

### 听党工委杨国忠副书记介绍钱桥街道有感

八角楼里数家珍，满室嘉宾颌首频。
城市示优生态点，悠闲环境长精神。
园区职教资源厚，乡镇篇章企业新。
敢为人先创佳绩，求真务实为人民。

### 参观凯龙集团

产品质量标准高，节能环保凯龙豪。
研攻冷却多创意，制造水平精绝毫。
宗旨诚信嘉服务，品牌竞秀独连鳌，
参观开眼长新识，科技争先万里翱。

### 满庭芳·春到钱桥

梅俏冰融，舜山雪化，盈盈河水眸清。东风浩荡，吹醒百花迎。款款步行陌上，心儿醉，满目红英。洋溪岸，万条碧柳，飘舞唤新莺。

钱桥，风润湿，雨丝滋物，草色青青。竹林笋，杜鹃婉转啼鸣。浓艳姑娘招展，笑着走，姿娇风情。争看处，儿童打滚，惹得我年轻

## 朱培学

### 钱桥印象

为采新诗到锡西，钱桥依旧跨洋溪。
城乡一体争衔接，山水数重漫品题。

### 钱桥老街

骡门居隐大街边，褪却繁华素壁联。
斑驳祠堂传历史，依稀桥梓拜先贤。

注：骡门居为顾氏所筑，庄园名。

### 玉泉农民公园

丢却锄头十数年，公园开辟乐心田。
闹中取静赏戏曲，忙里休闲品惠泉。

### 山泉广场

送青滴翠舜柯山，形若卧龙人乐攀。
新建广场何有典？泉流暗涌出乡关。

### 赤墩遗址

山麓临门柴好砍，先民遗址留余痕。
红烧土内埋焦谷，大祭坛前是赤墩。

注：焦谷，稻谷碳化物。

### 生态岛

手掬涟漪踱栈桥，洋溪河畔画新描。
平衡生态波光漾，牵引诗怀柳摆摇。

### 咏周怀民

终日挥毫湖畔西，难忘芦苇夕阳低。
笔端幅幅蒹葭景，枝叶临风鱼雁迷。

注：周怀民，无锡钱桥人，北京画院画师。

### 钱桥采风分得“佳”韵，作咏无锡藕塘职教园

书山有路学无涯，大学中专纷挂牌。
文艺芳华从此始，工程技术与时偕。
塘中莲藕多清白，溪畔枌榆自婉谐。
文教昌明职教校，人才辈出遍江淮。

注：此诗应用吴语诵读。

## 钟振振

### 无锡钱桥职教园（五古）

道可坐而论，车必驾乃行。
争学屠龙术，解牛谁庖丁？
职业兴教育，钱桥萃精英。
不语舜锄石，自垂万古名。

## 王宜早

### 钱桥采风

舜垦舜山下，洋溪流水长。
城乡新道路，百里藕花香。

### 谒钱桥顾氏祠堂

玉篇一部继楷文，名字更新慕汉臣。
汩汩钱桥桥下水，祠堂影照九秋旻。

说明：《玉篇》，南朝梁学者顾野王的著作，中国第一部大型楷书字字典。顾野王原名体伦，因仰慕西汉名臣冯野王，而更名野王。

## 李静凤

### 乙未初夜过赤墩

赤墩乃先民祭祀之所，可上溯至五千多年前，发掘有古稻种，予乙未初夏过之。

雨帘风暴岂无情，下土先人乃有生。
祭祀插秧羲老事，今朝考古满城惊。

**乙未四月初一至钱桥古街**

骡门拜谒古贤能，石拱残碑岁月凝。

却怪我来三月尽，洋溪不见采茶灯。

**仙人塘**

石榴花下碧波潺，雨过天青几翠潸。

竟有仙泉能洗目，却怜复看舜时山。

## 刘建平

**钱桥老街**

千年街市百年槐，顾氏宗祠出俊才。

拍岸洋溪流昼夜，春风牵引燕归来。

**玉泉公园所见**

花卉浓妆染碧溪，柳丝拂面水迷离。

休闲原是种田客，书画琴棋未觉迟。

**无锡职教园区**

路挺楼巍绿未央，宜居生态拓天荒。

领头全仗高科技，产学研中育栋梁。

**藕塘**

藕塘桥畔渺无涯，满目翠微多藕花。

自有源头输活水，春秋冬夏馈农家。

**勤建茶场**

青山环绕衬云霞，蕴育天然一品茶。

陆羽莅临应笑慰，后生勤励润年华。

**凯龙集团**

引领高科打头阵，澄净尾气此中探。

雄心甘愿担环保，遣使长空保湛蓝！

## 尹国庆

**鹊桥仙·钱桥**

甘霖润物，春风苏蛰，芳甸萦青叠翠。一回酝酿一回新，揾万丈、葱茏佳气。

山崖水涘，绿畴平野，职教进呈祥瑞。雍容谐乐景熙和，更看取、物华清丽。

## 佟云霞

**鸡笼山《勤梅牌》茶场**

雾绕青山晓，茶香鸡司晨。

东风先到此，乡曲待何人。

涌翠千层秀，生情一叶津。

眼前浮岭绿，漫品玉壶春。

**钱桥老街**

夕照老街年暮龄，风光不减眼中青。

悠悠小巷红尘外，坐看顾祠荫德馨。

**藕荡**

苍茫历遍污无染，眺望平畴万象新。

今古藕塘桥下过，风光一泻永青春。

**浣溪沙·舜锄石**

谁染舜柯山麓幽？盈眸姹紫百花稠。松涛竹韵忆风流。

击石感天奇故里，霏霏雨沛沃芳洲。春光是处古今讴。

说明：舜锄石，传说那年天旱无雨，禾苗枯焦，舜为民忧虑，以锄击石而在此石上留下锄印，此石至今仍在舜柯山麓。

**捣练子·缪巷采茶灯**

舜岭绿，鸟争鸣。采得茶香不了情。龙舞娇娘歌子夜，映天灯火醉升平。

说明：钱桥缪巷村民在农历二月半晚上舞灯，有鸟灯、鸡灯、鱼灯、兔灯、人物灯、民俗物品灯……在早春的月色之夜，一支手持彩灯、边走边舞的浩浩荡荡的舞蹈队伍走大街、穿小巷，蔚为壮观，吸引众多乡亲们观看。

**眼儿媚·仙人塘**

衔住春风踏初阳，素手播青秧。《虞书》自昔，德恩泽远，瑞霭仙乡。

黄髫临镜方清眼，翁媪掬琼浆。尘埃洗去，绿云圆梦，沉醉方塘。

说明：仙人塘，为虞舜教导百姓插秧时到此塘洗手、喝水之地。今小孩生结膜炎，眼睛红肿，大人就会拿这塘中之水给孩子洗眼睛。据说，用池里的水几天洗下来，孩子的结膜炎很快就好。

## 魏艳鸣

**赤墩遗址访幽**

墩前久立味沧桑，谁道人间岁月长？

此地凝眸五千载，吹来上古稻花香。

**舟行洋溪河**

梦入桃源一路花，江南枕水有人家。

乐听舟橹声声起，搅动清波摇碧霞。

## 谷万祥

**赞惠山钱桥**

山青水秀百花娇，物阜民丰奏管箫。

想是天公当月老，惠山流韵架钱桥。

**咏钱桥“勤梅”茶**

鸡笼山麓绣成翠，富庶钱桥春剪裁。

晨雾轻盈催报晓，连年陆羽赞勤梅。

## 刘 晓

**四季钱桥**

赤墩千古韵，藕荡一溪东。

日落梅花雨，楫摇荷叶风。

芸窗铺红叶，残雪见孤鸿。

茶道书香醉，舜山归牧童。

**印象钱桥**

舜山山麓有人家，碧水洋溪任放槎。

缪巷流香千载韵，勤梅入味一杯茶。
乌啼夜籁凝晨露，藕荡莲桥度骥骅。
别意云舒澄笔底，斜阳背影寄天涯。

## 王庆农

**钱桥行（五言排律）**

结队访钱桥，江南景色娇。
龙山青作枕，溪水绿围腰。
土沃人文富，年丰雨露饶。
赤墩遗旧址，虞舜夏耘苗。
锄石印犹在，仙塘灾可消。
祭坛留史迹，先祖度荒宵。
纵有时空越，春秋燕雁邀。
寻踪游古镇，逸兴咏今朝。
老店酒旗拂，新园柳絮飘。
熙熙来客旅，隐隐奏笙箫。
鼓曲萦朱槛，茗瓯浮碧瑶。
茶场魁陆羽，职教领风飙。
灯会灿如画，岩泉奔若潮。
一行歌不尽，归去百篇骄。

**观“堪为里式”匾，咏支浩明**

炎炎烈日炙青苗，救旱谁开显应桥？
拼得一身成玉碎，震惊朝野万夫标。

## 江　海

**消息树**

龙山古柏立昂扬，威震东瀛志未藏。
红布带儿长示警，旌旗猎猎护家乡。

**勤建茶场**

鸡笼雾锁香犹透，满目茵茵羡煞人。
山麓藕塘人自乐，一壶长醉太湖春。

## 段春梅

**忆江南八首**

***舜锄石***

舜锄石，千载记丰功。心念黎民挥汗水，顺调风雨得葱茏。山麓绿摇风。

***洋溪河***

洋溪秀，曲岸贯钱桥。南北分街随玉带，舳舻争渡凭风潮。千载橹声摇。

***赤墩遗址***

赤墩址，崧泽有嘉坛。考古土层观历史，嗟叹千载若云烟。一抹夕阳闲。

**玉泉公园**

清风拂，晨练到公园。大婶回腰齐迈步，老翁云手慢沉肩。诗意在玉泉。

**缪巷采茶灯**

二月半，缪巷彩灯狂。灯映钱桥开晚照，身随舞步闹春光。佳景永悠长。

**舜皇庙会**

三月半，庙会在钱桥。钟磬连绵怀舜德，佛光期约映空寥。文化振今朝。

**扫荡营**

刀光影，寒映扫荡营。百载兵家争战地，今朝幽静鸟声鸣。胜地好成行。

**龙尾陵道**

龙尾道，难忘楚春申。公子巧思通便道，千年功德利斯民。古道印车轮。

## 达庆维

**舜锄石**

舜柯山麓地龟裂，天旱秧枯百姓叹。
击石数声虞帝怒，挥锄一日雨流湍。

**品茗静待勤梅茶**

晨纱缥缈青山下，疑是仙姑翠袖飘。
泡茗轻吹杯水叶，品茶兴起达通宵。

**钱桥考古**

赤墩遗址誉江南，朱巷旁边现祭坛。
柱洞灰坑红积土，屋基稻谷玉陶簪。
太湖水域渊源广，崧泽文明底蕴含，
追溯钱桥人落聚，继求史迹此中探。

**文浩明**

锡西大旱水田焦，百姓求开显应桥。
公举监生前请愿，独遭官府下阴招。
坝通瞑目豪言洒，骨断残肢壮语潇。
妻子喊冤掀众怒，浩明正气震天朝。

## 余振民

**乙未立夏翌日访赤墩遗址**

旷古知多远，熏风绕历村。
葵榴生沃壤，杏李垒陶盆。
开化比崧泽，溯流从赤墩。
仰前五千载，殷切看遗存。

**访钱桥顾家祠堂**

文武家风联句存，擅兼绝学示儿孙。
谅非晚辈疏声律，应继先贤翰墨魂。

**赤墩怀古**

渔猎充饥返雨林，风遮石火日西沉。

行星在望云层浅，流水齐腰草甸深。
嘘叹声中时远古，原生态里透余音。
赤墩沉睡千年事，一片红陶先辈心。

**游阳溪生态岛**

紫陌风柔乡里翠，阳溪秀水架飞桥。
舜山环望低云锦，菡萏前迎听玉箫。
泛出波光何潋滟，于归生态自逍遥。
一时恍惚入仙界，满目风情与日昭。

**访凯龙高科**

凯奏高科梦写成，融资凝智肯经营。
埃尘打扰频回首，技艺求精几伏鲸。
欲剪雾霾乌尾断，敢期世界雁头行。
阳溪自古遗功德，创业追随虞舜名。

**初访钱桥**

冗拨烦嚣半日闲，暮春披隙舜柯边。
商城衔接乡村老，碧水流依藕荡妍。
颔首频频嘘胜迹，过桥步步映红莲。
殷勤时顾初来客，满目风光未看全。

**沁园春·采风钱桥**

朴活龙山，鸟语莺声，合向舜柯。望阳溪一线，白帆光影，钱桥两岸，风物烟罗。陵道通今，赤墩怀古，神笔传书还怕讹。休惊诧，次江南腹地，景色当歌。　脉延锡惠嵯峨，傍震泽遍听欢语多。有玉泉崩雪，遥滋阡陌，藕塘莲叶，重叠云波。取舍无愁，敛收殷实，北去南归凭运河。吟难住，便蓬山翻忆，半日经过。

## 王婉敏

**重访钱桥**

一带清溪波漾碧，寻根应到舜山边。
日晖映水千年绿，桥影涵春百代传。
楼座如今遮望眼，人家何处有炊烟？
重来旧地风光换，小巷茅檐认不全。

**虞美人·游钱桥生态岛**

一湾溪水潺湲碧，白鹭芳汀立。浮桥起伏荡晴波，扶栏闲步景如何，绿荫多。
薰风醉了田田叶，映日花稠叠。年年花好为谁开，画笺诗笔写情怀，兴悠哉。

**秋霁·读藕塘民间故事《荷姑与藕生》**

照水盈盈，正并蒂莲开，霁月涵碧。清露杯中，绿云盖下，欢情片时赢得。阴晴不测，一茎折断嫌风力。夜寂寂，犹听、雨敲颓叶怨魂泣。　孤影恍惚，梦里依稀，俨然檀郎，无语沉默。水深深、残香枯骨，那堪碧落九泉隔。愁损上眉花失色。藕生何在，殷勤问遍芙蕖，似曾相识，渌波亭立。

## 唐剑峰

### 顾氏宗祠

漫漶门头存逸气，读书宅邸少矜夸。
渊源应探高闲处，来访龙梢第一家。

### 钱桥老街信步

车骡曾记苦开埠，今世兴腾赖植根。
福地追游增慨叹，瓦松老处是高门。

### 古钱桥寻访

清涟一派上垂虹，物运翻移已不同。
记取儿时泊船处，依稀石刻出乾隆。

### 钱桥街道颐养中心

老来愿是须颐养，闹市常愁度晚年。
欣有玉泉瞻望远，宽心早适意翩翩。

### 藕塘职教园

职教缤纷花气浓，学研土壤细培壅。
锡西梧竹时招凤，活水洋溪终化龙。

### 凯龙高科

研发攻关良苦辛，核心科技驭飙轮。
因谙生态兴亡道，延揽英才频创新。

### 赤墩遗址怀古

季子避耕犹近耳，赤墩遗址出幽沉。
依稀烧土带尘壤，零落陶匏说浅深。
应喟余存钩往古，还歆舜迹到如今。
初民未了平生意，能慰慧灵天地心。

### 钱桥采风席间分韵得“多”字韵，作钱桥采风诗

发祥自古近山阿，垂裕因而胜迹多。
闻道避耕缘国运，今观承业藉人和。
层楼迭起喜攀陟，藕荡清涟待棹歌。
未及持螯共把盏，诗情已是上林柯。

## 尤荣福

### 依秦琦《藕荡》诗韵

大道井然流汽车，洋溪通贯绿无涯。
倚山依水智都美，职教频开玉树花。

### 参观赤墩遗址有感

舜柯山下存遗迹，崧泽遥闻稻谷香。
沧海桑田今胜昔，科研生态同争光。

### 咏钱桥近代著名科学家徐寿

黄鹄轮船补空白，精研化学出神机。
为民雪耻强华夏，西学东渐书疾挥！

**望海潮·显应桥怀支浩明**

锡西云野，钱桥饶富，古今粮赋当先。烟柳小桥，桃红麦绿，物华天宝居安。常忆舜柯山。浩明当图董，惇厚师贤。创业图强，疏财仗义百忧宽。　清朝显应桥边，望威灵五纬，万顷良田。绅恶截流，禾枯土裂，支君依法开源。魍魉掩青天。龙颜闻朝报，洗雪深冤。众庶如鱼得水，堂匾九州传。

## 陈祥华

**玉泉公园**

睡莲朵朵荡清波，叠石山峦古趣多。
深处绿杨歌乐起，红衣彩扇舞婆娑。

**舜柯山虎头泉**

舜柯山麓虎头泉，岩底深藏亿万年。
百姓饮储甘洌水，自流不息惠乡贤。

**洋溪河公园所见**

放眼洋溪一幅图，水光野色任君书。
新芦曳曳多栖鹤，碧水粼粼出秀蕖。
工厂创新高绝技，野村掩映旧时庐。
他年若得溪边住，细雨斜风闲钓鱼。

**眼儿媚·钱桥老街**

山麓九龙锡城西，一拱跨洋溪。舟行碧水，纵横街巷，黛瓦参差。
地灵人杰千年矣，农工学商齐。民丰物阜，如云商贾，无限生机。

**忆江南·舜柯山**

钱桥忆，最忆舜柯山；一脉清泉来绿野，千重银浪接蓝天。农垦换新颜。

## 李立中

**钱桥**

舟行莲藕荡，脉接九龙坡。
桥石几兴废，今犹卧碧波。

**玉泉公园**

鹭影惊飞处，林花声簌簌。
亭泉一角幽，时送丝和竹。

**凯龙科技**

夙愿已成真，高新成国宝。
腾龙奏凯时，勋业垂环保。

**山泉广场**

诸峰重叠翠，旷野雨初晴。
恍在舜柯世，出山泉水清。

**赤墩遗址**

深坑埋炭谷，厚土覆陶盆。
千载文明史，遗存看赤墩。

**藕荡**

呼名思藕荡，似见田田叶。
何不趁芳时，烟波划舟楫。

**无锡职教园**

我向园区望，院墙高数丈。
柯山十万松，尽作书声响。

**采风钱桥街道分韵得“溪”字，作阳溪生态岛**

唼喋鱼游莲叶西。芒鞋今日到阳溪。
翠枝过雨氤氲湿，娇鸟迎人婉转啼。
波静愈知流细远，桥浮不碍水高低。
藕花深处留连久，撷得余芳任品题。

## 苏 寅

**钱桥行八首选二**

一

古镇如今多变化， 多条马路过街区。
老桥几座留乡梦， 安置房前通九衢。

二

山水智都名不朽， 师生八万喜勤劬。
英才早就出徐寿， 今日更多千里驹。

## 宋志刚

**钱桥街道见闻**

无锡钱桥亮点多，洋溪河水漾清波。
凯龙职教谱新曲，奏响富民强镇歌。

**参观凯龙公司**

排除尾气深探究，独创品牌遥领先。
科技研精增动力，节能环保两能全。

**藕塘职教园**

园区引力生源广，职教花开靓藕塘。
厚德技精明导向，典型示范美名扬。

## 邹明霞

**顾氏祠堂**

古老门墙尘未遮，遗风百代泽芳华。
钱桥毓秀千年史，顾氏当称第一家。

**春游洋溪河**

碧波荡漾柳成荫，十里洋溪十里吟。
花满藕塘春正好，坐听拍岸水乡音。

### 过玉泉公园

一路春风向玉泉，江村好鸟啭炊烟。
花丛曲意留骚客，溪畔多情弄管弦。
手捧茗茶书一卷，笔驰泼墨展千笺。
云霞裁取入图画，深处桃源自是仙。

## 钱文裕

### 钱桥印记

舜柯山下郁葱葱，承续千秋至德风。
生态文明人更美，古街新貌乐融融。

### 走访钱桥新老街区

老街深处访祠宗，仁义清廉醒世钟。
更看园区花锦绣，琴棋歌舞饰丽容。

### 参观凯龙科技公司

凯龙真是一条龙，科技创新硕果丰。
政学产研同发展，青年才俊敢登峰。

### 访藕塘职教园

平宽车道绕林丛，科技摇篮汇学童。
一片书声中国梦，创新驱动立头功。

## 包松林

### 浣溪沙·凯龙汽车设备裂变式发展

创业艰辛志不移，人才科技两相依。助推奥运抢先机。　引领减排琼宇净，突围垄断五洲奇。功成上市正当时。

## 殷毅中

### 赤墩惊现五千年前稻种遗迹

西风十里稻花香，千载钱桥是米乡。
谁说种田从域外？赤墩远古有遗粮。

### 舜柯山

舜柯山翠映花红，四季常青入画中。
知否万年荆棘地？全凭舜帝垦荒功！

### 舜皇庙会

季春人拥庙门中，俎豆姚皇泽未穷。
舜舞翩翩仁义传，梦圆盛世继遗风。

## 孙霞秋

### 钱桥礼赞

先民聚落刀耕种，南傍舜山翡翠葱。

树碧花繁山水秀，而今物阜气豪雄。

**访无锡职教园**

职教园区绽百花，鲜红朵朵灿韶华。
心凝力聚争分秒，人杰地灵披彩霞。
大业绸缪开世纪，中心毓蕴赖邦家。
综观产学峥嵘露，名片崭新海内夸。

## 吴彩虹

**赞钱桥古今**

龙山梢上望钱桥，古柏参天红带飘。
抗日齐心烽火举，护乡协力智谋超。
千秋青史铭忠烈，一路春风涌学潮。
最是藕塘花色俏，园区职教绣今朝！

## 柳蕴毅

**赤墩遗址回望**

南临震泽烟波阔，东望群峰锡惠连。
红土纺轮经苎布，小舟独木打鱼鲜。
围田筑岸栽禾稻，夯土为坛祀上天。
秀水灵山滋古邑，绵绵血脉六千年。

## 胡　浩

**长相思·咏钱桥**

九龙山，舜柯山，一路逶迤十八湾。看洋溪浪翻。　玉泉园，世桃源，茂树繁花空气鲜。休闲修炼便。

## 钱圣南

**浣溪沙·洋溪公园**

碧柳含烟拂岸垂，朱雕白柱映生辉。绿茵披地翠帘垂。　流水有情舟自去，黄昏有约月如眉。小园香径俩相偎。

## 张石英

**赞勤梅茶**

一

人行茶树中，遍地绿葱茏。
谁个甲天下，勤梅可逞雄。

二

家近二泉水，阳春摘绿芽。
只因缘客至，烹煮雨前茶。

**仙人塘**

清波一滴疗红眼，自古虞皇爱子民。

代代儿孙思源处，仙人塘水倍相亲。

**洋溪河**

千波泛起钱桥绿，两岸芳华景长新。
应是源头通活水，朝朝滋养藕塘人。

**钱桥真美**

卷帘俯览钱桥镇，理政为民见本真。
草木藏祥浮淑气，山川含瑞爽精神。
园区兴旺万家福，田稼葱茏一地春。
望极风光收眼处，江南烟雨四时新。

**无锡职教园区**

滋培华夏栋梁姿，因有文明千仞基。
校舍巍峨压胜景，百泉曲折汇龙池。
一方土育江南士，三寸笔耕山水诗。
风雨不妨勤学路，书声朗朗满天涯。

## 韩大远

**夕次钱桥镇**

十里洋溪流古镇，停帆靠岸罢蓬征。
霞依舜岭裁青幅，人在云乡恋墨绳。
已惯常怀乡里客，缘由暂作舜柯朋。
不看霓袖翩翩舞，把酒赏灯新月升。

## 强永良

**游玉泉公园**

四季璁珑蕴物华，玉泉幽径柳丝斜。
凝听竹管琵琶曲，兴衍何妨沐晚霞。

**仙人塘**

洁水无瑕人世宝，滴珠疗眼胜甘霖。
只因缘结古虞舜，故惹诗人说到今。

**缪巷采茶灯**

喜看正月龙灯舞，翘盼缪村茶彩灯。
鼓乐声声齐嘱目，柳芽邀眺玉盘升。

**一七令·勤建茶场偶得**

茶。
翠滴，新芽。
灵峰岭，漫山洼。
佳景宜目，碧蕊可嘉。
经霜披玉露，润雨揽春华。
生性去寒解毒，本能添寿无差。
三江烹煮慕诗客，且任归来隐月斜。

# 第十一节 文艺创作

民国27年（1938），洋溪俞巷俞介君进苏锡文戏李家班拜师学艺，后从事戏剧创作。钱桥地区最具代表性画家为著名国画家周怀民。20世纪40年代，周怀民常到太湖边体验生活，以芦苇为主题进行刻苦创作。民国36年，周怀民在无锡城中公园同庚厅举办画展，一幅幅画面上的芦苇随风摇曳，渔人驾舟捕鱼，一派江南水乡风光。此后，周怀民即有“周芦荡”之雅称。解放前，周怀民先后在北平、天津、上海、广州、青岛、徐州、无锡、南京等地举办个人画展17次，知名作品有《芦荡山水》《飞泉出云来》《太湖秋色》《梅园春色》《延安之春》《长城内外》《高山流水传知音》《雁荡山》等。

图6—28—27 周怀民作品《葡萄》

图6—28—28 周怀民作品《芦荡》

1954年，俞介君根据老艺人余步云口述故事及《显应桥香诰》手抄本编成锡剧《显应桥》。1956年，周怀民《葡萄》画作被送至联合国展出，声誉鹊起，其作品在美、意、法等国报刊刊登，为此获“周葡萄”之雅称。周怀民所作《葡萄》画作曾多次作为国家礼品赠予到中国访问的外国领导人。联合国大厦、俄罗斯东风艺术博物馆、北京人民大会堂都收藏其画作。同年，俞介君至省锡剧团任专职编剧，其代表作（含与人合作）先后有《双推磨》《秋香送茶》《三看御妹》《小鹦哥》《阁老游春》《两匹次布》《悬崖勒马》《拔兰花》《金红梅》《嫦娥奔月》《恽代英》《救风尘》《双珠凤》《孟丽君》《红色的种子》等50多部作品。1958年，《显应桥》剧本由北京宝文堂出版。同年，《显应桥》由江苏文艺出版社出版剧照连环画册。《显应桥》是钱桥、藕塘地区最具代表性、影响力的剧作。

20世纪90年代，国家一级美术师、江苏省甲骨文学会副会长南西漳王本兴的书画篆刻作品先后在全国各省、市、自治区及香港、澳门、台湾地区，朝鲜、韩国、日本、菲律宾、新加坡、加拿大、美国、泰国、法国等国入选展览。钱桥籍南西漳人国家一级美术师、画家钱仲章，藕塘籍人电影录音家陈汀声、学者管燮初等都有美术、音乐、甲骨文、金文等作品结集问世。

2004年2月，钱桥、藕塘两镇合并后，钱桥（镇）街道丹青敷彩、翰墨流霞，文学、美术、摄影等静态类艺术创作成为文化艺术创作的重要板块。钱桥、藕塘地区的文学艺术爱好者、学校师生、书画摄影协会会员、读书小组成员等每年都创作出众多的各种题材、不同风格的静态类艺术作品。有的作品是创作者自我欣赏，有的作品是爱好者相互交流，有的参加街道美术展览，有的参加惠山区文化艺术节评比，有的参加惠山区政府文学艺术奖评奖，还有的参加无锡市“群芳奖”静态类作品比赛或更高级别、部门组织的相关展览展出和评比。其中一些优秀的文学艺术作品时代主题鲜明、生活气息浓郁，富有艺术性和感染力，充分展示钱桥群众静态艺术的创作实力和丰硕成果。

2007年，王本兴镌刻的《中国奥运冠军印谱》印章神采飞扬、经典流芳，原中共中央政治局常委、国务院副总理李岚清为印谱题字。2010年，蔡一鹤获世界华人庆祝上海世博会开幕暨首届中国名家世博艺术杰出成就奖。2013年5月18~26日，王本兴从艺40多年篆刻书法精品回乡在无锡市博物院隆重展出，无锡市委宣传部主办、钱桥街道西漳社区和钱桥中心小学参与协办，原中共中央政治局常委、国务院副总理李岚清亲笔题写“王本兴篆刻书法展”大幅展标。无锡市委宣传部等主办单位把王本兴回乡篆刻书法展办成品种全、规格高、内容丰富、理论性强的艺术魅力大餐，为文化无锡添彩增光。王本兴篆刻书法展展出的精品有长达50米的《中国奥运冠军印谱》《中国民族印谱》《雨花台烈士印谱》《甲骨文拓片精选》等四大印谱长卷，以及钤盖一万多方印拓的50件立轴、250件书法作品，还有石章、砖印、铜印、木印、竹刻等实物，并配有作者历年的篆刻图片、刊载作者论文的报刊350多件、书法篆刻理论专著31部。其中展品最大的印章一米见方，最小的印章仅0.4厘米见方。特别是王本兴120多件甲骨文书法长卷、条幅以及用甲骨文镌刻的各种石印、木印、竹印等具有时代之美的印章，令人赏心悦目、难得一见。

晓丰社区杨劲华酷爱绘画，先后创作山水画达300多幅。2015年，其作品《青山滴翠松云》在纪念中国人民抗日战争暨世界反法西斯战争胜利70周年全国书画展中获优秀奖。洋溪社区文艺艺术创作家单红星等人均有一定名气。

**1998~2015年钱桥（镇）街道获得市级以上荣誉文学艺术创作作品统计表**

表6—28—14

| 作者 | 艺术形式 | 作品名称 | 获奖级别 | 颁奖单位 | 获奖时间 |
|---|---|---|---|---|---|
| 朱国良 | 毛笔书法 | 毛笔书法 | 市级一等奖 | 无锡市书法协会 | 1998.00 |
| 单红星 | 毛笔书法 | 水蜜桃之乡 | 省级 | 江苏省教育委员会 | 1998.00 |
| 朱国良 | 硬笔书法 | 硬笔书法 | 市级一等奖 | 无锡市书法协会 | 2001.00 |
| 单红星 | 书法 | 书法类指导 | 国家级 | 中华人民共和国教育部艺术教育委员会 | 2002.00 |
| 单红星 | 美术 | 浅谈新素描基础教学 | 省级 | 江苏省教育学会美术书法教学专业委员会 | 2002.00 |
| 单红星 | 书法 | 硬笔书法 | 市级一等奖 | 无锡市语言文字工作委员会 | 2005.00 |
| 胡寿夫 | 书法瘦金体 | 《秾芳诗》 | 首届无锡市“群芳奖”书法美术摄影类老年组优秀奖 | 中国共产党无锡市委员会宣传部；无锡市文化广电新闻出版局；无锡市文化艺术管理中心 | 2012.08 |
| 张婷煜 | 国画 | 《枯莲》 | 首届无锡市“群芳奖”书法美术摄影类少儿组优秀奖 | 中国共产党无锡市委员会宣传部；无锡市文化广电新闻出版局；无锡市文化艺术管理中心 | 2012.08 |
| 陆坤荣 | 书法 | 《光辉岁月》 | 中老年书画名家作品典藏金奖 | 北京翰艺阁书画苑<br>香港华夏文化艺术交流协会 | 2013.00 |
| 丁剑华 | 诗歌 | 《命运》新诗一组3首、格律诗22首 | 全国级“中华杯”二等奖 | 中华文学艺术会 | 2014.00 |
| 吴志刚 | 油画 | 《风景》 | 第二届无锡市“群芳奖”书法美术摄影类成人组 铜奖 | 无锡市文化广电新闻出版局 | 2014.07 |
| 陈　亮 | 摄影 | 《鸟语花香》 | 第二届无锡市“群芳奖”书法美术摄影类成人组 银奖 | 无锡市文化广电新闻出版局 | 2014.07 |
| 丁剑华 | 格律诗词 | 《秋夜听雨》等一组55首 | 全国级“中华杯”二等奖 | 中华文学艺术会 | 2015.04 |
| 吴志刚 | 油画 | 《风景》 | 第三届无锡市“群芳奖”书法美术摄影类成人组 铜奖 | 无锡市文化广电新闻出版局 | 2015.07 |
| 虞　玺 | 书法金文 | 《论语》选录 | 第三届无锡市“群芳奖”书法美术摄影类成人组 铜奖 | 无锡市文化广电新闻出版局 | 2015.07 |
| 何淼淼 | 摄影 | 《工人的力量》 | 第三届无锡市“群芳奖”书法美术摄影类成人组 银奖 | 无锡市文化广电新闻出版局 | 2015.07 |

续表 6—28—14

| 作者 | 艺术形式 | 作品名称 | 获奖级别 | 颁奖单位 | 获奖时间 |
|---|---|---|---|---|---|
| 惠淑菁 | 摄影 | 《舞韵》 | 第三届无锡市“群芳奖”书法美术摄影类成人组 银奖 | 无锡市文化广电新闻出版局 | 2015.07 |

## 2006~2015 年钱桥街道获市级以上奖群众文艺创作动态类作品统计表

表 6—28—15

| 作者 | 形式 | 作品名称 | 获奖级别 | 颁奖单位 | 创作或获奖年份 |
|---|---|---|---|---|---|
| 作词 吴国平<br>作曲 严冬林 | 声乐 | 荷塘月色 | 无锡市群众文艺汇演成人音乐舞蹈专场类创作金奖、表演银奖 | 中国共产党无锡市委员会宣传部<br>无锡市文化广电新闻出版局 | 2006 |
| | | | 第七届江苏省五星工程奖铜奖 | 江苏省文化厅 | |
| 编剧 王茂龙<br>导演 蒋宏贵 | 小品 | 两只蝴蝶 | 无锡市群众文艺汇演成人小品专场创作奖 | 中国共产党无锡市委员会宣传部<br>无锡市文化广电新闻出版局<br>无锡市文化艺术管理中心 | 2006 |
| 作词 王晓峰<br>沈秀娟<br>作曲 严冬林 | 声乐 | 回望故乡 | 无锡市群众文艺汇演成人音乐类表演银奖、创作金奖 | 中国共产党无锡市委员会宣传部<br>无锡市文化广电新闻出版局<br>无锡市文化艺术管理中心 | 2008 |
| | | | 第八届江苏省五星工程奖银奖 | 江苏省文化厅 | |
| 编剧 李 军<br>导演 周优锦 | 小品 | 永远珍藏的短信 | 无锡市群众文艺汇演小品文艺创作铜奖、表演铜奖 | 中国共产党无锡市委员会宣传部<br>无锡市文化广电新闻出版局<br>无锡市文化艺术管理中心 | 2008 |
| 编导 何可人<br>编舞 顾敏燕<br>音乐 顾正光 | 舞蹈 | 藕魂 | 无锡市创作铜奖、表演优秀奖 | 中国共产党无锡市委员会宣传部<br>无锡市文化广电新闻出版局<br>无锡市文化艺术管理中心 | 2010 |
| 作词 阮晓星<br>作曲 严冬林 | 声乐 | 青春河 | 无锡市创作银奖、表演银奖 | 中国共产党无锡市委员会宣传部<br>无锡市文化广电新闻出版局<br>无锡市文化艺术管理中心 | 2010 |
| 创作 王志超<br>艺术指导 毛灵燕 | 小品 | 甜蜜的相亲 | 首届无锡市“群芳奖”无锡市表演铜奖 | 中国共产党无锡市委员会宣传部<br>无锡市文化广电新闻出版局<br>无锡市文化艺术管理中心 | 2012 |
| 编导 王 醒 | 群舞 | 喜·嫁 | 首届无锡市“群芳奖”表演艺术类表演金奖、创作银奖 | 中国共产党无锡市委员会宣传部<br>无锡市文化广电新闻出版局<br>无锡市文化艺术管理中心 | 2012 |
| 编舞 厉以俐<br>表演 周文静<br>等 | 舞蹈 | 芦花情 | 第二届无锡市 “群芳奖”成人组金奖 | 无锡市文化广电新闻出版局 | 2014 |
| | | | 江苏省第四届社会舞蹈比赛青年创作节目组表演金奖、创作金奖 | 江苏省舞蹈家协会 | |
| | | | 第十一届江苏省五星工程奖银奖 | 江苏省文化厅 | |
| 作词 华兆瑛<br>作曲 刘铁侠 | 声乐 | 舜歌——调采茶 | 第二届无锡市群芳奖成人组金奖 | 无锡市文化广电新闻出版局 | 2015 |
| | | | 第十一届江苏省五星工程奖金奖 | 江苏省文化厅 | |

## 2007~2015 年钱桥街道获惠山区政府文学艺术奖文学艺术创作作品统计表

表 6—28—16

| 作者 | 艺术形式 | 作品名称 | 获奖级别 | 颁奖单位 | 获奖时间 |
|---|---|---|---|---|---|
| 丁剑华 | 诗词 | 《一得诗集》 | 惠山区第二届政府文学艺术奖 | 无锡市惠山区人民政府 | 2007.10 |
| 高 波 | 书籍 | 《无锡乡村记忆》 | 惠山区第四届政府文学艺术奖 | | 2013.05 |
| 吴志刚 | 油画 | 《无锡西景》 | 惠山区第四届政府文学艺术奖 | | 2013.05 |
| 顾晓燕 | 国画 | 《太湖佳绝处》 | 惠山区第五届政府文学艺术奖 | | 2015.10 |
| 吴志刚 | 油画 | 《柿子红了》 | 惠山区第五届政府文学艺术奖 | | 2015.10 |
| 虞 玺 | 书法 | 《困时暝狂时舞》 | 惠山区第五届政府文学艺术奖优秀成果奖 | | 2015.10 |
| 文体站 | 歌曲 | 《舜歌》 | 惠山区第五届政府文学艺术奖优秀成果奖 | | 2015.10 |
| 文体站 | 舞蹈 | 《芦花情》 | 惠山区第五届政府文学艺术奖 | | 2015.10 |

## 一、显应宝卷

钱桥、藕塘地区在明清时期就流行一种起源于唐代的宗教文艺的说唱艺术形式——宣卷，深受区域内广大群众喜爱，尤其是广大农民的喜爱。钱桥、藕塘地区的宣卷说唱内容丰富，曲调古老，是民间文学的遗产，是一种民族的、地区的文化艺术，凝聚着人民群众的创造、情感和信仰。清末，在钱桥、藕塘地区流行的《显应宝卷》（又称《开河宝卷》）是民间艺人根据清嘉庆十九年（1814）无锡发生大旱，钱桥大支巷支浩明带领农民战胜贪官污吏、土豪劣绅，开通显应坝，救活无锡西北乡数十万亩稻苗的故事编写而成，歌颂支浩明不畏强权、急公好义的精神品质。

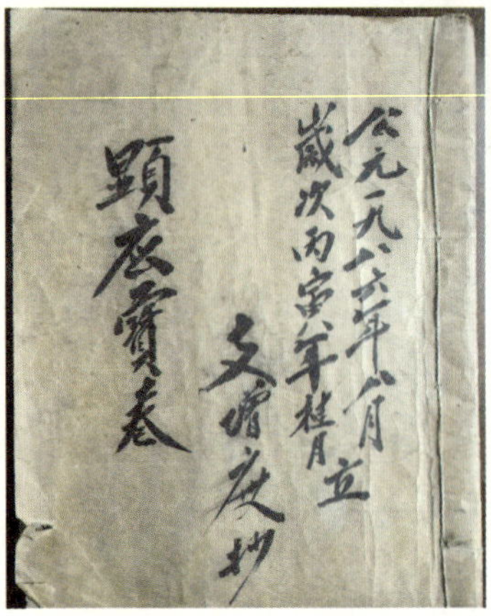

图 6—28—29　手抄本《显应宝卷》封面

【上卷】

清朝民间一桩情，义气刚强支浩明。
居住不在别一处，无锡县内出西门。
远城十里官塘路，就在钱桥支巷村。
慢说支巷支浩明，先说嘉庆坐龙廷。
十九年间无锡旱，干到寸草不留存。
官塘大河多干断，田中稻苗无一根。
大树干到枯焦死，小树干得也无存。
街坊上面无米粜，有钱无米好伤心。
七百大钱籴一斗，七十大钱籴一升。
大小人家无米吃，穷人饿死命难存。
百姓纷纷公堂闹，君王传旨发饥赈。
不说君王开恩事，再说钱桥支浩明。

且说支阿凤（支浩明小名“阿凤”）在家静坐，思想天时大旱，数月无雨，不如出去看上一番，未知荒景如何？一路行来，走到无锡西门西水墩显应桥下一看，桥南水通太湖，白水茫茫；桥北河中无水，似白场一般，桥南桥北约有二丈余高低。若能开通显应桥，可救得万顷稻苗，上保皇朝国库，下济万民苍生，正是便了。

阿凤为人志气高，今朝一心要开坝。
阿凤为了开显应，买张名帖写分明。
慌忙走到无锡县，红帖传进内衙门。
韩老爷接帖来观看，连忙接进支浩明。
双双挽手来走进，分宾坐定饮香茗。

且说这位知县就是韩太爷，为何与支阿凤这等相好？就为昔年饭箩案件无法得破，支浩明查出情由，与县太爷一起破了盗案，韩老爷即与支阿凤结拜兄弟。故此支阿凤想着韩老爷，今朝到来正是便了。当时韩老爷说道：“支先生，倘有疑难事情，我当与你竭力出办。”

以德报德真君子，忘恩负义是小人。
韩爷肚里暗思忖，想起从前盗案情。
若无阿凤来破案，七品官员做不成。
韩爷开口问浩明，有何事件到衙门。
支浩明见说便开言，老爷听我说原因。

今岁年时逢大旱，我今要去开显应。

要求韩爷来出示，开通湖水救万民。

且说韩知县一听此言，说道：“我想开显应坝水通北栅，只因无锡乡绅为了做好风水，故此先前毁桥作坝。倘有我出示开坝，我的小小官职哪里留得牢？只能由你叫人贴了传单，领了众百姓开通显应桥。若有乡绅出来干涉，我在暗中调排便了。”

韩爷开口叫浩明，你今听我说原因。

正是显应能通水，乡绅筑坝有缘因。

韩公说，筑断显应风水好，城中会出大乡绅。

浩明啊，你今要我告示出，小小县官做不成。

我七品知县官职小，怎能拼得众乡绅。

你将传单各处贴，鸣锣聚集众万民。

开通显应要带领，你就做个出头人。

浩明啊，倘有乡绅来告你，暗里调排我当心。

阿凤当时无言答，辞别韩公转回程。

不说阿凤回家转，卷中另有出场人。

且说芙蓉山脚下新桥头塘巷上，有一个姓黄，名金，字文秀，长眉毛、癞痢头，一脸黑麻子，年纪九十三岁，大家称他黄金伯伯。今年遇着旱年，在茶店里听说七月十八日，阿凤要想开显应坝，与韩老爷斟酌不通，只怕开不成了，待我去帮扶他便了。

正是：全凭三寸舌，说动大乾坤。

手中拿根龙头拐，葫芦挂在上边存，

头上带起皮芦帽，身穿一件海兰青，

前后补挂皇钦赐，脚下红鞋左右分。

摇摇摆摆前行走，过了塘头到北门，

北门一路无耽搁，西门码头到来临，

走过接官亭一座，茶坊里面坐定身。

且说黄金伯伯走进茶店，便叫泡茶。茶坊店家便问：“什么茶？”黄金说：“今朝没有工夫，随便泡啥茶哉。”内中有一人问道：“黄金伯伯啥贵干，这样要紧?”黄金说：“我前日听说，钱桥有一个支阿凤，要想开显应坝，与韩公商量不通，故此要去走走。”那人说：“那末，黄金伯伯你快去与支阿凤商议，若能开通显应坝，救了万万亩稻苗，保佑你百年长寿。”黄金听得火星直冒：“放你个屁，我今年九十三岁了，你派我只活七年了！”那人说道：“黄金伯伯不要动气，我看你只有七、八十岁，那晓得你已九十开外了。”正是便了。

正是：闭口身藏舌，安身处处牢。

撇却闲文归正卷，再说黄金乘船行。

小船西摇过黄埠，双河口在面前存。

龙山脚下穿梭过，看看钱桥已来临。

黄金即便抽身起，上前要问姓支人。

走到街坊就问讯，阿凤家住哪一村。

店官回答老年人，浩明住在支巷村。

黄金作别回身转，急忙来到支家门。

再说黄金走进门来，便问道：“支阿凤先生在家否？”秦氏大娘回答说道：“老伯伯请坐！我家先生在苏庙吃茶，有什么贵干？待我叫小儿去唤他回来。”黄金道：“大嫂不必去唤他，待我老身自去会面便了。”

黄金辞别回身转，慌忙走进苏庙门，
便把阿凤先生叫，两人坐定说原因。

支阿凤说道：“黄金伯伯，你有二十年未曾到钱桥来，今到此有什么贵干？”

黄金开口说原因，叫声阿凤老先生。
先生啊，我到此地非为别，只为天时大旱临。
官塘干断无数日，田中稻苗不留存。
你看此时无雨落，要你去做出头人。
开通显应通水路，救活青苗最要紧。
早稻只要一寸水，晚稻还要二三寸。
七月青苗还可救，到了八月枉费心。
浩明即便开言说，黄金伯伯听原因。
我有心开通显应坝，要救青苗保乡民。
黄金伯伯呀，我到县中请禀示，哪晓韩公不通情。
他说七品官职小，不能去拚众乡绅。
故此回家无摆布，不能去做出头人。
黄金接着开了口，浩明、浩明连叫二三声。
你不出头开显应，枉为钱桥支巷人。
黄金激将阿凤怒，太阳穴里火直喷。
转身便往家中走，说与贤妻秦氏听。
秦氏大娘多贤慧，丈夫连叫二三声，
你不说时也就罢，开坝之事要当心。
天地神明终须有，庙中去求水仙神。
若然要开显应坝，神明必定有分明。

阿凤说道：“言之有理，待我斋戒沐浴，即刻动身到庙中求神明便了。”

浩明移步出墙门，急往水仙庙直奔。
西门街上香烛请，继续一路向前行。
一路来到水仙庙，虔诚礼拜把香焚。
双膝跪在尘埃地，低低祝告二三声。
要求一签开显应，惟愿神道作证明。

且说支阿凤手拿签筒叩头便道：“弟子支浩明，因为天时大旱，稻苗枯死，只有此间开通显应坝，能救得七十二图半青苗，伏乞求神赐下一签。”说罢之时，便把签筒摇动，付下一百十六签。浩明礼拜焚香，抬身即看签诗，签上中平，有诗四句，诗曰：

等候飞升救后来，几番梦魂到阴台，
转云顶上曾相许，始终重山获宝回。

支阿凤看看签诗，心想这位老爷姓刘，以前做过无锡知县，为官清正，竭力治水有功，后来在嘉靖皇帝手里封他一个太保墩水仙老爷便是。

浩明顷刻把家归，回到钱桥家内存。
说与贤妻秦氏听，黄金也在听究竟。
浩明开口将言说，求神已把决策定。
我到常州呈府状，你在乡间聚众人。

慢说黄金聚人事，且说阿凤下船行。
望东看到黄埠墩，高桥一座到来临。
洛社官塘穿梭过，横林就在面前存。
戚墅堰经过多闹热，常州府城到来临。
浩明顷刻上岸行，忙唤代书写状文。
写好状文来投进，且说知府卞大人。
手拿状纸从头看，忙传阿凤一人身。
浩明传进来跪下，叩头连连叫大人。

且说支阿凤跪在府堂上说：“小人支浩明，见大老爷。”知府道：“你为天时大旱，欲开显应坝水通三处，可救七十二图半青苗，也是一桩美事。无奈此桥嵇大人做好了风水，如今不能开得。”支阿凤道：“小人要求大老爷出告示，若能开通显应坝，百姓感谢深恩”便了。

浩明如今胆气大，一心定要开显应。
知府说与阿凤听，要我出示万不能。
四品黄堂官职小，难敌无锡众乡绅。
如今若要开显应，要通苏州府大人。
撇却常州府内话，且说阿凤下船行。
无锡一路无耽搁，北望亭到南望亭。
浒墅关口穿梭过，到了姑苏一座城。
万年桥下将船歇，慌忙再去写状文。
拿了状文来投进，大人逐一看分明。

且说苏州知府姓陈名桂生，为官清正，看了阿凤状纸，连声：“可敬可敬，到也算你为国为民。待我准了状文，出了告示，准期七月廿四日开坝。我也是朝中臣子，也要上保国库，下保万民。”正是：

为官富贵与荣华，与民办事理该应。
陈爷开口浩明叫，给示开桥依你行。
拣了七月廿四日，为救青苗开显应。
浩明开口将言说，拜谢府官陈大人。
手捧告示忙拜别，下船即刻转家门。
不说阿凤回家转，再说黄金聚众人。

且说黄金伯伯请了四个换油佬佬，两个望东，两个望西，邀齐各处老人七十二个，又在塘头街上请了张先生，一同到县衙，同进公呈便了。

众人移步进城中，要到衙门递公禀。
金、锡两县多投进，未知乡绅允不允。
再说阿凤回家转，慌忙上岸城中进。
茶坊会见黄文秀，两人相见喜盈盈。
黄金便问上司事，浩明逐一诉衷情。
陈爷准了我状子，给示开坝依法行。

且说黄金一听支阿凤之言，便道：“好了，如今奉府大爷之命，哪怕乡绅不肯！”支阿凤道：“黄金伯伯，虽然陈大人出告示开坝，还是要去请各位乡绅到来商量商量。”正是便了。

强人自有强人收，硬树还有硬虫钻。
阿凤开言叫黄金，你贴传单聚众人。

我今忙备全红帖，差人去请众乡绅。
第一要请俞大人，第二要请许布政。
嵇三少爷第三位，邹四哭鬼第四人。
顾氏乡绅不在家，秦家不管半毫分。
满城乡绅多送帖，并无一个到来临。
阿凤心中便大怒，激起心头火直喷。
就拿告示高高贴，通报城中众乡绅。
准期七月廿四日，要开显应救穷人。
浩明即便回支村，唤出家中四个人。
东西南北通消息，鸣锣聚众急腾腾。
各处农人多晓得，准期廿四到西门。
不说阿凤聚众人，再说无锡众乡绅。
都知阿凤开显应，急坏城中大乡绅。

且说众乡绅商量便道："阿凤不过是个监生，我等哪能怕他？只要请几位拳教师到了廿四日，等候西门，待他到来，打他一个落花流水，自然不敢来开显应了。"

各人听说称有理，急忙就要去请人。
第一要请擎天柱，第二要请满天星。
第三要请着地滚，第四要请不上身。
四位拳师都请到，会同乡绅到西门。
不说城中乡绅事，再说乡间种田人。
也有锄头掮一把，也有铁钯手中擎。
也有乌叉拿端正，还有石匠几十名。
阿凤黄金为领头，各处农民在后跟。
大众听说开显应，来了千千万万人。

且说七月廿四日，惠山大老爷殿里做戏坐夜，年年老规矩。恰正凑巧，今朝大家早起，做了点心，吃了一饱，带点身边，去看开显应坝了。婶婶带二个硬麦饼，阿姆滑滑溜溜摊点面衣饼，大小姐，昨夜淘米做团子，我阿哥在家中拿了五个茄饼，开河饿了末，歇歇吃末哉。

东村搭到西村去，南巷人叫北巷人。
男男女女齐搭道，都是去看开显应。
抛却闲话归正卷，再说开坝一段情。
此刻浩明匆匆去，黄金就在后头跟。
龙头拐杖撑在手，今朝去拚众乡绅。
行来已到西门外，显应桥在面前存。
跪在桥上来祝告，桥神土地听原因：
弟子姓支叫浩明，只为天时大旱临，
开桥通水救万民，如今祷告敬神明，
锭段钱粮来烧化，三杯黄酒祭桥神。
祭毕三声炮仗起，唤齐石匠众工人。

且说支阿凤高声叫道："桥神祭过，时辰已到，快些动手开坝。"众人听了阿凤之言，立即动手凿个凿，坌个坌，挑个挑，扛个扛，钻个钻，不消二个时辰，桥坝开通。正在热闹时，一班打手来了。黄金道："你们不必胆小！有我在此，待我格条性命拼了俚末哉。"

此刻黄金心大怒，龙头拐杖打乡绅。
有人打倒擎天柱，有人打倒满天星。
还有一个着地滚，滚来滚去喊救命。
一众乡绅都逃散，再说开坝一段情。
桥坝开得多端正，算来不浅又不深。
一条水通龙山下，一条水路望西行，
一条水路北栅口，三条水路下乡村，
救得乡村禾苗活，急坏无锡众乡绅。

且说城中老县前，有一人姓薛，名叫壬度，乳名叫阿四。原是一个败落头乡绅，削除官职在家静坐，思想钱桥支阿凤，不过一个监生，如今厉害，买服人心，开通显应桥，坏了城中风水，又打了乡绅，为何无人出头告他？待我去通报众乡绅到邹炳泰家中写个状子，打个戳记，到苏州告他便了。薛壬度见了炳泰说道："告他十个款头，办他一个死罪。"邹炳泰即刻问他："告什么个十款？"薛四说道："你听我说便了。"

第一款，不该应，饭箩案里做强人；
第二款，也不该，私造文书家内存；
第三款，该有罪，私剥耕牛罪不轻；
第四款，年纪大，贪花闺女结成亲；
第五款，真犯法，拆毁粮船不该应；
第六款，多厉害，地方恶棍是凶人；
第七款，该大罪，拆散有夫妇女身；
第八款，非小事，开场聚赌害穷人；
第九款，真不好，拐骗少女卖钱文；
第十款，强出头，开通显应抗乡绅。
故此今朝来商议，打了戮记向上呈。
拿到京中来奏上，三十六日转详文。
发到苏州来审问，办成死罪我甘心。

且说邹炳泰说道："薛四倌，格件事情，你末少费心罢。阿晓得自家罪名不轻，我看你面上晦气未脱，当初乾隆五十年，不曾开显应坝，饿煞多少人？你这案件幸亏凤凰桥还有一个许布政，审脱罪名，不然你个罪名不轻。你如今要我打一个戳记，万万不能，你与别人商议去罢。"

薛四听说心火怒，你今听我说原因。
当初显应来筑住，城中出仔大乡绅。
南北状元出几位，探花榜眼也有份。
还有几位坐八轿，多在朝中办事情。
如今开了显应坝，城中哪能出贤人？

且说邹炳泰说："薛四，我说你听。我在朝中失落九头狮子印，万岁教我不许出门，故此在家不管闲事。你千言万语要我打戳记，万万不能够了。"薛四心中暗想，你不肯打戳，我倒计策有了。邹炳泰有一个孙子是大头，名字叫太宝，只要私下与他商量就可办了。薛四连忙辞别邹炳泰，走出墙门，就唤一个书童，同了大头太宝到茶馆去吃茶。薛四说道："大少爷，我有一件事情同你商量商量。茶钱是我格。"邹太宝说道："有什么事情与我斟酌的，无有不肯。"薛四说道："只要少爷私下偷公公的戳记打一个，送你五两雪花银。"大头说道："你在此吃茶，我去去就来便了。"

大头抽身茶店出，走到家中书房进。

私偷戳记望外走，仍旧走进茶店门。
薛壬度迎接大少爷，从头开口说原因。
就拿禀单打戳记，二十个洋钱包内存。
大头辞别回家转，薛壬度心中喜盈盈。
路上行程不必说，天明早到苏州城。

且说薛壬度只要赚铜钱，那众乡绅私下凑给他洋钱二千元，带了上船。到了苏州，立刻上岸便了。

薛四立刻上岸行，抬头看见大衙门。
就拿禀单传上去，老爷逐一看分明。
削职在家薛壬度，如今原要害良民。
十件款头都是假，并无着实一桩情。

且说苏州府就是陈大人，拿了禀单反过一看，原来有邹炳泰手印打在上面。陈爷一想我是邹大人的门生，也罢，只得容了先生之谊，就混账了罢。

陈爷心中无奈何，下了班船就动身。
连忙吩咐带了礼，不多几日到南京。
不说陈爷上岸事，再说总督楚彭林。
奉了圣旨公事干，接印瘟官海防厅。
海防不是忠良士，一心只要赚钱银。
再说薛四恶乡绅，心中快活喜十分。
即忙就到船中去，带着洋钱就动身。
备好名帖来传进，海防迎接进衙门。

却说薛壬度说道："老大人，苏州陈大人到来，可有什么事情？"海防厅说："有的，就是年兄出头，钱桥支巷村上有一个支浩明，告他十款事件。我看状子上无凭无据，怎好定他的罪名？"薛壬度说："老大人，小弟不敢虚言。"薛四口中说，手里就拿洋钱十二封，说："小弟多年来未曾送过茶资钱了，薄礼在此。"海防听了，顿时立起身来连忙拱手，说道："何必客气。"说罢就收下了。大众阿晓得人为财死，鸟为食亡，就是一千二百洋钱，送与瘟官，良心横子转来哉。

海防就起坏良心，连叫年兄二三声。
区区小事在于我，立拿阿凤审真情。
薛四倌心中多快活，叩头拜谢老大人。
吩咐薛四回家转，海防出票要拿人。
火签一支来发下，三班衙役回连声。
你们快到无锡县，会同韩公提犯人。
三班衙役匆匆走，来到无锡县衙门。
二人走进衙门去，如虎如狼一般能。
走到大堂身站定，声声便叫要拿人。
门公通报进内厅，惊动韩公老爷身。
韩公连忙开言问，三班衙役来何因？
三班衙役开言说，老爷你且听原因：
为桩公事来到此，只拿钱桥支浩明。
韩爷听说心内惊，明朝早早去拿人。
回身便向内堂去，吩咐厨房备酒筵。

不说韩公来款待，且说阿凤在家庭。

且说支阿凤在家睡到三更时候，得到一个梦，只见一阵雷声大雨，吓得身上冷汗淋漓。一忽醒来天方明，好不忧愁便了。

不说阿凤家中事，再说县中一段情。
衙役催促韩知县，快捉犯人上苏城。
韩爷一声忙答应，带了三班就动身。
差船开到钱桥去，地方吓得汗淋身。
忙到船中来礼拜，老爷到此啥事情。
韩爷回答无别事，要拿阿凤一个人。
地方领了众衙役，顷刻来到支家门。
秦氏大娘内房坐，忽闻厅堂闹不停。
起身来到厅堂上，吓得三魄失落魂。

且说秦氏大娘开言说道："地方伯伯，你领这一班人来做啥事情?"地方说道："只为你家官人，开了显应坝，薛壬度出头告到南京。总督大爷差人到县，同了韩大人要拿你的丈夫，快些唤他出来。"秦氏说道："我家丈夫到外边去了。"地方总甲同了支阿凤妻子面见韩老爷。老爷问道"你家官人到哪里去了？"秦氏说道，老爷听禀便了：

我家丈夫不在家，苏庙里面去吃茶，
并无犯法与违条，要拿我丈夫为了啥。

且说韩老爷说道："薛壬度在陈大人案上告状，告支阿凤十件款头，快去唤他回来，不可耽搁"便了。

秦氏妇，家门进，高声便叫：
六倌人，苏庙内，寻你父亲。
薛四倌，找你父，要来作对。
韩老爷，来到此，快要拿人。
六倌听，吓一跳，即便行程。
到庙门，叫父亲，快转家门。
薛四倌，来告你，十个款头。
阿凤听，心大怒，立即动身。
上前拜，韩老爷，有何事情？

且说支阿凤说道："老父台在上，监生支阿凤拜见。"韩大人说："支浩明，薛壬度告你十个款头，你不晓得么？如今要拿你到苏州审问，就动身去吧！"支阿凤说："待我料理家事，即刻就去。"衙役人说道："那等你。"即刻上了链条便了。

秦氏大娘吓落魂，丈夫连叫二三声。
开通显应犯何法，救活青苗救农民。
倘若旱时不能救，饿死穷人命难存。
阿凤说与秦氏听，娘子听我说原因。
我今此刻被捉拿，家中事情你当心。
大儿阿六亲事配，粗粗草草做成亲。
九倌也有十多岁，门当户对就攀亲。
嗡鼻头六倌年纪小，供书上学罢不成。
车坊一部不可歇，稍赚铜钱过光阴。

田中生活勤俭做，使唤工人要当心。

兄弟之间须和睦，服侍娘亲要孝敬。

却说支阿凤说道：“娘子，如今拿我上了苏州，未知薛壬度告我十个款头，也不知审出什么罪名？你在家中放宽点心。我去了，你在家中不可乱想，只想我丈夫之情”便了。

秦氏大娘听说泪纷纷，放声大哭好伤心。

祖先灵前香烛点，浩明跪在地中心。

你在阴间可晓得，如今我有大难临。

要你阴间来护佑，遇着清官审得清，

遇着瘟官多冤枉，支姓香烟断掉根。

忙把纸钱来烧化，满门啼哭哭连声。

秦氏拜送夫君去，断肠人送断肠人。

却听衙役说：“如今祖宗祭过，快些上了链条手铐，动身走罢。”过歇辰光，也有哭，也有笑，哭的是穷人，受他恩惠；笑的是鬼乡绅，他们说：“阿凤开桥坝格歇时光，好像小皇帝一样，今朝链条锁了头颈，好像一只猢狲精，只怕八月初一出了门，尸骨不能转回”便了。

上本宝卷已宣完，要听下卷接前因。

【下卷】

下本宝卷才展开，合堂大众拜如来。

听卷诸人增福寿，和佛诸人寿也长。

前段宣到捉浩明，后段宣与大众听。

韩爷吩咐支浩明，你今胆大放宽心。

你到苏州去审问，暗中料理我当心。

我带洋钱四十个，赠你盘费买点心。

下船拜谢韩老爷，天明早早到苏城。

将身走到衙门内，发落府监二扇门。

料理阿凤下监去，一切调排韩大人。

且说薛四就拿一千二百洋钱，送与海防厅做茶资钱。海防得了洋钱，云板一响，立刻坐堂，便唤衙役三班，立差二个公差，拿个犯人带上来。支阿凤当堂跪下。海防厅开言问道：“你叫什么名字？”支阿凤说道：“小人姓支名阿凤，字浩明。”“你就是支阿凤么？”“小人正是。”“你做了犯法事体，可知道么？”支阿凤说：“小人并无做犯法事体。”海防厅骂道：“你这囚徒，还说不犯法！”吩咐皂班，重打二十大板子。海防厅再问：“你可知道犯法么？”“啊呀大老爷，小人并无犯法。”海防厅又骂道：“你领了众百姓私开显应坝，还说不犯法？你这个囚徒，果然厉害”便了。

两边公差如狼虎，捉住阿凤就动刑。

阿凤开口将言说，老爷在上听原因：

陈爷告示先贴出，那有私开一桩情。

且说海防厅说道：“既然有陈大人出的告示贴出，那么还有饭箩案内你做强盗，可是有的?快快招来”便了。

阿凤开口说事因，说起饭箩案里情。

强盗原在高桥住，独家村上姓曹人。

弟兄二个强盗做，大猪船上劫花银。

掳枪戮死人一个，不关我事半毫分。

却说海防厅大骂支阿凤："该死的囚徒，你好不厉害，与我再打二十大板。"支阿凤说："大老爷，拿我小人打死法堂上，事情原呒对证的。"海防厅说："支阿凤，你开了显应坝，你还要造显应桥，岂不是犯法么？若是你听我老爷教导，此坝筑断不开，你若招认了，我放你转去。若不听我老爷说话，我今将你夹死阶前！"支阿凤说："大老爷，此桥哪能筑坝，天下人都晓得的。"海防厅说："厉害的囚徒"便了。

海防得钱丧良心，忙唤公差一班人。
一百廿记反黄板，连皮带肉去三分。
打得满身鲜血淋，好像一个血人人。
两边盘牙都打落，头如笆斗铁铁青。
浑身链条来套上，脚镣手铐进监门。
日间放在匣床上，夜间吊起细麻绳。
一更五点难得过，哭叹五更到天明。

黄昏过，一更深，我在监中受苦刑，悲切好伤心，牢头禁子加我刑。救活青苗有收成，你想我，我想你，哪有铜钱来送你。要容情，容面情，我浩明割肉煎汤报你恩。呀，弥陀佛，阿弥陀佛，阿弥陀佛，阿弥陀佛，阿凤今朝受苦刑。

二更里，苦伤心，想着吾妻秦氏身。你在家中哪知因，如今我，你丈夫，受苦刑。我的妻，你在家中管门庭，我在监中受苦刑，我想家中大儿结成亲。我的妻，我想你，家中事情难料理，调排事情哪亨能。呀，弥陀佛，阿弥陀佛，阿弥陀佛，阿弥陀佛，只为开坝受苦刑。

三更里，苦无情，恨杀薛四对头人，苏州府里进诬文，来告我，十款条，冤枉事。海防厅，为了洋钿审不清。我的天，但愿青天有眼睛。呀，弥陀佛，阿弥陀佛，阿弥陀佛，阿弥陀佛，阿凤冤枉审不清。

四更里，苦伤心，想着西门水仙神，求签付我上中平。西水仙，众神明，若是神明有显应，保我阿凤出监门。我请戏班演戏文，来谢神，保佑我阿凤出监门，我诚心吃素把香焚。呀，弥陀佛，阿弥陀佛，阿弥陀佛，阿弥陀佛，阿凤一心想出监门。

五更里，天大明，想着爹娘一梦惊，哪晓得，你儿遇着瘟官受酷刑。我爹娘，我的天，有朝一日出监门，我到家中祭祖坟。呀，弥陀佛，阿弥陀佛，阿弥陀佛，阿弥陀佛，五更叹到大天明。

不说阿凤监中话，且说苏州姓陆人。

且说支阿凤大女儿嫁与苏州陆羊毛家。那陆家闻得亲翁冤枉在监，要去探望探望，立刻走到酒馆店里，备了三十七坛酒，又烧了菜肴。陆羊毛走到监门，与牢头禁子说道："禁长哥，我如今有一个亲翁冤枉在监，故此办酒来，请满监犯人都来吃酒便了。"

陆家亲翁办酒筵，顷刻来到府监门。
忙叫牢头赏犯人，犯人个个喜欢心。
多靠支家浩明福，陆家赏酒到监门。

且说牢中有二个强盗，一个叫抱不平，一个叫牛牵筋。二人说："你我二人犯了盗案进监，到如今从未吃到过这样好酒，靠了支阿凤先生洪福，又感陆家赏酒，日后倘若支阿凤在监有难，你我二人救他便了。"

不说强盗一番话，再说阿凤家中情。
秦氏在家多苦凄，丈夫冤枉在监门。
便把大儿六倌叫，快到苏州姓陆门。
要与亲翁来商议，救你父亲出监门。
六倌听说母亲话，连夜开船陪娘亲。

母子两人苏城到，先表秦氏探监情。

大娘思想伤心处，要到监中看虚真。

就拿衣裳忙端正，下船一直到监门。

却说秦氏上前问道：“牢头禁子在哪里？”牢头禁子说道：“哪个在此喧闹？”“啊呀，苦妇秦氏，只为丈夫支阿凤在监，特来探望。”禁子道：“你倒说得轻飘，酒钱没有，哪能放你进去。”秦氏大娘即付酒钱说：“禁长伯伯，我夫为民救荒，赔钱吃苦，请行个方便。”禁子接过铜钱，开了监门说道：“大娘子，进去就出来，不要拨官府撞着了，连累我们”便了。

秦氏大娘进监门，高声便叫二三声。

丈夫呀，你今困在匣床上，为妻看见也伤心。

大娘此刻情不禁，抱住丈夫哭连声。

等在家中思想乱，三更梦里会夫君。

今朝监中来探望，亲见夫君受屈刑。

阿凤听说号啕哭，贤妻连叫二三声。

海防做官来得瘟，不问情由用极刑。

冤枉收监受此苦，满天乌云遮斗星。

巴望一朝清官到，拨开云雾出监门。

皇天若不来保佑，阿凤总做吃刀人。

却说牢头禁子道：“这个妇人，已经探望多时了，你快些出去。”大娘说道：“禁长伯伯，多谢你把我丈夫宽松刑罚，我家感恩不忘。”禁子就说道：“官府来了，快点去罢。”

此刻大娘好伤心，牢头催促不容情。

只得监中来走出，家童领了下船行。

不说大娘回家转，且说六倌向前行。

走到陆家墙门口，门公通报进内厅。

亲翁接进分宾坐，两泪双抛诉真情。

讲述阿凤冤枉事，城中薛四对头人。

前日我已把监探，已经张望过浩明。

我今同你潘家去，见我亲翁潘世恩。

在朝宰相官职大，不怕无锡众乡绅。

两人说罢抽身去，慌忙走到潘家门。

不说苏州来商议，再说无锡众乡绅。

聚到薛四家庭内，坐定商议害浩明。

且说无锡乡绅闻得潘世恩出头办事，料想支阿凤不能判成罪名，立刻凑仔洋钱，叫薛壬度到苏州府监门上去买通牢头禁子，要将支阿凤弄死在监中，免去后患。故此薛四拿仔洋钱，到了苏州府监门上，与牢头禁子说道：“我今送你洋钱一百元，替我将支阿凤弄死在监中。”牢头禁子得了洋钱，将支阿凤上了匣床，又拿桑皮纸搭仔浆糊，在嘴上连糊七层。格歇时光，支阿凤将一命归阴去了。

不说阿凤将归阴，再说强盗二个人。

先在墙壁偷听去，阿凤今朝有难星。

你我二人叨他恩，此刻不救难活命。

忙将链条来除去，打穿墙壁救好人。

先将牢头打出去，匣床上面救浩明。

揭起桑皮七层纸，慌忙接气又还魂。

此刻阿凤来开口，便问二位是何人？
二人便说名和姓。我等原来死罪名。
今朝救你还魂转，就死阴间也甘心。
浩明闻听来拜谢，再生父母大恩人。
撇却三人监中话，提起城中老县令。
韩爷得知监中事，青衣小帽出衙门。
一只小船苏州去，连忙就去请医生。
同到监中来看病，浩明服药便身轻。
韩爷亲口来吩咐，暂住监中且安心。
韩爷即便回衙转，再说府官陈大人。
公干回来衙门进，预先已知这桩情。
海防交印已停当，拔脚要想出衙门。
陈爷喊住不可走，审明此案再动身。
不说海防无处走，再说苏州潘世恩。
坐在书房本章写，奏说为何开显应。
上保皇粮并国库，下救穷苦众乡亲。
筑住显应非小可，无锡城中出帝君。
乡绅多有谋反心，欲灭君主太无情。
此夜本章来写好，交与六倌上京城。
同了六倌下船去，带了铺盖就动身。

且说潘世恩指点六倌，一路进京，在船中思想，听说金山寺内中一个和尚姓杨，当初在无锡县城中做过知县，在公堂上与乡绅作对，毁了前程，无官回家，故而来到金山寺中落发为僧。他学广才深，最喜打抱不平，我也去试试便了。

行来已到金山寺，见有僧人把寺门。
走到客堂身坐定，六倌开口把信问。
杨杰和尚哪一位，就是小僧一个人。
六倌听说忙起立，重新见礼诉冤情。
拿出荐书来呈上，和尚从头看分明。
一看书中冤枉事，开言便叫小官人。
我今同你京中去，告状伸冤救父亲。
路上行来无耽搁，京城就在面前呈。
寻了旅馆安身住，夜间立即写状文。
明朝正遇初一日，御史拈香转京门。
指点六倌去告状，胆战心惊怕煞人。

且说六倌投呈状子，跪在街中，叫道：“青天大老爷救命！”排军喝道：“你是什么人？谁敢上来叫喊，快些打下去。”六倌说道：“我父亲有泼天大事，只为无处伸冤，故此特来叫喊。”御史听见，吩咐下来，带进衙门便了。

御史打道衙门进，六倌胆战又心惊。
大人身坐法堂上，开言便问是何人。
快把状词来呈上，有何冤枉说真情。
六倌大哭原情诉，我是无锡钱桥姓支人，

就拿状文来呈上，叩请青天看分明，

父亲冤枉无处诉，冒死前来把冤伸。

且说御史接了状子，从头细看，看到开显应坝一节情由，御史怒道："此状子不准！"心想，倘若准了，与无锡众乡绅作对，犯不着，便将禀单丢在地上，吩咐排军："打他出去。"大人有令："把告状人打出去"便了。

六倌打得好伤心，跌出御史大衙门。

回头相见杨和尚，回转寓所再调停。

接连递了三张状，一张不准为何因。

且说杨和尚三张状子，一张不准，心中愁闷。千思万想，一日，想了个计策，待我拿支阿凤开坝情节，写了朝报，进京张贴便了。

和尚打扮出寓门，要卖朝报进京城。

南门卖到北门去，东门卖到是西门。

遇着太子来游玩，就是道光万岁君。

看到其中真冤枉，阿凤为人有好心。

开通显应青苗救，上保君来下保民。

乡绅有意来筑坝，要想城中出帝君。

东宫看见心大怒，买了朝报就动身。

且说皇儿回到宫内叩见父皇说："儿臣东宫太子见驾，愿吾父皇万岁。""皇儿平身，皇儿上朝有何本章启奏？""父皇，儿臣昨日在外游玩，买得一张朝报在此，求父皇亲看。"嘉庆皇帝拿了朝报，从头细细一看，看到薛壬度告状，支阿凤下监时，潘世恩的本章也奏上来了，君皇拿了一看，与朝报相同无异。君皇一想，乡绅果然有欺君灭主大罪，待我问了徐卿，就知分晓了。

君皇大怒急如焚，便唤徐卿千岁身。

你家无锡相邻近，可晓西门显应情。

是桥是坝从头说，不可虚说半毫分。

徐卿便忙来启奏，未晓显应桥一顶。

无锡只有显应坝，奏与我皇万岁听。

万岁听得心疑惑，便叫状元顾先生。

你家住在无锡城，可晓显应桥一顶。

顾状元上前来启奏，吾皇万岁听微臣。

且说顾状元跪在金阶，心中想道，朝报与潘世恩本章俱是显应桥事。薛壬度告说显应坝，徐千岁也说显应坝，我今为保自己的前程，便道："万岁只须查看无锡图形就会明白了。"君皇准奏，就拿无锡图形，细细看来便了。

嘉庆皇帝看图形，图形上面见分明。

只有显应桥一顶，太湖通水船来行。

图上并无显应坝，龙颜大怒火直喷。

先将徐卿来拿住，推入天牢治罪名。

立刻再叫钦差到，无锡城中去拿人。

不说钦差出京事，再说钱桥支浩明。

秦氏大娘心痛切，要到庙中许愿心。

便叫八倌请香烛，黄钱买了十万零。

就叫小船来摇去，水仙庙在面前存。

走到庙中香烛点，声声求告各仙神。
保佑丈夫回家转，尊尊菩萨尽装金。
拜了神明抽身起，连忙一路下船行。
不说大娘回家转，撇却钱桥别有因。

且说顾状元在金銮殿上，听得君皇发下钦差，拿邹炳泰到京治罪，哪晓得状元也是门生，故此私下差人送书一封到邹家投拨，家人接着，邹炳泰一看大叫："啊呀不好了，家里未能教训子孙。这一个大头，如今害了我性命。也罢，顾不得了，让我饮鹤顶红死了罢。"不久，邹炳泰自尽。再说钦差奉了圣旨一道而来，已到无锡西门便了。

钦差来到官亭上，金、锡二县接大人。
便问大人有何旨，钦差细细说分明。
县官听说来跪下，禀上钦差说分明。
邹炳泰犯法心中虚，身已自尽见阎君。
大人呀，如今不必邹家去，顺风相送到京城。
五更三点来见驾，俯伏金阶奏圣君。
君皇听奏龙颜喜，算来由命不由人。

且说嘉庆君皇道："支阿凤为人正直，现在含屈在监，待我出一道圣旨，赦免无罪，赐他一个乡试老人，归农耕织。这一班贪赃瘟官，得钱陷害良民，再派钦差出京去拿瘟官，一齐上京，打入天牢治罪。"君皇又下圣旨着苏州府陈桂生立碑于无锡水仙庙中，钦差回京复旨便了。

且说钦差回转京，来朝要奏圣明君。
哪晓君王已归位，道光接位坐龙廷。
洪福齐天来领旨，大赦监里众犯人。
阿凤早就监中出，盗徒二人也放行。

支阿凤来到苏州府堂上面将恩谢，说道："大人呀，若无盗徒二人救我，早死在监中的了。"

牢头得钱受花银，纸糊我口害我命。
二个强盗来打进，揭落桑皮救还魂。
陈爷听说心大怒，牢头革职尽除根。
大人转身来吩咐，二盗受赏也开心。
强盗各自回家转，改邪归正做营生。
阿凤拜谢即身起，叫船一路转家门。
路上并无多耽搁，明朝早到自家门。
秦氏大娘来听说，慌忙出门接夫君。
大娘立刻摆香案，合家大小谢皇恩。
夫妇二人说水仙，明朝一早拜神明。
水仙庙中还香愿，尊尊神像尽装金。
邀请工匠忙便到，每日请酒到黄昏。
处处农民多来谢，早晨闹到夜黄昏。

且说支家闹了半月有余，料理停当，要到苏州去谢陆羊毛亲翁和谢潘世恩二人救命之恩，吩咐叫船，即日动身便了。

浩明即刻到苏城，拜谢两家好至亲。
开船一路苏州去，行来已到陆家门。
门公走进来通报，亲翁出外亲自迎。

接进厅堂来下礼，分宾坐定饮香茗。

支阿凤说："特来拜谢亲翁与潘世恩大人，小弟诬屈在监里，若无你两位恩人照应，已经死在黄泉路上，故此来谢二位大人救命之恩。"陆羊毛说："岂敢岂敢，你我都感谢皇上恩德罢了。"支阿凤说道："小弟还要到潘家谢谢。"陆羊毛说道："不必客气，潘亲翁在京办事未曾回家，待他转来时候补谢也不碍事。"

两人谈讲不必论，酒盘盛席到黄昏。
早晨点心款待过，阿凤拜别要回程。
亲翁苦苦留不住，定然送出大墙门。
辞别亲翁回下船，顺风一路快如云。
到了自己码头上，大娘知晓出接迎。
接进厅堂开言说，贤婿女儿可安宁。
浩明听说回言答，满门康泰在家门。

再说支阿凤为了这案件事情，银子用落一千二百两，卖去粮田二百亩有余，今出罪到家，整理门庭。一日，支阿凤在家闲坐，思想为人在世，好似水上浮萍，如今若不为善，等待何时了。

立刻打扫屋一间，虔诚斋戒在家门。
城中去请檀香烛，焚香点烛不休停。
蜡签一副分左右，狮子香炉摆中心。
浩明日日看经卷，大娘念佛到黄昏。

不说支阿凤修行，再说他为三个儿子娶了三房媳妇，生几个孙子，都是知书达理，勤俭持家。浩明到了七十岁，挂灯结彩，大斋延寿，叫了一个戏班演半个月，真是欢乐也！

天官赐福当厅挂，两边春联及时新。
正月十五寿星送，大斋三日送如来。
开河宝卷已宣完，大众弥陀念百声。
愿依此功德，普及于一切，
消灾增福寿，念佛保长生。

（光绪廿六年桂月吉日立）

## 二、显应桥案叙事诗

钱桥支巷支浩明在清嘉庆十九年（1814）无锡大旱、禾苗枯焦的紧急时刻带领农民与土豪劣绅作不屈斗争，开通显应坝，自己身受囹圄之苦，使无锡西北乡几十万亩农田免于枯死而获救，事迹感动朝野。许多文人执笔或编成剧本，或编成宝卷，或写成诗歌，赞颂支浩明"排难解纷，不屈权贵，为民请命"的精神。这里编录原《无锡日报》主编、无锡市地方志办公室主任浦耀煌写的《显应桥案叙事诗》，以见当时民众对支浩明崇敬之一斑。

一

十九年份(注)大干旱，干到寸草不留根，不少树木成秃顶。官塘河，都干断，田中稻苗似火焚。

说明：十九年份，系清嘉庆十九年（1814）

二

街坊上面无米粜，农民家里无米存，五十铜钱籴一升，众人家，无饭吃，穷人饿死好伤心。

三

百姓公堂纷纷闹，县官传谕罚几名。再说刚强义气人，钱桥镇，支浩明，妻子娘家秦氏身。

四

所生三子未婚配，长女夫家姑苏城，陆羊毛里配为婚，有良田，三百亩，开爿磨坊过光阴。

五

阿凤外出办事情，来到西门太保墩，显应桥上看得清：桥底下，筑条坝，挡住湖水向北行。

六

桥南太湖正大水，桥北不见水踪影，河底龟裂起灰尘。阿凤见，细思量，问题出在坝身上。

七

若将此坝来开通，各处稻苗有救星。上交国库钱粮银，众百姓，有收成，又利国家又利民。

八

买了帖子写分明，赶快投进县衙门。韩公(注)接进支浩明，双手搀，来走进，宾主坐定饮香茗。

说明：韩公指无锡县知县韩履宠

九

饭箩案件一桩情，曹家强盗两个人。浩明周旋留在家，报官送，罚罪名，韩爷阿凤兄弟称。

十

若无阿凤难破案，七品小官做不成，忘恩负义是小人。韩知县，开言说，浩明先生听原因。

十一

今天光临有何事，快些说与我知闻。知县在上听我说，只今年，大干旱，大塘河里起灰尘。

十二

农民戽水无办法，柴荒米贵人议论，田中稻苗难救成，求知县，出告示，赶快开坝水通行。

十三

水救锡金两县人，稻苗成熟好收成，上交钱粮国库银。老百姓，有饭吃，国泰民安谢你恩。

十四

知县听说诉衷情：显应桥下来筑坝，只为无锡众乡绅，风水好，城中宁，就出八轿大贵人。

十五

七品前程官职小，开坝引水难作主，如何好碰众乡绅。你出头，人一个，暗中调排我当心。

十六

金匮县里一乡绅，芙蓉山下唐家村，雅号文秀名黄金，与浩明，来斟酌，只为干旱大事情。

十七

大河干断好几日，七月稻苗还可救，八月之中救不成。欲开坝，水路通，要救稻苗养万民。

十八

阿凤听了黄金话，回家与妻共商量。大娘听说眯眯笑，开通坝，救万民，丈夫说话倒中听。

十九

阿凤准备常州去，这事说与妻子听，黄金伯伯也知闻，到常州，见知府，你在乡间聚老人。

二十

阿凤叫船就动身，洛社横林来经过，很快就到常州城。南门外，上岸行，忙问代书写状文。

二十一

写好状纸来投进，再说知府卞大人，拿了状纸看分明。传阿凤，进衙门，知府大人叫几声。

二十二

常州知府开言说，虽为公事投状文，要我出示却不能。开桥坝，救良民，抚台衙门把状申。

二十三

阿凤听了知府话，立即赶往苏州去。北望亭过南望亭，浒墅关，来经过，很快来到姑苏城。

二十四

万年桥下把船停，阿凤上岸急急行，马上就去写状文。文写好，来投进，抚台大人看分明。

二十五

大人开言叫浩明，告示给你要当心，七月廿四开桥坝。阿凤接，开坝示，拜别大人转家门。

二十六

阿凤黄金聚一起，开坝告示看分明，再到无锡县衙门。两县署，动工程，知县韩公请乡绅。

二十七

削职为民薛壬度，和上邹氏众乡绅，一齐请进县衙门。花厅上，饮杯巡，共商开坝大事情。

二十八

阿凤作别回家转，聚集十七图（注）半人，准期廿四开通坝。忙碌碌，闹盈盈，各带锄头铁钎金。

说明：图是旧时区划地方的单位名称。明朝万历年间至清朝，锡金两县乡以下设都，都以下设图，支浩明任图董

二十九

再说城里众乡绅，即刻发帖去请人。擎天柱和满天星，着地滚，牛抽筋，众多拳师被邀请。

三十

劣绅领着众拳师，抚台告示放脑后，阻挠开坝害良民。众拳师，恶狠狠，气势汹汹来打人。

三十一

阿凤一见怒火生，劣绅气焰太嚣张，欺人太甚不可忍。忙吩咐，众乡民，今朝一定要抗争。

三十二

恶狼不打要咬人，拳师打来你不打，显应坝就开不成。众农民，齐动手，抵罪偿命我担承。

三十三

黄金伯伯火直喷，龙头拐杖打出劲，打得头上汗淋淋。众人听，阿凤话，锄头铁耙手中擎。

三十四

打的打来坌的坌，众多拳师真倒运，叩头求祈喊饶命。爬的爬，逃的逃，劣绅逃得无踪影。

三十五

农民立即到坝上，坌的坌来耙的耙，霎时就把坝开通。太湖水，滚滚流，有望今年好收成。

三十六

再说对头薛壬度，开坝一事恨在心，炳泰家中写状文。支浩明，带头人，告他十款定罪名。

三十七

状纸上面第一款，合伙为盗饭箩案，假造文书第二款。第三款，剥耕牛，该当何罪不非轻。

三十八

第四款来害良民，和铸小钱赚金银，地头恶棍似凶人。第五款，贩私盐，第六开赌做戏文。

三十九

第七欺君冒粮船，私了公事第八款，占谋田产第九款。强迫人，文书写，十款重婚做媒人。

四十

炳泰交待壬度话，自己罪名不非轻。壬度开言叫大人，显应坝，来筑断，城里乡绅尽沾恩。

四十一

南北状元有几位，探花榜眼一大群，朝中做事伴皇君。显应桥，水通行，城内恐难出贵人。

四十二

壬度状纸来写好，立即赶到姑苏城，抚台衙门到来临。投状纸，告阿凤，大人状纸看分明。

四十三

十样罪名都是假，并无一样是真情，大骂壬度不成人。削职后，要安分，为何又要害人命。

四十四

壬度又见海防厅，写好帖子来投进，海防接进内衙门。说原因，告浩明，双手捧上雪花银。

四十五

瘟官接银叫年兄，我今出票去拿人，虎头令箭出衙门。差巡捕，官一个，无锡去拿姓支人。

四十六

无锡知县出来迎，备酒款待巡捕身。巡捕来到支巷村，秦氏道，什么人？只为拿你丈夫身。

四十七

大娘回答不在家，丈夫没有犯啥法？韩爷听了回言答，薛壬度，坏良心，告你丈夫有罪名。

四十八

秦氏听了真气愤，就叫儿子唤父亲，苏州抚台要拿人。六倌到，苏秦庙，一一说与父亲听。

四十九

阿凤听说忙回家，拜见巡捕与县尊，待我家中料事情。巡捕说，这不能，快取链条锁颈颈。

五十

阿凤吩咐大娘听，家中之事要当心，我今去后难回程。无人救，出监门，抛散妻子两处分。

五十一

大郎六倌亲已对，二郎三郎年纪轻，供书上学要当心。车磨坊，停不得，好赚铜钱过光阴。

五十二

邻里相处要和睦，村上长辈要尊敬，田中生活你当心。兄弟要，相和好，娘亲呼唤要从命。

五十三

大娘儿子哭淋淋，今朝与你来分散，出门解到姑苏城。官若清，也罢了，自然可以转家门。

五十四

倘若遇到瘟官手，性命如同风中灯，如今不知死和活。怨则怨，恨则恨，全怪壬度坏良心。

五十五

乡邻挥泪送出门，难忘救灾一段情。阿凤感谢众乡邻，如今我，解苏城，家里事情多关心。

五十六

无锡知县来送行，开言便把阿凤听：我有洋钱四十元，送给你，买茶吞，阿凤拜别就动身。

五十七

不说阿凤监里去，再说劣绅薛壬度，匆匆赶到姑苏城。进内衙，见海防，再送洋钱一千文。

五十八

瘟官受贿忙提审，吩咐不招用重刑。两边衙役如狼虎，三十板，重重打，两腿打得血淋淋。

五十九

阿凤开言叫大人，说起开坝一段情，各处稻苗有收成。开通坝，是好事，并无犯法在我身。

六十

再说饭箩案一件，两个强盗劫花银，拿枪捅死一个人。不关我，半毫分，小人不是犯法人。

六十一

瘟官受贿丧天良，忙叫公差打浩明。阿凤打死公堂上，纸钱熏，再还魂，宁死公堂不招认。

六十二

海防堂下再吩咐，脚镣手拷进监门。日间放在夹床上，夜里吊，细麻绳，疼痛难受到天明。

六十三

再说阿凤家内情，阿凤大娘苦伤心，要到监中见夫君。阿凤冤，在监门，便叫犬儿六倌身。

六十四

要到苏州去探监，连夜开船就动身。六倌一路急急行，一直到，监内去，监中见到支浩明。

六十五

夫妻见面号啕哭，阿凤嘱咐别伤心，家中事情要当心。查监人，到来临，大娘挥泪出监门。

六十六

亲翁看见接回家，劝说娘儿放宽心，我今送你潘家去。想办法，把冤伸，哭哭啼啼伤精神。

六十七

听说亲翁支浩明，被诬罪名十款整，含冤入狱受酷刑。薛壬度，对头人，潘爷写信进京城。

六十八

一封书信写完成，六倌接信忙藏身。路过镇江金山寺，进寺去，借住宿，看到和尚姓杨人。

说明：杨老和尚，为原无锡知县杨杰，因无锡地区大旱，杨知县批准农民开显应坝引水的请求，但遭到以邹炳泰为首的劣绅阻挠，坝未开成，杨知县被革职，后至镇江金山寺削发为僧

六十九

便向六倌叫一声，与你同行告御状，带了路费上北京。匆匆行，到京城，夜里写好告状文。

七十

明朝正好初一日，御史点香进寺门，抓住时机去告状。长夜尽，到天明，六倌投进告状文。

七十一

御史衙门坐公堂，便问六倌住何方，有何屈事喊冤枉。小人住，江南地，父亲就叫支浩明。

七十二

只为开坝一件事，救活稻苗真无数，好完钱粮国库银。众乡绅，来反对，屈害我爷进监门。

七十三

状纸御史不接受，四十大板不留情。六倌打得好伤心，哀哀哭，出衙门，连告三状都不准。

七十四

和尚六倌商量好，印了朝报几千份，东门卖到西门去。皇太子，来经过，看了朝报进宫门。

七十五

君皇看了龙颜怒，召来大臣问原因。大臣跪地来奏本，我万岁，听原因，地理图上看分明。

七十六

拿来无锡县志看，明明白白写得清，只有显应桥一顶，清水流，有船行，阿凤冤案真相明。

六十七

君皇立派两钦差，立拿炳泰薛壬度，还有瘟官海防厅。两钦差，到锡城，锡金知县忙迎进。

七十八

钦差开言传圣旨，知县跪地奏分明：炳泰服毒已身死；海防厅，薛壬度，今有重病难进京。

七十九

钦差听罢回京城，覆奏君皇万岁听，君皇听后龙颜喜，天报应，不差分，想着无锡支浩明。

八十

一道圣旨苏州去，监中放出姓支人(注)。阿凤出监回家转，大娘接，丈夫身，眉开眼笑问原因。

说明：清嘉庆二十五年 （1820）十二月十五日宣布支浩明无罪，释放回家

八十一

黄金伯伯也知闻，还有乡下种田人，各带礼物来祝贺。齐拜谢，支浩明，热热闹闹真高兴。

八十二

杨老和尚也回镇，金山寺里去修行。阿凤又到苏州去，谢亲翁，潘世恩，叙叙两家别后情。

八十三

阿凤拜别回家转，合家大小齐安宁。子女个个有出息，商业旺，家道兴，幸福美满过一生。

## 三、锡剧《显应桥》剧本 编剧：钱桥俞巷俞介君

第一幕 庙堂 茶室 显应桥

起幕，唱插秧歌

大合唱，秧苗是我们生命宝，努力赶快秧插好

希望长大好收获呀，咿呀嘿……

驮起背，弯起腰，不怕酸痛与烦恼

为了吃饭要生产呀，咿呀嘿……

秧苗插得满田摇，今年更比去年好

秋收冬藏温暖饱呀，咿呀嘿……

人物：支阿凤 文秀 乡民 妇女 小孩 老妇

文秀（白） 凤官。

浩明（白） 乡亲们，黄金伯伯来了。

群众（上） 见过文秀伯伯，你好吗？吃茶吧！

文秀（白） 兄弟姐妹们，不要客气。我听说韩老爷不出开坝告示，坝不能开了吗？
咳！凤官。

浩明（白） 老伯伯，乡绅不答应，他们说要坏风水的。

文秀（唱） 十九年间大干旱，干到青草不生根。
田中稻苗如火焚，官塘大河起蓬尘。
大小树木都枯死，农夫车断脚后跟。
五十铜钱米一升，穷人饿死好伤心。
百姓报官到衙门，县官开库赈饥民。
钱桥有个支浩明，他是刚强义气人，
三子三女在家门，长女嫁在苏州城，
陆羊毛里有名声，开爿磨坊过光阴。

浩明（唱） 走到西门太堡墩，显应桥上立定身。
五里湖上看分明，白浪滔滔不非轻。
南到太湖水能涌，北到吊桥无水存。
河底干到起蓬尘，南北高低几尺深。
开通此坝水流行，各处稻苗有救星。
上保君王国库银，下保百姓有收成。
思想一番回家转，商量报荒进衙门。
要开显应坝一座，金匮县里投状文。
金匮知县官职小，开桥本是大事情。
难碰无锡众乡绅，叫我到常州府衙门。
常州知府不答应，来到苏州巡抚院。
苏州抚台陈桂生，出告示七月廿四开坝墩。
再说无锡众乡绅，听见此事如火喷。
叫知县告示不能出，否则你七品官职做不成。
我们前去请乡绅，同到薛府去讨论。

文秀（白） 难道乡绅要活命，我们穷人就活活饿死吗？情愿与他们拼一拼。

群众（白）　好的！
浩明（唱）　叫一声，众位兄弟老伯们，今日与你们说分明：
　　你我众人门来出，薛府门上走一趟，
　　问问他不准开桥为的啥，好好商量不怕他不答应。
　　世上有句古俗语，好汉不能得罪上门客。
群众（白）　好！

第二幕 许府 大堂
人物：许布政 三少爷 薛壬度 阿根 浩明 文秀
壬度（白）　请你们来，各位绅士一起商议事情（欢宴）。
　　大家请，大家多吃几杯！世兄，开显应坝事一定是支阿凤去进的公禀。
乡绅（白）　哪个指使的？
壬度（白）　啊，新任韩知县准了公禀了。
浩明（上唱）旱灾无雨要怨天，也无露水润禾田。
　　烧香求神佛来念，雨水未见一点点。
　　今日来到薛家门，乡下苦水说他听。
　　八十多天不下雨，不准开坝难活命。
　　（白）　黄金伯伯，你我二人好好与他们商量，不要发火。
文秀（上白）凤官，放心好了。
阿根（白）　老爷，支阿凤来了。
壬度（白）　阿凤来了，准见。
阿根　　　　是，支阿凤进见！
浩明（白）　是。
　　乡绅欢宴乡民哭，看起来有钱无钱两重天。
阿根（白）　浩明，你去见壬度，说话要当一点心。
浩明（白）　晚辈浩明见过众位老爷。
壬度（白）　请坐吧！
浩明（白）　多谢老爷。
壬度（白）　开坝是何人指使？
浩明（白）　多蒙苏州陈抚台明镜高悬，准了乡民公禀，七月廿四开坝。
壬度（白）　既知此事坏了城内的风水，谁负其责？
浩明（白）　老爷，如不开坝，五谷荒尽，七十二图半的乡民谁给其食？
壬度（白）　浩明，乡民之事，何用你一人操心？
浩明（白）　呃……老爷声高望重，只要老爷与乡民作主，何愁众绅不允。
壬度（白）　（拉浩明一旁）浩明兄
　　（唱）　苏州抚台不知情，因此他就准公禀。
　　开坝要把风水坏，你莫去再做出头人。
　　家中如果缺钱粮，些许小事我担承。
　　请你回去向大家讲 休要开坝枉费神。
浩明　　　　……那好啊！
壬度（白）　对啊!这才是识时务者为俊杰。阿根，送茶。

阿根（白） 是！（下）
浩明（白） 我有一事请求。
壬度（白） 理当相助，何言请求二字！
浩明（唱） 老爷啊！
我家缺粮你担承，七十二图半乡民饥饿谁担承？
既然你肯照应我，不过，还得救活七十二图半乡民。
救活稻苗免灾害，我祝你子子孙孙万代兴。
壬度（白） 这……这样不对吧！
浩明（唱） 是不对。
不开坝来没有水，日后再要荒多年。
今年就算度得过，再要荒年你来救。
老爷啊，你有好心好到底，逢到荒年请你薛壬度。
壬度（白） 嗐……你不要好言不听呀！
浩明（唱） 邹薛二家城里一只鼎，这是一点小事情，
好比是大海取出一勺水，牯牛身上毛一根。
今日我回去与乡民说，叫他们集众来到薛家门。
壬度 啊……（怒极，欲伸手动武）
（唱） 浩明对你说清楚，你勿要吃苦来怨我。
岳父大人邹炳泰，势力大来家产多。
你勿要睏梦头里想屁吃，难道我上山老虎怕你折脚狗？
浩明（唱） 我也勿怕绅士多、势力大。
定要开坝要开河，今年稻苗就有收。
上刀山来下油锅，吃官司来监牢坐。
布政（唱） 不怕死的支浩明，难道你鸡蛋要与我石头拼？
豆腐难拼我铁大人，绣花针做枪戳勿死人。
月亮勿能当着衣镜，凉帽勿能当盾牌。
我劝你好好回家去，白吃苦头无处伸。
三少爷（唱）叫声黄金老伯伯，我是顾状元的三少爷，
再大官司我有银，天塌下来有长人顶。
打官司，衙门走进又走出，要你死来勿会生。
文秀（唱） 乡民兄弟万众一条心，生生死死要与你们拼一拼。
为了要救稻苗活，鸟为食亡也要争，
上保国库皇粮银，下保黎民有收成。
难道你吃饱肚子勿问信，没有我们种田给你吃，
你们只有死来没有生，七月廿四一定要开显应。
三少爷（唱）癞克宝要吃天鹅肉，我怕你蚂蚁咬断街沿石？
浩明（唱） 我开不成显应坝，头颅号令在太堡墩。
壬度（唱） 倘使给你开成显应坝，我的首级挂在黄埠墩。
（白） 浩明呀，你要开显应坝，壬度首级挂在黄埠墩。
浩明（白） 嗯 我勿开显应坝 支阿凤头颅挂在太堡墩。
（黄金、阿凤二人下）

壬度（白）　众位世兄，可曾听见要斗争武力？
绅甲、乙　我们要想法，那怕牺牲银子请兄弟，请拳师，要大打出手，好吗？
壬度（唱）　各位绅士商议定，支浩明为首第一人。
即可发贴去请人，七月廿四来到太堡墩。
打死人来我担承，用了银子大家拼。
第一要请擎天柱，第二要请海王星。
第三要请惯惯着，第四要请勿着身。
张政呆头第五人，过对头是第六人。
第七要请牛牵筋，房陈三宝新出世。
第八要请李松林，第九要请着地滚。
第十要请抱不平，集中拳师到西门。

第三幕　庙堂　茶店
人物：浩明 文秀 群众（大家商议开河事）
浩明（白）　黄金伯伯，你回到大支巷与乡民说，七月廿四集中好。
文秀（白）　好！凤官，我就去。（下）
浩明（唱）　叫一声兄弟姐妹们 回到家中传单贴。
准定七月廿四开桥坝，万众团结一条心。
到了廿四日，鸣锣敲，不绝声，聚集乡中众多人。
各带锄头铁钎金，你们都要当点心。
恐怕乡绅请拳师，要与我们来斗争。
不可以贪生怕死逃动身，只要看我喝声令，
打个打来坌个坌，挑个挑来撬个撬，
开坝浅不浅来深不深，白浪滔滔水通行。
救了稻苗有收成，我们个个好活命。
如果要说对头人，薛壬度是顶坏的一个臭乡绅。

第四幕　过场（幕外）
人物：女群众
女群众（白）　东街西巷阿姆婶婶姐姐妹妹，大家准备好了吗？
乡妇们（唱）　天呀天呀，旱灾旱死百姓了，
天天念佛拜如来，田中泥土像石块。
两个多月未下雨，求天要赐雨下来。
吃素断肚也无用，这样干旱无挽回。
乡妇（白）　阿姆，你死也无用呀！我有好消息啦！
乡妇们（唱）　我们村上将雷公雷婆供出来，
不起乌云不响雷，烧香求神有数天，
半点雨也未曾落下来，还是自己想法救旱灾。
妇女甲　婶婶　有什么办法？
妇女（唱）　钱桥有个支浩明，与乡民做个起头人。
七月廿四开显应，开通桥坝水来行。

现在我东村西巷去搭人，搭仔阿姆大婶婶，
做团子，做糕饼，我去做麸皮糰子麸皮饼，
青布衫，老布裙，要去看开显应。
七十二图半乡下人，来到西门太堡墩。
还有石匠几千人，你俚看见吓杀人。

第五幕 水仙庙 显应桥

群众 拳师 绅士 薛壬度 大打出手……

人物：支浩明 文秀 乡民男、女

浩明（白） 你们看看，
白浪滔滔水通行，七十二图半稻苗有救星。

文秀（白） 伯伯叔叔，阿姆婶婶，好好回家吧！太平无事，湖水通畅，稻苗有救。

第六幕 客堂

人物：薛壬度 乡绅众

壬度（唱） 等在家中闷思想，二来通达众乡绅，
争气再筑显应坝，大家来拿银子买棺材。

（白） 世兄们，显应坝已开通，人打死，这对面子有关。

乡绅（白） 非要支浩明死，情愿卖房卖屋卖田地，也要与支浩明拼一拼。

壬度（唱） 你们大家听听清，我要去写张状子告地方。
非要我岳父邹炳泰，这张状子才告得准。

乡绅众（白） 好啊！关死支阿凤，与我们出出气！

壬度（白） 好，告他十大罪状！

（唱） 状子告他第一款，合党成群饭箩案。
假造文书第二款，第三款告知县，
私和公事身犯罪，勿问民事勿治安。
第四款，害良民，贩卖私盐赚金银。
第五款来制小钱，地头光棍是恶人。
第六款开娼并聚赌，第七款欺君毁粮船。
私造田单第八款，谋占田地第九款。
强迫地产交出粮，活拆夫妻第十款。
一张状子来写好，到姑苏抚台衙门把状告。
抚台大人陈桂生，就是炳泰爱门生。
我去与岳父商量定，打戳记来投公文。

众乡绅（白） 回家准备银子，到风光桥许布政家等候。

第七幕 书房 厅厢房

人物：薛壬度 邹炳泰 仆 邹孙子桂南

壬度（白） （到邹炳泰门上）有人吗？

仆（上） 见过姑爷（上）。报，姑老爷来了！

炳泰（白） 见！

壬度（白） 见过岳父大人，小婿拜见！

炳泰（白） 有何事情？这支阿凤开显应，打死老百姓数名，我不问此事。（炳泰下，壬度出）

孙子桂南 （在弄里跑出来，咀巴里唱的是）

（唱） （青板）呆头摸摸六十岁,亦有龙灯亦有会，
叫我痴、勿算痴，叫我呆、勿算呆，
天好我会走出来，落雨我会逃转来，
肚皮饿来会吃饭，三月十四看拜香，
三月廿八看夜会，生病人要吃药片，
死人也要睏棺材，甲鱼背上看不出，
乌龟背上十三块，公公是只老乌龟。

壬度 桂南，你到那里去？

桂南（白） （笑嘻嘻）姑父，你来啥事体？

壬度（白） 我来问你，公公的印箱你可晓得放在什么地方？

桂南（白） （点头）我晓得的，在床上箱子里。

壬度（白） 你拿来给我打戳记，我给你银子，好吗？

桂南（白） 你等一等，我去看看公公可在？不在，马上就来。（下）

壬度（白） 好，我等你来。

桂南（上） 来了，是这个东西呀！

壬度（白） 对，我来打好印，你回去与他摆好了，我给你五两银子。好吗？你不能说出此事。我要走了。（下）

幕外唱： 得意洋洋回家转，打戳记，投状文。
捉拿浩明一个人，冷链条，锁颈根，
好像一只小猢狲，只有死来没有生。
门前来到风光桥，许府上去拿金银，
连夜开船就动身。
（绅士集众，叫好船，等候）你看，壬度他来了。

壬度（上） （众乡绅给壬度递上银子）好！（下船）

第八幕 衙门

人物：抚台陈桂生 公差 薛壬度 海防厅

壬度（上） （到衙）报！

差（白） 你有什么事？

壬度（白） 投状文，求见大人！

差（白） 少老爷，待我前去禀报大人。有请！
（壬度见抚台，递上状纸）

抚台（白） 状子上有恩师邹炳秦的印，这桩事情难了。好，收！
我到南京总督衙门，楚彭林的门生，名叫海防厅，银子送给他。

海防厅 （接抚台银子，命公差捉拿支浩明）

公差甲乙 （奉海防厅命来到无锡县前）见过韩知县，请韩知县同往前去，到钱桥大支巷捉拿支浩明。（当地地保陪同）

（乡村） （外景）

（浩明、秦氏夫妻与六倌、七倌谈家事）

浩明（白） 明天车水叫李福海兄弟二人。

公差（上、白）支浩明，有人告你来了。

（群众上）

浩明（白） 呀，谁人告我？

公差（白） 无锡绅士薛壬度。勿必多言，拿手铐拷上带走。

（秦氏、群众 嚎啕大哭）

浩明（白） 关照乡邻叔叔婶婶，家中的事情请你们照应好，我回来谢你们！

群众（白） 放心！

公差（白） 报大人，拿到支浩明！

海防厅（白） 押在班房。

### 第九幕 大公堂

人物：海防 浩明 薛壬度 禁子

海防（白） 审堂！把支浩明带上堂来！（海防看状子，诉说一遍）告你十款，从实招来！

浩明（白） 无中生有！（浩明宁死不招认）

海防（白） 来呀，押进监牢！（浩明下）

壬度（上） 见大人（送银子千两海防厅），将他弄死在监中！

海防（白） 世兄，不用！（收下银子）哈哈，有我，放心，请回家。

壬度（白） 谢谢！（下）

海防（白） （命公差）叫牢头禁子见我。

公差（上白） 禁长哥，大人唤你见，有事商量。快！快！

禁长（白） 马上来！

（上） 见过大人！

海防（白） 罢了，我与你商量，答不答应！

禁长（白） 大人，什么事情？

海防（白） 二更敲过，三更不到将浩明弄死，赏白银二百两。你看如何？

禁长（白） （哈哈大笑）谢谢大人，包在我身上（下）。

### 第十幕 监牢

人物：浩明 禁子 强盗张、王 陆羊毛 秦氏

浩明（唱） 一更鼓打痛难忍，浩明想到家中苦，
只为开坝大事情，我在监牢受苦刑。
二更里来进监门，想起妻子孩儿们，
麻绳吊，上夹棍，我与你父南子北两离分。
三更里，贪赃瘟官海防厅，日堂勿审夜堂审，
宁死公堂不招认，性命如同风里灯。
四更鸡叫天不明，刑罚上身命归阴，
纸钱汤，再还魂，两腿夹断步难行。
五更冤家对头人，薛壬度万丈麻绳千个结，
我身一死何作惜，妻儿无人来照应。

（咳） 想想开河开坝为稻苗，上保皇粮下保乡民有收成。
想到亲翁得知闻，忙备酒饭进监门，
叫我如何吃得下，我送给受苦人儿吃。
禁甲乙（白）（手拿无情棍 上）好硬的性子！
天天打犯人，只要有白银！
有了银子，他做我的老子。
禁甲（白） 老兄，大人叫我二人要浩明死，一人一百两，好吗？
禁乙（白） 什么死法？打死不行，他要叫的呀！
禁甲（白） 我有好计，到街上买豆腐衣，蒙七层，一刻儿就死。
禁乙（白） 老兄，你计策很好（禁甲下）（与浩明讲话）
浩明（白） 多谢禁长公！我出监，报你们的恩德，公门之中好修行。
（禁甲上）
禁子甲乙（白）动手！（麻绳结好，豆腐衣蒙上）
浩明（白） 哎呀，救命！
强盗张王（白）兄长，来（打坏壁洞），怎么一回事？（一看）不好！（二人上前救浩明，拿禁子大打，接气还魂）
浩明（白） 哎呀！（转阳）何人前来救命，大恩大德！
张、王（白） 这个娘卖屁的东西，今天我们把你俩（禁甲乙）活活打死，如何？
禁甲乙（白） （二人跪下）求求英雄，下次再不敢了。我们好好地服侍他。
张、王（白） 支浩明，你胆大放心，有我兄弟二人在此。
（幕外，秦氏到了苏州，首先到亲翁家门上）
秦氏（白） 有人没人？
陆羊毛（白） （开门）哎呀！亲家，你来了吗。媳妇儿，你母亲来了！
女（白） 母亲，爹爹怎么样了呀？（二人抱头大哭）
秦氏（唱） 七月廿四开坝河，救了稻苗有收成。
无锡乡绅对头做，最坏名叫薛壬度。
女（唱） 劝劝母亲莫伤心，此番冤枉说不清。
我们前去探父亲，狱中去看内中情。
秦氏（唱） 女儿，你在家，我与你公公同往监牢好了。
陆羊毛（白） 媳妇儿，准备酒饭。（下）

第十一幕 监牢
人物：秦氏 陆羊毛 支浩明 牢头禁子
禁（白） 岗门出，就要钱，靠山吃山，靠水吃水。
秦（白） 请公公把酒饭送进，浩明在什么地方？
陆羊毛（白） 请他出来，他的妻子来了！
禁（白） ……支浩明，有人探你来了，快来！
浩明（白） 哎呀！（不能走）
禁长（白） 叫他们进来吧！
禁（白） 你们跟我到里面去会他。
秦（白） 哎呀，六倌的爷，你……（哭声如雷）

浩明（白） 呀！六倌娘，你为什么会来？快快起来。
秦（唱） 我早劝你勿做出头人，现在你受苦无人问。
六倌爷，头上看到你脚后跟，皮开肉烂血淋淋。
夫也哭来妻也哭，活拆我们俩离分。
浩明（唱） 六倌娘，你勿必两泪滚，家中诸事要当心。
无人救我出牢门，骨肉夫妻两地分。
六倌娘，长子六倌亲已成，二倌三倌年纪轻，
供书上学你当心，面磨作坊勿能停。
关照你，切莫高声骂别人，不能说，为了开坝害夫君。
远亲勿及近邻好，应该我要受苦辛。
田中生产要勤俭，兄弟和睦一条心。
打虎还要亲兄弟，上阵也要父子兵。
六倌娘，一家门户你担承，教育子女要做人上人。
我若死在监牢门，好好里，棺材带到故土坟。
就说我勿死，也是一个残废人。
秦（唱） 六倌人，你是一个勇敢人。到如今，看到你，叫人伤心勿伤心？
禁（白） 时候不早了，快快走！

第十二幕 苏州 陆宅
人物：陆羊毛 媳妇 秦氏
陆羊毛（唱） 亲家放心一路转，亲翁的事情我担承。
我有一个三朝元老，大人潘世恩。
南京总督楚彭林，就是他的爱门生。
何御史亦在南京城，写信到总督衙门内，
拿捉海防厅瘟官到南京，放出浩明出监门。
秦（白） 多谢亲家，我要回去了。女儿，好好在家服侍公公。
女（唱） 难分难舍，满面眼泪送出门。
秦（白） 勿必相送了（下）。
庙门外景 过场
秦（唱） 搭统船上岸到西门，要到水仙庙堂走一趟。
我想当初开坝事，烧香求签上中平。
如今受冤进监门，戳着你杨树阴，
恨不得大小佛像都打倒，前山门烧到后山门。
你是阴来我是阳，我夫在监受苦不知情。
今日我要回家转，未知孩儿在勿在家门。

第十三幕 乡村
人物：群众 文秀 秦氏 六倌 杨杰 仆
（启头道幕）
文秀 （向群众）等六倌娘回来再说。
甲乙（白） 凤官阿嫂回来了！

秦（白）　叔叔，伯伯……我回来了。
仆（上）　门上哪位是在姑苏来的？
六倌（白）　请进，里边。
仆（白）　见过，奉老太师潘世恩送来书信。
秦（白）　叔叔，辛苦你了！（接书信一看，到南京告状）请用饭（取出银子）。
六倌，车费送他。
仆（白）　不用，谢谢（下）。
秦（唱）　今日我到南京去，与夫伸冤把状告。
关照叔叔伯伯们，家中诸事你们来照应。
三个孩儿要和睦，田中生产要当心。
生生死死告一状，救不出浩明不是人。
六倌（白）　母亲，你是女人，岂能放心你一人行？
欲要想把父冤伸，我与你二人一同上南京。
乡民（白）　对，我们为你俩准备点点心
秦（白）　（作别，动身）请乡亲们多照应。
乡民（白）　（送别，幕外过场）
二道幕启　金山寺　大佛殿
杨杰（唱）　慈悲声念千声佛，作恶可烧万灶香。
小师傅（白）　禀师父，山门外有啼哭声。
杨（白）　进见！
秦（上）　见过师父，我们母子借宿一晚。
杨（白）　领到禅房休息。
小师傅（白）　施主娘娘到此，可曾吃晚饭了？
秦（白）　谢谢小师傅，不用了。
小师傅，你们放心安息吧（小师傅下）。
（唱）　（念佛调　叹五更）
一更里呀想夫君呀，浩明在狱痛难忍呀。
想要出监万不能呀，性命如同风中灯呀……苦。
二更里呀大干旱呀，田中稻草如火焚呀。
开显应呀水通行呀，上保皇粮下保民呀……苦。
三更里呀恨乡绅呀，贪赃官海防厅呀。
冤家碰着对头人呀，夫妻分散鱼水情呀……苦。
五更里呀天又明呀，叫唤我儿早起身呀。
上南京呀赶路行呀，总督大人楚彭林呀。
当朝宰相潘世恩，写信给我把冤伸。
杨（白）　施主娘娘，上南京代夫伸冤，为的什么事呀？
秦（白）　大师父，无锡旱荒，我丈夫开显应坝，为首绅士薛壬度、邹炳泰，害夫进狱。潘老宰相写信与我，为夫伸冤。
杨（白）　（哈哈大笑）施主娘娘，你是梦想。江南的做官人，都是邹炳泰的学生、亲戚。你是告不准的呀！
秦（白）　（放声大哭）天呀，大师父你是怎么知道的？

杨（白） 我在锡也是为了他，出家金山寺。他们同党的人很多，除非要到北京去告。

秦（白） 路途遥远，如何去得？这样看来，我夫的冤枉难伸了！

杨（白） 施主娘娘，浩明可曾招供？

秦（白） 未曾招供，左脚已经夹断了。

杨（白） 还好，放心。

秦（白） 我是乡间民女，就是到了北京，也是无用。

杨（白） 可惜我是出家人，不能问事，出家无家。

秦（白） 师父呀！我的丈夫受害，出家人为何不肯发慈悲？

杨（白） 唉，能把我从前受过炳泰、壬度害，脑中积恨化成灰？现在我已是出家人，何必再去卷入是非门。也罢，施主娘娘，请起来！

秦（白） 大师父，救救万民吧！

杨（唱） 我为乡绅事一桩，看破红尘做和尚。
再也不愿问世事，免生烦闷把神伤。
现在跳出三界外，要碰乡绅更休想。

秦（白） 大师父，试问，有一事不明？

杨（白） 此话何来？

秦（白） 大师父 请问生你者何人？

杨（白） 嘿，父母。

秦（白） 养你者何人？

杨（白） 万民！请教，请教。

秦（白） 父母所生，必有血性；万民所养，必有其恩呀！

杨（白） 也罢，贫僧陪同施主娘娘明天到北京便了。

第十四幕 二道幕前 卖朝报

人物：杨杰 秦氏 六倌 知亲王 亲值

秦（唱） 刑部大堂不准状，反而打我四十杖。
邹炳泰、薛壬度果然狠，官绅勾结害良民。好恨呀！

杨（唱） 施主娘娘不要恨，我有准备上北京。
印好朝报三千份，经过情形写得明。
若然此事再不成，我情愿死在北京城。
卖到南北四城门，要卖到做官的大衙门。
（知亲王身穿便服，带着亲值上）

知亲王（唱） 自从父皇江山坐，为何年年闹民反？
特别去年天地教，直捣内宫危害大。
大街小巷人头多，让我上去看分明。

亲值（白） （看）回禀少爷，是卖朝报，老百姓都在骂官府呐！
亲王呀……快去看看！

（秦氏 杨杰 六倌卖朝报）

秦（白） （叫着）南天无日明，北极有青天，要看稀奇事，一张一分钱。
（好多人都去买朝报，有些人议论纷纷）

知亲王 啊！（对亲值）去买一张来看看（看到朝报）。

六倌（白）　要听新闻事，我来唱一遍。
（唱）　说新闻，话新闻，新闻出在江南无锡城。
今年本是大干旱，干到青草不生根，
田中稻苗似火烧，官塘大河起蓬尘。
街坊上面无米粜，农民车断脚后跟。
开河开坝水通行，救得七十二图半乡下人。
我家爸爸开显应，薛壬度、邹炳泰害我父亲进监门。
知亲王（白）　大师傅、秦氏、六倌，到我家中一叙。
秦（白）　谢谢！

**第十五幕　一道幕前**

人物：皇上　知亲王　古乐大人徐广　杨杰　秦氏　六倌
知亲王（唱）　拿到朝报怒气生，禀报父皇看分明。
显应桥来显应坝，可问宰相徐大人。
徐广（白）　见过太子，见过皇上。
皇上（白）　请了！
知亲王（唱）　便唤古乐说真情，你是一个无锡人，
是桥是坝说分明。
徐广（白）　古乐听说做难人，说了坝有欺君罪，说了桥要害做官人。（古乐大人看天下图）
（唱）　天下图上看分明，只有显应桥一顶。
水连太湖客船行，看到地图碧波清。
皇上（唱）　君王看，怒气生，屈害乡民支浩明。
拿捉壬度邹炳泰，贪赃枉法抵罪名。
（白）　出圣旨，监中放出支浩明，加封！
知亲王（白）　谢谢万岁！（知亲王立即差侍卫四个去无锡。皇上下，回宫）
（杨、秦氏上）
秦氏（白）　大师父，上朝见君，我夫仇恨可好审清？
杨（白）　皇上准了朝报，一定能将此事处理好，再也不会官逼民反，放心好了。
（二道幕启）
知亲王（白）　（杨、秦到知亲王宫）大师父，现在你们回到江南无锡去，邹炳秦、薛壬度、海防厅一并处罚，浩明出监加封。这银子五十两，送给你们做路费。
秦（白）　谢恩万岁、小千岁！（知亲王下）
杨（唱）　施主娘娘，此事不到北京来，海底冤仇洗不清。
浩明救出监牢门，乡绅瘟官定罪名。
千山万水上北京，推开乌云见光明。
此番你与孩儿回家转，夫妻团圆过新春。
秦（唱）　师傅恩重比海深，你是我们的大救星。
倘若无你领到北京城，只有死来不会生。
倘若不是你卖朝报，今生今世难活命。
（白）　谢恩！大师父，一同前往回无锡。
杨（白）　不能，我回金山寺。施主娘娘，我们分别了。（下）

秦（白）　　　谢大师父！（母子二人走下）
徐广（上、唱）听见此事吓掉魂，无锡乡绅难保命。
我来写信邹家门，得到信息想计谋。
命人快马赶路程，送给顾状元三少君。
看了此信快想法，可能还好救自己命。
圣旨要前来捉拿人，来到北京有死无生。
（仆骑马下）

第十六幕　大客堂
人物：邹炳泰 仆 书童 海防 卫士 秦氏 文秀 群众
（一道幕前）
邹（白）　　　在家心不乐，天堂生来福，一世无难日，老来勿结局……
书童（白）　　（上）报老爷，京都有人相见。
炳泰（白）　　觐见。
仆（白）　　　见过老太师。我自京城而来，有信！请看。
炳泰（唱）　　嘿，一见书信吃一惊，思想壬度暗中害我身。
私偷印戳弄成真，有啥面目见帝君。
谁人与我对头做，这样的朝报卖到北京城？
徐广在朝同做事，暗中送信我知闻。
思一思，想一想，还是鹤顶红身亡命归阴。（服毒、倒地）
（一道幕启）
卫士（上、白）奉天承运皇帝诏曰：去捉拿府、县、海防厅，浩明释放。
海防（白）　　叩见万岁，接旨……
卫士（白）　　（宣旨）
海防（白）　　请大人用酒一杯！
卫士（白）　　不用！（回京、下）
（启二道幕，乡村群众、乡民）
秦（白）　　　到场的叔叔，伯伯，婶婶，阿姆，你们照顾我儿和家中事，谢谢大家！
文秀（白）　　凤官里新娘子，现在什么样子了？辛苦，辛苦啦！
秦（白）　　　现在勿必多说了，吉人自有人来救。
（唱）　　不惜蹈火之苦赶进京，要想告状告不准。
南京总督楚彭林，他的官，不问我的信，
贪赃枉法心一条，反将状纸化灰烬。
要想伸冤难以伸，我在路中死路寻。
金山寺，借安身，遇到师傅出家人。
他想办法卖朝报，在京都，碰着太子把冤伸。
县府贪赃与乡绅，他们个个定罪名。
我夫释放且加封，欢天喜地转回城。
群众（白）　　（哈哈大笑）好啊，薛壬度、海防厅，瘟官个个都杀头。
凤官阿嫂，辛苦了，休息吧！
秦（白）　　　多谢你们照应家中孩子。

文秀（白）　　我到乡村与他们说，叫他们太堡墩等浩明。兄弟姐妹们，我走了（下）。

府千总（白）　来呀……捉拿薛壬度，就地正法！海防厅押送进京，由皇上正法。

群众（白）　　好！（拍手）

过场 幕外

人物：黄金 秦氏 六倌 七倌 九倌 群众

（男女乡民到衙门请支浩明出监）

府千总（白）　吩咐薛壬度上刑，到太堡墩正法！
（浩明坐轿到显应桥，乡民欢笑）

乡民（白）　　黄金伯伯，我们每人手拿线香一枚。

第十七幕　太堡墩

全场人物（大合唱）　末插幕曲

（唱）　　你，你，你，你这个坏东西，社会上唯有你最势利，
只有你，只有你把穷人看不起，只管你发财来惬意，穷人的痛苦你是不管的。
你这个坏东西，你这个坏东西，坏东西，坏东西，高利剥削，大斗小秤，增加租米，强占田地，都是你！
你这个混蛋太将穷人欺。

浩明（唱）　　骂一声，万恶无道薛壬度，
你的势力实在大，好比高山大树无人倒；
又好比，海洋铁船不怕风浪大；
又好比，盘洞老虎勿出巢；
又好比，撑你黄牛比你大；
又好比，孤坟坛上石牌楼；
又好比，义忠坟上的冷脱狗，吓得我们不敢走。
你只想吃，勿想做，高楼大厦啥人给你住？
上穿绫罗下穿绸，你只管，花天酒地来惬意。
我们起早晨，磨黄昏，勿做就要饿肚皮。
你好比，老鼠蹲在米桶里，吃勿愁来用勿愁。
我们黑暗无光点灯路来走，你不该拍灭我们灯笼火。

合（唱）　　别人家，无衣又无米；只有你，整天花天酒地。
想一想，你自己剥削做什么，到如今来跪下，报应快来兮！
你这个坏东西，你这个坏东西，哼！应该要烧死你！

浩明（白）　　好！乡亲们，把薛壬度的首级挂在太堡墩！

千总（白）　　送浩明……赏红插花！

（乡民用轿把支浩明送往钱桥大支巷家，大快人心）

## 四、歌曲

2011 年，钱桥街道成立文体服务中心后至 2015 年，文体服务中心先后创作《青春河》《幸福的家园》《中国创造》《舜歌——调采茶》《追梦的钱桥》等歌曲。其中《舜歌——调采茶》取材于钱桥地区古老的民间文艺调采茶创作而成，获江苏省五星工程奖金奖；《追梦的钱桥》取材于钱桥地区崛起的锡西新城以及农村城市化的活力风貌，歌颂改革开放后钱桥、藕塘地区发生的翻天覆地变化。

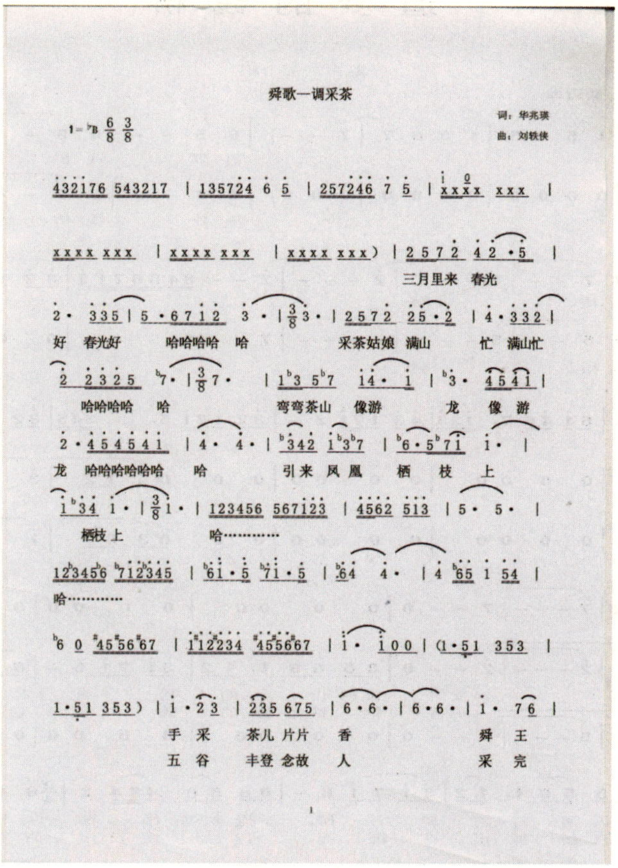
舜歌—调采茶
词：华兆瑛
曲：刘铁侠
三月里来 春光
好 春光好 哈哈哈哈 哈 采茶姑娘 满山 忙 满山忙
哈哈哈哈 哈 弯弯茶山 像游 龙 像游
龙 哈哈哈哈哈哈 哈 引来凤凰 栖 枝 上
栖枝上 哈…………
哈…………
手采 茶儿片片 香 舜王
五谷 丰登 念故 人 采完

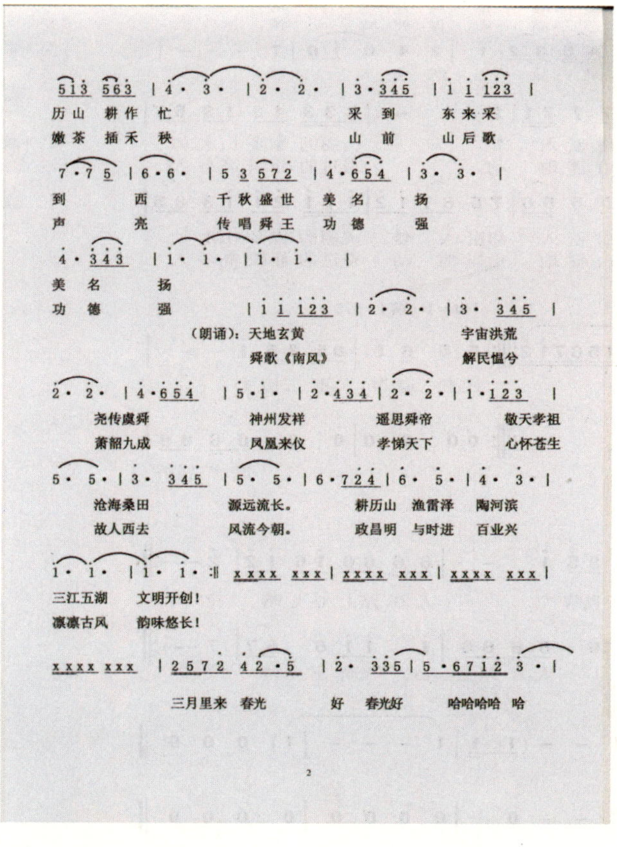
历山 耕作忙 采到 东来采
嫩茶 插禾秧 山前 山后歌
到 西 千秋盛世 美名 扬
声 亮 传唱舜王 功德 强
美名 扬
功德 强
(朗诵)：天地玄黄 宇宙洪荒
舜歌《南风》 解民愠兮
尧传虞舜 神州发祥 遥思舜帝 敬天孝祖
萧韶九成 凤凰来仪 孝悌天下 心怀苍生
沧海桑田 源远流长。 耕历山 渔雷泽 陶河滨
故人西去 风流今朝。 政昌明 与时进 百业兴
三江五湖 文明开创！
凛凛古风 韵味悠长！
三月里来 春光 好 春光好 哈哈哈哈 哈

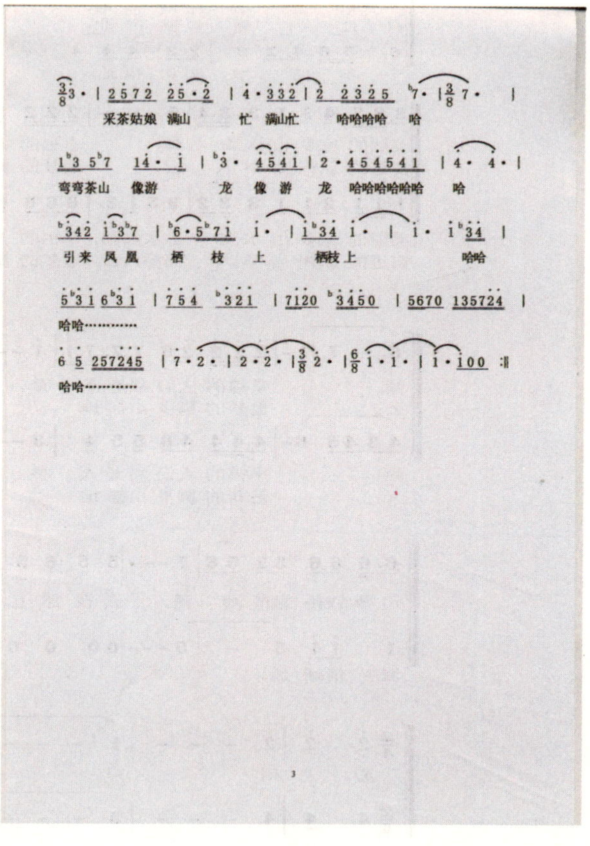
采茶姑娘 满山 忙 满山忙 哈哈哈哈 哈
弯弯茶山 像游 龙 像游 龙 哈哈哈哈哈哈 哈
引来凤凰 栖 枝 上 栖枝上 哈哈
哈哈…………
哈哈…………

# 追梦的钱桥

1=C $\frac{4}{4}$　　混声二部合唱　　张　海　词

♩=72　舒展、豪迈地　　王继农　曲

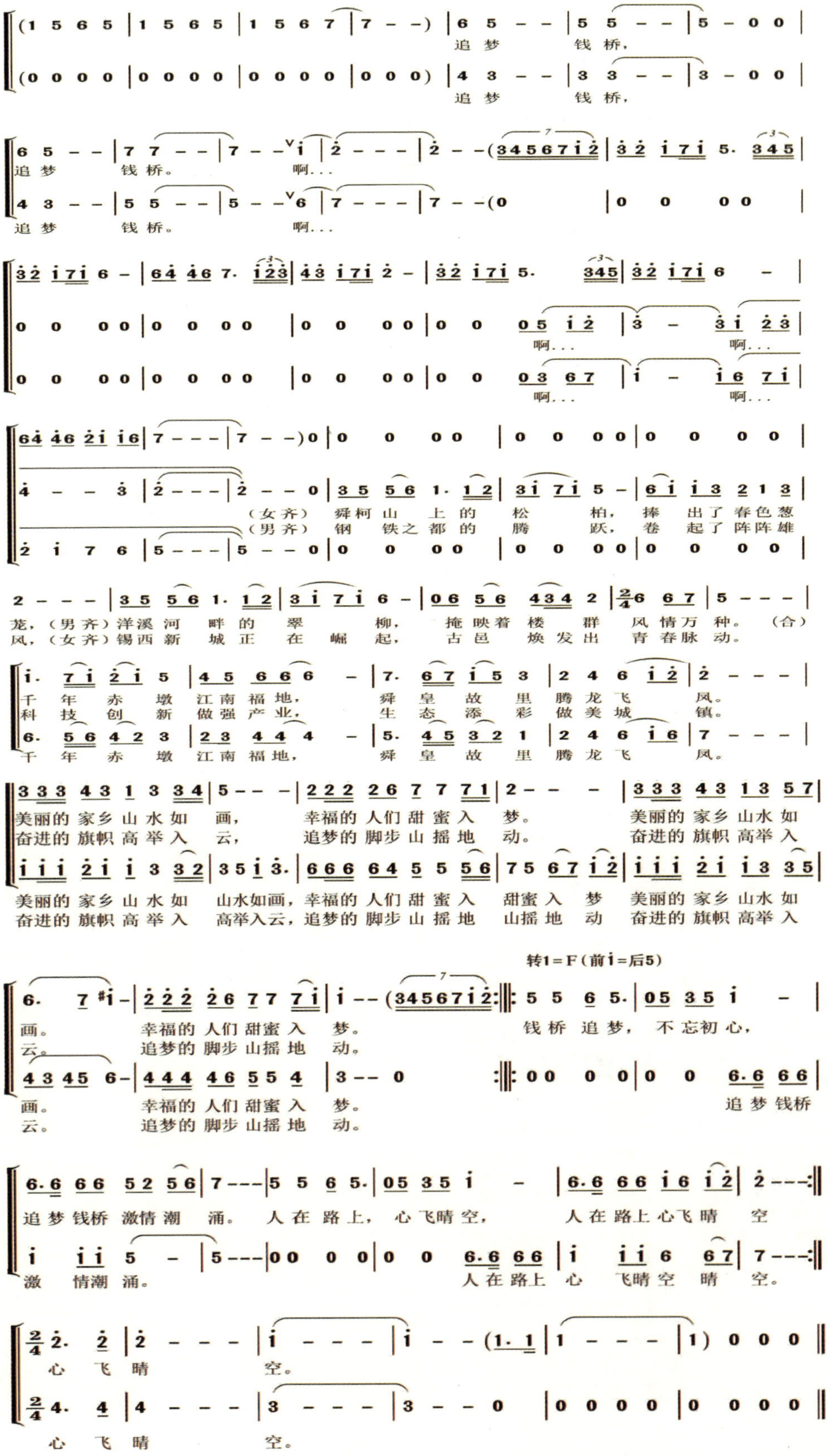

# 第十二节 文化市场管理

20 世纪 90 年代初，钱桥、藕塘地区出现个体文化行业且发展迅速，形成具有一定规模的文化市场。文化市场门类多样，良莠混杂，有的影响社会治安，有的影响未成年人的健康成长。1992 年，钱桥镇、藕塘乡分别建立文化市场管理小组，分管文教卫生的副镇（乡）长任组长，其成员为文化站、派出所、工商所及广电（播）站的主要负责人。管理范围为营业性歌舞厅、桌球室、电子游戏厅、录像放映室、电影放映场所和演出团体及印刷行业等。

2001 年，钱桥、藕塘镇文化市场管理日趋规范，管理执法人员统一着装，并持有江苏省统一颁发的行政执法证，到文化市场进行管理和执法。文化市场管理采取定期检查和专项整治相结合的方法，由文化站牵头，会同派出所、工商所、安监中队一起进行。2002 年，管理范围扩大到网吧、印刷行业、书店、录像带出租等。2004 年 2 月，钱桥、藕塘两镇合并后，钱桥镇建立新的文化市场管理领导小组，文体服务站站长沈秀娟兼办公室主任，派出所、工商所、广电站、宣传办、文卫办、团委、老龄委、关工委以及安监、城管、消防等为组成部门。文化市场管理领导小组负责辖区内 KTV 歌舞厅、网吧，经营书籍报刊、出版物的商店、书摊以及印刷企业等的监管，办理各类文化许可证以及咨询、年检、年审等服务工作。

钱桥镇文化市场管理领导小组坚持完善季度例会制度，建立村级文化市场和“扫黄打非”工作机制，每个村设文化市场管理联络员。文化市场管理领导小组积极探索以网格化管理为形式的有效监管方式，平时加强村级文化市场日常监督和巡查，建立定期上报制度；每年组织公安、工商、城管等部门召开联席会议 2 次，及时解决存在问题；开展文化市场“扫黄打非”专项整治行动；针对网吧、娱乐场所接纳未成年人、非法营业性演出等突出问题进行集中治理。2005 年，文化市场管理领导小组组织村（社区）老同志、老干部、老党员、老教师担任网吧义务监督员，进行文化市场网吧管理工作。2 月 1 日，钱桥镇分管副镇长带领工商所、派出所、文化站、城管中队等部门组成的联合执法队开展春节前网吧专项整治活动，对全镇 10 多家网吧、4 家游戏室进行重点检查和整治，收缴一家影像店的 100 多盘盗版 VCD。是年 5~6 月，文化市场管理领导小组抓住无锡市创建全国文明城市为契机，对全镇所有音像制品零售店、出租店，网吧、电子游戏室、桌球室等经营场所进行拉网式大清查；针对一些无证经营的流动文化摊点，通过摸底调查后，会同工商、派出所、城管、惠山区文化市场稽查大队等单位进行一窝端，共收缴盗版书刊 1320 册，VCD、磁带 823 盘，赌博机 5 台，取缔无证游戏室 1 家。大棚演出是文化市场管理的一个难点。5 月 15 日，文化市场管理领导小组接到群众举报，河南一个大棚演出队在晓星村建筑工地非法演出。文化市场管理专管员接报后，立即前往，制止演出。6 月 7 日，文化管理领导小组在区域内巡查时，发现东风村建筑工地有一个河南大棚演出队，立即被制止演出。是年暑假，针对网吧、电子游戏场所对青少年的诱惑越来越大、接纳未成年人上网的现象有抬头之势，文化市场管理领导小组认真贯彻落实中央《关于进一步加强和改进未成年人思想道德建设的若干意见》，对全镇网吧、电子游戏室进行专项整治。副镇长倪军牵头，派出所、工商、城管、文化、中小学校等单位组成文化市场专项整治领导小组，共查处 3 家桌球室超范围经营的赌博机 9 台，劝退未成年人打游戏机 8 人，一定程度上切断网吧、游戏室对青少年的危害渠道。8 月 9 日，文化市场管理领导小组组织文化站、中小学、派出所、工商分局、城管中队等单位再次集中对全镇网吧、游戏室开展突击检查和整治活动，共查禁盗版影像制品 3000 多件，盗版或无证书籍 2000 多册，没收赌博机 4 台。9 月 16 日，文化市场管理领导小组巡查时在溪南村建筑工地发现一个安徽大棚演出队，被制止演出。9 月下旬，钱桥镇文化市场管理员配合区文化市场稽查大队、治安大队、工商局对全镇菜场等盗版音像制品流动地摊和非法经营音像制品集中进行大检查，共收缴各种盗版 VCD 音像制品 5000 多盘，有力地打击非法经营活动，进一步净化文化市场。11 月 19 日、25 日，巡查时发现藕塘停车场有河南嵩山少林寺 60 多个和尚在大棚演出，在劝说无效的情况下，协调派出所、城管出动 60 多名人员，及时取缔非法演出。

2006 年，文化市场管理领导小组会同工商分局、派出所、城管中队联合执法，对电子游戏经营场所开展集中整治活动 8 次，取缔 5 家无证经营电子游戏室，没收电脑线路板 35 块、苹果机 40 台、大型赌博机 2 台，会同区文化市场稽查大队查处黑网吧 1 家。在配合创建无锡市全国文明城市中，钱桥镇文化市场专管员对照要求，每天巡查，查找问题，同时聘请 10 名村文体辅导员对相关村、集市进行巡查，发现问题，及时整治。同年，以治理音像经营摊点为重点，加强非法音像制品集散地的监控，共收缴非法出版物 1800 多册、盗版音像制品 4500 多张，有力地打击文化市场非法经营活动。是年，抽查印刷业 7 家，处罚 4 家，各处罚 10000 元人民币。2007 年，文化市场管理领导小组会同工商所、派出所、城管中队联合执法，对电子游戏经营场所开展集中整治活动 4 次，取缔 10 家无证经营电子游戏室，没收电脑线路板 15 块、游戏机 45 台、赌博机 26 台。聘请 10 名文体辅导员对相关村、集市进行巡查，加强对非法音像制品集散地的监控，共收缴无证书刊 800 多本、盗版音像制品 300 多张。2008 年，钱桥街道文化市场管理领导小组加强文化市场协管员网络建设，聘请 17 名退休教师、文体辅导员对相关村、社区进行巡查，使违规现象控制在萌芽状态；对村级农贸市场专门安排义务协管员进行有效检查。是年，在整治文化市场活动中，共查处黑网吧 2 家、无证游戏室 10 家、无证音像店 5 家、流动摊点 15 个、无证歌舞厅 15 家、无证租书店 2 家；共收缴电脑 15 台、游戏机 65 台、电脑线路板 20 块、赌博机 30 台、盗版音像制品 5000 多张、盗版书刊 1500 册。2009 年 5~7 月，文体站、派出所、工商所、城管中队共 15 人组成文化市场执法小组，开展“扫黄打非”和“黑网吧整治”的文化市场联合执法检查。在先后 7 次联合执法过程中，共查处黑网吧 3 家、流动地摊 14 个，收缴电脑 29 台、盗版光盘 1300 张、非法出版物 1000 多本、赌博机 1 台。

2010 年，文化市场管理领导小组加强文化市场日常巡查，每周一次。在例行检查中发现横溢网吧、深蓝网吧有未成年人各 1 人，交惠山区文化市场稽查大队处理。同时，开展联合执法行动，上半年重点对黑网吧加大检查力度，查处黑网吧 3 家，暂扣电脑 113 台；下半年开展联合执法 5 次，没收盗版光盘 300 多张、非法出版物 800 多册。2011 年，开展联合执法行动 3 次，上半年重点加大对黑网吧检查力度，由工商所查处黑网吧 1 家，暂扣电脑 47 台；共没收盗版光盘 600 多张、非法出版物 300 多册。2012 年，全年共开展“扫黄打非”联合执法行动 10 余次，出动相关执法人员 80 余人次，共检查出版物摊点 30 余个，取缔出版物无证摊点 29 个，查缴非法盗版音像制品 2000 余盘、非法电子出版物 270 余盘、非法书刊 2200 余册。2013 年，全年开展联合执法行动 3 次，查处黑网吧 2 家，暂扣电脑 42 台，没收盗版光盘 700 多张、非法出版物 400 多册。2014 年，文化市场管理领导小组进一步完善季度例会制度，组织公安、工商、城管等部门召开联席会议 3 次；组织社区文化市场管理人员对菜场周边文化环境集中整治 4 次，组织开展对黑网吧排查 3 次；联合整治非法经营出版物游商、地摊 4 次。同时，无锡职教园校区管理中心牵头，对 7 所大中专院校开展公共聚集场所文化安全隐患治理活动 3 次。是年，完成区域内文化经营单位的各项年检、年审、年报工作和各类培训工作。

2015 年，钱桥街道调整文化市场管理领导小组成员，组织公安、工商、城管等部门召开联席会议 2 次。1 月 7 日、4 月 25 日、9 月 26 日，组织工商分局、派出所开展节前联合检查，排查黑网吧 2 次；联合整治非法经营出版物游商、地摊 1 次。4 月 14 日、15 日，9 月 27 日、28 日，无锡职教园校区管理中心牵头，至区域内 7 所大中专院校开展公共聚集场所文化安全隐患治理活动 4 次。是年，对区域内文化市场单位检查覆盖率 100%，与每个网吧、KTV 娱乐场所均签订消防安全管理责任书。

2015 年钱桥街道经营书籍报刊商店统计表

表 6—28—17

| 店名 | 地址 | 性质 | 负责人 |
| --- | --- | --- | --- |
| 惠山区钱桥霖钥匙书店 | 育才路 109 号 | 个体 | 王　影 |
| 无锡亿嘉福贸易发展有限公司 | 通溪路 79 号 | 有限公司 | 周小成 |
| 无锡市劳动书店 | 藕塘职教园钱藕路 6 号 | 集体企业 | 单　勤 |
| 惠山区钱桥新目文化用品商店 | 育才路 50 号 | 个体 | 周玉娟 |
| 无锡新华书店有限责任公司钱桥门店 | 育才路 101 号 | 有限责任公司 | 徐　章 张蕴露 |
| 无锡市钱桥镇藕塘晓燕书店 | 藕塘南路 | 个体 | 吴国平 |
| 惠山区钱桥贾家图书文具商店 | 藕塘政新路 17 号 | 个体 | 贾岳明 |
| 无锡润百商业有限公司 | 盛岸西路 331 号负 1 层 | 有限责任公司 | 童少青 |
| 昆山润福商贸有限公司无锡盛岸分公司 | 盛岸西路 331 号 3 楼 | 有限公司 | 徐琳美 |

2015 年钱桥街道印刷企业统计表

表 6—28—18

| 企业名称 | 地址 | 性质 | 负责人 |
| --- | --- | --- | --- |
| 无锡市吴苑塑料彩印有限公司 | 无锡惠山经济开发区钱桥配套区金山路 | 有限公司 | 吴　岩 |
| 无锡市可乐印刷厂 | 晓丰社区工业小区 | 私营 | 徐保卫 |
| 无锡市华泰医药包装有限公司 | 景盛路 45 号 | 有限责任公司 | 陈　轶 |
| 无锡天艺印刷有限公司 | 溪南社区 | 有限责任公司 | 张志峰 |
| 无锡市钱桥文教书版印刷有限公司 | 育才路 50-2 号 | 有限责任公司 | 庞建新 |
| 无锡江海彩色印刷有限公司 | 晓丰社区胜丰南路 5 号 | 有限责任公司 | 江振华 |
| 无锡市振华印刷有限公司 | 钱桥新街育才路 | 有限责任公司 | 陆　宇 |
| 无锡市稍塘彩印厂 | 稍塘社区 | 私营 | 章义壮 |
| 无锡市荣顺包装厂 | 恒源祥工业园 | 私营 | 费燕鹰 |
| 无锡强申彩印包装有限公司 | 南塘社区 | 有限公司 | 强申奎 |
| 无锡恒源祥包装装潢有限公司 | 恒源祥工业园 | 有限责任公司 | 刘瑞旗 |
| 无锡市宝龙印刷有限责任公司 | 景盛路 37 号 | 有限责任公司 | 郜根宝 |
| 无锡市国安塑料包装厂 | 恒源祥工业园 | 私营 | 束建国 |
| 无锡市龙升印务有限公司 | 钱桥花园路 8 号 | 有限公司 | 凌　平 |
| 无锡市怡帆包装有限公司 | 无锡惠山经济开发区钱桥配套区舜柯社区中心路 | 有限责任公司 | 王万西 |
| 无锡市钱桥彩印厂 | 苏庙社区（锡陆路 348 号） | 私营 | 章德明 |
| 无锡市钱桥锡兴印刷厂 | 钱威路 64 号 | 个体 | 邹世衡 |
| 无锡市海峰彩印厂 | 东风社区 | 私营 | 陆海峰 |
| 无锡市康宏包装用品有限公司 | 溪南社区 | 有限责任公司 | 苏　东 |

2015 年钱桥街道照相、复印打字单位统计表

表 6—28—19

| 名称 | 地址 | 性质 | 负责人 |
| --- | --- | --- | --- |
| 无锡市钱桥镇新亚照相馆 | 钱桥大街 99-8 号 | 个体经营 | 陈亚琴 |
| 无锡市钱桥镇琪峰电脑制作印务部 | 惠钱路 139 号 | 个体经营 | 陈　琪 |
| 无锡市钱桥镇银燕电脑印务部 | 钱威路 64-21 号 | 个体经营 | 陈　燕 |
| 无锡市惠山区钱桥小秘书文印社 | 钱威路 64-11 号 | 个体经营 | 汤蕙玮 |
| 无锡市钱桥镇银河电脑店 | 钱威路 20 号 | 个体经营 | 时国英 |
| 无锡市钱桥镇藕塘彩虹照相馆 | 藕塘新街 69 号 | 个体经营 | 龚叶清 |
| 无锡市钱桥镇钱桥照相馆 | 振兴路 97 号 | 个体经营 | 陆建萍 |
| 无锡市钱桥镇华艺文印部 | 钱威路 113-8 号 | 个体经营 | 高玉琼 |
| 惠山区钱桥梦若心连复印店 | 文良路 154C1-3 | 个体经营 | 丁彩侠 |
| 惠山区钱桥绿亿图文设计室 | 新藕路 31 号 2-2 | 个体经营 | 陶曙明 |

## 第十三节 地方方言

钱桥、藕塘地区的语言在漫长的演变过程中，有些语言于独特的环境中发展，形成地方性方言（小片方言）。钱桥、藕塘地方方言中的语音、词汇、语法缺乏全民性语言的特点，仅局限通行于钱

桥、藕塘及其周边地区，但不是独立于民族语言之外的另一种语言，而是具有与汉民族语言同中有异、异中有同的语言特点。钱桥、藕塘的地方方言属现代汉语七大方言区中的吴方言。

亚亚（爷爷）——祖父
嫡爹——父亲
奴妮——女儿
毛丫头——女孩子
舅公、舅婆——外公、外婆
伯伯——姑母
老婆、屋里人——妻子
大娘子——中年妇女的统称
人家——读“银姑”，指家庭
我俚——我、我们
你俚——你、你们
斜头——昨天
后日——后天
胡弄头——喉咙口
老卜——萝卜
几呼——多少的意思
空早——早晨
揩面——洗脸
汏衣裳——洗衣服
做亲——结婚、讨老婆
赛过——好象、胜过
收作——收拾、教训
作兴——可能的意思
打配——计划、准备
呒不——没有
来勒——在，如“我来勒家里”
来里——在这里
厌气——无所事事、无聊得很
有清头——有知识、懂事理
一屑屑——一点点的意思
七勿搭八——两者不相关涉，意为胡说
肚老老——有架子，不平易近人
细个溜瘦——“个”读“葛”，指人的体格不大，较瘦小
扎制——形容器物结实、牢固、耐用
日朝——每天、天天
夜头梅盖——黑夜里
勿入调——不正派
转起——回家
勿局——不好、不灵
亲娘、伲娘——祖母
伲只——儿子
老小——男孩子
娘舅、舅姆——舅父、舅母
老伯伯、阿姆——伯父、伯母
丈人、丈母——“人”读“银”，岳父母
老官、男人——丈夫
末事——物件或东西
做人家——节约
搽伲——你和我，咱们
佗俚——他们、他家
前夜只——前天
日脚——“日”读“逆”，日子。
奶泥——泥土
热头——太阳
上昼头、下昼头——上午、下午
白相——游玩
潲浴——洗澡
垩壅——粪尿、肥料
缉里——寻找
搭将——差、马虎
舌格乱拌——多说多话，说话噜里噜苏
毫稍——赶快、快点
哭张——料到、预想到
呒啥——没有什么
以个——这个
以搭——这里
一来兴——一次、一下子
吃昼饭——到亲友家吃饭
一作崭齐——十分整齐
七勿老三牵——做事马虎，不合规矩，不像样子
打滑塌——站立不稳，或指雨后泥路光滑难走
吃硬饭——至丧事家送葬、吊孝
矮短短——指人身高一般
少有出见——很少或难得看见、出格
日青日白——白天
牛牵马棚——瞎搞、搞错
勿着勿落——说话、做事不合常情
门花花——门缝
勿说头——晦气、倒霉

勿判得——舍不得
出送——走、逃走
地头脚跟——地址
当只——以为、认为
收梢——即将结束
铅缸——毛坑、粪缸
穷兵棚——争斗、拼命
表表——看看
抵杠——准备、打算
闸陌生头里——突然
定头货——强者、不卖账者
匍——动词、下蹲意思
扎硬——坚强、能承受压力
弯转——转弯
推头——推托、借故
雷对——厉害
推位——差的意思
舒齐——停当、全准备好
俭劲——勤劳、肯干
扭吉古吉——纠缠不清
蹩——奔跑，“蹩上去”就是追上去，“蹩牢他”就是追上他
生来——本来，原来
发松——说话或动作滑稽，逗人快乐
自尬——自己
会拉——做事、说话能干
担干记——担心、负责任
络纱婆——纺织娘
叫哥哥——蝈蝈
拍拍满——容器里的东西装得将要溢出
和调——不负责任地敷衍、或调戏妇女
空心大老倌——表面强壮、强硬，实际虚弱、软弱
细磨细相——做事有耐心，仔仔细细
相龙管只手——两手分别插在另一只手的袖子管里
土婆——杜文鱼
昂公——黄鳍鱼
曲鳝——蚯蚓
田鸡——青蛙
料作——制作衣服的料头，或烧菜的调味品
磨夜深——深夜做事

呒交易——没有能耐
讨手脚——给人添麻烦
摊充、摊台——丢脸、出丑
杀渴——过瘾、满足
污糟——肮脏、龌龊
牵昏——熟睡时打呼噜
牵头皮跟——数落别人、揭人老底
显——漂亮、引人注目、好
勃——搬、移
活出——无事找事，做毫无意义的事
威势——精神
络络乱——纷乱、杂乱
弹接——蟋蟀
贼牵牵——鬼头鬼脑
济手——左手
勒煞吊死（勒三吊四）——说话反复、啰嗦
窜是非——挑拨
胡苏——胡须
失匹——有经验的人失算
包、包梢——全部买下，责任全部担当
呒交易黄金——关键时不能派上用场的人
勿识相，吃点辣花酱——挨打或挨骂
吐落——自动掉下、失去
倷末好戏——突发不好的事
老虫——老鼠
合薄——胸部着地，背部朝上
阵头响——打雷声
霍险——闪电
迷露——雾
荐便宜——占便宜
定见、定规——与预见相符合
听壁脚——偷听别人的隐私
茄门相——对某事不感兴趣
勿酷张——出乎意料、想不到
刮辣爽脆——做事、说话干脆利落
寿头八腊气——不知好歹、不识时务
饭瓜——南瓜
百脚——蜈蚣
托灰蛇——蝮蛇
乱头夜壶——形容乱来，说话做事马虎
野你（耳）朵——听觉不灵敏
额角头亮——运气好

困觉——睡觉
系身头——围兜
和路处——待人随和
猪头肉三不精——样样都会一点，样样都不精通
促客——刁难、暗箭伤人
狗头兴哄——特别起劲
大糊洋——做事马虎、不牢靠
勿适意——身体不舒服
洋油——火油
十三点——说话做事不三不四
夯勃郎当——全部
猢狲勿该宝——藏不住好东西，显宝，自我炫耀
三记打不出格闷屁——十分内向，不爱说话
好白相——很好玩
眼黄石出——蛮横的样子
门槛精到三十六——十分精明
讨惹厌——说话做事情使人讨厌或厌烦，也指小孩做坏事
喇叭腔——说话、做事失去常态、不合情理
缩粉——粉丝
寻吼司——寻事、闹事
嘴末咣当，手末生姜——只会讲，勿会做
好人头——老好人，也指心地善良的人
罪过人——可怜
婊则样——坏东西、坏家伙
猪头三——骂人语
洋煤头——火柴
倒不翻格夜壶——话多
吃生活——挨打
死貌活贼头——形似老实、内心狡诈
呒脚蟹砣砣——没有人帮衬，或一无办法
呒手箭锣——束手无策、没有办法
拆空老寿星——无希望、不好了
横石则个眼睛——霸道、强横的样子
添门槛大——在家中霸道
鸡脚板钮——形容形影不离的朋友、搭档

# 第十四节 地方谚语

钱桥、藕塘地区民间语言经过长期锤炼，流传下来通俗并富有意义的言语，俗称“老话”。老话是区域内人民生活和生产的经验总结，语句短小精悍，道理深刻成熟，具有幽默风趣、耐人寻味的特点，历来为钱桥、藕塘地区的百姓珍视而代代相传，沿袭至今。

## 一、农事谚语

收大麦不过小满，收小麦不过芒种
稻老养，麦老抢
人勤地出宝，人懒地长草
养猪不赚钱，回头看看田
寒露呒青稻，霜降一齐倒
梅里芝麻莳里豆，过时又能种赤豆
桑为摇钱树，茧是银元宝
小暑里种赤豆，大暑里抛绿豆
麦要早种，稻要垩壅（肥料）
庄稼一枝花，全靠肥当家
植树造林，莫过清明
芒种芒种，样样要种，误过芒种，冬里囤空
麦见生泥哈哈笑，稻见生泥脚脚跳
一船河泥一船稻，多罱河泥多结稻
人缺食，面肌黄；地缺肥，不长粮
三百六十行，种田第一行
头时让，二时抢
种田有学问，靠学又靠问
人误地一时，地误人一年
稻要河泥麦要粪，黄豆须用灰壅根
灶里无柴难烧饭，田里无肥难增产
寸麦怕尺水，尺麦怕寸水
人怕老来穷，稻怕秋里干
立秋不种葱，霜降必定空
过去种田靠河泥，现在种田靠科技
娘好囡好，秧好稻好
六月不热，五谷不结
冬菜种心，夏菜压根
秋前不搁稻，秋后喊懊恼
蚕老麦黄，一歇辰光

雪落有晴天，瑞雪兆丰年

小雪不见叶，来年呒麦粒

## 二、气象谚语

久雨必有久晴，久晴必有久雨

上看初二三，下看十五六

白露里格雨，到堂坏堂

春冷冻煞老牛精

处暑处暑，热煞老鼠

重阳拗不过十三，十三无雨一冬晴

人怕肚胀，天怕云涨

九九有雪，伏伏有雨

雨天知了叫，晴天马上到

立春一到，百草回春

春风不着肉，白露身勿露

二月清明遍地青，三月清明偏勿青

雷公光唱歌，有雨也不多

夜晴勿是好晴

立秋雷响，百日无霜

春分秋分，昼夜平分

头九暖，二九寒，三九四九冰上走

八月八，蚊子大如鸭；九月九，蚊子叮石臼；十月十，蚊子贼勒贼

晴天落旱雨

清明断雪，谷雨断霜

东豁豁西豁豁，明朝背皮上晒到辣豁豁

两春隔一冬，呒被暖哄哄

小暑不见日头，大暑晒开石头

虹高日头低，明朝必有雨

百年难逢岁朝春

蚂蚁搬家，必定雨下

一寸腊雪一寸金，冬有大雪兆丰年

黄梅无雨半年荒

秋东风，雨祖宗

满天星，明朝晴

东虹日头西虹雨

两春两端阳，斗米换姣娘

春天孩儿脸，一日变三变

小暑头上一声雷，半个月黄梅倒转来

立冬晴，一冬晴；立冬雨，一冬雨

干净冬至邋遢年，邋遢冬至干净年

二月神鬼天，三月杏花天

## 三、生活谚语

三百六十行，行行出状元

冷粥冷饭好吃，冷言冷语难受

心急吃不得热粥

金乡邻，银亲眷

好记性勿及烂笔头

吃力勿赚钱，赚钱不吃力

瘌痢头儿子自家好

耳听为虚，眼见为实

面上笑呵呵，心里毒蛇窠

人往高处走，水往低处流

待我一尺，还你一丈

若要人敬己，必先己敬人

虱多不痒，债多不愁

看人挑担勿吃力，自家挑担嗯嗯出

一年之计在于春，一日之计在于晨

立夏见三鲜（苋菜、蚕豆、蒜苗）

小暑里黄鳝赛人参

有理走遍天下，无理寸步难行

病从口入，祸从口出

行得春风有夏雨

勿当家勿晓得柴米贵

男怕入错行，女怕嫁错郎

焐三春，冻八九

好话三遍厌屎臭

狗眼乌珠看人轻，只认衣衫不认人

河水满，井水宽

吃不着黄狼吃鸡

贪小利，蚀大本

眼泪笃落落，两头掉勿落

贪嘴不留穷性命

吃食看来方，穿衣看家当

聪明一世，懵懂一时

敬酒不吃吃罚酒

身上着得软披披，屋里呒不夜饭米

出门长带三九衣

冬菜如夏肉

画龙画虎难画骨，知人知面不知心

人不可貌相，海水不可斗量

人争一口气，佛装一支香

满碗饭好吃，满口话难说

患难朋友见真情，酒肉朋友不长久
酒逢知己千杯少，话不投机半句多
路遥知马力，日久见人心
夫妻争吵，船头上相骂船梢上答话
前人种树，后人乘凉
上山容易下山难
没有规矩，不成方圆
善有善报，恶有恶报；不是不报，时辰未到；时辰一到，一切都报
屋靠人撑，人靠饭撑
乡邻好，赛珍宝
坐吃山空
若要俏，冻到肮狗叫
天好只顾酒肉饭，雨落呒不钉鞋伞
天上老鹰大，地上娘舅大
天有不测风云，人有旦夕祸福
三个臭皮匠，顶个诸葛亮
冤家宜解不宜结
吃水不忘开井人
若要人不知，除非己莫为
钱到赌场，人到法场
只要功夫深，铁杵磨成针
人是铁，饭是钢
少吃有滋味，多吃坏肚皮
早睡早起身体好，晚睡晚起精神少
三千铜钱家当，二千八百着勒身浪
偷鸡不着蚀把米
萝卜青菜营养好

**四、其他谚语**

六月六，猫狗淴冷浴
早饭要吃好，中饭要吃饱，晚饭要吃少
药补不如食补
船到桥，直瞄瞄
蜡烛不点不亮，木鱼不敲不响
一个和尚挑水吃，两个和尚扛水吃，三个和尚无水吃
遇事不恼，长生不老
有钱难买老来瘦
宁跟讨饭格娘，不跟做官格爷
清官难断家务事
自小看看，到老一半
世上无难事，只怕有心人
兔子不吃窝边草

## 第十五节 地方歇后语

钱桥、藕塘地区人民在长期的生活实践中形成一种特殊的语言形式——地方歇后语。地方歇后语是一种短小、风趣、形象的语句，由前后两部分组成。歇后语的前半部分是形象的比喻，起到引子作用，像谜面；后半部分是解释、说明，是谜底；中间要用“——”分隔。在一定的语言环境中，通常只说前半截，“歇”去后半截，但听者可以领会出其本意。地方歇后语反映出钱桥、藕塘地区的风俗传统，可以从中品味生活、明晓道理、提升智慧。

竹篮打水——一场空
狗捉老鼠——多管闲事
猢狲屁股——坐不定
鸡蛋里挑骨头——（挑剔）有意找麻烦
蜻蜓吃尾巴——自吃自
嘴上涂石灰——白说白话
瞎子吃馄饨——肚里有数脉
大象屁股——推不动
关公面前舞大刀——自不量力
癞痢头撑伞——无发（法）无天
一跤跌进白米囤——好日子
宜兴夜壶——独出张嘴
老虎屁股——摸不得
蛇吃黄鳝——活进煞
秀才遇着兵——有理说不清
戏台上的胡须——假的
瞎猫拖只死老虫——碰巧
猫哭老鼠——假慈悲
老虫跌勒风箱里——两头受气
田鸡跳勒戥盘里——自称自卖
六月里穿棉鞋——日（热）脚
三铜钱糖霜——一蘸（赞）就光
蛳螺壳里做道场——兜勿转
额角头上搁扁担——头挑

两个哑子睏勒一头——呒不说头

弄堂里拔木头——直来直去

上不到横林，下不到洛社——前不着村，后不着店

癞痢格辫子——险搭搭

出头椽子——先烂

鸡蛋碰石头——完蛋

空棺材出殡——目（木）中无人

狗咬吕洞宾——不识好人心

烂河泥里勃石臼——越勃越深

脚底下塌油——溜之大吉

棺材里伸手——死要钱

打肿面孔充胖子——死要面子活受罪

十五样小菜——七荤八素

麻将牌落勒水缸里——（牌潮）败兆

黄连树下弹琴——苦中作乐

一拳打勒棉花上——连回音也呒拨

蚊子叮菩萨——认错仔人

三个手指头捏粒田螺——稳当稳

黄鼠狼给鸡拜年——呒拨好心

膝馒头上打嗑充——自靠自

汤罐里笃鸭——独出一张嘴

湿手捏着干面粉——撒也撒勿落

贼骨头拍照——贼相难看

街当中拍灰尘——全落在众人眼里

板刷脱了毛——有板有眼

云爿头里出太阳——天开眼

瞎子拜丈人——有眼不识泰山

外甥提灯笼——照旧（舅）

老太婆吃海蜇——嘴里闹猛

鸡搭百脚——死对头

肉骨头敲鼓——昏（荤）咚咚

芦扉上滚到芦扉下——差仿不多

吃死人不吐骨头——心狠

快刀切豆腐——两面光

肚子里吃仔萤火虫——澄澄亮

木樨花予（喂）牛——不经吃

头鲜鲜，尾巴蔫——呒长性

茅坑里格石头——又臭又硬

城头上出棺材——远兜远转

挑只石头往山里运——吃力不讨好

砌屋请着个箍桶匠——外行，或不对头

屋面上格霜——见勿得太阳

小狗对茅坑罚咒——说话勿算数

十五只吊桶吊水——七上八下

铁拐李格葫芦——不晓得卖点啥格药

丈母看女婿——越看越欢喜

顶只石臼做戏——吃力不讨好

七个铜板放二堆——勿三勿四

胸口头挂钥匙——开心

丈二和尚——摸勿着头脑

小和尚念经——有口呒心

猪八戒照镜子——里外勿是人

桑木扁担——宁折不弯

强盗上法场——自作自受

千里送鹅毛——礼轻情意重

绣花枕头——一包草

煤炭店里卖棉花——黑白混淆

牛吃稻柴鸭吃谷——各人各个福

月亮里点灯——空挂名

老和尚敲木鱼——实笃笃

老虫跌勒书箱里——咬文嚼字

孙悟空格金箍棒——能大能小

肉馒头打狗——有去无回

# 第二十九章 文化遗产

2015年，钱桥街道区域内有6处文物保护点，有2个无锡市级非物质文化遗产项目、21份非物质文化遗产申报资料，有明嘉靖五年（1526）至1987年立的12块碑刻。

## 第一节 文物保护

钱桥街道有明代的神道石马，清代的支浩明故居、支浩明墓，顾氏宗祠，晚清的薛莹中墓，20世纪20年代南西漳潘唐氏旧宅等属于惠山区级别的6处不可移动文物点。钱桥街道重视文物保护，根据文物的特点，做好相应的保护工作，确保文物安全。

### 一、东晋瓷器

1965年，无锡市文物管理单位在钱桥赤墩里发掘六朝墓葬，出土东晋时期的3件珍贵瓷器，其中东晋黑釉鸡首瓷壶2把、东晋四系青釉盘口瓷壶1把。2015年，赤墩出土的3件东晋瓷器收藏在无锡市博物院，编号分别为I-984东晋黑釉鸡首瓷壶、I-985东晋黑釉鸡首瓷壶、I-986东晋四系青釉盘口瓷壶。

图6—29—1 1965年赤墩出土的东晋三件瓷器收藏在无锡市博物院

### 二、藕塘神道石马

20世纪60年代，藕塘东风冯巷社员在开灰仓时，发现地下有石器，估计体积不小。鉴于当时没有机械化工具，仍旧把地下石器填土覆盖。1983年，藕塘乡在冯巷建造无锡县自行车缝纫机工具厂开井时，施工队又挖掘到位于厂西边的地下石器。全队10多名施工人员全部出动，利用工具厂的机械设备进行挖掘，挖掘到一只石马。之后，在厂东又挖掘到一只石马。两只石马出土后，放置于金星工具厂院子里。石马身躯被厂内工人用石棉瓦遮盖。

2008年5月，全国第三批文物普查时，经有关专家鉴定，“藕塘神道石马”属于明代石马，为一公一母，青石材质、雕琢晶莹、神态威严、栩栩如生，为明代古墓葬（贵族墓）神道两旁列品。其中公马长 1.93 米，宽 0.55 米，高 1.35 米，重量半吨上下，此马马鞍、尾巴已磕破，两耳已风化，花纹模糊；母马长 1.87 米，宽 0.50 米，高 1.47 米，重量半吨上下，此马底座左边已磕破，两耳已风化，花纹模糊。

藕塘神道石马发掘地为无锡县金星工具厂（原无锡县自行车缝纫机工具厂），即原藕塘镇东风村冯巷。石马发掘处向南 250 米是洋溪河，西面 60 米为锡陆杨公路，北面、东面为东风村冯巷。据地方文史资料记载：“明代严尚书一鹏葬藕塘阳溪口”。

图 6—29—2　1983 年藕塘东风出土的明代古墓中的一对公、母石马

清代秦瀛曾作《阳溪之一》诗“尚书坟上夜啼乌，丙舍凄凉百草枯。秋水无情连藕荡，西风摧折到青梧”。古诗中“尚书坟”即严尚书一鹏坟，“藕荡”即现在的藕塘，“阳溪河”即现在的洋溪河。藕塘神道石马发现的地点为洋溪河畔，年代为明代，其时间和地点与严一鹏尚书的身份和墓葬恰巧符合，所以“藕塘神道石马”文物遗迹有着较高的古代名人墓葬文物研究价值。历来石马在陵寝官墓神道上是封建社会权力身份的内涵体现，较早出现于汉代，格局及风貌随着时代的发展相应改变。其朴实、浑厚、生动的艺术风格受当时的文化思潮、统治需要及社会状态的影响。藕塘神道石马拙朴、浑然天成看似随意的线条，却渲染一种天人合一的文物艺术神品。

2009 年，藕塘神道石马在全国第三批文物普查后被登记，惠山区收编入册，定位为惠山区不可移动文物点，编号为 320206-0110。无锡市人民政府公布列为无锡市第五批文物保护单位。2012 年 11 月 5 日，石马安置于藕塘里趟山生命纪念馆神道。2015 年，一对石马矗立于生命纪念馆的进门神道两侧，外设玻璃罩以防风蚀磕碰，又方便后人瞻仰。

说明：据考证，严一鹏，字化卿，为明万历五年（1577）进士，曾任刑部侍郎，卒后赠尚书，葬阳溪口。严一鹏子严绍宗，字与德，号随翁，明辛酉（1621）副榜，有阳溪丙舍诗。明亡后，严绍宗隐居不仕。严一鹏孙名绳孙，字荪友，号秋水，晚号藕荡渔人。明亡时，严绳孙亦廿二三岁。清顺治十一年（1654），绳孙与邑中顾贞观、秦松龄等 10 人结云门社，时称“云门十子”。清康熙十四年（1675），结识满族词人、大学士明珠之子纳兰性德，成为莫逆。作为明朝遗少，严绳孙一直没有参加清朝的科举考试。叶方蔼说：“君为贵公之孙，其才智文采，可以骋力于仕进。而二十余，即弃诸生，优游环堵，终年笑傲，无动乎其中，而亦无炫乎其外。”清康熙十八年三月，刑部主事俞陈琛向朝廷推荐严绳孙参加博学鸿儒科。严绳孙不得不前往殿试，但他满肚子不愿意，“方君之被荐也，贻书京师诸公曰：闻荐举，滥及贱名。某虽愚，自幼不希无妄之福”，但“有司奉诏敦趣，剧疾不许”。到北京，严绳孙“赴吏部，自陈疾，不能应试，状至再四，终不允。御试之日，发题赋、序、诗各一首”。严绳孙只写一首《省耕诗》，搪塞了事，谁知仍被选上，授翰林院检讨。严绳孙因到洋溪口给祖父严一鹏上坟时流连于周围的景象而自号“藕荡渔人”，著有《秋水集》。

### 三、顾氏宗祠

顾氏宗祠位于钱桥老街南街复兴路 30、31、32 号，建于清代，坐北朝南，硬山式观音兜，前后风火墙，一厅二厢三合院，面积 150 余平方米，列为无锡市第三批文物保护单位，编号为 320206-0111。

顾氏宗祠原为元朝初年车骡门居庄园部分，为顾氏始迁地和钱桥镇的发源地。祠前有车骡门石牌坊，亦为钱桥老街的大门。明嘉靖年间，曾是广东布政使司都事顾述的家宅。清光绪年间，顾懋熙因中举跪堂，清光绪帝御书“母贤子孝”，制匾御赐。清光绪十六年（1890），顾家改祖居为宗祠。祠堂正门上嵌顾懋熙书写的行楷“顾氏宗祠”砖额，背面为隶篆结合的“光前裕后”砖额。门楼下方的方形门墩为青石制成，左雕如意、右刻毛笔、银锭等吉祥图案，寓意“必定如意”。进门为天井，铺青砖地。两侧为披厢。东厢为厨房，西厢住祠丁。过天井为宽三间的享堂。享堂前为画廊，门口有一副“浩气凌云持世道，英风亘古肃人心”楹联，东侧设宋代青石武士门神，西侧设宋代武康岩石武士门神。享堂内设有万年台供桌及供奉先祖牌位。西窗台下嵌有两碑，一碑为介绍顾万兴等于清光绪十六年创建家祠之由来，另一碑为“创立车骡门家祠起一文之捐”的公同议据。《无锡县志》《惠山记》《锡山景物略》等均有记载。

图 6—29—3 顾氏宗祠正门上方顾懋熙所书“顾氏宗祠”砖额

2008 年，祠堂屋面翻修。是年 4 月 5 日清明节，顾氏子孙恢复祭祀，按照传统方式在宗祠内举行春秋二祭，据清朝礼制，结合钱桥地区道教音乐、道教礼器、民间风俗供置贡品，举行祭拜仪式。上海、南京、安徽、广西、香港、台湾以及英国、新西兰等顾氏后裔参祭。2015 年，顾氏宗祠仍保存完好。

## 四、支浩明故居

支浩明故居位于钱桥街道苏庙社区支巷 139-140 号，为清代中期的江南古民居，砖木结构，两开间门面，三造进深，后面有一层小阁楼，青砖黛瓦、山石墙基。故居占地面积 250 平方米，为无锡市第三批文物控保单位，编号为 320206-0112。

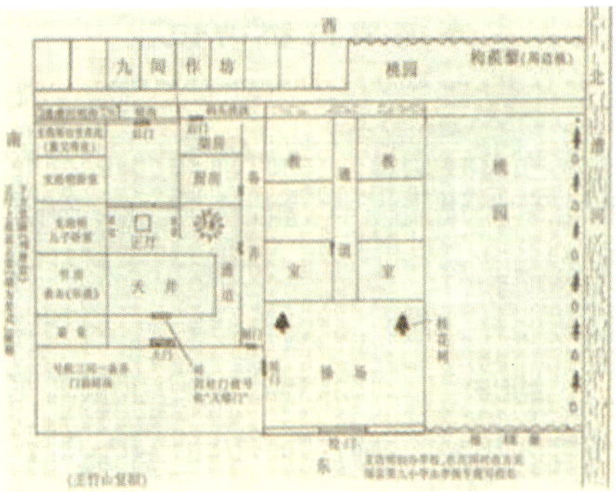

图 6—29—4 支浩明故居布局图

支浩明故居前为其原老宅。老宅大厅悬挂“惇厚堂”匾额。匾额上面再悬挂清代县衙赐予其一块红底金字的“堪为里式”匾，两块匾额均毁于“文化大革命”时期。离支浩明故居处有一幢三开间、三造进深的学堂，称为“安雅堂”，面积 200 平方米，供支氏子弟念书之所。老宅头造后面是一个天井，植有桂花树，旁边有一口水井。二造为木门大厅，雕花长窗。院外植有一片桃林，一直延伸到临河码头。支浩明旧宅旁还有 9 间屋，此为支家磨坊、舂米处和库房，20 世纪 40 年代毁于一场大火。

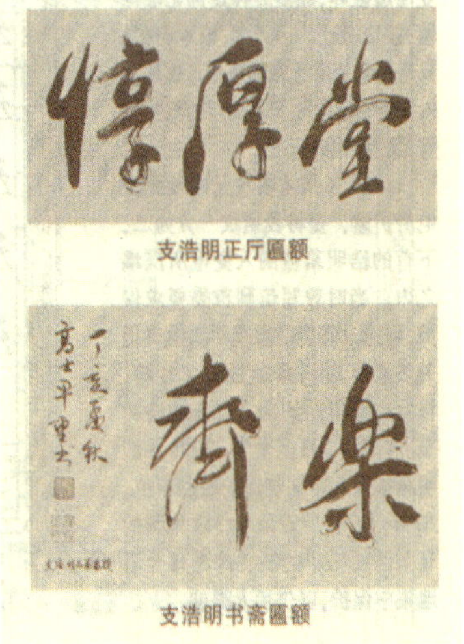


图 6—29—5 支浩明故居正厅、书斋匾额

解放初，支浩明老宅已破败不堪，院门早已没有，残壁断垣，久不住人，只堆放一些柴草杂物。历经近 200 年沧桑，老宅已岌岌可危、逐渐湮灭。2008 年，又一场大火，支浩明老宅的前造两间基本烧毁。2013 年 1 月，由于社区建设的需要，结合支浩明后裔的意见，支浩明故居全部拆除。

图 6—29—6 解放初期残存的支浩明故居

## 五、支浩明墓

清道光二十五年（1845），支浩明卒后原葬于钱桥埭桥观音堂东南首许堡田，墓地 3333.33 平方

米，有松柏百余棵，高大繁茂，墓园壮观。周围有壕沟，小桥两边有小池塘。日军侵华时，松柏被伐。1962年，因该地兴办队办企业，墓园遭破坏，经多方奔走无法保留，被迫搬迁。时棺木腐损，只好拾骨迁葬于张湾祖坟。据棺木内陪葬品观察，支浩明生前相当清贫，仅有几百枚铜钱而已。1989年，张湾山又因变电所扩建，支浩明墓又向上移迁50米。2003年6月，无锡市文物管理委员会发文公布支浩明墓为清代名人墓葬，属无锡市级文物遗址控制保护单位（2016年支浩明墓列为为无锡市第五批文物保护单位，编号为320206-0113）。2014年，钱桥街道对墓地进行整体修缮，面积100余平方米。修缮后的支浩明墓沿山脚下墓道上去，墓墙分两道，第一道进口矗立着一块大清嘉庆年间为支浩明敬立的金山石碑，上面刻有“支氏世墓”碑文；第二道进口处的左右望柱上书有一副“舜柯风雨松柏永青，显应功勋豪气长存”楹联。联由支氏第六代后裔支增庆书写。进坟墓圈内相关的支家家属墓全部深埋，其他树木进行局部修整，地上杂草全部铲除、清理，用水泥铺设平整。从墓墙进去到坟圈的位置，修缮一条整洁的小道，因地势带有坡度，所以砌有两级较为平坦的台阶，以便直视瞻仰。再往前，墓前摆放一张简易的大理石面供台，便于祭祀所用。供桌后竖立着一块刻有“支浩明、秦氏之墓”的墓碑。之后就是坟墓，长5米。修缮时，坟圈整个前移半米，并把四周修砌完整，可以环通瞻仰。位于坟圈后墙上书写有支浩明第五代后裔复制的“堪为里式”牌匾字样。

图6—29—7 支浩明墓

位于支浩明墓旁有一个“支浩明遗迹区”。遗迹区围墙上镶嵌5块简易的碑文说明，与之配套的原碑分别散落在墓地各处。

## 六、徐寿母亲宋氏旌节牌坊

徐寿，钱桥社冈里人，清末著名化学家、机器制造家，对中国近代科学的发展起到先驱作用。徐寿的父亲徐文标年仅26岁就过早去世，当时徐寿还只有4岁。父亲去世后，母亲宋氏含辛茹苦，把徐寿和两个年幼的姐妹拉扯长大。徐寿17岁那年，母亲宋氏去世，年仅40来岁。母亲去世时，徐寿已成家立业，家境逐渐好转，可惜母亲来不及过上好日子。每每念及“树欲静而风不止，子欲养而亲不在”，徐寿总是痛不欲生。为让世世代代记住母亲的功绩，使母亲的事迹不被湮没遗忘，徐寿通过地方官吏层层上报到江苏省府，最终得到了旌表。但是，修建牌坊的资金却迟迟没有着落。徐寿一家生活十分节俭，大部分钱花在购置科学仪器、化学药品和书籍方面，后又为“格致书院”的建设而慷慨解囊，几乎倾其所有。直到徐寿至上海江南制造总局任职后，收入情况有所好转。清光绪六年（1880），徐寿凑齐一笔钱，回无锡老家为母亲建旌节牌坊，这时，徐寿已经年过花甲。

图6—29—8 徐寿为母亲建旌节牌坊三维复原图

徐寿在无锡钱桥社冈里桥畔为母亲建造一座白色花岗石旌节牌坊。坊以两根方柱跨立大路，顶部为三层飞檐，第一层为“圣旨”两

图6—29—9 2015年徐寿为母所建旌节牌坊残片保存在徐寿后裔徐宝鋆家

字，第二层为“节孝流芳”四个字，第三层为“诰命”。此坊在50年代被毁，残碑现存无锡山北乡徐宝鋆家，残碑用水冲洗干净，石刻“诰命”字体尚能看清，还能看清“道光二十五年蒙两江总督部堂麟江苏巡抚部院”“裕提督江苏学院毛合同题清钦奉谕旨准予旌表给孥建坊”“皇清诰赠通奉大夫违文标徐公德配诰赠二品夫人宋太夫人节孝之坊”“光绪五年岁次己卯三月之吉诰封通奉大夫男寿谨立”等文字。

## 七、无锡名人墓——徐寿墓

徐寿墓建于徐寿去世当年，即清光绪十年（1884），位于钱桥高石头巷南面约50米处、社冈西侧的牛车区。由于墓地所在牛车区的地势比较低，因此，徐寿的棺材外椁用石灰、明矾、糯米浇浆而成，棺材只埋在地下一半，用泥土堆成高墩。墓墩前有金山石碑，四周植有柏树，墓地约166.68平方米。抗战时期，墓地的柏树遭到日军毁坏。1958年，墓地四周改植农作物。1969年（一作1971年）春，中国农村掀起“农业学大寨”的高潮，徐寿墓在整田平地运动中被夷为平地，改为农用粮田。

图6—29—10 1984年5月重修徐寿墓时，无锡县文物管理委员会所立“清科学家徐寿之墓”墓碑

1984年上半年，无锡市、县为纪念徐寿逝世100周年，徐寿墓拾骨迁葬于原墓东南100多米处，即当时的无锡县钱桥乡胜丰村高石头巷东南200米处。拾骨重建徐寿墓时，在原墓穴中发现几颗朝珠，被当时的无锡市博物馆保存。重建的徐寿墓墓地保持原来的面积，占地约166.68平方米，呈长方形。重修的墓为一土丘，高1.5米，直径3.2米。墓前由无锡县文物管理委员会所立的青石墓碑，碑高1.7米，宽0.6米，厚0.2米，碑上正中镌刻“清科学家徐寿之墓”八个大字，上款“一九八四年五月重修”，下款“无锡县文物管理委员会立”。1988年6月，“徐寿墓”被无锡县人民政府公布为无锡县文物保护单位。由于迁葬的徐寿墓处于一片菜地之中，加之地势低凹，致使坟墓常常被浸泡在水中，杂草丛生，实不忍睹。中国科学技术史学会技术史专业委员会遂于20世纪90年代中后期协助徐氏后裔呼吁和促成了徐寿墓的第三次迁址。

图6—29—11 梅园公墓内的徐寿墓

1999年4月，徐寿墓迁建于无锡市滨湖区荣巷街道新峰社区无锡市梅园公墓内、八一水库东北岸、舜柯山西南麓、梅园纪念陵名人艺术区。西侧为徐寿墓文保碑，上刻文字如下：

无锡市文物保护单位

徐寿墓

徐寿墓，原在无锡县（今锡山市）钱桥乡胜丰村高石头巷之南，1984年迁葬于原地东侧100米处的小溪边，1988年公布为县级文物保护单位。1999年4月，无锡市人民政府决定将该墓再次迁葬于市郊西孔山麓梅园公墓区内，并列为市级文物保护单位。

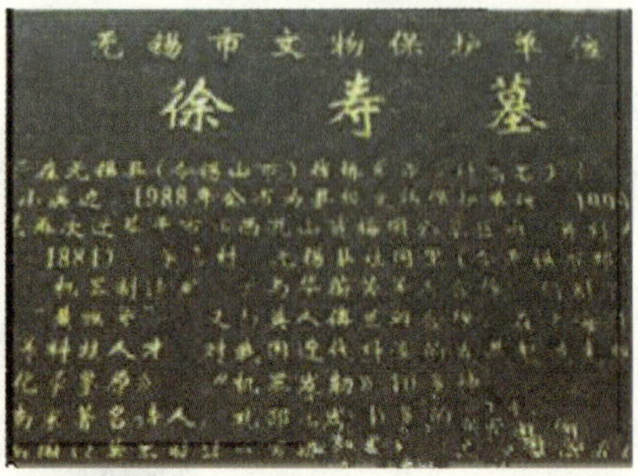


图6—29—12 1999年，无锡市文物管理委员会立的徐寿墓文保碑

徐寿（1818~1884），字雪村，无锡县社冈里人，清末著名化学家、机器制造家。曾与华蘅芳等人合作，研制我国第一台蒸汽机和第一艘机动轮船“黄鹄号”，又与英人傅兰雅合作，在上海创办格致书院，进行化学实验演示，培养科技人才，对我国近代科学的发展起过先驱作用。主要译著有《西艺知新》《化学鉴原》《机器发轫》10多种。

现墓地位于南宋著名诗人，礼部尚书尤袤墓道之北侧。墓墩呈圆形，为青砖围砌土丘，三面围以黄石驳筑之罗城，墓前树立“中国近代科学先驱徐寿之墓”，墓碑一方，由全国政协副主席、中国科学院院士钱伟长亲笔题书。整个墓地，青山环绕，翠柏掩映，环境肃穆幽雅。

无锡市人民政府
一九九九年四月四日公布
无锡市文物管理委员会立

是年4月4日，徐寿墓被无锡市人民政府公布为无锡市文物保护单位。

现今梅园公墓中的徐寿墓由供案、墓碑、墓冢三部分组成。墓碑正中镌刻“徐寿之墓”，上款“中国近代科学先驱”，下款“钱伟长/一九九九年六月”。

## 八、薛莹中（慈明）墓

薛莹中墓位于恒源祥李家湾，为清代古墓葬（普通墓葬），属无锡市第三批文物控保单位，编号为320206-0114。

图6—29—13 薛莹中墓

薛慈明又叫薛莹中，为晚清著名外交家、中国早期改良思想家薛福成的小儿子。薛莹中精通六国语言，从事翻译工作。墓碑中一石刻为薛亲笔书写（存放在李家湾村民门口）。薛墓长约8米，宽约6米。

薛莹中儿子、媳妇的墓在薛莹中墓左侧，长6.5米，宽5米。薛家大、小两位小姐墓是合墓，两女均终生未嫁。此墓长约6.5米，宽5.2米。原坟前有慈禧太后御赐牌楼一座，在“文化大革命”时期被毁。

2011年，薛莹中墓葬均经薛家后代修葺。此后每年清明期间，薛家后人纷纷前至墓前祭奠先祖。

## 九、南西漳潘唐氏旧宅

南西漳潘唐氏旧宅建于20世纪20年代，面积156平方米，为近现代传统民居，位于西漳后潘42号。潘唐氏旧宅列为无锡市第三批文物控保单位，编号为320206-0115。后门门头上方砖混雕塑分四层，图案清晰，保存完好。最下面的一层长1.93米，宽20厘米，左柿子右桃子，中间是八卦图案；向上第二层两旁是松鼠葡萄，中间为如意图案，长1.96米，宽25厘米；向上第三层长2米，宽20厘米，左边是万年青，右边是喜鹊登梅，中间是蝴蝶图案；最上头一层在门头屋檐之上，直接雕刻在墙体上面，为祥云花枝和铜钱万年青。老宅地面铺木质地板，二层楼房的楼板亦是木材制作。

图6—29—14 潘唐氏旧宅后门

2015年，潘唐氏旧宅外观尚完好，但屋内设施大多已经遭损或破坏，仅剩后门门头砖雕依然保存完好。

## 十、杨揆坟茔

清嘉庆年间，江胜桥东南向，位于庙塘河与江胜桥河交叉口有一座规模较大的墓地，墓区占地面积10000平方米左右，东南两面有河水流经。主墓区用围墙围起，墓前步道有五对石人、石马、石狮、石羊、石龟。墓区旁有坟堂屋2间，供常年护墓者居住，并有坟田0.87公顷。坟田收成一部分供护墓者生活开销，一部分农产品运往住在无锡城里县前街的墓主家。据《无锡文库》杨应垣、杨念祖（清）纂修的赠书堂《杨氏家谱》记载，此墓为清嘉庆年间修建的官至二品的杨揆夫妇合葬墓——荔裳公墓，民间俗称杨揆坟。杨揆，字同叔，号荔裳，金匮县人，生于清乾隆二十五年（1760）正月初四。杨揆生而聪颖，好涉猎史事。清乾隆四十五年，乾隆南巡召试，钦赐杨揆举人，授内阁中书。清乾隆五十五年，充文渊阁检阅，入军机处行走（工作）。清乾隆五十六年，随福康安将军从征卫藏。清乾隆五十七年，赏戴花翎、擢升内阁侍读。清乾隆五十八年，被授予四川川北兵备道。

清乾隆六十年，因其战功显赫，恩赏杨揆按察使衔。清嘉庆元年（1796），补四川按察使，加布政史衔，食二品俸，二年补授甘肃布政史，后调四川布政使，摄理四川总督事并监临乡试。清嘉庆九年五月十六日戌时，杨揆以劳疾卒于官任，终年45岁。卒后，蒙恩照军营病故例议恤，赠太常寺卿，祭葬如例，荫一子以知县即用。择阴宅于风水俱佳之庙塘河与江胜桥河交叉处。杨揆配江西南昌彭氏，诰封夫人，卒于清嘉庆二十一年十月，时年61岁，合葬阳溪（洋溪）。杨揆墓地位于二十二都一图首字号，为开原乡周公弄地区（今属洋溪社区）。20世纪50年代初，墓地地面坟墓、建筑物尽毁。2015年，杨揆棺椁仍深埋原址，地面种植庄稼。洋溪社区规定，如在墓址动土建造公路或建筑物等，需上报社区。

图6—29—15　清嘉庆时杨揆墓区地面图

## 十一、赤墩文化遗址

赤墩遗址文化内涵丰富，时间跨度长，最早为马家浜文化，此后崧泽文化、良渚文化均有延续，商周时期的几何印纹陶在地表也有发现。2013年，无锡市文化遗产保护和考古研究所考古发掘、研究，确定赤墩遗址发现的大型祭祀坛是中国迄今为止所发现的规模最大的崧泽文化时期的祭坛遗迹。中国科学院专家在赤墩遗址取样至实验室鉴定，发现水稻种子遗迹，确切证实5000多年前钱桥地区已经开始种植水稻。赤墩遗址是无锡惠山山脉南北两侧古代祭祀文化的源头，对无锡地区古代文明研究具有十分重要的意义。

保护赤墩遗址的措施是在遗址区设立文保标志，在遗址范围内制定文物保护范围视线，红线外划定建设控制地带；对已发掘的大型祭祀坛为保护不受风化损坏，暂时用原土层复盖，维持开掘前原貌；出土的文化遗物由无锡市文化遗产保护和考古研究所收集、修复、珍藏于无锡市阖闾城遗址博物馆，共300多件。赤墩遗址的进一步保护与开发，钱桥街道正在规划中，将加强对遗址有保护范围、有保护标志、有记录档案、有保管机构的“四有”建设。

2015年8月5日，惠山区政协钱桥街道工作委员会向惠山区政协书面提交《关于加强对舜柯山赤墩遗址保护、开发和利用的社情民意》。社情民意中提出，赤墩遗址是无锡地区考古工作中的一项重要发现。随着挖掘工作的日益延续，整个遗址的挖掘、保护需要大量的资金投入。钱桥街道前期投入200万元资金虽有一定成果，但已是杯水车薪，难以为继。如果因为资金原因停止开发和保护，对旅游资源的合理整合利用和民俗文化学术研究，都会造成一定影响。为此，建议对赤墩遗址的开发保护进行整体规划，委托专门机构，根据赤墩遗址及其衍生出来的文化价值及地域特色，围绕赤墩遗址保护区、舜皇殿和群众活动区三大主题板块，科学制定赤墩遗址开发保护的整体规划，加大对赤墩遗址开发保护的投入力度。文化遗址的开发保护是一项系统工程，对资金的需求巨大，单靠一个行政区或者一个街道的力量远远不够，建议无锡市及相关职能部门要切实加大投入力度，可在相对紧张的文化发展资金中挤出一部分，确保必要的投入，充分发挥财政资金“四两拨千斤”的作用。同时，可制定出台相应的扶持政策，积极探索社会化运作模式，确保遗址开发不会因资金短缺而停滞不前。无锡市政府相关职能部门可制定锡西地区整体旅游开发规划，全面提升锡西地区民俗文化旅游内涵，对目前还缺乏知名度但具有很高历史价值的钱桥地区几个景点进行整体包装推介，将赤墩遗址、舜

图6—29—16　赤墩文化遗址方位图

柯山爬山线路等几个景点联系起来，产生带动效应，以推进市郊旅游业的发展，充分开发其在无锡市郊钱桥赤墩地区一日游的潜力。

## 第二节 非物质文化遗产

2013 年 1 月 28 日，无锡市人民政府公布第三批无锡市非物质文化遗产，钱桥街道舜柯社区“舜皇庙会”、藕乐苑社区勤建茶场“太湖翠竹制作技艺”列入市非物质文化遗产名录；是年，一人获无锡市非物质文化遗产代表性传承人称号。2014 年，一人获江苏省非物质文化遗产代表性传承人称号。2012~2015 年，钱桥街道文体服务中心上报无锡市 21 项非物质文化遗产普查资料。

### 一、无锡市非物质文化遗产

#### （一）舜皇庙会

据考古部门发掘、考证，距今 5000 多年前钱桥街道舜柯山下的赤墩里已有先民种植水稻。

图 6—29—17 2013 年，无锡市人民政府公布舜皇庙会为无锡市非物质文化遗产的铜牌

钱桥街道的舜柯山，是尧舜禹三王之中舜的故地。舜柯山得名至今已有 4000 多年的历史，比“无锡”的得名还早。据考证，舜柯山一带留有不少舜的遗迹，尚有舜田、舜井等古迹。

图 6—29—18 保留至今的舜锄石

在舜柯山上，考古人员发现新石器时代的石锅、石斧、石犁等。据说，这是舜使用过的生产工具、生活用品。

4000 多年前的舜生性敦厚，宽厚仁爱。村民们都愿意和舜接近。舜在舜柯山一带教导村民如何插秧种稻。在舜柯山上，有一块“舜锄石”，至今保存。民间传说那年天旱无雨，禾苗枯焦，舜为民焦虑，以锄击石而留下的。

舜后来离开舜柯山，出走到山西一带，那是有原因的。相传舜少年丧母，其父无能无德，娶后母。后母为人阴毒，生一子后，便处心积虑想害死舜。那一年，后母在舜住的茅屋上放一把火，企图烧死舜。舜为了不让后母背上杀子的恶名，不让父亲为难，毅然决断离家出走，辗转来到黄河流域。

图 6—29—19 保留至今的舜皇脚印石

为纪念舜皇，钱桥地区老百姓在舜柯山下建造一座舜皇庙，规模宏大。舜皇庙前有棵银杏树，树围甚巨，需四人合抱。庙前有一巨石，留着两个清晰的脚印。据传，那是舜皇看到太湖水泛滥，心中烦躁，连连跺脚而留下的。舜皇庙在“文化大革命”时期被毁后，当地老百姓又在原址自费建造三间平房。平房内塑舜皇像，以供祭祀。祭拜舜皇的费用为乡民自愿捐助，世代延续，流传至今。

农历三月十五、十一月十五，舜柯山下的村民自发聚集在舜皇庙前，祭拜舜皇，缅怀舜皇教化先民、传授农耕文化的丰功伟绩。祭祀活动从早晨 6、7 点钟开始，一直持续到下午 4 点多钟。参加活动的村民来自四邻八乡，人数有一千多人。面对舜皇塑像，村民们摆上各类供品后，在舜像前恭敬下跪、虔诚叩拜。舜皇庙虽然空间狭小，但祭拜者互相礼让、秩序井然。入夜，村民们举行舞采茶灯的民俗活动，提着花灯，排成一条长龙，沿舜柯山舞动。

图 6—29—20 农历三月十五、十一月十五村民在舜皇庙举行舜皇庙会

舜皇庙会于 2013 年入选无锡市非物质文化遗产名录，其编号为 WXIX—3。

**（二）“太湖翠竹”制作技艺**

钱桥“太湖翠竹”制作技艺首创于山清水秀的太湖之滨、钱桥街道舜柯山毗邻鸡笼山下藕塘勤建茶场。依山傍水之地的藕塘勤建茶场，有着得天独厚的地理环境，南面临太湖碧水，东西北三面环山，山势雄峙、绵亘数里、山脉秀丽、树木成林、土地肥沃，气候湿润、环境优雅，是自然生态保护区。唐朝诗僧皎然曾作《赋得夜雨滴空阶 送陆羽归龙山》诗：“闲阶夜雨滴，偏入别情中。断续清猿应，淋漓候馆空。气令烦虑散，时与早秋同。归客龙山道，东来杂好风。”诗中“归客龙山道”讲的就是唐朝陆羽到钱桥一带隐居的事由，可见这里的地理、气候、人文是中国“茶乡”佳绝地之一。

藕塘勤建茶场创办于 1971 年。“太湖翠竹”的种植原则是“好景出好茶，管理出效益”。数百亩茶田郁郁葱葱，无任何水源污染，山体植被厚实，土壤保水性能好，具有有机茶叶种植的得天独厚的自然条件。春茶采摘后，茶场对茶树使用一次由无锡梅园茶研所特供的雾剂，设定好时间，调配好浓度，适时进行喷洒，以防病虫害。茶树下的杂草不用农药，而是人工拔除或用稻草铺设在茶田表面，以遏制杂草生长。实行科学施肥，即定期给茶树“体检”，肥料均用黄豆、菜籽饼、鹌鹑粪等有机肥，确保每亩每年茶叶产量高达 40 公斤。除此之外，茶场在种植规模扩大、茶树品种增加、炒制技艺培训、茶叶品牌升级、人员经费增长、种植灌溉改造等方面进行不断改善和发展。

“太湖翠竹”炒制选用国家级良种福鼎茶。1987 年，无锡高级农艺师顾轩强至勤建茶场始创制作太湖翠竹技艺。是年，“太湖翠竹”制作工艺为纯手工制作，即用采摘下的一芽一叶初展的嫩芽为原料，第一步将茶叶在竹匾内“摊凉”，让新采的茶叶进行自然去湿；第二步“萎凋”，用手工翻摊让新叶去湿，通过“摊凉”“萎凋”去掉其中 40%水份，使半加工成的茶叶保持绿色；第三步“杀青”，即将茶叶放在热乎的锅子里，有炒制茶叶的技术人员控制温度，烘炒掉新茶中 60%~70%的水份；第四步理条整形，将杀青后的茶叶充分摊凉，冷却后放入理条机，将茶叶压扁，使茶叶呈竹叶形；第五步辉炒（烘干）提香，把成形的茶叶放在辉炒机里烘干，进一步去除水分，使其达到可保存的质量，并能挥发出茶叶的浓郁香气。每炒制 500 克“太湖翠竹”成品，需要 30000 余个嫩芽。研制出的产品最早定名为“青峰”“梁溪浪尖”。1989 年，最终定名为“太湖翠竹”。“太湖翠竹”的包装器材采用真空易拉罐包装，实行清洁化、无菌无尘模式，其技术按照有机食品的加工、包装、质量指标操作，指标均达 DB32/T503 和 Q\WQJ-0001S 标准。进入 21 世纪，“太湖翠竹”的炒制为半机械化操作。

藕塘勤建茶场的“太湖翠竹”，向消费者提供高品位的享受，泡制后的“太湖翠竹”茶叶外形扁似嫩竹蕊叶，色泽翠绿油润，内质滋味鲜醇，香气清高持久，汤色清澈明亮，叶片嫩绿匀称，风格独特。

2013 年 3 月，钱桥“太湖翠竹制作技艺”入选第三批无锡市级非物质文化遗产名录，项目编号为 WXⅦ-40。1987~2015 年，“太湖翠竹”年年获得省、全国评比大奖；在“陆羽杯”名特茶评比中连续获评十四届特等奖和一等奖。

## 二、非物质文化遗产申报

2012~2015 年，钱桥街道申报无锡市非物质文化遗产有地名传说、历史人物、民间故事、商务习俗、民间信仰等 21 项。

**2012~2015 年钱桥街道申报非物质文化遗产统计表**

表 6—29—1

| 分类 | 项目名称 | 发现地 | 说明 |
|---|---|---|---|
| 地名传说故事 | 《荷姑和藕生》 | 藕塘 | 2012 年非物质文化遗产普查申报资料 |
| 历史人物故事 | 《支浩明和显应桥的故事》 | 苏庙 | 2012 年非物质文化遗产普查申报资料 |
| 地名故事 | 《钱桥由来》 | 钱桥 | 2012 年非物质文化遗产普查申报资料 |
| 地方诗词 | 《钱桥诗词 辞章》 | 钱桥 | 2012 年非物质文化遗产普查申报资料 |
| 民间故事 | 《龙山梢消息树》 | 钱桥 | 2012 年非物质文化遗产普查申报资料 |
| 地名传说故事 | 《无屁股周巷的由来》 | 稍塘 | 2012 年非物质文化遗产普查申报资料 |
| 民间故事 | 《官桩浜的来历》 | 宇峰 | 2012 年非物质文化遗产普查申报资料 |
| 地名故事 | 《南水渠的由来》 | 南水渠 | 2012 年非物质文化遗产普查申报资料 |
| 民间故事 | 《阴阴阳阳好庙桥》 | 宇峰 | 2012 年非物质文化遗产普查申报资料 |
| 民间生产商务习俗 | 《木排头金花菜》 | 稍塘 | 2013 年非物质文化遗产普查申报资料 |
| 民间生产商务习俗 | 《钱桥蚕豆》 | 舜柯 | 2013 年非物质文化遗产普查申报资料 |
| 民间手艺技术 | 《支家手揉年糕》 | 苏庙 | 2013 年非物质文化遗产普查申报资料 |
| 民间舞蹈 | 《调采茶》 | 苏庙 | 2014 年非物质文化遗产普查申报资料 |
| 民间故事 | 《九亩一长埨·八丘廿三区》 | 舜柯 | 2014 年非物质文化遗产普查申报资料 |
| 民间故事 | 《夜间落雨日间晴》 | 舜柯 | 2014 年非物质文化遗产普查申报资料 |
| 民间故事 | 《青鸟衔种》 | 舜柯 | 2014 年非物质文化遗产普查申报资料 |
| 民间故事 | 《舜与仙人塘》 | 舜柯 | 2014 年非物质文化遗产普查申报资料 |
| 民间故事 | 《泪别历山》 | 舜柯 | 2014 年非物质文化遗产普查申报资料 |
| 民间故事 | 《舜王碑的传说》 | 舜柯 | 2014 年非物质文化遗产普查申报资料 |
| 民间故事 | 《一亩三分地》 | 舜柯 | 2014 年非物质文化遗产普查申报资料 |
| 民间信仰 | 道教符箓文化 | 钱桥 | 2015 年非物质文化遗产普查申报资料 |

## 三、非物质文化遗产代表性传承人

江苏省文化厅、无锡市文化局为加强对非物质文化遗产传承人的保护，鼓励和支持传承人开展传习活动，定期评审非物质文化遗产代表性传承人。经市、省非物质文化遗产保护工作专家评审，藕乐苑社区陈强获第三批无锡市非物质文化遗产代表性传承人称号，稍塘社区蒋昌涌获第四批江苏省非物质文化遗产代表性传承人称号。

**钱桥街道区域内非物质文化遗产代表性传承人一览表**

表 6—29—2

| 姓名 | 性别 | 出生年月 | 出生地 | 单位 | 类别 | 项目名称 | 级别 | 发证单位 | 发证时间 |
|---|---|---|---|---|---|---|---|---|---|
| 陈　强 | 男 | 1968.09 | 藕塘勤建小方桥 | 惠山区藕塘勤建茶场 | 传统技艺 | “太湖翠竹”制作技艺 | 无锡市 | 无锡市文化局 | 2013.09 |
| 蒋昌涌 | 男 | 1940.01 | 藕塘稍塘大巷 | 江苏省演艺集团锡剧团 | 传统戏剧 | 锡　剧 | 江苏省 | 江苏省文化厅 | 2014.02 |

## 第三节 碑刻选录

钱桥、藕塘地区现存的最早碑刻为明嘉靖五年（1526）立的无锡县里社碑，其次有明万历二十年（1592）立的无锡县里社碑，清嘉庆二十二年（1817）立的开挖王泗浜捐资名册碑，清嘉庆二十二年立的显应桥奉宪遇旱开通碑，清嘉庆二十五年立的支浩明功绩碑，清道光九年（1829）立的保护舜柯山生态碑，清道光十年立的田亩注册碑，清光绪十六年（1890）立的顾氏宗祠建祠碑，清光绪三十年立的顾氏宗祠建祠议据碑，民国十七年（1928）立的唐郇生圹记碑，民国三十七年立的重修单氏宗祠碑记，1987 年立的钱桥文化宫纪念碑。这些碑刻都有较高历史价值。2015 年，以上 12 块碑刻分别散存于钱桥街道区域内相关地点。

### 一、历村无锡县里社碑

1987 年夏，历村村民在拆除红庙旧房时发现一块石碑，碑上文字清晰、完整。经鉴定，碑为明嘉靖五年（1526）无锡县知县管嘉祯颁发的一张布告，重申《乡约》规定，要求各里建立坛场，每年春、秋二社祭祀土地神；每月聚会一次，劝善惩恶；各里要办社学，教育儿童；建粮仓，以备荒年；等等。碑青石材质。2015 年，明嘉靖《无锡县里社》碑保存在舜柯社区居委所在地北（红庙头），景盛路与中心路交叉处。

**无锡县里[(1)]社碑**

常州府[(2)]无锡县为申明乡约[(3)]以敦风化[(4)]事

抄蒙钦差总理粮储兼巡抚应天等府地方都察院[(5)]右都御史陈，案验备仰。本县遵照洪武礼制，每里建立里社[(6)]坛场一所，就查本处淫祠寺观[(7)]，毁改为之，不必劳民伤财。仍行令各该当年里长，自嘉靖五年二月起，每遇春秋二社，出办猪羊祭品，依式书写祭文，率领一里人户，致祭五土五谷[(8)]之神，务在诚敬丰洁，用庋祈报。祭毕，就行会饮，并读抑强扶弱之词，成礼而退。仍于本里内推选有齿德者[(9)]一人为约正，有德行者二人副之。照依乡约事宜，置立簿籍二扇，或善或恶者，各书一籍。每月朔[(10)]一会，务在劝善惩恶，兴礼恤患[(11)]，以厚风俗。乡社既定，然后立社学[(12)]，设教读，以训童蒙；建社仓[(13)]，积粟谷，以备凶荒。而古人教养之良法美意，率于此乎寓焉。果能行之，则雨旸时若[(14)]，五谷丰登而赋税自充；礼让兴行，风俗淳美而词讼自简。何待于催科[(15)]？何劳于听断[(16)]？而水旱盗贼亦何足虑乎？此敦[(17)]本尚实之政，良有司[(18)]者，自当加意举行，不劳催督。各将领过乡约本数、建立过里社处所、选过约正约副姓名备造文册，各另径自申报，以凭查考。其举之有迟速，行之有勤惰，而有司之贤否，于此见焉，定行分别劝惩，决不虚示等因。奉此[(19)]，除遵奉外，今将备蒙案验内事理，刻石立于本社，永为遵守施行。

图6—29—21 2015年舜柯社区红庙头保存的明代嘉靖《无锡县里社》碑

大明嘉靖五年 月 日

无锡县知县管嘉祯立石

布政乡二十一都一图

【注释】

（1）里：旧时县以下的基层行政单位。明代以临近的 110 户为一里，从中推出丁多田多的 10 户轮流充当里长，其余 100 户分为 10 甲，每甲 10 户，轮流充当甲首。每年由里长一人率领十甲的甲首应役，称为“当年”。十年轮流一遍，称为“排年”。期满后按各户人丁和田地数重新编排。里长贫困，在 110 户内另选，逃亡的补足。里甲人户都载入黄册，遇有差役，凭册派定。里甲起初只担任传达公事、催征税粮的工作，后来，凡祭祀、宴请、营造、馈赠等费，都要由里甲供应。

（2）常州府：府名。明代时辖无锡、江阴、宜兴、武进四县。

（3）乡约：指乡规民约，即同乡的人应共同遵守的规约。

（4）风化：风俗的教育感化。

（5）都察院：明代朝廷中考察官吏的一个重要官署，其长官为左、右都御史。都察院右都御史受皇帝派遣负责查办粮食储运，到应天府等地巡视，完整头衔便是钦差总理粮储兼巡抚应天等府地方都察院右都御史。

（6）里社：古时里中供奉土地神的场所。

（7）淫祠寺观：过多（或过滥）的祠堂、佛教寺庙和道教的道观。此布告强调，建坛场时“就查本处淫祠寺观，毁改为之，不必劳民伤财。”由此可见，当时官方对佛教、道教是很不客气的。

（8）五土五谷：五土指黄、青、红、黑、白五色土。五谷通常指稻、黍、稷、麦、豆等五种粮食作物。

（9）有齿德者：有德行者，道德高尚的人。

（10）月朔：农历每月初一。

（11）恤患：平息祸患。

（12）社学：元、明、清三代的地方学校，教育 15 岁以下的幼童。

（13）社仓：又称常平仓，是旧时为调节粮价备荒赈恤而设置的粮仓，因通常设在里社，并由当地人管理，故称社仓。

（14）雨旸时若：风调雨顺。

（15）催科：指官府派差役向粮户催征田赋。

（16）听断：决断诉讼事宜，亦指处理裁决政事。

（17）此敦：这项教育感化措施。

（18）有司：官吏。良有司者：好官。

（19）奉此：旧时公文套语，表示这四字之前的内容是上司来文中就有的。这句的意思是无锡县知县遵奉上司意志，将有关规定刻在碑上，立在各里社的坛场。

## 二、盛峰无锡县里社碑

此碑为以常州府无锡县县丞王好义名誉颁布的乡规民约，立于明万历二十年（1592）。“文化大革命”期间，为避免遭到破坏，用石灰水涂抹碑文。2015 年，明万历《无锡县里社》碑保存在盛峰社区庙桥广福庵墙内。

### 无锡县里社碑

直隶常州府无锡县为申明乡约以敦风化事

抄蒙钦差总督粮储兼巡抚应天等府地方都察院右都御史李□、巡按苏松常、镇监察御史其□，案验备仰。本县遵照洪武礼制，每里建立里社坛场一所，就查本处寺观庵院祠舍为之，不必劳民伤财，仍行令各处该当年□建备，自嘉靖五年二月起。今自万历二十年正月始，每遇春秋二社，率领一里人户，办礼致祭五土五谷之神。务在诚敬礼洁，用虔祈报。祭毕，就行会饮，并读抑强扶弱之词，成礼而退。仍於本里内推选有齿德者一人为约正，有德行者一起到之同书词，每二人俱以生儒之，优於德行、熟於礼节者为之。司鼓一人，司铎二人则任之。耆老能言者，照依乡约事宜置文二。一纪善，一纪恶，每月朔望一会。务在劝善惩恶，兴礼恤患，以厚风俗。乡社既定，然后立社学，设教读，以训童蒙；建社仓，积粟谷，以备凶荒，而古人教养之良法美意，率於此乎寓焉！果能行之，则雨旸时若，五穀丰登，赋税均充，礼让兴行，风俗淳美，而词讼自简。何待於催科？何劳於听断？而水旱盗贼亦何足虑乎？此敦本尚实之政，良有司者，当为意举行，不劳催督。各将领过乡约本数、建立过里社处所、选过约正约副各役姓名，备造文册，各另迳自申报，以

图6—29—22 2015 年明代万历《无锡县里社》碑保存在盛峰社区庙桥广福庵墙内

凭查考。其举之有迟速，行之有勤惰，而有司之贤否，于此见焉，定行分别劝惩，决不虚示等因。奉此，除遵奉外，今将备蒙案验，内为立社。此乡约所原系新礼□乐，故有观音堂，至隆庆戊辰杨圆明煉化之，后邑人仲山正问，复建种德堂为烧香祠。时有杨真台，苦心忍性，燃灯诵经，晨昏不怠，使固守之。杨子特抽囊索馀资，券买负堂，新丈平田三号，共田二亩三分一厘五毫。使嗣续者收采，以扶佛祭讃，请里排将此义田刻石立於本社，代代相传，永为遵守施行。香山卷，华严经各一部，价银四两。

皇命万历二十年，1592年岁次壬辰孟春之吉署，县丞大梁王好义立

知县柴恪

乡进士 钱万善

布政乡二十都五图 约副马文书 约正殷棠撮 司讲黄祥本

老人丁泮 里长陈张 保长王寅 司赞袁和安 司书黄维淳 司铎吴成

司鼓张□

排年 陈谟旦 陈济采 陈凤俞 黄河

道人 吴梁泽 杨真台

## 三、开挖王泗浜捐资名册碑

此碑为支浩明及其同仁在清嘉庆十四年（1809）至清嘉庆十九年间，为抗旱救灾，倡开王泗浜及疏浚钱桥至双河段河道募集资金花名册。清嘉庆二十二年六月立。碑为青石材质，位于支浩明墓遗迹区。

## 四、显应桥奉宪遇旱开通碑

支浩明于清嘉庆十九年经过艰苦斗争，最终获得苏州巡抚陈桂生批准，于七月二十四日开通显应坝，取得抗旱救灾的胜利。为长远计，支浩明再度申请在显应桥下设闸，凡遇旱涝，只要刷摹碑文，通报县衙，即可随时启闭闸座救灾。显应桥奉宪遇旱开通碑于清嘉庆二十二年（1817）六月立。碑为青石材质，位于支浩明墓前左。

### 显应桥奉宪遇旱开通碑

钦加知州衔江苏常州府无锡县正堂加十级记录十次韩为改毁堤防等事

嘉庆二十二年六月十七日奉

署本府正堂唐 宪行奉

布政使陈 宪行奉

苏抚部院胡 批本司详 据常州府详

图6—29—23 显应桥奉宪遇旱开通碑残碑保存在支浩明墓地

无锡县境内显应桥由太保墩入运河之水道堵塞年久，遇旱开通，系为救戽田禾起见。嗣后，凡交芒种节以后雨泽愆期，地方官设坛期请，准农民赴县，具呈开通，俟续得透雨，河水足资车戽，仍照旧闭塞，农民不得擅自私开。如应开时，绅士人等亦不得藉词阻遏。其寻常河水充满之时，概不许私开酿事。俟奉宪示之后饬县，给示勒碑遵守，等情详候核示饬遵。等缘由奉批，如详饬遵，仍补取碑摹，呈送备案，缴图存。等因到司，奉此，合就饬行，仰府即便转饬，给示勒碑遵守。仍取碑摹通送备案，毋违。等因到府，奉此，合亟转行，仰县官吏立即给示，勒碑遵守。仍将碑摹通送备案，毋违。须牌，等因到县为查。嘉庆十九年，天时亢旱，运河浅涸，田禾无水戽救。据西乡农民呈请，开通显应桥门，使湖水入运，分灌支港，田禾赖以利济。复据耆民王振、王兴等上呈，前抚宪初凝请，於显应桥捐建闸座，遇旱开放，以资济运救禾。批行巡道宪，转行府宪，下行县议请建闸，以时启闭。蒙饬，赶紧功捐兴建，正在兴工。据两邑绅士以显应桥开通，有关城河水利，呈请堵塞，复以改毁堤防，等事上控抚

宪张、委员苏、督粮厅宪王，勘明显应桥改设闸座，固於农民田畴百益，而绅士以城河干涸为虑，既可随时开通，不若仍循其旧。嗣后逢旱，许农民赴县，呈请开通，以资车戽。俟河水充盈，即行堵塞。等情详，蒙藩宪转详，抚宪批准如详，饬遵。旋经监生支浩明具呈，藩宪恐因遇旱，待水戽救，呈请开通。惟时，官更吏易辗转批查，不能立刻开通，三时一过，禾苗苦槁，呈请勒碑示晓。一遇旱涝，官为虔祷，时即刷摹，呈请开通桥门济灌等情词，檄行府宪下查议，由司转详，抚宪奉批，前因合行，给示勒碑遵守。为此示，仰各乡农民人等知悉。嗣后，即遵守碑勒。详奉宪定章程，凡交芒种以后，雨泽愆期，地方官设坛期请，准即赴县，具呈开通。俟续得透雨，河水足戽，仍照旧闭塞，各乡农民不得擅自私开。如应开时，绅士人等亦不得藉词阻遏。各宜凛遵，毋违。

嘉庆二十二年六月　　　日立

## 五、支浩明功绩碑

此残碑为支浩明经刑部复审，于清嘉庆二十五年（1820）十二月十五日无罪释放，钦差奉旨，着无锡县正堂为浩明勒功绩碑二块，一块立于县衙，一块立于苏庙内。清嘉庆二十五年立。碑青石材质，位于支浩明墓前右。

## 六、保护舜柯山生态碑

特授江苏常州府无锡县正堂加十级记录十次陈：为禁以石残毁坟茔事宜，图董支浩明为保护舜山、西孔山、张湾、道士湾生态环境，严禁村民私自开山、挖掘山石，不准毁坏坟墓、浮棺，及荫庇树木，特于清道光九年（1829）三月勒石。碑为青石材质，位于支浩明墓区。

**保护舜柯山生态碑**

特授江苏常州府无锡县正堂加十级记录十次陈

为严禁以石残毁坟茔梗事提厦生睹然，耆民马齐云、吴存礼、吴颖文，生员吴朝禄等联合本地地總缪承，以及连根荣、张希和、秦金陵呈：称切开山、无论公私坟墓，地總宜统一造册，将松柴、坟田、山地画出图形，注明上下墓者，前明后察，累累毗连拢多；远年古墓，或子孙他徙，或山地耕植废祸及过道，居民费胜桂等运石图利，于锡山开凿石岩，于景山将大石抛下，毁坏坟墩、坟墙及浮棺、松柏、石楠。为此，图董支浩明于道光五年呈请，前宪给示，谕案在禁。不料山民违禁仍肆无忌惮，毁坏坟墓、浮棺及荫庇树木。为保全全图，图董支浩明为舜山、西孔山、道士湾等处禁山鉴石此呈，请县到据，给示勒石，严禁将大石从景山抛下，该土地總及居民人等知悉。嗣后如违者，有从舜山、西孔山、张湾、道士湾坟场间鉴山挖凿山岩，偷砌墓墙碑石，并于景山将大石抛下压塌坟墙、松柏，毁坟者，准许即指名禀县，以凭立拿究，即该地總有应行稽查之责。地總敢隐情，察出并究，各宜凛送，毋违

道光九年三月　　日立

## 七、田亩注册碑

图董支浩明呈请无锡县正堂，于清道光十年（1830）四月给示勒石，通邑区书业户人等知悉，凡各图各甲装订田亩以道光九年造册、注册办粮为准，不准私自移图换甲。碑为青石材质，位于支浩明遗迹区。

## 八、顾氏宗祠建祠碑

此碑于清光绪十六年（1890）为创建顾氏家祠，由顾万兴等顾裔子孙而立，碑金砖材质。2015 年，顾氏宗祠建祠碑保存于钱桥老街顾氏宗祠内。

**顾氏宗祠建祠碑**

立公同依据顾万兴等为因创建家祠事朔吾

祖元汉公传至三十一世公，镇南公为钱桥南车里始迁之祖，递遭迄今几及二十世。凡支派之可考者唯钱桥南、钱桥北、尤巷、许九思巷、陈漕、戴典、东西两浜等共计有八支，而飨堂久缺。今议将钱桥镇车骡

图6—29—24　田亩注册碑保存在支浩明遗迹区

门内旧宅基地，倡捐建兴飨堂一所。无奈族中清贫者多，宽裕者少，经始之费无人筹垫，故特邀集同族议立一文之捐。每丁常年捐钱三百六十文，到冬至日会同缴清。以今年为始，工作之事随缴随办，不准拖欠，不准出放。工峻之后再行酌议，兹当建议之初。凡我同宗，务祈协力同心、集腋成裘，上慰祖先在天之灵，馨香勿替；下启子孙缵承之志，诚敬兼施。根本所关，岂容藐视，今立此公同议据八纸，每支各执一纸，永远存照。

图 6—29—25　钱桥老街顾氏宗祠内的两块金砖碑

计开：男丁常捐之外，凡各房婚娶者，捐钱四百二十文；出嫁者，捐钱八百四十文；凡各房女丁钱，照男丁减半一百八十文。

光绪十六年岁次庚寅小春吉日，立公同议据

我顾裔孙万兴、洪智、桂生、泳棠、琢卿、兆云、顺昌、德元、湧泉、茂祥、如芳，并识

## 九、顾氏宗祠建祠议据碑

此碑于清光绪三十年（1904）由顾裔孙懋熙志立，碑金砖材质。2015 年，顾氏宗祠建祠议据碑保存于钱桥老街顾氏宗祠内。

### 顾氏宗祠建祠议据碑

粤自光绪十六年庚寅岁集议，创立车骡门宗祠起一文之捐，族中乐输者，固不乏人，并抗拒吝捐者，间亦有之。嗣因连宝赘婿燮堂变卖祖宅捐入公祠洋陆拾元以为起点，后尤巷又得捐洋捌拾圆，熙复垫款，陆续将祖基赎回。於丙申岁由兆云等购得陈姓屋料移置，建造飨堂三间。除捐项外，兆云约垫钱二十余千，然而装修之费分毫无着，各支常捐观望不前，以致冰搁者数载。迨癸卯岁，其忠与东西浜等支踊跃添葢披厢，以驻祠丁，略备窗槅，砌造万年台。及冬至日，熙皆合族恭送先祖神位三十三座，谨供飨堂，醴陵侯居中，以下遞分昭穆，东西浜与车骡门虽已分支，然其子姓乐于将事，故得璋公位亦列马，当时悬灯设奠，莫不敬肃。恭溯自口议之初，历十余年，始得完先人未竟之志。厥后挨定，支派轮年值祭，每岁两举，倘有失祭，公罚之，祭时公份不得托故延欠。祠基税粮，由值祭者办纳。凡祠中有应口置者，愿我同宗慷慨捐助，以垂永久，是所厚望。兹持将缘起始末，以为之志。

计开：

祠基地段伏字一千伍佰拾玖号，平田壹分贰厘四毫。……不得招留外人，不得糟蹋，族中及邻均不准安置器具。……祠丁总须安分度日，不是处立即驱逐他徒，否则送究。

光绪三十年甲辰岁十一月冬至日戴典支前署常熟县教谕我顾裔孙懋熙薰沐谨志

## 十、薛莹中《唐邨山生圹记》碑

此碑于民国 17 年（1928）由薛莹中撰并书，立于藕塘李家湾薛莹中墓内，青石碑材质。2015 年，《唐邨山生圹记》碑存于无锡市钱桥中学民俗文化展览馆。

### 唐邨山生圹记碑

昔人曾谓：“死生之变，犹春夏秋冬四时行耳。”故生死虽异，其于各安所遇，一也。余自幼病羸，弱冠即迭遭大故，昴弟间亦多蚤世，中年不幸，更际阳九。俯仰之余，有不胜其棖触者。回溯乙卯（1915）冬，以妻兄沈侣昆归，旐于邑西乡李家湾之原往会葬，谂知其地，为温君明远所相度，君固夙好，乃适访焉，蒙许物色。历有年，所回丁巳（1917）秋，重觏于惠山茶亭，抚掌笑谓余曰：“曩承諈诿顾苦，无惬意者，比幸为子卜兆于唐村山之阳。”余感其意诚，且挚爱就其地，窾而甓之，豫作幽宅，方位则用申寅坤艮向。计自丁巳冬至戊午夏，畚锸兼施，凡七阅月而竣工。未几，又得

至友吴君日永扩而充之，凡廿五亩有奇，晓如奥、如果副所望，余行年五十有五矣，丁兹浩劫苟一旦，得归斯土何幸！如之，按唐村山距邑城二十里，而近在华藏东北隅，太湖环其南，而山之来龙，实发端于鸡笼山。圹之左右为钱朱二姓墓，意者皆古之闲人，而今皆不得其名。余因是而有感焉，尝见世家大族之营邱墓也，往往饰外以华众，厚葬以凿真，不曾不几时，鞠为茂草者，胡可胜道，何况沧桑，有时而变陵谷，有时而迁运会，犹然遑论身后。今余之为生圹，非不知其然也，幽显一致，实有慕乎司空表圣之为人，读其《休休亭记》，耐辱居士歌未始，不叹其皭然不淤，而能安其所遇也。他日子孙虽愚，或有缅念余之遭际不？偶亦如颜黄门所云“言及先人，理当感慕”者，则是旧泽可延，家风弗坠，不忘所自，傥在斯欤！

图 6—29—26 2015 年，薛莹中《唐郇山生圹记》碑保存在钱桥中学民族文化展览馆

太岁在著雍执徐（戊辰年，1928 年）莫春三月锡山薛莹中自譔并书

吴县杨中孚刻

## 十一、重修单氏宗祠碑记

此碑立于中华民国 37 年（1948）钱桥洋溪单巷，碑青石材质。2015 年，《重修单氏宗祠碑记》存于无锡市钱桥中学民俗文化展览馆。

### 重修单氏宗祠碑记

辛巳之岁，孟秋七月，族人兆根、贞兴自乡赴申，晤鑑宝、子祥、根源、宗良等。鑑以旅沪从商，鲜返乡里，亟欲详知乡情，遂询二子：宗祠无恙否？阖里安康否？旋二子告以阖里安康，鑑心甚慰，惟宗祠以累历岁月，久经浸蚀，已倾殆不堪焉。鑑心愀然，作色不悦，于怀呜呼。余等年近古稀，尚无成于事，不亦愧哉。窃念我历祖历宗以一介耕农犹立祠，千秋以维宗脉而起后秀，日逝月易，照耀不渝，迄今已历百余载矣。苟不整葺□持，有愧于前，抑且贻耻于后职。是之，故遂集旅沪宗族共议其事，得国币二千零二十五元，兴工修建，并有高、明、博、厚四支后裔户各劳力三日。款尚不足，后以本祠节余之款凑集弥补，阅时五月，竟成其功而壮观如昔矣。嗣后，丙戌暮冬宗谊二集申江，鉴于祠前尚少照墙，内外宜铺砖地，乡堂木栅、器具什物亟宜添置装饰，遂集国币六百四十万元，剋日举办。越年仲春，始告竣工。凡我宗□咸皆歌颂，承先启后，乃炽乃昌，刻碑勒石，永垂不朽焉。

图 6—29—27 2015 年《重修单氏宗祠碑记》保存在钱桥中学民俗文化展览馆

发起人：根源、鑑宝、子祥、泉林、焕生、宗良、文品、惠泉、炳生、洪生、兆宗、招大。

三十年录助名次

鑑宝八百五十元，贞钜、贞钧、贞钺、贞铁、贞钰、海泉各百元，子祥、琦洲、松茂、松盛、焕生各五十元，宗濂、宗樑、宗圻各百元，文源、公根、元叙、大泉根、福根各三十元，文浩、招大、兴根各二十元，阿大十五元，共计二千零二十五元。

三十五年录助名次

鑑宝二百九十六万元，刘氏三十万元，贞钜、贞钧、贞钺、贞铁、贞钰各二十万元，子祥、宗樑、焕生、阿二、晋泉、松□、祥元各十万元，宗茂、琦洲、锡焕、焕泉、泉生、荣生、福根、泉根、锡金、桂根、祥鸿、光森、炳南各五万元，泉□、□□、復英、洪生、倚忍合十万元，海泉、虎山、松宝、春泉、裕伦、根槃、听兴、锡琪各三万元，宗圻、涵清、福伦各二万元，□大、阿金、坤度、锡伦、惠文、永康、云泉、陈氏、兴根、锡兴各一万元，兆荣助水作拾工，共计六百四十万元。

明支第十世裔孙复英敬撰

中华民国三十七年农历二月二十六日清明节立，邵晋康刻

### 十二、《钱桥文化宫记》碑

1987年4月，中国作家协会会员、74岁作家沙陆墟（回族）与高级建筑师李正至新建之钱桥文化宫游览，见钱桥文化宫气势恢宏，感慨万千，遂撰写《钱桥文化宫记》。是年5月1日立碑。

**《钱桥文化宫记》碑**

龙山之北，运河之南，有一建筑群焉：方位于通衢之首阳，此钱桥文化宫也。占地四千余平方米，琉璃栉比，巍峨壮丽，古今珠联，中西壁合，固别创一格之布局也。

一日，余偕高级建筑师李正往游。李公，其园林设计蜚声国际，为国内是行之翘楚也。

甫下车，但见宫门三闳，睥睨市廛，宏伟犹如天阙，富丽几疑王室。入门则小桥流水，树木扶疏。由桥而东，拾级登观泓亭，坐亭四顾，景色宜人，南眺龙山之蜿蜒，北瞻高楼之屏障，西则车行似织、商肆如林，东则里巷参差、房廊错落；下临碧泓，鱼游其间，荷叶田田，池水粼粼，喷泉飞溅，假山剔透，另有一番新意。旁有水榭，敲棋对弈，此处最佳，系怡情益寿之所也。园地三亩，居然有山有水，有亭有榭，花卉披锦，树木带翠；芥子纳须弥，一点通灵犀，非匠心巧运而能如斯乎？

大楼两幢，其一在北隅，高者五层，低者二层，背靠乡治，磐石金汤；其一在西端，楼高三层，面临大街，景象繁华，因地制宜、其形如马蹄，因需而设，其室类棋布，盖以静闹有所别也。各室项目，色色俱备，自有蓝图悬壁，尽可按图而索骥，文短不必赘载矣。

此宫奠基于一九八六年四月，越年而成，五一国际劳动节乃开放。是宫耗资一百五十万元，十之七由政府拨款，十之三由民群乐助，其单位与姓名，列于碑后，垂诸千秋。

客有问余曰：钱桥昔为近郭小乡，今能建筑如此规模之文化宫，其故安在哉？余曰：三中全会之阳光雨露也。钱桥之乡镇企业，赖党政之同心，上下之同德，近年以来，突飞孟晋，收益盈库，岂仅年超一亿，蒸蒸日上，势欲腾冲于苍穹；破云驱雾，光拟照耀于陌阡，以雄厚之经济基础，方能建设精神之文明，寓教于娱乐，以娱乐而有益于身心，则工作效率倍增矣：此两个文明之相辅相成，相得益彰，至理名言，昭昭如日月普照于天地之间。

一乡如此，全国皆然，此所谓窥一斑以见全豹，尝一脔而知全鼎也，中央之决策所以深得民心也。

兴尤未阑，归而为之记。

中国作家协会会员

七十四岁文坛老兵

沙陆墟撰文并书

公元一九八七年五月一日岁在丁卯四月初四立碑

## 第四节 湮没的历史遗址

区域内已湮没的重要历史遗址有公元前400多年春秋时期的斗城、公元前200多年战国时期的黄城、900多年前两宋之际抗金名臣、民族英雄李纲在舜柯山北麓庐墓守孝处。锡城文史爱好者陆云发经过两年多到钱桥地区实地踏勘走访，同时查阅孔丘《春秋》、左丘明《国语》《左传》、吕不韦《吕氏春秋》、司马迁《史记》、刘向《战国策》、袁康《越绝书》、赵晔《吴越春秋》、顾野王《舆地志》、范晔《后汉书》、张守节《史记正义》、陆广微《吴地记》、司马光《资治通鉴》、乐史《太平

寰宇记》、洪迈《夷坚志》、元至正《无锡志》、明弘治与万历《无锡县志》、邵宝《惠山记》，清康熙、乾隆、嘉庆、道光、光绪《无锡（金匮）县志》，顾祖禹《读史方舆纪要》、牛运震《春秋传》等多部文献，确定了黄城、斗城的位置，还原了湮没在历史长河中的斗城、黄城的基本面目。

## 一、斗城

斗城为公元前400多年春秋时期范蠡所建。范蠡（前536年—前448年），字少伯，春秋末期著名政治家、军事家、经济学家和道家学者，曾献策扶助越王勾践复国，后隐去。

邑志记斗城是越伐吴范蠡所筑于公元前475年，为争霸兴兵事而建。史载春秋末期越伐吴之战，自公元前494年始，持续至公元前473年，历时22年，共有4次战争。按4次越伐吴战事记载，公元前475年第四次越灭吴之战，范蠡领兵率军于无锡西线准备围吴都（姑苏）、攻吴军，遂屯大军于钱桥龙山西，布阵扎寨，金戈铁马，领军构筑大营谓“斗城”。范蠡精通兵法，所筑大营城池背倚龙山，力扼龙山、舜山东西二山之要冲咽喉，占尽南北吴古故陆道之通衢地利，历时三年，操练精兵，屯积粮草，发前锋东进击吴。一时间，旌旗猎猎，杀声震天，公元前473年，范蠡率军攻下姑苏之宫，吴国灭亡，终成就一代大业。 史载范蠡灭吴后即隐逸 。

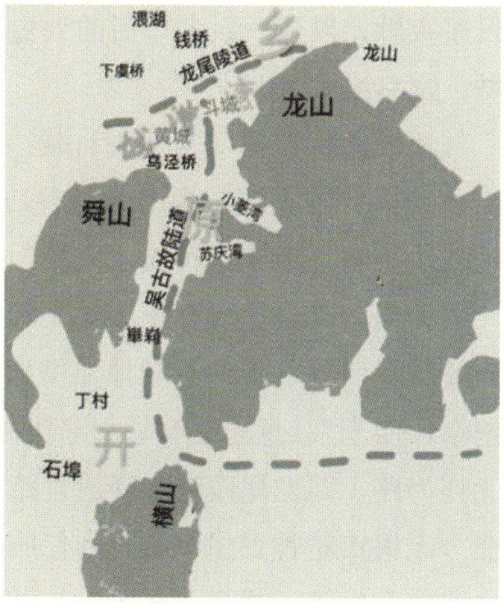

图6—29—28 吴古故陆道方位图

宋朝洪迈《夷坚志》 记述宋代士大夫、太守章騆（字仲骏）年轻时居无锡县斗城，出门不远即是钱桥街镇。现存锡邑第一本县志元朝至正《无锡志》乃至清朝光绪《无锡县志》中乡都地理卷均有记载，斗城在钱桥与𡹵嵴山之间 。据考，斗城位于钱桥龙山龙尾西延末端余脉“下埠墩”下的山湾（“下埠墩”，明代圆显、邵宝《惠山记》称“五步墩”），即现无锡市殡仪馆一带。

2015年，无锡市碑刻馆保存有宋淳祐三年（1243）“无锡县学淳祐癸卯续增养士田记”碑。碑记上刻有没收贪吏尤梓田产地块，其中开原乡记七块田， 第一块记田在斗城，第二至第六块记田在斗城村。其中第六块记田“斗城村”田块，鱼鳞图记为“东涧，西李，南赵，北路”。“涧”，山间流水之沟谓“涧”，斗城村田块东向临山（即龙山），南向为赵姓田地，西向为李姓田地，北向为路，即龙尾陵道（后为至宜兴的驿道官路）。这样，“下埠墩”西的“斗城”故址浮现，即在今无锡市殡仪馆区域。

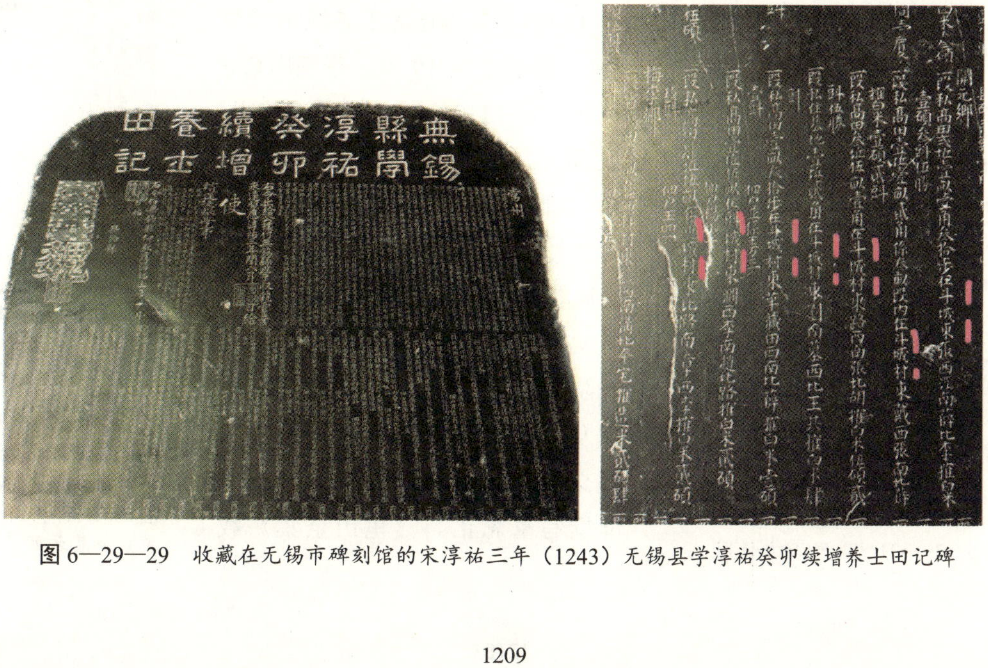

图6—29—29 收藏在无锡市碑刻馆的宋淳祐三年（1243）无锡县学淳祐癸卯续增养士田记碑

## 二、黄城

公元前306年，楚灭越。因黄歇止秦攻楚有功，归楚太子。黄歇（公元前314~前238），春秋战国时期楚国人，能言善辩，著名的政治家、军事家、水利专家。公元前262年，楚考烈王（楚太子）登基，黄歇领相，赐淮北十二县，以其地介于蕲春、申、息之间，故曰春申君。楚考烈王十五年（公元前248年）， 春申君封江东 ，领江东十年，在钱桥龙山梢斗城之西、舜柯山之东建城，自为都邑，称黄城。“斗城”“黄城”合称“黄斗城”，无锡旧志都有此地名记载。所建黄城城池宫殿极尽奢华，日笙夜歌，以至一百多年后的太史公司马迁撰 《史记•春申君列传》中写道：“吾适楚，观春申君故城，宫室盛矣哉！”

黄城的位置据《常州志》载：“黄歇请封于江东，以故吴墟为都邑，地点在无锡县开原乡。”开原乡钱桥有条小溪，源于龙山谷口，从箪莉湾蜿蜒流入洋溪。20世纪20年代乌泾桥处筑路，曾发现一块桥石，上镌“黄城永安桥”。这是黄城的一个见证，可惜后来桥石不知所踪。

无锡市碑刻馆保存宋淳祐三年（1243）“无锡县学淳祐癸卯续增养士田记”碑，碑中第七块记田为黄城村田块。无锡县学淳祐癸卯续增养士田记碑刻中鱼鳞图记“黄城村”的位置为“东、北路，南章，西李”。意思是黄城村东为路，即南北穿越箪莉湾的古吴道；南为章姓田地；西为李姓田地；北亦为路，即龙尾陵道（驿道官路）。按此地形考查，表明“黄城”大体位于龙尾下陈漕湾一带，即在今无锡市精神卫生中心、同仁康复医院、钱桥陈漕村的区域。陈漕湾上古时称“人巢湾”，时就有先民依山傍水、择高而居于此，故名。见诸文字记录称“城漕湾”，“城”即指古斗城、黄城，“漕”指龙山西尾山涧西流。后因年代久远，斗城、黄城城池已毁，该地陈氏大族又兴盛，遂地名演变为“陈漕湾”。民国时期该地就有远近闻名的图董陈鸿庚，田广地多，雇有数十名长工，20世纪三十年代中叶建有坐北朝南的豪宅，并筑有荷花池、亭台等的私家花园，解放后其宅第没收分给农民，花园划归后来的无锡市精神病院。“斗城”在东，“黄城”在西，两城相近，故合称“黄斗城”。

史上明确记载的“春申君初封吴所造无锡西龙尾陵道”，实则就是所筑的从黄城至惠山龙尾一段。龙尾陵道是黄歇为到惠山（历山）峰顶祭天而用的道路。“黄城”建于公元前248年，为封地设都而用。

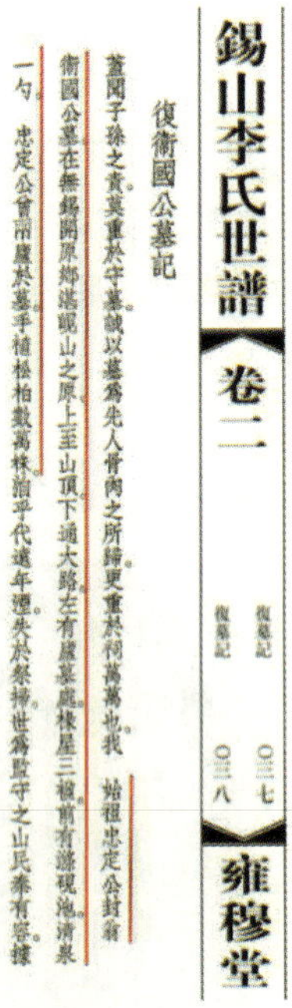
錫山李氏世譜 卷二 雍穆堂
復墓記 〇三七
復墓記 〇三八

復衛國公墓記

蓋聞子孫之責莫重於守墓誠以墓爲先人骨肉之所歸更重於祠萬萬也我 始祖忠定公封衛國公墓在無錫開原鄉湛峴山之原上至山頂下通大路左有庵基庭棟屋三楹前有洗硯池清泉一勺 忠定公曾廬於墓手植松柏數萬株迨乎代遠年湮失於祭掃世爲監守之山民奉有容據

图 6—29—30 锡山李氏世谱记忠定公（李纲）在湛岘山（舜柯山北麓）庐墓之事

## 三、两宋之际抗金名臣李纲庐墓处

据史书记载，两宋之际抗金名臣李纲（1083年7月27日~1140年2月5日，宋代高宗朝宰相，淳熙十六年，也就是公元1189年特赠李纲为陇西郡开国公，谥号“忠定”）在建中靖国元年（1101）其母逝葬于湛岘山（舜柯山北麓）。李纲母亲逝世之年（1101），长子李纲19岁。李纲庐墓守孝三年期间，在舜柯山亲植松柏数万棵。20年后（1121），父亲李夔去世，李纲又将父与母合葬于湛岘山（舜柯山北麓），丁忧庐墓守孝三年，再次亲植松柏万棵，并写下诗句“手植松与桂，青青三万株”。此处也因此被称为“大松坡”，修竹茂林，翠连烟霄，松桂吐香，杞菊长苗。由于李纲大舅父吴彦申与当时开创无锡东林书院的著名理学家杨时（龟山）为友，且杨时与李纲父李夔亦多有交情，故请杨时分别为李纲父母撰写墓志铭。《龟山全集》载

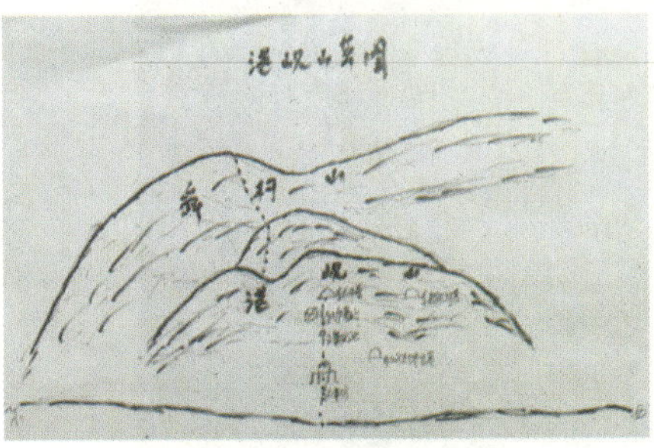


图 6—29—31 湛岘山方位图

图 6—29—32　光绪年间，李夔墓前四脚牌坊之残碑上刻有“泽启鹏程”字，2015 年保存在春满园小区内

有宋朝杨时为李纲母撰《令人吴氏墓志铭》，记李纲母吴令人葬无锡县开原乡历村湛岘山（舜柯山北麓）之原。光绪丙子合族捐资修葺李夔墓，建四脚牌坊，筑墙垣。1949 年冬，四脚牌坊被毁。1958 年，历村大队兴修水利，社员即至舜柯山下取牌坊的断柱残碑筑水渠机头(戽水时进水口)。李纲父李夔陵墓后石壁上有“宋李太师墓”摩崖石刻，字为阳文，1960 年因开采矿山而石刻被毁。21 世纪初，钱桥李氏后裔把砌水渠机头的断柱残碑取出，收藏在春满园小区内。同期，舜柯山地区被江苏省人民政府列为太湖国家级名胜区梅梁湖景区。白云苍狗，沧海桑田，如今李夔的太师墓迹已是荡然无存。

图 6—29—33　立在舜柯山北麓湛岘山上的“宋丞相李纲庐墓处遗址”碑

# 第三十章 民俗文化及轶闻

钱桥、藕塘历史悠久，文化深厚，民间故事、轶闻俯首可闻。舜文化具有钱桥、藕塘地区浓厚的地方特色。舜文化中的舜皇庙会于2013年1月被无锡市人民政府颁布为无锡市非物质文化遗产；《舜歌》在2014年7月获无锡市“群芳奖”表演艺术类金奖。在漫长的历史长河中，钱桥、藕塘人民运用文学表现手法和历史表达方式围绕客观实在的事物构建出具有审美意味的口头叙事文学——民间故事。民间故事具有鲜明的地方性，歌颂真善美，鞭笞假丑恶。一些轶闻，大多为不见于正史的遗事，但却是真实而又有趣的事迹。

## 第一节 舜文化

无锡龙山之西，钱桥街道舜柯社区之内，有一座闻名遐迩的舜柯山。舜柯山得名由来已久，被列为无锡市第一批历史地名保护名录。

《乾隆无锡县志》载：“舜山与柯山连，亦名历山，上有舜田，不种而禾，岁产数穗。有井，曰舜井。村曰历村。又有小山名石盆，其与龙尾陵道相接。”又载：“柯山在舜山西，两峰相望，土人合名之曰舜柯山。风土记吴仲雍六世孙柯相之所治也。其西斗城，范蠡所筑。”《风土记》《墨子》等典籍中，亦有舜柯山是“舜”最早垦荒之地的记载。迄今在钱桥、藕塘地区广泛流传着“九亩一长埝 八丘廿三区”“夜间落雨日间晴”“青鸟衔种”“舜与仙人塘”“泪别历山”“一亩三分地”等一个个优美动听的颂扬舜的功德的民间故事。

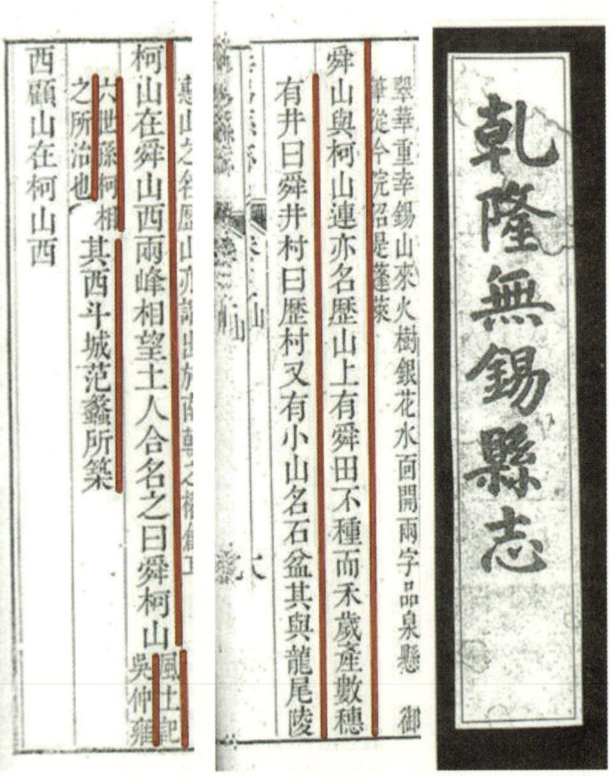
乾隆無錫縣志
翠華重幸錫山來火樹銀花水面開兩字品泉懸 御
筆從今院沼是蓬萊
舜山與柯山連亦名歷山上有舜田不種而禾歲產數穗
有井曰舜井村曰歷村又有小山名石盆其與龍尾陵
柯山在舜山西兩峰相望土人合名之曰舜柯山風土記吳仲雍
六世孫柯相之所治也其西斗城范蠡所築
西顧山在柯山西

图6—30—1 《乾隆无锡县志》关于舜柯山的记载（书影）

舜柯山东西长2.4公里，高220米。根据史载，舜柯山于4000多年前为舜最早垦荒之地；后于3000余年前为仲雍六世孙柯相所治，故曰舜柯山。

### 一、舜皇殿

舜柯山下建有一座舜皇殿，位于钱桥街道舜柯社区上秦巷。舜皇殿山门面对历山湾（张湾），东边山坡形似一只威武的卧虎，虎的尾部有一泉，名虎泉，后名舜虎泉；西边山坡似凤凰开屏，山坡上有一棵小松树，好似凤头耸立。原舜皇殿址分布形状呈龟形（称八卦）。殿址四周有一条护殿河，是山洪下泄时形成的沟渠。护殿河之东南、东北、西南、西北设有四座石板桥。正殿建在龟形正中央最高处，五门楹厦，檐高丈余，规模宏大。殿堂屋脊两头高翘，屋脊中间有一个葫芦形建筑，两旁嵌着“风调雨顺、国泰民安”八个大字。殿正中上方悬挂“舜皇宝殿”匾额，下方供奉舜帝塑像。正殿的东西二侧都有侧厢，各有五间，东侧厢供奉三个神像，西侧厢供奉蚕花娘娘。舜皇殿院内另有配套杂房，还设消防水龙宫。

钱桥舜柯山下的舜皇殿历史久远，原为无锡西乡一绝。绝胜之处其一是规模宏大，穷山僻壤之地，竟有五开间门面、檐高丈余的古殿，是锡西地区少有的宗教胜地；其二是殿内古柏森森，银杏参天，氛围庄严肃穆，其中有棵银杏树需四人合抱，可见年代久远；其三是解放前舜皇殿香火经年不绝，在民间很有影响力；其四是山洪暴发时，“水淹桑树没顶梢，舜皇殿前干老老”，洪水永远淹不没舜皇殿。百姓崇仰舜皇英明，颂扬舜皇伟大，把“人”美化为“神”，实质是钱桥老百姓对做人必须真善美的一种向往和追求。

舜皇殿门前，有古井一口，青石围栏，绳痕深勒。井栏上“历山牺井”四个古篆字特别引人遐思。民国24年（1935）利用舜皇殿部分房屋开办洛社乡村师范附属小学第二分校。新中国成立后，在舜皇殿内开办上秦巷初级小学。“文化大革命”时期舜皇殿被毁。

## 二、舜歌

**朗诵词**

天地玄黄，宇宙洪荒。尧传虞舜，神州发祥。遥思舜帝，敬天孝祖。沧海桑田，源远流长。耕历山，渔雷泽，陶河滨，三江五湖，文明开创！

舜歌《南风》①，解民愠兮。箫韶九成，凤凰来仪②。孝悌天下，心怀苍生。故人西去，风流今朝。政昌明，与时进，百业兴，凛凛古风，韵味悠长！

**歌词**

三月里来春光好哎，春光好；
采茶姑娘满山忙哎，满山忙；
弯弯茶山像游龙哎，像游龙；
引来凤凰③栖枝上哎，栖枝上。（反复）
啊！

手采茶儿片片香，
舜王历山耕作忙。
采到东来采到西，
千秋盛世美名扬。
啊！

五谷丰登念故人，
采完嫩茶插禾秧。
山前山后歌声亮，
舜王功德永传唱。
啊！

图6—30—2　《舜歌》在2014年7月获第二届无锡市“群芳奖”表演艺术类金奖

注：

①舜帝曾忧国忧民作《南风歌》：“南风之薰兮,可以解吾民之愠兮。南风之时兮,可以阜吾民之财兮。”

②《箫韶》为歌颂舜的乐舞。《尚书·益稷》说："箫韶九成，凤凰来仪。""九成"就是九奏、九章。这里是说萧韶之曲连续演奏九章，凤凰也随乐声翩翩起舞。仪：配合。

③指舜的夫人娥皇、女英。

## 三、关于舜的民间故事

虞舜青少年时期在钱桥舜柯山一带耕作之事流传数千年，有各种版本用无锡方言传颂，颂扬舜的品德，传达人们对舜的怀念之情，表达中华民族的人文精神。

### 九亩一长埨 八丘廿三区

相传舜年少时，母亲不幸早亡。舜的父亲虽然是个双眼瞎，但由于是黄帝的后裔，所以还有人抢着嫁给他为妻。其中就有一个部落长老的女儿，是个剩大姐，经过其父一番活动，终于成为舜的后娘。后娘心术不正，特别是当生有自己的亲生儿子象后，原形毕露，处处为难舜，想方设法虐待舜。舜的童年过得相当凄凉，经常遭到后娘莫名其妙的打骂，还常常饿着肚子下田干活。天不亮上山拾柴，半夜里上床歇息。可是，舜却从不说后娘的不是。部落里很多人都看不惯后娘的行为，帮着舜说话。舜却劝导部落里的人不要去责备后娘，尽孝道是人之天职。为此，舜自小就成为大家公认的有道义之人。

舜成年后，后娘与舜父商量，决定划分祖田让两个兄弟各自包干，为将来两个儿子分家自立打下基础。后娘就把舜山山麓桃花坡下九亩一块的好地分给亲儿子，把舜山八个坡丘上零零碎碎的二十三块垦出来的荒田给舜种，还要求舜收的麦子、谷子不能比弟弟少。于是，民间传唱：亲子心头肉，九亩一长埨；养子牛马肉，八丘廿三区。划分田地明显的不公平，引起部落里不少人议论。舜却说："就是让我来分，也要把那九亩好地让给弟弟。我是哥哥，老大应该多干点。"舜还给大家讲，分八丘廿三区地是他自愿的。舜的德行让部落里的人更加敬佩。

图6—30—3 《九亩一长埨 八丘廿三区》《荷姑和藕生》等13则民间故事均编入2009年6月无锡市惠山区文体局编写出版的《江苏省非物质文化遗产普查无锡市惠山区资料汇编》

自此之后，舜就鸟鸣起床，清晨迎着太阳干得欢，收工时伴着月亮走，干了一块又一块，廿三块地收拾得井井有条，麦苗长势喜人。弟弟象在九亩田里干活，由于一埨太长，好像永远干不完，心情很不好，干脆卧在田埂上睡觉。象虽然在后娘催促与帮助下不断耕作，但收到的麦子远不如舜廿三区的。于是百姓间流传着："亲子一长埨，睡到夜黄昏；养子八丘田，麦子沉甸甸。"

这个民间故事入编2009年6月无锡市惠山区文体局编写出版的《江苏省非物质文化遗产普查惠山区资料汇编》。

### 夜间落雨日间晴

千百年来，在钱桥舜柯山下的民间流传着舜在历山农耕的故事，颂扬舜皇的德行。传说自从舜的后娘生养弟弟象后，视舜为眼中钉、肉中刺，想尽办法折磨舜，一心想赶走舜。舜弟长大后人高马大，蛮力十足。在兄弟俩一起下田劳作时，舜总是护着弟弟，让着弟弟，脏活累活抢着干。舜弟却与其母亲一样，经常使坏，回到家中胡编乱造说舜的坏话，背着舜在其母亲面前挑拨告状。

象种的九亩良田坐落在历山脚下，不但土地肥沃，而且山涧冲出的一条小溪就在田边，便于耕灌。布谷鸟一叫，舜弟撒肥莳秧，九亩田里披上绿装。后娘心里高兴，逢人就夸亲生儿子有出息，是个了不起的人。

舜呢？自从分得八个山坡上二十三块小田后，除草垦荒，挖石填土，整理田块，疏通水沟，起早贪黑地干。由于路远田散、花了九牛二虎之力，舜才管理好了这二十三块小田，总算也莳上了秧。

然而，天公不作美，这年夏天偏逢干旱，烈日如火，久晴无雨。舜弟的稻田在山下，地势低平，靠近溪边，便于车水，九亩水稻田长势良好。舜就惨了，八个山坡上的二十三块高高低低的小田就靠积在小沟里的雨水才种上水稻。由于天旱，眼下水沟见底，山下的远水又解不得近渴，已莳下的秧苗本来长势还好，而今却禾苗半枯。舜辗转在八个山坡间，越看心里越急。万般无奈之下，舜把扛在肩上的锄头紧握在手中，对着路边一块大石头狠狠敲了三下，欲泄心头之忿。从此，历山上就有了“舜皇锄印石”。现在，这块舜皇锄印石仍在舜柯山下。

不料此石灵气十足，击石之声震动天庭。于是，天帝召集百官询问原因，知道舜的遭遇后，即令雷公雨婆商议救助之策，决定“白天烈日当空，夜间雨落山头”。

当月亮爬上山顶，舜还在山上悠转，思量如何才能救活禾苗。突然间，天上黑云密布，雷声隆隆，不多久，就下起倾盆大雨。舜自觉奇怪，淋着大雨，奔走在八个山坡的二十三块小田间，看着雨水浇灌着禾苗，心里乐开了花。心想，今晚总算可以睡个安稳觉了。自此，“夜间落雨日间晴”成为历山一道独特的自然景观。“天神相助孝感动，舜柯天子坐龙庭。夜间落雨日间晴，两季丰收享太平”，历村村民哼的吴歌代代相传，流传至今。

日子一天天过去，后娘看舜每天耕作返家泰然如常，心想：“一到秋收，一定有你好看！”夏去秋到，秋谷登场。舜弟的九亩田地收成确实不错，眉开眼笑。后娘跑前忙后，显摆着稻谷。舜呢？“七尺扁担两头挑，稻穗沉沉喜眉梢。谷粒饱满金光闪，稻垛堆得比弟高。”后娘一看，目瞪口呆。

这个民间故事入编2009年6月无锡市惠山区文体局编写出版的《江苏省非物质文化遗产普查惠山区资料汇编》。

## 青鸟衔种

稻谷登场，舜、象兄弟俩一番较量，八丘廿三区的稻谷收得比九亩一长埨的多，舜赢了。后娘心里十分不舒畅，牙齿咬得咯咯响，一条更恶毒的计谋又在头脑中生出来。

秋种开始了，后娘把麦种从屋里搬出来。本来只要把麦种一分为二就可以，可是，后娘却把麦种用簸箕簸清，分成饱麦一堆、秕麦一堆。这时，场头树枝上正好有只喜鹊看到麦种堆，就“鹊、鹊、鹊”地欢叫，飞来转去想要啄麦子。后娘一看，慌忙用枝条赶，用砖头掷，嘴里还直骂：“馋嘴鹊，你可知道老娘心思？”

当天晚上，后娘暗暗地把秕麦种先炒熟，后浸水，天一亮又搬到场上晒干。晒干后的秕麦看起来饱满，实际上已是熟麦，不可能长出麦苗。喜鹊儿趁空偷啄几粒，心想后娘又在玩鬼把戏了。

几天后，兄弟俩都已翻好地，做好麦埨，只等麦种下田。后娘悄悄把舜弟领进后面库屋，让他把饱麦种拿去下种。舜弟看到给他的麦种不如场上的饱满，要娘换场上的麦种。后娘悄悄告诉舜弟：“那场上的麦种是坏麦种，你快把这麦子去种。老娘不会亏待我的亲儿子的。”舜也来拿麦种了。后娘指着场上的一堆麦种，说：“我给你最好麦种三斗，麦粒粒粒都饱。不过，明年得收三石扬净麦。如果做不到，我要你的好看，叫你父亲把你的狗头打落。”舜看到麦粒饱满，高高兴兴，挑着麦种去了八丘廿三区。

几场秋雨淅淅沥沥。舜弟的九亩一长埨田里的麦粒儿纷纷伸懒腰，翻个身，那嫩绿嫩绿的芽，似有似无地鼓了起来。后娘与舜弟走在田头，喜在心里，暗想：这次看你舜还有什么话说？舜呢？走在八丘廿三区田里，翻开土块，查看麦粒，麦子像死一般地寂静，一丝儿没有动静。廿三区走过，没有看到一点麦粒儿发芽的气息。舜拣出那些麦粒儿，瞧瞧、闻闻、摸摸、尝尝，惊了，突然感觉到，莫非这麦粒炒过？熟了的麦子不可能出苗，是后娘要害我……

那几天，舜弟高兴得满田转悠，后娘也整天眉开眼笑。可是，后娘千想不到，万想不到，这一瞒天过海的阴毒手法却瞒不过树梢上那喜鹊儿。喜鹊儿了解事情的全部经过，知道后娘为难舜，陷害舜，就告知天庭王母娘娘身边的鸟总管——青鸟。青鸟一听，勃然大怒，天下竟有如此阴毒的后娘？立即下令召集天下鸟公鸟婆，鸟子鸟孙，伸张正义，联合行动。次日清晨，群鸟汇集于九亩一长埨与八丘廿三区里，仅一袋烟工夫，就无声无息地将兄弟俩麦田里的种子换了个遍。

太阳爬上了山头。舜来到田头一看，惊呆了：原来无声无息的麦粒儿，今日里竟然粒粒精神，生机一片。舜不知道这是为什么？但他知道，善良勤劳一定会有好报。从此，舜掮着锄把，整天转悠在麦田里，倾听着山上百鸟美丽动听的歌声，伴随着潺潺流淌的山涧溪水，欢快幸福地耕作着。

后娘与舜弟却不一样，突然间看到这九亩一长埨本来绿油油的麦苗没有了，翻开土块看那麦粒，更是惊呆了。后娘想，是不是自己把麦种给错了。转念又一想，不对，昨天九亩一长埨地里的麦子已发芽，怎么会搞错呢？后娘百思不得其解。于是，后娘和舜弟匆匆赶到舜的八丘廿三区去看，更是惊讶，怎么一夜之间麦子全长出来了呢？后娘和舜弟不信，走了一坡又一坡，一脚不小心，从山上双双滚下坡来。回家后两人唉声叹气，只能到九亩一长埨田里再去补种麦子。

这个民间故事入编2009年6月无锡市惠山区文体局编写出版的《江苏省非物质文化遗产普查惠山区资料汇编》。

### 舜皇吃蟹

相传，舜幼时由后母抚养。时年16，舜务农为生，自耕自作，生活在舜柯山下。这里,蓝天白云，青山绿水。每年春暖花开，风和日丽，桃红柳绿，黄鹂飞燕忙于筑巢，雏莺乳燕叽叽喳喳；茂盛的树林引来野兔、山鸡东跳西窜；湿地、河道、沼泽、河塘湖泊纵横交错，泉水淙淙，溪水叮咚；水中鱼虾游弋戏逐，芦苇荡里野鸭鸣春。广袤的肥土沃地，水源丰沛，桑田作物葱葱郁郁。春去秋来，丹桂飘香。霜降节气，舜柯山下水稻成熟，金色一片，丰收在望，却从河道、小溪、田头冒出一些螃蟹，大摇大摆地横行在村道、田岸、稻丛。螃蟹口吐白沫，张牙舞爪，面目可憎，咄咄逼人，令人生畏，村民避之不及。有些螃蟹还时常潜入农舍，趁主人田头劳作回家时，亲咬一口。年复一年，螃蟹数量倍增。每年稻子收割归仓后，村民总在族长带领下焚香祈祷上苍，请求召回螃蟹，还百姓安宁的环境。

那一年秋收，舜田间劳作收工回家，正准备用瓦罐烧水，不小心手指被螃蟹的螯钳住，就是不肯松螯，痛得舜皇连连喊叫。不经意间，舜皇将手指与螃蟹一起放入有水的瓦罐中。因为螃蟹有遇水松口的习性，舜皇才得以抽出手指，盖好瓦罐，去找草药疗伤治痛。待舜皇敷好草药，回到屋中，瓦罐中水已烧开，一股香味扑鼻而来。舜急忙揭开瓦罐盖子，一看罐中螃蟹已经脱去青灰色的铠甲，换上鲜红的一件大红袍。掰开蟹壳，肉质洁白细嫩，蟹膏辣赤金黄，吃到嘴里，肥而不腻，真是天上人间少有的绝品佳肴。舜边吃边思，何不将此美味推荐给乡亲们品尝。这样，既可以消除螃蟹泛滥，又可以增添桌上一道美味，岂不两全其美。从此，吃蟹的习俗经历村百姓传播到江南水乡，遍及全国。

清代《四库全书》主编纪晓岚曾有《咏蟹》诗曰："祖舜讵免双螯黑，秋老难道一背红"，就是纪念舜皇吃蟹，福佑子孙的诗句。为弘扬舜皇的功绩，历村的百姓和厨师不断丰富以蟹为主料的饮食文化内涵，菜肴品种越来越多。此后，钱桥乃至无锡的饭店、酒店还隆重推出"舜皇宴"招揽食客。

清嘉庆二十五年（1820）十二月，苏庙图董支浩明为百姓引水抗旱开通显应桥蒙冤昭雪回家时，就用"舜皇宴"招待众乡亲。20世纪60年代，支浩明第七代孙支国祥还提供当年支浩明用蝇头小楷书写的一份《舜皇宴》菜谱。

### 舜与仙人塘

无锡惠山山丘蜿蜒至钱桥龙山梢，绿树葳蕤，风光旖旎。龙山脚下有一条龙尾陵道，后为钱桥人习惯称其为“上官道”，与后来开发的钱惠路称为“下官道”相呼应。上官道东起惠山黄公涧，经陈漕湾、乌泾桥，西至赤墩里、刘塘桥、张舍里，连接雪堰桥、闾江。在上官道与历村舜皇殿西南一条道路的交会处，有一口水塘。此塘面积不大，在当地名气却不小。历山山水与泉水汇聚于此，塘水清澈，口感甜醇。

据考证，距今6000多年前，钱桥舜柯山下的赤墩里已有先民聚落，刀耕火种。距今4000多年前传说中的舜生性敦厚，宽厚仁爱，在历山一带教导百姓插秧种稻，经常会到这一口水塘旁歇息，时时蹲在塘边的一块阳山石上洗手、喝水。久而久之，这块阳山石上就留下了舜在历山生活的印记——大于常人一倍多的深深的两个脚印。

千百年来，由于舜生活过的塘与水，又让人们多了一些崇拜与传说。如果当地谁家的小孩生了结膜炎，眼红肿了，大人就会拿这塘里的水给孩子洗眼睛。说也奇怪，用池塘里的水几天洗下来，孩子的结膜炎很快就好了。有人肠胃不好，拉肚子，只要用塘里的水煮沸后喝上几碗，肠胃就好了。甚至有人生病，不管远近，家属都会步行好多路，来塘里取水后回去煎中药，药效高，病好得快。一传十，十传百，越传越广，人们就把此塘称之为“仙人塘”。

仙人塘边石头上留下的大脚印，实际上是述说舜在历山农耕时的点点足迹，也是“舜德”恩泽百姓的见证。历山下七、八十岁的老人都清楚地记得小时候踩着那印痕，喝着那塘水的嬉戏情景。

这个民间故事入编2009年6月无锡市惠山区文体局编写出版的《江苏省非物质文化遗产普查惠山区资料汇编》。

## 泪别历山

后娘多次设计陷害舜的计谋连连失败之后，更是懊悔自扳砖头自压脚，让自己的亲生儿子吃了大亏，心里很不是滋味。于是，后娘和亲儿子天天想着怎么把舜从家里赶走，甚至时时在寻找着可以杀害舜的机会。一年冬天，一个天黑风高的夜里，后娘竟冒天下之大不韪，在舜的茅房上放了一把大火，企图把舜烧死在屋内。

部落里的乡亲们见到火光，一看方位，大家都心照不宣，知道舜出事了。于是，众乡邻互相呼喊着，有的拿苕把，有的拿水盆，奔到舜的茅屋前去扑灭大火。因为众人及时赶到，扑救时齐心尽力，很快就把大火扑灭。舜也从火场中被众乡邻救出。乡民们围着舜，有的拍打着舜身上的灰尘、火星，有的抚摸舜的头，都为年轻的舜感到十分心痛。乡亲们看到舜一次次遭到迫害，一次次身陷险境，深深地为舜的安危与未来担忧。大家纷纷规劝舜：“赶快收拾行囊，离开后娘吧！这一次你被乡亲们救出，谁能保证你下次能如此幸运呢？”舜听了众乡亲发自肺腑的话，迟疑着，眼含热泪，告诉乡亲们：“我真不想离开父母，离开家，更不想离开乡亲们啊！后娘虽然不是生我的亲娘，但她毕竟是长辈。父母在，不远行，我理应留在家中尽孝。”众乡亲对舜说：“你的孝心孝行，你的淳朴善良，我们都看在眼里。但是你如果在这里继续待下去，总有一天会被后娘害死。到那时，你生命不保，拿什么去尽孝道。再说，后娘与你弟弟还要担当上杀人罪名，会被抓去坐牢。如果你现在离开了，到外面世界去闯荡，更可以有所作为，不是更对得起你的父母、兄弟吗？”

在众人劝说之下，舜思前想后，考虑再三，为了不让后母背上杀子的恶名，不让父亲为难，毅然决定离家出走，离开这块生他养他的土地，离开和睦相处的乡亲，发奋到外面去闯天下。于是，舜含泪跪拜历山，告别乡亲，辗转千里，来到山西。

这个民间故事入编2009年6月无锡市惠山区文体局编写出版的《江苏省非物质文化遗产普查惠山区资料汇编》。

## 一亩三分地

“一亩三分地”这句俗语虽然没有收录进《成语词典》，但是被文人墨客、黎民百姓广泛应用，喻意拥有自己相对自主权的一片小天地。

“一亩三分地” 有何典故，始于何地？

相传，4000多年前三皇五帝之一的尧帝传位于舜。舜帝以德治天下，百姓和顺、民风淳朴、天下太平。一年春天，舜帝从湘地回到钱桥舜柯山，登上赤墩大祭坛祭祖。礼毕，舜帝遥望四周：“丽日和风春荡漾，莺歌燕舞物昭苏”，一派春意盎然、生机勃发的喜人景象。舜帝禁不住缓步走向田野。

舜帝信步走来，不知不觉走到一间屋前。这屋实在太小了，以几根竹子为支架，搭成“人”字形，两边用稻草覆盖挡风避雨。屋内停放着一具棺柩，一位十岁左右的小男孩正跪在地上烧纸钱，无一大人陪伴。舜帝甚为惊讶，问地方官：“小孩何故？”地方官曰：“年前这孩童随母亲来到赤墩寻找父亲，得知其父为了治理太湖水患，早在五年前因公殉职了。孩童的母亲一病不起而亡。乡亲们可怜孩童年幼，又念其父亲有功于民，所以用族田拨租给孩童“一亩三分地”，供其自耕自作，维持生计。孩童自己搭了一避雨处，为母亲守灵三年，然后再将父母的灵柩运回家乡，叶落归根。”舜帝闻之，曰：“小小年纪，立志守孝三年，扶柩回乡，让父母入土为安，此尽孝道之心不易，应大力表彰。”于是下旨免其“一亩三分地”租米，免服徭役。此后，舜柯山下赤墩周边百姓孝道蔚然成风，“一亩三分地”这句俗语也流传至今。

这个民间故事入编2009年6月无锡市惠山区文体局编写出版的《江苏省非物质文化遗产普查惠山区资料汇编》。

**附：2015年5月6日《无锡日报》曾发表石雨《解读舜柯山的文化密码》文章。其文为：**

毛主席诗云：“春风杨柳万千条，六亿神州尽舜尧。”诗中提及的舜与尧，都是远古人们尊崇的领袖、睿智的贤人、学习的楷模。无锡现今钱桥舜柯山一带还存有舜的遗迹与传说。清《康熙无锡县志》载：“历山即舜山，龙尾之断，其名华剁口，去县二十里起为是山”“上有舜田，不种而禾，岁恒产一二穗，又有舜井”“柯山在舜山之西，两峰相望，土人合名之曰‘舜柯山’，《风土记》‘吴仲雍六世孙柯相之所治也’。斗城又在其西，范蠡所筑。”我们应该如何解读这些历史文化密码？舜柯山5000多年前即为宜居地。舜出身普通家庭，但孝行笃实，又是耕耘渔猎高手、制陶专家，且能诚实经商。他在历山耕田，丰衣足食，德化当地人不再产生田界纠纷，互相谦让。舜在百姓中威望很高，人们都愿意靠近他居住，他的住地很快聚集成为一个兴旺的村落。当时部落联盟领袖尧年事已高，海选继承人，百姓一致推举舜。考察之后，尧把帝位禅让给舜，改号“有虞”，称“有虞氏帝舜”，也称虞帝、舜帝、大舜，“舜”是后世对他的简称。

舜特别善于使用人才，委派禹治水，后稷管农事，皋陶掌司法，夔负责诗歌音乐教化。他还特别重视以德服人，强化礼制，减轻刑罚，要求人民“行厚德，远佞人”，“刚而毋虐，简而毋傲”，孝敬父母，和睦邻里。在舜的治理下，南交趾百越，西方戎、析支、渠廋、氐、羌，北山戎、北发、息慎，东方长夷、鸟夷诸族，都得到安抚，八方宾服。所以《史记·五帝本纪》称“天下明德皆自虞帝始”。

舜作为部落联盟领袖，巡行全国各地，指导农耕，德化百姓，所以现在许多地方皆有名为历山的山。无锡的历山——舜柯山有关舜的传说与遗迹文化内涵尤其丰富。舜柯山有“舜皇锄印石”，民间传说有一年连续几月干旱，禾苗枯焦，舜领导百姓抗旱，锄击此石，以示人定胜天的决心。早先还建有舜皇庙，规模宏大，四周环河，河上设4座石桥，庙门前巨石上有两个清晰的脚印，也是舜留下的。所有这些文化信息，都说明舜确曾巡行农耕于舜柯山。

而清《康熙无锡县志》所说舜柯山“上有舜田，不种而禾，岁恒产一二穗，又有舜井”，则间接告诉我们，早在5000多年前舜柯山就是人类最佳宜居地了，青山绿水间动植物资源丰富，还有自然生长的茂盛野生水稻，且常年长有两穗稻，原始先民当然乐于居此，过上丰衣足食的幸福生活。舜柯山一带，好山好水，加之又位于“龙尾之断”的交通要道，此后吴国第7任君主柯相、越国大臣范蠡等都曾在舜柯山地区建立城池。

近年钱桥赤墩里考古也印证了舜柯山的悠久历史。这项尚未结束的考古，发现了崧泽文化时期的祭坛遗址，出土了陶器、石器、玉器、水稻种子等300多件文物。崧泽文化至今约4900-5800年，以首次在上海青浦崧泽村发现而命名。此外，赤墩里考古人员称，还发现了“似乎是马家浜文化时期的陶片”。如果这个发现准确，舜柯山作为人类最佳宜居地的历史还可推至7000年前！

按《三代世系表》推算，舜的时代距今约4200年，舜巡行无锡的历山——舜柯山的时间，要比泰伯奔吴到梅村早1000年。另外，现在全国各地名为历山的山有很多，但无锡的历山——舜柯山既有舜遗迹传说，又有与之年代相近的崧泽文化遗址发现，远古传说与史前文化考古如此贴近，说明无锡舜柯山舜文化弥足珍贵，值得保护与发展！

## 第二节　民间故事

钱桥、藕塘地区除广为流传着关于舜的民间故事外，在群众中还长期流传着《荷姑与藕生》《三条人命一蓬火》《官桩浜的来历》等民间故事。

### 荷姑和藕生

从前，无锡西乡舜柯山下有户大乡绅，生有一女，取名“荷姑”。荷姑长相标致，一到16岁，说亲的人陆续不断，媒人不断，门槛踏断。奇怪的是，任你大富大贵，王子王孙，荷姑却一个都不答应。

开头，荷姑推说年岁尚小，后来推说门户不当，再后来推说离不开爷娘。推来推去，推三推四，荷姑无法推脱了，只得硬着头皮告诉爷娘，说：“长工小藕生，聪明又端正，家活田活样样能，我们早就相爱了。”

“原来如此，”老乡绅一听暴跳如雷，怒气冲冲地说，“和小长工私通，败坏门风。你死了这个心吧！”

荷姑横下一条心，咬着牙说：“一女不嫁二郎。若不依我，只能以死相从。”

荷姑的父母知道女儿的脾气：弄堂里拔木头——直来直去，说话算数。这可怎么办呢？老夫妻俩商量了半夜，一呒办法。想来想去，决定把气出到小长工藕生身上。荷姑父亲说：“小长工是坏酒药，害得家里不和，把他打出门去算了。”“不行！”荷姑母亲说：“小长工打出门，宝贝女儿会跟着跑出去的。”怎么办呢？老乡绅夫妻俩又商量了半夜天。

图6—30—4　钱桥文化站根据民间故事创作演出的《藕魂》剧照之一

天快亮了，还是没有办法。真巧，这时候一阵秋风吹来，窗外葫芦棚上一个葫芦“啪嗒”一声，随风打在窗格上。老乡绅开窗一看，是掉下个葫芦，忽然眉头一皱，计上心来，轻声说：“有了，有了！”荷姑母亲莫名其妙，忙问：“有啥了？”荷姑父亲说：“一不做，二不休，绊倒葫芦泼倒油，索性把藕生弄死了，女儿也好死心。”荷姑母亲想想，没有别的办法，点点头同意了。

老夫妻俩买通了两个家奴，把藕生灌了个酩酊大醉，装进大麻袋，袋上挂块大石头，抛入后园池塘内淹死了。荷姑父母认为，神不知，鬼不觉，编个谎话就告诉女儿：“小长工昨晚生急病死啦。你死掉跟他那个心吧。”

这时候，荷姑坐在闺房里正在回想昨天夜里做的一个梦。荷姑梦见藕生站在床前，泪流满面地说：“荷妹啊，我被捆扎在麻袋里抛入后园池塘里淹死了。你不要等我了……”荷姑正想得出神，忽听父母亲说：“藕生晚上得急病死了。”她哪里相信，一下子站起身来，大声问：“啥病？藕生葬在哪里？”“这，这，这……”父母支支唔唔地说：“你和他非亲非故，问这话成何体统？”“我是藕生妻子！”荷姑斩钉截铁地说：“我要问，我要看，我要……”说着，她不顾一切地穿过廊道，奔向后园，奔到池塘边，喊着：“藕哥，我来啦！”边喊就边跳进池塘里。只听见“噗通”一声，荷姑沉下了池水里。

荷姑父母气喘吁吁地赶到后园，见池塘水面在不断冒泡泡，知道女儿投池自尽，大声喊道：“救命呀！救命呀！”家丁家奴都急匆匆地赶来了，下池的下池，划船的划船。奇怪的是，打捞了一天一夜，连个人影子也不见。老乡绅夫妻哭得死去活来。

更奇怪的事情还在后头呢！在荷姑投河第三天，池塘的池心里突然长出一朵美丽的鲜花。这鲜花有一片片大绿叶衬托着，显得格外好看。本来前村后巷的人都在好奇地讲述藕生和荷姑的事情，现在又听说池塘里开出了从未见过的鲜花，觉得更奇怪了。于是有的人借故溜进乡绅后园去观看，有的人则爬上园墙偷看。大家一看，闲言碎语更多了。有的说：“藕生、荷姑死得真苦，开的花是他俩想从水里出来透透气。”有的说：“小姐想长工，百年也难逢，开花是小姐想长工。”

图 6—30—5　钱桥文化站根据民间故事创作演出的《藕魂》剧照之二

街头巷尾的话一传二，二传十，传到老乡绅耳朵里。老乡绅气死了，对家奴们嚎叫道：“池里开了花，外面多了话。家丑传到外，面孔放到哪？”叹着气说：“打蛇打七寸，斩草要除根，快把池中那花连根都拔出来。”

不一会儿，家奴把鲜花和根根全都拔了出来。稀奇的是，那根根又粗又长，又白又嫩。老乡绅瞪眼一看，火上加油，拿起快刀就斩那根根。可是，那根根断了，中间的丝丝却不断。老乡绅见丝不断，气不过，火不退，又举刀猛斩，可是丝还是斩不断。这就是“藕断丝连”的来历。

荷姑父母命人连根拔掉池里的鲜花后，心里稍微安稳了点。两人面对面地说道：“池里没了花，外面少闲话……”可就在这时候，家奴跑进来说：“池塘里的花又开出来了，有的花还结了籽呢。”老夫妻俩一听气得一下子昏死过去。

从此，园内池塘里开满了花，园外的河浜里也开满了花。大家说：“这鲜花是荷姑变的，根根是藕生变的，结的子子是藕生和荷姑生的。”于是，大家把那鲜花叫“荷花”，把那根根叫“玉藕”，把那结的子子叫“莲心”，把那个村叫“藕塘村”，把那个镇叫“藕塘镇”。

人们为了感谢荷姑和藕生给大家鲜花看，嫩藕吃，莲心补，你一句，我一句，编了这样一首歌谣：

“藕生荷姑好恩情，连根连叶结莲心。

气煞势利老乡绅，造福天下众百姓。”

这歌谣传遍各村、各巷，一直流传到现在。

这是一个关于荷花和藕名称的民间故事。因为这种植物的生存和繁衍和藕塘名称的渊源有一定联系，所以世世代代每当荷花满塘的季节或者初识这个地方的人，习惯于将眼前的此情此景和这个美丽的爱情故事紧密相连。这个故事不在于其文笔如何优美，用词如何华丽，却是那个时代年轻的少男少女们追求纯洁、幸福、自由爱情的佳话，也是人们对封建时代家长包办婚姻制度的不满和反抗。故事的语言是老百姓的家话，体现了钱桥、藕塘地区群众文学语言的朴实和自然。同时字里行间又夹杂着通俗易懂的民间顺口歌谣，使得整个故事的语言在长短不同的句式中透露着群众语言的风趣和幽默。所以，这个故事至今仍在藕塘老百姓口头中代代相传。

这个故事，相关的文字记录收集于朱海容总编的《无锡县民间故事集成》，并于 2009 年 6 月入编无锡市惠山区文体局编写出版的《江苏省非物质文化遗产普查惠山区资料汇编》。

## 三条人命一蓬火

盛店桥的庄里又名贾家庄，地处稍塘营与盛店桥之间、盛店河与虎路沟的交汇处。庄里原是明朝顾尚书的庄园。顾尚书在先前做地方官的时候，曾破了一个和尚利用庙宇巧设机关、诱奸民间妇女的奇案而连升三级。后人把这件事编成京剧《火烧红莲寺》，成为名戏。

顾尚书的庄园很大，前门在井亭里的前埠墩，后门在阳山镇的庙墩上。虎路沟（一条西接盛店河、东通洋溪河的全长二里多的大河）仅是顾尚书庄园里的一条阴沟。庄园中房子非常多，要“驴驮钥匙马驮锁”。后来，顾尚书的后代仗势欺人，名声不好，民愤很大。顾尚书后代的家中有一个放牛的小长工，不知道为什么得罪主人。主人就把小长工毒打一顿。小长工不但不服气，还愤怒地说：“别看你现在驴驮钥匙马驮锁，仗势欺人来打我，只要三条人命一蓬火，将来你还不如我！”顾家主人听了火冒三丈，拿起棍棒就把小长工打死了。小长工母亲闻讯，赶到顾家理论，又被顾家主人一脚，踢中要害处，当场死去。小长工母亲腹中还有一个未出世的孩子与母亲同归于尽。这件事引起乡民公愤，联名上告到无锡县。县官老爷装模作样，派人把顾家主人抓到县衙，暗地里也不审问，也不关押，好酒好肉待着。顾家出了大把银子，上下打点，买通官府。不久，官府就把顾家主人放了出来。顾家主人得意洋洋，骑着高头大马，摇摇摆摆地回家，行至藕塘桥时，远远看见西边一片火光，照红了半边天。他快马加鞭，来到家门前，只见自家房屋已成一片火海。这时，他想起小长工说的一席话，全部应验，随即长叹一声，投入火中，与庄园同归于尽。

顾尚书的庄园没了，据说顾家后来也绝了后。怎么又会出来个“贾家庄”呢？原来，在顾家发达时，庄园北边小石桥旁，有一户姓贾的佃农，靠租种顾家土地谋生。佃农勤劳耕作、节衣缩食，养家糊口，生了9个儿子。房子不够住，佃农就把积蓄的钱造了9间房子。因为是一家子，9间房屋只做一个屋脊，号称“九子一条龙。”这件事，却被地方上的流氓恶棍告到县衙，说贾家图谋不轨，要造反，“九子一条龙”的房子只有皇帝才能造，贾家造这样的房子，不是想做皇帝吗？县官老爷派差役把贾家父子抓到县衙。县官立即审问，坐定后，向堂下一看：一位老人当堂跪着，背后齐崭崭地跪着9个儿子。县官心中已明白了八九，问老人姓名，又问：“身后都是你的儿子吗？”老人说：“是的，都是我亲生的儿子。”县官说：“回去吧，你们是没有罪的。”就这样，老人领着9个儿子欢欢喜喜地回家了。县官老爷令差役将诬告的流氓恶棍重打五十大板。

此后，贾家后代人丁兴旺，搬迁至顾家烧毁的庄园旧址起房造屋，建成一个村庄，称为“贾家庄”。因而，附近的乡民有的按照习惯称这个村庄为庄里，有的则称贾家庄。

### 唐家庄的故事

很早很早以前，南西漳马家桥巷有一户姓唐的人家，家境富裕，积德行善，为方便百姓，把积蓄的钱财建造马家桥。可是，桥桩怎么也打不下去。唐家就去请教风水先生。风水先生说：“找个人抱抱桥桩就可以。”遵照风水先生的指点，造马家桥的桥桩果然打下去了，却在桥桩下面冒出一股血水，直淌北塘河。唐家人心中很不自在。有高人指点说，桥桩打在龙眼上，此地的风水坏了，你家要过苦日子了。为求发展，唐家父亲就在兄弟几个中挑小儿子到荷叶里创家立业。

荷叶里原来是一片低洼田，长满莲藕，流经的三条河开满荷花。唐家小儿子来到荷叶里后，在东边开河引水灌溉种田，西边开挖池塘养鱼，勤俭持家，日子过得红红火火。唐家一个姓王、一个姓孙的书童在河东居住，陪伴唐家儿孙读书，唐家人在河西生活。几代下来，唐家人丁兴旺，分成前庄、中庄、后庄，成为一个大村庄。大村庄都姓唐，唐家就把荷叶里改名为唐家庄。

唐家在明代出过一位名将。这位名将在抗击藩兵中屡建奇功。在一次战斗中，唐家的这位将领壮烈献身，连头颅也丢失在战场上。皇上为此御赐一个6斤4两的金头颅连同遗体运回家乡，安葬在位于苏庙村天墩头东面的唐家祖坟唐墩上。

唐家笃信风水，也注重教育。风水先生、私塾先生常年供奉在家。主人对风水先生尤加尊重，任何事都看高一眼。一次，主人包精肉团子给风水先生吃，而把切下的肥肉熬成猪油，连同猪油渣一起做成的用菜猪油馅包的团子给教书先生吃。餐间，风水先生闻到一股香味，以为教书先生在吃什么美味，就问是怎么回事？教书先生说，我吃的是菜猪油团子。风水先生说让我尝尝，一吃觉得又香又鲜，赞不绝口，心想主人偏心眼，不善待我呀。风水先生就出坏主意，对主人说：“唐墩坟上有一簇韭菜，请割来食之。”主人依从，割来韭菜，炒给风水先生吃。其实这不是韭菜，而是一簇龙须。自此，唐家坏了风水，原来能出三斗三升芝麻官的村庄，再也没有儿孙出过官。

唐家庄人特喜欢文艺，村民喜欢唱锡剧，排练节目。20世纪五六十年代，南西漳大队文艺宣传队骨干大多出自唐家庄。唐家庄分成四个小队，为前巷、中巷、后巷、河东。随着钱桥地区农村城市化，唐家庄前巷、中巷、后巷、河东已于2008年11月全部拆迁，村民分别安置到华新苑及洋溪人家。

### 官桩浜的来历

稍塘营章巷旁的官桩浜得名于清朝乾隆年间。当时乾隆在位，下江南巡视，乘龙船从运河直往南下，进入无锡境内，到杨墅转弯，便进入了横塘河。然后，龙船再从洋溪河往东，路经横塘河河尖与洋溪河交界处，天色已晚。乾隆见夕阳西下，遂下令停船过夜。

船夫把篙子一端插入河底，一端用绳子系在船舷上，定住船身。一夜过去，红日从惠山升起。乾隆更衣起身，走上船头，一看，大吃一惊：只见插入河中的篙子露在水面上的顶端已经长满了郁郁葱葱的竹叶。乾隆见状，长叹一声，预感大事不妙，心中暗想：这里占尽地利，是块活龙宝地啊！新的皇帝极有可能就在这里诞生。

乾隆想到这里，极为恐慌。这怎么行啊，大清皇朝的基业怎么可以毁在自己手中呢？一定要把大清基业世世代代地传承下去。

乾隆绞尽脑汁，终于想出了一个办法。他当即传下圣旨，命令部下赶快设法弄来七七四十九根桃木桩，在龙的腰腿之间（也就是沿横塘河一带所有浜口的三角段中），一一打上桃木桩。就这样，用桃木桩把那条即将要腾飞的龙躯钉死在河床上了。

这桩一直钉在横塘河的尖地上，民间就把横塘河的出口处称之为“官桩浜”，就此世代相传。至今，横塘河的河底还残留着一些桃木桩的遗骸。民国19年（1930）干河时，村民们在河底见到那桃木桩。1958年，干河时仍在河底看到那桃木桩。

这是一个关于地名的故事。这个地名的由来、延续，与当地的地理环境有着密不可分的关系。人们每当行至这个地方的时候，常常就会情不自禁地想起这个美丽的传说。这个传说，不仅追溯到古代乾隆年间的一些轶事，具有丰富的历史、文化和精神价值，是民族的生命动力，而且也为这里优美的地理环境赋予了传承价值。

这个民间故事入编2009年6月无锡市惠山区文体局编写出版的《江苏省非物质文化遗产普查惠山区资料汇编》。

## 第三节 轶闻

钱桥、藕塘地区民间流传着一些稗史趣闻，既无正式文字，更不见于正史记载，却又实实在在地存在或发生过。如《钱桥的由来》《钱桥古镇》《苏庙》《稍塘营》《龙山消息树》《南水渠的由来》《官路和井亭》《民国34年（1945）藕塘黄土桥茶馆店发生的凶杀案始末》等，都是钱桥、藕塘地区广为流传的轶闻遗事。

### 黄歇与黄城

黄歇（前314~前238），春秋战国时期楚国人，封号春申君，能言善辩，著名的政治家、军事家、水利专家。黄歇在舜柯山下筑黄城。黄城的位置据《常州志》载：“黄歇请封于江东，以故吴墟为都邑，地点在无锡县开原乡。”开原乡钱桥有条小溪，源于龙山谷口，从华莉湾蜿蜒流入洋溪。20

世纪20年代筑路，曾发现一块桥石，上镌“黄城永安桥”。这是黄城的唯一见证，可惜后来桥石不知所踪。

《汉书•地理志》无锡侯国注：“县西龙尾陵道，春申君封吴时所造。道址在县西龙山北尾。”这条道自黄城始，向东通向集市中心大市桥、娄巷（即吴市），向西通向延陵（今常州）。20世纪70年代，在龙山脚下钱桥段还有遗存，乡民称之为“上官路”。沿官路在藕塘区域内有井亭。井亭是官道上来往官员、商贾歇脚之地。

在钱桥百姓中流传着一种说法，即黄城在人巢湾，后称城漕湾，讹称为当今的陈漕湾。据史料记载，黄城与斗城相近，钱桥人也俗称“黄斗城”。斗城为范蠡进攻吴国时所筑，其城的主流说法是在舜柯山一带。

舜柯山一带是块风水宝地，20世纪60年代，曾发现东晋时期的陶器，并有明显的古窑遗迹，可惜当时没有引起文保单位重视。附近村民还挖掘到不少新石器时代到商周时代的石器和陶器。2013年，舜柯山下赤墩考古发现马家浜文化、崧泽文化、良渚文化遗址。

司马迁《史记•春申君列传》中写道：“吾适楚，观春申君故城，宫室盛矣哉！”舜柯山下的黄城应是无锡早期历史上一座主要的城池，后来因为无锡城的兴起，黄城才慢慢湮没在历史的长河中。

《黄歇与黄城》入编2009年6月无锡市惠山区文体局编写出版的《江苏省非物质文化遗产普查惠山区资料汇编》。

## 钱桥的由来

钱桥旧属开原乡。先时，老街在龙尾陵道至乌泾桥，靠近古黄歇黄城、范蠡斗城。后来在潘葑、社冈又有街。在乌泾桥街和藩葑、社冈两街之间，有河所隔。河上无桥，河南、河北两地民众靠引渡过往。

元至元年间，有一姓“钱”州官途经，见士民往来不便，倡议在乌泾桥街与潘葑、社冈街之间的河上建一座桥。元至元十二年（1275），桥完工，名曰“钱桥”。因桥中嵌有一幅团龙图，俗称“环龙桥”。此后，两街依桥相连，乌泾桥街和潘葑、社冈成为后来钱桥的南北老街，同时成为开原乡的中心。元泰定元年（1324），里姓钱民亮重建钱桥。

图6—30—6 乾隆年间刻制的“钱桥”桥碑镶嵌在钱桥北墩上

钱桥前后共经二次大修。一次为清乾隆四十八年（1783）孟冬，时桥碑至今砌于新钱桥北堍上；另一次为民国初年（1912），邑内名书法家裘昌年还写一篇《重修钱桥记》。20世纪50年代，拆除桥面，石拱桥改为木枕桥。后由于开挖洋溪河，1976年又改成水泥双曲拱桥。2006年，钱桥成为危桥，即改建成观赏性的石栏杆水泥桥。

《钱桥的由来》入编2009年6月无锡市惠山区文体局编写出版的《江苏省非物质文化遗产普查惠山区资料汇编》。

## 钱桥第一家

钱桥旧镇呈“曰”字形水状，南大门立“车骡门”牌坊，背镌“迎龙桥”，简称南巷门，也称车骡门桥（原桥为青龙桥）。

顾氏宗谱传人、著名文字学家顾野王二十五世孙顾得琛于宋末元初知天下乱，从苏州避居邑乡，为钱桥地区第一户人家。因琛推一车，牵一骡，带家室而来，于是其所居庄园曰“骡门居”。后居民逐渐增多，形成钱桥集镇。为纪念开拓钱桥的顾氏祖先，后人於青石桥北堍立“车骡门”牌坊（金山石制）。车骡门为钱桥的正大门。后荣德生组织百桥会重建青石桥为水泥栏杆桥，名通津桥，还将牌坊重建成青砖牌坊，仍称车骡门牌坊。牌坊的东侧为顾得琛“骡门居”旧址，清光绪年间改建为“顾氏宗祠”，2015年仍保存完好。

钱桥第一家顾氏一门为书香传家：顾茂名，明初举贤方正（贡举特科考）；顾泰，乡饮大宾，善行诗文与同志结“五老社”；顾恒，诰封文林郎；顾述，广东布政使司都事；顾遇，礼部儒士；顾中寅，礼部儒士；顾中纬，有《清芬集》传世；顾震来，礼部儒士；顾玉成，国学士；顾炬明，举人；顾士生，浙江军务处五品，督办钱塘大潮。另顾家后人有庠生、吏员近百名。

图 6—30—7　明洪武年间顾茂名举孝廉所建石坊车骡门

《钱桥第一家》入编2009年6月无锡市惠山区文体局编写出版的《江苏省非物质文化遗产普查惠山区资料汇编》。

## “四世箕裘”和“奕世箕裘”

西漳地区牌楼巷因在清朝时被获准建一牌坊而得名。那时，牌楼巷居住着一户唐姓家族。唐姓家族中有一位既有才华、知识渊博又会经商的学者，名叫唐葵生。唐葵生任职本地图董，同时在经商中积累了一定财富，家境殷实，成为当地的名门望族。唐葵生到晚年的时候，家中人丁兴旺，四世同堂。他深知创业艰难、守业更难的道理，如何将家业让后代子嗣更好地继承，一直在脑子中盘旋。想来思去，唐葵生在青砖上刻上四个字，交给儿子用于警示子孙。唐葵生传下的这块青砖因翻建房屋时被损毁。唐家中后人回忆这块青砖上的四个字，有的说是“四世箕裘”，有的说是“奕世箕裘”。“四世箕裘”仅仅是寓意四世同堂；“奕世箕裘”查阅辞海，并未找到解释。后在汉语辞典中查阅到“箕裘相继”以及“克绍箕裘”，意思是继承父业。经考，“奕世”的意思是“累世、代代”；“箕裘”是比喻祖上的事业。“奕世箕裘”的意思是告诉子嗣，要发展继承祖先的事业，并代代相传。“奕世箕裘”对子孙后代起着教育和警示作用。因此，之后唐家后人都用“奕世箕裘”作为祖上的警语，一代代流传，勉励子孙。

## 钱桥古镇

钱桥古镇位于龙山梢下，双河（又称南塘河）和洋溪河交界处。早在清朝，随着水上交通的发展，钱桥人口猛增，逐渐形成集市。

解放初期，钱桥南街地段属无锡市第四指导区钱桥镇（乡），钱桥北街属无锡市第六区的会龙乡，“一街二乡”“一桥二乡”之说指的就是当时钱桥市镇之区域。钱桥集镇老街为一条南北街。南起自南巷，北至周巷，因中间由于洋溪河阻隔，分成南街与北街。河（东西走向）岸二边都有商铺，还有临时摊点，自然而然形成沿河街区与交易市场，水上码头。河上行船交会、喊声四起，岸边货郎担，摇鼓声震响八方，真是生意兴隆。

图 6—30—8　老屋顶上繁茂的瓦楞草见证钱桥老街岁月的悠长

龙山梢有官道，筑于战国时期黄歇封江东之时，后官道成为历代交通主干道。民国3年（1914），荣德生捐资筑建惠山通钱桥马路。由于受官道、马路影响，钱桥集镇经自南往北发展的过程。

在钱桥集镇史料调查中，钱桥南首的南巷有一巷门。巷门二边分别有“车骡门”“迎龙街”字样。旁有东嶽观、大王庙。民国时期改建成无锡县钱桥第四国民初等小学，解放后为钱桥中心小学校。校门（原东嶽观朝东开门）东首靠北有座桥，名“通津桥”（桥下河水来自龙山溪流，通向洋溪河）。通津桥后系荣德生出资重建，所建桥梁以钢筋混凝土浇筑，铸铁护栏，非常坚固。钱桥中心小学学生毕业时，都喜欢在此留影，留影背景能清晰地见到南巷巷门及“迎龙街”字样。

图6—30—9　民国时期庄源大槽坊的油车弄

钱桥东街叫东巷街，东首可见龙山梢官道。东首也有一座荣德生出资所建的桥，名“永安桥”。东街与南街交叉，南街仍向北延伸，直至钱桥。过钱桥是北街，北街至周巷约一公里，在北首有一座牌楼，上书“映秀街”。钱桥南街米铺油坊最为兴盛。民国5年（1916），钱桥庄家里庄兰芳在钱桥古镇开设庄源大油厂。抗战前夕出版的《无锡之工业》一书，庄源大油厂名列其中。现存南街的“油车弄”为庄兰芳的庄源大槽坊一条弄。

《钱桥古镇》入编2009年6月无锡市惠山区文体局编写出版的《江苏省非物质文化遗产普查惠山区资料汇编》。

## 苏庙

苏庙已有上千年历史。“苏庙”即“忠安庙”，俗称“大王庙”，是无锡最早的“黄歇庙”，为祭祀战国时期春申君黄歇而建。春申君黄歇在位二十五年，封吴十一年，功勋卓著。黄歇在位时，在钱桥龙山梢修建陆地陵道（钱桥龙山梢尚留遗迹）；舜柯山下筑建黄城，以抗山洪暴发。

苏庙正门面对舜柯山与黄城（前248年，战国楚考烈王十五年春申君黄歇封吴时建造），为三开间，中间正殿供奉忠安大王楚国春申君与赵国平原君、齐国孟尝君、魏国信陵君四位公子。正殿一侧为天地神殿，供奉玉帝与阎王；另一侧供奉观音，观音两旁有童男玉女。苏庙旁是文昌阁。苏庙正厅西侧有碑刻，其中有两块石碑刻着忠安大王春申君的史料。

清道光年间，在苏庙碑刻中增添清代名人支浩明（苏庙支巷人）率领乡民开通显应桥坝、拯救锡西数乡数十万亩因干旱而枯萎的稻苗的有关碑文，有遇旱开通碑，开挖“王泗浜”“双河尖”治理水患碑，保护舜柯山张湾、道士湾生态环境碑等。

苏庙原位于钱桥街道苏庙社区西部春光苑小区内，21世纪初因拆迁已无法找到苏庙遗迹。

## 官路和井亭

无锡惠山向西绵延20余里的鸡笼山脚下一里路处，有一条官路往东西两个方向延伸。官路旁有一只亭子，亭子中间有一口井，有井有亭，藕塘地区的百姓称之为“井亭”。在井亭旁边有一个数百户的自然村，即命名为“井亭里”。官路和井亭的所在行政村，在20世纪80年代至20世纪末取名为“井亭村”。

鸡笼山下这条官路和井亭，始建于元末明初，是无锡往西的交通要道。官路宽近3米，土质，道路平坦，少弯曲，较直，排水暗洞用官窑所产青砖砌成。元代以后的各个朝代的朝廷和地方各级府署、县衙所行公文，都经过这条官路向西或向东送达。

古代在鸡笼山下设置官路，具有一定的战略意义。因为官路南面是延绵数十里的惠山、龙山、舜柯山、桃花山、鸡笼山……山上筑有古炮台（遗迹犹存），百姓称之为炮墩，打起仗来能屯兵，能攻战，能防御，有利于快速运输部队，掌握战事主动权。

井亭，是当时无锡地区每十里设的一个官亭之一。在无锡西面龙山脚下建有第一亭，鸡笼山下井亭是第二亭，往西在阳山东塘桥建有第三亭，统称“官亭”。“官亭”即封建时代官府传递文书的驿站。亭子靠官路而建。鸡笼山下的井亭，由四根 3 米多高、边长 30 厘米左右的阳山产的方形条石为柱子，地上有阳山产的方石铺地，亭顶木质材料，青黑色圆筒瓦盖顶。亭中南北两面有石条做石凳，中间挖一口井，井底通泉，井水很满，供过往官员、军队兵马休息和饮用。过往商人、行人也都到亭中歇息、喝水。

井亭中撑起亭顶的四根柱子每根重 1 吨余，据传是当年由兄弟两人每人肩上扛一根、手弯里抱一根从阳山运来。兄弟俩力大无穷。村民们尊称他俩为“蛮大”“蛮二”。据说，这兄弟俩后来曾当上将军。

在井亭旁的西边有一条小溪，小溪上有一座用三根石条做成的石桥，贯通东西官路，此桥名为“井亭桥”。 清清的溪水从鸡笼山上而来，终年流淌不息，穿过官路，流向大河。

井亭旁建有一庵，名为福成庵，建于清康熙年间；南面是朱氏宗祠，庵内供有大文学家朱熹的牌位。

具有数百年历史的井亭在“文化大革命”初期被毁掉。改革开放后，村民们在原井亭西南方 200 米处的藕塘绒线厂内，新建一亭，仍以“井亭”为名。

因为有官路，在井亭西一公里外的稍塘营、营坝头、教场里等都是古代屯兵之地。1949 年无锡解放时，人民解放军也是在这条官路上向西挺进。2010 年，原官路扩建为无锡职教园“园区南路”，原井亭的地理位置在无锡职教园园区南路与新藕路交会处。

《官路和井亭》入编 2009 年 6 月无锡市惠山区文体局编写出版的《江苏省非物质文化遗产普查惠山区资料汇编》。

## 稍塘营

据无锡县地名志记载，稍塘营原名扫荡营。清光绪《无锡金匮县志》载：“梢塘桥，藕荡（藕塘）西，元末莫天佑屯兵于此。扫荡营土人今称其地为梢塘营。”元末明初，姑苏王张士诚部将莫天佑抗元拒明，屯兵于此，号扫荡营，直径 600 米环营护河尚存。

莫天佑，元朝无锡军政统帅，陆区安阳山人，孤儿，从小受义父莫一清道人教育训练，武艺出众，智力过人，平时喜交义友，锄强扶弱，爱打不平。于是，跟随莫天佑的人越来越多，很快就成为无锡地区一支民间武装力量。莫天佑成为这支武装力量的首领，人称阳山莫老虎。莫天佑与元朝官军、张士诚、朱元璋三大势力斗智斗勇，独树数年，后因力薄，被张士诚收编降元，官封枢密院士，执管无锡军政，为无锡地方统帅。

莫天佑进城后得悉钱桥到闾江一带盗匪活动猖獗，百姓怨声载道，深感内疚，决定亲自带兵下乡扫荡，并选择圆环型河、水陆方便的稍塘为屯兵驻地，番号为扫荡营。经过莫天佑数次围剿追捕，除湖匪逃离外，其他盗匪都得到应有的惩罚。后来湖匪听到有扫荡营的船只巡逻，马上调转船头逃命。扫荡营一时成为锡西地区的保护力量。后人为保地方太平，把扫荡营改名为稍塘营。

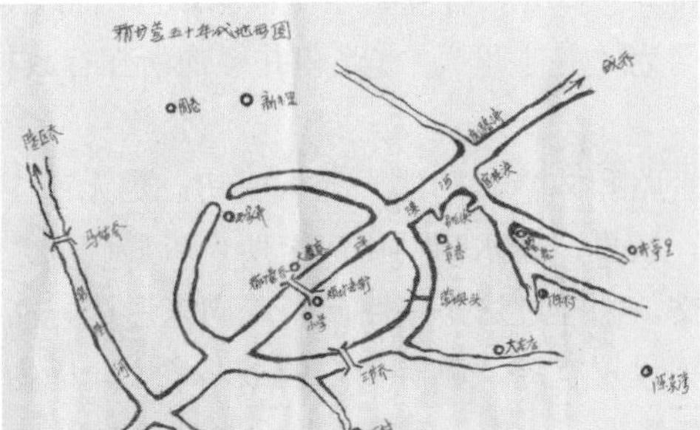

图 6—30—10　20 世纪 50 年代稍塘营地形示意图

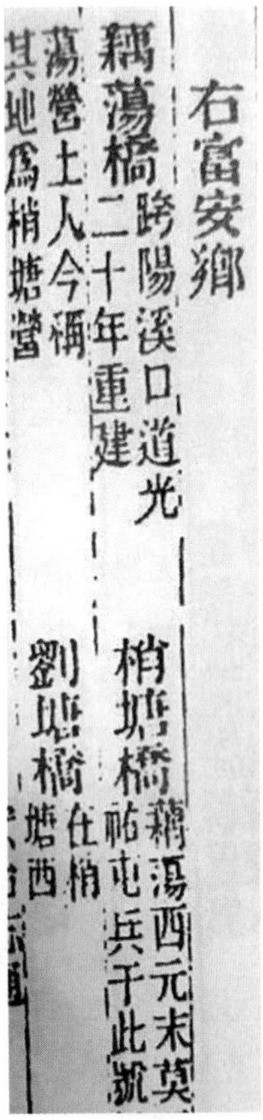

右富安鄉
藕蕩橋跨陽溪口道光二十年重建
蕩營土人今稱其地爲梢塘營
梢塘橋藕蕩西元末莫祐屯兵于此[illegible]
劉塘橋在梢塘西

图 6—30—11　复自清光绪《无锡金匮县志》

## 南水渠的由来

南水渠位于藕塘桥之北一公里处，原是人工开凿为农业灌排所用的水道。此地大小水渠有两环72条之多，构成一套较为完整的农田灌溉网络，是典型的江南水乡灌排网。

南水渠的雏形于元代始开凿，为当时迁居于此的百姓所挖掘，至今仍可看出当初的规划和布局，这是历史的传承。经历700多年的变迁，南水渠成为一条农业灌溉渠，在社会主义现代化新农村建设中其功能不断完善，从一条单纯的水利渠道发展成为体现生态美、环境美的河道。

2008年，在小牛埲施工中曾挖掘出不少瓷碗。据考证，这些瓷碗是元末明初时期的文物，证实南水渠在元代时已有先民定居。

在社会主义现代化新农村建设中，南水渠村村委十分注重南水渠的发展与历史人文相结合，将村里的水、渠、桥、绿化、人文景观修建融会一体，对环村的河道进行全面清淤，在河道上仿古新建大德、弘德、井潭、牵牛四座金山石质桥梁，同时对河道上数座无名桥进行修缮。

在南水渠小牛河北首，新建水长亭、明月廊、浅月台，把一环以内的巷道依古仿古，全面修缮。在修缮、建设过程中，得到南水渠村民及政府部门的鼎力相助。

小河流水皆有心，绿树成荫都有意。南水渠村村民在洁美、生态、自然、和谐的环境中悠然生活，种豆水渠边，波光映晨晖，生活像芝麻开花节节高，一天更比一天甜。

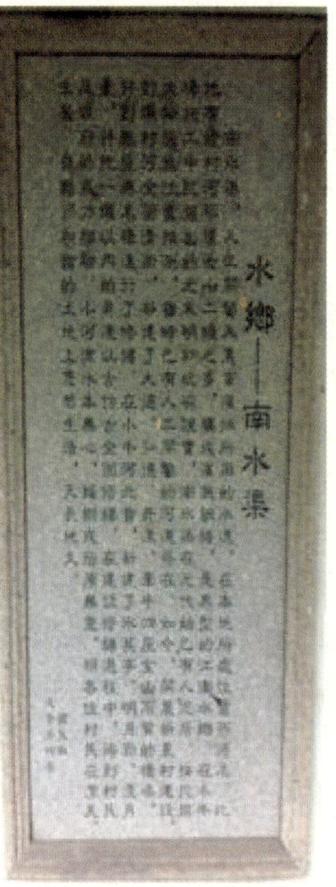

图6—30—12　关于南水渠由来的碑文

《南水渠的由来》入编2009年6月无锡市惠山区文体局编写出版的《江苏省非物质文化遗产普查惠山区资料汇编》。

## 龙山梢消息树

“山不在高，有仙则灵；水不在深，有龙则灵。”在大自然赋予钱桥好山好水之中流传着一些神奇的故事。龙山在钱桥镇区东侧，其气势非同寻常。龙山的气势在抗日战争年代对于受苦受难的钱桥老百姓是一种信心的提升和心理的安慰，无形间鼓励民族团结奋战，一致抗日。龙山上有一棵消息树，只是千千万万棵古松柏中的一棵，但是，钱桥的老百姓总喜欢将这棵消息树与那烽火连天的岁月紧紧相连。

《越绝书》载：“无锡西龙尾陵道者，春申君初封吴所造也，属于无锡县。”相传春申君建造皇陵道时曾将马匹系在这棵树上，指挥众人在龙山梢造陵道。龙尾即今钱桥街道区域内的龙山梢，山上有龙潭。

周氏《风云记》云：“龙山去县三里，上有三峰，有白龙潭。东晋时有居其上者，妻妊三年，忽产一龙，名曰龙一，色如银，七日升天去。龙母葬于山顶，龙父并所居成潭，号白龙潭。自此以后遇龙一归，岁则大熟，山由是名。”

龙山梢上有一座古墓，古墓旁有一棵“丫”字型的老柏树。钱桥地区老百姓称老柏树为观音娘娘的脚印落于此后，一颗柏籽飘落在脚印中而生根发芽成长。抗日战争时期，日军三占龙山梢，在龙山梢一带建造军事设施。龙山梢上许多古树都被日军锯割，唯有这棵古柏树再三割锯，始终锯不断。后来日军了解到这棵古柏树是棵神树，就放弃锯割。由于古柏树长在山岭高处，抗日战争年代钱桥老百姓只要知道日军下乡的消息，便在树上挂上醒目的红色布带，作为传递日军下乡的信息。西北乡一带的老百姓只要一看见树上的红色布条，早就作好抗击日军的准备。时间一长，人们即称此古柏树为“消息树”。

几十年过去了，这棵古柏树还郁郁葱葱地长在龙山梢上，走近树身仔细查看，还隐约可见老树树身上的锯痕。

《龙山梢消息树》入编2009年6月无锡市惠山区文体局编写出版的《江苏省非物质文化遗产普查惠山区资料汇编》。

### 阴阴阳阳好庙桥

清朝乾隆皇帝下江南时，龙船从运河到杨市，再进入横塘河，然后由洋溪河直往东走。龙船缓行在横塘河与洋溪河的交界处，呈现出一派江南美景。乾隆登上船头，赞叹不已。他极目四望，忽然觉得这地方是块活龙宝地，极有可能新皇出世。乾隆心想世代为帝，就下旨在广福庵旁的龙半腰处建造一座桥。这样，就可以把活龙地彻底镇住。桥一年后建成，取名“庙桥”。此后，庙桥、广福庵香火鼎盛，非常热闹，逐渐融入集市交易和群众性娱乐活动。

庙桥周边有好几座庙。每逢庙会之时，不是这里的庙会有事，就是那里的庙会吵吵打打，搞得庙会不欢而散。比如:东边有座陆家庙，庙会演戏的时候每次出现群众打架，打得伤的伤，逃的逃；北面有座常世庙，庙会时老遇到雨天，观众忙着躲雨，四处奔跑；后背是座蛤蟆庙，庙会演戏演得热热闹闹之时，突然就起大火，群众不但戏看不成，还都去取水救火，来回奔跑；西边是座陵庵庙，演戏也很是热闹，突然就会刮起大风，尘土飞扬,台上台下迷迷蒙蒙，啥都看不见；南面有座黄土庙，做戏总是太阳当头照，晒得观众口干舌燥，甘蔗、荸荠吃个一大饱。独有庙桥做戏，东西两边开场子，唱念做打，“细阿金”“金剑鹏”两大戏班子粉墨登场，绝招绝活各显神通。天气也是不冷不热,阴阴阳阳天气好。就此出现这样的民间顺口溜：雨落常世庙，风吹陵庵庙，晒死黄土庙，打死陆家庙，火烧蛤蟆庙，阴阴阳阳好庙桥。

往昔的繁华已归寂于历史，只有这“庙桥”一名，以及残留的广福庵庙遗迹，约略透着昔时的信息，令人追念不已。

《阴阴阳阳好庙桥》入编2009年6月无锡市惠山区文体局编写出版的《江苏省非物质文化遗产普查惠山区资料汇编》。

### “无屁股”周巷的由来

钱桥地区乡间的一个个小小村巷，或是依山傍水，或是别有风情，或是风俗另类，总会产生一些离奇的故事，相传于人耳的左左右右、时光的前前后后。藕塘的周巷，却是因为“风水”的朝向，引得家家户户不开后门，弄了个从此叫“无屁股周巷”的名声。

明朝末年，有周姓兄弟俩携家大小从胡埭鸡山头迁至稍塘营西北约一里地的一个浜口，租地为生。若干年后，周家繁衍子孙，逐渐成为村落，取名周巷。

有一天，一位风水先生路经此地，驻足环顾，连连摇头。周家人见状问其缘故。风水先生曰：“此为二大不祥之地：一是三面环水，村子装入蜂窝口，常言道‘埠蜂刺瘌痢’，周巷子孙瘌痢必定多；二是周巷朝向东南，正后方不远处有座石板桥，石板桥又对准阳山顶上那颗石峦，此乃大忌也，如不避其锋芒，全村的女人都要出轨。”村上长辈闻听后大惊失色，向风水先生讨取破解妙术。风水先生笑着说：“瘌痢头已经不可避免，但可尽量减少。每户人家只要把后门堵了，瘌痢自然少，村上的女人也都会规矩。”于是，周巷家家户户封了后门，依靠大山墙开横门。但是瘌痢还是层出不穷。解放后，医学技术发达了，老百姓相信了医术，只要家中老小头上有疮，就主动到医院就诊，村上的瘌痢少了，但是周巷的家家户户还是不愿开启后门，从打心眼里相信风水先生的话。由于从古到今周巷家家户户没有后门，所以在方圆几十里就成为出了名的“无屁股周巷”。

故事仍旧延续。周巷因为拆迁，门户已不剩几家，然而未拆迁户因为风水原因，后门还是仍然没有。

《“无屁股”周巷的由来》入编2009年6月无锡市惠山区文体局编写出版的《江苏省非物质文化遗产普查惠山区资料汇编》。

## 民国34年（1945）藕塘黄土桥茶馆店发生的凶杀案始末

民国时期，从稍塘桥至庙桥之间有一条官道，人称白大路。走白大路途经黄土桥，有一座古庙，叫普福庙。庙后有一条河，往东200米河面较窄处有一座小石桥。石桥旁河北岸有一爿茶馆店，是当时权贵绅士、地痞流氓、游手好闲之徒经常聚集喝茶赌博的地方。茶馆店老板金阿胖是盛峰大树下人，老板娘虞秀宝约三十多岁，长得有几分姿色。一些权贵绅士、地痞流氓对老板娘心生邪念，企图勾引，常有争风吃醋的绯闻传出。

当时的伪保长丁阿焕是个老色鬼，看上虞秀宝，千方百计调戏她。虞秀宝是良家妇女，想方设法回避，于是得罪了这位保长。伪保长丁阿焕一怒之下，便起杀心，暗地买通忠义救国军内一个叫“大爪虾”的匪徒和自卫团团长王明度，于民国34年春的一天深夜闯入茶馆，残忍地把虞秀宝、虞秀宝儿子金根生（时11岁）、侄女金阿毛（时14岁）三人杀死。茶馆店中财物洗劫一空，连烧茶的锅灶都拆毁丢入河中，茶具、家具砸毁后抛散一地。店老板金阿胖因外出贩毛笋，得以幸免于难。这件凶杀案当时震惊整个锡西地区。

事发后，当时的地方政府派警察前往调查，不仅不抓凶手，反而反咬一口，说凶手是店老板金阿胖。吓得金阿胖连夜逃走，游过三道河，逃到上海去流浪做苦力谋生。警察没有抓到金阿胖，就去抓金阿胖的大哥金五度。金五度躲到灰潭里，仍被警察抓住；连躲在麦田里金阿胖的八十多岁老父、老母也被抓住，一起被押送到设在张舍镇上的警察局。警察局不问情由，严刑逼供，要他们承认是杀人凶手。金五度受苦更为严重，被打得遍体鳞伤，九死一生。

警察倒行逆施引起当地群众的愤怒。当地很有名望的贝桢祥医生出面向警察局交涉，认为警察局这样不问黑白，胡乱抓人、打人，不得人心。在群众舆论的压力下，警察才把金家三人放出。

金五度与父母回到家中，看着家徒四壁的破烂景象，一家人抱头痛哭。还要安葬被害的三位亲人，更是惨不忍睹。全靠乡亲们帮助，才料理完后事。观者无不扼腕长叹。

伪保长丁阿焕还假惺惺上门“安慰”，说什么“人死不能复生，大家节哀。生活有困难，到我家去拿点米，暂度饥荒。”

时隔不久，土匪“大爪虾”去向丁阿焕要一头牛钱。因为丁阿焕事前承诺“大爪虾”只要杀死虞秀宝，就给他一头牛钱。事成之后，丁阿焕却赖得干干净净，一分钱都不给。于是“大爪虾”气急败坏地走到黄土桥，当着乡亲们的面说：“虞秀宝是丁阿焕叫我们来杀死的。丁阿焕这个家伙不是东西，答应的条件现在又赖账。我要到警察局去告发他。”说完，嘴里骂骂咧咧地就走。可是没过几天，消息传来，“大爪虾”已被人杀死。从此，虞秀宝一家三口被杀一案再也没人敢提起。乡亲们有时讲到这件事，还要小心翼翼地看看旁边有没有人，生怕招来是非。

解放初期，丁阿焕自杀。王明度因为罪恶太多被判处死刑。

# 第三十一章 体 育

清末及民国时期，钱桥、藕塘地区少公共体育设施，农民自发地开展抓子石、抛石锁、举石担、打沙袋、掷飞标、练气功、打拳、跳绳、游泳、下象棋等体育运动。民国28年（1939）区域内盛店、稍塘小学各有一片泥土操场。民国37年，万东中学建成泥土小型操场与篮球场。1955年，钱桥西漳地区成立西青篮球队。1969年，区域内无锡县钢铁厂成立篮球队。20世纪70年代，钱桥、藕塘公社中小学体育设施有所改善，学校体育教学得到重视。1980年11月，无锡县钢铁厂篮球队三级裁判员黄钢被批准为国家一级篮球裁判，成为无锡县历史上第一人。1984年，藕塘乡南水渠村成立无锡县第一个村级农民体育协会，并举办首届农民运动会。1993年，无锡县钢铁厂成立老年门球队。1995年，钱桥镇胜丰村建成区域内首个游泳池，向本村村民免费开放。

2004年钱桥、藕塘两镇合并后，钱桥（镇）街道文体（站）服务中心以多样化、系列化、制度化、品牌化（四化）为宗旨，组织区域内群众开展全民健身运动，建立社区“10分钟体育健身圈”。按照钱桥镇党委、政府提出的“以健身活动正风气，以体育比赛树斗志，以体育精神促发展”的体育工作要求，精心策划，组织形式多样、内容丰富、群众喜闻乐见的全民健身活动和群众体育竞赛活动。2005年，钱桥镇参加惠山区第一届运动会，获团体金牌2块、银牌1块、铜牌1块。是年，钱桥镇成立篮球协会。2006年，华新村成立龙腾虎跃太极队。2007年，钱桥镇成立乒乓球协会。2008年，神州武馆阿祖武道中心开馆。2009年，以“钱桥街道全民健身康乐节”品牌活动为抓手，组织健身系列活动，经常开展乒乓球、篮球、羽毛球、门球、柔力球、长跑、拔河、健身走、登山、钓鱼、太极拳、跳绳、象棋、围棋、呼啦圈等各项运动比赛。是年，钱桥街道参加惠山区第二届运动会，获团体金牌3块、银牌4块、铜牌3块。2010年，钱桥街道成立登山协会。2011年，李新太极队成立。2013年，钱桥街道参加惠山区第三届运动会，获团体金牌2块、银牌1块、铜牌2块。其间，钱桥街道残疾人体育运动得到长足发展，区域内残疾人运动员连续三年在无锡市、江苏省、全国残疾人运动会上参加自由泳、蛙泳、篮球、赛跑、标枪、铅球、举重等比赛中分别获得奖牌。

2015年，无锡职教园校区7所大中专院校体育设备设施优良，钱桥街道15个社区均达标成为惠山区文体特色社区，区域内建成公共体育场地、公共健身点、体育场馆占地面积25.3万平方米，健身室建筑面积共1011平方米、乒乓球室建筑面积1164平方米、棋牌室建筑面积2468平方米、篮球场面积10662平方米、健身广场面积13494平方米，设置体育健身器械1078件。

## 第一节 体育健身设施

20世纪60年代以前，钱桥、藕塘地区少公共体育健身设施。进入90年代，随着钱桥、藕塘镇经济的发展，政府在镇区公共活动场所安装简单的体育健身器械，有单杠、滑滑梯、荡脚器、健腰器、转盘、拉手器等。市镇群众利用公共体育健身设施开展体育健身锻炼。1995年，钱桥镇胜丰村投入60万元资金，建造占地面积4000余平方米的游泳场所，其中游泳池面积700平方米，同时配

图 6—31—1　胜丰游泳池

备相应的公共设施。游泳池开放期间，每天有专人负责消毒，有安全监督。胜丰村村委对本村村民发放游泳卡，持卡者免费进场，对邻近村民和外来户则票价优惠。胜丰村游泳池池水清澈，环境卫生。盛夏，泳客盈门，吸引石塘湾、洛社等地群众举家到胜丰游泳池“过把瘾”。

进入 21 世纪，钱桥、藕塘镇，钱桥街道各（村）社区投入资金建设体育健身场地、场馆等，设置各种健身器械。2007 年，钱桥（镇）街道各村先后建立相当规模的健身网点和具有二星级以上标准的文体活动中心，推动区域内群众体育健身运动广泛开展。是年，钱桥街道共有文体协会 8 个，建成俱乐部 2 个，省级全民健身工程点 1 个，市级全民健身工程点 15 个，各（村）社区晨晚健身点 20 多个，配备文体辅导员、社会体育指导员 40 多名，文体特色团队 30 多支。

2010 年，钱桥街道文体服务中心对全街道 15 个社区的健身器材进行统计造册，新增 4 片健身路径。2012 年，钱桥街道加强社区体育健身器材的维护管理工作，明确责任主体（社区负责制），明确维护负责人，建立巡查队伍，每个健身点配备 1 名社会体育指导员，每月巡检 1 次，每月上报 1 次，确保辖区内不出现因体育器材问题而发生安全事故。

2013 年初，钱桥街道成立全国第六次体育场地普查工作领导小组，街道分管领导任组长，文体服务中心站长为办公室主任，工作人员 27 人，其中文体站 3 人、体育教师 5 人、工会 2 人、退休教师 2 人，各社区文体负责人 15 人。普查工作领导小组分工明确，体育教师负责学校场地普查，文体站、工会人员以及退休教师、社区文体负责人负责各社区和企事业单位场地普查。2 月 26 日，普查领导小组全面投入体育场地摄影、实地测量、健身器械统计。3 月下旬，根据普查数据进行计算、制表。7 月，钱桥街道完成第六次全国体育场地普查工作，普查数据为健身路径 83 片、健身器械 780 件、乒乓球台 36 张、篮球场 55 片，街道公共体育运动面积 167926.6 平方米，职教园区 7 所大中专院校体育运动面积 231464 平方米，区域内共有体育运动场地面积 399390.6 平方米。是年，钱桥街道各社区投入 500 多万元资金，实现社区各自然村健身小广场 100%全覆盖，其中新增健身小广场面积 11500 平方米，新购安装 30 多套健身器材，铺设塑胶场地 39 片，面积 5600 多平方米。同年，钱桥街道投资 3000 多万元新建山泉广场，占地 12 万平方米；建立具有特色体育设施管理机制和社区考核目标机制，各社区分别配备 1 名社区体育设施巡检员，每个晨晚锻炼点配备 2~3 名社会体育指导员，街道配备 4 名社会体育指导员分片督查，从而形成街道、社区、健身点三级体育健身设施管理网络。

**2013 年第六次全国体育场地普查钱桥街道辖区内体育场地统计表**

表 6—31—1　　　　单位：片、件、张、平方米

| 单位 | 健身路径 | | 乒乓球台 | 篮球场 | 用地面积 | 场地面积 |
|---|---|---|---|---|---|---|
| | 片 | 健身器械件数 | | | | |
| 钱桥社区 | 9 | 85 | 3 | 2 | 6696.40 | 5108.22 |
| 华新社区 | 12 | 91 | 1 | 1 | 4568.87 | 2642.31 |
| 苏庙社区 | 6 | 49 | 1 | 1 | 2942.45 | 2008.15 |
| 溪南社区 | 3 | 26 | — | 1 | 3296.43 | 3161.18 |
| 舜柯社区 | 8 | 63 | 1 | 1 | 3728.70 | 2613.60 |
| 洋溪社区 | 4 | 40 | 2 | 1 | 3376.00 | 3012.52 |
| 晓丰社区 | 2 | 36 | 1 | 2 | 7283.27 | 5006.87 |
| 西漳社区 | 5 | 60 | 1 | 1 | 4955.90 | 3588.47 |

续表 6—31—1　　单位：片、件、张、平方米

| 单位 | 健身路径 | | 乒乓球台 | 篮球场 | 用地面积 | 场地面积 |
|---|---|---|---|---|---|---|
| | 片 | 健身器械件数 | | | | |
| 晴山蓝城社区 | 10 | 83 | 2 | 2 | 4023.51 | 2290.84 |
| 藕塘社区 | 1 | 10 | — | 1 | 834.44 | 599.40 |
| 东风社区 | 3 | 29 | 1 | 1 | 3785.06 | 2549.36 |
| 南塘社区 | 3 | 26 | 1 | 2 | 2889.79 | 2273.81 |
| 盛峰社区 | 3 | 30 | — | 1 | 2486.87 | 2128.76 |
| 稍塘社区 | 2 | 20 | 1 | — | 1878.27 | 1703.05 |
| 藕乐苑社区 | 6 | 65 | 1 | 1 | 8700.52 | 5532.79 |
| 锡兴钢厂 | 1 | 10 | — | 2 | 1880.96 | 1640.00 |
| 金球集团 | — | — | — | 1 | 972.00 | 608.00 |
| 苏嘉金龙大酒店 | — | — | — | — | 269.44 | 615.98 |
| 华润公司 | — | — | 1 | 1 | 931.76 | 745.63 |
| 钱桥中学 | — | — | — | 3 | 21688.88 | 18889.40 |
| 钱桥中心小学 | — | — | 11 | 8 | 12896.05 | 10693.17 |
| 藕塘中学 | — | — | 1 | 4 | 15063.10 | 11356.54 |
| 藕塘中心小学 | — | — | 3 | 1 | 3203.00 | 1392.00 |
| 惠山职校 | — | — | — | 15 | 36180.00 | 28461.00 |
| 钱桥街道文体服务中心 | 5 | 57 | 4 | 2 | 13334.93 | 8277.10 |
| 天一围棋馆 | — | — | — | — | 60.00 | 135.52 |
| 合计 | 83 | 780 | 36 | 55 | 167926.60 | 127033.67 |

说明：“路径”为建设在室外、由健身器材组成的体育健身设施工程，多设在环境较好的公园、绿地、河边等处，每隔一段距离安装一种运动器械，各种器械之间有小路相连，是通往健康的道路。因为其适合广大群众锻炼身体，故称为“全民健身路径”，亦是体育统计部门的专用名词

2014 年，钱桥街道全面加强社区“10 分钟体育健身圈”体育设施建设，每万人拥有公共文化体育设施面积 28117 平方米，比 2013 年增 5887 平方米，同时新增健身路径 2 片、篮球架 1 付、乒乓球台 3 张，更换健身路径 2 片、篮球架 5 付。新建职教园生态休闲岛一期，新增体育场地 66600 平方米。同年，钱桥金色阳光羽毛球馆投资 300 万元建成，建有 20 面场地，拥有会员 200 多人，挂钩单位 10 家。是年 6 月 15 日统计，钱桥街道有社会投资、具有营业执照的体育场所 18 家，其中在职教园校区的爱酷健身馆投资 200 万元，拥有会员 200 余人。是年，钱桥街道有 7 个体育协会，1150 余名会员；5 个单项协会（登山、乒乓球、篮球、足球、棋类）。

**2015 年钱桥街道及各社区体育健身场地、场馆、公民健身点调查表**

表 6—31—2　　单位：平方米

| 单位名称 | 名称 | 建成年份 | 占地面积 | 建筑面积 |
|---|---|---|---|---|
| 钱桥街道 | 春来广场 | 2000 | 19000.00 | — |
| | 藕苑广场 | 2003 | 3335.00 | — |
| | 山泉广场 | 2012 | 120060.00 | — |
| | 职教园湿地公园 | 2015 | 60000.00 | — |
| 钱桥社区 | 玉泉公园健身广场 | 2007 | 1138.00 | — |
| | 玉泉公园露天舞池 | 2007 | 1134.00 | 12.5 |
| | 铁狮健身路径 | 2008 | 296.00 | — |
| | 玉泉公园健身路径 | 2008 | 398.00 | — |
| | 桥南活动中心健身路径 | 2008 | 67.60 | 25.0 |
| | 北街 3 弄健身路径 | 2008 | 118.30 | 25.0 |
| | 北街沿河健身路径 | 2008 | 82.49 | 25.0 |
| | 周巷新村健身路径 | 2008 | 128.00 | 45.0 |
| | 玉泉公园室外乒乓球场 | 2012 | 361.00 | — |
| | 玉泉公园健身步道 | 2013 | 884.00 | — |
| | 杨树岸健身路径 | 2013 | 175.00 | — |

续表 6—31—2　　单位：平方米

| 单位名称 | 名称 | 建成年份 | 占地面积 | 建筑面积 |
|---|---|---|---|---|
| 钱桥社区 | 春惠园健身路径 | 2013 | 118.5 | 50.0 |
| | 站头新村健身路径 | 2013 | 125.4 | 50.0 |
| | 钱桥社区老街西弄健身路径 | 2014 | 300.0 | — |
| 华新社区 | 华新苑小区（中）健身路径 | 2008 | 100.0 | — |
| | 华新苑小区（西）健身路径 | 2008 | 91.0 | — |
| | 华新苑小区篮球场 | 2008 | 696.0 | — |
| | 华新苑小区（东）健身路径 | 2008 | 76.0 | — |
| | 金巷健身路径 | 2011 | 125.0 | — |
| | 华新苑小区健身广场 | 2013 | 26.0 | — |
| 苏庙社区 | 春来苑棋牌室 | 2003 | 50.0 | 144.0 |
| | 春来苑健身房 | 2003 | 15.0 | 26.0 |
| | 春来苑乒乓球室 | 2003 | 62.0 | 48.0 |
| | 春来苑篮球场 | 2006 | 828.0 | — |
| | 春来苑健身路径 | 2006 | 453.0 | — |
| | 隆舜园健身路径 | 2008 | 356.0 | — |
| | 美林湖（西南）健身路径 | 2008 | 635.0 | — |
| | 美林湖（东）健身路径 | 2008 | 50.0 | — |
| | 美林湖（北）健身路径 | 2008 | 84.0 | — |
| | 春光苑健身路径 | 2010 | 451.0 | — |
| 溪南社区 | 溪南菜场健身路径 | 2005 | 206.0 | — |
| | 社区室内健身房 | 2005 | 12.4 | 80.0 |
| | 社区棋牌室 | 2005 | 50.0 | 60.0 |
| | 溪南社区篮球场 | 2005 | 693.6 | — |
| | 溪南菜场舞池 | 2005 | 584.0 | — |
| | 春满园广场健身路径 | 2008 | 1285.0 | — |
| | 春满园健身路径 | 2008 | 418.0 | — |
| | 龚巷健身路径 | 2011 | 72.0 | — |
| 舜柯社区 | 道士湾健身路径 | 2005 | 257.0 | — |
| | 社区健身房 | 2010 | 19.0 | — |
| | 王巷健身路径 | 2013 | 250.0 | — |
| | 吴巷健身路径 | 2013 | 70.0 | — |
| | 田舍篮球场 | 2013 | 860.0 | — |
| | 田舍健身路径 | 2013 | 105.0 | — |
| | 芮巷健身广场 | 2013 | 436.0 | — |
| | 庄家健身路径 | 2013 | 126.0 | — |
| | 东浜健身路径 | 2013 | 113.0 | — |
| | 芮巷健身路径 | 2013 | 77.0 | — |
| | 舜柯健身路径 | 2013 | 87.0 | — |
| | 庄家健身广场 | 2013 | 442.0 | — |
| | 舜柯家园一期健身路径 | 2014 | 500.0 | — |
| 洋溪社区 | 时巷健身路径 | 2012 | 55.0 | — |
| | 时巷健身广场 | 2012 | 511.0 | — |
| | 江胜桥健身广场 | 2012 | 528.0 | — |
| | 江胜桥健身路径 | 2012 | 69.0 | — |
| | 洋溪人家 49 号健身广场 | 2013 | 998.0 | — |
| | 洋溪人家 49 号健身路径 | 2013 | 98.0 | — |
| | 洋溪人家 117 号健身路径 | 2013 | 96.0 | — |
| | 洋溪人家 117 号健身广场 | 2013 | 1020.0 | — |
| | 洋溪人家篮球场 | 2014 | 800.0 | — |
| | 薛巷健身路径 | 2014 | 500.0 | — |
| | 社区乒乓球室 | 2014 | 50.0 | — |
| 晓丰社区 | 晓丰公园篮球场（半场） | 2009 | 215.0 | — |
| | 晓丰公园小篮球场 415 | 2009 | 415.0 | — |

续表 6—31—2　　　　单位：平方米

| 单位名称 | 名称 | 建成年份 | 占地面积 | 建筑面积 |
|---|---|---|---|---|
| 晓丰社区 | 晓丰公园健身路径 | 2009 | 572 | — |
| | 晓丰公园篮球场 | 2009 | 1577 | — |
| | 晓丰公园健身广场 | 2009 | 973 | — |
| | 晓丰公园棋牌室 | 2009 | 143 | 117 |
| | 晓丰公园乒乓球室 | 2009 | 101 | 80 |
| | 宋巷游泳池 | 2004 | 2006 | — |
| | 顺风苑健身广场 | 2004 | 745 | — |
| | 顺风苑健身路径 | 2004 | 535 | — |
| 西漳社区 | 孙家健身路径 | 2006 | 270 | — |
| | 社区老年活动室健身路径 | 2006 | 388 | — |
| | 社区乒乓球室 | 2006 | 117 | 40 |
| | 社区棋牌室 | 2006 | 58 | 100 |
| | 马家健身路径 | 2006 | 693 | — |
| | 一村健身广场 | 2006 | 1746 | — |
| | 一村健身路径 | 2006 | 683 | — |
| | 一村篮球场 | 2006 | 200 | — |
| | 南漳健身路径 | 2010 | 381 | — |
| 晴山蓝城社区 | 晴山蓝城一期（南）健身路径 | 2008 | 296 | — |
| | 育才路棋牌室 | 2008 | 108 | 300 |
| | 育才路健身房 | 2008 | 15 | 16 |
| | 晴山蓝城一期网球场 | 2008 | 670 | — |
| | 晴山蓝城一期篮球场 | 2008 | 692 | — |
| | 晴山蓝城一期（中）健身路径 | 2009 | 148 | — |
| | 金龙公寓健身路径 | 2009 | 95 | — |
| | 钱桥新村健身路径 | 2010 | 162 | — |
| | 社区乒乓球室 | 2010 | 42 | 23 |
| | 社区健身房 | 2010 | 42 | 23 |
| | 晴山蓝城二期（中西）健身路径 | 2010 | 136 | — |
| | 晴山蓝城二期（东北）健身路径 | 2010 | 142 | — |
| | 邵巷健身路径 | 2012 | 660 | — |
| | 金岸世家篮球场 | 2012 | 506 | — |
| | 金岸世家健身路径 | 2012 | 212 | — |
| | 振兴路健身路径 | 2013 | 47 | — |
| | 华润小区健身路径 | 2013 | 157 | — |
| | 金岸世家乒乓球室 | 2013 | 47 | 25 |
| | 塘泗桥健身路径 | 2014 | 500 | — |
| | 金岸一期健身路径 | 2014 | 600 | — |
| | 金岸二期健身路径 | 2014 | 500 | — |
| | 金岸小区健身路径 | 2015 | 200 | — |
| 东风社区 | 芦朱巷健身路径 | 2009 | 450 | — |
| | 新藕苑健身广场 | 2011 | 1362 | — |
| | 社区文体活动中心 | 2011 | 330 | 300 |
| | 唐巷健身广场 | 2013 | 500 | — |
| | 东风广场 | 2015 | 3000 | — |
| 南塘社区 | 南水渠舞场 | 2006 | 1000 | — |
| | 庙塘桥舞场 | 2008 | 1000 | — |
| 盛峰社区 | 社区篮球场 | 2008 | 600 | — |
| | 社区健身路径 | 2008 | 55 | — |
| | 东张巷健身路径 | 2014 | 52 | — |
| | 盛店广场 | 2014 | 800 | — |
| | 盛店健身路径 | 2014 | 50 | — |
| 稍塘社区 | 健身广场 | 2010 | 1451 | — |
| 藕乐苑社区 | 健身路径 | 2006 | 550 | — |

续表 6—31—2　　单位：平方米

| 单位名称 | 名称 | 建成年份 | 占地面积 | 建筑面积 |
|---|---|---|---|---|
| 藕乐苑社区 | 篮球场 | 2007 | 1178 | — |
| | 棋牌室 | 2007 | 310 | 310 |
| | 舞池 | 2008 | 400 | — |
| | 健身广场 | 2008 | 300 | — |
| | 篮球场 | 2008 | 1600 | — |
| | 健身广场 | 2008 | 1200 | — |
| | 乒乓球室 | 2008 | 53 | 53 |
| | 简易排球场 | 2011 | 250 | — |
| | 健身路径 | 2011 | 565 | — |
| | 健身场地 | 2011 | 85 | — |
| | 舞池 | 2012 | 1238 | — |
| | 休闲场所 | 2012 | 314 | — |
| | 健身广场 | 2012 | 788 | — |
| | 健身路径 | 2012 | 1000 | — |
| | 篮球场 | 2012 | 510 | — |
| | 羽毛球场 | 2012 | 480 | — |
| | 健身路径 | 2013 | 548 | — |
| | 棋牌室 | 2014 | 195 | — |

2015 年钱桥街道及各社区体育健身设施统计表

表 6—31—3　　单位：平方米、件、米

| 单位 | 健身室建筑面积 | 乒乓球室建筑面积 | 棋牌室建筑面积 | 篮球场面积 | 健身广场 | | 健身步道长度 | 健身公园面积 |
|---|---|---|---|---|---|---|---|---|
| | | | | | 面积 | 健身器械件数 | | |
| 钱桥街道 | 200 | 200 | 200 | 1200 | 100 | 20 | 500 | 202395 |
| 钱桥社区 | 40 | 180 | 270 | 1400 | 1500 | 80 | 1000 | 30000 |
| 华新社区 | 26 | 26 | 140 | 1064 | 1264 | 30 | — | — |
| 苏庙社区 | 26 | 48 | 144 | 710 | 800 | 40 | — | — |
| 溪南社区 | 80 | 80 | 60 | — | 750 | 50 | — | — |
| 舜柯社区 | 40 | 80 | 200 | 720 | 1500 | 80 | — | — |
| 洋溪社区 | 50 | 50 | 144 | 500 | 800 | 16 | 500 | 2000 |
| 晓丰社区 | 80 | 80 | 117 | 450 | 850 | 70 | 500 | 26000 |
| 西漳社区 | 40 | 40 | 100 | 680 | 835 | 90 | — | 7800 |
| 晴山蓝城社区 | 39 | 48 | 300 | 700 | 2010 | 87 | — | — |
| 藕塘社区 | 81 | 81 | 50 | — | 100 | 15 | — | 800 |
| 东风社区 | 80 | 40 | 100 | 688 | 800 | 50 | — | 3000 |
| 南塘社区 | 40 | 50 | 144 | 700 | 600 | 300 | — | — |
| 盛峰社区 | 80 | 80 | 117 | 700 | 500 | 30 | — | — |
| 稍塘社区 | 29 | 28 | 90 | 150 | 85 | 20 | — | — |
| 藕乐苑社区 | 80 | 53 | 310 | 1000 | 1000 | 100 | 500 | 1500 |

2015 年钱桥街道区域内个体游泳馆统计表

表 6—31—4　　单位：平方米

| 名称 | 地址 | 面积 | 法人代表 | 名称 | 地址 | 面积 | 法人代表 |
|---|---|---|---|---|---|---|---|
| 钱桥惠宏游泳馆 | 钱桥中学旁边 | 450 | 吴伟 | 无锡市杰仕游泳馆 | 百乐广场 | 350 | 马成虎 |
| 无锡市苏嘉游泳馆 | 苏嘉集团 | 350 | 夏静 | 金鹏游泳馆 | 宋巷 | 2006 | 王百南 |
| 钱桥龙栖湾游泳馆 | 龙栖湾小区 | 500 | 魏咏 | — | — | — | — |

## 第二节　全民健身活动

2005 年，钱桥镇组织国民体质测试等一系列全民健身活动。6 月，钱桥镇成立篮球协会，协会

有5支篮球队伍，60多名篮球运动员，武阿扣当选为篮球协会会长。是年，钱桥镇教育文体服务站被评为江苏省全民健身周暨第三个全民健身日活动先进单位。2006年5~10月，钱桥镇开展全民健身月活动，以篮球比赛为全民健身月活动的启动仪式。启动仪式后即开展拔河、乒乓球运动，国民体质测试等活动。2007年6~8月，钱桥街道组织开展全民健身月活动，以篮球比赛为全民健身月活动启动仪式，后即举行广场舞、象棋比赛、乒乓球、国民体质测试等系列健身活动。2008年6~8月，钱桥街道组织开展全民健身月活动，以乒乓球比赛为全民健身月活动启动仪式，并开展国民体质测试等活动。同年，街道文体服务中心开展社会体育指导员培训2期，体育项目培训5期。是年，钱桥街道获江苏省体育先进强镇（乡）称号。2009年，钱桥街道体育工作以抓好参加惠山区第二届运动会为契机，有计划、有步骤地组织运动员进行训练、参赛。同年，开展"我参与，我健康，我快乐"为主题的全民健身月活动。

2010年，钱桥街道对国民体质测试室进行调整，开展国民体质测试进社区活动，完成国民体质测试3000人以及2000多人的体育社团登记工作；组织老年单球、柔力球、太极剑、太极拳培训。2011年4月10日，文体服务中心组织有关人员参加惠山区太极拳培训；12~13日，进行第五套海派秧歌培训。7月7~8日，组织排舞培训。8月8日，组队参加无锡市全民健身节启动仪式。9月15日，组织开展登山活动。10月10日，举行趣味运动会。是年，钱桥街道国民体质测试315人。同年，钱桥街道文体服务中心获无锡市全民健身节优秀组织奖，被评为无锡市全民健身活动先进单位。

2012年4月24日，钱桥街道文体服务中心组织各社区体育骨干进行飞龙二套柔力球培训。5月18日，"2012年钱桥街道全民健身康乐节启动仪式暨钱桥街道第二届趣味运动会"在春来广场举行，街道文体服务中心所有工作人员、15个社区文体负责人、社区体育特色团队队员，社会各界老、中、青不同年龄层次的体育运动爱好者参加。启动仪式暨第二届趣味运动会上，钱桥、西漳社区60人进行太极拳表演，藕塘社区60人进行健身舞表演，钱桥中心幼儿园60名小朋友进行武术操表演，晴山蓝城社区60人进行广场舞表演，晓丰社区28人进行飞龙二套柔力球表演，同时有5个特色团队参加展演。钱桥街道第二届趣味运动会参赛对象来自各社区的众多体育家庭，有的夫妻搭档、有的三口之家齐上阵，参加袋鼠跳、背媳妇、抬轿子、抢收抢种、运粮接力、无敌风火轮等6个趣味运动项目比赛。5月25日，文体服务中心与工会、妇联、晴山蓝城社区联合举办女性健康健身知识讲座。6月1日，文体服务中心在晓丰社区举办体育健身讲座；10日，举办体育志愿者国民体质测试操作知识培训。8月8日，开展"运动钱桥、幸福钱桥"为主题的全民健身日宣传活动，成立钱桥街道"全民健身日"活动领导小组，坚持"以人为本、注重实效、因地制宜、群众受益"的原则，宣传《全民健身条例》，布置标语牌9块、挂横幅10条，出刊全民健身专题宣传橱窗1期，形成浓厚的全民健身舆论宣传氛围；20日，举办各社区文体负责人篮球知识培训。8月24日晚，晴山蓝城社区和苏庙社区32户家庭，共80位爱好运动以及数百位观众朋友到钱桥街道春来广场参加无锡市惠山区文体局、无锡市体育彩票管理中心、无锡教育电视台主办，钱桥街道文体服务中心、晴山蓝城社区、苏庙社区承办的"公益体彩进社区 全民健身家庭运动会"。比赛结束，参赛者获得丰厚的奖品。9月12日，文体服务中心举办健身气功培训班，参加学员为钱桥街道15个社区的健身爱好者。是年，钱桥街道组队参加无锡市万人长跑活动、惠山区全民健身节启动仪式、趣味运动会。同年，文体服务中心建立新的国民体质测试室，组建一支由社会体育指导员、医务人员、文体站工作人员、社区文体志愿者等15人的测试队伍，培训新的测试人员，每月向社区居民开放，建立国民体质测试档案，完成1380人测试任务。钱桥街道文体服务中心还加强体育队伍建设，组织各社区文体骨干参加省、市、区举办的社会体育指导员培训班，共培训各级社会体育指导员183名，其中参加国家级体育指导员培训1人、一级社会体育指导员培训3人、二级社会体育指导员培训18人、三级社会体育指导员培训35人、未定级指导员培训126人。是年，钱桥街道被评为江苏省全民健身活动先进单位、无锡市体育工作十佳街道，获无锡市全民健身工程达标（一类）街道荣誉。2010~2012年，钱桥街道文体服务中心被评为惠山区群众性文明健身先进单位。

2013年5月24日，钱桥街道举行第六届全民健身节启动仪式。8月8日，钱桥街道在全国第五个全民健身日期间，全方位、多层次、立体式地开展健身宣传，挂横幅20条，设置电子显示屏3块，布置橱窗5个。同时，向居民免费开放文体服务中心、中小学篮球场、棋牌室、国民体质测试室等。9月，钱桥街道获无锡市第十一届运动会群众体育先进集体、体育工作十佳街道称号。10月16~17日，钱桥街道文体服务中心举办健身气功新功法培训。健身气功新功法取义“太极”阴阳和合、天人合一、内外和谐的文化理念，传承传统持杖功法的精要，以器械导引肢体运动，以呼吸、意念调节为主要手段，集修身、养性、娱乐、观赏于一体，具有祛病养身、延年益寿的功效。15个社区53名体育健身爱好者参加培训。是年，钱桥街道文体服务中心组织全民健身启动仪式、第六届全民健身康乐节。同年，钱桥街道文体服务中心完成1300余人次国民体质测试；组织运动员参加国家、省市级各类培训13次；组织健身气功、健排舞等各类体育培训讲座8次；与文卫办、工会联合完成企事业单位工间操培训10家，新增三级社会体育指导员130多人。是年，钱桥街道获“全国乡镇体育健身示范工程”称号；钱桥街道文体服务中心被国家体育总局命名为“全国乡镇体育健身示范工程”称号。

图6—31—2 2013年5月24日，钱桥街道第六届全民健身节启动仪式在春来广场举行

图6—31—3 2013年8月8日，钱桥街道在全国第五个全民健身日进行国民体质测试

图6—31—4 2013年9月，钱桥街道获无锡市第十一届运动会群众体育先进集体、体育工作十佳街道称号

2014年1月1日，钱桥街道文体服务中心组织90人代表惠山区参加无锡市元旦长跑活动；全年开展健步走、农民健身操等培训讲座 3 次；组织参加省市社会体育指导员培训班，共培训一级社会体育指导员2人、二级6人、三级8人。是年，东风社区开展乒乓球、象棋各4次培训讲座；藕乐苑社区开展乒乓球、篮球培训讲座2次；华新社区开展健身讲座1次；钱桥社区开展健身培训讲座3次；晴山蓝城社区开展健身、篮球培训讲座2次；稍塘社区开展健身培训讲座2次；盛峰社区开展羽毛球、健身培训讲座2次；苏庙社区开展健身、篮球培训讲座3次；西漳社区开展健身培训讲座2次。

2015年是钱桥街道开展社区一社一品特色文体活动的第二年。年初，各社区定项目、定计划，以一个大活动带几个小活动，使一社一品特色文体活动逐步走向常态化、制度化、品牌化。是年，5个社区以“全民健身”作为品牌，开展健步走活动。3月18日，钱桥街道文体服务中心组织手拉手太极拳培训；19日，举行老年健康教育讲座；27日，举行体育运动健身讲座；4月7日，举行健康知识讲座；20日，钱桥街道全面开展创建江苏省公共体育服务体系示范区工作，成立创建领导小组，部署创建工作，将64项指标细化分解，明确各项指标责任分工；23日、24日，举行佳木斯操培训。

6月7日，举行足球裁判培训；10日，完成创建江苏省公共体育服务体系示范区资料上报工作；13日，举行全民健身节启动仪式暨千人健步走活动，钱桥街道机关、企业及15个社区1000多名干部、职工参加。7月20日，文体服务中心举行为期4天的篮球裁判培训；8月14日，举行健康知识讲座。是年，全街道有晨、晚锻练点50多个，健身团队60余个，每天参与健身活动人数达10000多人。国民体质测试全年共测试861人，优秀率18%，合格率82%。

**2003~2015年钱桥、藕塘镇，钱桥街道文体（站）服务中心组织公共体育活动统计表**

表6—31—5

| 时间 | 活动内容 | 参与人数、单位 | 备注 |
|---|---|---|---|
| 2003.12.31 | 2004藕塘镇迎新春千人健身活动 | 1314人 | 机关、中小学、老年体协 |
| 2004.03.19 | 钱桥镇太极拳功法讲座 | 119人 | — |
| 2004.06.12 | 市知名健身教练老年健身操培训 | 124人 | — |
| 2004.06.26 | 钱桥镇2004全民健身周健身展演 | 500人 | 双球操、调节操等 |
| 2004.10.30 | 钱桥镇门球培训 | 28人 | — |
| 2004.11.20 | 钱桥镇“健身走”健康讲座 | 65人 | — |
| 2010.06.14 | 钱桥街道广场全民健身舞活动 | 15个社区 | — |
| 2011.06.13 | 钱桥街道全民健身月活动 | 17个队 | 健身操、太极剑排舞等 |
| 2011.09.10 | 钱桥街道“情系社区、健康、乐活”趣味运动会 | 56人 | 15个社区扛沙包接力、抬轿子、背媳妇等 |
| 2012.01.06 | 钱桥街道“工会杯”登山活动 | 156人 | 机关人员、登山爱好者 |
| 2012.04.24 | 钱桥街道飞龙二套柔力球培训 | 16人 | 各社区 |
| 2012.05.18 | 钱桥街道全民健身康乐节启动仪式暨趣味运动会 | 团队6支、255人 | 广场舞、太极拳、健身舞、武术操、飞龙柔力球、抢收抢种、运粮接力、无敌风火轮等 |
| 2012.05.31 | 钱桥街道女性健身知识讲座 | 68人 | 各社区、单位 |
| 2012.06.01 | 钱桥街道体育健身讲座 | 65人 | — |
| 2012.07.04 | 全民健身志愿服务暨钱桥街道国民体质测试（晓丰社区） | 社区居民 | — |
| 2012.07.24 | 钱桥街道篮球裁判知识培训 | 30人 | 各社区 |
| 2012.09.13 | 易经与癌症预防和治疗“健康讲座” | 50人 | — |
| 2012.09.12 | 钱桥街道健身气功新功法三级社会指导员培训 | 26人 | — |
| 2012.10.11~12 | 全民健身志愿服务暨钱桥街道国民体质测试（晴山蓝城社区） | 社区居民 | — |
| 2013.01.16 | 钱桥街道迎新春“工会杯”登山活动 | 308人 | 男、女分组 |
| 2013.04.09~11 | 钱桥街道柔力球培训班 | 36人 | 15个社区 |
| 2013.04.10 | 钱桥街道迎新春“熟记健康66条，既能健康又会健身”科学健身宣传活动 | — | 西漳社区 |
| 2013.04.15~16 | 钱桥街道健身球培训班 | 36人 | 15个社区 |
| 2013.10.11 | 钱桥街道九九重阳节老年健身活动 | 15个社区 | — |
| 2013.10.16~17 | 钱桥街道健身气功——太极养生杖培训 | 56人 | 分片培训 |
| 2013.12.31 | 钱桥街道“工会”杯登山活动 | 300人 | — |
| 2014.01.22 | 钱桥街道健步走活动 | 500人 | — |
| 2014.03.12 | 钱桥街道养生保健讲座 | 60人 | — |
| 2014.04.10 | 钱桥街道千人健步走活动 | 500人 | — |
| 2014.06.00 | 钱桥街道健身操培训 | 30人 | — |
| 2014.06.00 | 国民体质测试 | 150人 | — |
| 2014.08.08 | 钱桥街道全民健身日活动宣传 | 300人 | — |
| 2014.09.00 | 钱桥街道全民健身系列活动讲座 | 32人 | — |
| 2014.09.00 | 钱桥街道九九重阳节老年健身活动 | 500人 | — |
| 2014.09.00 | 钱桥街道国民体质测试 | 300人 | — |
| 2014.11.00 | 钱桥街道全民健身系列活动讲座 | 50人 | — |
| 2014.12.00 | 钱桥街道全民健身系列活动培训 | 30人 | — |

续表 6—31—5

| 时间 | 活动内容 | 参与人数、单位 | 备注 |
| --- | --- | --- | --- |
| 2015.03.27 | 钱桥街道体育健身讲座 | 80 人 | — |
| 2015.06.13 | 全民健身系列活动启动仪式暨健步走活动 | 1200 人 | — |
| 2015.04.00 | 钱桥街道国民体质测试 | 80 人 | — |
| 2015.07.02~03 | 钱桥街道健身操培训 | 40 人 | — |
| 2015.06.00 | 钱桥街道篮球裁判培训 | 10 人 | — |
| 2015.08.08 | 全民健身日国民体质测试、健身讲座 | 50 人 | — |
| 2015.09.00 | 钱桥街道全民健身系列讲座 | 30 人 | — |
| 2015.09.00 | 钱桥街道九九重阳节老年健身活动 | 500 人 | 各社区展示广场舞 |
| 2015.10.00 | 钱桥街道国民体质测试 | 80 人 | — |
| 2015.11.00 | 钱桥街道全民健身系列讲座 | 32 人 | — |
| 2015.12.00 | 钱桥街道“工会”杯登山活动 | 300 人 | 机关 |

## 第三节 体育赛事

2004 年，钱桥、藕塘两镇合并后，钱桥（镇）街道体育赛事频繁，有篮球比赛、篮球联赛、乒乓球比赛、羽毛球比赛、足球比赛、象棋比赛、钓鱼比赛、登山比赛等。各（村）社区赛事活跃，除开展各类球赛、棋类赛外，还举行太极拳比赛、呼啦圈比赛、拔河比赛、跳绳比赛等活动。2008 年，钱桥街道恒源祥集团成为中国北京奥运会赞助商，是奥运史上国内第一个纺织类企业赞助商。2005~2013 年，钱桥（镇）街道参加惠山区第一、二、三届体育运动会，获得 7 个项目比赛团体第一名、6 个项目比赛团体第二名、6 个项目比赛团体第三名、2 次入场式方队优秀组织奖、1 次开幕式大型文体表演优秀组织奖。2015 年，钱桥街道参加惠山区足球、篮球、拔河、跳长绳、羽毛球、象棋、围棋等比赛，均获得优秀成绩。

### 一、（镇）街道体育赛事

2004 年，新的钱桥镇组织新春象棋比赛，开展篮球、乒乓球、登山比赛。2005 年，钱桥镇组织篮球、乒乓球比赛。是年 12 月 3~4 日，钱桥镇篮球协会举办首届篮球联赛，钱桥镇钱桥街道工作办、钱桥中学、钱桥中心小学、华润公司、藕塘中学等 15 支篮球队参赛，全镇各村村委主任、妇女主任、团支部书记，相关单位篮球爱好者组成啦啦队，到场助威呐喊。2006 年，钱桥镇组织太极拳比赛，东风村获第一名。11 月 4 日，钱桥镇篮球协会在玉泉公园举行“天辰杯”篮球联赛，聘请 4 名具有专业资质的裁判员进行现场裁判，钱桥街道工作办，天辰冷拉，南水渠、庙塘桥村，钱桥、藕塘中学，钱桥、藕塘中心小学 8 支篮球队参赛。是年，钱桥篮球协会发展至 18 支篮球队，队员增加至 200 余人。2007 年 1 月，钱桥镇乒乓球协会成立，钱桥中心小学、藕塘派出所、藕塘中学、华润实业公司、钱桥街道工作办、溪南村、舜柯村等 15 支乒乓球队加盟，首批会员 50 多人，选举唐志刚任会长。海达玻璃朱全海、华信雷达唐炳良、百特集团苗忠、金球集团平伟等喜爱乒乓球的企业家得悉镇乒乓球协会成立，纷纷出资资助 2000~5000 元不等的活动经费。钱桥镇乒乓球协会成立后，即举行第一届乒乓球比赛，50 多名会员和 30 多名乒乓球业余爱好者参赛。6 月 9~10 日，钱桥镇乒乓球协会组织首届村级乒乓球联赛在钱桥中心小学乒乓球馆举行，全镇各村 17 支乒乓球队、100 多名运动员参赛。是年，钱桥镇篮球协会与锡兴篮球协会篮球队合作，代表钱桥镇参加惠山区篮球比赛，又一次摘取桂冠。同年，东风村参加钱桥镇球操比赛，获第一名。12 月 24 日，钱桥街道乒乓球协会举办

图 6—31—5 2007 年 6 月 9 日，钱桥镇首届村级乒乓球联赛 17 支队伍、100 多名运动员在钱桥中心小学乒乓球馆举行

的第二届会长杯乒乓球比赛在钱桥中心小学乒乓球馆举行，获得第一届乒乓球赛冠军的唐志刚蝉联冠军。2008 年 6~8 月，钱桥街道组织象棋、篮球、登山、老年门球比赛。

2010 年 6 月 14 日，钱桥街道组织举行全民健身月启动仪式暨特色健身团队表演赛，共有 15 支健身团队 280 多人参赛。是年，钱桥街道成立登山协会，并于 12 月 10 日组织 300 多人进行登山比赛。2011 年 1 月 1 日，钱桥街道参加无锡市元旦长跑活动；10 日，举行“会长杯”乒乓球比赛；21 日，举行迎新春象棋比赛。2 月 20 日，组队参加惠山区棋类比赛。3 月 20 日，钱桥街道举行“华新杯”乒乓球联赛。4 月 24 日，组织“永宁杯”钓鱼比赛。6 月 3 日，举行钱桥街道羽毛球比赛；13 日，举行钱桥街道全民健身节启动仪式暨特色健身团队展示活动，15 支健身团队 290 多人参赛；25 日，举行建党九十周年象棋比赛。8 月 12~20 日，组织举行篮球联赛。9 月 8~9 日，举行工会杯篮球比赛。2012 年 3 月 25 日，钱桥街道文体服务中心和钱桥街道乒乓球协会主办、钱桥街道舜柯社区承办的“幸福舜柯杯”男子团体乒乓球比赛在钱桥中心小学乒乓球馆举行，舜柯社区支持 20000 元比赛资金，参赛组队以社区为单位，共有 15 个团队参赛。8 月 15~16 日晚，钱桥街道办事处主办，钱桥篮球协会、钱桥文体服务中心承办的“2012 年钱桥街道社区‘三人制’篮球联赛”在文体服务中心两片灯光篮球场举行，钱桥街道辖区内的 16 个篮球队参赛。同年，钱桥街道文体服务中心举办暑期“小棋后、小棋王”围棋比赛，110 名小棋手参赛；钱桥街道组队参加无锡市全民健身日广播操比赛，“棋协杯”棋类比赛以及“工会杯”篮球比赛、乒乓球比赛。

2013 年，街道文体服务中心全年组织辖区内体育比赛 6 场次，有“锡西新城•长江杯”中国象棋元老对抗赛、工会杯登山比赛、创威杯乒乓球社区联赛、华润杯社区篮球联赛等。是年 12 月 31 日，无锡职教园管委会、钱桥街道办事处主办，钱桥街道总工会承办，钱桥街道文体服务中心、登山协会协办的迎新春工会杯登山比赛在惠山森林公园举行，共有机关、企业、15 个社区代表 381 名登山爱好者参赛。整个赛程从出发点到秦观墓来回全程一个半小时，男、女各 18 名运动员分别获奖。2014 年，钱桥街道文体服务中心先后组织迎新春登山、跳绳、象棋、乒乓球比赛等 8 次系列活动。5 月 8 日，钱桥街道第八届全民健身节启动仪式暨无锡职教园校园篮球联赛在无锡职教园高等师范学校体育馆举行。第八届全民健身节启动仪式上，各院校学生的武术、街舞、瑜伽、跆拳道比赛精彩纷呈；大中专院校篮球联赛历时一个月，共 27 场主客场循环比赛，惠山中专夺得桂冠，信息职业技术学院获第二，无锡商院获第三。6 月 1 日，钱桥街道乒乓球协会组织的“创威冷轧杯”男子团体乒乓球决赛在钱桥中心小学乒乓球馆举行，在预赛中决出的 8 个社区乒乓球队进行最后角逐，溪南、华新、舜柯社区分获第一、二、三名。7 月 9 日，钱桥街道篮球协会举办的“华润杯”篮球赛在街道文体服务中心开赛，比赛得到冠名单位华润公司 2 万元资金的赞助。7 月 30 日、31 日，钱桥街道篮球协会举办“工会杯”三人制篮球比赛在文体服务中心开赛，15 支社区代表队、1 支机关队、1 支企业代表队

图6—31—6　2013 年 12 月 31 日，钱桥街道迎新春工会杯登山比赛在惠山森林公园举行

图6—31—7　2014 年 5 月 8 日，无锡职教园校园篮球联赛在无锡高等师范学校体育馆举行

图6—31—8　2014 年 7 月 30~31 日，钱桥街道篮球协会组织的“工会杯”三人制篮球比赛在街道文体服务中心举行

参加比赛，苏庙社区篮球队、惠汕企业篮球队、东风社区篮球队分别获得前三甲。11 月 29 日，钱桥街道机关党总支、工会、文体服务中心组织机关职工开展工会杯登高比赛。至是年，机关党总支、工会、文体站已连续 5 年组织机关职工进行登山比赛，增强机关党组织的向心力和凝聚力，展现机关职工团结互助、健康向上、拼搏进取的精神风貌。11 月 30 日，钱桥街道“东风杯”男子团体乒乓球决赛在街道文体服务中心乒乓球馆举行。比赛在经过 4 场小组预赛选拔后，有 8 个社区的乒乓球队挺进决赛。经过一天角逐，东风、藕塘、华新社区分别获得一、二、三等奖。是年，钱桥街道被评为江苏省公共文化体育示范区。

2015 年 1 月 29 日，钱桥街道文体服务中心组织开展迎新年群众趣味体育比赛；2 月 26 日，组织迎新春象棋比赛；6 月 14 日，组织乒乓球男子单打比赛。7 月 5 日，组织“魅力华新”乒乓球邀请赛，其中有来自全国乒乓球超级联赛的江苏队王林堃、蔡伟、李天昊，上海队刘家良、王麒凯、慈玺进行友谊表演赛。14 日，文体服务中心举办江苏省小学生围棋定级升级比赛。7 月 24 日~8 月 14 日，钱桥街道“工会杯”篮球赛有 13 支社区篮球代表队和 1 支企业篮球代表队参加，共进行 18 场预赛和 12 场决赛，200 名篮球爱好者参加，上千群众观看。10 月 18 日~12 月 12 日，钱桥足球协会举行的秋季足球联赛在钱桥中学拉开帷幕。11 月，钱桥街道组织洋溪杯乒乓球男子团体比赛，洋溪社区获第一名。12 月 26 日，举办钱桥街道迎新春登山比赛。是年，钱桥街道文体服务中心组织 5 个社区以“全民健身”为宗旨，开展篮球友谊赛、趣味体育比赛、乒乓球比赛等；组织为期 2 个月的工会杯足球联赛。同年，钱桥街道体育协会有登山、乒乓球、篮球、足球、棋类等 5 个分会，体育团队 30 多支，社会体育指导员（1~3 级）369 人。

**2002~2015 年钱桥、藕塘镇，钱桥街道文体（站）服务中心组织各项体育比赛统计表**

表 6—31—6

| 时间 | 比赛内容 | 参与人数、单位 | 备注 |
|---|---|---|---|
| 2002.02.06 | 藕塘镇春节乒乓球赛 | 10 人 | 乒乓球爱好者 |
| 2002.02.00 | 藕塘镇拔河比赛 | 70 人 | 每村一队 |
| 2003.01.18 | 藕塘镇迎新春象棋比赛 | 19 人 | 参赛者 |
| 2003.01.19 | 藕塘镇迎新春跳绳比赛（单跳） | 18 人 | 参赛者 |
| 2003.01.27 | 藕塘镇迎新春乒乓球比赛 | 20 人 | 男、女组 |
| 2003.00.00 | 藕塘镇“跨越、奋进”千人登山比赛 | 1000 余人 | 老年、成人组 |
| 2003.04.19 | 钱桥镇“春之华”杯男子象棋赛 | 44 人 | 20 个单位 |
| 2004.01.06 | 钱桥镇迎新春男子象棋赛 | 18 人 | 参赛者 |
| 2004.01.06 | 藕塘镇迎新春门球赛 | 3 个队 | 参赛者 |
| 2004.01.09 | 藕塘镇迎新春呼啦圈比赛 | 28 人 | 机关、中小学等 |
| 2004.01.10 | 钱桥镇迎新春拔河比赛 | 390 人 | 男 14 队，女 11 队 |
| 2004.01.31 | 钱桥镇长跑比赛 | 1000 人 | 参赛者 |
| 2004.12.18 | 钱桥镇老年门球赛 | 30 人 | 7 个队 |
| 2004.12.25 | 钱桥镇迎新春乒乓球赛 | 70 人 | 男女团体、单打 |
| 2004.12.25 | 钱桥镇迎新春棋类比赛 | 32 人 | 象棋、围棋、国际象棋 |
| 2005.01.22 | 钱桥镇迎新春男、女拔河比赛 | 240 人 | 15 个村 |
| 2010.01.09 | 钱桥街道“鸿元杯”男子团体乒乓球赛 | 15 个社区、单位 | 参赛者 |
| 2010.01.14~15 | 钱桥街道三人制篮球比赛 | 20 个队 126 人 | 男队 |
| 2010.01.23 | 钱桥街道“会长杯”乒乓球比赛 | 11 人 | 参赛者 |
| 2010.01.25 | 钱桥街道棋类比赛 | 35 人 | 老年、中青年分组 |
| 2010.04.03 | “南塘杯”无锡市第 23 届妇女钓鱼比赛 | 11 个队 | 南塘社区、阳山、江海、扬名镇等 |
| 2010.08.18 | 钱桥街道全民健身男子羽毛球单打比赛 | 68 人 | 18 个单位 |
| 2010.09.11 | “无锡有线杯”乒乓球公开赛 | 54 人 | 设男、女子组 |
| 2010.10.14 | 钱桥街道全民健身柔力球单球比赛 | 11 个社区 | 参赛者 |
| 2010.12.10 | 钱桥街道“登山康乐行”比赛 | 87 人 | 参赛者 |
| 2011.01.10 | 钱桥街道迎新春“会长杯”乒乓球赛 | 9 人 | 参赛者 |

续表 6—31—6

| 时间 | 比赛内容 | 参与人数、单位 | 备注 |
|---|---|---|---|
| 2011.01.21~22 | 钱桥街道迎新春象棋比赛 | 17 人 | 象棋协会会员、象棋爱好者 |
| 2011.03.20 | 钱桥街道幸福华新乒乓球比赛 | 90 人 | 社区企业 16 个队 |
| 2011.04.24 | 钱桥街道“永宁杯”无锡市第 24 届妇女钓鱼比赛 | 13 人 | 参赛者 |
| 2011.06.25 | 钱桥街道全民健身月象棋比赛 | 18 人 | 参赛者 |
| 2011.06.28 | 钱桥街道全民健身月男子羽毛球比赛 | 90 人 | 15 个社区 |
| 2011.08.12~18 | 钱桥街道社区篮球联赛 | 148 人 | 16 个队 |
| 2011.11.26 | 钱桥街道“会长杯”乒乓球赛 | 14 人 | 参赛者 |
| 2012.01.16~17 | 钱桥街道迎新春象棋比赛 | 24 人 | 象棋爱好者 |
| 2012.03.11 | “龙腾杯”无锡市第 25 届妇女钓鱼比赛 | 22 人 | 东风、南塘、洋溪社区、阳山镇等 |
| 2012.03.25 | 钱桥街道“幸福舜柯”杯男子团体乒乓球赛 | 83 人 | 各社区 |
| 2012.06.28 | 钱桥街道少儿围棋比赛 | 男 54 人，女 54 人 | 参赛者 |
| 2012.08.15~16 | 钱桥街道三人制篮球比赛 | 75 人 | 各社区 |
| 2013.01.25 | 钱桥街道迎新春跳绳比赛 | 108 人 | 单、双跳分组 |
| 2014.01.15 | 钱桥街道迎新春跳绳、乒乓球比赛 | 100 人 | 参赛者 |
| 2014.02.11 | 钱桥街道迎新春象棋比赛 | 38 人 | 参赛者 |
| 2014.03.29 | 钱桥街道乒乓球男子单打比赛 | 34 人 | 参赛者 |
| 2014.04.13 | 钱桥街道江苏省围棋定级升级比赛 | 120 人 | 参赛者 |
| 2014.05.08~06.11 | 无锡职教园校园篮球联赛 | 200 人 | 参赛者 |
| 2014.07.00 | 钱桥街道三人制篮球联赛 | 120 人 | 参赛者 |
| 2014.10.00 | 钱桥街道乒乓球男子团体赛 | 55 人 | 参赛者 |
| 2015.01.29 | 钱桥街道迎新春趣味体育比赛 | 100 人 | 参赛者 |
| 2015.02.26 | 钱桥街道庆新春象棋比赛 | 50 人 | 参赛者 |
| 2015.03.18 | 钱桥街道手拉手太极拳比赛 | 50 人 | 参赛者 |
| 2015.03.27~05.30 | 钱桥街道足球比赛 | 100 人 | 参赛者 |
| 2015.06.14 | 钱桥街道乒乓球男子单打比赛 | 100 人 | 参赛者 |
| 2015.07.05 | “魅力华新”乒乓球邀请赛 | 200 人 | 江苏上海队表演 |
| 2015.07~08 | 钱桥街道篮球联赛 | 300 人 | 各社区 |
| 2015.11.00 | 钱桥街道乒乓球男子团体赛 | 120 人 | 各社区 |
| 2015.11.18~12.12 | 钱桥街道足协杯足球比赛 | 180 人 | 6 支 |

## 二、社区体育赛事

钱桥街道 15 个社区体育赛事风起云生。2010 年 1 月，藕塘社区在钱桥中心小学举办“鸿元杯”乒乓球比赛。是年“五四”青年节，西漳社区在西漳小学篮球场组织青年篮球比赛。5 月 18 日，晓丰社区在晓星公园组织共青团员举行篮球比赛。10 月 11 日，西漳社区在西漳一村健身广场举行羽毛球比赛。2011 年 3 月 20 日，华新社区在钱桥中心小学举行“华新杯”乒乓球比赛。4 月，藕乐苑社区在北广场举行羽毛球比赛。6 月初，藕乐苑社区在钱桥玉泉公园举行柔力球比赛；10 日，晓丰社区在晓星老年活动中心举行乒乓球比赛。8 月，东风社区在原村委乒乓球室举行乒乓球比赛。9 月，东风社区在原东风小学篮球场举行篮球比赛，西漳社区在社区文体活动中心举行乒乓球比赛，溪南社区在钱桥中学举行年度业余足球友谊赛。11 月、12 月，藕塘社区分别在社区北广场与钱桥中心小学举行二场拔河比赛。

2012 年 3 月 25 日，藕塘社区在钱桥中心小学举行乒乓球比赛。4 月 8 日，藕乐苑社区在社区北广场举行跳绳比赛。5 月 9 日，晴山蓝城社区在社区广场举行柔力球比赛；11 日，南塘社区在南水渠篮球场举行社区青年篮球比赛。6 月 4 日，西漳社区在西漳一村篮球场举行社区篮球比赛。8 月 12 日，晓丰社区在胜丰老年活动中心举行象棋体验赛；20 日，苏庙社区在春来苑小区篮球场举行篮球比赛。9 月，藕塘社区在社区举行象棋比赛。11 月 8 日，藕乐苑社区在社区北广场举行拔河比赛，

15 日在社区二楼乒乓球室举行乒乓球比赛；25 日，钱桥社区在玉泉公园棋牌室举行象棋比赛。12 月 5 日，苏庙社区在盘山公路举行一场别具风格的爬山比赛。是月，藕乐苑社区参加中国香港吴翼翚六合八法拳国际武术交流大会太极拳比赛，获一等奖。是年，南水渠钓鱼协会在南塘社区支持下，主办"龙腾杯"无锡市第 25 届钓鱼比赛，30 多名选手参加比赛。

2013 年 1 月 6 日，盛峰社区在无锡远通气体有限公司举行社区冬季运动会；16 日，苏庙社区在盘山公路举行登山比赛。2 月 4 日，西漳社区在西漳一村健身广场举行拔河比赛。3 月 7 日，藕塘社区在洛社举行门球比赛；15 日，藕乐苑社区在社区北广场举行拔河比赛；23 日，稍塘社区在居家养老服务站广场举行呼啦圈比赛。5 月 8 日，稍塘社区在社区乒乓球室举行乒乓球比赛；18 日，藕塘社区在社区二楼乒乓球室举行乒乓球比赛。6 月 11 日，西漳社区在社区文体活动中心举行社区象棋比赛。7 月 15 日，苏庙社区在春来苑小区文体活动室举行乒乓球比赛；16 日，盛峰社区在钱桥玉泉公园举行社区篮球比赛。8 月 6 日，南塘社区在庙塘桥老年活动室举行象棋比赛。9 月 9 日，晴山蓝城社区在社区广场举行羽毛球比赛；20 日，藕乐苑社区在社区篮球场与东风社区举行篮球对抗赛。

2014 年 1 月 20 日，藕塘社区举行跳绳比赛。3 月 12 日，钱桥社区在盘山公路举行"工会杯"登山比赛；25 日，晓丰社区在晓星公园进行拔河比赛。4 月 12 日，盛峰社区在钱桥中心小学乒乓球馆举行乒乓球比赛；12 日，藕塘社区在钱桥中心小学举行乒乓球单打比赛。5 月 6 日，西漳社区在钱荣路盘山公路举行社区登山比赛；17 日，洋溪社区在盘山公路举行登山比赛。7 月 8 日，晴山蓝城社区在社区活动室举行乒乓球比赛；11 日，藕塘社区在三家村举行篮球比赛。8 月 23 日，晴山蓝城社区在社区篮球场举行篮球比赛。9 月 10 日，藕塘社区在社区乒乓球室举行乒乓球比赛。10 月 13 日，西漳社区在西漳一村篮球场举行篮球比赛。11 月 15 日，稍塘社区在社区乒乓球室举行乒乓球比赛；21 日，洋溪社区在华信乒乓球俱乐部进行乒乓球比赛；30 日，东风社区在钱桥街道文体服务中心举行东风杯男子乒乓球比赛。12 月 5 日，南塘社区在南水渠老年活动室举行老年乒乓球交流赛；8 日，苏庙社区在盘山公路举行登山比赛。是年，东风社区组织乒乓球、象棋比赛，藕乐苑社区开展乒乓球、篮球、健步走比赛共 5 次；华新社区组织跳绳、篮球和登山比赛；南塘社区组织乒乓球比赛；舜柯社区组织篮球友谊赛 3 次；藕塘社区组织跳绳、象棋、乒乓球比赛各 1 次；钱桥社区开展象棋、登山比赛共 3 次；晴山蓝城社区组织篮球、乒乓球比赛 2 次；稍塘社区组织呼啦圈及登山比赛；盛峰社区组织登山、羽毛球、拔河比赛；苏庙社区组织篮球比赛；西漳社区组织乒乓球、登山、象棋、太极拳比赛；西漳社区组织"清凉一夏"游泳比赛和冬季趣味运动会；洋溪社区组织登山、篮球友谊赛共 3 次。

2015 年 3 月 7 日，藕塘社区举行象棋比赛；25 日，苏庙社区在盘山公路举行登山比赛。4 月 25 日，晓丰社区组织 50 余人在藕塘举行徒步比赛。5 月初，东风社区举行从东风社区至金桥小学健步走比赛；4 日，西漳社区在社区文体活动室举行社区乒乓球比赛。6 月 10 日，洋溪社区在上伟路、藕中路进行徒步行走比赛；11 日，藕塘社区在藕乐苑篮球场举行篮球比赛。7 月 7 日，舜柯社区在田舍篮球场举行篮球邀请赛；14 日，苏庙社区在舜柯篮球场举行篮球比赛。8 月 14 日，藕塘社区举行乒乓球交流赛。9 月 12 日，稍塘社区在社区排练室举行趣味运动会；18 日，晴山蓝城社区在社区篮球场进行篮球比赛；28 日，洋溪社区在盘山公路进行登山比赛。10 月 3 日，稍塘社区在九龙湾乡村家园举行登山比赛；17 日，钱桥社区在玉泉公园举行金秋趣味运动会；21 日，西漳社区在森林公园举行登高爬山比赛；27 日，华新社区举行乒乓球比赛。11 月 15 日，南塘社区在社区文体活动中心举行老年乒乓球交流赛；28 日，钱桥社区在春惠苑活动室举行象棋比赛。12 月 5 日，藕塘社区在盘山公路进行登山比赛；20 日，盛峰社区在无锡国达电子有限公司举行乒乓球友谊赛。

2010 年至 2015 年 6 年间，钱桥街道各社区本着重在参与、全民健身的目的，切实提高社区居民的健康体能，先后举办各项赛事 81 场次。

## 三、（镇）街道参加区级以上体育比赛团体成绩

2004年2月，钱桥、藕塘两镇合并后至2015年，钱桥（镇）街道先后参加惠山区举办的三届运动会。2005年4~10月，钱桥镇参加惠山区第一届运动会，共派79名运动员代表参加13个项目比赛。

2005年钱桥镇参加惠山区第一届运动会团体获奖统计表

表6—31—7

| 比赛时间 | 项目 | 团体名次 | 获得奖牌 | 比赛时间 | 项目 | 团体名次 | 获得奖牌 |
|---|---|---|---|---|---|---|---|
| 2005.5.12 | 老年部太极拳 | 第二名 | 银牌 | 2005.09.25 | 职工部足球 | 第三名 | 铜牌 |
| 2005.6.13 | 老年部功夫扇 | 第一名 | 金牌 | 2005.10.12 | 开幕式大型文体表演 | 优秀组织奖 | — |
| 2005.9.20 | 职工部篮球 | 第一名 | 金牌 | 2005.10.12 | 入场式方队 | 优秀组织奖 | — |

2006年10月，钱桥镇篮球协会组织精兵强将与锡兴集团篮球队合作，代表钱桥镇参加惠山区在前洲北七房举办的篮球联赛，初露锋芒，一举摘取桂冠。2009年3~9月，钱桥街道参加惠山区第二届运动会，共派出115名运动员代表，参加12个项目比赛。

2009年钱桥街道参加惠山区第二届运动会比赛团体获奖统计表

表6—31—8

| 比赛时间 | 项目 | 团体名次 | 获得奖牌 | 比赛时间 | 项目 | 团体名次 | 获得奖牌 |
|---|---|---|---|---|---|---|---|
| 2009.04.05 | 老年组男子乒乓球 | 第一名 | 金牌 | 2009.05.21 | 职工部象棋 | 第二名 | 银牌 |
| 2009.04.12 | 职工部太极拳 | 第一名 | 金牌 | 2009.06.17 | 职工部男子拔河 | 第三名 | 铜牌 |
| 2009.04.15 | 职工部乒乓球 | 第三名 | 铜牌 | 2009.06.17 | 职工部女子拔河 | 第三名 | 铜牌 |
| 2009.05.10 | 职工部柔力球 | 第二名 | 银牌 | 2009.08.21 | 职工部足球 | 第二名 | 银牌 |
| 2009.05.14 | 职工部象棋 | 第一名 | 金牌 | 2009.09.10 | 职工部篮球 | 第二名 | 银牌 |

2010年4月24~25日，钱桥街道参加惠山区象棋比赛获男子第一名、团体第二名，围棋比赛获团体第五名；5月27~28日，参加惠山区羽毛球比赛获女子个人第一名、女子团体第三名，男子团体第五名；7月3~4日，参加惠山区乒乓球比赛获男子团体第一名，个人第五名；10月26~11月25日，参加惠山区篮球联赛；11月18日，参加惠山区太极拳比赛。2011年5月21~22日，钱桥街道参加惠山区“工会杯”乒乓球比赛，男女队分获第四名。10月12日，钱桥街道组织运动员参加惠山区趣味运动会，获团体第一名。

2012年，钱桥街道参加无锡市万人长跑活动。8月8日，参加无锡市全民健身日广播体操比赛取得优异成绩。同年，参加惠山区全民健身节启动仪式、趣味运动会、“棋协杯”棋类比赛、工会杯篮球比赛、乒乓球比赛，获得棋类团体第五名、趣味运动会团体第五名。2013年，钱桥街道组织90人代表惠山区参加无锡市第十三届运动会开幕式入场方队演出，获优秀组织奖；同时组织50人参加开幕式腰鼓表演演出。是年，钱桥街道参加惠山区第三届运动会，共派出59名运动员代表，参加9个项目比赛，如期完成开幕式200多人的街舞、100多人的方队、600人的旗阵演出任务，创编的“中国梦”入场方队获优秀组织奖。

2013年钱桥街道参加惠山区第三届运动会比赛团体获奖统计表

表6—31—9

| 比赛时间 | 项目 | 团体名次 | 获得奖牌 | 比赛时间 | 项目 | 团体名次 | 获得奖牌 |
|---|---|---|---|---|---|---|---|
| 2013.05.21 | 职工部中国象棋 | 第二名 | 银牌 | 2013.06.21 | 职工部女子乒乓球 | 第三名 | 铜牌 |
| 2013.06.10 | 职工部男子拔河 | 第三名 | 铜牌 | 2013.07.20 | 职工部广播操 | 第一名 | 金牌 |
| 2013.06.12 | 职工大众体育跳长绳 | 第一名 | 金牌 | 2013.10.25 | 开幕式入场方队 | 优秀组织奖 | — |

2014年，钱桥街道组织90人代表惠山区参加1月1日无锡市元旦长跑比赛，取得优秀成绩；5月10~12日，参加惠山区羽毛球比赛，男、女团体分别获得第四名；6月27~28日，参加惠山区乒乓球比赛，获女子单打第一名、女子团体第五名、男子团体第五名；8~10月，参加惠山区象棋、围棋比赛，获象棋团体第五名、围棋团体第六名；10月23~25日，参加惠山区篮球比赛，获第六名。

2015年，钱桥街道组织90人代表惠山区参加1月1日无锡市元旦长跑活动，取得优秀成绩；参加惠山区大众体育拔河比赛，获男子第二名、女子第三名；跳长绳比赛，获第二名。是年，钱桥街道参加惠山区羽毛球比赛，获男子团体第三名；参加惠山区足球比赛，获第五名。同年，参加惠山区棋类比赛中，象棋比赛获团体第三名、个人第三名，围棋比赛获第五名。

## 第四节 农民体育

清末民初，藕塘水渠上冯龙海、龚彩妹夫妻俩都有一手抓子石的好功夫。冯龙海能将5公斤重的子石一口气抓放30多下。龚彩妹巾帼不让须眉，5公斤重的子石能一口气抓70多下，还可以抓起10公斤的子石。他俩的孙子冯裕兴耳濡目染，对体育运动也很感兴趣，能抓40多下5公斤重的子石。

民国时期，钱桥、藕塘地区农民体育以民间自发的传统项目为主，有抛石锁、举石担、抓子石、打沙袋、掷飞标、抖空竹、打拳、练气功等以及游泳、下象棋等。在儿童与青少年中，体育活动有跳绳、踢毽、斗鸡、跳马、抛铁箍、丢铜板、打弹子、笃踢子、“造房子”、挑屎坑、老鹰抓小鸡、打噼啪管等。民国初期，水渠上冯耀泉掇举石锁很有一手。仅有40多公斤体重的冯耀泉能掇25公斤的金山石锁，且能抛出“翻鳑鲏”“背花”等花式，站在木桩上能抛出“张飞上马”等花式。同期，水渠上冯阿文用“石碌碡”（又叫石磙）健身。石碌碡重150公斤，冯阿文能抱起、放下，甚至能抱起后把石碌碡抛出1米多远。解放前夕，钱桥西漳彭巷王申林不仅能打一手太极拳，而且能抛石锁、举石担、抓子石，各种民间体育项目差不多都行，在西漳地区很有名气。西漳村民孙士民、孙耀民、孙镛民三兄弟均以抛石锁练身。西漳乡木牌、张家自然村的农民大多会举石担。西漳地区还有一批农民善于抖空竹。每逢石塘湾秦巷二月二节场，西漳地区会抖空竹的农民结对前往表演。

新中国成立后，钱桥后周基村周阿茂以掷飞标健身。周阿茂自制的飞标一头连着线，丢出去后又能拉回来。周边地区有庙会、节场，周阿茂总被邀请去热场，或围场表演，或作为人群拥挤道路上的开路先锋，飞标飞向左右，两边的人群自动闪开。1955年，钱桥街上及西漳地区10多位爱好篮球运动的农民自发成立西青篮球队，南京部队篮球队退役的唐盘泉任主力兼教练。西青篮球队投篮很有水平，经常受邀到周边乡镇、部队参加比赛，在钱桥乃至锡西地区颇有影响。钱桥桥南黄永康喜爱乒乓球运动，是乒乓球名将狄蔷华的启蒙教练。在黄永康的指导下，年仅15岁的狄蔷华于1958年被选入国家队，随后3次代表中国队参加世界乒乓球锦标赛，先后获得斯堪的纳维亚乒乓球赛女子单打冠军、第一届新兴力量运动会女子团体和女子单打冠军等。

1961年，年仅17岁的藕塘东风大队农民许永锡开始练习抛石锁。1966年，西漳张家村农民钱胜海22岁开始学习举石担，1976年开始举杠铃、拉弹簧，常年坚持。是年11月，南水渠乒乓球爱好者冯裕兴自己购置木材，雇木匠制做一张乒乓球台放在家中，供村民打乒乓球。南水渠村村民与中、小学生100余人经常到冯裕兴家中练习打乒乓球或进行乒乓球比赛。

1984年1月，藕塘南水渠村成立无锡南水渠体育协会，负责人冯裕兴，是无锡县第一个村级农民体育协会。2月16日（元宵节），南水渠体育协会在南水渠村蔡巷举办首届农民运动会。首届农民运动会的比赛项目有乒乓球、篮球、象棋、羽毛球。篮球、羽毛球，比赛赛场设在无锡轻工业学院。藕塘乡有5位乒乓球选手、5位象棋选手和一个篮球队参赛。参加南水渠体育协会举办的首届农民运动会的还有无锡市丝绸印染厂、无锡钻探工具厂、无锡轻工业学院、无锡县塑料制品厂等 8 个厂矿、学校单位的选手，共有运动员与工作人员计 100 余人。人民日报社记者王宏生、中央体育报社记者孟仁泉、无锡日报社记者章奇兴等都到南水渠首届农民运动会采访，并作报道。1985 年 3 月 6 日（元宵节），南水渠体育协会在南水渠村委举办第二届农民运动会。第二届农民运动会设羽毛球、乒乓球、拔河比赛、舞龙灯表演等项目，参赛者为藕塘地区的农民及厂矿单位职工，计 180 余人。1986 年 3 月 4 日（元宵节），南水渠体育协会举办第三届农民运动会。第三届农民运动会设乒乓球与钓鱼比赛两个项目，钓鱼比赛设单尾重与多尾重两个奖项。钓鱼比赛在藕塘漳漕巷鱼塘举行，参赛运动队 18 支，无锡市钓鱼协会、市冶金局、无锡日报社、27 军干休所、无锡轻工业学院、市威孚公司等单位均派选手参加，藕塘农民王兰宝、姚芳参加。乒乓球比赛在藕塘中学、藕塘中心小学举行，设乒乓球团体、双打、单打 7 个奖项。藕塘乡农民张惠方、陈银根、冯宏庆等 10 人及河埒乡农民等乒乓球选手参加，同时邀请市少年队，县印刷厂、新苑公司等 15 个单位计 75 名选手参加。特邀亚太地区青少年女子单打冠军邓亚萍等 5 位国家青少年集训队国手到场进行表演赛。1988 年 3 月 2 日（元宵节），南水渠体育协会举办的第四届农民运动会，开幕式在无锡市体育场举行，特邀国家女篮举行表演赛。1989 年 2 月 20 日（元宵节），藕塘乡农民乒乓球赛在藕塘中、小学举行。南水渠村冯宏庆、冯国其，钱桥镇洋溪村陈仁荣、溪南村龚梅兴、胜丰村王鹤鸣等运动员与工作人员 100 余人参加。

20 世纪 90 年代初，钱桥地区农民参加登山活动的人数越来越多。登山地点位于陈漕湾与钱桥交界处龙山下，爬至二茅峰（石门下）或三茅峰，从惠山下，人多时登山者有 100~200 人。1995 年 10 月，钱桥镇胜丰村高石头农民张瑞珍参加锡山市农民乒乓球比赛，获女子单打第一名。1995 年，西漳 50 岁的钱胜海能举起 80 公斤重的杠铃。20 世纪末，随着农村推进城市化，钱桥、藕塘地区的农民（居民）生活幸福指数加速提高。钱桥、藕塘镇全面贯彻落实全民健身计划，体育设施日益完善，农民体育健身项目丰富多彩，登山、跑步、健步走、广场健身舞、健身操、健身球、柔力球，太极拳、剑、刀，健身气功八段锦、交谊舞、象棋、围棋、国际象棋、足球、排球、篮球、门球等体育活动更加活跃。1999 年，钱桥村农民唐琴娟等 20 多人在春来广场自发成立全镇第一支全民健身队伍，每天晨练太极拳、太极剑、健身操、气功等，并多次参与区、市活动或比赛。

2002 年，藕塘镇成立无锡市南水渠钓鱼协会，会长冯裕兴。2006 年，舜柯社区道士湾登山步道建成，每天接纳 200 多人次的健身居民登山。2007 年，龙山下钱桥地区登山爱好者的登山运动点迁至太湖学院大门前，通过盘山公路登山。春秋季节节假日，钱桥、藕塘地区在太湖学院对面的盘山公路登上惠山二茅峰的人数达 1000 余人。

2010 年，无锡市南水渠钓鱼协会主办“南塘杯”无锡市第 23 届妇女钓鱼赛；2011 年元宵节，主办“永宁杯”无锡市第 24 届妇女钓鱼赛；2012 年元宵节，主办“龙腾杯”无锡市第 25 届妇女钓鱼赛。每届钓鱼赛，钱桥街道南塘社区、洋溪社区，无锡市钓鱼协会、油泵油嘴厂等 20 多家单位选手参赛，现场观众达 200 多人。是年，东风社区成立抛石锁队，20 多人坚持早晚锻炼。东风社区抛石锁队中水平最高者可抛 54 公斤的石锁。同年夏天，无锡电视台记者慕名到西漳采访钱胜海，拍摄视频。一生务农的 67 岁钱胜海赤膊上阵，躺在长凳上举起 65 公斤重的杠铃，并表演 25 公斤拉弹簧 40 余下（年轻人拉弹簧拉一下都很困难）。采访后，无锡都市资讯频道作专门报道。

2013 年 6 月 19 日，钱桥街道文体服务中心组织 15 个社区 30 多位体育骨干进行农民健身操培训。农民健身操融入农民劳作的情景，有划船、播种、收割、挑担……就连结束时的整理运动，也用擦汗表示。农民健身操不仅能锻炼身体，还能获得对劳动场景的回忆和趣味性的享受。整套操除口令外，还用《在希望的田野上》作背景音乐伴奏。培训教练为盛峰社区文体骨干张萍。是年，钱桥街道在舜柯社区舜柯山下修建成山泉广场。山泉广场每天接纳休闲、散步、登山健身者达 2000~3000

名。2013~2014年，溪南社区连续两年组织农民开展足球友谊赛，溪南大黄蜂队与溪南FC队参战。

2015年10月，溪南社区组织“爱心驿站”农民志愿服务队登山活动，20余人参加。是年，南水渠69岁的冯裕兴仍能抓5公斤重的子石40多下，冯其伦仍以掇石锁健身；东风社区许永锡仍带领20多人的石锁队抛石锁；西漳社区74岁的钱胜海仍能举起56公斤的杠铃且常年拉弹簧健身。

## 第五节 职工体育

20世纪五六十年代，钱桥地区县属厂矿企业职工以登山、跑步、拔河、象棋等体育活动为主。1969年，无锡县钢铁厂成立男子篮球队。进入70年代，随着县属企业、乡镇企业的发展，钱桥地区的职工体育活动开始活跃，项目有长跑、太极拳、太极剑、乒乓球、篮球、羽毛球、康乐球、棋牌、拔河、门球等。1975年11月，无锡县钢铁厂成立体育领导小组，加强职工体育活动的组织与领导。1979年上半年，无锡县钢铁厂组织举行11场职工篮球赛、2场乒乓球赛、2次象棋赛。

1981年9月，无锡县钢铁厂工会组织职工开展俱乐部活动，活动内容为长跑、太极拳、打乒乓球、篮球、羽毛球、康乐球等。是年10月，无锡县钢铁厂职工队参加无锡县属厂（矿）职工体育系列比赛，获男子乒乓球团体冠军、女子乒乓球双打亚军、男子篮球冠军。1982年6月，无锡县钢铁厂成立业余武术队，队员90多人。业余武术队分太极拳、形意拳、少林拳三个组。是年，县钢俱乐部活动增设中国象棋、套圈、投球、钓鱼、吹蜡烛等体育项目。1983年5月，无锡县钢铁厂承办无锡县属厂（矿）中国象棋赛、篮球赛、乒乓球赛。6月，无锡县钢铁厂成立体育协会。7月，县钢体育协会组织30多人举办第一期“鹤翔桩气功”训练班；8月，举办第二届羽毛球赛。1984年12月，无锡县钢铁厂篮球队在无锡县首届“锡工杯”男子篮球赛中获得冠军，捧回“锡工杯”。1985年5月，无锡县钢铁厂男、女篮球队参加无锡市冶金系统首届职工运动会，男篮、女篮分别获得冠军。1987年，无锡县钢铁厂女篮获江苏省冶金系统职工篮球赛冠军。1993年，无锡县钢铁厂成立门球队，队员15人。1997年，江苏锡兴钢铁集团公司（原无锡县钢）被评为无锡市“十佳”体育先进企业。80年代至90年代，金球机械公司于每年12月25日组织职工开展拔河比赛与套圈活动。

2002年，藕塘派出所民警与梅园驻锡部队开展军民徒步越野活动。2005年，钱桥离退休教育工作者协会成立太极拳队。是年，退教协太极拳队参加无锡市退教协太极拳比赛，获金奖。2006年，无锡苏嘉集团组织“江苏苏嘉杯”桥牌联谊赛，参加人数130余人。是年12月，无锡华润实业公司举办职工迎新春扑克牌升级赛，40余人参赛。2007年2月12日，无锡华润实业公司举办职工迎新春拔河比赛，男职工60人、女职工40人参加比赛。10月，华润实业公司举办“金秋迎奥运”乒乓球赛，男女职工30人参赛。2008年，无锡苏嘉集团组织“迎新年、迎奥运”巡游活动，参与者100余人。2009年11月26日，华润实业公司组织男女职工120人开展登山比赛，锡兴钢铁集团公司举办年度职工乒乓球赛。

2013年1月1日，华润实业公司组织男女职工50人参加无锡市万人长跑活动。2014年，钱桥派出所组织职工开展春季登山比赛。是年，无锡苏嘉集团组织职工举行趣味运动会，参与人数50余人。2015年，苏嘉集团组织职工开展全民健身爬山比赛，80余名职工参加。

## 第六节 中小学校体育

清末，钱桥、藕塘地区仅有2所小学，少体育设施，亦不重视体育教学。民国时期，钱桥、藕塘地区虽然先后创办20所国民小学（大部分为初小）、2所中学，但是体育设备设施极差，体育课项目以游戏、做操、跑步、跳高、跳沙坑等为主。新中国成立后至60年代，区域内中小学体育设备设施有所改善，体育课程按教育部规定开设，田径、球类中各个项目逐步开展，各校一般一学年举办一次校运动会。改革开放后，区域内中小学体育设备设施得到较大改善。1974~2010年，钱桥中心小学参加县、区级以上体育比赛获得22项团体奖项。至2011年，钱桥街道2所中心小学、2所中学的体育场地、设备设施全部达到江苏省一类体育设施标准，体育器材按省教育厅规定配齐，中小学体育教学得到充分加强。2015年，钱桥街道小学低年级每周开设4节体育健康课，小学中年级、高年级、初中每周均开设3节体育健康课，中小学各年级每周均开设1~2节体育锻炼活动课，保证学生在校每天有1小时体育活动时间。2011~2015年，钱桥中心小学参加区级以上体育比赛获20项团体奖，藕塘中心小学获4项团体奖，钱桥中学获15项团体奖。

## 一、体育设施

民国28年（1939），藕塘盛店、稍塘小学各有一片泥土操场。盛店小学操场上设有篮球架、足球门、沙坑等运动设施。民国37年，私立万东中学创立，建成小型泥土操场与篮球场。新中国成立初期，钱桥、藕塘地区中小学校体育设备设施简陋、运动场地较小，钱桥中心小学仅有一片约200平方米窄长的土操场。土操场上，依托银杏树架设3根爬杆，另有木质滑梯一座、跷跷板2副；此后又添置平衡木、体操凳各1件以及沙坑、木马、木船、跳高架、乒乓球台等体育设施。

20世纪60年代，钱桥、藕塘中心小学体育场地、体育设备设施稍有改善。1978年改革开放后，钱桥、藕塘地区中小学校体育场地及设备设施有很大改观。藕塘中心小学添置篮球、接力棒、垒球、铅球、跳高架、小沙包、起跳垫、长短跳绳、小篮球、拔河绳等设备，为开设体育课程提供保障。藕塘中学建成200米煤渣田径场、非标准足球场、标准水泥篮球场及排球场。

1991年，钱桥中心小学在钱桥镇政府支持下，移地新建校舍；1993年，钱桥中学搬迁至育才路新校区；2001年，藕塘中学、藕塘中心小学进行扩建、改建与易地新建，易地新建后的钱桥、藕塘中心小学，钱桥、藕塘中学体育场地与设施均达到江苏省一类体育设施标准，体育器材按江苏省教育厅规定标准配备齐全。

2015年，钱桥中学拥有1片400米标准田径场，为塑胶跑道，建成3片标准篮球场，1片排球场与1片足球场；藕塘中学建有1片300米塑胶田径场、3片标准篮球场，1片排球场；钱桥中心小学建有一片250米塑胶跑道田径场、8片篮球场、6片排球场、1片标准足球场以及1个640平方米乒乓球活动室（内有乒乓球台11套），联合健身器械一套（含单杠、双杠、勤木、攀指边器械等）；藕塘中心小学有操场、篮球场、排球场、足球场、室外乒乓球区、室内乒乓球室、体育馆等体育设施设备。钱桥、藕塘中学，钱桥、藕塘中心小学田径类的设备分别有发令枪、发令台、接力棒、小沙包、钢卷米尺、皮尺、垒球、铅球、跳高架、跳高海绵包、旗杆、起跳垫、沙坑、海绵垫、实心球等；球类设备有篮球、新型篮球架，足球、软式排球等；健身、体操类设备有体操棒、体操凳，小哑铃、短跳绳、长跳绳、拔河绳、爬绳、爬杆、单杠等；体质健康测试类设备有肺活量测试仪、立定跳远测试仪、座位体前屈测试仪等。

## 二、课程设置

清朝末年，钱桥、藕塘地区国民小学将体操设定为必修科目。民国初期，国民小学设置早操和体操课，后改为体育课。体育课内容，低年级为游戏，三、四年级为模仿操，高年级为田径运动。民国17年，国民小学体育课内容为游戏、舞蹈、田径、球类等，课外活动有各种游戏和器械活动，并规定对学生体育成绩实行考核，凡不及格者不得升级或毕业。

新中国成立后，钱桥、藕塘地区中、小学除开设体育课外，均增设课外活动课。1952年起，区域内各中小学全面推行广播操。1954年，钱桥、藕塘地区各中小学校每周安排两节体育课和两次课外活动，每天举行早操或课间操，增设眼保健操。“文化大革命”期间，中小学校体育为“学军、学工、学农”活动所替代。1980年9月，钱桥、藕塘地区中、小学校贯彻教育部《关于中、小学体育工作暂行规定（试行草案）》，对体育课的结构、教学形式和方法、考核制度等进行改革。2001年，区域内中小学进行课程改革，从增强学生体质为主转为以“健康第一”的课程标准，“体育课”改为“体育与健康”课。2015 年，小学一、二年级每周设体育与健康课 4 节，小学三、四、五、六年级与初一、二、三年级每周均设 3 节体育与健康课。同时，小学一、二年级每周开设 1 节课外体育锻炼活动课，小学三年级以上及初中各年级每周均开设 2 节课外体育锻炼活动课，确保学生每天在校有一小时体育活动时间。是年，钱桥中学朱修戎参加江苏省一级棒球裁判培训，晋升为省一级棒球裁判。

## 三、比赛成绩

1974~2015 年，钱桥中心小学参加（县）区级以上体育比赛，团体获得 42 项奖项；2000~2015 年，钱桥中学参加区级以上体育比赛，团体获得 23 项奖项；2013~2015 年，藕塘中心小学参加惠山区体育比赛，团体获得 4 项奖项。

1974~2015 年钱桥、藕塘中心小学，钱桥中学（县）区级以上体育比赛团体获奖统计表

表 6—31—10

| 单位 | 时间 | 团队名称 | 比赛项目 | 成绩 |
|---|---|---|---|---|
| 钱桥中心小学 | 1974.05 | 乒乓球队 | 无锡县少儿乒乓球赛 | 男子团体第三名 |
| | 1975.00 | 乒乓球队 | 无锡县少儿乒乓球赛 | 男子团体第三名 |
| | 1984.10 | 田径队 | 无锡县第十届中小学田径运动会 | 团体总分第二名 |
| | 1985.05 | 田径队 | 无锡县第十一届中小学田径运动会 | 团体总分第二名 |
| | 1986.05 | 田径队 | 无锡县第十二届中小学田径运动会 | 团体总分第三名 |
| | 1986.00 | 钱桥中心小学 | 无锡县学校体育全年评分综合奖第三名 | 综合奖第三名 |
| | 1986.07 | 排球队 | 无锡县小学生排球赛 | 男子第二名 |
| | 1987.10 | 航模组 | 无锡县航模比赛 | 综合型三等奖 |
| | 1991.00 | 排球队 | 无锡县小学生排球赛 | 男子第三名 |
| | 1992.00 | 航模组 | 无锡县航模通讯赛 | 团体二等奖 |
| | 1993.00 | 航模组 | 无锡县航模通讯赛 | 团体二等奖 |
| | 1994.00 | “三棋队” | 无锡县“三棋”比赛 | 团体总分第三名 |
| | 1995.00 | 航模组 | 无锡市航模通讯赛 | 团体二等奖 |
| | 2004.03 | 乒乓球队 | 淼丰杯江苏省青少年体育俱乐部乒乓球联赛 | 第二名 |
| | 2008.12 | 足球队 | 惠山区足球比赛 | 男子第二名 |
| | 2008.12 | 排球队 | 惠山区排球比赛 | 男子第二名 |
| | | | | 女子第二名 |
| | 2008.12 | 乒乓球队 | 惠山区乒乓球比赛 | 男子第二名 |
| | 2009.08 | 乒乓球队 | 无锡市第十届运动会学生部小学组乒乓球团体比赛 | 男子乙组第二名 |
| | 2009.08 | 乒乓球队 | 惠山区第二届运动会乒乓球比赛 | 男子第一名 |
| | 2010.04 | 乒乓球队 | 无锡市小学生乒乓球比赛 | 女子乙组第四名 |
| | 2010.08 | 排球队 | 惠山区五项球类三项棋类赛小学排球比赛 | 女子第二名 |
| | | | | 男子第二名 |
| | 2010.08 | 乒乓球队 | 惠山区五项球类三项棋类赛小学乒乓球比赛 | 男子第一名 |
| | | | | 女子第二名 |
| | 2011.07 | 健美操队 | 惠山区小学组健美操比赛 | 第二名 |
| | 2011.09 | 乒乓球队 | 惠山区小学组五球三棋赛乒乓球比赛 | 男子第一名 |
| | | | | 女子第三名 |
| | 2011.09 | 排球队 | 惠山区小学组五球三棋赛排球比赛 | 男子第二名 |
| | | | | 女子第二名 |
| | 2011.10 | 健美操队 | 无锡市中小学生健美操比赛 | 一等奖 |
| | 2012.08 | 排球队 | 惠山区五项球类排球比赛 | 男子第二名 |
| | | | | 女子第三名 |
| | 2012.08 | 篮球队 | 惠山区五项球类篮球比赛 | 女子第一名 |
| | 2012.08 | 乒乓球队 | 惠山区乒乓球女子组比赛 | 第一名 |
| | 2013.09 | 棒球队 | 全国青少年棒球联赛无锡赛区 B 组 | 第三名 |
| | 2013.09 | 乒乓球队 | 无锡市第十一届运动会学生部（小学组）乒乓球比赛 | B 组第三名 |

续表 6—31—10

| 单位 | 时间 | 团队名称 | 比赛项目 | 成绩 |
| --- | --- | --- | --- | --- |
| 钱桥中心小学 | 2013.10 | 乒乓球队 | 惠山区中小学五项球类、三项棋类运动会小学组乒乓球比赛 | 男子乙组第三名 |
| | | | | 男子丙组第二名 |
| | | | | 女子乙组第一名 |
| | | | | 女子丙组第二名 |
| | 2013.10 | 篮球队 | 惠山区中小学五项球类、三项棋类运动会小学组篮球比赛 | 女子第二名 |
| | 2013.10 | 排球队 | 惠山区中小学五项球类、三项棋类运动会小学组排球比赛 | 女子第三名 |
| | | | | 男子第二名 |
| | 2014.12 | 啦啦操队 | 全国啦啦操冠军赛小学组爵士规定动作 | 第一名 |
| | 2014.12 | 冬锻队 | 惠山区中小学生五项球类、三项棋类运动会小学组阳光冬锻赛 | 第三名 |
| | 2014.12 | 乒乓球队 | 惠山区中小学生五项球类、三项棋类运动会小学组乒乓球比赛 | 男子丙团第二名 |
| | | | | 男子乙团第三名 |
| | | | | 女子丙团第二名 |
| | 2014.12 | 排球队 | 惠山区中小学生五项球类、三项棋类运动会小学组排球比赛 | 男子团体第二名 |
| | | | | 女子团体第三名 |
| | 2015.07 | 排球队 | 惠山区中小学五项球类、三项棋类运动会小学组排球比赛 | 女子第三名 |
| | | | | 男子第三名 |
| | 2015.07 | 篮球队 | 惠山区中小学五项球类、三项棋类运动会小学组篮球比赛 | 女子第二名 |
| | 2015.07 | 乒乓球队 | 惠山区中小学五项球类、三项棋类运动会小学组乒乓球比赛 | 女子乙组第二名 |
| | | | | 男子乙组第二名 |
| | | | | 男子甲组第二名 |
| | 2015.10 | 乒乓球队 | 无锡市乒乓球传统项目学校比赛 | 男子丙组第二名 |
| 藕塘中心小学 | 2013.10 | 羽毛球队 | 惠山区小学生羽毛球比赛 | 女子甲组第四名 |
| | 2013.10 | 羽毛球队 | 惠山区小学生羽毛球比赛 | 男子甲组第五名 |
| | 2014.04 | 藕塘中心小学 | 惠山区首届小学生冬锻项目比赛 | 第六名 |
| | 2014.05 | 羽毛球队 | 惠山区小学生羽毛球比赛 | 男子乙组第二名 |
| | | | | 女子乙组第二名 |
| | | | | 男子丙组第二名 |
| | | | | 女子丙组第二名 |
| 钱桥中学 | 2000.07 | 足球队 | 锡山市中学生足球比赛（高中组） | 亚军 |
| | 2001.07 | 足球队 | 惠山区第一届中学生足球比赛（高中组） | 冠军 |
| | 2004.07 | 足球队 | 惠山区中小学生五项球类、三项棋类运动会男子足球（初中组）比赛 | 亚军 |
| | 2005.07 | 足球队 | 惠山区中小学生五项球类、三项棋类运动会男子足球（初中组）比赛 | 冠军 |
| | 2009.07 | 足球队 | 惠山区中小学生五项球类、三项棋类运动会男子足球（初中组）比赛 | 亚军 |
| | 2010.07 | 足球队 | 惠山区中小学生五项球类、三项棋类运动会男子足球（初中组）比赛 | 第三名 |
| | 2010.07 | 无锡市钱桥中学 | 惠山区中小学生五项球类、三项棋类运动会围棋（初中组）比赛 | 第二名 |
| | 2010.09 | 田径运动队 | 惠山区第八届中小学生田径运动会（初中组） | 第二名 |
| | 2011.07 | 足球队 | 惠山区中小学生五项球类、三项棋类运动会男子足球（初中组）比赛 | 冠军 |
| | 2011.09 | 田径运动队 | 惠山区第九届中小学生田径运动会（初中组） | 第二名 |
| | 2011.10 | 无锡市钱桥中学 | 江苏省中学生首届阳光体育节（初中组） | 第二名 |
| | 2012.07 | 无锡市钱桥中学 | 惠山区中小学生五项球类、三项棋类运动会中国象棋（初中组）比赛 | 第三名 |
| | 2012.07 | 篮球队 | 惠山区中小学生五项球类、三项棋类运动会男子篮球（初中组）比赛 | 第三名 |
| | 2012.07 | 乒乓球队 | 惠山区中小学生五项球类、三项棋类运动会乒乓球男子组（初中组）比赛 | 第二名 |
| | 2012.09 | 乒乓球队 | 惠山区第十届中小学生田径运动会（初中组） | 第三名 |

续表 6—31—10

| 单位 | 时间 | 团队名称 | 比赛项目 | 成绩 |
| --- | --- | --- | --- | --- |
| 钱桥中学 | 2013.07 | 足球队 | 惠山区中小学生五项球类、三项棋类运动会男子足球（初中组）比赛 | 第二名 |
| | 2013.07 | 乒乓球队 | 惠山区中小学生五项球类、三项棋类运动会乒乓球男子组（初中组）比赛 | 第二名 |
| | 2013.07 | 篮球队 | 惠山区中小学生五项球类、三项棋类运动会男子篮球（初中组）比赛 | 第二名 |
| | 2014.09 | 田径运动队 | 惠山区第十一届中小学生田径运动会（初中组） | 第二名 |
| | 2014.12 | 无锡市钱桥中学 | 惠山区中小学生五项球类、三项棋类运动会阳光冬锻（初中组） | 第一名 |
| | 2015.07 | 乒乓球队 | 惠山区中小学生五项球类、三项棋类运动会乒乓球女子组（初中组）比赛 | 第一名 |
| | 2015.07 | 篮球队 | 惠山区中小学生五项球类、三项棋类运动会男子篮球（初中组）比赛 | 第三名 |
| | 2015.09 | 田径运动队 | 惠山区第十二届中小学生田径运动会（初中组） | 第三名 |

## 四、特色项目

钱桥、藕塘地区中小学体育特色项目先后有西漳小学排球、钱桥中心小学乒乓球、藕塘中心小学羽毛球、钱桥中学阳光体育等。

### （一）西漳小学排球

钱桥西漳小学学生排球队始建于 1986 年。此后，西漳小学学生排球训练一年上一个台阶，逐渐形成特色，在无锡县、惠山区乃至无锡市有较大的影响力。2000 年 9 月，南西漳初中并入钱桥中学，其校舍划拨给西漳小学，原晓星小学、胜丰小学并入西漳小学，学校规模扩大，学生人数增加，体育设施不断完善，学校排球特色项目的建设得到进一步重视。学校领导把创建排球特色项目摆上议事日程，在教师队伍中成立教练组，吴国铭、顾勇、张静艳、顾杰等老师分别担任教练员，并不定期地邀请市、区排球专职教练到校指导。学校为每位学生准备一个排球，班班成立排球队，各年级成立年级排球队，在此基础上成立学校排球队。班级与班级排球队、年级与年级排球队，学校排球队与班级、年级排球队随时组织比赛。学校还邀请辅导区有关老师到校打球，组织学生队与教师队进行比赛，以提高学生的兴趣和信心，增强实战经验。学校每学期围绕排球训练，组织学生开展各项比赛和测验，内容有个人垫球、双人对垫、行进间垫球、小型比赛等。西漳小学师生齐心协力，创建排球特色校，排球运动水平有了长足进步，学生参加区、市比赛成绩斐然。2002 年 5 月，西漳小学排球队在惠山区运动会上，男排获小学组第二名，女排获小学组冠军；2003 年 7 月，在惠山区五项球类运动会上，男排、女排均获小学组冠军；2005 年 7 月，惠山区五项球类比赛运动会上，男排获冠军，女排获第二名；2006 年 6 月，在惠山区五项球类比赛运动会上，男排获第一名，女排获第二名；2007~2012 年，西漳小学排球队均名列惠山区排球比赛小学前 3 名。2013 年 9 月，西漳小学撤点并入钱桥中心小学。

### （二）钱桥中心小学乒乓球

2002 年，钱桥中心小学组建学校乒乓球队，遵循“插上理想的翅膀，让生命在和谐中精彩”的理想教育育人理念，积极推进素质教育，努力提高学生体质，把创建乒乓球特色作为校园文化建设的一项重要抓手。是年，钱桥中心小学与无锡市金球机械有限公司联办乒乓球训练队，以保证活动经费。每学期在体育课与课外活动课中安排 3~4 节打乒乓球，每天放学后 3:00~5:30 以及双休日、寒暑假坚持组织校乒乓球队集训。2003 年，钱桥中心小学乒乓球队参加无锡市“苗苗杯”乒乓球赛，获团体总分第三名。2004 年，参加江苏省“焱丰杯”青少年体育俱乐部乒乓球联赛预赛（无锡赛区）获团体第二名，钱桥中心小学同时被命名为无锡市市级体育传统（乒乓球）项目学校。是年，在钱桥镇政府的大力支持下，钱桥中心小学建成600平方米乒乓球馆。同年，学校与无锡金球机械有限公司合作，成立“金球少儿乒乓球俱乐部”。俱乐部师资力量强大，先后聘请原青海省体工委乒乓球教练王辛明、原江苏队乒乓球教练陈康宁为学校俱乐部主教练，常年有江南大学贾文老师等2名少儿教练驻校负责训练。金球公司每年为俱乐部提供15000元活动基金，有力推动俱乐部的发展。学校每学期制定少儿乒乓球俱乐部的教学计划，落实俱乐部培训课程，教练负责设置系统培训内容，每周训练7次，周训练时间不少于10小时。

2005年，钱桥中心小学蝉联惠山区小学生乒乓球赛冠军；2007年，获无锡市“太湖杯”乒乓球赛团体第二名、无锡市小学生乒乓球比赛团体总分第四名；2009年，参加无锡市第十届小学生乒乓球比赛获男子乙组团体第二名。

2010年，钱桥中心小学沈添添同学作为主力队员，获“康盛杯”全国乒乓球锦标赛女子团体第一名，并被授予“运动健将”称号。是年，钱桥中心小学为形成乒乓球队员梯队，确保运动员队伍衔接，与钱桥中心幼儿园合作，及早培养乒乓球苗子，选拔幼儿进入俱乐部训练。

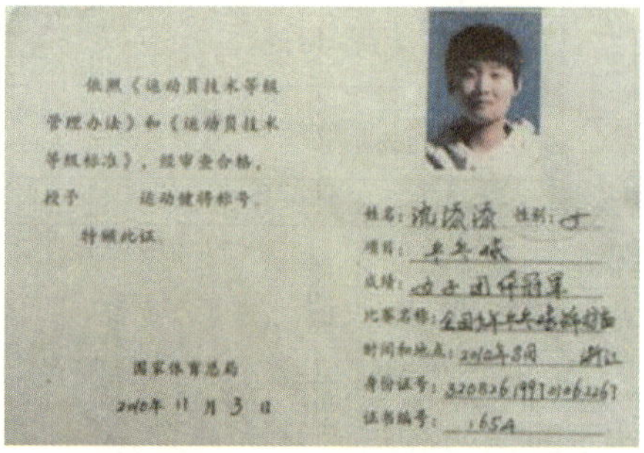
依照《运动员技术等级管理办法》和《运动员技术等级标准》，经审查合格，授予 运动健将称号，特颁此证
国家体育总局
2010年11月3日

图6—31—9　2010年11月3日钱桥中心小学学生沈添添在全国“康盛杯”乒乓球锦标赛中被国家体育总局授予“运动健将”称号

钱桥中心小学为提高金球少儿乒乓球俱乐部办学特色，采取多种培训方式，做到普及和提高相结合，即乒乓球教学进课堂，兴趣小组抓提高；专业培训和群众培训相结合，即教练进行课内技术指导，课外开展群众性活动；以赛促练相结合，多次举办企业冠名杯的青少年乒乓球赛；积极参加各级各类乒乓球赛和不定期组织开展校内年级赛和校际乒乓球赛相结合。金球少儿乒乓球俱乐部办学方向明确，措施落实，取得可喜成绩。2011年通过“江苏省少儿俱乐部”验收。是年，获惠山区小学男子乒乓球比赛团体第一名。2015年，钱桥中心小学乒乓球队参加无锡市乒乓球传统项目学校比赛，男子丙组获团体第二名、男子乙组获团体第八名、女子乙组获团体第四名；参加惠山区中小学五项球赛三项棋类运动比赛，分获小学组乒乓球男子甲组团体、乙组团体第二名。

**（三）藕塘中心小学羽毛球**

2012年5月，藕塘中心小学创办羽毛球俱乐部，学生参与羽毛球项目活动人数100%。学校将打羽毛球列为体育课与课外活动的一个重要项目。学校筹集资金创建拥有7块羽毛球比赛场地的羽毛球馆，以满足羽毛球训练、比赛的需要。羽毛球馆内还配套设有储物间、淋浴室、卫生间等设施。学校每年投入经费，对羽毛球馆进行保养和维护，确保场地、器材完好，确保学生活动的安全。每天18~21时，藕塘中心小学羽毛球馆对社区居民免费开放。2013年起，藕塘中心小学连续举办三届“小荷初放、羽球飞扬”羽毛球节，师生员工人人参与先练后赛，以赛促练活动。同时，学校组织校羽毛球俱乐部与阳山中心小学、常州新北区国英小学开展羽毛球联谊比赛交流活动。2014年，藕塘中心小学羽毛球俱乐部参加惠山区小学生羽毛球比赛，获男乙、女乙、男丙、女丙组4个团体第二名。2015年，参加惠山区小学生羽毛球比赛，获男子乙组团体第二名。

**（四）钱桥中学阳光体育**

钱桥中学以阳光体育运动为特色，连续参加两届江苏省学生阳光体育比赛，分获金奖和银奖。2011年11月，钱桥中学组队参加江苏省阳光体育比赛，项目为跳绳、踢毽、实心球、耐力跑接力赛，获团体一等奖。2013年11月，钱桥中学学生5女3男与省锡中实验学校、玉祁初中各1名男生组队，代表惠山区参加江苏省阳光体育跳绳、跳长绳、踢毽、实心球、耐力跑接力、50米接力等六项比赛，获团体二等奖。2015年，钱桥中学阳光体育运动为学校日常体育活动重要项目，全校学生普遍开展跳绳、踢毽、实心球、耐力跑、接力等体育运动。

# 第七节 大中专院校体育

无锡职教园校区各大中专院校均有多个体育场馆，为学生开展体育运动提供良好的硬件设施。同时，各院校加强体育工作领导，按规定开设体育课程，组织学生开展各项体育锻炼，确保学生身体素质达国家学生体质健康标准要求；积极参加省、市运动会以及其他各项比赛，并取得良好成绩，切实提高师生体育运动水平。

## 一、体育场馆

无锡职教园校区7所大中专院校重视体育场馆和设施建设。2015年，7所院校共有标准田径场8片、体育馆4座、艺体馆1座、跆拳道馆1座、大学生活动中心1个，室外篮球场96片，室内篮球场9片，排球场28片、足球场6片、羽毛球场39片、网球场9片、轮滑场1片、乒乓球场20片，综合健身区2个，单双杠活动区3个，无线电测向运动训练基地6个，武术教育场1片，综合武术搏击中心1个，乒乓球室11个，瑜伽房1个、健美操室5个、健身房7个、形体房9个、康乐球室2个、桌球房3个，舞蹈房2个，练功房2个、体育标准（身体素质）测试房6个，游泳馆1个。

**2015年无锡职教园校区大中专院校体育场、室、馆统计表**

表6—31—11　　　　单位：平方米

| 校名 | 场馆名称 | 面积 | 数量 | 场馆名称 | 面积 | 数量 |
|---|---|---|---|---|---|---|
| 无锡商业职业技术学院 | 标准田径场 | 23556.4 | 1片 | 室外篮球场 | 10206.0 | 17片 |
| | 排球场 | 1296.0 | 8片 | 足球场 | 7700.0 | 1片 |
| | 羽毛球场 | 1922.0 | 16片 | 综合健身区 | 1520.0 | 2个 |
| | 乒乓球室 | 1680.0 | 1个 | 瑜伽房 | 354.0 | 1个 |
| | 体育馆 | 11560.0 | 1座 | 室内篮球场 | 1296.0 | 2片 |
| | 武术教学场 | 375.0 | 1片 | 健美操室 | 1062.0 | 3个 |
| | 康乐球室 | 320.0 | 2个 | 健身房 | 320.0 | 2个 |
| | 台球室 | 320.0 | 2个 | 《体育标准》测试房 | 320.0 | 2个 |
| 江苏信息职业技术学院 | 体育馆 | 3080.0 | 1座 | 健美操房 | 189.0 | 1个 |
| | 乒乓球室 | 329.0 | 1个 | 综合武术搏击中心 | 292.0 | 1个 |
| | 健身房 | 198.0 | 1个 | 桌球房 | 159.0 | 1个 |
| | 体育体质测试中心 | 343.0 | 1个 | 篮球场 | 6718.0 | 9片 |
| | 标准田径场 | 26058.0 | 1片 | 网球场 | 2089.0 | 4片 |
| | 排球场 | 2718.0 | 8片 | 无线电测向运动训练基地 | 280.0 | 6个 |
| | 单双杠活动区 | 200.0 | 1个 | — | — | — |
| 无锡城市职业技术学院 | 标准田径场 | 33505.0 | 2片 | 室外篮球场 | 13260.0 | 26片 |
| | 排球场 | 3432.0 | 12片 | 网球场 | 1291.0 | 2片 |
| | 轮滑场 | 1836.0 | 1片 | 乒乓球室 | 1324.6 | 3个 |
| | 跆拳道馆 | 415.3 | 1座 | 健身房 | 415.3 | 1个 |
| | 形体房 | 200.0 | 1个 | 健美操房 | 150.0 | 1个 |
| | 身体素质测试房 | 211.5 | 2个 | 羽毛球场 | 1503.4 | 12片 |
| | 室内篮球场 | 2304.0 | 4片 | 游泳馆 | 1100.0 | 1个 |
| | 运动员休息室、教练员休息室、医务室、接待室 | | | | 850.0 | 10个 |
| 无锡技师学院 | 标准田径场 | — | 1片 | 艺体楼 | 3484.4 | 1座 |
| | 250米田径场 | — | 1片 | 标准足球场 | 7140.0 | 1片 |
| | 小足球场 | 2100.0 | 2片 | 篮球场 | 5460.0 | 13片 |
| | 羽毛球场 | 572.2 | 7片 | 乒乓球室 | — | 2个 |
| | 单双杠等综合训练场 | — | 2片 | 舞蹈房 | 120.0 | 2个 |
| 无锡汽车工程学校 | 标准田径场 | 16750.0 | 1片 | 足球场 | 9450.0 | 1片 |
| | 室外篮球场 | 4850.0 | 11片 | 体育馆 | 7600.0 | 1座 |
| | 室内篮球场 | 864.0 | 1片 | 羽毛球场 | 498.0 | 4片 |
| | 乒乓球室 | 465.0 | 4个 | 健身房 | 85.0 | 1个 |
| | 形体房 | 105.0 | 1个 | — | — | — |

续表 6—31—11　　单位：平方米

| 校名 | 场馆名称 | 面积 | 数量 | 场馆名称 | 面积 | 数量 |
|---|---|---|---|---|---|---|
| 江苏省惠山中等专业学校 | 标准田径场 | 33505.0 | 1 片 | 足球场 | 7140.0 | 1 片 |
| | 室外篮球场 | 7140.0 | 14 片 | 网球场 | 1300.0 | 2 片 |
| | 体育馆 | 3688.0 | 1 座 | 室内篮球场 | 1152.0 | 2 片 |
| | 乒乓球场 | 250.0 | 20 片 | 健身房 | 150.0 | 1 个 |
| | 形体房 | 200.0 | 1 个 | — | — | — |
| 江南影视艺术职业学院 | 篮球场 | 2520.0 | 6 片 | 室外大舞台 | 310.0 | 1 片 |
| | 大学生活动中心 | 1655.2 | 1 个 | 练功房 | 432.0 | 2 个 |
| | 形体房 | 804.5 | 6 个 | 标准田径场 | 14584.6 | 1 片 |
| | 网球场 | 6900.0 | 1 片 | 健身房 | 144.8 | 1 个 |
| | 身体素质测试房 | 129.6 | 1 个 | — | — | — |

## 二、体育运动

无锡职教园校区 7 所大中专院校以“健康第一”为指导思想，严格按教学计划开设体育课，组织学生早锻炼、开展课外体育活动，确保学生在校每天有 1 小时体育活动时间，组织师生参加各级各类体育比赛，参加无锡市、江苏省运动会，并取得优秀成绩。2011 年，惠山中专参加无锡市职业学校篮球比赛，获男子团体第一名。2011 年、2012 年，无锡城市职业技术学院参加无锡市首届高校篮球宝贝啦啦操比赛，均获团体一等奖。2012 年，惠山中专参加无锡市职业学校篮球比赛，男子、女子分获团体第一名；参加无锡市高中篮球比赛，获男子团体第一名；参加江苏省第三届职业学校篮球比赛，获男子团体第一名。2013 年，惠山中专参加江苏省第四届职业学校篮球比赛，获男子团体第一名；江南影视学院参加无锡市第一届民办学校职工羽毛球比赛，获男子单打团体第一名。2014 年，江南影视学院参加江苏省第十二届测绘杯定向锦标赛，获百米定向团体赛 W18B 团体第一名。2015 年，惠山中专参加无锡市职业学校篮球比赛，获团体第一名；参加江苏省第二届职业学校足球比赛，获男子团体一等奖。同年，无锡商院参加江苏省大学生羽毛球比赛，获团体第一名。

### （一）无锡商业职业技术学院

无锡商业职业技术学院对体育工作注重顶层设计与系统规划，充分利用学校外延发展和内涵建设的机遇，加强校园体育设施建设，夯实硬件基础，为公共体育课程开设提供有力的环境与政策支持，建立良好的发展平台。2011 年初，无锡商院独立建制体育部，下设机构有体育教学教研室、群体教研室、体育器材办公室等，并配备相应的服务、管理人员。同时，学校成立由校长任组长、体育部主任以及相关部门负责人为成员的体育工作指导委员会，全面负责学院体育工作。

无锡商院加强体育课程建设，以“健康第一”为指导思想，提出“一二三四五”体育课程建设思路，即“一个中心，两个抓手，三层育人，四项任务，五个目标”，构建“一个中心三个推进”课程体系，即以体育课教学为中心；抓早操、早锻炼；推进体育社团、阳光体育活动，推进体育公选课、训练与竞赛，推进《国家学生体质健康标准》实施。无锡商院在无锡职教园校区体育联赛中，2014 年 6 月获无锡职教园青春假日杯校园篮球联赛第三名；2015 年获无锡职教园校园篮球联赛第三名、无锡大学生篮球联赛第三名，11 月获无锡高校羽毛球比赛第二名。

2006~2015 年无锡商业职业技术学院参加无锡市级以上体育比赛团体获奖统计表

表 6—31—12

| 年份 | 运动会名称 | 地点 | 项目 | 团体名次 |
|---|---|---|---|---|
| 2006 | 江苏省第十六届运动会 | 东南大学 | 田径、羽毛球、乒乓球、健美操总分 | 校长杯 |
| 2009 | 江苏省第十七届运动会 | 东南大学 | 田径、羽毛球、乒乓球、健美操总分 | 校长杯 |
| 2009 | 江苏省第十七届运动会 | 东南大学 | 乒乓球 | 第三名 |
| 2009 | 无锡市第十届运动会 | 无锡市体育中心 | 田径 | 第三名 |
| 2014 | 江苏省第十八届运动会 | 南京航空航天大学 | 田径、羽毛球、乒乓球、总分 | 校长杯 |
| 2015 | 江苏省大学生羽毛球比赛 | 苏州科技大学 | 羽毛球 | 第一名 |

**2009~2015 年无锡商业职业技术学院参加无锡市级以上运动会比赛单项获前三名统计表**

表 6—31—13

| 姓 名 | 年份 | 运动会名称 | 地点 | 组别 | 项目 | 成绩 | 名次 |
|---|---|---|---|---|---|---|---|
| 王　超 | 2009 | 江苏省第十七届运动会 | 东南大学 | 高校乙组 | 乒乓球 | — | 第二名 |
| 宋昱蓉<br>杨　婷 | 2014 | 江苏省第十八届运动会 | 南京财经大学 | 高校乙组 | 羽毛球 | — | 第三名 |
| 杨文华 | 2014 | 江苏省第十八届运动会 | 南京航空航天大学 | 高校乙组 | 田径 100 米 | 11 秒 15 | 第三名 |
| 李　渊 | 2014 | 江苏省第十八届运动会 | 南京航空航天大学 | 高校乙组 | 400 米栏 | 58 秒 61 | 第三名 |
| 宋昱蓉 | 2015 | 苏南分会羽毛球赛 | 苏州科技大学 | 高校乙组 | 羽毛球 | — | 第二名 |
| 宋昱蓉 | 2015 | 江苏省大学生羽毛球赛 | 苏州科技大学 | 高校乙组 | 羽毛球 | — | 第一名 |
| 杨　婷 | 2015 | 江苏省大学生羽毛球赛 | 苏州科技大学 | 高校乙组 | 羽毛球 | — | 第三名 |

### （二）江苏信息职业技术学院

江苏信息职业技术学院藕塘校区有室外运动场地面积 37783 平方米，室内场馆面积 4870 平方米。为进一步改善室内体育场馆设施，学院规划建设大学生活动中心综合场馆，为大学生提供体育活动、健身锻炼、素质拓展的篮球、乒乓球、羽毛球、排球、健身等室内场地，同时对外承办体育专业比赛。

**2015 年江苏信息职业技术学院参加无锡市级以上体育比赛团体获奖统计表**

表 6—31—14

| 时间 | 运动会名称 | 地点 | 团体名次 |
|---|---|---|---|
| 2015.11 | “江大杯”无锡第二届高校羽毛球联赛 | 江南大学 | 5 |
| 2015.12 | 2015 年江苏省大学生羽毛球锦标赛（乙组） | 苏州科技学院 | 6 |
| 2015.12 | 2015 江苏省大学生篮球联赛（高职高专） | 无锡城市学院 | 4 |

**2015 年江苏信息职业技术学院参加无锡市级以上体育比赛单项获前三名统计表**

表 6—31—15

| 姓名 | 时间 | 运动会名称 | 地点 | 组别 | 项目 | 名次 |
|---|---|---|---|---|---|---|
| 顾　琪 | 2015.12 | 2015 年江苏省大学生羽毛球锦标赛（乙组） | 苏州科技学院 | 男子乙组 | 羽毛球单打 | 3 |
| 顾　琪<br>袁少校 | 2015.12 | 2015 年江苏省大学生羽毛球锦标赛（乙组） | 苏州科技学院 | 男子乙组 | 羽毛球双打 | 3 |

### （三）无锡城市职业技术学院

2003 年 4 月，无锡城市职业技术学院成立学校体育运动委员会，主管教学的副院长任体委主任，全面指导、管理学校体育工作。随后，成立以院党委书记为组长的阳光体育工作领导小组。在校体委领导下，建立体育教研室，与基础课部一起合作办公，负责学校的体育教学、课外体育活动、运动训练与竞赛、体育场馆管理等。

无锡城市职业技术学院为更好地发挥体育在大学教育中的独特作用，对体育课程的教学模式进行改革和创新。2010 年，无锡城市职业技术学院尝试把一些有代表性、易于组织的 WKB（体验式培训）纳入体育课程，与传统体育教育模式和方法相比，优势明显，深受大学生的喜爱，并取得较好的教育效果。经过三年多的摸索，2013 年，无锡城市职业技术学院重新修订体育课程标准，将该项目纳入体育教学内容体系，并贯穿于整个体育教学过程。

**无锡城市职业技术学院体育教学 WKB 学习与传统学习比较表**

表 6—31—16

| 传统学习 | WKB 体验式培训 | 传统学习 | WKB 体验式培训 |
|---|---|---|---|
| 过去的知识 | 即时的感觉 | 单一刺激 | 高峰体验度 |
| 记忆 | 领悟和体认 | 以教师为中心 | 以学员为中心 |
| 自主学习 | 团体学习 | 标准化学习 | 个性化学习 |
| 注重知识、技能 | 注重观念、态度 | 理论化 | 现实化 |
| 无接触 | 直接接触 | 强调化 | 强调做中学 |

WKB 教学不但能从学生的思想观念和行为模式上进行有效的教育引导，能有力地促使学生对生命、对集体、对自然、对社会的重新认识，不断提高大学生在校阶段学习的自觉性，增强社会责任感，而且首先对教师提出很高的要求。教师不但要熟悉每个项目的组织方法，还要深入了解每个项目的培训目标和现实意义，身体力行，有效提高教师队伍的责任感、事业心。在体育教学改革实践中，无锡城市职业技术学院学生的自我管理能力已经得到社会的普遍认可。

2014 年 7 月，学院成立独立建制的体育部，同时成立体育部党支部。体育部为隶属于学院的二级教学单位，是学院体育工作委员会的代行职能机构，负责全院的各项体育工作，设主任 1 名、办公室主任 1 名，教学秘书 1 名、教研室主任 3 名。体育部拥有一支结构合理、师德高尚、业务精湛的专业教师队伍和管理人员队伍，有教师 18 人，其中副教授 9 人、讲师 8 人、助教 1 人；另有器材管理人员 3 人。体育部确立“以人为本、健康第一”的教学理念，在注重培养大学生体育兴趣爱好的同时，注重大学生的体育意识、体育文化、体育能力、体育习惯等隐性远期指标的提高，体育课成为最受大学生喜爱的公共课程之一。

**2013~2014 年无锡城市职业技术学院参加无锡市级以上体育比赛单项获前三名统计表**

表 6—31—17

| 姓名 | 年份 | 运动会名称 | 地点 | 组别 | 项目 | 成绩 | 名次 |
|---|---|---|---|---|---|---|---|
| 何舒媛 | 2013 | 无锡市第十一届田径运动会 | 无锡市新体育中心 | 市级 | 铅球 | — | 第一名 |
| 何舒媛 | 2013 | 无锡市第十一届田径运动会 | 无锡市新体育中心 | 市级 | 实心球 | — | 第二名 |
| 徐建林 | 2013 | 无锡市第十一届田径运动会 | 无锡市新体育中心 | 市级 | 跳远 | — | 第一名 |
| 张　宇 | 2013 | 无锡市第十一届田径运动会 | 无锡市新体育中心 | 市级 | 400 米 | — | 第二名 |
| 郭富荣 | 2013 | 无锡市第十一届田径运动会 | 无锡市新体育中心 | 市级 | 实心球 | — | 第三名 |
| 徐建林 | 2014 | 江苏省第十八届田径运动会 | 南京航空航天大学江宁校区 | 省级 | 跳远 | 6.87 | 第二名 |
| 徐建林 | 2014 | 江苏省第十八届田径运动会 | 南京航空航天大学江宁校区 | 省级 | 三级跳远 | 13.59 | 第三名 |

**2011~2015 年无锡城市职业技术学院参加无锡市级以上体育比赛团体获奖统计表**

表 6—31—18

| 年份 | 运动会名称 | 地点 | 项目 | 团体名次 |
|---|---|---|---|---|
| 2011 | 肯德基全国青少年校园青春健身操大赛无锡市级赛高校组 | 无锡商业职业技术学院 | 健美操 | 二等奖 |
| 2011 | “篮协•城院杯”无锡市首届高校“篮球宝贝”啦啦操比赛 | 无锡商业职业技术学院 | 健美操 | 一等奖 |
| 2011 | “篮协•城院杯”无锡市第二届高校女子篮球联赛 | 无锡城市职业技术学院 | 女篮 | 第三名 |
| 2012 | “篮协・江大杯”无锡市第三届高校女子篮球联赛 | 江南大学 | 女篮 | 第二名 |
| 2012 | “篮协・江大杯”无锡市第二届高校“篮球宝贝”啦啦操比赛 | 江南大学 | 健美操 | 一等奖 |
| 2013 | 无锡市第十一届运动会“和平动力杯”高校篮球比赛 | 无锡商业职业技术学院 | 女篮 | 第二名 |
| 2013 | 江苏省高校后勤第七届乒乓球比赛 | 镇江 | 乒乓球 | 第二名 |
| 2014 | 无锡市第四届“成协自考杯”乒乓球比赛 | 无锡 | 乒乓球 | 第二名 |
| 2015 | 无锡市“高乒联.江阴学院”第二届乒乓球比赛 | 江阴 | 乒乓球 | 第三名 |
| 2015 | 第十八届 CUBA（高职高专组）江苏赛区 | 无锡城市职业技术学院 | 篮球 | 第三名 |

**（四）无锡技师学院**

无锡技师学院有体育教师 17 人，在校应开体育课班级 133 个，师班比为 1∶7.8，符合国家规定。各班体育课严格按教学计划开设。学院协同处系，按规定组织学生每天做广播操（或跑操）、组织各系部开展阳光课间一小时活动。各项体育活动安排有体育老师现场指挥，督导处每天安排至少 1 名中层以上干部现场督查并记录。每学年按时按质完成学生体质测试及测试数据的汇总和上报。每年组织举办春季学生田径运动会，组织教工、学生开展各类体育比赛，展示教师、学生体质和运动水平。

2015 年 10 月 16 日、17 日，无锡技师学院参加江苏省第二届职业学校田径比赛，16 名健儿获中职组比赛一块银牌、一块铜牌和 11 项奖项，周新民同学 400 米比赛获第二名，学院获优秀组织奖。是年，无锡技师学院组建院男子足球队，组建有计划，选拔有程序，训练有方案、有记录。11 月 30

日~12 月 4 日，男子足球队至江苏省溧水中等专业学校参加江苏省第二届足球比赛，团体总成绩获一等奖，中职组获第三名、高职组获第四名，同时学院获精神文明奖。

**（五）江苏省无锡汽车工程中等专业学校**

江苏省无锡汽车工程中等专业学校体育工作以增强学生体质为重点，树立“健康第一”的理念，加强条件保障、监督检查，切实保障学生在校每天一小时体育活动时间。同时，加强体育教学研究，提高体育与健康课、各类体育活动课质量，建立学生体育社团，培养学生自觉参加体育锻炼、提升健康素质的主体意识。2013 年，无锡汽车工程学校参加无锡市属学校中学生体育运动会，踢毽比赛获团体第二名，跳绳比赛获团体第三名。2015 年，参加江苏省第二届职业学校田径运动会，阮克浪获中职组 1500 米比赛第三名

**（六）江苏省惠山中等专业学校**

江苏省惠山中等专业学校把创建足球特色作为学校体育工作的一项重要任务。学校明确提出把学校建设成教师素质高、教学质量好、足球特色鲜明的无锡一流、省内知名的体育示范校。学校始终把足球列入体育课教学内容，积极推进足球教学模式改革，把足球运动列入课外活动的重要内容。同时，各年级和系部建立不同层次的足球队，经常组织年级足球队、系部足球队开展足球比赛。至 2015 年，惠山中专已成功举办两届“智远杯”校内足球联赛，先后获得三届惠山区校园足球比赛冠军。2015 年，获江苏省第二届职业院校足球比赛一等奖。

**2011~2015 年江苏省惠山中等专业学校获市级以上体育比赛团体奖项统计表**

表 6—31—19

| 时间 | 运动会名称 | 比赛地点 | 名次 |
|---|---|---|---|
| 2011.06 | 无锡市职业学校篮球比赛 | 惠山中专 | 男子第一名 |
| 2011.12 | 江苏省第二届职业学校篮球比赛 | 宿豫中专 | 男子第二名 |
| 2012.08 | 无锡市高中篮球比赛 | 宜兴 | 男子第一名 |
| 2012.06 | 无锡市职业学校篮球比赛 | 无锡师范学校 | 男子、女子第一名 |
| 2012.12 | 江苏省第三届职业学校篮球比赛 | 惠山中专 | 男子第一名 |
| 2013.11 | 江苏省第四届职业学校篮球比赛 | 溧水中专 | 男子第一名 |
| 2015.06 | 无锡市职业学校篮球比赛 | 无锡师范学校 | 男子第一名 |
| 2015.12 | 江苏省第二届职业学校足球比赛 | 高淳中专 | 男子一等奖 |

**（七）江南影视艺术职业学院**

江南影视艺术职业学院重视体育场地和设施建设，体育课堂教学和课外体育活动两手抓，探索定向越野训练与体育教学相融合，全方位塑造现代大学生身心素质。

2010 年，学院尝试把一些有代表性、易于组织的定向越野纳入体育课程。学生定向越野，锻炼身体、增强体能、挑战自我、获得高峰体验，克服困难、跨越极限、促进团队沟通、增进团队感情。定向越野与传统体育教育比较，优势明显，能有力促使学生对生命、对集体、对自然、对社会的重新认识，增强学生的社会责任感。

**2009~2015 年江南影视艺术职业学院获市级以上体育比赛团体奖统计表**

表 6—31—20

| 时间 | 运动会名称 | 地点 | 团体名次 | 金牌数 | 银牌数 | 铜牌数 |
|---|---|---|---|---|---|---|
| 2009.09 | 无锡市第十届运动会女子篮球 | 无锡 | 第二名 | — | — | — |
| 2010.05 | 江苏省定向越野比赛男子接力 | — | 第二名 | — | — | — |
| 2013.05 | 无锡市第一届民办学校职工羽毛球赛男单 | 无锡 | 第一名 | — | — | — |
| 2013.10 | 江苏省十一届定向锦标赛女子中距离定向团体 | 宿迁 | 第三名 | — | — | — |
| 2013.11 | 无锡市第四届高校男子篮球赛 | 无锡 | 第三名 | — | — | — |
| 2014.10 | 江苏省第十二届测绘杯定向锦标赛百米定向团体赛 W18B | 溧阳 | 第一名 | 2 | 1 | 5 |
| 2015.01 | 无锡市大学生篮球赛 | 无锡 | 第二名 | — | — | — |

2013~2014 年江南影视艺术职业学院获市级以上体育比赛单项前三名统计表

表 6—31—21

| 姓名 | 时间 | 运动会名称 | 地点 | 项目 | 名次 |
|---|---|---|---|---|---|
| 周静文 | 2013.09 | 无锡市第十一届运动会 | 无锡 | 高校组女子组 100 米栏 | 第一名 |
| 陈　磊 | 2013.09 | 无锡市第十一届运动会 | 无锡 | 高校组男子组实心球 | 第二名 |
| 周静文 | 2013.09 | 无锡市第十一届运动会 | 无锡 | 高校组女子组实心球 | 第三名 |
| 周静文 | 2013.10 | 江苏省第十一届定向锦标赛 | 宿迁 | 女子百米定向个人计时赛 | 第一名 |
| 陈蕾旭 | 2013.10 | 江苏省第十一届定向锦标赛 | 宿迁 | 女子百米定向个人计时赛 | 第二名 |
| 周静文<br>沈婷婷<br>陈蕾旭 | 2014.10 | 江苏省第十二届“测绘杯”定向锦标赛 | 溧阳 | 百米定向赛 W18B | 第一名 |
| 沈婷婷 | 2014.10 | 江苏省第十二届“测绘杯”定向锦标赛 | 溧阳 | 短距离定向个人赛 W18B | 第三名 |
| 周静文<br>沈婷婷<br>陈蕾旭 | 2014.10 | 江苏省第十二届“测绘杯”定向锦标赛 | 溧阳 | 中距离定向赛 W18B | 第三名 |

## 第八节 残疾人体育

钱桥、藕塘地区残疾人在各级党组织和政府关爱下，自强自立，根据自身体质条件，开展游泳、跑步、篮球、盲人定向行走等力所能及的体育活动，以增强体质，促进康复，提升自信。2013 年，钱桥街道 6 名残疾人参加无锡市第十一届残疾人运动会，获得奖牌 7 枚。2014 年，李雪怡参加江苏省第九届残疾人运动会游泳项目比赛，获 1 金 1 银好成绩。2015 年，李雪怡参加全国残疾人锦标赛游泳比赛，进入前八名。

2013~2015 年钱桥街道残疾人获市级以上体育比赛奖统计表

表 6—31—22　　单位：人

| 年份 | 赛事名称 | 参加人数 | 获奖项目及奖项 |
|---|---|---|---|
| 2013 | 无锡市第十一届残疾人运动会 | 6 | 李雪怡（视力残），50 米自由泳比赛金牌、100 米蛙泳比赛金牌；叶春松（听力残），篮球银牌；叶玮（肢残），200 米赛跑银牌、4×100 米接力赛铜牌、100 米赛跑第五名；吴燕琴（听力残），标枪铜牌、铅球第五名；陈海清（肢残），4×100 米接力赛铜牌、100 米赛跑第四名；顾国华（肢残），举重第五名 |
| 2014 | 江苏省第九届残疾人运动会 | 1 | 李雪怡（视力残），100 米自由泳金牌、50 米自由泳银牌 |
| 2015 | 全国残疾人游泳锦标赛 | 1 | 李雪怡（视力残），50 米自由泳第五名 |

## 第九节 老年人体育

20 世纪 90 年代，随着钱桥、藕塘地区逐渐进入老龄化社会，老年人体育活动十分活跃。老年人因地制宜、因人而宜，开展生动活泼、形式多样、科学文明、有益健康的打门球、打太极拳、舞剑、做健身操、跳健身舞、打老年健身球、跳功夫舞、排舞、下棋、慢跑、钓鱼等体育活动。特别是广场舞、健步走，更为钱桥、藕塘的广大老年人所热衷。1993 年，区域内无锡县钢铁厂成立老年门球队，队员 13 人。1995 年，钢铁厂门球队更名为钱桥门球队，发展中学、小学、居委三个老年分队，队员 30 多人。1996 年 10 月，中华人民共和国二级运动员年轻时从上海下放到溪南农村的龚梅兴进入老年，参加锡山市第四届运动会（乡镇部）老年组乒乓球比赛，单打、团体分获第三名。1997 年 6 月，溪南村龚梅兴、胜丰村张瑞珍等人组成的钱桥老年乒乓球队参加无锡市第七届“江南晚报杯”老年运动会乒乓球比赛，分别获男子、女子团体冠军。1999 年，钱桥老年健身腰鼓队成立，成员 30 人，坚持天天打太极拳、打腰鼓、跳广场舞、打柔力球锻炼。是年 5 月，以龚梅兴为主力的钱桥老年乒乓球队参加无锡市第八届老年运动会乒乓球比赛，获男子团体第一名。9月21日，钱桥老年乒乓球队参加江苏省第二届老年运动会乒乓球女子团体比赛，获第七名。

2002年，溪南村龚梅兴、胜丰村张瑞珍等乒乓球爱好者参加连云港“天缘杯”全国友好城市老年乒乓球邀请赛，获男子团体第三名、女子团体第二名。2004年3月，张瑞珍参加惠山区老年人乒乓球比赛，获女子单打第一名。是年5月，溪南村龚梅兴等人参加无锡市第九届运动会老年部乒乓球比赛，获男子团体第一名。同年，雅典奥运会凯旋的中国乒乓球名将云集锡城，龚梅兴通过无锡市体育局领导引见，见到儿时在一张乒乓球台上打球、穿同一乒乓球队队服参赛的世界乒乓球名将徐寅生。虽然时隔50年，徐寅生和龚梅兴两人长叙了参加各级各届乒乓球赛的经历。2005年，钱桥退教协成立太极拳队，坚持常年锻炼。2006年，钱桥退教协太极拳队参加无锡市退教协组织的太极拳比赛，获金奖。同年，钱桥老年健身腰鼓队参加惠山区第三套柔力球比赛，获第一名。2007年2月10日，钱桥镇老龄委、文体服务中心组织的中老年太极拳比赛在春来广场举行，全镇13支老年太极拳队参赛角逐，藕塘居委代表队、钱桥镇钱桥街道办代表队、钱桥退教协代表队分别获一等奖。2009年，钱桥街道成立老年气排球队，有50岁以上男、女队员20人，张伯洪为队长，每周训练2~3次。老年气排球队每年参加惠山区老年气排球比赛。

钱桥街道老龄委、老体协每年重阳节组织老年人进行文体展演活动，组织拳、剑、操、舞、棋等项目进行展演和比赛。2012年起，老龄委、老体协组织各社区创建惠山区老年文体特色村（社区）。2013年，龙腾虎跃太极拳队薛龙祥、钱冬梅夫妇参加无锡市网民公益体育大会太极拳比赛，分别获男子、女子老年组陈式太极拳一等奖。2014年9月20日，钱桥街道华新社区老年太极拳队参加惠

图6—31—10　2014年4月9~16日，钱桥街道老年体育协会举办柔力球、健身球培训班

图6—31—11　2014年9月20日，钱桥街道参加惠山区老年太极拳展示比赛获二等奖

山区老年体协组织的陈氏太极拳和太乙游龙拳比赛，获二等奖。藕乐苑社区原勤建村有一批老年抛石锁爱好者，好多人从年轻时就开始抛石锁。2015年5月，62岁的屠建兴发起，成立藕乐苑老年石锁队，组织50多名抛石锁爱好者相互学习，共同锻炼，屠建兴任石锁队队长。是年，钱桥街道15个社区全部验收达标成为惠山区老年文体特色社区。

## 第十节　体育特色团队

钱桥街道区域内体育特色团队有1955年成立的西青篮球队，1969年成立的无锡锡兴钢铁公司篮球队，1993年成立的钱桥街道门球队，2006年成立的龙腾虎跃太极队，2008年开馆的神州武馆阿祖武道中心，2011年成立的江南太极文化中心，2012年成立的东风石锁队。

### 一、西青篮球队

1955年，钱桥西漳地区10多名爱好篮球运动的农民自发组织成立西青篮球队，南京部队篮球队退役的身高1.9米以上的唐盘泉为主力兼教练。之后，孙永昌、唐亚侬、唐月华等青年农民相继

入队，成为球队骨干。60 年代，西青篮球队成为钱桥地区体育水平最高的篮球队，在锡西地区颇有影响，曾多次被邀至驻钱桥地区坦克部队（简称五支队）、无锡无线电厂、无锡橡胶厂、无锡水泥制品厂，洛社、前洲、玉祁等公社及钱桥公社各大队进行友谊比赛、交流球艺。

西青篮球队利用村里两个简陋的半球场和万东（南西漳）初中篮球场进行训练，带动当地青少年开展打篮球运动。西青篮球队外出打球，西漳地区 30~50 人的球迷总是结队陪同，前去观战助威。有一次，西青篮球队至洛社公社绿化大队打球，几十个球迷来回步行 2 个多小时陪同打球。受西青篮球队影响的万东（南西漳）初中有一部分学生球迷报考具有篮球特色的无锡市三高中，被录取。西青篮球队孙永昌多次代表无锡县篮球队参加苏州地区八县直属队的联赛。70 年代初，西青篮球队因主力队员工作调动，自动解散。

## 二、无锡锡兴钢铁公司篮球队

区域内无锡县锡兴钢铁公司篮球队（简称县钢篮球队）成立于 1969 年。刚成立时只有男篮，之后，又成立女子篮球队。县钢篮球队成员以转复军人，体校、各级运动队退役的在厂职工为主。1971 年 8 月，县钢篮球队参加无锡县工交系统在县钢举行的首届职工篮球赛，获得优秀成绩。1980 年 11 月，县钢篮球队三级裁判员黄钢被批准为国家一级篮球裁判，成为无锡县历史上第一个国家级一级篮球裁判员。

1981 年 10 月，无锡县在县钢举行县属厂（矿）职工篮球赛，县钢男篮获冠军。1983 年 5 月，无锡县在县钢举行职工篮球赛，县钢男篮获甲组第 4 名。1984 年 7 月，县钢篮球队参加无锡市首届“工人杯”篮球赛，县钢女篮获第四名。同年 12 月，县钢篮球队参加无锡县“锡工杯”男子篮球赛，男篮摘得桂冠。1985 年 5 月，县钢男、女篮球队参加无锡市冶金系统首届职工运动会，双双获得冠军。1987 年，县钢女篮参加江苏省冶金系统篮球比赛，获得冠军。

图 6—31—12　2003 年 10 月锡兴集团公司组织 22 支篮球队进行 60 多场比赛

2003 年，锡兴集团（即县钢）组织各分厂、车间 22 支篮球队进行 60 多场比赛，参赛运动员达 720 多人次。2015 年 1 月，无锡锡兴钢铁公司（原无锡县钢）全线停产转型，县钢篮球队自行解散。

## 三、钱桥街道门球队

钱桥街道门球队前身为 1993 年成立的无锡县钢铁厂门球队。时队长陈宝明，队员 15 人，其中一名教练员，一名裁判员。县钢门球队队员在教练员的指导下，从头学起，每天训练几小时。1994 年第一次参加无锡市门球等级比赛就进入甲级队。1995 年，县钢门球队更名为钱桥镇门球队，门球队伍发展到三个分队，分别为李忠琪带领的中学队，赵兰君、浦桂林、姚本道带领的小学队，杨益人带领的居委队，队员总数 30 多人。在时任钱桥镇副镇长协调下，钱桥镇门球队在钱桥中学北面花 10 多万元经费建成标准门球场。是年，藕塘门球队成立，队员 13 人。藕塘门球队在藕塘集装箱厂厂长支持下，建成长 25 米、宽 20 米的煤渣简易门球场。

2007 年，钱桥镇门球队更名为钱桥街道门球队（简称钱桥门球队），赵兰君任队长。2008 年，刘彩云任队长兼裁判。钱桥门球队先后参加钱桥居委、总参无锡干休所、装甲兵无锡干休所、无锡石油地质研究所等友谊赛，以及无锡市、惠山区老龄委与退教协组织的多次比赛。2009 年 10 月，钱桥门球队获阳山片退教协组织的门球比赛第三名。2010 年 3 月，参加惠山区庆“三八”老年妇女门球赛，获第一名。是年 6 月，钱桥门球队参加江苏省千队万人“江苏杯”老年门球选拔赛，获惠山区第二名。2013 年 3 月，参加惠山区庆“三八”老年妇女门球赛，获一等奖。2015 年，钱桥门球队有赵素琴、刘彩云两名国家一级门球裁判员。

## 四、龙腾虎跃太极队

2006年，华新村龙腾虎跃太极队成立，发起人与负责人为薛龙祥、钱冬梅，两人都有教练证书，薛龙祥为中国武术五段教练。在盛岸西路、百乐广场，薛龙祥、钱冬梅经常带领50多位健身爱好者进行2个多小时的太极拳及武术练习。2010年，龙腾虎跃太极队参加惠山区组织的太极拳比赛，获二等奖。此后，太极队多次代表华新社区参加街道、社区的文体展示活动。

2012年11月24~25日，龙腾虎跃太极队参加无锡市第一届武术比赛大会，薛龙祥获陈式竞赛套路56式男子中年D2组一等奖、陈式大刀男子中年D2组二等奖；钱冬梅获陈式竞赛套路56式女子中年D2组一等奖、武当太极剑49式女子中年D2组二等奖。2013年10月26日，龙腾虎跃太极队在无锡市网民公益体育大会太极拳比赛中，薛龙祥获陈式太极拳男子老年组一等奖，钱冬梅获陈式太极拳女子老年组一等奖。2010~2015年，龙腾虎跃太极队参加惠山区太极拳比赛，连续6年获二等奖。2012~2015年，钱冬梅每年被评为惠山区老年文体工作先进个人。

## 五、东风石锁队

石锁表演是钱桥街道东风社区的体育特色。2012年，东风社区成立石锁队，队长许永锡，队员20余人。石锁爱好者自筹资金，购买石锁20只，轻的12公斤，中等的42.33公斤，最重的54公斤，以供体力大小、年龄长幼的队员训练。许永锡年龄70有余，但老当益壮，先后培养一批喜爱抛石锁的农民。早晨和黄昏，许永锡带领队员们赤膊上阵、抛掇石锁，汗流浃背，坚持锻炼。东风社区领导以丰富老百姓体育活动，促进全民健身的理念，投入资金5万元建造小木屋，供石锁队队员锻炼时休息。东风社区每次进行文体演出，压台戏总是石锁表演，博得群众阵阵掌声。东风石锁队还多次被邀请至无锡市、玉祁、洛社、藕乐苑社区等地展示演出。2015年，东风石锁队队员25人。

## 六、江南太极文化中心

2011年，在钱桥社区玉泉公园旁运动场上，周笑发起一批太极拳和习武爱好者成立李新太极队，队员100余人，其中当地居民50余人、周边社区居民50余人。周笑教学与训练队员太极陈式老架一路、二路、单刀、舞剑等项目。太极队队员每天晚上7：00~9：00进行训练时，周笑教学太极拳一招一式，有板有眼，严格有序，动作到位，在钱桥地区与无锡市有一定影响。随着习武人数增多，李新太极队更名为江南太极文化中心，玉泉公园拳场成为该中心的一个辅导站，由王云任负责。

2015年10月，江南太极文化中心在无锡市网民公益大会太极拳比赛中分获金牌、银牌、铜牌。

## 七、神州武馆阿祖武道中心

神州武馆阿祖武道中心坐落于钱桥街道藕乐苑社区内，2008年6月开馆。中心实用面积1500平方米，配备健身中心、文化学习辅导室、浴室等健身、娱乐、休闲设施。

馆长兼教练祖家玉6岁开始习武，为当代中国武术大师安徽三老王新坤、赵兴旺、平宝根弟子，还曾得到中国武术大师马金标的全力指导，又跟心意六合拳大师吴英华潜心钻研心意六合拳。祖家玉擅长中国传统武术内家拳、外家拳、三指神功、中国十八般兵器等百余个拳种。祖家玉来无锡后，又得到无锡地区元老级武术师吴成范、章深根的指点。祖家玉在藕乐苑组建50人的太极拳剑武术团队，开馆传授中国四大名拳八卦掌、太极拳、少林拳、心意拳以及中国十八般兵器、散打、搏击等系列拳种，指导热心，培训藕乐苑社区的武术爱好者。2015年，有100多位武术爱好者参加武馆中心的常年培训。同时，武馆祖家玉等教练为普及传统武术，从小学抓起，分别到惠山区、南长区、锡山区等小学利用小学体育课进行武术教学，接受培训学生达6000余人，其中藕塘中心小学2~5年级共21个班级945名学生接受武术教学。

# 第三十二章 医疗卫生

民国初期，开原乡有 3 个中医开设诊所，其中陆闻曾设诊所于钱桥市镇，另 2 个设诊所于荣巷。民国中期始，钱桥、藕塘地区出现个体开业医生，钱桥街镇有 15 个个体医生先后开业，藕塘街镇有 17 个个体医生先后开业，稍塘营有 4 个个体医生开业，藕塘北陆巷有 2 个个体蛇医开业。个体开业医生涵盖中医、西医，内科、外科、伤骨科、小儿科、助产、妇女病等各科。1951~1952 年，钱桥、藕塘乡政府把个体医生联合起来，分别成立钱桥联合诊所、无锡县第十二人民诊疗所。1958 年，钱桥、藕塘公社分别建立钱桥、藕塘公社医院。1983 年，钱桥、藕塘公社医院分别更设为钱桥、藕塘乡卫生院。1987 年、1993 年，钱桥、藕塘乡卫生院先后更名为钱桥、藕塘镇卫生院。2003 年，钱桥镇被无锡市人民政府表彰为无锡市农村卫生工作先进集体。2004 年，藕塘镇卫生院更设为钱桥镇藕塘卫生院。2005 年，钱桥镇卫生院同时挂牌钱桥镇社区卫生服务中心、钱桥镇藕塘卫生院更名为钱桥镇藕塘社区卫生服务中心。2007 年，钱桥镇社区卫生服务中心、钱桥镇藕塘社区卫生服务中心分别更设为钱桥街道社区卫生服务中心、钱桥街道藕塘社区卫生服务中心。

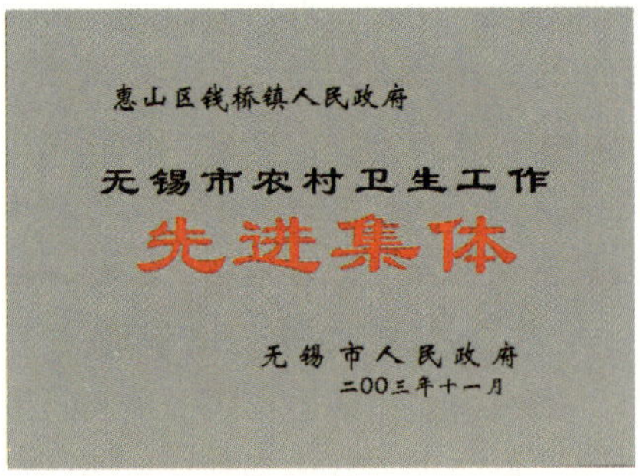


图 6—32—1 2003 年 11 月，钱桥镇被无锡市人民政府表彰为无锡市农村卫生工作先进集体

2015 年，钱桥街道有 2 家社区卫生服务中心、15 家社区卫生服务站，共有各类职称医生 89 名、护师 66 名、药师 8 名，乡村医生 47 名；私人医疗诊所 5 家；各种疫苗接种 16086 人；孕产妇受检率 100%；社会医疗保险参保率 100%，居民医疗保险参保率 99%以上。钱桥街道医疗卫生工作由惠山区卫生局主管，街道设文卫助理。

## 第一节 医疗卫生单位

明、清时期，钱桥、藕塘地区仅有少量私人诊所，百姓患病后多为求神拜佛或请走访郎中诊治。清末至民国期间，钱桥、藕塘地区街镇始开设中药店。民国时期，钱桥、藕塘地区出现个体医生开业行医。1951 年，藕塘乡创立无锡县第十二人民诊疗所。1952 年，第十二人民诊疗所更设为藕塘区联合诊所，钱桥镇创立钱桥联合诊所。1954 年，藕塘区并入新渎区，藕塘、张舍、胡埭、陆区、新渎、北新联合诊所组成“六联”。1958 年初，“六联”解体，藕塘联合诊所恢复；2 月，钱桥联合诊所更设为钱桥联合医院；4 月，藕塘联合诊所更设为藕塘联合医院；9 月，钱桥联合医院更设为钱桥公社医院、藕塘联合医院更设为藕塘公社医院。1962 年，钱桥、藕塘公社医院分别恢复为钱桥、藕塘联合医院。1966 年，钱桥、藕塘联合医院分别更设为钱桥、藕塘公社卫生院。1983 年，钱桥、藕塘公社卫生院分别更设为钱桥、藕塘乡卫生院。1987 年，钱桥乡卫生院更设为钱桥镇卫生院。1989 年，藕塘乡卫生院同时挂“无锡县第二传染病医院”牌子。1993 年，藕塘乡卫生院更设为藕塘镇卫生院。1994年，钱桥镇卫生院同时挂“无锡县职业病康复医院”牌子。2004年，藕塘镇卫生院更设为钱桥镇藕塘卫生院。2005年，钱桥镇卫生院同时挂牌钱桥镇社区卫生服务中心、钱桥镇藕塘卫生院更设为钱桥镇藕塘社区卫生服务中心。2007年，钱桥镇卫生院、钱桥社区卫生服务中心更设为钱桥街道卫生院、钱桥街道社区卫生服务中心；钱桥镇藕塘社区卫生服务中心更设为钱桥街道藕塘社区卫生服务中心。2011年，钱桥街道卫生院名称停止使用。2015年，钱桥街道有社区卫生服务中心2所，共有主任医师1名、副主任医师13名、副主任护师3名；其中钱桥街道社区卫生服务中心有主任医师1名、副主任医师8名、副主任护师1名，藕塘社区卫生服务中心有副主任医师5名、副主任护师2名。

## 一、私人诊所

明、清时期，钱桥、藕塘地区尚无医疗卫生行政机构，乡间仅有穿街走巷的走访郎中行医看病。老百姓一旦染病，有的求神拜佛，有的请走访郎中诊疗。传染性疾病如白喉、伤寒、霍乱、天花、麻疹、疟疾等时有流行。

民国时期，钱桥、藕塘地区出现个体开业医生，大都在钱桥、西漳、藕塘、稍塘、盛店等集镇开设诊所或在药店坐堂行医。是时，钱桥地区个体开业医生有许光旭开设西医内科，擅长小儿科，坐堂应诊为主；孙茂清，西医内科；邓守坚，中医内妇科，擅长治疗伤寒病；秦志青，中医内科；冯少仲，中医外科，擅长治疗疮疔；厉聘三，中西医内妇科，治疗肝炎有专长；毛仲正，中医内外科；唐焕本，西医内科；朱宝春，西医内科；朱涤庆，西医内科；毛云秀，妇产科，擅长助产；陆宣宝，中医内科；钱浩清，中医内科；蒋剑侯，西医内外科；周国刚，伤骨科；吴月芬，老法接生员；薛凤珍，老法接生员。藕塘地区挂牌设诊的医生有徐伯平，挂牌藕塘镇春和堂药店，擅长中医内儿科；陆宝宝，挂牌藕塘济生堂药店，擅长中医内科，主治伤寒；许旌杨，在藕塘桥南街寓所设诊，擅长外科；朱侃如，在藕塘桥南街设诊所，中医，曾以塞药引滴白带病在治疗妇女病方面载誉四方；倪乐山，从师陈叶橘，擅长中医外科，在稍塘营集镇设诊所；陆云山，擅长伤科针灸；沈云海，擅长伤科；单少棠，中医内科，上海中医学校毕业，挂牌藕塘南街寓所；杨如山，在藕塘南街寓所挂牌，擅针灸，专长种牛痘，十里方圆较为有名；吴亦可，擅长中医外科，挂牌藕塘镇南街；吴正球，南京医学院本科毕业，在藕塘桥南街家中设诊所，挂牌西医；费可人，设诊藕塘南街，挂牌中西医，擅长皮肤科；许锡祥，设诊所于藕塘南街寓所，祖传外科；叶有生，挂牌针灸，特长种牛痘，拔牙齿；朱锡棠，西医科毕业，挂牌仁寿堂；倪增寿，西医内科，设诊所于稍塘桥；黄志康，为名医戴倜然门人，中医内科，挂牌仁寿堂；倪兰初，名医戴倜然门人，中医内科，设诊于稍塘营；包仲庆，西医内科，在稍塘营设诊所；陶春福，设诊所于藕塘北陆巷家中，蛇医，以中草药专治蝮蛇咬伤；李凤清，设诊藕塘北陆巷家中，蛇医，以中草药专治毒蛇咬伤；奚震霆，中医儿科，挂牌新裕堂；边依中，儿科，挂牌济生堂药店；吴伟明，为藕塘最早的个体医生，擅长伤科及针灸；吴孚明，伤科、针灸，由父吴伯华祖传，在藕塘设摊施诊。民国9年（1920）3月12日《锡报》报道，开原乡藕荡（塘）桥镇徐伯平，悬壶于藕塘街镇春和堂药号，乡人患病到其诊所治疗，获愈者不可胜计。是年夏季，附近龚少卿之子忽患湿温重症，势甚危险，当即延请徐伯平医治，未及数日，病即痊愈。龚少卿即制黑底金字匾额一方，于同月15日鼓乐送往。后又有附近王绍庭因患病经徐伯平治愈，亦制黑底金字匾一方送往，以表谢意。民国18年，南西漳乡中医毛仲政、内科周根培，钱桥市镇内科陆闻令，潘葑孙佰容相继挂牌开业。

**清末至1958年钱桥、藕塘地区开办的中药店一览表**

表6—32—1

| 地区 | 店名 | 起讫年份 | 店主 | 从业人数（人） | 投入资金 | 设诊地址 |
|---|---|---|---|---|---|---|
| 钱桥 | 济寿堂 | 1899~1956 | 孙德昌 | 2 | 150石大米 | 钱桥街镇 |

续表 6—32—1

| 地区 | 店名 | 起讫年份 | 店主 | 从业人数（人） | 投入资金 | 设诊地址 |
|---|---|---|---|---|---|---|
| 钱桥 | 益大堂 | 1905~1956 | 钱锡成 | 2 | 150 石大米 | 南西漳街 |
| | 保春堂 | 1909~1956 | 孙学清 | 2 | 70 石大米 | 钱桥北街 |
| | 寿康堂 | 1919~1956 | 唐元清 | 2 | 500 银元 | 南西漳街 |
| | 周裕堂 | 1919~1958 | 孙文圻 | 2 | 100 石大米 | 钱桥南街 |
| 藕塘 | 春和堂 | — | 徐重道 | 3 | 700 银元 | 藕塘桥北横街 |
| | 济春堂 | 1919~1949 | 过家麟 | 2 | 700 银元 | 稍塘营街 |
| | 大春堂 | 1919~1956 | 胡惠坞 | 2 | 140 石大米 | 盛店桥河南街 |
| | 济生堂 | 1919~1956 | 陈耀奎 | 3 | 2100 银元 | 藕塘桥南街 |
| | 德春堂 | 1919~1958 | 胡惠平 | 2 | 700 银元 | 盛店桥街 |
| | 新裕堂 | 1924~1949 | 周维新 | 2 | 600 银元 | 藕塘北街 |
| | 仁寿堂 | 1944~1956 | 黄泉焕 | 3 | 650 石大米 | 藕塘桥北街 |
| | 过树堂 | 1948~1956 | 过冠生 | 2 | 6900 元（旧币） | 稍塘营街 |

民国时期至新中国成立初期，钱桥、藕塘地区医疗机构均为私营。1952 年至改革开放前，区域内私营医疗诊所消失。

改革开放后，钱桥、藕塘地区又开始出现私营医疗诊所。1997 年，冯中卫口腔诊所为改革开放后区域内首个开设的私营医疗诊所。此后，钱炳泉诊所、吴小平诊所、杨钢顺诊所、雅康口腔门诊等私营医疗诊所先后开办。

1997~2011 年钱桥、藕塘地区开设私营医疗诊所统计表

表 6—32—2　　单位：人、平方米

| 私营诊所名称 | 开业时间 | 从业人员 | 开办地点 | 面积 | 经营项目 | 经营者 |
|---|---|---|---|---|---|---|
| 无锡市惠山区冯中卫口腔诊所 | 1997 | 3 | 藕塘老菜场 | 50 | 口腔科 | 冯中卫 |
| 无锡市惠山区钱炳泉诊所 | 2003 | 3 | 玉泉路 8 号 | 100 | 内科 | 钱炳泉 |
| 无锡惠山区钱桥吴小平诊所 | 2005 | 2 | 钱藕路 391 号 | 80 | 外科 | 吴小平 |
| 无锡市惠山区钱桥杨钢顺诊所 | 2006 | 3 | 金岸路 76 号 | 150 | 内科、儿科 | 杨钢顺 |
| 无锡市惠山雅康口腔门诊 | 2011 | 3 | 育才路 48-1 50-1 | 90 | 口腔科 | 张相印 |

2015 年，钱桥街道区域内共有 5 所私营医疗诊所，其中口腔科 2 所、内科 2 所、外科 1 所。

## 二、街道卫生服务中心

街道卫生服务中心由新中国成立初期个体行医的医生组织起来成立的联合诊所发展而来。2015 年，钱桥街道有钱桥街道社区卫生服务中心和藕塘社区卫生服务中心 2 所。

### （一）钱桥街道社区卫生服务中心

新中国成立初期，钱桥地区医疗卫生仍然以个体行医和私人开药店的形式治病。时国家根据国情，提出“预防为主，面向工农兵，团结中西医，卫生工作与群众运动相结合”的卫生工作四大方针，引导医务人员走互助合作道路，组织起来，成立联合诊所。1952 年 2 月，钱桥镇成立联合诊所。联合诊所位于钱桥老街西巷弄口，为一间门面二层，上下共 13 架房屋。1953 年，钱桥联合诊所迁入桥南，为 19 间平房，建筑面积 400 平方米。同时，在南西漳设分诊所。联合诊所为群众自发组织的卫生组织，属无锡县卫生科和藕塘区卫生工作协会领导，在钱桥地区开展防病治病工作。钱桥联合诊所共 13 名医务人员，共同筹集 3000 万元（旧币）资金，用于购买药品，购置主要医疗器械，有显微镜 1 架、10 余张观察床。医疗项目设中医，西医内科、外科，妇产科，化验室。钱桥联合诊所医务人员有中医外科冯少仲，中医内科秦志青，西医内科朱锡棠、黄士松、蒋治康、蔡容中、杨继法，妇产科毛云秀、孙淑仁，针灸洪克菲，药剂强惠琴、朱湘云，化验周梅英；西漳分诊所医务人员有中医内外科毛仲正，西医内科华承民、钱浩德。联合诊所医务人员实行集中上、下班，定时门诊，下午一般出诊，夜间安排值班，实行统一管理。诊所除开展正常的治病、防病工作外，还组

织医务人员进行政治学习和业务学习，确立为人民服务的观点和传承白求恩精神。

1958年2月，随着区域内行政体制的变更，在钱桥联合诊所的基础上，成立钱桥联合医院。钱桥联合医院有西医内科医生4名，妇产科医生1名，X光医生1名，药剂、化验师3名。医院开办在钱桥联合诊所原址，设备有简易手术台1张、观察床和病床16张、四头无影灯1架、30mAX光机1台、显微镜一架；药资15000元；药品200余种。8月，钱桥联合医院医务人员增至22人，并增加门诊部，有中、西医，内、外、妇产科；始设立药房，配备专职配药员。钱桥联合医院下设南西漳、周家弄、毛村等3个保健站。南西漳保健站医务人员有蔡容中、朱锡棠，周家弄保健站医务人员有顾玉书、全舜华，毛村保健站医务人员有冯全英、张国生、凌福春、李伯良、孟朴仁。9月，钱桥人民公社成立，随之钱桥联合医院更设为钱桥公社医院。钱桥公社医院设中医内科、西医内科、外科、妇产科、化验室、放射科等。钱桥公社医院下设南西漳、周家弄、毛村3所保健站。是年，钱桥药店并入钱桥公社医院，实行医药合一体制。1959年，钱桥公社医院增设痔科。

1961年，北塘医院杨逸良医生至钱桥公社赤墩里设立卫生所，为当地农民行医。1962年，卫生体制改革，钱桥公社医院又更设为钱桥联合医院。医院、保健站分级核算，自负盈亏，分配上按劳分配，实行固定工资加奖励；药店划归无锡县医药公司领导，实行单独核算。1966年，钱桥联合医院易名为钱桥公社卫生院。是年，妇产科、外科医务人员李伯良、顾英合作，开展第一例妇女结扎手术。同年，制剂室研制中草药口服制剂、感冒冲剂、复B液、蒸馏水等。1969年，钱桥公社卫生院医务人员20人，其中卫技人员13人、药剂5人、会计1人、工友1人。是年，北塘医院王光明、洛社卫生所邹星如、王承媚医生至钱桥公社卫生院支医。

1972年，钱桥公社医院增设口腔科。1973年4月，钱桥公社卫生院迁入钱威路新址，有新建楼房、平房各1幢，建筑面积1840平方米。1976年，新设立痔科病房，病床12张。1978年，设立内、外科病房，床位24张。是年5月，钱桥公社卫生院痔瘘科代表无锡县出席苏州地区在吴江铜罗乡卫生院召开的肛肠疾病现场交流会，并作手术示范。同年，钱桥公社卫生院初期资金4万元，固定资产28万元。医疗器械除联合医院时的器械外，增设九头无影灯1架、50mAX光机1台以及外科医疗器械。

1983年，钱桥公社卫生院更设为钱桥乡卫生院。同年，钱桥乡卫生院设中药房。1986年，钱桥乡卫生院占地面积3033.33平方米，建筑面积1800平方米，医务人员55人，病床48张，新增B超、TDB治疗仪各1台。全乡13个村均设卫生室，乡村医生26名，其中领取乡村保健医生证书的19名。钱桥乡卫生院负责对13个村卫生室的业务指导工作。是年，钱桥乡村两级医疗卫生机构全年治疗病员8.32万人次。1987年7月，钱桥乡卫生院更设为钱桥镇卫生院。12月2日，钱桥镇卫生院成立工会组织，张耀良任工会主席。1988年5月，钱桥镇卫生院迁至钱桥大街20~22号新院。钱桥镇卫生院新院由钱桥镇政府投资180万元新建，占地面积12337.6平方米，建筑总面积4882平方米，其中医疗用房3183.6 平方米，辅助用房616.1 平方米，生活用房1082.1平方米，内设病床140张。

1991年1月，钱桥镇卫生院增设眼科专科，有2名专业医师及医务人员为眼病患者服务。1992年3月，钱桥镇卫生院开设耳鼻喉专科，有1名专业医师，并外请眼科专家长期坐诊。1994年，钱桥镇卫生院挂牌“无锡县职业病康复医院”，有床位13张，配有多功能诊疗设备。同年成立南通、钱桥肾脏联合病房，开设肾脏病区，投入60多万元资金在医院大门两侧建造一幢11间二层楼，并投入5万元资金购置体检汽车，检验科增设毒化实验室，增添测汞仪、显微境及尿八项分析仪。是年6月26日至12月24日，钱桥镇卫生院共对无锡县14个镇75个镇办化工厂职工进行体检，体检人数达4507人。1999年，钱桥镇卫生院投资6万元开设南西漳保健站，晓星、勤新方便门诊，医务人员全部由镇卫生院派驻，实行中午不停诊、傍晚晚下班的为民服务原则。7月，全院职工投入抗洪抢险，为150户进水户做好消毒杀菌工作，受到上级党委、政府的表扬。是年，13个村卫生室

100%通过“医疗执业许可证验收”，其中被锡山市卫生局评为甲级的有11个，名列锡山市前茅。

2000年，钱桥镇卫生院被评为创建省级卫生镇先进单位。是年，钱桥镇卫生院妇产科成功抢救一位产后大出血病人。2002年，钱桥镇卫生院完善科主任责任制，明确各科主任的职责，并对全院职工的工作责任心、劳动纪律、廉洁行医、仪表仪容、工作态度、业务学习、安全管理、财务管理、休假制度、交接班制度等24个方面制定详细的奖惩条例，直接与经济挂钩，与个人收入挂钩，全年无医疗纠纷和医疗事故发生。是年，钱桥镇卫生院全年完成全民义务献血374人次，征兵初检160余人次，食品健康体检2000余人次，较上年增加1000余人次，业务收入760余万元，较上年增加11%；总床日增70%，每床日费用同比下降35%，门诊人次新增10%，达7.5万人次。2005年，钱桥镇卫生院同时挂牌钱桥镇社区卫生服务中心。2006年，钱桥镇卫生院实行考核年薪制，基本工资加绩效工资。是年，开展“五个三”活动，以“病人三明白、护理三到位、医生三准确、医技三规范、病历三符合”为目标，加强制度建设。同年，对西漳、溪南和华新村卫生服务站进行改建，并新建钱桥、胜丰、春满园三个卫生服务站。同年，对辖区内1458名儿童建立档案，对120名体弱儿进行重点监测和营养指导，对142名孕产妇进行产前检查和产后访视，对各村3568名60岁以上老人、645名伤残康复期病人、162名精神病人定期跟踪服务，实行动态管理。全年公共卫生体检2400余人次，征兵初检160人次。

2007年12月，钱桥镇卫生院、钱桥镇社区卫生服务中心更设为钱桥街道卫生院、钱桥街道社区卫生服务中心。2009年，钱桥街道社区卫生服务中心选派2名护士到惠山区人民医院进修手术护理，提高医疗护理水平。是年，对全中心医护人员分期分批进行流行性脑炎、霍乱、手足口病、甲型H1N1流感的防治知识培训。同年，根据社区农村合作医疗办公室统一部署，晓星、溪南、华新、苏庙、钱桥等（村）社区对1947年1月1日~1994年12月31日出生的对象进行免费体检，共体检4153人；同时妇女病普查2144人，体检率83%；白内障老年患者50人免费体检，并配合惠山区人民医院做好需要手术的白内障患者术前准备工作。是年，对退休医保职工进行免费体检，实检2408人，体检率92%，发现恶性肿瘤患者3人。

2010年7月20日，钱桥街道社区卫生服务中心实行国家基本药物制度，实行零差率销售。是月，设立“无锡市惠山区精神康复中心”，实行一套班子两块牌子。同年，建成1000余平方米的精神康复中心医疗用房，配置脑功能治疗仪、脑电地形图以及无抽搐电休克治疗仪等仪器设备，开放床位60张，为精神病患者做好医疗服务工作。是年，中心对50周岁以下的医技人员每二个月进行一次考试，对照考试成绩，按照职代会通过的《医院质量考核方案》进行奖惩，全面提升医务人员医技水平。同时，中心对临床各科医生进行电子处方业务培训，全面实行电子处方。2011年，钱桥街道卫生院名称停止使用。2013年，钱桥街道社区卫生服务中心投入334万元资金，更换医院管理信息系统、内科病房传呼系统、污水处理系统，增添除颤仪及呼吸机等抢救设备，并购置美国GES60超声诊断系统、希施美康全自动血液分析仪及幽门螺旋杆菌检测仪等先进医疗设备。是年，中心组织相关人员进行“甲型H7N9流感”、艾滋病等重点传染病知识培训，提高医务人员对传染病防治和诊疗的水平，专门派医生及护士在发热门诊值班。11月14日，中心通过省卫生厅专家小组验收，成为“江苏省示范城市社区卫生服务中心”。同年，新建2个社区卫生服务站，创建1个五星级卫生服务站、3个四星级卫生服务站。

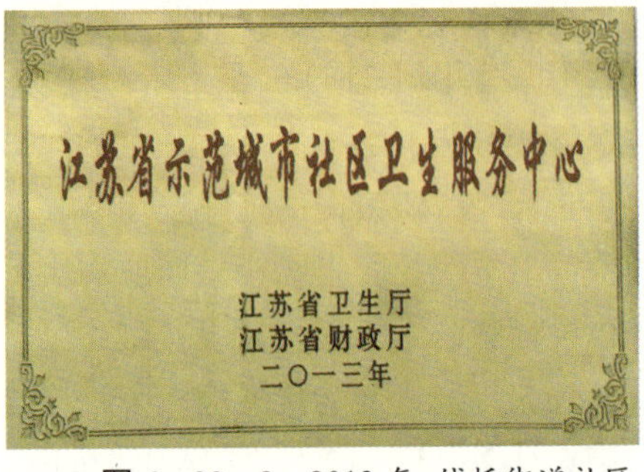

图6—32—2 2013年，钱桥街道社区卫生服务中心被江苏省卫生厅、财政厅命名为“江苏省示范城市社区卫生服务中心”

2015年，钱桥街道社区卫生服务中心按“四星”标准投入60万元资金，新建晓丰社区晓星卫生服务站，建筑面积265平方米；投资80万元对精神科病区改扩建，新增病床25张，增加室内活动场地200平方米；投入12万元资金高标准建设惠山区第一家重性精神疾病患者社区庇护站，在册患者2465人，患者检出率3.52‰，在管患者2273人，管理率92.21%。中心按照《重性精神疾病管理治疗工作规范》，全面落实一年四次随访，并为患者提供一次免费体检，体检率60%。是年10月10日，在第24个世界精神卫生日之际，中心医护人员上街开展联合健康宣传、义诊等活动。全年对企业退休人员体检4376人，体检率75%，较上年增5%；复查65人，发现疑似占位性病变8人，确诊肿瘤6人，做到早发现、早诊断、早治疗。是年，中心全年业务收入5102万元，同比增长785万元，增长率18.18%，其中医疗收入1722万元，同比增长226万元，增长率15.11%；药品收入3380万元，同比增长559万元，增长率19.82%，药品收入占总收入的66.25%。

**2002~2015年钱桥（镇）街道（卫生院）社区卫生服务中心病人满意度选年调查统计表**

表6—32—3　　单位：份、人、%

| 年份 | 发放调查表 | 收回调查表 | 其中满意 | | 其中较满意 | | 其中不满意 | |
|---|---|---|---|---|---|---|---|---|
| | | | 人数 | 百分率 | 人数 | 百分率 | 人数 | 百分率 |
| 2002 | 50 | 50 | 46 | 92.0 | 3 | 6.0 | 1 | 2.0 |
| 2006 | 500 | 500 | 450 | 90.0 | 45 | 9.0 | 5 | 1.0 |
| 2009 | 300 | 300 | 230 | 76.7 | 65 | 21.7 | 5 | 1.6 |
| 2010 | 300 | 300 | 230 | 76.7 | 64 | 21.3 | 6 | 2.0 |
| 2013 | 350 | 350 | 320 | 91.4 | 22 | 6.3 | 8 | 2.3 |
| 2015 | 400 | 400 | 370 | 92.5 | 20 | 5.0 | 10 | 2.5 |

**2006~2015年钱桥（镇）街道（卫生院）社区卫生服务中心医务人员职称统计表**

表6—32—4　　单位：人

| 年份 | 主任医师 | 副主任医师 | 主治医师 | 医师 | 副主任护师 | 主管护师 | 护师 | 主管药师 | 药师 |
|---|---|---|---|---|---|---|---|---|---|
| 2006 | — | 2 | 20 | 19 | — | 8 | 12 | 3 | 5 |
| 2007 | — | 2 | 19 | 20 | — | 7 | 12 | 3 | 4 |
| 2008 | — | 1 | 19 | 21 | — | 7 | 13 | 3 | 5 |
| 2009 | — | 3 | 26 | 11 | — | 11 | 10 | 5 | 3 |
| 2010 | — | 3 | 27 | 9 | — | 11 | 11 | 4 | 3 |
| 2011 | — | 3 | 29 | 9 | 1 | 12 | 9 | 5 | 2 |
| 2012 | — | 3 | 24 | 7 | 1 | 15 | 10 | 6 | 1 |
| 2013 | — | 6 | 24 | 9 | 1 | 17 | 16 | 6 | 3 |
| 2014 | — | 6 | 31 | 10 | 1 | 17 | 22 | 4 | 3 |
| 2015 | 1 | 8 | 24 | 16 | 1 | 17 | 21 | 5 | 3 |

**2008~2015年钱桥街道社区卫生服务中心医疗情况统计表**

表6—32—5　　单位：人次、人、日、张、%

| 项目 | | | 2008 | 2009 | 2010 | 2011 | 2012 | 2013 | 2014 | 2015 |
|---|---|---|---|---|---|---|---|---|---|---|
| 诊疗人次数 | 其中：门、急诊人次数 | 合计 | 107540.0 | 164037.0 | 177093.0 | 208397.0 | 217051.0 | 257567.0 | 316436.0 | 388679.0 |
| | | 门诊人次数 | 100935.0 | 155655.0 | 169478.0 | 167908.0 | 187927.0 | 209274.0 | 282038.0 | 352763.0 |
| | | 急诊人数 | 6605.0 | 8382.0 | 7615.0 | 40489.0 | 29124.0 | 48293.0 | 34398.0 | 35916.0 |
| 健康检查人数 | | | 27398.0 | 30237.0 | 33373.0 | 27490.0 | 38326.0 | 52627.0 | 59805.0 | 49057.0 |
| 期初留院病人数 | | | 19.0 | 38.0 | 38.0 | 30.0 | 82.0 | 65.0 | 93.0 | 97.0 |
| 期内入院人数 | | | 2235.0 | 2457.0 | 2095.0 | 1975.0 | 2106.0 | 2228.0 | 2198.0 | 2528.0 |
| 出院人数 | 总计 | | 2216.0 | 2457.0 | 2103.0 | 1923.0 | 2123.0 | 2200.0 | 2194.0 | 2527.0 |
| | 其中：出院病人数 | 合计 | 1984.0 | 2162.0 | 1901.0 | 1796.0 | 2056.0 | 2173.0 | 2182.0 | 2509.0 |
| | | 治愈 | 727.0 | 984.0 | 752.0 | 456.0 | 312.0 | 252.0 | 237.0 | 242.0 |
| | | 好转 | 1170.0 | 1110.0 | 1077.0 | 1300.0 | 1709.0 | 1877.0 | 1897.0 | 2213.0 |
| | | 未愈 | 87.0 | 68.0 | 72.0 | 40.0 | 34.0 | 44.0 | 47.0 | 53.0 |
| | | 死亡 | 0.0 | 0.0 | 0.0 | 0.0 | 1.0 | 0.0 | 1.0 | 1.0 |
| | 正常及其它 | | 232.0 | 295.0 | 202.0 | 127.0 | 67.0 | 27.0 | 12.0 | 18.0 |

续表 6—32—5　　单位：人次、人、日、张、%

| 项目 | 2008 | 2009 | 2010 | 2011 | 2012 | 2013 | 2014 | 2015 |
|---|---|---|---|---|---|---|---|---|
| 期末留院人数 | 38.0 | 38.0 | 30.0 | 82.0 | 65.0 | 93.0 | 97.0 | 98.0 |
| 实际开放总床日数 | 34770.0 | 36200.0 | 57580.0 | 62050.0 | 62220.0 | 58765.0 | 59495.0 | 60831.0 |
| 平均开放病床数 | 95.0 | 120.0 | 170.0 | 170.0 | 170.0 | 161.0 | 163.0 | 167.0 |
| 实际占用总床日数 | 17830.0 | 18051.0 | 26446.0 | 33789.0 | 31030.0 | 35972.0 | 36695.0 | 38433.0 |
| 出院者占用总床日数 | 17420.0 | 18063.0 | 25993.0 | 33513.0 | 35961.0 | 35999.0 | 34631.0 | 41016.0 |
| 治愈率 | 36.6 | 45.5 | 39.6 | 25.4 | 15.2 | 11.6 | 10.9 | 9.6 |
| 好转率 | 59.0 | 51.3 | 56.7 | 72.4 | 83.1 | 86.4 | 86.9 | 88.2 |
| 病死率 | 0.0 | 0.0 | 0.0 | 0.0 | 0.0 | 0.0 | 0.0 | 0.0 |
| 病床周转次数 | 23.3 | 20.5 | 12.4 | 11.3 | 12.5 | 13.7 | 13.5 | 15.1 |
| 病床工作日 | 187.7 | 150.4 | 155.6 | 198.8 | 182.5 | 223.4 | 225.1 | 230.1 |
| 病床使用率 | 51.3 | 49.9 | 45.9 | 54.5 | 49.9 | 61.2 | 61.7 | 63.2 |
| 出院者平均住院日 | 7.9 | 7.4 | 12.4 | 17.4 | 16.9 | 16.4 | 15.8 | 16.2 |

**1952~2015 年钱桥地区医疗卫生机构历任领导一览表**

表 6—32—6

| 医疗机构名称 | 姓名 | 职务 | 任职时间 | 姓名 | 职务 | 任职时间 |
|---|---|---|---|---|---|---|
| 钱桥联合诊所 | 冯少仲 | 所长 | 1952.02~1958.00 | 秦志清 | 副所长 | 1952.02~1958.00 |
| 钱桥联合医院 | 冯少仲 | 院长 | 1958.02~1958.07 | 秦志清 | 副院长 | 1958.02~1958.00 |
| 钱桥公社卫生院 | 冯少仲 | 院长 | 1958.08~1967.00 | 秦志清 | 副院长 | 1958.08~1967.00 |
| | 陶阿菊 | 革命生产领导小组组长 | 1967.00~1978.00 | 张耀良 | 副组长 | 1972.00~1976.00 |
| | 秦志清 | 院长 | 1980.01~1984.11 | 陈云清 | 革委会副主任 | 1977.00~1978.00 |
| | — | — | — | 朱海珍 | 副院长 | 1980.01~1984.11 |
| 钱桥乡卫生院 | 王瑞兴 | 院长 | 1984.12~1986.11 | 朱海珍 | 副院长 | 1984.12~1986.11 |
| 钱桥镇卫生院 | 朱海珍 | 以副代正 | 1986.11~1989.08 | 王凤英 | 副院长 | 1987.04~1989.08 |
| | 姚正平 | 院长 | 1989.09~1994.03 | 朱海珍 | 副院长 | 1989.09~1994.03 |
| | 毕显明 | 院长 | 1994.04~1998.05 | 朱海珍 | 副院长 | 1994.04~1996.04 |
| | 章新根 | 院长 | 1998.00~2002.02 | 蒋建国 | 副院长 | 1996.00~2001.00 |
| | — | — | — | 尤志昌 | 副院长 | 1999.00~2001.02 |
| | — | — | — | 陈建学 | 副院长 | 2001 |
| | 边仕新 | 院长 | 2002.03~2004.03 | 杨　震 | 副院长 | 2001.10~2002.03 |
| | — | — | — | 陈新敏 | 副院长 | 2002.06~2010.11 |
| | — | — | — | 季剑飞 | 副院长（挂职） | 2002.12~2004.03 |
| | 华　庆 | 院长 | 2004.03~2005.10 | — | — | — |
| | 杨　震 | 院长 | 2005.10~2007.11 | 范红卿 | 副院长 | 2006.03~2007.11 |
| 钱桥街道社区卫生服务中心 | 杨　震 | 主任 | 2007.12~2011.08 | 范红卿 | 副主任 | 2007.12~2011.08 |
| | 王卫江 | 主任 | 2011.08~ | 浦晓东 | 副主任 | 2010.11~ |
| | — | — | — | 吴晓峰 | 副主任 | 2011.08.~2013.08 |
| | — | — | — | 廉　敏 | 副主任 | 2013.08.~ |

2015 年，钱桥街道社区卫生服务中心王卫江任主任，浦晓东、廉敏任副主任。

**（二）藕塘社区卫生服务中心**

1951 年 7 月，藕塘地区由法锡麟、穆剑平发起，筹建藕塘联合诊所，经无锡县卫生科批准，定名为无锡县第十二人民诊疗所，法锡麟、穆剑平分别任正、副主任。第十二人民诊疗所位于藕塘桥南街，租用陈锡金家房屋，面积 120 平方米。诊疗所医务人员法锡麟、穆剑平、黄志康、单少棠、王淑婉等每人出资 30 元现金，共 150 元，并将各人所开私人诊所的血压计、药橱、办公用具等设备随人带入，各自库存的中成药、西药作价投入，总计 420 元。诊疗所有病床 2 张，开展常见病、多发病，接产等项医疗业务。1952 年，第十二人民诊疗所更设为藕塘区联合诊所。1954 年，藕塘区撤销，并入新渎区。藕塘和张舍、胡埭、陆区、新渎的联合诊所组成联合体，称“五联”。随后，北新联合诊所参加五联，成为“六联”。1957 年 4 月，盛店联合诊所成立，章如宝任主任，有医务人员3名，仅有简陋医疗器械。1958年4月，“六联”自行解体，“六联”诊所的藕塘部分在藕塘联合诊所的基础上组建藕塘联合医院。联合医院地址在“六联”原址，医务人员均未有变动。同年9月，藕塘联合医院更设为藕塘公社医院，医务人员16人。藕塘公社医院利用农业中学3间教室为住院部，借用单少棠南街私房2间为门诊室。藕塘公社医院下设盛店保健站，站长章如宝；稍塘保健站，站长杨仁裕。医院、保健站由藕塘公社统一领导。

1962年，卫生体制改革，藕塘公社医院恢复为联合医院，经济上实行分级核算、民主管理、自负盈亏，分配上采用固定工资加奖励。医院内部精简机构，把1958年以后进院的初级卫生人员下放回队。1966年，藕塘联合医院更设为藕塘公社卫生院，位于藕塘桥北冯巷地段，利用原农业中学改造而成。是年，新建平房一幢，有医务工作人员18人，病床6张，设内科、外科、妇产科等门诊科室。1969年，藕塘公社革命委员会批准成立藕塘公社卫生院革命生产领导小组，成员有冯瑞书等5人。1971年，藕塘公社卫生院有医职员工16人。

1983年4月，藕塘公社卫生院更设为藕塘乡卫生院。随着区域地方经济发展，人民生活水平提高，藕塘乡卫生院业务量不断扩大，原有用房已不适应医疗需求。藕塘乡党委、政府筹集资金，对卫生院进行改造扩建，保留原医院平房，在门诊房屋南面征用土地2000平方米，建造一排15间二层医疗综合楼，建筑面积1000平方米，总投资20万元，使卫生院成为前后二个院，占地面积4000平方米，建筑面积1800平方米。是年，藕塘乡卫生院设内科、外科、五官科、放射科、检验科、理疗科、妇产科及药房、门诊注射室，有病床30张。1986年，藕塘乡卫生院有病床36张，医务人员28人，其中有技术职称13人。全乡各村和部分工厂设有卫生室10个，病床5张，医务人员19人，其中农村医生领到证书的11人。是年，全乡育龄妇女4717人，藕塘乡卫生院完成计划生育指标94.46%。

1989年7月3日，经无锡县人民政府批准，藕塘乡卫生院为无锡县第二传染病医院，兼乡卫生院职能，实行“两块牌子，一套班子”的管理模式。其时，无锡县人民政府拨款20万元，藕塘乡人民政府投入80万元，在老医院旁新征土地3333.33平方米，新建医疗大楼和传染科大楼，建筑面积4500平方米。1991年6月8日，藕塘卫生院新大楼落成，并开始试运行。10月5日，无锡县第二传染病医院兼藕塘乡卫生院举行剪彩、揭牌仪式。1993年，藕塘乡卫生院更设为藕塘镇卫生院。1994年，藕塘镇卫生院通过一级甲等医院评审。1995年，无锡县第二传染病医院兼藕塘卫生院更设为锡山市第二传染病医院兼藕塘镇卫生院。1996年4月，藕塘镇卫生院投资35万元，改建和扩建病房、妇产科房、中成药房、门面。是年，藕塘镇卫生院通过无锡市级爱婴医院评审。藕塘镇卫生院在扩建过程中，共接受40个单位11.4万元的捐资以及各种实物。

**1996年藕塘镇卫生院扩建时相关村、企业、单位捐助金额表**

表6—32—7　　　　单位：万元

| 捐助单位 | 捐助金额 | 捐助实物 | 捐助单位 | 捐助金额 | 捐助实物 |
|---|---|---|---|---|---|
| 勤建村 | 2.00 | — | 花标厂 | 0.20 | — |
| 南水渠村 | 1.00 | — | 集装箱厂 | — | 自行车棚1个 |
| 东风村 | 0.50 | 院内绿化 | 绝缘胶厂 | 0.20 | — |
| 井亭村 | — | 300车石子，20棵龙柏 | 弹力丝厂 | 0.20 | — |
| 藕塘村 | 0.10 | — | 宇峰电热管厂 | — | 30台吊扇 |
| 新成村 | 0.10 | — | 中学电器厂 | — | 全自动洗衣机2台 |
| 塑料制品厂 | 1.20 | — | 中学千斤顶厂 | 0.10 | — |
| 采煤机厂 | 1.00 | — | 实业总公司 | 2.00 | — |
| 手联社 | 0.50 | 放射科塑料地板 | 多服公司 | — | 钢折椅30张 |
| 预应力钢丝厂 | 0.50 | 18寸彩电一台 | 农服公司 | 0.10 | — |
| 金属压延厂 | — | 羊毛毯54条 | 工业供销公司 | — | 窗式空调2台 |

续表 6—32—7　　单位：万元

| 捐助单位 | 捐助金额 | 捐助实物 | 捐助单位 | 捐助金额 | 捐助实物 |
|---|---|---|---|---|---|
| 福利厂 | — | 窗式空调 2 台 | 藕塘中学 | 0.10 | — |
| 工具厂 | 0.50 | — | 中心小学 | 0.10 | — |
| 印染厂 | 0.30 | 窗帘布 | 供销社 | 0.10 | — |
| 传动机械厂 | 0.20 | — | 银行 | 0.05 | — |
| 居委 | 0.05 | — | 抗排站 | 0.05 | — |
| 派出所 | 0.10 | — | 机电站 | 0.10 | — |
| 土管所 | 0.05 | — | 合作商店 | 0.03 | — |
| 交管所 | 0.03 | — | 三电 | — | 电器安装 |
| 邮电所 | 0.02 | — | 水厂 | — | 自来水、下水道安装 |

1999 年，锡山市第二传染病医院兼藕塘镇卫生院注重专科建设，为使具备 1~2 个特色科室，在继续抓好传染科建设的同时，着手培养人才，引进人才，抓好中医科建设。在中医科推拿、理疗、针灸业务的基础上，同年 10 月份聘请一名 101 医院军转中医专业人员到院行医，发展中医事业。2001 年，中医专科医师以优质的服务、高超的医术，吸引藕塘、钱桥、杨市、无锡市区等群众前来就诊，就诊达 5000 多人次。同年，藕塘镇卫生院进行体制改革。是年底，惠山区卫生局对藕塘镇卫生院进行评估审计，藕塘镇卫生院 2001 年全年业务总收入 350 万元，亏损 45 万元，经职代会表决，否定原股份制及租赁制，全面实行资产委托管理、限制亏损托管制，业务收入与职工报酬挂钩，职工积极性得到充分发挥，促使医院业务、医生技术水平、服务态度提高与改善。

2004 年，藕塘镇卫生院更设为钱桥镇藕塘卫生院。为拓展业务，钱桥镇藕塘卫生院与无锡市传染病医院进行横向合作，联合开设肝病协作中心病房，挂牌肝病协作中心，由无锡市传染病医院顾锡炳主任医师具体指导工作，每周二、五至藕塘卫生院门诊、查病房，成功救治大量重肝病患者，华庄、硕放等镇的肝病病人亦前到肝病协作中心诊治。是年，钱桥镇藕塘卫生院业务迅速发展，住院病人增多，病床紧缺。同年，钱桥镇政府投入及企业募捐共 120 万元资金建造医疗大楼，建筑面积 1200 平方米。2005 年，新建医疗大楼竣工，并投入使用。新楼投入使用后，藕塘镇卫生院建筑总面积 6700 平方米，医院占地面积因开发商品房而缩小至 4666.67 平方米。是年，藕塘镇卫生院新增胃镜、全自动生化分析仪、全自动血球计数仪、尿自动分析仪；更新彩色 B 超、心电图机、500 毫安 X 光机、自动洗片机、CR 等；开设胃镜室；重新改建和扩建手术室和妇产科，更新全自动手术床、麻醉机、规范计生室的工作流程，安装供氧设备。是年，钱桥镇藕塘卫生院更设为钱桥镇藕塘社区卫生服务中心，同时挂牌钱桥镇藕塘卫生院。2007 年，钱桥镇藕塘社区卫生服务中心、钱桥镇藕塘卫生院更设为钱桥街道藕塘社区卫生服务中心。是年，藕塘社区卫生服务中心春、秋二季对东风、盛峰村开展消灭钉螺工作，其中东风村连续三年灭螺后经验收全面达标。7 月，中心投入 7 万元资金进行食堂改建，改善职工就餐环境。同年，投资 35 万元资金新建藕乐苑、东风、盛峰三个社区卫生服务站，并全面达标，其中盛峰卫生服务站由二星升为三星，藕乐苑卫生服务站创建验收为三星，东风社区卫生服务站创建验收为二星。是年，中心对 3000 多名大中专院校学生，驻钱桥、藕塘地区有关单位及部门人员进行体检。2009 年，藕塘社区卫生服务中心开展“平安医院”创建及“百日安全无事故”竞赛活动。在活动中，全体医务人员的医疗技术、服务态度、行业作风有明显转变。同年，组织全体医务人员进行突发公共卫生事件实战演练，对手足口病、甲型流感、霍乱等传染病治疗知识进行多次培训，提高医务人员对传染病防治意识及诊治水平。是年，传染病上报登记 196 例。

2010 年，藕塘社区卫生服务中心加强科室管理，制定科主任考核细则。每月考核与科主任补贴、年终奖励挂钩，提高科主任的责任感及危机感。同年，继续对区域内幼儿园、小学、中学做好传染病防治指导工作。是年，藕塘社区卫生服务中心引进卫生专业技术人才外科 1 人、妇产科 1 人、护士2人，派3名医务人员到上级医院学习进修。2011年5月，藕塘社区卫生服务中心狠抓临床医生的用药规范，特别是抗生素的合理和规范使用，使抗生素滥用情况得到严格遏制，一季度抗生素使用率57.89%，内科达64%；二季度为48.6%，内科54%；三季度为43.94%，内科44.1%，同比分别有所下降。是年，中心对区域内妇女病二癌筛查1753人，筛查率88%。中心和卫生服务站医生到社区全年对居民进行健康教育讲座49次，咨询活动11次，共发放各种健康教育宣传资料34369份。同年，中心对职教园校区江苏信息职业技术学院等大中专院校新生体检4600人次。2012年9月29日，藕塘社区卫生服务中心举行医疗用房改扩建工程奠基仪式。改扩建工程占地面积11927平方米，设计新建医疗用房7356.28平方米，总建筑面积10906.28平方米。是年，藕塘社区卫生服务中心被江苏省卫生厅授予“江苏省示范中心”称号。2013年，藕塘社区卫生服务中心受条件的限制，加上传染病消毒隔离措施不符合要求，区卫生局检查评估后认定为不适合收住肝病病人。同年，藕塘社区卫生服务中心停止收治肝病病人，所挂“肝病协作中心”停业、撤销。

2014年，藕塘社区卫生服务中心按照惠山区创建江苏省中医药服务先进区的要求，加强中医药服务建设，使中心中医药服务水平提升一个层次。是年，开出中药处方2487张，中心进入无锡市中医药特色专科行列。2015年6月，中心选派3名医护人员参加惠山区卫计局“钉钉子、露露手、点点赞”主题征文活动获得一等奖1名；医务科选送的2份病案参加“优秀病历评比”获一等奖一个、三等奖一个。10月10日，中心扩改建大楼封顶。新建大楼地上建筑面积4507平方米，地下建筑面积883.2平方米，为门诊、住院、医疗综合大楼。12月，中心建立健康档案31270份，对65岁以上老年人体检2286人，占65岁以上老人总数的74.58%。是年，藕塘社区卫生服务中心所辖藕乐苑、东风、庙塘桥卫生服务站被评为五星服务站，盛店、稍塘社区卫生服务站为四星服务站，恒源祥卫生服务站为三星服务站。

**1998~2015年藕塘镇卫生院、藕塘社区卫生服务中心医务人员职称、学历选年统计表**

表6—32—8　　单位：人

| 年份 | 人数 | 性别 | | 学历 | | | | 职称 | | | | | |
|---|---|---|---|---|---|---|---|---|---|---|---|---|---|
| | | 男 | 女 | 本科 | 专科 | 中专 | 其他 | 副主任医师 | 主治医师 | 医师 | 副主任护师 | 主管护师 | 护师 |
| 1998 | 42 | 19 | 23 | 2 | 11 | 14 | 15 | 1 | 7 | 19 | — | — | 15 |
| 2008 | 46 | 14 | 32 | 6 | 28 | 12 | — | 2 | 10 | 15 | — | 4 | 15 |
| 2015 | 67 | 17 | 50 | 31 | 24 | 12 | — | 5 | 21 | 14 | 2 | 10 | 15 |

**2008~2015年藕塘社区卫生服务中心医疗情况统计表**

表6—32—9　　单位：人、人次、日、张、%

| 年份 | | | 2008 | 2009 | 2010 | 2011 | 2012 | 2013 | 2014 | 2015 |
|---|---|---|---|---|---|---|---|---|---|---|
| 诊疗人次数 | 合计 | | 59366.0 | 60771.0 | 72641.0 | 128721.0 | 142377.0 | 118972.0 | 126884.0 | 131456.0 |
| 诊疗人次数 | 门诊人次数 | | 36057.0 | 38047.0 | 47526.0 | 65313.0 | 84444.0 | 95759.0 | 101886.0 | 105389.0 |
| 诊疗人次数 | 急诊人次数 | 合计 | 23309.0 | 22724.0 | 25115.0 | 63408.0 | 57933.0 | 23213.0 | 24998.0 | 26067.0 |
| 诊疗人次数 | 急诊人次数 | 其中死亡人数 | 0.0 | 0.0 | 0.0 | 0.0 | 0.0 | 0.0 | 0.0 | 0.0 |
| 健康检查人数 | | | 28799.0 | 28632.0 | 26001.0 | 16997.0 | 14494.0 | 14856.0 | 17478.0 | 15749.0 |
| 期初留院病人数 | | | 24.0 | 29.0 | 26.0 | 9.0 | 33.0 | 23.0 | 30.0 | 31.0 |
| 期内入院人数 | | | 1810.0 | 1958.0 | 1743.0 | 1356.0 | 1244.0 | 1282.0 | 1252.0 | 1476.0 |
| 出院人数 | 总计 | | 1805.0 | 1961.0 | 1760.0 | 1332.0 | 1254.0 | 1275.0 | 1251.0 | 1485.0 |
| 出院人数 | 其中出院病人数 | 合计 | 1546.0 | 1739.0 | 1614.0 | 1276.0 | 1242.0 | 1270.0 | 1247.0 | 1485.0 |
| 出院人数 | 其中出院病人数 | 治愈 | 570.0 | 723.0 | 698.0 | 392.0 | 373.0 | 405.0 | 345.0 | 402.0 |
| 出院人数 | 其中出院病人数 | 好转 | 879.0 | 928.0 | 800.0 | 802.0 | 793.0 | 785.0 | 824.0 | 1009.0 |
| 出院人数 | 其中出院病人数 | 未愈 | 96.0 | 88.0 | 116.0 | 82.0 | 76.0 | 80.0 | 78.0 | 73.0 |
| 出院人数 | 其中出院病人数 | 死亡 | 1.0 | 0.0 | 0.0 | 0.0 | 0.0 | 0.0 | 0.0 | 1.0 |
| 出院人数 | 正常及其它 | | 259.0 | 222.0 | 146.0 | 56.0 | 12.0 | 5.0 | 4.0 | 0.0 |
| 期末留院人数 | | | 29.0 | 26.0 | 9.0 | 33.0 | 23.0 | 30.0 | 31.0 | 22.0 |
| 实际开放总床日数 | | | 27450.0 | 27375.0 | 27375.0 | 27375.0 | 25499.0 | 18250.0 | 18250.0 | 18250.0 |

续表 6—32—9　　　　单位：人、人次、日、张、%

| 年份 | 2008 | 2009 | 2010 | 2011 | 2012 | 2013 | 2014 | 2015 |
|---|---|---|---|---|---|---|---|---|
| 平均开放病床数 | 75.0 | 75.0 | 75.0 | 75.0 | 69.8 | 50.0 | 50.0 | 50.0 |
| 实际占用总床日数 | 12560.0 | 14089.0 | 13784.0 | 11849.0 | 11003.0 | 10328.0 | 10071.0 | 10823.0 |
| 出院者占用总床日数 | 12602.0 | 14168.0 | 13893.0 | 11686.0 | 11140.0 | 10325.0 | 10046.0 | 10896.0 |
| 治愈率 | 36.9 | 41.6 | 43.2 | 30.7 | 30.0 | 31.9 | 27.7 | 27.1 |
| 好转率 | 56.9 | 53.4 | 49.6 | 62.9 | 63.8 | 61.8 | 66.1 | 68.0 |
| 病死率 | 0.1 | 0.0 | 0.0 | 0.0 | 0.0 | 0.0 | 0.0 | 0.07 |
| 病床周转次数 | 24.1 | 26.1 | 23.5 | 17.8 | 18.0 | 25.5 | 25.0 | 29.7 |
| 病床工作日 | 167.5 | 187.8 | 183.8 | 158.0 | 157.7 | 206.6 | 201.4 | 216.5 |
| 病床使用率 | 45.8 | 51.5 | 50.4 | 43.3 | 43.2 | 56.6 | 55.2 | 59.3 |
| 出院者平均住院日 | 7.0 | 7.2 | 7.9 | 8.8 | 8.9 | 8.1 | 8.0 | 7.3 |

**1951~2015 年藕塘地区医疗卫生机构历任领导一览表**

表 6—32—10

| 医疗机构名称 | 姓名 | 职务 | 任职时间 | 姓名 | 职务 | 任职时间 |
|---|---|---|---|---|---|---|
| 无锡县第十二人民诊疗所<br>藕塘区联合诊所 | 法锡麟 | 所长 | 1951.7~1958，1954 年并入新渎区，1958 年恢复 | 穆剑平 | 副所长 | 1951.7~1958，1954 年并入新渎区，1958 年恢复 |
| 藕塘公社医院 | 丁国雄 | 院长（乡长兼） | 1958~1961 | 黄志康 | 副院长 | 1958~1961 |
| 藕塘联合医院 | 陆丽珍 | 行政院长 | 1958~1962 | 黄志康 | 副院长 | 1961~1965 |
| | 张保兴 | 院长 | 1962~1965 | | | |
| 藕塘公社医院 | 张保兴 | 院长 | 1966~1969 | 黄志康 | 副院长 | 1966~1969 |
| | 冯瑞书 | 革命生产领导小组组长 | 1969~1970 | — | — | — |
| | 袁昆玉 | 指导员 | 1971~1979 | 徐忠旗 | 副院长 | 1978~1979 |
| 藕塘乡卫生院 | 王士荣 | 院长 | 1984~1993 | 徐忠旗 | 副院长 | 1979~1981 |
| 藕塘镇卫生院 | 王士荣 | 院长 | 1993~1994 | 蒋秀英 | 副院长 | 1979~1982 |
| | 蒋建国 | 以副代正院长 | 1994~1996 | 黄志康 | 副院长 | 1978~1984 |
| | | | | 蒋建国 | 副院长 | 1984~1994 |
| | 王盘兴 | 院长 | 1997~1998 | 王卫江 | 副院长 | 1999~2003 |
| | 张源源 | 院长 | 1999~2003 | 蒋建国 | 副院长 | 2001~2003 |
| 钱桥（镇）街道藕塘卫生院 | 边仕新 | 院长 | 2004~2010 | 蒋建国 | 副院长 | 2004~2010 |
| | | | | 章丽亚 | 副院长 | 2003~2010 |
| 钱桥街道藕塘社区卫生服务中心 | 王卫江 | 主任 | 2010~2011 | 陈新敏 | 副主任 | 2010~ |
| | 范红卿 | 主任 | 2011~ | 章丽亚 | 副主任 | 2011~ |

2015 年，钱桥街道藕塘社区卫生服务中心范红卿任主任，章丽亚、陈新敏任副主任。

## 三、（大队、村）社区、企事业单位卫生室、卫生服务站

1967 年，钱桥公社竞丰等 2 个大队在钱桥地区率先建立卫生室。1968 年，藕塘公社勤建大队在藕塘地区率先建立卫生室。1969 年，钱桥、藕塘公社 23 个大队均建立卫生室。1987 年，钱桥镇、藕塘乡实现对 22 个村级卫生室规范化整顿，100%通过验收。1988 年，钱桥镇有村级保健医师 10 人。2006 年，钱桥镇村级卫生服务站 11 家，其中三星级 4 家、二星级 6 家、一星级 1 家。2015 年，钱桥街道有 15 家社区卫生服务站，47 名乡村医生；企业医务室 3 家；幼儿园、中小学、大中专医疗卫生室 12 家。

### （一）（大队、村）社区（卫生室）卫生服务站

1967 年，钱桥公社竞丰大队、鸭船浜渔业大队率先建立村级卫生室。1968 年，藕塘公社革命委员会为搞好农村卫生工作，解决农民就医难的问题，方便广大群众看病，组织各大队逐步开办大队卫生室。是年 10 月，藕塘公社聘请勤建大队从苏州卫校毕业的丁浩清和驻锡部队两名军医为教员，在公社医院开办“赤脚医生”培训班，全公社各大队均选派人员参加学习。经过一个多月的培训，勤建大队第一个在藕塘公社建立大队卫生室，卫生室设在街里生产队丁明炬家中，投入近千元资金

购置办公桌 3 张、药箱 3 只、药柜 1 个以及简单医疗器械。丁浩清等 2 人为勤建大队赤脚医生。是年底，林业大队在“七间头”大队办公室旁 2 间 40 平方米的平房内开办大队卫生室，有办公桌 2 张，药箱 2 只，药柜 1 个以及简单的医疗器械，大队赤脚医生有陈勤娣等 2 人。1967 年钱桥公社竞丰、鸭船浜 2 个大队成立卫生室。1968 年钱桥公社历村、舜一、西漳 3 个大队建立卫生室，藕塘公社勤建、林业、东风、永红 4 个大队建立卫生室。1969 年钱桥公社钱桥、五星、新丰、黎明、洋溪、晓星、胜丰、溪南 8 个大队建立卫生室，藕塘公社藕塘、火花、五星、凯旋、宇峰、渔业 6 个大队建立卫生室。卫生室一般设在大队所在地的 1~2 间简易房内，设备简陋，仅有办公桌、药箱、药柜、听诊器、血压计、针筒针头及外科换药用具等简单器械。

**1967~1969 年钱桥、藕塘公社各大队创办卫生室情况统计表**

表 6—32—11　　单位：平方米、元、人、张

| 公社 | 大队 | 创办时间 | 房屋面积 | 药资 | 医务人员 | 简易床 | 公社 | 大队 | 创办时间 | 房屋面积 | 药资 | 医务人员 | 简易床 |
|---|---|---|---|---|---|---|---|---|---|---|---|---|---|
| 钱桥 | 竞丰 | 1967 | 80 | 500 | 2 | 4 | 钱桥 | 黎明 | 1969 | 25 | 250 | 2 | 2 |
| | 鸭船浜 | 1967 | 57 | 200 | 1 | 4 | | 洋溪 | 1969 | 25 | 200 | 2 | 2 |
| | 历村 | 1968 | 40 | 500 | 3 | 1 | | 晓星 | 1969 | 40 | 1000 | 2 | 0 |
| | 舜一 | 1968 | 50 | 1000 | 4 | 1 | | 胜丰 | 1969 | 40 | 1000 | 2 | 0 |
| | 西漳 | 1968 | 30 | 5000 | 3 | 1 | | 溪南 | 1969 | 20 | 300 | 2 | — |
| 藕塘 | 勤建 | 1968 | 20 | 1000 | 2 | — | 藕塘 | 藕塘 | 1969 | 60 | 300 | 3 | — |
| | 林业 | 1968 | 40 | 1000 | 2 | — | | 火花 | 1969 | 16 | 3000 | 2 | 1 |
| | 东风 | 1968 | 50 | 800 | 2 | 1 | | 五星 | 1969 | 24 | 5000 | 2 | 1 |
| | 永红 | 1968 | 57 | — | 2 | 1 | | 凯旋 | 1969 | 30 | — | 2 | — |
| 钱桥 | 钱桥 | 1969 | 15 | — | 2 | 1 | | 宇峰 | 1969 | 16 | — | 2 | — |
| | 五星 | 1969 | 35 | 300 | 1 | 1 | | 渔业 | 1969 | — | — | 1 | — |
| | 新丰 | 1969 | 20 | 200 | 2 | 1 | — | — | — | — | — | — | — |

钱桥、藕塘公社各大队卫生室平时由一名赤脚医生值班，另外 1~2 名赤脚医生背着药箱去各自然村巡诊。农忙时节，各大队赤脚医生到田间、场头进行巡诊，药箱里备有常用药以及处理外伤的药具和药品，以便应急。大队卫生室的药品都由公社医院下拨，社员看病每人付 5 分钱。

20 世纪 80 年代，历村大队赤脚医生在乡间抢救突发病人充分发挥作用。其中一个 3 岁溺水女童生命垂危，其爷爷将女童倒挂在肩上，可女童面色惨白，嘴唇发紫，十分危急。赤脚医生周焕泉赶到后立刻给女童做心肺复苏，再把女童平放地上，进行人工呼吸，女童唇色渐渐变红，“哇”的一声哭出声来。之后，120 急救车把女童送往医院，转危为安。赤脚医生在病人送医院之前及时急救，赢得挽回抢救病人生命宝贵时间的事例很多。1984 年，钱桥、藕塘乡政府对各村卫生室实现规范化进行整顿。1987 年，钱桥镇、藕塘乡 22 个村级卫生室完成规范化整顿，100%通过验收，其中钱桥镇 6 个村级卫生室被评为甲级卫生室，7 个为乙级卫生室。1988 年，钱桥镇卫生院组织村级医务人员进行职称评定考试，评定职称的 18 人中有村级保健医师 10 人。

1990 年，钱桥镇 13 个村级卫生室中，威华、晓星、胜丰、历村为无锡县示范卫生室。90 年代中期，随着钱桥、藕塘镇各村经济形势好转，村级卫生室随之进行新建、扩建或改建，各种医疗设备也有一定改善，医疗条件及医疗水平有长足的发展，人民群众就医问题得到较好解决，各村卫生室都成为初具规模的医疗站点。20 世纪末，钱桥、藕塘镇各村卫生室均有诊疗室、药房、观察室、健身室等，配备治疗仪、电冰箱、空调、彩电、投影仪、测身高体重器以及健身康复器材等，为村民就医创造良好的医疗条件。

2006 年，钱桥镇以提高服务质量、满足群众基本卫生服务需求为目标，不断加强村级卫生医疗服务体系建设，建立布局合理、设施与功能齐全、服务优质、满足居民基本卫生需求的村级医疗服务体系和“小病进社区、大病进医院”的卫生医疗框架。是年底，钱桥镇建有镇级社区服务中心 2

所，村级星级卫生服务站 11 家，其中三星级 4 家、二星级 6 家、一星级 1 家，实现农民凭农村医保划卡看病便利的目标，村民诊疗、预防、保健均可到就近卫生服务站获得医疗服务。

2014 年，钱桥街道完成 3 个五星级社区卫生服务站建设。2015 年，钱桥街道 15 个社区，除晴山蓝城社区（因该社区在钱桥市镇中心）未配有社区卫生服务站外，其余 14 个社区均建立社区卫生服务站，共有 47 名乡村医生为社区居民进行医疗服务。

1990~2015 年钱桥、藕塘镇，钱桥街道（村）社区卫生服务（室）站情况选年统计表

表 6—32—12　　单位：平方米、元、人、张

| 社区 | 村 | 1990 | | | | 2000 | | | | 2015 | | | |
|---|---|---|---|---|---|---|---|---|---|---|---|---|---|
| | | 房屋面积 | 药资 | 医务人员 | 简易床 | 房屋面积 | 药资 | 医务人员 | 简易床 | 房屋面积 | 药资 | 医务人员 | 简易床 |
| 钱　桥 | 钱桥 | 120 | — | 2 | 3 | 280 | — | 1 | 8 | 176 | — | 3 | 5 |
| 华　新 | 威华 | 35 | 5000 | 2 | 1 | 35 | 8000 | 2 | 1 | 200 | 200000 | 4 | 5 |
| | 溪北 | 30 | 3000 | 1 | 1 | 50 | 5000 | 2 | 1 | | | | |
| 苏　庙 | 苏庙 | 80 | 1000 | 3 | — | 80 | 10000 | 3 | 4 | 250 | 50000 | 3 | 4 |
| | 鸭船浜 | 57 | 500 | 1 | 4 | 57 | 5000 | 2 | 4 | | | | |
| 溪　南 | 溪南 | 40 | 1000 | 2 | 1 | 40 | 3000 | 2 | 1 | 207 | 100000 | 3 | 4 |
| 舜　柯 | 历村 | 95 | 2000 | 2 | 2 | 100 | 3500 | 2 | 2 | 120 | 80000 | 3 | 5 |
| | 舜一 | 75 | 2000 | 4 | 1 | 75 | 3500 | 2 | 1 | | | | |
| 洋　溪 | 周家弄 | 40 | 3000 | 2 | 2 | 50 | 6000 | 2 | 2 | 260 | 60000 | 3 | 7 |
| | 洋溪 | 35 | 3000 | 2 | 2 | 50 | 6000 | 2 | 2 | | | | |
| 晓　丰 | 晓星 | 70 | 6000 | 2 | 2 | 40 | 20000 | 1 | 1 | 263 | 800000 | 3 | 4 |
| | 胜丰 | 70 | 6000 | 2 | 2 | 140 | 450000 | 2 | 6 | 140 | 300000 | 2 | 2 |
| 西　漳 | 西漳 | 80 | 20000 | 3 | 1 | 250 | 40000 | 3 | 5 | 250 | 80000 | 3 | 6 |
| 藕　塘 | 藕塘 | 40 | 5000 | 2 | 1 | 80 | 20000 | 2 | 3 | 已并入藕乐苑 | | | |
| 东　风 | 东风 | 130 | 2000 | 2 | 1 | 250 | 5000 | 2 | 1 | 390 | 100000 | 3 | 4 |
| 南　塘 | 庙塘桥 | 16 | 8000 | 2 | 1 | 48 | 15000 | 2 | 1 | 300 | 100000 | 3 | 5 |
| | 南水渠 | 48 | 10000 | 2 | 1 | 48 | 15000 | 2 | 1 | | | | |
| 盛　峰 | 盛店 | 20 | 500 | 2 | 1 | 20 | 1500 | 2 | 2 | 200 | 80000 | 3 | 1 |
| | 宇峰 | 28 | 500 | 2 | 2 | 160 | 3000 | 2 | 2 | | | | |
| 稍　塘 | 稍塘 | 90 | — | 2 | 3 | 275 | — | 2 | 8 | 275 | — | 2 | 0 |
| 藕乐苑 | 勤建 | 30 | 10000 | 7 | 2 | 30 | 100000 | 7 | 2 | 300 | 100000 | 6 | 4 |
| | 井亭 | 45 | 20000 | 4 | 1 | 65 | 130000 | 3 | 4 | | | | |
| | 恒源祥卫生服务站 | | | | | | | | | 165 | 367400 | 3 | 5 |

（二）企事业单位医务室

2015 年，钱桥街道区域内有 3 家企业建立医务室，2 所幼儿园、2 所中心小学、2 所中学，6 所大中专院校均建立医疗卫生室。

1964~2015 年钱桥（公社、乡、镇）街道企业卫生室基本情况统计表

表 6—32—13　　单位：人、平方米、张

| 单位 | 开办时间 | 人员 | 房屋面积 | 主要医疗器械 | 观察床 | 2015 年情况 |
|---|---|---|---|---|---|---|
| 惠山农药厂 | 1964.10 | 2 | 122.5 | 常规医疗设备、雾化吸入器 | 4 | 因企业关闭而消失 |
| 龙舜实业有限公司 | 1969.00 | 1 | 108.0 | 常规医疗设备 | 5 | 开设 |
| 无锡金球机械有限公司 | 1969.00 | 3 | 60.0 | 常规医疗设备 | 3 | 开设 |
| 无锡县钢铁厂 | 1970.12 | 1 | 28.0 | 听诊器、血压计、体温表等 | — | 因企业关闭而消失 |
| 无锡县印刷厂 | 1971.02 | 1 | 100.0 | 常规医疗设备 | 4 | 因企业关闭而消失 |
| 华润实业公司 | 1973.00 | 1 | 50.0 | 常规医疗器械、诊察室、高压消毒锅等 | 4 | 开设 |
| 食品冷冻厂 | 1979.09 | 1 | 30.0 | 听诊器、血压计、体温表等 | 1 | 因企业关闭而消失 |

**2015年钱桥街道中心幼儿园、中心小学、中学、大中专院校医务室统计表**

表6—32—14　　单位：平方米、人

| 校（园）名 | 创办时间 | 医务室面积 | 主要医疗器械 | 医务人员 | 服务对象 |
|---|---|---|---|---|---|
| 钱桥中心幼儿园 | 1989.00 | 40.0 | 隔离床、体重计、视力灯、晨检车、药品箱、紫外线灯、听诊器、血压计、体温表等 | 1 | 全体师生 |
| 藕塘中学 | 1989.09 | 40.0 | 体重秤、紫外线消毒车、血压计、听诊器、空调、电脑等 | 1 | 全体师生 |
| 钱桥中学 | 2003.06 | 30.0 | 电脑、血压计、体重秤、听诊器、急救箱、诊查床、紫外消毒车等 | 1 | 全体师生 |
| 无锡商业职业技术学院 | 2007.01 | 400.0 | 紫外线车、治疗车、医用冰箱、人工呼吸机等 | 8 | 全体师生 |
| 无锡信息职业技术学院 | 2007.12 | 764.0 | 消毒车、电滋波治疗仪、XY-98B供氧器、心电图仪 | 7 | 全体师生 |
| 无锡技师学院 | 2008.00 | 300.0 | 移动治疗车、电冰箱、消毒柜、紫外线消毒灯、诊察床、听诊器、担架等 | 7 | 全体师生 |
| 江苏省惠山中等专业学校 | 2009.01 | 75.0 | 额镜、鼻镜、听诊器、血压计、紫外线灯、诊察台、灭菌锅等 | 3 | 全体师生 |
| 江苏省无锡汽车工程中等专业学校 | 2009.04 | 68.9 | 不锈钢治疗床、红外线、测温仪 | 2 | 全体师生 |
| 钱桥中心小学 | 2010.09 | 72.0 | 身高体重秤、血压计、听诊器、诊查床、移动紫外灯、高压灭菌锅等 | 2 | 全体师生 |
| 无锡市城市职业技术学院 | 2011.10 | 100.0 | 常规医疗器械 | 7 | 全体师生 |
| 藕塘中心幼儿园 | 2012.11 | 40.0 | 空调、药品柜、隔离床、电脑、身高体重计、视力灯、血压计、体温表等 | 1 | 全体师生 |
| 藕塘中心小学 | 2014.09 | 21.0 | 身高计、体重秤、血压计、听诊器、紫外线消毒车、急救包、保健箱等 | 1 | 全体师生 |

## 第二节　卫生防疫

民国时期，钱桥、藕塘地区流行天花、霍乱、麻疹、伤寒、白喉、肝炎、疟疾、脑膜炎、百日咳等多种传染性疾病，几乎没有任何卫生防疫措施，一旦感染，死亡率达80%以上。1952年，钱桥、藕塘联合诊所在无锡县防疫委员会领导下，对区域内儿童接种防治鼠疫等疫苗。1964年，钱桥、藕塘联合医院对区域内儿童接种伤寒等多种疫苗。20世纪60年代末至70年代初，钱桥、藕塘地区开展预防以霍乱为中心、以肝炎为重点的群众性防疫工作。1997年，钱桥镇卫生院开展春季甲肝压春峰防疫工作。2002年，钱桥镇卫生院实施现代结核病控制策略。2003年，钱桥、藕塘镇党委、政府分别成立"防非"领导小组，采取各项措施，严防死守，有效控制"非典"在区域内发生。2008年，钱桥街道社区卫生服务中心将手足口病纳入丙类传染病管理，开展娱乐场所艾滋病干预。2009年，钱桥街道社区卫生服务中心将甲型H1N1流感纳入乙类传染病管理。2013年，钱桥、藕塘社区卫生服务中心成立禽流感防控、救治、消杀小组。2015年，钱桥、藕塘社区卫生服务中心完成各种疫苗接种16086人。

### 一、区域内主要流行性传染病

**天花**　民国时期，天花为区域内严重流行的传染病。20世纪50年代中后期，钱桥、藕塘地区医疗单位加强对接种牛痘预防"天花"的宣传，逐步提高区域内群众对接种牛痘疫苗能预防天花的认识，并在区域内开始接种牛痘疫苗。这类传染病在钱桥、藕塘地区于20世纪60年代绝迹。

**脑膜炎**　民国时期乃至解放初期，钱桥、藕塘地区经常发生流行性脑膜炎。区域内60年代初接种"流膜"疫苗后至1982年，钱桥地区发生1例，1987年钱桥地区发生2例。此后，区域内对12个月的婴幼儿接种"流膜"疫苗后，未发生过流行性脑膜炎病情。

**霍乱病** 钱桥、藕塘地区百姓称之为“瘪螺痧”。民国8年至民国31年期间，钱桥、藕塘地区先后流行3次较大范围的霍乱病。时因缺医少药，很多人失去生命。1964年，区域内开始接种霍乱疫苗。20世纪70年代后，区域内此类传染病流行绝迹。

**麻疹** 俗称“痧子”。民国时期，区域内农村普遍认为麻疹人人必患，无任何预防措施。新中国成立后，钱桥、藕塘地方政府十分重视麻疹预防工作。1963年，钱桥、藕塘地区开始接种麻疹疫苗，麻疹流行基本得到控制。1982~1986年，钱桥地区有10例麻疹发病。1988年后，钱桥、藕塘地区未发生麻疹病例。

**百日咳** 1960年前，钱桥、藕塘地区百日咳疾病发病率较高。1961年，区域内注射百白破疫苗后，发病率逐步减少。1982~1983年间，钱桥地区有14例百日咳病例。1984年后，钱桥、藕塘地区百日咳疾病很少出现。

**伤寒** 钱桥、藕塘地区民间以各种热病称之为“伤寒”，称“湿温伤寒”者即为现代医学所说之伤寒，大多数发生在夏、秋季节。1964年，区域内接种预防伤寒疫苗，同时在农村大力提倡饮食饮水卫生，但每年仍有发生。1988年，钱桥、藕塘地区出现44例伤寒病例。20世纪90年代之后，区域内伤寒病例逐年减少。

**白喉** 钱桥、藕塘地区民间称“麻痹风”，民国时期时有发生此病情。新中国成立后，钱桥、藕塘地区未发现病例。

**甲型肝炎** 钱桥、藕塘地区民间称“黄疸病”，民国时期乃至新中国成立初期，区域内屡有发生。1981年，钱桥地区肝炎暴发，历村大队暴发时人数达52人，病人都集中在生产队仓库治疗。1986年，溪南村暴发甲型肝炎，以生产队仓库为临时病房，对肝炎病人进行集中治疗。1990年，钱桥中心小学发病人数53人，病者送无锡市传染病医院治疗。进入21世纪，区域内加强饮食、饮水改善，“黄疸病”基本得到控制。

**疟疾** 民国时期，钱桥、藕塘地区疟疾发病率严重。新中国成立后，区域内疟疾病例时有发生。1974年，因区域内外地流动人口增多，疟疾成为解放后钱桥地区发病率最高的一年，钱桥公社有441人发病，占全乡总人口的18.05/千。1975~1985年的十余年间，发病率时升时降。1986年后，区域内疟疾基本得到控制。

## 二、传染病防控

民国时期，钱桥、藕塘地区的传染病防治工作由无锡县卫生院管理，由于人员少、经费不足，区域内传染病防治处于非正常工作状态，加上缺医少药，每年冬春季节，广大农村流脑、天花、麻疹、白喉、百日咳，夏秋季节霍乱、痢疾、伤寒、疟疾频发，流行极为普遍。时境内农民缺少卫生知识，不知道如何预防，又相信封建迷信，一旦传染病染身，求神拜佛，严重威胁身体健康和生命安全。民国19年（1930），钱桥、藕塘地区农民工作有定，起居依时，地处旷野，空气新鲜，身体各部发育均等，精神强健，但对于衣食住、防疫等方面都不注意，公众卫生尤欠讲求，坑厕到处随意设置，垃圾到处随意倾弃，以致蝇飞蛆爬到处发现，秽气随处可闻，各类传染病时有发生。

新中国成立后，钱桥、藕塘地区卫生事业逐步得到发展，地方政府把预防为主、卫生防疫必须与群众运动相结合作为卫生工作的重点方针之一。1952年，无锡县成立防疫委员会，钱桥、藕塘地区的卫生防疫工作接受县防疫委员会的具体指导。是年起，区域内儿童进行疫苗接种，开始注射鼠疫疫苗。1955年，开始用脊髓灰质糖丸。1958年，钱桥、藕塘公社各项卫生防疫工作分别由钱桥、藕塘医院负责，安排医生兼管。1959年，钱桥、藕塘地区在无锡县除“五害”爱国卫生运动领导小组领导下，声势浩大地开展灭蚊、灭蝇、灭鼠、灭麻雀、灭蟑螂的运动。

1960~1963年，区域内开展灭血吸虫病、钩虫病、蛔虫病、血丝虫病“四病”和宣传改善营养不良、防止食物中毒等。1963 年，区域内开展接种麻疹疫苗。1964 年，接种预防霍乱、伤寒、百日咳、流脑和麻疹等疫苗。1970 年，钱桥、藕塘公社分别成立血吸虫病防治领导小组。1964~1973 年，钱桥、藕塘地区开展人人以防霍乱为中心、防肝炎为重点的卫生防疫工作。1965~1979 年，钱桥、藕塘公社全部实行种植双季稻时，公社医院做好区域内农民稻田皮炎、红眼病等的防护指导工作。

1982~1988 年，钱桥、藕塘地区病毒性肝炎流行。1986 年，钱桥地区发生病毒性肝炎 256 例，发病率达 8.58‰。1988 年，区域内伤寒流行发病人数 44 人。

1980~1991 年钱桥（公社、乡）镇抗疟措施选年统计表

表 6—32—15　　单位：人、%

| 年份 | 疟疾治疗人数 | | | | 抗复发治疗数 | 休止期治疗 | | |
|---|---|---|---|---|---|---|---|---|
| | 病人数 | 其中外地 | 治疗数 | 其中外地 | | 上年疟史人数 | 服药人数 | 服药率 |
| 1980 | 20 | — | 20 | — | 20 | 92 | 92 | 100 |
| 1982 | 3 | — | 3 | — | 3 | 13 | 13 | 100 |
| 1984 | 4 | — | 4 | — | 4 | 8 | 8 | 100 |
| 1986 | 3 | — | 3 | — | 3 | 11 | 11 | 100 |
| 1988 | 7 | 6 | 4 | 回乡治疗 3 | 4 | 2 | 2 | 100 |
| 1990 | 6 | 6 | 6 | — | 6 | 5 | 5 | 100 |
| 1991 | 8 | 7 | 8 | — | 8 | 4 | 4 | 100 |

1995 年，为保护职工的合法权益，减少工业生产作业过程中有害有毒物质对职工的健康危害，根据《中华人民共和国职业病防治法》要求，藕塘镇卫生院对全镇 60 家企业进行健康调查，接受健康调查职工 1714 人，其中 587 人在生产过程中接触有毒有害物质，556 人接受职业病体检，未有人诊断为职业病。1997 年，钱桥镇卫生院开展春季甲肝压春峰活动，在各企事业单位接种 625 支甲肝疫苗。同年，将腮腺炎疫苗接种列入计划免疫，对中心幼托开展风疹疫苗接种；在中小学开展碘油丸普服工作，应服 6153 人，实服 6145 人，服药率 99.87%。是年，藕塘镇卫生院对区域内 97 家食品经营户进行食品卫生知识培训，共培训食品从业人员 175 人。1998 年“五一”期间，钱桥镇金龙大酒店发生食物中毒，共 54 人，经对病人采样及卤菜采样，确定同为志贺氏菌感染。钱桥镇政府对金龙大酒店及时停业整顿，从业人员进行培训，对酒店进行打扫及消毒。同年，钱桥镇卫生院加强对中小学生开展接种免疫疫苗工作，接种麻疹 530 剂次、百白破 523 剂次、乙肝 825 剂次、甲肝 946 剂次、流脑 134 剂次、风疹 3731 剂次。是年，晓星村出现甲肝爆发，钱桥镇卫生院在周围高危人群中进行疫苗应急接种，共使用 127 支丙球、26 支甲肝疫苗，阻止疫情的蔓延。同年，钱桥镇卫生院对外来人员预防疟疾服药 547 人、门诊血检 269 人。1999 年，钱桥镇卫生院开展区域内计划免疫金卡管理工作，当年办卡 2000 余张，办卡率 90.3%。是年，钱桥镇卫生院在抗洪救灾中至 173 户受灾家庭进行消毒，开展电视卫生讲座 3 次，板报宣传 24 块，发放宣传资料 180 份，确保灾后无疫情。

2001 年，钱桥镇卫生院进行麻风病畸残康复需求调查登记。2002 年，钱桥镇卫生院实施现代结核病控制策略，制定结核病独到管理方案。2003 年 4 月 22 日，惠山区委、区政府召开“非典”（非典型性肺炎）防治工作紧急动员会议。钱桥、藕塘镇党委、政府按照紧急动员会议精神，抓好防治“非典”各项措施的落实到位工作。其时，钱桥、藕塘镇分别成立“防非”工作领导小组，防治“非典”工作由党委书记和镇长负总责、亲自抓，镇长任组长，各村党支部书记、有关部门负责人为组员。各村、各单位相继成立“防非”领导小组，制订防治工作预案，建立和健全“防非”工作制度和工作机制。两镇同时建立“防非”领导指挥工作网络，完善属地责任制、单位责任制和一把手责任制，多次召开防治“非典”工作动员会议和紧急会议，配备 394 名“防非”信息联络员。在各级防“非典”工作领导小组领导下，藕塘镇“防非”工作领导小组向上汇报全镇当日防“非典”工作进展，向下对 11 大组〔9 个村（居）委组，一个企业组，一个事业单位组〕及 8 个重点防“非典”

单位统一部署防“非典”的具体要求和资料汇总。同时，迅速建立5~10户联防制度和护村员、护村哨制度。各村、各单位发现可疑对象，做到在第一时间确定，在第一时间汇报，在第一时间封锁疫情区，在第一时间消毒，在第一时间排查接触对象，在第一时间控制疫情的扩散的“六个第一”。各时间段确定负责人，采取有效方法，正确处理各类事件，控制“非典”扩散。充分发挥老党员、老干部、村民组长、计生干部、卫生室信息联络员的作用，及时掌握相关情况，实行每天零报告签字送报，建好台账。全民动员，普及预防知识，对广大群众进行防治“非典”工作的动员和宣传，共印发各类宣传材料45000多份，中心小学两次下发告家长书4000多份，做到家喻户晓，人人明白。利用广播电视、黑板报，指导群众运用科学知识和科学方法做好预防工作，使群众增强预防意识，做到不恐病、不轻病，自觉参与同疫病的斗争。各村、各企事业单位做好各项预防工作，要人出人，要钱出钱，要物有物，不讲条件，不讲代价，不推诿扯皮。每天对机关、学校、企事业单位、民工集中居住地、公共场所、公共交通工具全面进行1~2次消毒。藕塘镇卫生院确定专门负责人员，备足备齐消毒药品和消毒器材，指导重点单位做好消毒工作。同时加强中小学、幼儿园师生员工预防知识的普及教育，强化学校管理，家长、外来人员不得随意进入校园，切断病源在学校传播。医院专门设立发热门诊、隔离病房，一线工作人员穿戴隔离服。藕塘镇文卫办及11大组以一级对一级负责的态度，坚持疫情“日报告”和“零报告”制度。对重点疫区返镇人员、外省来镇人员全部进行体检，共体检429人次，体检率达到100%，其中北京返镇累计8人、广东11人、山西5人、其他地区163人。复检263人。利用原花粉厂闲置厂房建造“防非”观察留验点，对重点疫区回镇对象共计7人进行留验观察。镇政府还把“非典”防治工作的另一个着力点放在群防传染工作上，关闭浴室、网吧、游艺厅、旅馆、歌舞厅等，由工商所、派出所、文化站把关查办。与此同时，抓好外来人员管理，切断输入源。在防“非典”工作中，藕塘镇控制外来人员的流动，特别是对私房出租房中老乡带老乡的问题高度重视，加强三个“第一”，在第一时间发现，在第一时间报告，在第一时间采取措施进行处理。各村和派出所集中力量做好外来人员居住地的调查摸底、登记造册工作，做到一户不漏，一人不错，对号入座。对擅带外来人员居住的，发现一例，处罚一例，堵住进口关。各村、居委切实落实5~10户村民联户联防制度和护村员、护村哨制度，加强监督，出现情况及时汇报，及时处理。建立台账，做好资料汇总工作，做到有据可查、有源可堵。加强职能部门的相互协调，严格控制外来民工的进出，做好“三块”工作：一块是建筑工地，由村建办负责；一块是企业，由个私办、经贸站负责；一块是村，由村委、村民小组负责。加强对重点防非单位的管理，中小型企业在企业管理中加强消毒力度，把好外来人员的进出关，做到一不外派、二不返回、三不招工、四控外来人员进出厂门。各村卫生室建立信息上报制度，一旦有发热病人治疗，一方面通知病人到镇卫生院就诊，另一方面立即上报村信息员做好记录，并跟踪联系，确保治疗。医院内部的发热门诊隔离点做到防止交叉感染，对不到位的地方进行整改。交管所加强对外地途经本镇的车辆检查，对车辆加强消毒并贴上标记。工商所对外来人员的用餐进行严格控制，卫生设施条件差的餐饮店全部关闭，在市级主干道两旁的饮食店一律关闭。严格禁止外地车辆驾驶员在镇内用餐。派出所对全镇范围内外来人员租住地进行拉网式清查，对相对封闭的居住户人口流动情况进行检查，不留死角。村建办对建筑工地外来民工的调查做到细、实，并留下身份证号码，以便随时接受排查，如发现对不上号的民工，追查建筑老板的责任。镇机关各部门对惠山区以外的人员原则上不招待，抓好食堂、办公室、会议室等公共场所及领导用车的消毒工作，并做好记录。是年，钱桥镇卫生院制定“非典”疫情处理模拟演练实施方案，进行疫情处理模拟演练。做好消毒药品的发放工作，共发放口罩9822只、过氧乙酸28921公斤、体温计841个、漂白粉泡腾片18435片、“非典”防治宣传材料16194份、通告53张，并做好镇区消毒工作。藕塘镇卫生院发放预防非典宣传材料2000多份，接受群众咨询3500多人次。藕塘镇组织人员对辖区内的公共场所和餐饮单位进行消毒指导和监督工作，共指导监督10000多户次。钱桥镇发生一例“非典”病例，藕塘镇未发现病例。

2004年，钱桥镇政府颁发“关于下发钱桥镇食品卫生专项整治工作方案的通知”，对全镇食品生产经营单位的卫生状况、设施等基本情况进行摸底调查，选出32家重点单位下达食品卫生安全质量告知书，签订食品卫生安全保障责任书。7~10月，分批对重点行业的食品从业人员进行食品卫生安全培训与考试，共培训从业人员900余人次。同年，加强对“四小企业”食堂卫生治理，对300余家“四小企业”食堂卫生有针对性地进行集中整治，加强监管频次和力度，确保食堂食品卫生安全。2008年，钱桥街道社区卫生服务中心将手足口病纳入丙类传染病管理，开始开展娱乐场所艾滋病干预活动。5月，扩大计划免疫规划，将甲肝疫苗、流脑疫苗、乙脑疫苗、麻腮风疫苗纳入免疫规划，免疫疫苗增至11种。是年，藕塘地区获省卫生许可证食品单位139家，其中食品零售行业47家、小吃店25家、卤菜店10家、中餐单位30家、糕店3家、食品加工3家、包装厂3家、其他18家。是年，藕塘地区对上述食品单位全面开展食品卫生量化分级评选工作，达到A级的6家，B级的2家，其余均为C级。2009年，钱桥街道社区卫生服务中心将甲型H1N1流感纳入乙类传染病管理，开展对甲型H1N1流感疫情的监控，全力应对甲型H1N1流感疫情，加强对发热门诊的管理。是年5月13日，晓丰社区组织75名党员分2批观看人感染猪流感（即甲型H1N1流感）预防知识专题节目，了解人感染猪流感后出现的症状、传播途径和方式、易感人群以及学习相关预防知识。组织党员密切关注猪流感相关疫情的发生情况，带头在村民中做好猪流感可防可控宣传工作。

2011年，钱桥街道设立艾滋病防治全球基金项目，全年对流动人口发放宣传材料1320份，接受咨询2000多人。是年，在恒源祥绒线厂开展艾滋病同伴教育活动，对全厂300多名职工进行艾滋病知识宣传，提高职工预防艾滋病的知识水平。2012年，钱桥街道社区卫生服务中心预防接种免疫疫苗门诊开始应用现代化门诊。2013年，中国部分地区出现禽流感疫情。为做好禽流感的防控工作，钱桥、藕塘社区卫生服务中心分别成立禽流感防控领导小组、禽流感救治小组、禽流感消杀小组等三个防控小组。禽流感防控领导小组组织钱桥、藕塘社区卫生服务中心医务人员进行培训和防控禽流感的应急演练，加强对社区群众的宣传工作，共发放宣传材料2000多份，张贴海报50多张。是年，钱桥街道社区卫生服务中心将人感染H7N9禽流感纳入法定乙类传染病，开展对人感染H7N9禽流感疫情的监控，全力应对H1N1甲型流感疫情，加强对发热门诊的管理。

**2009~2013年藕塘社区卫生服务中心疫情处置统计表**

表6—32—16　　单位：人

| 处置时间 | 处置地点 | 疫情 | 发病人数 | 处置结果 |
|---|---|---|---|---|
| 2009.05 | 藕塘中心小学 | 流行性腮腺炎 | 40 | 全部恢复健康 |
| 2009.06 | 藕塘社区李巷 | 感染性腹泻 | 31 | 全部恢复健康 |
| 2009.09 | 江苏信息职业技术学院 | H1N1流感 | 7 | 全部恢复健康 |
| 2009.09 | 江苏影视艺术职业学院 | H1N1流感 | 1 | 全部恢复健康 |
| 2009.10 | 无锡汽车工程学校 | H1N1流感 | 1 | 全部恢复健康 |
| 2013.03 | 无锡汽车工程学校 | 流行性腮腺炎 | 37 | 全部恢复健康 |
| 2013.03 | 藕塘中心幼儿园 | 手足口病 | 11 | 全部恢复健康 |

2015年，钱桥、藕塘社区卫生服务中心完成各种疫苗接种16086人，其中卡介苗接种460人、服糖丸3787人、无细胞百白破疫苗接种4115人、麻风疫苗接种1433人、新生儿乙肝疫苗接种2264人、流脑A群疫苗接种2257人、乙脑疫苗接种1770人。是年，钱桥、藕塘社区卫生服务中心还接种二类疫苗，有接种水痘苗226人、HIB疫苗16人、流感疫苗428人、7价肺炎疫苗31人、23价肺炎疫苗84人、轮状疫苗85人、A+C结合疫苗91人、五联疫苗103人。同年，钱桥街道社区卫生服务中心免疫接种门诊通过市级数字化门诊验收。

# 第三节 血吸虫病防治

民国时期，钱桥、藕塘地区血吸虫病流行，“千村薜荔人遗矢，万户萧疏鬼唱歌”，给百姓带来极大灾难。1956年，钱桥地区血吸虫病人3636人。同年，钱桥、藕塘乡政府组织群众开展查钉螺、灭钉螺运动。1969年，钱桥公社有螺面积533580平方米，血吸虫病人2387人。是年，钱桥公社血吸虫病人100%治愈。1970年，藕塘公社有螺面积127284平方米，血吸虫病人1203人。是年，钱桥、藕塘公社分别成立消灭血吸虫病领导小组，各大队成立灭钉螺行动小组，组织群众广泛开展灭钉螺活动。同年，钱桥公社消灭钉螺面积439950平方米。1972年，藕塘公社有螺面积798平方米。1977年，钱桥公社彻底消灭钉螺，藕塘公社有螺面积50平方米。1978年，藕塘公社消灭钉螺。1991年，钱桥镇有血吸虫病1人。2005年，藕塘地区东风村出现4.8万平方米钉螺复现区，当年复现区钉螺全部灭杀。2015年，钱桥街道藕塘地区有晚期血吸虫病人2人，藕塘社区卫生服务中心对2名血吸虫病人每年体检，建立健康档案。

## 一、钱桥地区血吸虫病防治

钱桥地区地势平坦，大小河塘密布，长期以来血吸虫病猖獗流行，给人民的生命带来极大的灾难。血吸虫病，钱桥百姓称之为“蛊胀病”。民国时期，区域内百姓一旦出现蛊胀病，均无力救治而亡。1956年，钱桥地区有钱桥、竞丰、五星、晓星、胜丰、西漳、新丰、洋溪、黎明、舜一等10个高级社流行血吸虫病，累计有螺面积80多万平方米，病人3636人。是年，钱桥乡政府领导钱桥联合医院具体负责，抽调各村男女青年突击大搞灭钉螺运动。1957~1959年，钱桥（乡）公社在上年灭钉螺的基础上，再次组织人员深入查螺，大规模地开展灭钉螺运动。

1959~1961年，钱桥地区查螺灭螺工作转入低潮。1969年，钱桥公社普遍开展血吸虫病查病工作，在总人口20321人中查出血吸虫病人2387人，占总人口的11.75%。是年，区域内血吸虫病人全部得到治疗，其中切脾3人。

1970年，钱桥公社党委贯彻无锡县委提出的三年内基本消灭血吸虫病的要求，成立由革委会主任、文卫助理、医院负责人、流行大队的干部及乡村医生组成消灭血吸虫病领导小组。是年，钱桥公社区域内发现有螺面积439950平方米，消灭钉螺面积439950平方米。1977年，钱桥公社彻底消灭钉螺，最后消灭钉螺地为洋溪大队东冯巷一户居民家，在其家天井明沟里消灭最后一颗钉螺。1989年，钱桥镇组织以中心小学学生为主，进行尾蚴膜试验共1544人，受检率为99.93%，查到皮试阳性8人、阳性率为0.51%，环卵试验8人、无阳性发现。1992年，钱桥镇组织中心小学学生进行第二轮尾蚴膜试验，实检人员2173人，受检率99.54%，皮试阳性23人，环卵试验23人，无阳性发现。

**1969~1991年钱桥（公社、乡）镇检查血吸虫病病人及治疗人数统计表**

表6—32—17　　单位：人、%

| 年份 | 总人口 | 历史累计病人数 | 检查血吸虫病人 | | | | | 实有病人 | 治病 | | 年底未治病人数 |
|---|---|---|---|---|---|---|---|---|---|---|---|
| | | | 应检人数 | 实检人数 | 受检率 | 阳性数 | 其中首次阳性数 | | 小计 | 其中切脾 | |
| 1969 | 20321 | 2387 | — | — | — | — | — | 2387 | 2387 | 3 | 0 |
| 1970 | 23377 | 3057 | 16524 | 11542 | 69.8 | 1067 | 660 | 1067 | 1067 | 1 | 6 |
| 1971 | 23886 | 3071 | 21039 | 17939 | 85.3 | 634 | 174 | 634 | 596 | — | 38 |
| 1972 | 23601 | 3396 | 15554 | 12594 | 75.6 | 515 | 175 | 553 | 402 | 1 | 94 |
| 1973 | 25240 | 3512 | 17588 | 14307 | 81.3 | 196 | 103 | 290 | 232 | — | 53 |
| 1974 | 26105 | 3556 | 13646 | 12201 | 89.5 | 176 | 44 | 229 | 161 | 1 | 69 |
| 1975 | 24959 | 3583 | 11495 | 10106 | 87.9 | 136 | 27 | 205 | 146 | — | 46 |
| 1976 | 24891 | 3603 | 12229 | 10643 | 87.0 | 56 | 20 | 102 | 65 | 1 | 30 |

续表 6—32—17　　单位：人、%

| 年份 | 总人口 | 历史累计病人数 | 检查血吸虫病人 | | | | | 实有病人 | 治病 | | 年底未治病人数 |
|---|---|---|---|---|---|---|---|---|---|---|---|
| | | | 应检人数 | 实检人数 | 受检率 | 阳性数 | 其中首次阳性数 | | 小计 | 其中切脾 | |
| 1977 | 25843 | 3604 | 4746 | 3887 | 81.9 | 8 | 1 | 38 | 5 | — | 33 |
| 1978 | 26384 | 3604 | 931 | 837 | 89.9 | 1 | — | 34 | 12 | 1 | 22 |
| 1979 | 26704 | 3604 | 11068 | 8261 | 74.6 | 42 | 42 | 64 | 2 | — | 62 |
| 1980 | 27071 | 3636 | — | — | — | — | — | 62 | 45 | — | 17 |
| 1981 | 27658 | 3636 | 2491 | 1134 | 45.5 | 2 | — | 19 | 11 | — | 8 |
| 1982 | 28336 | 3636 | — | — | — | — | — | 8 | 4 | — | 4 |
| 1983 | 28121 | 3636 | — | — | — | — | — | 4 | 0 | — | 4 |
| 1984 | 28942 | 3636 | — | — | — | — | — | 4 | 1 | — | 2 |
| 1985 | 29268 | 3636 | — | — | — | — | — | 2 | — | — | 1 |
| 1986 | 29386 | 3636 | — | — | — | — | — | 1 | — | — | 1 |
| 1987 | 28374 | 3636 | — | — | — | — | — | 1 | — | — | 1 |
| 1988 | 31024 | 3636 | — | — | — | — | — | 1 | — | — | 1 |
| 1989 | 31532 | 3636 | 1545 | 1545 | 100.0 | — | — | 1 | — | — | 1 |
| 1990 | 32028 | 3636 | — | — | — | — | — | 1 | — | — | 1 |
| 1991 | 32517 | 3636 | — | — | — | — | — | 1 | — | — | 1 |

### 1969~1992 年钱桥（公社、乡）镇历年查螺灭螺统计表

表 6—32—18　　单位：平方米

| 年份 | 累计有螺面积 | 当年查螺面积 | 当年查出有螺面积 | 其中新查出有螺面积 | 灭螺面积 | 巩固灭螺面积 |
|---|---|---|---|---|---|---|
| 1969 | 533580 | — | — | — | — | — |
| 1970 | 846224 | 630405 | 439950 | 312644 | 439950 | 244050 |
| 1971 | 846224 | 180123 | 2661 | — | 2661 | 16721 |
| 1972 | 846274 | 169094 | 90 | — | 90 | 191 |
| 1973 | 846274 | 126282 | 2028 | — | 2028 | 59000 |
| 1974 | 846274 | 183190 | — | — | — | 91485 |
| 1975 | 846274 | 161664 | — | — | — | — |
| 1976 | 846374 | 231347 | 100 | — | 100 | 15466 |
| 1977 | 846374 | 253311 | 20 | — | 20 | 30700 |
| 1978 | 846374 | 226683 | — | — | — | 11000 |
| 1979 | 846374 | 199979 | — | — | — | — |
| 1980 | 846374 | 222109 | — | — | — | — |
| 1981 | 846374 | 382385 | — | — | — | — |
| 1982 | 846374 | 326580 | — | — | — | 180100 |
| 1983 | 846374 | 83379 | — | — | — | 47557 |
| 1984 | 846374 | 284676 | — | — | — | — |
| 1985 | 846374 | 39534 | — | — | — | — |
| 1986 | 846374 | 260098 | — | — | — | — |
| 1987 | 846374 | 159725 | — | — | — | — |
| 1988 | 846374 | 223598 | — | — | — | — |
| 1989 | 846374 | 192020 | — | — | — | — |
| 1990 | 846374 | 116090 | — | — | — | — |
| 1991 | 846374 | 138040 | — | — | — | — |
| 1992 | 846374 | 198542 | — | — | — | — |

## 二、藕塘地区血吸虫病防治

1956 年，藕塘联合诊所具体负责对区域内群众开展灭钉螺宣传，并对区域内钉螺的分布情况进行实地勘察调查，发现有螺面积较广，特别是盛店桥、庙桥地区最为严重。是年，藕塘乡政府根据

勘察到的钉螺区域，发动群众开展灭钉螺运动。1957年4月，在大面积查灭钉螺后，藕塘乡政府又组织青年、学生在区域内再次普查钉螺，并再次组织灭杀钉螺。

1970年，藕塘公社党委贯彻无锡县委提出的三年内基本消灭血吸虫病的要求，成立消灭血吸虫病领导小组，革委会副主任万祖培任组长，妇联主任具体分管负责。与此同时，各大队成立灭钉螺行动小组，大队长任组长，各生产队副队长与1~2名灭螺员组成灭螺小组。藕塘医院黄志康、许锡祥、费芳清等具体指导灭螺工作。灭螺工作实行全面规划，有序展开，互助合作。时藕塘公社有钉螺面积127284平方米，其中河道21462平方米、沟渠3238平方米、田滩102584平方米。灭钉螺采取铲土灭螺、火焰喷杀、五氯酚钠沿边浸杀螺等方法多管齐下，取得很好的灭螺效果。是年，藕塘公社10个大队有7个大队流行血吸虫病，血吸虫病人3337人。

1971年，藕塘地区灭螺面积3007平方米，螺点当年全部消灭。1972年，查出钉螺面积798平方米，其中河道4条、514平方米；沟渠15条、269平方米；池塘1个、15平方米。藕塘公社针对剩余的钉螺面积，反复进行药物喷杀。1976年，藕塘地区有钉螺面积500平方米，其中五星大队100平方米、火花大队400平方米。1977年，东风大队在木桥头查出有钉螺面积50平方米，当即组织力量进行灭杀。1978年，藕塘公社区域内已基本消灭钉螺。1982年，藕塘全公社血吸虫病人已基本治愈。

1990年，藕塘乡尚有晚期血吸虫病患者3人，藕塘村、稍塘村、南水渠村分别有1人。藕塘医院对这3名血吸虫病人分别建卡，定期检查，继续治疗。

**1969~1990年藕塘（公社）乡勘查、消灭钉螺面积统计表**

表6—32—19　　单位：平方米、个、平方米/点

| 年份 | 查螺面积 | 当年查出有螺情况 | | | | | | | | | | | | 灭螺 | |
|---|---|---|---|---|---|---|---|---|---|---|---|---|---|---|---|
| | | 螺点数 | 有螺生产队数 | 有螺面积 | | | | | | 其中新查出 | | | | 灭螺面积 | 巩固灭螺面积 |
| | | | | 小计 | 河道 | 沟渠 | 池塘 | 田滩 | 其他 | 小计 | 河道 | 沟渠 | 田滩、池塘 | | |
| 1969 | 799953 | — | — | — | — | — | — | — | — | — | — | — | — | — | — |
| 1970 | 895533 | — | — | 127284 | 21462 | 3238 | — | 102584 | — | 95590 | 9340 | 1680 | 84570 | — | — |
| 1971 | 895708 | 42 | 19 | 3007 | 6/180 | 4/1255 | 1/30 | 2/1026 | 6/516 | — | — | 6/175 | — | 3007 | 36197 |
| 1972 | 895890 | 20 | 14 | 798 | 4/514 | 15/269 | 1/15 | — | — | — | — | 6/103 | 1/15 | 798 | 36510 |
| 1973 | 895920 | 8 | 4 | 230 | 3/90 | 50 | — | — | 90/3 | — | — | — | — | 3573 | 112900 |
| 1974 | 895920 | 5 | 5 | 800 | 1/280 | 1/30 | 1/490 | — | — | — | — | — | — | 2550 | 16939 |
| 1975 | 895920 | 1 | 1 | 20 | 20 | — | — | — | — | — | — | — | — | 24700 | 10700 |
| 1976 | 895920 | — | — | 500 | 500 | — | — | — | — | — | — | — | — | 500 | 10700 |
| 1977 | 895920 | 1 | 1 | 50 | 50 | — | — | — | — | — | — | — | — | 50 | — |
| 1978 | 895920 | — | — | — | — | — | — | — | — | — | — | — | — | — | 36919 |
| 1979 | 895920 | — | — | — | — | — | — | — | — | — | — | — | — | — | 14530 |
| 1980 | 895920 | — | — | — | — | — | — | — | — | — | — | — | — | — | — |
| 1981 | 895920 | — | — | — | — | — | — | — | — | — | — | — | — | — | — |
| 1982 | 895920 | — | — | — | — | — | — | — | — | — | — | — | — | — | 122676 |
| 1983 | 895920 | — | — | — | — | — | — | — | — | — | — | — | — | — | 13405 |
| 1984 | 895920 | — | — | — | — | — | — | — | — | — | — | — | — | — | 28802 |
| 1985 | 895920 | — | — | — | — | — | — | — | — | — | — | — | — | — | 12830 |
| 1986 | 895920 | — | — | — | — | — | — | — | — | — | — | — | — | — | 8200 |
| 1987 | 895920 | — | — | — | — | — | — | — | — | — | — | — | — | — | 800 |
| 1988 | 895920 | — | — | — | — | — | — | — | — | — | — | — | — | — | — |
| 1989 | 895920 | — | — | — | — | — | — | — | — | — | — | — | — | — | — |
| 1990 | 895920 | — | — | — | — | — | — | — | — | — | — | — | — | — | — |

1969~1990 年藕塘（公社）乡检查血吸虫病病人及治疗人数统计表

表 6—32—20　　　　单位：人、个、%

| 年份 | 总人口 | 流行生产大队数 | 累计病人数 | 检查血吸虫病人 | | | | | | | 实有病人数 | 病人变动 | | 治病 | | | | 年底未治病人数 | 实有晚血吸虫病人数 |
|---|---|---|---|---|---|---|---|---|---|---|---|---|---|---|---|---|---|---|---|
| | | | | 应检人数 | 实检人数 | 实检人次数 | 受检率 | 阳性数 | 阳性率 | 其中首次阳性 | | 增加 | 减少 | 小计 | 其中 | | | | |
| | | | | | | | | | | | | | | | 早中期 | 夹杂症 | 切脾 | | |
| 1969 | — | 8 | 2618 | — | — | — | — | — | — | — | — | — | — | — | — | — | 3 | 290 | — |
| 1970 | 15006 | 7 | 3337 | 10358 | 5137 | 17652 | 49.59 | 913 | 17.77 | 659 | 1203 | — | — | 1033 | — | — | 1 | 120 | — |
| 1971 | 15198 | 7 | 3394 | 3206 | 2685 | 7307 | 83.75 | 150 | 5.59 | 57 | 270 | — | 1 | 129 | — | — | — | 140 | — |
| 1972 | 15325 | 6 | 3571 | 9269 | 8903 | 23594 | 96.05 | 363 | 4.08 | 177 | 635 | — | 4 | 173 | — | — | — | 458 | — |
| 1973 | 15478 | 3 | 3637 | 9296 | 8762 | 25934 | 94.26 | 128 | 1.46 | 66 | 454 | — | 11 | 293 | — | — | 1 | 150 | — |
| 1974 | 15602 | 4 | 3670 | 9137 | 8853 | 62867 | 96.89 | 138 | 1.56 | 33 | 288 | — | 15 | 163 | — | — | — | 110 | — |
| 1975 | 15805 | 1 | 3708 | 12004 | 11567 | 76504 | 96.36 | 140 | 1.21 | 23 | 250 | 16 | — | 80 | 76 | 4 | — | 95 | — |
| 1976 | 16021 | 2 | 3709 | 10981 | 9783 | 47539 | 89.09 | 68 | 0.70 | 12 | 163 | 2 | — | 37 | 32 | 5 | — | 73 | — |
| 1977 | 16162 | 1 | 3712 | 10501 | 9050 | 43432 | 86.18 | 29 | 0.32 | 7 | 102 | 2 | 1 | 21 | — | — | — | 82 | — |
| 1978 | 16378 | 0 | 3712 | 2896 | 2148 | 9900 | 74.17 | 2 | 0.09 | — | 84 | 4 | — | 58 | — | — | — | 30 | — |
| 1979 | 16177 | 0 | 3760 | 10286 | 8958 | — | 87.09 | 45 | 0.50 | 48 | 78 | 3 | — | 3 | — | — | — | 78 | 5 |
| 1980 | 16243 | 0 | 3760 | — | — | — | — | — | — | — | 78 | — | 2 | 47 | 46 | 1 | — | 29 | 5 |
| 1981 | 16401 | 0 | 3760 | 1884 | 1691 | 4527 | 89.76 | 2 | 0.12 | — | 31 | — | 7 | 5 | 5 | — | — | 19 | 6 |
| 1982 | 16473 | 0 | 3760 | — | — | — | — | — | — | — | 19 | — | 3 晚 | 5 | 5 | — | — | 12 | 5 |
| 1983 | 16494 | 0 | 3760 | — | — | — | — | — | — | — | 12 | — | 1 晚 | 6 | 4 | 2 | — | 5 | 5 |
| 1984 | 16571 | 0 | 3760 | — | — | — | — | — | — | — | 2 | — | 1 晚 | 2 | 2 | — | — | 3 | 4 |
| 1985 | 16624 | 0 | 3760 | — | — | — | — | — | — | — | — | — | — | — | — | — | — | 1 | 3 |
| 1986 | 16851 | 0 | 3760 | — | — | — | — | — | — | — | — | — | — | — | — | — | — | 1 | 3 |
| 1987 | 17183 | 0 | 3760 | — | — | — | — | — | — | — | — | — | — | — | — | — | — | — | 3 |
| 1988 | 17463 | 0 | 3760 | — | — | — | — | — | — | — | — | — | — | — | — | — | — | — | 3 |
| 1989 | 16702 | 0 | 3760 | — | — | — | — | — | — | — | — | — | — | — | — | — | — | — | 3 |
| 1990 | 17342 | 0 | 3760 | — | — | — | — | — | — | — | — | — | — | — | — | — | — | — | 3 |

2005 年，藕塘地区东风村在春季查螺过程中发现 4.8 万平方米的钉螺复现区。在省市区三级血防部门指导下，东风村组建 15 人的查螺队伍在全村彻底查螺，同时发放宣传资料 2000 多份。在春秋二季的灭螺过程中，东风村 40 名灭螺工作人员用工 700 多工，完成 6 万多平方米的灭螺任务，及时做到当年发现，当年灭清，彻底查灭钉螺。

2015 年，藕塘地区还有晚期血吸虫病人 2 人，为南塘社区、稍塘社区各 1 人。藕塘社区卫生服务中心对这 2 名晚期血吸虫病人每年进行针对性体检，建立健康档案。是年，2 名晚期血吸虫病人健康状况良好。

## 第四节　卫生保健与服务

民国时期，钱桥、藕塘地区妇女、儿童、老人无卫生保健措施。1952 年，钱桥、藕塘乡成立联合诊所后，推广产妇无痛分娩法。1958 年，钱桥、藕塘公社把儿童保健列入议事日程。20 世纪 60 年代始，钱桥、藕塘地区开展妇女病普查和普治工作。1984 年，钱桥乡卫生院设兼职儿童保健医生。1985 年，钱桥、藕塘乡卫生院设儿保门诊。90 年代始，钱桥、藕塘镇卫生院对孕妇进行系统管理。2006 年起，钱桥镇对农村 60 周岁以上老人每两年进行一次免费体检。2009 年起，钱桥街道对社区管理的企业退休人员每两年进行一次免费体检。2012 年起，钱桥街道对区域内 65 周岁及其以上老年人每年进行一次免费体检。1995~2015 年，钱桥地区应种卡介苗儿童 11526 人、实种 11526 人，应种百白破疫苗 60738 人、实种 60738 人，应口服糖丸疫苗 65284 人、实种 65284 人，应种麻疹疫苗 24599 人、实种 24599 人，应种乙脑疫苗 37142 人、实种 37142 人，应种流脑疫苗 33486 人、实种 33486 人，应种乙肝疫苗 44684 人、实种 44684 人；藕塘地区应种卡介苗儿童 4112 人、实种 4112 人，应种百白破疫苗 4120 人、实种 4120 人，应种糖丸疫苗 4120 人、实种 4120 人，应种麻疹疫苗 4108 人、实种 4108 人，应种乙脑疫苗 4096 人、实种 4096 人，应种流脑疫苗 4048 人、实种 4048 人，应种乙肝疫苗 4122 人、实种 4122 人，各种疫苗接种率均为 100%。1996~2015 年，钱桥藕塘地区孕妇 100%建卡，孕妇受检率 99%以上。2002~2015 年，钱桥地区妇女病普查 68776 人。2008~2015 年，藕塘地区妇女病普查 32855 人。2012~2015 年，钱桥街道 65 周岁以上老年人应检 34342 人，实检 27619 人，实检人数占应检人数的 80.42%。

## 一、妇女保健

民国时期至新中国成立初期，钱桥、藕塘地区孕妇分娩都是把接生婆请到家中接生，时有产妇发生死亡、产褥热和新生儿患破伤风、割螳螂子、脐带感染及挑黄等而夭折事件。1951 年 7 月、1952 年 2 月，藕塘乡联合诊所、钱桥乡联合诊所先后成立。钱桥、藕塘联合诊所在钱桥、藕塘地区推广新法科学接生，培养一批新法接生员，并对老法接生婆进行培训，推广无痛分娩法。

20 世纪 60 年代中期，钱桥、藕塘公社组织妇女开展妇女病普查和普治工作。70 年代后期，钱桥、藕塘卫生院对区域内妇女每年进行一次妇女病普查，发现患有妇女病者及时予以治疗。80 年代，无锡县妇幼保健所提出对孕妇进行系统管理，做好孕妇围产期的保健工作。钱桥、藕塘（公社）乡各（大队）村妇女主任负责孕妇早期摸底，自妇女怀孕第三个月起分别建卡，按期进行检查。产妇产后 7、14、28、42 天，先后由卫生院妇保医生和乡村医生对产妇、新生儿进行产后访视和保健监督。

1990 年，藕塘乡妇女普查 668 人，发现尿道炎 1 人、外阴炎 12 人、滴虫阴道炎 14 人、霉菌性阴道炎 10 人、宫颈息肉 8 人、子宫肌瘤 4 人、附件炎 9 人、宫颈炎 168 人，其中宫颈炎 II 度 39 人、宫颈炎重度 3 人。1991 年，藕塘乡孕妇 283 人，其中产检 8 次的 118 人，占 46%；42 天健康检查的 156 人，占 66%；产后访视的 123 人；回收卡 189 张，回收率 79%。孕妇当年建卡 128 张。1992 年始，钱桥镇、藕塘乡对区域内妇女病普查逐步做到三年查两头，对妇女病从治为主向以防为主转移。1996 年始，钱桥、藕塘镇卫生院对区域内孕妇进行系统管理。是年，钱桥地区孕妇 272 人，建卡 272 人，受检 270 人。

1996~2015 年，钱桥地区孕妇 8928 人，建卡 8928 人，建卡率 100%；受检 8919 人，受检率 99.9%，其中高危人数 4343 人，占受检人数的 48.69%。2002~2015 年，钱桥地区妇女病普查人数 68776 人，其中患妇女病 17390 人，患病人数占受检人数的 25.28%。2008~2015 年，藕塘地区孕妇 1951 人，建卡 1951 人，建卡率 100%；受检 1951 人，受检率 100%，其中高危人数 728 人，占受检人数的 37.31%；妇女病普查人数 32855 人，其中患妇女病 11318 人，患病人数占受检人数的 34.45%。2015 年，钱桥街道社区卫生服务中心为 4454 名妇女进行宫颈癌、乳腺癌免费体检。

**1996~2015 年钱桥（镇）街道钱桥地区孕产妇系统管理统计表**

表 6—32—21　　　　单位：人、张

| 年份 | 孕妇数 | 建卡数 | 受检数 | 高危数 | 年份 | 孕妇数 | 建卡数 | 受检数 | 高危数 |
|---|---|---|---|---|---|---|---|---|---|
| 1996 | 272 | 272 | 270 | 62 | 2006 | 379 | 379 | 379 | 168 |
| 1997 | 237 | 237 | 237 | 87 | 2007 | 524 | 524 | 524 | 233 |
| 1998 | 275 | 275 | 270 | 157 | 2008 | 543 | 543 | 543 | 266 |
| 1999 | 292 | 292 | 291 | 168 | 2009 | 591 | 591 | 591 | 136 |
| 2000 | 265 | 265 | 265 | 137 | 2010 | 634 | 634 | 634 | 247 |
| 2001 | 260 | 260 | 260 | 159 | 2011 | 560 | 560 | 560 | 320 |
| 2002 | 265 | 265 | 264 | 153 | 2012 | 651 | 651 | 651 | 394 |
| 2003 | 241 | 241 | 241 | 154 | 2013 | 689 | 689 | 689 | 373 |
| 2004 | 215 | 215 | 215 | 89 | 2014 | 812 | 812 | 812 | 404 |
| 2005 | 421 | 421 | 421 | 151 | 2015 | 802 | 802 | 802 | 485 |

2008~2015 年钱桥街道藕塘地区孕产妇系统管理统计表

表 6—32—22　　　　　　　　　　　　　　　　　　　　　单位：人、张

| 年份 | 孕妇数 | 建卡数 | 受检数 | 高危数 | 年份 | 孕妇数 | 建卡数 | 受检数 | 高危数 |
|---|---|---|---|---|---|---|---|---|---|
| 2008 | 297 | 297 | 297 | 100 | 2012 | 204 | 204 | 204 | 86 |
| 2009 | 288 | 288 | 288 | 139 | 2013 | 220 | 220 | 220 | 62 |
| 2010 | 270 | 270 | 270 | 92 | 2014 | 253 | 253 | 253 | 93 |
| 2011 | 183 | 183 | 183 | 66 | 2015 | 236 | 236 | 236 | 90 |

## 二、儿童保健

1958 年起，钱桥、藕塘公社把儿童保健列入卫生保健工作的议事日程，每年在“六一”儿童节前夕对儿童进行健康检查，对 7 岁以下儿童进行保健预防、指导红儿班阿姨对儿童做好卫生保健工作。1984 年，钱桥乡卫生院设兼职儿童保健医生。1985 年，钱桥、藕塘乡卫生院设儿保门诊，并建立健全的管理资料档案。儿童门诊医务人员负责对婴儿进行系统观察，对体弱儿童、高危儿童进行专案管理，进行儿童健康检查，对幼托机构进行保健指导，对死亡儿童进行情况调查。同时，负责对 1 岁以内的婴儿每年检查 5 次，1~3 岁的儿童年检查 2 次，3~7 岁的儿童年检查 1 次；对体弱儿童每月检查一次，直至体弱儿童达到健康标准。

1985~1990 年藕塘乡儿童健康检查统计表

表 6—32—23　　　　　　　　　　　　　　　　　　　　　单位：人、%

| 年份 | 12 岁以下儿童人数 | 受检 | | 患病 | | 治病 | | 疾病分类 | | | | | | | 患缺点 | | | |
|---|---|---|---|---|---|---|---|---|---|---|---|---|---|---|---|---|---|---|
| | | 人数 | 百分率 | 人数 | 百分率 | 人数 | 百分率 | 佝偻病活动期 | 营养不良II-III | 肺先天性畸形 | 先天性心脏病 | 中度以上贫血 | 传染病 | 其他 | 人数 | 百分率 | 矫治人数 | 矫治率 |
| 1985 | 1564 | 1396 | 89.26 | 48 | 3.44 | 42 | 87.50 | — | — | — | — | — | — | 48 | 223 | 15.97 | 66 | 29.60 |
| 1986 | 1566 | 1362 | 86.97 | 51 | 3.74 | 44 | 86.27 | 1 | 2 | 4 | 2 | 8 | — | 34 | 218 | 16.01 | — | — |
| 1987 | 1767 | 1539 | 87.10 | 41 | 2.66 | 37 | 90.24 | 1 | 1 | 2 | 2 | 4 | — | 31 | 342 | 22.22 | 342 | 100.00 |
| 1988 | 1597 | 1495 | 93.61 | 66 | 4.41 | 61 | 92.42 | — | — | 3 | 1 | 4 | 6 | 52 | 346 | 23.14 | 340 | 98.27 |
| 1989 | 1240 | 1161 | 93.63 | 57 | 4.91 | 45 | 78.95 | — | — | — | 5 | 3 | — | 49 | 387 | 33.33 | 380 | 98.19 |
| 1990 | 1901 | 1736 | 91.32 | 45 | 2.59 | 39 | 86.67 | — | 4 | 2 | 6 | — | — | 33 | 428 | 24.65 | 426 | 99.53 |

1985~1990 年藕塘乡 0~7 岁婴幼儿死亡情况统计表

表 6—32—24　　　　　　　　　　　　　　　　　　　　　单位：人

| 年份 | 围产儿死亡人数 | 新生儿死亡人数 | 婴儿死亡人数 | 0~7 岁儿童死亡人数 |
|---|---|---|---|---|
| 1985 | 5 | 2 | 3 | 3 |
| 1986 | 4 | 2 | 2 | 4 |
| 1987 | 11 | 8 | 8 | 10 |
| 1988 | 3 | 1 | 2 | 5 |
| 1989 | 7 | 6 | 7 | 10 |
| 1990 | 10 | 7 | 7 | 10 |

1990 年，藕塘乡儿童接种疫苗率 96.2%，接种四苗（卡介苗、百白破、麻疹、脊髓灰质炎糖丸）覆盖率 98%。是年始，钱桥镇卫生院每年重点调查 2~3 个村儿童贫血及寄生虫情况，每年普查普治儿童寄生虫 1 次。1991 年，钱桥镇卫生院对入学儿童进行贫血调查，对家长进行儿童营养知识指导。

1985~1991 年钱桥（乡）镇卫生院儿童健康检查统计表

表 6—32—25　　　　　　　　　　　　　　　　　　　　　单位：人、%

| 年份 | 1985 | 1986 | 1987 | 1988 | 1989 | 1990 | 1991 |
|---|---|---|---|---|---|---|---|
| 应检数 | 2479.0 | 2845.0 | 2836.00 | 3210.00 | 3169.00 | 3414.00 | 3263.00 |
| 实检数 | 2321.0 | 2786.0 | 2776.00 | 3110.00 | 3031.00 | 3377.00 | 3235.00 |
| 受检率 | 93.6 | 97.9 | 97.88 | 96.88 | 95.65 | 98.91 | 99.14 |

### 1986~1991 年钱桥（乡）镇卫生院儿童接种免疫疫苗统计表

表 6—32—26　　单位：人

| 年　份 | 1986 | 1987 | 1988 | 1989 | 1990 | 1991 |
|---|---|---|---|---|---|---|
| 乙　脑 | — | 1149 | 1284 | 2746 | 1903 | 2482 |
| 卡介苗 | — | 514 | 1756 | 857 | 994 | 915 |
| 糖　丸 | — | 1409 | 220 | 686 | — | — |
| 麻　疹 | — | 735 | 1824 | 43 | 493 | 414 |
| 流　脑 | 1295 | — | 1171 | 1708 | 1551 | 1790 |
| 百白破 | — | 405 | 536 | 1033 | 505 | 336 |
| 白　破 | — | 380 | 577 | 1553 | 522 | 525 |

1992 年 5 月始，钱桥镇卫生院对周岁儿童使用一次性注射器，为 155 名 0~7 岁儿童做“缺锌、缺铁”微量元素监测。1993 年，钱桥镇卫生院为 657 名 3~7 岁儿童进行尿钙监测。

### 1995~2015 年钱桥（镇）街道钱桥地区儿童免疫疫苗接种统计表

表 6—32—27　　单位：人、%

| 年份 | 免疫种类 | | | | | | | | | | | | | | | | | | | | |
|---|---|---|---|---|---|---|---|---|---|---|---|---|---|---|---|---|---|---|---|---|---|
| | 卡介苗 | | | 百白破 | | | 糖丸 | | | 麻疹 | | | 乙脑 | | | 流脑 | | | 乙肝 | | |
| | 应种人数 | 实种人数 | 接种率 | 应种人数 | 实种人数 | 接种率 | 应种人数 | 实种人数 | 接种率 | 应种人数 | 实种人数 | 接种率 | 应种人数 | 实种人数 | 接种率 | 应种人数 | 实种人数 | 接种率 | 应种人数 | 实种人数 | 接种率 |
| 1995 | 407 | 407 | 100 | 1485 | 1485 | 100 | 1387 | 1387 | 100 | 406 | 406 | 100 | 631 | 631 | 100 | 379 | 379 | 100 | 1186 | 1186 | 100 |
| 1996 | 380 | 380 | 100 | 1742 | 1742 | 100 | 1599 | 1599 | 100 | 392 | 392 | 100 | 986 | 986 | 100 | 350 | 350 | 100 | 1184 | 1184 | 100 |
| 1997 | 429 | 429 | 100 | 1695 | 1695 | 100 | 1572 | 1572 | 100 | 406 | 406 | 100 | 1052 | 1052 | 100 | 519 | 519 | 100 | 1248 | 1248 | 100 |
| 1998 | 449 | 449 | 100 | 1783 | 1783 | 100 | 2021 | 2021 | 100 | 716 | 716 | 100 | 1022 | 1022 | 100 | 873 | 873 | 100 | 1339 | 1339 | 100 |
| 1999 | 531 | 531 | 100 | 1971 | 1971 | 100 | 2264 | 2264 | 100 | 778 | 778 | 100 | 1428 | 1428 | 100 | 867 | 867 | 100 | 1524 | 1524 | 100 |
| 2000 | 483 | 483 | 100 | 1887 | 1887 | 100 | 2223 | 2223 | 100 | 851 | 851 | 100 | 1555 | 1555 | 100 | 1021 | 1021 | 100 | 1500 | 1500 | 100 |
| 2001 | 501 | 501 | 100 | 1901 | 1901 | 100 | 2220 | 2220 | 100 | 754 | 754 | 100 | 2024 | 2024 | 100 | 1705 | 1705 | 100 | 1521 | 1521 | 100 |
| 2002 | 570 | 570 | 100 | 1933 | 1933 | 100 | 2363 | 2363 | 100 | 868 | 868 | 100 | 1771 | 1771 | 100 | 1230 | 1230 | 100 | 1656 | 1656 | 100 |
| 2003 | 557 | 557 | 100 | 2052 | 2052 | 100 | 2203 | 2203 | 100 | 668 | 668 | 100 | 1661 | 1661 | 100 | 1440 | 1440 | 100 | 1718 | 1718 | 100 |
| 2004 | 841 | 841 | 100 | 2298 | 2298 | 100 | 3159 | 3159 | 100 | 1089 | 1089 | 100 | 1755 | 1755 | 100 | 1180 | 1180 | 100 | 2355 | 2355 | 100 |
| 2005 | 1073 | 1073 | 100 | 2593 | 2593 | 100 | 3895 | 3895 | 100 | 1207 | 1207 | 100 | 1981 | 1981 | 100 | 1792 | 1792 | 100 | 3167 | 3167 | 100 |
| 2006 | 1178 | 1178 | 100 | 3186 | 3186 | 100 | 4348 | 4348 | 100 | 2150 | 2150 | 100 | 2696 | 2696 | 100 | 2278 | 2278 | 100 | 3428 | 3428 | 100 |
| 2007 | 1302 | 1302 | 100 | 4215 | 4215 | 100 | 4791 | 4791 | 100 | 1911 | 1911 | 100 | 2883 | 2883 | 100 | 2047 | 2047 | 100 | 3644 | 3644 | 100 |
| 2008 | 1059 | 1059 | 100 | 2494 | 2494 | 100 | 3835 | 3835 | 100 | 1298 | 1298 | 100 | 2114 | 2114 | 100 | 2608 | 2608 | 100 | 2510 | 2510 | 100 |
| 2009 | 716 | 716 | 100 | 3946 | 3946 | 100 | 3579 | 3579 | 100 | 1081 | 1081 | 100 | 1711 | 1711 | 100 | 2157 | 2157 | 100 | 2191 | 2191 | 100 |
| 2010 | 265 | 265 | 100 | 4261 | 4261 | 100 | 3760 | 3760 | 100 | 4283 | 4283 | 100 | 1963 | 1963 | 100 | 2180 | 2180 | 100 | 2304 | 2304 | 100 |
| 2011 | 184 | 184 | 100 | 4186 | 4186 | 100 | 3819 | 3819 | 100 | 1107 | 1107 | 100 | 2031 | 2031 | 100 | 2234 | 2234 | 100 | 3819 | 3819 | 100 |
| 2012 | 181 | 181 | 100 | 4542 | 4542 | 100 | 4478 | 4478 | 100 | 1154 | 1154 | 100 | 2204 | 2204 | 100 | 2233 | 2233 | 100 | 2150 | 2150 | 100 |
| 2013 | 128 | 128 | 100 | 4398 | 4398 | 100 | 4216 | 4216 | 100 | 1189 | 1189 | 100 | 2240 | 2240 | 100 | 2298 | 2298 | 100 | 2093 | 2093 | 100 |
| 2014 | 140 | 140 | 100 | 4363 | 4363 | 100 | 4073 | 4073 | 100 | 1166 | 1166 | 100 | 1972 | 1972 | 100 | 2146 | 2146 | 100 | 2191 | 2191 | 100 |
| 2015 | 152 | 152 | 100 | 3807 | 3807 | 100 | 3479 | 3479 | 100 | 1125 | 1125 | 100 | 1462 | 1462 | 100 | 1949 | 1949 | 100 | 1956 | 1956 | 100 |

### 1995~2015 年藕塘镇，钱桥（镇）街道藕塘地区儿童免疫疫苗接种统计表

表 6—32—28　　单位：人、%

| 年份 | 免疫种类 | | | | | | | | | | | | | | | | | | | | |
|---|---|---|---|---|---|---|---|---|---|---|---|---|---|---|---|---|---|---|---|---|---|
| | 卡介苗 | | | 百白破 | | | 糖丸 | | | 麻疹 | | | 乙脑 | | | 流脑 | | | 乙肝 | | |
| | 应种人数 | 实种人数 | 接种率 | 应种人数 | 实种人数 | 接种率 | 应种人数 | 实种人数 | 接种率 | 应种人数 | 实种人数 | 接种率 | 应种人数 | 实种人数 | 接种率 | 应种人数 | 实种人数 | 接种率 | 应种人数 | 实种人数 | 接种率 |
| 1995 | 172 | 172 | 100 | 172 | 172 | 100 | 172 | 172 | 100 | 165 | 165 | 100 | 165 | 165 | 100 | 160 | 160 | 100 | 172 | 172 | 100 |
| 1996 | 132 | 132 | 100 | 132 | 132 | 100 | 132 | 132 | 100 | 129 | 129 | 100 | 127 | 127 | 100 | 125 | 125 | 100 | 132 | 132 | 100 |
| 1997 | 142 | 142 | 100 | 143 | 143 | 100 | 143 | 143 | 100 | 142 | 142 | 100 | 137 | 137 | 100 | 140 | 140 | 100 | 142 | 142 | 100 |

续表 6—32—28　　单位：人、%

| 年份 | 免疫种类 | | | | | | | | | | | | | | | | | | | | |
|---|---|---|---|---|---|---|---|---|---|---|---|---|---|---|---|---|---|---|---|---|---|
| | 卡介苗 | | | 百白破 | | | 糖丸 | | | 麻疹 | | | 乙脑 | | | 流脑 | | | 乙肝 | | |
| | 应种人数 | 实种人数 | 接种率 | 应种人数 | 实种人数 | 接种率 | 应种人数 | 实种人数 | 接种率 | 应种人数 | 实种人数 | 接种率 | 应种人数 | 实种人数 | 接种率 | 应种人数 | 实种人数 | 接种率 | 应种人数 | 实种人数 | 接种率 |
| 1998 | 131 | 131 | 100 | 132 | 132 | 100 | 132 | 132 | 100 | 131 | 131 | 100 | 130 | 130 | 100 | 125 | 125 | 100 | 133 | 133 | 100 |
| 1999 | 115 | 115 | 100 | 114 | 114 | 100 | 114 | 114 | 100 | 112 | 112 | 100 | 112 | 112 | 100 | 110 | 110 | 100 | 115 | 115 | 100 |
| 2000 | 126 | 126 | 100 | 126 | 126 | 100 | 126 | 126 | 100 | 126 | 126 | 100 | 126 | 126 | 100 | 125 | 125 | 100 | 126 | 126 | 100 |
| 2001 | 138 | 138 | 100 | 139 | 139 | 100 | 139 | 139 | 100 | 139 | 139 | 100 | 139 | 139 | 100 | 139 | 139 | 100 | 139 | 139 | 100 |
| 2002 | 120 | 120 | 100 | 122 | 122 | 100 | 122 | 122 | 100 | 122 | 122 | 100 | 122 | 122 | 100 | 120 | 120 | 100 | 122 | 122 | 100 |
| 2003 | 125 | 125 | 100 | 127 | 127 | 100 | 127 | 127 | 100 | 127 | 127 | 100 | 127 | 127 | 100 | 121 | 121 | 100 | 127 | 127 | 100 |
| 2004 | 127 | 127 | 100 | 127 | 127 | 100 | 127 | 127 | 100 | 127 | 127 | 100 | 127 | 127 | 100 | 125 | 125 | 100 | 127 | 127 | 100 |
| 2005 | 113 | 113 | 100 | 113 | 113 | 100 | 113 | 113 | 100 | 114 | 114 | 100 | 114 | 114 | 100 | 113 | 113 | 100 | 113 | 113 | 100 |
| 2006 | 130 | 130 | 100 | 130 | 130 | 100 | 130 | 130 | 100 | 130 | 130 | 100 | 130 | 130 | 100 | 128 | 128 | 100 | 130 | 130 | 100 |
| 2007 | 177 | 177 | 100 | 177 | 177 | 100 | 177 | 177 | 100 | 177 | 177 | 100 | 177 | 177 | 100 | 173 | 173 | 100 | 177 | 177 | 100 |
| 2008 | 230 | 230 | 100 | 230 | 230 | 100 | 230 | 230 | 100 | 230 | 230 | 100 | 230 | 230 | 100 | 221 | 221 | 100 | 230 | 230 | 100 |
| 2009 | 281 | 281 | 100 | 282 | 282 | 100 | 282 | 282 | 100 | 282 | 282 | 100 | 282 | 282 | 100 | 274 | 274 | 100 | 282 | 282 | 100 |
| 2010 | 273 | 273 | 100 | 274 | 274 | 100 | 274 | 274 | 100 | 274 | 274 | 100 | 274 | 274 | 100 | 272 | 272 | 100 | 274 | 274 | 100 |
| 2011 | 283 | 283 | 100 | 283 | 283 | 100 | 283 | 283 | 100 | 283 | 283 | 100 | 282 | 282 | 100 | 280 | 280 | 100 | 283 | 283 | 100 |
| 2012 | 322 | 322 | 100 | 321 | 321 | 100 | 321 | 321 | 100 | 322 | 322 | 100 | 321 | 321 | 100 | 322 | 322 | 100 | 322 | 322 | 100 |
| 2013 | 270 | 270 | 100 | 270 | 270 | 100 | 270 | 270 | 100 | 270 | 270 | 100 | 269 | 269 | 100 | 270 | 270 | 100 | 270 | 270 | 100 |
| 2014 | 397 | 397 | 100 | 398 | 398 | 100 | 398 | 398 | 100 | 398 | 398 | 100 | 397 | 397 | 100 | 397 | 397 | 100 | 398 | 398 | 100 |
| 2015 | 308 | 308 | 100 | 308 | 308 | 100 | 308 | 308 | 100 | 308 | 308 | 100 | 308 | 308 | 100 | 308 | 308 | 100 | 308 | 308 | 100 |

2015 年，钱桥、藕塘社区卫生服务中心对 3 岁以下婴儿实行系统管理，定期检查婴儿发育生长情况，定期对出生 42 天、3 个月、6 个月、1 岁、2 岁、2 岁半、3 岁的婴儿每年测定身高、体重、头围、胸围，及时发现和矫治婴儿生长过程中出现的不良习惯及缺陷和疾病。

## 三、老年人体检

2006 年起，钱桥镇对区域内参加新型农村合作医疗的 60 周岁以上老年人进行免费健康体检，两年进行 1 次。2009 年起，钱桥街道对区域内社区管理的企业退休人员每两年进行 1 次免费体检，检查项目有体格检查、心电图、胸透、B 超、血压、尿常规、粪便隐血试验、血生化等 8 大项目。

2012 年起，钱桥街道根据国家基本公共卫生服务规范，每年对区域内 65 周岁及其以上常住居民提供 1 次健康管理服务，包括生活方式和健康状况评估、体格检查、辅助检查和健康指导。体检包括体重、脉博、呼吸、血压、身高、体重、腰围、皮肤、浅表淋巴结、心脏、肺部、腹部等常规体格检查以及血常规、尿常规、肝功能（血清谷草转氨酶、血清谷丙转氨酶和总胆红素）、肾功能（血清肌酐和血尿素氮）、空腹血糖、血脂和心电图检测。

2015 年，钱桥街道社区卫生服务中心接到西漳社区居民张大爷的感谢电话。张大爷在退休职工体检中查出肝癌，由于发现及时，手术后恢复特别好，全家人都特别高兴，对卫生服务中心非常感激。张大爷平时身体还可以，体检前也没有任何不适。当接到社区医院电话，建议去上级医院复诊时，张大爷一下子懵了，将信将疑去市里医院做检查，确诊后马上进行手术。由于发现及时，肿瘤尚处早中期阶段，及时手术挽救了生命。近年来，钱桥、藕塘社区卫生服务中心积极为老年人、退休职工提供免费体检，及时发现、干预、治疗疾病，争取宝贵的治疗时间，提升居民健康水平，改善生活质量。是年，钱桥街道为 8710 名老人、退休职工进行免费体检。

## 2012~2015 年钱桥街道老年人体检统计表

表 6—32—29　　　　单位：人、%

| 年份 | 钱桥地区 | | | | | 藕塘地区 | | | | |
|---|---|---|---|---|---|---|---|---|---|---|
| | 应检人数 | 实检人数 | 体检率 | 患病人数 | 治疗人数 | 应检人数 | 实检人数 | 体检率 | 患病人数 | 治疗人数 |
| 2012 | 5286 | 4633 | 87.6 | 2315 | 2315 | 2365 | 2194 | 92.8 | 1053 | 1053 |
| 2013 | 5752 | 4950 | 86.1 | 2425 | 2425 | 3085 | 2183 | 70.8 | 1047 | 1047 |
| 2014 | 5804 | 4363 | 75.2 | 2182 | 2182 | 3101 | 2352 | 75.8 | 1128 | 1128 |
| 2015 | 5884 | 4658 | 79.2 | 2285 | 2285 | 3065 | 2286 | 74.6 | 1097 | 1097 |

# 第七篇 社 会

# 第三十三章 人民生活

民国时，钱桥、藕塘百姓多数温饱难以维持，住房都为平房、草房，低矮阴暗，漏雨潮湿，出行均靠双脚步行，女子95%以上为文盲，男人读至初小（小学四年级）、高小（小学六年级）已是区域内的文化人，无社会保障机制。

新中国成立后，人民生活得到改善。1958年，藕塘公社社员年人均收入58.55元。1961年困难时期，钱桥公社、藕塘公社社员、居民年人均收入分别为40.8元、52.4元。1970年，钱桥公社、藕塘公社社员、居民年人均收入分别为96.3元、95.68元。1978年，钱桥公社、藕塘公社社员（居民）年人均收入分别为140.1元、122.8元。1988年，钱桥镇、藕塘乡农民（居民）年人均收入分别为1083元、1048.2元。1997年，钱桥镇、藕塘镇农民（居民）年人均收入分别为4568元、5135元。2008年，钱桥街道居民年人均收入13341元。2015年，钱桥街道居民年人均收入28579元，居民穿讲究漂亮，吃讲究营养，住讲究宽敞，出行有轿车，玩讲究档次，据千户（实际调查1014户）家庭抽样调查显示，饮食衣着消费1865.47万元，户均消费1.84万元；教育文化消费545.29万元，户均消费0.54万元；医疗健身消费424.72万元，户均消费0.42万元；车辆交通消费999.13万元，户均消费0.99万元；水电气消费280.16万元，户均消费0.28万元；通讯网络消费217.43万元，户均消费0.21万元；旅游消费256.39万元，户均消费0.25万元；其他消费480.46万元，户均消费0.47万元；人均储蓄32695元。

## 第一节 经济收入

明、清、民国时期，钱桥、藕塘地区百姓世代务农，日出而作，日落而归，自耕自食，少有经济来源。民国18年（1929），钱桥、藕塘地区年人均收入89.17元（时币），其中农民年人均收入73.67元。民国19年，钱桥、藕塘二镇，夏虞、水渠、官渎三乡有劳动能力居民3460人，其中纯务农者2706人，占劳动力的78.2%。时钱桥、藕塘地区农业生产技术落后，生产工具简陋，自然灾害严重，社会经济贫穷，农民生活贫困，大部分农民少地，部分贫雇农民靠租种田地维持生计，农民家庭经济收入微薄。贫雇农辛勤劳作一年，秋收交纳地租后，所剩无几，如遇年景不好，更是收不抵租。有些债台高筑的农民，不得不出卖劳动力，做长工或打短工，经济收入极少。钱桥天墩头、鸭船浜等地渔民家仅有一条渔船，以打鱼卖鱼糊口，饥寒交迫，难以度日。藕塘地区小学教师收入每月3~5斗大米的酬劳不等，大米为学生所交学费。每年暑寒假，每位教师可有2石米左右的报酬运送回家，养家糊口。

民国19年（1930）钱桥、藕塘地区部分乡镇居民职业调查表

表7—33—1　　单位：人、%

| 乡镇别 | 居民 | | | | | | | | 占比 | | | | | | |
|---|---|---|---|---|---|---|---|---|---|---|---|---|---|---|---|
| | 总数 | 其中 | | | | | | | 纯农 | 兼工 | 兼商 | 兼渔 | 兼学 | 兼公职 | 兼其他 |
| | | 纯农 | 兼工 | 兼商 | 兼渔 | 兼学 | 兼公职 | 兼其他 | | | | | | | |
| 藕塘桥镇 | 632 | 424 | 20 | 130 | 0 | 0 | 55 | 3 | 67.1 | 3.2 | 20.6 | 0 | 0.0 | 8.7 | 0.5 |

续表 7—33—1　　单位：人、%

| 乡镇别 | 居民 | | | | | | | | 占比 | | | | | | |
|---|---|---|---|---|---|---|---|---|---|---|---|---|---|---|---|
| | 总数 | 其中 | | | | | | | 纯农 | 兼工 | 兼商 | 兼渔 | 兼学 | 兼公职 | 兼其他 |
| | | 纯农 | 兼工 | 兼商 | 兼渔 | 兼学 | 兼公职 | 兼其他 | | | | | | | |
| 钱桥镇 | 986 | 751 | 18 | 154 | 0 | 1 | 62 | 0 | 76.2 | 1.8 | 15.6 | 0 | 0.1 | 6.3 | 0.0 |
| 夏虞乡 | 814 | 705 | 18 | 39 | 0 | 2 | 50 | 0 | 86.6 | 2.2 | 4.8 | 0 | 0.2 | 6.1 | 0.0 |
| 水渠乡 | 583 | 471 | 15 | 51 | 0 | 3 | 43 | 0 | 80.8 | 2.6 | 8.7 | 0 | 0.5 | 7.4 | 0.0 |
| 官渎乡 | 445 | 355 | 29 | 21 | 0 | 5 | 35 | 0 | 79.8 | 6.5 | 4.7 | 0 | 1.1 | 7.9 | 0.0 |

民国 19 年钱桥、藕塘地区部分乡镇农民财力状况统计表

表 7—33—2　　单位：户、%

| 项别<br>乡镇别 | 户数 | | | | 百分比 | | |
|---|---|---|---|---|---|---|---|
| | 总数 | 其中 | | | | | |
| | | 小康者 | 收支相抵者 | 负债者 | 小康者 | 收支相抵者 | 负债者 |
| 藕塘桥镇 | 199 | 34 | 21 | 144 | 17.1 | 10.6 | 72.4 |
| 钱桥镇 | 283 | 10 | 10 | 263 | 3.5 | 3.5 | 92.9 |
| 夏虞乡 | 266 | 15 | 40 | 211 | 5.6 | 15.0 | 79.3 |
| 水渠乡 | 198 | 24 | 28 | 146 | 12.1 | 14.1 | 73.7 |
| 官渎乡 | 159 | 6 | 52 | 101 | 3.8 | 32.7 | 63.5 |

民国 20 年（1931），第四区（开原乡）6913 户，其中小康者 627 户，占 9.1%；收支相抵者 1557 户，占 22.5%；负债者 4729 户，占 68.4%。负债者以借债度日，区域内农村借贷月息在一分以上、二分以下。民国 25 年，区域内年人均收入 85.39 元（时币），为民国 18 年的 95.76%，其中农民年人均收入 70.32 元，为民国 18 年的 95.4%；民国 37 年，年人均收入 73.32 元，为民国 25 年的 85.86%，其中农民年人均收入 67.09 元，为民国 25 年的 95.4%。

新中国成立后，经过土地改革，钱桥、藕塘地区贫雇农民都分到土地。农民家家有土地，生产积极性空前提高，收入稍有增加。解放初期，钱桥、藕塘地区乡镇机关有编制的干部实行供给制，每人每月发 22.5 公斤大米为工资。1953 年，钱桥、藕塘地区农村经过互助组、初级社，农民口粮和经济收入有所提高，但仍以农副业生产为主要经济来源。

1954 年，钱桥、藕塘乡镇机关干部开始发放工资，乡主要干部书记、乡长、财粮委员每月工资 15 元。1955 年 8 月，钱桥、藕塘地区乡机关干部统一实行职务等级工资，最低一级工资每月 18 元。是年，盛店乡庙桥村第二农业生产合作社社员年人均收入 72.2 元。1957 年，藕塘乡 7 个高级社社员年平均收入 51.8 元，人平均口粮 237.9 公斤。同期，钱桥、藕塘乡级干部实行等级工资制，人均月薪 34 元。是年，钱桥、藕塘地区小学教师月工资分 6 级，分别为 27.4 元、30.8 元、35.8 元、39.5 元、45.1 元、55.1 元，中心小学校长月工资分别为 55.5 元、59.4 元、64.3 元。是年，国家颁布新的工资标准，钱桥乡、藕塘乡国家机关工作人员最低级月工资自 18 元提高到 20 元。1957 年，钱桥胜丰高级社农民年人均收入 40 元。

1958 年，藕塘公社社员参加年终收益分配 2714 户、12034 人，实做劳动日 740774 个工，农民年人均收入 58.55 元。其中有现金分配的 1500 户，分配总额 5924 元；无现金分配的 1214 户，亏欠集体 50459 元。是年，钱桥、藕塘地区医务人员平均月工资为 28.34 元。1959 年，钱桥公社社员年人均收入 87.6 元，藕塘公社社员年人均收入 81.7 元。

1959~1961 年三年经济困难时期，钱桥公社、藕塘公社农民生活水平下降，1961 年钱桥公社社员人均年收入为 40.8 元，藕塘公社社员人均年收入 52.4 元。1963 年，藕塘公社农民参加年终收益分配户 2886 户、12716 人，每个劳动日报酬 1.25 元，全公社 147 个生产队，其中 1 个生产队年人均收入不足 40 元、18 个生产队年人均收入 41~50 元、89 个生产队年人均收入 51~75 元、38 个生产队年人均收入 76~100 元、1 个生产队年人均收入 150 元。20 世纪 60 年代，钱桥鸭船浜天墩头渔民全部上岸定居，享受居民定粮供应的待遇，收入有所增加，生活水平日益提高。

70年代，钱桥、藕塘地区社队办企业兴起，部分农民亦工亦农，收入增加。1970年，钱桥公社农民参加年终分配4813户、20625人，劳动总工分2240440个工，每工平均单价0.77元，分配总金额1725138元，年人均收入83.64元。1976年，钱桥公社晓星、胜丰大队农民年人均分配115元。1978年，钱桥公社、藕塘公社年人均收入分别为140.1元、122.8元。

1978年钱桥、藕塘公社千户家庭收入抽样调查统计表

表7—33—3

| 公社 | 生产队 | 调查人口（人） | 农业收入（元） | 副业收入（元） | 工资收入（元） | 经营性收入（元） | 财产性收入（元） | 投资性收入（元） | 其他收入（元） | 收入合计（万元） | 家庭存款总额（万元） |
|---|---|---|---|---|---|---|---|---|---|---|---|
| 钱桥 | 站头、铁狮 | 296 | 7855 | 3205 | 12223 | — | — | — | — | 2.33 | 0.49 |
| | 前金岸、后金岸 | 237 | 17510 | 3180 | 8125 | — | — | — | 50 | 2.89 | 0.16 |
| | 金巷、戴巷、单家坝 | 298 | 20680 | 5230 | 8289 | 300 | 100 | — | 430 | 3.50 | 1.80 |
| | 庄家 | 203 | 21060 | 2670 | 6700 | 300 | — | — | | 3.07 | 2.82 |
| | 唐巷、龚巷、埭上 | 323 | 5446 | 3890 | 25550 | — | — | — | 890 | 3.58 | 1.62 |
| | 时南、江胜桥二队、东冯巷 | 285 | 18260 | 6590 | 9110 | 3840 | — | — | — | 3.78 | 0.83 |
| | 孙家、中街 | 255 | 18200 | 5440 | 7180 | — | — | — | 100 | 3.09 | 1.77 |
| | 邓东、砖西、宋巷 | 281 | 45505 | 4512 | 8650 | 3200 | — | — | 1315 | 6.32 | 0.85 |
| | 邵巷 | 81 | 7200 | 720 | 11040 | — | — | — | | 1.90 | 2.55 |
| 藕塘 | 前方桥、后方桥 | 237 | 25270 | 5470 | 20850 | — | — | 300 | 1200 | 5.31 | 0.17 |
| | 唐东、洗马浜 | 253 | 9730 | 5500 | 7460 | — | — | | 900 | 2.36 | 1.62 |
| | 蔡巷、三坝头、庙塘桥 | 278 | 7405 | 730 | 21970 | — | — | — | — | 3.01 | 1.29 |
| | 庄桥头、东张巷 | 203 | 52530 | 6590 | 190730 | 10000 | — | — | 500 | 26.04 | 17.72 |
| | 徐巷、马巷、俞巷 | 259 | 20300 | 3780 | 6160 | 300 | — | — | — | 3.05 | 0.10 |
| | 井亭、朱巷、小方桥 | 333 | 18110 | 5653 | 18357 | — | — | — | 2700 | 4.48 | 0.45 |
| 合计 | | 3822 | 295061 | 63160 | 362394 | 17940 | 100 | 300 | 8085 | 74.71 | 34.24 |

改革开放以后，钱桥公社、藕塘公社社队企业迅速发展，农民务工人员增加，区域内百姓收入普遍提高。1982年，钱桥公社、藕塘公社农村实行联产承包责任制，大批农民平时在社队企业做工，夏秋农忙时回家务农，收入由原来的农副业收入为主转为至社队企业务工收入为主。是年，钱桥公社农民年人均收入260元，乡镇企业职工年人均收入564.67元；藕塘公社农民人均收入251.46元。

1965~1982年藕塘公社各生产大队社员分配人均收入水平一览表

表7—33—4　　单位：元

| 年份 | 全社平均 | 东方红 | 东风 | 五星 | 火花 | 宇峰 | 凯旋 | 永红 | 勤建 | 林业 |
|---|---|---|---|---|---|---|---|---|---|---|
| 1965 | 99.73 | 100.7 | 97.80 | 93.4 | 92.90 | 105.70 | 94.6 | 108.10 | 103.95 | 100.4 |
| 1966 | 97.06 | 94.5 | 102.80 | 91.1 | 92.90 | 93.70 | 102.6 | 104.50 | 105.80 | 85.6 |
| 1967 | 91.03 | 95.0 | 90.00 | 82.5 | 81.00 | 94.00 | 87.8 | 101.00 | 99.00 | 89.0 |
| 1968 | 94.98 | 94.0 | 94.00 | 87.0 | 88.65 | 96.80 | 94.4 | 100.00 | 103.00 | 97.0 |
| 1969 | 93.53 | 98.0 | 87.50 | 84.4 | 84.30 | 91.80 | 90.0 | 96.10 | 110.10 | 99.6 |
| 1970 | 95.68 | 98.5 | 86.70 | 91.5 | 80.00 | 95.00 | 91.4 | 103.90 | 108.70 | 105.4 |
| 1971 | 94.18 | 98.6 | 87.70 | 85.0 | 77.00 | 102.50 | 93.0 | 106.00 | 107.00 | 90.8 |
| 1972 | 85.72 | 93.8 | 90.00 | 80.0 | 65.00 | 87.00 | 89.9 | 90.30 | 91.00 | 84.5 |
| 1973 | 91.18 | 91.2 | 91.80 | 88.2 | 86.00 | 90.00 | 97.8 | 89.00 | 100.00 | 86.6 |
| 1974 | 103.84 | 108.7 | 102.10 | 100.8 | 103.00 | 99.00 | 102.0 | 106.00 | 113.00 | 100.0 |
| 1975 | 99.96 | 108.7 | 98.40 | 97.4 | 97.30 | 102.00 | 91.6 | 96.80 | 112.00 | 95.4 |
| 1976 | 100.24 | 110.6 | 98.20 | 94.2 | 95.20 | 105.00 | 93.4 | 99.60 | 112.20 | 93.8 |
| 1977 | 98.77 | 102.0 | 97.90 | 94.0 | 93.00 | 104.00 | 95.8 | 91.40 | 111.80 | 99.0 |
| 1978 | 122.50 | 132.4 | 122.30 | 125.6 | 115.00 | 127.00 | 110.1 | 118.70 | 129.50 | 121.9 |
| 1979 | 140.04 | 144.0 | 143.30 | 126.4 | 121.60 | 150.80 | 143.0 | 139.60 | 154.60 | 137.1 |
| 1980 | 150.03 | 148.8 | 161.15 | 137.2 | 132.00 | 160.55 | 147.8 | 131.05 | 156.85 | 174.9 |
| 1981 | 165.94 | 166.3 | 171.40 | 160.5 | 135.60 | 189.90 | 155.2 | 141.80 | 170.00 | 202.8 |
| 1982 | 251.46 | 247.0 | 260.00 | 208.6 | 228.50 | 280.00 | 242.0 | 213.00 | 254.00 | 330.0 |

1985年，钱桥乡晓星村、胜丰村农民年人均收入746.94元。1986年，钱桥乡年人均收入863.51元，比上年增74.51元，比1978年增723.41元。是年，藕塘乡年人均收入855元，比上年增134.6元，其中职工人均收入1173元，比上年增11.6%。同年，钱桥乡、藕塘乡机关干部平均月工资104.50元，事业单位人员平均月工资98.75元，县属企业职工平均月工资84.34元。1988年，钱桥镇、藕塘乡机关科级干部人均月收入192元。20世纪80年代末，钱桥鸭船浜村渔民年人均收入超1200元。20世纪90年代，钱桥镇、藕塘镇农民以乡镇企业务工收入为主，农业收入日渐减少。

### 1971~1990年钱桥（公社、乡）镇企业职工收入选年统计表

表7—33—5　　　单位：人、元

| 年份 | 企业性质 | 年末职工人数 | 工资总额 | 其中转队工资 | 人均年工资 |
|---|---|---|---|---|---|
| 1971 | 社队办企业 | 287 | 116700 | — | 406.62 |
| 1973 | 社办企业 | 975 | 435374 | — | 446.54 |
| | 队办企业 | 501 | 243707 | 243707 | 486.44 |
| 1974 | 社办企业 | 1047 | 425840 | — | 406.72 |
| | 队办企业 | 359 | 248872 | 248872 | 693.24 |
| 1976 | 社办企业 | 659 | 211664 | — | 321.19 |
| | 队办企业 | 1220 | 442600 | 376200 | 362.79 |
| 1978 | 队办企业 | 1522 | 698412 | 589516 | 458.88 |
| 1982 | 社队企业 | 1370 | 773600 | — | 564.67 |
| 1983 | 村办企业 | 3152 | 2049000 | 1822200 | 650.06 |
| 1984 | 乡办企业 | 1451 | 979300 | — | 674.91 |
| 1986 | 乡办企业 | 3437 | 2899200 | — | 843.53 |
| | 村办企业 | 6663 | 7031400 | — | 1055.29 |
| 1988 | 镇办企业 | — | — | — | 2211.00 |
| | 村办企业 | — | — | — | 2117.56 |
| 1989 | 村办企业 | 6352 | — | — | 2188.60 |
| 1990 | 镇办企业 | 4040 | 7789700 | — | 1928.14 |
| | 村办企业 | 6616 | 10416200 | — | 1574.40 |

1992年，钱桥镇总人口31434人，储蓄存款累计8500万元，人均存款2704元。是年，钱桥镇农村人口23563人，人均纯收入1614.34元。1995年，钱桥镇年人均纯收入4498元；藕塘镇乡镇企业职工年人均工资收入4000元，农民年人均收入3500元。

### 1995年钱桥镇、藕塘镇千户家庭收入抽样调查统计表

表7—33—6

| 镇别 | 村民小组 | 调查人口（人） | 农业收入（元） | 副业收入（元） | 工资收入（元） | 经营性收入（元） | 财产性收入（元） | 投资性收入（元） | 其他收入（元） | 收入合计（万元） | 家庭存款总额（万元） |
|---|---|---|---|---|---|---|---|---|---|---|---|
| 钱桥 | 站头、铁狮 | 294 | 4190 | 63500 | 351980 | 2000 | 0 | 0 | 0 | 42.17 | 11.66 |
| | 前金岸、后金岸 | 304 | 24400 | 8550 | 665050 | 0 | 0 | 0 | 0 | 69.80 | 11.01 |
| | 金巷、戴巷、单家坝 | 296 | 51740 | 12270 | 783610 | 14200 | 30000 | 2000 | 2900 | 89.67 | 68.27 |
| | 庄家 | 246 | — | 17700 | 597600 | 907000 | 3000 | 67300 | 50120 | 164.27 | 152.90 |
| | 唐巷、龚巷、埭上 | 289 | 52360 | 8560 | 316610 | — | — | — | 2100 | 37.96 | 15.76 |
| | 时南、江胜桥二队、东冯巷 | 308 | 7420 | 56020 | 688200 | 152800 | — | — | 7000 | 91.14 | 44.14 |
| | 孙家、中街 | 281 | 4150 | 31500 | 550524 | 500 | — | — | — | 58.67 | 12.28 |
| | 邓东、砖西、宋巷 | 307 | 45000 | 49300 | 1067300 | 297700 | — | — | 8000 | 146.73 | 582.50 |
| | 邵巷 | 89 | 7400 | 7080 | 267250 | 10000 | — | — | — | 29.17 | 38.50 |

续表 7—33—6

| 镇别 | 村民小组 | 调查人口（人） | 农业收入（元） | 副业收入（元） | 工资收入（元） | 经营性收入（元） | 财产性收入（元） | 投资性收入（元） | 其他收入（元） | 收入合计（万元） | 家庭存款总额（万元） |
|---|---|---|---|---|---|---|---|---|---|---|---|
| 藕塘 | 前方桥、后方桥 | 279 | 76480 | 20450 | 378050 | 119800 | — | 5000 | 7800 | 60.76 | 11.24 |
| | 唐东、洗马浜 | 313 | 221300 | 38200 | 1149000 | — | — | 80000 | 171000 | 165.95 | 295.50 |
| | 蔡巷、三坝头、庙塘桥 | 309 | 105700 | 18000 | 723400 | 38000 | 0 | 0 | 3000 | 88.81 | 43.28 |
| | 庄桥头、东张巷 | 283 | 138900 | 15150 | 940500 | 70000 | — | — | 8000 | 117.26 | 80.11 |
| | 徐巷、马巷、俞巷 | 284 | 80300 | 57000 | 861000 | 300000 | 0 | 3000 | 0 | 130.13 | 45.92 |
| | 井亭、朱巷、小方桥 | 331 | 14300 | 95400 | 808000 | 113000 | 20000 | — | 29500 | 108.02 | 30.22 |
| 合计 | | 4213 | 833640 | 498680 | 10148074 | 2025000 | 53000 | 157300 | 289420 | 1400.51 | 1443.29 |

1996年，钱桥镇规模以上企业职工12814人，工资总额5530万元，企业职工年人均收入4315.59元。1997年，钱桥镇乡镇企业职工年人均收入5358元。90年代末，钱桥镇、藕塘镇渔民年人均收入超4000元。

进入21世纪，钱桥、藕塘地区各行各业人员的经济收入快速提高。2000年，钱桥镇、藕塘镇人均收入分别为5200元、4500元。2004年，钱桥镇农民（居民）年人均纯收入8049元。2005年，钱桥镇农民年人均纯收入9063元。是年，钱桥镇中小学教师人均月工资近2000元，城镇居民人均可支配收入13500元。

### 2005年钱桥镇千户家庭收入抽样调查统计表

表 7—33—7

| 村民小组 | 调查人口（人） | 农业收入（元） | 副业收入（元） | 工资收入（元） | 经营性收入（元） | 财产性收入（元） | 投资性收入（元） | 其他收入（元） | 收入合计（万元） | 家庭存款总额（万元） |
|---|---|---|---|---|---|---|---|---|---|---|
| 站头、铁狮 | 303 | 500 | 124000 | 1352310 | 220000 | 2000 | 0 | 0 | 169.88 | 60.38 |
| 前金岸、后金岸 | 334 | 25000 | 141000 | 2856700 | 30000 | 0 | 0 | 11000 | 306.37 | 76.50 |
| 金巷、戴巷、单家坝 | 305 | 15400 | 50200 | 2057680 | 640300 | 63670 | 31000 | 45660 | 290.39 | 395.21 |
| 庄家 | 252 | — | 22000 | 1188500 | 750000 | 151000 | 200000 | 92540 | 240.40 | 1038.00 |
| 唐巷、龚巷、埭上 | 289 | 81200 | 18070 | 2010000 | 610000 | 7000 | 120000 | 12800 | 285.91 | 277.70 |
| 时南、江胜桥二队、东冯巷 | 304 | 7800 | 26900 | 2600400 | 452400 | — | — | 57000 | 314.45 | 170.22 |
| 孙家、中街 | 282 | 20600 | 13000 | 1817931 | 9000 | — | 5000 | 14100 | 187.96 | 50.60 |
| 邓东、砖西、宋巷 | 307 | 6000 | 20000 | 1592500 | 860000 | 238000 | 230000 | 106000 | 305.25 | 1118.10 |
| 邵巷 | 99 | 8000 | 3000 | 855000 | 60000 | 9000 | — | 10000 | 94.50 | 128.70 |
| 前方桥、后方桥 | 300 | 117300 | 19800 | 2507000 | 477000 | — | 70000 | 67600 | 325.87 | 144.86 |
| 唐东、洗马浜 | 320 | 537000 | 42000 | 2176000 | 20000 | 5000 | 530000 | 220000 | 353.00 | 1371.80 |
| 蔡巷、三坝头、庙塘桥 | 315 | 250900 | 2000 | 2255000 | 270000 | 0 | 10000 | 0 | 278.79 | 195.40 |
| 庄桥头、东张巷 | 291 | 372000 | 185200 | 2537300 | 597000 | 28000 | 0 | 28000 | 374.75 | 361.57 |
| 徐巷、马巷、俞巷 | 293 | 517100 | 139000 | 2742000 | 202800 | 7000 | 28000 | 40200 | 367.61 | 504.75 |
| 井亭、朱巷、小方桥 | 294 | 2200 | 509500 | 3309704 | 568000 | 50000 | — | 211300 | 465.07 | 283.50 |
| 合计 | 4288 | 1961000 | 1315670 | 31858025 | 5766500 | 560670 | 1224000 | 916200 | 4360.20 | 6177.29 |

## 2005年钱桥镇农民人均纯收入统计表

表7—33—8

| 项目名称 | 合计 | 项目名称 | 合计 |
|---|---|---|---|
| 一、农村经济总收入（万元） | 2178295 | 三、净收入（万元） | 154116 |
| 1、农业收入（万元） | 3025 | 四、投资收益（万元） | 485 |
| 2、林业收入（万元） | 568 | 五、农民外出劳务收入（万元） | 559 |
| 3、牧业收入（万元） | 401 | 六、可分配收入总额（万元） | 155160 |
| 4、渔业收入（万元） | 496 | 减：（一）上交国家税金（万元） | 66510 |
| 5、工业收入（万元） | 1751730 | （二）上交国家有关部门（万元） | 3851 |
| 6、建筑业收入（万元） | 18506 | （三）外来人员带走劳务收入（万元） | 12106 |
| 7、运输业收入（万元） | 6143 | （四）企业留利（万元） | 30939 |
| 8、商业收入（万元） | 377297 | （五）乡村集体所得（万元） | 3174 |
| 9、服务业收入（万元） | 16435 | 七、农民所得总额（万元） | 34610 |
| 10、其他收入（万元） | 3694 | 八、农民人数（人） | 38188 |
| 二、总费用（万元） | 2024179 | 九、农民人均纯收入（元） | 9063 |

## 2005年钱桥镇城镇居民人均可支配收入统计表

表7—33—9

| 项目名称 | 合计 | 项目名称 | 合计 |
|---|---|---|---|
| 一、可支配收入（万元） | 25958 | 8、批发和零售贸易、餐饮业收入（万元） | 3214 |
| （一）工资性收入（万元） | 15593 | 9、社会服务业收入（万元） | 979 |
| 1、在非企业组织中劳动得到（万元） | 4471 | 10、文教卫生收入（万元） | 303 |
| 2、在本地企业中劳动得到（万元） | 10576 | 11、其他家庭经营收入（万元） | 709 |
| 3、外出作业得到（万元） | 546 | （三）财产性收入（万元） | 563 |
| 4、其他（万元） | — | （四）转移性净收入（万元） | 763 |
| （二）家庭经营收入（万元） | 9039 | 二、户数（户） | 5654 |
| 5、工业收入（万元） | 3524 | 三、人数（人） | 19228 |
| 6、建筑业收入（万元） | 132 | 四、人均可支配收入（元） | 13500 |
| 7、交通运输收入（万元） | 178 | — | — |

2010年，钱桥街道居民（农民）年人均净收入16369元。2011年，钱桥街道规模以上企业职工年人均收入31900元；2012~2014年，规模以上企业年人均收入分别为44500元、45300元、48000元。

2015年，钱桥街道规模以上企业职工年人均收入49900元；区域内年人均可支配收入28579元。是年，钱桥街道中小学教师工资由基本工资、教学工资、绩效工资、特优津贴等部分组成，小学教师平均基本月工资3000元左右，初中教师平均基本月工资3500元左右，高中教师平均基本月工资4000元左右。是年，钱桥、藕塘医院医务人员人均月工资4400元。同年，公务员实行阳光工资标准，包括基本工资、津贴、补贴与奖金。其中基本工资分二十七级十四档，办事员十九至二十七级，月工资290~1141元；科员十八至二十六级，月工资352~1294元；乡科级副职十七至二十四级，月工资386~1403元；乡科级正职，月工资461~1579元；县处级副职十四至二十级，月工资551~1835元；县处职正职十二至十八级，月工资658~2065元，生活性补贴3100元/月，以及奖金。同年，钱桥街道千户抽样调查显示，区域内人均储蓄32695元。

## 2015年钱桥街道千户家庭收入抽样调查统计表

表7—33—10　　单位：人、万元

| 居民小组 | 调查人口 | 农业收入 | 副业收入 | 工资收入 | 经营性收入 | 财产性收入 | 投资性收入 | 其他收入 | 收入合计 | 家庭存款总额 |
|---|---|---|---|---|---|---|---|---|---|---|
| 站头、铁狮 | 319 | 0.0 | 10.7 | 305.88 | 82.15 | 1.80 | 0.0 | 0.0 | 400.53 | 138.45 |
| 前金岸、后金岸 | 356 | 1.5 | 2.6 | 635.35 | 5.00 | 0.00 | 10.0 | 0.7 | 655.15 | 287.40 |
| 金巷、戴巷、单家坝 | 327 | 3.0 | 8.0 | 551.55 | 65.00 | 22.64 | 39.1 | 8.0 | 697.29 | 811.40 |

续表 7—33—10　　单位：人、万元

| 居民小组 | 调查人口 | 农业收入 | 副业收入 | 工资收入 | 经营性收入 | 财产性收入 | 投资性收入 | 其他收入 | 收入合计 | 家庭存款总额 |
|---|---|---|---|---|---|---|---|---|---|---|
| 庄家 | 282 | — | 0.44 | 545.12 | 245.50 | 70.13 | 22.80 | 2.33 | 886.32 | 1570.00 |
| 唐巷、龚巷、埭上 | 288 | 11.80 | 4.80 | 407.89 | 150.00 | 14.80 | 21.00 | 18.20 | 628.49 | 395.58 |
| 时南、江胜桥二队、东冯巷 | 326 | 1.25 | 2.50 | 527.76 | 122.96 | 97.80 | 3.00 | 6.50 | 761.77 | 478.77 |
| 孙家、中街 | 275 | — | 2.89 | 480.93 | — | 5.48 | — | 4.70 | 494.00 | 191.77 |
| 邓东、砖西、宋巷 | 292 | 1.85 | 0.80 | 569.54 | 465.00 | 41.80 | 8.00 | 9.15 | 1096.14 | 1635.00 |
| 邵巷 | 98 | 10.10 | 33.60 | 640.00 | 162.00 | 1.70 | 35.50 | 17.70 | 900.6 | 439.30 |
| 前方桥、后方桥 | 338 | 65.05 | 6.60 | 525.80 | 13.50 | 1.50 | 344.00 | 46.00 | 1002.45 | 3981.30 |
| 唐东、洗马浜 | 349 | 63.15 | 1.20 | 735.50 | 122.00 | 0.00 | 20.61 | 2.00 | 944.46 | 857.50 |
| 蔡巷、三坝头、庙塘桥 | 316 | 51.80 | 39.80 | 577.10 | 113.35 | 16.63 | 0.00 | 0.50 | 799.18 | 876.76 |
| 庄桥头、东张巷 | 297 | 2.00 | 57.90 | 625.10 | 292.20 | 21.75 | 37.50 | 60.01 | 1096.46 | 1558.60 |
| 徐巷、马巷、俞巷 | 307 | 0.00 | 80.80 | 687.63 | 85.00 | 25.00 | — | 20.78 | 899.21 | 1003.30 |
| 井亭、朱巷、小方桥 | 282 | 1.30 | 0.10 | 159.20 | 20.00 | 8.00 | 0.70 | 5.50 | 194.80 | 330.50 |
| 合计 | 4452 | 212.80 | 252.73 | 7974.35 | 1943.66 | 329.03 | 542.21 | 202.07 | 11456.85 | 14555.63 |

## 1959~2003 年钱桥、藕塘（公社、乡）镇年人均收入选年统计表

表 7—33—11　　单位：元

| 年份 | 钱桥 | 藕塘 | 年份 | 钱桥 | 藕塘 | 年份 | 钱桥 | 藕塘 |
|---|---|---|---|---|---|---|---|---|
| 1959 | 87.6 | 81.7 | 1976 | 107.9 | 100.9 | 1990 | 1157 | 1072.0 |
| 1961 | 40.8 | 52.4 | 1977 | 114.6 | 102.0 | 1991 | 1093 | 1075.0 |
| 1962 | 53.0 | 58.0 | 1978 | 140.1 | 122.8 | 1992 | 1614 | — |
| 1965 | — | 100.3 | 1979 | 159.0 | 142.6 | 1993 | 2470 | 2225.0 |
| 1966 | — | 98.1 | 1980 | 171.0 | 149.6 | 1994 | 3127 | 3089.0 |
| 1967 | 92.6 | 92.0 | 1981 | 194.0 | 164.7 | 1995 | 4498 | 3518.0 |
| 1968 | 95.8 | 95.9 | 1982 | 260.0 | 247.5 | 1996 | 4768 | 4169.0 |
| 1969 | 100.0 | 94.0 | 1983 | 315.0 | 336.9 | 1997 | 4568 | 5135.0 |
| 1970 | 96.3 | 96.5 | 1984 | 687.0 | 486.9 | 1998 | 4124 | 5342.0 |
| 1971 | 96.0 | 90.0 | 1985 | 789.0 | 720.4 | 1999 | 4943 | — |
| 1972 | 92.3 | 93.8 | 1986 | 864.0 | 855.0 | 2000 | 5200 | 4500.0 |
| 1973 | 114.9 | 92.3 | 1987 | 979.0 | 934.8 | 2001 | 5358 | — |
| 1974 | 111.0 | 104.6 | 1988 | 1083.0 | 1048.2 | 2002 | 5838 | — |
| 1975 | 115.1 | 101.4 | 1989 | 1211.0 | 1164.3 | 2003 | 6586 | — |

## 1978~2015 年钱桥、藕塘地区千户家庭收入抽样选年调查表

表 7—33—12　　单位：人、万元

| 年份 | 调查人口（人） | 农业收入（万元） | 副业收入（万元） | 工资收入（万元） | 经营性收入（万元） | 财产性收入（元） | 投资性收入（元） | 其他收入（万元） | 收入合计（万元） | 人均收入（元） | 家庭存款总额（万元） |
|---|---|---|---|---|---|---|---|---|---|---|---|
| 1978 | 3822 | 29.51 | 6.32 | 36.24 | 1.80 | 100 | 300 | 0.81 | 74.72 | 195.50 | 34.24 |
| 1995 | 4213 | 83.36 | 49.87 | 1014.81 | 202.50 | 53000 | 157300 | 28.94 | 1400.51 | 3324.26 | 1443.29 |
| 2005 | 4288 | 196.10 | 131.57 | 3185.80 | 576.65 | 560670 | 1224000 | 916.20 | 5184.79 | 12091.39 | 6177.29 |
| 2015 | 4452 | 212.80 | 252.73 | 7974.35 | 1943.66 | 3290300 | 5422100 | 202.07 | 11456.85 | 25734.16 | 14555.63 |

## 2004~2015 年钱桥（镇）街道年人均收入统计表

表 7—33—13　　单位：元

| 年份 | 人均收入 | 年份 | 人均收入 | 年份 | 人均收入 | 年份 | 人均收入 |
|---|---|---|---|---|---|---|---|
| 2004 | 8049 | 2007 | 11924 | 2010 | 16369 | 2013 | 23801 |
| 2005 | 9443 | 2008 | 13341 | 2011 | 18819 | 2014 | 26389 |
| 2006 | 10625 | 2009 | 14820 | 2012 | 21440 | 2015 | 28579 |

## 第二节 消费结构

民国时期至20世纪70年代初，钱桥、藕塘地区农村住户消费支出以解决温饱为主，饮食消费占家庭总支出的70%以上。

1978年，钱桥、藕塘地区百姓消费仍以饮食消费为主，其他消费比例占总消费的40%以内，千户家庭中仅有自行车373辆、摩托车7辆、电视机56台、空调5台、热水器3台、固定电话7部。是年，千户家庭抽样调查人均消费123元，全年总消费支出457812元，其中饮食衣着消费支出293290元，占全年家庭总消费支出的64.1%。

1978年钱桥公社、藕塘公社千户家庭消费抽样调查统计表

表7—33—14　　单位：人、元

| 公社 | 生产队 | 调查人口 | 饮食衣着 | 教育文化 | 医疗健身 | 车辆交通 | 水电气 | 通讯网络 | 旅游 | 其他消费 | 全年家庭总消费 |
|---|---|---|---|---|---|---|---|---|---|---|---|
| 钱桥 | 站头、铁狮 | 296 | 9826 | 690 | 1810 | 30 | 1399 | 0 | 0 | 4616 | 18371 |
| | 前金岸、后金岸 | 237 | 15807 | 1650 | 1030 | 232 | 970 | 50 | 0 | 150 | 19889 |
| | 金巷、戴巷、单家坝 | 298 | 20250 | 4874 | 2710 | 2293 | 4369 | 1010 | — | 2343 | 37849 |
| | 庄家 | 203 | 7580 | 3620 | 2160 | 85 | 4415 | — | — | 2440 | 20300 |
| | 唐巷、龚巷、埭上 | 323 | 8610 | 3595 | 3490 | 795 | 1789 | — | — | 1210 | 19489 |
| | 时南、江胜桥二队、东冯巷 | 285 | 21800 | 165 | 615 | 20 | 3584 | — | — | 3310 | 29494 |
| | 孙家、中街 | 255 | 14430 | 559 | 490 | 255 | 564 | — | 20 | 5146 | 21464 |
| | 邓东、砖西、宋巷 | 281 | 29133 | 2807 | 4580 | 605 | 1755 | 5 | 140 | 12270 | 51295 |
| | 邵巷 | 81 | 6760 | 1127 | 1010 | 271 | 1128 | — | — | 500 | 10796 |
| 藕塘 | 前方桥、后方桥 | 237 | 15602 | 2433 | 2142 | 1390 | 3123 | 26 | 0 | 955 | 25671 |
| | 唐东、洗马浜 | 253 | 1492 | 975 | 540 | 310 | 669 | — | — | 4413 | 8399 |
| | 蔡巷、三坝头、庙塘桥 | 278 | 8615 | 250 | 626 | 150 | 738 | 0 | 0 | 230 | 10609 |
| | 庄桥头、东张巷 | 203 | 109450 | 14710 | 7680 | 450 | 16345 | 0 | 0 | 510 | 149145 |
| | 徐巷、马巷、俞巷 | 259 | 5735 | 317 | 425 | 100 | 980 | 0 | 0 | 900 | 8457 |
| | 井亭、朱巷、小方桥 | 333 | 18200 | 2426 | 800 | 150 | 1708 | — | 150 | 3150 | 26584 |
| 合计 | | 3822 | 293290 | 40198 | 30108 | 7136 | 43536 | 1091 | 310 | 42143 | 457812 |

80年代，钱桥、藕塘地区百姓已不满足于温饱，追求改善住房条件，家庭饮食消费支出比例开始下降，投入支出量最多的是住宅建设，其次是耐用消费品支出。1982年，钱桥公社5967户家庭，拥有电视机429台、电风扇1033台、沙发613套、缝纫机1378台、自行车3080辆、手表7038只，耐用消费品支出有所增加。

1982年钱桥公社农村社员耐用消费品调查统计表

表7—33—15　　单位：户、人、台、张、辆、只

| 大队 | 总户数 | 总人数 | 电视机 | 电风扇 | 沙发 | 缝纫机 | 自行车 | 手表 |
|---|---|---|---|---|---|---|---|---|
| 钱桥 | 580 | 2131 | 61 | 140 | 143 | 151 | 132 | 830 |
| 竞丰 | 755 | 2949 | 52 | 106 | 65 | 184 | 520 | 859 |
| 五星 | 500 | 2106 | 37 | 91 | 68 | 143 | 256 | 734 |
| 历村 | 404 | 1670 | 36 | 68 | 54 | 93 | 283 | 626 |
| 舜一 | 362 | 1461 | 17 | 40 | 25 | 75 | 211 | 406 |
| 溪南 | 518 | 2080 | 49 | 77 | 34 | 113 | 383 | 537 |
| 洋溪 | 351 | 1404 | 20 | 74 | 18 | 87 | 191 | 375 |
| 黎明 | 338 | 1351 | 15 | 53 | 31 | 63 | 210 | 337 |
| 新丰 | 441 | 1624 | 22 | 54 | 22 | 116 | 223 | 462 |
| 西漳 | 670 | 2525 | 42 | 134 | 78 | 162 | 281 | 739 |
| 胜丰 | 399 | 1577 | 29 | 75 | 28 | 79 | 181 | 475 |

续表 7—33—15　　　　单位：户、人、台、张、辆、只

| 大队 | 总户数 | 总人数 | 电视机 | 电风扇 | 沙发 | 缝纫机 | 自行车 | 手表 |
|---|---|---|---|---|---|---|---|---|
| 晓星 | 502 | 1812 | 44 | 93 | 44 | 103 | 153 | 483 |
| 红旗 | 147 | 568 | 5 | 28 | 3 | 9 | 56 | 175 |
| 总计 | 5967 | 23258 | 429 | 1033 | 613 | 1378 | 3080 | 7038 |

## 1986 年钱桥乡、藕塘乡百户农民、居民耐用消费品统计表

表 7—33—16　　　　单位：台、辆、只

| 乡镇 | 类别 | 缝纫机 | 自行车 | 摩托车 | 手表 | 收录机 | 电视机 | | 电冰箱 | 洗衣机 | 电风扇 |
|---|---|---|---|---|---|---|---|---|---|---|---|
| | | | | | | | 彩色 | 黑白 | | | |
| 钱桥 | 全乡百户拥有量 | 56 | 234 | 2 | 303 | 39 | 12 | 69 | 3 | 50 | 139 |
| 藕塘 | 市镇百户拥有量 | 60 | 132 | 4 | 272 | 78 | 98 | | 4 | 74 | — |
| | 农村百户拥有量 | 62 | 202 | 6 | 258 | 32 | 82 | | 2 | 52 | — |

90 年代，钱桥镇、藕塘镇农民（居民）食品消费比重继续下降，穿、住、用和文化教育、健身养生等支出比重上升。大米、面粉等主食消费比重逐步下降，鱼、肉、蛋、禽、奶等副食品消费比重逐渐上升；服装面料由棉布、化纤转向毛、呢、绒、皮革等，已很少见到穿补丁衣服。服装讲究多样化，款式趋向个性化，时尚者追求名牌衣、裤、鞋、帽消费。电视机、冰箱、空调、手机、电脑、汽车等高档耐用消费品进入寻常百姓家。100%家庭用上自来水、液化气或天然气。1995 年，钱桥镇、藕塘镇千户家庭抽样调查显示，人均消费 1665.63 元，总消费 7012308 元，其中饮食衣着消费 3263605 元，占家庭总消费的 46.5%，教育文化、医疗健身、车辆交通、水电气、通讯网络、旅游及其他等消费占家庭总消费的 53.5%。

## 1995 年钱桥镇、藕塘镇千户家庭消费抽样调查统计表

表 7—33—17　　　　单位：人、元

| 镇别 | 村民小组 | 调查人口 | 饮食衣着 | 教育文化 | 医疗健身 | 车辆交通 | 水电气 | 通讯网络 | 旅游 | 其他消费 | 全年家庭总消费 |
|---|---|---|---|---|---|---|---|---|---|---|---|
| 钱桥 | 站头、铁狮 | 294 | 81435 | 55840 | 50450 | 5950 | 19720 | 1700 | 0 | 89950 | 305045 |
| | 前金岸、后金岸 | 304 | 136440 | 54200 | 11740 | 5675 | 22230 | 2850 | 800 | 27910 | 261845 |
| | 金巷、戴巷、单家坝 | 296 | 196500 | 89360 | 25475 | 56390 | 35960 | 11510 | 9000 | 37660 | 461855 |
| | 庄家 | 246 | 101330 | 50300 | 56710 | 33140 | 40890 | 4790 | 4000 | 55200 | 346360 |
| | 唐巷、龚巷、埭上 | 289 | 100370 | 47765 | 22040 | 11810 | 32790 | 3995 | 500 | 2750 | 222020 |
| | 时南、江胜桥二队、东冯巷 | 308 | 277100 | 57600 | 11800 | 9300 | 66500 | 4500 | — | 43200 | 470000 |
| | 孙家、中街 | 281 | 177050 | 73450 | 75100 | 10110 | 21240 | 3810 | 5500 | 97660 | 463920 |
| | 邓东、砖西、宋巷 | 307 | 374430 | 121050 | 54560 | 28190 | 48220 | 10180 | 8600 | 188200 | 833430 |
| | 邵巷 | 89 | 66850 | 29860 | 10880 | 3740 | 10670 | 4500 | 6000 | 9800 | 142300 |
| 藕塘 | 前方桥、后方桥 | 279 | 153170 | 44350 | 28410 | 16950 | 39555 | 20890 | 21200 | 62470 | 386995 |
| | 唐东、洗马浜 | 313 | 354800 | 248800 | 88700 | 66900 | 95400 | 28320 | 4000 | 188300 | 1075220 |
| | 蔡巷、三坝头、庙塘桥 | 309 | 169850 | 19850 | 12600 | 7460 | 30850 | 800 | 100 | 4200 | 245710 |
| | 庄桥头、东张巷 | 283 | 491640 | 70250 | 32840 | 6300 | 60300 | 3900 | 0 | 24100 | 689330 |
| | 徐巷、马巷、俞巷 | 284 | 349500 | 52500 | 86250 | 14040 | 30910 | 9350 | 1000 | 92000 | 635550 |
| | 井亭、朱巷、小方桥 | 331 | 233140 | 58300 | 14400 | 34365 | 41288 | 8550 | 3915 | 78770 | 472728 |
| | 合计 | 4213 | 3263605 | 1073475 | 581955 | 310320 | 596523 | 119645 | 64615 | 1002170 | 7012308 |

进入 21 世纪，钱桥镇、藕塘镇家庭经济收入年年增加，生活水平年年提高，家庭购置私家轿车成为时尚，精神文明建设的投资相应增加，家庭注重文化、教育、旅游、环境、卫生等方面的投资。2004 年，钱桥镇社会消费品零售总额 1.7 亿元。2005 年，钱桥镇社会消费品零售总额 2.07 亿元。是

年，钱桥镇千户家庭抽样调查人均消费 5181.05 元，全年总消费 2220.08 万元，其中饮食衣着消费 948.35 万元，占家庭总消费的 42.7%，教育文化、医疗健身、车辆交通、水电气、通讯网络、旅游及其他等消费占家庭总消费的 57.3%。

2005 年钱桥镇千户家庭消费抽样调查统计表

表 7—33—18　　单位：人、万元

| 村民小组 | 调查人口 | 饮食衣着 | 教育文化 | 医疗健身 | 车辆交通 | 水电气 | 通讯网络 | 旅游 | 其他消费 | 全年家庭总消费 |
|---|---|---|---|---|---|---|---|---|---|---|
| 站头、铁狮 | 303 | 49.96 | 7.20 | 7.15 | 15.42 | 8.82 | 3.56 | 0.40 | 16.99 | 109.49 |
| 前金岸、后金岸 | 334 | 42.44 | 17.09 | 5.84 | 6.44 | 4.61 | 4.86 | 2.08 | 8.55 | 91.91 |
| 金巷、戴巷、单家坝 | 305 | 65.98 | 28.68 | 8.34 | 28.14 | 10.90 | 6.61 | 8.26 | 11.25 | 168.16 |
| 庄家 | 252 | 31.22 | 31.49 | 76.79 | 29.27 | 13.56 | 15.48 | 3.13 | 18.65 | 219.59 |
| 唐巷、龚巷、埭上 | 289 | 90.49 | 22.94 | 2.50 | 12.61 | 10.92 | 4.23 | 1.82 | 2.53 | 148.02 |
| 时南、江胜桥二队、东冯巷 | 304 | 83.69 | 24.03 | 4.10 | 9.60 | 10.95 | 4.12 | 1.42 | 6.32 | 144.23 |
| 孙家、中街 | 282 | 62.91 | 18.20 | 4.87 | 5.13 | 6.69 | 2.30 | 2.46 | 34.80 | 137.36 |
| 邓东、砖西、宋巷 | 307 | 96.82 | 36.78 | 21.00 | 30.43 | 13.67 | 6.30 | 21.87 | 34.78 | 261.65 |
| 邵巷 | 99 | 33.70 | 10.48 | 3.78 | 9.24 | 6.27 | 4.19 | 5.00 | 7.20 | 79.86 |
| 前方桥、后方桥 | 300 | 8.83 | 7.21 | 4.88 | 1.98 | 1.09 | 0.70 | 1.80 | 10.10 | 36.59 |
| 唐东、洗马浜 | 320 | 74.53 | 56.96 | 19.69 | 18.65 | 11.07 | 7.91 | 4.80 | 27.43 | 221.05 |
| 蔡巷、三坝头、庙塘桥 | 315 | 56.61 | 11.69 | 6.42 | 4.90 | 6.32 | 2.91 | 1.67 | 3.64 | 94.16 |
| 庄桥头、东张巷 | 291 | 96.42 | 14.15 | 6.97 | 4.22 | 12.48 | 6.52 | 1.55 | 18.22 | 160.52 |
| 徐巷、马巷、俞巷 | 293 | 87.01 | 23.59 | 11.91 | 16.20 | 10.44 | 6.50 | 5.56 | 17.00 | 178.21 |
| 井亭、朱巷、小方桥 | 294 | 67.74 | 34.91 | 7.97 | 20.51 | 10.53 | 5.37 | 2.00 | 20.26 | 169.28 |
| 合计 | 4288 | 948.35 | 345.40 | 192.21 | 212.74 | 138.32 | 81.56 | 63.82 | 237.72 | 2220.08 |

2011~2014 年，钱桥街道社会消费品零售总额分别为 17.58 亿元、20.7 亿元、35.8 亿元、40.64 亿元。2015 年，钱桥街道千户家庭中有电瓶车、摩托车 1333 辆，平均每户 1.33 辆；家用轿车 807 辆，平均每户 0.81 辆；电视机 2329 台，平均每户 2.33 台；空调 2529 台，平均每户 2.53 台；热水器 1290 台，平均每户 1.29 台；手机、电话 3373 部，平均每户 3.37 部。区域内居民（农民）追求高雅的精神文化生活，养生健体的理念日益深入人心，跳舞唱歌、体育健身、种花养鸟、书画摄影、旅游观光等从追求时尚逐渐成为常态，成为生活的一部分，形成“吃讲营养、穿讲漂亮、住讲宽敞、玩讲档次”的理念。是年，钱桥街道社会消费品零售总额 43.03 亿元，千户家庭消费抽样调查人均消费 11391.1 元，全年总支出 5069.05 万元，其中饮食衣着消费 1865.48 万元，占家庭总消费的 36.8%，教育文化、医疗健身、车辆交通、水电气、通讯网络、旅游及其他等消费占家庭总消费的 63.2%。

2015 年钱桥街道千户家庭消费抽样调查统计表

表 7—33—19　　单位：人、万元

| 居民小组 | 调查人口 | 饮食衣着 | 教育文化 | 医疗健身 | 车辆交通 | 水电气 | 通讯网络 | 旅游 | 其他消费 | 全年家庭总消费 |
|---|---|---|---|---|---|---|---|---|---|---|
| 站头、铁狮 | 319 | 106.86 | 16.10 | 17.06 | 48.71 | 18.64 | 11.46 | 20.20 | 23.05 | 262.08 |
| 前金岸、后金岸 | 356 | 130.63 | 41.58 | 21.54 | 28.68 | 14.62 | 13.22 | 8.45 | 20.05 | 278.76 |
| 金巷、戴巷、单家坝 | 327 | 111.16 | 40.32 | 22.78 | 71.90 | 21.98 | 15.15 | 27.68 | 23.71 | 334.68 |
| 庄家 | 282 | 57.71 | 33.40 | 65.58 | 97.08 | 21.58 | 27.62 | 9.25 | 45.15 | 357.36 |
| 唐巷、龚巷、埭上 | 288 | 109.69 | 2.17 | 39.06 | 17.57 | 19.04 | 11.11 | 30.10 | 3.88 | 232.61 |
| 时南、江胜桥二队、东冯巷 | 326 | 152.66 | 22.26 | 17.57 | 49.14 | 17.79 | 12.13 | 2.33 | 9.12 | 283.00 |
| 孙家、中街 | 275 | 134.77 | 33.88 | 32.38 | 34.66 | 14.95 | 10.23 | 7.85 | 33.51 | 302.23 |
| 邓东、砖西、宋巷 | 292 | 163.62 | 81.44 | 38.56 | 95.31 | 23.92 | 12.55 | 37.09 | 124.05 | 576.53 |
| 邵巷 | 98 | 33.70 | 10.48 | 3.78 | 9.24 | 6.27 | 4.19 | 5.00 | 7.20 | 79.86 |
| 前方桥、后方桥 | 338 | 126.75 | 41.88 | 31.65 | 91.59 | 18.13 | 16.42 | 32.92 | 51.87 | 411.20 |

续表 7—33—19

单位：人、万元

| 居民小组 | 调查人口 | 饮食衣着 | 教育文化 | 医疗健身 | 车辆交通 | 水电气 | 通讯网络 | 旅游 | 其他消费 | 全年家庭总消费 |
|---|---|---|---|---|---|---|---|---|---|---|
| 唐东、洗马浜 | 349 | 120.24 | 49.75 | 24.45 | 63.00 | 17.49 | 16.84 | 12.25 | 51.51 | 355.53 |
| 蔡巷、三坝头、庙塘桥 | 316 | 142.90 | 16.91 | 19.02 | 137.01 | 16.61 | 14.02 | 20.55 | 11.10 | 378.12 |
| 庄桥头、东张巷 | 297 | 161.76 | 14.30 | 19.62 | 69.83 | 19.24 | 15.05 | 5.20 | 22.35 | 327.35 |
| 徐巷、马巷、俞巷 | 307 | 188.59 | 42.12 | 48.98 | 92.84 | 24.84 | 20.42 | 32.25 | 8.85 | 458.89 |
| 井亭、朱巷、小方桥 | 282 | 124.44 | 98.71 | 22.69 | 92.59 | 25.07 | 17.03 | 5.27 | 45.06 | 430.85 |
| 合计 | 4452 | 1865.48 | 545.30 | 424.72 | 999.15 | 280.17 | 217.44 | 256.39 | 480.46 | 5069.05 |

1978~2015 年，钱桥、藕塘地区居民（农民）饮食、衣着消费在家庭总消费中的比重从 64%下降到 36.8%，车辆交通消费在家庭总消费中的比重从 1.56%上升到 19.71%，通讯网络消费在家庭总消费中的比重从 0.24%上升到 4.29%，旅游消费在家庭总消费中的比重从 0.07%上升到 5.06%。

**1978~2015 年钱桥、藕塘地区千户家庭消费抽样选年调查表**

表 7—33—20

单位：人、元

| 年份 | 调查人口 | 饮食衣着 | 教育文化 | 医疗健身 | 车辆交通 | 水电气 | 通讯网络 | 旅游 | 其他消费 | 全年家庭总消费 | 人均消费 |
|---|---|---|---|---|---|---|---|---|---|---|---|
| 1978 | 3822 | 293290 | 40198 | 30108 | 7136 | 43536 | 1091 | 310 | 42143 | 457812 | 119.78 |
| 1995 | 4213 | 3263605 | 1073475 | 581955 | 310320 | 596523 | 119645 | 64615 | 1002170 | 7012308 | 1664.45 |
| 2005 | 4288 | 9483490 | 3453890 | 1922070 | 2127470 | 1382953 | 815564 | 638150 | 2377170 | 22200757 | 5177.42 |
| 2015 | 4452 | 18654740 | 5452940 | 4247030 | 9991281 | 2801610 | 2174292 | 2563900 | 4804560 | 50690353 | 11385.97 |

## 第三节 衣食住行

民国 19 年（1930），钱桥、藕塘地区人均住房面积不到 10 平方米。新中国成立初期，农民有了土地，自耕自食，粗布淡饭，住房大多未有改善，无房农民分到地主房屋居住，外出仍以步行为主。1954 年，钱桥通 4 路公共汽车。区域内百姓可以步行至钱桥公共汽车站乘 4 路公共汽车进城。20 世纪 50 年代末至 60 年代初的三年困难时期，钱桥、藕塘地区百姓年口粮仅 108 公斤原粮，难以度日就吃野草、野菜、榆树皮充饥。60 年代中期，区域内百姓口粮基本解决，但荤菜一年难得吃上几次。70 年代，人们穿着以保暖为主，农民口粮过关，经济较好的家庭开始改造住房，农村道路大面积改善，自行车、拖拉机、轮船、公交车代步。1978 年，钱桥、藕塘地区人均居住面积 24.5 平方米，100 人中有 9.8 辆自行车、0.18 辆摩托车。改革开放后，百姓衣着有较大改观，普遍穿中山装、茄克衫、西装；平时，鸡鸭鱼肉不时上百姓餐桌；住房建设掀起高潮，普遍拆旧房，建楼房，农户出行除骑自行车外，开始用摩托车，进城普遍乘坐公交车。90 年代，百姓穿衣讲究款式，年轻人大多到无锡大商场选购服装；饮食上无餐不荤；大多农户住楼房，经济条件好的家庭住洋房、别墅；部分家庭开始拥有小轿车、面包车。1995 年，钱桥、藕塘地区人均住房面积 50.31 平方米，自行车、电动车、摩托车、轿车、面包车、货车户均 1.81 辆。进入 21 世纪，钱桥、藕塘地区百姓穿着与大城市市民无异，讲名牌、讲色彩，年轻人追求新潮；饮食讲究营养，讲求色香味俱佳；农户大多迁入政府建设的小高层、高层安置房，很多家庭购买商品房，家家有车辆。2005 年，钱桥、藕塘地区百姓人均住房面积 58.8 平方米，户均车辆（电动车、摩托车、轿车等）2.31 辆，其中小轿车户均 0.16 辆。2015 年，钱桥、藕塘地区百姓人均住房面积 61.38 平方米，各种车辆户均 2.92 辆，其中小轿车户均 0.81 辆。

### 一、衣着

明代以前，钱桥、藕塘地区平民一般穿麻布短衣，官宦士绅及财主穿丝绸长袍。

清代，区域内百姓穿着都靠农妇手工制成，男性多穿棉布短装、外束青色“竹裙”，裤子式样为直统大脚管，束腰处大，可向左右折叠（俗称“叠腰裤”），冬天外出穿长衫、长袍（俗称箭衣）；中老年妇女穿阔边斜袄、中短衫，有对襟、琵琶襟、大襟、一字襟之分，长度过膝，大袖口，下穿长裤；青年女子则穿大袖口斜袄、斜短衫，长至齐腰。农民衣着色深、耐脏，多为青老布、粗老布；脚上穿自家手纳的布鞋、布袜，劳动时常穿草鞋，冬天穿自制棉鞋或芦花蒲鞋，雨天赤脚或穿钉鞋（鞋底和鞋面均用桐油多次上油，并在鞋底上钉上铁钉防滑，十分笨重）。士绅穿长袍马褂（俗称长衫马墩子）或长衫外罩背心，衣料为绸缎、呢绒、裘皮等。

民国时期，钱桥、藕塘地区有钱人身穿长衫马褂，头戴礼帽或西瓜皮帽子、脚蹬皮靴。农民干活时戴草帽、穿草鞋，冬天戴罗宋帽，穿件破棉袄，腰间束条布带或草绳，脚上穿布鞋或芦花蒲鞋，一到雨天外出穿钉鞋，春秋则穿两用衫；少数青年始穿中山装、学生装，也有少数青年穿西装。士绅、文人都穿长衫。老年长者的衣裳补丁叠补丁，最后连衣裳的老本身也看不清。农村老百姓平时在家不穿新衣服。如穿新衣服，村里邻居都会问“你今天走哪家亲戚去”。有人做了一件新衣服经常穿在身上，别人会议论“在家呒新旧，出外无新衣”，或言“身上穿得软披披，家里没有夜饭米”，意思是说过日子少打算、无计划。那时，内衣穿旧了，一般都习惯把领子和袖子换上新的，避免旧内衣外露。新衣服要到逢年过节或走亲访友时才穿。其间，区域内百姓几乎没有人穿羊毛衫或绒线衫。妇女服装变化较大，除老年妇女仍沿袭穿清代服装外，中青年妇女多数穿旗袍，款式从长到短，袖口由大到小。民国25年（1936），据钱桥、藕塘地区毛村、苏巷等716户家庭抽样调查，有胶鞋19双。20世纪40年代，区域内百姓夏季上衣的衣袖几乎近于废除，衣领短矮，少数青年女子及女学生穿黑短裙。民国37年，据毛村等716户家庭抽样调查，有胶鞋23双。

新中国成立初期，钱桥、藕塘地区盛行蓝色、灰黑色列宁装、中山装、青年装及春秋两用衫，质地以藏青色土纺织布、棉布为主。老年人仍穿中式服装，叠腰裤渐趋绝迹。女子以旗袍、两用衫为主，夏天穿裙。一般农户家庭一身衣服“新三年，旧三年，缝缝补补再三年”。兄弟姐妹多的“头（老大）穿新、二（老二）穿旧、三（老三）穿破、四（老四）穿布头筋”。流行橡胶鞋、解放帽，后为鸭舌帽，妇女大多戴绒线帽。

“文化大革命”期间，钱桥、藕塘地区一度流行草绿色军便装。军便装成为青年男女的流行服装。年长者多穿中山装。20世纪70年代，区域内百姓穿着仍以保暖为主，多数人家剪布料后叫裁缝到家定制，式样大众化，仍有穿着补丁衣裤者。时市场有了化纤布，区域内百姓都至商店剪“的确凉”“的卡”“中长纤维”等化纤布料请裁缝缝制衣裤。少数农户买绒线自己棒结绒线衫穿。脚上多穿塑料鞋，布鞋逐渐减少。

改革开放后，区域内农民家庭收入逐年提高，衣着逐渐开放，百姓服饰变化很大，茄克衫、西装盛行，男女老少都穿。进入90年代，区域内百姓农妇不再纳鞋底、做鞋子，都到商店买鞋穿；衣裤从有得穿到变着花样穿，嫌农村裁缝做的衣服土气，都成群结队地到无锡城里中百一店或东方红商场买成衣。男的流行穿西装、系领带，女子穿连衣裙、套裙、长短裙，各领风骚。冬天穿茄克衫、牛仔系列、滑雪衫、羽绒服、全毛大衣等，式样各异。毛织物以机织羊毛衫和手工棒针衫、绒线衫为主。夏天男子穿衬衫追求色彩，女子穿连衣裙、套裙、长裙、短裙，色彩艳丽，服装呈内衣外穿的趋势。皮鞋普及，女子外出穿高跟皮鞋，各类运动鞋、保暖鞋盛行，老中青、男女都穿。

进入21世纪，钱桥、藕塘地区百姓穿着款式趋向多样、色彩趋向变化、质地趋向高档，衣着千姿百态，颜色五彩缤纷，休闲舒适、高雅大方成为多数群众的服装追求。年轻人与一部分先富起来的人们，更是追求新潮、时尚、高档品牌服装。人们的穿着已不受年龄、地域的局限，已没有农民的影子，老年人也追求时尚的穿着，完全与大都市接轨。

## 二、饮食

新中国成立以前，钱桥、藕塘地区农村百姓祖祖辈辈依靠种田维持生活，种植作物主要为水稻与小麦，民间主食为大米，兼食面粉。农民一日三餐，中午为米饭、面疙瘩，早、晚为稀粥、泡饭。

如遇天灾人祸，不少人家一日两餐亦难以保证。家无隔夜粮，吃了上顿无下顿，靠菜糊稀粥（俗称薄浪汤）、野菜、南瓜、糠麸度日者比比皆是，“面黄昏，粥半夜，有时南瓜当顿查（马马虎虎）一夜”。吃菜均为场前屋后自家种植的蔬菜，自给自足。粥菜常为自家腌制的萝卜干、雪里蕻咸菜；下饭菜常为萝卜、青菜、韭菜、菠菜、长豆、白菜等。大部分人家一年到头难得吃上一次荤腥，自家所养鸡鸭生下的蛋，都舍不得吃，拿到市场上去换些油盐酱醋。区域内百姓中有“馋嘴媳妇盼年到，荤汤萝卜吃一饱”的俗语，小孩、妇女都盼望除夕之夜，可以放开肚子吃一次荤菜。

新中国成立后，钱桥、藕塘地区农民生活逐步走向温饱。1955年，盛店第二农业生产合作社社员年人均口粮（稻谷、小麦）298公斤。1958年“大跃进”，区域内农民都吃食堂，放开肚皮吃饭。1959~1961年，三年困难时期，粮食供应紧张。1961年，钱桥、藕塘公社农民人均每天口粮300克原粮，每人每月口粮9公斤。人们为填饱肚子，以胡萝卜、山芋度荒，把作为农田肥料的红花草、喇叭草、乌鹊草等野菜挖回家，粮菜混吃，有的甚至食榆树皮。糠麸为分配给浮肿病人的营养食粮，只有浮肿病人才能“享受”。60年代中期至70年代，区域内百姓吃粮问题基本解决。在夏季青黄不接时，钱桥公社、藕塘公社送粮到村，以麦换米，对贫困户发放救济粮。

20世纪80、90年代，钱桥、藕塘地区农村实行家庭联产承包责任制，家家口粮自给有余。社队工业发展，经济政策开放，农民（居民）的收入年年增长，市场繁荣，商品众多，鸡鸭鱼肉成为每家餐桌上的家常菜，人们称“无荤不吃饭”。逢年过节，婚事、寿庆、聚会等活动，普通百姓会走进饭馆酒店就餐。

进入21世纪，百姓饮食由吃饱吃好、吃鸡鸭鱼肉转向注重荤素搭配、营养均衡，以预防高血脂、高血压、高血糖“三高”，确保身体健康。早餐除传统米粥外，兼食五谷杂粮、牛奶、豆浆、蔬菜、水果、鸡蛋、面包、馒头、面条等。大部分居民晚餐比中餐更为讲究，以米饭为主，辅之稀饭，蔬菜选择大棚种植，春夏秋冬四季皆有反季节的时新品种，荤菜以猪、牛、羊、鸡、鸭肉，鱼、虾为主，也有的不时品尝一些海鲜。大多家庭减少米饭主食，减少荤菜，增加蔬菜水果。吃出健康，享受生活成为钱桥、藕塘地区百姓饮食习惯的新趋势。家中寿庆、婚事、小孩满月、子女考取名牌大学都要挑选去酒店、饭店办喜酒，菜肴丰盛，红酒、黄酒、白酒、啤酒皆有，香烟选择“中华”“苏烟”等名牌。

## 三、住房

清代、民国时期，钱桥、藕塘地区农村多为低矮平房，砖木结构，木柱脚、青砖墙，有的房屋内墙亦为土坯墙，芦菲木椽，开间狭者3.4米，宽者3.6米。一般家庭为一间两造进深，墙体大多不粉刷，泥地坪，屋面上用玻璃设置一二个明瓦。屋内阴暗潮湿，屋漏偏逢连夜雨，一家数代挤居一屋，用脸盆、缸盆、脚盆、提桶等放在屋漏之处拾水，防止屋内水漫金山。外来户、渔民以及少数生活贫困户都住茅草屋，毛竹为梁，土坯为墙，漏雨透风。藕塘地区秦家漕、李家湾，钱桥地区黄旗岸等地农民都居住在简易草棚之中。部分富户居住小楼，望砖、明瓦、粉墙、砖地。文人家庭大门标志为六扇排门，如钱桥前周基头俞姓一户，前后三造进深，前造六架平房为前厅（俗称大门间），宽3.6米，长6米左右；中造八架平房为客厅、灶间，宽4米，长8米左右；后造七架矮楼，为上、下卧室，木地板、木楼梯。前、中、后三造之间均有天井，既便于落水，又增加采光；最后还建有低矮的杂物间，堆放柴草、农具等。极少数富裕大户人家则高厅大院、深宅高楼。

图7—33—1 民国时期钱桥周基头俞耀伦、周焕泉、周士魁住房

民国19年（1930），第四区（开原乡）全区有瓦房1.81万间、洋房13座、草房754间，共18867

间，平均每户占房屋 2.74 间，每人占房屋 0.55 间。房屋建筑位置大部分为南向，东西向或北向者除钱桥、藕塘桥、徐巷、荣巷四镇外，在乡村中绝无仅有。南向房屋既便于受阳光照射，又可避免冬夏间朔风烈日侵袭，建筑方向颇称合理。其中原住村民居所，大多为瓦盖平房；而客佃住所，均属草舍。因田主给予佃农承种土地年限短，期满后是否继续，佃户只能听从田主之命，绝无自主权，因而只是在租借地上建粗陋草房，以作栖身之所。

**民国 19 年钱桥、藕塘地区部分乡镇住房调查统计表**

表 7—33—21　　单位：间

| 乡镇别 | 瓦屋数 | 草屋数 | 洋房数 | 房屋总数 | 每户占房屋数 | 每人占房屋数 |
|---|---|---|---|---|---|---|
| 藕塘桥镇 | 515 | 140 | — | 655 | 3.29 | 0.68 |
| 钱桥镇 | 712 | 70 | — | 782 | 2.06 | 0.54 |
| 夏虞乡 | 637 | 36 | — | 673 | 2.53 | 0.56 |
| 水渠乡 | 487 | 81 | — | 568 | 2.87 | 0.60 |
| 官渎乡 | 368 | 33 | — | 401 | 2.52 | 0.54 |

民国 20 年，第四区（开原乡）全区三世同堂、四世同堂的家庭较为普遍，户住人口均在 5 人以上，人均居住面积不到 10 平方米的户数占一半以上，家庭矛盾多而复杂。房屋普遍低矮、潮湿、破旧。有的家庭低矮的屋檐触手可及，屋内潮湿以至于衣服、粮食霉变，破旧以至于不挡风雨，人禽畜混杂于一屋，居住环境恶劣。藕塘毛巷 13 户人家全部是草屋，无一瓦房。

新中国成立初期，钱桥、藕塘地区农民住房变化不大，贫雇农住进土改中分到的地主房屋家中。20 世纪 70 年代初，区域内一些经济条件较好的农民开始改造住房，建造新屋。造房不再立木柱，开间扩大到 3.6~3.8 米左右，大部分新建房为一间门面一造进深，每间 8~10 架，长 10 米左右，以平房居多，墙基由石灰、石沙与土混合筑沙，或用石屑夯实，墙体一般用红砖（俗称八五砖），砌空斗墙。70 年代中期，钱桥、藕塘公社各大队实行统一规划建造新房，集中建设居民新村，一排新村由大队承担一座公墙，包括墙基。70 年代末，为支持农民建设新村，钱桥、藕塘公社以及胜丰大队等分别建窑制烧砖瓦，生产的砖瓦供应区域内农户建造新房。农民新建房屋全都是两层楼房，有的还建三层楼房。1978 年，钱桥、藕塘公社千户家庭抽样调查，人均住房面积 24.5 平方米。

图 7—33—2　20 世纪 70 年代末，钱桥周基头农民住房

**1978 年钱桥公社、藕塘公社千户家庭住房抽样调查统计表**

表 7—33—22　　单位：人、平方米

| 公社 | 生产队 | 调查人口 | 住房面积 | 人均住房面积 | 公社 | 生产队 | 家庭人口 | 住房面积 | 人均住房面积 |
|---|---|---|---|---|---|---|---|---|---|
| 钱桥 | 站头、铁狮 | 296 | 12395 | 41.88 | 钱桥 | 邵巷 | 81 | 1267 | 15.64 |
| | 前金岸、后金岸 | 237 | 5583 | 23.56 | 藕塘 | 前方桥、后方桥 | 237 | 13166 | 55.55 |
| | 金巷、戴巷、单家坝 | 298 | 6649 | 22.31 | | 唐东、洗马浜 | 253 | 8071 | 31.90 |
| | 庄家 | 203 | 2018 | 9.94 | | 蔡巷、三坝头、庙塘桥 | 278 | 7201 | 25.90 |
| | 唐巷、龚巷、埭上 | 323 | 5460 | 16.90 | | 庄桥头、东张巷 | 203 | 4556 | 22.44 |
| | 时南、江胜桥二队、东冯巷 | 285 | 5181 | 18.18 | | 徐巷、马巷、俞巷 | 259 | 5910 | 22.82 |
| | 孙家、中街 | 255 | 4054 | 15.90 | | 井亭、朱巷、小方桥 | 333 | 8539 | 25.64 |
| | 邓东、砖西、宋巷 | 281 | 3593 | 12.79 | 合计 | | 3822 | 93643 | 24.50 |

80 年代初，钱桥、藕塘地区农村掀起建造新房的高潮。至 1982 年，钱桥公社 5967 户农户新建

楼房3242间、平房960间，建房户占全公社总户数的70.4%。房型大多为楼房，一间门面前后两造，少量两间门面，宽3.8米，进深20多米，两造之间有2米左右的天井。屋前有场地，屋内分客厅、灶间、卧室、卫生间、猪羊圈等。为加固房屋基础，条件好的人家砌房时用钢筋水泥、石子、黄沙浇成混凝土地腰箍和楼腰箍。屋面用木桁条，或用水泥桁条、木椽、望砖（或芦菲）、土瓦，也有用钢筋混凝土托浇的大型屋面，再盖瓦。楼面有的用多孔水泥板架搭，有的在水泥桁条上托浇混凝土楼板。墙体为空斗红砖，外墙用石灰、石沙拌合后粉刷，内墙用石灰纸筋抹平。

**1978~1982年钱桥公社农村社员新建住房统计表**

表7—33—23　　　　单位：户、人、间

| 大队 | 总户数 | 总人数 | 共建新房 | | 其中1979~1981年新建房 | | 是年已住进新房的户数 |
|---|---|---|---|---|---|---|---|
| | | | 平房 | 楼房 | 平房 | 楼房 | |
| 全社总计 | 5967 | 23258 | 960 | 3242 | 255 | 2200 | 2811 |
| 钱桥 | 580 | 2131 | 28 | 345 | 2 | 173 | 295 |
| 竞丰 | 755 | 2949 | 127 | 414 | 3 | 320 | 397 |
| 五星 | 500 | 2106 | 129 | 374 | 40 | 227 | 352 |
| 历村 | 404 | 1670 | 139 | 330 | 33 | 244 | 254 |
| 舜一 | 362 | 1461 | 78 | 234 | 45 | 186 | 154 |
| 溪南 | 518 | 2080 | 79 | 320 | 2 | 268 | 316 |
| 洋溪 | 351 | 1404 | 146 | 131 | 101 | 91 | 132 |
| 黎明 | 338 | 1351 | 79 | 198 | 14 | 149 | 178 |
| 新丰 | 441 | 1624 | 23 | 213 | 3 | 166 | 175 |
| 西漳 | 670 | 2525 | 23 | 297 | 4 | 171 | 239 |
| 胜丰 | 399 | 1577 | 12 | 195 | 5 | 66 | 116 |
| 晓星 | 502 | 1812 | 36 | 150 | 3 | 98 | 162 |
| 红旗 | 147 | 568 | 61 | 41 | — | 41 | 41 |

1986年，钱桥乡有441户农户建造新房812间，建筑面积17087平方米，全乡每人平均住房面积35平方米；藕塘乡农村新建房屋685间。

**1986年钱桥乡各村农民私人建房统计表**

表7—33—24　　　　单位：户、平方米、万元

| 村　名 | 建房户数 | 本年竣工房屋面积 | | 本年竣工房屋价值 | |
|---|---|---|---|---|---|
| | | 合计 | 其中住宅 | 合计 | 其中住宅 |
| 全乡总计 | 441 | 17087 | 17087 | 187.96 | 187.96 |
| 钱　桥 | 64 | 2310 | 2310 | 25.41 | 25.41 |
| 苏　庙 | 48 | 1778 | 1778 | 19.56 | 19.56 |
| 威　华 | 25 | 1070 | 1070 | 11.77 | 11.77 |
| 历　村 | 45 | 1546 | 1546 | 17.01 | 17.01 |
| 舜　一 | 28 | 1144 | 1144 | 12.58 | 12.58 |
| 溪　南 | 52 | 1854 | 1854 | 20.39 | 20.39 |
| 洋　溪 | 10 | 252 | 252 | 2.77 | 2.77 |
| 周家弄 | 23 | 911 | 911 | 10.02 | 10.02 |
| 溪　北 | 29 | 1099 | 1099 | 12.09 | 12.09 |
| 西　漳 | 59 | 3009 | 3009 | 33.10 | 33.10 |
| 胜　丰 | 25 | 938 | 938 | 10.32 | 10.32 |
| 晓　星 | 28 | 1029 | 1029 | 11.32 | 11.32 |
| 鸭船浜 | 5 | 147 | 147 | 1.62 | 1.62 |

进入90年代，区域内农民新房建成实砌红砖墙体，装饰材料采用铝合金门窗，地面铺地砖或花岗岩，墙面用涂料、油漆或贴墙砖、墙纸，外墙用釉瓷砖取代马赛克。1995年，钱桥镇、藕塘镇千户家庭住房抽样调查显示，人均住房面积50.31平方米。

### 1995 年钱桥镇、藕塘镇千户家庭住房抽样调查统计表

表 7—33—25　　单位：人、平方米

| 镇 | 村民小组 | 调查人口 | 住房面积 | 人均住房面积 | 镇 | 村民小组 | 家庭人口 | 住房面积 | 人均住房面积 |
|---|---|---|---|---|---|---|---|---|---|
| 钱桥 | 站头、铁狮 | 294 | 14855 | 50.53 | 钱桥 | 邵巷 | 89 | 1881 | 21.13 |
| | 前金岸、后金岸 | 304 | 13317 | 43.81 | 藕塘 | 前方桥、后方桥 | 279 | 15095 | 54.10 |
| | 金巷、戴巷、单家坝 | 296 | 15868 | 53.61 | | 唐东、洗马浜 | 313 | 17380 | 55.53 |
| | 庄家 | 246 | 16290 | 66.22 | | 蔡巷、三坝头、庙塘桥 | 309 | 14552 | 47.09 |
| | 唐巷、龚巷、埭上 | 289 | 13740 | 47.54 | | 庄桥头、东张巷 | 283 | 13176 | 46.56 |
| | 时南、江胜桥二队、东冯巷 | 308 | 12973 | 42.12 | | 徐巷、马巷、俞巷 | 284 | 18275 | 64.35 |
| | 孙家、中街 | 281 | 9044 | 32.19 | | 井亭、朱巷、小方桥 | 331 | 19474 | 58.83 |
| | 邓东、砖西、宋巷 | 307 | 16031 | 52.22 | 合计 | | 4213 | 211951 | 50.31 |

90 年代中后期，钱桥、藕塘地区有的家庭购买商品房居住，有的建造高档次别墅式花园洋房，其中晓星、胜丰村 1996~1997 年共建洋房 51 套，井亭村共建小洋房 87 幢，形成一个个风景别致的高档住宅群。

图 7—33—3　20 世纪 90 年代，胜丰村民居洋房群

进入 21 世纪，钱桥镇、藕塘镇政府推进社会主义新农村建设和农村城镇化建设，民居质量更好，装潢更加高档，更加明亮宽敞。区域内因建造路桥、建设开发区、建设无锡职教园校区，大量农户拆迁安置进安置小区居住。

### 1949~2000 年钱桥、藕塘地区家庭户住房间数、面积抽样调查选年统计表

表 7—33—26　　单位：户、间、平方米

| 时间 | 项目 | 钱桥 | 藕塘 | 时间 | 项目 | 钱桥 | 藕塘 |
|---|---|---|---|---|---|---|---|
| 1949 年以前 | 户数 | 47 | 11 | 1970~1979 年 | 户数 | 124 | 84 |
| | 间数 | 58 | 13 | | 间数 | 258 | 221 |
| | 面积 | 2034 | 406 | | 面积 | 12555 | 12691 |
| 1950~1959 年 | 户数 | 14 | 3 | 1980~1989 年 | 户数 | 674 | 296 |
| | 间数 | 18 | 5 | | 间数 | 1626 | 797 |
| | 面积 | 497 | 174 | | 面积 | 87913 | 47335 |
| 1960~1969 年 | 户数 | 20 | 9 | 1990~2000 年 | 户数 | 535 | 198 |
| | 间数 | 33 | 21 | | 间数 | 1314 | 561 |
| | 面积 | 1063 | 975 | | 面积 | 58091 | 31267 |

### 2000 年钱桥镇、藕塘镇家庭户住房基本情况抽样调查统计表

表 7—33—27　　单位：户

| 镇别 | 家庭户户数 | 住房用途 | | 是否有其他合住户 | | 建筑层数 | | | 住宅外墙墙体材料 | | | |
|---|---|---|---|---|---|---|---|---|---|---|---|---|
| | | 生活用房 | 兼做出产经营用房 | 是 | 否 | 平房 | 6 层以下楼房 | 7 层以上楼房 | 钢筋混凝土 | 砖、石 | 木、竹、草 | 其他 |
| 钱桥镇 | 1433 | 1414 | 19 | 79 | 1354 | 174 | 1256 | 3 | 98 | 1326 | 6 | 3 |
| 藕塘镇 | 603 | 601 | 2 | 41 | 562 | 67 | 536 | — | 5 | 595 | 3 | — |

### 2000 年钱桥镇、藕塘镇家庭户住房设施调查统计表

表 7—33—28　　单位：户

| 项目 | | 钱桥镇 | 藕塘镇 | 项目 | | 钱桥镇 | 藕塘镇 |
|---|---|---|---|---|---|---|---|
| 家庭户户数 | | 1414 | 601 | 住房内有无洗澡设施 | 统一供热水 | 8 | 5 |
| 住房内有无厨房 | 本户独立使用 | 1163 | 525 | | 家庭自装热水器 | 730 | 215 |
| | 本户与其他户合用 | 26 | 8 | | 其他 | 198 | 208 |
| | 无 | 225 | 68 | | 无 | 478 | 173 |
| 主要炊事燃料 | 燃气 | 1280 | 320 | 住房内有无厕所 | 独立使用抽水式 | 882 | 274 |
| | 电 | 4 | 1 | | 邻居合用抽水式 | 23 | — |
| | 煤炭 | 16 | 13 | | 独立使用其他式样 | 59 | 112 |
| | 柴草 | 89 | 245 | | 邻居合用其他式样 | 18 | 5 |
| | 其他 | 25 | 22 | | 其他 | 432 | 210 |
| 是否饮用自来水 | 是 | 1319 | 341 | — | — | — | — |
| | 否 | 95 | 260 | — | — | — | — |

### 2000 年钱桥镇、藕塘镇家庭户按住房来源分类抽样调查统计表

表 7—33—29　　单位：户

| 镇别 | 合计 | 自建住房 | 购买商品房 | 购买经济适用房 | 购买原公有住房 | 租用公有住房 | 租用商品房 | 其他 |
|---|---|---|---|---|---|---|---|---|
| 钱桥镇 | 1414 | 775 | 174 | 23 | 81 | 95 | 208 | 58 |
| 藕塘镇 | 601 | 467 | 17 | 3 | 1 | 34 | 35 | 44 |

### 2000 年钱桥镇、藕塘镇家庭户按构建住房费用分类抽样调查统计表

表 7—33—30　　单位：户

| 镇别 | 合计 | 1 万元以下 | 1 万~2 万元 | 2 万~3 万元 | 3 万~5 万元 | 5 万~10 万元 | 10 万~20 万元 | 20 万~30 万元 | 30 万~50 万元 | 50 万元以上 |
|---|---|---|---|---|---|---|---|---|---|---|
| 钱桥镇 | 1053 | 85 | 161 | 231 | 249 | 253 | 57 | 14 | 2 | 1 |
| 藕塘镇 | 488 | 70 | 65 | 88 | 114 | 116 | 24 | 10 | 1 | — |

### 2000 年 11 月第五次全国人口普查钱桥镇、藕塘镇家庭户占有住房分类统计表

表 7—33—31　　单位：户

| 镇别 | 总户数 | 住房间数 | | | | | | | | | |
|---|---|---|---|---|---|---|---|---|---|---|---|
| | | 一间 | 二间 | 三间 | 四间 | 五间 | 六间 | 七间 | 八间 | 九间 | 十间以上 |
| 钱桥镇 | 14250 | 4269 | 4526 | 3589 | 1433 | 233 | 151 | 14 | 27 | 1 | 7 |
| 藕塘镇 | 6003 | 1287 | 1690 | 1555 | 995 | 270 | 165 | 13 | 23 | — | 5 |

### 2000 年 11 月第五次全国人口普查钱桥镇、藕塘镇家庭户按代住房间数统计表

表 7—33—32　　单位：户

| 项目 | | 钱桥镇 | 藕塘镇 | 项目 | | 钱桥镇 | 藕塘镇 |
|---|---|---|---|---|---|---|---|
| 总户数 | | 14250 | 6003 | 三代户 | 0 间 | — | — |
| 一代户 | 0 间 | 25 | 10 | | 1 间 | 49 | 13 |
| | 1 间 | 2835 | 850 | | 2 间 | 726 | 364 |
| | 2 间 | 1280 | 409 | | 3 间 | 1113 | 568 |
| | 3 间 | 616 | 204 | | 4 间 | 478 | 424 |
| | 4 间 | 223 | 117 | | 5 间以上 | 186 | 205 |
| | 5 间以上 | 53 | 57 | 四代户 | 0 间 | — | — |
| 二代户 | 0 间 | 8 | 3 | | 1 间 | — | 1 |
| | 1 间 | 1385 | 423 | | 2 间 | 8 | 7 |
| | 2 间 | 2512 | 910 | | 3 间 | 42 | 21 |
| | 3 间 | 1818 | 762 | | 4 间 | 48 | 38 |
| | 4 间 | 651 | 403 | | 5 间以上 | 20 | 28 |
| | 5 间以上 | 174 | 186 | — | — | — | — |

2005 年，钱桥镇千户家庭住房抽样调查显示，人均住房面积 58.80 平方米。

## 2005年钱桥镇千户家庭住房抽样调查统计表

表7—33—33　　　　单位：人、平方米

| 村民小组 | 调查人口 | 住房面积 | 人均住房面积 | 村民小组 | 家庭人口 | 住房面积 | 人均住房面积 |
|---|---|---|---|---|---|---|---|
| 站头、铁狮 | 303 | 16507 | 54.48 | 邵巷 | 99 | 4765 | 48.13 |
| 前金岸、后金岸 | 334 | 14656 | 43.88 | 前方桥、后方桥 | 300 | 16905 | 56.35 |
| 金巷、戴巷、单家坝 | 305 | 18411 | 60.36 | 唐东、洗马浜 | 320 | 21920 | 68.50 |
| 庄家 | 252 | 19110 | 75.83 | 蔡巷、三坝头、庙塘桥 | 315 | 17732 | 56.29 |
| 唐巷、龚巷、埭上 | 289 | 16040 | 55.50 | 庄桥头、东张巷 | 291 | 17128 | 58.86 |
| 时南、江胜桥二队、东冯巷 | 304 | 16498 | 54.27 | 徐巷、马巷、俞巷 | 293 | 23402 | 79.87 |
| 孙家、中街 | 282 | 9199 | 32.62 | 井亭、朱巷、小方桥 | 294 | 22389 | 76.15 |
| 邓东、砖西、宋巷 | 307 | 17464 | 56.89 | 合计 | 4288 | 252126 | 58.80 |

2011年，钱桥街道因农村城市化建设需要拆除1981户，拆除住宅面积58.52万平方米；完成非住宅拆迁签约94家，拆除44家，拆除面积20万平方米。区域内全年在建安置房总面积达82.8万平方米，其中结转面积17.7万平方米、竣工面积23.8万平方米、新开工安置房面积41.3万平方米。另外，藕乐苑B标段12万平方米、新藕苑27万平方米安置房于年前开工建设。是年还建造拆迁户临时过渡房240套、7200平方米，配套辅房500平方米。2014年，钱桥街道完成拆迁面积11.24万平方米，其中完成清零项目拆迁面积1.08万平方米，完成新开工项目拆迁面积10.16万平方米。竣工交付安置房2022套，总面积达26.23万平方米。年内分配住房1589套，惠及803户拆迁户。同时，藕乐苑三期B标段、春满园三期、新藕苑二期等正在加快建设中。

2005~2015年，钱桥、藕塘地区建成13个安置房小区，17401套房屋，房型结构为框架，楼层5~6层，也有11~33层的小高层、高层，房型为一室一厅一卫，二室一厅一卫，三室、四室二厅二卫，面积50~140多平方米不等；建成20个规模较大的商品房小区，开发商品房15793套，建筑面积481.87万平方米；19个较小规模的商品房小区，商品房1942套，为多层、小高层、高层、联排别墅、双拼别墅、花园洋房等，区域内民居逐渐城市化。

2015年，钱桥街道千户家庭抽样调查显示，区域内户均住房面积269.48平方米，人均住房面积61.38平方米。

## 2015年钱桥街道千户家庭住房抽样调查统计表

表7—33—34　　　　单位：人、平方米

| 居民小组 | 调查人口 | 住房面积 | 人均住房面积 | 居民小组 | 调查人口 | 住房面积 | 人均住房面积 |
|---|---|---|---|---|---|---|---|
| 站头、铁狮 | 319 | 17815 | 55.85 | 邵巷 | 98 | 5015 | 51.17 |
| 前金岸、后金岸 | 356 | 15471 | 43.46 | 前方桥、后方桥 | 338 | 19250 | 56.95 |
| 金巷、戴巷、单家坝 | 327 | 18193 | 55.64 | 唐东、洗马浜 | 349 | 22140 | 63.44 |
| 庄家 | 282 | 19980 | 70.85 | 蔡巷、三坝头、庙塘桥 | 316 | 18906 | 59.83 |
| 唐巷、龚巷、埭上 | 288 | 17350 | 60.24 | 庄桥头、东张巷 | 297 | 21071 | 70.95 |
| 时南、江胜桥二队、东冯巷 | 326 | 19677 | 60.36 | 徐巷、马巷、俞巷 | 307 | 24570 | 80.03 |
| 孙家、中街 | 275 | 9329 | 33.92 | 井亭、朱巷、小方桥 | 282 | 23590 | 83.65 |
| 邓东、砖西、宋巷 | 292 | 20891 | 71.54 | 合计 | 4452 | 273248 | 61.38 |

## 1978~2015年钱桥、藕塘地区千户家庭住房抽样调查选年统计表

表7—33—35　　　　单位：人、平方米

| 年份 | 调查人口 | 住房面积 | 人均住房面积 | 年份 | 调查人口 | 住房面积 | 人均住房面积 |
|---|---|---|---|---|---|---|---|
| 1978 | 3822 | 93643 | 24.50 | 2005 | 4288 | 252126 | 58.80 |
| 1995 | 4213 | 211951 | 50.31 | 2015 | 4452 | 273248 | 61.38 |

## 四、出行

民国时期，钱桥、藕塘地区多为泥土路，羊肠小道，俗称“茅草田岸”。每逢下雨落雪，泥泞不堪，难以行走。人们出行都为徒步行走。钱桥、藕塘为水网平原，百姓远行或外出购物、出售农产品，以船作为交通运输工具。达官贵人外出则坐轿，百姓婚事也多坐花轿。20世纪40年代后期，区域内交通工具出现班船、班轮。在钱桥、黄旗岸、藕塘桥、稍塘桥、盛店桥分别设有轮船码头，有的农民到无锡城就乘坐班船、班轮，大多农民仍步行进城。

新中国成立后，区域内道路和交通不断得到改善。1954年，无锡市4路公共汽车由无锡火车站始发至钱桥镇。钱桥百姓可步行至钱桥4路公交车站乘公交车去无锡城里办事、购物。20世纪60年代末至70年代初，钱桥、藕塘公社农村道路大面积改善，各大队修筑用石块、石子铺的主干道路通往各自然村，宽度1~1.5米左右，供行人行走和自行车、拖拉机行驶。70年代，自行车在区域内开始增多，大多数人骑自行车外出，或乘班轮，老年人仍然习惯步行外出。

**1978年钱桥、藕塘公社千户家庭车辆抽样调查统计表**

表7—33—36　　单位：人、辆

| 公社 | 生产队 | 调查人口 | 家有车辆 | | | | | | | |
|---|---|---|---|---|---|---|---|---|---|---|
| | | | 自行车 | 电瓶车 | 摩托车 | 三轮电动车 | 轿车 | 小面包车 | 客车 | 货车 |
| 钱桥 | 站头、铁狮 | 296 | 36 | — | 1 | — | — | — | — | — |
| | 前金岸、后金岸 | 237 | 45 | — | 3 | — | — | — | — | — |
| | 金巷、戴巷、单家坝 | 298 | 14 | — | — | — | — | — | — | — |
| | 庄家 | 203 | 25 | — | — | — | — | — | — | — |
| | 唐巷、龚巷、埭上 | 323 | 26 | — | — | — | — | — | — | — |
| | 时南、江胜桥二队、东冯巷 | 285 | 18 | — | — | — | — | — | — | — |
| | 孙家、中街 | 255 | 32 | — | 1 | — | — | — | — | — |
| | 邓东、砖西、宋巷 | 281 | 10 | — | — | — | — | — | — | — |
| | 邵巷 | 81 | 8 | — | — | — | — | — | — | — |
| 藕塘 | 前方桥、后方桥 | 237 | 24 | — | — | — | — | — | — | — |
| | 唐东、洗马浜 | 253 | 59 | — | — | — | — | — | — | — |
| | 蔡巷、三坝头、庙塘桥 | 278 | 25 | — | — | — | — | — | — | — |
| | 庄桥头、东张巷 | 203 | 11 | — | 1 | — | — | — | — | — |
| | 徐巷、马巷、俞巷 | 259 | 18 | — | — | — | — | — | — | — |
| | 井亭、朱巷、小方桥 | 333 | 22 | — | 1 | — | — | — | — | — |
| 合计 | | 3822 | 373 | — | 7 | — | — | — | — | — |

80年代中期，区域内公交线路增多，农户轻骑、摩托车逐渐增多。90年代起，私人开始有小汽车、面包车，出门“打的”已经普遍，远程外出乘坐火车、飞机。

**1995年钱桥镇、藕塘镇千户家庭车辆抽样调查统计表**

表7—33—37　　单位：人、辆

| 镇 | 村民小组 | 调查人口 | 家有车辆 | | | | | | | |
|---|---|---|---|---|---|---|---|---|---|---|
| | | | 自行车 | 电瓶车 | 摩托车 | 三轮电动车 | 轿车 | 小面包车 | 客车 | 货车 |
| 钱桥 | 站头、铁狮 | 294 | 37 | 1 | 7 | — | 2 | — | — | — |
| | 前金岸、后金岸 | 304 | 74 | 15 | 26 | — | 2 | 1 | — | 2 |
| | 金巷、戴巷、单家坝 | 296 | 100 | 13 | 35 | 1 | 1 | — | — | 3 |
| | 庄家 | 246 | 70 | — | 27 | — | — | 1 | — | — |
| | 唐巷、龚巷、埭上 | 289 | 57 | 65 | 39 | — | 1 | — | — | — |
| | 时南、江胜桥二队、东冯巷 | 308 | 74 | 8 | 21 | — | — | — | — | — |
| | 孙家、中街 | 281 | 74 | 5 | 30 | 1 | — | — | — | — |
| | 邓东、砖西、宋巷 | 307 | 94 | — | 19 | — | 1 | — | — | 1 |
| | 邵巷 | 89 | 40 | — | 5 | 1 | — | — | — | — |

续表 7—33—37　　单位：人、辆

| 镇 | 村民小组 | 调查人口 | 家有车辆 | | | | | | | |
|---|---|---|---|---|---|---|---|---|---|---|
| | | | 自行车 | 电瓶车 | 摩托车 | 三轮电动车 | 轿车 | 小面包车 | 客车 | 货车 |
| 藕塘 | 前方桥、后方桥 | 279 | 96 | 5 | 19 | — | 1 | — | — | 1 |
| | 唐东、洗马浜 | 313 | 88 | 15 | 22 | — | — | — | — | 1 |
| | 蔡巷、三坝头、庙塘桥 | 309 | 105 | — | 49 | — | — | — | — | — |
| | 庄桥头、东张巷 | 283 | 102 | 1 | 18 | 1 | — | — | — | — |
| | 徐巷、马巷、俞巷 | 284 | 139 | 3 | 35 | 1 | — | — | — | 3 |
| | 井亭、朱巷、小方桥 | 331 | 97 | 1 | 45 | 1 | 1 | 1 | — | 1 |
| 合计 | | 4213 | 1247 | 132 | 397 | 6 | 9 | 3 | — | 12 |

2000年以后，钱桥、藕塘地区私家车、各类运输车辆迅速增加，汽车已成为人们外出的主要交通工具。近距离外出以及中老年人外出，都以电动车、自行车为首选。

### 2005年钱桥镇千户家庭车辆抽样调查统计表

表 7—33—38　　单位：人、辆

| 村民小组 | 调查人口 | 家有车辆 | | | | | | | |
|---|---|---|---|---|---|---|---|---|---|
| | | 自行车 | 电瓶车 | 摩托车 | 三轮电动车 | 轿车 | 小面包车 | 客车 | 货车 |
| 站头、铁狮 | 303 | 26 | 29 | 20 | 1 | 11 | 1 | — | — |
| 前金岸、后金岸 | 334 | 40 | 47 | 32 | 1 | 20 | — | — | 3 |
| 金巷、戴巷、单家坝 | 305 | 59 | 39 | 52 | 1 | 16 | — | — | 2 |
| 庄家 | 252 | 44 | 49 | 33 | 3 | 8 | 2 | — | — |
| 唐巷、龚巷、埭上 | 289 | 48 | — | 28 | — | 5 | — | — | — |
| 时南、江胜桥二队、东冯巷 | 304 | 84 | 49 | 45 | 2 | 14 | 1 | — | — |
| 孙家、中街 | 282 | 54 | 29 | 42 | 2 | 13 | 1 | — | — |
| 邓东、砖西、宋巷 | 307 | 74 | 45 | 36 | 1 | 21 | 2 | — | 5 |
| 邵巷 | 99 | 28 | 15 | 8 | 3 | 1 | — | — | — |
| 前方桥、后方桥 | 300 | 60 | 55 | 39 | 4 | 16 | 1 | — | 2 |
| 唐东、洗马浜 | 320 | 43 | 69 | 47 | 6 | 12 | 2 | — | 2 |
| 蔡巷、三坝头、庙塘桥 | 315 | 105 | 7 | 90 | — | 5 | — | — | 1 |
| 庄桥头、东张巷 | 291 | 79 | 39 | 53 | 2 | 2 | 1 | — | — |
| 徐巷、马巷、俞巷 | 293 | 70 | 45 | 54 | 7 | 7 | — | — | 4 |
| 井亭、朱巷、小方桥 | 294 | 67 | 36 | 66 | 3 | 12 | 2 | — | 1 |
| 合计 | 4288 | 881 | 553 | 645 | 36 | 163 | 13 | — | 20 |

2015年，钱桥街道区域内国道、省道、市道、区道、乡村道100多条，有公交线路29条，人们外出交通选择多样，有私家车、公交车、火车、飞机，出行方便快捷。是年，钱桥街道千户家庭车辆抽样调查显示，1000户家庭中拥有电瓶车、摩托车、三轮车1534辆，户均1.53辆；轿车、面包车、客车844辆，户均0.84辆。在这交通发达、出行方便的时代，钱桥、藕塘地区人民绿色出行的理念越来越强，自行车、步行为人们所热衷，共享单车更是方便。

### 2015年钱桥街道千户家庭车辆抽样调查统计表

表 7—33—39　　单位：人、辆

| 居民小组 | 调查人口 | 家有车辆 | | | | | | | |
|---|---|---|---|---|---|---|---|---|---|
| | | 自行车 | 电瓶车 | 摩托车 | 三轮电动车 | 轿车 | 小面包车 | 客车 | 货车 |
| 站头、铁狮 | 319 | 41 | 83 | 9 | 2 | 61 | 1 | — | 1 |
| 前金岸、后金岸 | 356 | 29 | 69 | 10 | 2 | 62 | 3 | — | 5 |
| 金巷、戴巷、单家坝 | 327 | 41 | 65 | 12 | 2 | 67 | 1 | — | — |
| 庄家 | 282 | 27 | 69 | 11 | 4 | 48 | 3 | — | 1 |

续表 7—33—39　　单位：人、辆

| 居民小组 | 调查人口 | 家有车辆 | | | | | | | |
|---|---|---|---|---|---|---|---|---|---|
| | | 自行车 | 电瓶车 | 摩托车 | 三轮电动车 | 轿车 | 小面包车 | 客车 | 货车 |
| 唐巷、龚巷、埭上 | 288 | 27 | 60 | 27 | — | 18 | — | — | — |
| 时南、江胜桥二队、东冯巷 | 326 | 58 | 108 | 25 | 9 | 57 | 1 | — | 2 |
| 孙家、中街 | 275 | 38 | 71 | 9 | 1 | 53 | 1 | — | — |
| 邓东、砖西、宋巷 | 292 | 60 | 86 | 3 | 4 | 61 | 2 | — | 5 |
| 邵巷 | 98 | 23 | 30 | 2 | 4 | 14 | — | — | — |
| 前方桥、后方桥 | 338 | 30 | 71 | 15 | 5 | 68 | 3 | 5 | 2 |
| 唐东、洗马浜 | 349 | 16 | 92 | 50 | 17 | 59 | 2 | 1 | 2 |
| 蔡巷、三坝头、庙塘桥 | 316 | 22 | 120 | 9 | 24 | 70 | 2 | 1 | 2 |
| 庄桥头、东张巷 | 297 | 24 | 96 | 20 | 12 | 49 | 8 | — | 1 |
| 徐巷、马巷、俞巷 | 307 | 45 | 102 | 10 | 17 | 58 | 2 | — | 1 |
| 井亭、朱巷、小方桥 | 282 | 31 | 79 | 14 | 4 | 62 | 1 | — | 4 |
| 合计 | 4452 | 512 | 1201 | 226 | 107 | 807 | 30 | 7 | 26 |

1978~2015 年钱桥、藕塘地区千户家庭车辆抽样选年调查统计表

表 7—33—40　　单位：人、辆

| 年份 | 调查人口 | 家有车辆 | | | | | | | |
|---|---|---|---|---|---|---|---|---|---|
| | | 自行车 | 电瓶车 | 摩托车 | 三轮电动车 | 轿车 | 小面包车 | 客车 | 货车 |
| 1978 | 3822 | 373 | — | 7 | — | — | — | — | — |
| 1995 | 4213 | 1247 | 132 | 397 | 6 | 9 | 3 | — | 12 |
| 2005 | 4288 | 881 | 553 | 645 | 36 | 163 | 13 | — | 20 |
| 2015 | 4452 | 512 | 1201 | 226 | 107 | 807 | 30 | 7 | 26 |

# 第四节 文化结构

民国时期，钱桥、藕塘地区读书人极少，农民子女要读书，经济条件不许可。区域内农民信奉“种田万万年”“不识字可以过日子，不识人难以过日子”，因此男孩子一般只读到初小（小学四年级）就不再读书，而是下田干农活；女孩子读书更是凤毛麟角，仅有富裕人家的女孩读至初小或高小。区域内女子普遍为文盲，男子中文盲也不少，初、高中生罕见，大学生屈指可数。

新中国成立后，人民政府接收私立学校，学校收取学生学杂费极少，于是农民让子女普遍入小学读书。20 世纪 50 年代初，钱桥、藕塘地区仅有钱桥初级中学和稍塘初中补习班，后出现民办中学、农业中学，招收学生很少，大多农民子女只读到小学毕业，读初中的较少，读高中的更少。60 年代后期，在“把学校办到贫下中农家门口”的号召下，钱桥公社、藕塘公社各大队普遍开办“戴帽子”初中（在小学内设初中班）， 钱桥、藕塘中学开办高中班，区域内农民子女纷纷上初中、上高中。70 年代，钱桥、藕塘地区初中教育基本普及，高中生增多。1978 年，钱桥公社、藕塘公社千户家庭文化结构抽样调查 3822 人，去除学前儿童 505 人，其中文盲 494 人，占调查人数的 12.93%；小学生 1415 人，占调查人数的 37.02%；初中生 1153 人，占调查人数的 30.17%；高中生 209 人，占调查人数的 5.47%；中专、职高生 31 人，占调查人数的 0.81%；大专、本科生 15 人，占调查人数的 0.39%。

1978 年钱桥公社、藕塘公社千户家庭文化结构抽样调查统计表

表 7—33—41　　单位：人

| 公社 | 生产队 | 调查人口 | 学前儿童 | 文盲 | 小学 | 初中 | 普通高中 | 中专职高 | 大学专科 | 大学本科 | 硕士研究生 | 博士研究生 |
|---|---|---|---|---|---|---|---|---|---|---|---|---|
| 钱桥 | 站头、铁狮 | 296 | 58 | 40 | 88 | 85 | 18 | 5 | 2 | — | — | — |
| | 前金岸、后金岸 | 237 | 47 | 16 | 83 | 76 | 8 | 4 | 3 | — | — | — |

续表 7—33—41　　　　单位：人

| 公社 | 生产队 | 调查人口 | 学前儿童 | 文盲 | 小学 | 初中 | 普通高中 | 中专职高 | 大学专科 | 大学本科 | 硕士研究生 | 博士研究生 |
|---|---|---|---|---|---|---|---|---|---|---|---|---|
| 钱桥 | 金巷、戴巷、单家坝 | 298 | 41 | 47 | 104 | 92 | 9 | 3 | 2 | — | — | — |
| | 庄家 | 203 | 27 | 31 | 61 | 69 | 15 | — | — | — | — | — |
| | 唐巷、龚巷、埭上 | 323 | 42 | 25 | 136 | 115 | 4 | 1 | — | — | — | — |
| | 时南、江胜桥二队、东冯巷 | 285 | 23 | 13 | 140 | 86 | 23 | — | — | — | — | — |
| | 孙家、中街 | 255 | 55 | 56 | 63 | 71 | 6 | 3 | 1 | — | — | — |
| | 邓东、砖西、宋巷 | 281 | 50 | 45 | 82 | 78 | 22 | 2 | 2 | — | — | — |
| | 邵巷 | 81 | 7 | 7 | 8 | 24 | 30 | 5 | — | — | — | — |
| 藕塘 | 前方桥、后方桥 | 237 | 29 | 25 | 88 | 77 | 15 | 2 | 1 | — | — | — |
| | 唐东、洗马浜 | 253 | 8 | 68 | 71 | 99 | 6 | 1 | — | — | — | — |
| | 蔡巷、三坝头、庙塘桥 | 278 | 30 | 31 | 148 | 60 | 7 | — | — | 2 | — | — |
| | 庄桥头、东张巷 | 203 | 26 | 21 | 108 | 42 | 5 | 1 | — | — | — | — |
| | 徐巷、马巷、俞巷 | 259 | 31 | 30 | 122 | 65 | 8 | 2 | 1 | — | — | — |
| | 井亭、朱巷、小方桥 | 333 | 31 | 39 | 113 | 114 | 33 | 2 | 1 | — | — | — |
| 合计 | | 3822 | 505 | 494 | 1415 | 1153 | 209 | 31 | 13 | 2 | — | — |

改革开放后，国家大力发展教育事业。钱桥、藕塘地区百姓经济收入普遍提高，培养子女成才的意识增强，把子女读书放在家庭的重要位置。80年代，国家大力发展职业教育，有些初中毕业生读高中，也可以选择职业学校，区域内百姓文化结构发生较大变化。1995年，钱桥镇、藕塘镇千户家庭文化结构抽样调查4213人，去除学前儿童310人，其中文盲292人（多为民国时期、解放初期遗留下来），占调查人数的6.93%；小学生1282人，占调查人数的30.43%；初中生1616人，占调查人数的38.36%；高中生421人，占调查人数的9.99%；中专、职高生200人，占调查人数的4.75%；大专、本科生92人，占调查人数的2.18%。

**1995年钱桥镇、藕塘镇千户家庭文化结构抽样调查统计表**

表 7—33—42　　　　单位：人

| 镇别 | 村民小组 | 调查人口 | 学前儿童 | 文盲 | 小学 | 初中 | 普通高中 | 中专职高 | 大学专科 | 大学本科 | 硕士研究生 | 博士研究生 |
|---|---|---|---|---|---|---|---|---|---|---|---|---|
| 钱桥 | 站头、铁狮 | 294 | 6 | 16 | 86 | 112 | 36 | 23 | 14 | 1 | — | — |
| | 前金岸、后金岸 | 304 | 54 | 12 | 67 | 109 | 36 | 15 | 6 | 5 | — | — |
| | 金巷、戴巷、单家坝 | 296 | 20 | 25 | 93 | 115 | 26 | 14 | 3 | — | — | — |
| | 庄家 | 246 | 14 | 23 | 63 | 106 | 33 | 6 | 1 | — | — | — |
| | 唐巷、龚巷、埭上 | 289 | 32 | 16 | 89 | 123 | 18 | 8 | 3 | — | — | — |
| | 时南、江胜桥二队、东冯巷 | 308 | 11 | 4 | 113 | 149 | 24 | 6 | 1 | — | — | — |
| | 孙家、中街 | 281 | 30 | 34 | 59 | 121 | 21 | 10 | 5 | 1 | — | — |
| | 邓东、砖西、宋巷 | 307 | 16 | 23 | 72 | 131 | 45 | 13 | 5 | 2 | — | — |
| | 邵巷 | 89 | 6 | 6 | 6 | 20 | 35 | 10 | 4 | 2 | — | — |
| 藕塘 | 前方桥、后方桥 | 279 | 18 | 21 | 98 | 98 | 28 | 5 | 5 | 6 | — | — |
| | 唐东、洗马浜 | 313 | 8 | 45 | 95 | 113 | 23 | 17 | 9 | 3 | — | — |
| | 蔡巷、三坝头、庙塘桥 | 309 | 17 | 22 | 155 | 96 | 12 | 4 | 2 | 1 | — | — |
| | 庄桥头、东张巷 | 283 | 30 | 12 | 116 | 92 | 23 | 8 | 2 | — | — | — |
| | 徐巷、马巷、俞巷 | 284 | 26 | 16 | 91 | 109 | 23 | 14 | 4 | 1 | — | — |
| | 井亭、朱巷、小方桥 | 331 | 22 | 17 | 79 | 122 | 38 | 47 | 2 | 4 | — | — |
| 合计 | | 4213 | 310 | 292 | 1282 | 1616 | 421 | 200 | 66 | 26 | — | — |

进入21世纪，钱桥、藕塘地区百姓把子女上学、读高中、读大学摆在首要位置，作为家庭的第

一要务。区域内百姓普遍从幼儿时期就重视孩子的教育，有的父母还重视胎教。孩子上小学、初中，父母就开始为子女择校，高中要上省重点高中，大学要考名牌大学。2005 年，钱桥镇千户家庭文化结构抽样调查 4288 人，去除学前儿童 282 人，其中文盲 182 人，占调查人数的 4.24%；小学生 984 人，占调查人数的 22.95%；初中生 1629 人，占调查人数的 37.99%；高中生 529 人，占调查人数的 12.34%；中专、职高生 334 人，占调查人数的 7.79%；大专、本科生 346 人，占调查人数的 8.07%。另有 1 名硕士研究生、1 名博士研究生。

2005 年钱桥镇千户家庭文化结构抽样调查统计表

表 7—33—43　　单位：人

| 村民小组 | 调查人口 | 学前儿童 | 文盲 | 小学 | 初中 | 普通高中 | 中专职高 | 大学专科 | 大学本科 | 硕士研究生 | 博士研究生 |
|---|---|---|---|---|---|---|---|---|---|---|---|
| 站头、铁狮 | 303 | 9 | 7 | 60 | 101 | 50 | 38 | 25 | 13 | — | — |
| 前金岸、后金岸 | 334 | 73 | 11 | 46 | 109 | 41 | 23 | 19 | 12 | — | — |
| 金巷、戴巷、单家坝 | 305 | 20 | 18 | 62 | 113 | 38 | 25 | 20 | 9 | — | — |
| 庄家 | 252 | 18 | 11 | 50 | 118 | 37 | 11 | 4 | 3 | — | — |
| 唐巷、龚巷、埭上 | 289 | 13 | 11 | 77 | 134 | 26 | 10 | 10 | 8 | — | — |
| 时南、江胜桥二队、东冯巷 | 304 | 9 | 3 | 87 | 133 | 38 | 22 | 9 | 3 | — | — |
| 孙家、中街 | 282 | 30 | 23 | 46 | 121 | 23 | 21 | 11 | 7 | — | — |
| 邓东、砖西、宋巷 | 307 | 19 | 11 | 58 | 136 | 45 | 15 | 11 | 12 | — | — |
| 邵巷 | 99 | 5 | 6 | 19 | 40 | 15 | 6 | 7 | 1 | — | — |
| 前方桥、后方桥 | 300 | 14 | 14 | 83 | 100 | 37 | 18 | 21 | 13 | — | — |
| 唐东、洗马浜 | 320 | 9 | 36 | 74 | 110 | 24 | 33 | 21 | 11 | 1 | 1 |
| 蔡巷、三坝头、庙塘桥 | 315 | 18 | 10 | 106 | 95 | 15 | 43 | 18 | 10 | — | — |
| 庄桥头、东张巷 | 291 | 7 | 4 | 93 | 92 | 62 | 17 | 13 | 3 | — | — |
| 徐巷、马巷、俞巷 | 293 | 13 | 12 | 77 | 109 | 37 | 27 | 9 | 9 | — | — |
| 井亭、朱巷、小方桥 | 294 | 25 | 5 | 46 | 118 | 41 | 25 | 15 | 19 | — | — |
| 合计 | 4288 | 282 | 182 | 984 | 1629 | 529 | 334 | 213 | 133 | 1 | 1 |

2006 年，无锡市委、市政府在钱桥镇勤建村、恒源祥村创建无锡（藕塘）职教园校区，原在市内的数所大中专职教院校迁址至无锡（藕塘）职教园校区。大中专职教院校就在钱桥、藕塘百姓的家门口，区域内百姓子女的读书更为方便。2015 年，钱桥街道千户家庭文化结构调查 4452 人，去除学前儿童 225 人，其中文盲 129 人，占调查人数的 2.9%；小学生 952 人，占调查人数的 21.38%；初中生 1503 人，占调查人数的 33.76%；高中生 508 人，占调查人数的 11.41%；中专、职高生 423 人，占调查人数的 9.5%；大专、本科生 692 人，占调查人数的 15.54%；硕士、博士研究生 20 人，占调查人数的 0.45%。

2015 年钱桥街道千户家庭文化结构抽样调查统计表

表 7—33—44　　单位：人

| 居民小组 | 调查人口 | 学前儿童 | 文盲 | 小学 | 初中 | 普通高中 | 中专职高 | 大学专科 | 大学本科 | 硕士研究生 | 博士研究生 |
|---|---|---|---|---|---|---|---|---|---|---|---|
| 站头、铁狮 | 319 | 5 | 7 | 63 | 100 | 50 | 31 | 42 | 21 | — | — |
| 前金岸、后金岸 | 356 | 57 | 7 | 60 | 99 | 32 | 40 | 37 | 23 | 1 | — |
| 金巷、戴巷、单家坝 | 327 | 19 | 13 | 57 | 112 | 43 | 22 | 37 | 22 | 2 | — |
| 庄家 | 282 | 9 | 8 | 46 | 115 | 41 | 27 | 13 | 23 | — | — |
| 唐巷、龚巷、埭上 | 288 | 19 | 5 | 64 | 118 | 12 | 21 | 30 | 19 | — | — |
| 时南、江胜桥二队、东冯巷 | 326 | 10 | 3 | 97 | 111 | 34 | 29 | 24 | 17 | 1 | — |
| 孙家、中街 | 275 | 11 | 14 | 43 | 114 | 28 | 22 | 21 | 21 | 1 | — |

续表 7—33—44 单位：人

| 居民小组 | 调查人口 | 学前儿童 | 文盲 | 小学 | 初中 | 普通高中 | 中专职高 | 大学专科 | 大学本科 | 硕士研究生 | 博士研究生 |
|---|---|---|---|---|---|---|---|---|---|---|---|
| 邓东、砖西、宋巷 | 292 | 5 | 4 | 54 | 120 | 48 | 14 | 22 | 21 | 3 | 1 |
| 邵巷 | 98 | 2 | 4 | 15 | 37 | 14 | 9 | 13 | 4 | — | — |
| 前方桥、后方桥 | 338 | 16 | 16 | 93 | 113 | 42 | 20 | 24 | 14 | — | — |
| 唐东、洗马浜 | 349 | 23 | 20 | 76 | 90 | 26 | 57 | 34 | 15 | 3 | 5 |
| 蔡巷、三坝头、庙塘桥 | 316 | 16 | 6 | 96 | 80 | 16 | 51 | 30 | 21 | — | — |
| 庄桥头、东张巷 | 297 | 8 | 3 | 78 | 85 | 56 | 25 | 33 | 9 | — | — |
| 徐巷、马巷、俞巷 | 307 | 15 | 11 | 64 | 103 | 32 | 34 | 19 | 26 | 3 | — |
| 井亭、朱巷、小方桥 | 282 | 10 | 8 | 46 | 106 | 34 | 21 | 24 | 33 | — | — |
| 合计 | 4452 | 225 | 129 | 952 | 1503 | 508 | 423 | 403 | 289 | 14 | 6 |

**1978~2015 年钱桥、藕塘地区千户家庭文化结构抽样调查选年统计表**

表 7—33—45 单位：人

| 年份 | 调查人口 | 学前儿童 | 文盲 | 小学 | 初中 | 普通高中 | 中专职高 | 大学专科 | 大学本科 | 硕士研究生 | 博士研究生 |
|---|---|---|---|---|---|---|---|---|---|---|---|
| 1978 | 3822 | 505 | 494 | 1415 | 1153 | 209 | 31 | 13 | 2 | — | — |
| 1995 | 4213 | 310 | 292 | 1282 | 1616 | 421 | 200 | 66 | 26 | — | — |
| 2005 | 4288 | 282 | 182 | 984 | 1629 | 529 | 334 | 213 | 133 | 1 | 1 |
| 2015 | 4452 | 225 | 129 | 952 | 1503 | 508 | 423 | 403 | 289 | 14 | 6 |

## 第五节 家用电器

民国时期，钱桥、藕塘地区百姓仅少数人家有钟表、热水瓶、手电筒等日常用品，无家用电器。1957 年，钱桥苏巷等 200 户家庭有 16 台矿石收音机。

**1929~1957 年钱桥地区苏巷等 200 户家庭钟表、手电筒等选年抽样调查统计表**

表 7—33—46 单位：只、个、台

| 年份 | 钟表 | 热水瓶 | 手电筒 | 矿石机 | 年份 | 钟表 | 热水瓶 | 手电筒 | 矿石机 |
|---|---|---|---|---|---|---|---|---|---|
| 1929 | 7 | 1 | 6 | — | 1948 | 20 | 91 | 65 | — |
| 1936 | 13 | 21 | 26 | — | 1957 | 44 | 263 | 215 | 16 |

1963 年，钱桥公社、藕塘公社仅有公社各部门和大队部所用电话机 61 部，无家庭私人电话机。进入 70 年代中后期，钱桥公社、藕塘公社部分家庭开始使用“菊花”牌电风扇，少数家庭开始拥有黑白电视机、洗衣机等家用电器。1978 年，钱桥公社、藕塘公社千户家庭主要家用电器抽样调查显示，黑白电视机户均 0.055 台、洗衣机户均 0.013 台、电冰箱户均 0.008 台、空调户均 0.005 台、电话机户均 0.007 部。

**1978 年钱桥公社、藕塘公社千户家庭主要家电抽样调查统计表**

表 7—33—47 单位：户、人、台、部

| 公社 | 生产队 | 调查户数 | 调查人口 | 电视机 | 洗衣机 | 电冰箱 | 空调 | 气电热水器 | 太阳能热水器 | 电脑 | 电话机 | 照相机、摄像机 |
|---|---|---|---|---|---|---|---|---|---|---|---|---|
| 钱桥 | 站头、铁狮 | 70 | 296 | 9 | 1 | 1 | 2 | — | — | — | 5 | — |
| | 前金岸、后金岸 | 72 | 237 | 17 | 7 | 5 | 2 | 2 | — | — | 1 | — |
| | 金巷、戴巷、单家坝 | 70 | 298 | 5 | — | — | — | — | — | — | — | — |
| | 庄家 | 70 | 203 | 3 | — | — | — | — | — | — | — | — |
| | 唐巷、龚巷、埭上 | 70 | 323 | 1 | — | — | — | — | — | — | — | — |
| | 时南、江胜桥二队、东冯巷 | 74 | 285 | 2 | — | — | — | — | — | — | — | — |
| | 孙家、中街 | 70 | 255 | — | — | — | — | — | — | — | — | — |
| | 邓东、砖西、宋巷 | 71 | 281 | — | — | — | — | — | — | — | — | — |
| | 邵巷 | 20 | 81 | 1 | 1 | 1 | — | — | — | — | — | — |

续表 7—33—47　　单位：户、人、台、部

| 公社 | 生产队 | 调查户数 | 调查人口 | 电视机 | 洗衣机 | 电冰箱 | 空调 | 气电热水器 | 太阳能热水器 | 电脑 | 电话机 | 照相机、摄像机 |
|---|---|---|---|---|---|---|---|---|---|---|---|---|
| 藕塘 | 前方桥、后方桥 | 70 | 237 | 4 | 3 | — | — | — | — | — | — | — |
| | 唐东、洗马浜 | 70 | 253 | 4 | — | — | — | — | — | — | — | — |
| | 蔡巷、三坝头、庙塘桥 | 73 | 278 | — | — | — | — | — | — | — | — | — |
| | 庄桥头、东张巷 | 74 | 203 | 1 | — | — | — | — | — | — | — | — |
| | 徐巷、马巷、俞巷 | 70 | 259 | 2 | — | — | — | — | — | — | — | — |
| | 井亭、朱巷、小方桥 | 70 | 333 | 7 | 1 | 1 | 1 | 1 | — | — | 1 | — |
| 合计 | | 1014 | 3822 | 56 | 13 | 8 | 5 | 3 | — | — | 7 | — |

改革开放后，钱桥、藕塘地区人民生活普遍提高，家用电器已成为许多家庭的追求。20 世纪 80 年代，彩电、洗衣机、电冰箱、电话机、大哥大等家用电器逐渐进入农民家庭。90 年代，各种家用电器逐渐进入区域内寻常百姓家。1995 年，钱桥镇、藕塘镇千户家庭主要家电抽样调查显示，彩电户均 0.9 台，洗衣机户均 0.64 台，电冰箱户均 0.53 台，空调户均 0.31 台，热水器户均 0.14 台，电脑户均 0.038 台，手机、电话机户均 0.31 部，照相机、摄像机户均 0.066 架。

### 1995 年钱桥镇、藕塘镇千户家庭主要家电抽样调查统计表

表 7—33—48　　单位：户、人、台、部、架

| 镇别 | 村民小组 | 调查户数 | 调查人口 | 电视机 | 洗衣机 | 电冰箱 | 空调 | 气电热水器 | 太阳能热水器 | 电脑 | 手机、电话机 | 照相机、摄像机 |
|---|---|---|---|---|---|---|---|---|---|---|---|---|
| 钱桥 | 站头、铁狮 | 70 | 294 | 51 | 27 | 27 | 11 | 1 | — | — | 9 | — |
| | 前金岸、后金岸 | 72 | 304 | 74 | 57 | 44 | 31 | 15 | 4 | 2 | 27 | 9 |
| | 金巷、戴巷、单家坝 | 70 | 296 | 74 | 54 | 45 | 35 | 10 | 2 | 1 | 40 | 8 |
| | 庄家 | 70 | 246 | 64 | 51 | 47 | 11 | 7 | — | 2 | 51 | 1 |
| | 唐巷、龚巷、埭上 | 70 | 289 | 51 | 51 | 51 | 46 | 3 | — | — | — | 1 |
| | 时南、江胜桥二队、东冯巷 | 74 | 308 | 52 | 40 | 33 | 10 | 5 | — | — | 5 | — |
| | 孙家、中街 | 70 | 281 | 64 | 54 | 49 | 17 | 9 | — | 1 | 5 | 3 |
| | 邓东、砖西、宋巷 | 71 | 307 | 54 | 45 | 34 | 16 | 6 | 1 | 3 | 51 | 6 |
| | 邵巷 | 20 | 89 | 23 | 14 | 11 | 1 | — | — | — | 6 | 2 |
| 藕塘 | 前方桥、后方桥 | 70 | 279 | 52 | 36 | 32 | 23 | 2 | 4 | 5 | 21 | 8 |
| | 唐东、洗马浜 | 70 | 313 | 72 | 58 | 46 | 35 | 27 | 20 | 19 | 22 | 17 |
| | 蔡巷、三坝头、庙塘桥 | 73 | 309 | 71 | 17 | 12 | 10 | 5 | — | — | 4 | — |
| | 庄桥头、东张巷 | 74 | 283 | 66 | 52 | 27 | 12 | 1 | — | 1 | 8 | 1 |
| | 徐巷、马巷、俞巷 | 70 | 284 | 73 | 52 | 34 | 22 | 4 | 3 | — | 24 | 2 |
| | 井亭、朱巷、小方桥 | 70 | 331 | 73 | 45 | 45 | 33 | 11 | 1 | 5 | 43 | 9 |
| 合计 | | 1014 | 4213 | 914 | 653 | 537 | 313 | 106 | 35 | 39 | 316 | 67 |

进入 21 世纪，钱桥、藕塘地区居民、农民家庭已普遍使用电冰箱、空调等家用电器。家用电器已成为区域内各家庭不可或缺的生活用品。2005 年，钱桥镇（两镇已合并）千户家庭主要家用电器抽样调查显示，彩电户均 1.52 台，洗衣机户均 1.04 台，电冰箱户均 1.004 台，空调户均 1.35 台，热水器户均 0.72 台，电脑户均 0.37 台，手机、电话机户均 1.54 部，照相机、摄像机户均 0.23 架。

### 2005 年钱桥镇千户家庭主要家电抽样调查统计表

表 7—33—49　　单位：户、人、台、部、架

| 村民小组 | 调查户数 | 调查人口 | 电视机 | 洗衣机 | 电冰箱 | 空调 | 气电热水器 | 太阳能热水器 | 电脑 | 手机、电话机 | 照相机、摄像机 |
|---|---|---|---|---|---|---|---|---|---|---|---|
| 站头、铁狮 | 70 | 303 | 109 | 72 | 73 | 102 | 16 | 6 | 9 | 79 | 3 |
| 前金岸、后金岸 | 72 | 334 | 100 | 73 | 70 | 79 | 33 | 15 | 20 | 117 | 14 |
| 金巷、戴巷、单家坝 | 70 | 305 | 129 | 83 | 80 | 138 | 47 | 10 | 34 | 150 | 27 |
| 庄家 | 70 | 252 | 121 | 74 | 74 | 101 | 50 | 12 | 37 | 152 | 3 |

续表 7—33—49 单位：户、人、台、部、架

| 村民小组 | 调查户数 | 调查人口 | 电视机 | 洗衣机 | 电冰箱 | 空调 | 气电热水器 | 太阳能热水器 | 电脑 | 手机、电话机 | 照相机、摄像机 |
|---|---|---|---|---|---|---|---|---|---|---|---|
| 唐巷、龚巷、埭上 | 70 | 289 | 70 | 70 | 70 | 89 | — | — | 5 | 86 | — |
| 时南、江胜桥二队、东冯巷 | 74 | 304 | 99 | 76 | 73 | 96 | 34 | 17 | 37 | 127 | 43 |
| 孙家、中街 | 70 | 282 | 100 | 72 | 69 | 70 | 34 | 4 | 11 | 58 | 6 |
| 邓东、砖西、宋巷 | 71 | 307 | 102 | 75 | 76 | 113 | 45 | 8 | 32 | 128 | 17 |
| 邵巷 | 20 | 99 | 41 | 22 | 20 | 26 | 11 | 2 | 10 | 29 | 6 |
| 前方桥、后方桥 | 70 | 300 | 111 | 70 | 71 | 95 | 28 | 36 | 35 | 130 | 28 |
| 唐东、洗马浜 | 70 | 320 | 110 | 75 | 71 | 110 | 36 | 56 | 46 | 132 | 42 |
| 蔡巷、三坝头、庙塘桥 | 73 | 315 | 95 | 70 | 71 | 68 | 47 | 47 | 15 | 81 | 9 |
| 庄桥头、东张巷 | 74 | 291 | 121 | 75 | 65 | 82 | 4 | 25 | 10 | 64 | 3 |
| 徐巷、马巷、俞巷 | 70 | 293 | 122 | 73 | 68 | 97 | 26 | 33 | 38 | 118 | 13 |
| 井亭、朱巷、小方桥 | 70 | 294 | 107 | 70 | 67 | 99 | 28 | 20 | 36 | 111 | 17 |
| 合计 | 1014 | 4288 | 1537 | 1050 | 1018 | 1365 | 439 | 291 | 375 | 1562 | 231 |

2006年以后，钱桥、藕塘地区百姓家庭家用电器向高档、名牌发展，彩电多为液晶大屏幕，电冰箱多为容量大的橱柜式，有的家庭安装中央空调、地热。2015年，钱桥街道千户家庭主要家用电器抽样调查显示，彩电户均2.3台，洗衣机户均1.22台，电冰箱户均1.23台，空调户均2.49台，热水器户均1.27台，电脑户均0.94台，手机、电话机户均3.33部，照相机、摄像机户均0.36架。

**2015年钱桥街道千户家庭主要家电抽样调查统计表**

表 7—33—50 单位：户、人、台、部、架

| 居民小组 | 调查户数 | 调查人口 | 电视机 | 洗衣机 | 电冰箱 | 空调 | 气电热水器 | 太阳能热水器 | 电脑 | 手机、电话机 | 照相机摄像机 |
|---|---|---|---|---|---|---|---|---|---|---|---|
| 站头、铁狮 | 70 | 319 | 158 | 93 | 93 | 192 | 42 | 24 | 56 | 239 | 5 |
| 前金岸、后金岸 | 72 | 356 | 148 | 80 | 82 | 144 | 45 | 32 | 56 | 226 | 20 |
| 金巷、戴巷、单家坝 | 70 | 327 | 204 | 105 | 107 | 241 | 77 | 21 | 77 | 260 | 39 |
| 庄家 | 70 | 282 | 150 | 92 | 103 | 156 | 72 | 18 | 64 | 209 | 7 |
| 唐巷、龚巷、埭上 | 70 | 288 | 130 | 70 | 70 | 167 | 79 | 21 | 21 | 208 | 8 |
| 时南、江胜桥二队、东冯巷 | 74 | 326 | 131 | 95 | 84 | 130 | 52 | 20 | 50 | 227 | 53 |
| 孙家、中街 | 70 | 275 | 129 | 71 | 70 | 123 | 43 | 20 | 39 | 210 | 9 |
| 邓东、砖西、宋巷 | 71 | 292 | 182 | 81 | 85 | 188 | 59 | 23 | 79 | 243 | 23 |
| 邵巷 | 20 | 98 | 56 | 26 | 26 | 57 | 19 | 7 | 27 | 58 | 8 |
| 前方桥、后方桥 | 70 | 338 | 212 | 90 | 94 | 220 | 56 | 50 | 94 | 279 | 48 |
| 唐东、洗马浜 | 70 | 349 | 142 | 83 | 83 | 172 | 39 | 57 | 79 | 259 | 55 |
| 蔡巷、三坝头、庙塘桥 | 73 | 316 | 171 | 86 | 86 | 173 | 65 | 70 | 78 | 250 | 32 |
| 庄桥头、东张巷 | 74 | 297 | 161 | 89 | 84 | 153 | 18 | 57 | 50 | 214 | 5 |
| 徐巷、马巷、俞巷 | 70 | 307 | 169 | 86 | 87 | 192 | 37 | 52 | 95 | 247 | 32 |
| 井亭、朱巷、小方桥 | 70 | 282 | 186 | 89 | 90 | 221 | 65 | 49 | 90 | 244 | 21 |
| 合计 | 1014 | 4452 | 2329 | 1236 | 1244 | 2529 | 768 | 521 | 955 | 3373 | 365 |

**1978~2015年钱桥、藕塘地区千户家庭主要家电抽样调查选年统计表**

表 7—33—51 单位：人、台、部、架

| 年份 | 调查人口 | 电视机 | 洗衣机 | 电冰箱 | 空调 | 气电热水器 | 太阳能热水器 | 电脑 | 手机、电话机 | 照相机摄像机 |
|---|---|---|---|---|---|---|---|---|---|---|
| 1978 | 3822 | 56 | 13 | 8 | 5 | 3 | — | — | 7 | — |
| 1995 | 4213 | 914 | 653 | 537 | 313 | 106 | 35 | 39 | 316 | 67 |
| 2005 | 4288 | 1537 | 1050 | 1018 | 1365 | 439 | 291 | 375 | 1562 | 231 |
| 2015 | 4452 | 2329 | 1236 | 1244 | 2529 | 768 | 521 | 955 | 3373 | 365 |

# 第三十四章 民 政

1949年4月，无锡县成立人民政府，下设民政科。民政科承担全县优抚安置、救济救灾、社会福利等各项民政工作。新中国成立初期，钱桥镇、藕塘镇及舜柯、西漳、社冈、洋溪、稍塘、盛店等乡在无锡县民政科的领导下，各由一名副乡（镇）长兼管民政事务。人民公社建立后，钱桥、藕塘公社设民政文书一职。民政文书负责区域内优抚、安置、救济、社会福利、婚姻登记、户籍管理、建房申请、民事调解和文书档案等工作。

“文化大革命”期间，钱桥公社、藕塘公社的民政工作遭到严重挫折，基本上处于停顿状态。中共十一届三中全会以后，钱桥公社、藕塘公社民政工作逐步走上正轨，民政事业得到全面发展，各项优抚政策得到落实，群众性拥军优属等活动持久开展。

1983年，钱桥乡、藕塘乡民政文书改设为民政助理，其工作任务不变。是年，民政助理分管的民事调解工作划归司法办公室。钱桥（公社、乡）镇民政（文书）助理先后由龚士兴、金如民、诸耀岐、周细妹、苏佑成、周群新担任；藕塘（公社、乡）镇民政（文书）助理先后由乔金南、杨国志、樊产宣、盛继成、张玉敏、秦明奎、杨士生、浦明奋担任。

2006年11月，无锡市委、市政府建立中共无锡（藕塘）职教园区工作委员会、无锡（藕塘）职教园区管理委员会，与钱桥镇实行“镇园合一”的领导体制，钱桥镇成立社会事务管理局。此后，民政事务划归社会事务管理局。社会事务管理局下设民政办公室。2007年11月，钱桥撤镇建立街道后，周群新负责民政工作。2015年，周群新任民政助理。

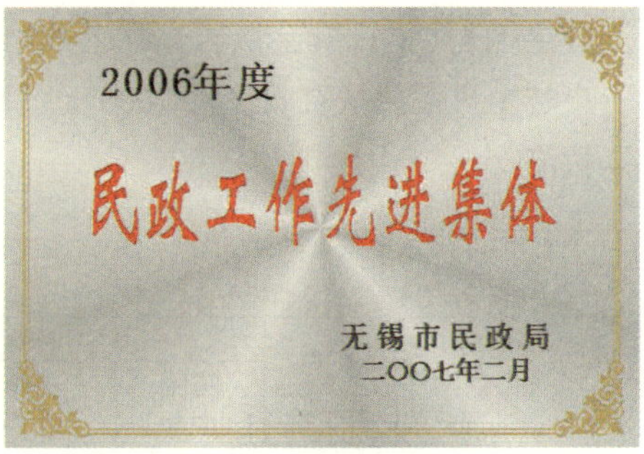

图7—34—1　2007年2月，钱桥镇被无锡市民政局评为2006年度民政工作先进集体

## 第一节 社会救济

新中国成立初期，钱桥、藕塘地区农业生产落后，农村经济困难，老百姓生活贫困，国家财政紧缺，政府缺乏经济能力对困难户进行补助救济。1953~1957年，区域内农村建立初级社、高级社时期开始有集体公共积累，钱桥、藕塘、西漳、稍塘、盛店等乡人民政府组织初、高级社对区域内困难户进行救济，减免少量公粮，减免贫困户子女上学的少量学费。

1958年大跃进年代到三年困难时期，政府对困难户只发放极少量的救济款及物品。

1961年钱桥公社、藕塘公社发放贫困户救济金、实物统计表

表7—34—1

| 社别 | 救济户 | | 实发布料棉花 | | 实发寒衣、棉被 | | | | | 公益金补助（元） |
|---|---|---|---|---|---|---|---|---|---|---|
| | 户 | 人 | 布料（米） | 棉花（公斤） | 棉袄（件） | 棉裤（条） | 棉胎（条） | 棉被（条） | 被衣（条） | |
| 钱桥 | 168 | 177 | 403.33 | 126.0 | 79 | 95 | 18 | — | — | 357 |
| 藕塘 | 64 | 220 | 263.33 | 142.5 | 23 | 16 | 30 | 12 | 21 | 200 |

60年代中期至70年代末，钱桥公社、藕塘公社对区域内年老体弱者、无劳动能力者、孤儿、残疾人，突发性火灾、水灾和突然性死亡事故造成的困难户，患重大疾病的社员、五保户等进行适当救济。救济一般有钱和物两种方式。钱桥公社、藕塘公社根据区域内贫困户情况，把100~150元不等的救济款下拨到大队。大队根据公社下发救济款的数额，经集体商量后发放到困难户手中。在冬季给一些困难户发放棉衣、棉裤、棉被等物品。年终，生产队照顾极个别的困难户让其把粮食、稻草秤回家，保证困难户的基本生活。大队还给个别发生火灾的社员分配一些砖、瓦、木材等建筑材料，解决其重建房屋的困难。1979年，钱桥公社发生3起火灾，受灾7户，烧掉7间房屋，踏坏3间房屋。无锡县民政局下拨救济款900元，帮助7家受灾户修复房屋。

进入80年代，区域内社队办企业不断发展，集体经济明显好转。钱桥、藕塘（公社）乡政府对困难户给予一定的经济补助，每年每户发放救济款30~50元不等。五保老人安排进敬老院集中供养，不愿进敬老院的，按政府规定给予经济上的补助，保证其基本生活。1982年上半年，藕塘公社特困户162户，扶贫户112户，每户救济款最多发50元，最少发15元。是年，藕塘公社共下发贫困户扶助救济款4450元。1983年，无锡县政府下拨藕塘（公社）乡民政事业费28464元。藕塘（公社）乡对61户贫困户发放扶助救济款共6000元，花费1444.91元做棉衣、棉裤、棉背心127件，棉被17条，蚊帐8顶，发至贫困户。1984年，藕塘乡发放困难户社会救济款2400元，发放老职工补助费300元，发放因灾因病救助费750元，发放烈军属临时补助345元，发放五保户补助费45元。是年，无锡县民政局发放藕塘乡35件棉衣、8条棉裤，加上藕塘乡用款466.70元做的10条棉被、16件球衫，一并救济贫困户。1985年，钱桥乡困难户113户、452人。是年，钱桥乡政府发放困难救助金1.3万元；社会散居、孤老残幼48户51人，发放困难救助金1.12万元。同年，藕塘乡给122户贫困户发放扶贫救济款7000元。同年，无锡县下拨给藕塘乡1800元扶贫款，藕塘乡用于老职工救济。

**1985年钱桥乡、藕塘乡扶贫救济情况统计表**

表7—34—2　　单位：户、%

| 乡别 | 农户总数 | 其中 | | 属何种类型 | | | |
|---|---|---|---|---|---|---|---|
| | | 贫困户数 | 占总农户 | 无法扶贫的救济户数 | 可以搞少量扶贫的贫困户 | 主要安排劳力的贫困户数 | 重点扶贫的贫困户 |
| 钱桥 | 5881 | 113 | 1.92 | 67 | 7 | 36 | 3 |
| 藕塘 | 4130 | 122 | 2.95 | 48 | 49 | 16 | 9 |

1986年，藕塘乡县拨扶贫款3000元（99户贫困户），救济款2300元，退伍军人修建房屋补助费1300元，蚊帐11顶，短裤、汗衫60件。藕塘乡政府根据实际情况，把县拨扶贫款、救济款、补助费、衣裤等全部发放到位。1987年，钱桥镇救济困难户67户、335人，发放救济款2.2万元；救济特困户10户、35人，发放救济款2000元；五保户25户、29人，供给供养经费3.9万元，其中镇负担2.16万元、村负担1.74万元。是年，藕塘乡县拨社会救济款1.39万元，棉被5条，大衣16件，棉袄、棉裤、球衫等30件，用款11480元。藕塘乡根据区域内困难户具体情况，及时把救济款发给135户困难户，棉被、衣裤等同时发放到位。1989年，钱桥镇救济困难户95户、380人，救济特困户35户、144人，共发放救济金2.5万元。是年，藕塘乡县拨各类救济款14180元，救助99户贫困户。

**1989年钱桥镇、藕塘乡年终社会救济金发放统计表**

表7—34—3　　单位：元

| 乡镇名 | 合计 | 其中 | | | |
|---|---|---|---|---|---|
| | | 寒衣救济 | 老职工救济 | 社会救济 | 年终救济 |
| 钱桥镇 | 9000 | 1500 | 900 | 1600 | 5000 |
| 藕塘乡 | 5800 | 1000 | 400 | 1100 | 3300 |

进入90年代，钱桥、藕塘（乡）镇经济持续发展增长，困难户救济照顾标准有所提高，每年每户发放救济款100~300元；对遇到突发性事件的困难户，救济款提高至300~500元。1990年，钱桥镇五保老人19人、残疾人2人，镇负担供养金额分别为2.5万元、2840元；贫困户100户，发放扶贫救济金1万元；特困户35户，发放救助金1.4万元；社会困难户95户、380人，发放救助金1.44万元。是年，藕塘乡遭受15号台风袭击，给4户受灾户发放建房救济金2700元；给缺粮户下发救济粮745公斤；花费1300多元做棉袄、棉裤、棉被，救济贫困户。是年，藕塘乡部分圩田发生水灾，无锡县民政局下拨救济资金7385元。

1991年7月初，钱桥镇遭遇百年未见的大水，区域内圩田全部被淹，水稻没顶，农户房屋进水。钱桥镇政府全力组织抢救，以生产自救为主，社会互济、政府急救为辅。无锡县民政局下拨8万元资金救助钱桥地区受灾村及相关单位；无锡市政府组织慰问团至钱桥镇送慰问品，有饮料20箱、饼干10箱、方便面10箱、毛巾100条。同年，藕塘乡遭遇特大洪涝灾害，乡政府发放救灾款5000元，给21户特困户发放年终一次性救济3500元；给96户困难户发放社会救济款9700元；给6户特困户发放修建房屋费6000元；对38人发放救济粮845公斤；花1596元买棉被、棉裤、棉毛衫，救助43人过冬。1992年，藕塘乡对20户特困户年终发放救济款6000元，对77户困难户发放救济款10142元，花1880元发放寒衣。是年，钱桥镇发放年终社会救济金1.21万元，藕塘乡发放年终社会救济金6570元。1993年，藕塘镇给18户特困户发放一次性补助金5400元，给74户困难户发放救济款17290元，花1800元做寒衣救济贫困户，给7户特困户发放住房修理费5000元，给3户稻田被淹户发放救灾款1000元。是年，钱桥镇发放年终社会救济金1.04万元，藕塘镇发放年终社会救济金5600元。1994年，藕塘镇给24户特困户发放一次性救济金7200元，给68户困难户发放一次性救济金1.18万元，花费3000元缝制寒衣救助贫困户，给2户特困户发放建房经费8000元，为1户无房户解决建房经费4000元。1995年，藕塘镇给21户特困户发放一次性救济金6300元，给73户困难户发放救济金1.29万元，花3000元缝制寒衣救助贫困户，给2户特困户发放建房经费8000元。1996年，锡山市民政局下拨钱桥镇救灾款35930元，钱桥地区107户受灾户得到不同程度的救济；下拨藕塘镇救灾款33650元，藕塘地区75户受灾户得到救助。

2000年，惠山区民政局下拨藕塘镇救灾款7000元，3户受灾户获救助。2002年，藕塘镇政府切实增强机关工作人员服务意识，提高民政系统基层窗口形象，做好“三个增扩”，办好两件实事，建立三项保障制度。“三个增扩”为增扩低保面，增低保70户198人，其中农困户64户184人，市困户6户14人；增扩就业面，安置4户特困家庭就业；增扩帮困面。办好两件实事为帮助4户特困户脱贫，帮助3户特困户进行危房建设。建立三项保障制度，即建立低保制度、财政保障制度、多元化捐助制度。是年，藕塘镇民政办、老促会根据全镇贫困户情况，采取“低保、捐助、救济”等多种途径，扶持贫困户生产自救。同年，全镇党员干部帮困扶贫结对贫困户82户，资产500万元以上的企业结对贫困户37户。在镇村两级的共同扶持下，20户贫困户走上生产自救之路，南水渠村民冯如南，种植0.2公顷地桃树；东风村60多岁村民沈南兴在镇政府给予1000元扶持救济资金后，将桃树面积扩大到0.2公顷，新养12头肉猪。老队长、老党员、老干部“三老”中的贫困人员是藕塘镇扶持重点。是年，藕塘镇老促会扶持“三老”人员6人，在帮助各人确立项目后，给予适当资金扶持。藕塘村73岁的老队长朱虎生，在镇政府扶持下将养猪项目扩大，年收入达6000多元，脱离低保线。2003年，藕塘镇救济工作给全镇82户233人发放救助金12.95万元，全镇经费保障到位率、应保对象保障率、救助资金兑现率均达100%。对于弱势群体，采取“一对一”“一帮一”的挂钩形式进行定期帮扶。是年，藕塘镇28家资产500万元以上的企业结对帮扶28户贫困户，镇村领导和各部门与贫困户直接挂钩53户，站所与孤儿帮扶结对5户8人，对结对贫困户的帮扶都以经济救助为主。同年，惠山区下拨藕塘镇社会救济费3.4万元，全镇80户贫困户得到临时救济。藕塘镇慈善基金会对21户患大病、重病的困难户给予经济救助3.02万元，基本解决贫困对象的生活。是年，惠山区下拨藕塘镇特困户建房经费1.5万元，藕塘镇帮助3户特困户解决修建危房费用。同年，藕塘镇通过全方位救助扶持，有11户特困户脱贫。

2004年2月，两镇合并后，钱桥镇经济飞跃发展，人民生活年年提高，区域内成为困难户的主要是因病住院、丧失劳动能力、发生交通事故等突发性事件所致。钱桥镇对一般困难户每年每户救助200~500元，对特困村民每年救助1000元；对于个别患大病村民，除经济上给予大额救助外，还发放大病医疗保险基金。2005年1月29日，钱桥镇党政、人大领导走访慰问特困户家庭，向600余户贫困户送去扶贫帮困救助慰问金55万余元。钱桥镇政府对区域内百姓进行社会临时救济，是年发放临时救济金43.2万元。同年，钱桥镇为33户患大病、重病的困难户发放救助金6.8万元，发放医疗救助卡54张，设卡资金8.5万元。是年，钱桥镇对因重病、遭受天灾人祸的家庭发放救助金超过300万元，受助贫困户超过1000户，受助累计超过万元的贫困户有10多户，受助最少也在1000元以上。2006年春节，钱桥镇为332户低保弱势困难户送去总价值3万多元的年货，为405户老年残疾人贫困户发放总价值8.1万元的生活用品选购卡。是年，华新村30多岁的残疾贫困户唐卫表在区镇村三级扶持下，投资2万元在华新苑开办一家小杂货店，从此生活来源有了基本保障。2007年2月9日，钱桥镇党政、人大领导带队，兵分三路开展访贫问苦送温暖活动，全体慰问成员共向600多户贫困户送上党和政府的温暖和关怀，发放扶贫救助慰问金80余万元。同日，镇慈善基金会也为定向结对的65户贫困户发放救助慰问金，总额超过30万元。是年春节前夕，钱桥镇各村、苏嘉集团等大型骨干企业相继开展扶贫结对帮困活动，其中苏嘉集团设立50万元苏嘉互助基金，扶助企业内部的困难人员。全镇385名党员干部分别至结对的385户重点困难户家中走访慰问。镇妇联积极组织女企业家协会钱桥分会的11名女企业家开展“关爱母亲，幸福人生”结对捐赠活动，向15户贫困家庭妇女奉献爱心。钱桥爱心超市开展为弱势群体送年货和生活必需品活动，为334户低保弱势困难户送去总价值3万多元的年货和两个月的生活必需品，为421户老年残疾人贫困户发放总价值8.42万元的生活用品选购卡，让他们根据生活需要任意选购价值200元的生活用品。据不完全统计，在春节前夕，镇、村、企业三方发扶贫救助款150余万元。

2008年1月30日，钱桥街道党政领导班子成员冒着零下3℃的严寒，踏雪深入贫困家庭，给予每户500~3000元的救助慰问金和慰问品，给554户贫困户送去扶贫救助慰问金80余万元。同日，钱桥爱心超市也向列入低保线的近400户贫困户、1100余人分别发放价值100多元的年货。同时，街道组织开展帮困助学工作，共有182名学生享受助学基金，其中，32名小学生每人每学年补助400元，32名初中生每人每学年补助600元，59名高中生（包括中专、技校学生）每人每学年补助1000元，59名大学生每人每学年补助3000元。是年，钱桥街道共发放助学基金26.8万元。钱桥街道对三类特殊病种患者和白血病患者以及受灾家庭无法维持基本生活的一些特殊对象进行临时救助，共为202户患大病、重病的困难户发放临时救济金31.2万元。2009年春节前的送温暖工程于1月16日开始，总价值达9万多元的米、油、香菇等过年物品通过爱心超市陆续向低保户发放。街道办开展“定点对象扶持到家”活动，367名党员干部与367户重点困难户结对帮扶，采取切实有效措施，帮助重点困难户欢度春节。钱桥街道还依托爱心超市平台，为区域内弱势群体做好接受社会捐助、服务和帮困工作。同年，钱桥街道共为369户低保户、558位困难残疾人发放价值50余万元生活用品和购物券，并为贫困家庭子女免费提供学习用品，向辖区内6户困难户、16人发放救助款42840元。是年，钱桥街道各级扶贫帮困资金总计逾300万元。

2010年1月17日，钱桥街道党政领导兵分三路走访慰问区域内特困群众以及敬老院老人，共向区域内670多户特困群众和150多位敬老院老人送上春节前的慰问金80余万元。春节前，街道党员干部到结对的贫困户家中走访慰问，共向结对的贫困户送钱捐物近30万元。各社区、工会也相继开展结对走访慰问活动。据不完全统计，街道、社区、企业三级共向弱势群体发放节前爱心救助款120余万元。同年，钱桥街道有贫困户652户、2001人，其中人均年收入低于3120元水平的农户357户、892人，人均年收入低于4200元的市困户56户、122人。其中因病致贫户约占50%，因残致贫户约占30%，因天灾人祸突发性事故致贫户约占10%，因丧失劳动力致贫户（主要是孤儿、孤老、隔代抚养）约占10%。针对贫困户情况，钱桥街道采取多层次、多形式的扶贫帮困救助措施。2011年，钱桥街道向12户困难户、24人发放救助款76050元。2012年，钱桥街道根据《无锡市惠山区人民政府关于对特殊困难群众实施深度救助的意见》，严格按照程序对申请深度救助的人员进行入户调查、邻里访问和社区公示等，对救助家庭进行状况核查，确保社会救助对象认定的准确性，提高透明度。是年，钱桥街道共救助690户、2404人，发放深度救助金近140万元。2013年，钱桥街道认定临时救助对象610户，发放救济金110.29万元。

2015年，钱桥街道遭受暴雨袭击，30户农户家中进水被淹。钱桥街道办事处给30户受灾户发放救济款2.55万元。7月31日，钱桥街道党政领导分多组深入搬迁过渡户家中走访慰问，详细了解生活情况和遇到的困难及问题，并送上食用油、夏令用品等慰问品及慰问金，还对61户生活困难的搬迁安置过渡户发放救助慰问金3.8万元，发放物资共计25万元。是年，钱桥街道向困难户4户、6人发放救助款44640元。2013~2015年，钱桥街道发放临时救助和深度救助款达842.14万元。

1958~2015年（一鸣、永红大队）稍塘（村）社区社会救济情况统计表

表7—34—4　　单位：户、人、元

| 年份 | 救济户数 | 人数 | 救济金额 | 年份 | 救济户数 | 人数 | 救济金额 | 年份 | 救济户数 | 人数 | 救济金额 |
|---|---|---|---|---|---|---|---|---|---|---|---|
| 1958 | 12 | 16 | — | 1978 | 11 | 21 | — | 1998 | 23 | 51 | 2970 |
| 1959 | 12 | 16 | — | 1979 | 11 | 21 | — | 1999 | 28 | 53 | 3660 |
| 1960 | 14 | 29 | — | 1980 | 11 | 21 | — | 2000 | 31 | 76 | 4790 |
| 1961 | 14 | 29 | — | 1981 | 11 | 21 | — | 2001 | 36 | 81 | 7280 |
| 1962 | 27 | 74 | — | 1982 | 30 | 62 | 900 | 2002 | 43 | 105 | 13600 |
| 1963 | 27 | 82 | — | 1983 | 31 | 67 | 950 | 2003 | 57 | 116 | 34500 |
| 1964 | 26 | 79 | — | 1984 | 24 | 53 | 1100 | 2004 | 68 | 125 | 52600 |
| 1965 | 25 | 78 | — | 1985 | 24 | 51 | 1100 | 2005 | 76 | 108 | 64350 |
| 1966 | 25 | 78 | — | 1986 | 27 | 57 | 1300 | 2006 | 99 | 132 | 76760 |
| 1967 | 25 | 78 | — | 1987 | 39 | 72 | 1800 | 2007 | 79 | 118 | 89700 |
| 1968 | 20 | 59 | — | 1988 | 37 | 61 | 1860 | 2008 | 82 | 125 | 122560 |
| 1969 | 20 | 59 | — | 1989 | 33 | 54 | 3200 | 2009 | 45 | 81 | 99860 |
| 1970 | 17 | 49 | — | 1990 | 45 | 83 | 3700 | 2010 | 55 | 94 | 121260 |
| 1971 | 15 | 39 | — | 1991 | 51 | 92 | 4190 | 2011 | 73 | 112 | 151760 |
| 1972 | 14 | 31 | — | 1992 | 36 | 67 | 3860 | 2012 | 101 | 142 | 205620 |
| 1973 | 14 | 31 | — | 1993 | 34 | 71 | 4600 | 2013 | 116 | 150 | 194160 |
| 1974 | 13 | 23 | — | 1994 | 37 | 77 | 4630 | 2014 | 103 | 118 | 80660 |
| 1975 | 12 | 16 | — | 1995 | 34 | 59 | 3160 | 2015 | 112 | 125 | 81250 |
| 1976 | 12 | 16 | — | 1996 | 19 | 34 | 3500 | — | — | — | — |
| 1977 | 13 | 24 | — | 1997 | 27 | 58 | 3700 | — | — | — | — |

1978~2015年（东方红大队）藕塘（村）社区社会救济情况统计表

表7—34—5　　单位：户、元

| 年份 | 救济户数 | 救济金额 | 年份 | 救济户数 | 救济金额 | 年份 | 救济户数 | 救济金额 | 年份 | 救济户数 | 救济金额 |
|---|---|---|---|---|---|---|---|---|---|---|---|
| 1978 | 68 | 6800 | 1985 | 105 | 12600 | 1992 | 112 | 22400 | 1999 | 117 | 46800 |
| 1979 | 72 | 7200 | 1986 | 117 | 12900 | 1993 | 113 | 22600 | 2000 | 122 | 48800 |
| 1980 | 65 | 6500 | 1987 | 115 | 17250 | 1994 | 120 | 24000 | 2001 | 132 | 66000 |
| 1981 | 67 | 6700 | 1988 | 112 | 16800 | 1995 | 109 | 32700 | 2002 | 130 | 65000 |
| 1982 | 63 | 6930 | 1989 | 110 | 16500 | 1996 | 112 | 33600 | 2003 | 133 | 66500 |
| 1983 | 70 | 8400 | 1990 | 108 | 21600 | 1997 | 115 | 34500 | 2004 | 132 | 66000 |
| 1984 | 95 | 11400 | 1991 | 115 | 23000 | 1998 | 113 | 45200 | 2005 | 136 | 68000 |

续表 7—34—5　　单位：户、元

| 年份 | 救济户数 | 救济金额 | 年份 | 救济户数 | 救济金额 | 年份 | 救济户数 | 救济金额 | 年份 | 救济户数 | 救济金额 |
|---|---|---|---|---|---|---|---|---|---|---|---|
| 2006 | 138 | 69000 | 2009 | 149 | 67000 | 2012 | 182 | 100338 | 2015 | 66 | 113926 |
| 2007 | 143 | 71500 | 2010 | 122 | 61900 | 2013 | 195 | 141580 | — | — | — |
| 2008 | 137 | 68500 | 2011 | 137 | 73000 | 2014 | 185 | 107440 | — | — | — |

### 2005~2015 年钱桥（镇）街道发放困难户救济款统计表

表 7—34—6　　单位：户、人、元

| 年份 | 户数 | 人数 | 金额 | 年份 | 户数 | 人数 | 金额 | 年份 | 户数 | 人数 | 金额 |
|---|---|---|---|---|---|---|---|---|---|---|---|
| 2005 | 8 | 21 | 63520 | 2009 | 6 | 15 | 41550 | 2013 | 7 | 8 | 61320 |
| 2006 | 6 | 16 | 56410 | 2010 | 11 | 24 | 75240 | 2014 | 5 | 7 | 42600 |
| 2007 | 5 | 11 | 38160 | 2011 | 12 | 24 | 76050 | 2015 | 4 | 6 | 44640 |
| 2008 | 6 | 16 | 42840 | 2012 | 7 | 9 | 56520 | — | — | — | — |

### 2005~2015 年钱桥（镇）街道向贫困户子女发放助学金选年统计表

表 7—34—7　　单位：人、万元

| 年份 | 贫困家庭子女数 | 发放助学金金额 | 年份 | 贫困家庭子女数 | 发放助学金金额 | 年份 | 贫困家庭子女数 | 发放助学金金额 |
|---|---|---|---|---|---|---|---|---|
| 2005 | 140 | 16.46 | 2010 | 186 | 55.14 | 2013 | 188 | 54.60 |
| 2008 | 182 | 26.80 | 2011 | 206 | 61.70 | 2014 | 192 | 53.14 |
| 2009 | 257 | 53.38 | 2012 | 198 | 54.96 | 2015 | 175 | 48.58 |

### 2008~2015 年钱桥街道发放社会救助金统计表

表 7—34—8　　单位：户、万元

| 年份 | 救济情况 | | 年份 | 救济情况 | |
|---|---|---|---|---|---|
| | 救助户数 | 救助金额 | | 救助户数 | 救助金额 |
| 2008 | 263 | 43.31 | 2012 | 1446 | 263.38 |
| 2009 | 1010 | 127.88 | 2013 | 1758 | 332.15 |
| 2010 | 684 | 119.96 | 2014 | 1890 | 311.20 |
| 2011 | 1297 | 212.32 | 2015 | 1800 | 362.03 |

## 第二节 最低生活保障

1996 年起，钱桥镇、藕塘镇设立最低生活保障制度，农村居民家庭人均年收入不足 1200 元的为最低生活保障户。钱桥镇、藕塘镇对最低生活保障户逐步综合解决子女上学、就医、住房等一系列困难。是年，钱桥、藕塘两镇对最低生活保障户发放保障金，其中藕塘镇发放 25760 元，为 23 户、43 人给予生活上的帮助。城镇居民最低生活保障由市、镇两级财政承担，农村居民最低生活保障由市、镇、村三级承担。

进入 21 世纪，区域内最低生活救助标准逐年提高。2002 年，钱桥镇、藕塘镇农村居民家庭人均年收入不足 1600 元、城镇居民家庭人均年收入不足 2640 元的特困对象全部纳入最低生活保障线，不足部分由政府补给。

### 1996~2003 年藕塘镇最低生活保障金发放统计表

表 7—34—9　　单位：元、户、人

| 年份 | 最低生活保障线金额 | | 户数 | 人数 | 金额 |
|---|---|---|---|---|---|
| | 农村 | 市镇 | | | |
| 1996 | 1200 | — | 23 | 43 | 25760 |
| 1997 | 1320 | — | 25 | 52 | 33260 |
| 1998 | 1440 | — | 25 | 52 | 39130 |
| 1999 | 1560 | 2160 | 29 | 62 | 47930 |
| 2000 | 1600 | 2160 | 33 | 68 | 52790 |
| 2001 | 1600 | 2160 | 31 | 52 | 55900 |
| 2002 | 1600 | 2640 | 82 | 233 | 14870 |

续表 7—34—9　　单位：元、户、人

| 年份 | 最低生活保障线金额 | | 户数 | 人数 | 金额 |
|---|---|---|---|---|---|
| | 农村 | 市镇 | | | |
| 2003 | 1600 | 2640 | 70 | 198 | 33700 |

2004 年，钱桥镇共有 248 户、631 名贫困对象被纳入低保，新安排低保户“四残”（盲人、聋人、哑人、肢体残疾人）人员就业 42 人，共发放各类低保户补助资金及扶贫款 70.5 万元。2005 年，钱桥镇继续开展低保户“一帮一”帮困扶贫结对子活动，300 多名镇、村干部及企业厂长、经理与 294 户、485 名低保对象结对帮困，做到有一户低保户，就有一名党员、干部或厂长、经理与之结对，使低保户共享发展成果。2006 年，钱桥镇发放低保金及扶贫款共 91.07 万元，实现全镇城镇居民低保金按月发放、农村低保金按季发放。为便利管理和简化操作，钱桥镇政府还为每户低保户分别办理金穗卡和金阿福卡，对最低生活保障对象实施分类施保，将城乡最低生活保障对象中的 60 周岁以上孤老、70 周岁以上老人、少数民族人员和残疾人共 261 人纳入分类施保的范围，在执行低保标准的基础上，统一提高 20%。2007 年，钱桥镇立足帮助最需要帮助的困难群体，加大低保户扶贫帮困工作力度，积极实施弱势群体扶助工程，采取多层次、多形式的扶贫帮困措施，将低于家庭人均年收入 2160 元的农民和家庭人均年收入低于 3600 元的市镇户纳入最低生活保障，并落实按实际收入计算家庭收入的低保核实政策，实现动态管理下的应保尽保。2008 年，钱桥街道将低于家庭人均年收入 3120 元的农民、家庭人均年收入低于 4200 元的市镇困难户及重残、患重病的城乡低保个人都纳入最低生活保障，并落实按实际收入计算家庭收入的低保核实政策，全面实现动态管理下的应保尽保。是年，发放低保金及扶贫款共 151.2 万元，其中城镇低保户 27.8 万元、农村低保户 123.4 万元。

2011 年，钱桥街道城镇最低生活保障户 44 户、96 人；农村最低生活保障户 200 户、411 人。2012 年，区域内家庭人均年收入不足 6360 元的，其不足部分由政府补给。是年，钱桥街道落实各项为民解困措施，民生保障进一步改善，给 178 户低保户发放低保金 87.51 万元。2014 年 4 月，区域内家庭人均年收入不足 7920 元的纳入最低生活保障，不足部分由政府补给，同时其参加居民养老保险、基本医疗保险的费用由财政承担。2015 年，钱桥街道全年发放低保户低保金、慰问金、救助金和助学金 570 多万元，其中最低生活保障金发放 193.9 万元，实现动态管理下的应保尽保。

2004~2015 年钱桥（镇）街道最低生活保障金发放统计表

表 7—34—10　　单位：元、户、人、万元

| 年份 | 最低生活保障线金额 | | 户数 | 人数 | 金额 |
|---|---|---|---|---|---|
| | 农村 | 市镇 | | | |
| 2004 | 1600 | 2640 | 248 | 631 | 52.00 |
| 2005 | — | — | 330 | 829 | 64.46 |
| 2006 | — | — | 338 | 825 | 55.60 |
| 2007 | 2160 | 3600 | 356 | 895 | 86.90 |
| 2008 | 3120 | 4200 | 763 | 1873 | 134.49 |
| 2009 | — | — | 396 | 961 | 172.04 |
| 2010 | — | — | 184 | 496 | 114.71 |
| 2011 | — | — | 244 | 507 | 104.86 |
| 2012 | 6360 | 6360 | 178 | 455 | 87.51 |
| 2013 | — | — | 172 | 431 | 117.68 |
| 2014 | 7920 | 7920 | 298 | 676 | 196.44 |
| 2015 | — | — | 239 | 576 | 193.90 |

## 第三节　敬老养老

1986 年，钱桥乡、藕塘乡分别创办敬老院，为五保老人和孤独老人度过幸福的晚年提供条件。

是年起，两乡各村先后建办老年活动室。老年活动室设有图书阅览室、电视室、健身室、棋牌室、茶水室等。1996年10月1日，钱桥镇、藕塘镇实施《中华人民共和国老年人权益保障法》，保障老年人的合法权益，发展老龄事业，弘扬中华民族敬老爱老养老的传统美德，老年人实现老有所养、老有所医、老有所为、老有所乐、老有所学、老有所教。2005年，钱桥镇获无锡市老龄工作先进集体称号。2007年，钱桥镇被中共无锡市委、无锡市人民政府表彰为农村养老保障工作先进集体。2008年、2010年、2012年，钱桥街道又先后获无锡市老龄工作先进集体称号。2015年，钱桥街道建立机构养老、社区养老、居家养老三位一体的养老服务体系，整合社区服务、合同外包服务资源，提高养老服务的专业性，满足广大老年居民日益多样化的社会服务需求。

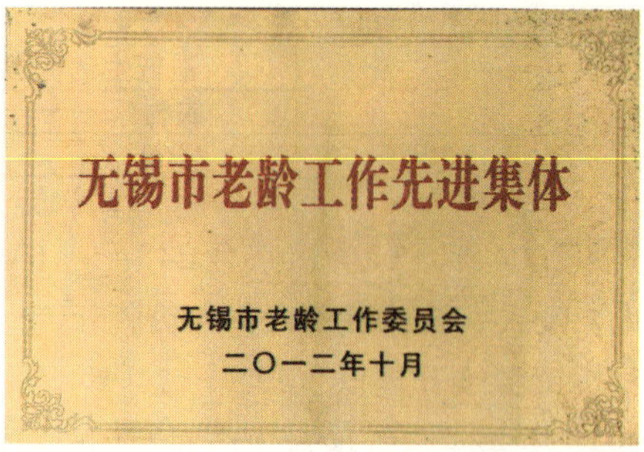

图7—34—2　2012年10月，钱桥街道被无锡市老龄工作委员会表彰为无锡市老龄工作先进集体

## 一、优待老人

### （一）政府优待老年人

1993年，钱桥、藕塘镇政府给百岁（含100岁）以上老人每人每月发放长寿保健补贴费50元。1995年，百岁以上老人长寿保健补贴费增加到每人每月100元。2008年始，钱桥街道对90周岁以上老人发放尊老金，每人每月100元。2010年始，钱桥街道对区域内年满80周岁和90周岁的老年人发放尊老金，每人每月分别为50元和100元。

2013年，钱桥街道为65周岁以上独居及空巢老年人家庭免费安装1889只“一键通”信息服务终端设备。2015年，百岁以上老人长寿保健补贴费增加到每人每月300元。每逢重阳节、春节，政府给百岁老人加发慰问费。

2008~2015年钱桥街道发放尊老金统计表

表7—34—11　单位：人、万元

| 年份 | 80周岁以上（每月发50元）人数 | 90周岁以上（每月发100元）人数 | 全年发放总金额 | 年份 | 80周岁以上（每月发50元）人数 | 90周岁以上（每月发100元）人数 | 全年发放总金额 |
|---|---|---|---|---|---|---|---|
| 2008 | — | 163 | 9.78 | 2012 | 1331 | 185 | 102.57 |
| 2009 | — | 173 | 21.72 | 2013 | 1383 | 195 | 106.49 |
| 2010 | 476 | 182 | 53.51 | 2014 | 1371 | 231 | 110.58 |
| 2011 | 1368 | 223 | 94.51 | 2015 | 1439 | 231 | 142.28 |

政府为年满60周岁以上的老年人办理省内免费旅游景点优惠卡；为60周岁以上、不满70周岁的老年人办理乘坐公交车老龄优惠卡，对年满70周岁以上老年人办理免费乘坐公交卡。政府对符合条件的独居和空巢老人提供免费的老年人手机，安排人员提供上门保洁服务。同时，每年为65周岁以上老年人免费体检一次。

### （二）（村）社区优待老年人

改革开放后，钱桥、藕塘地区各（村）社区把做好老年人优待服务列为重点工作，根据经济实力，对没有参加社会保险的老年人及失地老人在经济和生活上进行补助照顾，逢年过节对符合条件的本籍老人进行慰问。1988年始，钱桥镇周家弄村发给60周岁以上老年人每人每年96元生活补贴费。1989年始，钱桥镇溪南村发给60周岁以上老年人每人每年240元生活补贴费，全年发放老年人生活费18万元；钱桥村发放老年农民生活补贴10553元，在重阳节对70周岁以上老年人进行慰问，在春节对80周岁以上老年人进行慰问，对80周岁、90周岁、100周岁老人进行春节祝寿。1994年始，藕塘镇勤建村发给60周岁以上老年人每人每年60元生活补贴费，全年发放老年人生活补贴费1.89万元。1999年始，藕塘镇稍塘村发给60周岁以上老年人每人每年120元生活补贴费，全年发放老年人生活补贴费 4.13 万元。

2001 年始，钱桥镇洋溪村发给 60 周岁以上老年人每人每年 286 元生活补贴费，全年发放老年人生活补贴费 4.55 万元；华新村发给 60 周岁以上老年人每人每年 960 元生活补贴费，全年发放老年人生活补贴 65.09 万元；藕塘镇恒源祥村发给 60 周岁以上老年人每人每年 2400 元生活补贴费，全年发放老年人生活补贴 47.52 万元；东风村发给 60 周岁以上老年人每人每年 100 元生活补贴费，全年发放老年人生活补贴 3.25 万元。2002 年起，钱桥镇舜柯村发给 60 周岁以上老年人每人每年 1200 元生活补贴费，每年重阳节给每人发 50 元慰问金，春节给每人发 150~200 元慰问金，每两年给每人发 150 元旅游费；苏庙村发给 60 周岁以上老年人每人每年 1560 元生活补贴费，是年共发老年人生活补贴 65.68 万元；藕塘镇藕塘村发给 60 周岁以上老年人每人每年 400 元生活补贴费，是年发放老年人生活补贴 20.12 万元。

2005 年起，晓星村发给 60 周岁以上老年人每人每年 1200 元生活补贴费，全年发放老年人生活补贴 66.6 万元。晓星村每年敬老节前，都要组织年满 90 周岁的老寿星以及结婚满 50 周年的原配夫妻拍照留念。2006 年，晓星村老年活动室寿星榜和金婚榜挂有 14 对金婚夫妇和 6 位老寿星照片。华新村发放老年人养老金每年都有 60 余万元，同时发放困难补助金近 10 万元。晓星村还在全村营造尊老、敬老、爱老的良好氛围。每年敬老节，对村内全体老年人进行走访，发放节日慰问品，组织老年人召开座谈会，每年组织老年村民外出参观，增长见识，开拓视野。同时，该村还将敬老、爱老和维护老年人权益列入村规民约，要求村民共同遵守，并按自然村分片组织老年人学习老年法，在全村开展评选“五好家庭”“十星级文明家庭”时，将敬老爱老作为必要条件之一。是年起，西漳村发给 60 周岁以上老年人每人每年 1200 元生活补贴费，每人每年发交通补贴 100 元，每人每年购买 40 元意外保险；在敬老节给 70 周岁以上老人每人发 100 元慰问金，对 80 周岁以上老人每年发放夏令、冬季慰问金 100 元。2007 年，晓星村先后有 250 余户村民获“五好家庭”“十星级文明家庭”荣誉。2009 年始，南塘社区发给 60 周岁以上老年人每人每年 200 元生活补贴费，全年发放老年人生活补贴 13.38 万元。2014 年起，盛峰社区发给 60 周岁以上老年人每人每年 300 元生活补贴费，全年发放老年人生活补贴费 27.12 万元。2015 年，钱桥街道 14 个社区均发放老年人生活补贴（晴山蓝城社区老年人由原社区发放）。

**2004~2015 年钱桥（镇）街道各（村）社区老年人（原农民）补贴发放人数、标准统计表**

表 7—34—12　　单位：人、元

| （村）社区 | | 2004年 | 2005年 | 2006年 | 2007年 | 2008年 | 2009年 | 2010年 | 2011年 | 2012年 | 2013年 | 2014年 | 2015年 |
|---|---|---|---|---|---|---|---|---|---|---|---|---|---|
| 钱桥 | 发放人数 | 166 | 170 | 178 | 187 | 145 | 145 | 133 | 132 | 132 | 124 | 121 | 117 |
| | 发放标准 | 1800 | 1800 | 1800 | 1800 | 1800 | 1800 | 1800 | 1800 | 1800 | 1800 | 1800 | 1800 |
| 华新 | 发放人数 | 796 | 774 | 746 | 723 | 698 | 678 | 656 | 627 | 598 | 561 | 461 | 457 |
| | 发放标准 | 720 | 840 | 840 | 840 | 960 | 960 | 960 | 1200 | 1200 | 1200 | 1440 | 1440 |
| 苏庙 | 发放人数 | 435 | 432 | 440 | 451 | 453 | 455 | 460 | 465 | 471 | 475 | 470 | 475 |
| | 发放标准 | 1560 | 1560 | 1560 | 1560 | 1560 | 1560 | 1800 | 1800 | 1800 | 1800 | 1800 | 1800 |
| 溪南 | 发放人数 | 748 | 745 | 743 | 755 | 756 | 755 | 745 | 755 | 756 | 738 | 380 | 350 |
| | 发放标准 | 960 | 960 | 960 | 960 | 960 | 1200 | 1200 | 1200 | 1200 | 1200 | 1200 | 1200 |
| 舜柯 | 发放人数 | 681 | 679 | 685 | 673 | 664 | 659 | 643 | 656 | 679 | 530 | 510 | 467 |
| | 发放标准 | 1200 | 1200 | 1200 | 1200 | 1200 | 1200 | 1200 | 1200 | 1200 | 1200 | 1200 | 1200 |

续表 7—34—12 单位：人、元

<table>
<tr><th colspan="2">（村）社区</th><th>2004年</th><th>2005年</th><th>2006年</th><th>2007年</th><th>2008年</th><th colspan="2">2009年</th><th>2010年</th><th>2011年</th><th>2012年</th><th>2013年</th><th>2014年</th><th>2015年</th></tr>
<tr><td rowspan="2">洋溪</td><td>发放人数</td><td>357</td><td>398</td><td>414</td><td>430</td><td>443</td><td colspan="2">445</td><td>449</td><td>452</td><td>459</td><td>451</td><td>447</td><td>449</td></tr>
<tr><td>发放标准</td><td>313</td><td>348</td><td>356</td><td>530</td><td>680</td><td colspan="2">693</td><td>732</td><td>750</td><td>1004</td><td>1108</td><td>1119</td><td>1346</td></tr>
<tr><td rowspan="2">藕塘</td><td>发放人数</td><td>511</td><td>513</td><td>514</td><td>515</td><td>517</td><td colspan="2">516</td><td>520</td><td>525</td><td>492</td><td>581</td><td>601</td><td>600</td></tr>
<tr><td>发放标准</td><td>400</td><td>400</td><td>400</td><td>400</td><td>400</td><td colspan="2">600</td><td>600</td><td>600</td><td>600</td><td>600</td><td>600</td><td>800</td></tr>
<tr><td rowspan="2">东风</td><td>发放人数</td><td>357</td><td>377</td><td>419</td><td>542</td><td>538</td><td colspan="2">548</td><td>693</td><td>767</td><td>807</td><td>835</td><td>886</td><td>926</td></tr>
<tr><td>发放标准</td><td>100</td><td>100</td><td>100</td><td>200</td><td>200</td><td colspan="2">300</td><td>300</td><td>500</td><td>500</td><td>600</td><td>600</td><td>600</td></tr>
<tr><td rowspan="2">稍塘</td><td>发放人数</td><td>366</td><td>406</td><td>432</td><td>562</td><td>559</td><td colspan="2">562</td><td>581</td><td>627</td><td>793</td><td>819</td><td>862</td><td>870</td></tr>
<tr><td>发放标准</td><td>150</td><td>150</td><td>150</td><td>350</td><td>550</td><td colspan="2">650</td><td>650</td><td>650</td><td>820</td><td>820</td><td>820</td><td>820</td></tr>
<tr><td rowspan="2">勤建</td><td>发放人数</td><td>330</td><td>327</td><td>341</td><td>340</td><td>345</td><td rowspan="4">藕乐苑</td><td colspan="7">发放人数</td></tr>
<tr><td>发放标准</td><td>300</td><td>500</td><td>600</td><td>800</td><td>1000</td><td>509</td><td>632</td><td>711</td><td>762</td><td>823</td><td>851</td><td>864</td></tr>
<tr><td rowspan="2">恒源祥</td><td>发放人数</td><td>182</td><td>175</td><td>171</td><td>169</td><td>168</td><td colspan="7">发放标准</td></tr>
<tr><td>发放标准</td><td>2400</td><td>2400</td><td>2400</td><td>2400</td><td>2400</td><td>1200</td><td>1200</td><td>1200</td><td>1200</td><td>1200</td><td>1200</td><td>1200</td></tr>
<tr><td rowspan="2">晓丰</td><td>发放人数</td><td>—</td><td>555</td><td>621</td><td>666</td><td>687</td><td colspan="2">695</td><td>871</td><td>1016</td><td>1046</td><td>539</td><td>532</td><td>505</td></tr>
<tr><td>发放标准</td><td>—</td><td>1200</td><td>1200</td><td>1200</td><td>1200</td><td colspan="2">1200</td><td>1200</td><td>1200</td><td>1200</td><td>1200</td><td>1440</td><td>1440</td></tr>
<tr><td rowspan="2">西漳</td><td>发放人数</td><td>—</td><td>—</td><td>163</td><td>256</td><td>212</td><td colspan="2">355</td><td>319</td><td>712</td><td>1228</td><td>1299</td><td>1368</td><td>1006</td></tr>
<tr><td>发放标准</td><td>—</td><td>—</td><td>1200</td><td>1200</td><td>1200</td><td colspan="2">1200</td><td>1200</td><td>1200</td><td>1200</td><td>1200</td><td>1200</td><td>1200</td></tr>
<tr><td rowspan="2">南塘</td><td>发放人数</td><td>—</td><td>—</td><td>—</td><td>—</td><td>—</td><td colspan="2">669</td><td>666</td><td>692</td><td>684</td><td>680</td><td>874</td><td>909</td></tr>
<tr><td>发放标准</td><td>—</td><td>—</td><td>—</td><td>—</td><td>—</td><td colspan="2">200</td><td>200</td><td>200</td><td>200</td><td>200</td><td>500</td><td>600</td></tr>
<tr><td rowspan="2">盛峰</td><td>发放人数</td><td>—</td><td>—</td><td>—</td><td>—</td><td>—</td><td colspan="2">—</td><td>—</td><td>—</td><td>—</td><td>—</td><td>904</td><td>934</td></tr>
<tr><td>发放标准</td><td>—</td><td>—</td><td>—</td><td>—</td><td>—</td><td colspan="2">—</td><td>—</td><td>—</td><td>—</td><td>—</td><td>300</td><td>300</td></tr>
</table>

## 2004~2015 年钱桥（镇）街道各（村）社区老年农民补贴发放金额统计表

表 7—34—13 单位：万元

| （村）社区 | 2004年 | 2005年 | 2006年 | 2007年 | 2008年 | 2009年 | 2010年 | 2011年 | 2012年 | 2013年 | 2014年 | 2015年 |
|---|---|---|---|---|---|---|---|---|---|---|---|---|
| 钱　桥 | 29.88 | 30.60 | 32.04 | 33.66 | 26.10 | 26.10 | 23.94 | 23.76 | 23.76 | 22.32 | 21.78 | 21.06 |
| 华　新 | 57.31 | 65.02 | 62.66 | 60.73 | 67.01 | 65.09 | 62.98 | 75.24 | 71.76 | 67.32 | 66.38 | 65.81 |
| 苏　庙 | 67.86 | 67.39 | 68.64 | 70.36 | 70.67 | 70.98 | 82.80 | 83.70 | 84.78 | 85.50 | 84.60 | 85.50 |
| 溪　南 | 71.81 | 71.52 | 71.33 | 72.48 | 72.58 | 90.60 | 89.40 | 90.60 | 90.72 | 88.56 | 45.60 | 42.00 |
| 舜　柯 | 81.72 | 81.48 | 82.20 | 80.76 | 79.68 | 79.08 | 77.16 | 78.72 | 81.48 | 63.60 | 61.20 | 56.04 |
| 洋　溪 | 11.17 | 13.85 | 14.74 | 22.79 | 30.12 | 30.84 | 32.87 | 33.90 | 46.08 | 49.97 | 50.02 | 60.44 |
| 晓　丰 | — | 66.64 | 74.54 | 79.28 | 82.34 | 83.45 | 104.53 | 121.99 | 125.56 | 66.55 | 77.02 | 74.01 |
| 西　漳 | — | — | 1.63 | 2.56 | 2.12 | 3.55 | 3.19 | 7.12 | 12.28 | 12.99 | 13.68 | 10.06 |
| 藕　塘 | 20.44 | 20.52 | 20.56 | 20.60 | 20.08 | 30.96 | 31.20 | 31.50 | 29.52 | 34.86 | 36.06 | 48.00 |

续表 7—34—13　　单位：万元

| （村）社区 | 2004年 | 2005年 | 2006年 | 2007年 | 2008年 | 2009年 | 2010年 | 2011年 | 2012年 | 2013年 | 2014年 | 2015年 |
|---|---|---|---|---|---|---|---|---|---|---|---|---|
| 东　风 | 3.57 | 3.77 | 4.19 | 10.84 | 10.76 | 16.47 | 20.79 | 38.35 | 40.35 | 50.10 | 53.16 | 55.56 |
| 南　塘 | — | — | — | — | — | 13.38 | 13.32 | 13.84 | 13.68 | 13.60 | 43.70 | 54.54 |
| 盛　峰 | — | — | — | — | — | — | — | — | — | — | 27.12 | 28.02 |
| 稍　塘 | 5.49 | 6.09 | 6.48 | 14.59 | 23.86 | 29.10 | 30.08 | 31.02 | 40.98 | 41.92 | 43.59 | 43.42 |
| 藕乐苑 | 53.58 | 58.85 | 61.50 | 47.76 | 74.82 | 60.60 | 75.84 | 85.32 | 91.44 | 98.76 | 102.10 | 103.68 |
| 总　计 | 402.83 | 485.73 | 500.51 | 516.41 | 560.14 | 600.20 | 648.10 | 715.06 | 752.39 | 696.05 | 726.01 | 748.14 |

## 二、孤老供养

敬老爱老是钱桥、藕塘地区的传统美德。新中国成立后，地方政府关心、照顾孤独老年人。1986年，钱桥、藕塘两乡分别创办敬老院。是年，钱桥乡24名五保老人（保吃、保住、保穿、保医、保葬）入住钱桥敬老院；藕塘乡19名五保老人入住藕塘敬老院。1990年，钱桥敬老院入院人数增加至28人。1994年，藕塘敬老院入院人数增加至24人。2008年，钱桥敬老院入院人数（包括寄养人员）增加至108人。2009年，因政府规划，藕塘敬老院被拆除。藕塘敬老院15名五保老人并入钱桥敬老院。是年，钱桥敬老院共有孤独老人及寄养老人123人。

2009年10月，惠山区五保老人颐养院开院，钱桥敬老院40名五保老人入住惠山区颐养院。2012年，钱桥街道又有5名五保老人入住区颐养院。2015年，钱桥街道45名五保老人全部入住惠山区颐养院，实行政府供养。

## 三、敬老院

### （一）钱桥敬老院

1985年，财政部顾问、原财政部副部长兼政治部主任、财政部纪检组组长江东平（原名祝天祜）与夫人回无锡钱桥老家调研。在钱桥乡政府召开的部分乡干部及老年人代表座谈会上，江东平听到老年人代表王阿虎提出钱桥就缺一个敬老院，以安置钱桥地区的五保老人的建议后，认为这个意见很好，希望地方政府做好这项工作。是年11月，钱桥乡政府选址在玉泉路34号玉泉公园内的敬老院建设项目开始动工。1986年10月1日，钱桥敬老院落成开院。钱桥敬老院占地面积1060平方米，房屋16间，内设宿舍、食堂、办公室、医务室、服务员休息室等；有工作人员3人、医务人员1人；24名五保老人入院。2003年，钱桥镇政府对敬老院部分老房进行翻建，高起点、高标准地建成宾馆式老年公寓，总投资300万元，占地面积7000平方米，建筑面积4000平方米，设置48个房间，可以入住108位老人。

2009年10月，惠山区五保老人颐养院开院后，钱桥街道敬老院五保老人全部入住区颐养院，钱桥街道敬老院的职能转变为托管寄养老人。是年11月，钱桥敬老院被江苏省民政厅评为省示范性养老机构。2010年11月，钱桥敬老院被江苏省民政厅评为全省文明敬老院。2012年，钱桥街道巩固、提升居家养老水平，钱桥敬老院改扩建工程主体大楼建筑于1月底完工，新增床位160张。3月，钱桥敬老院被无锡市民政局评为无锡市养老机构规范化建设达标单位。是年10月12日，钱桥敬老院改扩建工程竣工启用。同年12月，钱桥敬老院被无锡市人民政府评为安全生产工作先进集体。2013年，钱桥敬老院改设为钱桥颐养中心。

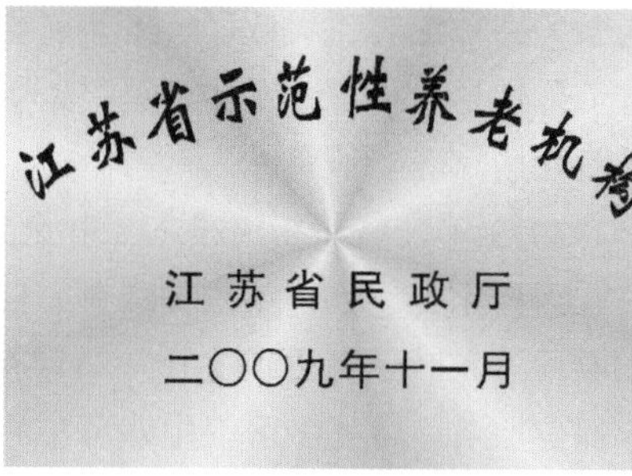


图7—34—3　2009年11月，钱桥敬老院被江苏省民政厅命名为江苏省示范性养老机构

### （二）藕塘敬老院

1985年，藕塘乡政府投入资金，把在藕塘老街南街北端的交管所老房改造成敬老院。1986年

12月23日，藕塘敬老院开院，建筑面积340平方米，设有宿舍、办公室、食堂、服务员休息室等，工作人员4人，19名五保老人入住。后因敬老院房子是老式建筑，房间面积狭小，老人拥挤，已属危房，五保老人以及自费寄养老人逐年增加，原敬老院已不适应老年人需求，1994年，藕塘镇政府投资在藕塘新街东北角东风村田庄巷新建敬老院，占地面积9990平方米，建筑面积1280平方米，有平房40间、床位48张，卫浴、电视机、电风扇、电话、家具、生活用品等一应俱全。2002年，藕塘敬老院有五保老人23人，入院五保老人每人每年供给标准3200元；另有自费托养老人7人。是年，藕塘镇投入10多万元资金对敬老院内部设施进行整修，增添健身器材，改善老人生活条件，被评为无锡市文明敬老院。2009年，藕塘敬老院并入钱桥敬老院。

## 四、无锡市惠山区钱桥颐养中心

无锡市惠山区钱桥颐养中心前身为钱桥敬老院。2013年10月13日（敬老节），钱桥敬老院更设为钱桥颐养中心，坐落在玉泉公园内，占地面积8000平方米，建筑面积8500平方米，房间112个，拥有床位256张，卫浴、电视、电话、呼叫系统、空调、电扇、高档家具、生活用品一应俱全。公共设施、娱乐设施、康复设施、生活设施等功能齐全，还有医务室，为老人开展不同等级护理。钱桥颐养中心是集休闲、娱乐、康复于一体的寄养老人安享幸福晚年的理想乐园。颐养中心配有一支专业管理队伍和专业护理人员。颐养中心成立院管会。院管会由院长、院民代表、管理班子代表组成。院管会不断创新，不断提升服务质量，不断完善服务功能，多次获得上级表彰。2014年11月，钱桥颐养中心被无锡市妇女联合会评为“巾帼文明岗”。

图7—34—4　钱桥颐养中心（2015年）

2015年，钱桥颐养中心寄养托管老年人225人，有工作人员43人、管理人员5人、医生1人、护士1人。

## 五、社区居家养老服务中心（站）

2010年，随着区域内人口老龄化和空巢独居老人增多，钱桥街道有计划地推进各社区建设居家养老服务站。2011年，全街道15个社区投入资金1450余万元，均建成居家养老服务站。其中，稍塘社区居家养老服务站建设投入200万元，藕乐苑社区居家养老服务站建设投入250万元，功能设施满足老年人需求。是年，全街道15个社区居家养老服务站全部通过市、区两级验收。同年11月，稍塘社区居家养老服务站被江苏省民政厅、江苏省老龄委办公室评为“江苏省示范性居家养老服务中心”，成为钱桥街道社区首家省级示范性居家养老服务站。

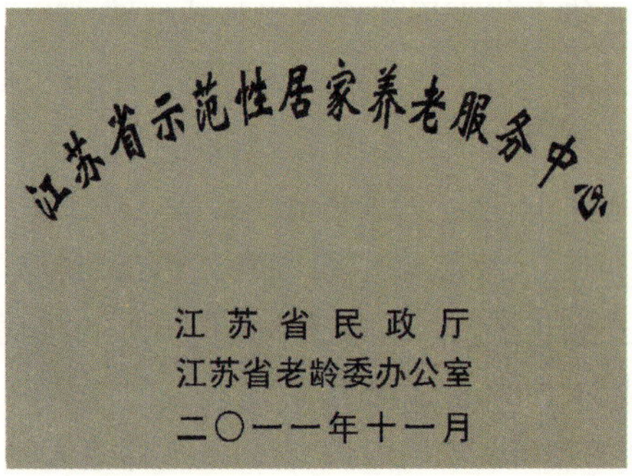


图7—34—5　2011年11月，稍塘社区居家养老服务站被表彰为江苏省示范性居家养老服务中心

2013年，钱桥街道投入150余万元资金，对15个社区居家养老服务站各个项目进一步完善。各社区居家养老服务站根据孤寡、独居、空巢老年人的实际情况，实行分级服务，有生活照料服务，主要通过家政服务专职工作人员和社区义工进行结对帮助，开办各项生活照料日常生活服务；有医疗保健服务，依托社区卫生服务中心（站），建立老年人医疗康复保健站，建立老年人健康档案，并定期为老年人进行健康体检、心理咨询，提供预防、诊断、治疗、康复保健一体化服务；有精神文化服务，设置为老年人服务的阅览室、棋牌室、乒乓球室、健身房及场外各类健身设施等，社区专职社工、老年协会、社区义工等组织老年人开展各类文体活动，提高老年人生活品质。社区居家养老服务站还开展70周岁以上老年人爱心理发活动，针对社区内不少老人行动不便、不能行走等特殊情况，爱心理发师们特别提供电话预约上门服务，如果家中有需要理发的老人，只需拨打一个电话，理发师就会到老人家中提供免费理发服务。

2015年，钱桥街道15个社区居家养老服务中心（站）占地面积9460平方米，建筑面积7380平方米，固定资产2740万元，日托床位80张，工作人员59人，长期服务对象777人。

2015年钱桥街道居家养老服务中心（站）基本情况统计表

表7—34—14　　单位：平方米、万元、张、人

| 所在单位 | 机构地址 | 成立时间 | 使用面积 | 占地面积 | 固定资产 | 日托床位数 | 工作人员数 | | | 长期固定服务对象 |
|---|---|---|---|---|---|---|---|---|---|---|
| | | | | | | | 总计 | 其中 | | |
| | | | | | | | | 管理人员 | 服务人员 | |
| 钱桥社区 | 钱桥玉泉公园内 | 2011.00 | 1000 | 350 | 300 | 5 | 4 | 1 | 3 | 85 |
| 华新社区 | 华新苑物管办 | 2011.05 | 650 | 200 | 200 | 5 | 7 | 3 | 4 | 72 |
| 苏庙社区 | 春来苑文体中心 | 2011.00 | 550 | 960 | 300 | 5 | 4 | 1 | 3 | 50 |
| 溪南社区 | 溪南社区居委所在地 | 2010.08 | 150 | 200 | 140 | 5 | 3 | 1 | 2 | 50 |
| 舜柯社区 | 舜柯社区居委所在地 | 2011.00 | 250 | 600 | 100 | 5 | 4 | 1 | 3 | 35 |
| 洋溪社区 | 洋溪人家小区内 | 2009.12 | 600 | 600 | 220 | 5 | 3 | 1 | 2 | 40 |
| 晓丰社区 | 晓丰社区大花岸 | 2010.10 | 800 | 1000 | 350 | 5 | 9 | 2 | 7 | 45 |
| 西漳社区 | 西漳村委 | 2010.07 | 200 | 250 | 120 | 5 | 3 | 1 | 2 | 46 |
| 晴山蓝城社区 | 育才路49号 | 2011.11 | 300 | 100 | 115 | 5 | 3 | 1 | 2 | 23 |
| 藕塘社区 | 藕塘大街 | 2010.00 | 250 | 300 | 60 | 5 | 2 | 1 | 1 | 50 |
| 东风社区 | 锡陆路 | 2010.07 | 220 | 250 | 150 | 5 | 3 | 1 | 2 | 44 |
| 南塘社区 | 南塘社区居委所在地 | 2011.03 | 200 | 200 | 145 | 5 | 3 | 1 | 2 | 42 |
| 盛峰社区 | 锡陆路296号 | 2011.06 | 110 | 150 | 30 | 5 | 3 | 1 | 2 | 20 |
| 稍塘社区 | 稍塘路 | 2011.02 | 1500 | 3500 | 300 | 10 | 4 | 1 | 3 | 95 |
| 藕乐苑社区 | 藕乐苑社区85号 | 2011.00 | 600 | 800 | 210 | 5 | 4 | 1 | 3 | 80 |
| 合计 | — | — | 7380 | 9460 | 2740 | 80 | 59 | 18 | 41 | 777 |

## 六、惠家居家养老·惠和居家养残综合服务平台

2014年6月，钱桥街道成立惠家居家养老·惠和居家养残综合服务平台。服务方团队为“96158”无锡·便民服务中心，服务人员8人，服务模式为政府购买服务、社会组织具体实施，为区域内15个社区的特定老年对象提供“私人订制”式养老服务，即安排服务员按照服务对象确定的内容在约定的时间内上门提供服务。钱桥街道居家养老（养残）综合服务平台服务内容涵盖换季洗晒套餐、保洁整理套餐、助餐套餐、助浴套餐、助残套餐、助行套餐、自定套餐特殊需求等老年人常用服务套餐和六大类130余项生活低偿服务。辖区内老人足不出户就能享受到养老机构的专业化服务。同时，建立平台跟踪回访、社区和街道民政办对服务质量进行监督评估的运作机制，实施规范管理。是年，累计6个社区、290户人家、1800多人次的老人享受到服务中心提供的各类无偿和低偿服务，老人们的满意率达100%。

钱桥街道联合便民服务中心“96158”以助餐、助洁、助浴、助医、助行、助急等“六助”为抓手，开展居家养老政府购买服务，受到区域内老年人的欢迎。便民服务中心充分发挥以“96158”热线为主的信息服务平台的优势，不断强化“物联网+居家养老”模式和运营体系，并依托社区服务站点优化服务内容，提高老人的生活水平和生命质量，使老人不离社区、不出家门就能享受到专业品质的居家养老服务。

2015年，钱桥街道以政府买单、市场化运作的居家养老服务模式实现15个社区全覆盖，共450户老人接受居家养老服务，类别有70周岁以上低保、低收入户，80周岁以上纯老年人家庭，70周岁以上独居老年人家庭，“五保”“三无”老年人家庭，市级以上劳模纯老年人家庭，重点优抚对象纯老年人家庭，重度残疾纯老年人家庭，部分失能纯老年人家庭、失智老人等，让区域内所有符合条件的老年人和残疾人都能享受到便捷的上门服务。是年，钱桥街道给居家养老服务平台出资9.04

万元。同年，钱桥街道惠家居家养老·惠和居家养残综合服务平台站长为周琴芬。

## 第四节 优抚工作

根据国家《军人抚恤优待条例》，钱桥、藕塘地区政府自1950年起，对区域内中国人民解放军现役军人、革命伤残军人、复员军人、退伍军人、烈士遗属、因公牺牲军人遗属、病故军人遗属、现役军人家属按规定实施享受优待、抚恤、养老等待遇和服务保障制度。2015年，钱桥街道发放义务兵家属优待金938543元，发放军人补助金936212元。

### 一、军人优待

新中国成立初期，钱桥、藕塘镇，万东、溪北、稍塘、盛店等乡人民政府贯彻执行无锡县人民政府出台的为军属户实行代耕、代种和包耕的优抚政策。1950年，藕塘区人民政府规定区域内烈属户享有定期或不定期的优抚补助，烈军属享有代耕、代种和包耕的优抚待遇。是年12月，藕塘区人民政府贯彻执行政务院批准、内务部发布的一系列烈军属优待和抚恤政策。1954年春节，藕塘区人民政府向区域内烈军属和残废、转业、复员军人上门送发无锡县人民政府首次春节慰问信，同时发放慰问品。

1955年起，每逢春节，钱桥、藕塘地区地方党政领导都要至烈军属家中慰问，成为传统。1959年，藕塘公社有烈军属98户，其中烈属1户、病故军人家属2户、失踪军人家属1户、军官家属5户、军属89户，共发出慰问信120封、春联98副、“光荣之家”乡匾98块、毛巾98条。1956年起，区域内烈军属优抚改代耕、包耕为优待劳动日，实行现金和实物分配。享受优待劳动日的对象为烈属、现役军人战士家属、二等以上残疾军人家属和带病回乡的复员、退伍军人。1958年起，以上对象收入低于当地社员平均收入的，减去自做工分，不足的由集体优待劳动日补足。烈军属优待劳动日须经过民主评定、领导批准后发放到户，实行春评、夏查、秋兑现的方法。是年，钱桥、藕塘地区烈军属平均每户优待32个劳动日。1979年，钱桥公社、藕塘公社对农村现役军人（战士）和烈士家属的优待改变以往“困难大、多优待，困难小、少优待，不困难不优待”的做法，实行普遍优待，按农村一个整劳力全年工分的50%~70%的标准落实优待工劳动日。

1983年，钱桥乡、藕塘乡按照无锡县人民政府规定，优待实行支付现金的办法，对现役军人战士家属的优待不低于当地一个整劳力全年收入的70%，对带病回乡或年老体弱、生活有困难的复员、退伍军人给予适当的补助，使之保持不低于当地群众的生活水平。1984年，为鼓励战士安心服役，钱桥乡、藕塘乡人民政府改变“一刀切”的优待办法，按战士在部队的表现及服役期长短确定优待标准，奖优罚劣。凡服役1~3年的，优待一个整劳力全年收入的70%；服役4年（含）以上的，每超一年增发优待金5 %；在部队服役立三等功的，奖励增发优待金5 %；立二等功的，奖励增发优待金10 %；立一等功的，奖励增发优待金15%；受处分的，低于优待金标准。1986年，钱桥、藕塘地区城镇入伍的义务兵家属优待金按同年进单位的在职职工的基本工资和奖金标准发放。同年10月起，城镇高（初）中毕业生和待业青年入伍的，发给入伍通知书的同时，一并发给企业用工通知书，先安置、后入伍，并享受与在职入伍义务兵家属相应的优待金。1988年，钱桥镇、藕塘乡人民政府根据国务院颁发的《军人抚恤优待条例》，对死亡的现役军人家属和伤残的现役军人家属发放抚恤金，实行定补。同年，钱桥镇、藕塘乡义务兵优待实行“以乡统筹、奖优罚劣”，义务兵家属优待金分别为1600元、1000元。

1990年2月，钱桥镇、藕塘乡政府根据无锡县民政局、人武部的意见，通过保险公司开展“义务兵养老金保险和义务兵及其父母人生平安保险”工作，分别投保19人、9人，保费由集体负担。是年，城镇义务兵家属优待金第一年者发放750元、第二年者发放850元、第三年者发放950元、第四年及以上者发放1050元。1992年，钱桥镇、藕塘乡农村义务兵家属优待金分别为2000元和1200

元。1997 年，钱桥、藕塘镇对现役立功和被评为优秀士兵的家属增发优待金，予以奖励。1998 年起，对高中（中专）毕业生的义务兵家属提高 10%优待金。1999 年，钱桥镇、藕塘镇入藏义务兵家属优待金为 1.5 万元。2000 年，城镇义务兵家属优待金提高到 5000 元；农村义务兵家属优待金，钱桥镇、藕塘镇人均分别为 4868 元、4830 元。

2002 年，藕塘镇义务兵优待金全部落实兑现，共发放 10.45 万元。2004 年钱桥、藕塘两镇合并后，钱桥镇义务兵家属优待金不再区分城镇和农村，只按照学历发放义务兵家属优待金，高中（中专）入伍的义务兵家属发放 6000 元优待金，初中入伍的义务兵的家属发放 5500 元。2009 年起，区域内入伍义务兵全部达到高中（中专）文化以上，均按高中学历发放优待金。2013 年，钱桥街道创办惠山区第一家退伍军人优抚之家。2015 年，钱桥街道义务兵家属优待金人均 19969 元。

### 二、军人补助

钱桥、藕塘地区政府除发放义务兵家属优待金外，对退出现役的老复员军人（1954 年 10 月 31 日以前入伍的退伍军人）、烈属、病故军人家属实行抚恤和定期或不定期的补助。抚恤费和定期补助费报县以上民政部门核定发放，不定期补助由乡镇政府解决。1992 年，钱桥镇、藕塘乡对上述人员办理统筹医疗卡，给予定期补助，并制定医疗补助办法。1997 年，藕塘镇为 16 名老复员军人减免医疗费 1.5 万元，对烈属、病故军人家属发放慰问金 1.5 万余元。1997 年、1998 年，藕塘镇为 2 名老复员军人分别补助建房经费 3 万元。2000 年，钱桥镇慰问 1 户烈属，发放补助金 4086 元；慰问伤残军人 6 人，人均发放补助金 2377 元；慰问老复员军人 13 人，人均发放补助金 3314 元；慰问带病回乡军人 3 人，人均发放补助金 2184 元，总计发补助金 67982 元；藕塘镇为 13 名老复员军人发放医疗补助金 5570 元，发放补助金 33828 元。2002 年，藕塘镇给 10 名老复员军人发放医疗补助金 1 万元，对 19 名退伍兵发放安置费 4.5 万元，对 4 名退休军人建房困难户给予适当补助。

2013 年起，钱桥街道在“八一”建军节、春节，对 44 名参加援越抗美的退伍军人每人每节发放补助金 2160 元，其中 16 名无退休金的退伍军人享受每月 568 元的生活补助。2015 年，钱桥街道有老复员军人 10 人，共发放补助金 300948 元；其中 1 人因病，另补助医疗费 12594 元。同年，钱桥街道为老复员军人遗属定补每人每月 700 元；为伤残在职、在乡退伍军人，发放补助金 508394 元；为带病回乡军人，发放补助金 42696 元；因公牺牲和病故军人家属 2 人，发放补助金 71580 元，总计发放补助金 936212 元。

## 第五节　复员、退伍军人安置

新中国成立初期，钱桥、藕塘地区实行志愿兵制，退伍、转业军人回原籍安置。1955 年实施义务兵役制后，义务兵役军人除国家需要特殊安置外，继续实行回原籍安置的政策。20 世纪 60 年代，随着钱桥公社、藕塘公社集体经济和城镇建设的发展，城镇户口入伍的退伍兵由地方政府统一安置，农村户口入伍的退伍军人全部安置至乡镇企业就业。60 年代末至 70 年代初，钱桥公社、藕塘公社少数农村户口退伍军人被安排到国营或大集体企业工作。20 世纪末，钱桥、藕塘镇退伍军人安置实行双向选择，除政府安置外可以自谋职业，政府给予一次性补助，一次性补助费一般为每人 5000 元。2002 年，藕塘镇退伍军人每人享受安置费 5000 元。2005 年，钱桥镇人民政府执行惠山区人民政府制定的《无锡市惠山区人民政府关于统一义务兵家属优待金和退伍士兵自谋职业补助金（助学金）标准的实施意见》规定，2003 年（含 2003 年）应征入伍的非在职义务兵、从全日制学校在校学生应征入伍的大学生士兵（退伍后愿意复学的，享受复学助学金）不再享受一次性安置补助金。自 2005 年起，由惠山区负责接收安置的复员士官，其退役后愿意自谋职业的，补助金标准为：服役未满 3 年的，每人在 3.3 万元的基础上，每服役满一年的增加 0.3 万元。经费由惠山区政府和钱桥镇政府两级各负担一半。2015 年，钱桥街道给义务兵退伍军人发放安置补助金，人均 53597 元；给退伍士官发放安置补助金，人均61957元。

## 第六节 扶残助残

1987年前，钱桥乡、藕塘乡残疾人工作由党委组织办公室兼管。1987年后，钱桥、藕塘（乡）镇残疾人工作由民政办公室管理。1992年，钱桥镇、藕塘乡分别成立残疾人联合会。2004年2月，钱桥、藕塘两镇合并后，两镇残疾人联合会同时合并。残疾人联合会属民政办领导，民政办下设残联办公室。2005年，钱桥镇被中国残疾人联合会表彰为全国残疾人工作先进乡镇。2006年11月，无锡市委、市政府建立中共无锡（藕塘）职教园区工作委员会、无锡（藕塘）职教园区管理委员会，实行园区与钱桥镇合一的管理体制后，设立社会事务管理局，下设民政办公室。民政办公室内设残联办公室，履行代表、服务、管理职能，维护残疾人的合法权益。翌年，各村相应建立残疾人协会，并配备一名村、社区干部分管残疾人工作。2015年，钱桥街道共有15个社区残疾人协会，属于街道残联办公室领导。

### 一、残疾人概况

1984年，藕塘乡具有劳动能力的残疾人34人。1985年，钱桥乡具有劳动能力的残疾人43人。1993年，钱桥镇具有劳动能力的残疾人144人。1996年，藕塘镇具有劳动能力的残疾人372人。

2015年，钱桥街道持证残疾人1179人，其中视力残疾77人、听力残疾170人、语言残疾13人、肢体残疾532人、智力残疾242人、精神残疾126人、多重残疾19人。是年2月27日，钱桥街道残疾人联合会代表无锡市参加全国残疾人基本服务状况和需求专项调查江苏省对无锡市的考核，取得第一名。同年7月，钱桥街道残疾人联合会被无锡市人民政府残疾人工作委员会表彰为残疾人基本服务状况和需求专项调查先进集体。

### 二、残疾人救助

1990年始，钱桥镇、藕塘乡对“四残”（盲人、聋人、哑人、肢体残疾人）人员给予一定的经济补助。是年，钱桥镇对33名“四残”人员每人每月发放补助金15元，共计5940元。1991~2003年，钱桥镇、藕塘（乡）镇对残疾人发放的补助金逐年增加。2003年，藕塘镇对100名残疾人发放生活补助款3.3万元。2004年，两镇442名残疾人每人领到生活补助金400元。2005年5月，钱桥镇残联向16名残疾人赠送残疾车、拐杖、盲杖等。2009年，钱桥街道对无固定收入的重残人员给予生活救助金，其中城镇重残人员18人，每人每月发放350元生活救助金；农村重残人员52人，每人每月发放260元生活救助金。是年，钱桥街道共发放重残人员生活救助金237840元。2010年，惠山区政府出台《关于对无固定收入重残人员给予生活救助的实施意见》，钱桥街道办事处认真贯彻执行。2011~2012年，钱桥街道给102名符合条件的重度残疾人员每人每月发放420~460元不等的补助金；给560名失去劳动力的老年残疾人每半年发放200元生活补助券，全年共发放生活补助券25万元。2013年，钱桥街道给364户581名残疾人发放生活补助金82.43万元，给重残人员80人发放生活补助金57.3万元。是年，钱桥街道配合惠山区残联及中国太平洋保险无锡分公司做好残疾人人身意外伤害保险综合购买工作，在惠山区率先为1017名持证残疾人购买80元/年的人身意外伤害保险。2014年，钱桥街道给385户608名残疾人发放生活补助金90.42万元，给85名重残人员发放生活补助金65.28万元。2015年10月28日，钱桥街道开展区域内残疾人免费体检活动，共有476名视力、听力、言语、肢体等四类持证残疾人参加体检。是年，钱桥街道给372户579名残疾人发放生活补助金99.39万元；给421名发放老年残疾人生活补助券，共计16.84万元；给12名残疾人每人发放燃油补贴260元；给89名重残人员发放生活补助金72.63万元。

### 三、残疾人就业创业

1984年，藕塘乡人民政府创办区域内第一家社会福利企业——无锡县橡塑二厂，为有劳动能力的34名残疾人提供自食其力的条件。1985年，钱桥乡人民政府创办社会福利企业无锡诚智炼钢辅助材料有限公司，为有劳动能力的43名残疾人员提供自食其力的条件。20世纪80年代，藕塘乡残疾人李玉在藕塘大桥桥堍下开办钟表维修店，为残疾人免费修钟表。1986年春天，李玉作为无锡市10名残疾人代表之一，参加无锡市残疾人座谈会，受到中国残疾人联合会主席、理事长邓朴方和省市有关领导的接见。1993年，钱桥镇共有福利企业3家，先后安置有劳动能力的144名残疾人至福利厂工作。1996年，藕塘福利企业发展至11家，共安置残疾人员272人就业。至2000年，藕塘镇先后安置有劳动能力的328名残疾人到福利厂就业。

2002年，藕塘镇8家福利企业经过国税、地税、民政局三家联合检查，全部通过年检，安置有劳动能力的残疾人254人，其中229名残疾人参加养老保险，保费额54960元。残疾人李玉属于低保对象，区、镇、居委领导一直对她非常关心。2003年助残日期间，惠山区委书记朱伦昌和区委、区残联、镇党委政府等有关领导看望慰问李玉。惠山区委赠送给她一台电脑，实现她多年的愿望。2003~2004年，李玉为周边300多位群众义务修表，连续5年每年为镇残联捐款200~300元，资助比她更困难的残疾人。2005年，苏庙村46岁的残疾人缪志良在钱桥镇残联的帮助下，通过培训学会推拿技术。是年4月，钱桥镇残联帮助缪志良投资2万多元在锡陆路侧开办的残联盲人推拿按摩院开业，残联又给予其3000元的资助。5月，李玉被惠山区人民政府评为残疾人“自强自立”先进典型。

2008年7月~2009年5月，钱桥街道为区域内残疾人就业、康复、技能培训等创造条件，政府投入资金先后建办惠和鑫盛农疗站、华泰惠和庇护工场、华力惠和工疗站等残疾人综合服务机构，保障残疾人员生活有依靠、康复有场地、就业有地方。2010年，钱桥街道至福利企业完成征收残疾人就业保险金580万元。2004~2014年，钱桥（镇）街道先后安置残疾人员就业2797人次，全部办理职工养老保险。

2015年3月，钱桥残疾人联合会组织20余名有就业意向和就业能力的残疾人参加钱桥街道春风行动招聘会。是年，钱桥街道8家福利企业安置207名残疾人就业。同年，钱桥街道认真贯彻上级政府关于按比例安置残疾人和征收残疾人保障金政策，区域内残疾人保障金年审单位共248家，新增残疾人就业20人，征缴残疾人保险金200余万元。

## 四、残疾人辅助性就业机构

### （一）惠和鑫盛农疗站

2008年，钱桥街道投资近100万元的惠和鑫盛农疗站建成，位于盛峰社区。惠和鑫盛农疗站拥有180平方米室内活动场所、20亩蔬菜种植基地和30亩桃树种植基地。同时，配置齐全的生产、生活、医疗和文化娱乐设施。农疗站以日间农业劳作治疗为主，辅以娱乐治疗、心理治疗，使部分病情稳定的残障人通过适当的生产劳动增强生产劳动能力，提高生活质量，最终实现融入社会。2015年，惠和鑫盛农疗站组织开展残友趣味运动会、残友手工技能比赛，组织残疾人参加社区党建活动大合唱，游览江阴嘉茂国际花鸟园、荡口古镇等活动，减缓残疾人的心理压力，使其学会用积极乐观的心态面对人生途中的风雨，拥有一颗自尊、自强、自立、自信的心。

### （二）华泰惠和庇护工场

2008年5月，位于钱桥华泰医药包装有限公司内的华泰惠和庇护工场启动建设。工场建筑面积500平方米，总投资近80万元，由无锡市华泰医药包装有限公司提供房屋、设施，钱桥街道残联给予部分资金支持。是年7月投入运行，有20余名残疾人在其中劳动、学习和康复。

华泰惠和庇护工场以智力和精神残疾人工疗、娱疗为主，融职业技能培训、康复训练、文体活动为一体，内设康复室、职业技能培训室、文体活动室。华泰惠和庇护工场在为本公司残疾职工提供服务及康复娱乐的同时，还为无锡职教园东片区近千名残疾人提供服务，其运营模式采取企业投资与政府补贴相结合的方法，突出其社会公益性。

2015 年，华泰惠和庇护工场专职管理人员、康复医生进入工作岗位。12 名智力残疾人和 4 名精神残疾人享受集医疗康复、社会康复、教育康复、职业康复于一体的工疗、娱疗服务；东片区首批 15 名有康复需求的残疾人在康复室接受康复师的系统训练；东片区新领证残疾人享受岗前免费培训全覆盖服务。

**（三）华力惠和工疗站、华力惠和残疾人活动中心**

2009 年 6 月 12 日，华力惠和工疗站、华力惠和残疾人活动中心在钱桥街道无锡市华力薄板有限公司揭牌成立。无锡市残联副理事长朱永彬、市民政局副局长沈毅、惠山区副区长陈金良、区残联理事长周伟翔到场祝贺并讲话。华力惠和工疗站、华力惠和残疾人活动中心位于华力薄板有限公司三楼，设有残疾人服务教育中心、会议中心、残疾人就业指导中心、康复健身室、职业技能培训室、文体活动室以及诊疗室等各个功能室。过道内还专门设置帮助残疾人行走的扶手。华力惠和工疗站、华力惠和残疾人活动中心建筑面积 500 平方米，总投资近 80 万元，由无锡市华力薄板有限公司提供房屋、设施，钱桥街道残联给予部分资金支持。华力惠和工疗站、华力惠和残疾人活动中心是集生活照料、康复训练、技能培训、文体娱乐、互动交流于一体的残疾人综合服务机构。是年，20 余名以智力、精神残疾为主体的残疾人在其中劳动、学习和康复。华力惠和工疗站、华力惠和残疾人活动中心通过工疗，培养残疾人的劳动观念，增进其身心健康，提高其生活水平和社会适应能力，让更多的残疾人融入社会。在华力惠和工疗站、华力惠和残疾人活动中心的残疾人全部解决就业岗位，签订劳动合同，报酬实行最低工资线，并缴纳社保“五金”。这种运行模式使残疾人的扶贫解困由“输血型”向“造血型”转变，达到政府满意、社会满意、企业满意、残疾人和残疾人家庭满意的“四个满意”。2015 年，华力惠和工疗站、华力惠和残疾人活动中心组织残疾人开展跳绳比赛、小乐队演出、观看电影和游览江阴嘉茂国际花鸟园、荡口古镇等活动，推进残疾人文化活动常态化，丰富残疾人精神生活，激发残疾人参与社会活动的热情和潜能。

图 7—34—6　2009 年 6 月 12 日，钱桥街道华力惠和工疗站、华力惠和残疾人活动中心揭牌仪式

**（四）残疾人就业孵化中心**

2014 年 10 月，钱桥街道成立无锡市首个残疾人就业孵化中心，位于金岸路。残疾人由于一直赋闲在家，其行为习惯、自控能力、人际交往等方面存在许多不足。为帮助残疾人尽快适应工作环境，中心聘请 2 名懂生产管理的工作人员担任导师，由当地爱心企业提供电子元器件组装等加工业务，从做简单的手工装配活开始，帮助残疾人提高劳动技能。针对残疾人性格比较内向、不擅长人际交流的情况，中心利用每天上午、下午两次的工休时间，组织开展读报、唱歌、聊天等活动，帮助残疾人尽快融入集体生活。中心每个月举办一次评比活动，由残疾人民主投票，每个月评选出 5 名“模范之星”“遵纪之星”“创新之星”，激励残疾人养成良好的工作、生活习惯。

2014~2015 年，残疾人就业孵化中心累计培训残疾人 30 多人，其中有 16 人经街道残联推荐被企业录用，成为一名自食其力的劳动者。2015 年，钱桥街道具有就业能力的残疾人 362 人。在残疾人就业孵化中心帮扶下，有 258 人走上工作岗位。残疾人就业孵化中心下设实习工场，对有劳动意愿和能力的残疾人开展职前培训，并为他们提供免费午餐，每人每月发 300 元生活费。是年，每天有 20 多名残疾人在残疾人就业孵化中心接受培训。

## 五、残联活动

2004 年 2 月，钱桥镇残疾人联合会组织全镇残疾人、各界社会人士代表开展“全国助残日”和“国际残疾人日”等一系列活动。每年在区域内市镇人口密集之处和交通要道张贴标语、悬挂横幅，以提高全社会对残疾人的关注和对残疾人事业的支持。钱桥街道残疾人均享有康复服务的权利。2008

年4月，惠山区政府出台《关于进一步推进白内障复明工程的实施意见》。翌年2月，钱桥街道残疾人联合会组织47名残疾人进行白内障患者手术，为1000余名残疾人提供康复就近就便服务，并建立康复档案。

2010年，钱桥街道残疾人联合会组织8名精神残疾人进行免费住院治疗，为80多名贫困精神病人提供每人每年1000元康复费、免费服药，为10名盲人进行定向行走训练，免费为残疾人配置辅助器具25件，把贫困家庭儿童中的4名0~6岁残疾儿童送入康复中心康复，1名重残人员进行免费康复，2名重残人员送入无锡市康复医院康复，为1名残疾人免费更换假肢，为62名残疾人进行白内障免费复明手术。是年，残联组织6名残疾人运动员参加无锡市残疾人联合会举办的第十届残疾人运动会田径、乒乓球、羽毛球、举重等项目比赛，展示残疾人自强不息、勇于拼搏的精神。同年，参加惠山区残疾人文艺会演，参演的4个节目获1个特等奖、1个一等奖和1个三等奖。是年，在迎接第二十个助残日活动时，组织残疾人开展“灵山一日游”活动，参观灵山胜景，环游蠡湖。2011年，残联组织74名重残人员、94名精神病患者开展一系列康复活动，为9名残疾儿童实施康复训练，为2名苯丙酮尿症残疾儿童实施康复救助申请，为34名残疾人进行白内障免费复明手术，为43名残疾人免费配发助听器，为全街道583名失去劳动力的老年残疾人每半年发放200元生活补助券，全年共发放25万余元生活补助券。残疾人可凭券自行到爱心超市领取所需生活用品。2012年，钱桥街道残联组织区域内残疾人参加惠山区组织的助残日演讲比赛，获三等奖。

2013年4月，钱桥街道残联组织残疾人开展无锡一日游活动。在第二十三个助残日来临之际，残联为残疾职工进行免费体检。是年，依托街道法律援助中心，为10名残疾人提供法律援助服务。同年，残联为11名残疾人免费发放助听器，有20名残疾人进行白内障免费复明手术，为11名儿童实施康复训练，为5名残疾人免费配置辅助器具，对10名盲人进行定向行走训练，为7名0~6岁残疾儿童康复支付康复费58348.8元。2014年，钱桥街道残联对肢体、智力、听力、视力残疾人进行康复训练，为肢体、听力、视力残疾人申请辅助器具，有51名残疾人免费配置助听器；为9名0~6岁残疾儿童康复支付康复费81105元。

2015年，在迎接第二十五个全国助残日之际，钱桥街道残联组织残疾人参观江阴嘉茂国际花鸟园。7月，组织残疾人进行康复指导学习培训。9月，组织盲人看电影《当幸福来敲门》。11月6日，组织残疾人小乐队参加无锡市残疾人文化展演，获优秀奖。11月27日，残疾人时峰伟参加无锡市职业技能竞赛（中式面点），获第一名。是年，残联对全街道30名视力残疾人进行盲人定向行走训练，对辖区内33名白内障患者实施免费手术，补贴资金7000元，为20名听力障碍者免费配送助听器，为5名残疾人发放5辆电动三轮车，为18名残疾人发放18辆轮椅等辅助器具，为12名0~6岁残疾儿童康复支付康复费118169.7元，为9名精神残疾人实施住院康复，支付康复费3万余元，帮助58名精神残疾人服药康复，对辖区内400余名有意愿体检的残疾人进行体检，建立持证残疾人康复训练档案1179份。

## 第七节　福利、慈善

1987年，钱桥镇、藕塘乡分别成立社会福利基金会。2002年，藕塘镇成立慈善基金会。2004年，藕塘镇慈善基金会并入钱桥镇慈善基金会。2005年7月，钱桥镇成立惠山区慈善基金会钱桥分会。2006年4月13日，钱桥镇慈善基金会进行换届选举，苏嘉集团董事长龚海涛当选为慈善基金会会长。2011~2015年，钱桥街道慈善基金会每逢佳节开展一次性助困和“六个一”（对1万名低保户和社会困难户实施医疗救助、对1万户城镇低保户和社会困难户发放慈善物资，对1000户最低生活保障边缘困难群众发放生活救助卡，资助1000名非义务教育阶段的大中专特困生上学，资助1000

名孤寡老人和生活困难老人实现居家或机构养老，资助1000名困难妇女进行自主创业或再就业培训）慈善救助工程活动。2015年，钱桥街道福利基金会账户结余基金752.5万元。

## 一、社会福利

新中国成立初期，钱桥、藕塘、舜柯、社冈、西漳、洋溪、稍塘、盛店等乡人民政府对生活无依无靠的孤寡老人、残疾人员给予赈济，保障其基本生活。1958年，钱桥、藕塘成立人民公社后，政府牵头，大队、生产队对孤寡老人实行“五保”。

1986年，钱桥乡、藕塘乡分别创办敬老院，五保老人入住敬老院。1987年，钱桥镇、藕塘乡分别成立社会福利基金会，钱桥镇从1987年到1990年，积余基金总额42万元，用于特困户定补、残疾人员定补等项目。1996年，藕塘镇有福利基金总额55725元，用于残疾人员和特困户的补助。

2012~2015年钱桥街道福利基金会基金统计表

表7—34—15　　单位：万元、户、人

| 时间 | 账户结余 | 支出情况 | | | |
|---|---|---|---|---|---|
| | | 助困 | | 助学 | |
| | | 助困户数 | 助困总金额 | 助学人数 | 助学总金额 |
| 2012年12月 | 765.15 | 74 | 30.18 | 201 | 14.65 |
| 2013年12月 | 761.30 | 21 | 9.70 | 184 | 24.15 |
| 2014年12月 | 703.43 | 61 | 25.00 | 156 | 54.72 |
| 2015年12月 | 752.50 | 87 | 7.20 | 179 | 24.99 |

## 二、慈善事业

钱桥、藕塘（乡）镇自20世纪80年代始，先后多次为本地区和外省遇到天灾人祸和突发性事件的特困村民、重度残疾人和受灾地区募捐钱物、帮助渡过难关。募捐有两种形式，一种由钱桥、藕塘（乡）镇政府牵头组织企业、社会团体进行募捐，另一种为群众自发性开展民间募捐活动。1990年，钱桥镇、藕塘乡民政办公室贯彻无锡县民政局提出的救灾募捐号召，钱桥镇募捐资金8315.5元、粮票189公斤，藕塘乡募捐资金4200余元，支援受灾群众。1998年8月，钱桥、藕塘镇政府响应上级政府号召，发扬革命人道主义精神，做到一方受灾、八方支援，为陕西省甘泉县和子长县灾区给予物资和资金救助。藕塘镇党员干部群众、企事业单位捐款捐物支援灾区，江南帘帆布厂捐赠衬衫913件，藕塘印染厂捐赠衣服价值11528元，太湖塑料造粒厂捐赠羊毛裤价值1.58万元，预应力钢丝厂捐赠衣物价值57437元，中冶钢缆有限公司捐赠衣物价值54596元，井亭村捐赠呢大衣53件、西装40件、毛衣65件、棉袄38件，集装箱厂捐赠衣物价值10075元，华冠集装箱厂捐赠上装199件、裤子122条、毛衣79件、毛线裤10条、棉袄50件、棉裤8条、棉被2条，藕塘工商所捐款1759元，藕塘供销社捐款5091.28元。钱桥镇政府动员区域内企事业单位捐献20万元钱物支援灾区。1999年，藕塘镇支援陕西部分灾区衣物价值14158元。

2002年，藕塘镇组织办配合协调，做好向社会各界层征捐募集工作，共征捐募集86.84万元。是年3月13日，藕塘镇举行镇慈善基金会成立大会暨捐赠仪式。成立大会上，全镇各企事业单位负责人，各村主要领导和镇管干部、全体党政领导、机关干部和工作人员踊跃捐款，共捐献爱心款近80万元。2004年4月30日，钱桥镇全体机关人员筹集爱心捐款7.81万元。钱桥镇把募集到的这笔爱心款赠送给东风村和华新村两位5岁儿童作为治疗经费。5月，钱桥镇各行各业携手共建“拯救生命绿色通道”，为拯救东风村、华新村两名5岁儿童的生命，掀起捐款献爱心热潮。100多名医护人员、7500多名师生捐献爱心款3.91万元；妇联、团委

图7—34—7　2002年3月13日，藕塘镇慈善会成立暨捐赠仪式会场

捐爱心款7910元；各村、各单位、各企业积极行动，加入到献爱心活动中。华新村村干部、党员、村民在一天内就募捐3000多元；江南船舶、人民印刷厂、金球集团、华润公司、苏嘉集团、舜特钢管集团等企业在职工中发出倡议，全面掀起捐款献爱心热潮。苏嘉集团董事长龚海涛向镇党委明确表示，要发扬骨干企业的带头作用，全面做好这项工作。在单位领导的带动下，该集团所属11个子公司募捐活动开展得轰轰烈烈，广大企业职工踊跃捐款，就连外地民工也积极加入到拯救生命的爱心活动中。至5月27日，钱桥镇各村、各部门、各企事业单位共捐款158487.6元。“七一”前后，钱桥镇党员干部捐款捐物累计10万余元，其中捐资助学金3.3万余元。在建党83周年之际，苏嘉集团董事长、支部书记龚海涛结对因病致残的3户贫困户，按贫困程度分别赠送慰问金合计2.4万元。钱桥交管所党支部全体党员干部对贫困学生、孤老、因病因残等5户困难户给予扶助，共捐款7000元。华新村党员干部以捐款捐物的形式，给贫困户赠送价值7000元物品。苏庙村党总支发动党员干部、企业业主捐款2.92万元，其中助学金2.5万元。是年，西漳村潘耀林和儿子、儿媳3人相继得重病住院治疗，一家三口花去手术医疗费近10万元，以后正常情况下每月还需5000元医疗费用。潘耀林家经济一向拮据，前几年的旧债还未还清，又添新债，生活十分窘迫。西漳村2000多位村民及20多位企业家争相为潘耀林家捐款，爱心捐款达53760元。是年，钱桥镇慈善基金会筹集到慈善基金100余万元，用于因病、因残困难户和社会孤儿以及突发性灾害户的救济和补助。至是年底，钱桥镇有45人得到慈善医疗救助。1998~2004年，钱桥镇扶贫济弱的慈善传统得到大力弘扬，相继开展广场募捐、党员一日捐、为重病患者募捐等10余次大型爱心募捐活动、10余次机关党员干部献爱心活动，每次都有党委书记亲自发动，带头捐款。至2004年，钱桥镇募集慈善资金已超过300万元，因重病、遭受天灾人祸受资助对象累计超过1000户，受助金额最多的达10万元，最少的也在千元以上。在这些献爱心慈善捐款活动中，党员都积极参与，踊跃捐款，历年来党员的捐款达到200多万元。是年12月，钱桥、藕塘社会各界人士和各村、各企事业单位共向印度洋海啸灾区的灾民捐献爱心款5万多元。

2005年1月，钱桥镇开设农村首家爱心慈善超市，区域内300多户低保困难户和400多位老年残疾人因此受益。是年，钱桥镇有低保困难户350多户，老年残疾人470多人，都是钱桥爱心慈善超市的主要服务对象。每2个月，低保困难户可以凭申领卡免费领用爱心慈善超市发放的价值30多元的生活用品，逢年过节可以领到过节用品和食品，困难家庭的学生还可领到学习用品。老年残疾人每年可以领到价值400元的残疾人专用券，凭券可以到爱心慈善超市任意选购所需生活用品。爱心慈善超市内还设立残疾人康复中心。此举开创“依托社区、按需捐助、经常帮扶、多方互动”的新型慈善帮困模式。7月，钱桥镇建立惠山区慈善基金会钱桥分会。钱桥分会在全镇范围内开展慈善基金募捐活动，共募集基金415万元。是年，慈善基金会为33户患大病重病的困难户发放慈善救助金6.8万元，发放慈善医疗救助卡54张、设卡资金8.5万元。是年冬至前夕，钱桥街道女企业家们与深度救助对象共同度过一个温暖而温馨的团圆日。当天，每位女企业家代表捐助现金2500元，购置米、油和棉被等慰问物品，向辖区内3户因病致贫的困难家庭送去关心和问候。

2006年4月13日，钱桥镇慈善基金会进行换届选举，苏嘉集团董事长龚海涛当选会长，顾建新、浦惠林等23名企业家当选副会长。钱桥镇慈善基金会是把民间慈善资源集中起来，为困难群众提供经济资助的平台，是沟通热心捐助者和弱势群体之间的载体。据不完全统计，是年，全镇因病、因残、因天灾人祸突发性事故和因丧失劳动力的贫困户有632户、1982人，其中人均年收入低于1800元的农困户318户、801人，人均年收入低于3260元的市困户45户、99人。在钱桥镇慈善基金会换届选举筹备期间，募集慈善资金450万元。全镇1500余名干部群众和企业家参加慈善献爱心活动，其中龚海涛和顾建新两名企业主捐款额均达50万元，捐赠数额在10万元以上的有6人。是年，钱桥镇慈善基金会给全镇65名定向救助对象发放20多万元爱心慈善扶助款。2007年3月28日~4月

18 日，钱桥镇“人道万人捐”捐款活动共募集捐款 6.34 余万元。2004~2007 年，钱桥（镇）街道每年开展慈善募捐活动，共募捐到资金 1308 万元，抗灾募捐到资金 74.89 万元。钱桥街道企业家发家致富不忘回报社会，积极参与“蓝天下的关爱”活动，169 家企业参加募捐，共募捐资金 2051 万元。2005~2007 年，钱桥爱心超市累计发放生活用品价值 19 万元，发放老年残疾人生活必需品价值 54 万元，发放过节礼品价值 18 万元。同时，接受社会各界人士捐赠爱心慈善款 8.5 万余元，接受机关、企事业单位以及社会各界捐赠的衣物 2000 多件，接受捐赠价值 2 万多元的学习用品，有 800 多人次免费领用衣物，200 多人次的低保户家庭子女免费领用学习用品、7000 多人次到爱心慈善超市领取生活必需品。华东电力有限公司董事长张文珍、总经理丁建峰注重社会公益事业，2008~2009 年连续两年向洋溪村近 500 名老年人奉献爱心，共发慰问金 30.58 万元。2008~2012 年，钱桥街道“蓝天下的关爱”活动捐助 10 万元以上的企业有 35 家，共计捐助 1725 万元。

图 7—34—8　2009 年 1 月 22 日，洋溪村委领导向华东电力有限公司赠送“诚信行天下”匾额，下书“关爱助人心可照，情系乡亲义可敬”，以致感谢

**2008~2012 年钱桥街道“蓝天下的关爱”活动捐助 10 万元以上企业一览表**

表 7—34—16　　　　单位：万元

| 单位名称 | 法人代表 | 捐款金额 | 单位名称 | 法人代表 | 捐款金额 |
|---|---|---|---|---|---|
| 无锡锡兴钢铁有限公司 | 浦惠林 | 500 | 无锡市振华印染有限公司 | 陈振华 | 20 |
| 无锡锡丰钢铁有限公司 | 浦建军 | 300 | 无锡市钱桥建筑安装工程有限公司 | 唐锡龙 | 20 |
| 无锡五洲国际装饰城有限公司 | 舒策城 | 100 | 无锡新金鑫交通设备厂 | 谈玉琴 | 20 |
| 无锡中冶钢缆有限公司 | 强林华 | 50 | 无锡市新兴建筑工程有限公司 | 强惠兴 | 20 |
| 钱桥房地产开发公司 | 包振华 | 50 | 无锡舜特金属制品有限公司 | 王一新 | 20 |
| 钱桥海达安全玻璃有限公司 | 朱全海 | 50 | 无锡爱邦辐射技术有限公司 | 张祥华 | 20 |
| 无锡华强房地产开发有限公司 | 徐兴来 | 50 | 无锡藕塘房地产开发有限公司 | 冯文伦 | 20 |
| 无锡舜特精密合金板带有限公司 | 李忠学 | 50 | 无锡惠泉凸轮轴有限公司 | 浦国源 | 15 |
| 无锡新华发电有限公司 | 浦鉴光 | 50 | 无锡天辰冷拉型钢有限公司 | 孙屏东 | 15 |
| 无锡华东电力设备有限公司 | 张文珍 | 50 | 无锡美业机械制造有限公司 | 樊徐清 | 15 |
| 无锡维维制锁有限公司 | 王伟维 | 30 | 无锡市钱桥焊管有限公司 | 邓仲渔 | 10 |
| 无锡华特钢带有限公司 | 唐炎生 | 30 | 无锡东方热能锅炉设备有限公司 | 唐建秋 | 10 |
| 无锡永凯达齿轮有限公司 | 荣兆明 | 30 | 无锡中富置业有限公司 | 马　军 | 10 |
| 无锡百特皮件有限公司 | 苗　忠 | 30 | 无锡苏南异型钢管有限公司 | 徐福昌 | 10 |
| 无锡江南高精度冷拔管有限公司 | 支向军 | 30 | 无锡双马空分热力设备公司 | 陆其生 | 10 |
| 无锡群力钢业有限公司 | 毛　群 | 30 | 无锡金球机械有限公司 | 平　伟 | 10 |
| 无锡市藕塘绒线厂 | 陈伯清 | 20 | 无锡大金高精度冷拔钢管有限公司 | 许伟东 | 10 |
| 无锡钱桥带钢有限公司 | 唐岳生 | 20 | — | — | — |

2013 年，钱桥街道响应惠山区政府组织的“大爱惠山”活动，募捐资金 1120.13 万元，其中机关事业单位募捐 249.43 万元，工业企业募捐 222.7 万元，三产企业募捐 457 万元，各社区募捐 191 万元。2011~2015 年，钱桥街道慈善基金会每逢春节，开展一次性助困和“六个一”助困工程活动。

**2011~2015 年钱桥街道开展一次性助困和“六个一”助困工程活动统计表**

表 7—34—17　　　　单位：人、万元

| 年份 | 春节一次性助困 | | “六个一”助困工程 | | 年份 | 春节一次性助困 | | “六个一”助困工程 | |
|---|---|---|---|---|---|---|---|---|---|
| | 人数 | 总金额 | 人数 | 总金额 | | 人数 | 总金额 | 人数 | 总金额 |
| 2011 | 15 | 2.25 | 20 | 2.4 | 2014 | 15 | 3.0 | 20 | 2.4 |
| 2012 | 15 | 2.25 | 20 | 2.4 | 2015 | 87 | 7.2 | 20 | 2.4 |
| 2013 | 15 | 2.25 | 20 | 2.4 | — | — | — | — | — |

# 第八节 殡葬管理

解放前，钱桥、藕塘地区无统一管理殡葬的机构，百姓崇尚土葬，自行选择坟地。1956年，钱桥、藕塘地区殡葬事宜接受无锡市民政局殡葬管理所管理。1960年，无锡市近郊及无锡县钱桥公社区域内进行规模性基建，工地出现较多的抛尸露骨情况，影响市容市貌。无锡市民政局、城建局、卫生局、公安局及无锡县人民政府发出公告，指定钱桥区域内大张湾为墓葬区之一，禁止乱埋乱葬。1961年，无锡市政府投资20万元，在钱桥陈漕湾新建火葬场，钱桥公社、藕塘公社在百姓中宣传、提倡火葬。1963年，陈漕湾火葬场更名为无锡市钱桥火葬场。1966年，钱桥公社、藕塘公社区域内棺材店全部取缔。1972年，无锡市钱桥火葬场更名为无锡市火葬场。1974年，钱桥公社、藕塘公社贯彻无锡县革命委员会颁布推行火葬的通告。是年12月25日，无锡县革命委员会发文推广港下公社的殡葬经验，推进钱桥公社、藕塘公社区域内的火葬工作。1978年，钱桥、藕塘公社加大火葬宣传力度，区域内基本实现火葬，严禁土葬。1979~1980年，钱桥、藕塘地区土葬现象有所回潮。

1980年7月，钱桥公社、藕塘公社认真贯彻无锡县革命委员会颁发的《继续推行火化的通告》，推进区域内全面实行火葬。1982年，贯彻全国、省、地区、市殡葬改革工作会议精神，进一步推行火葬。1984年，中共无锡县委发出通知，要求全县共产党员带头实行火葬，简办丧事，钱桥乡、藕塘乡区域内火化率保持在99%以上。

1990~2000年，钱桥、藕塘（乡）镇每年召开村委主任和民兵营长、治保主任会议，坚决刹住土葬，巩固火葬成果。此后，土葬现象绝迹。2005年，钱桥镇成立殡葬管理服务中心。2006年，钱桥镇政府认真贯彻国务院《殡葬管理条例》和《惠山区关于殡葬规范化管理暂行规定》，加强殡葬管理，把殡葬整治工作列入政府重要议事日程，建立由一把手负责的整治领导机构，并成立日常工作班子和执法队伍。2007年，钱桥镇制止私埋乱葬，保护土地资源，基本完成惠山青龙山剩余10336座私埋乱葬坟墓的深埋、迁移工作，并及时做好平毁坟墓和迁移坟墓所产生的施工垃圾的清运工作，做到工完场清，对整治后的非法墓区做好绿化养护、墓区清扫等日常管理工作。2015年，钱桥街道辖区内全部实行火葬。

## 一、安息堂

**钱桥安息堂（又叫梦仙园）**　位于钱桥青龙山北坡，于2000年3月始建，2001年下半年竣工，占地面积6000平方米，建筑面积2000平方米，造价400万元。钱桥安息堂可寄存骨灰盒10000只，屋内分设寄放骨灰盒架子上、中、下三层，寄存费按各层次收取，按年计算，每5年交付一次。2014年，按照无锡市殡葬设施规划要求，钱桥安息堂整体封闭，所有寄存骨灰盒全部迁至道士湾草坪集葬墓葬区。

**藕塘安息堂**　位于勤建村鸡笼山西面，于1999年春动工，2001年7月竣工，造价300万元，占地面积5000平方米，建筑面积2000平方米。藕塘安息堂可寄存骨灰盒10000只。寄存费按各层次收取，按年计算，每5年交付一次。

## 二、草坪公墓

2002年，因建设需要，区域内部分土地被征用，原埋葬在被征用土地上的骨灰盒及棺材（采取拾骨放进瓮头里的办法）无处易地埋葬，钱桥镇政府研究决定在位于钱桥安息堂东北侧筹建一块草坪公墓。草坪公墓占地面积1500平方米，可埋骨灰盒700余只，收取少量的管理费，每5年收交一次。

## 三、道士湾草坪集葬墓葬区

道士湾草坪集葬墓葬区于2005年10月开工建设，同年底竣工。草坪集葬墓葬区主要用于无锡市惠山、青龙山殡葬整治的坟墓迁移安置。惠山、青龙山殡葬整治结束后，草坪墓葬区用于钱桥街道以及各社区征用土地时的坟墓迁移安置。2015年，道士湾草坪集葬墓葬区安置骨灰盒6120只。

## 四、舜柯山公墓

1989年，无锡县政府在钱桥镇舜一村确定一个扶贫项目，即依托舜柯山的地理条件，建办舜柯山公墓。1990年5月10日经江苏省民政厅批准，舜柯山公墓开工建设。公墓位于钱桥镇西南面舜柯山北麓舜山湾，距考古发掘的赤墩遗址仅300米。1997年9月29日，锡山市土管局下发征用土地批复，获批58135平方米的土地使用权。初创七年里，公墓初具规模，建有一座简易楼、一处办公室、一个接待室、一个小型碎石面停车场，几条用碎石铺填的道路，总资产不足200万元。

2001年8月，舜一村与历村村合并建立舜柯村。惠山区民政局与舜柯村十分重视舜柯山公墓的拓展，提出利用舜柯山（历山）舜皇故里的无形资产，在公墓内构建舜皇德能勤善孝之人文精神为主轴线的“舜文化”发展蓝图，以提升公墓知名度。2001~2002年，舜柯山公墓被江苏省民政厅评为先进集体、省级行风建设示范单位、省民政系统创先争优先进单位。2003年，惠山区民政局与舜柯村村委研究决定舜柯山公墓为股份制企业，惠山区民政局占股51%，舜柯村占49%，股中的20%留存于公墓发展和再拓展。2005~2007年，舜柯山公墓对原无锡县钢铁厂在山湾内堆放的3.33万平方米废弃土地进行改造，拓宽墓地规模。其间，舜柯山公墓被评为无锡市民政工作先进集体、无锡市文明示范窗口。2010年，被评为无锡市行风建设示范单位、无锡市殡葬系统“优秀服务月”活动先进集体。2013年，被评为无锡市人民满意基层单位。

2015年，经20多年的艰苦发展，舜柯山公墓跻身于无锡市各大公墓之前列。公墓入口处建成舜柯山牌楼；百米主道两侧建成永固的文化画墙、金石雕刻二十四孝的经典故事、500罗汉塑像；陵园深处有一排二十四节气和十二个花神画廊；河中的龙亭镌刻着经文和易经。落成的文魁楼和尚武楼把舜柯山公墓打造成瞻仰当代红学家冯其庸墓的特色窗口。是年，总销售额2270万元。同年，管理人员及工作人员计12人。

## 五、里趟山生命纪念馆

2000年，藕塘镇政府出资300余万元在勤建村里趟山之南建造陵园式公墓。2001年8月1日，里趟山公墓交付使用并对外开放，建筑面积1000多平方米。2005年，钱桥镇成立殡葬管理服务中心，负责对藕塘里趟山公墓的管理和公益性迁葬墓地的事务。2012年，钱桥街道将藕塘里趟山公墓在原有规模的基础上扩建至2万多平方米，并更名为里趟山生命纪念馆。

里趟山生命纪念馆分五大功能区，即接待服务区、办公管理区、配套服务区、骨灰安放区、祭祀祭扫区。接待服务区内设接待大厅、休息室，以人性化的服务接待每一位祭扫者。办公管理区与配套服务区主要做好生命纪念馆的内部管理和相关配套设施服务工作。骨灰安放区由骨灰存放楼和集葬墓区两个区域组成。骨灰存放楼中设有不同风格的存放室。集葬墓区建有简易草坪葬墓穴3000多座，主要服务于街道重点工程项目中老百姓的祖坟迁移。整个墓区坐北朝南，背靠里趟山，面朝南太湖。祭祀祭扫区占地面积8666.67平方米，悼念设施齐全，亭台楼阁、花园长廊中配有十二生肖图案的祭台，以供祭祀祭扫者追念逝者，缅怀先人。

2015年，里趟山生命纪念馆安葬骨灰盒417只。

# 第三十五章 社会保障

新中国成立初期，钱桥、藕塘地区机关、事业单位工作人员享受国家养老保险制度。1951 年始，区域内国有、大集体企业职工享受企业职工养老保险制度。1952 年，区域内国家机关工作人员、全民事业单位人员实行公费医疗。1958 年，钱桥公社、藕塘公社农民实行统筹医疗。1969 年，区域内农村实行合作医疗。20 世纪 80 年代，钱桥（乡）镇、藕塘乡对乡镇企业职工实施统筹养老保险制度。1986 年，钱桥、藕塘地区国有及县属企业实施失业保险制度。1987 年，钱桥镇、藕塘乡全面推行城镇职工基本养老保险制度。1996 年，钱桥镇、藕塘镇实行社会医疗保障制度，各企业实施工伤保险制度。1997 年，钱桥镇、藕塘镇实施农村社会养老保险（老农保）制度。2001 年，钱桥镇、藕塘镇全面实施乡镇企业职工失业保险、工伤保险、生育保险制度。2003 年，区域内全面推行农民医疗保险制度。2004 年，钱桥镇、藕塘镇实施被征地农民基本生活保障制度。2005 年，钱桥镇全面实施农民基本养老保险制度。2006 年，钱桥镇 1076 家企事业单位养老保障参保率为 100%。2013 年，钱桥街道被征地农民基本生活保障办理覆盖面达 100%。2015 年，钱桥街道参加城镇职工养老保险缴费 26048 人，领取城镇职工养老金 12623 人，办理各类失地农民基本生活保障 39850 人；机关事业单位退休人员享受养老保险待遇 1131 人；享受老农保养老保险待遇 914 人，享受农村居民养老待遇 5991 人，失地农民享受政府养老待遇 7083 人；社会医疗保险参保 41215 人，居民、农民医疗保险参保 27315 人。

## 第一节 管理机构

1980 年 5 月，钱桥公社、藕塘公社分别成立劳动服务站，负责区域内相关对象的社会保障工作。1984 年，钱桥乡、藕塘乡劳动服务站分别更名为劳动服务公司。

1996 年起，钱桥镇、藕塘镇劳动服务公司负责区域内养老基金的统筹。1997 年，钱桥镇、藕塘镇劳动服务公司分别更名为劳动服务管理所（接受锡山市劳动局领导）。劳动服务管理所主要负责区域内城镇居民、回乡知识青年等就业登记、国有或集体企业招工、职工社会保险等工作。是年，钱桥镇、藕塘镇分别成立农村社会养老保险管理所（接受锡山市民政局领导），负责农村社会养老保险工作。区域内农村社会养老保险的主要对象为乡镇企业职工、镇政府无编制人员和各行政村工作人员。

2001 年 7 月起，钱桥镇、藕塘镇劳动部门经办的企业职工养老、医疗、工伤、生育保险，人事部门经办的事业单位职工养老保险和民政部门经办的农村社会养老保险划归新组建的惠山区劳动和社会保障局基金管理中心统一管理。2002 年，钱桥镇、藕塘镇分别成立劳动和社会保障所（接受惠山区劳动和社会保障局领导），原两镇劳动服务管理所和农村社会养老保险管理所撤销。劳动和社会保障所负责区域内相关人员的社会保障办理工作。是年 12 月，藕塘镇劳动和社会保障所认真做好失业职工和失业青年的就业和再就业工作，对失业青年逐个登记，落实档案代管手续，并帮助寻找再就业岗位培训的路子，配合参加区举办的三次大型劳务洽谈会；在落实有关手续的前提下，按政策规定审定、审核失业人员的退工情况，落实兑现失业职工的失业保险待遇，全镇登记在册失业职工44人，人人落实救济金发放；按时足额发放失业救济金及离退休人员的离退休金，使国家的政策得到及时兑现，失业职工的生活得到扶持。是年，藕塘镇共发放失业救济金14.21万元。2003年，藕塘镇劳动和社会保障所在维护职工权益和保护弱势群体的前提下，调处劳动争议、劳动纠纷和工伤事故，保证职工的正当利益能得到及时兑现，全年共调处事故15起，支付赔偿金额55万元，稳定企业正常生产，稳定职工队伍思想。2004年，藕塘镇劳动和社会保障所并入钱桥镇劳动和社会保障所，设在钱藕路溪南村西侧赋和大厦。钱桥镇劳动和社会保障所除负责区域内社会保障办理工作外，还对区域内发生的各种劳动纠纷进行协商调解和处理。同年，钱桥镇成立惠山区劳动监察大队钱桥中队。钱桥中队依据相关法律，检查、监督各企业、单位以及员工遵守劳动法情况。是年，钱桥中队审查1500余家企业、2.1万余份劳动合同，调处各类劳资纠纷180余起。2005年，钱桥镇劳动和社会保障所被评为无锡市先进劳动和社会保障所。

2007年，钱桥镇劳动和社会保障所更名为钱桥街道人力资源和社会保障所，人员编制12个。是年9月1日，辖区内农村社会养老保险（老农保）、农村基本养老保险（新农保）、被征地农民基本生活保障、农民合作医疗（新农合）、老年居民养老补贴仍由区级管理，其余社会保障基金纳入市级统筹，由无锡市社会保险管理中心管理，并实行无锡市统一的各项保障政策。2008年，钱桥街道人力资源和社会保障所搬迁至钱桥大街140号便民服务中心。2015年，监察中队审查2127家企业、3.2万余份劳动合同。

钱桥镇、藕塘镇劳动和社会保障所，钱桥街道人力资源和社会保障所历任所长张建华、陈建明、朱立新。2015年，钱桥街道人力资源和社会保障所所长朱立新，副所长薛晓云、邵建红。

## 第二节 机关事业单位人员养老保障

20世纪50年代始，钱桥乡、藕塘乡执行国家规定的机关事业单位养老金制度。国家机关、事业单位工作人员男性年满60周岁、女性年满55周岁，参加工作年限满10年，可办理退休，退休后按月领取养老金。2002年，全额拨款事业单位人员免缴养老保险费。2007年9月，机关事业单位养老保险统一执行无锡市政策。2015年，钱桥街道机关事业单位退休人员享受养老保险待遇1131人。

## 第三节 城镇职工基本养老保障

1951年2月，藕塘区人民政府最初执行政务院颁布的国有、大集体企业工人的劳动保险条例，即男职工年满60周岁、一般工龄25年、在本企业工龄满10年，女性职工年满50周岁、一般工龄20年、在本企业工龄满10年的，可办理退休。实施范围为100人以上的国营、公私合营、私营及合作企业。

1978年6月，钱桥公社、藕塘公社贯彻国务院《关于工人退休、退职的暂行办法》，取消原规定的一般工龄，凡连续工龄满10年，按参保时间、工作时间长短发给本人工资的60%~90%退休金，每月退休金低于25元的按25元发给；对有病不能从事工作而不符合退休条件的职工，由医院证明并经审核批准，办理退职；获省级以上劳动模范、先进生产（工作）者，并在退休时保持其称号的，可提高其5%~15%的退休金，但总额不超过原工资标准。同时，职工退休或退职后，家庭生活确有困难的，原则上可招收其一名符合招工条件的子女参加工作（俗称顶替）。因此，在1978年后的数年间，钱桥、藕塘地区在国有、大集体企业退休（职）的农村人员，其子女大多实行顶替。1985年，取消国有、大集体企业退休（职）农村人员子女顶替制度。1986年2月，钱桥、藕塘乡对城镇职工试行按系统养老保险费用进行统筹。1987年，钱桥乡、藕塘乡全面推行城镇职工养老保险统筹。1988

年，钱桥镇、藕塘乡在乡镇企业工作的大集体人员实行退休基金统筹。1990 年，钱桥镇、藕塘乡建立城镇临时工季节养老保险制度。1995 年，钱桥镇、藕塘镇私营企业职工、个体工商户及其他从业人员实行城镇养老保险，并为参保职工颁发《职工养老保险手册》。区域内国有企业、大集体企业、乡镇企业工作的城镇居民、知青、落实政策的固定工、合同制工人办理此项养老保险。

2001 年，钱桥镇、藕塘镇所有企业职工全部纳入城镇职工基本养老保险范围。2002 年，钱桥镇、藕塘镇扩大企业职工养老保险覆盖面。2004 年，钱桥镇新增职工养老保险企业 107 家，新增参保职工 1561 人。 2005 年，钱桥镇新增城镇职工基本养老保险企业 145 家，新增参保职工 2006 人，全年共收缴社保基金 1.57 亿元。2006~2012 年，钱桥（镇）街道新增参加职工基本养老保险分别为 3241 人、2915 人、3306 人、2799 人、2588 人、3451 人、2619 人。2014 年，新增参加职工基本养老保险 2504 人。

2015 年底，钱桥街道参加城镇职工基本养老保险缴费人数 26048 人。领取城镇职工养老保险金的对象享受国家上调企业职工养老金增发政策，已连续 12 年上调企业职工退休养老金（每年 10%）。国有、大集体企业职工继续实行国务院《关于工人退休、退职的暂行办法》。是年，钱桥街道国有、大集体企业和乡村企业退休职工、自由职业者享受养老保险待遇 12623 人。

**1996~2015 年钱桥、藕塘镇，钱桥街道享受城镇职工基本养老保险退休职工月均养老金统计表**

表 7—35—1　　单位：元/人

| 年度 | 月均金额 | 年度 | 月均金额 | 年度 | 月均金额 | 年度 | 月均金额 |
|---|---|---|---|---|---|---|---|
| 1996 | 450 | 2001 | 621 | 2006 | 970 | 2011 | 1636 |
| 1997 | 466 | 2002 | 657 | 2007 | 1082 | 2012 | 1826 |
| 1998 | 500 | 2003 | 669 | 2008 | 1196 | 2013 | 2032 |
| 1999 | 538 | 2004 | 732 | 2009 | 1324 | 2014 | 2230 |
| 2000 | 571 | 2005 | 842 | 2010 | 1479 | 2015 | 2422 |

## 第四节　乡镇企业职工养老保障

20 世纪 80 年代初期，钱桥、藕塘地区乡镇企业职工养老保险（简称镇统筹养老保险）无统一规定。钱桥乡、藕塘乡根据实际情况，参照国家有关养老保险规定，制定区域内乡镇企业职工养老保险办法。同时，钱桥乡、藕塘乡分别成立农经服务公司，负责动员、实施、管理乡办企业职工的养老保险。资金管理为乡级统筹。

1984 年，钱桥乡、藕塘乡人民政府规定，乡镇企业职工男 50 周岁、女 45 周岁可办理退养手续，享受退休养老金。钱桥乡乡镇企业职工退职退休保养月标准为工龄每年 1.6 元，干龄每年 2.2~2.5 元，技术级别 4.5 级 2.3 元、5 级 2.5 元、5.5 级 2.75 元、6 级 3 元……藕塘乡乡镇企业职工退养金计算标准为基础工资 10 元，每一年工龄加 1.00 元，藕塘工业公司财务科根据每个职工工作年数核算工龄，核定乡统筹月退养金标准，财务部按年发放退养证上核定的退养金。是年，藕塘乡符合享受退养金的乡镇企业退休职工 453 人，月发放金额 12849 元，人均 28.36 元/月。

1997 年，钱桥镇、藕塘镇乡镇企业退休职工由锡山市民政系统统筹社会养老保险，镇统筹养老保险停止办理。藕塘镇已享受镇统筹养老保险退休职工及镇管干部养老待遇的，仍按原规定执行，在镇社保所领取退休养老金，资金全部由镇级财政承担。

2004 年，钱桥、藕塘两镇合并后，钱桥镇政府着力提高原镇统筹养老人员生活补贴标准，根据原补贴水平，采取不同幅度增发，缩小与惠山区统筹的社会养老保险人员待遇的差距。是年，钱桥镇政府出台《关于进一步加强全镇社会保险工作的意见》和《关于进一步推进农村劳动力就业工作的意见》，搭建镇、村两级劳动保障平台，做到工作目标到位、工作责任到位、政策措施到位（三到位），完善全镇劳动保障工作责任体系和落实社保工作措施。12 月 15 日，《新华日报》以《钱桥镇企业职工养老保险实现全覆盖》为题，报道钱桥镇做好社保扩面工作的实绩。是年，钱桥镇 1.3 万名企业职工实现养老保险全覆盖。2005 年 4 月，钱桥镇党委、政府把构建劳动保障服务平台作为全年社保扩面工作主线，按照社保扩面从“本地职工参保转移到外地职工参保上来、转移到个体工商户上来”的“两个转移”工作思路，加快社保全覆盖步伐，把事关群众利益的实事办实。是年，钱桥镇新增社保参保人员 388 人，全镇参加社保人数累计达到 13886 人，参保率在 99%以上，在全镇 17 个村、1 个工业集中区、1 个经贸站、1 个居委，共建立 20 个劳动保障工作站。

2006 年，钱桥镇各类企事业单位 1076 家，参保单位 1076 家，参保率为 100%。企事业单位职工 27738 人，其中本地职工 17352 人、外地职工 10386 人，累计参加社会保险 19987 人，占应参保人数的 79.5%，其中本地职工应参保 14749 人，已参保 14602 人，参保率达 99%；外地职工参保 4985 人，参保率为 48%。2004~2015 年，钱桥（镇）街道钱桥片、藕塘片的镇管干部及乡镇企业职工统筹养老金每年都有不同额度的递增。

**2004~2015 年钱桥（镇）街道退养的（镇）街管干部、乡镇企业职工享受人数及退养金递增统计表**

**表 7—35—2** 单位：元、人

| 类别 | | 2004年 | 2005年 | 2006年 | 2007年 | 2008年 | 2009年 | 2010年 | 2011年 | 2012年 | 2013年 | 2014年 | 2015年 |
|---|---|---|---|---|---|---|---|---|---|---|---|---|---|
| 原标准上提增月标准 | 原钱桥镇干部 | 20 | 20 | 20 | 低于200加100<br>低于300加80<br>低于400加70<br>低于500加60<br>高于500加50 | 20 | 50 | 0 | 原基础上加100；不足500元加到500元 | — | 100 | 20 | 60 |
| | 原藕塘镇干部 | 50 | 25 | 25 | | 40 | 50 | 0 | | — | 100 | 20 | 60 |
| 原标准上提增月标准 | 原钱桥镇职工 | 0 | 20 | 20 | 50 | 0 | 0 | 0 | 30 | — | 30 | 30 | 30 |
| | 原藕塘镇职工 | 0 | 20 | 20 | 25 | 0 | 0 | 0 | 60 | — | 50 | 50 | 50 |
| | 农副业公司 | — | — | — | — | — | — | — | — | — | — | — | 30 |
| | 老年补贴 | — | — | — | — | — | — | — | — | — | — | — | 30 |
| | 未到龄人 | — | — | — | — | — | — | — | — | — | — | — | 60 |
| 享受人数 | 原钱桥镇干部 | 86 | 85 | 85 | — | 85 | 81 | 81 | 74 | 71 | 70 | 65 | 65 |
| | 原藕塘镇干部 | 81 | 81 | 84 | — | 51 | 79 | 79 | 79 | 78 | 78 | 76 | 75 |
| | 原钱桥镇职工 | 453 | 453 | 456 | — | 1197 | 1185 | 1187 | 1187 | 1181 | 1175 | 1165 | 1160 |
| | 原藕塘镇职工 | 119 | 81 | 84 | — | 447 | 425 | 419 | 413 | 404 | 402 | 395 | 393 |
| | 农副业公司 | — | — | — | — | — | — | — | — | — | — | 17 | 17 |
| | 老年补贴 | — | — | — | — | — | — | — | — | — | — | 201 | 189 |
| | 未到龄人 | — | — | — | — | — | — | — | — | — | — | 12 | 12 |
| 人均月平均 | 原钱桥镇干部 | — | — | — | — | — | — | — | — | 596 | 689 | 706 | 766 |
| | 原藕塘镇干部 | — | — | — | — | — | — | — | — | 489 | 589 | 578 | 646 |
| | 原钱桥镇职工 | — | — | — | — | — | — | — | — | 220 | 220 | 251 | 281 |
| | 原藕塘镇职工 | — | — | — | — | — | — | — | — | 173 | 173 | 223 | 273 |
| | 农副业公司 | — | — | — | — | — | — | — | — | — | — | 192 | 222 |
| | 老年补贴 | — | — | — | — | — | — | — | — | — | — | 300 | 330 |
| | 未到龄人 | — | — | — | — | — | — | — | — | — | — | 500 | 560 |
| 月最高工资 | 原钱桥镇干部 | — | — | — | — | — | — | — | — | 1007 | 1084 | 1107 | 1167 |
| | 原藕塘镇干部 | — | — | — | — | — | — | — | — | 641 | 741 | 741 | 801 |
| | 原钱桥镇职工 | — | — | — | — | — | — | — | — | 406 | 406 | 436 | 466 |
| | 原藕塘镇职工 | — | — | — | — | — | — | — | — | 213 | 213 | 263 | 313 |
| | 农副业公司 | — | — | — | — | — | — | — | — | — | — | 236 | 266 |
| 月最低工资 | 原钱桥镇干部 | — | — | — | — | — | — | — | — | 500 | 500 | 600 | 660 |
| | 原藕塘镇干部 | — | — | — | — | — | — | — | — | 375 | 475 | 375 | 435 |
| | 原钱桥镇职工 | — | — | — | — | — | — | — | — | 110 | 110 | 140 | 170 |
| | 原藕塘镇职工 | — | — | — | — | — | — | — | — | 156 | 156 | 216 | 256 |
| | 农副业公司 | — | — | — | — | — | — | — | — | — | — | 135 | 165 |

## 第五节 农村社会养老保险（简称老农保）

1997 年，藕塘镇政府根据锡山市人民政府文件精神以及《无锡市人民政府关于颁发锡山市农村社会养老保险暂行办法的通知》，结合区域内实际情况，制定《关于颁发藕塘镇农村社会养老保险实施办法的通知》。文件规定，凡本镇男 20~55 周岁，女 20~50 周岁的农村居民，不论从事何种职业，均为保险对象，都应参加农村社会养老保险（人事、工资关系在市人事局、劳动部门管理的人员除外），其他年龄档次的对象也可以参加投保。凡是 1997 年 6 月底之前符合退休年龄的农村居民都必须办理退休手续。是年 7 月 1 日后到龄退休的人员，都必须参加藕塘镇农村社会养老保险。农村居民养老保险由镇农保所负责组织实施并管理、做好各类人员的参保手续。养老保险标准按藕塘镇政府所发文件执行。

2001 年，老农保业务所有企业职工全部纳入城镇职工社会养老保险范围。2002 年，区域内老农保明显萎缩。2005 年 5 月 1 日，钱桥镇藕塘片停止办理新增老农保参保业务。2009 年 3 月 6 日，钱桥街道贯彻执行无锡市惠山区人民政府《关于农村社会养老保险有关问题的处理意见》，不再办理原农保基金征缴业务，对以前享受老农保待遇的退休人员按惠山区农保惠劳社险文件执行。对原农保在职参保人员，如后续参加城镇职工养老保险，可选择转入城保或封存原农保账户的办法，转移两种养老保险关系。转入城保的办法按《无锡市劳动和社会保障局关于贯彻江苏省企业职工基本养老保险规定》的精神执行；封存办法为原农保账户积累额由农保机构封存并继续计息，到达退休年龄时，将原农保账户积累额并入城保个人账户，按城保办法计算养老待遇；或到达原农保规定的领取养老金年龄时，按农保惠劳社险文件规定，办理领取养老金；或经本人申请，到达农保规定的领取养老金年龄时，将原农保个人账户累计额一次性发给本人。2015 年 12 月，钱桥街道原参加农保、当年未到达退休年龄的共 655 人。是年，区域内享受老农保养老保险待遇月平均 914 人。

**2010~2015 年钱桥街道享受老农保待遇人数及享受标准统计表**

表 7—35—3

| 年度 | 2005 年 5 月原参保未到退休的停保人数（人） | 享受待遇月平均人数（人） | 享受金额 | | |
|---|---|---|---|---|---|
| | | | 年总金额（万元） | 月平均金额（万元） | 月最高/最低标准（元） |
| 2010 | 978 | — | — | — | — |
| 2011 | 970 | 892 | 94.97 | 7.9143 | 544.8/1.9 |
| 2012 | 807 | 890 | 98.42 | 8.2014 | 544.8/1.9 |
| 2013 | 740 | 913 | 101.98 | 8.4978 | 544.8/1.9 |
| 2014 | 690 | 918 | 100.24 | 8.3533 | 544.8/1.9 |
| 2015 | 655 | 914 | 97.60 | 8.1331 | 544.8/1.9 |

## 第六节　农村基本养老保险

2005 年 10 月 1 日起，钱桥镇实施无锡市农村基本养老保险（简称新农保）制度，凡区域内男性年满 60 周岁，女性年满 55 周岁，未享受城镇职工社会保障待遇或享受保障待遇低于农民基础养老金标准，且配偶、子女等家庭成员已按规定参加社会保险和缴费的人员，发放基础养老金，每人每月 61.8 元。基础养老金由市、区、镇财政分级全额承担。2007 年 10 月起，农民基本养老保险制度拟用 3 年时间为过渡期。过渡期内，凡达到基础养老金领取年龄的人员，每月领取基础养老金。农村居民基础养老金每人每月逐年提高，2008 年 1 月 1 日起，基础养老金每人每月为 85.5 元。2008 年 10 月起，为 100 元。2009 年 1 月 1 日起，为 115 元。2010 年 1 月 1 日起，为 180 元。2010 年

图 7—35—1　2007 年 2 月，钱桥镇被中共无锡市委、无锡市人民政府表彰为无锡市社会主义现代化新农村建设农村养老保障工作先进集体

10 月起，过渡期结束，钱桥街道实施无锡市居民养老保险制度，参加对象为具有本地户籍、年满 16 周岁（不含全日制在校生）、未享受养老保险待遇的人员。经费由政府补贴、个人选档缴纳组成，由社保所建立个人养老保险信息、个人账户，在男性年满 60 周岁、女性年满 55 周岁，符合规定条件的到龄生日次月按月领取居民养老保险金。2015 年，钱桥街道享受农村居民养老保险待遇月平均 499 人。

2010~2015 年钱桥街道农村居民养老保险参保、享受待遇情况统计表

表 7—35—4

| 年份 | 参保情况 | | 年参保缴费档次标准（万元） | 享受待遇月平均人数（人） | 享受金额 | |
|---|---|---|---|---|---|---|
| | 参保人数（人） | 交费金额（万元） | | | 年总金额（万元） | 历年待遇月标准（元） |
| 2010 | 784 | 21.17 | 0.01/0.03/0.05/0.07/0.09/0.11 | — | — | 1~9 月 180/10~12 月 200 |
| 2011 | 1051 | 28.28 | 0.01/0.03/0.05/0.07/0.09/0.11 | 604 | 163.45 | 1~6 月 200/7~12 月 230 |
| 2012 | 976 | 29.26 | 0.01/0.03/0.05/0.07/0.09/0.11/0.13 | 1351 | 440.54 | 1~3 月 230/4~12 月 270 |
| 2013 | 807 | 37.71 | 0.03/0.05/0.07/0.09/0.11.0/13.0/15 | 1288 | 508.02 | 1~3 月 270/4~12 月 310 |
| 2014 | 758 | 39.44 | 0.03/0.05/0.07/0.09/0.11/0.13/0.15 | 711 | 294.62 | 1~3 月 310/4~12 月 340 |
| 2015 | 725 | 38.70 | 0.03/0.05/0.07/0.09/0.11/0.13/0.15/0.2/0.25 | 499 | 205.60 | 1~3 月 340/4~12 月 355 |

## 第七节 被征地农民基本生活保障

2004 年，钱桥镇根据《无锡市征用土地补偿和被征地农民基本生活保障暂行办法》、惠山区政府《关于贯彻无锡市征用土地补偿和被征地农民基本生活保障暂行办法实施细则》；2005 年，根据惠山区政府《关于印发无锡市惠山区历次被征地农民基本生活保障试行办法》，在区域内实施被征地农民基本生活保障。被征地农民有历次被征地、新征地（藕塘职教园区新征地、省道 S342 线新征地等）、双置换农民 3 种。2006 年，钱桥镇为营造社会保险和被征地农民生活保障的工作氛围，编写印发社保法律法规、社保政策及相关问答小册子 1 万多册，发放到每个企业职工及企业业主手中。同时，为钱桥被征地农民专门印发被征地农民基本生活保障政策材料，发放到每一个被征地农民手中，并定期利用有线电视、黑板报、张贴横幅标语等多种有效形式进行宣传。是年 8 月，按照无锡市政府文件精神，钱桥镇对人均土地不足 0.1 亩的新征地、历次被征地农民全部办理基本生活保障。钱桥镇涉及被征地农民生活保障工作的有 15 个行政村、184 个村民小组，人员超 2 万人。同年，钱桥镇办理新征地农民基本生活保障 4362 人，其中一次性生活补助、一次性安置补助、一次性补偿人员 1752 人；政府保养人员 778 人；保障安置、就业安置人员 1832 人。是年，办理历次被征地农民基本生活保障 16053 人，其中一次性生活补助、一次性安置补助、一次性生活补偿 7243 人；政府保养人员 3613 人，保障安置、就业安置人员 5197 人，累计共办理新征地和历次被征地农民基本生活保障 20415 人。一次性生活补助为 16 周岁以下，以及 16 周岁以上的在校学生，每人补助标准为 6000 元。16 周岁以上至 50 周岁（女 40 周岁），可享受在保障安置、就业安置、一次性安置补助的三项中任选一项，一经选择，不得变更。如选择保障安置可享受 3~10 年社保缴费年限；如选择一次性安置补助则每人补助安置费 2 万元；如选择就业安置则由本人申请，用人单位同意接收并缴纳社会保险费，劳动就业管理经办机构根据申请规定逐年核拨企业缴纳的社会保险费（不含个人缴费），补偿

期限累计为7年。男50周岁以上、女40周岁以上可选择政府保养，也可选择保障安置。但男满60周岁、女满55周岁以上的，只能选择政府保养。已享受城镇职工退休待遇的原企业职工给予一次性生活补偿费，每人6000元。同年，钱桥镇录用新征地农民就业700人，其中“4045”（女40、男45岁）被征地农民193人，政府补贴给企业143.5万元。为解决区域内20000多名被征地农民基本生活保障，钱桥镇政府缴纳保障资金5.8亿元，按照市区分年归还的要求，每年缴纳7000万元。是年，钱桥镇为被征地农民办理社会保险15188人，享受农村基本养老保险按月领取退休金人员达3936人，在惠山区名列前茅。

2007年，钱桥镇各企业共录用被征地农民1085人，其中“4045”被征地农民386人，补贴给企业资金197.7万元。是年，钱桥镇率先在惠山区成立村级社保服务平台，巩固完善最低生活保障制度，共为616名新征地农民办理基本生活社会保障，仅负担社保资金一项，街道每年支出7000多万元。对无收入来源的老年城镇居民每月发放120元生活补贴。2008年，钱桥街道本地企业职工的养老保险参保率达100%，外地职工参保人数占外地职工人数的48%。

2010年，钱桥街道根据惠山区政府办公室所发《关于印发无锡市惠山区农村土地承包户自愿交回土地承包经营权管理办法》《关于印发惠山区农村土地承包经营权置换基本生活保障实施办法（试行）》的文件，完成藕塘、苏庙等6个社区共18个居民小组“双置换”（土地换社保、住房换安置房）工作，涉及565户、2186人，涉及置换土地113.33公顷、社保资金7300万元。2013年，钱桥街道将盛峰、稍塘、洋溪、华新、苏庙5个社区32个居民小组3188人，以是年3月31日为基准日，全部纳入“双置换”，按照被征地农民基本生活保障办理。同年，钱桥街道15个社区、325个居民小组办理被征地农民基本生活保障，办理人数3197人，投入社会保障资金18495.98万元。截至同年12月31日，钱桥街道被征地农民基本生活保障办理覆盖面达100%。

**2006~2013年钱桥（镇）街道办理各类被征地农民基本生活保障人数及资金统计表**

表7—35—5　　单位：人、万元

| 年份 | 办理人数 | 投入资金 | 征地截止日 | 征地类型 |
|---|---|---|---|---|
| 2006 | 16053 | 49726.48 | 2006.07.31 | 历次被征地 |
| | 4362 | 2357.51 | 2006.07.31 | 新征地 |
| 2007 | 616 | 1913.31 | 2007.06.01 | 新征地 |
| 2008 | 73 | 230.42 | 2008.04.30 | 新征地 |
| | 245 | 897.44 | 2008.10.06 | 新征地 |
| 2009 | 2967 | 10902.75 | 2009.03.31 | 双置换 |
| | 3405 | 12802.75 | 2009.10.20 | 双置换 |
| 2010 | 1950 | 7391.88 | 2010.02.28 | 双置换 |
| 2011 | 5413 | 14162.41 | 2011.02.28 | 新征地 |
| | 1569 | 6749.43 | 2011.11.30 | 双置换 |
| 2013 | 3188 | 18439.73 | 2013.03.31 | 双置换 |
| | 9 | 56.25 | 2013.11.28 | |
| 合计 | 39850 | 125630.36 | — | — |

**2011~2015年钱桥街道被征地农民政府保养享受人数及标准统计表**

表7—35—6

| 年度 | 享受待遇月平均人数（人） | 享受金额累计金额（万元） | 历年待遇月标准 | |
|---|---|---|---|---|
| | | | 男50周岁以上、60周岁以下；女40周岁以上、50周岁以下 | 男60周岁以上、女50周岁以上 |
| 2011 | 5093 | 5359.40 | 1~6月420元，7~12月470元 | 1~6月420元，7~12月470元 |
| 2012 | 5929 | 5614.95 | 1~3月360元，4~12月540元 | 1~3月470元，4~12月540元 |
| 2013 | 6713 | 5359.66 | 1~3月430元，4~12月500元 | 1~3月540元，4~12月610元 |
| 2014 | 7473 | 6519.51 | 1~3月500元，4~12月560元 | 1~3月610元，4~12月670元 |
| 2015 | 7083 | 6083.68 | 1~3月560元，4~12月600元 | 1~3月670元，4~12月710元 |

2014~2015 年，区域内没有办理新征地农民基本生活保障事务。至 2015 年，钱桥街道已办理各类被征地农民基本生活保障 39850 人，其中 7083 人享受每人每月 600 元被征地农民政府保养待遇。

## 第八节 失业、工伤、生育保险

2000 年前，钱桥、藕塘地区失业、工伤、生育三项保险为国有、大集体单位或在乡镇企业中签有正式劳动合同的职工缴费和享受。2001 年，钱桥镇、藕塘镇全面实施乡镇企业职工社会保障制度，乡镇参保职工（不计何种性质企业职工）的失业、工伤、生育三项保险逐步到位，并与养老、医疗保险金同步缴纳。

### 一、失业保险

1986 年，钱桥、藕塘地区失业保险参加单位由国有企业扩大至县属集体企业。1992 年，扩大至关停企业被精简职工、外商投资企业的中方员工，乡镇企业中由劳动部门办理录用手续的城镇户口职工。1993 年后，持续扩大享受范围。2001 年，失业保险扩大至区域内全体参保职工。2007 年，钱桥街道累计发放失业救济金 156 万元。2015 年，钱桥街道区域内参加失业保险 28433 人，享受失业保险 1472 人。2008~2015 年，钱桥街道累计发放失业救济金 520 余万元。

### 二、工伤保险

1996 年前，区域内发生工伤事故，由企业直接处理。1996 年 4 月始，按照锡山市政府颁发的企业职工工伤社会保险暂行办法规定，钱桥、藕塘地区企业出现工伤事故由社保部门处理。2001 年，区域内工伤保险扩大至全体参保职工。2015 年，钱桥街道区域内参加工伤保险 28433 人。2011~2015 年，钱桥街道工伤人数 189 人，工伤赔付款为 2012.37 万元。

### 三、生育保险

2001 年，钱桥镇、藕塘镇全面实施育龄职工生育保险，区域内育龄女工在生育期间或相关疾病治疗期间的费用，凭卡直接在生育保险基金中核算。2015 年，钱桥街道区域内参加生育保险人数为 28433 人。

## 第九节 医疗保障

1951 年前，钱桥、藕塘地区无医疗保障制度。1952 年起，区域内国家机关工作人员、全民所有制事业单位人员实行公费医疗。1958 年，钱桥公社、藕塘公社在区域内实行农民统筹医疗，后改为半统筹医疗。1969 年，钱桥公社、藕塘公社把农民半统筹性质的医疗制度改为合作医疗。1996 年，钱桥镇、藕塘镇推行社会医疗保障制度。1997 年，区域内机关、企事业单位公费医疗转入社会医疗保险。2003 年，钱桥镇、藕塘镇全面推行农村新型合作医疗制度。2010 年，钱桥街道实施退休人员住院互助金保障制度。2015 年，钱桥街道社会医疗保险参保 41215 人，参保率为 100%；居（农）民医疗保险参保 27315 人，参保率在 99%以上；退休人员医疗互助金参保 7827 人，参保率为 99%。

### 一、公费医疗

1952 年，藕塘区人民政府根据上级规定，对区域内行政编制的国家机关工作人员、全民所有制的文教卫生单位工作人员（包括离退休人员）、享受长期抚恤二等乙级以上的革命残废军人凭无锡县公费医疗管理办公室签发的公费医疗卡，在本地卫生院或定点医院就诊实行公费医疗，医药费用以记账形式报销。1980 年，钱桥公社、藕塘公社公费医疗对象实行划区医疗、定点就诊、逐级转院的方法就医。1985 年，钱桥乡、藕塘乡公费医疗对象实行凭卡按季贴花挂号就诊，并对公费医疗的用药范围、剂量、金额等作出新的规定。1986 年，区域内公费医疗核定的基金款由无锡县财政局分别下拨到钱桥乡、藕塘乡财政所，公费医疗对象所用医药费由钱桥卫生院、藕塘卫生院向乡财政所结报。此后，国家在1993年、1995年、1997年先后对公费医疗制度进行修订。1997年始，钱桥镇、藕塘镇国家机关工作人员、全民事业单位人员公费医疗资金筹集由个人缴纳工资的2%，所在单位缴纳9.2%，其余为财政补贴。是年，区域内享受公费医疗的对象改为凭磁卡就医。同年，机关、企事业单位的公费医疗转入社会医疗保险。

## 二、农村合作医疗

1958年，钱桥、藕塘人民公社成立，区域内农民实行统筹医疗。农民统筹医疗资金由大队、生产队、个人三级负担，医院代管。农民到医院看病，开始时只收挂号费，药费则在统筹医疗基金中支付。之后，改为半价收取药费，时称半统筹。这种农村医疗制度一直延续至1969年。

1969年，钱桥公社、藕塘公社农民半统筹性质的医疗制度改为合作医疗。两公社分别成立合作医疗管理办公室。钱桥公社、藕塘公社卫生院负责组织、培训各大队农村卫生员，后称农村卫生员为“赤脚医生”。是年，各大队创办卫生室，方便农民就地就医。时除“地、富、反、坏、右”五类分子外，区域内的农民都参加合作医疗，每人建卡，凭卡就医，病人只付挂号费。重病者从大队卫生室转院至公社医院治疗，同样享受合作医疗。合作医疗基金由社员、生产队、大队统筹，每年由大队汇缴至公社医院。大队卫生室“赤脚医生”的工资由生产大队评工记分，纳入年终分配。

1976年，钱桥公社、藕塘公社卫生院把农村合作医疗分户建账，配备合作医疗专职会计。专职会计负责农村合作医疗建账、核算。合作医疗基金的收入包括合作医疗基金、挂号费、药品材料利润和各级财政补贴，支出包括杂支、购药。大队卫生室“赤脚医生”工资仍由大队评工记分，纳入年终分配。是年，藕塘公社参加农村合作医疗人数14900余人。1979年1月，钱桥公社、藕塘公社根据江苏省卫生厅《关于农村合作医疗章程试行草案》的文件精神，规定合作医疗基金由合作医疗管理委员会统一管理，药费以大队为单位核算，年终结算由各大队自行解决，盈余可转入下年度使用。钱桥公社、藕塘公社卫生院合作医疗专职会计每年与各大队核对药品拨付，盘查库存情况，核对清楚账目，报各大队审查。是年，钱桥公社合作医疗办公室由王保兴任主任，陶阿菊任副主任。1980年，在钱桥公社、藕塘公社社办企业工作的亦工亦农人员，除享受合作医疗外，还可在所在企业报销部分医药费。

**1977~1983年钱桥公社农村合作医疗经费统计表**

表7—35—7　　单位：元

| 年份 | 合作医疗基金 | 支付数 | 盈 | 亏 | 年份 | 合作医疗基金 | 支付数 | 盈 | 亏 |
|---|---|---|---|---|---|---|---|---|---|
| 1977 | 56285.90 | 47047.71 | 9238.19 | — | 1981 | 60389.13 | 60701.17 | — | 312.04 |
| 1978 | 59949.36 | 60589.10 | — | 639.74 | 1982 | 68998.64 | 65641.72 | 3356.92 | — |
| 1979 | 63474.00 | 62950.11 | 523.89 | — | 1983 | 82120.76 | 82039.98 | 80.78 | — |
| 1980 | 66167.05 | 65236.53 | 930.52 | — | — | — | — | — | — |

1984年，钱桥乡、藕塘乡农村合作医疗费用全部由各村委负责筹集。是年，藕塘乡东风村、勤建村的合作医疗基金由村委会和企业共同筹集。1980~1986年，钱桥（公社）乡合作医疗办公室由周松圻任主任，孙耀坤任副主任。1987年，钱桥镇合作医疗办公室由周柏清任主任，王凤英任副主任。1989年，藕塘乡合作医疗基金总额15.5万元，平均每人10.50元。村卫生室医务人员工资由村委年终支付。1996年，钱桥镇、藕塘镇推行社会医疗保障制度，2003年推行农民医疗保险制度，农村合作医疗不再实行。

## 三、社会医疗保险

1996年，无锡市在全市范围内推行社会医疗保障制度。钱桥镇、藕塘镇参加医疗保险的对象为国家机关在编工作人员和企事业单位合同制工作人员。时参保对象按其工资总额的20%交给社保局医保金（其中参保对象交10%、单位交10%）。社保局把参保对象的医保金用于医疗保险的统筹资金。

社保局每年按职工上缴医保金的比例及工龄进行折算，将金额打入参保人的医保卡账户。医疗对象的医保账户金额只能用于支付门诊药费，或在社保定点药店购买医保范围规定的药品，用完为止。医保对象达到规定的退休年龄办理退休手续时，缴纳医疗保险费的最低年限必须达到男满30年、女满25年，方可在退休后享受社会医疗保险金。不足此年限的需按上年社会平均工资和当年医疗保险缴费率一次性缴满上述规定缴费年限的医疗费，方可享受退休人员医疗保险待遇。

2006年，社会医疗保险参保范围扩大到民营和私营企业职工。2007年起，医疗保险和基本养老保险同步缴纳（即参加养老保险人员以单位为整体参加城镇职工基本医疗保险），凡是参加职工基本医疗保险的人员，同时参加职工医疗补充保险。同年，钱桥街道企业职工基本医疗保险实现全覆盖。2010年始，缴纳医疗保险费的最低年限调整为男满25年、女满20年。参保人员持经办机构发放的社会保障卡、IC卡和医疗保险病历证，可在定点医疗机构就诊、配药，或持医保专用处方到定点零售药店购药。是年，社会保障卡、IC卡统一换成市民保障卡，简称“市民卡”。2015年，钱桥街道社会医疗保险参保人数达41215人，参保人数占区域内职工总人数的100%。

### 四、居（农）民医疗保险

2003年7月，钱桥镇、藕塘镇全面推行农村新型合作医疗制度（简称新农合）。是年，新农合参保对象每人每年享受门诊费用20元，实行家庭门诊费包干制度；住院医疗全年累计最高结报金额5万元，按医疗费的35%结报。2004年6月7日，钱桥镇全面展开第二轮新农合工作，进一步完善农村医疗保险，切实减轻农村居民医疗负担，缓解“因病致贫、因病返贫”问题，促进经济发展和社会稳定。2006年2月，钱桥镇新农合应参保人数26463人，实际参保26155人，参保率为98.8%，被无锡市评为农村新型合作医疗先进集体。2007年，钱桥镇新农合应参保人数为29914人，参保率为100%，人均保费由原35元/人提高到85元/人，村补贴由原5元/人提高到15元/人，镇补贴由20元/人提高到45元/人。2008年，钱桥街道农村新型合作医疗工作稳步推进，符合条件的群众参保率为100%，缓解了农村居民因病致贫、因病返贫问题，有效遏制看病难、看病贵现象。2009年起，惠山区人民政府规定农村新型合作医疗制度结报标准提高到个人全年累计门诊最高金额为600元，优抚对象给报标准全年累计门诊最高金额为700元。区域内参加农保的对象至社区卫生服务中心、惠山区人民医院、亿仁肿瘤医院门诊就医的分别按45%、40%、30%结报；患高血压、糖尿病等慢性疾病者，在社区卫生服务站看病，门诊常用药费按60%结报。住院医疗的，全年累计最高结报15万元。在惠山区内定点医院住院的，结报标准为医疗费在300~5000元的，结报75%；医疗费在5000~10000元的，结报85%；医疗费在10000元以上的，结报90%。至市级定点医院住院的，结报标准为医疗费600~5000元的，结报35%；医疗费在5000~10000元的，结报60%；医疗费在10000~20000元的，结报80%；医疗费在20000元以上的，结报90%。

图7—35—2 2006年2月，钱桥镇被中共无锡市委、无锡市人民政府表彰为无锡市农村新型合作医疗工作先进集体

2011年1月1日起，根据上级规定，钱桥街道农村新型合作医疗和城镇居民基本医疗保险制度进行一体化整合，实施无锡市区居民基本医疗保险规定，在社区卫生服务中心住院医疗的，结报80%；至市内和市外医院住院治疗的，必须在社区卫生服务中心办理转诊手续，医疗费结报比例分别为60%（门诊特殊病种治疗80%）和50%；未办理转诊手续的减半结报，年最高限额结报17万元。门（急）诊医疗费用年累计600元（含600元）以内的，居民医保基金和个人共同负担，在社区卫生服务中心就医结报50%；在市内、外就医并办理转诊手续的，医疗资金统一结报40%，未办理转诊手续的减半结报。参保妇女住院分娩的医疗费用（包括分娩用药和诊疗项目费用）纳入住院医疗费用支付，

每次不超过3000元。是年，钱桥街道参加居民基本医疗保险人数为28936人，其中老年8543人、学生14058人、少儿679人，低保户112人，其他居民5544人，参保率为99.96%。应缴保费693.163万元，其中街道承担432.527万元。2013年起，钱桥街道按照上级规定实施城乡居民大病保险，享受对象为市区居民基本医疗保险和城镇职工基本医疗保险的所有参保人员。大病医保不分病种，住院和门诊特殊病种治疗的医疗费用符合规定的全部纳入报销。报销比例及标准为个人负担医疗费用在1.8万~5万元（含5万元）的，按50%予以补助；个人负担医疗费用在5万~10万元（含10万元）的，按60%予以补助；个人负担医疗费用在10万元以上的，按80%予以补助。

2015年，钱桥街道参加居（农）民基本医疗保险27315人。参加居（农）民基本医疗保险的对象必须自己每年缴纳一定的医保金，学生、少儿年缴纳120元，老年人年缴纳280元，新市民年缴纳340元，低保户由政府全额补贴。2012~2015年，钱桥街道居民基本医疗保险每年参保率都在99%~100%。

2011~2015钱桥街道居（农）民基本医疗保险基金筹集及收缴标准统计表

表7—35—8　　单位：元/人

| 项目 | 历年缴费标准 | | | | | | | | |
|---|---|---|---|---|---|---|---|---|---|
| | 学生少儿 | | | 其他居民 | | | 达到退休年龄居民 | | |
| | 财政补贴 | 个人缴纳 | 小计 | 财政补贴 | 个人缴纳 | 小计 | 财政补贴 | 个人缴纳 | 小计 |
| 2011 | 200 | 80 | 280 | 270 | 150 | 420 | — | — | — |
| 2012 | 250 | 100 | 350 | 340 | 190 | 530 | — | — | — |
| 2013 | 250 | 100 | 350 | 350 | 240 | 590 | — | — | — |
| 2014 | 280 | 100 | 380 | 380 | 300 | 680 | 380 | 250 | 630 |
| 2015 | 320 | 120 | 440 | 400 | 340 | 740 | 420 | 280 | 700 |

### 五、退休人员医疗互助金

2010年起，钱桥街道实施退休人员住院互助保障制度。2010~2011年，收费标准每人每年为60元，全街道参保3238人。2012年，收费标准每人每年为110元，全街道参保5320人，占应保人数的96%。2013~2014年，收费标准每人每年为170元，2013年全街道参保7021人，占应参保人数的98%；2014年全街道参保6464人，占应参保人数的97%。2015年，收费标准每人每年为195元，全街道参保7827人，占应参保人数的99%。

## 第十节　住房公积金

1993年起，钱桥镇、藕塘镇逐年推行住房公积金制度，国家机关、行政事业单位和国有企业人员缴纳和享受。2012年起，钱桥街道实施各类企业在职人员住房公积金扩面工作。是年，区域内企业享受住房公积金1650人。2013年，区域内享受住房公积金人数为1660人。2014年，区域内享受住房公积金人数为1680 人。2015年，钱桥街道参加住房公积金缴费人数28433人，享受住房公积金2306人。

## 第十一节　就业创业扶持

2004年11月27日，钱桥镇和惠山区劳动就业管理中心在钱桥镇影剧院广场联合举办失地农民专场招聘会暨惠山区2004年冬季劳务交流洽谈会，140余家单位设摊招聘，为各类失地农民、农村劳动力、失业人员、下岗职工和大中专毕业生提供就业岗位2033个，其中可供失地农民和农村劳动力求职岗位1702个，占全部岗位数的84%。是日，4900余人进场进行求职或劳务咨询，初步达成就业意向的659人，其中467名失地农民实现就业愿望。2006年，钱桥镇开办创业和就业引导性培训班和专项技能培训班 10 期，培训人员 3000 多人，组织 473 家招聘企业提供就业岗位 5356 个，签订就业意向 2168 人。钱桥镇党委、政府为推动就业工作，出台优惠扶持政策，明确 2005~2007 年凡企业录用本镇农村无业劳动力，给予每人每年单位补贴 1000 元；录用农村“4045”（女 40 岁、男 45 岁）及特困人员，给予每人每年单位补贴 2000 元，以此推动失地无业劳动力上岗就业。同时，镇政府不断完善职介所的服务功能，为每名登记就业的失地劳动力提供 3 次免费介绍就业机会，编印包含职业指导和再就业优惠政策内容的培训材料 8000 余份。

2007 年 2 月 27 日，钱桥镇政府在影剧院广场举行失地农民就业专场招聘会暨春季劳务交流洽谈会，150 多家单位设摊开展招聘活动，提供各类就业岗位近 3000 个，其中提供给失地农民应聘的求职岗位 1772 个，提供“4045”人员应聘的就业岗位 118 个，3000 余名失地农民及无业人员到会应聘。2008 年 2 月 23 日，职教园区管委会、钱桥街道办事处主办，惠山区劳动就业管理中心协办的钱桥地区失地农民就业招聘会暨 2008 年春季劳务交流洽谈会在钱桥影剧院广场举行。120 多家单位推出 2000 多个就业岗位，涉及操作工、电焊工、维修工、仓库管理员等近百个就业工种，其中提供给失地农民应聘求职岗位 1500 多个，提供“4045”人员应聘就业岗位近百个，吸引 3000 多名失地农民、无业人员踊跃参与，300 多人当场被录用，800 多人达成录用意向。2009 年 2 月 21 日，钱桥街道办事处在文体活动中心广场举办春季劳务交流洽谈会，不少招聘单位和应聘人员入场进行“双向选择”。劳务洽谈会有 125 家用工单位进场设摊，推出用工岗位 1500 多个，其中为失地农民和农村劳动力提供的求职岗位达 697 个，为大龄人员提供的求职岗位数达 109 个。1400 余名失地农民、297 名失业职工参加劳务洽谈会。此次劳务交流洽谈会当场达成就业意向 272 人，其中失地农民 190 人、失业职工 82 人。

图 7—35—3　2008 年 2 月 23 日，区域内失地农民在钱桥街道办事处主办的失地农民就业招聘会上应聘签约

图 7—35—4　2009 年 2 月 21 日，钱桥街道办事处举办春季劳务交流洽谈会

2011 年，钱桥街道投入资金创办惠山公共实训钱桥基地，开设教育培训、实践操作等项目。2015 年，钱桥街道 15 个社区均建立健全就业保障平台，动态跟踪辖区内各类失业人员，开展就业、创业意愿调查，摸清底数，建立一人一表台账，对有就业意愿的人员积极做好就业推荐工作，对有创业意愿的人员开展一系列创业援助服务。2011~2015 年，公共实训钱桥基地每年组织各类失业人员、在职职工等由钱桥人社所、成教中心联合免费进行各类技术、创业、就业指导培训，累计培训 2 万多人，开设培训课程 25 门。每年举办一期春风行动大型招聘会，每年举办二期大中专毕业学生春秋专场招聘会，各类招聘会累计提供就业岗位 1 万多个。每两年举办一场职工技能大赛，比赛工种累计 26 个，参赛选手累计近 1000 人。每年举办一期创业政策宣传进社区、进校园、进商业广场的宣传活动，累计发放宣传手册 6000 余份。其间，钱桥街道新增就业 15960 人，自主创业 1340 人，带动就业 3938 人，参加创业培训 1238 人，落实创业扶持政策 538 人，发放创业扶持资金 321.2 万元。

图 7—35—5　2011 年，钱桥街道为失地农民构建服务平台，搭建就业金桥

# 第三十六章 文明新风

1963年，钱桥、藕塘公社组织共青团员、广大社员开展声势浩大的学雷锋活动，区域内好人好事不断涌现，社会风气友善良好，路不拾遗，夜不闭户。1985年，钱桥乡、藕塘乡分别成立精神文明建设领导小组，组织村、企业、村民开展创建省市文明单位、乡“五好”家庭活动。20世纪90年代，钱桥、藕塘（乡）镇各村先后制定村规民约。1991年，钱桥镇1个单位被评为江苏省文明单位。2001年，钱桥、藕塘镇组织党员开展“三个代表”学习实践活动，教育党员始终保持共产党员的先进性。是年，钱桥镇、藕塘镇4个单位被评为江苏省文明单位，6个单位被评为无锡市精神文明建设先进单位。2002年，钱桥镇、藕塘镇贯彻《公民道德建设实施纲要》，加强公民道德建设。是年，钱桥镇、藕塘镇47个单位被评为惠山区精神文明建设先进单位。同年，两镇组织各村开展“十星级”文明家庭创建活动。2004年，钱桥镇64个单位和个人被评为惠山区精神文明建设先进集体和个人。是年，钱桥镇志愿者56人，并招募志愿者262人。同年，钱桥镇被评为江苏省文明乡（镇）。2005年，钱桥镇2个单位被评为江苏省文明单位。是年，钱桥镇4300多名志愿者中，党员志愿者占近40%。2007年，钱桥镇3个单位被评为江苏省文明单位，4个单位被评为无锡市文明单位。2008年，钱桥街道12个单位被评为无锡市文明单位。2006~2008年，钱桥（镇）街道各界人士献血总量20万毫升。2009年，钱桥街道开展科学发展观教育实践活动，转变政府职能，转变干部工作作风，增强为民办实事意识。2010年，钱桥街道5个单位被评为江苏省文明单位，12个单位被评为无锡市文明单位，评出特色家庭67户、“三八红旗手”34人。2011年，钱桥街道评出“五好文明家庭标兵户”75户、“三八红旗手”28人。2012年，钱桥街道把培育和践行社会主义核心价值观放在首要位置，开办核心价值观讲座。是年，区域内2人被评为无锡好人，无偿献全血302人，献成分血42人。2013年，钱桥街道7个单位被评为江苏省文明单位，16个单位被评为无锡市文明单位，无偿献全血456人，献成分血49人。是年，全街道15个社区均成立志愿者服务站，同时建立13支街道级志愿者服务队伍。2014年，钱桥街道3人被评为江苏好人，无偿献全血438人，献成分血50人。2015年，钱桥街道1人被评为江苏好人，评出“五好”文明家庭标兵户75户、“三八红旗集体”4个、“三八红旗手”76人，无偿献全血444人，献成分血49人。

图7—36—1 钱桥镇被江苏省精神文明建设指导委员会表彰为2003~2004年度江苏省文明乡（镇）

## 第一节 创建活动

1985年，钱桥乡、藕塘乡按照无锡县精神文明建设活动委员会部署，分别成立精神文明建设领导小组。钱桥、藕塘乡在精神文明建设创建活动中，把“全面宣传发动，营造良好氛围；抓好思想教育，塑造对外形象；大力发展经济，夯实创建基础；开展各类活动，全面提升质量；增强服务功能，为民多办实事”融为一体，形成合力。精神文明建设领导小组组织区域内机关、事业单位、行政村、企业开展无锡市、江苏省文明单位创建活动，组织各村开展“五好家庭”“五好家庭标兵户”“十星级文明家庭标兵户”“三八红旗手”等创建活动。各机关事业单位、行政村、企业在创建文明单位活动中注重软件、硬件建设并重，把创建工作与提高居民素质、美化村镇面貌、改善百姓生活结合起来。

## 一、创建市级、省级文明单位、文明（村）社区

1985年，钱桥乡、藕塘乡分别建立精神文明建设领导小组。是年，精神文明建设领导小组制定创建文明单位规划，并把规划发送至各村、企事业单位。各村、企事业单位按照规划要求，积极开展创建文明村、文明单位活动。精神文明建设领导小组指导各村、各企事业单位开展创建活动，并定期进行检查，区域内涌现出一批文明村、文明单位。2000年，钱桥镇国税二分局、地税钱桥分局、钱桥工商所、苏嘉集团、华冠集装箱厂、百特皮件公司等6个单位获评无锡市精神文明建设先进单位。2001年，钱桥镇获评江苏省文明镇，西漳村获评江苏省文明村，国税二分局、地税钱桥分局获评江苏省文明单位。是年，钱桥镇、藕塘镇获评无锡市精神文明建设先进单位6个，分别是钱桥镇为无锡市文明镇，国税二分局、地税钱桥分局为无锡市创建文明行业工作示范点，桥北社区为无锡市创建文明社区工作先进社区，西漳村、庙塘桥村为无锡市文明村。

2002年，钱桥镇、藕塘镇47个单位获评惠山区精神文明建设先进单位。2004年4月23日，惠山区委、区政府召开惠山区创建全国文明城市动员大会，表彰全区近年来群众性精神文明创建活动中涌现出来的精神文明先进集体和个人，其中钱桥、藕塘镇有64个单位获此荣誉。

1991~2015年，钱桥、藕塘（乡）镇、钱桥街道4个村、社区13次获评江苏省文明单位，5个企事业单位11次获评江苏省文明单位。2002~2015年，区域内5个（村）社区11次获评无锡市文明单位，19个企事业单位45次获评无锡市文明单位。

1991~2015年钱桥、藕塘（乡）镇，钱桥街道省级文明单位统计表

表7—36—1

| 年份 | （村）社区、单位 |
|---|---|
| 1991~1992年 | 钱桥镇钱桥村 |
| 1993~1994年 | 钱桥镇钱桥村 |
| 2001~2002年 | 钱桥镇、钱桥镇西漳村、惠山区国家税务局第二税务分局、惠山地税局钱桥征管分局 |
| 2003~2004年 | 钱桥镇、钱桥镇西漳村、惠山区国家税务局第二分局 |
| 2005~2006年 | 钱桥镇西漳村、惠山区国家税务局第二税务分局 |
| 2007~2009年 | 惠山区国家税务局第二税务分局，钱桥街道舜柯社区、藕乐苑社区 |
| 2010~2012年 | 惠山区地方税务局第四税务分局、惠山区国家税务局第二税务分局、无锡伟达五金有限公司、舜柯社区、藕乐苑社区 |
| 2013~2015年 | 惠山区国家税务局第二税务分局、惠山区地方税务局第四税务分局、无锡伟达五金有限公司、江苏信息职业技术学院、无锡市城市职业技术学院、舜柯社区、藕乐苑社区 |

2002~2015年钱桥、藕塘镇，钱桥街道市级文明单位统计表

表7—36—2

| 年份 | （村）社区、单位 |
|---|---|
| 2002~2003年 | 无锡百乐皮件集团公司、钱桥中心小学、藕塘中心小学 |
| 2003~2004年 | 钱桥村、苏庙村、西漳村 |
| 2004~2005年 | 藕塘中心小学、钱桥中心小学、钱桥中学、惠山区国家税务局第二税务分局、惠山区工商局钱桥分局 |
| 2006~2007年 | 钱桥中心小学、藕塘中心小学、工商局钱桥分局、国土局钱桥国土所 |

续表 7—36—2

| 年份 | （村）社区、单位 |
|---|---|
| 2008~2009 年 | 钱桥中心小学、藕塘中心小学、无锡五洲国际装饰城有限公司、江苏苏嘉集团有限公司、惠山区国家税务局第二税务分局、惠山区地税局第四分局、惠山区工商局钱桥分局、惠山交通运输局钱桥交通管理所、江苏省惠山中等专业学校、无锡汽车工程学校、藕乐苑社区、舜柯社区 |
| 2010~2012 年 | 惠山区国家税务局第二税务分局、惠山区地方税务局第四税务分局、惠山区工商行政管理局钱桥分局、无锡华润实业公司、钱桥中心小学、藕塘中心小学、惠山区交通运输局钱桥交通管理所、江苏省惠山中等专业学校、钱桥街道水利农机服务站、无锡城市职业技术学院、藕乐苑社区、西漳社区 |
| 2013~2015 年 | 无锡华润实业公司、惠山区国家税务局第二税务分局、惠山地方税务局第四税务分局、惠山区工商行政管理局钱桥分局、惠山区交通运输局钱桥交通管理所、钱桥街道水利农机服务站、藕乐苑社区、舜柯社区、西漳社区、无锡西区燃气热电投资开发有限公司、无锡伟达五金有限公司、钱桥中心小学、藕塘中心小学、江苏省惠山中等专业学校、江苏信息职业技术学院、无锡城市职业技术学院 |

## 二、创建文明家庭、个人

1986 年，在各行政村开展创建文明家庭的基础上，钱桥乡、藕塘乡精神文明建设领导小组和妇联组织各村开展评选“五好家庭”活动。“五好家庭”的标准是热爱祖国、热爱社会主义、热爱共产党、遵纪守法好；努力生产、工作、学习、完成任务好；计划生育、教育子女、勤俭持家好；移风易俗、文明礼貌、清洁卫生好；尊老爱幼、家庭民主和睦、邻里团结互助好。是年，钱桥乡溪北、威华村 8 户家庭被评为“五好家庭”。

2002 年，钱桥、藕塘镇政府在组织开展“五好家庭”评比的基础上，又组织开展“十星级文明家庭”评比活动。“十星级文明家庭”的评比标准为爱国守法、家庭和睦、邻里团结、优生优育、勤劳致富、勤俭持家、热心公益、缴纳规费、好学重教、卫生美化。2003 年，藕塘镇评出“五好家庭标兵户”60 户、“十星级文明家庭标兵户”17 户、“三八红旗手”40 名、“好媳妇”17 人。2006 年，西漳村唐益华家庭被评为无锡市“五好文明家庭标兵户”。2007 年，华新村 1300 多户家庭中 300 多户被评为“十星级文明家庭”，500 多户评为“九星”。是年，钱桥社区站头新村陆文晓家庭被评为无锡市“文明家庭标兵户”。2008 年，华新社区唐咏中家庭被评为惠山区学习型家庭，钱桥社区庄栩家庭被评为惠山区四世同堂和美家庭，钱桥街道文卫办杨燕、藕塘中心幼儿园刘芳、百乐皮件有限公司庄敏娟、地税二分局宋芳如被评为惠山区“三八红旗手”。

2010 年 3 月，钱桥街道开展特色家庭、“三八红旗集体”、“三八红旗手”评选活动，共评出特色家庭 67 户，其中“平安家庭”10 户、“才艺家庭”10 户、“环保家庭”10 户、“学习家庭”10 户、“创业家庭”10 户、“四世同堂和美家庭”17 户；“三八红旗集体”10 个；“三八红旗手”26 人。同年，南塘社区唐向群家庭被评为无锡市“平安家庭”，丰期金属材料有限公司胡秋芳被评为无锡市“三八红旗手”。

2011~2012 年，钱桥街道评出“五好家庭标兵户”75 户、“三八红旗手”28 人。2013 年，苏庙社区朱国英、晴山蓝城社区王晓娟、钱桥社区谢芝松家庭被评为无锡市“五好家庭标兵户”；钱桥社区苏芳被评为无锡市“三八红旗手”；洋溪社区钱正英家庭、舜柯社区殷晓文家庭、钱桥社区席彩英家庭被评为惠山区“最美家庭”；晓丰社区姚君芳、稍塘社区王海燕、天辰冷拉型钢有限公司孙月红、藕乐苑社区丁嘉艺被评为惠山区“三八红旗手”。是年，藕乐苑社区钱仁良家庭、东风社区许仲康家庭被评为无锡市“五好文明家庭标兵户”；藕乐苑社区陈凤鸣家庭被评为江苏省“平安家庭”。

2015 年，钱桥街道开展“五好文明家庭标兵户”、“三八红旗集体”、“三八红旗手”评选活动，评选出“五好文明家庭标兵户”75 户、“三八红旗集体”4 个，评选出“三八”红旗手 76 人。是年，高波家庭被江苏省妇女联合会、江苏省全民阅读办评为江苏省“书香家庭”。

### 三、公益创投

2007年，钱桥街道投资400多万元新建行政服务中心。服务中心开设面向基层和老百姓的15个部门窗口，方便基层与群众办事。2013年，钱桥街道根据百姓需求，决定把街区打造成为一个传播公益文化、服务百姓民生的公益资源集散地，就近为广大居民提供捐赠、助残、帮困、居家养老等"一站式"公益服务。是年，全市首个镇级居家养老服务平台进驻后，短短2年，通溪路这段长仅数百米的街区已集聚社会组织孵化中心、残疾人创业就业孵化中心、爱心慈善超市等7家社会公益活动机构，成为惠山区建成投运的首个公益街区。惠家居家养老服务平台、惠和居家养残服务平台是落户公益街区最早的2个公益项目，采用政府购买服务的方式，每个月定期为生活困难的老年人、残疾人提供保洁整理、助餐、助浴、康复等八大类免费服务。两年中近300名老年人、残疾人享受到爱心服务。街道社会组织孵化中心承担培育和扶持辖区各类社会公益组织的责任，通过提供场地、种子基金、社工招募、注册辅导等服务，吸引仁良公益协会、"四叶草"儿童青少年成长中心等多家初创型公益机构入驻，涵盖关爱农民工子女、环保、科教等多个公益领域。残疾人创业就业孵化中心、爱心慈善超市等机构携手爱心企业，在残疾人就业、低保群众生活保障等方面给予定向帮扶，被居民们赞誉为困难群众的"爱心港湾"。

2015年9月9日，惠山区首个社区红十字衣物捐赠站——晴山蓝城社区红十字衣物捐赠接收站在钱桥通溪路街区揭牌成立，当天收到爱心企业及居民捐献的衣物2800多件。其中最多的一位企业主一次就捐赠800件新衣物。同月，社区的8位居民还当起全日制义工，承担衣物登记、整理、消毒、保管、发放等日常工作。10月25日，晴山蓝城社区红十字衣物捐赠接收站开展困难家庭衣物认领活动，17户困难家庭在志愿者的引导下挑选认领满意的衣物。

**2015年钱桥街道入围惠山区第二届公益创投项目一览表**

表7—36—3

| 项目级别 | 项目名称 | 实施主体 |
|---|---|---|
| 无锡市级项目 | "更生保护"钱桥街道刑释人员社会融入项目 | 钱桥街道社会组织孵化站 |
| 惠山区级项目 | 有爱温暖同行——钱桥社区独居老人关爱项目 | 钱桥社区居家养老服务工作站 |
| | 蓝城"衣加衣"社会救助项目 | 钱桥街道晴山蓝城社区红十字暖身暖心衣物捐赠接收站 |
| | "乐享生活"——残疾人文体活动服务项目 | 钱桥街道东风社区志愿者服务站 |
| | 阳光驿站——"四点半课堂"项目 | 钱桥街道苏庙社区阳光义工 |
| | "我爱绿生活"——钱桥街道洋溪社区环保倡导项目 | 钱桥街道绿生活环保工作室 |

## 第二节 思想道德建设

1963年3月，钱桥公社、藕塘公社以开展学雷锋活动为契机，利用各种宣传阵地，宣传弘扬雷锋精神，组织团员青年、广大社员开展学雷锋活动，各大队均成立学雷锋小组。时雷锋精神成为钱桥、藕塘地区百姓崇尚、学习、发扬的美德。60年代中后期，区域内《学习雷锋好榜样》歌曲在村村巷巷传唱，广大共青团员、青年带头学雷锋、做好事，进行义务劳动。1977年，晓星大队、洋溪大队团支部创办学雷锋园地，评选学雷锋标兵。钱桥公社、藕塘公社广大共青团员、青年做到"一事当先想雷锋、一事之后比雷锋、人人争做活雷锋"，出现先进帮后进，后进赶先进，团结战斗向前进的生动活泼的局面。

2001年，钱桥镇、藕塘镇全体党员开展"三个代表"学习实践活动。在"三个代表"学习实践活动中，各级党组织充分认识到中国共产党代表着中国先进生产力的发展要求、代表着中国先进文化的前进方向、代表着中国最广大人民的根本利益是立党之本、执政之基。广大党员以"三个代表"

重要思想为指导，在经济建设中发挥骨干模范作用，始终保持共产党员的先进性，带领村民整治河道、整治村庄、修建村道。各级党组织为民办实事、谋利益，带领广大人民群众为实现小康社会努力奋斗。2002 年，钱桥镇、藕塘镇贯彻《公民道德建设实施纲要》（以下简称《纲要》），组织机关、事业、企业单位党员及广大群众宣传、学习中华民族几千年形成的传统美德和中国共产党领导人民在长期革命斗争与建设中形成的优良传统道德，推进公民道德建设。区域内形成宣传贯彻《纲要》、加强公民道德建设的热潮，呈现出行动快、气氛浓、形式多、效果好的局面。钱桥、藕塘两镇党委在学习贯彻《纲要》中，利用党校、成人教育中心校宣讲公民道德知识，结合通俗易懂、老百姓容易理解和接受的“五讲”（讲文明、讲礼貌、讲卫生、讲秩序、讲道德）、“四美”（心灵美、语言美、行为美、环境美）、“三热爱”（热爱祖国、热爱社会主义、热爱中国共产党）内容，结合区域内居民的道德实例开设公民道德课程，在全社会大力提倡爱国守法、明礼诚信、团结友善、勤俭自强、敬业奉献的基本道德规范。区域内形成文明礼貌、助人为乐、尊敬老人、家庭和睦、乘车让座、保护环境、遵纪守法，从自己做起，从家庭做起，从身边事做起的良好社会道德风尚。2007 年，各（村）社区党总支在公民道德建设中，以为人民服务为核心，以集体主义为原则，以爱祖国、爱人民、爱劳动、爱科学、爱社会主义为基本要求，以社会公德、职业道德、家庭美德、个人品德为着力点，引导村民做道德模范、遵纪模范、守法模范。同时，钱桥街道在青少年中广泛开展中华民族“德道”“孝道”“和道”“学道”和勤劳、爱国等传统教育，15 个社区小学生暑期辅导站广泛选讲《三字经》《弟子规》《论语》《道德经》中的中华民族传统美德。2009 年 9 月，钱桥街道组织街道、社区两级开展“科学发展观教育实践活动”，牢牢抓住以经济建设为中心，聚精会神搞建设，一心一意谋发展，不断解放和发展社会生产力，推进区域内经济增长方式向集约型转变。

2010 年，钱桥街道党工委组织街道、社区两级干部学习科学发展观理论，转变政府职能，转变各级干部工作作风，增强为民办实事的意识。是年，钱桥街道重点完成 8 大为民办实事工程；2011 年，再完成 8 大为民办实事工程。2012 年，中共“十八大”召开以后，钱桥街道把践行“富强、民主、文明、和谐、自由、平等、公正、法治、爱国、敬业、诚信、友善”的社会主义核心价值观摆在思想道德建设和精神文明建设的首要位置，制作 10 块巨幅社会主义核心价值观宣传牌，布置在区域内显要位置，并在闹市区制作社会主义核心价值观电子屏。党工委和办事处每年举办社会主义核心价值观讲座，举办社会主义核心价值观论坛，组织相关人员讲述实践社会主义核心价值观的体会。各社区召开社会主义核心价值观内涵宣讲会，形成广大干部群众为实现伟大的中国梦，建设繁荣、富强的祖国而努力奋斗的态势。2013 年，钱桥街道完成为民办实事 8 大工程。

2014 年，钱桥街道把培育和践行社会主义核心价值观放在突出位置，在舆论宣传上形成声势。社会主义核心价值观中的个人层面“爱国、敬业、诚信、友善”逐渐成为广大群众遵循的基本准则。广大党员、干部为民服务意识增强，社会和谐程度提高，人际关系互相尊重，干群关系互相融洽，着眼大局、发展地方，开创出富有钱桥地方特色的经济建设新局面。是年 6 月 6 日，钱桥街道宣传办和党校在街道党校举办首期钱桥“道德讲堂”。“道德讲堂”以身边人讲身边事和区域内“无锡好人”“江苏好人”形象宣传的形式，引导居民树立“积小善为大善，积小德为大德”的意识，营造崇德向善的良好氛围，提高居民道德素养，营造良好道德风尚。道德讲堂在宣讲家庭道德时，按照唱歌曲、观录像、诵经典、学模范、谈感悟等环节依次展开，气氛活跃，内容丰富，以身边先进模范、文明家庭标兵户的典型例子，诠释道德理念，传递美德心声，感悟职场经历，强调家庭道德的重要性和作用。此后，钱桥街道不断扩大道德讲堂设立面，建设“流动道德讲堂”，通过“好人故事进讲堂”“好人上讲堂”等形式，普及、优化“道德讲堂”，以老百姓身边的道德故事、道德人物教育、感染广大群众。2015 年，钱桥街道完成 8 大为民办实事工程，举办道德讲堂 3 期。

# 第三节 文明新风范例

1958 年，钱桥乡成立青年突击大队。青年突击大队义务开展修桥补路、巡夜防火、治安管理、扶贫济困等工作。20 世纪 60 年代至 2015 年，钱桥、藕塘地区干群开展学雷锋活动和精神文明建设活动，学雷锋、做好事，见义勇为、志愿者、“江苏好人”“无锡好人”、无偿献血、敬老孝老等文明新风范例不断涌现，事迹感人。

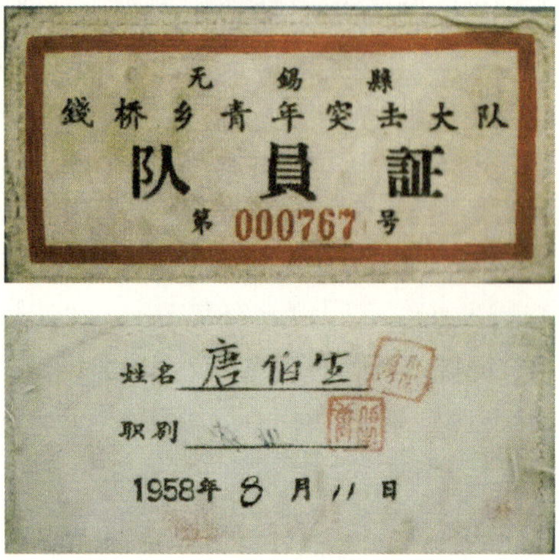


图 7—36—2　1958 年 8 月 11 日钱桥乡青年突击大队发给队员唐伯生佩戴在臂上的队员证（上正面、下背面）

## 一、学习雷锋

1963 年 3 月 5 日，《人民日报》刊登毛泽东主席“向雷锋同志学习”的题词，钱桥、藕塘公社确定每年三月为“学雷锋月”，利用各种宣传阵地，宣传、践行雷锋精神，组织、开展各项学雷锋活动。各大队成立学雷锋小组。学雷锋小组开展学雷锋宣传演出活动，引导党员、团员、群众积极参与，把学雷锋活动不断引向深入。1964 年冬季的一个晚上，解放军驻姚湾部队在勤建大队野营训练。第二天清晨，勤建大队西村黄凤英老人看到场角地上有一件军大衣，经了解，是解放军野营训练时掉下的。黄凤英即步行近 5 公里路把军大衣送至姚湾部队。部队领导十分感谢。1965 年，藕塘公社勤建大队组织青年开展写墙字的公益活动，其中一位青年从梯子上摔下来受伤。当时既无公交车，又无私家车，勤建大队学雷锋小组向生产队借一辆木板车，把受伤的青年推到无锡一〇一医院治疗。治疗结束后，学雷锋小组人员又把受伤的青年用木板车推回家休养。几十年中，雷锋精神在钱桥、藕塘地区代代相传，大中专、中小学校师生每年于“学雷锋月”至敬老院、社区慰问孤寡老人、打扫卫生。

1977 年，钱桥中学学生徐平因从小患有小儿麻痹症，不会走路。共青团员唐斌等几位同学想到雷锋“出差一千里，好事做了一火车”的事迹，决定背扶徐平上学。不管刮风下雨、严寒酷暑，唐斌等几位共青团员每天护送徐平上学和回家，还背扶其上厕所。同年，晓星大队学生邓革平奋不顾身抢救落水儿童，黎明中学共青团员吴月霞带领学雷锋小组打扫轮船码头。是年，舜一大队团员青年在学雷锋活动中，开展积肥满仓活动，帮助五保户挑水、烧饭、推车、挑担等，全年共做好事 1527 件。1978 年 3 月 30 日，钱桥人民公社西漳大队革命委员会表彰唐建平、钱耀清、唐党敏三人利用晚上和休息时间义务为生产队清麦沟、罱河泥、修码头等学雷锋、做好事的事迹，评选他们为学雷锋标兵。

1980 年 3 月，钱桥中学少先队员开展学雷锋活动，植树绿化、种蓖麻、挖蛹。仅 3 个星期，全校少先队员植树 2765 棵、种植蓖麻籽 5 公斤、挖蛹 10.5 公斤（91060 个，上交医院）。是年，钱桥中学团支部组织共青团员至公社医院铺路，为公社办公楼、老师宿舍、学校厨房、会议室、阅览室等擦门窗及打扫卫生。

2006 年 3 月 3 日，钱桥镇在钱桥影剧院组织学雷锋活动，有鞋帽、衣服缝补，修理自行车、电器，配钥匙，理发，法律知识咨询，妇女健康知识咨询，维权知识咨询，消费知识咨询，社保知识咨询，职工劳动者权益保护咨询，税务知识咨询，量血压等 10 多个学雷锋项目为大众服务，受到广大群众的欢迎。

2013 年，华新社区老党员组成学雷锋志愿者巡逻队，对社区内防控落实情况进行检查，及时发现问题，提出改进意见，使防控工作取得实效。2015 年，华新社区开展以“传承雷锋精神”为主题的志愿服务活动，社区党务员唐咏中带领10多名党员志愿者到盘山公路山脚下草坪和道路上拾捡废弃物、果皮、烟头等垃圾。是年，华新社区老党员学雷锋志愿者巡逻队成员每天按时按点开展巡逻，风雨无阻，排查各类安全隐患，帮助居民解决困难，并对不文明行为进行劝阻，维护社会治安，为社区编织一张安全网。

## 二、见义勇为

1983年12月一天深夜11点多钟，天空下着鹅毛大雪，胜丰村许继昌骑自行车带着7岁儿子从无锡回家，经过山北乡会西村一条大河旁时，突然听见河对面有微弱的呼喊求救声。许继昌二话没说，停下自行车，把儿子放在麦地里，绕过300米河道，只见一个60多岁的老皮匠（在庙头一家丧事人家上鞋子）跌入河中。许继昌迅速脱去身上的棉袄棉裤，下水把老皮匠救上岸。老皮匠被救上岸时穿着一件长粗布大棉袄，冻得像一根木头人，已说不清家在哪里。许继昌用自己的棉袄披在老皮匠身上。过了一会，老皮匠勉强说："我是会西唐巷人，姓丁。"许继昌立即将老皮匠送到唐巷家门口。许继昌回到出事地，儿子独自站在田里等着爸爸，见到爸爸后号啕大哭。事后，老皮匠四处寻找救命恩人。当大家知道是许继昌在雪夜营救老皮匠时，其事迹在胜丰地区传为美谈。

2009年6月4日上午6时50分，藕塘中心幼儿园保安管建伦行至藕塘幼儿园操场东大门路段时，发现一名男子正在盗窃一辆电动车。管建伦欲上前抓捕时，男子发觉后拔腿就跑。管建伦奋力追赶2000多米，将男子抓获时，窃贼持砖块将管建伦头部、身体多处砸伤，导致管建伦头部等多处流血（后至医院缝4针）。但是，管建伦不顾个人安危，忍着疼痛与歹徒奋力搏斗，最终将歹徒制服。后经派出所审查，歹徒名罗玉勇，交代了盗窃电瓶车被发现后实施暴力反抗的犯罪事实。是年6月下旬，惠山区见义勇为工作站奖励管建伦奖金800元。2011年12月，在无锡市见义勇为先进分子表彰大会上，管建伦被表彰为无锡市见义勇为先进分子。

2012年7月27日傍晚，43岁的藕乐苑社区警务室保安倪晓东吃过晚饭到上伟路散步，意外听到不远处传来微弱的呼救声。倪晓东急忙循声跑过去，只见前方河塘中有一人落水，围观人员因见水位较深，只观不救。倪晓东三步并作两步跑至河塘边，二话没说，不顾个人安危，立即跳进河塘，拼命游到溺水者身旁，只见溺水者已无气力，几乎失去知觉。倪晓东猛抓溺水者的头发，拼命游向岸边，成功把溺水者拖到岸上。此后，倪晓东又把奄奄一息的溺水者倒背反复拍打，做人工呼吸，使溺水者心肺渐渐复苏。岸上的热心市民急忙拨打120，为抢救溺水者生命赢得宝贵时间。由于抢救及时，溺水者终于脱离生命危险。是年，农业银行钱桥支行客户经理吴东明、保安虞惠英通过大堂巡查，防范多起电信诈骗案件发生，为群众挽回经济损失30万元，获得惠山区见义勇为工作站颁发的见义勇为奖金及证书。2013年4月10日，钱桥工商银行员工嵇志祥、吴沁霖发现辖区内姓杜的居民轻信中奖信息，在他到工商银行钱桥支行准备汇款时，及时阻止其汇款，并立即报警，挽回经济损失5000元。嵇志祥、吴沁霖获得惠山区见义勇为工作站表彰并奖励。2014年5月6日上午9时50分左右，无锡职教园校区位于钱胡路南侧的无锡商业职业技术学院3B栋女生宿舍楼6楼一窗口冒出滚滚浓烟，窗户里还不时窜出明火，窗玻璃不停往下掉。该校保卫处老师鲍飚和正在商院更换灭火器药料的街道消防器材员丁海江看到宿舍起火，鲍飚立即报警，丁海江丢下器材，从旁边一位老师手中抢过一块毛巾，捂着嘴冲至6楼。当时6楼楼面已被浓烟裹住，在两米之内看不到人的紧急情况下，丁海江打开消防栓，拿出水管，打开水阀，用水枪灭火，约喷射半小时即把火势控制。所幸起火宿舍无学生，却听到旁边一宿舍（两间宿舍间用木质衣柜隔开）内有女生在哭叫。丁海江一边喷水灭火，一边用脚踢开旁边宿舍房门，喊着叫室内的6位女生赶快逃离宿舍。待5辆消防车来到宿舍楼下，6楼的烟火已全部扑灭，事故未造成人员伤亡。后据初步调查，事故原因为一名学生忘记拔掉线路板所致。是年11月10日21时许，一殷姓女子到钱桥大街童装店买服装。一男子乘其不备，抢走殷姓女子的皮夹。皮夹内有白色三星手机和1000元现金及银行卡、身份证等。辖区内戴一荣驾车路过，发现殷女士呼叫，立即奋力追赶。戴一荣追上抢劫男子后，男子竭力反抗。经过与抢劫男子多个回合搏斗，戴一荣终将歹徒制服。戴一荣获惠山区见义勇为工作站表彰和奖励。

2015年3月25日上午10时20分许，事主邓女士抱着小孩在钱桥社区卫生服务中心打针，突然被人扒窃一只金色苹果6plus手机。邓女士老公发现后，随即追赶扒窃者。正在医院看病后将要离开的顾植华发现这一情况后，立即追赶过去，将小偷抓住。顾植华与邓女士的丈夫一起将扒手押往派出所途中，扒手竭力反抗，把顾植华扭倒在地，致使顾左膝盖及右掌皮肤擦破出血、右手腕扭伤。是年4月4日16时30分，芮明东驾驶电动车途经无锡职教园校区现代园艺科技示范园路段，听到有一位老太在急喊有人抢东西。芮明东看到前面公路上有一男子骑着自行车飞快地前进，行动十分可疑。于是，芮明东加快速度，直追至汽车工程学校门口，将此男子抓获，扭送公安机关。4月8日，顾植华受到惠山区见义勇为工作站表彰及奖励。4月16日，芮明东获惠山区见义勇为工作站的表彰和奖励。同年11月3日18时许，犯罪嫌疑人黄某伙同他人利用开锁技术进入钱桥春满园一户人家撬锁，准备行窃，被房东当场撞见。房东大喊捉贼，邻居丁军、胡李闻声，出门一看，发现邻居朱某正与一名陌生男子扭打在一起，另有一名陌生男子朝朱某脸上喷洒辣椒水。两名男子乘朱某双眼疼痛难忍时立即仓皇逃离。朱某忍痛拉住其中一名男子。丁军、胡李一边大喊“快抓小偷”，一边立即冲上去将逃跑的嫌疑人控制，并与闻声前来的邻居合力制服嫌疑人。11月22日，惠山区见义勇为工作站对丁军、胡李进行表彰和奖励；丁军并获江苏省见义勇为第二届“绿叶奖”。

## 三、志愿者活动

2004年“12·5”国际志愿者日，钱桥镇56名志愿者开展便民服务、义务宣传及其他各类志愿活动，设立志愿者活动宣传点、志愿者活动注册点，开展妇女咨询、法律咨询、就业指导、义务测量血压、义务修理电器、义务理发等12个项目，散发交通文明宣传资料、志愿者倡议书、环保宣传资料、妇女杂志、法律常识宣传手册等各类宣传资料3106份，招募到志愿者262人，其中治安志愿者136人、义务修理电器志愿者35人、测量血压志愿者91人。2005年8月2日，钱桥镇党委在钱桥中心小学举行“钱桥镇党员志愿者活动启动仪式暨党员一日捐”活动。镇全体党政领导、各村正副职党员干部、第二批先进性教育单位、第三批先进性教育单位共86个支部的900多名党员头戴志愿者小红帽，顶着炎炎烈日进行志愿者宣誓：“我宣誓，我志愿成为一名光荣的志愿者。在今后的日子里，我将践行志愿精神，尽己所能、帮助他人、服务社会、传播文明，为建设团结互助、平等友爱、共同进步的美好社会贡献力量，书写充实而高尚的精彩人生！”活动中，党员纷纷向募捐箱投入爱心捐款。惠山区委副书记、区长毛海圻参加活动，并和全场党员一起进行志愿宣誓。会上，镇党委书记戴家元等党政领导为32个党员志愿者服务队授旗，为6个党员志愿者服务基地授牌。当天的爱心捐款达5.8万元。是年，钱桥镇4300多名志愿者中，党员志愿者占近40%。志愿者积极参与学雷锋为民服务、文明交通协勤、文明城市创建、环境卫生整治、力所能及帮助困难者解决实际困难等志愿活动，有效推动“助人为乐、扶贫帮困”活动在区域内深入开展。2009年6月，藕乐苑社区成立志愿者服务站，开展以“便民、安民、助民、乐民”为主线的“四民”活动。“四民”活动以便民为中心，定期宣传健康保健知识，为社区老人提供免费义诊，为困难群众提供上门送药服务；以安民为保障，针对社区偷盗频发情况，志愿者与社区民警保持联系，积极配合民警做好巡防工作；以助民为动力，青年志愿者以“一助一”“多助一”的形式在节假日走访残疾人、困难户，送去温暖和慰问；以乐民为载体，夕阳红志愿者开展文化娱乐表演，宣传科学发展观、社会荣辱观，弘扬爱国主义、集体主义、尊老爱幼的传统美德，倡导科学、健康、文明的生活方式。

2011年，钱桥街道进一步优化、整合志愿者服务资源，广宣传、深发动、抓特色、促提升，发动市民开展志愿者便民服务活动，弘扬“奉献、友爱、互助、进步”的志愿者服务精神。2012年5月，藕乐苑社区巾帼志愿服务队有530人，环保志愿服务队有651人，党员志愿服务队有71人，夕阳红志愿服务队有 643 人，大学生志愿服务队有 201 人，癌症康复志愿服务队有 15 人，志愿服务总队有 417 人。2013 年，钱桥街道 15 个社区均成立志愿者服务站，同时建立 13 支街道级志愿者服务队伍。是年，东风社区志愿服务站服务时间达 4408 小时，2400 余人次参与志愿服务，认定星级志愿者 45 人，其中五星级志愿者 1 人。东风社区志愿服务站被评为无锡市社区学雷锋志愿服务工作站示范站点。同年，钱桥街道 15 个社区实现中国社区志愿服务站全覆盖，1500 余名中国社区志愿者活跃在关爱服务、公共文明、社区文明、健康救助、环境保护、宣传教育等主题志愿服务活动之中，其中累计服务时间满 100 小时的有 125 人，满 300 小时的有 41 人，满 600 小时的有 19 人。2014 年，江苏省首家集专业志愿者招募、培训、项目开发于一体的惠山区志愿服务项目开发中心落户钱桥。是年，东风社区被评为无锡市十大最佳志愿服务社区。

2015 年，钱桥街道首次全面推广“志愿服务同行日”，志愿服务工作取得长足的发展和进步，志愿服务精神和理念为钱桥人民所称颂、遵循。是年 3 月，“志愿服务同行日”以集中定期开展活动的形式，大力提高志愿服务活动的影响力、号召力，扩大志愿服务的规模和声势，带动更多人参与志愿服务。洋溪社区是一个混合型社区，既有安置小区，又有未拆迁的保留村庄，社区有中低收入人员、低保户、残疾人、空巢老人等弱势群体。在钱桥街道和地方院校引导下，洋溪社区根据居民的民生需求，着眼社区实际情况，精心培育“六心”志愿服务特色品牌，以“爱心”扶助老弱、“热心”守望邻里、“尽心”服务居民、“同心”建设社区、“齐心”助推发展、“真心”回报党恩，切实提升社区志愿者服务工作成效。同年，钱桥街道 15 个社区均与无锡职教园入驻院校各院系签订互助共建协议，合作开发志愿服务项目。其中，洋溪社区分别与江南大学人文学院、江苏省惠山中等专业学校挂牌成立大学生志愿服务基地，稍塘社区与江苏信息职业技术学院机电系挂牌成立大学生志愿服务基地。洋溪社区聘请共建单位的团委书记担任社区志愿服务工作导师，从方向、技术、活动等方面指导社区志愿服务工作的开展，推进社区志愿服务队伍与惠山中专“惠乐义工”以及江南大学人文学院青年志愿者协会等三支品牌志愿服务队伍互助共建、合作交流，拓展三方志愿服务合作空间和平台。是年，钱桥街道除登记注册的社区志愿者站外，还有无锡职教园养生协会志愿者团队、癌症康复志愿者团队、东风社区公益志愿者团队、惠山区仁良公益志愿者团队、惠山区新藕苑如意公益志愿者团队，各社区的文艺志愿者团队及街道妇联的妇女维权志愿者团队等。是年，经惠山区文明办公室评选，钱桥街道东风社区沈伯兴、藕乐苑社区陈凤鸣为五星级社区志愿者（个人累计服务时间大于 1500 小时）；华新社区殷伯多、舜柯社区陆建英为四星级社区志愿者（个人累计服务时间 1000~1500 小时）；华新社区王婷、陈红梅、杨国平、唐咏中、厉兴生，藕乐苑社区丁嘉艺、陈秋凤，东风社区周亚琴、施云娣，洋溪社区单荣珍、钱正英，西漳社区袁真、周静洁，盛峰社区顾金法为三星级社区志愿者（个人累计服务时间 600~1000 小时）。

## 四、无锡好人、江苏好人

2012~2015 年，钱桥街道有 3 人被评为“无锡好人”，4 人被评为“江苏好人”。

**“无锡好人”陈勤南**　藕塘勤建茶场老场长陈勤南在致力茶场发展的同时，关心职工、民工疾苦，多次慷慨解囊，大额相助弱势群体和因病致贫的困难户，赢得职工、群众的称赞。藕乐苑社区一位居民原是茶场职工，得了癌症，陈勤南得知后，多次登门探望，先后捐助 3 万余元帮他渡过难关。有一次，陈勤南听到茶场一位女民工哭了一天，还不吃饭，工作却照做。陈勤南找到民工，问其原因，民工说“昨天发的 200 元生活费不知怎的没了”。陈勤南二话没说，马上掏出 200 元钱塞到她手里。为了照顾茶场民工吃饭，陈勤南请工匠做了 5 付灶具，让民工们可以开小灶，为民工创造家的感觉。2012 年，陈勤南被评为无锡好人。

**“无锡好人”武锡良**　藕乐苑社区居民武锡良退休后，十几年如一日精心照顾年迈的母亲曹阿秀，邻居都称其为大孝子。母亲衣服脏了，武锡良及时清洗；天凉了，及时给母亲添衣服；母亲生病，武锡良更是日夜守护，煎药、喂药。2011年，母亲爬楼梯弄伤了脚，致使行动不便，武锡良给母亲喂饭，陪母亲晒太阳、聊天，夜晚陪护母亲上厕所。正是武锡良的悉心照顾，母亲90多岁还很健朗。2013年除夕夜，武锡良陪母亲在医院病房中度过，与妻子一起同往常一样帮老母亲擦洗身体，同母亲一起吃家中带来的年夜饭，陪母亲在病房里看春节联欢晚会。2012年，武锡良被评为“无锡好人”。

**“江苏好人”冯斗南** 1971年，藕塘公社东风大队居民冯斗南妻子黄玉芬患上忧郁症。冯斗南妻子病情越来越重，导致生活不能自理。1975年，为便于照顾妻子，冯斗南把妻子和女儿接到水利站，将家安在单位。繁重的家务、孩子的教育、妻子的治疗，冯斗南一人挑起。同时带着妻子四处求治，无锡、上海等地大医院跑个遍，几乎花光家里的积蓄。1991年，无锡发生洪水，单位工作忙得不可开交，冯斗南下班回到家，却发现妻子不见了，立即租了出租车到市区及周边乡镇到处寻找，并与派出所联系。经过一个多月的找寻，终于找到了妻子。1998年始，妻子病情加重，大小便失禁，洗脸、洗脚、穿衣、吃饭都得依赖冯斗南。冯斗南数十年如一日，尽心尽力照顾妻子，不离不弃，毫无怨言，赢得邻居称赞。2014年，冯斗南被评为“江苏好人”。

**“江苏好人”周建洪** 钱桥街道司法所所长周建洪牢记为人民服务的宗旨，凭着一颗强烈的事业心，十二年中尽心尽责，化解纠纷，调解成功率达98.5%，协议履行率达100%。2012年临近春节的一个星期天，安徽籍安装队负责人手下的60多名民工汇集在工地上讨付工资，由于双方发生争吵，一名民工失去理智，爬到10多米高的工地塔吊上以自杀相挟，现场一片混乱。闻讯赶到的周建洪弄清事情的来龙去脉后，对民工们耐心地做思想工作，讲道理、讲法律，站在公正的立场上进行协调，直至当天晚上9点多。第二天一早，周建洪不顾一夜未合眼的疲惫，早早到派出所商量处理对策，并同法院法官组成调解小组，及时调解，一场纠纷终于调停。周建洪的日历上，没有星期天，没有节假日，也不分白天晚上，无论刮风下雨，无论哪里发生纠纷，都会不辞辛苦地出现在哪里。2014年，周建洪被评为“江苏好人”。

**“无锡好人”“江苏好人”胡长久** 藕塘中学教师胡长久从教21年来兢兢业业，秉持“教好书、育好人”的理念，培养了一批又一批的学生。从教之余，胡长久利用寒暑假在小区广场架起“暑假流动小书屋”，自行筹集、购买书籍，供社区居民、学生免费阅读。2005年，胡长久被无锡电视台城市频道聘为健康大使。胡长久还是一名热心献血者，他是A型RH阴性血，即人们口中的“熊猫血”。2011年，胡长久主动与报社联系，为患者捐献造血干细胞。2014年，胡长久被评为“无锡好人”“江苏好人”。至2015年，胡长久累计献血量达4000毫升。

**“江苏好人”高波** 2002年起，钱桥中学教师高波致力于无锡地方民俗文化的挖掘、抢救和保护，不辞劳苦、不计名利，常年奔走于拆迁的村落，捡拾上千件见证历史的民俗老物件，拍摄5000多张老建筑和老物件照片，筹建民俗文化展览馆。10多年中，高波为挖掘地方民俗文化，自费16000余元购置专业相机；为跑更多路程，购置一套电瓶安装在电动车后架上。半吨的马槽、250公斤的磨盘、150多公斤的水龙，高波都靠肩扛手搬运回学校。他常常利用休息日，凭一个水壶、一只相机、一辆电动车早出晚归，为钱桥中学无偿搜集到5000多件民俗老物件，创办了400多平方米的爱国主义教育基地——民俗文化展览馆，出版了《旧物新语——无锡民俗文化考察》著作。《无锡日报》《新华日报》、江苏电视台等10多家媒体都先后报道其事迹。2015年，高波被评为“江苏好人”。

## 五、新人新事

20世纪80年代，藕塘村李玉身体高度残疾，但身残志坚，自强不息，创办钟表修理店为群众服务，为残疾人免费修理钟表。90年代，稍塘村徐美度传播企业文化，凝聚员工力量，驾驭企业驶上快车道，并致力于对教育事业的资助。2002年，藕塘中心小学奠基新建，徐美度捐款17.5万元。

西漳社区杨寿钧身为残疾人，身残志不残，2003 年自强开办小型钢管厂，吸纳残疾人做工，关心残疾工人，提高工人工资收入和福利待遇，把企业办得红红火火。西漳社区王树均喜爱民俗乐器，拉得一手好二胡。2004 年，王树均把兄弟三家祖孙三代 30 多人组织起来，建立家庭演奏乐团，丰富群众文化生活，为社会传递正能量。藕乐苑社区陈凤鸣于 2005 年患癌症后在治疗的同时组织群体抗癌，疏导新病人的思想顾虑，积极参与志愿者活动，协助社区做好议事和小学生暑期教育辅导工作，给社区党员上党课，给群众进行健康讲座。2008 年 5 月 12 日汶川大地震发生后，藕塘中心小学教师倪丽英奔赴灾区支教，夜以继日做群众和学生思想疏导工作，引导当地村民振作精神，奋起抗震救灾。东风社区沈伯兴退休后协助社区建立 200 余人的志愿者队伍，组建老年说唱队，到多个社区开展说唱活动，丰富老年人文化生活。藕乐苑社区丁嘉艺工作之余，将大部分时间投入各类公益创投项目的专业设计和活动之中，为钱桥街道志愿服务专业化、项目化出力，带动更多的人参与志愿服务活动。

2002~2013 年，钱桥镇、藕塘镇，钱桥街道有 11 人入选惠山区精神文明新人新事人物名单。

**2002~2013 年钱桥镇、藕塘镇，钱桥街道入选惠山区精神文明新人新事人物表**

表 7—36—4

| 入选年份 | 姓名 | 所在单位 | 入选年份 | 姓名 | 所在单位 | 入选年份 | 姓名 | 所在单位 |
|---|---|---|---|---|---|---|---|---|
| 2002 | 徐美度 | 稍塘社区 | 2007 | 张建荣 | 钱桥国土所 | 2011 | 胡长久 | 藕塘中学 |
| 2003 | 杨寿钧 | 西漳社区 | 2008 | 倪丽英 | 藕塘中心小学 | 2012 | 沈伯兴 | 东风社区 |
| 2004 | 李　玉 | 藕塘社区 | 2009 | 冯斗南 | 东风社区 | 2013 | 丁嘉艺 | 藕乐苑社区 |
| 2006 | 高　波 | 钱桥中学 | 2010 | 陈凤鸣 | 藕乐苑社区 | — | — | — |

## 六、无偿献血

1997年5月26日，藕塘镇卫生院职工徐霞大清早饿着肚子（怕吃东西后会影响血的质量）到血站无偿献血300毫升。1998年，国家刚开始提倡无偿献血，藕塘中学教师胡长久献上200毫升鲜血。当时义务献血者并不多见，从是年起，胡长久就成为一名每年献血的志愿者。藕塘镇卫生院医务工作者王敏艳，自1998年始，先后献全血、成分血多次。

2004 年钱桥、藕塘两镇合并后，钱桥（镇）街道每年组织居民开展无偿献血活动。各社区、企事业单位、机关各部委办局高度重视，积极响应号召，广泛宣传发动，广大干部群众踊跃参与，每年都超额完成上级下达的指标。2008 年 1 月 9 日清早，钱桥街道办事处二楼大会议室 150 多人踊跃参加成分血验血活动，69 人符合成分血献血要求。12 月 25 日，钱桥街道对义务献血活动中涌现的先进单位和个人进行表彰。据不完全统计，2006~2008 年钱桥街道参加献血人数累计超过 1000 人次，累计献血总量超过 20 万毫升，另有 38 人参加成分献血。2009 年 4 月 26 日，钱桥街道红十字会组织开展以“用爱心点燃生命的希望”为主题的骨髓捐献志愿者行动，现场 39 名青年申请并进行造血干细胞血样采集，成为造血干细胞捐献志愿者。胡长久在第一次献血的时候，得知自己是稀有A型RH阴性血。2011 年，胡长久在《无锡日报》上看到《寻找A型RH阴性血，白血病大学生希望您伸出援助之手》一文时，通过报社联系到对方，表达捐献造血干细胞的意愿。是年，他入选惠山区年度精神文明新人新事。

图 7—36—3　2009 年，钱桥街道 39 名热血青年在进行造血干细胞血样采集

2012 年，钱桥街道 302 人无偿献全血，42 人献成分血。在无偿献血活动中，各社区发挥主力军作用，很多工业企业发动员工参与，其中锡兴钢铁公司、苏嘉集团、凯龙汽车设备有限公司连续几

年是献血活动中的骨干力量；红星美凯龙、五洲国际、汽车 4S 店、房地产开发公司等三产服务企业成为献血活动中的新兴力量；派出所、医院、学校、机关是每年献血中承担较多任务的中坚力量，许多无偿献血志愿者以无私奉献的爱心和实际行动积极参与到这项公益活动中。2013 年 9 月 9~11 日，钱桥街道组织开展为期 3 天的成分献血活动。辖区内的社区居民、企事业单位工作人员、外来务工人员纷纷踊跃报名。经初检、血检合格后，3 天内共有 49 名献血者分批前往市血站进行机采成分献血。2014 年 7 月 21 日，钱桥街道组织开展为期一周的无偿献血活动，近 700 名志愿者到街道机关食堂二楼大会议室设立的临时献血点及无锡市中心血站报名献血，通过初检、血检筛选，最终 438 人参加全血捐献，50 人献成分血。

2015年4月20~24日，钱桥街道组织开展为期一周的无偿献血活动，全街道15个社区、企事业单位、机关各部委办局近800名干部职工、群众报名。洋溪社区副主任郭建鹏已先后参加13次无偿献血，献血总量超过3000毫升。是年，钱桥街道共有493名志愿者参加无偿献血，其中献全血者444人，献血总量达13.32万毫升；献成分血者49人。1998~2015年，胡长久已累计无偿献血13次，献血4000毫升。2001~2015年，稍塘社区妇女主任王海燕无偿献血4000多毫升。稍塘社区沈韻华2004年加入志愿献血队伍，每年参加无偿献血，至2015年，献血量3000多毫升。稍塘社区张燕芳自2005年参加工作至2015年，参加义务献血7次，献血1900毫升。

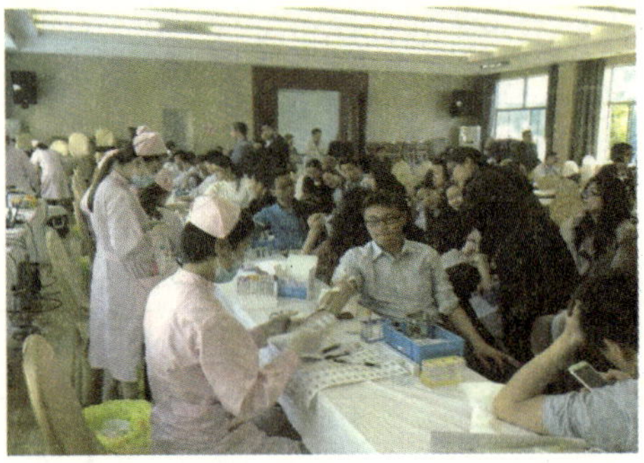

图 7—36—4 2015 年，钱桥街道 493 名志愿者在街道办事处食堂二楼无偿献血

## 七、爱心、孝行

1968 年，藕塘公社东方红大队许巷生产队胡国英的丈夫 28 岁就得痛风、骨结核病。当时医疗设备差，家庭条件差，其丈夫的病情越来越严重，至 1973 年诊断为骨癌，只能截肢。家里的顶梁柱倒了，还有两个未成年小孩以及公公和婆婆，家庭重担全部压在胡国英身上。丈夫得知自己身患绝症，一时要轻生。胡国英一边劝说开导，一边无微不至地关怀，服侍丈夫从截肢到逝世共 28 个年头。丈夫在治疗期间，胡国英忙里忙外，既参加生产队农忙种双季稻，又在家里养猪，还精心照顾公公、婆婆，从无怨言，其家庭历年被评为藕塘（公社）乡五好家庭，她被评为“无锡县好妻子”。

钱桥、藕塘地区素有尊老孝老的优良传统。1989 年，勤建村三家村村民小组丁耀清在一次事故中脊椎粉碎性骨折，长期瘫痪在床。儿子丁华东、儿媳汪末云 28 年如一日长期服侍，精心照料，毫无怨言，在藕乐苑社区传为佳话。1993 年，宇峰村西张巷张仁林十分孝顺，母亲俞阿梅 80 岁，20 多年中每天向母亲问寒问暖，悉心照顾，每晚陪伴老母亲一同睡觉。桃子成熟期间，张仁林将老母带到桃园棚里，照顾吃穿，一同居住。2015 年，102 岁的俞阿梅身体健康，面色红润，思路清晰，仪表清秀，心胸豁达。张仁林敬母孝母的美德在盛峰社区广为传颂。

藕乐苑社区陈家湾居民俞双妹于1996年中风，生活不能自理，儿子、儿媳、孙辈们精心看护、照顾。儿孙为让老人享受亲情和温暖，一起商议，制定轮值制度和护理细则，24小时全心全意护理老人。夜里值班，以防不测；白天定时为老人翻身按摩；每天给老人安排喜欢吃的饭菜、营养品。俞双妹卧床20多年没有褥疮，高兴时还能喝上一口白酒。长子陈士生已是古稀老人，妻子去世多年，帮老母亲洗衣、按摩、擦身，精心服侍。朱荷英是俞老太众多儿媳中的一个，自己身患多种疾病，长期看病住院，但轮到她值班时毫无怨言，全心全意服侍婆婆。俞双妹老人的儿孙们孝顺尽责的行为得到众多村民的赞扬。

晓丰社区时锡荣原任社区主办会计，老母 86 岁双目失明。他常说，家有一老，如有一宝。时锡荣坚持每天与母亲同床睡眠，晚间数次大小便搀扶，并为母亲备好晚间开水和食物。他在生活上百般关怀，为母亲创建一个清洁、舒适的房间，伙食做到荤中带素，素中选优，定量定时，一日三餐服侍母亲。时锡荣在家中还备好母亲的常规药物，以及牛奶、水果、灵芝孢子粉、番茄等食品。当母亲不能自理时，时锡荣就每顿喂给母亲吃。时锡荣的妻子，对婆婆也是无微不至地关怀，常为婆婆擦洗身子，整理和洗刷老人床上物品，经常和婆婆在房间聊天，使婆婆在精神上得到愉悦。在婆婆住院期间，她和丈夫一起陪护婆婆，无微不至地精心照料婆婆。时锡荣的女儿自小由奶奶照顾，与奶奶有特殊的感情，常把奶奶喜欢吃的东西买回家。出嫁后，仍常常回家探望祖母。2015 年，时锡荣在岗位上退下来后对老母亲更是在精神上百般呵护，每天和母亲拉拉家常，谈谈过去苦难，讲讲现在幸福，使老人在精神上有一种满足感，激发老人对现代社会感激、对生活享受之情。

藕塘村原徐塘湾东队吴孝共有 6 个儿子、1 个女儿，是四世同堂的大家庭，一家人和睦相处，个个都孝敬父母。大媳妇吴锡芬虽已 70 多岁，但照顾公公婆婆几十年如一日，不要兄弟一个一个轮流伺候两老，一人挑起照顾婆婆的重担。婆婆半瘫在床，一日三餐，营养搭配，严寒酷暑，总是问寒问暖。夏天，每天都帮两老擦身、按摩；冬天天气暖和时，推着两老出门晒太阳。经吴锡芬细心照顾，婆婆 97 岁去世，公公 101 岁去世。西漳社区杨金娣的婆婆长期瘫痪在床。杨金娣夫妻俩每天端水送饭，给婆婆洗头洗脚、嘘寒问暖、尽心服侍。杨金娣夫妻的孝行感染了孩子，使孩子懂得体恤父母的辛劳，主动分担家务，一家人相互关心、照顾，其乐融融。藕乐苑社区椿树巷居民小组周阿月已 97 岁高龄，儿子丁伯兴和儿媳曹建英精心照料。周阿月腿骨意外骨折后，医院因其年事已高，建议不要动手术，但丁伯兴再三要求，最后医院同意进行手术。手术很成功，周阿月出院后，儿子、儿媳与老人居住一室，老人的吃喝拉撒、洗头、擦身、修剪指甲等无不细心照料。2015 年，周阿月身体逐渐恢复好转，脸色红润，在社区居民中传为美谈。

## 第四节　村规民约

20 世纪 90 年代，钱桥、藕塘镇各村村民委员会根据党的方针政策和国家的法律法规，结合本村的实际情况，分别先后制定村民自治章程，即村规民约。区域内的村规民约是维护本村社会秩序、公共道德、村风民俗、精神文明建设等方面的约束规范，是经过民主程序而制定的规章制度。2000 年、2002 年、2003 年，勤建、晓星、华新等村先后在村民代表大会上通过村规民约。2005 年 1 月，西漳村村民代表大会通过实施 48 条西漳村村容村貌和环境卫生管理村规民约。2007 年，钱桥镇更设为钱桥街道，各村更设为社区后，各社区或沿用，或修订原村民委员会制定的村规民约，继续发挥自治作用。2015 年，钱桥街道 15 个社区均有村规民约。本节选录藕乐苑、晓丰、华新三个社区的村规民约。

### 一、（勤建村）藕乐苑社区村规民约

为推进民主法治建设，维护社会稳定，树立良好民风、村风，创造安居乐业的社会环境，促进经济发展，建设文明社区，经全体村（居）民代表讨论通过，制定村规民约，于 2000 年 3 月起执行。

**道德风尚**　社会公德，讲文明树新风，懂礼貌恭谦让，献爱心乐助人，济贫困救危难；职业道德，爱岗位尽职守，敬业务勤钻研，讲诚信守信用，重质量保安全；家庭美德，敬长辈孝父母，爱子女教有方，家中事争承担；个人品德，爱祖国爱家乡，尽责任勇担当，乐奉献讲谦逊。

**移风易俗**　提倡社会主义精神文明新风尚，反对封建迷信及其他不文明行为，树立良好民风、村风；提倡喜事新办、丧事俭办，破除陈规旧俗，反对铺张浪费，反对大操大办；不请神弄鬼，不搞封建迷信活动，不听不看不传淫秽书刊、音像，不参加邪教活动。

**遵纪守法**　建房服从村镇建设规划，经上级有关部门批准，统一安排，不乱搭乱建；自觉遵守计划生育的法律法规政策，提倡晚婚晚育，优生优育，严禁违法生育；父母尽抚养教育未成年子女

的义务，子女尽赡养老人的义务。

**社会治安** 村民人人学法、知法、守法，自觉维护法律尊严，积极同一切违法犯罪行为作斗争；村民之间团结友爱，不打架斗殴，不酗酒滋事；自觉维护公共安全，不扰乱公共秩序，不阻碍公务人员执行公务；严禁偷盗、敲诈，哄抢国家、集体和个人财物，严禁赌博，严禁替罪犯藏匿赃物；严禁非法限制他人的人身自由和非法侵占他人住宅，不准隐匿、毁弃、私拆他人邮件；对违反上述治安条款、触犯法律法规者，报送司法机关处理，情节较轻者，由（村民委员会）社居委批评教育，责令改正。

**邻里关系** 村民之间互尊互助，和睦相处；在生产、生活过程中，遵循平等自愿、互惠互利、互相谦让的原则，发扬社会主义新风尚；邻里纠纷本着团结友爱的原则、平等协商解决，协商不成的，可申请（村）社区调解委员会调解，也可依法向人民法院提起诉讼，树立依法维权意识，不得以牙还牙、以暴制暴。

## 二、（晓星村）晓丰社区村规民约

2002 年 3 月，本村规民约经村民代表大会讨论一致通过，即日起执行。

**爱国守法** 爱党、爱国、爱社会主义、爱集体、爱家乡；贯彻党的方针政策，遵守国家的法令、法规，自觉服从村规民约及本单位的规章制度，家庭中无刑事犯罪案件发生；遵照国家法律规定，积极送子参军，义务服兵役；不信邪教，无吸毒、赌博、嫖娼等丑恶行为。

**家庭和睦** 夫妻恩爱，婆媳和睦，做到互敬、互爱、互让、互谅；倡导尊老爱幼的家庭美德；男女平等，不歧视妇女，不遗弃女婴，不买卖婚姻。

**邻里团结** 邻里友爱，团结互助，无邻里纠纷；文明谦让，热情礼貌，以德修身；邻里相帮，扶弱济贫。

**优生优育** 执行国家计划生育政策，无计划外生育，不违反政策抱养二胎、三胎；晚婚晚育，无未婚先孕、未婚同居、未到龄早婚等情况；优生优育，科学抚养、教育有方。

**勤劳致富** 爱岗敬业，积极奉献，守法致富；恪守社会公德、职业道德，倡导文明新风。

**勤俭持家** 艰苦朴素，勤俭节约，婚丧事不讲排场，不铺张浪费；民主理财，合理开支。

**热心公益** 弘扬正气，见义勇为，支持公道；遵守公德，助人为乐，扶贫济困；爱护公物，不损人利己，不损公肥私。

**规费交纳** 按时交纳电费、水费、燃气费，不弄虚作假；按时交足交全农业税款等各项应交规费。

**好学重教** 完成九年制义务教育；言传身教，科学教子；搞好家庭文化建设，开展家庭读书读报活动，提高家庭成员整体素质。

**卫生美化** 搞好家庭卫生，保持家庭环境整洁；绿化家园，美化家庭；搞好屋外卫生，不乱堆乱放，不影响公共卫生；接受健康知识教育，积极参加除“四害”活动。

## 三、华新（村）社区村规民约

为加强全村村民的自我教育、自我管理、自我服务建设，根据本村的实际情况，依照有关法律法规，根据村民代表会议意见制定华新村村规民约，于 2003 年 3 月经全村村民代表大会一致通过，下月起执行。

坚决拥护中国共产党领导，坚持党的四项基本原则，贯彻执行党的路线、方针、政策，积极完成上级部门下达的各项任务；发扬团结友爱精神、尊老爱幼、邻里之间互敬互爱、和睦相处；自觉执行计划生育的基本国策，大力提倡晚婚晚育；认真学习法律、法规，增强法制观念，遵纪守法，遵守公共秩序，不损公肥私，不损人利己，不搞迷信活动，严禁黄、赌、毒；加强国防观念，自觉执行义务兵役法，适龄青年踊跃报名应征，服从祖国挑选，做好拥军优属工作；发扬艰苦奋斗的优良传统，勤俭持家、勤劳致富，遇事不讲排场、不摆阔气，严禁土葬及乱埋乱葬；做好老年协会及关工委工作，保护妇女、儿童、老人及残疾人的合法权益，关心和帮助孤鳏老人、弱势群体，开展创建“五好家庭”“十星级家庭”活动，树立社会主义新风尚；坚持贯彻落实土地管理和建房政策，自觉执行建房规划和规定，不准擅自侵占土地、乱搭乱建，严禁违章建筑，土地属国家或集体所有，村民只有种植权而没有私占权，凡涉及征土事宜，要坚决服从，积极配合，所有征土补偿费及支付方法均遵照《江苏省征土管理条例》和惠山区人民政府、钱桥镇政府关于征土补偿支付政策执行；村民必须认真配合村委开展创建省级卫生村、无锡市文明村活动，提高综合治理力度，整治环境卫生，爱护公共财物，爱护花草树木，搞好绿化工作；每个村民认真缴纳上级政府、村委及政府部门规定的各项规费；落实安全防范措施，切实加强“四防”工作，加强对外来人口的管理，严禁私房无证出租，凡不在本村工作的外来人口、无正当职业者，不遵守本村村规民约者，一律不准在本村租住；对于情节较重、违反本村规民约者，经批评教育不改，取消村级一切待遇。

# 第三十七章 姓氏 宗谱 宗祠 村志

南宋淳熙十一年（1184），区域内《章氏宗谱》问世。南宋淳祐五年（1245），钱桥南巷创建缪氏宗祠，为区域内首建，用于供奉、祭祀祖先，商讨、裁决宗族大事。明、清、民国时期，区域内王、蒋、倪、顾、周、张、殷、龚、单、徐、时、邓、李、吴、俞、邵、丁、朱、管、厉、石、支氏等家族先后创建宗祠。2008年，钱桥街道《华新村志》出版。2015年，区域内顾氏宗祠保存完好，王氏宗祠用于开办小工厂，其余34所宗祠因各种原因而消失。是年，钱桥、藕塘地区共有姓氏435个，共存有56部各姓氏宗谱。同年，苏庙、东风、洋溪、晓丰等社区正在编纂社区志。

## 第一节 姓氏

“姓者，统其祖考之所自出；氏者，别其子孙之所自分”， 姓氏的作用都是区分血缘关系。《中国姓氏大辞典》共收录 23813 个姓氏。钱桥、藕塘地区 4000 多年前的先民已开始有姓氏。姓氏之丰富多彩，是区域内历史悠久、文化昌盛的象征之一。姓产生于前，氏产生于后。在上古时期，人类还处于母系社会，“只知其母而不知其父”，子女的姓随着母亲的姓而确定，如姜、姚、姒、姬、娲、妊、嬴。不仅古姓都与“女”字相关，就连“姓”这个字，也从女旁。随着时间发展到父系社会后，同一祖先的子孙繁衍增多，一个家属往往会分成若干分支散居各地。各分支的子孙除保留姓以外，另外为自己取一个称号作为标志，这就是氏。也就是说，姓是一个家族的所有后代的共同称号，氏则是从姓中派生出来的分支。姓氏相别的制度一直沿用到战国后期。秦朝时，旧贵族瓦解，西周时的封建宗法制度基本结束，旧的氏族及旧的姓氏制度也被清除殆尽。到了西汉时期，姓和氏的区别已经微乎其微。司马迁作《史记》时，干脆把姓氏混为一谈。清代学者顾炎武在《田知录》中说：“姓氏之称，自太史公始混而为一。”当前，对姓氏的研究已经形成一门学科，与人口普查、历史学、语言学、考古学等有着密切关系。自民国以来，区域内有关姓氏家族的调查资料十分丰富，屡见姓氏溯源的考据。2015 年 6 月，钱桥街道组织人员对辖区内的姓氏人口进行全面调查，共有 435 个姓氏，其中人口处在前 5 位的有张姓、王姓、陈姓、吴姓、周姓。

### 一、自然村落姓氏

钱桥街道辖区内由一家一姓定居衍派而成单一村落者极为普遍，充分体现宗族以血缘和地缘关系为纽带的特性，也给许多地名、村名打上了姓氏宗族的烙印。如钱桥村的周巷，是明景泰三年（1452）周宗惠、周宗仁兄弟俩迁居钱桥后繁衍子孙而定村名；苏庙村的杜巷因清同治年间杜姓在此居住而得名，缪巷因南宋年间缪姓避难于此定居而得名；历村的费巷因清乾隆年间费氏迁此定居于此而得名；舜一村的殷巷因江南殷氏第一始祖于北宋年间迁至定居而得名；威华村的姚巷因明代富翁姚百万宅基而得名；溪北村的周基头因明朝年间前洲周姓分户到此落户而得名；胜丰村的高石头因明末有姓高、石、头三姓在此开荒定居而得名；洋溪村的单巷上因清同治年间单姓兄弟 4 人从山东逃荒于此种田落户而得名；周家弄村的薛巷上因清同治年间有薛陆王氏三兄弟定居于此，因薛姓人众而得名；西漳村的孙家以孙姓早先在此定居而得名；藕塘村的许巷上因太平天国前许氏在此定居建村而得名；东风村的冯巷因北宋末年冯文海自河北迁此定居建村而得名；南水渠村的钱家旦因清朝钱氏于此定居而得名；庙塘桥村的高格里因高氏于清末从东湖塘迁此定居而得名；宇峰村的东张巷因张氏从胡埭张舍迁此定居而得名，贾家庄因明代贾姓吏部尚书建庄园于此而得名；盛店村的蒋巷上因蒋氏于明代在此定居建村而得名，张巷因清朝张简书定居于此而得名；稍塘村的包家岸因包氏于清朝自江阴王三桥迁此定居而得名；勤建村的陈村因陈氏于明代自安徽迁此定居建村而得名，丁村因北宋年间丁氏由荣巷上大丁村分支迁此定居而得名；井亭村李家湾于因清朝时李姓在此定居而得名，陈家湾因陈氏从勤建陈村分迁于此而得名。1992 年，钱桥镇组织人员对辖区内 126 个自然村落的姓氏，藕塘乡对辖区内 130 个自然村落的姓氏进行了普查。姓氏具有别种族、明世系、别婚姻的作用。

**（一）1992 年钱桥镇各自然村落的姓氏**

**【钱桥村】**有王、毛、冯、朱、李、严、宋、张、马、许、祁、赵、程、周、郑、祝、顾、潘、黄、唐、吴等姓氏。

**东　巷**　位于钱桥老街东南端，旧称东巷街，又叫东桥头。东巷街东端有一座东桥（又名永安东桥）。桥旁有巷门一座，为东巷门。主要姓氏有张、马、顾、祝等。

**南　巷**　位于钱桥老街最南端，古称南车里。有一桥名通津桥，桥旁有一巷门，为南巷门。巷门上有“迎龙街”“车骡门”字样。桥西南首是东岳观，后为钱桥中心小学校舍。主要姓氏有毛、张、黄、许等。

**桥　南**　位于钱桥老街最繁华地段，是解放初期商铺店面最集中之地。街中有巷门一座，是区域内众多巷门中最大的一座。主要姓氏有张、黄、王、冯等。

**塘　泗**　位于桥南老街西首，有一桥，古名塘泗桥（系石板桥，桥面石条上凿有“聚宝桥”三字，1964年改建双曲拱桥，更名为“联盟桥”）。主要姓氏为冯、支两姓。

**沿　河**　因村落沿钱桥河聚居，故名。主要姓氏有周、张、高、顾、李、宋、郑等。

**直　街**　位于钱桥北街繁华地段，旧有豆腐店、药铺、茶馆店、肉铺等。1958年人民公社化后始有直街队。主要姓氏有郑、李、朱、张等。

**铁　狮**　位于钱桥北街北端，原有一桥，桥头有铁狮，故桥名为铁狮桥。村以桥而名。主要姓氏有张、周、祝、吴、宋、祁等。

**周　巷**　明景泰年间（1452年），周宗惠、周宗仁兄弟俩始迁钱桥，定居于此。经数代繁衍，形成村落，故称周巷。以周姓人家居多。

**站　头**　古称欃头，相传古时为官府驿站，供信使、官吏路经休整，后简称站头。宋姓人家居多。

**潘　巷**　古为潘姓人家组成的小自然村，后有其他姓氏迁入，村名未变。主要姓氏有潘、宋、唐、毛等。

**浜　头**　原属潘巷自然村。1958年人民公社分队时从潘巷分出，因村旁有一河浜，故名浜头。主要姓氏有唐、毛、严、潘等。

**马　客**　相传古时为小集镇。清朝有一贩马人途经此地在客栈留宿，夜间贩马人突然发病而亡。当地人将贩马人收尸入殓，并用贩马人遗款修建一桥，取名马客桥。村以桥名。主要姓氏有张、严、赵、吴、程等。

**【溪南村】**有尤、叶、朱、许、杨、李、吴、沙、张、陈、范、周、封、赵、是、姚、徐、高、唐、凌、黄、曹、龚、章、蒋、缪等姓氏。

**龚　巷**　曾用名“龚唐巷”。宋朝时有杭姓人在此居住，后唐姓人迁此居住在村西。又有龚姓人从江西挑箩筐到此定居，故名“龚唐巷”。后唐姓灭代，龚姓占优势，故以龚姓得村名。主要姓氏有龚、李、蒋、范、吴、唐、黄、祁、周等。

**埭　上**　传说该地有“九弄十三井”。清朝有官员路过此地见四面环河，唯有村基坐落在高基上，称台盘地，因“台”与“埭”同音，故名，沿用至今。主要姓氏有吴、沙、封、张、许、周等。

**毛　村**　清咸丰以前就有此村名。后房屋全被烧毁，接着由雪堰桥闾江口吴姓人迁此定居，至今仍沿用原村名。主要姓氏有吴、是、缪、唐、陈等。2003~2005 年因拆迁而消失。居民安置在春满园、春光苑小区。

**岸　里**　清咸丰以前李姓到此落户。由于地处圩田，过去称圩田为岸里，故名。主要姓氏有李、赵、姚、吴、张、叶、朱、沙、徐、凌、章、陈等。2005~2006 年因拆迁而消失，居民安置在春满园小区。

**南　巷**　该村原籍只有几家，大多是民国 24 年（1935）时有常熟及江阴籍人种客田而到此。该村位于大乡道之南，故名。主要姓氏有曹、尤、杨、缪、周、高、徐等。2006~2011 年因拆迁而消失。居民安置在春满园、春光苑小区。

**【鸭船浜村】**有汪、沈、杨等姓氏。

**小天墩头**　因在大天墩坟的西面有一小天墩，村庄又建在小天墩头旁，故称小天墩头。主要姓氏有汪、沈、杨等。2008 年 4 月因拆迁而消失。居民安置在春光苑。

**鸭船浜**　原地是低芦滩。村民住于浜头两旁，经常有放鸭船停留，故名为鸭船浜。主要姓氏有杨、汪、沈等。2010 年 7 月因拆迁而消失。居民安置在洋溪人家、金岸小区。

**高基上**　因该地原是芦滩中的高地，1958 年渔民定居后取名高基上。主要姓氏有杨、汪、沈等。2011 年因拆迁而消失。居民安置在洋溪人家、金岸小区。

**【苏庙村】**有支、王、尤、毛、石、包、冯、吕、朱、刘、江、许、杜、杨、李、庞、肖、时、吴、余、邹、沈、张、陆、陈、邵、赵、封、秦、顾、钱、徐、高、凌、黄、龚、章、彭、蒋、谢、缪、戴等姓氏。

**缪　巷**　南宋年间，缪姓避难于此，后定居，故得名。主要姓氏有缪、蒋、江、封、徐、吴、沈等。

**沈　巷**　清同治二年（1863 年），沈姓首先居于此而得名。主要姓氏有沈、莫、肖、朱、庞、徐、谢、张、陈、支、赵等。

**邵　巷**　清咸丰年间，邵氏定居于此，故名邵巷。主要姓氏有邵、邹、陈、高、沈、朱、张等。

**李　巷**　清康熙年间，因李氏定居于此而得名。主要姓氏有李、龚、张、邵、尤等。

**金岸上**　清同治年间至民国时期此地叫“九岸”，因“九岸”与“金岸”在土语中音相近，村民俗称之为金岸。村以岸名，故名“金岸上”。主要姓氏有陆、陶、张、王、吴、时、钱、刘、毛等。

**余　巷**　以余姓而得名。主要姓氏有余、冯、张、邵、尤等。2004 年因拆迁而消失。居民安置在春来苑。

**天墩头**　因村东有个天墩坟，故名。主要姓氏有杜、吴、徐、许、彭、陆、王等。2008 年因拆迁而消失。居民安置在春光苑、春满园、春来苑等小区。

**许　巷**　清同治年间，许姓在此避乱定居，村因此得名。主要姓氏有许、顾、陈、吴、黄等。

2009年因拆迁而消失。居民安置在春来苑。

**苏　巷**　北宋前有苏姓人定居此地，故名，后苏氏移居他处，村名仍沿用。主要姓氏有吴、林、王、戴、包、章、李等。2009年因拆迁而消失。居民安置在春光苑、春满园、春来苑等小区。

**杜　巷**　清同治年间，杜姓人在此定居，村因此得名。主要姓氏有杜、凌、张、陆、徐、沈等。2009年因拆迁而消失。居民安置在春来苑。

**孟家桥**　有孟姓人先定居于此，因需过河种田而造桥，桥命名为孟家桥。村以桥名。主要姓氏有支、吴、高、芮、秦、徐、刘等。2011年7月因拆迁而消失。居民安置在春来苑小区。

**大支巷**　明朝，支姓人在此定居，村因此得名。主要姓氏有支、张、杨、尤、吴、钱、杜、石、吕等。2013年因拆迁而消失。居民安置在春来苑、春光苑、春满园小区。

**【历村】**有丁、王、计、朱、庄、杨、芮、吴、沈、张、陆、邵、陈、周、庞、孟、赵、侯、俞、费、秦、顾、徐、殷、陶、黄、龚、蒋、谢、景、缪、潘等姓氏。

**缪　家**　最早由缪姓人居住，故名。主要姓氏有缪、张等。

**蒋　巷**　清代中期，蒋姓最先于此定居而得名。主要姓氏有蒋、周、张、庄、缪、侯等。

**费　巷**　清乾隆年间，费姓人迁此定居，故名。主要姓氏有费、缪、沈等。

**周　巷**　清康熙年间，由周姓人最先在此定居而得名。主要姓氏有周、庄、费等。

**庄　家**　庄姓人最早到此定居而得名。主要姓氏有庄、吴、赵、缪、龚等。

**景　巷**　原名柏树下，后以景姓族人多而得村名。主要姓氏有景、王、周、顾等。

**上秦巷**　以秦姓人定居于此，又因地势高而得名。主要姓氏有秦、吴、赵、徐等。

**田舍头**　明末，有几户人家造房子于荒田之中，后乡人俗称此为田舍头，取田中之房舍而得名。主要姓氏有吴、陈、芮、王、黄、徐、张、朱、钱、丁、龚、邵等。

**芮　巷**　清乾隆年间，芮姓人定居于此，故名。主要姓氏有芮、谢、陶、张、庞、俞、陆等。

**西浜头**　因该村位于河浜之西，故名。主要姓氏有顾、秦、周、吴、陆、毛、计等。

**东浜头**　因该村位于河浜之东，故名。主要姓氏有杨、顾、潘、吴、孟等。

**【舜一村】**有丁、王、石、叶、朱、刘、汤、杜、杨、吴、何、邱、沈、张、陆、陈、邵、秦、顾、钱、徐、殷、陶、曹、蒋、蔡、缪等姓氏。

**吴巷头**　由欧巷头、吴巷头、河桩头三个村落组成，通称鱼巷头，当地方言“鱼”与“吴”同音，“鱼巷头”演变成为“吴巷头”。主要姓氏有朱、张、吴、陆、蔡等。

**赤墩里**　有自然土墩名“赤墩”，村中房屋坐落于墩四周，故名“赤墩里”，是殷巷、沈巷、王巷三个自然村的片村。主要姓氏有殷、王、沈、缪、刘、张等。

**王　巷**　宋代后期，胡埭邵巷一王姓青年因事路过该地，适逢天下大雨，向殷姓人家借雨伞。第二天，王姓青年特意上门归还。殷姓见此青年老实忠厚，招为女婿，落户本地，生三子，名松、柏、禾；此三子长大后多有成就，且人丁兴旺，逐渐成村，以姓得名。主要姓氏有王、殷、杨、汤等。

**花园里**　清乾隆年间，本地吴氏、朱氏有二人在朝廷为官，后辞职回乡，合建花园，占地近百亩，规模很大。至清后期战乱中花园被毁，成无处安身者栖息之地，久之成村，仍称花园里。现有二口水井为原花园遗迹。主要姓氏有张、何、王、杜、朱、吴、顾等。

**壈　里**　“壈”，低壈的意思，该村因地形低洼，经常遭受水涝，故而得名。主要姓氏有丁、邱、曹、张、陈等。（2006年4月因拆迁而消失。居民于2012年分别安置在春光苑、春满园、藕乐苑小区。）

**石巷头** 南宋淳祐十二年（1252），苏北如皋有石姓夫妇到此地帮工种田，后建房定居，娶妻生子，繁衍成村。村以石姓为众，故取名“石巷头”。“头”亦含第一个在该村落户之意。主要姓氏有石、叶、徐、曹、钱、朱、杨、陆等。2009 年 7 月因拆迁而消失。居民于 2012 年安置在春光苑。

**陆　巷** 曾用名秦陆巷、南陆巷。秦先于陆，合称“秦陆巷”。后秦姓人丁衰弱，同化于陆巷村名之中，以陆姓为主，后以陆姓命名为村名。主要姓氏有陆、秦、张、陶、蒋等。2009 年 7 月因拆迁而消失。居民于 2013 年安置在春光苑二期。

**田　肚** 因村址原在耕地之中，聚落而得名，与殷巷同祖，住户由殷巷迁此。田肚与殷巷相距 200 米。主要姓氏有殷、邵等。2010 年 3 月因拆迁而消失。居民于 2014 年 3 月安置在春光苑、舜柯家园。

**沈　巷** 以姓得名。主要姓氏有沈、汤、王、殷、缪、刘、张等。2011 年 7 月因拆迁而消失。居民于 2013 年 12 月安置在舜柯家园、春光苑小区。

**殷　巷** 以姓得名，江南殷氏第一始祖于北宋迁此。主要姓氏有殷。2011 年 7 月因拆迁而消失。居民于 2013 年 12 月安置在春光苑、舜柯家园。

**【威华村】**有王、刘、杜、杨、李、吴、张、陈、苗、周、庞、胡、潘、姚、倪、徐、殷、奚、高、唐、浦、梅、堵、葛、蒋、窦、缪等姓氏。

**戴巷桥** 因村中南北之间有一座桥，名为戴巷桥，村以桥名。主要姓氏有姚、窦等。

**小园里** 因该村家家门前都有小竹园而得名。主要姓氏有张、唐、浦、徐等。2000 年因拆迁而消失。居民安置在华新苑。

**周家桥** 因有周氏在此建一座桥，称周家桥，村以桥名命名。主要姓氏有张、缪、徐、刘、庞、李、胡等。2000 年因拆迁而消失。居民安置在华新苑。

**姚　巷** 该村原是明代富翁姚百万宅基而得名。主要姓氏有姚、邓、章、王、堵、杜等。2002 年因拆迁而消失。居民安置在华新苑。

**殷缪巷** 民国 24 年（1935），殷、缪两姓从江阴迁此定居。主要姓氏有殷、缪、王、杨等。2002 年 7 月因拆迁而消失。居民安置在华新苑。

**墅塘桥** 因村东有墅塘桥，村以桥名命名。主要姓氏有奚、陈、张、缪、潘等。2003 年因拆迁而消失。居民安置在华新苑。

**杨思桥** 清末杨姓从安镇迁入此地定居得名。主要姓氏有杨、高、王、黄等。2003 年因拆迁而消失。居民安置在华新苑。

**南下塘** 因该村位于河塘之南，故名。主要姓氏有刘、蒋、陈等姓。2004 年因拆迁而消失。居民安置在华新苑。

**唐家庄** 明末，唐姓大官在此建庄，故名唐家庄。主要姓氏有唐、周、刘、奚、葛、倪等。2008 年 11 月因拆迁而消失。居民安置在华新苑、洋溪人家。

**浦　巷** 清同治年间，有浦姓人从唐家庄分居于此得名。主要姓氏有浦、梅、周等。2008 年 11 月因拆迁而消失。居民安置在华新苑、洋溪人家。

**北下塘** 该村位于河塘之北，故名。主要姓氏有姚、蒋、吴、苗等。2010 年因拆迁而消失。居民安置在站头新村。

**【溪北村】**有王、尤、毛、边、厉、吕、邬、刘、许、孙、过、杨、李、肖、时、何、张、陆、陈、武、金、周、单、查、俞、钱、盛、曾、景、臧、颜、薛、戴等姓氏。

**刘　巷** 清同治年间，有刘姓人到此定居而取名。主要姓氏有刘、毛等。

**下段村**　清同治年间，名叫下园村，后称下段村。主要姓氏有陆、刘、盛、王、曾、周、颜、武、孙等。

**金　巷**　以姓得名。主要姓氏有金、景、薛、肖、蒋等。

**戴　巷**　明末戴姓人从玉祁迁此定居，故得名。主要姓氏有戴、何等。

**单家坝**　有单巷单姓人搬迁此建群宅成村，村前庵旁有个坝，故名“单家坝”，村以姓以坝名。主要姓氏有单、陆、过等。

**前杨毛岸**　清同治年间，有2户人家在此定居，一户姓杨，另一户姓毛。此处坐落在圩田地区，就取名为杨毛岸。主要姓氏有杨、毛、陈、厉、郭、时、金等。2002年因拆迁而消失。居民安置在华新苑。

**后底岸**　因位于杨毛岸的最后一只岸（周围都是河流的高地，称为“岸”），又是最后一个村，故名。主要姓氏有厉、时、钱、查等。2002年因拆迁而消失。居民安置在华新苑。

**周基头**　明朝，由前洲印桥周姓人分户到此落户而得名。主要姓氏有周、俞、钱、李、薛、吕、许等。2006年3月因拆迁而消失。居民安置在洋溪人家。

**肖尤巷**　肖氏先从石塘湾乔迁于此定居，后尤氏从石门下到此落户，故称肖尤巷。主要姓氏有肖、尤、边、陈、耿等。2006年因拆迁而消失。居民安置到洋溪人家、华新苑、春满园小区。

**毛村园**　有个毛春元的外地人挑箩筐到此落户，故取名毛村园。主要姓氏有毛、俞、臧、薛、张、赵等。2008年因拆迁而消失。居民安置在洋溪人家。

**【胜丰村】**有王、马、包、朱、江、许、苏、李、吴、余、沈、宋、张、陈、邵、周、须、便、顾、徐、陶、蒋、雷等姓氏。

**宋　巷**　清乾隆年间，有宋姓人到此定居，故名。主要姓氏有宋、王、陶、许、张、蒋等。

**龙亨沟**　明末，村上族长根据河的地形似牵磨的龙亨贯穿村中，故取村名为“龙亨沟”。主要姓氏有张、朱、雷等。

**庙　头**　在清乾隆年间，须姓先到此地落户，在村东建一座大王庙。村以庙名。主要姓氏有须、苏、李、江、吴、陈、王等。

**张姆泾**　清同治年间，有张姓寡妇在此开油车。其子女为纪念母亲的一生，取村名为张姆泾。主要姓氏有张、邵、唐、陈、王、余等。

**高石头**　明末，有高、石、头三姓的人在此处开荒定居，村以三人姓氏而得名。主要姓氏有张、李、沈、吴等。

**王　巷**　宋末，有王姓人从山西太原到此定居，村因此得名。主要姓氏有王、许、包、周、顾、便、张、徐等。

**吴　巷**　明代，吴姓人从武进雪堰桥挑箩筐到此落户，村以姓名。主要姓氏有吴、顾、金、马、杨、姚等。2006年因拆迁而消失。居民安置到春满园二期。

**【晓星村】**有丁、王、邓、朱、时、沈、张、陆、周、施、秦、钱、谈、梅等姓氏。

**邓　巷**　清乾隆年间，石塘湾张皋庄有一邓姓人分居迁移到此。后逐步形成一个以邓姓为主的村巷，故称为邓巷。主要姓氏有邓、时、秦、丁等。

**砖场上**　据《锡山周氏家谱》槽坊分迁砖场支记载：元朝末年，玉祁槽坊有一姓周名均义者分居迁移到此。到明永乐九年（1411），其子任御史大夫，并在宅门前铺设一面大砖场，因而此村得名砖场上。主要姓氏有周、施、时等。

**大花岸**　该村西北、西、西南地势低洼，均为圩田。村坐落在圩之东，地势较高。村西有丁字大河，河中长莲藕，开有大荷花，因此得名为大花岸。该村已有600多年历史。主要姓氏有时、钱、谈、朱、梅、沈等。

**时巷上** 清乾隆年间，时姓由常州分居于此。清末，时姓人丁兴旺，故村名时巷上。主要姓氏有时、张等。

**高　田** 清朝末年，几户人家从常熟等地先后迁此居住。村子四周都是高田，又称“米饭田”，故名高田。主要姓氏有时、陆等。

**陆岸头** 陆姓先祖自玉祁分居到此，以务农为主。陆姓后代去苏州、上海做工人，拣羊毛。后在苏州开羊毛行，素有“陆羊毛”之称。此地造房五开间，五进深，场上铺砖石。村上有数十人于农闲时跟陆姓至苏州去拣羊毛，农忙在家种田。该村四周地势低洼，村子坐落地较高，故得名。主要姓氏有陆、沈、施等。2004 年 6 月因拆迁而消失。居民安置到晓星小区。

**时　湾** 据《浬湖时氏家谱》记载，元末明初，常州有一位时姓人分居迁移到此。村巷三面环河，只有一条路进出，客人来往不便，故而取名时湾，“时”为姓，“湾”为进出不方便之意。主要姓氏有时、王、邓、秦等。2012 年因拆迁而消失。居民安置到晓星小区。

**【洋溪村】**有丁、毛、王、冯、吕、朱、刘、杜、何、沈、宋、张、陆、陈、罗、单、俞、洑、蒋、顾、徐、郭、高、黄、龚、章、笪、葛、缪等姓氏。

**北陈巷** 该村原名陈巷，后因出现南陈巷，又位于南陈巷之北，故名北陈巷。主要姓氏为王姓。

**东冯巷** 该村以冯姓为主，位于藕塘乡西冯巷东面。为了与藕塘的西冯巷区别，又因该村位于西冯巷之东，故称为东冯巷。主要姓氏有冯、吕、陈、何、吴等。

**官渎桥** 该村吕氏于清同治年间在外地做县官，回乡后建一石桥，名官渎桥。村以桥名。主要姓氏有吕、张等。

**王大河** 清朝时有一名叫王大恩的人从沙洲迁移至此种田，当时习称王大恩里。后因村前有条河，改名为王大河。村以姓以河名。主要姓氏为王姓。

**丁巷上** 丁姓人自清同治年间世居于此，村名因姓氏得名。主要姓氏有丁、单等。

**八间头** 清朝有一名叫徐根林的人从常熟县迁此种田，后生三子：徐叙荣、徐南荣、徐生荣。兄弟三人成家后在民国 24 年（1935）建八间房子，故称八间头。村名沿用至今。主要姓氏为徐姓。2008 年因拆迁而消失。居民安置到洋溪人家。

**西马山** 该村有一高墩，太平天国时有部队驻扎在该墩之西养马，故名。主要姓氏有朱、吴、葛、沈等。2008 年因拆迁而消失。居民安置到洋溪人家。

**支婆浜** 位于河浜底头，全村都养母猪，后得名猪婆浜。因“支”与“猪”谐音，后称为支婆浜。主要姓氏有郑、徐、黄等。2009 年因拆迁而消失。居民安置到洋溪人家。

**对　桥** 该村与南陈巷隔河相望。民国 24 年（1935）建村后，建一木桥与南陈巷相对，故称对桥。主要姓氏有陆、徐、毛、缪等。2010 年因拆迁而消失。居民安置到洋溪人家。

**单巷上** 在清同治年间，有单姓兄弟 4 人从山东逃荒于此种田定居，故名单巷上。主要姓氏有单、陈、郭、龚、高、宋、罗等。2010 年因拆迁而消失。居民安置到洋溪人家。

**俞巷上** 原名洑巷上，后于清同治年间俞姓迁入定居，人丁兴旺，故名为俞巷上。主要姓氏有俞、洑、陈、何、杜等。2010 年因拆迁而消失。居民安置到洋溪人家。

**大坝上** 清朝有一黄姓名阿泉者，从常熟县杨墅园村迁此种田。村前有一条河，黄阿泉在河上筑一条坝，以利农耕，故习称“大坝上”，村以坝名。主要姓氏有黄、丁、顾等。2010 年因拆迁而消失。居民安置到洋溪人家。

**下　渡** 在解放前原名张巷上。1950 年春，有村民王泉生、陈坤元等在此种田，因农田地势最低，故名为下渡。主要姓氏有王、杜、章、陆、陈等。2010 年因拆迁而消失，居民安置到洋溪人家。

**南陈巷** 清同治年间，陈姓人定居于陈巷之南，故名。主要姓氏有陈、高、刘等。2010 年因拆迁而消失。居民安置到洋溪人家。

**东马山**　村西有一高墩。太平天国时，部队驻扎在此墩之东养马，故名为“东马山”，后村名沿用此名。主要姓氏有吴、蒋、葛、笪。2010 年因拆迁而消失。居民安置到洋溪人家。

**【周家弄村】**有卜、计、戈、王、朱、孙、杜、李、吴、何、陈、胡、查、秦、顾、钱、徐、盛、堵、景、虞、蔡、潘、薛等姓氏。

**江胜桥**　清末，杜、孙两姓人氏从北京、安徽到此定居，先造桥，取名“江胜桥”。村以桥名。主要姓氏有杜、孙、堵、徐、景、虞等。

**薛巷上**　清同治年间，有薛、陆、王氏三家定居于此，因薛姓人众，故名。主要姓氏有薛、许等。

**时巷上**　原村坐西朝东，叫苏巷，因苏巷大树遍地，方言叫“树巷上”。因“树”与“时”谐音，后演变成“时巷上”。主要姓氏有钱、徐、严、何等。

**庙前巷**　溪北小刘巷处有一座庙，叫青殿庵。村在庙前，故名。主要姓氏有计、李、胡等。（2010 年因拆迁而消失。居民安置到洋溪人家。）

**蔡　巷**　以蔡姓居多而得名。主要姓氏有蔡、胡等。（2010 年因拆迁而消失。居民安置到洋溪人家。）

**黄旗岸**　清末，为向洋溪河过往船只收取税，芦苇荡边常竖起一面黄旗为标记，村在岸边，因而得名。主要姓氏有吴、查、潘、秦、陈、戈、王等。

**周家弄**　清末有一周姓大户，其土地万顷，房屋不计其数，仅弄堂就有九条，其中最长的一条弄堂长数百米。因弄多而长，名扬周边数十里而得名周家弄。主要姓氏有李、陈、徐、盛、计等。2010 年因拆迁而消失。居民安置到洋溪人家。

**顾　巷**　以顾氏最先定居而得名。主要姓氏有顾、蔡、卜、朱、戴等。2010 年因拆迁而消失。居民安置到洋溪人家。

**【西漳村】**有马、王、尤、毛、孙、卞、石、李、严、张、陈、郁、查、姚、须、钱、唐、陶、龚、彭、蒋等姓氏。

**孙　家**　孙姓早先在此聚居，建村落，故名。主要姓氏有孙、胡、卞等。

**查　家**　以查姓居多而得名。主要姓氏有查、唐、孙等。

**木　排**　该村均为唐姓，因开木行，故村名为木排。主要姓氏有唐。

**马　家**　因村西有一座马家桥而得名。主要姓氏有马、陶、唐、毛等。

**彭　巷**　因彭姓人居多而得名。主要姓氏有彭、王、毛等。

**墙　门**　因村东和村西之间有一墙门而得名。主要姓氏有唐、毛、须、钱等。

**牌　楼**　因原有牌楼而得名。主要姓氏有唐、毛、郁等。

**张　家**　张姓早先在此居住，形成村落，故名。主要姓氏有张、唐、孙、钱等。

**东　塘**　因位于西漳村东南部，村内有一池塘而得名。主要姓氏有孙、唐、李、姚等。

**潘　巷**　因潘姓人居多而得名。主要姓氏有潘、彭、石、王、唐等。

**太　基**　钱姓先祖钱太基定居于此，后习称村名为太基。主要姓氏有钱、彭、毛等。

**南　漳**　因位于西漳村南面，故得名为南漳。主要姓氏有张、蒋等。

**毛　家**　以毛姓而得名。主要姓氏有毛、卞、尤等。

**岸　里**　此处圩田多，为防洪涝灾害，筑堤，吴语称为“大岸”。该村建于岸内，故称岸里。主要姓氏有唐、王、龚、毛等。

**浜　头**　该村位于西漳村北的一条浜底而得名。主要姓氏有钱、唐、毛、孙、陈、严等。

**（二）1992年藕塘乡自然村落姓氏**

**【藕塘村】**有丁、马、王、毛、冯、朱、刘、许、杜、杨、李、吴、沈、张、陆、陈、季、周、单、胡、赵、钱、倪、徐、唐、陶、黄、龚、章、葛、程、谢、鲍、樊等姓氏。藕塘村因拆迁，各自然村全部消失。各自然村居民于2004~2014年先后迁往藕乐苑、新藕苑居住。

**毛巷上** 曾用名缪巷。清咸丰前，一位缪姓人在此定居，定村名为缪巷。后毁于战乱。之后有周姓人等从常熟等地迁此建村，仍称缪巷，因“缪”与“毛”方言同音，故改名为“毛巷”。主要姓氏有李、季、周、徐等。该自然村因拆迁而消失。居民于2009年8月安置到藕乐苑。

**庄　里** 明末清初时，有胡尚书居住于此，称胡家庄，后人简称庄里。主要姓氏有李、季、周、徐等。该自然村因拆迁而消失。居民于2009年8月安置到藕乐苑。

**张　巷** 清咸丰前，张姓在此定居，故名。主要姓氏有张、吴等。该自然村因拆迁而消失。居民于2009年8月安置到藕乐苑。

**丁　巷** 清咸丰前，丁氏在此定居，以姓氏定村名。主要姓氏有丁、唐、陶、赵等。该自然村因拆迁而消失。居民于2009年8月安置到藕乐苑。

**徐塘湾** 因村在徐塘庙西之湾里，故名。主要姓氏有唐、陶、沈、倪、朱等。该自然村因拆迁而消失。居民于2009年8月安置到藕乐苑。

**许巷上** 清咸丰前，许氏在此定居建村，故名。主要姓氏有王、许、陆、钱、吴、张、李、周等。该自然村因拆迁而消失。居民于2009年8月安置到藕乐苑。

**李　巷** 清朝，李氏从井亭里李家湾迁此定居，以姓定名“李巷”。主要姓氏有王、黄、李、朱、龚等。该自然村因拆迁而消失。部分居民于2010年5月安置到新藕苑，部分居民于2014年安置到藕乐苑。

**施　巷** 清咸丰前，有施姓人在此定居建村，故名。主要姓氏有黄、龚、徐、樊、陈、吴、谢、李等。该自然村因拆迁而消失。2010年5月部分居民安置到新藕苑，部分居民于2014年安置到藕乐苑。

**前方桥** 清朝，吴姓人从闾江口迁来，在方桥前建村，以桥名定村名。主要姓氏有吴、倪、毛等。该自然村因拆迁而消失。居民于2014年4月安置到藕乐苑。

**后方桥** 清代，王姓人从常熟冶塘迁此，在方桥村后建村。为与前方桥区别，故名后方桥。主要姓氏有王、朱、陈、陶、徐等。该自然村因拆迁而消失。居民于2011年3月安置到藕乐苑。

**大浜斗** 清末民初，有周、章二姓人氏从江阴迁此定居，建村在洋溪河浜头旁。因“斗”与“头”方言音近似，故名“大浜斗”。主要姓氏有周、章等。该自然村因拆迁而消失。居民于2011年5月安置到藕乐苑。

**渔池头** 清代有猎西庆者在此建村，于村旁芦苇田挖掘池塘养鱼，人称“渔池头”，故名。主要姓氏有冯、陈、吴、季、杜、杨、张、程、李等。该自然村因拆迁而消失。居民于2011年安置到藕乐苑。

**徐塘庙** 明末清初有陶、陈等姓人氏从江阴、常熟等地迁此。村旁有徐塘庙，村因此得名。主要姓氏有陈、相、唐、徐、马、单、胡等。该自然村因拆迁而消失。居民于2012年10月安置到藕乐苑。

**解放村** 原址名为永乐庙，解放后取缔庙宇，由钱桥移来吕姓等数户建村，称为“解放村”。主要姓氏有冯、陈、吴、季、杜等。该自然村因拆迁而消失。居民于2014年7月安置到藕乐苑。

**朱　巷** 明代，有朱姓人从井亭朱巷迁此建村，故名朱巷。主要姓氏有朱、吴、徐、王、刘、葛、沈等。该自然村因拆迁而消失。居民于2014年安置到藕乐苑。

**钱家岸** 清代，钱氏在天井岸旁建村，取名为“钱家岸”。主要姓氏有李、陈、张等。该自然村因拆迁而消失。居民于 2014 年安置到藕乐苑。

**黄泥坝** 清朝有沈氏在此定居。因村西有拦水坝，用生黄泥筑成，人称“黄泥坝”。村以坝得名。主要姓氏有谢、王、鲍等。该自然村因拆迁而消失。居民于 2014 年安置到藕乐苑。

**【东风村】**有马、王、尤、毛、冯、朱、刘、杨、李、沈、陆、陈、周、洑、钱、徐、高、唐、梅、曹、崔、蒋、程、樊等姓氏。

**芦朱巷** 芦、朱二姓早先定居于此，以二姓定名。主要姓氏有朱、李、冯、王、唐、崔、陈等。

**洗马浜** 元末，张士诚部将莫天佑曾在此地河浜旁下鞍洗马，后人称为“洗马浜”。冯氏从冯巷分迁至此建村，以“洗马浜”定村名。主要姓氏有冯。

**费巷上** 历代沿称费巷上。主要姓氏有盛、冯等。

**西毛蓬** 民国时期，周、朱、陈姓人等从虞澄迁此定居，都是茅蓬草屋，又位于东毛蓬西面，故名。主要姓氏有朱、陈、李、徐、刘、王等。

**唐巷里** 清乾隆年间，唐姓人从西漳迁此建村，以姓定名为“唐巷里”，经历史变迁，唐姓在此村已消失，但村名沿用至今。主要姓氏有钱、沈、吴、陈、杨等。唐巷有唐东、唐南、唐西 3 个村民小组。2007 年 4 月，唐西村民小组三分之二农户拆迁，村民安置入新藕苑小区。

**小王巷** 清末，王姓人迁此定居建村，以姓取名。主要姓氏有王、尤、高等。该自然村因拆迁而消失。居民于 2007 年 5 月安置到新藕苑。

**东毛蓬** 新中国成立前周氏从常熟迁此定居，徐、毛二氏从江阴迁此定居，建的都是茅蓬房屋，住在村庄东面，故名东毛蓬。主要姓氏有毛、徐、陈、钱、周等。该自然村因拆迁而消失。居民于 2007 年 5 月安置到新藕苑。

**漳漕巷** 冯氏在漳漕河旁建村定居，以漕为名，取名为漳漕巷。主要姓氏有冯姓。该自然村因拆迁而消失。居民分别于 2007 年 6 月、2010 年 11 月安置到新藕苑。

**周家里** 清末民国初，周氏在此建村定居，故名。主要姓氏有周、陆、陈等。该自然村因拆迁而消失。居民于 2007 年 6 月安置到新藕苑。

**北陆巷** 清末民国初，陆姓人从常熟迁此建村定居，以姓定名。因在南陆巷之北，故名北陆巷。后有陈、周、李、曹姓等人从江阴等地陆续迁此。主要姓氏有陆、陈、周、李、曹等。该自然村因拆迁而消失。居民分别于 2007 年 6 月、2011 年 3 月安置到新藕苑。

**田庄巷** 清末民国初，有樊、程二姓人氏由江阴、常熟迁此定居，在原一位做官的庄院基地上建村，故称田庄巷。 主要姓氏有曹、樊、程等。该自然村因拆迁而消失。居民分别于 2007 年 9 月、2010 年 11 月安置到藕乐苑。

**木桥头** 村前原有木桥，故建村后称木桥头。主要姓氏有陆、冯等。该自然村因拆迁而消失。居民于 2010 年 11 月安置到新藕苑。

**梅巷上** 清朝中叶，梅氏从江阴白沙滩迁此定居，以姓定村名。主要姓氏有梅、洑、王等。2011 年因拆迁而消失，居民安置至藕乐苑。

**刘古桥** 明末清初，刘氏在此建村定居，在村前河上建桥，称刘家桥。村以桥定名。主要姓氏有刘、陈、李等。该自然村因拆迁而消失。居民于 2011 年 5 月安置到新藕苑。

**西沟桥** 清朝沈姓人从洛社迁此定居，在村旁建桥，名西沟桥。村以桥名定名。主要姓氏有沈姓。该自然村因拆迁而消失。居民于 2011 年 5 月安置到新藕苑。

**李　巷** 清咸丰前，李氏兄弟建村定居于此，以姓定村名为李巷。主要姓氏有李、蒋、刘、王等。该自然村因拆迁而消失。居民于 2011 年 5 月安置到新藕苑。

**冯　巷** 北宋末，冯文海者从河北迁此定居建村。主要姓氏有冯、李等。该自然村因拆迁而消失。居民于2011年11月安置到藕乐苑、新藕苑。

**小冯巷** 冯姓人从冯巷分迁此建村，为与冯巷区别，称小冯巷。主要姓氏有冯、牛等。该自然村因拆迁，大部分居民于2011年11月安置到新藕苑。

**大坝上** 新中国成立初期，樊姓人从江阴迁此，在大坝旁建村定居，故名。主要姓氏有樊、陆、王等。该自然村因拆迁而消失。居民于2011年11月安置到新藕苑。

**马巷上** 马姓人由无锡东门迁此定居建村，以姓定村名。主要姓氏为马姓。2012年因拆迁而消失。居民安置到新藕苑。

**湾　里** 新中国成立前，陆姓人于此田野河湾处建村定居，故名湾里。主要姓氏有陆、樊、王等。该自然村因拆迁而消失，大部分居民于2012年11月安置到新藕苑。

**【南水渠村】**有王、冯、李、吴、张、陈、罗、姚、钱、倪、徐、高、黄、蔡等姓氏。

**蔡　巷** 相传古时有个崔姓老太居住于此，因方言“崔”和“蔡”发音相同，后世未纠正，沿称蔡巷。主要姓氏有冯、徐、罗等。

**大河头** 清代冯姓人由南水渠分迁至此，在大河头边建村，故名。主要姓氏有冯、吴、王等。

**浜头上** 清末民国初，有陈、高二姓人氏由常熟、江阴迁此定居，建村在浜头顶，故名。主要姓氏有陈、高等。

**西冯巷** 清光绪年间，冯姓人由冯巷迁此定居。为区别于钱桥的东冯巷，故名西冯巷。后又有徐氏从常熟迁此，陈、高二姓于20世纪70年代从浜顶分迁至此。主要姓氏有冯、陈、高、徐等。

**钱家旦** 清朝，钱姓人早先定居于此，以姓氏定村名为钱家旦。徐姓在解放后由洛社小徐巷迁此。主要姓氏有钱、徐等。

**东吴巷** 明末清初，吴姓人从钱桥毛村迁此，村以姓氏定名为吴巷，后为区别于西吴巷，改名东吴巷。主要姓氏有吴、黄、王、李等。

**新桥头** 清咸丰年间，张姓由大张巷分支三房迁此定居，在村东南端建桥，名新桥。村从桥名。主要姓氏有张。

**东姚巷** 清咸丰前，姚姓人早先定居于此，为区别于杨市的姚巷，故称东姚巷。主要姓氏有姚、王、黄、张、李、冯等。

**大张巷** 清咸丰前，有张夯基者从安徽清河郡逃荒到此定居，以姓氏定村名。主要姓氏有张。

**南水渠** 明清时期，冯氏于大冯巷迁居于此，以水渠得名。主要姓氏有冯、徐、陈、王、李等。

**倪　巷** 清朝倪姓人从勤建西村分支迁此定居，以姓氏定村名。主要姓氏为倪姓。该自然村因拆迁而消失。居民于2010年1月安置到新藕苑。

**西吴巷** 清朝，吴姓人从钱桥毛村迁此，位于东吴巷之西，故称西吴巷。主要姓氏有吴、姚、张、蔡、王、冯等。该自然村因拆迁而消失。居民于2010年1月安置到新藕苑。

**小张巷** 清道光年间，由大张巷二房分支迁此建村，村名为与大张巷有别，故名小张巷。主要姓氏为张姓。该自然村因拆迁而消失。居民于2010年1月安置到新藕苑。

**【庙塘桥村】**有马、王、戈、冯、匡、朱、许、孙、杨、李、吴、何、张、陆、邵、周、胡、赵、顾、钱、徐、殷、高、唐、浦、强、董、蔡等姓。

**庙塘桥** 明朝中期，强氏从五牧迁此建村。村前有殷家庙，殷氏在庙后建桥，称庙塘桥。村以桥取名。主要姓氏有强、李、杨、赵、蔡、王、董、周等。

**三坝头** 新中国成立前，郭姓与何姓从江阴、常熟迁来，在三坝头旁建村居住，故名。主要姓氏有郭、何、王等。

**檀树埄**　元末明初，王姓人从山西省太原迁此定居建村。村旁遍植檀树，故名。主要姓氏有王、邵、陆等。

**殷　巷**　清初，殷姓人从杨市殷西房迁此，以姓氏定村名。主要姓氏有殷、强、许等。

**高冯巷**　明末清初，冯姓人从无锡檀头弄迁此建村。此处地形较高，以姓氏、地形定村名。主要姓氏有冯、匡、王等。

**小马巷**　因姓氏得名，为区别于南边的马巷，故名小马巷。主要姓氏为马姓。该自然村因拆迁而消失。居民于2010年1月安置到新藕苑和藕乐苑。

**芝藤树下**　强姓人从洛社北强巷分迁至此，在村前植一株芝藤，后长成大树，树冠能覆盖全村，故称芝藤树下。主要姓氏有强、赵、徐等。该自然村因拆迁而消失。居民于2010年1月安置到藕乐苑。

**小章巷**　清咸丰前，章姓人在此建村，故名。后又有常熟、江阴等地的钱、朱姓等人迁此定居。主要姓氏有钱、朱、顾、陆、唐、戈、吴等。该自然村因拆迁而消失。居民分别于2011年3月、2014年7月安置到新藕苑。

**浦　巷**　明末清初，浦姓人从石塘湾迁此定居建村。主要姓氏有浦、钱等。该自然村因拆迁而消失。居民分别于2011年3月、2014年7月安置到新藕苑。

**孙　巷**　明末，孙姓人从杨市水渠迁此定居，以姓定村名。主要姓氏有孙、胡、张等。该自然村因拆迁而消失。居民于2011年3月安置到新藕苑。

**小园里**　明末，周、钱二姓人氏在此定居，周围竹木成林，花卉宜人，犹如花园，故名。主要姓氏有周、钱、张、赵等。该自然村因拆迁而消失。居民分别于2011年10月、2013年6月安置到新藕苑。

**高格里**　明末，高姓人从东湖塘黄土塘迁此建村，村以姓氏得名。主要姓氏有高、赵等。该自然村因拆迁而消失。居民于2014年7月安置到新藕苑。

**【宇峰村】**有丁、王、石、边、匡、朱、孙、杨、李、吴、张、陈、邵、金、姚、贾、夏、钱、徐、高、黄、章、谢、温、顾、管等姓氏。

**东张巷**　张姓人从胡埭张舍分支迁此定居，建村于大道之东，故名东张巷。主要姓氏有张、徐、陈等。

**大树下**　张姓人首先定居于此。因村前有大树一棵，故称大树下。主要姓氏有张、朱、边、金等。

**黄泥坝**　清光绪十六年（1890），徐姓人从常熟迁来，后又有夏姓人从江阴迁此。因村旁有黄泥筑成的坝，故取村名为“黄泥坝”。主要姓氏有徐、夏等。

**章家坝**　章姓人早先定居于此，村西有坝，故名。主要姓氏有章、陈等。

**下　庄**　张姓人由东、西张巷迁此定居，因在大树下之北，故名下庄。主要姓氏为张姓。

**西坝头**　邵姓人早先定居于此，村西有拦河坝，故名。主要姓氏有邵、孙等。

**上舍头**　姚、孙二姓人从外地迁此定居，在上舍头旁建村，故名。主要姓氏有姚、孙、温等。

**杨　家**　杨姓人首先在此建村，故名。主要姓氏有杨、钱、王等。该自然村因拆迁而消失。居民于2007年5月安置到新藕苑。

**杨树坝**　张、石二姓人从常熟迁此，在杨树坝旁建村，以坝名定村名。主要姓氏有张、石等。该自然村因拆迁而消失。居民于2007年5月安置到新藕苑。

**高家旦**　高姓人从洛社下高迁此定居，以姓氏定村名。主要姓氏有高、管、朱等。该自然村因拆迁而消失。居民于2007年5月安置到新藕苑。

**西张巷** 清朝，张姓人从东张巷分支迁此定居，因村落在东张巷之西，故名。主要姓氏有王、张、钱、徐等。该自然村因拆迁而消失。居民于 2007 年 5 月安置到新藕苑。

**王 巷** 清咸丰前，王姓人早先定居于此，故名。主要姓氏有王、黄、李等。该自然村因拆迁而消失。居民于 2007 年 5 月安置到新藕苑。

**大坝头** 村西有大石坝，故名。主要姓氏有谢、章、邵。该自然村因拆迁而消失。居民于 2007 年 5 月安置到新藕苑。

**黄土桥** 村以桥得名。主要姓氏有黄、张等。该自然村因拆迁而消失。居民于 2011 年 8 月安置到新藕苑。

**小李巷** 李姓人早先定居于此，故名。主要姓氏有李、顾、张、戚、孙等。该自然村因拆迁而消失。居民于 2011 年 8 月安置到新藕苑。

**盛店埄** 丁姓人最早定居于此，靠近盛店集镇。村前有两土埄，故取名为盛店埄。主要姓氏有丁、王、吴等。该自然村因拆迁而消失。居民于 2011 年 8 月安置到新藕苑。

**贾家庄** 明代吏部尚书贾姓人曾建庄于此，故名贾家庄。主要姓氏有贾、高、吴、匡、杨等。该自然村因拆迁而消失。居民于 2011 年 8 月安置到新藕苑。

**【盛店村】**有王、朱、刘、许、杨、李、吴、张、陆、陈、邵、郁、周、俞、姚、袁、徐、高、章、蒋、潘等姓氏。

**弄 里** 清代，俞姓人从上俞巷迁此，原名下俞巷，1956 年改称弄里。主要姓氏有俞、张、高、朱、邵。

**庄桥头** 清代，邵姓人由新渎港分迁到此建村，以庄基上农用木桥“庄桥”为名。主要姓氏有邵、蒋等。

**墩上黄家** 清咸丰前，黄姓人定居于墩南，故名。主要姓氏有徐、袁等。

**吴巷上** 吴姓人在此定居建村，故名。主要姓氏有吴、俞、朱等。

**犁轭基** 清代，蒋姓人从蒋巷分迁此定居建村，地形似犁轭，故名。主要姓氏有蒋、俞等。

**张 巷** 清张简书定居于此，故名。主要姓氏有张、刘、姚等。

**庄基上** 地处庄桥之北，故名。主要姓氏有徐、李、俞等。

**俞 巷** 俞姓人早先定居于此，故名。主要姓氏有俞、刘、潘、张等。

**船浜头** 李、许二姓人早先到此定居，在浜头建村。浜内常泊船只，故名。主要姓氏有李、许、吴、蒋、郁等。该自然村因拆迁而消失。居民于 2007 年 5 月安置到新藕苑。

**蒋巷上** 明代，蒋姓人在此定居建村，以姓氏定村名。主要姓氏有蒋、陈等。该自然村因拆迁而消失。居民于 2007 年 5 月安置到新藕苑。

**西贾村** 贾姓人早先定居于此，因位于东贾村之西，故名。主要姓氏有许、陆、吴等。该自然村因拆迁而消失。居民于 2011 年 8 月安置到新藕苑。

**姚巷上** 姚姓人最早定居于此，故名。主要姓氏有姚、杨、吴、章等。该自然村因拆迁而消失。居民于 2011 年 8 月安置到新藕苑。

**上俞巷** 清代，俞姓人从苏北迁此，以姓氏定名上俞巷。主要姓氏有俞、王、周、吴等。（该自然村因拆迁而消失。居民于 2011 年 8 月安置到新藕苑。）

**大河头** 清朝，邵、杨二姓人从外地迁此，在大河旁建村，故名。主要姓氏有邵、杨、吴、姚、章等。该自然村因拆迁而消失。居民于 2011 年 8 月安置到新藕苑。

**【稍塘村】**有丁、马、王、戈、计、石、叶、包、成、朱、许、李、严、肖、时、吴、沈、张、陆、陈、邵、贡、范、金、周、单、郑、胡、查、俞、费、秦、耿、顾、钱、徐、殷、郭、高、唐、陶、黄、章、蒋、虞、管、樊等姓氏。

**陈巷上** 陈姓人早先在此定居建村，以姓氏定村名。主要姓氏有陈、樊、肖、郭、张、章、周、查等。

**周巷上** 清朝，周姓人在此建村居住，以姓氏定村名。主要姓氏有周、管、时等。

**小马巷** 新中国成立前，马姓人从常熟迁此定居建村，以姓氏定村名。主要姓氏为马姓。

**费家弄** 清咸丰前，费姓人于此建村定居，以姓氏定村名。主要姓氏有费、王、俞、陈、严、丁、耿等。

**新丰里** 清末民国初时建村，村名取新生永结丰硕成果之意。主要姓氏有俞、邵、张、钱、徐、吴、陈、费、陶、潘等。

**章巷上** 章姓人首先在此定居建村，以姓氏定村名。主要姓氏有章、钱、陈、吴、丁、张、高等。该自然村因拆迁而消失。居民于2006年8月安置到藕乐苑。

**中大坝** 清末，金、唐二姓人分别从常熟、江阴迁此，在中大坝旁建村，村以坝定名。主要姓氏有金、唐、黄等。该自然村因拆迁而消失。居民于2011年3月安置到藕乐苑。

**大巷上** 明朝，杜姓人在此定居，以姓氏定村名，后改名为大巷。村毁于战乱。后人在原地重建，沿用原村名。主要姓氏有吴、王、郑、金、蒋、李等。该自然村因拆迁而消失。居民于2011年3月安置到藕乐苑。

**杨树浜** 明朝，成姓人早先定居在杨树成林的河浜旁，故名。主要姓氏有成、陈、张、樊、顾等。该自然村因拆迁而消失。居民于2011年3月安置到藕乐苑。

**湛大坝** 清朝，王姓人从外地迁此，在河坝旁建村，定名为湛大坝。主要姓氏有王、石、马、戈、钱等。该自然村因拆迁而消失。居民于2011年3月安置到藕乐苑。

**包家岸** 清朝，包姓人从江阴王三桥迁此，在岸田建村，故取村名为“包家岸”。主要姓氏有包、王等。该自然村因拆迁而消失。居民于2011年3月安置到藕乐苑。

**小庙头** 清末，有蒋、吴等姓人从常熟迁此定居，在小庙旁建村，故名。主要姓氏有蒋、吴、秦等。该自然村因拆迁而消失。居民于2011年3月安置到藕乐苑。

**沈　巷** 沈姓人早先在此建村定居，以姓氏定村名。主要姓氏有沈、邵、朱、殷、陶、李等。该自然村因拆迁而消失。居民于2011年3月安置到藕乐苑。

**芦岸里** 清末，王姓人从常熟迁此，在芦岸丛里开荒建村，故名。主要姓氏有管、王、贡、周等。该自然村因拆迁而消失。居民于2011年3月安置到藕乐苑。

**枣树下** 吴姓人由大巷分支迁此定居，建村于土岗上，岗上遍植枣树，故名。主要姓氏有吴、陈、樊、蒋、王、范、胡、郑等。该自然村因拆迁而消失。居民于2011年8月安置到藕乐苑。

**木排头** 原村旁河中为木行之木排停泊之地，村建河旁，故名。主要姓氏有樊、张、金、顾、徐、单、许、虞、王、吴等。该自然村因拆迁而消失。居民于2011年8月安置到藕乐苑。

**叶家墩** 明末清初，叶姓人在此建村定居，村旁有土墩，故名。主要姓氏有叶、计、陆、吴、周等。该自然村因拆迁而消失。居民于2011年8月安置到藕乐苑。

**【勤建村】**有丁、王、苏、陈、武、秦、钱、倪、徐、韩、谢、管等姓氏。

**小东店** 清末，丁姓人由大东店分迁于此建村，为与大东店区别，故名“小东店”。主要姓氏为丁姓。2006年因拆迁而消失。是年居民安置到藕乐苑。

**大东店** 丁姓人由杨市丁村迁此定居。当时此处曾有商店和集市贸易，故名。主要姓氏为丁姓。2006年因拆迁而消失。是年居民安置到藕乐苑。

**陈　村** 明代，陈姓人从安徽迁此定居建村，以姓氏定村名。主要姓氏为陈姓。2006年因拆迁而消失。是年居民安置到藕乐苑。

**丁　村**　北宋，丁姓人由荣巷上大丁村分支迁此定居，以姓氏定村名。主要姓氏为丁姓。2006年因拆迁而消失。是年居民安置到藕乐苑。

**西　村**　宋朝，由张巷、邵巷、王巷迁此的居民和南京迁此的兄弟二人定居建村。主要姓氏有丁、倪、徐、谢、武等。新中国成立后农业合作化时，西村分为西一、西二、西三、西四4个生产队。2006年因拆迁而消失。是年居民安置到藕乐苑。

**管　巷**　明初，管姓人从杨市仁里桥迁此建村，以姓氏定村名。主要姓氏有管、陈等。2006年因拆迁而消失。是年居民安置到藕乐苑。

**壇　头**　100多年前，陈姓人从陈村迁此，管姓人从胡埭刘塘桥迁此，在壇头场旁建村。主要姓氏为陈姓。（2006年因拆迁而消失。是年居民安置到藕乐苑。）

**韩　巷**　韩姓人最先定居于此，村以姓氏取名。主要姓氏有韩、陈等。2006年因拆迁而消失。是年居民安置到藕乐苑。

**下　岸**　陈姓人由浙江海盐迁入陈村，又从陈村分迁至北岸里建村，故名。主要姓氏为陈姓。2006年因拆迁而消失。是年居民安置到藕乐苑。

**小方桥**　清代，陈氏小房从陈村分迁于此，在方桥旁建村，村以桥定名。主要姓氏为陈姓。2006年因拆迁而消失。是年居民安置到藕乐苑。

**河西巷**　清代，陈氏二房分支由陈村迁此，在河西建村，故名。主要姓氏为陈姓。2006年因拆迁而消失。是年居民安置到藕乐苑。

**椿树巷**　清末，丁姓人由丁村小房分支迁此定居。村前有大椿树一棵，故名。主要姓氏为丁姓。2006年因拆迁而消失。是年居民安置到藕乐苑。

**漕　上**　清末民国初，苏、秦二姓人从常熟迁此，在陈村漕上建村，故名。主要姓氏有苏、秦、王、钱等。2010年因拆迁而消失。是年居民安置到藕乐苑。

**【井亭村】**有丁、万、王、吕、李、朱、吴、何、陈、周、费、秦、倪、徐、薛、谭等姓氏。

**陈家湾**　陈姓人从陈村分迁于此，在鸡笼山湾建村，故名。主要姓氏有陈、周、何等。

**井亭里**　元初，朱姓人从安徽凤阳迁此。明朝，朝廷在此建"十里长亭"一座，内掘一口深井，名井亭。村以亭命名。主要姓氏有朱、陈、谭等。

**前埠墩**　该村建于墩上，故名。主要姓氏有陈、徐等。

**庙沟漕**　徐、王、吴三姓人从常熟迁此定居，在分庄庙旁沿河建村，上接沟漕，故名。主要姓氏有徐、王、吴等。

**李家湾**　清咸丰前，李姓在此定居，建村在山湾，故名。后陆续又有王姓、倪姓、薛姓等人从湖南、南通、苏州等地迁此。主要姓氏有李、丁、王、朱、万、倪、薛、费、吕、秦等。该自然村因拆迁而消失。居民于2010年7月安置到藕乐苑。

**【新成村】**有汪、钮等姓。

**渔岸新村**　建于1950年，以渔民在陆地建村得名。主要姓氏有汪、钮等。

## 二、境内姓氏人口统计

2015年6月，钱桥街道对辖区内姓氏人口进行普查，区域内共有姓氏435个，其中张姓居首，有4552人；王姓次之，有4308人；陈姓再次之，有3106人；仅有1人的姓氏有66个。

**2015年钱桥街道辖区内姓氏人口统计表**

表7—37—1　　单位：人

| 序号 | 姓氏 | 人数 | 序号 | 姓氏 | 人数 | 序号 | 姓氏 | 人数 | 序号 | 姓氏 | 人数 |
|---|---|---|---|---|---|---|---|---|---|---|---|
| 1 | 张 | 4552 | 3 | 陈 | 3106 | 5 | 周 | 2626 | 7 | 朱 | 2036 |
| 2 | 王 | 4308 | 4 | 吴 | 3103 | 6 | 李 | 2200 | 8 | 徐 | 1901 |

续表7—37—1　　单位：人

| 序号 | 姓氏 | 人数 | 序号 | 姓氏 | 人数 | 序号 | 姓氏 | 人数 | 序号 | 姓氏 | 人数 |
|---|---|---|---|---|---|---|---|---|---|---|---|
| 9 | 杨 | 1776 | 63 | 彭 | 233 | 117 | 江 | 80 | 171 | 闫 | 26 |
| 10 | 唐 | 1650 | 64 | 叶 | 225 | 118 | 庞 | 80 | 172 | 焦 | 25 |
| 11 | 刘 | 1615 | 65 | 庄 | 221 | 119 | 孟 | 80 | 173 | 卜 | 24 |
| 12 | 丁 | 1377 | 66 | 贾 | 221 | 120 | 颜 | 73 | 174 | 仲 | 24 |
| 13 | 沈 | 1284 | 67 | 韩 | 218 | 121 | 耿 | 64 | 175 | 岳 | 24 |
| 14 | 冯 | 1279 | 68 | 肖 | 210 | 122 | 堵 | 61 | 176 | 路 | 24 |
| 15 | 钱 | 1264 | 69 | 浦 | 203 | 123 | 皋 | 61 | 177 | 伍 | 23 |
| 16 | 陆 | 1233 | 70 | 梅 | 199 | 124 | 景 | 61 | 178 | 贡 | 23 |
| 17 | 黄 | 1103 | 71 | 费 | 191 | 125 | 谭 | 61 | 179 | 易 | 23 |
| 18 | 孙 | 1047 | 72 | 严 | 184 | 126 | 过 | 59 | 180 | 平 | 22 |
| 19 | 顾 | 1021 | 73 | 余 | 183 | 127 | 匡 | 57 | 181 | 驾 | 22 |
| 20 | 蒋 | 971 | 74 | 汤 | 181 | 128 | 武 | 56 | 182 | 柳 | 22 |
| 21 | 龚 | 862 | 75 | 芮 | 180 | 129 | 莫 | 56 | 183 | 翁 | 22 |
| 22 | 缪 | 843 | 76 | 程 | 176 | 130 | 谈 | 56 | 184 | 司 | 21 |
| 23 | 俞 | 796 | 77 | 边 | 173 | 131 | 曾 | 55 | 185 | 白 | 21 |
| 24 | 邵 | 741 | 78 | 樊 | 171 | 132 | 付 | 54 | 186 | 骆 | 21 |
| 25 | 许 | 712 | 79 | 虞 | 169 | 133 | 齐 | 54 | 187 | 郝 | 21 |
| 26 | 时 | 681 | 80 | 盛 | 168 | 134 | 宗 | 53 | 188 | 喻 | 21 |
| 27 | 赵 | 677 | 81 | 成 | 167 | 135 | 苗 | 53 | 189 | 龙 | 20 |
| 28 | 毛 | 675 | 82 | 卞 | 161 | 136 | 洪 | 51 | 190 | 花 | 20 |
| 29 | 胡 | 616 | 83 | 范 | 161 | 137 | 祁 | 49 | 191 | 裴 | 20 |
| 30 | 殷 | 615 | 84 | 季 | 157 | 138 | 吉 | 49 | 192 | 卫 | 19 |
| 31 | 高 | 594 | 85 | 于 | 156 | 139 | 沙 | 49 | 193 | 印 | 19 |
| 32 | 姚 | 580 | 86 | 董 | 150 | 140 | 韦 | 48 | 194 | 鲁 | 19 |
| 33 | 马 | 557 | 87 | 施 | 148 | 141 | 戚 | 48 | 195 | 滕 | 19 |
| 34 | 潘 | 467 | 88 | 姜 | 139 | 142 | 鲍 | 47 | 196 | 霍 | 19 |
| 35 | 薛 | 430 | 89 | 葛 | 138 | 143 | 杭 | 45 | 197 | 黎 | 19 |
| 36 | 倪 | 427 | 90 | 窦 | 134 | 144 | 孔 | 43 | 198 | 刁 | 18 |
| 37 | 秦 | 425 | 91 | 方 | 127 | 145 | 温 | 42 | 199 | 束 | 18 |
| 38 | 宋 | 398 | 92 | 魏 | 126 | 146 | 项 | 41 | 200 | 房 | 18 |
| 39 | 曹 | 394 | 93 | 任 | 125 | 147 | 钟 | 41 | 201 | 嵇 | 18 |
| 40 | 章 | 388 | 94 | 计 | 114 | 148 | 熊 | 41 | 202 | 解 | 17 |
| 41 | 支 | 381 | 95 | 尹 | 113 | 149 | 左 | 40 | 203 | 詹 | 17 |
| 42 | 何 | 371 | 96 | 须 | 109 | 150 | 邬 | 40 | 204 | 伏 | 16 |
| 43 | 汪 | 349 | 97 | 邱 | 108 | 151 | 雷 | 39 | 205 | 安 | 16 |
| 44 | 杜 | 340 | 98 | 凌 | 107 | 152 | 闵 | 36 | 206 | 钮 | 16 |
| 45 | 陶 | 335 | 99 | 史 | 106 | 153 | 诸 | 36 | 207 | 段 | 16 |
| 46 | 金 | 333 | 100 | 崔 | 106 | 154 | 童 | 35 | 208 | 储 | 16 |
| 47 | 苏 | 329 | 101 | 郁 | 105 | 155 | 仇 | 32 | 209 | 相 | 15 |
| 48 | 单 | 324 | 102 | 厉 | 102 | 156 | 辛 | 32 | 210 | 荆 | 15 |
| 49 | 郑 | 304 | 103 | 林 | 101 | 157 | 翟 | 32 | 211 | 鞠 | 15 |
| 50 | 石 | 297 | 104 | 侯 | 101 | 158 | 封 | 31 | 212 | 代 | 14 |
| 51 | 吕 | 293 | 105 | 查 | 100 | 159 | 傅 | 30 | 213 | 皮 | 14 |
| 52 | 邓 | 285 | 106 | 卢 | 95 | 160 | 申 | 28 | 214 | 荣 | 14 |
| 53 | 蔡 | 284 | 107 | 梁 | 92 | 161 | 纪 | 28 | 215 | 赖 | 14 |
| 54 | 戴 | 282 | 108 | 万 | 91 | 162 | 胥 | 28 | 216 | 文 | 13 |
| 55 | 夏 | 272 | 109 | 戈 | 89 | 163 | 席 | 28 | 217 | 乐 | 13 |
| 56 | 袁 | 263 | 110 | 罗 | 89 | 164 | 聂 | 28 | 218 | 狄 | 13 |
| 57 | 谢 | 259 | 111 | 田 | 85 | 165 | 惠 | 28 | 219 | 柏 | 13 |
| 58 | 尤 | 258 | 112 | 包 | 85 | 166 | 廖 | 28 | 220 | 舒 | 12 |
| 59 | 邹 | 245 | 113 | 祝 | 83 | 167 | 邢 | 27 | 221 | 仓 | 12 |
| 60 | 郭 | 245 | 114 | 奚 | 83 | 168 | 芦 | 27 | 222 | 毕 | 12 |
| 61 | 华 | 235 | 115 | 臧 | 83 | 169 | 宫 | 27 | 223 | 阮 | 12 |
| 62 | 管 | 234 | 116 | 洑 | 81 | 170 | 常 | 27 | 224 | 居 | 12 |

续表7—37—1 单位：人

| 序号 | 姓氏 | 人数 | 序号 | 姓氏 | 人数 | 序号 | 姓氏 | 人数 | 序号 | 姓氏 | 人数 |
|---|---|---|---|---|---|---|---|---|---|---|---|
| 225 | 康 | 12 | 278 | 恽 | 5 | 331 | 满 | 3 | 384 | 百 | 1 |
| 226 | 饶 | 12 | 279 | 游 | 5 | 332 | 衡 | 3 | 385 | 权 | 1 |
| 227 | 宦 | 12 | 280 | 甄 | 5 | 333 | 司徒 | 3 | 386 | 戎 | 1 |
| 228 | 谷 | 11 | 281 | 简 | 5 | 334 | 令狐 | 3 | 387 | 尘 | 1 |
| 229 | 尚 | 11 | 282 | 漆 | 5 | 335 | 义 | 2 | 388 | 伊 | 1 |
| 230 | 屈 | 11 | 283 | 糜 | 5 | 336 | 太 | 2 | 389 | 米 | 1 |
| 231 | 商 | 11 | 284 | 开 | 4 | 337 | 丹 | 2 | 390 | 豆 | 1 |
| 232 | 褚 | 11 | 285 | 生 | 4 | 338 | 帅 | 2 | 391 | 寿 | 1 |
| 233 | 娄 | 10 | 286 | 巩 | 4 | 339 | 仝 | 2 | 392 | 囤 | 1 |
| 234 | 练 | 10 | 287 | 阳 | 4 | 340 | 圣 | 2 | 393 | 但 | 1 |
| 235 | 晁 | 10 | 288 | 师 | 4 | 341 | 忻 | 2 | 394 | 青 | 1 |
| 236 | 桑 | 10 | 289 | 池 | 4 | 342 | 邝 | 2 | 395 | 侣 | 1 |
| 237 | 全 | 9 | 290 | 呼 | 4 | 343 | 来 | 2 | 396 | 竺 | 1 |
| 238 | 关 | 9 | 291 | 承 | 4 | 344 | 扶 | 2 | 397 | 宜 | 1 |
| 239 | 姬 | 9 | 292 | 於 | 4 | 345 | 别 | 2 | 398 | 法 | 1 |
| 240 | 屠 | 9 | 293 | 茆 | 4 | 346 | 佘 | 2 | 399 | 迟 | 1 |
| 241 | 眭 | 9 | 294 | 昌 | 4 | 347 | 劳 | 2 | 400 | 宛 | 1 |
| 242 | 兰 | 8 | 295 | 郏 | 4 | 348 | 况 | 2 | 401 | 苑 | 1 |
| 243 | 茅 | 8 | 296 | 展 | 4 | 349 | 明 | 2 | 402 | 咸 | 1 |
| 244 | 符 | 8 | 297 | 隆 | 4 | 350 | 羌 | 2 | 403 | 哈 | 1 |
| 245 | 蒯 | 8 | 298 | 祖 | 4 | 351 | 沐 | 2 | 404 | 昱 | 1 |
| 246 | 檀 | 8 | 299 | 都 | 4 | 352 | 英 | 2 | 405 | 郇 | 1 |
| 247 | 艾 | 7 | 300 | 隋 | 4 | 353 | 树 | 2 | 406 | 钦 | 1 |
| 248 | 从 | 7 | 301 | 盖 | 4 | 354 | 贲 | 2 | 407 | 绍 | 1 |
| 249 | 巫 | 7 | 302 | 雍 | 4 | 355 | 原 | 2 | 408 | 茹 | 1 |
| 250 | 郎 | 7 | 303 | 楚 | 4 | 356 | 鄢 | 2 | 409 | 班 | 1 |
| 251 | 欧 | 7 | 304 | 靳 | 4 | 357 | 党 | 2 | 410 | 校 | 1 |
| 252 | 栾 | 7 | 305 | 蒲 | 4 | 358 | 柴 | 2 | 411 | 桓 | 1 |
| 253 | 欧阳 | 7 | 306 | 阙 | 4 | 359 | 盈 | 2 | 412 | 荷 | 1 |
| 254 | 贝 | 6 | 307 | 山 | 3 | 360 | 侯 | 2 | 413 | 徒 | 1 |
| 255 | 车 | 6 | 308 | 云 | 3 | 361 | 隽 | 2 | 414 | 衷 | 1 |
| 256 | 宁 | 6 | 309 | 仁 | 3 | 362 | 经 | 2 | 415 | 诲 | 1 |
| 257 | 羊 | 6 | 310 | 甘 | 3 | 363 | 药 | 2 | 416 | 朗 | 1 |
| 258 | 冷 | 6 | 311 | 令 | 3 | 364 | 崇 | 2 | 417 | 接 | 1 |
| 259 | 宣 | 6 | 312 | 曲 | 3 | 365 | 矫 | 2 | 418 | 逯 | 1 |
| 260 | 桂 | 6 | 313 | 牟 | 3 | 366 | 裘 | 2 | 419 | 卿 | 1 |
| 261 | 宿 | 6 | 314 | 问 | 3 | 367 | 隗 | 2 | 420 | 祭 | 1 |
| 262 | 笪 | 6 | 315 | 产 | 3 | 368 | 蔺 | 2 | 421 | 巢 | 1 |
| 263 | 智 | 6 | 316 | 佟 | 3 | 369 | 裔 | 2 | 422 | 鹿 | 1 |
| 264 | 穆 | 6 | 317 | 应 | 3 | 370 | 力 | 1 | 423 | 覃 | 1 |
| 265 | 阚 | 6 | 318 | 还 | 3 | 371 | 干 | 1 | 424 | 税 | 1 |
| 266 | 凡 | 5 | 319 | 官 | 3 | 372 | 上 | 1 | 425 | 傲 | 1 |
| 267 | 冉 | 5 | 320 | 皇 | 3 | 373 | 习 | 1 | 426 | 绳 | 1 |
| 268 | 朴 | 5 | 321 | 闻 | 3 | 374 | 弓 | 1 | 427 | 蒙 | 1 |
| 269 | 郇 | 5 | 322 | 荀 | 3 | 375 | 巴 | 1 | 428 | 訾 | 1 |
| 270 | 言 | 5 | 323 | 勇 | 3 | 376 | 丰 | 1 | 429 | 疏 | 1 |
| 271 | 卓 | 5 | 324 | 郜 | 3 | 377 | 井 | 1 | 430 | 蔚 | 1 |
| 272 | 步 | 5 | 325 | 郗 | 3 | 378 | 从 | 1 | 431 | 箫 | 1 |
| 273 | 侍 | 5 | 326 | 揭 | 3 | 379 | 化 | 1 | 432 | 端 | 1 |
| 274 | 征 | 5 | 327 | 渠 | 3 | 380 | 丘 | 1 | 433 | 燕 | 1 |
| 275 | 细 | 5 | 328 | 愈 | 3 | 381 | 火 | 1 | 434 | 冀 | 1 |
| 276 | 苟 | 5 | 329 | 廉 | 3 | 382 | 未 | 1 | 435 | 蹇 | 1 |
| 277 | 柯 | 5 | 330 | 僧 | 3 | 383 | 由 | 1 | — | — | — |

## 第二节 部分姓氏源流

2015年，钱桥、藕塘地区共有435个姓氏。区域内每个姓氏文化源远流长，内涵丰富，是历史文化的有机组成部分，为标志社会结构中一种血缘传承关系的符号。随着社会文化寻根热的兴起，姓氏源流越来越凸显其独特的文化价值。本节考查了钱桥、藕塘地区周氏、俞氏、支氏、王氏、管氏、倪氏、章氏、边氏、朱氏、顾氏、刘氏等姓氏的源流，从文化溯源角度研究区域内部分姓氏的起源与演变，有助于更加全面地认识钱桥、藕塘地区姓氏演变的历史。

### 一、勾吴周氏溉湖周基头支源流

溉湖周基头支周姓的祖先远及传说中上古时代的黄帝。黄帝本姓公孙，因长期居住姬水，改姓姬；又因居轩辕之丘（今河南新郑西北），故号轩辕氏；又因创业建都于有熊（今河南新郑），故又称有熊氏。黄帝后裔后稷为姬姓，开创农业有功，让部落的人结束游牧生活，过上农耕生活，被周姓人奉为始祖。从后稷开始，周姓便有自己的历史。古公亶父为后稷第十三世孙（即周太王）率领族人迁于歧山之阳的周原。这支部落就以地名为氏，命名为周。周族的姓氏即缘于周原。周太王被周氏尊为一代世祖。周太王有三子，即泰伯、仲雍、季历。季历有子名昌（周文王），古公亶父认为昌有圣瑞，有意传位于季历，可以昌盛。为从父愿，泰伯、仲雍避到江南，故有泰伯至德三让天下之说。季历笃信仁义，抚顺诸侯，开拓疆土，为周族的继续发展奠定坚实的基础。后文王奠基，武王伐纣，建立周朝，分封诸侯。

泰伯、仲雍奔荆蛮自号勾吴，成为吴国的开创人，被江南周姓、吴姓奉为始祖，血缘上周姓、吴姓同出一脉。四库全书中《无锡县志·邑里》古今郡县表记载：“‘《史记》武王克商，求泰伯、仲雍之后，得周章，周章已封吴，因而封王。’《毗陵志》云：‘章少子，继封为安阳侯，其地在无锡县安阳山下。’”安阳侯后裔以周为姓。公元前二百多年，秦汉相争，为避暴秦之乱，周章少子安阳侯周赟之后禅承公偕弟敬承公挈家遁去福建武夷山，成为闽南同安周氏始祖。南宋绍兴元年（1131），禅承公之后瞻崖公携子滨海公自闽南归锡，定居于洛社之北、乙虞桥南，即后之印桥。自周氏先祖定居洛社乙虞桥以后，世居乙虞桥的周氏子孙先分出南周、北周、西周；后又分出石家宕、青上桥、高家旦、纲巾巷、塘头、莲蓉、九里泾、荼墅、城子庙、安家舍、海柳村、塘心里、凌巷、彭店桥、三堡巷、林庄、濮巷、溉湖周基头等分支。

溉湖周基头系乙虞桥西周之分支，据《勾吴周氏家乘》十七卷记载，第八十一世天锡公（原名阀）为溉湖周基头的始祖，大约是在近六百年前。溉湖周基头分支的谱系从天锡公开始。2009年，溉湖周基头支自天锡公起算，为第一百世至一百零三世孙，总户数151户，其中本地114户、外地37户；男性总人数299人，其中本地220人、外地79人；女性总人数461人，其中本地364人、外地97人（包括媳妇和出嫁的周氏女儿），男女合计760人。溉湖周基头支周姓在外地以上海居多，在北京、南京、镇江、苏州、昆山、宁波、嘉兴、合肥、中国香港、中国台湾等地，以及澳大利亚、美国等国家均有居住。

2010年，溉湖周基头支农民全部入住洋溪人家小区，农民身份转换成居民，带来生活质态转型。2015年，钱桥街道周姓人口有2626人，居全街道前五位。

### 二、梁溪俞氏周基头、毛村园支源流

俞姓得姓可以追溯到五千年以前的黄帝时代。春秋战国时期，有楚人俞伯牙。东晋成帝时，有宣城（今属安徽省）人俞纵以及南朝宋（建都今南京）人俞佥。隋唐以前，已有俞姓人越过长江，进入江东。唐代武则天时，荆州江陵（今湖北省潜江市一带）人俞文俊斗胆进言，称新丰之地无端冒出一座山来，是因女主居阳位（武则天）之故。此言激怒了武则天，于是就把俞文俊流放到岭南。俞姓后裔就在广东和广西繁衍。据考，陆区花园里大巷上（即堵村）俞南杰珍藏的1929年版《梁溪

俞氏宗谱》记载，前编渊源世系世表，唐代吏部尚书、一品官俞太初至宋代俞紫芝计四十一世。南宋德佑、景炎年间，俞紫芝官至光禄丞集贤校理、正字秘书郎、河东节度使（武将从二品）、参知政事（执掌宰相之权的三位重臣之一，正二品），奉旨巡视江南，经过梁溪（无锡别称），看到新安土地肥沃，人口稠密，民风敦厚，于是从中原河南迁徙到梁溪（无锡）新安定居。后苏锡常俞氏后裔尊紫芝公为梁溪俞氏始祖。其子实，字寿四，升迁中书舍人、江西行省参政、户部尚书，为梁溪俞氏第二世。实有义、仁、忠、信四子，为第三世。二子俞仁，字贵二，年少时刻苦好学，性闲避嚣，乐志园林，徒步寻幽，步至安阳山西南之堵村，就搭屋定居。朝廷封官，数次不就，闭门看书，教子育孙。俞仁为堵村始祖。俞仁后裔第六世俞璧迁徙田舍里，第十一世俞纲徙居钱桥洋溪口，第十六世俞韫珍徙居钱桥周基头，为梁溪俞氏周基头、毛村园分支始祖。

2010年5月，俞氏周基头、毛村园分支有宗亲30多户，150余人，大多居住钱桥前、后周基头，毛村园。北京、上海、南京、中国香港、中国台湾等地以及新加坡等国均有周基头、毛村园分支俞氏后裔，或入籍定居，或读书工作。

2015年，钱桥街道俞氏后人为紫芝公第二十五世至二十八世孙。俞氏宗亲各支主要居住在洋溪社区洋溪人家，华新社区毛村园，盛峰社区俞巷、庄基上，稍塘社区费家弄、新丰里等村或小区，共有俞姓人口796人。

## 三、大支巷支氏源流

支氏出自西域月支国（今新疆伊犁），汉朝时入中原籍居，以“支”为氏。经数代传至东晋支遁，居浙江剡至石城山，旋隐迹山林，不闻朝事，与王羲之、谢安为友。又数代传至支雄，居琅琊。支雄任后赵司空，征辽，拜龙骧大将军。支雄六世孙支叔才迁定州，为唐孝子。其子支纤、支亮、支谦为唐代博知，史有列传。支谦后裔支渐，为宋孝子，迁居至陕西。南宋宝祐四年（1256），支渐后裔支詠，字道涵，中进士。南宋德祐年间，支詠从陕西华县迁徙至京口（今镇江），遁迹江南，筑建苗圃，栽花种竹，颐养天年。支詠为支氏江南始祖。宋代状元文天祥与支詠为莫逆之交，亲笔撰写《京口始祖宋进士支君道涵传》。明嘉靖三十五年（1556），支詠公第十世孙子扬（载功）携带三个儿子士林、士晋、士衡迁至锡山莲溪下（今前洲）定居，称锡山支氏。明嘉靖四十五年，子扬之二子士晋迁居钱桥买田建村定居，村名为大支巷。士晋为大支巷始祖。士晋第九世孙支浩明为开原乡二十二都二图图董。清嘉庆十九年（1814）大旱，支浩明率领锡西农民20余万人与无锡劣绅和贪官污吏斗争，开通显应桥，被赐“堪为里式”匾额。

2015年，大支巷支氏后人为士晋公二十三至二十九世孙，共有宗亲568人。是年，支姓居民均迁至春满园、春来苑居住。

## 四、东沙社冈里王氏源流

王姓距今已有2500多年历史，三槐堂王氏是周灵王太子晋之后，属姬姓。太子晋为王氏始祖，传承历五十二代至“三槐堂”始祖王言，王言任河南黎阳县令。唐朝末年，因战乱，王言辞官迁于山东莘县王庄。王言子王彻考中状元，官至左拾遗。王彻孙王祜进士出身，历任监察御史、户部员外郎、兵部侍郎等职。传至五十五代王祜之次子王旦登上宰相之位，辅佐宋真宗18年之久。王旦忠奸分明、温良俭让、维系朝纲、多有建树，其时政治清明、天下太平，朝野称其为“太平良相”。王旦孙五十八世王皋，世袭殿师府太尉，南宋建炎三年（1129）举家护驾孟太后，随宋太宗南渡长江，后定居苏州荻扁。王皋为三沙世祖。王皋长子王易袭殿帅府太尉，徙昆山沙头，为东沙支祖。三沙王氏东沙支六世元将保义副尉荣（隆）公自昆山迁太仓沙溪镇。九世福公自沙溪镇迁至无锡县开原乡钱桥镇。福公字福七，号王社埄，故居地称社埄里王巷。福公为东沙社埄（后社埄称社冈）里世祖。2015年，自王言起，东沙社冈里王氏为第八十七世至九十二世孙。是年，钱桥街道共有王姓人口4308人，居全街道第二位。

## 五、藕塘井亭下前、后管巷管氏源流

春秋时期，管仲之第六十七世孙一清公自前明时期从常州毗陵（今武进）华渡里东迁梁溪（无锡），定居于杨墅仁里桥，为仁里桥始祖。一清公有三子，为俊、杰、仪，至第五世时支繁派衍。清康熙末年，仁里桥管氏第五世铨之三子云登迁居井亭下后管巷，为后管巷铨宗，云登为后管巷始祖。后管巷铨宗第十一世孙昱分居前管巷，为前管巷铨宗，昱为前管巷始祖。2006 年 8 月，前、后管巷全部拆迁，井亭下管氏族人皆迁至藕塘桥藕乐苑。2015 年，井亭下前、后管巷族人均居住于藕乐苑，共 218 人，为一清公十六至二十世孙。

## 六、稍塘营西村倪氏源流

北宋时期，倪氏第一世惟一公世居汴京（开封）马巷口。惟一公第十一世万九公自汴京徙居金陵麒麟门；第十八世钰公生于明正统元年（1436）、镗公生于明正统四年，兄弟二人成年后因避明室之难，自金陵徙居无锡富安乡青山寺北之稍塘营西村。钰公、镗公为西村倪氏世祖。后倪氏子子孙孙繁衍，世居西村。2006 年 6 月，因拆迁，西村倪氏族人均迁至藕塘桥藕乐苑居住。2015 年，西村倪氏族人共 120 多户，为惟一公三十一至三十六世孙，大部分居住在藕乐苑社区，也有徙居上海、南京、苏州、杭州、四川成都、河南洛阳、台湾等地，个别族人定居美国。

## 七、稍塘营章巷章氏源流

前 1066 年，西周武王重臣姜子牙带兵与纣王决战，灭商，立大功，封为齐侯。姜子牙四世孙姜虎，封为鄣国成王。前 664 年，姜虎十四世孙胡公任鄣国成王。时齐桓公出兵伐鄣。鄣国城池失落，成王姜胡阵亡，鄣国灭亡，其弟䡅逃至梁州（今陕西汉中）。䡅公去邑，为纪念鄣国，改姓章氏，故陕西汉中为章氏第一发源地，䡅公为章氏始祖。秦二世元年（前 209），䡅公后代章平任楚国上大夫，领兵守关武宁（今陕西南郑），被刘邦大将韩信战败被俘。章平被赦后迁居河北河间。

西晋太熙六年（290），䡅公三十七世、平公二十世孙章岩任晋国兵部尚书，领兵 40 万收复大散关有功，封为河间侯，成名门望族。后东晋大乱，章岩避乱迁居南安。唐太和六年（832），岩公后代、康州刺史章及为避战乱，举族辗转迁入福建浦城。及公为章氏远祖一世祖。南宋嘉定三年（1210），及公十五世孙良能公授同知枢密、迁参知政事，后辞官隐居安徽凤阳府定远。元至正十六年（1356），及公二十世孙嵩实公携全家避难，移居毗陵（常州）塘桥。嵩实公为章氏近祖一世世祖。明正德十二年（1517），及公二十七世孙子茂带二子迁居菱岸（杨市南章巷），子茂为菱岸世祖。

清顺治八年（1651），及公三十三世孙伯溪移居稍塘营章巷。伯溪为稍塘营章巷始祖。章巷章氏人丁兴旺。新中国成立初期，已有三分之一族人移居无锡、上海等城市居住，其中定居上海的就有 19 户、60 多人。2007 年，稍塘营章巷拆迁，章巷章氏族人全部迁居于藕塘藕乐苑居住。2015 年，藕乐苑社区章姓共 23 户、127 人，为及公四十五至四十八世孙、伯溪十二至十五世孙。

## 八、钱桥杨毛岸、肖尤巷边氏源流

春秋时期前 575 年，宋平公为陇西地区有声望的皇室大家族，发源于河南。宋平公第四子名御戎，字边，为宋定公。前 520 年，宋定公因皇室公族多故，命边卬（宋平公曾孙，以御戎字“边”为姓氏）为大司徒，以靖国人。边卬为边氏始祖。后因国事争纷，战火蔓延，边氏家庭分四支过江，土著占席。其中一分支移居河南松国。宋乾道元年（1165），孝宗皇帝钦命进士边氏第十二世孙边密为通判，并赐以皇帝出巡的礼仪，南迁赴宜兴任职，居锡邑城南希夷道院前巷，名边家巷。

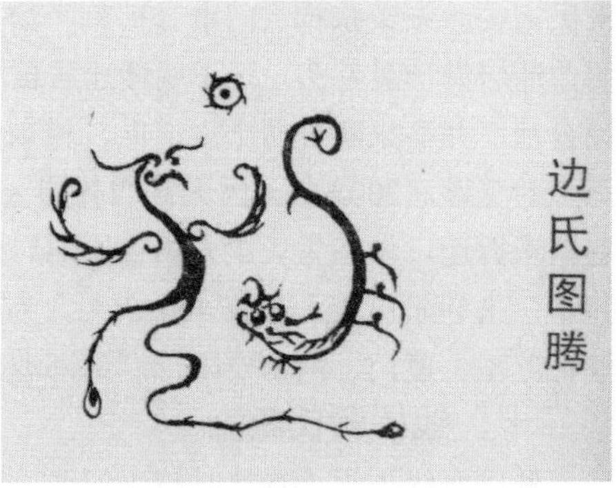

图 7—37—1　边氏图腾寓意：龙的传人，其形似边，鹏程万里，龙凤呈祥

元初，边氏十三世孙、边密之子源公（字汝渊）为无

锡边氏始祖。因元兵搅乱，源公告退归里，从无锡城南希夷道院前巷迁居布政乡刘塘桥之后边巷，以耕读传家，为梁溪（无锡）边氏的传世之祖。源生三子，其中次子边仲巘于元代自刘塘桥携家迁居奚村（今杨市上舍）。无锡边氏八世孙边山于元代分居至坡墩（今杨市）。

无锡边氏十一世孙应贞于清嘉庆年间自杨市坡墩迁至钱桥杨毛岸，应贞公为边氏杨毛岸始祖；十三世廷章于清道光年间自杨市坡墩迁至钱桥肖尤巷，廷章公为边氏肖尤巷始祖。2015 年，杨毛岸、肖尤巷边氏有 14 户、共 61 人，杨毛岸为无锡边氏第二十一世至二十四世孙，肖尤巷为第二十三至二十六世孙。是年，杨毛岸边氏大多迁居华新苑、肖尤巷边氏迁居洋溪人家居住。杨毛岸、肖尤巷另有边姓后裔分布在浙江、上海、安徽等地。

## 九、井亭朱巷朱氏源流

朱氏血缘远祖为黄帝之孙、昌意之子颛顼，姬姓。公元前 2500 多年，颛顼辅佐少昊有功，被封于高阳（今河南杞县高阳镇）。少昊死后，颛顼打败共工，迁都于商丘，继少昊主政 78 年，号高阳氏。颛顼七世孙晏安封于曹地，建立曹国（今陕西灵宝县东曹阳），以国为氏，姓曹。晏安第四十一世孙曹挟封于邾地，继承东夷（今山东邹城）氏族的蜘蛛图腾，建立邾国，族人姓邾。曹挟七世孙邾颜时，邾国被楚国并吞。邾国大夫邾黄鸿带族人逃至江苏沛县，隐姓埋名，把邾氏改成朱氏，故朱黄鸿为朱氏肇始祖。

图 7—37—2 朱氏图腾
寓意为：朱与蜘蛛结合，朱为赤心木，松柏属，象征坚强不屈的高尚品德；朱氏可从蜘蛛的神秘生存方式中得到启示，张网捕食，生生不息

唐元和元年（806），黄鸿公三十二世孙朱敬则任丞相，携子朱介（光迪公）南迁至建邺（今南京）。后朱介自金陵迁至安徽婺源，为婺源始祖。朱介生四子，幼子朱禹一为山东济阳县令。禹一生师古。唐大中十一年（857），师古为殿中丞，后黄巢起义，师古避难安徽歙县黄墩。师古生四子，次子古僚于唐天复四年（904）收复婺源，任制置茶院，率兵三千戍守婺源等四县，政绩颇佳，被封为制置茶院元帅，举家自黄墩徙居婺源。古僚生三子，次子廷俊任徽州刺史兼番汉总管，生一子为昭元。昭元次子惟甫生三子。惟甫幼子朱振生四子。朱振次子朱绚（朱熹曾祖）生四子。朱绚幼子朱森（朱熹祖父）生四子。朱森长子朱松（朱熹父亲）为北宋政和八年（1118）进士，授迪功郎。北宋宣和五年（1123），朱松调任福建建州政和县尉，举家由婺源迁入福建政和县，为建阳朱氏始祖，后改任南剑沈溪县尉。时朱松极力主张抗金，遭秦桧打击，降职至泉州石井镇监税。南宋建炎四年（1130），朱熹（朱介第十二世孙）生于沈溪。朱熹生三子，长子朱塾生朱鑑。朱鑑生二子，次子朱湆回安徽歙县。朱湆生朱杰。朱杰于元元贞年间迁居灵台。朱杰生朱彦。朱彦于明洪武年间迁居阳邑朱家岸，为朱家岸始祖。朱彦之子朱之琅（韫山公，朱介第十八世孙）于明洪熙年间迁居无锡井亭里，为井亭里朱氏始祖。朱氏后人为尊祖敬宗，于清道光年间在井亭朱巷建立朱氏宗祠。朱氏宗祠大门上方砖刻“沛国风流”四字，意为朱氏从沛县迁来。朱之琅生三子，长子明益迁居舜一吴巷头，三子明珊迁居藕塘桥朱巷，次子明艺留居井亭朱巷。1958 年，藕塘乡成立人民公社，井亭朱巷分两个生产队，村东部为朱巷队，村西部为井亭队，续谱时同属存远堂朱氏宗谱第十卷支谱。2008 年，因无锡职教园区筑路，井亭队全部拆迁，井亭朱氏族人迁至藕乐苑居住；朱巷队未拆迁，朱巷朱氏族人仍在原地居住生活，年轻族人则买房至钱桥、无锡市区居住。2015 年，井亭、朱巷朱氏族人共有 400 余人，为朱介第三十四至三十九世孙，部分族人迁居上海、南京、武汉、苏州、厦门、河南安阳、湖南郴洲等地。

## 十、钱桥顾氏源流

顾氏血缘先祖为春秋时越王勾践，为芈姓，其后人以国名为氏，称越氏。勾践第十三世孙安朱，秦朝时世袭东瓯王。安朱子摇，西汉孝惠帝三年（前 192）三月受封于东海王都东瓯（今温州）。摇子期视。汉文帝封期视于乌程为顾余侯。期视孙贵，汉元鼎五年（前 112）受封为吴侯（今苏州）。贵为迁吴之始祖。贵子翔，西汉始元元年（前 86）旌为孝子。翔以祖父爵号“顾余侯”而冠以顾氏。贵第十四世孙为三国东吴丞相顾雍，封醴陵侯。顾雍第十三世孙为南朝梁陈时黄门侍郎顾野王。顾野王为江东顾氏一世祖。

南宋末，天下乱，顾野王第二十五世孙、荆州从事顾得琛为避祸乱，从苏州光福举家迁徙至梁溪龙山梢末，成为钱桥开户第一家。顾得琛为顾氏钱桥始祖。2015 年，钱桥顾氏为顾得琛第十八至二十四世孙，分布于上海、安徽、北京、湖南、中国香港、中国台湾等地区以及美国、英国、新西兰等国家。是年，区域内钱桥顾氏分布在钱桥社区南街、北街，华新苑小区，春来苑，舜柯家园，共有宗亲 300 余人。

## 十一、周氏钱桥市镇支源流

周氏源流可上溯至远古黄帝时代。黄帝为远古华夏部落联盟首领，被尊为中华“人文始祖”。本姓公孙，因生于姬水（今陕西关中）而改姬姓；居轩辕之丘（今河南新郑），号轩辕氏；建都于有熊，亦称有熊氏。史载因有土德之瑞，故号黄帝，前 2697 年左右在位。据史料记载，黄帝生玄嚣，玄嚣生蛟极，蛟极生帝喾，帝喾生后稷（名弃），周氏一族奉后稷为发源始祖。后稷第十三世孙古公亶父（即周太王）为夷狄所迫，率族人自邰迁徙陕西岐山下周原，以地名为周氏。古公生有三子，长子泰伯，次子仲雍，少子季历。季历之子周文王姬昌联合各诸侯攻灭商朝，建立周朝。西周、东周绵延 800 余年。《周氏大统谱》奉后稷第八十三世孙北宋周敦颐为第一世。周敦颐（1017~1073 年）字茂叔，号濂溪，谥号元公，湖南道州营道人（今湖南道长）。周敦颐第十四世孙周权（字屺瞻）于明洪武年间从金陵避祸至无锡槽坊（今玉祁曙光村）定居，成为无锡槽坊支迁锡始祖。周权曾孙周均义（周敦颐第十七世孙）于明永乐年间自槽坊迁至砖场，周均义为砖场周姓始迁祖。周均义曾孙宗惠偕兄宗仁（周敦颐第二十世孙）于明景泰年间自砖场迁钱桥街镇定居。宗惠为钱桥市镇分支周姓始迁祖，并在铁狮桥北首建周家祠堂（20 世纪 70 年代因翻建厂房拆除）。坐落在惠山烧香浜下河塘 19 号的濂溪周夫子祠是无锡地区周氏后裔为祭祀始祖元公周敦颐于清乾隆七年（1742）建造，内有乾隆御书“光霁祠”匾额，故又称光霁祠，历朝享受官祭。

图 7—37—3　周氏图腾寓意为：相传周人始祖后稷初生时其母以为不祥，弃于冰上，一只大鸟以羽翼救护，得以不死。其母以为神异，抱回养育，后稷后来成为周人的田祖农神。图腾是古文周、鸟、田粟三者的结合

2015 年，周姓一族迁钱桥市镇已 600 余年，自周敦颐一世算起已繁衍至四十一世，在钱桥社区主要分布于周巷、沿河、直街、铁狮四个自然村，共 60 余户、180 余人，另有分布在上海、南京等全国各城市及国外定居的后裔。

## 十二、刘氏刘巷、南下塘分支源流

刘巷、南下塘刘氏分支远祖为西汉刘交，距今已有 2000 余年历史。刘交（前？~前 179），封楚王。刘交后裔刘楚（815~901）为唐吏部尚书，谥忠简，自京兆迁闽中建川，为五忠刘氏始祖。刘楚后裔民先赠太子太保，其次子刘合（1067~1127）为北宋抗金名将，资政殿大学士，赠太师，封魏国公，谥忠显。刘合第七世孙刘理于 1278 年自闽中迁至无锡西玉祁五牧刘家头。五牧刘氏奉刘合为五牧刘氏始祖。清乾隆年间，五牧刘氏第二十一世孙刘子发、刘廷华迁至钱桥南下塘及刘巷。2015 年，南下塘拆迁，南下塘刘氏族人安置于华新苑。是年，刘巷、南下塘分支有无锡五牧刘氏第二十七至三十三世宗亲 400 余人。钱桥街道有刘氏族人 1615 人，居区域内第 11 位，主要分布在华新社区华新苑、刘巷，苏庙社区孟家桥、春来苑，洋溪社区洋溪人家，藕塘社区，藕乐苑社区及东风社区等。

# 第三节 宗谱

钱桥、藕塘地区现存最早的宗谱为南宋淳熙十一年（1184）创修的敦厚堂《章氏宗谱》，明代、清代、民国时期、新中国成立后均有创修或续修。区域内百姓亦称宗谱为家谱、族谱、家乘等。区域内宗谱不仅记录一个家族的来源、迁徙，还包罗一个家族生息、繁衍、婚姻、文化、族规、家约等历史文化。钱桥、藕塘地区所存宗谱中宗法式家族的血缘组织、内部的血缘关系十分清楚。即使旧家属裂变成许多新家族，以及新家族再裂变成新的家族，各家族之间的血缘关系也都在宗谱中十分清楚。宗谱内容是钱桥、藕塘地区文明史的平民特色文献，属珍贵的人文资料，对于社会学、历史学、考古学、经济学、民俗学、人口学、民族学、文学、政治学、宗教学、法学、姓氏学的深入研究均有不可替代的独特功能。通过宗谱，能够比较翔实地了解钱桥、藕塘地区不同时期宗族的历史面貌、社会风尚，了解不同时期历史背景下人们的生产、生活情况。宗谱是与正史、方志一样重要的历史典籍，是史学的重要组成部分。据不完全统计，2015年钱桥、藕塘地区共存有各姓氏宗谱56部。

**南宋淳熙十一年（1184）至2015年钱桥、藕塘地区创修、续修各姓氏宗谱统计表**

表7—37—2

| 社区 | 自然村 | 宗谱名称 | 堂号 | 修谱时间 | 主修 | 存藏单位或珍藏者 |
|---|---|---|---|---|---|---|
| 钱桥 | 南巷 | 顾氏宗谱 | 尚德堂 | 明洪武年间始修 | — | 无锡市图书馆 |
| | | | | 2008年重修 | 顾俊荣 | |
| | 沿河 | 锡山厉氏宗谱 | 端復堂 | 清代始修，民国重修 | — | 钱桥东沿河 |
| | 沿河 | 郑氏大统宗谱 | 书带草堂 | 民国29年（1940） | 郑炳泉 | 无锡市图书馆 |
| | 桥南 | 潘氏宗谱钱桥支 | 积善堂 | 民国 | — | 无锡市图书馆 |
| | 桥南 | 马氏宗谱钱桥支 | 忠孝堂 | 民国 | — | 上海市图书馆 |
| | 桥北 | 周氏宗谱钱桥支 | 至德堂 | 2009年续修 | 周焕章 | 无锡市图书馆 |
| | 站头 | 宋氏宗谱 | 广裕堂 | 2013年续修 | 宋振华、宋国华 | 无锡市图书馆 |
| | 南巷 | 黄氏宗谱钱桥支 | 四元堂 | 1935年续修，2014年续修 | 黄海泉 | 无锡市图书馆 |
| | 南巷 | 毛氏宗谱钱桥支 | 永思堂 | 2014年续修 | 毛仲虒 | 无锡市图书馆 |
| 华新 | 边巷 | 边氏宗谱 | 经笥堂 | 明嘉靖三年（1524）创修，续修8次，2011年再续修 | 边伯兴 | 无锡市图书馆 |
| | 周基头 | 梁溪俞氏宗谱无锡周基头毛村园支 | 敦睦堂 | 明万历十二年（1584）创修 | — | 无锡市图书馆 |
| | | | | 2010年续修 | 俞建华 | |
| | 刘巷 | 刘氏宗谱 | 永思堂 | 2008年续修 | 刘申阳 | 刘焕明 |
| | 周基头 | 勾吴周氏世谱 | 至德堂 | 2009年4月续修 | 周仁荣 | 周基头（洋溪人家） |
| 苏庙 | 缪巷 | 江左锡山缪氏大统宗谱 | 敦本堂 | 明弘治六年（1493）始修 | 缪惟孝 | 苏庙社区春来苑物管办、苏庙村志办 |
| | | | | 民国18年九修 | 缪斌、缪子云 | |
| | | | | 2014年十修 | 缪正明、缪耀良主修，总编缪柏荣 | |
| | 支巷 | 锡山支氏宗谱 | 尊敬堂 | 1256年始修 | 支泳 | 镇江博物馆 |
| | | | | 1893年续修 | 支全荣 | 上海图书馆 |
| | | | | 1927年续修 | 支鸿钦 | 上海图书馆 |
| | | | | 2014年续修 | 支学良 | 支浩明纪念馆、无锡市博物馆 |
| | 前金巷 | 陆氏世谱 | 仰贤堂 | 2008年续修 | 陆坤荣 | 国家图书馆、无锡市图书馆 |
| 溪南 | 毛村 | 吴氏家谱 | 至德堂 | 2005年续修 | 吴炳康 | 吴炳康 |
| | 龚巷 | 龚氏家谱 | 敦叙堂 | 2008年续修 | 龚裕根 | 龚裕根 |
| 舜柯 | 周巷 | 周氏家谱 | 宁远堂 | 2002年续修 | 周国富 | 周国富 |
| | 陆巷 | 陆氏宗谱 | 仰贤堂 | 2007年续修 | 陆焕清 | 陆焕清 |
| | 殷巷 | 殷氏家谱 | 善庆堂 | 2007年续修 | 殷耀伦 | 殷耀伦 |

续表 7—37—2

| 社区 | 自然村 | 宗谱名称 | 堂号 | 修谱时间 | 主修 | 存藏单位或珍藏者 |
| --- | --- | --- | --- | --- | --- | --- |
| 舜柯 | 吴巷 | 吴氏大统宗谱 | 至德堂 | 2009 年 | 吴伯雄 | 吴伯雄 |
| | 吴巷头 | 朱氏宗谱 | 存远堂 | 2015 年续修 | 朱重光 | 无锡市图书馆 |
| 洋溪 | 北陈巷 | 王氏宗谱 | 三槐堂 | 1906 年创建，2011 年重修 | 王炳芳 | 王炳芳 |
| | 蔡巷 | 蔡氏宗谱 | 敦本堂 | 民国 11 年（1922）修<br>2016 年续修 | 蔡国民 | 蔡国民 |
| | 俞巷 | 俞氏宗谱 | 敦睦堂 | 民国 17 年（1928）修<br>2014 年续修 | 俞泉金 | 俞泉金 |
| | 单巷 | 单氏宗谱 | 孝友堂 | 民国 37 年（1948）修<br>2016 年续修 | 单建新 | 单建新 |
| 晓丰 | 庙头 | 须氏宗谱 | 节义堂 | 20 世纪 40 年代 | — | 须伦经 |
| | 张姆泾 | 俞氏宗谱 | 敦睦堂 | 20 世纪 40 年代 | — | 俞岳军 |
| | 龙亨沟 | 陶氏宗谱 | 锦初堂 | 20 世纪 40 年代 | — | 陶锡庆 |
| | 砖场 | 锡山周氏宗谱 | 至德堂 | 明万历年间始修<br>2003 年重修 | 周松圻 | 至德堂 |
| | 大花岸 | 无锡钱氏宗谱 | 锦树堂 | 2007 年续修 | 钱仲明 | 锦树堂 |
| | 大花岸 | 毗陵梅氏宗谱 | 尉仙堂 | 2008 年续修 | 常州横山桥 | 奚巷尉仙堂 |
| | 吴巷 | 吴氏大统宗谱 | 至德堂 | 2010 年续修 | 吴建生、吴建伦 | 至德堂 |
| | 陆岸头 | 陆氏世谱 | 仰贤堂 | 2011 年续修 | 陆德祥 | 仰贤堂 |
| | 王巷 | 王氏宗谱 | 三槐堂 | 2011 年 4 月续修 | 王云培 | 三槐堂 |
| | 张姆泾 | 唐氏宗谱 | 永思堂 | 2016 年续修 | 唐美琴 | 永思堂 |
| 西漳 | 查家巷 | 查氏宗谱 | 清容堂 | 2002 年重修 | 茂法、林华、德谓、<br>凤林、祥兴、林海 | 查学良 |
| | 太基巷 | 无锡钱氏宗谱 | 锦树堂 | 2012 年续修 | 钱坤生、<br>钱镇南等 | 无锡市档案馆 |
| | 毛家巷 | 西河毛氏宗谱 | 永思堂 | 2013 年重修 | 毛海圻 | 毛鉴清 |
| 晴山<br>蓝城 | 邵巷 | 邹氏家谱 | 中和堂 | 2006 年 5 月续修 | 邹仲海 | 邹汉良 |
| 藕塘 | 渔池头 | 吴氏家谱 | 至德堂 | 1616 年创建，2012 年续修 | 吴立兴 | 无锡市图书馆 |
| | 桥南弄 | 胡氏家谱 | 思贻堂 | 民国 7 年（1918）修订<br>2010 年 4 月重修 | — | 无锡市图书馆 |
| 东风 | 唐巷里 | 沈氏宗谱 | 三善堂 | 民国 30 年（1941）续修 | 沈亚平、沈惠明 | 无锡市图书馆 |
| 南塘 | 庙塘桥 | 强氏家谱 | 仁山堂 | 清康熙 6 年 4 月 | 强兴茂 | 强林华 |
| 盛峰 | 俞巷 | 俞氏宗谱 | 敦睦堂 | 唐太宗年间创修 | — | 俞贤南 |
| | | | | 2011 年重修 | 俞秋农 | |
| | 船浜头 | 许氏宗谱 | 孝源堂 | 北宋年间始修，2009 年中秋重修 | 许振华 | 新藕苑许永锡 |
| | 西张巷 | 钱氏宗谱 | 锦树堂 | 北宋徽宗年间始修，2009 年 6 月重修 | — | 新藕苑钱抱一 |
| | 大河头 | 吴氏宗谱 | 至德堂 | 2006 年续修 | 主：吴立兴<br>副：吴亚南 | 无锡市图书馆 |
| | 高家旦 | 高氏宗谱 | 敦睦堂 | 民国 6 年（1917）始修 | — | 新藕苑高建良 |
| | | | | 2013 年重修 | 高焕忠 | |
| 稍塘 | 新丰里 | 吴氏宗谱 | 至德堂 | 2005 年第 16 次重修 | 吴桂林 | 新丰里吴银兴 |
| | 章巷 | 章氏宗谱 | 敦厚堂 | 1184 年创修 | — | 藕乐苑章仁康 |
| | | | | 2015 年第 9 次续修 | 章仁康 | |
| | 章巷 | 吴氏宗谱 | 至德堂 | 2005 年第 16 次重修 | 吴仁南 | 章巷吴云南 |
| 藕乐<br>苑 | 管巷 | 管氏宗谱 | 敦厚堂 | 清道光二十五年（1845）始修 | — | 藕乐苑社区<br>管期仲、管南兴 |
| | | | | 清光绪元年（1875）续修 | 绳瑛 | |
| | | | | 民国 30 年（1941）续修 | 念周、裕垂 | |
| | | | | 2011 年续修 | 管平兴 | |
| | 西村 | 倪氏宗谱 | 经锄堂 | 清道光二十一年（1841）始修 | 承照、宝成 | 倪爱士 |
| | | | | 民国 18 年（1929）续修 | 逸斋、苣轩 | |
| | 井亭朱巷 | 朱氏宗谱 | 存远堂 | 民国 27 年（1938）续修 | — | 朱锡良 |

# 第四节 宗祠

据不完全统计，钱桥、藕塘地区历史上共有36所宗祠，最早的是于南宋淳祐五年（1245）建在钱桥南巷的缪氏宗祠。区域内百姓称宗祠为祠堂，亦称家庙，是宗族供奉祖先和祭祀的场所，是家族的圣殿、族权的中心、宗族的象征，也是凝聚宗族团结的场所。在钱桥、藕塘地区的民俗文化里，宗祠是一项不可蔑视的姓氏宗族文化。宗祠除作为祭祀场所，又是执行族规家法的地方。区域内族人的冠礼、婚礼、丧礼等都在宗祠内进行。族人之间或族人家庭中发生矛盾纠纷，亦到祠堂中裁决。在封建时代，宗祠在一定意义上称为“家族衙门”，具有一族“公堂”的性质。旧时，钱桥、藕塘地区的各个家族都会给本家族的祠堂取个名号，这个名号就叫“堂号”。堂号是本族的象征，让本族子孙知道家族的来源，纪念祖先的功德。宗祠虽然是封建社会的产物，但在新的历史时期仍有其存在的意义和社会作用。改革开放后，全球华人寻根热潮兴起，宗祠已经没有宗族主义的负面作用，却具有帮助人们寻根问祖、缅怀先祖、激励后人、互助协作的积极意义，对加强中华民族的凝聚力具有很大的作用。2015年，区域内钱桥老街的顾氏宗祠仍发挥着凝聚族人的功能，晓丰王氏宗祠内开办小工厂，其余宗祠已全部消失。

## 一、顾氏宗祠

顾氏宗祠创建于清光绪十六年（1890），位于钱桥老街南街复兴路30号、31号、32号，坐北朝南，面积150余平方米，属于清代古建筑。

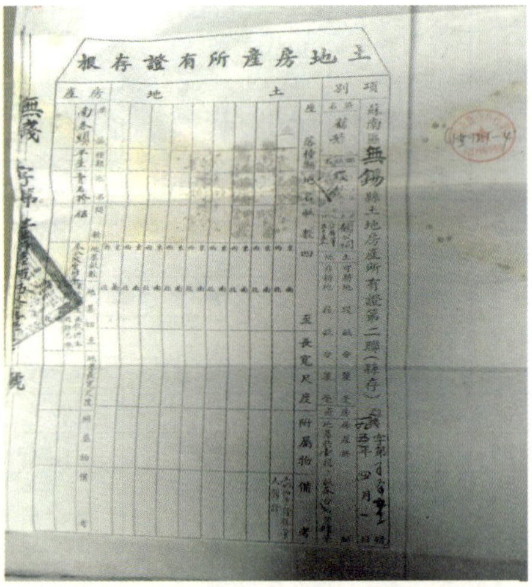
土地房產所有證存根

图7—37—4 1951年4月1日，无锡县人民政府颁发给坐落在钱桥老街南巷头青石桥的顾公祠“苏南区无锡县土地房产所有证”

2008年4月5日，顾氏子孙为纪念先辈，弘扬祖德，凝聚宗亲，祷佑子孙缵承之志，聚族而至车骡门顾氏宗祠内，恢复祭祖仪式。是年始，顾氏后人每年清明、冬至举行春冬二祭。祭祖仪式前，宗祠内安设神龛，神龛里挂放先人的神祇，有三国丞相顾雍、陈黄门侍郎顾野王、元始迁祖顾得琛；神台上供奉历代先祖神位，俗称长生牌位，神牌写有先祖谥号、官爵和生前名讳；预先置办三牲三素、团圆糕粽和水果、黄酒等祭品。春、冬祭祀仪式首先宣布祭祖纪律，祭祖开始后保持庄严肃静、不准嬉闹、追逐、行酒令，停止一切与祭祀无关的活动（冬祭则有当地正一派道士预先入场进行礼乐诵经）；宗族长者给每位到来的宗亲发三支香，上香敬祖，再跪拜（各一、二、三叩首）天地君亲师、先祖、先人，敬献供品及鲜花；吃五色甜汤圆，意团团圆圆、五谷丰登、甜甜蜜蜜、合族和谐；各分支长者轮流给祖先斟酒、上香 ，合宗亲轮流跪拜三叩首三巡；宣读祭文，向列祖列宗再次行大礼，全体族人每人持一支香向列祖列宗三鞠躬，然后列队由西侧门经天井至东侧门复回享堂转三圈；之后，春祭由主祭、陪祭把祭文、香送到化纸钱处焚化，冬祭则由道长或主祭、陪祭把祭文、香、经文、参祭宗亲的生辰通数送到化纸钱处焚化，化毕后面向南三揖，面向北三揖。祭祖仪式结束后分发祭品，请来宾和族人就餐。

图7—37—5 2015年顾氏宗祠外观

2015年，顾氏宗祠保存完好。

## 二、厉氏宗祠

厉氏宗祠建造年代无考，位于杨毛岸自然村西，是后底岸厉姓的家族祠堂。祠堂内供放着厉姓家族过世长辈的长生牌位，设有厉氏的家谱。宗祠每年举行一次祭祀祖先仪式。厉姓家属内有人事变动、婚丧喜庆、添子添孙，每年进行一次上谱，以传于后代。民国 30 年（1941），地方人士兴办教育事业，在厉氏宗祠内开设杨毛岸初级小学，设一年级到四年级初小班。1969 年 10 月，建造新丰小学时厉氏宗祠被拆除，砖石木料用于建造新校舍。

## 三、戴氏宗祠

戴氏宗祠位于溪北村戴巷自然村西南角、章巷桥南面。祠堂三间门面、二厢房，是戴姓家族上膳祭祖和议事之处。何时建造已无可查证。解放后，一间放置太平水龙（木制、救火用），另两间仍为戴巷生产队社员聚集议事之地。20 世纪 80 年代，戴氏宗祠因失火被烧毁。

## 四、丁氏宗祠

丁氏宗祠坐落于稍塘营东丁村西侧，建造年代久远，已无从考证，为丁氏家族祭祖、集会、处理族内大事之地。祠堂四间二进，中间一个天井，两旁建有侧厢。民国 21 年，地方人士在丁氏宗祠内开办丁村小学，先为初级小学，后为完全小学。1982 年，因易地建造勤建小学而拆除，其砖石木料用于建造新校舍。

## 五、倪氏宗祠

倪氏宗祠坐落于稍塘营西村西侧，清乾隆六十年（1795）建成，民国 18 年重修，为倪氏族人祭祖、处理族内大事之处。倪氏宗祠四间三进，内有两个天井。后天井有一棵古老的桂花树，秋天花香四溢。祠堂西面一间三进房屋为谢姓人家居住，负责看护祠堂工作。

新中国成立后，倪氏宗祠归政府所有。土改时，东面一间分给谢家，其余三间先为政府粮站，用作储粮仓库，后为西村四队堆放粮草、大型农具等物之用，还作为养蚕之蚕室。西村四队社员曹世荣因家屋失火、无处居住而长期居住祠内。20 世纪末，祠堂因年久失修而倒塌。

## 六、管氏宗祠

管氏宗祠坐落于井亭下管巷南端，大路之东，四间两进，占地约三分，建造年代失考。祠堂北有古银杏树一棵。管氏宗祠供管氏族人祭祖及安放祖宗牌位之用，也是管氏家族议事之处。

1958 年，管氏宗祠改为管巷生产队蚕室、仓库，后来还用于养蘑菇。1982 年，勤建大队建造勤建小学时，管氏宗祠被拆除，砖石木料用之于建造勤建小学校舍。

## 七、陈氏宗祠

陈氏宗祠坐落于稍塘营陈村东端，三间三进，中间有天井，天井里种植银杏树一棵。何时建造失考。民国 33~34 年，陈祠堂用于开办初中补习班；民国 35~37 年，用之于办一至四年级初小。新中国成立后，陈氏宗祠用作勤建高级社办公室；藕塘人民公社成立后，为勤建大队办公室。后又用于办山芋淀粉加工厂。1982 年，勤建大队建造勤建小学，陈氏宗祠被拆除，砖石木料用之于建造新校舍。

## 八、朱氏宗祠

朱氏宗祠建于清光绪二十六年（1900），位于鸡笼山下井亭自然村官路之南，大门朝南，北临福成庵，共有房屋 16 间，占地面积 586.67 平方米。宗祠进门右侧为三间专用于供设朱氏列祖列宗牌位的祭祖大厅，左侧一间为处理族内大事的议事厅。朱氏宗祠大门上方四块方砖上刻有“沛国风流”四个字，意即朱氏祖先从沛县迁来；二门上方刻有“朱氏宗祠”四个字。祠内享堂供有先祖沛国黄鸿公、婺源朱介公、朱介公十二世孙朱熹的牌位。朱氏宗祠除用于朱氏后人祭祖外，还用于族长处理族里纠纷及族人婚嫁、分家、立嗣等事务。民国 31 年，地方人士在朱氏宗祠内开办井亭小学。1969 年，因易地建造井亭小学拆除，宗祠砖石木料用于建造新校舍。

## 九、徐氏宗祠

徐氏宗祠位于周家弄自然村东侧，建造于清嘉庆二十五年（1820）。民国时期在祠内开办青莲小学。1950 年改为周家弄小学，后做大队办公室、农中教室、供销社下伸商店的营业场所等。1968 年拆除，砖石木料用于建造黎明小学校舍。

## 十、邓氏宗祠

邓氏宗祠坐落于时巷村西头，为四间朝南门面二造，建筑面积 380 平方米，中间有天井，建造时间已无从查证。祠堂内供有邓姓家族祖先的长生牌位。邓氏宗祠是邓姓家族祭祖、议事之所。每年春节，祠堂内有舞龙灯活动；每年清明节前有邓氏后人举行上膳祭祖活动。1958 年被拆除，砖石木料运至社冈里，用于建造集体蚕室。

## 十一、时氏宗祠

时氏宗祠坐落于时巷村中，二间朝南门面二造，建筑面积 190 平方米，中间有天井，建造时间已无从查证。时氏宗祠享堂供奉时巷、时湾、大花岸时姓家族祖先的长生牌位。每年春节，时家后人 20 人组成的舞龙灯队先在祠堂内舞，然后再去时湾、大花岸、时巷舞，最后再回到时氏宗祠内舞，场面热闹、壮观。每年清明节，时姓后人在祠堂内举行上膳祭祖活动。1958 年，用作时巷、时湾两个生产队仓库。1987 年拆除。

## 十二、王氏宗祠

王氏宗祠建于清康熙四十七年（1708），位于宋巷宋家桥东约 20 米处河边，长 20 米，宽 20 米，朝北门面；北 6 架进深 8.3 米，南 6 架进深 7 米，中间天井有两棵古银杏树。清雍正五年（1727），王氏七十六世天玉公独家独资修缮祠堂。清代至民国时期，王氏家族于每年正月十五日至祠堂祭祖聚餐。1958 年成立人民公社后，王祠堂成为胜丰大队大队办公室。20 世纪 60 年代末，王祠堂内办柳条厂；70 年代初，办山芋淀粉厂；70 年代末至 80 年代初，办大队粮饲加工场；90 年代划归胜丰南农场。2002 年办小工厂。是年，天井中一棵古银杏树被雷击断，经无锡市园林局抢救无效，于 2014 年枯萎而死。2015 年，王氏宗祠内仍开办小工厂。

南宋淳祐五年（1245）至2015年钱桥、藕塘地区宗祠一览表

表7—37—3

| 宗祠姓氏 | 堂号 | 坐落地点 | 创建年代 | 修建年代 | 历史状况 |
|---|---|---|---|---|---|
| 缪氏 | 敦本堂 | 钱桥溪南南巷 | 南宋淳祐五年（1245） | 民国 18 年（1929） | 2008年因拆迁消失 |
| 支氏 | 尊敬堂 | 钱桥大支巷 | 明嘉靖六年（1527） | 1860年 | 2008年因拆迁消失 |
| 王氏 | 三槐堂 | 钱桥王巷 | 清康熙四十七年（1708） | 清雍正五年（1727） | 开办小工厂 |
| 倪氏 | 经锄堂 | 稍塘营西村 | 清乾隆六十年（1795） | 民国 18 年（1929） | 20世纪末因年久失修而倒塌 |
| 徐氏 | 志勤堂 | 钱桥周家弄 | 清嘉庆二十五年（1820） | — | 1958年为生产队仓库，1968年拆除 |
| 殷氏 | 殷氏堂 | 藕塘殷巷 | 清道光年间 | — | 在翻修中 |
| 龚氏 | 同仁堂 | 钱桥龚巷 | 清光绪六年（1880） | 1965年 | 消失 |
| 蒋氏 | 三径堂 | 盛店桥蒋巷上 | 清光绪十六年（1890） | — | 1983年拆除 |
| 顾氏 | 尚德堂 | 钱桥老街南巷 | 清光绪十六年（1890） | 2015年 | 无锡市文物遗迹控保单位 |
| 朱氏 | 存远堂 | 藕塘井亭里 | 清光绪二十六年（1900） | — | 1969年拆除 |
| 冯氏 | 树德堂 | 钱桥桥南冯巷 | 清 | 清末 | 20世纪60年代拆除 |
| 周氏 | 至德堂 | 钱桥铁狮桥北 | 清 | — | 1965年改为大队办公室，1980年拆除 |
| 张氏 | 寿康堂 | 钱桥桥南 | 清 | — | 20世纪70年代为商店，80年代拆除 |
| 王氏 | 三槐堂 | 钱桥直街 | 清 | — | 20世纪50年代为民居，80年代拆除 |
| 单氏 | 孝友堂 | 钱桥单巷 | 清 | 民国 | 2012年拆除 |
| 宋氏 | 广裕堂 | 钱桥北马客桥 | 清末 | — | 20世纪70年代拆除 |
| 冯氏 | 伦正堂 | 藕塘冯巷 | 抗日战争年代 | 解放初期 | 消失 |
| 张氏 | 孝友堂 | 藕塘东张巷 | 抗日战争年代 | 解放初期 | 1990年拆除 |
| 俞氏 | 敦睦堂 | 钱桥俞巷 | 不详 | — | 1968年消失 |

续表7—37—3

| 宗祠姓氏 | 堂号 | 坐落地点 | 创建年代 | 修建年代 | 历史状况 |
| --- | --- | --- | --- | --- | --- |
| 时氏 | 敦本堂 | 钱桥时巷 | 不详 | — | 1987年拆除 |
| 邓氏 | 报本堂 | 钱桥邓巷 | 不详 | — | 1958年拆除 |
| 李氏 | 仁义堂 | 钱桥高石头 | 不详 | — | 1987年拆除 |
| 唐氏 | 宝善堂 | 钱桥西漳村 | 不详 | — | 消失 |
| 吴氏 | 至德堂 | 盛店桥吴巷上 | 不详 | — | 20世纪70年代消失 |
| 俞氏 | 敦睦堂 | 盛店桥俞巷上 | 不详 | — | 20世纪60年代改为民宅 |
| 邵氏 | 点易堂 | 稍塘营新丰里 | 不详 | — | 1976年拆除 |
| 管氏 | 敦厚堂 | 井亭下管巷 | 不详 | — | 1982年因建造勤建小学拆除 |
| 丁氏 | 双桂堂 | 稍塘营丁村 | 不详 | — | 1982年因建造勤建小学拆除 |
| 陈氏 | 序伦堂 | 稍塘营陈村 | 不详 | — | 1982年拆除 |
| 厉氏 | 端復堂 | 钱桥杨毛岸 | 不详 | — | 1969建小学拆除 |
| 石氏 | 敦本堂 | 钱桥浦巷 | 不详 | — | “文化大革命”中拆除 |
| 丁氏 | 双桂堂 | 稍塘营小东店 | 不详 | — | “文化大革命”中拆除 |
| 吴氏 | 至德堂 | 钱桥毛村 | 不详 | — | 1958年改为生产队仓库，2010年拆迁拆除 |
| 吴氏 | 至德堂 | 钱桥埭上 | 不详 | — | 消失 |
| 戴氏 | 清华堂 | 钱桥溪北戴巷 | 不详 | — | 20世纪80年代失火被毁 |
| 王氏 | 三槐堂 | 稍塘营湛大坝 | 不详 | — | 民国34年（1945）改为后庄小学，1985年撤销后庄小学，2011年9月因拆迁而拆除 |

## 第五节 族规家训

钱桥、藕塘地区所存宗谱中，均编入本族的族规家训，其中有的是传统的族规家训，有的是新编的族规家训，都有一定的教育作用。族规是家族自己制定的约束和教化族人的家族法规，亦称家法、家约、家范等。家训是传统文化的重要组成部分，对个人的修身、齐家发挥着重要作用，也是治国必不可少的一个方面，具有稳定社会秩序的力量。家训中还有许多治家教子的名言警句，脍炙人口，成为钱桥、藕塘百姓的治家良策，至今仍有积极意义。以下选录支氏等 17 则族规家训。

### 一、支氏祖训

一孝悌，二勤俭，三读书，四积德。

### 二、支氏新族规

崇宗敬祖、毋忘祭祀与修家谱，慎终追远、头等大事，宗功祖德、理当铭记，光前裕后、永无休止；孝敬父母、精心照料，尊老爱幼、永葆支氏忠孝传统；养不教、父母之过，父母对子女要严教育，切勿听之任之，须将其培养成才；和宗族、睦友邻、兄则友、弟则恭，同胞手足、人人当珍惜，族人、邻里之间，宜至诚相待，和睦相处；夫妻间互敬互爱，各施所长，和睦相处；尊重知识、崇尚科学，尊敬老师、虚心求学，少小立大志、勇攀科学高峰；靠勤劳致富、以俭养廉，反对不劳而获、骄奢淫逸；克己奉公、勿取不义之财，族人当政者清正廉洁，保持清白二字；弘扬正气、见义勇为，敢于同坏人坏事作斗争；热爱祖国、心系人民，国家兴亡、匹夫有责。吾族子孙，悉宜努力学习，提高素质，严守国法、遵循家规，报效祖国，振兴中华。

### 三、周氏新编家训

爱党爱国爱家乡，遵纪守法尚新风；绿化环境美家园，卫生整洁宜家居；尊敬父母孝当先，和亲睦族长兴旺；兄弟妯娌重和气，姐妹连襟礼谦让；婚姻自主夫妻亲，相敬如宾喜满堂；婆媳和睦家庭好，互谅互敬家道兴；睦邻乡亲互帮助，亲朋好友莫相忘；尊师重教育子女，以身作则树榜样；节俭治家勤致富，诚信文明世留芳；修身养性人正派，强健体魄为兴邦。

### 四、钱氏家训

#### （一）个人

心术不可得罪于天地，言行皆当无愧于圣贤。曾子之三省勿忘，程子之四箴宜佩。持躬不可不严谨，临财不可不廉介。处事不可不决断，存心不可不宽厚。侭前行者地步窄，向后看者眼界宽。花繁柳密处拨得开，方见手段；风狂雨骤时立得定，才是脚跟。能改过则天地不怒，能安分则鬼神无权。读经传则根柢深，看史鑑则议论伟，能文章则称述多，蓄道德则福报厚。

**（二）家庭**

欲造优美之家庭，须立良好之规则。内外门闾整洁，尊卑次序谨严。父母伯叔孝敬欢愉，妯娌弟兄和睦友爱。祖宗虽远，祭祀宜诚；子孙虽愚，诗书须读。娶媳求淑女，勿计妆奁；嫁女择佳婿，勿慕富贵。家富提携宗族，置义塾与公田；岁饥赈济亲朋，筹仁浆与义粟。勤俭为本，自必丰亨；忠厚传家，乃能长久。

**（三）社会**

信交朋友，惠普乡邻。恤寡矜孤，敬老怀幼。救灾赒急，排难解纷。修桥路，以利人行；造河船，以济众渡。兴启蒙之义塾，设积谷之社仓。私见尽要剷除，公益概行提倡。不见利而起谋，不见才而生嫉。小人固当远，断不可显为仇敌；君子固当亲，亦不可曲为附和。

**（四）国家**

执法如山，守身如玉。爱民如子，去蠹如仇。严以驭役，宽以恤民。官肯著意一分，民受十分之惠。上能吃苦一点，民沾万点之恩。利在一身勿谋也，利在天下者必谋之；利在一时固谋也，利在万世者更谋之。大智兴邦，不过集众思；大愚误国，只为好自用。聪明睿智，守之以愚；功被天下，守之以让；勇力振世，守之以怯；富有四海，守之以谦。庙堂之上，以养正气为先；海宇之内，以养元气为本。务本节用则国富，进贤使能则国强，兴学育才则国盛，交邻有道则国安。

## 五、边氏新编家规

**（一）家和规则**

自古家和万事兴，万事需要家太平。家庭是个安乐窝，家庭是个大本营。家庭给人以温馨，家庭使人更智勇。家庭和睦关系好，头脑时刻要冷静。做人充满人情味，不可对人冷冰冰。面带笑容最可爱，家里立时见光明。相亲相爱并相敬，家庭才会有温情。如果时常要争吵，日久天长没感情。谦虚人人都仰慕，礼让个个受欢迎。爱护家庭即爱己，家庭不和己不幸。纯朴信任为至上，心里不要藏阴影。热情换得人感动，难忘真情记心间。凡事应须留余地，何必样样计较清。事事齐心合力办，快乐环绕在家庭。家务需要勤料理，物品摆放要整齐。屋里屋外常洁净，心情舒畅少得病。不讲排场不摆阔，平时处处要节省。事事都要有准备，不能临渴再掘井。倘若家庭遇灾祸，沉着应变要冷静。风雨过后天气晴，云开雾散日月明。教育子女要学好，代代继承好家风。要与邻里团结好，家庭才能更安定。家庭是个小天地，四季如春暖融融。

**（二）婆婆规则**

子媳之间争吵不怪媳妇，左邻右舍之间不议媳妇；儿子面前应该夸夸媳妇，力所能及家务帮帮媳妇；生活方式爱好不管媳妇，上进正义之事支持媳妇；家庭经济困难帮助媳妇，家庭有事不顺安慰媳妇；以慈母之心来对待媳妇，婆媳共建文明幸福家庭。

**（三）媳妇规则**

逢年过节第一想到婆婆，教育儿子女儿孝敬婆婆；丈夫面前从不责怪婆婆，好吃好穿首先想到婆婆；天冷天热关心侍候婆婆，烦琐日常家务体谅婆婆；人家面前夸赞扬长婆婆，文化娱乐活动关心婆婆；要像对待慈母对待婆婆，创造现代文明和睦家庭。

**（四）孝行规则**

人生都有父母亲，父母恩情大如天。乌鸦尚且知反哺，羔羊吸乳跪母前。饮水思源是常理，人生百善孝为先。花花世界轮流转，善报恶报皆有源。孝顺还生孝顺子，忤逆定有忤逆还。养子方知父母恩，不做父母不知难。爹妈养育不容易，报答爹妈理应该。将来自己亦会老，那时一样望人怜。只要存有孝道心，孝道内容多方面。倘若工作离家近，早晚问候父母亲。问寒问暖察颜色，贵体康否有啥难？倘若工作离家远，时常电话问平安。每遇假日回趟家，免得双亲总挂念。全家照张团圆照，免除老人孤独感。买些补品养身体，别忘给些零用钱。儿女品行与身体，双亲日夜挂在心。儿女品优体康健，官大官小别犯贪。晚辈样样皆优秀，孝道排行首当先。孝子孝女满天下，代代相传万万年。

**（五）成事规则**

有志者，事竟成；无志者，事难成。有志能建大高楼，无志难建小草棚。人生来世不容易，都应办成大事情。人人面前都有路，看你肯行不肯行。条条都是弯弯路，更有凸凹与不平。还要攀山和越岭，处处阻碍你前程。中途布满荆棘丛，时时考验忍耐性。随时来场暴风雨，关键意志要坚定。唐僧师徒西游记，意志坚定取真经。人若无志不努力，美好愿望便落空。做事先要有规划，一切困难要战胜。牢记信心和毅力，就是一张通行证。万里长征伟建筑，并非一日能达成。能够做到不怕苦，炉火即能成纯青。不要失去自信心，克难意志要坚定。世人英雄与伟人，全靠意志步青云。

## 六、周氏瞻崖公家训

敦孝举、务耕读、教子孙、备嫁娶、睦党亲、择交游、慎仕途、重名节、戒奢侈、窒嗜欲。

## 七、梁溪俞氏训辞

孝亲、敬长、友弟、睦族、谨婚、择友、重节、秉公。

## 八、梁溪俞氏家规

尊祖考宗祠宜建，报祖德祭祀宜诚，重根本坟墓宜展，敦族谊修谱宜勤，报深恩父母宜考，笃天伦兄弟宜和，图后虑子孙宜训，正纲常婚娶宜慎，防未萌婚嫁宜时，急功令输纳宜勤，守家业节俭宜崇，安本分赌博宜禁，端风化异端宜忌，隆族体尊长宜敬，慎后患争讼宜戒。

## 九、朱氏家范

睦宗族，厚姻党，教子孙，严内外，崇礼仪，守耕读。

## 十、朱氏家训

君之所贵者，仁也；臣之所贵者，忠也；父之所贵者，慈也；子之所贵者，孝也；兄之所贵者，友也；弟之所贵者，恭也；夫之所贵者，和也；妇之所贵者，柔也。事师长贵乎礼也，交朋友贵乎信也。见老者，敬之；见幼者，爱之。有德者，年虽下于我，我必尊之；不肖者，年虽高于我，我必远之。慎！勿谈人之短，切莫矜己之长。仇者以义解之，怨者以直报之，随所遇而安之。人有小过，含容而忍之；人有大过，以理而谕之。勿以善小而不为，勿以恶小而为之。人有恶，则掩之；人有善，则扬之。处世无私仇，治家无私法。勿损人而利己，勿妒贤而嫉能。勿称忿而报横逆，勿非礼而害物命。见不义之财勿取，遇合理之事则从。诗书不可不读，礼义不可不知，子孙不可不教，童仆不可不恤，斯文不可不敬，患难不可不扶。守我之分者，礼也；听我之命者，天也。人能如是，天必相之。此乃日用常行之道，若衣服之于身体，饮食之于口腹，不可一日无也，可不慎哉！

## 十一、倪氏家训

**孝** 啾啾雏鸟，反哺乃尔；跂跂羔羊，跪乳乃是。何况为人，而可不孝？罔极思深，敢言答报。

**悌** 维雁有行，万里云飞；雏鸫有序，一水烟栖。何况为人，而可不悌？长幼尊卑，毋稍乖戾。

**忠** 蜂蚁君臣，不学而能；麋鹿朋友，不学而驯。何况为人，而可不忠？事君交友，举在其中。

**信** 金石铿锵，律应常贞；潮汐起伏，刻至如神。何况为人，而可不信？果无宿诺，乃见本信。

**礼** 獭祭鳞次，尚羁仪文；鹰祭羽肃，尚远尘氛。何况为人，而可无礼？进退揖让，绳人四休。

**义** 娇娇健鹘，激烈刚肠；奕奕神虎，感慨斜阳。何况为人，而可无义？见有必为，害半由利。

**廉** 某川某乡，泉溢令名；孰贪孰饱，难擅贤声。何况为人，而可无廉？砥砺自饬，藩篱自严。

**耻** 骥垂两耳，汗流忍垢；鼠首两端，齿长贻疚。何况为人，而可无耻？不受人怜，莫凭人指。

## 十二、胡氏家训

世间第一不肖事，无过嫖赌。嫖赌者，伤性灭门之斧斤也。试观富豪大族，家累千金，不肖辈出，生计消乏如瓦解之易，皆嫖赌所致也。夫风月场中，为欢几何；雉卢会上，得不偿失。下流人品，一旦引诱，祖宗之积累，挥之如泥沙，弃之如粪土，可胜叹哉。且杀多出于奸，盗多出于赌。纵奸不至于杀，毕竟精枯神耗，染疾难瘳。赌不至于盗，毕竟破财倾赀，衣食不给。言念及此，心惊神悚。吾族少年子弟，尚其戒之。

## 十三、蒋氏家训

莫贫于无学，莫孤于无友，莫苦于无识，莫贱于无守。无学如病瘵，枯竭岂能久。无友如堕井，陷溺孰援手。无识如盲人，举趾辄有咎。无守如市倡，舆皂皆可诱。学以腴其身，友以益其寿，识以坦其心，守以慎其耦。时命不可知，四者我宜有。

## 十四、纪氏家训

父母同负教育子女责任，有四戒、四宜。一戒晏起，二戒懒惰，三戒奢华，四戒骄傲。既守四戒，又须规以四宜：一宜勤读，二宜敬师，三宜爱众，四宜慎食。以上八则，为教子之金科玉律，宜铭诸肺腑。虽仅十六字，浑括无穷，宜细细领会，后辈之成功立业，尽在其中焉。

## 十五、龚氏新编家训

**孝敬父母、尊亲睦族** 父母生我太艰辛，孝顺父母有古训。我孝父母儿仿效，孝行代代得传承。饮水思源尊长辈，族内家家孝成风。踊跃参与族中事，家族和睦万事兴。

**以身作则、教育子女** 生儿容易教儿难，望子成龙家教先。当代大多独生儿，培养成人更艰辛。到龄及时送学校，严格要求勤辅导。儿女适龄去参军，保家卫国是根本。大熔炉中去磨练，培养国家栋梁材。溺爱娇惯误后代，事事迁就悔不及。父母言行皆楷模，欲律儿孙先律己。

**兄弟谦让、妯娌和气** 同胞兄弟手足情，兄谦弟恭情乃深。同室操戈古今有，只落笑柄世人唾。弟兄和睦家运顺，高堂父母少忧心。妯娌应如亲姐妹，不可猜忌起纷争，你贤我慧又谦让，何愁世人不称道。

**和睦邻里、友爱亲朋** 人道近邻胜远亲，莫与邻里有过节。与人相处求大同，勿以小异起争执。人际交往守信义，不学小人使奸诈。诚心诚意待亲友，互帮互助献爱心。

**勤劳致富、节俭治家** 欲求致富勤为首，懒惰必定难糊口。养家勤俭好习惯，何愁家业不发达。欲办大事兴家业，须从点滴小事做。集腋成裘是正道，坐吃山空莫仿效。鼓励儿女多创业，为国为民致富路。一粥一饭不浪费，半丝半缕亦珍惜。克勤克俭聚宝盆，奢侈浪费败落根。

**修身养性、为人正派** 玉不雕琢不成器，人不学习不明理。齐家治国先修身，道德才智两并举。少壮不学老悲伤，学贵永恒勤为径。不学无术事难成，锲而不舍得真知。正派为人是根本，扶孤怜贫显善心。胜不骄横败不馁，穷不丧志富不狂。善向贤良学处世，遇怒须忍宽让人。为官为民不要紧，只须正派福泽长。

**婚姻自主、夫妻平等** 嫁女择贤不择财，娶妇求淑重人品。包办婚姻成历史，儿女婚姻儿女定。计划生育不可违，遵守国策育儿女。公婆岳丈皆父母，六亲故旧一样情。同甘共苦相扶助，相亲相爱创家业。

**婆媳和睦、家道中兴** 人说家和万事兴，婆媳和睦最重要。媳妇虽非亲生女，生根吾家是缘分。若视儿媳似亲生，不愁关系不和谐。常夸儿媳常助媳，儿媳也视婆如母。儿媳更要体谅婆，操持家庭不容易。带好孙辈为儿女，功劳不大苦劳大。婆婆年高多关照，媳妇心烦多体谅。日常杂务大家做，争相操劳关系和。化解代沟双方事，婆媳同心家道兴。

## 十六、单氏宗训

### （一）教子

人家少年子弟富贵者，多以骄奢养成；贫贱者，多以游荡失业，皆由子不教也。凡我子孙，有资质者固宜教之，读书明道，作第一流人物；即业农工商买亦须教他闻正言，行正事，克勤克俭，立业成家，光荣宗祖。不然，骄奢淫佚，堕败祖业，呼盧博弈，流入匪类，所谓父兄之教不先，子弟之率不谨也。

**（二）重贤**

今世浮薄之辈，见有端方正直者，曰此迂道学；见有谨愿浑朴者，曰此痴呆汉；见有读书好礼、循规蹈矩者，曰则酸涩。子由己不贤，不知重贤也。如官府清正，是贤宰也；朋友直谅，是贤友也；父兄严肃，是贤父兄也；子孙读书，修行立品，是贤子弟也；妇人端庄贞静，矢志守节，是贤妇人也。凡所谓贤，俱宜敬礼之，效法之。若夫才调蹁跹而心术不正，文采风流而实行不至，是不贤也，宜远避之。

**（三）勤读**

昌黎云："业精于勤，荒于嬉；行成于思，毁于随"，读书贵能勤也。然士岂仅能作帖括文字，博一巾帻已乎？宜修身砥行规模后，学为名臣、为钜儒，是祖宗所深望、士林所倚重也。有志子孙，务期守先，待后希圣希贤，弗负读书之名可也。

**（四）戒赌**

赌博一事，伤财害命，费力劳心，荒废正业，流于丐乞，致成盗窃，祸莫甚焉。为父兄者，宜痛诫子弟断绝此风。每见凶恶引诱愚蒙，日夜博弈，破家荡产，一入火炕，永不翻身，良心尽丧，天理不容，必有恶报，切宜猛省。

**（五）戒淫**

万恶淫为首，人所共闻。我不淫人妇，人不淫我妻，人亦共明。但恐邪心萌动，忽堕火炕，后悔无及。须有天地神明、凛然心目之间，则欲念顿销，而良心不至泯灭。所谓美色人人好，皇天不可欺也，戒之戒之。

**（六）节饮**

酒以成礼，亦以合欢，节饮乃不至失仪，贪杯便不能自禁。当饮酒过多，腐烂肠胃，每因酒而丧躯；醉后失言，酿成大祸，每因酒而误事；嗜酒成性，终日不理正务，每因酒而败家；酒为色媒，醉后性乱，每因酒而丧德；纵不能止饮，亦须节饮，可以受酒之益，不至为酒所害也。

### 十七、章氏家训

传家两字，曰读与耕；兴家两字，曰俭与勤；安家两字，曰让与忍；防家两字，曰盗与奸；亡家两字，曰嫖与赌；败家两字，曰暴与凶。休存猜忌之心，休听离间之语，休作生忿之事，休占公共之利。吃紧在尽本求实，切要在潜消未形。子孙不患少而患不才，产业不患贫而患喜张，门户不患衰而患无志，交游不患寡而患从邪。不孝子孙，眼底无一句诗书，胸中无一段道理，神昏如醉，体懈如瘫，意纵如狂，行卑如丐，败祖宗之成业，辱父母之家声，乡党为之羞，妻子为之泣，岂可入吾祠而葬吾茔乎？戒石俱在，朝夕诵思。

## 第六节　家谱文摘

钱桥、藕塘地区的家谱中有艺文著述，将本族人或外族人的经籍、表策、碑文、书札等录入，涉及史学、文化、教育、经济、宗教等许多领域，内容丰富，形式上堪与经典史料相媲美。艺文著述是家族人的心血结晶，具有史料文献、道德教化、规戒品行、阅读欣赏等价值。本节辑录区域内《支氏宗谱》《管氏宗谱》《倪氏宗谱》中有价值的相关文摘。

**三劝五戒说**

**孙仲芳**

**劝孝父母说**

不忘养育恩，莫如孝父母。上则承祖先，下则启后人。劝孝说多多，难尽传众口。二十四孝子，流芳千古久。孝经系周书，古训贵相守。孔子教曾子，立意极深厚。孟懿子问孝，四章盍思否？蓼我最可尊，昊天德禀受。逆子天不容，否则逆种有，一代还一代，出尔反尔丑。孝子造牌坊，流传名不朽，死后入仙班，姜董天上取。

**劝惜五谷说**

人间养命宝，莫如惜五谷。一米流一汗，汗滴谷才熟。不忘耕耘苦，作得口边福。非但训儿珍，来处思饭粥。植谷出周书，吕刑见民育。稼穑极艰难，圣言当佩服。前朝明世宗，念农诗恭读。惜谷书多多，岂能皆入目。总括人共尊，灶上闻清馥。糟糠饥且餍，米何可慢黩。

**劝勿暇逸说**

寸阴作寸金，莫如勿暇逸。学既如不及，士心犹恐失。下及农工商，岂可不爱日。日月如梭穿，光阴似箭疾。无逸见周书，此心贵专一。三句勉无荒，何不咏蟋蟀。朝至日中最，不暇食当率。息既照日入，作亦照日出。切忌贪荒唐，此心不严密。最好收字纸，专心修阴骘。更好能著书，作述用大笔。有益于人世，名传千古吉。

**戒贪财说**

人间催命鬼，莫如最贪财。财有义不义，苟得无取裁。戒得在及老，孔子深意赅。伤廉损令名，众口谤渐来。散财见周书，根据必自培。切勿贪意外，自己惹祸灾。一介不取与，伊尹知识开。不贪真可宝，子罕却玉回。求玉又求剑，无猒虞公灾。钱眼不可钻，手头钱解推。见利与见得，思义乃达材。焚身思象齿，子产言细猜。

**戒赌博说**

常人攸癡事，莫如靠赌博。赌棍名堪羞，自己根据削。产业渐消亡，本身难立脚。妻子亦受害，孽障由自作。博弈见周书，孟子言确凿。无如游荡子，宛然吃蒙药。牌九大输赢，盈盅素轻薄。雪片花纸做，身分亦丢落。开赌必绝嗣，明镜古今鉴。王法本无私，严拿匪类恶。即使赌运好，门头低可度。永不入赌场，立品高一著。

**戒贪酒说**

人间大肠汤，莫如好饮酒。酒本是敬神，常人真不守。未见不及乱，但觉德不有。误事古言传，世人亦思否？酒诰见周书，子孙训禀受。切勿饮过量，格言熟众口。酒醉必伤人，小事还在后，大者惹祸殃，家产难长久。旨酒与善言，好恶当分剖。甘酒嗜必亡，有一實可丑。能不为酒困，圣言谦可取。再学岳武穆，戒酒饮不苟。

**戒贪色说**

砒霜毒药方，莫如贪女色。色有正与邪，正色生子息；邪色害性命，非但病源得，绝嗣之坟墓，狂徒命自逼。贪色见周书，子孙当刚克。淫心妻女报，勿为狐媚惑。不可录有赋，何不学修德。妹嬉是夏殃，妲己实商贼，褒姒幽王迷，杨妃明皇蜮。士读圣贤书，论古贵有识。即在农工商，无邪一言式。跳出世人迷，明鉴良无极。

**戒忘恩惠说**

慷慨且激昂，莫如受恩惠。念念不能忘，恩公心上系。或是得指点，或是救困滞，或者借钱财，或是仗声势，莫忘见周文，与嗣善激励。得后必思量，心中有裁制。唐睢见信陵，人德当数计。何意反面人，负义心蒙蔽。不以德报德，物且难比例。爵环与蛇珠，赠衔传勿替。人不如物乎？必学金石契。感恩心不尽，好运自然际。

说明：摘自支巷尊敬堂《锡山支氏宗谱2014年岁次甲午续修本》。

## 续修箴言

**郑德明**

天地万物，生生不息。管氏泱泱，源远流长。荐此箴言，敦家睦族。本固枝茂，万代向荣。国家荣辱，铭记于心。振兴中华，尽心有责。同祖族系，血脉相承。讲信修睦，提携共进。孝养父母，敬老爱幼。崇文重教，子女贤达。夫妻恩爱，相伴一生。穷不易节，富不奢淫。兄弟手足，同气连枝。豆萁相煎，千古成羞。国富民安，科学发展。勤俭治家，积德行善。奉公守法，忠厚仁爱。管族良风，代代传承。与时俱进，弘扬祖德。继往开来，永保昌盛。

说明：摘自井亭下管巷敦厚堂《管氏宗谱2011年逢春续修本》。

### 秉 公

**虞有劬**

人同此心，心同此欲，己所不欲，勿施于人，是谓公道。一有欺心，灭绝天理，公道何存？吾之宗族子孙，毋通苞苴之路，毋起奔競之门，毋狥贪婪之念，毋图利己损人。明有国法，幽有鬼神。而今而后子子孙孙勿藐斯言，而不听勿视此语为虚文。至于增置产业，一则卖者非为饥寒之切身，即为公私之逋负，万不得已而为之。自得后，买者当为子孙计久远，须估计时值，如数早早付清，不得潜萌侵人利己之意。否则天道好还，虽得之必失之矣。文正公三买田宅为此故也，后人可不深思之乎？

说明：摘自稍塘营西村经锄堂《倪氏宗谱民国岁次己巳重修本》。

## 第七节 村志

2008年，钱桥街道华新村编纂的《华新村志》出版。2015年，苏庙、东风、洋溪、晓丰等社区分别编纂社区志。村、社区志是镇志、街道志的延伸和补充，全面盘点村、社区的地理、历史、经济、风俗、文化、教育、物产、人物等方面的状况，有着历史价值、文化价值和学术价值，具有其它书籍所不可替代的功能。

### 一、已出版村志

**《华新村志》** 2007年4月，钱桥镇华新村委成立《华新村志》编纂委员会，启动村志编写工作，村志上限为1949年4月23日无锡解放，下限至2008年。《华新村志》编纂工作前后历时1年8个月，于2008年12月出版，主编窦建平，责任编辑边才金。全志共设22章145节，35万字，是钱桥街道区域内首部村志，无锡市惠山区第二部村志。《华新村志》全面真实地反映华新村的历史及现状、地理位置、自然环境、工农副生产、文化体育、精神文明建设、人民生活、民风民情等。

### 二、在编社区志

**《苏庙社区志》** 刘邦俊、黄浩泉倡编。2014年7月28日，苏庙社区成立《苏庙社区志》编纂委员会，启动编纂，刘邦俊任主编（2017年4月由方志出版社出版，全志16章91节，37.9万字）。

**《东风社区志》** 2014年10月启动编纂工作。

**《洋溪社区志》** 2015年10月，洋溪社区成立《洋溪社区志》编纂委员会启动编纂工作，潘凤祥任主编（2018年已出版）。

**《晓丰社区志》** 2015年10月，晓丰社区成立《晓丰社区志》编纂委员会启动编纂工作，时锡荣任主编（2018年已出版）。

# 第三十八章 宗 教

钱桥、藕塘地区部分群众信仰佛教、道教、天主教、基督教等宗教。民国时期，各宗教信徒在钱桥、藕塘地区利用民间场所进行传教讲道。新中国成立后，钱桥、藕塘（乡）镇人民政府贯彻尊重和保护宗教信仰自由的基本政策，推行独立自主、自办教会的方针，区域内取缔反动会道门、神汉、巫婆以及其他不属于宗教范围的迷信活动。天主教、基督教开展“三自”（自传、自治、自养）运动，成为独立、自主、自办的宗教事业。“文化大革命”期间，区域内宗教活动几近停止。钱桥、藕塘地区宗教活动场所几经兴衰，自改革开放后逐步得到恢复，宗教活动正常开展。其间，曾出现邪教法轮功骚扰，被区域内群众所唾弃。2015 年，钱桥街道有慈云禅寺、常寿寺等佛教寺庙；道教有散居道士 17 人；藕塘井亭基督教活动点有基督教教徒 850 余人；天主教教徒 460 余人。

## 第一节 佛教

明、清时期，钱桥、藕塘地区流传的佛教宗派有天台宗、华严宗（又名贤首宗）、禅宗、净土宗、真言宗（又名密宗），其中净土宗流传最广。民国时期，区域内以净土宗流传最广，有“处处弥陀佛，家家观世音”的说法，信徒最多。

民国 20 年（1931），第四区（原开原乡）全区部分居民信仰佛、道两教。区域内农民常常看到自然力的伟大，慨叹自身能力的薄弱，便演戏拜忏，诵经念佛，乞求神灵，以作悔过迁善之戒，为纳福消灾之举。宗教之旨在于劝人以善，防患于未然。但因信任过度，流为迷信，常有依赖天命，不尽人事。是年，钱桥、藕塘地区舜柯山、鸡笼山沿山一带松树因有松毛虫之患，农民不思防范扑灭的办法，却纷纷要求区长演戏酬神，以祈减杀祲。区长认为这属于迷信，于地方治安有关，初不允许。然而松毛虫蔓延愈广，农民要求更加强烈，难于禁止。说来事有凑巧，演戏刚毕，大雨倾盆，松毛虫因遭气候之骤变，及风雨之吹淋，相率以死。于是农民越加相信神灵之显赫，信仰佛教之心愈深。是年，全区（开原乡）共有庙宇 85 所。

钱桥、藕塘地区民间一般在佛教的节日做佛事活动。佛教的主要节日有农历正月初一，弥勒佛诞日；二月初八，释迦佛出家日；二月十五，释迦佛涅槃日；二月十九，观音菩萨诞日；二月廿一，普贤菩萨诞日；四月初四，文殊菩萨诞日；四月初八，释迦佛诞日；五月十三，伽蓝菩萨诞日；六月初三，韦驮菩萨诞日；六月十九，观音菩萨成道日；七月十三，大势至菩萨诞日；七月十五，佛欢喜日，做盂兰盆会；七月三十，地藏王菩萨诞日；九月十九，观音菩萨出家日；九月三十，药师佛诞日；十一月十七，阿弥陀佛诞日；十二月初八，释迦佛成道日。在佛教节日活动中，特别是农历每月初一、十五日，钱桥、藕塘地区的很多佛教徒都到寺院举行祝圣仪式，进行焚香礼拜，老百姓信佛者则在家中焚香祈愿。

钱桥、藕塘地区百姓中传读的佛教大乘经典有《大品般若经》《金刚经》《华严经》《法华经》《维摩经》；通读经典有《般若心经》《阿弥陀经》《无量寿经》《药师如来本愿功德经》《光明经》《圆觉经》《楞严经》《百喻经》《四十二章经》《父母恩重难报经》等。区域内信佛百姓在做人方面修行奉行：忍下一时之火，消去百日之灾；小额布施，不求回报；功成不居，荣誉归众；随善随缘，乐助他人；他人遭难，给人慰藉；微笑待人，礼貌处世；吃亏不要紧，做人要厚道；遭恶骂默而不报，遭打击心态平静；受妒恨以善相待，遭毁谤感念其德；不为便宜侵犯别人，不为逞能讽刺别人，不为忌恨打击别人，不为私欲侵害别人；以责人之心责己，以恕己之心恕人；广结善缘，从善如流；放下固执，谦虚大度；诚信待人，不求回报；关怀邻里，参与义工；对国忠心不图报，对友谣言不迷惑，对己谨慎不轻狂；劝人为善，为人根本。在生活方面修行有起居有时，饮食有节；爱护花木，浇水修剪；行动轻缓，不扰人安；行立坐卧，威仪端正；远离烟酒色，生活自治有律；行车讲礼让，关怀行人安；每月闭关一日，持法修行明志；每天行善一事，养成乐善行为；睡前忏悔经，反思一日过；心中不快愁云过，心境宽泛消灾祸；学会忍让，谨行纳言；惜福节俭，弥福世间；高兴时不多言，生气时不迁怒；多一次素食，多一次生活。

2015年，钱桥街道辖区内有部分百姓信仰佛教。春节一早，佛教信徒都至附近寺庙烧香拜佛，祈求平安。每逢农历初一、十五，信徒有至寺庙烧香者，亦有在家烧香者。如遇附近寺庙或民间做佛事，参与者众多。

## 一、主要寺庙

2015年，钱桥、藕塘地区主要寺庙有慈云禅寺、常寿寺。

### （一）慈云禅寺

慈云禅寺坐落于南西漳村，原名威武庙。据寺前两块石碑记载，北宋时期战火四起，有一位威武大王带兵上阵，保护老百姓的生命财产安全。为纪念威武大王为民平息战火，百姓建造寺庙，起名威武庙，烧香朝拜。后威武庙更名为慈云寺。

新中国成立后，慈云寺犹存。“文化大革命”期间，寺庙遭劫难，毁成平地。改革开放后，西漳地区村民要求重建慈云寺。1996年，经批准重新修建。1998年7月，批准慈云寺为佛教活动点，彭听娥居士为法人代表。2000年，无锡市宗教局和佛教协会任命常达法师为慈云寺首任负责人。2002年，批准更名为慈云禅寺。自此，信众日增，香火兴旺。走进慈云禅寺，山门正面供奉弥勒菩萨，背面为韦驮护法天尊。山门进去为大雄宝殿，宽五开间，三开门式。大雄宝殿内礼请全堂佛像，中间为三世诸佛，后侧左右为文殊、普贤两尊菩萨坐像，两侧是姿态各异的二十四诸天塑像。2003年起，慈云禅寺常达法师任惠山区佛教协会会长。

2008年，在大雄宝殿后面相继建成观音殿、地藏殿。殿内有观音菩萨、地藏菩萨塑像。2010年，慈云禅寺被无锡市宗教协会评为平安宗教活动场所。2012年，经惠山区人民政府批准，西漳等地信教群众、有识之士以及常达法师等募资，在寺庙原址上重建700余平方米的大雄宝殿。大雄宝殿上梁之际举行庆典仪式，上千名信众参与。是年，慈云禅寺被无锡市佛教协会评为寺风建设模范场所。

慈云禅寺是人间净土佛地。常达法师指出：“佛陀出生在人间，修行在人间，成道在人间，弘化在人间。佛陀所有言教，都以人为对象，是为人自由、幸福和安乐而说的。”慈云禅寺僧众本着“以文化弘扬佛法，以教育培训人才，以慈善福利社会，以共修净化人心”四大宗旨，倡导“人间佛教”，按照“给人信心、给人欢喜、给人希望、给人方便”的行善信条，开展净化社会、利乐有情的弘法事业。

图7—38—1　2015年，慈云禅寺内的大雄宝殿

慈云禅寺弘扬佛法，参与社会慈善和公益活动，四川汶川特大地震、青海玉树地震、甘肃舟曲泥石流灾害后，寺僧发动善信捐款、奉献爱心，举行法会。2014年，常达法师被评为江苏省创建和谐寺观教堂先进个人。同年，慈云禅寺被江苏省宗教协会认定为江苏省三星级宗教活动场所。2015年，慈云

禅寺常达法师率信徒赴四川助学，捐赠现金2.8万元、书包100只、衣服5大包、羽绒服380件以及食品等。是年，慈云禅寺占地面积1万平方米，固定资产900万元。

### （二）常寿寺

常寿寺位于藕塘、杨市、洛社交界处，原名殷家庙，根据殷家家谱记载，已有500多年的历史。清代，殷家庙宇在战乱中被洗劫一空。之后，殷家后人再度修建殷家庙，并在山门两边栽种两棵檀树，两旁开挖龙须眉毛河，打凤眼井。

新中国成立后，殷家庙改为胜利小学，各殿作教室。20世纪70年代，随着大队级经济的发展，小学搬出，改作农业机械厂、粮食加工厂等。1984年，落实宗教政策，庙塘桥地区一批老居士自发筹款，把农业机械厂和粮食加工厂搬出，恢复殷家庙。80年代末，殷家庙更名为常寿寺。1994年，常寿寺扩建东西两排楼房20余间。2015年，常寿寺占地面积10000平方米，建筑面积3000平方米，管理人员5人，工作人员15人，逢重大活动有1000多人参加，平时活动有200余人参加，总资产200万元。是年，寺内有佛像数十尊，有三氏大香炉、五层宝鼎、五层焚经塔等。

## 二、已消失、弃用的主要寺庙

### （一）大觉庵

大觉庵位于华新地区殷缪巷，即今乐多花园小区内，建造年代不详。据传，有一年轻女子因情场失意，受到打击，看破红尘，到尼姑庵落发出家。师父知道其出家缘由后，遂给其取法号为大觉。大觉在庵中苦守清灯，诵读经文，深得师父喜爱。为宣扬佛法，普度众生，光大发展庵堂规模，大觉奉师父之命，到处化缘求助，积蓄银两，在征得师父同意后，在殷缪巷西面建庵，取名大觉庵。

大觉庵建成后香火不绝，南北下塘、殷缪巷、小园里、姚巷、南北戴巷桥、周家桥等自然村凡有老人去世，均到大觉庵举行烧回头香等仪式。解放后，大觉庵成为五星高级农业生产合作社办公之地。1955年，大觉庵拆除。

### （二）青莲庵

青莲庵坐落于华新地区前杨毛岸南。庵堂内设有观音、三清等十几座塑像。观音两旁有一副对联："青莲庵无缘难入，三宝地有福可登"。民国时期每逢农历初一、十五，当地佛教信徒前往烧香拜观音，多数为老年人。平时，村民到庵内做一些佛事，哪家有三灾六难，也到观音堂拜佛，求神保佑。青莲庵有一老者看护，负责打扫卫生等事。"文化大革命"中，庵内塑像均被毁坏，只存庙宇空屋。2002年，锡兴公司扩建，青莲庵被拆除。

### （三）东济庵

东济庵坐落于华新地区。清道光年间，华新地区庵口浜有一座古庙，庙内有杨姓夫妇居住。因地势低洼，古庙常被淹没，杨氏夫妇决定把古庙搬迁至地势较高的单家坝西侧。建成后，取名东济庵。

东济庵建筑为9间门面，三进深。前造东面殿内供奉弥勒佛、韦驮菩萨塑像，十八罗汉塑像分列两旁；中间一进为玉皇殿，供奉玉皇大帝、观音菩萨坐像。每逢初一至初三，人们结伴到庵"拜三千"（旧时佛教信徒在春节初一至初三到庙宇进行的一种拜佛仪式）。逢菩萨生日或佛事活动，附近佛教信徒均聚集于此念佛诵经。后进为阎王殿，夜叉、皂隶塑像分列两旁。西面前造为关帝殿；后进是张仙殿，供奉张巡大老爷木质坐像，每年大老爷生日，要抬出巡行。东济庵前有三棵银杏树，天井中有一棵柏树，均系百年古树。庵后有一条水沟，名为杨宅沟。

东济庵主持为赵福泉、赵寿生俩兄弟。旧时，每年除夕前，信众到庵内送年夜饭。新中国成立初期，塑像俱在。1950年，塑像全部被拆除，周家弄小学从徐氏祠堂搬迁至东济庵，由初小扩展为完小，办初中班。1972年，周家弄小学易地建造新丰小学，东济庵被拆除，所有砖石木料用于建造新丰小学校舍。

**（四）苏庙**

苏庙建造年代不详，布局为三开间二造一天井二侧厢。正厅中间供奉忠安大王楚国春申君与赵国平原君、齐国孟尝君、魏国信陵君。一侧厢为天地神殿，供奉玉帝、阎王；另一侧厢为观音堂，供奉观音及金童玉女塑像。苏庙旁还建有文昌阁。苏庙正厅两侧有碑刻 8 块。其中 2 块是有关忠安大王的史料，其余是关于支浩明开显应桥等的 6 块碑刻。苏庙内设有茶馆，为平时乡亲喝茶之地。支浩明开显应桥的许多事，曾都在苏庙内商讨。清嘉庆十九年（1814），抚台批准七月二十四日开显应桥，支浩明在苏庙印发开桥告示，商议组织农民开桥事宜。清嘉庆二十四年八月，支浩明开通显应桥后，被恶绅罗织罪名，形成冤狱，是年在苏庙内被官府逮走。1949 年，苏庙拆除。

**（五）洋溪关帝殿**

关帝殿又名镇溪庵，建造年代不详，位于洋溪俞巷自然村东南角。解放后，在关帝殿内开办俞巷小学。1968 年，关帝殿被拆除，其砖石木料用于建造洋溪小学。

**（六）释殿庙**

释殿庙建造年代不详，位于俞巷自然村西。释殿庙主要用于当地村民办丧事、烧回头香以及烧香拜佛。新中国成立后，曾安置 3 户无房人家住在庙中。1958 年，释殿庙被拆除。

**（七）周家弄观音堂**

周家弄观音堂建造年代不详，位于江胜桥自然村东侧。观音堂主要供当地村民烧香拜佛。1953 年，在观音堂内创办江胜桥初级小学。1968 年拆除，其砖石木料用于建造黎明小学校舍。

**（八）道成庵**

道成庵又名观音堂，坐落于晓星地区邓巷村西头，四间朝南门面，三进深，中间有两个大天井，建筑面积 500 余平方米，建造年代已无从查证。道成庵内有观音娘娘、八字娘娘、十殿阎王、韦陀菩萨等诸多佛像。每逢初一、十五，当地信众都到道成庵念佛上香。每年二月十九、六月十九、九月十九为观音娘娘的生日、修道日、得道日，善男信女前往念佛拜香。凡有前辈过世，家属先到道成庵烧回头香，然后再去庙上烧回头香。民国 17 年（1928），创办邓巷小学，道成庵成为校舍。“文化大革命”期间，庵内菩萨塑像被遗弃。1971 年，庵堂房屋改建成幼儿园。2013 年，幼儿园并入钱桥中心幼儿园，原址房舍改作它用。

**（九）社埄大王庙**

大王庙坐落于钱桥庙头，庙门朝东，庙门前有个马驸，三间一侧厢，三造，二天井，建筑面积 300 平方米左右。庙内供奉大王老爷、土地老爷、天地老爷、财神塑像，并供奉牛头、马面塑像。大王庙内设有戏台，用于重要节日演戏。每逢初一、十五，信众纷纷前去烧香拜佛。老年人做佛事、老人过辈后烧回头香、人生病后化缘求助等都至大王庙举行仪式。到大王庙烧香拜佛的有胜丰、西漳、山北会西、会北、红星等地的百姓。1958 年，大王庙被拆除。

**（十）张中丞庙**

张中丞庙位于钱桥高石头西浜顶头 55~60 号后造房屋中，三间一侧厢，于清嘉庆年间建造。庙内供奉张巡大老爷塑像，以及哼哈二将塑像。民国 15 年（1926），又建造三间一侧厢，为戏楼。庙内有两棵银杏树、一棵柏树，一只大香炉。每逢张巡大老爷生日，高石头、西漳、杨思桥、唐家庄、大花岸、陆岸头、洛社、盛巷、新开河、李巷、王巷、湾里、山北、会西、会北、双河、红星等地的信徒都到庙内念经拜佛。每年农历七月二十三日，在庙内戏楼做戏三天，纪念张巡大老爷殉国。1958 年，神像废除，庙宇拆除。

**（十一）关帝殿**

关帝殿位于胜丰地区高石头东浜顶头电灌溉站北 30 米处，朝南门面，三间一侧厢，二造，一天井，建造年代不详。殿内供奉弥勒佛佛像、韦陀菩萨塑像。每年冬至，高石头李氏家族聚集于关帝殿内做佛事、聚餐。平时，信佛者到殿内念佛烧香。1958 年，佛像被废除。1968 年，胜丰大队在殿内开办五金厂。1988 年，关帝殿被拆除。

**（十二）尼姑庵**

位于藕塘桥南，建于宋代，1953 年被拆除。

**（十三）永乐庙**

位于藕塘桥许巷之东，庙宇房屋 10 间，建于明永乐年间。1953 年，永乐庙房舍分给贫苦农民居住。2009 年因拆迁而消失。

**（十四）徐塘庙**

位于藕塘桥前方桥东侧前，庙宇房屋 30 余间，2012 年被拆除。

**（十五）孟将庙**

坐落在藕塘桥北漳漕巷东南角，建造年代无从考证。孟将庙大门朝东南，大门前两侧两尊石狮子分立两旁。走进庙门，供奉数十尊菩萨塑像；再进是天井，天井后为正殿。正殿单独供奉孟将老爷佛像。每年秋天水稻将要成熟时，当地农民就抬着孟将老爷佛像在稻田埂上出会，祈求老爷赶走螟虫，获得丰收。庙门前为一条大河，大河上有一座独木桥，是庙塘桥、南水渠、北一、北二、周家里、西毛蓬等自然村百姓到藕塘街的主要通道。土地改革中，孟将庙被分给冯仁海、冯荣生、刘锡宝居住。1975 年拆除。

**（十六）梅巷寿丰庵**

坐落在藕塘桥东北梅巷西面、冯巷东面，有三间庙舍，建造年代无从考证。庵内供奉观音菩萨和其他佛像数十尊。20 世纪末，寿丰庵年久失修，已破败不堪，时锡华等出资重新修建。李桂生看护寿丰庵，负责卫生打扫。2015 年，因拆迁，寿丰庵被拆除。

**（十七）西沟桥观音堂**

坐落在藕塘桥西北西沟桥东南。清朝末年，当地两个富户蒋月根、沈前荣出资建造观音堂。走进正门，前面供奉着弥勒佛塑像，后背为韦陀菩萨塑像；穿过天井后的三间为观音殿；再后面六间，供奉数尊佛像。每年春节，当地信众都到观音堂观音像前“拜三千”（旧时佛教信徒在春节初一至初三到庙宇进行的一种拜佛仪式）。平时，附近西沟桥、马巷、小李巷、刘古桥等自然村的村民逢有难事都到观音堂拜佛抽签。观音堂有陆三南看护，打扫卫生。土地改革时，观音堂被分给贫雇农居住。20 世纪 80 年代消失。

**（十八）陆家庙**

陆家庙是藕塘陆巷上以陆姓为主的庙宇，坐落在藕塘积德桥西的庙沟漕上。庙门前有一条煤渣路，取名官路，是通往杨市、阳山、陆区的必经之路。陆家庙建庙时间无从考证。陆家庙房舍 4 间，进门是一口天井。过天井中间两间是正殿，供奉阎罗王塑像，夜叉、皂隶塑像分列在两旁两间屋内。

陆家庙是阎王殿，就有大王、土地之说，供奉石桥历山里土地、社公大王塑像。庙内不烧香、不拜佛，人们只是到庙内烧回头香。每年正月十五，陆巷陆进德牵头，在庙场上做戏。百姓中有句顺口溜：“陆家庙做戏排场大，三日搭台四日做”。无人看庙。陆家庙于“文化大革命”中消失。

**（十九）雷尊殿**

位于藕塘桥西庙桥，建造时间无从考证。新中国成立后，雷尊殿拆除。

**（二十）社会庙**

位于藕塘桥西北庙塘桥，建造时间无从考证。新中国成立后，社会庙拆除。

**（二十一）盛店关帝殿**

位于盛店桥，有房屋 19 间。民国 3 年（1914），殿宇用于开办盛店小学。1988 年改为厂房。2015 年，关帝殿房屋依然为厂房。

**（二十二）南水渠观音堂**

位于南水渠自然村，建造时间无从考证。1988 年改为厂房，20 世纪 80 年代末拆除。

**（二十三）万寿衹园**

位于盛店桥，建造时间无从考证。新中国成立后，万寿衹园拆除。

**（二十四）黄土桥普福庵**

坐落在盛峰地区高家旦自然村黄土桥南，全盛时期有房舍三造，计 20 间，占地面积 1120 平方米（不包括庵前场地）。建造年月无从查考。民国时期，有一老和尚名觉正，主持庙务，有 3 个弟子，分别叫进法、茂兴和顺兴。普福庵有 1 亩多庙田，由和尚们自己种地，乡民也给予和尚施舍，或和尚给乡民家做道场获得报酬。由于普福庵房舍较多，附近唐巷里自然村陈伟宝在庵里开赌场，张阿全负责烧水泡茶。普福庵成为当地一些权贵绅士、地痞流氓、游手好闲之徒聚赌玩乐之地。

新中国成立后，庙内赌场被取缔。1952 年，庙桥小学校长徐寿奎带领青年和部分学生把庙内的泥塑神像全部清除，改成农民夜校。普福庵房舍成为农民学文化和演戏剧的场所，和尚各回原籍谋生。1954 年，无锡市有一批犯人（30~40 人）到盛店桥砖瓦窑劳动改造，犯人在庵内住宿一年多。烧砖任务完成后，劳改队撤走，政府把空闲的庙舍安排给贫苦农民居住，进住的有张海泉、张文奎等 5 家。1969 年，普福庵部分庙舍被拆，建材运往藕塘矿厂用于建造食堂。1970 年，除分给农民居住的房舍外，其余庙舍全部拆除，建材运往藕塘用于建造大会堂。80 年代，农民居住的庙舍房屋在原地翻建成新楼。2011 年 8 月，因无锡市工业安置区建设所需拆除，原址变成工业区。

**（二十五）庙桥广福庵**

广福庵位于盛店桥之东庙桥王巷村东、庙桥南桥堍，九开间三进，共 27 间瓦房，占地面积约 1300 平方米（不包括庙前场地）。建庵时间无从查考。有一青石碑刻砌在广福庵中造正厅西墙正中下方，碑高 1.3 米，宽 0.56 米。碑上字迹因年久腐蚀，模糊不清。经清洗辨认碑刻，知广福庵在明嘉靖五年（1526）前已存在。民国 8 年（1919）6 月，西张巷在外读书的张伯安受办新学影响，回乡办学，在广福庵内开办两个班，定名为庙桥小学校。2015 年，广福庵房舍为环保设备厂用于堆放杂物。

**（二十六）秀龙庵**

坐落于稍塘营东丁村南端，三间三进，中间为天井。庵后有一棵大银杏树。庵内供奉众多佛像，建造年代失考。民国时期，庵内长住一户任姓人家，负责看护庵堂。解放后土改时，秀龙庵房屋被分给任根荣等人家，作为私有财产。1980 年，秀龙庵拆除。

**（二十七）西村观音堂**

西村观音堂坐落于稍塘营西村南端，四间二进，中间有天井，为当地村民念佛之地。建造年代无从考证。民国时期，一户徐姓人家居住在内，负责打扫观音堂。新中国成立后，观音堂房舍被分给徐家，为私有财产。20 世纪 80 年代，徐家盖新房时，观音堂房舍被拆除。

**（二十八）祠山堂**

坐落于稍塘营之南小东店自然村前，四间二进房舍。民国时期，李爱生一家居住在内，看护祠山堂。1958 年，建造藕塘公社采矿厂时被拆除，砖石、木料用于建造采矿厂厂房。

**（二十九）陈村观音堂（圆通庵）**

坐落于稍塘营东南陈村自然村陈氏宗祠之西，二间三进，内有天井，占地面积 220 平方米。民国时期，为陈村、管巷等村民烧香念佛之地，内有尼姑 2~3 人。

1976 年毛泽东逝世后，屋内设立毛主席灵堂，供村民追悼之用。1982 年，建造勤建小学时被拆除，砖石木料用于建造勤建小学校舍。

**（三十）分庄庙**

分庄庙位于鸡笼山下庙沟漕自然村东南，为三间二侧厢二造。清朝，井亭附近张舍贲巷有座庙，有人前到贲巷庙烧香时在半路经过摇头浜时淹死。贲巷管理庙宇的三兄弟中的老二建议在井亭庙沟漕中心地带再建一座庙，并带一株楝树择址种植，如果楝树成活就作庙址。后楝树苗成活，确定该地为建庙地址，取名为分庄庙。建庙时间约在清朝末年。当年井亭里蛮大、蛮二兄弟俩力大无穷，庙前两根千余斤重的石柱由这兄弟两人用肩竖好。为感谢井亭里兄弟俩，井亭村民去看庙戏不用派人去搭台与打扫。

1958年，分庄庙被拆除，木石材料用于建造藕塘医院。1993年，群众自发捐款，在原址重建四间房屋，名称仍为分庄庙。2000年，分庄庙在建设恒源祥工业园区时被拆除。

**（三十一）井亭观音堂**

位于鸡笼山下井亭自然村，建造年代失考。清光绪三十一年（1905），在观音堂内开办井亭初级小学，井亭、朱巷村上私塾学堂的学生转入井亭小学读书。1969年，观音堂被拆除。

1994年，井亭、朱巷群众自发捐款，在原址上重建观音堂三间房舍。2008年，建设藕塘职教园，观音堂再次被拆除。

**（三十二）福成庵**

坐落于鸡笼山下井亭自然村官路之南，建于清末。福成庵大门朝西，庵前栽有四棵高大的梧桐树。庵为六开间二进房舍，共12间房舍，占地面积586.67平方米。天井中栽有一棵高大的桂花树。福成庵内塑有许多佛像。1969年，福成庵被拆除，其砖石、木料用于建造井亭小学。

**（三十三）同仁庙**

位于钱桥地区龚巷，建造年代失考。1958年人民公社成立时为溪南大队办公室，后办溪南农中、五金厂、塑料彩印厂。20世纪90年代，塑料彩印厂搬出，庙舍依然存在。

**（三十四）茅蓬庵**

又名雷尊殿，坐落于稍塘营沈巷自然村东头、大巷自然村南，建造年代已无从查证。庵房5间朝南，门前有大银杏树2棵，二进深，二侧厢，中间一个大天井。天井中种有桂树、紫薇、枇杷。建筑面积约1000平方米。走进山门，正殿中供奉威武王凌官塑像，东西两边是东岳老爷佛殿和土地老爷佛殿。两边侧厢为观音殿和白龙殿。后进正殿中间供奉雷尊大老爷塑像，左右两边有36位天神天将塑像。每逢初一、十五，附近信徒至茅蓬庵进香拜佛。每年六月二十四日，请16名道士进庵做道场3天，信佛女徒在庵中坐夜3天，扯天灯，扯黄旗，供佛斋天。1950年后，茅蓬庵为稍塘乡第八行政村民兵防夜、村民开会、开办夜校、练剧演戏之场所。1966年，被藕塘粮管所借用作粮库。1975年拆除，木料、砖石用于建筑藕塘公社办公室。

**（三十五）西蓬庵**

位于藕塘桥东吴巷，建造年代失考。1950年因房屋破旧而倒塌。

**（三十六）福莲庵**

位于藕塘桥东吴巷，建造年代失考。民国4年（1915），庵内开办福莲小学。1971年秋拆除。

**（三十七）玉泉庵**

据《寺院》常州卷载："玉泉庵，位于开原乡钱桥北里（街），始建于宋景佑年间，庵中有井曰'玉泉'而故名。"玉泉庵古时既为文人雅士读书修行之所，也是比丘尼参禅修炼之寺庵。《寺院》常州卷中记载，时有南宋建炎三年（1128）进士喻樗在玉泉庵中居住、著书，著有《玉泉语录》等。民国15年（1926），钱桥文化人士宋祖荫借玉泉庵部分房舍开办境内第一所现代新学珍聘小学，1949年更名为铁狮小学。至20世纪50年代中期，学校逐步扩展，玉泉庵全部成为学校校区。1969年8月，铁狮小学撤销，后在原址建造钱桥大队办公室。玉泉庵在钱桥宗教历史、科举文化和现代教育等方面曾留下浓墨重彩。"玉泉"之名得以广为流传。后人将原玉泉庵周围的桥、路、街、河等均以

“玉泉”冠名，如玉泉路、玉泉河、玉泉桥、玉泉街、玉泉公园、玉泉新村、玉泉宾馆等。“玉泉”之名的广泛延用，体现钱桥百姓对古文化和文明的传承，有诗：“古刹书庵续千年，古今学子读书地。今虽湮没无处觅，惟有‘玉泉’留雅名。”

**（三十八）永宁庵**

南水渠永宁庵建于清咸丰十年（1860），前后共二进，每进5间房屋，中间有一个6米进深的天井。清同治二年（1863），永宁庵部分房舍被毁，正殿三间完好，供奉佛像。清同治三年，南水渠村民集资修复正殿两旁各二间房舍。清宣统元年（1909），村民利用永宁庵房舍开办南水渠初小两个复式班。民国11年（1922）开办完小。民国17年开办国立南水渠小学。1967年，南水渠小学从永宁庵内搬至新桥头新校舍内。此后房舍为南水渠、蔡巷生产队蚕室。2007年，村民捐资重修永宁庵。重修后的永宁庵内供奉观音菩萨、普贤菩萨、文珠菩萨和十八罗汉、布袋和尚等佛像，正殿两旁的对联为“手持乾坤惩妖魔、善行天下保太平”。附近信众每逢初一、十五、二月十九都前往永宁庵烧香拜佛。2015年，永宁庵仍然举行佛事活动。

图7—38—2　2015年，保存的清代永宁庵界石

**（三十九）大悲庵**

大悲庵坐落于稍塘营老桥堍费家弄自然村前，为清道光二十年（1840）建造稍塘营桥完工后动工兴建。庵房房舍前后二进。前造7间，其中间3间为正厅，供奉如来佛像，伴有四大金刚、十八罗汉塑像；右侧3间为观世音殿，左侧1间为张巡大老爷殿。后造6间，其中3间供奉地藏王菩萨，另3间为和尚生活用房。大悲庵正门外墙上有“诸恶莫作、众善奉行”八个大字。

新中国成立初土地改革时，大悲庵佛像被拆除。庵房分给陈、耿、丁、朱四家居住。陈、耿、丁、朱四家把如来、观音、张巡三座塑像藏于暗室，一直无人发现。20世纪80年代，陈、耿、丁、朱四家都造新房搬迁，庵房无人居住，年久失修，大多破损。2000年，四家才把所藏佛像之事向外人告知。2010年，耿家出资2.5万元翻建庵房2间，重新安置张巡大老爷佛像。是年开始，每月初一、十五，附近信众又至大悲庵烧香念佛；每年七月二十三日张巡大老爷生日，念佛人数可达数百人，进庵念佛者扩大至藕塘、杨市等地。2015年，陈家集资3万元翻建5间庵房，并增设厨房、卫生间。此后，大悲庵仍然举行佛事活动。

**（四十）钱桥东观音堂**

位于老钱桥北东沿河，明万历年间已存在。每年农历二月十九、六月十九、九月十九日相传为观音出生、出家、得道日，形成庙会。民国时期，庙会香火旺盛。解放后，庙会解散。1996年秋，东观音堂念佛活动逐渐恢复，为佛教协会佛事活动点。2011年10月26日，江苏省汉传佛教讲经交流会在无锡祥符禅寺举行，钱桥东观音堂宽寂法师参加。2015年，钱桥东观音堂仍然举行佛事活动。

## 第二节　道教

南北朝梁武帝天监年间，道教自道教圣地茅山传入无锡，同时传入钱桥、藕塘地区。道教号称国教，明清时期，无锡设有专司道教事务的道录司。无锡道教界分出家道士（称全真派）、在家道士（正一派伙居道士）、辅应道士、道人四类称谓。钱桥、藕塘地区的道教徒多为正一派道士，其主要活动是念经、拜忏、打醮、做法事。

明代，开原乡孙继皋父亲是正一派道士，可以过世俗生活，平时行医为生，时称孙郎中。孙继皋中状元时，嘉靖皇帝在状元帽上御赐一个如意结标记。按规定，孙继皋父亲可以戴进士帽、穿官靴，所以孙父出去做法事时戴进士帽、穿官靴。久而久之，道士都效仿，直到清代，无锡道士的法事衣服和全国都不一样，戴进士帽，穿官靴。后来，孙继皋被尊为无锡正一道派的祖师，故无锡的正一道派帽上多一个特有的如意结标记。开原乡地区历来是道教正一派传播的盛地，钱桥隶属开原乡。清代，道教文化在钱桥、藕塘地区盛行。民国时期，伍峻峰在钱桥老街北猛将殿当主持，后建雷祖观，先后收授多个徒弟，有苏庙村天墩头徐奋根、阿正，社冈里丁南叶等，加上其儿孙，道教活动一时在钱桥地区很有规模，逢时逢节都有大型道教活动。

钱桥、藕塘地区历史上存在过的道观有东岳观、钱桥北街猛将殿、清宁道观、三教堂等。2015年，钱桥街道有散居道士 17 人。

## 一、伍家道教符箓文化

钱桥伍瑞清为道教之家，伍氏祖先对符箓文化代代相传，并有创新。道教符箓文化是道教正一派独创的一种宗教文化，用以招神骇鬼、驱邪镇魔、祈福消灾的一种方术。在道教传承中，符箓文化的核心价值除与中国的古文字、象形文字、八卦等符号有着血缘关系之外，另外还注入“神鬼”文化的元素。符箓是“符”和“箓”的合称。“符”是一种特定的符号，附着在特定的物件（黄裱纸、黄绢、木板等）上，笔画屈曲，似字非字，似图非图，图形形状怪异，人皆不识，相传能镇妖除邪，带来吉祥。钱桥、藕塘地区民间常用“符”镇压一些怪异事件。“箓”是记录于诸符间的天神名讳秘文，分道士名箓、天神名箓两种，箓皆素书，由多种古篆字组合而成，配有天神将吏、功曹等像。道教声称符箓是天神的文字，是传达天神意旨的符信，用它可以召神劾鬼，降妖镇魔，治病消灾。正一派降神驱鬼、祈福禳灾，以张天师为道首。正一派道士可以不居宫观，主张在家修行，可以娶妻生子，吃肉饮酒。正一派亦称为符箓派，以“正一经”为主要经典，不重修持，崇拜神仙，画符念咒。

钱桥道教之家伍瑞清先祖约在清康熙年间从常州迁至天授乡皋桥十六图冯巷上居住。民国时期，冯巷上伍氏道教人员有 20~30 人。伍瑞清的高祖伍凤章是高功（道教法师的专名，在举行宗教仪式时高座居中，在道士中被认为道功最高，故称高功），有道教符箓科书留传下来；曾祖伍峻峰亦是高功，无锡道教音乐《采凤冒》36 章节就有 18 章节是其所写。伍峻峰 20 多岁时就到钱桥北街孟将殿当主持。祖父伍毓宪、父亲伍瀚章也是高功。伍瀚章 19 岁时师从惠山玉皇殿（玉皇殿是无锡主要的道教宫观，始建于元至元年间，原名慈济观）主持邵惠坡。在邵惠坡指点下，伍瀚章在高功和符文化方面进一步深造。后明阳观上房当家主持周炳生羽化后，伍瀚章当上明阳观上房主持顾伯厚的先生。伍家道教符箓文化传承到伍瑞清是第五代。钱桥伍家道教符箓图示有 70 幅，分别为殷郊、钟馗等。

**殷郊**　殷元帅有好几种画法，有虎头殷元帅、出将殷元帅、七星殷元帅等。凡是镇宅都要画此符。虎头殷元帅是钱桥伍氏独特画法，为父子亲自代代传授，别家模仿不像。

**钟馗**　钟馗是中国传统道教文化中的“赐福镇宅圣君”。道士认为伍氏钟馗符箓悬挂于家宅，可以迎福纳祥，人寿年丰，祈福除邪，镇宅平安。旧时，钱桥、藕塘地区民间在端午佳节尤其崇尚挂此符。

**王灵官**　王灵官原名王恶，后拜西河第三十代天师虚靖真人的弟子萨守坚为师。萨真人改其名为王善，并奏告天庭，录为雷部三五火车雷公，又称豁落灵官。王灵官为人刚直不阿，嫉恶如仇，纠察天上人间，除邪祛恶，不遗余力。老百姓赞“王善能管天下事，一鞭惊醒世间人”，凡是镇宅人家都要挂此符。

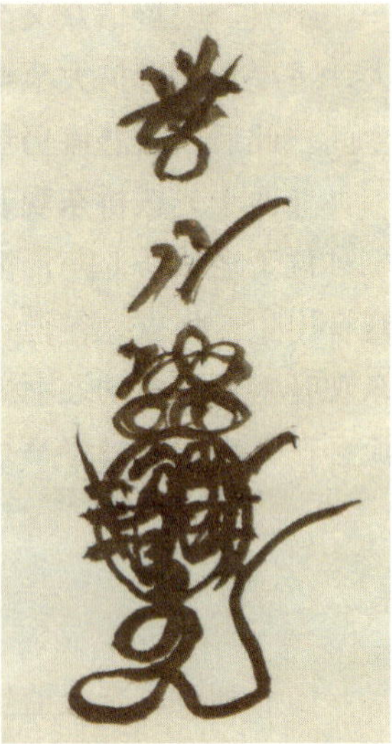

图 7—38—3　伍瑞清绘制的伍家独创的虎头殷元帅符。根据无锡市统战部和无锡市宗教局的指示，虎头殷元帅符将编入《道教符箓图集》

**马元帅**　马元帅名马灵耀（华光大帝），又称魁神灵官、三眼灵光、华光天王、马天君等，为道教护法四帅之一。有人突发病情或干坏事，都要请马元帅镇除。

**赵元帅**　赵元帅名赵公明，又称黑虎赵玄坛，为道教护法四帅之一。隋唐时民间相传为五方力士神之一，隋文帝封其为“感应将军”。明以后被道教封为财神，其信仰普及民间。钱桥、藕塘地区民间做法事都要请到赵元帅。

**温元帅**　温琼，原系东岳大帝部将，被奉为“元金大神”，南天门元帅之一。区域内民间做道场时往天上送文书，都要请温元帅送，发符时召将也要温元帅。

**岳元帅**　岳飞，字鹏举，生于宋相州汤阴县永和乡孝悌里，抗金名将，后被秦桧所害。其精忠报国精神深受中国各族人民敬佩，民间传说他是如来佛祖大鹏金翅鸟降世。南宋绍兴三十二年（1162），宋孝宗追封岳飞为“武穆”；南宋嘉定四年（1211），宁宗追封其为“鄂王”。东岳庙有72司，速报司之神就为岳武穆。旧时，凡负屈告冤，心迹不明，都到此处设誓盟心。

**朱元帅**　又名“朱蓬头”，生得蓬头黑面，号称打邪灭巫、火犀雷府朱元帅，家中妖邪不管在那个角落，都会被他赶走。

**解煞符**　伍家道士在斋主家打醮必用此符。此符为解有煞、镇宅用。

**和合**　是美好婚姻的象征符。

伍家道教以上符箓凡列为元帅的都有符，其中除去天上虚设之神外，都是民间为国为民之英雄，后被百姓封为神，表达祈求天下和平共处、万物共荣、无灾无难、和谐团结的精神信仰。

1949年4月后，伍家道教停止活动。改革开放以后，钱桥、藕塘地区道教活动有所活跃，道教每年集中活动有6~7次，主要接受各级政府组织学习党和政府的各项宗教政策，伍家道教亦重新兴起。2000年起，钱桥村北街潘巷69号伍家后人伍瑞清任无锡市道教协会秘书长。2005年起，伍瑞清任惠山区道教协会会长。2006年起，伍瑞清任无锡市道教协会副会长。2007年9月，伍瑞清参加无锡市道教音乐会，其表演得到一致好评，受到无锡民族管弦乐学会会长钱铁民称赞。同年11月，伍瑞清到道教祖师之地江西龙虎山授箓交流。2010年，伍瑞清参加无锡市道教协会主办的“君山论道”讲经，讲解《“浅析九真妙戒”道教经典与和谐社会》，获得好评。2011年6月，伍瑞清经过考核被录取为国家级道士。2012年，伍瑞清获道风建设模范个人称号。2015年，伍瑞清应无锡市统战部和无锡市宗教局的指示，着重整理道教符箓文化和道教音乐文化，研究、编写道教符箓图集和道教音乐“工尺谱”。是年，伍瑞清任无锡市道教协会副会长、惠山区道教协会会长、惠山区政协委员（2017年6月9日《惠山新闻》刊载钱桥伍家道教符箓文化为惠山区新申报的十三个市级非遗项目之一）。

## 二、钱桥东岳观

钱桥东岳观位于钱桥老街通津桥南西堍，南观音堂北，俗称龙阳地，朝东砖雕牌楼大门，为无锡西北最大的道观，明代时已有，兼管三茅峰三茅真君道观。东岳观由东岳大帝黄飞虎圣帝殿、忠安大王春申君忠安殿、驱蝗正神刘猛将猛将殿三个主殿组成。

每年农历三月二十八日，东岳观举办盛大的庙会出会，并与无锡其他八庙一起朝会惠山。民国元年（1912），邵宗虎在观内创办开源乡第四国民初等小学。新中国成立后，道观关闭，道士回乡务农，道观扩建为钱桥中心小学。

## 三、钱桥北街猛将殿雷祖观

钱桥北街猛将殿位于钱桥北街潘巷，约建于元代，乡民简称之为北猛将殿。北猛将殿坐北朝南，大门为砖混大墙门。大门外设葵花形抱鼓式青石大门墩，围墙上内砌青石碑刻十多块。清咸丰年间，北猛将殿正殿毁于战乱，仅剩墙门、部分山墙及大殿后的两进房舍。清光绪二十五年（1899），天授乡冯巷上正一派道士伍竣峰前到北猛将殿当主持，在残存的猛将殿内建立雷祖观。伍竣峰当主持后，即募集资金，在被毁的正殿处重新修建一座小殿，供刘猛将塑像。同时对破残不堪的两进房舍进行修理。经修理后，时进北猛将殿大门即为一个大院；穿过大院，为供奉刘猛将塑像的一座小殿；小殿后第一进四间房舍为观音殿，第二进四间房舍为生活区。新中国成立初期，北猛将殿为农会办事处。20 世纪 50 年代，钱桥高级农业生产合作社在北猛将殿开水磨作坊；60 年代，钱桥大队办五金厂。1975 年，北猛将殿被拆除。

图 7—38—4　民国时期钱桥北街猛将殿示意图

### 四、藕塘清宁道观

建于宋代，是区域内最早的道观，坐落于藕塘老街。1953 年，清宁道观被拆除。

### 五、潘葑三教堂

三教堂位于京杭大运河潘葑浜口西面，向南约 50 米左右，建造于清康熙年间。三教堂朝东门面，三间开阔，二造平屋，一造楼屋，一侧厢，二天井。堂内供奉吕纯阳神像。每年农历四月十四为道教创立日，潘葑地区的道士都集中到三教堂念经、拜忏、打醮、做法事，演奏道教音乐。平时，道士在三教堂为老百姓做法事。1955 年，三教堂的一造楼房被烧毁。1958 年，其余二造平房被拆除，神像被毁。

## 第三节　天主教

鸦片战争后，西方大批传教士来华传教，天主教、基督教同时传入钱桥、藕塘地区。民国时期，钱桥、藕塘地区天主教信徒主要是渔民。天主教徒找对象按教会规矩，限于教内。民国 37 年（1948），钱桥地区有天主教徒 90 余人，藕塘地区有天主教徒 40 余人。新中国成立后，钱桥、藕塘地区天主教徒可以与教外友人结婚。天主教会规定，教徒的宗教活动只准在教堂内进行，不能出现危害国家、危害人民利益的行为。

1958 年，钱桥、藕塘公社分别成立渔业大队后，参加天主教人数每年增加。此前，钱桥、藕塘地区只有老年渔民参加天主教，此后年轻人相继参加天主教。区域内天主教徒每年至无锡市民主街 86 号天主教堂参加 3 次活动。一次是参加清明节后择定日期的开斋节（耶稣复活专礼）。开斋节结束后，教徒都要到惠山渔民公墓祭祖。第二次是参加 8 月 15 日的圣母升天节。活动时，如有个别教徒违反十戒，在教堂中要“告罪”（自己坦白所做坏事），告罪后即可“无罪”。第三次是参加 12 月 25 日耶稣的圣诞节。1984 年 8 月 11~13 日，无锡县天主教爱国会第一届代表会议在县第二招待所举行。会上，钱桥乡鸭船浜村杨纪泉当选为无锡县天主教爱国会主任。

2015 年，钱桥地区有天主教徒 400 余人，藕塘地区有天主教徒 60 余人。

## 第四节　基督教

民国 37 年（1948），藕塘陈盘英等 5 人接受基督教牧师的洗礼后，在井亭朱梅泉家中首设基督教聚会点。民国 38 年，钱桥周家弄村首设钱桥地区基督教聚会处，后并入晓星聚会处。1952 年始，井亭基督教聚会点陆续发展教徒。1958 年，晓星基督教聚会处停止活动。“文化大革命”时期，井亭基督教聚会点停止活动。改革开放后，井亭基督教聚会点恢复活动。1984 年，晓星基督教活动点恢复活动。2000 年，井亭基督教堂开工建设，同年竣工，并被批准为无锡市藕塘基督教活动点。2012 年，晓星基督教堂因规划建设而拆除。2014 年，藕塘基督教活动点成立 6 个爱心帮扶小组和 1 个临终关怀小分队。2015 年，钱桥街道区域内有基督教徒 900 余人，其中藕塘井亭基督教活动点有教徒

850 余人。

## 一、基督教无锡市藕塘井亭活动点

民国 37 年春，上海南洋教堂一位不知名的基督教传教士以修鞋匠的身份，到藕塘井亭村传福音。当时梅园有一所华东神学院分部，此后，这位传教士经常往返于梅园神学院和井亭村之间。梅园分部神学院学生计炳荣经常至钱桥周家弄和井亭村传福音。是年 5 月 13 日，陈盘英与丈夫朱梅泉、哥哥陈盘根、妹妹陈秀文、陈亚芳及村民朱士荣在钱桥周家弄接受汤以洪牧师的洗礼，成为藕塘基督教活动点的首批基督教徒。同年冬天，朱梅泉、陈盘英在家中设立基督教聚会点，得到陈盘英哥哥陈盘根的全力支持。陈盘根每星期日到井亭村朱梅泉家参加聚会。1952~1957 年，井亭基督教徒聚会点曾先后发展 4 名教徒。1958 年秋，朱凤岗负责井亭聚会点工作。

1966 年“文化大革命”开始，林业大队造反派成立“6719”兵团，强迫井亭聚会点的信徒将《圣经》丢入火堆中烧掉，传道人陈盘根被批斗示众，朱凤岗被关押，并勒令停止基督教的一切活动。1970 年初，朱凤岗暗中把信徒组织起来在自己家两间老屋内秘密聚会，有基督教徒 20 多人。

20 世纪 70 年代中期，宗教政策得到贯彻落实，井亭聚会点恢复每周日晚上聚会制度。1978 年冬，井亭基督教聚会点设在朱凤岗新建的两间平房内。1984 年秋，井亭聚会点的信徒每双周四下午去晓星聚会点聚会，每周日晚仍在井亭活动点聚会。1985 年 10 月，井亭聚会点将朱士兴家的两间房子作为教会的生活用房。1987 年 12 月，70 岁的丁盘根接任井亭聚会点负责人工作。1992 年秋，井亭聚会点将朱凤岗、朱士兴两家房子拆通，信徒们在四间平房中聚会。1996 年 3 月，井亭聚会点在冯浓娣、吕燕娟、俞英努力下成立诗班。1998 年，井亭聚会点信徒发展至 90 余人。1999 年 3 月，丁盘兴接任井亭聚会点工作。7 月，丁盘根、丁盘兴向藕塘镇政府递交建造基督教堂申请书。藕塘镇政府予以支持。是年，井亭聚会点拉开建造教堂捐钱、捐物的序幕，朱东芳捐款 2 万元，苏州吴江陈秀文专程送捐 2000 元。仅一年多时间，建造教堂筹款 8 万余元。

2000 年 3 月，井亭基督教堂开工建设。是年 8 月 20 日，井亭基督教堂竣工，坐落于毛村山下，占地面积 1333.33 平方米，建筑面积 750 平方米。同日，举行开堂典礼，无锡市“三自”（自治、自养、自传）爱国运动委员会、基督教协会，锡山市宗教局、藕塘镇、井亭村领导及洛社、陆区、长安等教会负责人参加仪式。同年，无锡市基督教会批准井亭基督教堂为无锡市藕塘基督教活动点。2008 年汶川地震、2010 年玉树地震，藕塘基督教活动点信徒纷纷捐款，陈勇捐款 1 万元，井亭基督教活动点共为灾区捐款近 8 万元。是年始，井亭基督教活动点将每年正月初一定为“爱老日”，为 60 周岁、70 周岁、80 周岁、90 周岁的老人举行集体祝寿活动，向寿星送上生日蛋糕。2001~2008 年 3 月，藕塘基督教活动点先后被评为无锡市文明宗教活动场所、惠山区三星级宗教活动场所、无锡市平安宗教活动场所。

2012 年秋，杜群芝、黄蕾创办“主日学”，教育孩子从小要有爱心，懂得关心帮助他人。同年 11 月，经堂委公推公选，吴银妹、杜群芝任井亭基督教活动点正、副负责人。2013 年 2 月，吴银妹、杜群芝对信徒摸底排查，填写信息表，把信徒分成 6 个片区管理。同时，加强教会内部管理，电器由专人管理；安排值班人员看护车辆，疏导交通；食堂人员和财务人员持证上岗；教会收支月月上墙公示，接受监督。是年起，藕塘基督教活动点每年组织千人圣诞大型活动，成功举办圣诞平安夜活动；每年组织一次 60 岁以上老人外出春游或秋游活动。2014 年 10 月，聘请南京艺术学校丁小鹏为诗班人员上课，从乐理至气息掌控，对发声训练进行专业性指导。11 月，樊建清创办“青年团契”，开办查经班，由上海朱建华和外籍教师马可执教。同年，藕塘基督教活动

图 7—38—5　2015 年，井亭基督教堂外观

点成立6个爱心帮扶小组和1个临终关怀小分队，坚持常年服务、热心服务、微爱服务的“三爱”服务。2013~2014年，先后关怀25位临终老人，并帮助家属料理后事。

2015年8月18日，吴银妹、杜群芝向钱桥街道办事处递呈《无锡市藕塘基督教活动点扩建教堂的报告》。事后，藕塘基督教活动点众信徒积极筹措资金。是年，无锡市藕塘基督教活动点有基督教徒850余人。

### 二、晓星基督教堂

1949年8月，周家弄陈盘根家首设钱桥地区基督教徒聚会处。1951年，钱桥地区基督教聚会处迁至晓星地区时伯芳私宅，时伯芳担任执事，教徒40余人。20世纪70年代初，晓星大队时巷朝南村设立基督教堂，四间门面二层楼，建筑面积200多平方米。基督教徒每逢星期日在教堂做礼拜。逢有教徒病亡，健在的信徒到丧家开追悼会，举行纪念活动。2012年，因建设规划，晓星基督教堂拆除。

## 第五节 宗教管理

新中国成立后，钱桥、藕塘地区人民政府重视宗教管理工作。1953年，藕塘区人民政府取消区域内具有迷信反动色彩的“青帮会”“一贯道”“先天道”“同善社”等反动会道门。1960年9月，钱桥、藕塘公社又取缔“博济社”“三茅会”“大刀会”等会道门。是年，钱桥、藕塘公社指定一名副社长兼管民族宗教管理工作。1966年，“文化大革命”开始，区域内宗教信仰自由的政策遭到破坏，寺观、教堂等被关闭，正常宗教活动停止。中共十一届三中全会后，钱桥、藕塘地区民族宗教活动逐渐恢复。1979年，无锡县成立宗教管理局，区域内民间的宗教活动在宗教管理局的指导下开展。1980~2002年，钱桥、藕塘（公社、乡）镇为贯彻落实上级的宗教事务条例，做好宗教管理工作，除有一名分管副（公社、乡）镇长兼管外，还配备一名专职宗教管理工作人员协助工作。

2003年，钱桥、藕塘两镇分别成立民族宗教办公室（简称民宗办），负责区域内宗教事务的管理工作。2004年2月，藕塘镇民宗办并入钱桥镇民宗办。2006年11月，区域内建立中共（藕塘）职教园区工作委员会、无锡（藕塘）职教园区管理委员会，镇园合一。无锡（藕塘）职教园区管理委员会设立社会事务管理局，民宗办隶属社会事务管理局领导。2007年5月11日，钱桥镇政府组织统战办、民宗办，协同安监部门、村建办和派出所以及所在村委会对宗教活动场所的消防安全、房屋安全、电气安全和防盗设施等进行全面检查，发现不规范的地方，分别对所在村和宗教场所下发限期整改通知书。按照属地管理的原则，所在村进行监督和督促其及时整改，确保宗教活动场所和信教群众在活动时的安全。

2009年5月，钱桥街道根据江苏省《宗教事务条例》，制定区域内各寺庙的监督管理制度，制度规定由社会事务管理局组织民宗办等有关部门对辖区各宗教场所每季度开展宗教领域信访事宜解决措施的排查、宗教领域风险预警项目排查、宗教领域其他工作及薄弱环节排查、宗教领域场所安全事故隐患排查的“四项排查”工作；各宗教场所的财务由所在社区属地管理，社会事务管理局组织人员每年年底进行一次财务检查；对相应大型宗教活动场所做好风险评估和应急预案工作；取缔个别居民及外来僧人私设不合法的佛堂和开光佛缘等，并组织人员把开光佛缘搬置到合法宗教场所。2015年，钱桥街道民族宗教办公室与区域内常寿寺签订安全管理责任书，责任书包括消防安全、食品安全、大型宗教活动安全、节假日安全、用车安全、基建安全等六个方面。是年，吴国忠任钱桥街道民族宗教办公室主任。

# 第三十九章 习 俗

钱桥、藕塘地区在历史发展长河中，民间逐渐形成既与周边地区具有共性，又具有一定地方特色的习俗，有岁时习俗、生活习俗、农副业生产习俗、庙会习俗等。随着社会的发展，有些习俗已经消失，有些习俗至2015年在区域内依然存在，有的习俗更加盛行。

## 第一节 岁时习俗

钱桥、藕塘地区百姓自古以来重视岁时习俗，尤其是春节、元宵、清明、端午、夏至、中秋节、重阳节、冬至、除夕等习俗，经久不衰。进入21世纪，这些习俗的文化内涵在区域内更为丰富。

### 一、春节

春节是钱桥、藕塘地区的重要传统节日。农历正月初一民间称元日、元辰、元正等。元有开始、第一、开头等意思。钱桥、藕塘地区民间在春节（年初一）的子夜（或大清早）都要开大门，燃放鞭炮，意为除旧迎新，预祝新一年吉祥如意。清晨起床后，人人都穿新衣、戴新帽、着新袜、穿新鞋。妇女和儿童的服饰更为讲究。早晨穿着盥洗完毕以后，就去向父母等长辈、亲友拜年。父母、长辈要给儿童发压岁钱。早餐吃团子、年糕，取团圆高升之意；有的家庭吃糕丝团子、糖圆，以示全家团团圆圆；有的吃面，取长寿、长春之意。

是日清早，一些乡民分别到附近寺庙烧香，也有的前去寺庙撞钟、祈祷赐福。同日，邻里亲友相见，互相祝福，说吉利话，恭喜发财，取好兆头。小孩说了不吉利话，大人在小孩嘴上用草纸抹一下，并说“恭喜发财”。有客来家，以糖果、糕点、烟、元宝（橄榄）茶等款待。中午不能烧新饭，吃除夕剩下的饭。吃饭时，不能在饭里浇汤，也禁止吃粥，认为年初一吃浇饭汤或粥，一年出门常会遇雨。也有人家吃面条、馄饨和素食。村上有60岁、70岁、80岁、90岁、100岁的老人，全村老少都前去拜年。老寿星给拜寿的孩子发糖果、乌菱、长生果、荸荠等物品以及压岁钱。午后，农民到自己田里撩麦光，称“捞田财”。这一天，唱春、调龙灯、调狮子等活跃于乡间。有的人家还把冬青、柏枝、芝麻箕等插在门上，取长青、百事如意、节节高等佳意。春节这一天不能扫地，也不能把垃圾倒出门，而是把垃圾堆在屋角，一直要至正月十五，称为“聚财”。钱桥、藕塘地区在春节这一天忌向人家乞火，不能汲水，也不能动剪刀，禁止倾倒污水、粪便。晚上睡觉前，要放三个关门炮仗。睡得都较早。如有孩童贪玩不肯睡时，父母常哄孩子说：“早些睡，今晚听老虫（老鼠）做亲。”进入21世纪，区域内百姓还时兴用电话、短信、微信给亲友拜年、祝福。年轻人时兴旅游过年。

### 二、春节期间习俗

**吃年昼饭**　年初二起，钱桥、藕塘地区百姓开始走亲访友。亲朋好友之间互请“年昼饭”。

**舞龙**　春节期间，市镇、村庄锣鼓喧天，龙灯队到街头、各村各巷舞龙灯，祈求太平。舞龙灯直至正月十五结束。

**喜宴** 改革开放前，区域内百姓的婚宴、寿宴一般都安排在春节期间。进入21世纪，此习俗已悄然变化，婚宴、寿宴多安排在“五一”“十一”或双休日举办。

**节后开业** 民国时期，从正月初一到正月初四，商店歇业（俗称“歇年”）。正月初五是“路头生日”，农户、店家都请“路头”，敬财神，祈求财源亨通，叫做“接路头”。商店正月初五开门营业。早上吃荠菜炒年糕和面条，俗称路头糕、路头面。中午老板请伙计吃路头酒，酒要斟满。改革开放后，区域内现代服务业特别是饭店、酒家、大型超市、农贸市场春节期间照常营业；工业企业一般选择农历正月初八开工。

**元宵节** 农历正月十五（正月半）为元宵节，又称上元节。元宵意即一年中第一个月圆之夜，故也称元夕、元夜。这天晚上，钱桥、藕塘地区百姓一面赏月，一面观灯，因而正月十五也称灯节。闹元宵是钱桥、藕塘地区春节期间的最后一项活动。早晨，家家吃元宵，也有的吃饺子、汤圆。讲究的人家吃荠菜馍糕，有聚财、高升之意。门口从早到晚挂花灯。晚上，人们敲锣打鼓闹元宵。坊间有歌谣：“正月半，龙灯看。”元宵节是春节的最后一天舞龙日，舞龙更是热闹。晚上，燃爆竹，放焰火，用麦柴、稻柴“烧田财”，表演走高跷，小孩提着兔子灯、青蛙灯等尽情欢乐。有些地方还开展猜灯谜活动。改革开放后，中央电视台、地方电视台举办元宵文艺晚会。过了元宵节，钱桥、藕塘地区百姓“过年”就算结束。

### 三、二月二

农历二月二，又称中和节，俗称龙抬头。钱桥、藕塘地区民间传说，每逢农历二月初二，是主管云雨的龙王抬头的日子，从此以后，雨水会逐渐增多。所谓“龙抬头”，也指百虫经过冬眠，开始苏醒，所以区域内有“二月二，龙抬头，蝎子、蜈蚣都露头”的谚语。因此，这天也叫“春龙节”。

钱桥、藕塘地区民间在这一天都会给孩子剃头（理发），认为在这一天剃头，会鸿运当头，福星高照。民谚说：“二月二，剃龙头，一年精神抖擞没有愁。”每逢二月二这天，家家理发店生意兴隆。进入21世纪，钱桥、藕塘地区民间仍然有此习俗。

### 四、百花生日

农历二月十二为百花生日，又名“花朝”。旧时，钱桥、藕塘地区有在花木果树上贴红纸或扎红绸的习俗，谓之“护花符”，以求花果旺盛丰收。民间还有“二月十二天好收成好，天雨收成不好”之说。进入21世纪，区域内二月十二“护花符”习俗基本消失，仅有少数桃农仍然崇尚此习俗。

### 五、三月初三

农历三月初三，钱桥、藕塘地区百姓称之为“上巳日”。三月初三，区域内民间有郊游的习俗，称“踏青”。钱桥、藕塘地区有“三月三，舜柯山路勇登攀；三月三，鸡笼山顶折花还”的民谚。农民常在这天的中午前后听蛙声以预卜一年的丰歉，“田鸡叫勒午时前，大年在高田；田鸡叫勒午时后，低田勿要愁”，意思是说青蛙在午前鸣叫，雨水较多；在午后鸣叫，则不会有涝灾。对三月初三这一天的天气，农民十分重视。民谚说“三月初三晒得沟底白，牛毛草儿尽变黄金麦”，意思是说，三月三天气好，阳光强烈，夏熟收成好；反之，则收成不好。

### 六、清明

冬至后106天，阳历一般在4月5日的清明节，是区域内百姓纪念先人的节日。清明节前，钱桥、藕塘地区民间家家上坟、祭祀祖先，为祖坟壅土扫墓，烧化“银锭”“纸钱”。新中国成立后，清明节成为钱桥、藕塘地区机关、学校、团体瞻仰、祭扫革命烈士陵墓，开展纪念活动和进行爱国主义教育的节日。2008年起，清明节成为法定节假日，放假1天。2015年，区域内百姓在清明节前上坟祭祖的习俗更为盛行。届时，至舜柯山公墓的公路常常交通拥挤，有数十名交警维护秩序。

### 七、立夏

立夏，在公历5月6日前后。民国期间，钱桥、藕塘地区在立夏这天，民间有将“三鲜”祭祖的习俗，并有“立夏见三鲜”之说。地上“三鲜”为苋菜、蚕豆、蒜苗；河里“三鲜”为鲥鱼、白虾、螺蛳；树上“三鲜”为樱桃、梅子、香椿头。有的百姓家庭还有吃甜酒酿的习俗。钱桥、藕塘地区百姓在立夏这一天还有称体重的习俗，称之为“称人”。午后，村前树上挂杆大秤，男女老少都去称体重，认为可以防“疰夏”。改革开放后，称体重习俗逐渐消失。

## 八、端午

农历五月初五，俗称端午节。民国期间乃至解放初期，钱桥、藕塘地区家家门上挂艾草，插菖蒲剑，孩童手上系菖蒲根做的葫芦，据说有驱瘟逐疫的作用。有的人家挂钟馗像，取辟邪、镇毒、求吉之意。

区域内家家户户在端午节前一天包粽子，包好的粽子与自家腌制的咸鸭蛋放在锅里煮一个晚上，香气满屋。端午早晨，家家吃粽子，纪念战国时期投汨罗江而死的爱国诗人屈原。区域内旧有“端阳不吃粽，死则呒人送”的谚语。旧时，还有饮雄黄酒的习俗，并用雄黄酒喷洒墙角、床下，据说可祛五毒（蝎、蛇、蜈蚣、壁虎、蟾蜍），室内用蓬艾烟熏，以消毒杀蚊。未婚女婿和刚结婚的新女婿端午节前都得到岳父母家“张端阳”，送粽子、咸蛋、水果、烟酒等礼品。2008 年起，端午节已成为国家法定节日，放假 1 天。2015 年，区域内百姓在端午节吃粽子、吃咸鸭蛋的习俗依然盛行。

## 九、夏至

夏至，在 6 月 21 或 22 日。钱桥、藕塘地区百姓有夏至吃馄饨的习俗，旧有“夏至勿吃馄饨，死则呒不坟墩”的谚语。这天，人们不能坐门槛。夏至半个月节气正值江南梅雨季节，是区域内农民抢插秧的夏忙时间。民间称夏至这天为“进莳门”，头莳七天，二莳五天，三莳三天，并称“头莳要让，二莳要抢”。进入 21 世纪，夏至吃馄饨的习俗仍在钱桥、藕塘地区民间盛行。

## 十、六月六

农历六月六为天贶节，“贶”有赠送、赐给的意思。旧时，钱桥、藕塘地区百姓在这一天取水储存，作为制酱、腌物之用。据说用这一天的水所制之酱和所腌之鱼肉一年不坏。区域内百姓还有在六月六这一天将衣物、书籍拿出来在阳光下暴晒的习惯。经过暴晒的衣物一年中不会蛀蚀霉变。钱桥、藕塘百姓还有“六月六，猫狗浴冷浴”之说。是日，将猫狗推入河中洗冷浴。浴冷浴的猫狗一年不长虱子、不生病。进入 21 世纪，六月六的习俗在区域内逐渐消失。

## 十一、七夕

农历七月初七日为“乞（与七谐音）巧”日。旧时，钱桥、藕塘地区乞巧之风兴盛。这天夜晚，妇女们纷纷结彩线，穿七孔针，看谁一下子就穿上。届时，祖母或姑母为少女准备一碗澄清的鸳鸯水（井水与河水混合而成）和一枚绣花针。院中或厅堂上安放一张茶几，把鸳鸯水放在几上，少女们围在几边，挨次轻巧地用两个手指小心翼翼地拈住绣花针，神情专注地把绣花针轻轻平放在碗中水面上，于是碗底就显现各种各样的投影，有的像棒杵，有的像黄瓜，也有的像放大了的绣花针，后者是顶好的兆头，表示那个投放的少女乞到巧，今后会更灵巧。妇女在乞巧时还会用各种杂花浸泡在水里，然后置在庭院中，第二天取水搽面，据说搽后可使肤色娇嫩白净。有的妇女还捣凤仙花汁，染无名指及小指甲，称“红指甲”。有的妇女在乞巧时还唱《乞巧歌》：“乞手巧，乞容貌，乞心通，乞我爹娘千百岁，乞我姐妹千万年。”

七夕，相传为牛郎织女鹊桥相会之时。2006 年 5 月 20 日，七夕节被国务院列入第一批国家非物质文化遗产名录。如今，农历七月初七已成为中国的情人节。

## 十二、七月半

农历七月十五，又称中元节，俗称鬼节。钱桥、藕塘地区多数人家在这天或前几天祭祀先人，谓之“过七月半”。祭品中有西瓜、茄饼（茄子做馅包饼）。有些人家还请亲戚吃昼饭，亲戚离去时送些茄饼。区域内有句歌谣：“七月半，做了茄饼送亲眷。”进入 21 世纪，钱桥、藕塘地区有的百姓仍有过七月半的习俗。

## 十三、七月三十日

农历七月三十日，传说是地藏王菩萨生日。旧时，一到这天晚上，钱桥、藕塘地区家家门前或庭院中，都插“地藏香”，又名“久思香”，也称棒香。此香下半部分是一段红红绿绿的竹签，用来插在砖缝或泥土中，上半段则是可点燃的线香。民间取“久思香”谐音称“狗屎香”。民国期间至新中国成立初，七月三十晚上户户插香，看去满村满巷，闪闪烁烁，犹如空中繁星闪烁，空气中则烟雾缭绕，浓香馥郁。香点完后，孩子们常常把签子拔下藏起来，到八月半插糖芋头吃。进入21世纪，区域内仍有少数百姓在场上插“地藏香”。

## 十四、中秋节

农历八月十五中秋节，是钱桥、藕塘地区民间重要的传统节日。此日恰在三秋之中，故称“中秋”，八月十五的节日就叫中秋节。“月到中秋分外明”，区域内百姓的心愿是人月双圆，故把中秋节作为“月圆花好人寿”的团圆节。是日，晨起吃糖芋艿，下午做椒盐油酥、芝麻白糖、韭菜猪油等馅的各式麦饼，晚上吃团圆夜饭。民国时期，区域内有的人家吃团圆夜饭后还在天井或院子里用茶几置香斗烧天香、拜月亮，用月饼、栗子、白果等干果点心斋月宫。香斗是用线香联成上大下小的方斗形，中间放檀香、香米等，再插入线香燃烧，俗称烧香斗。这时，满院瑞气氤氲，香飘数里。斋月结束，父母就将月饼、水果分给孩子们吃，边吃边赏月。节前，小辈要向长辈馈赠月饼等礼品，俗称“张八月半”；亲属之间也互相馈赠月饼等礼品。店家在中秋节要宴请店员，发赏节钱，并进行年中结账。2008年起，中秋节成为法定节假日，放假1天。2015年，钱桥、藕塘地区民间仍然十分重视中秋节，百姓家家吃月饼、吃麦饼，赏月。

## 十五、重阳节

区域内百姓称农历九月初九为重阳节。古代以奇数为阳，九为最大的阳数，九九两阳重叠，故称重阳，亦称重九。“九”与“久”谐音，有天长地久、长寿之寓意。是日，钱桥、藕塘地区乡民登高赏秋，饮菊花酒，吃重阳糕。旧时，男子以六角纱囊装进茱萸缠于臂，挂于胸；妇女则在发间插上一小枝茱萸应景。1989年，九月初九被定为“老人节”，或称“敬老节”。节前，钱桥、藕塘（乡）镇政府，钱桥街道办事处组织开展尊老敬老系列活动。

钱桥、藕塘地区民间对重阳这天的天气很重视。据说这天的阴、晴、风、雨与当年冬天、第二年春天的气候以及来年收成的荒熟有关。区域内流传着“重阳无雨看十三，十三无雨一冬晴”“重阳湿漉漉，柴草千钱来”等农谚。更认为重九这天晴，则冬至、正月初一、正月十五、清明的天气也都晴；反之，重阳下雨，这四天也要下雨。2006年5月20日，经国务院批准，重阳节列入第一批国家级非物质文化遗产名录。

## 十六、冬至

冬至，钱桥、藕塘地区民间有“冬至大如年”的谚语，即冬至与除夕同等看待。区域内百姓的风俗把冬至前一天叫“冬至夜”，家家都吃一顿丰盛的冬至夜饭，称为“吃冬至”。有的家庭成员因为生肖的原因，还叫孩子住到外婆家或寄娘家去，称作“伴（躲）冬至”，以使孩子健康成长。旧社会，区域内还有“有末吃一夜，呒末冻一夜”的谚语。改革开放后，钱桥、藕塘地区的人民生活水平不断提高，每逢冬至夜，家家置办美酒佳肴，吃冬至夜饭。冬至早晨则称冬至朝，区域内民间习俗要吃糯米团子。冬至意味着正式进入寒冬，钱桥、藕塘地区有“夏至未到莫道热，冬至未到莫道寒”的说法。冬至起“九”，冬至后的第一个9天叫“一九”，第二个9天称“二九”，“三九”“四九”最冷，区域内有“头九暖，二九寒，三九四九太湖连底冻”的俗语。起九后共9个九天，九九八十一天，就春暖花开。区域内有“九九八十一，耕牛遍地走”的谚语。因此，钱桥、藕塘地区民间有的人家还制作“九九消寒图”，冬至日始，在消寒图上划去一天。划完消寒图，春花满地铺。钱桥、藕塘百姓对冬至的天气也十分重视，有“干净冬至邋遢年”的谚语，意为冬至晴天，春节前要经常下雨。

## 十七、腊八

农历十二月（腊月）初八俗称腊八节。中午，钱桥、藕塘地区家家户户吃腊八粥。腊八粥中放进青菜、黄豆、赤豆、蚕豆、油豆腐、百叶、芋头、山芋等，煮成杂烩粥。考究的人家还放入枣子、莲心、白果、栗子等，有的还加肉类。区域内对腊月初八吃“腊八粥”风俗的来历传说不一，有的传说腊月初八是佛教始祖释迦牟尼得道成佛的日子，吃腊八粥是供佛祖、保平安；有的传说朱元璋幼年贫困，经常吃各种杂粮和在一起的杂烩粥，做皇帝后山珍海味吃腻了，有一天突然想起吃过的杂烩粥，就命太监用杂七杂八的粮食、干果烧一锅粥吃。那天正巧是十二月初八，所以称为“腊八粥”。文武官员见皇上爱吃这种粥，纷纷效仿，后传入民间。有的说“腊八节”是纪念民族英雄岳飞的节日。进入21世纪，钱桥、藕塘地区百姓吃“腊八粥”的习俗依然盛行，“腊八粥”的食料更为丰富。

## 十八、腊月喊火烛

农历十二月为腊月。冬天风干日燥，容易发生火灾。民国时期，钱桥、藕塘地区各村有更夫“喊火烛”的习俗。寒冬腊月的晚上，更夫边敲竹筒边喊“寒冬腊月，天时干燥；小心火烛，谨防贼盗；水缸满满，灶仓扫扫；前门撑撑，后门拴好”，提醒各家各户注意安全。新中国成立初期，区域内小学组织少年儿童于寒冬腊月的晚上在各村各巷喊火烛。20世纪80年代始，区域内冬天喊火烛的习俗渐渐消失。

## 十九、腊月十八掸檐尘

农历十二月十七、十八两天，钱桥、藕塘地区家家户户束扎稻草帚，系在长竹竿上，掸除四壁、梁上、屋顶的灰尘，并用秆稞或竹梢通灶间烟囱，称“掸十八”。民间流传“若要发，掸十八”“十七、十八，越掸越发”的谚语。掸檐尘最迟不过农历十二月二十四。随着区域内城镇化不断推进，掸檐尘的习俗逐步演变成家庭卫生大扫除。进入21世纪，每到农历年底，钱桥、藕塘地区家家户户均要打扫卫生，讲究的人家仍然在农历十七、十八大扫除，把家中打扫得干干净净，欢度春节。

## 二十、斋灶送灶

旧时，钱桥、藕塘地区家家户户灶头上都设有灶家殿。相传，每年农历十二月二十四是灶王爷上天述职之日。是日下午，家家都做半个黄半个白、呈椭圆形的玛瑙团，俗称板脚跟团子。然后在灶家殿上点上香烛，摆上供品，烧化用锡箔折成的锭和元宝，并在神龛上贴“上天奏好事，下界保平安”的对联。翌年正月十四或正月半，家家户户举行“接灶”仪式。

## 二十一、除夕前活动

**置办年货**　春节前夕，钱桥、藕塘地区百姓忙着采办年货。民国时期至改革开放前，区域内民间杀猪宰羊、杀鸡杀鸭，作为年货。进入21世纪，钱桥、藕塘地区百姓都到超市或商场采办年货，购买猪、牛、羊肉，鸡、鸭、海鲜、瓜果等；年轻人都到商场购买精美的服饰、化妆品等，各取所需，年货富足。

**蒸年糕、做团子**　农历十二月二十四送灶后，区域内家家户户开始蒸糕做团子。年糕谐音“年高”，再加上糖糕、桂花糕、赤豆糕等口味，为家家必备的春节应时食品。进入21世纪，钱桥、藕塘地区大多家庭都到市场上购买年糕年团，少数家庭仍然自家蒸糕做团子。

**祭祖**　钱桥、藕塘地区民间俗称“过年”。早者祭祖安排在农历十二月二十六、二十七左右举行，晚者在大、小年夜举行，但是，“过年”都必须在立春前进行。如当年家中有人去世，祭祖（过年）则必须在除夕举行。祭祖时，燃香点烛，敬酒，摆羹饭，供鱼肉豆制品、年糕、年团子等，全家行跪拜礼。

**送年礼**　春节前，准女婿要备各种上好礼品，送给未来的岳父母家，称为年礼。亲属间，小辈也常向长辈送年礼。

**拥军优属** 新中国成立后，春节前夕，钱桥、藕塘地区基层行政单位领导带领一队人员，敲锣打鼓，至烈军属家进行拥军优属活动。

**扶贫帮困** 新中国成立后，春节前夕，钱桥、藕塘（公社、乡）镇，钱桥街道办事处领导，各（村）社区，各慈善基金会，上门慰问区域内特困家庭和残疾人家庭，发放补助款和过年物品。

**慰问长寿老人** 改革开放以后，每年春节前夕，各（村）社区先后向60岁以上的老人发放尊老金；区、（镇）街道、（村）社区干部走访百岁老人，拜年，馈赠年礼。

## 二十二、除夕（大年夜）

农历十二月最后一天（大月为十二月三十，小月为十二月二十九）俗称“大年夜”，前一日俗称小年夜。外出家人一般要在年前赶回家团聚。晚上睡觉前鸣放鞭炮，辞旧迎新。旧时除夕，又称“年关”，穷人无钱还债，只得外出躲债。区域内有句民谚：“大年三十夜，拔掉锅子剩个烟囱管”，形容一贫如洗，无法还债，除夕这一天只能外出躲避，到正月初一才能回家（按规矩，债主不得在正月初一索债）。新中国成立后，人民生活普遍改善，不用躲债。改革开放后，中央电视台的春节文艺晚会成为区域内百姓除夕晚上的一道精神大餐。

除夕，钱桥、藕塘地区百姓的习俗丰富多彩。

**画弓箭** 旧时，除夕傍晚，村民用草帚蘸石灰水（或石灰粉）在大门前场上或后门外场上画张弓射箭的图形，以示镇邪。有的人家还用石灰水在弓箭旁写“天下太平”“风调雨顺”“国泰民安”等吉利语。抗战时期，区域内曾有人家在场上画飞机、大炮图形。画弓箭习俗在20世纪50年代后期逐渐消失。

**贴春联** 除夕傍晚，家家户户精选一副大红春联贴于门上，为节日增加喜庆吉祥气氛。春联以工整、对偶、简洁、精妙为好，内容多为祈求吉庆、赞美春光、弘扬道德。民国时期，区域内的春联普遍为“运转三阳泰，时来万事通”“种田千倍利，养蚕十分财”“生意兴隆通四海，财源茂盛达三江”“忠厚传家久，诗书继世长”等。新中国成立后，春联的内容大为革新，并随着时代的发展而变化，也不拘泥于平仄。解放初期，区域内春联普遍贴“翻身不忘共产党，幸福全靠毛主席”“向阳门第春常在，勤俭人家庆有余”等；20世纪60~70年代，普遍贴“听毛主席话，跟共产党走”“祖国春光好，农村气象新”等；改革开放后，普遍贴“九州生气逢春旺，四化新潮逐日高”“万众一心创大业，五讲四美立新风”“春回大地喜盈门，国展宏图民致富”。进入21世纪，春联内容百花齐放，区域内百姓大多到商店或地摊上挑选内容喜庆、印刷精美、各自喜欢的春联。春联中间，贴正方形红纸写的“福”字，“福”字一般倒贴，表示“福到”。有的人家在大门上贴桃符、门神。

**贴窗花** 钱桥、藕塘地区民间还喜欢除夕在窗户上贴各种剪纸——窗花，集装饰、观赏和艺术性于一体，烘托节日的喜庆气氛。

**贴年画** 区域内民间贴年画也很普遍，有的人家将年画贴在门厅、房间等墙上，增添兴旺欢乐的气氛。

**吃年夜饭** 除夕晚上，钱桥、藕塘地区家家户户合家团聚吃年夜饭。年夜饭酒肴丰盛，共享天伦之乐。进入21世纪，很多家庭到饭馆吃年夜饭，早在几个月前就到饭店预定。

**放关门炮仗** 除夕之夜，家人不再外出，就在屋前放3个关门炮仗，“爆竹声中一岁除”。改革开放后，尤其是进入21世纪，很多人家都放炮仗、黄鞭、礼花。是夜，钱桥、藕塘地区夜空礼花绽放，一片灿烂。

**守岁** 民国时期至改革开放前，吃过年夜饭后，家庭主妇炒花生、南瓜子，准备年初一的食物和一家人穿的新衣。一切事毕，全家人团坐喝茶，吃瓜子、长生果等，谈一年中家庭的情况，或谈天说地，直到深夜。改革开放后，有电视机的人家逐渐增多，除夕之夜全家人围坐在荧屏前欣赏春节文艺联欢晚会。有的人家守岁直至零时，放开门炮仗、开门礼花。进入21世纪，除夕夜零点，钱桥、藕塘地区鞭炮齐鸣，礼花绽放，也有居民到寺庙撞钟，祈求吉祥，迎接新一年的到来。

## 第二节 生活习俗

钱桥、藕塘地区民间的生活习俗随着时代的变化而变化，其中穿戴、饮食、居住、出行等习俗，经明、清、民国时期，至新中国成立后，尤其是改革开放后，发生的变化很大，婚嫁、出生、满月、入学、寿庆、丧葬等习俗，既沿袭旧时习俗，又有新的发展。

### 一、服饰

明代，钱桥、藕塘地区男子标志性服装为穿盘领窄袖长衫，系腰带；或穿单袍，袍长及地，腰系绦带，结于腹前。所谓“盘领”，是一种加有圆型沿口的高领，这种服饰士庶都可以穿，只是颜色有所区别。妇女上身穿盘领右衽宽袖短衣，下穿曳地长裙；有的内穿长袍，外套对襟夹褂。

清代，区域内服饰文化受满族服饰的影响较大，特别是有身份的男子，都穿长衫或长袍，外罩马褂；或穿右衽、偏襟、琵琶襟马甲（亦称坎肩、背心），外出或参加礼仪活动则穿长袍、马褂。女子穿旗袍，衣身修长，直领右侧开大襟，开叉紧腰，线条突现，柔和俏丽。袖口随季节变换，有中、长、短之分，质地有香元纱、织锦缎、丝绒、毛皮及普通的阴丹士林布。旗袍还注重装饰，领口、袖口、斜襟边常有绲边沿条；胸侧及下摆或彩线绣花，或光片缀花。钮子有双排长脚钮、盘香钮、琵琶钮、蝴蝶钮等。许多妇女还在颔下领扣上或左胸别上胸花饰品。

民国期间，富人穿马褂长衫，质地为绫罗绸缎、毛皮呢绒。知识分子及经商者穿竹布长衫的为多。农村男人服饰多为短装，衣着款式为对襟短衫叠腰裤、斜襟布衫大脚裤，穿着时在腰部打折系带；冬天穿棉裤、套裤，外系竹裙，颜色普遍以黑、青为主，以适应劳动时耐脏、耐洗、耐磨的需要。白衬衫、阔带裙为女学生装。年轻女子穿着较艳丽俏美，仍然流行旗袍。年长的人讲究淡雅朴素，老妇人以黑灰色布料为基调。服装质地大多为家织土布、粗纱布、青年布、竹布，条件好的穿府绸、士林布。中山装、西装等在社会上层和知识分子中流行。中山装由孙中山在南洋华侨中的首领服装及日本学生装的基础上改变，将企领改翻领，将暗袋改明袋，再加软盖一粒扣，民国后期在钱桥、藕塘地区青壮年中较为流行。

新中国成立以后，男子普遍外穿中山装、列宁装、学生装，内衣有衬衫，绒衣、毛线衣、背心等。女子穿传统中式服装，由长衣改为短衣，有单、夹之分。改革开放后，区域内穿中山装的人逐渐减少，兴起西装、运动服、夹克、风衣、牛仔服、滑雪衫等。男的穿西装、系领带，女的穿西装套裙。90年代，“唐装”渐起，仍以传统中式服装为主，只是裁制得更合体，用料更华丽。各式旗袍以老翻新，长短宽窄，无袖低胸者屡出新奇。进入21世纪，女子服装向紧身、轻薄、柔暖、艳丽方向发展。牛仔裤成年轻人的常服。背带裙、连衣裙、百褶裙、长的“一口钟”，短的“迷你裙”，露背露脐背心、露腿低腰裤成为年轻女性的夏日时尚。冬天各式羽绒服为男女老少所喜爱。春夏秋冬不同季节，钱桥、藕塘地区的百姓穿着展示着缎面唐装的古朴、无袖旗袍的典雅、全毛长裙的雍容、西装革履的潇洒、毛涤风衣的飘逸、牛仔系列的奔放、休闲服装的随和、羽绒冬衣的轻暖，不同年龄的人们彰显出小康社会服饰时新亮丽的一道道不同人文景观。

### 二、鞋

旧时，钱桥、藕塘地区男女大多穿圆口布鞋、方口浅面搭攀鞋、宽紧深面黑布鞋，多为家庭主妇缝制。冬天，穿蚌壳棉鞋，也有妇女穿绣花鞋，贫寒人家穿芦花蒲鞋甚至草鞋，穿土布袜。雨天农民穿钉鞋，下田穿草鞋，都为自制。很多农民赤脚下田干活。20世纪60~70年代，帆布跑鞋（解放鞋）、塑料凉鞋、橡胶套鞋逐步普及。80年代起，皮鞋普及，妇女以穿中高跟皮鞋为时尚。进入

21 世纪，鞋子品种多样，式样新颖，品牌运动鞋更受年轻人喜爱。

## 三、帽

旧时，区域内婴儿戴老虎头帽，儿童戴兔儿帽，青年人戴宽边呢帽、鸭舌帽，老年人戴毡帽、罗宋帽（行灶帽），老妇人戴黑丝绒风帽和两爿缎面上绣有梔子花或长脚寿字的蚌壳帽。市镇居民有的戴礼帽、白盔帽，有的戴铜盆帽、鸭舌帽，或针织绒线帽等。新中国成立后，男子多戴单、棉帽，式样类似军帽，以蓝色、军绿色为多。冬天多用纺织品围巾，色彩绚丽，花纹精美。夏天多戴草编凉帽。冬天，老年妇女戴绒帽，也有扎包头巾的。男的有的戴大庆帽、雷锋帽。改革开放后，钱桥、藕塘地区青、壮年戴帽者日见减少，年长者还戴鸭舌呢帽或绒线帽，年幼的戴各种花色毛线帽，或圆顶长舌的运动帽、或宽顶深口的羊毛帽。旅游帽式样多种，区域内百姓外出都戴旅游帽。

## 四、饮食

**饭菜** 旧时，钱桥、藕塘地区的百姓主食为米饭，其次是面食和糕点。一日三餐习惯“中干、两头稀”，辅以菜粥、山芋、南瓜、麸皮团子等。乡间有“面黄昏，粥半夜，南瓜当顿查一夜”的谚语。下粥菜普遍为自家制作的咸菜、萝卜干，也有炒蚕豆、炒黄豆、腌黄瓜，自制腐乳、香糟等。中餐菜多为自种的青菜、萝卜、韭菜、苋菜、扁豆、丝瓜、黄瓜、长豆、茄子、冬瓜、白菜、豆芽，也有茭白、藕、芹菜等。一年到头，很少吃肉。区域内有“馋嘴媳妇盼年到，荤汤萝卜吃一饱”的俗语，意为到除夕之夜，可吃上一次肉烧萝卜。钱桥、藕塘地区农民崇尚节俭，常煮稀粥烂饭省粮，故有“一年烂粥烂饭买条牛，三年烂粥烂饭砌幢楼”之谚。有的人家为节省食油，稍塘营大东店一户人家将韭菜放在饭锅上炖了吃。有的农户炒菜，用棉花蘸点油，在锅底搽一下，再炒菜。

改革开放后，钱桥、藕塘地区百姓的饮食发生根本性的改变。荤菜已属平常，甚至“吼荤腥，不吃饭”，猪肉不再稀罕，牛肉、羊肉、鸡肉、鸭肉、兔肉、鹅肉任意选择，鱼、虾、鳖、鳝、海鲜想吃就买。味美价贵的熟菜已进入寻常百姓家。钱桥、藕塘市场上有多家熟食卤菜店。熟食卤菜色、香、味俱佳，一到节日，区域内家家户户都要买熟食卤菜，熟食卤菜店的熟菜供不应求。年轻人经常到饭馆尝鲜。煮粥也讲营养，一些家庭把赤豆、绿豆、麦片、玉米、百合、莲心等与大米一起熬成杂粮粥。下粥菜为油氽花生、鲜味榨菜、肉松、咸鸭蛋等，有的早餐加上牛奶、面包和蛋糕等。有些年轻人早晨至早餐店就餐。

**酒** 旧时，区域内乡民对自家精米酿制的老白酒和白吊烧酒情有独钟，购买的有黄酒、红酒、果酒、双套酒、大曲、烧酒等。80 年代起，各色啤酒普遍上餐桌。富裕人家开始品尝起价格昂贵的人头马等洋酒。办喜酒有的家庭用茅台酒、五粮液等名酒。

**茶** 旧时，钱桥、藕塘地区乡民在夏天多饮大麦茶，有的上山或在路边采些野茶叶泡着喝，也有用香粳糯稻叶泡着喝。改革开放后，饮茶者增多，条件好的乡民多饮龙井、碧螺春、太湖翠竹等绿茶；也有喝乌龙茶、铁观音茶等。

## 五、居住

旧时，本地人大多住平房，种客田的外来户多住草屋，屋低窗小，夏天炎热，冬天寒冷，黄梅天潮湿。20 世纪 70 年代末，农户普遍造二层楼房，楼板用水泥、黄沙现浇，后用水泥多孔板。80 年代，造新屋建有阳台，安装新式门窗，室内墙壁用石灰粉刷。90 年代，区域内有条件的百姓建造别墅，内外装潢考究。进入 21 世纪，钱桥、藕塘地区搞小城镇建设，很多农宅拆迁，农户入住安置房，高层住房增多，较多家庭则购买商品房。安置房、商品房、别墅，装饰均现代化，室内都装有空调，有条件的还安装中央空调、地暖等设施。

## 六、出行

民国时期，钱桥、藕塘地区交通不便，人们视出门为畏途，常谓“引船走马三分险”“在家千日好，出门一时难”，尤其是远行，要择日选时，祈求顺风平安。外出交通工具主要以腿、船、骑、轿、黄包车五类。乡民出行一般步行。船有人力摇橹班船，到后来出现内燃机班轮。骑为乘马，是乡绅、名医等所用。轿子多为官员、财主、贵宾的代步工具，中医郎中也有备青布小轿，老人短途出行也有乘青布小轿。黄包车多为钱桥、藕塘、南西漳市镇乡绅外出雇佣。

新中国成立后，区域内百姓出行变化不大。20世纪60年代，多依靠船只出行。70年代末，自行车进入农家。80年代末，轻骑、摩托车逐渐增多。90年代起，私人开始有小轿车、面包车，出行“打的”已很普遍。区域内公交线路增多，无私家车的都乘公交车外出。进入21世纪，钱桥、藕塘地区80%以上家庭有自备小车。区域内百姓长途出差或远道旅游，乘坐飞机往返已成常事。几十人成团的出国旅游只要拿起电话或手机，拨通某一家旅行社，旅行社即会派车接送。

## 七、婚嫁

旧时，钱桥、藕塘地区男婚女嫁注重门当户对，男家央媒说亲，女方前去相亲，满意后将男女双方生辰八字的庚贴请算命先生排一排，相合即定亲。男方将庚帖供于灶家殿，然后请媒人行茶礼。茶礼为红布包一圆盘，盘中放花生、百合、红茶叶、陈米陈麦、千年运、订婚戒指和茶金。男方办订婚酒，宴请长辈，俗称“小定”。以后逢年过节，男青年要备节礼，称“毛脚女婿张丈母”。成婚前选择婚礼吉日，托媒人向女家送纳聘帖（日脚帖子）和礼金，有些还加首饰和四季衣裳，叫“大定”。女方置办嫁妆。婚礼前双方都得过年，先请祖宗喝喜酒，女家称“别祖”。结婚当天，男方向女方发轿，迎亲彩轿共有2顶，一顶由新郎坐着到女方家迎亲（也有新郎骑马迎亲），一顶空着迎接新娘。迎亲队伍有鼓乐前导，行倌、喜公（伴郎）、媒人等同到女家。花轿停在场前，男方要付开门、汰尿布钱。区域内“轿子停在堂前，还要一条牛钱”的俗话由此而来。然后女家发嫁妆。此时，新娘要同母亲抱头大哭，风俗是“愈哭愈发”。接着，喜娘（伴娘）扶新娘上轿，在场上要快步进快步退，称“常来常往”。接着，新娘上轿时由父亲或兄弟抱入轿中，俗称抱上轿。然后吹吹打打，迎新队伍来到男家场前，鞭炮齐鸣，一对新人进入男家客厅，喜娘将用红布兜头的新娘扶着跨过“沿路把”，进入喜堂，开始拜堂，并请出男方长辈一一见礼。夫妻拜堂后送入洞房，由两名父母双全的男青年手捧银花烛引路，喜公、喜娘扶手牵红绿牵巾的新人步步踏着铺好的麻袋前行，称作“传代”，两边人群向新人撒寸金草或花纸屑。洞房中灯烛辉煌，新人喝交杯酒，吃银花烛夜饭（花烛夫妻由来）。待宾客筵散，合家团聚吃“团圆夜饭”，新人依次敬酒。当新人回房后，村上男友和亲友开始闹新房，并有“越闹越发”“吵发禄”之说，无论逗趣嬉闹还是恶作剧，新郎、新娘都不能生气，俗称“三朝呒大小，太公在床上豁虎跳”，直至深夜方休。翌日晨起，新娘盥洗后先拜见公婆，同长辈和平辈见面施礼。二朝或三朝，新郎陪新娘回娘家，俗称“双回门”。一个月内新娘不能住娘家，满月后女家要为女儿做满月。婚后一年内男家要应时送四时八节礼。

渔民的婚嫁都在本帮内进行，大、小船之间泾渭分明，不娶农民为媳，也不愿嫁给农民，除非一部分大龄青年渔民在本帮内找不到对象，才和农民联姻。渔民中的“换换亲”盛行，即将女儿嫁给对方，对方将女儿嫁来为媳。渔民男女合婚，由父母作主，都以门楣为重。

进入民国时期，钱桥、藕塘地区文明结婚新风渐起。少数富裕人家和知识界，首先出现由证婚人证婚，主婚人主持仪式，读结婚证书，新人签名盖章，来宾读贺词，男女傧相读贺词，废除许多旧的繁琐礼节。

新中国成立后，根据新《中华人民共和国婚姻法》，钱桥、藕塘地区男女青年双方自由恋爱，登记结婚，并举行结婚仪式，婚礼从简。渔民青年男女一般都是男女双方看中，再央人说媒。定亲时男方要送衣料为聘礼，同时有一定数目的礼金。结婚时，新娘必穿大红的花衣服，以讨吉利，头上要佩戴绒花一个月。“文化大革命”期间，提倡集体婚礼，并不准办嫁妆，喜宴不能超过3桌。改革开放后，男女青年结婚都用名牌轿车迎亲，婚礼仪式出现新潮，有主婚人、证婚人、介绍人、男女傧相，还有童男童女牵婚纱。县乡两级共青团等组织还举行集体结婚典礼。进入21世纪，婚宴大多办在有名气的大酒店，在大酒店内举行结婚典礼，有司仪主持婚礼。婚礼隆重，一般程序为司仪首先入场；然后新郎身着礼服入场；新娘手挽父亲的手入场，身后有花童为其托起裙摆，缓步来到圣坛前；新娘父亲将新娘的手交到新郎手中，并嘱托从此要照顾和爱护新娘，完成交接仪式；新郎携新娘走过婚礼通道上台，新郎新娘父母同时上台；证婚人致辞；父母代表讲话，祝福和嘱咐新人婚后相敬如宾、心心相印，同时对来宾表示感谢；新人致辞，感谢父母养育之恩；两个花童手捧托盘，托盘中放有戒指入场；新郎新娘交换戒指，拥抱和亲吻；新人切结婚蛋糕，喝交杯酒，共同浇筑爱情源泉；新人一起点燃喜烛，婚礼仪式结束；新人在宾客的掌声和祝福中，走过婚礼通道，更换礼服；司仪宣布婚礼仪式结束，婚宴开始。2015 年，区域内青年男女结婚既有中式婚礼，又有西式婚礼、中西结合婚礼，亦有旅游婚礼。

### 八、续娶、改嫁

男方再婚称“续娶”（又称“续弦”），女方再婚称“改嫁”（又称“再醮”），一般都因婚姻一方去世后再婚。

### 九、入赘

习俗由来已久，旧时家中只生育女孩，不得不招婿以续香火，称之为“招女婿”。另一种状况入赘是寡妇需照顾公婆，招赘以撑门楣，俗称“招黄伲”。也有男方或家贫无力成婚，或兄弟多、缺房少田，招出去以谋生路。成婚时费用由女方承担，所生子女姓女方姓。旧社会赘夫如童养媳，无地位，村里人也看不起。新中国成立后，男到女家，不再受歧视。尤其是独生子女普遍后，钱桥、藕塘地区百姓已基本无入赘意识，男到女家、女到男家都一样。

### 十、出生、满月

旧时，小孩刚出生，家长就要给婴儿喂一小匙西黄浆，以解胎毒。女婿要携益母草（苦草）立即去岳母家报生（两扎苦草是男孩，一扎苦草是女孩），岳母家将益母草等物交女婿带回。婴儿出生第三天，要过“三朝”，在产房内点香烛，斋“监生娘娘”，以求母亲奶水多，小孩健康。民间给出生的孩子取名时，习惯要先“排八字”，后再取名。有的为孩子好养，取与阿狗阿猫谐音的俗名，或给孩子找一个合生肖的寄娘（干妈）。

满月是初生婴儿第一个庆诞，要为新生儿剃头。理发师给孩子剃头后，父母将孩儿的胎发揉成团，用红头绳串起挂在帐钩上。同时还要给孩子的堂兄或表兄剃头，俗称“剃双头”，寓意成双吉利。婴孩剃头的酬金较一般理发费用高出两倍，用红纸包好付给理发师。剃头后，由祖母或外祖母给小孩洗头，在洗头水中放入两件银器。“银器”与“人气”谐音，人们认为放入银器洗头，小孩子日后就有“人气”。满月这一天，外婆家要做满月，除给孩子送衣服鞋帽、银锁银镯外，还要办灰袋、尿布、抱裙、毛衫，外加摇篮、座车等。这一天，孩子父母要办满月酒宴请乡邻亲友。婴儿周岁，办“纪世酒”，宴请亲友乡邻吃周岁面。改革开放后，报生、外婆家做满月、办满月酒等习俗依然在钱桥、藕塘地区民间风行。进入 21 世纪，钱桥、藕塘地区都到饭馆办满月酒。

### 十一、入学

民国时期，孩童入学前，要举行“授头顶”的习俗，亦称“成童入世”礼俗，多在农历七月初六举行。外婆家要赠送礼品，有书包、文具、衣物等。书包内放雪片糕、花生、菱之类讨吉利的食品。送孩子上学读书，要送糯米包豆沙的“学堂饼”和一壶糖水的“和气汤”，由家长随孩子一道将“学堂饼”和“和气汤”送给老师，再分发给每个学生一块饼、一碗汤，希望大家吃了甜甜顺顺，小朋友和睦相处。

新中国成立后，入学礼俗大多省去。进入 80 年代，随着独生子女增多，送孩子上学读书，外婆家赠送的书包、文具、衣物和放置的食品档次提高。多数家庭孩子考取高等院校就办丰盛的“谢师酒”，宴请师长和亲朋好友。进入 21 世纪，孩子考取重点高校后办酒的习俗仍然在区域内盛行。

## 十二、寿庆

旧时，钱桥、藕塘地区老年人寿命大多五六十岁，活到六十岁就称“有寿”，要“大庆”，由此有“人生七十古来稀”之说。老人每逢60岁、70岁、80岁、90岁时，称寿星，子女都要为父母做寿。做寿规模取决于家庭的社会地位和经济程度。庆寿酒宴常由儿子承办，寿宴主食为长寿面。女儿为寿星添置衣服、寿面、蛋糕。父母如同年则为祝双寿。小辈要向寿星拜年，民国以前行跪拜礼，后简化为拱手礼，寿星赐以压岁钱。有钱人家的父母早逝，子女为表孝心，待亡父或亡母寿诞之时则做冥寿。民国时期至新中国成立初期，亲友祝寿送礼多寿幛、寿联、寿赋；改革开放后，送红包称便，送鲜花、蛋糕成时尚。进入21世纪，祝寿之礼虽已简化，但送寿礼、摆寿宴之风在区域内盛行。经济条件好的家庭办寿宴时还举行隆重的仪式，拍摄录像片。

## 十三、丧葬

民国时期，钱桥、藕塘地区中等人家年过半百，就要预营后事，打寿材，定坟地，做寿衣。预制寿材有祈祷长寿之意，也属喜事。寿衣，区域内百姓称之为“老衣”，一般是“五领三腰”，男用蓝色，女用红色。寿衣不钉扣子，只缝带子。墓地又称“阴宅”。民间普遍认为墓地风水关系到子孙后代兴衰，故要请风水先生踏勘，预定墓穴位置。

老人弥留之际，子女侍奉在侧，夜不就寝，叫“陪夜”。倘有子女在外，急忙召回见最后一面。老人断气后，子女立即号啕大哭，称为“送终”，随即将帐子卷起放在屋檐上，尸体用白被单遮盖。入殓前，子女孝服加身（白头白扎）。

人死后当天或第二天，死者家属要通知亲友，称“报丧”。亲友获讯后要泡黄糖汤给报丧者喝。死者一般在第二天晚上小殓，区域内百姓称为“下材”。小殓开始，棺盖合缝处钉上子孙钉，哀乐声起，哭声恸地。一般第三天进行大殓，称“搁三朝”，也有搁五天的。出殡时，道士开路，途中还要路祭。灵柩到墓地，金井（墓穴）内要烧柴草暖坑。棺木入穴时，请人对好中轴线入棺。送葬者返回不走回头路，进屋喝糖水，吃二片雪片糕。家人脱去孝服，连同白束腰一一挂于梯级上。亲友吃罢“利市饭”回家时，丧家要哭送。

七七四十九天后称“断七”，其中以“五七”最要紧，女儿要办筵席追祭死者，焚化冥器，撤灵座台。

1958年，区域内推行火葬。1984年后，钱桥、藕塘地区火葬率达100%。进入21世纪，死者出殡都用军乐队、汽车，在陈漕湾火葬场举行追悼仪式。

## 十四、造房

旧时，区域内乡民建房都要请人看地基。房向一般坐北朝南，即所谓“负阴抱阳”。同时，又比较重视与相邻房屋在位置及高低上的关系，以求邻里协调、和睦相处。屋基破土动工之日，按全家人的生日时辰择定。开工砌墙，要在“龙沟”（墙基）里置放一些财物以图吉利，一般在墙基的四个角上各放一枚铜钱，谓“太平钱”。待墙体砌至山尖时，叫“封山墙”。封山墙时，泥瓦匠要唱喜歌：“新砌山尖高又高，八仙过海齐来朝。八洞神仙齐欢笑，一代更比一代好”。

上樑木料有讲究。旧时，钱桥、藕塘地区民间有严格的规定，房樑只能用杉、松、杨、榆、椿等树材。上樑这一天，娘家人要送“斋梁”糕团、粽子、鱼肉、面和糖果等到女婿家“抛樑”。上樑仪式包括布彩、请樑、拜樑、系樑、安樑、献宝（接宝）、抛樑等。上樑必择吉日良辰，全家老少都穿新衣。抛樑是上樑时最热闹的场面。在献宝、抛樑过程中，匠人要唱喜歌：“吉日上大樑，四方亲朋喜洋洋；抛樑先抛东，主家洪福乐无穷；抛樑抛到南，养的儿子中状元；抛樑抛到西，金银财宝铺满地；抛樑抛到北，子孙满堂全家福。”然后将主人备好的糕饼、硬币和岳父母家送来的糕团、馒头、糖果等由匠人从屋樑上抛撒下去。此时鞭炮声声，喜庆气氛达到高潮。许多人在下面“抢抛樑”，人们认为抢到者会交好运。主家最希望抢抛樑者十二生肖齐全，“生肖齐全，百无禁忌”。上樑结束，主人给工匠喜钱。上樑当天，主家办上樑酒，宴请亲友，招待匠人。

盖屋顶，包括钉椽子、铺旺、盖顶、做脊等几道工序。每间的椽子数只能逢单，以避鲁班乳名“双子”之讳。瓦匠做脊时也唱喜歌：“新做屋脊两头翘，今日万福又来到。屋脊新做像条龙，荣华富贵多兴隆。”

### 十五、乔迁

俗称搬家，搬场。新居落成后，先由娘家来“暖灶”。娘家人一早把点心、甘蔗（寓意节节高）、灶厨用品等运挑到女儿家。旧时有选择下毛毛雨日子搬家的习俗，意为“有余（雨）”。搬家大多请人择定吉日。搬家时先鸣放鞭炮，然后竹梢、甘蔗进屋，再把大床在房间内搁放好，再搬厨房家什。考究的还请道士做暖屋斋事镇宅。也有人家上梁、暖屋一起办，并办酒宴答谢亲友。

### 十六、分家

兄弟长大成家后要分开生活，一般由全家合议分就。较难分时请老娘舅到场（旧时还需请族中长辈），磋商家产分割。公议结果写成契约（分关）。钱桥、藕塘地区习俗为父母的家产一般分子不分女，也有根据父母意愿，送一部分给女儿作为“赠嫁”。分家时长子有优先权，朝向好的房总分给长子，“哥东弟西，哥南弟北”即此意。如有人无子女，兄弟中侄儿可“立嗣”给无子女兄弟，立嗣者须赡养无子女老人并可得其财产。进入21世纪，钱桥、藕塘地区都为独生子女，无所谓分家，儿子、女儿均可继承父母财产。

## 第三节 生产习俗

明、清、民国时期，乃至新中国成立初期，钱桥、藕塘地区百姓在农业、副业、林业生产中，由于缺乏科学知识，形成了一些生产习俗。20世纪60年代始，区域内生产习俗渐渐消失。

### 一、农业生产习俗

旧时，钱桥、藕塘地区农户从年初二开始，每天扫地将垃圾堆积到屋角，到正月十五傍晚，把垃圾挑到田中焚烧作肥料，称烧田财。是日，农户还将稻草点燃，高高举起在田中来回奔跑，然后丢在田里，祈求丰收，称“嚼爝（烧火把，方言音同‘铡’）田角落，一年可收三石六”。

农历二月初八，传说为张大帝生日，区域内民间有“张大帝冻狗肉”之说，当日常有风雨雪；二月十八和二十八也常有风和雨，农户都要做好农作物防冻工作。二月初八、十八、二十八三天如果都是晴天，则年景荒歉，有“三八无雨大荒年”之说。

农历五月二十日为“分龙日”，水龙宫吃分龙酒，用水龙喷射田苗，求分龙雨。如次日下雨，为丰收之兆；如久旱不下雨，则定期断屠，市上禁售鱼肉，求天落雨。

夏忙莳秧前夕，村民合置菜肴老酒，念佛聚餐，尽兴一天，求日后耕作平安，叫“下脚会”。夏忙莳秧结束，再次聚餐酬辛，谢田神保佑耕作圆满之德，称作“汰脚会”。

立秋前后，农家“斋青苗”，田里插上红、绿、黄三角小旗。旗上写“令”字，以驱赶水稻病虫害，有“猛将赶螟虫”一说。

腊月二十四夜，钱桥、藕塘地区的农民纷纷抱柴薪到田头燃草把，再把燃烧的草把用力抛向空中。夜空中团团火球此起彼伏，时闻“廿四夜，丢田财，你俚田里稗草，我俚田里旺稻”“我俚田里收三石半，你俚田里三木碗”的喊声，求田神保佑来年丰收。

新中国成立初期，钱桥、藕塘地区农业生产习俗依然沿袭。人民公社成立后，区域内农业生产习俗逐渐消失。

### 二、副业生产习俗

旧时养蚕，钱桥、藕塘地区蚕农在蚕种孵化前祭祀蚕神，在蚕台上放上桃头，以示祛邪；贴蚕花娘娘像，禁止闲人出入；家中忌食辛辣菜肴，不起油锅，以利蚕宝宝生长健康，蚕茧丰收；忌说蚂蚁、苍蝇、老鼠；忌出粪。在孵化时还要取葱数根，在葱白中部包一圈红纸，葱味辛香，以引蚕蚁早出卵壳，红纸则代表大吉大利。每当蚕茧取得较好收成时，蚕农们都要备酒肴祭祀，以报答“蚕三姑”的保佑。

养猪建圈，匠人和主人不可开口。主人在旁看匠人干活，匠人要什么送什么，否则以后猪会乱叫。有的人家在建造猪圈时在圈内放一捆稻草，请匠人吃点心和团子，然后匠人在稻草旁睡一会，以示猪吃了就睡，睡了长膘。有的还要在圈底砖头下放一个馒头，以示养猪顺利、猪胖膘肥。母猪生了小猪，属虎的人不能去看，据说看后小猪会被母猪吃掉。

### 三、林业生产习俗

钱桥、藕塘地区农家庭院内忌种银杏、松柏、枇杷、桂花等树木。谁家在村前屋后种桂花如不开花，就认为将来不发达。

竹子开花，视为不吉，要砍掉。竹园出笋，不能用手去摸，据说摸后笋会烂掉。桃树、梨树在秋天开花，视为不吉之兆，要砍去。

平时忌砍树木，砍树要在“乱里”（大寒节气）。大寒后逢庚日开始可砍树木，有所谓“逢庚起乱”之说，至立春为止。

## 第四节 庙会

明、清、民国时期，钱桥、藕塘地区多庙会。庙会是钱桥、藕塘地区地方性的群众节会，有猛将庙庙会、八庙朝会、苏庙庙会、西漳庙会、常寿寺庙会、永宁庵庙会、大悲庵庙会等。新中国成立后，区域内庙会大多消失。2015 年，西漳慈云禅寺有庙会，但规模较小。

### 一、钱桥猛将殿庙会

民国时期，钱桥老街东岳观有南猛将殿、钱桥桥北有北猛将殿。每年农历八月初三，南、北猛将殿都有猛将出会的民俗。出会时，好几百个乡民在道长的带领下，有的抬着猛将老爷偶像，有的敲锣打鼓，有的唱山歌。时值水稻抽穗的季节，钱桥百姓祈求猛将保佑农业丰收、村民安居乐业。南猛将殿出会时，从南猛将殿出发，沿下官道到龙山梢，再经龙尾陵道，至陈漕湾一圈，经河庄头回殿结束。北猛将殿出会时，则是从北猛将殿出发，往东经毛家桥，进郑家岸，至顺塘桥，再至东观音堂桥，再往西到小西桥，再到北街进入铁狮桥，然后回北猛将殿结束。新中国成立后，庙会消失。

### 二、藕塘冯巷猛将庙庙会

清代，开原乡藕塘桥北冯巷上有猛将庙一座，平日香火不热闹，但是每年农历七八月间有迎神赛会，村民将猛将庙中的猛将偶傀抬至野外，以保卫田禾，除患御灾，十分隆重。至民国时期，会首决定于每年农历八月初九、初十、十一、十二日举行猛将庙会。猛将庙会第一天，村民抬着猛将偶傀向东路行进，第二天向北路行进，第三天向西路行进，第四天回转冯巷猛将庙。民国 7 年（1918），冯巷猛将庙猛将偶傀出会时，仪仗队尤其兴盛。其原因是猛将会已举办多年，邀会之期，周边地区多方支持，前至助兴；田中水稻丰收有望，乡民们兴高采烈，以答谢猛将神位。因而，是年出会时除以往的旗伞之外，更添有马匹、茶担等，颇为热闹。新中国成立后，庙会消失。

### 三、八庙朝会

农历三月二十八是岳神东岳大帝诞辰，按钱桥、藕塘地区民间相传，周朝开国功臣黄飞虎被姜太公敕封为东岳泰山天齐仁圣大帝，总管天地人间吉凶祸福。天齐仁圣大帝如此大权在握，惹得各路尊神趋奉朝贺。

民国时期，钱桥东岳观中忠安殿供奉“春申君忠安大王”牌位。每年农历三月二十八日，钱桥东岳观参加八庙朝会。是日出会时，几百乡民排着队伍，抬着春申君偶像到东岳庙（位于惠山祠内）去朝拜，以祈求风调雨顺、国泰民安。东岳观春申君偶像出会朝圣时，有规定的行会路线和礼仪制度，仪仗中除规定的标牌、旗幡、随员、差役、皂隶外，还有大刀、马叉、轮车、抬阁、高跷、洋八队、肉身灯等民俗活动及丰富多彩的民间戏文，春申君偶像则排在最后。春申君偶像出会队伍竭尽全力，精心策划，以在惠山赛会中一争高低，不甘落后。午后，钱桥东岳观春申君偶像出会队仪仗排道，在城区主要街道绕行，最后经东西两大街、棉花巷和五里街，下午四时许才到惠山，朝圣礼仪至七时结束。稍事休息后，晚上八时打道回府，称为夜色转会，灯光照耀如同白昼，节目更是精彩。 东岳观中的道士则在观中圣帝殿做法事，迎接春申君偶像回宫。是夜，通宵庆贺圆满，由道长给镇内各家各户通数姓名、八字。新中国成立后，庙会消失。

## 四、苏庙庙会

为纪念清嘉庆末年显应桥冤案的乡哲贤人支浩明，每年农历三月十五日，苏庙要举行庙会。民国时期，苏庙庙会由荣德生赞助，张巷上张巧宝负责组织。参加庙会的有尤巷、张巷、缪巷、历村、大支巷、杜巷、余巷、支巷、埭桥、沈巷、邵巷、杨毛岸等村群众数百人。

庙会当天，人们早早起身，5 点之前到苏庙集中，每人发 5 只馒头作早点。清晨 5 时准时在苏庙起香。队伍前有缪寿清带领的飞叉队一路舞着飞叉开道；接着有敲锣打鼓的，有掮旗扛伞的；之后是渔、樵、耕、读的扮演者；后跟着轮车抬阁，上面坐着支浩明偶像及金童玉女；最后是大支巷、杜巷、余巷群众扮演的三百六十行队伍，一路巡游表演。队伍经钱桥至惠山一转，再经青山湾、河埒口，至梅园开原寺进香、朝拜，稍事休息。再从横山口、东山、西山，经陈漕回到苏庙结香。行程 10 余公里，是无锡庙会巡游路线之最，非常热闹。1950 年，苏庙庙会消失。

## 五、西漳慈云禅寺庙会

1998 年，纪念慈云寺修复建成，定于每年农历三月初五举办西漳庙会。西漳庙会举办初，设有 300 多个摊位。后因道路改造以及政策规定，减少至 200 余个摊位。每届庙会，慈云禅寺提供有价素斋 600 余份。前来参加西漳庙会的人来自全国各地。2015 年，西漳慈云禅寺庙会依然存在。

## 六、庙塘桥常寿寺庙会

庙塘桥有一座常寿寺。民国时期，常寿寺称为殷家庙，每年正月十五和八月十五举行两次庙会。庙会以做戏、村民跪拜烧香祈福为主。解放后，去庙里烧香的人越来越少，常寿寺庙会逐渐消失。

## 七、南水渠永宁庵庙会

南水渠永宁庵建于清咸丰十年（1860），部分房舍被毁。2008 年，永宁庵重新修复，供附近百姓瞻仰供奉佛像。每年二月十九，当地村民举办永宁庵庙会，有表演节目等活动，后庙会消失。

## 八、稍塘营大悲庵庙会

稍塘营百姓认为，稍塘营得名于元朝末年张士诚部将莫天佑屯兵扎营房，因章巷渡口的官桩浜而出名，因稍塘茧行而繁荣，因靠青面大老爷张巡偶像每年出会巡访而得生活安定。稍塘营大悲庵供奉张巡偶像，群众称之为“青面大老爷”。民国时期，稍塘营地方乡绅陈皖生、陈文彬、李纳初、张文蔚等定于每年三月初三为青面大老爷出会巡访节。当日，附近群众数百人在大悲庵广场集中。到时，李纳初宣布“张巡大老爷”起步，随即丁老二、张三大二人拖毛竹爿开路。张巡大老爷偶像由八人大轿抬着紧跟。一路彩旗招展，锣鼓喧天，鞭炮齐鸣，护卫队、大刀队、马叉队、走高脚队、舞狮队、舞龙队、调嘉官队等各自表演。路线自稍塘桥至井亭里、刘塘桥返回。队伍在路过茅蓬庵时，必须停轿，肃静数分钟，以示对茅蓬庵内雷尊大老爷的敬意。沿途设有馒头、茶水供应，观看出会的村民有上千人。

每年七月二十三日是张巡大老爷生日，稍塘营很多自然村群众普遍开展纪念活动。各村每家在张巡大老爷偶像前轮流摆放供品，操办“三荤三素”“三瓜六果”。场上竖 10 多米高的天灯木头一根，夜晚点天灯 5~7 天。新中国成立后，大悲庵庙会消失。

# 第八篇 人物

(1438～1505)
明代进士缪昌

(1770～1845)
清代显应桥素蒙宠
者文浩明县令赐予
其“媒为里式”匾

(1818～1884)
清廷赐予其“天下
第一巧匠”匾额者
徐寿

(1845～1901)
清廷追认其为二品
衔内阁学士徐建寅

(1907～1996)
著名画家周怀民有
“周芦荡”“周葡
萄”美誉

(1872～1933)
民国时民族实业家
郑子卿

(1902～1972)
锡剧主角有“哭
煞小生”雅称之
匡耀良

# 第四十章 人物传略

人物传略收录钱桥、藕塘地区不同历史时期为社会作出贡献、有名望的、有重大影响的已故人物91人、革命烈士13人；附因公牺牲革命军人1人；另附民国时期在钱桥、藕塘地区作恶多端、糜烂地方、投靠汪伪政权的反面人物周阿福生平。

## 第一节 人物传

《人物传》中所列传的人物是区域内各个历史时期已故的重要人物，有北宋崇宁五年（1105）进士章谊，官列刑部尚书、户部尚书、端明殿大学士；明成化十四年（1478）的进士缪昌，赴礼部会试，中选殿试，第在二甲，官至二品，为官30年而布衣素食，家无财产；有清嘉庆年间支浩明不畏强权、急公好义，在震惊朝野的“显应桥案”中战胜地方封建官僚恶势力，救活锡西地区数十万亩即将枯死的禾苗；有清末徐寿为“中国化学之父”，徐建寅为中国近代造船、军事、化学工业和现代科学技术的创立和发展作出杰出贡献，而在研制炸药时爆炸身亡，年仅56岁（徐寿一门四代，皆为人才，在钱桥、藕塘地区传为佳话，徐寿、徐建寅、徐华封、徐尚武、徐家保、徐宝潭、徐宝鼎、徐宝彝、徐萱、徐艿、徐超、徐飞、徐申梅、徐申轮、徐申威、徐申慎、徐健、徐鄂云等），在无锡地方志书中皆有记载；有民国时期民族实业家郑子卿，早年参加革命的张锡昌、厉无咎、江东平，著名画家周怀民，电影录音家陈汀声，语言学家管燮初，戏剧创作家俞介君，教育家、书法家沈武、戏剧家匡耀良等，充分反映钱桥、藕塘地区为人文荟萃之地。

### 章　谊（1078—1138）

出生于北宋元丰元年（1078），字宜叟，祖籍建州浦城（今福建建瓯）。北宋崇宁五年(1105)进士(明弘治《重修无锡县志》载)。北宋大观二年(1108)，章谊自丹阳迁无锡龙山之麓开原乡斗城（今钱桥市镇南一公里处）定居。靖康之耻（1126~1127），金兵大举压境，宋室败退南迁。南宋建炎三年（1129）3月，高宗赵构退抵临安（杭州），扈从统制苗傅和御营右军副统制刘正彦因不满赵构宠幸权臣及宦官而发动兵变。高宗惶恐无措。时位列后排官职低微的杭州通判章谊越班怒斥众臣的怯懦行为。高宗非常嘉许章谊的勇为，破格将章谊嘉奖连升三秩，擢升为仓部员外郎，不久又转任驾部员外郎，升迁为殿中侍御史、吏部侍郎，摄兵部。南宋绍兴四年（1134），金国遣使要求宋割江北土地给伪齐刘豫。章谊临危受命出使金国到云中（大同），金完颜晟不让宋驻军淮南，章谊毫不畏惧，坚不屈从。南宋绍兴五年（1135），大旱，一斗米钱暴涨到一千钱。章谊在龙图阁学士兼温州知府任上采用唐宰相刘晏招商的方法，官府不强抑米价，招外地粮食涌入，同时打开官府粮仓，以时价的四分之一将陈粮卖给饥民，没多久就平抑了米价，活民无数。朝廷闻知，奖励章谊官至一等。章

谊深爱江南无锡，情寄故地作《湖山游》诗；“江南春色胜常年，蚕妇耕夫笑语妍。日永湖山纵游屐，夜深箫鼓更划船。”章谊官列刑部尚书、户部尚书、端明殿大学士，著文集二十卷，奏议二卷。南宋绍兴八年（1138），章谊积劳成疾卒于任上，享年61岁，谥忠恪，墓葬于开原乡舜柯山东南的横山之原。

## 缪　昌（1438—1505）

出生于明正统三年（1438）六月，字廷谟，号昕谷，又名缪昌龄，祖上世居钱桥夏虞桥，祖父思敏，因夏虞桥宗族繁密，迁居于舜柯山下缪家里。缪昌10岁，因学业优异入县学，为生员。16岁学成食廪，稍有生徒来受业。明天顺六年（1462），缪昌中式应天乡荐高第26名，国子监季考常在优秀行列，门下受业者益多。明成化八年（1472），父母相继离世。缪昌居丧苦块，庐墓三年。兄昌年，弟昌民，缪昌处之以和，把遗产让给兄弟。明成化十四年，缪昌41岁，赴礼部会试，中选殿试，答卷文辞、内容俱优，第在二甲。仅二年，授工部营缮司主事，委督皇家砖瓦等建筑材料于要途，以廉洁有能著声。明成化十九年，御史台吏部考绩，缪昌以贤能公正，褒授敕赠其父竹逸先生如己官、其母王氏安人。后改授户部福建司主事，监京卫诸仓，与内臣共事，昌和而不随。明成化二十一年，监徐州广运仓，民输不劳，军兑得所。明成化二十三年，署员外郎事，监天津三卫仓，所临皆武士，缪昌威强抚柔，声望赫然。明弘治元年（1488），孝宗皇帝即位，实授员外郎，缪昌奉敕勘察，把强势富户地还于百姓。百姓在武清为其立生祠。明弘治二年，进署贵州司郎中事。明弘治三年，授郎中，赠其父竹逸先生员外郎、其母王氏宜人。尚书李、叶二公，商量国家民生大事，常常咨询缪昌，缪昌十分谦虚，最后才发表意见。李、叶听完缪昌意见后面对其大拜以感谢。明弘治五年，出为山西左参议，均徭役有法，传递文书有规，兴办学校，救济孤寡，老百姓视缪昌为父母官，称颂其者，万口一辞；治宁化府之狱，辨杨副使之奸，都是当时地方官员难以处理之事，而缪昌处理绰绰有余；河东久旱，方士术僧，多次祈祷不应验，缪昌亲自沐浴斋戒，撰写祝词，带领官员祈祷，祈祷一日后就下大雨，老百姓认为是缪昌的功德；沈府占民田，百姓相聚于道旁，纷纷向缪昌诉苦。沈府闻听此事后，即至缪昌处谢罪，退田还民。因而缪昌每每外出巡视，苍头白首，都戴香迎拜于道。明弘治十二年，迁山东参政，山东百姓都认为福星到了。海右一向是难以治理之地，缪昌到任后，粮赋早早完成。四月后移守辽海。辽海为盗寇猖獗、蕃将宦官羌胡杂处之地，缪昌恩威并用，抑强扶弱，加之以训导教育，风俗大变。胡人骚扰村庄，百姓常常受到危害，缪昌立什伍法，惩一警百，并设墩堡，风纪肃然。明弘治十四年，辽东闹饥荒，抚臣欲散粟贷民。缪昌考虑此法老百姓不能得到实惠，官吏有可能乘此贪污，况且贷出容易，偿还困难，于是提出以平价把粟卖给百姓，秋收后又以平价收购百姓粮食以充实粮库。百姓都称好。后缪昌复还山东，在兖州修孔庙、治河患、定役法、惩污吏，政治清明。明弘治十六年，迁四川右布政使，莅事近一年，民瘼以消，国法以伸，吏风以清，军伍以足，钱法以通，冤狱以释，蕃地以平。蜀地百姓深深地感激缪昌，皆担心其再回京城。明弘治十八年，缪昌已67岁，致书给吏部告退。缪昌闻吏部同意其告退，十分高兴，但忧国恤民之心毫无减退。四月，自蜀还吴。六月抵荆南，得疾。缪昌大病后刚刚能吃一点稀粥，听到孝宗皇帝驾崩，稀粥都吃不下，不一会儿昏厥过去。门生速抬其就医。过了20天，七月朔，缪昌不语而逝，享年67岁。缪昌一生对父母敬而诚，对弟长让而恭，律己严而俭，报君忠而勤，待人恭而恕，临下宽而惠，宦居二品而布衣素食，当官三十年而家中没有财产。八月六日，其子扶缪昌棺抵无锡，奉柩于重恩堂，卜在明正德元年（1506）十月既望，葬于钱桥境内龙山之西的开原乡历村湛岘山（舜柯山北麓），北纬31°59′，东经120°22′。

## 陆文达（1747—1830）

出生于清乾隆十二年（1747）七月十七日，字天来，号松山，钱桥陆岸头人，清国太学生。少时家境贫寒，为人忠厚诚实。15岁时经人介绍，只身穿着青布衫，手提小木箱前往苏州学拣羊毛。学徒期间勤快、好学，乐于助人，多次用工资资助困难人员。后技艺有成，自行经营羊毛手工业，成为民族手工业带头人。攒钱后在家乡置田300余亩，分给渭湖本房耕种，使家乡父老耕者有其田。并出资重修惠山陆家祠堂，教育后代向先祖学习。陆文达平时多善举，嘉庆年间其家新屋落成时，苏州抚台潘世恩亲笔书写“敬业堂”匾额挂在其新屋正堂（“文化大革命”期间被毁）。支浩明蒙冤，陆文达全力支持支浩明，暗中请人救助，又到京城请人发传单（时谓“卖朝报”），把显应桥案的真相公布于世，使人知道无锡恶绅乱告支浩明，惊动朝廷下决心断清支浩明案子。卒于清道光十年（1830）十一月十二日，享年83岁。

## 支浩明（1770—1845）

出生于清乾隆三十五年（1770）六月十二日，钱桥大支巷人，小名阿凤，为人正直、不畏强权、仗义执言、急公好义、胆识高超。清乾隆五十八年（1793）任开原乡廿二都二图图董、地方约正，曾协助地方侦破钱桥河浮尸案和白汤圩“饭箩”案，深受无锡县令韩履宠赏识。清嘉庆年间得监生。清嘉庆十二年（1807），无锡遇旱荒，支浩明身先利导，主动捐资助赈，并发动群众抗旱，倡开王泗浜，接通洋溪河，并向县衙上报灾情，要求“按口给钱”，赈济灾民。韩县令召集无锡乡绅、富商在学前街“明伦堂”商议捐资，遭到乡绅反对，说“五六不成灾”，不肯“按口给钱”，只能开粥厂煮赈。支浩明当即反对，认为如果这样，那老弱病残仍都饿死。此举冲撞了乡绅，被拳掌斥逐出公堂。最后在韩县令的调节下，还是一面煮赈，一面“按口给钱”度过荒年。清嘉庆十九年，无锡大旱，支浩明又捐资疏浚钱桥至双河段河道，以增水源，供农民日夜戽水抗旱。西门外的显应桥因被乡绅为“风水”所堵，太湖水无法直灌锡西、锡北农田，眼看七十二图半农田稻禾将要枯死。支浩明竭力上禀无锡县及常州府，要求开通显应桥，让太湖水直达运河，解除旱情，但县府官衙碍于无锡乡绅权势，不敢批示。支浩明书呈上禀江苏巡抚陈桂生，呈中提出只有开通显应坝，才能“上保皇粮，下救黎民”。新上任的巡抚陈桂生当即批准七月二十四日开桥，彻底解除锡西、锡北的灾情。但乡绅怀恨支浩明，欲加罪名。为缓解矛盾，支浩明再次上禀，提出在显应桥下设建闸座，平时关闭闸门仍如坝，遇到旱涝启闭闸门救灾，得到苏州府批准。显应桥闸门于清嘉庆二十二年修建完工，并勒下“遇旱开通碑”，准许支浩明“凡遇旱涝由浩明刷摹碑文呈报县衙备案即可开启”。

清嘉庆二十四年（1819），无锡大旱，支浩明奉公开闸救灾，被乡绅诬告入狱。支浩明身刺“御灾悍患、桥通瞑目”告血状与乡绅对簿公堂。巡抚即抓捕支浩明押解苏州关押，严刑拷打，刑死熏苏。支浩明却理直气壮、严词抗诉。无锡乡绅又买通牢头，用桑皮纸封住支浩明七窍，致其差点死在狱中，幸得狱友相救，才逃过一劫。后得吏部潘世恩指点，找镇江金山寺和尚杨杰（原任无锡县令）帮忙陪同支浩明长子上京告状，三状未准。迫于无奈，杨杰将支浩明冤情刻印成朝报，巧遇嘉庆太子绵宁。绵宁买朝报呈嘉庆。嘉庆帝读朝报后联想到朝报内容与潘世恩的奏本如同一辙，于是下令彻查，支浩明冤狱遂得以昭雪。钦差至无锡将一干贪官、乡绅押解至京问罪。支浩明无罪释放，但一场官司，支浩明卖了良田240亩，左下肢已刑残，然仍认为“乃大丈夫份内之事”。支浩明蒙冤出狱后，稍作休息，即会同乡民集款开通显应桥坝，带头捐资重修显应桥，并立下石碑，不准填塞。“显应桥案”当时震惊朝野。后无锡县正堂韩履宠赐红底金字匾一块，上书“堪为里式”大字，同时碑刻前后分别刻“钦加知州衔江苏常州府无锡县正堂加十级记录十次韩履宠为 开原乡廿二都约正支浩明立 嘉庆二十五年”文字。支浩明一生善举甚多，注重教育，在自家院内开办私塾（民国时期该私塾改为无锡县第九小学）；为保护舜柯山张湾、道士湾等生态，立下不准私自开山采石、毁坏林木的保护生态碑刻。支浩明卒于清道光二十五年（1845）十月初三，享年75岁。支浩明的事迹及“显应桥案”的变化文本有剧本《显应桥》、卷样《开河宝卷》、叙事诗《显应桥的故事》,《梁溪书友》《无锡日报》惠山新闻版、《江南晚报》专刊、《无锡论坛二期》均有刊登，有辅仁教材《感受吴文化——显应桥》等。1989年，支浩明墓迁至舜柯山张湾山麓（变电所后）。整个墓葬坐南朝北，面积约100多平方米，有墓道、墓墙，墓长约5米，墓地四周树木茂盛，绿荫环抱。支浩明墓为无锡市第五批文物保护单位。

## 徐　寿（1818—1884）

出生于清嘉庆二十三年（1818）二月二十六日，字生元，号雪邨，钱桥社冈里人，清末科学家、中国近代化学启蒙者。5岁时父亲病故，靠母亲抚养长大。幼习举业，应童子试。17岁时，母亲去世。幼年失父、青年失母，家境清贫的生活使徐寿养成吃苦耐劳、诚实朴素的品质，后人评述其“赋性狷朴，敦尚节俭，衣食不求华美，居室但蔽风霜，悠然野外辄怡怡自乐，每出门徒行数十里，无倦色，至老不衰”。

鸦片战争前后，徐寿目睹清廷政治腐败、经济落后、丧权辱国，外国资本主义势力不断入侵，感到研读经史无裨实用，愤于列强入侵，由追求科举仕途转向学习自然科学，专程赴上海从外国传教士开办的墨海书馆中购得物理、化学、数学及西方多种科技书籍，发奋自强，自制仪器，研习试验，抱定科学救国的信念，决心献身于科技事业。当时，中国尚无专门培养科学人才的学校，也无专门从事科学研究的机构，徐寿与同乡学友华蘅芳（无锡荡口人，近代著名科学家，擅长数学，比徐寿年幼15岁）一起去上海。经过多年刻苦学习，徐寿掌握化学、物理、机械、数学、医学等多门学科的基础知识，成为江浙两省中“通晓制造与格致”的“奇才异能之士”。同时，徐寿一方面号召国人大力翻译西方科技著作，一方面身体力行，从事科技书籍翻译工作，成为中国近代较早的翻译家。

清咸丰十一年（1861）十一月，徐寿和华蘅芳受曾国藩推荐入其幕府，受聘于曾国藩创办的安庆内军械所，次子建寅随同前往。清同治元年（1862）三月，徐寿、华蘅芳、徐建寅奉曾国藩之命试制小轮船。为此，徐寿和华蘅芳到安庆江边的一艘外轮上仔细观摩，并参考《博物新编》上的略图，开始研制蒸汽机。“推求动理，测汽机蘅芳之力为多，造器置机皆出寿手制。”其子建寅在研制中“屡出奇思”。同年七月初四，三人合作制造出我国第一台蒸汽机（汽缸直径为1.7寸，发动机速度每分钟240转）。接着，徐寿等三人对船体进行设计和制造。清同治二年，徐寿与其子建寅和华蘅芳及全体技术员工通力合作，制造出中国海军的第一艘蒸汽动力轮船——“黄鹄”号。这年四月的一天，“黄鹄”号首航式在南京下关码头举行。“黄鹄”号船长55市尺、载重25吨、排水量45吨，木质外壳，主机为叙卧式双联蒸汽机，每小时行程约12.8公里。曾国藩父子出席仪式。曾国藩在仪式上解释船名的意义时说：“古书说，黄鹄，大鸟也，一举千里者……中国军队的第一艘蒸汽船，中国近代的造船工业从这里启航。”这是中国近代科技和交通业上的一个重大成就。当时上海《字林西报》在报道这一消息时，发出“中国人创造力之成功”的惊叹。

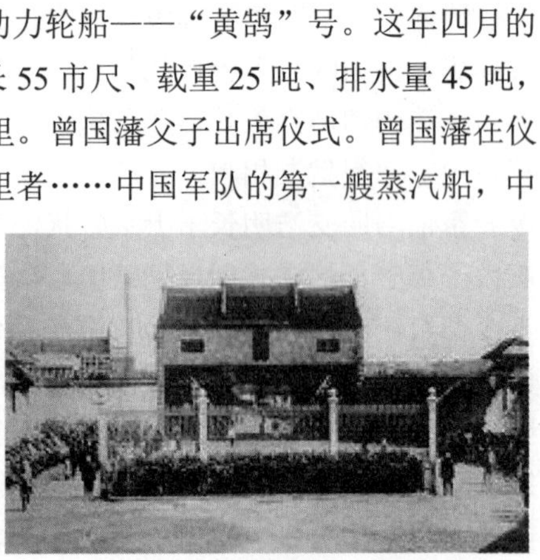

清同治六年，徐寿至江南制造局主持技术工作

清同治六年，曾国藩派徐寿（其子建寅同行）到李鸿章在上海设立的江南机器制造总局（简称江南制造局）主持技术方面的工作。鉴于当时中国发展军火工业的技术和原料都要依赖外国，徐寿向曾国藩提出翻译西书、开煤炼铁、自造大炮、操练轮船水师4条建议，得到曾国藩的赞许。在此期

间，徐寿父子和华蘅芳等先后建造“惠吉”“操江”“测海”“澄庆”“驭远”号等近10艘兵轮。同时，创办翻译馆，增建上海龙华火药厂（自制镪水）、铸铜铁厂、洋枪楼、卷枪厂、熟铁厂、锅炉厂、枪子厂、火药库、炮弹厂等。清同治七年，翻译馆在江南制造局内成立，徐寿主持馆务，并亲自参加翻译工作。自清同治七年至清光绪十年（1884），徐寿主持的翻译馆翻译西方科技书籍17部（计105本，168卷）、撰写专论9篇，计287万多字，内容包括化学、物理、数学、医学、军事学、工艺学等，其中化学及化学工艺方面的内容有较大篇幅，如以无机化学为主要内容的《化学鉴原》《化学鉴原补编》以及以有机化学为主要内容的《化学鉴原续编》和有关定性分析的《化学求质》、定量分析的《化学求数》等，全面系统介绍19世纪七八十年代西方的化学知识，对中国近代化学的形成和发展起到先驱作用。徐寿十分重视实验，曾搜集大量实验仪器，进行化学实验的演示工作和化学实业的开发，仿制成功铅室法制硫酸、硝酸纤维及雷汞等化合物，为当时的矿物开采与冶炼提供必要的原料。徐寿译著的《化学大成》《化学材料中西名目表》发明音译的命名法，首创音译并加“金”字旁的新造汉字以命名化学元素（如钙Ca、镁Mg等），即把固体金属元素的英文读音中的第一个音节译成汉字，并一律加上“金”字旁，作为这个元素的汉字名称，后被中国化学界广泛接受，沿用至今，成为中国近代化学的先驱者，获誉“化学之父”称号。徐寿编写的《化学材料中西名目表》是中国第一部化学化工辞典，解决了当时化学专业名词无辞典可查的难题。日本人所用的化学名词，很多是袭用徐寿《化学材料中西名目表》中的译名。同时，徐寿还翻译大量机械书籍，与伟烈亚力（Alexamder Wylie，1815—1887年）合译的《汽机发轫》是中国第一部专论蒸汽机的译著。清同治十二年，徐寿任江南制造局提调。徐寿在翻译化学书籍、传播化学知识的同时，还率先实施化学教育。清同治十三年，徐寿与华蘅芳、傅兰雅等在上海筹建格致书院，为中国第一所教授科学技术知识的学校。徐寿出面多方集资，于清光绪二年（1876）五月建成开学。书院设讲学堂、图书房、知新堂，常开设矿物、电务、测绘、工程、汽机、制造等课程，定期举行科学讲座，组织科技研讨，兼有学校、学会、图书馆、博物馆等多种功能，开创中国近代科学教育的先河，造就出一批科技人才。同时创办出版融自然科学与社会科学于一体的《格致汇编》（中国近代较早的一本自然科学期刊），徐寿负责编审，并在刊物上先后发表《汽机命名说》《考证律吕说》《医学论》等有关机械、音乐、医学等方面的论文，刊物在40多个城市和港口发行，并发行至日本、新加坡等国，对促进中外文化交流、传播科学知识、推动中国科技发展起到重要作用。

徐寿在科学上取得成就后名声鹊起，丁日昌等著名的洋务派官员以及各地封疆大吏都邀请他去帮助创办制造局、开矿和办厂。徐寿深感传播科技知识是当务之急，“译书行世较专治一事影响尤大”，因此虽恳辞不就，但仍为他们进行规划、设计、采购机器和聘请科技人员，有时还派其子徐建寅、徐华封前去指导。山东、四川等地的制造局以及大冶煤铁矿、开平煤矿、漠河金矿等在创建时都得到过徐寿的帮助。徐寿回家乡看到洋商压价收茧，非常气愤，遂自行研制茧灶，不必用电加温，烧硬柴也能烘茧杀蛹，很快在农村推广，增强竞争力，抵制外商压价收购蚕茧，保护家乡蚕农利益。

徐寿诞辰180周年纪念币

徐寿一生致力于科学事业，为人耿直，不愿为官，不图厚禄，在其制成中国第一艘轮船后，清廷曾赐予“天下第一巧匠”匾额，但徐寿从未悬挂。清光绪七年，在国际顶级期刊《自然》杂志上发表论文1篇，对传统声学定律“空气柱的振动模式”（即伯努利定律）提出质疑，并用现代科学矫正一项古老的定律，为在《自然》杂志上发表论文的首位中国人。清光绪十年八月初六（1884年9月24日），徐寿病逝于上海格致书院，享年66岁。同年，徐寿安葬于钱桥镇高石头，抗战期间，墓地柏树遭日军所毁。1969年春，墓地被平整为粮田。1984年5月，在钱桥乡胜丰村南重建徐寿墓，占地166.68平方米，与原面积相同，1988年列为无锡县文物保护单位。1999年，徐寿墓自钱桥镇胜丰村高石头迁至梅园孔山里梅园公墓，被列为无锡市文物保护单位，墓碑由钱伟长题写。

## 徐建寅（1845—1901）

出生于清道光二十五年（1845），字仲虎，钱桥社冈里人，徐寿次子。徐建寅自幼受其父影响，热爱自然科学，在其父的教育下聪敏好学，随徐寿、华蘅芳学习现代科学技术知识，有时参与他们做实验。人称其“少勤敏，善察微”。

清咸丰十一年（1861），徐建寅17岁，随父亲徐寿一同到曾国藩在安庆创办的军械所供职。当时，徐寿与华蘅芳正筹划试造一艘用蒸汽机作动力的轮船。为此事，徐寿、华蘅芳“日夜凝思，苦无法程”，徐建寅“屡出奇思以佐之”。

清同治六年（1867），徐建寅随父到江南机器制造总局（简称江南制造局）工作。此时江南制造局刚迁进新址，百事草创，头绪多端，为提高制造能力，徐建寅与其父徐寿提出翻译西书、开煤炼铁、自造大炮、操练水师的4条建议。在徐氏父子倡议下，江南制造局于次年即设立翻译馆，并聘请英美学者伟烈亚力、傅兰雅等专门从事翻译出版西方科学技术书籍的工作。徐建寅在江南制造局任职七年“于船炮枪弹多所发明”。清同治七年，徐建寅协同徐寿、华蘅芳制造成功中国第一艘汽机兵船“惠吉”号，为中国近代造船工业拉开序幕。“惠吉”号长180尺，宽27.2尺，吃水8尺，马力392匹，载重600吨，船上并装有8门大炮。“惠吉”号下水后，又陆续造出“操江”号、“测海”号，1000吨级的“澄庆”号及2800吨级的“驭远”号等大型舰船，不仅为中国近代船舶工业开创局面，也为中国培育了第一代产业工人和造船骨干。其间，徐建寅父子还作为“华方董事”的代表，与西人麦华陀、傅兰雅等用募款集资的办法，在上海创办一所专门向社会青年传授科学技术知识的格致书院。格致书院的教学内容、教学方法、办学形式，为中国兴办近代式的科学技术教育开创先河。清同治十三年（1874），徐建寅应李鸿章邀请，到天津机器制造局主持硫酸（时称镪水）的研造。经过筹划，采用铅室制酸法，不久便研造成功，为天津机器制造局解决所用之镪水依赖进口的问题。是年，清政府征用人才，江苏巡抚丁日昌素识徐建寅的才学，要其筹论时局。徐建寅遂“上书万言”，详陈时势，受到总理各国事务衙门的重视，并“奉旨以出使大臣记名”。

清光绪元年（1875），徐建寅应山东巡抚丁宝桢聘请，至山东协助筹划机器局的创建。丁宝桢授命徐建寅为机器局总办，“全面规划，统筹一切”。山东机器局在徐建寅一手经办下，不逾一年，即已全部建成，开创由中国自己的工程技术人员设局建厂的先例。清光绪五年，徐建寅被清廷委派以驻德使馆二等参赞的名义，出国进行技术考察。这是中国第一个被派往外国专门作技术考察的工程技术人员。徐建寅出国订购铁甲舰船，考察英法等国生产制造技术。自清光绪五年至六年的两年间，徐建寅先后对英、德、法三国80多家工厂和科技部门进行深入细致的考察，并将其所见所闻详细记录，尤其对生产设备、工艺技术方面中的一些重要问题，更为专注。对于订购铁甲舰船，徐建寅更是尽心竭力，考察英、德两国最著名的一些造船厂，经过对比、考证，最后选定在德国最大的伏耳铿造船厂订造两艘铁甲舰船，成为清政府北洋舰队中的两艘主力舰“镇远”和“定远”号。徐建寅生活的时代，正是帝国主义列强加剧侵略中国、清政府日益腐败的时候。“师夷长技以制夷”和“富国强兵”的思想主张逐渐为徐建寅所接受。徐建寅对于西方的“文明”不是盲目崇拜，而是有他自己独到的见地和认识。徐建寅本着“取其所长，为我所用”的目的在西方几国进行考察。一次，他去法国考察一家染丝厂，看到这个厂的机器设备齐全而精致，生产工人很多，工艺也比较复杂，“但染成之丝，皆脆而易断，且不能成艳色”。相形之下，徐建寅认为反不如中国的染丝方法简易，用人既少，而所染出之丝色泽好、效率高，且成本较低。由此，他联想到中国固有的长处，也有不少值得西人所学习。在欧洲考察期间，徐建寅将其所见所闻，编著成《欧游杂录》。书中介绍西方造船、机械、枪炮、火药、熔铁、铸钢、采煤、开矿、电器、印刷、水泥等几十个门类和行业，涉及设备、工艺、机器安装、船坞建造等方面的就有200多项，还有关于金属加工方面的60多项，为中国近代工业的发展和创办奠定基础。清光绪十二年，两江总督曾国荃聘请徐建寅督办金陵机器制造局，主持技术工作。徐建寅在这里工作两年多，利用旧设备改造成可铸炼钢材的设备，减少进口，节省开支。同时，还研造成新式后膛抬枪。另外，对人事任用、生产调度等管理工作也作不少改进。

鸦片战争之后，帝国主义列强常以“教案”为借口，不断侵略中国。一些传教士也依仗武力和不平等条约的“特权”制造事端。对此，徐建寅深感不安。清光绪十五年，徐建寅在督办金陵机器局时，镇江发生一起外国巡捕打死中国人的事件，由此激起镇江民众的愤怒，捣毁洋行和领事署。英美两国借此扩大事态。两江总督曾国荃派徐建寅前去处理此事。开始，徐建寅“以本籍未便为辞”。后在曾国荃敦促下，“卒以一人独当数国，据理辩论，不亢不卑，未及三月，最终和平结案”。清光绪十六年，徐建寅应湖广总督张之洞邀请，会办湖北铁路局。是时，张之洞正兴办汉阳铁厂和枪炮厂，急需大量用煤。为减少从外国购买，徐建寅于大冶附近“勘得真煤层”一处。经试开，质量极佳，“与英国之上等煤足堪匹敌”，并且也足够汉阳铁厂和枪炮厂使用。清光绪二十一年，光绪帝特旨召见徐建寅，并派其去天津、威海查验船械战败、失利的情形。

清光绪二十二年，徐建寅被调到福建船政局任提调。时徐建寅对帝国主义瓜分中国的形势，对清政府昏聩无能的当权者、主和派，认识愈加深刻。在公务之余，徐建寅撰写一部《兵学新书》。在这部书的自序中，阐述他对人和物、兵器与操训的初步认识。书中写道：“兵之强，不全恃军火之利，而在其操练之精。”在训练兵士方面，他主张要有中国懂兵学的有志之士“讲求兵学”“训练兵士”，而不能请外国人为中国培训兵士。书中对于中华民族的危急、当局屈辱投降的政策及避战的“主和派”作深刻揭露。他说：“惟是割地、偿金主和者，其所割之地，系国家之版图；其所偿之金，系民间之脂膏。”“这是慷他人之慨，大作人情，以图显达，并可从中染指而牟其利”，而受害、受耻辱最深的是“中国四万万民人”。清光绪二十四年（1898），在维新变法、实施新政中，徐建寅被任命为农工商总局督理，授予三品衔，可随时“专折奏事”。变法失败后，徐建寅亦被列入“禁锢谪革”之内，由于他“参与事晚”，被革去“三品”，后以回乡扫墓为名，在无锡、上海闲居一年多。

清光绪二十五年，张之洞于汉阳建造一个无烟药厂。因外洋工匠此时都已离厂，生产研制无法继续进行，张之洞派徐建寅总办无烟药厂研造之事。徐建寅为不受制于洋人，挑起研制无烟药的重担。为尽快研造出合格的无烟药，徐建寅“日手杵臼，亲自研炼”，经过多次试验，终于研造成功。清光绪二十六年，张之洞约请徐建寅去湖北督办全省营务。是时，八国联军正入侵中国，外洋火药已不再向中国出口，张之洞派徐建寅去督办保安火药局。为应急需，徐建寅遂“慨然任之”，日夜操劳，只用三个月，便将保安火药局建成并投产。

清光绪二十七年二月十二日（1901年3月31日），徐建寅亲自到拌药房合药拌料，正准备开工生产时，机炸药轰，与在场的其他15名员工同时罹难，终年56岁。徐建寅一生著译有《造船全书》《兵学新书》《化学分原》《水雷录要》《欧游杂录》等40余种书籍。清政府为表彰徐建寅的功绩，追赠为二品衔内阁学士，交国史馆立传，入祀昭忠祠，并在无锡钱桥龙山梢埭桥域内设置衣冢墓区，以供乡人瞻仰。

## 徐华封（1858—1928）

出生于清咸丰八年（1858）农历四月二十二日，字祝三，钱桥社冈里人，徐寿三子，中国近代制造工艺专家。徐华封受父兄影响，从小热爱工艺制造，“以制造为治生”。清光绪三年（1877），徐华封在上海制成中国第一部电话。据《格致汇编》介绍：“徐君祝三曾于日前见西报之传声器图，遂按图仿造，三日而成。”清光绪十四年，徐华封在山东淄川督办采炼铅矿任职。清光绪十五年，在高昌庙左近创办广艺公司，生产矿烛、肥皂，以抗衡洋货倾销。清光绪二十四年，在江南制造局所设的工艺学堂任化学教习，并编著教材《化分矿质求数》。清光绪二十七年，徐建寅因火药爆炸而遇难，徐华封仍然认真研究其兑制火药的工艺，提出改进意见。民国10年（1921），徐华封创办广艺机器制冰厂。该厂生产的人造冰以质优、价廉、量足而受到用户欢迎，打破了英商对上海人造冰市场的垄断。与此同时，徐华封还与人合作筹资，在周浦镇建立大明电厂，向周浦镇提供工业用电及居民照明用电。由于发电量有限，为避免超负荷，徐华封自行设计制造一种“限制表”，当用电量超过限额时，表可控制，自动跳闸而使供电中断。民国12年，徐华封帮助实业家吴蕴初研制成天厨味精。天厨味精投放市场后，十分畅销，很快就迫使日本的“味之素”退出中国市场。徐华封还与其父徐寿、英人傅兰雅筹议校书甚多，正式刊印的有《儒门医学》《西艺知新》《镀金法》《化学考质》《化学求教》《宝藏兴焉》《电气镀镍》《种植学》《化学工艺》等。民国17年12月7日，徐华封病故，享年70岁。

## 徐家保（1867—1922）

出生于清同治六年（1867），又名家宝，字献廷，钱桥社冈里人，徐建寅长子，清末著名军械火药专家。清光绪九年（1883），任上海格致书院董事。张之洞督两湖时期，受聘为湖北两湖书院、经心书院教习、总教习，江汉书院提调（兼课天文、地理、兵法、算学）。清光绪三十年起，任四川兵工厂、四川机器新厂暨造药所会办、总办。清宣统元年（1909），任四川建昌兵备道道台，推广新式枪炮，改进武备技术。民国初，任广东石井机器局总办、北洋政府陆军部技士。主要译著有《炼钢要言》（附镍试验法），《保富述要》《国政贸易相关书》《工艺准绳》《航海章程》《钢铁化学》等。民国11年（1922）逝世，终年55岁。

## 徐尚武（1872—1958）

出生于清同治十一年（1872），钱桥社冈里人。原名振清，字衡山，小名南宝，徐建寅次子。清光绪十九年（1893）恩科副贡，内阁中书，京师大学堂毕业，北洋时期授勋五位陆军中将之一。徐尚武“讲求格致制造之学，出自家传，具有心得”。曾任湖南炼官局总教习、湖南师范学堂及忠裔学堂理化教习、矿务局化学师兼化学实验所教习、两湖文高等学堂分教兼编译教科书、湖北文普通学堂理化学教习。还曾任京师大学堂、两湖书院化学教习。陈小石督鄂期间，徐尚武任湖北钢药厂监察。

民国元年（1912），徐尚武任北洋政府陆军部军械司一等科员。民国2年升任技正，赴上海兵工厂用新法研制无烟火药，仅3个月时间而成。继而大批量生产硝化甘油炸药，质地极佳。民国4年，任德州兵工厂厂长，制成黄色炸药，性能优于日本所造，是中国最先仿制成黄色炸药（苦味酸）和甘油甜炸药（硝化甘油炸药）的兵工专家。民国6年，任上海兵工厂分厂（龙华兵工厂）厂长，负责研制各种新式枪炮用火药及炸药，颇多成就与发明。民国11年，任大总统府军事处第一厅咨议。民国13年，徐尚武又研制成安全炸药，可用于装填手榴弹、飞机炸弹、地雷、炮弹，较当时西方普遍使用的黄色炸药更为安全，无变性自炸等问题，也可用于开山采矿。

徐尚武是中国近代研制火药炸药取得重大成就的科学家之一，著有《徐氏火药学》22卷。《徐氏火药学》总结徐寿、徐建寅、徐华封、徐家保及其本人祖孙三代半个世纪研制各种火药、炸药的经验，总结其本人研制新式火药炸药的工艺方法。《徐氏火药学》是中国迄今最早的一部系统、全面地反映近代火药炸药科技成就的专著，是研究中国近代火药炸药技术发展的重要历史文献，未正式出版，有手抄本两部，分存于南京国家第二历史档案馆及徐尚武孙女徐大纬处。1958年，徐尚武病故，享年86岁。

## 郑子卿（1872—1933）

出生于清同治十一年（1872），又名郑蓉镜，字子卿，钱桥老街人，无锡民族实业家。14岁父母双亡，16岁去无锡南门外皮毛行当学徒，两年后至上海宝昌丝厂（洋行）任管车，后任上海信昌丝厂管车，乾康丝厂（中国第一家华人丝厂）管车、总管理，恒丰丝厂总管理。清光绪二十五年（1899）回钱桥成婚，娶同乡孙婉贞。翌年举家迁居上海。民国6年（1917），回无锡，在钱桥社冈开设宝昌茧行，在周山浜创办缫丝厂，初名鼎盛。民国10年，鼎盛缫丝厂更名为瑞昌丝厂，独资资本额5万元。民国15年，瑞昌注册出口商标为“斑鸟”“公园”“双鹰”，产品畅销美、英等国。同年，瑞昌与乾生生、泰孚等11家丝厂生产的白厂丝在美国费城召开的国际博览会上获甲等大奖。民国17年，郑子卿派次子郑炳泉、三子郑海泉、四子郑鑫泉参加中国赴日蚕丝考察团去日本考察。民国18年购置日本最新式煮茧机、站式缫丝机等新式缫丝设备后，对瑞昌丝厂进行技术改造。是年，瑞昌丝厂拥有引擎马力12匹，平均每日用煤7吨；马达1台，马力12匹；丝车320台，机械设备共值银2.7万两；年用干茧3000担，产丝500担。民国22年，郑子卿因病逝世，享年61岁。郑子卿生前将瑞昌丝厂资产分作14股留给7个儿子，厂名改为瑞昌和记，次子郑炳泉任经理。民国23年，三子郑海泉控股经营，瑞昌和记改组为瑞昌新记。次子郑炳泉离开瑞昌和记后，在无锡东门外亭子桥独资创办瑞昌永丝厂。民国24年，薛寿萱邀瑞昌新记等36家大中型丝厂抱团成立兴业制丝股份有限公司（简称兴业公司）。时兴业公司几乎控制江浙皖三省丝茧业。民国26年10月6日，无锡城区遭日机轰炸，郑家丝厂被迫全部停工。民国27年无锡沦陷，郑家人拒绝与日本人合作，瑞昌新记丝厂和瑞昌永丝厂均为日本侵略军所占。新中国成立后，更名为国营无锡缫丝二厂。

## 徐申梅（1879—1929）

出生于清光绪五年（1879），字文蔚，钱桥社冈里人，徐华封次子。清代江南制造局工艺学堂毕业，曾任前清上海兵工学校教员，兼任无烟药厂无烟火药审检处处长。民国元年（1912）任安徽省勘矿员，调查全省矿产，办理铜官山矿权收回交涉。后任上海科学仪器馆总厂厂长。民国11年任广东兵工厂无烟药厂技师。民国13年继室亡故回沪，办新大陆影片公司。是年11月拍孙中山途经上海北上的时事新闻片。曾参与平定陈炯明叛乱，孙中山亲笔书“革命尚未成功，同志仍需努力”对联赠之。老同盟会会员。民国18年去世，终年50岁。

## 朱伯麟（1887—1950）

出生于清光绪十三年（1887），藕塘桥朱巷人，朱熹第三十四世孙。自幼志大行坚，入身社会刚直不阿，威武不屈，一生致力于社会公益事业，无私奉献，为地方谋福利，是藕塘地区百姓心中的楷模。清末，带领社会贤达改良私塾。清宣统三年（1911），为在藕塘镇上创办现代正规教育的西溪小学（藕塘中心小学前身）四处奔波，募资求贤。民国初，藕塘地区各乡村至邻镇只有弯曲狭窄的泥泞小道，人们出行很不方便，朱伯麟发动带领群众加阔路面，雇工兴筑石片路。筑路中曾遭遇被损农田的农户诅咒，他以理服人，并及时合理赔偿，所需经费除部分捐募外悉数以自己私资促成完工。大道筑成后，车马络绎，畅通邻乡，行人个个称便，造福藕塘乡民。闻见藕塘地区乡民因遭遇火灾而缺乏威力巨大的灭火器

具，损失惨重，朱伯麟发动镇上贤达筹建永安水龙宫，配置先进灭火器械，训练专职灭火员，成立灭火组织。然群情相庆的公益事业被一二自私之徒妒忌，乘夜焚烧永安宫。朱伯麟不为所屈，再次出私资重建恢复永安宫，并申保备案。民国年间，藕塘地区兵荒马乱，盗贼四起。藕塘桥溪河纵横，芦苇丛密，素为盗匪匿迹。朱伯麟急群众所急，聚集众人急筹自卫之策，呈报县府购置枪械、训练团员，成立保卫团。时国库空虚，公帑无着，所需经费均系朱伯麟筹措。民国15年春，大帮湖匪洗劫胡埭张舍后进袭藕塘桥，朱伯麟闻及警报后，随即亲自督率自卫团员奋勇抵抗，击退湖匪袭击。时任县长呈报省长韩紫石给予一等劳绩奖。旧时，藕塘乡间农耕习用旧法人工戽水灌溉农田，若遇水灾、大旱则无术救济，坐视大片农田荒芜，农民生计无从保障。朱伯麟接洽戚墅堰震华发电厂，商酌电力灌溉事宜。远距离立电杆、通电线等装置巨大工程需巨资方能完成，其竭尽私资和广泛募捐，历尽艰辛，终于成功。藕塘地区数千亩农田均成为电力灌溉区。民国23年大旱，田土龟裂，禾苗枯槁，旱灾之象百年未见，然藕塘地区农田赖以电力灌溉之现代化设备，禾苗丝毫未受影响。藕塘桥既在电区之中，朱伯麟又召集大家在镇上装设电灯、装置电话，把原为乡僻小镇发展为繁荣商市，千家万户颂扬其献身公益事业的优秀事迹。朱伯麟除尽力于上述各项社会事业之外，被政府任命为无锡县开原乡乡佐、藕塘桥镇长、无锡县保卫会会员、无锡县保卫队第一中队长晋级陆军少校等职。综其服务各职，无不谦恭自持，谨慎从事，而为上级器重，下属敬仰，屡获奖令而不骄其志，忠于职守。后因服劳过度，精力衰颓，屏除一切职务后在家仍致力于慈善事业。其采药济人尤为显著，秘制对口疽发背药以及专治吐血之豆花露，名驰遐迩，竟有不远千里而来觅者，故门庭若市，盛德之事，广为流传。朱伯麟治家谨严，耕读传家，长子和侄子们分别毕业于清华大学法学系、南京金陵大学、上海中医学院、南菁中学等。1950年去世，享年63岁。

## 徐　飞（1888—1938）

出生于清光绪十四年（1888），又名福保，小名法宝，字凤霄，钱桥社冈里人，徐建寅六子。清宣统元年（1909），投江苏省赵声（伯先）新军，从排长升到营长。民国初年，任安徽都督柏文蔚的监印官，后任江苏驻沪办事处处长。民国16年（1927）任东北先遣军第一军第三师师长。老同盟会会员。民国27年去世，终年50岁。

## 俞纯斋（1892—1952）

出生于清光绪十八年（1892），字汉忆，号藕塘散人，藕塘桥人，中学教师、文学家。自幼聪慧，入学读书，每试辄取前茅。民国9年，考入国学大师唐文治在无锡创办的国学专修馆，为该校第一届学生。时国学专修馆所聘教授章太炎、陈石遗、钱基博等皆为名流，同学又皆英才。俞纯斋亲炙唐师及诸名教授训诲，与同学切磋观摩，学问日益广博。毕业后，俞纯斋先后执教于江苏、广西各中学10余年，教育循循善诱，每授课，广征博引，学生静肃无倦容；批改作业，认真点删，有佳句辄执以勉之以进。民国25年，回无锡任教于锡钟高级职业学校。民国26年秋，抗日战争全面爆发，锡钟高级职业学校被炸，俞纯斋回乡任教于附近各校。俞纯斋长身玉立，有名士风度，工诗文，著有《藕塘散人诗文稿》，未刊；工于书法，擅篆隶楷行，纵横倜傥，如其为人。1952年5月逝世，享年60岁。

## 高中玉（1896—1941）

出生于清光绪二十二年（1896），原名赵冬根，后更名为高中玉，钱桥上秦巷人，国民党少将。自幼家贫，15岁背井离乡，外出闯练，富有正义感。青年时至黄埔军校学习，受到校长蒋介石的青睐。曾任上海官商创办的天章造纸厂高等顾问、沪嘉长途汽车公司董事长，浦东川沙、南汇、金山、奉贤沙田督办，闸北房地产承买人联合会主席等职，后至上海淞沪警备司令部杨啸天司令处任军职。

因沪战发生，高中玉电呈国民政府主席林森、军事委员会委员长蒋介石请缨杀敌，赐以名义上职务，参加抗战。后因病，至后方治疗。民国29年（1940），高中玉寓居老家上秦巷，目睹日军“炮击平民住宅、屠杀良民难胞、奸淫妇女、盗取财宝”，地痞流氓周阿福为虎作伥、狼狈为奸，以强烈的正义感于3月31日给蒋介石秘密呈文。文中强烈提出：“为国家抗战计，地方民族痛苦计，特此不揣冒昧，据实代民呈请委座鉴核俯准，迅速（将周阿福）饬查拘案、依法询明、从重严办、处于极刑，以维国法而安闾阎。”高中玉给蒋介石的秘密呈文，军令部、军政部第一厅拟办批示备考，国民政府签呈，国民政府军事委员会军令部电稿“案情仰即查明核办”（《高中玉给蒋介石的秘密呈文》《军令部、军政部第一厅拟办批示》《国民政府签呈》《国民政府军事委员会军令部电稿》原件现存于中国第二历史档案馆）。民国30年，高中玉到无锡，住无锡火车站附近一旅店，偶遇历村上秦巷一秦姓老乡。此人将高中玉旅居处消息透露给周阿福。周阿福即指使手下人将高中玉绑架至钱桥，查其身份、身世及财产，动用老虎凳等严刑拷打，后将其杀害。时年45岁。

## 张锡昌（1902—1980）

出生于清光绪二十八年（1902），笔名张西超、张益圃、李作周等，钱桥周基头村人。民国12年，张锡昌于江苏省立第三师范学校毕业后留该校附小任教。大革命时期曾任无锡县教育会常务委员、国民党无锡县党部执行委员、无锡县教育局督学及课主任等职。

民国18年（1929），张锡昌任江苏省立教育学院黄巷实验区干事兼指导员，其间参加南京国民政府中央研究院在无锡进行的农村经济调查。次年，又参加中央研究院在河北保定清苑进行的农村调查，与陈翰笙一起撰写无锡、保定两地的调查报告，以事实证明中国社会属半封建半殖民地性质。民国22年，张锡昌在上海参与发起成立由中国共产党领导的中国农村经济研究会，任理事。后又在南京参加南京读书会。是年，应国民政府农村复兴委员会的邀请，主持河南省农村调查，撰写《河南农村调查》。之后，又受太平洋国际学会的委托，与陈翰笙等至山东潍县、河南许昌、安徽门台子等烟叶产区进行农村经济调查。结束后留上海，参与中国农村经济研究会工作，撰写的《农村社会调查》一书，于民国23年出版。后发起创办新知书店。民国23年回无锡，任江苏省立教育学院研究实验部指导员，在校内发起、组织读书会。民国24年，张锡昌参加沪、宁、锡三地读书会，参加在无锡鼋头渚召开的“万方楼”会议，学习中共中央关于建立抗日民族统一战线的方针策略，研究开展抗日救亡工作的方法。

民国25年5月，张锡昌加入中国共产党。是年7月，参与无锡旅外学生暑期服务社的工作。8月，当选为无锡学社理事，积极推动无锡地方的抗日救亡运动。抗日战争全面爆发后，任无锡各界抗战敌后援会创办的《达报》主编。日军侵占无锡前夕，率领教育学院部分师生撤至武汉。遵照八路军驻武汉办事处的指示，张锡昌又返回抗战前线浙江，任浙江省政府建设厅和战时物产调整处视察，并将带去的进步青年全部安排在建设厅物产处和云和、龙泉、遂昌3个实验县工作。民国27年3月，任中共浙江省委统战工作委员会书记，协助台湾抗日义勇队开展救亡运动，为浙江省政府起草《浙江省战时政治纲领》。次年春，协助国际友人路易•艾黎在浙西开展工业合作社化运动，创办《工业合作化旬刊》。民国29年2月，又创办《动员周刊》（后改为《抗战论坛》），撰文谴责国民党当局搞摩擦、搞分裂等种种危害抗战的行为。同年9月，转移到桂林，在广西大学任教。

民国30年2月，张锡昌接办《中国农村》战时特刊，并负责主持中国农村经济研究会的工作。10月，中共南方局在桂林建立文化小组，张锡昌为负责人之一。民国31年1月，发起创办《中国工业》杂志，任主编，支持大后方的工业合作化运动。是年夏，参加新知书店的领导工作。次年10月，又参加广西省政府建设厅组织的经济调查。至民国33年9月日军侵占桂林前，先后发表不少论述，仅为《广西日报》写的社论就有100余篇；又参与编写《战时的中国经济》一书，在经济学理论上取得显著成就。日军侵占桂林后，张锡昌转移至昭平，主持出版《广西日报》（昭平版），坚持团结、抗战、进步的方针，批评国民党在豫湘桂战役中的败局。是年底，参与民盟广西支部的创建工作。抗日战争胜利后，张锡昌回到桂林，任广西师范学院教授。民国35年9月，张锡昌赴上海，主持海新公司经济研究室工作，兼任《文汇报》社论委员和《经济周报》的编委。民国36年6月至37年8月，在国民党政府经济部纺织事业调节委员会任专员。工作结束后，转入私营中新纺织总公司主办的公益工商研究所工作，研究纺织工业，并参与民盟上海地委和国内工委的活动。1949年初，张锡昌被逮捕，后托雷儆寰向当局保释，得许。张锡昌获释后隐居沪西。

1949年5月26日上海解放，张锡昌参加上海市军管会和总工会的工作，负责接管中国纺织建设总公司，任军代表，并先后担任上海与华东纺织工业管理局副局长、华东财委副秘书长、华东纺织工学院院长等职务。1952年12月调北京，历任中央财委委员、财委秘书、商业部秘书、交通部办公厅副主任、内务部办公厅主任及党组成员等职务。后任民政部顾问。1980年6月19日病逝于北京，享年78岁。

## 匡耀良（1902—1972）

出生于清光绪二十八年（1902）九月十九日，小名阿耀，艺名匡芦，藕塘高冯巷人。家境贫困，9岁时读两年私塾就辍学。父亡后去无锡、上海等地当学徒。为维持生计，17岁在本村摆裁缝铺。自小喜欢唱山歌，爱听宣卷、滩簧和民间小调。民国13年（1924），在高冯巷村中演出的滩簧班花旦演员暴病，无人顶替时，匡耀良被众乡亲推上舞台试演，博得喝彩，遂弃业入班，开始职业艺人的生涯。在戏班中，匡耀良扮演旦角，如《庵堂相会》中的金秀英、《拔兰花》中的王大姐、《摘石榴》中的刘金秀等，都深受观众喜爱。《扎木香》《借红纱》《约郎》《双卖花》《小寡妇舂米》等也是匡耀良演旦角的拿手戏。民国14年，匡耀良至上海拜名艺人唐仲卿为师，在上海先施公司登台演出《双珠凤》《贞女血》等30多本幕表戏，博得很好的声誉。民国15年，匡耀良去汉口，先后在新市场、老浦花园等场所演出，扮相秀丽，嗓音清脆圆润，演技精湛，能做到戏中有戏、悲中有景、情景交融。在演唱时，充分发挥手、眼、身、法、步的作用，逐步形成了独特的悲角风格。后改演小生，有“哭煞小生”的美誉。民间流传“看匡耀良戏，要带三块手帕”之说。武功也有一定底子，能演猴戏。常演剧目有《珍珠塔》《双珠凤》《三笑》《孟丽君》《梁山伯与祝英台》《啼笑姻缘》《西游记》等。匡耀良在上海、汉口、无锡一带演出，受到观众热烈欢迎。其为人正直，讲究戏德，很受同行尊重，声望很高。民国26年任无锡文戏技艺研究会常务委员。抗战胜利后，国民党无锡城防指挥部曾以“演唱滩簧淫戏”的罪名，逼匡耀良穿女子旗袍游街收监，以后将他抓到中犊山关押12天，后来用钱疏通才被释放。1949年，匡耀良受聘担任无锡市首先锡剧团后台干事。1951年，首先锡剧团被改组为无锡市文联实验锡剧团，匡耀良任副团长，带领大家积极排演新戏。土地改革时，参加《九件衣》《赤叶河》《刘胡兰》《小二黑结婚》《王贵与李香香》等戏的演出，配合反帝反封建教育。在演出的“打死美国狼”中，匡耀良扮演人力车夫。1953年任无锡市实验锡剧团团长，参加《摘石榴》《烧骨记》《钱笃笤求雨》《百花台》《珍珠塔》《林子文》《江流子》等剧目的挖掘、整理工作。1955年5月1日，剧团改组为无锡市锡剧团，继续担任团长。1958年任无锡市锡剧院副院长。任职期间，有计划地组织剧团深入农村、工厂巡回演出，为广大群众送戏上门。同时，加强演职员队伍的思想建设和道德建设，制订一系列建团制度和工作细则。1959年1月，匡耀良带团赴北京汇报演出《珍珠塔》《孟丽君》。刘少奇、周恩来等国家领导人观看演出，肯定和赞赏他们的演技，并与全体演职人员合影留念。同年任无锡市锡剧艺术学校校长，兼教唱念课，一起与艺校老师和琴师研究“四季相思

匡耀良扮演的旦角（右）

调”“马灯调”“九连环调”“迷魂调”等曲调，并自费编印《锡剧传统剧目的基本曲调》，为锡剧艺术留下宝贵资料。1960年，匡耀良加入中国共产党。1961年仍回锡剧团任团长。在江苏省锡剧观摩演出大会上，匡耀良与梅兰珍合演的《蔡娘娘探监》得到好评。1966年3月退休。“文化大革命”期间，匡耀良受到严重的冲击和迫害，以致抑郁成疾。1972年6月6日病逝，享年70岁。1976年粉碎江青反革命集团后，无锡市锡剧团举行追悼大会，为匡耀良恢复名誉。

## 龚汉良（1902—1989）

出生于清光绪二十八年（1902）十一月四日一书香门第，钱桥溪南龚巷人，中国共产党党员。龚汉良幼年读私塾。民国9年（1920），就读于东林学堂，同年考入江苏省立第三师范学校。民国14年，龚在三师毕业后，抱着“教育救国”的思想，开始执教生涯，先后任教于宜兴周铁桥小学、无锡私立蔡墅小学、洛社乡师附小、无锡师范。其间先后筹建、创办洛社乡师附小二分部、张高漕小学（钱桥向阳中学）、嘉定县南翔怀少教养院及张镇初中。民国36年，龚汉良至洛社中学任教，定居洛社。1950年，任洛社初中副校长。1951年，无锡县人民政府委任龚汉良为洛社中学第一任校长。龚汉良一生从事并热爱教育事业，平时生活艰苦朴素，但当教育需要时，总是慷慨解囊。1952年，洛社中学盖大礼堂，捐款1000万元（旧币，相当于新币1000元）。1956年，被评为江苏省先进教育工作者。1958年，为乡里民办中学整修校舍捐款2000元。1970年洛社中学筹建校办厂，捐款1500元；镇上筹建中心幼儿园，捐赠5000元。1972年退休时，向洛社中学捐赠1500元作为学生奖学金。1983年，其家庭获全国“五好”家庭称号。1984年，被评为江苏省政协先进工作者。1985年，84岁高龄的龚汉良在病床上向党组织一次上交党费3000元。龚汉良为无锡县第一届、第二届、第七届人大代表，无锡县第四届、第五届政协常委。1986年，被表彰为无锡县、无锡市优秀共产党员。是年6月，中共无锡县委作出《向优秀共产党员、县政协委员龚汉良学习的决定》。《文汇报》《新华日报》《无锡日报》等先后多次报道龚汉良的事迹。1989年2月3日，龚汉良因病去世，享年87岁。

## 徐鄂云（1903—1997）

出生于清光绪二十九年（1903）一月初四，字褒风，钱桥社冈里人，徐家保三子。民国11年（1922）北京交通大学管理系毕业。民国21年在南京铁道部任职。日本侵略军侵沪，徐鄂云负责淞沪抗战大场一战部队及军需之调度。南京政府西迁，任江南高度所上校所长，负责江浙抵御及香港物资军需品之进出口运输。香港沦陷，徐鄂云以少将处长之职指挥滇越铁路撤轨及运兵。日本侵略军侵贵州之际，徐鄂云任贵州粮食储运处处长、贵州省粮政局副局长。民国35年赴台，任台湾铁路管理委员会委员，曾和平协调“二·二八”事变。1972年移居美国，入美籍。所著《看台湾二·二八问题在历史的天平上》收于台湾有关研究机构编于1992年5月出版的《二·二八事件资料选辑（二）》。徐鄂云对徐寿父子平生史迹颇有研究，其所著文字对徐寿父子研究提供了珍贵的史料。1997年12月4日去世，享年94岁。

## 徐　芳（1903—2006）

出生于清光绪二十九年（1903）元月，钱桥社冈里人，为徐建寅次子徐尚武之二女。民国11年（1922）考入天津女师，与周恩来、邓颖超一起参加“五四运动”等爱国学生运动，反对北洋政府出卖国家领土和主权。民国16年考入北京平民大学报业系，为中国最早的新闻专业学生之一。毕业后在天津商报报馆当编辑，是中国较早的女新闻工作者。民国19年至南开中学任教国文。民国23年，徐芳在报刊撰文介绍曹禺的话剧《雷雨》，署名徐凌影，先后载于12月9日和

10日的《大公报》，这篇文章成为珍贵的话剧史料。民国28~33年抗战期间南开中学被毁，徐艿至天津耀华中学任教。民国34年至北京女子第一中学任教，后转入北京女子第八中学任教。1959年退休，享受特级教师待遇。2006年在北京去世，享年103岁。

## 邓　鹏（1904—1971）

出生于清光绪三十年（1904）九月十一日，原名邓振宇，钱桥邓巷人，南京铁路运输学校工程师。民国12年，邓鹏至南洋大学堂（今上海交通大学）攻读机械工程专业。毕业后至无锡竞志女中任教，后在铁路部门工作达36年。历任沪杭铁路闸口机械厂工场主任，川滇铁路公司曲靖东房副工程师兼东房主任，上海铁路局机务处副工程师兼运输股主任，上海铁路中级技术学校、济南铁路运输机械学校二等工程师、教员、机务主任等职。1955年，邓鹏调南京铁路运输学校任教机车车辆专业课，为铁路运输、机械生产和铁路教育事业作出贡献。1962年，当选为南京市人大代表和下关区政协副主席。其子茂勋、鸿勋均曾在无锡市任职。1971年9月12日，邓鹏去世，享年67岁。

## 沈　武（1906—1997）

出生于清光绪三十二年（1906）一月十二日，字宪文，号修庵，晚年号书痴老人，钱桥沈巷人，教育家、书法家。沈武幼年丧父，随母寄居舅家，7岁入私塾。少年时，师从秀才钱希蔺攻读国学。民国15年19岁时，沈武任存古学校助教，钻研《十三经注疏》及《皇清经解》。次年，入常州进士钱振鍠所设寄园就读一年。后以第一名考入无锡国学专修馆，又因贫辍学，经老师唐文治介绍，任职上海暨南大学校长郑洪年秘书处佐理，兼授中学部课程。抗日战争全面爆发后，沈武任江西宁都县督学。民国29年2月，入瑞金黄埔军校三分校（16期）受训。毕业后，留校任少校秘书，后调任中校政治教官。民国34年，调任第三战区瑞会雩警备司令部秘书。民国35年，因内战而脱离军队回锡，任无锡国学专修学校讲师。

新中国成立后，沈武曾任私立辅仁中学、私立蓉阳中学高中语文教师和教研组长。1955年，因肃反运动被解聘回家。“文化大革命”期间，约百万余言的著作文稿、大量藏书（内有善本）和碑帖字画被毁。1972年，沈武为老一辈无产阶级革命家抱不平而被打成“现行反革命”，判刑10年，投入监狱。1975年，被特赦。1979年7月16日，法院重新判决，宣告其无罪。1986年6月，加入黄埔同学会。同年12月，加入中国国民党革命委员会。1987年8月，被聘为江苏省文史馆馆员。沈武工书法，正草行楷均劲秀超群，撰书《道德修养刍言》一书，勒石于蠡园长廊碑林、常州工人文化宫、开封中国翰林碑林。其书法作品参加中央及华东七省市地区文史馆和海峡两岸书画联展，并将书画展作品自费印刷，于1993年向无锡市中小学生捐赠400册，媒体予以报道，中共中央办公厅来信转达中央政治局常委乔石的赞赏之意。另写有《改革颂》《母爱》《国风颂》等篇。沈武为无锡市老年书画协会会员、江苏省老年书画联谊会会员、中国老年书画研究会会员。1997年6月，沈武去世，享年91岁。

## 冯耕庸（1906—1939）

出生于清光绪三十二年（1906）十月，原名冯庸根，藕塘南水渠人。20世纪20年代初，冯耕庸在苏州萃英中学读书时入选苏州学生联合会代表，结识无锡同乡秦邦宪（博古），两人志趣相投，声气相应，结成莫逆之交，一起开展学生运动。后由秦邦宪介绍，冯耕庸加入国共合作的国民党以及锡社社团组织。民国 14 年（1925），冯耕庸与秦邦宪一起报考上海大学，因冯耕庸家境贫困，无力继续求学，回家乡至无锡洛社当一名小学教员。是年，五卅运动影响到无锡农村，无锡各学校、团体纷纷组织演讲队和募捐队。锡社组织 8 个募捐队，参加者由秦邦宪、陆定一、冯耕庸、安剑平、顾谷宜等 87 人，活跃在城乡开展援沪募捐活动。当时无锡出版一本最有影响的进步期刊《无锡评论》，中国共产党早期领导人秦邦宪于同年 7 月任该刊编辑主任，陆定一、冯耕庸、华立等 7 人为编辑部成员。秦邦宪、冯耕庸联署"则民、耕庸"，发表《五卅惨案中的无锡舆论界》一文。

民国 15 年初，冯耕庸在无锡万安市洛社发起成立进步青年团体万安协进社，编辑出版社刊《协进月刊》，并任主编，与秦邦宪负责主编的《无锡评论》互为呼应。是年 1 月 15 日《协进月刊》创刊号一出，秦邦宪专门写一篇评论文案，称赏这本刊物"不失为水平线上的一本刊物"，赞之为打破当时无锡沉闷空气，迎接新的春天的"第一燕"。是年 6 月，社会上风传有人秘告王启周、安剑平、秦邦宪、冯耕庸等 6 名锡社骨干成员为"赤党"，即将通缉拘捕。冯耕庸得悉后连夜逃往上海，投奔在上海的秦邦宪与安剑平。经秦邦宪、安剑平介绍，冯耕庸至国民党上海市党部宣传部工作。由于冯耕庸仓惶出逃，未带行装，秦邦宪就把自己多年来装衣物的皮箱送给冯耕庸（现皮箱存于无锡博物院）。后秦邦宪去苏联，冯耕庸也只能回到无锡。同年冬，随着国民革命军的胜利进军和革命形势的发展，中共无锡党组织为加强宣传工作，建议以国民党无锡县党部、市党部的名义筹办《无锡民国日报》。民国 16 年 1 月，国民党无锡县党部、市党部举行联席会议，同意由两党部按月各拨付 250 元，作为办报经费，委派冯耕庸负责筹备。冯耕庸时系中共党员，其公开身份是"锡社"骨干。经过两个多月的紧张工作，3 月 22 日，无锡民国日报社成立，冯耕庸任编辑部主任。报刊出版后，深受各进步社团和广大革命群众的欢迎和支持，每日印刷量 6000~7000 份，除无锡外，在宜兴、溧阳等邻近各县流传广泛，产生较大影响。同月，国民革命北伐军到达无锡，中共领导下的无锡工人、农民运动十分高涨，万安、青城、富安三市乡农民协会指导员秦柳芳会同任国民党第四区党部委员冯耕庸等人组织洛社、杨墅园、西漳等地数十乡民众 5000 多人集会，严厉声讨石塘湾土豪劣绅。是年 4 月，由于"锡社"负责人受命利用"锡社"策划反革命活动，冯耕庸等刊登启事，声明退出"锡社"。"四一二"事变后，国民党无锡市党部于 4 月 14 日晚血洗无锡总工会，袭击无锡民国日报社，《无锡民国日报》遂被迫停刊。冯耕庸等 22 人遭悬赏通缉。民国 26 年 11 月，冯耕庸被推举为无锡县工会联合会委员。同月，无锡沦陷。次年初，无锡四乡出现游击武装 30 个。国民党无锡县长毛木君上任后，将原有松散型的锡西钱桥、藕塘桥、稍塘、盛店桥、新渎桥、张舍、胡埭、杨墅园、周铁桥等 10 镇联防队组织为"无锡县国民抗日自卫团"，毛木君任总司令，下设 7 个大队，藕塘桥冯耕庸任第一大队长。为破坏日军交通线，民国 27 年 12 月，冯耕庸组织、指挥人员一夜之间将藕塘地区通讯电杆全部拔下，沉在南水渠高区河里。民国 28 年 10 月，由于汉奸指认，冯耕庸在藕塘桥北向的官渎桥被捕，带至设在无锡社桥头（谢巷）日本宪兵司令部，遭严刑拷打。第二天夜里，冯耕庸被日军秘密放入消镪水池内杀害，消尸灭迹。同时被抓去有幸死里逃生的同村冯立人（小名阿产）将冯耕庸遇害的消息告诉乡邻冯金法。第三天夜里，冯金法、冯培学两人偷偷摇一只小船，带一口棺材去社桥头收尸，未曾收到。冯耕庸时年 34 岁，其衣冢坟埋在藕塘南水渠西冯巷上。

民国 15 年 6 月，冯耕庸为躲避反动当局的通缉而外出逃亡时其挚友中共早期领导人秦邦宪（博古）把青年时期用过的皮箱送给他，2015 年皮箱收藏于无锡博物院

## 厉无咎（1906—1993）

出生于清光绪三十二年（1906）十月七日，字建行，钱桥杨毛岸人。民国14年（1925），厉无咎以第一名成绩毕业于无锡荣氏私立公益工商中学。民国15年，赴新加坡任教，后在马来西亚加奴邦甘马挽埠任华侨小学校长和泰国等地小学校长，回国后任江苏无锡县立民众教育馆总务主任。民国20年，应实业家李国伟邀请，到汉口申新第四纺织厂工作，出任会计员。由于其积极钻研业务、钻研工厂管理知识，又十分敬业，受到荣氏领导集团的信任。民国25年，奉命去重庆设立批发处。抗日战争时期，批发处从汉口迁往重庆，厉无咎升任汉口申新四厂重庆分厂副厂长兼营业部主任。其时，厉无咎经常与进步人士密切往来，特别是与中共地下党组织有联系，被国民党反动派视为“危险分子”而遭到逮捕。出狱后，厉无咎在重庆通过冀朝鼎（中国留美学生中第一批中共地下党员，中国前驻美大使冀朝铸之兄）捐款给中共地下组织，并与黄炎培等著名爱国人士和赵忍安（解放后曾任上海市委统战部部长）等许多中共地下党员交朋友，支持革命活动。民国34年，与胡厥文、章乃器、李烛尘、吴羹梅、潘仰山等，经全国工业协会推选为无党派人士，准备出席当时的政治协商会议，被国民党中央否决。后黄炎培、章乃器、胡厥文等酝酿成立中国民主建国会，曾多次与厉无咎座谈，听取意见。抗战胜利后，工厂迁回武汉，厉无咎负责申新四厂复厂工作，并担任申新四厂和福新五厂两厂经理。1949年，刘邓大军进军西南途经武汉时，邓小平曾邀厉无咎去居处长谈，了解四川情况。重庆解放后，邓小平派人送川橘到厉家以示谢意。新中国成立初期，厉无咎积极组织恢复工厂正常生产。1950年2月，加入民主建国会。4月，厉作为筹备人员之一筹建民建武汉分会；6月，作为特邀代表参加第一届全国政协第二次会议。抗美援朝时，厉无咎参加武汉工商界捐献战斗机活动，并作为民建会员之一参加中国人民赴朝慰问团。“五反”运动以后，为推动会员投入增产节约运动，武汉市民建成立工商研究委员会，厉无咎任公私关系研究组组长。1952年12月21日，民建武汉分会召开第二届委员会选举大会，被选为常务委员，并兼组织委员会主任委员。1953年公私合营后，被任命为公私合营申新纱厂第一副主任，是荣氏在汉企业的最后一任经理。其后，厉无咎还担任申福新总管理处中南区经理、武汉纺织染整工业会筹备会主任委员、武汉市第三纺织厂顾问等职。1956年1月15日，在民建武汉市第三届委员会选举大会上，厉无咎被选为副主任委员。1957年，列席最高国务会议第一次扩大会议，听取毛泽东作《关于正确处理人民内部矛盾的问题》的报告。同年，和夫人赵蓉（全国政协委员）被划为“右派”。1959年、1960年，夫妻俩人先后摘掉右派帽子，1978年后获平反。1982年1月，武汉市成立工商培训工作领导小组，任副组长。1986年，到香港访问，介绍国内发展情况并洽谈商务。1988年，夫妇俩出国探亲，一路向亲朋好友介绍国内大好形势，多方吸引外资投入。厉无咎曾任全国政协第二届委员会委员，政协武汉市第二届委员会副主席，民建中央第一届委员会委员，全国工商联第一届执委，武汉市工商联常委、副主委，湖北省工商联常委，民建武汉市委员会委员、常委、副主委、名誉副主委。1993年5月23日，厉无咎在深圳去世，享年87岁。

## 张南山（1907—1991）

出生于清光绪三十三年（1907），藕塘盛店村弄里人，又名张闻雪，早年毕业于盛店小学。曾留学日本，在日本早稻田大学攻读化学、农学，毕业后回国从事教育工作，任无锡县立初级中学国文教师。新中国成立后，曾任上海科技出版社编辑，并参与《辞海》修订工作，负责化学、生物部分的编写，曾发明泡沫灭火机。“文化大革命”期间下放回乡。日本前首相田中角荣访华时，张南山曾奉命陪访，并重新工作。1991年，张南山于上海去世，享年84岁。

## 周怀民（1907—1996）

出生于清光绪三十三年（1907）六月二十二日，又名周仁，字顺根，斋号双柳书屋、水云阁等，钱桥北街周巷人。少年周怀民以擅画佛像著称乡里。早年就读于无锡县立第一高等小学和实业中学，学过土木建筑。民国14年（1925），19岁的周怀民考入北京新街口电报局当职员，业余时间学习绘画。每逢假日，则自带干粮，花一个大洋（一个大洋在当时可以买半袋面粉）买张门票去故宫观赏和临摹古画，往往要到掌灯时分方才回家，以致后来连故宫的工作人员都认识他。民国15年，进入北京中国画学研究会，师从名家吴镜汀学习山水画，并先后任研究会讲师、评议。周怀民节衣缩食，潜心艺术，尤爱清代“四王”（王时敏、王鉴、王翚、王原祁）画迹，一有空还往荣宝斋和琉璃厂跑，同时阅读、钻研绘画理论，向著名画家请教绘画技艺。民国21年，周怀民26岁时临摹的一幅四丈多宽的沈子居巨画《桃源图》已达乱真地步。北平的一些名画家见此画后都交相称赞。京华艺专校长特聘周怀民去该校教授国画，后来又任该校教务长。这时，周怀民与黄宾虹、张大千、齐白石等著名画家有了交往。民国23年，周怀民受徐悲鸿之聘，任北平国立艺术专科学校国画系山水画兼职教授。20世纪30年代，周怀民确立自己的绘画风格，后逐渐成为“京派”画家的代表。在其30年代出版的《周怀民山水画集》上，黄宾虹题词：“怀民先生天资聪颖，学力研深。此册秀逸华滋，洵称杰构。”同乡王昆仑赞周怀民作画“心随画笔到江南”。

抗日战争期间，周怀民回到无锡，租住在西门一个破落的大悲庵庙里，以鬻画为生，也帮人鉴定古书画。周怀民的居所与居住在四郎君庙巷的荣德生寓所相距不远。初回无锡，周怀民生活困难，有一次外出写生竟饿昏在太湖边上。荣德生得知此事后特意差人前往其住所送去一石大米，由此两人结为好友。荣德生不仅邀请周怀民到梅园写生，为梅园补壁，还出资为其办画展。战乱时代，生活虽然清苦，但这时期大量的写生却为周怀民艺术的成熟打下坚实的基础。40年代，周怀民深研马远、夏珪画水法。他常至太湖之滨写生，在其山水画中常常可以看到太湖边常见的芦荡，也形成其独有的山水风貌。民国36年，周怀民在无锡城中公园同庚厅举办画展，画作呈现一派江南水乡风光，此后其有了“周芦荡”之雅称。民国时期，周怀民曾先后在北平、天津、上海、广州、青岛、徐州、无锡、南京等地举办个人画展17次。

新中国成立后，周怀民历任中国国民党革命委员会监察委员、中山书画社社长、苏南文管会鉴定委员、京华艺术学校副校长、燕京书画社顾问、北京市政协委员、无锡市书画院名誉顾问、中国美术家协会会员。1956年起，周怀民专画葡萄，作品被送往联合国展出，获得好评，有“周葡萄”之雅称。1957年，入北京画院，任一级画师。1958年，被聘为江苏省美术馆宋元明清画鉴别艺术顾问。1975年，其作品《葡萄》赠送给联合国，美、意、法等国的报纸都予刊登，并作详尽介绍。周怀民作品曾多次作为国家礼品，赠予到访的外国领导人。

改革开放后，周怀民年事已高，但仍热衷于社会公益事业和文化交流。80年代，中国残疾人基金会在香港举办筹款画展。周怀民的一幅葡萄画作竞价100万元港币。由于两位港商争夺此画互不相让，残联主席邓朴方只得请周怀民再画一幅。周怀民二话不说，立即提笔又画一幅。周怀民的两幅画就为残联募得两百万元港币。

在几十年的艺术生涯中，周怀民节衣缩食，收藏了一批流散在社会上的名贵字画。1984年，毅然将这批藏画捐赠给无锡家乡人民。为此，无锡市人民政府于1987年建造一座周怀民藏画馆，全国人大常委会副委员长彭冲题写馆名。周怀民向家乡慷慨捐画时，画坛名家潘兹曾作诗兴咏：“丹青胜手精鉴别，百轴秘藏献家乡。搜求千轴皆国宝，画笥充盈囊中空。先生岂为儿孙计，秘藏终为天下公。”

1991年，应美国丹佛大学、纽约东方画廊等单位的邀请，周怀民在美国多次举办画展，并受聘担任美国丹佛大学荣誉教授，成为推进中美文化交流的使者。当时有几十家报纸报道周怀民访美和展览情况。1992年，应日中文化交流协会的邀请，又赴日举办画展，以纪念中日恢复邦交20周年。周怀民一生在国内外举办画展35次，主要作品有《芦塘山水》《飞泉出云来》《梅园春色》《长城内外》《雁荡山》和《葡萄》等；出版有《周怀民画辑》《周怀民藏画集》等。联合国大厦、俄罗斯东方艺术博物馆、北京人民大会堂等都藏有其作品。部分作品曾被日本和东南亚日历公司精印成大型年历。《艺苑掇英》曾出版《周怀民画选》专辑。

1996年8月24日，周怀民在北京逝世，享年89岁。按照其遗愿，周怀民的骨灰被安葬在无锡马山华侨公墓，北京八宝山革命公墓里则存放着周怀民的部分遗物，在公墓名人墙上镌刻着周怀民的名字。

## 徐宝彝（1908—1966）

出生于清光绪三十四年（1908），钱桥社冈里人，徐寿之曾孙。民国16年（1927），徐宝彝在巴黎大学理工学院学习，一年后转入里昂大学医学院，获医学博士学位。民国24年回国，任上海震旦大学医学院外科教授兼广慈医院外科主任，为国际外科学会会员、中华医学会理事、上海医学会理事长。民国35年，任上海市立第四医院外科主任。翌年，首创用次全肾上腺切除治疗栓塞性脉管炎，并开展血管栓塞性脉管炎的病理生理和手术研究，其成果收入兰锡纯主编的《心脏血管外科学》一书中。

1956年，徐宝彝调任上海市第二劳工医院外科主任。1957年施行肝右侧海绵状血管瘤右半肝规则切除术，1958年又施行肝管结扎术治疗顽固性肝硬化腹水，均获成功。此后两年间，先后施行肝规则切除6例、肝管结扎3例，每获良效。撰写有《推荐胆总管阻塞手术时胆道造影测压》《针刺足三里及上巨虚对兔肠蠕动机能运动的传导通络机理探讨》等论文，著有《出血性胃炎及其外科疗法》《妇科学手册》等书。1966年，徐宝彝去世，终年58岁。

## 陈汀声（1910—2000）

出生于清宣统二年（1910）九月二十一日，藕塘桥稍塘营陈村人，电影录音家。民国22年，陈汀声于江苏省立教育学院毕业后留校，任学院实验广播电台研究实验干事，专事研究广播教育和技术，管理院广播电台，指导学生实习。民国25年，兼任电影播音教育专修科教员。抗日战争全面爆发后，陈汀声投入抗日救亡运动，赴江西参加蔡廷锴第十九路军，后随教育学院撤至广西桂林，协助广西省教育厅开办电化教育人员训练班，任桂林广播电台台长、广西省教育厅电化教育处主任，以广播和电影巡回放映方式宣传抗日救国。民国35年，江苏省立教育学院回无锡复校，陈汀声应聘任电化科副教授兼科主任，开设“扩音机”“电影放映机”等课程，后又重建无锡广播电台。1949年春，陈汀声在陈村家中为中共锡西地下组织秘密安装收发报机，用于解放军渡江联络。

无锡解放后，无锡广播电台立即向上海、苏州地区广播解放军进军命令，是江南第一个播出中国共产党声音的广播电台。1952年，全国高等院系调整，苏南文化教育学院电化教育专修科合并至北京电影学校，陈汀声任北京电影学校电影放映师范专修科主任，为各省建立电影放映学校培养师资。1960年，任北京电影学校电影工程系副教授兼系副主任。1978年，任电影录音系教授兼系主任。其间，编著《电影放映与还音》，撰写《京津两市的电影院放映质量调查、测试与校正》调查报告；

任《中国大百科全书·电影卷》编委，为电影放映学科组稿和撰写辞条；任《电影艺术辞典》编委，为电影录音学科组稿和撰写辞条。1992 年，陈汀声获北京电影学院最高成就奖“金烛奖”。1994 年，享受国务院政府特殊津贴。陈汀声曾为民盟北京电影学院支部主任委员，当选北京市第五届人大代表，全国政协第五届、第六届委员。2000 年 4 月 2 日，陈汀声在北京去世，享年 90 岁。

## 张志澄（1910—1997）

出生于清宣统二年（1910）十二月二十九日，钱桥周家桥人，中国共产党党员。民国 25 年（1936）于国立浙江大学农学院植物栽培系毕业，后任江苏省稻作试验场技师兼吴县分场主任。民国 29 年，任复旦大学农学院茶叶专业教师。1949 年，任崇明水产学校校长。1952 年，任江苏省农林厅工程师。在江苏省农林厅工作期间，参与全国宜茶丘陵地区以点带面、以国营推动集体的茶叶发展生产规划设计，为培养茶叶技术人才，茶树良种选育，快速高产栽培，研制阳羡雪芽、南山寿眉等名茶作出成绩。1978 年，在江苏省第二届科学大会上获省政府颁发的茶树速生丰产栽培科技成果奖。1980 年，任镇江地区茶叶果树研究所所长。1982 年，获高级农艺师职称。1984 年，当选为宜兴县政协副主席。同年，获国家经委、国家科委、农业部、林业部颁发的农村科技推广先进工作者证书。曾任江苏省第三届、第五届、第六届人大代表。在省级以上茶叶专刊发表论文数十篇，撰写记述宜兴茶叶生产历史的 20 余万字的《阳羡茶录》。1987 年退休。退休后任中国茶叶学会名誉理事、江苏省茶叶学会顾问、中华茶人联谊会顾问、中国茶叶博物馆顾问。1988 年，获全国老有所为精英奖。1997 年去世，享年 87 岁。

## 徐　芳（1912—2008）

出生于民国元年（1912）10 月 5 日，徐寿孙徐尚武之女，民国女诗人，钱桥社冈里人。民国 24 年于北京大学中国文学系毕业。毕业后留校任北大文科研究所助理，主编北大文学院歌谣研究会诗歌刊物《歌谣周刊》。民国 27 年，到汉口艺术研究会写稿。民国 28 年，到云南大学任国民经济研究所编辑员。民国 29 年，在孔祥熙举荐下到重庆任中国农民银行文书。民国 32 年，与国民党上将徐培根结婚。民国 35 年，到南京农民银行任经济研究处研究员。1949 年，随丈夫赴台湾定居。2006 年，徐芳整理出版旧作《中国新诗史》《徐芳诗文集》。2008 年于台湾去世，享年 96 岁。

## 徐宝鼎（1912—1994）

出生于民国元年（1912）11 月 3 日，字学固，钱桥社冈里人，为徐建寅孙，毕业于国立北平大学工学院化学系。民国 23 年，考取中法庚子赔款基金保送法国留学生。民国 26 年，获化学工程师学位及格里涅化学奖金，随即转入巴黎大学理学院学习。民国 30 年，获法国国家博士学位。同年转赴美国，初在美国标准石油公司任发展研究员，负责高辛值汽油及润滑油改进。民国 33 年调赴美国橡胶公司。公司委任其为驻远东区技术代表。1953 年去台湾，创办三胶公司。1955 年升任三胶公司董事长，兼任台湾师范大学化学系教授。1962 年，省立中

兴大学成立理学院，徐宝鼎到该校化学系任教授。1964年应聘赴泰国，为侨商改善糖厂、薯粉厂。1968年返台湾，任经济主管部门工业技术研究院顾问。1973年加入台湾合成橡胶公司。1974年兼任合成橡胶公司业务部经理，并被选为台湾区橡胶同业公会理事。1977年当选为台湾区石油化学公会第一届理事。著作有《煤炭液化法》《橡胶用化学药品汇编》等。1994年去世，享年82岁。

## 江东平（1913—1986）

出生于民国2年（1913），原名祝天祐，钱桥祝家旦人。民国27年入陕北公学、抗大一分校学习。民国28年，参加中国共产党。历任冀南行政主任公署政务处科长，冀南威县、太行区磁武县县长，晋冀鲁豫边区政府秘书主任、冀南土改工作团秘书长、太原市军事管制委员会秘书长。新中国成立后，历任华东局政策研究室农村工作委员会研究员、副处长、财政部办公厅主任、农业税司司长、中央财贸工作部财政银行处处长、中国人民银行副行长、中共中央监察委员会驻中国农业银行监察组组长、财政部政治部主任、财政部副部长。1986年7月20日，江东平在北京去世，享年73岁，骨灰葬于钱桥舜柯山。

## 管燮初（1914—2000）

出生于民国3年（1914）5月1日，藕塘管家湾人，语言学家。早年就读于刘塘小学、匡村中学和上海量才补习学校。曾在上海生生美术公司当学徒、职员，后任人和纸行协理及百宋铸字印刷局经理、总经理。民国36年，毕业于上海光华大学中国文学系。1950年，于杭州浙江大学中国文学研究所研究生毕业，后在中国社会科学院语言研究所任助理研究员、副研究员、研究员。长期从事汉语语法研究，独辟蹊径，从断代语法研究入手探索语法发展规律，对甲骨文语法、西周金文语法、《左传》句法均有深入研究，填补汉语历史语法学的空白，迈出上古汉语语法断代研究的第一步。在西周金文语法研究方面，管燮初做了开创性工作。主要著作有《殷墟甲骨刻辞的语法研究》《西周金文语法研究》《左传句法研究》，参加《汉语的构词法》《现代汉语语法讲话》两书的写作。撰有《甲骨文金文中“唯”字用法的分析》《从〈说文〉中的谐声字看上古汉语声类》《商周甲骨和青铜器上的卦爻辨识》《“蔑历”的语法分析》等数十篇论文。2000年，管燮初病逝，享年86岁。

## 张一飞（1915—1993）

出生于民国4年（1915），又名张济，钱桥老街东巷人。早年至江苏医政学院（镇江医科大学前身）学习。毕业后分配至上海江苏俞塘教育馆卫生人员训练所工作。民国29年，报考江西省训练团特训班，受训两个月结业后分配至赣南第四行政区崇义县任地方行政干部训练所教育长。民国30年冬，参加蒋经国兼营长、蒋纬国任大队长的虎岗冬令营，任指导员。抗日战争胜利后，曾任国民党大庾县（后改为大余县）党部秘书。民国34年11月，受国民党社会部要员陆京士指派，与王震百等7人为整理员。不久后回家乡无锡，担任国民党无锡县秘书室指导员、教育科长、秘书、社会科长、国民党县党部执委等职。民国37年，参加孙文主

义革命同盟，任江苏支盟委员，兼任无锡分盟书记，负责工运，策应解放军渡江。是年3月，在中共策反之下，张一飞接受中共交给的任务，掩护中共地下党员马崇儒，并向中共地下党提供情报资料。同年9月8日，时任上海经济特派员的蒋经国来锡，指名张一飞全程陪同。1949年4月5日夜，张一飞被国民党特务机关以“通匪（中共）罪”逮捕，被押解至沪杭警备司令部，后转至黄浦分局地下监狱。5月27日上海解放，张一飞获救。经中共中央华东局统战部批准，张一飞参加华东人民革命大学政治研究学院学习，于1951年3月结业，4月分配至苏南行署卫生处无锡梅园江苏省血吸虫病防治研究所工作，5月被逮捕。1954年10月以“反动党团骨干罪”被判处有期徒刑15年。1975年，根据中央政府政策按国民党县团级人员宽释。1985年10月撤销原判，改按起义投诚人员政策对待，“既往不咎”，办理退休手续。退休后至1993年任无锡县第五届、第六届、第七届、第八届政协委员。1985年秋，张一飞陪同同乡好友、著名画家周怀民向母校钱桥中心小学捐款捐画，向钱桥村委无偿捐献祖居。张一飞撰写《梅花香自苦寒来——记画家周怀民》《周怀民访美》《周怀民访日》等文章刊登于报刊、文献。1993年10月9日，张一飞因病去世，享年78岁。

## 冯　杰（1915—1996）

出生于民国4年（1915），钱桥南西漳东塘巷人。民国26年，为上海商务印刷厂排字工。民国27年，到延安参加革命，为抗日军政大学第五期学员。民国28年参加八路军，历任115师战士、班长。民国29年加入中国共产党。民国31年，任中共晋绥日报印刷厂厂长、书记。1950年，至中共华东党校学习。同年，任浙江日报社行政处处长。1955年，任杭州市轻工业局科长。1957年，任杭州日报社经理。1959年，任杭州印刷厂副厂长。1963年，任浙江省新华印刷厂劳资科科长、副厂长。1980年离休。1996年去世，享年81岁。

## 洑子贤（1915—2002）

出生于民国4年（1915）5月12日，原名洑叙兴，藕塘梅巷人，初中文化。民国20年至31年，先后在上海丁顺兴铜作、和泰五金厂、胜泰五金厂等厂当学徒、小职员、职员。民国37年，从事中共地下情报传递工作，做抗丁、抗粮的群众工作。1949年2月参加锡西武工队，进行地下革命工作。1949年5月至1950年4月，任藕塘镇副镇长、镇长。1950年4月，加入中国共产党。是年7月，参加无锡县第一期干部培训班学习。1951年，任洋溪乡农会主任。1951年4月，起任藕塘区财政助理员、科员兼检查员等职，卸任后任钱桥供销社、藕塘供销社供销员。1986年8月离休。2002年1月病故，享年87岁。

## 吴伯泉（1915—2003）

出生于民国4年（1915）9月，藕塘稍塘营新丰里人。1949年1月加入中国共产党并入伍。1951年起，历任新渎区新渎乡农会主任、指导员，刘塘镇镇长，东亭粮管所所长，藕塘公社党委副书记，无锡县桑苗圃党支部书记兼场长，无锡县水产场副场长。1983年8月离休。2003年7月3日病故，享年88岁。

## 费　琪（1915—2009）

出生于民国4年（1915）11月，女，原名耿静妹，钱桥历村费巷人。民国37年（1948）6月参加革命工作，民国37年7月加入中国共产党，至38年5月在梅园三佛殿利用尼姑身份到苏州、常州、昆山、太仓、无锡从事地下政治交通员工作。1949年5月至1951年3月，任常熟市总工会女工部副部长。1951年4月起，先后任上海市运输公司人事科科长、工会主席，上海溶剂厂人事科副科长、行政科科长、工会主席。1970年12月退休。1983年11月13日改办离休（享受正处级待遇）。2009年3月逝世，享年94岁。

## 徐　萱（1916—2013）

出生于民国5年（1916），钱桥社冈里人，为徐建寅次子之徐尚武之女，清华大学经济系毕业。徐萱曾参加上海救亡抗日演剧队，随洪深、金山、冼星海等人辗转于鄂北、豫南山区宣传抗日。民国29年，与国民党元老、中执委常委、民国政府司法院院长居正之儿子居浩然（孙中山为其命名）结婚，蒋介石特派蒋纬国从重庆赶到北碚送两个花篮。1949年，随丈夫至台湾。1964年赴澳大利亚定居。徐萱主要著作有1935年出刊的独幕抗日剧《死里求生》，1995年7月出刊的《在抗日的洪流中》，2004年12月出版的散文、随笔作品集《忘忧草》。2013年逝世，享年97岁。

## 马崇儒（1916—1988）

出生于民国5年（1916），乳名若菊，字幼良，钱桥东巷人。自幼家境贫苦，民国19年，到上海进厂做工。青少年时期接受革命思想，积极投身抗日救亡运动。民国27年加入中国共产党，在上海郊区从事农运工作，为中共上海近郊工委委员，任上海乡村职业学校校长。解放战争时期，先后任中共上海市委近郊工委大场分区区委书记，参与开辟党的近郊工作。后调任中共苏州工委委员兼宣传部长。民国36年7月初，经赵朴初介绍，任中国福利基金会第一儿童福利站站长。任职期间积极推行陶行知“即知即传”“小先生”活动，除在儿童福利站为贫苦失学儿童开设扫盲识字班外，还在沪西工人区的胶州路、海防路等许多街道开辟家庭、里弄、棚户识字班，同时开展儿童保健、图书阅读、发放救济物品等文化福利工作。宋庆龄对马崇儒的工作倍加赞赏，特地安排其在外国记者招待会上详细介绍开展“小先生”活动情况。后因得到消息，其行动引起国民党特务注意，遂于民国37年8月7日撤离第一儿童福利站，转移至苏州。在苏州期间，马崇儒以志成小学校长职务为掩护，继续从事党的地下工作，积极参与苏州市的解放。新中国成立后，历任苏州市教育局副局长、局长，市宗教事务处处长，市卫生局局长，中共苏州市委统战部副部长、部长，无锡市人大常委会秘书长等职。1982年离休后，从事地方志和党史编写工作，创建苏州市陶行知教育思想研究会，任会长。1988年逝世，享年72岁。

## 张建成（1916—1962）

出生于民国5年（1916）1月，又名张煜伦，乳名阿度，钱桥南西漳东塘巷人。早年小学毕业后至上海一家印刷厂当学徒时接触到共产党外围组织，成为一名地下小交通员。民国26年，抗日战争全面爆发，随母亲逃难至重庆，后进入重庆新华日报社（共产党机关报）为首长送文件、材料。民国34年，抗战胜利后随新华日报社去延安。1949年，到福建任福建日报社行政股长。1954年，任福州市第三印刷厂厂长。1956年，调任福建省地质局，任地质队队长。1962年

10月，因突发脑溢血去世，终年46岁。

## 胡锡清（1917—2000）

出生于民国6年（1917）2月，曾用名胡其清，藕塘桥人，暨南大学毕业，大专学历。民国21年投身革命，在学生救亡团任秘书。抗日战争全面爆发后投身于抗战。民国27年，至江西青年服务团工作，同年加入中国共产党；8月，任中共吉安县党支部书记，《抗战日报》编辑。后至浙江天台县任中共天台县委委员、县委宣传部部长等职。民国31年，任新华通讯社盐阜区文教处编审。新中国成立后，历任无锡市总工会生产部副部长、办公室主任，市劳动局副局长，中共无锡市书画院书记等职。1997年离休。2000年3月去世，享年83岁。

## 王时炎（1918—1993）

出生于民国7年（1918）2月26日，藕塘庙桥王巷人，中国共产党党员。民国34年，王时炎毕业于同济大学测量系。大学毕业后留校任教，历任测量系教研室主任、系主任，工程测量教授和同济大学联邦德国研究所顾问教授。曾当选为中国测量学会第三届、第四届理事及工程测量专业委员会副主任委员，上海市测绘学会第二届、第三届副理事长。1959年，曾与人合编《测量学》。1986年，主编《测量学》，合译《测量作业最优化》。曾撰写《工程控制网第二阶段最优化设计》《纯量精度标准在工程控制网网形优化设计中的应用》等论文。曾任《中国大百科全书·测绘学》《测绘词典》编委和分科主编，参加编写《辞海》测量分册。早年投身革命，新中国成立后长期从事教育工作，著书立说，业绩入编《无锡市名人录》。1993年病逝于上海，享年75岁。

## 黄桂生（1919—2005）

出生于民国8年（1919）9月，原籍江苏省南通东沙，定居钱桥市镇。民国30年1月加入中国共产党，同月任新四军老二团特务连班长，后历任副排长、新四军苏北53团一连连长、苏北24军教导团班长、72师215团6连连长。1949年12月起，历任常熟县公安局公安队长、人武部军事股长。1953年起，历任无锡县西漳区副区长，新区民政科科长，无锡市民政局民政科副科长、副局长。1966年起，任无锡县水泥制品厂（钱桥）副厂长。1982年8月离休，享受县处级待遇。2005年2月去世，享年86岁。

## 朱灿根（1920—2012）

出生于民国9年（1920）9月20日，钱桥吴巷头人。民国37年初，受锡西地区地下党武工队负责人陆道南、进步青年朱茂人等人的影响，朱灿根在铲除恶霸、抗租抗息、动员地方进步青年参加新四军等方面做了不少有益的工作。是年10月，经陆道南介绍，加入中国共产党。1949年5月，任藕塘镇政府治安委员。1950年5月，任舜柯乡乡长、农会主任。1952年8月，任藕塘区财经股长。1954年7月，任无锡市黄巷区生产股股长。1956年5月，到无锡市委农工部工作。1957年4月~1962年9月，先后任钱桥乡乡长、钱桥人民公社副社长。1963年，任钱桥手工业联社主任、党支部书记。1972年，调至无锡县工业局工作。1973年4月起，先后任无锡县水泥制品厂供销科科长、人保股股长。1979年7月退休。1983年5月批准改办为离休。2012年6月26日病逝，享年92岁。

## 徐宝潭（1920—1980）

出生于民国9年（1920），钱桥社冈里人，为徐建寅次子之徐尚武三子。民国27年考入西南联合大学，民国31年于西南联合大学工学院航空工程系毕业。徐宝潭爱好音乐，毕业后应聘重庆国立音乐学院任音乐理论教师。抗日战争全面胜利后，徐公费留学美国波士顿麻省理工学院，一年即获硕士学位。1952年，获波士顿麻省理工学院航空工程博士学位，留校任航空工程研究所研究员、高级研究员，对飞行器之结构与控制撰有多篇论文。1967年，转任美国波士顿大学教授。1980年病逝于波士顿，享年60岁。

## 孙国光（1921—1977）

出生于民国10年（1921），又名孙应敏、孙耀源，钱桥南西漳孙家巷人。民国22年小学毕业后至上海商务印书馆第五印刷所当学徒。民国26年，抗日战争全面爆发后，随亲戚逃难至重庆。民国27年，在国民政府军委政治部第三厅印刷厂工作。民国30年，秘密参加革命。民国31年2月，被国民政府派往缅甸任战时工作队队长，从事抗日工作。其间，加入中国共产党。是年9月回国，先后任云南个旧中学教员，重庆新华日报印刷厂工人，新华日报校对组组长，晋绥党校学员，陕南勋西工作组副组长，陕南两勋地方干部学校生活指导处副主任、主任。1949年，自陕南出发带领部队行军至重庆，任副指导员。新中国成立后，先后任共青团重庆市委青工部部长、中共重庆市委工业部机械处副处长、四川省委办公厅工业组副组长（副厅级）。1956年11月起，先后担任德阳工业区工业处处长、德阳工业区党委办公室主任、一机部德阳水力发电设备厂党委办公室主任，为德阳工业区及东方电机厂首批创业者。“文化大革命”后，任东方电机厂工会主席。1977年因病去世，终年56岁。

## 俞介君（1921—2001）

出生于民国10年（1921）12月22日，原名巢竹，钱桥俞巷上人，戏剧作家，江苏省地方戏剧创作研究室副主任。俞介君自幼爱好戏曲、滩簧，高小毕业后在家务农。民国27年，进苏锡文戏“李家班”拜师学戏，艺名李幼庭，成为一名锡剧艺人，辗转演出于苏南城乡及上海市区。1949年8月至1951年，在上海市军管会文艺处地方戏剧研究班编导组学习，后尝试剧目创作改编，根据历史故事创作锡剧《荆轲刺秦王》，配合宣传新婚姻法，改编创作《双推磨》和《两姐妹》。1952年8月，调至苏南行政公署文化局戏曲审定组工作。后回无锡，将幕表戏《劈山救母》改编成大型神话锡剧《宝莲灯》，在新建成的无锡市人民大会堂演出，反响热烈；重新整理、改编的锡剧《双推磨》首演后同样反响强烈。1953年11月，其改编的锡剧《双推磨》参加华东区调演并获奖。12月，上海电影制片厂导演黄佐临将之搬上银幕，成为第一部锡剧戏曲艺术片，中国唱片社上海分社灌制成唱片向全国发行。1954年，创作清装戏《显应桥》剧本。1956年2月，调江苏省锡剧团工作，成为一名专职编剧人员，先后改编《小鹦歌》《阁老游春》《两匹次布》等。1957年，《双推磨》获文化部优秀剧本奖。1958年7月，根据关汉卿《赵盼儿风月救风尘》改编的古装戏《救风尘》进京参加关汉卿戏曲创作700周年纪念演出。是年，与顾尔镡合作创作锡剧现代戏《红色的种子》，该剧先后被豫剧、沪剧、越剧、粤剧等多个剧种移植演出，江苏省电影制片厂摄制成故事影片《红色的种子》。1959年，根据幕表戏改编的锡剧《双珠凤》由上海天马电影制片厂、香港金声影业公司摄制成戏曲艺术片。1960年，任江苏省地方戏剧创作研究室副主任。同年

2 月，加入中国共产党。是年，俞介君出席江苏省文教群英会，获先进工作者称号。此后，与儿子俞克平先后创作《嫦娥奔月》《恽代英》《孟姜女》《金兰花》《丹南豹》等剧本。1981 年 4 月，加入中国戏剧家协会，长期从事戏剧演出和创作活动。晚年，根据明代无锡县令王其勤抗倭史实，创作新编历史剧《布城记》。之后，还创作传统戏《火烧百花台》，古装戏《三女审夫》《红楼妙玉》《窦娥冤》，历史戏《梨园女侠》等剧本。新中国成立后，俞介君整理、改编、创作传统戏和现代戏（含与人合作）剧本 50 多个。俞介君为江苏省锡剧艺术研究会常务理事、中国戏剧家协会江苏分会理事、江苏省戏曲学会理事、江苏省剧协艺术咨询委员会委员。2001 年，俞介君病逝，享年 80 岁。

## 何鹤鸣（1922—1996）

出生于民国 11 年（1922），钱桥花园里人。1949 年 5 月参加革命工作，同年 11 月加入中国共产党，先后任无锡新渎区治安中队战士，无锡县治安中队副班长，苏南军区太湖清剿队侦察班班长。1952 年起，先后任藕塘区舜柯乡党支部书记，中共无锡市黄巷区委委员，无锡市郊区合作社副科长，钱桥中乡时期乡长、人民公社社长（主任）、党委副书记，无锡县种羊场副场长，无锡县第一招待所指导员，无锡县水泥制品厂副厂长等职。1982 年 4 月离休。1996 年 11 月 21 日病逝，享年 74 岁。

## 彭兴泉（1922—2007）

出生于民国 11 年（1922），钱桥南西漳彭巷人。1956 年加入中国共产党。1959 年于北京工业学院（后为北京理工大学）毕业后留校任教，先后被聘为助教、讲师、副教授、教授。20 世纪 90 年代任兵器工业部部属重点项目负责人、自动化系 201 教研室主任、系党总支书记。长期在教育第一线开展科研工作，致力于兵器工业的研究和发展，先后获国防科工委技术进步一等奖 1 个、二等奖 2 个以及国防兵器工业部发明奖。2007 年 9 月因病去世，享年 85 岁。

## 周士昌（1923—2014）

出生于民国 12 年（1923）12 月，钱桥历村景巷人。大学期间参加中共地下党外围组织《雷社》，新中国成立后转为中国新民主主义青年团团员。1950 年，周士昌于上海国立交通大学理学院化学系毕业，先后在中华人民共和国第一、第二、第三、第五机械工业部，机械电子工业部、兵器工业部工作，一生从事军工技术工作，高级工程师职称。1983 年退休，享受离休干部待遇。2014 年 2 月 20 日去世，享年 91 岁。

## 朱锡椿（1923—2006）

出生于民国 12 年（1923）12 月，钱桥吴巷头人。民国 37 年，朱锡椿接受革命教育后参加陆道南领导的革命工作。1949 年 4 月无锡解放后，任洛社镇张镇乡农会主任、洛社镇武装委员会民政助理。1951 年 10 月，调无锡县供销合作社总社办事处，任主任。1958 年，到无锡县机关农场劳动。1962 年 11 月至 1982 年，先后在杨市、阳山供销社工作。1982 年 7 月起，任钱桥供销社主任。1985 年 6 月离休。2006 年 4 月 24 日因病去世，享年 83 岁。

## 张文达（1924—2015）

出生于民国13年（1924）4月，钱桥李巷人。民国35年7月，张文达到上海华夏书店开展中共地下党工作，后回无锡参加陆道南领导的锡西武工队。1949年10月起，历任钱桥乡副乡长，郊区民政股股长，无锡县农林水利局、多管局副局长。1970年，任建设锡陆公路钱桥段总指挥。1975年，任湖山林果场场长。1985年离休。2015年11月病逝，享年91岁。

## 周惠明（1924—2001）

出生于民国13年（1924）10月25日，又名周志龙、周戎尚，钱桥历村周巷人。早年就读于老家私塾、荣巷公益小学。民国28年，到上海建华无线电学校学习。民国29年，到上海亚达无线电公司当学徒。民国30年，参加浦东淞沪游击第五支队任报务员。民国31年1月12日，参加新四军，先后任新四军一师三旅旅部电台报务员、一师师部三科机务员。民国33年6月，任苏中军区司令部三科机务副主任、主任。民国34年8月13日，加入中国共产党。民国35年6月，任华中野战军司令部三科机务主任。民国36年1月，任华东野战军司令部通联处机务主任。民国37年12月，任第三野战军司令部通联处通信器材科机务股长、通信器材仓库主任。1955年5月，任南京军区通讯器材仓库副主任兼业务科长。1958年10月起，先后任南京军区司令部通信兵处器材科、科研科、训练科、无线电管理科参谋。1964年1月，任国防科委第五十二研究所组织计划科科长。1970年1月，到湖北襄樊参与部队三线建设。1973年任总参二部驻襄樊办事处主任、总参第五十二研究所科技处副处长。1981年任总参第五十二研究所科技处处长（副师级）。1983年6月离休。2001年8月26日去世，享年77岁。

## 唐根昌（1925—2004）

出生于民国14年（1925）1月，钱桥唐家庄人，大专学历。民国时期，在上海客利服装店等单位当学徒及杂务工。新中国成立后，在杭州铁路检车段当办事员。1953年，从铁道部财会学校毕业后任杭州铁路车辆段会计员。1961~1965年，调至上海铁路总局车辆处、北京铁道工程局机电处任主任会计员。1970年，所在单位整编为中国人民解放军某部，其仍做财会工作。1977~1979年，在基建工程兵某大队先后任会计师、总会计师、高级会计师。任职期间，参与负责北京电视台、钓鱼台国宾馆、首都机场航站楼、西郊宾馆、毛主席纪念堂等重大项目的预决算和财务审核工作。在没有计算机的时代，唐根昌对各项预决算能做到无一失误，受到部队嘉奖。1980年，在基建工程兵某部队任总会计师。1985年6月退休。2004年12月5日去世，享年79岁。

## 倪兰初（1925—2009）

出生于民国14年（1925）7月，藕塘稍塘营西村人。民国32年初中毕业后，拜无锡名中医戴偶然为师，学习医术。民国36年学成后在家乡开设诊所行医。1953年，任无锡郊区联合诊所所长。其间多次参加学习培训，提高业务水平，不但钻研中医，而且刻苦学习西医，以优异成绩通过考核。1956年，任无锡梅园河埒医院院长。工作期间不断总结临床经验。50年代末，由于其工作突出，精通医术，被录入《江苏省名医录》。1966年，到无锡大浮公社医院工作。1978年，任无锡市郊区渔港医院院长。1980年退休。2009年病逝，享年84岁。

## 邓文卿（1925—1993）

出生于民国14年（1925）12月，钱桥邓巷人，号吉民，曾用名炜国。邓文卿少时聪敏好学，民国30年于私立匡村中学初中毕业，并在原校升入高中一年级。民国31年3月参加新四军。民国34年5月加入中国共产党。同年10月，任徐海东部政治指导员兼徐海东（建国后大将军衔）秘书，先后转战苏北、淮南、胶东、辽南等地。新中国成立后，历任旅顺市公安局局长，大连市公安局办公室主任，大连市第二轻工业管理局、机械工业管理局副局长、党组副书记、督导员等职。1985年12月离休，享受地市级待遇。1993年7月15日病逝于大连，享年68岁。

## 殷　衷（1926—2008）

出生于民国15年（1926）3月，钱桥田肚里人，中国社会科学出版社编审，教授。早年就读于省立常州中学、苏州中学、无锡匡村中学和国立复旦大学，后就读于台湾大学政治系。1949年，任香港《文汇报》"自然科学"副刊和中国致公党《公论》杂志编辑。1950年在中国人民大学法律专修科毕业后入研究生班学习。1951年，留中国人民大学法律系任教。1954年，到中华人民共和国宪法起草委员会工作，曾参加国家权力机关、国家行政机关、法院、检察院等组织法的定稿工作。同年提升为讲师。在中国人民大学任教时，讲授中外行政法学、宪法学、法学理论、马列主义基础、国际共产主义运动史、中国哲学史、中国经济史、经济思想史等课程。1979年，评聘为副教授。1983年，调中国社会科学院中国社会科学出版社工作，任《当代中国》丛书《当代中国的经济体制改革》卷责任编辑，后任该社经济编辑室主任，担任《中国现实经济丛书》《中国经济史丛书》《世界经济年鉴》编委。主要著作有教育部统编教材《中国古代经济文选》《中国近代经济文选》《经济与管理大辞典》任经济史学部分主编，《经济社会管理知识全书》任经济史学科主编等。2008年去世，享年82岁。

## 诸鸿升（1926—2015）

出生于民国15年（1926）6月，藕塘桥小冯巷人。民国36年2月参加工作。1950年6月加入中国共产党。同年12月被派往辽宁省锦州石油六厂发电车间工作。1951年10月，到辽宁抚顺石油三厂机修车间工作。1952年5月起，历任上海炼油厂计划科、基建科科长，焦化车间、裂化车间主任，保卫科科长。1964年5月，任上海炼油厂政治部副主任。"文化大革命"期间，为上海炼油厂生产领导小组成员。1976年1月，为上海化工局"701工程"筹建组成员。1977年5月，任上海炼油厂办公室负责人。1978年4月，任上海炼油厂基建科顾问。1982年2月，为上海炼油厂办公室负责人。1982年6月，任上海高桥石化公司党校党总支书记、党校副校长（副处级）。1986年7月退休。曾获上海炼油厂建厂一等功荣誉。2015年7月去世，享年89岁。

## 张振民（1926—2013）

出生于民国15年（1926）11月23日，祖籍河南宜阳，后定居钱桥市镇。民国35年9月至1949年5月在河南省立洛阳师范读书。1949年5月参加革命工作，5~7月参加苏州地委干校学习。1949

年7月至1950年6月，先后在苏州地委、昆山县正仪区人民政府工作，任队员、财粮助理等。1950年6月至1956年3月，先后在中国人民银行无锡县支行人事股、华庄区营业所工作，担任人事干事、副主任等职。1956年3月至1980年5月，先后在无锡县支行张泾营业所、无锡县支行农行股、西漳区营业所、洛社区营业所、杨市营业所、胡埭营业所、藕塘营业所、东亭营业所工作，分别担任股长、主任、党支部书记等职务。1980年5月起，到无锡县支行钱桥营业所任主任、党支部书记。曾获中国农业银行“从事农民金融工作三十年为繁荣社会主义经济事业做出贡献”证书。1987年5月离休。2013年1月15日病逝，享年87岁。

## 薛晓凡（1926—2008）

出生于民国15年（1926）12月，钱桥薛巷上人。1951年，于原国立上海商学院（现上海财经大学）本科毕业。是年2月参加工作，同年加入中国共产党，先后在上海虹口区委秘书科、宣传部，区政府统计科、文化科、宗教民族华侨事务科，区人民委员会办公室工作。1961年5月，任虹口区委统战部副部长。1962年9月~1966年4月，到中央党校理论班学习。1966年4月，任虹口区委宣传部副部长。“文化大革命”期间，先后在虹口区机关“五七”干校、上钢一厂、市冶金工业局有色金属一厂参加劳动。1977年2月，任虹口区四平中学党支部副书记、书记兼校长。1979年7月，任虹口区委宣传部副部长。1982年2月，任虹口区委党校副校长。1983年9月，任虹口区委委员、纪委书记，兼任区委整党办公室副主任。曾当选为虹口区第七届政协委员、第三届党代会代表。1988年7月退休。2008年6月30日去世，享年82岁。

## 陈君屏（1927—2000）

出生于民国16年（1927）5月，原名陈耀祥，钱桥历村田舍头人。民国时期，于上海光华大学中国文学系肄业一年。1949年7月，参加新渎区藕塘镇人民政府工作。1951年1~6月，为江苏省常熟市苏南分学校学员。7月，到江苏省无锡建筑处工作。1952年4月至1974年，先后在无锡县人民政府农税所、无锡县人民银行，上海江湾建筑工程第五、第六师联合司令部15团技教室，上海建筑工程第六师17团技教室，山东高密华东建筑工程局技术总大队、西安市华东第三工程公司计划处、陕西鄠县西北第三工程公司区段，贵阳花溪401公司第二工程公司工作。1975~1980年，任宁波北仑港建设指挥部计划处副处长，高级工程师职称，后因病调至浙江第一建设集团有限公司劳资处工作。1980年3月离休。2000年10月9日病逝，享年73岁。

## 俞海良（1927—2014）

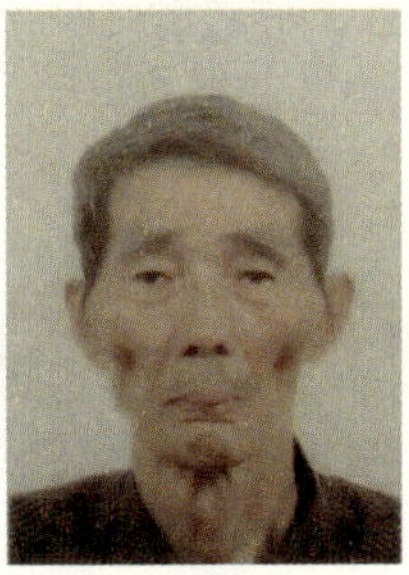

出生于民国16年（1927）12月，钱桥洋溪俞巷人，小学文化。民国32年6月，到无锡跨塘桥冶铸作场当学徒。民国37年6月，参加中国人民解放军，在苏南军区后勤部枪炮修理所工作，历任技师、中级技师、高级技师，立三等功一次。1953年，加入中国共产党。1955年转业，历任无锡柴油机厂附件厂厂长、柴油机厂技工学校教务处主任。1972年，调至宜兴新芳铁矿工作，历任铁矿技术科、生产科、安全科科长兼科党支部书记、副矿长、矿党委常委等职。

1979 年因病退休。1982 年改办离休。2014 年 11 月去世，享年 87 岁。

## 刘谦达（1927—2014）

出生于民国 16 年（1927），原籍江苏靖江。民国 32 年，在靖江弘毅中学读书,期间加入中国共产党。1949 年起，先后任共青团无锡县委学校宣传委员、团县委副书记、中共无锡县委秘书，无锡县中学团总支书记、教导处副主任，华庄初中校长。1957 年 8 月起，先后任苏州地委文教部宣传理论教员、干事，江阴县第一初级中学校长、书记，江阴县卫校校长、副书记，沙洲县文教局局长、县委宣传部副部长，无锡县教育局（文教局）副局长、局长，无锡县委统战部部长兼政协秘书长、办公室主任。1967 年，落户钱桥公社苏庙天墩头。1991 年离休。2014 年病逝，享年 87 岁。

## 王同法（1927—2006）

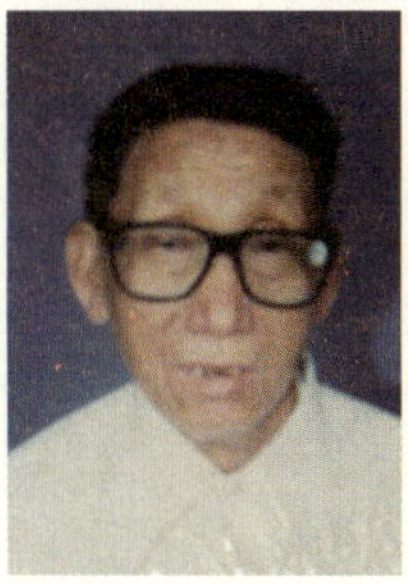

出生于民国 16 年（1927），祖籍江苏沭阳县。民国 33 年 3 月加入八路军，参加抗日战争，在东海县湖集区任通讯员、警卫员。1949 年 4 月渡江到无锡，同年 9 月加入中国共产党。历任无锡县政府警卫员、洛社区委通讯班班长、无锡县委办公室机要通讯员。1970 年，到位于钱桥境内的无锡县农机厂工作，并定居钱桥。1984 年 4 月离休。2005 年获中国人民抗日战争胜利 60 周年纪念章。2006 年 4 月 21 日病逝，享年 79 岁。

## 吴亚平（1928—1992）

出生于民国 17 年（1928）2 月，钱桥溪南毛村人。民国 36 年参加革命，在锡西办事处任武工队队员。1949 年 1 月，加入中国共产党并参加中共地下党工作。新中国成立后，先后任藕塘区人武部部长、无锡市郊区第三分区党委书记、无锡农校校长等职。1991 年离休。1992 年 11 月去世，享年 64 岁。

## 周福华（1928—2011）

出生于民国 17 年（1928）8 月 16 日，钱桥北街周巷人，中国共产党党员。早年就读于钱桥小学、无锡县匡村中学。后至无锡市北塘大街信太山北货行当学徒。新中国成立后，考入无锡大公会计学校，毕业后至上海信心诚机器厂任会计。后信心诚机器厂合并为跃进电机厂，任财务科长。任职期间，重点抓厂内基础管理，整顿产、供、销制度，制定材料计划价格和产品定额成本，以资金本票核算办法加速资金周转，提高经济效益，使全厂资金周转从每年 3 次加速到 5 次，人均创利从 8166 元提高到 10556 元，达到全国同行业第一名，资金本票核算办法属国内首创。1980 年制定“QU 电机目标成本”，并运用价值工程办法降低材料单耗，压缩加工工时，降低产品成本，仅 3 年就使企业外贸扭亏为盈。1983 年国务院批准实行流动资金由银行统一管理的文件下达后，跃进电机厂作为上海试点厂，周福华代表财务科作经验介绍，发言材料在《上海会计》《机械工业会计》杂志上发表。1985 年，国务院批准跃进电机厂为出口基地企业，周福华因成绩显著多次被评为局、公司财会先进工作者。1988 年，被评聘为高级会计师。2011 年去世，享年 83 岁。

## 吴树青（1929—1999）

出生于民国18年（1929）2月，曾用名吴自清，钱桥历村吴西房人，江苏省立苏州工专毕业。1949年6月，至南京中国人民解放军第二野战军军政大学学习半年。是年12月，任西南军区重庆军管委联络员。1950年4月起，先后任西南工业部重庆机械厂、一机部二局技术处技术员。1956年9月，入太原工学院机械系学习。1961年9月，先后任大连组合机床研究所设计员、主任设计师、研究室主任。1988年，组建大连振华组合机床开发公司，任总经理。吴树青为辽宁省生产工程学会理事，大连机械工程学会理事、副理事长，大连市发展战略技术顾问，被评为大连市先进工作者，与同事合著90多万字的《组合机床设计、调整与应用》一书。1988年6月离休。1999年8月病逝，享年70岁。

## 周伯清（1929—2015）

出生于民国18年（1929）3月，钱桥后周基头人，中共党员。民国35年，到无锡洛社师范学校读书。1949年3月，参加苏南公学干部培训班学习，同时参加革命工作。是年8月，参加苏南农村工作团，开展土地改革。1952年底~1989年，先后至镇江市委宣传部、镇江市金山区委宣传科、镇江日报社、镇江市广播站、镇江钢铁厂工作，后任镇江铝加工厂厂长、党委副书记、书记（正处级）等职。1989年8月离休。2015年去世，享年86岁。

## 朱茂人（1929—2010）

出生于民国18年（1929）12月，钱桥吴巷头人。民国37年11月，参加中共无锡县新渎区委接受政权。1949年4月至1949年11月，任中共无锡县洛社区张镇镇镇长。1949年11月至1954年2月，历任洛社区委宣传科科长、农会主任，无锡县委宣传干事、助理秘书。后至南京机床厂、南京重型机器厂工作。1965年6月，任四川宁江机床厂政治部副主任，四川空气分离厂政治部主任、副厂长。1987年5月离休。2010年1月因病去世，享年81岁。

## 龚　钢（1930—1999）

出生于民国19年（1930）3月，原名龚福泉，钱桥溪南龚巷人。民国36年毕业于洛社高级中学。同年底，到上海培文印刷厂当学徒。民国37年，加入由中国共产党地下组织领导的以店职员为主体的进步职工团体“益友社”。上海解放前夕被捕。同年5月12日，随着上海的解放而获营救。上海解放后，进入上海市总工会工作，历任科员、干事。1957年整风反右运动中被划为“右派”，到崇明农场劳动和“五七”干校学习，“文化大革命”结束后恢复工作，到上海市总工会闸北区工人俱乐部工作，历任放映科科员、科长和俱乐部副主任、主任（处级）。1992年退休后回钱桥。1999年10月26日因病去世，享年69岁。

## 许永兴（1930—2008）

出生于民国19年（1930）5月，藕塘盛店桥西贾村人。1950~1959年，在苏州市大华漂棉厂工作，历任职工、厂长等职务，在职期间，对工厂节能技术革新作出重大贡献。1959年10月出席江苏省工交、基建、财贸等群英会，被评为江苏省先进生产工作者，享受省劳模待遇。多次参加江苏省、苏州市党员干部学习班学习，被评为学习先进。1960年，任苏州市虎丘公社组织委员。1961年，任苏州市长青公社副社长。1962年响应党的号召，带头精简回藕塘公社凯旋大队务农。2008年12月去世，享年78岁。

## 王柏年（1930—2009）

出生于民国19年（1930）9月，藕塘檀树埄人。12岁时寄养在叔父家，在叔父私营的双龙百货公司工作。其间，在中共地下党员孙道临之兄的启蒙下，接受进步思想，配合中共地下党组织开展工作。上海市解放前夕，参加中国人民解放军，至松江青训班学习，曾受到宋时轮将军在全兵团会议上的表扬。之后进南京炮校学习。曾参加抗美援朝，任炮兵第7师某部侦察班班长，上甘岭战役中立三等功，负重伤回国疗养。1953年转业，回乡务农。后由组织安排担任无锡大成巷小学体育老师。1981年，被评为江苏省优秀体育教师，并取得国家级田径裁判资质。1985年，加入中国共产党。2009年2月26日因病去世，享年79岁。

## 庄　稼（1931—2014）

出生于民国20年（1931）1月12日，原名庄渭泉，钱桥历村周巷人。1949年于无锡忠勤高级职业学校纺织科毕业后参加工作。1953年于中国人民大学工厂管理专业毕业。历任苏南农村工作团团员、宣教干事，苏南行署公安局干事，纺织工业部科长，政治部宣传办干事、部长助理秘书、副处长。在纺织工业部工作期间，长期从事部党组简报、政治工作文件起草工作，并负责主持全国纺织系统大中型企业厂长、经理企业管理培训班工作。后任国家经委处长，负责全国职工教育的政策研究和综合工作，完成国家经委“七五”研究课题。此后，任中国职工教育研究会常务副秘书长、职工教育出版社副总编、中国职业教育和职工教育协会终身名誉理事等。1987年，被国家经委聘为副研究员。所著《关于企业岗位培训若干问题的研究》被中国职协评为优秀论文，参与编纂和组织编写的著作有《成人教育词典》《职工教育学概论》《职工教育管理学》《职工教育经济学》《职工教育心理学》《职工教育简史》等。2014年1月9日去世，享年83岁。

## 是寿南（1931—2013）

出生于民国20年（1931）5月，钱桥溪南毛村人。1949年6月至1950年7月，为苏南军区教导团学员。1950年8月至1955年7月，历任江阴要塞海军司令部文化教员、浙江军区炮兵大队五连文化教员、华东野战三院二分院（绍兴）休养员、公安十六师复员团学员。1955年11月，加入中国共产党。1955年9月至1986年4月，历任无锡市粮食局工会干事，无锡市体委教练员、科员，无锡市土产站人秘科干事、无锡市物资回收公司宣传组负责人、无锡市财富生资一站

宣传组组长、国家物资局上海储运公司无锡仓库政工组组长、无锡市物资回收公司政工科科长。1986年5月至1991年5月，任无锡市果品公司宣传教育科科长、新冷库筹建组组长、新果批发部党支部书记。1991年5月在无锡市果品公司离休。2013年3月19日因病去世，享年82岁。

## 金　凤（1931—2015）

出生于民国20年（1931）6月19日，钱桥金巷人，又名兴根。1949年6月于上海中国新闻专科学校新闻系毕业后参加中国人民解放军，进南京军政大学学习。毕业后分配至贵州军区镇远军分区政治处任干事。在贵州军区镇远军分区工作期间，其带领解放军进驻山区，多次参加剿匪工作，立二等功两次。1952年，调至贵州军区战史编写办公室工作，同年加入中国共产党。后又调到军区政治部宣传处任干事、助理员、处长等职。1954年，调至遵义军分区速成中学任教务处处长等职。1963年5月转业，到惠水县教育局和惠水县矿业开发公司工作，任主任兼铁合金厂厂长等职。1993年6月离休。2015年11月因病去世，享年84岁。

## 支柏泉（1931—1992）

出生于民国20年（1931），钱桥大支巷人。民国36年，到上海鼎丰机械厂当工人。新中国成立后，为支援国家重点建设，到第一汽车制造厂工具分厂工作，先后任班长、工段长。1954年，加入中国共产党，后任车间党支部书记。工作期间，用微薄的工资购买技术资料书籍，自己钻研学习，并指导工人学习专业技术，实现技术革新300多项。其中冲模工业是汽车工业的主导工序，加工的部件形状复杂，模具制造难度大，支柏泉大胆实践，制造出“万能正弦台胎具”等多种二级工具，提高工效。1959年、1960年连续两年被授予总厂劳动模范、长春市劳动模范称号。1960年，被吉林省人民政府授予省先进生产者称号，享受省劳模待遇。1992年病逝，享年61岁。

## 朱卫平（1932—2008）

出生于民国21年（1932）3月17日，又名朱伯金，钱桥朱巷人。早年就读于无锡正风中学、匡村中学、道南中学、江南高级会计职业中学，肄业于二野军大、东吴大学医学专业。新中国成立初期，加入中国共产主义青年团，后加入中国共产党。曾任无锡舜一小学校长、钱桥初中教师。后结业于山东师范学院并留校任教，历任山东师范大学生物系教授、硕士研究生导师，兼任中国生物医学工程学会编辑委员、中国计算机学会微机医学应用学会理事、全国高频心电图研究协作组组长、山东生物医学工程学会常务理事和学报主编。长期从事人体解剖学、生理学、电生理学的教学与科研。1976年唐山大地震第三天，受命带领10名司机、4辆卡车和1辆吉普车，满载抗震救灾急需医疗物品奔赴灾区，后留在《抗震救灾战报》工作，被评为“抗震救灾先进个人”。1986年，研究课题“高频心电图对冠心病的早期诊断”获山东省科技进步奖，并推荐至第15届国际生物医学工程大会交流。1988年，受邀出席在美国召开的医学物理和生物医学工程国际会议。曾获山东省高校优秀科技工作者、有突出贡献专家等称号。先后在国内外刊物发表学术论文40多篇，以学者身份到美国、英国参加科研活动，还被聘任为中国生物医学工程学会高频心电图学组主任委员。退休后任山东二野军大校史研究会副主任委员，会刊《鲁讯》编辑部副主编。2008年2月8日去世，享年76岁。

## 周　斌（1932—2007）

出生于民国21年（1932）12月，钱桥舜柯周巷人，小学文化。1950年，参加中国人民志愿军。1952年，加入中国共产党。在抗美援朝期间，因战事伤残被中华人民共和国民政部批准为八级残疾。1953年复员回地方工作，历任镇江市新华书店副经理、影剧公司党总支书记、第四中学党总支书记、镇江市政府工业交通政治部巡视员、谏壁船厂党总支书记、镇江市标准局副局长。2007年12月因病去世，享年75岁。

## 孙尧卿（1934—2014）

出生于民国23年（1934）1月23日，钱桥孙巷人。早年就读于无锡县匡村中学、无锡市第一中学。1957年毕业于北京钢铁学院冶金机械系，分配至武汉华中工学院任教，后为武汉华中理工大学机械二系教授，中国共产党党员。其间，从事金属材料断裂理论和铸铁强韧性研究。1981~1983年，曾以法国贡比埃涅技术大学访问学者身份，师从国际断裂力学学会主席D▪弗朗索瓦教授研究断裂理论，为法国冶金学会外籍会员。1986年以后，开始从事氧化物陶瓷功能材料和结构材料研究。在研究断裂理论方面，对延性球铁成功地计算出球墨与基体的结合强度，并提出断裂过程中的第二阶段空洞长度的计算必须考虑空洞互作用的观点，获1989年国家教委理论成果二等奖、1991年理论成果三等奖。先后在国内外刊物上发表论文50余篇，著有《陶瓷材料学》一书，承担国家科委“八五”攻关任务——陶瓷氧敏传感器的研制。孙尧卿为湖北省机械工程学会理化学会副理事长、金属学会理化学会副理事长，全国机械工程学会材料学会理事、汽车工程学会材料学会理事。2014年去世，享年80岁。

## 毛其焕（1936—2004）

出生于民国25年（1936），钱桥南西漳牌楼巷人。早年就读于南西漳小学。1952年，于万东初级中学毕业。参加工作后，历任水利部第五工程局技术员、股长、科长、经济师。其间曾至水利部五局所属学校学习进修。1968年，被评为江苏省劳动模范，2004年12月因病去世，享年68岁。

## 许福兴（1936—2013）

出生于民国25年（1936）8月，钱桥前金岸人，中共党员。历任江南造船厂组织科科长、纪委副主任、副书记、工会副主席。高级政工师职称。1965~1969年，赴阿尔巴尼亚修理“03”型潜艇，担任技术指导员，先后获上海船舶工业公司优秀党员、江南造船厂先进工作者、优秀思想工作者、上海市退管功臣、全国总工会科技工作先进个人荣誉称号。2013年病逝，享年77岁。

## 成茂清（1937—2014）

出生于民国26年（1937）11月17日，藕塘稍塘营杨树浜人，本科学历，中共党员。早年就读于稍塘后庄小学。1953年，于稍塘初中补习班毕业，同年考入无锡市第三中学。1956年高中毕业后

考入哈尔滨工业大学火力发电系，在校学习成绩优异，为学生会干部。1960年大学毕业后分配至大庆市热电厂技术科工作，任科长，工程师职称。70年代末，调入大庆市供电局工作，任副局长，总工程师。任职期间全面构建大庆市供电基础建设设施，创新供电技术。1980年，被黑龙江省电力工业局评为先进科技工作者。1982年，被黑龙江省电力工业局评为科技工作积极分子，获评大庆市劳动模范。2014年10月5日病故，享年77岁。

**周荣福（1937—1989）**

出生于民国26年（1937）12月，钱桥历村周巷人，初中文化，中国共产党党员。1956年，赴青海省黄南藏族自治州麦秀林场工作，任主办会计。1972年，到青海省黄南藏族自治州财政局预算科工作，历任科员、副科长、科长。1983年，调入青海省税务局工作，历任税政三处副处长、处长（正处级干部）。1989年12月病逝，终年52岁。

**郑锡良（1938—1999）**

出生于民国27年（1938），钱桥沿河人。民国36年，就读于钱桥铁狮桥小学（保国民小学）。1955年，于钱桥初级中学补习班毕业。1958年，于无锡市第一中学毕业。1963年，于成都邮电学院（后为成都电信工程学院）本科毕业。中国共产党党员。1963~1981年，到中国人民解放军总参谋部情报处工作。1981年，转业到上海科学院工作。1983年，到上海大学工作，任三系电路教研室主任，教授职称。1999年因病去世，享年61岁。

**吴士云（1939—1998）**

出生于民国28年（1939）7月6日，钱桥毛村人，藕塘中学毕业。1958年2月至1958年7月，任溪南大队会计。1958年8月至1963年3月，任溪南大队乔西生产队队长。1965年，被评为江苏省劳动模范，赴南京参加江苏省先进劳模会议。1973~1979年，任溪南大队大队长。1984~1997年，任钱桥（乡）镇交通综合管理所所长、无锡县交通局锡西片片长。1998年11月11日因病去世，终年59岁。

**章仁清（1942—2003）**

出生于民国31年（1942）12月，钱桥洋溪下渡人。16岁时进入钱桥手工业联社从事木器制作。18岁时，响应政府号召参加中国人民解放军，至中国海军上海驻防部队服兵役8年。在部队工作出色，多次被评为“五好”战士。1968年退伍，回乡后又进钱桥手工业联社工作，开始筹建无锡县第二磁性材料厂，并任车间烧结小组组长。由于经费有限，厂内所有设备只能自行制作，章仁清多次外出考察，发扬在部队中养成的钻研精神，身先士卒，带领工人制作出生产所需的全部机械设备，同时传教技术给工人。 1976年被评为江苏省劳动模范。2003年9月去世，享年61岁。

### 殷锡南（1943—1991）

出生于民国 32 年（1943）3 月，钱桥赤墩里殷巷人，中共党员，副厅级干部。1963 年于南京无线电工业学校毕业后，先后在电子工业部直属军工企业南京长江机器制造厂、国营长宁机器制造厂、国营宁平车辆厂、国营长安机器总厂等单位工作，曾任雷达技师、车间副主任、总装车间主任、总厂经销总公司总经理，国营长安机器总厂副厂长兼家电厂厂长、党总支书记等职。1980 年参加中国运载火箭发射试验任务，立集体三等功，并受通报表扬，晋升一级奖励工资。1991 年 12 月 8 日去世，终年 48 岁。

### 吴秋萍（1943—2010）

出生于民国 32 年（1943）8 月 15 日，女，钱桥溪南毛村人。早年就读于张高漕小学、无锡市一女中。1962 年，毕业于无锡师专数学专科。毕业后先后在杨市新民小学、火炬中学、钱桥向阳初级中学、钱桥中学任教。1993 年调至东亭中学，先后任班主任、大队辅导员、数学教研组组长。1997 年晋升为中学高级教师。《例谈习题教学》《正确使用新教材，全面提高学生素质》《平几中关于面积问题的探讨》《平几入门研究》《初三平几复习的做法和体会》《创建班组集体的经验》《班主任工作如何调动学生的学习积极性》等论文先后发表在教育杂志。在辅导学生参加全国、全省数学竞赛中有 6 名学生获奖，业绩入编《无锡名人辞典》。2010 年 11 月因病去世，享年 67 岁。

### 陆亦平（1948—1990）

出生于民国 37 年（1948），钱桥天墩头人，高中文化。1969 年参加中国人民解放军。转业后在无锡市煤炭矿山指挥部工作。1978 年，任无锡市公安局秘书，后任清名桥派出所所长、南长公安分局政委、无锡市公安局政治部主任。1987 年，任无锡市公安局副局长兼政治部主任。1990 年 10 月 2 日，因公去广州出差，他所乘厦门航空公司一架飞机被劫持，在白云机场紧急降落，歹徒对驾驶员施暴，致使飞机失控，偏离跑道，陆亦平不幸遇难，终年 42 岁。

### 倪国平（1954—2000）

出生于 1954 年 12 月，藕塘乡稍塘营西村人，高中文化，中共党员。早年先后就读于勤建小学、永红中小学、北京市第二十中学。1969 年 8 月，任藕塘公社勤建大队民兵营副营长。1972 年 12 月参加中国人民解放军，为北京卫戍区某部队战士。1974 年 2 月起，历任北京卫戍区三机连给养员、司务长、副连长。1979 年立三等功。1984 年 1 月，任六十三集团军某部队司令部管理员。1986 年 1 月，任六十三集团军某部队司令部管理股长。1988 年 1 月，任六十三集团军某部队一营营长。1992 年 1 月，任某师农场副团职场长。1992 年被授予中校军衔（副团）。1994 年 9 月转业至无锡县（锡山市）民政局任办公室主任。2000 年 10 月病故，终年 46 岁。

## 第二节　革命烈士

钱桥、藕塘地区有革命烈士 13 人，都在为革命战争取得胜利和社会主义建设中献出年轻的生命，最年轻的革命烈士马上达年仅18岁，最年长的革命烈士诸振邦年仅44岁。

### 诸振邦（1897—1941）

出生于清光绪二十三年（1897），原籍无锡县东亭镇杨亭，后定居藕塘桥小冯巷。父诸仁先在藕塘桥开业行医。诸振邦9岁时在藕塘桥私塾就读，勤奋好学，常坐父亲桌旁看开药方，后随父习医。20岁时，诸振邦已能单独应诊，每逢三、六、九日期，至梅园附近徐巷行医。民国11年（1922）春，由徐巷小学教师周亚魂介绍，参加中共党员徐梦影以启发人民智慧为宗旨创办的“启民社”，向群众宣传科学文化，反对迷信和封建陋俗。民国15年，加入中国共产党，与唐玉山同去扬名乡开展农村工作。次年发生“四一二”事变，诸振邦转移到开化乡，经黄巷党支部委员黄雨初推荐，担任薛铁巷小学校长，进行地下革命工作。民国18年初，至许舍尚志小学任教。民国20年1月，中共江苏省委派员到无锡重建中共无锡县委，诸振邦担任委员。次年，无锡县委执行江苏省委贯彻的中央关于共产国际的政治路线，以“十足个人英雄主义”等理由，于8月7日开除诸振邦党籍，诸振邦仍回薛铁巷小学任教。民国22年初，诸振邦任教于藕塘桥小学。民国26年春，诸振邦在镇江地区进行抗日救亡的宣传活动，被国民党以“赤化”罪名逮捕入狱。是年冬，日军全面侵华，诸振邦出狱。次年秋，诸振邦通过黄巷党支部书记黄达三关系，至梅村李哲先处参加地方游击队强学曾部政治部工作，11月调入鸿声江浙游击队第一纵队邓本殷部任政治部主任。后第一纵队被江南抗日义勇军收编，诸振邦仍回强学曾部工作。民国29年春，在陈凤威负责的锡北办事处任特务长。次年1月，无锡县成立县政府，诸振邦被委任为城郊区区长，流动于江溪桥、梅村一带进行地下革命。民国31年7月23日深夜，突被驻江溪桥的无锡县东南区独立自卫团张鹤亭部包围，在越墙突围时中弹牺牲，时年44岁。诸振邦入无锡县锡西地区革命烈士英名录。

### 龚鹏佐（1914—1940）

出生于民国3年（1914），钱桥龚巷人。民国27年参加革命，中国共产党党员。民国28年，任新四军江南抗日义勇军（简称“江抗”）三路二连指导员。是年，新四军东进时，龚鹏佐任“江抗”二团六营六连政治指导员等职。民国29年，在武进县礼嘉桥战斗中牺牲，时年26岁。龚鹏佐入无锡革命烈士与无锡县锡西地区革命烈士英名录，安葬于无锡烈士陵园。

### 奚荣方（1921—1945）

出生于民国10年（1921），钱桥墅塘桥人。民国30年4月参加革命，在中国人民解放军华中野战军七纵队工作。民国34年，在扬州仙女庙战斗中牺牲，时年24岁。奚荣方入无锡县锡西地区革命烈士英名录，安葬于无锡锡西烈士陵园。

### 唐炳生（1921—1946）

出生于民国10年（1921）5月23日，又名唐阿三，曾用名唐永久，钱桥毛村人。民国34年8月，参加新四军锡西大队进行地下武装斗争。同年10月，加入中国共产党，奉命北撤苏北，编入中国人民解放军华中野战军四纵队，任战士、班长。民国35年10月，在江都邵伯战斗中牺牲，时年25岁。唐炳生入无锡县锡西地区革命烈士英名录，安葬于无锡锡西烈士陵园。

## 杜　浩（1922—1944）

出生于民国11年（1922）5月，曾用名杜凤翔，钱桥天墩头人。民国18~24年，就读于苏庙小学初小、张高漕小学高小。民国27年9月，考入上海租界的苏州工业专科学校就读，受进步思想影响，向往共产党，于民国30年4月与亲戚韩祖华一起，前往苏北抗日根据地参加新四军，进入盐城军部抗日军政大学五分校学习。同年，参加中国共产党。6月，侵华日军攻占兴化、东台、泰州三角水网地区，前锋逼近盐城。由于抗大一部分学员提前分配的原因，杜浩于是年7月中旬调至新四军军部特务团一营二连任文化教员。当一营二连在盐城湖垛、建阳以西的马家荡东岸完成剿匪任务休整时，7月22日，日军占领盐城。一营接到命令，即于7月23日向东行动，杜浩随部队经湖垛市区，连夜转向北左庄（有新盖的房子，军首长已由盐城转移至此办公），然后再向东北，于次日拂晓到达三里港。7月24日晨，湖垛被日军占领。上午日军飞机低空侦察，汽艇在周围搜寻，杜浩随一营二连朝敌艇方向运动。杜浩所在的军工部特务团保护了军部首长的安全，使新四军军部跳出日军在水网地区的扫荡圈，军部便连夜向西北渡过几条大河，于7月25日到达硕集子。军部移驻至新四军三师盐阜地区阜宁西部的羊寨、单家港一带，军首长驻停翅港。杜浩所在的军部特务团一营二连在单家港以北废黄河边警戒，部分战士调至废黄河以西涟水境内布防。同年“反扫荡”胜利后，新四军一师军工部于民国31年9、10月间由苏中地区转移至盐阜区，杜浩同时被调至阜宁东北的姜家碾米厂一师军工部工作。是年12月，日军准备对苏北盐阜区“大扫荡”。一师军工部接指示后即返回新四军一师苏中地区，时杜浩在军工部工务科任科员（简称工务员），由姜家碾米厂出发经东坎、八滩，到达废黄河口的大淤尖，换乘海船向苏中转移。同月，一师军工部返回苏中，到达如东海边长沙。杜浩所在战斗部队肩负保卫军工部重任。军工部在苏北沿海水陆两栖，生活条件极度艰苦。敌人陆上“扫荡”，军工部就向海上转移，木帆船在海上经常遇到狂风巨浪的袭击，环境相当险恶，杜浩英勇顽强。民国32年1月，船队碰上寒流，暴风大作，海浪滔天，十多艘船被刮走。退潮后，杜浩与余下同志上岸，跋涉20余华里。海滩上没膝的冰凌，寒冷刺骨，迎面凛冽的西北风，呼吸十分困难。一名工友中途倒下后未被发现，冻死在冰凌海潮之中。杜浩顽强地与自然界恶劣环境作斗争，同月转移到达南边的何家灶，是年春节（2月5日）后于3月到达东台海边三乐仓。在军工部多次转移中，杜浩参加工务科各种器材上下牛车、船只的搬运，重活累活总是抢着干。同年3~12月，杜浩参加军工部在东台海边三乐仓试制“82”迫击炮弹。杜浩既是技术员，又是工人，天天与火药、炸药打交道。12月，苏中情况紧张，军工部又转移至盐阜区废黄河口的六合庄。民国33年3月，日本侵略军对盐阜区“大扫荡”，军工部返回到苏中区东台海边的苦水洋。6月，杜浩随军工部通过串场河日伪封锁线，安全到达宝应射阳镇西北林上庄。杜浩参加迫击炮弹装配、装药等工作，同时参加拆废炮弹并从中取出炸药的工作，以弥补生产炮弹用药的不足。是年7月8日，杜浩与战友们一起在射阳白兔庄拆废迫击炮弹时，张云白所拆的炮弹突然爆炸，杜浩身受重伤。在急送杜浩至一师后方医院途中，因其胸腹部伤势太重，不幸牺牲，葬于盐城西部秦南仓西北白兔庄，年仅22岁。1952年4月26日，华东军区第三野战军政治部批准评定杜浩为革命烈士（三野烈字第01041号），安葬于无锡锡西烈士陵园。1983年7月12日，换发中华人民共和国民政部革命烈士证明书“苏烈字第815091号”。

## 单耀君（1924—1950）

出生于民国13年（1924）3月，钱桥单巷人。民国33年3月15日参加中国人民解放军，中国共产党党员，任华东军区南京大校场航空站地勤管理所主任。1950年2月，单耀君在南京因公牺牲，时年26岁。同年，被华东军区政治部评定批准为革命烈士，安葬于无锡市烈士陵园。

## 吴纪高（1926—1945）

出生于民国 15 年（1926）6 月，曾用名朱三苟，钱桥毛村人。民国 34 年 5 月参加新四军锡西大队，进行地下武装斗争，任战士。是年 10 月，在宜兴竹林战斗中牺牲，时年 19 岁。吴纪高入无锡县锡西地区革命烈士英名录，安葬于无锡锡西烈士陵园。

## 秦泉法（1927—1948）

出生于民国 16 年（1927），钱桥秦陆巷人。民国 34 年 8 月参加新四军，历任四纵队战士、通讯员。民国 37 年，在高邮战斗中牺牲，时年 21 岁。秦泉法入无锡县锡西地区革命烈士英名录。

## 马上达（1928—1946）

出生于民国 17 年（1928）1 月，曾用名马寿宝，钱桥毛村人。民国 34 年 8 月入伍，历任华中野战军一师战士、班长。民国 35 年 7 月，在高邮马塘区战斗中牺牲，时年 18 岁。马上达入无锡县锡西地区革命烈士英名录。

## 吴阿海（1930—1953）

出生于民国 19 年（1930）3 月，曾用名吴惠泉，藕塘许巷人。解放前夕，吴阿海结识当时锡西游击队领导人张涛、陆道南，受革命思想的熏陶，利用给地主种田、放牛的机会帮助地下党送信送材料。1949 年加入中国共产主义青年团，1950 年 10 月加入中国共产党。1951 年参加中国人民志愿军，历任战士、副班长、班长。同年 8 月入朝参战，为志愿军副班长。1953 年 1 月 18 日在上甘岭战役中中弹牺牲，时年 23 岁。同年，吴阿海被无锡县政府评定批准为革命烈士（1953 苏烈第 000370 号）。2015 年 1 月 23 日换发中华人民共和国民政部革命烈士证明书，证明书编号未变。

## 张伯度（1945—1965）

出生于民国 34 年（1945）4 月，藕塘许巷人。1963 年 12 月参加中国人民解放军，历任浙江舟山朱家尖某部队战士、班长。1965 年 8 月 22 日至浙江舟山执行任务，在参加国防施工时主动请缨排除哑炮，因哑炮突然爆炸而牺牲，时年 20 岁。同年，张伯度被总政治部评定批准为革命烈士（1965 苏烈第 000042 号）。2014 年 12 月 24 日换发中华人民共和国民政部革命烈士证明书，证明书编号未变。

## 周涵沂（1945—1968）

出生于民国 34 年（1945）5 月，钱桥砖场上人。1965 年 3 月参加中国人民解放军，共青团员，历任战士、班长。1968 年 10 月在内蒙古集宁灭火时因公牺牲，时年 23 岁。周涵沂入无锡县锡西地区革命烈士英名录。

## 张炳泉（1945—1968）

出生于民国34 年（1945）9月，钱桥前金岸上人。1962年毕业于钱桥中学。1965年冬，参加中国人民解放军。1967年在某部队任班长，中国共产党党员。1968年3月执行任务，在内蒙古集宁一次国防工程隧道施工中为抢救战友而牺牲，时年23岁。同年12月31日，被总政治部评定批准为革命烈士（1968苏烈字第000032号），安葬于无锡锡西烈士陵园。2014年12月24日换发中华人民共和国民政部革命烈士证明书，证明书编号未变。

**附1：因公牺牲革命军人**

## 韩耀康（1961—1983）

出生于1961年11月，钱桥金巷人。1980年1月参加中国人民解放军，是年4月加入中国共产主义青年团。历任中国人民解放军某团迫击炮连战士、班长，先后被团直属队评为学雷锋积极分子，受连队嘉奖6次。1983年10月3日，在执行营建运输任务中牺牲，时年22岁。同年，被评定为革命军人因公牺牲，被中国人民解放军总政治部颁发济军牺字第（6014701）号“革命军人因公牺牲证明书”。

**附2：反面人物**

## 周阿福（？—1944）

又名周汉良、周煜，钱桥大吴巷人。民国26年（1937）前，在无锡茂新面粉厂当领班，拜青帮通字辈盛阿二为老头子。日军侵占无锡后，周在钱桥一带收集枪支，招募散兵游勇，并大收徒弟。不久，周阿福在钱桥、双河尖河上设卡子，强迫客商船户交税。时周阿福在钱桥地区拥有相当大的势力，北塘不少厂、坊、店家老板怕受人欺负，均拜周阿福为老头子，作靠山。民国27年6月，国民党在锡西建立十镇联防队，周阿福任第二联防队大队长。翌年，十镇联防队改编为国民抗敌自卫团，周阿福任特务大队长。周阿福的势力还延伸到城内，为扩大自己的政治影响，于民国29年4月某天傍晚，周阿福派数十名部属开枪射击吴桥日军驻地。后国民抗敌自卫队解散。不久，周阿福部投敌，投靠汪伪江苏省政府主席李士群，并用搜刮来的钱财孝敬李士群。李士群委任周阿福为“清乡”第22大队大队长。大队部设在北塘大河池沿秦宅，但周阿福部队仍驻钱桥，时有人枪200余，编成2个中队。民国31年，第22大队改为第11大队。是年，日伪无锡特工站为排斥异己，突然大搞逮捕“不良分子”，一些与日伪特工站有矛盾的地痞、流氓、汉奸等也在内，周阿福亦在其中。李士群暗示周阿福离开。周阿福的一些亲信被捕，心腹华佰根在西门体育场被枪毙。民国32年，李士群死后，周阿福通过蔡洪生（又名蔡和尚，无锡荡口人，上海青帮头子，民国16年与陈群、徐福生结拜为十兄弟。周阿福曾叫其第二个老婆及秘书、副官、参谋拜蔡洪生为寄爷）的关系投靠汪伪江苏省政府主席陈群。陈群任命周阿福为汪伪江苏省政府少将参谋。周阿福部被改编为伪江苏省保安第7大队，亲信殷子明任大队长，开往青浦驻扎（解放后殷子明被人民政府处决）。周阿福平日素与汪伪无锡县县长杨彦斌有矛盾。民国33年5月22日晚，杨彦斌委派伪无锡县保安大队副大队长黄胜泉在道场巷伏击周阿福。刚从娼妓家出门准备回家的周阿福被黄胜泉部击毙。

# 第四十一章 人物简介

入编人物简介的为钱桥、藕塘籍的，或定居在钱桥、藕塘区域内的，且具有一定业绩的、资料较为充实而具体的县处级（含副处级）以上领导干部，军队团级（含副团级）以上领导干部，离休干部，相当于副教授以上（含副教授级）的高级职称专业技术人员，无锡市级以上（含无锡市级）劳动模范，全国级条线先进工作者，乡村名医等，共341人。

## 第一节　县处级以上领导干部

钱桥街道区域内有县处级以上领导干部75人，其中厅级以上领导干部28人、县处级领导干部47人。邓巷邓鸿勋曾任中共无锡市委书记、海南省委书记，西贾村陈文照曾任驻新西兰兼库克群岛特命全权大使，砖场上周林本曾任浙江省椒江市市长，费巷费仲兴为南京炮兵学院享受副军级待遇教授。

### 一、厅级以上领导干部

**朱洪发**（1921—　）出生于民国10年（1921）10月，藕塘井亭里人。民国36年到上海当学徒。1949年应征入伍，任解放军某部通讯班班长，后去南京军政学院学习，学习结束后再回上海工作。1954年考入厦门大学。1956年大学毕业后到厦门化纤厂工作。“文化大革命”结束后，任厦门市计划委员会主任。改革开放后，任厦门市信托外贸投资公司董事长、总经理，享受副厅级待遇。

**单　星**（1923—　）出生于民国12年（1923）12月，洋溪单巷人。民国32年参加新四军。新中国成立后，先后任上海先锋电机厂党委书记、华东六省一市工委办公室主任。1964年，因工作需要调至北京，任国务院支农办公室副主任（行政十一级）。离休前调至国家食品协会任秘书长。

**陈泉源**（1927—　）出生于民国16年（1927）8月，藕塘井亭里前埠墩人，中共党员。民国35年于无锡县匡村中学毕业后在家乡井亭小学任教。新中国成立后，考入中央人民政府贸易部干部学校，毕业后分配至中国盐业公司人事处工作，参与创办中国盐业公司训练班。1952年，中国盐业公司训练班并入高级商业干部学校，随后学校先后更名为北京对外贸易专科学校、北京对外贸易学院、对外经济贸易大学。陈泉源历任对外经济贸易大学教务处、校务处负责人，党委理论工作室、党委办公室主任，党委书记（正厅级）。任职期间，先后出访美国、加拿大、捷克斯洛伐克、波兰、匈牙利、南斯拉夫等国，为对外经济贸易大学的发展、建设和开展国际学术交流做出贡献。1989年，调任对外经贸部驻福州办事处特派员。曾发表《以马克思主义为指导，加强学科建设》《理论联系实际，

提高教学质量》《关于外语教学改革》等多篇论文。

**倪　晴**（1930—　　）出生于民国19年（1930）10月，藕塘稍塘营西村人，本科学历。早年就读于匡村中学、无锡中学。民国37年到藕塘丁村小学任教师。1949年6月弃笔从戎，投身革命。同年考入中国人民解放军第二野战军军政大学，编入军大四团。10月，随二野进军四川。1950年，任青年团川北工委委员、川北行署文教厅文化处干事。1953年，任四川省文化局副科长。1965年，任四川省文教秘书处副主任。1972年，任四川省教育厅副处长、处长。1983年，任四川省教育厅副厅长。1985年，任四川省教育委员会副主任。1989年，任四川省教委正厅级巡视员。1991年离休，正厅级待遇。

**丁振明**（1930—　　）出生于民国19年（1930）11月1日，藕塘稍塘营长巷人。1949年加入中国共产主义青年团，参与农村征粮等工作。1951年，参加中国人民志愿军赴朝参战，回国后至海军联合学校学习两年，而后在华东海军第六舰队长沙舰工作，历任战士、副班长。1955年考入海军工程学校，1960年毕业后留校任教。中共党员。1977年调大连舰艇学院工作，任教研室主任，行政副师级。1986年评聘为副教授。

**邓鸿勋**（1931—　　）出生于民国20年（1931）1月，钱桥邓巷人。早年于无锡县匡村中学读初中、省立昆山中学读高中。民国36年12月，在昆山中学学习时加入中国共产党。高中毕业后，在无锡县钱桥小学任教，同时参加无锡、昆山等地中共地下党革命工作。民国37年，入江南大学工业管理工程系学习，继续从事中共地下党的革命工作，后参加太湖游击队。无锡解放、新中国成立后，继续在江南大学工业管理系学习，任系党支部书记。1952年，于江南大学工业管理工程系毕业后，被派往东北，任鞍山钢铁公司经理室秘书兼专家办公室副主任、技术员。1955~1967年，任本溪钢铁公司热电站生产技术科科长、副主任、工程师，本溪钢铁公司设计处副处长、研究室副主任、办公室副主任、党支部书记。曾参加本溪钢铁公司热电站、焦化厂建设和铁矿、石灰石矿特殊钢厂的设计。“文化大革命”中受冲击，下放到“五七”干校及江苏省大丰县劳动。1972~1983年，历任江苏省镇江焦化厂革委会副主任、党委副书记、厂长，江苏省计委主任，江苏省镇江地区行署经委主任、党组书记。1983~1984年6月，任中共江苏省镇江市委副书记、镇江市市长。1984年6月~1985年2月，任中共江苏省无锡市委书记。1985年2月~1989年12月，任中共江苏省无锡市委书记、无锡市人大常委会主任。邓鸿勋担任市领导期间，结合苏南实际，贯彻改革开放政策，大力发展乡镇工业，促进城乡经济全面发展，无锡提前10年完成翻一番任务。同时，调动一切积极因素，加快城市建设，推进社会事业发展。

1987年11月，邓鸿勋当选为中共十三届中央委员会候补委员。1989年12月~1990年6月，任中共江苏省委副书记。1990年6月~1992年4月，任中共海南省委书记。1992年4月~1993年1月，任中共海南省委书记、省人大常委会主任。其间，在海南特区积极推进改革开放，完善“小政府大社会”体制，率先进行粮食流通体制改革，大兴农田水利建设，加快发展商贸、金融等市场，建立和健全各种中介组织，积极引进和培养人才，加强特区党的建设和环境建设，坚持两手抓两手硬，曾在《求是》等杂志多次发表文章，并当选为中共十四届中央委员。1994年10月~1998年4月，任国务院发展研究中心副主任，党组成员、研究员（正部级），中国保险发展论坛组委会主席，中国农村劳动力资源开发研究会会长，国务院发展研究中心资本市场研究中心理事，其间对中国农村经济、区域经济、老工业基地改造和开发大西北等若干议题进行专门研究，发表大量文章，主编《跨世纪战略发展过程中的中国经济结构研究》《中国财经管理全书》《农民就业与中国现代化》《走出二元结构——农民就业创业研究》等书籍。

**倪祖英**（1931— ）出生于民国20年（1931）8月5日，藕塘稍塘营西村人。民国37年起，先后在丁村小学、匡村中学读书。1949年6月参加革命。同年考入中国人民解放军第二野战军军政大学。是年10月，随刘邓大军进军四川，参加剿匪战斗，任剿匪小队队长。因作战勇敢，多次受上级嘉奖。1950年起，先后任四川省镇反剿匪工作队队长、某地二区区长。同年8月加入中国共产党。1959年起，先后任四川省古蔺县区长、县委宣传部部长、县委书记。1963年，任宜宾市第二人民医院党委书记兼院长。1970年，任宜宾地区招飞工作办公室主任，负责招收飞行员工作。1984年，任招飞办公室顾问。1992年离休，享受正厅级待遇。

**吴仁庆**（1932— ）出生于民国21年（1932）12月，藕塘桥稍塘营西村人。早年就读于丁村小学、匡村中学。1949年6月参加革命。同年于南京考入中国人民解放军第二野战军军政大学。10月，随刘邓大军进军大西南。1953年加入中国共产党。后调入第二野战军卫生战线工作，先后任护士学校党支部书记、党委书记，第二军政大学政治处组织干事、校务部政治处副主任、政治委员。获胜利勋章1枚，记三等功1次。1988年，于副师级岗位上离休。

**潘永源**（1933— ）出生于民国22年（1933）8月，钱桥墅塘桥人，中共党员。1955年，于西安交通大学毕业后分配至西安交通设计院工作。1963~1973年，调任至新疆叶城公路总局工作，历任保卫处副处长、公路局副局长。1973年，调至新疆自治区交通厅工作，任副厅长，高级工程师。

**平茅芦**（1934— ）出生于民国23年（1934）8月，钱桥社冈里平巷上人。1954年，于上海华东纺织工学院纺织系机织专修科毕业后分配至青岛工作，先后任青岛国棉一厂技术员、科长、副厂长，青岛市日用品工业部、市工业部秘书。1959年，加入中国共产党。1967~1978年，调至山东枣庄工作，先后任枣庄棉纺织厂副厂长、厂长、党委副书记、书记，枣庄市第一轻工业局副局长、局长、党组副书记、书记等职。1978年，任山东大化纤会战指挥部副指挥。1979~1983年，任山东省经委外事处处长。1983年，为中共山东省第四届委员会委员，任山东省纺织工业厅厅长、厅党组书记，兼任中国纺织工程学会常务理事、山东省纺织工程学会理事长。

**蒋耀明**（1934— ）出生于民国23年（1934）12月，藕塘稍塘营大巷上人，中共党员，高级工程师。1956年毕业于地质部南京地质学校。毕业后至柴达木盆地进行中国第一次高精度一等天文大地网的视查工作，至内蒙古大兴安岭、四川大凉山、安徽淮河流域从事天文大地测量。1958年，到武汉测绘学院学习。毕业后分配至国家测绘总局第一大地测量队工作，从事东北三省和内蒙古地区的天文大地测量。1960年，在Lg震级研究中获国家地震局科技进步二等奖。1969年，调入天津

市公共汽车修理厂工作，后又调至天津市公用局、中共天津市委组织部组织处从事马列主义教育工作，主编《党课教材》。1978 年，调江苏省地震局工作。1983 年，任江苏省地震局副局长（副厅级），主管地震测报与基本建设工作。在学术上，长期进行地震预报研究，特别是对形变与地下水关系、形变与地震关系、形变与地质地层关系等方面有较深入研究，发表多篇论文，曾获地质部测绘局第一大地测量队先进生产者称号。1990 年春，任江苏省地震学会常务副理事长、江苏省地震高科技中心顾问。

**朱金泉**（1936—　　）出生于民国 25 年（1936）6 月，藕塘井亭朱巷人。1961 年毕业于南京工学院粮食加工系。大学毕业后分配至青海省粮食厅任技术员。1971~1977 年，任青海省粮食机械厂副厂长，参与省粮食厅下属多家面粉厂建造设计工作。1978 年，任青海省粮食厅工业处副处长。1983 年，任青海省粮食厅副厅长。1985 年，到中央党校学习，回单位后，青海省粮食厅与商业厅合并，任副厅长。1990 年任青海省商业厅党委副书记，省政协委员。

**周爱珍**（1938—　　）出生于民国 27 年（1938）9 月，女，钱桥前周基头人，本科学历，中共党员。早年就读于钱桥周家弄国民学校。1953 年 9 月就读于无锡县洛社中学。1959 年考入南京军事学院。1963 年大学毕业后分配至中国人民解放军总参谋部，后至政治部工作，长期分管部队纪律检察，先后任纪律检察科干事、副科长、科长、副处长、处长等职。正师级，大校军衔。

**陆荣兴**（1938—　　）出生于民国 27 年（1938）10 月 8 日，钱桥苏庙前金岸人，中共党员。1961 年 2 月，于湖北省水利电力专科学校毕业。毕业后分配至湖北省水利局工作，负责河川枢纽及水电站等专业工作。1982 年 4 月 5 日，被国务院科学技术干部局批准为水利工程师，后被输送到 330 工程局职工学校世界语初级班学习，1983 年 2 月 5 日结业。1984 年 12 月~1987 年 5 月，先后任中国科学技术协会中国水利学会会员，湖北省科学技术协会会员。1989 年 1 月 1 日，被任命为水利电力部长江葛洲坝工程局工程师。1981~1992 年，先后获葛洲坝工程局竞赛一等功、330 工程局“三抢三保”二等功和水位联通钢管改为砼预制管方案获葛洲坝工程局二等奖、葛洲坝工程局优秀共产党员等称号。1992 年 9 月，评聘为中国水利电力部高级工程师。1993 年 1 月，评聘为长江葛洲坝工程局高级工程师。1998 年 3 月 31 日，经过严格考核，获水利部水利工程建设监理工程师资格证书。是年 10 月，任中国葛洲坝集团第六工程公司三峡指挥部高级工程师，并任副总指挥长（副厅级）。

**戴镇基**（1939—　　）出生于民国 28 年（1939）10 月，钱桥戴巷人，曾居住藕塘桥南街 51 号，现定居江苏省委家舍。中国共产党党员。早年就读于无锡市第一中学。1963 年于华东水利学院水港系军港专业毕业。大学毕业后留校任水港系军港教研室助教。后调至江苏省革命委员会政法材料组、江苏省委组织部纪律检查组工作。历任中共江苏省委组织部机关党支部副书记、审干办公室副处级巡视员、综合干部处副处长、审干办公室主任，中共连云港市委常委、组织部部长。1989 年，任连云港市市委副书记。1993 年起，先后任江苏省人大常委会委员，省委统战部副部长、部长，江苏省委组织部副部长，省委统战部理论研究会副会长，中央统战部新社会阶层统战理论研究基地顾问。撰写《新的社会阶层人士统战工作理论》等多篇论文，参加《党的建设理论研究丛书》中部分章节的编写。

**郭海林**（1940— ）出生于民国29年（1940）11月，藕塘三坝头人，教授，大校军衔。1960年，于无锡县中学毕业后保送至中国人民解放军军事工程学院学习。1964年本科毕业后分配至工程兵原子防护工程研究所工作。1979年，调入中国人民解放军工程兵工程学院工作，任防空系主任。1992年享受国务院政府特殊津贴。编写《人民防空地下室设计规范》一书。

**陈文照**（1940— ）出生于民国29年（1940）12月1日，盛店桥西贾村人，中共党员。早年就读于安阳中学、无锡县梅村中学。1960年考入北京外国语英文系，1965年毕业后分派至高等教育部外语教育司工作。1971年调外交部工作。1976年，到中国驻西萨摩亚使馆工作。1980年回国，在外交部美大司工作，任二秘。1984年，任中国驻澳大利亚使馆研究室主任、一秘。1988年回国，任外交部美大司二处处长。1991年，到驻加拿大使馆工作，任政务参赞。1995年1月，任驻多伦多总领事。1998年2月，任驻新西兰兼库克群岛特命全权大使。在《人民日报》《文汇月刊》《世界知识》《湖南文学》等报刊上发表多篇文章。著作有《新西兰》《吴音柔媚醉天涯》《枫雪桑梓情》等。

**李志远**（1941— ）出生于民国30年（1941）5月，钱桥社冈里人，中共党员。1957年就读于钱桥中学。解放军工程兵学院本科毕业后应征入伍，专注于工程机械研究。历任工程机械电工器材研究室主任（正团级）、研制工厂厂长，兼任江苏省机械工程学会物料搬运委员会副理事长、江苏技术监督工程建筑机械质检站站长、工程机械学会高级委员。正高级工程师，大校军衔。

**张立华**（1942— ）出生于民国31年（1942）3月，钱桥周基头人，经济学家张锡昌之子。自幼酷爱自行车运动，中学期间获北京中学生自行车比赛第一名。1963年大学学习期间，首次打破赛车场自行车行进间200米比赛全国纪录。1966年从清华大学毕业。以后20多年间数十次打破五项自行车赛全国纪录，参加第二届、第三届、第四届、第五届全国运动会自行车赛，均获得冠军。与队友一起获第一届亚洲新兴力量运动会赛车场自行车4公里团体比赛金牌。在第七届、第八届亚运会比赛中，分别获自行车1000米计时赛铜牌。任北京市体育运动委员会副主任。

**厉毓华**（1943— ）出生于民国32年（1943）12月12日，女，钱桥后杨毛岸人。1963年7月于无锡市卫生学校毕业后志愿报名参军，到新疆军区解放军第十三医院工作，先后担任护士、主管护士、护士长等职，为部队技术六级、文职三级（大校军衔）。多次被军区医院评为优秀护士、技术能手、新疆军区技术能手和精神文明先进个人、优秀共产党员、“三八红旗手”等，获省军区多次嘉奖。1998年退休，享受正师级待遇。

**费仲兴**（1944— ）出生于民国33年（1944）1月，钱桥历村费巷人。1961年考入华东水利学院（河海大学前身）工程力学系。1966年大学毕业后由学校直接分配入伍，至国防科委第31基地6所从事科研工作，任助理研究员。1983年调入南京炮兵学院，先后被评聘为副教授、教授职称，任学院专业技术职务评审委员会副主任，享受副军级待遇。在军队任职期间，多次参加重要野外试验，多次发表学术论文，获军队级科技进步三等奖1次、军队院校教书育人银奖1次。2004年退休，

定居南京。退休后致力于研究南京大屠杀史，长年调查南京大屠杀幸存者，以有力证据揭露侵华日军屠杀中国人民的滔天罪行，两次出席南京大屠杀史料国际学术讨论会，并发表论文。2011 年 12 月，应邀赴日本大阪、京都、东京等 8 个城市出席当地民间人士组织的证言集会。2015 年，任南京大屠杀史研究会理事兼口述史分会副会长。公开出版的主要著作有《线性代数》《汤山觅踪》《城东生死劫》《南京大屠杀史料集》第 27 卷、第 39 卷。

**周林本**（1944—　　）出生于民国 33 年（1944）9 月，钱桥砖场上人，中国共产党党员。早年就读于无锡县洛社中学。1970 年毕业于北京轻工业学院轻化工一系皮革工学专业。同年 8 月，上级安排其至部队锻炼。1972 年，分配至浙江省临海县箱板纸厂工作，历任技术员、厂长办公室主任。1980 年 1 月，任临海县皮革厂副厂长，后任厂长。任职期间，通过开发新产品，加强科学管理，使一个濒临倒闭的企业起死回生，经济效益大幅度提高，一跃成为全县的先进企业。1984 年 1 月，任临海县人民政府副县长兼县计划经济委员会党委书记。1985 年 10 月，任中国共产党浙江省椒江市委副书记、椒江市人民政府代市长。1986 年 4 月，任椒江市市长，享受副厅级待遇。

**张富宝**（1945—　　）出生于民国 34 年（1945）10 月，藕塘南水渠大张巷人，中国共产党党员，大校军衔。早年就读于无锡县洛社中学。1985 年，毕业于上海复旦大学马列主义基础理论专修科。1963 年应征入伍，历任排长、参谋、党委秘书、副处长、处长、师参谋长、南京军区空军某部参谋长助理等职。曾参加抗美援越战斗，获越南总理颁发的“团结荣誉章”。1984 年，参加空军支援老山、者阴山拔点作战。任师参谋长期间，狠抓军事训练和司令部建设，多次带领部队完成重大的合成军实兵演习任务，数十次为外宾作军事表演，其部队战斗力成长的经验和司令部工作改革的经验在空军某部推广。曾发表多篇军事论文，获空军军事学术研究成果三等奖、四等奖。多次受嘉奖，立三等功一次。

**张富生**（1951—　　）出生于 1951 年 3 月 24 日，藕塘南水渠大张巷人，中共党员。1975 年 12 月，毕业于长春吉林大学外语系日语专业。同年分配至中国国际广播电台日语部工作，历任播音员，记者，定稿人，译审，日语广播部副主任、主任。1990 年，任国际台驻东京记者站首席记者。1996 年 10 月，在日本东京大学研究国际新闻业务，多次参与组织策划大型报道工作，任国际研讨会同声传译，录制大量全国日语教育音像教材。1997 年，任国际台第一亚洲地区广播中心副主任，1999 年任主任。2005 年 4 月，任中国国际广播电台分党组纪检组副组长，5 月兼任监察室主任，6 月任国际台机关党委副书记、机关纪委书记。后任中日新闻事业促进会常务理事。

**李华南**（1965—　　）出生于 1965 年 12 月 7 日，藕塘稍塘营大巷人。1982 年 9 月考入重庆后勤工程学院。1985 年 1 月加入中国共产党。1986 年 7 月大学毕业后留校任教，先后晋升为副教授、教授。其间主持军队科研项目 30 多项，获军队级、四川省科研成果奖多项，所带科研项目团队获总后勤部集体三等功、二等功各 1 次，个人被评为总后勤部优秀党务工作者，记三等功 1 次。业绩录入重庆市综合专家人才库。2015 年，任重庆某部供油中心主任，专业技术 5 级，文职 3 级（正师级）。

**樊文军**（1966—　　）出生于 1966 年 8 月，藕塘稍塘营陈巷人。中国人民解放军空军气象学院

本科毕业，中共党员，高级工程师，大校军衔。先后任北京第二炮兵气象中心副主任、主任，党委常委、副书记、纪委书记。在担任气象中心主任期间，领导部队完成全军、二炮组织的各次重大演习气象保障任务。先后被评为全国航空与航天优秀气象工作者，北京奥运会、残奥会气象服务先进个人，全军军事气象工作先进个人，立三等功 3 次。获军队优秀人才津贴。

**吴鹏鸣**（1967— ）出生于 1967 年 2 月，钱桥溪南埭上人，中共党员。早年就读于钱桥溪南小学、向阳初中、钱桥中学。1985 年毕业于无锡县天一中学。1989 年 7 月毕业于大连理工大学化工学院精细化工专业。大学毕业后到中国石化扬子石化公司工作，历任扬子石化公司烯烃厂乙烯车间操作工、扬子石化公司总经理办公室秘书、秘书科副科长、公司团委副书记、塑料厂党委副书记兼纪委书记，扬子石化股份有限公司董事会秘书，合资合作部部长，塑料厂厂长，扬子石化—巴斯夫有限责任公司基础化学事业部总经理。2015 年 3 月起，任扬子石油化工有限公司副总经理（副厅级）。

**钱　俊**（1968— ）出生于 1968 年 4 月 5 日，钱桥苏庙支巷人，中共党员，在职法学硕士研究生。1983 年，毕业于钱桥中学。1986 年，毕业于无锡县中学。1990 年，于南昌陆军学院本科毕业。毕业后到复旦大学、国防科技大学学习进修。历任南京军区某守备团排长、某海防旅作训参谋；上海警备区司令部参谋、秘书，动员处副处长、处长，作训处处长；上海警备区某海防旅参谋长、旅长；南京军区陆军某海防旅旅长。2006~2014 年，先后筹划并参加上海合作组织峰会安保、世界夏季（上海）特奥会安保、北京奥运会上海赛区安保、上海世博会安保、上海亚信峰会安保行动，多次组织指挥实兵演习和抢险救灾行动，被南京军区评为优秀参谋长、军事训练先进个人，立三等功一次。2015 年，任解放军某部队长，大校军衔。

## 二、县处级领导干部

**龚一鸣**（1926— ）出生于民国15年（1926）10月，钱桥溪南龚巷人。早年就读于匡村中学。中学毕业后至钱桥龚巷小学任教。1949年8月参加中国共产党。1950年起，历任青年团丽新纺织厂团委书记、无锡市青年团青工部副部长、西新区团委书记、市工业部国营企业科科长。1954年调至申新纺织厂任电厂副总经理，获无锡市表彰，代表无锡市参加全国劳模会议。后调任该厂副厂长。1958年，无锡市委派遣其筹建锅炉厂，制造无锡市第一台10吨蒸汽锅炉。1959年，调任正在筹建的无锡钢铁厂工作，摆脱无锡市不生产钢铁的局面，在无锡市党代会上被选为中共无锡市委委员。1964年，调任无锡市重工业局局长。1971年，任无锡市钢办副主任，负责筹建宜兴第二钢铁厂和扩建改造第三钢厂，建成无锡市第一台500轧机。后调任无锡市重工业局副局长、局长兼安全部副主任。1977年，调无锡市新建的冶金局，任纪委副书记、副局长。1980年，任无锡市政府副秘书长（正处级）。

**徐浩根**（1929— ）出生于民国 18 年（1929）5 月，钱桥时巷人。民国 33 年至 1954 年在上海当学徒，为技工。1954 年 8 月，离开上海去东北进入航空工业部Ⅲ厂工作。1959 年，调至航空工业部 420 厂工作，先后任工艺研究所党委书记、厂干校校长等职。1978~1987 年，调至四川成都滑翔机厂任党委书记（正处级）。1988 年调回 420 厂工作。

**徐茂林**（1932— ）出生于民国 21 年（1932）4 月，钱桥王巷人。民国 37 年进入无锡梅村县

师读书。1951 年 1 月，到海军联校电讯兵科学习。1952 年 7 月，到海军沪淞司令部任报务员。1953 年 2 月，加入中国共产主义青年团。同年 6 月调至海军某部任报务员。1958 年 8 月，任军通讯参谋、通讯业务长。1959 年 6 月，加入中国共产党。1963 年，调至海军某部通讯站任指导员。其间，所在通讯站被评为“四好连队”，代表连队去北京人民大会堂接受毛泽东主席接见并合影留念。1971 年 2 月，调至某基地任教导员。1978 年 6 月，任某基地政委（处级）。1979 年 10 月，转业至无锡邮电局市话科任副科长、党支部书记。

**张庭华**（1933—　　）出生于民国 22 年（1933）1 月，藕塘盛店桥人，高中文化，中共党员。早年就读于盛店小学、安阳中学（现阳山中学）、匡村中学。1952 年参加工作，先后于无锡市润康丝厂、螺丝四厂、螺丝二厂任技术员。1956 年起，先后至江苏丝绸工业局、无锡市纺织工业局任科员。1971 年，任无锡市郊区计划委员会主任。1991 年，任无锡市郊区人大常委会副主任（副处级）。

**缪浩泉**（1934—　　）出生于民国 23 年（1934）11 月，钱桥缪巷人。中国科技大学毕业，博士学历，中共党员。1950 年参加抗美援朝。1953 年回国，先后在东北军区、沈阳军区、南京军区某部任参谋。1959~1960 年，参加西藏平叛战斗。1960 年起，先后任南京军区司令部机要局参谋、科长，某部政治处主任、副政委兼政治处主任。1989 年转业，任南京朗驰集团纪委书记，先后被评为南京市优秀纪检干部，中央党校优秀学员，江苏省委党校、南京市委党校优秀学员。

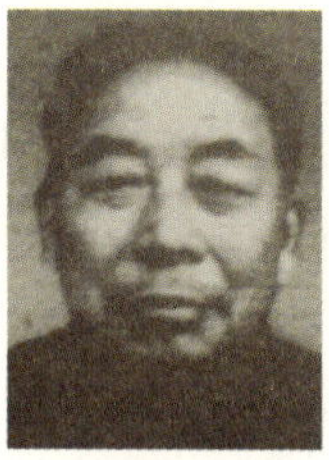

**陆海坤**（1935—　　）出生于民国 24 年（1935）6 月，钱桥苏庙前金岸人。民国 36 年毕业于钱桥小学。1949 年毕业于钱桥中学。1955 年于中华人民共和国第一届义务兵役应征服役，历任侦察兵、侦查班长、侦查指挥队排长、炮兵连连长、炮兵营营长。1958 年，加入中国共产党。1972 年，任炮兵团团长。从军期间，曾获福州军区科技三等奖、福州军区炮兵指挥排长竞赛第一名，立三等功，获嘉奖等。1982 年，自部队转业后至无锡宏源二纺机厂任厂长、党委书记。

**张凤兮**（1935—　　）出生于民国 24 年（1935）12 月，女，藕塘盛店桥人，中国共产党党员。早年就读于无锡县匡村中学。1952 年于无锡中华会计技术学校（后迁苏州，改名为华东银行学校）毕业后分配至北京重工业部有色金属局工作。20 世纪五六十年代，曾就读于中国人民大学（统计）、局办冶金中专、部办业余大学。历任科员、统计师。1988 年，被评聘为高级工程师，在有色金属总公司科技局主管标准化、质量检测等业务，任电子工业标准化协会理事、全国标准样品技术委员会有色金属分会副主任委员，先后率团赴日本、美国、德国等国考察。其间，发表有《我国有色金属标准水平如何》《采用国际标准势在必行》《加快采用国际标准，努力提高我国有色金属质量水平》等论文，并编写《标准化知识简介》在《中国有色金属报》上连载。同时参加《正在崛起的中国有色金属工业总公司》书稿的撰写工作。1990~1991 年，参加《中国有色金属工业年鉴》以及由中国经济研究会组织的《中国改革开放辉煌成就十四年（有色金属工业分卷）》、中南工业大学刘元扬教授主编的《有色金属生产过程检测》等书稿的编写工作。1996 年退休前任中国有色金属总公司科技局下属金鹏有色金属矿业开发公司总经理办公室主任（正处级）。

**马济仁**（1937— ）出生于民国26年（1937）6月，钱桥东巷人。历任江苏省南通医学院校医、保健科副科长、辅导员，教务处教务科副科长、副处长、处长，基础部副主任、党支部书记、党总支书记、副院长。副研究员职称。兼任中华航海医学会副主任、中国航海学会理事、江苏省高等医药教育研究会副理事长、交通高教研究会常务理事、《中华航海医学杂志》编委、交通部教育管理研究高级职称资格评审委员。长期从事思想政治工作和教育管理工作。专长医学教育管理，在治学方面有较丰富的经验，曾承担卫生部基金课题和交通部教育司3项课题研究，其研究成果“航海医学教育发展战略研究”获交通部教育科学优秀成果二等奖，作为主要成员之一参与研究的“规范化模型与交通部门人才需求预测”获国家教委全国首届教育科学优秀成果二等奖，《论我国远洋船舶配备船医的必要性和船医培养模式》获江苏省教育管理优秀论文三等奖。参与编写《交通人才预测与规划》《航海医学》两书的部分章节，发表论文10篇。先后被评为江苏省集体生活福利方面先进工作者，南通市爱国卫生、除害灭病、民调先进工作者和南通医学院先进工作者。

**黄煜铭**（1937— ）出生于民国26年（1937）7月，钱桥龚巷人。中专文化，中共党员，高级经济师职称。1955年参加工作，任舜柯乡财粮委员。1958年，任钱桥公社党委秘书、团委书记。1959年，任共青团无锡县委组织部副部长。1960年起，先后任杨市公社组织科科长、党委书记。1965~1966年，任昆山、常熟社教工作队队长、分团副团长、党委副书记。1967年回杨市工作。1972年起，先后任无锡县水利农机局副局长、局长兼党委书记及无锡县“三电”办主任。1990~1998年，任无锡县（锡山市）人大常委会副主任、党组副书记（副处级），兼任无锡县老龄工作委员会主任。

**陆弘铨**（1937— ）出生于民国26年（1937）10月，钱桥陆岸头人。早年就读于南西漳初中。1954年7月，到南京海军预科学校学习，11月到青岛海军军事学院二分校学习。1955年11月，分配至海军某部担任轮机兵、轮机长（正连），后历任副政委、政治部宣传处干事、政委（正营）、副政委（副团）、南京海军学院政工教研组组长（正团）等职。1986年，转业到上海机械进出口集团公司工作。曾记三等功一次。

**高进根**（1940— ）出生于民国29年（1940）7月16日，西漳乡人，后定居钱桥大街93号。陆军武昌高射炮兵学校毕业，中专文化。1959年入伍。同年获“一专多能”先进标兵称号，其事迹在南京军区《人民前进报》作过介绍。历任某部战士、班长、团参谋、连指导员、师炮兵科参谋、军炮兵处参谋、团副参谋长、副团长、军司令部某处副处长，从军期间两次立三等功。1984年转业，任无锡县农机厂（无锡金球集团公司）党委书记，政工师职称，多次被无锡县、锡山市评为优秀党支部书记、优秀党务工作者。

**顾伯增**（1941— ）出生于民国30年（1941）5月，钱桥杨毛岸人。1965年1月于南京农业大学毕业。1966年加入中国共产党。1965~2001年7月，先后至淮阴农业局、淮阴市委农村工作部、淮阴市农业生产开发局投资公司等单位工作，任植保站副站长、生产规划科科长、副经理等职务。高级农经师职称，正科级，享受副处级待遇。

**周吟本**（1941—　　）出生于民国30年（1941）9月，钱桥砖场上人。1961年8月毕业于南京无线电工业学校，由国家统一分配至辽宁省大连市辽宁无线电二厂工作。1961年9月~1976年，任工厂技术员，从事电子仪器结构设计、工艺编制工作。1976~1978年，任生产科产前准备技术员。1978~1983年，任供销科计划员、副科长。1981年加入中国共产党。1983年，被中共大连市委工交基建工作部任命为副厂长（副处级）。1985年6月，调大连无线电四厂任厂长。1988年，被评为大连市优秀厂长。1989年被授予辽宁省优秀厂长称号。

**毛晋泉**（1941—　　）出生于民国30年（1941）12月，祖籍无锡县硕放墙门，定居钱桥邵巷新村。北京装甲兵技术学院毕业，大专文化，中共党员。1960年3月入伍，历任陆军某师坦克团战士，徐州第四坦克技术学校、北京装甲兵技术学院学员，某坦克团技术员、助理员、装备股长、技术科科长，某坦克师技术部副部长，服役期间立三等功2次。1984年转业，任无锡龙舜实业公司党总支书记。

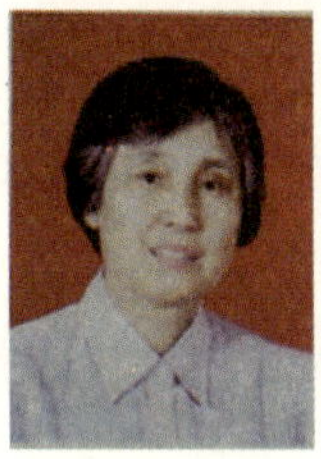

**冯爱华**（1942—　　）出生于民国31年（1942）1月2日，女，藕塘南水渠人。早年就读于南水渠小学、胡埭中学。1960年于无锡县中学高中毕业，保送至北京机要学校（现北京电子科技学院）学习，大学文化，中共党员。毕业后分配至中共中央办公厅一局从事机要工作。先后任一局三处工作人员、副科长、科长、处长、新华社香港分社机要组组长。1964年，被评为全国党政机要系统技术能手。1997~2000年，连续被评为全国党政机要系统管理先进个人。1998年，被评为中共中央办公厅一局优秀公务员。

**徐德润**（1942—　　）出生于民国31年（1942）7月，钱桥南街人。1960年7月毕业于无锡市第五中学。1964年7月于江苏师范学院中文系毕业，分配至无锡市第一中学，历任语文教师、年级组组长、教育革命领导小组组长。1972年5月~1975年1月，到南京大学外文系、北京语言学院外文系培训。1975年3月，到无锡市公安局工作，先后任政保科科员、局长室秘书、宣传教育科副科长、江苏省警察学校无锡班负责人、局政保科科长。1985年3月，到无锡市国家安全局任副局长。1991年3月，任无锡市国家安全局局长、党组书记。

**邵鹤林**（1943—　　）出生于民国32年（1943）2月，原籍无锡县南泉，定居钱桥街道晴山蓝城社区。曾就读于中国人民解放军军政大学，大学文化。1961年入伍，历任云南省军区排长、连长、营长、团政委，云南省军区教导大队政委、党委书记。1986年转业，任江苏无锡锡兴集团公司党委书记。退休后热心公益事业，于2009年11月带病组织成立无锡市癌症康复俱乐部钱桥康复活动中心，2010年9月成立无锡市养生协会职教园分会。协会在宣传养生理念、提高养生意识、交流养生知识、关爱癌症康复病人等活动中开展卓有成效的工作。2011年，邵鹤林被全国肿瘤康复暨城市义工论坛评为全国城市康复义工之星。

**秦士南**（1943—　　）出生于民国32年（1943）2月，钱桥时湾人，大专学历，高级政工师，副团级干部。1961年8月~1964年8月，在解放军陆军某部通讯连任战士、文书。1965年9月~1972年8月，在空军某部历任班长、排长、新闻干事，曾参加抗美援越防空作战。1972年9月~1984年

1月，在兰州军区空军政治部、航空兵某师独立飞行大队任新闻干事、大队副政委、战教科副科长、新闻科科长。1984年2月~1992年2月，转业至无锡县广电局，任广电局局长。后至无锡县委宣传部任宣传部副部长。1992年起，先后任《无锡县报》（后为《锡山日报》）副总编辑。长期从事新闻宣传工作，在中央和省、市、县及军内各级报刊发表新闻作品200多篇，其中在军内外报刊获奖的优秀作品有20多篇。转业后，曾被评为无锡市优秀宣传干部、优秀新闻工作者，锡山市优秀政协委员、优秀支部书记、优秀共产党员、先进个人等。

**臧锡良**（1943—　　）出生于民国32年（1943）10月，钱桥毛村园人，中专学历，正处级领导干部。1963年于南京无线电工业学校毕业。毕业后分配至国防科工委第十研究院十九研究所和第三十五研究所工作。1970年起，先后参加为航天系统配套服务的测控系统研制工作及测控系统设备升级研制工作。1982年，调至中国电子科技集团公司第二十七研究所工作，先后任技术员、工程师，研究室副主任、主任等职。1994年起，参加航天飞船测控系统研制工作、中国几代战略武器的测量和控制系统的研制工作。

**王荣清**（1944—　　）出生于民国33年（1944）6月，藕塘后方桥人，西安第四军医大学本科毕业，中共党员。1968年大学毕业后，先后到南京空军司令部、温州矾山某部工作。1971年，任南京空军司令部某机场军医。1981年，任南京空军小营药厂厂长。1995年，回到南京空军司令部工作，任正团级军医。

**时　雨**（1944—　　）出生于民国33年（1944）8月，钱桥南巷人，研究生学历，高级政工师，高级翻译。1961年9月应征入伍。1965年9月进入南京大学外文系学习。1971年大学毕业后，到安徽城西湖军垦农场劳动锻炼。同年到北京延庆县永宁中学任教。1976年9月调回无锡，到中国国际旅行社无锡支社任翻译副经理，后调任至无锡市外办任副主任，又到中央党校培训部参加培训学习。中央党校培训结束回无锡后任无锡市对外友好协会副会长，无锡市对外友好协会党组书记、主任，兼任无锡市政府副秘书长。2001年后，任无锡市对外友好协会会长。

**杨学良**（1945—　　）出生于民国34年（1945）6月，钱桥杨思桥人。1964年1月入伍，到舟嵊要塞区部队，同年12月，到工程建筑某团任战士、班长、排长、副连长。1971年11月，调至南京军区后勤部生产管理部。1976年3月，调至南京军区某部任助理员、正营职助理员、副处长。1985年5月，调至南京军区某部财务处任正团级会计师，被授予上校军衔。1992年12月，被评为全军财务预算审计工作先进个人。在部队期间，记三等功一次。1993年9月转业，到无锡市工商局财务处任副主任科员。1998年被评为江苏省工商行政管理局财务工作先进个人。

**章末全**（1945—　　）出生于民国34年（1945）12月，原籍陆区大岸头，定居藕塘政新路7号。南京军区五局训练大队学员，大专文化，中共党员。1965年入伍，历任南京军区五局训练大队战士、学员、技术员，福州军区三局技术员（副团级）。1985年转业。翌年1月起，先后任无锡县藕塘乡乡长助理、副乡长，藕塘镇人大办公室主任，锡山市藕塘镇人大副主席，锡山市（惠山区）藕塘镇、钱桥镇政府调研员。

**赵向东**（1946—　　）出生于民国 35 年（1946）4 月，钱桥毛村园人，大专学历，高级经济师。1968 年于中国外文局香山外语培训班毕业，分配至中国国际图书贸易总公司办公室工作，从事摘译澳大利亚、新西兰报纸书刊出版发行资料。1970 年，到行政处总务科工作，从事房屋、设备等管理。1974 年 5 月至储运部工作，从事期刊包装发货等工作。1975 年 5 月，到行政处房管科工作，从事房屋管理工作，任副科长。1980 年 12 月，到期刊处综合科工作，任副科长，后至行政办公室工作，负责后勤管理工作，任处长。此后，调至经理室工作，从事业务、协调管理进出口艺术品，先后任主任经理等职务。2000 年至党委办公室工作，从事党务管理工作，任主任（正处级）。

**唐圻成**（1947—　　）出生于民国 36 年（1947）11 月，原籍杨市唐家坝，大专文化，定居藕塘市镇。1969 年 3 月入伍，同年 8 月加入中国共产党。历任 39 军某团战士、文书、班长、警卫排排长、某师高炮营一连连长、营长，某师高炮团副团长，锦州市委党校函授毕业。其间，先后率领全排战士夺取沈阳军区高炮队列比赛第一名，连队被评为学习“硬骨头六连”标兵连，个人被评为标兵连长。在抗洪抢险中受到军部通令嘉奖，两次出席沈阳军区表彰会。1987 年，当选沈阳军区第七次党代会代表。1988 年 9 月转业，先后任藕塘乡（镇）人武部部长、人大办公室主任、综合治理办公室主任、政府调研员，评聘为政工师。1991 年 12 月，被江苏省人民政府、江苏省军区评为规范化训练先进个人。

**吕耀章**（1949—　　）出生于 1949 年 1 月，原籍无锡县胡埭鸿翔村，定居钱桥，中国人民解放军空军学院毕业，大专文化，中共党员。1969 年入伍，历任空军某部文书、排长、通讯营教导员、政治处主任（副团职），高级经济师职称。1987 年转业后历任无锡华润实业公司副经理、经理、党总支书记。

**徐培元**（1950—　　）出生于 1950 年 4 月，藕塘徐塘庙人，中专文化，中共党员。1968 年 3 月入伍。1969~1971 年 5 月，到中国人民解放军地空导弹学院学习，毕业后分配至地空导弹某营，先后任技师、排长、副连长、连长、营长。1978 年，率领部分官兵参加全国空军在北京举行的地空导弹大比武比赛，获第二名。后任地空导弹某团参谋长、某团副团长。1987 年转业至无锡县建材工业公司农房科任经理。

**章奇立**（1951—　　）出生于 1951 年 1 月，藕塘稍塘营街上人，山东大学毕业，大专学历，高级经济师。1971 年 8 月，任济南军区山东生产建设兵团某部文书兼统计员。1977 年 3 月，调至山东省公安厅劳改工作局工作。1984 年 12 月起，先后任劳改工作管理局生产处企业管理科科长、企管办副主任、生产处副处长，管理局办公室主任（正处级）、计划装备处处长、管理局纪委副书记、审计室主任。兼任山东省机械工业协会常务理事、副秘书长，中国监狱工作协会经济管理学专业委员会秘书长，山东省民法、经济法研究会常务理事。曾被评为山东省企业管理先进工作者。1999 年，获山东省公安系统二等功。1996 年，获三级警监警衔。

**冯朝福**（1951—　　）出生于 1951 年 7 月 17 日，藕塘南水渠西冯巷人，大专毕业，中共党员。

1972 年 12 月参加中国人民解放军，至辽宁省辽阳市某部队服役，任战士、班长，获嘉奖 2 次。1976 年 11 月，到江西省国营蚕桑综合垦殖场五分场工作，历任场办胶木厂车间主任，分场武装干事、宣传干事。1980 年 12 月，到江西省国营蚕桑综合垦殖场总部工作，历任宣传干事，场长办公室副主任、主任，总部机关党总支书记。1987 年 9 月，到江西省国营垦殖场管理局工作，历任办公室主任、机关党委委员、纪委书记、党组纪检监察室主任。1989 年 12 月，获江西师范大学、江西省高等教育自考委自学考试马列主义基础理论专科毕业证书。1994 年 3 月，江西省委组织部下派其挂职锻炼，至波阳县任副县长。1996 年 3 月，到江西省农垦局工作，历任科技教育处处长（兼《江西农垦报》主编）、科技经贸处处长、局机关党支部第三支部书记。2007 年 12 月，主编的《江西农垦事业的发展与实践（1957~2007）》一书由江西人民出版社出版。

**郁有满**（1951—　）出生于 1951 年 11 月 23 日，钱桥南西漳人。1969 年赴苏北阜宁县农村插队。1978 年考入江苏师范学院无锡语文大专班。1981 年 1 月，分配至刚成立的无锡市地方志办公室工作。1983~1984 年，在上海复旦大学历史系方志班就读。1987 年起，先后任无锡市地方志办公室编辑室副主任、主任，市史志办公室方志处处长、副调研员。1997 年援藏，在西藏指导近 40 部专业志、地区志、县志的编写。2000 年后，指导、审阅市（县）、区、乡镇志、专业志 32 部；2007 年后，指导、审阅城市志 10 部。从事专业史志工作达 36 年，其以刻苦严谨的治学态度、爱岗敬业的工作作风、永不懈怠的进取精神、甘于奉献的良好品格，深受业界同行的好评，先后获江苏省地方志系统先进工作者、无锡市级机关优秀共产党员等称号。长期从事无锡地方史研究，先后编著《无锡帮会志》《无锡掌故》（第一作者）、《无锡历史上的今天》（主编）、《无锡地名》《吴地藏书家》《江苏帮会志》《郁有满方志年鉴文集》《无锡运河志》《郁有满地方史研究文集》，散文集《生命的流淌》《捧出心底的爱》等，其中编著的《无锡近代史》近 200 万字。同时撰写大量论文、散文、诗歌等。2012 年 1 月退休后仍返聘于无锡市史志办工作。2015 年，任无锡市古运河研究会特聘专家、无锡市地名研究会特聘专家、《无锡市志》副主编、无锡市方志年鉴学会会长。

**彭建平**（1952—　）出生于 1952 年，钱桥西漳彭巷人。1972 年进入上海船舶修造厂工作。1976 年加入中国共产党。历任上海船厂张家港分厂团委书记，交通部港监局张家港航政处副主任、党支部书记，交通部长江港监局副局长兼纪委书记、工会主席，张家港市委办公室副主任，张家港市财政局局长，杨舍镇党委书记，张家港市委委员、农工部部长、纪委书记，市委政法委副书记，张家港市人大常委会主任、党组书记。多次被评为张家港市级优秀共产党员、优秀公务员。

**张　定**（1953—　）出生于 1953 年 5 月，女，钱桥周家桥人，毕业于浙江农业大学，江苏省农业厅园艺处处长、研究员。1982 年 1 月，到无锡茶叶研究所从事茶树品种适制性研究。1983 年 4 月，任江苏省农林厅园艺处茶叶行政管理和技术推广副科长。1991 年，承担省科技攻关项目“名特茶保鲜包装贮藏研究”，获江苏省科技进步三等奖。1992 年，承担省科技攻关项目“速溶茶加工的研究”，获江苏省科技进步四等奖、江苏省农业科技进步二等奖。1992 年 3 月~1993 年 3 月，为德国不伦瑞克工业大学食品化学研究所茶叶品质与生化成分关系的研究访问学者。在德国访问学者期间

完成“儿茶素、茶黄素与红茶品质关系的研究”，论文《Influence of catechins and theaflavins on the astringent taste of black tea》发表于德国《食品研究及检验》杂志。1993 年 3 月起，先后任江苏省农林厅园艺处园艺、茶叶行政管理和技术推广科长、副处长、处长。1997 年，承担“茶树新品种锡茶 5 号、锡茶 11 号选育”科研项目，获江苏省科技进步二等奖。2000 年，承担“江苏省名特茶加工机械化技术推广”科研项目，获农业部丰收奖二等奖。2003 年，承担“名特茶机械加工和配套技术推广”科研项目，获江苏省农业科技推广奖二等奖。是年 7 月起，任南京农业大学园艺学院茶学专业兼职硕士生导师，中国茶叶学会第六届、第七届副理事长，第八届常务理事，中国茶叶流通协会副会长，江苏省茶叶学会第六届、第七届、第八届副理事长。长期从事茶叶科技推广和科学研究，涉及茶叶加工、生化分析、茶树育种等方面，专业知识全面，基础理论扎实，有丰富的实践经验和较强的研究能力，主持的江苏省农业三项工程项目“茶树新品种引进”、农业部“948”项目“超微粉茶加工设备及配套加工技术”、江苏省科技攻关项目“优质茶树新品种选育”通过验收；先后审定《江苏省志·园艺志》（江苏古籍出版社出版）、《中国名茶志》（中国农业出版社出版）、《中国茶树品种志》（上海科学技术出版社出版）等文稿；参加首届中国科协学术年会、海峡两岸茶叶科技学术研讨会等学术交流，在国内外专业刊物上发表多篇论文；参与制定江苏省茶叶发展“七五”“八五”规划，主持制定江苏省茶叶发展“九五”“十五”规划和《江苏省茶叶优势产业规划》；先后参加起草江苏省地方标准《精制绿茶》《花茶》等多部标准。2004 年，主持制定农业部行业标准《碧螺春茶》，并主持制作碧螺春实物标准样。

**虞自力**（1954—　　）出生于 1954 年 4 月，藕塘桥稍塘街上人，初中文化。1972 年 12 月入伍，历任某部战士、技师、副中队长。1976 年 12 月，加入中国共产党。1986 年转业。1987 年 1 月，任南京海关办公室机要秘书。1995 年 9 月起，先后任苏州海关办公室副主任、苏州海关缉私分局办公室主任、副调研员（副处级）。

**龚如清**（1954—　　）出生于 1954 年 7 月，钱桥溪南龚巷人，中央党校函授本科学历，中共党员。1976 年参加工作，历任钱桥公社溪南大队团支部书记、党支部副书记。1982 年，任钱桥公社团委书记。1984 年，任钱桥乡党委副书记。1986~1988 年，到无锡市委党校脱产上大学。1988 年，任石塘湾镇党委副书记、镇长。1995 年起，任堰桥镇党委书记、人大主席。1998 年，调任前洲镇党委书记、人大主席。2001 年，任惠山区人民政府副区长。2007 年，任惠山区人大常委会副主任、协理员，享受正处级待遇。

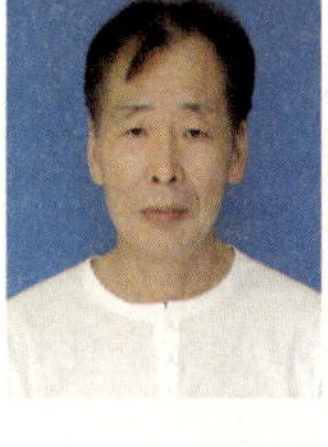

**薛建祖**（1954—　　）出生于 1954 年 7 月，原籍无锡县陆区乡花园村匡家队，定居钱桥街道晴山蓝城社区。高中文化，中共党员。1973 年 12 月入伍，历任空军某部战士、站长、参谋、副所长、参谋长助理、司令部副团职科长。1995 年转业后，任钱桥镇党委宣传委员、人武部部长。1998 年，任钱桥镇党委组织委员、人武部部长。2002 年，任陆区镇副镇长。2004 年 6 月，任阳山镇人大副主席。2007 年 11 月起，先后任钱桥镇党委调研员、钱桥街道党工委调研员。

**芮卓君**（1954—　　）出生于 1954 年 8 月，钱桥历村芮巷人，高中文化。1973 年参加工作，先后任历村大队团支部书记、农工商联合社社长、党支部书记。1991 年起，先后任藕塘乡副乡长兼工

业公司总经理、党委副书记，东北塘镇党委副书记、副镇长，陆区镇党委副书记、镇长、党委书记、人大主席，玉祁镇党委书记、人大主席。2002年起，先后任惠山区副区长、惠山经济开发区党工委书记、惠山经济开发区管委会主任，惠山区人大常委会副主任、协理员。

**华卫贤**（1955—　）出生于1955年3月，原籍石塘湾梅泾村袁巷，定居藕塘市镇。中共党员，正处级领导干部。大连海军政治学院毕业，大专学历。1976年3月，参加中国人民解放军海军，在某部服役，先后任班长、机电长、指导员、政治教导员、政治处主任（副团）、副政委等职务。1979年，执行护海巡航任务。1989~1991年，参加某机场工程建设。先后在执行运送各类物资任务中受到海军部队记三等功两次，所在船受到海军通报表扬并记集体三等功。1998年9月，转业至锡山市藕塘镇任副镇长、人武部部长。2004年2月，任钱桥镇党委副书记兼纪委书记、政法委书记。2005年，中央政法委领导到钱桥镇视察政法、综治工作，给予高度评价。2007年11月起，先后任无锡职教园党工委副书记、钱桥街道党工委副书记。

**蒋国良**（1955—　）出生于1955年10月，藕塘乡稍塘大巷上人，大专文化，中共党员。早年就读于稍塘后庄小学。1971年于藕塘中学高中毕业。后于中国人民解放军政治经济学院毕业。1973年入伍，历任海军某部战士、班长、司务长、助理员、参谋、主任、业务处长（副团职）。1996年转业后，历任锡山市建设局监察大队长，惠山区建筑安装管理处主任、招投标办公室主任、安监站站长、监察大队长，惠山区建筑行业协会秘书长、会长，无锡市建筑行业协会副会长。2002年起，先后被评为无锡市城市建设先进工作者、江苏省建设工程质量安全监管先进个人。

**厉墨龙**（1956—　）出生于1956年3月1日，钱桥后底岸人，中共党员，中学化学高级教师。 1980年2月参加工作，历任无锡县中学化学教师、班主任、年级组长、团委书记、政教处主任、教学处主任。1990年，被无锡市教育工作委员会、无锡市教育工会授予“又红又专青年教师标兵”称号，先后两次被无锡市教委、无锡市人事局、无锡市教育工会授予“无锡市优秀教育工作者”称号，先后被无锡市教委授予“中学化学教学能手”“中学化学学科带头人”称号，在化学教学优秀课评课中获无锡市一等奖、江苏省二等奖。1991年9月，任江苏省锡山高级中学副校长，分管学校教学工作。1998年7月，负责创建江苏省锡山高级中学分部兼任分部执行校长。2001年9月，任惠山区教育局副局长，分管教学工作。2003年9月，兼任江苏省锡山高级中学校长。2009年，任惠山区人大教科文卫主任。享受副处级待遇。

**丁大波**（1957—　）出生于1957年3月，藕塘丁村街里人。中国电影家协会会员，上海电影家协会理事、上海摄影家协会会员。1975年7月，毕业于藕塘中学高中部。1976年2月入伍。1979年8月至1981年12月，在中国人民解放军宣化炮兵指挥学院深造。1984年在军部组织的参谋军事技能比赛中获第一名，立三等功。历任中国人民解放军某部指挥连侦察班战士、副班长、班长，侦查排排长，司令部作训股参谋。1988年1月，转业到上海美术电影制片厂工作，先后任厂党委组织员、组织科科长。1989年兼任行政党支部书记。1992年晋升为政工师。1994年10月起，任上海美术电

影制片厂办公室主任、厂党委委员。2006 年 4 月起，兼任上海美术电影制片厂工会主席、上海电影集团工会副主席、上海文化广播影视集团工会委员。多次获上海文化广播影视集团优秀工会主席、优秀退管干部，上海电影集团优秀共产党员荣誉。2010 年 8 月，调入上海市文联工作，任上海电影家协会副秘书长（副处级）。2013 年，任上海市文联工会专职副主席。

**王惠龙**（1957—　　）出生于 1957 年 6 月，钱桥舜一王巷人。1982 年 1 月，从华东水利学院毕业，大学本科学历。1982 年，参加中国人民解放军，在海军某部任战士、后勤部处长（正团级），记三等功 2 次。2002 年 10 月转业，先后任宁波市水利局处长（正处级）、宁波市水利局副总工程师。在全国第二次土地普查中，获农业部科技进步一等奖，参与编写的《适应高科技战争需要，加强引进装备配套工程建设》论文被收入社会科学文献出版社出版的《中国当代国防文库》及《无锡县土地志》《无锡县农业志》。

**张建华**（1960—　　）出生于 1960 年 6 月，藕塘解放村人。中国人民解放军政治学院第二炮兵指挥学院毕业，大学文化，中共党员。1978 年 3 月入伍，历任中国人民解放军某部后勤处文书管理、排长、政治部干事、政治部副科长、科长、副团职教导员、副主任等职。1996 年转业后，历任锡山市人大常委会办公室科长、副主任，东亭镇党委副书记、纪委书记，锡山区厚桥镇党委副书记、纪委书记，安镇镇党委副书记、纪委书记、人大主席，安镇街道人大工委主任、党工委副书记。

**缪涧文**（1960—　　）出生于 1960 年 11 月，钱桥历村庄家里人，高中文化。1978 年 12 月入伍，历任某部战士、班长、管理股司务长、管理员、保安队队长、业务处处长（副团级）。2000 年 10 月转业后，历任锡山市粮食局工会副主席，惠山区粮食局党委办公室主任、工会主席，惠山区城市管理局违法建设整治工作办公室主任。2007 年记三等功。2005 年、2006 年、2007 年、2011 年被评为优秀公务员。

**缪　渊**（1962—　　）出生于1962年9月，钱桥苏庙缪巷人。公益中学毕业后应征入伍。1980~1983年，在空军航空兵航空机务学校学习。1983~1987年，在空军航空兵某团任航空电子师。1986年，加入中国共产党。1987~1990年，调任南京军区空军机务训练团教员。1990~1992年，在南京军区空军负责在职干部培训工作。1992~1993年，调任南京军区空军驻924厂军事代表室军事代表。1993~1996年，在原空军工程学院参加大专升本科学习。1996年，转为军委空军上海地区军事代表局驻741厂军事代表负责人。1998年，评聘为航空无线电工程师。2002年，任正团级军代表，记三等功。2003年，被授予上校军衔。

**孙　朝**（1972—　　）出生于 1972 年 9 月，钱桥塘泗桥人。1989 年 7 月，毕业于无锡县中学。1989 年 8 月，为空军工程学院（现空军工程大学）学员。1993 年 7 月分派至空军航空兵某部，历任机械师、分队长、副中队长、中队长。1995 年 6 月加入中国共产党。1998 年 8 月，调至空军航空兵某团，历任中队长、副大队长、大队长。2004 年 5 月后，历任装备部长、参谋长、副旅长。空军上校军衔，正团职。2011 年 11 月转业，任无锡市锡山区统计局副局长。

**张佳基**（1974— ）出生于1974年9月，藕塘渔池头人。中国人民解放军南昌陆军学院本科毕业，中共党员。1997年起，历任陆军第一集团军某部士兵、中队长、教导大队训练处参谋、副队长、副营职教员，副营职、正营职、副团职参谋。2006年，记三等功1次。2012年12月转业，任无锡市人民检察院副主任科员。

**芮震峰**（1976— ）出生于1976年7月，钱桥公社历村大队芮巷人。1995年9月考入南京大学天文学专业学习，本科学历。1997年7月入伍，历任海军某部副航海长、舰艇学院航海系军事航海教研室助教、海军大连舰艇学院航海系天文航海教研室主任，副教授职称，研究生导师（正团级）。2002年9月，考入海军大连舰艇学院交通信息及控制专业，获硕士学位。2010年，参与完成海军编队出访南太平洋五国工作。2011年12月，被授予中校军衔。入伍后获各类嘉奖6次，记三等功1次。在学术科研领域曾出版编著、译著5部，发表学术论文50余篇，承担科研项目20余项，获全国教育科学研究优秀成果奖1项、军队科学技术进步三等奖2项。2014年参与海军编队出访南亚四国重大任务。

## 第二节 离休干部

2015年，钱桥街道区域内有28位离休干部。吴志勤为革命样板戏《沙家浜》18位伤病员原型之一，曾参加抗日战争，解放战争中孟良崮、淮海、渡江等8个战役（会战），以及抗美援朝中上甘岭战役等，其作战勇敢、不怕牺牲、机智灵活，被誉为“小老虎”，曾获20多枚荣誉奖章。石洪明曾参加解放战争中苏中自卫战、孟良崮等8个大小战役以及抗美援朝战争，获8枚荣誉奖章。

**张国桐**（1921— ）出生于民国10年（1921）2月，钱桥苏庙李巷人。民国36年参加锡西武工队，开展地下革命工作。1949年任钱桥乡政府乡中队长。同年7月加入中国人民解放军。1955年复员，任钱桥乡党委副书记，后调至郊区合作社、无锡市农工部工作。1962年起，先后在无锡县招待所、多管局水产股任职。此后，任杨市公社副社长，主抓工业；后到阳山农场任工业副主任。1967年，调至无锡县物资局煤石公司任主任。先后记三等功3次。1982年离休。

**吴志勤**（1923— ）出生于民国12年（1923）8月，原名吴凤耕，参加革命后改名为吴争、吴志勤，钱桥溪南毛村人。早年就读于江苏省洛社师范学校附属小学和安阳中学。民国28年2月，参加江南抗日义勇军（简称“江抗”），5月至教导队学习。结业后分配至“江抗”二路（新四军第六团番号）一支队一连任文化教员，时随部队东进，参加黄土塘、浒墅关等战斗，其间参加中国共产党。不久，负伤到后方医院养病。同年11月，“江抗”西撤后，吴志勤等36个留在阳澄湖畔后方医院的伤病员在夏光领导下组建江南抗日救国军（简称“新江抗”）。时吴志勤被分配至常熟东乡何家市进行地下革命，开辟地下工作点。民国29年4月，新四军第三支队副司令员谭震林到东路主持工作，吴志勤被调回部队，任“新江抗”二支队一大队副政治指导员、党支部书记，先后参加同年6月“太仓一日三战”、6月下旬港下战斗、12月12日“血战张家浜”战斗。随即，“新江抗”二支队改名为二纵队，吴志勤任二纵队一连代政治指导员、党支部书记。民国30年1月下旬，在江阴桐歧激战中，吴志勤只身冲入敌阵，顽强战斗，缴获2挺轻机枪和4支步枪。因其作战勇敢，不怕牺牲，机智灵活，被团政治处主任张鏖誉称为“小老虎”。是年2月，为研究皖南事变后苏南新四军部队的整编工作，谭震林奉命须于2月10日抵达盐城部队，并带去数十万钞票及大批军用物资，吴志勤被上级分

派参加护送首长北上的绝密行动，因其安全、圆满地完成任务，受到首长表扬。同年3月中旬，吴志勤所在连改编为新四军六师十八旅五十二团一营一连。是年5月，吴志勤作为尖刀排的一员，参加围歼顽敌胡肇汉（京剧《沙家浜》胡传魁原型）部的战斗。同年秋，吴志勤随部队转入苏北，在苏中江高宝地区继续与日伪军作战数十次。民国31年1月起，吴志勤在无锡匡村中学分部安阳中学以读书掩护身份，进行地下革命。民国32年7月起，参加锡西地下党秘密工作。民国33年1月起，先后任江苏武进县大队政治指导员、洛阳区副区长兼警卫队队长。民国34年1~7月，到江苏浙江军区苏浙公学学习。同年7月起，先后任新四军52团5连副政治指导员、6连政治指导员、华中6师46团机枪连政治指导员。

吴志勤重返革命故地沙家浜

解放战争时期，吴志勤随部队编入华东野战军，任营副教导员、营教导员，先后参加苏中七战七捷、两次涟水保卫战、鲁南会战、莱芜战役、孟良崮战役、济南战役、淮海战役等。民国36年1月起先后任华东补充团组织股副股长、6师46团机枪连政治指导员、16师46团一营副政治教导员。1949年4月在渡江战役中，吴志勤所在部队率先突破长江天堑，并参加解放南京入城仪式。此后，又参加攻克杭州、上海、青岛等战斗、战役。同年6月，任24军教导团五队政治指导员。

新中国成立后，吴志勤在抗美援朝中先后任志愿军70师210团、209团营政治教导员、政治部秘书科科长、直工科科长、后方勤务处政治委员、210团政治处主任，参加过上甘岭战役和夏季反击战。1955年抗美援朝回国后，吴志勤相继任中国人民解放军二十四军七十师后勤部政委，北京卫戍区团政治处主任、副政委、政委和二十四军党代表。同年，授予中校军衔。1958年3月~1959年6月，在中国人民解放军第二政治学校兼任区队长。1960年4月起，先后任陆军70师高射炮兵团副政委、209团副政委。1963年9月，任河北唐山军分区丰南县武装部第二政委。1966年4月，任江苏省无锡县集镇政治部主任。1966年吴志勤转业至地方工作。1967年2月下放劳动。1969年9月，任无锡县物资局局长兼党委书记。1978年3月，任无锡县科委主任。1980年11月，任无锡县政协副主席。1983年11月离休后，担任无锡县关工委副主任、无锡市新四军历史研究会理事、沙家浜部队研究会顾问和20多所大中小学校校外辅导员，撰写《驰骋在苏南东路的老虎部队》《真挚的革命情谊》等革命回忆录。1984年5月，江苏省委组织部批准其享受地市级政治生活待遇。

吴志勤获得的荣誉奖章和纪念章（部分）

**李钟琦**（1925— ）出生于民国14年（1925）1月，原籍无锡县羊尖，大学文化，定居钱桥市镇。1949年4月，任中共无锡县委秘书处秘书。1952年，任中国人民银行荡口营业所会计。1956年9月起，任荡口中学教师，曾因错划“右派”，停止工作。1962年平反后，先后到荡口中学、长安中学、钱桥中学任教。1987年离休。

**吴 泽**（1925— ）出生于民国14年（1925）2月，曾用名吴荣林，藕塘稍塘营新丰里吴巷人，初中文化。民国时期从军，加入中国共产党，与同村吴伯泉一起开展革命活动，曾任杨墅乡乡长。20世纪50年代末，调任中国农业银行无锡县支行胡埭营业所工作，任主任。1983年5月离休。

**石洪明**（1925— ）出生于民国14年（1925）5月，钱桥舜一石巷头人，高中文化。民国34

年3月参加革命。民国36年3月加入中国共产党。历任新四军一师七团战士，中国人民解放军23军205团团报编辑、宣传干事、师政治部秘书、炮兵347团宣传股长。先后参加高邮战斗、苏中自卫战“七战七捷”战斗，以及鲁南、莱芜、孟良崮、豫东、淮海、渡江等大小战役和抗美援朝战争，获抗日战争、解放战争、淮海、渡江、解放中南、抗美援朝等战役荣誉奖章、纪念章8枚。1955年，授予大尉军衔。1958年转业，到辽宁省人民检察院工作，为副厅级检察员，获最高人民检察院荣誉奖章1枚。1986年离休。

**孙朝壁**（1925—　）出生于民国14年（1925）8月，原籍东海县安峰乡新庄村，初中文化，定居钱桥。民国31年参加地方游击队，打击日伪武装。是年底，任新庄村村长，带领村民开展生产运动，支援部队；做好苏北抗日根据地后方工作，组织村民对日伪据点进行不定期打击。民国33年，加入中国共产党。解放战争时期，历任民兵队长、政治指导员、安峰区民运委员、组织委员。1949年渡江后，历任洛社镇民运委员、开原区民运委员。在无锡县工作期间，先后在县委党校、县属企业任领导职务。1984年，任无锡县冷冻厂副书记、副厂长。同年离休，享受副处级待遇。

**石　磊**（1926—　）出生于民国15年（1926）11月，原籍江苏省铜山县，定居钱桥。1949年3月于徐州军政大学参加革命，任中国人民解放军三野二纵十团副排长。新中国成立后，先后任江苏省中纺公司、苏州中食公司、无锡县食品公司工会主席及会计职务。1960年起，先后任无锡市河埒口中学，无锡县中学、天一中学、钱桥南西漳中学教师和职员等工作。1987年4月离休。

**汤聿文**（1927—　）出生于民国16年（1927）1月12日，原籍江苏如皋，定居钱桥某干休所。民国29年参加革命。民国32年加入中国共产党。参加抗日战争、解放战争、援越抗美等，屡立战功。1973年，任某部队政委（正师级）。1983年3月离休。1985年始，先后担任42所大中小学校外辅导员，对师生进行革命传统教育。长期担任钱桥中心小校校外辅导员，参加学校每周一的升旗仪式，有时还在国旗下讲话。汤聿文还把朱德总司令送给他的一棵罗汉松转赠给钱桥中心小学，亲手与少先队员一起栽种，并向学校赠送图书1000册。

**杨焕兴**（1927—　）出生于民国16年（1927）2月，原籍无锡县富安乡阳山人，定居钱桥。中国人民解放军通信兵学院毕业，大专学历。民国34年7月参加革命，任新四军独立二团战士。1949年9月加入中国共产党。1950年起，先后任通信兵学院学员、教员、技师、参谋、股长、团长、副参谋长。1976年，任无锡县水泥制品厂副书记兼副主任，后任厂长、调研员。1987年4月离休。

**顾　璋**（1927—　）出生于民国16年（1927）5月，又名顾寿泉，钱桥苏庙许巷人。民国26年小学毕业后务农。民国29年因生活困难到钱桥东岳观打工。民国36年3月因躲避国民党抓壮丁逃往安徽马鞍山当矿警。同年6月，淮海战役打响，矿务局解散，顾璋回家乡务农。民国37年6月，参加太湖游击队，同年加入中国共产党。1949年6月转业，到苏州市吴县区委任特派员、区委副书记，后任吴县工商局副局长、黄桥镇党委副书记、镇长等职。1985年离休。

**丁国雄**（1927— ）出生于民国 16 年（1927）8 月，藕塘丁村街里人。民国 35 年 7 月毕业于无锡县新安初中。同年 9 月到上海新华制帽厂当学徒。1949 年 7 月参加革命工作，任无锡县张舍镇人民政府职员。1950 年 3 月加入中国共产党，任新渎区贫农协会文书兼会计。1951 年 3 月，任藕塘乡文书、会计、团委副书记。1953 年 6 月，任无锡县城镇工业部秘书。1955 年 4 月，任无锡县总工会组织部部长、副主席。1957 年 3 月，任藕塘乡乡长。1965 年 5 月，任无锡县统计局副局长。1970 年 7 月，任无锡县桑苗圃场革命委员会主任、党支部书记。1971 年 9 月，调至湖山水泥厂工作。1972 年 3 月，任无锡县种禽场革委会主任、党支部书记。1977 年 3 月，任无锡县洛社造纸厂党委副书记、副厂长兼工会主席，后为调研员。1989 年 9 月离休。

**刘 群**（1927— ）出生于民国 16 年（1927）8 月 3 日，原藉洛社浜口刘巷上人，定居钱桥市镇。民国 31 年在上海浦东中学读书时与中共地下党员张瑞方、蒋正才、潘英（潘汉年妹）相识，经介绍认识陆道南。1949 年 4 月，经无锡县新渎区政府区长陆道南介绍，参加革命工作。1950 年 5 月加入中国共产党。同月，任藕塘乡乡长兼惠龙乡指导员。1951 年 12 月，任藕塘区合作社指导员，钱桥、藕塘、洛社供销社主任。1952 年 5 月，定居钱桥铁狮队。1953 年起，任无锡县供销总社农副产品采购供应站站长、党支部书记。1954 年 5 月，任无锡市蔬菜公司合作科科长。1958 年 5 月，任无锡市市级机关红专钢铁厂副厂长。1989 年 8 月 21 日离休。

**朱如源**（1927— ）出生于民国 16 年（1927）11 月，钱桥吴巷头人。民国 36 年 9 月至江南大学学习。民国 37 年下半年在中学老师吴其清引导下与中共锡西地区地下党组织负责人陆道南联系，做秘密发动群众工作，收听新华社广播，印发传单。1949 年 5 月至新渎区报到，任粮征股会计。1949 年 11 月加入中国共产党。1950 年 7 月起，先后任洛社粮库副主任、主任。1954 年 3 月，参加江苏省干部学校（扬州）学习培训。1954 年 11 月，任无锡县粮食局计划股股长。1956 年 9 月，任无锡县科学普及协会副主任，当选为无锡县第一届政协委员。1957 年 9 月，到南京农学院学习。1961 年 9 月，为中国农业科学院（北京）土壤肥料研究所实习研究员。1963 年，在全国性杂志《科技园地》上发表《磷肥在华北地区石灰性土壤中的增产作用》论文。1964 年，参加上海嘉定县“四清”工作。1970 年，任无锡县农业局农技员、农艺师。1978 年，任无锡县种子公司副经理，其间参加农业部种子工作代表团赴美国、奥地利、日本考察种子工作机械化，并接收向奥地利海德公司购买的选种机。此后，负责由农业部投资在东亭鸭城桥建设种子加工厂。1980 年，任无锡县农业局土肥站站长（科长）。在全国第二次土壤普查工作中获江苏省农业厅科技进步一等奖、农业部科技进步一等奖。1987 年 11 月离休。1986~1998 年，参与编写《无锡县农业志》《无锡县土地志》，并为《无锡县志》农业卷提供初稿资料。

**石洪寿**（1927— ）出生于民国 16 年（1927）11 月，钱桥石巷人，中专学历。民国 37 年 8 月参加无锡县锡西武工队。1949 年 1 月加入中国共产党。是年 4 月无锡解放后，历任新渎区张舍镇财经委员、农委主任、共青团区工委书记。1952 年 8 月~1956 年 9 月，分派至南京建校学习建筑专业，任班长、党支部书记。毕业后，历任沈阳东北建筑二公司二处生产技术科技术员，本溪市建筑公司预制厂预算员、砼构件生产科科长，沈阳市三建公司工程科技术科科长。1986 年 11 月离休。

**徐绍鑑**（1928—　）出生于民国17年（1928）1月，原籍浙江余姚，定居钱桥无锡县印刷厂家舍。早年就读于浙江省省立杭州高级中学。毕业后至私立江南大学农产品制造系学习，当选为学生会主席，并成为中共党员。解放前夕，江南大学管理混乱、经费缺乏，徐绍鑑与另一名学生干部去上海，找到荣氏家族成员，荣毅仁答应他们落实学校经费的请求。徐绍鑑于江南大学毕业后先后在公益中学、无锡县中学、华庄中学任教导主任、校长。1956年，锡南中学由私立转为公办并增设高中部，徐绍鑑调往锡南中学工作，为锡南完中首任校长、党支部书记。其间，邀请桐油大王沈瑞洲捐资建造学校实验室、图书馆。1957年整风“反右”运动中，作为校长兼党支部书记的徐绍鑑敢于担当，宁丢乌纱帽也坚决保护教师，锡南完中成为当时无锡县30多所中学中唯一一所没有“右派”的学校。1960年，任梅村高级中学教导主任。1962年，任梅村高级中学校长、党支部书记。1974年调离教育战线，任无锡县农机研究所所长，居钱桥铁狮桥。后任无锡县印刷总厂党支部书记。1989年离休。

**胡澄东**（1928—　）出生于民国17年（1928）2月，藕塘许巷上人，上海交通大学土木工程系本科毕业，中共党员。民国36年7月参加革命工作，先后任大连俄文专科学院学员、空军训练司令部翻译、五机部第四设计院技术员、第五设计院工程师、一机部第六设计院工程师、长江水产研究所调研员（享受副厅级待遇）。1985年12月离休。

**杜顺兴**（1928—　）出生于民国17年（1928）9月23日，钱桥苏庙苏巷人。民国24年就读于钱桥苏庙小学。民国28年，到张高漕小学读书。民国34年毕业于江苏省洛社乡村师范学校。同年至藕塘中心国民学校任教。1949年，到无锡公益小学任教并参加革命工作。1951年，任无锡县教育工会财务部主管。1954年，任中国科学院植物研究所财务科长，任职期间加入中国共产党。1969年，到中国科学院潜江“五七”干校任财务部主管。1971年，到中国科学院基建局任财务主管。1980年，任中国科学院干部学院财务处副处长，高级会计师职称。1989年离休。离休后至2008年，在航天部长城会计事务所、北京市科勤会计事务所、惠民会计师事务所等任专职注册会计师、顾问。

**周亦平**（1928—　）出生于民国17年（1928）10月，藕塘小园里人。国际关系学院国际新闻系公共关系专业函授大专学历，中共党员。1949年6月参加革命，历任无锡、常熟、苏南农工团队员，苏南土改展览会工作人员，苏南农民调查组组员，苏南供销合作总社业务员，江苏省合作总社干部处科员，江苏省商业厅人事处、加工处科员，江苏省棉麻公司正处级科长。高级工程师、高级经济师职称。曾先后被聘为江苏省农副产品加工标准化技术委员会委员、南京大学经济系经济管理专业毕业论文指导教师、江苏睢宁苏汇棉花制品有限公司高级技术顾问。著作有《棉花加工》《棉花加工工序手册》。1989年12月离休。

**龚振夏**（1929—　）出生于民国18年（1929）3月，钱桥龚巷人。民国37年无锡师范毕业后，先后在甘露中心小学、洛社中心小学任教。1949年6月，进入苏南新闻专科学校学习，毕业后在常州市团委、常州日报社等单位工作。1959年4月起，在常州市一中、洛社中学等校任教。1989年12月离休。

**龚伦兴**（1929—　）出生于民国18年（1929）10月，钱桥龚巷人，中专文化，中共党员。曾参加抗日战争和解放战争。新中国成立后，历任无锡丽新、申新、天元纺织厂党支部书记、厂长，无锡市纺织工业局局长，无锡市公交办公室副主任，无锡市副市长，中共无锡市委副书记。后调至江苏省仪征化纤工业联合公司任副董事长、党委书记兼扬州市委副书记。1993年离休。

**周镜清**（1930—　）出生于民国19年（1930）3月，藕塘庙塘桥小园里人，初中文化。早年在安阳中学读书时经地下工作者曹鸿飞介绍开展地下革命活动。1949年7月任杨市镇政府财粮员，获三等功。1955年，调至荡口粮管所工作，被评为先进工作者。1957年，调至无锡县粮食局工作，其间至江苏省粮食厅干校学习1年。1958年，创办张舍淀粉综合厂，任厂长。1960~1962年，任无锡县委驻藕塘片办公室秘书。1975年，任藕塘公社副业委员。1980年，任藕塘农机厂厂长。1985年6月离休。

**赵士伦**（1930—　）出生于民国19年（1930）6月1日，钱桥历村上秦巷人。1949年4月于江苏省立教育学院附设忠勤高级职业学校纺织科毕业。是年5月，进入苏南公学（前身为抗大第九分校）学习；7月，参加中国人民解放军西南服务团苏南分团；10月，随团行军挺进大西南，列编为中国人民解放军西南服务团川南支队五大队一中队战士。1951年1月，参加清匪反霸、土改工作，任工作组组长；9月，参加川南机要干部训练班学习。1952年3月，到川南行署人事厅一科工作。1953年，到纺织工业部西南纺织管理局610厂（重庆）工作。1954年12月，到上海华东纺织局干校机电专科读书。1957年5月，回原单位重庆610厂工作，任电气技术员。1958年，下放涪陵地区渔泉农场劳动。1959年初，回610厂工作；6月，至四川省轻工业厅特种纸厂筹建处工程技术科当电气技术员。1962年，调至四川省轻工业厅供销处材料科工作。1966年，转至四川省工业厅纺织局工作。1969~1972年，到“五七”干校劳动锻炼。1973年，到轻工业厅机械设备处工作。1978年，到纺织工业厅工作。1980年，被评聘为工程师，技术9级。1990年6月离休。2008年，享受处级待遇。后机构改革，到四川省经济委员会、四川省经济和信息化委员会工作。

**刘兴杰**（1930—　）出生于民国19年（1930）11月，祖籍江苏赣榆赣马乡城里村，定居钱桥盛岸花园，初中文化。民国36年9月参加革命，先后任山东临沂团、独立团卫生队卫生员，吴淞要塞步兵团卫生队卫生员。1949年加入中国共产党。1952年10月，调至华东海军某部任军医。1964年转业后，任无锡市丽新纺织厂医院院长。1974年11月，任无锡市肺防医院院长。退居二线后，任无锡绢纺厂卫生所所长。1990年11月离休。

**毛焕兴**（1931—　）出生于民国20年（1931）11月21日，钱桥毛村园人。民国37年8月于无锡洛社师范毕业，中专文化。毕业后至苏南农工团2队工作。1961年加入中国共产党。曾在镇江市公安处、江苏省公安厅劳改局、江苏省政法委员会工作。之后任省“五七”干校科员。1966年，调至江苏省司法厅工作。1970年6月，调至无锡市建华机床厂工作，任机要秘书、指导员等职务。1989年3月25日，获中华人民共和国司法部劳教工作三十年荣誉奖章1枚。1991年12月离休。1993年6

月 1 日，获司法部两级金星奖章 1 枚。

**唐宏兴**（1932— ）出生于民国21年（1932）5月，钱桥唐家庄人。民国34年7月随父参加新四军，任勤务员、通讯员。后部队整编，唐宏兴调至华中军区军工部修械厂任学员、钳工、修炮工。民国35年3月，调至华野特种纵队修配厂，任钳工、炮技工。后参加解放徐州、淮海、上海三次战役，接收国民党大量车辆、火炮和机器等设备，立四等功4次。1951年3月，调东北军区高级炮校短训班学习结业，立三等功2次，并被授予军功章2枚。1951年10月，参加抗美援朝，任炮技工兼司机。抗美援朝结束后回国任炮技工组长、修械所长、军械助理员，军械副科长、科长等职。1978年，转业到上海局机电一局军工处工作，任副处长。1981年，调至上海电站辅机厂任副厂长，经济师职称。多次受到上级的表扬和奖励，业绩入编《雷霆千里》一书。1993年离休。

**孙尧英**（1932— ）出生于民国 21 年（1932）12 月，女，婚嫁至钱桥吴巷头，高中文化，中共党员。1949 年参加工作，先后任青年团无锡县工委文书、洛社区党委组织干事、无锡县委组织部组织干事、南京市南京机床厂党委组织部副科长。后支援三线建设，到四川宁江机床厂组织科任副科长，四川空分设备厂任劳资科科长、党委办公室主任。1985 年 2 月离休。

**陆惠萍**（1932— ）出生于民国 21 年（1932）12 月，女，祖籍扬州，婚嫁至钱桥乡历村周巷。1949 年 4 月参加革命工作。1954 年加入中国共产党。历任镇江市新华书店业务科科长、北固制鞋厂厂长等职。1988 年 2 月 1 日离休，行政 19 级。

**王世泉**（1935— ）出生于民国 24 年（1935）8 月，原籍无锡县南方泉，定居钱桥春满园，高中文化，中共党员。民国 35 年 7 月入伍，为上海华东军政大学工人子弟团战士。1950 年 6 月，任上海探照灯 421 团战士、教导队学员。1954 年，任上海防空司令部通讯枢纽部通讯参谋。1957 年，到空军第一速成中学当学员。1959 年，任空军某部参谋。1964 年，调至新疆某部任通讯队副队长、营长、参谋长。多次参与原子弹、氢弹爆炸试验，记三等功。1982 年转业，先后任无锡市第二机械厂党委书记、无锡市塑料制品厂党委副书记。1995 年 11 月离休。

## 第三节 高级职称专业技术人员

钱桥街道入编人物简介的有以中国科学院院士王补宣为代表的高级职称专业技术人员共 164 人，其中正高级职称专业技术人员 68 人，副高级职称专业技术人员 96 人。

### 一、正高级

**王补宣**（1922— ）出生于民国 11 年（1922）2 月 5 日，字纪瑞，藕塘桥人，中国科学院院士、美国纽约科学院院士。民国 32 年，于西南联合工学院机械工程系毕业后留校任教。后赴美国留学，获美国普渡大学机械工程科学硕士学位。民国 37 年 10 月回国，任北京大学工学院副教授。1952 年任清华大学副教授。1956 年起，先后 3 次参加国内科技长期规划的制定工作。1957 年，在清华大学创办中国第一个工程热物理本科专业。1962 年晋升为教授，并任清华大学热能工程与热物理研究所所长，兼任高教部、教育部热工教材编委会主任。1963~1966 年，带领师生参与四川化工厂氨合成

塔技术改造，创造单塔日产量翻番成绩，达到国际上同类型氨合成塔的高产水平，被列为化工部1965年20项重大成果首项，获国务院“1966年100项重大成果奖”。1980年，当选为中国科学院学部委员。1981年，创建国际太阳能学会中国分组，任主席。1986年，被世界能源理事会授予能源为人类服务奖。1989年，被日本热物性学会授予杰出贡献奖。1990年，获中国科学院颁发的荣誉奖章。编有《热力学》等教材多种，发表学术论文400余篇。

**孙鸿范**（1925—　）出生于民国14年（1925）5月4日，钱桥社冈里孙巷人，上海交通大学机械工程系教授。1950年毕业于上海同济大学机械工程系，并留校任教。1952年，院系调整到上海交通大学（简称“交大”），孙鸿范随同到交大任教，受命参加组建中国第一个起重运输机械专业。先后任实验室主任、教研室副主任，上海交通大学无锡红旗联合工程机械厂经理。为交大运输起重机械系和机械工程系助教、讲师、副教授、教授，兼任中国机械工程学会常务理事、全国物料搬运学会和上海市物料搬运学会理事长、国家科委发明评选委员会特邀审查员、上海市机电设备招标专家委员会常聘专家，国营、乡镇企业技术顾问。曾从事“全断面岩洞掘进机破岩力分析及破岩机理研究”等多项国家委托的科研项目研究，主持“32吨大幅度浮式起重机”等近20个大型起重机械的设计和研制工作，其中部分项目获部级重大科技成果奖。指导研究生10多人，出版多部论著，发表多篇论文。

**徐慰曾**（1926—　）出生于民国15年（1926）11月23日，钱桥社冈里人，中共党员，民盟盟员。早年就读于东林小学。民国34年毕业于江西国立19中学。1950年毕业于上海财经学院国际贸易系。1950~1958年，在沈阳东北区进口公司和北京中国机械进口公司任翻译、科员、组长和代科长等职。1958年1月~1978年，因错案至农场劳教。1979年4月平反。1986年，被评聘为编审。1990年，被聘为美国不列颠百科全书公司国际部高级顾问。1992年起，享受国务院政府特殊津贴。1996年、1998年两次被评为新闻出版署直属系统优秀共产党员。1978~2000年，在中国大百科全书出版社和美国不列颠百科全书公司合作编译《不列颠百科全书》中文版，先后任不列颠百科全书编辑部副主任、主任，翻译情报室主任，《简明不列颠百科全书》副主编，中美联合编审委员会秘书，《不列颠百科全书》国际中文版主编，中美联合编审委员会中方代表。有译作数百万字问世，2001年获韬奋出版奖。

**张振兴**（1927—　）出生于民国16年（1927）8月，钱桥乡人。曾任黑龙江省兽药一厂、黑龙江省兽医检验所技师，历任南京农业大学讲师、副教授、教授。20世纪50~70年代，专门从事家畜传染病领域的研究工作，先后参加、主持家畜白肌病、牛传染性胸膜肺炎、钩端螺旋体病等的调查和防治研究。80年代起，从事经济动物疾病学、兽医生物制品学和实验动物学等教学和科研工作，编写、开设三门课程教材，供全国院校参考；同时主持“水貂疾病的调查与防治”“中国熊猫瘟热病的诊断与免疫预防”“猫瘟热的研究”“云豹传染性肠炎的研究”等课题的研究工作；共培养3名经济动物疾病学领域的硕士研究生。1983年，“中国熊猫瘟热病的研究”获江苏省科技成果奖。先后在国内外学术刊物上发表论文67篇，其中《中国熊猫瘟热病的研究》《猫瘟热的研究》《云豹传染性肠炎的研究》多次被国外学术刊物转载；参加《中国家畜传染病学》《中国农业百科全书兽医卷》《动物传染病诊断学》等10本专著的编写，其中主编出版《经济动物传染病防治手册》《经济动物

疾病学》《名犬的饲养与保健》《实用犬病防治技术》4 本专著。

**龚家彪**（1928— ）出生于民国 17 年（1928）3 月，钱桥溪南龚巷人。早年就读于无锡辅仁中学。民国 35 年考入中央大学机械系学习。1950 年毕业后，留校任助教。历任南京工学院动力工程系、东南大学副教授、教授，兼任中国计量科学研究院流量室兼职导师、大庆油田设计研究院技术顾问、国家原油大流量计量检定站技术顾问、中国计量测试学会理事兼流量计量测试专业委员会主任委员，江苏省计量测试学会理事长，江苏省科学技术协会委员等职。中华人民共和国国家一级计量标准考评员。著有《热工测量和仪表》等，翻译《流量计》等，在国内外专业刊物上发表论文 30 余篇。有关论著获 1981 年第一机械部科技成果一等奖、1985 年国家计量局科技进步三等奖。

**费悦心**（1928— ）出生于民国 17 年（1928）4 月 15 日，钱桥历村费巷人，中国共产党党员，北京兵器工业总公司第 210 研究所副所长，研究员级高级工程师。民国 36 年于无锡县中高中毕业。1954 年于上海交通大学铸工专业毕业，毕业后至太原国营晋西机器厂从事铸造工艺。1955 年，调至北京第二机械工业部二局从事技术管理工作。1959 年，从事本行业科技情报工作，任研究室主任、副所长（副局级）等职。组织过上百项课题研究，在中国较早组织、建立国际联机检索终端网点。社会兼职为中国兵工学会科技信息中心主任委员、中国兵工学会情报学会副主任委员、《中国技术经济信息》杂志特约通讯员、《全国新产品》编辑部顾问、《爆破器材》原编委会委员。1980 年，负责“本行业国外主要产品当前水平和发展方向的分析研究”课题研究，该课题获 1986 年国家科技进步二等奖。编审《工业生产安全知识手册》一书，总审《成型装药原理与应用》一书。

**冯骏良**（1930— ）出生于民国 19 年（1930）7 月 28 日，曾用名冯奇男，藕塘南水渠村人，煤炭工业部煤炭科学研究院爆破技术研究所教授级高级工程师，中国共产党党员。早年就读于无锡辅仁中学。1952 年毕业于南京大学机械工程系。大学毕业后分配至东北煤矿管理局设计处（后为沈阳煤矿设计研究院）工作。1959 年，调至煤炭工业部煤炭科学研究院爆破技术研究所工作，曾参加中国第一对自己设计的煤矿立井双鸭山岭西和鸡西小恒山立井的井下箕斗装载设备及箕斗的设计。1960 年，担任主任设计工程师，承担各地新建煤矿炸药雷管制造厂的设计工作。1966~1973 年，为解决粉状铵锑炸药混药工艺的不安全因素而负责新工艺的研究，试验成功热风干燥硝铵，为全国炸药行业首创，并在全国推广。当代新型炸药乳化炸药在中国开始研究后，冯骏良负责乳化炸药连续乳化新工艺的研究，1984 年，此项研究通过部级鉴定。在全国兵工学会民爆器材学术交流会上发表论文 4 篇，先后论述粉状铵梯炸药冷混连续化新工艺和乳化炸药的新工艺新技术。

**毛子霖**（1930— ）出生于民国 19 年（1930）12 月 22 日，钱桥南西漳毛家巷人，化学工业部炭黑工业研究设计所（四川自贡）所长，教授级高级工程师。早年就读于上海浦东中学。1952 年，毕业于上海圣约翰大学化学系。历任东北抚顺矿务局炭黑厂见习技术员、技术员、助理工程师。1956 年，加入中国共产党。1960 年，任抚顺炭黑厂副总工程师兼副厂长。1965 年，任化学工业部炭黑工业研究设计所所长。1978 年，获全国化学工业战线学铁人标兵称号。此后历任所长、总工程师、党委副书记、技术委员会主任等职。1979 年，获四川省劳动模范称号。1982 年，获高级工程师职称。1983 年，被聘为四川省科技顾问。1984 年，被聘为自贡市科技顾问团副主任。1987 年，获教授级

高级工程师职称。1988年、1990年，两度获化工部优秀领导干部称号。1990年，获全国化工科技先进工作者称号。1991年，被聘为德阳市经济技术顾问。是年，受国务院表彰并获国务院政府特殊津贴。曾当选为四川省第五届、第六届人民代表大会代表，第七届全国人民代表大会代表，自贡市科协第一届副主席、第二届主席、第三届名誉主席，四川省科协第二届、第三届委员。2005年，亚洲太平洋地区国际炭黑会议授予其终身成就奖。2015年，被化学工业部誉为中国现代炭黑工业创始人之一。

**钱仲章**（1932—　）出生于民国21年（1932）1月15日，曾用名阿壮，钱桥南西漳人，国家一级美术师，中国共产党党员。1950年考入苏州美术专科学校学习，后经院系调整，1955年毕业于华东艺术专科学校美术系。1956年，任江苏省文化局《文化新闻》美术编辑。1957年底，调至江苏省美术馆，任美术创作室主任。长期从事美术作品的展览、陈列工作，曾任展览组组长，兼搞业余创作。1959年，与人合作出版由郭沫若题写书名的大型画册《百花齐放图集》。1960年，出版与人合作的《祖国建设蒸蒸日上》宣传画一套。1962年，《陶都老艺人任淦亭》《洞庭果园》等油画发表，并有20余幅油画作品先后在江苏、上海、北京等地展出。1978年后致力于中国画创作，《春申涧》《峨眉天下秀》《蒙蒙雨》《水乡》等作品先后在印度、约旦、日本、南斯拉夫、新加坡等国展出；《女驾驶员》《友谊关下英雄花》等40余幅中国画作品在江苏及全国十余省市展出，其中部分被发表、出版或收藏。

**邬尧清**（1932—　）出生于民国21年（1932）1月，钱桥杨毛岸人，上海中医药学会秘书长、研究员、肝病分会教授、主任医师，膏方名家。1956年3月，于上海中医药大学本科6年制毕业。1962年，至上海市传染病总医院工作。1978年起，先后至上海市卫生局中医处、上海市承志堂中医馆工作。历任《上海中医药报》总编辑、上海市科协咨询服务中心主任、中医专家咨询部特约研究员、国务院发展研究中心特约研究员，上海市中医药学会常务副秘书长、秘书长，《上海针灸》杂志编辑委员，重庆市科协顾问等职。著作有《文医双绝恽铁樵》，发表论文数十篇。

**周国瑾**（1932—　）出生于民国21年（1932）3月，女，钱桥北街人，周怀民之女，高级美术编辑，北京文物开发公司专家委员会会员、美术家。1952年毕业于中央美术学院绘画系。历任北京幻灯机制片厂编绘部主任、朱雀艺术宫经理，第十一届亚运会纪念品展览馆专家委员会委员，中国美术家协会会员，国家经济委员会、国家物资局老年大学国画教员。早年曾在徐悲鸿、吴作人等名师指导下学习绘画理论和技法，后随父亲周怀民学习山水画创作，多次深入偏远的少数民族地区挖掘民间古老美术作品。作品多次发表于报刊，并在中国美术馆、中国博物馆等展出。

**周文浩**（1932—　）出生于民国21年（1932）9月22日，钱桥前周基头人，中国科学院水利电力部水利水电科学研究院教授级高级工程师。早年就读于无锡县立中学和上海南洋模范中学。1957年毕业于清华大学水利系水工结构专业。翌年分配至水利水电科学研究院工作。30多年一直从事“治黄”科研工作，参加黄河下游的河床演变和河道整治、黄河三门峡工程的改建等课题研究，获全国科学大会科技成果奖、中国科学院自然科学一等奖、水利部科技进步一等奖，为中国水利学会、水土保持学会、海洋学会、海洋工程学会会员。与人合著《黄河下游河床演变》一书。在河流泥沙

国际学术讨论会、中日河工坝工学术讨论会、国际水文科学协会年会和多种刊物上发表《黄河高含沙水流的河床演变特性》《中国江河的河道整治》等论文20余篇，20余万字。享受国务院政府特殊津贴。1991年被联合国技术人才招聘管理部列入国际专家名册。

**孙仁兴**（1935— ）出生于民国24年（1935）8月，钱桥南西漳孙巷人，西北工业大学自动控制专业研究生毕业，教授级高级工程师。先后任无锡县新渎中学、钱桥中学副校长。1978年8月，到中国华晶电子集团公司（原无锡724厂）工作，先后2次到日本东芝公司短期进修集成电路测试。回公司后任双极车间副主任、标准化室主任，兼任无锡市标准化协会第三届理事会副理事长。1979年发明的“uPC功能测试仪”获上海市重大科技成果三等奖。1989年发明的GB7501半导体集成音响电路立体声解码仪获机械电子工业部科技进步三等奖。1990年发明的GB9612半导体集成电路电视机电路测试仪获国家技术监督局科技进步三等奖。1995年被中国电子工业标准化技术协会评为电子行业优秀标准化工作者。参与起草《中华人民共和国电子工业行业标准》，为其中3项的第一起草人。先后被国防科工委工业技术委员会聘为军用电子器件标准化技术委员会委员、国家电子工业部聘为全国集成电路标准化技术委员会委员，被江苏省标准局、电子工业厅聘为江苏省电子标准化技术委员会委员。先后在《电子标准化》《广播电视工业标准》等杂志上发表论文6篇。

**郁金霞**（1935— ）出生于民国24年（1935）11月，女，钱桥南西漳牌楼巷人，南京林业大学化学工程学院教授。1956年7月毕业于扬州师范学院化学专业，同年分配至南京林校任教。1958年10月~1960年6月，到南京林学院进修木材热解专业。毕业后回南京林校工作。1972年12月，南京林校并入南京林学院后郁金霞到南京林学院工作。长期从事木材热解的教学和科研工作。1983年进行的SWC-1型活性炭用于丝绸防染剂的研究于1987年12月通过林业部鉴定。1986年12月，任活性炭生产用氯化锌溶液分析和净化工艺研究课题负责人。1984~1994年，主持八期活性炭生产工艺和分析测试培训班，为全国活性炭生产企业培训多名生产骨干和控制产品质量的分析技术人员。在《南京林业大学学报》及《活性炭》杂志上发表木材炭化、活化、活性炭制备等方面的多篇论文。

**李尧达**（1936— ）出生于民国25年（1936）5月4日，原籍江苏海安，后定居钱桥苏庙。民国31年至1950年在苏庙小学、钱桥中学读书。1955年于江西南昌第“247”技校毕业。毕业后分配至国营320厂工作。1958年调至南京航空航天大学工作，并考入南航读夜校。1962年大学毕业后到南京航空航天大学化学教研室工作，任产验技术员。1966年加入中国共产党。1985年晋升为工程师。1990年晋升为教授级高级工程师。同年获航空工业部科技进步三等奖。1992年获航空工业部科技进步三等奖。曾任南京航空学院金属腐蚀与防护教研室副主任，兼任南京表面处理研究会会员、南京市表面处理专家组成员、电镀添加剂技术顾问。

**冯云清**（1936— ）出生于民国25年（1936）6月，藕塘南水渠村人，南京师范大学中文系教授。1954年毕业于无锡洛社师范简师部。毕业后至宜兴县茗岭中心小学任教，任少先队总辅导员、教导副主任等职。1957年，以同等学历考入南京师范学院中文系就读。1961年毕业后留校任教。其间曾至北京大学进修，研讨中国当代文学。后任南京师范大学当代文学教研室主任。曾以“耘青”等笔名撰写有关赵树理、艾芜等作家研究、文学风格研究、当代文学运动研究的论文，其中与人合作

的《一九五八年民歌创作中的反现实主义倾向》被《新华月报》（文摘版）等多种报刊转载，在学术界引起较大反响。参加《中国当代文学述评》一书的编写，为主要执笔者和统稿者；参加《新时期小说理论和技巧》《小说学辞典》《小说学概论》等书籍的编撰工作。

**钱树本**（1936—　）出生于民国25年（1936）9月，钱桥社冈里人，中国海洋大学教授。1959年毕业于山东大学生物系。同年就职于山东海洋学院生物系（后为中国海洋大学海洋生命学院），历任生物系植物教研室主任、生物系副主任、生命学院副院长等职，兼任中国藻类学会理事、九三学社中国海洋大学基层委员会主委。长期从事植物学、海藻学的教学与人才培养工作，主讲“海藻学”“生物海洋学”等课程，参编《海洋科学导论》（海洋生物部分）教材，主编出版《海藻学》（2004年第一版）。在海洋藻类学相关的科学研究方面参加全国第一次海洋综合调查，参与全国浮游植物标本的分析、鉴定工作；参加“全国海岸带及滩涂资源综合调查”工作，获“做出重要贡献”证书；参与“全国海岛资源综合调查”工作，负责海洋生物部分全国总报告的汇总，获青岛市科技进步二等奖和山东省科技进步二等奖，并获由国家计委、科委、海洋局、农业部和解放军总参谋部联合授予的全国海岛调查先进工作者称号；曾发现 Chaetoceros hirunsinellun Qian（平纹毛壳菌）、Rhizosilenia sinensis Qian（中华根瘤菌）、Thalassiosira scrotiformis chen et Qian（阴囊藻）等新物种，并对 Valdiviella Formosa （Schimper ex Karsten）Karsten〔福尔摩沙瓦尔德维拉（斯金珀·埃克斯）卡斯滕〕名称作了修正；“The Phytoplankton of Jiaozhoubay（胶州湾浮游植物）”曾获山东省第二届优秀学术成果奖；编著《中国海藻志》第五卷《硅藻门（第一册）中心纲》专著，任副主编；先后参加中日合作“黄东海邻接水域水团分布多学科研究”，中美合作“黄河口及邻近水域沉积动力学研究”，中法合作“黄河口及邻近水域地球化学研究”，中加合作、中德合作“有控生态系研究”。先后发表与海洋浮游藻分类、海洋生态、环境评价、赤潮、水产养殖等有关论文30余篇。参与完成“908”专项《ST12区块海洋药用生物资源调查与研究》《海洋药用生物评价》和《中华海洋本草》编纂工作，为《中华海洋本草》副主编之一、《中华海洋本草精选本》副主编之一，参加编纂《中华海洋本草图鉴》一书。

**周　立**（1936—　）出生于民国25年（1936）10月，又名周仁良，钱桥前周基头人。1955年6月毕业于无锡师范。师范毕业后分配至徐州丰县第二中学任教，后至丰县文教局工作。1968年9月，于北京师范大学教育系毕业。毕业后至宁波地区教师进修学院、宁波教育学院，任教师、教研室主任、干训处处长等职，先后获评讲师、教授职称。在国家级、省级、院级教育理论学术刊物发表专业论文60余篇，主要著作有《学校教育管理研究》《中小学学校管理与领导》《教育行政学通论》等，获社会科学和教育、教科研及教材建设优秀成果奖20多项，其中省级一等奖2项、二等奖3项、三等奖5项。论文入选《中国教育大精典》，业绩入编《中国教育专家名典》。

**钱松宝**（1937—　）出生于民国26年（1937）9月5日，钱桥东巷人，北京军事医学科学院情报研究所副研究员、教授。早年就读于无锡钱桥初级中学、无锡市第三中学。1956年考入上海第一医学院医疗系。1961年大学毕业后分配至北京中国人民解放军军事医学科学院放射医学研究所工作。主要从事中子对动物和人体的伤害及护防、核辐射对动物和人体的伤害及药物预防的研究，致力于军事医学情报研究。20多年中撰写、发表各种研究总结、专题报告、学术论文数十篇。1984年主译《实用初级救护手册》一书。

**顾德生**（1937—　）出生于民国26年（1937）9月，钱桥洋溪丁巷人。1953年，到上海私人拉链厂当学徒。1965~1981年，任上海科技大学（原电子物理研究所）研究员。1982~1985年，调至无锡县农机厂任生产厂长。1986~1997年，调至无锡县农业机械推广服务中心任所长兼党支部书记。1987年7月，被评为无锡市劳动模范。1992年12月1日，晋升为正高级工程师。

**许　达**（1937—　）出生于民国26年（1937）10月，钱桥南巷人。1958年天津大学毕业。大学毕业后分配至中国科学院第一设计院任设计员，成为中国第一批航天人。是年底，设计院从北京迁到上海，成立上海航天局，先后任上海航天局下属企业上海仪表厂设计员、技术组组长、设计科科长、副厂长、副总工程师等职。1983~1988年，先后被上海航天局授予高级工程师、研究员级高级工程师职称。1985~1989年，先后获国家科技进步三等奖和二等奖。1993年起，享受国务院政府特殊津贴。

**俞盘祥**（1937—　）出生于民国26年（1937）11月18日，钱桥后周基头人。民国33年至1953年7月，先后在无锡县周家弄小学、洛社初级中学读书。1956年7月于无锡市第二中学高中毕业。1956年9月考入清华大学汽车拖拉机专业和力数系计算数学专业就读。大学毕业后，留清华大学任教，分配至力数系计算学教研组工作。1960年在科学院计算所的计算机应用方面完成工物系提出的任务。1970年7月，调至清华大学计算机系软件教研组工作，主要承担教育和各类科研项目。1985年12月~1987年，参加计算机总局组织的长城微型计算机的研究和设计，参与BASIC软件的移植（在香港进行）。1987年，晋升为副教授。是年，参加郑州铝厂微机网络生产管理信息系统项目开发。后又承担数据库课程教学，与教研组同事合作编写《数据库系统原理》一书，于1988年11月由清华大学出版社出版。郑州铝厂微机网络生产管理信息系统项目于1989年12月获中华人民共和国金属工业总公司三等奖。1987年10月~2003年5月，到清华计算中心工作，主要从事科研项目开发，参与“清华CIMS实验工程”项目，承担数据库设计，该项目在1994年4月获教育部一等奖。1995年晋升为研究员。同年，编写的《“ORACLE”数据库系统基础》在清华大学出版社出版。后参加“863成都飞机工业公司CIMS工程”项目研究，该项目于1997年12月获国家科委科技二等奖。

**冯树芳**（1938—　）出生于民国27年（1938）7月，藕塘小冯巷人，上海华山医院教授、博士生导师。1961年毕业于上海第一医学院医疗系。1981年于上海第一医学院硕士研究生毕业。多年来主要从事研究与皮肤病有关的风湿病，特别是系统性红斑狼疮疾病。撰写的《雷公藤对女性SLE性激素水平的影响》一文获1989年施思明医学基金二等奖。1991年撰写的《性激素与SLE》获卫生部医药卫生科学技术进步二等奖，该课题的系列文章曾在国内外学术会议上多次宣读。1993年10月晋升为博士生导师，兼任中华医学会全国风湿病学会会员。先后发表论文21篇，参加编写《风湿病学》《皮肤病学》《皮肤科手册》《皮肤科临床袖珍手册》和《人类动物疾病模型》等书的部分章节。培养硕士生3人。获卫生部科学技术进步奖，享受国务院政府特殊津贴。

**马济民**（1938—　）出生于民国27年（1938）7月17日，钱桥东巷人，西北工业大学本科毕

业，英国利兹大学访问学者。1962 年 7 月参加工作，历任中国航空工业集团、北京航空材料研究院技术员、工程师、高级工程师、副总工程师、教授，钛合金、粉末冶金和陶瓷涂层研究室主任。负责和参加的研究项目获国家科技进步奖一等奖、二等奖各 1 项，国家发明奖 1 项，中国科学院科学进步奖一等奖 1 项，多次获全国科技大会奖以及北京市和中国航空工业部奖励。主持国家 R888 援助罗马尼亚工程。享受国务院政府特殊津贴。

**吴祥兴**（1938—　　）出生于民国 27 年（1938）12 月 10 日，藕塘南水渠西吴巷人，中共党员，教授、硕士生导师。1961 年毕业于上海师范学院物理系，毕业后留校任教。历任物理系副主任、实验处处长、中共上海师范大学实验中心总支书记、上海师范大学副校长，兼任上海市高等院校实验室管理研究会常务理事兼副秘书长。长期从事教学和科研工作，编著《电磁学》《近代物理实验》等著作，发表《实验在物理学发展中的地位和作用》《试论高师院校实验室的结构与功能》《高等学校实验室评估探讨》等多篇论文。

**周文表**（1939—　　）出生于民国 28 年（1939）5 月，钱桥砖场人，留美大学生。多年从事卫星及导弹研究工作，发表论文 40 余篇，出版专著两部，获中科院科技进步一等奖 1 项，二等奖、三等奖多项，享受国务院政府特殊津贴。历任中科院电子学会秘书、中科院科技期刊编辑常务副理事长、《电子与信息学报》副主编、中科院电子学术委员会主任。

**徐逢贤**（1939—　　）出生于民国 28 年（1939）6 月 9 日，藕塘南水渠钱家旦人，中国社会科学院经济研究所政治经济学研究员、国家有突出贡献经济学家，中国共产党党员。1960 年毕业于无锡县中学。1964 年毕业于南京农业大学农业经济系。大学毕业后，先后到北京农业科学院农经所、电子工业部工作。1984 年，调至中国社会科学院经济研究所工作。1985 年，被评聘为副研究员。1992 年，晋升为研究员兼研究生院教授，兼任中国大百科全书出版社顾问、特邀编审。同年被国务院授予"有突出贡献的社会科学家"称号，并获国务院颁发的专家津贴。1993 年，被国家新闻出版署授予"编纂中国大百科全书作出重大贡献奖"荣誉称号。长期从事中国农村经济与社会发展研究，多次担任国家重点课题研究。出版专著或合著 8 部，发表学术论文 300 余篇，约 260 万字。主要著作有《县级综合改革与经济社会协调发展》《中国大百科全书·农业卷》《中国百县市经济社会调查·陵县卷》《中国经济社会咨询大全》（香港版）、《中国农产品的价格改革与农业发展问题》（日、英、中文版）、《中国经济体制改革的实践与经验》（法、英、中文版）等。《毛泽东与农村调查》《复关：走向世界的中国乡镇企业发展战略研究》等受到党政决策层的高度重视和采纳，并多次获得科研成果奖。

**陈正文**（1939—　　）出生于民国 28 年（1939）10 月，藕塘稍塘营街上人，国家一级导演。1954 年，进武进锡剧团工作。1960 年，毕业于镇江地区戏剧专科学校。1981 年，被评为全国农村文化工作先进工作者。1986 年，执导的《风流母女》获江苏省第二届锡剧节唯一的优秀导演奖，同年获江苏省新剧目观摩演出导演奖。1987 年，执导的《风流母女》参加第一届中国艺术节。1989 年，执导的《凤飞何处》参加江苏省建国 40 周年新剧（节）目献演。1994 年，被评为常州市文化系统

先进工作者。1995年，执导、作曲并主演的纪实锡剧《孔繁森》被上海有线电视台拍摄为舞台艺术片。1995~1997年，连续被评为常州市文化系统先进工作者。其间，陈正文执导的《访瓜园》《莲花朵朵》《鸭绒被》均获江苏省首届锡剧节导演奖。1999年，执导的古装悲剧《窦娥冤》分别参加江苏省第五届锡剧节和第三届省戏剧节，均获导演奖。2000年，获常州市立功者荣誉称号。2001年10月，执导的《窦娥冤》与《风流母女》参加第六届中国“映山红”民间戏剧节，双双获得国家级导演一等奖。曾当选为中国共产党常州市第六次、第七次、第八次代表大会代表。历任武进锡剧团团长、党支部书记，中国戏剧家协会会员，中国现代戏研究会理事，江苏省戏剧协会理事，江苏省锡剧协会副会长，武进县文联副主席，武进市戏曲协会主席。

**蒋昌涌**（1940— ）出生于民国29年（1940）1月，藕塘稍塘营大巷上人，中共党员，国家一级锡剧演员，中国戏剧家协会会员、全国文学艺术家联合委员会委员。1956年从艺，攻小生。从学艺到走上舞台演出，得省锡剧团田夫、郑桦、王兰英、沈佩华、谭君卿、费兴生、王汉清、徐风、郑永德等锡剧著名艺术家亲授。1959年，首次公演锡剧代表性优秀剧目《双推磨》饰何宜度，同年参加江苏省慰问团赴新疆慰问江苏支边青壮年代表团。1977年，获省新创剧目汇演演员奖。1978年，应邀赴中央电视台参加录制演出《古今戏曲》大汇唱。2001年，获江苏省“五个一”工程奖、文化部第十届文华奖等。2002年，应邀赴台湾地区参加两岸戏曲展览演出。锡剧优秀传统剧目《玉蜻蜓》饰徐元宰，《珍珠塔》饰方卿，现代戏《代代传》饰管大伯，《双赴会》饰彭伯德，《红色的种子》饰王老二，《少年华罗庚》饰华老祥等。曾获首届和第三届锡剧节演员奖，参加全国儿童剧优秀展览演出获表演奖。2014年，被评为江苏省非物质文化遗产锡剧代表性传承人，获江苏省艺术贡献奖。数十年从事中国戏曲艺术创作工作，通过对戏曲人物的刻画与表演，丰富中国古典戏曲艺术，尤其在锡剧的演唱艺术上形成独特风格，深得广大观众和专家的欢迎和肯定。其业绩作为中国著名戏剧家、艺术家入编《中国戏剧家大辞典》等多部辞书。

**周伯敏**（1940— ）出生于民国29年（1940）1月，钱桥周基头后村人。1963年于上海华东化工学院（现为华东理工大学）毕业。大学毕业后，分配到上海高桥石化公司工作，从事计算机过程控制。1982年12月至1984年1月，到英国谢菲尔德大学进修控制工程专业，回国后致力于过程控制，参与多项科研项目，其中“集散型过程控制及管理系统在常压蒸馏的应用”获石化总公司科技进步三等奖，“催化裂化装置递阶计算机实时优化专家系统”获国家教委科技进步二等奖，“重整溶剂油及苯酚丙酮分离系统的计算机模拟及优化”获化工部科技进步二等奖和联合国发明创新科技之星奖，“常压塔计算机集成优化系统”获国家科技进步三等奖。1988年6月25日，被中国石油化工总公司评聘为高级工程师。1992年，获国务院政府特殊津贴。1997年，享受教授级研究员资格。

**朱焕清**（1940— ）出生于民国29年（1940）12月，钱桥吴巷头人，大学文化。1956年，到青海农林学校读书。1957年，到牧学院读书。1962年，到新疆生产建设兵团工作，历任农八师143团二营技术员、生产科参谋，农八师、石河子市农科所小麦组组长、粮食作物研究室副主任，农八师、石河子市农业局科长、副局长、局长。1988~1998年，有6项科研成果获农牧渔业部科技进步奖，其中一等奖1项、二等奖4项、三等奖1项；5项科技成果获新疆维吾尔自治区及新疆生产建设兵团奖励，其中一等奖1项、三等奖4项。1989年，被新疆生产建设兵团评为科技推广先进个人。

1991 年，评聘为正高级农艺师。1992 年，国务院批准其为有突出贡献专家，享受国务院政府特殊津贴。

**陆吾兴**（1942—　　）出生于民国 31 年（1942）3 月，钱桥苏庙前金岸人。早年就读于钱桥中心小学。1955~1960 年，先后就读于无锡市第十中学、无锡市第二中学。1965 年，于华东师范大学毕业。大学毕业后，分配到成都盐大街中学任教。1986 年，被聘为成都市高级职称评审委员会委员。1994 年，被四川省人民政府授予中学特级教师称号，任成都市政治学会会长，中学特级教师高级职称评委会委员，连续 8 年任四川省高考阅卷政治学科指导委员。1995 年加入中国共产党。

**章定康**（1942—　　）出生于民国 31 年（1942）11 月 22 日，藕塘稍塘营章巷上人，航空航天部骊山微电子公司（陕西临潼）高级工程师、研究员。1960 年毕业于无锡县中学，后考入北京清华大学无线电系。大学毕业后，在中国科学院、国防科委所属研究单位工作。1978 年，所从事的研究项目中有一项获全国科学大会奖。1981~1983 年，作为访问学者至美国德克萨斯 AM 大学电子工程系进修二年。回国后从事集成电路及高可靠电子器件的研究和开发工作，对超大规模集成电路技术有较深研究。回国当年，其一项科研项目获航空航天部科研成果一等奖。1987 年，又一项研究项目获航空航天部科研成果一等奖，另有一项获二等奖。1989 年，获航天部预研先进个人奖。1990 年，其业绩被载入无锡市名人录。1990 年、1991 年，连续获航天部预研先进个人奖。1991 年 7 月，被聘为国防科工委军用微电子专业组成员。是年 11 月 25 日，晋升为研究员。1992 年，其 IGR 功率器件、VDMOS、高速电子开关的研制和抗辐照加固 LF14573RH、LC1416RH 项目分别获航天部科技进步三等奖。1993 年，开发成功 1.5um 硅栅 CMOS 工艺及多层布线工艺，并用于批量生产。1994 年，与航天部骊山微电子公司沈绪榜教授合作研制成功“32 位 RISC”。1998 年，研制成功 800V 高压光触发可控硅。曾与黄敞教授合作，或个人独自培养多名硕士、博士研究生。2005 年 6 月，享受国务院政府特殊津贴。主要译作《超大规模集成电路技术》获全国科学大会奖、航空航天部科研成果一等奖。

**张元冲**（1943—　　）出生于民国 32 年（1943）5 月，钱桥张巷人，北京大学地球物理系毕业。大学毕业后赴美国哥伦比亚大学留学，先后获科学硕士、哲学硕士、博士学位，受聘于哥伦比亚大学应用物理系，担任博士后研究科学家、博士生导师，哥伦比亚大学应用物理与应用数学研究科学家。

**张亦政**（1943—　　）出生于民国 32 年（1943）10 月，钱桥社冈里人，北京外国语学院本科毕业。1978~1980 年，在中国科学院研究生院应用语言研究生班学习。1982~1984 年，为国家派出的访问学者赴美国康奈尔大学交流现代语言学，并进修 TESOL 语言。历任中国科技大学外语系主任、中科院研究生院教学委员会副主任、上海外语教育出版社特邀编审。中国科学技术大学教授，享受国务院政府特殊津贴。

**张茹英**（1943—　　）出生于民国 32 年（1943）11 月 9 日，女，藕塘桥北街人，教授，大校军衔，中国共产党党员。早年就读于无锡县中学。1960 年，考入第四军医大学护理系学习，毕业后至第二附属医院工作。1982 年，被表彰为陕西省优秀护士。同年出席第一届全军医学科技大会并被表

彰为先进个人。1992年，任第四军医大学护理系主任，同年晋升为主任护师。1993年，被授予大校军衔，获军队科技进步三等奖。历任护士、护士长、医教部助理员、主管护师、护理部主任、副主任护师，西南南丁格尔护理学校名誉校长，中共第四军医大学委员会委员，兼任中华护理学会常务理事、全军护理专业组成员、陕西省护理学会理事长、陕西省科协委员、省高级职称评审委员会评委、《中华护理杂志》特约审稿员、《人民军医》护理专刊编委。立三等功1次，校优秀教学奖2次，嘉奖多次。发表论文10余篇，参加编写《全军医疗护理常规》等书。

**戴国忠**（1944—　）出生于民国33年（1944）9月6日，钱桥戴巷人，中共党员，博士。1967年，于中国科学技术大学数学系毕业。1968~1970年，到中国人民解放军丹阳湖军垦农场劳动锻炼后，先后分配至中国科学院自动化所、中国科学院软件工程中心、中国科学院软件所从事科研工作，专业研究计算机软件。历任中国科学院软件研究所总工程师、人机交互技术与智能信息处实验室首席研究员，博士生导师。1982~1985年，在美国马里兰大学计算机系为访问学者。回国后，任国家“863”计划自动化领域专家组成员、专家委员会成员，国家“973”计划信息领域咨询专家，ACMSIGCH1中国分会名誉主席，中国计算机学会人机交互专业组主任，中国自动化学会计算机图形学和CHI专业委员会主任。1993年起，先后获中科院有突出贡献的中青年专家奖，三次获得国家科学技术进步奖，多次获中科院和部委科技进步奖；多次主持、参加多项国家自然科学基金项目、国家高技术研究发展计划项目、国家重点基础研究发展规划项目研究。曾在国内外有影响的重大会议和刊物上发表论文百余篇，并编写《笔式用户界面》和《APCHI2002》两部专著。

**章福兴**（1945—　）出生于民国34年（1945）2月2日，藕塘稍塘营章巷人。1968年于南京航空学院毕业。大学毕业后任南方航空公司103车间技术员、技术室主任，多次跟随华罗庚赴全国各地企业参观访问、讲学。1981年，被派往瑞士、意大利考察。1987年，被中国航空工业总公司评聘为高级工程师。1990年，任南方航空公司八厂技术厂长，其间赴日本雅马哈公司研修齿轮制造技术。1993年10月，获国务院政府特殊津贴。1996年1月，晋升为研究员、教授级高级工程师。撰写10余篇论文，先后在湖南省杂志上发表。2000年，受聘于印度尼西亚wijaya kusuma group的子公司PT、Bina、Bara、Sejahtera，主管工程机械技术及修理厂工作。

**缪柏其**（1946—　）出生于民国35年（1946）10月，钱桥苏庙缪巷人。1969年，毕业于中国科技大学数学系。1982年，在中国科技大学数学系获理学硕士学位。1985年，获博士学位。1993年，晋升为教授。1994年，遴选为博士生导师。历任统计与金融系主任、商学院副院长，第八届中国现场统计研究会副理事长、第三届安徽省现场统计学会理事长、中国统计教育学会常务理事、中国现场统计学会教育统计与管理专业委员会副理事长、第六届安徽省保险学会常务理事，《数理统计与管理》《中国科学技术大学学报》编委，《系统工程学报》顾问，《Da-ta Analysis》编委。2008年，任国家精品课程“概率论与数理统计”负责人。2009年，获安徽省教学名师称号。2010年，任国家级教学团队“概率论与数理统计”相关课程负责人。在科研上主要从事大样本理论、变点问题统计推断、大维随机矩阵谱分布极限理论和应用统计的研究。先后在美国《JASA》《Ann.Of Probability》杂

志，中国《多元统计分析》《中国科学》等国内外杂志上发表论文200余篇，著有5本专著。其中和方兆本教授合著的《随机过程》一书被许多学校选作教材，并被教育部评为精品教材。

**费仲芳**（1946—　）出生于民国35年（1946）11月，钱桥历村费巷人，毕业于上海外国语学院（上海外国语大学）英语系，本科学历，中共党员。大学毕业后，先后在江苏省铜山县工作7年，在无锡县中学（江苏省锡山高级中学）工作23年，任锡山高级中学教导主任。从事中学英语教学工作达42年，在大面积提高英语教学质量、防止学生两极分化、改革课堂教学以及英语课程建设等方面均作出显著成绩。1987年，被评聘为首批中学高级教师。1997年，被评为无锡市首批中学英语学科带头人。1998年7月，被江苏省人民政府授予中学英语特级教师称号。1999年9月，调至上海市位育中学任英语教师。2001年，被徐汇区人民政府授予区专业技术“拔尖人才”称号。2002年8月，经上海市认定为上海市中学特级教师。2004年7月，被徐汇区人民政府授予专业技术“学科带头人”称号，同时被聘为上海市高级职称文科组评审委员会成员，并受聘于华东师范大学外语学院教学顾问委员会任顾问。同年9月，率学校教学访问团访问法国巴黎友好学校，进行交流学习。是年12月，被聘为上海市中学教师高级专业技术职务资格评审委员会（闵行）委员专家库成员和学科组专家库成员。应《新闻晨报》《新闻晚报》之约，就英语高考试题评析、现行高中英语教材的使用及高三学生英语学习的指导等先后发表文章5篇。先后主编、合编或参编英语教学用书及专著10余部，计百余万字。在华东师范大学《中小学外语教学与研究》等省级以上专业杂志上发表英语教学论文10余篇。在无锡教育电视台、江苏教育电视台作中学英语教学专题讲座20余讲，并到延安、武汉、云南等地作学术交流报告。

**李士兴**（1947—　）出生于民国36年（1947）2月，藕塘施巷人，北京新闻学院毕业，本科学历，正高三级教授。先后任驻新华社参编部翻译、新华社驻联合国分社记者，参编部编辑室书记、副主任，新华社驻科威特分社记者，《参考消息》编辑部主任，新华社驻香港分社高级编辑，参考消息报社发稿人。2007年3月退休后，先后被新华社、香港卫视、中央电视台返聘，担任发稿人、顾问。

**黄　钢**（1947—　）出生于民国36年（1947）7月，钱桥油车弄人。1965年开始从事篮球运动，同年被批准为篮球三级裁判员。1974年起，任无锡县各类篮球比赛裁判长。1975年起，任苏州地区历届各类篮球比赛执场决赛等关键场次比赛裁判长、副裁判长。1978年10月，由苏州地区推荐参加“文化大革命”后恢复体育等级裁判员制度江苏省首届篮球裁判员学习班。1980年11月，被批准为国家篮球一级裁判，成为无锡县第一个国家篮球一级裁判员。20世纪80年代起，担任无锡县钢铁厂男、女篮球队教练，所任教练之篮球队先后获无锡县男、女篮球比赛第一名，无锡市冶金系统男、女篮球赛冠军，江苏省冶金系统女篮比赛冠军。担任数十届江苏省“丰收杯”“致富杯”篮球比赛副裁判长，先后参加3次全国篮球比赛。90年代，担任日本明石市、美国大学生队、吉尔吉斯斯坦等篮球队到中国进行国际访问比赛裁判4场。1993年7月，执行由郑海霞等篮球明星组成的国家女篮在无锡表演赛的临场裁判工作。2000年后，先后3次担任无锡市武警监管支队、308部队篮球队教练员。历任无锡县、锡山市、惠山区篮球协会副主任兼秘书长、无锡市篮球协会裁委会副主任。获无锡市2000~2004年群众体育先进个人、全国“冶金杯”篮球邀请赛优秀教练员等称号。

**谢　庄**（1947—　　）出生于民国36年（1947）9月，祖籍江阴。1958年，随父母迁居钱桥镇东沿河98号定居。1969年4月，插队于钱桥公社历村大队缪家生产队。1978年9月~1982年7月，到江苏农学院畜牧兽医系畜牧专业学习，获学士学位。1982年9月，考取中国农业大学（原北京农业大学）动物遗传育种专业研究生，于1985年7月毕业，获硕士学位，分配至南京农业大学工作。历任南京农业大学助教、讲师、副教授、教授、博士生导师。先后任南京农业大学动物科技学院党总支副书记兼副院长、总支书记、党委书记。1998年7月~2001年9月，被中组部派赴西藏，任西藏农牧学院畜牧兽医系主任兼副书记。科研方向为专业研究动物分子数量遗传、分子遗传、动物育种、家畜种质资源保护和利用、生物统计学等。主持或参与多个国家级、部省级及国家自然科学基金类等科研项目和课题，在国内外各类杂志和学刊上发表100多篇科研论文。主持编著并出版《水产统计学》《兽医统计学》等多部教材和著作，参与《动物遗传学》《辞海》《大辞海》《10000个科学难题》（国家四部委联合组织出版）的编写工作。获农业部、教育部、西藏自治区等多个科技进步奖。2008年，享受国务院政府特殊津贴。

**王本兴**（1948—　　）出生于民国37年（1948）1月19日，字根旺，号泥人，钱桥南西漳彭巷人。南京大学毕业后供职于江苏省文联书法家协会，为著名篆刻书法家、国家一级美术师、中国书法家协会会员、江苏省国画院特聘书画家、江苏省甲骨文学会副会长。其书、画、篆刻作品在全国性的书法、篆刻大型展赛中多次获高级奖项，被上百种书刊、典籍选编入集，被众多美术馆、斋馆、碑林收藏或镌刻入碑，近400篇专题论文发表于全国专业书报杂志，其中有专题论文入选全国书学讨论会、西泠印社国际性学术研讨会等，《庐山小景》《燕子矶》《游海南即拾》《永恒的记忆》等七言绝句在全国诗歌大赛中分别获金奖、银奖。2008年，刻制《中国奥运会冠军印谱》《北京·中国奥运冠军印谱》。2012年12月，在北京全国政协礼堂成功举办“中国56个民族大印”展览。出版个人书法篆刻专著40部。

**周焕清**（1950—　　）出生于1950年3月，藕塘大浜斗人，教授。1975年7月于南京铁道医学院毕业。同年9月参加工作，任铁道部第一工程局中心医院医生、科主任。2000年7月，任陕西省核工业1215医院（西安医学院附属医院）医生。2003年，防治“非典”期间任陕西省医疗专家组组长。2004年9月，任消化内科主任医师。2010年6月，任深圳市第四人民医院主任医师、消化内科主任。从事内科临床工作40余年，担任科主任22年，兼任陕西省咸阳市内科学分会、消化学分会副主任委员，陕西省医学会内科学分会委员、消化内镜学分会委员、肝脏病学分会委员。

**支海坤**（1950—　　）出生于1950年4月，钱桥苏庙支巷人，东南大学本科毕业，教授级高级工程师。1976年加入中国共产党。1978~1986年，在南京工学院动力系第二教研室任助教，人事秘书。1987~1990年，在东南大学动力系热工自动化教研室任讲师，人事秘书、教研室党支部书记。1990~1992年，至江苏吴县任副县长。1992~1996年，在东南大学科技开发研究院（东大集团）任党委副书记、东南大学经济管理处处长。2001年，被评为全国教育审计先进工作者。2007~2008年，任东南大学机关党委书记。

**朱梦漾**（1950—　　）出生于1950年11月，藕塘桥朱巷人，美国东田纳西州立大学毕业，医学博士后。1977年参加工作，任苏州医学院基础生化教育室讲师。1988~1993年，为加拿大萨斯喀彻温大学博士。1994~1998年，为美国密西西比大学医学中心博士后。1999年，任美国哈佛医学院讲师。2001年，任美国密西西比大学医学中心助理教授。2007年起，先后任美国东田纳西大学副教授、教授、博士生导师、终身教授。

**冯耀良**（1954—　　）出生于1954年9月，藕塘洗马浜人，主任医师，教授、硕士生导师。历任南京医科大学介入放射教研室主任、江苏省人民医院介入科主任、江苏省抗癌协会肿瘤介入诊疗专业委员会委员。从事影像诊断及介入放射学多年，获省级及厅级科技成果奖多次。擅长各种恶性肿瘤及血管性疾病的诊断及介入治疗，尤其对肝癌、肺癌、肾癌、宫颈癌、骨肿瘤及肝、肾囊肿的介入治疗有独到之处，对输卵管阻塞性不孕症及子宫肌瘤的治疗具有丰富的经验。在国内外专业刊物上发表医学论文50多篇。

**周泉生**（1955—　　）出生于1955年6月，钱桥后周基头人。1973年于钱桥中学高中毕业。1985年于苏州医学院毕业，并获生化硕士学位。1991年获苏州医学院博士学位。1993年起，赴美工作，任世界著名科研机构SCRIPPS研究所高级研究员，入选国际专业人士名人录（Who’s　who），美国纽约科学院院士，美国血液学协会、美国糖尿病协会、美国肿瘤研究协会会员。后回国，为中国科技部国际科技协作项目评审专家。2015年，任苏州大学特聘教授、苏州大学唐仲英血液学研究中心肿瘤与血管研究室负责人，美国SCRIPPS研究所和University of Rochester兼职教授和研究员。

**张德明**（1956—　　）出生于1956年8月，藕塘大张巷人，中国电子科技大学第十四研究所研究员级高级工程师。1974年7月于藕塘中学高中毕业。1982年2月于东北大学金属材料系本科毕业，获工学学士学位。1987年2月于苏州大学机械专业研究生毕业，获硕士学位。1987~2015年，在中国电子科技大学第十四研究所工作，长期从事雷达总体工艺研究，先后获工业和信息化部国防科学技术进步特等奖，电子部科学技术进步二等奖、三等奖，获高可靠立体冷却模块等国防专利多项。发表大型高精度X波段有源相控程雷达装配工艺研究、星载雷达微电子模块电连接点可靠性研究、高温高可靠性气动传感器研究等论文多篇。

**张春新**（1960—　　）出生于1960年12月，藕塘梅巷人。1980年考入武汉铁路桥梁学校，就读于铁道桥梁专业。1982年毕业后分配至中铁大桥局三处工作，先后参与和主持广东肇庆西江大桥（获鲁班奖工程）、衡广复线五座特大桥、新荷铁路长东黄河二桥、武汉江汉三桥、广州环城高速黄竹岐珠江大桥、深圳芙蓉大桥、广州新机场快速路流溪河大桥等工程的设计和施工。1998年，被评为中铁工程总公司优秀企业家、优秀科技工作者、湖北省青年岗位能手。2000年，被评为湖北省有突出贡献的中青年专家、铁道部全国铁路优秀科技工作者。2001年，任大桥局三处处长和改制后的中铁大桥三公司董事长、总经理。2003年，任中铁大桥局副总经理，兼任中铁大桥局武广高铁指挥部指挥长。教授级高级工程师。先后获“火车头”奖章和国家“创鲁班奖工程项目经理”称号。先

后发表《汕头海湾大桥主塔基础施工实践》《三峡工程西陵长江大桥施工技术》等多篇学术论文。

**窦亚萍**（1962— ）出生于1962年8月，女，钱桥北戴巷人，教授。1983年于兰州大学外语系毕业，在职研究生。是年参加工作，先后至淮北煤炭师范学院外语系、上海外国语大学、广东技术师范学院外国语学院任教。1996年，被广东省评为“南粤教坛新秀”，并晋升为英语副教授，任外语系副主任。2001~2002年，被广东省委组织部选派为广东省第三批高层次管理人才，赴美国学习，为美国加州州立大学高级访问学者。2007年，任广东技术师范学院外国语学院副院长。曾当选为广州市天河区第八届人大代表、广东省第十一届政协委员、广东省九三学社省委委员、广东技术师范学院九三学社主委。

**丁专鑫**（1963— ）出生于1963年1月，藕塘丁村邵巷人。1979年于藕塘中学高中毕业。1983年7月毕业于上海铁道学院计算机专业，获工学学士学位。1986年2月毕业于上海交通大学管理学院，获管理硕士学位。同年3月，到上海市计划委员会及上海市信息中心任职，从事宏观经济分析及预测工作。1989年9月，赴美国圣地亚哥加州大学攻读经济学博士学位，师从世界著名计量经济学大师、2003年诺贝尔经济奖得主罗伯特·恩格尔、克莱夫·格兰杰，学习时间序列计量经济学。与克莱夫·格兰杰、罗伯特·恩格尔在国际著名的《计量经济学杂志》《实证金融学杂志》、法国《经济与统计学年刊》、台湾有关研究机构《经济论文》等发表多篇论文。与罗伯特·恩格尔、克莱夫·格兰杰合写论文《股市回报率的长记忆性及模型》为经济学界引用最多（1‰内）的论文之一，并被英国《经济学家》杂志及诺贝尔奖评选委员会等引用。在攻读博士期间，被世界著名投资风险管理公司BARRA聘为高级咨询员，帮助研究开发金融风险（市场波动率及相关性）预测管理系统；所编写的金融风险预测管理软件被统计软件包S-Plus采纳，并被华尔街广为应用。1994年6月~2003年4月，在罗素投资公司从事资本市场分析预测工作，其间为欧美及日本的许多大型银行、保险公司进行咨询建模工作，构建罗素的全球资本市场分析预测模型，并在《金融分析师杂志》《证券管理杂志》发表多篇论文。2003年5月~2005年10月，在圣地亚哥的Nicholas-Applegate 资产管理公司任副总裁和资深投资分析师，从事股票分析及证券管理工作，其所参与管理的基金连续三年（2003~2005）名列全美同类产品前十名。2005年11月~2010年9月，在旧金山Fuller&Thaler（FT）资产管理公司任高级副总裁和基金经理，从事用数量经济方法结合行为经济和金融学进行选股建模及基金管理的直接运作，并用3年时间与Douglas Martin完成现代投资管理理论与实践方面的论文《重建主动型投资的基本定律》。该论文结合计量理论与投资实际，重新构建一个完整版的主动型投资基本定律，为投资理论开拓新的研究方向，也为资产管理实务提供有效的理论指导。2010年10月起，加盟位于洛杉矶的量化基金管理公司Analytic Investors，任首席投资分析师，领导研究团队运用协整、长记忆ARCH模型、马尔可夫箱态转换模型及HP滤波等技术，研发工业行业预测模型、期权风险预测模型、及市场因子择时模型等，用Matlab研发的马尔可夫箱态转换模型的估测软件被广为应用。

**邓建栋**（1963— ）出生于1963年12月26日，钱桥邓巷人。1980年毕业于江苏省戏曲学校。1986年被南京艺术学院破格录取，师从马友德教授。1989年于南京艺术学院毕业后，被空军政治部歌舞团特招入伍。1994年，空军政治部为其记二等功。为中国人民解放军空军政治部歌舞团独奏演员，青年二胡演奏家，国家一级演奏员，中国音乐家协会会员，中国民族管弦乐学会会员，中国音协二胡协会副

理事长，刘天华研究会副会长，中国人民大学、南京艺术学院客座教授，全国社会艺术水平考级高级考官，全国高校艺术特长生评委。其所创作的《姑苏春晓》《吴歌》《秋思》分别在人民音乐出版社出版的《二胡曲集》《中国音乐家协会全国二胡演奏考级作品集》、中国广播出版社出版的《中国民族器乐曲精选》《艺苑》等书刊上发表。其中《姑苏春晓》被中国音协列为八级考级指定曲目。业绩被《中国音乐家辞典》《中国音乐家名录》《世界华人文学艺术界名人录》《中国艺术界名人录》等辞典收录。邓建栋为二胡艺术百年发展做出重要贡献，被载入《华东大典·二胡》一书，创作的《姑苏春晓》一并被收入大典。

**谢惠扬**（1963—　　）出生于 1963 年 12 月，女，藕塘盛店桥大坝头人，教授、硕士生导师。1985 年 7 月毕业于安徽师范大学数学系，同年留校任助教。1987 年 9 月~1989 年 7 月，到江西大学数学系读研究生，方向为微分几何。1989 年 9 月起，在安徽建筑工业学院基础部数学系任讲师。1994 年 9 月，调至北京林业大学理学院数学系任教。1996 年，晋升为副教授。2001 年，晋升为教授。霍英东教育基金会第六届高等院校青年教师奖获得者，北京林业大学教学名师。先后发表科研论文 17 篇；参加国家高科技研究发展计划（“863”计划）1 项，主持其子项目；主持国家自然科学基金面上项目 1 项。

**刘　川**（1964—　　）出生于 1964 年 4 月，原籍四川资中县，定居钱桥街道晴山蓝城社区，大学文化。1988 年参加工作，先后任青海省第三人民医院精神临床科医生，兼青海省司法厅司法精神医学鉴定师、青海大学附属医学院教师。2002 年，参加由世界卫生组织精神卫生处顾问、美国哈佛大学社会医学系副教授、中国医学科学院北京协和医院客座教授费立鹏主持的中华医学会基金项目。2006 年，负责全国残疾人第二次普查工作调查人员分课题的培训及课题执行质控工作。发表、交流多篇论文。2009 年 10 月，调至钱桥社区卫生服务中心精神科工作，为筹建惠山区精神病康复中心做大量工作，所在科室通过特色科室审批，成功申请高级科研项目。2013 年，晋升为主任医师。

**陈国庆**（1964—　　）出生于 1964 年 10 月 1 日，藕塘湾里人，博士、教授，江南大学理学院院长，兼任全国高等学校电磁学研究会常务理事、江苏省物理学会常务理事、江苏省光学学会理事、无锡市数理学会理事长。长期从事光学教学和光子技术及其应用的科研工作，重点开展光谱技术在食品安全检测中的应用研究，主持完成省部级以上科研项目 7 项，主持国家自然科学基金项目 1 项、江苏省科技支撑计划 1 项，负责企业技术开发项目 1 项。其中 6 项科研成果通过省部级鉴定，3 项成果获江苏省教学成果二等奖，多项成果获江南大学教学成果一等奖、二等奖，发表论文 80 多篇，其中近一半被 SCI 和 EI 检索，出版教材 6 本，申请发明专利 8 项，已获授权 2 项。先后被评为江苏省大学生物理及实验创新竞赛优秀指导教师、江南大学优秀教育工作者、江南大学优秀共产党员。获荣智健奖教金、无锡市科技进步奖 1 项。

**顾忠明**（1964—　　）出生于 1964 年 10 月，藕塘桥北街人，正高级工程师。哈尔滨船舶工程学院毕业。从事燃气轮机专业技术工作近 30 年，历任中船重工第七零三研究所无锡分部副主任、研究员，某型国产化燃气轮研制总装及试验现场总指挥、某型气垫登陆艇动力系统陆上联调试验现场指挥、某新型导弹驱逐舰舰用燃气轮机装置分系副主任设计师。

**陈　瑜**（1965—　　）出生于1965年10月，女，钱桥杨毛岸人。早年就读于溪北小学、钱桥中学。1987年于南京师范大学俄语系毕业。1991年分配至洛社中学任英语教师。1992年赴美国俄亥拉赫玛州立大学工商管理大学深造，于1996年毕业，研究生学历。毕业后任职于日本先锋音响公司驻美国财务公司纽约部经理。2003年委派至洛杉矶总公司美国哈佛汽车科技公司工作，任高级财务经理，研究员职称。

**谢向群**（1965—　　）出生于1965年11月，藕塘盛店桥大坝头人。1987年毕业于中国纺织大学自动化专业。大学毕业后分配至上海梅山冶金公司热轧厂工作，其间被评为高级工程师。后至宝武集团宝钢股份热轧厂工作，任首席工程师，长期从事轧钢领域自动化控制工作。2007年，获东北大学硕士学位。2008年，获评教授级高级工程师职称。多次承担企业内科研项目，发表科研论文多篇，其中《梅钢1422热轧技改自主技术集成创新》获2009年宝钢技术创新重大成果二等奖。

**蒋文新**（1967—　）出生于1967年6月，稍塘营大巷人。1984年7月于南京师范大学附属中学高中毕业。1988年于南京大学天文系毕业。1987年考取李政道、杨振宁主办的中美物理研究协定研究生。1988~1992年，在美国耶鲁大学物理系学习。1992~1996年，入康耐尔大学数学系学习，获数学博士学位。毕业后在美国芝加哥西北大学数学系任教，为终身教授、博士生导师，任教学系研究生部主任、《统计年鉴》副主编。主要从事数理统计的基础理论研究，在美国《统计年鉴》等学术杂志上发表论文60余篇，多次参加国内外学术交流。2003年起，被特聘为山东大学“泰山学者”海外专家，多次给北京大学、上海交通大学、同济大学、南开大学等七校联办的研究生班讲授“统计与信用风险”等课程。

**葛骑岐**（1970—　　）出生于1970年9月，藕塘桥朱巷人，研究员级高级工程师，水声工程领域博士、专家。长期从事声纳装备技术研究和科研开发，在首型猎雷声纳、警戒声纳的研制中作出重要贡献。主持多项国防科研项目、国军标及装备发展战略的制定工作。获国防科工委、中船工业集团科技进步一等奖，被评为无锡市十佳青年科技工作者。

**鲁子奕**（1970—　　）出生于1970年10月，钱桥市镇北街人，东南大学毕业，博士。1989年高考中以无锡市高考理科状元考入东南大学。1993年本科毕业后留校读无线电系硕士研究生。读研期间，参加学校国家重点实验室——东南大学移动通讯实验室的多项科技项目研究。1998年获博士学位。同年应香港科技大学之邀，赴香港主持并完成港府工业署关于计算机视觉项目。1999年起，接受跨国公司朗迅科技之邀，出任贝尔实验室泛太平洋中国地区高级研究员。

**蒋文宇**（1971—　）出生于1971年9月，女，稍塘营大巷上人。1989年7月于南京市第一中学高中毕业。1993年7月于南京大学数学系毕业。1993年7月~1997年7月，在江苏省机电设备公司电子计算机室工作。1997年8月，考入加拿大滑铁卢大学。2004年获博士学位。2004~2007年，在美国华盛顿癌症研究所任博士后研究员。2007年后，在加拿大皇后大学数学系任教，为终身教授、博士生导师，从事

数量统计与医学、医药的研究及关于癌症病人的模型、治疗效果、生物统计等专门研究。先后在美国国立癌症研究中心期刊发表《关于改进临床试验并用生物标志改进癌症临床试验统计方法》等多篇学术论文。2010 年，参加中国人民大学第一届生物统计学术研讨会。2015 年，参加在上海复旦大学、温哥华举办的生物统计等多次国际会议。

**邓伯阳**（1973—　　）出生于 1973 年 7 月 24 日，钱桥邓巷人，同济大学建筑设计研究院集团深圳同济人建筑设计研究院（国家甲级设计院，深圳十大建筑设计院）高级建筑师，国家一级注册建筑师。早年就读于无锡市第六高级中学，毕业于合肥工业大学建筑系建筑学专业，获建筑学学士学位，后又获得同济大学（EM-BA）高级工商管理学硕士学位。毕业后至深圳同济人建筑设计院工作，历任建筑师、主任建筑师、总建筑师、所长、副院长等职。工作期间，主持及参与设计深圳腾讯滨海大厦（腾讯全球总部，35 万平方米规模，255 米高超高层）、沈阳茂业中心（312 米高超高层）、深圳免税大楼（福田中心区 160 米高超高层）、深圳佳兆丰隆中心（238 米高超高层）、国家电网湖北电力总部大厦、上海浦东川沙凯悦大酒店（五星级）、包头茂业万豪大酒店（五星级）、深圳盐田游泳馆等重大项目，先后获数十项省、市优秀设计奖。为深圳市优秀建筑设计评审委员会委员。

**冯宁翰**（1974—　　）出生于 1974 年 1 月 12 日，藕塘桥南水渠村人。1998 年毕业于南京医科大学，无锡市第二人民医院泌尿外科主任、教授、学科带头人、主任医师、硕士生导师，瑞典卡璐琳大学博士后，江苏省医学重点人才、江苏省六大高峰人才、江苏省“333 工程”培养对象，兼任欧洲泌尿科学会会员，中华医学会泌尿科分会国际交流委员，中华医学会《泌尿科诊疗指南》编委。擅长泌尿外科、肾移植和男科各类疑难复杂疾病的诊治和手术，特别擅长泌尿系统肿瘤（前列腺癌、膀胱癌和肾癌）的腹腔镜微创手术和综合诊治，开展勃起功能障碍患者的阴茎假体植入、女性尿失禁吊带手术、尿道下裂成形术、后尿道狭窄等各类手术。先后参加国家及省级以上课题研究项目 4 项，获江苏省科技进步三等奖 2 项、江苏省新技术引进奖 4 项。参编医学专业书 4 部，其中国外专业书一部。2015 年，在亚洲泌尿外科年会上成功演示腹腔镜下前列腺癌根治术。

**胡　铭**（1974—　　）出生于 1974 年 12 月，藕塘市镇南街人，定居钱桥苏庙金岸新村，博士学位。1989 年于钱桥初中毕业。1992 年于无锡市第一中学高中毕业，考入清华大学。大学毕业后继续攻读研究生。1997 年，设计的部分音响在香港回归时使用。2000 年，在清华大学电子工程系微波通讯专业获硕士学位。2001 年 1 月，赴美国亚利桑纳州立大学学习。2004 年获博士学位后，在美国圣地亚哥市诺基亚公司任高级工程师。2006 年，在美国硅谷的圣何塞市工作，与美国斯坦福大学合作办公司，任高级研究员。2009 年 8 月起，在美国苹果公司总部工作，先后任高级工程师、首席设计师、高级经理等职。所设计微波通信先后获美国专利。

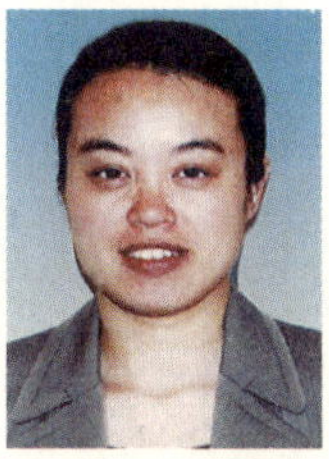

**周　琦**（1978—　　）出生于 1978 年 3 月 18 日，女，钱桥晓星砖场人。早年就读于晓星小学、钱桥中学。1994 年高中毕业后考入复旦大学。1998 年大学毕业后赴美国俄亥俄州立大学硕博连读，后任 south mathtuty 大学教授，定居美国。

## 二、副高级

**徐树滋**（1921— ）出生于民国10年（1921）7月，钱桥社冈里人，化学家徐寿五世孙，建设部综合勘察研究院高级工程师，中国致公党党员。民国29年毕业于北平育英中学。民国34年毕业于北平辅仁大学物理系，获理学士学位。大学毕业后，到北平电波研究所研究无线电传播理论。新中国成立后，任中央广播事业局无线电总管理处频率科科长及电台工程师，后调至北京建筑材料工业学院（今武汉工业大学）讲授物理学及电气自动化等课程，任回转窑的非电量无线电遥测技术、高压锅炉水位遥远监测等多个科研项目负责人。1979年，调至建设部综合勘察研究院工作。曾发表《无线电传播》《晶体振荡器》《频率稳定》《回转窑的非电量超高频无线电遥测技术》等学术论文多篇。

**邓茂勋**（1926— ）出生于民国15年（1926）3月3日，钱桥邓巷人，无锡市港务管理处高级工程师，中国共产党党员。早年就读于无锡正风中学和匡村中学。1949年毕业于杭州浙江大学工学院土木工程系，获工学士学位。1951年，获助理工程师职称。1963年，获工程师职称。1982年，获高级工程师职称。1985年，调任无锡市港务管理处工作，为总工程师。1987年，当选为无锡市崇安区人大代表。从事水利水电工程规划、测量，房建、桥梁、大坝施工及计划，水利水电工程建设36年，历任水利部华北水利工程局、水利部工程总局、河北省岗南水库工程局、岳城水库工程局、水电部第五工程局工段长，指挥部副指挥、副处长等职。

**蔡一鹤**（1927— ）出生于民国16年（1927）6月7日，钱桥前金岸人，高级画师。少年时到上海城隍庙拜师学艺，师承齐白石、张大千。学成后其作品曾多次举办联展和个展，部分作品被徐悲鸿纪念馆、尹瘦石纪念馆收藏。同时，画作入选《世界华人书画家大辞典》《海峡两岸书画家作品大观》《迎香港回归中国书画集》《全国老干部诗词书画作品大观》《中国美术选集》。为江苏省老年书画联谊会会员、无锡市中老年书画研究会会员、宜兴市老干部书画会理事。

**李泉海**（1928— ）出生于民国17年（1928）1月，钱桥前周基头人，大专学历，高级会计师、高级注册会计师。1952年，到浙江省嘉兴市税务局工作。1953年，先后到无锡市、县财政局工作。之后任无锡公证会计师事务所一分所所长、梁溪会计师事务所注册会计师，兼任无锡市高级经济师联谊会理事、无锡县工程师协会常务处长、无锡立信会计学校顾问、无锡县会计学会会长。培训中外合资企业财会人员600多人，组织培训无锡县乡镇企业会计3000余人。20多篇论文发表于《会计与财务》、江苏《财务与会计》、无锡《财务与会计》杂志；任《中外合资企业会计制度》副主编，并撰写其中《总价》章，此书由山东出版社出版，为山东省部分会计中等专业学校教材。业绩入编《无锡市知名人士》《江苏省科技先进名册》。1993年3月退休。退休后到梁溪会计师事务所工作至2006年。

**张　敏**（1928— ）出生于民国17年（1928）2月12日，字耀祖，钱桥南西漳南漳巷人，机械电子工业部无锡油泵油咀研究所高级工程师、副译审，九三学社社员。早年就读于无锡县匡村中学。1953年于哈尔滨外语学院俄语系毕业。1958年于北京机械学院捷克语专业毕业，谙熟四国外语。

是年起，在一机部广州电器科学研究所六国热带电器科技合作所从事外事翻译，先后在陶铸、朱学范、许广平等中央领导人接见捷克斯洛伐克代表团时担任翻译，并从事中捷两国热带电器合作研究课题的翻译。1959年翻译的捷克电视剧《好兵帅克》在广东地区放映。1964年，中国、阿尔巴尼亚、保加利亚、波兰、匈牙利、越南、苏联、捷克斯洛伐克、朝鲜、蒙古、罗马尼亚、民主德国12国邮电部长会议在华召开，张敏任会议翻译。80年代初起，在无锡负责筹建机械工业部无锡油泵油咀研究所技术情报室，并担任内燃机油泵科研组长。撰写的《八十年代捷克斯洛伐克油泵油咀工业水平现状及技术发展趋向》论文于1987年获国家机械委工程农机局优秀科技成果二等奖，著作《国外工程机械内燃机、农机机电一体化产品文集》在国内发行。

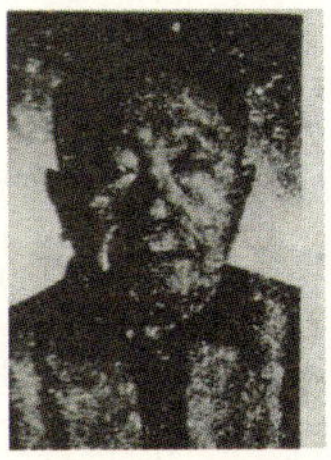

**陶贤标**（1929—　）出生于民国18年（1929）9月26日，钱桥南西漳马家桥人，无锡市食品公司肉联厂高级工程师。1958年毕业于江苏省第二工农速成中学，并保送入无锡轻工业学院食品机械专业就读。1963年毕业后分配至江苏省粮油科学研究所油脂室工作。工作期间，所设计的机械式代替人工榨取植物油的“江苏拉榨机”在农机部长沙农机会上得到一致好评。1965年，至常熟油厂对一批43型、58型螺旋榨油机榨油工艺进行改进，使菜籽出油率达34%、花生出油率达45%，受到江苏省粮食厅的好评，工艺得到推广。1969年，调至无锡植物油厂工作，参与榨可可籽油立式液压方车设计。此后至无锡市粮食八库工作，其间，将一台转向输送样机绘制设计全套图纸提供全国各地粮库制造使用。同期被南京粮食学校聘请汇编粮食机械按1/300比例绘制成画册，于1974年出版发行。1977年，参加人防工程及500吨冷库工程量预算与施工。1980年，负责粮食部下达“日产1500头猪的分割肉车间”设计任务，接受任务后至华东各主要城市调研，将各道工序、分割每块肉的时间与用工数等参数设计成合理的工艺流程，对所需建筑及设备、卫生条件用材进行充分论证，通过江苏省粮食厅、粮食部食品局审核，随后顺利通过粮食部食品局在徐州召开的全国冷冻肉技术会议的审定。这一消息刊登在全国肉联杂志上，引起上海、杭州、南京、重庆、哈尔滨等各大中城市同行的重视，后《日产1500头猪的分割肉车间》设计方案又在西北肉类杂志上独家刊登。该项目于1988年获无锡市科技进步四等奖。

**宋志皓**（1930—　）出生于民国19年（1930）6月19日，钱桥北街西沿河人，江西师范大学美术系副教授，中国共产党党员。1949年于无锡市立中学高中（现无锡市第一中学）毕业。1953年，于江苏师范学院艺术教育系毕业。毕业后，分配到江西师范学院艺术系任教。1964年，创作的油画《新农民》参加全国美术作品展览。1972年，任江西师范学院艺术系副主任。作品多次参加省、市美术作品展览。

**邓鸿根**（1931—　）出生于民国20年（1931）3月12日，钱桥邓巷人，中共党员。1956年于大连工学院水利工程系河川结构及水土建筑专业本科毕业。毕业后留校任教。1981年，调至南京林业大学机械系任教。1983年，评聘为副教授，为研究生开设有限元法程序设计、光测弹性力学等课程。历任大连工学院实验力学研究室主任、南京林业大学力学教研室主任，兼任江苏省实验力学专业委员会委员。参加《光弹性试验》《全焊空腹桁架钢桥》等专业书籍的编写工作。同年，“ZLM-30型木材装载机动臂强度分析与臂型研究”获江苏省和林业部科学技术进步三等奖。

**周孝华**（1931—　）出生于民国20年（1931）7月29日，钱桥北街周巷人，高级工程师，中国共产党党员。1951年毕业于无锡市工商技术学校纺织科。1956年9月，到安徽师范学院物理系进修半年。历任江阴县花纱布公司技术员、工业局副股长、工业局生产技术股股长、革命委员会生产指挥组成员、轻纺工业局纺织股股长、纺织工业公司副经理，江阴市纺织公司经理助理。30多年一直负责江阴县（市）纺织生产技术管理的组织和领导工作，在江阴的纺织工业企业的"三基"（设备、工艺、操作）工作和培养人才、老厂改造、调整产品结构、开发新产品、提高企业经济效益等方面作出贡献。兼任苏州地区、江阴市纺织工程学会副理事长，江阴市科学技术协会第四届委员会常委。

**徐　泓**（1931—　）出生于民国20年（1931）9月，钱桥社冈里人，上海电力工业机械制造专业高级工程师，中国农工民主党党员。早年就读于无锡石塘湾葑溪中学、江南中学。1955年毕业于上海交通大学机械制造系。先后在上海电线厂、上海水工机械厂等单位工作。1983年，所设计的$JH_3$环链紧线器（3吨手扳葫芦）获水利电力部颁发的优质产品奖，同年又获国家经济委员会颁发的优质产品奖。此后又设计$JH_{1.5}$、$JH_6$共同形成环链紧线器系列产品（分别为1.5吨、6吨手扳葫芦）。先后发表《HSH—7型手扳葫芦的设计与计算》《手扳葫芦液压试验台》等多篇论文。获硕士研究生导师资格。

**李锡均**（1932—　）出生于民国21年（1932）1月，钱桥南西漳人，中国科学院生物物理研究所总工程师、高级工程师，中国共产党党员。早年就读于洛社初级中学、上海光华大学附属中学。1956年毕业于天津大学建筑系建筑学专业。大学毕业后分配至国家建设部城市规划研究设计院工作，又先后调至国家基本建设委员会城市规划局、中国科学院半导体研究所、中国科学院生物物理研究所工作。先后参加上海、无锡、徐州、湘潭等城市的城市规划设计编制工作，参加中国科学院半导体研究所、生物物理研究所新址建所的建设工作。

**许　嫣**（1932—　）出生于民国21年（1932）3月26日，女，钱桥南巷人，本科学历。1950年起，先后于同济医学院医疗科、湖北医学院医疗系微生物班毕业。1961年，分配到湖北襄阳医疗专科学校任教。1962年，到无锡市第二人民医院眼科任主治医师。1979年，任无锡市第一人民医院主治医师、副主任医师、眼科主任。1986年，任中华医学会眼科学江苏无锡眼科组副组长。1988年1月，当选为第十届无锡市人民代表大会代表。同年被无锡市卫生局评为公费医疗先进个人。先后发表《胸腺素治疗色素膜—脑膜综合征》《异体巩膜修补眼球缺损》《100例屈光不正分析》等多篇论文。

**缪仲亮**（1932—　）出生于民国21年（1932）4月，钱桥苏庙村缪巷人。早年先后就读于苏庙小学、道南中学。民国36年，到上海兴业公司当学徒，同期到上海交通大学读夜校。1950年，到东北青城子铅矿当电工。1957年，任冶金部六〇一厂工段长。1958年，于冶金部六〇一厂高等数学单科毕业。1960年，任冶金部六〇一厂电力车间及机动处工程师。1968年，任冶金部七六四厂电力车间及机动处工程师。1978年，任地质部无锡钻探工具厂工程师、动力科长、高级工程师。1990年，被苏庙村聘用，引进高精度冷拔管项目和产品开发。同年，无锡钻探工具厂主管动力科获地矿部能源先

进企业二等奖。1992年，主管技术开发的江南高精度冷拔管厂被评为江苏省先进科技企业。1993年退休。1995年，主管的江南高精度冷拔管厂获冶金部科技进步三等奖。2000年，受聘为大金高精度冷拔管厂总工程师。

**毛海椿**（1932—　　）出生于民国21年（1932）6月，钱桥镇人，铁道部浦镇车辆工厂高级工程师。早年先后就读于无锡匡村中学、江南中学。1952年毕业于唐山铁道学院。毕业后分配至政务院财政经济委员会交通处工作。翌年，调至第三办公厅铁道组工作，先后任吉林铁路管理局吉林机务段技术室技术员、铁道科学研究院研究实习员，铁道部浦镇机车车辆工厂技术科、技术改进科、全面质量管理办公室、计划科业务组长、工程师、副科长、科长等职务。编写出版《蒸汽机车通风装置》《TQC问答》等著作。科研项目有“对波兰进口的XH13及ET4型机车进行改造定型”，在第二次全国工业普查中获国家级先进工作者称号。兼任交通大学校友会南京分会理事、江苏省铁道学会理事兼经济委员会副主任委员、铁道部机车车辆工业企业管理协会理论部研究员。

**顾仁泉**（1932—　　）出生于民国21年（1932）10月4日，祖籍钱桥镇，成都电焊机厂高级工程师。早年在太仓利泰纱厂当工人。1956年毕业于南京电力学校发电厂电力网及电力系统专业。中专毕业后，分配至成都电业局工作。1958年，调至成都电工器材厂工作。1962年，于成都工学院夜大进修并毕业。多年从事技术设计工作，第一次试制1.7千瓦感应电动机获得成功。1971年，首次为第二汽车制造厂研制成功七型7台多点焊机，具体负责其中三型3台的整个电气部分的设计，从而改变中国焊机事业的落后面貌。后又为第一、第二汽车制造厂及其他单位继续研制六型6台多点焊机。曾任电焊机厂电气主任设计，参与设计第一条区域性220千伏的高压输电线路。

**龚龙明**（1932—　　）出生于民国21年（1932）10月6日，钱桥溪南龚巷人，上海市奉贤县曙光中学高级教师。1958年毕业于扬州师范学院历史专科。毕业后长期任职于奉贤县曙光中学，专长历史教学。主要著述有《世界历史复习资料》《奉贤革命史迹》。创建采怡斋民间藏品馆，其中《红太阳颂》展室被列为奉贤县青少年爱国主义教育基地。龚龙明为上海市钱币学会会员，收藏古今中外各类钱币万枚、各式毛泽东像章数千枚。业绩被录入《上海普通教育系统高级专家名录》《中国专家人名辞典》。

**周福昌**（1932—　　）出生于民国21年（1932）12月30日，钱桥砖场人，副教授。1950年9月，毕业于江苏洛社师范学校。毕业后分配至无锡县教育局工作。1957年10月，到南京师范大学中文系学习（调干生），1961年8月毕业。毕业后分配至无锡师范专科学校任教。1962年9月，调至无锡市第一中学任教。1973年5月，到无锡教育学院（后并入江南大学）任语文教研组组长、教务处副处长。与人合著《古代文学作品选讲》《唐代文选》《左传读本》及《精注今译春秋左传读本》上中下三部。自著《无锡方言存录》《中国古代文化三十讲》。

**陆培卿**（1933—　　）出生于民国22年（1933）3月，钱桥下段村人，本科学历，高级工程师，副教授。1952年10月，到上海机器制造学校调干全脱产学习。1956年9月中专毕业后至沈阳鼓风

机厂任技术员、工程师。其间，在高速离心鼓风机、压缩机上推广应用苏联诺维柯夫发明的圆弧齿轮新技术，使企业获得较大效益；在直径4.7米的轴流通风机上推广应用一种小速比（i=5）大模数（M=12）的渐开线齿形的涡轮体，厂内实现全机械化生产，确保产品质量，减轻人工操作的体力劳动。1963年3月毕业于沈阳机电学院夜校部机械专业。1968年8月起，先后任陕西鼓风机厂副科长、副总工程师、总工程师、副厂长。为支援国家三线工厂建设，负责陕西鼓风机厂新厂的选点、设计，非标准设备的设计、制造、安装、投用，引进轴流压缩机新产品，填补国内空白，又组织自行设计高炉煤气余压发电透平机组等新产品。1988年4月，晋升为高级工程师。

**陶森庆**（1933—　）出生于民国22年（1933）6月25日，钱桥龙亨沟人。1952年8月，到上海国棉二厂任技术员。1953年2月，到华东纺织工业局干部技训班学习。同年11月，到河南省新乡纺织工业学校任专业教师。1963年11月，调至嘉丰棉纺织厂设备科任技术员。1977年，任嘉丰棉纺织厂设备科副科长。1978年4月，晋升为工程师。1979年10月，加入中国共产党。1980年11月，任嘉丰棉纺织厂副厂长。1982年11月，任上海第三十四棉纺厂厂长。1988年10月，获上海纺织工业局高级工程师职称。1993年10月，获中华人民共和国国务院颁发的“为发展我国工程技术专业做出突出贡献者给予政府特殊津贴和证书”。1994年，任日本独资企业内野毛巾有限公司高级顾问。

**邓寿彭**（1933—　）出生于民国22年（1933）7月28日，钱桥邓巷人，无锡市纺织建筑公司高级工程师。早年就读于无锡县匡村中学。1956年毕业于上海同济大学结构系工业与民用建筑专业。先后在冶金工业部鞍山黑色冶金矿山设计院、辽宁石门矿山设计室工作。长期从事黑色冶金矿山土建结构设计工作，擅长钢筋混凝土结构设计，参加鞍钢、包钢、本钢、首钢等大型黑色冶金矿山工程的建设。历任技术员、工程师、组长、科长、总工程师等职。

**杜伯伦**（1933—　）出生于民国22年（1933）7月28日，钱桥江胜桥人，副教授。1961年毕业于上海师范大学。大学毕业后分配至上海工学院马列主义教研室任教，为本科生开设“中共党史”课。1964年9月，到上海市委党校高校政治教师班进修。1966年，回上海工学院任马列主义教研室副主任。1979年，为留学生开设“中国概况”课程，获得留学生们好评，被评为先进教师，并代表上海市出席国务院召开的全国第二届留学生工作会议。1981年9月，到中国人民大学中共党史系进修1年。1986年，任上海工业大学人文科学部副主任。1988年9月，晋升为副教授。同年与上海交通大学、同济大学等院校合编的《中国革命史》，由上海市社会科学院出版社出版，供理工科院校使用。1990年，主编的《中国革命史新编》由上海人民出版社出版。此外，在《上海工业大学学报（社科版）》等杂志发表文章10余篇。

**管斌书**（1933—　）出生于民国22年（1933）7月，藕塘管巷人。早年就读于稍塘小学、张高漕小学，后于上海敬业中学高中毕业。1956年，到大同矿务局土木建筑公司第一工程队工作。1963年，调至大同雁崖煤矿工作。1984年9月28日，加入中国共产党。1988年10月，晋升为高级工程师、副教授，任建设科科长，其间获大同矿务局劳动模范称号。退休后定居上海。

**钱鸿章**（1933— ）出生于民国22年（1933）10月1日，钱桥南西漳浜头巷人，江宁县中医院高级政工师，中共党员。早年就读于南西漳初级中学。1949年8月，参加地方政府领导下的整赋工作。新中国成立初，加入中国共产主义青年团。1950年10月，被无锡县人民政府授予整赋工作甲等功。1951年，考入江苏省立太仓师范。1954年7月师范毕业后，分配至江宁县任教师。1956年2月加入中国共产党。1966年于江苏教育学院中文专业毕业。1988年于中央党校党政管理专业函授毕业。历任江宁县江宁镇中心小学教师，江宁县委宣传部干事、文教局和卫生局人事干部、图书馆馆长，铜山中学、禄口中学党支部书记、校长，江宁县人民医院工会主席、党支部书记，江宁县中医院办公室主任。撰有《浅谈现代化管理中领导者的权威》《浅析领导干部职业道德的特点》等论文，以及由南京市卫生局统一组稿的《南京市卫生单位要览·江宁县中医院》等。

**孙镛敏**（1934— ）出生于民国23年（1934）3月14日，钱桥南西漳孙家巷人，山西省地质矿产局213地质队高级工程师，中共党员。早年就读于无锡县立中学、上海市糖业中学。1955年于南京大学地质系金属与非金属普查与勘探专业毕业。大学毕业后，先后在华北地质局中条山214地质勘探队、地质部山西省地质办事处、山西省晋中地质局、山西省地矿局物探队、山西省地质矿产局213地质队工作。其间，在山西境内中条山、吕梁山、太行山、五台山、塔儿山、二峰山等地从事各种比例尺金属和非金属矿产的地质普查和区域地质矿产调查以及放射性铀矿地质普查。1958年在岚县发现一个大型铁矿。1983年在襄汾县发现和评价一个金矿床。主编《中华人民共和国区域地质调查报告》《塔儿山—二峰山测区》（地质部分和矿产部分共两册）。

**龚文斌**（1934— ）出生于民国23年（1934）8月26日，钱桥龚巷上人，四川省德阳市毛纺厂高级工程师，中国共产党党员。早年就读于上海同济大学附设工农速成中学。1962年毕业于上海华东纺织工学院纺织机械制造专业。本科毕业后分配至上海中国纺织机械厂工作。1971年，到四川德阳四川玻璃纤维厂工作。1986年，调至德阳毛纺厂。历任技术科副科长、革命领导小组组长、科长、副厂长、厂长、总工程师等职。1988年，被评为高级工程师。

**强家模**（1934— ）出生于民国23年（1934）8月，藕塘庙塘桥人，中国科学院上海细胞生物学研究所副研究员。早年就读于无锡县匡村中学、上海市中华理科高级中学。1957年毕业于南京大学生物学系。大学毕业后分配至中国科学院上海细胞生物学研究所工作。1978年，科技项目“人体肝癌细胞系的建立”获中国科学院重大科技成果奖。1980年，科技项目“AFP阳性的大鼠肝癌模型”获上海市重大科技成果三等奖。1986年，以访问学者身份赴美国德克萨斯大学医学院进修。1988年回国后继续在中国科学院上海细胞生物学研究所工作。著有《原发性肝癌》（英文版），1989年先后在中国和西德出版。发表《琥珀酸脱氢酶定量组织化学》等论文多篇。

**许　振**（1934— ）出生于民国23年（1934）9月，钱桥南巷人。1957年于天津南开大学历史系本科毕业。是年9月，分配至中国科学院考古研究所安徽大学历史系，后到合肥师范学院历史系从事科研和教学工作。1981年后，到苏州铁道师范学院、苏州科技大学工作，任马列主义教研室、政治系主任，获评副教授职称。发表论文多篇，其中《试论建设中国特色的社会主义》《论两次国共合作的历史经

验》《关于民主的几个问题》《正确发挥政治权力对经济的干预作用》获铁道部优秀论文二等奖，《两次国共合作的历史作用与启示》被全国第三届国共两党关系史学术讨论会文集收录。参与编著《中国革命史》《中华人民共和国史纲》《中国新民主主义革命史纲》等。《中华人民共和国史纲》一书被多所高校选为教材，并获华东地区优秀政治理论图书一等奖。

**强振南**（1934—　）出生于民国23年（1934）10月30日，藕塘庙塘桥人，上海华东化工学院机械工程系副教授。早年就读于无锡洛社中学、无锡县匡村中学。1957年毕业于浙江大学机械工程系。大学毕业后分配至上海华东化工学院机械工程系工作，历任助教、讲师、副教授，无损检测教研组主任，为中国机械工程学会高级会员、中国机械工程学会失效分析委员会失效分析专家、中国机械工程学会无损检测学会教育工作委员会委员，兼任上海市机械工程学会无损检测学会理事。1990年，当选为上海市徐汇区人民代表大会代表。先后发表《焊接构件内裂纹深度精确测定的一种方法》《磁粉橡胶薄膜探伤在测定疲劳裂纹时的应用》等多篇论文。科技项目“工业X光片用冲洗套药”获1990年上海市科技成果奖，“国产三十万吨氨合成塔球形封头电渣焊焊缝缺陷安全评定”获1992年上海市科技成果二等奖。著作有《超声波探伤》。

**谢祖达**（1934—　）出生于民国23年（1934）11月5日，藕塘盛店桥大坝头人，安徽师范大学数学系副教授。早年就读于无锡县盛店小学、安阳中学、江苏省洛社师范学校。1958年8月毕业于安徽师范学院。同年，留校在数学系任教。1959年加入中国共产党。长期从事数学分析、函数论等方面的教学与研究。任数学分析教研室、函数论教研室主任。多次获学校教学质量优秀奖以及先进教师、安徽省先进教育工作者称号。1986年，晋升为副教授。

**吴克强**（1934—　）出生于民国23年（1934）11月17日，钱桥溪南毛村人，中国科学院上海有机化学研究所开发公司高级工程师。早年就读于无锡县匡村中学。1953年考入复旦大学化学系。1956年转入北京大学核化学专业。1957年大学毕业后，分配至中国科学院北京原子能研究所从事核燃料工艺化学研究。1962年调至中国科学院上海有机化学研究所工作。历任技术员、工程师、高级工程师。多年从事有机氟化学开发研究，对多种氟化技术有较多的经验。科技项目“全氟碳油脂的研制扩试”获1964年国家科技成果一等奖，“氟氯碳油脂的研制扩试——建立元素氟氟化工艺”获1983年中国科学院科技成果一等奖，“全氟碳‘人造血’原料的扩试”获1987年中科院科技成果一等奖。

**缪海度**（1935—　）出生于民国24年（1935）9月1日，钱桥苏庙缪巷人，苏州城市建设环境保护学院高级工程师，中国共产党党员。早年就读于钱桥中学、南京建工学校。1959年毕业于重庆建工学院工民建专业。大学毕业后留校当助教。后任重庆煤矿设计院工程师，重庆市城市建设学校校长、党总支副书记，苏州城市建设环境保护学院院长办公室主任。长期从事土建设计和教学工作。主编《环卫工程结构与施工》统编教材。论文《河北东庞矿井多绳提升“落地式”井架可行性研究》在1976年煤炭部和一机部联合召开的济南会议上宣读交流，“河北东庞矿井设计”（缪海度负责

土建设计部分）获1988年国家银质奖。

**俞鹤庆**（1935— ）出生于民国24年（1935）10月5日，藕塘盛店桥人，无锡市建筑材料科学研究所高级工程师。1956年毕业于苏南工业专科学校机械系铸造工程专业。先后在南京国营三〇七厂、第一重型机器厂第二设计处、无锡国营五五九厂、无锡市半导体材料厂工作，历任无锡市建筑材料科学研究所人工晶体研究室主任、南京高新技术开发区技术经济发展总公司技术顾问、中外合资南京三联晶体光电子公司总工程师。主要从事半导体硅激光晶体YAG、成型蓝宝石晶体的生产和工艺研究。科技项目“石墨电阻加热导模法生长蓝宝石”获江苏省重大科技成果奖，“蓝宝石高压钠灯用管塞环”获电子工业部科技成果二等奖。与中国著名光学专家蔡祖泉等合作撰写的论文《蓝宝石高压钠灯特性讨论》在国际第四届光源科学讨论会上宣读，并在国外CIE杂志上发表。

**孙国青**（1935— ）出生于民国24年（1935）10月6日，钱桥直街人，江苏省无锡轻工职业高级中学高级教师。1958年毕业于江苏师范学院数学系。大学毕业后至无锡市第四中学任教，历任数学学科组长、工会副主席、教科室副主任、无锡市教研室数学中心组成员等职。1986年，获无锡市优秀工会积极分子称号。1988年，借调至无锡市教育科学研究所工作。1989年，调至无锡轻工职业高级中学工作，先后参加全国数学方法论暨数学教育研讨会和全国初等数学研究学术交流会。先后发表《对“解析几何”及“教参”的几处修改》《寓德育于数学教学之中的浅见》《牛顿切线公式、哈雷迭代与非线性递归数列》《一道习题的教学设计》等学术论文。编写高中数学《课时目标教学和作业系列》（反三角函数和三角方程）。

**邓宝华**（1935— ）出生于民国24年（1935）10月21日，女，钱桥邓巷人，河南省粮食厅高级工程师，中共党员。1958年毕业于南京工学院食品工程系粮食加工专业。大学毕业后分配至河南省粮食厅工作，历任工业局粮油工业总公司技术员、总工程师，副科长、副总经理。负责河南省粮食系统粮食加工技术和管理工作，组织实施全省粮食工业技术改造工作，主持制订“六五”“七五”“八五”技术改造规划和年度计划，引进具有80年代先进水平的面粉、挂面等生产线；采用国内先进设备和工艺改造河南省面粉生产，开发出各种专用面粉生产、推广等级面粉生产新工艺，年创利一亿多元；引进德国面粉蛋白粉分离设备，开发应用超细分离制粉技术，为解决中等蛋白质小麦生产高级专用粉开辟新路子；主持研究的“等级制粉新工艺的推广和应用”课题获河南省科技进步二等奖和省粮食厅科技进步一等奖。兼任中国粮油学会食品专业学会理事、河南省保健食品协会理事。

**陈锦秀**（1936— ）出生于民国25年（1936）1月19日，女，藕塘南水渠人，航空航天部8511研究所高级工程师。早年就读于苏州市第一中学。1960年毕业于北京工业学院（现为北京理工大学）第三机械系。先后至第五机械工业部机械研究院、第七机械工业部（现航空航天部）第一研究院、第三研究院工作。长期从事国防尖端产品的研究和设计工作。1979年，获国防科工委重大科技成果三等奖。1989年，获部级标准化先进工作者称号。

**周麟祥**（1936— ）出生于民国25年（1936）5月28日，钱桥后周基头人，航空航天工业部

华兴航空机轮公司高级工程师。早年就读于无锡县中学。1960 年毕业于西北工业大学（原南京华东航空学院）飞机系。同年分配至陕西航空航天部国营第 514 厂工作，先后任设计科飞机液压附件设计员，厂职工大学教师、教务长。发表《在“高等数学”教学中如何进行启发式教学》等论文。科技项目“飞机液压刹车系统主刹车阀的稳定性研究”获华兴航空机轮公司科技成果二等奖。

**吴勇兴**（1936—　　）出生于民国25年（1936）9月，钱桥苏庙苏巷人。民国31年就读于苏庙小学。民国36年就读于杨墅匡村中学。民国37年，到无锡市一中读书。1949年，到浙江大学读书。1958~1964年，在浙江大学从事原子核设备研制、工程物理教育工作。1964年，调至湖北武汉市七〇一厂从事军用、民用多种通讯设备新产品研制。1978年，获工程师职称，任工厂研发室主任。其间，带领全室30多名工程师不断改进老产品、开发新产品。1989年，获国家级特别专家称号，享受国务院政府特殊津贴。1995年，晋升为高级工程师。获电子部、国防科工委国家科技进步奖、电子科技特等奖。

**冯兴娣**（1937—　　）出生于民国 26 年（1937）2 月 12 日，女，藕塘漳漕巷人，山东德州地区生产资料公司副经理、高级农艺师，中共党员。1962 年于南京农学院农学系毕业。先后在德州地区农业局、职业学校、生资站工作，历任秘书、科长、教师、经理助理等职。长期从事种子、农业科技、经营、教育等工作，培训德州地区各县公司基层业务师资及业务骨干 1300 余人。编写教材《合理施肥、科学用药》等资料发放基层。在经营农药中，3 年间获利 446 万余元，处理积压挽回损失 380 余万元，节约银行利息 452 万元。多次与美国杜邦公司、日本陶氏化学太平洋有限公司、法国伏罗素公司等 10 多个国家企业合作搞多种新农药的试验、示范、推广工作，为中国引进拟除虫菊酯类农药、铁灭克、杜邦一巨星等多种杀虫、杀菌和除草剂等提供可靠科学依据。论著有《浅析科学施磷与小麦产量的关系》《中西杀灭菊酯防治田间棉蚜》《小麦叶面喷施微量元素》等。多次获地区供销系统和本单位先进工作者、模范党员称号。

**唐子有**（1937—　　）出生于民国 26 年（1937）12 月，钱桥唐家庄人，高级经济师。1960 年 8 月，任扬州财经学校教师。1961 年 7 月，调至江苏省财经学校任教师。1962 年 1 月，调至江苏省财政厅税政、稽查、秘书等科室工作。1966 年 8 月，调至无锡市财政、税务局，在企财科做财政税务外勤工作，后从事银行信贷工作。1978 年 4 月，参加财政部税务总局在无锡的增值税调查研究及测标工作。1989 年 3 月，获无锡市税收财务物价大检查领导小组办公室颁发的税收财务物价大检查成绩显著荣誉证书。1997 年 1 月，获无锡市国税局嘉奖。1998 年 3 月，退休后取得注册税务师和注册会计师执业资质，在无锡市税务事务所、大众会计师事务所任执业会计、税务审计至 2003 年。

**张焕清**（1938—　　）出生于民国 27 年（1938）3 月 16 日，藕塘桥北弄人，地质矿产部成都地质矿产研究所所长办公室主任，高级工程师。早年就读于无锡市公益中学。1956 年于地质部正定干部学校毕业。毕业后先后在四川省地质局、地矿部成都地质矿产研究所工作，历任副处职秘书、副主任、铁矿研究队副队长、所长办公室主任等职，兼任四川省地质学会副秘书长。长期从事地质科

学管理，筹建成立四川省和云南省地质学会，组织四川西昌和云南滇中地区的铁矿研究。在《地质科技管理》等杂志上发表《稳住一头，勇攀高峰，放开一片，挺进市场》等论文；在《光明日报》《中国地质矿产报》《四川日报》等报刊上发表学术报道上百篇；在《红岩》《奔腾》等文学杂志上发表《勘探姑娘》《没有结束的故事》《迎春曲》《约会》等小说。

**周伯瑜**（1938—　　）出生于民国 27 年（1938）7 月，钱桥后周基头人，高级工程师。1964 年于华东水利学院毕业。大学毕业后分配至上海港务局实习一年，后调至局档案科整理港务局工程档案，再分配至设计室进行工程设计。1976 年，调至第四工程队任队长。1993 年，调至港务局第四工程公司生产科任科长。工作期间设计的“强夯法”获交通部科技成果三等奖。1998 年退休后担任工程队技术指导员，直至 2002 年底。

**张奇兴**（1938—　　）出生于民国 27 年（1938）10 月，钱桥张巷人，水利电力部杭州机械设计研究所高级工程师，中国共产党党员。早年就读于无锡市第七中学。1965 年毕业于上海交通大学机械系。大学毕业后分配至一机部起重运输机械研究所工作。先后任第二汽车制造厂总指挥部技术员、四川省机械局科技处工程师、水电部杭州机械设计研究所副所长。所设计生产的桥式联合堆包机于 1966 年在开封氮肥厂投入使用，并鉴定推广；“水爆清砂桥式起重机减振防振研究”成果于同年在沈阳起重机厂投入使用；“40 吨门式起重机”于 1985 年在中朝合建的太平湾水电站投入使用；“300 吨塔式起重机”于 1988 年在镇江镇海电厂工地使用；“20 吨无塔平移式缆索起重机”于 1989 年通过部级鉴定，为国内首创机型；“600 吨/小时抓斗挤式卸船机”于 1993 年在山东威海发电厂安装使用，该设计吸收美国、法国、日本等国大型卸船机先进技术，属国内领先。

**陈全伦**（1938—　　）出生于民国 27 年（1938）11 月 16 日，藕塘稍塘营小方桥人，中共党员。1954 年起，先后就读于江苏省无锡纺织工业学校、华东纺织工学院（现东华大学）化学纤维专业。1961~1963 年至复旦大学化学系进修。1963 年起，在华东纺织工学院任助教。1978 年提升为讲师。1993 年晋升为副教授。领导并承担“工业硫氰酸钠质量研究”主要关键工作，获中华人民共和国纺织工业部四等奖。发表《工业硫氰酸钠质量研究》《Anew Refrence Sa wple For Microecrophoresis》论文两篇。陈全伦助学事迹入选上海科教系统十佳好人好事。2007 年，获上海市科教党委系统社会主义精神文明十佳好人好事称号，有关事迹刊登于《解放日报》。2008 年 11 月 30 日，《东华大学学报》第 226 期发表《退休教师陈全伦 10 年捐助 20 万元助推青年教师和优秀学子成长项目》文章。

**支焕琦**（1938—　　）出生于民国27年（1938），钱桥苏庙大支巷人。早年就读于苏庙小学。1951年，到上海市闸北中学读书。1957年，到山东工业大学学习。1961年大学毕业后留校任教，之后任教研室主任。1985年，调至青岛远洋学校任教，任教研室主任，主教无线电通讯专业。著有《计算机辅助设计》等著作。1987年11月，晋升为副教授。

**徐德泉**（1939—　　）出生于民国 28 年（1939）1 月，藕塘桥人，重庆磨床厂高级工程师。早

年就读于无锡县中学。1963 年毕业于西安交通大学机械系。大学毕业后，分配至重庆二机校任教。1970 年，调入重庆磨床厂工作。科研成果有“制定 MQ1420、M1080、3M4325、3M4372 等各类磨床的零件的热处理工艺”“制定适合机床类的热处理工艺守则”“制定既可控制渗层深度浓度、浓度梯度又大大缩短渗碳时间的渗碳工艺”“制定磨床砂轮架主轴高频淬火工艺”“制定磨床砂轮架主轴辉光离子氮化工艺”“制定大型磨床、大型砂轮架主轴辉光离子氦化工艺”等。

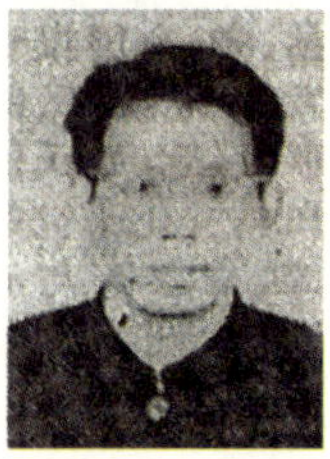

**张正旦**（1939— ）出生于民国 28 年（1939）2 月 19 日，钱桥高石头人，湖北潜江江汉石油管理局技术监督处处长，高级工程师，中国共产党党员。早年就读于无锡市公益中学。1962 年毕业于南京工学院，本科学历。长期从事采油设备设计和科研管理及领导工作，历任江汉石油管理局机械研究所科研科科长、副所长、党委书记、局技术监督处处长等职，副主任工程师。1977 年，参编机械研究所长远规划。1980 年，获工程师职称。1983 年主编的《机械研究所 1983~1990 年科研长远规划》对全所研究设施和研究工作的发展起到指导作用。1988 年，晋升为高级工程师。撰写《开展应用研究，提高设计水平》《面向经济建设，更好地为发展石油装备服务》等科研管理论文数篇。

**许　进**（1939— ）出生于民国 28 年（1939）3 月，钱桥南巷人。天津大学精密仪器工程系工业控制仪表专业毕业，本科学历，高级工程师。1962 年 10 月，大学毕业后由国家统一分配至一机部国营开封仪表厂工作，从事产品设计及研发工作，任设计组组长。其间，设计用于民用及核工业方面的物位信号发生器，先后与电子部 38 研究所一起共同研制中国第一部数字化 716 型测雨雷达、718 型数字化天气雷达。1965 年研制设计的 C-57-1 型物位讯号发生器获国家科委、国家计委、国家经委颁发的新产品三等奖。1973 年，调至无锡无线电二厂工作，先后任设计所所长、总工程师办公室主任、厂长助理、生产副厂长、技术副厂长、厂党委委员。1980 年，被授立功奖励（国家级）。1996 年 8 月，无锡无线电二厂改制，成立海星雷达有限公司，任副董事长、党总支书记、副总经理。

**叶荣兴**（1939— ）出生于民国 28 年（1939）10 月 10 日，钱桥溪南人，中共党员。早年就读于无锡龚巷小学、无锡县钱桥初中。1958 年毕业于江苏省苏州医士学校医士专业。毕业后先后至南京军区内科主任、主治医师进修班，南京部队总医院消化内科、北京协和医院全国内窥镜提高班进修深造。历任淮安县人民医院内科医师，武装警察部队江苏省总队医院（原解放军 120 医院）医师、主治医师、内科副主任、内科副主任医师，兼任中华医学会会员。1989 年转业后至钱桥镇医院任内科副主任医师。长期从事普内科、消化内科临床工作，对内窥镜检查较为擅长。撰有《纤维胃镜诊断进展型胃癌 216 例分析》《在内镜直视下注射硬化剂治疗食道静脉曲张破裂出血 24 例》等论文。

**马济义**（1939— ）出生于民国 28 年（1939）10 月 23 日，钱桥东巷人，大学文化，高级工程师。早年就读于钱桥中心小学、钱桥初中。1957 年毕业于建工部苏州建筑工程学校，9 月起，到湖南省建筑第四工程公司、第三工程公司工作，先后任公司设备科长、副总工程师等职。1973 年，提出创造钢弦受力状态下精确测力并能直读的仪器主张后，设计 2CN-1 型双控钢弦内力测定仪测试成功，产品经国家建筑研究院鉴定，精度达到国际标准，填补国内空白。1978 年，获全国科技大会奖。1970~1980 年，参与轮胎塔式起重机和自动化搅拌机等科研项目设计，并成功制造，获湖南省科研

项目成果奖。1996年，被评为全国建工系统设备管理优秀工作者。

**杜兰英**（1939—　）出生于民国28年（1939）12月，女，钱桥江胜桥人。1965年于南京大学本科毕业。大学毕业后支援边区建设，分配至山西省太原市西北地勘局182大队第九分队工作，在陕西省陇县、两当，甘肃札县等地从事野外地质揭露点上校槽、坑道等编录工作。1970年9月，调入室内生产科工作。1974年7月，调至西北地勘局213科研处工作，从事岩矿鉴定，负责野外分队的岩石变化鉴定，为分队提供地质资料。1982年9月，获评工程师职称。是年12月，兼任中国科协自然科学专门学会会员。主要科研项目"甘肃省铀矿研究"获1986年国防科工委地质科研成果四等奖，同年4月获西北地勘局213大队地质科研成果奖。12月，获核工业地质局献身铀矿地质事业26年荣誉证书。1989年9月，获评中国核工业总公司地质局岩矿鉴定高级工程师职称。

**章奇南**（1939—　）出生于民国28年（1939）12月，藕塘稍塘营街上人。中专文化，中共党员，高级政工师。1959年中专毕业后从事政治思想工作30年，先后任江苏锡师附小少先队大队辅导员、人事秘书、政工组负责人，无锡市京剧队、锡剧团党支部书记，无锡市文化局宣传干事、秘书科副科长兼党组秘书，无锡市演出管理处党总支书记，无锡市影剧公司党委书记。先后被评为无锡市优秀党员、优秀教育工作者、江苏省文化系统思想政治工作先进个人。1995年，被评为江苏省文化系统优秀党务工作者。

**唐瑞清**（1940—　）出生于民国29年（1940）9月，钱桥唐家庄人。1965年7月，毕业于南京大学地质系地球化学专业，本科学历，高级工程师。大学毕业后分配至四川地质局106地质队工作。1968年调至403地质队工作。1975年，调至四川冶金地质科研所工作（现为四川冶金地质勘查院）。工作期间，所作地质方面的金、铁、锰、铜、铅、锌矿的成矿预测及远景科研项目获冶金部科技进步三等奖、四等奖。在地质专业类杂志《地球化学》及《四川矿物岩石》发表专业文章多篇。

**朱仲宜**（1940—　）出生于民国29年（1940）11月25日，钱桥镇人，无锡市量具刃具厂高级工程师，中国机械工程学会、中国铸造学会会员，无锡市铸造学会精铸专业委员、精铸学组组长。无锡市第二中学毕业后分配至无锡市机电研究所，任熔模精密铸造研究室试验员。工作期间，于无锡市职工业余大学机制本科班结业，后进清华大学机械制造专业进修熔模精密铸造班学习。长期从事熔模精密铸造工艺、精铸模具、精铸非标设备、高合金钢的熔炼研究和生产实践。1962年，在中国第一届铸造学术年会上及以后的多次铸造行业学术年会上和国家级学术刊物上发表论文13篇。发表铸造、合金、热处理等方面译文（俄、日）多篇。首创国内专用机电犁农用钢丝绳，在1962~1963年的实际应用中，取得显著的经济效益和突出的社会效益，在大批耕牛饿死情况下，既减轻苏北里下河沤地地区饥饿农民的劳动强度，又确保了农时。时《无锡日报》《新华日报》《人民日报》、中央广播电台均作报道。1966年，在《农机学报》发表非铸造专业论文《对机电犁钢丝绳的初步研究》。20世纪80年代，为配合上海电机厂试制中国第一台30万千瓦发电机，指导常熟市精铸厂试制成中国第一块铬—锰—氮顺磁性齿压板；指导国营靖江曙光机械厂为中科院上海冶金所在非真空条件下试制成钴20、钴50

合金精铸件；与中科院上海冶金所黄元伟研究员合作试制成钴合金焊丝；在非真空熔化条件下试制成蒙耐尔合金泵体精铸件、超低碳不锈钢阀体；国内首创用高铝钒土筑中频炉炉衬；国内首创交替硬化工艺应用于生产；国内首创用氯化镁测定聚合氯化铝凝固速度。1991~1992 年，独立承担无锡县船舶机械配件厂投资 500 万元的精密铸造机械化车间的设计、施工直至正常生产，使流道仅 5~6 毫米的叶导轮涂料成为自动线。完成投资 40 万~80 万元的精铸车间设计项目 3 项（均不含厂房及变电设备）。任无锡县精铸厂睢宁县分厂厂长，先后担任无锡县精密铸造厂、常熟精铸厂、国营靖江曙光机械厂、梅泾铸钢厂等 8 家厂的技术顾问。退休后又研制成新型非标的耐高温抗氧化剂镍合金材料，制成的“无锡 B”牌灶具专用加热器（又称炉蕊），在 118℃中保用 1 年，深受广大用户欢迎。

**许　适**（1941—　）出生于民国 30 年（1941）1 月，钱桥南巷人，本科学历，高级工程师。1964 年 7 月于南京工学院（现东南大学）机械系毕业。同月分配至河南省部属企业开封联合机械厂工作，先后任产品设计工艺员、总工艺师、副总工程师等职。其间受河南省开封市机械工程学会委托，翻译《SAE 实用手册》三册。1988 年，被河南省高级职称评审委员会评审为高级经济师。1989 年，调任无锡县宇光公司所属企业无锡市热处理设备厂厂长、党总支书记。同年，被江苏省高级职称评审委员会评审为高级工程师。工作期间，受中科院海洋研究所委托，翻译美国麦考密克《海洋波浪能转换》一书，由国家海洋出版社出版。

**薛仁清**（1941—　）出生于民国 30 年（1941）2 月，藕塘盛店桥盛店埄人。1961 年入伍后被选送至中国人民解放军军事电讯工程学院学习。1965 年 8 月大学毕业后分配至第七机械工业部第三研究院一五九厂政治部工作。1975 年 7 月起，从事航天技术工作（七机部改名为航天工业部），记二等功一次，被厂部评为优秀共产党员 2 次。1988 年 7 月，晋升为高级工程师。

**陈凤泉**（1941—　）出生于民国 30 年（1941）6 月，藕塘稍塘营小方桥人，高级农艺师，中共党员。1963 年 7 月毕业于苏北农学院。同年 9 月参加工作，先后任无锡县农业局、藕塘公社农技员，藕塘公社农科站副站长，无锡县农业局科教科职员、综合科副科长、县农业局秘书，锡山市农业局科教科科长。工作期间，先后被无锡县革命委员会、无锡县人民政府 5 次评为先进农技员、先进工作者，被江苏省农林厅评为农业科普先进工作者，被锡山市科协评为先进个人。在担任锡山市农业局科教科科长期间，参与的“锡山市 50 万亩粳稻综合增产技术” 农业科研项目获农业部三等奖、江苏省农林厅农业丰收奖一等奖，“锡山市村村建成标准化农业综合服务站”项目获省农林厅农业科技进步二等奖。与他人合作发表论文多篇。

**刘宝东**（1941—　）出生于民国 30 年（1941）8 月，钱桥唐家庄人。山东曲阜师范大学毕业，本科学历，副教授。1961 年 7 月，在山东省青岛市某部分队工作。1964 年 9 月起，先后至曲阜师范大学学习（享受调干生待遇），后下放到山东金口农场劳动锻炼，再被分配至德州抬头亭公社机关工作。此后，调任至枣庄十三中学、十八中学任教师、副校长等。1989 年 7 月，调至枣庄联合大学工作，任学生工作处处长。1995 年，晋升为副教授。在《文史哲》《中学政治教育》《枣庄社科杂志》上

发表多篇论文。先后被评为枣庄市优秀共产党员、模范共产党员、先进工作者。

**丁纪兴**（1941—　　）出生于民国 30 年（1941）12 月 16 日，钱桥潘巷人，华东政法大学本科毕业。1961 年 7 月入伍，先后任南京军区某部通讯兵教员、国防部监听研究院水中兵器研究所科员、助理工程师，国防部 705 所科长、工程师、总经理助理、厂长（正团级）、人事处处长、纪检监察组组长、财务处处长，高级经济师、高级工程师。

**周学良**（1942—　　）出生于民国 31 年（1942）9 月，钱桥前周基头人，高级农艺师。1964 年起，先后在新疆乌鲁木齐农垦大学、新疆大学、新疆师范大学、新疆八一农学院（新疆农业大学）任教师、教学实习场副场长、书记。在新疆 18 个年头培养大批农垦建设人才，在教学实习场时培育引进大批粮食新品种、蔬菜新品种、“北方一号”苹果。1982 年调回无锡，先后任洛社镇人民政府、钱桥镇人民政府副镇长、调研员。1986 年在洛社镇分管文卫工作期间，洛社镇成功创建为无锡县、市、江苏省、全国文明卫生镇。1987 年参加全国小城镇规划建设，获建设部二等奖。1989 年，代表洛社镇在江苏省教育工作会议上作典型发言。调至钱桥镇人民政府工作分管农村、农业、农民（三农）工作时，钱桥镇创办十多个农场，促进了农业生产发展，经验在市、省推广。

**马觉良**（1944—　）出生于民国 33 年（1944）10 月，原籍胡埭，定居钱桥育才路，中共党员。1969 年 7 月于镇江农业机械学院农业机械设计制造专业本科毕业。大学毕业后，先后至青海省柴油机厂、拖拉机配件厂、省机械科研所、青海省科委任技术员、工程师。长期从事科研设计工作，参加“青海省农牧业机械化区划”“中国农业机械化区划”课题研究，分别获青海省农牧业区划委员会科研成果二等奖、国家农业区划委员会科研成果二等奖。1985 年，调至无锡冶金机械厂工作，任总工程师，参加合作开发的科研项目“2-WE67K-400/5000 型双机联动数控板料折弯机研究设计”获江苏省科技进步三等奖；主持设计多种剪板机、折弯机和压力机，其中 2-WE67K-500/6000 型，2-WE67K-600/6000 型双机联动数控板料折弯机被评为国家重点新产品。1997 年，被江苏省机械工程评审委员会评审为高级工程师。同年，被无锡市人民政府表彰为无锡市优秀科技工作者。1998 年，被评为第三届江苏省优秀科技工作者。

**范淑珍**（1945—　　）出生于民国 34 年（1945）2 月，女，藕塘稍塘营大巷人，南京工学院本科毕业，中共党员，高级工程师。1970 年 8 月参加工作。历任甘肃武威建筑工程公司技术员、生产经营科科长、副总经理、总工程师。其间，参与或独立完成过 20 多项建筑工程项目的建筑结构设计，40 多项建筑工程项目的施工组织和设计工程的预算、结算和工程决算的编制和审核，多次被总公司评为先进工作者、“三八红旗手”。1995 年，被评为甘肃省优秀女企业家。

**丁剑华**（1945—　　）出生于民国34年（1945）5月16日，字纯均，号藕荡莲士，网名不老松，藕塘桥稍塘营大东店人。南京师范学院中文系本科毕业，中学高级教师。历任藕塘中学教导主任，新渎中学副校长，无锡县职业高级中学副校长、党支部副书记、工会主席，兼任全国职业技术学校语文教学研究会研究员、全国中学语文教学研究会农村中学语文教改研究中心兼职研究员、江苏省职

教科研中心兼职研究员、江苏省心理学会会员、中国诗词研究中心会员、中国诗词研究会会员、中华诗词学会会员、江苏省诗词协会会员、无锡市诗词协会会员、《职教语文》特约编辑、《职教新一代》特约编辑、《诗学导刊》顾问。1973年12月11日加入中国共产党。当选为藕塘乡、阳山镇人大代表，1991年，当选为无锡县人大代表。1996年7月被锡山市人民政府记三等功。先后多次被评为县、市、省先进教育工作者、优秀共产党员、优秀班主任、优秀教师、优秀政工干部、德育先进个人、教育科研先进个人、“五讲四美”为人师表优秀工作者、优秀通讯员、公益明星。多篇教育论文在全国、省、市报刊上发表和省级以上获奖，其中4篇论文入编中国人事出版社出版的《改革与建设文论》、国家行政学院出版社出版的《中国发展探索世纪优秀文库》等文集，多首诗词发表在《惠山新闻》《江海诗词》《诗学导刊》《中国诗词》《中华文艺》《当代诗词精选》《当代诗歌典藏》，获当代实力派诗人、中华诗词名家、当代百强诗人、当代知名诗人称号。撰著、主编《染鬓集》《德育研究与实践》《中等职业学校简明教程·心理指导》等13本著作。2005年退休后，先后返聘于江苏省惠山中专任督导室主任，《安阳文社社刊》《文笔峰》杂志主编，安阳文社、安阳学社、安阳诗社社长，《钱桥街道志》主编。业绩入编《无锡名人辞典》《中国当代教育精粹》。

**单红星**（1945— ）出生于民国 34 年（1945）9 月，洋溪单巷人，南京师范学院美术系毕业，中学高级教师。1968 年 2 月大学毕业后，分配至无锡县羊尖中学任教。1970 年 9 月起，先后在无锡县红旗中学、华庄中学、江苏省太湖高级中学任教。先后任共青团教工支部书记、共青团总支书记。1991 年，任学校艺术教研组组长，创办艺术班。1993 年 9 月，在国际“正大杯”国际书法篆刻大赛中获硬笔书法特别奖。2003 年 5 月，获国家第四届“世纪之星”全国少年儿童美术书法摄影艺术教育成果展艺术园丁（伯乐）奖。

**周国良**（1945— ）出生于民国 34 年（1945）9 月 23 日，祖籍钱桥北街，1954 年随父周怀民定居北京。得父亲熏陶，自幼酷爱书画。青年时期获各地画坛名家指导，游历国内名山大川，绘画艺术日臻精妙。师承著名画家吴青霞研习鲤鱼、花鸟近 20 年，大胆尝试，不断创新，以画鲤鱼著称，成为一绝。作品曾在国内外多次展出，还多次在美、日、新加坡等国展出。代表作《鲤鱼》多次在报刊及美术专刊上发表。部分作品被政府机关，烟台、沈阳、深圳等地博物馆、宾馆、饭店，大使馆，人民大会堂，大专院校收藏。其中《花港鱼乐图》《鲤鱼跳龙门》《九鲤图》《鱼乐图》等作品拍卖后资助修复孔庙、长城、卢沟桥以及中国残疾人福利基金会、十一届亚运会以及有关社会福利团体。先后任京华艺术学会教师、北京西城区老年大学副校长、世界东方文化艺术研究院副院长、中国和平统一促进会书画联谊会理事、西城区文联理事，中国书画研究会、北京花鸟协会、民革中山书画社、东方书画社会员，中国书画函授大学书画研究会秘书长，无锡徐悲鸿艺术学校名誉教授。

**高　军**（1948— ）出生于民国 37 年（1948）8 月，女，钱桥时湾里人，高级检察官。参加江苏省高等教育自学考试学习大专毕业。1971 年 11 月，到无锡县公安局工作。1979 年 12 月起，先后至无锡市人民检察院、锡山区人民检察院、惠山区人民检察院工作。从事政法工作多年，没有办过一件错案、冤案，多次被评为锡山市优秀公务员、优秀党支部书记、“三八红旗手”，立三等功 1 次，参加北京人民大会堂分享工作经验交流会。

**殷兆树**（1948—　　）出生于民国37年（1948）12月27日，又名殷肇树，钱桥舜一人，中国共产党党员。早年先后就读于天津、北京等地小学以及北京市四十五中、四中。1968年，到山西省山阴县囫囵公社务农。后到山东省东明县广播站任编辑、播音员。1973年，就读于山东省荷泽师范专科学校。毕业后至山东省东明县一中执教。1977~1979年，连续3年被评为山东省东明县先进教育工作者。1980年，到江苏教育学院进修。后至无锡县（锡山市）梅村中学、东亭中学任高中语文教师、语文教研组组长，获锡山市教育局嘉奖。1997年，晋升为中学高级教师。先后在山东烟台、无锡等地的报纸、刊物上发表随笔、人物通讯及教学短文10多篇。

**俞仲华**（1952—　　）出生于1952年6月，钱桥前周基头人，无锡党校大专班毕业，高级经济师。1975年9月起，先后任钱桥公社党委组织委员、管委会副主任，钱桥乡副乡长。1983年10月起，先后任无锡县委组织部组织员、组织科科长，无锡县工商局副局长、副书记，甘露镇政府镇长、党委副书记。1996年1月起，先后任锡山市商业系统党委书记，商业集团董事长、总经理，无锡市惠山区发展改革局、物价局局长。其间撰写的报告文学《一团不灭的火》编入由南京大学出版社出版发行的《奏响时代强音的人》，获中国社会出版社新华丛书编辑委员会颁发的庆祝中华人民共和国建国五十周年大型文集《光辉的历程》二等奖。任《信誉的答卷》重合同守信用企业丛书副主编。撰写的论文《锡山市生猪定点屠宰工作的现状、问题和对策》载入中国社会出版社出版的《辉煌的历程》一书，《完善农村价格监督网络，提升区级价格管理水平》在全省会议上介绍推广。任《惠山价格探索》一书主编。

**龚明达**（1952—　　）出生于1952年9月，钱桥溪南村龚巷人。江苏省委党校函授毕业，大专文化，中共党员，高级经济师。改革开放初期，带领村民开办溪南塑料彩印厂、溪南鞋业公司和溪达毛纺厂等企业。1985年起，任溪南村党支部书记，筹建华精钢带厂，做专、特、精产品，形成上亿元的规模销售；筹建华精新材料公司，在开发特种结构件的同时，开发国内最高难度的专用电工材料，缓解变压器行业的需求压力，提升输配电行业能效水平，形成年销售5亿~7亿元的经营规模，解决300多人就业，每年上缴国家税收1500万元以上。随着国家新能源产业的发展，成立江苏华谷新材料有限公司，开发新能源产业新材料锂离子电池铝塑复合膜，逐步形成年2亿~3亿元的市场规模。所创立的无锡华精新材料股份有限公司为“新三板”挂牌企业，是掌握取向硅钢全套生产技术并拥有多项专利技术的民营高新技术企业，为国家金属学会电工钢分会会员单位、全国配电变压器能效提升联盟成员单位，承担国家发改委和工信部认定的国家重点技改项目，建有省级企业技术中心和省级工程技术中心。取向硅钢技术改造项目被科技部认定为国家火炬计划产业化示范项目。

**张文珍**（1953—　　）出生于1953年8月，女，祖籍玉祁蓉南，婚嫁至洋溪丁巷。江南大学大专毕业，高级工程师。先后任华东电力设备修造厂厂长、华东电力设备有限公司董事长，德克环保设备有限公司总经理、董事长，产品出口远销日本、德国、英国、印度、印度尼西亚、伊朗、土耳其、越南等国家和中国香港地区。热心慈善公益事业，先后为敬老院、贫困家庭、社区老年人、农民公园、学校、汶川地震、区运动会等捐款捐物合计200余万元。2006年，获江苏省“三八红旗手”称号。2015年，华东电力设备有限公司上缴税收1283.6万元。

**蔡子清**（1953— ）出生于1953年10月，钱桥周家弄蔡顾巷人。江苏省委党校函授大专文化，高级经济师。1973年参加工作，先后在无锡县化肥厂、新安供销社、钱桥手工业联社、无锡市江南船舶设备厂工作。历任手工业联社旗下卷帘门厂供应科科长、手工业联社总部副主任、手工业联社旗下江南船舶设备厂厂长。1995年企业转制后，任江南船舶设备厂总经理。企业所生产的船舶设备远销日本、美国、新加坡、泰国、印度尼西亚等20多个国家和中国香港地区。外域设越南办事处、新加坡子公司。

**杜建科**（1954— ）出生于1954年11月，钱桥苏庙苏巷人。1980年5月于江苏省南京市华东工学院（现南京理工大学）炸药专业毕业，本科学历，高级爆破工程师。同年6月，到北京市中国科学院北京力学研究所二室大爆破组工作，历任见习员、技术员、助理工程师、工程师，进行大爆破组在空间爆破平整土地、定向爆破筑坝、复杂城市环境中拆除爆破研究，实践成果得到国家表彰。1983年1月，调入湖南长沙矿山研究院爆破室工作，从事矿山爆破作业技术的研究，以及爆破工程设计、爆破施工管理等工作，任专项合同技术负责人、专题研究组组长、研究室总工程师等职，其间晋升为高级工程师。20世纪90年代，先后到深圳、珠海、福建、湖南、贵州等地从事爆破技术服务、爆破公司经营管理等工作，任所在单位部门负责人、总工程师，因成绩突出，获国家科委大型露天爆破技术科学技术进步三等奖、中国有色金属科学技术进步一等奖。先后在国家二级以上专业刊物发表10多篇专业技术论文。1996年，业绩被中国专家人名辞典收录。

**吴正南**（1959— ）出生于1959年8月15日，钱桥肖尤巷人。1978年应征入伍，先后任班长、排长、连长。1979年10月加入中国共产党。1982年，立集体三等功、个人三等功。1983年，被铁道兵装备处选派去美国卡特彼勒中心培训学习。回国后调入铁道兵十三师装备处，负责进口设备管理工作，先后参加引滦入津、大秦线铁路建设等国家大型工程。多次被部队评为先进标兵、技术能手、五好战士、优秀党员、劳动积极分子等。1984年，由铁道兵第十三师调入中国铁道部第十六工程局，先后参建国道G312线、京九铁路国家大型工程建设。1989年晋升为技师。1991年，受中铁十六局机关委派，主持组建海南京南有限公司，组建后任公司主管领导（副处级）。1996年，晋升为高级技师。1997年，调回中铁十六局集团公司卡特设备维修中心，先后参加秦沈高铁、上海磁悬浮轨道工程、京沪高铁、珠广高铁等国家铁路工程建设。2000年，晋升为工程师。2005年11月11日，晋升为高级工程师。此后，参加北京6号线、10号线，上海7号线，青岛2号线，苏州4号线等城市轨道交通建设工作。

**丁专友**（1960— ）出生于1960年7月，藕塘丁村邵巷人。1978年7月于藕塘中学高中毕业。1982年7月于江苏大学工程力学专业毕业。大学毕业后，先后到无锡县农业机械化研究所、无锡市水利设计院工作。1995年2月，任无锡市水利设计研究院院长。1997年3月，任无锡市水利工程公司经理。1998年10月，任无锡市水政监察支队副支队长。2002年3月，任无锡市重点水利工程建设管理处高级工程师。先后主持完成无锡市渎山防洪工程上部建筑，无锡市九里河、伯渎港水利枢纽工程，胜利油田无锡疗养院、无锡市南长区纳新桥、崇安区复兴路泵站工程，无锡市城市防洪九里河、伯渎港泵站工程，无锡市大渲河泵站工程，无锡市黄泥港、渔港藻水分离站工程的设计工作。

先后发表《无锡市城市防洪特低扬程泵站装置述评》《无锡五里湖清淤底泥堆场防渗技术研究》《伯渎港工程施工赶工的实践思考》《堤防管涌破坏机理研究探讨及抢护》4 篇论文。

**俞晓诺**（1962—　　）出生于 1962 年 2 月 18 日，藕塘盛店庄基上人。内蒙古师范大学毕业，中共党员，副教授。1983 年 7 月参加工作，历任内蒙古林学院林业经济管理系副主任、副书记，内蒙古农业大学经济管理学院副院长，东华大学无锡校区教务办主任，江南大学教务处副处长兼设备处副处长、商学院副院长，江南大学继续教育与网络教育学院副院长、副教授。多年来从事高校教学与教育管理工作。参编教材《林业规划经济学》《经济学原理》任副主编，编写的专著《内蒙古资源大词典》《沙漠学》均于 1998 年获内蒙古“五个一工程”入选作品奖。先后在《经济地理学报》《内蒙古高教研究》等杂志上公开发表论文 20 余篇。2000 年，被内蒙古自治区评为第二届青年科技标兵。

**张　光**（1962—　　）出生于 1962 年 9 月 2 日，钱桥张姆泾人。1984 年 7 月加入中国共产党。同月获广东外语外贸大学英美文学学士学位。同年 8 月，任北京新华通讯社记者。1986 年 8 月，筹建中国国际贸易促进会无锡支会。1987 年 6 月，任中国银行无锡分行信贷员。1990 年 6 月，任交通银行无锡分行国际贸易结算经理。1992 年 6 月起，先后任中信银行无锡分行办公室主任、国际业务部副经理，新区支行行长、分行副行长。1997 年，获上海财经大学经济学硕士学位。2008 年，获美国纽博特大学工商管理博士学位。先后兼任江南大学客座教授、广东外语外贸大学理事、MBA 中心校外指导老师、江南校友会会长、深圳前海广外尚融投资管理有限公司高级顾问。

**朱建共**（1963—　　）出生于 1963 年 1 月，藕塘井亭里朱巷人，东南大学电子工程系本科毕业，东南大学电子工程系物理与器件专业硕士研究生，厦门大学航空航天学院高级工程师，厦门大学嘉庚学院副教授。1987 年 1 月，获工学硕士学位。2004 年 9 月，于厦门大学机电工程系攻读测试计量技术及仪器专业研究生，主攻“离子光学式分析仪器”课程。1994 年，获福建省优秀主干课程奖。1995 年，获厦门大学优秀主干课程奖。为中国致公党厦门大学总支副主委兼厦门大学理科支部主委、厦门大学围棋协会主席、厦门市围棋协会副理事长、中国大学生体育运动联合会棋类分会理事、上海岛津分析技术有限公司客座研究员。

**赵弘卿**（1963—　　）出生于 1963 年 3 月，女，祖籍无锡市，婚嫁钱桥溪北后周基，研究生学历，硕士生导师。1984 年 8 月，毕业于天津第二医学院，大学毕业后分配至天津市红十字会医院工作。1986 年 4 月，调至无锡市肺科医院工作。1992 年，任无锡市肺科医院呼吸科副主任。1999 年 4 月，作为人才引进至无锡市第二人民医院呼吸科工作，任医务科副科长，呼吸科副主任、主任，大内科常务副主任。其间至南京医科大学完成硕士学位学习后，兼任南京医科大学副教授。2015 年，到美国霍普金斯大学访学。从事呼吸科临床工作 30 多年，擅长呼吸科各种常见病的诊治，尤其是慢阻肺及肺癌的诊治、内镜下的诊断与治疗。为江苏省医学会结核病分会常务委员、呼吸分会肺癌与介入治疗专业组委员、江苏省中西医结合学会专业委员、无锡市医学会呼吸分会副主任委员、无锡市

医学会睡眠分会专业委员、无锡市医院管理协会病案管理专业委员会副主任委员。曾获江苏省新技术引进二等奖 3 项、无锡市新技术引进一等奖 1 项，参与国家自然研究项目 1 项，组织完成市科技计划项目 1 项。撰写多篇论文在核心期刊及 SCI 上发表，参与 4 本专著的编写。

**张兰珍**（1963—　）出生于 1963 年 4 月，女，钱桥市镇铁狮人，副教授。1985 年于扬州师范学院外语系毕业，获学士学位。大学毕业后分配至盐城教育学院外语系任教。1993 年，就读于苏州大学外国语学院，1996 年毕业获硕士学位。是年至江苏第二师范学院外国语学院任教。其间曾以访问学者身份先后至英国杜伦大学、中国南京大学进行时达两年的学习研究。发表教学论文数十篇，翻译小说 2 部。

**丁志康**（1964—　）出生于 1964 年 1 月，藕塘稍塘营丁村人，中共党员，中学高级教师，无锡市物理学科带头人，无锡市第十五届人民代表大会代表、惠山区第三届、第四届政协委员。早年就读于勤建小学、永红中小学、藕塘中学。1984 年 7 月于南京师范大学物理系毕业，分配至江苏省锡山高级中学任教，历任班主任、年级组长、德育处副主任、教学处副主任、教学处主任。2001 年 8 月，调任洛社高级中学副校长（以副代正）。2002 年 8 月，任洛社高级中学校长、党支部书记。2004 年 8 月，任江苏省锡山高级中学副校长。2009 年 11 月，任江苏省惠山中等专业学校校长。2011 年 11 月，任江苏省惠山中等专业学校校长兼党委书记。同年被评为江苏省教育教学科研先进个人。先后发表论文 12 篇；主持江苏省重点课题“中等专业学校教师专业发展研究”以及江苏联合职业技术学院重点课题“专业建设中文化基础课的定位与重构——以五年制高职数控技术为例”的研究；指导学生获第七届江苏省奥林匹克物理竞赛一等奖，个人获省级辅导一等奖。

**吴亚敏**（1964—　）出生于 1964 年 10 月，女，原籍江阴青阳镇，婚嫁至藕塘湾里，中共党员。1985 年 7 月毕业于苏州大学物理系。先后任江南大学理学院应用物理系党支部书记，副教授。多年担任电动力学、大学物理、力学、电磁学、电工学、电子技术、计算机基础等多门课程的教学。从事复合材料的理论研究，在《中国物理学报》《物理快报》等期刊发表多篇论文，申请专利多项，参与的“基于荧光光谱和智能算法的食品安全检测技术”项目获中国轻工业联合会科技进步二等奖。先后获优秀青年教师、优秀工会积极分子等称号。

**唐家梁**（1964—　）出生于 1964 年 10 月，钱桥威华大队唐家庄人。苏州大学本科毕业，高级审计师。1986 年大学毕业后分配至无锡市审计局工作，先后任管理处处长、副总审计师、副局长兼任监察局副局长。1995 年 11 月 11 日获中共江苏省委员会、江苏省人民政府嘉奖。2006 年起，先后任农工民主党无锡市第十届、十一届副主任。

**陆文晓**（1964—　）出生于1964年11月，钱桥晓星陆岸头人，大专文化，中共党员。1992年7月于钱桥工业总公司从事科技创新、项目投资、上市兼并、招商引资、招才引智等工作。1996年起，先后任工业总公司生产技术科科长、副总经理，钱桥镇科技助理、无锡职教园经济发展和招商局副局长；兼任无锡市科协委员、惠山区科协常委、钱桥街道科协副主席。其间，引进凯龙高科技股份有限公司等重点

项目和企业50余家，为创建国家火炬计划“惠山特种冶金新材料产业基地”“全国质量满意度工程先进单位”“省冶金新材料产业集群”“省质量管理示范乡镇”“省优质产品生产示范区”做出贡献。2002年5月，获惠山区“十大优秀青年”称号。2003年9月，晋升为江苏省经济专业高级经济师。2008年以后，屡获无锡市委、市政府扶持民营经济发展先进个人、无锡市科技标兵、无锡市科技交流先进个人、无锡市乡镇企业优秀工作者、无锡市科协先进个人称号。

**唐成洋**（1967—　）出生于1967年7月，原籍安徽庐江，定居钱桥华新社区。大专学历，中共党员，副主任中医师。1985年10月应征入伍，先后从事地炮侦察、卫生员、专业军士、中医师等工作。1992年，参加南京中医药大学中医专业学习，1995年毕业。1999年，自解放军第101医院转业至藕塘卫生院中医科工作。擅长针灸、推拿、小针刀，结合中药饮片等方法综合治疗中风后偏瘫、面瘫、顽固性失眠，颈、肩、腰腿痛、腱鞘炎、跟痛症等多种疑难病症。2000年，被惠山区卫生系统记三等功。2013年，获惠山区金牌医务工作者（首届）称号。其事迹先后在《新华日报》《无锡日报》《惠山新闻》等报刊报道。在省级以上医学刊物发表论文5篇，收存患者赠送锦旗6面。

**倪丽英**（1968—　）出生于1968年1月，女，藕塘勤建西村人，中国共产党党员，本科学历，中学高级教师，无锡市首批德育工作带头人。1987年7月起，在藕塘辅导区村小任教。1994年，获无锡县优秀班主任称号。2000年8月，调至藕塘中心小学任教，任教研组组长、教导干事、德育室主任。2008年7月~2009年1月，支教于四川省绵竹市汉旺小学，任副校长。2008年10月，被四川省人民政府授予四川省抗震救灾模范称号。同年11月，被江苏省妇联授予“三八红旗手”称号。2009年2月，任藕塘中心小学副校长。同月，被评为2008年无锡市教育年度人物、无锡市精神文明十佳新人新事。同年3月，获无锡市优秀志愿者称号。其事迹先后在江苏卫视、江苏教育台、《新华日报》《扬子晚报》等媒体报道。

**高　波**（1968—　）出生于1968年12月，钱桥高草棚人，中学高级教师、民盟盟员、惠山区政协委员。2002年始致力于地方乡土文化的挖掘与保护，创办钱桥中学民俗文化展览馆，服务于学校“有根德育”。2010年后，先后被评为“感动无锡、奠基未来”十大年度教育人物、江苏好人、江苏省书香家庭、无锡市文艺特色家庭。先后编撰《旧物新语》《无锡乡村记忆》《锡韵乡情》3本校本读物。

**周　益**（1969—　）出生于1969年9月，藕塘市镇北街人，复旦大学微生物学学士，美国堪萨斯大学微生物学硕士，美国密苏里大学计算机科学硕士。1999年6月起，先后至哥伦布、丹佛、旧金山A扑果公司、司果拉公司、通用电器公司工作。擅长团队构建及管理，为全球十强企业高官、软件工程领域认可的技术大师。《软件架构师应该知道的97件事》一书作者之一。生物信息学专家、生物信息学序列标准语言主要创建者。先后获美国Quest Diagnospicsgs公司杰出贡献奖、美国Applera公司杰出贡献奖二次、美国LaBook公司卓越成就奖。其履历及业绩收录在2005~2006年世界科学和工程名人录第八版（美国出版商马奎斯出版）。

**缪　晖**（1969—　）出生于1969年11月，钱桥历村费巷人。获上海复旦大学管理学学士学位，

后赴美国在加州大学圣塔克鲁兹分校取得计算机硕士学位以及国际经济学博士学位。1997 年取得国际经济学博士后，先后在香港金融管理局、摩根大通银行以及瑞士信贷银行从事研究和交易。在香港德意志银行工作期间，负责大陆和中国香港地区的投资战略。之后，至新加坡淡马锡公司担任投资战略部门负责人，主要为公司提供在日本和大中华地区的宏观经济和资本咨询。2015 年 4 月，加入位于美国华盛顿的国际货币基金组织的货币、资本市场部门，担任高级金融专家。

**王富国**（1971— ）出生于 1971 年 10 月，祖籍宁夏，定居钱桥街道盛岸花园。江南大学本科毕业，高级工程师。1994 年 7 月起，先后到无锡锡兴集团公司技术监督处计量科、科技处、自动化科、生产处、能源计量科工作。1998 年，到中日合资无锡迪爱生（DIC）环氧有限公司工作。2002 年 8 月，任天辰冷拉型钢有限公司技术研发部负责人、经理，全面负责公司质量管理、技术开发、工艺研究、新成果、新技术的转换等，获得 6 项国家实用新型专利，被评为无锡市第十一届优秀科技工作者。

**庄晨燕**（1973— ）出生于 1973 年 10 月 26 日，钱桥老街南沿河人，曾先后担任江泽民、朱镕基、胡锦涛等党和国家领导人法语翻译。1994 年 7 月于北京外国语大学法语系本科毕业，获法语语言文学学士学位；8 月，到外交部翻译室法文处工作，任随员、三秘。1996 年 10 月，获欧盟奖学金，赴（比利时）欧盟总部会议翻译总司进修同声传译。1998 年，获外交部优秀公务员称号。1999 年 9 月，获法国政府奖学金，赴法国国立行政学院留学。2001 年 2 月，于法国国立行政学院毕业，获公共管理硕士学位。2001 年 7 月，任外交部翻译室法文处副处长，享受外交部高级翻译津贴二等。2004 年 6 月，到外交学院外语系任教，出版《中国文化中的法国浪漫》外交学院科学周论文集。2005 年，获北京市教育创新标兵称号，与邱寅晨合译（第一译者）的《还自然之魅》由北京三联书店出版，论文《法语本科高年级口译教学：原则与实践》获外交学院优秀科研成果三等奖。2006 年，于外交学院外语系先后晋升为副教授、硕士生导师，获外交学院青年教师骨干一等奖。同年，与邱寅晨合著的《口译学习与实践》（第一作者）由外语教学与研究出版社出版，被评为国家“十一五”规划教材，项目“法语口译”（课程负责人）获外交学院一级精品课程，著译《猞猁的故事》《列维·斯特劳斯全集》由中国人民大学出版社出版。2007 年 9 月，获法国政府奖学金，赴法国雷恩第二大学人类学社会学研究所留学，译著《行动与世界体系》由北京大学出版社出版。2008 年，课题“思维训练模式下的法语口译教学改革”（课题负责人）获北京市（高等教育）教育教学成果二等奖，《口译学习与实践》被评为北京市精品教材。2011 年 10 月，于法国雷恩第二大学人类学社会学研究所毕业，获哲学（社会学）博士学位。2012 年 6 月，任中央民族大学世界民族学人类学研究中心主任助理，副教授、硕士生导师。

**毛春谱**（1976— ）出生于 1976 年 2 月，钱桥西漳岸里人。2007 年 7 月毕业于徐州医学院，硕士研究生。大学毕业后，到无锡市第四人民医院工作，为内科副主任医师，从事内分泌代谢专业工作十余年，对糖尿病、甲状腺疾病、骨质疏松症、痛风、肥胖症等病症的诊治具有丰富的临床经验，尤其对糖尿病及其急慢性并发症的治疗有独特的诊治经验。2015 年 12 月，被九三学社江苏省委员会评为社会服务工作先进个人。

**强樊新**（1977—　　）出生于1977年12月，藕塘公社火花大队庙塘桥人。无锡市轻工业大学经济管理与计算机运用专业毕业，工程师、高级经济师。无锡市新兴建筑工程有限公司董事长。1999年8月大学毕业后参加工作。2008年12月，加入农工民主党。2002~2015年，担任新兴建筑公司董事长、总经理，建设多个市、区级优质工程。为惠山区人大代表、无锡市建筑业协会副会长、江苏省建筑业优秀企业经理、钱桥慈善基金会会员，无锡市惠山区青年商会理事、副会长。

**顾梅陇**（1979—　　）出生于1979年1月，女，藕塘乡宇峰村李巷人，华东师范大学中文系毕业，博士研究生。江南大学人文学院教师、副教授、硕士生导师。1996年，入苏州大学常熟理工学院学习，获中文系汉语言文学专业学士学位。2000年，入广西师范学院中文系学习，获文艺学专业硕士学位。2003年，入华东师范大学学习，获中文系比较文学与世界文学专业博士学位。2006年起，到江南大学人文学院任教。先后在报刊上发表论文34篇，在《外国文学研究》《国外理论动态》《东岳论丛》《社会科学家》《山西师范大学学报》等社科类权威或核心期刊上发表论文20篇，部分论文获中国外国文学研究会、江苏省哲学社会科学、无锡哲学社会科学等优秀成果奖，并多次被转引。先后获江南大学教育成果一等奖、青年学术进步奖、优秀教师称号。

**唐　杰**（1979—　　）出生于1979年6月，钱桥大队浜头人，本科学历，高级经济师。2002年于南京财经大学毕业。大学毕业后，到无锡天辰冷拉型钢有限公司工作，担任总经理期间，主要从事经营管理、技术研发和市场营销。公司与阿里巴巴等知名企业签订长期合作协议。2006年，公司的"导轨毛坯"产品被评为江苏省高新技术产品。为不断研发新产品、提升产品档次，于2008~2013年先后成立天辰高精度冷拉型钢研究开发中心、高精度冷拉型钢工程技术研发中心。中心申报国家发明专利3项、实用新型专利授权9项。公司于2012年、2013年先后获国家高新技术企业、江苏省民营科技企业、江苏省科技型中小企业称号。公司积极参与社会公益捐助活动，资助敬老院、中小学校建设和地方公益事业共15万元。

**孙月红**（1980—　　）出生于1980年8月，女，钱桥市镇北街人，西南财经大学本科毕业，高级经济师。2005年起，先后任无锡天辰冷拉型钢有限公司副总经理、总经理、董事长。任职期间，带领公司参与7个重大课题的研发工作，通过技术攻关全部达到预期效果，为公司新增销售额1600余万元，降低生产环节费用996万元。获发明专利2项、实用新型专利3项。开发的高精度、高性能冷拉型钢产品被评为江苏省高新技术产品，公司研发中心无锡市高精度冷拉型钢工程技术研究中心以及江苏省高精度冷拉型钢工程技术研究中心获无锡市政府和江苏省科技厅鼓励扶持资金40万元。

**缪因知**（1981—　　）出生于1981年10月23日，钱桥历村缪家里人，中央财经大学经济法教研室主任、副教授、法学博士，兼任中国法学研究会理事、中国证券法学研究会理事、中国商业法研究会理事。2004年6月于南京大学法学院毕业，获法学学士学位。2004年9月~2006年7月，于北京大学法学院经济法学系攻读硕士研究生，获经济法学硕士学位。2006年9月~2010年7月，于北京大学法学院国际法学系攻读博士研究生，获金融法学博士学位。2006年后，多次获中国经济法学研究会、北京大学、哈佛法学院、中国上市公司风险管理高峰论坛优秀论文奖。2007年7月，任北

京大学《北大法律评论》主编，入选北京“百名法学英才”。2009 年 11 月，获北京大学学术创新奖。2010 年 4 月，获北京大学研究生“学术十杰”荣誉证书。是年 9 月，调至中央财经大学法学院工作。2011 年，任北京金融服务文运究会《金融服务文运究咨询报告》责任编辑。2012 年，任北京大学—台湾金融教育协会金融管理师（FMA）、高级金融管理师（AFMA）认证考试《大陆财经法规》学科命题专家，《北大法律评论》主编、执行主编（其间赴哈佛法学院学习，获哈佛大学法学硕士学位，并获哈佛大学法学院年度最佳公司法论文奖）。主要研究领域涉及证券法、上市公司和国企治理、法律和金融交叉研究等。2013 年 6 月，获中央财经大学佟柔奖教金。主要学术论文有《美国法律如何处理社会热点刑事案件》《20%所得税究竟谁来交》《投资者保护与公司治理》《对西方证券市场的解释》《合创型农业合作之法律问题初探》《中国证券市场建设之若干法律路径的效用分析》《中国证券监管中的不足、成因与改进》《家族企业治理中的控制股东、职业经理人与独立董事》等涉及法律方面的国内热点问题 30 余篇。在《财经》《法制日报》《新京报》等报刊发表评论近 300 篇。学术译作有《投资者保护与公司治理》《人格的商业利用》等。

**俞科静**（1982—　　）出生于 1982 年 1 月，溪北前周基头人。2009 年 6 月毕业于北京化工大学材料科学与工程专业，获博士学位。2013 年 10 月晋升为副教授。2014 年 2 月~2015 年 2 月，在多伦多大学进行访学交流。回国后，任江南大学技术纺织品研究所科研秘书、副教授、硕士生导师。主要从事轻量化、结构功能一体化纺织复合材料的研究与开发。先后主持国家自然科学基金 1 项、江苏省产学研项目 2 项、中央专项基金江南大学自主科研基金 2 项、江南大学生态纺织教育部重点实验室开放性课题 1 项、军工项目 5 项、企业委托合作项目 5 项；参与国家“十三五”重点研发计划 2 项、国家自然科学基金和江苏省自然科学基金各 1 项。发表专业学术论文 50 多篇，其中 20 多篇被 SCI、EI（E）检索。申请发明专利 8 项，授权 5 项。获中国纺织工业联合会科技进步三等奖 1 项、中国轻工业联合会科学技术优秀奖 1 项。

## 第四节　市级以上劳动模范、全国级条线先进工作者

1964~2015 年，钱桥、藕塘地区先后有 66 人被评为市级以上劳动模范、全国级条线先进工作者，其中全国劳动模范 2 人、省级劳动模范 18 人、无锡市劳动模范 23 人、全国级条线先进工作者 23 人。

### 一、全国劳动模范

**吴林初**（1931—　　）出生于民国 20 年（1931）2 月，钱桥溪南埭上人，小学文化。新中国成立后，到无锡中国铁厂当学徒。后随厂迁入江西南昌拖拉机厂工作。1964 年 3 月被评为全国劳动模范。

**周祥昌**（1940—　　）出生于民国 29 年（1940）12 月 24 日，钱桥晓星砖场上人，大专文化，中共党员。1960 年 8 月参加工作，任无锡市第一中学数学教研组组长，中学高级教师。从教 40 余年，在数学教学实践中不断创新，做到教学内容结构化（有序、有用、有层次、有变化），教学方法情感化（自我探索、自我评价、自我完善、共同交流、共同发现、共同创造），任教班级有数 10 名学生在全国数学竞赛中获奖；担任班主任的班级有 2 名学生参加国际奥林匹克化学竞赛获得银牌，有数 10 名学生被保送或考取南京大学、中国科技大学、南开大学、清华大学等著名高校。关心学生思想与生活，被学生誉为“严父慈母”。热心关心青年教师的培养与成长，所带数

学教研组涌现出多位无锡市青年教师标兵、学校数学学科带头人、数学奥林匹克一级教练员等青年骨干。1986 年，获无锡市优秀教育工作者称号。1987 年，被评为无锡市劳动模范。1988 年，获无锡市优秀科技工作者、江苏省劳动模范称号。1990 年，晋升为江苏省数学特级教师。1993 年，获江苏省优秀教育工作者称号。1996 年，获苏步青数学教育提名奖。1999 年，获江苏省名教师称号与第四届苏步青数学奖与提名奖。2000 年，获全国先进生产者称号（享受全国劳模待遇）。

## 二、省级劳动模范

**胡铁军**（1929—　　）出生于民国 18 年（1929）3 月，藕塘人，苏州市第三中学高级教师，中共党员。先后任无锡河埒口开原中心小学、河埒口中心小学、立人小学教师、教导、校长，无锡市工农速成初等学校、松江干部文化补习学校教导干事、教师，江苏省高等师范学校松江教学辅导站、苏州教学辅导站、苏州专区高师函授站秘书，苏州市第三中学教师、工会主席等职，曾兼任苏州市数学学会理事、苏州市教育工会委员。撰写《函授学习时间从哪来》《从实际出发，逐步提高对学生的要求》《备好课上好课的几点做法》《开展为教学改革献计献策活动的回顾》等多篇文章。被评为江苏省劳动模范、苏州市优秀共产党员。

**马增荣**（1930—　　）出生于民国 19 年（1930）10 月 15 日，钱桥南巷队人，北京建工学院夜大学毕业，高级工程师。1954 年参加工作，先后任北京市国棉一厂、北京市纺织局基建处副处长。1971 年，代表北京市纺织局劳动模范登上天安门观礼台，受到毛泽东主席接见。1982~1991 年，任北京化纤厂副厂长（处级），其间获北京市鲁班奖。1991~2006 年，任北京建工学院监理工程师及北京大兴大房工程咨询公司工程总监。先后被评为北京市“五好”职工、劳动模范。

**王希耕**（1931—　　）出生于民国 20 年（1931）6 月，藕塘稍塘营枣树下人，小学文化，中共党员。1950 年起，先后任稍塘乡武装民兵队长、共青团支部书记、治保主任，初级社副社长，稍塘乡信用合作社主任，共青团藕塘乡总支副书记，一鸣大队党支部副书记、大队长，五九大队党支部书记。1964 年 5 月，任藕塘信用合作社主任、藕塘市镇党支部书记，兼任无锡县总工会委员、金融工会副主席、共青团无锡县委委员。先后 3 次参加江苏省召开的表彰大会。1969 年，被评为江苏省劳动模范。

**潘明义**（1931—　　）出生于民国 20 年（1931）7 月，钱桥南巷人，大专文化。新中国成立后，先后在上海中铸钢铁厂、中华冶金厂、重型机械厂工作。1981 年，任新华铸钢厂厂长。1985 年，被评为全国优秀经营管理者，并获全国总工会颁发的“五一劳动奖章”。1986 年，被评为上海市劳动模范。所撰论文《水玻璃砂在铸钢件中的应用》刊登在上海市机械工程学会刊物上。

**唐金法**（1932—　　）出生于民国 21 年（1932）4 月，钱桥溪南桥中队人，初中文化。民国 36 年 6 月起，在上海市文士圆珠笔厂工作，刻苦钻研业务，开展技术革新，在圆珠笔笔芯加油和笔芯包口两道工序上实现人工劳动转为机械半自动化，由此加快生产进度，提高产量数倍，减少劳动力，减轻劳动强度，为企业的生产和行业的发展做出贡献。1963 年 3 月，被评为上海市先进工作者（享受上海市劳模待遇）。

**王文香**（1934—　）出生于民国23年（1934）8月21日，祖籍江苏兴化，定居盛岸花园，小学文化。1958年，到无锡市搪瓷厂工作，先后任班长、车间主任、车间党支部书记，工作认真负责、吃苦耐劳，带领职工勇于攻克生产技术上的难关，1967~1981年，多次被评为厂和北塘区先进生产工作者、质量标兵。1973年加入中国共产党。1980年4月，被评为江苏省劳动模范。是年，参加无锡市第六次人民代表大会。1981年，被中共无锡市委员会评为优秀共产党员。

**庄金泰**（1935—　）出生于民国24年（1935）3月1日，钱桥历村庄家里人，高级工程师。民国30年就读于历村上秦巷小学。民国36年就读于无锡市辅仁中学。1957年于浙江大学机械系毕业。大学毕业后分配至无锡机床厂工作。1965年，先后任贵州省险峰机床厂设计组组长、设计科副科长。1978年，获贵州省科学大会奖、全国科学大会奖。同年被评为贵州省劳动模范。1982年调回无锡工作，任无锡机床厂磨床研究所所长、机械部无锡气动技术研究所所长、无锡市轻工业局技术部部长兼副总工程师，多次获无锡市先进工作者称号。2002年，退休后被中外合资企业无锡格兰机械公司聘为技术部部长。

**蔡瑞鑫**（1936—　）出生于民国25年（1936）12月，钱桥苏庙前金岸人。早年就读前金岸小学。1955年起，先后至上海第一师范学校、华东师范大学体育系深造毕业。1972年，到上海第四师范学校任教。1976年，调至上海市虹口区教师进修学校工作，负责虹口区小学体育教师的督导及职称评定工作，连续多年被评为上海市优秀体育教师。1996年，获上海市优秀园丁奖称号。同年晋升为中学高级教师。1997年，被评为上海市劳动模范。

**吴宗瑶**（1937—　）出生于民国26年（1937）7月，女，祖籍安徽安庆市，婚嫁藕塘盛店桥大坝头。1956年毕业于安徽省中学教师进修学院（合肥师范学院前身）数学专科班，毕业后留校任教。1959年，创办进修学院附小，任教导主任、副校长。是年加入中国共产党。1960年，被评为安徽省劳动模范。1963年，调至安徽师范大学附属小学任副校长、校长。1988年，获评中学高级教师职称。1998年，获芜湖市优秀园丁荣誉称号。在职期间，致力于小学数学教材改革实验的研究与推广，发表论文20多篇。退休后从事“家庭教育”研讨，举办“家教知识”专题讲座40余场，受益家长5000余人次。

**贺家明**（1943—　）出生于民国32年（1943）10月，女，无锡市人，定居钱桥街道晴山蓝城社区，初中文化。1970年，在无锡县钢铁厂任工人、副工段长。其间，从事电焊工作，常年工作在生产第一线，刻苦钻研业务，工作成绩显著。1988年4月，被评为无锡市劳动模范，同年被评为江苏省劳动模范。1990年，获全国“五一劳动奖章”。

**杨祥娣**（1944—　）出生于民国33年（1944）4月，女，钱桥杨思桥人，中共党员，高级经济师，江苏省百乐皮件集团公司（无锡县皮件厂、工贸合营江南皮件厂、无锡百乐皮件有限公司）董事长。2000年1月15日，在农业部乡镇企业局、《中国乡镇企业报》联合组织的评选活动中被评

为中国乡镇企业新闻人物。在企业发展上，以其思维早、思维新、思维广的优势，紧抓领导班子建设，紧抓职工素质教育，紧抓科技人才汇集，增强企业的竞争力；在企业经营上，求实效、抓质量、讲信誉，赢得国内国外两个市场，产品远销美、英、法、德、意、日等32个国家和地区。公司多次获评省、市明星企业、先进企业，省首批“重合同、守信用”企业，获全国乡镇企业出口创汇金龙奖、中国乡镇企业行业最佳经济效益100强等荣誉。其个人10多次获无锡市优秀厂长（经理）、优秀女企业家、优秀乡镇企业家等称号和全国十大新闻人物等荣誉。1987年，被评为无锡市劳动模范。1988年4月，被评为江苏省劳动模范。

**陈勤南**（1945—　）出生于民国34年（1945）1月，藕塘稍塘桥陈村小方桥人，初中文化。1981年就任勤建茶场场长后，逐年扩大种植面积，不断引进高产优质品种，实行科学种茶制茶。经过10多年努力，打下创品牌的基础，建立有机、绿色、安全茶叶生产体系，在国家、国际茶叶评比中屡屡获奖。1991年，所产茶叶获江苏省“陆羽杯”名特茶评比第一名，同年勤建茶场获江苏省优质食品证书、省诚信企业称号。茶场所产名特茶于1993年获国际食品博览会金奖，1995年获中国农业博览会金奖，1999年获全国“中茶杯”金奖，2001年获中国茶叶学会金奖，2002年获国际茶叶博览会金奖。2003年，“勤梅牌”商标被评定为江苏省著名商标，成为无锡农业行业中第一个、江苏省农业行业中第二个获得著名商标的品牌。同年4月，其个人被评为无锡市劳动模范。2004年，“勤梅牌”茶叶获巴黎国际博览会金奖。2006年4月，其个人被评为江苏省劳动模范。2010年，选送的两个春茶茶样均获首届“国饮杯”一等奖。2011年，选送的“太湖翠竹”在第九届“中茶杯”585个绿茶茶样中脱颖而出，被评为特等奖第30名。其个人先后多次被评为区、市优秀共产党员、先进工作者。

**张正明**（1946—　）出生于民国35年（1946）1月，钱桥高石头人，高中文化。1963年起，历任胜丰（大队）村治保主任、民兵营长、团支部书记、农机辅导员、村委主任。在其担任村委主任期间，胜丰村被无锡市列入农村现代化试点示范村。1989~1990年通过细致思想工作，在群众愿意的基础上，全村进行大规模土地调整，将全村288亩责任田建办两个村级小农场。1994年又将全村口粮田归并为4个村级农业机械耕作区，在无锡市率先实现责任田、口粮田专业化生产。农场经过大规模整田，农田全部实现“格子化”、机耕道路水泥化、全村土地集约化、耕作全程机械化、农田灌排“三暗”化、农业管理科学化、晒场仓库一体化，稻麦产量大幅度提高，年年被评为无锡市高产方。1994年4月，被评为无锡市劳动模范。1996年10月，被评为江苏省劳动模范。

**冯炳伟**（1946—　）出生于民国35年（1946）2月，藕塘漳漕巷人，高中文化。20世纪80年代开始办苗圃。1985年，被评为江苏省劳动模范。90年代初开始种梅花，钻研梅花盆景栽培技术，创造盆景技艺中的“岭南派”枝法与盆景形态相结合的造型方法，在中国第十二届梅花腊梅展上获得3金、5银、2铜的成绩。2010年，被吸收为中国花卉协会梅花腊梅分会理事。2011年，在中国梅花精品展中获得5金、8银的成绩。2012年，在中国第十三届梅花腊梅展上获得2金、3银的成绩。冯炳伟事迹被《中国花卉报》《花木盆景》《无锡日报》、北京电视台、无锡电视台等多家新闻媒体和网络媒

体多次报道。

**浦伯清**（1950—　）出生于1950年12月，藕塘北陆巷人，大专文化，高级畜牧兽医师，国家级文博专家，无锡县第八届、第九届人大代表，崇安区第十五届、第十六届人大代表，惠华物流资产经营管理有限公司董事长。1976年于江苏农学院畜牧兽医专业毕业。大学毕业后，先后在无锡县农大、县多管局、县科协工作，任科协副主席。其间，先后有7项科技成果获县、市、省、农牧渔业部奖励，其中有5项成果获一等奖，1项成果获特等奖。1985年，加入中国共产党。同年2月被评为无锡市劳动模范、3月被评为江苏省劳动模范。1995年起，从事文物收藏和研究，投资数百万元从民间和拍卖公司收购文物、艺术品近千件，有字画、瓷器、玉器、青铜器、佛像、佛经、古籍善本等。1996年下海经商，创办无锡惠华物流资产管理有限公司，1998年任公司党支部书记。2007年，到清华大学、南京博物院学习，获国家文物委员会艺术品陶瓷器、金属器鉴定师资质，被国家文物局、中国文物协会评为中国当代文博专家。2011年，其收藏的唐铜鎏金佛像和宋佛经入选灵山梵宫佛教文物展。先后上缴税收1亿多元，捐赠母校藕塘中心小学、藕塘中学办学经费5万余元。

**陈　钟**（1957—　）出生于1957年11月，女，藕塘稍塘营街上人，高中文化。1975年于藕塘中学高中毕业。同年至原籍务农。1978年，到无锡县电子器件厂工作。1979年，到无锡县藕塘农机厂工作。1983年，到无锡市华冠集装箱厂（无锡县集装箱厂）工作，历任副厂长、厂长。先后获无锡县优秀共产党员、无锡县优秀专业技术工作者、无锡市优秀共产党员、江苏省农村青年星火带头人等荣誉。1989年，被评为无锡市劳动模范。1991年12月，被评为江苏省劳动模范。

**毛建良**（1958—　）出生于1958年4月，无锡市人，定居钱桥春满园，初中文化。江苏沙钢集团锡兴特钢有限公司职工，30多年担任班组骨干，服从领导安排，严格要求自己，在车间起到模范带头作用。2000年4月，被评为无锡市劳动模范。2001年4月，被评为江苏省劳动模范。

**李国民**（1959—　）出生于1959年10月，藕塘南水渠人，高中文化，会计师，中共党员。1982年11月，任藕塘公社财政所会计。1986年6月起，任藕塘弹簧厂等乡办厂主办会计。1997年5月，任南水渠村村委主任。2006年4月，任南水渠村党支部书记，后任南塘村村委主任。任职期间，加快新农村建设，做到心通、人通、政通，挖掘南水渠村历史文化，收集整理历史资料，按南水渠村的历史景观进行环村河道的全面清淤整理，新建大德、弘德、井潭、牵牛四座金山石桥，在小牛河北首新建水苌亭、明月廊、浅月台，并把一环以内的村道以古仿古全面修缮。同时注重人与自然的和谐，每年投资10多万元进行绿化，组织购买树苗分发给各户，发动村民对废弃荒田进行绿化；对村民家前屋后种植的老树进行保护，如有村民确实因生活困难需要卖树的，由村里收购，把老树保护下来。整治后的南水渠村被江苏省列为绿化模式之一，被《江南晚报》推荐为“2008年无锡市美丽乡村”之一，先后获江苏省新农村建设示范点、江苏省村庄绿化模式示范区、江苏省生态村、无锡市绿化家园示范村、无锡市村庄整治示范点、惠山区社会主义新农村建设优胜社区等荣誉。2009年4月，被评为无锡市劳动模范。2011年4月，被评为江苏省劳动模范。

## 三、无锡市级劳动模范（含二等功获得者）

**谈汉良**（1934—　）出生于民国23年（1934）6月，无锡县阳山丁庄人，定居钱桥街道晴山

蓝城。1952年参加工作。1960年9月，由上海浦东五星铸铁厂保送进上海市机械工业学校机器制造专业学习。1964年中专毕业后，分配至上海滚动轴承厂动力设备科工作。1971年，调至无锡金球厂工作，负责技术科工作。后任无锡金球机械厂总工程师。先后当选为无锡县人大代表、无锡县政协委员。1985年2月，被评为无锡市劳动模范。

**邵仁兴**（1936—　）出生于民国25年（1936）8月，藕塘盛店桥庄桥头人，初中文化，中共党员。1956年参加工作。历任无锡县柴油机厂职工、技术科科长、技术科党支部书记、柴油机厂厂长、党委副书记。1959年，被评为无锡市先进生产工作者。1960年，被评为无锡市劳动模范。

**尤金芳**（1939—　）出生于民国28年（1939）9月21日，钱桥肖尤巷人，中专文化，中共党员。1955年于周家弄小学毕业。1956年，考入无锡市劳动局技术工业学校学习。1958年，分配至无锡市油泵油嘴厂工作，先后任车间值班长、工段长、检验科科长等。1985年起，先后任马山机械冶金公司、无锡威孚马山油泵油嘴厂检验科科长、生产经营科科长、厂长。工作期间，多次被无锡市人民政府评为青年红旗突击手、优秀厂长等。1994年4月，被评为无锡市劳动模范。

**龚永庆**（1940—　）出生于民国29年（1940）4月，钱桥溪南唐巷人。1960年7月于无锡市第一中学高中毕业后回乡务农，任生产队饲养员，养母猪15头，全年出售苗猪300余头。1980年3月，参加无锡县革命委员会召开的农业、工交、财贸表彰大会，被评为无锡县劳动模范。1983年，创办专业养猪场，饲养母猪20余头、公猪5头，为周边一市三县提供苗猪，为母猪配种。是年，被无锡市委、市政府录入农村专业户经济联合体光荣册。1985年2月，出席无锡市人民政府召开的表彰大会，获无锡市劳动模范称号。曾任无锡县人大代表。

**吴福元**（1943—　）出生于民国32年（1943）6月，藕塘稍塘营枣树下人，小学文化，中共党员。1963年参加工作。1965年9月入伍。同年12月随部队赴越南参加援越抗美战斗，历任战士、班长。在战斗中多次负伤，轻伤不下火线，两次入院治疗，愈后重返前线。因事迹突出被记二等功1次。1969年4月退伍。1970年9月，到苏州钢铁厂工作，历任炼钢车间班长、护厂队队长，被评为厂先进生产者。

**唐炎生**（1943—　）出生于民国32年（1943）11月，钱桥西漳岸里人，中共党员。1962年6月于江苏省洛社师范学校毕业。1965年2月，到钱桥中心小学任教。1968~1995年，先后任钱桥公社农机厂、仪器设备厂、金属压延厂副厂长、厂长。1995年5月，兼任钱桥镇工业总公司副总经理。1996年1月，调任无锡华特钢带有限公司总经理、党支部书记。任职期间，公司实现年销售收入达1.221亿元，利税达2565.3万元，全员劳动生产率、人均创利等经济指标在国内同行业中居领先水平，生产的产品连年被评为省名牌优质产品，企业连续被评为无锡市工业明星企业。2000年4月，被评为无锡市劳动模范。

**殷荣兴**（1945—　）出生于民国34年（1945）2月，钱桥田肚里人，初中文化，中共党员。

先后任无锡县司法局基层股股长，钱桥镇司法助理员兼钱桥法律服务所、钱桥经济法律服务所主任。1986 年 10 月，主动要求回家乡钱桥乡任司法助理员，并立下二年摘掉落后帽子、三年跨进先进行列的“军令状”。任职期间，带领全体成员全面开展各项基层司法行政工作，抓基础，防激化，充分发挥人民调解工作的作用，钱桥镇连续 8 年实现无民间纠纷激化刑事案件和非正常死亡事件。多层次、全方位为企业经济发展提供法律服务和法律保障，法律服务所 4 年间为企业追回应收款 1000 万元。实行目标管理和考核管理，在无锡县率先实行法律工作者效益工资制，使钱桥镇成为全市司法行政工作的排头兵。钱桥镇司法办公室、法律服务所连续 10 年被省、市评为先进集体。其个人先后 17 次受到市级以上政府和司法行政部门的表彰奖励。1997 年 3 月，被司法部授予全国优秀司法所长称号，并被无锡市政法委员会评为无锡市政法工作标兵。同年被评为无锡市劳动模范。

**龚海涛**（1949—　）出生于 1949 年 1 月，钱桥西漳岸里人，高级经济师，苏嘉集团董事长，江苏省政协委员。1968 年，到钱桥西漳五金塑料厂工作。1971 年，任钱桥钢厂副厂长。1984 年，任钱桥涤纶丝厂副厂长。1986 年，任无锡县镁碳砖厂厂长。在其任职期间，企业不断发展壮大，从一个小型企业发展成为无锡苏嘉集团公司这一大中型企业。1989 年，任无锡市苏嘉镁碳砖厂厂长。1993 年，任无锡苏嘉镁砖有限公司董事长。1998 年 10 月，被评为中华知名杰出人才。2000 年 2 月，被评为无锡市明星厂长。2001 年，被评为无锡市工业明星厂长。2002 年，任江苏苏嘉集团有限公司董事长。2003 年 4 月，被评为无锡市劳动模范，11 月被评为无锡市优秀厂长。2004 年，被评为无锡市私营企业优秀企业家。2005 年，获中国知名企业家称号。2006 年，评为无锡市优秀企业家、关爱员工优秀民营企业家。同年当选为钱桥镇慈善基金会会长，带头捐款 50 万元慈善基金。2008 年，任苏嘉集团高级顾问。2015 年，苏嘉集团成为一个拥有 10 余个实体子公司、实行多元化经营、跨地区跨国别的集团化企业，拥有员工 2000 余人，总资产 17.3 亿元；销售年总产值达 40.9 亿元，利税完成 6.89 亿元。苏嘉集团成为江苏省工业明星企业、无锡市十大民营企业集团之一，无锡市百家最佳、最强企业。

**吴全兴**（1949—　）出生于 1949 年 2 月，西漳青联西坝人，定居钱桥金球新村。江苏大学本科毕业，高级工程师。1975 年 7 月，到无锡县柴油机厂工作。其间，致力于铸造技术改造，在砂处理系统、造型烧铸流水生产线、Q383 抛丸清理生产线等方面改善生产环境、降低劳动强度、提高生产效率、稳定产品质量作出贡献。1985 年 2 月，被评为无锡市劳动模范。1988 年 8 月，到无锡县制钉机械厂工作。其间，致力于新品开发，品种有瓦楞钉机、谐波变速器系列产品、轴承装紧、钉机等。1992 年 4 月，调至钱桥无锡龙舜实业有限公司工作，任铸造车间党支部书记、主任。其间，带领全车间员工创造出全国农机行业铸造生产单位面积产量第一的成绩。

**冯南华**（1949—　）出生于 1949 年 11 月，藕塘漳漕巷人，函授大专文化，经济师，中共党员。1983 年起，先后任藕塘乡经联会副主任、副乡长，阳山镇党委书记，无锡县供销总社主任兼书记，兼任江苏汇华集团公司总经理、董事长。2000 年起，任惠山区劳动和社会保障局局长、党委书记、调研员。曾当选为无锡市第九届、第十届、第十二届人大代表。先后被评为无锡市优秀共产党员、江苏省供销系统先进工作者、无锡市先进党务工作者、江苏省劳动保障系统先进工作者、江苏省劳务先进工作者、无锡市优秀人民代表。享受市劳模待遇。

**唐岳生**（1955—　　）出生于1955年11月21日，钱桥西漳岸里人。1975年，到钱桥建筑公司工作。1986年，任无锡钱桥带钢厂总经理，把一个只有25名员工的村办小型带钢厂发展壮大为拥有职工150人的规模企业。1996年，企业获农业部全国质量达标证书。同年9月~1999年7月，到江南学院经济管理大专班学习。1999年，任西漳村党总支书记、实业公司总经理。任职期间，西漳村先后获无锡市工业明星村、江苏省明星村、江苏省生态村等称号。个人先后被评为锡山市优秀党总支书记、无锡市优秀共产党员。2000年，企业获江苏省名牌产品证书。2002年，创办无锡同济新型材料有限公司。2006年4月，被评为无锡市劳动模范，10月应邀参加北京国庆观礼。是年，企业获惠山区科技进步二等奖。同年12月~2007年12月，到清华大学继续教育学院国际创新管理总裁高级研修班学习。2007年，西漳村实现工业总产值21亿元，人均收入15000元。2008年，创办无锡爱西匹钢芯有限公司。同年获惠山区"蓝天下的关爱"慈善募捐活动慈善明星称号。2011年8月~2013年3月，到清华大学深圳研究院资本经营（投融资）总裁班学习。2012年，当选惠山区人大代表。2013年，晋升为高级经济师。2015年，其所办的钱桥带钢有限公司等3个企业实现销售总额2.16亿元、上缴税金1429.55万元。企业发展后，唐岳生不忘爱心助困，支持社会事业，对结对贫困户每年资助2000元，为贫困山区贵州省黄平县贫困学生（6人）每人每年资助500元助学金，还亲自带3000元结对帮困款往贵州省看望6位贫困学生。唐岳生积极支持身边的社会事业，为村里建设休闲广场捐款12万元，为"蓝天下的关爱"慈善捐款20万元，为村里修建慈云禅寺捐款15万元，为村里道路绿化建设、开设老年活动室以及钱桥中、小学教育事业等奉献爱心。

**张建荣**（1955—　　）出生于1955年11月，钱桥小园里人。1971年初中毕业。1985年，到村办企业工作，历任车间主任、村办企业副厂长、厂长等职。后任威华村农工商联社社长、实业公司经理、党总支书记。1997年，调至钱桥中心国土资源所任党支部书记、中心所所长。2003年6月，被江苏省人事局、江苏省国土资源厅评为先进工作者，同年被评为无锡市劳动模范。2005年6月，被无锡市人事局、国土资源局评为无锡市十佳文明国土卫士。2007年10月，获江苏省档案局档案工作创建省特二级标准突出贡献奖。2009~2010年，先后被评为无锡市国土资源系统优秀工作者、优秀党务工作者。

**丁静伟**（1956—　　）出生于1956年11月3日，原籍洛社华圻村漕头上人，定居钱桥市镇。中共党员，大专学历。1980年1月，先后任钱桥中学教导主任、副校长。1995年9月，任石塘湾中学校长、党支部书记。2002年9月，任江苏省惠山职教中心校长、党委书记。2006~2009年，先后被评为全国优秀教育工作者，获全国职业院校优秀校长杯、江苏省职教先进个人、无锡市劳动模范等称号。兼任无锡市职业技术教育学会副会长。

**顾建新**（1962—　　）出生于1962年3月，藕塘小章巷人。江南学院大专毕业，高级经济师，江苏健龙新钿摩托车制造有限公司董事长，无锡市新钿鼎立科技有限公司董事长，兼任无锡市乡镇企业（家）协会理事，无锡市惠山区第一届青年商会会长，无锡市惠山区第一届工商联（商会）常委、副会长，第二届区工商联（总商会）副会长，第三届区工商联副主席、副会长，中国国际商会无锡商会副会长。惠山区第一届人大代表；惠山区第二届、第三届政协常委；无锡市第十四届、十五届

人大代表。1997 年 4 月，被评为无锡市劳动模范。2004 年，被评为中国优秀民营科技企业家。2005 年，被评为江苏省关爱员工优秀民营企业家。

**黄建宏**（1963— ）出生于 1963 年 4 月，钱桥南街人，高中文化，中共党员。1980 年 6 月，到无锡华润实业公司工作，历任电杆车间大筋班班长，车间副主任、主任，分工会主席。在电杆车间担任主任期间，车间无重大人身安全和质量、设备事故，生产的混凝土电杆产品先后获得国家新产品、省优质产品称号，六只电杆精品填补国内空白。其个人先后荣获公司、街道、区先进个人和优秀共产党员等荣誉。2014 年 4 月，获江苏省“五一劳动奖章”（享受无锡市劳模待遇）。

**平东良**（1965— ）出生于 1965 年 8 月，洛社正明人，定居钱桥金岸世家，高级工程师。1988 年 7 月于陕西机械学院机械工程系毕业。1991 年 4 月于陕西机械学院研究生院毕业。1991 年 5 月，分配至无锡机床股份有限公司技术中心工作。1995 年 4 月，到无锡金球机械有限公司工作，任总工程师。自工作后长期从事机械技术工作，进行机械技术设计、研制开发新品种。其研发的机械新产品 WE67K-800/6000 数控折弯机、2S-T44R-3X1500 数控开卷卷平线机、BC1240 数控刨模机、CX08 系列异形曲面快速成形机等填补国内空白。同时，配合机械部制订异形曲面成形机行业标准。2001 年 10 月，被评聘为高级工程师。2012 年，被评为无锡市劳动模范。

**顾才根**（1965— ）出生于 1965 年 10 月，祖籍苏州，定居于钱桥晴山蓝城。武汉钢铁学院本科毕业，中共党员。1989 年 8 月参加工作，历任江苏锡兴集团有限公司二炼钢电炉工段炉长、锡兴集团有限公司科技处工艺技术员、锡兴集团有限公司一炼钢工艺质量主管。参与负责锡兴公司的弹簧钢、齿轮钢等研发工作，获公司“双革四新”成果特等奖。负责锡兴公司一炼钢分厂新产品研发工作，先后研发油井管用钢、高压锅炉管用钢、高压气瓶管用钢、高钢级管线用钢等。大胆创新调整连铸坯冷却水量低于理论值下限，修改结晶器铜管锥度，解决国内圆坯铸机连生产低碳包晶钢易发生纵裂、漏钢等生产质量问题的工艺难题，部分产品打入欧美市场与韩国市场。参与负责锡兴公司一炼钢分厂转炉炉龄攻关 QC 小组的工作，创造转炉炉龄达国内先进水平 19641 炉的好成绩，是转炉设计炉龄 5000 炉的近 4 倍，仅此一项为公司创造 4000 多万元的效益，同时降低成本近千万元，此成果获公司技术创新特等奖。2009 年 4 月，被评为无锡市劳动模范。

**浦明峰**（1969— ）出生于 1969 年 7 月，藕塘庙塘桥浦巷人。江苏省党校区域经济学专业在职研究生学历。1989 年 8 月于杭州船舶工业学校船舶导航仪器专业毕业。同年 8 月，分配至无锡县交通局办公室工作，任秘书，兼任局团委副书记。1993 年 12 月加入中国共产党。后调至共青团锡山市委基层工作部部长办公室工作，任主任，挂职东北塘镇金旺村党支部副书记。1998 年 10 月，调至锡山市委组织部组织科工作。2001 年 3 月，调至惠山区委组织部组织科工作，先任组织科负责人，后任组织部组织科科长。2002 年 8 月起，先后任惠山区委组织部部委委员、区委组织委员、组织部副部长，惠山区新经济社会组织党工委书记，并当选为区政协委员。2008 年 11 月起，先后任惠山区政协常委，惠山区经济开发区党工委副书记，兼任党群工作部部长和开发区纪工委书记、长安街道党工委副书记、纪工委书记、政协工委主席。同年，被无锡市评为优秀党务工作者，享受市级劳模

待遇。2009 年 11 月起，先后任惠山经济开发区党工委副书记、管委会副主任，兼党群工作部部长，开发建设总公司副总经理，长安街道党工委副书记、政协工委主任，其间当选为惠山区纪委委员。2014 年，任惠山区政协社会法制委员会主任。

**丁冠文**（1969—　）出生于 1969 年 12 月，藕塘丁村街里人。1989 年于安徽工业大学本科毕业。大学毕业后，到无锡县预应力钢丝厂从事滚珠轴承钢丝项目质量检验工作，承担技术攻关，迅速提升产品质量。1994 年，到无锡中冶钢缆有限公司任总经理，在充分消化吸收欧洲进口设备的基础上研发出国内首条国产预应力钢绞线生产线，产品广泛应用于国家重点工程，如杭州湾大桥、南京长江二桥、国家大剧院、郑西高铁等。1997 年 4 月，被评为无锡市劳动模范。

**周进文**（1972—　）出生于 1972 年 10 月，湖南省沅江市黄土包镇东成村六组人，定居钱桥华新苑。株洲冶金工业学校毕业。中专毕业后分配至无锡锡兴钢铁集团公司工作，先后任炉前工、炉长，铁水热装项目部主任科员，炼铁厂烧结车间主任、生产技术科科长，生产副厂长等职。在铁水热装项目工作期间负责组建烧结车间及烧结工艺，带领员工去沙钢集团培训学习回来后，重点指导铁水热装项目工程，及时调试各类设备及试生产十个月后，烧结工艺等各类指标达到设计要求，各项技术指标达到全国冶金行业同等先进水平。2007 年，获无锡市“五一劳动奖章”。2009 年，获江苏省“五一劳动奖章”（享受无锡市劳模待遇）。

**俞晓东**（1974—　）出生于 1974 年 9 月，钱桥洋溪俞巷人。1996 年毕业于江南大学应用化学系。大学毕业后，到江苏苏嘉集团新材料有限公司工作，任江苏苏嘉集团新材料有限公司下属工厂厂长兼技术中心副主任，高级工程师职称。任职期间，主持参与 13 个科技项目，形成 23 项科技成果，大部分研发成果都转化运用于公司各类产品的生产中，并形成批量销售，部分成果达到国际先进水平，为公司产品性能处于行业前列、提高生产效率、改善作业环境作出贡献。参与申请相关专利 24 项（其中 23 项为发明专利），获得专利授权 16 项（其中 15 项为发明专利）。2015 年，被评为无锡市劳动模范。

**丁　涛**（1975—　）出生于 1975 年 9 月，藕塘丁村三家村人，大学本科毕业，中共党员。1997 年起，先后至无锡市工人文化宫、无锡市职工大学工作。2002 年 11 月，调入无锡太湖学院，先后任学院院长助理、团委书记、招生办副主任、就业处处长、学生工作处处长、院党委副书记等职。长期从事高校党的建设和学生管理工作，创造性地取得显著成绩，所在学校学生的社会实践活动得到大力推进，毕业生就业率在 99%以上，成为高校就业先进单位；学院录取分数线名列同类院校前茅；学院党建工作在省教育厅教育工委的评估考核中获优异成绩。2012 年，被评为无锡市劳动模范。

## 四、全国级条线劳模、先进、获奖者

**张荣兴**（1920—　）出生于民国 9 年（1920）12 月，钱桥马客人，初中文化。民国 36 年，到无锡市电信局长线站工作。1950 年，被评为江苏省邮电系统劳动模范。1955 年，参加全国邮电系统先进表彰大会，受到中央领导接见。1958 年起，先后任无锡市邮电局工会主席、党委副书记等职。

**丁国清**（1932— ）出生于民国 21 年（1932）5 月，钱桥洋溪丁巷人，初中文化。民国 36 年，到上海拉链厂当学徒。1953 年，参加“三反五反”民主改革运动。1954 年加入中国共产党，并担任厂工会主席。1959 年，到上海崇明农场任党支部书记。1960 年，下放至农村劳动。1964 年，到上海军工机电二局上海仪表厂工作。1966 年，任上海仪表厂“文化大革命”领导小组组长。1970 年支援三线建设，到航天工业部贵州省管理局遵义市 3405 厂工作，任工长。1971 年，任 3405 工厂职工代表大会主席。1984 年 10 月，被航天工业部评为劳动模范。

**祝凤珍**（1934— ）出生于民国 23 年（1934）6 月，女，钱桥铁狮桥人，大专文化，江苏省书法家协会会员。1951 年起，先后在钱桥、新渎、洛社供销社工作。1954 年，调至无锡县兵役局工作。1955 年加入中国共产党。是年 9 月，调至无锡市供销合作总社干部科任办事员、科员、党组办公室组员兼团总支书记。1957 年，调至无锡市商业局组织人事科工作。1959 年，调至中共无锡市委办公室、组织部工作。1964 年，调至无锡市劳动局工作。1968 年，调至无锡市马山“五七”干校学习。1969 年起，先后到无锡七四二厂、市电讯仪表局、无线电七厂工作。1982 年，调至无锡市政府从事人口普查工作，后调至无锡市商业技工学校任专职党支部书记。1989 年退休。退休后至 2007 年 3 月，任无锡市老年大学书法系主任。2009 年，被中国劳动者协会授予全国“五一时代英模”称号。2014 年 10 月 1 日，由中国国际书画艺术院推荐为庆祝中华人民共和国成立 65 周年特邀代表登上观礼台。

**龚　洁**（1938— ）出生于民国 27 年（1938）8 月 27 日，女，钱桥溪南龚巷人，无锡市第四制药厂高级工程师。早年就读于无锡洛社初级中学、锡南中学。1963 年毕业于南京药学院药学系。毕业后，分配至广西南宁邕宁医院工作。1965 年，调至宾阳医院工作。后又调至广西桂林医学院药学系任教。1982 年，晋升为讲师。1983 年，被国家教委、劳动人事部、中国科协授予少数民族地区先进科技工作者荣誉证书。1984 年，调回无锡医药职工中专任教。1987 年，调至无锡第四制药厂工作。1990 年，晋升为高级工程师，在药物研究所开发并获省批准生产的全新产品“康乐灵口服液”投放市场。1992 年，“康乐灵口服液”产品在中国优质保健产品复查升级评选活动中获中国优质保健产品奖。

**钱维均**（1938— ）出生于民国 27 年（1938）9 月，原籍无锡县鸿声，定居钱桥街道。苏州工业专科学校大专毕业，高级工程师，中共党员。1963 年 11 月参加工作，历任鸿山小学教师，无锡县塑料厂、无锡县龙舜实业公司高级工程师、总经理。先后获国家级科技进步三等奖、国家轻工部新品开发先进个人称号、电力部重大科技二等奖、江苏省突出贡献中青年专家称号、江苏省科技进步三等奖、江苏省农业三项工程奖、上海市技术发明奖、比利时王国政府优秀学习奖状及奖金。参加世界工程师大会，获 3 个发明专利、3 个实用新型专利。受聘担任上海师范大学兼职教授。无锡市第七届、第八届政协委员，无锡县第七届、第八届、第九届人大代表。享受国务院政府特殊津贴。

**唐经球**（1940— ）出生于民国29年（1940）8月，钱桥苏庙天墩头人。民国36年就读于苏庙小学。1952年就读于钱桥初中。1955年回天墩头队务农，任小队会计。1962年于无锡无线电工业学校毕业。同年至南京734厂工作，主持军工产品设计。其间至南京业余工业大学学习，大专毕业。1973年，到无锡721厂工作，获国家国防科学技术进步奖评审委员会科学技术三等奖、国际级科学技术进

步奖三等奖。1981年加入中国共产党。1995年，被评为江苏省电子工业工艺先进工作者。1996年，被评为全国电子工业行业先进工艺工作者。同年晋升为中船总公司高级工程师。1991~2001年，在厂科技处总工程师办公室任科技秘书、工艺技术管理、引进设备联络员。2004年，受聘担任上海交通大学机械与动力工程学院工程硕士研究生企业导师，指导12名研究生，获国务院国防工办国防工业重要科技成果二等奖（主要完成人之一）。2010年，被上海交通大学机械与动力工程学院授予“工程硕士优秀企业导师”称号。先后在全国专业会议和专业杂志上发表论文10余篇。

**彭焕明**（1941—　）出生于民国 30 年（1941）9 月 29 日，钱桥南西漳后潘巷人，中共党员。1966 年，任西漳大队大队长。1975 年，任西漳大队党支部书记。1981 年 12 月，任钱桥公社管委会副主任。1983 年 4 月，任钱桥乡乡长、党委副书记。1984 年 4 月，起先后任钱桥乡、镇党委书记。1990 年 1 月，任无锡县土地管理局局长。任局长期间，贯彻执行中央关于土地的基本国策，狠抓土地法制宣传，注重宣传形式与内容、横向与纵向、面与点的统一，注重宣传向立体型、多层次方向发展。每年“6·25”全国土地日，围绕土地管理宣传主题，结合实际情况，认真组织在市报和电视、广播中开辟专栏，举办专题节目，刊登土地管理知识问答。1995 年 4 月，被国家土地管理局授予土地管理宣传工作先进个人称号。任职期间，锡山市土地管理局两次被评为全国土地管理系统先进单位，多次被省、市评为土地管理先进集体。

**杨国华**（1943—　）出生于民国 32 年（1943）2 月，藕塘桥人，中专毕业，农艺师。1961 年，任石塘湾公社农技员。1964 年起，先后任新疆芳草明农场二连队农业技术员、生产办公室主任、“五七”大学副校长。1981 年，任芳草明四场副场长、场长。1989 年，任芳草明总场副政委、副场长。1992 年，获新疆生产建设爱国教育工作先进个人称号。1995 年，获农业部全国乡镇企业先进个人称号。1996 年，任芳草明农场党委书记兼武装部部长。1999 年，任新疆芳草科农股份有限公司董事、副总经理。

**马国娣**（1944—　）出生于民国 33 年（1944）10 月，女，藕塘马巷人，初中文化，中共党员，政工师。1964 年 5 月参加工作，历任藕塘公社东风大队蚕桑辅导员、妇女主任、党支部委员，藕塘公社（乡）妇联（主任）主席。1990 年起，响应全国妇联提出的开展“三八”绿色工程号召，组织藕塘妇女把 6700 平方米的荒山建设成一片绿色的“三八”苗圃，每年向社会提供 1000 多株苗木，带领妇女植树 1 万余株。1993 年 3 月，出席林业部和全国妇联联合召开的表彰会，并在会上作经验介绍，个人被授予全国“三八绿色奖章”。

**毛仲麃**（1946—　）出生于民国 35 年（1946）7 月 7 日，钱桥南巷人，中共党员，大学文化，政工师职称。早年就读于钱桥中心小学、钱桥初中。1962 年回南巷务农，先后任大队团支部书记、民兵营长，生产队、大队农技员。1970 年，任钱桥公社广播站站长。1975 年，兼任钱桥大队党支部书记。1976 年，任钱桥公社党委副书记、管委会副主任。1983 年，任钱桥经联委主任。1984 年，任无锡县西漳乡党委书记。1990 年 5 月，调入无锡县水利农机局工作，任局长，兼任水利农机系统党委

书记。1994 年，水利部授予其发展水利经济突出贡献证书。1995 年，全系统完成综合经营销售收入 6.63 亿元，实现利税 3793 万元，职工人均收入达 6567 元。1996 年，获水利部全国水利经济先进工作者称号。任职期间，先后当选为第十一届、第十二届无锡市人民代表大会代表。

**毛盘良**（1947— ）出生于民国 36 年（1947）9 月 12 日，钱桥西漳马家巷人。1970 年，任马家巷生产队队长，热爱农业，刻苦钻研农业科学技术。90 年代初，在种粮效益不高、农户都不愿种田的情况下，毛盘良承担全村 300 亩地的种植任务。1999 年，承包的西漳农场水稻亩产常年保持在 600~650 公斤之间。2000 年，毛盘良创新的水稻塑盘育秧技术卓有成效，不但承担全村的供秧任务，而且供应周边地区的秧苗。2004 年，承包的农场小麦亩产达 450 多公斤，获无锡市水稻、小麦丰产方一等奖。2006 年，其测土配方施肥技术在中国江苏网推广报道。2010 年，江苏省农业专家参观考察西漳农场，一致认为农场水稻不但长势好，而且长势均衡，田块之间的差异不超过 5 公斤，为无锡市之最。当年，其承包的农场水稻亩产达 720 公斤。是年 12 月，被农业部评为全国粮食生产大户。2012 年，毛盘良承担多项农业试验任务，西漳农场成为惠山区典型的绿色防控基地、种子示范基地、测土配方基地，其事迹在《无锡日报》等新闻媒体上时有报道。2015 年，70 高龄的毛盘良仍为西漳农场场长，西漳农场的名气远播省内外。

**张明达**（1949— ）出生于 1949 年 9 月 7 日，藕塘盛店桥人。1968 年毕业于无锡师范。先后任藕塘五星、火花、勤建小学校长。1984 年，调无锡县教育局工作。后调至胡埭镇中心小学工作，先后任副校长、校长兼党支部书记。在实施教育现代化工程中，建起一座有微机、语音、劳技、舞蹈、音乐、美术、多媒体电子教室等专室的郊区第一流高标准校舍，生均占地等均超省标。校舍布局合理，基础设施齐全，有一体化、计算机网络等先进办公设备；实现“三机一幕”（电视机、电脑、投影机、投影幕）进教室；有剪辑机、调音机、字幕机、频道转换器、摄像机等设备的红领巾电视台、电视演播室，自备电视节目进教室，可与镇闭路电视系统联网。校内配有电子阅览室图书馆、艺体馆、田径场等。任职期间，学校“四率”（入学率、巩固率、合格率、升学率）均为 100%。1996~1997 年，学校获国际、全国、全区级集体奖 62 次，师生获区级以上个人奖 340 余人次。学校被命名为无锡市郊区现代化工程先进学校、江苏省电教实验学校、江苏省模范学校，连续获无锡市常规管理先进学校、无锡市德育工作先进学校、无锡市少儿工作先进集体、等荣誉。每年到学校的参观团达数十批，其中有来自日本、韩国的参观团。个人多次获县、区、市先进教育工作者、优秀校长称号。业绩入编《无锡名人录》。

**薛建江**（1955— ）出生于 1955 年 3 月，钱桥薛巷人。1974 年 7 月于钱桥中学毕业，高中学历。1976 年 3 月，被选送至无锡县农大培训。1977 年 4 月，到钱桥公社农技站工作。1991 年 11 月，到钱桥镇洋溪村工作，先后任安保队长、人民调解员。在村工作期间，为老百姓办事实行公开、公正、公平原则，在司法工作中做到让老百姓心服口服，受到老百姓好评。2005 年 1 月，获司法部“全国模范人民调解员”称号。

**姚锡芬**（1955— ）出生于 1955 年 10 月 10 日，女，钱桥北下塘人，出嫁至苏庙余巷。1974

年于钱桥中学高中毕业。1975 年，到威华等小学任代课教师。1984 年，到钱桥乡政府经营管理办公室任统计助理、经管员。1996 年，在全国 1%人口抽样调查中，被全国人口抽样调查办公室评为抽样调查先进个人。同年，在第一次基本单位普查和统计登记工作中，被无锡市委、市政府表彰为无锡市基本普查和统计登记工作先进个人。2002 年，被江苏省人口普查领导小组评为江苏省第五次全国人口普查省级先进个人。是年，被江苏省统计局评为全省投入调查先进个人。同年，被江苏省第二次基本单位普查工作领导小组评为省级先进个人。2004 年，到钱桥镇统计办公室工作，任统计办公室主任、统计助理。2007 年，在第二次全国农业普查中被江苏省第二次农业普查领导小组办公室和江苏省统计局表彰为省级先进个人。

**马其兴**（1955—　　）出生于 1955 年 12 月，藕塘马巷人，大专文化，中共党员。历任藕塘乡团委书记、藕塘镇副镇长兼农副总公司经理，钱桥镇党委副书记、副镇长，八士镇纪委书记、镇长，锡山区总工会主席、党组书记，无锡市政协委员。2008 年，获江苏省“五一劳动奖章”（享受无锡市劳模待遇）。2009 年，获年度新锡山工作创新奖。2011 年，被评为全国优秀工会工作者。

**周建洪**（1962—　　）出生于 1962 年 9 月，钱桥晓星砖场上人，后定居苏庙社区育才公寓，大学文化。1981 年参加工作。1986 年加入中国共产党。1996 年 9 月，自部队副营职助理员转业至钱桥镇工作。2002 年 5 月起，任钱桥（镇）街道司法所所长。2006 年，被无锡市司法局记三等功 1 次。2007 年，被评为无锡市防激化先进个人。2008 年，被评为惠山区规范执法十佳干警。2009 年，被评为无锡市优秀人民调解员。同年被评为无锡市法治城市创建先进个人。钱桥司法所在其带领下，先后立集体三等功 2 次，并被评为江苏省优秀司法所、无锡市五星级司法所。2010 年，其被评为江苏省法制宣传教育先进个人。2012 年，被评为江苏省司法行政系统创先争优活动先进个人。2013 年 8 月 28 日，代表江苏省模范人民调解员到北京人民大会堂出席全国人民调解工作会议并被评为全国模范人民调解员。2014 年 4 月，入围“全国好人”评选，被评为“江苏好人”。2015 年，被评为全省司法行政先进工作者（享受无锡市劳模待遇）、无锡最美调解员。

**邬其兴**（1962—　　）出生于 1962 年 10 月，钱桥杨毛岸人，大连外国语学院毕业，高级翻译。1985 年起，在中国国际旅行社总社工作，曾在北京人民大会堂为国务院总理、人大常委会秘书长等中央领导多次当翻译。1987 年，任日本影星中野良子全程访华贴身翻译。1988 年，任日本旅行社驻京首席代表、日本首相海部俊树访问同声翻译。先后被评为优秀翻译，获全国旅游业最高奖——紫荆杯奖，曾被选为上海世博会日本旅行社形象代言人。

**薛士强**（1962—　　）出生于 1962 年 11 月，钱桥薛巷人，高级工程师。1982 年 7 月，毕业于长春理工大学，获军用光学学士学位。是年，到总参工程兵技术装备研究所工作。1995 年，晋升为高级工程师。2007 年，调至总装工程兵技术研究所工作。长期从事军队目标伪装理论和工程伪装应用工作，完成多项国防工程伪装建设任务，完成多项装备科研项目研究，获军队科技进步一等奖 1 项、二等奖 2 项、

三等奖 10 项，国防发明奖 5 项，立三等功 1 次，获国庆六十周年首都阅兵先进个人、全军后勤重大科技成果先进个人等称号。

**虞仕俊**（1963—　　）出生于 1963 年 4 月 18 日，藕塘稍塘营街上人，硕士生导师，中共党员。1984 年于西南政法大学本科毕业。大学毕业后，分配至中共无锡市委党校工作，为中共江苏省委党校、江南大学兼职教授，无锡仲裁委员会仲裁员。2004 年，任江苏省开炫律师事务所主任律师，为国内著名刑辩律师，曾主办或参与承办国内大量有重大影响的案件。先后被评为司法部律师行业争先创优活动党员律师标兵、江苏省优秀律师、江苏省律师行业优秀共产党员、无锡市优秀律师。

**杨　帆**（1966—　　）出生于 1966 年 8 月，女，祖籍丹阳，定居钱桥社区新民新村，大专文化，中共党员。1981 年，到无锡县钢铁厂工作。1993 年，任钢铁厂变电所副所长，主管 110 千伏变电所，先后获企业金质敬业奖章、优秀共产党员称号，并获无锡县技术操作能手称号。1995 年，被中华全国总工会授予全国先进女职工称号。

**邵　峰**（1966—　　）出生于 1966 年 11 月，藕塘稍塘营西村人，在职研究生学历，经济师，中共党员。1984 年 9 月参加工作，先后在无锡县统计局、无锡县委办公室、锡山市委办公室工作，任副科长、科长、副局（科）级秘书。1996 年 6 月起，先后到锡山市地方税务局（无锡市锡惠地税局）、惠山地税局工作，任副局长、局长、党组书记。2004 年 9 月起，先后任无锡市地税局局长助理、副局长、党组成员。中共无锡市第十届党代表。2013 年起，任江苏省地方税务局征管和科技发展处处长。先后被评为无锡市优秀共产党员、无锡市优秀党务工作者、江苏省地税系统优秀工作者、全国税务系统先进工作者、江苏省级机关优秀党员。

**冯丹沁**（1968—　　）出生于 1968 年 2 月，藕塘南水渠大河头人，辽宁师范大学毕业，硕士，中共党员。江苏省天一中学教师，后任教务处副主任兼通用技术学科组长，兼任无锡市劳技专委会秘书长、江苏省技术类课程基地联盟秘书长。获无锡大市首届通用技术评优课一等奖、无锡大市首届研究性学习评优课一等奖，辅导学生获全国 23 届青少年科技创新大赛二等奖、全国首届教育技术创新大赛一等奖第一名、江苏省人民政府青少年科技创新培源奖、首届登峰杯学术作品全国总决赛第一名。创办天一科学院的相关研究成果获 2013 年江苏省基础教育类教学成果特等奖与 2014 年国家级教育成果奖一等奖。被评为江苏省优秀科技辅导员、中国科协全国优秀科学教师、无锡市学科带头人、江苏省优秀共产党员。

**包红心**（1968—　　）出生于 1968 年 7 月，女，胡埭张舍村人，定居晴山蓝城社区钱桥新村。苏州大学毕业，本科学历。1986 年 8 月，分配至胡埭中心小学任教。1992 年 8 月，调至钱桥中心小学任教，历任年级组长、大队辅导员兼辅导区总辅导员、德育主任、副校长等职，兼任惠山区少先队副总辅导员。先后被评为全国优秀教师、中小学优秀德育课教师、“双有”活动先进个人，江苏省“十佳”辅导员、优秀辅导员，无锡市“三八”红旗手、青年岗位能手、优秀教育工作者、德育先进

工作者等。2002 年，被聘为惠山区品德学科中心组成员。2007 年，被聘为江苏省少先队文化建设专业委员会常务理事。参与《在理想中成长》《从小知荣辱》等书籍的编写，撰写 30 多篇教育教学论文，先后在省市级报刊发表、获奖。

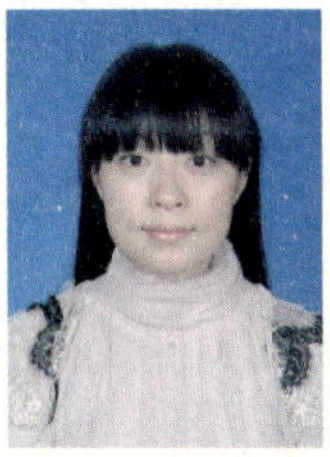

**倪蕾敏**（1981—　）出生于 1981 年 5 月，女，藕塘南水渠倪巷人，本科学历，中共党员。2005 年起，在钱桥（镇）街道从事工会工作。工作期间，积极宣传《中华人民共和国工会法》《中华人民共和国劳动法》，在职期间积极开展各项活动，关心职工生活，为困难职工家庭排忧解难，依法维护职工权益。2013 年，被全国总工会评为全国优秀工会积极分子。2014 年，接待调处职工来信来访及各种劳资关系苗头性争议 116 起，为 60 多人次提供法律援助，为 1200 多人次提供法律咨询，调解成功率 100%。

# 第五节　乡村名医

钱桥、藕塘地区吴伯华、吴孚明父子精通针灸、伤科；邓守坚治疗伤寒初诊应手，复诊效显，三诊治愈；厉聘三对伤寒、肝炎治疗被民间誉为“妙手回春”；李凤清、李全法父子精通治疗毒蛇咬伤医术。区域内乡村名医都有很好的医德，在区域内及附近地区的老百姓中有很好的口碑。

**吴伯华**（1866—1918）出生于清同治五年（1866），藕塘桥唐巷里人，为武术教师，精通针灸、伤科。民国时期，藕塘农村夏天常发生瘟疫（俗称瘪螺痧，现代称霍乱），病人大多因吐泻失水身亡，只能靠挑痧救治病人。吴伯华救治无数霍乱病人，甚至有几个病人死里复生。当年，庙塘桥村强朴仁家长工得霍乱刚死（停止呼吸、脉搏停止跳动），已用白布蒙盖。逢吴伯华出诊洛社归来，路过闻知后，即针刺“死者”脚底涌泉穴。第二次深刺时，“死者”脚拇指微微一动。吴伯华窃喜，知有希望，马上给病人全身行针，不时换位，从傍晚直至天明，“死者”终于苏醒得救。于是，吴伯华名闻遐迩，方圆几十里求医者络绎不断，其医德高尚，不顾劳累，不分昼夜给病人诊治（包括接骨、上臼、按摩、推拿）。民国 7 年（1918）6 月 20 日，吴伯华出诊石塘湾，救治几个霍乱病人后由村民用船送其回家。途中，吴伯华因伤口感染，其救治无效而亡，终年 52 岁。

**邓守坚**（1890—1976）出生于清光绪十六年（1890），钱桥邓巷人，民国时期锡西地区著名中医，以治伤寒病见长。早年师从无锡名医刘友庭，勤习岐黄，通读本草纲目和汤头歌诀。学成后，在钱桥邓巷挂牌中医内科开业，善治伤寒，诊治往往能初诊应手，复诊效显，三诊治愈；对妇科病患，亦有所长。后至洛社同和堂、袁大和堂开业应诊，以济世救人为宗旨，医德高尚，徒步出诊，贫富不计，体惜病家，治病中应用“验”“廉”二字，采用价廉实用的普通中草药，不用或少用贵重药品，以减轻病家负担。施诊范围遍及藕塘、洛社、陆区、武进、洛阳、胡埭等地。凡出诊一地，病人闻其名而云集。带徒授业更是循循善诱，对病理的机制、化裁、脉舌的体验，讲解详尽，教育弟子慎思明辨，谨守医德。其弟子张其荣、朱正华、倪桂三、厉聘三、尤进华等均学有所长，出类拔萃，名重一时。抗战期间，邓守坚曾去上海行医。新中国成立后，邓守坚返锡，寓北大街老大年药店。70 岁时回乡居钱桥西漳，业务始终不衰。1976 年病故，享年 86 岁。

**吴孚明**（1906—1977）出生于清光绪三十二年（1906），藕塘桥唐巷里人。少时，遵其父亲、藕塘民间伤科名医吴伯华之命，潜心学习伤科，励志救死扶伤。学成后，其给病人看病不计报酬，常给贫苦人家病人送医送药。解放初期，杨墅张华桥吴阿良因拆迁老屋，不慎从屋顶摔下，右肱骨开

放性骨折，血流如注，断端露出体外2~3公分。吴孚明马上给病人清疮，用上自制的止血药，然后矫正断端，留病人住在家中观察治疗，用活小鸡一只（亦用螃蟹一只）、葱白连根一起捣烂和中药一起涂覆，外用夹板捆绑固定。经换药几天，复查，病人已完全康复。由于病人吴阿良家境贫寒，吴孚明分文未收。吴阿良尊吴孚明为自家父亲一样。后虽然当事人都已经过世，但后辈往来仍然十分亲密。吴孚明对上臼非常熟练，下颌关节脱臼应用体内法和体外法两种复位法。体内法把拇指伸入患者口中，体外法用拇指按压下颌关节；肱骨脱臼用足蹬法，下肢髋关节、踝关节脱臼复位都是一气呵成，熟练快捷，病人痛苦少。吴孚明医术高明、医德高尚、待人和气、乐于助人，曾资助患小儿麻痹症的贫困家庭至无锡大医院就诊，免费为患儿进行康复治疗，深得广大群众的爱戴和好评。1956年，吴孚明加入无锡县医学协会。1957年，上级政府给吴孚明颁发半农半医证书，准其在家行医。1977年去世，享年71岁。

**许光旭**（1911—1994），出生于清宣统三年（1911）2月29日，钱桥南街人，九三学社社员，曾任无锡市联合工人医院（第五人民医院前身）内科、小儿科主任。民国24年（1935）毕业于浙江医科大学。时大学毕业后完全有机会留在城市工作，但许光旭看到农村严重缺医少药，回乡在钱桥南街开设诊所，为父老乡亲看病，是钱桥街上由正规大学毕业生开设的第一家诊所。乡亲们称之为“治病有把握的大医生诊所”，四面八方患者闻讯赶来诊治。许光旭对经济困难的病员十分关心，劝慰病人不要把钱放在心上，等治好病后有了钱再付。正当许光旭为家乡群众治病做实事好事时，日本帝国主义侵略中国，无锡沦陷，家乡待不下去，便带着全家老少流落到贵州遵义，为遵义地区广大百姓治病，帮助吸毒者戒大烟，通过心理疏导和药物治疗，使许多吸毒者获得新生。抗日战争胜利后，许光旭带着全家回到家乡钱桥，复开诊所。其医德高尚、医术精湛，连续治好多个疑难杂症，名声大振。民国36年夏天，一位姓张的病人在晚上八点钟赶到许家门上敲门，说家里两人得急病，躺在床上上吐下泻，生命垂危，请求许医生无论如何前去看病。劳累一天的许光旭二话不说，背起药箱赶到张家，诊断病人得霍乱，紧急处理后，病情得到缓解。第二天再上门复诊。在回家路上，一条狗咬了许光旭一口，但他没有声张，没有怨言，自己清洗伤口，注射狂犬疫苗，并关照家人不要把这事告诉张家。后再去张家复诊，看到病人转危为安，高兴万分。1951年，政府号召私人医生走集体化道路，许光旭关闭自己开办多年的诊所，合并到无锡市第一联合工人医院（第五人民医院前身）工作，先后任内科和小儿科主任。在医院，许光旭成绩突出，多次被评为医院先进工作者。1958年，被评为无锡市先进工作者。1969年，许光旭响应党和政府提出的医务工作者到农村去接受贫下中农再教育的号召，前去苏北滨海獐沟人民医院工作。在他不懈努力下，獐沟医院医疗水平大幅度提高，重危病人得到及时救治，受到当地群众赞扬。1972年退休回家，獐沟人民医院全体医务人员和当地群众送了一程又一程。1994年4月14日病逝，享年83岁，无锡市第五人民医院同仁、九三学社、滨海乡亲派代表前往送别。

**李凤清**（1916—1969）出生于民国5年（1916），藕塘桥陆巷上人。精通祖传治疗毒蛇咬啮医术，医治蛇咬患者无数。20世纪60年代困难时期，藕塘地区乡村农民吃不饱肚子，都至河边、山上挖野草、刮树皮，被毒蛇咬伤的人很多。伤者都去找蛇医李凤清治疗。李凤清包医包治包好，死亡率为零。除钱桥、藕塘地区蛇咬患者到其家中求医外，邻近张舍、胡埭、阳山、杨市、洛社等地被毒蛇所咬患者也都上门求助治疗。时李凤清每年治愈蛇患病人有100多人。1969年因患癌症去世，终年53岁。

**秦志青**（1916—2005）出生于民国 5 年（1916），原名金祖，字惠泉，祖籍陡门秦巷，定居钱桥北街，中医师。少年立志学医，以医治民众疾病为本，立身青松，更名为“志青”。民国 19 年，师从名医王肖曾、许伯安。民国 27 年至 1951 年，在钱桥老街开业行医。1952~1956 年，任钱桥联合诊所负责人、藕塘区卫生工作者协会主任。1956~1966 年，任钱桥公社卫生院业务院长。1979~1985 年，任钱桥（公社）乡卫生院院长。1978~1986 年，当选为无锡县第七届、第八届、第九届、第十届人大代表。在钱桥地区行医近 50 年，坚持“治病救人”宗旨，孜孜不倦钻研医术，积累丰富的临床经验，中西医结合，融会贯通治疗疑难病症，以高尚的医德和精湛的医术，赢得钱桥百姓的赞誉，成为钱桥乃至锡西地区的名医。在私人开业时，对病人不分贫富贵贱，一视同仁，经常为贫穷病人治病而不收分文，病人有求必应、随叫随到。在医院门诊每天要看几十号病人，从无怨言，在群众中有非常好的口碑。在医疗技术上有较高的造诣，但谦虚谨慎，从不保守，把医术传教给青年医生；在生活上艰苦朴素，清正廉洁，不谋私利，在医院内享有极高的威望。留用至 70 周岁才正式退休，85 岁还有病人请他看病。2005 年病逝，享年 89 岁。

**厉聘三**（1917—2003）出生于民国 6 年（1917）1 月 27 日，钱桥杨毛岸村人。师从邓守坚，习中医内科。民国 27 年在钱桥桥南挂牌开业。后师从无锡市张城异医院王孚照，习西医内科。后至洛社镇张镇桥挂牌开业，对治疗伤寒病、肝炎、妇科等症及杂病调理造诣较深，医治细心稳重，藕塘、洛社、杨市、钱桥等地群众誉之为“妙手回春”。民国 31~37 年，组织夏令施诊给药局，对贫困农户病人施诊给药，服务于高明桥、洛社、石塘湾等地。民国 37 年，为锡西武工队负责人张涛医治枪伤。新中国成立后，进无锡县第二届中医进修班进修，结业后，与管墨霖等组织联合诊所。先后任联合诊所负责人、中心保健站站长、洛社医院中医内科主治医师。2003 年 1 月 16 日病逝，享年 86 岁。

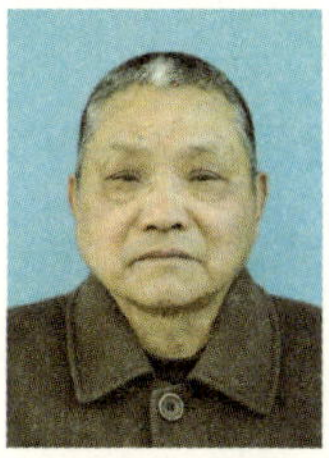

**李全法**（1941—　）出生于民国 30 年（1941）9 月 25 日，藕塘桥陆巷上人。李全法继承父亲李凤清医术，为附近百姓治疗蛇咬患者，从不计报酬。村上缪云娣被一条蝮蛇（俗称野鸡头秃灰蛇）咬伤，被咬处当场就肿起来，衣服也无法脱下，只能用剪刀把袖管剪开，情况十分危急。李全法采取紧急措施，把蛇咬伤口挑散，口含烧酒，用嘴吸出所咬处毒液，然后敷上草药。经过一个星期的治疗，即痊愈。缪云娣感激不尽，买礼品上门道谢，李全法婉言谢绝。洗马浜赵大龙有一次被竹叶青毒蛇连咬两口，当场不省人事。家中和村上人都认为已无药可医了。李全法看到病情虽然严重，但还是尽力救治，先挑开伤口，口含烧酒，耐心、细致地用嘴吸出毒液，救治病人，并安慰家属不要着急。经过半个多月治疗，赵大龙终于康复。病人全家感激不已，常称李全法为救命恩人。为方便患者寻找，李全法在门口特意竖一块“民间蛇医”牌子，直至 2012 年拆迁。

# 第四十二章 人物名录

2015年，钱桥街道入编人物名录的县处级（含副县处级）以上、军队团级以上（含副团级）领导干部、解放前参加革命工作者、高级职称专业技术人员、省级以上条线先进工作者共1496人，其中社区人物名录169人，中小学、幼儿园副高级以上专技人员名录145人，大中专院校副高级以上专技人员名录1083人，社区卫生服务中心副高级以上专技人员名录22人，相关人物（不含中小学、幼儿园、社区卫生服务中心）名录75人，《无锡县志》中录入钱桥人物2人。根据本志《凡例》，钱桥、藕塘籍外人士且不定居在钱桥街道区域内的人士曾在钱桥、藕塘地区各单位、部门、院校工作过的，其级别符合者，以及与钱桥、藕塘有一定渊源且级别符合者均编入相关人物节。

## 第一节 社区人物名录

2015年，钱桥街道15个社区有入编人物名录169人，包括处级以上（军队团级以上）领导干部、高级职称专业技术人员、省级条线以上先进工作者，其中钱桥社区18人、华新社区25人、苏庙社区13人、溪南社区5人、舜柯社区15人、洋溪社区3人、晓丰社区10人、西漳社区6人、晴山蓝城社区7人、藕塘社区12人、东风社区14人、南塘社区7人、盛峰社区11人、稍塘社区11人、藕乐苑社区12人。

### 一、钱桥社区

宋惠中（1932.6—）站头人，无锡市第一人民医院副主任医师。

秦一清（1934.9—）胡埭张舍人，定居钱桥北街，徐州市技改办副主任，高级工程师。

黄荣昌（1935.3—）钱桥人，华东师范大学教授、副校长。

顾明扬（1936.1—）铁狮桥人，桂林第三制药厂高级工程师（副处级）。

顾炳泉（1940.7—）东巷人，淮北矿务局工作，被安徽淮北市评为“五好”职工，享受市劳动模范待遇。

冯维卓（1941.2—）桥南人，江苏省农垦局农业处处长。

马汉基（1941.10—）杨市北新桥人，定居杨树岸，钱桥镇科技助理，创建“江苏省科技先进镇”先进个人。

徐鹏展（1944—）南巷人，中国建设银行无锡分行行长、党委书记，高级经济师。

罗新乐（1960.8—）桥南人，江阴长江大桥路政支队支队长（正处级）。

顾晓华（1962.5—2001.1.5）东巷队人，中国共产党党员。1998年，被评为无锡市劳动模范。2001年1月5日，出差因公殉职。

朱凌云（1962.8—）女，钱桥南街人，无锡市气象局工会主席，高级工程师。

钱玛翔（1963.3—）杨树岸新村人，1995年被评为全国地方税税源调查先进工作者。

孙承宏（1970.12—）港下人，定居桥北，建设银行钱桥办事处主任，江苏省优秀服务标兵。

俞　奕（1974—）女，铁狮桥人，上海德勒税务事务所高级税务经理。

王晓军（1974—）南巷人，匡村实验学校中学高级教师。

周丽英（1974.8—）女，周巷人，美国硅谷总部英特尔公司研究员。

章晓峰（1977.5—）女，钱桥老街人，中国银行总行公司总部高级客户经理，研究员。

毛东方（1982.11—）南巷人，无锡真源网络服务有限公司高级工程师。

## 二、华新社区

唐治中（1920—2005）唐家庄河东人，上海金山石化总厂塑料分厂高级会计师。

周锡兴（1928.7—2015.5）前周基头人，无锡大吉春参药店职工，江苏省“六好”职工。

周伯生（1928.9—）周基头人，西安电力机械制造公司党委书记，高级工程师。

唐宝善（1932.2—）唐家庄人，上海纺织物资供应公司高级经济师。

陈菊林（1932.7—）杨毛岸人，外交部驻葡萄牙一等秘书、参赞。

刘霖漳（1933.10—）刘巷人，宁波镇海炼油公司研究院院长、党委书记，高级工程师。

周炎秋（1933.10—1998.6）后周基头人，无锡市环保局副局长，高级政工师。

陆耀明（1934.12—）下段村人，太仓县县长，高级经济师。

唐瑞昌（1937—1968）唐家庄后巷人，江苏省水利厅工程局高级会计师。

周伯仪（1938.1—）后周基头人，江苏大学教授。

唐炳昌（1939—1998）唐家庄人，曾任马山区经委副主任。1980年，被评为江苏省劳动模范。

唐荣福（1939.7—）唐家庄人，吉林省药物研究所副所长、研究员，享受国务院政府特殊津贴。

周静娟（1940.7—）女，前周基头人，天津第一机床总厂高级工程师。

唐建明（1940.7—）唐家庄人，无锡市电容器厂高级工程师。

毛海泉（1945.7—）毛村园人，中国人民解放军陆军某部副团级主任。

周庆康（1949.8—）前周基头人，在无锡一汽有限公司工作。1989年，被评为无锡市劳动模范。

边才金（1949.9—）肖尤巷人，华新社区老龄委主任，江苏省老有所为先进个人。

周再良（1949.11—）前周基头人，空军某部副团长。

俞建华（1949.11.23—）前周基头人，钱桥中心小学副校长，2001年、2003年两次被评为江苏省青少年科技教育先进个人。

黄志洋（1950.12—）高草棚人，甘肃省农林厅林业局局长，全国林业系统先进工作者。

唐建伟（1965.2—）唐家庄中巷人，江南磁带有限公司工程师。2002年，被评为无锡市劳动模范。

顾周俭（1968—）下段村人，洛社高级中学高级教师。

杨　文（1974.3—）女，杨思桥人，南京机电职业技术学院教务处处长、院办秘书，副处级。

陆红亚（1976.7—）女，下段村人，华新社区主办会计，江苏省人口抽样调查和劳动力调查先进个人。

毛灵燕（1980.3—）女，毛村园人，钱桥街道经发局统计科科长，江苏省第三次经济普查先进个人。

## 三、苏庙社区

缪杏根（1923—）缪巷人，上海仪表厂高级工程师。

杜鑫翔（1928—2000）天墩头人，上海市轻工局高级工程师。

缪月琴（1935—2012）女，缪巷人，北京化纤纺织学校助教，高级工程师。

凌浩金（1935—）杜巷人，衡阳测绘局高级工程师。

缪祥度（1938—）缪巷人，杭州市财政局副处长。

缪婉珍（1939—）女，缪巷人，张家港市科委干部科副科长，高级工程师。

钱富章（1941.11—）沈巷53号，1987年7月在第二次全国工业普查中被江苏省工业普查领导小组评为省级先进工作者。1987年9月，被国务院全国工业普查领导小组评为国家级先进工作者。

陆伯明（1942—）前金岸人，国家质量监督检测中心高级工程师。

缪国凡（1962—）缪巷人，无锡路通视信网络服务公司高级工程师。

龚卫光（1963.3—）原籍胡埭莲杆，定居钱桥美林湖，钱桥街道农技站站长，高级农艺师。

华勤新（1965.11—）洛社万马鹅子岸人，定居钱桥美林湖，钱桥街道农技站副站长，高级农艺师。

周　明（1967—）原籍洛社浜口，定居钱桥锡陆路48号，洛社初级中学高级教师。

刘艺慧（1977.7—）女，钱桥南下塘人，定居美林湖，钱桥中心小学大队辅导员。2009年，被评为江苏省优秀红领巾环保社团辅导员。

## 四、溪南社区

吴炳奎（1934.8—）毛村人，浙江大学高级工程师。

吴锡荣（1935.3—）埭上人，戚墅堰机车车辆研究室主任，高级工程师。

吴华一（1947.12—）毛村人，无锡市计划委员会处长。

吴庆一（1957.4—）毛村人，无锡溪龙重防腐涂覆有限公司经理，江苏省新长征突击手。

钱红锋（1967.5—）南方泉人，定居钱桥春满园，航空长征国际贸易有限公司（北京）副总裁。

## 五、舜柯社区

朱林源（1932—1985）吴巷头人，四川省南溪县副县长。

缪产海（1934.1.12—2008.1.2）历村庄家人，安徽省建设厅高级工程师。

吴士良（1934—1982）历村吴西房人，苏联留学生，江西二〇六厂（军工厂）技术副厂长。

缪胜清（1934.11—）缪家里人，安徽大学物理系副教授。

庄荣兴（1939.10—）庄家人，钱桥镇经营管理办公室经济师，农业部农牧渔业技术推广工作先进个人，创建“江苏省科技先进镇”先进个人。

高志云（1940.3—）女，婚嫁钱桥舜一吴巷头，新疆农垦科学院副研究员。

陶晋才（1943.9—）陆巷人，钱桥镇工业总公司副总经理，江苏省农村财会先进工作者。

周正坚（1947.1—）周巷人，藕塘镇农副业总公司副总经理，高级农艺师。

缪行皋（1948.9—）缪家里人，无锡立信职教中心高级讲师。

夏新一（1950.11—）女，婚嫁历村缪家里，无锡市河埒中学高级教师。

石建明（1962.3—）石巷头人，贵州大学生命科学院副教授。

朱国华（1969.6—）吴巷头人，无锡江原医院主任医师。

李剑波（1971.6—）吴巷头人，上海奥丽光电科技财务总监，高级会计师。

吴新琰（1972—）女，婚嫁田舍头，石塘湾中学高级教师。

孙海燕（1975—）女，婚嫁周巷，无锡市南长实验中学高级教师。

## 六、洋溪社区

徐雅娟（1952.6—）女，时巷人，航空工业部四二〇厂高级工程师。

沈建东（1963—）江胜桥人，洛社初级中学高级教师。

许燕玲（1973—）女，定居蔡顾巷，石塘湾中学高级教师。

## 七、晓丰社区

邓寿煊（1938.11—）邓巷人，山西临汾钢铁公司电气高级工程师。

包渭滨（1941.2—）王巷人，无锡市钱桥房地产开发有限公司董事长，高级经济师。

秦茹芳（1951.5—）女，时湾里人，中国银行钱桥支行行长，江苏省中行存款系统先进个人。

苏仕清（1955.5—）庙头人，无锡县柴油机厂高级工程师。

时向红（1962.6—）女，大花岸人，江苏省财政厅行政政法处副处长（处级）。

时伟荣（1962.10—）大花岸人，美国加利福尼亚州 Kaiser Permanente（永皇研究中心）副教授、高级工程师。

时寿芳（1963.10—）女，大花岸人，无锡市水秀中学校长、党支部书记，中学高级教师。

陆锦贤（1964.5—）女，八士镇辛巷人，婚嫁钱桥砖场，钱桥街道农技站高级农艺师。

包振华（1967.10—）王巷人，无锡市钱桥房地产开发有限公司总经理，惠山区政协委员，高级工程师。

邓　超（1967.12—）邓巷人，晴山蓝城社区党总支书记，江苏省国策服务标兵。

## 八、西漳社区

张林初（1937.10—）南漳人，无锡市第一人民医院副主任医师。

唐天石（1942—）查家人，无锡县新苑公司高级工程师。

钱　克（1963—）查家人，苏州市锡剧团副团长，国家二级演员。

顾珏薪（1971—）南漳人，石塘湾中学高级教师。

毛晨晓（1977.12—）彭巷人，上海惠普有限软件中心研究员。

陶洪锋（1979.12—）马家人，江南大学副教授。

## 九、晴山蓝城社区

朱惠芳（1943.7—）女，原籍陆区花园里，定居钱桥大街，钱桥中心幼儿园园长，江苏省幼儿教育先进个人。

薛年高（1946.1—）北西漳寺头村人，定居邵巷，钱桥镇人武部部长，江苏省抗洪抢险先进个人。

邵雪芬（1954—）女，邵巷人，无锡市东林中学高级教师。

陆千里（1960.10—）安徽蚌埠人，定居钱桥振兴路，无锡红旗船厂有限公司高级工程师。

张文亚（1966.6—）女，陆区西张人，定居晴山蓝城，钱桥街道规划建设局工程建设科科长，高级工程师。

朱卓萍（1972.1—）女，邵巷新村人，晴山蓝城社区办公室主任，江苏省第六次全国人口普查先进个人。

李洪刚（1974.9—）原籍常州武进，定居金岸世家，锡山建筑实业公司三分公司高级工程师。

## 十、藕塘社区

朱纪如（1928.2—）藕塘市镇人，上海医科大学教授。

胡训东（1930.8—）许巷人，江苏仪征化纤公司高级工程师。

胡耀清（1940.12—）许巷人，无锡市第六中学副校长，中学高级教师。

龚炳元（1949.8—）藕塘桥南人，四川省成都青阳公安分局局长（正处级）。

任惠芳（1950.12—）女，原籍陆区洪桥，定居藕塘市镇，藕塘中心小学教师，江苏省优秀教育工作者。

徐忠欣（1955.1—）施巷人，崇安区地震办公室正科级干部，江苏省防震减灾先进个人。

陶阿祥（1960.6—）徐塘湾人，钱桥街道兽医站站长，高级兽医师。

魏鸣龙（1965.12—）藕塘市镇南街人，东芝电子（上海）有限公司高级工程师。

陶　颖（1970.11—）女，许巷人，江苏省授信审核无锡分行中心主任，高级会计师。

侯　洁（1972.6—）女，原籍胡埭莲杆，定居藕塘市镇，惠山区人民医院妇产科副主任医师。

周　英（1975.11.14—）女，缪巷人，钱桥中心小学教师。2001年，被评为江苏省青少年科技教育先进个人。

陈　强（1977.3—）藕塘市镇北街人，国家质检总局中国质量认证中心办公室高级主管。

## 十一、东风社区

冯惠斌（1934—）漳漕巷人，山西省供电局高级经济师。

冯惠民（1938—）漳漕巷人，机械电子工业部高级工程师。

陈仁兴（1940.3—）刘古桥人，青岛某科研单位高级工程师。

冯其清（1941.1—）漳漕巷人，阳山职业高级中学高级教师。

陈伯兴（1942—）刘古桥人，常州监狱政工师，江苏省优秀共产党员。

沈伯兴（1944.7—）西沟桥人，藕塘中学总务主任，2010年被评为江苏省校外教育先进个人。

沈含良（1947—）西沟桥人，苏州警官学校校长，副处级。

李正兴（1952.1—）刘古桥人，紫金山天文台人事组织处处长、副研究员，获国务院政府特殊津贴。

吴　英（1955.9—）女，唐巷里人，锡山人民医院副主任医师。

沈秀娟（1969.6—）女，西沟桥人，钱桥街道文体站站长，江苏省优秀基层文化站站长。

濮凤霞（1971.12—）女，梅巷人，上海建设投资开发支公司财务总监，高级会计师。

冯晓东（1974.1—）小冯巷人，江苏省证监局机构监管处副处长。

沈　悦（1976.10—）西沟桥人，住房建设部建管处处长。

冯志超（1982—）小冯巷人，无锡市国家保密局科技处副处长，无锡市优秀公务员。

## 十二、南塘社区

唐文俊（1915—1976）庙塘桥小章巷人，曾用名唐九梅，民国时期在重庆国民党中统机构工作，国民党少将军衔。

张保华（1946.2—）女，大张巷人，中国科技大学副校长，副教授。

张锦珠（1948—）女，大张巷人，福州军区32100部队副团级技术员。

张桐春（1948.2—）大张巷人，江苏省锡山高级中学初中部主任，中学高级教师。

胡松林（1954.11.16—）孙巷人，藕塘工业总公司企管科科长，高级经济师。

张惠仙（1956.7—）女，大张巷人，钱桥街道财政结算中心主任，高级经济师。

王　纯（1962.9—）女，东吴巷人，无锡蓝天电子有限公司高级经济师。

## 十三、盛峰社区

臧浩顺（1927.4—）犁轭基人，淮南矿务局李嘴子煤矿高级会计师。

吴林兴（1928.11—）盛店桥人，1986年被评为上海市绿化先进个人，1987年被评为上海市科技致富能手，1998年被上海园艺学会评为果树信息网活动积极分子。

冯力行（1945.11—）女，原籍杨市张华，婚嫁大坝头，上海标准件工具厂高级工程师，上海市“三八红旗手”。

王伯生（1948.8—）王巷人，锡山区民政局局长，江苏省信访系统信访工作先进个人。

吴建芬（1953.04—）女，西贾村人，藕塘镇财政所所长，会计师。1994年，被江苏省财政厅评为江苏省农税系统先进个人。

杨志云（1955.3—）盛店桥人，空军某部中校。

顾晓平（1970.2—）李巷人，钱桥街道农技站高级农艺师。

刘艳东（1970.11—）女，婚嫁李巷，钱桥街道农技站林业高级工程师。

王　迅（1971.8—）女，西张巷人，苏州工业园区国际商务区管委会副主任，苏州市劳动模范。

顾正义（1972.12—）李巷人，洛社卫生服务中心副主任医师。

姚　琴（1973—）女，大河头人，洛社初级中学高级教师。

### 十四、稍塘社区

李达宝（1923—1985）大巷人，曾先后参加淮海战役、渡江战役、解放上海战役、抗美援朝战争。1985 年 8 月病故。

王开源（1941.11—）湛大坝人，无锡市第三高级中学高级教师。

蒋耀康（1945—）枣树下人，上海第五冶金建筑公司副总经理兼总会计师，高级会计师。

王明达（1946.8—）湛大坝人，合肥市第四中学高级教师。

徐志峰（1963.8—）徐巷人，锡兴钢铁有限公司副总经理，高级会计师。

俞亚度（1963.11—）俞巷人，钱桥街道人武部副部长，无锡军分区十佳专武干部。

邵秋琴（1965.10—）女，邵巷人，锡兴钢铁有限公司电厂副厂长，高级工程师。

成月芳（1967.4—）女，杨树浜人，省锡中实验学校副校长，中学高级教师。

史　媛（1979.7—）女，大巷人，江苏省演艺集团国家二级演员。

蒋高松（1979.10—）大巷人，江苏省演艺集团演出部主任，国家二级演员。

吴刚英（1982.9—）女，新丰里人，中国银行总行优秀经理、中国银行江苏分行优秀个人。

### 十五、藕乐苑社区

王津梁（1921—）井亭里人，新四军茅山支队文化教员。

陈耀清（1933.2—）陈家湾人，上海市公安局国内保卫局副处长。

倪振兴（1934.2—）西村人，安徽淮北市中级人民法院经济庭庭长，正处级。

臧月成（1934.10—）西村人，中共锡西地区地下党交通员。

陈梅泉（1938.5—）陈家湾人，南京邮电大学高级工程师。

倪树根（1940.4—）西村人，成都军区某部工作，四川省政协委员，正师级，大校军衔。

苏耀祥（1942.8—）秦家漕人，河海大学教授，博士。

管伯兴（1943.3—）管巷人，南昌铁路研究所高级工程师。

俞志伟（1970.9—）胡埭刘塘桥人，定居藕乐苑。江苏沙钢集团锡兴特钢有限公司分厂副厂长。2006 年 4 月，被评为无锡市劳动模范。2011 年 4 月，被评为江苏省劳动模范。

丁程飞（1973.1—）椿树巷人，美国信安集团高级律师。

奚珠红（1973.8—）女，三家村人，南京师范大学附属中学高级教师。

管晓东（1981.1—）管巷人，钱桥街道农办工作人员，江苏省优秀农民专业合作社辅导员。

## 第二节　中小学、幼儿园高级职称专业技术人员名录

2015 年，钱桥街道中小学、幼儿园入编人物名录的高级职称专业技术人员共 145 人，其中钱桥中学高级职称专业技术人员 82 人，藕塘中学高级职称专业技术人员 38 人，钱桥中心小学高级职称专业技术人员 13 人，藕塘中心小学高级职称专业技术人员 6 人，钱桥中心幼儿园高级职称专业技术人员 4 人，藕塘中心幼儿园高级职称专业技术人员 2 人。

### 一、无锡市钱桥中学高级职称专业技术人员

蒋嘉英（1922.10—）西漳新街人，中学高级教师。

蒋未央（1937.1—）东湖塘黄土塘人，中学高级教师。

姚祥荣（1938.7—）杨市张华人，中学高级教师。

秦益澄（1939.6—）胡埭张舍人，中学高级教师。

龚锡梁（1939.7—）无锡市南长街人，中学高级教师。

蒋树源（1941.7—）新安蒋巷人，中学高级教师。
沈正良（1942.1—）洛社钱巷人，钱桥中学教导主任，中学高级教师。
戴惠民（1942.7—）上海人，钱桥中学校长，中学高级教师。
计国均（1942.11—）钱桥周家弄人，中学高级教师。
吴炳康（1943.7—）钱桥溪南毛村人，中学高级教师。
丁雅琴（1944.10—）女，洛社青龙桥人，中学高级教师。
陈仲圻（1944.12—）钱桥洋溪南陈巷人，中学高级教师。
李遵宪（1945.9—）山东钜野县人，中学高级教师。
郭桂宝（1945.9—）南京雨花台区人，中学高级教师。
胡福康（1946.1—）杨市水垛上人，钱桥中学副校长，中学高级教师。
孙浩川（1946.3—）钱桥西漳村孙家巷人，中学高级教师。
张国川（1946.7—）浙江镇海县石干公社人，中学高级教师。
芮林森（1946.10—）钱桥历村芮巷人，中学高级教师。
朱重光（1946.12—）钱桥吴巷头人，钱桥中学总务主任，中学高级教师。
唐家伟（1947.6—）钱桥西漳墙门巷人，中学高级教师。
徐威增（1947.9—）张泾乡浒村人，中学高级教师。
张雪芹（1948.2—）女，钱桥苏庙人，中学高级教师。
童金耀（1948.12—）上海市闸北区人，中学高级教师。
张新华（1948.12—）常熟市徐市镇东街人，中学高级教师。
周杏芬（1950.2—）女，钱桥晓星村前砖人，中学高级教师。
沈梅娣（1950.5—）女，钱桥洋溪村西马山人，中学高级教师。
吴继军（1951.1—）女，上海市人，中学高级教师。
浦培良（1951.2—）东埄石塘大队前村人，中学高级教师。
包祥英（1951.6—）女，胡埭张舍村包家里人，中学高级教师。
唐建华（1954.5—）女，杨市人，钱桥中学副校长，中学高级教师。
冯文英（1955.5—）女，藕塘西冯巷人，中学高级教师。
宋鸿良（1955.9—）长安大宋巷二队人，钱桥中学校长，中学高级教师。
吴巧梅（1957.1—）女，钱桥舜一吴巷头人，中学高级教师。
李建清（1961.2—）钱桥新丰周基东队人，钱桥中学教务处主任，中学高级教师。
吴春圻（1961.4—）钱桥五星小园里人，中学高级教师。
唐燕琴（1962.1—）女，钱桥西漳墙门巷人，中学高级教师。
徐　宁（1962.10—）长安张村人，钱桥中学副校长，中学高级教师。
王敏玉（1963.3—）钱桥舜一村东河头人，钱桥中学实验室主任，中学高级教师。
浦燕琴（1963.8—）女，钱桥浦巷人，中学高级教师。
倪懿君（1964.3—）女，洛社徐贵桥村人，中学高级教师。
浦国治（1964.7—）厚桥杜庄上人，钱桥中学校长、党支部书记，中学高级教师。
徐茂新（1964.8—）西漳青联村舍头人，钱桥中学教务处主任，中学高级教师。
唐俊杰（1964.8—）洛社镇张镇人，中学高级教师。
蔡　平（1964.11—）梅村镇梅新村人，中学高级教师。
周　娴（1964.12—）女，钱桥市镇北街沿河人，中学高级教师。
周明洁（1965.7—）女，东湖塘下庄周东人，中学高级教师。
强锡锋（1966.3—）藕塘庙塘桥人，中学高级教师。

华学杰（1966.7—）石塘湾秦巷大队孙巷人，中学高级教师。
张　毅（1966.8—）女，洛社双庙村人，中学高级教师。
丁晓红（1966.12—）女，钱桥西巷弄人，中学高级教师。
孙丽娟（1967.1—）女，钱桥南西漳人，中学高级教师。
廖　坚（1967.8—）江西黎川人，钱桥中学校长办公室主任，中学高级教师。
朱敏志（1967.10—）女，梅村镇荆协村人，中学高级教师。
时娟娟（1968.2—）女，钱桥晓星村人，中学高级教师。
顾建新（1968.3—）鸿声乡鸿山村人，中学高级教师。
靳　萍（1968.4—）女，厚桥镇厚桥村人，中学高级教师。
朱耕宇（1968.5—）武进县运村人，中学高级教师。
都　文（1968.7—）女，石塘湾五村人，中学高级教师。
谢卫东（1968.7—）安徽石台县七井乡人，钱桥中学副校长，中学高级教师。
朱小燕（1968.10—）女，定居钱桥晴山蓝城，中学高级教师。
邓一中（1968.10—）钱桥晓星村人，中学高级教师。
顾正良（1968.12—）洛社镇人，钱桥中学副校长，中学高级教师。
朱建良（1969.5—）后宅洗马巷人，钱桥街道成人教育中心校校长，中学高级教师。
许建胜（1969.7—）坊前山协新村刘子下人，钱桥中学教务处副主任，中学高级教师。
顾　蔚（1969.12—）女，石塘湾新当队人，中学高级教师。
钱　英（1970.2—）女，杨市镇北村强家渡人，中学高级教师。
朱　敏（1970.4—）女，藕塘东风人，中学高级教师。
章　颖（1970.7—）女，东台市人，中学高级教师。
丁文华（1971.4—）女，陆区高潮村丁家旦人，中学高级教师。
陈　萍（1971.5—）女，山西省解州县人，中学高级教师。
邓晓华（1971.6—）女，上海市浦东周家渡张家门人，中学高级教师。
龚宝荣（1972.4—）南京市鼓楼区人，中学高级教师。
徐　芳（1972.12—）女，石塘湾东泾村人，中学高级教师。
郭俊瑜（1972.12—）女，钱桥社区人，中学高级教师。
吴　明（1973.4—）钱桥苏庙人，中学高级教师。
洪俭英（1973.12—）女，安徽黄山市歙县桂林镇人，中学高级教师。
陆　敏（1974.2—）女，荡口联合村火车浜人，中学高级教师。
唐敏浩（1974.5—）钱桥西漳村人，中学高级教师。
龚丽英（1974.5—）女，钱桥溪南龚巷人，中学高级教师。
杨　维（1974.7—）女，陆区南街人，中学高级教师。
孙　洁（1974.8—）女，港下镇老街四队人，中学高级教师。
陈　琴（1975.6—）女，甘露茅庄村人，中学高级教师。

## 二、无锡市藕塘中学高级职称专业技术人员

张其清（1935.12—）藕塘市镇桥北人，中学高级教师。
殷全法（1937.3—）杨市唐村人，中学高级教师。
全煜亮（1938.9—）胡埭莲杆人，中学高级教师。
马兆林（1940.10—）洛社正明人，中学高级教师。
杨林安（1940.11—）洛社杨村人，中学高级教师。
李伟雄（1941.11—）后宅吴澄桥人，藕塘中学校长，中学高级教师。

陆德丰（1941.12—）钱桥舜一人，中学高级教师。

汤森源（1948.2—）胡埭张舍人，藕塘中学校长，中学高级教师。

管绮虹（1948.7—）女，杨市北街人，藕塘中学教导主任，中学高级教师。

吴容宜（1949.4—）杨市勤余人，中学高级教师。

张银娟（1954.11—）藕塘南水渠人，中学高级教师。

丁一新（1955.6—）藕塘稍塘营大东店人，藕塘中学总务主任，中学高级教师。

胡志衍（1957.7—）堰桥村前村东段东三队人，藕塘中学校长，中学高级教师。

汪菊根（1961.3—）藕塘渔业村人，中学高级教师。

马月芬（1962.12—）女，藕塘东风马巷人，中学高级教师。

步长庆（1963.11—）阳山新渎村人，藕塘中学校办主任，中学高级教师。

张学清（1964.2—）钱桥马客人，藕塘中学校长，中学高级教师。

史学群（1964.9—）女，陕西扶风县人，中学高级教师。

吴红华（1966.8—）女，钱桥溪南村人，中学高级教师。

杨卫明（1966.10—）陆区马村人，藕塘中学总务处主任，中学高级教师。

孙　燕（1967.2—）女，杨市桃园村人，藕塘中学校办副主任，中学高级教师。

陶　伟（1967.3—）洛社镇洛社村人，藕塘中学副校长，中学高级教师。

陈寅霞（1967.10—）女，藕塘陈村人，中学高级教师。

强芳芳（1967.12—）女，杨市勤余村人，中学高级教师。

周英华（1968.10—）女，钱桥晓星村人，中学高级教师。

杨文娟（1968.10—）女，杨市北湖人，中学高级教师。

王文胜（1969.4—）藕塘宇峰人，藕塘中学德学处主任，中学高级教师。

唐迎芳（1969.4—）女，杨市唐家坝人，中学高级教师。

龚峥嵘（1969.8—）前洲蒋巷人，藕塘中学师训处主任，中学高级教师。

马海珍（1970.12—）女，杨市仁里桥人，中学高级教师。

贾厚宝（1971.2—）江苏盱眙高桥人，中学高级教师。

李春芳（1971.4—）女，荡口湖桥村人，中学高级教师。

胡　波（1971.6—）女，藕塘镇藕塘村人，中学高级教师。

周勤伟（1971.11—）藕塘盛店村人，藕塘中学总务处副主任，中学高级教师。

蒋晓艳（1972.9—）女，藕塘盛店村人，藕塘中学教学处主任，中学高级教师。

龚迎丰（1973.9—）女，钱桥溪南村人，中学高级教师。

钱　燕（1974.11—）女，藕塘稍塘人，中学高级教师。

叶　波（1976.11—）阳山新渎村人，中学高级教师。

## 三、无锡市钱桥中心小学高级职称专业技术人员

王艳阳（1962.8—）女，胡埭北岸人，定居苏庙社区欣欣山庄，中学高级教师。

华金标（1962.12—）厚桥嵩山人，定居钱桥社区百乐和园，钱桥中心小学校长、党支部书记，中学高级教师。

钱凌洁（1966.2—）女，杨市人，定居晴山蓝城社区金岸世家，钱桥中心小学副校长，中学高级教师。

顾晓军（1970.1—）女，武进洛阳人，定居华新社区盛岸花园，钱桥中心小学教导处副主任，中学高级教师。

周文华（1970.2—）女，陆区住基人，定居华新社区盛岸花园，中学高级教师。

钱　晴（1970.6—）女，杨市镇镇北人，定居苏庙社区前金岸，钱桥中心小学教导主任，中学

高级教师。

许　竞（1970.9—）女，胡埭张舍人，定居北塘金马国际，钱桥中心小学教导处副主任，中学高级教师。

冯　晟（1971.3—）藕塘冯巷人，定居晴山蓝城社区金岸世家，钱桥中心小学副校长，中学高级教师。

宋明月（1971.6—）女，钱桥站头人，定居华新社区华新苑，钱桥中心小学教导处副主任，中学高级教师。

邓向群（1971.10—）女，钱桥晓星邓巷人，定居晴山蓝城社区钱桥新村，钱桥中心小学副校长，中学高级教师。

杨敏霞（1972.1—）女，钱桥历村东浜人，中学高级教师。

张　怡（1974.11—）女，钱桥铁狮桥人，钱桥中心小学教导处副主任，中学高级教师。

虞　玺（1975.4—）女，阳山镇阳山村人，定居晴山蓝城社区钱桥新村，钱桥中心小学教导处副主任，中学高级教师。

**四、无锡市藕塘中心小学高级职称专业技术人员**

张丽芬（1963.12—）女，杨市人，藕塘中心小学校长，中学高级老师。

管国贤（1966.6—）杨市人，藕塘中心小学校长，中学高级教师。

王佩军（1973.8—）女，定居藕乐苑，藕塘中心小学副校长，中学高级教师。

顾春华（1975.1—）女，定居东风社区唐巷，藕塘中心小学校长办公室主任，中学高级教师。

王锡东（1975.1—）藕塘庙桥人，藕塘中心小学学生部主任，中学高级教师。

孙妙珺（1976.3—）女，杨市人，藕塘中心小学教导主任，中学高级教师。

**五、无锡市钱桥中心幼儿园高级职称专业技术人员**

马俊妹（1968.1—）女，陆区花园人，定居钱桥社区站头新村，钱桥中心幼儿园副园长，中学高级教师。

吴文红（1969.7—）女，陆区洪桥人，定居钱桥育才公寓，钱桥中心幼儿园园长，中学高级教师。

钦雯虹（1969.7—）女，梅村北张人，定居钱桥育才公寓，钱桥中心幼儿园副园长，中学高级教师。

顾　霞（1973.6—）女，陆区杨家村人，定居钱桥育才公寓，钱桥中心幼儿园教科研助理，中学高级教师。

**六、无锡市藕塘中心幼儿园高级职称专业技术人员**

邵云娣（1973.6—）女，稍塘新丰里人，藕塘中心幼儿园副园长，中学高级教师。

刘　芳（1973.10—）女，东风漳漕巷人，藕塘中心幼儿园园长，中学高级教师。

## 第三节　社区卫生服务中心高级职称专业技术人员名录

2015年，钱桥街道辖区内有钱桥、藕塘2所社区卫生服务中心，共有高级职称专业技术人员22人，其中主任医师1人，副主任医师17人，副主任药师1人，副主任护师3人。

**一、钱桥街道社区卫生服务中心高级职称专业技术人员**

张永康（1939.5—）定居晴山蓝城社区，钱桥街道社区卫生服务中心副主任医师。

毕显明（1941.10—）硕放人，钱桥街道社区卫生服务中心副主任医师。

殷金华（1956.12—）钱桥舜一殷巷人，钱桥街道社区卫生服务中心副主任医师。

徐　茜（1967.5—）女，上海南市区人，定居惠泉花园，钱桥街道社区卫生服务中心主任医师。

王卫江（1968.6—）藕塘勤建西村人，钱桥街道社区卫生服务中心主任，副主任医师。

杨文英（1971.11—）女，无锡市惠山街道人，钱桥街道社区卫生服务中心副主任护师。

廉　敏（1972.12—）堰桥人，钱桥街道社区卫生服务中心副主任医师。

许凌云（1972.12—）女，定居钱桥梅林新村，钱桥街道社区卫生服务中心副主任医师。

王亚敏（1973.1—）女，无锡市惠龙新村人，钱桥街道社区卫生服务中心副主任医师。

聂　兴（1973.8—）洛社人，钱桥街道社区卫生服务中心副主任医师。

刘剑敏（1973.12—）女，原籍上海，定居钱桥隆舜园，钱桥街道社区卫生服务中心副主任医师。

邵皎巍（1974.11—）女，江苏淮安人，钱桥街道社区卫生服务中心副主任药师。

邱施政（1975.4—）堰桥人，钱桥街道社区卫生服务中心副主任医师。

### 二、钱桥街道藕塘社区卫生服务中心高级职称专业技术人员

沈季康（1945.8—）原籍杨市张华，定居藕塘市镇，钱桥街道藕塘社区卫生服务中心副主任医师。

蒋建国（1952.10—）藕塘盛店庄桥头人，钱桥街道藕塘社区卫生服务中心副主任医师。

范红卿（1965.9—）洛社人，钱桥街道藕塘社区卫生服务中心主任，副主任医师。

王敏艳（1971.12—）女，原籍胡埭莲杆，定居藕塘市镇，钱桥街道藕塘社区卫生服务中心副主任护师。

章丽亚（1972.1—）女，藕塘东张巷人，钱桥街道藕塘社区卫生服务中心副主任，副主任医师。

钱加丰（1973.7—）原籍江苏洪泽，定居藕塘市镇，钱桥街道藕塘社区卫生服务中心副主任医师。

浦英杰（1973.7—）藕塘东风北陆巷人，钱桥街道藕塘社区卫生服务中心副主任医师。

张其顺（1973.9—）江苏泗阳人，定居堰桥，钱桥街道藕塘社区卫生服务中心副主任医师。

徐　霞（1975.9—）女，藕塘盛店墩上人，钱桥街道藕塘社区卫生服务中心副主任护师。

## 第四节 大中专院校高级职称专业技术人员名录

无锡职教园校区区域内有无锡商业职业技术学院、江苏信息职业技术学院、无锡城市职业技术学院、无锡技师学院、江苏省无锡汽车工程中等专业学校、江苏省惠山中等专业学校、江南影视艺术职业学院、无锡文化艺术学校8所大中专院校以及无锡市公共实训基地，有高级职称专业技术人员共1083人，其中正高级职称（包括教授、研究员、编审等）104人，副高级职称（包括副教授、副研究员、高级工程师、高级经济师、国家实验师、中学高级教师等）979人。（按姓氏笔划排序）

### 一、无锡商业职业技术学院

**正高级**　马元兴　马云峰　马淑芳（女）　王友明　王凤军　王志伟　王　靖　卢惠林　冯其明　朱光明　刘红委　孙蓓雄　李玉柱　李正峰　李　晶（女）　杨建新　沈苏林　张志祥　张雪梅（女）　陈承红　林玉桓　林　钢　赵思有　赵善庆　袁锡明　徐汉文　郭　胜　龚文资　翟志华（女）　戴庆华

**副高级**　丁一琳（女）　丁宗胜　丁帮俊　丁　锋　于　献　马叶香（女）　马永军　马　慧（女）　王力学　王小娟（女）　王文渊　王　冬　王寿福　王志华（女）　王秀云（女）　王国明　王宝敏　王　虹（女）　王振翼　王晓红（女）　王晓岗　王海燕（女）　王润辉　王唯茵（女）　王　燕（女）　牛玉琴（女）　毛金妹（女）　邓　姗（女）　邓　竞　石晓明　叶　东　叶伊静（女）　申小中　申厚坤　史志贵　史锡芬（女）　冯颀军　匡　健（女）　朱璋龙　刘卫民　刘玉华（女）　刘自强　刘远祥　刘　芳（女）　刘春生　刘春芳（女）　刘俭云（女）　刘美华（女）　刘　勤（女）　江雪茹（女）　汤发俊　汤守宏　许会明　许筱红（女）

孙丰念（女） 孙亚明（女） 孙作林 孙　君（女） 孙喜英（女） 严静怡（女） 苏　忆
李凤燕（女） 李传彬 李红霞（女） 李志国 李芬芳（女） 李国屏（女） 李　泓
李显军 李喜明 李景魁 李　富 李富华 杨丙根 杨　丽（女） 杨国华 肖　霞（女）
吴小明 吴丽玫（女） 吴建军 吴建新 吴　萍（女） 何晓红（女） 余立强 沈学明
沈　理（女） 宋玉阁（女） 初　蓓（女） 张大方 张天鹤 张玉萍（女） 张　帆（女）
张英姿（女） 张　科 张音宇（女） 张　哲 张莉娟（女） 张　铮 张敬玲（女）
张想林 张翠芬（女） 张慧忠 张薛梅（女） 陆红立（女） 陈立文 陈亚丽（女）
陈金标 陈洁瑾（女） 陈　艳（女） 陈　燕（女） 林　红（女） 林　勇 尚艳琼（女）
季中文 季正红 周士平（女） 周凤翠（女） 周丙洋 周　威 周　凌（女） 周燕云
周翠萍（女） 郑　丹 赵　卫 赵永胜 赵　刘 赵　丽（女） 赵建政 赵桂影（女）
赵鸿丽（女） 郝瑞英（女） 胡蔚勇 钟小强 侯根香（女） 施　勇 姜宪忠 恽新星（女）
姚建凤（女） 袁玉玲（女） 耿协萍（女） 桂海进（女） 党宝英 钱春英（女） 钱素萍（女）
钱琳伊（女） 钱惠英（女） 徐永生 徐华新（女） 徐　玮（女） 徐　炜 徐　玲（女）
徐荣靖（女） 徐桥猛 徐惠强 徐福文 徐瑾瑜（女） 高汉华 高凌云（女） 高敬瑜
唐日照 唐瑞海 谈国兴 黄金霞（女） 黄　颖（女） 曹江培（女） 曹　军 曹钟林
崔时庆 崔　玫（女） 崔恒义 章　萍（女） 蒋亚琴（女） 蒋柏明 景蕾蕾（女）
程金武 鲁务顺 童建华 谢　进 谢　强 虞晓向（女） 詹重咏 蔡　雯（女） 熊卫明
潘　珩 薛伟业 薛春燕（女） 薛　野 魏玉强 魏丽亚（女）

## 二、江苏信息职业技术学院

**正高级** 马　伟 丛敬军 邓小龙 孙　萍（女） 芦　俊 李新翔 何宇漾（女） 辛春晖（女）
张进平 陆国平 陆锦军 周海燕（女） 居水荣 顾正刚 顾晓燕（女） 徐新阳
席海涛 唐　麒（女） 曹　菁（女） 焦振宇 阚迺庆 戴红霞（女）

**副高级** 丁正军 丁国荣 于铁军（女） 王永红（女） 王志伟 王志玲（女） 王建锋 王继松
王　渊 王裕宁 尤东升 毛志凤（女） 毛金芬（女） 方胜香（女） 孔　原 邓　红
甘　辉（女） 石永生 平震宇 叶露林 包敦峰 冯立元（女） 邢利芳（女） 过正达
年四甜 朱文杰 朱　俊 任　远 任建伟 华　驰 刘　览（女） 刘恩华 刘雪花（女）
许卫中 许为民 孙　伟（女） 孙丽萍（女） 孙　玲（女） 纪永超 严　惠（女）
李　丽（女） 李艳丽（女） 李　爽（女） 杨竹青 杨武生 杨春生 吴　芳（女）
吴英鹰（女） 吴轶群（女） 吴秋芹（女） 吴　莉（女） 吴敏敏（女） 吴新燕（女）
余　玲（女） 沈少峰 宋一栋（女） 宋丽娜（女） 张玉中 张乐云 张　芸（女）
张克纯 张实才 张建蓉（女） 张春怡（女） 张晓燕（女） 张　瑜 陆小英（女）
陆红蕾（女） 陆　艳（女） 陆渊章 陆斐然 陆　蔚（女） 陈正权 陈　红（女）
陈　芸（女） 陈　洁 陈锦华 邵建忠 郁志纯 季云峰 金卫国 金爱华 金　敏（女）
周其海 郑淑英（女） 郎　洁（女） 赵文娟（女） 施　红（女） 姚　君（女）
袁宏萍（女） 袁琦睦 顾伟黎（女） 顾荷娟（女） 顾　倩（女） 钱宜平 钱建良
倪文燕（女） 徐振邦 徐　熙 凌长鸣 郭力子 郭湘宇 唐　珉（女） 谈煜鸿
黄　洁（女） 黄康美（女） 商敏红（女） 梁凤美（女） 喻永康 储　庆 鲁志萍（女）
谢　健（女） 谢　涛 谢菁青 蔡克炎 蔡丽巍（女） 蔡　品 臧武军 薛小波 魏江平

## 三、无锡城市职业技术学院

**正高级** 王　建 伍大福 刘应德 李光宇（女） 李凯文 李继明 杨　敏（女） 应可福
陈　静（女） 岳　睿 赵芝英（女） 赵衍才 徐　峰 高建宁 鲁守荣（女） 瞿立新

**副高级** 丁嘉伟（女） 万桂芬（女） 马海珠（女） 马静娴（女） 王一中 王远东 王若维（女）

王　波　王晓峰（女）王　涛　王乾坤　王锡宁　王　蕾（女）王瀚波　韦红星
尤　敏　尤　颖（女）　左占卫（女）　田蓉（女）　冯云霞（女）　冯金娣（女）
冯　凌（女）　匡介惠（女）　邢　丹（女）　毕大林　吕园园（女）　吕鹤青（女）
朱　云（女）朱云科　任靖福（女）华　佳　华　艳（女）刘　飞（女）刘凤娟（女）
刘芝澄（女）　刘　华（女）刘松萍（女）刘奇玲（女）　刘国华　刘国良　刘继锋
汤美华（女）　安　晶（女）　许文芝（女）许纯红（女）　许爱瑾（女）　阮　洪
孙伟强　孙　阳（女）孙国华　孙　玲（女）孙　科　严　明　杜　伟（女）李尧兴
李旭颖（女）　李渊明　李　瑛（女）　杨　立（女）　杨　帆（女）　杨　华（女）
杨　旸（女）杨　茗　杨晓健　杨　涛（女）杨　娟（女）杨菊芬（女）杨　梅（女）
杨　晨（女）杨新华（女）肖　敏（女）时　荣（女）吴志刚　何　宁（女）何华兴
余晓丹（女）　冷艳萍（女）　沈冬妮（女）　沈国裕　沈佳玉（女）　沈　峥　沈　剑
沈　莉（女）沈晨昊　张　一（女）张苏银（女）张丽娟（女）张茂刚　张彩虹（女）
张　超　张　勤（女）陆永宽　陆丽婷（女）　陆洁清（女）陆群言（女）　陈中苗
陈　文　陈玉英（女）陈世珍（女）陈志芳（女）　陈丽英（女）　陈　炜　陈荣成
陈　亮　陈　洁（女）陈　艳（女）陈振翠（女）　陈逸鸣　陈　新　邵林涛（女）
邵荣荣（女）林　武（女）郁宝华　罗　艳（女）金天昕　周　珺（女）周敏燕（女）
周　寅　周静飞（女）赵　吉（女）赵宏宾　赵纯琪（女）胡瑛琳（女）胡慧之（女）
柏双友　俞力元　俞洁华（女）　费　伟　姚建平　秦园园（女）袁江琛（女）袁灿兴
袁　莺（女）　袁琴芬（女）　贾　迅　夏伟瑜　夏国军　夏　莹（女）　顾晓峰（女）
倪添文（女）徐小娟（女）徐明亮　徐　雷　殷丽萍（女）殷　娴（女）　凌　越
高丽金（女）　郭　丽（女）　郭惠芬（女）　唐翠华（女）唐德淼　浦红蕴（女）
浦涌涛　陶向东　陶　红（女）陶建君（女）黄小群（女）黄文明　黄立新　黄永生
黄交宏　黄建玉（女）黄美蓉（女）曹久庆（女）曹　迅（女）章永刚　章志琴（女）
董　莉（女）蒋　勋　蒋　敏（女）韩惠君　惠冬芹（女）喻春霞（女）傅　毅（女）
舒彩霞（女）鲁继业　曾桂英（女）谢立平（女）虞兰生（女）虞智辉　蔡小玲（女）
蔡建国　蔡海霞（女）　潘　群（女）　潘霞洁（女）

## 四、无锡技师学院

**正高级** 王建林　朱建明　巫伟钢　张建村　范继宁　钱晓平

**副高级** 丁三末　丁国萍（女）于　丹（女）于晓忠　王小祥　王成志　王　岚（女）王　沁（女）
王宝康　王栋松　王艳兰（女）王婉如（女）　尤　骏　邓斐乐（女）　田园园（女）
史岳荣　代　林　冯忠伟　司马小芳（女）成素英（女）吕　歌（女）朱东文（女）
朱鸿彪　朱群新（女）仲文丹　任　玮　华　丹（女）华玉良　华质慧（女）华建兴
华美珠（女）　华　骏　华　琴（女）　华　斌　邬有为　刘永忠　刘　宏　刘　良
刘晏平　刘　颖（女）闫江平（女）汤红仙（女）孙务平　芮春燕（女）杜玲芳（女）
巫红卫（女）李大扣　李小文　李永明　李伟国　李　芮（女）李　理　李　超（女）
杨卫华（女）杨怡荣（女）杨　健（女）杨　敏（女）杨惠萍（女）束庄健（女）
肖元士　时红玲（女）　吴文娅（女）　吴红英（女）　吴轶渊（女）　吴映洁（女）
吴桂斌　吴敏琳（女）　何　敏（女）　佘加平　邹学如　邹健威　沈白浪　沈宏锋
沈雪珍（女）张风华（女）张志贤（女）张春来（女）　张冠敏　张　涛　张　盛
张燕红（女）陆　进　陆宪毅（女）陆倩（女）陈小燕（女）陈宁娟（女）陈志勇
陈宜冰（女）陈建南（女）陈健伟　陈凌玲（女）陈　湘（女）邵婴之（女）范　丰
杭书文　郁　枫（女）尚明翠（女）易　阳（女）金本明　金兴伟　周介平　周　芳（女）

周　枫（女）　周　研　周　涛（女）　周海燕（女）　周　祥　郑　珍（女）　孟震宇　赵一篑　赵小妹（女）　赵永兵　赵玲楠（女）　柏忠梅（女）　钟江英（女）　钟耀光　姜晓纯（女）　姚晓琳（女）　骆富昌　秦　平　袁可为　袁存锦　耿昌国　夏丽萍（女）　顾月娟（女）　顾　丹（女　顾玉琴（女）　顾宏亮　顾　蓓（女）　钱　红（女）钱举红　徐　军　徐建平　徐　艳（女）　殷　华（女）　高群仙（女）　郭　伟　郭　茜（女）　郭雄伟　唐晓华（女）　浦凤清　浦晨鹃（女）　浦　强　谈永利（女）　谈列娟（女）　黄　韬　梅亚萍（女）　曹志文（女）　曹雪梅（女）　曹　琪　章凌燕（女）　盖　超　葛智敏（女）　蒋红燕（女）　蒋桂英（女）　韩云飞　惠利兴　惠　慧（女）　程莉莉（女）　虞　敏（女）　窦　莉（女）　蔡　昀（女）　蔡建新　管晓刚　薛晓春　魏宁宇

## 五、江苏省无锡汽车工程中等专业学校

**副高级**　丁　怡（女）　丁宏伟　王　扬　王　建　王　萍（女）　王　蓉（女）　王　耀　王龙兴　王小萍（女）　王艳飞（女）方顺浩　史冬霞（女）朱　隽（女）　朱　敏（女）　朱文泉　朱贵钦　朱勤雄　乔洪波　任　宏　华明红（女）　庄正华　刘洪根　刘振奋（女）　汤爱国　许　俭（女）　严　岩　严亦飞　李　炎　李肖晗（女）　李国玉（女）　李爱琴（女）　杨　纯（女）　杨正俊　吴　萍（女）　吴艳芳（女）　吴艳瑾（女）　邹宜伶（女）　羌春晓　沈卫红（女）　张　建　张　艳（女）　张　琴（女）　张启森　张艰珍（女）　张晓栋　张爱华　张海龙　张家文　陆　颖（女）　陈　波　陈　恺（女）　陈　旗　陈　燕（女）　陈亦青（女）　陈社会　陈春萍（女）　陈珏孚　陈锡良　邵爱洪（女）　金慧峰　周　琳（女）　宗金凤（女）　宗俊平　孟　红（女）　孟宪颖（女）　赵　奇　赵　萍（女）赵栋英（女）段海燕（女）俞　航（女）姜薇艳（女）宣　峰　祝美华（女）　秦　来　莫光兰（女）贾厚林　顾小聪　顾明珠（女）顾玲芙（女）　钱振勋　徐　敏（女）　郭春柳　黄小奇　黄红芳（女）　梅　冬　梅小敏（女）　梁国忠　董俐君（女）　蒋红枫（女）　韩亦强　程家平　虞凤娟（女）　鲍为民　窦　宏　魏光明

## 六、江苏省惠山中等专业学校

**副高级**　马洪兴　王伟铭　王红娟（女）　王　英（女）　王美华（女）　卫洛斌　王　浔（女）　王晓林　王晓峰　王　辉（女）　王　瑶（女）　毛钧治　尹向东　尹　霞（女）　石艳敏（女）　卢爱妩（女）　卢程远　史冬生　付　平（女）　冯　俊　冯晓敏　皮　莉（女）　过建芬（女）　朱小芳（女）　华玉明　邬建忠　刘玉岗　许成云　孙　权　孙建艳（女）　孙蔚然（女）　孙晓东　杨东亮　杨秀娟（女）　杨国伟　杨爱武（女）　肖满云（女）　吴大军　吴红刚　吴建春　吴峥嵘　吴勇杰　吴海良　吴锡锋　邱士进　汪爱民　宋　翔　张小华（女）　张克伟　张秋红（女）　张　萍（女）　张　群　陆一琳（女）　陆其坤　陆明昌　陆素萍（女）　陆爱忠　陆浩刚　陈　玮（女）　陈高峰　陈朝晖　邵　宏　邵　敏（女）　范国平　杭　艳（女）周永康　周迅阳　周明璐（女）　房春生　胡文英（女）　胡姚菊（女）　查卫亮（女）侯朱伟　俞　红（女）祝玉芬（女）姚国香（女）都　方（女）贾小琴（女）　夏晓红（女）　顾之蕙（女）　顾建达　顾　炼　顾敏芳（女）　钱卫娟（女）　钱志英（女）　钱志萍（女）钱　英（女）倪文兴　倪丽琴（女）徐小红（女）　徐　丹（女）　徐永红　徐志云　徐宏良　徐　明　徐建英（女）徐莉纳（女）徐益清　徐　骏　高文英（女）　高　嵩　唐向红（女）　唐志英（女）　唐沫君　谈卫东　盛晓阳　章伟铨　宿浩新　葛文芹（女）　蒋国武　蒋　智　谢　琴（女）　谢　漪（女）　褚文化（女）蔡　艳（女）　阚晓清　暴晨霞（女）　魏垂领

## 七、江南影视艺术职业学院

**正高级**　王大中　王长恩　孔新苗　邓小英（女）田耀农　吕学海　朱庆保　刘青弋（女）李世国

李丽霞（女） 李秉璋 沈国芳（女） 宋兆宽 张 萍（女） 陈小兵 陈志强 陈建安 於 实（女） 孟庆恩 钱枫林 钱 态 徐 欣（女）高 坤（女）高福安 黄玲玲（女） 曹成志 曾定凡 颜惠庚 潘祖平（女）

**副高级** 丁一龙 于志刚 于 斌 王一玫（女）王 丽（女）王政红 王树洲 王振先 王恩宁 王润辉 王朝岗 孔逸萍（女）石剑峰 卢丽明（女）包泽伟 包通法 戎东贵 吕国忱 朱蓝星（女） 朱增荣 庄若江（女）刘 玉（女） 刘同春（女） 刘传富 江 玲（女） 祁 雯（女） 孙明山 李书安 李青青（女）李国华 李明远（女）杨 华（女）杨 军 杨祖宪 杨富国 吴志远（女） 吴建东 吴格明 余方林 邹苏红（女） 宋飞宇 宋苏凤（女） 宋建国 宋香云（女）张以慰 张志英（女）张志新 张炳生 张 娟（女） 张淑娟（女） 张 程 张 强 张 静（女）张 慧（女）张黎明（女） 陆如鸣（女） 陈开顺 陈泓茹（女）陈新华 者胜祥 范晓霞（女）季绍文 金千秋（女）周述娅（女） 周国群 周春宇 郑世连 郑庆芳（女） 郑蔚青 赵志刚 赵 杰 赵明友 赵建宁 胡学琦 钟 华 娄国栋 郎大地 袁珍秦（女）顾永兴 钱建南 徐永梅（女）徐亚平 徐晓红（女）高 远 高 敏（女）黄悦谷 盛海明 崔立华（女）蒋月琴（女）蒋独见 程勉中 路海燕 蔡 蓓（女）管科亚 谭 苏（女）薛亚宁

### 八、无锡文化艺术学校

**正高级** 季志良

**副高级** 华国贤 吴观领 俞 璟（女） 钱莉娜（女）

### 九、无锡市公共实训基地

**副高级** 刘 平（女） 刘 勉 孙伟伟 张文华 陈布言 蒋林华

## 第五节 相关人物

相关人物名录是与钱桥、藕塘地区有一定渊源的，或曾在钱桥、藕塘的机关、企事业单位工作，取得一定业绩的县处级（含副县处级）以上，军队团级（含副团级）以上领导干部、离休干部、空军战斗英雄、高级职称专业技术人员、无锡市级以上劳动模范、国家级条线先进工作者，共 75 人。

**喻 樗**（？—1177）字子才，号玉泉，祖籍河南开封人，后祖上徙居南昌。南宋建炎三年（1129），喻樗中进士，累官赠工部郎中。南宋绍兴元年（1131）南渡，徙居桐庐，后至无锡，居钱桥玉泉庵（庵中有井名玉泉，故名）。喻樗以玉泉庵为著书之地，并以玉泉号之（见清康熙《无锡县志》卷三），尝著《玉泉语录》《四书性理窟》等书行于世。卒于南宋淳熙四年（1177）。

**计六奇**（1622~？）出生于明天启二年（1622），字用宾，号天节子，别号九峰居士，无锡玉祁人，明清史学家。幼时贫寒，早年寄读塾馆，19 岁随岳父杭济之移居洛社就读，21 岁在母舅胡时忠家读书，为邑诸生。清顺治六年（1649）、清顺治十一年两次乡试不第，后无意科举，长期在钱桥社冈里王氏馆舍教书。清康熙二年（1663）至清康熙十年完成《明季北略》《明季南略》共 42 卷、55.5 万字著作，被清政府列为禁书，为研究明末清初历史的重要资料。另著有《粤滇纪闻》《辛丑纪闻》《金坛狱案》《南京纪略》等著作。卒年不详。

**蒋梦麟**（1886—1964）原名梦熊，字兆贤，号孟邻，浙江余姚人，中国近现代著名教育家。晚清著名科学家、造船工程师、化学教育家徐寿曾孙女徐贤乐丈夫。早年参加科举考试并中秀才。民国元年（1912）于加州大学伯克利分校教育学本科毕业。随后赴纽约哥伦比亚大学研究院，师从杜威，并获得哲学及教育学博士学位。后任国民政府第一任教育部部长、行政院秘书长，北京大学历史上任职时间最长的校长。1964 年去世，享年 78 岁。

**徐培根**（1895—1991）浙江象山人，中国近代化学先驱徐寿曾孙女徐芳丈夫。先后任浙军陈仪部第一师干部教导队队长、第四团团长，陆军第八十七师参谋长，中央陆军军官学校军官教育总队总队长，第五军参谋处处长，参谋本部第二厅厅长，航空署署长，国民党军事委员会空军事务处处长，兵工署机械司司长，驻美军事代表团参谋长，国防大学校长，国防部常务次长，总统府战略顾问。1991 年 2 月 8 日去世，享年 96 岁。

**秦柳方**（1906.1.7—2007）无锡胡埭镇张舍人，别名运章。民国 16 年（1927）加入中国共产党，同年任钱桥小学校长。民国 22 年，发起成立中国农村经济研究会，任理事。民国 24 年，任中国人民救国会中央委员。抗战时，任私立西南商专、四川省立教育学院教授，广西省政府财政厅秘书，广西银行总行经济研究室主任，《广西日报》主笔。1949 年，参加中国人民政治协商会议第一届全体会议。新中国成立后，历任中国花纱布公司华东区公司经理，华东贸易部计划处、物价处处长，中央商业部工业商品局副局长，中财委六办、国务院八办商业组、宣传组组长，中国科学院经济研究所领导小组成员，政治经济学组负责人，《经济研究》编辑部主任，《世界经济》编辑部主任，《世界经济导报》副主编，《世界经济调研》副主编，《世界经济年鉴》编委，中国世界经济学会理事，外国财政研究会顾问，中国国际金融学会理事，中华全国供销合作总社全国委员会委员，中国工业合作协会常务理事，中国供销合作经济学会理事。2007 年 2 月 2 日，因病医治无效逝世，享年 101 岁。

**杭　苇**（1908.11.10—1988）原名锡奎，字一之，无锡胡埭大花村人。民国 20 年（1931），在藕塘盛店小学任教。民国 27 年，任浙江云和县教育馆馆长。民国 30 年加入中国共产党。后历任苏中行政公署文教处编审室主任，泰东县政府、东台县政府、邗东县政府、江都县政府秘书，苏皖边区政府教育厅、山东省教育厅编审室主任。新中国成立后，历任上海市教育局中教处处长、副局长、局长。1988 年 3 月 22 日去世，享年 80 岁。

**吕德一**（1911.5.8—1968.1.25）江苏省沭阳县韩山乡吕庄村人。民国 29 年（1940）任沭阳游击队队长，后参加八路军。1949 年奉命渡江南下，新中国成立后任南方泉区区长。1953 年，任无锡县交通局局长。1956 年，到省干校学习。1958 年起，先后任藕塘乡、藕塘公社党委书记。1960 年，任无锡县农林局局长。1964 年，任无锡县党校校长。1968 年 1 月 25 日去世，终年 57 岁。

**居浩然**（1917—1983）湖北广济人。中国国民党元老居正次子；晚清科学家、中国近代化学的先驱者和传播者徐寿之曾孙女徐萱丈夫。国立清华大学社会学系毕业，后任澳大利亚墨尔本大学教授。曾任淡江英专（淡江大学前身）校长。1959 年在意大利米兰举行的第四届世界社会学大会上代表中国社会学社争取加入国际社会学社，中国社会学社成功成为国际社会学社会员，居浩然成为国际社会学社理事会理事。1983 年病逝，享年 66 岁。

**万迺扬**（1924.6.14—2008.9.17）涟水县灰墩乡人。民国 33 年（1944）2 月参加革命。民国 34 年 7 月加入中国共产党。先后任涟水县政府会计，灌云县张湾区民政股股长，无锡县监委秘书、县委秘书，安镇区区长、区委书记，苏州专区监察处副处长，无锡县委整风办公室副主任，科委副主任，农工部副部长，红旗公社党委书记，无锡县统战部副部长，藕塘公社革委会主任、党委书记，无锡县知青办公室主任、政法委副书记等职。1985 年 11 月离休。2008 年 9 月 17 日去世，享年 84 岁。

**袁文奇**（1925.9—2012.7）泰兴周莲乡人，16 岁参加革命，渡江干部。历任无锡市建设银行行长、藕塘公社党委书记、无锡县农机局局长、安镇乡党委书记、无锡县纪委书记等职。1986 年离休。2012 年 7 月去世，享年 87 岁。

**许震寰**（1927—　　）无锡县胡埭张典桥人，民国 38 年参加工作并加入中国共产党。曾任无锡县查桥区、张泾区、蠡溷区文教股长。1958 年任无锡县教育局副局长，1959 年任中共无锡县委组织部副部长、无锡县委党校常务副校长，1963年5月任中共无锡县钱桥公社党委书记。1965年始先后任太仓县九曲社教分团党委副书记、副团长，无锡县东北塘公社党委书记，港下公社党委书记、主任，无锡县多管局局长，苏州市水产局局长、党委书记。1988年离休。

**范　萌**（1929.12—）无锡市崇安区人，中共党员。曾任钱桥公社党委委员、革命委员会副主任、党委副书记，钱桥镇政府调研员。1990年7月离休。

**秦廷栋**（1932.1.28—）无锡市熙春街人。1948年3月参加中国共产党。1962年7月~1963年5月，任钱桥公社党委书记，后调任共青团苏州地委书记、江苏省建设委员会副主任等职。1994年8月离休。

**胡　麟**（1933.1—2015）苏北淮安泗阳县人。曾在钱桥中学负责后勤工作。1971年起，任无锡县水泥制品厂供销员。1993年2月离休。2015年3月12日病逝，享年82岁。

**袁万森**（1933.3.6—）无锡市北塘区人，无锡市红旗船厂有限公司职工。1976年，被评为江苏省劳动模范。

**潘群智**（1933.9—）祖籍江苏盐城。1981年12月起，先后任钱桥公社副主任、主任、党委书记。1994年1月离休。

**张冠群**（1935.1.8—）前洲谢村人，无锡金球机械有限公司总经理，高级经济师。

**郑祖烈**（1935.1—）杨市火炬村人。1973年，到无锡县钢铁厂先后任技术科科长、技术开发部副部长。1985年4月被评为无锡市劳动模范，同年被评为江苏省劳动模范。

**王长林**（1936.12—）无锡市梁溪区人，无锡市红旗船厂有限公司车间主任。1978年，被评为无锡市劳动模范。

**吕纪良**（1937.2.6—）无锡县胡埭莲杆前囊桥人，为藕塘盛店桥街上吴忠兴长女吴菊芬丈夫。海军航空兵某师飞行员，后任师副参谋长，其间被评为特级飞行员。1967年立一等功，受到毛泽东主席接见。

**王冠时**（1937.11—）无锡市梁溪区人，无锡市红旗船厂有限公司总工程师。1997年，被评为无锡市劳动模范。

**倪荣福**（1938.10.28—）原籍上海，无锡油泵集团钱桥精密铸造厂厂长，高级工程师，中国共产党党员。

**郝国俊**（1939—）山西省沁源县人，中共党员，新丰大队后杨毛岸厉聘三女厉毓华丈夫，新疆军区第十三医院先后任主治军医、副主任军医、主任军医、外科主任，享受副军级待遇。

**黄翰增**（1941—）杨市北湖人，曾任藕塘乡党委书记、惠山区人大常委会副主任。

**周潘德**（1941.10—）浙江丽水人，无锡恒力标准件有限公司高级工程师。

**金三大**（1942.12—）杨市红湖人。1972年12月，任无锡县塑料制品厂车间主任、副厂长。1977年5月，被评为江苏省劳动模范。

**虞星海**（1943.7—）胡埭镇人，无锡县人民印刷厂职工。1985年4月，被评为无锡市劳动模范。

**龚　成**（1944.11—）无锡县张泾人，中共党员，无锡爱依斯·凯瑞克燃机电力有限公司总经理。1997年，被评为无锡市劳动模范。1999年，被评为江苏省优秀共产党员，享受省劳模待遇。

**张祖德**（1944.12—）石塘湾人，钱桥镇副镇长，江苏省血防工作先进个人。

**刘焕清**（1945—）无锡县玉祁人，钱桥镇党委副书记，高级政工师。

**朱仁宝**（1945.12—）无锡县前洲人，无锡县印刷厂平台车间主任。1997年5月，被评为江苏省劳动模范。

**李建甫**（1946—）湖南长沙人，无锡普瑞腾传动机械有限公司高级工程师。

**张志平**（1947.2—）无锡市新区旺庄春潮三社区人，无锡金球机械有限公司职工。1997年4月，被评为无锡市劳动模范。

**浦惠林**（1948.8—）无锡县雪浪人，高级经济师，中共党员。1991 年，被评为江苏省劳动模范。2002 年 7 月，任江苏锡兴集团有限公司董事长、总经理。2005 年，被评为全国劳动模范、无锡改革开放 30 周年杰出企业家。2002~2014 年，任职期间公司累计收入 609.42 亿元，上缴税收 18.5 亿元，上缴各项规费 1.06 亿元，慈善捐款 950 万元。

**施纪高**（1949.7—）无锡县雪浪人。1972 年，到无锡县钢铁厂工作。1982 年，被评为江苏省劳动模范。

**戴家元**（1950.1—）无锡县东埲乡人，中共党员。20 世纪 70 年代，被评为无锡市劳动模范。1998 年 10 月起，任钱桥镇党委书记、人大主席，兼任无锡惠山区经济开发区钱桥配套区党工委副书记、管委会主任。在其任职期间的 2003 年钱桥镇工业总产值达 78.83 亿元，比 1998 年上任时增 62.74 亿元，增 4.90 倍，使钱桥镇工业经济又跻身于锡西工业强镇行列。2005 年其任职期间，钱桥镇集资本金全部兑付完毕。2006 年 8 月起，任惠山区政协副主席（副处级）、党组成员。

**陆宝林**（1950.2—）无锡县荡口人，钱桥中心小学教师。2006 年，被评为江苏省优秀青少年科技辅导员。

**顾德祖**（1950.5—2010）无锡洛社马盘人，1997~1998 年，任藕塘镇镇长，无锡市劳动模范。

**华伟尔**（1950.11—）无锡县荡口人，无锡锡兴钢铁联合公司总经理。1994 年，被评为无锡市劳动模范。

**张永利**（1952.6—）无锡市北塘区人，无锡金球机械有限公司总经理助理，高级工程师。

**顾菊妹**（1952.8—）女，无锡县硕放人。1970 年 9 月，进无锡县水泥制品厂工作。1977 年 5 月，被评为江苏省劳动模范。

**吕国琪**（1952.9—）杨市吕巷人。曾任藕塘公社（乡）党委宣传委员、副乡长，钱桥镇党委副书记、纪委书记、镇长，惠山区区委委员、人大协理员（副处级）。1997 年 6 月，被评为无锡市优秀党务工作者，享受市劳模待遇。

**孟建康**（1953.11—）无锡县新安镇人，曾任钱桥镇镇长，任职期间被评为创建江苏省科技先进镇先进个人。

**杨心一**（1955.1—）无锡八士人，钱桥供销社主任，江苏省供销系统先进个人。

**陈卫国**（1955.4—）无锡县硕放人，中共党员。历任无锡县水泥制品厂劳资科科长、办公室主任、华润实业公司工会主席。2012 年 4 月，被评为无锡市劳动模范。

**边裕安**（1956.9—）胡埭刘塘村人，曾任无锡职教园、钱桥街道党工委副书记，政协钱桥街道工委主任、纪工委书记、党工委调研员。2006 年，被评为无锡市优秀党务工作者，享受无锡市劳模待遇。

**朱正平**（1957.3—）无锡县厚桥人，曾任藕塘镇党委副书记、镇长、党委书记、人大主席，惠山区民政局局长、政法委委员（副处级）。

**胡国平**（1957.3—）无锡市东埲人，无锡金球机械有限公司常务副总经理，高级工程师。

**邵一平**（1957.5—）无锡市南长区人，无锡县钢铁厂一轧车间团总支书记，江苏省新长征突击手。

**秦志宏**（1959.5—）石塘湾杨家桥人，曾任藕塘镇党委书记，兼任惠山经济开发区恒源祥园区党组副书记，后任惠山区人大常委会副主任（副处级）。

**王志明**（1959.11—）无锡县阳山人，曾任无锡职教园纪工委副书记、监察室主任，钱桥街道党工委委员、党工委调研员。2011 年 6 月，被评为江苏省纪律监察先进工作者，享受无锡市劳模待遇。

**徐其丰**（1959.11—）江苏省海安人，中校军衔，2003 年转业至惠山区地税局四分局任科员。2007

年，获无锡市“五一劳动奖章”，享受市劳模待遇。

**冯剑波**（1960.1—）无锡市南长区前宋巷人。1978年1月，到无锡县钢铁厂工作，历任轧钢厂厂长、炼钢厂厂长，江苏沙钢集团锡兴特钢有限公司第一炼钢厂厂长、党支部书记。2003年，被评为无锡市劳动模范。2014年7月，被人力资源和社会保障部、中国钢铁工业协会评为全国钢铁工业劳动模范。

**孙志光**（1960.7—）石塘湾街上人。1984年，全排立集体三等功，其个人立二等功。1993年9月转业，曾任藕塘镇党委组织委员，享受无锡市劳模待遇。

**包金明**（1962.3—）无锡县查桥人，曾任钱桥镇党委书记，创建江苏省科技先进镇先进个人。

**匡优新**（1963.3—）无锡县杨市人，无锡星亿涂装环保设备有限公司董事长，高级经济师。

**臧志成**（1963.5—）滨湖区荣巷人，无锡市凯龙汽车设备制造有限公司董事长，高级工程师。

**谈志荣**（1963.10—）无锡市梁溪区人，无锡市红旗船厂有限公司舟体车间党支部书记兼车间主任。1999年被评为无锡市劳动模范。

**边剑扬**（1964.3—）无锡县石塘湾人，阳山法庭（藕塘）庭长，江苏省优秀人民法庭庭长。

**叶　峻**（1967.7—）浙江温岭人，无锡凯龙高科技股份有限公司工作。2003年4月，被评为无锡市劳动模范。

**谢明均**（1967.8—）无锡北塘区人，无锡西区燃气热电有限公司高级工程师。

**杜　巍**（1967.10—）安镇胶北人，1996年10月被评为沪宁高速公路江苏段先进工作者，享受无锡市劳模待遇。2006年起，先后任钱桥镇副镇长，无锡职教园公共事业局局长、党工委副书记，钱桥街道党工委副书记、办事处主任。

**蒋文凯**（1968.7—）甘肃天水人，无锡金球机械有限公司高级工程师。

**范　良**（1969.1—）无锡县硕放人。2002年，被评为全国优秀教师。2006年，被评为无锡市优秀党务工作者，享受无锡市劳模待遇。同年被评为江苏省劳动模范。2011年9月起，任无锡职教园、钱桥街道党工委副书记、纪工委书记、政协钱桥街道工委主任等职。

**张　浩**（1970.3—）无锡县前洲镇人，藕塘派出所民警，无锡市禁毒工作先进个人（无锡市委表彰）。

**黄新和**（1972.10—）无锡市荣巷人，中级技师。2002年，任无锡永凯达齿轮有限公司钳工班班长。在惠山区青年技工大赛中获钳工第一名，被评为惠山区技术能手；获无锡市“五一劳动奖章”、无锡市企业首席技师荣誉。2015年4月，被评为无锡市劳动模范。

**冯建敏**（1973.4—）无锡县阳山镇人，无锡海达安全玻璃有限公司高级工程师。

**肖雨亭**（1973.4—）女，陕西人，无锡龙源催化剂有限公司高级工程师。

**黄震宇**（1973.10—）无锡南长区人，无锡西区燃气热电有限公司高级工程师。

**陈黎英**（1973.12—）女，无锡县前洲人。2003年4月，在无锡市惠山工商行政管理局钱桥分局工作时，被评为无锡市劳动模范。

**汤文英**（1974.3—）女，江苏省扬州市江都县樊川人。1992年，到无锡县钱桥镇无锡威力达帘子布有限公司工作。1997年，被评为无锡市劳动模范、无锡市十大杰出青年、无锡市十佳标兵。

**黄旭平**（1974.5—）江西人，锡兴特钢有限公司高级工程师。

**王龙华**（1974.10—）无锡市人，无锡正安机电设备有限公司高级工程师。

**浦建军**（1974.11—）无锡县雪浪人，雪丰钢铁有限公司高级经济师。

**唐　奕**（1975.3—）无锡市人，无锡华顺食品有限公司高级经济师。

# 编后记

寒来暑往，历时五载，终成钱桥、藕塘首志；风雨送春，秋月五度，成功记述钱桥、藕塘六千年历史；筚路蓝缕、字斟句酌，砥砺前行、精益求精，切磋琢磨、八易其稿，钱桥、藕塘史实录于方册，今人来者可为镜鉴。

领导重视，方成本志。编志工作，摆上党工委、办事处议事日程，反复商量，多次研究，成立编纂委员会，设立编志办公室。动员大会，书记亲临动员；推进会议，主任亲临报告；编志遇有困难，党政办亲临解决；联系出版社，领导亲自出马；编纂经费，领导确保提供。《钱桥街道志》是党政领导重视的成果，是盛世社会的产物。

五易春秋，步步为营。2015 年 3 月 20 日，党工委召开动员大会，拉开编志帷幕。此后，6 次推进会议，上下层层发动；8 次顾问会议，专家精心指导；38 次编志办人员会议，共同筹划研讨；43 次会改会议，同仁精雕细镂；148 期编纂工作建议，广征博采，征求意见；千户家庭调查，深入群众，兼收并蓄。经采集资料之艰辛，历编纂多稿之阵痛，履坎坷而志不折，步艰难而索史实，穿越钱桥、藕塘六千年时空隧道，追本溯源，纵贯古今，横涵各业，实录钱桥、藕塘之历史，刻写钱桥、藕塘之汗青。

全民参与，集腋成裘。社区配合、搜集资料；部门协同，查阅档案；单位合作，提供材料；上下联动，目标一致，众人拾柴，全民编志，原南京炮兵学院教授费仲兴提供侵华日军暴行资料，原江苏省地震局副局长蒋耀明提供土改资料，老军人龚荣根提供区域历史地图，收藏者龚明提供数十幅珍贵历史图片，原惠山区水利局局长毛仲篪手绘钱桥老街地图，原滨湖区司法局局长张煜良提供钱桥、藕塘党委、政府历任领导资料，文体服务中心李洪峰自费购石刻章，摄影者陶勇义务拍摄、修改多幅照片，参与者多多，热情诚可嘉，精神尤敬佩，人员不一一列举。在此，向各社区、单位、部门，以及积极提供资料的各界人士表示由衷感谢！

专兼结合，提升质量。编志办同志，分工合作，采集资料，电脑输入，主编编纂，各负其责，辛勤耕耘；顾问郁有满、葛红、邓小伟、朱刚、葛目标，精心指导，悉心审稿，细心修改；尤为点赞者顾问杨永良，八十高龄，热心指点，公交往返，不辞辛劳，不厌其烦，修改五稿；义务校稿员华勤新，校稿严谨，修改细心，每有字错句误，常能指出改正；无锡市文化遗产保护和考古研究所副所长、赤墩遗址发掘领队李一全博士热情提供考古资料，审阅编纂文稿。专家与编纂者结合，编纂者与志愿者合力，自然与地理共记，人文与经济同录，编写质量步步提升，志书规范日趋标准。

一部《钱桥街道志》，凝聚着钱桥街道党工委、办事处领导的智谋，凝集着全体顾问的智慧，凝注着各社区、单位、部门的汗水，凝结着编志办全体人员的心血，是钱桥街道党政领导、专家顾问、编志人员、钱桥人民的共同结晶。

全志洋洋300余万字，内容纷繁、资料浩瀚，时间跨度大、规范要求高，加之编者水平有限，不足尚存，舛误难免，敬祈读者指正，续编者拾遗补阙，使钱桥、藕塘之历史彪炳千秋，流芳万代，鞭策后人，激励来者。

2020年3月20日

# 主要参考书目

江苏无锡县农村经济调查第一集（第四区）

顾倬主编　1931 年 12 月江苏省农民银行总行出版

无锡富安乡志

奚铮主编　1932 年稿本，南京图书馆藏稿本影印

江苏省无锡市（县）近卅年来农村经济调查报告（初稿）（1929~1957）

刘怀溥执笔，张之毅、储雪瑾等参加　1958 年 8 月国家统计局农村调查研究小组打印本

江苏省无锡市地名录

无锡市地名委员会编辑　1983 年无锡市地名委员会内部资料

江苏省无锡县地名录

无锡县地名办公室编辑　1985 年无锡县地名办公室内部资料

无锡县文史资料

政协无锡县委文史资料委员会主编　1985 年政协无锡县委员会编印

无锡地方资料汇编

无锡地方志编委会办公室等主编　1985 年 8 月无锡市地方志编纂委员会编印

无锡县乡镇概况

谈汗人主编　1987 年 12 月南京大学出版社出版

无锡乡土历史

无锡市教育局教研室主编　1988 年 5 月无锡教育学院编印

无锡名人词典

赵永良主编　1989 年 3 月南海出版公司出版

无锡县校史专辑

唐涵德主编　1989 年 12 月苏锡锡准字第〔004〕号出版

无锡县工业志

叶亚廉主编　1990 年 2 月上海人民出版社出版

无锡县概览

谈汗人主编　1990 年 3 月江苏科学技术出版社出版

无锡县工商税志

蒋昌荣主编　1990 年 8 月无锡县税务局内部资料

无锡县金融志

刘荣泉主编　1991 年 5 月无锡县金融志编纂委员会内部资料

无锡县郊区志

王建新主编　1992 年 10 月无锡市春远印刷厂印刷

无锡县教育志

唐涵德主编　1992 年 12 月上海科学技术文献出版社出版

无锡县志

谈汗人主编　1994 年 1 月上海社会科学院出版社出版

无锡市教育志
刘谦冲主编　1994年3月上海三联书店出版社出版
中国共产党锡山市历史大事记
顾伟伦主编　1996年6月江苏人民出版社出版
无锡县农业志
蒋国良主编　1996年10月中国农业出版社出版
锡山统计年鉴
陆德生主编　1997年4月锡山市第二印刷厂印刷
无锡县土地志
彭焕明主编　1998年5月江苏人民出版社出版
无锡市土地志
王云鹏主编　1998年6月江苏人民出版社出版
无锡民国史话
朱邦华主编　1999年12月江苏文史资料编辑部内部资料
无锡县卫生志
曹一鸣主编　2001年2月江苏人民出版社出版
百年无锡名人谱
赵永良主编　2005年5月新华出版社出版
无锡县志（元）
王仁辅著，吕锡生主编　2005年8月中国社会出版社出版
无锡市水利志
卢伯生主编　2006年12月中国水利水电出版社出版
锡山市志
顾伟伦主编　2008年8月方志出版社出版
江苏省非物质文化遗产普查惠山区资料汇编
无锡市惠山区文体局主编　2009年7月惠山区文体局内部资料
民国时期无锡年鉴资料选编
陈文源、郭明主编　2009年8月广陵书社出版
中共无锡县地方史
顾伟伦主编　2010年6月中共党史出版社出版
无锡文库第一辑 康熙 无锡县志
王立人主编　2011年2月凤凰出版社出版
无锡文库第一辑 乾隆 金匮县志
王立人主编　2011年2月凤凰出版社出版
无锡文库第一辑 嘉庆 无锡金匮县志
王立人主编　2011年2月凤凰出版社出版
无锡文库第一辑 道光 无锡金匮续志
王立人主编　2011年2月凤凰出版社出版

无锡文库第一辑 光绪 无锡金匮县志

王立人主编 2011 年 2 月凤凰出版社出版

惠山区劳动模范名录

惠山区总工会、档案馆主编 2012 年 4 月惠山区总工会内部资料

无锡年鉴

郑晓奇主编 2013 年 6 月方志出版社出版

无锡市志

王耀元、郑晓奇、许建军主编 2015 年 7 月方志出版社出版

惠山区统计资料汇编（2001~2015 年）

无锡市惠山区统计局主编 2001~2015 年内部资料

无锡市惠山区钱桥街道志编纂委员会编

# 钱桥街道志

上册

主编　丁剑华

方志出版社

**图书在版编目（CIP）数据**

钱桥街道志 / 无锡市惠山区钱桥街道志编纂委员会编.
北京 : 方志出版社, 2020.12
ISBN 978-7-5144-4192-5

Ⅰ. ①钱… Ⅱ. ①无… Ⅲ. ①乡镇－地方志－无锡
Ⅳ. ①K295.35

中国版本图书馆 CIP 数据核字(2020)第 135229 号

**钱桥街道志**

**编　　者：**无锡市惠山区钱桥街道志编纂委员会
**责任编辑：**宁　芳　　王　品

**出 版 者：**方志出版社
地址　北京市朝阳区潘家园东里 9 号（国家方志馆 4 层）
邮编　100021
网址　http://www.zgfzcb.cn
**发　　行：**方志出版社图书经销中心
电话（010）67110500
**经　　销：**各地新华书店
**印　　刷：**宜兴市德胜印刷有限公司

**开　　本：**889×1194　　　1/16
**印　　张：**103.5
**字　　数：**3027 千字
**版　　次：**2020 年 12 月第 1 版　　2020 年 12 月第 1 次印刷
**印　　数：**0001～3000 册

**ISBN** 978-7-5144-4192-5　　　**定价：**980.00 元

# 《钱桥街道志》编纂委员会

中共惠山区钱桥街道工作委员会、钱桥街道办事处钱发〔2015〕8号文件，成立《钱桥街道志》编纂委员会，成员名单为：

**主　任**：戴震乾
**副主任**：杨国忠
**委　员**：刘永祥　倪　军　成建兴　吕　明　姜　军
王　华　邵小明　费红萍　姚　亮　虞黎杰
邓　莉　马靖宇　邵伟东　张惕浩　张　凌
唐圻成　丁剑华

《钱桥街道志》编纂委员会下设办公室，由杨国忠同志兼任办公室主任，丁剑华同志兼任《钱桥街道志》主编。

2015年3月20日

中共惠山区钱桥街道工作委员会、钱桥街道办事处钱发〔2015〕19号文件，调整《钱桥街道志》编纂委员会成员，调整后名单为：

**主　任**：戴震乾
**副主任**：杨国忠
**委　员**：刘永祥　倪　军　成建兴　吕　明　姜　军
王　华　邵小明　费红萍　姚　亮　虞黎杰
邓　莉　马靖宇　张惕浩　邵伟东　张　凌
朱一骏　章芬芳　华卫贤　丁剑华

《钱桥街道志》编纂委员会下设办公室，由华卫贤同志任《钱桥街道志》编纂办公室主任，丁剑华同志任《钱桥街道志》主编。

2015年8月28日

中共惠山区钱桥街道工作委员会、钱桥街道办事处钱发〔2016〕2号文件，调整《钱桥街道志》编纂委员会成员，调整后名单为：

**主　任**：戴震乾
**副主任**：华坚宏
**委　员**：张　晟　刘永祥　倪　军　成建兴　吕　明
姜　军　王　华　邵小明　费红萍　姚　亮
虞黎杰　邓　莉　朱一骏　马靖宇　张惕浩
邵伟东　张　凌　章芬芳　华卫贤　丁剑华

《钱桥街道志》编纂委员会下设办公室，由华卫贤同志任《钱桥街道志》编纂办公室主任，丁剑华同志任《钱桥街道志》主编。

2016年2月18日

中共惠山区钱桥街道工作委员会、钱桥街道办事处钱发〔2016〕60 号文件，调整《钱桥街道志》编纂委员会成员，调整后名单为：

**主　任：**何国清　戴震乾
**副主任：**华坚宏
**委　员：**张　晟　刘永祥　倪　军　成建兴　吕　明
姜　军　王　华　邵小明　费红萍　姚　亮
虞黎杰　邓　莉　朱一骏　马靖宇　张惕浩
邵伟东　张　凌　章芬芳　华卫贤　丁剑华

《钱桥街道志》编纂委员会下设办公室，由华卫贤同志任《钱桥街道志》编纂办公室主任，丁剑华同志任《钱桥街道志》主编。

2016 年 10 月 18 日

中共惠山区钱桥街道工作委员会、钱桥街道办事处钱发〔2018〕39 号文件，调整《钱桥街道志》编纂委员会成员，调整后名单为：

**主　任：**何国清　刘东亚
**副主任：**朱仁兴　王　华
**委　员：**刘永祥　吕　明　姜　军　费红萍　姚　亮
邓　莉　朱一骏　马靖宇　张惕浩　邵伟东
张　凌　章芬芳　华卫贤　丁剑华

《钱桥街道志》编纂委员会下设办公室，由华卫贤同志任《钱桥街道志》编纂办公室主任，丁剑华同志任《钱桥街道志》主编。

2018 年 7 月 18 日

中共惠山区钱桥街道工作委员会、钱桥街道办事处钱发〔2018〕58 号文件，调整《钱桥街道志》编纂委员会成员，调整后名单为：

**主　任：**郭建东　刘东亚
**副主任：**朱仁兴　张　晟　王　华
**委　员：**刘永祥　吕　明　费红萍　邓　莉　吴　越
朱一骏　邵伟东　缪仁飞　马靖宇　张惕浩
张　凌　高　超　唐春明　章芬芳　华卫贤
丁剑华

《钱桥街道志》编纂委员会下设办公室，由华卫贤同志任《钱桥街道志》编纂办公室主任，丁剑华同志任《钱桥街道志》主编。

2018 年 12 月 20 日

# 《钱桥街道志》编纂委员会特聘顾问

中共惠山区钱桥街道工作委员会、钱桥街道办事处钱发〔2015〕10号文件，聘任郁有满等6名专家为《钱桥街道志》编纂顾问，名单为：

郁有满　原无锡市史志办副调研员
葛　红　无锡市史志办方志处处长
杨永良　原无锡市史志办编辑
邓小伟　惠山区史志办负责人
朱　刚　无锡市图书馆历史文献中心副主任
葛目标　无锡市档案局编研处科员

2015年3月20日

**特邀审稿：**杨永良
**特邀校稿：**华勤新

# 《钱桥街道志》评审委员会委员名单

范　良　惠山区人民政府副区长
尤瑜锋　中共惠山区钱桥街道工作委员会书记
王　华　钱桥街道办事处主任
朱仁兴　钱桥街道人大工作委员会主任
张　晟　中共无锡职教园工作委员会副书记
费红萍　中共惠山区钱桥街道工作委员会副书记
朱一骏　无锡职教园党政办公室主任
张惕浩　中共惠山区钱桥街道工作委员会委员
郁有满　无锡市档案史志馆原副调研员
葛　红　无锡市档案史志馆方志处处长
杨永良　无锡市档案史志馆原编辑
邓小伟　惠山区史志办负责人
朱　刚　无锡市图书馆历史文献中心副主任

# 《钱桥街道志》编志办公室

中共惠山区钱桥街道工作委员会、钱桥街道办事处钱发〔2015〕8号、〔2015〕19号、〔2016〕2号、〔2016〕60号、〔2018〕39号、〔2018〕58号文件，《钱桥街道志》编纂委员会下设办公室。编志办公室成员名单如下：

**2015年3月**
**主任**：杨国忠（兼）
**主编**：丁剑华
**成员**（按姓氏笔划排序）
王　婧　边才金　刘邦俊　陈凤鸣　姚本道　俞建华　唐圻成

**2015年8月**
**主任**：华卫贤
**主编**：丁剑华
**成员**（按姓氏笔划排序）
王　婧　边才金　刘邦俊　陈凤鸣
周正坚　姚本道　俞建华　唐圻成

**2016年5月**
**主任**：华卫贤
**主编**：丁剑华
**成员**（按姓氏笔划排序）
王　婧　边才金　刘邦俊　陈凤鸣　吴福初
周正坚　姚本道　俞建华　唐圻成　秦清华

**2016年11月**
**主任**：华卫贤
**主编**：丁剑华
**成员**（按姓氏笔划排序）
王　婧　边才金　陈凤鸣　吴福初
周正坚　姚本道　俞建华　唐圻成
秦清华　黄浩泉

**2019年1月**
**主任**：华卫贤
**主编**：丁剑华
**成员**（按姓氏笔划排序）
王　婧　边才金　吴福初　周正坚　俞建华

原驻新西兰兼任驻库克群岛特命全权大使陈文照（钱桥街道盛峰社区人）题词

江苏省委原副书记顾浩题词

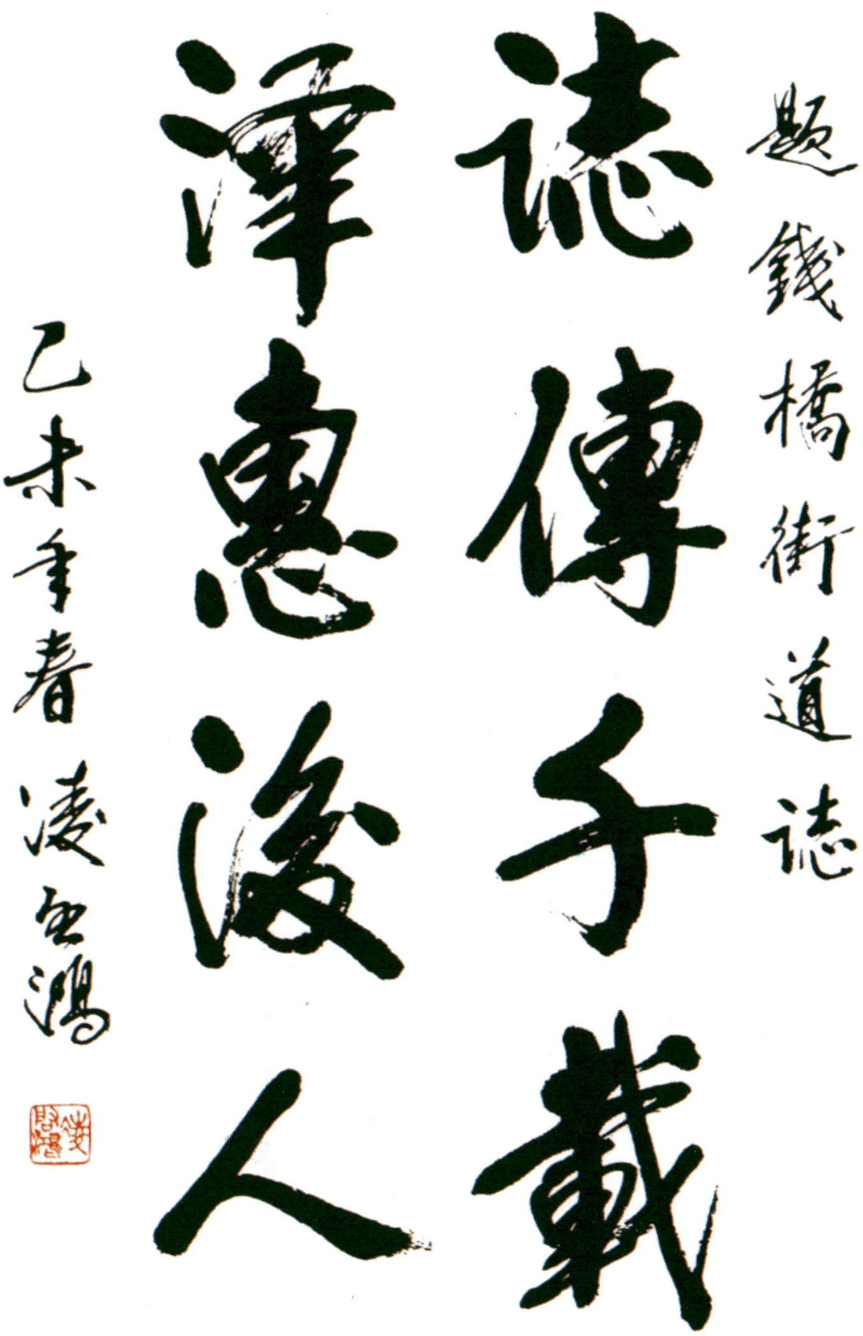


江苏省原副省长凌启鸿题词

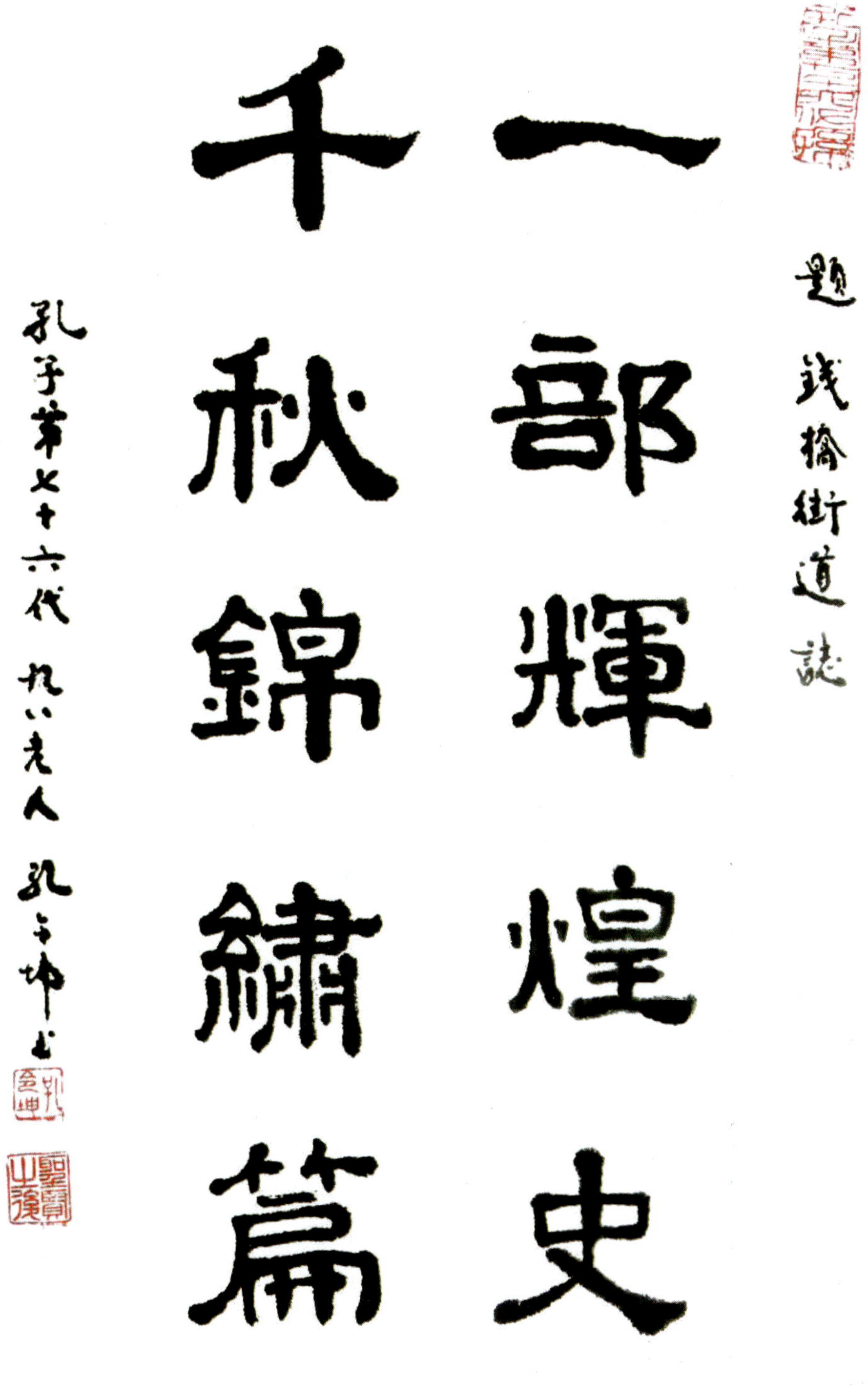


离休干部、孔子第七十六代孙九十八岁老人孔令坤题词

钱桥街道党工委、办事处所在地（2015 年拍摄）

钱桥街道鸟瞰图（2015 年拍摄）

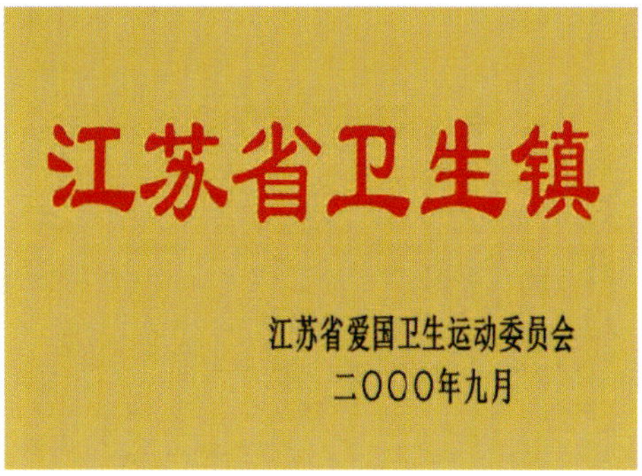
江苏省卫生镇
江苏省爱国卫生运动委员会
二○○○年九月

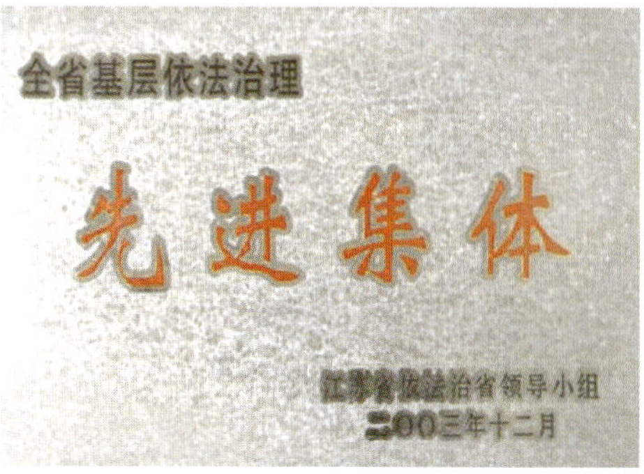
全省基层依法治理
先进集体
江苏省依法治省领导小组
二○○三年十二月

江苏省无锡市惠山区钱桥镇
全国千强镇
国家统计局农村社会经济调查总队调查公布
二○○五年二月

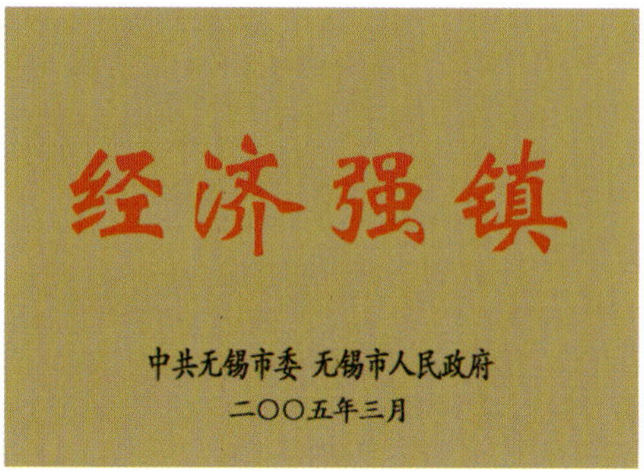
经济强镇
中共无锡市委 无锡市人民政府
二○○五年三月

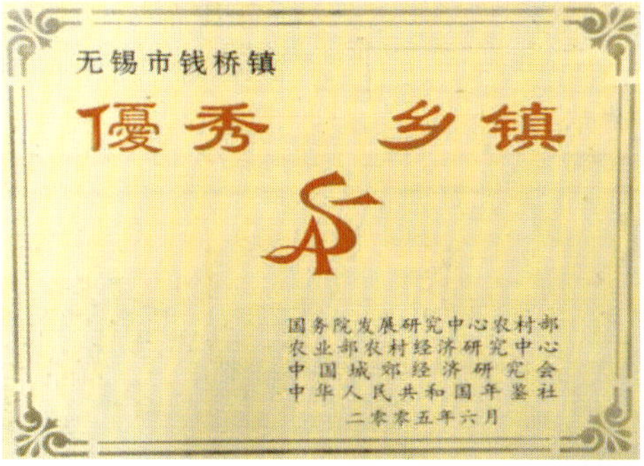
无锡市钱桥镇
優秀 乡镇
国务院发展研究中心农村部
农业部农村经济研究中心
中国城郊经济研究会
中华人民共和国年鉴社
二零零五年六月

全国残疾人工作
先进乡镇
中国残疾人联合会
二○○五年八月

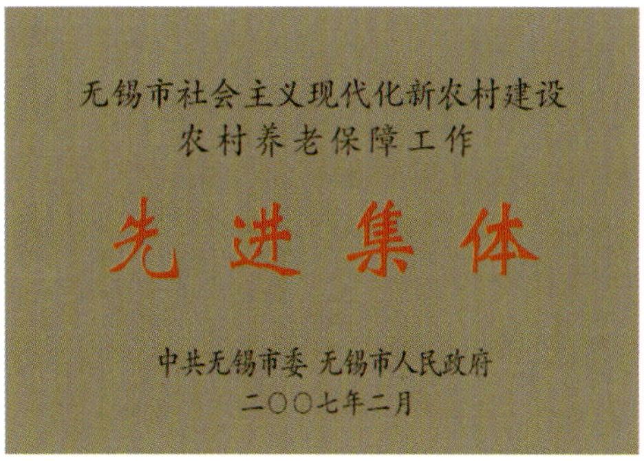
无锡市社会主义现代化新农村建设
农村养老保障工作
先进集体
中共无锡市委 无锡市人民政府
二○○七年二月

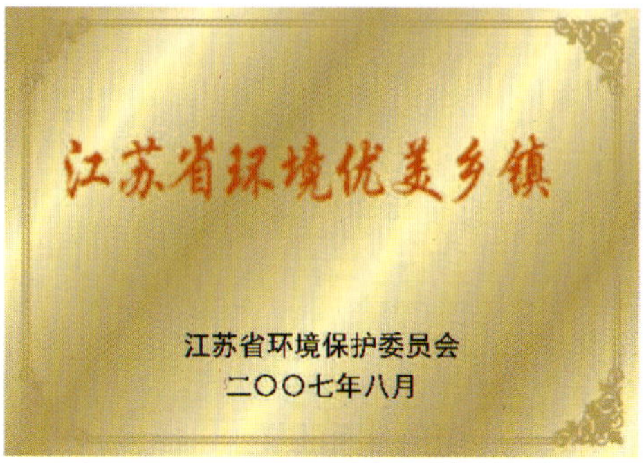
江苏省环境优美乡镇
江苏省环境保护委员会
二○○七年八月

## 街道荣誉

2008 年 11 月联合国“城市生态恢复国际论坛”颁发给钱桥街道“城市生态恢复示范区”奖牌

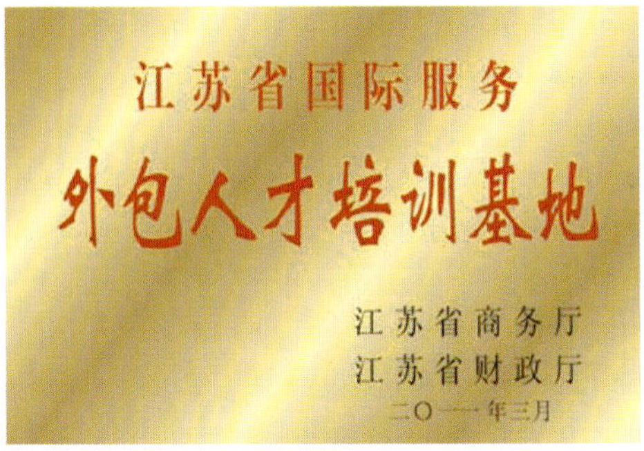


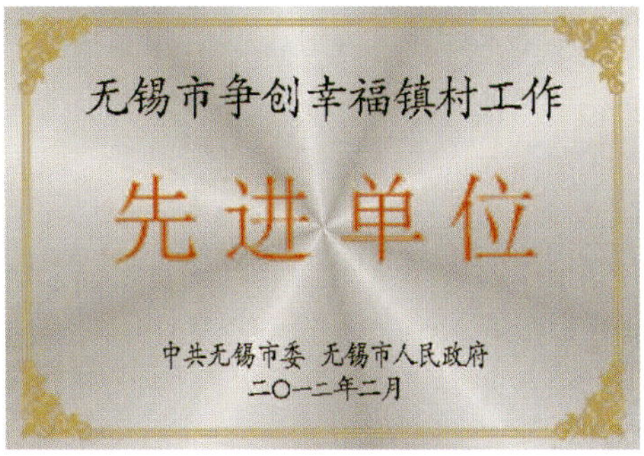

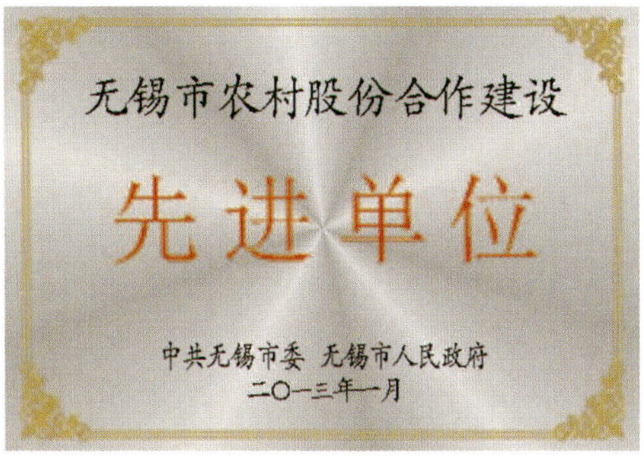

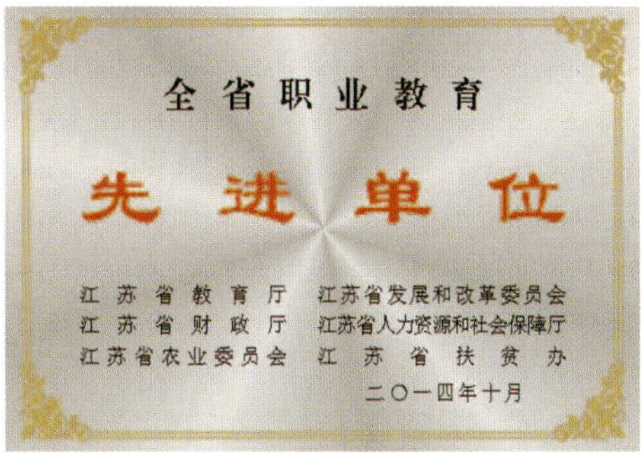

1965 年，在赤墩发掘六朝墓葬时出土的东晋珍贵黑釉鸡首瓷壶

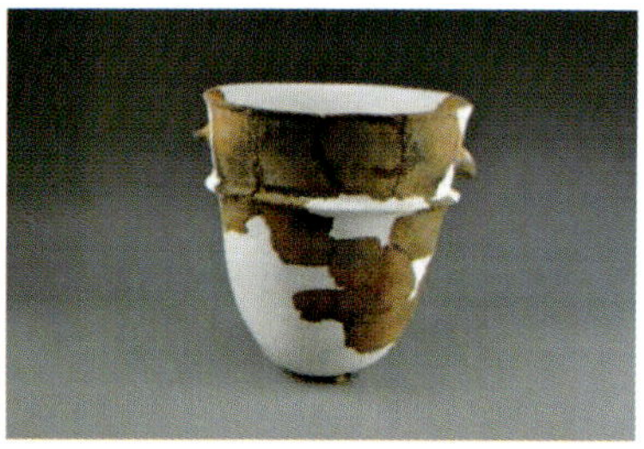

朱巷 G2-11　腰檐釜

朱巷 M29-2　陶豆

朱巷 H30-3　陶罐

朱巷 M4-1　陶鼎

朱巷 M40-27　陶盆

朱巷 M40-7　陶豆

朱巷 M40-4　陶罐

朱巷 TN49E1⑭-5　陶球，摇动有声，内空

朱巷 TN47E1⑱-2　陶塑

2013~2015 年在赤墩遗址考古中出土的马家浜文化时期、崧泽文化时期、崧泽文化向良渚文化过渡时期的陶器

## 赤墩遗物

朱巷 玉管

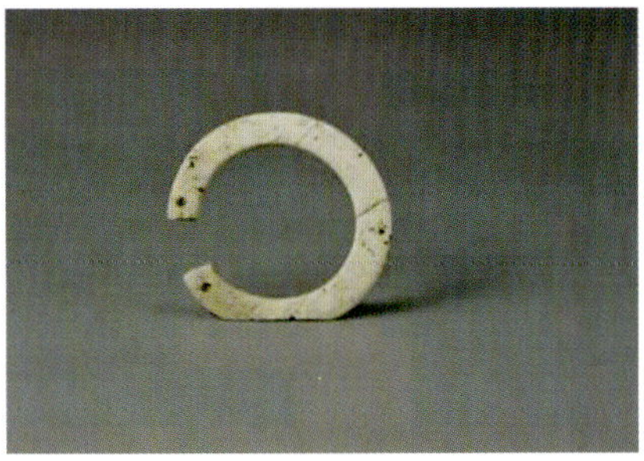

朱巷 M51-1 玉玦

2013~2015 年在赤墩遗址考古中出土的马家浜文化时期、崧泽文化时期、崧泽文化向良渚文化过渡时期的玉器

朱巷 M15-1 纺轮

朱巷 M44-7 短石锛

朱巷 M42-6 穿孔石斧

朱巷 M46-1 长石锛

王巷 石挂饰

朱巷 TN48E1⑧-4 加重石

朱巷 TN47E1⑥-7 石钺

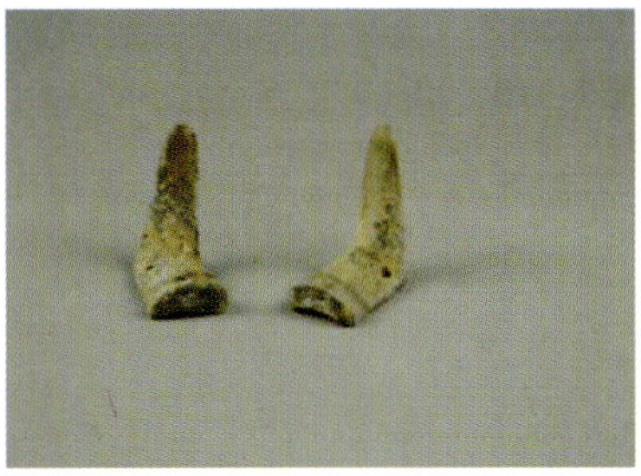

朱巷 M39-1-2 靴形骨器

2013~2015 年在赤墩遗址考古中出土的马家浜文化时期、崧泽文化时期、崧泽文化向良渚文化过渡时期的石器、骨器

全国粮食生产大户西漳农场水稻丰收在望（2015 年拍摄）

盛峰社区水蜜桃基地硕果累累（2015 年拍摄）

藕塘勤建茶场一角，其生产的“勤梅”牌茶叶被中国产品质量保障中心授予中国知名品牌（2015 年拍摄）

无锡市最大的草花产、供基地怡情花卉有限公司种植园（2015 年拍摄）

江苏省工业明星企业、拥有10多家实体子公司，跨区域、跨国别、多元化经营的苏嘉集团有限公司（2015年拍摄）

中国内燃机行业排头兵企业、中国工业中小企业品牌竞争百强企业凯龙高科技股份有限公司（2015年拍摄）

国家高新技术企业、无锡市十佳科技创新型企业爱邦辐射技术有限公司（2015 年拍摄）

全国农产品加工业示范企业华顺民生食品有限公司（2015 年拍摄）

江苏省高新技术企业、无锡市十佳商贸流通企业江南高精度冷拔管有限公司生产车间一角（2015 年拍摄）

无锡星亿智能环保装备股份有限公司智能生产线（2015 年拍摄）

国家高新技术企业、江苏省唯一一家拥有自主知识产权的冷轧取向硅钢生产企业华精新材股份有限公司硅钢新产品车间一角（2009年拍摄）

江苏省知名品牌企业、江苏省高新技术企业联创薄板有限公司生产车间一角（2015 年拍摄）

2006年12月16日，钱桥镇青年联合会第一届委员会第一次全体会议召开

2013年4月12日，英国伦敦城市行业协会无锡中心在钱桥街道成立

锡西地区唯一一家商业纯自持、体量最大的商业综合体百乐时代广场（2015 年拍摄）

集购物娱乐、餐饮休闲、社交商务等多功能于一体的西城荟商业街区（2015 年拍摄）

集餐饮、休闲、娱乐、零售于一体的恒达中环广场（2015 年拍摄）

五洲国际装饰城（2013 年拍摄）

无锡地区乃至长三角地区规模最大、经营品种最多的专业五金大卖场无锡伟达五金有限公司（2015 年拍摄）

中国铁物中铁现代物流无锡库（2013 年拍摄）

位于盛岸西路、江海西路两侧的汽车4S店聚集区（2014年拍摄）

青春假日风情时尚街区为涵盖特色餐饮、国际影院、大型超市、连锁酒店、休闲娱乐等多种商业业态的锡西最具特色的商业街区（2015年拍摄）

无锡市长三角二手车交易市场（2015 年拍摄）

钱桥市镇果色花香菜场（2019 年拍摄）

钱桥街道农村城市化面貌一瞥（2015 年拍摄）

钱桥大街夜景（2015 年拍摄）

藕塘市镇街景（2016 年拍摄）

无锡职教园校区夜景（2015 年拍摄）

美林湖花园商住小区（2015 年拍摄）

钱桥大街灯展一景（2007 年拍摄）

百乐和园商住小区（2015 年拍摄）

藕乐苑安置小区（2015 年拍摄）

西漳社区民居一隅（2009年拍摄）

恒源祥村小公园一角（2010年拍摄）

# 城乡建设

龙栖湾大桥（2015 年拍摄）

职教园校区公路供汽车分向、分车道行驶（2015 年拍摄）

钱桥镇区高架公路夜景（2015 年拍摄）

位于区域内的锡宜高速公路无锡西道口（2006 年拍摄）

集池塘假山、凉亭舞台、紫藤长廊、灯光球场、书场于一体的玉泉公园（2013 年拍摄）

倚舜柯山麓而建的山泉广场青山绿水、鸟语花香，是天然氧吧（2013 年拍摄）

具有天然基因库和独特生态环境的李家湾湿地公园（2013 年拍摄）

舜柯社区党建广场
（2018 年拍摄）

苏庙社区党建广场（2018 年拍摄）

2006年10月24日，钱桥镇与香港惠记集团合作以 BOT 模式建造的综合污水处理厂竣工投运

2015年，运行中的钱桥综合污水处理厂

蓝天白云下的西漳社区河道水明如镜（2009年拍摄）

临水而建、碧波映绿的职教园生态岛（2015 年拍摄）

洋溪河畔湿地草芳树茂，花香四溢（2015 年拍摄）

2008 年 11 月 15 日，联合国“城市生态恢复国际论坛”在无锡职教园校区召开

华润天然气加气站（2013 年拍摄）

创办于 1958 年 9 月的无锡市钱桥中心幼儿园（2015 年拍摄）

创办于 1970 年的无锡市藕塘中心幼儿园（2015 年拍摄）

前身为创办于民国元年（1912）的开原乡第四国民初等小学今无锡市钱桥中心小学（2015 年拍摄）

前身为创办于清宣统三年（1911）的西溪小学堂今无锡市藕塘中心小学（2015 年拍摄）

前身为创办于民国37年（1948）的私立养正中小学今无锡市钱桥中学（2015年拍摄）

创办于1957年的无锡市藕塘中学（2015年拍摄）

创办于2013年的无锡惠山金桥实验学校（2015年拍摄）

创办于2012年的新市民子女全日制民办学校——无锡市惠山区华锐实验学校（2015年拍摄）

1996 年与藕塘镇勤建村联合办学的
无锡商业职业技术学院（2015 年拍摄）

2007 年入驻无锡职教园的江苏信息职业技术学院（2015 年拍摄）

2007 年入驻无锡职教园的
江南影视艺术职业学院（2015 年拍摄）

2008年入驻无锡职教园的无锡技师学院（2015 年拍摄）

2008 年入驻无锡职教园的江苏省无锡汽车工程中等专业学校（2015 年拍摄）

2009 年入驻无锡职教园的江苏省惠山中等专业学校（2015 年拍摄）

2010 年入驻无锡职教园的无锡城市职业技术学院（2015 年拍摄）

2010 年入驻无锡职教园的无锡高等师范学校，2014 年并入无锡城市职业技术学院（2015 年拍摄）

2013 年易地新建无锡职教园的无锡文化艺术学校（2015 年拍摄）

无锡市公共实训基地（2015 年拍摄）

2008 年 1 月成立的无锡（藕塘）职教园区建设指挥部于 2010 年 10 月更名为无锡职教园公共服务管理中心（2015 年拍摄）

2015 年 7 月 9 日，钱桥街道科学技术协会第二届代表大会召开

CQGC

证书

江苏苏嘉集团新材料有限公司：

经审核，你单位生产的苏嘉牌滑板砖产品在本次活动中为：

中国优质产品

（重点推广单位）

中国中轻产品质量保障中心

二〇〇七年 四月 十日

2007 年，江苏省工业明星企业苏嘉集团新材料有限公司研发、生产的高性能滑板砖产品达国际先进水平，被中国中轻产品质量保障中心评为中国优质产品

2010年5月11日，国家高新技术企业爱邦辐射技术有限公司举行科技成果鉴定会

2013年，国家高新技术企业爱邦辐射技术有限公司与中科院高能所共同研制成功的L波段10MeV-40kW电子直线加速器填补国内空白，技术处于国际先进水平

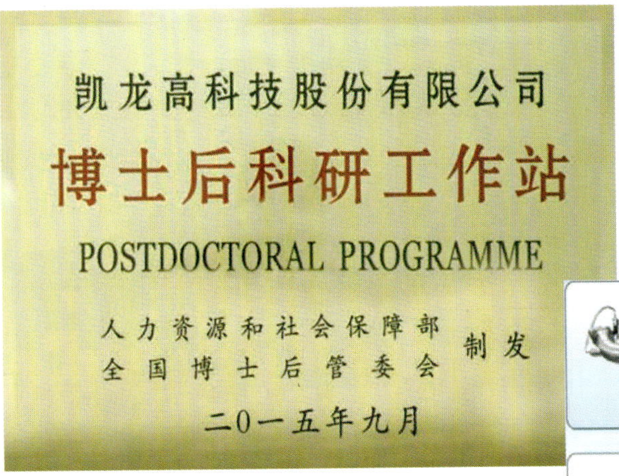


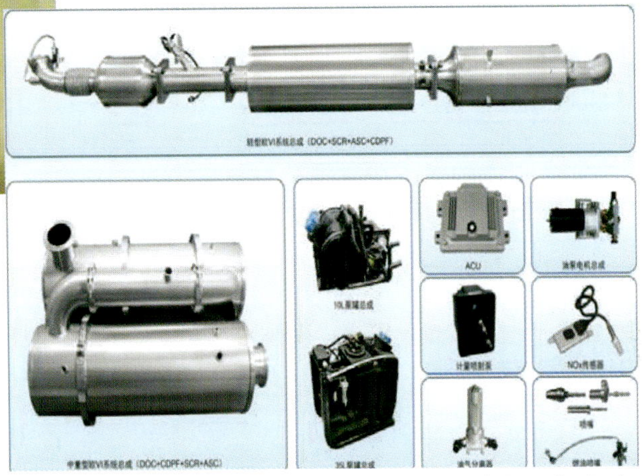

2013~2015 年中国内燃机行业排头兵企业凯龙高科技股份有限公司研发的、经国家知识产权局批准的柴油机后处理系列专利产品

2015 年 11 月 5 日，无锡职教园（钱桥街道）在北京举行“才聚金桥 凤赢未来”招才引智洽谈会

钱桥街道社区卫生服务中心（2015 年拍摄）

藕塘社区卫生服务中心（2016 年拍摄）

钱桥街道晓星社区卫生服务站（2015 年拍摄）

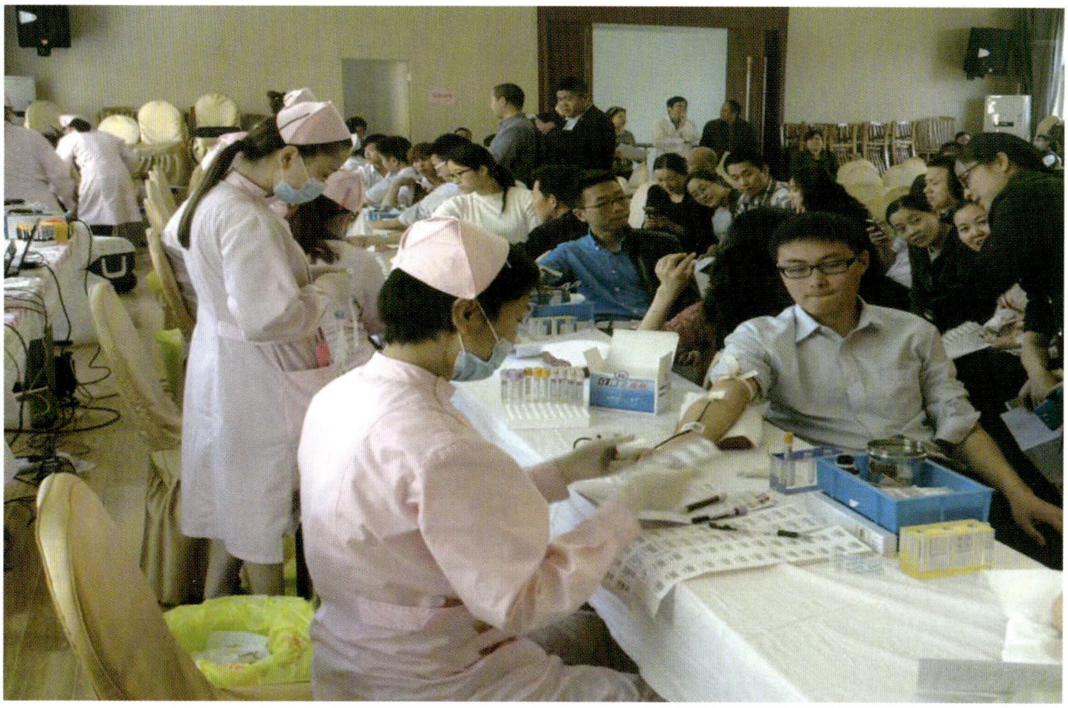

2015 年 4 月 28 日，钱桥街道干部群众踊跃献血

钱桥街道文体活动中心（2013 年拍摄）

职教园校区彩虹剧院（2015 年拍摄）

职教园校区图书馆（2015 年拍摄）

钱桥社区活动中心（2015 年拍摄）

社区书场（2015年拍摄）

2014年7月1日，“盛世浓情颂党恩、千歌万曲唱辉煌——钱桥街道庆祝建党93周年文艺汇演暨江南大学人文学院文艺下乡”走进洋溪社区

2015 年 10 月，钱桥街道举行九九重阳节文艺展演

2015 年 12 月 9 日，无锡市教育局、钱桥街道组织职教园校区大中专学生举行“纪念中国人民抗日战争暨世界反法西斯战争胜利 70 周年朗诵大赛”

支浩明纪念馆（2017 年拍摄）

2013 年 3 月，钱桥街道参加惠山区第三届运动会代表团

2008 年 4 月 3 日，南水渠村举行龙狮协会成立仪式时，世界上第一位于喜马拉雅山北坡登上珠穆朗玛峰的女性、国家运动健将潘多（前中）与南水渠太平舞龙队队员一起舞龙

2015 年 6 月，钱桥街道千人健步走活动

钱桥街道综治中心（2015 年拍摄）

无锡市惠山区人民检察院派驻职教园区的检察室（2015 年拍摄）

阳山人民法庭（2015 年拍摄）

无锡市看守所（2015 年拍摄）

钱桥街道办事处便民服务中心（2015 年拍摄）

钱桥街道职工服务中心（2019 年拍摄）

2014年1月14日，省委常委、无锡市市委书记黄莉新（前右二）到钱桥街道慰问困难群众

钱桥颐养中心（2015年拍摄）

# 序

六千年悠悠区域史，融一部《钱桥街道志》。历经五载辛勤耕耘，翘首以盼的《钱桥街道志》即将付梓问世，从而填补钱桥、藕塘地区素来无地方志书的空白，可谓是钱桥街道的政治大事，文化盛事，区域胜事，可喜可贺！

钱桥街道得天地之钟灵，集山水于壮美，文明历史悠久，源流底蕴深厚。早在六千年前的马家浜文化时期，钱桥先民已在赤墩聚族而居，刀耕火种，制烧陶器；五千多年前的崧泽文化时期，钱桥先民已种植水稻，建筑祭坛，建造房屋；四千多年前的良渚文化时期，虞舜巡行躬耕于舜柯山，留下舜锄石、舜井等遗迹。春秋时期，商圣范蠡在舜柯山西筑斗城；战国时期，春申君黄歇在钱桥龙山梢筑龙尾陵道，在舜柯山北麓筑黄城。西晋时期，区域内农作和蚕桑缫织业益见兴起；北宋时期，区域内农民已使用龙骨水车；明代，区域内乡规民约勒刻于石；清代，区域内织袜已形成一定规模，以徐寿为主合同他人制造出中国第一台蒸汽机、中国海军第一艘蒸汽动力轮船。民国时期，区域内已筑建无锡城乡最早的马路并通车，民族工业兴起。新中国成立初期，藕塘毛巷在无锡县第一个创办初级农业合作社；改革开放后，钱桥成为享有盛誉的“焊管之乡”、闻名遐迩的“冷轧之都”，江苏省第一家焊管企业、第一家热轧钢带企业、第一家冷轧带钢企业、第一家镁碳砖企业均诞生于此。钱桥街道的历史，是一部文明史、发展史、辉煌史。

《钱桥街道志》按照志书传统方法编纂，横排门类，纵向记述，述而不论，运用述、记、志、传、图、表、录等体例，记载区域内地理历史、自然风貌、政治经济、教育文化、体育卫生、风土人物，科学地反映建置沿革、社会发展、人民生活的进程。全志尊重历史、鉴观春秋，实事求是、秉笔直书，内容丰富、门类齐全，详略得当、记述公允，取精用弘、图文并茂，具有存史、资治、兴利、教育的功能，不失为钱桥街道的一部百科全书，有益于当代，惠及于子孙。

《钱桥街道志》的编纂工作是一项浩繁、系统的工程，党工委、办事处专门成立编纂委员会，下设编志办公室，聘有识之士编纂，请编志专家指导，举上下之力，集各方资料，艰苦笔耕，匠心熔铸，数易其稿，并经党政领导、各社区、单位及部门、编志办人员，六位编志顾问多次审阅修改，堪为细磨微雕、精益求精。值此《钱桥街道志》出版之际，我谨代表党工委、办事处向付出艰辛劳动的全体编写人员，向精心指导的各位顾问，向积极提供资料的各社区、单位、部门以及社会各界人士致以崇高的敬意和衷心的感谢！

盛世修志，贵在鉴用。相信《钱桥街道志》的出版，必将激发社会各界热爱钱桥的自豪感，建设钱桥的责任感，发展钱桥的使命感。钱桥街道党工委、办事处将坚持以习近平新时代中国特色社会主义思想为指导，坚持在区域谋划上解放思想，实现经济发展高质量；坚持在发展品质上解放思想，实现城乡质态高质量；坚持在环保底线上解放思想，实现生态环境高质量；坚持在人民至上上解放思想，实现人民生活高质量；坚持在党建引领上解放思想，实现从严治党高质量，继续谱写钱桥街道新的辉煌篇章。

中共钱桥街道工作委员会书记 

2020 年 6 月 15 日

# 凡　例

一、本志编纂坚持以马克思列宁主义、毛泽东思想、邓小平理论、“三个代表”重要思想、科学发展观、习近平新时代中国特色社会主义思想为指导，坚持历史唯物主义和辩证唯物主义的立场、观点和方法，实事求是，力求全面、系统、翔实地记载钱桥、藕塘区域内自然、环境、政治、经济、建设、文化、教育、科技、体育、卫生、社会等历史和现状，突出新中国成立尤其是改革开放以后的地方特点和时代特色。

二、本志为钱桥、藕塘地区首志，记述时间始于赤墩遗址所处的马家浜、崧泽文化时期，止于2015年。大事记延伸至2018年12月31日，卷首照片拍摄时间延伸至2019年底。1949年以前采用历史纪年并括注公元纪年；1949年起采用公元纪年。

三、本志记述空间范围遵守不同时期行政境域，历史上建置分合变动的则遵循并前分述、并后综述的原则。

四、本志按照志书传统方法编纂，横排门类，纵述史实，述而不论，述、记、志、传、图、表、录等兼用，设八篇四十二章二百九十四节，节下设目。附录设于节后。志首设钱桥街道政区图、交通图，照片、序、凡例、目录、概述、大事记。为突出地方特色，首设赤墩文化遗址篇章。志末设编后记、主要参考书目；不设索引，制作光盘，随志发行。

五、大事记以编年体编纂，辅以纪事本末体，按时序纵述大事、要事、新事。

六、本志人物篇设人物传略、人物简介、人物名录。遵循“生不列传”原则，立传人物是有一定社会影响、事迹突出的已故人物；人物简介为副处级（军队副团级）以上行政职务人员、相当于副教授以上高级职称的专业技术人员、市级以上劳动模范、全国级条线先进工作者及港澳同胞、海外侨胞的知名人士中有较为突出贡献者；人物名录录入者由“全国级条线先进工作者”放低至“省级条线先进工作者”，其余与人物简介中人物之级别相同。入编人物传略、人物简介之人物皆为钱桥、藕塘籍以及定居在钱桥街道区域内的人士；区域外人士曾在钱桥、藕塘地区各单位、部门、院校工作过的其级别符合者以及与钱桥、藕塘有一定渊源者编入人物名录章，排列均以出生年月为序。

七、本志面积、重量、长度单位原则上使用公制，面积单位为平方米、公顷；重量单位为公斤、吨；长度单位为米、公里，但由于历史的原因和区域内的实际情况，涉及农业方面的由于折算成公制后会影响其他内容的表述，故仍沿用市制，如面积单位用亩、分，重量单位用担、石。

八、本志采用规范的现代汉语语体文记述，一律以国家语言文字委员会于1986年10月公布的《简化字总表》和1990年3月修订公布的《标点符号用法》为准。行文力求严谨、朴实、简洁、流畅。除引文和特殊情况外，均以第三人称记述。

九、本志中地名“藕塘桥”“稍塘营”“西漳”、河名“洋溪河”，民国以前为“藕荡桥”“扫荡营”“南西漳”“阳溪河”。

十、本志资料来自于境内各社区、单位、部门，钱桥街道统计科、档案室，无锡市、惠山区档案馆，无锡市图书馆，惠山区相关机关，区域内老干部座谈会，老年人口碑，经考证后入志，一般不注明出处。

# 总　目

## 第五篇　教育科技



## 第六篇　文化体育卫生



## 第七篇　社会



## 第八篇　人物

# 上　册

# 目　录

# 第二篇　基础建设

# 第三篇　经济

# 钱桥街道志

## 概 述

钱桥街道位于北纬31°7′~32°2′，东经119°33′~120°38′。东接无锡城区，与梁溪区惠山、山北街道接壤；南傍舜柯山、鸡笼山，与滨湖区荣巷街道交界；西依直湖港，与阳山、胡埭镇相邻；北靠京杭大运河和沪宁铁路，与洛社镇相衔。区域内气候温和、四季分明、日照充足、雨量充沛、土地肥沃、水网交织、丘陵铺绿、河水映碧、风景秀丽。年平均气温16.2℃，1月至2月上旬最冷，月平均气温3.5℃，极端最低气温-12.5℃（1969年2月6日）；7月至8月上旬最热，月平均气温28.5℃，极端最高气温40.3℃（2013年8月7、9日）；年平均无霜期220天、日照1924.3小时、降雨量1121.7毫米。钱桥街道具有显著的区域优势，地处长三角经济圈，新长铁路、锡宜高速、国道G312线、省道S342线等干线及洋溪河贯穿境内，连接东西、沟通南北，形成交通发达、物流畅通的无锡市主城区延伸区域、锡西门户，至无锡市中心15分钟车程，距太湖风景区10分钟车程，在区域内地铁3号线苏庙站乘坐地铁40分钟车程可直达苏南硕放国际机场。2015年，钱桥街道属无锡市惠山区，与无锡职教园实行“街园合一”的管理体制，副处（县）级建制，辖钱桥、华新、苏庙、溪南、舜柯、洋溪、晓丰、西漳、晴山蓝城、藕塘、东风、南塘、盛峰、稍塘、藕乐苑15个社区，无锡职教园校区在辖区内。面积46.21平方公里，其中山区和丘陵面积2.88平方公里。户籍数22646户，户籍总人口70927人，其中60岁以上老年人口14621人，占总人口的20.8%；外来人口52095人。

## 一

距今6000多年前的马家浜文化时期，已有先民在舜柯山下赤墩聚族而居。距今5300多年前的崧泽文化时期，赤墩出现原始氏族村落，考古工作者在赤墩遗址考古中出土精美的玉器、石器、陶器、骨器，发现灰坑、房屋基槽、柱洞等。当时钱桥先民已用榫卯结构的木柱架屋，在木柱间编扎芦苇后涂泥为墙，用芦苇、竹席和草束铺盖屋顶，居所地面用泥土拌砂石和螺壳后匀平、夯实。先民还在赤墩夯筑顶小底大、呈梯形的两个祭台，用于祭祀，无锡市考古研究所确认是国内发现的崧泽文化时期最大的祭坛。时钱桥先民已种植水稻，进入农耕阶段。距今4000多年前的良渚文化时期，赤墩已有彩陶，陶鼎鼎足体型巨大，为国内良渚文化遗址出土物中所罕见。距今3000多年前的商周时期，赤墩留有几何印纹陶，仲雍六世孙柯相在舜山之西柯山叩石垦壤，治理荒山，从事农耕。公元前475年，春秋末期著名政治家、军事家范蠡在龙山之断筑斗城。楚考烈王十五年（前248），春申君黄歇在钱桥龙山梢建龙尾陵道，在龙尾下斗城之西、舜柯山以东建城，自为都邑，称黄城。

汉高祖五年（前202）始建无锡县，钱桥、藕塘位于无锡县城之西，隶属无锡县。时区域内已有冶铁、铸铜等手工业，农业生产开始使用铁器农具和牛耕技术，赤墩地表留有西汉至六朝时期的菱形花纹砖。三国吴嘉禾三年（234），分无锡以西设毗陵典农校尉，钱桥、藕塘地区为屯田区。东晋时期，钱桥赤墩先民已使用珍贵瓷器。南北朝时江淹（444~505）作《无锡县历山集诗》有“落叶下楚水，别鹤噪吴田”句，描写钱桥舜柯山下秋景。北宋元丰八年（1085），无锡县26乡裁并为22乡，乡以下设都，都以下设保，钱桥、藕塘地区分属开原乡、布政乡、富安乡。时钱桥借助于龙山梢古官道与洋溪河水道逐渐形成街市。北宋年间，建藕塘桥，横跨洋溪河上，连接南北两街。

元至元十二年（1275），钱奎建钱桥，此后钱桥街市闻名。时位于藕塘桥之北一公里处的南水渠形成，为当时迁居于此的百姓用人工开凿为农业灌排所用的水道，有大小水渠两环72条之多，构成一套较为完整的农田灌溉网络，是典型的江南水乡灌排网。元至正十七年（1357），朱元璋克常州，莫天佑屯兵藕塘扫荡营（今稍塘营），开挖与大河连通的护营河，构筑水军营盘，剿灭湖匪。明洪武十四年（1381），钱桥、藕塘地区定税役籍，课征地赋和户役。明万历元年（1573），为强化赋税，计户分里，随粮定区，藕塘地区为富安区下扇，钱桥地区属开原区下扇。钱桥、藕塘地区扇以下设都，都以下设图，图设图董，总管一图事务。清雍正二年（1724），诏分无锡为无锡、金匮两县，钱桥、藕塘属无锡县。清雍正十二年，无锡知县吴翼祖组织民工疏浚钱桥河。清乾隆四十八年（1783）重建钱桥，系石质环形拱桥。清代严绍宗所写《阳溪丙舍》七律中“烟波十里问吾庐，曲曲芦花入小渠”描写钱桥地区的美景；秦瀛所写《阳溪二首》中的诗句“阳溪女儿双髻丫，乌篷三尺惯捞虾”描写钱桥姑娘的勤劳。清嘉庆年间（1796~1820），无锡先后两次大旱，西乡河道干涸。为救济无锡西北乡水稻旱情，二十二都二图图董支浩明“情切桑梓，御灾捍患”，率锡邑农民奉公开显应桥坝救灾，以导湖水济运，无锡知县韩履宠赐予“堪为里式”红底金字匾。

# 二

清道光二十年（1840）鸦片战争后，钱桥、藕塘地区有识之士看到国家破碎、山河残缺、民族危亡，开展实业救国，区域内民族工业逐渐发展。清光绪三十年（1904），藕塘盛店桥许仲达等引进手摇袜机，开办织袜铺，织袜形成规模。民国初期，历村庄家庄兰芳在钱桥街上独资开办庄源大榨油厂，交易遍及大江南北，油品成为江、浙、皖品牌。郑子卿至周山浜创办鼎盛丝厂，后更名为无锡瑞昌丝厂（即解放后的缫丝二厂）。瑞昌丝厂注册出口商标“斑鸟”“公园”“双鹰”，产品畅销美、英等国，生产的丝绸在美国费城召开的国际博览会上获得甲等大奖。时钱桥、藕塘地区户户栽桑，家家养蚕，遍设茧行，茧丝贸易十分活跃；盛店桥庄基上开办绣花庄，专事绣花。民国中晚期，钱桥老街开办粮油加工厂、广成丝厂，藕塘老街开办民丰碾米厂、酱油厂、油坊等，均为独资。郑子卿次子郑炳泉独资创办瑞昌永丝厂。民国时期，区域内农业科技初露端倪，藕塘桥开办私立小麦试验场，成绩佳。钱桥溪南毛村被中华民国社会科学院选定为全国农村经济调查的农村点之一。藕塘桥丁村“三六桃园”引进奉化桃苗开始种植，为无锡水蜜桃发祥地。西门仓浜江苏省政府农矿厅设立的蚕丝试验场迁于钱桥黄旗岸，改名为蚕业试验场，规划模范桑园，扩充实验事业，开办女子蚕业进习班，培养蚕业技术人才。无锡县立蚕桑场在毛村设立育蚕指导所，指导农民改良育蚕方法。钱桥、藕塘、稍塘乡设农业协进会，指导农民改良种子，防治农作物病虫害，应用新式农具，指导发展畜牧事业及防治兽疫疾病等技术。藕塘区成立蚕桑指导所，由上级派指导员对养蚕户进行技术指导。

清宣统元年（1909），区域内首办南水渠小学于南水渠观音堂内，开近代新学之先河。此后，地方人士先后开办小学堂、初级小学、国民小学。民国早中期，张高漕开设第三师范学校附属小学农科。区域内有县立、乡立国民小学与私立小学 8 所、公立学校 5 所，教师大多为原塾师，另有私塾教育，近代教育渐成雏形。无锡师范学校在钱桥田舍头征地建造乡村实验小学，作为师范毕业生的实习基地。旸庄农民教育馆迁至毛村，基本施教区 352 户，约 2000 人。地方人士在上秦巷舜皇殿创办洛社乡村师范附属小学第二分校。民国 23 年，区域内有小学 22 所、中学 2 所。同期，社会事业伊始发展，中华福众联保寿险有限公司前到钱桥、藕塘经营特种普通寿险。无锡实业家荣德生等修筑的惠山通往钱桥、藕塘桥马路成为无锡城乡连线最早的近代公路。稍塘桥始设邮政代办所。钱桥开办有史以来第一家金融机构“无锡合作研究社”，在藕塘桥创办信用合作社，性质为无限责任。江苏省农民银行无锡分行在钱桥集镇自办和委托典当办事处，办理农产品储押、放款业务。开原乡引进武进戚墅堰发电厂的电力在藕塘浜顶、田庄两处建立电力戽水站，首创无锡县电力戽水。第四组直西线工程竣工，装置藕塘桥等电话 19 处，接入省长话无锡交换机总机。钱桥、藕塘镇上贤达筹建永安水龙宫，配置灭火器械，训练义务灭火员。钱桥、藕塘地区出现个体医生开业，涵盖中医、西医，内科、外科、伤骨科、小儿科、助产、妇科等。上海利康、先施等 6 家公司看准钱桥、藕塘地区经济发达，至区域内经营人寿和财产水、火保险。

“五四”运动以后，随着全国反帝反封建斗争的兴起，钱桥、藕塘地区同时掀起了轰轰烈烈的革命浪潮。“五卅运动”波及钱桥、藕塘地区，藕塘冯耕庸等活跃在城乡开展援沪募捐活动，与秦邦宪（博古）联署在无锡最有影响的进步期刊《无锡评论》上发表《五卅惨案中的无锡舆论界》一文。后冯耕庸在万安市洛社发起成立进步青年团体万安协进社，编辑出版《协进月刊》，任主编。创刊号一出，秦邦宪专门写一篇评论文案，称赏这本刊物“不失为水平线上的一本刊物”，赞之为“打破当时无锡沉闷空气，迎接新的春天的第一燕”。抗战全面爆发后，钱桥周基头村张锡昌主持创办《警钟报》，宣传抗日救亡。钱桥、藕塘民众纷纷组织防夜队或自卫游击武装，保护地方安宁。后无锡四乡出现游击武装30多支，国民党无锡县长将原有松散型的锡西钱桥、藕塘桥等10镇联防队组织为无锡县国民抗日自卫团，冯耕庸任第一大队长，带领藕塘民众开展抗日斗争。溪南青年龚鹏佐、吴志勤立志革命，参加“江南抗日义勇军”（简称“江抗”）。在龚鹏佐、吴志勤的影响下，溪南一批有志青年相继参加新四军，投身抗日。民国30年（1941），建立中共锡西区委，派地下党员陆道南、吴志勤等到钱桥、藕塘地区开展地下革命活动。之后，中共在锡西建立警卫队。锡西警卫队组织藕塘贫苦农民持大刀小斧进藕塘镇袭击镇伪警察局，缴获步枪及弹药等。抗战胜利后，陆道南带领武工队继续在锡西进行地下革命活动，先到稍塘、藕塘一带进行地下革命活动，然后再向东扩展到钱桥，东至钱桥双河尖，南抵藕塘管家湾，北至洛社镇，共建立9个武装小组。在中共策反之下，孙文主义同盟江苏支盟委员兼任无锡分盟书记张一飞（钱桥人）接受中共交给的任务，掩护中共地下党员，向地下党提供情报资料。1949年，藕塘地区由钱桥、藕塘镇，稍塘、盛店、溪北乡各出队员组成自卫队，陈汀声在陈村家中为中共锡西地下组织秘密安装收发报机，用于解放军渡江联络。4月22日，锡西武工队秦国光等在钱桥龚巷后洋溪河上阻拦携带人、枪、粮草仓皇逃跑的锡西反动分子胡少梅、李仁奎等，逼使坐船的逃跑之敌全部投降；同日收缴藕塘乡、张镇乡等自卫队的武器。

# 三

1949年4月23日，钱桥、藕塘解放。钱桥、藕塘地区设钱桥、藕塘镇人民政府和万东、溪北、稍塘、盛店乡人民政府，中共基层党组织在区域内相继建立，武工队歼灭锡西地区的“青年反共江南指挥独立第三支队”。钱桥、藕塘镇政府实行新经济政策，取缔投机，平抑粮价，稳定市场，私营米行、作坊、粉麸市场相继恢复交易，老百姓生活渐趋安定。10月1日，中华人民共和国成立，钱桥、藕塘镇党支部组织群众召开庆祝大会，举行盛大游行活动，庆祝新中国成立。1950年，乡镇人民政府开展基层民主建政工作，保、甲全部废除。4月，成立藕塘区人民政府，同时成立中共藕塘区委员会。为推动土地改革，钱桥、藕塘地区划成9个小乡，各乡成立人民政府，成立土改工作领导小组，依靠贫苦农民开展声势浩大的土地改革运动，废除封建地主土地所有制。1951年，钱桥、藕塘地区完成土地改革。为保卫和巩固人民政权，开展镇压反革命和抗美援朝运动；各乡开展反对贪污、反对浪费、反对官僚主义的“三反”运动，工商界中开展反行贿、反偷税漏税、反盗窃国家财产、反偷工减料、反盗窃国家经济情报的“五反”运动。1957年，钱桥、藕塘乡建立人民代表大会制度，分别召开第一届人民代表大会，人民政权进一步巩固。

土地改革后，钱桥、藕塘农民分到土地，生产热情高涨，藕塘区政府引导农民走社会主义道路，农民在“自愿结合、等价交换、民主管理”原则下组织互助组。1953年1月3日，藕塘乡周泉根互助组在毛巷试办无锡县第一个初级农业生产合作社。随着《中共中央关于发展农业生产合作社的决议》颁布，钱桥、藕塘地区农业合作化运动掀起高潮，竞丰初级社成为农业合作化的典型。此后，钱桥、藕塘地区掀起小社并大社、大办高级社的高潮，先后成立溪南、勤建等20个高级农业生产合作社。1958 年上半年，钱桥、藕塘地区入社户数达99.5%，入社土地99.99%，基本完成对农业生产资料所有制方面的社会主义改造，农村土地由个体农民所有转变为劳动群众集体所有。9月，钱桥、藕塘人民公社成立，实行工、农、商、学、兵五位一体，入社农户8589户，下辖18个生产大队、二大工区、83个生产小队。两公社成立后，创办社办企业21家，电力开始为区域内工业生产服务。钱桥、藕塘公社党委贯彻“鼓足干劲，力争上游，多快好省地建设社会主义”的总路线，以组织军事化、行动战斗化、生活集体化进行生产和生活。由于“大跃进”的狂热，大兵团作战，违背经济发展规律，农业生产效率低下，加上自然灾害，1959~1961年，钱桥、藕塘地区经历三年经济困难时期，农产品严重不足，农民生活苦难不堪，挖野菜、刮树皮充饥，食不果腹。1960年，钱桥、藕塘公社党委贯彻中共中央“调整、巩固、充实、提高”的八字方针，纠正前两年“一平二调”的错误，粮食定量供应，糠菜代粮。接着，钱桥、藕塘公社党委组织开展整风整社运动，对生产队实行油料定产、定购、包干自给的政策，制定恢复和发展农业生产规划，调整核算体制，明确“三级（公社、大队、生产队）所有，生产队为基础”的体制，社员自留地由5%增加到7%，区域内农民生活逐步好转。

60年代初期，钱桥、藕塘社队办工业主要依靠生产队公益金、公积金等积累资金，利用仓库、庙宇、祠堂等作为厂房，购买国营企业淘汰设备，修旧利废，开厂办厂。“文化大革命”期间，钱桥、藕塘地区粮食产量滑坡、集体经济受挫，但社队企业依然得到一定发展。70年代初，两公社社办企业年工业总产值105万元。1976年，钱桥、藕塘公社对社队企业独立核算，实行定收入、定人员、定报酬、定上缴，包干补贴、超奖减赔的“四定一奖赔”责任制，社队企业得到大力发展，农民收入明显增加。是年，钱桥公社社办企业工业总产值221万元。同时，钱桥、藕塘社办工业冲破“一围绕（围绕农业办工业）”和“三就地（就地取材、就地加工、就地销售）”的束缚，确定“四个服务（服务农业、服务工业、服务外贸出口、服务人民生活）”和“四个为主（以小为主、以补为主、以配为主、以联为主）”的发展指导思想，社办工业呈现新的发展态势。

新中国成立后至1978年，区域内社会事业全面发展。苏南行政公署在钱桥试点建立苏南农村第一个信用合作机构。驻钱桥地区部队营房接通梅园自来水厂的自来水，成为区域内首用自来水的单位。钱姚公路、锡陆杨公路先后建成、通车。钱桥、藕塘地区创办钱桥联合诊所、无锡县第十二人民诊疗所,后建立钱桥、藕塘公社医院，农民实行统筹医疗，接着改为合作医疗，成立合作医疗管理办公室，各大队创办卫生室，农民都参加合作医疗，每人建卡，凭卡就医。区域内提倡计划生育。两公社先后成立电影放映队、建造大会堂，分别设立广播放大站。钱桥、藕塘公社创办幼儿园，后各大队均开办幼儿班。为解决丘陵区沿山农田的灌溉，藕塘建设蓄水工程，钱桥组织农民在山麓开凿“沿山河”。钱桥、藕塘公社机电灌溉站在各大队建立机电灌溉分站，区域内人工车水灌溉消亡。两公社分别成立爱国卫生委员会，负责市镇、农村的爱国卫生工作。无锡供电局主办的220千伏无锡变电站在钱桥舜柯山北麓建成，钱桥公社农村电网相应得到发展。钱桥、藕塘公社根据农民收入增加、建造新房的迫切要求，进行新农村建设规划，在沿公路和大队主干道两旁规划农民住宅建设地基，并结合进行村庄整治。钱桥、藕塘地区初中生基本普及，高中生增多。1977年，农民人均年收入比成立人民公社前的1957年翻一番。

# 四

中共十一届三中全会后，钱桥、藕塘公社党委拨乱反正，清除“左”的影响，落实各项政策，对自留地、家庭副业、集市贸易放宽种种限制，区域内农民思想大解放，很多“禁区”被冲破。藕塘公社稍塘大队沈巷生产队率先自发搞农业家庭联产承包责任制，东风大队漳漕巷生产队社员大搞种植蔬菜等多种经营。钱桥公社3个生产队率先搞联产承包责任制，26个生产队口粮田划给个人承包。区域内逐步放开小商品价格，实行企业定价，市场调节。1981年，钱桥、藕塘公社联产承包责任制发展到241个生产队。接着，钱桥、藕塘公社党委贯彻中央《全国农村工作会议纪要》，全面推行农业家庭联产承包责任制，实施“人分口粮田，劳分责任田”。分田到户，粮食产量大幅增长，农民家家户户粮满屯、谷满仓，种植业结构急剧向高效农业发展，农村劳动生产力得到解放，农业结构由第一产业向第二产业转型。1985年，钱桥、藕塘工农业总产值是联产承包责任制前的七倍多。区域内由于工业的发展，蚕桑业渐趋淘汰。以后，粮食销售市场调节进一步扩大，商品开始实行价格双轨制，即以政府定价为主，市场调节为辅。1993年，区域内农业规模经营快速发展，钱桥镇村办集体农场达24个，成为无锡市第一个实现农业规模经营的乡镇。5月23日，国家副主席荣毅仁视察胜丰农场，高度评价农场的规模和科学种田成果。

80年代，钱桥、藕塘乡镇工业强势崛起。两乡党委、政府运用乡镇企业灵活的经营机制，调整产品结构，提出社队工业“六个轮子（乡办、村办、生产队办、联户办、个体办和条线办）一起转”的发展策略，发扬“四千四万”（走遍千山万水、吃尽千辛万苦、说尽千言万语、经历千难万险）的创业精神、“一包三改”（实行厂长承包制；改干部任免制为聘用制、改固定工资制为浮动工资制、改工人录用制为合同制）的改革开拓精神、“三上三创”（上质量、上管理、上规模；创新、创优、创汇）的奋发向上精神、年年困难年年上的积极进取精神、农村建设“一盘棋”的全局精神，乡镇工业在激烈的竞争中不断壮大，所有制以乡村集体经济为主，企业规模以中小型为主，产业结构以机械工业为主，产品门类为劳动密集型和技术密集型兼而有之。钱桥、藕塘乡分别成立工业公司。1986年，钱桥、藕塘地区有工业企业204家，钱桥乡成为江苏省27个亿元乡之一。其间，全省第一家焊管企业、第一家热轧钢带企业、第一家冷轧带钢企业、第一家镁碳砖企业先后诞生于钱桥，钱桥成为闻名遐迩的“焊管之乡”“冷轧之都”。1993年，两镇对区域内乡镇企业实行所有制改革，进行企业转制。钱桥镇在经济总量完成30亿元之后，政府特命名公布钱桥“五龙十虎”企业，龙腾企业为镇办企业，虎跃企业为村办企业。2000年，钱桥镇建立钱桥工业园区，后纳入无锡惠山经济开发区钱桥配套区，规划面积4.06平方公里。2003年，钱桥镇工业总产值78.83亿元。

区域经济突飞猛进，有力地推进了村镇建设。1983年，钱桥、藕塘乡分别成立村镇建设办公室，钱桥市镇整容与扩容启动，藕塘乡政府规划藕塘新市镇扩大到1.5平方公里。1986年，钱桥乡政府规划新市镇总面积为4.5平方公里，是老市镇面积的5倍多。此后，钱桥、藕塘新市镇建设日臻完善，接通无锡市自来水公司的自来水，威华村成为“无锡县自来水村第八村”；建立广播电视放大站，市镇首次开通有线电视；成立房产开发公司，开发商品住宅区。1988年，钱桥新市镇格局基本形成，钱桥大街的街宽与预留位保持时代建设水准；藕塘新市镇形成商贸区和行政服务体系。90年代，钱桥镇在无锡县35个乡镇中率先全镇通上自来水；钱桥邮电支局、藕塘邮电中心支局开办移动电话业务，钱桥、藕塘地区村村户户通上电话。江苏省电力公司主办的惠泉500千伏变电站在稍塘村落成。胜丰村建成区域内首个游泳池，向村民免费开放。藕塘商业合作社首开“如意自选超市”，改变传统的商品经销经营模式。1998年，钱桥、藕塘开通移动基站，建造移动基站铁塔，开通139G网。同期，稍塘村率先创建村级图书室，后钱桥、藕塘各村相继建立农家书屋。20世纪末，钱桥新市镇形成二纵（钱桥大街、锡陆路）二横（振兴路、育才路）街路，建成行政区、商业区、工业区、文化区、教育区、居民住宅区合一的新型市镇，面积由1985年的0.8平方公里扩大到4.5平方公里。进入21世纪，钱桥、藕塘镇走“能源消耗少，环境污染少”的发展道路，在市镇及其周围铺设天然气管道，让居民使用上绿色环保、改善家居环境、提高生活质量的天然气。2000~2002年，钱桥镇政府投资建成区域内第一个广场春来广场，藕塘镇投资建成藕苑广场，钱桥社区自筹1000余万元资金自行设计建造玉泉公园，为居民提供休闲和体育锻炼；钱桥、藕塘镇镇容村貌建设向整治—提升—创优方向发展。

改革开放以后，钱桥、藕塘百姓收入普遍提高，人民生活全面改善。1978年，钱桥、藕塘公社社员人均年收入分别为140.1元、122.5元，消费仍以饮食消费为主，占全年家庭总消费的64.1%。80年代，钱桥、藕塘地区农村掀起建造新房的高潮，房型大多为楼房。农户开始使用液化气作燃料。1995年，钱桥镇人均年纯收入4500元，藕塘镇农民人均年纯收入3500元，分别是1977年的45.6倍、35.4倍。90年代至21世纪初，钱桥、藕塘镇农民（居民）收入年年增长，农民住房建成实砌红砖墙体，装饰材料采用铝合金门窗，地面铺地砖或花岗岩，内墙用涂料或贴墙纸，外墙用釉瓷砖取代马赛克，有的家庭购买商品房，有的建造别墅式花园洋房。区域内农民（居民）生活出现“三降”“三升”的新气象，即食品消费比重不断下降，穿、住、用和文化教育、健身养生、旅游观光等支出比重上升；大米、面粉食品等主食消费比重逐步下降，鱼、肉、蛋、禽、奶等副食品消费比重逐渐上升；服装棉布、化纤面料逐步下降，毛、呢、绒、皮革等面料逐渐上升，穿着讲究多样化，款式趋向个性化，追求名牌衣、裤、鞋、帽消费。电视机、冰箱、空调、手机、电脑、汽车等高档耐用消费品进入寻常百姓家。老百姓出行60年代两条腿，70年代自行车，80年代摩托车，90年代小汽车。100%家庭用上自来水、液化气或天然气。2003年，钱桥镇人均年收入6586元，是改革开放前1977年人均年收入的66.7倍。

80年代至21世纪初，区域内社会保障实施范围逐步普及化，病有所医，贫有所补，残有所依，老有所养。钱桥、藕塘公社分别成立劳动服务站，负责区域内相关对象的社会保障工作。钱桥、藕塘乡政府规定乡镇企业职工男50周岁、女45周岁可办退养手续，享受退休养老金。钱桥、藕塘乡农村合作医疗费用全部由各村委负责筹集。后社办企业亦工亦农人员除享受合作医疗外，还可在所在企业报销部分医药费。两乡分别创办敬老院，区域内五保老人（保吃、保住、保穿、保医、保葬）全部入住。1987年，钱桥镇、藕塘乡全面推行城镇职工基本养老保险制度、全面推行养老保险统筹。分别成立社会福利基金会。两乡对四残人员（盲人、聋人、哑人、肢体残疾人）给予经济补助。钱桥、藕塘镇私营企业职工、个体工商户及其他从业人员实行城镇养老保险。两镇分别成立农村社会养老保险管理所，负责农村社会养老保险工作，全面实施农村居民养老保险（老农保）制度，各企业实施职工工伤保险制度，镇卫生院对区域内孕妇进行系统管理。进入21世纪，老农保的所有企业职工全部纳入城镇职工社会养老保险，全面实施育龄女工享受生育保险。两镇分别成立劳动和社会保障所，负责区域内社会保障办理工作，全面推行新型农村合作医疗保险（简称新农合）制度。

# 五

2004年2月，钱桥、藕塘两镇合并，建立新的钱桥镇，钱桥、藕塘地区的发展开启了一段新的辉煌历程。2006年11月22日，中共无锡市委、无锡市人民政府决定在钱桥镇建立无锡（藕塘）职教园区管理委员会，与钱桥镇人民政府实行两块牌子、一套班子、“镇园合一”的行政管理体制。2007年11月7日，撤销钱桥镇，设立钱桥街道办事处，无锡（藕塘）职教园区管理委员会与钱桥街道办事处实行“街园合一”的行政管理体制。2010年9月，中共无锡市委、市政府决定无锡（藕塘）职教园区管理委员会更名为无锡职教园管理委员会。

两镇合并后，钱桥镇党委、政府提出经济从“二三一”向“三二一”（“一”为农业，“二”为工业，“三”为商贸服务业）转变的发展战略，加速区域经济建设，切实提高人民生活幸福指数。2004年，国家统计局公布的首届“千强镇”中，钱桥镇名列第42位。2006年，国家统计局发布的全国小城镇综合发展水平1000强名单，钱桥镇位列37名，为无锡市进入12个镇之首。商贸服务业成为钱桥的支柱产业，钢贸市场运行稳健。至2009年，辖区内企业全部转制，集体所有制企业转为股份制、民营、个体企业，转制后的企业更具动力、更具活力、更具科技创新力。钱桥街道依托自身优势，光伏、风电、汽车零部件、新材料四大新兴产业强势崛起。盛岸西路商务片区形成“一个汽车4S店集聚区、两个城市综合体、三个钢贸交易中心”为构架的“一区、两体、三中心”格局。钱桥街道对技改项目、科技创新、品牌建设、人才引进等奖励作进一步明确规定。钱桥工业配套区被无锡市政府评定为无锡市第一批特色产业集聚区，辖区内规模以上企业中与大专院校、科研单位等进行产学研签约的占32.5%。2015年，钱桥街道农作物种植面积是2004年的十分之三，工业配套区面积433.67公顷，工业行业以冶金、机械、纺织、化工、轻工、电子等为主，共有工业企业1341家，其中有国家级高新技术企业、省级高新技术企业、省科技型中小企业156家，工业总产值203.96亿元，利税总额22.6亿元；商贸服务业纳税营业收入342.44亿元，地区生产总值一产、二产、三产之比为 2∶58∶40。工业发展依托科技，科技提升依靠人才。区域内有海归人才、外国专家、国家千人计划人才、省双创人才、高级经济管理人才、东方硅谷人才、博士、硕士、海外工程师、正副高级工程师、工程师、助理工程师、高级农艺师等各类科技人才 3155 人；建有院士工作站、博士后工作站、研究生工作站、工程技术研究中心 8 家。是年，钱桥街道GDP总值 122.14 亿元、是 2004 年的 3.32 倍，财政总收入 15.31 亿元、是 2004 年的 3.08 倍，上缴财政 10.97 亿元、是 2004 年的 2.58 倍。经济的飞速发展，钱桥、藕塘人民收获了实惠，收益了幸福，基本实现成人有手机，户户有汽车，家家住楼房。同年，钱桥街道参加城镇职工养老保险缴费 26048 人（参保率 100%），领取城镇职工养老金 12623 人，办理各类失地农民基本生活保障 36961 人；机关事业单位退休人员享受养老保险待遇 1131 人，享受老农保养老保险待遇和农村居民养老待遇 6905 人；社会医疗保险参保率 100%，居（农）民医疗保险参保率 99%以上；农民人均可支配收入 28579 元、是 2004 年的 3.55 倍，规模以上企业职工人均年收入 49900 元；千户调查人均住房面积 61.38 平方米。2004~2015 年，钱桥（镇）街道共完成财政预算内总收入 143.94 亿元，其中上缴中央、省、市、区 113.12 亿元，占同期预算内财政收入的 78.58%，年均上缴 9.43 亿元。

在此期间，区域内农村城市化建设不断推进，政府以实施农村“三集中”（农村农田向规模经营集中，乡镇工业向工业园区集中，农民向小城镇集中）为抓手，开展大拆迁、大整治、大建设，一批重大基础设施工程、一批标志性公园、绿地景点、休闲广场、住宅小区，一批事关全局的社会事业重大工程相继开工建设、陆续投入使用。钱桥街道出台《钱桥地区十一五建设规划》，布局结构形成一园（藕塘职教园）、三廊（锡宜高速生态绿化走廊、洋溪河生态绿化走廊、舜柯山生态绿化走廊）、三中心（钱桥地区中心、钱桥镇区中心、藕塘镇区中心）、四区（南西漳与民政工业区、钱桥配套区、钱桥商贸市场区、站前商贸物流区）、五片（藕塘、洋溪、华新、钱桥、盛岸居住片）的功能结构。2009 年，各社区创建成为无锡市社会主义现代化新农村建设示范村的比例达 83.3%，南水渠村被授予江苏省村庄绿化模式标准化示范区称号，成为苏南地区村庄绿化的样板。钱桥街道成为全国环境优美乡镇、国家级卫生镇。2013 年，辖区内 15 个社区创建成无锡市社会主义现代化新农村幸福社区，达标率 100%，钱桥街道被无锡市委、市政府命名为无锡市社会主义现代化新农村建设幸福街道。2015 年，钱桥街道建成钱桥、华新、盛岸、藕塘、洋溪五大宜居片区。

2004~2015 年，区域内公共事业长足提升。道路建设日新月异，新建桥梁 25 座、公路 54 条、停车场 2 个，有公交线路 29 条，锡宜高速在华新社区唐家庄处设立“无锡西”进出口互通站，私家车出门就可通向省道、国道。水利工程卓有成效，区域内圩堤总长 20.7 公里，保护面积 1829.4 公顷，拥有固定排灌站 34 座，泵 70 台，排涝动力 4674.5 千瓦，排涝流量 88.21 立方米/秒；建有杨毛岸等 32 座闸站、排涝站，水泵 54 台，电机 3570 千瓦/台，排涝流量 71.5 立方米/秒，水利站对辖区内 32 座泵站中的 20 座进行信息化改造，可对其进行远程监控。供电用电形成电网，区域内建有 220 千伏和 500 千伏的两个大型变电站，供电线路 110 条，总长 527.64 公里；有 110 千伏变电所 9 座、35 千伏变电所 3 座；10 千伏线路 87 条；400 伏低压线路 353 条，线路总长度 608 公里，沿接户线总长度 250.71 公里；10 千伏安变压器 848 台，总容量 47.6 万千伏安；供电营业客户 41393 户，年销售电量达 8.80 亿千瓦时。教育事业形成特色，区域内 50 年代文盲多，60 年代小学生多，70 年代初中生多，80 年代高中生多，90 年代大学生多，21 世纪初大学办到家门口。2005 年，无锡市委、市政府决定在钱桥镇建设无锡（藕塘）职教园，总面积 14.78 平方公里。2011 年 2 月 17 日，中共中央政治局委员、国务院副总理张德江到职教园区视察，赞扬职教园公共实训基地“是国际先进的、一流的公共实训基地，代表国内职业培训的最高水平”。至 2013 年，区域内各公办村小全部并入中心小学。2015 年，区域内幼儿园、小学、中学、大中专院校 20 所，学生 69469 人，教师 3957 人。环境保护有力推进，钱桥镇成立印染行业、电镀行业专项整治领导小组以及烟尘控制区、噪声达标区建设领导小组。关停勤建等 6 家矿山。建立环境保护组织网络，镇长任责任人。民营企业金鹏环保有限公司出资建造钱桥镇废酸处置中心。2006年10月，钱桥综合污水处理厂竣工投运，是无锡地区第一个引资建设的镇级综合污水处理厂，也是惠山区唯一一家使用CAST工艺的综合污水处理厂。同期，钱桥街道被评为江苏省环境优美乡镇，通过国家级生态镇验收。《新华日报》A7版刊登《钱桥严管农村生活污水排放》的报道。2008年，钱桥街道被评为全国城市生态恢复及可持续发展示范区。11月15日，联合国“城市生态恢复国际论坛”在职教园校区召开，无锡职教园区管委会、钱桥街道办事处获联合国颁发的“城市生态修复及可持续发展示范区”荣誉证书及奖牌。文化事业日益繁荣，两镇合并后，钱桥（镇）街道丹青敷彩、翰墨流霞，文化场馆、群众文化、特色文艺团队、农家书屋、文学、美术、摄影等文化事业欣欣向荣。钱桥镇图书馆被无锡市文化局授予一级乡镇图书馆。钱桥中学民俗文化展览馆新馆落成，陈列3000多件展品。钱桥街道被江苏省新闻出版局评为江苏省第二届农民读书节先进集体。区域内先后建造山泉等大型广场7个，总面积20多万平方米。区域内文艺节目获无锡市级表演金奖2个、银奖3个，创作金奖2个；省表演金奖1个、银奖1个。2015年，辖区内15个社区均设立社区文体服务中心，共有 21支广场舞蹈队、11个特色文艺团队，有影剧院1家、影院2家、歌舞厅8家、网吧14家，有社区老年活动中心28家，有展览馆（室）6个、图书馆28家，有线数字电视用户22000多户，光纤宽带用户3300多户。钱桥街道文体服务中心被评为全国乡镇综合文化一级文化站。体育运动全民健身，钱桥镇党委、政府提出“以健身活动正风气，以体育比赛树斗志，以体育精神促发展”的体育工作要求，组织区域内群众开展全民健身运动，建立社区“10分钟体育健身圈”，开展各项运动比赛。2008年，恒源祥集团成为中国北京奥运会赞助商，是奥运史上国内第一个纺织类企业赞助商。区域内实现社区各自然村健身小广场全覆盖，钱桥街道获全国乡镇体育健身示范工程称号。残疾运动员李雪怡获江苏省第九届残疾人运动会游泳项目比赛一金一银好成绩。2015年，区域内建成公共体育场地、公共健身点、体育场馆占地面积25.3万平方米，健身公园27.35万平方米，各社区健身室建筑面积982平方米、乒乓球室建筑面积1171平方米、棋牌室建筑面积2356平方米、篮球场面积10662平方米、健身广场面积13494平方米，个体游泳馆5个；全街道有晨、晚锻炼点50多个，健身团队60余个，每天参与健身活动1万多人。

2004~2015年，在钱桥、藕塘地区的历史长河中虽然只是短暂的一瞬，但钱桥镇政府，无锡职教园管理委员会与钱桥街道办事处以建立社会主义市场经济为目标，推进农业结构调整，推进乡镇企业改革，推进农村城市化建设，推进交通、水利、电力、电信建设，加强人才队伍建设，科学技术力量不断加强，教育事业形成地方特色，医疗卫生条件持续改善，文化体育事业日益繁荣，环境保护得到有力推进，社会治安持续稳定，居民生活幸福指数不断提高，各项事业走在惠山区前列。

不忘初心，继续前进。钱桥街道党工委、办事处解放思想再出发，干在实处冲前列，树立“项目为王”意识，不做产业“偏科生”，深化产学研合作，加大智能制造的研发投入力度，不断优化经济质态和产业层次，精准发力引进一批产业链长、带动性强、成长性优的先进制造业和新兴产业项目，加快发展总部经济和楼宇经济，全面提升钱桥经济的集聚能力；抓住地铁三号线建设契机，加强沿线基础设施、产业承载等方面的全方位对接；加强“钱桥铁骑队”道路交通秩序管理力度，打造以钱桥大街为代表的党建文明示范街、交通秩序创建街、志愿服务奉献街、诚信经营文明街；以“党建+”为引领，全方位提升村容秩序、环境卫生、配套设施、景观风貌，打造整洁村庄、宜居村庄、美丽村庄；以舜柯山为主体、以传承发扬“德孝仁和”的舜文化为主线，发展绿色生态旅游，使其成为钱桥新的经济增长点和经济社会发展的重要推动力；践行“绿水青山就是金山银山”理念，打好控霾、治水、净土三大攻坚战，使钱桥天更蓝、水更清、地更绿；全力抓好教育、路网、就业等十大民生实事工程，探索实施“721”村级管理模式（遇到矛盾和问题，70%用服务手段解决，20%用管理手段解决，10%用治理手段解决），以人为本，提升社区管理水平，维护安全稳定，满足人民群众对美好生活的需求，把钱桥建设成民主更健全、经济更发达、文化更繁荣、社会更和谐、环境更优美、人民生活更殷实的示范街道。

# 钱桥街道志

## 大事记

## 马家浜文化时期

距今约6000年前的马家浜文化时期，钱桥先民已在舜柯山下赤墩聚族而居，劳动、生息、繁衍。

## 崧泽文化时期

距今约5000多年前的崧泽文化时期，钱桥赤墩里已有原始氏族村落，已出现制陶、造房、打制玉石器等手工业。从赤墩遗址出土的墓葬、灰坑、沟、灶、柱洞、玉器、石器、陶器、骨器等遗物，考古学家认定遗址等级较高，是崧泽文化晚期的重要聚落。中国科学院专家到赤墩遗址取样，在实验室浮选鉴定，发现水稻种子遗迹，确定钱桥地区在5300多年前就已经开始种植水稻。赤墩遗址发现的一处高台祭祀遗迹出土的坑灰、红烧土等取样后经美国著名BETA实验室碳十四年代测定，确定该祭坛建筑年代在距今5140年前后。

## 良渚文化时期

距今约4200多年前的良渚文化时期，虞舜躬耕于钱桥舜柯山下。舜柯山麓至今留下舜锄石、舜井、舜虎泉等遗迹。舜柯山下的百姓为纪念中华民族的人文始祖舜，在山下建造舜皇殿，每年农历三月十五（舜诞生日）、十一月十五举行盛大祭祀典礼。

## 商

赤墩遗址地表留有商朝几何印纹陶。

## 西周

前11世纪，仲雍六世孙柯相分封于钱桥柯山，半生为食，以棚为窝，实施一年两熟耕作制。

赤墩遗址地表留有西周时期几何印纹陶。

周武王十一年（前1066），钱桥、藕塘地区为安阳侯属地。

## 春秋

吴王僚十二年（前515），吴王阖闾派专诸刺杀吴王僚，夺取吴国王位，于钱桥、藕塘西南角约距8公里处的胡埭闾江口建城，名“阖闾城”，钱桥、藕塘地区属吴国。

周元王仁元年（前475），春秋末期著名政治家、军事家范蠡在龙山之断筑斗城。

## 战国

楚考烈王十五年（前248），春申君黄歇徙封江东，在钱桥龙山梢建龙尾陵道，今尚存遗迹；在龙尾下斗城之西、舜柯山以东建城，自为都邑，称黄城。是时，域内百姓进行较大范围的垦荒养殖，大量饲养猪、牛、羊、鸡、鸭。

## 西汉

汉高祖五年（前202），始建无锡县，钱桥、藕塘地区属无锡县辖。时钱桥、藕塘地区先民以种植水稻为业，农耕得到发展。

新始建国元年（公元9），无锡县改称有锡县，钱桥、藕塘地区属有锡县辖。

## 东汉

建武元年（25），有锡县复称无锡县，钱桥、藕塘地区属无锡县辖。

## 三国

吴嘉禾三年（234），无锡以西的钱桥、藕塘地区为屯田区，属毗陵典农校尉。

## 西晋

太康元年（280），废毗陵典农校尉，置毗陵郡，复设无锡县，钱桥、藕塘地区属毗陵郡无锡县辖。

永嘉元年（307），区域内农作和桑蚕缫织事业益见兴起。

## 东晋、十六国

赤墩里出土东晋黑釉鸡首瓷壶2把、东晋四系青釉盘口瓷壶1把（今收藏在无锡博物院），为钱桥先民在东晋时的生活器具。

## 隋

大业三年（607），改常州为毗陵郡，钱桥、藕塘地区属毗陵郡无锡县辖。

大业六年（610），开浚大运河，河道自西向东，南岸沿西漳、潘葑过境。

大业九年（613），杨玄感反隋，王世充率淮南兵渡江，焚钱桥之潘葑，克无锡。

## 唐

麟德二年（665），会稽都督唐仁泰建潘葑桥，跨运河。

中、晚唐时期，钱桥、藕塘地区已推行稻麦二熟制，普遍用育秧移栽法种植水稻。

## 北宋

开宝八年（975），宋承唐制，钱桥、藕塘地区属常州府无锡县辖。

至道三年（997），分全国为15路，钱桥、藕塘属两浙路常州府无锡县辖。

北宋年间建藕塘桥，跨洋溪河。

熙宁七年（1074）夏，钱桥、藕塘地区已有农民使用脚踏龙骨水车。是年，分两浙路为东西两路，钱桥、藕塘属两浙西路常州府无锡县辖。

绍圣元年（1094），大疫，民多染疫而死。

## 南宋

建炎元年初（1127），潘葑桥废于兵祸，后成为渡口。

大定二十四年（1184），稍塘章巷章氏创修宗谱，为钱桥、藕塘地区可考的最早宗谱。

嘉泰二年（1202），大蝗自丹阳入武进，进藕塘，至钱桥，若烟雾蔽天，集亘十余里。

淳祐五年（1245），钱桥溪南南巷创建缪氏宗祠，为区域内首建，用于供奉、祭祀祖先，商讨裁决宗族大事，具社会管理职能。

## 元

至元十二年（1275），县尹里人钱奎建钱桥。随着水路交通的发展，区域内乌泾桥、潘葑、社冈街逐渐以钱桥为中心，钱桥街市开始闻名。

元贞元年（1295），无锡县升为州，为中州。钱桥、藕塘地区属江浙行中书省常州路中州辖。

延祐四年（1317），通济桥（郑店桥，今为盛店桥）重建，州人孟潼撰写《重建通济桥记》。

泰定元年（1324），里人钱氏重建钱桥。

天历二年（1329），旱气如焚，疫疠大作。

至顺元年（1330），秋，大霖雨，民多饥死。

至正十七年（1357），张士诚遣将莫天祐与朱元璋部将徐达征战数年，屯兵藕塘扫荡营（今稍塘营），开挖与洋溪大河连通的护营河，构筑水军营盘，至今仍有“稍塘营”地名。

至正二十三年（1363），张士诚自立为王，建吴国，钱桥、藕塘地区属吴辖。

至正二十七年（1367），吴国亡，无锡归属于明，钱桥、藕塘地区随之。

## 明

洪武二年（1369），无锡复县，属常州府，钱桥、藕塘地区属常州府无锡县辖。

洪武二十九年（1396），大旱，河涸水竭，禾槁死。

建文三年（1401），地震，飞蝗翳空。

永乐三年（1405），大水，岁饥，米腾贵，民多死。

宣德九年（1434）夏，旱，民饥，摘草叶、刮榆皮，杂荳饼食之。

正统八年（1443）夏旱，秋大水，诏免田租。

景泰五年（1454）正月初八，夜大雪及丈，冰柱长五六尺，积阴连月，麦皆死；六月大水，伤稼，民饥。

成化四年（1468）六月，旱，水涸，洋溪河、运河几绝。

成化六年（1470）三月壬午，黄雾染人须眉。

成化十四年（1478），历村缪家里缪昌赴礼部会试中选，殿试第在二甲。

成化十五年（1479）五月乙丑，地震，生白毛，细如发，长尺余；九月又震，生白毛。

成化十七年（1481）八月乙未，风雨大作，龙山水涨，坏民庐，多死者。

弘治十八年（1505）九月十三日，丑时地震。

嘉靖五年（1526），无锡县知县管嘉祯在钱桥历村立无锡县里社碑，重申《乡约》规定。2015年碑保存在舜柯社区居委所在地北（红庙头），景盛路与中心路交叉处。

嘉靖二十三年（1544），自六月至九月不雨，民饥疫死。

嘉靖四十年（1561），大水深及丈，弥望成川，舟行入民居；七月地震。

万历元年（1573），无锡县随粮定区，分13区，乡制不变。藕塘地区为富安区下扇，钱桥地区为开原区下扇。扇下设都，都下设图。

万历十五年（1587）七月二十一日，大风，河水骤涨，钱桥、藕塘地区一望成湖。

万历二十年（1592），常州府无锡县县丞王好义在藕塘地区庙桥立无锡县里社碑。2015 年碑保存在盛峰社区庙桥广福庵内。

万历四十四年（1616）正月，大雪，雪有红黄黑色。

天启三年（1623）冬，地震；十二月二十四日申酉，地中有声如雷，自北而南，屋舍皆动。

崇祯元年（1628）秋八月，虫啮禾，尽槁，民多饥死。

崇祯十二年（1639）七月，飞蝗蔽天，岁大饥。

崇祯十三年（1640），甘薯开始引种至境内，并逐步发展种植。

崇祯十五年（1642），大疫，死者相藉。

## 清

顺治十五年（1658）八月初五，未时地震。

康熙七年（1668）六月十六日，戌时地震，地生白毛。

康熙十八年（1679），湖水尽涸，运河、洋溪河几至绝流，禾苗尽槁。

康熙十九年（1680），大水浸及龙山之麓，田尽淹，民庐多坏，舟行数百里不循故道，一帆可达，民饥。自是年及二十年，旱涝之后疫疠大作，民间尽室闭门，相枕而死，村落为空。

雍正二年（1724），诏分无锡为无锡、金匮两县。钱桥、藕塘属无锡县辖。

雍正十二年（1734），无锡知县吴翼祖组织民工疏浚钱桥河，长三百五十丈，底宽一丈。

乾隆十七年（1752）四月初四日，寅时地震，越十余日，地生白毛。

乾隆二十年（1755）八月，虫伤禾尽槁，岁大饥，民食草根树皮殆尽。

乾隆四十八年（1783），重建钱桥，系石质环形拱桥。

乾隆五十年（1785），大旱，河水尽涸，岁大饥。

嘉庆十二年（1807），钱桥、藕塘地区大旱，开原乡廿二都二图图董、地方“约正”支浩明身先倡导，捐资助赈，并发动群众抗旱，倡开王泗浜，接通洋溪河。嘉庆十九年夏，大旱，赤地数十里，民间炊无米，燃无薪，汲无水，支浩明引领开通“显应坝”，引太湖水入运救灾。嘉庆二十四年，大旱，支浩明奉公开显应桥坝救灾，被恶绅诬告入狱，严刑酷打，刑死熏苏，差点死于狱中。

嘉庆二十三年（1818）二月二十六日，近代科学先驱徐寿于钱桥社冈里出生。同治元年（1862），徐寿与华蘅芳、徐建寅合作制造出中国第一台蒸汽机。同治二年，与员工通力合作制造出中国海军第一艘蒸汽动力“黄鹄”号轮船。清廷赐予其“天下第一功匠”匾额。同期，首创音译并加“金”字旁新造汉字以命名化学元素，获誉中国近代“化学之父”称号。同治十三年，徐寿与华蘅芳、傅兰雅首建中国第一所教授科学技术知识的格致书院。光绪七年（1881），为中国第一位在国际顶级期刊《自然》杂志上发表论文的作者。光绪十年八月初六病逝于上海格致书院，安葬于钱桥高石头。1988 年徐寿墓被列为无锡县文物保护单位。1999 年徐寿墓自钱桥高石头迁至梅园公墓，被列为无锡市文物保护单位。

道光二十年（1840），藕荡（塘）桥跨阳溪河，是年重建石拱月洞桥。同年，稍塘桥重建石拱月洞桥，1950 年重建方洞石拱桥。

道光二十年（1840）六月，大雨兼旬，圩田溃围。奉旨，被水贫民加恩著先抚恤一月口粮。

道光二十一年（1841），外商来锡经商，生丝外销，钱桥、藕塘地区农村兴起养蚕业。

道光二十五年（1845），二品衔内阁大学士徐建寅出生于钱桥社冈里。同治年间，徐建寅在江南制造局“于船炮枪弹多所发明”。光绪五年（1879），以驻德使馆二等参赞名义出国技术考察，是中国第一个被派驻外国专门考察技术的工程技术人员。光绪六年，徐建寅在德国伏耳铿造船厂订造两艘铁甲舰船，成为清政府北洋舰队中的两艘主力舰“镇远”和“定远”号（中日甲午战争中被日本联合舰队击沉）。光绪二十五年，“日手杵臼，亲自研炼”制造出合格的无烟火药。光绪二十七年二月十二日，合药拌料时机炸药轰罹难。清政府将其交国史馆立传，入祀昭忠祠，并在无锡钱桥龙山梢埭桥域内设置衣冠冢墓区，供乡人瞻仰。

咸丰三年（1853）三月，地震；八月又震。

咸丰十年（1860），太平军攻克苏常，建苏福省，钱桥、藕塘地区属苏福省常州郡无锡县辖。

同治二年（1863），清军克无锡，复无锡、金匮两县，钱桥、藕塘地区属江苏省常州府无锡县辖。

光绪十三年（1887）三月，石塘湾孙伯瑜与上海外商买办顾逸夫订立合同，在钱桥开设“仁昌”茧行。

光绪三十年（1904），藕塘盛店乡许仲达、蒋秀庆等引进手摇袜机，开办织袜铺，部分农户以手摇袜机织袜营生，织袜形成一定规模。

光绪三十四年（1908），无锡县设17市乡，钱桥、藕塘属开原乡，稍塘、井亭、盛店等属富安乡。

宣统元年（1909），地方人士在藕塘南水渠观音堂内创办南水渠小学。

宣统三年（1911），朱伯麟在藕塘桥创办西溪小学堂。1949年4月下旬，在西溪小学堂的基础上成立无锡县藕塘中心小学，为今无锡市藕塘中心小学的前身。

宣统三年（1911），稍塘营老街首开一爿茶馆店。

## 中华民国

### 民国元年（1912）

5月，无锡、金匮两县复并为无锡县，钱桥、藕塘地区属江苏省无锡县辖。

9月，南西漳中街张秋庭发起创办无锡县南西漳初级小学。

是年秋，邵宗虎在钱桥南街东岳观创办开原乡第四国民初等小学。1953年，在开原乡第四国民初等小学的基础上成立无锡县钱桥中心小学，为今无锡市钱桥中心小学的前身。

是年，无锡县17市乡划分为五个学区，开原乡钱桥地区属第一学区；富安乡藕塘地区属第五学区。

是年，地方人士在藕塘桥清宁道院内创办第三国民小学。

### 民国2年（1913）

是年，钱桥、藕塘地区家家栽桑，户户养蚕，养蚕户占农户总数的99%。

### 民国3年（1914）

2月，盛店桥知名人士张月清牵头，把两所私塾合并起来，在盛店桥街之东关帝殿（高级班）和弄里（低级班）两地开办盛店小学。

8月，匡村中学创始人匡仲谋在稍塘营创办匡村中学附属第一小学，后为无锡县稍塘小学。

是年，地方人士在藕塘毛村民房内开办第七国民小学。

### 民国4年（1915）

是年，地方人士在严家棚民房内开办第八国民小学。

是年，地方人士在藕塘西吴巷东观音堂内创办福莲小学。

## 民国5年（1916）

是年，历村庄家庄兰芳在钱桥沿河南街投资1万元，开办独资私营庄源大榨油厂，为无锡地区第四家个人独资油厂。

## 民国6年（1917）

8月22日上午，狂风拔树，大雨，河水顿涨尺余。

是年，钱桥北街郑子卿在社冈开办宝昌茧行，在周山浜创办鼎盛缫丝厂。民国10年，更名为瑞昌丝厂。民国23年，郑子卿次子郑炳泉在东门亭子桥独资创办瑞昌永丝厂。民国27年，郑子卿次子郑炳泉开办的瑞昌永丝厂、三子郑海泉开办的瑞昌新记丝厂拒绝与日本人合作，均为日军所占。新中国成立后，瑞昌永丝厂、瑞昌新记丝厂成为国营无锡缫丝二厂。

## 民国7年（1918）

3月，惠山至钱桥马路竣工，成为无锡城乡连线最早的近代公路。

4月，无锡县设立一等邮政局，钱桥、藕塘桥分设第三支局代办所。

7月31日晚，狂风袭击，大雨倾盆，区域内水车篷飞、石柱断。

秋冬，数月无雨，区域内河水干涸，麦苗遭损。

## 民国8年（1919）

6月，西张巷张伯安在庙桥南塊广福庵内开办庙桥小学，后为宇峰小学。

8月3~17日，连续大雨，区域内133余公顷圩田积水数尺，水稻失收。

## 民国9年（1920）

6月底，梅雨不断，区域内213余公顷圩田尽淹；入秋后又阴雨连绵，区域内各处低田都遭淹没。

8月上旬，两次风灾，区域内树木尽毁，房屋倒塌。

是年，地方人士在庙桥三官堂开办育志小学。

## 民国10年（1921）

6月19日，大雨倾盆，持续两昼夜，区域内80余公顷田禾均被淹没。

8月20日起，台风伴大雨持续两昼夜，区域内船只倾覆，房屋倒塌，通讯中断。

是年冬，钱桥至藕塘桥的开原北路竣工。钱桥、藕塘成为无锡城乡连线最早有近代马路的镇。

是年，藕塘桥开办小麦试验场，试验面积5000.25平方米。

是年，钱桥、藕塘地区小麦赤霉病大发，病穗过半；秋季稻飞虱横行，粮食作物严重减产。

是年，省立第三师范校长顾述之在钱桥田舍头开办小麦试验场，引进法、美、日及中国各省小麦优良品种进行品种比较试验、栽培法试验、轮栽试验、肥料试验。后由其子顾复负责。

## 民国11年（1922）

2月，地方人士在稍塘营王祠堂内开办后庄小学。

3月19日20时大风，区域内民房旧屋墙塌壁倒。

6月27日，稍塘营始设邮政代办所。

8月中旬2次飓风，区域内民房刮倒，船只翻身，庄稼损失严重。

9月12日傍晚，风雨交作，区域内交通中断，商店歇业，船只停航。

## 民国12年（1923）

6~7月，降雨608.2毫米，区域内270余公顷圩田一片汪洋，秋熟水稻收成锐减。

12月，钱桥建立无锡合作研究社，为钱桥、藕塘地区第一家金融机构。

是年，江苏省政府农矿厅在钱桥设立省立蚕桑试验场，专以试验研究为目的。

是年，地方人士孙叔嘉、邵亦民在会西四保庵创办万安市第十四国民小学，后为潘葑小学。

## 民国13年（1924）

7月7日14时许，风雨兼冰雹一时之久，大者如拳，小者如豆，打伤人畜。

是年，兵工专家徐尚武（徐建寅次子）在研制成硝化甘油炸药的基础上，又研制成安全炸药，可用于装填手榴弹、飞机炸弹、地雷、炮弹，较当时西方普遍使用的黄色炸药更安全，无变性自炸等问题，也可用于开山采矿之用。

## 民国14年（1925）

4月，开原乡廿二、廿三图藕荡（塘）桥图董王允中在镇上组织保安团，聘徐志芳为教练。

是年冬，盛店乡重建盛店桥，阳山石、铁栏杆，工款1500元由附近居民分摊。

是年，螟虫、稻飞虱加稻瘟病大发，域内水稻收成损失50%，最甚者亩无粒谷。

是年，钱桥老街开办粮油加工厂。

是年，支吉清出资在家中开办支巷初等小学堂，后为苏庙小学。

是年，藕塘地区始通电。

## 民国15年（1926）

3月，各商号捐资80元重修钱桥。

6月，开原乡成立国民党无锡县第三区党部。

6月，开原乡藕荡（塘）桥保安团在藕塘镇把富安乡胡埭镇巨劫案众匪徒堵截，开枪击退匪众。

夏秋之交，区域内稻飞虱猖獗，农田受害，粮食严重减产。

是年，钱桥文化人士宋祖荫在钱桥北侧玉泉庵开办珍聘小学，后为铁狮桥小学。

## 民国16年（1927）

3月30日，在县农民协会的指导下，富安、万安、青城三市乡农民协会指导员秦柳方会同藕荡（塘）桥冯耕庸、冯梦阳等部，联系万安市洛社、杨墅园、西漳等地数十乡民众5000多人集会，声讨石塘湾地主豪绅孙霖甫等“四孙”。4月1日，三四千民众分水陆两路到县政府请愿，要求通缉“四孙”，十四军政治部下令惩办13名土豪劣绅。

3月，无锡县开原乡设立国民党第二区党部，下设6个分部；富安乡设立国民党第五区党部，下设3个分部。

6月，无锡县教育局将五个学区改为八个学区，开原乡钱桥地区、富安乡藕塘地区属第六学区。

是年，开原乡引常州戚墅堰电厂电力，在藕塘桥浜顶、田庄巷首建无锡县机电灌溉站两座，受益农田60余公顷。

是年，无锡县公安局在钱桥设立警察分局。

是年，无锡师范在舜柯山北麓、田舍头西侧创办无锡师范乡村实验小学，后为无锡县张高漕小学。

是年，钱桥、藕塘桥、稍塘桥、盛店桥相继开办民众阅书处。

## 民国 17 年（1928）

是年，顾复在田舍头小麦试验场育成“314”水稻新品种，钱桥、藕塘地区农民竞相串换种植。

是年，地方人士借用道成庵创办邓巷小学。

## 民国 18 年（1929）

8月29日，藕塘桥成立示范性信用合作社，选举徐伯平等3人为理事、龚耀孙等3人为监事，并呈报无锡县政府备案。

10 月，国民政府工商部选派薛寿萱在钱桥龙山梢北成立江苏省立蚕丝试验场，建设新式育蚕室以及模范丝厂，致力于蚕桑试验研究的推广。

是年，钱桥、藕塘境内洋溪河始有定时开驶城乡之汽船。

是年，钱桥境内始装电话机两部。

是年，钱桥、藕塘桥、稍塘桥、盛店桥、南西漳相继开办礼昌、徐裕昌、纶源、徐兴昌、鼎丰、义泰、榕大、中兴、通义茧行。

是年，大旱，区域内秋无禾，岁大饥。

是年，无锡县第四公安分局第一分支所驻地开原乡钱桥，设警官 1 名、巡长 1 名、巡士 10 名。

是年，中央研究院社会科学研究所将江苏无锡与河北保定确定为全国农村经济调查的南北方两个点，溪南毛村为选定调查的农村点之一。新中国成立后，中国社会科学院于 1958 年、1987 年、1998 年对溪南毛村进行 3 次经济调查。

是年，无锡县设 17 区，钱桥、藕塘设为镇，属第四区（开原）。

## 民国 19 年（1930）

3 月 20 日，第四区钱桥、藕塘地区各乡均建立农会。

是年春，钱桥镇黄旗岸开办无锡永泰丝厂第二蚕种试验场。

10 月，藕塘乡设立县立毛村简易农民教育馆。

是年，江苏省政府农矿厅设立于西门仓浜的蚕丝试验场迁址于钱桥黄旗岸，改名蚕业试验场。

是年，田舍头小麦试验场从事稻麦试验繁殖，育成锡麦 1 号、锡麦 2 号良种。

是年，藕塘桥丁村引进奉化桃苗，开始种植水蜜桃。

是年，藕塘南街朱焕根独资开办酱油厂。

## 民国 20 年（1931）

4 月，无锡县立蚕桑场在毛村设立育蚕指导所，定名为无锡县立蚕桑场毛村育蚕指导所，以育蚕示范及指导农民实行改良育蚕方法为主旨。

是年春，黄旗岸蚕业试验场始开办女子蚕业进习班。

6 月 19 日~7 月 9 日，阴雨连绵；8 月 14~25 日持续大雨，区域内 333 余公顷田禾尽被淹没，小麦歉收，春蚕减收，水稻颗粒无收。

12 月 18 日，无锡兴办四乡电话，藕塘桥名列其中。

是年，钱桥蚕种制造场潘家槐独资成立永泰二场，生产“红永”牌蚕种。

是年，江苏省立研究机关由汤锡祥在钱桥成立蚕种实验场，生产“红色场印”蚕种。

## 民国 21 年（1932）

是年，丁邦彦、丁立人在丁村祠堂创办丁村小学，后为勤建小学。

是年，大花岸皮毛商界人士朱勇泉借用附近唐祠堂创办刻爱小学，后为大花岸小学。

是年，龚巷文化人士龚汉良、龚斗华等在龚公祠创办龚唐巷初级小学，后为溪南小学。

## 民国 22 年（1933）

入夏无雨，区域内土地龟裂，稻禾枯槁。

8 月，征工疏浚双河会龙至钱桥河段。

是年，荣德生在钱桥境内建造威华桥。

是年，钱桥庄源大油厂入编国民政府实业部发行的《实业统计特例》。

## 民国 23 年（1934）

9 月，旸庄农民教育馆迁至藕塘桥毛村，藏书 1300 册。毛村农民教育馆基本施教区 352 户，约 2000 人，其中职业农民占 88%。

是年春至 8 月秋，滴雨未下，大旱，区域内夏麦颗粒无收，桑叶枯黄。民众于 6 月 24 日在钱桥石拱桥旁搭台求雨，入秋稻田龟裂、一片白地。

11 月 16 日，钱桥、藕塘地区实行保甲制，编设保甲。

是年，创办钱桥克勤农场，种植水蜜桃、除虫菊等。

是年，钱桥庄源大油厂入编《无锡之工业》。

是年，无锡县 17 区调整为 10 区，钱桥、藕塘镇属第四区。

## 民国 24 年（1935）

2 月 21 日，毛村成立产销合作社，进行改良稻种试验。

4月23日，开浚闾江河盛店桥段，河工500余人因遭受乡政当局欺压不满，群起反抗，痛打区长，捣毁乡长家宅。盛店桥段河工的抗暴斗争遭到县保安大队第四中队的武装镇压。

是年，费仲良、秦坤夫借用上秦巷舜皇殿及赵英杰家民房做教室，创办洛社乡村师范附属小学第二分校，后为上秦巷初级小学、历村小学。

## 民国 25 年（1936）

春，毛村产销合作社向蚕桑模范区领得改良桑苗 400 株，补植于藕塘地区老桑树田间。

## 民国 26 年（1937）

11 月 25 日，日军侵占无锡，钱桥、藕塘成为日占区，百姓惨遭日军的烧杀抢掠，残暴至极。

是年，日军侵占无锡后建立无锡县伪政权，钱桥、藕塘地区属无锡县伪政权辖。

12 月 13 日，日军攻占南京，藕塘东风漳漕巷冯锡泉在南京大屠杀中被日军全身浇上汽油，活活烧死，年仅 24 岁。

是年，钱桥大花岸村民时荣根搭乘木船去无锡丽新厂拿运物资，肩扛货物从丽新厂出来上船时，被日军一枪打死在河里，年仅20多岁。

是年冬天，日军强迫历村费巷庄渭春到河埒口夏家边摇船。庄渭春是账房先生，不会摇船。日军把庄渭春推到河里，庄渭春被活活淹死。

是年冬天，钱桥历村后周巷（又叫朝北巷）周孝增、费耀林等人到小箕山一家面粉厂运布匹。守卫的日军看到后，就向费耀林等人开枪，周孝增当场中弹而亡。

是年，钱桥开有广成丝厂、瑞昌丝厂。

是年，郁祖德在南西漳东街民宅创办育英小学，任校长，后并入南西漳小学。

## 民国 27 年（1938）

年初，锡西建立“十镇联防”，钱桥、藕塘桥、盛店桥是十镇联防中的 3 个镇。

1~3 月，无锡四乡出现游击武装 30 多个，其中藕塘桥有冯庸根（后更名“耕庸”）部，盛店桥有杨友清部。

6 月中旬，连降大雨 6 昼夜，河水暴涨，区域内 200 余公顷圩田禾苗均遭损失。

11 月 11 日，龙亭沟村民张奎宝被日军抓去摇船至苏州。其父张胜阳知道后，去苏州给张奎宝送衣服。在日军驻扎地，日军莫名其妙地向张胜阳连开二枪，张胜阳当场死亡，年仅 59 岁。

11 月，龙亭沟村民张阿泉在田间种麦，被日军抓去当劳工，摇船去苏州。张阿泉不会摇船，日军把张阿泉推入清名桥河中，张被活活淹死。

是年冬，稍塘营陈村河西巷 30 岁的陈春宝经过双河上渡口时，在渡口站岗的日军举枪就射，陈春宝当场被枪杀。

是年，毛村园知名人士许少卿等 3 人出资，在家中创办溪北小学。

## 民国 28 年（1939）

2 月 27 日 4 时许，无锡地震，震级约 4 级，区域内物品晃动，居民惊起。

2 月，钱桥龚巷 16 岁的吴志勤加入由新四军第六团和地方抗日武装改编的“江南抗日义勇军”，简称“江抗”。

10 月，任无锡县国民抗日自卫团第一大队长（南水渠人）冯耕庸由于汉奸指认，被日军在藕塘桥之北官渎桥抓捕后带至设在无锡社桥头（谢巷）的日本宪兵司令部严刑酷打，并被秘密放入消镪水池内杀害。

是年秋，日军驻山南徐巷的一个小分队从肖岭湾翻山到山北井亭朱巷骚扰，5个日军轮奸朱邵氏。

是年秋，井亭里村民朱荣根在田间劳作，被日军抓去当劳工后失踪，一直没有下落。

## 民国 29 年（1940）

6 月，日商经营的 7 家保险公司在区域内经营财产等保险业务。

是年秋，区域内稻飞虱暴发成灾，稻苗一片枯萎。

是年冬，井亭里朱巷村民朱浩泉挑着自酿的酒到山南荣巷走亲戚，在肖岭湾山脚下遇到日军。朱浩泉惊慌失措，被日军当场打死。

是年，中共在无锡建立抗日民主政府，钱桥、藕塘、阳山、洛社等地属中共澄西县。

是年，许少卿、计耀祥利用青莲庵创办青莲小学，后为周家弄小学。

## 民国 30 年（1941）

2 月，日伪军开始清乡，经常到区域内乡间集中村民突击检查询问，任意进入民房翻箱倒柜，掠夺财物，钱桥、藕塘地区的群众愤恨地称之为“清箱队”。

2 月，强惠畅在厉氏宗祠创办杨毛岸小学。

6 月，建立中共锡西区委，秦宝光任书记。

## 民国 31 年（1942）

是年，查善康、荣士坤在井亭天福庵、朱祠宗堂创办井亭小学。

## 民国 32 年（1943）

2 月，中共在无锡西郊钱桥、藕塘、阳山、洛社农村建立锡西办事处，属中共武南县。

是年，顾复在田舍头小麦试验场引进“金大 2905”小麦新品种 30 包，在钱桥等地试种。

## 民国 33 年（1944）

1 月 31 日，大风，区域内电线吹断，屋瓦吹落。

7月，锡西警卫队发动贫苦农民，持大刀小斧袭击藕塘镇日伪警察所，缴获步枪15支及弹药等。

9 月，中共武南县委书记王子达根据锡西区委工作汇报，指定秦宝光、胡其清、吴志勤组成中共锡西工作委员会，秦宝光任书记，并兼任锡西办事处主任。

是年，区域内水稻因螟虫减产二成，平均亩产仅 1 石 5 斗。

是年，许宗达借用当地村民俞大龙家宅开办江胜桥小学。

是年，日军组织日伪军保安队把塘泗桥毛文虎抓至洋溪河边的农民仓库（日军占据为大本营）残害致死。

## 民国 34 年（1945）

2 月，藕塘桥井亭小学校长孙振亚组织先天道道徒到杨墅园活捉日伪“清乡”队长，先天道在锡西地区迅速发展，曾几次攻打日伪军据点。

8 月 15 日，日本宣布无条件投降。钱桥、藕塘人民奔走相告，乡民燃放爆竹，庆祝抗战胜利。

是年，钱桥朱银记成为乡区的 3 家建筑施工单位之一。

是年，第四区改设为藕塘区，辖 9 镇 13 乡，区署驻地藕塘桥。

## 民国 35 年（1946）

5 月起，张涛、陆道南组织成立锡西地区武装政治工作小组，唐廷轩任组长。

是年，区域内三麦粘虫大发，小麦减产三成以上。

7 月中下旬大雨连绵，水位高涨，区域内低田尽成泽国。

是年，俞世永在家中创办俞巷小学，后为洋溪小学。

## 民国 36 年（1947）

是年春，藕塘区成立蚕桑指导所，对养蚕户进行技术指导。

5 月 20 日 18 时 30 分，雷电冰雹约 5 分钟，区域内小麦失收二成。

7 月 26 日，飓风，区域内电杆吹折，电讯中断。

是年秋，陆道南带领武工队在藕塘桥李巷、朱巷，钱桥花园里、苏庙、庙浜等村发展青年救国团员 30 多人。

12 月 8 日，在锡西地区普遍建立普通民众自卫队的基础上，藕塘桥建立自卫队常备中队。

是年，地方人士在李氏观音堂创办扬成小学。

## 民国 37 年（1948）

1 月，藕塘区公所撤销，其所辖乡镇重新划定。

3 月 6 日至 6 月 23 日 无锡县标准地价评议委员会先后评定钱桥等 8 个乡镇的农田标准地价。

4 月 1 日，钱桥洋溪河设立水上检查站。

8 月 10 日，飓风，电杆吹倒，大树折断。

是年，锡西片中共地下负责人陆道南在稍塘营陈村陈汀声家中设立秘密电台。

是年，上海工商界开明人士南西漳人孙德良在南西漳创办私立万东中学，后为南西漳初级中学。

是年，许浩然在钱桥创办私立养正中小学，1956 年改设为无锡市第十二初级中学。1958 年，在无锡市第十二初级中学的基础上成立无锡县钱桥中学，为今无锡市钱桥中学的前身。

是年，藕塘老街开办民丰碾米厂。

## 民国38年（1949）

2月，江苏省无锡县保安第一团三营九连一排一班驻扎藕荡（塘）桥，担任保护仓库的职责。

4月5日，锡西地区武工队负责人张涛积劳成疾，患伤寒症医治无效于钱桥黄旗岸逝世。

4月22日，锡西武工队秦国光等10余人在钱桥龚巷后洋溪河上阻拦携带人、枪、粮草仓皇逃跑的锡西反动分子胡少梅、李仁奎等，迫使坐船的逃跑之敌全部投降，共缴获步枪100多支，短枪3支，弹药若干，粮船2艘。同日，收缴藕塘乡、张镇乡等自卫队武器。

4月23日23时，中国人民解放军第三野战军十兵团二十九军八十七师二六〇团率先进入无锡城区，占领县府，无锡宣告解放，钱桥、藕塘同时解放。翌日凌晨，国民党部队自钱桥至井亭里、张舍的官路上向西败逃。

4月24日，无锡解放，无锡市、县分置。

5月，无锡县组建新渎稽征所，驻地藕塘桥，辖藕塘、杨市、新渎、张舍、胡埭、陆区税务。

5月，藕塘、洛社、玉祁、新渎等乡联合建立洛社联防区。

5月，无锡县设7个区，钱桥为镇，驻地钱桥；藕塘为镇，驻地藕塘桥，属新渎区署辖。

7月，无锡县设9个区，钱桥镇属开原区辖，藕塘镇属新渎区辖。

7月，连续阴雨，11~13日区域内遭台风暴雨袭击，水位猛涨，大批农田受淹，农户家中进水数日。

9月，钱桥、藕塘两镇分别始建中共党支部。

9月，武工队歼灭锡西地区“青年反共江南指挥独立第三支队”，缴获机枪1挺、长短枪15支，子弹113发以及全部印章和信函。

# 中华人民共和国

## 1949年

10月1日，钱桥、藕塘地区民众纷纷集会游行，欢庆中华人民共和国成立。

1949年10月至1950年2月，钱桥镇、藕塘镇、万东、溪北、稍塘乡人民政府开展减租减息运动。

## 1950年

1月5日，无锡县政府颁布《废除保甲、改造基层政权的实施办法（草案)》，至2月底钱桥镇，万东、藕塘、稍塘、盛店乡人民政府废除区域内保甲制，分别建立村行政委员会和行政小组，建立基层人民政权。

4月，设藕塘区，成立藕塘区人民政府，驻地藕塘桥，所辖各乡分别成立乡人民政府；同月，成立中共藕塘区委员会。

是年春，钱桥、藕塘地区各乡村相继成立农民协会。农民协会发动农民开展土地改革运动，保卫土地改革成果。

6月，藕塘区政府迁址钱桥，辖藕塘乡、稍塘乡、钱桥乡、万东乡。盛店乡属新渎区管辖。

7月，为推进土地改革运动，无锡县划小部分乡镇，藕塘区撤万东乡，增设舜柯、社冈、西漳、会龙、洋溪、新民6乡，增设的乡分别成立乡党支部和乡人民政府。

8月，稍塘茧行内开设初中补习班。1955年稍塘初补班停办。

9月，藕塘乡某些农会被两个旧乡政人员把持，发生3起纠集不明真相的群众包围工作队和乡政府事件。

11月13日始，钱桥、藕塘地区全面开展镇压反革命运动。

12月7日，根据中共中央“抗美援朝，保家卫国”的决定，钱桥、藕塘人民进行声势浩大的游行。

12 月，藕塘区会龙乡划入无锡市。

是年冬，锡西反革命犯胡少梅被处决。

是年，大旱，全年降雨量仅 420 毫米，区域内 133.33 公顷水稻歉收。

是年，在中国新民主主义青年团（简称新青团）藕塘区工作委员会领导下，钱桥、藕塘、稍塘、舜柯、社冈、西漳、洋溪等各乡建立团支部。

是年，藕塘区成立人民武装部，下属各乡都建有民兵组织，拥有一定数量的枪支弹药。

是年，藕塘乡行政一村农会在陆家庙创办陆家庙小学，后为东风小学。

## 1951 年

1 月 22 日，中央人民政府政务院副总理黄炎培等由苏南人民行政公署主任管文蔚、副主任钱孙卿，中共苏南区党委书记陈丕显，苏南土改委员会主任欧阳惠林，中共无锡县委书记莫珊等陪同至藕塘区钱桥乡考察土地改革情况，听取乡村干部及农民代表的汇报。

2 月 22 日，无锡县政府组织藕塘、洛社区的 11 个乡计 1.2 万民工修筑皋桥至钱桥、洛社段运河塘岸开工，全长 8.28 公里。

2 月，钱桥、藕塘地区完成土地改革。

4 月，钱桥、藕塘地区相继成立工会组织。

7月，藕塘地区成立无锡县第十二人民诊疗所。1952年，第十二人民诊疗所改设为藕塘区联合诊所，为今钱桥街道藕塘社区卫生服务中心的前身。

8 月，藕塘乡农村普遍组织季节性互助组。

是年秋，井亭小学校长黄泰东在赤墩王巷王祠堂内创办井亭小学分校，后为舜一小学。

是年秋，钱桥乡政府在钱桥北街藕塘区文化站（原礼昌茧行）召开征兵动员大会，发动广大适龄青年参加志愿军，抗美援朝，保家卫国，钱桥、藕塘地区共有 55 人入朝参战。

11 月，苏南第一家信用合作社——钱桥信用合作社成立。

是年，藕塘区各乡农民、各行业职工踊跃捐粮捐款，支援抗美援朝，共捐献稻谷 14.47 万斤，人民币（旧币）8074.9 万元。

是年，钱桥、藕塘相继成立供销合作社。

## 1952 年

2 月，钱桥镇成立联合诊所。1958 年 2 月，在钱桥联合诊所的基础上，成立钱桥联合医院，为今钱桥街道社区卫生服务中心的前身。

4 月，钱桥改属常州专区无锡县藕塘区辖。

是年秋，藕塘乡周泉根互助组试办初级农业生产合作社，取名新胜农业生产合作社，为无锡县的第一个初级农业生产合作社。1953 年 1 月 3 日，中共江苏省委批复同意试办。

11 月，为防治螟害，钱桥、藕塘地区农田掘去 90%的稻根。

是年，钱桥、藕塘地区流行稻瘟病，发病率为 20%~30%，有的高达 50%~85%，水稻严重减产。

是年，庙塘桥村民在殷家庙创办殷家庙小学，后为庙塘桥小学。

## 1953 年

1 月，钱桥、藕塘地区属江苏省苏州专区无锡县辖。藕塘区和钱桥、藕塘、舜柯、社冈、西漳、洋溪、稍塘、新民乡成立区、乡人民武装委员会。

5 月，钱桥、藕塘、舜柯、稍塘、社冈、西漳、洋溪、盛店各乡民兵中队改为民兵营，各村民兵分队改为民兵连。

7 月 27 日，钱桥、藕塘人民载歌载舞庆祝抗美援朝胜利。

7月，钱桥、藕塘地区开展无锡县第一次人口普查。

7~9月，高温伏旱，区域内河港水浅，禾苗凋萎，钱桥历村村民用13重水车靠人力车水提送到舜柯山下水稻田抗旱。

9月10日，藕塘区人民政府改设为区公所，为无锡县政府派出机构。

是年，钱桥地区部队营房接通梅园自来水厂的自来水，成为钱桥地区首个自来水用户单位。

## 1954年

是年初，国家实行粮食统购统销；5月，钱桥、藕塘地区粮食凭卡供应。

5~7月，连续大雨，雨量799.7毫米，最大日雨量（6月24日）达80毫米以上，加上客水汹涌而至，出现近百年罕见的特大洪涝灾害， 农户家中进水，大批农田被淹，经济损失严重。

春末夏初，钱桥乡修筑西漳、社冈、洋溪、黄巷、张镇五乡联圩，受益面积533余公顷。

7月20日，午夜过后，狂风大作，大雨倾盆，电闪雷鸣，社冈乡唐家庄22岁的小伙子唐阿林在看瓜时被雷击中身亡。

8月，中共藕塘区委撤销，钱桥、舜柯、西漳、洋溪、社冈乡党支部划归无锡市郊区区委领导；藕塘、稍塘、盛店、新民乡党支部划归新渎区区委领导。

是年，4路公共汽车自无锡火车站始发至钱桥，区域内首通公交车。

是年，区域内食油开始定量供应。

## 1955年

1月1日，钱桥、舜柯、社冈、西漳、洋溪、藕塘、稍塘、盛店、新民各乡镇建立出生、死亡、迁出、迁入四项常年性的户口管理制度。

1月4日起，连日大雪；6日晨，洋溪河、运河冰冻断航，为26年所未遇。

3月，藕塘、稍塘、盛店乡党支部响应无锡县委号召，组织民工参加拓浚直湖港会战。

3月，由部队投资修筑的钱荣公路竣工，全长5.117公里，路基宽8米、路面宽6米。

3月，由部队投资修筑的钱姚公路竣工，从钱桥陈漕湾经上秦巷，藕塘井亭、丁村、管家湾至姚湾，全长9.17公里，路基宽8米、路面宽5.5米。

3月，部队投资重新修筑惠钱公路，蛋石和碎石结构，路基宽7.5米、路面宽7米，双车道。

6月6日~7月30日有雨日40天，其中出现暴雨5次、大雨3次，雨量551.5毫米，区域内部分农田受灾。

6月6~8日，全国人大常委会副委员长黄炎培带领季方、李维光、钱孙卿、丁玲等全国人大代表到无锡视察农业合作化运动，其中一个组到钱桥竞丰初级农业生产合作社视察。

7月，钱桥、藕塘地区实行义务兵役制。

9月，区域内推行蚕桑“三包（包产、包工、包本）一奖”制。

11月26日，无锡《工人日报》刊登《向着社会主义方向前进——介绍郊区竞丰农业生产合作社》文章，详细介绍钱桥竞丰农业生产合作社的办社经验。

11月30日，全国人大代表史良等考察钱桥。

是年，钱桥乡组织农民在沿山山麓开凿“沿山河”，长3.2公里，宽10米，从夏虞河开始连通洋溪河钱桥段。

## 1956年

1月，钱桥、藕塘私营商店、作坊、摊贩实行公私合营。

3月，西漳、洋溪、社冈三乡合并，成立新的西漳乡；舜柯与钱桥两乡合并，成立新的钱桥乡。

3月，藕塘、稍塘乡党支部合并，成立中共藕塘乡总支委员会（新民乡庙塘桥地区党员同时并入）；洋溪、社冈乡党支部并入西漳乡党支部，成立中共西漳乡总支委员会；舜柯乡党支部并入钱桥乡党支部，成立中共钱桥乡总支委员会。

3 月，钱桥、藕塘乡人民政府分别改为钱桥、藕塘乡人民委员会。

8 月 1~2 日，5612 号台风经过境内，风力从 7 级增至 11 级，并伴有暴雨，农作物损失惨重，有农户房屋倒塌。

12 月，钱桥、藕塘地区大力开展血吸虫病防治工作，广大群众掀起灭钉螺运动。

是年，经过社会主义改造，钱桥、藕塘分别成立手工业联合社。

是年，钱桥、藕塘地区开展农业合作化运动，掀起小社并大社、大办高级社的高潮。钱桥地区先后成立五星、竞丰、新丰、溪南、舜一、历村、洋溪、黎明、晓星、胜丰、庆丰、余丰（西漳）、钱桥等13个高级农业生产合作社；藕塘地区先后成立勤建、五五（藕塘）、五九（东风）、五星（南水渠）、火花、一鸣（稍塘）、凯旋（盛店）7个高级农业生产合作社。

## 1957 年

7 月上旬，暴雨如注，雨量达 462.7 毫米，区域内圩田受淹。7 月 26 日至 8 月 10 日降暴雨 2 次，大雨 4 次，加重灾情，区域内 133 余公顷水稻失收。

9 月，藕塘乡政府在徐塘庙创办藕塘民办初级中学，1960 年 8 月转为公办中学，为今无锡市藕塘中学的前身。

10月，盛店乡并入藕塘乡，盛店乡党支部并入藕塘乡党总支，藕塘乡成立中共藕塘乡委员会。

11 月 19~20 日，召开中共藕塘乡第一次党员代表大会，选举吕德一为党委书记。

11月，西漳乡党总支并入钱桥乡党总支，钱桥乡成立中共钱桥乡委员会。

12 月 14 日，召开藕塘乡第一届人民代表大会，出席代表 50 人，选举丁国雄为乡长。

1957 年末至 1958 年 6 月，钱桥、藕塘乡根据上级统一部署，组织各单位开展大鸣、大放、大字报的整风反右运动。

是年，钱桥、藕塘乡相继建立妇女联合会（简称妇联），设立专职妇女主任。

是年，钱桥、藕塘乡分别成立广播放大站。

## 1958 年

1 月，西漳乡并入钱桥乡。

2 月，召开中共钱桥乡第一次党员代表大会，选举黄玉度为党委书记。

2 月，召开钱桥乡第三届人民代表大会，选举何鹤鸣为乡长。

3 月，无锡县撤销区一级建置，藕塘乡直属无锡县领导。

4 月 5 日，会龙乡新华、红光、宪丰、红星高级合作社划归钱桥乡。

4 月 16 日，召开藕塘乡第二届人民代表大会，出席代表 56 人，选举丁国雄为乡长。

7 月 5 日，钱桥乡自无锡市郊区划归无锡县管辖，中共钱桥乡委员会划归无锡县委领导。

7 月，建立钱桥税务所。

9 月，成立钱桥人民公社、藕塘人民公社。钱桥公社入社农户 5858 户，辖18个生产大队，63 个生产小队；藕塘公社入社农户 2731 户，辖南北二大工区、20 个生产队。公社行政机关为管理委员会。钱桥、藕塘人民公社分别成立中共钱桥、藕塘公社委员会。

9 月，钱桥中心小学创办附属幼儿园。

10 月，钱桥、藕塘公社采用“大兵团”作战的方式，分别成立指挥部，大搞深翻播种，“瞎指挥”风盛行；各生产队大办食堂（亦有几个生产队合办），家家户户拆除灶头，实行“吃饭不要钱”，社员自留地全部转为集体经营。

10 月，召开藕塘人民公社第三届人民代表大会，选举丁国雄为公社管委会主任。

10月，区域内建土高炉，开展大炼钢铁运动，在南下塘前、沿洋溪河创办红星冶炼厂。

是年秋冬，藕塘公社组织社员在位于桃花山和鸡笼山之间的李家湾开挖勤建水库。

是年冬至翌年2月底，无锡县组织钱桥、藕塘等5个公社、2.1万民工分段包干施工拓浚直湖港，完成土方245万立方米。

是年，钱桥公社建套闸5套、防洪闸1套、分级闸4套，加强防汛抗洪。

是年，藕塘公社建立繁殖场，养种猪200多头，培育、繁殖优良品种。

是年，钱桥、藕塘公社成立粮食管理所，与仓储（库）实行“库所合一”的建制。

是年，钱桥、藕塘人民公社实行工、农、商、学、兵五位一体，除工商联合会存在外，工会等组织被撤销。

## 1959年

1月，匡耀良（藕塘高冯巷人）带领无锡市锡剧团赴北京演出《珍珠塔》《孟丽君》，刘少奇、周恩来观看演出，并与全体演职人员一起合影留念。

2月19日，召开中共藕塘人民公社第二次党员代表大会，选举吕德一为党委书记。

2月，召开中共钱桥人民公社第一次党员代表大会，选举黄玉度为党委书记。

3月起，钱桥、藕塘公社全面调整公社体制，划小核算单位，改公社核算为大队核算。

4月，中共无锡市委、无锡县委贯彻中共中央关于各级干部参加体力劳动的规定，从市、县机关抽调3180名干部下放到藕塘等16个公社当农民。

6月，贯彻中共中央和无锡县委精神，钱桥、藕塘公社恢复社员自留地。

9月13~14日，召开藕塘人民公社第四届人民代表大会，出席代表101人，选举丁国雄为公社管委会主任。

11月，钱桥、藕塘公社分别成立中国共产主义青年团钱桥、藕塘人民公社委员会。

12月1日，拓浚直湖港河道工程在停歇后继续开工，抽调钱桥、藕塘等22个公社3.1万民工投入疏浚施工，工程全长20.15公里，并新开入太湖口的闾江，至翌年1月10日全部竣工，共挖土方245万立方米，泄洪量由原来的79立方米/秒提高到221立方米/秒。

是年，钱桥、藕塘公社分别建立工业办公室。

## 1960年

1月1日，京杭运河无锡段新线工程开工，钱桥、藕塘公社组织民工参加建设。

1月，钱桥公社会西大队划入无锡市郊广益公社。

3月，开展除“四害”（麻雀、老鼠、苍蝇、蚊子）运动，大搞卫生。

8月15日起，钱桥、藕塘公社开展“三反”（反贪污、反浪费、反官僚主义）运动。

12月，召开中共钱桥人民公社第二次党员代表大会，选举黄玉度为党委书记。

## 1961年

1月31日，钱桥公社红光、宪丰、新华大队划入无锡市管辖。

2月，藕塘公社勤建大队的路上、路下两个自然村划入无锡市管辖。

2月，钱桥公社勤新大队祝家旦、前向巷、前蒋巷等12个自然村划归北塘人民公社。

4月，召开钱桥人民公社第四届人民代表大会，选举张金鹤为公社管委会主任。

5月16日，召开中共藕塘人民公社第三次党员代表大会，选举袁文奇为党委第一书记。

6月28日，钱桥、藕塘公社实行“粮桑统一包产，盈亏分开计算，桑田以亩定叶，以叶包茧，以茧折粮，以粮奖赔”的政策。

6月15日~7月23日39天无雨干旱，日蒸发量7.95毫米，水分总蒸发量为310.1毫米，仅次于民国23年特大干旱，农作物生产受到严重影响。钱桥、藕塘公社党委、管委会组织全社人民抗旱保苗。

10月4~5日，6126号台风和暴雨袭击钱桥、藕塘公社区域，中稻倒伏，圩田成涝，有农家房屋倒塌。

是年冬，钱桥、藕塘公社纠正“一平二调”错误，退赔“平调”款。

是年，钱桥、藕塘公社经济状况恶化，农村出现非正常死亡，人口自然增长率为负数。

是年，无锡市在钱桥陈漕湾建火葬场，提倡火葬。

是年，钱桥、藕塘公社党委组织开展以反“五风”（共产风、浮夸风、强迫命令风、干部特殊风、生产瞎指挥风）为重点的整风整社运动，贯彻国民经济“调整、巩固、充实、提高”的“八字”方针。

是年，藕塘公社勤建大队建立林业队，创建1个苗圃，开始培育苗木。

## 1962年

5月，钱桥、藕塘公社除藕塘公社林业大队继续保留大队核算外，其余各生产队全部实行以队为基本核算单位的核算制度。

9月5~10日，受6214号台风影响，两天雨量245.6毫米，其中9月6日日降水量首达202.9毫米，区域内低洼田、圩田造成洪涝，五星、新丰、晓星、西漳、黎明等大队1万余亩水稻50%受灾。

是年，藕塘人民公社成立藕塘文化站。

是年，钱桥公社建立文化站，为今钱桥街道文体服务中心的前身。

## 1963年

3月3日，召开藕塘公社第五届人民代表大会，选举万祖培为公社管委会主任。

3月，钱桥、藕塘公社确定每年3月为“学雷锋月”，广泛开展学雷锋活动。

4月，陆区班客运轮船自吴桥改至惠农桥始发，区域内停靠钱桥、黄旗岸、藕塘桥、稍塘桥、盛店桥等码头，全程30公里。

6月19日，无锡县委派整党工作队分赴钱桥等4个公社6个大队，帮助整顿后进党支部。

10月，钱桥公社召开第五届人民代表大会，选举黄玉度为公社管委会主任。

12月5日，第一批社会主义系统教育工作队由无锡县县委书记费铭钊带队，组织323名工作队员进驻钱桥公社市镇各单位和每个大队，在钱桥公社开展社会主义教育运动（简称“社教”）试点。无锡县委在钱桥公社社教试点的基础上，即在全县分批开展系统社教运动。翌年3月，无锡县委社会主义系统教育工作队从钱桥公社撤走。

## 1964年

2月18~19日，大雪，积雪深达16厘米，区域内水上交通断行，陆上交通受阻。

5月，无锡县手工业管理局在钱桥红星冶炼厂旧址创办无锡县农具厂，生产镰刀。1970年改为无锡县钢铁厂。1994年，在无锡县钢铁厂的基础上成立无锡锡兴钢铁股份有限公司，后改为江苏锡兴集团公司。2010年1月，锡兴集团和沙钢集团通过资产重组方式，联合成立江苏沙钢集团锡兴特钢有限公司。2015年1月30日，锡兴特钢有限公司全线停产，与全体职工终止、解除劳动合同。

6月28日~8月2日，36天高温干旱，35℃以上高温15天，区域内禾苗枯黄，稻飞虱成灾，平均每亩约有1000万头，严重的田块达1500万头，秋熟水稻严重减产。

6月30日，全国第二次人口普查，钱桥、藕塘公社总人口分别为19859人、13413人。

9月1日，钱桥公社党委为解决渔民子女读书问题，创办鸭船浜渔民子弟小学。

12 月，钱桥、藕塘公社分别成立机电灌溉管理站。

是年，无锡市惠山农药厂在钱桥塘泗桥西侧开办。

是年，钱桥、藕塘公社和各大队相继成立贫下中农协会（简称贫协）。

## 1965 年

3 月，无锡县在钱桥公社试点渔民陆上定居，钱桥公社划拨土地 20 余公顷，钱桥区域内渔民全部至陆上定居。

5 月，钱桥、藕塘公社推广种植双季稻，区域内形成“一旱二水”的换茬方式。

是年，无锡市文物管理单位在钱桥赤墩里发现西汉至六朝时期的菱形花纹砖，发掘六朝墓葬，出土东晋时期的三件珍贵瓷器，收藏于无锡市博物院。

是年，县属无锡县塑料制品厂自石塘湾迁至钱桥河庄头。

## 1966 年

3 月，召开钱桥人民公社第六届人民代表大会，选举黄玉度为公社管委会主任。

3 月，无锡县工业局在钱桥陶瓷厂旧址创办无锡县水泥制品厂，为全民企业。

4 月，市属无锡市仪表二厂在钱桥创办。

5 月，“文化大革命”开始，钱桥、藕塘地区掀起大批判和破“四旧”（旧思想、旧文化、旧风俗、旧习惯）、立“四新”（新思想、新文化、新风俗、新习惯）运动。

6 月，钱桥、藕塘公社分别成立用电站。

6 月下旬，钱桥中学、藕塘公社初级中学“停课闹革命”，师生员工卷入“文化大革命”运动。

7 月 13 日~11 月 11 日共 93 天无雨，35℃以上高温 17 天，区域内农作物受害。

8 月 16 日，干部群众开展学习和宣传中共八届十一中全会通过的《关于开展无产阶级文化大革命的决定》（即十六条）。“文化大革命”运动在钱桥、藕塘公社全面开展，区域内进入无政府状态。

8 月下旬，学校、集镇和农村青少年自发组织“红卫兵”组织，成立“造反队”“战斗队”等组织，到处抄家，揪斗干部和群众。民间文物、书籍、字画、古建筑等均遭厄运。

10 月，钱桥、藕塘公社以及大队的干部被揪斗罢官。

12 月，钱桥、藕塘公社各小学开始“停课闹革命”。

是年，区域内农业全面推广“世界稻”品种，水稻大丰收，平均亩产 499.35 公斤。

是年，藕塘公社开展民主理财活动，落实勤俭办社方针，干部社员做到现金不借支、实物不赊欠、年终分配不超支（小三不）；两年后，藕塘公社党委提出不要国家贷款、不要国家预购定金、不要国家财政补贴（大三不）。

## 1967 年

年初，各单位造反派开始“夺权”，钱桥、藕塘公社党政组织一度瘫痪，被迫停止办公。

3 月初，钱桥中学、藕塘公社初级中学及各小学先后“复课闹革命”。

3 月，钱桥、藕塘人民公社以人武部长为主，建立生产办公室；大队以民兵营长为主，建立生产领导小组，人武部长、民兵营长临时“抓总”。

7 月 6 日~10 月未雨，35℃以上高温天气长达 23 天，区域内粮食大幅度减产。

9 月 9 日、15 日，钱桥地区部分“6.26”“9.2”造反派参与皋桥和洛社张镇桥间的大规模派别武斗。

是年，藕塘桥改建为双曲拱公路桥，全长 52 米、宽 4.4 米。

## 1968 年

3 月，无锡县 1106 名知青分别到藕塘等五个公社和阳山农场落户。

4 月 3 日，召开藕塘人民公社第六届人民代表大会，选举袁文奇为公社革命委员会主任。

4 月，钱桥、藕塘人民公社相继成立“三结合”（即包括部分没有打倒的“革命干部”、群众组织代表、“工宣队”“农宣队”或部队军管会代表）的革命委员会。

9 月，五星大队创办钱桥人民公社五星小学，后为威华小学。

是年秋，区域内稻飞虱大发生，秋熟产量一般减少一至二成，有的减产四至五成，甚至颗粒无收。

是年，钱桥公社创办无锡县向阳初级中学、无锡县黎明初级中学。

是年，钱桥、藕塘公社实行农村“赤脚医生”医疗卫生制度。

是年，无锡县钱桥中学与钱桥中心小学合并，更设为钱桥“五七”学校。

## 1969 年

2 月，钱桥税务所撤销。

6 月，县属无锡县农机修造厂在钱桥创办。

9 月，钱桥、藕塘公社实行农村合作医疗制度。

9 月，钱桥大会堂建成。

10 月，锡陆杨公路施工，逐段衔接。翌年 10 月全线通车。

是年，钱桥公社成立电影放映队。

是年，胜丰大队创办胜丰五七学校，后为胜丰小学。

## 1970 年

4 月 26~29 日，无锡县革命委员会在钱桥晓星大队召开贫下中农管理学校经验交流会。

7 月 12~17 日连续大雨，水位猛涨，13 日南门水位高达 4.008 米，区域内部分农户房屋进水，农田被淹。

9 月，召开中共钱桥人民公社第三次党员代表大会，选举孟志成为党委书记。

10 月 5 日，召开中共藕塘人民公社第四次党员代表大会，选举万廼扬为党委书记。

是年，藕塘大会堂建成。

是年，藕塘公社创办藕塘幼儿园，校址位于藕塘桥南侧。

是年，钱桥、藕塘公社分别成立爱国卫生委员会，负责市镇、农村的爱国卫生工作。

## 1971 年

7 月，无锡供电局主办的 220 千伏无锡变电站在钱桥舜柯山北麓建成。

7 月 24 日至 9 月 11 日、10 月 6 日至 12 月 23 日，前后 137 天无雨干旱，又遇 35℃以上高温 10 天，造成夏、秋、冬连续干旱，钱桥、藕塘公社遭遇特大旱灾，农作物失收。

10 月 14 日，钱桥、藕塘公社党委分别向大队党支部书记和机关事业单位的党员干部传达党中央下发的关于林彪反革命集团罪行的文件。翌年春，区域内进一步开展批判林彪反革命集团炮制的《571 工程纪要》活动。

是年，藕塘公社成立电影放映队。

## 1972 年

7 月，恢复建立钱桥税务所。

9 月 23 日，受寒潮袭击，后季稻普遍翘稻穗，亩产不足 250 公斤。

## 1973 年

是年冬，藕塘公社勤建大队在钱姚公路勤建段路下侧 200 米处新开凿排灌总渠，取名“勤建河”，全长 2200 米，河面宽 10 米。

是年，惠钱公路改筑沥青路面。

是年，钱桥公社成立工交办公室。

## 1974 年

4 月 22 日 8 时 29 分 14.6 秒溧阳地震，震级 5.5 级，钱桥、藕塘地区有明显震感。

6 月 9~14 日，无锡市惠山农药厂的污水随洋溪河水流经钱桥、藕塘公社，流入太湖，造成两公社河内的鱼虾大批中毒死亡，223 名社员腹痛，轻度头昏、恶心、腹泻。

是年，稍塘营桥重建，重建后为双曲拱人行桥，长 50 米，宽 3 米。

是年，藕塘公社成立工交办公室。

是年，钱桥西 150 米处建造钱桥公社区域内第一座跨洋溪河的混凝土双曲拱桥，定名钢铁桥。

## 1975 年

6 月 16 日~7 月 15 日，连续降雨 414.3 毫米，区域内农田受涝。

年末，钱桥、藕塘公社开展反击“右倾翻案风”运动。

是年，知名画家周怀民（钱桥北街周巷人）的葡萄作品赠送给联合国，美、意、法等国的报刊都予刊登。

是年秋，藕塘公社新开“北新河”（时称“火花大寨河”），全长 775 米，河面宽 25 米，河底宽 20 米。

## 1976 年

1 月 8 日，区域内人民群众以各种形式沉痛悼念国务院总理周恩来逝世。

7 月 6 日，钱桥、藕塘公社采用多种形式，寄托对全国人民代表大会常务委员会委员长朱德逝世的哀思。

8 月 24 日晨，无锡县广播站播放地震紧急通知。钱桥、藕塘公社 90%的住户在户外搭防震棚居住。

9 月 9 日，中共中央主席毛泽东逝世，钱桥、藕塘公社及部分大队分别设立灵堂，干部群众用多种形式开展悼念活动。

10 月 5 日，召开中共钱桥人民公社第四次党员代表大会，出席代表 116 人，选举邹子均为党委书记。

10 月 21 日，钱桥、藕塘公社党委组织干部群众收听中共中央政治局对“江青反革命集团实行隔离审查的决定”的广播，收听无锡县委、县革委在东亭公社召开的“庆祝粉碎江青反革命集团伟大胜利”的载波大会实况。

10 月，召开藕塘人民公社第五次党员代表大会，选举杨祖峰为党委书记。

11 月，钱桥公社组织社员新开杨毛岸河，全长 2.7 公里。

是年，无锡县教育局和体委联合筹建的无锡县青少年业余体校在钱桥建成，投入运行。1986 年 9 月，无锡县青少年业余体校由钱桥乡迁至东亭乡体育场内。

## 1977 年

1 月 31 日~2 月 1 日，境内最低气温骤降至零下 11.8 度，是年三麦亩产仅 70 公斤左右，油菜籽亩产 20 公斤左右。

8 月，恢复高校招生考试制度，钱桥、藕塘公社考生（包括老三届）踊跃报名参加高考。

9 月 10~12 日，受 7708 号台风影响，总雨量 104.7 毫米，6 级以上大风持续 21 小时，区域内房屋倒塌 408 间，轻伤人员 1 人，三线倒杆 27 根，破坏桥梁 2 座，三分之一地区的电话、电力、广播中断。

是年，藕塘公社渔民全部上岸定居。

是年，钱桥公社区域内彻底消灭钉螺。

## 1978 年

是年，太湖流域出现特大干旱，钱桥、藕塘公社出现自 1934 年来最严重的旱象，区域内 33.33 余公顷禾苗枯黄，秋熟粮食歉收。

9 月 15~16 日，召开钱桥公社第七届人民代表大会，出席代表 195 人，选举邹子均为公社革命委员会主任。

是年，农村粮油市场恢复，钱桥、藕塘地区全面开放粮油集市贸易，粮食购销实行包干。

是年，钱桥、藕塘公社实行义务兵与志愿兵相结合的兵役制，部分服役期满 5 年的专业技术骨干转为志愿兵。

是年，藕塘公社辖区内基本消灭钉螺。

## 1979 年

1 月 14 日，召开藕塘人民公社第七届人民代表大会，出席代表 138 人，选举杨祖峰为公社革命委员会主任。

2 月，无锡县多管局在钱桥境内建立无锡县种羊场，为全民事业单位，职工 42 人。

3 月起至 1983 年 7 月，钱桥、藕塘公社区域内四类分子（地主、富农、反革命、坏分子）先后全部摘除“帽子”，地富子女新定家庭成分为公社社员。

4 月，县属无锡县冷冻厂在钱桥建成投产。

6 月，无锡县农机修造厂（后为金球集团公司）、无锡县塑料制品厂由江苏省委、省革委会批准命名为大庆式企业。

7 月 9 日 18 时 53 分 23.1 秒，溧阳地震，震级 6 级，钱桥、藕塘地区震感强烈，房屋摇晃。

是年，藕塘公社永红大队沈巷生产队率先在藕塘地区自发搞农业联产承包责任制。

70 年代末，钱桥、藕塘公社山区引进种植火炬松、湿地松，逐步取代马尾松。

## 1980 年

4 月 21 日，无锡县人民印刷厂被江苏省人民政府命名为大庆式企业。

5 月，钱桥、藕塘公社分别成立劳动服务站，负责区域内相关对象的社会保障工作。

7 月 1 日，全国第三次人口普查试点在无锡县进行，钱桥、藕塘公社均为试点单位。

7 月 30 日、8 月 12~22 日，连续大雨、暴雨，水位猛涨。至 8 月 30 日，南门最高水位达 4.24 米，降雨量 276 毫米，区域内前季稻发生霉烂，秋粮损失 3~4 成。

是年，无锡城区开航湖汊班，途经钱桥、藕塘洋溪河，停靠钱桥、藕塘、稍塘等码头。

是年，钱桥公社从无锡市区接通自来水管道。

是年，钱桥公社新民新村首增为商品房小区，至 2015 年，钱桥、藕塘地区新增育才公寓、乐多花园、苹果园、晴山蓝城、美林湖、盛世翡翠等 32 个商品房小区。

是年，藕塘公社在藕塘信用社内建立公社图书室，藏书 6000 册。

## 1981 年

1 月，气温极低，大雪纷飞，区域内电线杆、竹子被压断，停电停水，交通中断达一星期。

5 月，区域内小麦白粉病大发生，病叶率达 10%，严重的田块达 30%~50%。小麦因白粉病枯黄早熟，减产二成。

7 月，无锡县 36 个社镇中，上半年社办工业产值比上年同期增长的有 31 个公社，其中钱桥、藕塘增长 50%以上；队办工业产值比上年同期增长的有 33 个公社，钱桥、藕塘增长 1 倍以上。

8 月 25 日~9 月 5 日，无锡县水利局组成水利工程查定小组至钱桥公社开展“三查、三定”（查安全、定标准，查效益、定措施，查综合经营、定发展计划）的试点。

10月，撤销藕塘人民公社革命委员会机构，恢复藕塘人民公社党委和管理委员会，由政社合一改为党政分开。

11 月 3 日，召开藕塘人民公社第八届人民代表大会，出席代表 58 人，选举杨锡良为公社管委会主任。

12月初，撤销钱桥公社革命委员会机构，恢复钱桥人民公社党委和管理委员会，由政社合一改为党政分开。

12 月 26~28 日，召开钱桥人民公社第八届人民代表大会，出席代表 69 人，选举潘群智为公社管委会主任。

是年冬，钱桥公社 94 个生产队、藕塘公社 147 个生产队实行家庭联产承包责任制，生产队耕地以按人分口粮田、按劳分责任田的形式划分到农户经营。至翌年春，钱桥公社 195 个生产队（仅剩一个生产队）实行家庭联产承包责任制，当年粮食总产增 41.5%，农业总产值翻一番。

是年，钱桥、藕塘公社分别成立财政所。

## 1982 年

7 月 1 日，第三次全国人口普查藕塘公社人口 16272 人。

10 月 6 日，钱桥人民公社成立水利委员会，各大队成立水利管理领导小组。

10 月 25 日，无锡县公安局钱桥派出所成立，辖钱桥、藕塘地区。

是年，藕塘公社无锡县集装箱厂（社办厂）生产的 ZDBJ 系列折叠式玻璃集装架比通常的“A”型“L”型集装架运输破损率减少 2%，铁路运输设备利用率由 7%提高到 100%，获国家专利。

是年，钱桥、藕塘公社分别成立无锡县离退休教育工作者协会分会。

是年底，钱桥、藕塘公社相继建立汽车运输队。

## 1983 年

3 月 1 日，撤销苏州专区，无锡县改为无锡市管辖，钱桥、藕塘公社随之属无锡市无锡县辖。

4 月，钱桥、藕塘公社完成以政社分设为内容的体制改革，撤销公社建制，成立乡人民政府；废除大队、生产队建制，成立村民委员会、村民小组。同时，钱桥、藕塘乡分别成立中共钱桥、藕塘乡委员会。

4 月 28 日，受大风和雷雨袭击，最大风速 14.3 米/秒，瞬时风速超过 21 米/秒，区域内三麦、油菜大批倒伏。

5 月 19 日中午 12 点后，钱桥、藕塘地区遭冰雹袭击，最大的冰雹超过 1.5 厘米，区域内三麦受灾。

7 月，召开中共钱桥乡第五次党员代表大会，选举邹子均为党委书记。

8 月，钱桥个体劳动者协会成立，首届协会有个体工商户 108 家。

是年，钱桥、藕塘乡分别成立村镇建设办公室。

是年，钱桥、藕塘公社建置改成乡后，两乡分别建立经济联合委员会（简称经联委），为乡级经济管理领导机构，下设工业公司、农业公司、多种经营服务公司、建筑公司、交管站等；各大队成立农工商联合社，负责工业等经济管理工作。

是年，藕塘乡人民政府规划新街，决定将藕塘老街易地新建至锡陆杨公路东风段南面，并启动建设。翌年底，藕塘新街建成，全长400米，宽40米，藕塘老街逐渐废弃。

是年，藕塘乡创办成人教育中心校。

是年，建造藕塘工具厂在开下水道时，施工队出土明代神道石马一公一母。

是年起，钱桥、藕塘地区农业全部恢复稻麦两熟制。

是年始，洋溪村三乡潭自然村因新农村建设拆迁而首个在区域内消失。此后至2015年，区域内因扩建江苏省锡兴钢铁集团公司，建设新市镇、工业园区、盛岸西路、钱桥污水处理厂、藕乐苑等安置房小区、无锡（藕塘）职教园校区、省道S342线、国道G312线拓宽、洛社新城、美林湖等商品房小区、洋溪公园城、蔬菜基地、绿化用地等拆迁共消失133个自然村。

## 1984年

1月17~19日，连续降雪46小时，雪量49.1毫米，最大积雪深度25厘米，区域内部分房屋倒塌，供电线路严重中断，工厂停工，交通受阻，蔬菜塑料棚倒塌，经济损失惨重。

1月27日，钱桥、藕塘乡分别成立老龄工作委员会。

1月，藕塘乡南水渠村成立无锡县第一个村级农民体育协会。

1月，藕塘成立个体劳动者协会。

2月16日（元宵节），南水渠村体育协会举办钱桥、藕塘地区首届农民运动会，有100余人参赛。人民日报社、中国体育报社、无锡日报社记者前至采访报道。

是年春，藕塘乡开办中共藕塘乡委员会业余党校。

5月13日，召开中共藕塘乡第六次党员代表大会，出席代表81人，选举黄翰增为党委书记。

8月20日，召开藕塘乡第九届人民代表大会，出席代表59人，选举冯荣南为乡长。

8月24~25日，召开钱桥乡第九届人民代表大会，出席代表67人，选举俞觉然为乡长。

11月，无锡县公安局藕塘派出所成立。

是年始，钱桥、藕塘乡乡镇企业职工男50周岁、女45周岁可办理退养手续，享受退休养老金。

是年，藕塘“七一”茶场生产的一级烘青和炒青茶叶在江苏省评比中获优质产品奖。1995年10月27日，藕塘镇勤建茶场和“七一”林场生产的“太湖翠竹”茶获第二届中国农业博览会金奖；2003年获农业部颁发的“无公害农产品”证书。

## 1985年

4月，钱桥中心小学在学生中开展“寻找理想”的教育活动，五年级（3）班10名少先队员写信给巴金，寻找理想的真谛。6月25日，中国作家协会主席巴金抱病亲笔给钱桥中心小学10位少先队员复信。10月，《解放日报》《人民教育》等10多家报刊纷纷转载巴金的复信或发表文章，上海、北京等多家电视、广播媒体作报道。中共无锡县委宣传部作出决定在全县中小学开展“学习巴金复信，树立远大理想”的活动。

是年春，原财政部副部长江东平（原名祝天祐，钱桥祝家旦人）回钱桥家乡调研。

9月10日，全国第一个教师节，钱桥、藕塘乡政府分别组织中小学教师举行庆祝活动。

是年，无锡县首个液化气储配站在钱桥乡西漳村建成投产。

是年，钱桥、藕塘乡分别成立交通管理所。

是年，钱桥、藕塘乡撤销经联委，分别建立乡工业实业总公司。

是年夏粮登场前，钱桥、藕塘乡取消粮食统购，实行合同定购（即征购）。

是年，钱桥、藕塘乡相继成立科学技术普及协会（简称科协）。

是年，钱桥、藕塘乡分别成立司法办公室。

是年，钱桥、藕塘乡水稻农田全面推广化学除草，替代人工耘耥除草。

是年，藕塘乡农技站从浙江慈溪引进白皮蚕豆新品种，藕塘、钱桥地区农民迅速推广种植。

## 1986 年

4 月，钱桥乡政府委托全国高级建筑师李正设计钱桥文化宫建筑图纸。翌年，钱桥文化宫建成，耗资 150 万元，其中政府出资 105 万元，机关、单位、个人乐助 45 万元，“五一”国际劳动节开放。

6 月 11 日 无锡县委作出“向优秀共产党员、县政协委员龚汉良（钱桥龚巷人）学习”的决定。

7 月，稍塘村沈巷上 56 岁泥瓦匠邵瑞生在作业时被雷击中身亡。

10 月 1 日，钱桥敬老院落成开院，占地面积 1060 平方米，24 名五保老人入院安度晚年。

10 月 20 日，钱桥乡被江苏省人民政府批准为第二批对外开放重点工业卫星镇。

12 月 19 日，召开中共藕塘乡第七次党员代表大会，出席代表 87 人，选举黄翰增为党委书记。

12 月 22~23 日，召开中共钱桥乡第六次党员代表大会，出席代表 105 人，选举彭焕明为党委书记。

12 月 23 日，藕塘敬老院开院，建筑面积 340 平方米，19 名“五保”老人入院安度晚年。

是年，钱桥乡成为江苏省27个亿元乡之一，工业总产值16050万元（为80不变价）。

是年，钱桥、藕塘乡分别首建乡一级财政。

是年，钱桥乡党委创办党校。

是年，钱桥、藕塘乡分别成立工会。

是年，钱桥乡政府调用钱桥老街南头钱桥中心小学旧校舍，创办钱桥成人教育中心校。

是年，澳大利亚农村通讯邮电代表团参观钱桥、藕塘地区的农村通讯设备自动与磁石装置。

## 1987 年

3 月 14~15 日，召开藕塘乡第十届人民代表大会，出席代表 58 人，选举冯荣南为乡长。

3 月 23~24 日，召开钱桥乡第十届人民代表大会，出席代表 67 人，选举俞觉然为乡长。

3 月，藕塘农贸市场建成开业。

4 月，成立钱桥工商所。

4 月，藕塘自来水厂建成通水，藕塘市镇、藕塘村、东风村的居民开始饮用自来水。

5 月，钱桥乡鸭船浜因受市郊河埒乡溶解乙炔厂电石糊和勤新村酒精厂酒糟糊污水污染，受污染水面积 133334 平方米，损失成鱼价值 2 万余元。

6 月 9 日 钱桥撤乡建镇，改设钱桥镇人民政府，实行镇管村体制。同时建立中共钱桥镇委员会。

6 月 9、10 日，暴雨，水位猛涨，南门水位高达 4.3 米，藕塘乡农作物成灾面积 146.2 公顷，损坏民房 4 间。

7 月，钱桥镇在文化宫内创办图书室，藏书 1 万余册。

8 月 30 日 藕塘乡与东埄镇百名未婚团员青年向全县未婚团员、青年发出提倡科学消费，反对铺张浪费；提倡婚事俭办，反对大操大办；提倡移风易俗，反对封建迷信；提倡自尊自立，反对依赖父母；提倡艰苦奋斗，反对贪图享乐的抵制铺张浪费歪风的“五提倡、五反对”倡议。

10 月，钱桥文化宫经无锡县文体局批准，开办区域内首家歌舞厅。

12 月 18 日，威华村全村家家户户通上自来水，成为“无锡县自来水村第八村”。

是年，钱桥镇、藕塘乡相继建立环境保护办公室。

1987 年、1988 年，钱桥、藕塘派出所先后开始办理居民身份证发证工作。

是年，钱桥镇、藕塘乡分别成立社会福利基金会。

是年，钱桥镇区扩大，在老街西面建设新街，后命名为钱桥大街。

## 1988 年

2 月，江苏省人民政府批准藕塘乡为对外开放重点工业卫星乡镇。

5 月 3 日夜晚，钱桥地区受冰雹和大风袭击，三麦、油菜大批倒伏。

11 月，成立藕塘工商所。

是年，国道 G312 线从洛社杨村至钱桥段进行改线，长度为 8.53 公里，沿线桥梁同时进行改建。改建后公路技术等级达二级标准。

是年，钱桥、威华、苏庙、溪南、西漳、胜丰、晓星 7 个村开始发放老年社员养老扶助金。

## 1989 年

是年初，位于钱桥大街 105 号的钱桥影剧院竣工。

2 月，钱桥镇、藕塘乡分别建立土地管理所。

6 月，钱桥镇首家“三资企业”无锡金辉幕墙工程有限公司成立，中国香港投资 20 万美元，注册资金 50 万美元。

7~8 月，虫灾，区域内 100 多公顷水稻田受灾，粮食减产 125 吨左右。为补救粮食损失，钱桥镇、藕塘乡补种稻苗 86.67 公顷。

8 月 28 日 21 时~29 日 7 时，区域内遭受龙卷风、暴雨袭击，厂房倒塌，人员受伤。

9 月 28 日 钱桥至胡埭公路正式通车。

10 月 9 日，召开藕塘乡第十一届人民代表大会，出席代表 54 人，选举丁建华为乡长。

是年，无锡县政府授予钱桥中学邵治华“教师世家”匾额。

是年，井亭村在区域内率先建成电话村，至1998年，钱桥、藕塘镇各村均建成电话村。

是年，钱桥、藕塘地区部分群众开始用BB机（传呼机）。

是年，西漳村每户集资600元购买钢瓶，在钱桥、藕塘地区全村率先户户使用液化气。

是年，位于钱桥大街24号的钱桥镇政府投资150万元建造的钱桥镇中心幼儿园启用。

是年，钱桥镇始建广电站，市镇首次开通有线电视。

## 1990 年

3 月 8~9 日，召开中共钱桥镇第七次党员代表大会，出席代表 101 人，选举彭焕明为党委书记、吕国琪为纪律检查委员会书记。

3 月 9~10 日，召开中共藕塘乡第八次党员代表大会，出席代表 81 人，选举许其南为党委书记、臧效年为纪律检查委员会书记。

3 月 20~21 日，召开钱桥镇第十一届人民代表大会，出席代表 65 人，选举彭焕明为人大主席团常务主席，俞觉然为镇长。

5 月 10 日，位于舜柯山北麓舜山湾的舜柯山公墓经江苏省民政厅批准开工建设。

6 月，区域内连遭暴雨，藕塘地区倒塌民房 2 间，损坏房屋 60 间，受灾水稻田 20 余公顷。

7 月 1 日，第四次全国人口普查当日零时统计，藕塘乡人口为 17808 人，其中男性占 51.7 %，女性占 48.3 %。

9 月，钱桥中心小学通过九年制义务教育达标验收。

10 月 13 日，钱桥镇胜丰村创办集体农场，全村 20 余公顷责任田由集体统一经营，成为无锡县第一个“两田”（责任田、口粮田）分离的村。

是年，无锡市苏嘉镁碳砖有限公司研制开发替代进口电炉喷补料获得成功，填补国内空白，获国家专利。

是年，钱桥中学首批通过九年制义务教育达标验收，并取得合格初中称号。

是年，常熟地震后，溪北村毛村园、刘巷部分村民房屋裂缝。翌年7月遭受特大洪涝灾害后，毛村园、刘巷部分村民房屋裂缝明显增多、增大，地面严重下沉，房屋墙壁内外地面高低20~30厘米。

是年，钱桥镇、藕塘乡分别成立纪律检查委员会。

## 1991年

4月25日，国家轻工业部部长曾宪林在省轻工厅厅长王力行陪同下到钱桥江南皮件厂等轻工企业考察。

5月，全国春季鞋帽商品供货会在钱桥溪南村举行，历时5天。

6月30日~7月3日，钱桥、藕塘地区大雨倾盆，河水横溢，降雨量达288毫米。7月2日16时，南门水位达4.88米，超过1954年（洪灾年）4.73米的历史最高纪录。区域内 800多户村民家中进水，几十家工厂进水后无法生产，133.33余公顷农田及所有鱼池被淹，经济损失惨重。

7月12日，省委常委、副省长高德正在无锡市、县委书记陪同下冒雨察看钱桥镇的洪水灾情。

7月13日，国务院赴江苏抗洪救灾工作组一行6人在无锡市、县领导陪同下到钱桥溪达毛纺厂察看灾情，慰问干部群众，指导抗洪救灾工作。

7月24日，无锡县委、县政府在钱桥镇召开补种水稻移栽现场会议，要求“大灾之年不荒田，大灾之年夺丰收”，抓好水稻补种移栽工作。

9月，钱桥中心小学由原钱桥南街搬迁至育才路新校舍，苏庙小学并入钱桥中心小学。

10月1日，江南皮件厂入选国家计委、农业部主办的“中国乡镇企业‘七五’发展成就展览”。

12月24~29日，出现暴雪，最大积雪深度11厘米，积雪持续到1992年1月1日。

是年，钱桥中心小学被共青团中央评为“全国手拉手十佳联谊学校”。

是年，胜丰村成为钱桥镇第一个亿元村。

## 1992年

1月21日，白俄罗斯部长会议主席维亚切斯拉夫·克比奇在无锡市市长王宏民、无锡县县长陆荣德等陪同下参观钱桥镇江南皮件厂。

3月，华东地区最大的年产500台桂林2号联合收割机生产基地在钱桥镇溪南村建成。

4月，钱桥镇建成立体声影剧院，中国电影发行公司首次命名钱桥镇影剧院为全国一级影剧院。

5月10~14日，经济发展名列前茅的钱桥镇及2个亿元村代表参加由国家农业部等单位在北京召开的全国农村亿元乡镇社会经济发展战略研讨会。

8月20日，苏南运河无锡段整治工程动工，无锡县境内长24.31公里，沿途经钱桥等6个乡镇，按四级航道标准整治，整治工程被评为省优工程。

是年，钱桥镇被评为无锡市乡镇工业明星乡（镇），胜丰村被评为无锡市乡镇工业明星村。

是年，钱桥镇被江苏省评为第一届农村综合实力百强乡镇。

是年，钱桥邮电支局、藕塘邮电中心支局开办模拟移动电话“大哥大”业务。

是年，钱桥镇残疾人联合会、藕塘乡残疾人联合会（简称残联）同时成立。

## 1993年

2月9日，召开中共钱桥镇第八次党员代表大会，出席代表100人，选举俞觉然为党委书记、刘焕清为纪律检查委员会书记。

2月23日，召开中共藕塘乡第九次党员代表大会，出席代表81人，选举许其南为党委书记、臧效年为纪律检查委员会书记。

3 月，撤销藕塘乡，改设藕塘镇人民政府，实行镇管村体制。同时建立中共藕塘镇委员会。

3 月 3 日，召开钱桥镇第十二届人民代表大会，出席代表 67 人，选举俞觉然为人大主席团常务主席、时建良为镇长。

3 月 5 日，召开藕塘镇第十二届人民代表大会，出席代表 57 人，选举许其南为人大主席团常务主席、周国范为镇长。

3 月 30 日，《无锡日报》头版刊登《钱桥镇农业实现规模经营　土地产出率显著提高》的报道，报道称“钱桥镇为无锡市第一个实现农业规模经营的乡镇”。

4 月 1 日起，钱桥、藕塘镇农民取消粮油征购任务；区域内统购统销停止，粮油价格全面放开，区域内粮油生产步入市场经济轨道。

5 月 23 日，国家副主席荣毅仁在省委副书记曹鸿鸣及无锡市、县领导陪同下考察钱桥胜丰农场。

6 月，钱桥、藕塘镇分别成立关心下一代工作委员会（简称关工委）。

8 月 20~22 日，连续暴雨，藕塘地区 66.67 余公顷稻田被淹，当年粮食减产 150 吨；损坏房屋 17 间，受灾人口 1295 人，得到国家补助 5 户 20 人，补种农作物面积 60 余公顷。

11 月 25 日，无锡市土地管理局地籍调查成果专家验收组对钱桥、藕塘镇的地籍调查（初始地籍调查）进行综合评定，验收合格，并获省土地管理局认可。

是年，无锡苏嘉镁碳砖有限公司生产的电炉喷补料获冶金部科学技术进步奖、全国科技成果大赛获中国“爱迪生杯”金奖。

是年，藕塘镇始建广电站，藕塘市镇及洗马浜村民小组首次开通有线电视。

是年，钱桥镇成为自来水全面供水镇；藕塘乡经钱桥引进无锡市自来水厂自来水，供市镇使用。

## 1994 年

1 月 28 日，钱桥镇政府办公大楼竣工，位于钱桥大街 141 号。

1 月，溪南鞋厂在无锡县率先进行体制改革，采用租、买结合的方法，按《公司法》组建溪南鞋业有限公司。此后，钱桥、藕塘地区的乡镇企业或转为私营企业、或转为股份合作制企业、或转为有限责任公司。至 2002 年，区域内乡镇企业、供销社、食品站、粮管所转制全部结束。

6 月 29 日，出梅后高温少雨，7~8 月间雨量只有 0.2 毫米，区域内农作物成灾面积 20 余公顷，粮食作物减产 30 吨，经济损失 3 万余元。

6 月，钱桥镇被江苏省文化厅表彰为江苏省群众文化先进镇。

8 月 28 日，钱桥、藕塘镇电话号码由 6 位升至 7 位。

9 月 18 日，成立钱桥镇技术监督所。

是年，无锡市人民政府授予钱桥镇为无锡市实施九年制义务教育先进镇。

是年，百乐皮件集团被批准为自营出口企业。

是年，无锡市苏嘉镁碳砖厂被评为省级高新技术企业。

是年，藕塘镇易地新建藕塘中心幼儿园，园址位于藕塘北路 34 号。

是年，江苏省电力公司主办的惠泉500千伏变电站在藕塘镇稍塘村落成。

是年，藕塘镇政府在新街以北田庄巷易地新建的敬老院落成。

## 1995 年

2 月，钱桥镇胜丰村获无锡县“十佳”农业明星村称号，钱桥镇胜丰农场获“十佳农场”称号。

5 月 18 日，钱桥镇党委、政府在镇三级干部大会上宣布镇“五龙十虎企业”，“五龙”为镇办企业，“十虎”为村办企业。

8 月 23 日，藕塘陈家湾鸡笼山火灾，过火山地面积 20 余公顷。

9 月，成立藕塘税务所。

是年，钱桥镇胜丰实业公司、无锡百乐皮件集团公司被农业部、外经贸部评为全国出口创汇先进乡镇企业。

是年，钱桥镇被国家统计局评为首届中国投资环境百强乡镇，被评为江苏省农村综合实力百强乡镇、位列第21位。

是年，钱桥镇钱桥村被全国绿化委员会评为全国绿化千佳村。

是年，钱桥镇全镇开通有线电视。

是年，钱桥镇法律服务所被江苏省司法厅评为优秀法律服务所。

是年，钱桥、藕塘镇分别成立环卫所。

## 1996年

1月22日，召开中共钱桥镇第九次党员代表大会，出席代表116人，选举俞觉然为党委书记，孟建康为纪律检查委员会书记。

1月22~23日，召开藕塘镇第十次党员代表大会，出席代表78人，选举王仁祖为党委书记、臧效年为纪律检查委员会书记。

2月8~9日，召开钱桥镇第十三届人民代表大会，出席代表62人，选举俞觉然为人大主席团常务主席、时建良为镇长。

3月7~8日，召开藕塘镇第十三届人民代表大会，出席代表53人，选举王仁祖为人大主席团常务主席、朱正平为镇长。

6月，无锡商业职业技术学院与藕塘镇勤建村委开展联合办学，构建占地13333.4平方米、建筑面积达3800平方米的塘山校区。

7月，钱桥镇成立钱桥商会。

8月24日，钱桥籍著名书画家、鉴赏家、北京画院一级美术师周怀民因病于凌晨1时45分在北京去世，享年89岁。

11月，钱桥建立环境监理所并挂牌运行，监测范围为钱桥、藕塘、杨市、阳山、陆区等5个镇区域。

12月12日，钱桥镇被江苏省科委评为江苏省第二批科技工作先进镇。

是年，钱桥镇胜丰村丰产方获无锡市小麦高产方二等奖。

是年，钱桥、藕塘镇人大主席团设立人大正、副主席，主持闭会期间的人大工作。

是年起，钱桥、藕塘镇劳动服务公司负责区域内养老基金的统筹。

## 1997年

1月，钱桥镇成立城建监察中队，后更名为“城市管理中队”。

2月23日，藕塘镇成立环境监理所。

6月，钱桥镇设立环境监理中队。

7月19日，钱桥镇因关闭向群众用于发展镇办集体企业集资（融资）的兑付窗口，发生群体性集资风波，涉及金额27000多万元，集资户12000多户。是日，部分群众一度情绪激动。事件发生后，锡山市和钱桥镇政府主要领导亲临现场，与群众对话，做安抚工作。在锡山市政府协调下，钱桥镇政府积极筹措资金，并承诺对1000~3000元的集资户一次性兑付，余按三、三、四比例逐年兑付，随即恢复集资窗口兑付工作。集资风波后，钱桥镇工业经济严重受挫，连续滑坡3年，至2001年，钱桥镇工业总产值31.56亿元，恢复了工业强镇的元气。至2003年，钱桥镇工业总产值达78.83亿元，钱桥镇又成为锡西工业强镇。至2005年，钱桥集资款本金全部兑付结束。是年，钱桥镇被国家统计局评为全国千强镇。2006年7月，兑付窗口开始付息，利息按兑付当年银行利息计算。至2009年底，所有利息兑付结束。

8 月，钱桥镇人民政府成立镇区联圩防洪保安工作管理委员会。

12 月 11 日，钱桥镇被江苏省人民政府授予江苏省体育先进乡镇称号。

是年，无锡市苏嘉镁碳砖有限公司获国家级乡镇企业科技二等奖，无锡地区仅此一家。

是年，藕塘镇有线电视实现全覆盖。

是年，钱桥、藕塘辖区内均安装自动全国直拨电话。

## 1998 年

1 月 12 日，钱桥镇 1200 余户居民试点使用由江苏省建委推广使用的“碳五混空管道燃气”新能源。

5 月，钱桥、藕塘镇机关工作人员由地方公务员过渡为国家公务员。

5 月，钱桥、藕塘建造移动通讯基站铁塔，开通 139G 网，区域内移动电话使用用户开始逐年增多，渐至普及。

10 月，钱桥邮电支局、藕塘邮电中心支局的邮政与电信分营，分别成立钱桥、藕塘邮政支局。同时成立钱桥、藕塘电信分局。

11 月，藕塘中心小学顺利通过基本实现教育现代化验收。

12 月 15~16 日，召开中共藕塘镇第十一次党员代表大会，出席代表 85 人，选举朱正平为党委书记、唐国良为纪律检查委员会书记。

12 月 18~19 日，召开中共钱桥镇第十次党员代表大会，出席代表 132 人，选举戴家元为党委书记、钱俊法为纪律检查委员会书记。

是年，钱桥镇被无锡市人民政府命名为无锡市新型小城镇。

是年，钱桥镇建成锡山市首批电话镇。

是年，无锡市苏嘉镁碳砖有限公司被国家冶金工业局评为全国冶金百强企业。

是年，钱桥、藕塘镇分别成立社会治安综合治理委员会（简称综治委）。

## 1999 年

1 月 15~17 日，召开钱桥镇第十四届人民代表大会，出席代表 68 人，选举戴家元为人大主席团常务主席、孟建康为镇长。

1 月 24~25 日，召开藕塘镇第十四届人民代表大会，出席代表 53 人，选举朱正平为人大主席团常务主席、张桐生为镇长。

3 月，无锡市政府在藕塘镇东风村蚕豆丰产方召开一市三县农业结构调整现场会，中央电视台记者采访报道，并在中央二台播出。

6~8 月，降水量达 1162.8 毫米（历史最多），区域内万亩圩区、千亩圩区内出现 10 多处重大险情，多家农户家中进水；因厂房进水，停产半停产企业数家；农作物受损严重。

9 月 23 日，藕塘镇成立商会。

10 月，锡宜高速公路修筑，贯穿钱桥、藕塘全境。

是年，钱桥镇被江苏省教育委员会评为省教育基本现代化先进镇。

是年，钱桥、藕塘镇被江苏省质量技术监督局评为执行标准优秀乡镇。

是年，钱桥、藕塘镇分别成立锡山市老区开发促进会钱桥分会、藕塘分会（简称老促分会）。

是年，钱桥、藕塘镇分别成立司法所。

## 2000 年

2 月，钱桥镇被无锡市人民政府评为基本实现农业机械化乡镇。

2 月，藕塘镇建成“藕苑”广场。

5月，藕塘成教中心校开办惠山区第一个以农村管理干部为主的经济管理大专班，中央电视台7频道农业栏目摄制组拍摄录像播出。

10月，无锡市规划局批准钱桥镇成立钱桥镇工业园区，地点设在溪南。

11月1日，第五次全国人口普查公布，钱桥、藕塘镇总人口分别为47181人、21822人。

是年，藕塘镇获无锡市政府授予的新型小城镇称号。

是年，钱桥镇创建成为江苏省卫生镇，西漳、苏庙、钱桥、周家弄、胜丰、历村等村创建成为省级卫生村；至2003年，钱桥、藕塘镇各村均成为省级卫生村。

是年，钱桥、藕塘地区开通第一条上网速度为2M宽带。

是年，钱桥镇政府投资400万元建成辖区内第一个广场——春来广场，总面积10000平方米。

是年，钱桥镇成立财政结算中心，隶属于钱桥镇财政所。

是年，无锡市基督教会批准设立藕塘井亭基督教活动点。

## 2001年

1月2日，江苏中广网络有限公司藕塘分公司成立开业。

3月18日，藕塘恒源祥无锡工业园区举行揭牌仪式。

3月，南京师范大学与钱桥镇政府签订联合办学协议，钱桥中心小学挂牌南京师范大学钱桥实验小学。

7月，钱桥、藕塘镇分别有部分行政村合并，威华、溪北村合并为华新村，苏庙、鸭船浜村合并为苏庙村，舜一、历村村合并为舜柯村，洋溪、周家弄村合并为洋溪村，盛店、宇峰村合并为盛峰村，东风、新成村合并为东风村。

7月，位于勤建村鸡笼山南面的藕塘安息堂建成，占地面积5000平方米。

8月1日，藕塘里趟山公墓交付使用并对外开放，建筑面积1000多平方米，后更名为里趟山生命纪念馆。

10月，钱桥镇人民政府启动建设经济开发区钱桥配套区，为无锡惠山经济开发区重要配套区，规划面积3.869平方公里。

12月4~5日，召开中共钱桥镇第十一次党员代表大会，出席代表145人，选举戴家元为党委书记、边裕安为纪律检查委员会书记。

12月7~8日，召开中共藕塘镇第十二次党员代表大会，出席代表83人，选举秦志宏为党委书记、唐国良为纪律检查委员会书记。

是年，钱桥镇被无锡市委、市政府评为无锡市工业明星镇。

是年，钱桥、藕塘镇水利管理站和农机服务站分别合并，更设为钱桥、藕塘水利农机服务站。

是年，恒源祥村投资34万元建成恒源祥广场，占地面积5000多平方米。

是年，位于钱桥村龙山梢下埠墩的钱桥安息堂（又叫梦仙园）竣工，占地面积6000平方米。

## 2002年

1月5日，钱桥镇设立爱心帮困基金。

1月7~8日，召开藕塘镇第十五届人民代表大会，出席代表50人，选举陈喜成为人大主席团常务主席、张桐生为镇长。

1月10~11日，召开钱桥镇第十五届人民代表大会，出席代表66人，选举戴家元为人大主席团常务主席、华亚军为镇长。

3月29日，德国中小企业联合会托马斯到藕塘镇龙头企业参观。

3月，韩国（李氏）无锡机械有限公司在藕塘东风工业园区落户，藕塘镇与该公司签订投资发展协议书，外向型经济实现“零”的突破。

4月，钱桥中心小学获全国少工会评定的联合国基金会支持儿童组织奖。

5月29日，藕塘镇成立桃农协会和菜农协会。

6月14日，江苏省委常委、市委书记蒋定之带领无锡市培育经济强镇工作会议参会代表参观藕塘镇恒源祥配套区。

是年，钱桥镇被江苏省精神文明建设指导委员会评为江苏省文明乡镇。

是年，钱桥村委自筹资金1000余万元自行设计建造的玉泉公园运行。

是年，苏嘉集团新材料有限公司被评为国家级高新技术企业。

是年，钱桥、藕塘镇分别建立政协惠山区钱桥、藕塘镇工作委员会。

是年，钱桥、藕塘镇分别成立劳动和社会保障所。

是年，位于钱桥安息堂东北侧建成草坪公墓，占地面积1500平方米。

## 2003年

1月，钱桥镇被无锡市委、市政府评为利用外资先进镇。

4月2日，藕塘镇举办首届茶叶节。

6月21日，藕塘镇通过江苏省卫生镇考核验收。

6月，无锡市文物管理委员会发文公布支浩明墓为清代名人墓葬，属无锡市级文物遗址控制保护单位，2016年列为无锡市第五批文物保护单位。

7月，钱桥、藕塘镇全面推行农民医疗保险制度。

7月12日~8月28日，出现27天高温天气，极端最高气温40.1℃，区域内中暑病人骤增，供电线路故障增多，对蔬菜生产和畜禽、水产养殖影响较大。

8月，藕塘中心小学易地新建的校舍竣工并投入使用。

9月11日，藕塘陈家湾鸡笼山山林火灾，过火山地面积20余万平方米。

11月，藕塘中学被江苏省教育厅评为江苏省实践教育现代化工程示范初中。

12月，钱桥镇被江苏省依法治省领导小组评为基层依法治理先进集体、被江苏省总工会评为百强示范乡镇工会先进单位。

是年，钱桥镇成立红十字会分会。

是年，钱桥镇华新村华新苑小区首增为区域内安置房小区，至2014年，钱桥、藕塘新增春满园、藕乐苑、洋溪人家、舜柯家园等15个安置房小区。

## 2004年

2月18日，钱桥镇与藕塘镇合并，成立新的钱桥镇，镇政府驻地钱桥大街141号。区域调整后的钱桥镇总面积46.21平方公里，户籍人口5.66万，下辖16个行政村、1个街道办、4个居民委员会。

2月，无锡商业职业技术学院总部迁至藕塘塘山新校区。

2月，钱桥镇党委增设专职统战委员，负责统战工作。

4月28日，召开中共新的钱桥镇第一次党员代表大会，出席代表151人，选举戴家元为党委书记、华卫贤为纪律检查委员会书记。

5月12日，钱桥中心小学、藕塘中心小学顺利通过江苏省实验小学验收。

6月7~8日，钱桥镇召开两镇合并后的第一届人民代表大会，出席代表91人，选举张桐生为人大主席团常务主席、华亚军为镇长。

6月9日，原南京军区司令员向守志上将到藕塘中心小学考察少年军校特色建设，并亲笔题词“今日学做小军人”。

是年秋，锡宜高速公路道口“无锡西”站在钱桥镇建成。

10月25日，钱桥镇庙塘桥村成立区域内首家村级股份经济合作社。

11月16日，钱桥镇召开两镇合并后的第一次工会代表大会。

12月21日，钱桥镇召开两镇合并后的共青团第一次代表大会。

12月，钱桥镇企业职工养老保险实现全覆盖。

12月，钱桥镇被无锡市政府、无锡军分区评为拥军优属模范镇。

是年，勤建茶场“勤梅牌”太湖翠竹茶叶获巴黎国际博览会组织委员会评定的国际博览会金奖，并将“太湖翠竹”入选《向欧盟推荐的中国产品》目录。

是年，江苏苏嘉集团有限公司创始人龚海涛获全国乡镇企业家称号，2005年获中国著名企业家称号。

是年，钱桥镇被评为江苏省文明镇，西漳村被评为江苏省文明村。

是年，钱桥盛岸花园二期共706户居民开通管道天然气，成为区域内首批管道天然气用户。

是年，西漳村率先创建成功江苏省生态村；至2008年，恒源祥、庙塘桥、华新、南水渠村先后创建成功省生态村。

是年，钱桥镇党委、政府作出禁止开山采石的决定，年内关停勤建、林业、舜一、历村等5家矿山企业。

是年，钱桥镇深化村级集体经济组织体制改革，各村先后组建村级股份经济合作社。

是年，总投资186万元、位于晓丰酒店旁的顺风苑公园建成，占地面积8233平方米。

是年始，钱桥镇在辖区内实施被征地农民基本生活保障，类型有历次被征地、新征地、双置换农民3种。

是年，国家统计局公布的首届“千强镇”中，钱桥镇名列第42位。

## 2005年

是年初，钱桥镇与中国香港惠记集团合作以BOT（建设、运营、移交）的模式成立无锡钱惠污水处理有限公司，投资1.5亿元建造日处理能力2万吨的锡惠综合污水处理厂。4月14日，钱桥综合污水处理厂投资合作项目正式签约。7月20日，污水处理厂奠基开工，是无锡首家合资的污水处理厂。翌年10月24日竣工并运行。

1月5日，钱桥镇爱心超市开业，为惠山区首家慈善互助型超市和江苏省第一家面向农村群众的镇级爱心超市。

2月，钱桥镇被无锡市委、市政府评为农业引进三资先进单位、深化农村改革先进集体、社会治安先进镇、创建无毒社区先进集体、生态环境建设先进镇、经济强镇。

2月，钱桥镇免征农业税，钱桥、藕塘地区农民从此告别延续2600多年的“皇粮国税”。

4月1日，新长铁路全线贯通，途经钱桥镇藕塘段长达2公里，在钱桥南水渠、庙塘桥建成新长铁路无锡西站，仅办理货运业务。

6月1日，钱桥镇成立政法委员会。

6月，钱桥镇被国务院发展研究中心农村部、农业部经研中心、城郊研究中心、中华年鉴社评为优秀乡镇。

7月8日，无锡市委、市政府在钱桥镇勤建村举行无锡（藕塘）职教园区奠基开工典礼。

8月，钱桥镇被中国残疾人联合会评为全国残疾工作先进乡镇。

8月5~7日，受0509号台风“麦莎”影响，从5日夜间开始，钱桥镇区域内普遍出现8级以上大风、暴雨和大暴雨，稻禾大部分吹倒，损失惨重。

8月21日，钱桥镇成立惠山青龙山殡葬整治工作领导小组。

9月20日，钱桥镇顺利通过省“亿万农民健康促进行动”示范镇评估验收与省级卫生镇复查验收。

9月28日，钱桥镇投入资金近30万元的青少年活动中心揭牌，建筑面积达700多平方米。

10月27日，团中央书记处书记张晓兰考察藕塘中心小学。

10月28日，钱桥镇成立统计办公室，对农业、工业、第三产业、劳动、交通运输、住户、人口等建立统计报表。

10月，钱桥镇被无锡市委、市政府评为文明镇。

10月，钱桥镇被无锡市政府评为无锡市第九届运动会群众体育先进集体。

11月26日，总投资15亿元、占地50万平方米的中国最大的装饰材料市场——无锡五洲国际装饰城在钱桥镇盛岸西路开工，翌年10月28日开业。

12月10日，钱桥、藕塘地区电话号码由7位升至8位。

是年，无锡华顺民生食品公司生产的“安井”牌速冻面制品获中国驰名商标；江苏省恒源祥羊绒制品有限公司入选2005年中国名牌产品企业，恒源祥牌羊绒衫被评为中国名牌产品。

## 2006年

2月24日，省道S342线钱桥段全面开工建设，涉及区域内4个行政村农户房屋拆迁，拆迁总面积11.6万平方米。

2月，钱桥镇被无锡市委、市政府评为年度节约集约用地先进集体、年度农村新型合作医疗工作先进集体。

5月，无锡法斯特管业有限公司（苏嘉集团）在新加坡上市。

5月，钱桥镇对建设无锡（藕塘）职教园规划区域内1117户居民进行拆迁安置，拆迁面积达250436平方米，为历次拆迁规模之最，安置地点为藕乐苑。

5月，位于盛岸西路、钱桥大道西北侧的盛岸西路停车场建成启用。

6月，钱桥镇被江苏省委宣传部、依法治理领导小组、省司法厅评为全省法制宣传工作先进单位。

6月，钱桥镇被中共无锡市委评为保持共产党员先进性活动先进集体。

7月6日，钱桥镇成立河道长效管理领导小组，统一组织协调“河长制”管理工作。

10月14日，国家统计局发布2005全国小城镇综合发展水平千强名单，无锡市有12个镇进入，钱桥镇位列第37名，为无锡市12个镇之首。

11月22日，中共无锡市委决定建立中共无锡（藕塘）职教园区工作委员会、无锡（藕塘）职教园区管理委员会，职教园区管理委员会与钱桥镇人民政府实行“区镇合一”的管理体制，两块牌子、一套班子。无锡（藕塘）职教园区管理委员会由惠山区委、区政府管理，副处（县）级建制。

11月，藕塘中学被江苏省教育厅评为江苏省实施教育现代化工程示范初中。

12月，钱桥镇被江苏省民政厅评为民政系统行风建设先进基层单位。

是年，惠山区、钱桥镇、西漳村集体出资，以及辖区内企业老板及社会人士捐资共投入资金200余万元建成南西漳广场，占地面积8000平方米。

是年，西漳村、华新村率先创建成为无锡市社会主义现代化新农村示范村；至2009年，钱桥街道15个（村）社区均创建成为无锡市社会主义现代化新农村示范村。

是年，无锡市公安局公交分局惠钱路查报站迁至溪南村夏虞桥西侧，定名为交通治安分局钱胡路查报站。

## 2007年

2月，钱桥镇被无锡市委、市政府评为现代化新农村建设先进集体、农村养老保障工作先进集体、社会保障先进镇。

3月，钱桥中心小学被江苏省红十字会评为江苏省红十字示范学校。

3月，钱桥镇被无锡市委、市政府评为扶持民营经济发展先进集体。

5月23日，中组部联系点、惠山区首家大型市场党支部在钱桥镇五洲国际装饰城成立。

8月15日，无锡（藕塘）职教园设立环保分局。

8月，钱桥镇被江苏省环保委员会评为省环境优美乡镇。

8月，位于盛德路24号的由韩荣寨投资380万元资金创办的盛岸花园民办幼儿园开学。

9月16日，钱桥镇与霍城县芦草沟镇建立“优势互补、互惠互利、长期合作、共谋发展”的对口协作关系。

9月，江南影视艺术职业学院入驻无锡（藕塘）职教园，位于钱藕路2号。

11月7日，江苏省人民政府批复撤销钱桥镇，设立钱桥街道，以其原辖区域设立钱桥街道办事处。11月27日，惠山区委、区政府发文撤销钱桥镇设立钱桥街道办事处及机构设置的意见明确：设立中国共产党无锡市惠山区钱桥街道工作委员会，为区委派出机构；设立中国共产党无锡市惠山区钱桥街道纪律检查工作委员会（监察室）；设立无锡市惠山区钱桥街道办事处，为区政府派出机构；设立无锡市惠山区人大常委会钱桥街道人大工作委员会，为区人大常委会派出机构；设立无锡市惠山区钱桥街道人民武装部。

11月29日，总投资9.2亿元的无锡市公共实训基地在无锡（藕塘）职教园校区奠基，翌年11月建成并投入使用。

12月28日，钱桥街道举办“迎新年 迎奥运”暨钱桥大街改造工程竣工庆典活动。

是年，藕塘中心幼儿园被评为江苏省示范性实验幼儿园。

是年，无锡市天辰冷拉型钢有限公司被列入国家火炬计划项目。

是年，江苏恒源祥羊绒制品有限公司生产的恒源祥牌羊绒衫，江苏苏嘉集团新材料有限公司生产的苏嘉牌建筑工程材料，无锡华顺食品工业有限公司生产的安井牌速冻汤圆、速冻面条等产品被批准为国家免检产品。

是年，成立无锡（藕塘）职教园规划建设局。

## 2008年

1月1日，江苏信息职业技术学院入驻无锡（藕塘）职教园。

1月22日，亚洲最大IT软件培训公司印度国家信息技术学院（NIIT）中国区教育业务总监柯谋一行到无锡（藕塘）职教园区考察。

1月26日~2月2日，出现三次暴雪，累计降雪量51.6毫米，积雪深度30多厘米，洋溪村被大雪压塌厂房1000多平方米，压坏猪舍300平方米；南水渠村被大雪压塌彩板房1500平方米，桃树、苗木受损面积3.33余公顷；稍塘村被大雪压塌大型彩钢瓦菜场20间，损失价值人民币60万元；西漳村被大雪压塌大型彩钢板房屋500平方米，经济损失50余万元；胜丰村原辰龙冷弯型钢厂职工苏正初在厂房屋顶扫雪因房屋倒塌不幸身亡。

1月，无锡（藕塘）职教园区成立校区建设指挥部，2010年9月更设为无锡职教园校区公共服务管理中心。

2月18日，无锡（藕塘）职教园区与印度软件大鳄NIIT签订服务外包人才培训合作协议，职教园区服务外包工作突破“国界线”。

2月，阳山人民法庭从阳山新渎市镇迁至钱桥街道藕塘政新路1号。

4月18日，无锡市首个大型市场税法宣传基地在钱桥街道成立。

5月29日，上海巴金文化研究会与钱桥中心小学共同举办的“理想之光征文颁奖典礼”暨“全国中小学巴金文化读书会”揭牌仪式在钱桥中心小学举行，《文汇报》《新华日报》、无锡教育电视台等10多家新闻媒体出席。

7月，位于晓星村西片钱西河畔的总投资350多万元的晓星公园建成。

7月，钱桥街道投资400多万元新建的行政服务中心运行，开设15个部门窗口，面向基层为老百姓服务，为无锡市首创。

9 月 11 日，江苏省委、无锡市委领导到华新村视察农村综合改革情况。

9~10 月，江苏省无锡汽车工程中等专业学校、无锡技师学院先后入驻无锡（藕塘）职教园。

10 月 8 日，钱桥中学举行建校 60 周年校庆。

11月15日，联合国“城市生态恢复国际论坛”在钱桥街道职教园校区召开，联合国副秘书长、联合国前安理会主席安瓦尔•乔杜里，联合国友好理事会主席、著名环保外交家努尔•布朗博士，世界非政府组织联合会秘书长泰吉•哈马德，国际生态城市建设者协会执行主任科斯汀•米勒等世界知名生态环保权威人士专程参加本次论坛；国家环保部、江苏省环保厅、无锡市委市政府主要领导、国内外知名城市生态环保专家等150余人应邀参加。

11 月，钱桥街道被评为全国城市生态恢复及可持续发展示范区、被江苏省体育局表彰为江苏省体育强镇。

11 月，无锡职教园区管理委员会、钱桥街道办事处获联合国颁发的“城市生态修复及可持续发展”荣誉证书和奖牌。

12月，钱桥、藕塘地区钱桥揽投站开始办理速递物流业务。

12月，藕塘食品站关闭。

12 月，爱邦辐射技术有限公司获批江苏省院士工作站，爱邦辐射技术有限公司、永凯达齿轮有限公司、星亿涂装环保设备有限公司获批江苏省级工程技术研究中心。

是年，西环线职教园区段通车。

是年，西漳农场被确定为农业部水稻万亩高产创建示范片。

是年，位于钱姚公路南的无锡职教园校区公交停车场建成启用。

是年，投资30万元的藕乐苑广场建成。

是年，钱桥街道通过国家级生态镇验收。

是年，成立无锡职教园财政审计局，原钱桥街道财政所仍保留，实行“两块牌子、一套班子”体制。

是年始，钱桥街道各社区逐步建立社区学校。

## 2009 年

1 月 13 日，江苏省惠山职业教育中心校（后为江苏省惠山中专）入驻无锡（藕塘）职教园区。

2 月，钱桥街道被无锡市委、市政府评为社会主义现代化新农村建设争创示范镇村工作先进单位。

3 月 20 日，江苏省教育厅厅长沈健至藕塘中心小学考察藕小少年农学院。

3 月 24 日，江苏省委常委、副省长黄莉新至南水渠村实地走访，调研“双置换一转换”工作。

4 月 9 日，钱桥街道成立江苏省首个乡镇（街道）级钱桥青年商会。

4 月 26 日，钱桥街道红十字会组织开展“用爱心点燃生命的希望”为主题的骨髓捐献志愿者行动，39 名热血青年申请并采集造血干细胞血样，成为造血干细胞捐献志愿者。

5 月，无锡市公安局监所管理支队所属第一、第二、第四看守所，无锡市拘留所，无锡市公安局收容教育所，无锡市强制隔离戒毒所迁至钱桥街道舜柯社区。

5 月，位于晴山蓝城小区内的、由韩荣寨投资 390 万元资金创办的晴山蓝城民办幼儿园开办。

10 月，惠山区五保老人颐养院开院，钱桥街道辖区内五保老人全部入住区颐养院。

10 月 21 日，晓星村和胜丰村合并成立晓丰村，南水渠村和庙塘桥村合并成立南塘村，藕塘居委和藕塘村合并成立藕塘社区，勤建村和恒源祥村合并成立藕乐苑社区，新村、桥南和桥北居民委员会合并成立钱桥社区。

11 月 4 日，钱桥中心小学教师包红心获全国优秀教师称号。

11月4日，无锡市惠山区人民检察院派驻钱桥检察室揭牌成立。

是年，藕塘东风村出土的明代石马在全国第三批文物普查中列为无锡市第五批文物保护单位。

是年，南水渠村被省质检部门授予“江苏省村庄绿化模式标准化示范区”称号，成为无锡乃至苏南地区村庄绿化的样板。

是年，总投资600万元的晴山蓝城小区旁第二个春来广场竣工。

## 2010年

6月24日，“中国（无锡）高技能人才公共实训中心”揭牌暨无锡市公共实训基地二期建设启动仪式在钱桥街道无锡市公共实训基地举行。

9月1日，无锡城市职业技术学院、无锡高等师范学校入驻无锡（藕塘）职教园校区。

9月11日，中共中央政治局委员、政法委副书记王乐泉在江苏省委书记梁保华陪同下视察钱桥街道司法所。

9月21日，无锡（藕塘）职教园更设为无锡职教园，无锡（藕塘）职教园区管理委员会更设为无锡职教园管理委员会。无锡职教园管理委员会与钱桥街道办事处仍实行“街园合一”的行政管理体制，机关驻地和管辖范围不变。

9月，钱桥社区农家书屋被江苏省新闻出版局、江苏省司法厅、江苏省人民政府法制办公室评为全省农家书屋法制文化建设示范点创建活动先进单位。

11月1日，全国第六次人口普查钱桥街道总人口130330人。

11月，永凯达齿轮有限公司被列入国家火炬计划项目，爱邦辐射技术有限公司获批国家级博士后科研工作站，苏嘉集团新材料有限公司获批省院士工作站。

12月，西漳农场场长毛盘良被农业部评为“全国粮食生产大户”。

是年，钱桥街道获“全国环境优美乡镇”称号。

## 2011年

2月17日，亚太经合组织技能开发促进项目启动仪式在无锡职教园公共实训基地举行，中共中央政治局委员、国务院副总理张德江出席，并为亚太经合组织技能开发促进中心揭牌、致辞。

2月18日，无锡市凯龙汽车设备制造有限公司30万套SCR后处理系统生产基地在钱桥街道奠基，该基地为国内最大SCR后处理系统生产基地。

2月，钱桥街道被无锡市委、市政府评为无锡市文明街道。

3月，钱桥街道被江苏省商务厅、财政厅定为江苏省国际服务外包人才培训基地。

4月27日，江苏省老年体协主席王湛一行至钱桥街道考察、了解基层老年体育工作。

5月29日，全国人大常委会原副委员长王汉斌、彭珮云在无锡市人大常委会领导陪同下至钱桥街道视察五洲国际装饰城。

5月29日，江苏省委书记罗志军在无锡市领导朱克江等陪同下到钱桥街道调研社会管理工作。

5月，钱桥街道被无锡市政府评为城市建设先进集体。

6月3日，肯尼亚纳库鲁市友好交流团考察无锡职教园校区。

6月18日，总投资5亿元、建筑面积近10万平方米的江苏龙之杰钢铁交易中心大楼在钱桥街道落成。

6月19日，钱桥社区一幢旧办公楼受灾害性天气不利影响，在没有相关资质的承包者装修施工时发生坍塌，造成11人死亡、5人受伤的重大安全事故。

6月，位于钱桥大道西侧的洋溪桥养护工区建成，负责区域内省道和农村公路的养护。

7月25日，藕塘中学被中华人民共和国司法部评为全国青少年普法教育先进单位。

8月9日，韩国首尔大学考察团参观钱桥街道区域内的无锡职教园校区。

9月，藕塘桥桥名列入无锡市古建筑第一批历史地名建筑类保护名录。

10月6日，藕塘中心小学举办百年校庆。

10月，无锡市委办公室批文，撤销中共无锡（藕塘）职教园区工作委员会，改设为中共无锡职教园工作委员会。

10月，钱桥街道被无锡市政府评为无锡市控源截污工作先进单位。

10月，钱桥街道成立总工会。

10月，钱桥街道投入2420万元资金易地重建的藕塘中心幼儿园投入使用，位于藕乐苑安置房小区190号。

11月8日，“社会管理创新环省行”大型新闻行动组到钱桥街道对“无锡职教园法制教育基地管理创新项目”调研，《人民日报》《新华日报》《江苏法制报》等7家媒体进行专题采访。

11月14日，惠山区检察院、无锡职教园管委会共建的“学生权益维护中心”和“学生犯罪预防警示教育基地”在钱桥街道揭牌成立。

12月31日，钱桥街道成立惠山区老科技工作者协会钱桥分会（简称老科协钱桥分会）。

是年，爱邦辐射技术有限公司生产的5.0MeV-20mA高频高压电子辐照加速器、龙源催化剂有限公司生产的用于国内电厂高含烟气条件的脱硝催化剂、海达安全玻璃有限公司生产的太阳能光伏用镀膜玻璃被列为国家重点新产品。

是年，晓丰社区晓星公园健身点被江苏省体育局评为江苏省优秀群众体育健身活动（站）点。

是年，钱桥街道开展水利普查工作，全面清查江河湖塘、社会用水和各类水利工程的数量与分布、规模与能力及效益等基本情况，建立基础水利信息平台，并把所有堤防、护岸、排涝站、灌溉站等水利设施以及所有的取水口和排污口标注到地图上。

是年，苏庙、华新、舜柯、溪南、西漳、晓丰、东风、南塘、藕乐苑、稍塘社区创建成功无锡市社会主义现代化新农村幸福社区；2012年钱桥、洋溪，2013年藕塘、盛峰社区创建成为无锡市社会主义现代化新农村幸福社区。至此，钱桥街道各社区均创建成为无锡市社会主义现代化新农村幸福社区。

是年，钱桥街道15个社区投入资金1450余万元均建成居家养老服务站。

## 2012年

1月23日，无锡江南船舶设备有限公司制造的国内首台自主品牌50吨变频船用起重机通过法国船级社检验及出厂检验，打破国外品牌在该领域的垄断局面。

2月，钱桥街道被无锡市委、市政府评为无锡市争创幸福村镇工作先进单位、无锡市农村水利现代化建设工作先进单位、无锡市农村生态环境综合整治先进单位。

3月16日，钱桥街道举行锡西新城重点项目集中开工暨生态岛项目奠基仪式。

3月28日，钱桥街道举行锡西新城项目推介暨建设无锡惠山金桥实验学校签约仪式。2014年9月1日，钱桥街道办事处投入1.6亿元资金建设的金桥实验学校开学启用，为一所九年一贯制民办学校。

3月31日，英国伦敦大学一行到钱桥街道磋商，双方结合伦敦大学在无线电通讯领域和材料科学领域的学科优势就建立QM工业研究中心进行洽谈。

4月24日，江苏省委常委、无锡市委书记黄莉新率领市重大投资项目现场观摩推进会与会人员参观无锡凯龙汽车设备制造有限公司“商用车后处理系统（SCR）”项目。

5月7~9日，惠山区组团赴香港开展服务业招商，推进钱桥、玉祁、地铁西漳站区等一批合作项目，钱桥街道签订宝信汽车城项目合作协议。

6月8日，位于西漳社区境内的无锡西区燃气热电有限公司注册成立，注册资本5亿元。

6月9日，无锡市·东北大学全面合作暨东北大学、惠山区人民政府，无锡职教园管委会、钱桥街道办事处联合共建东北大学无锡研究院签约仪式在钱桥街道举行。

7月，藕塘中学被教育部中国人生科学学会评为全国生命教育示范学校，8月被教育部中国发展基金会评为心理教育示范学校。

8月13日晨5时，溪南社区龚巷223号发生液化气爆炸，导致202、203、204号房屋倒塌，4人当场死亡，6人受伤。

8月，原中共无锡市委书记、江苏省委副书记、海南省委书记，曾在钱桥中心小学任教的邓鸿勋为钱桥中心小学百年校庆题词"桃李满天下"。

8月，钱桥中心小学被中国少年先锋队学会评为少年先锋队英雄集体创建研究基地。

10月11日，无锡市人民政府市长朱克江出席中国•钱桥钢管交易中心项目奠基仪式。

10月13日，钱桥中心小学举办百年校庆。

10月25日，华东师范大学长三角职业教育发展研究院在钱桥街道成立。

12月17日，钱桥街道被江苏省体育局表彰为江苏省全民健身活动先进单位。

12月27日，钱桥街道苏嘉集团、爱邦辐射、华盛橡胶、华生精密等13家企业被认定为第二批江苏省科技型中小企业，占无锡市认定总量的40%。

12月，钱桥街道被江苏省民政厅评为江苏省和谐社区建设示范街道。

是年，华精新材股份有限公司、舜特金属制品有限公司被列入国家火炬计划项目，星亿涂装环保设备有限公司、金球机械有限公司被列入国家创新基金计划项目，金义博仪器科技有限公司生产的TY-9610型光电直读光谱仪被列为国家重点新产品。

是年，钱桥街道完成钱桥大联圩达标建设工程，包括西漳河排涝南站、杨毛岸排涝站增建工程、冷水湾排涝站改建工程、江胜河堤防工程。

是年，钱桥街道创建成为全国环境优美乡镇、国家级卫生镇。

是年，钱桥街道办事处投资兴建、华锐教育集团承办的华锐实验小学开办，为新市民子女全日制学校，总投资达5000余万元。

## 2013年

1月28日，钱桥街道舜柯社区"舜皇庙会"、藕乐苑社区勤建茶场"太湖翠竹制作技艺"列入无锡市非物质文化遗产名录。

1月，钱桥街道被无锡市委、市政府评为无锡市农村股份合作建设先进单位。

3月29日，钱桥街道职教园校区显山路延伸段施工中，发现赤墩遗址。2015年12月20日，无锡市文化遗产保护和考古研究所写出《无锡惠山区钱桥街道赤墩遗址发掘、调查报告》，报告认为"赤墩遗址文化内涵丰富，时间最早可至马家浜文化，崧泽文化、良渚文化均有延续，商周时期的几何印纹陶在地表也有发现，它是无锡地区一处十分重要的史前文化遗址。"

3月，晴山蓝城农家书屋被江苏省新闻出版局评为江苏省五星级示范农家书屋；翌年5月被中共江苏省委宣传部、江苏省文化厅、江苏省广播电影电视局、江苏省新闻出版局评为"第五届江苏省服务农民、服务基层文化建设先进集体"。

4月12日，英国伦敦城市行业协会无锡中心在钱桥街道成立。

4月，钱桥中学被命名为"国家级非物质文化遗产教学活动基地"，十二五期间首批江苏省科学教育特色学校。

4月，钱桥街道成立文艺体育界联合会（简称钱桥文体联）。

5月19日，东北大学书记张家学一行访问无锡职教园校区，参观东北大学无锡研究院临时办公地点。

6月13日，五洲国际控股有限公司登陆香港主板市场，在香港联交所开市。

7月2日，非洲国家电子化人力资源开发研修班到钱桥街道调研。

8 月，华锐集团投资 405 万元资金创办的南西漳民办幼儿园开园。

8月28日，钱桥街道司法所所长周建洪至北京人民大会堂参加全国人民调解工作会议，并获全国模范人民调解员称号。

是年，夏季出现 47 天连续高温天气，极端最高气温 40.3℃，为有气象记录以来钱桥、藕塘地区最热的夏天，区域内中暑病人增多，部分蔬菜供应紧张，农作物歉收。

9 月 28 日，2013 年国际羊毛嘉年华无锡站活动在钱桥街道开幕。

10 月 13 日（重阳节），钱桥敬老院更设为钱桥街道颐养中心。

10 月 30 日，无锡市建筑工程施工质量现场会在钱桥街道召开，与会人员现场观摩新藕苑安置房二期项目工程标准化建设情况。

12 月 25 日，无锡文化艺术学校入驻无锡职教园校区，为入驻无锡职教园的第九所中高职院校。

12 月，钱桥街道被江苏省质监局评为江苏省冶金新材料优质产品生产示范区。

是年，凯龙高科技有限公司获中国工业中小企业品牌竞争力百强企业称号。

是年，钱桥街道完成万亩大联圩建设，江胜桥河堤防配套工程建设在惠山区各乡镇中创首例。

是年，苏嘉集团有限公司投资香港驻港公司，名称为宏财集团有限公司，注册资本 998 万美元，全部由苏嘉投资。

是年，华盛橡胶新材料科技股份有限公司被列入国家火炬计划项目，永凯达齿轮有限公司的高效汽油发动机精密齿轮列入国家项目。

是年，钱桥香缇湿地公园建成，藕塘职教园区湿地公园智慧岛、生态岛建设工程全面施工。

是年，钱桥街道投入2800万元资金的山泉广场建成，建有广场景观、山林绿化、茶艺园、休闲竹园、游步道、栈桥、旱溪等景观。

是年，王士才投资30万元资金创建的开心宝贝幼儿园（民办）开办。

是年，钱桥街道创建成为无锡市社会主义现代化新农村建设幸福街道。

是年，钱桥街道被江苏省新闻出版局授予江苏省第二届农民读书节先进集体。

是年，钱桥街道获全国乡镇体育健身示范工程称号。

## 2014 年

1 月 14 日，江苏省委常委、无锡市委书记黄莉新慰问钱桥困难群众。

2 月 20 日，江苏省委常委、无锡市委书记黄莉新率队至钱桥街道考察龙源催化剂有限公司、天物集团黑色金属电商产业园等。

2 月 27 日，钱桥街道成立无锡首家带钢类行业协会——无锡带钢贸易协会。

4 月 4 日，世界上第一个于喜马拉雅山北坡登上珠穆朗玛峰的女性、国家级运动健将潘多安葬于舜柯山公墓，墓葬坐南朝北。

4 月 30 日，钱桥配套区被无锡市政府评定为第一批无锡市特色产业集聚区。

6 月，钱桥街道成立锡西汽车联盟。

7 月 2 日，钱桥街道被江苏省文化厅、江苏省财政厅评为江苏省公共文化服务体系示范区。

9 月，钱桥街道被无锡市政府确定为首批市级服务业综合改革试点单位之一。

是年，凯龙高科技股份有限公司被认定为江苏省五星级数字企业，获上海柴油机股份有限公司授予的“2014 年度新产品开发奖”，成功入围无锡市重点技术创新导向计划；伟达五金有限公司五金机电商场被人社部、中国商业联合会授予全国商贸流通服务业先进集体。

是年，慈云禅寺被无锡市民宗局评为无锡市三星级宗教场所。

是年，龙源催化剂有限公司被列入国家火炬计划重点高新技术企业，新一代电力电器有限公司被列入国家创新基金计划项目，凯龙高科技股份有限公司生产的柴油机尾气后处理系统（KL-CX-09）以及华盛橡胶新材料科技股份有限公司生产的“帆盛”牌橡胶硫水机、高性能不溶性硫磺 IS-HS 被列为国家重点新产品。

是年，钱桥街道被江苏陆军预备役高射炮兵第二师第一团评为军事训练优胜单位、管理工作优胜单位，被江苏省经济和信息化委员会评为2014年度全省“禁粘”试点合格乡镇。

是年，钱桥街道文体服务中心的舞蹈《芦花情》获江苏省第四届社会舞蹈比赛青年创作节目组表演金奖、创作金奖，第十一届江苏省“五星工程奖”银奖；音乐《舜歌》获第十一届江苏省“五星工程奖”金奖。

## 2015年

2月13日，东北大学副校长左良带领科技处、科技产业集团、东北大学研究院、轧钢重点实验室负责人及专家、教授一行至钱桥街道洽谈政产学研合作。

3月10日，舜历史和文化研讨会在舜柯社区举行，无锡市旅游协会秘书长、崇安区旅游局局长、钱桥街道宣传办、舜柯社区领导，《无锡日报》、无锡电视台、无锡广电等记者，以及舜柯社区10余名熟悉舜历史和文化的老同志参加研讨会。

3月12日，钱桥街道在惠山区志愿服务项目开发中心举行“志愿服务同行日”设立仪式，决定将每月的第二个星期六设立为街道“志愿服务同行日”。

3月20日，钱桥街道党工委召开《钱桥街道志》编纂动员大会，钱桥街道志编纂委员会全体成员，各社区党总支书记、分管负责人、联络员，各部委办局分管领导、具体负责人、联络员，各入驻院校、各市镇单位分管负责人、联络员，编纂办公室全体人员共180余人参加。党工委副书记杨国忠作动员报告，主编丁剑华作业务指导讲座。

3月28日，澳大利亚联邦大学副校长Mike Willis教授、联邦大学职业技术学院院长Barry Wright、自动化系主任Grant Petch、中国事务主任毛婷婷和中国合作项目顾问陈远一行至无锡职教园校区访问。

3月，钱桥街道文体服务中心被江苏省文化厅、财政厅评为全国乡镇综合文化一级文化站。

5月13日，中央综治办调研督导组在省、市、区委政法委、综治办相关负责人陪同下至钱桥街道调研。

5月18日，原江苏省委副书记顾浩、副省长凌启鸿带领江苏省诗词协会一行13人至钱桥街道开展采风活动，创作多首颂赞钱桥历史、自然、文化、经济发展等的格律诗词。

6月15~17日，钱桥街道区域内强降雨持续两天多，36小时内降雨量达到198毫米，京杭大运河无锡站水位超过1991年的4.88米，达到5.18米，区域内大部分路段出现深度积水，部分企业、居民房屋进水。

6月18日，天津物产集团打造的天物•钢联总督大厦天物黑色金属交易集聚区（电商产业园）项目在钱桥街道开业投运，带钢管家网电商平台同步上线。

6月25日，扬州市委书记谢正义、市长朱民阳率扬州市党政代表团一行56人至钱桥街道考察，江苏省委常委、无锡市委书记李小敏，惠山区委书记吴仲林、钱桥街道党工委书记等陪同参观考察。

7月20日，江苏省委常委、市委书记李小敏带队至钱桥街道考察黑色金属电商产业园（天物集团）等项目。

8月20~21日，北京大学城市与环境学院童昕一行围绕国家支撑项目《村镇建设用地再开发土地配置关键技术》课题对列入全国村镇建设用地再开发土地配置示范区试点区的钱桥街道进行工业企业发展实地调研。

8月22日，河南省新乡市副市长职伟率政府考察团一行12人至钱桥街道颐养中心和居家养老援助服务平台参观考察。

8月27日，全国妇联儿童部部长向阳一行至钱桥街道对家庭教育工作进行调研。

8月，总投资280万元的东风文化广场竣工并开放使用。

9 月 9 日，晴山蓝城社区红十字暖身暖心衣物捐赠中心启动，为惠山区第二家。

9 月 25 日，钱桥街道举办钱桥经济“传承与发展”高峰论坛，无锡市政协，惠山区政协、工商联，钱桥街道党政领导以及辖区内 200 多家规模以上工业企业及高新技术企业、科技型企业负责人参加。

10 月 23 日，百乐商业广场盛大开业，是百乐集团涉猎商业地产、布局锡西开发的首个城市综合体项目，为汇聚大型时尚购物中心、智能写字楼、星级酒店、高尚住宅和超大停车场等设施的大型商业广场。

11 月 5 日，“钱桥街道‘才聚金桥 凤赢未来’北京招才引智洽谈会”在北京中国科技会堂举行。

11 月，盛岸花园幼儿园被中国民办教育协会学前教育专业委员会评为全国民办优质特色幼儿园。

12 月 12 日，钱桥中学获全国教育创新项目奖。

12月，地铁三号线钱桥段建设工程在钱桥街道境内启动。

是年，钱桥街道被江苏省质量管理协会评为江苏省质量管理示范乡镇、被江苏省劳动监察总队评为全省劳动保障监察示范网格。

是年，钱桥街道 15 个社区均制定村规民约，有序实行村民自治。

是年，钱桥街道矿山整治、复绿工作全部完成。

是年，钱桥街道辖区内有国道、省道、市道、区道、镇道 71 条，公交线路 29 条。

## 2016 年

1 月 25 日，舜柯山公墓一座高 14.8 米的仿古牌楼落成。

4 月 13 日，无锡市旅游局、无锡市教育局、无锡职教园管委会主办，无锡城市职业技术学院、万达旅业无锡中国国际旅行社有限公司承办的首届无锡职教园师生旅游文化节在区域内开幕，市长汪泉，惠山区委书记、无锡职教园党工委书记吴仲林等领导出席开幕式，无锡旅游业、酒店业代表，多家知名企业，职教园各高校师生代表 2000 余人参加。

4 月 14 日，江苏省残联副理事长杜晓镇带领全省各市县区残联负责人参观钱桥街道公益街区，在全省推广钱桥街道公益街区的做法和经验。

6 月 18~19 日，在无锡大剧院举行的第三届无锡市“群芳奖”评奖活动中，钱桥街道的女声独唱《悲鸿曲》和广场舞《太湖飞翠》获无锡市“群芳奖”文艺比赛双金。

7 月 15 日，钱桥街道众创空间及楼宇经济发展论坛在天物大厦召开。

8 月 17 日，无锡市委副书记、市长汪泉带队走访钱桥街道高新技术企业凯龙高科技股份有限公司。

8 月 23 日，何国清任无锡职教园党工委副书记、钱桥街道党工委书记、钱桥配套区党工委书记。

9 月 1 日，设在钱桥街道社区卫生服务中心内的无锡市 120 急救网络钱桥分站投入使用。

9 月 8 日，清代钱桥支浩明墓、明代藕塘神道石马被列入无锡市第五批文物保护单位，钱桥顾氏宗祠被列入无锡市第三批文物遗迹控制保护单位。

9 月 10 日，钱桥街道举办“社区书记工作论坛”，直面基层矛盾，破解基层难题。

9 月 28 日，钱桥街道召开全国第三次农业普查动员大会。

10 月 12 日，位于春满园小区中的支浩明纪念馆开馆。

10 月 25 日，爱邦辐射技术有限公司张宇蔚、江苏丰华联合科技有限公司钟汇才入选第十三批次“六大人才高峰”高层次人才培养计划。

10 月 25 日，在江苏省经信委主办的第二届“i 创杯”互联网创新创业大赛总决赛中，钱桥街道高科技企业丰华联合科技有限公司代表勇夺一等奖，成为无锡市代表队中成绩最突出的代表队。

10 月 26 日，钱桥街道重点企业江苏龙源催化剂有限公司的发明专利“适用于高含尘烟气条件的 SCR 脱硝催化剂及其制备方法”在国家知识产权局和世界知识产权组织联合举办的第十八届中国专利奖中获国家专利优秀奖，是惠山区唯一获此殊荣项目。

11月1日，钱桥企业丰华联合科技公司凭借其海量视频结构化大数据分析及搜索技术在世界物联网博览会举办的物联网+大数据高峰论坛上被评为“最具投资价值物联网企业”称号。

11月11日，爱邦辐射技术有限公司董事长兼总经理张祥华被国际辐射联合会(iia)授予IMRP劳伦斯奖，是首位在辐射加工装备制造领域获得该奖项的中国企业家。

11月14日，永凯达公司动力设备部钳工班班长黄新和被评为江苏省企业首席技师。

11月，朱仁兴任钱桥街道人大工委主任。

是年，钱桥街道党工委被无锡市委评为无锡市先进基层党组织，钱桥街道红十字会被江苏省红十字会评为全省红十字会基层组织工作先进集体。

是年，钱桥街道户籍数23271户，户籍人口71693人，地区生产总值1324244万元，农业总产值42270万元，工业总产值2139508万元，服务业纳税营业收入3659257万元，财政收入141680万元，农民人均可支配收入30896元。

## 2017年

2月10日，钱桥街道经济工作暨创建智能制造创新示范区推进大会在天物大厦召开，一批总投资额约30亿元的产业项目落户钱桥。

3月23日，钱桥街道办事处与上海开隆汽车集团有限公司签订“汽车街”项目协议。

4月21日，中科研科学技术研究院、北京科技金融发展服务中心主办，无锡中科研创新孵化器、东北大学无锡研究院、苏州光华科技促进中心承办的2017苏南地区“智能制造产业创新创业项目”市场技术对接路演会在钱桥天物钢联大厦“中科研e众创空间”举行。

6月1日，华盛橡胶新材料科技股份有限公司在全国中小企业股份转让系统挂牌，是钱桥街道继华精新材、中诚印染、海达尔精密滑轨、天驰钢带后的第5家登陆“新三板”骨干企业。

6月3日，无锡市长三角二手车市场在钱桥街道启动运营。

6月8日，无锡市见义勇为基金会向在国外勇救溺水男子的钱桥街道社区卫生服务中心医生聂兴、彭正颁发见义勇为奖，国外见义勇为表彰在江苏省属首例；11月，聂兴被中央文明办评为“中国好人”，中央电视台，《新华日报》《无锡日报》等媒体均作报道。

6月14日，无锡职教园“十万学子法律行”三年行动启动仪式在无锡城市职业技术学院举行，钱桥街道党工委书记何国清作动员部署。

6月23日，中国红十字总会宣传部副部长姚立新率领各兄弟城市红十字会会长考察晴山蓝城社区博爱家园项目。

9月15日，集餐饮、休闲娱乐、零售、教育配套等多业态为一体的天御青春假日广场开业。

10月28日，藕塘中学举行“六十华诞、万荷绽放”建校60周年校庆。

是年，钱桥街道被江苏省人力资源和社会保障厅认定为第一批省级创业型街道（乡镇）。

是年，东风社区张湘芸获全国“敬老爱老助老模范人物”称号。

是年，钱桥街道办事处被江苏省人力资源和社会保障厅评为第一批省级创业型街道（乡镇），钱桥街道青少年之家被团省委评为江苏省乡镇（街道）示范服务平台，钱桥街道被无锡市委、市政府评为法治镇（街道）建设工作先进单位。

是年，钱桥街道户籍户数23710户，户籍人口72283人，地区生产总值1561508万元，农业总产值43403万元，工业总产值2152138万元，服务业纳税营业收入3844876万元，财政收入151597万元，农民人均可支配收入33583元。

## 2018年

1月6日中午，钱桥社区外来务工人员杨新龙不顾严寒和安危，跳入河中和岸边居民一起救起一名落水儿童，11 月 22 日被授予第九届苏宁杯江苏省见义勇为新市民称号。

2 月 6 日，惠山区委书记李秋峰一行对区域内周小妹等三户困难家庭走访慰问。

2 月 12 日，惠山区区长吴建元带队到钱桥街道开展春节前安全大检查。

3 月 2 日，无锡市首批重大项目集中开工仪式惠山分会场暨安井食品智能生产研发基地项目奠基仪式在钱桥街道举行，惠山区委书记李秋峰、区长吴建元，钱桥街道党工委书记何国清等出席。

3 月 28 日，著名红学家、史学家、书法家、画家，中国人民大学教授、中国艺术研究院副院长、中国红学会会长、中国戏曲学会副会长冯其庸安葬于舜柯山公墓，墓葬坐西朝东。

3 月 29 日，钱桥街道举办“2018 无锡 • 钱桥智能制造企业发展论坛”，中国工程院院士柴天佑，华中科技大学机器人研究中心主任、黎曼机器人有限公司董事长张刚博士作主题演讲，区域内 4 家智能制造企业分别与东北大学无锡研究院、中智软创公司签署合作协议。

4 月 9 日，中央文明网发布 3 月“中国好人榜”，酷暑天老太落井、老党员闷井中横抱一个多小时救乡邻的舜柯社区居民庄技新当选见义勇为“中国好人”。

4 月 16 日，江苏省首家社区梦想中心（上海真爱梦想基金会项目）在钱桥街道苏庙社区落地。

4 月 25 日，中国红十字会总会组织宣传部部长姚立新、中国红十字总会中国社区发展协会执行秘书长陈贵民、中国红十字总会组织宣传部组织建设处处长陶艺君、民政部农村基层政权和社区建设司农村社区建设综合处干部徐晓林在省、市、区红十字会领导陪同下，到钱桥街道省级博爱家园示范点钱桥社区调研社区红十字 • 博爱家园工作。

4 月 28 日，惠山区委宣传部与钱桥街道党工委、办事处共同主办的“2018 无锡 • 钱桥首届舜文化节”在李家湾举行。

5 月 2 日，江苏省县域公共法律服务体系建设推进会全体人员在省司法厅厅长柳玉祥率领下到苏庙社区调研社区司法行政服务工作。

5 月 3 日，山西省晋中市寿阳县委宣传部到钱桥社区考察社区公共文化服务工作，参观社区党建红色微广场、红十字博爱长廊、灯光篮球场、社区文体综合活动中心等。

5 月 10 日，中国篮球协会主办，江苏省篮球运动协会、无锡市体育局、无锡市惠山区政府承办的“一带一路”2018 国际篮联 3×3 挑战赛无锡站在钱桥百乐广场落下帷幕，塞尔维亚的 Liman 队击败捷克的 Humpolec 队获得本次比赛冠军。

5 月 15 日，中央政法委“雪亮工程”检查组到钱桥街道开展“雪亮工程”建设中期检查，省、市、区委政法委有关领导及钱桥街道主要领导陪同检查。

5 月 18 日，江苏省委宣传部、省文明办、省总工会联合举办的第十五届“江苏省文明职工”评选结果揭晓，钱桥街道金球机械有限公司职工平东良被授予“江苏省文明职工”称号，是惠山区唯一入选者。

6 月 10 日，王华任钱桥街道党工委副书记。

6 月 12 日，惠山消防大队携手钱桥街道消防办、江苏信息职业技术学院海外学院在藕乐苑社区共同打造无锡首个“留学生消防志愿者”团队，来自老挝、柬埔寨、也门、加纳的 45 人中有 9 人获得消防志愿者荣誉证书。

6 月 26 日，无锡市委党校副校长成大江与钱桥街道党工委书记何国清代表双方共同签署《党建结对共建协议书》。

7 月 2 日，无锡市政府副市长刘霞带领市编办、市财政局等六个部门领导在惠山区副区长、钱桥街道党工委书记、街道办事处主任等区、街道领导陪同下至无锡职教园进行调研。

7 月 12 日，司法部法律援助工作司司长白萍一行在省司法厅副厅长王君悦、惠山区司法局局长浦明锋、钱桥街道党工委副书记王华陪同下到钱桥街道苏庙社区调研公共法律服务体系建设。

7 月 17 日，首届无锡好桃品鉴活动在梁溪饭店举行，钱桥街道农技站选送的唯一样品——盛峰社区徐建良的湖景桃获特等奖；7 月 21 日，钱桥街道选送的水蜜桃在江苏省桃产业技术交流会暨 2018

年优质桃果评比活动的140个参赛样品中斩获一金一银，获奖率达100%。

8月21日，中国红十字会总会宣传部长姚立新及民政部有关负责人率领省级调研组在市、区、街道红十字会领导陪同下参观调研钱桥街道社区红十字•博爱家园工作。

8月22日，无锡市政协主席周敏炜带领无锡市政协主席会议全体人员至苏庙社区调研社区公共法律体系建设。

8月28日，钱桥街道残疾人运动员李雪怡代表无锡市代表团在江苏省第十届残疾人运动会上斩获3金。

8月31日，内蒙古自治区残联一行参观钱桥街道公益街和钱桥街道馨禾残疾人之家。

9月14日，中国计生协专职副会长姚瑛及省计生协一行至钱桥街道调研计生特殊家庭（独生子女伤残、死亡家庭）帮扶工作。

9月19日，钱桥街道召开第四次全国经济普查动员会议。

9月25日，吴越、邵伟东任钱桥街道办事处副主任。

9月28日，江苏省检查小组一行到藕塘社区验收省级创业型社区创建工作。

10月10日，青海省海东市乐都区、平安区残联负责人率队至钱桥街道参观华力惠和工疗站残疾人之家、馨禾残疾人之家、公益街以及溪南社区的新农村建设。

10月19日，钱桥街道永凯达齿轮有限公司技术中心、星亿智能环保装备股份有限公司技术中心、华顺民生食品有限公司技术中心3家企业被省经信委认定为省级企业技术中心（惠山区仅7家）。至此，钱桥街道已拥有22家市级企业技术中心、7家省级企业技术中心。

11月1日，钱桥街道办事处获江苏省消防安全委员会授予的第三届“全国119消防奖提名奖”先进集体，是省内唯一一家街道（乡镇）获此殊荣单位。

11月5日，无锡惠山—独联体科学家产学研合作对接会在钱桥街道举行，来自白俄罗斯国家科学院、乌克兰科学院的多位院士、专家出席。

11月12日，钱桥社区人道项目“银龄乐”被江苏省红十字会表彰为优秀人道项目。

11月13日，郭建东任无锡职教园党工委副书记、钱桥街道党工委书记、钱桥配套区党工委书记。

12月14日，江苏省科协、财政厅公布的2018年江苏省“基层科普行动计划”奖补名单中，钱桥街道无锡玛亚园艺景观工程制作场成功获评江苏省“基层科普行动计划”农村科普示范基地。

12月26日，《无锡博报》报道，无锡地铁3号线进入铁轨铺设阶段，区域内已完成一期01标段苏庙站、钱桥站和龙山梢站3座车站铁轨的铺设。

是年，钱桥街道土地面积46.21平方公里，户籍数24067户，户籍人口72829人，地区生产总值1693283万元，农业总产值44469万元，工业总产值2457281万元，服务业纳税营业收入4092501万元，财政收入188406万元，农民人均可支配收入36444元。

# 第一篇 区域环境

# 第一章 赤墩文化遗址

赤墩文化遗址位于惠山区钱桥街道舜柯社区，显山路延伸段南侧，距钱桥街道驻地西南向 3 公里左右。遗址范围东到显山路以东的唐墩周边区域，南到钱胡路，西至新藕路，北到无锡职教园园区南路，面积约 6 万平方米。赤墩原是一个高出周围 6~7 米的长方形覆斗型土墩。土墩上植被较为茂盛，遍布树木和菜地。墩上有早期夹砂灰陶片和红陶片发现。附近居民曾在墩上捡到石器等物。1965 年，无锡市博物馆在赤墩里发掘六朝墓葬时，出土东晋时期的 3 件珍贵瓷器。赤墩文化遗址发现于 2013 年 3 月。是年 4~7 月，无锡市文化遗产保护和考古研究所对赤墩遗址进行第一次考古发掘，2014 年、2015 年进行第二次发掘考古。从两次发掘及周边遗址调查结果分析，无锡市文化遗产保护和考古研究所认为:“赤墩遗址文化内涵丰富，时间跨越较长，时代最早可至马家浜文化，崧泽文化、良渚文化均有延续，商周时期的几何印纹陶在地表也有发现。它是无锡地区一处十分重要的史前文化遗址，无论从面积还是地层堆积都是无锡地区又一重要的内涵丰富的大型遗址”。其间发现的一处大型祭祀高坛是国内最大规模崧泽时期祭祀遗址，经美国著名 BETA 实验室碳十四年代测定，确定祭坛的建筑在距今 5140 年前后，比无锡鸿山贵族墓群早 2600 多年。中国科学院专家到赤墩遗址现场取样，在实验室中浮选鉴定，确切证实这一地区在 5300 多年前就已种植水稻。赤墩遗址是钱桥街道的历史源头，是钱桥地区先民刀耕火种、居住生活、祭祀聚落的遗迹，是无锡文明的重要发源地之一，对无锡地区的史前文明研究具有十分重要的意义。

## 第一节 赤墩遗址的发现、发掘过程

2013 年 3 月 29 日，在钱桥街道职教园校区显山路延伸段施工中，几位工人意外地挖出古墓葬，其中现场主要施工员刘师傅向钱桥街道进行电话汇报，说赤墩已经开挖，而且面上刨出一个口子。钱桥街道领导接报后，会同舜柯社区有关人员、北京易成市政建设有限公司有关人员第一时间赶到现场，要求施工方立即停止施工，并向惠山区文化遗产局上报这个情况。在惠山区文化遗产局领导的协调下，无锡市文化遗产保护和考古研究所所长刘宝山博士、副所长李一全博士带领 4 名考古队员即于 3 月 30 日上午 9 时前登上赤墩发掘、勘测。

图 1—1—1　2013 年发掘前的赤墩

图 1—1—2　2013 年清理出的一段剖面，最下层即为良渚文化层

经考古人员现场勘查确定，赤墩遗址为一高出地面约 6 米的土墩。土墩东西长 110 米，南北残存宽度约 40 米。土墩上有一已经露出石盖板的明清墓葬，墓葬长 240 厘米、宽 95 厘米、深 65 厘米。勘查开始，出土清代“顺治通宝”钱币一枚，发现土墩上有从唐宋到明清的各代瓷片、陶片。在土墩北侧，因为显山路修建，露出一段断壁剖面。经过清理，发现地层可以分为 6 层，第一层为地表层，从第 2 层到第 5 层均是黄褐色土为主的较纯净的地层，第 6 层是文化层，距地表约 2.5 米，厚 0.6~1.5 米，呈灰褐色，较为松软，出土有夹砂红陶、灰陶、黑皮陶等，器型可辨有釜、罐等。根据

图 1—1—3　2013 年 4 月赤墩遗址考古现场

图 1—1—4　清理墓葬现场工作照

陶片的质地特征和器型特征初步分析，可能是属于距今 5000 多年前的崧泽~良渚文化的地表层。意味着早在四五千年前，钱桥地区就有人类生活、居住。在另一处剖面，考古人员还清理出一块烧结面，烧结面之下的土似有夯筑的痕迹，上垫有红烧土堆积，应为一处房基。在赤墩及周围还发现有较多的炭屑、红烧土块，具有崧泽~良渚文化特征的陶片，该处应为崧泽~良渚文化时期的新石器遗址区，上层是从唐宋到明清时期的墓葬区。

考古人员在勘查赤墩遗址时，还从当地村民中了解到，1965 年在赤墩里发现西汉至六朝时期的菱形花纹砖，又有明清时期的小砖，还发掘过六朝墓葬，出土东晋黑釉鸡首瓷壶 2 把、四系青釉盘口瓷壶 1 把，均收藏于无锡博物院。勘查和调查后，无锡市文化遗产保护和考古研究所立即于 2013 年 3 月 30 日写出《关于惠山区发现赤墩史前文化遗址的报告》，并送达钱桥街道党工委。根据《文物保护法》以及《江苏省文物保护条例》，钱桥街道党工委领导对此十分重视，在拿到无锡市文化遗产保护和考古研究所《关于惠山区发现赤墩史前文化遗址的报告》之后，第一时间坐商其事。钱桥街道社会事务局局长倪军与无锡市文化遗产保护和考古研究所、惠山区文化遗产局、街道文体服务中心有关人员一起研究，并及时签订《惠山区钱桥街道赤墩遗址考古发掘委托协议书》。钱桥街道随即出资 110 余万元，供考古发掘之用。无锡市文化遗产保护和考古研究所即向国家文物局提出考古发掘赤墩遗址的申请，获得批准，发掘证照号为“考执字（2013）第 345 号”。

中华人民共和国
考古发掘证照

考执字（2013）第 345 号

发掘单位：无锡市文化遗产保护和考古研究所

发掘内容：江苏省无锡市惠山区赤墩遗址

发掘面积：800 平方米

发掘时间：2013 年 6 月至 7 月

发掘领队：李一全

2013 年 6 月 11 日

图 1—1—5　2013 年 6 月 11 日国家文物局批准对赤墩遗址考古发掘证照

2013 年 4 月，无锡市考古队 20 余人在队长李一全博士的带领下，至赤墩遗址附近安营扎寨，开始对其进行 800 平方米的抢救性考古发掘工作。4 月 15 日，考古队在道路建设方的协助下，清理赤墩表土。从现场土面颜色区分，能清晰地看出有些土块颜色有明显差异。4 月 21 日开始，考古人员对考古发掘区域按“探方”法进行发掘，划分为规则的“田”字形图案，并在整个“田”字的东、北、中留有间隔，便于取土和观察，必要时亦可将隔梁打通，然后将土层进行地层分析。4 月 27 日，考古队员在李一全队长的带领下把表面渣土基本清理后开始探方式考古，清楚地看见方形的格子探

图 1—1—6 2013 年赤墩遗址考古区划分为规则的"田"字形图案探方考古现场

方和间隔的留层隔梁。在一个探方的地层表面，还清晰地看见一个陶罐模样的口子。5 月 3 日，《无锡日报》发表题为《四五千年前，钱桥就有人类居住，考古进行中》的报道。5 月 16 日，考古人员继续进行探方式发掘，层层刨土，直至地层第四层、第五层。据考古队专业人士介绍，第四层土层具有标准的良渚文化特色，土层呈灰白色；第五层土层呈青黄色。5 月 30 日，《现代快报》发表题为《赤墩遗址再现 5000 年前的无锡人生活》的报道。6 月 5 日，经过考古队员收集、清洗、分类、制表并陈列在架子上的有彩陶片、石纺轮、硬陶瓶、鱼鳍鼎足、石磨、石锛、石刀、陶器口沿等。6 月 18 日，中国新闻网发表《江苏无锡现五千年前大面积古人类生活遗存》的报道。6 月 19 日，《无锡日报》刊登《无锡赤墩遗址推测为 5000 年前大面积生活遗存》的报道。经过 4 个多月对赤墩遗址的发掘考古，8 月 10 日，无锡市文化遗产保护和考古研究所写出《无锡市惠山区赤墩遗址发掘完工报告》。8 月 19 日，无锡市文化遗产保护和考古研究所写出题为《关于钱桥街道赤墩遗址发现崧泽文化时期大型祭坛》的报告。9 月 12 日，《无锡日报》发表《无锡祭祀历史前移至 5000 年前，钱桥发现祭坛》的报道。同日，中国江苏网登载《惠山钱桥发现国内最大规模崧泽时期祭坛遗迹》的报道。自当年发掘结束，考古队在对赤墩遗址的发掘中出土遗物主要为陶片、石器及少量骨器，动物骨骼等，基本明确赤墩的堆积情况，判断其为崧泽文化晚期至良渚文化早期的遗址。

2014 年初，无锡市文化遗产保护和考古研究所再次向国家文物局提出申请，对赤墩遗址进行第二次考古发掘，获批，发掘证照号为"考执字（2014）第 275 号"。3 月底，无锡市文化遗产保护和考古研究所对赤墩遗址重新进行测绘调查，并选定朱巷为第二个发掘点，在发掘区布探方发掘，发掘面积为 800 平方米。发掘中严格按照《田野考古操作规程》，采取整体发掘与局部解剖相结合的工作方法，自上而下，由晚及早，逐层清理。发掘清理出一批崧泽时期的墓葬、灰坑、沟、灶、柱洞等遗迹，出土精美的玉器、石器、陶器、骨器约 300 多件，为进一步考证赤墩遗址的渊源提供了更多的实物。4 月 14 日，《江南晚报》刊登《钱桥赤墩遗址新发现 5 座墓葬，下面可能还叠压着更早的马家浜文化遗址》的报道。4 月 16 日，《现代快报》发表题为《钱桥赤墩遗址第二次发掘有新发现：7000 年前钱桥就有人居住》的报道。报道中引用无锡市考古研究所副所长李一全博士对赤墩遗址进行第二次发掘的原因："当地老百姓去年曾反映，距离王巷 200 米左右，在钱桥街道恒源祥村朱巷建房子时，曾挖到碎陶片和红烧土。我们到朱巷考察后发现，这里地方空旷，而且台地高于周边，再加上老百姓捡到的碎陶片，我们认为

中华人民共和国
考古发掘证照

考执字（2014）第 275 号

发掘单位：无锡市文化遗产保护和考古研究所

发掘内容：江苏省无锡市惠山区赤墩遗址

发掘面积：800 平方米

发掘时间：2014 年 5 月至 7 月

发掘领队：李一全

国家文物局

2014 年 5 月 29 日

图 1—1—7 2014 年 5 月 29 日国家文物局批准对赤墩遗址进行第二次考古发掘证照

这下面也是遗址，便决定在钱桥赤墩遗址朱巷地点进行第二次发掘。朱巷地点的发掘面积也是800平方米。目前朱巷地点已经完成600平方米的发掘工作。”考古队员在对编号为TN47E1的探方进行发掘，新发现11座崧泽文化时期的墓葬，其中两座墓葬的随葬品较多，玉器比较完整，十分珍贵。根据对随葬品进行初步判断，墓主人在当时的部落里地位较高。让考古队员兴奋的是，该探方地表已采集到马家浜文化时期的陶片。李一全认为：“这个探方下面可能也会叠加着更早的马家浜文化时期的墓葬。”7月22日，《无锡日报》发表题为《无锡考古学文化序列日臻完善》的报道，文章认为“赤墩遗址是无锡地区崧泽文化遗址发掘规模最大的一次。现存遗址面积约在60000平方米左右，也是经过正式调查的面积最大、保存最好的一处崧泽文化遗址，是研究无锡地区人类社会早期复杂化进程的重要遗址”。2015年3月底，无锡市文化遗产保护和考古研究所继上年再次对赤墩遗址进行发掘考古，又清理出5座崧泽文化时期的墓葬。其中，编号为M40号的墓葬中，出土7件玉器；编号为M44号的墓葬中，出土3件石器、17件陶器。李一全博士推断这层墓葬下面还会有墓葬，初步判断有马家浜文化时期的东西。是年12月20日，无锡市文化遗产保护和考古研究所写出《无锡惠山区钱桥街道赤墩遗址发掘、调查报告》。

## 第二节 赤墩遗址清理出的遗迹和出土遗物

无锡市文化遗产保护和考古研究所在2013~2015年先后两次对赤墩遗址发掘考古中，共清理出遗迹126处，出土遗物300多件。

### 一、遗迹

无锡市文化遗产保护和考古研究所在赤墩遗址的发掘和考古中，清理的遗迹有墓葬、祭坛、柱洞、灰坑、灶、灰沟、井等。

**墓葬** 共清理出64座，其中近代1座、明清时期4座、崧泽文化时期59座。墓葬有长方形竖穴双室砖室墓、长方形石盖板双人砖室墓、长方形竖穴土坑单室墓、近梯形竖穴土坑单室儿童墓、梯形土坑竖穴单室墓等。葬式分别为仰身直肢、仰身曲肢、俯身直肢。随葬品数量不多，以陶器为主。

**祭坛** 清理出1个，为崧泽文化时期。祭坛略呈椭圆台形，底部直径近25米，顶部直径近23米，最高处约1.8米。在此祭坛西部可能存在形状基本相同的另一个祭坛，两个祭坛中间有象征性的“隔墙”。

**柱洞** 共清理出18个，其中11个为崧泽文化时期，7个时代不明。柱洞有的呈圆形，有的呈长方形，有的近椭圆形，斜壁圜底。

**灰坑** 共清理出31座，其中近代1座、春秋时期2座、良渚文化时期11座、崧泽文化时期17座。灰坑形状或近圆形，或椭圆形，或圆角近梯形，或不规则形，或长方形，或近方形等。灰坑中有灰陶高柄杯、红陶壶、石器、陶豆、石凿、砺石、红陶鼎等。

**灶** 共清理出9座，均为崧泽文化时期。形状为近椭圆形、圆角长方形、不规则形。

**灰沟** 清理出2处，1处为良渚文化时期，1处为崧泽文化时期，均为长条形。

**井** 清理出1眼，为春秋时期，井口近圆形。

### 二、遗物

无锡市文化遗产保护和考古研究所在对赤墩遗址两次发掘考古中，出土玉器、石器、陶器、骨器等遗物300多件，其中玉器种类有玉玦、玉璧、玉管、玉配饰；石器种类有石钺、石佩挂饰、重石、石纺轮、石锛、石斧、石凿等；陶器种类有陶豆、陶球、陶鼎、陶尊、陶杯、陶罐、镂孔豆、陶拍等；骨器有未加工成的半成品和骨制靴型器。

（一）出土的马家浜时期的陶器

朱巷 G2-2 腰檐釜

朱巷 M25-5 陶豆

（二）出土的崧泽文化时期的陶器

朱巷 H29-1 陶罐

朱巷 H12-8 陶杯

朱巷 M42-3 陶豆

朱巷 H12-6 陶盆

（三）出土的崧泽向良渚文化过渡时期的陶器

朱巷 M40-22 陶鼎

朱巷 M40-21 器盖

（四）出土的陶纺轮、陶球

朱巷 TN49E1⑨-7　纺轮

朱巷 TN49E1⑭-2　陶球

（五）出土的石器

朱巷 TN47E1⑭-1　石锛

朱巷 M47-1　穿孔石斧

（六）出土的玉器

朱巷 M40-12　玉璜

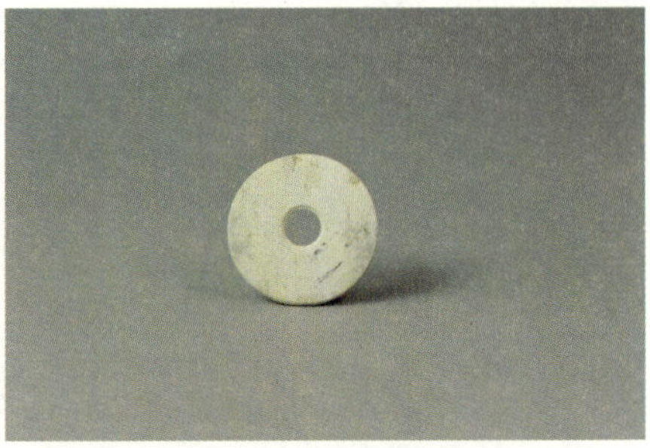

朱巷 M40-1　玉璧

（七）出土的骨器

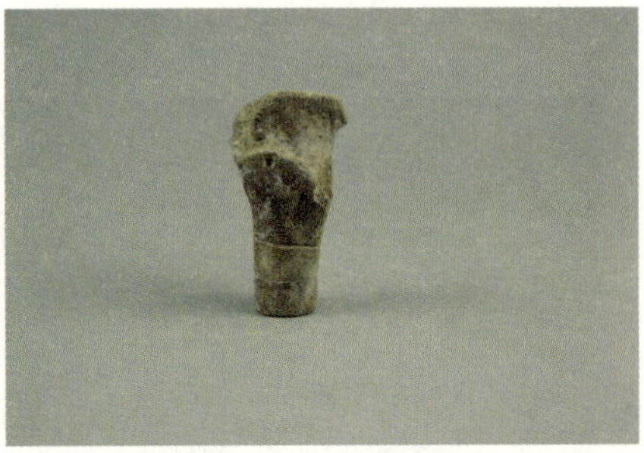

朱巷 G2-1　骨器

朱巷 G2-10　鹿角

# 第三节 赤墩遗址文化内涵

赤墩遗址坐落于钱桥街道舜柯社区，是钱桥街道的史前文化发迹地。2013 年春夏期间，钱桥街道出资，委托无锡市考古队对赤墩文化遗址进行抢救性的发掘。是年 7 月初，经无锡市文化遗产保护和考古研究所会同南京博物院、苏州市考古所、南京大学、南京师范大学等考古专家对赤墩遗址进行考察，确准为马家浜文化晚期、崧泽文化时期、良渚文化早期的新石器时代遗址区。考古人员在对赤墩遗址的发掘中，除了发现灰坑、房屋槽基、红烧土堆积、柱洞等遗迹外，还在发掘区的中西部崧泽文化时期土层上发现一处大型高台祭祀遗址——祭坛。祭坛底部直径近 25 米，顶部直径近 23 米，最高处 1.8 米。祭坛略呈椭圆台型，是国内最大的崧泽文化（距今约 5300 年）时期的祭坛。到了良渚文化（距今 5300~4000 年）时期，这个祭坛已经放弃，良渚的地层叠压在这个祭坛之上。考古专家认为，在这个祭坛的西部可能存在形状基本相同的另一个祭坛，两个祭坛中间发现象征性的“隔墙”和一片疑似人类头盖骨残片。是年 8 月 2 日，无锡市文化遗产保护和考古研究所将祭坛中出土的坑灰、红烧土取样送美国著名 BETA 实验室对赤墩遗址进行年代测定。同年 8 月 19 日，无锡市文化遗产保护和考古研究所写出《关于钱桥街道赤墩遗址发现崧泽文化时期大型祭坛的报告》。据考古发掘表明，崧泽文化晚期是太湖流域中国文明起源的关键时期，祭祀文明逐步发达起来，是后来良渚文化时期城邦文明的基础，是中国国家文明探源工程的重要组成部分。赤墩遗址的发现，表明钱桥街道赤墩是无锡惠山山脉南北两侧古代祭祀文化的源头，对无锡地区古代文明研究具有十分重要的意义。另外，遗址出土崧泽文化的彩陶片和巨大的鼎足以及带有刻画符号的陶器表明遗址等级较高，是崧泽文化晚期的重要聚落之一。2015 年 6 月 3 日，无锡市文化遗产保护和考古研究所再次取样送美国著名 BETA 实验室对赤墩遗址进行年代测定。

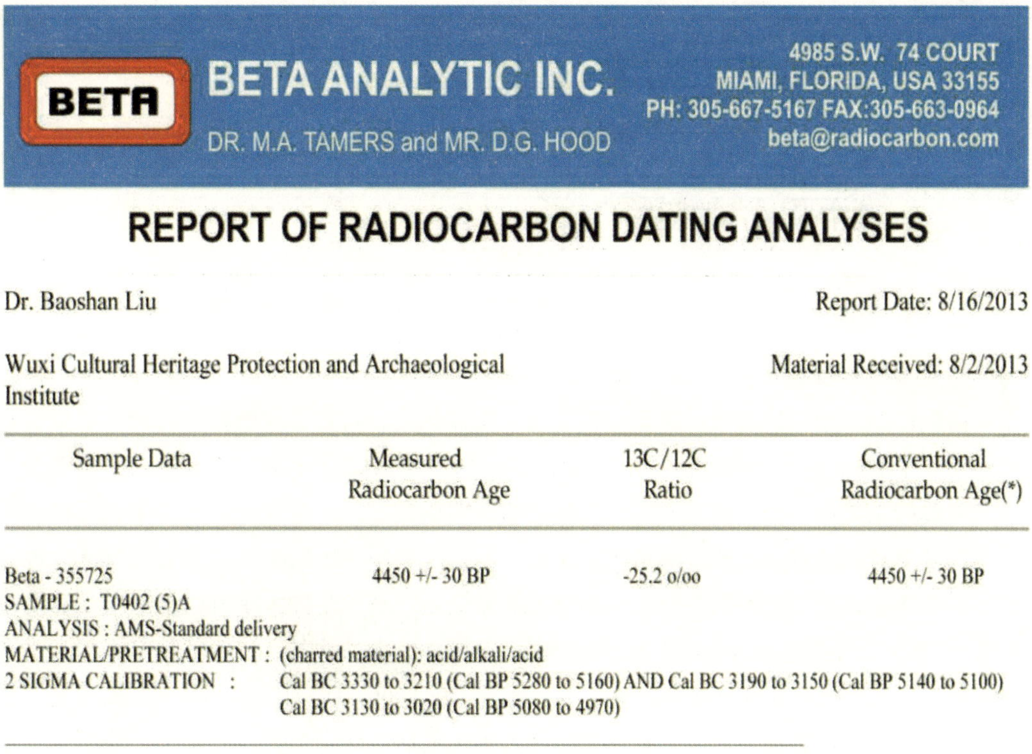
BETA ANALYTIC INC.
DR. M.A. TAMERS and MR. D.G. HOOD
4985 S.W. 74 COURT
MIAMI, FLORIDA, USA 33155
PH: 305-667-5167 FAX:305-663-0964
beta@radiocarbon.com

REPORT OF RADIOCARBON DATING ANALYSES

Dr. Baoshan Liu — Report Date: 8/16/2013

Wuxi Cultural Heritage Protection and Archaeological Institute — Material Received: 8/2/2013

| Sample Data | Measured Radiocarbon Age | 13C/12C Ratio | Conventional Radiocarbon Age(*) |
|---|---|---|---|
| Beta - 355725 | 4450 +/- 30 BP | -25.2 o/oo | 4450 +/- 30 BP |

SAMPLE : T0402 (5)A
ANALYSIS : AMS-Standard delivery
MATERIAL/PRETREATMENT : (charred material): acid/alkali/acid
2 SIGMA CALIBRATION : Cal BC 3330 to 3210 (Cal BP 5280 to 5160) AND Cal BC 3190 to 3150 (Cal BP 5140 to 5100)
Cal BC 3130 to 3020 (Cal BP 5080 to 4970)

图 1—1—8　2013 年 8 月 16 日美国著名 BETA 实验室对赤墩遗址祭坛年代的测定报告

2013、2015年两次取样经美国著名BETA实验室碳十四年代测定，测年结果表明祭坛建筑年代在距今5140年前后，属于崧泽文化末期向良渚文化初期过渡转型时期的文化遗址。

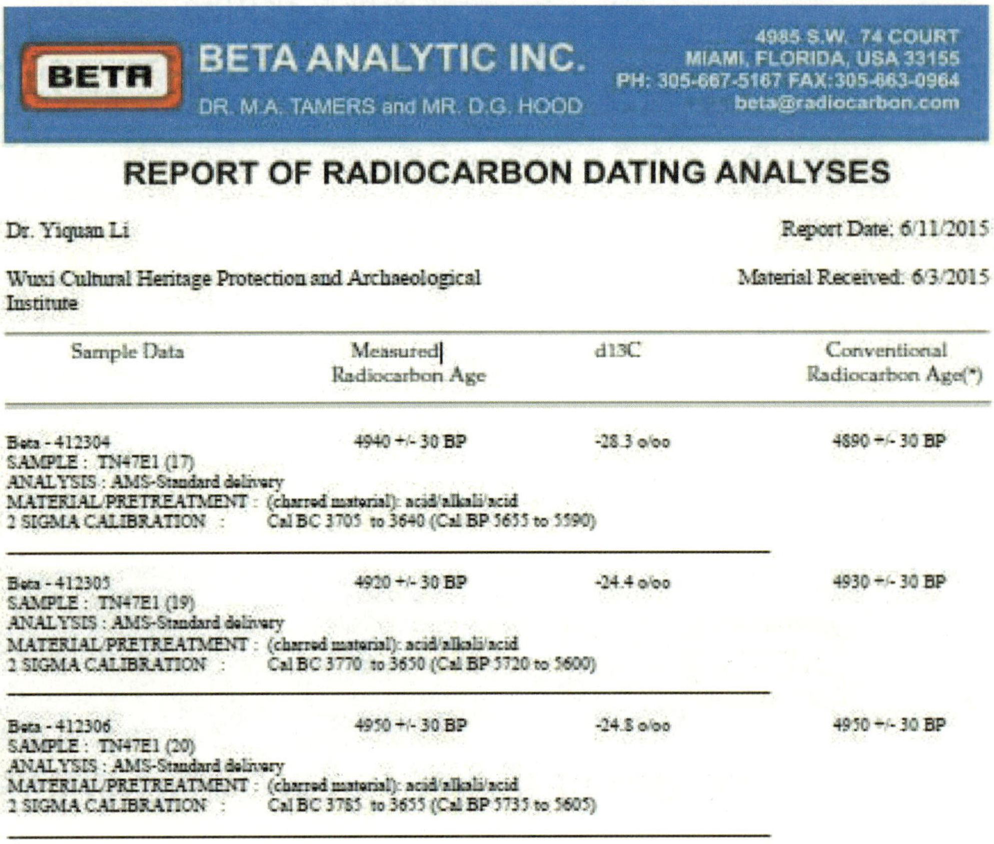
BETA ANALYTIC INC.
DR. M.A. TAMERS and MR. D.G. HOOD
4985 S.W. 74 COURT
MIAMI, FLORIDA, USA 33155
PH: 305-667-5167 FAX:305-663-0964
beta@radiocarbon.com

REPORT OF RADIOCARBON DATING ANALYSES

Dr. Yiquan Li — Report Date: 6/11/2015

Wuxi Cultural Heritage Protection and Archaeological Institute — Material Received: 6/3/2015

| Sample Data | Measured Radiocarbon Age | d13C | Conventional Radiocarbon Age(*) |
| --- | --- | --- | --- |
| Beta - 412304<br>SAMPLE : TN47E1 (17)<br>ANALYSIS : AMS-Standard delivery<br>MATERIAL/PRETREATMENT : (charred material): acid/alkali/acid<br>2 SIGMA CALIBRATION : Cal BC 3705 to 3640 (Cal BP 5655 to 5590) | 4940 +/- 30 BP | -28.3 o/oo | 4890 +/- 30 BP |
| Beta - 412305<br>SAMPLE : TN47E1 (19)<br>ANALYSIS : AMS-Standard delivery<br>MATERIAL/PRETREATMENT : (charred material): acid/alkali/acid<br>2 SIGMA CALIBRATION : Cal BC 3770 to 3650 (Cal BP 5720 to 5600) | 4920 +/- 30 BP | -24.4 o/oo | 4930 +/- 30 BP |
| Beta - 412306<br>SAMPLE : TN47E1 (20)<br>ANALYSIS : AMS-Standard delivery<br>MATERIAL/PRETREATMENT : (charred material): acid/alkali/acid<br>2 SIGMA CALIBRATION : Cal BC 3785 to 3655 (Cal BP 5735 to 5605) | 4950 +/- 30 BP | -24.8 o/oo | 4950 +/- 30 BP |

图1—1—9　2015年6月11日美国著名BETA实验室对赤墩遗址祭坛年代的测定报告

中国科学院专家在赤墩遗址取样，经实验室浮选鉴定，发现水稻种子遗迹，确证钱桥地区的农业在5000多年前就已经开始种植水稻；清理发掘发现的陶鼎鼎足、石刀、陶纺轮、石锛、玉璧等物品中，清晰地还原了5000多年前钱桥地区先民的生活状况。一个有着小孔圆盘的陶纺轮，是钱桥先民用它将麻纺成线的工具；一个一侧被磨成片的长方形石器则是石刀，是钱桥先民用来剥野兽皮用的工具；一个鱼鳍形状刻满戳印纹的陶器是陶鼎鼎足，陶鼎是钱桥先民用来蒸煮粮食的炊具，也是祭祀用的祭器。在赤墩遗址，发掘出几个大小不一的陶鼎鼎足。从鼎足的大小可以推断出当时的陶鼎大的直径有60厘米，小的也有10多厘米。钱桥先民采用这么大的炊具，说明他们有很多人是在同一口锅里吃饭。根据发掘出的柱洞遗存，考古学家判断，在5000多年前的崧泽时期，钱桥先民已能建屋造房，在崧泽、良渚时期，赤墩上有较长时间为先民的居住地。另外，还出土一块粗大的石头，名称叫石锛，是钱桥先民用来砍树的。朱巷出土的崧泽文化时期一件玉璧呈扁平型，厚薄不匀，外壁有旋磨痕，器表光素无纹，两面均有多道线切割痕，内孔壁两面对钻，并有台阶痕，是钱桥先民早期制玉的印记。钱桥先民认为玉璧象征着天，是十分重要的祭祀、礼仪用器，即所谓“苍璧礼天”，也被视为重要的祥瑞之器，体现出钱桥先民独到的自然观与时空观，充满神秘之美。赤墩遗址实实在在地说明钱桥街道历史悠久，文化底蕴深厚，其人文历史可追溯到6000多年前的马家浜文化时期。

2015年12月20日，无锡市文化遗产保护和考古研究所又写出《无锡惠山区钱桥街道赤墩遗址发掘、调查报告》，报告从遗址概况、田野工作情况、地层堆积及遗迹遗物、考古勘探、调查情况、结语等五个方面对赤墩遗址考古进行综合性的论述，除阐述赤墩遗址经考古证明是一处史前文化遗址外，还阐明在朱巷地下另有马家浜文化晚期墓葬等。

无锡市文化遗产保护和考古研究所在赤墩遗址发掘、调查报告结语中指出:“……从出土遗物看,赤墩遗址上层出土陶鼎的足体型巨大,为各地良渚文化遗址出土物中所罕见,说明本地应有较高级别的良渚墓葬存在。彩陶也是本次发掘的重要成果,迄今太湖地区发现的彩陶非常稀少,在草鞋山下层和圩墩二期遗存中发现过单色的彩陶片,无锡地区的新石器遗址报告中也未有发现彩陶的记录。这次赤墩发掘出土的数件彩陶片,说明赤墩遗址是一处非常重要的良渚时期遗址,对于研究太湖地区的新石器文化遗存具有很重要的意义。……墓葬主要为崧泽时期,有少数马家浜文化晚期墓葬。

从已调查结果分析,赤墩遗址文化内涵丰富,时间跨越较长,时代最早可至马家浜文化,崧泽文化、良渚文化均有延续,商周时期的几何印纹陶在地表也有发现,它是无锡地区一处十分重要的史前文化遗址。该遗址无论从面积还是地层堆积都可以说是无锡地区又一文化内涵极其丰富的大型遗址。目前该遗址分布的地块已部分被征用,如果相关部门对该地的规划为公共设施,那么建议在对其规划时可以充分利用该遗址绵延数千年的文化属性,从文化的角度充分去发掘其历史、社会价值。如已经规划为其他用地,无法修改规划,则应在遗址范围内划定文物保护范围红线,对部分重点区域进行保护,加强遗址的‘四有’建设工作,在遗址区设立文保标志,加强考古勘探发掘的力度。此外,基于该遗址的重要性,为了更有效地保护该遗址和长远发展,建议该遗址申报市级文物保护单位或省级文物保护单位。”

**附录一:无锡市文化遗产保护和考古研究所《关于钱桥街道赤墩遗址发现崧泽文化时期大型祭坛的报告》**

2013年8月19日,无锡市文化遗产保护和考古研究所写出《关于钱桥街道赤墩遗址发现崧泽文化时期大型祭坛的报告》,主要内容为:

惠山区文化遗产局:

无锡市惠山区钱桥街道(职教园区)在修建“显山路”施工过程中发现一处新石器时代晚期遗址,属于钱桥地区新发现的一处古代遗址,我们暂且命名为“赤墩遗址”,赤墩遗址也是本地区目前为止发现的唯一一处新石器时代遗址。根据初步调查,该遗址范围较大,北到园区南路、南到钱胡路、西至新藕路、东到显山路以东的“唐墩”周边区域,详细范围划定还需要后续的大规模勘探工作。

根据文物保护法,经国家文物局同意,我单位在2013年6~7月,对施工范围内涉及的“赤墩”进行了800平方米的抢救性考古发掘,出土了一批崧泽文化晚期——良渚文化早期的古代遗物,并发现了一处高台祭祀遗迹——祭坛,经美国著名BETA实验室碳十四年代测定,现已经确定祭坛的建筑年代在距今5140年前后,属于崧泽文化末期向良渚文化初期过渡转型时期的文化遗迹,时代上比无锡鸿山贵族墓群早2600多年,也是目前为止所发现的规模最大的崧泽文化时期的祭坛遗迹。经过中国科学院专家现场取样后,在实验室浮选鉴定,发现了水稻种子遗迹,确切证实了这一地区的农业在当时已经开始种植水稻。

该祭坛略呈椭圆台型,底部直径近25米,顶部直径近23米,最高处约1.8米。而且在此祭坛的西部可能存在形状基本相同的另一个祭坛,两个祭坛中间发现了象征性的“隔墙”和一片疑似人类头盖骨残片。

近年来的考古发掘表明,崧泽文化晚期是太湖流域国家文明起源的关键时期,祭祀文明逐步发达起来,是后来声名显赫的良渚文化时期城邦文明的基础,是我国国家文明探源工程的重要组成部分。赤墩遗址的发现,针对于惠山区来讲,是无锡惠山山脉南北两侧古代祭祀文化的源头,对无锡地区古代文明研究具有十分重要的意义。另外,从遗址出土的崧泽文化的彩陶片和巨大的鼎足以及带有刻画符号的陶器来看,这一处遗址可能等级较高,有可能是崧泽文化晚期的重要聚落之一,因此将来可能发现较高等级的墓葬。根据近年来我单位在惠山南侧锡惠公园内的考古调查资料判断,无锡市惠山南北片区不排除是崧泽文化时期太湖流域的中心聚落之一!地下应该埋藏有丰厚的文化遗产。

鉴于以上考古线索和基本判断,建议我市各级文化文物主管部门高度重视这一遗址的保护工作,支持我单位继续开展相关的考古调查和考古勘探工作,为进一步发掘无锡地区古代文化,丰富我市的文化底蕴做出不朽的贡献!

## 附录二：无锡市文化遗产保护和考古研究所《无锡惠山区钱桥街道赤墩遗址发掘、调查报告》

2015年12月20日，无锡市文化遗产保护和考古研究所撰写出《无锡市惠山区赤墩遗址发掘、调查报告》，主要内容为：

### 一、遗址概况

赤墩遗址位于惠山区钱桥街道舜柯社区，显山路延伸段南侧。通过早期调查可知，在舜柯社区王巷地点原有一个高出周围6~7米的长方形覆斗型土墩，当地人称之为“赤墩”。其南距钱胡路约200米，北距园区南路约100米。原土墩之上植被较为茂盛，遍布树木和菜地，墩上有少量早期夹砂灰陶片和红陶片发现，据说还有村民曾在墩上捡到石器等物。另地表上有晚期墓砖发现，既有汉至六朝时期的菱形花纹砖，又有明清时期小砖。1965年，在距土墩不远的赤墩里曾发掘过六朝墓葬，其中出土一件珍贵的鸡冠壶，现藏于无锡市博物院。在“赤墩”附近的实际调查中，从地表采集到红陶、灰陶片，从早期调查及曾经的发掘情况推断，赤墩可能是一处古代遗址区或墓葬区。

### 二、田野工作情况

2013年3月，在显山路延伸段施工过程中，工程方在赤墩上发现晚期墓葬，于是停工上报我所。我所经过对现

图一　赤墩遗址所在位置图

场的勘查，在其暴露的剖面上发现有炭屑、陶片等文化遗物，其本体已部分遭到毁坏，残余部分东西长110米、南北长30米。经与钱桥街道协商，决定对显山路延伸段经过区域进行发掘，并向国家文物局申请获得批准，发掘执照号为“考执字（2013）第345号”，发掘位置位于舜柯社区王巷地点。第一次发掘工作自2013年4月10日开始，整个工地按照象限法布方，布10×10探方10个，实际发掘面积800平方米。发掘中按照田野考古操作规程留1米宽东北隔梁各一条。2014年5月，为了对赤墩遗址的文化面貌有更深入的了解，经过进一步的调查与勘探，无锡市文化遗产保护和考古研究所再次向国家文物局提出申请，对赤墩遗址进行第二次发掘，发掘执照号为“考执字（2014）第275号”，发掘位置定于园区南路南侧井亭里朱巷地点，发掘面积800平方米。

### 三、地层堆积及遗迹、遗物

#### （一）第一次发掘——王巷地点

##### （1）地层堆积

赤墩遗址王巷地点地层堆积中间高、四边略低，呈倾斜状分布。该土墩的堆砌从崧泽时期至近现代在不同时期都有堆筑，从而使该墩的面积不断增加。其总体地层堆积情况如下：

第①层：灰褐色土，土质疏松，含有现代垃圾，为现代层。

第②层：灰黄色土，土质略疏松，含有残瓦片、为现代扰土层。

②A层：黄褐色土，土质较为致密，分布于发掘区西部探方内，内含较多的炭屑、灰陶、黑陶片。

②B层：灰褐色土，土质致密较硬，分布于发掘区西部探方内，包含少量炭屑、红陶和黑陶残片。

第③层：灰黄色土，土质坚硬，结构紧密，出土少量陶片，可辨的器型有盆的口沿。自该层起进入良渚文化地层。

图二 两次发掘位置示意图

第④层：分为四个亚层，整体为灰白土。该层中出土大量的陶片，陶质有泥质红陶、夹砂红陶、泥质黑陶和泥质灰陶。其中有较大的鱼鳍形鼎足，罐、盆等的口沿。该层出土良渚的彩陶片。

④A 层为夹杂红褐色土，土质坚硬，结构紧密，包含少量灰烬，陶片基本上出在 T0202 和 T0302。

④B 层为灰白土，土质坚硬，结构紧密，分布于整个发掘区，另外在 T0201、T0301、T0401 方内该层土颜色偏黄，灰白色土呈块状分布。

④C 层为黄褐色土，土质较为坚硬，结构较致密，仅分布于少数探方。

④D 层为灰褐色土，土质致密较硬，含有极少量陶片。

第⑤A 层：黄灰色土，土质坚硬，含有少量陶片、灰烬炭屑等，陶片主要为泥质红陶、夹砂红陶、泥质黑陶和泥质灰陶。

**（2）遗迹**

主要遗迹类型有土墩遗迹（祭坛）、灰坑、房屋基槽、红烧土堆积、柱洞等。

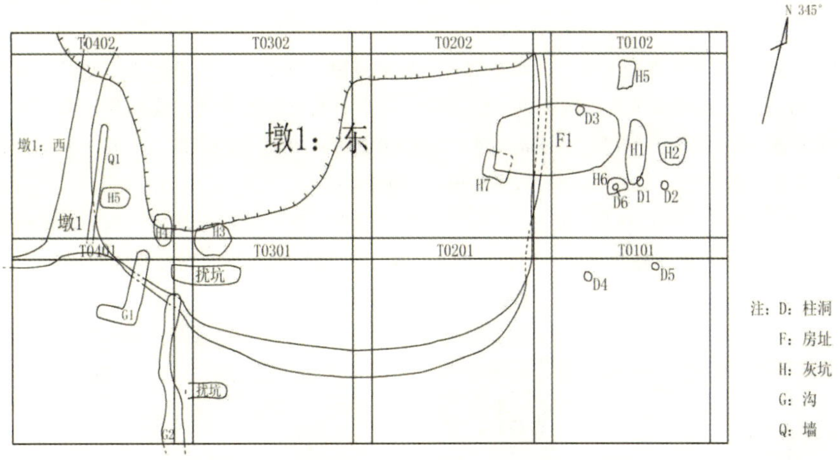


图三 第一次发掘遗迹分布图

**土墩遗迹（祭坛）** 墩 1 位于本发掘区的中西部，其北部已被施工破坏。开口于⑤A 层下。墩子由西墩与东墩双墩组成，西墩只在 T0402 露出一部分，大部分未发掘，故此整体形状不详。东墩顶部距地表 65~95 厘米，呈梯形，顶小底大，上口东西 2280 厘米、南北残长 1360 厘米、底部东西 2460 厘米、残长南北 1660 厘米、高 160~180 厘米。西墩墩子顶部距地表 180 厘米。西墩形状与东墩基本近似。上口东西现存 170 厘米、南北残长 1360 厘米、底部东西现存 180 厘米、南北现存 900 厘米、高 160~180 厘米。东墩和西墩共同使用一个由纯净的灰色土构成的台基。

东墩堆积分为两大层：

第①层：根据土质土色划分三个亚层。

①A 层：黑褐土层，厚度为 28~32 厘米，土质坚硬，较粘，呈块状。在此层表面尤其是在边缘斜坡处含有大量的灰烬烧土颗粒。出土大量陶片为泥质及夹砂两种，有红陶、黑陶、灰陶及磨光黑陶，可辨器形鼎、杯、罐等。

①B 层：灰褐土层，厚度为 26~28 厘米，土质坚硬，较粘，呈块状，含有少量的灰烬烧土颗粒。出土大量陶片为泥质及夹砂两种，有红陶、黑陶、灰陶及磨光黑陶，可辨器形鼎、杯、罐等。

①C 层：黑褐土层，厚度为 80~90 厘米，土质坚硬，较粘，呈块状，含有少量的灰烬烧土颗粒。出土大量陶片为泥质及夹砂两种，有红陶、黑陶、灰陶及磨光黑陶，可辨器形鼎、杯、罐等。

②层：青灰色土层，厚度 5~10 厘米，土质细腻疏松。出土极少量陶片为泥质及夹砂两种，有红陶、灰陶，可辨器形鼎口部、豆柄。

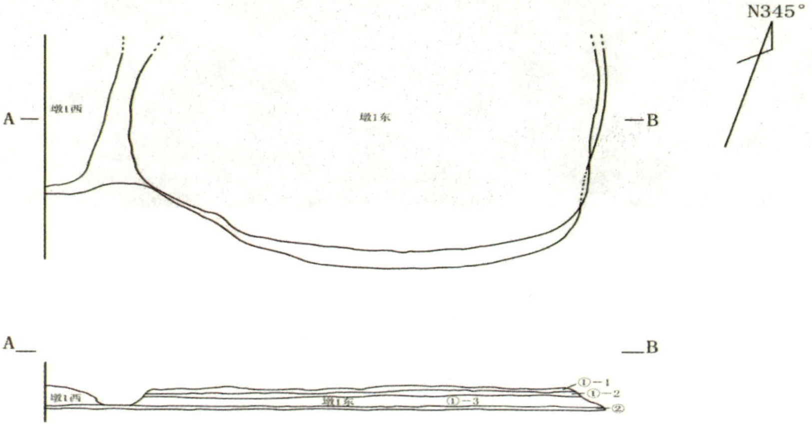

图四 墩 1 东平剖面图

西墩堆积分为两大层：

①层：黑褐土层，厚度为 5~145 厘米，土质坚硬，较粘，呈块状。此层表面尤其是在边缘斜坡处含有大量的灰烬烧土颗粒。

②层：青灰色土层，厚度 5~10 厘米，土质细腻疏松、较纯。由出土陶片分析，该土墩为崧泽时期遗存。堆筑方式是先大致整平生土地面，之上选用纯净的青灰色土铺垫，根据青灰色土层和上层土之间剥离的痕迹，应该在灰土上进行加工平整，再堆积一个圆台形的台子。这个祭坛在良渚时期即已废弃，良渚的地层就迭压在祭坛之上。

**F1** 房址属于良渚时期的遗存，开口于③层下，打破④D 层，平面近椭圆形，东西长 700 厘米、南北宽 200~350 厘米。F1 地表较坚硬，有大量红烧土块，在西半部有一房基基槽。基槽平面呈曲尺形，东西 190 厘米、南北 220 厘米；基槽宽 25~30 厘米；基槽内填土为灰黄色，较疏松，有少量磨光黑陶及夹砂红陶片；基槽东半部壁较直、底较平，向西、向北逐渐升高成斜坡状，壁与底部呈圜状，深 50 厘米；在基槽西南部，似有二柱洞，径应为 8~10 厘米、深 40 厘米。F1 房基为黄沙土，稍疏松，纯净，厚 30~70 厘米。

**柱洞** 共 6 个，其中 5 个位于④D 层下，1 个位于⑤A 层下。柱洞洞口全部呈近圆形，斜壁圜底，填土呈青灰色，土质疏松，无包含物。根据柱洞判断，在良渚时期赤墩上有较长时间作为先民的居住地。

图五 房屋基槽

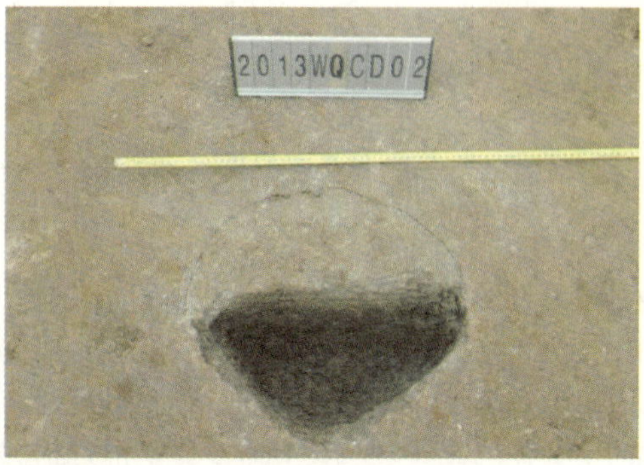

图六 柱洞

**灰坑** 清理八座。其内填土花杂，结构致密。形状多不规则，包含物为少量早期陶片。

**红烧土堆积** 位于 T0102 内，土色发红，土质较硬，在堆积中有较多的炭屑发现，此外有大的鼎足、石器等物出土。

图七 红烧土堆积

**（3）遗物**

赤墩遗址第一次发掘出土遗物主要为陶片、石器及少量骨器、动物骨骼等。陶片主要以夹砂红陶、磨光黑皮陶为主，另有少量的夹砂褐陶；夹砂陶纹饰以戳印纹和绳纹为主，磨光黑皮陶上纹饰较多，且制作较为细腻；器型以陶豆、陶鼎、陶罐等为主，陶鼎鼎足居多，且器型较大。此外，在该遗址发现了少量彩陶残片，主要为黑底红彩，似为彩绘陶。

石器主要有石锛、石刀、磨石等。石器的材质以砂岩居多，还有少量蛇纹岩。小型石锛磨制较为光滑，大的石锛制作较为粗糙，推测其功用不同。在该遗址发现了一些制作石器和骨器的工具，上面有明显的器物加工痕迹。

在赤墩遗址崧泽文化堆积层内发现了少量骨器，器型较小，有明显的磨制痕迹。

此外，经过对崧泽文化层土壤的筛选处理，发现了一些兽骨、螺蛳、鱼类牙齿等遗物。

通过对赤墩遗址出土遗物的初步观察，大体可以判断其时代分为两个时期，上层为良渚文化时期，主要遗物以磨光黑皮陶为主；下层为崧泽文化时期，遗物主要以灰陶和红陶为主。

图八 王巷地点出土彩陶片

图九 王巷地点出土陶片

图十　王巷地点出土陶片

图十一　王巷地点出土石器

**（二）第二次发掘——朱巷地点**

**（1）地层堆积**

朱巷地点是地势较为平坦的台地，地层堆积延续时间长，较为复杂。以 TN49E1 地层堆积为例：此探方共发掘地层 17 层，另外②层分为 3 个亚层。④层分为 2 个亚层。

第①层：灰褐色土，厚 10~20 厘米，土质疏松，内含大量的植物根系和现代垃圾。

第②层：根据土质土色又分为 3 个亚层。

②A 层，浅灰褐色土，厚 0~25 厘米，距地表深 10~20 厘米。土质疏松，内含少量的近现代瓦片和明清时期的青花瓷片。本层分布于探方南部。

②B 层，深灰褐色土，厚 0~55 厘米，距地表深 10~40 厘米。土质疏松，内含少量的明清时期的青花瓷片，可辨器形有碗，盘等。本层分布于全探方。

②C 层，深灰色土，厚 0~25 厘米，距地表深 35~45 厘米。土质略硬，未见包含物，本层土仅分布于探方的西南部。

第③层：灰褐色土，厚 0~35 厘米，距地表深 15~60 厘米。土质略松，含少量灰烬烧土颗粒。出土大量陶片分别为：夹砂红陶、红褐陶、灰褐陶、泥质红陶。可辨器型为：豆柄、器盖、器耳。此层下开口 H18。本层土分布于探方的北、东部。

第④层根据土质土色又分为 2 个亚层。

④A：浅黄褐色土层，厚0~25厘米，距地表深55~60厘米。土质略硬、较纯，本层只分布于探方的西、南部。

④B：灰黄色土层，厚0~60厘米，距地表深45~70厘米。土质略硬，中间夹杂少量的木炭颗粒。内含大量的陶片，分别为：夹砂红陶、红褐陶、泥质红陶、黑褐陶、黑皮陶。可辨器型为：圈足、鼎足、鋬手、豆盘、器盖、器耳、罐口沿。此层下开口H22、D17。本层分布于全探方。

第⑤层：浅灰褐土层，厚0~20厘米，距地表深55~75厘米。土质较松，内含少量灰烬颗粒。此层分布于整个探方东、南部。

第⑥层。褐色土层，厚度0~60厘米。距地表深50~90厘米。土质硬。出土石串饰、石器、石锛。内含大量的陶片，分别为：夹砂红陶、红褐陶、泥质红陶。可辨器型为：圈足、鼎足、鋬手、豆盘、器盖、器耳、罐口沿、釜、陶箅。此层下开口M11、D18。此层分布于全探方。

第⑦层：黑灰色土层，厚0~60厘米，距地表深95~105厘米。土质比较疏松，内含大量的红烧土颗粒。出土一件玉佩件。出土大量的陶片，以泥质红陶、红褐陶、红皮陶、夹砂红陶、磨光黑陶为主。纹饰多为素面。可辨器形为鼎、罐、豆、杯等。此层分布探方西北部。

第⑧层：黄褐土层，厚0~65厘米，距地表深95~115厘米。土质略硬、较纯，此层分布于探方东南部。

第⑨层：褐色土层，厚0~35厘米，距地表深100~130厘米。土质比较疏松，内含大量的红烧土颗粒。出土大量的陶片，以泥质红陶、红褐陶、红皮陶、黑陶和夹砂红陶、磨光黑陶为主，纹饰多为素面。可辨器形为鼎、罐、豆、杯、釜、甑、盆等。此层分布全探方。

第⑩层：黄褐土层，厚0~25厘米，距地表深90~135厘米。土质略硬、含少量红烧土颗粒。此层分布于探方东南部。

第⑪层：浅褐色土层，厚0~15厘米，距地表深120~145厘米。土质比较疏松，内含大量的红烧土块及颗粒。出土大量的陶片，以泥质红陶、红褐陶、红皮陶、黑陶、夹砂红陶、灰陶为主，纹饰多为素面。可辨器形为釜、罐、豆、杯、盆、鋬手等。此层分布全探方。

第⑫层：浅褐色土层，厚0~45厘米，距地表深120~145厘米。土质比较疏松，内含大量的红烧土块及颗粒。出土大量的陶片，以泥质红陶、红褐陶、红皮陶、黑陶、夹砂红陶、灰陶为主，纹饰多为素面。可辨器形为釜、罐、豆、杯、盆、鋬手等。在此层下发现红烧土堆积层。此层分布全探方。

第⑬层：灰黄土层，厚0~60厘米，距地表深135~190厘米。土质比较硬。出土大量的陶片，以泥质红陶、红褐陶、红皮陶、黑陶。夹砂红陶、灰陶为主，纹饰多为素面。可辨器形为釜、罐、豆、杯、盆、鋬手等。此层分布于探方东北部。

第⑭层：灰褐土层，厚0~35厘米，距地表深190~220厘米。土质略硬。出土大量的陶片，以泥质红陶、红褐陶、红皮陶、黑陶、夹砂红陶、灰陶为主，纹饰多为素面。可辨器形为釜、罐、豆、杯、盆、鋬手等。在此层下发现H24、M12、M13、M14、M15。此层分布全探方。

第⑮层：青灰土层，厚7~35厘米，距地表深190~225厘米。土质略硬。出土大量的陶片，以泥质红陶、红褐陶、红皮陶、黑陶、夹砂红陶、灰陶为主，纹饰多为素面。可辨器形为釜、罐、豆、杯、盆、鋬手等。此层分布于探方南部。

第⑯层：灰黄土层，厚0~20厘米，距地表深215~235厘米。土质比较硬、无包含物。此层分布探方西、南部。

第⑰层：青灰土层，厚7~35厘米，距地表深190~225厘米。土质略硬，成块状。出土大量的陶片，以泥质红陶、红褐陶、红皮陶、黑陶、夹砂红陶、灰陶为主，纹饰多为素面。可辨器形为釜、罐、豆、杯、盆、鋬手等。此层分布全探方。 青灰土层下为黄褐土层，此层为生土层。

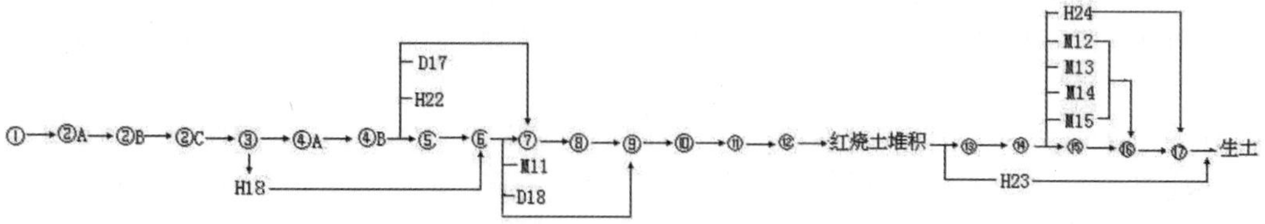


图十二　TN49E1 地层关系表

图十三 TN49E1 地层剖面

**（2）遗迹**

此次发掘共发现墓葬、灰坑、沟、灶、柱洞、红烧土堆积层等遗迹现象。

**墓葬** 64 座。早期墓葬均为长方形土坑竖穴单室墓。直壁、平底。墓室长 80~250 厘米、宽 20~56 厘米、深 20~80 厘米。墓向基本在 5 至 15 度之间，墓主人头向北。葬式分别为仰身直肢、仰身曲肢、俯身直肢、侧身直肢。墓主人的骨骼保存较差。清理出的墓葬排列有序，上下叠压几层，应为崧泽时期的墓群。随葬品数量不多，以陶器为主；部分墓葬无随葬品。在 M10、M11 发现陪葬的小型玉器。其它墓葬基本为陶器、石纺轮、石锛为主。M11 内出土的几件玉器均为在埋葬前刻意打断再埋入墓内，可能与当时葬俗有关。

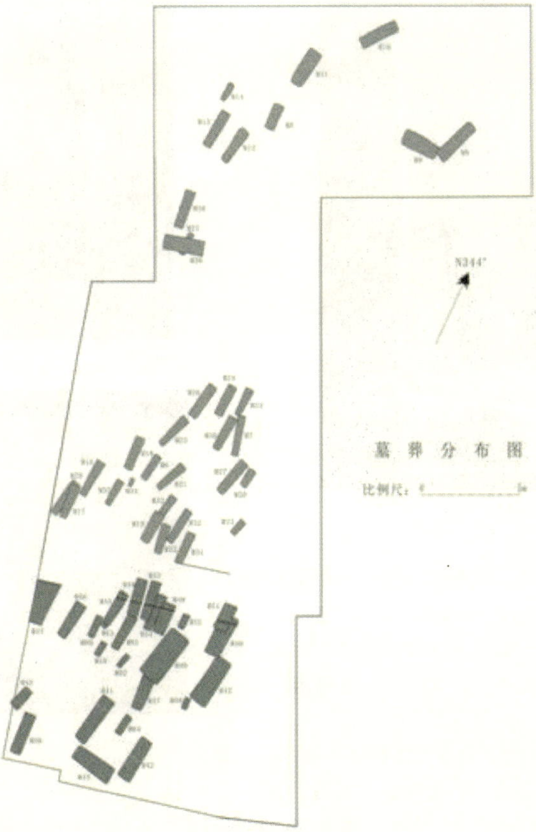


图十四 墓葬分布图

图十五　墓葬排列

图十六　M11

**灰坑**　31 座。早期灰坑为不规则形、近圆形、椭圆形、长方形等形状，只有 H12、 H13、H15、H 23、H29、H30 出土器物，其它灰坑出土少量陶片。

**沟**　两条，均为长条状。

**灶**　1 座。近椭圆形、长 76~83 厘米、宽 50~60 厘米、深 6~10 厘米。

图十七　M44

图十八　M40

图十九　红烧土堆积

**柱洞**　10 个。上口为近圆形、近椭圆形直壁（斜壁）、平底（圜底）。直径 20~43 厘米、深 16~50 厘米。

**红烧土堆积层**　均为红烧土颗粒及红烧土块铺垫形成。分布面积较大，基本上分布于整个发掘区，厚度 10~20 厘米。

**（3）遗物**

出土遗物有玉器、石器、陶器、骨器等器物约 300 多件。其中玉器种类有玉玦、玉管、玉佩饰；石器种类有石钺、石佩挂饰、重石、石纺轮、石锛、石斧、石凿等；陶器有陶豆、陶球、陶鼎、陶杯、陶罐、镂孔豆、陶拍、陶尊等；骨器有未加工成的半成品和骨制靴型器。

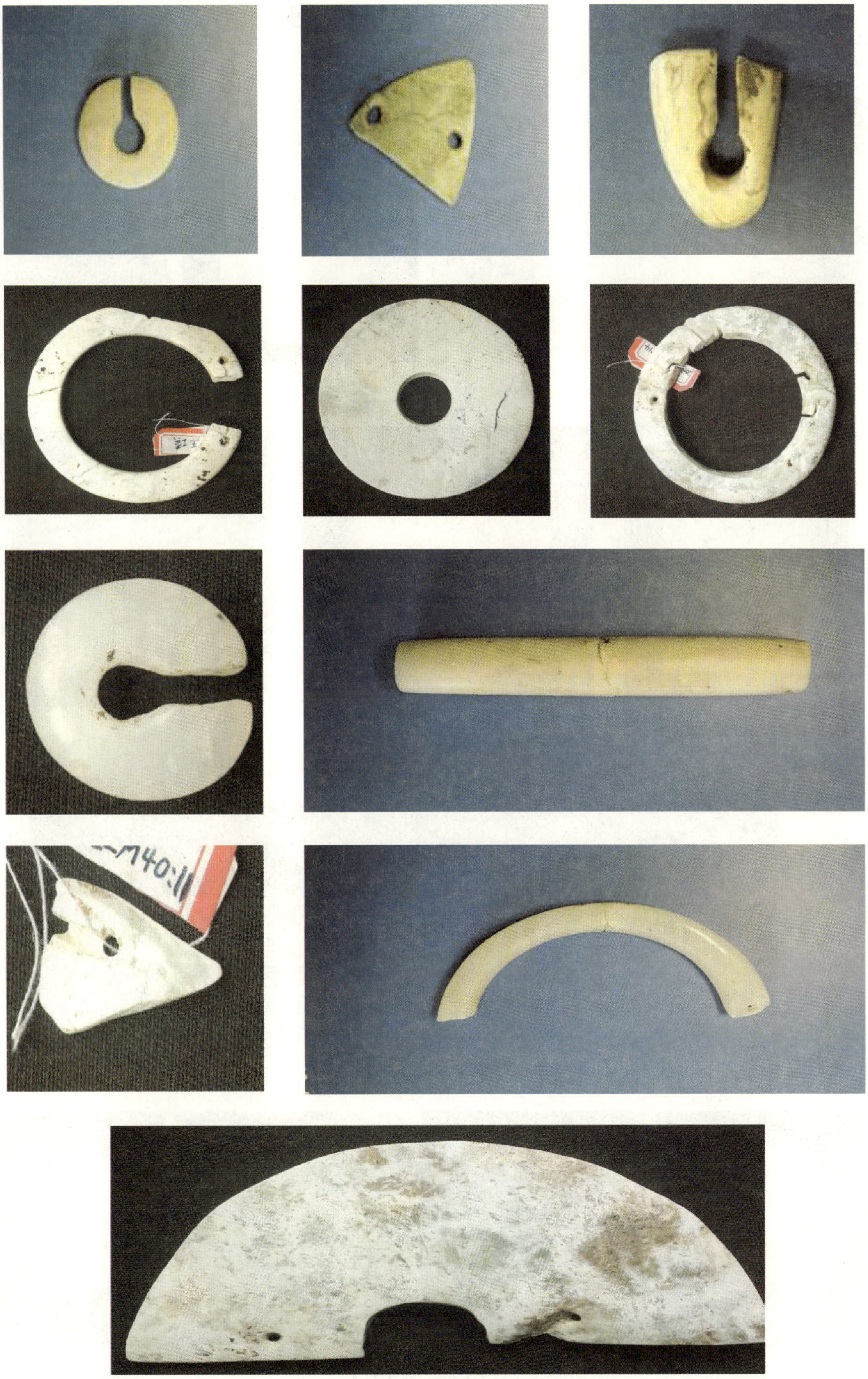

图二十　　朱巷出土玉器

图二十一　朱巷出土石器

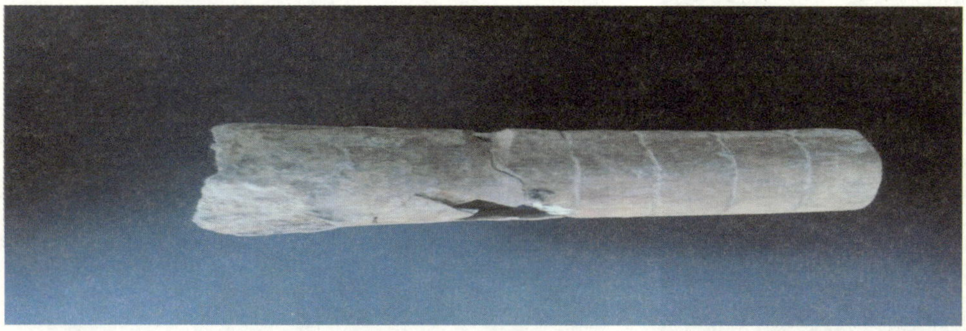

图二十二　朱巷出土骨器

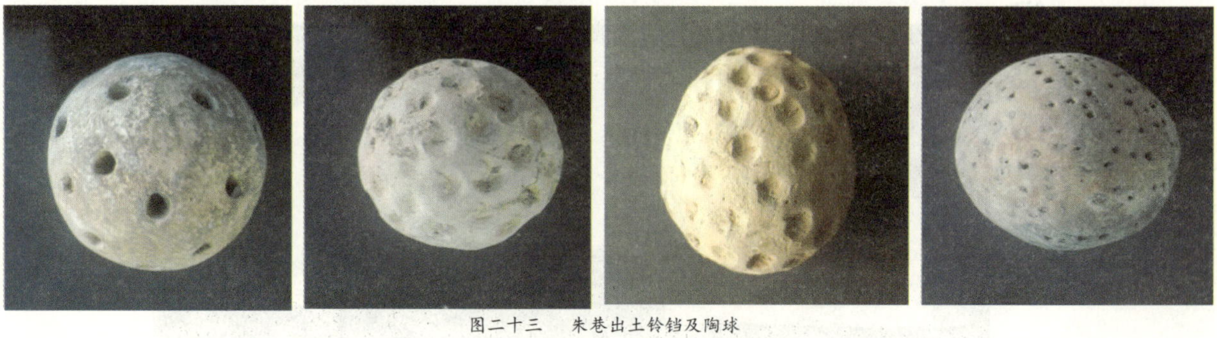

图二十三　朱巷出土铃铛及陶球

图二十四　朱巷出土陶器

图二十五　朱巷出土陶器

## 四、考古勘探、调查情况

在田野发掘的同时，考古所组织工作人员对赤墩周围进行了调查，对部分重点区域进行了勘探，以明确赤墩周围有无遗址，遗址的性质以及和赤墩的关系等。

在调查中，我们发现赤墩以西，除了崧泽、良渚文化，还存在着新石器早期的马家浜文化的圜底釜的陶片和马桥文化、商周时期的印纹硬陶等，说明在该地，存在着从新石器早期一直到商周时期的遗存。为方便绘图记录，我们将遗存较丰富的部分分成两个区域，即遗址Ⅰ区和Ⅱ区。在赤墩东部，即当地居民称为唐墩的土墩，文化层堆积较为单纯，土墩堆积与周围有明显区别，从土色看为人工堆积，其周边未发现明显的遗址分布。

**遗址Ⅰ区**　位于朱巷村的北部和东部，东西宽 60 余米，南北长 200 余米，面积约 1.2 万平方米。该区域北部文化层堆积较厚，在 180~200 厘米之间，主要为青灰褐色沙性土，含红烧土颗粒、草木灰等较多。中部文化层厚度在 120~150 厘米之间，灰褐色沙性土为主，含红烧土、少量陶片。南部文化层厚度在 60~100 厘米之间，浅灰褐色沙性土为主，含少量红烧土颗粒，红褐色陶片。

遗址Ⅰ区范围点坐标

表 1—1—1

| 编号 | 经度 | 纬度 | 高程 | 编号 | 经度 | 纬度 | 高程 |
|---|---|---|---|---|---|---|---|
| 200 | N:31.34408867 | E:120.11381290 | H:11.5751 | 211 | N:31.34361724 | E:120.11086820 | H:10.6238 |
| 201 | N:31.34417256 | E:120.11033163 | H:13.2834 | 212 | N:31.34365002 | E:120.11086129 | H:12.5255 |
| 202 | N:31.34414241 | E:120.11053107 | H:15.5220 | 213 | N:31.34369742 | E:120.11081907 | H:12.2803 |
| 203 | N:31.34415334 | E:120.11061972 | H:16.2999 | 214 | N:31.34375258 | E:120.11079024 | H:12.5758 |
| 204 | N:31.34428948 | E:120.11068045 | H:15.2483 | 215 | N:31.34388132 | E:120.11072360 | H:12.6299 |
| 205 | N:31.34418298 | E:120.11082783 | H:12.8762 | 216 | N:31.34397950 | E:120.11068115 | H:13.4160 |
| 206 | N:31.34409757 | E:120.11088411 | H:12.7394 | 217 | N:31.34410713 | E:120.11062661 | H:12.3580 |
| 207 | N:31.34404772 | E:120.11090077 | H:15.2563 | 218 | N:31.34410893 | E:120.11062512 | H:8.4268 |
| 208 | N:31.34400935 | E:120.11090449 | H:14.3045 | 219 | N:31.34380484 | E:120.11060538 | H:9.4300 |
| 209 | N:31.34387212 | E:120.11092689 | H:11.2470 | 220 | N:31.34375729 | E:120.11057198 | H:6.8760 |
| 210 | N:31.34366955 | E:120.11098630 | H:10.0718 | — | — | — | — |

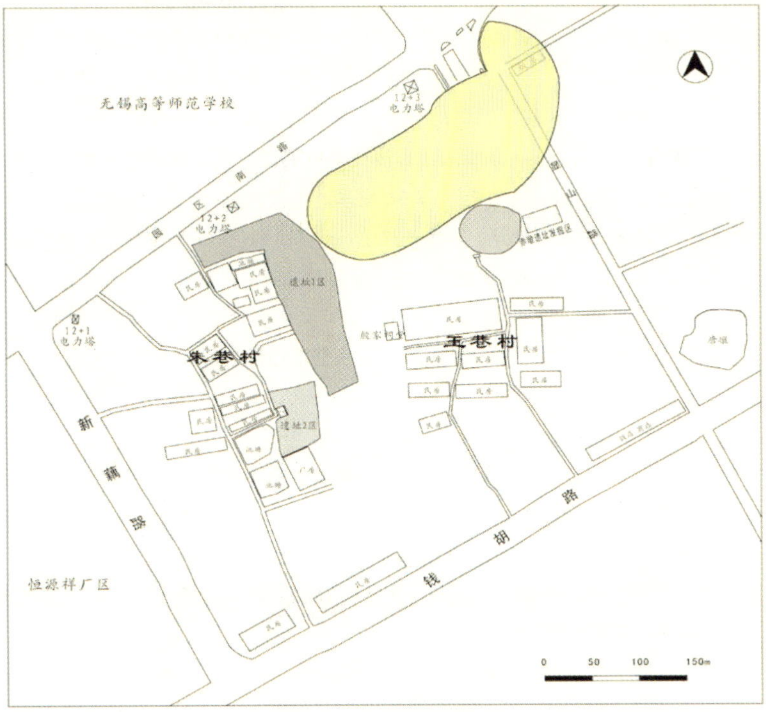


图二十六　调查勘探区域

朱巷村东北、园区南路南侧一带文化遗存最为丰富，当地百姓在该区域多次捡拾到完整的石器、陶器等遗物。调查过程中也采集到一些陶器标本。

**遗址Ⅱ区**　位于朱巷村的南部东侧。大致呈长方形，南北长约 70 米，东西宽 50 米，面积约 3500 平方米。该区域的文化堆积与Ⅰ区相比较薄。厚度在 40~80 厘米之间，该区域北半部文化层以黑褐色为主，较硬，含有红烧土颗粒较多，红褐色泥质陶片；南半部文化层以青灰色沙性土为主，含有的红烧土块、颗粒及陶片较北部有所减少。

遗址Ⅱ区范围点坐标

表 1—1—2

| 编号 | 经度 | 纬度 | 高程 | 编号 | 经度 | 纬度 | 高程 |
|---|---|---|---|---|---|---|---|
| 223 | N:31.34363742 | E:120.11064060 | H:9.5339 | 229 | N:31.34343230 | E:120.11078301 | H:13.3949 |
| 224 | N:31.34364268 | E:120.11066537 | H:8.0409 | 230 | N:31.34339531 | E:120.11068371 | H:17.5599 |
| 225 | N:31.34365524 | E:120.11075659 | H:9.3156 | 231 | N:31.34341969 | E:120.11067490 | H:14.4001 |
| 226 | N:31.34367418 | E:120.11081556 | H:8.9356 | 232 | N:31.34346566 | E:120.11067105 | H:10.1588 |
| 227 | N:31.34355090 | E:120.11082929 | H:11.7659 | 233 | N:31.34426675 | E:120.11164369 | H:13.0158 |
| 228 | N:31.34346452 | E:120.11083799 | H:10.6784 | — | — | — | — |

**唐墩**　位于钱胡路与显山路交会处的东北，墩现地表为较茂密的树林，底部平面（高于现周围）大致呈圆形，直径约 70 米。

经过钻探，墩的顶部地层堆积，自上而下，可分为 9 层：①层，厚 30 厘米，呈灰褐色；②层，距地表 30~50 厘米，厚20厘米，为黄褐色夹黑褐色，较为疏松；③层，距地表50~70厘米，厚20厘米，呈浅灰色，夹有黄褐色，较为致密；④层，距地表70~180厘米，呈黄褐色，夹灰褐色土块，较为致密；⑤层，距地表180~210厘米，呈灰褐色，夹有棕褐色土块，致密；⑥层，距地表210~230厘米，呈棕褐色，夹有灰白色土块，土质较硬；⑦层，距地表230~300厘米，为灰褐色夹有青灰、黄褐色斑块；⑧层，距地表300~320厘米，呈灰白色，含有红褐色斑块，土质较软；⑨层，距地表320~430厘米，为灰褐土夹有黄褐土块，总体泛黄、致密、坚硬。

墩的西侧地层堆积，自上而下可分为4层，①层，表土层，厚30厘米，为较粘软的灰褐土；②层，距地表30~160厘米，为黄褐色土，较疏松；③层，距地表160~210厘米，为灰褐色，较致密；④层，210厘米以下为灰褐色夹黄褐色土，较硬。

墩的东侧地层堆积，自上而下可分为6层，①层，表土层，厚30厘米，为较疏松的灰褐土；②层，距地表30~50厘米，为黄褐色，较为疏松，含有锈色斑块、灰白色土块；③层，距地表50~80厘米，呈红褐色，夹有青灰色土块，土质较软；④层，距地表80~100厘米，呈灰褐色，夹有红褐色土块，土质较硬；⑤层，距地表100~110厘米，为灰白土，夹有红褐色土块，土质较软；⑥层，距地表110~230厘米，为灰褐色夹黄褐色，土质较硬。

墩的南部地层堆积，自上而下可分为3层，①层，厚30厘米，为垃圾土，含白灰、砖块等；②层，30~80厘米，呈深灰褐色，70厘米发现有玻璃。③层，80~230厘米，为浅黄褐色夹铁锈色、青灰色土块，总体土色略泛褐红色。

墩的北部地层堆积，自上而下可分为4层，①层，厚30厘米，呈灰褐色；②层，距地表30~50厘米，为黄褐色，夹有锈褐色土块，较硬；③层，距地表50~130厘米，呈浅灰褐色，夹有锈褐色、灰色土块，较硬；④层，距地表130~230厘米，呈深灰褐色，夹黄褐色、青灰色、灰褐色土块，少量锈斑，质地较硬。

除了以上几个区域之外，赤墩北部（图二十六黄色区域）也有文化层分布，但其堆积较薄，深度在80~100厘米左右。受地势条件限制，现居民房子及周边未能进行勘探，但从整个遗址的分布情况来看，这些民居之下可能也是古人类文化遗址分布区域。

**五、结语**

通过对赤墩遗址的二次发掘，对该遗址有了初步的认识。遗址主要集中在园区南路以南，显山路延伸段以西，钱胡路以北，新藕路以东这个区域以内，目前保存的遗址面积大约在6万平方米左右。从调查情况推测，在建造无锡师范学校时，可能对该遗址有一定程度的破坏。遗址的地块功能分区划分比较明显，朱巷地点是墓葬区，王巷地点可能是祭祀区。相对于一个完整的聚落来说，可能还有生活区、制作区等功能分区，根据遗址的结构布局，推测可能在该地块的民居之下，抑或在晚期修路建房中被破坏。

王巷地点从地层堆积来看，整个地层堆积呈倾斜状堆积，中间高，四周低。堆积中的上面①、②两层为近现代堆砌，可能与晚期开河或修筑房屋堆砌有关。从第③层开始进入新石器文化层，出土有良渚文化时期的陶片。第③层之下的地层以T0402、T0401探方最为典型，其下地层变化最多，层次较为分明，出土的陶片数量较多。结合T0501、T0502暴露出的土色分析，该土墩可能以T0402、T0401为界被分成两个土墩。

从该土墩出土的遗物判断，该墩在新石器时期大体经过了两个阶段的堆砌过程。上层为良渚文化时期的遗址，出土了一些具有良渚文化特征的陶片，此外，还发现良渚时期的房屋遗址1座和灰坑8座。下层为崧泽文化时期的堆积，是该土墩遗址的最早堆积，崧泽文化的土墩为双墩东西分布，双墩共用一个非常纯净的灰土构成的基础层。在灰土层之上土墩底部发现有少量人骨残片。根据现场的遗存判断，该土墩可能是崧泽时期的祭坛遗迹。在双墩的中部还有一堵建筑在土墩东侧墩子外围的南北向的墙基，功能应该也是与祭坛遗迹有关。

朱巷地点主要为墓葬，墓葬排列有序并且比较集中。墓葬的时代从出土遗物推测，主要为崧泽文化时期墓葬，另有少量马家浜文化晚期的墓葬。

从出土遗物看，赤墩遗址上层出土陶鼎的足体型巨大，为各地良渚文化遗址出土物中所罕见，说明本地应有较高级别的良渚墓葬存在。彩陶也是本次发掘的重要成果，迄今太湖地区发现的彩陶非常稀少，在草鞋山下层和圩墩二期遗存中发现过单色的彩陶片，无锡地区的新石器遗址报告中也未有发现彩陶的记录。这次赤墩发掘出土的数件彩陶片，说明赤墩遗址也是一处非常重要的良渚时期遗址，对于研究太湖地区的新石器文化遗存也具有很重要的意义。墓葬主要为崧泽时期，有少数马家浜文化晚期墓葬。

从目前的调查结果分析，赤墩遗址文化内涵丰富，时间跨越较长。时代最早可至马家浜文化，崧泽文化、良渚文化均有延续，商周时期的几何印纹陶在地表也有发现，它是无锡地区一处十分重要的的史前文化遗址。该遗址无论从面积还是地层堆积都可以说是无锡地区又一重要的文化内涵丰富的大型遗址。目前该遗址分布的地块已部分被征用，如果相关部门对该地的规划为公共设施，那么建议在对其规划时可以充分利用该遗址绵延数千年的文化属性，从文化的角度充分去发掘其历史、社会价值。如已经规划为其他用地，无法修改规划，则应在遗址范围内划定文物保护范围红线，对部分重点区域进行保护，加强遗址的“四有”建设工作，在遗址区设立文保标志，加强考古勘探发掘的力度。此外，基于该遗址的重要性，为了更有效的保护该遗址和长远发展，建议该遗址申报市级文物保护单位或省级文物保护单位。发掘过程中我们采集了部分标本送至美国 BETA 实验室进行精确测年，数据主要为 4450±30 BP。

整个野外发掘过程中加强安全管理，使得在工地安全、人员安全和文物安全各个方面没有发生险情，发掘工作顺利完成。

# 第二章 建置区划

汉代设无锡县，钱桥、藕塘地区属之。宋代，钱桥、藕塘分属开原、布政、富安乡。明代，钱桥、藕塘分属开原区、富安区。清雍正二年（1724），诏分无锡县为无锡、金匮两县，钱桥、藕塘属无锡县辖。民国 34 年（1945），钱桥、藕塘镇属藕塘区辖。1953 年，钱桥、藕塘属苏州专区无锡县辖。1983 年，钱桥、藕塘属无锡市无锡县辖。1995 年，钱桥、藕塘属无锡市锡山市辖。2000 年，钱桥、藕塘属无锡市惠山区辖。2015 年，钱桥街道仍属无锡市惠山区辖。

## 第一节 地理位置

无锡市惠山区钱桥街道东临无锡市城西，南傍“江南第一山”惠山及名山舜柯山，北靠京杭大运河和沪宁铁路，北纬 31°7′~32°2′，东经 119°33′~120°38′，为锡西地区进入城区之门户。东与无锡城区接壤，南与滨湖区荣巷街道、梅园交界，西与胡埭、阳山镇、杨市相邻，北与洛社镇、石塘湾相衔。面积 46.21 平方公里，其中山区和丘陵面积为 2.879 平方公里，占总面积的 6.2%。

图 1—2—1　无锡职教园校区在钱桥街道区域内的方位图

钱桥街道具有明显的区域优势，地处长三角经济圈，东依上海，南与杭州为中心的“杭嘉湖”经济新兴区为邻，西靠南京，北枕以上海浦东为龙头的南通、靖江、扬州等长江经济开发带。新长铁路、锡宜高速、国道 G312 线、省道 S342 线等干线贯穿境内，是连接南北、沟通东西的节点，形成一个交通发达、物流畅达的无锡市主城区延伸区域，同时成为主城区与惠山区西部三组团之间的桥梁。距市中心 15 分钟车程，距太湖风景区 10 分钟车程。无锡市公交 4 路、4 路支线、快 2、15 路、39 路、43 路、60 路、83 路、85 路、102 路、115 路、126 路、138 路、206 路、603 路、608 路、611 路、615 路、628 路等 29 条公交线路途经钱桥街道，交通十分便利。

2005 年 7 月，无锡市委、市政府在区域内启动无锡（藕塘）职教园区建设，于 2010 年 9 月更名为无锡职教园，是无锡市“十一五”规划的“五大中心”重点项目之一，是无锡市重点建设发展的集职业教育、科研、实训、文化、旅游、生态、居住、商业为一体的综合性园区，也是无锡市重点打造的城市崭新功能的名片。无锡职教园与钱桥街道实行“街园合一”的管理体制，其中职教园校区东与舜柯社区相邻，南依鸡笼山、舜柯山，西与滨湖区胡埭镇相接，北为洋溪河，东北与藕塘集镇相连。

## 第二节 沿革

汉高祖五年（前202），始建无锡县，钱桥、藕塘位于无锡县城之西，隶属会稽郡无锡县辖。新始建国元年（9），王莽称帝，改无锡县为有锡县，钱桥、藕塘属有锡县。北宋元丰八年（1085），无锡县26乡裁并为22乡，钱桥、藕塘地区分属开原乡、布政乡、富安乡。

元至元十三年（1276），分全国为11省，次年升常州为路，钱桥、藕塘属江淮行中书省常州路无锡县辖。元贞元年（1295），升无锡县为州，称中州，钱桥、藕塘属江浙行中书省常州路中州辖。元至正十七年（1357）3月，朱元璋克常州，莫天佑居无锡，钱桥、藕塘属其所辖。元至正二十三年（1363），张士诚自立为吴王，建吴国，钱桥、藕塘属吴国中州辖。元至正二十七年（1367），吴国亡，无锡州归属于明，钱桥、藕塘随之。明洪武元年（1368），立南京为直隶，次年降无锡州为县，钱桥、藕塘属直隶常州府无锡县辖。明万历元年（1573），无锡县裁并22乡为13区，钱桥、藕塘地区分属开原区、富安区。

清顺治二年（1645），置江南省，钱桥、藕塘属江南省常州府无锡县辖。清康熙六年（1667），江南省分置江苏、安徽两省，钱桥、藕塘属江苏省常州府无锡县辖。清雍正二年（1724），诏分无锡县为无锡、金匮两县，两县同城而治，钱桥、藕塘属无锡县辖。清咸丰十年（1860），太平军攻克苏常，建苏福省，钱桥、藕塘属苏福省常州郡无锡县辖。清同治二年（1863），清军克无锡，复无锡、金匮两县，区域内属江苏省常州府无锡县辖。清光绪三十四年（1908），无锡县设17市乡，钱桥、藕塘属开原乡，稍塘、井亭、盛店等属富安乡。

民国元年（1912）5月，金匮、无锡两县合并为无锡县，属江苏省，钱桥、藕塘属江苏省无锡县辖。民国3年（1914），江苏省下设五道，钱桥、藕塘属苏常道无锡县辖。民国16年4月，废苏常道，钱桥、藕塘属江苏省无锡县辖。民国18年，无锡县行政区改设为17个区，以序数为名，钱桥、藕塘镇属第四区；藕塘地区之稍塘、井亭、盛店属第十七区。民国22年3月，江苏省下设行政区，钱桥、藕塘属第二行政区（又称武进行政区）无锡县辖。民国23年，无锡县17个区调整为10个区，钱桥、藕塘镇属第四区辖。民国25年，增设松江、无锡两区，钱桥、藕塘属江苏省无锡区无锡县辖。民国26年11月25日，日军侵占无锡，后建立伪县政权，钱桥、藕塘属伪县政权辖。民国29年至民国30年，中国共产党领导的抗日游击区在无锡建立抗日民主政府，在无锡西北部（钱桥、藕塘、阳山、洛社区域）设区，钱桥、藕塘先后属澄锡武边区抗敌委员会和中共澄西县。民国32年2月，中共在无锡西部农村（钱桥、藕塘、阳山、洛社区域）建立锡西办事处，属中共武南县。民国33年7月，钱桥、藕塘属伪第三区（无锡区）行政督察专员公署辖。民国34年，原第四区改为藕塘区，钱桥镇、藕塘镇属藕塘区辖。是年8月，抗日战争胜利，钱桥、藕塘属江苏省无锡县辖。1949年4月23日，无锡解放，城区及近郊置无锡市，市、县分置，钱桥、藕塘地区属苏南行政公署常州专区无锡县辖。同年6月，钱桥、藕塘改属无锡市无锡县辖。是年9月，无锡县设8个区，钱桥镇属开原区辖，藕塘镇属新渎区辖。

1950年4月，无锡县设藕塘区，钱桥、藕塘属无锡县藕塘区辖。6月，属苏南行署无锡县藕塘区辖。1952年4月，钱桥、藕塘改属常州专区无锡县藕塘区辖。1953年1月，钱桥、藕塘地区属江苏省苏州专区无锡县藕塘区辖。1954年10月，藕塘区撤销。是年，钱桥、社冈、西漳、洋溪、舜柯乡划归无锡市郊区辖，藕塘、稍塘、新民乡划归新渎区人民政府管辖。1958年7月，无锡县改属无锡市领导，钱桥划归无锡县，钱桥、藕塘属无锡市无锡县辖。是年9月，钱桥乡成立钱桥人民公社，藕塘乡成立藕塘人民公社，属无锡县辖。1962年7月，无锡县复属苏州专区，钱桥、藕塘属苏州专区无锡县辖。1983年3月，江苏省实行市管县新体制，无锡县属无锡市，钱桥、藕塘属无锡市无锡县辖。是年4月，无锡县进行体制改革，钱桥、藕塘人民公社恢复乡建制。1987年6月，撤销钱桥乡建制，改设钱桥镇。1993年3月，撤销藕塘乡建制，改设藕塘镇。1995年6月，国务院批准无锡县改设锡山市，钱桥、藕塘属无锡市锡山市辖。2000年12月21日，国务院批准撤销锡山市，设立锡山区、惠山区，钱桥、藕塘镇属无锡市惠山区辖。2004年2月，钱桥镇与藕塘镇合并，成立新的钱桥镇。2006年11月，无锡市委、市政府在区域内建立中共无锡（藕塘）职教园区工作委员会和无锡（藕塘）职教园区管委会，与钱桥镇实行区镇合一的管理体制。2007年11月，撤销钱桥镇，设立惠山区钱桥街道。2015年，无锡职教园与钱桥街道行政区划仍然合一，属无锡市惠山区辖。

## 第三节 行政区划

汉初置无锡县，其时县境范围已无从稽考。后无锡县设26乡，钱桥、藕塘地区分属开原乡、布政乡、富安乡。

北宋元丰八年（1085），无锡县26乡裁并为22乡，乡以下设都，都以下设保。今钱桥街道地区分别属富安乡、布政乡、开原乡。富安乡，县西五十里，有3都30保，其中部分保属今钱桥街道藕塘地区，部分保属今阳山镇，部分保属今滨湖区胡埭镇。布政乡，县西四十里，有2都20保，其中部分保属今钱桥街道藕塘地区，部分保属今洛社镇，部分保属今梅园地区。藕塘地区陈村、新丰、后庄、西丁村、东丁村属布政乡二十都。藕塘地区庙塘桥、唐巷、徐塘，钱桥地区历村、毛村属布政乡二十一都。开原乡，县西二里，有2都20保，其中部分保属今钱桥街道钱桥地区，部分保属今无锡市北塘区惠山街道、黄巷街道，滨湖区荣巷街道。钱桥地区夏虞桥、钱桥、乌径桥属开原乡二十二都。

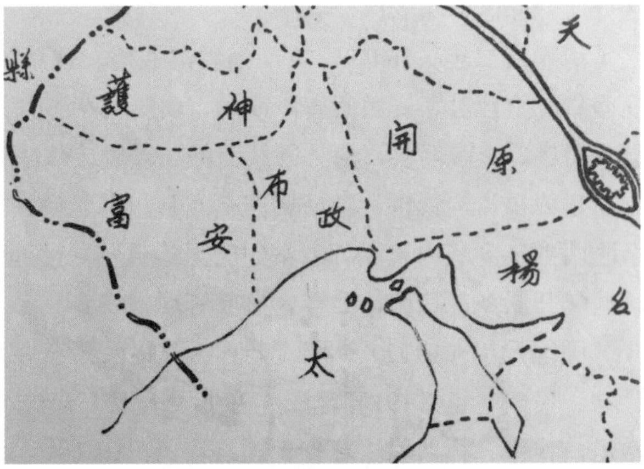


图1—2—2　北宋元丰八年（1085）至明万历元年（1573），无锡县设22乡，钱桥、藕塘地区分属开原乡、布政乡、富安乡地图

元袭宋制。元至正年间王仁辅编的《无锡县志》中谓“富安乡，在州西五十里，原名永安，震泽并入南晋陵县界，北神护，东布政乡，西晋陵县界；布政乡，在州西四十里，南太湖，北神护，东开原，西富安乡界；开原乡，在州西二里，南扬名，北万安，东在城，西布政乡界。”

明乡制未变。明万历元年（1573），为强化赋税，计户分里（明初“甲”称“里甲”，十户为一甲，十甲为一里；后称“保甲”，十户为一甲，十甲为一保），随粮定区，无锡县裁并

图1—2—3　明万历元年（1573），无锡县裁并22乡为13区，钱桥、藕塘地区分属开原区、富安区地图

22 乡为 13 区。每区分上、下扇。区以下设扇，扇以下设都，都以下设图，图以下设甲。原富安乡、布政乡划入富安区。富安区上扇有 5 都 17 图，下扇有 4 都 17 图，藕塘地区为富安区下扇。原开原乡划入开原区。开原区上扇有 2 都 17 图，下扇有 3 都 17 图。钱桥地区属开原区下扇。

清初，乡承明制，南方各省以下设乡，乡以下设图。乡设乡董，图设图董，总管一乡、一图事务。清雍正二年（1724），诏分无锡为无锡、金匮两县。无锡县辖 12 乡、金匮县辖 10 乡。钱桥属无锡县开原乡，藕塘东部地区属无锡县开原乡，藕塘西部地区属无锡县富安乡。

**清光绪七年（1881）无锡县钱桥、藕塘地区乡、扇、都、图、村一览表**

表 1—2—1

| 区、扇别 | 领图 | 都、图、村及字号 | 平均每图地额（亩） |
|---|---|---|---|
| 富安乡（区）下扇 | 17 | 二十都一图（问字，赤墩里），四图（拱字，盛店桥），五图（平字，庙桥） | 3410 |
| 开原乡（区）上扇 | 12 | 二十二都三图（伏字，钱桥），四图（戎字，龙山梢） | 2855 |
| 开原乡（区）下扇 | 15 | 二十一都一图（章字，立村下），三图（育字，上唐巷）。二十二都一图（首字，周公弄），二图（臣字，苏巷上），五图（羌字，龙山三周巷），八图（壹字，下虞桥），十图（率字，羊毛桥） | 2879 |

说明：“地额”即征收田赋面积

清光绪三十四年（1908），无锡县按人口设市、乡，人口满 5 万设市、不满 5 万设乡，计 10 市 7 乡，简称 17 市乡。钱桥属开原乡，藕塘属富安乡。

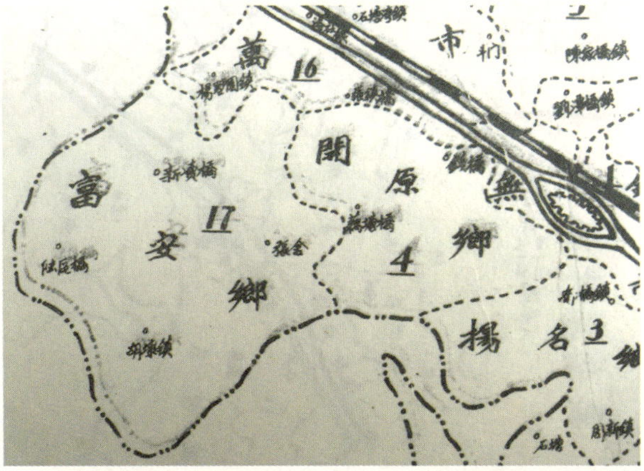

图 1—2—4 民国元年（1912）无锡县开原乡、富安乡（钱桥、藕塘属开原乡；盛店、后庄、青山、稍塘、井亭属富安乡）地图

民国元年（1912），无锡、金匮两县合并为无锡县，设十七市乡。开原乡列十七市乡之四，面积 202.5 方里，7042 户，36510 人；富安乡列十七市乡之十七，面积 260.8 方里，8812 户，43965 人。

民国 18 年，无锡县行政区域改设为 17 个区，以序数为区名。开原乡为第四区，区公所驻地前桥头。第四区（开原乡）辖钱桥、藕塘、荣巷、徐巷 4 个镇以及大支、夏虞、仙蠡、周张、余巷、孙蒋、河埒口东、青灿、河埒口西、丁巷、钱张、张陆、大池、大小渲、朱祥、镇山、西管社、青韩山、孙山、石埠、严家棚、双河、惠北、石门、景丽、东济、莫塘桥、居仕、溪山、管渎、三塘等 32 个乡。富安乡为第十七区。第十七区（富安乡）辖胡埭、陆区、新渎、张舍四个镇以及今藕塘之盛店、后庄、青山、稍塘、井亭等 34 个乡。盛店乡辖里水渠、西贾村、张典桥、船浜头、蒋巷上、梨轭基、庄桥头、大河头、小漕上、姚巷上、上俞巷、弄里、盛店桥、墩上、庄基上、俞巷、吴巷上、张巷上、大坝头、盛店埁、庄里、高家旦、杨树坝、西张巷、东张巷、大树下、下庄、章家坝、黄土桥、西坝头、黄泥坝、上舍头、庙桥王巷、庙桥，共 34 个自然村，401 户，1979 人口。后庄乡辖包家岸、湛大坝、杨树浜、枣树下、后底巷、小庙头、东家村、木排头、陈巷上、中大坝、渔池头、故村里、沈巷上、大巷上共 14 个自然村，152 户，646 人口。青山乡辖陈家湾、庙沟漕、庙头、小东店、椿树巷、邵巷上、袁巷上、第四巷、东丁村、三家村、大东店、河西巷、萧家坍、西村、管家湾、上山、柏树下岸里、西村岸里，共 18 个自然村，223 户，989 人口。稍塘乡辖陈村、木桥头、下岸、陈村漕上、坛头、中巷里、管巷上、小方桥、章巷上、岸里、稍塘桥、河西岸、费家弄、

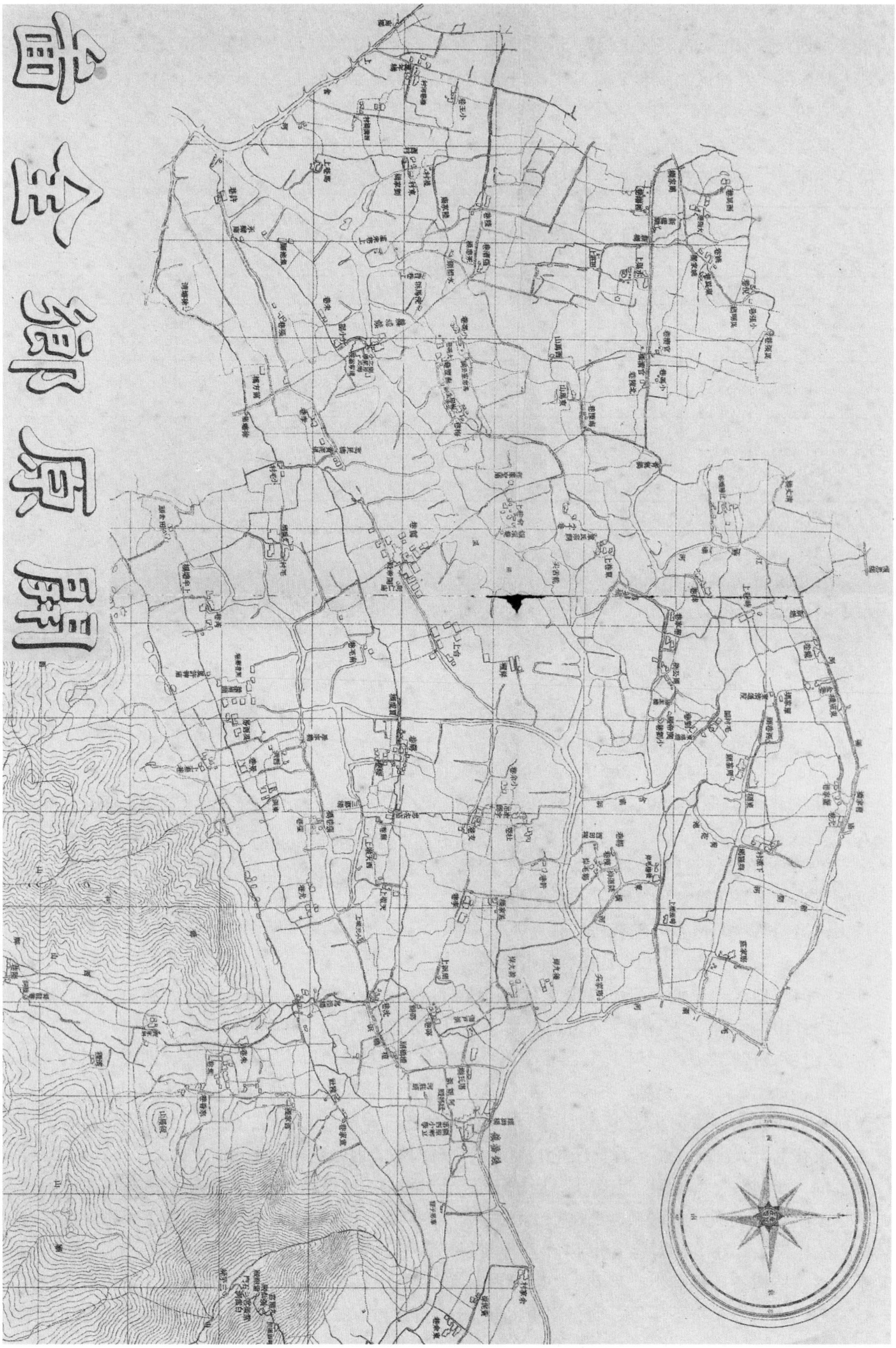


图1—2—5 民国4年（1915）2月实测开原乡地图之钱桥地区部分（无锡县实际测量的第一张地图）

新丰里、小马巷、东巷头、长吴巷、周巷上、叶家墩共19个自然村，243户，1098人口。井亭乡辖李家湾、钱埠墩、朱巷、王巷、殷巷、田肚里、壤里、石巷、陆巷、秦巷、欧巷、吴巷、花园里，共13个自然村，256户，1170人口。社冈、铁狮、西漳、潘葑、果新乡属十六区（原万安市）。

**民国18年（1929）市乡及划并自治区沿革表**

表1—2—2

| 旧十七市乡 | 民国18年改自治区 |
|---|---|
| 开原乡 | 第四区 |
| 富安乡 | 第十七区 |

**民国18年第四区、第十七区区域之四至表**

表1—2—3

| 区别 | 原名 | 位置 | | | |
|---|---|---|---|---|---|
| | | 东 | 南 | 西 | 北 |
| 第四区 | 开原乡 | 无锡市 | 太湖 | 富安乡 | 万安市 |
| 第十七区 | 富安乡 | 开原乡 | 太湖 | 武进县 | 万安市 |

图1—2—6 民国20年（1931）无锡县第十七区（富安乡）全图

民国23年（1934）6月，无锡县全境17个区调整为10个区，乡镇同时裁并，实行保甲制，十户为甲，十甲为保。原第四区（开原乡）、第十七区（富安乡）合并为第四区，面积463方里，设9镇13乡，户数16073户，人口78159人，区公所设藕塘桥，暂驻前桥头。至城市之交通有开原公共汽车、江南长途汽车直达。辖钱桥、藕塘、荣巷、徐巷、张舍、胡埭、新渎、陆区、鸿桥9个镇以及仙蠡、河埒口、大池、惠北、溪北、稍塘、修浦、盛店、崇仁、兴隆、闾江、福山、刘塘等13个乡。西漳属第十区（洛社）辖。

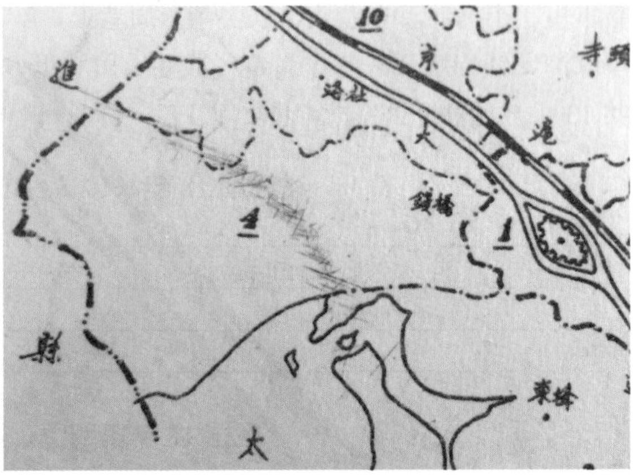

图1—2—7　民国23年（1934）至26年（1937），无锡县17个区调整为10个区，原第四区、第十七区合并为第4区。钱桥镇、藕塘镇属第四区辖地图

民国26年11月25日，日军侵占无锡。此后，日伪统治，曾两度变更行政区划。民国27年1月将10个区恢复为民国23年前17个区。又于民国30年2月，将17个区恢复为抗日战争前的10个区，以序数为区名。日伪在“清乡”时，一度把第六至十区划为特别区公署。

抗日战争时期，国民党无锡县地下县长毛木君，于民国27年11月至29年间，按抗日战争前10个区旧制，建立10个地下区政府。民国29年9月至民国30年8月，中共在锡西北农村（钱桥、藕塘、阳山、陆区、洛社）建立第一区，属中共澄西县领导。民国31年至民国34年10月，锡西钱桥、藕塘等农村先后属中共武南县管辖。

民国34年，抗日战争胜利后的是年11月，无锡县仍然按抗日战争前10个区旧制设置，以地名为区名，原第四区（开原乡）改为藕塘区，区署驻地藕塘桥，辖9镇、13乡。9镇为张舍镇、胡埭镇、藕塘镇、盛店镇、新渎镇、钱桥镇、荣巷镇、河埒口镇、徐巷镇；13乡为福山乡、修浦乡、鸿桥乡、崇仁乡、陆区桥乡、兴隆乡、闾江乡、刘塘乡、稍塘乡、溪北乡、惠北乡、仙蠡乡、大池乡。面积428方里。钱桥镇、藕塘镇不变。原盛店乡、河埒口乡改为镇，原陆区桥镇、鸿桥镇改为乡。藕塘镇驻地藕塘桥，下辖21个保；钱桥镇驻地钱桥，下辖15个保。

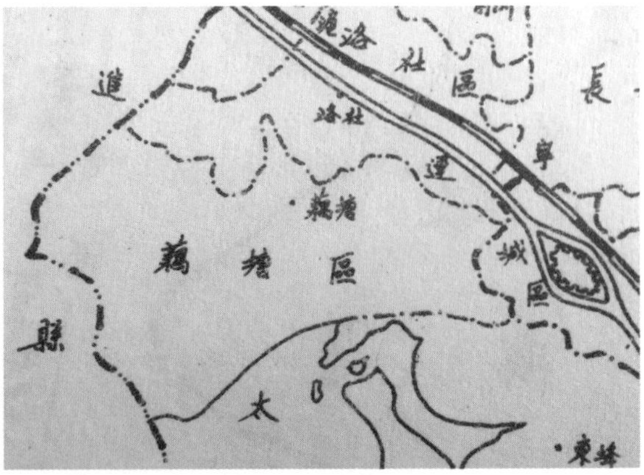

图1—2—8　民国34年（1945），原第四区改为藕塘区，驻地藕塘，辖9镇13乡地图

民国37年1月，无锡县设5个区署、6个指导区、1个自治实验乡。藕塘区部分区域与洛社区部分区域合并，设新渎区署，区署所在地新渎，辖藕塘、新渎、陆区、胡埭、杨市、双庙、张舍7个镇。洛社区部分区域与藕塘区部分区域合并，设第四指导区，辖钱桥、洛社、张镇3镇和万北、万东两乡。藕塘区部分区域与周新镇区部分区域合并，设第五指导区，辖开原镇1镇和湖山、南桥、扬名、落霞等4个乡。

1949年4月23日，无锡解放，第一指导区、第二指导区的全部和第五指导区的开原镇、湖山乡置无锡市。是年5月，无锡县设7个区，藕塘为镇，驻地藕塘桥；钱桥为镇，驻地钱桥，属新渎区辖。7月，无锡市开原镇、湖山乡划入县境。7月13日，无锡县县长薛永辉、副县长张卓如呈文无锡市市长顾风、副市长包厚昌，因市政府将开原镇、湖山乡划归县领导等因，将新渎区的钱桥镇、万东乡及划来的开原镇、湖山乡等乡镇成立开原区。是年9月3日，无锡市顾风、包厚昌正、副市长下发指令："所呈照准。"藕塘镇属新渎区管辖，钱桥镇属开原区管辖。

1950年1月5日，无锡县政府颁布《废除保甲、改造基层政权的实施办法（草案）》。是月，钱桥、藕塘镇，万东、稍塘、盛店乡积极贯彻执行。2月，钱桥、藕塘、万东、稍塘、盛店等各乡镇分别建立村行政委员会和行政小组，建立人民基层政权。4月，无锡县人民政府颁发布告，为提高行政效率，健全行政机构，特根据境内各地区风俗、习尚、生活、交通与自然环境等具体情况，将全县原有9个区、93个乡镇改划为15个区、165个乡镇。设藕塘区，驻地藕塘，辖藕塘乡、稍塘乡、钱桥乡、万东乡4个乡。盛店乡属新渎区管辖。6月，藕塘区政府迁址至钱桥。1950年7月，为推进土地改革，无锡县进一步划小部分乡镇。藕塘区撤万东乡，增辖舜柯、社冈、西漳、会龙、洋溪5乡。1950年12月，藕塘区会龙乡划归无锡市。1952年1月，无锡县开原区所辖仙蠡、河埒、开原、梅园等11个乡，划归无锡市。

**1952年8月1日无锡县民政科公布区域内市镇、乡政府所在地调查表**

表1—2—4　　　　单位：个

| 乡名 | 自然村数 | 乡政府所在地 | 乡名 | 自然村数 | 乡政府所在地 |
|---|---|---|---|---|---|
| 舜柯乡 | 29 | 毛村 | 藕塘乡 | 43 | 藕塘桥 |
| 社冈乡 | 29 | 邓巷上 | 稍塘乡 | 45 | 稍塘桥 |
| 西漳乡 | 30 | 西漳小街 | 钱桥乡 | 36 | 钱桥街镇 |
| 洋溪乡 | 31 | 单巷上 | — | — | — |

1954年10月，江苏省人民政府下发通知，将原藕塘区的钱桥乡、西漳乡、舜柯乡、社冈乡、洋溪乡划给无锡市管辖，属无锡市郊区。同时撤销藕塘区（7个乡，2896人口），将原藕塘区的藕塘、稍塘2个乡划给新渎区管辖。

**附1：江苏省人民政府报送中央人民政府内务部函　苏民建字 第二三四一〇号**

**江苏省人民政府函**

**苏民建**字 第二三四一〇号

事由：为报请批核无锡市与无锡县区划调整由

附件：表、图各一份

主送机关：中央人民政府内务部

抄送机关：华东行政委员会（连附件）

拟办：

批示：

收文　　字第　　号　　195　年　月　日

时收

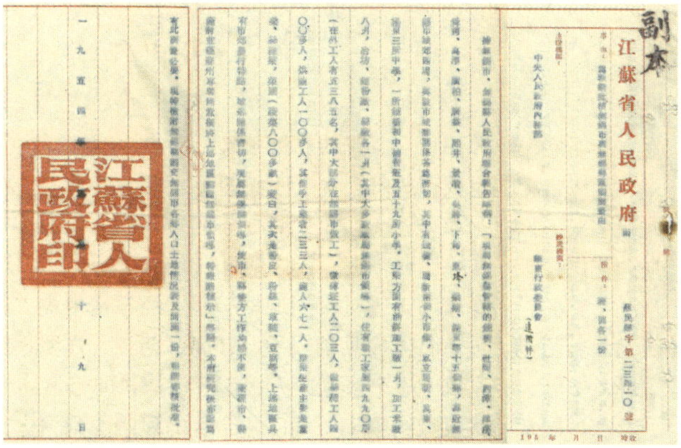
副本
江蘇省人民政府
江蘇省人民政府印

图1—2—9　1954年5月19日江苏省人民政府给中央人民政府内务部的函

据无锡市、无锡县人民政府联合报告略称："现属无锡县管辖的钱桥、社冈、西漳、洋溪、舜柯、高泾、广柏、广益、熙井、景渎、吴蒋、下甸、东埄、梁塘、湖东等十五个乡，靠近无锡市城郊四周，与该市城乡关系甚为密切，其中有钱桥、周新两个小市镇，私立周新、万东、杨东三所中学，一所钱桥初中补习班及五十九所小学。工业方面有油饼加工厂一爿，加工米厂八爿，冶坊、面粉厂、丝厂各一爿（其中大多数厂属无锡市领导），住有职工家属四九九〇户，（在外工人有五三八五名，其中大部分在无锡市做工），做砖坯工人二〇三人，做丝绵工人四〇〇多人，烘茧工人一〇〇多人，其他手工业者二三三人，商人六七一人。副业生产主要是蚕桑、丝绵业，菜圃（蔬菜八〇〇多亩）茭白，其次是粉皮、粉丝、草鞋、豆腐等。上述地区具有市郊农村特点，城乡关系密切，现属无锡县领导，使市、县双方工作均感不便，业经市、县商讨并经苏州专署同意拟将上述地区划归无锡市领导，特报请核示"等语。本府研究后亦认为有此调整必要。现特检附无锡县划交无锡市各乡人口土地情况表及简图一份，报请审核批准。

江苏省人民政府（印）
1954年5月19日
缮写：朱肇福
校对：王文清
监印：许迪照

**无锡县划归无锡市的乡、人口、土地情况表**

| 所属区别 | 乡别 | 人口数 | 土地数（亩） |
|---|---|---|---|
| 藕塘区 | 钱桥乡 | 5826 | 8620.707 |
| | 社冈乡 | 3847 | 6253.970 |
| | 洋溪乡 | 3092 | 5902.046 |
| | 西漳乡 | 3961 | 5471.217 |
| | 舜柯乡 | 3823 | 7875.219 |
| 西漳区（略） | | | |
| 东亭区（略） | | | |
| 华庄区（略） | | | |
| 南泉区（略） | | | |
| 合计 | 15个乡 | 61131人 | 80983.855亩 |

注：现属无锡县江溪乡之十、十一两选区，业已划归景渎乡，两选区之人口共930人,土地共930.681亩，已统计在景渎乡人口数与土地数之内。

## 附2：江苏省人民政府批复 苏民 字 第二三九四一号

**江苏省人民政府批复**

苏民 字 第二三九四一号

事由：同意将无锡县属钱桥、社冈等十五个乡划给无锡市管辖及其他行政区划调整由

附件：

主送机关：无锡市、无锡县人民政府

抄送机关：中共江苏省委办公厅
　　　　　苏州区专员公署
　　　　　本府各委、厅、局、院、署、行、社

拟办：

批示：

收文　　字第　　号　　195 年　月　日　　时收

无锡市无锡县人民政府一九五四年四月二十五日（54）锡办字第一七三〇号联合报告、无锡县六月十八日总（54）人政字第五六九号报告及无锡市七月二十四日（54）锡办字第三〇八三号、九月二十日第三九二三号两函均悉。兹复如下：

一、关于无锡市与无锡县区划调整一案，经报请中央人民政府内务部一九五四年八月二十五日内户（54）字第四七六号函复，同意将无锡县的钱桥、社冈、西漳、洋溪、舜柯、高泾、广柏、广益、熙井、景渎、吴蒋、下甸、东绛、梁塘、湖东等十五个乡划归无锡市管辖，希即将上述十五个乡的乡干数字报送省编委会备查。

二、同意无锡县撤销藕塘、墙门两个区的建制。藕塘区所辖地区除已划给无锡市五个乡以外，余下的稍塘、藕塘两个乡划给新渎区领导。墙门区的后宅、南塘、后南、后西四个乡划给荡口区领导；里河、墙南、塔西、硕放四个乡划给华庄区领导；薛典、墙门、墙西、观泗四个乡划给梅村区领导。

以上希各知照，并将调整后的区划图补报两份备查。

江苏省人民政府（印）
1954年10月16日
缮写：周真
校对：王文清
监印：鞠文华

1955年8月20日，无锡市郊区所辖3个分区改名为黄巷、中桥、保安，原第六区一分区13个乡，包括钱桥，属黄巷分区辖。

1956年3月，郊区所辖3个分区撤销，全郊区40个乡合并成16个乡。区域内西漳、洋溪、社冈合并成西漳乡，舜柯与钱桥合并成钱桥乡。是年11月15日，全郊区16个乡合并为13个乡。1958年1月，西漳乡并入钱桥乡。

1958年4月，无锡县撤销区级建制，藕塘乡直属县领导。是年4月5日，郊区13个乡合并成8个乡。其中会龙乡的新华、红光、宪丰、红星（高级合作社）划归钱桥乡，其它并入黄巷乡。7月5日，无锡市撤销郊区，将钱桥等8个乡划归无锡县。9月，无锡县实现人民公社化，实现“政社合一”的体制，钱桥乡建立钱桥人民公社，下辖18个生产大队，60多个生产小队；藕塘乡成立藕塘人民公社，下辖两大工区，20个生产小队。1959年，钱桥人民公社下辖的18个生产大队为历村大队、舜一大队、溪南大队、竞丰大队（1982年更名为苏庙大队）、钱桥大队、会西大队、红光大队、宪丰大队、新华大队、勤新大队、五星大队（1982年更名为威华大队）、晓星大队、胜丰大队、西漳大队、新丰大队（1982年更名为溪北大队）、黎明大队（1982年更名为周家弄大队）、洋溪大队、红旗大队（1982年更名为鸭船浜渔业大队）。藕塘人民公社下辖的8个生产大队为五五大队（1967年更名为东方红大队、1982年更名为藕塘大队）、五九大队（1967年更名为东风大队）、五星大队（1982年更名为南水渠大队）、火花大队、凯旋大队（1982年更名为盛店大队）、一鸣大队（1967年更名为永红大队、1982年更名为稍塘大队）、勤建大队、渔业大队（1982年更名为藕塘渔业大队）。

1960年初，无锡县钱桥公社的会西大队划归广益公社。1961年1月31日，无锡县钱桥公社红光、宪丰、新华3个大队划归无锡市北塘人民公社黄巷分社。是年2月，无锡县钱桥公社勤新大队祝家旦、前向巷、前蒋巷、后蒋巷、朱巷、中巷、西家巷、陈漕湾、乌泾桥、支巷、尤巷、张巷自然村划归无锡市北塘人民公社。1961年，藕塘公社勤建大队划出李家湾成立林业队，1962年凯旋大队划分成凯旋、宇峰两个大队；1965年勤建大队又划出5个生产队与林业队合并成立林业大队（1982年更名为井亭大队）。

1983年4月，无锡县进行农村人民公社体制改革，政、社分设，钱桥、藕塘人民公社恢复乡建制，即设钱桥、藕塘乡。是年，钱桥乡驻地钱桥，全乡有127个自然村，分设13个村民委员会，1个居民委员会，204个村民小组，9个居民小组（详见下《1983年钱桥乡区划名称表》）；藕塘乡驻地藕塘桥，全乡有130个自然村，分设10个村民委员会，1个居民委员会，179个村民小组，7个居民小组（详见下《1983年藕塘乡区划名称表》）。

**1983年钱桥乡区划名称表**

表1—2—5

| 标准名称 | 汉语拼音 | 备注 |
| --- | --- | --- |
| **钱桥乡** | **Qiánqiáo Xiāng** | **1958年以驻地钱桥（自然镇）命名为钱桥公社。1983年改设钱桥乡。** |
| **钱桥** | **Qiánqiáo** | **自然镇名。为钱桥乡政府和钱桥村村委会驻地。** |
| **南西漳** | **Nánxīzhāng** | **自然镇名。** |
| **历村村** | **Lìcūn Cūn** | **行政村名。1958年以境内历村下（地片）命名历村大队。1983年改设历村村。有农田1768亩，1654人。** |
| 上秦巷 | Shàngqínxiàng | 村名。秦姓世居于此，因地势高而得名。 |
| 东浜头 | Dōngbāngtóu | 村名。此河浜东，西各有一村，此村居东，故名。 |
| 西浜头 | Xībāngtóu | 村名。参见上条。 |
| 费巷 | Fèixiàng | 村名。 |

续表 1—2—5

| 标准名称 | 汉语拼音 | 备注 |
|---|---|---|
| 芮 巷 | Ruìxiàng | 村名。 |
| 田舍头 | Tiánshètóu | 村名。 |
| 景 巷 | Jǐngxiàng | 村名。原名柏树下。后以景姓得名。 |
| 蒋 巷 | Jiǎngxiàng | 村名。 |
| 小秦巷 | Xiǎoqínxiàng | 村名。清末，秦姓由上秦巷分迁于此，故称。 |
| 顾 巷 | Gùxiàng | 村名。 |
| 吴西房 | Wúxīfáng | 村名。该村原是吴姓仓房，位于其住宅之西，故名。 |
| 庄 家 | Zhuāngjiā | 村名。 |
| 缪 家 | Miàojiā | 村名。 |
| 周 巷 | Zhōuxiàng | 村名。 |
| **舜一村** | **Shùnyī Cūn** | **行政村名。1958 年沿用舜一高级社之名得名舜一大队。1983 年改设舜一村。有农田 1536 亩，1411 人。** |
| 赤墩里 | Chìdūnlǐ | 村名。 |
| 花园里 | Huāyuánlǐ | 村名。清时，此村原为吴巷头（村）朱姓的花园，故名。 |
| 吴巷头 | Wúxiàngtóu | 村名。清咸丰年间，吴、欧、朱三姓分别落户于此，形成欧巷头、河桩头、吴巷头三村，其中吴巷头最大，故习称吴巷头。 |
| 石巷头 | Shíxiàngtóu | 村名。 |
| 陆 巷 | Lùxiàng | 村名。 |
| 墺 里 | Nánglǐ | 村名。因该村地势低，故名。 |
| 沈 巷 | Shěnxiàng | 村名。 |
| **溪南村** | **Xīnán Cūn** | **行政村名。1958 年以地处洋溪河南而得名溪南大队。1983 年改设溪南村。有农田 1840 亩，2074 人。** |
| 龚 巷 | Gōngxiàng | 村名。又名龚唐巷。溪南村村委会驻地。 |
| 南 巷 | Nánxiàng | 村名。该村位于大路之南，故名。 |
| 埭 上 | Dàishàng | 村名。 |
| 岸 里 | Anlǐ | 村名。土语“圩田”称岸。该村位于圩田内，故名。 |
| 火叉浜 | Huǒchābāng | 村名。因村旁河浜形似“火叉”，故名。后又名“火车浜”。 |
| 毛 村 | Máocūn | 村名。 |
| 小毛村 | Xiǎomáocūn | 村名。为毛村分出的小村，故称。 |
| 小南巷 | Xiǎonánxiàng | 村名。为南巷分出的小村，故称。 |
| **苏庙村** | **Sūmiào Cūn** | **行政村名。1958 年取名竞丰大队，1982 年以境内苏庙（已废）更名为苏庙大队。1983 年改设苏庙村。有农田 2333 亩，2925 人。** |
| 前金岸 | Qiánjīn’àn | 村名。 |
| 后金岸 | Hòujīn’àn | 村名。 |
| 李 巷 | Lǐxiàng | 村名。 |
| 孟家桥 | Mèngjiāqiáo | 村名。 |
| 许 巷 | Xǔxiàng | 村名。 |
| 邵 巷 | Shàoxiàng | 村名。 |
| 埭 桥 | Dàiqiáo | 村名。 |
| 天墩头 | Tiāndūntóu | 村名。因村东有天墩坟，故名。 |
| 苏 巷 | Sūxiàng | 村名。 |
| 缪 巷 | Miàoxiàng | 村名。 |
| 大支巷 | Dàzhīxiàng | 村名。以支姓得名。 |
| 沈 巷 | Shěnxiàng | 村名。 |
| 杜 巷 | Dùxiang | 村名。 |
| 余 巷 | Yúxiàng | 村名。 |
| 庙浜上 | Miàobāngshàng | 村名。 |
| **钱桥村** | **Qiánqiáo Cūn** | **行政村名。1958 年以驻地钱桥（自然镇）得名为钱桥大队，1983 年改设为钱桥村。有农田 845 亩，2105 人。** |
| 站 头 | Zhàntóu | 村名。 |

续表 1—2—5

| 标准名称 | 汉语拼音 | 备　　注 |
| --- | --- | --- |
| 马客桥 | Măkèqiáo | 村名。 |
| 塘泗桥 | Tángsìqiáo | 村名。 |
| 周　巷 | Zhōuxiàng | 村名。 |
| 潘　巷 | Pānxiàng | 村名。 |
| 浜　头 | Bāngtóu | 村名。该村位于河浜尽头，故名。 |
| **威华村** | **Wēihuá Cūn** | **行政村名。1958 年取名五星大队，1982 年以境内威华桥更名为威华大队，1983 年改设威华村。有农田 1744 亩，2077 人。** |
| 杨思桥 | Yángsīqiáo | 村名。 |
| 姚　巷 | Yáoxiàng | 村名。 |
| 戴巷桥 | Dàixiàngqiáo | 村名。 |
| 殷缪巷 | Yīnmiàoxiàng | 村名。以殷、缪两姓得名。 |
| 小园里 | Xiǎoyuánlǐ | 村名。因有小竹园，故名。 |
| 南下塘 | Nánxiàtáng | 村名。此地河浜南、北各有一村，该村居南，故名。 |
| 北下塘 | Běixiàtáng | 村名。参见上条。 |
| 唐家庄 | Tángjiāzhuāng | 村名。 |
| 周家桥 | Zhōujiāqiáo | 村名。 |
| 墅塘桥 | Shùtángqiáo | 村名。 |
| 浦　巷 | Pǔxiàng | 村名。 |
| **晓星村** | **Xiǎoxīng Cūn** | **行政村名。1958 年取名晓星大队，1983 年改设晓星村。有农田 1464 亩，1792 人。** |
| 邓　巷 | Dèngxiàng | 村名。晓星村村委会驻地。 |
| 砖场上 | Zhuānchǎngshàng | 村名。 |
| 大花岸 | Dàhuā'àn | 村名。 |
| 陆岸头 | Lù'àntóu | 村名。清乾隆年间，陆姓由玉祁迁此，建宅于圩田内，故名。 |
| 时巷上 | Shíxiàngshàng | 村名。 |
| 时　湾 | Shíwān | 村名。该村位于河湾处，且以时姓得名。 |
| 高　田 | Gāotián | 村名。因该村地势高而得名。 |
| **胜丰村** | **Shèngfēng Cūn** | **行政村名。1958 年沿用胜丰高级社社名为胜丰大队，1983 年改设胜丰村。有农田 1247 亩，1579 人。** |
| 王　巷 | Wángxiàng | 村名。 |
| 庙　头 | Miàotóu | 村名。因村东原有大王庙而得名。 |
| 宋　巷 | Sòngxiàng | 村名。 |
| 吴　巷 | Wúxiàng | 村名。 |
| 高石头 | Gāoshítóu | 村名。 |
| 龙亨沟 | Lónghēnggōu | 村名。“龙亨”是本地石磨上推磨手柄的土称。因水沟形似龙亨而得名。 |
| 张姆泾 | Zhāngmǔjīng | 村名。 |
| **西漳村** | **Xīzhāng Cūn** | **行政村名。1958 年以境内南西漳（自然镇）得名西漳大队。1983 年改设西漳村。有耕田 1656 亩，2508 人。** |
| 孙　家 | Sūnjiā | 村名。西漳村村委会驻地。 |
| 潘　巷 | Pānxiàng | 村名。 |
| 南　漳 | Nánzhāng | 村名。 |
| 东　塘 | Dōngtáng | 村名。 |
| 张　家 | Zhāngjiā | 村名。 |
| 查　家 | Zhājiā | 村名。 |
| 毛　家 | Máojiā | 村名。 |
| 木　排 | Mùpái | 村名。 |
| 马　家 | Mǎjiā | 村名。 |
| 岸　里 | Anlǐ | 村名。土语“圩堤”称岸。因该村位于圩田内，故名。 |

续表 1—2—5

| 标准名称 | 汉语拼音 | 备　　注 |
|---|---|---|
| 墙　门 | Qiángmén | 村名。该村位于南西漳市镇上。因东、西各有墙门而得名。 |
| 牌　楼 | Páilóu | 村名。该村位于南西漳市镇上。因原有牌楼而得名。 |
| 彭　巷 | Péngxiàng | 村名。 |
| 太　基 | Tàijī | 村名。因钱太基最早迁此而得名。 |
| 浜　头 | Bàngtóu | 村名。该村位于南西漳浜旁，故名。 |
| **溪北村** | **Xīběi Cūn** | **行政村名。1958年沿用新丰高级社社名为新丰大队。1982年以地处洋溪河北而更名为溪北大队，1983年设溪北村。有农田1476亩，1631人。** |
| 周基头 | Zhōujītóu | 村名。溪北村村委会驻地。 |
| 前杨毛岸 | Qiányángmáoàn | 村名。原名杨毛岸。以杨、毛两姓得名。后吕姓在其北另辟一宅，改名前杨毛岸。 |
| 后底岸 | Hòudǐ'àn | 村名。吕姓最早辟宅于此，因位于前杨毛岸之后，故名后杨毛岸。后改称后底岸。 |
| 毛村园 | Máocūnyuán | 村名。因毛元清最早居此而得名。 |
| 下段村 | Xiàduàncūn | 村名。 |
| 肖尤巷 | Xiāoyóuxiàng | 村名。以肖、尤两姓得名。 |
| 金　巷 | Jīnxiàng | 村名。 |
| 刘　巷 | Liúxiàng | 村名。 |
| 戴　巷 | Dàixiàng | 村名。 |
| 单家坝 | Shànjiābà | 村名。 |
| 小刘巷 | Xiǎoliúxiàng | 村名。 |
| **周家弄村** | **Zhōujiānòng Cūn** | **行政村名。1958年沿用黎明高级社社名为大队。1982年以驻地周家弄更名为周家弄大队，1983年改设周家弄村。有农田1106亩，1353人。** |
| 周家弄 | Zhōujiānòng | 村名。周家弄村村委会驻地。 |
| 江胜桥 | Jiāngshèngqiáo | 村名。 |
| 薛巷上 | Xuēxiàngshàng | 村名。 |
| 时巷上 | Shíxiàngshàng | 村名。原名苏巷。后称树茄棵巷，1956年改名时巷上。 |
| 庙前巷 | Miàoqiánxiàng | 村名。此地东面原有古庙，计姓居于庙前故名。 |
| 黄旗岸 | Huángqí'àn | 村名。1958年属新丰大队，1963年划入黎明大队。 |
| 蔡　巷 | Càixiàng | 村名。 |
| 顾　巷 | Gùxiàng | 村名。 |
| **洋溪村** | **Yángxī Cūn** | **行政村名。1958年以地处洋溪河畔而得名洋溪大队。1983年改设洋溪村。有农田1300亩，1397人。** |
| 对　桥 | Duìqiáo | 村名。洋溪村村委会驻地。 |
| 单巷上 | Shànxiàngshàng | 村名。 |
| 丁巷上 | Dīngxiàngshàng | 村名。 |
| 俞巷上 | Yúxiàngshàng | 村名。 |
| 东马山 | Dōngmǎshān | 村名。相传，太平军曾养马于村西高地上，故称马山。因其东、西各一村，此村居东，故名。 |
| 西马山 | Xīmǎshān | 村名。参见上条。 |
| 官渎桥 | Guāndúqiáo | 村名。 |
| 支婆浜 | Zhīpóbāng | 村名。原名猪婆浜，后演变为支婆浜。 |
| 大坝上 | Dàbàshàng | 村名。村中有河坝，故名。 |
| 下　渡 | Xiàdù | 村名。 |
| 南陈巷 | Nánchénxiàng | 村名。 |
| 北陈巷 | Běichénxiàng | 村名。 |
| 八间头 | Bājiāntóu | 村名。该村最初为八间房子，故名。 |
| 东冯巷 | Dōngféngxiàng | 村名。以姓得名冯巷。为区别西面的冯巷（现属藕塘乡）故名。 |
| 王大河 | Wángdàhé | 村名。王大恩最早在此大河旁定居，故名。 |

续表 1—2—5

| 标准名称 | 汉语拼音 | 备　　注 |
|---|---|---|
| 三 乡 井 | Sānxiāngdǎn | 村名。处于三个乡的交界处，故名。 |
| **鸭船浜渔业村** | **Yāchuánbāngyúyè Cūn** | **行政村名。1958 年成立渔业大队，1968 年改名红旗大队，1982 年以驻地鸭船浜（村）更名为鸭船浜渔业大队。1983 年改设鸭船浜渔业村。有农田 118 亩，560 人。** |
| 鸭 船 浜 | Yāchuánbāng | 村名。因村旁河浜内常停放鸭船而得名。为鸭船浜渔业村村委会驻地。 |
| 高 基 上 | Gāojīshàng | 村名。此地原是芦滩中的高地。1958 年渔民定居后，取名高基上。 |

## 1983 年藕塘乡区划名称表

表 1—2—6

| 标准名称 | 汉语拼音 | 备　　注 |
|---|---|---|
| **藕 塘 乡** | **Ǒutáng Xiāng** | **1958 年以驻地藕塘桥（自然镇）命名藕塘公社，1983 年改设藕塘乡。** |
| **藕 塘 桥** | **Ǒutángqiáo** | **自然镇名。藕塘乡政府和藕塘村村委会驻地。** |
| **稍 塘 营** | **Shāotángyíng** | **自然镇名。《锡金县志》载："元末，莫天佑屯兵于此，号扫荡营。土人今称其地为稍塘营。"为稍塘村村委会驻地。** |
| **藕 塘 村** | **Ǒutáng Cūn** | **行政村名。1958 年取名五五大队。1967 年改名东方红，1982 年以藕塘桥（自然镇）更名为藕塘大队，1983 年改设藕塘村。有耕田 1708 亩，1703 人。** |
| 毛 巷 上 | Máoxiàngshàng | 村名。藕塘村村委会驻地。 |
| 许 巷 上 | Xǔxiàngshàng | 村名。 |
| 李　巷 | Lǐxiàng | 村名。 |
| 徐 塘 庙 | Xútángmiào | 村名。因原有徐塘庙而得名。 |
| 前 方 桥 | Qiánfāngqiáo | 村名。位于方桥之前而得名。 |
| 后 方 桥 | Hòufāngqiáo | 村名。参见上条。 |
| 渔 池 头 | Yúchítóu | 村名。 |
| 徐 塘 湾 | Xútángwān | 村名。该村位于徐塘庙之西河湾里，故名。 |
| 施　巷 | Shīxiàng | 村名。 |
| 钱 家 岸 | Qiánjiā'àn | 村名。 |
| 黄 泥 坝 | Huángníbà | 村名。该村位于黄泥坝旁，故名。 |
| 大 浜 斗 | Dàbāngdǒu | 村名。 |
| 朱　巷 | Zhūxiàng | 村名。 |
| 丁　巷 | Dīngxiàng | 村名。 |
| 庄　里 | Zhuānglǐ | 村名。原以胡姓得名胡家庄。后又称庄里。 |
| 张　巷 | Zhāngxiàng | 村名。 |
| 解 放 村 | Jiěfàngcūn | 村名。 |
| **东 风 村** | **Dōngfēng Cūn** | **行政村名。1958 年取名五九大队，1967 年改名东风，1983 年改设东风村。有农田 2827 亩，2627 人。** |
| 唐 巷 里 | Tángxiànglǐ | 村名。 |
| 梅 巷 上 | Méixiàngshàng | 村名。 |
| 冯　巷 | Féngxiàng | 村名。 |
| 漳 漕 巷 | Zhāngcáoxiàng | 村名。 |
| 北 陆 巷 | Běilùxiàng | 村名。 |
| 芦 朱 巷 | Lúzhūxiàng | 村名。以芦、朱两姓得名。 |
| 小 王 巷 | Xiǎowángxiàng | 村名。 |
| 刘 家 桥 | Liújiāqiáo | 村名。 |
| 西 沟 桥 | Xīgōuqiáo | 村名。 |
| 马 巷 上 | Mǎxiàngshàng | 村名。 |

续表 1—2—6

| 标准名称 | 汉语拼音 | 备　注 |
|---|---|---|
| 木桥头 | Mùqiáotóu | 村名。 |
| 孟姜庙头 | Mèngjiāngmiàotóu | 村名。该村位于孟将庙旁，故名。 |
| 洗马浜 | Xǐmǎbāng | 村名。因村旁河浜相传元末为张士诚部将莫天佑洗马之处，故名。 |
| 小冯巷 | Xiǎoféngxiàng | 村名。 |
| 费　巷 | Fèixiàng | 村名。 |
| 田庄巷 | Tiánzhuāngxiàng | 村名。 |
| 李　巷 | Lǐxiàng | 村名。 |
| 东茅蓬 | Dōngmáopéng | 村名。 |
| 西茅蓬 | Xīmáopéng | 村名。 |
| 湾　里 | Wānlǐ | 村名。 |
| 大坝上 | Dàbàshàng | 村名。 |
| 周家里 | Zhōujiālǐ | 村名。 |
| **南水渠村** | **Nánshuǐqú Cūn** | **行政村名。1958 年取名为五星大队，1982 年以境内南水渠（村）更名为南水渠大队。1983 年改设南水渠村。有农田 1366 亩，1239 人。** |
| 新桥头 | Xīnqiáotóu | 村名。因位于新桥旁，故名。为南水渠村村委会驻地。 |
| 姚　巷 | Yáoxiàng | 村名。 |
| 大张巷 | Dàzhāngxiàng | 村名。原名张巷。至清末分迁成两村又称大张巷。 |
| 小张巷 | Xiǎozhāngxiàng | 村名。参见上条。 |
| 南水渠 | Nánshuǐqú | 村名。 |
| 蔡　巷 | Càixiàng | 村名。 |
| 大河头 | Dàhétóu | 村名。 |
| 浜头上 | Bāngtóushàng | 村名。因村处河浜尽头，故名。 |
| 西冯巷 | Xīféngxiàng | 村名。因该村位于河西，且以冯姓得名。 |
| 钱家旦 | Qiánjiādàn | 村名。 |
| 东吴巷 | Dōngwúxiàng | 村名。清初，吴姓由毛村（现属钱桥乡）到此，定居于东、西两处，此处称东吴巷。 |
| 西吴巷 | Xīwúxiàng | 村名。参见上条。 |
| 倪　巷 | Níxiàng | 村名。 |
| **火花村** | **Huǒhuā Cūn** | **行政村名。1958 年沿用火花高级社社名为火花大队，1983 年改设火花村。有耕田 1517 亩，1388 人。** |
| 芝藤树下 | Zhīténgshùxià | 村名。因村旁有大芝藤树而得名。 |
| 庙塘桥 | Miàotángqiáo | 村名。 |
| 高冯巷 | Gāoféngxiàng | 村名。因地势高，以冯姓得名。 |
| 三坝头 | Sānbàtóu | 村名。位于第三条坝旁，故名。 |
| 荒田里 | Huāngtiánlǐ | 村名。清末，高姓自常熟到此落户，因原为荒田，故名。 |
| 小章巷 | Xiǎozhāngxiàng | 村名。 |
| 小园里 | Xiǎoyuánlǐ | 村名。村周多树木，故名。 |
| 浦　巷 | Pǔxiàng | 村名。 |
| 孙　巷 | Sūnxiàng | 村名。 |
| 檀树埣 | Tánshùjiàng | 村名。明初，王姓从山西太原到此定居。因村旁土埣上长有檀树，故名。 |
| 殷　巷 | Yīnxiàng | 村名。 |
| 小马巷 | Xiǎomǎxiàng | 村名。 |
| 高格里 | Gāogélǐ | 村名。 |
| **宇峰村** | **Yǔfēng Cūn** | **行政村名。1962 年从凯旋大队划出 15 个生产队成立宇峰大队，1983 年改设宇峰村。有农田 1898 亩，1559 人。** |
| 西张巷 | Xīzhāngxiàng | 村名。参见下条。为宇峰村村委会驻地。 |
| 东张巷 | Dōngzhāngxiàng | 村名。张姓从张舍迁居于此。后部分西迁另成一村，改称东张巷。 |

续表 1—2—6

| 标准名称 | 汉语拼音 | 备注 |
|---|---|---|
| 大树下 | Dàshùxià | 村名。因村前有一棵大树，树冠下可放置 10 架纺车，故取名为大树下。 |
| 庙桥黄巷 | Miàoqiáohuángxiàng | 村名。因位于庙桥旁。以黄姓得名。 |
| 黄泥坝 | Huángníbà | 村名。因村旁有黄土坝。 |
| 大坝头 | Dàbàtóu | 村名。因村处坝旁，故名。 |
| 盛店埄 | Shèngdiànjiàng | 村名。丁氏最早辟宅于此。因紧靠盛店桥，故名。 |
| 贾家庄 | Jiǎjiāzhuāng | 村名。 |
| 章家坝 | Zhāngjiābà | 村名。 |
| 下庄 | Xiàzhuāng | 村名。因位于大树下（村）之北而得名。 |
| 西坝头 | Xībàtóu | 村名。 |
| 小李巷 | Xiǎolǐxiàng | 村名。原与盛店埄为一村，1962 年分生产队时其队姓李者居多，故名。 |
| 上舍头 | Shàngshětóu | 村名。该村位于上舍桥旁，故名。 |
| 杨家 | Yángjiā | 村名。 |
| 黄土桥 | Huángtǔqiáo | 村名。 |
| 杨树坝 | Yángshùbà | 村名。因村旁河坝两侧长满杨树，故名。 |
| 高家旦 | Gāojiādàn | 村名。 |
| **盛店村** | **Shèngdiàn Cūn** | **行政村名。1958 年取名凯旋大队。1982 年以驻地盛店桥（村）更名盛店大队，1983 年改设盛店村。有农田 2020 亩，1782 人。** |
| 盛店桥 | Shèngdiànqiáo | 村名。旧志称郑店。为盛店村村委会驻地。 |
| 蒋巷上 | Jiǎngxiàngshàng | 村名。 |
| 西贾村 | Xījiǎcūn | 村名。（2015 年东贾村属胡埭镇） |
| 姚巷上 | Yáoxiàngshàng | 村名。 |
| 弄里 | Nònglǐ | 村名。清代，俞氏辟宅于下漕河旁，称下俞巷。1956 年改称弄里。 |
| 庄桥头 | Zhuāngqiáotóu | 村名。该村位于庄桥旁，故名。 |
| 墩上黄家 | Dūnshànghuángjiā | 村名。 |
| 吴巷上 | Wúxiàngshàng | 村名。 |
| 船浜头 | Chuānbāngtóu | 村名。因村旁河浜内为船只停泊处，故名。 |
| 犁轭基 | Lí'èjī | 村名。因地形似犁轭，故名。 |
| 上俞巷 | Shàngyúxiàng | 村名。因该村位于上漕河旁，且以俞姓得名。 |
| 大河头 | Dàhétóu | 村名。 |
| 张巷 | Zhāngxiàng | 村名。 |
| 庄基上 | Zhuāngjīshàng | 村名。 |
| 俞巷 | Yúxiàng | 村名。 |
| **稍塘村** | **Shāotáng Cūn** | **行政村名。1958 年取名一鸣大队。1967 年改名永红，1982 年以境内稍塘营（自然镇）更名为稍塘大队，1983 年改设稍塘村。有农田 2940 亩，2451 人。** |
| 稍塘 | Shāotáng | 村名。 |
| 中大坝 | Zhōngdàbà | 村名。 |
| 大巷上 | Dàxiàngshàng | 村名。 |
| 杨树浜 | Yángshùbāng | 村名。 |
| 湛大坝 | Zhàndàbà | 村名。清代，王氏为避瘟疫，从外地来此河坝旁暂躲。因土语“暂”“湛”，“躲”“大”音同，故名。 |
| 包家岸 | Bāojiā'àn | 村名。 |
| 陈巷上 | Chénxiàngshàng | 村名。 |
| 木排头 | Mùpáitóu | 村名。 |
| 周巷上 | Zhōuxiàngshàng | 村名。 |
| 新丰里 | Xīnfēnglǐ | 村名。 |
| 章巷上 | Zhāngxiàngshàng | 村名。 |
| 小庙头 | Xiǎomiàotóu | 村名。清末，蒋、吴等姓从常熟迁此，位于小庙旁，故名。 |

续表 1—2—6

| 标准名称 | 汉语拼音 | 备　　　注 |
|---|---|---|
| 沈　巷 | Shěnxiàng | 村名。 |
| 枣树下 | Zǎoshùxià | 村名。 |
| 芦岸里 | Lú'ànlǐ | 村名。 |
| 叶家墩 | Yèjiādūn | 村名。 |
| 小马巷 | Xiǎomǎxiàng | 村名。马氏由马巷上（现属东风村）迁来，故名。 |
| 费家弄 | Fèijiānòng | 村名。 |
| **勤建村** | **Qínjiàn Cūn** | **行政村名。1958 年取名勤建大队，1983 年改设勤建村。有农田 2374 亩，1982 人。** |
| 小东店 | Xiǎodōngdiàn | 村名。参见下条。为勤建村村委会驻地。 |
| 大东店 | Dàdōngdiàn | 村名。清初，丁姓在其宅东开店，故名东店。清末，因分迁成两村，改称大东店。 |
| 漕　上 | Cáoshàng | 村名。因位于长漕河旁，故名。 |
| 陈　村 | Chéncūn | 村名。 |
| 丁　村 | Dīngcūn | 村名。 |
| 西　村 | Xīcūn | 村名。因位于河西，原名西丁村。简称西村。 |
| 管　巷 | Guǎnxiàng | 村名。 |
| 坛　头 | Tántóu | 村名。 |
| 韩　巷 | Hánxiàng | 村名。 |
| 下　岸 | Xià'àn | 村名。清代，陈氏迁此定居，因位于圩堤旁，故名。 |
| 小方桥 | Xiǎofāngqiáo | 村名。 |
| 河西巷 | Héxīxiàng | 村名。清代，陈姓迁此定居，因位于漕河西而得名。 |
| 椿树巷 | Chūnshùxiàng | 村名。清代，丁氏由丁村到此落户，原多椿树而得名。 |
| 邵　巷 | Shàoxiàng | 村名。 |
| 三家村 | Sānjiācūn | 村名。 |
| **井亭村** | **Jǐngtíng Cūn** | **行政村名。1965 年从勤建大队划出井亭等生产队成立林业大队，1982 年以境内井亭里（村）更名为井亭大队，1983 年改设井亭村。有农田 813 亩，857 人。** |
| 李家湾 | Lǐjiāwān | 村名。 |
| 陈家湾 | Chénjiāwān | 村名。 |
| 井亭里 | Jǐngtínglǐ | 村名。 |
| 朱巷上 | Zhūxiàngshàng | 村名。 |
| 山　峰 | Shānfēng | 村名。该村位于鸡笼山北麓，故名。 |
| 前埠墩 | Qiánbùdūn | 村名。 |
| 庙沟漕 | Miàogōucáo | 村名。 |
| **藕塘新成村** | **Ǒutángyúyè Cūn** | **行政村名。1958 年成立渔业大队，1983 年改设藕塘新成村。有水面 216 亩，96 人。** |
| 渔岸新村 | Yú'ànxīncūn | 村名。因该村位于猪羊圩岸内，为渔民新建，故名。 |

1987 年 6 月 9 日，撤销钱桥乡建制，改设钱桥镇，实行镇管村体制。1993 年 3 月，藕塘撤乡建镇，撤销藕塘乡，建立藕塘镇，实行镇管村体制。

1995 年 6 月 8 日，撤无锡县改为锡山市。钱桥镇更名为锡山市钱桥镇，藕塘镇更名为锡山市藕塘镇。

1996 年，钱桥镇面积 26 平方公里，人口 3.3 万人，辖钱桥、威华、苏庙、溪南、历村、舜一、洋溪、周家弄、鸭船浜、溪北、胜丰、溪南、晓星、西漳 14 个行政村和钱桥居委会；藕塘镇面积 20 平方公里，1.8 万人，辖藕塘、东风、南水渠、庙塘桥、宇峰、盛店、稍塘、勤建、井亭、藕塘新成村 10 个行政村和藕塘居委会。

## 1996年钱桥镇全图

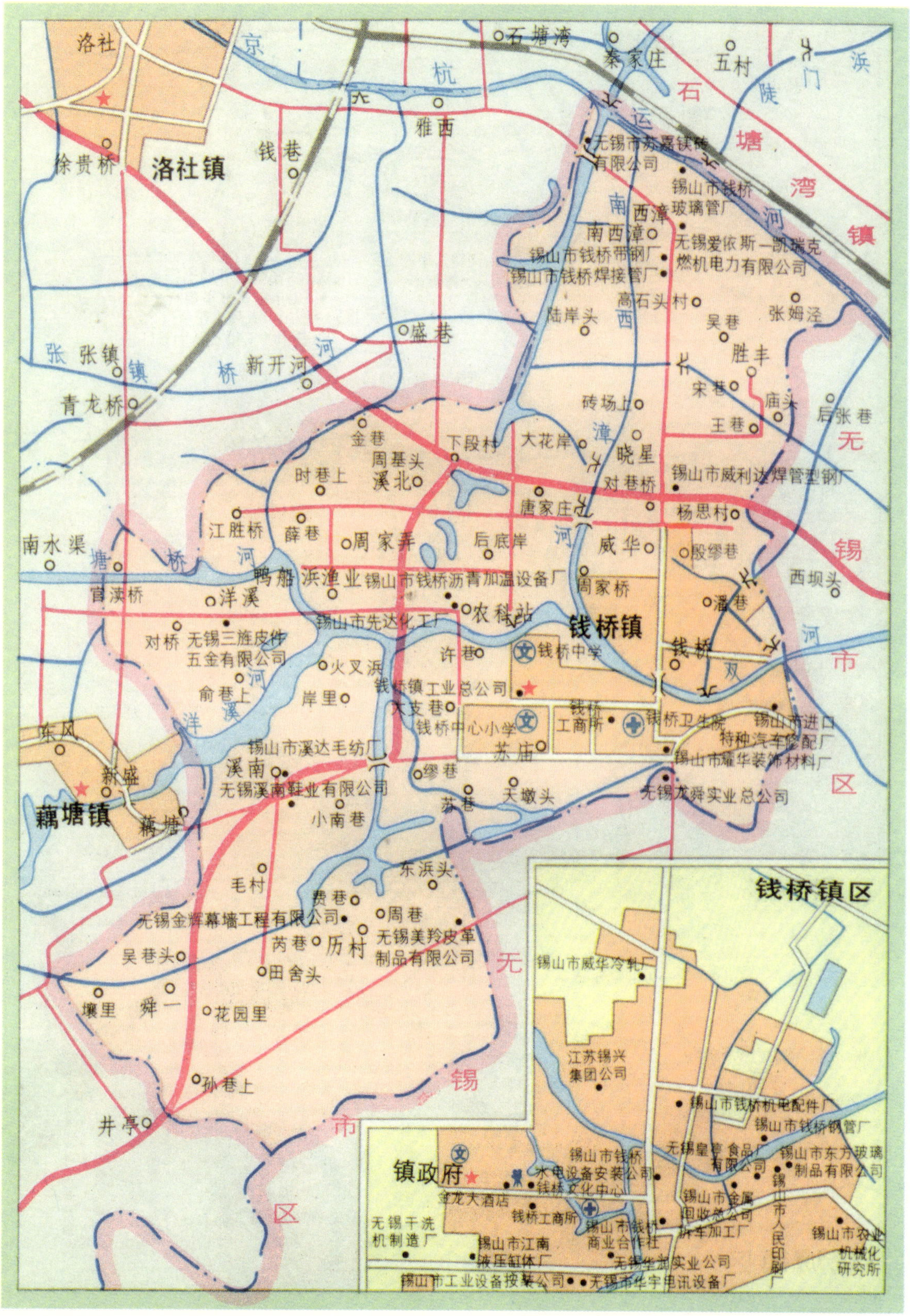


图1—2—10 无锡市城镇全图编委会、江苏省第二测绘院编制，湖南地图出版社于1997年10月出版

## 1996年藕塘镇全图

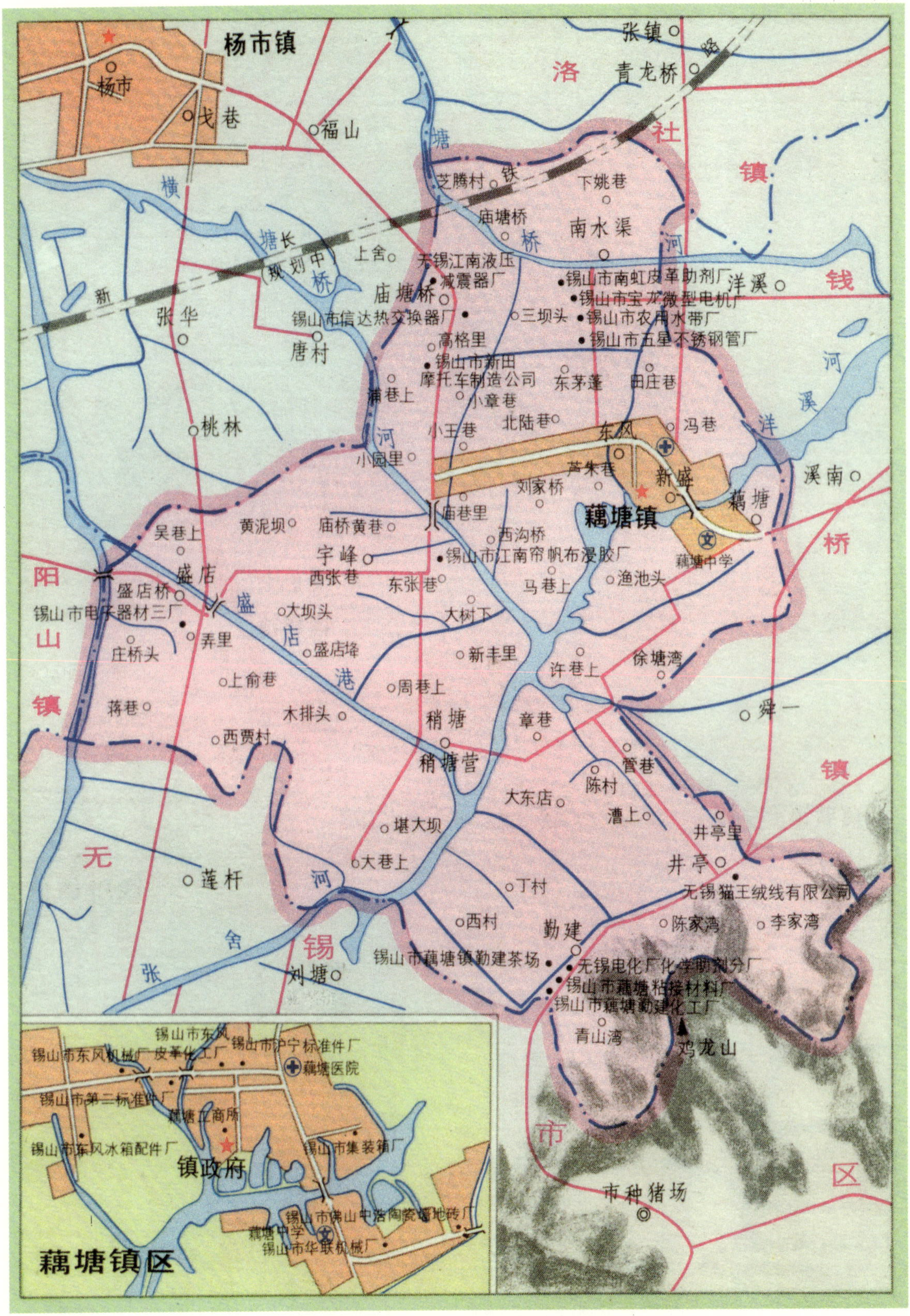


图1—2—11　无锡市城镇全图编委会、江苏省第二测绘院编制，湖南地图出版社于1997年10月出版

1997年，根据钱桥镇经济持续发展，镇区面积不断扩大，市镇人口与日俱增，原有机构设置已不相适应的情况，钱桥镇政府报锡山市政府同意，境内分设七个居民（家属）委员会，并成立钱桥镇街道工作办公室，作为镇政府的工作机构。7个居民（家属）委员会即钱桥新村居民委员会、邵巷新村居民委员会、欣欣山庄居民委员会、桥南居民委员会、桥北居民委员会、锡兴钢铁集团公司家属委员会、金球集团公司家属委员会。

2000年12月，锡山市撤销，分设无锡市锡山区、惠山区。钱桥、藕塘镇属无锡市惠山区辖。2001年8月，钱桥镇14个行政村合并成1个街道工作办公室、8个行政村，即钱桥街道工作办公室（钱桥村委与钱桥市镇居委合并）、苏庙（苏庙村与鸭船浜村合并）、西漳、舜柯（舜一村与历村村合并）、洋溪（周家弄村与洋溪村合并）、晓星、胜丰、华新（威华村和溪北村合并）、溪南行政村。同时，藕塘镇10个行政村合并成藕塘、东风（东风村与新成村合并）、南水渠、庙塘桥、盛峰（盛店村与宇峰村合并）、稍塘、勤建、井亭8个村，藕塘居委不变。

2004年2月，钱桥镇与藕塘镇合并，设立新的钱桥镇，镇政府设在钱桥大街141号。新的钱桥镇辖17个行政村。

2006年11月，无锡市委、市政府建立中共无锡（藕塘）职教园区工作委员会和无锡（藕塘）职教园区管理委员会，与钱桥镇实行区镇合一的管理体制。2007年11月，撤销钱桥镇，设立惠山区钱桥街道，办事处驻钱桥大街原钱桥镇政府所在地，管辖钱桥、苏庙、华新、舜柯、溪南、洋溪、西漳、胜丰、晓星、藕塘、东风、南水渠、庙塘桥、盛峰、稍塘、勤建、恒源祥17个行政村和藕塘居委。2009年10月，胜丰村与晓星村合并，成立晓丰社区；藕塘村与藕塘居委合并，成立藕塘社区；南水渠村与庙塘桥村合并，成立南塘社区；勤建村与恒源祥村合并，成立藕乐苑社区。2010年7月，新设晴山蓝城社区。是年9月，无锡（藕塘）职教园区改设为无锡职教园，仍与钱桥街道区划合一。

2015年，钱桥街道总面积为46.21平方公里，常住人口7万人，外来人口4.4万人。钱桥街道管辖范围未变，辖钱桥、华新、苏庙、溪南、舜柯、洋溪、晓丰、西漳、晴山蓝城、藕塘、东风、南塘、盛峰、稍塘、藕乐苑15个社区。

## 第四节 地名变迁

钱桥、藕塘地区自改革开放以来，从封闭性社会向开放性社会转型，从传统社会向现代化社会转型，从农业社会向工业社会转型，从农村向城市转型，许多数百年的自然村消失，而商品房小区、安置房小区等地名随之日益增多。1983~2015年间，区域内因建设无锡职教园校区、工业园区、新村、安置房小区、公园、省道等进行拆迁，共消失133个自然村，新增46个新村、商品房小区、安置房小区。

### 一、消失的地名

**苏庙社区** 余巷于2007年因建晴山蓝城商品房小区、春满园安置房小区而消失；小天墩头、苏巷于2008年4月因建春光苑安置房小区而消失；天墩头于2008年11月因建中富美林湖小区而消失；许巷、杜巷于2009年7月因建晴山蓝城商品房小区而消失；鸭船浜于2010年7月因建香缇半岛商品房小区而消失；高基上于2011年因建香缇半岛商品房小区而消失；孟家桥于2011年9月因建晴山蓝城三期商品房小区而消失；支巷于2012年11月因建春满园三期安置房小区而消失。

**溪南社区** 毛村于2005年因建工业园区而消失；岸里于2006年因建工业园区而消失；南巷于2011年因建工业园区而消失。

**舜柯社区** 壤里于2006年4月因建无锡职教园校区而消失；石巷头、陆巷于2009年7月因建无锡职教园校区而消失；田肚于2010年3月因建无锡职教园校区而消失；殷巷、沈巷、东河头于

2011年7月因建无锡职教园校区而消失；2015年9月，西浜头因建设地铁三号线而消失。

**洋溪社区** 三乡井于1983年新农村建设搬迁而消失；八间头于2007年因建省道S342线而消失；西马山于2008年因建藕乐苑安置房小区而消失；支婆浜与单巷、俞巷、南陈、对桥、大坝上、东马山、下渡、周家弄、顾巷、蔡巷、庙前巷于2009年、2010年先后因建洋溪公园城而消失。

**晓丰社区** 陆岸头于2004年6月因建晓星工业园和钱桥污水处理厂而消失；吴巷于2006年因建省道S342线而消失；时湾于2012年因开发拆迁而消失。

**华新社区** 周家桥于2000年因扩建江苏省锡兴钢铁集团公司而消失；小园里于2000年因建盛岸西路而消失；殷缪巷于2001年因建盛岸西路乐多、乐泉花园而消失；前杨毛岸、后底岸于2002年因扩建江苏省锡兴钢铁集团公司而消失；南下塘、墅塘桥于2003年因扩建江苏省锡兴钢铁集团公司而消失；杨思桥、姚巷于2005年因建华新苑安置房小区而消失；周基头、毛村园于2006年3月因建省道S342线而消失；肖尤巷于2006年因国道G312线拓宽、建洛社新城而消失；浦巷于2008年因建龙之杰大厦而消失；唐家庄于2008年因建汽车4S店、龙之杰大厦而消失；北下塘于2010年因建港龙城广场而消失。

**藕塘社区** 钱家岸于2005年因建龙栖湾小区而消失；许巷上于2007年因建无锡职教园校区而消失；丁巷、徐塘湾、庄里、毛巷、张巷于2009年因建无锡职教园校区而消失；大浜斗、前方桥、后方桥、渔池头、解放村于2011年因建无锡职教园校区而消失；徐塘庙于2012年因建无锡职教园校区而消失；黄泥坝、施巷、李巷于2014年因建龙栖湾小区而消失；三家村、朱巷于2014年因建无锡职教园校区而消失。

**东风社区** 漳漕巷于2007年因建新藕苑安置房小区而消失；田庄巷于2007年因建盛世翡翠、苹果园商品房小区而消失；小王巷、东毛蓬、周家里于2008年因建省道S342线而消失；陆巷于2011年因建新藕苑二期安置房小区而消失；梅巷于2011年因建藕乐苑安置房小区三期而消失；李巷、西沟桥、马巷、刘古桥于2012年因储备用地而消失；冯巷于2013年因建藕乐苑安置房小区三期而消失。

**南塘社区** 倪巷、西吴巷、小张巷、芝藤树下于2009年因建锡西物流园而消失；小马巷于2011年因建锡西物流园而消失；小章巷于2011年因建凯龙科技厂房而消失；孙巷于2011年因工业用地而消失；小园里于2013年因绿化用地而消失；浦巷、殷巷、高格里于2014年因储备用地而消失。

**盛峰社区** 西张巷、杨家于2007年因建省道S342线而消失；李巷、高家旦、庄里、西贾村、大河头、上俞巷、船浜头、蒋巷、盛店埒于2011年因建工业安置区而消失。

**稍塘社区** 稍塘、章巷于2005年因建无锡职教园校区而消失；中大坝、沈巷、大巷、枣树下、湛大坝、杨树浜、木排头、叶家墩于2011年因建滨湖区工业园而消失；包家岸、芦岸于2011年因建钱桥街道蔬菜基地而消失。

**藕乐苑社区** 韩巷、下岸、陈村、小方桥、河西巷、大东店、三家村、椿树巷、袁巷、邵巷、长巷、街里、西村、小东店、管巷于2006年因建无锡职教园校区而消失；秦家漕于2008年因建无锡职教园校区而消失；井亭、李家湾于2009年因开发休闲片区而消失。

## 二、新增的地名

**钱桥社区** 杨树岸新村于1990年新增为商品房小区；周巷新村于1999年新增为商品房小区；新民新村于2002年新增为商品房小区；陈家岸新村于2004年新增为商品房小区；开源公寓于2004年新增为商品房小区；站头新村一期于2004年新增为安置房小区；乐多花园于2005年新增为商品房小区；乐泉花园于2006年新增为商品房小区；春惠苑于2009年新增为安置房小区；龙韵怡景苑于2008年新增为商品房小区；站头新村二期于2012年新增为安置房小区；百乐和园于2012年新增为商品房小区。

**晴山蓝城社区** 钱桥新村于1989年新增为商品房小区；菜场里于1991年新增为商品房小区；

金球新村、华润家舍于1999年新增为商品房小区；梅林春苑于2000年新增为商品房小区；育才弄98弄于2000年新增为商品房小区；金龙公寓、晴山蓝城于2008年新增为商品房小区；金岸世家于2010年新增为商品房小区；恒泰商业广场于2012年新增为商品房小区；金苏公寓于2013年新增为安置房小区。

**苏庙社区** 沈家弄于1994年新增为商品房小区；育才路商品房、锡陆路商品房于1995年新增为商品房小区；欣欣山庄于1996年新增为商品房小区；育才公寓于2004年新增为商品房小区；欣欣苑于2005年新增为商品房小区；春来苑于2005年新增为安置房小区；春光苑于2008年新增为安置房小区；美林湖于2009年新增为商品房小区；隆舜园于2009年新增为商品房小区。

**溪南社区** 春满园于2006年新增为安置房小区。

**舜柯社区** 舜柯家园于2013年新增为安置房小区。

**洋溪社区** 洋溪人家于2008年新增为安置房小区。

**晓丰社区** 阳光小区于2002年新增为安置房小区；晓星苑于2008年新增为安置房小区。

**华新社区** 盛岸花园于2003年新增为安置房小区；隆泉园于2005年新增为商品房小区；华新苑于2005年新增为安置房小区。

**藕塘社区** 藕苑新村于2002年新增为商品房小区；龙栖湾于2007年3月新增为商品房小区。

**东风社区** 新藕苑于2013年新增为安置房小区。

**藕乐苑社区** 藕乐苑于2006年新增为安置房小区；苹果园于2008年新增为商品房小区；盛世翡翠于2011年新增为商品房小区。

# 第三章 社区概况

2009 年 10 月，钱桥街道调整、合并部分村，原村民委员会改设为社区居民委员会。辖区内共建立钱桥、华新、苏庙、溪南、舜柯、洋溪、晓丰、西漳、藕塘、东风、南塘、盛峰、稍塘、藕乐苑等 14 个社区居民委员会。2010 年 7 月，新设晴山蓝城社区居民委员会。2015 年，钱桥街道辖钱桥、华新、藕塘、东风等 15 个社区居民委员会。

## 第一节 钱桥社区

钱桥社区位于钱桥街道东首洋溪河畔，北临盛岸西路，南靠青龙山，东与北塘区山北街道相接，西至钱威路高架，总面积 2.3 平方公里。2015 年，社区共有 80 个居民小组，居民户 2733 户，户籍人口 7716 人；12277 人常住人口（含外来人口）中，有回族 2 人、满族 4 人、朝鲜族 2 人，其他均是汉族。

图 1—3—1 钱桥社区居民委员会（2015 年）

### 一、建置沿革

1949 年解放初期，钱桥南街地段属无锡市第四指导区钱桥乡辖。其中钱桥桥南、东巷、南巷为复兴村，村长季金度，副村长祝福泉、潘阿毛，农会主任祝金根；桥南、塘泗为新民村，村长钱中青，农会主任龚顺均。钱桥桥北地段属于无锡市第六区会龙乡辖。其中沿河、直街、铁狮为第 10 村，村长张龙根、郑振楚，农会主任周惠成；站头、潘巷、马客为第 11 村，村长张金海、赵焕林、宋纪昌，农会主任陈根生、唐浩正。

1952~1954 年，各村在农会小组基础上成立 10 多个互助组。1954~1956 年，在互助组的基础上发展成立初级社。1957 年，在初级社的基础上成立钱桥高级农业生产合作社。

1958 年，钱桥人民公社成立，钱桥南北街合一，建立钱桥大队。塘泗桥原属竞丰高级社，1959 年 3 月划入钱桥大队。钱桥大队辖东巷、南巷、桥南、塘泗、沿河、直街、铁狮、周巷、站头、潘巷、浜头、马客等 12 个生产队。1968 年 3 月至 1969 年 3 月，成立钱桥大队革命生产领导小组。1969 年 3 月至 1976 年，成立钱桥大队革命委员会。

1983 年，钱桥大队改设为钱桥村民委员会。2001 年，钱桥村委与钱桥市镇居民委员会合并为钱桥镇钱桥街道工作办公室，分设桥南居委、桥北居委、新村居委。2007 年，因钱桥镇改设为钱桥街道，于是钱桥街道工作办公室改设为钱桥社区管理中心。2009 年，桥南社区居委会与桥北社区居委会合并，成立钱桥社区居民委员会。2015 年，钱桥社区辖潘巷、站头、周巷、铁狮、直街、沿河、桥南、南巷、东巷自然村与百乐和园、乐泉花园、乐多花园、周巷新村、花园路小区、陈家岸新村、开源公寓、新民新村、惠钱路 141 号、龙韵怡景苑、杨树岸新村、春惠苑、站头新村等小区。

### 二、概况

解放前，钱桥社区地段历来是钱桥市镇所在地，是地域性的商业集中地，分为南街和北街。南北街商铺林立，人头攒动。解放初期，钱桥街上有“庄源大”企业1家，肉铺10家，米行9家，鱼行3家，南北杂货店7家，药店3家，铁匠铺3家，茶馆店2家，纸马店3家，饭店、熟食店3家，棺材铺4家，理发店4家，摇面店2家，皮匠店4家，修车行1家，照相馆1家，修锁配钥匙店1家，酱油槽坊3家，邮政代办所1家。

1950年，在复兴村、新民村、10村、11村4个行政村的基础上建立农会。1953~1954年，在大力宣传党在过渡时期总路线、总任务以及走农业互助合作化道路的氛围下，各村相继成立10多个互助组。互助组有劳动力余缺可以调剂、工分结算可找补的优点，使得劳动力多的农户可以去协助劳动力少的农户进行农耕，因此大大促进当地的农业生产发展。1954~1956年，各村在互助组的基础上建立初级农业生产合作社，时有黎明初级社、黎新初级社等，社长由唐伯均、张浩度、祝金根、祁裕兴等担任。

1956年，钱桥南街、北街所有商店进行对私改造，实行公私合营，成为商业合作社和供销合作社。1957年，各村的初级农业生产合作社合并，成立钱桥高级农业生产合作社。农民参加高级社就把自己的土地和大型农具全部入社，走上农业生产合作化道路。1958年，钱桥人民公社成立，钱桥高级农业生产合作社更名为钱桥大队。

1964年，钱桥大队大力进行农田水利基本建设，全面开展整田平地，实现农田格子化。首先在陈家岸试点，把每块田格成长80米、宽25米的长方形田块。田块两头一头是灌渠，一头是排渠，灌排分开。灌水来源由当时五星大队及北下塘灌溉站送来，经西高田乡道，跨过玉泉河木水沟，直达陈家岸。由于输水线路过长，灌溉十分困难，后在陈家岸重建机电灌溉站，以改变冗长的输水线路，保障陈家岸22公顷农田的水稻生长用水。机电排灌站性质为国营，归属钱桥大队管理，设主任1人、工人1人、管水员4人。机电站有机房1座，50千伏安，配有1台14.71千瓦电机和1台11英寸口径水泵。开挖干渠310米、支渠1000米。除了陈家岸，钱桥大队其他各生产队也因地制宜，进行整田平地，格田成方，把农田中的坟墩和土墩整平，西高田祠堂坟、大家坟、营盘里等全部整平。在整田平地的同时，利用沟渠加宽路面，以便于运送肥料，也便于拖拉机机械化耕作。

20世纪60年代末期，钱桥大队利用原北猛将殿的公管房屋，抽调一些城市下放回乡的技工师傅为骨干，开办第一家钱桥大队五金螺丝厂。五金螺丝厂以加工农机具和为当时县属工业企业加工辅件为主，实行农闲务工、农忙回队务农的方式。五金螺丝厂是钱桥南北街历史上第一家村办集体所有制企业，为钱桥大队和钱桥村培养一批技工和营销管理人员。70年代初，钱桥大队相继开办鞋帽社，与无锡县人民印刷厂联合开办印刷装订车间，与无锡县塑料厂联合开办塑料件加工厂，还依托无锡县钢铁厂建办钱桥鉼铁厂。之后又相继开办钱桥机电配件厂、钱桥标准件厂、钱桥塑料薄膜厂、龙山啤酒经营部、玉泉宾馆等，为钱桥大队的发展奠定坚实的经济基础。

1975~1976年，钱桥大队进行第二次整田平地运动，把陈家岸每块原先长80米、宽25米的农田改造成长80米、宽16米的农田。同时，把灌溉明渠改成地下渠道，总长1400米，灌溉面积22公顷。西高田以乡道（现钱威路）为基准线，格成每块长100米、宽15米的农田，并将灌溉明渠改造为地下渠道，总长650米，灌溉面积10公顷。下徐桥把田地格成每块长100米、宽15米的农田，将明渠改为地下渠道，长400米，灌溉面积8公顷。除以上三个百亩以上的大片农田格子方外，其他不满50亩的小型农田也同时分别进行整田平地。

1995年，钱桥村委考虑到周边百姓的生活需要，在北街西沿河沿岸建造时为钱桥镇第一家村级菜场。1999年，由于菜场比较狭小，村委决定在玉泉路北面易地新建村级菜场。是年，建造成为全新标准的钢结构菜场，菜场周围还增设许多沿街商业店面，极大方便百姓的购物和生活。

2002年，钱桥街道工作办公室自筹资金1000余万元，自行设计、建造拥有居民休闲和体育锻炼、文艺活动场所的玉泉公园。公园总面积26666.67平方米，内设池塘水面2133.33平方米，社区活动中心1200平方米，健身器材场地一处，广场2200平方米，露天舞池一个、约615平方米，标准灯光篮球场二片，假山一座，二层音乐茶吧一个，格式休闲凉亭 7 座，紫藤长廊 150 米等。其中社区活动中心设居家养老休息室、棋牌室、书场、农家书屋、健身室、会议室、书画室等，每天接待不同兴趣、不同爱好、不同年龄段的居民休闲、活动。2003 年秋季，玉泉公园落成后，极大地丰富社区居民和周边北塘区、滨湖区居民的业余生活。每当夜幕降临的时候，居民们就开始三五成群地结伴至玉泉公园，有来散步的、有来唱歌的、有来跳广场舞的、有来打篮球的、有来打乒乓球的，等等。玉泉公园成为社区居民和周边居民生活中不可缺少的一部分，成为钱桥社区一张闪亮的名片。2004 年，社区投入 200 万元改造玉泉步行街路面，把原先的水泥路改为花岗岩步行街。在步行街中间种植树木，进行绿化，美化道路。2005 年，社区投入 50 万元资金，建成桥南活动中心。中心占地面积 710 平方米，建筑面积 161 平方米，设置休闲活动室、阅报室、休憩亭、健身场地，丰富社区居民的文化和休闲生活。

2007 年，惠钱路拓宽，河庄头、惠钱路路南 83 号至 125~4 号、惠钱路路北 234 号、241 号~276 号进行拆迁。2008 年，社区投入 150 万元资金改造桥北老街路面，把原先坑坑洼洼的水泥路面全部改造成平整的花岗岩路面。2009 年，玉泉桥拓宽改造。2010 年，社区投入 70 万元资金改造玉泉路，把原先的水泥路全部浇筑成沥青路面，在路的两边划好停车位，方便居民有序停车。钱桥社区拆迁居民于是年搬进春惠苑小区。同年，锡西新城第一个大型商业购物中心——百乐广场在浜头、马客所在地开工建设。浜头、马客居民小组启动拆迁，居民于 2013 年搬进站头新村二期安置房，共 86 户。

2012~2013 年，社区投入百余万元资金分别进行桥北、桥南雨污分流改造工程，极大地改善居民的环境和生活。2013 年，社区投入 40 万元资金，把原来的桥南旅社危房改造成老年活动室，以丰富老年人的晚年生活。是年，原社区普通卫生服务中心搬迁至花园路，改造升级成五星级社区卫生服务中心。同年，社区在玉泉公园内再投资 60 多万元资金，新建带有 LED 大屏幕的玉泉大舞台。玉泉大舞台每逢周五、周六 18 点开始播放一个小时自制节目。节目内容有社区“每月要闻”“阅读天地”“社区告示”“公益广告”等，还播放一些老百姓喜欢的电影，深受社区居民欢迎。逢年过节，社区文体中心组织大型文艺在玉泉大舞台演出，节目大多来自社区文体爱好者。是年，钱桥社区规模以上企业 11 家，规模以下企业 40 家。

**2013 年钱桥社区规模以上企业一览表**

表 1—3—1　　单位：人、万元

| 单位名称 | 法定代表人 | 创办时间 | 主要产品 | 从业人数 | 主营业务收入 | 资产总计 |
|---|---|---|---|---|---|---|
| 无锡市钱桥南方焊管有限公司 | 唐仲清 | 1994.06 | 焊管制造 | 45 | 3102 | 1860 |
| 无锡天辰冷拉型钢有限公司 | 孙屏东 | 1998.08 | 冷拉型钢制造 | 128 | 13691 | 5927 |
| 无锡群力钢件有限公司 | 毛　群 | 1998.11 | 钢构件制造 | 82 | 5013 | 13684 |
| 无锡市海腾微型钢管有限公司 | 许海良 | 1999.05 | 微型钢管制造 | 39 | 2998 | 809 |
| 无锡华生精密材料股份有限公司 | 吴锦虎 | 2000.12 | 冷轧钢带 | 121 | 25371 | 25661 |
| 无锡钱桥钢管有限公司 | 武阿扣 | 2001.06 | 焊管制造 | 30 | 2413 | 1619 |
| 无锡协联钢管有限公司 | 顾明敏 | 2004.03 | 焊管制造 | 21 | 4024 | 1144 |
| 无锡市嘉成金属制品有限公司 | 唐　军 | 2005.01 | 扁钢制造 | 25 | 3478 | 1134 |
| 无锡市波龙精密钢带有限公司 | 顾　渔 | 2005.09 | 精密钢带的制造加工 | 45 | 3330 | 1472 |
| 无锡金宇丰钢管有限公司 | 陈爱玲 | 2005.12 | 焊管高频焊管加工 | 14 | 1647 | 1049 |
| 无锡裕能钢管有限公司 | 殷英华 | 2006.04 | 焊管的制造加工 | 16 | 2637 | 1388 |

**2013 年钱桥社区规模以下企业一览表**

表 1—3—2　　单位：人、万元

| 单位名称 | 法定代表人 | 创办时间 | 主要产品 | 从业人数 | 主营业务收入 | 营业税金 | 资产总计 |
|---|---|---|---|---|---|---|---|
| 无锡市泉利金属管材厂 | 武阿扣 | 1993.09 | 焊管制造 | 25 | 1970 | 2.50 | 1253 |

续表 1—3—2　　　　单位：人、万元

| 单位名称 | 法定代表人 | 创办时间 | 主要产品 | 从业人数 | 主营业务收入 | 营业税金 | 资产总计 |
|---|---|---|---|---|---|---|---|
| 无锡市永丰塑料碳纤制品有限公司 | 王锡兴 | 1995.11 | 塑料制品的制造 | 5 | 67 | 0.26 | 27 |
| 无锡市方正花纸有限公司 | 黄　明 | 1998.05 | 贴花纸的生产销售 | 13 | 305 | 2.77 | 198 |
| 无锡市均成标准件有限公司 | 唐建均 | 1999.06 | 螺钉制造 | 5 | 60 | 0.50 | 149 |
| 无锡市钱桥机电配件有限公司 | 唐国清 | 1999.07 | 电机风罩制造 | 17 | 659 | 3.67 | 1455 |
| 无锡市鑫辰钢管有限公司 | 宋仁金 | 1999.11 | 焊管制造 | 20 | 1671 | 4.06 | 884 |
| 无锡市赛文特电子设备有限公司 | 吴寅彪 | 2001.08 | 电子器件的制造加工 | 6 | 222 | 2.18 | 122 |
| 无锡市古月礼宾花有限公司 | 胡寿富 | 2002.01 | 礼宾花工艺品制造 | 1 | 2 | 0.00 | 39 |
| 无锡科力安安全设备有限公司 | 支凤新 | 2002.10 | 仪表制造 | 6 | 256 | 2.33 | 265 |
| 无锡钱盛冷弯异型钢有限公司 | 张锡良 | 2003.03 | 冷弯型钢制造 | 6 | 629 | 1.72 | 107 |
| 无锡市迎辉纸箱包装有限公司 | 唐寿清 | 2003.03 | 纸箱制造 | 5 | 48 | 0.20 | 85 |
| 无锡鑫球机械有限公司 | 王　伟 | 2003.03 | 机械配件加工 | 2 | 36 | 0.47 | 60 |
| 无锡群昶精密铸造有限公司 | 盛胜圻 | 2003.05 | 精制件制造 | 41 | 1461 | 6.73 | 643 |
| 无锡市建东橡塑五金垫圈厂 | 陆建东 | 2003.07 | 石棉垫圈制造 | 4 | 96 | 0.30 | 145 |
| 无锡市纵横机电配件有限公司 | 张　炎 | 2004.01 | 电机配件制造 | 40 | 1472 | 12.44 | 950 |
| 无锡市高特高钢管有限公司 | 严　黎 | 2004.04 | 冷弯型钢制造 | 31 | 1676 | 4.20 | 1294 |
| 无锡市中科实验仪器有限公司 | 柳　渠 | 2004.08 | 实验仪器的制造加工 | 4 | 78 | 0.46 | 55 |
| 无锡市利顺焊管型钢有限公司 | 曹志伟 | 2005.02 | 冷弯型钢制造 | 9 | 1075 | 2.79 | 342 |
| 无锡正邦德钢管有限公司 | 宋正清 | 2005.04 | 焊管制造 | 10 | 2228 | 4.78 | 153 |
| 无锡精润液压机械制造有限公司 | 张伟民 | 2005.05 | 冷拉型钢制造加工 | 7 | 230 | 1.11 | 579 |
| 无锡市普莱特机电有限公司 | 陈功发 | 2005.09 | 电子元件加工销售 | 2 | 65 | 0.20 | 46 |
| 无锡金宇丰钢管有限公司 | 陈爱玲 | 2005.12 | 焊管高频焊管加工 | 14 | 1647 | 8.02 | 1049 |
| 无锡市天北钢管有限公司 | 丁　虎 | 2005.12 | 钢压延加工 | 16 | 1618 | 2.71 | 766 |
| 无锡市蓝鹏钢管厂 | 王文洪 | 2006.02 | 焊管加工制造 | 4 | 565 | 0.83 | 264 |
| 无锡浦德机械有限公司 | 尤振明 | 2006.02 | 轴承及轴承零件加工制造 | 40 | 1434 | 5.50 | 472 |
| 无锡市国鑫玻璃有限公司 | 戴有党 | 2006.03 | 钢化玻璃制造 | 18 | 247 | 0.69 | 59 |
| 无锡市宏慧金属制品厂 | 武洪生 | 2006.12 | 扁铁圆钢制造 | 2 | 50 | 0.27 | 61 |
| 无锡仁鑫焊管厂 | 何世汉 | 2007.04 | 焊管的制造 | 5 | 169 | 0.34 | 113 |
| 无锡科捷高速分析仪器有限公司 | 李明俊 | 2007.07 | 分析仪器的生产 | 4 | 119 | 0.42 | 94 |
| 无锡市昊昊钢管有限公司 | 吴君玉 | 2007.10 | 冷轧精带钢管 | 11 | 1039 | 2.45 | 373 |
| 无锡市逸润冷轧有限公司 | 严重武 | 2008.03 | 冷轧扁钢制造加工 | 8 | 1149 | 5.10 | 627 |
| 无锡市怡帆包装有限公司 | 王万西 | 2009.07 | 纸制品制造 | 4 | 170 | 0.73 | 160 |
| 无锡澍德机械制造有限公司 | 冯纪良 | 2010.01 | 机械零部件加工 | 19 | 357 | 0.78 | 141 |
| 无锡创欣电气有限公司 | 吴　敏 | 2010.04 | 电器制造 | 5 | 112 | 0.51 | 90 |
| 无锡市邦宏分析仪器有限公司 | 汤邦宏 | 2011.06 | 玻璃仪器制造 | 2 | 4 | 0.02 | 21 |
| 无锡市捷拓精密机械有限公司 | 陈　波 | 2011.11 | 通用机械制造加工 | 4 | 402 | 2.11 | 213 |
| 无锡天达金属科技有限公司 | 孙月红 | 2011.11 | 其他未列明的金属制品制造 | 1 | 9 | 0.00 | 44 |
| 无锡市浩杰冷弯型钢有限公司 | 黄浩然 | 2012.02 | 钢压延加工 | 9 | 877 | 1.19 | 620 |
| 无锡盛贤焊管厂 | 汪贤和 | 2012.08 | 焊管的制造 | 5 | 46 | 0.47 | 41 |
| 无锡泰正钢管有限公司 | 朱　杰 | 2013.07 | 焊管制造 | 25 | 1135 | 0.00 | 683 |

2014年，钱桥社区拥有各类企业72家，其中工业企业62家（规模以上企业11家），三产服务业10家。同年，全社区营业收入11.06亿元，其中工业收入8.66亿元、三产收入2.4亿元。是年，社区投入50万元资金建设站头新村一期天然气进社区工程，把原来家家户户用的瓶装液化气改为更加安全、清洁的管道天然气，改善小区居民的生活质量。是年，社区又投入85万元资金建立起惠山区第二家、钱桥街道第一家高清视频监控室。监控室占地面积40平方米，安装高清探头68个，基本覆盖辖区内各个小区、村落、商业街区、农贸市场及主要道路口，在预防犯罪、打击犯罪、保安治安，维护社区稳定中发挥巨大作用。

2015年，钱桥社区基础设施齐全，供电、电讯、电视、供水均已100%入户；生活污水管网全部铺设到位，污水集中收集处理；河道水质清洁，道路两旁绿树成荫；居民休闲健身设施齐全，布局到位；美化布置因地制宜，合理穿插；生活区幽雅宜人。为做好社区的服务和管理工作，社区积极推进扁平化管理，根据社区实际情况，把社区分为3个片区，由书记和副书记分别任片长，充分发挥社区党组织的领导核心作用，为紧密联系居民小组长、楼组组长开展楼组自治、片区自治，促进社区民主自治奠定组织保证。另按每片300户左右细分为16个小片区，由社区居委会工作人员担任责任人，在片区内树立责任包干牌，与5~6名居民信息员共同做好片区日常管理工作。同时，钱桥社区推行社区事务工作站制度，设立一站式工作大厅，大厅工作人员定岗定责，一专多能。一站式工作大厅积极将错时工作制、节假日轮流值班制落到实处，为居民提供综合服务。是年，钱桥社区已经成为一个管理有序、服务完善、环境优美、生活便利、人际关系和谐的新型现代化社区。是年，社区拥有各类企业77家，其中工业企业60家（规模以上企业11家），三产服务业17家，营业收入11.89亿元，其中三产收入2.75亿元。

**2005~2015年钱桥（街道工作办公室）社区主要经济指标统计表**

表1—3—3　　单位：人、万元

| 年份 | 农业人口 | 工农业总产值 | 工业总产值 | 工业销售、主营业务收入 | 工业利税总额 | 工业增加值 | 工业固定资产原价 |
|---|---|---|---|---|---|---|---|
| 2005 | 851 | 58071 | 58005 | 56951 | 5232 | 13252 | 10547 |
| 2006 | 841 | 77075 | 77019 | 79678 | 7733 | 17148 | 15789 |
| 2007 | 841 | 86528 | 86495 | 89384 | 7622 | 16752 | 18948 |
| 2008 | 2890 | 87936 | 87736 | 80539 | 7482 | 13890 | 20254 |
| 2009 | 2904 | 85958 | 85908 | 87380 | 8809 | 17942 | 23186 |
| 2010 | 5269 | 94418 | 94368 | 98898 | 7245 | 19897 | 29537 |
| 2011 | 均为居民 | 115234 | 115010 | 110905 | 3042 | 21690 | 31987 |
| 2012 | | 98131 | 98131 | 95721 | 3395 | 18507 | 33586 |
| 2013 | | 91951 | 91951 | 82809 | 3558 | 17341 | 35265 |
| 2014 | | 88800 | 88800 | 86600 | 4022 | 16747 | 37029 |
| 2015 | | 106613 | 106613 | 91430 | 5479 | 20107 | 40731 |

**2005~2015年钱桥（街道工作办公室）社区获得无锡市委、市政府，省级条线以上荣誉表**

表1—3—4

| 获得时间 | 荣誉名称 | 颁发单位 |
|---|---|---|
| 2005.10 | 2003~2004年度文明社区 | 中共无锡市委　无锡市人民政府 |
| 2008.02 | 无锡市社会主义现代化新农村建设示范村 | 中共无锡市委　无锡市人民政府 |
| 2009.12 | 2008~2009年度百佳农家书屋 | 江苏省新闻出版局 |
| 2010.09 | 全省农家书屋法制文化建设示范点创建活动先进单位 | 江苏省新闻出版局 江苏省司法厅<br>江苏省人民政府法制办公室 |
| 2012.01 | 2010~2011年度星级示范农家书屋 | 江苏省新闻出版局 |
| 2014.01 | 全民阅读志愿服务站 | 江苏省精神文明建设指导委员会办公室<br>江苏省全民阅读活动领导小组办公室 |
| 2014.05 | 江苏省民主法治示范社区 | 江苏省依法治省领导小组 |
| 2015.05 | 2014年度江苏省五四红旗团支部 | 共青团江苏省委 |

## 三、干部任职

自1949年以来，钱桥高级社、钱桥大队、钱桥村委、钱桥街道工作办公室、钱桥社区历任指导员1人，党支部（总支）书记10人、副书记4人，社长1人、副社长2人，大队长4人，革委会主任3人，村委主任7人、村委副主任4人，主办会计8人。2015年，唐杰任党总支书记，朱明连任居委会主任、潘晨曦连任居委会副主任，黄党霞连任主办会计。

1956~2015 年钱桥（高级社、大队、村）社区历届党支部（总支）、行政干部、主办会计任职表

表 1—3—5

| 建置名称 | 党支部（总支）书记 | | 行政干部 | | | | | | 主办会计 | |
|---|---|---|---|---|---|---|---|---|---|---|
| | | | 正职 | | | 副职 | | | | |
| | 姓名 | 任职时间 | 姓名 | 职务 | 任职时间 | 姓名 | 职务 | 任职时间 | 姓名 | 任职时间 |
| 钱桥高级社 | 冯泉煜（指导员） | 1956~1958 | 张浩度 | 社长 | 1956~1958 | 祝金根 | 副社长 | 1956~1958 | 毛海林 | 1956~1958 |
| | | | | | | 祁裕兴 | 副社长 | 1956~1958 | | |
| 钱桥大队 | 陈荣法 | 1958~1960 | 周伯勤 | 大队长 | 1958~1960 | — | — | — | 周德化 | 1958~1966.10 |
| | 唐伯均 | 1960~1968 | 程照芳 | 大队长 | 1961~1965 | — | — | — | — | — |
| | 陈惠良 | 1969~1975 | 周焕章 | 大队长、革委会主任、副书记 | 1966~1975 | — | — | — | 张珍娣 | 1966.11~1976.12 |
| | 毛仲篪 | 1976 | 唐镜清 | 革委会主任 | 1976~1977 | — | — | — | 毛福民 | 1977~1979 |
| | 唐镜清 | 1977~1983 | 张珍娣 | 副书记 | 1976~1983 | — | — | — | 宋国兴 | 1979~1983 |
| | | | | 革委会主任、大队长 | 1977~1983 | | | | | |
| 钱桥村委 | 唐镜清 | 1983~1986 | 唐镜清 | 主任 | 1983~1985.01 | 张珍娣 | 副主任 | 1983~1985 | 周耀良 | 1983~2000 |
| | 张珍娣（副书记） | 1983~1985 | 宋国兴 | 主任 | 1985.01~1986 | — | — | — | — | — |
| | 武阿扣 | 1986.11~1996.10 | 唐国清 | 主任 | 1986~1992 | — | — | — | — | — |
| | 朱　明（副书记） | 1995.05~2000 | — | — | — | — | — | — | — | — |
| | 宋仁金 | 1996~1997 | — | — | — | — | — | — | — | — |
| | 武阿扣 | 1998~2000 | 张顺根 | 主任 | 1992~2000 | — | — | — | — | — |
| 钱桥镇街道工办 | 武阿扣 | 2001~2006 | 武阿扣 | 主任 | 2001~2006 | 张顺根 | 副主任 | 2001~2006 | 周耀良 | 2001~2007.08 |
| | 朱　明（副书记） | 2001~2006 | — | — | — | — | — | — | — | — |
| 钱桥社区管理中心 | 武阿扣 | 2006~2009 | 武阿扣 | 主任 | 2006~2009 | 张顺根 | 副主任 | 2006~2009 | — | — |
| | 朱　明（副书记） | 2006~2009 | — | — | — | — | — | — | 宋立中 | 2007.08~2009 |
| 钱桥社区 | 武阿扣 | 2009~2011.06 | 武阿扣 | 主任 | 2009~2010.10 | 汪　洋 | 副主任 | 2010.10~2011 | 宋立中 | 2009~2012 |
| | 朱　明（副书记） | 2009~2015.8 | — | — | — | — | — | — | — | — |
| | 谢汉祖 | 2011.06~2011.10 | 张顺根 | 主任 | 2010.10~2012 | — | — | — | — | — |
| | 周群新 | 2011.10~2015.03 | — | — | — | — | — | — | 黄党霞 | 2012~ |
| | 张　宇（副书记） | 2011.09~2014.06 | 朱　明 | 主任 | 2013.10~2015.8 | 潘晨曦 | 副主任 | 2013.10~ | — | — |
| | 唐　杰 | 2015.03~ | — | — | — | — | — | — | — | — |

# 第二节 华新社区

华新社区位于北纬 31°~32°之间，东经 120°以东，东邻山北、南靠县钢铁厂及洋溪社区、西临洛社、北靠江海西路。

## 一、建置沿革

华新社区原为钱桥地区威华村、溪北村的两个农业乡村。2001 年，威华、溪北两村合并成立华新村。2009 年，华新村改设为华新社区。

### （一）威华村

1949 年 10 月，威华村属于开原区万东乡，乡政府驻地在南西漳。

图1—3—2　华新社区居民委员会(2015年)

1950年，万东乡分设出社冈乡。其中杨思桥、高草棚自然村属社冈乡一村，村长杨海度；唐家庄、浦巷、墅塘桥自然村属社冈乡七村，村长潘洪源；周东、周西、南下塘、北下塘、小园里自然村属社冈乡八村，村长李干民；南戴巷、北戴巷、殷缪巷、姚巷自然村属社冈乡九村，村长姚泉根。是年下半年，各自然村成立互助组。1954年，以自然村落为基础的互助组发展成以几个自然村联办的初级农业生产合作社，取名为“五星”“群星”等初级农业生产合作社。1956年，初级社合并为高级社，取名为“五星高级农业生产合作社”。1958年，钱桥人民公社成立，五星高级社即更设为五星大队。1982年，经无锡县人民政府批准进行地名改革，五星大队更名为威华大队。

1983年，钱桥公社撤销人民公社体制，建立钱桥乡人民政府。威华大队更设为威华村，成立威华村村民委员会、农工商联社；生产队改设为村民小组，共有高草棚、杨思桥、姚巷、戴巷桥、殷缪巷、小园里、北下塘、南下塘、周家桥、浦巷、唐家庄、墅塘桥12个自然村，18个村民小组。2001年8月，威华村与溪北村合并。

**（二）溪北村**

1949年10月溪北村属于溪北乡。1950年6月溪北乡更名为洋溪乡，是年洋溪乡溪北地区各自然村划成3个行政村，第一村由前后杨毛岸、黄旗岸组成，村长厉阿六，农会主任吴宝兴；第二村由刘巷、毛村园、前后周基组成，村长周洪福，农会主任俞仁元；第三村由肖尤巷、金巷、戴巷、单家坝组成，村长陆盘根，农会主任蒋金祥。

1951~1954年，3个村先后组织21个互助组，共184户、910人，土地面积79.4公顷。1954年9月，藕塘区洋溪乡农会主任王宝兴在毛村园开办成立“初级农业生产合作社”学习班，为期一个月，由毛村园、前周基、单家坝等5个互助组代表参加学习。经过学习、讨论，5个互助组自愿报名参加初级农业生产合作社的有40户、197人，水旱田面积14.9公顷，未报名的仅4户，正式成立新丰初级农业生产合作社。新丰初级农业生产合作社经过一年的生产经营，翌年农田产量提高，农民收益增加。在新丰初级农业生产合作社的带动下，1955年冬，相继成立新益、新农、新亚、新华和曙光等5个初级农业生产合作社。1956年初，这5个后成立的初级农业生产合作社没有经过土劳分配，就加入“新丰高级农业生产合作社”。当时，初级农业生产合作社以外的单干户共有105户、430人，土地35公顷，也一并加入新丰高级农业生产合作社。

1958年，钱桥人民公社成立，新丰高级农业生产合作社更设为新丰大队。1963年，黄旗岸自然村划入黎明大队。1982年，新丰大队更名为溪北大队。1983年，溪北大队更名为溪北村，成立溪北村民委员会、农工商联社，生产队改设为村民小组。溪北村辖9个自然村，21个村民小组，分别是杨毛岸（前杨、陈东、陈西、杨巷、后底岸村民小组），刘巷，毛村园（毛东、毛西村民小组），周基头（前周基东、前周基西、后周基东、后周基西村民小组），下段村（下前、下后村民小组），肖尤巷（肖巷、尤巷村民小组），金巷，戴巷，单家坝。2001年8月，溪北村与威华村合并。

**（三）华新（村）社区**

2001年8月8日，威华村与溪北村合并，成立华新村。2009年10月，华新村留村建居，增设华新社区居民委员会。

华新社区在钱桥街道东部，距无锡市市中心5公里，地理环境优越，有江海西路、钱威路、盛岸西路、锡宜高速公路、钱胡路、省道S342线贯穿社区全境。盛岸停车场又建立在该社区，构成四通八达的交通网络。社区由盛岸花园、隆泉园两个商品房小区和华新苑安置房小区及7个未拆迁的自然村组成混合型社区。2015 年，社区总面积 3.36 平方公里，设 3 个社区事务工作站、56 个居民小组。居民总户数 2629 户，常住人口 12980 人。社区有党员 216 名，下设行政、工业、农村 3 个党支部。

## 二、概况

华新社区曾经历五星大队、威华大队、威华村，新丰大队、溪北大队、溪北村、华新村的变迁。

### （一）土地面积

新中国成立后，五星、新丰地区群众在中国共产党领导下，坚持走以粮为纲道路，珍惜土地，开垦荒地。1970 年，大搞整田平地，格田成方，灌排分开。原五星大队组织村民对杨大坟、房边坟等 13 个特大坟区进行改造，挑高填低，平整土地；原新丰大队把杨三坟等坟墩全部平掉，对肖尤巷大坟墩进行整治，变为良田。两个大队共开发土地面积 73333.33 平方米。原五星大队还把西北圩芦荡田开发成水田；原新丰大队组织 30 多位优秀青年成立红专队，对毛家岸芦荡田进行垦荒开发。两个大队共开发圩蒲土地面积 26.67 公顷，全部种上水稻。是年，五星大队土地面积为 133.05 公顷，水稻面积 120.3 公顷、三麦面积 76.07 公顷、油菜面积 7.13 公顷、桑园面积 5.24 公顷；溪北村水稻面积 114.85 公顷、三麦面积 81.67 公顷。2007 年底，华新村仅存一级保护农田 18.34 公顷，农田中蔬菜田 6.07 公顷、葡萄园 5.47 公顷、花卉 4.13 公顷、养殖业 2.67 公顷。2015 年，华新社区仅存一级保护农田 18.34 公顷，其中蔬菜田 8.77 公顷，葡萄等果树田 5.47 公顷，种植花卉 4.1 公顷。

### （二）人口

华新地区原为汉族单一民族聚居之地。民国时期，杨思桥杨仁根之母莫铁氏，由北京婚嫁而来，为满族。1970 年底五星大队总户数 410 户、人口 1843 人。1994 年底，溪北村总户数 387 户、人口 1604 人。20 世纪 90 年代后，又有少数民族人口婚嫁而来，由贵州省思南县土家族一名女青年婚嫁下段村。2007 年底，华新村 1~60 岁人口 3344 人；60 岁以上老年人 770 人，其中 60~69 岁 419 人、70~79 岁 224 人、80~89 岁 109 人、90~99 岁以上 17 人，百岁老人 1 人。老年人口占总人数的 18.72%，华新村已提前进入老龄化社会。2008 年底，华新村总人口 4241 人，其中男性人口 1858 人，占总人口的 43.8%；女性人口 2383 人，占总人口的 56.2%。2015 年，华新社区总人口 6630 人，其中男性人口 2918 人，占总人口的 44%；女性人口 3712 人，占总人口的 56%。

### （三）道路

解放前威华村、溪北村道路均是土路，弯曲狭窄，村民来往很不方便。但在唐家庄东至钱桥北街及后底岸各有一段步石路。这两段路由唐家庄唐寿炳发起、后底岸厉无咎出资铺设。每块步石 25 厘米长、18 厘米宽，这样的道路在当时极为稀有。

20 世纪 70 年代初，五星、新丰大队在水利建设中把原明沟渠道改为地下渠道。这样，下面为渠道，上面为农村机耕大道。机耕大道一般路宽约 2.5 米。70 年代末至 80 年代初，区域内出现手扶拖拉机和中型拖拉机。主要村道加宽到 3~4 米，泥土路改成砂石路，成为各村庄农民来往的主要通道。钱桥街镇通往原五星大队的道路，宽 10 米左右，并由五星大队杨思桥开始直通到新丰大队毛村园（后通洋溪社区江胜桥），路面都铺上石片，成为华新地区的主要交通要道。1988 年，溪北村率先在全村实现道路黑色化。1999 年，在锡山市、钱桥镇有关单位援助下及村部分企业老板出资，威华、溪北两村均铺设水泥路，成为钱桥镇全村建成水泥路之首。

### （四）血吸虫病防治

民国时期乃至 20 世纪 50 年代，无锡县内血吸虫病最多的地方就是钱桥地区，钱桥地区血吸虫病最多的地方是五星大队。1969 年，在各级政府关心下，五星大队全体领导克服重重困难，苦口婆心说服社员群众化验大便，由各自然村负责送检大便，验大便大约花两个月时间。其时，五星大队总人口 1993 人，而患有血吸虫病的竟有 693 人，占全大队总人口的 35%。面对疫情，大队党支部一班人挨家挨户动员有病社员治疗。治疗地点在南下塘蚕室里。经过两个多月的治疗，终于把血吸虫病人治愈。新丰大队治疗地点在毛村园。

与此同时，更重要的是开展消灭钉螺工作，因为钉螺是毛蚴变成尾蚴的唯一寄生处。只有消灭钉螺，才能从根本上消灭血吸虫病。20世纪70年代初，五星大队发动群众开展一场灭钉螺的人民战争，整个五星大队范围内的河道、圩田、渠道都要查，都要灭。既人工灭螺，还用喷火枪灭螺。经过三年的复查复灭，五星大队区域内钉螺全部除尽，血防工作得到上级的肯定，列入无锡县锡西片灭钉螺、治血吸虫病样板。

**（五）村（队）办企业**

1966年，新丰大队周洪福发起，陈兴昌、毛锡宝、薛子明等积极响应，办起螺丝五金加工厂。1968年，五星大队杨海度发起，浦洪兴、姚泉根动员下放工人高荣毅、姚涌泉等到外地老厂淘来一台破旧车床，经修理后，办起五金加工厂。与此同时，唐凤岐发起编柳条筐，孙云仙带头办起绣花坊。随后，新丰、五星大队先后办起钢窗厂、冷作厂。农村社员逐步走进队办工业企业工作。1978年，新丰、五星两个大队的领导依靠无锡县钢铁厂的优势，发展队办企业，形成合力，办起轻质耐火保温材料厂、热轧厂、冷轧厂、焊管厂，为钱桥地区后来成为“全国最大的焊管生产基地”奠定基础。同时，先后开办机械设备厂、磁性材料厂、化工设备厂、搪瓷厂等。

2001年，威华、溪北两村合并后，华新村委抓住有利时机，进一步加快村办企业发展步伐，工业产品销售收入每年以30%以上的速度递增。2001年、2002年，华新村连续两年被镇、区、市评为工业明星村，销售名列惠山区村级第一、无锡市第五。2013年，华新社区规模以上企业14家，规模以下企业77家。

**2013年华新社区规模以上企业一览表**

表1—3—6　　单位：人、万元

| 单位名称 | 法定代表人 | 创办时间 | 主要产品 | 从业人数 | 主营业务收入 | 营业税金 | 资产总计 |
|---|---|---|---|---|---|---|---|
| 无锡市华源钢管有限公司 | 蒋立新 | 1999.02 | 焊管制造加工 | 22 | 3353 | — | 855 |
| 无锡市钱桥化工机械有限公司 | 周建平 | 1999.06 | 冷凝器制造 | 64 | 2197 | — | 2501 |
| 无锡市雄盛焊管有限公司 | 杨　阳 | 1999.08 | 焊管制造加工 | 22 | 2131 | — | 1116 |
| 无锡市大顺钢管有限公司 | 奚介平 | 2001.02 | 焊管制造加工 | 9 | 2073 | — | 585 |
| 无锡市长虹型钢彩板有限公司 | 厉光杰 | 2001.08 | 焊管制造及销售 | 16 | 1059 | — | 669 |
| 无锡天顺微型钢管有限公司 | 谢　敏 | 2002.03 | 焊管制造加工 | 10 | 806 | 1.50 | 1065 |
| 无锡市创信焊管厂 | 俞春娣 | 2002.06 | 焊管制造加工 | 14 | 1741 | — | 932 |
| 无锡市中强精密钢管有限公司 | 姚国度 | 2003.10 | 焊管制造 | 42 | 4674 | — | 791 |
| 无锡市金汇钢管有限公司 | 庞文伟 | 2004.09 | 焊管制造加工 | 12 | 2452 | — | 509 |
| 无锡市泉友焊管有限公司 | 郑兰芳 | 2005.03 | 焊接钢管 | 16 | 3830 | — | 976 |
| 无锡鑫盛源钢管有限公司 | 缪明辉 | 2005.04 | 焊管制造加工 | 17 | 5807 | — | 1242 |
| 无锡市华夏冷轧镀锌带钢有限公司 | 杨凤华 | 2005.08 | 高强度锌合金钢带生产 | 20 | 10110 | — | 5176 |
| 无锡市三六九钢管有限公司 | 吴伟良 | 2007.05 | 钢管制造加工 | 31 | 2952 | — | 1180 |
| 无锡市佳尼亚钢管有限公司 | 杨南兴 | 2009.09 | 焊管、型钢的制造、加工 | 20 | 2191 | — | 976 |

**2013年华新社区规模以下企业一览表**

表1—3—7　　单位：人、万元

| 单位名称 | 法定代表人 | 创办时间 | 主要产品 | 从业人数 | 主营业务收入 | 营业税金 | 资产总计 |
|---|---|---|---|---|---|---|---|
| 无锡焱丰冶金机械设备厂 | 刘建明 | 1991.09 | 冶金专用设备制造 | 34 | 596 | 2.31 | 7065 |
| 无锡市溪北化工设备有限公司 | 俞小明 | 1995.08 | 化工设备制造 | 3 | 76 | 0.28 | 234 |
| 无锡群力精密合金板带有限公司 | 毛毅度 | 1995.12 | 冷轧带钢的制造及加工 | 60 | 1413 | 12.13 | 2246 |
| 无锡威华电泳涂料厂 | 杨仁根 | 1996.10 | 涂料胶水制造加工 | 7 | 50 | 0.78 | 566 |
| 无锡市钱桥伟达焊管厂 | 姚伟洪 | 1998.05 | 焊管制造加工 | 11 | 557 | 0.96 | 328 |
| 无锡市宏发焊管有限责任公司 | 孙卫国 | 1998.07 | 焊管制造 | 3 | 70 | 0.12 | 25 |

续表 1—3—7　　单位：人、万元

| 单位名称 | 法定代表人 | 创办时间 | 主要产品 | 从业人数 | 主营业务收入 | 营业税金 | 资产总计 |
|---|---|---|---|---|---|---|---|
| 无锡百顺钢管有限公司 | 王群峰 | 1999.02 | 焊管制造加工 | 5 | 356 | 4.56 | 1160 |
| 无锡市钱桥防腐设备有限公司 | 孙　云 | 1999.06 | 防腐设备、防腐配件的制造加工 | 10 | 380 | 1.50 | 350 |
| 无锡市万利化工有限公司 | 毛裕昌 | 1999.07 | 过碳酸钠制造及加工 | 20 | 175 | 0.86 | 785 |
| 无锡市钱桥华鑫焊管厂 | 姚炳江 | 1999.09 | 焊管制造加工 | 12 | 1338 | 0.89 | 638 |
| 无锡市新汇焊管型钢厂 | 姚子良 | 2000.03 | 焊管制造加工 | 3 | 318 | 1.37 | 129 |
| 无锡市万马化工有限公司 | 吴荣庆 | 2001.03 | 专项化学用品制造 | 30 | 1150 | 14.33 | 1133 |
| 无锡华东冷弯衬钢有限公司 | 陈焕良 | 2001.03 | 冷弯型钢制造加工 | 8 | 347 | 1.53 | 203 |
| 无锡市长虹型钢彩板有限公司 | 厉光杰 | 2001.08 | 焊管制造及销售 | 16 | 1059 | 4.09 | 669 |
| 无锡市灵山钢管厂 | 尤秋林 | 2001.08 | 焊管制造加工 | 8 | 742 | 0.89 | 198 |
| 无锡卓成塑料制品有限公司 | 王　荣 | 2001.08 | 塑料制品制造加工 | 29 | 366 | 3.93 | 1163 |
| 无锡宏卫焊管型钢有限公司 | 孙卫贤 | 2001.12 | 焊管制造 | 2 | 55 | 0.03 | 39 |
| 无锡钱桥轧辊环保设备有限公司 | 时焕根 | 2002.01 | 轧辊制造 | 26 | 760 | 4.71 | 1634 |
| 无锡天顺微型钢管有限公司 | 谢　敏 | 2002.03 | 焊管制造加工 | 10 | 806 | 1.47 | 1065 |
| 无锡市丰达钢管有限公司 | 缪晓峰 | 2002.06 | 焊管制造加工 | 8 | 1729 | 4.58 | 478 |
| 无锡市信谊焊管型钢有限责任公司 | 朱信玉 | 2002.09 | 冷弯型钢的制造加工 | 5 | 113 | 1.56 | 239 |
| 无锡市伟升焊管有限公司 | 殷伟均 | 2002.09 | 焊管及冷拔管制造加工 | 7 | 782 | 2.10 | 242 |
| 无锡市佳盛冷弯型钢有限公司 | 秦灵驾 | 2002.12 | 型钢制造加工 | 11 | 797 | 3.32 | 369 |
| 无锡市惠山江南冶金机械厂 | 赵产林 | 2003.02 | 化工机械配件 | 10 | 494 | 2.85 | 1117 |
| 无锡市元吉焊管有限公司 | 杨晓东 | 2003.02 | 焊管制造及加工 | 12 | 1740 | 6.31 | 575 |
| 无锡市顺源冷弯型钢厂 | 陈焕清 | 2003.03 | 冷弯型钢 | 8 | 911 | 3.26 | 241 |
| 无锡华伟冷弯型钢厂 | 高伟峰 | 2003.03 | 冷弯型钢制造加工 | 7 | 809 | 1.09 | 238 |
| 无锡市钱桥华金装潢材料厂 | 陈荣兴 | 2003.03 | 金属冷弯型材制造加工 | 8 | 593 | 1.73 | 340 |
| 无锡市通鑫冷弯型钢有限公司 | 毛国清 | 2003.03 | 型钢制造及加工 | 8 | 712 | 1.09 | 284 |
| 无锡昊燕环境工程设备厂 | 汤　燕 | 2003.03 | 液压系统打包机 | 15 | 273 | 2.81 | 669 |
| 无锡市锦宏精密缸体有限公司 | 吴仁兴 | 2003.04 | 精密缸体冷拔管制造、加工、销售 | 34 | 1489 | 9.84 | 1156 |
| 无锡市华佳达型钢有限公司 | 殷加荣 | 2003.05 | 冷弯型钢制造加工 | 4 | 210 | 0.46 | 42 |
| 无锡市永平冷弯型钢有限公司 | 戴勇兴 | 2003.11 | 冷弯型钢制造 | 4 | 180 | 0.34 | 131 |
| 无锡瑞龙精密焊管有限公司 | 查浩萌 | 2004.11 | 焊管制造加工 | 16 | 1300 | 3.97 | 394 |
| 无锡市鑫宇搪玻璃设备有限公司 | 周湘君 | 2004.12 | 搪瓷制品生产 | 15 | 185 | 0.96 | 664 |
| 无锡市万东机械有限公司 | 赵晓东 | 2005.01 | 零部件加工 | 18 | 610 | 2.99 | 232 |
| 无锡市瑞丰钢管有限公司 | 唐瑞康 | 2005.04 | 焊管的制造加工 | 7 | 1386 | 1.50 | 659 |
| 无锡市智超滑触线有限公司 | 唐景贤 | 2005.04 | 其他塑料制品制造 | 3 | 85 | 0.05 | 170 |
| 无锡凯胜包装制品有限公司 | 沈志良 | 2005.07 | 纸筒加工 | 17 | 539 | 1.99 | 284 |
| 无锡市兴中油脂化工厂 | 沈锡大 | 2005.07 | 油脂加工 | 4 | 25 | 0.09 | 114 |
| 无锡市华平冷弯型钢厂 | 陈焕平 | 2005.09 | 冷弯型钢制造 | 3 | 193 | 1.29 | 158 |
| 无锡悦盛金属制品厂 | 唐耀新 | 2006.02 | 非标金属结构件制造 | 6 | 263 | 1.00 | 147 |
| 无锡市华邓焊管有限公司 | 华惠元 | 2006.03 | 冶炼及压延加工 | 10 | 1848 | 3.90 | 345 |
| 无锡攀高机械科技有限公司 | 朱新海 | 2006.03 | 纺织机械配件 | 29 | 992 | 7.57 | 614 |
| 无锡斯泰尔精密管有限公司 | 窦学明 | 2006.03 | 精轧管制造 | 10 | 555 | 2.02 | 220 |
| 无锡市万利达冷弯型钢有限公司 | 杨晓东 | 2006.04 | 冷弯型钢制造 | 6 | 969 | 0.86 | 159 |
| 无锡市三盛精密钢管有限公司 | 胡卫东 | 2006.06 | 焊管制造加工 | 11 | 1537 | 3.81 | 278 |
| 无锡明磊钢管有限公司 | 俞　磊 | 2006.06 | 焊管、型钢的制造 | 18 | 773 | 3.81 | 718 |
| 无锡市亿伦金属制品有限公司 | 厉建忠 | 2006.08 | 焊管加工 | 15 | 2361 | 2.69 | 1012 |
| 无锡雄华汽车钢管有限公司 | 王晓峰 | 2006.08 | 焊接钢管制造加工 | 20 | 188 | 1.23 | 380 |
| 无锡市德圣纵剪厂 | 窦菊萍 | 2006.09 | 卷板开剪 | 22 | 499 | 10.99 | 117 |
| 无锡市远志液压缸筒有限公司 | 杜　慎 | 2006.11 | 缸筒加工 | 17 | 730 | 6.50 | 210 |
| 无锡市来盛冷弯型钢有限公司 | 窦晓刚 | 2007.07 | 冷弯型钢加工 | 9 | 2952 | 7.11 | 479 |
| 无锡市辰龙冷弯型钢厂 | 张建国 | 2007.08 | 冷弯型钢加工 | 6 | 795 | 0.48 | 152 |
| 无锡市长城焊管型钢厂 | 刘　栋 | 2008.01 | 焊管制造加工 | 10 | 762 | 1.26 | 213 |
| 无锡跃成金属框架有限公司 | 周燕芳 | 2008.04 | 非标金属结构件 | 12 | 778 | 2.14 | 372 |
| 无锡润水水环境修复剂有限公司 | 黄　平 | 2008.10 | 活菌生物净水剂的制造 | 4 | 19 | 0.08 | 18 |
| 无锡市华云钢管厂 | 刘云峰 | 2009.03 | 焊管制造加工 | 10 | 1215 | 3.01 | 972 |

续表 1—3—7　　单位：人、万元

| 单位名称 | 法定代表人 | 创办时间 | 主要产品 | 从业人数 | 主营业务收入 | 营业税金 | 资产总计 |
|---|---|---|---|---|---|---|---|
| 无锡君达塑料包装制品有限公司 | 孙海明 | 2009.03 | 塑料包装制品加工 | 2 | 69 | 0.01 | 255 |
| 无锡新奥钢管有限公司 | 冯春波 | 2009.03 | 焊管制造 | 9 | 1371 | 1.67 | 637 |
| 无锡祥龙金属制品有限公司 | 黄彩芬 | 2009.10 | 金属制品制造加工、销售 | 15 | 303 | 1.07 | 139 |
| 华邦精密钢管无锡有限公司 | 张力钧 | 2010.02 | 钢材加工 | 18 | 1646 | 5.50 | 974 |
| 无锡市虎翼钢管有限公司 | 谢　斌 | 2010.04 | 钢管加工 | 7 | 430 | 1.03 | 136 |
| 无锡伟杰精密钢管有限公司 | 潘　杰 | 2010.05 | 钢管加工 | 4 | 339 | 0.56 | 175 |
| 无锡创利精密机床制造有限公司 | 杨祥妹 | 2010.05 | 轴承磨床的制造 | 10 | 144 | 1.12 | 138 |
| 无锡市华金金属回收有限公司 | 姚琴芳 | 2010.10 | 金属废料和碎屑的加工处理 | 4 | 182 | 0.57 | 28 |
| 无锡友立精密特钢制造有限公司 | 唐　强 | 2010.10 | 精密特种钢管的制造加工 | 15 | 1094 | 0.17 | 905 |
| 无锡市华威焊管厂 | 庞旭菁 | 2010.12 | 焊管制造加工 | 13 | 369 | 1.41 | 422 |
| 无锡方亮精密钢管有限公司 | 章方度 | 2011.04 | 钢压延加工 | 6 | 477 | 0.51 | 290 |
| 无锡胜宏钢管加工有限公司 | 奚国良 | 2011.04 | 钢管加工 | 8 | 144 | 1.43 | 327 |
| 无锡惠呈鑫金属制品有限公司 | 程晚星 | 2011.07 | 其他日用金属制品制造 | 5 | 405 | 0.46 | 92 |
| 无锡金彩金属材料有限公司 | 苗文卫 | 2011.08 | 钢压延加工 | 3 | 1418 | 0.06 | 180 |
| 无锡市顺仕机械有限公司 | 张雅玲 | 2011.11 | 通用设备制造 | 8 | 182 | 0.37 | 242 |
| 无锡威林金属材料有限公司 | 许丙钢 | 2012.02 | 其他未列明的金属制品制造 | 3 | 853 | 0.17 | 87 |
| 无锡市盈溢金属制品有限公司 | 王示平 | 2012.09 | 其他未列明的金属制品制造 | 16 | 1691 | 0.00 | 139 |
| 无锡君旺精密钢管有限公司 | 芮小军 | 2012.11 | 钢压延加工 | 5 | 195 | 0.00 | 214 |
| 无锡市锦程钢管有限公司 | 鲁志祥 | 2013.07 | 钢压延加工 | 2 | 19 | 0.07 | 16 |

2015 年，华新社区规模以上企业 11 家、规模以下企业 78 家，工业产值 7.14 亿元，三产服务业产值 14.86 亿元。

**（六）农村合作医疗**

1969 年，五星大队和新丰大队分别建立合作医疗管理小组和卫生室，业务上接受公社合作医疗管理委员会及公社卫生院指导。大队配备 3 名赤脚医生（后改名为乡村医生），有 2 间医疗用房。赤脚医生亦医亦农，年终有大队给予工分补贴。五星、新丰大队在设立大队卫生室的同时，农民实行农村合作医疗制度。初办合作医疗标准为每人每年 6 元，个人、生产队、大队各负担 2 元，以后根据实际支出提高标准。1983 年实行家庭联产承包责任制后，个人负担部分收费有困难，大队单方负担也有困难，合作医疗进入低谷。

2001 年 8 月威华村和溪北村两村合并后，威华卫生室并入钱桥医院盛岸花园社区卫生服务中心，溪北卫生室仍为广大村民做好医疗保健等工作。2003 年始，无锡市新型农村合作医疗建立后，个人部分从每人每年收费 35 元提高到 2007 年每人每年收费 100 元，实行多交、治病报销也多报的原则，以缓解农民看病贵、看病难的问题，深受广大农民欢迎。

**（七）修路改水**

1986 年秋，经过 3 个月整党整风，威华村党支部进行换届选举。新一届党支部委员集体商量决策，为不辜负村民对新班子的期望，决定在两年内实现各自然村通上碎石子铺设的村道和家家户户喝上自来水。会后，党支部成立两个工作班子，一个班子负责修筑通往各村的道路，主要修筑东西主干道——从杨思桥到东南西北圩约 2000 米，其中扩建威华桥，从原来的 2.5 米拓宽到 5.5 米，并把引坡做平；另一个班子负责自来水工程。申请安装自来水管道难度大，手续烦，从钱桥北桥堍到威华村通自来水管道，线路长，花钱多，党支部决定用三条腿走路的办法解决资金问题，一条腿为每户出钱 300 元；第二条腿为沿途企业赞助一点，其中县钢出资 14 万元，这样钢铁厂往周家桥方向的供水就迎刃而解；第三条腿为不足部分由村里包下来。

钱桥北桥堍到戴巷桥的自来水管使用 8 号管就富足有余了。村委考虑到以后周边兄弟村的发展，全长1800米总管道全部使用18号铸钢管，需要多花的材料费、运输费全部由村委独自承担。人心齐，泰山移。1987年12月18日，威华全村自来水通水一次成功，成为无锡县自来水第八村。

1990年，溪北村开始排设供水管道，通向各户，用上梅园水厂供应的自来水。

### （八）绿化

威华村与溪北村主要道路及通往各村民小组的道路两旁都进行绿化，种植香樟、广玉兰、水杉等树木。2001年8月，威华村和溪北村并村后，华新村在创建省级卫生村过程中，新建花坛156只，全村绿化面积1.5万平方米，种植树木2万余株。华新苑小区绿地面积占到总面积的35%以上。华新村主要公路两侧树木成行，绿化成荫。此后，华新村相继出现私人苗圃场两家。2015年，盛岸西路成为无锡市绿化样板道路。

### （九）获得荣誉

2001~2013年，华新（村）社区共获得无锡市委、市政府，省级条线以上荣誉10项。

2001~2013年华新（村）社区获得无锡市委、市政府，省级条线以上荣誉表

表1—3—8

| 获得时间 | 荣誉名称 | 颁发单位 |
|---|---|---|
| 2001.12 | 无锡市工业明星村 | 中共无锡市委　无锡市人民政府 |
| 2002.12 | 无锡市工业明星村 | 中共无锡市委　无锡市人民政府 |
| 2003.10 | 江苏省卫生村 | 江苏省爱国卫生运动委员会 |
| 2007.02 | 无锡市社会主义现代化新农村建设示范村 | 中共无锡市委　无锡市人民政府 |
| 2007.08 | 江苏省生态村 | 江苏省环境保护委员会 |
| 2007.10 | 江苏省为农服务中心示范点 | 江苏省供销合作总社 |
| 2008.02 | 无锡市社会主义现代化新农村建设生态农村先进单位 | 中共无锡市委　无锡市人民政府 |
| 2012.01 | 江苏省“社会主义新农村建设先进村” | 中共江苏省委农村工作领导小组 |
| 2012.02 | 无锡市“社会主义现代化新农村建设幸福村” | 中共无锡市委　无锡市人民政府 |
| 2013.02 | 中国供销合作社为农村服务中心税点 | 江苏省供销合作社 |

### （十）经济实绩

2015年，华新社区工农业总产值7.22亿元，其中工业总产值7.14亿元，工业销售主营业务收入7.11亿元。

2005~2015年华新（村）社区主要经济指标统计表

表1—3—9　　单位：人、万元

| 年份 | 农业人口 | 工农业总产值 | 工业总产值 | 工业销售、主营业务收入 | 工业利税总额 | 工业增加值 | 工业固定资产原价 |
|---|---|---|---|---|---|---|---|
| 2005 | 3363 | 89319 | 88690 | 89433 | 3064 | 14439 | 12307 |
| 2006 | 4020 | 107038 | 106524 | 109417 | 3773 | 22354 | 19756 |
| 2007 | 5237 | 129513 | 128910 | 130665 | 3727 | 25225 | 22882 |
| 2008 | 4263 | 128438 | 127918 | 125940 | 2773 | 19992 | 23329 |
| 2009 | 4245 | 101150 | 100650 | 109105 | 3846 | 20069 | 24696 |
| 2010 | 5269 | 147084 | 146524 | 147771 | 5729 | 28607 | 29941 |
| 2011 | 均为居民 | 152033 | 150793 | 156531 | 3272 | 14293 | 26963 |
| 2012 | | 140994 | 136272 | 133472 | 3904 | 15865 | 28311 |
| 2013 | | 127538 | 122515 | 120202 | 4725 | 16301 | 31142 |
| 2014 | | 85338 | 85318 | 85682 | 2105 | 6793 | 33167 |
| 2015 | | 72209 | 71422 | 71120 | 1736 | 6365 | 34989 |

## 三、干部任职

华新社区由威华村、溪北村两村合并而来。五星大队、威华（大队）村历任党支部书记6人，大队长4人，革委会主任2人，村委主任3人，主办会计3人；新丰大队、溪北（大队）村历任党

支部书记 11 人、副书记 4 人，社长 1 人，大队长 4 人，革委会主任 1 人，村委主任 1 人、村委副主任 1 人，主办会计 5 人。华新（村）社区历任党（支部）总支书记 4 人、副书记 2 人，（村委）居委会主任 2 人、（村委）居委会副主任 2 人，主办会计 2 人。2015 年，张正阳任党总支书记、连任居委会主任，金浩连任居委会副主任，陆红亚连任主办会计。

### 1955~2001 年威华村（五星大队）历届党支部（总支）、行政干部、主办会计任职表

表 1—3—10

| 建置名称 | 党支部书记 | | 行政干部 | | | | | | 主办会计 | |
|---|---|---|---|---|---|---|---|---|---|---|
| | | | 正职 | | | 副职 | | | | |
| | 姓名 | 任职时间 | 姓名 | 职务 | 任职时间 | 姓名 | 职务 | 任职时间 | 姓名 | 任职时间 |
| 五星初级社 | 杨海度 | 1955~1957 | — | — | — | — | — | — | — | — |
| 五星大队 | 杨海度 | 1958~1971 | 章锡度 | 大队长 | 1958~1966 | — | — | — | 邓炳荣 | 1958~1966 |
| | 浦洪兴 | 1971~1975 | 浦洪兴 | 大队长 | 1967~1968 | — | — | — | 苗盘清 | 1966~1977 |
| | 窦培良 | 1975 ~1979 | 唐盘清 | 大队长、革委会主任 | 1969~1979 | — | — | — | 蒋彩凤 | 1977~ 1981 |
| | 唐盘清 | 1979 ~1981 | 杨荷根 | 大队长、革委会主任 | 1979~1981 | — | — | — | — | — |
| 威华大队 | 唐盘清 | 1982 ~1983 | 杨荷根 | 大队长 | 1982~1983 | — | — | — | 蒋彩凤 | 1982~1983 |
| 威华村 | 唐盘清 | 1983 ~1989 | 杨伯清 | 主任 | 1983~1985 | — | — | — | 蒋彩凤 | 1983~2001 |
| | 张建荣 | 1989~1997 | 潘林兴 | 主任 | 1985~2000 | — | — | — | — | — |
| | 窦建平 | 1997~2001 | 唐建春 | 主任 | 2000~2001 | — | — | — | — | — |

### 1956~2001 年新丰（高级社）大队、溪北（大队）村历届党支部（总支）、行政干部、主办会计任职表

表 1—3—11

| 建置名称 | 党支部书记 | | 行政干部 | | | | | | 主办会计 | |
|---|---|---|---|---|---|---|---|---|---|---|
| | | | 正职 | | | 副职 | | | | |
| | 姓名 | 任职时间 | 姓名 | 职务 | 任职时间 | 姓名 | 职务 | 任职时间 | 姓名 | 任职时间 |
| 新丰高级社 | 俞耀清 | 1956~1958 | 周洪福 | 社长 | 1956~1958 | — | — | — | 毛伯荣 | 1955~1970.02 |
| 新丰大队 | 潘士清 | 1958~1961 | — | — | — | — | — | — | — | — |
| | 吴小毛（副书记） | 1958~1966 | 吴小毛 | 大队长 | 1958~1966 | — | — | — | — | — |
| | 朱金荣 | 1961.02~1961.09 | — | — | — | — | — | — | — | — |
| | 周洪福 | 1961.09~1966 | — | — | — | — | — | — | — | — |
| | 毛荣兴 | 1966~1968 | 俞耀清 | 大队长 | 1966~1970 | — | — | — | — | — |
| | 陈菊根 | 1969~1970 | — | — | — | — | — | — | — | — |
| | 俞耀清（副书记） | 1969~1970 | — | — | — | — | — | — | 景魁元 | 1970.02~1974.05 |
| | 周洪福 | 1971~1973 | 俞世元 | 革委会主任 | 1971~1973 | — | — | — | — | — |
| | 蒋金祥 | 1973~1975 | — | — | — | — | — | — | 戴季方 | 1974.05~1982.08 |
| | 吴小毛（副书记） | 1973~1975 | 吴小毛 | 大队长 | 1973~1975 | — | — | — | — | — |

续表 1—3—11

| 建置名称 | 党支部书记 | | 行政干部 | | | | | | 主办会计 | |
|---|---|---|---|---|---|---|---|---|---|---|
| | | | 正职 | | | 副职 | | | | |
| | 姓名 | 任职时间 | 姓名 | 职务 | 任职时间 | 姓名 | 职务 | 任职时间 | 姓名 | 任职时间 |
| 溪北大队 | 陆伯良 | 1976~1984 | 刘焕明 | 大队长 | 1976~1984 | 周忠法 | 副主任 | 1982~1984 | 陈贯林 | 1982.08~1993.12 |
| | 刘焕明（副书记） | 1976~1984 | — | — | — | — | — | — | — | — |
| | 边才金（副书记） | 1976~1984 | — | — | — | — | — | — | — | — |
| 溪北村 | 刘焕明 | 1984~1990 | 周忠法 | 主任 | 1984~2001 | — | — | — | — | — |
| | 周伯兴 | 1990~1992 | — | — | — | — | — | — | — | — |
| | 周建平 | 1992~2001 | — | — | — | — | — | — | 金宏源 | 1994.07~2001.08 |

2001~2015 年华新（村）社区历届党支部（总支）、行政干部、主办会计任职表

表 1—3—12

| 建置名称 | 党支部（总支）书记 | | 行政干部 | | | | | | 主办会计 | |
|---|---|---|---|---|---|---|---|---|---|---|
| | | | 正职 | | | 副职 | | | | |
| | 姓名 | 任职时间 | 姓名 | 职务 | 任职时间 | 姓名 | 职务 | 任职时间 | 姓名 | 任职时间 |
| 华新村 | 窦建平 | 2001.08~2009 | 周忠法 | 主任 | 2001.08~2009 | 唐建春 | 副主任 | 2001.08~2009 | 陈贯林 | 2001.08~2009 |
| | 浦建源（副书记） | 2004~2009 | — | — | — | — | — | — | — | — |
| 华新社区 | 窦建平 | 2009~2010 | 周忠法 | 主任 | 2009~2010 | 唐建春 | 副主任 | 2009~2012.05 | 陈贯林 | 2009~2012.10 |
| | 浦建源（副书记） | 2009~2012.05 | — | — | — | — | — | — | 陆红亚 | 2013~ |
| | 周忠法 | 2010~2013.05 | — | — | — | — | — | — | — | — |
| | 窦　杰（副书记） | 2011~2012 | — | — | — | — | — | — | — | — |
| | 虞黎杰 | 2013.05~2015.04 | 张正阳 | 主任 | 2013.10～ | 金　浩 | 副主任 | 2013.10~ | — | — |
| | 张正阳 | 2015.04~ | — | — | — | — | — | — | — | — |

# 第三节 苏庙社区

苏庙社区位于北纬 31°36′，东经 120°12′，东北临洋溪河、与华新社区隔河相望，南与滨湖区荣巷街道勤新社区为界，西南与舜柯社区相邻，西北角越过洋溪河鸭船浜与洋溪社区连接，土地面积 2.59 平方公里。2014 年底，常住户 6007 户，常住人口 17036 人。2015 年，户籍住户 2866 户，户籍人口 8522 人。是年，苏庙社区辖前金岸、后金岸、支巷、缪巷；春来苑；锡陆路以南、钱荣路以西春光苑一期，美林湖花园、欣欣苑、欣欣山庄、埭桥、沈巷、隆舜园；育才路以西、钱桥大街以南育才公寓。

图 1—3—3　苏庙社区居民委员会（2015 年）

## 一、建置沿革

北宋年间，苏庙地区属开原乡二十二都。元、明沿袭宋制。至明万历年间，苏庙地区属开原乡第二十二都中苏巷上保与夏虞桥保。明万历年间为强化赋税，苏巷上（苏庙）属开原区下扇二十二

都二图（臣字号），夏虞桥属八图（壹字号）。

清沿明制。清雍正二年（1724）划无锡县为无锡、金匮两县。苏巷上（苏庙）属无锡县开原区下扇二十二都二图（臣字号），下虞桥（夏虞桥）属开原区下扇二十二都八图（壹字号）。

民国18年（1929），苏庙地区分属大支乡、夏虞乡辖。民国23年6月，苏庙属钱桥镇管辖。民国27年1月，日伪统治期间将10个区恢复为民国23年前17个区，苏庙地区又属大支乡、夏虞乡辖。民国30年2月，无锡县又将17个区改为10个区78个镇，苏庙地区属钱桥镇管辖，直至民国37年。

1950年5月，苏庙属藕塘区钱桥乡辖。1956年，苏庙地区成立竞丰高级农业生产合作社，属钱桥乡管辖。1958年9月，钱桥乡成立钱桥人民公社，竞丰高级农业生产合作社改设为竞丰大队。1959年3月，竞丰大队塘泗桥划归钱桥大队。1982年7月，竞丰大队更名为苏庙大队。1983年，苏庙大队更名为苏庙村。1987年，撤销钱桥乡建制，改设钱桥镇，苏庙村属钱桥镇辖。1993年，苏庙村邵巷、埭桥划归钱桥居委。2001年8月，鸭船浜村与苏庙村合并。2007年11月，钱桥镇改设为钱桥街道，苏庙村属之。2009年10月21日，苏庙村村委、社区居委会同设。2010年9月25日，撤销苏庙村村民委员会。

## 二、概况

苏庙（村）社区是由原苏庙村与鸭船浜村于2001年8月合并而成。

### （一）苏庙村

新中国成立初期，无锡县、市区划多次调整，前、后金岸从洋溪乡划归钱桥乡。前、后金岸属苏庙地区，由此苏庙辖区的范围内就有16个自然村，形成4个行政村。4个行政村经历土地改革、镇压反革命、抗美援朝、动员青年参加志愿军等历史性阶段工作。

**1950年苏庙地区4个行政村村名及所辖自然村一览表**

表1—3—13

| 行政村名 | 所辖自然村 |
|---|---|
| 翻身村 | 缪（蒋）巷、苏巷、天墩头 |
| 新兴村 | 支巷、杜巷、余巷 |
| 自由村 | 前金岸、后金岸、孟家桥、李巷、许巷 |
| 胜利村 | 埭桥、沈巷、邵巷、庙浜上、塘泗桥 |

1952年土地改革后，苏庙地区农民分到土地，生产热情高涨，4大行政村16个自然村在“自愿结合、等价交换、民主管理”三大原则下，自发组织“换工组”“代工组”“帮工组”等形式的24个互助组。1954年（含塘泗桥），互助组发展到26个。是年6月2日，钱桥乡又划归无锡市六区（即后来郊区）。自由村的前金岸自然村陶阿菊互助组发起成立竞丰初级农业生产合作社，得到市委、六区区委肯定，前、后金岸二个互助组与单干户一并入社，共有43户农户组成，19.33公顷土地。此后，苏庙地区农业生产走合作化道路搞得红红火火，成为当时无锡市的一面旗帜。

1955年6月6~8日，全国人大常委会副委员长黄炎培带领工作组到无锡考察农业合作化运动，其中一个组到竞丰初级农业合作社考察，召开座谈会等。当时无锡市委机关报《工人生活报》曾有此报道（详见1955年6月7日、6月9日无锡市机关报《工人生活报》）。接着，其他省、市也有代表团到这里考察，还有东欧与苏联的外宾到这里参观考察。竞丰初级农业生产合作社声名鹊起，还收到中央赠送的白马、紫马各一匹，轧稻机一台，五灯收音机一台。11月26日，无锡《工人日报》头版报道钱桥竞丰农业生产合作社的办社经验，竞丰初级农业生产合作社成为无锡地区农业合作化的典型。是年底，26个互助组逐步合并成竞丰、竞业、竞益、建新、苏庙、胜利、竞兴、翻身、新兴等9个初级农业生产合作社。

**1955 年苏庙地区 32 个互助组合并成立 9 个初级农业生产合作社一览表**

表 1—3—14

| 自然村名 | 互助组名 | 初级社社名 | 自然村名 | 互助组名 | 初级社社名 |
|---|---|---|---|---|---|
| 前金岸 | 陶阿菊互助组<br>陶寿根互助组 | 竞丰农业生产合作社 | 支　巷 | 张锡泉互助组<br>支阿末互助组<br>袁富生互助组<br>石耀庆互助组 | 竞兴农业生产合作社 |
| 后金岸 | 陆全荣互助组 | | 杜　巷 | 凌泉裕互助组<br>张盘清互助组<br>陆林度互助组<br>张富根互助组 | 竞业农业生产合作社 |
| 李　巷 | 张醒麟互助组 | | 余　巷 | 余富根互助组<br>冯金富互助组 | 新兴农业生产合作社 |
| 许　巷 | 顾根法互助组 | 竞益农业生产合作社 | 邵　巷 | 邹德兴互助组<br>邵金和互助组 | 胜利农业生产合作社 |
| 孟家桥 | 支汉良互助组<br>肖戴孝互助组 | | 沈　巷 | 庙浜上互助组<br>谢正兴互助组 | |
| 缪　巷 | 蒋林宝互助组<br>缪子军互助组<br>缪金和互助组 | 翻身农业生产合作社 | 埭　桥 | 陈焕兴互助组<br>俞金林互助组 | |
| | 蒋海泉互助组<br>缪龙祥互助组<br>缪和生互助组 | 建新农业生产合作社 | 苏　巷 | 李盘根互助组<br>陆子祥互助组 | 苏庙农业生产合作社 |
| | | | 天墩头 | 杜荣坤互助组 | |

1956 年，无锡市委批准钱桥乡苏庙 4 大行政村、9 个初级社合并，成立竞丰高级农业生产合作社。竞丰高级社东起埭桥河，西至夏虞河，南起沿山河（三节桥），北至洋溪河，面积 4.5 平方公里，16 个自然村，人口 2700 余人。同年，中共苏庙第一个支部在竞丰农业高级社诞生。竞丰高级农业生产合作社成立后，坚持治水为第一要务，修筑前金岸到孟家桥，前金岸到李巷，李巷到支巷，孟家桥到余巷，许巷到支巷及从邵巷到缪巷的大明沟，共六条，形成最初的苏庙地区排灌体系。

1958 年 9 月，钱桥人民公社成立，竞丰高级农业生产合作社改设为竞丰大队。16 个自然村划分成 23 个生产队。是年始，竞丰大队大抓水利建设，先后完成庙浜灌溉站与可移动灌排站的建造，并每年投入大量人力物力维护沟渠畅通，圩岸加固及低洼田改造。

1970 年，竞丰大队在“农业学大寨”运动中开展“水沟暗渠化、粮田格子化”建设。大队成立专业暗渠工程队伍，至 1975 年完成一纵一横二大总渠。南北自庙浜到前金岸与孟家桥，东西由邵巷段，向西到缪巷。南北渠在邵巷段构成十字形，二渠总长达 7000 余米，规格为净 80 厘米×60 厘米的长方形涵洞。1976 年后又建设许巷灌溉站到支巷、孟家桥到余巷的暗渠，总长 1500 余米。竞丰大队“粮田格子化”是一个创造优质耕田的运动，田块都建设成宽 20 米，长 80 米的统一规格，二头高低不准差 5 厘米。这是一项相当艰巨的任务，相当于在大地上画图绣花。竞丰大队 24 个生产队，要求每队在 5 年中建成 80% 丰产方，但实际完成（非高标准田块）约 133.33 余公顷。

图 1—3—4　1992 年钱桥镇苏庙村自然村落分布图

1983 年，钱桥人民公社建制撤销，改设乡。苏庙大队改设为苏庙村，辖 14 个自然村，24 个村民小组，分别是前金岸、后金岸、孟家桥（分成 2 个村民小组）、李巷、许巷、邵巷（分邵东、邵西）、埭桥、沈巷（庙浜上并入后分沈东、沈西）、天墩头（分天东、天西）、苏巷、缪（蒋）巷（分4个村民小组）、支巷（分成3个村民小组）、余巷、杜巷（分成2个村民小组），有耕地155.53公顷，人口2925人。

1989年苏庙村村民小组人口、土地承包面积统计表

表1—3—15　　单位：人、公顷

| 村民小组 | 人口 | 承包土地面积 | 村民小组 | 人口 | 承包土地面积 | 村民小组 | 人口 | 承包土地面积 |
|---|---|---|---|---|---|---|---|---|
| 前金岸 | 222 | 9.18 | 沈　西 | 116 | 3.16 | 支东 | 112 | 6.28 |
| 后金岸 | 174 | 4.78 | 天　东 | 87 | 3.77 | 支中 | 142 | 8.53 |
| 李　巷 | 234 | 7.53 | 天　西 | 92 | 4.60 | 支西 | 156 | 7.35 |
| 孟　一 | 44 | 2.09 | 苏　巷 | 146 | 7.04 | 杜一 | 111 | 5.28 |
| 孟　二 | 93 | 5.64 | 缪　东 | 184 | 6.62 | 杜二 | 71 | 3.30 |
| 邵　东 | 45 | 2.12 | 缪中一 | 100 | 4.60 | 余巷 | 102 | 3.67 |
| 邵　西 | 173 | 1.95 | 缪中二 | 94 | 3.47 | 许巷 | 46 | 1.82 |
| 沈　东 | 117 | 3.72 | 缪　西 | 130 | 5.88 | 总计 | 2791 | 112.38 |

说明：埭桥因征土后已无土地承包，未计在内

2001年8月，鸭船浜村与苏庙村合并。苏庙村增加2个自然村、4个村民小组。

**（二）鸭船浜村**

鸭船浜村是解放后人民政府把分散在钱桥地区的渔民组织起来，安置陆上定居形成的建置村。

1952~1954年，分散在钱桥各地的渔民生活十分困难，以汪杏林为首的渔民自愿结合，成立互助组。1955~1956年，汪杏林互助组不断扩大，发展成锡光渔业社。那时渔民分散作业，居无定处。在政府帮助下，锡光渔业社先在钱桥老街桥底下码头旁租2间房屋，开设水产门市部，店后为渔业社办公室。1958年9月，钱桥人民公社成立，锡光渔业社改设为钱桥渔业大队。

1959年6月，无锡县将1600多户渔民组织起来，成立梁溪人民公社。钱桥渔业大队未全部参加，只把捕捞队划入梁溪人民公社。1963年，梁溪人民公社解散，所有渔民回归辖地。钱桥渔业大队把回归渔民再次组织起来，成立外捕队。同年，渔业大队决定建造钱桥2号水产轮，计划进长江捕捞鱼苗，然后进行河塘育养鱼苗，发展内河养鱼。1965年，无锡县在钱桥试点“渔民连家、渔船改造、陆上定点”，在竞丰大队天墩头与苏巷交界处南沿河划出4.67公顷滩涂低田，实施“围滩养鱼”“围垦造田”，并在小天墩头建造渔民定居点。此外，渔业大队借租用历村大队、溪南大队鱼池面积5.33公顷。同时，利用在洋溪河畔鸭船浜低洼芦苇区，划出沿河20余公顷土地“围滩养鱼”“围垦造田”，并在“高基上”“鸭船浜”2处高地建造渔民定居点。原来分散各处的渔民经过大整合，形成鸭船浜自然村一队与三队、小天墩头二队、高基上自然村四队4个生产队。

1966年，中共钱桥渔业大队第一个支部成立。1968年，渔业大队更名为红旗大队。1981年，第五水产养殖场在红旗大队成立。1982年，红旗大队又更名为鸭船浜大队。1983年，鸭船浜大队更名为鸭船浜村。1987年，鸭船浜村产出商品鱼318吨，虾、蟹1吨，人工育珠66公斤。

2001年8月，鸭船浜村并入苏庙村。

**（三）苏庙（村）社区**

2001年，鸭船浜村与苏庙村合并后，苏庙村首先投资150万元对原鸭船浜村进行村道建设、村庄整治、硬化路面、绿化村庄、改造环境，使小天墩头（原渔业二队）、鸭船浜、高基上都焕发出新村魅力。

2002年末苏庙村与鸭船浜村并村后各村民小组人口与耕地面积统计表

表1—3—16　　单位：人、公顷

| 组名 | 人口 | 耕地面积 | 组名 | 人口 | 耕地面积 | 组名 | 人口 | 耕地面积 |
|---|---|---|---|---|---|---|---|---|
| 前金岸 | 179 | 2.42 | 支东 | 115 | 5.33 | 缪东 | 200 | 6.32 |

续表 1—3—16

单位：人、公顷

| 组名 | 人口 | 耕地面积 | 组名 | 人口 | 耕地面积 | 组名 | 人口 | 耕地面积 |
|---|---|---|---|---|---|---|---|---|
| 后金岸 | 161 | 4.52 | 支中 | 146 | 5.52 | 缪中一 | 96 | 2.75 |
| 李巷 | 145 | 4.61 | 支西 | 160 | 7.43 | 缪中二 | 91 | 3.10 |
| 孟一 | 46 | 3.22 | 沈东 | 99 | 3.79 | 缪西 | 136 | 3.45 |
| 孟二 | 68 | 4.09 | 沈西 | 136 | 3.78 | 鸭船浜（一） | 173 | 2.74 |
| 许巷 | 41 | 2.63 | 天东 | 80 | 2.53 | 鸭船浜（三） | 157 | 1.19 |
| 杜一 | 123 | 5.81 | 天西 | 87 | 4.00 | 高基上 | 163 | 1.07 |
| 杜二 | 76 | 5.21 | 小天墩头（二） | 160 | 2.22 | 第五养殖场（村委） | — | 0.47 |
| 余巷 | 89 | 4.57 | 苏巷 | 165 | 7.94 | 总计 | 3092 | 100.71 |

2002 年，苏庙村立足对社区内实行资源整合，改造老村，绿化村庄，创建“以人为本，和谐共处”的文明村。2004 年，苏庙股份合作社成立，集体参股 1485 万元，个体参股 2228 万元，总计股金 3713 万元。

2011 年，根据西区居民反映“离菜场太远，到金岸菜场买菜过马路太多，既不方便，也不安全”的热点，社区领导开展调研。经调研，社区看到在苏庙春来苑之西，晴山蓝城之南，春光苑之北，春满园之东除安置小区外，还有美林湖等商品房小区，集聚着 5 万以上的居民。为解决社区居民提出的难题，苏庙社区在钱桥街道支持下迅速启动应急措施，选择江南冷拔管厂北围墙与家舍通道，结合春来苑南段门面房与超市以南区域，投资 160 万元，用 3 个月时间建成苏庙农贸市场，切实解决居民“买菜难”问题，深受西区居民的欢迎。2001~2012 年，苏庙（村）社区获得无锡市委、市政府以上荣誉 5 次。

**2001~2012 年苏庙（村）社区获得无锡市委、市政府荣誉表**

表 1—3—17

| 获得时间 | 荣誉名称 | 颁发单位 |
|---|---|---|
| 2001.03 | 加强农村基层组织建设、加快农村现代化建设示范村 | 中共无锡市委　无锡市人民政府 |
| 2001.07 | 1999~2000 年　文明村 | 中共无锡市委　无锡市人民政府 |
| 2008.02 | 无锡市社会主义现代化新农村建设农村社区股份合作社建设先进单位 | 中共无锡市委　无锡市人民政府 |
| 2010.01 | 无锡市农村股份合作社建设先进单位 | 中共无锡市委　无锡市人民政府 |
| 2012.02 | 无锡市社会主义现代化新农村建设幸福村 | 中共无锡市委　无锡市人民政府 |

2013 年，苏庙社区规模以上企业 10 家，规模以下企业 31 家。

**2013 年苏庙社区规模以上企业一览表**

表 1—3—18

单位：人、万元

| 单位名称 | 法定代表人 | 创办时间 | 主要产品 | 从业人数 | 主营业务收入 | 资产总计 |
|---|---|---|---|---|---|---|
| 无锡江南高精度冷拔管有限公司 | 支向军 | 1993.03 | 流动式起重机、轮式起重机、悬臂式起重机液压传动专用配套件 | 351 | 41086 | 23652 |
| 无锡市钱桥带材有限公司 | 陆焕明 | 1996.08 | 带钢制造加工 | 50 | 2543 | 1267 |
| 无锡苏南异型钢管有限公司 | 徐晓东 | 1998.03 | 无缝异型管制造 | 136 | 11163 | 4604 |
| 无锡市万达焊管有限公司 | 汪国富 | 1998.11 | 焊管制造加工 | 22 | 3121 | 1147 |
| 无锡奥波冷拔特异钢管有限公司 | 张建荣 | 1999.04 | 无缝钢管制造加工 | 48 | 4044 | 2241 |
| 无锡奥波净化除湿空调有限公司 | 张建荣 | 1999.04 | 除湿空调制造 | 38 | 2573 | 2550 |
| 无锡市苏鑫焊管有限公司 | 邵明光 | 2001.11 | 焊管加工制造 | 40 | 5122 | 1556 |
| 无锡中正焊管有限公司 | 汪国忠 | 2002.05 | 焊管制造 | 15 | 1714 | 1147 |
| 无锡市高嘉钢管有限公司 | 高家贵 | 2002.10 | 钢管制造 | 25 | 3063 | 796 |
| 无锡新贝来液压有限公司 | 汪俊强 | 2006.04 | 活塞杆制造 | 78 | 5986 | 4452 |

2013年苏庙社区规模以下企业一览表

表1—3—19　　单位：人、万元

| 单位名称 | 法定代表人 | 创办时间 | 主要产品 | 从业人数 | 主营业务收入 | 营业税金 | 资产总计 |
|---|---|---|---|---|---|---|---|
| 无锡南方热工元件厂 | 秦建国 | 1988.05 | 灯管电光源制造 | 7 | 180 | 2.00 | 87 |
| 无锡奥波洗涤机械有限公司 | 张建荣 | 1997.01 | 洗涤机械制造 | 3 | 24 | 0.07 | 584 |
| 无锡市光饰包装材料厂 | 徐国民 | 1997.03 | 木料包装材料制造 | 6 | 185 | 1.50 | 156 |
| 无锡市富达电缆钢带有限公司 | 沈阿度 | 1999.07 | 电缆钢带加工 | 6 | 249 | 0.53 | 174 |
| 无锡市钱桥彩印厂 | 章德明 | 1999.10 | 印刷加工 | 4 | 25 | 0.35 | 58 |
| 无锡市伟伦阻燃器材厂 | 谢学伦 | 2000.03 | 阻火圈制造 | 2 | 17 | 0.07 | 101 |
| 无锡伟鑫阻燃器材有限公司 | 冯建伟 | 2000.10 | 阻火圈制造 | 1 | 7 | 0.00 | 40 |
| 无锡市万达型钢有限公司 | 邵　刚 | 2001.06 | 钢丝加工 | 13 | 1736 | 1.76 | 441 |
| 无锡市伟昌精密铸造有限公司 | 姚复昌 | 2002.10 | 精铸件制造 | 6 | 317 | 1.32 | 219 |
| 无锡市利德型钢有限公司 | 冯建国 | 2003.05 | 型钢制造加工 | 10 | 675 | 5.46 | 665 |
| 无锡中汇型钢有限公司 | 沈　坚 | 2003.12 | 冷弯型钢制造 | 12 | 1830 | 2.20 | 403 |
| 无锡隆成机械厂 | 沈卫良 | 2003.12 | 普通机械制造 | 4 | 79 | 0.73 | 285 |
| 无锡市金惠热工元件厂 | 徐　强 | 2004.11 | 热工元件、五金加工 | 3 | 139 | 0.89 | 105 |
| 无锡海阳金属制品有限公司 | 黄雅珍 | 2005.04 | 金属制品制造 | 29 | 1160 | 7.82 | 699 |
| 无锡天盛焊管有限公司 | 沈卫国 | 2005.07 | 焊管制造 | 16 | 1317 | 18.64 | 598 |
| 无锡市兴旺炉具配件厂 | 孙学林 | 2005.12 | 灯芯、炉具、配件制造加工 | 5 | 50 | 0.26 | 67 |
| 无锡市固德焊管有限公司 | 陆国华 | 2006.03 | 金属冶炼及压延加工 | 10 | 147 | 1.52 | 146 |
| 无锡晓龙特种型材有限公司 | 陈晓波 | 2006.08 | 各种型材制造加工 | 8 | 664 | 2.87 | 311 |
| 无锡市能达型钢有限公司 | 邵　琳 | 2007.04 | 冷弯型钢制造 | 9 | 600 | 1.11 | 437 |
| 无锡奥波麦尔科技发展有限公司 | 张建岗 | 2007.05 | 除湿机械的制造 | 13 | 259 | 3.16 | 195 |
| 无锡辰丰管业有限公司 | 缪耀兴 | 2007.10 | 精密钢管加工 | 11 | 177 | 1.88 | 557 |
| 无锡盛林防腐设备配件有限公司 | 张松林 | 2009.03 | 化工设备制造 | 10 | 311 | 2.20 | 164 |
| 无锡市盛洋玻璃有限公司 | 王　融 | 2010.03 | 玻璃制造 | 5 | 660 | 1.33 | 373 |
| 无锡乐普金属科技有限公司 | 何金妹 | 2010.05 | 金属制造 | 32 | 625 | 0.37 | 471 |
| 无锡市昊戎数控技术服务有限公司 | 茶　涛 | 2011.03 | 机床维修 | 7 | 67 | 0.25 | 23 |
| 无锡市怡美暖通设备有限公司 | 徐　傲 | 2011.07 | 金属及金属矿批发 | 3 | 123 | 0.11 | 172 |
| 无锡惠汕金属制品有限公司 | 芮叶彬 | 2011.08 | 钢压延加工 | 20 | 519 | 0.06 | 534 |
| 无锡市义云机电设备有限公司 | 李一元 | 2012.11 | 机电设备通用设备销售维修 | 3 | 42 | 0.21 | 1 |
| 无锡市豪锋自动化设备有限公司 | 姜建新 | 2012.12 | 其他通用设备制造业 | 4 | 168 | 1.04 | 75 |
| 无锡市远豪钢管有限公司 | 王道兵 | 2013.06 | 钢管加工 | 5 | 254 | 0.27 | 556 |
| 无锡市富林皮革包装制品有限公司 | 芮晓红 | 2013.08 | 皮箱、包（袋）制造 | 5 | 91 | 0.06 | 34 |

2005~2014年，苏庙股份合作社分配红利1149万元，让所有苏庙村、鸭船浜村居民享受到改革开放后的实惠。苏庙（村委）社区居委对困难群体与残疾人员有周密帮扶计划，每年拨付专项资金，并落实到位。同时，专门成立有社区干部带头献爱心的募捐基金，用于帮助特困户和突然遇灾的困难户。

2006~2014年苏庙（村）社区爱心基金募捐资金统计表

表1—3—20　　单位：万元

| 募捐日期 | 募捐金额 | 募捐日期 | 募捐金额 |
|---|---|---|---|
| 2006.01.09 | 12.94 | 2010.01.05 | 12.22 |
| 2007.01.31 | 12.20 | 2011.01.03 | 12.20 |
| 2008.01.13 | 2.09 | 2012.00.00 | 9.43 |
| 2008.12.20 | 12.26 | 2014.00.00 | 2.43 |
| 2009.01.16 | 12.41 | 合计 | 88.18 |

2006~2014年，苏庙（村）社区爱心基金募捐资金达88.18万元。2012~2014年，苏庙社区向特困户支付特别爱心救助金14.23万元。

2015年，苏庙社区各自然村在拆迁中逐年消失，许巷、杜巷、余巷、天墩头、小天墩头、高基上、鸭船浜、苏巷、支巷已不复存在，孟家桥又将抹去。这些自然村的村民已相继入住春来苑、春光苑、春满园、洋溪人家、金岸公寓、金苏公寓等小区。苏庙居委注重民生工程，在大拆迁中，社区为3460名居民土地换社保。至2015年，居委对各自然村道路改造、整治、硬化，共投入资金265万元；对村庄整治投入资金650余万元；在卫生与绿化上投入资金350万元；安置健身器材，建设篮球场、健身路径，投入配套资金300余万元。是年，苏庙社区共有工业企业47家，其中规模以上企业11家。工业销售主营业务收入10.2亿元，工农业总产值9.73亿元，其中工业总产值9.29亿元，社区收入1300万元。

2005~2015年苏庙（村）社区主要经济指标统计表

表1—3—21　　单位：人、万元

| 年份 | 农业人口 | 工农业总产值 | 工业总产值 | 工业销售、主营业务收入 | 工业利税总额 | 工业增加值 | 工业固定资产原价 |
|---|---|---|---|---|---|---|---|
| 2005 | 3280 | 66330 | 65313 | 65848 | 3129 | 9674 | 8927 |
| 2006 | 3878 | 68411 | 67690 | 69108 | 4087 | 14048 | 14613 |
| 2007 | 4042 | 75913 | 75098 | 75210 | 4671 | 10824 | 20794 |
| 2008 | 4055 | 83233 | 80793 | 77728 | 5633 | 12768 | 24383 |
| 2009 | 4050 | 64369 | 64069 | 59792 | 4851 | 10147 | 26041 |
| 2010 | 4245 | 89241 | 87998 | 87737 | 7657 | 15514 | 30471 |
| 2011 | 均为居民 | 123078 | 122082 | 113509 | 8818 | 12272 | 34124 |
| 2012 | | 94225 | 94150 | 95399 | 11022 | 14724 | 35830 |
| 2013 | | 88202 | 88079 | 82410 | 4964 | 8990 | 36545 |
| 2014 | | 85968 | 81548 | 77848 | 5480 | 10185 | 37278 |
| 2015 | | 97291 | 92879 | 101995 | 6317 | 11897 | 38023 |

2005~2015年苏庙（村）社区股份合作社历年红利分配表

表1—3—22　　单位：万元

| 年份 | 红利金额 | 年份 | 红利金额 | 年份 | 红利金额 | 年份 | 红利金额 |
|---|---|---|---|---|---|---|---|
| 2005 | 67 | 2008 | 89 | 2011 | 134 | 2014 | 179 |
| 2006 | 67 | 2009 | 120 | 2012 | 134 | 2015 | 179 |
| 2007 | 67 | 2010 | 134 | 2013 | 157 | 合计 | 1328 |

## 三、干部任职

苏庙社区由苏庙村和鸭船浜村合并而来。1956~2001年，竞丰高级社（大队）、苏庙村历任党支部书记7人、副书记2人，社长1人、副社长1人，大队长4人、副大队长5人，革委会主任3人、革委会副主任2人，村委主任3人、村委副主任2人，主办会计7人。1954~2001年，锡光渔业社、渔业大队、红旗大队、鸭船浜大队（村）历任党支部书记3人，社长1人，大队长2人，革委会主任2人，村委主任1人，主办会计5人。2001~2015年苏庙（村）社区历任党（支部）总支书记4人、副书记3人（含挂职），（村委）居委会主任2人、（村委）居委会副主任1人，主办会计3人。2015年，杜仲伟连任党总支书记，钱晓伟连任居委会主任，徐寒英连任主办会计。

1956~2001年竞丰高级社、苏庙（大队）村历届党支部（总支）、行政干部、主办会计任职表

表1—3—23

| 建置名称 | 党支部书记 | | 行政干部 | | | | | | 主办会计 | |
|---|---|---|---|---|---|---|---|---|---|---|
| | | | 正职 | | | 副职 | | | | |
| | 姓名 | 任职时间 | 姓名 | 职务 | 任职时间 | 姓名 | 职务 | 任职时间 | 姓名 | 任职时间 |
| 竞丰高级社 | 陶阿菊 | 1956.08~1958.10 | 张醒麟 | 社　长 | 1956.08~1958.10 | 缪凤珍 | 副社长 | 1956.08~1958.10 | 杨生茂 | 1956.08~1958.10 |
| 竞丰大队 | 缪凤珍 | 1958.11~1961.09 | 张醒麟 | 大队长 | 1958.11~1963.09 | 陆阿道 | 副大队长 | 1958.11~1963.09 | 邵奇林 | 1958.11~1963.09 |
| | — | — | — | — | — | 支阿末 | 副大队长 | 1958.11~1963.09 | — | — |

续表 1—3—23

| 建置名称 | 党支部书记 | | 行政干部 | | | | | | 主办会计 | |
|---|---|---|---|---|---|---|---|---|---|---|
| | 姓名 | 任职时间 | 正职 | | | 副职 | | | 姓名 | 任职时间 |
| | | | 姓名 | 职务 | 任职时间 | 姓名 | 职务 | 任职时间 | | |
| 竞丰大队 | 陶阿菊 | 1961.10~1963.09 | — | — | — | 缪凤珍 | 副大队长 | 1961.10~1963.09 | — | — |
| | 张醒麟 | 1963.10~1966.12 | 邵奇林 | 大队长 | 1963.10~1967.01 | 缪根兴 | 副大队长 | 1963.10~1981.01 | 邵伯明 | 1963.10~1976.07 |
| | 邵奇林 | 1967.01~1976.07 | 邵奇林 | 革委会主任 | 1967.01~1969.08 | 顾士荣 | 副大队长、革委会副主任 | 1967.01~1976.01 | — | — |
| | 张锡兴（副） | 1974.07~1976.02 | 缪根兴 | 革委会主任 | 1969.09~1976.07 | 朱福兴 | 革委会副主任 | 1976.08~1981.07 | — | — |
| | 张锡兴 | 1976.08~1983.04 | 杜其南 | 革委会主任、大队长 | 1978~1981 | 邵秀凤 | 副主任 | 1976.08~1981.07 | 朱福兴 | 1976.08~1981.07 |
| | — | — | — | — | — | 缪惠生 | 副主任 | 1977.02~1978.01 | — | — |
| | — | — | 朱福兴 | 大队长 | 1981.07~1983.04 | 缪忠其 | 副书记 | 1976.08~1981.07 | 唐纬球 | 1981.07~1984.11 |
| 苏庙村 | 张锡兴 | 1983.04~1985.01 | 朱福兴 | 主　任 | 1983.04~1986.02 | — | — | — | — | — |
| | 唐纬球 | 1985.01~1986.02 | — | — | — | — | — | — | 支仲庆 | 1984.11~1986.02 |
| | 张锡兴 | 1986.02~1992.07 | 杜仁兴 | 主　任 | 1986.10~1996.12 | — | — | — | 吴泉兴 | 1986.03~2001.08 |
| | 许钧平 | 1992.07~2001.08 | 缪耀良 | 主　任 | 1996.12~2001.08 | — | — | — | — | — |

## 1956~2001 年鸭船浜（大队）村历届党支部（总支）、行政干部、主办会计任职表

表 1—3—24

| 建置名称 | 党支部书记 | | 行政干部 | | | | | | 主办会计 | |
|---|---|---|---|---|---|---|---|---|---|---|
| | 姓名 | 任职时间 | 正职 | | | 副职 | | | 姓名 | 任职时间 |
| | | | 姓名 | 职务 | 任职时间 | 姓名 | 职务 | 任职时间 | | |
| 锡光高级渔业社 | — | — | 汪杏林 | 社长 | 1956.07~1958.07 | — | — | — | 潘士清 | 1956.07~1958.07 |
| 渔业大队 | 余叙德 | 1966~1967.07 | 汪杏林 | 大队长 | 1958.07~1967.07 | — | — | — | 潘士清 | 1958.07~1967.07 |
| 红旗大队 | 余叙德 | 1967.07~1976.07 | 汪杏林 | 大队长革委会主任 | 1967.07~1976.07 | — | — | — | 丁纪林 | 1967.07~1973 |
| | 汪国勤 | 1976.07~1978.07 | 杨荣宝 | 革委会主任 | 1976.07~1978.07 | — | — | — | 蔡国清 | 1973~1978.10 |
| 鸭船浜大队 | 汪国勤 | 1978.07~1983.02 | 杨荣宝 | 革委会主任、大队长 | 1978.07~1983.02 | — | — | — | — | — |
| 鸭船浜村 | 汪国勤 | 1983.02~1998.04 | 吴国勤 | 主任 | 1983.02~2001.08 | — | — | — | 吴国勤 | 1978.10~1986.07 |
| | 汪国富 | 1998.04~2001.08 | — | — | — | — | — | — | 杨阿清 | 1986.07~2001.08 |

## 2001~2015 年苏庙（村）社区历届党支部（总支）、行政干部、主办会计任职表

表 1—3—25

| 建置名称 | 党支部（总支）书记 | | 行政干部 | | | | | | 主办会计 | |
|---|---|---|---|---|---|---|---|---|---|---|
| | 姓名 | 任职时间 | 正职 | | | 副职 | | | 姓名 | 任职时间 |
| | | | 姓名 | 职务 | 任职时间 | 姓名 | 职务 | 任职时间 | | |
| 苏庙村 | 许钧平 | 2001.08~2005.11 | 缪耀良 | 主任 | 2001.08~2009.09 | 吴国勤 | 副主任 | 2001.08~2008.06 | 吴泉兴 | 2001.08~2009.09 |
| | 支向军 | 2005.11~2009.09 | — | — | — | — | — | — | — | — |

续表 1—3—25

| 建置名称 | 党支部（总支）书记 | | 行政干部 | | | | | | 主办会计 | |
|---|---|---|---|---|---|---|---|---|---|---|
| | | | 正职 | | | 副职 | | | | |
| | 姓名 | 任职时间 | 姓名 | 职务 | 任职时间 | 姓名 | 职务 | 任职时间 | 姓名 | 任职时间 |
| 苏庙社区 | 支向军 | 2009.10~2012.11 | 缪耀良 | 主任、副书记 | 2009.10~2013.09 | — | — | — | 杨阿清 | 2009.10~2013.11 |
| | 缪耀良（副书记） | 2013.09~2014.11 | — | — | — | — | — | — | | |
| | 王　华（副书记） | 2008~2009（挂职） | — | — | — | — | — | — | — | — |
| | 王　华 | 2012.11~2014.07 | — | — | — | — | — | — | — | — |
| | 杜仲伟（副书记） | 2012.11~2014.07 | — | — | — | — | — | — | — | — |
| | 杜仲伟 | 2014.07~ | 钱晓伟 | 主任 | 2013.10~ | — | — | — | 徐寒英 | 2014.06~ |

# 第四节 溪南社区

溪南社区位于锡宜公路、锡陆杨公路交叉地段，是钱桥街道工业园区集中地，东与苏庙社区为邻，南与舜柯社区相连，西接藕塘社区，北以洋溪河为界。惠山区经济开发区钱桥配套区坐落在社区境内。2015 年，溪南社区总面积 2 平方公里，共辖龚巷、唐巷、埭上 3 个自然村，1 个春满园安置小区，14 个居民小组，总户数 965 户，常住人口 3011 人。

图 1—3—5　溪南社区居民委员会（2015 年）

## 一、建置沿革

1949 年 4 月 23 日无锡解放，溪南地区属于新渎区藕塘乡辖。1950 年 5 月属藕塘区舜柯乡管辖。1951 年，成立 17 个互助组。1952~1954 年，在互助组的基础上成立 7 个初级社。1956 年舜柯乡与钱桥乡合并，成立钱桥乡，溪南地区属钱桥乡辖。是年，7 个初级社合并为高级社，取名为溪南高级农业生产合作社。

1958 年 9 月，钱桥人民公社成立，溪南高级农业生产合作社更名为溪南大队。全大队耕地面积 2 平方公里，山地面积 3.81 公顷。

1983 年 4 月，钱桥人民公社更设为钱桥乡，溪南大队更设为溪南村。溪南村下辖龚巷、南巷、埭上、毛村、岸田、火车浜、小毛村、小南巷 8 个自然村，14 个村民小组。2009 年留村建社区，挂溪南村与溪南社区两块牌子。2010 年，溪南村村民委员会撤销。

## 二、概况

民国 18 年，中央研究院社会科学研究所将江苏无锡与河北保定确定为全国农村经济调查的南北方两个点，溪南毛村为选定的调查农村点之一，不定期地对溪南毛村点进行农村经济调查。

民国 27 年、民国 28 年，溪南龚巷青年龚鹏佐、毛村年仅 16 岁的吴志勤立志革命，参加“江南抗日义勇军”（简称“江抗”）。在龚鹏佐、吴志勤的影响下，溪南一批有志青年相继参加新四军，投身革命。龚鹏佐担任“江抗”三路连指导员，在民国 29 年武进礼嘉桥战斗中英勇牺牲。毛村吴三苟、马寿宝、唐炳生 3 人于民国 34 年参加新四军后分别在宜兴竹林、高邮马塘区、江都邵伯战斗中英勇牺牲。无锡县锡西地区革命烈士纪念馆陈列着毛村三烈士的事迹。吴志勤经历抗日战争、解放战争、抗美援朝，先后 6 次负伤，荣获 12 枚勋章。2015 年 93 岁高龄的耄耋老人吴志勤，是当年在沙家浜养伤的 36 名伤病员中唯一健在的新四军老战士。

1949年4月，无锡解放，毛村吴氏宗祠等公有房屋为解放大上海的人民解放军驻住，部分房屋作弹药库。1950年，毛村陈贵兴、吴志勤（团级干部），火车浜叶仁良响应政府号召，参加抗美援朝，保家卫国。是年，在舜柯乡政府的领导下，溪南地区进行土地改革。1951年成立17个互助组：埭上自然村有张阿三、吴本法、吴全芳、缪士根、张富兴、李余法、章阿增互助组；龚巷自然村有蒋海根、龚根泉、黄金荣、唐才兴、龚德法互助组；毛村自然村有是仁兴、吴士兴、是补生、钱国庆、是全根互助组。1952年开始，以自然村落为基础的互助组开始发展成以几个自然村联合办的7个初级农业生产合作社，分别是合丰初级社，社长张阿三；岸里、火车浜初级社，社长章阿增；唐巷初级社，社长唐才兴；龚西初级社，社长龚产泉；龚东初级社，社长龚根泉；龚中初级社，社长龚德法；毛村初级社，社长是全根、吴士兴。1958年，中国社会科学院对全国农村经济调查溪南毛村点开展农村经济调查，溪南高级农业生产合作社积极配合。

60年代初，溪南大队进行整田平地，兴修水利。1962年，在溪南西水车建设固定机电排灌站，建机房1间半，配40千伏安的电动机1台，16英寸口径水泵。同时，修筑干渠1350米、支渠2830米，波槽3条。机电排灌站设主任1人、机房工人1人、管水员13人。溪南机电排灌站灌溉面积为溪南大队98.4公顷，另有竞丰大队4.33公顷、东方红大队1.33公顷农田。1963年，又建设岸田排灌站，修筑干渠700米、支渠1000米，进排涵洞1座；建机房2间，配25千伏安的电动机1台和12英寸口径水泵；设灌区主任1人、机房工人2人、管水员4人。岸田排灌站灌溉面积为34.5公顷农田。西水车、岸田两座机电排灌站性质为国营，管理由溪南大队负责。溪南大队办集体企业在钱桥地区起步较早。1965年，在溪南埭上开办粮食加工厂，加工山芋淀粉。此后，农机五金厂（太湖收割机厂的前身）、电器修理厂、彩色印刷厂先后开张。

1968年，溪南大队的红卫兵、造反派和所谓的革命积极分子在抄家过程中，发现一本解放初期溪南龚巷农会自发组织的龚巷防夜值班名单。“革命积极分子”把名单说成是“苏浙皖反共忠义救国军”特务组织，名单涉及到龚巷东片大部分农户。“革命积极分子”把名单中的人员集中关押，开始关押在向阳初中，后转入钱桥初中，不许他们与家人接触，更不许回家。关押期间，“革命积极分子”利用一批打手进行各个击破，个别被关押者实在招架不住而屈打成招，其中4人被直接迫害致死，还有一些人被打断肋骨、打伤肝脾等内脏。被关押的人员前后关押40多天后才放回家。最后，案件上报江苏省委调查核实，华东地区根本就没有这个“苏浙皖反共忠义救国军”的特务组织。

1979年，溪南冤案得到彻底平反，有二户直接被迫害致死的家庭安排一名子女进入县办工厂工作，作为安抚。公布的案件涉及人数99个半，迫害死4人，致残的约一半，是“文化大革命”期间轰动无锡、锡西地区的一宗冤假错案。

80年代，溪南村办企业发展得红红火火，较大的村办企业有溪南塑料彩印厂、溪南鞋厂、溪达毛纺厂。工贸合营无锡钱桥溪南鞋厂占地面积26600平方米，建筑面积10000多平方米。全厂职工1000余人。全年产鞋能力350万双，产值1000万元，生产品种有时装运动鞋、健美鞋、霹雳鞋、童鞋、保暖鞋、时装运动鞋、工艺拖鞋等190多种，在首届中国鞋文化博览会上荣登银榜。产品远销日本、意大利、美国及中国香港等地。1987年，中国社会科学院对全国农村经济调查溪南毛村点进行农村经济调查，溪南村积极提供调查资料，为国家制定农村经济政策提供可靠的依据。1987~1988年，溪南村委投入70多万元资金建造村委大楼，建设1000千伏安变压器，铺设通往各自然村的自来水管道，安装路灯。

1991年5月，全国春季鞋帽商品供货会打破在大城市举行的惯例，首次在无锡溪南农村召开。无锡市副市长华焕林任此次全国鞋帽商品供货会领导小组组长；商业部日用品工业品管理司司长、中国百货商业协会副理事长、江苏省商业厅副厅长、无锡市人民政府副秘书长、无锡市人民政府财办主任、无锡市商业局局长、无锡县副县长、中国百货商业协会鞋帽专业委员会理事长任副组长；

中国百货商业协会工作部副部长、江苏省百货公司副经理、无锡市公安局副局长、无锡市工商局副局长、无锡市监察局局长、无锡市审计局局长、无锡市物价局局长、无锡市水务局局长、无锡市交通局局长、无锡市火车站站长，无锡民航、中国民航无锡售票处主任等为小组成员；无锡百货站总经理王建国任秘书长；中国百货商业协会鞋帽专业委员会秘书长徐伯年任副秘书长。鞋帽交流会吸引全国各地的鞋帽企业参加，有江苏省丹徒县第四塑料厂、无锡市塑料三厂、上海市鞋帽批发部、中国张家口橡胶总厂、江苏省张家港市振华橡胶厂、张家港市飞腾橡胶鞋厂、上海大中华橡胶三厂无锡分厂、浙江省嘉善善西橡胶厂、昆山胜利运动鞋总厂、浙江省永嘉县童鞋总厂、杭州市余杭县橡胶厂、温州市百特利旅游鞋厂等大型企业。鞋帽商品供货会历时 5 天，除在溪南鞋厂展厅设会场外，锡陆杨公路溪南沿街都摆满鞋帽制品。

1993~1994 年，溪南村委为民办实事，投入资金 80 多万元，建筑宽 3~4 米的水泥村道 5000 余米。小汽车可以开到每村每户，方便村民出行。1998 年，中国社会科学院对全国农村经济调查溪南毛村点开展农村经济调查，溪南村委认真配合，溪南毛村的经济发展成为南方农村经济发展的一个缩影。

2003 年 5 月，溪南村西面的毛村桥后、桥中村民小组开始拆迁。2006 年起，埭上东巷头、岸里、火车浜、毛村相继拆迁。至 2008 年 7 月，全村共 300 余户拆迁结束，村民安置在春满园、春光苑小区。为适应工业经济发展的需要，2003 年 5 月~2008 年征土 153.33 公顷，建设惠山区经济开发区钱桥配套区以及溪南村级工业园。后为进一步建设惠山区经济开发区钱桥配套区，南巷、小毛村、小南巷、岸田自然村进行拆迁，村民安置在春满园等小区。2013 年，溪南社区规模以上企业 14 家，规模以下企业 166 家。

2013 年溪南社区规模以上企业一览表

表 1—3—26　　单位：人、万元

| 单位名称 | 法定代表人 | 创办时间 | 主要产品 | 从业人数 | 主营业务收入 | 资产总计 |
|---|---|---|---|---|---|---|
| 无锡华信雷达工程有限责任公司 | 唐　妍 | 1996.03 | 通信传输设备制造 | 105 | 4373 | 2963 |
| 无锡市华泰医药包装有限公司 | 陈　铁 | 1999.06 | 医药用品制造 | 100 | 5342 | 4116 |
| 无锡华精钢带有限公司 | 郁志新 | 2001.01 | 钢带制造 | 210 | 6745 | 3670 |
| 无锡大金高精度冷拔钢管有限公司 | 许卫东 | 2003.03 | 流动式起重机、轮式起重机、悬臂式起重机液压传动专用配套件 | 200 | 12193 | 12900 |
| 无锡佳欣电子产品有限公司 | 吴玉英 | 2005.03 | 集成电路制造 | 52 | 2855 | 4917 |
| 无锡市创威冷轧有限公司 | 肖文新 | 2005.04 | 镀锡冷轧带钢生产 | 75 | 4380 | 4409 |
| 无锡吉辰钢带有限公司 | 陈盘康 | 2005.05 | 带钢制造 | 45 | 7390 | 1020 |
| 无锡市佳意钢管有限公司 | 邵建新 | 2005.12 | 钢管制造 | 15 | 3532 | 456 |
| 无锡市泉济混凝土有限公司 | 林国荣 | 2006.10 | 混凝土加工 | 195 | 38715 | 37049 |
| 无锡华精新材股份有限公司 | 龚一飞 | 2006.12 | 变压器、整流器及电感器零件生产（高磁感变压器原件的生产） | 115 | 72088 | 27811 |
| 无锡捷隆钢管有限公司 | 尤春芳 | 2007.03 | 焊管制造 | 20 | 3420 | 3977 |
| 无锡神意环件法兰有限公司 | 陈卫南 | 2007.07 | 金属密封件制造 | 60 | 8890 | 7778 |
| 江苏龙源催化剂有限公司 | 李敬东 | 2008.03 | SCR 催化剂制造 | 222 | 39283 | 53980 |
| 无锡华盛橡胶新材料科技股份有限公司 | 陈　杰 | 2010.12 | 橡胶化学品制造 | 189 | 18074 | 19753 |

2013 年溪南社区规模以下企业一览表

表 1—3—27　　单位：人、万元

| 单位名称 | 法定代表人 | 创办时间 | 主要产品 | 从业人数 | 主营业务收入 | 营业税金 | 资产总计 |
|---|---|---|---|---|---|---|---|
| 无锡红旗船厂有限公司 | 任　益 | 1980.04 | 船用配套设备制造 | 207 | 13065 | 6.16 | 21057 |

续表 1—3—27 单位：人、万元

| 单位名称 | 法定代表人 | 创办时间 | 主要产品 | 从业人数 | 主营业务收入 | 营业税金 | 资产总计 |
|---|---|---|---|---|---|---|---|
| 无锡新汇利涂料厂 | 缪忠良 | 1984.02 | 环氧树脂制造 | 4 | 19 | 0.11 | 246 |
| 无锡市压力仪表厂有限公司 | 陈红宝 | 1985.07 | 矿用安全仪器制造 | 23 | 570 | 5.73 | 939 |
| 无锡市钱桥助剂厂 | 龚路承 | 1986.10 | 电镀光亮剂生产 | 25 | 450 | 1.14 | 647 |
| 无锡市凌烨包装印刷有限公司 | 凌京江 | 1994.03 | 包装印刷 | 5 | 77 | 0.18 | 125 |
| 无锡溪南鞋业有限公司 | 龚尧君 | 1997.03 | 鞋业制造 | 1 | 75 | 0.07 | 203 |
| 无锡市钱桥溪南毛纺机械厂 | 是　伟 | 1997.11 | 粗纱机的制造 | 2 | 28 | 0.01 | 212 |
| 无锡市胜达有色金属材料厂 | 龚云达 | 1998.05 | 铅板制造 | 5 | 149 | 0.77 | 168 |
| 无锡市晓星化工搪瓷有限公司 | 殷智健 | 1998.06 | 搪玻璃加工 | 10 | 165 | 1.56 | 55 |
| 无锡市联达金属制品有限公司 | 淡忠峰 | 1998.08 | 电器电柜 | 9 | 990 | 2.01 | 495 |
| 无锡市盛钢机械制造有限公司 | 张景胜 | 1998.08 | 机械设备制造 | 10 | 740 | 0.59 | 533 |
| 无锡溪达毛纺有限公司 | 龚明达 | 1998.09 | 毛纺生产 | 160 | 1437 | 19.20 | 2655 |
| 无锡市先达化工纺织有限公司 | 龚福增 | 1998.10 | 合成树脂制造 | 6 | 347 | 0.82 | 727 |
| 无锡市惠杨制衣有限公司 | 吴惠炎 | 1999.01 | 服装的生产 | 5 | 183 | 0.86 | 45 |
| 无锡市荣华电子仪器制造有限公司 | 叶远明 | 1999.01 | 电子仪器加工 | 2 | 42 | 0.24 | 69 |
| 无锡市振华涡轮减速器厂 | 张宜玲 | 1999.07 | 减速器制造 | 38 | 974 | 17.18 | 962 |
| 无锡市钱桥振华焊管厂 | 丁显忠 | 1999.12 | 高频金属焊管制造加工销售 | 15 | 2248 | 5.80 | 587 |
| 无锡市康宏包装用品有限公司 | 苏　东 | 2000.01 | 印刷 | 6 | 261 | 1.09 | 341 |
| 无锡市钱桥抗达五金制造有限公司 | 龚伟达 | 2000.04 | 杠端(制造)轴承 | 5 | 100 | 2.74 | 69 |
| 无锡市宝龙印刷有限责任公司 | 郜根宝 | 2000.06 | 包装印刷 | 25 | 338 | 0.57 | 183 |
| 无锡市创新热处理厂 | 徐国伦 | 2000.08 | 金属热处理加工 | 6 | 300 | 3.88 | 432 |
| 无锡市锡机源机电设备有限公司 | 龚晓冬 | 2000.09 | 金属加工机械的制造 | 12 | 161 | 1.56 | 134 |
| 无锡市锡能阻燃材料有限公司 | 赵　斌 | 2000.11 | 灭火干粉处理剂的制造 | 6 | 35 | 0.54 | 60 |
| 无锡市鑫汇焊管有限公司 | 支建良 | 2000.12 | 焊管生产销售 | 5 | 129 | 0.22 | 460 |
| 无锡市新特塑料造粒有限公司 | 戈建平 | 2000.12 | 塑料粒子生产 | 5 | 63 | 0.55 | 355 |
| 无锡市惠山建昌毛纺有限公司 | 龚建华 | 2001.07 | 毛纺的加工及制造 | 20 | 954 | 3.43 | 558 |
| 无锡市新益塑料制品有限公司 | 蒋　俊 | 2001.07 | 自粘带制造加工 | 8 | 60 | 0.92 | 91 |
| 无锡市吴苑塑料彩印有限公司 | 吴　岩 | 2001.08 | 包装装潢印刷品印刷 | 35 | 1518 | 13.79 | 1905 |
| 无锡天艺印刷有限公司 | 张志峰 | 2001.08 | 包装印刷 | 26 | 827 | 2.42 | 1677 |
| 无锡市普诚动力机械厂 | 宋佳华 | 2001.08 | 机械零部件加工 | 5 | 60 | 0.50 | 68 |
| 无锡市景华机械有限公司 | 张亚美 | 2001.09 | 其他金属制品制造 | 10 | 211 | 1.26 | 214 |
| 无锡市特发特种油脂厂 | 龚梅秀 | 2002.03 | 油脂产品制造加工 | 6 | 174 | 1.72 | 151 |
| 无锡双鹰布业有限公司 | 是大庆 | 2002.03 | 纺织品整理 | 17 | 318 | 1.11 | 518 |
| 无锡市腾飞电炉有限公司 | 周建南 | 2002.03 | 电炉生产、销售、维修 | 8 | 59 | 4.71 | 78 |
| 无锡市一达精密冷拔钢管有限公司 | 吴洪庆 | 2002.06 | 焊管制造 | 13 | 1405 | 1.84 | 13432 |
| 无锡升腾金属结构设备有限公司 | 周月英 | 2002.06 | 生活垃圾压缩机 | 31 | 631 | 3.77 | 1557 |
| 无锡发达冷轧有限公司 | 顾健妹 | 2002.06 | 带钢加工销售 | 24 | 439 | 11.82 | 739 |
| 无锡金尔德电热电器有限公司 | 韩来印 | 2002.06 | 电伴热带制造 | 8 | 250 | 2.17 | 643 |
| 无锡市金顺管业有限公司 | 张　炜 | 2002.07 | 焊管制造 | 13 | 2486 | 3.86 | 724 |
| 无锡华信钢结构工程有限公司 | 唐　妍 | 2002.07 | 金属结构件 | 1 | 30 | 0.02 | 896 |
| 无锡溪龙重防腐涂覆有限公司 | 龚明达 | 2002.08 | 达克罗表面加工 | 48 | 1295 | 12.48 | 1432 |
| 无锡市良华减速机厂 | 尤建新 | 2002.08 | 普通机械、紧固件、家具的制造和加工 | 9 | 31 | 0.30 | 86 |
| 无锡群联钢业工程有限公司 | 浦东红 | 2002.09 | 钢结构件 | 29 | 1400 | 5.80 | 5221 |
| 无锡盛亿德机械科技有限公司 | 邵念祖 | 2002.09 | 普通机械配件的研发、制造 | 7 | 243 | 7.03 | 1040 |
| 无锡金博电子电器有限公司 | 黄根友 | 2002.09 | 圣诞挂件制造 | 1 | 53 | 0.00 | 345 |
| 无锡市普鑫机械厂 | 华　季 | 2002.10 | 机械配件制造加工 | 31 | 526 | 2.17 | 928 |
| 无锡奥新机械有限公司 | 吴国忠 | 2003.03 | 水洗机制造 | 8 | 237 | 1.52 | 82 |
| 无锡盛利纺织品有限公司 | 封荣生 | 2003.04 | 沙发套的生产和销售 | 45 | 1894 | 7.90 | 496 |
| 无锡市华通焊管型钢有限公司 | 魏　洪 | 2003.05 | 焊管、冷弯型钢制造 | 12 | 1882 | 2.61 | 630 |
| 无锡市顺发焊管厂 | 奚鸣君 | 2003.05 | 冷弯型钢制造 | 5 | 108 | 2.00 | 205 |
| 无锡市钱氏功能塑胶有限公司 | 钱维坤 | 2003.07 | 塑料加工 | 20 | 1327 | 5.10 | 515 |
| 无锡市中盛冷弯型钢有限公司 | 陈　忠 | 2003.07 | 冷弯型钢带钢制造 | 6 | 1065 | 2.80 | 458 |

续表 1—3—27　　单位：人、万元

| 单位名称 | 法定代表人 | 创办时间 | 主要产品 | 从业人数 | 主营业务收入 | 营业税金 | 资产总计 |
|---|---|---|---|---|---|---|---|
| 无锡光彩钢构有限公司 | 徐鸿胜 | 2003.08 | 彩钢瓦的制造 | 4 | 224 | 0.21 | 391 |
| 无锡市锦辉机械制造有限公司 | 谈志刚 | 2003.10 | 普通机械配件制造 | 6 | 83 | 0.15 | 204 |
| 无锡锦湖钢管有限公司 | 侯国平 | 2003.11 | 焊管制品 | 10 | 589 | 1.85 | 848 |
| 无锡市华洋玻璃钢船业有限公司 | 郑森荣 | 2004.01 | 玻璃钢船艇制造 | 9 | 618 | 2.59 | 533 |
| 无锡华夏鼎盛化纤有限公司 | 陆波涛 | 2004.02 | 特种工业布生产及加工 | 25 | 689 | 8.12 | 906 |
| 无锡华曼重工机械有限公司 | 蔡　斌 | 2004.02 | 工程机械、起重机械 | 3 | 303 | 14.52 | 5291 |
| 无锡市新城油品制本厂 | 张志峰 | 2004.02 | 邮册装订、制本 | 7 | 103 | 1.37 | 186 |
| 无锡华宏拉链制造有限公司 | 龚建刚 | 2004.03 | 拉链制造 | 9 | 200 | 0.56 | 392 |
| 无锡市福泰电子设备有限公司 | 王　涛 | 2004.04 | 电子设备制造 | 15 | 466 | 3.68 | 300 |
| 无锡市都奇机械有限公司 | 夏亚东 | 2004.04 | 机械配件的制造加工 | 9 | 263 | 1.64 | 92 |
| 无锡华钰型钢有限公司 | 汪　峰 | 2004.04 | 焊管型钢加工销售 | 2 | 14 | 0.05 | 114 |
| 无锡市太湖水泥制品有限公司 | 汤泉济 | 2004.05 | 水泥制品的制造 | 22 | 1135 | 1.14 | 5556 |
| 无锡市昌宏钢管有限公司 | 秦　晓 | 2004.06 | 无缝钢管 | 36 | 4455 | 11.67 | 1607 |
| 无锡凯成焊管有限公司 | 陈志良 | 2004.06 | 焊管制造加工 | 7 | 703 | 3.00 | 295 |
| 无锡市龙海杰机械制造有限公司 | 展金胜 | 2004.11 | 冲压件制造 | 21 | 742 | 4.34 | 632 |
| 无锡市科杰金属制品有限公司 | 白述国 | 2005.01 | 柜体型材的制造 | 20 | 1150 | 0.46 | 640 |
| 无锡鸿强焊管有限公司 | 姚志强 | 2005.01 | 焊管的制造 | 2 | 15 | 0.00 | 207 |
| 无锡满君冷拔钢管有限公司 | 陆满君 | 2005.04 | 无缝钢管 | 9 | 1833 | 3.45 | 490 |
| 无锡市三森焊管型钢有限公司 | 孙　信 | 2005.05 | 焊管、冷弯型钢的制造 | 22 | 1537 | 4.00 | 348 |
| 无锡市君枫金属制品有限公司 | 陆　军 | 2005.05 | 冷弯型钢的制造和加工 | 7 | 196 | 0.28 | 246 |
| 无锡市桦林机械喷涂有限公司 | 杜伟强 | 2005.05 | 机械喷涂加工 | 5 | 122 | 5.04 | 196 |
| 无锡天英自动化科技有限公司 | 马晓梅 | 2005.07 | 复合机制造 | 4 | 221 | 0.75 | 185 |
| 无锡开源集团福胜锻造有限公司 | 吴兴德 | 2005.07 | 锻件的制造 | 1 | 46 | 0.14 | 57 |
| 无锡市恒力佳橡塑制品有限公司 | 朱扬山 | 2005.07 | 生产密封胶 | 2 | 27 | 0.15 | 53 |
| 无锡市钢海冶金设备制造有限公司 | 刘德海 | 2005.08 | 冶金零配件的制造 | 6 | 457 | 1.19 | 311 |
| 无锡市好旺角花式纱厂 | 徐喜亮 | 2005.09 | 化纤纱线制造 | 3 | 114 | 0.08 | 138 |
| 无锡市冠业钢带有限公司 | 缪建新 | 2005.10 | 钢带的加工 | 12 | 914 | 0.05 | 403 |
| 无锡双仁机械有限公司 | 沈焕仁 | 2005.10 | 包装圈的加工 | 7 | 786 | 2.37 | 348 |
| 无锡舜伟焊管有限公司 | 杨晓伟 | 2005.11 | 焊管加工 | 5 | 273 | 0.64 | 227 |
| 无锡市鼎益嘉管业有限公司 | 江先兵 | 2005.12 | 焊管生产 | 12 | 1642 | 1.96 | 437 |
| 无锡市新时代焊管有限公司 | 何江华 | 2005.12 | 焊管制造 | 10 | 727 | 1.23 | 500 |
| 无锡达丰特种金属纤维有限公司 | 是大庆 | 2006.02 | 不锈钢合金加工销售 | 2 | 13 | 0.11 | 149 |
| 无锡市振宇冷弯型钢有限公司 | 杨月华 | 2006.02 | 型钢制造 | 5 | 832 | 1.80 | 259 |
| 无锡凯杰钢管有限公司 | 张　杰 | 2006.07 | 钢管制造加工 | 13 | 1627 | 3.67 | 783 |
| 无锡市青云鞋业有限公司 | 丁立斌 | 2006.07 | 布鞋生产 | 23 | 135 | 0.32 | 360 |
| 无锡汇联钢管有限公司 | 姚英健 | 2006.08 | 焊管制造 | 9 | 946 | 2.43 | 367 |
| 无锡连盛钢管有限公司 | 徐文刚 | 2007.01 | 焊管加工 | 14 | 1906 | 3.48 | 680 |
| 无锡锡顺幕墙制造有限公司 | 屠锡顺 | 2007.01 | 铝合金门窗加工 | 3 | 34 | 0.54 | 146 |
| 无锡市舜新工程机械配件有限公司 | 龚建新 | 2007.02 | 耐磨管的制造 | 5 | 37 | 0.38 | 147 |
| 无锡锦顺冷拉型钢有限公司 | 唐志勇 | 2007.03 | 冷拔钢管加工 | 4 | 961 | 2.51 | 201 |
| 无锡苏广冷弯型钢有限公司 | 曹德江 | 2007.04 | 冷弯型钢加工 | 12 | 2737 | 3.53 | 356 |
| 无锡市正安机电设备有限公司 | 朱　正 | 2007.04 | 化工设备制造 | 23 | 988 | 15.53 | 1238 |
| 无锡市万涧钢品有限责任公司 | 王国伟 | 2007.04 | 冷弯型钢加工 | 8 | 349 | 0.68 | 79 |
| 无锡鼎力金属表面处理有限公司 | 吴炳民 | 2007.04 | 镀锌加工 | 9 | 129 | 1.59 | 146 |
| 无锡高炀钢管有限公司 | 高炳法 | 2007.05 | 无缝钢管生产 | 37 | 1843 | 7.67 | 537 |
| 无锡市华英生化设备制造有限公司 | 华英娟 | 2007.09 | 冷凝器制造 | 8 | 213 | 0.49 | 693 |
| 无锡发辉精密钢管有限公司 | 唐凤兴 | 2007.10 | 型钢加工 | 8 | 920 | 1.81 | 655 |
| 无锡市武泰钢管有限公司 | 陈　武 | 2007.11 | 高频焊管的生产 | 8 | 731 | 1.09 | 279 |
| 无锡市大龙型钢有限公司 | 曹建福 | 2007.12 | 型钢制造 | 10 | 1576 | 2.34 | 420 |
| 无锡市业凯液压缸体有限公司 | 龚　艺 | 2008.01 | 精密缸体制造 | 5 | 315 | 0.78 | 312 |
| 无锡市金方园机械有限公司 | 沈建平 | 2008.01 | 其他专用设备制造 | 4 | 63 | 0.53 | 82 |
| 无锡市华跃脚手架有限公司 | 沈伯华 | 2008.03 | 脚手架的制造 | 15 | 900 | 3.79 | 368 |

续表 1—3—27　　单位：人、万元

| 单位名称 | 法定代表人 | 创办时间 | 主要产品 | 从业人数 | 主营业务收入 | 营业税金 | 资产总计 |
|---|---|---|---|---|---|---|---|
| 无锡市奥立通用机械制造有限公司 | 符路剑 | 2008.07 | 冷作件加工 | 10 | 459 | 5.75 | 432 |
| 无锡市瑞科焊接机械设备有限公司 | 刁　冲 | 2008.07 | 焊接设备制造 | 15 | 425 | 0.82 | 50 |
| 无锡澳华节能环保工程有限公司 | 张文珍 | 2008.07 | 环境污染防治专用设备制造 | 5 | 344 | 0.79 | 2775 |
| 无锡市国松精密钢管有限公司 | 龚国松 | 2008.07 | 五金加工 | 5 | 268 | 1.35 | 189 |
| 无锡久泰精密焊管有限公司 | 是宪辰 | 2008.09 | 焊管制造 | 10 | 2902 | 6.19 | 550 |
| 无锡市钱桥交通五金橡塑厂 | 周大忠 | 2008.09 | 五金件加工 | 5 | 46 | 5.27 | 56 |
| 无锡天和玻璃有限公司 | 还美英 | 2009.03 | 钢化玻璃加工 | 65 | 2691 | 0.14 | 1943 |
| 无锡镃嵘柜体制品有限公司 | 王忠益 | 2009.03 | 金属柜体及附件制造 | 13 | 931 | 1.97 | 337 |
| 无锡市宝方橡塑制品有限公司 | 龚毕敏 | 2009.03 | 橡胶配件制造 | 8 | 439 | 4.39 | 90 |
| 无锡市萌东机械制造有限公司 | 吕秋萍 | 2009.04 | 人造板机械设备制造 | 24 | 494 | 3.46 | 319 |
| 无锡三阳铸造材料有限公司 | 龚前栋 | 2009.04 | 金属制造 | 10 | 46 | 0.27 | 728 |
| 无锡市金锡塑料管件有限公司 | 李雅娟 | 2009.05 | 塑料管件加工 | 9 | 404 | 0.67 | 288 |
| 无锡君诚塑料制品厂 | 章晓君 | 2009.06 | 塑料异型材挤出产品的制造 | 1 | 10 | 0.01 | 49 |
| 无锡市广昊芯线有限责任公司 | 嵇晓光 | 2009.09 | 电线制造 | 4 | 751 | 0.07 | 689 |
| 无锡市派力奇钢管有限公司 | 高志奇 | 2009.10 | 钢管制造 | 7 | 140 | 0.64 | 86 |
| 无锡杰博电器科技有限公司 | 沈云峰 | 2009.11 | 电器附件制造 | 13 | 543 | 0.92 | 395 |
| 无锡双腾精密钢管有限公司 | 支　艳 | 2010.03 | 钢管制造 | 5 | 329 | 0.80 | 292 |
| 无锡市腾业机械有限公司 | 梅国荣 | 2010.04 | 普通机械制造 | 19 | 527 | 0.16 | 410 |
| 无锡尚亿表面除锈涂装有限公司 | 刘　勇 | 2010.04 | 表面除锈 | 20 | 190 | 1.03 | 295 |
| 无锡宝晟精密轴承制造有限公司 | 杨功辉 | 2010.05 | 轴承制造 | 18 | 209 | 7.28 | 396 |
| 无锡市安密斯密封件制造有限公司 | 杨　虎 | 2010.06 | 密封件的制造 | 5 | 333 | 0.62 | 247 |
| 无锡市畅蓉机械制造有限公司 | 石天彪 | 2010.06 | 液压和气压动力机械及配件金属结构件的制造 | 4 | 75 | 0.46 | 64 |
| 无锡市佳利成机械有限公司 | 王孝峰 | 2010.07 | 金属加工机械制造 | 20 | 811 | 3.15 | 450 |
| 无锡鼎实电子科技有限公司 | 张　玉 | 2010.08 | 电子产品生产 | 12 | 284 | 0.78 | 243 |
| 无锡志翔液压缸体有限公司 | 缪宇峰 | 2010.08 | 液压和气压动力机械及元件制造 | 6 | 274 | 0.80 | 343 |
| 无锡市钧明液压设备有限公司 | 邵培军 | 2010.09 | 液压机械设备制造 | 3 | 136 | 0.09 | 62 |
| 无锡宏普管业有限公司 | 顾小妹 | 2010.09 | 冷拔管的制造加工及销售 | 14 | 1579 | 6.48 | 685 |
| 无锡市鼎牌精密机械有限公司 | 张鸣辉 | 2010.09 | 机械制造 | 15 | 950 | 3.13 | 656 |
| 无锡普锐赛森钢管有限公司 | 陆凯芳 | 2010.09 | 五金件的销售加工 | 25 | 817 | 0.08 | 1147 |
| 无锡通寅精密钢管有限公司 | 缪京锋 | 2010.09 | 钢材加工 | 3 | 146 | 0.24 | 77 |
| 无锡康邦德金属制品制造有限公司 | 郭　君 | 2010.10 | 金属制品制造 | 5 | 354 | 0.79 | 184 |
| 无锡爱尔思精密钢管有限公司 | 吴爱民 | 2010.10 | 钢管加工 | 7 | 215 | 0.70 | 105 |
| 无锡市华之杰钢管厂 | 张百宇 | 2010.11 | 钢压延加工 | 5 | 183 | 0.26 | 34 |
| 无锡佛罗伦塑料有限公司 | 王小民 | 2010.12 | 塑料制造 | 3 | 61 | 0.06 | 95 |
| 无锡市宏腾钢品有限公司 | 顾克明 | 2011.03 | 钢压延加工 | 25 | 859 | 2.04 | 577 |
| 无锡开盈精密钢管有限公司 | 钱彩珍 | 2011.03 | 钢管制造 | 6 | 89 | 0.29 | 706 |
| 无锡友利精密钢管有限公司 | 钱建忠 | 2011.04 | 钢压延加工 | 8 | 178 | 1.33 | 119 |
| 无锡华奕防腐装备有限公司 | 缪忠良 | 2011.04 | 设备制造 | 4 | 54 | 0.07 | 48 |
| 无锡新雅特精密钢管有限公司 | 朱晓春 | 2011.05 | 钢管制造 | 16 | 233 | 29.53 | 216 |
| 无锡市欣圣久机械有限公司 | 翁雄伟 | 2011.06 | 普通机械及配件、模具加工销售 | 12 | 197 | 0.90 | 270 |
| 无锡市沛云机械设备厂 | 陈建云 | 2011.06 | 冶金专用设备制造 | 6 | 288 | 1.71 | 384 |
| 无锡市国阳纸箱厂 | 厉国庆 | 2011.07 | 其他纸制品制造 | 7 | 497 | 1.86 | 272 |
| 无锡熠久机械有限公司 | 奚国平 | 2011.08 | 机械设备制造 | 6 | 157 | 0.79 | 76 |
| 无锡格润动力机械制造有限公司 | 陈海星 | 2011.09 | 通用机械及配件的制造 | 35 | 630 | 0.82 | 800 |
| 无锡市伟承冷弯型钢有限公司 | 陈　蕾 | 2011.11 | 冷弯型标五金件制造加工 | 11 | 1839 | 0.11 | 861 |
| 无锡市柯瑞达精密钢管有限公司 | 张建新 | 2012.01 | 钢压延加工 | 26 | 1421 | 1.22 | 1010 |
| 无锡怡美冷弯型钢有限公司 | 杨志兴 | 2012.05 | 钢压延加工 | 8 | 583 | 1.56 | 284 |
| 无锡胜马化工设备有限公司 | 陆　波 | 2012.09 | 其他专用设备制造 | 25 | 950 | 4.02 | 376 |
| 无锡福凯莱数控焊割机械有限公司 | 缪建荣 | 2012.09 | 其他专用设备制造 | 16 | 162 | 0.06 | 126 |
| 无锡华滨纵剪加工有限公司 | 包振华 | 2012.11 | 钢压延加工 | 1 | 7 | 0.00 | 173 |

续表 1—3—27 单位：人、万元

| 单位名称 | 法定代表人 | 创办时间 | 主要产品 | 从业人数 | 主营业务收入 | 营业税金 | 资产总计 |
|---|---|---|---|---|---|---|---|
| 无锡源丰盛和金属制品有限公司 | 刘永军 | 2013.04 | 太阳能光伏支架及冷弯型钢的制造 | 7 | 101 | 0.00 | 360 |
| 无锡市佳山冷弯型钢有限公司 | 丁我山 | 2013.05 | 冷弯型钢加工 | 5 | 219 | 0.08 | 118 |
| 无锡田磊机械制造有限公司 | 田美林 | 2013.05 | 通用机械的制造 | 9 | 53 | 0.05 | 146 |
| 无锡思鸿远机电设备有限公司 | 盛　君 | 2013.05 | 机电设备制造 | 6 | 37 | 2.73 | 59 |
| 无锡嘉诚仪器仪表有限公司 | 郑月珍 | 2013.05 | 仪器仪表的加工 | 1 | 9 | 0.11 | 62 |
| 无锡安迪盛机械有限公司 | 邢效东 | 2013.06 | 机电配件制造 | 15 | 81 | 0.08 | 129 |
| 无锡市融达鞋业有限公司 | 缪国芳 | 2013.06 | 鞋子的生产 | 15 | 28 | 0.05 | 400 |
| 无锡驰空机械制造有限公司 | 李巧红 | 2013.07 | 机械配件 | 1 | 50 | 0.01 | 535 |
| 无锡市博冲机械有限公司 | 王　平 | 2013.07 | 通用机械设备制造加工、销售及技术上开发 | 4 | 46 | 0.06 | 69 |
| 无锡市坤源机械有限公司 | 张　军 | 2013.07 | 机械制造 | 5 | 10 | 0.04 | 9 |
| 无锡市钱桥益达电动工具厂 | 霍国圣 | 2013.08 | 电机修理 | 4 | 50 | 0.40 | 40 |
| 无锡久奈持防腐科技有限公司 | 吴伟杰 | 2013.09 | 金属防腐处理 | 3 | 140 | 8.26 | 203 |

### 2008~2014 年溪南（村）社区获无锡市委、市政府，省级条线以上荣誉表

表 1—3—28

| 获得时间 | 荣誉名称 | 颁发单位 |
|---|---|---|
| 2008.02 | 无锡市社会主义现代化新农村建设示范村 | 中共无锡市委　无锡市人民政府 |
| 2012.02 | 无锡市社会主义现代化建设幸福村 | 中共无锡市委　无锡市人民政府 |
| 2014.00 | 江苏省档案工作二星级社区 | 江苏省档案局 |

2015 年，溪南社区巩固文明创建成果，出资 90 万元进行村庄整治、河道整治、垃圾收集改造、防汛，修扩建居民健身广场、老年茶室、农家书屋等工程。自来水改造 8 户，社区贴补资金 10000 余元；困难救助 69 户，共 78000 元；临时救助 27 人，共 35000 元；四残补助人员 5 人，共 2000 元；补助退休职工 51 人，共 16200 元；补助困难党员 4 人，共 4000 元；工会救助 2 人，共 2000 元。是年，共有工业企业 191 家，其中规模以上企业 22 家，工业销售主营业务收入 26.12 亿元。同年，工农业总产值 23.16 亿元，其中工业总产值 23.16 亿元。

### 2005~2015 年溪南（村）社区主要经济指标统计表

表 1—3—29 单位：人、万元

| 年份 | 农业人口 | 工农业总产值 | 工业总产值 | 工业销售、主营业务收入 | 工业利税总额 | 工业增加值 | 工业固定资产原价 |
|---|---|---|---|---|---|---|---|
| 2005 | 2238 | 22177 | 22018 | 21653 | 2084 | 3994 | 7954 |
| 2006 | 2250 | 53446 | 53304 | 53128 | 2367 | 10139 | 14238 |
| 2007 | 2238 | 88988 | 88878 | 89252 | 2504 | 16713 | 19185 |
| 2008 | 2238 | 119497 | 118187 | 115948 | 2362 | 16666 | 27641 |
| 2009 | 2464 | 148904 | 148504 | 142020 | 1099 | 22620 | 21463 |
| 2010 | 2744 | 173807 | 173327 | 173292 | 7369 | 30336 | 34160 |
| 2011 | 均为居民 | 239766 | 238645 | 227272 | 5355 | 31216 | 49787 |
| 2012 | | 244986 | 244986 | 245764 | 4032 | 28305 | 49833 |
| 2013 | | 258996 | 258996 | 312688 | 4198 | 22108 | 49905 |
| 2014 | | 310754 | 310754 | 294099 | 2961 | 28553 | 50132 |
| 2015 | | 231617 | 231617 | 261169 | 3190 | 25002 | 50225 |

## 三、干部任职

1956~2015 年，溪南高级社、溪南（大队）村、溪南社区历任党支部（总支）书记 8 人，社长 1 人、副社长 1 人，大队长 3 人、副大队长 1 人，革委会主任 3 人，村委主任 5 人、村委副主任 1 人，

主办会计 7 人。2015 年，朱根华连任党总支书记兼居委会主任，吴建中连任居委会副主任，吴志杰连任主办会计。

1956~2015 年溪南（高级社、大队、村）社区历届党支部（总支）、行政干部、主办会计任职表
表 1—3—30

| 建置名称 | 党支部（总支）书记 | | 行政干部 | | | | | | 主办会计 | |
|---|---|---|---|---|---|---|---|---|---|---|
| | | | 正职 | | | 副职 | | | | |
| | 姓名 | 任职时间 | 姓名 | 职务 | 任职时间 | 姓名 | 职务 | 任职时间 | 姓名 | 任职时间 |
| 溪南高级社 | 唐才兴 | 1956~1958 | 唐才兴 | 社　长 | 1956~1958 | 是全根 | 副社长 | 1956~1958 | 龚秋华 | 1956~1958 |
| 溪南大队 | 唐才兴 | 1958~1966 | 唐才兴 | 大队长 | 1958~1966 | 是全根 | 副大队长 | 1958~1966 | 是盘兴 | 1958~1968 |
| | 吴士兴 | 1966~1968 | 李金康 | 大队长 | 1966~1968 | — | — | — | — | — |
| | 李金康 | 1968~1973 | 是全根 | 革委会主任 | 1968~1973 | — | — | — | 吴伯兴 | 1968~1979 |
| | 唐盘泉 | 1973~1979 | 吴士云 | 革委会主任 | 1973~1979 | — | — | — | 龚明达 | 1979~1985 |
| | 吴伯兴 | 1979~1983 | 吴肇一 | 革委会主任、大队长 | 1979~1983 | — | — | — | — | — |
| 溪南村 | 吴伯兴 | 1983~1985 | 吴肇一 | 主　任 | 1983~1985 | — | — | — | — | — |
| | 龚明达 | 1985~2000 | 龚如平 | 主　任 | 1985~1995 | — | — | — | 吴惠荣 | 1985~2000 |
| | — | — | 吴华清 | 主　任 | 1995~2000 | — | — | — | — | — |
| | 吴华清 | 2000~2009 | 陈盘康 | 主　任 | 2000~2002 | — | — | — | 吴小清 | 2000~2006 |
| 溪南社区 | 朱根华 | 2009~ | 朱根华 | 主　任 | 2002~ | 吴建中 | 副主任 | 2010~ | 吴志杰 | 2006~ |

## 第五节 舜柯社区

舜柯社区位于北纬 31°34′35″，东经 120°11′。舜柯社区得名于舜柯山。舜柯山位于无锡西 7 公里处。清光绪《无锡金匮县志》载："舜山，一名历山。山下为历村，或云：上有舜田，为舜帝所耕。其西为柯山，据《风土记》载，为吴仲雍六世孙柯相封地，故名。两山连而其峰相望，合名之曰舜柯山。"

图 1—3—6　舜柯社区居民委员会（2015 年）

舜柯社区东临滨湖区荣巷街道勤新社区，南为舜柯山，西至藕乐苑社区与无锡职教园校区，北与溪南社区、苏庙社区相邻。总面积 4.89 平方公里，是山地与河漕平原接壤地，南高北低，地形落差很大。

舜柯（村）社区于 2001 年 7 月由原舜一村、历村村合并而成。2015 年，社区辖王巷、花园里、吴巷、田舍头、芮巷、缪家、费巷、周巷、蒋巷、庄家、东浜头、上秦巷 12 个自然村、17 个居民小组和新建的舜柯家园小区。户籍总户数 807 户、人口 2987 人，人口中有土家族 2 人、侗族 1 人、壮族 1 人，其他均为汉族；另有外来人口 3349 人。辖区内有各类企业 58 家，其中工业企业 53 家，完成经济总量 17.41 亿元。社区可支配收入达 780 万元。是年，舜柯社区存有耕地面积 57.02 公顷、山地面积 115.75 公顷、河塘面积 7.49 公顷。

## 一、建置沿革

在无锡史籍上，区域内历村与赤墩都有文字记载。宋至明万历年间，布政乡二十都一图（问字号）为赤墩里，二十一都一图（章字号）为历村。明万历初，赤墩里归属富安区下扇二十都一图（问字号）。历村属开原区下扇二十一都一图（章字号）。清沿明制。清朝末年，历村和毛村（现溪南）合并，改称为毛历村，后不久又分开。

民国18年（1929），历村地区属第四区（开原乡），上秦巷、芮巷等分别属居仕乡、溪山乡辖；舜一地区属第十七区（富安乡），王巷、殷巷、田肚里、壤里、石巷、陆巷、秦巷、欧巷、吴巷、花园里属井亭乡辖。民国37年1月、1949年4月，无锡县行政区划二次调整，裁区合并乡镇。舜柯地区属新渎区稍塘乡。

无锡解放后，1949年7月，舜柯属新渎区藕塘乡管辖。1950年6月区划调整，成立藕塘区。7月，藕塘区划成9个小乡，建立舜柯乡。原舜一、历村范围的自然村落划分成四、五、六、七、八行政村。

**1950年藕塘区舜柯乡四至八行政村所辖自然村落一览表**

表1—3—31

| 行政村名 | 所辖自然村落 | 村长 | 行政村名 | 所辖自然村落 | 村长 |
|---|---|---|---|---|---|
| 四村 | 吴巷、石巷、陆巷、壤里 | 朱荣增 | 七村 | 庄家、蒋巷、周巷、费巷 | 费培芝 |
| 五村 | 田肚、殷巷、沈巷、王巷 | 殷廷根 | 八村 | 上秦巷、东浜头、西浜头 | 赵春根 |
| 六村 | 花园里、田舍头、芮巷 | 朱广华 | — | — | — |

新中国成立后历经土地改革，舜柯乡农民分得土地，各自然村相继成立各种不同形式的换工组、代工组、互助组，逐步走上农业合作化道路。1954~1955年，各行政村都创办初级农业生产合作社。1956年，四村、五村两个行政村合并成立舜一高级农业生产合作社。六村、七村、八村三个行政村合并成立历村高级农业生产合作社。是年，舜柯乡撤销，并入钱桥乡。

**1956年四~八村成立舜一、历村高级农业生产合作社一览表**

表1—3—32

| 行政村 | 自然村名 | 初级社名 | 主要干部 | 高级社名 |
|---|---|---|---|---|
| 四村 | 吴巷、陆巷、石巷、壤里 | 舜一初级社 | 朱荣增 | 舜一高级农业生产合作社 |
| 五村 | 王巷、殷巷、田肚、沈巷、花园里 | — | 殷廷根 | |
| 六村 | 芮巷、田舍头 | 历村初级社 | 朱广华 | 历村高级农业生产合作社 |
| 七村 | 庄家、蒋巷、周巷、费巷 | — | 费培芝 | |
| 八村 | 上秦巷、东浜头、西浜头 | — | 赵春根 | |

1958年9月，钱桥人民公社成立，舜一高级农业生产合作社改设为舜一大队，历村高级农业生产合作社改设为历村大队。1983年4月，舜一大队更名为钱桥乡舜一村，历村大队更名为钱桥乡历村村。1987年，舜一村、历村村属钱桥镇辖。

舜一村位于钱桥西部，东与历村相接，南为舜柯山，西邻藕塘乡井亭村、勤建村，北与藕塘村相连。下辖田肚里、沈巷、殷巷、壤里、花园里、石巷头、陆巷、吴巷、王巷9个自然村，14个村民小组。总面积1.89平方公里，山地面积占22%，总面积中耕地面积95.89公顷、水面积11公顷。1991年，户籍538户，户籍人口1435人，均为汉族。

历村村位于钱桥西南部，东接梅园乡勤新村，南为舜柯山，西与舜一村相邻，北与溪南村、苏庙村相接。下辖上秦巷、东浜头、西浜头、庄家、蒋巷、周巷、费巷、缪家、芮巷、田舍头10个自然村，13个村民小组。总面积3平方公里，总面积中耕地面积129.85公顷、水面积3.33公顷、林地5.73公顷。1991年户籍445户，户籍人口1666人，有土家族1人，其他均为汉族。

2001年7月，舜一村与历村村合并，成立舜柯村。2007年11月，舜柯村属钱桥街道辖。2009

年10月21日，舜柯村村民委员会增设舜柯社区居民委员会。2010年9月25日，舜柯村村民委员会撤销。

2013年，在舜柯社区舜柯山下修建“显山路”时，考古发现“赤墩”为6000多年前马家浜文化以及崧泽文化晚期至良渚文化早期的遗址。赤墩一处高台是5000多年前的祭祀遗迹——祭坛。中科院取样鉴定，赤墩遗址有水稻种子遗存，确切证实舜柯地区先民5000多年前已具备种植水稻的农业技术。

## 二、概况

舜柯地区的村民世代务农。舜柯山北坡的地理环境是山地与河漕平原接壤，南北地形高低悬殊，落差很大，山地面积大致占总面积的22%。所谓的平原土地也是高墩纵横、河塘星罗、沟渠密布，水系变化大，旱涝都成灾，严重威胁舜柯村民的农耕和生存。民国时期至新中国成立初期，是电力、机械贫乏的年代，花园里的村民种水稻要用十八番“拨车垛”，才能把河水引入稻田。所谓“拨车垛”，就是把河里的水用木制水车车入高一层的田块。十八番“拨车垛”就是用木制戽水车经过18次一轮一轮车水，把水一层一层往高田上送，高田里的水稻才能获得水，才能生长。遇到干旱，村民日夜轮流车水，沿山的稻苗还是经常会因缺水而干死。

1955年3月，驻锡部队投资建造钱姚公路。钱姚公路自钱桥至姚湾，途经舜柯境内长6公里，路基8米，用地48120平方米。这段路主要经舜柯山北坡段，贯穿历村、舜一南部，方便两个村村民的交通，也为两个村的山林地、平原粮田建设提供机遇。

舜一、历村是个有古老习俗礼仪之地。早在明清时期就有每年祭拜天地、敬拜舜皇的礼仪活动。现存景盛路与中心路交界处的明代“里社碑”证实舜柯百姓祭祀活动在明代就有乡规民约。舜柯人每年农历三月十五（相传虞舜生日）会自发在舜皇殿举行祭祀舜帝诞生的盛会。其规模涉及西乡武进、陆区、阳山，北乡芙蓉、斗山等地，人数少时五、六百人，多时上千人。祭拜天地，敬拜舜皇的礼仪习俗代代相传，从未废礼，延续至今。舜皇殿历史悠久，原为西乡一绝。坐落在历山（舜柯山）脚下上秦巷自然村。规模宏大的舜皇殿坐落在穷山僻壤之地，竟有五开间门面，檐高丈余。庭院内古柏森森，银杏参天。殿内肃穆庄严，香火经年不绝。1958年，钱桥公社在上秦巷开办农业中学。

1958年人民公社化后，历村与舜一大队因地制宜，分为山林地建设与平原粮田建设。舜一大队在北坡山地（钱姚公路南）创办农场，面积4.67公顷。历村大队也在北坡山湾划出6.67余公顷山田，建设林场，成立林业专业队。1965年全国“农业学大寨”，舜一、历村平原粮田改造工程又有进一步要求，进行整田平地，建造高标准粮田。“文化大革命”期间，区域内的舜皇殿被毁。1976年，舜一大队创办舜一茶场，面积0.67公顷；历村大队创办历村林场，后改办茶场，培育品种茶树3.33公顷，后因无锡市公安局建造戒毒所、看守所征田，茶场规模逐渐缩小，但还在正常经营。同时，相继对平原粮田实施改造工程。1972~1976年，整田平地格子化，建成宽15米、长80米的长方形田块。但事实上，近舜柯山的地块落差大，实际作业非常困难，只能以段因地制宜建造粮田。经过二次大规模整田平地与水利建设，大批旱涝保收粮田确实建造成功。舜一大队有优质粮田73.33公顷，历村大队有优质粮田106.67公顷。

1983年，人民公社撤销，舜一大队和历村大队分别改设为村民委员会。舜一村高标准耕地经过多年建设，增加到93.33公顷；历村村高标准耕地面积增加到126.67公顷。1988年，江苏省民政厅批准创办舜柯山公墓后，舜一茶场逐渐消失。1995年，村民张俊娣等人自发集资，重建简易舜皇殿，以此祭奠舜帝。

**1965~2000年历村（大队）村各时期经济选年统计表**

表1—3—33　　单位：人、万元

| 项目 | 1965年 | 1975年 | 1985年 | 1995年 | 2000年 |
|---|---|---|---|---|---|
| 农业总产值 | 20.0 | 42 | 120 | 300 | 410 |

续表 1—3—33　　单位：人、万元

| 项目 | 1965 年 | 1975 年 | 1985 年 | 1995 年 | 2000 年 |
|---|---|---|---|---|---|
| 工业总产值 | 0.9 | 33 | 350 | 3200 | 11700 |
| 第三产业总产值 | 0.8 | 2 | 6 | 480 | 900 |
| 纳税 | 2.0 | 4 | 31 | 260 | 450 |
| 务工人员 | 15.0 | 60 | 190 | 460 | 550 |
| 务农人员 | 1300.0 | 1380 | 920 | 120 | 60 |
| 经商人员 | 18.0 | 27 | 35 | 40 | 45 |
| 从事其他工作人员 | 12.0 | 29 | 39 | 50 | 60 |
| 人均年收入 | 0.008 | 0.014 | 0.056 | 0.38 | 0.67 |

2001 年 7 月，舜一村与历村村合并，成立舜柯村。2002 年，钱桥镇在舜柯村建设工业集中区，进驻企业 190 家，用地 146.67 公顷，涉及上秦巷、西浜、庄家、蒋巷、前周巷、后周巷、费巷、缪家、前芮巷、后芮巷、前田舍、后田舍、吴巷一队、花园里 14 个村民小组。

2004 年，舜柯股份制合作社成立，有集体股金 424 万元、个体股金 636 万元，总计 1060 万元。此后十年间，每年有 64 万元股金分红。舜柯百姓真正享受到改革开放后的成果。

2006 年，舜柯村委为 14 个村民小组 489 户农民办理土地换社保。同年，无锡市开发职教园区，在舜柯村又一次征用土地 86.67 公顷，涉及陆巷西、壤里东、壤里西、石巷头东、石巷头西共 5 个村民小组。2009 年，舜柯村委又为拆迁的 5 个村民小组 403 户农民办理土地换社保。同年，舜柯村为适应新形势下新农村的建设，6 月份建造舜柯二层楼农贸市场，总投资达 330 万元。农贸市场的建成，方便了村民购物与生活，同时为工业区 200 家企业提供食品保障。

2011 年，赤墩沈巷、东河头村拆迁，七姓族人自发集合，自愿出资，在舜皇殿举行缅怀舜帝的盛大祭祀仪式，以此告别故土。舜柯山人民敬仰舜帝，始终尊为舜柯天子。2013 年，舜皇庙会被录入无锡市非物质文化遗产。是年，舜柯社区规模以上企业 13 家，规模以下企业 81 家。

## 2013 年舜柯社区规模以上企业一览表

表 1—3—34　　单位：人、万元

| 单位名称 | 法定代表人 | 创办时间 | 主要产品 | 从业人数 | 主营业务收入 | 资产总计 |
|---|---|---|---|---|---|---|
| 无锡市求尚不锈钢制品厂 | 钱祖洁 | 1997.10 | 不锈钢制品制造 | 39 | 3293 | 1465 |
| 无锡市瑞华不锈钢有限公司 | 芮建华 | 1998.02 | 不锈钢带钢冷轧制造 | 45 | 2456 | 1959 |
| 无锡市海达集装箱厂 | 朱全海 | 1998.05 | 集装箱制造 | 105 | 4396 | 5172 |
| 江苏中诚印染有限公司 | 赵洪超 | 2001.08 | 印染 | 220 | 13060 | — |
| 无锡金辉幕墙工程有限公司 | 潘亚萍 | 2001.10 | 幕墙 | 25 | 1350 | — |
| 无锡市江南特种材料有限公司 | 顾伯清 | 2003.01 | 不锈钢 | 42 | 4077 | — |
| 无锡市舜裕冷弯型钢厂 | 王国平 | 2003.03 | 冷弯型钢制造 | 16 | 2171 | 684 |
| 无锡海达安全玻璃有限公司 | 朱全海 | 2003.03 | 信号玻璃器制造 | 230 | 13043 | 19170 |
| 无锡市雄诚冷轧带钢有限公司 | 曹静华 | 2003.06 | 冷轧带钢制造 | 50 | 991 | 1307 |
| 无锡市广润金属制品有限公司 | 吴赛玉 | 2004.11 | 高强度锌合金钢带生产 | 76 | 24843 | 18357 |
| 无锡市聚泰薄板有限公司 | 芮曙东 | 2005.03 | 冷轧薄板制造 | 80 | 2378 | 2524 |
| 无锡市海鼎冷轧带钢有限公司 | 包　敏 | 2005.05 | 冷轧带钢制造 | 53 | 7542 | 1276 |
| 无锡市弘基钢管有限公司 | 华晓瑜 | 2006.07 | 焊管 | 15 | 2020 | — |

## 2013 年舜柯社区规模以下企业一览表

表 1—3—35　　单位：人、万元

| 单位名称 | 法定代表人 | 创办时间 | 主要产品 | 从业人数 | 主营业务收入 | 营业税金 | 资产总计 |
|---|---|---|---|---|---|---|---|
| 无锡市钱桥橡塑五金厂 | 朱福元 | 1993.01 | 其他塑料制品制造 | 6 | 704 | 3.68 | 420 |
| 无锡金源电力电信塑胶有限公司 | 宗　良 | 1993.04 | 塑料加工 | 7 | 102 | 0.90 | 467 |
| 无锡赤墩精密机械制造厂 | 汤仁芝 | 1994.02 | 标准件制造 | 28 | 453 | 5.00 | 512 |
| 无锡市金宝厨房设备厂（普通合伙） | 冯　敏 | 1996.01 | 厨具设备制造 | 10 | 95 | 0.50 | 75 |

续表 1—3—35　　单位：人、万元

| 单位名称 | 法定代表人 | 创办时间 | 主要产品 | 从业人数 | 主营业务收入 | 营业税金 | 资产总计 |
|---|---|---|---|---|---|---|---|
| 无锡市申钢门窗配件厂 | 石　江 | 1996.11 | 金属门窗配件、五金件、塑窗配件的制造 | 4 | 240 | 4.00 | 63 |
| 无锡市钱桥顺达保护膜厂 | 蔡国希 | 1997.03 | 保护膜生产 | 22 | 1420 | 4.69 | 61 |
| 无锡市舜龙塑料厂 | 王福泉 | 1997.08 | 塑料制品制造 | 5 | 36 | 0.41 | 92 |
| 无锡迪奥机械有限公司 | 陈立如 | 1998.08 | 金属切削机床制造 | 63 | 1007 | 5.65 | 1345 |
| 无锡市友盛印刷机械有限公司 | 张丽君 | 1998.08 | 印刷包装机械制造 | 33 | 833 | 3.52 | 394 |
| 无锡市丰祥胶粘保护膜有限公司 | 缪祥兴 | 1999.05 | 保护膜制造 | 7 | 110 | 0.42 | 130 |
| 无锡市钱威挤压件厂 | 缪约翰 | 1999.07 | 压制件制造 | 16 | 174 | 2.41 | 268 |
| 无锡市陈氏纺织品整理厂 | 陈纪敏 | 2000.10 | 棉布磨毛加工 | 4 | 29 | 0.48 | 82 |
| 无锡市明达机械工具厂 | 陈国良 | 2001.03 | 滚丝模的制造加工 | 16 | 123 | 0.52 | 28 |
| 无锡市三友液压缸体总成厂 | 陈锡文 | 2001.03 | 液压配件制造 | 5 | 26 | 0.54 | 81 |
| 无锡市舜宏塑料制品有限公司 | 石建清 | 2001.04 | 塑料制品制造 | 12 | 555 | 4.82 | 368 |
| 无锡市天源塑料制品有限公司 | 吴国清 | 2001.05 | 塑料管制造 | 5 | 109 | 0.53 | 192 |
| 无锡市恒盛机械制造有限公司 | 吴仲云 | 2002.08 | 内燃机配件制造 | 17 | 360 | 2.04 | 272 |
| 无锡市鸿成冷轧有限公司 | 支笑兵 | 2002.10 | 钢压延加工 | 26 | 2025 | 3.54 | 1298 |
| 无锡国华服装喷砂厂 | 庄国华 | 2002.12 | 服装喷砂 | 3 | 16 | 0.47 | 41 |
| 无锡市舜宇地质机械配件厂 | 殷宇澄 | 2003.01 | 地质机械专用配件的加工、制造 | 23 | 401 | 1.95 | 537 |
| 无锡市钱桥飞达磁性材料厂 | 何金庆 | 2003.02 | 磁性材料加工 | 6 | 131 | 0.60 | 158 |
| 无锡市舜一装饰材料厂 | 殷建成 | 2003.04 | 橡塑制品制造 | 4 | 88 | 0.65 | 142 |
| 无锡市钱桥申一纸箱厂 | 张金炎 | 2003.04 | 纸箱制造 | 8 | 120 | 2.00 | 106 |
| 无锡双鹰特种钢管有限公司 | 陈新义 | 2003.06 | 高频焊管制造 | 10 | 916 | 1.40 | 529 |
| 无锡市梦阳热处理有限公司 | 王国忠 | 2003.07 | 热处理加工 | 10 | 161 | 0.91 | 175 |
| 无锡市舜达紧固件厂 | 徐国民 | 2003.07 | 高强度紧固件制造 | 5 | 161 | 0.78 | 196 |
| 无锡鼎新液压缸体有限公司 | 阮润贤 | 2003.08 | 液压缸体制造 | 10 | 824 | 2.50 | 541 |
| 无锡市鑫億液压件有限公司 | 张福良 | 2003.08 | 液压和动力机械制造 | 18 | 166 | 0.48 | 68 |
| 无锡市海天环保设备有限公司 | 缪建栋 | 2003.08 | 环保专用设备制造 | 4 | 81 | 0.22 | 168 |
| 无锡市惠庐塑胶有限公司 | 王　飚 | 2003.09 | 橡塑制造 | 3 | 39 | 0.22 | 98 |
| 无锡市宏刚机械制造有限公司 | 戴朱刚 | 2004.04 | 标准件的制造 | 10 | 360 | 2.08 | 1480 |
| 无锡市小松机械有限公司 | 刘晓莉 | 2004.04 | 机械零件的制造 | 7 | 262 | 0.50 | 255 |
| 无锡云利机械制造有限公司 | 夏静雨 | 2004.05 | 通用设备的制造 | 5 | 28 | 0.21 | 129 |
| 无锡市军佳热处理有限公司 | 徐进淮 | 2004.08 | 金属热处理制造 | 22 | 370 | 3.60 | 550 |
| 无锡市骏盛包装材料厂 | 臧红卫 | 2004.10 | 塑料薄膜制造 | 4 | 238 | 0.26 | 164 |
| 无锡市隆源冷弯型钢有限公司 | 顾胜芳 | 2005.01 | 冷弯型钢加工 | 11 | 1581 | 2.47 | 235 |
| 无锡市新大祥建筑机械厂 | 陈卫新 | 2005.03 | 建筑机械配件的制造 | 8 | 125 | 0.56 | 253 |
| 无锡市鑫昶热处理有限公司 | 胡忠海 | 2005.10 | 不锈零件的热加工处理 | 11 | 289 | 0.56 | 301 |
| 无锡市佳鑫焊管有限公司 | 葛燕平 | 2006.03 | 焊管制造、加工 | 15 | 1960 | 4.90 | 876 |
| 无锡市昊栋机械设备制造厂 | 缪　栋 | 2006.04 | 五金件制造 | 8 | 178 | 0.63 | 161 |
| 无锡市金业精密钢管有限公司 | 吴国兴 | 2006.05 | 焊管制造销售 | 10 | 1019 | 4.26 | 86 |
| 无锡市永耀金属制品有限公司 | 朱劲松 | 2006.06 | 金属材料制造 | 7 | 276 | 0.87 | 614 |
| 无锡市益多门窗有限公司 | 张琴珠 | 2006.07 | 铝合金门窗制造 | 4 | 172 | 0.29 | 928 |
| 无锡展鹏钢管有限公司 | 查惠文 | 2006.12 | 焊管制造 | 9 | 1390 | 0.49 | 500 |
| 无锡市海元金属材料有限公司 | 陈洪明 | 2007.01 | 无缝管加工 | 15 | 815 | 0.00 | 416 |
| 无锡豪汇机械厂 | 周伟军 | 2007.04 | 金属制品加工 | 8 | 300 | 2.26 | 151 |
| 无锡明天自控工程设备成套厂 | 殷志伟 | 2007.06 | 仪表成套设备制造 | 6 | 91 | 0.45 | 89 |
| 无锡市昌润冷轧有限公司 | 邵红萍 | 2007.11 | 冷轧带钢制造 | 60 | 8263 | 40.04 | 4916 |
| 无锡市凯贝尔液压缸体制造厂 | 华文欣 | 2008.01 | 精密钢管制造 | 10 | 245 | 1.75 | 332 |
| 无锡市立言机械制造有限公司 | 徐晓星 | 2008.12 | 万向轴的制造 | 5 | 235 | 0.83 | 151 |
| 无锡安信塑业有限公司 | 李志明 | 2008.12 | 塑料品加工 | 11 | 159 | 1.52 | 472 |
| 无锡百盛带钢有限公司 | 封　涛 | 2009.01 | 冷轧带钢的制造、销售 | 9 | 770 | 5.36 | 1337 |

续表 1—3—35 单位：人、万元

| 单位名称 | 法定代表人 | 创办时间 | 主要产品 | 从业人数 | 主营业务收入 | 营业税金 | 资产总计 |
|---|---|---|---|---|---|---|---|
| 无锡市向军机械有限公司 | 边胜良 | 2009.05 | 机械配件制造 | 6 | 328 | 7.48 | 312 |
| 无锡市展望机械厂 | 许才娟 | 2009.09 | 其它专用设备制造 | 5 | 105 | 0.82 | 222 |
| 无锡市奇能电气有限公司 | 潘祖粤 | 2010.01 | 高低压成套电柜电器元件及自动化控制设备 | 15 | 708 | 1.58 | 588 |
| 无锡市石门汽车拆车厂 | 葛海宝 | 2010.01 | 拆解旧汽车 | 4 | 157 | 2.81 | 199 |
| 无锡润阳焊管有限公司 | 于广生 | 2010.01 | 焊管加工 | 9 | 95 | 1.16 | 92 |
| 无锡余氏液压机械有限公司 | 余园园 | 2010.02 | 液压缸体制造 | 11 | 526 | 2.53 | 456 |
| 无锡市东志冷弯型钢有限公司 | 肖尚东 | 2010.03 | 型钢制造 | 11 | 1732 | 1.29 | 599 |
| 无锡市荣崎机械设备有限公司 | 叶福良 | 2010.04 | 机械制造 | 10 | 660 | 1.60 | 187 |
| 无锡苏尔寿流体设备有限公司 | 汤金洪 | 2010.05 | 机械零部件加工及设备修理 | 10 | 222 | 15.18 | 88 |
| 无锡市达润轴承厂 | 杨淑英 | 2010.08 | 轴承制造 | 5 | 66 | 0.60 | 67 |
| 无锡市一繁电子科技有限公司 | 王培培 | 2010.09 | 其他电子设备制造 | 4 | 123 | 0.09 | 99 |
| 无锡其昌精密机械有限公司 | 张朝阳 | 2010.10 | 其他金属加工机械制造 | 4 | 30 | 0.29 | 55 |
| 无锡海达光彩科技有限公司 | 朱全海 | 2011.01 | 彩晶玻璃加工 | 47 | 584 | 0.69 | 1214 |
| 无锡市新明特机械有限公司 | 过若新 | 2011.04 | 机械制造 | 13 | 289 | 0.70 | 466 |
| 无锡雨龙机械科技有限公司 | 于广浩 | 2011.04 | 金属切割 | 13 | 207 | 0.42 | 107 |
| 无锡立先达铝业有限公司 | 张秋玥 | 2011.05 | 金属结构制造 | 6 | 341 | 1.50 | 89 |
| 无锡市海特推进器有限公司 | 胡伯平 | 2011.08 | 喷水退进器制造 | 14 | 192 | 1.98 | 168 |
| 无锡钱伟精密钢管有限公司 | 钱惠娟 | 2012.01 | 钢压延加工 | 8 | 159 | 0.32 | 151 |
| 无锡三宇设备设计有限公司 | 龚晓伟 | 2012.01 | 其他专用设备制造 | 3 | 14 | 0.08 | 51 |
| 无锡市润银机械设备厂 | 张海军 | 2012.02 | 其他通用设备制造 | 4 | 69 | 0.34 | 88 |
| 无锡市金庆精密机械制造有限公司 | 陈梅英 | 2012.07 | 其他专用设备制造 | 6 | 85 | 0.28 | 200 |
| 无锡市韵伦金属制品有限公司 | 陈海平 | 2012.07 | 未列明金属制品制造加工 | 7 | 38 | 0.53 | 62 |
| 无锡宇正木业有限公司 | 冯伟宇 | 2012.07 | 建筑用木料及木材组件加工 | 13 | 831 | 4.03 | 675 |
| 无锡能电动力科技有限公司 | 李　翠 | 2012.08 | 通用设备制造 | 10 | 432 | 0.03 | 243 |
| 无锡市马芮环保科技有限公司 | 沙业珍 | 2012.09 | 脚手架制造 | 9 | 473 | 1.72 | 548 |
| 无锡海达尔精密滑轨有限公司 | 朱光达 | 2013.03 | 其他专用设备制造 | 82 | 105 | 0.10 | 1450 |
| 无锡市钱桥双喜橡塑厂 | 朱晓军 | 2013.03 | 橡塑制品 | 3 | 35 | 0.12 | 34 |
| 无锡市骏志焊接厂 | 杨志敏 | 2013.07 | 金属焊接及焊接设备制造 | 4 | 51 | 1.66 | 68 |
| 无锡市志峰塑料制品有限公司 | 石志平 | 2013.07 | 五金件加工 | 5 | 5 | 0.00 | 3 |

## 2008~2013 年舜柯（村）社区获得无锡市委、市政府，省级条线以上荣誉表

表 1—3—36

| 时间 | 获得荣誉 | 颁发单位 |
|---|---|---|
| 2008.02 | 无锡市社会主义现代化新农村建设示范村 | 中共无锡市委　无锡市人民政府 |
| 2009.12 | 人口省级示范会员之家 | 江苏省计划生育协会 |
| 2013.01 | 江苏省社会主义新农村建设先进村 | 中共江苏省委农村工作领导小组 |
| 2013.00 | 江苏省文明村 | 江苏省精神文明建设指导委员会 |
| 2013.00 | 江苏省卫生村 | 江苏省爱国卫生运动委员会 |

2010 年至 2014 年，舜柯社区对每个自然村的村道先后进行改造，路面铺设沥青或浇上水泥，共投入资金 315 万元。同时，对社区内的各自然村进行整治、绿化，社区共投入资金 410 万元。社区还对辖区河道进行整治疏浚，投入资金 40 余万元。自来水是项民生工程，虽然早在 20 世纪 80 年代已家家用上自来水，但由于辖区内工业区企业增多，自来水改造社区每年要补贴 20 万元，自 2002 年至 2014 年，社区共支出资金 300 余万元。舜柯社区篮球场、文化广场、健身场基本配套到各自然村，15 年共投入资金 548 万元。

2015 年，舜柯社区工业企业 58 家，其中规模以上企业 13 家。是年，工业总产值 15.98 亿元，区域内人均年收入 29500 元。

**2005~2015 年舜柯（村）社区主要经济指标统计表**

表 1—3—37　　　　单位：人、万元

| 年份 | 农业人口 | 工农业总产值 | 工业总产值 | 工业销售、主营业务收入 | 工业利税总额 | 工业增加值 | 工业固定资产原价 |
|---|---|---|---|---|---|---|---|
| 2005 | 3207 | 21767 | 21005 | 20645 | 1022 | 4086 | 3090 |
| 2006 | 3237 | 54587 | 53766 | 54532 | 2772 | 12211 | 10935 |
| 2007 | 3259 | 63179 | 62847 | 62504 | 2814 | 13548 | 15349 |
| 2008 | 3278 | 75583 | 73935 | 69999 | 2925 | 14673 | 18245 |
| 2009 | 3302 | 67013 | 66163 | 65249 | 1994 | 13200 | 21150 |
| 2010 | 3287 | 98591 | 96040 | 96258 | 5194 | 19100 | 26349 |
| 2011 | 均为居民 | 128245 | 127195 | 124473 | 5432 | 6896 | 25314 |
| 2012 | | 97427 | 92387 | 91878 | 5866 | 8136 | 27846 |
| 2013 | | 112573 | 106739 | 94943 | 6455 | 13106 | 30607 |
| 2014 | | 129775 | 115743 | 116158 | 7605 | 21215 | 39545 |
| 2015 | | 174149 | 159781 | 160426 | 9213 | 27268 | 43807 |

## 三、干部任职

舜柯社区由舜一村、历村村合并而来。舜一（大队）村历任党支部书记 10 人、代理书记 1 人、副书记 3 人，社长 1 人、副社长 1 人，大队长 6 人、副大队长 3 人，革委会主任 3 人、革委会副主任 2 人，村委主任 6 人、村委副主任 3 人，主办会计 6 人。历村（大队）村历任党支部书记 8 人、副书记 4 人，社长 1 人，大队长 2 人、副大队长 3 人，革委会主任 2 人、革委会副主任 2 人，村委主任 3 人、村委副主任 1 人，主办会计 5 人。舜柯（村）社区历任党总支书记 3 人、副书记 3 人，居委会主任 2 人、居委会副主任 3 人，主办会计 2 人。2015 年，缪正明连任党总支书记，陈鹏连任居委会主任，杜国庆连任居委会副主任，吴芳连任主办会计。

**1956~2001 年舜一（高级社、大队）村历届党支部（总支）、行政干部、主办会计任职表**

表 1—3—38

| 建置名称 | 党支部书记 | | 行政干部 | | | | | | 主办会计 | |
|---|---|---|---|---|---|---|---|---|---|---|
| | | | 正职 | | | 副职 | | | | |
| | 姓名 | 任职时间 | 姓名 | 职务 | 任职时间 | 姓名 | 职务 | 任职时间 | 姓名 | 任职时间 |
| 舜一高级社 | — | — | 朱荣增 | 社长 | 1956~1958 | 曹阿金 | 副社长 | 1956~1958 | 丁纪林 | 1956~1958 |
| 舜一大队 | 朱荣增 | 1958~1960 | 杜银荣 | 大队长 | 1958~1960 | — | — | — | 张觉仁 | 1958~1978 |
| | 杜银荣 | 1960~1961 | — | — | — | — | — | — | — | — |
| | 朱产根 | 1961~1963 | 朱荣增 | 大队长 | 1960~1963 | — | — | — | — | — |
| | 朱荣增 | 1963~1968 | 朱正茂 | 大队长、革委会主任 | 1963~1969 | — | — | — | — | — |
| | 邵福宝 | 1968~1973 | 石海良 | 大队长 | 1969~1970 | — | — | — | — | — |
| | 朱正茂 | 1974~1975 | 王天宝 | 大队长 | 1970~1972 | 丁伯荣 | 革委会副主任 | 1974~1985 | — | — |
| | 丁伯荣（副） | 1974~1985 | 朱焕荣 | 大队长 | 1972~1974 | — | — | — | — | — |
| | 王子贤 | 1975~1978 | 王子贤 | 革委会主任 | 1975~1978 | 朱焕荣 | 革委会副主任、副大队长 | 1975~1982 | 石煜清 | 1978~1982 |
| | 朱焕荣（副） | 1975~1982 | — | — | — | — | — | — | — | — |
| | 朱荣增 | 1979~1982 | 朱荣增 | 革委会主任 | 1979~1982 | 殷惠忠 | 副大队长 | 1982~1983 | — | — |

续表 1—3—38

| 建置名称 | 党支部书记 | | 行政干部 | | | | | | 主办会计 | |
|---|---|---|---|---|---|---|---|---|---|---|
| | | | 正职 | | | 副职 | | | | |
| | 姓名 | 任职时间 | 姓名 | 职务 | 任职时间 | 姓名 | 职务 | 任职时间 | 姓名 | 任职时间 |
| 舜一大队 | 朱焕荣（代） | 1982~1983 | 朱焕荣 | 大队长 | 1982~1983 | 石煜清 | 副大队长 | 1982~1983 | 张勤清 | 1984~1989 |
| 舜一村 | 朱焕荣（代） | 1983~1984 | 朱焕荣 | 主任 | 1983~1984 | 殷惠忠 | 副主任 | 1983~1984 | — | — |
| | 殷惠忠 | 1984~1985.01 | — | — | — | 石煜清 | 副主任 | 1983~1984 | — | — |
| | 吴静燕（以副代正） | 1985.01~1986.07 | 吴静燕 | 主任 | 1984~1985 | 丁伯荣 | 副主任 | 1984~1985 | — | — |
| | 丁伯荣（副） | 1986~1989 | 丁伯荣 | 主任 | 1985~1989 | — | — | — | — | — |
| | 吴静燕 | 1986.07~1988 | 吴国清 | 主任 | 1989~1991 | — | — | — | — | — |
| | 李立初 | 1988~1992 | 陆凤鸣 | 主任 | 1991~1998 | — | — | — | 汤炳惠 | 1989~1999 |
| | 吴国清 | 1992~2001 | 缪正明 | 主任 | 1998~2001 | — | — | — | 汤仁芝 | 1999~2001 |

### 1956~2001 年历村（高级社、大队）村历届党支部（总支）、行政干部、主办会计任职表

表 1—3—39

| 建置名称 | 党支部书记 | | 行政干部 | | | | | | 主办会计 | |
|---|---|---|---|---|---|---|---|---|---|---|
| | | | 正职 | | | 副职 | | | | |
| | 姓名 | 任职时间 | 姓名 | 职务 | 任职时间 | 姓名 | 职务 | 任职时间 | 姓名 | 任职时间 |
| 历村高级社 | 芮叙法 | 1956~1958 | 顾荣泉 | 社长 | 1956~1958 | — | — | — | 吴炳辉 | 1956~1958 |
| 历村大队 | 顾荣泉 | 1958~1974 | 芮产根 | 大队长、革委会主任 | 1959~1976 | — | — | — | 吴炳辉 | 1958~1959 |
| | 芮产根 | 1974~1976 | — | — | — | 邵菊英 | 革委会副主任 | 1974~1976 | 张洪坤 | 1959~1960 |
| | 邵菊英（副） | 1974~1976 | — | — | — | 周松良 | 革委会副主任 | 1976~1981 | — | — |
| | 邵菊英 | 1976~1981 | 邵菊英 | 革委会主任 | 1976~1981 | 张建华 | 副大队长 | 1979~1981 | 吴炳辉 | 1960~1981 |
| | 张建华（副） | 1979~1981 | — | — | — | 芮卓君 | 副大队长、副书记 | 1981~1983 | — | — |
| | 张建华 | 1981~1983 | 张建华 | 大队长 | 1981~1983 | 周志良 | 副大队长 | 1981~1983 | 杨三度 | 1981~1983 |
| 历村村 | 芮卓君 | 1983~1991 | 芮卓君 | 主任 | 1983~1985 | 周志良 | 副主任 | 1983~1985 | 吴一清 | 1983~2000 |
| | 潘伟良 | 1991~1994 | 周志良 | 主任 | 1985~1993 | — | — | — | — | — |
| | 周松清（副） | 1991~2001 | — | — | — | — | — | — | — | — |
| | 芮凤歧 | 1995~2001 | 周松清 | 主任 | 1993~2001 | — | — | — | 陈　鹏 | 2000~2001 |

### 2001~2015 年舜柯（村）社区历届党支部（总支）、行政干部、主办会计任职表

表 1—3—40

| 建置名称 | 党支部书记 | | 行政干部 | | | | | | 主办会计 | |
|---|---|---|---|---|---|---|---|---|---|---|
| | | | 正职 | | | 副职 | | | | |
| | 姓名 | 任职时间 | 姓名 | 职务 | 任职时间 | 姓名 | 职务 | 任职时间 | 姓名 | 任职时间 |
| 舜柯村 | 吴立刚 | 2001.07~2001.11 | 缪正明 | 主任 | 2001.11~2009.03 | 周松清 | 副主任 | 2001.07~2007 | 陈　鹏 | 2001.07~2009.03 |
| | 吴国清(副书记) | 2001.07~2001.11 | — | — | — | — | — | — | — | — |

续表 1—3—40

| 建置名称 | 党支部书记 | | 行政干部 | | | | | | 主办会计 | |
|---|---|---|---|---|---|---|---|---|---|---|
| | | | 正职 | | | 副职 | | | | |
| | 姓名 | 任职时间 | 姓名 | 职务 | 任职时间 | 姓名 | 职务 | 任职时间 | 姓名 | 任职时间 |
| 舜柯村 | 芮凤岐(副书记) | 2001.07~2001.11 | — | — | — | — | — | — | — | — |
| 舜柯村 | 陈　鹏(副书记) | 2001.07~2010.08 | — | — | — | — | — | — | — | — |
| 舜柯村 | 吴国清 | 2001.11~2007 | — | — | — | 吴国忠 | 副主任 | 2007.10~2009.03 | — | — |
| 舜柯村 | 缪正明 | 2007~2009.09 | 陈　鹏 | 主任 | 2009.03~2009.09 | — | — | — | 吴　芳 | 2009.03~2009.09 |
| 舜柯社区 | 缪正明 | 2009.10~ | 陈　鹏 | 主任 | 2009.10~ | 吴国忠 | 副主任 | 2009.03~2011.06 | 吴　芳 | 2009.10~ |
| 舜柯社区 | — | — | — | — | — | 杜国庆 | 副主任 | 2011.06~ | — | — |

# 第六节 洋溪社区

洋溪社区坐落于北纬31°36′，东经120°12′，位于钱桥街道中部北区，东与华新社区相连，南临洋溪河，西与藕乐苑社区和南塘社区相连，北与洛社镇张镇村和新开河村相邻。洋溪社区由原来的周家弄村和洋溪村于2001年8月合并设立洋溪村。2009年10月，挂村民委员会和居民委员会两块牌子。2013年8月撤村建社区，设立洋溪社区居民委员会，办公地点设在洋溪人家安置小区内。

图1—3—7　洋溪社区居民委员会(2015年)

2015年，洋溪社区下辖洋溪人家安置小区、洋溪公园城商住开发区以及黄东、黄西、时南、时北、薛东、薛西、江一、江二、江三、江四、北陈、东冯、官渎、王大河等14个居民小组，户籍居民1004户、3564人，常住人口5237人。辖区内总面积2.86平方公里，其中水旱田面积48公顷（绿地18.67公顷、蔬菜田15.33公顷、果树田14公顷），水面积21.47公顷，宅基地面积5.92公顷，其他用地210.61公顷。

## 一、建置沿革

宋至明万历年初，乡统都，都设图。洋溪地区属开原乡二十二都一图，（首字号）周公弄（周家弄）。清沿袭明制。

1949年4月23日无锡解放前夕，区域内行政管理体制实行乡、保、甲制。洋溪地区为无锡县新渎区溪北乡，乡长徐坤元。溪北乡下辖六个保，其中一保、二保、三保为现在的华新社区西片范围，四保和五保为原周家弄村范围。四保所辖自然村有庙前巷、周家弄、蔡巷、顾巷、时巷，保长蔡有成。五保所辖自然村有薛巷、江胜桥，保长孙朝根。老洋溪村东片范围为六保，所辖自然村有丁巷、单巷、俞巷、下渡、支婆浜，保长俞世荣。1950年7月，溪北乡更名为洋溪乡，乡长按任职先后分别为费悦新、丁国侃、王宝兴。老洋溪村西片的对桥、东马山、西马山、八间头、南陈、北陈、东冯、官渎、王大河等自然村于1950年土地改革时由新渎区藕塘乡划入老洋溪村。是年，原保的名称改为村名，管辖范围不变。四村村长蔡辛初，农委主任蔡荣根；五村村长堵保如，农会主任薛文荣；六村村长丁仁忠，农委主任杜阿大；七村村长陈云清，农委主任朱浩棠。土地改革完成后，丁焕生、徐荣泉、杜听泉、陆泉兴、陈云清、杜阿大、陈坤元等按照上级指示先后组织农民成立互助组。1954年6月，四村、五村在互助组的基础上成立5个初级社；六村、七村成立6个初级社。

1954 年洋溪乡第四村、五村 5 个初级社，六村、七村 6 个初级社一览表

表 1—3—41

| 初级社名称 | 社长 | 副社长 | 会计 | 初级社名称 | 社长 | 副社长 | 会计 |
|---|---|---|---|---|---|---|---|
| 时巷初级社 | 徐伯其 | 徐荣泉 | 徐海良 | 庙前、周家弄初级社 | 计金宝 | — | 胡仲兴 |
| 薛巷初级社 | 薛宜度 | — | 薛福根 | 蔡顾巷初级社 | 蔡辛初 | 顾根林 | 顾海清 |
| 江胜桥初级社 | 陆泉兴 | 杜听泉 | 杜伯清 | 官渎初级社 | 吕锡生 | 吕进生 | 吕荷英 |
| 俞巷、下渡初级社 | 陈坤元 | 王全生 | — | 南陈、对桥初级社 | 陆永法 | 陈锡南 | 缪阿仁 |
| 丁巷、大坝初级社 | 丁焕生 | 杜阿大 | 丁保林 | 东马山、西马山初级社 | 吴锡根 | 吴耀祥 | 吴耀年 |
| 单巷初级社 | 单叙生 | — | 单坤大 | — | — | — | — |

1956 年 4 月，六村、七村的 6 个初级社合并成立洋溪高级农业生产合作社，丁焕生任社长，杜阿大任副社长，丁保林任会计。是年 6 月，四村、五村的 5 个初级社合并成立黎明高级农业生产合作社，徐伯其任社长，陆泉兴、张彩娥、杜听泉任副社长，杜伯清任会计。

1958 年 10 月，钱桥人民公社成立，黎明高级社和洋溪高级社分别建置为黎明大队和洋溪大队，实行公社、大队、生产队三级所有制。1963 年，黄旗岸自然村从新丰大队划入黎明大队。

1982 年，黎明大队更名为周家弄大队。1983 年，周家弄、洋溪大队建置改为周家弄村、洋溪村。2001 年 8 月，洋溪村与周家弄村合并，成立新的洋溪村。

2008 年，西马山、八间头村民小组拆迁，所在地被纳入钱桥街道藕乐苑二期安置房建设用地。翌年，由于建设洋溪公园城需要，周家弄、庙前巷、蔡顾巷、丁巷、单巷、俞巷、对桥、支婆浜、下渡、东马山、南陈巷等自然村进行整体拆迁，范围为省道 S342 线以南，洋溪河以北，钱胡路以西，藕乐苑以东地区。地块以洋溪村的土地为主，并将原苏庙村鸭船浜的北片和东风村冯巷的一部分土地纳入开发区，总面积为 180 公顷。

2009 年 10 月，洋溪村留村建居，增挂洋溪社区居委会牌子。2013 年 8 月，洋溪村村民委员会撤销。

## 二、概况

民国时期，洋溪地区一穷二白，区域内百姓均以务农为生。农业落后，工业空白。新中国成立后，特别是 1978 年改革开放以后，区域内发生根本性的变化。农业由低产向高产过渡，由种植稻麦向种植经济作物过渡，由种植经济作物向建设工业园区过渡。工业从无到有，从小打小闹向规模经营发展，至 2011 年，洋溪社区第二、第三产业销售总额超过 15 亿元。社会事业由人民政府规划，得到长足的发展，农民变成居民、人人实行医保，平房变成楼房、再变成安置房，泥土路建成黑色马路。

### （一）农业

洋溪地区所在区域内河道、池塘密布，水源充足。历史上水稻灌溉主要以人力水车和牛力水车为主。20 世纪 40 年代区域内始有戽水机船，水稻育秧、种植时，大多采用人力水车和牛力水车取水，间有戽水机船抽水灌溉。50 年代初至 1958 年人民公社成立前，各自然村在河道旁高田处建立注水点，供水车和机船送水使用。

1957 年洋溪地区人力水车、牛力水车、机船戽水泵站分布表

表 1—3—42　　单位：台、个

| 自然村或机船供水点名称 | 人力水车 | 牛力水车 | 机船戽水泵站 | 自然村或机船供水点名称 | 人力水车 | 牛力水车 | 机船戽水泵站 |
|---|---|---|---|---|---|---|---|
| 黄旗岸 | — | 4 | 1 | 南坝 | — | — | 1 |
| 江胜桥 | 5 | — | — | 北坝 | — | — | 1 |
| 薛巷 | 1 | — | — | 下渡水 | — | — | 1 |
| 单巷 | 1 | — | — | 西洋叉口 | — | — | 1 |
| 俞巷 | 3 | 2 | — | 大洋叉口 | — | — | 1 |

续表 1—3—42　　　　单位：台、个

| 自然村或机船供水点名称 | 人力水车 | 牛力水车 | 机船戽水泵站 | 自然村或机船供水点名称 | 人力水车 | 牛力水车 | 机船戽水泵站 |
|---|---|---|---|---|---|---|---|
| 清上桥对面 | — | — | 1 | 八间头 | — | 1 | — |
| 九亩上 | — | — | 1 | 丁巷 | — | 1 | — |
| 大坝 | — | 1 | — | 木塘桥 | — | — | 1 |
| 支婆浜 | — | 1 | — | 河坝上 | — | — | 1 |
| 东马山 | 1 | — | — | 俞巷 | — | — | 1 |

1958年，钱桥人民公社成立，黎明、洋溪大队分别组织农民进行整田平地，开荒造田，兴修水利，逐步建立固定电力灌溉站，代替机船取水灌溉。黎明大队时巷、周家弄、庙前、薛巷及蔡顾巷由新丰大队单家坝电灌站灌溉。1968年，黎明、洋溪大队全部通电以后，耕地改区域供水为大队供水。新建或改建南坝、江胜桥、官渎、对桥、单巷等较大的电灌站，同时对一些送水困难，面积不足133334平方米的区域建设小电灌站，有黄旗岸、周家弄、蔡顾巷、北陈巷、东马山等小型电灌站。是年，黎明大队拥有第一台手扶拖拉机，减轻了农民农田作业的劳动强度。同年，黎明、洋溪大队全面种植双季稻，改一年两茬为一年三茬。1975年，区域内100%种植双季稻。

1981年下半年，黎明、洋溪大队进行体制改革，人分口粮地，劳分责任地，极大地调动农民的生产积极性。1983年开始，种植稻麦由一年三茬改为一年两茬，不再种植双季稻。1984年，周家弄、洋溪村首次出现粮食富足有余、农民卖粮难的问题。针对实际情况，区域内适量减少粮田种植面积。1985年，对低洼粮田首次进行产业结构调整，开挖鱼池养鱼，增加集体和农民的收入。1986年，周家弄、洋溪村分别首次购置中型拖拉机，从而提高农业生产效率。

1990年，两村又分别购进首台小麦收割机。1991年，两村工业得到大力发展，农村劳动力转移，有一部分承包田开始抛荒。为改善粮田抛荒情况，周家弄、洋溪村对土地进行二次分配，按人分口粮田，责任田则集中办农场。农民个人不再交公粮，上交公粮任务由集体农场完成。1999年，周家弄、洋溪村再一次进行农业产业结构调整，减少粮食作物种植面积，增加经济作物（林果、蔬菜等）种植面积，以增加农民收入。

2001年，洋溪村与周家弄村合并后，加快农业产业结构调整步伐，种植粮食作物的面积不断减少，新洋溪村各大小灌溉站逐步退出历史舞台。2007年，区域内粮食作物种植全部退出，所有粮田都种上经济作物。

2015年，洋溪社区由于城市化步伐在区域内快速推进，剩有水旱田48公顷，其中绿化田18.67公顷、蔬菜田15.33公顷、果树田14公顷。

（二）工业

1964年、1965年，洋溪人民为改善生活，增加收入，黎明、洋溪大队先后分别开办粮饲加工厂。1968年、1969年，黎明、洋溪两个大队分别开办黎明农机具修配厂、洋溪农机具修配厂。1970年，黎明大队开办窑厂。1976年，洋溪大队开办洋溪化纤机械配件厂和洋溪彩印厂。1977年，黎明大队开办黎明袜厂和黎明服装厂，洋溪大队开办洋溪针织厂。1978年，洋溪大队开办洋溪羊毛衫厂。

1980年，洋溪大队开办洋溪电镀厂。1981年，黎明大队开办黎明铆焊厂。1982年，洋溪大队先后开办洋溪礼帽厂、洋溪环保设备厂、洋溪纺织辅件厂。1984年，周家弄村相继开办黎明化油设备厂、黎明净化设备厂。1985年，洋溪村开办洋溪铆焊厂。1986年，洋溪村开办洋溪铸具厂。1988年，周家弄村开办钱桥染色助剂厂、沥青砖厂。1989年，周家弄村开办黎明橡塑制品厂。1991年，洋溪村开办洋溪焊管厂，周家弄村开办钱桥涂层胶厂。1992年，周家弄村开办电缆钢带厂、洋溪村开办洋溪托轨厂。1993年，周家弄村开办钱桥化工设备厂，洋溪村开办安达皮件五金有限公司。1994年，周家弄村开办钱桥涂层厂、特种密封件厂。1995年，洋溪村开办洋溪镁碳砖厂。1996年，洋溪村开办金光冷弯型钢厂。1997 年，周家弄村开办钱桥滤清器厂、万佳厨房设备厂。1999 年，洋溪村开办新盛纺织机械帘子布厂、洋光钢管型材有限公司、金禾冷弯型钢厂。由于市场因素、体制问题、管理水平等原因，有一部分企业相继转产、关闭或歇业。2000 年，周家弄村开办钱桥毛纺厂、钱桥华力紧固件厂，洋溪村开办织物浆料厂。

2001 年，周家弄、洋溪两村合并后，村委一班人在发展村办工业上下功夫、创路子，区域经济总量进入飞跃式发展。从 2001 年底的第二、第三产业年销售不足 1 亿元到 2011 年第二、第三产业年销售总额超过 15 亿元，企业登记总数达到 90 家。2013 年，洋溪社区规模以上企业 10 家，规模以下企业 71 家。

2013 年洋溪社区规模以上企业一览表

表 1—3—43　　单位：人、万元

| 单位名称 | 法定代表人 | 创办时间 | 主要产品 | 从业人数 | 主营业务收入 | 资产总计 |
|---|---|---|---|---|---|---|
| 无锡市江南船舶设备有限公司 | 蔡子清 | 1995.05 | 船舶机械设备制造 | 99 | 2183 | 4119 |
| 无锡市瑞达钢管有限公司 | 唐晓敏 | 2002.05 | 焊管制造加工 | 10 | 2262 | 2495 |
| 无锡华烨除锈涂装设备有限公司 | 刘　勇 | 2002.12 | 除锈设备制造 | 34 | 2663 | 2285 |
| 无锡大陆钢管有限公司 | 陆　沣 | 2003.09 | 焊管加工 | 65 | 15750 | 15262 |
| 无锡市豪盛焊管有限公司 | 高林云 | 2003.11 | 焊管制造 | 28 | 4512 | 2506 |
| 无锡市大洋玻璃装饰工程有限公司 | 盛耀忠 | 2004.10 | 玻璃制品制造 | 93 | 4380 | 4167 |
| 无锡华工薄板有限公司 | 张静霞 | 2005.04 | 冷轧带钢、薄板加工销售 | 75 | 12914 | 2506 |
| 无锡市华力薄板有限公司 | 王娟华 | 2005.04 | 精带带钢制造 | 82 | 11422 | 2248 |
| 无锡大地薄板有限公司 | 章　鹂 | 2005.05 | 焊管的制造加工 | 16 | 3050 | 1909 |
| 无锡方大钢管有限公司 | 支雪艳 | 2006.03 | 焊管的制造加工 | 41 | 3861 | 1667 |

2013 年洋溪社区规模以下企业一览表

表 1—3—44　　单位：人、万元

| 单位名称 | 法定代表人 | 创办时间 | 主要产品 | 人数 | 主营业务收入 | 营业税金 | 资产总计 |
|---|---|---|---|---|---|---|---|
| 无锡市荣兴加温设备厂 | 肖锦峰 | 1986.08 | 沥青加温制造 | 15 | 770 | 2.19 | 705 |
| 无锡市钱桥黎明橡塑制品厂 | 戴年文 | 1990.03 | 密封垫圈制造 | 5 | 100 | 0.95 | 133 |
| 无锡市钱桥振兴石化配件厂 | 孙振伟 | 1990.08 | 防腐垫圈制造 | 10 | 432 | 2.75 | 269 |
| 无锡安达皮件五金有限公司 | 洪进发 | 1993.01 | 皮件制造 | 55 | 595 | 4.95 | 1059 |
| 无锡市钱桥特种密封件厂 | 杜新海 | 1994.01 | 金属密封件制造 | 10 | 314 | 1.87 | 465 |
| 无锡市钱桥环保电镀设备厂 | 黄国兴 | 1996.05 | 环保设备制造 | 8 | 68 | 0.86 | 72 |
| 无锡市兴达化工机械设备厂 | 虞惠兴 | 1996.06 | 垫圈制造 | 5 | 87 | 0.13 | 190 |
| 无锡钱桥纺机设备有限公司 | 李祖浩 | 1997.07 | 纺机配件加工 | 50 | 1106 | 5.17 | 1256 |
| 无锡市钱桥万佳厨房设备厂 | 蒋建芳 | 1997.10 | 厨房设备制造 | 10 | 162 | 1.80 | 233 |
| 无锡市其欣冷弯型材厂 | 单　其 | 1998.02 | 冷弯型钢制造 | 5 | 39 | 0.15 | 33 |
| 无锡市金光冷弯型钢有限公司 | 俞震麒 | 1999.01 | 冷弯型钢 | 19 | 3488 | 15.29 | 2023 |
| 无锡市金禾冷弯型钢厂 | 郑　彪 | 1999.03 | 冷弯型钢制造 | 2 | 58 | 0.55 | 125 |
| 无锡市新盛纺织机械帘子布厂 | 单振新 | 1999.04 | 帘子布加工 | 7 | 229 | 0.88 | 317 |
| 无锡市洋光钢管型材有限公司 | 何云良 | 1999.06 | 焊管制造 | 14 | 734 | 3.07 | 1799 |
| 无锡市安佳精密焊管厂 | 冯治安 | 1999.10 | 焊管制造 | 5 | 92 | 0.25 | 229 |
| 无锡市锡宏机器有限公司 | 李祖源 | 2000.04 | 纺机配件加工 | 34 | 650 | 2.50 | 1004 |
| 无锡市益兴钢业有限公司 | 洑一彪 | 2000.05 | 钢结构件制造加工 | 9 | 329 | 12.45 | 124 |
| 无锡市亚明织物浆料厂 | 郭　鹏 | 2000.07 | 织物浆料制造 | 8 | 249 | 2.36 | 236 |
| 无锡华奕钢业有限公司 | 陈建忠 | 2000.08 | 钢结构件的制造加工 | 30 | 1665 | 11.07 | 2117 |
| 无锡万能胶粘剂有限公司 | 杜晓南 | 2000.08 | 粘合剂制造 | 25 | 1416 | 4.31 | 804 |
| 无锡市东大型钢彩板有限公司 | 陈向东 | 2000.09 | 型钢彩板制造 | 7 | 212 | 1.15 | 95 |
| 无锡亿臻机械有限公司 | 丁建春 | 2001.01 | 普通机械设备制造 | 22 | 425 | 3.12 | 728 |
| 无锡市大华精密陶瓷制造有限公司 | 吴建华 | 2001.06 | 精密陶瓷的制造 | 60 | 1322 | 11.60 | 1210 |
| 无锡市明星搪玻璃设备厂 | 陈文明 | 2002.04 | 搪玻璃设备制造 | 17 | 325 | 4.61 | 191 |

续表 1—3—44　　单位：人、万元

| 单位名称 | 法定代表人 | 创办时间 | 主要产品 | 人数 | 主营业务收入 | 营业税金 | 资产总计 |
|---|---|---|---|---|---|---|---|
| 无锡晓东机械有限公司 | 张国兴 | 2002.06 | 底版的制造 | 6 | 99 | 0.44 | 79 |
| 无锡市佳龙化工设备制造有限公司 | 陈伟琦 | 2002.11 | 反应锅制造 | 2 | 19 | 1.15 | 177 |
| 无锡市钱桥精细化工厂 | 朱俊元 | 2003.03 | 清洗剂制造 | 3 | 320 | 0.44 | 98 |
| 无锡和泰金属制品有限公司 | 杜晓南 | 2003.03 | 焊管的制造加工 | 5 | 35 | 4.40 | 1523 |
| 无锡市金球热处理厂 | 尤建清 | 2003.03 | 热处理加工 | 23 | 493 | 4.32 | 841 |
| 无锡市钱桥虞丰化工设备配件厂 | 虞国钧 | 2003.05 | 密封垫圈制造 | 5 | 257 | 2.09 | 129 |
| 无锡市顺安土工材料有限公司 | 陈月廷 | 2003.07 | 土工布制造 | 20 | 707 | 2.68 | 1921 |
| 无锡市永林化工设备配件厂 | 单宜南 | 2003.08 | 橡塑制品加工 | 5 | 209 | 1.00 | 188 |
| 无锡市俊科机械有限公司 | 张俊科 | 2003.09 | 纺机机械配件制造 | 7 | 191 | 1.05 | 345 |
| 无锡天阳焊管型材有限公司 | 吴晨阳 | 2004.03 | 焊管加工制造 | 7 | 1458 | 1.60 | 425 |
| 无锡志涛冷弯型钢有限公司 | 孙宋涛 | 2004.03 | 冷弯型钢制造 | 9 | 243 | 0.14 | 68 |
| 无锡市佳毅柜体有限公司 | 杨锡安 | 2004.05 | 高低压电器的生产销售 | 20 | 802 | 2.28 | 1483 |
| 无锡市英迪机械有限公司 | 濮剑锋 | 2004.05 | 金属机械加工 | 11 | 159 | 1.05 | 130 |
| 无锡市华戈电力电容器有限公司 | 戈长根 | 2004.05 | 电力电容加工 | 10 | 342 | 1.35 | 249 |
| 无锡市宁宁服饰厂 | 徐人庆 | 2004.06 | 服饰加工 | 15 | 702 | 3.58 | 422 |
| 无锡市钱桥江南机电辅件厂 | 徐锦昌 | 2004.09 | 绝缘无纬带制造 | 6 | 164 | 0.71 | 112 |
| 无锡市龙升印务有限公司 | 凌　平 | 2005.01 | 包装装潢印刷品的印刷 | 4 | 86 | 7.32 | 174 |
| 无锡市瑞宏冷轧带钢有限公司 | 唐晓敏 | 2005.04 | 冷轧带钢的制造销售 | 16 | 534 | 4.71 | 503 |
| 无锡蓝盈机械有限公司 | 陆月妹 | 2005.05 | 工程机械配件制造加工 | 18 | 610 | 4.96 | 884 |
| 无锡市鑫特化工设备有限公司 | 单锡兴 | 2005.05 | 化工设备的制造 | 6 | 135 | 0.57 | 234 |
| 无锡市旺盛热处理有限公司 | 李耀良 | 2005.07 | 热处理的加工 | 70 | 1116 | 5.80 | 2428 |
| 无锡市晓吉钢材制品有限公司 | 张晓冬 | 2005.08 | 黑色金属压延业 | 10 | 2059 | 3.88 | 397 |
| 无锡市伟博金属制品有限公司 | 杨晓忠 | 2006.03 | 焊管制造 | 14 | 2831 | 1.92 | 784 |
| 无锡胜前精密钢管有限公司 | 张玉龙 | 2006.03 | 焊管制造 | 13 | 628 | 1.40 | 139 |
| 无锡市壮大冷弯型钢有限公司 | 陆玉林 | 2006.04 | 冷弯型钢制造 | 5 | 244 | 0.70 | 56 |
| 无锡市中彦钢管有限公司 | 吕文兴 | 2006.05 | 焊管的制造 | 9 | 1085 | 1.21 | 242 |
| 无锡市振业合金包芯线厂 | 杨伟民 | 2006.07 | 合金包芯线制造 | 8 | 1612 | 1.82 | 1287 |
| 无锡市金熠钢管有限公司 | 周　峰 | 2006.08 | 焊管制造 | 10 | 238 | 0.98 | 289 |
| 无锡市晟业钢管有限公司 | 杨伟民 | 2006.09 | 焊管制造销售 | 12 | 1113 | 1.42 | 439 |
| 无锡大地冷拔异型钢管有限公司 | 陆文和 | 2007.01 | 冷拔管制造加工 | 19 | 3056 | 16.91 | 1269 |
| 无锡钜恒钢管有限公司 | 章鹏飞 | 2007.09 | 钢管加工 | 5 | 544 | 1.00 | 313 |
| 无锡市赢隆涂装净化设备厂 | 黄唯明 | 2007.09 | 净化设备材料制造 | 5 | 308 | 1.48 | 397 |
| 无锡市特峰精密钢管有限公司 | 管佩亚 | 2007.12 | 精密钢管加工 | 10 | 355 | 0.91 | 267 |
| 无锡市俊甫传动机械有限公司 | 张俊科 | 2008.03 | 齿轮 | 8 | 383 | 1.96 | 706 |
| 无锡金谱达热能设备有限公司 | 强晓华 | 2008.04 | 热能设备的制造销售 | 8 | 58 | 0.11 | 598 |
| 无锡市长江电力设施制造有限公司 | 杨明法 | 2008.11 | 电力设施制造 | 32 | 1335 | 6.60 | 3913 |
| 无锡市平新机械有限公司 | 郭耀新 | 2009.01 | 机械制造 | 3 | 85 | 1.24 | 133 |
| 无锡东舜机械有限公司 | 叶小玲 | 2009.01 | 机械制造 | 5 | 101 | 0.19 | 151 |
| 无锡市宝海机械有限公司 | 毛林海 | 2010.07 | 机械制造业 | 6 | 113 | 2.60 | 72 |
| 无锡市正特管业有限公司 | 龚钱伟 | 2011.06 | 钢管的加工 | 3 | 155 | 0.20 | 110 |
| 无锡市华锐气体设备有限公司 | 陆　敏 | 2011.06 | 空分设备的制造加工 | 20 | 1853 | 7.41 | 1115 |
| 无锡凯信染整机械制造有限公司 | 吴大发 | 2012.01 | 其他专用设备制造 | 20 | 840 | 0.72 | 490 |
| 无锡市双灵焊管有限公司 | 芮振兴 | 2012.07 | 焊管制造 | 7 | 337 | 1.04 | 153 |
| 无锡立迅电器有限公司 | 戴向东 | 2012.07 | 低压电器制造 | 5 | 23 | 0.06 | 54 |
| 无锡市南热冲压件有限公司 | 李耀良 | 2012.08 | 其他专用设备制造 | 70 | 2483 | 27.63 | 1602 |
| 无锡泰昌源钢管有限公司 | 温秋明 | 2013.01 | 制造业钢压延加工 | 9 | 2847 | 0.73 | 1046 |
| 无锡市方顺型钢有限公司 | 施江建 | 2013.04 | 钢材加工 | 20 | 315 | 0.00 | 778 |

2015 年，洋溪社区规模以上企业 13 家，规模以下企业 68 家，工业产值 8.6 亿元，三产服务业产值 1.1 亿元，农业总产值 5641 万元。

2005~2015 年洋溪（村）社区主要经济指标统计表

表 1—3—45　　单位：人、万元

| 年份 | 农业人口 | 工农业总产值 | 工业总产值 | 工业销售、主营业务收入 | 工业利税总额 | 工业增加值 | 工业固定资产原价 |
|---|---|---|---|---|---|---|---|
| 2005 | 2785 | 24549 | 23115 | 23087 | 1365 | 4523 | 5855 |
| 2006 | 2780 | 62239 | 60693 | 61076 | 2891 | 12310 | 15684 |
| 2007 | 2892 | 73670 | 72305 | 76344 | 3135 | 17170 | 18160 |
| 2008 | 2835 | 101128 | 99808 | 95485 | 2680 | 20719 | 19891 |
| 2009 | 2945 | 93253 | 91903 | 85566 | 2948 | 15825 | 22854 |
| 2010 | 3461 | 133587 | 131919 | 118274 | 5062 | 23602 | 26410 |
| 2011 | 851 | 143374 | 142025 | 137956 | 5091 | 29233 | 29489 |
| 2012 | 632 | 122926 | 113462 | 111360 | 3093 | 8202 | 30963 |
| 2013 | 632 | 121068 | 111194 | 112818 | 3839 | 9241 | 31848 |
| 2014 | 均为居民 | 117954 | 112722 | 111602 | 3651 | 9623 | 32437 |
| 2015 | | 91597 | 85956 | 86516 | 3637 | 9873 | 33322 |

### （三）社会事业

洋溪地区社会事业的发展经历一个阶梯式的发展过程。

1952 年，洋溪乡第四、五、六、七村为方便百姓生活，引进商业合作社，分别在周家弄自然村和单巷自然村开办合作商店，经营生活日用品，区域内农民在家门口就能买到生活必需品。1954 年 6 月大洪水后，洋溪人民在区、乡政府的领导和组织下，积极投入“五乡联圩”修筑圩堤的浩大工程。区域内从莫塘岸沿洋溪河到杨毛岸修筑圩岸长 2 公里，使古家岸、三八圩、莫塘岸、芦柴滩等低洼圩田及所在村庄不受洪涝灾害，在以后的 36 年时间里未曾受到洪水的较大危害。1969 年，黎明、洋溪大队分别建立农村卫生室，实行农村合作医疗制度，采取大队补贴一部分，百姓自己掏一部分，政府出资一部分的方式，使黎明、洋溪人民能够看得起病。

1972 年，钱桥公社在黎明大队黄旗岸与竞丰大队杜巷之间建造老洋溪大桥，在洋溪河上有了过往的通道。1974 年、1975 年，在山河重安排的思想指导下，黎明、洋溪大队在钱桥公社的统一安排下，从老洋溪桥开始，经过鸭船浜一直至老洋溪村的八间头，修通洋溪大道；从新丰大队毛村园开始一直到江胜桥，修通周家弄乡道；从老洋溪桥往北接通从江胜桥到五星大队杨思桥的道路（俗称睏来路）。同时，黎明、洋溪大队还在各自然村之间修筑 2~3 米宽的拖拉机路。1976 年，修通从鸭船浜开始到时巷的周家弄大道。1990 年，筑通洋溪下渡到藕塘东风梅巷的大道。1991 年，筑通时巷到溪北村戴巷的大道，同时筑通江胜桥到洛社镇青龙桥村木塔浜的大道。洋溪大道、周家弄大道、周家弄乡道等道路在修建初期都为碎石路。1990~1991 年，以上道路全部实现黑色化。1997 年，周家弄大道、周家弄乡道拓宽并建成水泥道路。1998 年，洋溪大道整体拓宽至 8 米，并建成水泥路面。至此，区域内彻底改变了道路差、出行难的情况。

2007~2011 年洋溪（村）社区获无锡市委、市政府荣誉表

表 1—3—46

| 获得时间 | 荣誉名称 | 颁发单位 |
|---|---|---|
| 2007.02 | 无锡市社会主义现代化新农村建设十佳土地股份合作社 | 中共无锡市委　无锡市人民政府 |
| 2011.02 | 无锡市社会主义现代化新农村建设示范村 | 中共无锡市委　无锡市人民政府 |
| 2011.02 | 2007~2009 年度无锡市文明村 | 中共无锡市委　无锡市人民政府 |

2013 年，周家弄乡道（时巷至江胜桥段）整体拓宽至 6 米，并黑色化。至 2015 年，洋溪社区境内已拆迁的 16 个村民小组的居民都已搬进宽敞、明亮、环境优美的安置房小区。保留的 14 个村民小组以自然村为单位都建有健身广场、宣传专栏。自然村内的生活垃圾定时收集。绿化遍及每个角落。同时，社区建有 250 平方米的综合服务大厅、180 平方米的老年活动室、50 平方米的农家书

屋、70 平方米的健身房、260 平方米的社区卫生服务中心、100 平方米的老党员活动中心、130 平方米的志愿者服务站以及 600 平方米的农贸市场。居民的生活环境和质量得到很大的改善和提高。

## 三、干部任职

洋溪社区由原老洋溪村和周家弄村合并而来。老洋溪（大队）村历任党支部书记 7 人，社长 1 人、副社长 1 人，大队长 4 人，革委会主任 2 人，村委主任 5 人、村委副主任 1 人，主办会计 8 人。周家弄（大队）村历任党支部书记 11 人，社长 1 人、副社长 3 人，大队长 5 人，革委会主任 3 人，村委主任 3 人，主办会计 5 人。洋溪（村）社区历任党（支部）总支书记 4 人、副书记 1 人，居委会主任 3 人、居委会副主任 1 人，主办会计 2 人、代理主办会计 2 人。2015 年，陈协连任党总支书记兼居委会主任，郭建鹏连任居委会副主任，蒋玲任主办会计。

1956~2001 年（黎明）周家弄（大队、高级社）村历届党支部（总支）、行政干部、主办会计任职表

表 1—3—47

| 建置名称 | 党支部（书记） | | 行政干部 | | | | | | 主办会计 | |
|---|---|---|---|---|---|---|---|---|---|---|
| | | | 正职 | | | 副职 | | | | |
| | 姓名 | 任职时间 | 姓名 | 职务 | 任职时间 | 姓名 | 职务 | 任职时间 | 姓名 | 任职时间 |
| 黎明高级社 | 计金宝 | 1956~1958 | 徐伯圻 | 社长 | 1956~1958 | 陆泉兴<br>张彩娥<br>杜听泉 | 副社长 | 1956~1958 | 杜伯清 | 1956~1958 |
| 黎明大队 | 潘群智 | 1958~1959.05 | 徐伯圻 | 大队长 | 1958~1961 | — | — | — | 徐海良 | 1958~1973 |
| | 蒋金祥 | 1959.05~1961 | 计伯南 | 大队长 | 1962~1966 | — | — | — | — | — |
| | 徐荣泉 | 1962 | 薛伯泉 | 大队长、革委会主任 | 1966~1975 | — | — | — | 查国兴 | 1974~1983.08 |
| | 潘士清 | 1963~1966.09 | 孙焕兴 | 大队长、革委会主任 | 1976~1979.3 | — | — | — | — | — |
| | 计伯南 | 1966.09~1970 | 何亦清 | 革委会主任、大队长 | 1979.03~1983.08 | — | — | — | — | — |
| | 潘士清 | 1970~1972 | — | — | — | — | — | — | — | — |
| | 徐荣泉 | 1972~1974 | — | — | — | — | — | — | — | — |
| | 胡根海 | 1974~1983.08 | — | — | — | — | — | — | — | — |
| 周家弄村 | 何亦清 | 1983.08~1987.12 | 查国兴 | 村主任 | 1983.08~1987.12 | — | — | — | 徐伯兴 | 1983.08~1995.02 |
| | 孙焕兴 | 1987.12~1992.02 | 何亦清 | 村主任 | 1987.12~1989.07 | — | — | — | 徐雪敏 | 1995.03~2001.08 |
| | 盛培清 | 1992.02~1995.02 | 潘凤祥 | 村主任 | 1989.08~2001.08 | — | — | — | — | — |
| | 胡银海 | 1995.03~2001.08 | — | — | — | — | — | — | — | — |

1956~2001 年洋溪（大队、高级社）村历届党支部（总支）、行政干部、主办会计任职表

表 1—3—48

| 建置名称 | 党支部（书记） | | 行政干部 | | | | | | 主办会计 | |
|---|---|---|---|---|---|---|---|---|---|---|
| | | | 正职 | | | 副职 | | | | |
| | 姓名 | 任职时间 | 姓名 | 职务 | 任职时间 | 姓名 | 职务 | 任职时间 | 姓名 | 任职时间 |
| 洋溪高级社 | 丁焕生 | 1956~1958 | 丁焕生 | 社长 | 1956~1958 | 杜阿大 | 副社长 | 1956~1958 | 丁保林 | 1956~1958 |

续表 1—3—48

| 建置名称 | 党支部（书记） | | 行政干部 | | | | | | 主办会计 | |
|---|---|---|---|---|---|---|---|---|---|---|
| | | | 正职 | | | 副职 | | | | |
| | 姓名 | 任职时间 | 姓名 | 职务 | 任职时间 | 姓名 | 职务 | 任职时间 | 姓名 | 任职时间 |
| 洋溪大队 | 丁焕生 | 1958~1960.04 | 杜阿大 | 大队长 | 1958~1963.05 | — | — | — | 丁保林 | 1958~1965.04 |
| | 吴瑞林 | 1960.04~1961.03 | — | — | — | — | — | — | — | — |
| | 丁焕生 | 1961.10~1965.04 | — | — | — | — | — | — | 郑月娣 | 1965.04~1971.09 |
| | 陈云清 | 1965.04~1973 | 陈云清 | 大队长 | 1963.05~1964 | — | — | — | 边惠珍 | 1971.09~1976.09 |
| | 郑煜清 | 1974~1980 | 丁保林 | 大队长、革委会主任 | 1965~1976.09 | — | — | — | 陈仁荣 | 1976.10~1981.04 |
| | 陈仁荣 | 1981.04~1983.03 | 陆其伦 | 大队长、革委会主任 | 1976.10~1983 | — | — | — | 陆建清 | 1981.04~1983 |
| 洋溪村 | 陈仁荣 | 1983.04~1988.01 | 陆其伦 | 村主任 | 1983~1985.12 | 陆建清 | 副主任 | 1983~1985.12 | 陆建清 | 1983~1984.04 |
| | — | — | 陆建清 | 村主任 | 1985.12~1988.01 | — | — | — | 单志良 | 1984.04~1988.01 |
| | 陆建清 | 1988.01~1996.04 | 单志良 | 村主任 | 1988.01~1991 | — | — | — | 支凤珠 | 1988.01~1997.08 |
| | 周群新 | 1996.04~2001.08 | 喻富生 | 村主任 | 1991~1998 | — | — | — | — | — |
| | — | — | 陈海圻 | 村主任 | 1999~2001.08 | — | — | — | 高娟新 | 1997.08~2001.08 |

2001~2015 年洋溪（村）社区历届党支部（总支）、行政干部、主办会计任职表

表 1—3—49

| 建置名称 | 党支部（书记） | | 行政干部 | | | | | | 主办会计 | |
|---|---|---|---|---|---|---|---|---|---|---|
| | | | 正职 | | | 副职 | | | | |
| | 姓名 | 任职时间 | 姓名 | 职务 | 任职时间 | 姓名 | 职务 | 任职时间 | 姓名 | 任职时间 |
| 洋溪村 | 李立初 | 2001.08~2001.12 | 陈海圻 | 主任 | 2001.08~2007.12 | — | — | — | 高娟新 | 2001.08~2009 |
| | 潘凤祥（副） | 2001.08~2009 | — | — | — | — | — | — | — | — |
| | 查海宏 | 2001.12~2007.12 | 潘凤祥 | 主任 | 2007.12~2009 | — | — | — | — | — |
| | 陈海圻 | 2007.12~2009 | — | — | — | — | — | — | — | — |
| 洋溪社区 | 陈海圻 | 2009~2013.07 | 潘凤祥 | 主任 | 2009~2013.10 | 郭建鹏 | 副主任 | 2013.10~ | 高娟新 | 2009~2012.03 |
| | 陈　协 | 2013.07~ | 陈　协 | 主任 | 2013.10~ | — | — | — | 陈向东（代） | 2012.03~2013.07 |
| | — | — | — | — | — | — | — | — | 蒋　玲（代） | 2013.07~2015.10 |
| | — | — | — | — | — | — | — | — | 蒋　玲 | 2015.10~ |

# 第七节 晓丰社区

晓丰社区位于北纬 31°37′7.3″，东经 120°14′8.2″，于 2009 年 10 月由晓星村、胜丰村两村合并而成，东邻无锡市北塘区会西社区，南靠江海西路（原国道 G312 线），西傍锡宜高速公路匝道口、洛社新城，北依西漳社区、京杭大运河。锡宜高速公路和省道 S342 线从社区中心东西贯穿而过，交通

便利，经济发达。

2015年，晓丰社区辖王一、王二、王三、庙东、庙西一、庙西二、宋巷、吴东、吴西、高一、高二、龙东、龙西、河东、河西、高田、朝南、时东、时西、时湾、邓东、邓西、前砖、中砖、砖东、砖西、花东、花中、西一、西二、花南、陆东、陆西、小陆34个村民小组和晓星苑、阳光2个居民小区。共有户籍户1091户，户籍常住人口3724人；外来户1142户，外来常住人口3885人。社区总面积2.92平方公里。

图1—3—8　晓丰社区居民委员会（2015年）

## 一、建置沿革

1949年10月，晓星地区属开原区万东乡管辖，东至今会西、山北、红光，南至山北，西至洋溪，北至塘河西漳。万东乡办公地点设在西漳街，乡长陈才兴，副乡长杨海度，指导员胡晨耕，财粮员邓茂良。1950年，晓星地区属藕塘区社冈乡管辖。是年，晓星地区建立四村、五村、六村3个村，分别是时巷、时湾、邓巷为社冈乡四村，砖场为社冈乡五村，大花岸、陆岸头为社冈乡六村。四村、五村、六村分别建立农会组织。胜丰地区属藕塘区西漳乡管辖，建立五村、六村、七村、八村4个村，分别是潘葑、张姆泾、龙亨沟为西漳乡五村，村长张兴泉、副村长邵全根，农会主任张凤根，农会副主任俞三本；孙巷、杨岸（今山北会西）为六村；王巷、庙头为七村，农会主任苏德均，农会副主任王永大；宋巷、吴巷、高石头为八村，村长李忠兴、副村长吴阿根，农会主任张永祥、副主任王根芳。

1953年，晓丰地区在以自然村落成立的互助组基础上开始发展成由几个自然村联办的初级农业生产合作社，取名为恒星初级社、晓星初级社。恒星初级社由时巷、时湾、邓巷、砖场4个自然村组成；晓星初级社由大花岸、陆岸头两个自然村组成。胜丰地区成立胜丰初级农业生产合作社。1956年，恒星、晓星两个初级社合并为高级社，取名为晓星高级农业生产合作社，胜丰初级社改设为胜丰高级农业生产合作社。

1958年，钱桥人民公社成立，晓星高级社改设为晓星大队，胜丰高级社改设为胜丰大队。晓星大队东至胜丰大队，南邻五星大队，西至新丰大队，北靠西漳大队。胜丰大队东邻山北会西大队，南靠江海西路威华大队、以杨思桥河为界，西邻西漳大队、晓星高田，北至京杭大运河。

1983年，晓星大队改设为晓星村民委员会，胜丰大队改设为胜丰村民委员会。2009年10月，晓星村与胜丰村合并，成立晓丰社区居民委员会。

## 二、概况

晓丰社区为原晓星村、胜丰村两村于2009年合并而来。晓丰社区在土地开发、养殖业、绿化、村办工业等方面具有自己的特色。

### （一）土地开发

20世纪60年代末70年代初，晓星大队全民总动员，对土地进行大规模开发。晓星社员以愚公移山的精神，挑平邓巷、时巷村的杨寿坟，时湾村的周唐坟、巧仙坟，砖场村的大家坟、西老虎坟等。特别是陆岸头一个特大坟墓，足有700平方米大，也被社员们用双肩挑平。挑平的小坟不计其数。同时开垦砖场村、陆岸头村的芦柴地，共开垦出粮田13.33公顷。同时，把原来高低不平、形状不规的土地进行整理，格田成方，为后来的电力灌溉、机耕打下坚实的基础。

胜丰大队挑平野大坟、大新坟、小新坟，填没“新鹤端”、“小元满塘”二个塘，全大队共开垦出土地20余公顷。1983年，胜丰村有耕地158.13公顷、晓星村有耕地97.6公顷。2005年，晓星村有耕地23.87公顷。2015年，晓丰社区总面积2.92平方公里，其中耕地41.94公顷。

### （二）养殖、蚕桑业

20世纪60年代中期，晓星、胜丰两个大队家家户户养猪，苗猪源自各生产队集体养的母猪产出。养猪既增加农户收入，又降低农业成本，改良土质。

60年代末，晓星大队在基本完成整田平地后，充分利用土地，调整产业结构。1973年，在羊角圩田发展蚕桑业，种植桑树2.33公顷。1979年，胜丰大队在野猫浜宋巷、吴巷低洼田开挖出第一只鱼塘，以后逐年开挖鱼塘，共开挖鱼塘面积32000平方米，发展水产业。80年代，在大花岸西南圩、七十圩圩田开发鱼池，共开挖鱼塘70000余平方米。1991年，建立农场11.34公顷。随着时代的快速发展，桑田与农场在1998年改作水稻田，鱼塘于2013年收塘。

**（三）绿化建设**

1987年，胜丰村在主要道路两侧种上杉木树，数年后树木成林，绿树成荫。20世纪90年代末，全村7个自然村、15个村民小组共建花坛500余个，面积40000平方米。村里建顺风苑公园10000平方米，建宋巷绿化示范园区3333.33平方米。锡宜高速、省道S342线穿越张姆泾、龙亨沟、高石头自然村，公路两旁树木茂盛，村庄在绿树丛中。2002年，晓星村在创建钱桥镇省级卫生村过程中，村前村后都建花坛，绿化面积为6680平方米。是年，砖场浜进行绿化改造，做管道回水，填没池塘，建成一个村中小公园。小公园中有凉亭、鹅卵石曲径小道，更有许多花草树木点缀，绿化面积1200多平方米。

2006年，建于陆岸头村的晓星工业园区绿化面积6012平方米。是年，建造晓星小区，小区内绿化面积3340平方米。2008年7月，在钱桥街道与村企业的鼎力支持下，在55位功德人士的慷慨捐资下，一个坐落于西漳河畔，南靠晓星大道，占地26000平方米的晓星公园平地崛起，总投资350多万元，为村民提供一个设施齐全的休闲、娱乐、健身场所。公园绿化面积12030平方米。

**（四）生活用水**

1978年，胜丰大队打深井，设泵取水。1979年，全大队农户吃上深井水。1988年，晓星村受益自来水户数774户、2322人（包括租住户）。1991年，全村家家户户通上自来水，村民用上安全的自来水。

**（五）人口**

2007年，晓星村户籍户664户、1990人；外来户722户，外来人口2080人。

胜丰村原为单一汉族聚集之地。高石头村张锦伦之妻梅桂琴由蒙古族婚嫁而来，女儿张丹妮随母亲为蒙古族；庙东村平东生之妻张爱仙由贵州土家族婚嫁而来。胜丰村在2008年统计，全村人口1835人，男性比例为48%，女性比例为52%。1~59岁人数为1257人、60~69岁人口为262人、70~79岁人口为252人、80~89岁人口为58人、90岁以上老人为6人，60岁以上人口占全村总人口的31.5%。2015年，晓丰社区户籍人口3724人。

**（六）晓星（大队）村工业**

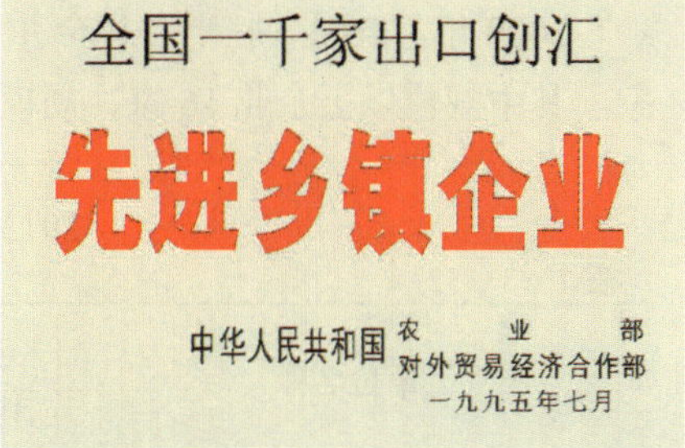

图1—3—9 1995年7月晓星村肠衣厂被农业部、对外贸易经济合作部评为全国一千家出口创汇先进乡镇企业

1967年，开办晓星五金厂，厂址在邓巷上，仅靠本村几个在外工作的工人指导起家。1968年，开办晓星柳条厂，厂址在将军浜。1975年在晓星五金厂的基础上开办晓星化工搪瓷厂，厂址在将军浜。1976年，开办砖瓦厂，生产砖瓦供全村农户建造房屋。1979年开办晓星水泥厂，1981年开办无锡县晓星化纤厂，1982年开办晓星标准件厂。1983年开办晓星日化厂，后更名为无锡美容品厂，厂址在砖场上。1984年开办钱桥螺丝商店、钱桥建材贸易栈。1986年开办晓星肠衣厂。1988年在晓星化工搪瓷厂的基础上开办无锡市化工设备厂、无锡县搪瓷玻璃设备厂、无锡市化工机械厂搪瓷分厂。同年开办晓星法兰厂。90年代初，晓星村成为全国搪瓷玻璃设备及配件的生产基地。1994年开办无锡县翔

盛化纤厂、晓星焊管厂。1995 年，晓星村肠衣厂获中华人民共和国农业部、中华人民共和国对外贸易经济合作部“全国一千家出口创汇先进乡镇企业”荣誉称号。

1965~2005 年晓星（大队）村经济情况选年统计表

表 1—3—50

| 项目 | 1965 年 | 1975 年 | 1985 年 | 1995 年 | 2005 年 |
|---|---|---|---|---|---|
| 农业总产值（万元） | 25 | 37 | 56 | 205 | 102 |
| 工业总产值（万元） | 3 | 61 | 106 | 5237 | 39726 |
| 第三产业总产值（万元） | 7 | 23 | 51 | 635 | 54176 |
| 纳税（万元） | 1 | 3 | 6 | 157 | 1461 |
| 务工人员（人） | 193 | 227 | 637 | 1077 | 921 |
| 务农人员（人） | 833 | 674 | 449 | 28 | 8 |
| 经商人员（人） | 16 | 21 | 28 | 35 | 175 |
| 从事其他工作人员（人） | 148 | 127 | 125 | 58 | 93 |
| 人均年收入（元） | 105 | 216 | 747 | 2675 | 7930 |

### （七）胜丰（大队）村工业

1965 年始，胜丰大队以三只烧砖瓦窑起家，走上大队办工业的道路。1970 年，在高石头关帝殿内开办五金厂，1972 年开办柳条加工厂，1976 年开办羊毛衫厂，1980 年开办染色厂，1985 年开办加弹厂和袜厂，1986 年开办钱桥锡胜毛纺厂，1987 年开办铸件厂，1988 年开办佳美染色厂，1989 年建造无锡市佳利恒毛纺厂，1990~1992 年先后建成染整一厂和二厂。1991 年，胜丰村获钱桥镇第一个亿元村的荣誉称号。其间，利用京杭大运河优势，在南岸张姆泾地段建办外贸仓库，面积 30000 平方米。1994 年发展开办中百仓库，面积 18000 平方米。

1965~2005 年胜丰（大队）村经济情况选年统计表

表 1—3—51

| 项目 | 1965 年 | 1975 年 | 1985 年 | 1995 年 | 2005 年 |
|---|---|---|---|---|---|
| 农业总产值（万元） | 22 | 32 | 53 | 83 | 375 |
| 工业总产值（万元） | 3 | 56 | 90 | 20039 | 69196 |
| 第三产业总产值（万元） | 6 | 18 | 52 | 238 | 12173 |
| 纳税（万元） | 1 | 2 | 5 | 133 | 2725 |
| 务工人员（人） | 169 | 168 | 260 | 1293 | 1470 |
| 务农人员（人） | 753 | 543 | 431 | 38 | 12 |
| 经商人员（人） | 15 | 17 | 17 | 19 | 42 |
| 从事其他工作人员（人） | 132 | 113 | 85 | 63 | 71 |
| 人均年收入（元） | 103 | 214 | 780 | 2807 | 8050 |

### （八）晓丰（村）社区工业

2009 年，晓星、胜丰两村合并后，社区工业进一步得到发展。2013 年，晓丰社区共有企业 139 家，其中规模以上企业 16 家、规模以下企业 123 家。

2013 年晓丰社区规模以上企业一览表

表 1—3—52 单位：人、万元

| 单位名称 | 法定代表人 | 创办时间 | 主要产品 | 从业人数 | 主营业务收入 | 资产总计 |
|---|---|---|---|---|---|---|
| 无锡市翔盛化纤厂 | 陆德祥 | 1997.04 | 化纤制造 | 47 | 4580 | 2255 |
| 无锡市锡丰钢管厂 | 缪晓东 | 1997.10 | 钢管、冷弯型钢的制造 | 17 | 2595 | 641 |
| 无锡舜特精密合金板带有限公司 | 李　纲 | 2001.02 | 精密合金板带的制造 | 205 | 20834 | 14748 |
| 无锡新世纪钢管有限公司 | 唐鸿力 | 2002.06 | 焊管制造 | 30 | 3377 | 638 |
| 无锡市友联铝业有限公司 | 宋玉伦 | 2002.10 | 铝型材制造 | 31 | 3612 | 770 |

续表 1—3—52　　单位：人、万元

| 单位名称 | 法定代表人 | 创办时间 | 主要产品 | 从业人数 | 主营业务收入 | 资产总计 |
|---|---|---|---|---|---|---|
| 无锡市银天化工设备有限公司 | 张祝慧 | 2003.01 | 化工机械设备制造 | 67 | 1706 | 3003 |
| 无锡市沪锡混凝土制品有限公司 | 王　荣 | 2003.01 | 混凝土生产 | 70 | 4590 | 6797 |
| 无锡苏嘉创奇冷轧带钢有限公司 | 龚海涛 | 2003.07 | 冷轧带钢生产 | 65 | 2896 | 6223 |
| 无锡华兰钢带有限公司 | 须澎飞 | 2004.06 | 钢带的制造 | 40 | 3457 | 854 |
| 无锡天驰钢带有限公司 | 朱　军 | 2004.11 | 扁钢制造 | 45 | 3998 | 1745 |
| 无锡市源泉焊管型钢有限公司 | 周道琦 | 2005.01 | 焊管型钢制造加工 | 18 | 2909 | 993 |
| 无锡市盈丰精密钢管有限公司 | 时正贤 | 2006.03 | 焊管制造 | 11 | 1551 | 465 |
| 无锡市顺洋钢管有限公司 | 支其明 | 2006.07 | 热轧无缝钢管制造加工 | 130 | 13640 | 3193 |
| 无锡锦上钢管有限公司 | 姚国锦 | 2007.07 | 方管制造 | 18 | 3596 | 1031 |
| 无锡嘉德庆焊管有限公司 | 潘红夏 | 2009.03 | 焊管制造 | 20 | 3219 | 837 |
| 无锡恒菱电梯装饰有限公司 | 顾霞英 | 2009.04 | 升降机专用配套件生产 | 165 | 6429 | 2812 |

## 2013 年晓丰社区规模以下企业一览表

表 1—3—53　　单位：人、万元

| 单位名称 | 法定代表人 | 创办时间 | 主要产品 | 从业人数 | 主营业务收入 | 营业税金 | 资产总计 |
|---|---|---|---|---|---|---|---|
| 无锡钟铝有色金属管有限公司 | 周志军 | 1992.12 | 铝合金气缸管油缸缸筒的生产加工 | 15 | 191 | 0.32 | 2761 |
| 无锡市华新玻璃机械有限公司 | 钱慕林 | 1993.08 | 玻璃机械制造 | 15 | 176 | 2.36 | 325 |
| 无锡市昶业石化工程设备专件厂 | 宣育熙 | 1994.05 | 通用零部件五金制品的制造 | 5 | 385 | 0.85 | 28 |
| 无锡市钱桥光明纺织机械有限公司 | 吴锦新 | 1995.03 | 纺织专用设备制造 | 8 | 72 | 0.46 | 113 |
| 无锡市顺宇带材有限公司 | 毛行庭 | 1997.01 | 优特焊管平板加工 | 28 | 2598 | 1.89 | 1333 |
| 无锡市钱桥佳美染色有限公司 | 张瑞申 | 1997.01 | 纺织品的染色 | 40 | 1019 | 6.41 | 1307 |
| 无锡市锡胜毛纺有限公司 | 李永昌 | 1997.04 | 腈纶全毛针织绒制造 | 35 | 1475 | 3.67 | 1121 |
| 无锡钱桥金属焊管有限公司 | 王泓坚 | 1998.05 | 金属焊管制造 | 11 | 1046 | 1.64 | 1018 |
| 无锡市惠山搪玻璃设备厂 | 胡耀妹 | 1998.08 | 搪玻璃的制造 | 7 | 36 | 0.93 | 175 |
| 无锡市苏嘉达岭装饰包装有限公司 | 葛达林 | 1998.09 | 包装制品的制造加工 | 30 | 984 | 6.80 | 1397 |
| 无锡市永盛标准件有限公司 | 时焕明 | 1999.06 | 标准件制造加工 | 9 | 409 | 1.21 | 434 |
| 无锡市晓星焊管厂 | 王爱忠 | 1999.07 | 焊管制造 | 10 | 1969 | 2.39 | 1234 |
| 无锡市协力环形件有限公司 | 王新华 | 1999.09 | 法兰制造 | 20 | 563 | 6.57 | 741 |
| 无锡市利丰焊管有限公司 | 葛耀康 | 2000.02 | 焊管制造 | 15 | 898 | 7.09 | 557 |
| 无锡市德润制衣有限公司 | 陈　刚 | 2000.04 | 服装鞋帽的制造 | 28 | 601 | 3.56 | 337 |
| 无锡市特丰焊管有限公司 | 周建明 | 2000.11 | 焊管制造 | 10 | 736 | 0.94 | 1132 |
| 无锡晶达钢管有限公司 | 毛冠松 | 2001.02 | 焊管制造 | 3 | 93 | 0.45 | 262 |
| 无锡市金鹏环境工程有限公司 | 王百南 | 2001.04 | 环保设备制造 | 25 | 1168 | 7.87 | 2682 |
| 无锡市鑫鼎模具有限公司 | 王金高 | 2001.06 | 模具制造 | 20 | 420 | 1.92 | 346 |
| 无锡市龙之杰织物整理有限公司 | 王保良 | 2002.03 | 纺织品后整理销售 | 10 | 539 | 2.27 | 156 |
| 无锡市华奥焊管有限公司 | 唐伟华 | 2002.04 | 焊管生产加工制造 | 10 | 740 | 0.78 | 378 |
| 无锡市源达毛纺有限公司 | 陈向东 | 2002.04 | 毛纺织的制造 | 10 | 599 | 1.26 | 524 |
| 无锡胜鑫涂层有限公司 | 吴益民 | 2002.04 | 织物涂层生产 | 8 | 220 | 0.44 | 268 |
| 无锡市方舟船用电器有限公司 | 过　伟 | 2002.04 | 船用控制器、交直流船用磁力启动器的制造 | 32 | 206 | 4.08 | 602 |
| 无锡市盛杰暖通管业有限公司 | 孙伟杰 | 2002.07 | 焊管的制造 | 8 | 921 | 1.10 | 386 |
| 无锡市宏润纺织有限公司 | 王彬昌 | 2002.08 | 针纺织品加工 | 6 | 39 | 0.02 | 46 |
| 无锡市钱桥锡荣紧固件厂 | 梅锡荣 | 2003.01 | 紧固件的制造加工 | 9 | 350 | 4.01 | 250 |
| 无锡市三星型钢标准件厂 | 周盘本 | 2003.01 | 五金标准件的制造加工 | 9 | 307 | 3.46 | 192 |
| 无锡市华仁冷弯型钢有限公司 | 唐仁安 | 2003.02 | 冷弯型钢制造 | 5 | 415 | 1.26 | 360 |
| 无锡市顺鑫冷弯型钢厂 | 唐国平 | 2003.03 | 冷弯型钢制造 | 8 | 830 | 1.57 | 543 |
| 无锡市开拓冷轧有限公司 | 张燕芳 | 2003.03 | 带钢冷轧加工 | 28 | 575 | 2.43 | 355 |
| 无锡胜丰羊毛衫厂 | 张瑞康 | 2003.03 | 羊毛衫制造加工 | 12 | 447 | 0.81 | 453 |

续表 1—3—53　　单位：人、万元

| 单位名称 | 法定代表人 | 创办时间 | 主要产品 | 从业人数 | 主营业务收入 | 营业税金 | 资产总计 |
|---|---|---|---|---|---|---|---|
| 无锡市荔斌机械配件厂 | 王如娣 | 2003.03 | 非标金属结构件加工 | 10 | 355 | 0.95 | 771 |
| 无锡市锡栋合成材料厂 | 王惠南 | 2003.03 | 聚丙稀酸脂织物涂剂的制造 | 4 | 53 | 0.96 | 109 |
| 无锡市晓星化工设备厂 | 时建华 | 2003.03 | 冷弯型钢加工 | 4 | 29 | 0.22 | 63 |
| 无锡市二泉植绒材料厂 | 陈　刚 | 2003.04 | 绒毛的染色加工 | 9 | 877 | 1.00 | 421 |
| 无锡市可乐印刷厂 | 徐保卫 | 2003.04 | 装潢印刷 | 16 | 760 | 3.02 | 471 |
| 无锡市佳利恒毛纺厂 | 王宝明 | 2003.04 | 毛纺织的制造 | 18 | 468 | 1.99 | 322 |
| 无锡市龙腾包装材料厂 | 王寿龙 | 2003.04 | 纸箱木箱木托的加工 | 12 | 350 | 0.57 | 170 |
| 无锡市晓星标准件厂 | 周洪国 | 2003.04 | 五金标准件的制造 | 9 | 304 | 2.35 | 133 |
| 无锡市嘉联橡塑制品厂 | 黄亚萍 | 2003.04 | 橡塑制品的制造 | 5 | 216 | 0.21 | 145 |
| 无锡市飞龙钢管有限公司 | 张晓飞 | 2003.06 | 焊管制造 | 6 | 463 | 0.50 | 164 |
| 无锡市鼎天冷轧带材有限公司 | 唐小明 | 2003.07 | 带钢制造 | 58 | 1222 | 11.26 | 1291 |
| 无锡市申力焊管有限公司 | 孙建巩 | 2003.08 | 焊管制造 | 10 | 2309 | 9.48 | 529 |
| 无锡市华丽达纺织涂层厂 | 李建善 | 2003.08 | 纺织品织物涂层 | 5 | 82 | 0.39 | 112 |
| 无锡市顺达炉辅材料厂 | 邓仁清 | 2003.12 | 耐火温材料的制造加工 | 16 | 185 | 0.52 | 412 |
| 无锡市海通焊管型钢有限公司 | 周志峰 | 2004.02 | 焊管型钢制造 | 10 | 419 | 0.44 | 473 |
| 无锡市华昊热能设备有限公司 | 周伟强 | 2004.03 | 传热元件制造 | 18 | 2029 | 5.13 | 587 |
| 无锡市华洋钢管有限公司 | 严俊彦 | 2004.03 | 焊管制造 | 20 | 1940 | 2.62 | 485 |
| 无锡市华吉型钢制品有限公司 | 石宗华 | 2004.03 | 型钢制造 | 20 | 1784 | 2.37 | 498 |
| 无锡市宝裕型钢有限公司 | 唐晓江 | 2004.03 | 型钢制造 | 13 | 957 | 1.41 | 315 |
| 无锡市华诚冷弯型钢厂 | 唐建华 | 2004.04 | 冷弯型钢的制造 | 8 | 510 | 1.59 | 126 |
| 无锡市东晶高分子橡塑制品厂 | 周明芳 | 2004.06 | 密封条的制造销售 | 5 | 77 | 0.41 | 158 |
| 无锡义宝模具制造有限公司 | 韩义宝 | 2004.08 | 模具制造 | 5 | 178 | 2.72 | 62 |
| 无锡市智圣液压科技有限公司 | 唐建忠 | 2004.09 | 活塞杆的制造加工 | 13 | 645 | 2.03 | 297 |
| 无锡市云伟轻型焊管厂 | 秦云江 | 2004.11 | 高频焊管制造 | 11 | 809 | 1.25 | 294 |
| 无锡品质圆精密钢管有限公司 | 俞明秋 | 2005.01 | 焊管制造 | 11 | 1886 | 2.40 | 649 |
| 无锡市荣丰焊管有限公司 | 黄国荣 | 2005.03 | 焊管、冷弯型钢制造加工 | 8 | 773 | 0.66 | 195 |
| 无锡市盛通纺织品涂层有限公司 | 张　立 | 2005.03 | 涂层加工 | 15 | 695 | 5.52 | 320 |
| 无锡市良丰金属制品有限公司 | 顾建芬 | 2005.03 | 焊管型钢制造加工 | 8 | 280 | 0.52 | 223 |
| 无锡奔翔钢管有限公司 | 唐奇新 | 2005.04 | 焊管加工 | 8 | 444 | 1.39 | 624 |
| 无锡市大润机械有限公司 | 周　峰 | 2005.04 | 普通机械及配件、模具制造 | 10 | 203 | 2.26 | 254 |
| 无锡昌华焊管有限公司 | 张　华 | 2005.05 | 焊管的制造加工 | 10 | 1327 | 4.17 | 387 |
| 无锡市钱桥东金型钢厂 | 缪培坤 | 2005.05 | 冷弯型钢制造 | 8 | 93 | 0.00 | 111 |
| 无锡市钱桥晓星化工助剂厂 | 时学良 | 2005.07 | 含糖棉可纺性改良剂、金属表面处理剂的制造 | 5 | 115 | 1.19 | 65 |
| 无锡市双诚冷弯型钢有限公司 | 时少伟 | 2005.07 | 冷弯型钢制造 | 3 | 101 | 1.15 | 49 |
| 无锡市宝裕炉业有限公司 | 戴永新 | 2005.08 | 炉窑的制造 | 13 | 223 | 1.22 | 219 |
| 无锡中金服装有限公司 | 宇仁菅正 | 2006.01 | 服装制造加工 | 110 | 1287 | 10.90 | 358 |
| 无锡市宏浩电器设备有限公司 | 吴奇清 | 2006.02 | 冷轧钢管的制造 | 5 | 151 | 0.04 | 227 |
| 无锡市盈丰精密钢管有限公司 | 时正贤 | 2006.03 | 焊管制造 | 11 | 1551 | 3.03 | 465 |
| 无锡同安燃气设备有限公司 | 徐锦国 | 2006.03 | 燃气调压设备制造 | 19 | 920 | 4.89 | 597 |
| 无锡华裕钢管有限公司 | 时伟华 | 2006.06 | 焊管制造 | 10 | 1050 | 1.47 | 192 |
| 无锡市晨弛焊管有限公司 | 张　怡 | 2006.08 | 焊管制造加工 | 8 | 729 | 0.69 | 331 |
| 无锡市尚达机械有限公司 | 顾孝庆 | 2006.08 | 机械零部件加工 | 7 | 113 | 1.08 | 146 |
| 无锡市群源机械有限公司 | 袁丹霞 | 2006.10 | 五金加工 | 14 | 505 | 1.98 | 352 |
| 无锡市金汇涂层厂 | 蒋秋祥 | 2006.11 | 纺织品加工销售 | 11 | 514 | 0.68 | 504 |
| 无锡市锦德精密机械有限公司 | 王德新 | 2007.01 | 纺织电子产品制造 | 3 | 161 | 0.50 | 278 |
| 无锡市汇亿焊管有限公司 | 夏菁忆 | 2007.02 | 焊管制造加工 | 5 | 50 | 0.11 | 198 |
| 无锡市兴盛印刷材料厂 | 王晨风 | 2007.03 | 调墨油封面油制造 | 16 | 1830 | 15.23 | 816 |
| 无锡市唐堂一纳金属制品有限公司 | 唐锡锋 | 2007.06 | 冷弯型钢制造加工 | 7 | 316 | 0.41 | 151 |
| 无锡市钱桥伟丰焊管型钢厂 | 沈志伟 | 2007.07 | 焊管冷弯型钢制造 | 8 | 463 | 0.62 | 508 |

续表 1—3—53　　单位：人、万元

| 单位名称 | 法定代表人 | 创办时间 | 主要产品 | 从业人数 | 主营业务收入 | 营业税金 | 资产总计 |
|---|---|---|---|---|---|---|---|
| 无锡万润钢管有限公司 | 刘建勇 | 2007.11 | 焊管制造 | 8 | 1220 | 2.02 | 348 |
| 无锡市天皓防腐设备有限公司 | 龚锡伟 | 2008.01 | 防腐设备的制造 | 7 | 242 | 1.23 | 102 |
| 无锡钱桥网球厂 | 张敏峰 | 2008.03 | 网球橡塑制造 | 5 | 103 | 1.08 | 149 |
| 无锡金谱达热能设备有限公司 | 强晓华 | 2008.04 | 热能设备的制造销售 | 8 | 58 | 0.11 | 598 |
| 无锡英威伦电气有限公司 | 徐维明 | 2008.05 | 高低压电气仪表的制造 | 52 | 1640 | 7.68 | 1613 |
| 无锡市浚元动力机械有限公司 | 时炳学 | 2008.05 | 动力机械及配件的制造 | 12 | 406 | 0.36 | 373 |
| 无锡市申云机械有限责任公司 | 田　芸 | 2008.06 | 普通机械加工 | 17 | 202 | 0.93 | 288 |
| 无锡市国祥塑料制品有限公司 | 苏国行 | 2008.09 | 其他塑料制品制造 | 3 | 94 | 0.97 | 73 |
| 江苏长运精密机械板带有限公司 | 张梅珠 | 2009.02 | 铝板带、其他金属板带的精密加工、销售 | 6 | 157 | 0.05 | 692 |
| 无锡普瑞明思机械制造有限公司 | 夏旭东 | 2009.03 | 金属切割及焊接设备制造 | 13 | 792 | 8.14 | 533 |
| 无锡市金力和金属制品有限公司 | 顾文晓 | 2009.04 | 焊管制造 | 10 | 806 | 3.14 | 480 |
| 无锡莱斯帝汽车焊装设备有限公司 | 陈长钦 | 2009.06 | 汽车设备配件制造 | 43 | 724 | 5.59 | 170 |
| 无锡市明固焊管有限公司 | 邓向明 | 2009.07 | 焊管制造 | 10 | 1223 | 1.47 | 482 |
| 无锡市锦辰有色金属管有限公司 | 倪钟华 | 2009.07 | 铝合金气缸及油缸缸管的制造 | 5 | 91 | 1.37 | 554 |
| 无锡市凯博勒建材有限公司 | 郭耀新 | 2009.09 | 人造石的制造 | 5 | 138 | 0.18 | 309 |
| 金源泰机电无锡有限公司 | 孙祖靖 | 2009.12 | 机电设备制造 | 10 | 272 | 0.00 | 530 |
| 无锡卓锐电机制造有限公司 | 周　纲 | 2009.12 | 普通机械、电机配件的加工 | 8 | 193 | 0.60 | 175 |
| 无锡市强毅机械有限公司 | 陆琴珍 | 2009.12 | 普通机械制造 | 8 | 149 | 0.52 | 659 |
| 无锡洛迪机械制造有限公司 | 孙建国 | 2009.12 | 纺织机械配件制造 | 9 | 86 | 0.82 | 79 |
| 无锡市方源钢管有限公司 | 殷惠忠 | 2010.01 | 焊管的制造 | 24 | 1336 | 5.29 | 661 |
| 无锡市山木机械有限公司 | 闻祥生 | 2010.01 | 五金机械制造 | 2 | 150 | 1.32 | 378 |
| 无锡晓丰焊管型钢有限公司 | 刘振伟 | 2010.02 | 焊管制造 | 12 | 944 | 2.17 | 367 |
| 无锡豪润金属制品有限公司 | 杨佩珠 | 2010.03 | 金属结构制造 | 8 | 286 | 2.36 | 145 |
| 无锡市明谊管业有限公司 | 张　明 | 2010.03 | 焊管冷弯型钢制造 | 10 | 881 | 1.23 | 284 |
| 无锡市奎恩机械有限公司 | 孙虚之 | 2010.05 | 机械零部件生产机械制造 | 4 | 52 | 0.15 | 97 |
| 无锡旭丰节能设备有限公司 | 时万忠 | 2010.08 | 其他输配电及控制设备制造 | 5 | 81 | 0.19 | 84 |
| 无锡市圆生源钢管有限公司 | 唐嘉杰 | 2010.10 | 焊管的制造加工 | 10 | 1376 | 2.19 | 631 |
| 无锡昊豪型钢有限公司 | 时明华 | 2010.12 | 型钢制造 | 5 | 403 | 0.15 | 177 |
| 无锡丰骏机械有限公司 | 谢千里 | 2010.12 | 普通机械及配件、模具的制造、加工 | 12 | 206 | 2.36 | 97 |
| 无锡市万佳焊管制造厂 | 陶炳祖 | 2011.04 | 焊管的制造 | 5 | 480 | 0.92 | 203 |
| 无锡市新胜丰精密机械制造有限公司 | 张云峰 | 2011.04 | 金属加工机械制造 | 9 | 153 | 1.32 | 249 |
| 无锡市梓宏金属制品有限公司 | 丁　涛 | 2011.10 | 金属制品的制造 | 4 | 1055 | 2.41 | 215 |
| 无锡阜泰电机有限公司 | 冯鹤群 | 2011.12 | 电机制造 | 8 | 142 | 0.18 | 327 |
| 无锡市兆成表面热处理有限公司 | 刘兆成 | 2012.01 | 金属表面处理及热处理加工 | 4 | 92 | 0.65 | 85 |
| 无锡市正冠机械厂 | 朱正才 | 2012.02 | 普通机械加工 | 7 | 81 | 0.25 | 143 |
| 无锡上然能源设备有限公司 | 周海洋 | 2012.04 | 燃气调压箱的制造 | 3 | 95 | 0.48 | 122 |
| 无锡市锦裕春电器有限公司 | 杨爱萍 | 2012.05 | 金属制品加工 | 28 | 671 | 1.62 | 430 |
| 无锡市春天建筑机械厂 | 缪春暖 | 2012.05 | 泵管制造 | 2 | 91 | 0.49 | 101 |
| 无锡金丛飞型钢有限公司 | 曹向红 | 2012.07 | 钢压延加工 | 5 | 396 | 0.65 | 268 |
| 无锡克雷德气体设备有限公司 | 吕嘉宇 | 2013.01 | 其他专用设备制造 | 8 | 401 | 1.14 | 170 |
| 无锡市世奇钢管有限公司 | 崔义龙 | 2013.02 | 钢压延加工 | 8 | 361 | 0.00 | 95 |
| 无锡顺烽管业有限公司 | 秦　波 | 2013.08 | 焊管加工 | 9 | 207 | 0.21 | 500 |

2014 年，晓丰社区拥有各类企业 163 家，其中规模以上企业 14 家、规模以下企业 124 家，三产服务业 25 家。产业结构形成以冶金带钢加工销售、仓储物流、纺织涂层等多元化格局。是年完成经济总量 19.9 亿元，其中工业开票销售收入 12.1 亿元、三产服务业营业收入 4.29 亿元，国民生产总值 3.51 亿元。同年，社区可支配收入突破 1400 万元，村民平均收入增幅 11%以上，全社会投资

超5500万元。2015年，晓丰社区规模以上企业13家、规模以下企业117家，工业总产值10.05亿元，三产服务业产值3.87亿元。

**2005~2015年胜丰、晓星村，晓丰社区主要经济指标统计表**

表1—3—54　　单位：人、万元

| 年份 | 村、社区名 | 农业人口 | 工农业总产值 | 工业总产值 | 工业销售、主营业务收入 | 工业利税总额 | 工业增加值 | 工业固定资产原价 |
|---|---|---|---|---|---|---|---|---|
| 2005 | 胜丰 | 1769 | 69571 | 69196 | 65793 | 2725 | 9833 | 13822 |
| | 晓星 | 1692 | 40308 | 39726 | 38909 | 1701 | 7852 | 5757 |
| 2006 | 胜丰 | 1826 | 70935 | 56269 | 75907 | 3350 | 15445 | 19258 |
| | 晓星 | 1832 | 56742 | 70629 | 56822 | 2892 | 11939 | 8932 |
| 2007 | 胜丰 | 1826 | 90880 | 90520 | 90854 | 2740 | 12940 | 19392 |
| | 晓星 | 2016 | 62356 | 61801 | 58933 | 3430 | 13575 | 10434 |
| 2008 | 胜丰 | 1831 | 120311 | 119681 | 130376 | 3040 | 18240 | 20272 |
| | 晓星 | 2016 | 83950 | 83600 | 75925 | 3752 | 15032 | 11858 |
| 2009 | 晓丰 | 3895 | 158593 | 157413 | 154515 | 11854 | 27854 | 34820 |
| 2010 | | 9499 | 205467 | 204012 | 201785 | 11559 | 37104 | 39043 |
| 2011 | | 均为居民 | 221684 | 220481 | 217689 | 12470 | 40028 | 42192 |
| 2012 | | | 191134 | 191001 | 187670 | 10750 | 34508 | 43022 |
| 2013 | | | 182669 | 182355 | 180558 | 10400 | 33200 | 43118 |
| 2014 | | | 123377 | 118767 | 121028 | 6934 | 22254 | 44013 |
| 2015 | | | 105324 | 100484 | 104494 | 6223 | 18109 | 45268 |

### （九）为民办实事

胜丰、晓星两村合并后，晓丰社区居民委员会切实为民办实事。2010年8月，规范、统一原两村企业的土地、厂房、电力等各项租金的收费标准，增加年租金70余万元。是年12月，为提高社区居民福利待遇，每年统一发放老年人补贴，老年人过节费等各类补贴146万余元。同时投入12万余元资金为社区60周岁老人购买意外保险和社区居民“小额人身保险”。2012年，组建成立新的股份合作社，设置股本金2880万元，享受股本金人数达5264人，股金分红80余万元。

**1991~2012年晓星、胜丰村，晓丰（村）社区获得无锡市委、市政府，省级条线以上荣誉表**

表1—3—55

| 获奖时间 | 荣誉名称 | 颁发单位 |
|---|---|---|
| 1991.11 | 工业明星村 | 无锡市人民政府 |
| 1993.02 | 工业明星村 | 无锡市人民政府 |
| 1995.07 | 全国一千家出口创汇先进乡镇企业 | 中华人民共和国农业部<br>中华人民共和国对外贸易经济合作部 |
| 1999.03 | 无锡市工业明星村 | 中共无锡市委 无锡市人民政府 |
| 2005.12 | 江苏省老年人“走向十运”健步行活动先进单位 | 江苏省体育局 江苏省老龄委办公室<br>江苏省老年人体协 |
| 2008.01 | 农村集体财务规范化管理示范村 | 江苏省农林厅 |
| 2009.02 | 无锡市社会主义现代化新农村建设示范村 | 中共无锡市委 无锡市人民政府 |
| 2012.02 | 无锡市社会主义现代化新农村建设幸福村 | 中共无锡市委 无锡市人民政府 |

2013年，自来水管网改造，社区投资500多万元，把管网由社区管理改造成由自来水公司直接管理，每年减少社区的水损加维修费70余万元。是年，胜丰大道改造，社区投资500余万元，把原来的水泥路面改造为黑色路面。同时，社区投资800余万元，新建标准厂房6700平方米，全部用于出租，以增加社区每年90余万元的稳定收入。2014年，晓丰社区股金分红达115.3万元。

2015年，晓丰社区工业总产值10.05亿元，第三产业总产值3.87亿元，纳税5267万元；社区务工人员1912人，务农人员15人，经商人员97人，从事其他工作人员124人；人均年收入21450

元。社区环境优美，村道整洁，绿树成荫。数字电视、电话通讯普及率达 98%以上，自来水、污水管网入户率达 100%。社区居民人人享有最基本的社会保障。基础设施基本完善，社区内拥有大型居民健身休闲广场、居民养老服务中心、农贸市场、文体活动中心、卫生服务站等设施，给社区居民工作、学习、生活带来极大便利。是年，晓丰社区有水旱田 6.27 公顷，其中粮田 3.47 公顷、蔬菜田 1.67 公顷、果树田 1.13 公顷；水面积 9.47 公顷；宅基地面积 15.77 公顷；绿化面积 8.25 公顷。

## 三、干部任职

1956~2009 年，晓星高级社、晓星大队、晓星村历任党支部书记 10 人、代理书记 2 人、副书记 2 人，社长 1 人、副社长 1 人，大队长 2 人、副大队长 1 人，革委会主任 4 人、革委会副主任 1 人，村委主任 4 人，主办会计 4 人。胜丰高级社、胜丰大队、胜丰村历任党支部书记 10 人，社长 1 人，大队长 4 人，革委会主任 2 人，村委主任 4 人，主办会计 5 人。2009~2015 年晓丰社区历任党总支书记 1 人、副书记 2 人，居委会主任 1 人，主办会计 2 人。2015 年，周建秋连任党总支书记，张钰良连任居委会主任，时锡荣、苏烨彬任主办会计。

**1956~2009 年晓星（高级社、大队）村历届党支部（总支）、行政干部、主办会计任职表**

表 1—3—56

| 建置名称 | 党支部书记 | | 行政干部 | | | | | | 主办会计 | |
|---|---|---|---|---|---|---|---|---|---|---|
| | | | 正职 | | | 副职 | | | | |
| | 姓名 | 任职时间 | 姓名 | 职务 | 任职时间 | 姓名 | 职务 | 任职时间 | 姓名 | 任职时间 |
| 晓星高级社 | 时伯章 | 1956~1958 | 时伯章 | 社长 | 1956~1958 | 时三福 | 副社长 | 1956~1958 | 时盘泉 | 1956~1968 |
| 晓星大队 | 时伯章 | 1958~1961 | — | — | — | — | — | — | — | — |
| | 朱金荣 | 1961~1963 | — | — | — | — | — | — | — | — |
| | 时丁福 | 1963~1968 | 周仁法 | 大队长 | 1958~1968 | 王锡成 | 副大队长 | 1958~1968 | — | — |
| | 周仁法 | 1968~1975 | 王锡成 | 革委会主任 | 1968~1975 | — | — | — | 时金保 | 1968~1979 |
| | 时焕学（代） | 1975~1977 | 周明芳 | 革委会主任 | 1975~1977 | — | — | — | — | — |
| | 周明芳 | 1977~1983 | 时金保 | 革委会主任 | 1977~1979 | — | — | — | — | — |
| | 时焕章(副书记) | 1979~1983 | 时建文 | 革委会主任、大队长 | 1979~1983 | 时焕章 | 革委会副主任 | 1979~1983 | 陆德祥 | 1979~1986 |
| 晓星村 | 时建良 | 1983~1989 | 时建文 | 主任 | 1983~1986 | — | — | — | 时锡荣 | 1986~2009 |
| | 时锡荣（代） | 1989~1990 | 陆德祥 | 主任 | 1986~1989 | — | — | — | — | — |
| | 陆德祥 | 1990~1996 | 时焕明 | 主任 | 1989~1997 | — | — | — | — | — |
| | 薛年高 | 1996~1997 | — | — | — | — | — | — | — | — |
| | 钱国清(副书记) | 1996~1997 | — | — | — | — | — | — | — | — |
| | 钱国清 | 1997~1999 | 邓　超 | 主任 | 1998~2009 | — | — | — | — | — |
| | 周建秋 | 1999~2009 | — | — | — | — | — | — | — | — |

1956~2009 年胜丰（高级社、大队）村历届党支部（总支）、行政干部、主办会计任职表

表 1—3—57

| 建置名称 | 党支部书记 | | 行政干部 | | | | | | 主办会计 | |
|---|---|---|---|---|---|---|---|---|---|---|
| | | | 正职 | | | 副职 | | | | |
| | 姓名 | 任职时间 | 姓名 | 职务 | 任职时间 | 姓名 | 职务 | 任职时间 | 姓名 | 任职时间 |
| 胜丰高级社 | 唐小弟 | 1956~1957 | 宋锦清 | 社长 | 1956~1957 | — | — | — | 陈秀英 | 1956~1957 |
| 胜丰大队 | 张阿龙 | 1958 | 李金和 | 大队长 | 1958~1963 | — | — | — | 张正明 | 1958~1963 |
| | 吴才林 | 1959~1960 | — | — | — | — | — | — | — | — |
| | 龚士兴 | 1960~1963 | — | — | — | — | — | — | — | — |
| | 姚全根 | 1963~1965 | 包渭滨 | 大队长 | 1963~1965 | — | — | — | 王惠珍 | 1963~1983 |
| | 包渭滨 | 1965~1980 | 张如兴 | 大队长、革委会主任 | 1965~1980 | — | — | — | — | — |
| | 张如兴 | 1980~1982 | 苏佑成 | 革委会主任、大队长 | 1980~1983 | — | — | — | — | — |
| 胜丰村 | 王鹤鸣 | 1982~1984 | 苏佑成 | 主任 | 1984 | — | — | — | 宋惠娟 | 1983~1992 |
| | 王保良 | 1984~1998 | 吴浩良 | 主任 | 1984~1988 | — | — | — | 吴俊兴 | 1992~2009 |
| | 张瑞申 | 1998~2009 | 张正明 | 主任 | 1988~2001 | — | — | — | — | — |
| | — | — | 张钰良 | 主任 | 2001~2009 | — | — | — | — | — |

2009~2015 年晓丰社区历届党支部（总支）、行政干部、主办会计任职表

表 1—3—58

| 建置名称 | 党支部书记 | | 行政干部 | | | | | | 主办会计 | |
|---|---|---|---|---|---|---|---|---|---|---|
| | | | 正职 | | | 副职 | | | | |
| | 姓名 | 任职时间 | 姓名 | 职务 | 任职时间 | 姓名 | 职务 | 任职时间 | 姓名 | 任职时间 |
| 晓丰社区 | 周建秋 | 2009~ | — | — | — | — | — | — | 时锡荣 | 2009~2015.11 |
| | 张瑞申（副书记） | 2009~2010 | — | — | — | — | — | — | — | — |
| | 邓超（副书记） | 2009~2010 | 张钰良 | 主任 | 2009~ | — | — | — | 苏烨彬 | 2015.11~ |

# 第八节 西漳社区

西漳社区位于钱桥街道东北部，东、南与晓丰社区接壤，西与洛社镇洛城隔河相望，北依京杭大运河。惠澄大道、锡洛公路穿境而过，内河纵横交错，水陆交通十分便利。2015 年，西漳社区辖南漳、孙家、前潘、后潘东、后潘西、东塘、张家、查家、毛家、马家、西街、中街、东街、街前、木排、岸里、墙门、牌楼、彭巷、太基和浜头 21 个自然村，设 21 个居民小组。社区户籍居民 721 户，常住人口 4156 人，总面积 2 平方公里。

图 1—3—10　西漳社区居民委员会（2015 年）

## 一、建置沿革

清朝末年，西漳属万安乡管辖。民国期间，行政区域划小，西漳地区从万安乡划出，建立万东乡，推行保甲制度。万东乡乡界东至山北双河尖、南至钱桥北街、西至洛社盛巷、北至大运河。域内因有南西漳镇，故俗称南西漳。

1949年4月，无锡解放，建立万东乡人民政府。乡政府设在毛家巷毛君富家。陈才兴任万东乡乡长，杨海度任副乡长。1950年划小乡，建立西漳乡。西漳乡辖“西漳八村”：西漳南片为一村，包括南漳、孙家、前潘、后潘以及东塘5个自然村；东片为二村，包括张家、查家、中街、街前以及东街5个自然村；西片为三村，包括毛家、马家、西街、木排以及岸里5个自然村；北片为四村，包括墙门、牌楼、彭巷、太基以及浜头5个自然村；原胜丰龙亭沟、张姆泾为五村；山北孙巷、杨岸、后张巷为六村；胜丰庙头、王巷为七村；吴巷、宋巷、高石头为八村。西漳乡政府办公室先后设在中街茧行、西街唐仁根家。乡政府和农会领导农民开展土地改革运动，分田分地，发放土地证，农民拥有自己的耕地。

1953年，西漳乡率先成立钱金祥互助组、钱炳文互助组，然后在全乡全面推开。此后，各自然村相继建立多个互助组。1956年，西漳、洋溪、社冈等小乡合并成西漳乡，办公地点设在晓星邓巷上。乡政府组织农民开展农业合作化运动，西漳成立西一、西二两个初级农业生产合作社，宦布昌任西一初级社社长，钱奎林任西二初级社社长。1956年初，成立高级农业生产合作社，农民私有土地归集体所有。西一初级社改设为庆丰高级农业生产合作社；西二初级社改设为余丰高级农业生产合作社。1957年，西漳乡成立中共第一个支部，农村社教工作组组长张菊耿任党支部书记。

1958年，西漳乡撤销，并入钱桥乡。是年9月，钱桥人民公社成立，西漳地区改设为西漳大队。1983年春，钱桥人民公社撤销，恢复乡人民政府建制，西漳大队建制相应撤销，改设为西漳村村民委员会。2009年10月，增设社区居民委员会。2013年，西漳村村民委员会撤销。

## 二、概况

西漳历史悠久，人杰地灵。贯穿南北的西漳河北接京杭大运河，南通洋溪河。5条内河浜犹如手掌伸出的五指插入各个村落，给村民生活带来便利，又有助于排涝、灌溉和交通。民国时期，有两家班船，每天早晨分别到达吴桥和大洋桥，下午两点返回，往返锡城，运送货物，接送客人。便利的交通带来西漳地方经济的繁荣。村落中心近300米的西漳街云集许多店铺，以及泥瓦匠、裁缝等手艺人，还设有邮政代办所、水龙宫等。西漳一度成为锡西地区的商业活动中心，有“十里古村”之美称。

西漳有七大姓六祠堂，七大姓为潘、张、孙、钱、唐、毛、彭；六祠堂为南漳张祠堂、东塘孙祠堂、西街唐祠堂、毛家毛祠堂、街前钱祠堂、彭巷彭祠堂。南漳是西漳的领头村，传说没有南漳就没有西漳，为此在西漳前加上“南”字称“南西漳”，既是强调南漳的领头地位，又有别于锡北的西漳。村里宗教活动活跃，村南部有滬湖庙（现为慈云寺），原胜丰高石头村有张中丞庙，经常举行各种佛事活动。社日、节场还会请戏班子唱戏，村民则招待亲戚看戏、吃饭。

西漳的文化教育除私塾外，早在民国元年（1912）就创办西漳小学堂。民国37年，由西漳籍在沪名人孙家良（先前为杨市匡村中学校董）、孙德良等投资修缮扩建万东中心小学，创办私立万东中学。万东中学除西漳子弟可就近入学外，还有外乡学子前来求学，远至靖江、泰州，为社会培育大批有用人才。解放后，西漳百姓发扬尊师重教传统，多次修缮、扩建学校。

西漳百姓精于农耕，以种植水稻、小麦为主，副业有种桑养蚕，种植蔬菜，其地培育的西漳青大头菜种闻名于四方八乡。1966年，西漳农民抢先抓住机遇，办起砖瓦厂、柳条、编织、服装、刺绣、粮食加工等工业，率先办起五金厂、火柴机配件厂。1978年，西漳焊接管厂建成投产，成为苏南地区冶金焊管、带钢行业的发源地，为西漳集体经济的发展打下坚实的基础。西漳大队通过焊管厂的资金积累，于80年代初又陆续开办西漳带钢厂、东方锅炉热管分厂、玻璃管厂、外贸仓库、化工厂等骨干企业。

1981年，西漳大队推行家庭联产承包责任制，生产队把土地按人口分口粮田和劳力分责任田，使农民获得土地经营自主权。由于实行家庭联产承包责任制，农民积极性高涨，粮食产量逐年增长，经济、生活水平逐年好转。大批剩余劳动力为村办企业提供劳力资源，农民进厂后经济收入倍增，80~90年代，家家户户盖起二层新楼房。90年代初，西漳村级经济以骨干企业为后盾，相继在全村进行道路硬化建设。

1993年，村集体企业进行第一次改制，改成股份制企业，村集体占一定比例，其他按比例进行配股。1998年进行第二次企业改制，村集体撤股，股份制企业变成民营企业。村委利用累积资金全面进行基础设施改造，对全村河道进行清淤，修筑驳岸，加装栏杆，沿河岸进行绿化；通到各自然村的村道全部建成水泥路。村道实现硬化、绿化、美化。家庭小车可以直接开到家门口。铺设自来水管道，全村户户通上自来水。

2000年，村委又投入1000万元资金，进行全村卫生创建工作，使脏、乱、差告别西漳，创建成江苏省卫生村，使村民享受优美的环境。在此基础上，又相继创成省级文明村、省级生态村等。2000~2001年，村委通过向企业募捐300余万元资金，建造全村健身广场，使村民有休闲活动的场所。2002年，西漳村争取镇政府的支持，开发60余公顷土地，创建西漳工业园，相继修建新盛路、万东路、汇嘉路、华飞路，86家工业企业进驻工业园，西漳村年经济总量达到34亿元。2006年，随着村级经济的发展壮大，村委成立西漳村经济股份合作社，使村级资产量化到村民。是年，村委开始发放股金分红10万元。同年，为东片12个村民小组村民办理“土地换社保”。

**1958~2004年西漳（大队）村股份合作社股份量化表**

表1—3—59

| 名称 | 时间 | 计算依据 | 分配股金 |
|---|---|---|---|
| 人口股 | — | 人 | 0.69元/人 |
| 劳动股 | 1958~1982年系数 | 农业劳力 | 0.5元/人 |
| | 1983~1997年系数 | 村办企业 | 2元/人 |
| | — | 镇办厂及其他 | 1元/人 |
| | 1998~2004年系数 | — | 0.5元/人 |
| 年龄计算 | 男性到60周岁截止　60岁-16岁+1岁=45岁<br>女性到55周岁截止　55岁-16岁+1岁=40岁 | | |

2009年，西漳村委为西片9个村民小组村民办理“土地换社保”，同时为村民办理养老医疗保险，村委共投入资金900余万元。是年，由于惠澄大道拓宽，西漳村24户居民拆迁，居民住进宽敞明亮的安置房。

2013年3月，西漳社区进行撤村留居工作，村委职能转变成社区职能。是年10月，西漳社区进行第一届居委选举工作，通过选举，产生首届社区居民委员会委员。同年，西漳社区规模以上企业21家，规模以下企业76家。

**2013年西漳社区规模以上企业一览表**

表1—3—60　　单位：人、万元

| 单位名称 | 法定代表人 | 创办时间 | 主要产品 | 从业人数 | 主营业务收入 | 资产总计 |
|---|---|---|---|---|---|---|
| 无锡东方热能锅炉设备有限公司 | 唐建秋 | 1992.09 | 节热器、空气预热器、蒸汽收集器、蒸汽锅炉、热水锅炉零件、气体回收器设备的生产 | 144 | 6476 | 7509 |
| 无锡市钱桥焊管有限公司 | 邓仲渔 | 1997.01 | 焊管制造 | 50 | 8623 | 4551 |
| 无锡钱桥带钢有限公司 | 唐岳生 | 1997.12 | 焊管制造、带钢加工 | 80 | 7637 | 3145 |
| 无锡同济新型材料有限公司 | 唐岳生 | 1999.04 | PVC材料加工 | 40 | 3830 | 2556 |
| 无锡市晨炜焊管有限公司 | 潘国中 | 2002.05 | 焊接钢管制造 | 20 | 1989 | 833 |
| 无锡通盛焊管型钢有限公司 | 唐伟宏 | 2002.05 | 焊管型钢制造 | 16 | 1975 | 483 |

续表 1—3—60　　单位：人、万元

| 单位名称 | 法定代表人 | 创办时间 | 主要产品 | 从业人数 | 主营业务收入 | 资产总计 |
|---|---|---|---|---|---|---|
| 无锡市江南汇嘉钢带厂 | 唐海峰 | 2003.01 | 带钢加工 | 50 | 4451 | 3255 |
| 无锡钱桥冷弯型钢厂 | 孙秉跃 | 2003.03 | 冷弯型钢制造 | 25 | 2615 | 1058 |
| 无锡孟仕玻璃有限公司 | 孟平海 | 2003.09 | 节能灯用玻璃管 | 95 | 2202 | 2119 |
| 无锡市新天地钢管有限公司 | 唐家新 | 2004.04 | 焊管制造 | 12 | 2782 | 943 |
| 无锡市威腾焊管有限公司 | 唐可伟 | 2004.07 | 焊管制造 | 15 | 3443 | 1137 |
| 无锡市昌辉焊管有限公司 | 刘小平 | 2004.08 | 焊管制造 | 22 | 3138 | 1612 |
| 无锡市雷成焊管有限公司 | 王敏娟 | 2005.04 | 焊管冷弯型钢制造加工 | 14 | 1712 | 627 |
| 无锡豪普金属制品有限公司 | 孙留娣 | 2005.05 | 金属制品制造 | 37 | 8024 | 6172 |
| 无锡市金凯焊管有限公司 | 唐国平 | 2005.08 | 焊管制造 | 27 | 2176 | 1191 |
| 无锡泰杰焊管有限公司 | 唐浩鸣 | 2006.06 | 焊管制造 | 20 | 2875 | 646 |
| 无锡鼎丰不锈钢管有限公司 | 张新宇 | 2006.09 | 不锈钢加工 | 32 | 5373 | 2227 |
| 无锡申宝汽车钢管有限公司 | 唐建军 | 2007.04 | 汽车零部件 | 44 | 7989 | 2689 |
| 无锡爱西匹钢芯有限公司 | 唐岳生 | 2008.04 | 钢芯制造 | 32 | 6124 | 3380 |
| 无锡京运带钢有限公司-同钱桥带钢 | 唐晓萍 | 2009.06 | 焊管制造 | 45 | 3514 | 2530 |
| 无锡建昊混凝土有限公司 | 孔德行 | 2009.11 | 混凝土生产 | 50 | 12500 | 12850 |

## 2013 年西漳社区规模以下企业一览表

表 1—3—61　　单位：人、万元

| 单位名称 | 法定代表人 | 创办时间 | 主要产品 | 从业人数 | 主营业务收入 | 营业税金 | 资产总计 |
|---|---|---|---|---|---|---|---|
| 无锡市枫叶焊管有限公司 | 姚晓兴 | 1993.08 | 焊管制造 | 13 | 1497 | 1.77 | 943 |
| 无锡市钱桥光明制管有限公司 | 唐家明 | 1996.05 | 焊管制造 | 14 | 756 | 3.76 | 412 |
| 无锡市华强焊管有限公司 | 唐国强 | 1996.07 | 焊管制造 | 18 | 410 | 2.24 | 503 |
| 无锡市钱桥可达焊管有限公司 | 钱大可 | 1997.01 | 高频焊管加工 | 11 | 1553 | 6.84 | 932 |
| 无锡市嘉铭钢管有限公司 | 毛敏芳 | 1998.08 | 钢管制造 | 10 | 758 | 0.89 | 728 |
| 无锡市前程精拉钢管有限公司 | 钱国忠 | 1999.02 | 无缝焊管制造 | 10 | 809 | 4.52 | 323 |
| 无锡市新蕾精密钢管有限公司 | 张新磊 | 1999.04 | 精密钢管制造 | 6 | 82 | 0.17 | 114 |
| 无锡市正龙无纺布有限公司 | 邓正渔 | 1999.05 | 无纺布制造 | 30 | 907 | 3.41 | 1265 |
| 无锡明亮电机有限公司 | 钱浩明 | 1999.07 | 电机制造 | 4 | 56 | 0.10 | 296 |
| 无锡市金燕纵剪平板有限公司 | 钱耀明 | 2000.03 | 平板加工 | 20 | 265 | 3.39 | 215 |
| 无锡市恒信冶金材料厂 | 邓　坚 | 2000.05 | 非金属矿物制品制造 | 10 | 493 | 4.78 | 1060 |
| 无锡市恒祥特种钢管厂 | 毛一平 | 2000.07 | 焊管制造 | 12 | 1018 | 2.02 | 1153 |
| 无锡市程成焊管有限公司 | 高正寅 | 2000.07 | 棉布制造 | 5 | 412 | 1.02 | 113 |
| 无锡市毛东纺织厂 | 毛勤栋 | 2000.10 | 毛纺纱制造 | 8 | 264 | 2.73 | 268 |
| 无锡双欣管膜制品有限公司 | 唐觉如 | 2001.03 | 薄膜加工 | 6 | 518 | 2.93 | 276 |
| 无锡市新祺金属制品有限公司 | 秦新建 | 2002.06 | 焊管制造 | 11 | 1830 | 6.00 | 453 |
| 无锡市菁泉冷弯型钢有限公司 | 凌志峰 | 2003.01 | 冷弯型钢制造 | 5 | 1936 | 2.21 | 78 |
| 无锡市钱桥华荣机械配件厂 | 唐国民 | 2003.01 | 紧固件制造 | 2 | 18 | 0.20 | 90 |
| 无锡宏达化工机械厂 | 唐茂良 | 2003.02 | 化工机械及配件 | 6 | 176 | 1.64 | 511 |
| 无锡市升华化工防腐设备厂 | 周福明 | 2003.03 | 化工设备制造 | 7 | 204 | 1.00 | 131 |
| 无锡市建叶钢管有限公司 | 朱建叶 | 2003.04 | 焊管制造 | 15 | 1739 | 2.56 | 504 |
| 无锡市骏成冷弯型钢有限公司 | 刘维忠 | 2003.09 | 冷弯型钢制造 | 7 | 711 | 0.92 | 267 |
| 无锡市富昌冷弯型钢厂 | 毛亚娟 | 2004.02 | 冷弯型钢制造 | 5 | 496 | 0.91 | 71 |
| 无锡市绫丰纺织品有限公司 | 杨卫栋 | 2004.03 | 纺织品涂层加工 | 5 | 47 | 0.47 | 50 |
| 无锡市伟业化工防腐设备厂 | 毛　伟 | 2004.06 | 化工配件制造 | 9 | 305 | 4.22 | 121 |
| 无锡万锦服饰有限公司 | 王佩华 | 2004.07 | 服装缝纫制品加工销售 | 27 | 660 | 3.65 | 1093 |
| 无锡市嵩峰金刚石工具有限公司 | 张立平 | 2004.07 | 金刚石工具加工 | 4 | 84 | 0.14 | 95 |
| 无锡市宝丰钢管有限公司 | 徐剑虹 | 2004.08 | 焊管制造 | 4 | 304 | 0.32 | 319 |
| 无锡市宏磊钢管有限公司 | 王宏伟 | 2004.11 | 焊管制造 | 5 | 1166 | 2.57 | 488 |
| 无锡东南焊管有限公司 | 支正伟 | 2005.04 | 焊管制造 | 8 | 1336 | 1.95 | 268 |
| 无锡市国丰焊管有限公司 | 唐建国 | 2005.04 | 焊管加工制造 | 13 | 1202 | 1.37 | 598 |

续表 1—3—61　　单位：人、万元

| 单位名称 | 法定代表人 | 创办时间 | 主要产品 | 从业人数 | 主营业务收入 | 营业税金 | 资产总计 |
|---|---|---|---|---|---|---|---|
| 无锡市金易来精密钢管有限公司 | 毛支军 | 2005.06 | 焊管的制造 | 15 | 1873 | 2.17 | 685 |
| 无锡亿利达薄板有限公司 | 孙才清 | 2005.09 | 冷轧带钢制造 | 17 | 366 | 1.57 | 348 |
| 无锡市恒力通焊管有限公司 | 贾　箐 | 2006.01 | 焊管制造 | 16 | 657 | 0.92 | 367 |
| 无锡市意贝尔焊管有限公司 | 黄玉成 | 2006.04 | 焊管型钢制造加工 | 7 | 2435 | 6.45 | 160 |
| 无锡市立业型钢有限公司 | 黄玉成 | 2006.04 | 型钢制造 | 4 | 1056 | 2.88 | 284 |
| 无锡市博斯福科技有限公司 | 田福兰 | 2006.07 | 合金锯片的制造 | 8 | 802 | 0.49 | 194 |
| 无锡市贝斯德金属制品有限公司 | 董　伟 | 2006.11 | 五金配件制造销售 | 3 | 81 | 0.29 | 275 |
| 无锡凯普数控焊割科技有限公司 | 陈伟东 | 2007.02 | 焊割数控设备制造 | 50 | 1345 | 3.45 | 1888 |
| 无锡市雄风型钢有限公司 | 孙　峰 | 2007.03 | 冷弯型钢制造 | 6 | 164 | 1.00 | 144 |
| 无锡正林钢管有限公司 | 龚海平 | 2007.08 | 焊管加工制造 | 8 | 147 | 1.71 | 61 |
| 无锡市三联纵剪平板有限公司 | 钱慕青 | 2007.08 | 卷板的加工 | 5 | 46 | 0.44 | 312 |
| 无锡市钱桥仪表电器厂 | 毛学平 | 2008.04 | 拉丝加工 | 6 | 94 | 0.47 | 52 |
| 无锡市华飞钢管有限公司 | 张跃芬 | 2008.07 | 焊管制造加工 | 11 | 1531 | 4.41 | 571 |
| 无锡市友宝焊管厂 | 杨寿均 | 2008.08 | 焊管加工 | 12 | 1145 | 2.97 | 616 |
| 无锡市寅东标准件有限公司 | 缪虎勇 | 2009.03 | 标准件加工 | 9 | 317 | 0.59 | 285 |
| 无锡市立博电力电容器成套有限公司 | 张新成 | 2009.05 | 电器电容制造 | 20 | 1239 | 3.58 | 1312 |
| 无锡佳得利机械制造有限公司 | 毛云龙 | 2009.07 | 冲压件制造 | 6 | 146 | 0.19 | 342 |
| 无锡骏瑞机械有限公司 | 言杏珍 | 2009.07 | 机械设备的制造 | 3 | 41 | 0.00 | 145 |
| 无锡联元纵剪平板有限公司 | 郑长地 | 2009.07 | 钢材制造 | 1 | 7 | 0.00 | 144 |
| 无锡市佳杰热水有限公司 | 龚　峰 | 2009.09 | 燃气的生产 | 7 | 39 | 0.01 | 49 |
| 无锡市胜杰化工设备制造有限公司 | 伊红胜 | 2009.11 | 化工设备及配件的制造 | 9 | 409 | 2.27 | 225 |
| 无锡市嘉元纸塑新材料有限公司 | 蔡国希 | 2009.11 | 塑料制品 | 8 | 364 | 0.24 | 1073 |
| 无锡耀华门窗遮阳科技有限公司 | 支耀忠 | 2009.12 | 安全用金属制品制造 | 8 | 124 | 0.33 | 59 |
| 无锡市日金机械制造有限公司 | 蒋彩娥 | 2010.01 | 零部件加工 | 4 | 212 | 0.43 | 107 |
| 无锡创展机械制造有限公司 | 马焕真 | 2010.03 | 焊割机械设备 | 10 | 230 | 0.55 | 173 |
| 无锡市嘉德光电科技有限公司 | 唐春芳 | 2010.11 | 电子器件制造 | 7 | 203 | 0.55 | 95 |
| 无锡市苏晖金属材料有限公司 | 周海龙 | 2010.12 | 钢压延加工 | 5 | 582 | 0.98 | 249 |
| 无锡诺凯机械有限公司 | 秦　丽 | 2011.01 | 机械零部件加工 | 2 | 12 | 0.04 | 5 |
| 无锡市昆鹏净洁器材有限公司 | 杨耀宜 | 2011.03 | 环保净化设备加工 | 4 | 51 | 0.19 | 56 |
| 无锡市洁瑜精密钢管厂 | 龚　瑜 | 2011.04 | 铸件制造 | 7 | 141 | 1.83 | 189 |
| 无锡市天海探矿工具制造有限公司 | 蒋业应 | 2011.08 | 通用设备制造 | 9 | 224 | 1.00 | 228 |
| 无锡新中忍机床设备有限公司 | 张忍之 | 2011.09 | 机床、机床配件销售 | 4 | 27 | 0.46 | 28 |
| 无锡市春雷钢管有限公司 | 张　利 | 2011.12 | 焊管的加工及销售 | 13 | 1852 | 0.10 | 159 |
| 无锡市鑫琪轧辊有限公司 | 计鑫龙 | 2012.02 | 钢压延加工 | 6 | 228 | 0.00 | 235 |
| 无锡恒晨峰电子科技有限公司 | 钱伊莎 | 2012.03 | 电子产品、通讯设备的技术开发 | 1 | 191 | 0.08 | 137 |
| 无锡顺弘利机械设备制造有限公司 | 袁　亮 | 2012.05 | 其他专用设备制造 | 9 | 54 | 0.31 | 58 |
| 无锡市润振机电有限公司 | 张文惠 | 2012.06 | 通用机械的加工 | 10 | 156 | 0.09 | 106 |
| 无锡徽宏机电有限公司 | 金张盛 | 2012.08 | 其他专用设备制造 | 6 | 65 | 0.03 | 60 |
| 无锡市高尔德管业有限公司 | 丁子怡 | 2012.10 | 冷轧焊管的制造加工 | 9 | 278 | 0.00 | 739 |
| 无锡王洋机械有限公司 | 王　洋 | 2012.12 | 其他通用设备制造业 | 8 | 186 | 0.01 | 56 |
| 无锡市玄达电气器材有限公司 | 王志洪 | 2012.12 | 光伏设备及元器件制造 | 6 | 108 | 1.01 | 375 |
| 无锡中清久恒抛丸设备有限公司 | 袁洪燕 | 2013.01 | 其他专用设备制造 | 10 | 188 | 0.08 | 100 |
| 无锡固安杰安保设备有限公司 | 钱　军 | 2013.04 | 安保设备通用机械设备及配件的制造加工、销售 | 6 | 89 | 0.09 | 122 |
| 无锡市一嘉纵剪有限公司 | 高家贵 | 2013.07 | 带钢纵剪 | 13 | 26 | 0.00 | 141 |
| 无锡市尚格机械制造有限公司 | 盛仲明 | 2013.09 | 通用设备的制造 | 5 | 31 | 0.00 | 113 |

2014 年，西漳社区经济股份合作社以最初发放的 10 万元股金分红增加至 30 余万元。

2006~2014 年西漳（村）社区股份合作社发放股利一览表

表 1—3—62　　单位：股、人、元

| 年度 | 股数 | 涉及人数 | 单股红利 | 发放金额 | 年度 | 股数 | 涉及人数 | 单股红利 | 发放金额 |
|---|---|---|---|---|---|---|---|---|---|
| 2006 | 5254.75 | 3832 | 20 | 105095 | 2011 | 5254.75 | 3832 | 60 | 315285 |
| 2007 | 5254.75 | 3832 | 40 | 210190 | 2012 | 5254.75 | 3832 | 60 | 315285 |
| 2008 | 5254.75 | 3832 | 40 | 210190 | 2013 | 5254.75 | 3832 | 60 | 315285 |
| 2009 | 5254.75 | 3832 | 40 | 210190 | 2014 | 5254.75 | 3832 | 60 | 315285 |
| 2010 | 5254.75 | 3832 | 60 | 315285 | 合计 | 47292.75 | 34488 | — | 2312090 |

2015 年，西漳社区规模以上企业 21 家、规模以下企业 74 家，工农业总产值 11.87 亿元，其中工业总产值 11.24 亿元、农业总产值 6238 万元，三产服务业产值 8.1 亿元。

2005~2015 年西漳（村）社区主要经济指标统计表

表 1—3—63　　单位：人、万元

| 年份 | 农业人口 | 工农业总产值 | 工业总产值 | 工业销售、主营业务收入 | 工业利税总额 | 工业增加值 | 工业固定资产原价 |
|---|---|---|---|---|---|---|---|
| 2005 | 2595 | 54720 | 54281 | 55439 | 3118 | 10095 | 13737 |
| 2006 | 2560 | 76415 | 76027 | 29347 | 4731 | 16323 | 19236 |
| 2007 | 2460 | 95770 | 95314 | 118918 | 5758 | 18182 | 24252 |
| 2008 | 2750 | 125932 | 125502 | 128377 | 4264 | 17749 | 27594 |
| 2009 | 2685 | 111308 | 110688 | 110119 | 3505 | 18418 | 23947 |
| 2010 | 4119 | 116565 | 115822 | 119657 | 4868 | 23425 | 23224 |
| 2011 | 均为居民 | 129978 | 128735 | 137735 | 5407 | 28558 | 27331 |
| 2012 | | 122594 | 122524 | 122967 | 6126 | 28565 | 28557 |
| 2013 | | 139712 | 139332 | 139019 | 7244 | 36244 | 29868 |
| 2014 | | 140995 | 134715 | 133119 | 7838 | 36999 | 32225 |
| 2015 | | 118677 | 112439 | 113831 | 7955 | 35009 | 34484 |

1999~2015 年西漳（村）社区获得无锡市委、市政府，省级条线以上荣誉表

表 1—3—64

| 获得时间 | 荣誉名称 | 颁发单位 |
|---|---|---|
| 1999.03 | 1998 年度无锡市工业明星村 | 中共无锡市委　无锡市人民政府 |
| 2001.03 | 加强农村基层组织建设、加快农村现代化建设示范村 | 中共无锡市委　无锡市人民政府 |
| 2001.06 | 堡垒党支部 | 中共无锡市委 |
| 2002.00 | 2001~2002 年江苏省文明村 | 江苏省精神文明建设指导委员会 |
| 2004.06 | 先进基层党组织 | 中共无锡市委 |
| 2004.00 | 2003~2004 年度江苏省文明村 | 江苏省精神文明建设指导委员会 |
| 2005.10 | 2003~2004 年度文明村 | 中共无锡市委　无锡市人民政府 |
| 2006.02 | 无锡市农村基本现代化建设十佳社区股份合作社 | 中共无锡市委　无锡市人民政府 |
| 2006.00 | 2005~2006 年度江苏省创建文明村工作先进村 | 江苏省精神文明建设指导委员会 |
| 2007.02 | 无锡市社会主义现代化新农村建设示范村 | 中共无锡市委　无锡市人民政府 |
| 2008.11 | 江苏省民主法治示范村 | 江苏省依法治省领导小组 |
| 2011.00 | 省级充分就业示范社区 | 江苏省人力资源和社会保障厅 |
| 2011.03 | 2009~2010 年绿色江苏建设绿化模范村 | 江苏省绿化委员会 |
| 2012.02 | 无锡市社会主义现代化新农村建设幸福村 | 中共无锡市委　无锡市人民政府 |
| 2013.00 | 省级充分就业示范社区 | 江苏省人力资源和社会保障厅 |
| 2015.00 | 无锡市文明社区 | 中共无锡市委　无锡市人民政府 |

## 三、干部任职

1956~2015 年，庆丰、余丰高级社，西漳（大队）村、西漳社区历任党支部书记 12 人，社长 2 人，大队长 5 人，革委会主任 2 人、革委会副主任 2 人，村委主任 5 人，主办会计 8 人。2015 年，西漳社区钱坤生连任党总支书记，吴基石连任居委会主任，唐彩群连任主办会计。

1956~2015 年庆丰、余丰高级社、西漳（大队、村）社区历届党支部（总支）、行政干部、主办会计任职表

表 1—3—65

| 建置名称 | 党支部（总支）书记 | | 行政干部 | | | | | | 主办会计 | |
|---|---|---|---|---|---|---|---|---|---|---|
| | 姓名 | 任职时间 | 正职 | | | 副职 | | | 姓名 | 任职时间 |
| | | | 姓名 | 职务 | 任职时间 | 姓名 | 职务 | 任职时间 | | |
| 庆丰高级社 | — | — | 宦布昌 | 社　长 | 1956 | — | — | — | 唐伯清 | 1956~1958 |
| 余丰高级社 | — | — | 钱奎林 | 社　长 | 1956~1958 | — | — | — | — | — |
| 西漳大队 | — | — | 钱奎林 | 大队长 | 1958~1960 | — | — | — | 唐伯清 | 1958~1961 |
| | 许荣度 | 1958~1961 | 唐伯清 | 大队长 | 1961~1966 | — | — | — | 毛奎林 | 1961~1975.02 |
| | 唐锡英 | 1961~1971 | 彭焕明 | 大队长<br>革委会主任 | 1966~1973 | — | — | — | — | — |
| | 朱金荣 | 1972~1973.03 | — | — | — | 唐伯兴 | 革委会副主任 | 1973 | 孙夏林 | 1975.03~1977.04 |
| | 唐伯兴 | 1973.04~1975.04 | 彭焕明 | 革委会主任 | 1973.04~1975.04 | 彭焕明 | 革委会副主任 | 1973 | — | — |
| | 彭焕明 | 1975.05~1978.11 | 张煜良 | 革委会主任、大队长 | 1975.05~1978.12 | — | — | — | 王湖江 | 1977.05~1983.06 |
| | 宦盘荣(副书记) | 1975~1985 | — | — | — | — | — | — | — | — |
| | 张煜良 | 1978.12~1983.07 | 钱盘泉 | 大队长 | 1978.12~1983 | — | — | — | — | — |
| 西漳村 | 彭建清 | 1983.08~1992.03 | 宦云中 | 主　任 | 1983~1985 | — | — | — | 李中学 | 1983.07~1990.03 |
| | 唐渭滨 | 1992.04~1998.07 | 宦盘荣 | 主　任 | 1985~2002.01 | — | — | — | 孙忠道 | 1990.04~1997.07 |
| | 龚海涛 | 1998.08~1999.10 | — | — | — | — | — | — | 王志洪 | 1997.08~2006.02 |
| | 唐岳生 | 1999.11~2006.02 | 钱坤生 | 主　任 | 2002.02~2006.02 | — | — | — | — | — |
| | 钱坤生 | 2006.03~2009.09 | 王志洪 | 主　任 | 2006.03~2009.09 | — | — | — | 唐彩群 | 2006.03~2009.09 |
| 西漳社区 | 钱坤生 | 2009.10~ | 王志洪 | 主　任 | 2009.10~2010.10 | — | — | — | 唐彩群 | 2009.10~ |
| | — | — | 吴基石 | 主　任 | 2010.11~ | — | — | — | — | — |

# 第九节　晴山蓝城社区

晴山蓝城社区位于钱桥街道繁华地段，是钱桥街道党工委、办事处所在地。社区以钱桥大街南北两侧为主，东以钱威路为界，西到钱桥大道，北至洋溪河，南临苏庙、溪南社区。2015 年，社区总面积 1.49 平方公里，居民户数 4523 户、人口 12459 人；租住户 2896 户、租住人口 5671 人。

图1—3—11　晴山蓝城社区居民委员会（2015 年）

## 一、建置沿革

晴山蓝城社区成立于 2010 年 7 月，由原钱桥社区钱桥

新村居委的钱桥新村、振兴街、育才路 98 弄、金岸新村、菜场里，原桥南居委的邵巷新村、钱威路、金球新村、塘泗桥、钱桥大街、华润家舍、梅林春苑、金龙公寓一期以及晴山蓝城小区、金岸世家、恒达中环、金龙公寓二期商品房小区及金岸小区、金苏公寓安置房小区组成。

2015 年，晴山蓝城社区管辖钱威路家舍，华润家舍，梅林春苑商品房，邵巷新村私房，安康里私房，钱桥大街商品房及私房，塘泗桥私房，金球新村家舍，金岸世家 1~37 号商品房、38~49 号安置房，中环恒达商品房小区，振兴路私房，钱桥新村商品房小区，金岸新村私房，育才路 98 弄商品房，菜场里 1~37 号私房、38~43 号商品房，金龙公寓商品房，金苏公寓安置小区，晴山蓝城商品房。

## 二、概况

2010 年，晴山蓝城社区成立后的服务中心建筑面积 1000 平方米，设有服务大厅、综治站、城管工作站、警务室、计划生育服务室、红十字卫生服务站、残疾人康复室、图书室、乒乓球室、健身室、居家养老活动室等服务、活动场所。社区服务中心刚建立就重视文化服务网络建设，先后建立农家书屋、电子阅览室、共享工程服务点等。农家书屋面积近 100 平方米，藏书近万册，图书种类约 1700 种。书屋配有书架、图书桌、计算机、杂志柜等设施。每年订阅报刊 30 余种、新增图书 300 余册。在农家书屋硬件不断完善的同时，社区建立健全管理制度，提高农家书屋的文化服务能力。组建文体服务队伍，建立一支由 23 人组成的文体指导员团队，指导各文体队开展活动。社区有 10 支文体队伍，共 600 余人参与文体活动。晴山蓝城社区对农家书屋进行规范化管理，设有专兼职管理员 2 名，实行全年无休、免费开放，月均接待读者 460 人次左右。同时，为吸引社区居民读书，完善对读者服务的内容，提供免费办证、上网、阅读咨询等服务，使社区居民在书屋内能享受到更加全面而便捷的文化服务。同时，建立农家书屋信息反馈机制，每年邀请不同层面的居民读者对农家书屋进行评议，听取对农家书屋管理、维护以及出版物需求等意见。社区农家书屋还开展形式多样的文化服务活动，增强知识传播的辐射力和影响力。农家书屋引导居民开展各类丰富多彩的主题文化活动，有征文比赛、讲演活动，以及每月定期的法律、劳动、社保、健康、消防等专题讲座，吸引更多居民加入社区文化建设，形成浓厚的社区文化氛围。协助部门活动，活跃社区文化。在街道“一校一品，民俗文化进社区”活动和“全民读书月”活动中，社区农家书屋组织居民走进钱桥中学民俗文化展览馆开展主题活动，使更多居民了解本土民俗文化，扩大民俗文化的影响力，增进社区居民对中华民族文化的了解。

晴山蓝城社区以发展社区服务项目体系和实现社区服务社会化为目标、以“高效、优质、公正、为民”为服务宗旨，以“诚信、合理、便捷、满意”为服务原则，以创建“星级社区”“扁平化社区”和“居家养老服务中心”为重点，为社区居民提供全方位、多层次的服务；以突出创新与特色，建设“居民自治、管理有序、服务完善、治安良好、环境优美、文明祥和”的幸福和谐社区。2011 年被江苏省民政厅评为江苏省和谐社区建设示范社区。

2013 年，农家书屋与无锡市新华书店合作，设立晴山蓝城农家书店惠农销售点。同时，为方便社区居民就近阅读，将读书网络延伸到社区的每个角落，并在居家养老服务中心、物业服务中心分别新增读书点。社区还鼓励家庭辟出场所设置图书角，基本完善社区农家书屋服务网络。是年 11 月，中共中央宣传部、文化部、国家新闻出版广电总局授予晴山蓝城社区“第五届全国服务农民服务基层文化建设先进集体”荣誉称号。

**2012~2014 年晴山蓝城社区推进“居民自治、管理有序”自治组织表**

表 1—3—66

| 组织名 | 成立时间 | 管理员人数 | 负责人 | 活动情况 |
|---|---|---|---|---|
| 金龙公寓一期业主委员会 | 2012 年 7 月 24 日 | 7 人 | 刘东超 | 业委会对小区公共环境进行集中整治、定期开展活动、改善小区公共环境。 |

续表 1—3—66

| 组织名 | 成立时间 | 管理员人数 | 负责人 | 活动情况 |
|---|---|---|---|---|
| 晴山蓝城二期业主委员会 | 2013 年 9 月 17 日 | 9 人 | 俞震麒 | 对小区进行宣传氛围布置，增添文明用语宣传，完善小区绿化、照明。 |
| 晴山蓝城一期业主委员会 | 2014 年 11 月 8 日 | 9 人 | 吴伟兴 | 对晴山蓝城一期停车进行集中整治，改善停车环境，协商积极做好小区外部环境整治工作。 |

晴山蓝城社区因地制宜，量力而行，开展老新村改造、天然气改造、自来水改造、扶贫帮困工作。2010~2015 年，社区共改造老新村 16 万平方米，其中钱桥新村 8 万平方米、邵巷新村 2 万平方米、金球新村 3 万平方米、华润家舍 1 万平方米、梅林春苑 2 万平方米；改造天然气 1760 户，其中华润家舍 80 户、钱桥新村 750 户，梅林春苑、金球新村、邵巷新村 600 户，育才路 98 弄、菜场里 330 户；自来水改造 108 户，社区贴补资金 10 万余元。

2011~2015 年，钱桥街道办事处先后拨款给晴山蓝城社区资金共 1032.59 万元，其中 2011 年拨款 142.2 万元，2012 年拨款 158.98 万元，2013 年拨款 210.51 万元，2014 年拨款 245.12 万元，2015 年拨款 275.78 万元。同期，社区扶贫帮困 250 余户，共发放补助金 310500 元；临时救助 117 人次，共 161900 元；红十字会救助 14 人次，共 38235 元；工会补助 12 人，共 19000 元；补助四残人员 25 人，共 10000 元；补助困难党员 14 人，共 13200 元；深度救助、慈善基金救助、补助社保退休职工 152 人次，共 137400 元。

**2011~2015 年晴山蓝城社区获得无锡市委、市政府，省级条线以上荣誉表**

表 1—3—67

| 获得时间 | 荣誉名称 | 颁发单位 |
|---|---|---|
| 2011.12 | 江苏省和谐社区建设示范社区 | 江苏省民政厅 |
| 2013.01 | 江苏省综合减灾示范社区 | 江苏省减灾委员会 江苏省民政厅 |
| 2013.11 | 第五届全国服务农民服务基层文化建设先进集体 | 中共中央宣传部 文化部<br>国家新闻出版广电总局 |
| 2014.03 | 江苏省示范农家书屋 | 江苏省新闻出版局 |
| 2014.05 | 第五届江苏省服务农民 服务基层文化建设先进集体 | 中共江苏省委宣传部 江苏省文化厅<br>江苏省广播电影电视局 江苏省新闻出版局 |
| 2015.09 | 江苏省科普示范社区 | 江苏省科协 财政厅 |

## 三、干部任职

晴山蓝城社区自 2010 年成立后，历任党总支书记 1 人、副书记 1 人，居委会主任 2 人、居委会副主任 1 人。因经费由钱桥街道全额拨款，故不设主办会计。2015 年，邓超连任党总支书记兼居委会主任，聂至威连任居委会副主任。

**2010~2015 年晴山蓝城社区历届党支部（总支）、行政干部、主办会计任职表**

表 1—3—68

| 建置名称 | 党支部（总支）书记 | | 行政干部 | | | | | |
|---|---|---|---|---|---|---|---|---|
| | | | 正职 | | | 副职 | | |
| | 姓名 | 任职时间 | 姓名 | 职务 | 任职时间 | 姓名 | 职务 | 任职时间 |
| 晴山蓝城社区 | 邓 超 | 2010.07~ | 王志洪 | 主任 | 2010.09~2011.06 | — | — | — |
| | 傅 毅（副书记） | 2011.07~2012.12 | 邓 超 | 主任 | 2012.12~ | 聂至威 | 副主任 | 2013.11~ |

# 第十节 藕塘社区

藕塘社区坐落在钱桥街道中西部藕塘地区的洋溪河畔，东至胜利桥与溪南社区隔河相望，南与原舜柯社区陆巷接壤，西至官桩浜与稍塘社区章巷隔河相望，北至洋溪河与东风社区隔河相望。2015年户籍人口2014人，外来人口1982人。

## 一、建置沿革

藕塘老街在藕塘社区范围内。自宋代始，藕塘老街隶属于布政乡。至明万历年间到清光绪三十四年（1908），属开原区布政乡下扇。民国18年（1929）改为开原乡第四区藕塘镇。1949年4月至1950年3月改属新渎区藕塘镇。1950年4月属藕塘区藕塘乡，藕塘乡政府设立在藕塘桥南桥墩西面吴仲文祖屋内。其时设4个行政村，第一行政村为藕塘桥南、桥北、朱巷、渔业队；第二行政村为施巷、黄泥坝、钱家岸、大浜斗、李巷、徐塘庙；第三行政村为徐塘湾、丁巷、许巷；第四行政村为毛巷、前方桥、后方桥、渔池头、张巷、解放村。各村成立农会，农会的管辖范围与行政村相同。

图1—3—12 藕塘社区居民委员会(2015年)

1953年1月，无锡县诞生第一个初级农业生产合作社，即为藕塘第四行政村毛巷季小五、周泉根初级农业生产合作社，共11户人家组成。在季小五、周泉根初级社影响下，区域内其他各自然村在原农会小组的基础上也纷纷在互助组的基础上建立初级社。1956年5月，4个初级社合并成立五五高级农业生产合作社。

1958年10月，藕塘人民公社成立，五五高级农业生产合作社更名为五五大队，渔业队独立。五五大队下辖施巷、李巷、徐塘庙、后方桥、前方桥、毛巷、徐东、徐西、许前、许后、渔东、渔西、朱巷、藕南、藕北等15个生产队。五五大队办公地址设在解放村永乐庙，后于1963年迁至后方桥王绍庭祖屋，1966年下半年迁移至毛巷大队电灌站内。1967年，五五大队更名为东方红大队。

1982年，东方红大队更名为藕塘大队，大队办公室迁移至藕塘大桥南桥墩东藕塘大队五金厂内。1983年更名为藕塘村村民委员会。同年实现分田到户后，藕塘村委会辖施巷、李巷一组、李巷二组、徐塘庙、后方桥、前方桥、毛巷、徐东、徐西、许前一组、许前二组、许后、渔东一组、渔东二组、渔西、朱巷一组、朱巷二组、藕南、藕北等19个村民小组。是年下半年成立藕塘居委会。当时的户籍制度尚是二元户籍制（农业户、居民户）。藕塘居委会管辖藕塘街、稍塘营街的城镇户籍居民和藕塘中小学、幼儿园教职员工以及抽水站、供销社、手联社等国营大集体企业的干部职工，共1000多人。藕塘居委会办公地址设在藕塘老街桥南弄。1985年，村委会办公室迁移至藕塘南路藕塘针织厂内。

1990年，藕塘村委会办公地点又迁移至藕塘南路藕塘村塑料厂内，1991年再迁移至藕塘南路26号，1994年又迁移至藕塘标准件三厂内。随着时代的发展，社会的变迁，藕塘房地产公司于20世纪90年代初期开始在藕塘集镇周边开发房地产，相继开发藕塘南路两幢商品房、藕塘桥北藕苑新村商品房住宅、东风冯巷西藕苑新村别墅区。周边农户搬迁至藕塘镇上，加上90年代后期新长铁路开工建设，拆迁百余户农户、400余人失地农民由农转非户口迁入藕塘居委，以及新长铁路无锡西站120余名职工落户，也随同迁入藕塘居委。随着藕塘集镇的扩大，吸引周边的农户进入集镇经商落户，居委人口不断增加。1995年，藕塘居委办公地址由藕塘南路迁移至藕塘新街。

2005年，在钱桥镇政府的规划下，确定藕塘居委会的辖区范围为东至藕洛路，南至新藕路，西至东风桥，北至藕塘北路，辖区人口接近3000人。是年，随着无锡（藕塘）职教园建设需要，藕塘村许前、许后自然村开始拆迁，农户于2007年迁至藕乐苑。2009年10月，藕塘居委与藕塘村委合并，成立藕塘社区居民委员会，藕塘居委会撤销。藕塘社区成立之初，所辖居民小组有施巷、李巷一组、李巷二组、徐塘庙、徐东、徐西、毛巷、渔东一组、渔东二组、渔西、朱巷一组、朱巷二组、藕南、藕北、前方桥、后方桥、桥南弄、桥北弄、藕苑新村、藕塘北路、藕塘市场、龙栖湾居民小区。是年，徐东、徐西、毛巷、张巷村民小组又拆迁至藕乐苑。随着无锡职教园区建设的发展，2011年又有前方桥、后方桥，渔东、渔西、解放村、大浜斗、岸里、藕北村民小组拆迁。2012年，徐塘庙村民小组因拆迁而消失。是年，藕塘社区居民委员会办公地址迁移至藕塘北路原藕塘幼儿园内。2014年，朱巷、李巷、施巷、藕南、桥南弄、黄泥坝村民小组因拆迁而消失。2015年，藕塘社区辖桥北弄、藕苑新村、藕塘北路、藕塘市场、龙栖湾居民小区，原藕塘村的15个自然村因拆迁而全部消失。

## 二、概况

1949年9月，藕塘乡在新渎区政府直接领导下，各村贫苦农民成立农会小组。农会小组带领农民打土豪、斗地主、分田地、评成分。

1950年6月25日朝鲜战争爆发，藕塘4个行政村组织广大青年积极报名应征，张巷张焕兴、徐塘湾赵进法、许巷吴阿海等加入志愿军队伍，跨过鸭绿江与朝鲜人民军并肩作战，抗击美国的侵略。许巷上的吴阿海在朝鲜战场上同美国侵略军浴血奋战，壮烈牺牲。1951年11月，藕塘乡土地改革运动结束，4个行政村共评出地主16户、富农8户、上中农6户、中农18户、贫农430户，农会随之解除，有村行政负责领导各项工作。是年12月10日，党中央向全国人民发布《关于实行精兵简政，增产节约，反对贪污，反对浪费，反对官僚主义的决定》，藕塘乡积极响应，开展三反五反、镇压反革命运动。许巷上曾任无锡县保安大队大队长的胡少梅、胡寿梅兄弟俩被镇压，由无锡县大队执行枪决；施巷龚兴保，李巷黄志祥，藕塘街上周唯新等受到刑事处分。1952年，藕塘乡政府响应上级号召，利用冬闲季节组织贫苦农民大范围地开展学文化，扫除文盲活动。广大贫苦农民踊跃参加，在晚上前往夜校听课、认字、识字，大部分青壮年摘掉文盲帽子。同年，乡政府组织农民破除迷信，移风易俗，清除旧的传统习惯。永乐庙、徐塘庙停止原有的佛事活动。永乐庙安置外地来藕塘落户的外来户，徐塘庙内创办学校。徐塘庙门前两棵生长几百年、数人合抱的银杏树被砍下做课桌椅。藕塘街上的清宁道观停止道教活动，尼姑庵即拆除，所有佛像全部被毁。1953年1月3日，藕塘毛巷自然村诞生无锡县第一个初级农业生产合作社，即 11户人家组成的季小五、周泉根初级农业生产合作社。季小五、周泉根初级农业社得到无锡县委的肯定。县委副书记魏家磊专门驻毛巷村蹲点，把毛巷组织初级农业生产合作社的经验在全县推广。季小五、周泉根被评为无锡县劳动模范。1954~1955年，在互助组的基础上，藕塘乡以行政村为单位成立4个初级农业生产合作社。1956年上半年，4个行政村的初级社合并，成立五五高级农业生产合作社，原行政村同时撤销。参加高级社的农民带着土地入社，土地证同时上交。是年，藕塘单少堂、许阿七，西张巷黄志康、方文华，洛社任育才等自发组织在街上开办藕塘诊疗所。诊疗所先是租用藕塘街上陈伯祥祖屋联合行医，1957年迁至藕塘街上单少堂祖屋内，1958年迁至五五大队朱巷生产队朱伯麟祖屋。1958年，五五高级农业生产合作社有土地225.13公顷，其中种植水稻面积208.4公顷、桑田面积8.33公顷。是年下半年， 藕塘人民公社成立，五五高级农业生产合作社改设为“五五”大队，下辖15个生产队，农民所有财产归集体。各生产队办起公共食堂，社员吃集体食堂，各家各户的灶头全部拆除。五五大队掀起大炼钢铁的高潮，农户烧饭的铁锅等全部上交大炼钢铁 。

1959~1961年，农业生产效率低下，加上自然灾害和苏联背信弃义撤走专家，五五大队农民生活苦难不堪，挖野菜、刮树皮充饥，食不果腹，不少社员患上严重的浮肿病，有的人还被活活饿死。1962年，下放至藕塘农村的职工和部队解放军战士同五五大队农民同吃同住同劳动。是年，藕塘公社实行三级核算（公社、大队、生产小队），以队为基础，不吃大锅饭，不搞平均主义，确立男女同工同酬、多劳多得、按劳分配的分配原则，社员每户划自留田、猪饲料田，五五大队的农民生活逐步得到改善。60年代初期，藕塘公社办公楼搬迁，藕北生产队的4000平方米土地被征用建造藕塘公社办公楼。1964年冬，五五大队在全大队开展整田平地运动，把后方桥的张家坟、王家坟，大浜斗的朱家坟，前方桥的毛路里、毛巷上的吴家坟等全部挑平，泥土填河，搬走千年老田埂，土地按东西方向实行格子化。每块田长 100 米、宽 20 米。在许巷浜至毛巷再至后方桥筑一条大堤，修建灌排站。全大队以毛巷灌排站为中心，沿东西方向筑起从许巷至毛巷、毛巷至渔顶浜、毛巷至藕北（今园区东路）全长 3000 米的灌排总明渠，再由灌排总渠筑起通往各生产队的灌排支渠，灌溉面积达 86.67 公顷。对灌排站无法灌排的边缘田块，增设小泵房，建有施巷、钱家岸、李巷、徐塘庙、后方桥、南片、许后等 7 个小泵房，灌溉面积 20 余公顷。是年，中央决定举全国之力支援新疆建设，在东南沿海地区动员知识青年到新疆组建建设兵团。毛巷生产队青年团员杨国华被选中赴新疆。杨国华在新疆生产建设兵团工作几十年，直至退休后才回乡定居。随着全国、全民大办粮食政策及农村六十条的贯彻落实，五五大队农民的生活得到改善。1965 年，国家对相关政策作出调整，于 1962 年响应党的号召下放到五五大队的城市企业职工逐步返回工业战线，后方桥朱锡茂（上海下放）、许巷上吴阿桂（无锡下放）上调到云南昆明，朱巷刘祥洪（无锡下放）上调到湖北武汉。60 年代中期，藕塘街上诊疗所迁入东风大队冯巷上，后逐渐发展成为藕塘卫生院。1966 年，五五大队社员人人参加“文化大革命”,“破四旧、立四新”“打倒一切牛鬼蛇神”，时地、富、反、坏、右“五类”分子集体关押，大队三天两头召开批斗会，生产队也揪斗坏分子。渔池头张胜涛（地主）一家四口迫于形势，母女四人手系麻绳相互连着集体投河自尽（其中一个儿子挣脱绳套幸免逃生）。张胜涛得知这一情况，在被关押的盛店小学内悬梁自尽。这一惨剧震惊全市上下。

1967 年，五五大队更名为东方红大队。1968 年，东方红大队利用毛巷生产队蚕室创办东方红大队农具五金加工坊，请生产队做过铁匠的顾海金砌一只炉灶，聘 3 个工人，为大队各家各户加工锄头、铁耙、铲刀等农具及生活用品。是年，开办东方红大队卫生室。卫生室设在东方红大队办公室内，先由陶菊英担任赤脚医生。同时大队委派渔池头青年陈仁兴参加无锡县组织的赤脚医生培训学习。1969 年，大队在农具五金加工坊的基础上增添十台仪表车床，加工生产手用丝攻，创办东方红大队五金加工厂，厂址搬迁至东方红大队后方桥 4 间蚕室内。随着五金加工厂规模扩大，工人增加到 20 余人。厂里干部、工人实行农闲务工，农忙务农，亦工亦农。在“工业学大庆，农业学大寨，全国学解放军”的口号声中，东方红大队各生产队改种双三制。大队组织各生产队骨干赴华西大队参观学习后，合理密植，拉线定点莳秧，梳子莳秧等在东方红大队应运而生。种麦薄片深翻山芋埨，下面泥块鸡蛋大，上面泥块蚕豆大，种麦用暗沟等新技术强力推广。三熟制亩产 1000 公斤是硬指标。星火生产队在“农业学大寨”运动中连创佳绩，成为无锡县的典型，被确定为藕塘公社种子队，评为无锡县先进集体。生产队长徐玉兴连续多年被评为无锡县先进个人。60 年代末，藕塘中学搬迁，在藕南、藕北生产队征用土地 6666.67 平方米，新建藕塘中学。

60 年代末至 70 年代初，东方红大队组织农民用生泥和石灰把原来的明渠改筑成地下暗渠。70 年代初期，乡镇企业蓬勃发展，藕塘塑料厂、藕塘煤机厂、藕塘福利厂等相继创办，藕南、藕北生产队 13333.33 余平方米土地被征用作为工业用地。同时，藕塘供销社进一步扩大，征用藕南、藕北生产队土地 3333.33 平方米。建造藕塘印染厂，征用藕南、藕北生产队土地 6666.67 平方米。藕塘粮管所扩大建设，征用朱巷生产队土地 6666.67 平方米。东方红大队建造山芋加工坊、线粉厂、东方红大队五金厂，征用藕北生产队土地 2266.67 平方米，建造藕塘抽水站征用藕南、藕北生产队土地 17333.33 平方米。1971 年，藕塘公社看到东方红大队五金厂初具规模，要求收归公社所有。于是，东方红大队五金厂的人员和设备全部收归藕塘公社，由此诞生无锡县自缝工具厂，为社办企业，即后来的 “金星工具厂”。东方红大队自从五金厂的人员、设备被公社收归后，又重新招兵买马，购置设备，除小批量生产手用丝攻外，还生产铸铁有机玻璃夹头，试制生产玻璃、有机玻璃纽扣。1972 年，藕塘公社看到东方红五金厂仍在生产手用丝攻，又将这一产品和人员收归无锡县自缝工具厂。这样，东方红五金厂只能以有机玻璃夹头和有机玻璃纽扣为主打产品，随即在藕北队土地上新建 5

间厂房，建成藕塘山芋淀粉加工厂，收购山芋加工成淀粉和粉丝。是年，修筑锡陆杨公路时在施巷新建胜利桥。1975年，藕塘山芋淀粉加工厂进一步扩大，建造11间二层楼，将东方红大队五金厂迁入，同时开发生产缝纫机螺丝。东方红大队五金厂更名为“缝纫机螺丝厂”，主打产品为缝纫机螺丝、有机玻璃夹头。是年始，东方红大队用2年时间对村道的泥土路进行改造。从锡陆公路始至星火队筑800余米，路面宽4米的石子路。从前方桥至许巷，从毛巷至渔池头，从毛巷至锡陆公路等主干道全部铺上石子路面。70年代中期，在许巷至勤建的镇级道路上修建友谊桥（在2007年职教园区建设过程中已被拆除）。1978年，藕塘中心小学搬迁，征用藕南生产队土地1333.33平方米。70年代末，藕塘公社政府办公用房扩建，征用藕北生产队土地3333.33平方米。

80年代初，创办东方红大队羊毛衫加工坊，由无锡市羊毛衫厂来料加工。藕塘中学建办藕塘中学电器厂，征用藕北生产队土地10000平方米；无锡县第一抗排队征用藕南、藕北生产队土地4000平方米。1982年，东方红大队更名为藕塘大队。是年，藕塘大队实行分田到户，把生产队土地按人头计算平均分配至各家各户。土地多的生产队每人分到1000余平方米，其中口粮田按每人333.34平方米计；土地少的生产队每人仅分得几分田，口粮田以每人300平方米计，超出口粮田的部分为上交国家公粮的责任田。但当时公粮收购价格处于计划经济模式，粮食价格倒挂，社员种粮积极性受到严重影响。是年，大队重建后方桥，并在沿河新筑200余米长石驳岸，靠河路边设有钢筋水泥结构的栏杆。1983年，藕塘大队更名为藕塘村。藕塘村地处藕塘镇区，不少镇办企业在藕塘村范围之内，藕南、藕北村民小组132户、445人在是年就用上深井自来水。1984年，朱巷村民小组53户、220人也用上自来水。是年，藕塘居委建造黄沙堆站和预制场，征用朱巷村民小组土地3333.33平方米。1985年，藕塘乡建办藕塘标准件三厂、藕塘标准件五厂、藕塘塑料厂、藕塘羊毛衫厂，征用藕南、藕北、李巷 村民小组土地26666.67平方米；藕塘中心小学扩建，又征用藕南村民小组土地6666.67平方米。是年，藕塘村创建无锡县藕塘标准件三厂，在锡陆杨公路边征地20000余平方米，缝纫机螺丝厂并入三厂，原来的厂区归藕塘中学。同年，藕塘村实行二田分开，口粮田由各家各户承包种植，责任田由村委统一收回，发包给种田大户承包经营。口粮田解决社员口粮，责任田上交国家公粮。1987年，国家粮食价格全面放开后，原来的粮食价格逆差变顺差，藕塘村委开始征收种田大户承包费每亩50~200元不等。80年代末期，建造藕塘农机五金厂，征用渔西村民小组土地5333.33平方米。同期，藕塘村卫生室迁至渔池头生产队大队机耕队内。80年代，藕塘村委分别在李巷、藕南村民小组建造二套室外健身场地，添置相应完备的健身设备，方便村民进行体育锻炼。村委所在地添置一整套室内健身设备和二张乒乓球台，每年组织村民开展乒乓球比赛，活跃群众体育文化生活。

1990年，藕塘生活搪瓷厂由藕塘桥北迁移至藕塘村施巷村黄泥坝时，施巷村民小组47户、159人用上自来水。90年代初，藕塘村又创办藕塘纸箱厂、钻石工具厂、藕塘五金厂，村办企业产值由原来的几万元增加到400万元。藕塘村委托藕塘养护工区把区域内主干道浇成柏油马路。以后，又把柏油路改造成宽3.5~4米的水泥路，通向各自然村的支路筑成宽2.5~3米的水泥路，通到各家各户的次干道筑成宽2~2.5米的水泥路，全村共浇水泥道路计4.5万平方米，投入资金120余万元。时由于地下暗渠年久失修，村委把灌排总暗渠全部改用24寸水泥管渠道，全村共改造2000余米。同期，藕塘生活搪瓷厂扩建，征用施巷村民小组土地33333.33余平方米；藕塘印染厂扩建，征用朱巷村民小组土地3333.33平方米；建造藕塘纸箱厂、藕塘银兴弹簧厂、藕塘洪兴毛纺厂，在徐塘庙村民小组征用土地6666.67平方米；藕塘抽水站扩建以及建造藕塘利群机械厂，征用李巷、藕北村民小组土地10000平方米。1994年，藕塘生活搪瓷厂再扩建，先后征用施巷村民小组土地16666.67平方米。1996年，藕塘中学电器厂扩建，征用藕北村民小组土地4666.67平方米、后方桥村民小组土地8000平方米。是年，村委对东新桥、黄泥坝桥进行修补和拓宽。1997年，藕塘村村办企业实现全面转制，由集体企业转为私有企业或合资企业，厂长成为老板。此时，藕塘村企业又进入一个崭新的阶段，村党支部、村委会加大招商引资力度，对原标准件三厂进行改扩建，投入资金1000余万元，引进苏特钢管、荣峰铜管等 10 多家企业，为村级经济的发展注入新的活力。1999 年，村委把解放桥由原来的石板桥改建成水泥桥。90 年代，锡山市和藕塘镇规划确定毛巷、许巷建设连片丰产方，加大投入。在藕塘镇政府的组织下，对这一地区的 16.67 公顷农田又一次进行全面整理，成为锡山市丰产方建设的样板。锡山市推广三麦水稻新品种、农业新技术（工厂育秧，机械化插秧、抛秧）等都在此试验应用。锡山市政府连续几年召开的农业生产现场会都在毛巷丰产方举行，另有二年无锡市农业生产现场会也在毛巷丰产方召开。毛巷丰产方的耕作方式仍由各家各户按镇农技部门的技术要求自行耕作，水稻管理的各个环节由镇农技站提供技术支撑。镇村二级农技人员现场指导，确保毛巷丰产方建设顺利进行。毛巷丰产方连续十年跨入无锡县（锡山市）丰产方建设的先进行列。90 年代中后期，村委对全村的灌排支渠进行全面改造，筑成深 80~120 厘米，宽 45~55 厘米的水泥灌排渠，前后耗时 5 年，全村共改造 10000 余米灌排渠，总投资 120 余万元。90 年代末开始，随着经济社会不断发展，藕塘人的物质生活需求不仅仅满足于温饱型，而是追求丰富多彩的物质生活，农村单一的粮食生产已不能满足人们日益增长的物质需求，藕塘村农业结构不断发生变化。渔西村民组朱吉祥租赁 2 公顷土地，开挖池塘，养殖蟹、鱼等水产品。种田大户纷纷种植桃树、雪梨，果树田有 3.33 公顷。农户与农户之间实行土地流转，建立蔬菜园区 3.33 公顷。

跨入 21 世纪，藕塘人民物质生活不断提高，精神生活需求也越来越迫切。藕塘村委审时度势，组建藕塘村锣鼓队、藕塘村舞蹈队。村委经常组织锣鼓队、舞蹈队深入企业、深入乡村开展活动，每年参加镇里的汇报演出。2001 年，无锡市银鑫钢管有限公司、无锡市华群机械有限公司在区域内开办。8 月，随着藕塘中心小学易地建设，又征用藕南村民小组 50000 平方米土地。2002 年，农业结构调整后全村种植果树、花木 20 公顷，水产品养殖 6.67 公顷。是年，村委投入资金 100 余万元，为家家户户接通自来水，全村自来水用户 438 户，1133 人。2004 年 10 月，藕塘生活搪瓷厂破产，在原藕塘生活搪瓷厂土地上开发龙栖湾商品房小区，又征用施巷村民小组土地 15333.33 平方米。2005 年，随着农村城镇化建设的不断推进，无锡市（藕塘）职教园区的建设促进藕塘村的拆迁安置工作，藕塘村委开始做好村民的拆迁动员工作。2006 年，全村 93.33 公顷土地全部改种果树、花木、蔬菜及养殖水产品。村灌排站完成历史使命，不再进行灌溉。是年，无锡市圣佳力管业有限公司、无锡市双寅机械配件厂、无锡市中利家纺制品厂在区域内开办。2007 年 5 月，许前、许后两个村民小组共 70 户农户全部拆迁，一次性安置进藕乐苑一期。2008 年，因拆迁等因素，藕塘卫生室并入藕乐苑卫生室。2009 年 7 月，徐东、徐西、毛巷及渔西的张巷自然村 127 户农户全部拆迁，实行二次安置，每户先在藕乐苑一期安置一套，其余房屋在 2010 年安置完毕。10 月，藕塘村改设为藕塘社区。是年，区域内徐塘庙新建徐塘桥。同年，无锡市伟华塑业有限公司、无锡宏彪精密冷拔钢管有限公司在区域内开办。

2010 年新建钱藕路时，施巷胜利桥全部拆除重建。2011 年 4 月，渔东、渔西、前方桥、后方桥村民小组 125 户农户拆迁，农户实行过渡性安置，至 2014 年全部安置进入藕乐苑二期及三期。 10 月，藕北、大浜斗、岸里等 86 户农户拆迁，农户实行过渡性安置。是年，无锡市普佳有限公司、无锡市锦辉紧固件厂在区域内开办。2012 年，区域内钱洛路、显山路、新藕路上又新建 3 座跨洋溪河大桥——龙栖湾大桥、显山路桥、新藕路桥。9 月，因开通职教园区东路，星火村民小组 13 户农户全部拆迁。2013 年，藕塘社区有工业企业 54 家，其中规模以上企业 3 家，规模以下企业 51 家。

**2013 年藕塘社区规模以上企业一览表**

表 1—3—69　　单位：人、万元

| 单位名称 | 法定代表人 | 创办时间 | 主要产品 | 从业人数 | 主营业务收入 | 资产总计 |
|---|---|---|---|---|---|---|
| 无锡市荣峰精密铜管厂 | 高国荣 | 1999.04 | 重有色金属压延加工制造 | 26 | 2035 | 554 |
| 无锡市银鑫钢管有限公司 | 黄立平 | 2001.01 | 焊管加工 | 21 | 2375 | 1510 |
| 无锡圣佳力管业有限公司 | 毛晓军 | 2006.01 | 焊管制造加工 | 13 | 4228 | 868 |

## 2013年藕塘社区规模以下企业一览表

表1—3—70

单位：人、万元

| 单位名称 | 法定代表人 | 创办时间 | 主要产品 | 从业人数 | 主营业务收入 | 营业税金 | 资产总计 |
|---|---|---|---|---|---|---|---|
| 无锡市鸿圆阻燃塑料材料厂 | 吴耀兴 | 1989.03 | 纸箱的加工 | 2 | 48 | 0.38 | 379 |
| 无锡市力达标准件有限公司 | 黄晓东 | 1990.01 | 标准件的制造加工 | 12 | 370 | 1.45 | 729 |
| 无锡市藕塘春风通用塑料厂 | 吴炳南 | 1996.03 | 橡胶产品的制造 | 4 | 101 | 0.33 | 60 |
| 无锡市恒昌蒸呢布厂 | 吴国照 | 1997.01 | 蒸呢布的制造 | 6 | 146 | 2.48 | 178 |
| 无锡市速达振动电机有限公司 | 周建法 | 1998.01 | 生产振动电机 | 27 | 581 | 3.34 | 481 |
| 无锡市鸿元防火材料有限公司 | 吴　明 | 1998.03 | 防火器材的制造加工 | 50 | 1303 | 9.47 | 1496 |
| 无锡市三胜塑料厂 | 朱梁成 | 1998.08 | 塑料制品制造加工 | 5 | 67 | 0.29 | 71 |
| 无锡市藕塘橡塑机械配件厂 | 何振勇 | 1998.09 | 机械配件制造加工 | 10 | 191 | 0.92 | 211 |
| 无锡市开杰振动电机有限公司 | 周建法 | 2000.01 | 振动电机的制造 | 6 | 163 | 0.81 | 137 |
| 无锡市苏特异型钢管有限公司 | 王义平 | 2001.05 | 异型钢管的制造加工 | 27 | 2266 | 7.86 | 777 |
| 无锡市惠峰冷弯型钢有限公司 | 王建忠 | 2001.06 | 型钢的制造加工销售 | 10 | 225 | 0.31 | 267 |
| 无锡福冠汽车零部件有限公司 | 邹福君 | 2001.06 | 柴油机配件的加工 | 20 | 248 | 3.00 | 302 |
| 无锡华群机械有限公司 | 邵国贤 | 2001.09 | 搅拌机的制造 | 15 | 382 | 4.44 | 289 |
| 无锡博达电气有限公司 | 吴立兴 | 2001.11 | 电磁炉配件的加工 | 45 | 1218 | 4.04 | 1073 |
| 无锡银河机械设备有限公司 | 朱卫东 | 2002.07 | 机械配件的制造加工 | 4 | 63 | 0.45 | 102 |
| 无锡市藕塘五金电器厂 | 陶建珠 | 2002.10 | 橡胶件的制造加工 | 4 | 109 | 0.30 | 197 |
| 无锡市藕塘机电设备厂 | 蒋国荣 | 2003.02 | 普通机械的制造、加工 | 6 | 54 | 0.60 | 109 |
| 无锡联通机械有限公司 | 缪建林 | 2003.03 | 电焊机的制造 | 10 | 204 | 0.46 | 305 |
| 无锡惠邦橡胶制造有限公司 | 沈　伟 | 2003.04 | 橡胶混炼胶 | 25 | 1667 | 5.20 | 698 |
| 无锡市润阳织造厂 | 陶建珠 | 2003.05 | 毛绒布的加工 | 2 | 91 | 0.51 | 99 |
| 无锡展鸿金属制品有限公司 | 蒋荣兴 | 2003.06 | 焊管加工 | 11 | 960 | 2.99 | 1446 |
| 无锡市鸿元防火工程有限公司 | 吴耀兴 | 2003.09 | 防火装置制造安装 | 10 | 451 | 1.62 | 429 |
| 无锡双钱型钢有限公司 | 汪泉良 | 2004.03 | 金属材料加工 | 10 | 1244 | 2.43 | 438 |
| 无锡众意机电有限公司 | 吴　伟 | 2004.03 | 铜牌加工触头 | 5 | 325 | 2.30 | 136 |
| 无锡市晶艺玻璃有限公司 | 顾耀明 | 2004.06 | 玻璃制品加工 | 14 | 317 | 1.74 | 905 |
| 无锡市力久机械有限公司 | 张建林 | 2004.08 | 五金机械制造 | 11 | 539 | 1.99 | 533 |
| 无锡市双杰钢管有限公司 | 唐　杰 | 2004.09 | 焊管制造、加工、销售 | 14 | 2561 | 6.30 | 804 |
| 无锡双利焊管有限公司 | 杨　卫 | 2004.12 | 焊管制造加工 | 12 | 1542 | 2.16 | 574 |
| 无锡市金荣真空泵厂 | 冯金荣 | 2005.08 | 真空泵制造加工 | 10 | 318 | 1.90 | 442 |
| 无锡市恒盛车轮有限公司 | 吴旭明 | 2005.08 | 汽车车轮的制造 | 45 | 1607 | 7.03 | 1452 |
| 无锡市江虹纺织有限公司 | 王勤华 | 2006.01 | 织布的生产加工 | 22 | 1533 | 0.61 | 833 |
| 无锡立坤环保机械有限公司 | 曾蒋文 | 2006.06 | 环保机械制造加工 | 15 | 820 | 8.50 | 1053 |
| 无锡市中利家纺制品厂 | 濮荣伟 | 2006.08 | 纺织品服装加工 | 2 | 38 | 0.44 | 20 |
| 无锡市旭阳冷弯型钢有限公司 | 刘　斌 | 2006.08 | 型钢制造 | 7 | 385 | 0.77 | 117 |
| 无锡市双寅机械配件厂 | 张春明 | 2006.10 | 橡胶衬垫 | 5 | 75 | 0.33 | 84 |
| 无锡市金盛弹簧厂 | 黄仁清 | 2007.05 | 弹簧生产 | 31 | 610 | 2.18 | 420 |
| 无锡市藕塘现代塑胶五金制品厂 | 吴伟东 | 2007.06 | 橡塑嵌条制造加工 | 1 | 10 | 0.05 | 85 |
| 无锡普瑞腾传动机械有限公司 | 杨国兴 | 2008.02 | 齿轮及齿轮减、变速箱制造 | 14 | 314 | 0.40 | 1586 |
| 无锡凯伦纳弹簧有限公司 | 邹福君 | 2009.02 | 弹簧制造 | 35 | 1484 | 9.11 | 1360 |
| 无锡伟华塑业有限公司 | 陈明华 | 2009.06 | 塑料件制造 | 8 | 46 | 0.22 | 160 |
| 无锡宏彪精密冷拔钢管有限公司 | 何　国 | 2009.08 | 钢压延加工 | 15 | 1275 | 3.25 | 879 |
| 无锡市海朋纺织品有限公司 | 陶建珠 | 2010.04 | 纺织品制造 | 12 | 1476 | 0.77 | 726 |
| 无锡市梓洋毛纺有限公司 | 季建华 | 2010.04 | 纺织加工 | 12 | 361 | 1.78 | 209 |
| 无锡市云顺钢管制造有限公司 | 邹国强 | 2010.05 | 钢管制造 | 9 | 2242 | 2.82 | 843 |
| 无锡市藕塘隆达橡塑制品厂 | 王正清 | 2010.08 | 橡塑制品的制造 | 6 | 109 | 0.17 | 201 |
| 无锡市好洁金属捆带有限公司 | 丁新虎 | 2011.01 | 金属丝制造 | 6 | 737 | 1.67 | 254 |
| 无锡市普佳机械有限公司 | 沈建国 | 2011.02 | 通用设备制造 | 12 | 772 | 2.75 | 265 |
| 无锡市通达塑料五金厂 | 黄祥法 | 2011.03 | 塑料制品的制造加工 | 9 | 324 | 1.95 | 216 |
| 无锡圣奥包装制品有限公司 | 许　琳 | 2011.04 | 加工纸制造 | 13 | 257 | 0.78 | 224 |
| 无锡市锦辉紧固件厂 | 俞　康 | 2011.07 | 金属紧固件制造 | 6 | 115 | 0.38 | 94 |
| 无锡市威迩隽机械制造有限公司 | 王育新 | 2013.02 | 其他专用设备制造 | 10 | 54 | 1.63 | 583 |

2014年6月，施巷、黄泥坝、李巷、藕南、朱巷、桥南249户农户全部拆迁，农户实行过渡性安置。至2015年，藕塘社区范围内的15个村民小组全部拆迁完毕。在拆迁安置过程中，钱桥（镇）街道实行人性化安置，视拆迁的实际情况，对确有安置困难的农户按个人申请，优先进行统筹安排，有50%以上的农户在拆迁时即得到一户一套安置房。2015年，藕塘社区规模以上企业2家，规模以下企业49家，工农业总产值31774万元，成为幸福社区、富民社区。

**2005~2015年藕塘（村）社区主要经济指标统计表**

表1—3—71 单位：人、万元

| 年份 | 农业人口 | 工农业总产值 | 工业总产值 | 工业销售、主营业务收入 | 工业利税总额 | 工业增加值 | 工业固定资产原价 |
|---|---|---|---|---|---|---|---|
| 2005 | 2020 | 15431 | 14940 | 14706 | 825 | 3575 | 1787 |
| 2006 | 2062 | 21230 | 20826 | 21002 | 992 | 4885 | 3566 |
| 2007 | 2073 | 26049 | 25529 | 25497 | 892 | 6039 | 4533 |
| 2008 | 2063 | 30922 | 30482 | 28424 | 1114 | 7040 | 5039 |
| 2009 | 2065 | 26678 | 26278 | 26170 | 680 | 5503 | 5816 |
| 2010 | 4801 | 36717 | 36337 | 36340 | 1217 | 7314 | 8164 |
| 2011 | 均为居民 | 42235 | 41853 | 42338 | 1405 | 8482 | 9142 |
| 2012 | | 40574 | 40574 | 40661 | 1021 | 7203 | 8862 |
| 2013 | | 36693 | 36693 | 39795 | 996 | 6485 | 7976 |
| 2014 | | 37798 | 37798 | 41610 | 1015 | 6679 | 8215 |
| 2015 | | 31774 | 31774 | 33125 | 832 | 5677 | 6983 |

## 三、干部任职

1955~2015年，五五（高级社）大队、东方红大队、藕塘村民委员会、藕塘社区历任党支部书记11人、副书记4人，大队长4人、副大队长2人，村委主任3人、村委副主任6人，主办会计9人。2015年，吴耀兴连任藕塘社区党总支书记，吴毅强连任居委会主任、李辉连任居委会副主任，陈静华连任主办会计。

**1955~2015年五五（高级社）大队、东方红大队、藕塘（村）社区**
**历届党支部（总支）、行政干部、主办会计任职表**

表1—3—72

| 建置名称 | 党支部（总支）书记 | | 行政干部 | | | | | | 主办会计 | |
|---|---|---|---|---|---|---|---|---|---|---|
| | | | 正职 | | | 副职 | | | | |
| | 姓名 | 任职时间 | 姓名 | 职务 | 任职时间 | 姓名 | 职务 | 任职时间 | 姓名 | 任职时间 |
| 五五高级社 | 芮爱娣 | 1955~1957 | — | — | — | — | — | — | 李惠仙 | 1955~1956 |
| | 徐产荣(副书记) | 1955~1957 | — | — | — | — | — | — | 龚耀生 | 1956~1957 |
| 五五大队 | 徐金荣 | 1958~1959 | — | — | — | — | — | — | 徐荷生 | 1958~1965 |
| | 徐产荣(副书记) | 1958~1962 | 徐金荣 | 大队长 | 1963~1965 | — | — | — | — | — |
| | 朱章汉 | 1959.04~1959.10 | — | — | — | 李锦昌 | 副大队长 | 1959~1962 | — | — |
| | 周明高 | 1959~1960 | — | — | — | — | — | — | — | — |
| | 徐金荣 | 1960~1962 | — | — | — | — | — | — | — | — |
| | 吴阿桂 | 1963~1965 | 徐荷生 | 大队长 | 1966~1967 | — | — | — | — | — |
| | 李焕生 | 1966~1967 | — | — | — | — | — | — | 季龙兴 | 1966~1967 |
| 东方红、藕塘大队 | 李焕生 | 1967~1974 | 徐荷生 | 大队长 | 1967~1974 | — | — | — | 季龙兴 | 1967~1974 |
| | 吴斌泉 | 1974~1975 | 吴金南 | 大队长 | 1974~1975 | 吴耀生 | 副大队长 | 1974~1981 | 李振兴 | 1975~1976 |
| | 吴金南 | 1976~1983 | 沈德生 | 大队长 | 1976~1983 | — | — | — | 吴正南 | 1976~1977 |
| | 徐培祥(副书记) | 1976~1981 | — | — | — | — | — | — | 周荣兴 | 1977~1983 |

续表 1—3—72

| 建置名称 | 党支部（总支）书记 | | 行政干部 | | | | | | 主办会计 | |
|---|---|---|---|---|---|---|---|---|---|---|
| | | | 正职 | | | 副职 | | | | |
| | 姓名 | 任职时间 | 姓名 | 职务 | 任职时间 | 姓名 | 职务 | 任职时间 | 姓名 | 任职时间 |
| 藕塘村 | 吴国照 | 1983~1988 | 陈蔡良 | 主任 | 1983~1987 | 陈蔡良 | 副主任 | 1983~1984 | 周荣兴 | 1983~1985 |
| | 陈蔡良 | 1988~2008 | — | — | — | 胡耀明 | 副主任 | 1986~1988 | 杨彩芬 | 1989~1998 |
| | — | — | — | — | — | 朱全福 | 副主任 | 1988~1994 | — | — |
| | 吴耀兴 | 2008~2009 | 徐国兴 | 主任 | 1996~2009 | 陶阿祥 | 副主任 | 1988~1996 | 陈静华 | 1998~2009 |
| 藕塘社区 | 吴耀兴 | 2009~ | 徐国兴 | 主任 | 2009~2010 | 吴毅强 | 副主任 | 2009~2010 | 陈静华 | 2009~ |
| | 贾建明<br>徐国兴<br>(副书记) | 2009~2011 | 吴毅强 | 主任 | 2010~ | 李　辉 | 副主任 | 2010~ | — | — |

## 第十一节 东风社区

东风社区位于钱桥街道藕塘地区洋溪河以北，东与洋溪社区相邻，南与藕塘社区隔河相望，西至庙桥浜与盛峰社区相连，北与南塘社区相接。2001 年，东风村与新成村合并，建立新的东风村。2009 年，增设东风社区居民委员会。2012 年，东风村村民委员会撤销。

图 1—3—13　东风社区居民委员会（2015 年）

### 一、建置沿革

1953~1954 年，东风地区各自然村在农会的基础上成立互助组，劳力多的人家帮助劳力少的人家。1954~1955 年冬，10 个自然村在互助组的基础上成立 5 个初级社，分别是：第一初级社由梅巷、冯巷自然村组成，社长梅关宝，会计梅关兴；第二初级社由洗马浜、费巷自然村组成，社长冯仁海，会计冯仁生；第三初级社由北陆巷、周家里自然村组成，社长浦泉生，会计冯朝兴；第四初级社由刘古桥、湾里、大坝上自然村组成，社长陈胜梅、樊锡根，会计陈仁法；第五初级社由唐巷里自然村组成，社长钱阿德、钱纪德，会计顾八妹。1956 年 9 月，5 个初级社合并成立高级社，取名为五九高级农业生产合作社。

1958 年，藕塘人民公社成立，五九高级农业生产合作社更名为五九大队。是年，成立渔业大队。1967 年，五九大队更名为东风大队。1983 年，东风大队改设为东风村村民委员会，渔业大队更名为新成村。2001 年，新成村（渔业大队）并入东风村。2009 年，增设东风社区居民委员会。2012 年，东风村村民委员会撤销。在城市化建设的推动下，社区有大部分村巷已经拆迁，至 2015 年底，保留的自然村有唐东、唐西、唐南、湾里、芦朱巷、洗马浜、新成、小冯巷（其中小冯巷、唐西、湾里已拆迁一半，拆迁户已安置进新藕苑小区）。是年，社区共有户籍人口 3803 人，常住人口 6230 人。

### 二、概况

东风社区原来为藕塘地区的东风村、新成村等农业、渔业乡村。2001 年从事渔业的新成村并入东风村。

#### （一）五九大队、东风（大队）村

1958 年，五九大队辖梅巷、西沟桥、北陆巷、冯巷、田庄巷、漳漕巷、洗马浜、费巷、芦朱巷、马巷、李巷、刘古桥、湾里、大坝上、唐巷里、小王巷、小冯巷、西毛蓬、东毛蓬、周家里 20 个自然村、24 个生产队，即梅前、梅后、西沟桥第一、西沟桥第二、北陆巷第一、北陆巷第二、冯东、冯西、小冯巷、田庄巷、漳漕巷、洗马浜、芦朱巷、马前、马后、小李巷、刘古桥、湾里、唐东、

唐西、唐南、小王巷、西毛蓬、周家里生产队。是年10月，藕塘公社成立南北二大工区，五九大队与五五、五星、火花大队组成北工区。秋收秋种结束，南北工区撤销，回归原来各大队。1964年，五九大队搞整田平地格子化，土地面积增加到194.07公顷。1982年，西毛蓬分成东毛蓬、西毛蓬两个生产队。2001年，新成村（渔业队）并入东风村后，东风村辖26个村民小组，土地面积175.2公顷。

**医疗卫生** 新中国成立初期，东风地区老百姓的生活很是贫穷。在贫穷落后的大背景下，血吸虫病给东风农民群众带来无穷的灾难。特别是西沟桥、唐巷里、马巷、小王巷、小李巷等自然村是重灾区。当时的河浜里、水沟里到处都有钉螺。村内的老、中、青年农民都患有肝病，因为饮水和生活用水都是河水。血吸虫病对村民的肝脏造成极大的伤害，也影响适龄青年服兵役。西沟桥等5个自然村的适龄青年应征体检无一合格，都患有肝肿大。1957年春天，无锡县血吸虫病防治中心和藕塘卫生院联合抽调骨干，五九高级社抽调各自然村一名青年，组成30多人的灭钉螺队伍。灭钉螺队伍在东风地区每条河道、每条水沟查钉螺。凡是发现有钉螺的地方，就将草皮铲掉，撒上“六六”粉，然后将土拍结实，达到消灭钉螺的目的。同时，公社组织每人每天早上把大便送到藕塘医疗部门化验。凡是化验出来的带病者，就口服血防“864”药；较为严重者，就注射“T273”药剂治疗。经过几年的治理，东风地区彻底消灭了钉螺。1968年，东风大队为了便利村民就医，成立东风大队卫生室。卫生室设在木桥头沈轩均私房内，面积约50平方米。1971年，大队卫生室搬迁至积德桥堍原大队排灌站内，共三间房屋，有门诊室、检查室和药房。2007年，村卫生室搬迁至东风小学大楼北，面积180平方米，有药房、门诊、输液室等。是年，村卫生室更名为东风村卫生服务站，医务条件得到彻底改变。2014年11月，卫生服务站搬至新藕苑小区，改设为东风社区卫生服务中心。东风社区卫生服务中心是江苏省村级公益事业建设一事一议财政奖补助项目，投资70万元，其中财政奖励12万元、社区集体投资58万元。社区卫生服务中心建筑面积500平方米，为居民看病带来很多便利。

**村办企业** 20世纪70年代，东风大队兴办村办企业，有钣金厂、纸盒厂、缝纫厂、化工厂、减速器厂、二标厂、塑料厂、涂料厂、拉链厂、彩印厂、预制件厂、机修厂、钢窗厂等。80年代初，村办企业产值1400万元。在大气候裹挟下东风村办企业蓬勃发展。为解决村里孩子的上学问题，村集体出资建造村办东风小学。1981年起，从积德桥、芦朱巷起，以锡陆杨公路为中心，南北两侧创建东风工业园。西至刘古桥村道，建第一东风工业园，占地面积66666.67余平方米；第二东风工业园占用小王巷土地面积约53333.33余平方米；北面以省道S342线为界，建第三东风工业园，占用唐西队土地约20000余平方米。到90年代末，村办企业年总产值达4000万元。

**道路建设** 解放初，东风地区的道路都是泥土小路，村民出行很不方便。20世纪60年代，做地下渠道时村民自建简易村道，为拖拉机到农田作业创造条件，同时方便村民行走。70、80年代，东风大队由于农副业生产搞得比较好，余下充足的资金，经各生产队社员讨论同意，把资金用在村道建设上。村道建设以锡陆杨公路为主线向南北延伸分支，路宽4~6米。锡陆杨公路藕塘桥向北500米处，往东在冯巷到梅巷建一条村道长1500米；锡陆杨公路在藕塘医院向西转弯300米处，往北到田庄巷建一条村道，长1000米；锡陆杨公路藕塘新街处往南到洗马浜建一条村道，长100米，往北到漳漕巷建一条村道，长1000米；锡陆杨公路积德桥处由西向南至芦朱巷建一条村道，长2000米；锡陆杨公路藕塘医院向西800米处往南到湾里、刘古桥建一条村道，长1500米；锡陆杨公路藕塘医院向西800米处，向北到北陆巷、东毛蓬建一条村道，长1500米；锡陆杨公路藕塘医院向西1000米处往南到大坝上到小李巷、马巷上、西沟桥建一条村道，长2000米；锡陆杨公路藕塘医院向西1200米处往北到小王巷、西毛蓬建一条村道，长1500米；锡陆杨公路大坝上加油站到唐南、西沟桥建一条村道，长1300米。全村建村道总长11800余米。90年代，东风村办企业进一步得到发展，村里集体经济比较富裕，把村道全面改建成为水泥路，路宽 4 米，浇水泥厚 18 公分以上。11800 米水泥村道一直使用到 2012 年拆迁后才大部分消失。

**生活用水** 1970 年前，东风村民饮用水一直是河水。70 年代初期，各生产队已积累一定资金。为村民生活和身体着想，大队牵头，各生产队出资，开挖深井水，以深井水作为村民的生活用水。1981 年，东风队办企业蓬勃发展，大队决定为民办实事，安装自来水，费用二级分担，村民每户出资 400 元，其余由大队补足。大队出资共计 50 万元，由藕塘自来水安装工程队负责施工。自来水管道通往各个村，接到每家每户。是年，全大队社员都用上自来水。

**东风菜园地** 1981 年，无锡市在东风大队周家里、漳漕巷划出 66666.67 平方米土地，建立东风菜园地，种植蔬菜，挂无锡市蔬菜基地牌子。主管单位是无锡市多种经营管理局，由藕塘多种经营服务公司负责。东风菜园管理负责人是陆荣德，种植蔬菜的都是外地人。最初成片种植冬瓜。为增加菜农收入，无锡市多管局组织菜农搞多种经营，种植各种蔬菜瓜果。蔬菜瓜果全部上交无锡市锡澄蔬菜批发市场。种菜肥料由市多管局提供。1989 年，东风菜园地在种植规模扩大到 20 公顷的基础上，又发展到马巷、西沟桥、刘古桥、东西毛蓬，共 33.33 公顷。东风菜园地实行规模种植，自产自销，直至 2012 年因拆迁而消失。

### （二）（渔业大队）新成村

1958 年前，藕塘地区没有渔业村建置，只有“网船上”渔民。渔民们家家户户有大小渔船，人多的家庭有两只渔船。渔民钮林巧还在藕塘洋溪河岸搭起草棚，居住在草棚里。“网船上”人成天与鱼虾蚌蟹为伍，勉强糊口度日。“网船上”的孩子非常“吃冻”，冬天在船上光着脚，衣衫单薄，十分艰苦。那时，藕塘地区流传着一首女孩子不愿嫁到“网船上”的歌谣：“娘啊！娘啊！你怎么硬心肠，把奴嫁到‘网船上’，早早摇露水，夜夜摇五更。”可见渔民生活的艰难程度。

1958 年，藕塘公社牵头，把“网船上”渔民组织起来，成立渔业大队。渔业大队在藕塘洋溪河边组织渔民筑堤养鱼，共有鱼塘面积 66666.67 平方米。养鱼的品种有青鱼、草鱼、鲢鱼、鳊鱼等。渔业大队全年收入达 6 万余元，渔民们的生活有很大改善。1975 年，中央下发文件，规定渔民要在陆上定居，过安居乐业的稳定生活。藕塘公社动用冯西生产队的土地，给渔业队的渔民盖上新楼房。从此，藕塘渔业大队的渔民过上楼上楼下、电灯电话的生活。年轻人开始到乡镇企业工作，年纪大的仍以捕鱼为业，把捕到的鱼上市买卖，补贴家用。

1983 年，渔业大队有 28 户人家、138 人，更名为新成村。新成村村民在冯福兴书记带领下，谋千方百计，吃千辛万苦，借钱办农机厂、煤矿液压件厂。第二年，工业产值达 40 万元，新成村村民生活又跨上新的台阶。2001 年，新成村并入东风村。

### （三）东风社区

2012 年，东风村改设为东风社区。东风社区把民生工作作为重中之重来抓，投入民生工程总资金 500 多万元，改善居民的居住环境，陆续对各个保留的自然村进行整治，铺设污水管网、整修村道、墙面出新、绿化种植等。在芦朱巷新建芦园，在唐巷修建健身广场，在新成村修建绿化小公园，供居民们休闲健身。整治后的芦朱巷成为惠山区村庄整治的亮点，获得区、街道两级政府的好评。区委书记吴仲林曾到芦朱巷考察，对该处的整治工作加以肯定。东风社区十分重视绿化工作，主干道锡陆杨公路通往各村民小组的道路两旁都种植树木，绿树成荫。是年，按上级要求创建文明卫生村，新建花坛 35 个。全村绿化面积达 1 万平方米，新藕苑小区绿化面积占总面积的 40%。

根据社区居民中因重大疾病和意外事故出现生活十分困难的情况，居委会为他们申请街道救助金很有限，决定成立社区爱心基金会，以大力救助社区特困居民。经过社区两委前期对企业的动员和困难户的摸底了解，于 2012 年 6 月 23 日召开“东风社区企业业主座谈会暨慈善基金募捐会”。会议由 31 家企业业主和社区两委领导参加。会议决定成立东风社区爱心基金会，并通过东风社区爱心基金会章程和人员组成名单。社区书记金国洪任基金会会长，副主任马建法、企业业主匡优新、惠山区人大代表冯晓平任基金会副会长，企业业主俞绍光、沈亚平、曹炳华任基金会监理。爱心基金会成立大会上，即募捐善款19.68万元。随后在6月29日的党员大会上，广大党员积极响应社区募捐倡议，踊跃捐款，共获捐善款2.78万元。2013年，社区在新藕苑小区新建百姓大舞台、扩建停车位、添置户外休闲椅、实现监控全面覆盖。是年，东风社区规模以上企业7家，规模以下企业73家。

### 2013年东风社区规模以上企业一览表

表1—3—73　　单位：人、万元

| 单位名称 | 法定代表人 | 创办时间 | 主要产品 | 从业人数 | 主营业务收入 | 资产总计 |
|---|---|---|---|---|---|---|
| 无锡市绍光冷轧厂 | 俞绍光 | 1994.06 | 带钢制造 | 52 | 6491 | 4566 |
| 无锡市第二标准件制造有限公司 | 金国洪 | 2000.12 | 标准件制造 | 80 | 4932 | 4269 |
| 无锡市晨源建筑器材有限公司 | 潘燕清 | 2001.10 | 脚手架制造 | 111 | 9101 | 1947 |
| 无锡市国兴管业有限公司 | 杨　明 | 2002.08 | 高频焊管、型钢加工、制造 | 18 | 3685 | 1973 |
| 无锡市星亿涂装环保设备有限公司 | 匡优新 | 2003.02 | 环保设备制造加工 | 72 | 8019 | 8451 |
| 无锡市超力超声自动化工程有限公司 | 冯喜春 | 2003.03 | 超声波自动化设备 | 30 | 2442 | 746 |
| 无锡市福肯焊割设备有限公司 | 周　清 | 2004.03 | 焊割设备制造 | 60 | 2449 | 871 |

### 2013年东风社区规模以下企业一览表

表1—3—74　　单位：人、万元

| 单位名称 | 法定代表人 | 创办时间 | 主要产品 | 从业人数 | 主营业务收入 | 营业税金 | 资产总计 |
|---|---|---|---|---|---|---|---|
| 无锡市银基电工合金材料有限公司 | 蒋伟新 | 1992.07 | 电子元器件加工 | 6 | 276 | 1.24 | 218 |
| 无锡市藕塘五金配件厂 | 陈荣坤 | 1995.01 | 摩托车配件制造 | 8 | 357 | 1.75 | 173 |
| 无锡市东兴橡塑厂 | 冯卫东 | 1995.05 | 塑料嵌条、橡胶制造 | 7 | 83 | 0.33 | 116 |
| 无锡市藕塘东风化工设备厂 | 陈仁宝 | 1996.11 | 五金配件制造 | 5 | 144 | 1.11 | 98 |
| 无锡市藕塘钢板网厂 | 倪焕祥 | 1996.12 | 钢板网制造加工 | 8 | 158 | 0.93 | 472 |
| 无锡市汇丰焊材有限公司 | 沈惠明 | 1997.10 | 焊丝、焊条制造 | 4 | 181 | 2.35 | 121 |
| 无锡栋捷数控设备有限公司 | 李　宏 | 1999.06 | 冲压件金属件加工制造 | 21 | 727 | 1.38 | 352 |
| 无锡金洲塑料异型材料有限公司 | 顾士金 | 1999.06 | 塑料型材 | 18 | 515 | 12.89 | 577 |
| 无锡新欣真空设备有限公司 | 浦伯良 | 1999.06 | 真空泵制造 | 5 | 72 | 0.58 | 67 |
| 无锡市太湖同步带轮厂 | 冯晓平 | 1999.07 | 同步带轮制造 | 25 | 735 | 10.59 | 954 |
| 无锡市兴顺焊接材料有限公司 | 管维新 | 2000.01 | 焊丝制造 | 1 | 31 | 1.65 | 92 |
| 无锡科创电力通信器材有限公司 | 朱红宇 | 2000.08 | 橡塑制品制造 | 16 | 931 | 4.80 | 870 |
| 无锡市华东标准件制造有限公司 | 曹炳华 | 2000.09 | 标准件制造加工 | 55 | 1482 | 9.82 | 1476 |
| 无锡市宏祥冷弯型钢有限公司 | 石志宏 | 2002.01 | 冷弯型钢制造 | 10 | 678 | 0.71 | 191 |
| 无锡华健电气有限公司 | 郭建华 | 2002.07 | 机械配件制造加工 | 33 | 1814 | 5.62 | 780 |
| 无锡市江涵机械厂 | 陈友良 | 2002.07 | 机械配件制造加工 | 9 | 154 | 1.20 | 220 |
| 无锡市藕塘东风铸件厂 | 陆金南 | 2002.10 | 铸件制造 | 4 | 65 | 0.19 | 55 |
| 无锡市东金机械有限公司 | 朱锡东 | 2002.10 | 机械设备制造 | 10 | 170 | 1.85 | 344 |
| 无锡市可来迪机械镀锌设备厂 | 沈国明 | 2002.10 | 机械镀锌设备的制造 | 25 | 666 | 4.01 | 434 |
| 无锡市明泉机械厂 | 汪泉弟 | 2002.10 | 煤机配件制造 | 5 | 39 | 0.07 | 95 |
| 江苏艇王运动车制造有限公司 | 顾建华 | 2002.12 | 全地形车制造 | 50 | 1181 | 3.26 | 2613 |
| 无锡永固塑胶五金厂 | 陈　勇 | 2002.12 | 胶条橡塑制品制造 | 7 | 423 | 8.28 | 462 |
| 无锡市协众冷弯铝钢制品有限公司 | 顾协平 | 2003.01 | 冷弯型钢制造 | 16 | 1306 | 2.43 | 582 |
| 无锡市通成机械制造有限公司 | 施国辉 | 2003.01 | 电力设备制造 | 15 | 744 | 4.70 | 801 |
| 无锡市兴贸化工机械厂 | 管中良 | 2003.06 | 普通机械及配件制造 | 1 | 10 | 0.02 | 25 |
| 无锡市金秋标准件厂 | 吴秋兴 | 2003.08 | 紧固件制造 | 55 | 1973 | 9.57 | 1487 |
| 无锡市建吉机械有限公司 | 冯志敏 | 2003.08 | 纺织机械制造 | 3 | 82 | 1.18 | 458 |
| 无锡市苏源电力电缆附件有限公司 | 沈菜清 | 2004.01 | 制造绝缘带 | 4 | 144 | 0.62 | 201 |
| 无锡润龙机械制造有限公司 | 陈国强 | 2004.02 | 机械制造 | 10 | 327 | 1.33 | 186 |

续表 1—3—74 单位：人、万元

| 单位名称 | 法定代表人 | 创办时间 | 主要产品 | 从业人数 | 主营业务收入 | 营业税金 | 资产总计 |
|---|---|---|---|---|---|---|---|
| 无锡市神威机械配件厂 | 浦霞娟 | 2004.03 | 机械配件制造 | 4 | 37 | 1.86 | 149 |
| 无锡市恒标机械厂 | 沈盘兴 | 2004.04 | 机械零部件加工 | 3 | 135 | 0.45 | 221 |
| 无锡市金希达电子机械制造有限公司 | 顾　靖 | 2004.07 | 阀门模具制造 | 19 | 216 | 3.15 | 93 |
| 无锡市华生可可食品厂 | 张伯生 | 2004.07 | 可可粉制造 | 3 | 23 | 0.69 | 143 |
| 无锡市奥特轧辊厂 | 边福良 | 2004.09 | 轧辊制造 | 2 | 54 | 0.24 | 73 |
| 无锡市昊宇洋机械有限公司 | 吴宏兵 | 2004.12 | 石油化工机械产品制造 | 1 | 7 | 0.04 | 72 |
| 无锡市利益电气设备厂 | 吕建俊 | 2004.12 | 电气设备制造 | 8 | 108 | 0.00 | 188 |
| 无锡市伊科莱机械制造有限公司 | 钱黎明 | 2005.03 | 普通机械配件制造 | 14 | 152 | 1.36 | 237 |
| 无锡市金久拉链制造厂 | 钱捍忠 | 2005.03 | 拉链制造 | 4 | 103 | 0.49 | 107 |
| 无锡春华五金机械厂 | 冯静华 | 2005.04 | 冲压件、机械加工制造 | 15 | 724 | 1.69 | 438 |
| 无锡市锡源建筑器材制造有限公司 | 王秋良 | 2005.05 | 建筑器材制造 | 5 | 62 | 0.43 | 50 |
| 无锡市海祥粉末冶金厂 | 张海峰 | 2005.06 | 粉末冶金制造 | 5 | 75 | 0.47 | 97 |
| 无锡双杨金属材料有限公司 | 沈晓东 | 2006.02 | 金属材料制造销售 | 3 | 128 | 0.08 | 89 |
| 无锡豪思达电动车有限公司 | 沈益平 | 2006.08 | 电动车制造 | 8 | 665 | 1.16 | 68 |
| 无锡市藕塘减速器厂 | 陆　苗 | 2007.04 | 减速器制造 | 10 | 193 | 1.18 | 290 |
| 无锡市藕塘冷轧丝杆厂 | 梅其良 | 2007.06 | 冷轧丝杆的制造加工 | 41 | 842 | 4.13 | 424 |
| 无锡山虎钢格板有限公司 | 王文君 | 2007.06 | 钢格板的制造 | 4 | 402 | 1.35 | 356 |
| 无锡市中益包装材料厂 | 黄世贤 | 2007.08 | 纸制品制造 | 4 | 106 | 1.27 | 170 |
| 无锡市德新船舶设备附件厂 | 张德刚 | 2008.04 | 船用设备及配件制造加工 | 4 | 179 | 1.33 | 37 |
| 无锡东风皮革化工厂 | 李正海 | 2008.06 | 皮革光滑剂制造 | 11 | 207 | 4.67 | 147 |
| 无锡艾力科数控设备有限公司 | 沈亚平 | 2008.06 | 数控轴承磨床的制造加工 | 36 | 789 | 3.41 | 1658 |
| 无锡市海峰彩印厂 | 陆海峰 | 2008.08 | 其他印刷品印刷、包装加工 | 2 | 72 | 0.21 | 95 |
| 无锡市艾迪森机械有限公司 | 吴伟国 | 2008.11 | 普通机械设备制造 | 2 | 53 | 0.13 | 107 |
| 无锡市日圣塑胶有限公司 | 崔　玮 | 2008.12 | 塑胶产品制造 | 5 | 465 | 1.14 | 433 |
| 无锡市双盛工程塑料有限公司 | 华建忠 | 2009.01 | 工程塑料粒的制造 | 2 | 35 | 0.35 | 93 |
| 无锡市华特标准件制造有限公司 | 吴佟平 | 2009.08 | 标准件制造 | 4 | 64 | 1.15 | 146 |
| 无锡渊搏纺织有限公司 | 周　栋 | 2010.03 | 纺织涂层 | 33 | 801 | 4.50 | 259 |
| 无锡市祥辉丝杆厂 | 朱文祥 | 2010.03 | 金属丝杆、减速器的制造、加工 | 6 | 94 | 1.80 | 349 |
| 无锡市百奇型钢有限公司 | 陈　勇 | 2010.03 | 型钢加工带钢制造 | 5 | 84 | 0.21 | 150 |
| 无锡林威钢管有限公司 | 刘奇英 | 2010.05 | 钢管型钢加工生产 | 20 | 1803 | 4.60 | 623 |
| 无锡市晟驰精密机械制造有限公司 | 周丽芬 | 2010.05 | 机械制造 | 12 | 169 | 2.15 | 112 |
| 无锡旭菱电子科技有限公司 | 王　琦 | 2010.09 | 变压器、整流器和电感器制造 | 50 | 939 | 0.97 | 951 |
| 无锡市科得加机械制造有限公司 | 过建忠 | 2010.09 | 普通机械、铝铸件的制造、加工、销售 | 9 | 64 | 0.81 | 66 |
| 无锡金江电器有限公司 | 胡　佳 | 2011.02 | 五金电器 | 9 | 358 | 1.04 | 222 |
| 无锡市普佳机械有限公司 | 沈建国 | 2011.02 | 通用设备制造 | 12 | 772 | 2.75 | 265 |
| 无锡金三禾纺织品有限公司 | 沈雄飞 | 2011.03 | 纺织品的整理销售 | 12 | 671 | 1.54 | 180 |
| 无锡市江昱排水材料有限公司 | 田品江 | 2011.03 | 窨井盖、PVC 管件制造 | 5 | 2 | 0.01 | 45 |
| 无锡市新地橡胶制品有限公司 | 张建良 | 2011.11 | 其他橡胶制品制造 | 8 | 207 | 0.40 | 85 |
| 无锡市元明五金冲压件厂 | 徐元明 | 2011.11 | 五金冲压件、电器配件的加工 | 15 | 484 | 2.70 | 274 |
| 无锡博言传动机械有限公司 | 陈　波 | 2012.04 | 传动机械配件制造 | 7 | 179 | 0.56 | 106 |
| 无锡英龙机电设备有限公司 | 田广柱 | 2012.11 | 其他专用设备制造 | 3 | 8 | 0.01 | 47 |
| 无锡市志超同步带模具厂 | 冯加英 | 2013.05 | 同步带轮制造加工 | 8 | 137 | 2.45 | 147 |
| 无锡翔源金属制品制造有限公司 | 薛　晓 | 2013.07 | 金属结构冲压件制造 | 5 | 42 | 0.15 | 7 |
| 无锡镗莹机械设备有限公司 | 王　懿 | 2013.08 | 其他通用设备制造业 | 6 | 53 | 0.09 | 72 |

2014 年 6 月，经东风社区爱心基金会全体会员同意，“东风社区爱心基金会”更名为“东风之心·关爱行动”，又募得爱心款 22.58 万元。是年，东风社区借助“东风之心·关爱行动”的顺利展开，创立社区党建品牌——“东风之心”两个子项目，一个子项目是东风之心·爱心理发券于 12 月起实施，向社区内年满 60 周岁的居民（包含原户籍居民和拆迁后户籍迁入的居民）发放每人每年 120 元的理发券；另一个子项目是东风之心·爱心牛奶于 2015 年 3 月启动，为社区内年满 90 岁的

户籍居民订购每人每天一杯新鲜牛奶，共有 27 位居民享受到这份关爱。是年，社区又对唐西居民小组的河道进行全面清淤，并修建驳岸，再现小桥流水人家的村貌。

2014 年东风社区居委“东风之心·关爱行动”基金单位、企业捐款金额统计表

表 1—3—75　　单位：元

| 捐资企业 | 捐资金额 | 捐资企业 | 捐资金额 |
|---|---|---|---|
| 东风社区居委 | 50000 | 无锡市福肯焊割设备有限公司 | 3000 |
| 无锡市奥特轧辊厂 | 10000 | 无锡东风皮革化工厂 | 3000 |
| 无锡市晨源建筑器材有限公司 | 10000 | 无锡市江涵机械厂 | 3000 |
| 无锡市星亿涂装环保设备有限公司 | 10000 | 无锡市超力超声自动化工程有限公司 | 3000 |
| 无锡市第二标准件制造有限公司 | 10000 | 无锡市元明五金冲压件厂 | 3000 |
| 无锡市华东标准件制造有限公司 | 10000 | 无锡市伊科莱机械制造有限公司 | 3000 |
| 无锡市太湖同步带轮厂 | 10000 | 无锡市祥辉丝杆厂 | 3000 |
| 无锡艾力科数控设备有限公司 | 10000 | 无锡市藕塘华大彩板钢结构件厂 | 3000 |
| 无锡市宇正木业有限公司 | 10000 | 无锡市通成机械制造有限公司 | 3000 |
| 无锡市金洲异型材料有限公司 | 6000 | 无锡市藕塘减速器厂 | 3000 |
| 无锡市协众冷弯铝钢制品有限公司 | 5000 | 无锡永固塑胶五金厂 | 3000 |
| 无锡市艇王运动车制造有限公司 | 5000 | 无锡市汇丰焊材有限公司 | 2000 |
| 无锡市胜烨包装材料厂 | 5000 | 无锡市藕塘五金配件厂 | 2000 |
| 无锡市春华五金机械厂 | 5000 | 无锡市东金机械有限公司 | 1000 |
| 无锡栋捷数控设备有限公司 | 5000 | 无锡市东兴橡塑 | 1000 |
| 无锡市振华蜗轮减速器厂 | 5000 | 无锡市兴贸化工机械厂 | 1000 |
| 无锡市藕塘冷轧丝杆厂 | 5000 | 无锡市明泉机械厂 | 1000 |
| 无锡市普佳机械厂 | 3500 | 无锡市恒标机械厂 | 500 |

2014 年东风社区“东风之心 · 关爱行动”基金个人捐款金额统计表

表 1—3—76　　单位：元

| 姓名 | 金额 | 姓名 | 金额 | 姓名 | 金额 |
|---|---|---|---|---|---|
| 金国洪 | 2000 | 张晓波 | 500 | 许静珠 | 500 |
| 张湘芸 | 1000 | 朱群芳 | 500 | 梅晓晨 | 500 |
| 梅伯平 | 1000 | 陈　琳 | 500 | 尤晓峰 | 500 |
| 强锡峰 | 1000 | 汪国华 | 500 | — | — |
| 李继海 | 800 | 陈仁妹 | 500 | — | — |

东风爱心基金会善款主要用于救助特困户，至 2014 年年底，东风之心陆续救助朱雪君、唐冬青、黄仲高、沈月建等 27 户特困户家庭，发放救助金 24.7 万元。东风之心每一笔资金的使用都由监理、副会长、会长共同签字审批，确保资金使用的透明度。

2015 年，东风社区规模以上企业 5 家，规模以下企业 66 家，工农业总产值 5.27 亿元。

2005~2015 年东风（村）社区主要经济指标统计表

表 1—3—77　　单位：人、万元

| 年份 | 农业人口 | 工农业总产值 | 工业总产值 | 工业销售、主营业务收入 | 工业利税总额 | 工业增加值 | 工业固定资产原价 |
|---|---|---|---|---|---|---|---|
| 2005 | 2884 | 26122 | 24948 | 26418 | 1774 | 5347 | 4986 |
| 2006 | 3127 | 46515 | 45168 | 46191 | 2653 | 9732 | 8201 |
| 2007 | 3129 | 49523 | 48442 | 49661 | 2578 | 10380 | 9067 |
| 2008 | 3128 | 54417 | 53267 | 50374 | 1759 | 6354 | 10124 |
| 2009 | 3130 | 44659 | 43309 | 42510 | 1923 | 7851 | 12479 |
| 2010 | 5058 | 52532 | 51232 | 53001 | 2496 | 8534 | 11430 |
| 2011 | 均为居民 | 69657 | 67053 | 65702 | 5364 | 9387 | 13567 |
| 2012 | | 61893 | 60748 | 61592 | 4859 | 8504 | 11689 |
| 2013 | | 63913 | 61559 | 60475 | 4924 | 8618 | 12136 |
| 2014 | | 62892 | 62324 | 63310 | 4985 | 8125 | 13039 |
| 2015 | | 52718 | 52157 | 52896 | 4572 | 7301 | 11273 |

2010~2015 年东风社区获得无锡市委、市政府，省级条线以上荣誉表

表 1—3—78

| 获奖时间 | 荣誉名称 | 颁发单位 |
|---|---|---|
| 2010.01 | 无锡市社会主义现代化新农村建设示范村 | 中共无锡市委　无锡市人民政府 |
| 2012.02 | 无锡市社会主义现代化新农村建设幸福村 | 中共无锡市委 |
| 2014.10 | 江苏省档案工作二星级示范社区 | 江苏省档案局 |
| 2015.03 | 江苏省和谐社区建设示范社区 | 江苏省民政局 |

## 三、干部任职

东风社区由东风村与新成村合并而来。1956~2011 年，五九（高级社）大队，东风（大队）村历任党支部书记 9 人、副书记 5 人，社长 1 人，大队长 4 人、副大队长 6 人，革委会副主任 2 人，村委主任 5 人、村委副主任 2 人，主办会计 9 人。1958~2001 年，渔业大队、新成村历任（党代表）党支部书记 7 人，大队长 1 人，村委主任 2 人、村委副主任 1 人，主办会计 5 人。2011~2015 年，东风社区历任党总支书记 1 人、副书记 1 人，居委会主任 2 人，主办会计 1 人。2015 年，金国洪连任党总支书记兼居委会主任，强锡峰连任主办会计。

1958~2001 年渔业大队、新成村历届党支部（总支）、行政干部、主办会计任职表

表 1—3—79

| 建制名称 | 党支部书记 | | 行政干部 | | | | | | 主办会计 | |
|---|---|---|---|---|---|---|---|---|---|---|
| | | | 正职 | | | 副职 | | | | |
| | 姓名 | 任职时间 | 姓名 | 职务 | 任职时间 | 姓名 | 职务 | 任职时间 | 姓名 | 任职时间 |
| 渔业大队 | 吴慧伦 | 1958~1967 | 汪祥宝 | 大队长 | 1958~1982 | — | — | — | 汪福度 | 1963~1980 |
| | 冯仁生 | 1967~1969 | — | — | — | — | — | — | — | — |
| | 邵仲显 | 1969~1975 | — | — | — | — | — | — | — | — |
| | 李焕生 | 1975~1979 | — | — | — | — | — | — | — | — |
| | 周泉根 | 1979~1983 | — | — | — | — | — | — | 汪泉弟 | 1981~1991 |
| 新成村 | 冯福兴 | 1983~1994 | — | — | — | 汪泉弟 | 副主任 | 1991~1993 | 陈耀兴 | 1992~1993 |
| | 党支部并入农服公司 | 1995~1997 | 汪泉弟 | 主任 | 1993~1999 | — | — | — | 袁国清 | 1993~1994 |
| | 徐建明（副书记） | 1998~2001 | 冯小英 | 主任 | 1999~2001 | — | — | — | 邵仁安 | 1994~2001 |

1956~2015 年五九（高级社）大队、东风（大队、村）社区
历届党支部（总支）、行政干部、主办会计任职表

表 1—3—80

| 建制名称 | 党支部书记 | | 行政干部 | | | | | | 主办会计 | |
|---|---|---|---|---|---|---|---|---|---|---|
| | | | 正职 | | | 副职 | | | | |
| | 姓名 | 任职时间 | 姓名 | 职务 | 任职时间 | 姓名 | 职务 | 任职时间 | 姓名 | 任职时间 |
| 五九高级社 | 周绍林 | 1956~1957 | 冯仁海 | 社长 | 1956~1957 | — | — | — | 陈仁法 | 1956~1957 |
| 五九大队、东风大队 | 周绍林 | 1958~1959 | 冯仁海 | 大队长 | 1958~1959 | — | — | — | 陈仁法 | 1958~1959 |
| | 王希根 | 1960~1963 | 钱福兴 | 大队长 | 1959.01~1959.12 | — | — | — | 冯念祖 | 1959.01~1959.12 |
| | 洑子贤（副书记） | 1959.01~1959.12 | 樊金生 | 大队长 | 1959~1960 | — | — | — | 樊祥兴 | 1960~1963 |
| | 陆荣法（副书记） | 1963.01~1963.05 | — | — | — | 张兴度 | 副大队长 | 1962~1963 | — | — |
| | 陆荣法 | 1963~1964 | 杨仲杰 | 大队长 | 1963~1968 | 梅关宝 | 副大队长 | 1963 | 沈宜南 | 1963~1977 |

续表 1—3—80

| 建制名称 | 党支部书记 | | 行政干部 | | | | | | 主办会计 | |
|---|---|---|---|---|---|---|---|---|---|---|
| | 姓名 | 任职时间 | 正职 | | | 副职 | | | 姓名 | 任职时间 |
| | | | 姓名 | 职务 | 任职时间 | 姓名 | 职务 | 任职时间 | | |
| 五九大队、东风大队 | 冯仁海 | 1964~1970 | — | — | — | 李林根 | 副大队长 | 1963 | — | — |
| | 黄阿明 | 1971~1974 | — | — | — | 尤月清 | 革委会副主任 | 1977.04~1981 | — | — |
| | 冯法兴（副书记） | 1972~1974 | — | — | — | 李建兴 | 革委会副主任 | 1976~1978 | — | — |
| | 冯法兴 | 1974~1981 | — | — | — | 冯福兴 | 副大队长 | 1968~1982 | — | — |
| | 李建兴（副书记） | 1975~1980 | — | — | — | 冯南华 | 副大队长 | 1982.01~1982.12 | — | — |
| | 尤月清 | 1981~1983 | — | — | — | 冯听根 | 副大队长 | 1981~1983 | 马其兴 | 1977~1981 |
| 东风村 | 尤月清 | 1983~1990 | 陈仁芳 | 主任 | 1984~1994 | 尤月清 | 副主任 | 1983~1984 | 沈桂生 | 1982~1994 |
| | 李正华 | 1990~1999 | 沈桂生 | 主任 | 1994~1998 | — | — | — | 马建法 | 1994~1999 |
| | — | — | 唐惠平 | 主任 | 1999~2000 | — | — | — | 陈仁妹 | 1999 |
| | 梅伯平 | 1999~2009 | 钱金保 | 主任 | 2001~2009 | 马建法 | 副主任 | 2004~2009 | 强锡峰 | 1999~2009 |
| | 金国洪（副书记） | 2008~2009 | | | | — | — | — | — | — |
| 东风社区 | 梅伯平 | 2009~2011 | 金国洪 | 主任 | 2010.10~2011.06 | | | | | |
| | 金国洪（副书记） | 2009~2011 | | | | | | | | |
| | 钱立新（副书记） | 2011.06~2013.10 | 钱立新 | 主任 | 2011.06~2014.06 | 马建法 | 副主任 | 2009~2012 | 强锡峰 | 2009~ |
| | 金国洪 | 2011.06~ | 金国洪 | 主任 | 2014.07~ | — | — | — | — | — |

# 第十二节 南塘社区

南塘社区位于钱桥街道西北部，东与洋溪社区相邻，南与东风社区和盛峰社区相邻，西与杨市交界，北与洛社镇接壤。南塘社区于 2009 年 10 月由庙塘桥村与南水渠村合并而成。2015 年户籍人口 2750 人，外来人口 1100 人。

## 一、建置沿革

新中国成立初期，庙塘桥村属新民乡管辖，南水渠属藕塘乡管辖。新民乡辖庙塘桥的新南村、胜利村、联合村，以及现杨市福山的新建、大吕、大泽三个村。南水渠解放初称水渠上，分为三个片：南水渠前村、南水渠中村、南水渠后村及西冯巷为红旗片；新桥头、大张巷及西吴巷为卫星片；姚巷、东吴巷、小张巷、倪巷为火箭片。

图 1—3—14 南塘社区居民委员会（2015 年）

1953 年，庙塘桥、南水渠分别成立初级农业生产合作社。1956 年初级社合并，建立高级社，分别取名为火花高级农业生产合作社和五星高级农业生产合作社。

1958 年，藕塘人民公社成立，火花高级社改设为火花大队，五星高级社改设为五星大队。

1982 年，五星大队更名为南水渠大队。1983 年，南水渠大队改设为南水渠村，有耕地 89.07 公顷，人口 1239 人，辖新桥头、姚巷、大张巷、小张巷、南水渠、蔡巷、大河头、浜顶上、西冯巷、钱家旦、东吴巷、西吴巷、倪巷等 13 个村民小组。同年，火花大队改设为火花村，有耕地 101.13 公顷，人口 1388 人。1993 年，火花村更名为庙塘桥村，辖小园里、孙巷、浦巷、小章巷、高格里、高冯巷、三坝头、檀树垶、殷巷、庙塘桥、芝藤树下、马巷等 12 个村民小组。

2009 年，庙塘桥村与南水渠村合并，更名为南塘社区。

## 二、概况

2009 年 10 月以前，南塘社区分别为南水渠村和庙塘桥村两个村。2009 年 10 月，两村合并。南水渠村、庙塘桥村、南塘社区的基本情况为：

### （一）南水渠村

1954~1955 年，南水渠先后成立 5 个初级社，分别是大张巷初级社，社长张保兴；南水渠第一初级社和南水渠第二初级社，社长分别是冯荣南、陈正祥；姚巷初级社，社长姚炳奎；东吴巷初级社，社长王云龙。1956~1957 年，5 个初级社先后合并，成立五星高级农业生产合作社。农户的私有土地全部入社，土地证上交。

1958 年 9 月，藕塘人民公社成立，五星高级农业生产合作社改设为五星大队。其间，五星大队经历历史上有名的大兵团作战，“放开肚皮吃饭，鼓足干劲生产”，总路线、大跃进、人民公社三面红旗，统一模式，统一口号。1959~1961 年，经历三年自然灾害，五星大队农民吃树皮，挖草根，多人患上浮肿病。1962 年，干部下放基层，与农民打成一片，五星大队实行“队为基础，三级核算”。

1966~1976 年，五星大队经历十年“文化大革命”，农业上种双季稻，三熟制，开始实行机耕作业，灌溉全面实行泵站化。

1980 年前，五星大队全部为泥土路，很少道路在村庄内至村口有接脚石。道路狭窄，雨天泥泞。1980 年后，大队在区域内逐步建设碎石路，后又在碎石路面上喷浇一点柏油。1981 年，五星大队实行分田到户承包制，大队开始兴办村办企业，发展村级工业经济。1985~ 1994 年，南水渠村继续兴办和发展村办企业。农业上继续实行包产到户，农田从以种植粮食作物为主转为种植经济作物为主。

1999 年，南水渠村全村道路改建为水泥路，主干道拓宽到 6 米左右，道路两旁全部种上树木。至此，南水渠村主干道为振沁路。其余支路从主干道延伸，共有 7 条支路，分布在蔡巷、南水渠、大河头、西冯巷、钱家旦、大张巷、东吴巷、姚巷等，总长度 7.5 公里。

1999~2006 年，南水渠村村级经济得到较大发展，继而企业进入全面转制，集体企业转为私有制企业。村里道路实现百分之百硬化，水泥路里程达 7.5 公里。有线电视、电话覆盖家家户户，民生和福利大为改善。

### （二）庙塘桥村

新中国成立初期，庙塘桥地区原属新民乡管辖。1953 年，在互助组的基础上成立新南、胜利、联合初级农业生产合作社。1956 年，新南、胜利、联合三个初级社合并，成立火花高级农业生产合作社，农户土地全部入社。是年，庙塘桥地区划归藕塘乡。1958 年，藕塘人民公社成立，火花高级农业生产合作社改设为火花大队。农民以生产队为单位集体耕作（此耕作模式一直延续到 80 年代初）。1959 年，火花大队同全国一样，农户人人勒紧裤腰带，野菜树皮充饥，多人得浮肿病，少数人饿死。

1966 年至 70 年代中期，为十年“文化大革命”，打倒走资派是火花大队的时髦口号。大队主要干部靠边，大队书记被揪斗。但“抓革命，促生产”，大抓粮食并未松懈，而是“技”高一筹，莳秧拉线定点，种麦耕作薄片深翻，种田一年三熟制（一熟麦二熟稻）。那阶段，火花大队农业还另有特色，主要是积堆肥，三面光，削草皮，养水葫芦，堆积发酵肥料。结果草皮不够，就把田埂坌低半尺。田埂铲得三面光后，再在埂上涂上沟泥，使其光滑，下雨沟泥全被冲掉。“文化大革命”期间，火花大队学习小靳庄，家家户户、老老少少上台赛诗。每户根据自己特色写诗一首，上台吟诵诗词，进行比赛。那时，藕塘公社仅火花大队搞自留田上交的闹剧。大队主要干部领着一群代表人物敲锣打鼓，清晨聚集在公社门口，宣誓“大公无私”，自留地“充公”。“文化大革命”期间的“批林批孔”，火花大队成立专门的“批林批孔”写作班子。文章须经公社蹲点干部和大队干部审阅，质量不高就退回重写，直至“合格”为止。同时安排擅长写毛笔字的人把批林批孔稿抄写在大白纸上，贴满大队办公室墙内墙外，办成专栏。大队在各小队抽调骨干成立大队工作组，委派到别的生产队带头搞生产，作为政治上的“灵魂”，生产上的“表率”。工作组要求各生产队挑灯夜战，全大队社员人人开夜工，每人一盏油葫芦，开夜工时田野里满天星火，人头攒动。其时整田平地，田块格子化，墩墩挑平，低处填平。

80 年代初，火花大队分田到户，联产承包责任制。紧接着是兴办大队工业，创办企业，使得大队逐步拥有经济实力。90 年代初，庙塘桥村农业产量稳定，家家有余粮。村委工作重心以工业为主，发展村级经济。90 年代中期，庙塘桥村一跃成为亿元大村，村办工厂以减震器厂起步，摩托车厂壮大。90 年代末期，村办企业转制，集体企业转变成私有企业。随着村级经济的壮大，1999 年庙塘桥村全村道路硬化，硬化率 100%，里程达 10 公里。全村每年用 6 万~7 万元资金救助困难户。每年发放老年金，村民大病实施特殊补助，村民死亡实施定额补助。庙塘桥村地处低洼地区，每年黄梅季节遭到水淹。村委在庙塘桥河两岸建筑成水泥墙体，永久防汛。是年，庙塘桥村还剩一座庙宇。村委拨款，并发动捐赠，扩建庙宇，把原来的殷家庙改建为“常寿寺”，四方香客络绎不绝。

庙塘桥村的主干道为锡杨公路。锡杨公路南北纵向贯穿庙塘桥村腹部，为县级公路，有市区班车途经。锡杨公路途经庙塘桥村长约 1.5 公里。在城市化建设中，因拆迁，至 2015 年还存在的村道有高冯巷、三坝头、庙塘桥、檀树埲的水泥道路。

**（三）南塘社区**

南水渠村和庙塘桥村自 2009 年 10 月合并成立南塘社区以后，社区领导将高冯巷自然村作为新农村建设示范点，大力进行村庄整治。整治时“穿衣戴帽”（所谓“穿衣”，就是对村庄建筑外墙立面进行粉刷、装修；所谓“戴帽”，就是对长期不结顶的“半拉子”工程进行整治），拆除危房、违章建筑和不符合规划、影响交通的建筑物，实现卫生洁化、道路硬化、路灯亮化、村庄绿化、水源净化。整治后的高冯巷自然村村容村貌整洁优美，住宅安全美观，富有地方特色。社区还为居民创建娱乐休闲的公共娱乐场地。2010 年，在高冯巷自然村新农村建设完成后，南塘社区又对殷巷自然村进行村庄整治。经过整治，殷巷的百姓同样感受到新农村建设带来的优越性，居民的幸福感得以提升。南塘社区在新农村建设中共投入资金 60 余万元。

**2003~2012 年南水渠、庙塘桥村，南塘（村）社区获得无锡市委、市政府，省级条线以上荣誉表**

表 1—3—81

| 获得时间 | 荣誉名称 | 颁发单位 |
|---|---|---|
| 2003.08 | 2001~2002 年度无锡市文明村 | 中共无锡市委　无锡市人民政府 |
| 2008.10 | 江苏省生态村 | 江苏省环境保护委员会 |
| 2009.02 | 无锡市社会主义现代化新农村建设示范村 | 中共无锡市委　无锡市人民政府 |
| 2012.12 | 无锡市社会主义现代化新农村建设幸福村 | 中共无锡市委　无锡市人民政府 |

2013 年，为解决社区居民看病难、看病远的问题，党总支、居委会又投入资金 30 余万元，大力改造社区卫生室。卫生室原来仅十几个平方米，条件有限，医疗设备落后。改造后，社区卫生室扩大到 100 多平方米，宽敞舒适、干净整洁，集诊疗室、治疗室、康复室、健康教育室于一体，全面提升社区的医疗整体水平，解决了居民看病配药难的实际问题。是年，南塘社区规模以上企业 7 家，规模以下企业 45 家。

## 2013 年南塘社区规模以上企业一览表

表 1—3—82　　　　单位：人、万元

| 单位名称 | 法定代表人 | 创办时间 | 主要产品 | 从业人数 | 主营业务收入 | 资产总计 |
|---|---|---|---|---|---|---|
| 无锡市锡西模锻厂 | 钱勤炎 | 1993.07 | 模锻件制造 | 70 | 2735 | 1791 |
| 无锡美业机械制造有限公司 | 樊徐清 | 2001.08 | 五金电器制造 | 215 | 17245 | 11035 |
| 无锡舜特金属制品有限公司 | 王一新 | 2003.06 | 超声冲锌合金钢带生产 | 72 | 45546 | 24046 |
| 无锡市申雅织造有限公司 | 林荣银 | 2003.12 | 坯布制造 | 62 | 4356 | 2137 |
| 无锡市振业织造有限公司 | 陈振华 | 2005.01 | 织造布的制造加工 | 76 | 11762 | 6666 |
| 无锡市创能机械制造有限公司 | 贾君剑 | 2005.06 | 沥青路面机械、混凝土路面机械制造 | 131 | 7308 | 8626 |
| 无锡市海云液压减震器有限公司 | 张海云 | 2009.07 | 助动车液压减震器制造 | 43 | 2041 | 418 |

## 2013 年南塘社区规模以下企业一览表

表 1—3—83　　　　单位：人、万元

| 单位名称 | 法定代表人 | 创办时间 | 主要产品 | 从业人数 | 主营业务收入 | 营业税金 | 资产总计 |
|---|---|---|---|---|---|---|---|
| 无锡市沪宁机械厂 | 强和兴 | 1986.10 | 煤机配件等机械设备制造 | 10 | 243 | 4.56 | 332 |
| 无锡市春风橡塑制品厂 | 张静琪 | 1987.02 | 橡胶制品的制造加工 | 40 | 563 | 6.11 | 1072 |
| 无锡强申彩印包装有限公司 | 强申奎 | 1989.11 | 包装装璜印刷 | 20 | 581 | 1.07 | 491 |
| 无锡市新兴特种标准件厂 | 冯为勋 | 1997.10 | 标准件、紧固件的制造加工 | 6 | 142 | 1.51 | 188 |
| 无锡市南虹皮革助剂厂 | 徐逢渭 | 1998.01 | 皮革助剂印染助剂的制造 | 8 | 266 | 1.61 | 475 |
| 无锡市久欣机械制造有限公司 | 殷金根 | 1998.07 | 摩托车、吸尘器配件的制造 | 16 | 725 | 3.80 | 875 |
| 无锡市永龙有色紧固件厂 | 张虎江 | 1998.10 | 紧固件五金件的制造加工 | 53 | 1423 | 15.41 | 979 |
| 无锡市金达汽配厂 | 冯玲珍 | 1999.04 | 橡胶减震器等的制造加工 | 10 | 105 | 0.46 | 203 |
| 无锡市五星不锈钢管有限责任公司 | 黄锡惠 | 1999.07 | 不锈钢制品的生产销售 | 12 | 1033 | 6.17 | 906 |
| 无锡市通顺金属制品有限公司 | 张　庆 | 2000.06 | 电动车方向器加工制造 | 8 | 142 | 0.75 | 622 |
| 无锡市藕塘微电机有限公司 | 强国清 | 2000.11 | 铝压铸件制造加工 | 6 | 88 | 2.31 | 177 |
| 无锡市藕塘石化装备厂 | 冯国强 | 2002.10 | 除尘器的制造 | 8 | 116 | 1.48 | 427 |
| 无锡市昊欣液压机械厂 | 金琴娣 | 2003.06 | 阀门、非标金属结构件制造加工 | 9 | 238 | 2.30 | 601 |
| 无锡市安达橡塑异型材料厂 | 张　武 | 2004.10 | 橡塑制造 | 7 | 134 | 0.42 | 287 |
| 无锡鼎仪机械制造有限公司 | 郑介铭 | 2004.12 | 不锈钢机械零件及模具制造 | 3 | 45 | 0.37 | 65 |
| 无锡美润汽车部件有限公司 | 樊徐清 | 2005.02 | 汽车零部件制造 | 39 | 1622 | 0.85 | 845 |
| 无锡市华涛金属制品厂 | 黄洪兴 | 2005.08 | 拉光元的加工 | 6 | 290 | 0.72 | 290 |
| 无锡市恩思达钢管厂 | 殷财法 | 2006.05 | 内延磨管的制造加工 | 21 | 867 | 2.10 | 693 |
| 无锡伊佳依拉链制造有限公司 | 冯志勇 | 2006.10 | 拉链的制造加工 | 11 | 269 | 1.23 | 157 |
| 无锡灵尔电子电器制造有限公司 | 周晓义 | 2006.10 | 充电器的制造 | 15 | 105 | 1.01 | 151 |
| 无锡市泉友机械厂 | 高丽芳 | 2006.11 | 冶金机械制造 | 15 | 139 | 0.58 | 283 |
| 无锡舜特传动机械有限公司 | 吴启舟 | 2007.05 | 金属制品制造 | 6 | 113 | 0.99 | 1415 |
| 无锡市华强暖通机械设备厂 | 强演仁 | 2007.06 | 船用陆用暖通设备制造 | 30 | 861 | 3.34 | 1698 |
| 无锡市雄瑞机械配件厂 | 冯军雄 | 2008.04 | 五金制造加工 | 6 | 60 | 0.36 | 159 |
| 无锡创能动力科技有限公司 | 贾　新 | 2008.05 | 单缸柴油机制造 | 22 | 1071 | 6.86 | 1009 |
| 无锡市成佳合金制品厂 | 管寿兴 | 2008.09 | 非标金属结构件的制造加工 | 5 | 151 | 0.46 | 89 |
| 无锡市亿强机械有限公司 | 朱　勇 | 2008.12 | 冲压件的加工制造 | 4 | 260 | 1.88 | 311 |
| 无锡市永丰包装制品有限公司 | 邹友清 | 2009.03 | 木箱包装 | 8 | 254 | 2.01 | 245 |
| 无锡市新概念电器有限公司 | 郭军华 | 2009.06 | 机械配件制造 | 10 | 119 | 0.50 | 145 |
| 无锡市富尔新机械配件厂 | 庄建新 | 2010.03 | 机械配件制造 | 3 | 64 | 0.28 | 65 |
| 无锡市鼎程仪表有限公司 | 朱秀琴 | 2010.05 | 仪器仪表制造 | 2 | 63 | 0.00 | 702 |
| 无锡市锦立换热设备有限公司 | 何锦东 | 2010.08 | 热交换设备制造 | 50 | 2552 | 9.54 | 1254 |
| 无锡沃尔美机械设备有限公司 | 杨　骏 | 2010.08 | 锅炉及辅助设备制造 | 20 | 168 | 0.00 | 975 |
| 无锡本铁动力科技有限公司 | 曹曼丽 | 2010.08 | 内燃机及配件制造 | 17 | 531 | 0.66 | 220 |
| 无锡市东凯数控科技有限公司 | 张慕忠 | 2010.10 | 精密机械加工 | 26 | 1029 | 0.68 | 1307 |
| 无锡伟星储罐有限公司 | 杭伟良 | 2010.12 | 塑料制品制造 | 24 | 976 | 4.96 | 135 |

续表 1—3—83　　　　单位：人、万元

| 单位名称 | 法定代表人 | 创办时间 | 主要产品 | 从业人数 | 主营业务收入 | 营业税金 | 资产总计 |
|---|---|---|---|---|---|---|---|
| 江苏忠润福茂重工机械有限公司 | 倪焕忠 | 2011.03 | 起重机、港口机械的制造安装维修 | 3 | 26 | 0.00 | 1374 |
| 无锡易圣莱机械设备有限公司 | 冯国强 | 2011.11 | 气化器的制造 | 12 | 270 | 2.04 | 186 |
| 无锡市晨豪暖通机械设备厂 | 殷友清 | 2011.11 | 螺旋风管的制造 | 6 | 99 | 0.34 | 110 |
| 无锡创能工程机械有限公司 | 黄金良 | 2012.03 | 建筑工程机械的制造加工 | 34 | 784 | 1.34 | 856 |
| 无锡万钧模锻有限公司 | 钱浩淼 | 2012.07 | 锻件及粉末冶金制造加工 | 27 | 401 | 0.00 | 761 |
| 无锡市永辰标准件制造有限公司 | 王志贤 | 2013.01 | 其他专用设备制造 | 1 | 2 | 0.01 | 97 |
| 无锡佛吉斯通用设备有限公司 | 封宝财 | 2013.02 | 动力机械设备的制造 | 2 | 20 | 0.09 | 69 |
| 无锡龙源环保科技有限公司 | 李敬东 | 2013.05 | 烟气脱硝净化设备的研制 | 8 | 5424 | 0.00 | 20598 |
| 无锡晓成金属制品有限公司 | 计晓星 | 2013.08 | 汽车零部件的制造 | 20 | 221 | 0.46 | 286 |

2014 年，南塘社区顺利通过惠山区三星级社区考核。上级领导充分肯定南塘社区的各项工作，尤其对社区党员服务建设、志愿者队伍建设、妇联和民政服务以及社区综合治理等方面，更为赞赏。

2015 年，南塘社区为确保社区安全，实施电视监控网络系统建设，对村中主要的 38 个道口安装摄像头 85 个，总投资 80 余万元。建立社区电视监控网络后，大大提高社区的防范等级和安全系数，充分保障社区设施、群众的生命财产安全，有效地防范盗窃、蓄意破坏等违法犯罪事件和暴力恐怖事件的发生。是年，南塘社区规模以上企业 7 家，规模以下企业 35 家。

**2005~2015 年南水渠、庙塘桥村，南塘（村）社区主要经济指标统计表**

表 1—3—84　　　　单位：人、万元

| 年份 | 村、社区名 | 农业人口 | 工农业总产值 | 工业总产值 | 工业销售、主营业务收入 | 工业利税总额 | 工业增加值 | 工业固定资产原价 |
|---|---|---|---|---|---|---|---|---|
| 2005 | 南水渠村 | 1260 | 7723 | 7262 | 7279 | 383 | 1271 | 1845 |
| | 庙塘桥村 | 1513 | 26886 | 26489 | 27502 | 428 | 4511 | 2877 |
| 2006 | 南水渠村 | 1272 | 36482 | 35594 | 35347 | 2922 | 7619 | 4982 |
| | 庙塘桥村 | 1515 | 13895 | 12568 | 12924 | 545 | 2733 | 4083 |
| 2007 | 南水渠村 | 1280 | 48238 | 47196 | 47394 | 4486 | 9431 | 6223 |
| | 庙塘桥村 | 1627 | 17929 | 16372 | 16798 | 712 | 3487 | 4552 |
| 2008 | 南水渠村 | 1334 | 54279 | 52999 | 48273 | 2893 | 10856 | 6092 |
| | 庙塘桥村 | 1615 | 18016 | 16286 | 15545 | 689 | 3413 | 5135 |
| 2009 | 南塘社区 | 2965 | 84792 | 81782 | 77278 | 2941 | 14788 | 11632 |
| 2010 | | 3890 | 102367 | 98302 | 100677 | 4521 | 14644 | 11155 |
| 2011 | | 均为居民 | 107295 | 105920 | 104558 | 3233 | 18674 | 11845 |
| 2012 | | | 98884 | 93268 | 89107 | 2979 | 16438 | 10515 |
| 2013 | | | 101997 | 96254 | 128479 | 3072 | 16964 | 10848 |
| 2014 | | | 161785 | 161110 | 163883 | 4877 | 28396 | 17692 |
| 2015 | | | 150188 | 149474 | 153229 | 4520 | 26347 | 16412 |

## 三、干部任职

南塘社区由南水渠村和庙塘桥村合并而来。五星大队、南水渠（大队）村历任党支部书记 11 人、副书记 2 人，社长 1 人、副社长 3 人，大队长 3 人、副大队长 6 人，革委会主任 1 人、革委会副主任 1 人，村委主任 4 人、村委副主任 2 人，主办会计 8 人。火花大队、村，庙塘桥村历任党支部书记 11 人，社长 1 人、副社长 2 人，大队长 6 人、副大队长 4 人，革委会副主任 3 人，村委主任 4 人，主办会计 11 人。南塘社区历任党总支书记 2 人、副书记 1 人，居委会主任 2 人、居委会副主任 1 人，主办会计 1 人。2015 年，何春雨连任党总支书记兼居委会主任，冯黎光连任主办会计。

## 1957~2008 年火花（高级社、大队）村、庙塘桥村党支部（总支）、行政干部、主办会计任职表

表 1—3—85

| 建置名称 | 党支部书记 | | 行政干部 | | | | | | 会计 | |
|---|---|---|---|---|---|---|---|---|---|---|
| | 姓名 | 任职时间 | 正职 | | | 副职 | | | 姓名 | 任职时间 |
| | | | 姓名 | 职务 | 任职时间 | 姓名 | 职务 | 任职时间 | | |
| 火花高级社 | 施厚本 | 1957~1958 | 马茂伦 | 社长 | 1957~1958 | 钱永茂 | 副社长 | 1956~1958 | 周谢生 | 1957~1959.04 |
| | — | — | — | — | — | 周炳华 | 副社长 | 1957~1958 | — | — |
| 火花大队 | 许耀宗 | 1958~1959.10 | 钱永茂 | 大队长 | 1958~1959 | 周炳华 | 副大队长 | 1958~1960 | — | — |
| | 秦惠金(副书记) | 1959.04~1959.10 | 徐产荣 | 大队长 | 1959.04~1959.09 | — | — | — | 龚耀生 | 1959.04~1959.12 |
| | 朱章汉 | 1959.10~1960.01 | — | — | — | — | — | — | 许福仁 | 1959.12~1961 |
| | 吴家奎(副书记) | 1960.01~1960.05 | — | — | — | 杨耀兴 | 副大队长 | 1960~1961 | — | — |
| | 陆荣法(副书记) | 1960.05~1960.12 | 陆荣法 | 大队长 | 1959.09~1963.05 | — | — | — | — | — |
| | 陆荣法 | 1961.01~1963.05 | — | — | — | 钱永茂 | 副大队长 | 1961~1963.05 | 匡国良 | 1961~1963.05 |
| | 周绍林(副书记) | 1963.05~1963.09 | — | — | — | — | — | — | 浦青度 | 1963.05~1971 |
| | 张世清 | 1963.09~1971 | 钱永茂 | 大队长 | 1963.05~1971 | — | — | — | 高祥云 | 1971~1973 |
| | 钱永茂 | 1971~1974 | 郭炳宜 | 大队长 | 1972~1974 | 马茂伦 | 革委会副主任 | 1975.05~1976 | — | — |
| | 浦青度 | 1974~1977.09 | 浦青度 | 大队长 | 1974~1977.09 | 高玉鸣 | 革委会副主任 | 1976~1977.04 | 高玉鸣 | 1974~1976 |
| | 边锡凤(副书记) | 1976.10~1977.09 | — | — | — | 陶培元 | 革委会副主任 | 1977.09~1980.03 | 强青炎 | 1976~1983.05 |
| | 边锡凤 | 1977.09~1983 | — | — | — | 冯焕朝 | 副大队长 | 1980.03~1981 | 强定奎 | 1983.05~1985.03 |
| （火花）庙塘桥村 | 边锡凤 | 1983~1984 | 边锡凤 | 主任 | 1983~1984 | — | — | — | — | — |
| | 冯听根 | 1984~1989.04 | 强定奎 | 主任 | 1985~1986 | — | — | — | 钱云雷 | 1985.03~1987.06 |
| | 匡宝圻(副书记) | 1989.4~1990.01 | 匡宝圻 | 主任 | 1990.01~1994.11 | 钱云雷 | 副主任 | 1990.03~1994.11 | 强定奎 | 1987.06~2000.10 |
| | 匡宝圻 | 1990.01~1994.11 | 钱云雷 | 主任 | 1994.12~1999.09 | 殷金良 | 副主任 | 1999.01~1999.10 | — | — |
| | 强林华 | 1994.11~2008 | 殷金良 | 主任 | 1999.10~2008 | — | — | — | 何春雨 | 2000.10~2008 |

## 1956~2008 年五星（高级社）大队、南水渠（大队）村党支部（总支）、行政干部、主办会计任职表

表 1—3—86

| 建置名称 | 党支部书记 | | 行政干部 | | | | | | 会计 | |
|---|---|---|---|---|---|---|---|---|---|---|
| | 姓名 | 任职时间 | 正职 | | | 副职 | | | 姓名 | 任职时间 |
| | | | 姓名 | 职务 | 任职时间 | 姓名 | 职务 | 任职时间 | | |
| 五星高级社 | 张宝兴 | 1956~1958 | 张保兴 | 社长 | 1956~1958 | 陈正祥 | 副社长 | 1956~1958 | 张凤奎 | 1956~1958 |
| | — | — | — | — | — | 王云龙 | 副社长 | 1956~1958 | — | — |
| | — | — | — | — | — | 冯荣南 | 副社长 | 1957~1958 | — | — |
| 五星大队 | 张宝兴 | 1958~1959.04 | — | — | — | 姚炳奎 | 副大队长 | 1958~1959 | 张凤奎 | 1958~1959.03 |
| | 冯荣南 | 1959~1966.02 | 张保兴 | 大队长 | 1958~1960.05 | 陈正祥 | 副大队长 | 1959.04~ | 王茂祥 | 1959.04~1960.05 |
| | 穆叙宝(副书记) | 1959.04~ | 王茂祥 | 大队长 | 1960.05~1967 | — | — | — | 张凤奎 | 1960.05~1967 |
| | 张寿娣 | 1966.02~1968 | 冯龙兴 | 大队长 | 1968~1971 | — | — | — | 冯宝兴 | 1967~1970 |

续表 1—3—86

| 建置名称 | 党支部书记 | | 行政干部 | | | | | | 会计 | |
|---|---|---|---|---|---|---|---|---|---|---|
| | | | 正职 | | | 副职 | | | | |
| | 姓名 | 任职时间 | 姓名 | 职务 | 任职时间 | 姓名 | 职务 | 任职时间 | 姓名 | 任职时间 |
| 五星大队 | 张宝兴 | 1968~1972.02 | — | — | — | — | — | — | — | — |
| | 冯宝兴 | 1972.02~1974.10 | 冯宝兴 | 革委会主任 | 1972.02~1974.10 | 夏惠荣 | 副大队长 | 1971~1975 | 冯俊其 | 1971~1975 |
| | 吴桂秀 | 1974.10~1976 | — | — | — | 倪惠良 | 副大队长 | 1975~1980.02 | — | — |
| | 倪惠良(副书记) | 1975~1982 | — | — | — | 张炳良 | 革委会副主任 | 1977~1980.02 | 张凤奎 | 1976~1982.10 |
| | 夏惠荣 | 1976~1977 | — | — | — | 冯其忠 | 副大队长 | 1980.02~1982.03 | — | — |
| | 王保兴 | 1977~1984 | — | — | — | 陈焕江 | 副大队长 | 1982.03~1983.05 | 张桐生 | 1982.10~1983.05 |
| 南水渠村 | 张桐生 | 1984~1995 | 陈焕江 | 主任 | 1985~1990.08 | 王保兴 | 副主任 | 1983.05~1984 | 陈焕江 | 1983.05~1985 |
| | 冯国庆 | 1995~1998.02 | 冯国庆 | 主任 | 1990.09~1998.12 | 冯其忠 | 副主任 | 1990.03~1998.05 | 冯国庆 | 1985~1991.04 |
| | 张桐清 | 1998.09~2006.03 | 李国民 | 主任 | 1999.01~2006 | — | — | — | 冯黎光 | 1991.04~2008 |
| | 李国民 | 2006.03~2008 | 钱晓海 | 主任 | 2007~2008 | — | — | — | — | — |

2009~2015 年南塘社区党支部（总支）、行政干部、主办会计任职表

表 1—3—87

| 建置名称 | 党支部书记 | | 行政干部 | | | | | | 会计 | |
|---|---|---|---|---|---|---|---|---|---|---|
| | | | 正职 | | | 副职 | | | | |
| | 姓名 | 任职时间 | 姓名 | 职务 | 任职时间 | 姓名 | 职务 | 任职时间 | 姓名 | 任职时间 |
| 南塘社区 | 强林华 | 2009~2014 | 李国民 | 主任 | 2009~2014 | 殷金良 | 副主任 | 2009~2014 | 冯黎光 | 2009~ |
| | 钱晓海(副书记) | 2009~2011 | 何春雨 | 主任 | 2014~2015 | — | — | — | — | — |
| | 何春雨 | 2015~ | — | — | — | — | — | — | — | — |

# 第十三节 盛峰社区

盛峰社区地处钱桥街道最西部，东与东风社区相邻，东南面与稍塘社区相衔，南与滨湖区胡埭工业园区相接，西靠直湖港、与阳山镇相邻，北与洛社镇的杨市为伴。2015 年，盛峰社区辖盛店桥、吴巷上、墩上、弄里、犁轭基、庄桥头、庄基上、俞巷、大坝头（5 户），东张巷、大树下、王巷（一半）、西坝头、上舍头、黄泥坝 15 个自然村，32 个居民小组。2015 年户籍人口 2047 人，外来人口 1283 人。

图 1—3—15　盛峰社区居民委员会（2015 年）

## 一、建置沿革

盛店，旧志称郑店。据考，宋元丰八年（1085）至清光绪三十四年（1908）属富安乡管辖；民国时期属新渎区盛店乡；民国 37 年（1948）至 1949 年 4 月解放前又属张舍镇盛店乡。盛店乡乡政府驻地盛店桥。

1949 年 4 月 23 日，无锡解放，盛店乡属新渎区领导。

1956 年 3 月，盛店乡属新渎区管辖。盛店乡的新平村、新民村分别组织成立新平、新民初级农业生产合作社。不久，新平初级农业生产合作社和新民初级农业生产合作社合并，成立高级农业生

产合作社，定名为凯旋高级农业生产合作社。此时，盛店乡的大路头村（直湖港西）划归新渎乡，新平村南部的张店桥划归胡埭镇。这样，凯旋高级农业生产合作社即后来盛峰社区的范围。

1957年，凯旋高级农业生产合作社划归藕塘乡管辖。1958年下半年，藕塘人民公社成立，凯旋高级农业生产合作社改设为凯旋大队。同年10月，藕塘公社分南北两个大工区，凯旋、一鸣、勤建三个大队属南工区，名称为“稍塘国营农场”。稍塘国营农场维持时间不长，后凯旋、一鸣、勤建仍分为三个大队。

1962年3月，凯旋大队分为两个大队。东北部的盛店埄、大坝头、庄里、高家旦、西张巷、东张巷、大树下、王巷、杨家、西坝头、上舍头、黄泥坝12个自然村15个生产队另设大队，定名为宇峰大队。西南部的盛店桥、张巷、俞巷、船浜头、西贾村、大河头、蒋巷、吴巷、墩上、弄里、犁轭基、庄桥头、庄基上13个自然村18个生产队仍为凯旋大队。

1982年，凯旋大队更名为盛店大队。1983年，藕塘人民公社更名为藕塘乡，盛店大队更名为盛店村，宇峰大队更名为宇峰村。2001年8月，盛店村与宇峰村合并，更名为盛峰村。2009年10月，增设盛峰社区居民委员会。2012年，盛峰村村民委员会撤销。

## 二、概况

盛店桥市镇虽然不大，但民国时期名气不小。因盛店桥地处锡西经济发达地区，东有藕塘、钱桥，南有张舍、胡埭，西有新渎、陆区这些有名的农村集镇。其间还有两条官道大路经过盛店，俗称北大路和南大路。北大路通往杨市、藕塘、钱桥；南大路通往稍塘、张舍、胡埭。盛店桥处于这两条官道大路的交会处。另外还有一条盛店大河穿境而过，东通洋溪河，连接大运河至无锡，西通直湖港至胡埭、陆区，并延伸至宜兴。水上有陆区班（无锡至陆区）和南宅班（无锡至南宅）两条航线的轮船经过盛店桥码头。

盛店乡由于地理条件优越、交通便捷，给盛店桥带来不少生机，因此盛店桥小镇颇有人气。各类店铺应有尽有，各种商品琳琅满目，每天赶集的人熙熙攘攘，显得十分热闹。民国时期盛店桥街镇开设有一个设施齐全、规模较大的茧行，还有定期的角市（农村交易市场），有猪角、羊角、牛角。每次逢角之日，远近客商云集。特别是羊角，常有上海、南翔、苏州、常州、常熟等地的客商光顾。财主张月清曾牵头集资疏浚盛店河的河道（东至庄里、西至墩上），便利乡民用水及农田汲水灌溉，并使陆区班、南宅班两班轮船畅通无阻。同时还以修建关帝庙和观音堂为名，集资建造盛店小学。其中出资最多的是庄桥头邵坤元，后被聘为盛店小学校董。

盛店小学创办于民国3年（1914），是一所完全小学，解放前相当长一段时间里在锡西很有名气。不仅校舍美观，设备齐全，还聘请名师、书法家曾可述为校长。曾可述治校有方，把学校办得有声有色，被当时的教育部门命名为四区中心小学，成为当时锡西各校观摩学习的典范。还有抗日战争初期就参加革命工作、解放后任上海市教育局局长的杭苇以及早期奔赴延安参加革命、解放后任江西南昌洪都机械厂党委书记、厂长的胡国瑞，都曾在盛店小学任过校长。

民国时期，地方人士李伯琴曾牵头修路，把从盛店桥到张舍和从新渎桥到张舍的两条土路铺成石路，方便乡民雨天走路。西张巷张伯安，早年外出求学，民国8年学成回乡创办庙桥小学，并出资修建黄土桥。

庙桥小学聘请的教师大多是热血青年和共产党地下工作者，因此解放前成为中国共产党早期地下工作的联络点。教师还创办进步刊物《中国儿童报》，刊物在庙桥小学秘密印刷发行，开展地下工作。教师与学校西边王巷上王大宝家关系十分密切，经常在王家搭伙吃饭。民国26年抗日战争全面爆发后，庙桥小学的进步青年教师在萧逸之带领下，投奔延安。王家老母卖掉部分田地，支援青年教师作路费，并把大孙子王时炎托付给萧逸之。王时炎跟随萧逸之参加中共党的地下工作。在党的培养下，王时炎刻苦自学，考取上海同济大学，一边学习、一边继续参加党的革命工作。后王时炎为上海同济大学教授，并升任同济大学党委副书记，是中国测量学的奠基人之一。

至解放前夕，盛店地区社会混乱，兵匪一家，官匪勾结，烧杀抢掠。民国37年春，盛峰黄土桥发生金秀宝一家三口惨遭灭门之灾的凶杀案。其主犯就是当时的伪保长丁阿焕和自卫团长王明度。受害者的亲属哭告无门，凶手却逍遥法外。直至解放后，丁阿焕畏罪自杀，王明度恶贯满盈被人民政府镇压。

1950年，在中国共产党领导下，盛店乡开展土地改革运动。贫下中农分得土地，生产热情空前高涨，青年人踊跃参军。乡里、村里还办起夜校，开展扫盲活动，中青年农民积极学文化。当时盛店乡管辖大路头村、新平村、新民村等3个行政村。3个村村村办起农民剧团，每逢农闲节庆日，3个村的剧团都有节目演出，演出内容为宣传婚姻法和抗美援朝运动。1951年，盛店乡开展镇压反革命运动，一批罪大恶极的反革命分子被镇压。当年秋，在新渎区安阳中学（现阳山中学）大操场召开万人公审大会，枪毙胡少梅（藕塘渔池头人，国民党锡西保安大队副大队长）、李伯琴（盛店船浜头人，国民党张舍镇保安队队长）、李仁奎（盛峰村王巷上人，国民党新渎乡乡长）。不久，又在盛店小学操场召开公审大会，宣判王明度（盛峰西张巷人，国民党新渎乡自卫团团长）。宣判前，人民群众纷纷上台，控诉罪犯的罪行，声泪俱下，十分感人，引起群情激愤，场面几乎失控。王犯被宣判死刑，立即执行。

1953年，盛店乡政府宣传党在过渡时期的总路线和总任务，“要在一个相当长的时期内，逐步实现社会主义工业化，逐步实现国家对农业、手工业和资本主义工商业的社会主义改造”，总路线成为盛店乡当时各项工作的“灯塔”。盛店地区农民向着“点灯不用油，耕地不用牛，楼上楼下，电灯电话”的目标奋斗。1956年，凯旋高级农业生产合作社的农民干劲足、思路广，除种好粮田外，还开展多种经营。其时，随着阳山一带开始种植水蜜桃，凯旋高级社也成为种桃的兴旺地区。凯旋高级农业生产合作社社员所种桃树品种好，果大味甜，远销到上海、常州一带。社里的吴林兴因此被上海园林部门聘去做技术员，成为上海郊区负责种植水蜜桃的技术指导员。吴林兴在上海郊区指导种植水蜜桃一干就是几十年，被评为上海市绿化先进工作者。20世纪50年代中期，盛店桥设有水蜜桃交易市场。周边杨市、藕塘、张舍、胡埭、新渎、陆区一带的桃农都挑着桃子到盛店桥水蜜桃交易市场卖水蜜桃，一度盛况空前。盛店水蜜桃交易市场每天都有班船把桃子运往无锡、常州、上海等地。

1958年，凯旋高级农业生产合作社桃农将大批桃树砍掉。凯旋高级农业生产合作社的种桃业和水蜜桃交易市场随即消失。是年刮起浮夸风，全国各地报出的稻麦产量有亩产几千斤甚至上万斤的。凯旋高级农业生产合作社也不例外。东张巷生产队队长上报小麦产量亩产4000公斤。上级领导前来核产，生产队队长叫几个青年小伙子扛着大笆斗装的麦子前门进，后门出，兜着圈子过磅秤，看看数目差不多就停下来。上级领导一核算，果然4000公斤还有余。领导居然也会相信，让生产队队长当模范、戴大红花，还请来著名锡剧演员王彬彬下乡进行慰问演出祝贺，在盛店小学操场上演大戏。其时，藕塘公社成立人武部，大队有营长，下面有连长、排长、班长，实行“全民皆兵”。凯旋大队开始大兵团作战，大炼钢铁，拆灶头，办大食堂，吃大锅饭，集体用膳。农民“放开肚皮吃饭，鼓足干劲生产”。青壮年农民不回家，整营整连调东调西，有的调到杨家圩搞秋收秋种，有的调到钱桥大炼钢铁。家中只留一些妇女、老人和儿童进行本地的生产劳动和管理。

1959~1961年，凯旋大队粮食大减产，口粮分配严重不足，老百姓肚皮吃不饱。1962年，凯旋、宇峰大队贯彻党中央发布调整、巩固、充实、提高的“八字”方针，全党全民大办粮食。干部、职工从城市或单位下放到农村，与农民同吃同住同劳动。农村实行公社、大队、生产队三级核算，以生产队为基础，农村基层组织得到了巩固。中央还颁发农业60条文件，合理安排三者关系，不吃大锅饭，不搞平均主义，不搞浮夸风，不搞大跃进。是年开始，凯旋大队农民的生活逐步好转。1964

年冬开始，凯旋大队和宇峰大队大搞农田水利基本建设，开展整田平地，农田格子化，水利灌溉河网化。大队定方向，生产队执行，所有田块南北方向，沿袭千年的老田埂被搬走，重新筑出新田埂。田长 100 米、宽 15 米，田块两端一端是灌溉渠，另一端是排水渠，灌排分开。先做渠道，后格方田块；先做总渠，后做支渠。格子方田块与总渠、分支渠灌排配套。要水就灌，积水就排，旱涝保收，稻麦齐丰收。是时，凯旋、宇峰大队的全体社员热情高涨，人人参战，天天开早工、开夜工，大战一冬一春，基本实现千亩粮田格子化。

1964~1965 年，凯旋和宇峰大队分别成立贫下中农协会，开展忆苦思甜活动。同期，凯旋和宇峰大队农民开展学雷锋，学习毛主席著作运动；干部学习焦裕禄；农业学大寨，工业学大庆，全国学人民解放军。“为人民服务”成为时尚。当时，政治空气浓，社会风气好，真是到夜不闭户、路不拾遗的境地。

1966 年下半年“文化大革命”开始。凯旋和宇峰大队农民开展“四大”（大鸣、大放、大辩论、大字报），“破四旧、立四新”，传统文化遭到践踏。“文化大革命”中，清理阶级队伍，有部分成分高的人（地主、富农）和所谓有点历史问题的人遭到批斗。凯旋大队凯旋小学有两位老师因批斗而自杀；盛店保健站的一名医生自杀；还有两位群众只因说错几句话也遭批斗，吓得自杀身亡。宇峰大队有一位生产队长经受不住批斗而自杀身亡，还有一些无故群众遭受毒打。不久，军队支左，人武部抓总，党中央号召“抓革命、促生产”“要文斗，不要武斗”，社会慢慢安定下来。凯旋、宇峰大队分别成立革命委员会。

20 世纪 60 年代末至 70 年代初，凯旋和宇峰大队学华西，建设吨粮田，开始种植双季稻，一年三熟（二熟稻、一熟麦），三熟制种植面积达 100%。粮食产量虽提高一点，种田成本却提高不少，特别是化肥农药等花费多，劳动力花费更是惊人。干部群众日夜奋战，农民辛苦异常，得到的报酬极微。有的生产队因为田多人少，误了农时，后季稻失收，小麦减产，粮食产量反而降低。年终结算分配，有的生产队每个人工分红只有几角钱，甚至还有不满一角钱的，严重挫伤农民群众的生产积极性。

20 世纪 70 年代初，凯旋、宇峰大队再次掀起“农业学大寨”运动，大搞第二次整田平地，把坟墩、高岗、河浜、沟壑挑平填没，扩大种植面积，把所有的灌溉明渠改造成暗渠，定点建造电灌站。盛店大队西贾村、盛北、盛店桥建造三个电灌站。大队组织群众新开丰产河，自盛店桥河至西贾村，全长约 1000 米，河上造起一座丰产桥。宇峰大队建造盛店埭和黄泥坝两个电灌站，疏通西坝头至黄泥坝的河道约 1000 米。1980 年开始，区域内农村实行家庭联产承包责任制，分田到户，生产队核算取消。凯旋、宇峰大队各小队资产、银行账户存款和现金上交大队，大队统一安排。

20 世纪 80 年代初，乡镇企业崛起，盛店村先后办起农产品加工厂、淀粉厂、化工厂、印染厂、排版厂、农机厂、电子器材厂、拉丝厂、玻璃钢厂等。宇峰村先后办起加热器厂、电热器厂、电器材料厂、铸件厂、化工厂和环保设备厂等。由于乡镇企业的发展，农民既当农民又当工人，既有农业收入又有工业收入，经济收入大大提高，家家丰衣足食，还有多余的钱就用来造房起屋。盛店村、宇峰村家家盖起新楼房，有的农户还建造花园式小洋房。房子装潢越来越讲究。

80 年代中期，村委依靠村办厂积了钱就为群众办好事。1985 年，村委领导首先决定建造新学校，宇峰村出资 32 万元易地新建宇峰小学。1988 年，盛店村出资 17 万元易地新建盛店小学。孩子们搬出阴暗潮湿的庵堂庙宇学校，走进宽敞明亮的新校舍。新校舍中课桌椅全是新的，各种教育设备一应俱全。后来九年制义务教育验收，两村又出资为学校添置图书、投影仪、电脑及各种运动器材等，大大改善教育条件。有钱好办事，村领导逐年规划，使农户家家通上自来水，各自然村之间铺上宽阔的水泥路，便利群众上下班通行摩托车和轿车。1997 年，村办集体所有制企业转为个人所有，原来的厂长、经理当上私营业主。

2002年春，盛峰村创建盛峰工业园。盛峰村委领导积极招商引资，为各路企业家提供最佳服务，创造优惠条件，使入驻的企业得到发展壮大。2006年，盛峰村发展种桃业，所有农田不再种植水稻，改种桃树。为便利桃树灌溉，暗沟已不起作用，村委为桃农改建明渠。明渠全部用水泥混凝土浇制。为了种好桃树，村领导还请来科技人员和有经验的桃农为桃农开办学习班，传授种植水蜜桃的技术，使桃农受益匪浅。从此盛峰村种桃业东山再起，千亩桃树连成片，桃花似霞，水蜜桃畅销国内外，农民经济收入成倍增长，人民生活越来越好。各种高档家具、各类电器、小汽车进入寻常百姓家。

21世纪初，盛峰村在经济发展的前提下，继续为各家各户通上自来水，投资150万元；为各生产队浇制水泥路面，花费150万元；为每户社员装有线电视，花费30万元；村庄整治、新农村建设，花费180万元；建造卫生室、老年活动室、村民活动场所、办公楼等，花费140万元。为建筑省道S342线，船浜头、蒋巷、西张巷、大坝头、杨家被拆迁，居民安置到东风社区新藕苑。2009年，盛峰社区重点进行环境整治，建设美丽乡村。

2010年，社区被中国环境保护产业协会表彰为“国家重点环境保护实用技术示范工程”。2011年8月，因建设无锡市工业安置区，盛峰社区拆迁上俞巷、大河头、西贾村、盛店埄、李巷、庄里、高家旦、王巷（一半）、蒋巷、船浜头、杨家、西张巷、大坝头（大部分）13个村民小组。留在社区原址的15个村民小组农户以种植水蜜桃为主。桃农在钱桥街道农技站科技人员指导下，种桃技术不断提高，所产水蜜桃质量可与阳山水蜜桃媲美。上舍头村民温来兴、庄基上村民徐东白产出的水蜜桃曾被评为阳山水蜜桃“桃王”。

图1—3—16　2010年盛峰社区生活污水处理工程被中国环境保护产业协会表彰为国家重点环境保护实用技术示范工程

### 2010~2011年盛峰社区获得无锡市委、市政府，省级条线以上荣誉表

表1—3—88

| 获得时间 | 荣誉名称 | 颁发单位 |
|---|---|---|
| 2010.12 | 2010年国家重点环境保护实用技术示范工程 | 中国环境保护产业协会 |
| 2011.02 | 无锡市社会主义现代化新农村建设示范村 | 中共无锡市委　无锡市人民政府 |

2013年，盛峰社区规模以上企业3家，规模以下企业55家。

### 2013年盛峰社区规模以上企业一览表

表1—3—89　　单位：人、万元

| 单位名称 | 法定代表人 | 创办时间 | 主要产品 | 从业人数 | 主营业务收入 | 资产总计 |
|---|---|---|---|---|---|---|
| 无锡市俊龙钢管有限公司 | 陈余生 | 2004.04 | 焊管制造 | 16 | 3132 | 870 |
| 无锡南方电工机械有限公司 | 朱文斌 | 2004.06 | 电线、电缆专用生产机械 | 94 | 7881 | 5551 |
| 无锡苏南电工机械有限公司 | 钱正义 | 2005.05 | 输配电及控制设备制造 | 69 | 4874 | 2939 |

### 2013年盛峰社区规模以下企业一览表

表1—3—90　　单位：人、万元

| 单位名称 | 法定代表人 | 创办时间 | 主要产品 | 从业人数 | 主营业务收入 | 营业税金 | 资产总计 |
|---|---|---|---|---|---|---|---|
| 无锡市中创电子器材有限公司 | 邵兴法 | 1990.01 | 电气控制设备制造 | 45 | 1774 | 9.20 | 841 |
| 无锡市藕塘化工助剂厂 | 陈德清 | 1990.01 | 沥青乳化剂 | 4 | 128 | 0.30 | 184 |
| 无锡南方制线厂 | 吴亚南 | 1995.05 | 涤纶线生产制造 | 32 | 795 | 0.67 | 626 |

续表 1—3—90 单位：人、万元

| 单位名称 | 法定代表人 | 创办时间 | 主要产品 | 从业人数 | 主营业务收入 | 营业税金 | 资产总计 |
|---|---|---|---|---|---|---|---|
| 无锡市鸿翔机械有限公司 | 徐莲华 | 1995.05 | 造纸机械制造 | 20 | 546 | 2.68 | 533 |
| 无锡市天星冷拔型钢厂 | 张国荣 | 1995.08 | 五金加工 | 10 | 177 | 2.98 | 221 |
| 无锡市藕塘凯旋纺织厂 | 张念萱 | 1998.01 | 毛纱 | 20 | 937 | 4.61 | 661 |
| 无锡市锡波金属软管有限公司 | 高　健 | 1998.01 | 汽车零部件加工 | 28 | 778 | 6.32 | 509 |
| 无锡市磊星电子电器制造有限公司 | 吴铜兴 | 1998.01 | 弹簧制造 | 10 | 287 | 0.79 | 338 |
| 无锡胜科煤矿设备制造有限公司 | 张军雄 | 2000.06 | 钻机煤矿配件 | 8 | 300 | 1.02 | 769 |
| 无锡市亚格拉有色金属管厂 | 温江涛 | 2001.06 | 铝合金气缸管制造 | 37 | 2397 | 10.88 | 1005 |
| 无锡市锡波电子器材有限公司 | 蒋国强 | 2002.03 | 电器元件制造 | 10 | 292 | 7.41 | 241 |
| 无锡市盛店机械厂 | 周秋林 | 2003.02 | 机械零部件加工 | 5 | 97 | 0.79 | 189 |
| 无锡友丽莱露制衣有限公司 | 黄跃伟 | 2003.03 | 服装制造 | 13 | 268 | 0.83 | 926 |
| 无锡市佳宝电子有限公司 | 俞敏光 | 2003.05 | 电动车充电器 | 2 | 15 | 0.09 | 465 |
| 无锡华科铝业有限公司 | 章峻华 | 2003.08 | 铝制品加工 | 12 | 269 | 8.17 | 346 |
| 无锡联众控湿节能设备有限公司 | 张学海 | 2004.02 | 家用空气调节器 | 35 | 1636 | 4.51 | 1429 |
| 无锡市星美织造有限公司 | 蒋光华 | 2004.02 | 帘子布制造 | 5 | 152 | 5.23 | 247 |
| 无锡市双盛冷弯型钢有限公司 | 谢建平 | 2004.06 | 钢压延加工 | 6 | 428 | 0.60 | 102 |
| 无锡市润丰铝业有限公司 | 浦红峰 | 2004.07 | 铝制品制造 | 20 | 1607 | 3.38 | 1274 |
| 无锡伟天调味食品有限公司 | 戴伟延 | 2004.10 | 鸡精制造 | 10 | 455 | 0.87 | 486 |
| 无锡市国达汽车电子器材厂 | 顾国荣 | 2005.01 | 电子元件制造 | 13 | 210 | 1.07 | 427 |
| 无锡市盛峰电热元件厂 | 王　晓 | 2005.01 | 电热元件加工、制造 | 8 | 62 | 0.00 | 187 |
| 无锡市和盛制线厂 | 陶志远 | 2005.03 | 绵纶线的制造 | 10 | 636 | 2.83 | 187 |
| 无锡惠达铁路机车车辆配件有限公司 | 徐惠明 | 2005.03 | 铁路机车配件加工 | 5 | 81 | 0.26 | 213 |
| 无锡鸿源汽车配件厂 | 朱婷翼 | 2005.04 | 汽车零部件加工 | 6 | 425 | 1.27 | 331 |
| 无锡市良宏球铁铸造有限公司 | 冯伯良 | 2005.05 | 球铁铸造 | 6 | 189 | 0.50 | 347 |
| 无锡市德昶精密铸造有限公司 | 冯志伟 | 2005.11 | 金属磨具的铸造加工 | 85 | 1950 | 13.78 | 1933 |
| 无锡海利建筑器材有限公司 | 浦　炜 | 2006.02 | 脚手架踏板的制造 | 11 | 289 | 3.24 | 123 |
| 无锡罗特空气处理设备有限公司 | 俞敏光 | 2006.03 | 空气清新设备的研发 | 30 | 1227 | 62.83 | 724 |
| 无锡华晔机械制造有限公司 | 丁云霞 | 2006.03 | 机械设备配件加工 | 10 | 198 | 1.43 | 403 |
| 无锡市隆腾高强度紧固件厂 | 俞　晓 | 2006.12 | 高强度紧固件生产 | 12 | 276 | 1.50 | 353 |
| 无锡市恒铭机械设备有限公司 | 吴晓江 | 2007.01 | 焊接设备制造 | 19 | 1101 | 5.15 | 690 |
| 无锡市藕塘电热电器厂 | 徐惠益 | 2007.04 | 电热元件 | 11 | 185 | 1.47 | 199 |
| 无锡市益峰加热器厂 | 贾忠贤 | 2007.04 | 非标金属结构件制造 | 4 | 77 | 0.60 | 174 |
| 无锡市三强通用机械厂 | 尹建明 | 2007.04 | 普通机械配件加工 | 3 | 18 | 0.18 | 228 |
| 无锡市中宇电子器材厂 | 吴　忠 | 2007.08 | 电子元器件加工 | 4 | 204 | 1.71 | 194 |
| 无锡市米生金属制品有限公司 | 钱米生 | 2007.09 | 五金、模具、机械配件加工 | 3 | 21 | 0.06 | 57 |
| 无锡市百奇液压缸体有限公司 | 陆　琦 | 2007.10 | 液压气缸、高精度冷拔珩磨缸筒的制造、加工 | 11 | 1419 | 2.49 | 108 |
| 无锡美凯机械有限公司 | 姚　武 | 2008.04 | 彩板机械的制造 | 30 | 901 | 0.64 | 903 |
| 无锡芳英船舶配件厂 | 蒋秋芳 | 2008.05 | 船舶配件制造 | 25 | 475 | 2.27 | 646 |
| 无锡市海虹包装用品有限公司 | 王松华 | 2009.03 | 纸制品制造 | 5 | 286 | 0.24 | 232 |
| 无锡南方泰林格塑机有限公司 | 沈银福 | 2009.07 | 电线电缆塑料挤出机制造 | 6 | 494 | 4.36 | 170 |
| 无锡市富尔新机械配件厂 | 庄建新 | 2010.03 | 机械配件制造 | 3 | 64 | 0.28 | 65 |
| 无锡市立忠机械制造有限公司 | 陈立忠 | 2010.04 | 机械制造 | 16 | 140 | 1.88 | 257 |
| 无锡市明东环保设备有限公司 | 张介明 | 2010.04 | 环保设备制造 | 8 | 136 | 0.63 | 279 |
| 无锡虞鸿金属制品厂 | 虞学良 | 2010.08 | 车辆配件制造 | 4 | 26 | 0.09 | 135 |
| 无锡昌丰精密钢管有限公司 | 顾　勇 | 2010.09 | 精密钢管的加工 | 20 | 1585 | 2.10 | 1244 |
| 无锡市森美塑料造粒厂 | 李传思 | 2010.09 | 塑料造粒加工 | 6 | 781 | 1.38 | 145 |
| 无锡市新达机电成套设备厂 | 徐惠华 | 2010.10 | 电器元件加工 | 20 | 483 | 4.96 | 481 |
| 无锡辉耀塑业有限公司 | 冯俊远 | 2011.03 | 塑料制品制造 | 5 | 88 | 0.15 | 102 |
| 无锡市大成超硬面焊接厂 | 倪大炎 | 2011.05 | 轧辊的制造和维修 | 8 | 65 | 2.09 | 219 |

续表 1—3—90　　　　　　　　　　　　　　　　　　　　　　　　单位：人、万元

| 单位名称 | 法定代表人 | 创办时间 | 主要产品 | 从业人数 | 主营业务收入 | 营业税金 | 资产总计 |
|---|---|---|---|---|---|---|---|
| 无锡希姆勒包装设备有限公司 | 王照跃 | 2011.11 | 机械制造 | 13 | 340 | 1.28 | 320 |
| 无锡市如意玻璃有限公司 | 李长明 | 2012.07 | 日用玻璃制品及玻璃包装容器制造 | 27 | 469 | 0.57 | 356 |
| 无锡梓华铝业有限公司 | 宋岳华 | 2013.05 | 铝型材的制造 | 16 | 1174 | 1.45 | 373 |
| 无锡东力同步带模具制造厂 | 马洪兴 | 2013.05 | 同步带模具制造 | 4 | 171 | 1.33 | 112 |

2014 年，盛峰社区的工业向高科技发展，以崭新的风貌展现在钱桥街道。是年底，社区已有 50 多家企业，年总产值达 3.9 亿元。比较著名的企业有南方电工和苏南电工，两家企业年产值达 1.7 亿元。盛峰社区居民委员会关心老年人生活，是年始每年发给 60 周岁以上老人春节慰问金每人 300 元，重阳节发给 70 周岁以上每位老人慰问金 100 元。2015 年，盛峰社区规模以上企业 3 家，规模以下企业 55 家。

2005~2015 年盛峰（村）社区主要经济指标统计表

表 1—3—91　　　　　　　　　　　　　　　　　　　　　　　　单位：人、万元

| 年份 | 农业人口 | 工农业总产值 | 工业总产值 | 工业销售、主营业务收入 | 工业利税总额 | 工业增加值 | 工业固定资产原价 |
|---|---|---|---|---|---|---|---|
| 2005 | 3385 | 15706 | 14572 | 14146 | 635 | 2882 | 3371 |
| 2006 | 3505 | 20265 | 18280 | 18131 | 756 | 3798 | 3600 |
| 2007 | 3512 | 23042 | 20712 | 20608 | 1278 | 4141 | 108 |
| 2008 | 3512 | 35926 | 32066 | 28350 | 2200 | 6355 | 4657 |
| 2009 | 3558 | 32457 | 28042 | 27842 | 2399 | 5599 | 5236 |
| 2010 | 4352 | 45796 | 36136 | 37391 | 3201 | 7634 | 6240 |
| 2011 | 均为居民 | 47879 | 45366 | 47428 | 4334 | 9088 | 8807 |
| 2012 | | 48224 | 41764 | 41877 | 4594 | 9360 | 8828 |
| 2013 | | 48789 | 42431 | 43286 | 4732 | 9640 | 8873 |
| 2014 | | 42074 | 39040 | 39006 | 4923 | 8981 | 8925 |
| 2015 | | 39962 | 38273 | 37400 | 4874 | 9929 | 8968 |

## 三、干部任职

盛峰社区由盛店村与宇峰村合并而来。1949~2001 年，盛店乡、凯旋社、凯旋大队、盛店村历任党支部书记 12 人、代理书记 1 人，监委主任 1 人、管委主任 1 人，大队长 5 人、副大队长 3 人，革委会主任 1 人、革委会副主任 5 人，村委主任 5 人、村委副主任 6 人，主办会计 11 人。1962~2001 年，宇峰（大队）村历任党支部书记 8 人、代书记 1 人、副书记 1 人，大队长 2 人、副大队长 1 人，革委会主任 4 人、革委会副主任 4 人，村委主任 3 人、村委副主任 4 人，主办会计 9 人。2001~2015 年，盛峰（村）社区历任党（支部）总支书记 2 人、副书记 1 人，居委会主任 2 人，主办会计 3 人。2015 年，吴永伟连任党总支书记，王征连任居委会主任，高志杰连任主办会计。

1956~2001 年凯旋社、凯旋大队、盛店村历届党支部（总支）、行政干部、主办会计任职表

表 1—3—92

| 建置名称 | 党支部书记 | | 行政干部 | | | | | | 主办会计 | |
|---|---|---|---|---|---|---|---|---|---|---|
| | 姓名 | 任职时间 | 正职 | | | 副职 | | | 姓名 | 任职时间 |
| | | | 姓名 | 职务 | 任职时间 | 姓名 | 职务 | 任职时间 | | |
| 新渎乡凯旋社 | 李德祥 | 1956~1957 | 李德祥 | 监委主任 | 1956~1958 | 黄耀春 | 管委主任 | 1956~1958 | 黄耀春 | 1956~1957 |
| | 王阿荣 | 1957~1958 | — | — | — | — | — | — | 孙永祥 | 1957~1958 |
| 藕塘公社凯旋社 | 徐仁法 | 1959.04~1960.05 | 樊锡根 | 大队长 | 1958~1963.05 | 许仲贤 | 副大队长 | 1959.10~1963.05 | 张全福 | 1958~1960 |
| | 范一清 | 1960.05~1963.05 | — | — | — | — | — | — | 吴瑞琪 | 1960~1963 |

续表 1—3—92

| 建置名称 | 党支部书记 | | 行政干部 | | | | | | 主办会计 | |
|---|---|---|---|---|---|---|---|---|---|---|
| | | | 正职 | | | 副职 | | | | |
| | 姓名 | 任职时间 | 姓名 | 职务 | 任职时间 | 姓名 | 职务 | 任职时间 | 姓名 | 任职时间 |
| 凯旋大队 | 李德祥 | 1963.10~1964 | 许仲贤 | 大队长 | 1963.10~1964 | 邵仁源 | 副大队长 | 1963.05~1964 | 邵仁源 | 1963.05~1971 |
| | 庄洪源 | 1964~1971 | 李德祥 | 大队长 | 1964~1966 | 许仲贤 | 副大队长 | 1964~1966 | — | — |
| | — | — | 庄洪源 | 革委会主任 | 1966~1971 | 吴文玉 | 革委会副主任 | 1966~1971 | — | — |
| | 吴文玉 | 1972~1974 | 邵仁源 | 大队长 | 1972~1974 | 吴琴英 | 革委会副主任 | 1966~1974 | 俞亚南 | 1971~1974 |
| | 邵仁源 | 1975 | 吴琴英 | 大队长 | 1975~1980.11 | 徐宜度 | 革委会副主任 | 1975 | 吴建芬 | 1975~1980 |
| | 吴琴英(代书记) | 1976~1978 | — | — | — | 蒋锡贤 | 革委会副主任 | 1976~1978 | 蒋国平 | 1981~1983 |
| | 徐宜度 | 1978~1982 | — | — | — | 许志荣 | 革委会副主任 | 1978~1980 | 邵仁安 | 1983~1984 |
| | — | — | — | — | — | 吴金根 | 副大队长 | 1980~1982 | — | — |
| 盛店村 | 徐宜度 | 1983.05~1984 | 徐宜度 | 主任 | 1983.05~1984 | 张炳兴 | 副主任 | 1983.05~1984 | — | — |
| | 蒋国平 | 1984~1985 | 蒋国平 | 主任 | 1984~1985 | 吴金根 | 副主任 | 1983.10~1984 | 杨达元 | 1985~1991 |
| | 高勤宝 | 1986~1987 | 高勤宝 | 主任 | 1986~1987 | 蒋伟新 | 副主任 | 1989.07~1992.08 | — | — |
| | 王伯健 | 1987.09~1990.07 | 王伯健 | 主任 | 1987.09~1990.07 | 唐惠仪 | 副主任 | 1990. 03~1998. 05 | 杨达元 | 1991.10~1998.05 |
| | 徐益新 | 1990.08~2001 | 徐益新 | 主任 | 1990.08~2001 | 周秋林 | 副主任 | 1997.03~1998 | — | — |
| | — | — | — | — | — | 吴永伟 | 副主任 | 1998.05~2001 | 庄勤南 | 1998.05~2001 |

## 1962~2001 年宇峰（大队）村历届党支部（总支）、行政干部、主办会计任职表

表 1—3—93

| 建置名称 | 党支部书记 | | 行政干部 | | | | | | 主办会计 | |
|---|---|---|---|---|---|---|---|---|---|---|
| | | | 正职 | | | 副职 | | | | |
| | 姓名 | 任职时间 | 姓名 | 职务 | 任职时间 | 姓名 | 职务 | 任职时间 | 姓名 | 任职时间 |
| 宇峰大队 | 李德祥 | 1962~1963 | 黄耀春 | 大队长 | 1962~1964 | 张宜度 | 副大队长 | 1962~1966 | 张全福 | 1962 |
| | 邵仲轩 | 1963.10~1966 | 石金度 | 大队长 | 1963.10~1964 | — | — | — | 王焕兴 | 1963.10~1966 |
| | 徐荣宝(代书记) | 1971~1972 | 王仲兴 | 革委会主任 | 1966~1970 | 张宜度 | 革委会副主任 | 1966~1971 | 张伯贤 | 1966~1972.06 |
| | 浦清度 | 1972~1973 | 浦清度 | 革委会主任 | 1972~1973 | 王仲兴 | 革委会副主任 | 1972~1974 | 王伯生 | 1972~1974 |
| | 张伯贤 | 1974.01~1974.12 | 张伯贤 | 革委会主任 | 1974.01~1974.12 | 丁　军 | 革委会副主任 | 1975.05~1980.02 | 张志法 | 1974~1980 |
| | 王伯生 | 1975.07~1983.03 | 王伯生 | 革委会主任 | 1975.07~1983.03 | 邵焕清 | 革委会副主任 | 1980.02~1982.09 | 张明生 | 1981~1982 |
| | 高洪兴(副书记) | 1976~1983 | — | — | — | — | — | — | — | — |
| 宇峰村 | 张明生 | 1983~1995.05 | 张明生 | 主任 | 1983~1995.05 | 管学伦 | 副主任 | 1983.10~1998.05 | 王时方 | 1983~1998.05 |
| | 贾建明 | 1995.05~2000.08 | 章治平 | 主任 | 1995.05~1997.03 | 杨尚达 | 副主任 | 1987~1996.11 | — | — |
| | — | — | — | — | — | 邵伟东 | 副主任 | 1997.03~2000.08 | 王　征 | 1998.05~2000.08 |
| | 邵伟东 | 2000.08~2001.08 | 邵伟东 | 主任 | 2000.08~2001.08 | 王　征 | 副主任 | 2000.08~2001.08 | 邵春娣 | 2000.08~2001.08 |

2001~2015 年盛峰（村）社区历届党支部（总支）、行政干部、主办会计任职表

表 1—3—94

| 建置名称 | 党支部书记 | | 行政干部 | | | | | | 主办会计 | |
|---|---|---|---|---|---|---|---|---|---|---|
| | 姓名 | 任职时间 | 正职 | | | 副职 | | | 姓名 | 任职时间 |
| | | | 姓名 | 职务 | 任职时间 | 姓名 | 职务 | 任职时间 | | |
| 盛峰村 | 徐益新 | 2001~2008 | 吴永伟 | 主任 | 2001~2008 | — | — | — | 邵春娣 | 2001~2002 |
| | 王 征（副书记） | 2001~2008 | — | — | — | — | — | — | 庄勤南 | 2002~2009 |
| 盛峰社区 | 吴永伟 | 2009~ | 王 征 | 主任 | 2009~ | — | — | — | 庄勤南 | 2009~2013.03 |
| | — | — | — | — | — | — | — | — | 高志杰 | 2013.04~ |

# 第十四节 稍塘社区

稍塘社区坐落在钱桥街道西部的洋溪河畔，东与原藕塘社区许巷隔河相望，南与勤建村、胡埭乡刘塘桥相邻，西与盛店桥、胡埭乡张舍相接，北与原宇峰村东张巷、西张巷相伴。2015 年，稍塘社区地理位置改变为东邻无锡职教园以洋溪河为界，西南以无锡市西环线为界，北与盛峰社区为邻，占地面积 86.67 公顷。

图 1—3—17 稍塘社区居民委员会（2015 年）

## 一、建置沿革

1949 年新中国成立后，设稍塘乡。稍塘乡位于无锡西部山区鸡笼山下，东接钱桥舜柯村，南抵刘塘乡，西与张舍乡、盛店乡相接，北与藕塘乡为邻。稍塘乡管辖 8 个行政村，分别是朱巷、李家湾、陈家湾、前埠墩、庙沟漕为第一行政村；秦家漕、管巷、韩巷、河西巷、小方桥、陈村、下岸为第二行政村；章巷、稍塘营街镇、三节桥、费家弄、岸里、周巷、叶家墩为第三行政村；新丰里、俞巷、邵巷、徐巷、短吴巷、长吴巷、小马巷为第四行政村；大东店、椿树巷、东村到袁巷为第五行政村；三家村及以西到西村为第六行政村；湛大坝、芦岸、包家岸、陈巷、木排头为第七行政村；杨树浜、枣树下、大巷、沈巷、中大坝、小庙头为第八行政村。

稍塘乡人民政府驻地在稍塘营街上。乡政府设指导员、乡长、财粮员各 1 人，另有区派驻乡干部蔡绍元指导工作。1950 年，稍塘乡成立农会，农会的管辖范围与行政村辖区相同。

1956 年 3 月，稍塘乡并入藕塘乡。是年 5 月，成立一鸣高级农业生产合作社。一鸣高级农业生产合作社是在稍塘乡第三行政村、第四行政村、第七行政村、第八行政村的基础上建立的。后续的稍塘大队、稍塘村委、稍塘社区的位置和范围至拆迁前未曾变动过。一鸣高级农业生产合作社的地理位置东邻藕塘马巷、许巷，南邻藕塘勤建高级社，西邻胡埭乡刘塘村、莲杆村，北邻藕塘凯旋高级社。

1958 年下半年，藕塘人民公社成立，一鸣高级农业生产合作社更名为一鸣大队，又称第六大队。1967 年一鸣大队更名为永红大队。1982 年更名为稍塘大队。1983 年更设为稍塘村民委员会。2009 年增设稍塘社区居民委员会。2012 年稍塘村村民委员会撤销。

## 二、概况

1950 年，稍塘乡第三、第四、第七、第八行政村开展土地改革运动。土地改革在藕塘区政府领导、稍塘乡政府具体指导下进行。土地改革工作组指导员倪股长、夏股长、沈股长在各村组织成立农会和农会小组，由贫苦农民任农会主任和农会小组长。第三、第四、第七、第八行政村的农会组织领导为：第三行政村农会主任徐桂生，村长陈荣兴；第四行政村农会主任徐世兴，村长俞永生；

第七行政村农会主任樊产宜，村长顾生宝；第八行政村农会主任顾杏春，村长沈兆生、秦浩泉。在乡政府领导下，各村农会组织贫下中农骨干力量和农会小组开展评成分、斗地主、分田、分粮、分家产工作。第三、第四、第七、第八4个行政村评出地主14户、富农5户、上中农16户、中农79户、贫农220户、雇农11户、小土地6户、游民3户。1951年11月，各行政村土地改革结束，由行政村领导各项工作。行政村组织农民支援抗美援朝，动员子女参加志愿军，捐献废钢铁支援国家造飞机大炮，开展互助合作化运动、统购统销、镇压反革命运动。

1952年，稍塘乡政府在群众中宣传破除迷信、移风易俗。稍塘各村村民掀起破除迷信的高潮，旧的风俗习惯全被取消，如稍塘营每年农历3月3日的老爷出会，庙里念佛，道士做道场、做斋事，尼姑和尚念经等。农村青年把庵堂庙宇中的老爷拆除。沈巷的雷尊殿、白龙庵，大巷的观音堂，杨树浜的成祠堂，湛大坝的王祠堂，新丰里邵巷的邵祠堂全部被拆毁，仅有稍塘营的大悲庵、同善堂还保存。春节里传统民间活动调龙灯、调狮子、调财神、唱春、大年夜在场上画弓箭等也都全部被取消。是年冬始，在连续三年的冬闲季节里，稍塘4个村开展自发组织的戏剧文艺宣传活动。农村青年不计报酬，自愿参加，宣传当时的新人新事、新形势和国家大事。七村和八村，后庄三保和茅蓬里还专门成立戏剧文艺宣传剧团，排演节目到各村演出。宣传的主要内容有新婚姻法、扫除文盲、破除迷信、移风易俗等，并演出锡剧《打死美国佬》《一贯道》等。

1953年，稍塘乡各村在原来农会小组基础上成立互助组，劳力多的农户帮助劳力少的农户。互助组有劳力余缺可以调剂、工分结算可找补的优点。是年冬，4个村都宣传党在过渡时期的总路线和总任务，宣传走互助合作化道路的优越性。当时村里的农民都知道国家的奋斗目标是“点灯不用油、耕田不用牛；楼上楼下，电灯电话”。1954~1955年冬，在互助组的基础上以村为单位，先后成立第三、第四、第七、第八初级社。1956年5月，在初级社基础上（有第三村、第四村、第七村、第八村），4个初级农业合社合并成一个高级社，成立一鸣高级农业生产合作社。农民参加高级社，把自己的私有土地全部入社，以实际行动自愿上交田单和土地证。从此，行政村取消，由一鸣高级农业生产合作社替代。

1958年，开始大兵团作战，大炼钢铁，“大跃进”，成立藕塘人民公社。全国实行全民皆兵，一鸣高级农业生产合作社改设为一鸣大队，小组改成生产队。一鸣大队有中大坝、沈巷、大巷、枣树下、杨树浜、湛一、湛二、包家岸、陈巷、木一、木二、木三、叶家墩、周巷、俞巷、邵东、邵西、徐巷（胜利）、吴巷（立新）、费家弄、稍塘、章东、章西23个生产队组成。全大队水旱田总面积175.33公顷，其中桑田面积10.4公顷，筑路造房减少2.53公顷后，剩下162.4公顷水旱田。当年户数468户、人口1586人，土地平均0.11公顷/人。是年10月初，秋收秋种开始，藕塘公社成立南北二大工区，组织凯旋（盛峰）、一鸣（稍塘）、勤建三个大队合并为南工区，总支书记吴伯泉（兼），第二书记徐根寿，副书记费士南、李德祥，委员徐仁法、姚炳奎、黄耀春、樊锡根、蒋秀英、顾杏春，会计丁仁度，统计秦长生。秋种结束，情况发生变化，工区组织解除，回归原来各大队名称，人员回原单位工作。

1959年至1961年三年经济困难时期，稍塘地区老百姓遭受到很大伤害。一鸣大队的社员有的吃榆树皮，有的吃野草，不少社员还患上浮肿病。患上浮肿病的社员由政府发给青糠吃，作为营养品。1962年，党中央号召全党全民大办粮食，干部和职工下放到农村，与农民同吃同住同劳动，实行公社、大队、小队三级核算，以队（生产队）为基础。中央60条规定合理安排三者关系（先国家、后集体、再个人），不吃大锅饭、不搞平均主义，不搞浮夸风，不搞“大跃进”。是年始，一鸣大队农民生活和经济逐步好转。

1964年冬，一鸣大队大搞农田水利基本建设，全面开展整田平地，农田格子化，水利建设河网化。所有田块成南北方向，千年老田埂搬走，筑出新田埂，每块田长100米，宽15米。田埂两头一头是灌渠，另一头是排渠，灌排分开。先做渠，后格田。一鸣大队南片从木排头盛店大河到沈巷转桑桥，筑出一条总灌水明渠，总长950米，灌溉面积55.33公顷。盛店大河北从周巷羊郎浜往北，到黄土桥虎路沟，筑出一条总灌水明渠，总长730米，灌溉面积46.67公顷。全大队共筑灌排明支渠5180米。在筑灌排渠中，社员人人参战，开早工、开夜工，大战一冬一春，基本实现千亩良田格子化。1967年，一鸣大队更名为永红大队。

60年代末至70年代初，一鸣（永红）大队学华西，开始种植双季稻，农田实行三熟制（一年种二熟稻一熟麦）。双季稻插秧做到合理密植，拉线定点莳秧、定棵定尺寸，挑灯夜战，按质按时完成插秧任务。种麦做到薄片深翻山芋埨，先开十字沟和暗沟。暗沟深0.5米，由生产队农技员检查督促暗沟是否符合标准。亩产三熟制产量要求达1000公斤，高产队达1100多公斤。三熟制种植面积全大队达100%，史无前例。是时，中央号召深挖洞、广积粮，备战、备荒、为人民，“农业学大寨”。永红大队大搞第二次整田平地，把农田中的坟墩、高岗、河浜挑平填没，扩大种植面积，增加粮食生产。在整田平地、挑墩没河运动中，每年冬春季节，全体干部和社员干得热火朝天，挑灯夜战。中大坝队挑平模木坟、桑树埒、填平沟沿头；沈巷队挑平西门前弯斗里，填没南沟沿头河和北沟沿头河；枣树下队挑平车塘头、高墩头，填没转转河；大巷队挑平野鸡坟、丝螺墩，填没盂沟漕；杨树浜队在村后挑平二个高墩，填没一段浜梢；湛大坝队挑平西埒，填没下落水渠，填平双沟漕；陈巷、包家岸队挑平桑树埒，填没杨家漕；木排头队没掉5条河港；费家弄队没掉黄鼠狼浜；新丰里队挑平黄土桥大坟，填平大坟旁二个河塘；周巷、叶家墩队没平羊郎浜、挑平二个高墩；稍塘、章东、章西队挑平小营坝头和田里所有坟墩。

70年代，永红大队总明渠和分支明渠改造成暗渠（用三七土和模具木壳板打成拱形），既可排水，又可灌溉。渠面做道路，便利挑担、行人、用板车运送肥料，便利拖拉机耕作机械化。南片建造转桑桥总暗渠，长950米，灌溉面积55.33公顷；北片建造羊郎浜总暗渠，长730米，灌溉面积46.67公顷。同期，建造八亩埒电灌站，灌溉面积14公顷；建造杨树浜电灌站，灌溉面积9.4公顷；建造木二、木三电灌站，灌溉面积9.53公顷；建造小马巷电灌站，灌溉面积14公顷；建造稍塘电灌站，灌溉面积8公顷；建造章东电灌站，灌溉面积7公顷；建造章西电灌站，灌溉面积6.13公顷。1976年开始，永红大队进行村道建设和桥梁改造。村道泥土路建成石子路，路宽3米。全大队共建成石子路15000米，可过往拖拉机、自行车。改建板凳桥，把茅蓬桥、转桑桥、麻姑桥、叶家桥、黄土桥，稍塘营桥改造成拱形桥，共6座。

1980年，实行家庭联产承包责任制，生产队核算取消，小队资产和银行账户、存款、现金上交大队，归大队所有。1982年，永红大队更名为稍塘大队。稍塘大队抓集体经济发展，以办队办企业为主，在原有五金厂、镀锌厂、锁厂的基础上又创办皮鞋厂、彩印厂、制钉厂、拉丝厂、热镀锌厂、回形针厂、钢圈厂、冶炼厂等。1983年，稍塘大队更名为稍塘村民委员会，共辖30个村民小组，分别是中大坝、沈巷、大一、大二、枣树下、石桥头、杨树浜、湛一、湛二、湛三、芦岸、包家岸、陈巷、木一、木二、木三、叶家墩、周巷、费家弄、俞巷、邵西、邵东、徐巷、短吴巷、长吴巷、马巷、稍一、稍二、章东、章西村民小组。村委投资50万元在麻姑桥重建稍塘小学、稍塘幼儿园。1986年，全村石子路改建柏油路，路长15000米。茅蓬桥、麻姑桥、黄土桥的曲拱形桥改建为平板双向桥，共3座。平板双向桥可以过往摩托车、汽车。1988年，稍塘村委装自来水750户，供水人口2450人。

1990年，稍塘村委办液化气站，供应750户农户的液化气，供给人口2450人。1993年，稍塘村委安装路灯130盏，路程总长15000米。1995年，新建永红街，拥有店面20间和露天菜场。同年，村办集体所有制企业转制为个人所有。

2000年，稍塘村全村柏油路改造成水泥路，总长15000米，东通藕塘、无锡，南通勤建、管家湾，西通阳山、陆区，北通锡陆公路和省道。道路两旁，绿化成荫，做到要富先做路，有路大家富。2001~2003 年，新建稍塘工业园。工业园园区面积 173333.33 平方米，加上老厂区面积 37333.33 平方米，工业区共有面积 210666.66 平方米，新办企业 15 家。2006 年，稍塘村委投资 60 万元，新建钢架结构菜场。2008 年，因菜场遭雪灾倒塌，即投资 70 万元，重建水泥框架结构菜场。菜场分楼上楼下，上面是舞厅，下面是菜场，市场兴旺，设施齐全。是年，稍塘营桥河东拆迁，稍一、稍二、章东、章西村民小组拆迁后安置到藕乐苑，拆迁户数 125 户，人数 334 人。2007~2008 年，锁厂后面征用地块 14000 平方米，新建标准厂房，新增企业 6 家。2009 年，稍塘村委投资 155 万元，把黄土桥至菜场道路拓宽至 15 米，路长 500 米；投资 45 万元，绿化道路、安装路灯。

2010 年 4 月，稍塘村委对撤并后的稍塘小学、幼儿园地块进行改建标准厂房和店面房 13 间，共 2733 平方米。是年 10 月，村委投资 535 万元，把老电镀厂危房改建成标准厂房，面积 6455 平方米。2011 年，投资 250 万元，把老村委办公室、卫生医务室、配电间地块改建成标准居家养老及卫生服务站，面积 1270 平方米。在改建居家养老服务站时，得到社会各界人士及个人的赞助。居家养老服务站室内设施齐全，有多媒体房、健身房、乒乓球室、会议室、图书室、休息室、娱乐室、练舞场等。

**2011 年稍塘村兴建居家养老服务站企业捐资金额统计表**

表 1—3—95　　单位：元

| 捐资企业 | 捐资金额 | 捐资企业 | 捐资金额 |
|---|---|---|---|
| 无锡维维制锁有限公司 | 30000 | 无锡市新一代电力电器有限公司 | 5000 |
| 无锡晋荣机械有限公司 | 8000 | 无锡市建宏金属制品有限公司 | 5000 |
| 无锡市晓琳橡塑制品厂 | 8000 | 无锡西源电力装备厂 | 5000 |
| 无锡巨隆金属制品有限公司 | 8000 | 无锡市新丰橡塑制品厂 | 5000 |
| 无锡昊冠机械制造有限公司 | 6000 | 无锡市苏冶特种钢有限公司 | 5000 |
| 无锡市福美不锈钢制管装潢厂 | 5000 | 无锡市双源电气成套设备厂 | 5000 |
| 无锡市建城冷弯型钢有限公司 | 5000 | 无锡市稍塘纸箱厂 | 5000 |
| 无锡市吉业机械科技有限公司 | 5000 | 无锡市钜成金属制品有限公司 | 5000 |
| 无锡市烨烨机械配件厂 | 5000 | 无锡华俊锁业有限公司 | 5000 |
| 无锡市稍塘车辆附件厂 | 5000 | 无锡市龙迪机械配件厂 | 5000 |
| 无锡市安峰机械设备厂 | 5000 | 无锡松野电气有限公司 | 5000 |
| 无锡市金龙锻造有限公司 | 5000 | 无锡市伟杰喷涂有限公司 | 5000 |
| 无锡方寸工具有限公司 | 5000 | 无锡稍塘电缆钢丝厂 | 5000 |
| 无锡市万信液压件有限公司 | 5000 | 无锡市永昊不锈钢材料厂 | 5000 |
| 无锡俊江机械配件厂 | 5000 | 无锡大德兴焊管有限公司 | 5000 |
| 无锡市稍塘拉丝厂 | 5000 | 无锡明宇金属栅栏有限公司 | 5000 |
| 无锡市稍塘彩印厂 | 5000 | 无锡市曙阳急需配件厂 | 5000 |
| 无锡市诚诚热能设备有限公司 | 5000 | 无锡市稍塘弹簧厂 | 5000 |
| 无锡市苏特焊接材料厂 | 5000 | 无锡市华夏橡塑厂 | 5000 |
| 无锡市神州印花制品厂 | 5000 | 无锡福鼎精密缸体有限公司 | 5000 |
| 无锡市亚泰科机械制造有限公司 | 5000 | 无锡南方物流设备有限公司 | 5000 |
| 无锡市稍塘光亮剂厂 | 5000 | 无锡市华星电力阻燃材料有限公司 | 1000 |
| 无锡市霖之瑶机械有限公司 | 5000 | — | — |

**2011 年稍塘村兴建居家养老服务站个人捐资金额统计表**

表 1—3—96　　单位：元

| 姓名 | 金额 | 姓名 | 金额 | 姓名 | 金额 |
|---|---|---|---|---|---|
| 樊徐清 | 30000 | 吴银兴 | 28000 | 时锡华 | 20000 |
| 王一新 | 10000 | 王伟维 | 5000 | 徐建明 | 5000 |
| 邵如明 | 5000 | 薛建琴 | 5000 | 严小易 | 5000 |
| 章晓峰 | 5000 | 陈志强 | 5000 | 樊建海 | 5000 |
| 成奇春 | 5000 | 徐志宏 | 5000 | 匡玉林 | 5000 |
| 庄建荣 | 5000 | 邵锡棠 | 3000 | 吴伟兴 | 3000 |

续表 1—3—96　　单位：元

| 姓名 | 金额 | 姓名 | 金额 | 姓名 | 金额 |
|---|---|---|---|---|---|
| 吴晓峰 | 3000 | 樊荣海 | 3000 | 周兴明 | 2000 |
| 王一峰 | 2000 | 徐　云 | 1500 | 王海燕 | 1000 |
| 于继萍 | 1000 | 周　利 | 1000 | 成仁和 | 1000 |
| 马　群 | 1000 | 张月丹 | 1000 | 时锡荣 | 1000 |
| 樊鸿敏 | 1000 | 洪　霞 | 1000 | 吴叙忠 | 500 |

2011 年 9 月，稍塘村盛店大河以南的自然村拆迁，有包家岸、芦岸、木一、木二、木三、湛一、湛二、湛三、杨树浜、枣树下、石桥头、大一、大二、沈巷、中大坝、叶家墩等自然村，村民安置在藕乐苑三期。拆迁户数 380 户，人数 1642 人。

## 2009~2012 年稍塘（村）社区获无锡市委、市政府，省级条线以上荣誉表

表 1—3—97

| 获得时间 | 荣誉名称 | 颁发单位 |
|---|---|---|
| 2009 年 2 月 | 无锡市社会主义现代化新农村建设示范村 | 中共无锡市委 无锡市人民政府 |
| 2011 年 11 月 | 江苏省示范性居家养老服务中心 | 江苏省民政厅 江苏省老龄委办公室 |
| 2012 年 12 月 | 无锡市社会主义现代化新农村建设幸福村 | 中共无锡市委 无锡市人民政府 |

2013 年，稍塘社区投资 260 万元，把原老年活动室暂住区地块 3333.33 平方米改建成标准厂房，建筑面积 2747 平方米。是年，稍塘社区规模以上企业 3 家，规模以下企业 81 家。

## 2013 年稍塘社区规模以上企业一览表

表 1—3—98　　单位：人、万元

| 单位名称 | 法定代表人 | 创办时间 | 主要产品 | 就业人数 | 主营业务收入 | 资产总计 |
|---|---|---|---|---|---|---|
| 无锡维维制锁有限公司 | 王美燕 | 1980.01 | 锁、五金冲压件制造 | 256 | 6164 | 3052 |
| 无锡市新一代电力电器有限公司 | 王伟维 | 2001.03 | 电器电柜制造加工 | 175 | 10017 | 10906 |
| 无锡市钜成金属制品有限公司 | 陆向海 | 2010.03 | 扁钢、金属结构件的制造、加工 | 43 | 2159 | 956 |

## 2013 年稍塘社区规模以下企业一览表

表 1—3—99　　单位：人、万元

| 单位名称 | 法定代表人 | 创办时间 | 主要产品 | 就业人数 | 主营业务收入 | 营业税金 | 资产总计 |
|---|---|---|---|---|---|---|---|
| 无锡市新丰橡塑制品厂 | 王一夫 | 1997.10 | 塑料制品、五金的制造、加工 | 8 | 265 | 1.31 | 171 |
| 无锡松野电气有限公司 | 秦国芳 | 1999.01 | 焊机 | 23 | 427 | 1.00 | 570 |
| 无锡巨隆金属制品有限公司 | 樊徐明 | 1999.02 | 摩托车零部件制造 | 25 | 576 | 6.49 | 1211 |
| 无锡市苏冶特种钢有限公司 | 邵雪匡 | 1999.02 | 模具材料制造 | 6 | 283 | 1.00 | 439 |
| 无锡市建宏金属制品有限公司 | 王建忠 | 2000.02 | 五金交电、化工产品及原料的销售 | 20 | 398 | 21.00 | 487 |
| 无锡市衡添精密机械制造有限公司 | 汤　建 | 2000.10 | 机床加工 | 25 | 342 | 3.00 | 546 |
| 无锡市华星电力阻燃材料有限公司 | 刘小南 | 2001.12 | 防火堵料的制造加工 | 8 | 193 | 0.98 | 341 |
| 无锡市科利隆标准件制造有限公司 | 曹建伟 | 2002.06 | 紧固件制造 | 12 | 569 | 2.00 | 440 |
| 无锡市稍塘拉丝厂 | 顾月敏 | 2002.12 | 优质钢光面钢丝加工、普通钢制造 | 6 | 48 | 0.17 | 120 |
| 无锡市苏特焊接材料厂 | 邵锡兴 | 2003.04 | 焊丝制造 | 12 | 399 | 1.44 | 266 |
| 无锡市艾普勒机械有限公司 | 吴祝健 | 2003.05 | 机械配件制造 | 10 | 285 | 1.38 | 212 |
| 无锡西源电力装备厂 | 王敏盛 | 2003.08 | 电站用工业管道成套设备 | 27 | 347 | 2.10 | 1870 |
| 无锡市建顺建筑机械设备制造有限公司 | 陈建平 | 2003.11 | 机械设备制造 | 8 | 382 | 0.80 | 84 |
| 无锡市王渝管件有限公司 | 王金华 | 2003.12 | 橡胶管道制造 | 1 | 21 | 0.07 | 186 |
| 无锡市同创电力设备有限公司 | 黄志伟 | 2004.04 | 机械零部件加工 | 6 | 298 | 18.00 | 485 |
| 无锡市建城冷弯型钢有限公司 | 吴建洪 | 2004.09 | 冷弯型钢制造 | 8 | 1456 | 2.00 | 442 |
| 无锡华俊锁业有限公司 | 徐建华 | 2005.01 | 锁具、五金件 | 8 | 105 | 1.28 | 434 |
| 无锡市金龙锻造有限公司 | 倪志强 | 2005.03 | 锻件的加工、销售 | 8 | 203 | 0.50 | 98 |

续表 1—3—99　　单位：人、万元

| 单位名称 | 法定代表人 | 创办时间 | 主要产品 | 就业人数 | 主营业务收入 | 营业税金 | 资产总计 |
|---|---|---|---|---|---|---|---|
| 无锡市神州印花制品厂 | 蒋国平 | 2005.03 | 印花加工 | 2 | 16 | 2.00 | 180 |
| 无锡市西站锻造有限公司 | 周卫新 | 2005.04 | 模锻件五金机械制造 | 8 | 118 | 1.52 | 140 |
| 无锡方寸工具有限公司 | 杨鸿志 | 2005.06 | 精密模具的设计、制造 | 35 | 551 | 7.00 | 703 |
| 无锡市山峰暖通设备厂 | 边亚丰 | 2005.08 | 暖通管件制造 | 10 | 815 | 5.43 | 847 |
| 无锡天创物流系统工程有限公司 | 周南星 | 2005.11 | 物流输送设备设计制造安装 | 6 | 100 | 0.19 | 1074 |
| 无锡市永昊不锈钢材料厂 | 谢兰芬 | 2005.12 | 不锈钢带制造加工 | 30 | 2206 | 4.00 | 1017 |
| 无锡市宇发金属制品有限公司 | 唐惠得 | 2006.04 | 五金件制造加工 | 6 | 216 | 1.52 | 145 |
| 无锡明宇金属栅栏有限公司 | 薛　明 | 2006.06 | 金属栅栏制造 | 30 | 1284 | 5.00 | 1085 |
| 无锡晋荣机械有限公司 | 徐志荣 | 2006.07 | 气动液压件制造 | 13 | 176 | 2.00 | 159 |
| 无锡福鼎精密缸体有限公司 | 肖福兴 | 2006.09 | 油缸、气缸的制造、加工 | 15 | 507 | 0.82 | 531 |
| 无锡稍塘电缆钢丝厂 | 许士兴 | 2006.10 | 电缆钢丝 | 8 | 338 | 1.00 | 502 |
| 无锡市龙迪机械配件厂 | 张友亮 | 2007.01 | 标准件制造 | 12 | 158 | 0.24 | 300 |
| 无锡市顺杰精密缸体有限公司 | 王平忠 | 2007.03 | 液压气缸、油缸、输送缸的制造、加工、销售 | 5 | 45 | 0.20 | 161 |
| 无锡市福美不锈钢制管装潢厂 | 管国琴 | 2007.04 | 塑料制品的制造加工 | 10 | 299 | 0.66 | 309 |
| 无锡市亚泰科机械制造有限公司 | 时　辉 | 2007.04 | 普通机械配件、五金件、紧固件的制造、加工及销售 | 10 | 180 | 1.00 | 565 |
| 无锡市百威机械有限公司 | 殷星龙 | 2007.04 | 地质机械配件制造 | 3 | 97 | 0.31 | 88 |
| 无锡市烨烨机械配件厂 | 肖国东 | 2007.06 | 机械配件 | 13 | 282 | 5.00 | 177 |
| 无锡伟杰喷涂有限公司 | 王伟兴 | 2007.08 | 喷涂加工 | 12 | 155 | 2.00 | 164 |
| 无锡俊江机械配件厂 | 周红伟 | 2007.08 | 五金件的加工 | 7 | 94 | 0.55 | 160 |
| 无锡荣威机械配件厂 | 庄建荣 | 2007.09 | 机械产品的销售制造 | 8 | 361 | 1.37 | 244 |
| 无锡市喷特环保工程有限公司 | 邵敏娟 | 2007.12 | 电镀流水生产线 | 8 | 189 | 0.70 | 113 |
| 无锡市盛日精密机械有限公司 | 朱茂盛 | 2008.05 | 环保设备及配件的制造加工 | 3 | 94 | 0.35 | 87 |
| 无锡市汇安五金制造有限公司 | 徐　云 | 2008.05 | 锁具及配件、五金件、包装箱的生产销售 | 2 | 35 | 0.00 | 525 |
| 无锡市吉业机械科技有限公司 | 徐建明 | 2008.06 | 通用机械设备制造 | 11 | 124 | 1.00 | 47 |
| 无锡市稍塘彩印厂 | 章义壮 | 2008.07 | 包装装潢印刷 | 19 | 160 | 0.85 | 306 |
| 无锡市稍塘弹簧厂 | 秦汉平 | 2008.09 | 弹簧制造及五金加工 | 7 | 68 | 0.54 | 112 |
| 无锡市梓润塑料制品厂 | 王一锋 | 2008.10 | 塑料制品的制造、加工 | 5 | 44 | 0.23 | 72 |
| 无锡可为电气科技有限公司 | 高　赟 | 2008.12 | 电气开关制造 | 4 | 250 | 1.77 | 319 |
| 无锡大德兴焊管有限公司 | 王雁平 | 2009.01 | 焊管制造、加工 | 12 | 2036 | 3.70 | 590 |
| 无锡市万信液压件有限公司 | 王建法 | 2009.03 | 液压元件制造、加工 | 15 | 480 | 1.00 | 330 |
| 无锡市智科机械有限公司 | 张　伟 | 2009.04 | 机械设备的制造、加工、销售 | 20 | 1550 | 4.16 | 327 |
| 无锡惠丰钢格板有限公司 | 陶惠荣 | 2009.08 | 钢格板的制造 | 22 | 1020 | 66.00 | 563 |
| 无锡市霖之瑶机械有限公司 | 成霖瑶 | 2009.09 | 普通机械、五金的制造加工 | 3 | 81 | 0.82 | 289 |
| 无锡宏轩机械设备厂 | 俞轩峰 | 2009.11 | 普通机械制造加工 | 6 | 230 | 2.19 | 117 |
| 无锡市合众电气制造有限公司 | 姚春林 | 2009.12 | 电气控制柜 | 9 | 343 | 1.52 | 380 |
| 无锡市建隆路桥构件有限公司 | 顾旭东 | 2010.01 | 路桥构件制造 | 2 | 13 | 0.00 | 369 |
| 无锡市圣健液压机械厂 | 毛雅娟 | 2010.02 | 油缸、气缸的加工制造 | 8 | 193 | 0.79 | 119 |
| 无锡昊冠机械制造有限公司 | 冯益明 | 2010.06 | 普通机械及配件、冷作结构件 | 5 | 156 | 0.58 | 147 |
| 无锡市稍塘车辆附件厂 | 吴建东 | 2010.06 | 摩托车配件制造 | 4 | 29 | 0.29 | 168 |
| 无锡市前卫化工装备有限公司 | 钱　彬 | 2010.09 | 化工生产专用设备及配件 | 20 | 1379 | 4.00 | 741 |
| 无锡市恒强钢管制造有限公司 | 张仁杰 | 2010.09 | 焊管的制造加工 | 7 | 800 | 8.21 | 136 |
| 无锡市鑫安源机械制造有限公司 | 张敏峰 | 2010.10 | 液压和气动 | 9 | 258 | 1.26 | 190 |
| 无锡曦海能电气有限公司 | 黄　健 | 2010.12 | 输配电及控制设备制造 | 8 | 206 | 0.63 | 171 |
| 无锡永吉防腐涂覆有限公司 | 乐志新 | 2011.02 | 达克罗涂覆加工 | 9 | 126 | 2.84 | 147 |
| 无锡德尔克机械设备有限公司 | 管瑞珠 | 2011.04 | 电动推杆 | 13 | 219 | 2.54 | 155 |
| 无锡市李氏升龙模锻厂 | 李春贤 | 2011.04 | 金属模锻加工 | 7 | 95 | 0.01 | 98 |
| 无锡俊逸焊管有限公司 | 陈晓惠 | 2011.06 | 焊管制造 | 7 | 272 | 0.48 | 124 |
| 无锡悦高机械制造有限公司 | 浦丽丹 | 2011.07 | 其他专用设备制造 | 2 | 20 | 0.03 | 64 |
| 无锡波德工具有限公司 | 倪　烨 | 2011.11 | 五金工具、精密模具的制造、加工 | 9 | 147 | 1.00 | 274 |

续表 1—3—99 单位：人、万元

| 单位名称 | 法定代表人 | 创办时间 | 主要产品 | 就业人数 | 主营业务收入 | 营业税金 | 资产总计 |
|---|---|---|---|---|---|---|---|
| 无锡市耀诚热能设备有限公司 | 冯惠敏 | 2012.01 | 高频焊螺旋翅片管及热管的制造、加工、销售 | 15 | 1469 | 2.73 | 1137 |
| 无锡市稍塘纸箱厂 | 许国良 | 2012.01 | 纸箱加工 | 7 | 563 | 2.00 | 520 |
| 无锡市卓玛通用机械设备有限公司 | 李正龙 | 2012.01 | 其他通用设备制造加工 | 8 | 75 | 0.83 | 165 |
| 无锡市樊氏机械有限公司 | 樊斌刚 | 2012.01 | 机械配件加工、销售 | 8 | 61 | 0.30 | 79 |
| 无锡市兆源机械制造有限公司 | 席向阳 | 2012.02 | 机械配件的制造加工 | 5 | 104 | 0.02 | 116 |
| 无锡市明瑞自动化设备有限公司 | 王金豹 | 2012.07 | 其他专用设备制造 | 5 | 56 | 0.21 | 53 |
| 无锡市锦秀石化机械设备制造有限公司 | 叶锦秀 | 2012.09 | 石油钻采专用设备制造 | 4 | 25 | 0.05 | 175 |
| 无锡市迦南胶粘科技有限公司 | 姚梁杰 | 2013.01 | 胶粘制品的研发、制造、加工、销售 | 20 | 798 | 0.00 | 432 |
| 无锡市兴吉热能设备有限公司 | 宣彩平 | 2013.03 | 金属翅片、机械配件的制造加工 | 4 | 189 | 0.49 | 108 |
| 无锡钱洛加精密机械制造有限公司 | 颜二国 | 2013.03 | 模具制造 | 19 | 118 | 0.00 | 218 |
| 无锡市安峰机械设备厂 | 许惠平 | 2013.04 | 电柜制造 | 10 | 244 | 1.64 | 397 |
| 无锡市锡羚节能环保设备有限公司 | 严玉芳 | 2013.08 | 节能环保设备制造、加工、销售 | 25 | 667 | 0.00 | 400 |
| 无锡市恒利车辆附件厂 | 郭建清 | 2013.09 | 齿轮传动制造 | 8 | 398 | 2.82 | 244 |
| 无锡市博程机械设备有限公司 | 唐宗祥 | 2013.09 | 通用设备的制造 | 3 | 19 | 0.08 | 60 |

2015 年，稍塘社区有农田面积 34.67 公顷，其中果树田 20 公顷、苗木田 8 公顷、旱田 6.67 公顷；徐巷、长吴巷、马巷村民小组有池塘面积 1.33 公顷；泵站 2 只，但已停用；宅基地有证面积 43020 平方米；有明排渠 1650 米、暗渠 2000 米；社区内水泥路面长 4260 米，道路两边树木绿化 2750 米，花坛绿化 7950 平方米，路灯 93 盏；桥梁有稍塘营桥、麻姑桥、黄土桥，确保桥梁道路畅通。是年，有大小村办企业 80 余家，开票销售年产值 3.95 亿元；未拆迁的居民小组 10 个，分别是费家弄、陈巷、周巷、俞巷、邵东、邵西、徐巷、短吴巷、长吴巷、马巷；社区常住居民 262 户、1083 人，外来租住 582 户、1266 人。同年，稍塘社区居民人均年收入 29300 元。

2005~2015 年稍塘（村）社区主要经济指标统计表

表 1—3—100 单位：人、万元

| 年份 | 农业人口 | 工农业总产值 | 工业总产值 | 工业销售、主营业务收入 | 工业利税总额 | 工业增加值 | 工业固定资产原价 |
|---|---|---|---|---|---|---|---|
| 2005 | 2650 | 27861 | 26804 | 19879 | 901 | 7125 | 3619 |
| 2006 | 2738 | 32116 | 31011 | 27171 | 1204 | 7500 | 4966 |
| 2007 | 2750 | 37945 | 36714 | 34508 | 2079 | 8519 | 8173 |
| 2008 | 2759 | 44348 | 42593 | 46164 | 2173 | 10322 | 6794 |
| 2009 | 2759 | 45553 | 42723 | 39770 | 1577 | 10621 | 7221 |
| 2010 | 4875 | 42103 | 38715 | 41097 | 1982 | 10915 | 8497 |
| 2011 | 均为居民 | 52847 | 50500 | 48823 | 2164 | 12646 | 9430 |
| 2012 | | 39205 | 36527 | 36097 | 2026 | 9485 | 9317 |
| 2013 | | 36231 | 34097 | 35560 | 2633 | 11476 | 10248 |
| 2014 | | 51296 | 47289 | 47966 | 3423 | 13771 | 11272 |
| 2015 | | 42441 | 39437 | 38652 | 4150 | 16525 | 12173 |

## 三、干部任职

1949~2015 年，稍塘乡、一鸣高级农业生产合作社、一鸣大队、永红大队、稍塘大队、稍塘村委、稍塘社区历任党支部（总支）书记 10 人、副书记 9 人，社长 1 人、副社长 1 人，大队长 3 人、副大队长 8 人，革委会主任 3 人、革委会副主任 6 人，村委主任 4 人、村委副主任 2 人，主办会计 10 人。2015 年，徐建明连任党总支书记兼居委会主任，吴晓峰连任居委会副主任。

## 1956~2015年一鸣（高级社）、（永红）稍塘（大队、村）社区党支部（总支）行政干部、主办会计任职表

表1—3—101

| 建置名称 | 党支部（总支）书记 | | 行政干部 | | | | | | 主办会计 | |
|---|---|---|---|---|---|---|---|---|---|---|
| | 姓名 | 任职时间 | 正职 | | | 副职 | | | 姓名 | 任职时间 |
| | | | 姓名 | 职务 | 任职时间 | 姓名 | 职务 | 任职时间 | | |
| 一鸣高级农业合作社 | — | — | 范一清 | 社长 | 1956~1958 | 徐世兴 | 副社长 | 1956~1958 | 吴焕金 | 1956~1958 |
| 一鸣大队（第六大队） | 樊产宜 | 1959.04~1960.05 | 张锡昌 | 大队长 | 1959.04~1960.04 | 顾杏春 | 副大队长 | 1959.04~1963.05 | 秦长生 | 1959 |
| | 范一清（副书记） | 1959.04~1960.05 | — | — | — | — | — | — | 樊泉法 | 1960 |
| 一鸣大队（第六大队） | 王希根（副书记） | 1959.09~1960.05 | — | — | — | — | — | — | — | — |
| | 杨祖峰（副书记） | 1960 | — | — | — | 赵文华 | 副大队长 | 1960 | — | — |
| | 管金荀 | 1960.05~1963.04 | 樊泉法 | 大队长 | 1960.05~1964 | 吴国兴 | 副大队长 | 1960~1963.05 | 陈仲山 | 1960.05~1963.05 |
| | 樊泉法（副书记） | 1960.05~1963.05 | — | — | — | 章仁康 | 副大队长 | 1961 | — | — |
| | 范一清 | 1963.05~1964 | — | — | — | 金泉生 | 副大队长 | 1964~1965 | — | — |
| | 吴国兴（副书记） | 1963.06~1964 | 成保初 | 大队长 | 1964~1969 | 张仁兴 | 副大队长 | 1966~1968 | 章仁康 | 1963~1970 |
| 一鸣大队 永红大队 | 吴国兴 | 1964~1973.01 | 吴国兴 | 革委会主任 | 1969~1973.01 | 成保初 | 革委会副主任 | 1970~1972 | 蒋海山 | 1970~1972 |
| | | | | | | 章仁康 | 革委会副主任 | 1970~1972 | | |
| 永红大队 稍塘大队 | 章仁康 | 1973.01~1975 | 章仁康 | 革委会主任 | 1973.01~1975 | 徐根福 | 革委会副主任 | 1972~1977.04 | — | — |
| | 蒋海山（副书记） | 1973.01~1974 | — | — | — | 蒋海山 | 革委会副主任 | 1973.01~1974 | — | — |
| | 蒋海山 | 1975~1980.02 | 蒋海山 | 革委会主任 | 1975~1980.02 | 费芳清 | 革委会副主任 | 1974~1977 | 吴国清 | 1973~1975 |
| | 费芳清（副书记） | 1977.04~1980.09 | — | — | — | 赵林生 | 革委会副主任 | 1977~1980 | 樊德兴 | 1975~1980 |
| | 徐建华（副书记） | 1980 | 樊德兴 | 副大队长（以副代正） | 1980~1983 | 吴银兴 | 副大队长 | 1980~1982 | 秦汉忠 | 1980~2000 |
| 稍塘村委 | 徐建华 | 1981~1997 | 徐建华 | 主任 | 1983.05~1984 | 吴荣清 | 副主任 | 1983~1997 | — | — |
| | 王建伟 | 1997~2005 | 樊荣海 | 主任 | 1984~1997 | — | — | — | 邵锡棠 | 2000~2009 |
| | 王伟维 | 2005~2009 | 马国华 | 主任 | 1998~2005 | — | — | — | — | — |
| | 徐建明（副书记） | 2005~2009 | 徐建明 | 主任 | 2005~2009 | — | — | — | — | — |
| 稍塘社区 | 王伟维 | 2009~2012 | — | — | — | — | — | — | — | — |
| | 徐建明（副书记） | 2009~2012 | — | — | — | — | — | — | 邵锡棠 | 2009~2014 |
| | 徐建明 | 2012~ | 徐建明 | 主任 | 2009~ | 吴晓峰 | 副主任 | 2014~ | — | — |

# 第十五节 藕乐苑社区

藕乐苑社区由勤建村和恒源祥村合并而成。自2006年8月起，勤建村全体村民和恒源祥村李家

湾、井亭村民小组的村民先后迁居藕乐苑安置小区，原恒源祥村其余5个村民小组仍居住在原地。2009年，勤建村、恒源祥村两村合并，成立藕乐苑社区，藕乐苑社区辖区就形成两块，一块是藕乐苑安置小区，另一块是原恒源祥村在鸡笼山下未拆迁的5个自然村。藕乐苑安置小区位于藕塘市镇东北，东临钱洛路洋溪公园城，南邻洋溪河，西接藕洛路，北为省道S342线；原恒源祥村未拆迁的5个村民小组东邻舜柯社区，南为鸡笼山，西、北两面与无锡职教园校区相接。

图1—3—18 藕乐苑社区居民委员会（2015年）

## 一、建置沿革

明、清至民国时期，藕乐苑社区的前身勤建、林业地区属无锡县富安乡辖。

1949年新中国成立后，行政区域重新划分，成立藕塘区稍塘乡。稍塘乡管辖8个行政村，其中第一行政村（井亭）、第二行政村（陈村）、第五行政村（东村）、第六行政村（西村）4个行政村为后来的勤建（大队）村的地域范围。

1956年，在井亭村、陈村、东村、西村4个行政村的基础上成立勤建高级农业生产合作社，办公场所设在陈村祠堂内。勤建高级社位于鸡笼山下，洋溪河南，东与钱桥壤里、王巷相接，南为鸡笼山，西与胡埭刘塘桥村相连，北与藕塘村隔河相望。

1958年，藕塘人民公社成立，勤建高级农业生产合作社改设为勤建大队。勤建大队辖李家湾、井亭、朱巷、前埠墩、陈家湾、庙沟漕、秦家漕、管巷、韩巷、陈村、小方桥、河西、大东店、椿树巷、邵巷、袁巷、街里、长巷、三家村、西一、西二、西三、西四等23个生产队。

1961年，无锡市政府规划山区建设，李家湾从勤建大队划出，成立林业队，专门从事林业生产。林业队书记李德祥，会计朱凤祥。1963年，费士南任林业队书记。1965年，勤建大队又划出井亭、朱巷、前埠墩、陈家湾、庙沟漕5个生产队，与李家湾林业队合并，成立林业大队；划出可耕地面积48.8公顷、旱地18.67公顷、人口815人；其余17个生产队仍为勤建大队所辖。

1982年，林业大队更名为井亭大队。1983年，藕塘公社改设为藕塘乡，勤建大队更名为勤建村民委员会，井亭大队更名为井亭村民委员会，同时各生产队更名为村民小组。2001年，井亭村更名为恒源祥村。2004年，藕塘、钱桥两镇合并为钱桥镇。勤建村、恒源祥村属钱桥镇管辖。2007年，钱桥镇更名为钱桥街道，勤建村、恒源祥村属之。2009年10月，勤建、恒源祥两村合并，成立藕乐苑社区居民委员会。

## 二、概况

1949年新中国成立后，藕乐苑社区经历土地改革和农业合作化、人民公社化、行政村、社区4个历史时期。

### （一）土地改革和农业合作化时期

1949年4月，无锡解放建立人民政权后，成立稍塘乡。稍塘乡第一行政村井亭村村长朱成根，第二行政村陈村村长丁巧泉，第五行政村东村村长徐根寿，第六行政村西村村长缪满生。1950年，4个行政村在稍塘乡政府领导下成立农民协会，选举农会主任，并在稍塘乡土改工作组指导下，依靠贫苦农民开展土地改革，评成分、斗地主、分田地、分家产。井亭、陈村、东村、西村4个行政村评出地主14户，占总户数的2.51%；半地主富农1户，占0.18%；富农12户，占2.15%；上中农34户，占6.1%；小土地出租者3户，占0.54%；中农185户，占33.21%；贫农303户，占54.39%；雇农5户，占0.9%。1951年11月，土改工作结束，由行政村领导各项工作。是时，4个行政村共有农户557户，2349人，可耕地面积279.01公顷，旱地面积30.13公顷，山地面积134.42公顷。同期，行政村和农会组织农民捐献废钢废铁，支援抗美援朝运动。青年农民朱福生、闵阿友、陆阿二、王立章、周泉法参加中国人民志愿军，奔赴朝鲜战场，参加抗美援朝战争。

1953年，藕塘区稍塘乡政府带领农民走农业合作化道路，提出“组织起来，互助合作，是由穷到富的必由之路”。随即，各行政村成立数量众多的互助组。1954年，在互助组的基础上，成立4个初级农业合作社，即井亭初级社，社长朱成根；陈村初级社，社长丁巧泉；东村初级社，社长徐根寿；西村初级社，社长缪满生。1956年，4个初级社合并，成立勤建高级农业生产合作社，农民私有土地、大型农具和耕畜归高级社集体所有。勤建高级农业生产合作社成立后，行政村撤销，下设4个大队，第一大队（井亭片）队长朱有为、丁阿祥，第二大队（陈村片）队长管荣兴、丁祥法，第三大队（东村片）队长夏福根、冯永林，第四大队（西村片）队长徐祥度、邵伯兴。

1957年冬，勤建高级社组织社员开挖、拓宽从小东店到官路口的大坝漕河流，全长800余米。同时建立大坝漕电灌站，灌溉面积占全社土地总面积的50%以上。是年，西村浜和井亭浜也分别建立电灌站。

**（二）人民公社化时期**

1958年，藕塘人民公社成立，勤建高级社更设为勤建大队。10月初，藕塘公社成立南北二大工区，勤建大队归南工区管辖。秋种结束，工区解除，回归原大队。是年冬，大队组织民兵在李家湾石埠湾底筑坝修水库，动用上万人工，筑起200多米长的土坝。水库面积2万余平方米，命名为勤建水库。是年，勤建大队搞大兵团作战，大炼钢铁，虚报产量放“卫星”，吃集体食堂，浮夸风盛行，加上自然灾害，翌年造成粮食歉收，经济倒退，勤建农民连温饱都不能解决。

1961年，无锡市政府规划山区建设，李家湾成立林业生产队，并派专业人员进驻李家湾，成立绿化队。1962年，农村政策开始调整，藕塘公社实行“三级所有，队为基础”的政策，纠正浮夸风，不搞大跃进，给农户划分自留地、猪饲料田，勤建大队经济开始好转，社员生活水平有所提高。1963年，勤建大队购买轧米机、小钢磨等粮食加工机器，在陈村祠堂开办粮饲加工厂。后在小东店河东侧建造9间平房，粮食加工厂迁入新厂房内，为社员轧米、轧糠、磨面粉。1965年，勤建大队创办勤建农业中学，2个班级50多个学生，半耕半读，上午上课，下午回队劳动。同年，勤建大队划出井亭、朱巷、前埠墩、陈家湾、庙沟漕，与李家湾组建成林业大队。

1966年，“文化大革命”开始，勤建、林业大队成立红卫兵组织。勤建成立“129”兵团，林业成立“6719”兵团。红卫兵组织将“地、富、反、坏、右”分子挂牌、游街、示众，把当权派揪上台批斗。造反派进行夺权，社会秩序混乱，呈无政府状态。1967年，勤建大队在东村的山坡上创办勤建采矿厂，厂长顾玉岐。主要业务为开采白泥，运往无锡作耐火砖材料；开采块石，轧石子，轧石砂，作建筑材料。

1968年初，无锡县政府在林业队李家湾设立“知青点”，命名为“建新队”。建新队建有二排平房，30间房屋。知青人数120余人，其中甘露、荡口市镇知识青年100余人，藕塘市镇知青20余人。建新队队长谭阿兴、王凤祥。是年，林业大队在石和尚山创办林业采矿厂，厂长谭阿兴，主要业务是开采白泥，供供电局制作高压电杆上绝缘瓷瓶的原料。林业采矿厂与无锡天成石粉厂订立长期合同，年收入4万~5万元。同年，藕塘公社在藕塘医院开办“赤脚医生培训班”，勤建、林业大队分别派员参加。培训班结束，勤建、林业大队分别开办大队卫生室。勤建卫生室设在街里生产队丁明炬家中，后迁至小东店东侧大队办公楼一楼；林业卫生室设在林业大队办公楼旁边。是年，勤建农中停办。1969年，林业大队出资3万元，为井亭小学建造新校舍，在钱胡路北面前埠墩南建造四合院式三排平房25间，占地3500平方米。井亭小学从朱氏宗祠搬出。60年代末，勤建、林业大队掀起“农业学大寨”高潮，开始种植双季稻，三熟制（一年二熟稻一熟麦）。插秧做到定点拉线。为抢时间，抓进度，采用“双笼直排堆稻法”，先上水翻土插秧，后收稻轧稻，在规定时间内结束“双抢”（抢收抢种）工作。

70年代初，勤建大队每年利用冬闲时间，动用全部劳力进行大规模整田平地工作。秦家漕队将沙墩头填入河塘，大东店队把雀梅岸“长毛阿炳”坟填入河浜，韩巷队整平岸里十多个坟墓，小方桥队将村东村西二大土墩填入两个河塘，小东店、椿树巷队将双墩渠的大土墩填入河中。东、西两村把沿山地区土墩高地填入东头水渠，将金惠坟填入四方渠、天方塘和丁古渠。管巷队把河东的秦氏大坟、坛头西面的孤坟坛整平。林业大队位于山区，土地高低不平，落差大，先请驻锡部队测绘人员实地测绘土地，后进行整田平地。庙沟漕队拆除分庄庙，前埠墩队填平四渠墩河、山沟头河，井亭、朱巷队填平三条沟河，陈家湾队把十几个山塘填平，把邵家坟、孤坟坛的坟地迁移。整田平地结束后，勤建、林业两个大队把农田建成宽20米，长40~100米的格子化农田，后开始大规模的农田水利建设。

1971年，林业大队在李家湾、陈家湾沿山地区开辟茶田5.34公顷，成立“七一”林场，场长陈仲南。后林场面积逐年扩大，达20余公顷。陈伯清、朱洪明、陈士生、谭国金、陈五南先后担任场长。同期，勤建大队成立“八一”林场，场长丁进法，副场长朱阿和。“八一”林场在鸡笼山麓开垦上千亩山地，种植茶树、杉树、毛竹和山芋等。是年，无锡县委派以俞梅芳为队长的工作队进驻勤建大队，调查农村情况，总结农村工作经验，树立农村样板大队，促进农村经济发展。1972年，林业大队拓宽从朱巷到李家湾的简易公路，宽7米、长约1000米。同年铺设从大坝漕到朱巷的拖拉机路，全长1200米。是年底，勤建大队县工作队撤走。1973年，勤建、林业两个大队从大坝漕泵站向东开挖一条长1000余米的灌溉总渠，向西开挖一条长1200米长的灌溉总渠（勤建河）。接着，在西村四队开挖一条新河，长约500米，南接灌溉总渠，北与西村浜相通。后又在格子化农田的两头开挖支渠道，基本形成灌溉网络。是年，勤建大队成立蚕桑队，管理灌溉总渠勤建河两岸的上百亩桑田。蚕桑队队长李荣兴。1975年，勤建大队筑建一条从管巷到西村的泥石路，全长2500米，成为大队的主要干道。1976年起，林业大队建新队的知识青年分批返回城镇，建新队撤销。

1982年，勤建大队积聚三年财力，投资50万元在小东店东侧新建9间二层楼勤建小学新校舍，勤建小学即从丁村祠堂搬入新校舍上课。是年，林业大队与梅园自来水厂商洽，投资120万元，从梅园自来水厂铺设专用水管8公里，全大队村村用上清洁的自来水。同年，勤建、林业大队实行分田到户，生产队核算取消。生产队资产和银行账户、存款、现金上交大队。80年代初，勤建大队党支部先后3次被评为无锡县先进党支部。

**（三）行政村时期**

1983年，藕塘人民公社更设为藕塘乡，勤建大队即更设为勤建村民委员会，井亭大队即更设为井亭村民委员会，生产队更设为村民小组。是年，勤建村“八一”林场一分为二，一为勤建茶场，场长陈勤南、副场长丁浩新，专管茶叶生产；二为勤建林场，场长屠阿兴、副场长陈锡芳，负责树苗出售和杉木、毛竹以及苗圃的管理。同期，勤建、井亭两村村委以创办村办企业为工作重点，狠抓集体经济发展，先后开办多家村办企业。勤建村先后创办勤建化工厂、助剂厂、粘接材料厂、链轮厂等；井亭村先后创办纺配厂、洗毛厂、蒸呢布厂、藕塘绒线厂等。1985年，井亭村委投资8万元，在原采矿厂西侧建造2000多平方米农贸市场，开放30多个摊位。1983~1985年，勤建村相继被评为无锡县“文明村”“双文明村”和“无锡名村”。1986年，勤建村村民和外地人员每天下午在勤建小学操场旁摆地摊，卖蔬菜，做生意，村委即出资5万元，浇一块水泥场地，以方便村民设摊。勤建小学合并到中心小学后，村委又出资30万元，在小学操场上建成农贸市场和停车场。是年，勤建村委花大力气改造灌溉支渠道，渠道两侧铺砌水泥板。全村铺砌水泥板渠道近万米。井亭村委投资15万元，改造灌溉渠道，全村铺砌水泥板渠道1450米。1987年，勤建村成立机耕队，队长丁文进。机耕队有6台中型拖拉机、4台联合收割机。是年，勤建村委投资70万元修建道路，铺浇东起管巷、西到西村的主干道长2500米、宽6米的柏油马路。主干道建成后，又从管巷开始向南北二侧延伸道路，向南延伸到秦家漕，向北延伸到友谊桥，向西北延伸到与稍塘交界处的团结桥，全部建成柏油马路。1988年，勤建村委投资70万元，为村民安装自来水，受益村民585户，1752人。是年，勤建、井亭村主干道两侧均安装路灯，后又在村外围道路两侧装上路灯，共装路灯300盏。1989年，井亭村委出资80万元，在陈家湾东侧鸡笼山下建造5400平方米井亭小学新校舍。井亭小学师生又从四合院式的小学搬出，至新校舍上课。是年，勤建村委出资13万元，在勤建小学旁建造5间二层楼幼儿园园舍。

1991年，勤建村委与上海能化集团共同投资530万元，创办液化气站，地点设在椿树巷南、钱胡路北。当年，勤建液化气站液化气开户603户。1992年，勤建村委与无锡市石油公司合作投资95万元，在长巷南，钱胡路北开办加油站。是年，井亭村委投资272万元，对村道进行改造，在原机耕路基础上拓宽后铺设水泥路面。全村共铺设水泥路6325平方米，并在水泥路两旁进行绿化，种上香樟树。同年，井亭村委又投资14万元，在鸡笼山下用大型水泥管铺设排洪沟，全长425米，确保朱巷、陈家湾自然村汛期排洪畅通。1994年，勤建村委又投资170万元资金用于道路建设。其中，将管巷到西村的主干道柏油路改成水泥路，同时翻建张喜桥、河西桥、大东店桥和小东店桥；重建南北方向的椿树巷到钱胡路（液化气站）的柏油路，道路宽11米、全长700米；新建小东店到管巷的柏油路（原主干道南面），全长800米；新建西村到化工厂再到管家湾的柏油路，宽5米、全长1200米。1995年9月，无锡商业职业技术学院与勤建村签订在勤建村建校办学的意向书。1996年3月，无锡商业职业技术学院在勤建村沿山钱胡路以南建新校舍。是年，井亭村委投资12万元，在恒源祥原包装厂厂址地新建3000平方米农贸市场。同年，勤建村、井亭村开始进行村办企业转制工作。勤建村于8月份完成橡胶厂和链轮厂转制。1997年，勤建村村办企业全部完成转制。同期，“七一”茶场转制给丁国琴。

2001年，恒源祥村全部完成村办企业转制。是年，恒源祥村投资34万元，在前埠墩南面新建农民广场，面积5000多平方米。农民广场设戏台、篮球场、舞池、凉亭和老年活动室。同年，恒源祥村又投资125万元，在钱胡路南面建造一排20间二层楼房。楼上设村委服务中心、医疗室、乒乓球室、阅览室等；楼下店面出租。同时建造580平方米的室内菜场。2004年开始，恒源祥村补贴每户村民自来水费、液化气费每人每年360元；对女性55岁以上、男性60岁以上的村民每人每月发放200元补贴费。恒源祥村村民的新型农村大病统筹合作医疗经费、村里孩子们的幼儿园和小学生校车费用均由村委负担。

2005年，因无锡市政府择址建设无锡（藕塘）职教园，勤建村开始拆迁。7月8日，无锡（藕塘）职教园在勤建村举行奠基仪式。是月，勤建村委开始对村民进行拆迁动员、7月底清点树木折价。2006年2月，村民房屋丈量折价，7月21日起政府委托捷威房产拆迁有限公司与勤建村民签订惠山区集体土地住宅房屋拆迁补偿安置协议书。8月10日全村基本完成拆迁工作。

**（四）藕乐苑社区时期**

2006年8月，勤建村除秦家漕村民小组外，其余村民小组村民全部迁入藕乐苑安置小区居住。村民入住安置小区后，村委抓好小区绿化工作。藕乐苑安置小区第二期工程结束，小区建筑面积达40400平方米，绿化面积达8200平方米，绿化面积占总面积的35%。2007年，小区建立农家书屋，存有图书7200多册。建立未成年人活动中心，活动中心有电脑10台，可供青少年阅读的绿色网吧，每年暑期举办“暑期校外辅导班”。是年，小区开设老年活动室，有台桌25张，可供近百名老年人活动，社区供应茶水。2008年，小区投资30万元，建造藕乐苑健身广场，面积900平方米。是年，小区开展党群议事活动，每季度开展一次。同年，恒源祥绒线厂厂长陈伯清被推选为奥运会火炬手。8月，秦家漕村民小组拆迁，入住藕乐苑小区。2009年10月，勤建、恒源祥村两村合并，成立藕乐苑社区居民委员会。2009~2010年，井亭、李家湾村民小组先后拆迁入住藕乐苑。

2010年，藕乐苑社区投资30万元，在小区东围墙外建设1700平方米的停车场。2012年5月，藕乐苑社区投资5万元，为学生上学乘车建造风雨候车棚。是年，社区启动“二次供水为一次供水”工程，拆除楼顶水塔，自来水直接通到每户居民家中。9月，社区与无锡市公路管理处开展共建活动，投资60万元在小区北面、省道S342线南面再建面积为5000平方米大型停车场，为社区居民和外来车辆提供停车场所。是年，党群议事活动更名为“凤鸣议事室”，由10人组成，每月议事一次。议事活动研究一些群众所想、所需的建议，与党总支、社区居委会沟通，提出了自来水供水改造、建设大型停车场、引进“603”“161”两条公交线路在藕乐苑设站、引进天然气管道等建议。2013年，政府和社区共同投资600万元，为居民架设天然气管道。是年，因东面钱洛路建设，小区东围墙外停车场拆除。是年，藕乐苑社区规模以上企业7家，规模以下企业54家。

### 2013年藕乐苑社区规模以上企业一览表

表1—3—102　　单位：人、万元

| 单位名称 | 法定代表人 | 创办时间 | 主要产品 | 从业人数 | 主营业务收入 | 资产总计 |
|---|---|---|---|---|---|---|
| 无锡市藕塘绒线厂 | 陈伯清 | 1989.09 | 绒线的制造 | 264 | 6339 | 7896 |
| 无锡南方制动件有限公司 | 吴立兴 | 1998.06 | 粘胶短纤维刹车带生产 | 153 | 2904 | 2507 |
| 无锡市浙华机械精密锻压厂 | 张学华 | 1999.07 | 锻件模具制造 | 50 | 2244 | 1794 |
| 无锡市创信机械制造有限公司 | 胡伟民 | 2001.11 | 工业自动控制系统装置 | 70 | 3182 | 1347 |
| 无锡恒源祥包装装潢有限公司 | 刘瑞旗 | 2002.06 | 纸质印刷品 | 53 | 3292 | 1914 |
| 无锡新联钢结构有限公司 | 邓文挺 | 2003.06 | 钢结构加工制作安装 | 41 | 6479 | 4725 |
| 无锡通欧钢管有限公司 | 马梦沂 | 2010.12 | 焊管制造加工 | 15 | 2324 | 483 |

### 2013年藕乐苑社区规模以下企业一览表

表1—3—103　　单位：人、万元

| 单位名称 | 法定代表人 | 创办时间 | 主要产品 | 从业人数 | 主营业务收入 | 营业税金 | 资产总计 |
|---|---|---|---|---|---|---|---|
| 无锡江中机械有限公司 | 周明照 | 1992.09 | 机械产品加工 | 8 | 537 | 3.20 | 800 |
| 无锡市博海消防设备制造有限公司 | 顾永愚 | 1993.04 | 消防产品制造 | 43 | 963 | 4.74 | 1208 |
| 无锡市安达安全设备有限公司 | 唐宪法 | 1996.10 | 劳动防护雨衣 | 27 | 569 | 4.41 | 621 |
| 无锡和成电容器厂 | 陈友成 | 1997.10 | 电解电容器制造加工 | 22 | 2303 | 11.70 | 1178 |
| 无锡市国立塑业有限公司 | 束锦甫 | 2000.04 | 塑料保护膜生产 | 26 | 1218 | 3.37 | 1030 |
| 无锡市振东特种弹簧厂 | 袁仲康 | 2000.08 | 弹簧制造 | 27 | 1890 | 6.00 | 952 |
| 江苏恒源祥羊绒制品有限公司 | 刘瑞旗 | 2000.12 | 羊绒衫加工 | 15 | 1683 | 3.10 | 2619 |
| 无锡市森源模具塑料制品有限公司 | 徐益奎 | 2001.06 | 橡胶制品制造 | 9 | 479 | 1.20 | 547 |
| 无锡市荣顺包装厂 | 费燕鹰 | 2001.11 | 塑料包装袋制造 | 21 | 1233 | 2.71 | 655 |
| 无锡市天宇包装材料有限公司 | 叶建波 | 2002.04 | 塑料薄膜的制造 | 12 | 1539 | 2.20 | 820 |
| 无锡恒安羊绒服饰有限公司 | 刘希忠 | 2003.03 | 羊绒制品 | 23 | 69 | 2.17 | 518 |
| 无锡牧羊人羊绒衫厂 | 朱　兵 | 2003.04 | 羊绒制品 | 2 | 8 | 0.10 | 307 |
| 无锡市中伟空调设备附件厂 | 丁丽文 | 2003.08 | 塑料制品加工制造 | 6 | 131 | 0.43 | 36 |
| 无锡市伟鸿型钢彩板厂 | 时锡伟 | 2003.09 | 冷弯型钢制造及加工 | 6 | 499 | 1.27 | 351 |
| 无锡市利瑞机械物资有限公司 | 丁进良 | 2003.11 | 普通机械制造 | 50 | 1728 | 7.46 | 1276 |
| 无锡市凯诺涂装设备厂 | 许仲清 | 2003.11 | 环保设备的加工 | 5 | 220 | 1.00 | 102 |
| 无锡市鑫裕冶金机械制造有限公司 | 单海峰 | 2003.12 | 冶金专用设备制造 | 7 | 439 | 2.28 | 351 |
| 无锡市彪王化工设备厂 | 邓　彪 | 2004.01 | 液压阀门的制造 | 20 | 517 | 4.11 | 674 |
| 无锡三友音像器材有限公司 | 吴立兴 | 2004.03 | 音箱加工 | 12 | 205 | 0.95 | 673 |
| 无锡联发银镜玻璃厂 | 钱惠芬 | 2004.05 | 银镜玻璃的制造、加工 | 8 | 119 | 9.97 | 152 |
| 无锡市双云焊管厂 | 孙　云 | 2004.07 | 焊管生产 | 10 | 1850 | 1.00 | 650 |
| 无锡市科隆精密焊管有限公司 | 张向东 | 2004.08 | 焊管制造 | 7 | 330 | 1.00 | 305 |
| 无锡市宝盛钢管有限公司 | 陈伟清 | 2004.09 | 钢管加工 | 15 | 1022 | 10.95 | 469 |
| 无锡三鑫精工电气设备有限公司 | 徐雪辉 | 2004.10 | 电气机械制造 | 6 | 214 | 3.05 | 215 |
| 无锡市双得利管业有限公司 | 蒋丽君 | 2005.03 | 焊管生产 | 15 | 1977 | 2.38 | 926 |
| 无锡阁特精密冷拔管有限公司 | 吴建宇 | 2005.07 | 精密冷拔管、焊管制造 | 16 | 608 | 4.73 | 512 |

续表 1—3—103　　单位：人、万元

| 单位名称 | 法定代表人 | 创办时间 | 主要产品 | 从业人数 | 主营业务收入 | 营业税金 | 资产总计 |
|---|---|---|---|---|---|---|---|
| 无锡大鼎机械制造有限公司 | 朱中立 | 2005.07 | 刨床加工 | 5 | 40 | 0.03 | 130 |
| 无锡恒瑞纸品厂 | 冯娟秀 | 2005.11 | 纸质品加工制造 | 8 | 118 | 0.98 | 27 |
| 无锡市大钢包装材料厂 | 王雨村 | 2005.12 | 金属制品制造 | 5 | 301 | 1.26 | 1036 |
| 无锡威普钢管有限公司 | 蒋喜东 | 2006.03 | 钢管制造 | 14 | 1673 | 2.63 | 862 |
| 无锡市启成焊管有限公司 | 潘国良 | 2006.05 | 焊管加工 | 12 | 720 | 3.15 | 635 |
| 无锡市龙基制罐有限公司 | 胡乔松 | 2007.02 | 马口铁空罐的加工生产 | 25 | 818 | 1.22 | 712 |
| 无锡市吉丽瑞毛针织有限公司 | 徐勤毅 | 2008.03 | 羊绒裤生产 | 6 | 118 | 0.53 | 190 |
| 无锡和成电子有限公司 | 付学娅 | 2008.03 | 电容器制造 | 3 | 150 | 0.20 | 397 |
| 无锡鹰博机械制造有限公司 | 丁明星 | 2008.04 | 机械配件的制造 | 5 | 125 | 0.37 | 78 |
| 无锡华印美和电机有限公司 | 濮秀琴 | 2008.12 | 电机制造 | 12 | 720 | 2.16 | 311 |
| 无锡市毅峰液压设备有限公司 | 周　山 | 2009.06 | 液压和气压动力机械及元件制造 | 8 | 370 | 15.00 | 150 |
| 无锡市东赛机械配件厂 | 郁东良 | 2010.02 | 机械加工 | 4 | 405 | 1.02 | 214 |
| 无锡振超机械制造有限公司 | 赵田明 | 2010.03 | 机械制造 | 10 | 139 | 1.16 | 300 |
| 无锡普里奥机械设备制造有限公司 | 唐守兵 | 2010.05 | 冷弯型钢的制造 | 4 | 41 | 0.00 | 44 |
| 无锡惠新凸轮轴厂 | 浦文静 | 2010.09 | 凸轮轴的制造、加工 | 7 | 442 | 0.71 | 114 |
| 无锡市睿轩精密机械制造有限公司 | 任国平 | 2011.05 | 机械加工 | 8 | 165 | 1.94 | 157 |
| 无锡市碧涛机械有限公司 | 万明良 | 2011.05 | 其他专用设备制造 | 11 | 136 | 2.31 | 45 |
| 无锡达旭焊管有限公司 | 马　英 | 2011.06 | 焊管加工 | 4 | 223 | 1.50 | 125 |
| 无锡泓力金属框架有限公司 | 章末清 | 2010.11 | 钢压延加工 | 38 | 1095 | 4.32 | 832 |
| 无锡韦志超机械有限公司 | 孔韦青 | 2010.11 | 机械零部件加工 | 8 | 177 | 0.46 | 232 |
| 无锡合恒金属制品有限公司 | 朱炳兴 | 2011.02 | 焊管制造 | 10 | 1384 | 1.45 | 280 |
| 无锡万皓精密管业厂 | 丁月娟 | 2011.05 | 钢压延加工 | 8 | 488 | 1.47 | 186 |
| 无锡市科瑞达机械设备有限公司 | 倪号兵 | 2012.01 | 机械零部件加工 | 8 | 674 | 1.53 | 340 |
| 无锡市鸿兆钢管有限公司 | 李士辉 | 2012.08 | 钢压延加工 | 5 | 520 | 1.80 | 89 |
| 无锡艮源机械有限公司 | 徐　刚 | 2012.09 | 其他专用设备制造 | 5 | 105 | 1.00 | 60 |
| 无锡市亚安太防护用品有限公司 | 唐晓华 | 2013.02 | 其他专用设备制造 | 3 | 45 | 0.30 | 41 |
| 无锡金瑞特防腐设备有限公司 | 邓　浩 | 2013.03 | 其他专用设备制造 | 4 | 80 | 2.00 | 100 |
| 无锡协金金属材料有限公司 | 石家丹 | 2013.05 | 金属制造 | 5 | 350 | 3.28 | 80 |

**2003~2013 年藕乐苑（恒源祥、勤建村）社区获无锡市委、市政府，省级条线以上荣誉表**

表 1—3—104

| 获奖时间 | 荣誉名称 | 颁发单位 |
|---|---|---|
| 2003.00 | 2001~2002 年度江苏省文明村 | 江苏省精神文明建设指导委员会 |
| 2005.00 | 2003~2004 年度江苏省文明村 | 江苏省精神文明建设指导委员会 |
| 2007.02 | 无锡市社会主义现代化新农村建设示范村 | 中共无锡市委　无锡市人民政府 |
| 2009.00 | 江苏省卫生村 | 江苏省爱国卫生运动委员会 |
| 2009.04 | 江苏省生态村 | 江苏省环境保护委员会 |
| 2009.00 | 2007~2009 年度江苏省创建文明社区工作先进社区 | 江苏省精神文明建设指导委员会 |
| 2011.11 | 江苏省“平安家庭”创建活动示范村（社区） | 江苏省维护妇女儿童合法权益联席会议暨“平安家庭”创建活动领导小组 |
| 2011.12 | 人口和计划生育基层群众自治示范村（居） | 江苏省人口和计划生育委员会 |
| 2011.12 | 2007-2009 年度无锡市文明社区 | 中共无锡市委　无锡市人民政府 |
| 2012.02 | 无锡市社会主义现代化新农村建设幸福村 | 中共无锡市委　无锡市人民政府 |
| 2012.00 | 江苏省民主法治示范社区 | 江苏省司法厅 |
| 2012.00 | 江苏省模范双拥社区 | 江苏省民政厅 |
| 2013.04 | 模范职工之家 | 江苏省总工会 |
| 2013.05 | 江苏省民主法治示范社区 | 江苏省依法治省领导小组 |
| 2013.10 | 2010~2012 年度江苏省文明社区 | 江苏省精神文明建设指导委员会 |

2014 年 10 月，社区居民全部用上管道天然气。是年，社区投资 60 万元，对未拆迁的朱巷河塘、道路、下水道、绿化进行整治，使之成为文明卫生样板村。藕乐苑社区居委会还不断提高老年人的

福利待遇，对 60 岁以上老人每人每年补贴从 500 元逐年增加到 1200 元。同年，社区发放老年生活补贴费和年终慰问金达 124.36 万元。

2015 年，藕乐苑社区建立“法治文化园”。文化园设在健身广场，在周边竖立 29 块钢架宣传牌和 12 块法治名人名言宣传牌。社区居委会十分重视文体工作，建立文体舞蹈队、腰鼓舞龙队、太极舞剑队，还有登山、健步走、棋牌等群众体育组织。各文体组织积极参加街道的文艺汇演，多次获奖，每年开展一次健步走活动。社区锡剧爱好者每周四定期在社区书场演唱，还经常邀请外地锡剧团到社区演出。是年，藕乐苑社区土地面积有山地 134.42 公顷、耕地 47.8 公顷、茶田 15.34 公顷；居民总户数 1187 户，总人数 3201 人，其中男性 1541 人、女性 1660 人。共有 160 个姓氏，两个民族：土家族 1 人，其余均为汉族。同年，藕乐苑社区规模以上企业 7 家，规模以下企业 51 家。

2005~2015 年藕乐苑（恒源祥、勤建村）社区主要经济指标统计表

表 1—3—105　　　　单位：人、万元

| 年份 | 村（社区） | 农业人口 | 工农业总产值 | 工业总产值 | 工业销售、主营业务收入 | 工业利税总额 | 工业增加值 | 工业固定资产原价 |
|---|---|---|---|---|---|---|---|---|
| 2005 | 勤　建 | 2150 | 4815 | 4260 | 3586 | 140 | 926 | 1523 |
| | 恒源祥 | 963 | 16182 | 16092 | 14812 | 657 | 3182 | 6023 |
| 2006 | 勤　建 | 2232 | 21935 | 21428 | 19227 | 882 | 4395 | 4478 |
| | 恒源祥 | 1009 | 30662 | 30598 | 29607 | 1369 | 7000 | 10050 |
| 2007 | 勤　建 | 2250 | 25208 | 25093 | 23261 | 1098 | 5195 | 6959 |
| | 恒源祥 | 1009 | 30659 | 30524 | 30475 | 1296 | 6501 | 11795 |
| 2008 | 勤　建 | 2263 | 26997 | 25410 | 23285 | 1442 | 5020 | 6693 |
| | 恒源祥 | 1033 | 34952 | 33566 | 31423 | 1181 | 5979 | 14843 |
| 2009 | 藕乐苑 | 3311 | 55903 | 54430 | 51184 | 3457 | 10904 | 16628 |
| 2010 | | 5414 | 56654 | 54530 | 54050 | 4177 | 11531 | 18411 |
| 2011 | | 均为居民 | 68639 | 66339 | 66637 | 3862 | 12308 | 22517 |
| 2012 | | | 57003 | 55602 | 55349 | 3562 | 12072 | 10775 |
| 2013 | | | 50573 | 48557 | 46844 | 3286 | 12174 | 11092 |
| 2014 | | | 55399 | 55351 | 55458 | 2987 | 12252 | 10373 |
| 2015 | | | 57885 | 57354 | 56838 | 3267 | 12033 | 12385 |

## 三、干部任职

藕乐苑社区经历了合而分、分而合的三个阶段，即 1956~1964 年为合一的勤建高级农业生产合作社、勤建大队；1965~2008 年分为勤建（大队）村、恒源祥（林业大队、井亭村）村；2009 年，勤建、恒源祥两村又合并成藕乐苑社区。勤建高级社、大队、村委会历任党支部书记 9 人、副书记 6 人，社长 1 人、副社长 1 人，大队长 6 人、副大队长 5 人，村委主任 5 人、村委副主任 4 人，主办会计 8 人。林业（井亭）大队、村，恒源祥村历任党支部书记 5 人、副书记 2 人，大队长 4 人、副大队长 3 人，村委主任 4 人、村委副主任 1 人，主办会计 6 人。藕乐苑社区历任党总支书记 4 人，居委会主任 3 人、居委会副主任 2 人，主办会计 2 人。2015 年 4 月，丁有为任党总支书记兼居委会主任，俞海明、徐伟连任居委会副主任，陈红艳连任主办会计。

1956~2009 年勤建（高级社、大队）村历届党支部（总支）、行政干部、主办会计任职表

表 1—3—106

| 建置名称 | 党支部（总支）书记 | | 行政干部 | | | | | | 主办会计 | |
|---|---|---|---|---|---|---|---|---|---|---|
| | | | 正职 | | | 副职 | | | | |
| | 姓名 | 任职时间 | 姓名 | 职务 | 任职时间 | 姓名 | 职务 | 任职时间 | 姓名 | 任职时间 |
| 勤建高级社 | 徐根寿 | 1956~1958 | 徐仁法 | 社　长 | 1956~1958 | 费士南 | 副社长 | 1956~1959 | 袁坤玉 | 1956~1958 |
| 勤建大队 | 徐根寿 | 1958~1962 | 徐仁法 | 大队长 | 1958~1959 | 蒋秀英 | 副大队长 | 1959~1960 | 袁坤玉 | 1958~1963 |
| | 蒋秀英（副书记） | 1960~1965 | 夏达权 | 大队长 | 1959~1960 | 王凤祥 | 副大队长 | 1960~1965 | — | — |

续表 1—3—106

| 建置名称 | 党支部（总支）书记 | | 行政干部 | | | | | | 主办会计 | |
|---|---|---|---|---|---|---|---|---|---|---|
| | | | 正职 | | | 副职 | | | | |
| | 姓名 | 任职时间 | 姓名 | 职务 | 任职时间 | 姓名 | 职务 | 任职时间 | 姓名 | 任职时间 |
| 勤建大队 | 徐仁法 | 1962~1965 | 王阿荣 | 大队长 | 1960~1963 | — | — | — | — | — |
| | 蒋秀英 | 1965~1977 | 袁坤玉 | 大队长 | 1965~1968 | — | — | — | 陈仲山 | 1963~1970 |
| | — | — | 陈仲山 | 大队长 | 1969~1976 | — | — | — | 王阿兴 | 1970~1978 |
| | 陈仲山（副书记） | 1977~1979.04 | — | — | — | 丁建华 | 副大队长 | 1978~1980 | 丁建华 | 1978~1980 |
| | 陈喜成（副书记） | 1979~1981 | 陈喜成 | 大队长 | 1976~1983 | 倪良玉 | 副大队长 | 1980~1983 | — | — |
| | 陈仲山 | 1979.04~1980 | — | — | — | — | — | — | — | — |
| | 陈喜成 | 1981~1982 | — | — | — | 管忠兴 | 副大队长 | 1980~1982 | 陈亚娥 | 1980~1982 |
| 勤建村委 | 陈喜成 | 1983~1996 | 陈喜成 | 主任 | 1983~1990 | 陈茂文 | 副主任 | 1983~1990 | 袁国清 | 1982~1985 |
| | 管正伦 | 1996~2002 | 陈茂文 | 主任 | 1990~1993 | 管正伦 | 副主任 | 1985~1996 | 王本昌 | 1985~1997 |
| | 冯敏之 | 2002~2003 | 陈喜成 | 主任 | 1993~1996 | 倪国兴 | 副主任 | 1988~1999 | 费满娣 | 1997~2009 |
| | 丁海云（副书记） | 2002~2003 | 管正伦 | 主任 | 1996~1999 | — | — | — | — | — |
| | 丁海云 | 2003~2007 | 倪国兴 | 主任 | 1999~2009 | 俞海明 | 副主任 | 2002~2009 | — | — |
| | 李建英（副书记） | 2003~2009 | — | — | — | — | — | — | — | — |
| | 邵伟东 | 2007~2009 | — | — | — | — | — | — | — | — |

## 1963~2011 年林业（井亭）大队、村，恒源祥村党支部（总支）、行政干部、主办会计任职表

表 1—3—107

| 建置名称 | 党支部书记 | | 行政干部 | | | | | | 主办会计 | |
|---|---|---|---|---|---|---|---|---|---|---|
| | | | 正　职 | | | 副　职 | | | | |
| | 姓名 | 任职时间 | 姓名 | 职务 | 任职时间 | 姓名 | 职务 | 任职时间 | 姓　名 | 任职时间 |
| 林业（井亭）大队 | 费士南 | 1963~1964 | 王荣度 | 大队长 | 1963~1964 | — | — | — | — | — |
| | 徐仁法 | 1965~1971 | 徐仁法 | 大队长 | 1965~1971 | 朱福生 | 副大队长 | 1965~1977 | 王荣大 | 1963.05~1965 |
| | 陈忠军 | 1971~1976 | 陈忠军 | 大队长 | 1971~1976 | 朱正昌 | 副大队长 | 1977~1980 | 陈忠军 | 1966~1971 |
| | 陈伯清 | 1976~1983 | 陈伯清 | 大队长 | 1976~1983 | 朱洪兴 | 副大队长 | 1981~1984 | 倪耀兴 | 1972~1980 |
| 井亭村委 | 陈伯清 | 1983~1998 | 陈士生 | 主　任 | 1984~1987 | — | — | — | 王荣大 | 1980~1984 |
| | — | — | — | — | — | — | — | — | 朱中立 | 1984~1998 |
| | 朱中立(副书记) | 1998~2000 | 陈五南 | 主　任 | 1988~1998 | — | — | — | 朱立新 | 1998~2000 |
| | 朱立新 | 2000~2001 | 陈伯荣 | 主　任 | 1998~2000 | — | — | — | — | — |
| 恒源祥村委 | 朱立新 | 2001~2009 | 朱中立 | 主　任 | 2000~2009 | 徐　伟 | 副主任 | 2009~2009 | 陈红艳 | 2000~2009 |

## 2009~2015 年藕乐苑社区党支部（总支）、行政干部、主办会计任职表

表 1—3—108

| 建置名称 | 党总支书记 | | 行政干部 | | | | | | 主办会计 | |
|---|---|---|---|---|---|---|---|---|---|---|
| | | | 正　职 | | | 副　职 | | | | |
| | 姓名 | 任职时间 | 姓名 | 职务 | 任职时间 | 姓名 | 职务 | 任职时间 | 姓名 | 任职时间 |
| 藕乐苑社区 | 朱　焱 | 2009.10~2010.09 | 朱中立 | 主任 | 2009~2012 | — | — | — | — | — |
| | 邵伟东(副书记) | 2009~2010 | — | — | — | — | — | — | — | — |
| | 朱立新(副书记) | 2009~2010 | — | — | — | — | — | — | — | — |
| | 邵伟东 | 2010.09~2012.12 | 邵伟东 | 主任 | 2010~2012 | 俞海明 | 副主任 | 2009~ | 费满娣 | 2009~2012.08 |

续表 1—3—108

<table>
<tr><th rowspan="3">建置名称</th><th colspan="2">党总支书记</th><th colspan="6">行政干部</th><th colspan="2">主办会计</th></tr>
<tr><th rowspan="2">姓名</th><th rowspan="2">任职时间</th><th colspan="3">正 职</th><th colspan="3">副 职</th><th rowspan="2">姓名</th><th rowspan="2">任职时间</th></tr>
<tr><th>姓名</th><th>职务</th><th>任职时间</th><th>姓名</th><th>职务</th><th>任职时间</th></tr>
<tr><td rowspan="2">藕乐苑社区</td><td>朱一骏</td><td>2012.12~2015.03</td><td>朱一骏</td><td>主任</td><td>2012~2015</td><td>徐 伟</td><td>副主任</td><td>2009~</td><td>陈红艳</td><td>2009~</td></tr>
<tr><td>丁有为</td><td>2015.04~</td><td>丁有为</td><td>主任</td><td>2015.04~</td><td>—</td><td>—</td><td>—</td><td>—</td><td>—</td></tr>
</table>

# 第四章 自然环境

钱桥街道属北亚热带湿润季风气候区，受季风环流影响，形成四季分明、气候温和、雨水充沛、日照充足、无霜期长的气候特点。夏季受来自海洋的夏季季风控制，盛行东南风，天气炎热多雨；冬季受大陆盛行的冬季季风控制，大多吹西北风；春、秋是冬夏季风交替时期，春季天气多变，秋季秋高气爽。气温，1月平均气温在2.8℃左右；7月平均气温在28℃左右。全年无霜期220天左右。区域内年平均降水量在1048毫米左右，雨季较长，主要集中在夏季。全年降水量大于蒸发量，属湿润地区。由于受太湖水体和南侧龙山、舜柯山丘陵山区复杂地形等的影响，局部地区小气候条件多种多样，具有南北农作物皆宜种植的特点，作物种类繁多。境内河网密布，土地平整，温暖多雨，气候、水文、地质、地貌等皆适合于居民的生产和生活，素有“鱼米之乡”之美称。

## 第一节 地质地貌

钱桥街道境内地势低平、多平原，河塘密布，有“水乡泽国”之称；南部有低山残丘分列成一字形。

### 一、地质

**地层** 境内属江南地层区，修水—钱塘江分区，苏州—长兴小区。南部为山地。龙山、舜柯山、桃花山、鸡笼山等区域为泥盆系（D），距今约4亿~3.5亿年间形成的地层，出露广泛，构成山丘的主体。藕塘地区钻孔中揭示为石炭系（C），为距今约3.5亿~2.8亿年间沉积的产物，下部主要为一套滨海相或陆相的碎屑沉积，中上部主要为浅海相的碳酸盐沉积。整个石炭系构成一个典型的海进序列，总厚度220米左右。另在藕塘、钱桥钻孔中揭示二迭系（P），距今2.8亿~2.3亿年间沉积形成的地层。下统下部为浅海相含硅质碳酸盐沉积，上部为海陆交互相碎岩沉积。上统下部为海陆交互相含煤碎屑沉积，上部为浅海相碳酸盐沉积。整个二迭系构成一个海进—海退—海进旋回，总厚度800米左右。第四系（Q），距今约200万年的第四纪以来，区域内新构造运动方向的特征是山区以脉动式上升为主，平原区以持续沉降为主，使平原区接受巨厚的冲积，冲—湖积相为主的松散碎屑沉积物。第四系发育齐全，从Q1到Q4均有，沉积物遍布于山间谷地、湖荡平原。厚度受到基层起伏的严格控制，最大厚度在250米左右，一般在100~200米之间，总的趋势是山区边缘薄，平原区厚，具有南薄北厚的特点。自中更新世晚期以来，在大约30万年的地质历史时期内，境内经历4次冰期、间冰期的气候冷暖反复，3次海进海退的陆海变迁，新构造运动又较频繁，加之内陆湖盆（第四系沉积基底）的起伏不一，沉积作用的差异，致使第四系岩相复杂，岩性多变，厚度不一。丘陵区以洪积为主，平原区以冲湖积为主，并伴有沼泽、泻湖、滨海沉积等。岩性主要为黏土、亚黏土、砂砾石等，粗细迭置，多夹层、薄层、互层和透镜体。

**构造形迹** 藕塘向斜，位于胡埭至藕塘一线间，轴向45°~65°，长18公里，宽4公里，由两个次一级向斜组成，西南端昂起，核部为三迭系、长兴组、龙潭组。

**断裂构造** 戴溪—钱桥断裂，位于武进区戴溪—藕塘—塘头一线之北，呈东西向延伸，长40公里。断裂南侧为泥盆系、三迭系下统及侏罗系上统火山岩分布区，北侧为白垩系及下第三系沉积区。雪堰、钱桥断裂，位于雪堰—钱桥一线上，介于藕塘向斜（北西侧）与马山—惠山背斜之间。上盘（南东盘）五通组。茅山群由南东向北西逆冲于石炭系、二迭系之上，沿断裂带尚有花岗斑岩岩脉侵入。

***岩浆活动*** 境内火山岩地表零星出露，见于藕塘地区。中生代火山岩主要活动时期为晚侏罗世—早白垩世。早期少量喷发，后期为喷发甚至泛流。

## 二、土壤

### （一）土壤类型

民国 20 年（1931）《太湖流域水利季刊》记载，无锡低洼地区土壤分析含细砂 23%~30%，属水稻土类型，成土物质为湖沼淤积土。钱桥、藕塘地区的平原地区均为水稻土，山地为棕红壤、红色石灰土。

1959 年全国第一次土壤普查，采用土壤分区和分类相结合的三级分类制，查明钱桥、藕塘地区在平田、圩田、旱田等土壤类型中有黄泥土、乌散土、白土、灰芦底土、乌泥土、黄沙土、黑砂土、青泥土、黑泥土、紫泥土 10 多余种。

**1959 年无锡县土壤普查钱桥、藕塘公社土壤种类及面积统计表**

表 1—4—1　　单位：亩

| 类型 | 土区 | 土名 | 代号 | 土壤名称 | 钱桥公社面积 | 藕塘公社面积 |
|---|---|---|---|---|---|---|
| 非耕田 | 山地 | — | 1 | 棕红壤 | 50 | 420 |
| | | — | 2 | 红色石灰土 | 150 | 260 |
| | | 小计 | | | 200 | 680 |
| | 旱园 | — | 3 | 乌散土 | 663 | 671 |
| | | — | 4 | 黄泥土 | 366 | 944 |
| | | 小计 | | | 1029 | 1615 |
| 耕田 | 山田 | 乌散土 | 5 | 鳝血乌散土 | 180 | — |
| | | 黑沙土 | 11 | 中等黑沙土 | 120 | — |
| | | 黄泥土 | 13 | 中等黄泥土 | — | 350 |
| | | | 15 | 铁屑黄泥土 | 323 | — |
| | | | 14 | 下等黄泥土 | — | 670 |
| | | 黄沙土 | 16 | 上等黄沙土 | — | 650 |
| | | | 17 | 中等黄沙土 | 1000 | — |
| | | | 19 | 白土 | 1026 | — |
| | | — | 小计 | | 2649 | 1670 |
| | 平田 | 乌散土 | 21 | 鳝血乌散土 | 830 | — |
| | | | 22 | 上等乌散土 | 5526 | 238 |
| | | | 23 | 中等乌散土 | 300 | 316 |
| | | | 24 | 下等乌散土 | — | 700 |
| | | | 25 | 竖头乌散土 | — | 600 |
| | | 黄泥土 | 26 | 鳝血黄泥土 | 280 | 426 |
| | | | 27 | 上等黄泥土 | 108 | 1212 |
| | | | 28 | 中等黄泥土 | 4643 | 2784 |
| | | | 29 | 下等黄泥土 | — | 1331 |
| | | | 31 | 狗骨头黄泥土 | — | 540 |
| | | | 32 | 铁屑黄泥土 | — | 211 |
| | | | 35 | 青黄泥土 | — | 73 |
| | | 白　土 | 36 | 鳝血白土 | 403 | 400 |
| | | | 37 | 上等白土 | — | 1017 |
| | | | 39 | 中等白土 | — | 1991 |
| | | | 40 | 下等白土 | — | 1753 |
| | | | 41 | 小粉白土 | 2359 | — |
| | | | 43 | 铁屑白土 | — | 200 |
| | | | 44 | 竖头白土 | — | 93 |
| | | | 45 | 青白土 | — | 140 |
| | | 小计 | | | 14449 | 14025 |

续表 1—4—1　　单位：亩

| 类型 | 土区 | 土名 | 代号 | 土壤名称 | 钱桥公社面积 | 藕塘公社面积 |
|---|---|---|---|---|---|---|
| 圩田 | 平田 | 黄泥土 | 55 | 上等乌散土 | 1000 | 297 |
| | | | 56 | 中等乌散土 | 3969 | 1155 |
| | | | 57 | 下等乌散土 | — | 700 |
| | | | 58 | 青房乌散土 | — | 255 |
| | | | 61 | 中等黄泥土 | 2593 | — |
| | | — | 66 | 白土 | 305 | — |
| | | — | 67 | 青泥土 | 120 | — |
| | | 灰芦底 | 68 | 上等灰芦底 | 2000 | 280 |
| | | | 69 | 中等灰芦底 | 530 | — |
| | | 小计 | | — | 10517 | 2687 |
| 合计 | | | | — | 28844 | 20677 |
| 泥炭 | | | | — | 500 | 50 |

### （二）土壤分布

钱桥、藕塘地区的土壤分布大致可分为平田地区、山地地区两大部分。

平田地区土壤分布在钱桥街道中东部、西北部、地形为低洼和平原地区，母质为黄土状物质，湖相沉积，分布有黄泥土、乌散土、白土等 3 种土壤演变成菜园土以及青泥土。钱桥北部地形偏低，以圩区为主，地面高程约在 2~3 米，最低处 1.7 米，主要分布有青泥土、乌散土、黄泥土和相应的菜园土。钱桥、藕塘中南部地形部位较高，地面高程一般在 40~60 米，为平原地区，主要分布有白土、黄泥土以及相应的菜园土。

区域内西南部地形的母质均较复杂，地形从低山丘陵—山前平地，主要分布有黄棕土壤，是种植林、果、茶的主要集中地。

低山丘陵区土壤—钱桥街道西南部丘陵地区以厚层黄棕壤或红黄土为主。海拔 220 米以下至 50~70 米左右，一般为薄层黄棕壤。土层厚度不足 30 厘米，下面为碎石层或母岩层：海拔 50~70 米以下，土层逐渐增厚至超过 30 厘米的黄棕壤：向下到海拔 20~30 米，坡度逐渐平缓，土层厚度超过 60 厘米，过渡为厚层黄棕壤；有些已构筑梯田，为堆迭黄棕壤。山前平地（包括山坞）母质为冲积堆积物，一般均已开垦，种植林、果、茶等或作为自留地种植旱作物。土壤为耕地黄棕壤，一般在海拔 5~30 米左右。自上而下土壤的排列顺序为黄沙土—山黄泥土—小粉土—小粉白土。黄沙土一般分布在山坞的上中部，质地较粗，山黄泥土质地较细、较粘。向下至山前开阔地带形成小粉土，如果没有水源，经多年种植水稻后发育为小粉白土。

### （三）土壤养分

**黄泥土**　是境内分布最广、面积最多的土种，约占土壤面积的 45%。熟土层原养分含量最高，适宜稻麦生长，产量高而稳。其耕作层有机质含量 2.58%±0.42%，全氮 0.159%±0.026%，全磷 0.123%±0.032%，速效氮 114±27.1ppm，速效磷 10.4±5.1ppm，速效钾 96±15.9ppm。

**乌泥土**　分布在低平田和平田局部低洼地，大多近于水边。耕作层疏松，渗育层呈棱块状结构；养分含量较高，唯钾素有效性较差，作物成长过程中水湿条件好，植被生长旺盛。其有机质含量 2.68%±0.63%，全氮 0.169%±0.032%，全磷 0.159%±0.048%，速效氮 119±52.9ppm，速效磷 15.3±9.83ppm，速效钾 97±18.6ppm。

**灰芦土**　分布于钱桥街道北面圩田地区，成土过程中地下水位高，土壤长期处于潜育状态，耕作层潜层养分高，有效养分磷、钾都缺。其有机质含量 2.74%±0.34%，全氮 0.17%±0.02%，全磷 0.12%±0.02%，速效氮 108±22.5ppm，速效磷 5±2.0ppm，速效钾 85±0.7ppm，埋藏层有机质 2.53%左右。

**灰潮土**　潮土都是旱田和桑田土，因受地下水影响，耕作层养分含量低，有机质含量 1.5%以下，含氮低于 0.1%，速效磷 3~5ppm，速效钾 100ppm 左右。

**黄棕壤** 为境内山地土壤，发育于石英沙岩风化残积物质，分布在山脚，土层厚度 80 厘米，耕作层沙壤质地 $P^H$ 值（水）6~7，偏酸性，是果林茶主要产地。

**白土** 和黄泥土交错分布在高平田和平田地区，全境内都有，土体 50 厘米，内出现白土层，造成土壤滞水，渍害常比黄泥土重，耕作层养分含量低，有机质含量 2.15%±0.45%，全氮 0.14%±0.03%，全磷 0.10%±0.02%，速效氮 126±49ppm，速效磷 9.8±7.4ppm，速效钾 74±17ppm。

### 三、地貌

钱桥街道位于长江三角洲南缘的太湖平原上，境内中、东、北、西部地势平坦，原始坡降约万分之一左右，地标高 2~5 米。仅有天目山余脉自西南向东延伸，由闾江口入境，呈低矮的孤山残丘状。新生代的喜马拉雅运动（距今约 2500 万年），以差异性升降运动为主，加强了东西向褶皱和断裂，并伴随玄武岩的喷发，使北东向褶皱以西东向逐级递降。境内舜柯山海拔高 220 米，山体大致呈西东北向展布。至距今约 200 万年的第四纪初期，以间歇震荡为特点的新构造运动，使山区抬升又遭受剥蚀，平原区持续沉降，使原先的山体大多沉没于广阔的第四系沉积物之下，钱桥、藕塘地区形成现今中、东、北、西部的沃野平原，南部残丘的地貌特征。

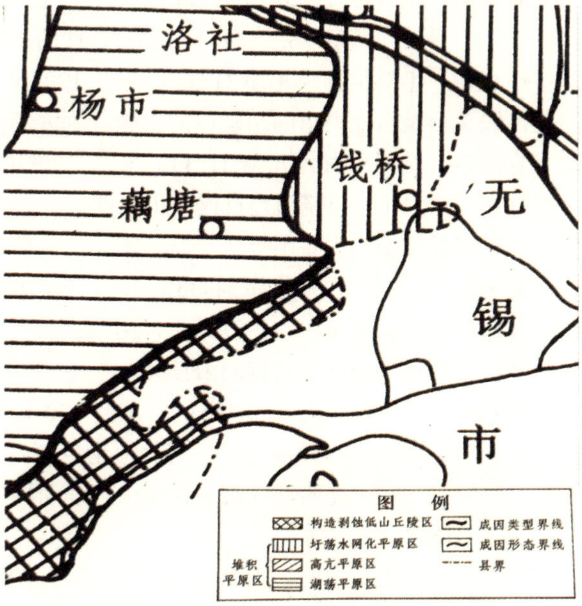

图 1—4—1 钱桥街道地貌示意图

区域内属堆积平原，由圩荡水网平原、湖荡平原、高亢平原组成。其中圩荡水网平原大体分布在钱桥北面一带，圩地多，地势低平，水网稠密，海拔 3~4 米。钱桥地区圩地面积 701.13 公顷，藕塘地区圩地面积 179.13 公顷，共计 880.26 公顷，占到总面积 28.7%。湖荡平原大体分在钱桥西北面及藕塘一带，为古太湖的一部分，后经封淤缩小和人类活动等因素综合作用下形成地势平坦的平原地区，海拔 3~4 米，水网密布，旱涝无忧。高亢平原分布在钱桥、藕塘最南面，大部分是山丘山地。山地面积 287.93 公顷。

区域内山丘为天目山余脉，零星分布在太湖沿岸，点缀于西南部，出露面积 200 余公顷，最高的舜柯山为海拔 220 米，最低的蒲扇山为海拔 60 米。山脉大致呈西向东展布。出露地层岩性均为泥盆系石英砂岩、砂砾岩、粉细砂岩。舜柯山有泉水出露，名舜虎泉。

## 第二节 山丘与山湾

钱桥街道南部有龙山、舜柯山、顾山、桃花山、蒲扇山、馒头山、鸡笼山、里趟山、高乔山连结成群，横贯东西。这些山丘由于前后不一，在山麓形成一个个山湾，有张湾、道士湾、李家湾、陈家湾、青山湾等。

### 一、山丘

钱桥街道南部有大小不同的 8 个山头，高度都不高，最高为海拔 220 米，其余 7 个山头标高仅 60 米至百余米，为境内的平原丘陵区。

**龙山** 龙山尾部在钱桥街道境内。绝对位置为北纬 31°34′，东经 120°12′。龙山位于钱桥集镇东南部，东起惠山，西连舜柯山、桃花山等，故称九龙山，本地人称龙山。山脉东西走向，主峰海拔高度 328.5 米，跨度东西 10.8 公里，南北 3.5 公里，山体呈龙形，西麓有钱荣路经过。

**舜柯山** 绝对位置为北纬 31°34′，东经 120°12′，位于无锡城西 7 公里市县交界处。清光绪版《锡金县志》载："舜山一名历山。山下为历村。或云：上有舜田，为帝舜所耕。其西为柯山，据《风土记》载：为吴仲雍六世孙柯相封地，故名。两山连而其峰相望，土人合名之曰舜柯山。"东西长 2.4 公里，主峰高度海拔为 220 米。山的西北麓属钱桥街道舜柯社区，其余属无锡滨湖区。山的东面有钱荣公路、北有钱姚公路经过。2011 年，舜柯山被评定入选无锡市第一批历史地名山水形胜保护名录。

**顾山** 绝对位置为北纬 31°34′，东经 120°11′，位于钱桥街道南部、与无锡市郊交界处，是自舜柯山向西南延伸的山脉，原名大家山。南北长 2.1 公里，主峰高度为海拔 120 米。

**桃花山** 绝对位置为北纬 31°34′，东经 120°11′，位于钱桥街道南部、与无锡市郊交界处，是自顾山向南延伸的山脉。南北长 1.5 公里，主峰高度为海拔 120 米。

**蒲扇山** 绝对位置为北纬 31°34′，东经 120°11′，位于无锡城西 9 公里，为原钱桥、藕塘两乡与无锡市郊的界山。蒲扇山是自桃花山向西延伸的山脉，主峰高度为海拔 60 米。

**馒头山** 绝对位置为北纬 31°33′，东经 120°10′，位于钱桥街道藕塘地区东南部、与无锡市郊交界处。馒头山是自蒲扇山向南延伸的山脉，为太湖沿岸丘陵中的山峰之一。

**鸡笼山** 绝对位置为北纬 31°33′，东经 120°10′，位于无锡城西 11 公里，是原藕塘、胡埭两乡与无锡市郊的界山。鸡笼山是自馒头山向西北延伸的山脉，东西长 1 公里，主峰高度为海拔 188 米，为太湖沿岸丘陵中的主要山峰之一。其南、北两麓分别有沪宜公路、钱姚公路经过。

**里趟山** 绝对位置为北纬 31°33′，东经 120°10′，位于钱桥街道青山湾，与鸡笼山西山坡相连接，在原勤建村境内。里趟山东为鸡笼山，南与土地堂山相接，西为解放军营房，北为钱胡公路、职教园校区，是勤建茶场进口右侧的山丘。

**高乔山** 绝对位置为北纬 31°33′，东经 120°10′，位于钱桥街道藕塘地区东南部，在原勤建村境内，与无锡市郊青山林果场交界。高乔山是自鸡笼山向西南延伸的山脉，主峰高度为海拔 100 米。钱姚公路紧靠高乔山之西，钱胡公路在山之北面经过。

## 二、山湾

山湾是舜柯山、顾山、鸡笼山等山与山之间的山麓形成的凹进之处，三面被山体所包围。钱桥街道南部有 5 个山湾，深浅不一。

**张　湾** 位置在北纬 31°34′，东经 120°12′。张湾在境内南部边缘，在舜柯社区上秦巷自然村之南，是舜柯山北部的一个山湾，相传由张氏在此垦荒而得名。其西与道士湾相邻，谷口朝西北。湾内有山地 68.67 公顷，耕地 2.87 公顷，种植茶树、杉木苗等。湾内设有一座变电所。

**道士湾** 位置在北纬 31°34′，东经 120°12′，位于钱桥镇境内南部边缘，顾山北麓，与舜柯山相连处的一个山湾。其东北紧靠张湾，谷口朝北。湾内有山地 82 公顷，耕地 2.87 公顷，种有茶树、水杉等树苗。原道士湾内的道观已拆除。此湾现为无锡市强制隔离戒毒所、无锡市看守所所在地。

**李家湾** 位置在北纬 31°33′，东经 120°10′，位于鸡笼山脉东南部的一个山湾，三面环山，北靠钱胡公路。谷口朝北，有耕田面积 10.93 公顷，种植稻麦、桃树、茶树等。此湾为原井亭村所在地。

**陈家湾** 位置在北纬 31°34′，东经 120°10′，南靠鸡笼山，北靠钱胡路，与李家湾相邻。谷口朝北，有耕地面积 9.47 公顷，时以种植稻麦、桃树、茶树等。

**青山湾** 位置在北纬 31°33′，东经 120°10′，位于钱胡公路无锡商业职业技术学院段南。谷口向北，谷口长 0.5 公里，谷深 1 公里。青山湾在无锡有两处，一处在藕塘勤建村，名为大青山湾；另一处在无锡市河埒口，名为小青山湾。藕塘勤建村的青山湾因湾内有青山寺而得名。200 多年前，大青山湾建有青山寺。1900 年，青山寺因火灾毁坏重建。20 世纪 60 年代初因青山寺坐落处建军营而拆除。2015 年时，青山湾内种植茶树面积 5.33 余公顷；营级编制的教导大队一个；另有"生命纪念馆"公墓一座。

# 第三节 河流水文

钱桥街道是典型的江南水乡，境内河流纵横交错，河网水系发达。在街道西部的直湖港建有直湖港闸水文站，北部有京杭大运河洛社水文站。

## 一、河流

钱桥街道共有河道总数115条，总长度99.43公里，水域面积约2734407.83平方米。其中省市级河道有京杭大运河、直湖港、洋溪河、沿山河等4条，长度18.02公里；区级河道有庙塘桥河、江胜桥河、横塘桥河、盛店港、三条河等5条，长度13.09公里；镇级河道17条，长度26.73公里；村级河道有89条，长度41.59公里。

图1—4—2 钱桥街道境内的古运河段

1976年冬，为贯彻“农业学大寨”精神，钱桥、藕塘公社社员彻底改造圩田涝灾。在钱桥公社党委、政府号召下，组织力量，在威华、溪北大队和溪南大队、舜一大队与历村大队交界处开凿杨毛岸河及向阳河，长度分别为2.7公里和2.36公里。是年，藕塘公社党委、政府组织社员开展“农业学大寨”，在东风村开新河、填老河。新开的河道从田庄巷至火花大队高格里，总长5公里，取名火花大寨河，后改名北新河。新开的北新河解决所在地抗洪排涝问题，为小麦、水稻丰收打下基础。2012年，无锡职教园校区新开护校河道8条，长度为9.96公里。境内各类河道具有水上交通、泄涝、灌溉、护校等作用。

2015年钱桥街道省市级以上河道基本情况统计表

表1—4—2

| 河道名称 | 境内河道长度（公里） | 境内起讫地点 | | 平均河底高程（米） | 河底宽度（米） | 河口宽度（米） | | 整治年份 | 备注 |
|---|---|---|---|---|---|---|---|---|---|
| | | 起 | 讫 | | | 最大 | 最小 | | |
| 京杭运河 | 2.57 | 三条河 | 会岸路 | 0.5 | 40~95 | 100 | 70 | 1992 | — |
| 直湖港 | 1.00 | 阳山大桥南 | 省道S342线大桥 | 0.5 | 20~45 | 60 | 25 | — | 解放后新开河道 |
| 洋溪河 | 11.25 | 钱桥镇界 | 西环线 | 0.0 | 30 | 120 | 20 | 2007 | — |
| 沿山河 | 3.20 | 钱桥市镇洋溪河 | 西浜头夏虞河 | 0.5 | 10 | 20 | 15 | 2014 | — |

京杭运河无锡段流经钱桥境内。直湖港为京杭运河无锡段南岸第一分支，流经钱桥街道盛峰社区以西，是唯一属长江流域太湖南溪水系河流。

洋溪河横贯钱桥街道东西区域，至稍塘营分为南北两支，南支为张舍河、花村浜、陆区港，古统称南邗沟；北支为盛店桥港、新渎港，古统称北邗沟。洋溪河也是运河的分支，从无锡市双河尖西行，穿过钱桥老街、藕塘老街至稍塘营处分支，境内长11.25公里。其南支长15.03公里，北支长7.82公里，沟通直湖港，均入南阳湖。

图1—4—3 横贯境内东西的洋溪河

随着社会的发展和钱桥、藕塘地区的城镇化建设，一些乡镇级河浜已被填没。如稍塘社区的吊龙浜、稍塘浜、湛大坝浜、杨树浜、芦岸里浜、尖岸浜、小庙头浜等填没后用之于建设工业园区和蔬菜基地；洋溪社区的对桥浜、俞巷浜、下渡浜填没后用之于房地产开发；东风社区梅巷浜填没后用之于建造藕乐苑安置房小区。

### 2015年钱桥街道区级河道基本情况统计表

表1—4—3

| 河道名称 | 长度（公里） | 起讫地点 | | 河底高程（米） | 河底宽度（米） | 河口宽度（米） | | 整治年份 |
|---|---|---|---|---|---|---|---|---|
| | | 起 | 讫 | | | 最大 | 最小 | |
| 庙塘桥河 | 3.89 | 洋溪河 | 物流园区 | -1.0~2.2 | 7~30 | 50 | 12 | 2010 |
| 横塘桥河 | 2.50 | 洋溪河 | 高格里 | 1.5~1.9 | 6~25 | 40 | 8 | 2006 |
| 盛店港 | 2.35 | 直湖港 | 省道S342线 | 0~0.5 | 19~26 | 37 | 28 | 2013 |
| | | 西环线 | 洋溪河 | | | | | |
| 三条河 | 2.25 | 京杭运河 | 省道S342线 | 0.5 | 10~20 | 30 | 15 | 2013 |
| 江胜河 | 2.10 | 庙塘桥河 | 国道G312线 | 0.5 | 8~20 | 30 | 15 | — |

### 2015年钱桥街道乡镇级河道基本情况统计表

表1—4—4

| 河道名称 | 长度（公里） | 起讫地点 | | | 河底高程（米） | 平均河底宽（米） | 边坡 | 河口宽度（米） | 整治年份 | 备注 |
|---|---|---|---|---|---|---|---|---|---|---|
| | | 起 | 讫 | 流经地区 | | | | | | |
| 大坝漕 | 2.00 | 洋溪河 | 藕乐苑山峰 | 职教园区 | 0.5 | 8 | 1:2 | 26 | 2014 | — |
| 井亭河 | 1.98 | 洋溪河 | 汽车工程学院 | 职教园区 | 1.0 | 5 | 1:2 | 21 | 2008 | 新中国成立后小河道拓浚开挖而成 |
| 西漳河 | 3.20 | 京杭运河 | 洋溪河 | 西漳、晓丰、华新社区 | 0.0 | 10 | 1:2 | 25 | 2007 | 新中国成立后小河道连接而成 |
| 杨毛岸河 | 1.27 | 洋溪河 | 省道S342线 | 华新社区 | 0.5 | 6 | 1:2 | 24 | 2014 | — |
| 夏虞河 | 2.03 | 洋溪河 | 沿山河 | 溪南、舜柯社区 | 0.0 | 15 | 1:2 | 35 | 2006 | — |
| 向阳河 | 2.15 | 夏虞河 | 上封桥 | 溪南、舜柯社区 | 0.0 | 10 | 1:2 | 30 | 2013 | 新中国成立后新开，东西走向 |
| 胜丰河 | 1.43 | 会西河 | 西漳河 | 西漳、晓丰社区 | 0.5 | 6 | 1:2 | 24 | 2014 | — |
| 戴巷桥河 | 1.55 | 西漳河 | 苏嘉路 | 华新、晓丰社区 | 0.5 | 8 | 1:2 | 26 | 2013 | — |
| 东、西溪 | 1.37 | 林影河 | 钱胡路 | 洋溪、华新社区 | 0.5 | 5 | 1:2 | 23 | 2012年新开河 | — |
| 毛村园河 | 0.65 | 洋溪河 | 毛村园 | 苏庙、洋溪社区 | 0.5 | 6 | 1:2 | 24 | 2014 | — |
| 北新河 | 1.44 | 田庄浜 | 锡杨路 | 东风、南塘社区 | 0.8 | 8 | 1:2 | 25 | 2015 | 新中国成立后新开河道 |
| 虎路沟 | 1.00 | 横塘桥河 | 盛店港 | 盛峰、稍塘社区 | 0.5 | 8 | 1:2 | 26 | 2007 | — |
| 田庄浜 | 1.45 | 洋溪河 | 北新河 | 藕塘市镇、东风社区 | 0.5 | 8 | 1:2 | 26 | 2015 | — |
| 唐西浜 | 1.29 | 横塘桥河 | 北新河 | 东风、南塘社区 | 0.5 | 8 | 1:2 | 26 | 2008 | — |
| 大张巷浜 | 0.99 | 庙塘桥河 | 小张巷 | 南塘社区 | 0.5 | 10 | 1:2 | 28 | 2015 | — |
| 施巷浜 | 1.69 | 洋溪河 | 缪巷、徐塘庙 | 藕塘市镇、藕塘社区 | 0.5 | 6 | 1:2 | 24 | 2009 | — |
| 秦家漕 | 1.24 | 井亭河 | 汽车工程学院 | 职教园区 | 1.0 | 5 | 1:2 | 21 | 2012 | — |

## 2015年钱桥街道村级河道基本情况统计表

表1—4—5

| 河道名称 | 所属社区 | 长度（公里） | 起讫地点 | | 河底高程（米） | 平均河底宽度（米） | 河口宽度（米） | | 整治年份 |
|---|---|---|---|---|---|---|---|---|---|
| | | | 起 | 讫 | | | 最大 | 最小 | |
| 张泾河 | 西漳社区 | 0.41 | 西漳河 | 三条河 | 0.5 | 5 | 21.0 | 12.0 | 2007 |
| 栅岸里浜 | | 0.40 | 三条河 | 浜顶 | 0.5 | 8 | 75.0 | 35.0 | 2013 |
| 马家桥浜 | | 0.41 | 西漳河 | 浜顶 | 0.5 | 3 | 15.0 | 10.0 | 2007 |
| 牌楼浜 | | 0.10 | 西漳河 | 牌头 | 0.5 | 3 | 11.0 | 5.0 | — |
| 木排头浜 | | 0.09 | 西漳河 | 汇嘉路 | 0.5 | 3 | 9.0 | 8.0 | — |
| 浜头浜 | | 0.11 | 西漳河 | 浜头 | 0.5 | 3 | 4.5 | 3.0 | — |
| 潘巷浜 | | 0.27 | 西漳河 | 潘巷 | 0.5 | 3 | 11.0 | 5.0 | 2007 |
| 张姆泾浜 | 晓丰社区 | 0.20 | 京杭运河 | 浜顶 | 0.5 | 4 | 15.0 | 10.0 | 2007 |
| 高吴巷浜 | | 0.60 | 京杭运河 | 高吴巷 | 0.5 | 3 | 25.0 | 10.0 | 2009 |
| 龙亭沟浜 | | 0.30 | 京杭运河 | 龙亭沟 | 0.5 | 3 | 16.0 | 4.0 | 2007 |
| 陆岸头浜 | | 0.23 | 三条河 | 万东路 | 0.5 | 3 | 23.0 | 12.0 | 2013 |
| 迈步圩浜 | | 0.75 | 西漳河 | 浜顶 | 0.5 | 3 | 11.0 | 18.0 | 2015 |
| 邓时巷浜 | | 0.45 | 西漳河 | 浜顶 | 0.5 | 4 | 18.0 | 10.0 | 2014 |
| 时湾里浜 | | 0.17 | 西漳河 | 时湾里 | 0.5 | 3 | 14.0 | 9.0 | 2007 |
| 大花岸浜 | | 0.57 | 西漳河 | 大花岸 | 0.5 | 3 | 21.0 | 6.0 | 2007 |
| 砖场浜 | | 0.14 | 西漳河 | 砖场上 | 0.5 | 6 | 18.0 | 15.0 | — |
| 宋巷浜 | | 0.10 | 胜丰河 | 宋巷 | 0.5 | 3 | 18.0 | 7.0 | — |
| 周基头河 | 华新社区 | 1.70 | 杨毛岸河 | 周基头 | 0.5 | 4 | 20.0 | 12.0 | 2014 |
| 北下塘浜 | | 0.55 | 西漳河 | 浜顶 | 0.5 | 4 | 12.0 | 10.0 | 2007 |
| 后底岸浜 | | 0.48 | 毛村园河 | 新郸大道 | 0.5 | 3 | 10.0 | 6.0 | 2013 |
| 江胜桥浜 | 洋溪社区 | 0.30 | 江胜河 | 浜顶 | 0.5 | 3 | 12.0 | 8.0 | 2012 |
| 薛巷浜 | | 0.52 | 江胜河 | 薛巷 | 0.5 | 3 | 22.0 | 8.0 | 2012 |
| 冷水湾浜 | | 0.49 | 江胜河 | 石巷 | 0.5 | 3 | 18.0 | 10.0 | 2012 |
| 黄旗岸浜 | | 0.42 | 毛村园河 | 黄旗岸 | 0.5 | 10 | 52.0 | 6.0 | — |
| 玉泉河 | 钱桥社区 | 1.00 | 洋溪河 | 盛岸西路 | 0.5 | 4 | 20.0 | 10.0 | 2012 |
| 顺塘桥浜 | | 0.32 | 玉泉河 | 新兴路 | 0.5 | 3 | 32.0 | 22.0 | 2012 |
| 金岸浜 | 苏庙社区 | 1.00 | 洋溪河 | 后金岸 | 0.5 | 3 | 21.0 | 4.0 | 2013 |
| 邵巷浜 | | 0.25 | 沿山河 | 浜顶 | 0.5 | 3 | 18.0 | 15.0 | 2013 |
| 孟家桥浜 | | 0.75 | 洋溪河 | 孟家桥 | 0.5 | 4 | 20.0 | 15.0 | 2014 |
| 鸭船浜 | | 0.09 | 洋溪河 | 洋溪路 | 0.5 | 3 | 12.0 | 10.0 | — |
| 支巷浜 | | 0.28 | 夏虞河 | 春满园 | 0.5 | 4 | 46.0 | 4.0 | 2014 |
| 三节桥浜 | | 0.91 | 沿山河 | 夏虞河 | 0.5 | 6 | 35.0 | 20.0 | 2015 |
| 缪巷西浜 | | 0.15 | 夏虞河 | 缪巷 | 0.5 | 3 | 18.0 | 6.0 | 2002 |
| 缪巷东浜 | | 0.30 | 三节桥河 | 浜顶 | 0.5 | 3 | 13.0 | 6.0 | 2002 |
| 岸里浜 | 溪南社区 | 0.43 | 夏虞河 | 岸里 | 0.5 | 4 | 11.0 | 10.0 | 2014 |
| 唐巷浜 | | 0.13 | 唐巷 | 龚巷 | 0.5 | 3 | 16.0 | 4.0 | 2006 |
| 龚巷浜 | | 0.14 | 埭上浜 | 龚巷 | 0.5 | 3 | 16.0 | 4.0 | 2006 |
| 埭上浜 | | 0.60 | 夏虞河 | 浜顶 | 0.5 | 3 | 18.0 | 8.0 | 2005 |
| 毛村浜 | | 0.29 | 向阳河 | 浜顶 | 0.5 | 6 | 18.0 | 8.0 | 2004 |
| 上秦巷浜 | 舜柯社区 | 0.60 | 沿山河 | 上秦巷 | 0.5 | 5 | 39.0 | 7.0 | 2005 |
| 庄家浜 | | 0.25 | 沿山河 | 庄家 | 0.5 | 3 | 15.0 | 5.0 | — |
| 费巷浜 | | 0.35 | 向阳河 | 浜顶 | 0.5 | 7 | 13.0 | 6.5 | 2004 |
| 花园浜 | | 0.90 | 向阳河 | 浜顶 | 0.5 | 6 | 15.0 | 10.0 | 2013 |
| 田舍头浜 | | 0.10 | 向阳河 | 浜顶 | 0.5 | 6 | 15.0 | 10.0 | — |
| 芮巷浜 | | 0.37 | 向阳河 | 芮巷 | 0.5 | 5 | 17.0 | 15.0 | 2004 |
| 东浜头浜 | | 0.50 | 钱胡路 | 舜柯家园 | 0.5 | 8 | 15.0 | 10.0 | 2010 |
| 南街浜 | 藕塘社区 | 0.10 | 洋溪河 | 三家弄 | 0.5 | 4 | 18.0 | 10.0 | 2009 |
| 工区浜 | | 0.15 | 洋溪河 | 工区路 | 0.5 | 5 | 15.0 | 13.0 | 2004 |
| 大浜斗浜 | | 0.15 | 洋溪河 | 大浜斗 | 0.5 | 10 | 42.0 | 29.0 | — |
| 钱家岸浜 | | 0.09 | 洋溪河 | 钱家岸 | 0.5 | 4 | 35.0 | 29.0 | — |
| 朱巷浜 | | 0.12 | 印染厂 | 朱巷 | 0.5 | 6 | 12.0 | 8.0 | 2000 |

续表 1—4—5

| 河道名称 | 所属社区 | 长度（公里） | 起讫地点 | | 河底高程（米） | 平均河底宽度（米） | 河口宽度（米） | | 整治年份 |
|---|---|---|---|---|---|---|---|---|---|
| | | | 起 | 讫 | | | 最大 | 最小 | |
| 东茅蓬浜 | 东风社区 | 0.60 | 唐西浜 | 东茅蓬 | 0.5 | 4 | 17.0 | 2 | — |
| 刘家桥浜 | | 0.65 | 洋溪河 | 刘家桥 | 0.5 | 8 | 16.0 | 8 | — |
| 芦朱巷浜 | | 0.30 | 洋溪河 | 芦朱巷 | 0.5 | 10 | 25.0 | 6 | 2015 |
| 西沟桥浜 | | 0.84 | 洋溪河 | 大坝上 | 0.5 | 6 | 15.0 | 7 | 2005 |
| 北陆巷浜 | | 0.15 | 藕塘北路 | 东风桥 | 0.5 | 4 | 9.0 | 6 | 2003 |
| 冯巷浜 | | 0.30 | 洋溪河 | 冯巷 | 0.5 | 3 | 20.0 | 8 | 2004 |
| 洗马浜 | | 0.26 | 洋溪河 | 洗马浜 | 0.5 | 8 | 15.0 | 8 | 2007 |
| 西吴巷浜 | 南塘社区 | 0.19 | 大张巷浜 | 西吴巷 | 0.5 | 5 | 12.0 | 10 | 2002 |
| 浜头浜 | | 0.61 | 庙塘桥河 | 北新河 | 0.5 | 8 | 16.0 | 10 | 2003 |
| 小张巷浜 | | 0.48 | 大张巷浜 | 小张巷 | 0.5 | 5 | 12.0 | 7 | 2003 |
| 东吴巷塘 | | 0.30 | 大张巷浜 | 东吴巷 | 0.5 | 4 | 23.0 | 5 | 2005 |
| 蔡巷浜 | | 0.42 | 庙塘桥河 | 蔡巷 | 0.5 | 3 | 10.0 | 5 | 2007 |
| 钱家旦浜 | | 0.27 | 庙塘桥河 | 钱家旦 | 0.5 | 15 | 20.0 | 10 | 2007 |
| 殷巷浜 | | 0.42 | 庙塘桥河 | 殷巷 | 0.5 | 6 | 18.0 | 10 | 2007 |
| 高冯巷浜 | | 0.56 | 高冯巷 | 三坝头 | 0.5 | 4 | 15.0 | 7 | — |
| 小园里浜 | | 0.38 | 横塘桥河 | 小园里 | 0.5 | 5 | 11.0 | 8 | 2006 |
| 高格里浜 | | 0.26 | 横塘桥河 | 高格里 | 0.5 | 6 | 15.0 | 7 | 2006 |
| 庙塘桥浜 | | 0.20 | 庙塘桥河 | 浜顶 | 0.5 | 6 | 15.0 | 7 | — |
| 三坝头浜 | | 0.85 | 庙塘桥河 | 三坝头 | 0.5 | 5 | 10.0 | 6 | 2010 |
| 黄泥坝浜 | 盛峰社区 | 0.90 | 横塘桥河 | 黄泥坝 | 0.5 | 4 | 10.0 | 6 | 2013 |
| 东张巷浜 | | 0.43 | 横塘桥河 | 东张巷 | 0.5 | 4 | 15.0 | 10 | 2006 |
| 大树下浜 | | 0.17 | 横塘桥河 | 大树下 | 0.5 | 4 | 21.0 | 13 | — |
| 西张巷浜 | | 0.64 | 横塘桥河 | 西张巷 | 0.5 | 4 | 10.0 | 6 | — |
| 犁轭基浜 | | 1.05 | 直湖港 | 犁轭基 | 0.5 | 5 | 18.0 | 8 | — |
| 庄桥头浜 | | 0.20 | 直湖港 | 庄桥头 | 0.5 | 4 | 19.0 | 7 | — |
| 船浜头浜 | | 0.28 | 直湖港 | 船浜头 | 0.5 | 3 | 12.0 | 6 | — |
| 章巷浜 | 稍塘社区 | 0.09 | 洋溪河 | 章巷 | 0.5 | 6 | 35.0 | 14 | — |
| 新丰里浜 | | 0.49 | 洋溪河 | 新丰里 | 0.5 | 6 | 14.0 | 8 | 2011 |
| 费家弄浜 | | 0.20 | 洋溪河 | 费家弄巷 | 0.5 | 10 | 18.0 | 7 | — |
| 小马巷浜 | | 0.17 | 洋溪河 | 小马巷 | 0.5 | 3 | 30.0 | 12 | — |
| 官桩浜 | 藕乐苑社区 | 0.30 | 洋溪河 | 陈村 | 0.5 | 3 | 40.0 | 20 | 2012 |
| 城市职业技术学院环校河 | 职教园区 | 2.10 | 职教园区 | — | 1.0 | 3 | 9.0 | 4 | 2012年职教园区新开护校河 |
| 无锡高等师范学校环校河 | 职教园区 | 1.38 | 职教园区 | — | 1.0 | 3 | 14.0 | 9 | |
| 汽车工程学校环校河 | 职教园区 | 0.66 | 职教园区 | — | 1.0 | 3 | 9.7 | 4 | |
| 无锡技师学校环校河 | 职教园区 | 1.18 | 职教园区 | — | 1.0 | 3 | 8.0 | 6 | |
| 江苏信息职业技术学院环校河 | 职教园区 | 2.55 | 职教园区 | — | 1.0 | 3 | 10.0 | 5 | |
| 江苏省惠山中等专业学校环校河 | 职教园区 | 1.06 | 职教园区 | 洋溪河 | 1.0 | 20 | 40.0 | 18 | |
| 江苏影视艺术职业学院环校河 | 职教园区 | 0.50 | 职教园区 | — | 1.0 | 3 | 8.0 | 6 | |
| 实训基地河 | 职教园区 | 0.53 | 大坝漕 | 实训基地 | 1.0 | 3 | 12.0 | 11 | |

## 二、水文

钱桥街道境内直湖港闸水文站多年平均流量 11.7 立方米/秒，实测最大进湖流量 231 立方米/秒（1970 年 7 月 13 日）；实测最大出湖流量 97.3 立方米/秒（1991 年 7 月 24 日），多年平均水位 3.19 米，历史最高水位 4.99 米（1991 年 7 月 14 日）；历史最低水位 2.17 米（1979 年 1 月 31 日）。多年平均梅雨量 239.8 毫米，最大一日降水量 233.2 毫米（1994 年 10 月 9 日）。

京杭大运河洛社水文站位于石塘湾大桥，即在钱桥街道京杭大运河段西侧，1991~2011 年选年测得水位如下：

1991~2011 年京杭大运河洛社水文站水位选年记载表

表 1—4—6　　　　单位：米

| 年份 | 平均水位 | 最高水位 | | 最低水位 | |
|---|---|---|---|---|---|
| | | 水位 | 日期 | 水位 | 日期 |
| 1991 | 3.19 | 4.99 | 7 月 14 日 | — | — |
| 1994 | — | — | — | 1.92 | 8 月 26 日 |
| 2010 | 3.66 | 4.56 | 7 月 13 日 | 3.06 | 1 月 26 日 |
| 2011 | — | 4.91 | 6 月 18 日 | 3.05 | 5 月 3 日 |

## 第四节 气候

钱桥街道属北亚热带湿润气候区，受季风环流影响，形成四季分明、热量充足、降水丰沛、雨热同季、灾害频繁的气候特点。夏季受来自海洋的夏季季风控制，盛行东南风，天气炎热多雨；冬季受大陆盛行的冬季季风控制，大多吹西北风；春、秋是冬、夏季风交替时期，春季天气多变，秋季秋高气爽。常见的气象灾害有台风、暴雨、连续阴雨、干旱、寒潮、冰雹和大风等。

### 一、四季特征

春季：4 月上旬~6 月上旬，气候平均温度 10℃~22℃左右。历时 70 天左右。

夏季：6 月上旬~9 月上旬，气候平均温度分别为 25℃~27.6℃左右，最高气温达 40.3℃。历时 90 天左右。

秋季：9 月中旬~11 月中旬前后，是四季中最短的季节，秋高气爽，气候温和宜人，平均气温在 21℃~22℃左右。历时 60 天左右。

冬季：11 月下旬至翌年 3 月底，是四季中最长的季节，寒冷少雨，平均气温在 10℃以下。历时 135 天左右。寒潮最早来临的时间是 1966 年 11 月 30 日、1978 年的 10 月 27 日。

### 二、气象要素

#### （一）日照

据最近 60 多年统计，钱桥街道境内年平均日照时数 1924.3 小时。1955~2014 年的 60 年中，日照时数最多为 1967 年的 2358 小时，最少为 2007 年的 1664.8 小时，年际之差为 693.2 小时。

1962~1985 年钱桥、藕塘（公社）乡每月日照时数及日照百分率选年统计表

表 1—4—7　　　　单位：小时、%

| 月份 | | 1 | 2 | 3 | 4 | 5 | 6 | 7 | 8 | 9 | 10 | 11 | 12 | 全年 |
|---|---|---|---|---|---|---|---|---|---|---|---|---|---|---|
| 平均日照时数 | | 141.7 | 122.9 | 144.5 | 155.0 | 173.9 | 169.1 | 227.2 | 244.8 | 165.9 | 172.8 | 151.9 | 149.8 | 2019.5 |
| 最多 | 日照时数 | 237.5 | 208.3 | 199.8 | 218.6 | 254.0 | 246.0 | 340.6 | 332.0 | 243.4 | 275.5 | 205.4 | 227.9 | 2358.1 |
| | 年份 | 1963 | 1968 | 1962 | 1974 | 1982 | 1974. | 1964 | 1967 | 1967 | 1979 | 1973 | 1973 | 1967 |
| 最少 | 日照时数 | 71.8 | 49.9 | 71.7 | 101.5 | 96.7 | 97.5 | 133.3 | 106.9 | 83.3 | 100.3 | 88.1 | 70.0 | 1814.0 |
| | 年份 | 1977 | 1973 | 1980 | 1966 | 1963 | 1983 | 1982 | 1980 | 1970 | 1985 | 1982 | 1959 | 1970 |
| 日照百分率（%） | | 44.0 | 39.0 | 39.0 | 40.0 | 41.0 | 40.0 | 53.0 | 60.0 | 46.0 | 49.0 | 48.0 | 48.0 | 46.0 |

### （二）气温

据最近60多年统计，区域内年平均气温16.2℃。1955~2014年的60年中，平均最高气温为19.8℃，最低气温为11.6℃，年际之差达8.2℃。一年中，1月至2月上旬最冷，月平均气温3.5℃；7月至8月上旬最热，月平均气温28.5℃，年平均高温日数（最高气温≥35℃）14.4天，最多为2013年的47天，最少为1955年的0天。年平均低温日数（最低气温≤0℃以下）33.5天，最多为1967~1968年冬季的77天，最少为2006~2007年冬季的14天。极端最高气温40.3℃（2013年8月7日和8月9日），极端最低气温-12.5℃（1969年2月6日）。

1966~1985年钱桥、藕塘（公社）乡各月平均气温及最高最低气温极端值选年统计表

表1—4—8　　　　单位：℃

| 月份 | | 1 | 2 | 3 | 4 | 5 | 6 | 7 | 8 | 9 | 10 | 11 | 12 | 全年 |
|---|---|---|---|---|---|---|---|---|---|---|---|---|---|---|
| 平均气温 | | 2.5 | 4.0 | 8.4 | 14.2 | 19.5 | 23.8 | 28.0 | 27.7 | 22.7 | 17.9 | 11.1 | 4.9 | 15.4 |
| 平均最高气温 | | 7.0 | 8.3 | 13.0 | 19.1 | 24.4 | 27.9 | 31.9 | 31.8 | 26.9 | 21.9 | 15.9 | 9.6 | 19.8 |
| 平均最低气温 | | -0.8 | 0.5 | 4.5 | 10.0 | 15.3 | 20.1 | 24.7 | 24.1 | 19.5 | 13.2 | 7.3 | 1.1 | 11.6 |
| 极端最高气温 | 极端值 | 21.0 | 23.1 | 29.5 | 33.2 | 34.8 | 36.0 | 38.9 | 38.4 | 35.7 | 33.1 | 28.6 | 21.5 | 38.9 |
| | 日期 | 11 | 9 | 28 | 30 | 9 | 27 | 7 | 3 | 1 | 12 | 1 | 2 | 7月7日 |
| | 年份 | 1983 | 1966 | 1973 | 1967 | 1981 | 1978 | 1978 | 1983 | 1983 | 1985 | 1979 | 1968 | 1978 |
| 极端最低气温 | 极端值 | -11.8 | -12.5 | -5.3 | -1.0 | 5.0 | 11.6 | 16.1 | 18.0 | 10.8 | 1.6 | -4.3 | -8.4 | -12.5 |
| | 日期 | 31 | 6 | 1 | 1 | 2 | 2 | 5 | 24 | 29 | 29 | 30 | 26 | 2月6日 |
| | 年份 | 1977 | 1969 | 1978 | 1972 | 1974 | 1981 | 1976 | 1974 | 1972 | 1966 | 1981 | 1973 | 1969 |

2015年12月，寒潮南下，钱桥、藕塘地区的气温开始“跳水”，跌到“冰点”。之后连续8天，冷空气把最低气温都拉低至-8.6℃，创下钱桥、藕塘地区近37年来最低气温。

1955~2015年钱桥、藕塘地区最低气温选年统计表

表1—4—9

| 日期 | 最低温度 | 日期 | 最低温度 | 日期 | 最低温度 |
|---|---|---|---|---|---|
| 1955.01.06 | -9.3℃ | 1958.01.16 | -9.9℃ | 1977.01.31 | -11.8℃ |
| 1955.01.07 | -10.2℃ | 1959.01.06 | -9.4℃ | 1977.02.01 | -11.0℃ |
| 1955.01.10 | -9.7℃ | 1969.02.06 | -12.5℃ | 2015.12.31 | -8.6℃ |
| 1957.02.11 | -10.7℃ | 1970.01.05 | -9.6℃ | — | — |

### （三）降水

境内年平均降水量1121.7毫米。1955~2014年的60年中，年降水量最多的是1999年的1713.1毫米，最少为1978年的569.1毫米，年际之差达1144毫米。一日最大降水量233.2毫米（1994年10月9日）。一年中，降水主要集中在5~8月，该时段平均降水量597.3毫米，占年降水量的50%以上。特别是初夏梅雨期（6月中旬至7月中旬的一个月）内，年平均梅雨量占年降水量的2~3成。

### 1959~1985 年钱桥、藕塘（公社）乡各月平均雨量、雨日及一日最大雨量选年统计表

表 1—4—10　　单位：毫米、%、天

| 月份 | | 1 | 2 | 3 | 4 | 5 | 6 | 7 | 8 | 9 | 10 | 11 | 12 | 全年 |
|---|---|---|---|---|---|---|---|---|---|---|---|---|---|---|
| 平均雨量 | | 34.2 | 53.1 | 71.5 | 101.8 | 107.9 | 161.8 | 146.0 | 105.4 | 99.9 | 69.2 | 50.4 | 34.1 | 1035.3 |
| 相对变率（%） | | 52.5 | 47.9 | 36.6 | 39.5 | 35.1 | 40.3 | 58.7 | 49.9 | 53.7 | 68.1 | 54.4 | 68.6 | 13.0 |
| 平均雨日 | | 8 | 10 | 13 | 13 | 13 | 12 | 12 | 11 | 11 | 8 | 8 | 7 | 126 |
| 最多 | 雨量 | 74.2 | 115.1 | 141.3 | 182.4 | 269.0 | 308.9 | 341.3 | 388.3 | 287.2 | 230.5 | 155.5 | 108.3 | 1357.6 |
| | 年份 | 1969 | 1959 | 1980 | 1979 | 1963 | 1975 | 1970 | 1980 | 1977 | 1983 | 1967 | 1974 | 1985 |
| 最少 | 雨量 | 0.2 | 10.2 | 16.2 | 34.9 | 38.0 | 38.1 | 23.1 | 3.5 | 5.4 | 1.3 | 2.1 | 0.2 | 569.1 |
| | 年份 | 1963 | 1968 | 1962 | 1971 | 1980 | 1978 | 1964 | 1978 | 1965 | 1979 | 1973 | 1973 | 1978 |
| 一日最大 | 雨量 | 40.4 | 65.3 | 63.2 | 69.5 | 87.8 | 116.8 | 164.6 | 93.8 | 202.9 | 100.9 | 49.1 | 40.1 | 202.9 |
| | 日期 | 18 | 22 | 19 | 29 | 8 | 22 | 5 | 12 | 6 | 4 | 9 | 31 | 9 月 6 日 |
| | 年份 | 1984 | 1979 | 1972 | 1963 | 1963 | 1985 | 1962 | 1960 | 1962 | 1961 | 1972 | 1974 | 1962 |

**（四）季风**

钱桥街道境内春、夏季多东南风，秋冬季多西北风。年平均风速为每秒 3.4 米。3、4 月平均风速最大，为每秒 3.9 米；10、11 月份月平均风速最小，仅每秒 2.8 米。大风日（风速每秒 17 米以上，风力 8 级以上）年平均为 7.8 天，主要出现在春夏两季，尤以 3 月和 8 月为最多。

### 1985 年钱桥、藕塘乡各月风向、平均风速统计表

表 1—4—11　　单位：天、米/秒

| 月份 | 1 | 2 | 3 | 4 | 5 | 6 | 7 | 8 | 9 | 10 | 11 | 12 | 全年 |
|---|---|---|---|---|---|---|---|---|---|---|---|---|---|
| 最多风向 | 西北风 | 北风西北风 | 东南风 | 东南风 | 东南风 | 东南风 | 东南风 | 东风东南风 | 东北风 | 北风东风 | 北风西北风 | 北风西北风 | 东南风 |
| 频率 | 12.0 | 10.0 | 10.0 | 14.0 | 15.0 | 16.0 | 17.0 | 15.0 | 12.0 | 10.0 | 10.0 | 11.0 | 10.0 |
| 平均风速 | 3.5 | 3.7 | 3.9 | 3.9 | 3.5 | 3.4 | 3.3 | 3.4 | 2.9 | 2.8 | 2.8 | 3.2 | 3.4 |
| 大风日数 | 0.4 | 0.4 | 1.2 | 0.7 | 0.9 | 0.3 | 1.1 | 1.3 | 0.3 | 0.2 | 0.5 | 0.5 | 5.5 |

**（五）霜雪冰期**

钱桥街道境内年平均无霜期 220 天，保证率为 80%的无霜期达 209 天。平均新霜在 11 月 9 日出现，最早出现在 10 月 22 日（1979 年）；平均终霜在 4 月 2 日，最晚出现在 4 月 16 日（1961 年）。最长无霜期 240 天（1959 年 3 月 19 日至 11 月 13 日），最短无霜期 198 天（1971 年 4 月 12 日至 10 月 26 日）。平均霜期 145 天，有霜天数为 56 天。

1960 年至 2015 年，境内平均全年降雪 8 天，最多的年份达 20 天，出现在 1980~1981 年冬季；最少的年份仅 1 天，出现在 1970~1971 年和 1974~1975 年冬季。降雪时间集中在 1~2 月，占降雪天数的 79.1%。春雪平均 3.8 天，腊雪 4.2 天。平均初雪日期在 12 月 23 日，最早出现在 11 月 17 日（1976 年），最晚出现在 2 月 7 日（1973 年）。平均终雪日期在 3 月 9 日，最早出现在 2 月 2 日（1983 年），

最晚出现在4月24日（1980年）。积雪时间平均全年5.8天，最多的年份为25天，出现在1976~1977年冬季；最长连续积雪达16天，出现在1984年1月17日~2月1日。最少时无积雪。

境内结冰期平均123天，最长146天，最短97天。平均新结冰日为11月23日。最早为10月29日，最晚12月5日；平均结冰终日3月24日，最早3月8日，最晚4月16日。

# 第五节 动植物

钱桥街道自古有山有地有水，地理条件优越，加上气候温和，雨水充沛，适宜于各类动植物繁衍生长，地上、水中、山里动植物品种多样，近年来还增加了一些动植物。但由于生态环境的变化和人为影响，也有一些动植物已消失。2015年，钱桥街道对境内主要动植物的种类进行统计，分列如下。

## 一、动物

### （一）家畜种类及分布

钱桥、藕塘地区家畜种类有猪、奶牛、山羊、绵羊、兔。

家畜分布：猪区域内均有养殖，2008年主要分布在藕塘地区的盛峰、稍塘、南塘，钱桥地区的苏庙、舜柯、溪南、洋溪、胜丰、西漳等地。2014年已全部退出饲养。

图1—4—4　2005年勤建村村民养殖的奶牛

奶牛养殖主要分布在西漳、华新、稍塘、勤建等地。2008年已全部退出饲养。

图1—4—5　恒源祥村村民养殖的山羊

羊养殖主要以山羊为主，区域内普遍养殖。2013年主要分布在盛峰、南塘、稍塘、舜柯、洋溪、晓丰地区及藕乐苑社区的恒源祥地区。2014年总饲养量556头。

兔有菜兔、毛兔，区域内普遍养殖。2013年主要集中在盛峰、稍塘、南塘社区。

图1—4—6　舜柯山公墓池塘内养的鹅

### （二）家禽种类及分布

钱桥、藕塘地区家禽种类有鸡、鸭、鹅、鸽、鹌鹑。

家禽分布：鸡、鸭、鹅各社区均有饲养。2013年主要集中养殖在盛峰、东风、南塘社区。2014年栏存12600羽，其中鸡11638羽、鸭851羽、鹅111羽。鸽主要以信鸽养殖为主，集中在藕乐苑、钱桥新村为主，存栏数量较少。鹌鹑目前已无养殖。

图1—4—7　舜柯山、鸡笼山上的竹叶青蛇

### （三）蛇类

区域内有蝮蛇、火赤炼、水蛇、称星蛇、竹叶青蛇、虫芥蛇、虎斑蛇、绵蛇、风梢蛇等，主要集中在平原与舜柯山、鸡笼山山区。

### （四）蜥蜴类

舜柯山、鸡笼山上有四脚蛇、小蜥蜴，农家老房屋中多壁虎。

图1—4—8 生活在舜柯山、鸡笼山上的四脚蛇

### （五）水产类

区域内河湖中有青鱼、草鱼、鲢鱼、鳙鱼（花鲢）、鲫鱼、鳊鱼、鳑鲏鱼、梅鲚鱼、鲇鱼、川条头、鲌鱼、鲶鱼、土婆鱼、鲤鱼、鲈鱼、鲶鱼、黄鲇、银鱼、鳗鲡、黄鳝、黑鱼（马鱼鳢）、鳜鱼、班鳜鱼（桂鱼）、鳖（甲鱼）、乌龟（草龟、金龟）、蟹、虾、蚌蚬、田螺、蛳螺、刺鳅（秋刀鱼）、圆尾斗鱼、花鳅、泥鳅、蟛蜞、青蛙（田鸡）、牛蛙等。

### （六）兽类

区域内有狗獾、狐狸、果子狸、松鼠、黄鼠狼、刺猬、穿山甲、鼠等。这些野兽主要生活在舜柯山、鸡笼山等山区。1960年，龙山、舜柯山上发现野生狼（野作狗）生存。

家养宠物以犬为主，有草犬（中华田园犬）、博美犬、贵宾犬、牧羊犬、泰迪犬、松狮犬、京巴犬、雪橇犬、哈士奇犬等。猫养殖比较广泛、各社区均有。普通家猫较多，也有部分宠物猫，主要以波斯猫较多。

图1—4—9 舜柯山树林中的小松鼠

### （七）鸟类

区域内有麻雀、喜鹊、白头翁（白头鸭）、猫头鹰、鹁鸪鸪、锡嘴雀、黄胸、灰头鸥（青头儿）、红交嘴雀、画眉、八哥、鹩哥、鸟青、燕子、云雀、布谷鸟（杜鹃）、苍鹰（鸡鹰）、鸢（老鹰）、鸳鸯、交鸟凤、绿头鸭（野鸭）、白鹭、水雉等。

### （八）虫类

区域内有蜜蜂、胡蜂、蜻蜓、蝴蝶、蝙蝠、老蜢蝉、蜘蛛、螳螂、纺织娘、蚱蜢、蝼蛄、蟋蟀（弹迹）、苍蝇、蚊子、金铃子、萤火虫（油火虫）、蚂蟥、水蛭、蛞蝓（蜒蚰）、蚯蚓（蛐蟮）、蜗牛、牛虻、蚂蚁、稻苞虫、米蛀虫、麦蝴蝶、青虫、地鳖虫、臭虫、放屁虫、跳驳虫、象鼻虫、乌壳虫、蜈蚣（百脚）、天牛、松毛虫、家蚕、蝉（知了）等。

## 二、植物

### （一）粮食类

区域内有粳稻、籼稻、红籼稻、杂交稻、糯稻分布于各社区平田；小麦、大麦、元麦、玉米（珍珠米）等分布于各社区平田及山地。2015年，仅有晓丰社区晓丰农场、西漳社区、东风社区还种植稻麦等粮食作物，共310亩。其余12个社区不再种植。

### （二）油料类

区域内有油菜、花生、黄豆、向日葵、蓖麻、芝麻等，分布于各社区平田、山田。

图1—4—10 20世纪70年代舜柯山下盛开的油菜花

### （三）果树类

区域内有桃树、雪梨树、枣树、枇杷树、桔子树、

柿子树、石榴树、嘉庆子树、樱桃树、葡萄等，分布于各社区田间及山地。

### （四）蔬菜类

区域内叶菜、根茎类有青菜、白菜、萝卜、胡萝卜、卷心菜、生菜、莴苣、胡葱、大葱、苋菜、雪里蕻、菠菜、大蒜、旱芹菜、药芹、韭菜、洋葱头、金花菜、豆苗、大头菜等蔬菜。

区域内瓜茄类有丝瓜、黄瓜、冬瓜、苦瓜、南瓜、菜瓜、木瓜、葫芦、笋瓜、菜椒、辣椒、茄子、西红柿等蔬菜。

区域内豆类有毛豆、蚕豆、扁豆、黑豆、豌豆、长豆、豇豆、四季豆等。

区域内水生类蔬菜有茭白、水芹、藕、茨菇、荸荠、菱等。

### （五）薯类

区域内有山芋、马铃薯（洋山芋）、洋生姜、芋头等薯类作物。

### （六）瓜类

区域内有西瓜、黄皮香瓜、青皮香瓜、白皮香瓜、草莓等。

### （七）菌类

区域内有蘑菇、香菇、金针菇、草菇、黑木耳、白木耳、松蕈、灵芝、平菇等。另在舜柯山、鸡笼山山区有青松蕈、鸡血蕈、勃洛蕈、伞蕈、老鸡婆蕈、菱肉蕈、茅柴头蕈、黄牛奶蕈（有毒）等野蘑菇，梅雨季节大量产出。

图 1—4—11　舜柯山、鸡笼山上梅雨季节盛产野蘑菇

### （八）树木

区域内有楝树、榆树、桑树、水杉树、柳树、泡桐树、梧桐、杨柳树、银杏树、枫杨树、

图 1—4—12　洋溪社区的两棵古银杏树（2015 年）

五针松、松树、柏树、池杉、白榆、朴树、榉树、栎树、广玉兰、女贞、黄杨、香樟、刺槐、杨槐、龙爪槐、谷树、皂荚树、檀树、乌柏树、柞树、石楠树、槿树等。其中华新社区单家坝居民小组西南侧2棵银杏树已有150多年树龄，树高14.5米，树围2.2米。洋溪社区保留着两棵古银杏树，一棵是建造俞氏祠堂时种植，另一棵是建造关帝殿时种植，树龄130余年，两棵古银杏树大小相仿，高约18米，树干一米处的树围3.4米。晓丰社区有古银杏树1棵，树龄130余年，树围2.5米，树高14.2米。

**（九）竹类**

区域内有毛竹、淡竹、钢竹、燕竹、木竹、水竹、黄竹、阴竹、罗汉竹等。

**（十）花卉类**

区域内有芍药、月季、蔷薇、玫瑰、梅、兰、竹、菊、白玉兰、茶梅、茉莉、山茶、海棠、杜鹃、牛坍、栀子、新夷（木笔）、水芙蓉、鸡冠、五角星、牵牛、迎春、含笑、凤仙、桂花、美人蕉、大丽菊、夜来香、水黄梅、仙人掌、万年春、冬青、瑞香、花石榴、紫薇、芦苇、荷花等花卉。

图1—4—13 盛峰社区原盛店小学内100余年的白玉兰

**（十一）盆栽类**

随着人民生活水平的提高，钱桥街道大部分居民家中都种植盆栽花卉，用于美化居室。区域内百姓盆栽花卉主要品种有绿巨人、酒瓶兰、散尾葵、橡皮树、南阳杉、波斯顿菊、文竹、假槟榔、金琥、仙人球、仙人掌、发财树、一品红、风信子、西洋杜鹃、芦荟、玉树、吊兰、绿萝、米兰、龟背竹、茉莉花、非洲茉莉、昙花、麒麟掌、滴水观音、鸭脚木、巴西铁、苏铁、垂叶榕、铁伐蕨、长春藤、白腊、洛石、山茶花、杜鹃花、菊花、凤尾竹、五针松、黑松、迎春花、虎耳草、佛手、佛肚竹、火棘、南天竹、腊梅、罗汉松、锦松、金银花、榕树、棕竹、富贵竹、虎尾兰、观音竹、孔雀竹芋、君子兰、火鹤花、巢蕨、千年木、万年青、白雪草、龙骨、武竹、洒金榕、吊竹梅、文殊兰、郁金香、水仙、蝴蝶兰、金桔、鹤望兰、石竹、一叶兰等。

**（十二）药物类**

区域内有蒲公英、地丁草、金钱草、枸杞子、白头翁、野白头、马齿苋、野菊花、皂荚叶、槐球、地首皮、梧桐叶（花）、马斗令、天花粉、青木香、薤白头、合欢皮、荷叶、藕节、益母草、青葙子、挂金灯、苏梗苏子、栝楼、马勃、艾草、丝瓜络、香榭、太子参、萝卜子、冬青子、马鞭草、酱瓣草、苦草（益母草）、白茅根、桃仁牛膝、红花、背阳草、芍药、葱白、陈皮、枇杷叶、苦楝子、乌蔹莓、金银花、鱼腥草、虎耳草、半枝莲、龙尾草、垂盆草、野山参、灯笼草、土牛膝、天胡荽、辣蓼、蛇莓、瓦松花、鸡眼草、水蜈蚣、石蒜、秋蒿、盲肠草、西瓜翠、牛蒡子、剪刀草、地耳草、马兰根、黄柏、大青叶、青黛、玄参、龙胆草、决明子、白花蛇舌草、杏香兔耳风、大蓟草、蚕豆花、仙鹤草、侧柏叶、荠菜花、墨旱莲、血见愁、桑叶、薄荷、车前草、天竺子、鸡冠花等。舜柯山、鸡笼山山上还有许多珍贵的药材。

图1—4—14 舜柯山上生长的土参

**（十三）杂草类**

区域内有牛筋草、癞团草、蟑螂草、蟋蟀草、铜钱草、牛毛草、稗草、扁嘴草、对节草、鸭舌头草、乌雀草、蒿草、猪血草、酱瓣草、粪拐草、牛眼草、太阳草、马斑藤草、锯子草、灯笼泡草、粒秸草、孟麻子草、蚂蚁草、蛇盘子子草、野蓬头草、野豌豆草、鬼蜡烛草、棉花草、壁虱草、臭花娘娘草、老乌脚迹草、牛膝馒头草等。

**（十四）茶叶**

2015年，钱桥、藕塘地区共有3个茶场，勤建茶场茶树地8.67公顷、舜柯茶场茶树地1.53公顷、井亭七一茶场4.67公顷，茶场分布在舜柯山及鸡笼山脚下。陈家湾村民个体种植茶树2公顷余。是年，区域内茶树总面积16.87公顷。

## 第六节 矿产

钱桥街道矿产资源主要有砂岩、砖瓦黏土、白泥、矿泉水等。

砂岩遍布于境内所有山丘，为泥盆系砂系砂岩。砂岩可用作建筑石料。

砖瓦黏土境内广泛分布，为第四系全新统地层。20世纪50年代开采黏土烧制砖瓦，用于乡村建设。由于开采黏土，大量的耕地、良田受损，于20世纪90年代逐年关停所有的砖瓦厂。

矿泉水分布在舜柯山及龙山梢钱桥一带。宋景祐年间（1014~1038），龙山梢钱桥玉泉庵中玉泉之泉水清澈甘甜。清康熙《无锡县志》载："玉泉在县西钱桥之玉泉庵，喻中丞樗曾读书其地，故以为号，水甚甘冽。"舜柯山麓有涤砚池泉。据史书记载，宋代抗金名臣李纲在宋建中靖国元年（1101）其母逝葬于舜柯山北麓庐墓三年；宋宣和三年（1121），其父李夔逝后与其母合葬，李纲又庐墓三年。李纲守墓先后六年期间，在涤砚池泉左建有椽屋三楹的庐墓处，其所饮、用之水皆取之于涤砚池泉水。李纲庐墓其间，写下"古泉之水清兮，可以供吾饮；古泉之水浊兮，可以涤吾砚"的诗句。今涤砚池泉掩映在山郊荒草之中，水源充盈清澈，周边村民仍然会到这一勺源源不绝的清泉故渊取水。舜柯山麓另有虎头泉，又名舜虎泉。1976年，钱桥公社在虎头泉开发矿泉水。虎头泉与惠山著名的"天下第二泉"同源。1991年，钱桥镇在虎头泉下创办无锡市矿泉水厂。1992年起，江苏省地矿局对虎头泉连续进行24年监测，通过对虎头泉水与二泉水水质指标的比较分析，给出了"九龙十三泉，二泉最为著名，虎头泉水质最优"的评价。2014年，无锡市矿泉水厂更名为无锡二泉映月矿泉水有限责任公司。2015年，无锡二泉映月矿泉水有限责任公司所制矿泉水水源仍均为虎头泉泉水。

图1—4—15 2015年，掩映在山郊荒草中的涤砚池泉仍在涓涓不息地默默流淌

图1—4—16 2015年无锡二泉映月矿泉水有限责任公司建在虎头泉旁

砂石，是钱桥境内主要开发利用的矿山资源。其开采历史较长，经历人工开采、机械开采、禁止开采三个阶段。2004年，根据江苏省人大、无锡市政府关于对非矿山禁止开采、对矿山综合环境整治的精神，钱桥、历村、舜一、勤建、林业等采矿企业全部关闭，结束开山采石的历史。

**1957~2004年钱桥（公社、乡）镇、藕塘（公社、乡）镇矿山企业采矿情况一览表**

表1—4—12　　单位：万元、人、万吨、平方米

| 企业名称 | 性质 | 建厂年份 | 基建投资 | 职工人数 | 年开采量 | 开采面积 | 关闭年份 |
|---|---|---|---|---|---|---|---|
| 林业采矿厂 | 镇办 | 1957 | — | — | — | — | 1994 |

续表 1—4—12 单位：万元、人、万吨、平方米

| 企业名称 | 性质 | 建厂年份 | 基建投资 | 职工人数 | 年开采量 | 开采面积 | 关闭年份 |
|---|---|---|---|---|---|---|---|
| 舜一采矿厂 | 镇办 | 1961 | 100 | 100 | 80 | 9000.0 | 2004 |
| 勤建采矿厂 | 镇办 | 1962 | 160 | 150 | 120 | 25188.7 | 2004 |
| 钱桥采矿厂 | 镇办 | 1967 | 200 | 150 | 200 | 32000.0 | 2004 |
| 历村采矿厂 | 镇办 | 1978 | 160 | 150 | 120 | 24000.0 | 2004 |
| 林业采矿厂 | 村办 | 1997 | 60 | 30 | 30 | 30000.0 | 2004 |

# 第七节 自然灾害及其它灾害

钱桥街道区域内由于受各种气候影响，年度间雨量不均，水灾旱灾、台风冰雹等各种自然灾害较多。自民国时期以来，各类自然灾害频繁。解放后，区域内火灾也频频发生。

## 一、水灾

民国 8 年（1919）8 月 3~17 日，连降大雨，区域内 2000 余亩圩田积水数尺，水稻失收。民国 9 年 6 月底，梅雨不断，区域内 3200 余亩圩田尽淹。入秋后又阴雨连绵，区域内各处低田都遭淹没，农田受灾失收。民国 10 年 6 月 19 日，大雨倾盆，持续两昼夜，区域内 1200 余亩田禾均被淹没。民国 12 年 6~7 月，降雨 608.2 毫米，区域内 4100 余亩圩田一片汪洋，秋熟水稻收成锐减。民国 20 年 6 月 19 日至 7 月 9 日，阴雨连绵，小麦歉收，春蚕减收；8 月 14~25 日持续大雨，区域内 5000 余亩田禾尽被淹没，水稻颗粒无收。民国 27 年 6 月中旬，连降大雨 6 昼夜，河水暴涨，区域内 3000 余亩圩田禾苗均遭损失。民国 35 年 3 月 26 日起阴雨连绵，区域内 3200 余亩圩田大部分漫在水中。7 月中下旬又大雨连绵，水位高涨，区域内低田尽成泽国。1949 年 7 月连续阴雨，11~13 日区域内遭台风暴雨袭击，水位猛涨，小洋溪乡唐家庄片后底岸、毛村园、下段村、肖尤巷，洋溪乡黄旗岸、庙前巷、周家弄、顾巷，万东乡岸里、木排、毛家、马家等 12 个自然村受淹；稍塘乡章巷、稍塘街镇、费家弄、芦岸、湛大坝、杨树浜、枣树下、邵家岸、小马巷等自然村大批农田受淹，农户家中进水数日。

1952 年 9 月，阴雨连绵，并出现暴雨和大雨，区域内低田、鱼池积水成涝。1954 年 5 月 5 日~7 月下旬，雨量 799.7 毫米，加上客水汹涌而至，出现近百年罕见的特大洪涝灾害，社冈乡唐家庄、墅塘桥、河东，洋溪乡杨毛岸、黄旗岸、刘巷、毛村园、周基头、下段村、肖尤巷、周家弄、庙前巷，钱桥乡鸭船浜，稍塘乡稍塘营街、章巷、芦岸等自然村农户家中进水，大批农田被淹，经济损失严重。1955 年 6 月 6 日~7 月 30 日中有雨日 40 天，出现暴雨 5 次，大雨 3 次，雨量 551.5 毫米。由于雨量集中，区域内部分农田受灾。1956 年 5~6 月，雨水过多，区域内造成三麦病害多、烂麦场的灾害，麦收损失较大。1957 年 7 月上旬，暴雨如注，雨量达 462.7 毫米，区域内圩田受淹。7 月 26 日~8 月 10 日降暴雨 2 次，大雨 4 次，加重灾情，区域内 2000 余亩水稻失收。1962 年 9 月 5~6 日，6214 号台风影响，两天雨量为 245.6 毫米，其中 9 月 6 日的日降水量首达 202.9 毫米，区域内低洼田、圩田造成洪涝。五星、新丰、晓星、西漳、黎明等大队种植 1 万余亩水稻有 50%受灾，严重减产。1970 年 7 月 12~17 日连续大雨，水位猛涨，13 日南门水位高达 4.008 米，区域内部分农户房屋进水，农田被淹。1975 年 6 月 16 日~7 月 15 日，连续降雨 414.3 毫米。区域内农田受涝。

1980 年 7 月 30 日、8 月 12~22 日，连降大雨、暴雨，水位猛涨。至 8 月 30 日，南门最高水位达 4.24 米，降雨量 276 毫米，区域内前季稻发生霉烂，损失 3~4 成。1981 年 7 月 9~11 日，连续降雨 197.4 毫米，7 月 10 日南门最高水位 4.04 米，区域内部分农田、蔬菜田受淹。1983 年 6~7 月，区域内雨量正常，但由于长江流域降雨量大、范围广，长江洪峰和太湖高水位相继出现，大量客水涌入洋溪河，洋溪、五星、晓星村等低洼田，圩田一度被淹。1987 年 6 月 9 日，暴雨，水位猛涨。6 月 10 日，南门水位高达 4.3 米，藕塘乡农作物成灾面积 146.2 公顷，损坏民房 4 间。

1990 年 6 月，区域内连遭暴雨。藕塘倒塌民房 2 间，损坏房屋 60 间。受灾水稻田 20 余公顷，

当年粮食减产 40 吨左右。1991 年 7 月 1 日，降雨量 162.6 毫米，7 月 2 日南门最高水位 4.88 米，区域内威华村唐家庄、杨巷、后底岸、杨毛岸等自然村，洋溪村黄旗岸、蔡顾巷、周家弄、时巷、薛巷等自然村，西漳村西街、彭巷、墙门等 13 个自然村，南水渠村南水渠自然村，火花村部分自然村共 800 多户村民家中进水，几十家工厂进水后无法生产，133.33 余公顷农田被淹，所有鱼池被淹，经济损失惨重。1993 年 8 月，连续暴雨，藕塘地区 66.67 余公顷稻田被淹，当年粮食减产 150 吨；损坏房屋 17 间，受灾人口 1295 人，得到国家补助 5 户 20 人，补种农作物面积 60 余公顷。1995 年 6 月 20~21 日，一夜暴雨 132 毫米，区域内部分稻田重新莳秧。1996 年 6~7 月，连遭暴雨，区域内大片农田受淹。1999 年 6~8 月，降水量达 1162.3 毫米，其中 6 月降水量 466.5 毫米，7 月降水量 127.4 毫米、8 月降水量 568.4 毫米。由于 6 月 7 日入梅（偏早），7 月 18 日出梅（偏迟近一周），梅雨量 581.6 毫米（是常年梅雨量的 2.4 倍），区域内多家农户家中进水；厂房因进水，停产、半停产企业数家；农作物受损严重。

**1999 年钱桥、藕塘镇水灾损失情况统计表**

表 1—4—13

| 受灾情况 | | | | 单位 | 钱桥镇 | 藕塘镇 |
|---|---|---|---|---|---|---|
| 水稻损失 | 损失小计 | | | 万元 | 6.1 | 28.95 |
| | 总的受淹面积 | | | 亩 | 427.0 | 1330.00 |
| | 其中 | 及时抢排脱险 | 面积 | 亩 | 368.0 | 848.00 |
| | | | 损失 | 万元 | 2.0 | 14.55 |
| | | 需重新栽种 | 面积 | 亩 | 47.0 | 325.00 |
| | | | 损失 | 万元 | 3.0 | 7.80 |
| | | 绝收 | 面积 | 亩 | 12.0 | 157.00 |
| | | | 损失 | 万元 | 1.1 | 6.60 |
| 多种经营损失 | 损失小计 | | | 万元 | 3.9 | 66.10 |
| | 蔬菜 | 面积 | | 亩 | 30.0 | 720.00 |
| | | 损失 | | 万元 | 2.4 | 50.10 |
| | 鱼池 | 面积 | | 亩 | 50.0 | 52.00 |
| | | 损失 | | 万元 | 1.5 | 9.00 |
| | 其他损失 | | | 万元 | — | 7.00 |
| 受淹企业（包括仓库）损失 | 损失小计 | | | 万元 | 40.5 | 228.00 |
| | 受淹企业停产情况 | 受淹企业总数 | | 家 | 7.0 | 15.00 |
| | | 其中 | 停产 | 家 | — | 8.00 |
| | | | 半停产 | 家 | 2.0 | 5.00 |
| | 损失情况 | 直接损失 | 小计 | 万元 | 13.5 | 195.00 |
| | | | 设备损失 | 万元 | 1.2 | 63.50 |
| | | | 原辅材料损失 | 万元 | 3.0 | 47.50 |
| | | | 产成品损失 | 万元 | 4.2 | 84.00 |
| | | | 其他 | 万元 | 5.1 | — |
| | | 间接损失 | | 万元 | 27.0 | 33.00 |
| 民房受淹损失 | 损失小计 | | | 万元 | 6.0 | 6.20 |
| | 民房受淹情况 | 进水户 | | 户 | 87.0 | 379.00 |
| | | 进水房间 | | 间 | 141.0 | 732.00 |
| | | 倒塌房屋 | | 间 | — | 7.00 |
| | 损失情况 | 家庭财产直接损失 | | 万元 | 1.0 | 4.20 |
| | | 房屋新修建损失 | | 万元 | 3.0 | — |
| | | 需新增救济抚恤金 | | 万元 | 2.0 | 2.00 |
| 水利农机道路受损情况 | 损失小计 | | | 万元 | 4.2 | 12.80 |
| | 水利设施受损 | 排涝站 | 总数 | 座 | — | 12.00 |
| | | | 需修复资金 | 万元 | — | 3.50 |
| | | 石驳岸 | 受损长度 | 米 | 150.0 | 50.00 |
| | | | 需修复资金 | 万元 | 3.2 | 1.50 |
| | | 其 它 | 需修复资金 | 万元 | — | 0.80 |

续表 1—4—13

| 受灾情况 | | | | 单位 | 钱桥镇 | 藕塘镇 |
|---|---|---|---|---|---|---|
| 水利农机道路受损情况 | 道路损坏受损情况 | 道　路 | 条数 | 条 | — | 7.00 |
| | | | 受损长度 | 公里 | — | 2.15 |
| | | 受损桥梁 | | 座 | — | 2.00 |
| | | 共需修复资金 | | 万元 | — | 7.00 |
| | 农机浸水情况 | 中拖 | | 台 | 2.0 | — |
| | | 联合收割机 | | 台 | 1.0 | — |
| | | 其他机具 | | 台 | 11.0 | — |
| | | 需维修资金 | | 万元 | 1.0 | — |

**1999 年钱桥镇抗洪抢险情况汇总表**

表 1—4—14

| | | | | | |
|---|---|---|---|---|---|
| 抢险投入情况 | 投入抢险资金小计 | | | 万元 | 28.03 |
| | 抢险情况 | 抢险处数 | | 处 | 60.00 |
| | | 抢险圩堤长度 | | 公里 | 230.00 |
| | | 抢险救灾投入人数 | | 人 | 1650.00 |
| | | 完成土方 | | 万方 | 0.07 |
| | 加高加固圩堤情况（非险情） | 加高加固处数 | | 处 | 26.00 |
| | | 长度 | | 公里 | 1.03 |
| | | 完成土石方 | | 万方 | 0.24 |
| | 累计投入抗灾抢险物资 | 草包 | 数量 | 万只 | 0.63 |
| | | | 价值 | 万元 | 1.13 |
| | | 蛇皮编织袋 | 数量 | 万只 | 3.02 |
| | | | 价值 | 万元 | 5.40 |
| | | 钢管 | 数量 | 吨 | 4.90 |
| | | | 价值 | 万元 | 1.50 |
| | | 桩木 | 数量 | 万根 | 0.09 |
| | | | 价值 | 万元 | 0.50 |
| | | 铁丝 | 数量 | 吨 | 0.19 |
| | | | 价值 | 万元 | 0.10 |
| | | 柴油 | 数量 | 吨 | 7.30 |
| | | | 价值 | 万元 | 1.70 |
| | | 耗电 | 数量 | 万度 | 22.10 |
| | | | 价值 | 万元 | 17.70 |
| | 损失总额 | | | 万元 | 88.73 |

2015 年 6 月 15~17 日，钱桥街道区域内强降雨持续两天多，36 小时内降雨量达到 198 毫米。京杭大运河无锡站水位超过 1991 年的 4.88 米，达到 5.18 米。区域内大部分路段出现深度积水，部分企业进水，部分居民房屋进水。

## 二、旱灾

民国 7 年（1918）秋冬，数月无雨，区域内河水干涸，麦苗遭损。民国 18 年大旱，区域内秋无禾，岁大饥。民国 22 年入夏无雨，区域内土地龟裂，稻禾枯槁。民国 23 年全年雨量仅 572 毫米。6~8 月天气炎热，久旱无雨。10 月 4 日运河南门水位仅 1.92 米，造成区域内特大旱灾。区域内部分稻田龟裂，桑叶枯黄，水稻失收。

1950 年干旱，全年降雨量仅 420 毫米，区域内 133.33 余公顷水稻歉收。1953 年 7~9 月，降雨量仅 116.2 毫米，高温伏旱，区域内河港水浅，禾苗凋萎。1958 年 7 月，近 1 个月未雨，9 月 14 日运河水位仅 2.49 米，造成区域内伏旱。1959 年 7 月 18 日~8 月 29 日未下透雨。9 月 24 日~10 月 30 日仅降雨 7.7 毫米，持续高温，区域内秋旱严重。

1961 年 6 月 15 日~7 月 23 日 39 天无雨干旱，日蒸发量 7.95 毫米，区域内稻田脱水，田板干裂，作物受害。1964 年 6 月 28 日~8 月 2 日，36 天高温干旱，35℃以上高温 15 天，区域内禾苗枯黄。

10月30日~12月8日，39天无雨，区域内秋播作物出苗受到严重影响。1966年梅雨不明显，7月13日~11月11日共118天无雨，35℃以上高温17天，区域内农作物受害。1967年7月6日~10月未下透雨，35℃以上高温天气长达23天，区域内农作物生长受压制，粮食减产。1971年7月24日~9月11日、10月6日~12月23日，前后137天无雨干旱，又遇35℃以上高温10天，造成夏、秋、冬连续干旱，钱桥、藕塘两公社遭遇特大旱灾，农作物失收。1978年全年降雨仅569.1毫米，汛期雨量281.8毫米，同期蒸发量674.8毫米，9月13日南门水位2.41米，太湖流域出现特大干旱，钱桥、藕塘公社出现自1934年来最严重的旱象，区域内33.33余公顷禾苗枯黄，秋熟粮食歉收。1979年9月17日~12月18日，前后91天无雨，区域内秋播作物出苗受到严重影响。1988年7月4日起连续18天高温干旱，9月25日~翌年1月5日，103天无雨、干旱，钱桥镇、藕塘乡200余公顷农作物受损。

1990年7月4日~8月17日，日最高气温35℃以上有22天，45天中仅下雨39.4毫米。区域内农作物受旱。1994年6月29日出梅后高温少雨，7~8月间雨量只有0.2毫米，区域内引发罕见的夏季森林火灾，农作物成灾面积20余公顷，粮食作物减产30吨，经济损失3万余元。2003年夏季，35℃以上天气持续30天，最高气温到达39℃，高温干旱为历史罕见，区域内66.67公顷水稻产量歉收。2013年夏季，从6月中旬至8月中旬，35℃以上高温天气达45天，最高气温40.3℃，干旱、高温气候日期超过历史记录，区域内部分蔬菜供应紧张，农作物歉收。

### 三、风灾

民国4年（1915）9月7日，狂风急雨，区域内部分房屋倒塌。民国6年8月22日，上午狂风拔树，大雨河水顿涨尺许。10月5日晚，狂风急雨，区域内草棚房屋倒塌。民国7年6月11日晚6时许，霎时狂风，雨注倾盆，区域内河道民船损失大，有落水殒命者。7月2日晚，狂风袭击，大雨倾盆，区域内水车篷飞、石柱断。民国9年9月中旬，2次风灾，区域内树木尽毁，房屋倒塌。民国10年9月21日起，台风伴大雨持续两昼夜，区域内船只倾覆，房屋倒塌，通讯中断。民国11年4月15日20时大风，区域内旧屋塌墙倒壁。10月上旬2次飓风，区域内庄稼损失严重，船只翻身，民房刮倒；10月31日傍晚，风雨交作，区域内交通中断，商店歇业，船只停航。民国12年9月21~22日及10月13日遭台风暴雨袭击，区域内农田受灾。民国13年7月7日15时，飓风大雨，区域内翻船倒屋，多年老树拔起，人畜伤亡。民国33年1月31日，大风，区域内电线吹断，屋瓦吹落。民国36年7月26日，飓风，区域内电杆吹折，电讯中断。民国37年8月10日，飓风，电杆吹倒，大树折断。

1956年8月1~2日，5612号台风经过区域内，风力从7级增至11级，并伴有暴雨，区域内房屋倒塌，农作物损失惨重。1961年10月4~5日，受6126号台风雨袭击，区域内农作物、蔬菜受损严重。1962年9月5~10日，受6214号台风袭击，区域内造成大洪涝，大批农田被淹。1977年9月10~12日，受7708号台风影响，总雨量104.7毫米，6级以上大风持续21小时，区域内房屋倒塌408间，轻伤人员1人，三线（电线杆、广播线杆、电话线杆）倒杆27根，水稻倒伏210亩，水稻受淹34亩，山水冲掉庄稼97亩，桑田受淹55亩，山芋受淹5亩，吹倒树木8421棵，沉掉农船11艘，损失砖瓦坯31万片，受潮三麦种子6500斤，受潮前季稻种子14800斤，倒塌围墙270米，破坏桥梁2座。

1983年4月26日，受大风和雷雨袭击，最大风速11米/秒，瞬时风速19米/秒，区域内部分三麦、油菜倒伏。4月28日又出现大风，最大风速14.3米/秒，瞬时风速超过21米/秒，区域内三麦大批倒伏。1989年8月28日21时~29日7时，区域内遭受龙卷风、暴雨袭击，厂房倒塌，人员受伤。1990年8月31日~9月1日，受9015号台风正面袭击，过程雨量212毫米，最大风速18米/秒，区域内经济损失惨重。1994年10月9~10日，受9430号台风影响，普降大雨，24小时内降水量在200毫米以上，区域内农作物受损，经济损失惨重。

2005年8月5~7日，受0509号台风“麦莎”的影响，从5日夜间开始，钱桥镇区域内普遍出现8级以上大风和暴雨到大暴雨，稻禾全部吹倒，损失惨重。是年9月11~12日，受0515号台风“卡努”正面袭击，区域内部分路面积水，部分住宅进水，部分蔬菜大棚吹倒，经济损失严重。2012年8月8~9日，受1211号“海葵”台风影响，区域内普降大雨，风力达9~10级，区域内蔬菜基地大棚损失严重。

## 四、雹灾

民国13年（1924）7月7日14时许，风雨兼冰雹一小时之久，大者如拳、小者如豆，区域内打伤人畜。民国36年6月8日18时30分，雷电冰雹约5分钟，区域内小麦失收二成。

1983年5月19日，下冰雹，最大的冰雹超过1.5厘米，区域内三麦受灾。1992年夏，雹灾，藕塘乡农作物成灾面积120公顷，粮食作物减产400吨，受灾人口330人，4户农户、18位农民得到国家救助。2004年5月21日，出现雷阵雨和冰雹，钱桥、藕塘地区农作物受损。

## 五、雪灾

1955年1月4日起，连日大雪；1月6日奇寒，为26年来所未遇，区域内河流冰冻断航。1964年2月18~19日，大雪，积雪深达16厘米，区域内水上交通断行，陆上交通受阻。1970年3月，降大雪，积雪13厘米，钱桥、藕塘公社树木、电线杆受损严重。1976年1月，大雪封门，电杆、树木被压断。1981年1月，气温奇寒，大雪纷飞，区域内电线杆、竹子被压断，停电停水，交通中断达一星期。1984年1月17~19日，连续降雪46小时，雪量49.1毫米，最大积雪深度25厘米，区域内部分房屋倒塌，供电线路严重中断，工厂停工，交通受阻，蔬菜塑料棚倒塌，经济损失惨重。1991年12月24~29日，出现暴雪，最大积雪深度11厘米，积雪一直持续到1992年1月1日。同时气温明显下降，过程最低气温-8.0℃，27~30日连续4天的平均气温低于0℃，特别是28日和29日的平均气温分别为-5.9℃和-5.4℃。区域内三麦、油菜、蔬菜和柑桔等普遍受冻。

2008年1月26日~2月2日，出现三次暴雪，尤其是从26日夜里到29日早晨，累计降雪量51.6毫米，积雪深度30厘米。洋溪村被大雪压塌厂房1000多平方米，压坏养猪屋300平方米；南水渠村被大雪压塌彩板房1500平方米，桃树、苗木受损面积3.33余公顷；稍塘村被大雪压塌20间大型彩钢瓦菜场，损失价值人民币60万元；西漳村被大雪压塌500平方米大型彩钢板房屋，经济损失约50余万元。更严重的是胜丰村原辰龙冷弯型钢厂职工苏正初到厂房屋顶扫雪时，因房屋倒塌不幸身亡。

## 六、严寒

1964年4月6~8日，受春季强寒潮侵袭，24小时降温14.6℃，48小时内降温16℃，区域内夏熟作物遭严重冻害。1965年3月15日，受强寒潮袭击，24小时内降温16.6℃，区域内夏熟作物受冻害。1966年11月30日~12月1日受强寒潮袭击，24小时降温13.2℃，最低气温-6℃，区域内三麦遭冻害。

1972年3月31日~4月2日寒潮，24小时内降温11.6℃。4月19日，区域内遭强冷空气侵袭，最低气温-1℃，三麦严重受冻。秋季低温提前于9月23日出现，致使后季稻发生翘稻穗，亩产仅250公斤。12月12~13日，受强寒潮袭击，24小时内降温12.4℃，48小时内降14.7℃，最低气温-5.1℃，区域内农作物受冻。1976年12月25~26日，受强寒潮袭击，24小时降温12.4℃，48小时降温16.2℃，最低气温-6.7℃，区域内农作物受冻害。1977年1月31日~2月1日，区域内最低气温降至-11.8℃和-11℃，三麦严重受冻。夏熟三麦产量仅在70公斤左右，油菜冻死率在50%以上，亩产仅20公斤左右。1978年2月28日~3月1日，区域内受寒潮袭击，24小时内降温12.4℃，最低气温-5.3℃。钱桥、藕塘公社麦苗遭受冻害严重。

1981年11月28日~12月1日，区域内受强寒潮袭击，24小时内降温13.4℃，48小时内降温14.1℃，最低气温-4.3℃，钱桥、藕塘公社农作物遭受冻害。1987年11月27日，强冷空气侵袭，24

小时内降温 16℃，最低气温-4.1℃，区域内夏熟作物受冻。1992 年 1 月 1 日，气温明显下降，最低气温-8℃。27~30 日连续 4 天平均气温低于 0℃，特别是 28~29 日，平均气温分别为-5.9℃和-5.4℃，区域内三麦、油菜、蔬菜普遍受冻。

## 七、高温

2003 年 7 月 12 日~8 月 28 日，出现 27 天高温天气，极端最高气温 40.1℃，出现在 8 月 1 日。高温天气，区域内中暑病人骤增，供电线路故障增多，同时对蔬菜生产和畜禽、水产养殖影响较大。

2013 年夏季出现 47 天的高温天气，极端最高气温 40.3℃，出现在 8 月 7 日和 8 月 9 日。7 月、8 月两个月的平均气温分别为 32.2℃和 31.1℃，区域内多项高温纪录被刷新，7 月 8 日~8 月 17 日出现长达 41 天的持续高温，为有气象记录以来钱桥、藕塘地区最热的夏天，其中 8 月 3~17 日出现长达 15 天的连续高温。持续的高温天气，区域内中暑病人增多。

## 八、病虫灾害

民国 10 年（1921），钱桥、藕塘地区小麦赤霉病大发，病穗过半；秋季稻飞虱横行，夏秋成熟粮食作物减产。民国 13 年秋，稻飞虱大发，区域内稻苗损失惨重。民国 14 年，区域内受螟虫、稻飞虱、稻瘟病危害，水稻产量损失五成。民国 15 年夏秋之交，区域内稻飞虱猖獗，农田受害，粮食严重减产。民国 33 年，区域内水稻因螟虫减产二成，平均亩产仅 1 石 5 斗。民国 35 年，区域内三麦粘虫大发，小麦减产三成以上。民国 36~38 年，区域内因螟虫造成水稻枯心、白穗，水稻产量损失均在一成以上。

1952 年，钱桥、藕塘地区流行稻瘟病，病株率为 20%~30%，有的高达 50%~85%，水稻严重减产。1953 年，区域内出现麦锈病，三麦减产二至三成。1956~1958 年，区域内连续三年出现三麦麦锈病大流行，病株率 90%~100%，麦收减产二至三成。1964 年，区域内发生水稻纹枯病，病株率一般在 30%，严重的田块达 90%。7 月高温干旱，稻飞虱成灾，平均每亩约有 1090 万头，有的田块达 1560 万头，秋熟水稻严重减产。1965 年，区域内水稻纹枯病病株率 49.8%，有的田块多达 77.2%，秋熟水稻严重减产。1967 年 4~5 月雨水偏多，区域内三麦粘虫大发生，平均每亩有 2 万~3 万头，多的达 5 万~12 万头，夏熟三麦减产二至三成。1968 年秋末，区域内稻飞虱成灾，秋熟产量一般减产一至二成，有的减产四至五成，甚至颗粒无收。1973 年 4~5 月，区域内三麦赤霉病大发，病穗率 80%，夏熟作物损失产量二成。

1981 年，区域内小麦发生白粉病，病叶率达 10%，严重的田块达 30%~50%，小麦因白粉病枯黄早熟，减产二成。1982、1983 年，区域内灰飞虱大发生，由灰飞虱传播的水稻条纹叶枯病大流行，病株率 15%~20%，影响秋熟稻谷产量一成左右。1985 年 8 月、9 月，区域内稻飞虱大发生，受灾面积较多，秋收粮食损失二成以上。1989 年 7~8 月，虫灾，区域内 100 多公顷水稻田受灾，粮食减产 125 吨左右。为补救粮食损失，钱桥镇、藕塘乡补种稻苗 86.67 公顷。

## 九、地震灾害

清宣统元年（1909）十一月廿七，南黄海地震，震级约 6.75 级，区域内有震感。民国 2 年（1913）四月初三，镇江地震，震级 5.5 级，区域内有震感。民国 6 年 2 月 15 日 8 时 15 分 15~17 秒，安徽霍山地震，震级 6.25 级，区域内有震感。民国 7 年 3 月 25 日下午，广东南澳地震，震级 7.25 级，区域内有震感。民国 10 年 1 月 24 日，宁夏海原地震，震级 8.5 级，区域内有震感。民国 10 年 12 月 30 日 6 时 40 分，黄海地震，震级 6.25 级，区域内有震感。民国 16 年 3 月 6 日 11 时 50 分~13 时 02 分，黄海地震，震级 6.25 级，区域内有震感，门窗作响。民国 23 年 11 月 16 日 4 时许，扬州西南地震，震级 4.25 级，区域内有震感。民国 28 年 2 月 27 日 4 时许，无锡地震，震级约 4 级，区域内物品晃动，居民惊起。

1964 年 12 月 19 日 4 时 4 分 52 秒，南太湖地震，震级 4.25 级，区域内门窗作响。1974 年 4 月

22日8时29分14.6秒，溧阳地震，震级5.5级，区域内有明显震感，人觉晃动。1979年7月9日18时57分23.1秒，溧阳地震，震级6级，区域内震感强烈，房屋摇晃，门窗作响，居民纷纷外逃。

1984年7月24日4时56分54.1秒，南黄海地震，震级4.9级，区域内部分人有感。1985年5月13日3时48分56.2秒，东台地震，震级3.6级，区域内部分人有感。1985年11月18日20时53分39.6秒，常熟县地震，震级2.5级，区域内部分人有震感，部分群众往屋外避震。1990年，常熟发生5.2级地震，区域内有震感。1996年2月10日，常熟发生5级地震，区域内有震感。

## 十、雷击

1954年7月20日傍晚时分还是明云亮月的好天气，午夜过后，狂风大作，大雨倾盆，电闪雷鸣。唐家庄门前圩田高处种有西瓜，22岁的小伙子唐阿林在看瓜时被雷击中身亡。

1986年7月的一天，稍塘村沈巷上56岁泥瓦匠邵瑞生到新丰里俞巷上农家粉刷外墙。下午3时左右，天气闷热，几分钟后刮大风，下大雨，电闪雷鸣。邵瑞生和其他两人逃进二楼屋内躲避风雨。突然屋顶上火光闪闪，落下光团，邵瑞生被雷击中身亡，另一名泥瓦匠章敏康雷击后很快苏醒过来。

2012年7月的一天下午2时左右，西漳社区岸田居民唐焕林在家休息。突然空中乌云密布，十分钟后刮起大风，下起大雨，电闪雷鸣击中唐焕林家三层楼屋顶。唐焕林家中各类电器全部烧坏，经济损失2万余元。

## 十一、地质灾害

溪北村毛村园、刘巷两个自然村自1990年常熟地震后，部分村民发现自家房屋有裂缝。1991年7月，溪北村遭受特大洪涝灾害，整个村被大水淹在水中10多天，水深1米多。自洪涝灾害后，毛村园、刘巷两个村民小组村民家的房屋裂缝明显增多、增大，并伴随有地面下沉降低的现象出现。至1992年4月，毛村园、刘巷地区的地面下沉最深处有30厘米左右，房屋裂缝有10厘米左右。有的村民家的墙壁已断裂分开，墙壁内外地面高低20~30厘米；有的村民家楼面与到楼上的走廊已产生裂缝分开；有的村民家的楼梯已分开；有的村民家屋顶的桁条搭住墙壁处已很少，随时有掉下的危险；有的村民家房子已倾斜。村民黄巧英家的楼面已断裂，刘福民家的自来水管崩断，刘阿培家的电线崩断。毛村园、刘巷村民的房屋原先只是前宅房屋有裂缝，后来后宅的房屋也出现裂缝。

溪北村村委根据这种情况，即向钱桥镇政府、无锡县政府、无锡县民政局写了《溪北村毛村园、刘巷两村民小组灾情报告》，得到上级领导的重视。镇、县领导多次亲临现场，查看灾情，进行调查。调查结果是毛村园、刘巷两个村民小组共有危房户28户、30间房屋，受灾112人。根据灾情，县政府立即组织地震办公室和地震队前往探测。

1992年10月6日，地质勘探队写出《无锡县钱桥镇溪北村毛村园居民新点地质情况电测探法勘查工作报告》。报告中分析的地质简况为："钱桥镇溪北村毛村园位于无锡地区比较发育的东西向构造带—戴溪桥—羊尖断裂带的北侧，南面有惠山、舜柯山分布。长期以来，处于相对上升阶段。其北面为大片的白垩系上统浦口组地方（红色砂、砾岩）组成的凹陷盆地，盆地的南部边界基本上为近东西向。从区域来看，沿这一构造带发育有许多断层，如藕塘断层、安阳山断层、牛郎山断层、民干村断层、舜柯山断层。除发育有这些断层外，还有无锡岩体、安镇岩体，以及阳山、藕塘等的火山岩喷溢。它们均呈东西向沿断裂带分布明显，受东西向构造控制。"

1995年3月21日，无锡水文工程地质勘探队写出《无锡县溪北村毛村园地裂缝产生原因探讨》的报告。报告认为："钱桥镇政府曾委托地质四队进行调查工作，调查手段采用电测探法进行深部地质情况的勘查。分析电测探法勘查报告，钱桥镇溪北村毛村园位于东西向构造发育带，惠山、舜柯山山前盆地的南缘。毛村园可能处于构造活动带和地下土质存在软弱上层。产生地裂缝原因可能有地质构造（断层）重新活动，地下软弱层沉降，周围地下水大量开采后产生失稳三种情况。"

## 十二、火灾

图 1—4—17　钱桥、藕塘地区旧时救火用的水龙

火灾不受时间、空间限制。民国时期乃至新中国成立初期，钱桥、藕塘地区火灾发生的频率很高。直至 2015 年，区域内仍有火灾发生。防范和治理火灾的消防工作，钱桥、藕塘百姓古称“火政”。到 20 世纪初，区域内才有“消防”一词。旧时钱桥、藕塘地区的救火组织是“水龙会”。在钱桥老街上，水龙会的水龙宫房屋至 2015 年仍保留在那里。解放前后，灭火的主要工具有水缸、木桶、水龙、唧筒等。随着时间的变迁，现在钱桥街道备有消防车，原由派出所分管，后由无锡市公安消防支队惠山大队管辖。各社区都备有消防小车。各企事业单位、商场、影院、大型建筑物等都按照消防部门的规定备有灭火器、消防栓。一旦出现火警，市、区大型的消防车还会加入灭火。

1949~2015 年钱桥、藕塘地区发生火灾情况统计表

表 1—4—15

| 时间 | 地点及受灾户 | 火灾灾情 |
|---|---|---|
| 1949 年冬 | 苏庙缪建初家 | 烧毁房屋 1 间，计 24.8 平方米 |
| 1949 年 12 月 | 勤建河西巷村 | 烧毁民房 12 间 |
| 1950 年夏 | 苏庙徐国统家<br>徐盘根家 | 烧毁房屋 8 间，计 435.2 平方米<br>烧毁房屋 1 间，计 54.4 平方米 |
| 1951 年冬 | 苏庙顾寿仁家<br>顾寿根家 | 烧毁房屋 47.6 平方米<br>烧毁房屋 47.6 平方米 |
| 1951 年冬 | 苏庙吴春生家<br>吴春荣家 | 烧毁房屋 43.8 平方米<br>烧毁房屋 43.8 平方米 |
| 1951 年 12 月 14 日 | 井亭陈家湾 | 烧毁房屋 2 间 |
| 1953 年 3 月 | 晓星大花岸时伯章家 | 烧猪食起火，烧毁平房 1 间 |
| 1955 年 8 月 | 晓星邓巷邓盘泉两兄弟家 | 烧毁平房 2 间 |
| 1956 年 12 月 | 溪北肖尤巷吴金宝家 | 突发大火，烧死一人，烧毁房屋计 20 平方米 |
| 1957 年 12 月 | 胜丰庙头苏阿毛家 | 灶堂火灰引起火灾，烧毁房屋 3 间，计 90 平方米 |
| 1958 年 5 月 | 稍塘蒋仁清家 | 全家住宅全部烧毁 |
| 1958 年夏 | 稍塘沈锡忠家 | 男孩当场烧死，女孩抢救无效死亡，房屋全部烧毁 |
| 1958 年夏 | 稍塘邵伯富、沈海荣（乡邻）家 | 烧毁房屋 5 间 |
| 1958 年秋 | 苏庙支福元家<br>凌盘兴家 | 烧毁房屋 1448 平方米<br>烧毁房屋 728 平方米 |
| 1958 年 11 月 | 稍塘章巷章汗庆家、王阿根家 | 民房共烧毁 5 间，其中章汗庆家 4 间，王阿根家 1 间。生产队蚕室全部烧毁 |
| 1958 年 11 月 | 晓星大陆岸头陆建坤、陆锡坤、李阿二、潘月福、潘阿东、陆建兴、陆伯泉家 | 烧毁房屋 8 间 |
| 1959 年 12 月 | 勤建西村四队柏树下岸 | 4 间草房全被烧毁 |
| 1960 年春 | 苏庙俞海荣家<br>俞全明家 | 烧毁房屋 49.6 平方米<br>烧毁房屋 49.6 平方米 |
| 1960 年春 | 苏庙俞锡荣家<br>俞荣泉家 | 烧毁房屋 49.6 平方米<br>烧毁房屋 49.6 平方米 |
| 1960 年 5 月 18 日 | 井亭大队朱巷队 | 小孩玩火，烧毁房屋两间 |
| 1960 年 7 月 | 朝南村时寿南家 | 不慎起火，烧毁平房 1 间 |
| 1960 年 9 月 | 胜丰宋巷王根芳、王根生、王小度、王锡坤、王全生、王国良、王三牛、王耀良、宋永清、王建平家 | 小孩玩火引起火灾，烧毁房屋 13 间 |
| 1960 年 11 月 | 晓星花南队杨纪煜家 | 烧毁平房 1 间 |
| 1960 年 12 月 | 晓星花南队黄金兴家 | 烧毁平房 1 间 |
| 1962 年 6 月下旬 | 五星大队浦听泉、浦阿二家 | 突发火灾，家产全部烧光 |

续表 1—4—15

| 时间 | 地点及受灾户 | 火灾灾情 |
|---|---|---|
| 1962 年冬 | 苏庙缪伯请家 | 烧毁猪舍房屋 20 平方米 |
| 1968 年大年初一 | 勤建长巷队 | 烧死母猪 1 头、小猪 12 只及绵羊，一些农具受损 |
| 1970 年 7 月 | 晓星中砖队车库 | 因化石灰起火，烧毁车库一间 |
| 1974 年秋 | 苏庙支东海家 | 烧毁猪舍房屋 240 平方米 |
| 1975 年 10 月 | 稍塘湛大坝 | 王祠堂食堂间失火，烧毁祠堂 3 间 |
| 1978 年 12 月 20 日 | 林业大队井亭队 | 烧毁房屋 3 间及屋内家具 |
| 1979 年 5 月 | 晓星时巷时德兴家 | 因小孩玩火引起火灾，6 岁女孩抢救无效死亡 |
| 1979 年 12 月 28 日 | 林业大队朱巷队 | 烧死 1 人，烧毁房屋 1 间 |
| 1981 年 12 月 16 日 | 勤建大队街里生产队 | 烧毁 6 间民房、部分家具、一些口粮 |
| 1984 年 4 月 | 稍塘金君培家 | 谋财焚尸，烧死 2 人。金荣昌受法律制裁 |
| 1984 年 11 月 | 胜丰龙亭沟张林英、张焕荣、张志清家 | 灶堂火灰引起火灾，烧毁房屋 105 平方米 |
| 1985 年 8 月 | 晓星时巷时亦秋家 | 不慎起火，烧毁平房 1 间 |
| 1985 年冬 | 苏庙许仁金家 | 烧毁房屋 47.6 平方米 |
| 1987 年 1 月 28 日 | 勤建村青山湾 | 烧掉 100 多亩山地 |
| 1989 年 1 月 | 无锡县制革厂 | 火灾面积 500 平方米 损失 49 万元 |
| 1990 年 11 月 | 胜丰张姆泾俞文英、陈锡琴、王栋泉、陈子文、张伟忠、陈伯贤家 | 因租住户灶堂火灰引起火灾，烧毁房屋 6 间，计 240 平方米 |
| 1990 年 12 月 | 胜丰王洪秋家 | 电源引起火灾，烧毁房屋 1 间，计 40 平方米 |
| 1995 年 8 月 23 日 | 井亭陈家湾鸡笼山 | 过火山地面积 300 多亩 |
| 1998 年 | 庙塘桥新田摩托车厂 | 烧毁仓库 1000 多平方米，经济损失 300 多万元 |
| 2000 年 2 月 19 日 | 稍塘湛大坝王开明家失火 | 烧毁房子共 8 间，其中本人 2 间，王正兴家 2 间，杨南生家 1 间，王焕度家 3 间 |
| 2001 年 4 月 5 日 | 勤建村陈家湾山坡 | 过火山地面积 120 多亩 |
| 2001 年 9 月 11 日 | 恒源祥陈家湾鸡笼山 | 过火山地面积 300 多亩 |
| 2003 年 12 月 | 稍塘新丰里长吴巷 | 吴洪法疯子弄火，自毁平房 3 间。吴洪兴家烧毁 1 间半 |
| 2004 年 6 月 1 日 | 万能胶粘剂有限公司 | 电线老化，烧毁厂房面积 200 平方米，损失 25 万元 |
| 2005 年 4 月 8 日 | 恒源祥陈家湾山上 | 过火山地面积 3 亩左右 |
| 2005 年 11 月 9 日 | 藕塘绒线厂 | 成品车间七排约 70 余间屋内绒线全被烧毁，损失 50 余万元 |
| 2007 年 2 月 27 日 | 晓星菜场北面一分厂 | 电线碰线引起火灾，损失 100 多万元 |
| 2011 年 11 月 | 晓星忆和威化纤有限公司 | 因乙炔气体着火，引起火灾，损失 200 多万元 |
| 2011 年 12 月 31 日 | 稍塘新丰里短吴巷吴金生家 | 电热毯起火，烧毁三层楼房 2 间 |
| 2013 年 4 月 10 日 | 洋溪官渎居民组张国兴家 | 电线老化，烧毁面积 100 平方米，损失 10 万元 |
| 2013 年 6 月 2 日 | 稍塘费家弄陈志清家 | 液化气钢瓶阀门漏气，前造二层楼房 1 间烧毁，1 人重伤 |
| 2014 年 1 月 | 稍塘周巷周福良家 | 10 间彩钢瓦房屋内废品失火，房屋全部倒塌 |
| 2014 年 5 月 6 日 | 无锡职教园校区商院 3B 栋女生宿舍楼 6 楼 | 起火宿舍床铺、衣柜等物均烧毁 |
| 2014 年 10 月 | 晓丰王巷王兴坤家 | 因租住户电瓶充电起火，烧毁房屋 1 间，计 40 平方米 |
| 2015 年 2 月 22 日 | 西漳工业园区 | 无锡市嘉元纸塑新材料有限公司，电烘箱电源未切断走火 |
| 2015 年 6 月 17 日 | 百乐皮件厂 | 车间爆燃 |

## 十三、液化气灾害

2012 年 8 月 13 日晨 5 时，溪南社区龚巷 223 号发生液化气瓶爆炸，导致 202、203、204 号房屋倒塌，4 人当场死亡，6 人受伤。

# 第五章 土 地

封建社会乃至民国时期，钱桥、藕塘地区实行土地私有制。新中国成立后经过土地改革，钱桥、藕塘地区废除土地私有制，实行劳动农民土地所有制。1956年农业合作化运动以后，钱桥、藕塘地区建立国家所有和劳动群众集体所有两种形式的社会主义土地公有制。1983年，钱桥、藕塘乡在农村全面推行家庭联产承包责任制，土地所有权和使用权实行分离。1989年2月，钱桥镇、藕塘乡分别组建成立土地管理所。2004年钱桥镇与藕塘镇合并成立新的钱桥镇后，2007年成立钱桥中心国土资源所，在区域内全面贯彻落实土地管理法，围绕实现耕地总量动态平衡的战略目标，推进土地使用制度和土地管理改革，强化服务意识，加强土地执法监督，坚持依法用地，保障全街道各类建设用地的需要。

## 第一节 土地资源

民国时期，钱桥地区所在的开原乡有土地3377.6公顷，藕塘地区所在的富安乡有土地7499.73公顷。改革开放以后，钱桥、藕塘（乡）镇经济发展迅速，城市化推进加快，耕地紧张，后备资源匮乏。党委、政府十分重视土地资源的开发、复垦和保护，合理配置资源，优化土地结构，提高土地利用率，实现各块面用地的动态平衡。1986年，钱桥乡总面积2600公顷，藕塘乡总面积2004公顷。2015年，钱桥街道总面积4621公顷，其中山区和丘陵面积287.9公顷。

### 一、土地面积

民国18年（1929），钱桥地区属无锡县第四区，藕塘地区属第十七区，两区土地面积分别为202.5平方里和260.8平方里。

民国18年第四区、第十七区土地面积一览表

表1—5—1

| 区别 | 原名 | 面积 | | 与全县面积之比较 |
|---|---|---|---|---|
| | | 方里 | 田额 | |
| 第四区 | 开原乡 | 202.5 | 50664亩 | 5.55% |
| 第十七区 | 富安乡 | 260.8 | 112496亩 | 7.14% |

说明：“田额”为征收田赋之面积

1986年，钱桥乡总面积26平方公里，其中耕地面积1242.8公顷，占总面积的47.8%；山地83.2公顷，占总面积的3.2%；林地166.4公顷，占总面积的6.4%；水域62.4公顷，占总面积的2.4%；其他用地1045.2公顷，占总面积的40.2%。藕塘乡总面积20.04平方公里，其中耕地面积1071.93公顷，占总面积的53.49%；林园地78.87公顷，占总面积的3.94%；山地119公顷，占总面积的5.94%；水域49.6公顷，占总面积的2.48%；其他用地684.6公顷，占总面积的34.16%。

## 1998年钱桥镇集体土地统计表

表 1—5—2 单位：公顷

| 土地权属单位 | 土地总面积 | 其中耕地 | | | | 其中园地 | | | | 其中林地 | | | | |
|---|---|---|---|---|---|---|---|---|---|---|---|---|---|---|
| | | 小计 | 灌溉水田 | 旱地 | 菜地 | 小计 | 果园 | 桑园 | 茶园 | 小计 | 有林地 | 疏林地 | 未成林造林地 | 苗圃 |
| 合 计 | 2238.02 | 1050.71 | 758.53 | 183.58 | 108.60 | 17.55 | 11.08 | 2.02 | 4.45 | 139.88 | 8.54 | 2.72 | 122.12 | 6.50 |
| 钱桥村 | 68.48 | 15.74 | 11.93 | 2.97 | 0.84 | 0.97 | — | — | 0.97 | 6.01 | — | — | 5.35 | 0.66 |
| 苏庙村 | 157.05 | 87.34 | 67.12 | 14.03 | 6.19 | 0.46 | 0.06 | 0.4 | — | 0.83 | 0.27 | 0.56 | — | — |
| 威华村 | 155.60 | 85.61 | 62.92 | 8.9 | 13.79 | 0.13 | 0.13 | — | — | 0.33 | 0.16 | — | — | 0.17 |
| 历村村 | 295.26 | 118.64 | 73.43 | 45.16 | 0.05 | 2.43 | — | — | 2.43 | 96.62 | 0.97 | — | 92.79 | 2.86 |
| 舜一村 | 184.69 | 85.95 | 58.94 | 20.13 | 6.88 | 6.67 | 5.19 | 0.43 | 1.05 | 27.70 | 4.18 | 0.23 | 20.66 | 2.63 |
| 溪南村 | 211.09 | 137.45 | 104.73 | 21.31 | 11.41 | 3.44 | 3.37 | 0.07 | — | 3.46 | 0.14 | — | 3.32 | — |
| 洋溪村 | 138.83 | 92.76 | 67.03 | 14.85 | 10.88 | 1.59 | 1.59 | — | — | 1.91 | 1.61 | 0.12 | — | 0.18 |
| 周家弄 | 120.70 | 77.62 | 50.14 | 11.45 | 16.03 | 0.27 | 0.27 | — | — | 0.91 | 0.43 | 0.48 | — | — |
| 溪北村 | 146.69 | 80.51 | 53.08 | 14.51 | 12.92 | 1.26 | 0.47 | 0.79 | — | 0.17 | — | 0.17 | — | — |
| 西漳村 | 163.95 | 101.56 | 78.83 | 6.86 | 15.87 | — | — | — | — | 0.45 | — | 0.45 | — | — |
| 胜丰村 | 140.48 | 84.53 | 65.83 | 14.93 | 3.77 | 0.33 | — | 0.33 | — | 1.23 | 0.78 | 0.45 | — | — |
| 晓星村 | 135.50 | 79.57 | 62.37 | 7.23 | 9.97 | — | — | — | — | 0.26 | — | 0.26 | — | — |
| 鸭船浜 | 40.00 | 2.48 | 1.23 | 1.25 | — | — | — | — | — | — | — | — | — | — |
| 镇区 | 279.66 | 0.95 | 0.95 | — | — | — | — | — | — | — | — | — | — | — |

续表 1—5—2 单位：公顷

| 土地权属单位 | 城镇村及工矿用地 | | | | | 交通用地 | | |
|---|---|---|---|---|---|---|---|---|
| | 小计 | 建制镇 | 村庄 | 独立工矿用地 | 特殊用地 | 小计 | 公路 | 农村道路 |
| 合计 | 668.60 | 231.84 | 254.93 | 171.31 | 10.52 | 117.00 | 55.25 | 61.75 |
| 钱桥村 | 36.29 | — | 16.97 | 10.73 | 8.59 | 3.46 | 1.53 | 1.93 |
| 苏庙村 | 35.68 | — | 22.85 | 12.37 | 0.46 | 9.86 | 6.20 | 3.66 |
| 威华村 | 32.98 | — | 21.11 | 11.87 | — | 7.02 | 3.07 | 3.95 |
| 历村村 | 35.26 | — | 26.61 | 8.65 | — | 15.68 | 7.41 | 8.27 |
| 舜一村 | 37.83 | — | 16.45 | 21.38 | — | 13.25 | 4.47 | 8.78 |
| 溪南村 | 30.10 | — | 25.69 | 4.41 | — | 9.6 | 5.16 | 4.44 |
| 洋溪村 | 19.50 | — | 14.15 | 4.73 | 0.62 | 11.02 | 5.63 | 5.39 |
| 周家弄 | 22.82 | — | 16.13 | 6.69 | — | 6.97 | 4.36 | 2.61 |
| 溪北村 | 28.93 | — | 16.62 | 12.15 | 0.16 | 9.97 | 5.21 | 4.76 |
| 西漳村 | 38.63 | — | 25.15 | 13.15 | 0.33 | 9.60 | 2.41 | 7.19 |
| 胜丰村 | 35.51 | — | 18.89 | 16.26 | 0.36 | 9.54 | 4.75 | 4.79 |
| 晓星村 | 31.30 | — | 22.29 | 9.01 | — | 9.77 | 3.83 | 5.94 |
| 鸭船浜 | 5.73 | — | 4.11 | 1.62 | — | 0.59 | 0.55 | 0.04 |
| 镇区 | 278.04 | 231.84 | 7.91 | 38.29 | — | 0.67 | 0.67 | — |

续表 1—5—2 单位：公顷

| 土地权属单位 | 水域 | | | | | 未利用土地 | | |
|---|---|---|---|---|---|---|---|---|
| | 小计 | 坑塘水面 | 苇地 | 沟渠 | 水工建筑物 | 小计 | 荒草地 | 田坎 |
| 合 计 | 220.86 | 125.94 | 0.19 | 25.08 | 69.65 | 23.42 | 20.48 | 2.94 |
| 钱桥村 | 5.95 | 3.27 | — | 0.24 | 2.43 | 0.07 | — | 0.07 |
| 苏庙村 | 18.91 | 8.52 | — | 4.02 | 6.37 | 3.97 | 3.84 | 0.13 |
| 威华村 | 26.68 | 16.43 | — | 1.62 | 8.63 | 2.85 | 2.35 | 0.50 |
| 历村村 | 21.01 | 10.85 | 0.19 | 2.86 | 7.11 | 5.62 | 4.99 | 0.63 |
| 舜一村 | 10.76 | 6.05 | — | 1.54 | 3.17 | 2.53 | 2.23 | 0.30 |
| 溪南村 | 25.49 | 12.23 | — | 4.00 | 9.26 | 1.55 | 1.54 | 0.01 |
| 洋溪村 | 10.71 | 4.18 | — | 2.35 | 4.18 | 1.34 | 0.99 | 0.35 |
| 周家弄 | 10.28 | 4.67 | — | 1.88 | 3.73 | 1.83 | 1.37 | 0.46 |
| 溪北村 | 24.65 | 15.17 | — | 2.53 | 6.95 | 1.22 | 1.11 | 0.11 |
| 西漳村 | 13.23 | 7.31 | — | 1.19 | 4.73 | 0.48 | 0.48 | — |

续表 1—5—2　　　　单位：公顷

| 土地权属单位 | 水域 | | | | | 未利用土地 | | |
|---|---|---|---|---|---|---|---|---|
| | 小计 | 坑塘水面 | 苇地 | 沟渠 | 水工建筑物 | 小计 | 荒草地 | 田坎 |
| 胜丰村 | 8.17 | 5.89 | — | 1.11 | 1.17 | 1.17 | 1.13 | 0.04 |
| 晓星村 | 13.84 | 8.19 | — | 1.43 | 4.22 | 0.78 | 0.45 | 0.33 |
| 鸭船浜 | 31.19 | 23.18 | — | 0.31 | 7.70 | 0.01 | — | 0.01 |
| 镇　区 | — | — | — | — | — | — | — | — |

## 2000 年藕塘镇集体土地统计表

表 1—5—3　　　　单位：公顷

| 土地权属单位 | 土地总面积 | 其中耕地 | | | | 其中园地 | | | 其中林地 | | | | |
|---|---|---|---|---|---|---|---|---|---|---|---|---|---|
| | | 小计 | 灌溉水田 | 旱地 | 菜地 | 小计 | 果园 | 茶园 | 小计 | 有林地 | 灌木林 | 疏林地 | 苗圃 |
| 合计 | 1834.48 | 1090.51 | 847.59 | 138.36 | 104.56 | 44.59 | 33.12 | 11.47 | 90.70 | 26.45 | 0.21 | 60.36 | 3.67 |
| 藕塘村 | 153.23 | 97.71 | 76.29 | 10.04 | 11.38 | 0.65 | 0.65 | — | 0.29 | 0.29 | — | — | — |
| 东风村 | 245.82 | 158.98 | 98.59 | 28.17 | 32.22 | 2.54 | 2.54 | — | 2.94 | 1.67 | — | — | 1.27 |
| 南水渠村 | 115.79 | 84.32 | 68.21 | 9.09 | 7.02 | 0.53 | 0.53 | — | 0.87 | 0.87 | — | — | — |
| 庙塘桥村 | 142.24 | 93.62 | 69.78 | 15.12 | 8.72 | 5.44 | 5.44 | — | 0.52 | 0.27 | — | 0.25 | — |
| 宇峰村 | 171.18 | 118.00 | 97.58 | 14.10 | 6.32 | 3.97 | 3.97 | — | 1.57 | 1.53 | — | 0.03 | — |
| 盛店村 | 206.12 | 145.53 | 117.73 | 20.89 | 6.51 | 9.19 | 9.19 | — | 2.15 | 1.47 | — | 0.46 | 0.23 |
| 稍塘村 | 266.67 | 196.93 | 162.45 | 17.33 | 17.15 | 1.44 | 1.44 | — | 2.31 | 1.98 | — | — | 0.33 |
| 勤建村 | 313.52 | 143.88 | 119.07 | 14.44 | 10.37 | 7.70 | 2.39 | 5.31 | 48.95 | 8.31 | 0.21 | 39.99 | 0.43 |
| 井亭村 | 158.19 | 51.71 | 37.89 | 8.95 | 4.87 | 13.13 | 6.97 | 6.16 | 31.10 | 10.06 | — | 19.63 | 1.41 |
| 新成村 | 7.77 | 0.23 | — | 0.23 | — | — | — | — | — | — | — | — | — |
| 镇集镇行政村 | 45.86 | — | — | — | — | — | — | — | — | — | — | — | — |
| 争议土地 | 8.09 | — | — | — | — | — | — | — | — | — | — | — | — |

续表 1—5—3　　　　单位：公顷

| 土地权属单位 | 城镇村及工矿用地 | | | | | 交通用地 | | |
|---|---|---|---|---|---|---|---|---|
| | 小计 | 建制镇 | 村庄 | 独立工矿用地 | 特殊用地 | 小计 | 公路 | 农村道路 |
| 合计 | 349.94 | 34.81 | 194.25 | 120.49 | 0.39 | 49.44 | 11.07 | 38.37 |
| 藕塘村 | 34.38 | — | 18.31 | 16.02 | 0.05 | 5.06 | 2.75 | 2.31 |
| 东风村 | 55.12 | — | 35.59 | 19.53 | — | 4.99 | 0.60 | 4.39 |
| 南水渠村 | 20.21 | — | 14.38 | 5.83 | — | 4.75 | — | 4.75 |
| 庙塘桥村 | 26.36 | — | 18.16 | 8.05 | 0.15 | 3.40 | 0.77 | 2.63 |
| 宇峰村 | 29.88 | — | 19.76 | 10.12 | — | 4.21 | 1.51 | 2.70 |
| 盛店村 | 24.09 | — | 18.17 | 5.92 | — | 6.08 | 2.35 | 3.73 |
| 稍塘村 | 39.62 | — | 30.49 | 8.94 | 0.19 | 9.11 | 2.47 | 6.64 |
| 勤建村 | 41.79 | — | 26.50 | 15.29 | — | 8.25 | 0.62 | 7.63 |
| 井亭村 | 30.69 | — | 11.94 | 18.75 | — | 3.59 | — | 3.59 |
| 新成村 | 1.94 | — | 0.95 | 0.99 | — | — | — | — |
| 镇集镇行政村 | 45.86 | 34.81 | — | 11.05 | — | — | — | — |
| 争议土地 | — | — | — | — | — | — | — | — |

续表 1—5—3　　　　单位：公顷

| 土地权属单位 | 水域 | | | | 未利用土地 | | |
|---|---|---|---|---|---|---|---|
| | 小计 | 坑塘水面 | 沟渠 | 水工建筑物 | 小计 | 荒草地 | 裸岩石砾地 |
| 合计 | 131.78 | 85.79 | 37.87 | 8.12 | 77.52 | 74.98 | 2.54 |
| 藕塘村 | 12.38 | 8.42 | 2.55 | 1.41 | 2.76 | 0.69 | 2.07 |
| 东风村 | 20.86 | 15.99 | 4.32 | 0.55 | 0.39 | 0.39 | — |
| 南水渠村 | 4.89 | 2.40 | 1.81 | 0.68 | 0.22 | 0.22 | — |
| 庙塘桥村 | 11.15 | 7.09 | 3.71 | 0.35 | 1.75 | 1.75 | — |
| 宇峰村 | 13.00 | 7.83 | 5.17 | — | 0.55 | 0.10 | 0.45 |
| 盛店村 | 17.53 | 9.57 | 6.09 | 1.87 | 1.95 | 1.93 | 0.02 |

续表 1—5—3　　单位：公顷

| 土地权属单位 | 水域 | | | | 未利用土地 | | |
|---|---|---|---|---|---|---|---|
| | 小计 | 坑塘水面 | 沟渠 | 水工建筑物 | 小计 | 荒草地 | 裸岩石砾地 |
| 稍塘村 | 16.03 | 8.85 | 6.18 | 1.00 | 1.23 | 1.23 | — |
| 勤建村 | 16.64 | 9.61 | 5.58 | 1.45 | 46.31 | 46.31 | — |
| 井亭村 | 13.70 | 11.02 | 2.46 | 0.22 | 14.27 | 14.27 | — |
| 新成村 | 5.60 | 5.01 | — | 0.59 | — | — | — |
| 镇集镇行政村 | — | — | — | — | — | — | — |
| 争议土地 | — | — | — | — | 8.09 | 8.09 | — |

2001 年，在无锡市国土资源局惠山分局的统一领导下，钱桥镇、藕塘镇根据土地登记的要求进行初始和变更地籍调查。查清每宗土地的位置、形状、权属界限、权属性质以及具体使用者面积等级及用途，使每宗土地达到权属界限、界址清楚、面积准确。初始地籍调查是对钱桥、藕塘镇境内的国有土地、集体土地使用情况及他项权利的调查。现场调查每宗地的土地坐落、位置、界线并核实权源文件。变更地籍调查是对钱桥镇、藕塘镇境内变更区域内街道街坊没有发生变化的，宗地号不变。街道街坊要求调整，宗地位置、界址点数同时发生变化的，重新设定宗地号。变更宗地的权属调查，分为“界址未发生变化类型”和“界址发生变化类型”的调查。2004 年，钱桥镇、藕塘镇完成地籍变更测量工作，钱桥镇调查面积为 6.907 平方公里，街坊数 36 个，宗地数 3253 宗，图幅数 14 幅；藕塘镇调查面积为 1.056 平方公里，街坊数 13 个，宗地数 785 宗，图幅数 28 幅。新的钱桥镇（钱桥镇与藕塘镇 2004 年合并）共计调查面积 11.475 平方公里，街坊数 55 个，宗地数 4096 宗，图幅数 246 幅。

2007 年 10 月，无锡市国土资源局惠山分局对钱桥街道进行第二次全国土地调查。通过调查，查清钱桥街道土地总面积为 4621.34 万平方米。按照第二次全国土地调查土地利用现状分类，钱桥街道一级土地分类耕地总面积为 898.23 公顷、占土地总面积的 19.44%，其中水田面积 118.1 公顷、占耕地面积的 13.15%，旱地面积 780.13 公顷、占耕地总面积的 86.85%；园地总面积 329.49 公顷、占土地总面积的 7.13%，其中果园面积 110.56 公顷、占园地面积的 33.55%，茶园面积 44.28 公顷、占园地面积的 13.44%，其他园地面积 174.65 公顷、占园地面积的 53.01%；林地总面积为 200.94 公顷、占土地总面积的 4.35%；城镇村及工矿用地总面积为 2287.7 万平方米、占总面积的 49.5%，其中市镇面积 151.97 万平方米、村庄面积 733.13 万平方米、工矿用地 1367.87 万平方米、风景及特殊用地 34.73 万平方米；交通运输用地总面积 542.6 万平方米、占土地总面积的 11.74%，其中铁路用地 15.02 万平方米、公路用地 383.82 万平方米、农村道路用地 143.76 万平方米；水域及水利设施用地总面积为 333.7 万平方米、占土地总面积的 7.22%，其中河流面积 258.4 万平方米、坑塘 57.91 万平方米、沟渠 13.26 万平方米、水工建筑用地 4.13 万平方米；其他土地总面积为 28.68 万平方米，占土地总面积的 0.62%。

图 1—5—1　2008 年 2 月，钱桥街道被中共无锡市委、无锡市人民政府表彰为无锡市 2006~2007 年节约集约用地先进集体

## 二、土地复垦

钱桥、藕塘地区人多地少，土地负载率高，耕地后备资源严重不足。随着建设用地的不断增加，区域内耕地大量减少，人地矛盾日益突出。国务院在 2004 年《关于深化改革，严格土地管理的决定》的文件中明确指出：“鼓励农村建设用地整理，城镇建设用地增加要与农村建设用地相挂钩。”2006 年开始，钱桥镇政府扎实推进城镇和农村建设用地增减挂钩工作。2007 年钱桥街道成立后，街道党

工委、办事处十分重视土地开发复垦工作，增加有效耕地面积。2008年，中共无锡市委、市政府表彰钱桥街道为节约集约用地先进集体。

2007~2013年钱桥街道土地开发整理项目明细表

表1—5—4

单位：公顷

| 编号 | 名称 | 位置 | 总面积 | 实施时间 | 开发整理前 | | | 开发整理后 | 新增耕地 |
|---|---|---|---|---|---|---|---|---|---|
| | | | | | 农用其他地 | 城镇村及工矿用地 | 水域及水利设施用地 | 耕地 | |
| F08B04016 | 坑塘复垦 | 藕塘村渔池头 | 1.77 | 2007.11~2008.09 | 1.77 | — | — | 1.77 | 1.77 |
| F08B04015 | 坑塘复垦 | 藕塘村渔池头 | 1.53 | 2007.11~2008.09 | 1.53 | — | — | 1.53 | 1.53 |
| F08B04014 | 坑塘复垦 | 藕塘村徐塘湾 | 2.35 | 2007.11~2008.09 | 2.35 | — | — | 2.35 | 2.35 |
| F08B04013 | 坑塘复垦 | 舜柯村庄家组 | 2.05 | 2007.11~2008.09 | 2.05 | — | — | 2.05 | 2.05 |
| F08B04012 | 坑塘复垦 | 藕塘村渔池头 | 3.39 | 2007.11~2008.09 | 3.39 | — | — | 3.39 | 3.39 |
| F08B04011 | 坑塘复垦 | 东风村芦朱巷 | 2.03 | 2007.11~2008.09 | 2.03 | — | — | 2.03 | 2.03 |
| FG09B04025 | 塘西组土地复垦 | 东风村塘西组 | 0.21 | 2009.01~2009.10 | — | 0.21 | — | 0.21 | 0.21 |
| FG09B04026 | 八间头土地复垦 | 洋溪村八间头 | 0.35 | 2009.01~2009.10 | — | 0.35 | — | 0.35 | 0.35 |
| FG09B04027 | 舜柯村土地复垦 | 舜柯村 | 1.67 | 2009.01~2009.10 | — | 农村工矿废弃地1.67 | — | 1.67 | 1.67 |
| FG09B04028 | 鸭船浜组土地复垦 | 鸭船浜组 | 0.45 | 2009.01~2009.10 | — | 农村工矿废弃地0.45 | — | 0.45 | 0.45 |
| F09B04009 | 东风村土地复垦 | 东风村 | 1.15 | 2008.11~2009.10 | 1.15 | — | — | 1.15 | 1.15 |
| F09B04010 | 苏庙村土地复垦 | 苏庙村 | 1.19 | 2008.11~2009.10 | 0.66 | — | 未利用地0.53 | 1.19 | 1.19 |
| F09B04011 | 苏庙村、洋溪村土地复垦 | 苏庙村洋溪村 | 4.94 | 2008.11~2009.10 | 4.35 | — | 未利用地0.59 | 4.94 | 4.94 |
| F11B04021 | 东风社区土地复垦 | 东风社区洗马浜组 | 1.10 | 2010.12~2011.11 | — | — | 1.10 | 1.10 | 1.10 |
| F11B04022 | 苏庙社区土地复垦 | 苏庙社区鸭船浜组 | 0.78 | 2010.12~2011.11 | — | — | 0.78 | 0.78 | 0.78 |
| F11B04023 | 藕塘社区土地复垦 | 藕塘社区藕北、藕南组 | 1.64 | 2010.12~2011.11 | — | 交通运输用地0.27 | 1.37 | 1.64 | 1.64 |
| FG12B04017 | 华新社区土地复垦 | 华新社区肖尤组 | 1.05 | 2011.01~2012.6.30 | — | 1.05 | — | 1.05 | 1.05 |
| FG12B04018 | 华新社区土地复垦 | 华新社区周基头组 | 1.77 | 2011.01~2012.06.30 | — | 1.77 | — | 1.77 | 1.77 |
| FG12B04019 | 藕乐苑社区土地复垦 | 藕乐苑社区 | 2.58 | 2011.01~2012.09.30 | — | 2.58 | — | 2.58 | 2.58 |
| FG12B04021 | 洋溪社区土地复垦 | 洋溪社区丁巷组 | 0.92 | 2011.01~2012.06.30 | — | 0.92 | — | 0.92 | 0.92 |
| F12B04028 | 南塘社区土地复垦 | 庙塘桥高格里东组、高格里西组 | 3.00 | 2011.12~2012.06 | — | — | 3.00 | 3.00 | 3.00 |

续表 1—5—4　　单位：公顷

| 编号 | 名称 | 位置 | 总面积 | 实施时间 | 开发整理前 | | | 开发整理后 | 新增耕地 |
|---|---|---|---|---|---|---|---|---|---|
| | | | | | 农用其他地 | 城镇村及工矿用地 | 水域及水利设施用地 | 耕地 | |
| FG12B04020 | 舜柯社区土地复垦 | 舜柯社区 | 2.84 | 2011.01~2012.09.30 | — | 2.84 | — | 2.84 | 2.84 |
| F12B04029 | 东风社区土地复垦 | 东风周家里组 | 1.96 | 2011.12~2012.06 | — | — | 1.96 | 1.96 | 1.96 |
| F12B04030 | 东风社区土地复垦 | 东风新成组、马巷前组 | 1.94 | 2011.12~2012.06 | — | — | 1.94 | 1.94 | 1.94 |
| F12B04029 | 稍塘社区土地复垦 | 稍塘社区集体 | 1.32 | 2012.12.01~2013.11.30 | — | — | 1.32 | 1.32 | 1.32 |
| F13B04030 | 晓丰社区土地复垦 | 晓丰社区集体 | 1.67 | 2012.12.01~2013.11.30 | — | — | 1.67 | 1.67 | 1.67 |
| F13B04031 | 盛峰社区土地复垦 | 盛峰社区集体 | 0.87 | 2012.12.01~2013.11.30 | — | — | 0.87 | 0.87 | 0.87 |

2007~2013 年，钱桥街道对坑塘、工矿废弃地、农用其他地、水域及水利设施用地、交通运输用地等进行复垦，共复垦新增耕地 46.52 万平方米。2015 年，钱桥街道共有土地总面积 4621 公顷，其中山区和丘陵面积 287.9 公顷，占土地总面积的 6.2%。

# 第二节 土地制度

民国时期，土地实行私有制度。新中国成立后，经过土地改革，钱桥、藕塘地区实行土地农民所有制，土地使用的形式是互助组和初级农业生产合作社。1956 年后，钱桥、藕塘实行社会主义土地公有制，农村集体所有土地的使用形式是高级农业生产合作社和人民公社。土地所有权和使用权合一，集体土地由集体使用，收益由集体按劳分配，土地不得买卖、出租、出典、抵押和承包。中共十一届三中全会后，区域内的土地所有权和使用权实行分离。

## 一、土地私有制时期

钱桥、藕塘地区自秦朝颁布推行“使黔首自实田”令以后，地主和有田农民自报占有土地数，照定制交纳赋税，取得土地所有权，实行封建土地所有制。汉末、三国时期大兴屯田，无锡西钱桥、藕塘地区为屯田区，屯垦大批土地。由于长期战争以及“受爵封地”“军功赐田”、富商买田，官僚和豪绅兼并土地，大批农民失去土地，形成“富者有田连阡陌，贫者无立足之地”的状况。

民国时期，钱桥、藕塘地区占总户数 3%左右的地主占有三分之一以上的土地，当时土地所有制主要有如下几种形态：

**土地地主所有**　地主占有大量土地，自己不参加劳动（或参加轻微劳动），靠出租土地收取地租或以雇工剥削为其主要生活来源。

**土地富农所有**　富农具有半地主性质，占有土地亦较多，但自己参加劳动，自耕一部分土地，出租一部分土地或兼放高利贷。

**土地农民所有**　自耕农、半自耕农只有对小块土地的占有。自耕农占有少量土地，作为自己生产和生存的基础条件，靠自己一家辛勤劳动维持生计。半自耕农则要租入少量土地或出卖劳动力才够糊口。

1950 年，稍塘乡第三、四、七、八行政村共有土地 171.13 公顷。地主 14 户、富农 5 户，共 19 户占有土地 99.47 公顷，占土地总面积的 58.13%；332 户农户（雇农、贫农、中农、上中农、小土地）占有土地 71.66 公顷，占土地总面积的 41.87%。

1950年土地改革前稍塘乡第三、四、七、八行政村土地占有情况调查表

表1—5—5　　单位：户、亩

<table>
<tr><th>自然村名</th><th>总户数</th><th>雇农户数</th><th>贫农户数</th><th>中农户数</th><th>上中农户数</th><th>小土地户数</th><th>游民户数</th><th>富农户数</th><th>地主户数</th><th>农民占有面积</th><th>地主富农占有面积</th><th>总面积</th></tr>
<tr><td>中大坝</td><td>14</td><td>—</td><td>8</td><td>6</td><td>—</td><td>—</td><td>—</td><td>—</td><td>—</td><td>33</td><td>77</td><td>110</td></tr>
<tr><td>沈　巷</td><td>18</td><td>1</td><td>12</td><td>4</td><td>—</td><td>1</td><td>—</td><td>—</td><td>—</td><td>68</td><td>45</td><td>113</td></tr>
<tr><td>大　巷</td><td>21</td><td>—</td><td>15</td><td>3</td><td>2</td><td>—</td><td>—</td><td>—</td><td>1</td><td>45</td><td>105</td><td>150</td></tr>
<tr><td>枣树下</td><td>23</td><td>1</td><td>15</td><td>4</td><td>—</td><td>—</td><td>1</td><td>—</td><td>2</td><td>44</td><td>102</td><td>146</td></tr>
<tr><td>杨树浜</td><td>16</td><td>—</td><td>12</td><td>4</td><td>—</td><td>—</td><td>—</td><td>—</td><td>—</td><td>56</td><td>62</td><td>118</td></tr>
<tr><td>湛大坝</td><td>28</td><td>1</td><td>19</td><td>—</td><td>5</td><td>—</td><td>—</td><td>1</td><td>2</td><td>60</td><td>177</td><td>237</td></tr>
<tr><td>包家岸</td><td>9</td><td>1</td><td>—</td><td>5</td><td>2</td><td>—</td><td>—</td><td>—</td><td>1</td><td>—</td><td>59</td><td>59</td></tr>
<tr><td>芦　岸</td><td>9</td><td>—</td><td>6</td><td>2</td><td>1</td><td>—</td><td>—</td><td>—</td><td></td><td>29</td><td>68</td><td>97</td></tr>
<tr><td>陈　巷</td><td>17</td><td>2</td><td>1</td><td>10</td><td>2</td><td>—</td><td>1</td><td>—</td><td>1</td><td>27</td><td>122</td><td>149</td></tr>
<tr><td>木排头</td><td>28</td><td>1</td><td>13</td><td>10</td><td>2</td><td>—</td><td>—</td><td>1</td><td>1</td><td>91</td><td>201</td><td>292</td></tr>
<tr><td>长吴巷</td><td>15</td><td>1</td><td>11</td><td>3</td><td>—</td><td>—</td><td>—</td><td>—</td><td>—</td><td rowspan="5">330</td><td rowspan="5">129</td><td rowspan="5">459</td></tr>
<tr><td>短吴巷</td><td>11</td><td>—</td><td>7</td><td>4</td><td>—</td><td>—</td><td>—</td><td>—</td><td>—</td></tr>
<tr><td>徐　巷</td><td>12</td><td>—</td><td>11</td><td>—</td><td>—</td><td>—</td><td>—</td><td>—</td><td>1</td></tr>
<tr><td>邵　巷</td><td>19</td><td>1</td><td>10</td><td>6</td><td>1</td><td>—</td><td>—</td><td>—</td><td>1</td></tr>
<tr><td>俞　巷</td><td>12</td><td>—</td><td>11</td><td>1</td><td>—</td><td>—</td><td>—</td><td>—</td><td>—</td></tr>
<tr><td>小马巷</td><td>5</td><td>—</td><td>5</td><td>—</td><td>—</td><td>—</td><td>—</td><td>—</td><td>—</td><td>12</td><td>33</td><td>45</td></tr>
<tr><td>费家弄</td><td>15</td><td>1</td><td>9</td><td>3</td><td>—</td><td>—</td><td>—</td><td>2</td><td>—</td><td>15</td><td>82</td><td>97</td></tr>
<tr><td>叶家墩</td><td>10</td><td>—</td><td>9</td><td>1</td><td>—</td><td>—</td><td>—</td><td>—</td><td>—</td><td>34</td><td>41</td><td>75</td></tr>
<tr><td>周　巷</td><td>14</td><td>—</td><td>12</td><td>1</td><td>1</td><td>—</td><td>—</td><td>—</td><td>—</td><td>49</td><td>62</td><td>111</td></tr>
<tr><td>章　巷</td><td>32</td><td>—</td><td>17</td><td>12</td><td>—</td><td>2</td><td>—</td><td>1</td><td>—</td><td>153</td><td>36</td><td>189</td></tr>
<tr><td>稍　塘</td><td>26</td><td>1</td><td>17</td><td>—</td><td>—</td><td>3</td><td>1</td><td></td><td>4</td><td>29</td><td>91</td><td>120</td></tr>
<tr><td>合　计</td><td>354</td><td>11</td><td>220</td><td>79</td><td>16</td><td>6</td><td>3</td><td>5</td><td>14</td><td>1075</td><td>1492</td><td>2567</td></tr>
</table>

**土地工商业资本家所有**　工商业资本家依靠经营工商业收入为主要生活来源，亦有一些人占有一定数量的土地用以出租经营。

**土地单位团体所有**　单位、团体对学田、寺庙田和族田占有。族田又称义田、义庄，是农村一姓一族共有的土地，是一种具有宗族性质的占有土地形式，名义上为同族共有，实际上掌握在族中有特殊地位的族长等人（大多是地主豪绅）手中，由他们管理和支配给贫苦农民耕种。地租收入供祭祖、修祠之用，也有给同族救济或助学之用，余数往往被把持者所侵吞。

## 二、土地改革后实行农民土地所有制时期

1950年6月28日，中央人民政府委员会第八次会议通过并公布《中华人民共和国土地改革法》，决定在广大农村和城市郊区开展土地改革运动。钱桥、藕塘乡政府在土地改革运动中认真执行“依靠贫农、雇农，团结中农，中立富农，有步骤地、有分别地消灭封建剥削制度，发展农业生产”的土地改革总路线、总政策。无锡县委以钱桥、玉祁两乡为土地改革实验乡。是时，钱桥乡召开严惩恶霸地主、斗争不法地主、分田分地的万人大会。

土地改革废除封建地主土地所有制，钱桥、藕塘乡政府按照土改法没收地主的土地、耕畜、农具、多余的粮食及其在农村中多余的房屋；征收祠堂、庙宇、寺院、教堂、学校和团体在农村中的土地及其他公地；工商业家在农村中的土地和原由农民居住的房屋，进行征收；富农所有之出租的小量土地，亦予保留不动，但在某些特殊地区，经省以上人民政府的批准，得征收其出租土地的一部分或全部；地主兼营的工商业及其直接用于经营工商业的土地和财产，不予没收；所有没收和征收得来的土地和其他生产资料，除按照规定收归国家所有者外，均由农民协会接受，统一地、公平合理地分配给无地少地及缺乏其他生产资料的贫苦农民所有，对地主亦分给同样一份，使地主也能依靠自己的劳动维持生活，并在劳动中改造自己；森林、水利工程、荒地、荒山及湖、沼、河、港

等，均归国家所有。1950年下半年，在藕塘区政府的领导下，钱桥、藕塘乡根据中央精神全面开展土地改革运动，使农村土地所有权发生根本性的变化。土地改革结束，苏南区无锡县人民政府给钱桥、藕塘乡各家各户颁发“土地房产所有证”。

土地所有证

苏南区无锡县土地房产所有证

稍字第贰柒壹号

藕塘区稍塘乡（镇）居民陈洪宝、陈贞娣、陈凤根、陈凤泉、陈茂娣、陈章民

依据中国人民政治协商会议共同纲领第二十七条“保护农民已得土地所有权”暨中华人民共和国土地改革法第三十条“土地改革完成后由人民政府发给土地所有证”之规定，确定本户全家本人所有土地共计：可耕地拾壹段玖亩壹分五厘贰毫，非耕地贰段零亩叁分叁厘零毫；房产共计房屋肆间；地基壹段零亩肆分零厘柒毫均作为本户全家本人私有产业耕种、居住、典卖、转让、赠与、出租等完全自由，任何人不得侵犯，特给此证。

县长 薛永辉

张卓如

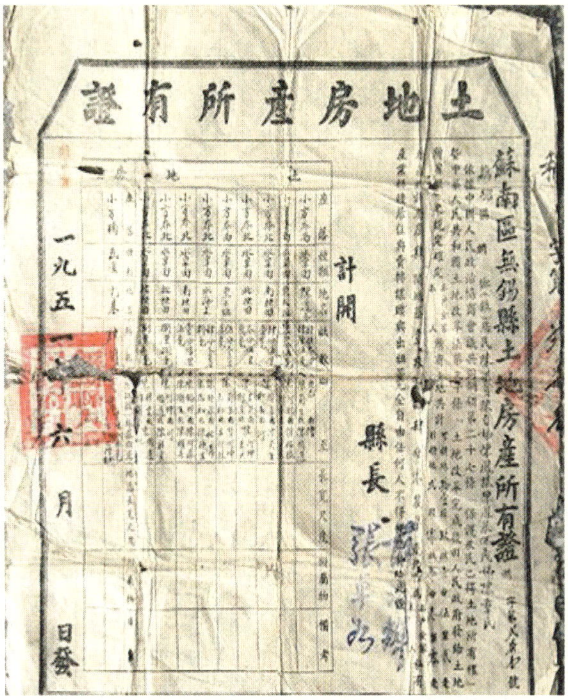


图1—5—2 藕乐苑社区居民陈凤泉保存的1951年土地改革后的“土地房产所有证”

计 开

| | 坐落 | 种类 | 地名 | 亩数 | 四至 |
|---|---|---|---|---|---|
| 土地 | 小方桥西 | 水旱田 | 陈道基 | 肆亩叁分肆厘伍毫 | 东自己 南漕 西陈菊生 北陈明道 |
| | 小方桥南 | 水旱田 | 东大坵 | 陆分零伍毫 | 东陈阿锡 南陈福根 西陈阿泉 北王阿根 |
| | 小方桥北 | 水旱田 | 南秋田 | 肆分伍厘壹毫 | 东陈维善 南陈菊生 西陈和南 北河 |
| | 小方桥北 | 水旱田 | 北秋田 | 叁分伍厘贰毫 | 东陈其兴 南陈阿坤 西陈阿荣 北陈其兴 |
| | 小方桥西 | 水旱田 | 东上坵 | 伍分壹厘柒毫 | 东陈菊生 南陈阿坤 西陈志初 北王阿根 |
| | 小方桥北 | 水旱田 | 水路里 | 肆分壹厘捌毫 | 东陈焕泉 南水沟 西陈志初 北陈焕生 |
| | 小方桥北 | 水旱田 | 南秧田 | 壹分陆厘伍毫 | 东陈锡坤 南陈阿泉 西陈潮生 北陈维善 |
| | 小方桥北 | 水旱田 | 北秧田 | 捌厘捌毫 | 东陈阿坤 南河 西陈明道 北陈祥云 |
| | 小方桥北 | 水旱田 | 北秧田 | 捌厘捌毫 | 东陈祥云 南陈明道 西陈明道 北陈其云 |

| | 坐落 | 种类 | 地名 | 间数 | 地基亩数 | 地基四至 |
|---|---|---|---|---|---|---|
| 房产 | 小方桥 | 瓦屋 | 宅基 | 肆间 | 肆分零柒毫 | 东陈阿南 南自己 西陈兆生 北陈和南 |

无锡县人民政府（印章）

一九五一年六月发

## 三、土地全民所有与劳动群众集体所有并存的社会主义土地公有制时期

1953年1月3日，藕塘乡周泉根互助组试办初级农业生产合作社。1954年，钱桥、藕塘地区掀起合作化高潮，钱桥乡在互助组的基础上成立竞业、竞益、建新、苏庙等初级社；洋溪乡在互助组的基础上成立薛巷、江胜桥、顾巷、单巷等11个初级社；社冈乡成立五星、群星、新丰等初级社；舜柯乡成立合丰、唐巷、龚西、龚东、龚中等初级社；稍塘乡成立第一至第八8个初级社；盛店乡成立新平、新民等初级社。初级社实行以社为统一核算单位、土地入股、统一经营、劳力统一安排、

生产资料统一使用，收获的产品实行统一按土地、劳力比例分红的分配制度，即按年初制定的产量指标以土四劳六（土地占 40%、劳力占 60%）的比例进行分配。超产部分原则上全部按劳分配。与土地无关的副业生产收入则全部按劳分配。这种分配形式，既承认社员土地的私有权，又实行“按劳取酬，多劳多得”的原则。

1956 年，钱桥、藕塘地区掀起小社并大社、大办高级农业生产合作社的第二个合作化高潮。钱桥地区成立钱桥、竞丰、庆丰、余丰、舜一、历村、五星、新丰、洋溪、黎明等高级农业生产合作社；藕塘地区成立五五、五九、一鸣、勤建、凯旋等高级农业生产合作社。1958 年上半年，钱桥、藕塘地区入社户数达 99.5%，入社土地达 99.99%。至此，钱桥、藕塘地区全面实现高级农业合作化，基本完成对农业生产资料所有制方面的社会主义改造，农村土地由个体农民所有转变为劳动群众集体所有。高级社设管理委员会和监察委员会，下设生产队，生产队为基层生产单位。1958 年 8 月，中共中央发出《关于农村建立人民公社问题的决议》。当年 9 月，钱桥、藕塘地区成立钱桥人民公社和藕塘人民公社。人民公社规模大，以公社为基本核算单位，区域内农民的土地、耕畜、大型农具等主要生产资料均归人民公社所有，社员自留地全部收归公共食堂，劳力统一调度，分配实行供给制。人民公社的“一大二公”“一平二调”（分配上实行平均主义，无偿调用财产和物资）严重挫伤钱桥、藕塘公社农民的积极性，加之自然灾害侵袭，导致 1959 年至 1961 年粮食生产连续减产。

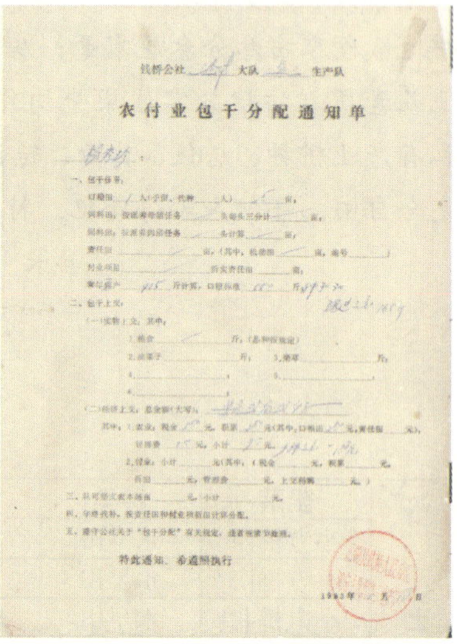
钱桥公社 大队 生产队
农付业包干分配通知单
特此通知，希遵照执行

图1—5—3　1983 年 4 月钱桥公社溪南大队颁发给社员杨秀珍的土地联产承包通知单

1961 年 3 月，中共中央发出《农村人民公社工作条例（草案）》（即六十条）。明确规定：“生产队范围的土地，都归生产队所有。生产队所有的土地，包括社员自留地、自留山、宅基地等，一律不准出租和买卖”“生产队所有的土地，不经县以上人民委员会的审查和批准，任何单位和个人都不得占用”，并指出“生产队是人民公社的基本核算单位”。钱桥、藕塘公社严格执行中央规定，生产队范围内的土地属生产队所有。占用生产队的土地，必须经无锡县人民政府批准。

1978 年，中共十一届三中全会以后，区域内的土地使用制度逐步改革，钱桥、藕塘公社在农村推行家庭联产承包责任制，土地所有权和使用权分离。进入 21 世纪，区域内农村土地制度改革沿着继续完善并用立法规范承包土地制度和探索、推进土地征用制度及农村建设用地制度的主线展开。

## 第三节　土地利用

钱桥、藕塘（乡）镇，钱桥街道对土地利用全面考虑、统一规划，包括耕地、园地、林地、水域、市镇建设用地、农村建设用地、住宅用地、工业仓储用地、商业金融用地、公共建筑用地、交通用地、特殊用地等，合理利用好每一寸土地，提高土地利用效率，缓解土地供需矛盾，并与切实保护耕地的基本国策相吻合。

### 一、土地规划

20 世纪 80 年代后期，钱桥镇、藕塘乡根据社会经济可持续发展的要求和自然条件，从全面和长远的利益出发，合理调整土地利用结构和布局，以利用为中心，对土地开发、利用、整治、保护等进行统筹安排和长远规划，以加强土地利用的宏观控制和计划管理，合理利用土地资源，促进经济协调发展。

**1997~2000 年钱桥镇土地利用总体规划指标分解表**

表 1—5—6　　　　　　　　　　　　　　　　　　　　　　　单位：公顷

| 村名 | 基本农田 | 一般农田 | 非农业建设用地指标 | 复垦指标 | 村名 | 基本农田 | 一般农田 | 非农业建设用地指标 | 复垦指标 |
|---|---|---|---|---|---|---|---|---|---|
| 钱桥 | 10.33 | 1.73 | 5.53 | 0.67 | 溪北 | 61.00 | 17.33 | 2.40 | 3.13 |
| 苏庙 | 70.87 | 22.07 | 7.93 | 1.33 | 西漳 | 72.20 | 11.20 | 3.33 | 5.20 |
| 威华 | 64.67 | 19.20 | 2.73 | 2.00 | 胜丰 | 65.80 | 11.73 | 3.40 | 3.47 |
| 历村 | 93.60 | 15.00 | 2.87 | 3.53 | 晓星 | 53.40 | 19.60 | 2.53 | 4.40 |
| 舜一 | 70.20 | 11.07 | 2.33 | 5.80 | 鸭船浜 | 13.67 | — | 1.13 | 1.67 |
| 溪南 | 106.40 | 19.47 | 4.47 | 1.47 | 镇区 | 7.14 | — | — | — |
| 洋溪 | 75.20 | 12.67 | 2.00 | 3.00 | 合计 | 818.01 | 176.14 | 43.32 | 38.87 |
| 周家弄 | 53.53 | 15.07 | 2.67 | 3.20 | — | — | — | — | — |

## 二、农业用地

改革开放前后，钱桥、藕塘地区的农业用地以种植水稻、三麦等农作物为主，间有零星果树、桑树或其它树木的土地以及每年能收获一季的已垦滩地、灌溉水田、望天田、水浇地、旱地、菜地等。钱桥、藕塘（公社）乡政府遵循“十分珍惜和合理利用每一寸土地，切实保护耕地的基本国策”，建立耕地保护制度，保护基本农田，实现耕地总量的动态平衡。

**1970 年年末藕塘公社耕地面积统计表**

表 1—5—7　　　　　　　　　　　　　　　　　　　　　　　单位：公顷

| 大队名称 | 年末耕地面积 | | | | | | | | | | 到1970年底因整田平地围垦新增耕地面积 | 其中水稻田 | 在耕地面积合计中年内已实行机耕面积 |
|---|---|---|---|---|---|---|---|---|---|---|---|---|---|
| | 合计 | 集体经营 | | | | 社员自营 | | | | | | | |
| | | 小计 | 水田 | 水旱田 | 旱田 | 小计 | 社员自留地 | 自留地中水稻田 | 饲料田 | 饲料田中水稻田 | | | |
| 总计 | 1224.40 | 1099.72 | 3.76 | 1032.79 | 63.17 | 124.35 | 100.19 | 13.93 | 24.16 | — | 0.33 | 0.33 | — |
| 东方红 | 118.46 | 108.82 | — | 108.16 | 0.66 | 9.64 | 9.34 | 3.33 | 0.30 | — | — | — | — |
| 东风 | 225.81 | 206.86 | 0.65 | 187.80 | 18.41 | 18.95 | 15.34 | 2.03 | 3.61 | — | — | — | 16.67 |
| 五星 | 91.40 | 81.85 | — | 79.45 | 2.40 | 9.55 | 7.61 | — | 1.94 | — | — | — | — |
| 火花 | 107.12 | 96.61 | 0.09 | 94.67 | 1.85 | 10.51 | 8.08 | 2.43 | 2.43 | — | — | — | — |
| 宇峰 | 129.31 | 115.39 | 1.09 | 111.91 | 2.39 | 13.92 | 11.20 | — | 2.72 | — | — | — | — |
| 凯旋 | 137.33 | 122.20 | 1.73 | 116.60 | 3.87 | 14.93 | 11.50 | 1.83 | 3.43 | — | 0.20 | 0.20 | — |
| 永红 | 210.60 | 189.59 | — | 185.18 | 4.41 | 21.01 | 16.27 | 0.93 | 4.74 | 3.44 | — | — | — |
| 勤建 | 163.99 | 146.43 | — | 131.12 | 15.31 | 17.56 | 14.08 | 3.38 | 3.48 | — | — | — | 22.22 |
| 林业 | 39.14 | 31.29 | 0.20 | 17.56 | 13.53 | 7.85 | 6.40 | — | 1.45 | — | — | — | — |
| 渔业 | 1.24 | 0.73 | — | 0.39 | 0.34 | 0.38 | 0.38 | — | — | — | 0.13 | 0.13 | — |

2004 年后，钱桥（镇）街道严格控制耕地转为非耕地，实行占用耕地补偿制度，实行基本农田保护制度，推进境内土地开发、复垦和整理；与此同时防止水土流失、贫瘠化，实行耕地环境保护。

## 三、宅基用地

20 世纪 60 年代始，钱桥、藕塘地区农民的宅基地用地在获得政府批准后，只限于村民建造自己的住宅使用，不得改为其它用途，不得买卖、转让、出租。宅基地两年后不建造住宅的，由集体收回。1978 年以后，钱桥公社、藕塘公社的农户申请宅基地的越来越多，审批宅基地受到严格控制。

**1978~1985 年藕塘乡社员建房用地统计表**

表 1—5—8　　　　　　　　　　　　　　　　　　　　　　　单位：户、间、平方米

| 单位 | 1985 年建房户数 | 1985 年批准间数 | 1978~1985 年建房用地情况 | | | | |
|---|---|---|---|---|---|---|---|
| | | | 空屋基 | 闲散地 | 旱地 | 稻田 | 老房屋 |
| 藕塘村 | 55 | 86 | 11333.33 | 6666.67 | 11333.33 | — | 26000.00 |
| 东风村 | 70 | 95 | — | 33333.33 | 3333.33 | — | 26666.67 |

续表 1—5—8　　单位：户、间、平方米

| 单位 | 1985年建房户数 | 1985年批准间数 | 1978~1985年建房用地情况 | | | | |
|---|---|---|---|---|---|---|---|
| | | | 空屋基 | 闲散地 | 旱地 | 稻田 | 老房屋 |
| 南水渠村 | 26 | 32 | — | 14000.00 | 1333.33 | — | 6000.00 |
| 火花村 | 28 | 40 | — | 22000.00 | — | — | 4666.67 |
| 宇峰村 | 44 | 58 | — | 20333.33 | 3333.33 | 3333.33 | 12000.00 |
| 盛店村 | 45 | 58 | 666.67 | 20666.67 | 666.67 | 2666.67 | 12666.67 |
| 稍塘村 | 55 | 96 | 2666.67 | 30000.00 | 16666.67 | 2666.67 | 12000.00 |
| 勤建村 | 53 | 90 | 8666.67 | 35333.33 | 8000.00 | — | 8000.00 |
| 井亭村 | 18 | 26 | — | 12666.67 | 桑田 1333.33 | — | 3333.33 |
| 市镇 | 6 | 8 | — | 666.67 | — | — | 4666.67 |
| 合计 | 400 | 589 | 23333.34 | 195666.67 | 45999.99 | 8666.67 | 116000.01 |

2005年以后，钱桥（镇）街道不再审批宅基地。

## 四、市镇建设用地

20世纪80年代，钱桥、藕塘乡随着工业化的迅速发展，使得城镇建设用地需求不断增加。根据土地利用总体规划、土地整治规划和挂钩专项规划，钱桥、藕塘乡政府对零星分散、低效利用的农村建设用地指标调节到市镇建设利用用地。

1985年藕塘乡市镇建设过拨土地汇总表

表 1—5—9　　单位：平方米

| 单位名称 | 占有面积 | 过拨土地面积 | | | 单位名称 | 占有面积 | 过拨土地面积 | | |
|---|---|---|---|---|---|---|---|---|---|
| | | 水稻田 | 旱田 | 桑田 | | | 水稻田 | 旱田 | 桑田 |
| 新街 | 3760.00 | 3760.00 | — | — | 个体协会 | 3813.33 | 3813.33 | — | — |
| 新街菜场 | 5800.00 | 5800.00 | — | — | 交管所 | 1929.33 | 1929.33 | — | — |
| 藕塘工业公司 | 4146.00 | 4146.00 | — | — | 建筑站 | 1900.00 | 1900.00 | — | — |
| 多服公司 | 6693.33 | 6693.33 | — | — | 新街绿化 | 1680.00 | 1680.00 | — | — |
| 藕塘乡经委 | 3880.00 | 3880.00 | — | — | 新街厕所 | 582.67 | 582.67 | — | — |
| 合计 | 24279.33 | 24279.33 | — | — | 合计 | 9905.33 | 9905.33 | — | — |

2000年藕塘镇国有土地使用统计表

表 1—5—10　　单位：公顷

| 土地权属单位名称 | 土地总面积 | 工矿用地 | | 交通用地 | | | | 水域 |
|---|---|---|---|---|---|---|---|---|
| | | 小计 | 独立工矿用地 | 小计 | 铁路 | 公路 | 农村道路 | |
| 合计 | 173.98 | 2.59 | 2.59 | 53.14 | 15.02 | 37.99 | 0.13 | 118.25 |
| 锡山市公路管理站 | 37.99 | — | — | 37.99 | — | 37.99 | — | — |
| 锡山市水利局 | 118.25 | — | — | — | — | — | — | 118.25 |
| 藕塘供销合作社 | 0.23 | 0.23 | 0.23 | — | — | — | — | — |
| 锡山市财政局 | 0.96 | 0.96 | 0.96 | — | — | — | — | — |
| 无锡市供电局 | 1.53 | 1.40 | 1.40 | 0.14 | — | — | 0.13 | — |
| 中铁上海局 | 15.02 | — | — | 15.02 | 15.02 | — | — | — |

## 五、工矿企业用地

20世纪80年代，钱桥、藕塘乡乡镇企业建设用地按照土地利用总体规划、严格控制、合理利用和节约使用的原则，凡有荒地、劣地可以利用的，乡镇企业建设不占用耕地、好地。凡乡镇企业建设使用农村集体土地的，依照法律、法规的规定，办理有关用地批准手续和土地登记手续；连续闲置两年以上或者因停办闲置一年以上的，由原土地所有者收回该土地使用权，重新安排使用。

## 1985年藕塘乡乡镇企业、单位过拨土地面积汇总表

表1—5—11　　　　单位：平方米

| 单位名称 | 占有面积 | 过拨土地面积 | | | 单位名称 | 占有面积 | 过拨土地面积 | | |
|---|---|---|---|---|---|---|---|---|---|
| | | 水稻田 | 旱田 | 桑田 | | | 水稻田 | 旱田 | 桑田 |
| 稍塘小学 | 9973.33 | 9973.33 | — | — | 标准件三厂 | 1673.33 | — | 1673.33 | — |
| 煤机厂 | 4333.33 | 4333.33 | — | — | 无锡离合器厂 | 21853.33 | 21853.33 | — | — |
| 藕塘制钉厂 | 4000.00 | 4000.00 | — | — | 东风村 | 3553.33 | 3553.33 | — | — |
| 压延厂 | 8513.33 | 8513.33 | — | — | 第二塑料制品厂 | 1913.33 | 1913.33 | — | — |
| 永红电镀厂 | 4000.00 | 4000.00 | — | — | 起重机械厂 | 3000.00 | 3000.00 | — | — |
| 藕塘五金镀锌厂 | 2666.67 | 2666.67 | — | — | 包装机械厂 | 666.67 | 666.67 | — | — |
| 藕塘锁厂 | 3666.67 | 3666.67 | — | — | 火花小学 | 4000.00 | 4000.00 | — | — |
| 稍塘彩印厂 | 1333.33 | 1333.33 | — | — | 火花锻压五金厂 | 3266.67 | 3266.67 | — | — |
| 稍塘村委 | 666.67 | 666.67 | — | — | 煤矿机械配件厂 | 3866.67 | 3866.67 | — | — |
| 藕塘橡胶模具厂 | 4933.33 | — | — | 4933.33 | 火花装潢制盒厂 | 3266.67 | 3266.67 | — | — |
| 建筑构件厂 | 3600.00 | 3600.00 | — | — | 千斤顶厂 | 1933.33 | 1933.33 | — | — |
| 建筑装潢厂 | 2526.67 | 1826.67 | 700 | — | 宇峰铸造厂 | 14366.67 | 14366.67 | — | — |
| 藕塘铝合金配件厂 | 666.67 | 666.67 | — | — | 加热器厂 | 11186.67 | 11186.67 | — | — |
| 勤建采矿厂 | 3066.67 | 3066.67 | — | — | 凯旋集装箱厂 | 8000.00 | 8000.00 | — | — |
| 藕塘村标准件二厂 | 16860.00 | 16860.00 | — | — | 勤建橡胶配件厂 | 1933.33 | — | — | 1933.33 |
| 采煤机链轮厂 | 3680.00 | — | — | 3680.00 | 勤建化工厂 | 3000.00 | — | — | 3000.00 |
| 铝合金配件厂 | 1600.00 | — | — | 1600.00 | 振兴毛纺实业公司 | 8666.67 | 8666.67 | — | — |
| 勤建小学 | 3200.00 | 3200.00 | — | — | 第五毛纺厂 | 3986.67 | 3986.67 | — | — |
| 勤建化学助剂分厂 | 5666.67 | — | — | 5666.67 | 合计 | 189960.01 | 166773.35 | 2373.33 | 20813.33 |
| 藕塘钢窗厂 | 4873.33 | 4873.33 | — | — | — | — | — | — | — |

## 1985年无锡县计委批复钱桥乡乡办企业征用土地面积明细表

表1—5—12　　　　单位：平方米

| 企业名称 | 土地用途 | 批准土地所在行政村、生产队 | 水稻田面积 |
|---|---|---|---|
| 钱桥建筑公司 | 扩建预制场 | 钱桥乡威华村周东队 | 1966.67 |
| 钱桥建筑公司 | 扩大材料堆场 | 钱桥乡威华村周东队 | 466.67 |
| 钱桥水泥制品厂 | 移地迁建 | 钱桥乡威华村周东队 | 1933.33 |
| 上海梅林罐头食品厂无锡分厂 | 扩建车间 | 钱桥乡苏庙村邵西队 | 1333.33 |
| 无锡县涤纶丝二厂 | 扩大仓房、场地 | 钱桥乡晓星村前砖队 | 1933.33 |
| 无锡县涤纶丝二厂 | 建造危险品库和锅炉间 | 钱桥乡晓星村中砖场队 | 1933.33 |
| 无锡县涤纶丝二厂 | 建造机修车间 | 钱桥乡晓星村中砖场队 | 666.67 |
| 合计 | | | 10233.33 |

## 1985年无锡县计委批复驻地钱桥县属企业征用土地面积明细表

表1—5—13　　　　单位：平方米

| 企业名称 | 土地用途 | 批准土地所在行政村、队 | 面积（水旱田） |
|---|---|---|---|
| 县钢铁厂 | 建 bookkwxz 列电改装电厂 | 钱桥村直街队 | 3326.67 |
| 县钢铁厂 | 建 bookkwxz 列电改装电厂 | 钱桥村沿河队 | 3326.67 |
| 县钢铁厂 | 建 bookkwxz 列电改装电厂 | 钱桥村沿河队 | 3326.67 |
| 县钢铁厂 | 建 bookkwxz 列电改装电厂 | 钱桥村直街队 | 3326.67 |
| 县钢铁厂 | 建电厂职工家属宿舍 | 钱桥村直街队 | 1553.33 |
| 县钢铁厂 | 建电厂职工家属宿舍 | 钱桥村直街队 | 2000.00 |
| 县钢铁厂 | 建电厂职工家属宿舍 | 钱桥村直街队 | 2666.67 |
| 县钢铁厂 | 建电厂堆煤场 | 钱桥村直街队 | 3326.67 |
| 县钢铁厂 | 扩大煤场 | 钱桥村沿河队 | 3326.67 |
| 县钢铁厂 | 扩建露天堆煤场 | 钱桥村沿河队 | 3326.67 |
| 县水泥制品厂 | 移地翻建车间 | 苏庙村邵东队 | 2013.33 |
| | | 苏庙村邵西队 | 1213.33 |
| 合计 | | | 32733.35 |

## 1985年无锡县计委批复藕塘乡乡办企业、单位征用土地面积明细表

表1—5—14　　　　单位：平方米

| 企业名称 | 土地用途 | 批准土地所在行政村、生产队 | 水稻田面积 |
|---|---|---|---|
| 藕塘建筑站 | 移地迁建 | 东风村洗马浜队 | 1900.00 |
| 藕塘建筑构件厂 | 扩建水泥、钢材仓库 | 东风村洗马浜队 | 1666.67 |
| 藕南建筑装潢厂 | 扩建生产车间 | 东风村洗马浜队 | 1826.67 |

续表 1—5—14　　单位：平方米

| 企业名称 | 土地用途 | 批准土地所在行政村、生产队 | 水稻田面积 |
|---|---|---|---|
| 无锡县合金压延厂 | 扩建生产用房 | 东风村冯巷东队 | 1666.67 |
| 藕塘三电办 | 扩建业务用房、办公室 | 东风村冯巷西队 | 1986.67 |
| 无锡县采煤机配件厂 | 扩建厂房 | 东风村冯巷西队 | 1333.33 |
| 无锡县采煤机配件厂 | 扩建厂房 | 藕塘村藕南队 | 345.33 |
| 藕塘多服公司 | 建车库、办公室 | 东风村漳漕巷队 | 1420.00 |
| 合计 | | | 12145.34 |

## 六、交通用地

1985 年，藕塘乡交通用地 389733.33 平方米。1998 年，新长铁路经过藕塘段用地 150200 平方米，均在藕塘镇征土。

2008 年，钱桥街道交通运输用地 542.6 公顷，其中铁路用地 15.02 公顷、公路用地 383.82 公顷、农村道路用地 143.76 公顷。

## 七、钱桥街道土地面积利用情况

1986 年，钱桥乡共有土地 2600 公顷，藕塘乡共有土地 2004 公顷。2008 年，钱桥街道共有土地面积 4621.34 公顷，其中耕地面积为 898.23 公顷、园地面积 329.49 公顷、林地面积 200.94 公顷、城镇村及工矿用地 2287.7 公顷、交通运输用地 542.6 公顷、水域及水利设施用地面积 333.7 公顷，其他土地面积 28.68 公顷。

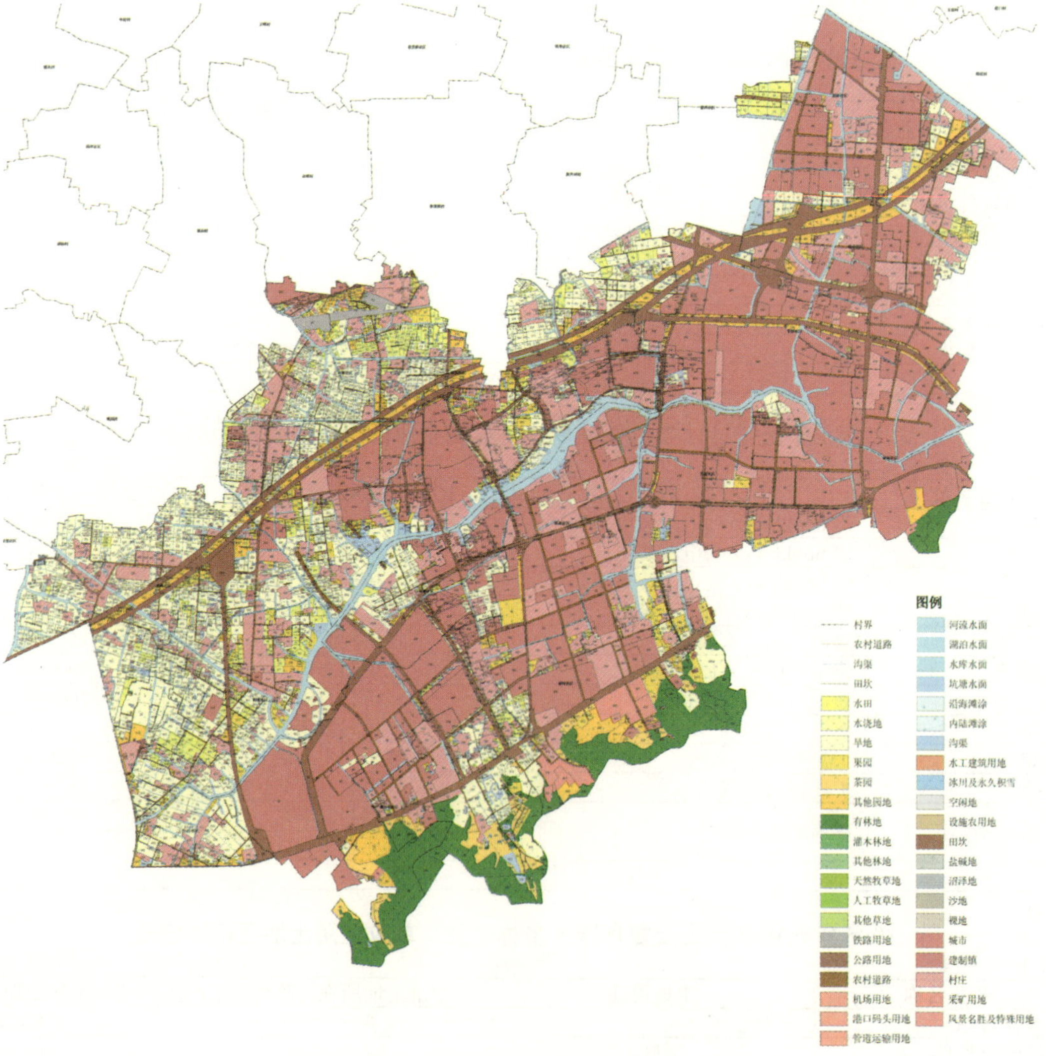


图 1—5—4　2008 年钱桥街道土地利用状况图

## 2008年钱桥街道农村土地利用状况二级分类面积汇总表

表1—5—15　　单位：公顷

| 名称 | 总面积 | 耕地 | 其中：水田 | 其中：旱田 | 园地 | 其中：果园 | 其中：茶园 | 其中：其他园地 | 林地 |
|---|---|---|---|---|---|---|---|---|---|
| 惠山区钱桥街道 | 4621.34 | 898.23 | 118.10 | 780.13 | 329.49 | 110.56 | 44.28 | 174.65 | 200.94 |
| 桥南社区 | 155.94 | — | — | — | 4.72 | — | — | 4.72 | 14.70 |
| 桥北社区 | 102.21 | — | — | — | 2.83 | — | — | 2.83 | — |
| 新村社区 | 21.40 | — | — | — | — | — | — | — | — |
| 藕塘居委 | 105.74 | 2.63 | 0.68 | 1.95 | 0.39 | 0.31 | — | 0.08 | — |
| 苏庙村 | 232.62 | 6.49 | — | 6.49 | 7.36 | 6.51 | — | 0.85 | — |
| 华新村 | 394.24 | 35.92 | 8.28 | 27.64 | 22.22 | 2.09 | — | 20.13 | — |
| 舜柯村 | 521.25 | 65.21 | 6.54 | 58.67 | 58.68 | 26.93 | 10.54 | 21.21 | 81.04 |
| 溪南村 | 241.82 | 2.10 | — | 2.10 | 8.00 | 6.26 | — | 1.74 | — |
| 洋溪村 | 331.19 | 82.01 | 19.26 | 62.75 | 28.59 | 11.46 | — | 17.13 | — |
| 西漳村 | 216.72 | 18.59 | 14.41 | 4.18 | 2.46 | 0.41 | — | 2.05 | — |
| 胜丰村 | 150.59 | 28.76 | 5.31 | 23.45 | 16.65 | 3.25 | — | 13.40 | — |
| 晓星村 | 165.79 | 12.69 | — | 12.69 | 17.45 | 1.50 | — | 15.95 | — |
| 藕塘村 | 163.45 | 39.87 | 1.12 | 38.75 | 4.52 | 2.46 | — | 2.06 | — |
| 东风村 | 231.53 | 60.63 | 4.19 | 56.44 | 27.20 | 13.58 | — | 13.62 | — |
| 南水渠村 | 133.70 | 43.79 | 12.73 | 31.06 | 20.81 | 9.34 | — | 11.47 | — |
| 庙塘桥村 | 157.92 | 62.14 | 5.63 | 56.51 | 5.28 | 3.18 | — | 2.10 | — |
| 盛峰村 | 365.33 | 199.14 | 8.93 | 190.21 | 19.40 | 5.72 | — | 13.68 | — |
| 稍塘村 | 288.15 | 135.12 | 30.80 | 104.32 | 20.74 | 15.03 | — | 5.71 | — |
| 勤建村 | 313.70 | 6.33 | — | 6.33 | 24.13 | — | 11.71 | 12.42 | 51.88 |
| 恒源祥村 | 206.02 | 29.72 | 0.19 | 29.53 | 26.79 | 2.49 | 22.03 | 2.27 | 53.32 |
| 钱桥街道（216）村 | 122.03 | 67.06 | — | 67.06 | 11.27 | 0.04 | — | 11.23 | — |

续表1—5—15　　单位：公顷

| 名称 | 城镇村及工矿用地 | 其中：建制镇 | 其中：村庄 | 其中：风景名胜及特殊用地 | 交通运输用地 | 其中：铁路用地 | 其中：公路用地 | 其中：农村道路 |
|---|---|---|---|---|---|---|---|---|
| 惠山区钱桥街道 | 2287.70 | 1519.84 | 733.13 | 34.73 | 542.60 | 15.02 | 383.82 | 143.76 |
| 桥南社区 | 117.47 | 116.62 | — | 0.85 | 12.28 | — | 9.90 | 2.38 |
| 桥北社区 | 81.25 | 62.33 | 18.92 | — | 10.97 | — | 7.46 | 3.51 |
| 新村社区 | 18.18 | 18.18 | — | — | 2.91 | — | 0.98 | 1.93 |
| 藕塘居委 | 84.35 | 72.26 | 12.09 | — | 11.73 | — | 11.03 | 0.70 |
| 苏庙村 | 181.22 | 156.42 | 24.80 | — | 18.94 | — | 13.09 | 5.85 |
| 华新村 | 254.96 | 225.26 | 29.16 | 0.54 | 61.31 | — | 54.96 | 6.35 |
| 舜柯村 | 245.03 | 128.01 | 85.69 | 31.33 | 54.70 | — | 37.09 | 17.61 |
| 溪南村 | 186.27 | 124.71 | 61.56 | — | 24.28 | — | 10.26 | 14.02 |
| 洋溪村 | 135.91 | 72.98 | 62.93 | — | 49.25 | — | 42.78 | 6.47 |
| 西漳村 | 151.80 | 104.98 | 46.33 | 0.49 | 24.10 | — | 11.08 | 13.02 |
| 胜丰村 | 71.87 | 25.74 | 46.13 | — | 22.28 | — | 14.71 | 7.57 |
| 晓星村 | 84.35 | 53.97 | 30.38 | — | 39.58 | — | 35.18 | 4.40 |
| 藕塘村 | 87.69 | 64.71 | 22.98 | — | 14.33 | — | 11.99 | 2.34 |
| 东风村 | 84.73 | 50.21 | 34.52 | — | 28.21 | — | 18.57 | 9.64 |
| 南水渠村 | 37.55 | 2.08 | 35.47 | — | 20.56 | 9.29 | 6.50 | 4.77 |
| 庙塘桥村 | 61.20 | 14.02 | 46.85 | 0.33 | 14.40 | 5.73 | 4.63 | 4.04 |
| 盛峰村 | 57.79 | 3.56 | 54.23 | — | 48.16 | — | 39.46 | 8.70 |
| 稍塘村 | 77.45 | 25.58 | 51.87 | — | 19.83 | — | 9.08 | 10.75 |
| 勤建村 | 184.68 | 174.65 | 8.99 | 1.04 | 35.99 | — | 30.18 | 5.81 |
| 恒源祥村 | 61.16 | 22.47 | 38.54 | 0.15 | 19.32 | — | 10.78 | 8.54 |
| 钱桥街道（216）村 | 22.79 | 1.10 | 21.69 | — | 9.47 | — | 4.11 | 5.36 |

续表 1—5—15　　单位：公顷

| 名称 | 水域及水利设施用地 | 其中 | | | | 其他土地 | 其中 | |
|---|---|---|---|---|---|---|---|---|
| | | 河流水面 | 坑塘水面 | 沟渠 | 水工建筑用地 | | 设施农用地 | 田坎 |
| 惠山区钱桥街道 | 333.70 | 258.44 | 57.91 | 13.22 | 4.13 | 28.68 | 5.28 | 23.40 |
| 桥南社区 | 6.77 | 6.77 | — | — | — | 2.43 | 1.00 | 1.43 |
| 桥北社区 | 7.16 | 7.16 | — | — | — | 2.00 | 0.80 | 1.20 |
| 新村社区 | 0.31 | 0.31 | — | — | — | 2.00 | 0.70 | 1.30 |
| 藕塘居委 | 6.55 | 6.25 | 0.28 | 0.02 | — | 1.09 | — | 1.09 |
| 苏庙村 | 18.38 | 15.60 | 1.24 | 0.11 | 1.43 | 0.23 | 0.07 | 0.16 |
| 华新村 | 18.96 | 17.93 | 0.76 | 0.27 | — | 0.87 | 0.15 | 0.72 |
| 舜柯村 | 14.89 | 11.94 | 2.11 | 0.84 | — | 1.70 | 0.77 | 0.93 |
| 溪南村 | 21.17 | 19.19 | 1.16 | 0.04 | 0.78 | 1.00 | 0.30 | 0.70 |
| 洋溪村 | 33.15 | 26.90 | 4.02 | 1.13 | 1.10 | 2.28 | 0.06 | 2.22 |
| 西漳村 | 18.79 | 17.46 | 0.73 | 0.24 | 0.36 | 0.98 | 0.39 | 0.59 |
| 胜丰村 | 10.55 | 8.54 | 1.61 | 0.40 | — | 0.48 | 0.16 | 0.32 |
| 晓星村 | 11.58 | 9.44 | 1.76 | 0.38 | — | 0.14 | — | 0.14 |
| 藕塘村 | 16.44 | 12.85 | 2.81 | 0.41 | 0.37 | 0.60 | — | 0.60 |
| 东风村 | 29.14 | 19.03 | 9.26 | 0.85 | — | 1.62 | — | 1.62 |
| 南水渠村 | 10.18 | 6.94 | 1.95 | 1.29 | — | 0.81 | — | 0.81 |
| 庙塘桥村 | 13.38 | 10.75 | 1.66 | 0.88 | 0.09 | 1.52 | — | 1.52 |
| 盛峰村 | 35.61 | 23.48 | 9.32 | 2.81 | — | 5.23 | 0.72 | 4.51 |
| 稍塘村 | 32.54 | 25.26 | 5.97 | 1.31 | — | 2.47 | 0.16 | 2.31 |
| 勤建村 | 7.57 | 5.95 | 0.76 | 0.86 | — | 0.12 | — | 0.12 |
| 恒源祥村 | 10.11 | 0.88 | 8.94 | 0.29 | — | 0.14 | — | 0.14 |
| 钱桥街道（216）村 | 10.47 | 5.81 | 3.57 | 1.09 | — | 0.97 | — | 0.97 |

## 第四节 土地赋税

钱桥、藕塘地区历代土地赋税是以土地为课税对象，按照土地面积、等级、地价、权益或增值情况征收的税款。“税”是由“禾”及“兑”二字组成，稻麦、玉米、高粱、粟子都是禾本植物，“兑”是支付，用禾本植物的果实去付田赋，就是税。历代田赋（新中国建立后改称农业税）是国家财政收入的重要来源。

### 一、田赋

夏、商、周三代至春秋前期，土地属奴隶主所有，实施劳役地租。春秋中后期出现私有土地，各国诸侯进行赋税改革。最著名的是鲁宣公十五年（前 594）实行的“初税亩”。“初税亩”以实物地租代替劳役地租，不分公田、私田，一律按亩征税，税率为产量的 1/10。秦始皇三十一年（前 216）颁令“使黔首自实田”，即钱桥、藕塘地区有田者据实申报自己所有土地，按亩纳税。

西汉初，区域内田赋征收量为土地收获量的 1/15，“文景之治”时改为 1/30。

唐武德七年（624）颁布租庸调制，区域内有田则有租，有身则有庸，有户则有调，即田赋、丁赋、户赋三者并征。

宋代把五代名目繁多的苛捐杂税归并为按田亩征收，自此正式称田赋。无锡县钱桥、藕塘地区分夏、秋两季纳赋。

明洪武十四年（1381），钱桥、藕塘地区定税役籍，课征地赋和户役。区域内漕粮乃地丁粮内派收的实物，是历代王朝征收的田赋粮中运往京师的粮食，主要供皇室及军官食用。区域内租课又分芦课和屯租、屯米。芦课即沿湖、河新涨之滩地，多产芦苇，由民交价，领垦采芦，由官府征收课银，谓之“芦课”，又称滩租。屯租又称屯卫赋，系各卫帮屯田征收的租息。明末，因防寇与护粮，在洋溪河及运河沿岸要冲设立卫所，以军隶卫，以屯田养军。清初，先由屯丁收取，然后完纳钱粮。清末一律改为丁粮。屯米乃屯田之漕粮。

清初征收地税和丁赋。地以田亩为准课赋税。无锡县于清雍正二年（1724）划分为金匮、无锡两县后，田赋征收互有异同。清咸丰十年（1860）5月，太平天国军队占领无锡，钱桥、藕塘仍实行“照旧交粮纳租”的政策，曾颁发“田凭”。一年分上忙、下忙两次征收钱粮。

清末至民国19年（1930），钱桥、藕塘地区执行无锡县征收田赋主要有地丁、漕粮和租课的规定。区域内地丁分平田、高田、低田、滩荡、山墩埣五则计征，以米折银两计算，分上下两忙征收，故又称忙银。民国承清制，以银两计征，折纳银元。民国元年，金匮、无锡两县合并称“无锡县”后，田赋征收仍沿旧习，分“易”“贵”两字征收，钱桥、藕塘为“易”字，“贵”为原金匮县。

**民国元年（1912）钱桥、藕塘地区“易”字与金匮县“贵”字忙银一览表**

表1—5—16　　　　单位：银两/亩

| 易字忙银（上下忙数目） | 贵字忙银（上下忙数目） |
|---|---|
| 平　田　五分七厘一毫二丝 | 平　田　五分七厘三毫一丝 |
| 高　田　四分五厘四毫 | 高　田　四分五厘五毫五丝 |
| 低　田　四分二厘三毫三丝 | 低　田　四分二厘四毫六丝 |
| 滩　荡　二分二厘一毫七丝 | 滩　荡　二分二厘二毫四丝 |
| 山墩埣　五厘八毫五丝 | 山墩埣　五厘八毫七丝 |

民国20年（1931），区域内田赋改制，废除忙银漕粮名称，改征地价税，一律以银元计征。土地以折实平田为准计算，分上中下三则，钱桥、藕塘地区上则田每亩地价110元，中则田每亩100元，下则田每亩80元，平均每亩地价96.6元。地价税按地价的1%征收，钱桥、藕塘平均每亩征收地价税0.97元。

民国23年10月，江苏省政府通过《江苏省各县田赋征收章程》，将各种田地归并成三等九则计征，各等分上、中、下三则。钱桥、藕塘于民国24年起按三等九则计征：上等上则每亩征1.267元，上等中则每亩征1.216元，上等下则每亩征1.156元；中等上则每亩征1.113元，中等中则每亩征1.065元，中等下则每亩征0.969元；下等上则每亩征0.769元，下等中则每亩征0.393元。民国26年，无锡被日军侵占。这一时期钱桥、藕塘地区田赋税率仍按三等九则计征。

民国34年，抗日战争胜利，国民政府豁免田赋一年，以示大庆。但于当年12月，国民政府又发布“收复区内准免民国三十四年度田赋一年的命令”。命令中说：“因豁免一年，军粮无着，规定劝售。”令无锡县劝售军粮8万石，买价低于市价的25%，限期于民国35年2月底完成。钱桥、藕塘地区农民均按令劝售军粮。

抗日战争胜利后，田赋仍按三等九则应纳赋元计征，定出每赋元折征稻谷数，征收稻谷。民国35年秋，钱桥、藕塘地区的土地每赋元征稻谷2斗1升6合6勺；民国36年增加到2斗8升；民国37年每赋元征稻谷3斗5升。

## 二、耕地占用税

民国时期，钱桥、藕塘地区耕地占用税是对占用耕地从事其他非农业生产经营的依法征收的税。根据实际占用面积，按规定税额一次性征收。区域内部队及各类军事设施用地，铁路线路、车站、装卸用货场仓库用地，国家物资部门的炸药专用库房，全日制中、小学校，医院，慈善机构以及直接为农业生产服务的水利设施用地等免交耕地占用税。

新中国成立后，尤其是改革开放后，钱桥、藕塘地区经济快速发展，用地数量不断增加，耕地面积逐年减少。为保护耕地、控制非农业建设对耕地的占用、促进对土地的合理利用，无锡县人民政府于1987年10月8日颁发《无锡县耕地占用税暂行条例实施办法》，开征耕地占用税。征收范围包括国家所有和集体所有的耕地。钱桥镇、藕塘乡政府对当年（包括前3年内）占用耕地用于种植农作物的土地以及鱼塘、菜地、园地（桑园、茶园、果园等）进行非农业建设的依法征收耕地占用税，根据实际占用面积，按规定税额一次性征收。1996 年 12 月 10 日，江苏省委、省政府作出设立围垦造田专项资金的规定，凡征收耕地占用税的非农业建设占用耕地均应征收围垦造田专项资金。1997 年，钱桥、藕塘镇围垦造田专项资金按耕地占用税应收税额的 10%，由财政部门在征收耕地占用税时一次性收取。2004 年 8 月 16 日，省政府办公厅发出通知，取消围垦造田专项资金项目，钱桥镇（钱桥、藕塘两镇已合并）不再收取该项资金，只收取耕地占用税。

2006 年，钱桥镇的城乡企事业单位占用耕地的税额为每平方米 0.75 元。2007 年起调整为每平方米 7.5 元。农民在规定的额度内占用耕地新建住宅，减半征收；城镇居民（非农业户口）占用耕地新建住宅以及农户和联户占用耕地从事其他非农业生产经营全额征收。纳税人必须在土地管理部门批准占用耕地之日起 30 日内缴纳耕地占用税，逾期按日加收应交纳税款 0.5%的滞纳金。对已获准征用或者占用耕地超过两年不使用的，按规定税额加征 2 倍的耕地占用税。2008 年 1 月 1 日起，区域内耕地占用税由原先的每平方米 7.5 元调整为每平方米 45 元。

2010 年 4 月 1 日起，此税种由地税征收。

**2004~2014 年钱桥（镇）街道耕地占用税征收金额统计表**

表 1—5—17　　　　单位：万元

| 年份 | 征收金额 | 年份 | 征收金额 | 年份 | 征收金额 | 年份 | 征收金额 |
|---|---|---|---|---|---|---|---|
| 2004 | 1356 | 2007 | 40 | 2010 | 551 | 2013 | 1844 |
| 2005 | 485 | 2008 | 266 | 2011 | 775 | 2014 | 547 |
| 2006 | 320 | 2009 | 1734 | 2012 | 659 | 合计 | 8577 |

## 三、农业税

农业税即公粮。解放初期，田赋称公粮，分夏、秋两季征收。1949 年 7 月，钱桥、藕塘按无锡县政府规定，征收夏季公粮、公草。征收办法借用民国时的田赋计税法。

1950 年，区域内公粮改称农业税，农业税累进计征。

**1951 年无锡县钱桥、藕塘乡农业税税率表**

表 1—5—18

| 税级 | 全家每人平均全年农业收入 | 税率% | 税级 | 全家每人平均全年农业收入 | 税率% |
|---|---|---|---|---|---|
| 1 | 75 公斤以下 | 8 | 13 | 500 公斤以上、不足 550 公斤 | 20 |
| 2 | 75 公斤以上，不足 100 公斤 | 9 | 14 | 550 公斤以上、不足 600 公斤 | 21 |
| 3 | 100 公斤以上、不足 125 公斤 | 10 | 15 | 600 公斤以上、不足 650 公斤 | 22 |
| 4 | 125 公斤以上、不足 150 公斤 | 11 | 16 | 650 公斤以上、不足 700 公斤 | 23 |
| 5 | 150 公斤以上、不足 175 公斤 | 12 | 17 | 700 公斤以上、不足 750 公斤 | 24 |
| 6 | 175 公斤以上、不足 200 公斤 | 13 | 18 | 750 公斤以上、不足 800 公斤 | 25 |
| 7 | 200 公斤以上、不足 250 公斤 | 14 | 19 | 800 公斤以上、不足 850 公斤 | 26 |
| 8 | 250 公斤以上、不足 300 公斤 | 15 | 20 | 850 公斤以上、不足 900 公斤 | 27 |
| 9 | 300 公斤以上、不足 350 公斤 | 16 | 21 | 900 公斤以上、不足 950 公斤 | 28 |
| 10 | 350 公斤以上、不足 400 公斤 | 17 | 22 | 950 公斤以上、不足 1000 公斤 | 29 |
| 11 | 400 公斤以上、不足 450 公斤 | 18 | 23 | 1000 公斤以上 | 30 |
| 12 | 450 公斤以上、不足 500 公斤 | 19 | — | — | — |

1985 年起，钱桥、藕塘乡农业税改为“倒三七”比例收购价（30%按统购价，70%按超购价）征收代金。2001 年 3 月 8 日，江苏省委、省政府颁布《关于农村税费改革工作的实施意见》，调整农业税政策。农业税按照计税面积、农作物常年产量，规定税率和计税价格依法征收。钱桥、藕塘镇执行 7%的农业税税率，计税价格按每公斤原粮 1.10 元计算，自 2001 年起三年内不变，委托粮食部门在收购粮食结算粮款时代扣代缴农业税。2004 年 3 月，江苏省政府办公厅发出《关于调整农业

税率的通知》。2004 年起，钱桥、藕塘镇按照省政府规定统一调整农业税率，加大农业税税率调减力度，并采取政府补贴，集体代交等方式落实到农户，由原来 7%的税率调整为 5%，无固定收入的农民，其土地的农业税税率由 4%调整为 2%，农业税的附加仍按调整后的农业税的 2%计征。

## 2004 年度钱桥、藕塘镇农业税基础数字统计表

表 1—5—19　　　　单位：市亩、公斤、%、元

| 镇别 | 纳税人 | 纳税面积变动情况 | | | | 常年产量 | | 税率 |
|---|---|---|---|---|---|---|---|---|
| | | 2003 年原有数 | 变动：减少 | 变动：绿色通道减免 | 2004 年现有数 | 计税单位 | 计税常产 | |
| 钱桥 | 钱　桥 | 208.67 | 36.53 | — | 172.14 | 600 | 103284 | 5 |
| | 苏　庙 | 1314.75 | — | — | 1314.75 | 600 | 788850 | 5 |
| | 华　新 | 1123.30 | 32.57 | 280.91 | 809.82 | 600 | 485892 | 5 |
| | 舜　柯 | 1708.77 | 107.32 | — | 1601.45 | 600 | 960870 | 5 |
| | 溪　南 | 1021.97 | 327.03 | — | 694.94 | 600 | 416964 | 5 |
| | 洋　溪 | 1384.74 | 14.54 | 670.13 | 700.07 | 600 | 420042 | 5 |
| | 胜　丰 | 537.95 | — | 233.90 | 304.05 | 600 | 182430 | 5 |
| | 西　漳 | 907.73 | 16.88 | — | 890.85 | 600 | 534510 | 5 |
| | 晓　星 | 552.90 | 0.92 | 279.45 | 272.53 | 600 | 163518 | 5 |
| | 小计 | 8760.78 | 535.79 | 1464.39 | 6760.60 | 600 | 4056360 | 5 |
| 藕塘 | 藕　塘 | 836.16 | 10.47 | — | 825.69 | 600 | 495414 | 5 |
| | 东　风 | 1144.64 | 3.62 | 382.00 | 259.02 | 600 | 155412 | 5 |
| | 南水渠 | 634.00 | — | 600.00 | 34.00 | 600 | 20400 | 5 |
| | 庙塘桥 | 904.15 | 1.14 | 630.00 | 273.01 | 600 | 163806 | 5 |
| | 盛　峰 | 2313.50 | — | 2076.00 | 237.50 | 600 | 142500 | 5 |
| | 稍　塘 | 1623.07 | 50.00 | — | 1573.07 | 600 | 943842 | 5 |
| | 勤　建 | 1411.30 | 137.91 | — | 1273.39 | 600 | 764034 | 5 |
| | 恒源祥 | 486.36 | 155.98 | — | 330.38 | 600 | 198328 | 5 |
| | 各村委 | 505.18 | 44.77 | — | 460.41 | 600 | 276246 | 5 |
| | 小计 | 9858.36 | 403.89 | 3688.00 | 5266.47 | 600 | 3159982 | 5 |
| 合计 | | 18619.14 | 939.68 | 5152.39 | 12027.07 | 600 | 7216342 | 5 |

续表 1—5—19　　　　单位：市亩、公斤、%、元

| 镇别 | 纳税人 | 正税：依率计征主粮金额 | | | 减免金额 | | 应征税额 | | | | |
|---|---|---|---|---|---|---|---|---|---|---|---|
| | | 主粮 | 计税单价 | 金额 | 减免比率 | 金额 | 本年应征金额 | 镇级征收：面积 | 镇级征收：亩均 | 镇级征收：金额 | 区级财政垫交金额 |
| 钱桥 | 钱桥 | 4131.36 | 1.1 | 4544.50 | 12 | 545.34 | 3999.16 | 168.32 | 23.23 | 3910.07 | 89.08 |
| | 苏庙 | 31554.00 | 1.1 | 34709.40 | 12 | 4165.13 | 30544.27 | 155.91 | 23.23 | 3621.79 | 26922.48 |
| | 华新 | 19435.68 | 1.1 | 21379.25 | 12 | 2565.51 | 18813.74 | 289.77 | 23.23 | 6731.36 | 12082.38 |
| | 舜柯 | 38434.80 | 1.1 | 42278.28 | 12 | 5073.39 | 37204.89 | 120.00 | 23.23 | 2787.60 | 34417.29 |
| | 溪南 | 16678.56 | 1.1 | 18346.42 | 12 | 2201.57 | 16144.85 | 85.00 | 23.23 | 1974.55 | 14170.30 |
| | 洋溪 | 16801.68 | 1.1 | 18481.85 | 12 | 2217.82 | 16264.03 | 104.80 | 23.23 | 2434.50 | 13829.52 |
| | 胜丰 | 7297.20 | 1.1 | 8026.92 | 12 | 963.23 | 7063.69 | 166.00 | 23.23 | 3856.18 | 3207.51 |
| | 西漳 | 21380.40 | 1.1 | 23518.44 | 12 | 2822.21 | 20696.23 | 168.20 | 23.23 | 3907.29 | 16788.94 |
| | 晓星 | 6540.72 | 1.1 | 7194.79 | 12 | 863.38 | 6331.42 | 103.00 | 23.23 | 2392.69 | 3938.73 |
| | 小计 | 162254.40 | 1.1 | 178479.85 | 12 | 21417.58 | 157062.28 | 1361.00 | 23.23 | 31616.03 | 125446.23 |
| 藕塘 | 藕塘 | 19816.56 | 1.1 | 21798.22 | 12 | 2615.79 | 19182.43 | 72.00 | 23.23 | 1672.56 | 17509.87 |
| | 东风 | 6216.48 | 1.1 | 6838.13 | 12 | 820.58 | 6017.55 | 136.00 | 23.23 | 3159.28 | 2858.27 |
| | 南水渠 | 816.00 | 1.1 | 897.60 | 12 | 107.71 | 789.89 | 34.00 | 23.23 | 789.82 | 0.07 |
| | 庙塘桥 | 6552.24 | 1.1 | 7207.46 | 12 | 864.90 | 6342.57 | 125.00 | 23.23 | 2903.75 | 3438.82 |
| | 盛峰 | 5700.00 | 1.1 | 6270.00 | 12 | 752.40 | 5517.60 | 56.00 | 23.23 | 1300.88 | 4216.72 |
| | 稍塘 | 37753.68 | 1.1 | 41529.05 | 12 | 4983.49 | 36545.56 | 152.00 | 23.23 | 3530.96 | 33014.60 |

续表 1—5—19　　　　单位：市亩、公斤、%、元

| 镇别 | 纳税人 | 正税 | | | 减免金额 | | 应征税额 | | | | |
|---|---|---|---|---|---|---|---|---|---|---|---|
| | | 依率计征主粮金额 | | | | | 本年应征金额 | 镇级征收 | | | 区级财政垫交金额 |
| | | 主粮 | 计税单价 | 金额 | 减免比率 | 金额 | | 面积 | 亩均 | 金额 | |
| 藕塘 | 勤建 | 30561.36 | 1.1 | 33617.50 | 12% | 4034.10 | 29583.40 | 178.00 | 23.23 | 4134.94 | 25448.46 |
| | 恒源祥 | 7929.12 | 1.1 | 8722.03 | 12% | 1046.64 | 7675.39 | 129.00 | 23.23 | 2996.67 | 4678.72 |
| | 各村委 | 11049.84 | 1.1 | 12154.82 | 12% | 1458.58 | 10696.25 | — | 23.23 | 0.00 | 10696.25 |
| | 小计 | 126395.28 | 1.1 | 139034.81 | 12% | 16684.19 | 122350.64 | 882.00 | 23.23 | 20443.86 | 101861.78 |
| 合计 | | 288649.68 | 1.1 | 317514.66 | 12% | 38101.77 | 279412.92 | 2243.00 | 23.23 | 52059.89 | 227308.01 |

2005 年，钱桥镇（钱桥、藕塘两镇已合并）免征农业税，钱桥、藕塘农民从此彻底告别延续 2600 多年的“皇粮国税”——农业税。

## 四、契税

钱桥、藕塘地区的契税为行为税之一种。区域内凡民间有卖、典田地、房屋的行为，照章须购买官契纸立契，经官府盖印后完纳税银，在法律上始得为正式契据。

唐代有土地买卖、典当、租佃等契约样文流传。宋朝出现官方标准契约。元、明、清沿用官版契纸，分两张，正联叫“契本”，存根叫“契根”，钱桥、藕塘地区民间书写契约趋于完善、规范。清代，区域内民间按江苏契约制度规定每卖契银价 1 两，纳税 3 分；若活契或典契，其时期在 10 年以内者，概不课税。

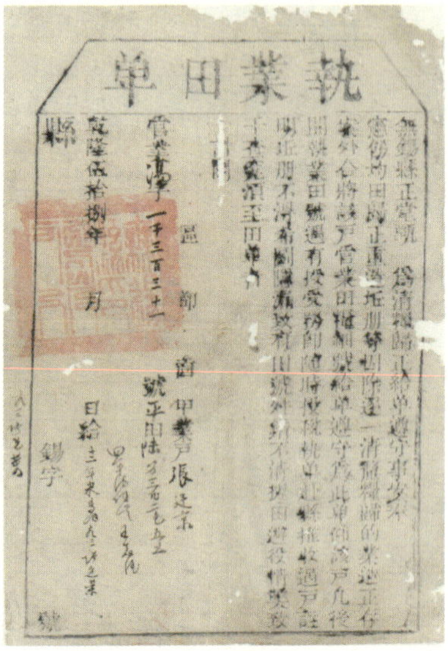


图 1—5—5 清乾隆五十八年（1793）区域内颁发的执业田单

民国 3 年（1914），财政部令契税税率改为卖六典三。无锡县钱桥、藕塘从民国 4 年起实行。民国 25 年，中央全国财政会议决议，契税卖六典三为最高限度，从此无锡县钱桥、藕塘将契税卖六典三定为永久税率。

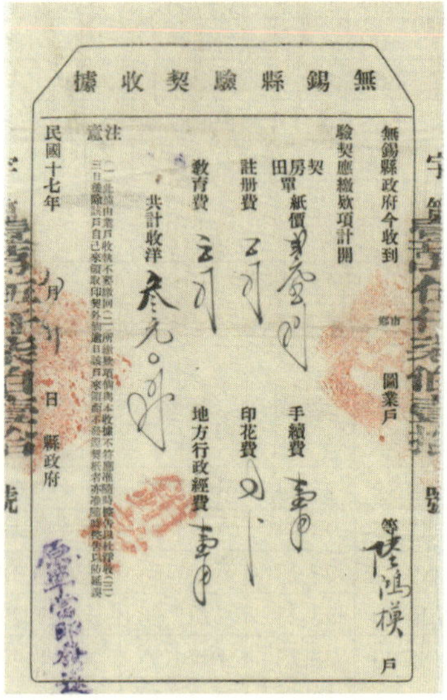


图 1—5—6 民国 17 年（1928）无锡县政府发给陆鸿模的验契收据

日军侵占无锡期间，日伪当局多次提高契税税率。民国 32 年 12 月，钱桥、藕塘地区契税税率改为卖九典六。民国 33 年 3 月又加征附税 3 分，即为卖十二典九，五月又改为卖十五典十二。抗日战争胜利以后，无锡县政府于民国 35 年 8 月开征契税，钱桥、藕塘地区的税率为卖六典三。

1950 年 4 月 3 日，中华人民共和国政务院公布《契税暂行条例》，规定在完成土地改革的地区征收土地与房屋契税。钱桥、藕塘地区征收土地、房屋的卖契税按价格的 6%征收，典契税按 3%征收、赠予契税按 6%征收。

农业合作化后，钱桥、藕塘地区农村土地归集体所有，民间只有少量房屋（连同地产）买卖。1970 年 10 月 19 日，财政部在关于契税若干问题的函复中指出：“农村耕地、荒地、人民公社社员自留地、宅基地根据《人民公社工作条例（修正草案）》规定归生产队集体所有，一律不准出租和买卖。对私人房屋经房管部门批准可以发生买卖、典当、赠予和交换，并根据契税暂行条例征收契税。”钱桥、藕塘地区的税率仍为卖六典三，契税收入归无锡县地方财政。1983 年以后，钱桥、藕塘地区民间私房买卖增加，买卖程序为钱桥、藕塘乡房管部门经办，无锡县房产管理单位审批，买主照章

交纳契税，由无锡县人民政府发给印契，契税解交县财政局。

1997年4月23日，国务院第55次会议通过《中华人民共和国契税暂行条例》，从1997年10月1日起实行。江苏省人民政府为此制定《江苏省实施〈中华人民共和国契税暂行条例〉办法》，规定本行政区域内转移土地、房屋权属，承受的单位和个人为契税的纳税人。钱桥、藕塘镇按照《中华人民共和国契税暂行条例》实施办法规定，契税税率为4%，纳税人自纳税义务发生之日起10日内向土地、房屋所在地的契税征收机关办理纳税申报，并在契税征收机关核定的期限内缴纳契税。2010年4月1日起，由地税征收。

**2004~2014年钱桥（镇）街道土地契税征收金额统计表**

表1—5—20　　单位：万元

| 年份 | 征收金额 | 年份 | 征收金额 | 年份 | 征收金额 | 年份 | 征收金额 |
|---|---|---|---|---|---|---|---|
| 2004 | 1426 | 2007 | 1030 | 2010 | 1983 | 2013 | 288 |
| 2005 | 1820 | 2008 | 1898 | 2011 | 3643 | 2014 | 325 |
| 2006 | 298 | 2009 | 1134 | 2012 | 2596 | 合计 | 16441 |

## 五、城镇土地使用税

钱桥、藕塘地区的城镇土地使用税，是国家向建制镇、工矿区范围内使用土地的单位和个人征收的一种土地使用税，是实行城镇土地有偿使用的一种形式。1989年1月1日起，按照《中华人民共和国城镇土地使用税暂行条例》和江苏省的《施行细则》，无锡县城镇土地使用税在钱桥等17个建制镇和坐落在城区的企事业单位中征收。是年，钱桥镇、藕塘乡范围内的土地，每平方米税额为0.2元。土地使用税按每年计征，分期缴纳，由税务机关负责征收。土地管理机关向土地所在的税务机关提供土地使用权属资料。2007年1月，惠山区根据江苏省人民政府办公厅和无锡市人民政府办公室《关于调整城镇土地使用税税额标准的通知》，对城镇土地使用税税额标准进行调查。钱桥街道执行市区三类地区标准，年单位税额为每平方米4元。

**2004~2014年钱桥（镇）街道城镇土地使用税征收金额统计表**

表1—5—21　　单位：万元

| 年份 | 征收金额 | 年份 | 征收金额 | 年份 | 征收金额 | 年份 | 征收金额 |
|---|---|---|---|---|---|---|---|
| 2004 | 149 | 2007 | 2334 | 2010 | 3115 | 2013 | 3138 |
| 2005 | 203 | 2008 | 3297 | 2011 | 3167 | 2014 | 3216 |
| 2006 | 246 | 2009 | 3197 | 2012 | 3269 | 合计 | 25331 |

钱桥、藕塘区域内的国家机关、人民团体、军队使用的土地，由国家财政部门拨付事业经费的单位自用的土地，宗教、寺庙、公园、名胜古迹自用的土地，市镇街道、广场、绿化地带等公共用地，直接用于农、林、牧、渔业生产的土地免缴土地使用税。

## 六、土地增值税

钱桥、藕塘地区的土地增值税是国家为适应土地增值而设立的税种，是国有土地使用权转让时按土地价格增加数额征税。其目的是把因社会发展所增加的土地价格还于社会共享，并以此遏制土地投机行为。

进入21世纪，钱桥、藕塘镇根据《中华人民共和国土地增值税暂行条例》，依照纳税人转让房地产取得的增值额计算征收土地增值税。纳税人因工作调动或者改善居住条件而转让原自用住房，经向税务机关申报核准，凡居住满5年或5年以上的，免于征收土地增值税。居住满3年未满5年的减半征收。居住未满3年的按规定征收土地增值税。

钱桥、藕塘镇的土地增值税由税务机关征收。纳税人未缴纳土地增值税的，土地管理部门、房地产管理部门不予办理有关权属变更手续。

2004~2014 年钱桥（镇）街道土地增值税征收金额统计表

表 1—5—22 单位：万元

| 年份 | 征收金额 | 年份 | 征收金额 | 年份 | 征收金额 | 年份 | 征收金额 |
|---|---|---|---|---|---|---|---|
| 2004 | 547 | 2007 | 994 | 2010 | 6545 | 2013 | 3250 |
| 2005 | 751 | 2008 | 1180 | 2011 | 6366 | 2014 | 3647 |
| 2006 | 1113 | 2009 | 3705 | 2012 | 5053 | 合计 | 33151 |

## 七、土地规费

1991 年，钱桥镇、藕塘乡贯彻执行无锡县物价局、土地管理局《无锡县土地管理收费目录》中确定的各类规费收取标准。

### （一）土地开发基金

国家建设征用土地，向用地单位收取土地开发基金每亩 0.5 万元；乡、镇、村企业建设用地每亩收取 0.2 万元；民房建设占用耕地的，每平方米收取 1.5 元。

土地开发基金统一由政府打报告申请用地面积，然后逐级报省政府审批。省政府按政策规定收取费用，由使用的当地政府出资。凡是用于民生方面的由政府根据需要划拨给使用单位，不收取费用。如果是企业或营利性质的单位，则要挂牌拍卖，拍卖收入归政府。2003 年起，钱桥、藕塘镇民房建设用地，根据无锡市政府规定，不再收取土地规费。

### （二）省农业重点开发资金

为筹集农业重点建设资金，增强农业抗御自然灾害能力，1991 年 12 月江苏省人民政府颁布《关于筹集农业重点开发建设资金的暂行规定》，对国家、集体、个人（含乡村企业、个体工商户和农民、农民建房用地）加收农业重点开发资金。资金安排主要用于农业后备资源的开发利用，农业重点项目建设和土地复垦。钱桥镇和藕塘镇自 2001 年 3 月起开始征收筹集农业重点开发资金，镇土地管理部门在审批非农业用地时，按每亩 2400 元收取，交省土地管理部门。资金返回比例为省 60%、市 10%、县 30%。

2007 年，钱桥街道的省农业重点开发基金由惠山区国土分局测标后提供账号，使用土地单位通过银行转账或用支票支付，由惠山区国土分局直接收取。

### （三）城镇基础设施费

工业性项目征地，每亩收取 1.5 万元；非工业性项目征地，每亩收取 1 万元；乡村企业过拨土地，每亩收取 0.5 万元；村镇建设用地，文教（不含校办工厂）、卫生事业及配套设施免缴城镇基础设施费；外地到钱桥、藕塘地区建设（包括联办）项目征地，在沿太湖 3 公里范围内的，每亩收费 3 万元。钱桥街道城镇基础设施费由惠山区国土资源分局统一收取。

### （四）新增建设用地土地有偿使用费

1999 年，钱桥、藕塘镇遵照财政部、国土资源部《新增建设用地土地有偿使用费收缴使用管理办法》规定，凡土地利用总体规划确定的镇区建设用地范围内（即圈内）新增建设用地和该规划圈外以出让等有偿使用方式供地的新增建设用地，都需要交纳新增建设用地有偿使用费，区域内征收标准为每平方米 24 元。2002 年 12 月，财政部、国土资源部发出《关于调整新增建设用地土地有偿使用费征收等级的通知》规定，钱桥、藕塘镇根据通知规定，新增建设用地有偿使用费每平方米增至 48 元。

### （五）耕地开垦费

1999 年，江苏省人民政府作出规定：非农业建设占用耕地的，在办理农用地专用审批时，应按规定缴纳耕地占用税，农业重点开发建设资金；占用耕地的单位在办理用地手续时，先交纳耕地开垦费。钱桥、藕塘镇耕地开垦费的征收标准为每平方米9元。占用基本农田的，缴纳耕地开垦费的标准高于占用其他耕地的40%。2006年5月1日起，钱桥镇耕地开垦费由原来的每平方米9元调整为每平方米15元。2010年10月起，钱桥街道的耕地开垦费由原来的每平方米15元调整为每平方米27元。

**（六）征（拨、使）用土地管理费和土地出让业务费**

1984年，钱桥、藕塘乡政府实行江苏省人民政府规定，凡依法办理征收、征用、征拨土地的单位和个人，必须向土地管理部门缴纳征地管理费。1991年，钱桥镇、藕塘乡政府执行省财政厅、物价局对征（拨、使）用土地管理费收取标准规定为征地各种费用总额的3%。2008年起，钱桥街道按出让金的1%提取出让业务费。该项费用已于2008年9月起取消。

**（七）土地登记费**

钱桥、藕塘地区的土地登记费是对原用地进行地籍调查、区域内土地登记和注册发证时收取的费用。土地登记费的收费标准为党政机关、人民团体、全额预算管理事业单位每宗地收10元；企业、自收自支单位土地使用面积1000平方米（含1000平方米）以下每宗地收110元，每超过500平方米以内加收40元，最高不超过4万元；差额预算管理事业单位土地使用面积在2500平方米（含2500平方米）以下每宗地收160元，每超过500平方米以内加收20元，最高不超过1万元；城镇私房用于生产经营的土地使用面积在500平方米（含500平方米）以下每宗地收90元，每超过100平方米以内加收20元，最高不超过200元；城镇居民住房（私房）土地使用面积在100平方米（含100平方米）以下，每宗地收18元，每超过50平方米以内加收5元，最高不超过35元。

土地使用单位在拍得土地使用权后，先交纳土地登记费。区域内此项费用由惠山区国土分局收取。

**（八）土地用途变更费**

钱桥、藕塘镇的土地用途变更费是对新征用的土地或初始登记后的土地改变用途（或原为农业用地现改为建设用地，原登记住宅用地现改为经营用地等）进行变更登记时收取的专项业务费。自1995年起，钱桥、藕塘镇土地用途变更费每平方米2元（一次性），国家机关办公用地、农民住房建设用地，社会公益事业用地免交。公路、水利和特殊需要减免的报省批准。2008年9月起该项收费取消。

**（九）土地交易服务费**

钱桥、藕塘镇的土地交易服务费是进入土地市场进行土地使用权出让、转让、出租、抵押等交易活动所缴纳的费用。2004年9月，钱桥镇（钱桥、藕塘两镇已合并）根据《江苏省土地市场交易服务收费管理暂行办法》，确定按照土地交易面积的大小向受让方收取每平方米1.5元；对土地使用权转让的，向交易双方收取每平方米2元，双方各承担一半；对土地使用权出租的，向交易双方收取每平方米0.8元交易费，双方各承担一半；对土地使用权抵押的，按规定标准向交易双方收取，双方各承担一半。钱桥（镇）街道的土地交易服务费按规定由无锡市国土局收取。

# 第五节 土地管理

钱桥、藕塘地区土地管理的范畴包括管理机构、地籍管理、农业用地管理、建设用地管理、土地调节与控制、土地档案管理等方面。

## 一、地籍管理

民国18年（1929），钱桥、藕塘地区地籍管理的具体方法为：

**土地所有权的凭证** 执业田单，清道光年间及前发给；承粮执据，民国19年（1930）以前发给；

印单，民国19年以后发给。以上三种凭证统称“田单”，亦称“印单”，均系政府发给，具有同等效力。此外尚有“区条”，由区书发给，原系因土地所有人将原单遗失，或因买卖析产关系，一单数分，权由区书根据事实出给“区条”，以资证明。区条初无凭证效力可言，后因民间执有区条者往往不再向政府请领印单，历久日积，“区条”遂为区域内一般民众视同正式凭证。迨民国19年，政府曾令禁区书发给区条，但积习相沿，仍未能完全取消。另据钱桥、藕塘地区的习惯，有所谓“劈单”者，即将原田单裁割为数份，各注明管业亩分，各人分执管业。此于凭“执业田单”管业者，往往有此办法。“劈单”是分割后之田单，亦与完整之田单同具凭证效力。

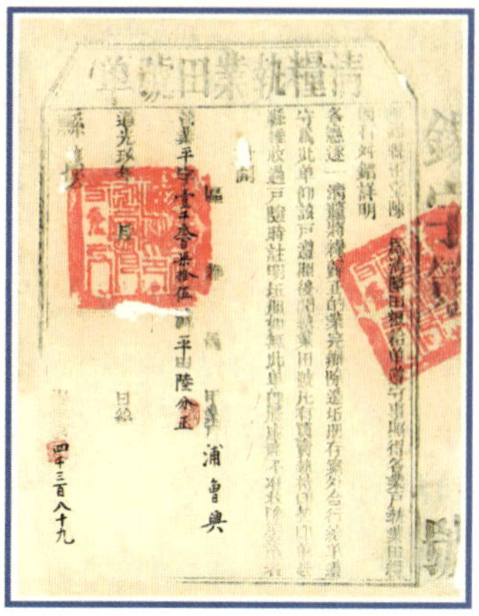

图1—5—7 清道光九年(1829)常州府无锡县颁发给藕塘庙桥浦鲁兴的“平”字号执业田单

**所有权之转移凭证** 立契，由让与人出立契据，连同田单移转于让受人；推收，由让受人持同契据田单，向政府过户。

**其他权利设定凭证** 典权设定，由出典人出立典契，连同田单移转于典权人；抵押权设定，由抵押人出立绝卖文契，连同田单移转于抵押权人，但须于契末加批“诊明回赎”字样，以示与绝卖区别；永佃权设定，由土地所有人出立灰肥田文契，交与永佃权人；租赁，由承租人出立承租契据，交与土地所有人。

新中国成立后，钱桥、藕塘地区土地登记是地籍管理的重要形式，实施土地所有权和使用权的登记，经登记后的土地受法律保护。1992年，钱桥镇完成集镇镇区的地籍调查，并获得江苏省土地管理局优秀成果二等奖。

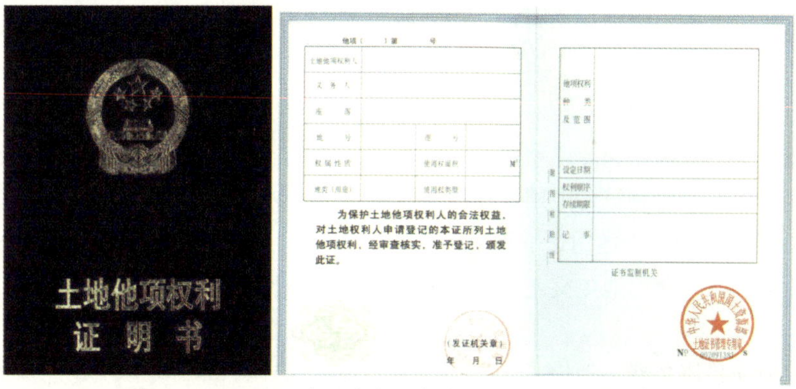


图1—5—8 1996年区域内颁发的土地他项权利证明书

土地他项权利证明书是他项权利土地登记的法律凭证。

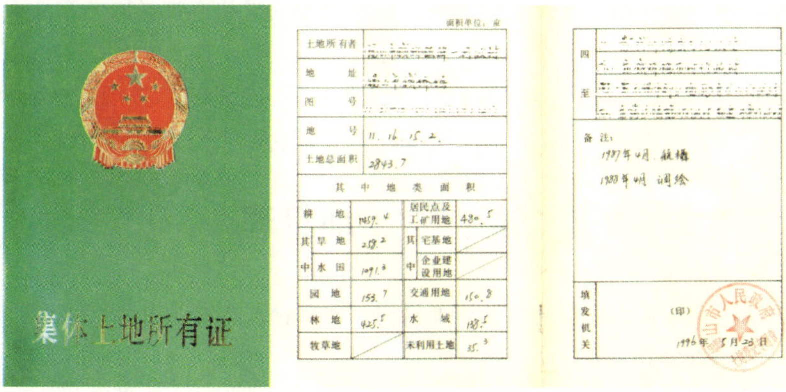


图1—5—9 1996年区域内颁发的中华人民共和国集体土地所有证

集体土地所有证是发给集体土地所有者的法律凭证。

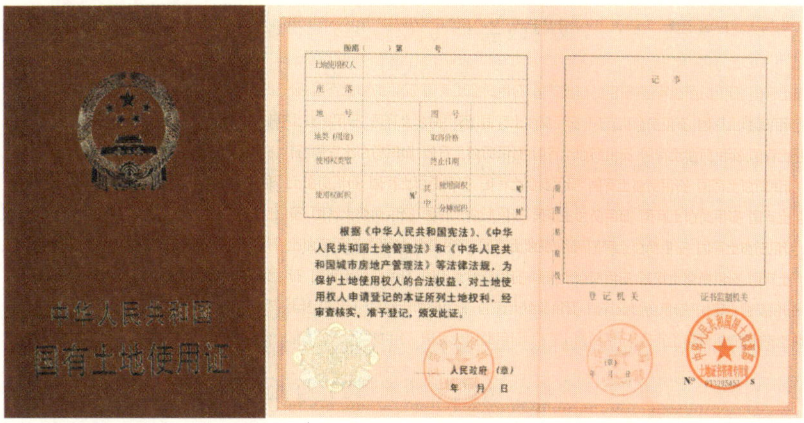


图 1—5—10　2006 年区域内颁发的中华人民共和国国有土地使用证

国有土地使用证是发给国有土地使用者的法律凭证。

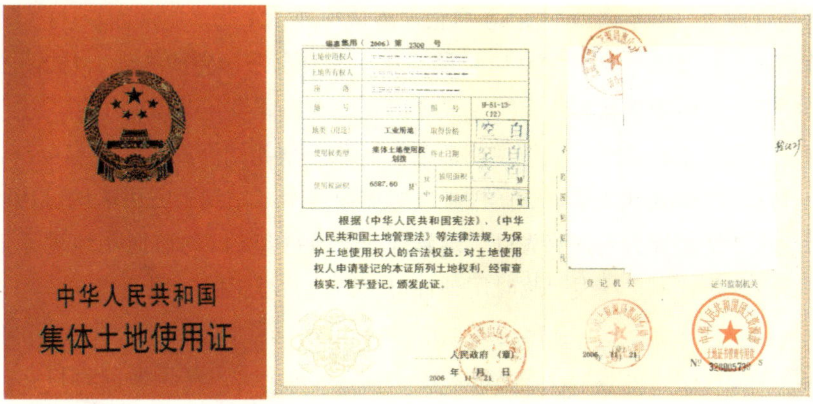


图 1—5—11　2006 年区域内颁发的中华人民共和国集体土地使用证

集体土地使用证是发给集体土地建设用地使用者的法律凭证。

2010 年 8 月 6 日，惠山国土分局地籍科业务骨干联合钱桥中心国土资源所在钱桥街道晴山蓝城社区开展土地登记现场发证活动。2015 年，钱桥街道境内已基本完成国有土地使用权、集体土地建设用地使用的初始登记，核发国有土地使用证 254 本，发证率 73%；核发集体土地所有证 21 本，发证率 100%；核发集体土地使用证 499 本，发证率 98%；核发城镇住房用地证书 23826 本，发证率为 100%；核发抵押登记他项权利证明书 1288 本，抵押金额 150000 万元。

## 二、拆迁村庄，集零星土地为整片土地用之于建设

随着钱桥、藕塘镇，乃至两镇合并后的钱桥街道社会经济的发展，农村城市化建设在不断推进，钱桥镇政府，钱桥街道党工委、办事处对境内土地进一步加强管理，调整用地，对农村中的自然村庄进行拆迁，以腾出土地用之于城镇化建设。钱桥、藕塘镇于 2001~2004 年拆迁 487 户，腾出土地 16.01 万平方米。两镇合并后，2005 年拆迁 625 户，腾出土地 20.53 万平方米。2006 年拆迁 1273 户，腾出土地 41.82 万平方米。2007 年拆迁 1052 户，腾出土地 34.55 万平方米。2008 年拆迁 495 户，腾出土地 16.26 万平方米。2009 年拆迁 498 户，腾出土地 13.10 万平方米。2010 年拆迁 1169 户，腾出土地 33.88 万平方米。2001~2015 年累计拆迁 5598 户，累计腾出土地 176.15 万平方米，用之于建设无锡职教园校区、省道 S342 线，建造安置房、商品房，市镇建设等。

## 三、管理机构

1950 年至 1982 年 1 月，钱桥、藕塘乡（公社）未设立土地管理机构。国家、集体、乡镇建设

征用、划拨土地工作由民政、文书或财政会计专人办理，经乡镇政府（公社）审查同意，报上级审批。居民及农户建房占用非耕地，由钱桥、藕塘公社审批，占用耕地的报县审批。1982 年 2 月，钱桥、藕塘公社分别建立村镇建设办公室，土地管理工作由村镇建设办公室负责。

1989 年 2 月，钱桥镇、藕塘乡分别组建土地管理所，为全民事业单位，隶属于（乡）镇政府领导。钱桥、藕塘土管所专管地籍、建设用地、检察、财务等工作。与此同时，各行政村配备 1 名村委副主任为兼职土管员，任务是宣传贯彻执行土地管理法律、法规和政策，协助乡镇土地管理所办理集体和个人用地申报送批业务，调查处理土地纠纷，查处违章违法占地案件。

钱桥土地管理所建所后，编制 4 人，下设建设用地、地籍、监察、财务 4 个办公室。建有办公大楼，面积 500 平方米，有汽车 1 辆，全所固定资产 127 万元。管理境内 13 个行政村、198 个村民小组、1 个居民委员会、2 个集镇，10748 户、33238 人，工业企业 153 家（其中镇办企业 23 家、村办企业 125 家、县属企业 5 家），管辖土地总面积 25.3 平方公里。

钱桥土管所于 1989 年建所后，规范地籍管理。外业管理围绕土地利用现状调查资料修测图件，完成日常地籍变更调查，修整宗地草图 80 多张，测量用地 121 起，完成面积 33.34 公顷。业内管理分清国有、镇集体、村集体、居民宅基地权属，建立 5 套台账，完成 5 套、152 张土地利用现状等统计表格，绘制好土地利用现状图，及时完成全镇土地申报、登记、发证工作，建立土地档案 1825 卷。在用地管理上强化土地监察，采取巡回监察和经常监察相结合的方法，健全制度，及时处理来信来访，秉公执法，严肃处理违章违法案件。民房建设基本上做到不占用耕地。1989、1992 年，钱桥土地管理所连续 2 次被评为无锡县先进土地管理所。1993 年初，对临时用地进行全面清理、登记，建立台账，签订用地协议书，核发“临时用地许可证”。共登记临时用地户 92 户，用地 2525.77 平方米，收取土地使用费 4.5 万元。全镇完成土地复垦 68333.68 平方米。认真执行财务制度，收好、管好、用好各项税费，收费全部执行许可证规定项目、标准，并及时上缴国家和县、镇政府。1993、1994 年，钱桥土地管理所又先后 2 次被评为无锡县先进土地管理所。

**1989~1994 年钱桥镇、藕塘乡（镇）土地管理所基本情况表**

表 1—5—23

| 镇名 | 1989 年第一任 | | 1991 年第二任 | | 1994 年基本情况 | | | | | | |
|---|---|---|---|---|---|---|---|---|---|---|---|
| | 所长 | 副所长 | 所长 | 副所长 | 11 月任命的所长 | 土地管理人员（人） | 管辖土地总面积（公顷） | 人口（人） | 行政村数 | 村民小组数 | 村土地管理人员（人） |
| 钱桥 | 浦洪兴 | — | 浦洪兴 | 赵晋高 | 浦洪兴 | 4 | 2530.99 | 33238 | 13 | 198 | 13 |
| 藕塘 | 王宝兴 | — | 王宝兴 | — | 王宝兴 | 5 | 1995.00 | 17787 | 10 | 172 | 10 |

1994 年 3 月，无锡县政府决定对乡镇土地管理所实行垂直领导、归口管理，所长由县土地管理局代表县政府任免。钱桥、藕塘镇土管所实行独立核算，单独建账，由县土地管理局统一管理和监督检查。是年，钱桥土管所加强土地资源管理和资产管理，高质量地划定基本农田保护区 238 块，保护面积 994.13 公顷，设立农田保护区标志牌 15 块，确定农田保护责任人，签订农田保护责任书 52 份，绘制平面图 42 幅，建立台账 22 册。全镇转制的镇村企业 305 家，使用土地面积 265335 平方米，全部实行租赁制，每年收取土地租金 398.4 万元，保证土地资产保值、增值、不流失。是年，钱桥土地管理所“运用经济手段管好临时用地”科研项目获江苏省土地管理局一等奖，所长浦洪兴获无锡市基本农田保护区划定工作先进个人称号。1994、1995 年钱桥土管所两次被列入无锡市“十佳”土地管理所。

1993~1995 年钱桥土地管理所获得无锡市委、市政府荣誉表

表 1—5—24

| 获奖单位 | 荣誉称号 | 颁奖单位 | 颁奖时间 |
|---|---|---|---|
| 钱桥镇土地管理所 | 无锡市土地管理先进单位 | 无锡市政府 | 1993 年 4 月 24 日 |
| | 无锡市 1994 年度“十佳”土地管理所 | 无锡市委<br>无锡市政府 | 1995 年 3 月 15 日 |
| | 无锡市“三无”先进乡镇 | | |
| | 无锡市 1995 年度“十佳”土地管理所 | | 1996 年 3 月 |

钱桥土地管理所全体工作人员团结一致，明确分工，严格纪律，在土地管理事业中做了大量工作。钱桥镇为土地管理“三无”（无违法批地、无违法管地、无违法用地）乡镇。2002 年，钱桥镇土地管理所被江苏省国土管理厅、江苏省档案局评为“省级档案管理复查合格”单位。

2004 年 2 月，钱桥镇与藕塘镇合并，钱桥国土资源所、藕塘国土资源所两所同时合并，设立钱桥国土资源所。

1994~2004 年钱桥、藕塘镇土地管理所干部任职表

表 1—5—25

| 镇名 | 职务 | 姓名 | 任职时间 | 职务 | 姓名 | 任职时间 |
|---|---|---|---|---|---|---|
| 钱桥 | 所长 | 浦洪兴 | 1994.11~1998.11 | 副所长 | 潘伟明 | 2000.10~2004.03 |
| | 代理所长 | 张建荣 | 1998.11~2000.01 | — | — | — |
| | 所长 | 张建荣 | 2000.01~2004.03 | — | — | — |
| 藕塘 | 所长 | 王宝兴 | 1994.11~2003.02 | 副所长 | 严胜细 | 2000.05~2004.03 |
| | 所长 | 鲍星浩 | 2003.02~2004.03 | — | — | — |

2006 年 9 月，钱桥国土资源所被江苏省国土资源厅评为江苏省优秀国土资源所；2006 年 10 月被江苏省档案局评为江苏省档案工作等级认定省一级单位；2007 年 10 月被江苏省档案局评为江苏省档案工作特二级单位。

2006~2007 年钱桥国土资源所获省级奖项一览表

表 1—5—26

| 获奖单位 | 获奖时间 | 获奖名称 | 颁奖单位 |
|---|---|---|---|
| 钱桥国土资源所 | 2006.09 | 江苏省优秀国土资源所 | 江苏省国土资源厅 |
| | 2006.10 | 江苏省档案工作等级认定省一级单位 | 江苏省档案局 |
| | 2007.10 | 江苏省档案工作特二级单位 | 江苏省档案局 |

2007 年 12 月，钱桥国土资源所更名为钱桥中心国土资源所，建制级别由原来的正股级调整为副科级，依照国家公务员制度管理。2009 年，钱桥中心国土资源所在千人评议活动中被评为惠山区“十佳站所”。

2004~2015 年钱桥中心国土资源所干部任职表

表 1—5—27

| 正　职 | | | 副　职 | | |
|---|---|---|---|---|---|
| 姓名 | 职务 | 任职时间 | 姓名 | 职务 | 任职时间 |
| 张建荣 | 所长 | 2004.03~2009.12 | 潘伟明 | 副所长 | 2004.04~ |
| — | — | — | 严胜细 | 副所长 | 2004.04~ |
| 荣乐钟 | 所长 | 2010.08~2013.10 | 荣乐钟 | 副所长 | 2010.01~2010.08 |
| 徐　春 | 所长 | 2013.10~ | 周天杰 | 副书记 | 2012.10~ |

2015 年，徐春任钱桥中心国土资源所所长，潘伟明、严胜细任副所长，周天杰任党支部副书记。

## 第六节 用地审批

民国 4 年，钱桥、藕塘地区土地审批按北京政府参政院公布的《土地收用法》管理。民国 7 年，

区域内按国民政府公布的《土地征收法》管理。新中国成立后，钱桥、藕塘地区土地审批按省、市、县颁布的土地管理有关规定执行。2004年以后，钱桥（镇）街道对区域内国家建设用地、集体建设用地、居民建房用地都严格按照国家《土地管理法》和《土地管理法实施条例》规定，在总体规划下，有土地使用者依法提出申请，报无锡市惠山区人民政府或土地行政主管部门批准，方可使用批准范围内的土地。

## 一、国家建设用地审批

民国4年（1915）12月，北京政府参政院公布的《土地收用法》规定：土地收用的主体为国家。如地方自治团体或人民，则须得国家的认可。凡收用土地分国有、公有（民间公共所有，如公堂、公会等）、民有三种，“土地收用的原因须因谋公益而设事业之必要。其事业为国防、交通、水利、教育、卫生、街市、官署建设、慈善等公益。收用土地必须对业主交付地价、附属物赔偿费、拆迁费等。收用土地的程序为：应由起业的主管官署或创办人拟定计划书，呈转大总统核准，并由地方长官于各该地方公告之”。无锡县于民国7年兴筑城区通往钱桥、藕塘桥的公路，即依此法办理。民国17年7月，钱桥、藕塘镇，夏虞、社冈、稍塘、盛店、井亭等乡按照国民政府公布的《土地征收法》审批土地，规定征收土地的目的为创办公共事业与调剂土地的分配，以发展农业或改良农民生活。民国19年6月，钱桥、藕塘镇及区域内各乡按照国民政府公布的《土地法》，列“土地征收”编，对公共事业用地征收的主体明确，标的从严，程序简化，并增列“附带征收”与“区段征收”。

1954年，钱桥、藕塘地区修筑的钱荣公路、钱姚公路按照华东军政委员会公布的《关于修建公路征用土地暂行办法》“新筑路线或就原有路线加宽路基征用土地时，可经省（区）以上人民政府批准，按原主生活情况分别采取有代价或无代价的征用办法处理”。

1962年10月，江苏省民政厅印发《关于国家建设征用土地有关事宜》，规定“今后各项国家建设征用土地，无论用地数量多少，均应报省人民委员会批准”。钱桥、藕塘公社按规定征用土地由无锡县民政局办理，经县人民委员会审核，报送省人民委员会批准。征用土地单位须送交征用土地申请书、工程设计的批准文件、施工时间投资材料安排的文件、补偿安置计划、公社大队和被征用土地单位的书面意见。1965年5月，无锡县印发《关于征用土地的审批权限、审批手续和补偿、安置等问题的通知》。钱桥、藕塘公社按照通知要求，征地6666.67平方米以下、迁移5户以下的，报县审批。

1966年6月“文化大革命”开始后，钱桥、藕塘公社党政机关不能正常工作，土地审批陷于无政府状态。1968年3月，无锡县革命委员会成立，钱桥、藕塘公社使用土地由无锡县革命委员会生产指挥组负责办理和审批。1969年，无锡县革命委员会生产指挥组批准锡陆（钱桥经藕塘至陆区）公路、锡陆线公路至杨市段公路在区域内的征用土地。

1987年，无锡县政府授权土地管理局代表县政府审批建设用地，钱桥镇、藕塘乡征用土地均报无锡县土地管理局审批。2000年后，钱桥、藕塘镇，钱桥街道征用土地报无锡市惠山区人民政府土地管理局审批。

## 二、集体建设用地审批

1956年，钱桥、藕塘地区出现农业集体组织，在各乡成立高级农业生产合作社，集体建设用地审批由高级农业生产合作社审批。1958年9月，钱桥、藕塘实现人民公社化，并掀起大办工业的高潮，集体建设用地由钱桥、藕塘公社审批。1962年，钱桥、藕塘公社实行“三级所有、队为基础”，把土地所有权落实到生产队。生产队用地由生产队调拨，大队用地由大队与生产队协商后调拨，钱桥、藕塘公社政府用地由公社与大队、生产队协商后调拨。

1972年，无锡县发出《关于严禁浪费土地的通知》，规定严格用地审批手续，钱桥、藕塘地区集体用地，须经生产队同意后填写申请书一式五份，由所在大队，钱桥公社、藕塘公社签注意见，报无锡县政府审批。

1976年起，集体建设用地改由无锡县财政局批办。1987年起，集体建设用地由无锡县（锡山市、惠山区）土地管理局审批。

### 三、居民建房用地审批

清代至民国时期土地私有制，钱桥、藕塘地区农民（居民）建房用地有私田造屋、买田造屋、租地或抵押土地造屋三种情况。只要不影响国家和他人，农民（居民）建房用地数量不受限制。

新中国成立初期，钱桥、藕塘地区农民可以在分得的土地上建房。1957 年前，农民个人建房大多在旧宅基地上建房，毋须申请批准。

1958 年人民公社化后，钱桥、藕塘公社农民建房只须生产队同意。1964 年开始，钱桥、藕塘公社社员建房需经生产队同意，送大队、公社审核，报无锡县民政局批准。1972 年 5 月，无锡县革命委员会规定社员建房应由大队、生产队统一规划，首先利用空宅基和闲置土地，不准使用水稻田，不准毁桑造房，用地从严掌握，每间房屋使用土地面积控制在 4 厘左右。是年，钱桥、藕塘公社农民建房申请宅基地需经生产队同意，大队、公社签注意见，送县财政局批办。

1978 年以后，钱桥、藕塘公社农户要求建房的越来越多。1982 年 6 月，钱桥、藕塘公社按照无锡县政府公布的《关于农村建房的暂行规定》，全面规划农户建房，规定建房对象和标准及审批手续，提倡建楼房，以一间两造或两间一造为标准；用地面积（包括屋前场地、屋后余地计 5 米以内）人均土地在 666.67 平方米的大队，每户控制在 133.33 平方米以内（包括原有老屋占地面积）；人均土地在 333.33 平方米左右的大队，每户控制在 100 平方米以内。楼房前后的幢距（包括场地、道路、绿化等）以 8~10 米为宜。钱桥、藕塘公社农户建房，先向所在生产队申请，由大队审核同意，报公社批准，并分别送县财政局和县城乡建设局备案。

1987 年 10 月，钱桥镇、藕塘乡在无锡县土地管理局统管下，规划、审批民房建设用地。1988 年 8 月，无锡县政府颁发《无锡县民房建设管理暂行办法》，钱桥镇、藕塘乡农村居民建房必须按乡镇建设规划进行，首先使用原有宅基地、村内空闲地和其他非耕地；非使用耕地不可的，经乡镇人民政府审查，报县人民政府批准；使用原有宅基地和其他非耕地的，由乡镇人民政府批准。

1989 年，钱桥镇、藕塘乡民房建设实行“双标”控制，即控制农民年建房户数指标，限于总农户数的 5%以内；同时控制农民建房占用耕地户数指标，限于年建房总户数的 8%以内。

2005 年 1 月起，钱桥镇（钱桥、藕塘两镇已合并）根据无锡市政府“关于进一步加强土地集约利用工作的通知”的精神，停止农民、居民单独建房用地的审批。2015 年，钱桥街道继续停止居民单独建房用地审批。

## 第七节 地价

钱桥、藕塘地区封建时代民间地价（土地市场价）由土地买卖双方按照时值市价自由协议确定。其他如土地典当、抵押、租佃，都涉及地价，皆由当事人自行议定。土地价格受物价和市场供求规律的影响而变动。农地地价与土质好坏、年成丰歉、作物收益多少有关；市镇地价与区位条件、商业繁华程度、交通便利程度有关。此外还受贷款利率高低的影响。

明代，钱桥、藕塘地区以银两或制钱计算地价。“前明中叶，江南地区，田价甚昂，每亩值银五十余两至两百两。明崇祯末年，年谷屡荒，皆以无田为幸，每亩只值银一、二两。清顺治初，良田不过值银二、三两”。

**清嘉庆十年（1805）~清同治五年（1866）无锡县开原乡钱桥地区田地价格表**

表 1—5—28

| 年代 | 公元 | 田别 | 面积（亩） | 时值田价 | 折合每亩田价 |
|---|---|---|---|---|---|
| 嘉庆十年八月 | 1805 | 平田 | 0.53 | 刮钱二千一百文 | 钱四千文 |
| 道光十一年二月 | 1831 | 平田 | 1.10 | 足钱二十三千一百文 | 钱二十千九百文 |
| 咸丰五年三月 | 1855 | 平田 | 0.30 | 钱六千一百六十文 | 钱二十千七百五十文 |
| 同治五年七月 | 1866 | 平田 | 0.23 | 银三两 | 钱十三千四十三文 |

民国初期，区域内贯彻孙中山倡导平均地权的主张。民国 13 年（1924），区域内执行制定的《国民政府建国大纲》中对实施平均地权的办法明确规定的“规定地价”“照价征税”“照价收买”“涨价归公”4 纲。

**民国 15 年~民国 17 年第四区钱桥地区、第十七区藕塘地区农田价格表**

表 1—5—29　　单位：元/亩

| 区别 | 田 | | | | | | | | | | | | 地 | | | | | |
|---|---|---|---|---|---|---|---|---|---|---|---|---|---|---|---|---|---|---|
| | 上田 | | | 中田 | | | 下田 | | | 芦田 | | | 荡 | | | 山 | | |
| | 民国15年 | 民国16年 | 民国17年 | 民国15年 | 民国16年 | 民国17年 | 民国15年 | 民国16年 | 民国17年 | 民国15年 | 民国16年 | 民国17年 | 民国15年 | 民国16年 | 民国17年 | 民国15年 | 民国16年 | 民国17年 |
| 第四区（开原乡） | 160 | 140 | 120 | 80 | 70 | 40 | 60 | 60 | 40 | 30 | 20 | 15 | 60 | 50 | 40 | 50 | 40 | 25 |
| 第十七区（富安乡） | 140 | 130 | 120 | 120 | 110 | 100 | 70 | 70 | 60 | 45 | 30 | 20 | 35 | 25 | 20 | 20 | 15 | 10 |

说明：钱桥地区及藕塘地区东部属第四区（开原乡），藕塘地区西部属第十七区（富安乡）

民国 18 年，第四区钱桥地区各种土地买卖价格及收益为上田每亩银 160 元，中田每亩银 100 元，下田每亩银 60 元，基地每亩银 500 元。除去人工、物料净收益，上田每亩银 20 元，中田每亩银 12 元，下田每亩银 8 元。民国 19 年，区域内贯彻《土地法》规定申报地价和估定标准地价的办法。

**民国 22 年（1933）第四区、第十七区土地最高及最低价格表**

表 1—5—30　　单位：银元

| 区别 | 市乡 | 最高亩价 | 最低亩价 |
|---|---|---|---|
| 第四区 | 开原乡 | 500 | 100 |
| 第十七区 | 富安乡 | 100 | 40 |

**民国 37 年钱桥镇标准地价表**

表 1—5—31　　单位：元

| 等级 | 类别 | 地价 |
|---|---|---|
| 一 | 地目 | 街市基地 |
| | 地价 | 5000 |
| 二 | 地目 | 乡村宅地 |
| | 地价 | 1440 |
| 三 | 地目 | 水平田坟地 |
| | 地价 | 1000 |
| 四 | 地目 | 高桑田 |
| | 地价 | 700 |
| 五 | 地目 | 低水田 |
| | 地价 | 600 |
| 六 | 地目 | 山田 |
| | 地价 | 400 |
| 七 | 地目 | 荡 |
| | 地价 | 200 |

说明：此表系民国 37 年农历五月十二日公布

新中国成立后，钱桥、藕塘地区土地一度自由买卖。1954~1955 年货币改革，新版人民币 1 元兑换旧版人民币 1 万元。1955 年 4 月，盛店乡每亩水旱田价 73.7 元。农业合作化后区域内农村土地归集体所有，土地的使用“无偿、无限期、无流通”，钱桥、藕塘农民土地价值观念淡薄。1978 年以后，区域内土地使用制度进行改革，土地所有权和使用权分离。钱桥、藕塘公社土地开始进入市场，土地所有权在经济上得到体现。1992 年，钱桥镇、藕塘乡进行城镇土地定级估价，确定基准地价，为土地批租（出让）提供依据。

**1993 年钱桥、藕塘镇土地使用权保护价格表**

表 1—5—32　　单位：元/平方米

| 镇名 | 土地区位 | | | | | | | | |
|---|---|---|---|---|---|---|---|---|---|
| | 镇区 | | | 镇郊 | | | 农村 | | |
| | 商业 | 住宅 | 工业 | 商业 | 住宅 | 工业 | 商业 | 住宅 | 工业 |
| 钱桥 | 450 | 350 | 250 | 400 | 300 | 200 | 350 | 250 | 200 |
| 藕塘 | 400 | 300 | 225 | 350 | 250 | 200 | 300 | 225 | 185 |

1993 年 12 月，无锡县人民政府批准全县开展城镇土地定级估价工作，钱桥、藕塘镇以国家土地管理局《城镇土地定级规程（试行）》《城镇土地估价规程（试行）》《江苏省城镇土地定级估价补充规定》为指导，做好资料、图件、仪器及经费的土地定级估价准备。1994 年 5 月，区域内城镇土地定级估价调查工作结束，外业调查、图件资料经过县级验收，资料收集、统计，计算机处理，建立土地分等因素、因子数据库。根据计算结果，进行测算验证和专家论证，钱桥为一等城镇，藕塘为三等城镇。

**1994 年钱桥、藕塘镇各等级土地面积统计表**

表 1—5—33　　单位：公顷、%

| 土地等级 | 集镇名称 | 一级地 | | 二级地 | | 三级地 | | 合计面积 |
|---|---|---|---|---|---|---|---|---|
| | | 面积 | 占比 | 面积 | 占比 | 面积 | 占比 | |
| 一等 | 钱桥 | 26.54 | 12.70 | 182.50 | 87.30 | — | — | 209.04 |
| 三等 | 藕塘 | 22.25 | 16.22 | 114.96 | 83.79 | — | — | 137.21 |

根据地价调查资料确定基准地价。基准地价是钱桥、藕塘集镇各级土地和均质地域的商业、住宅、工业等土地利用类型评估的单位面积土地使用权的平均价格。

**1994 年一等土地等级钱桥镇、三等土地等级藕塘基准地价表**

表 1—5—34　　单位：元/平方米

| 镇别 | 用地类型 | 一级地 | | 二级地 | |
|---|---|---|---|---|---|
| | | 平均地价 | 变幅 | 平均地价 | 变幅 |
| 钱桥 | 商业 | 1200 | 900~1500 | 700 | 450~900 |
| | 住宅 | 平均地价 440，变幅 280~500 | | | |
| | 工业 | 平均地价 450，变幅 330~580 | | | |
| 藕塘 | 商业 | 850 | 650~1000 | 440 | 270~650 |
| | 住宅 | 平均地价 320，变幅 240~410 | | | |
| | 工业 | 平均地价 350，变幅 240~480 | | | |

**1994 年钱桥镇一等城镇路线及区片地价表**

表 1—5—35　　单位：元/平方米

| 路线或区片名称 | 起止点 | 所在城镇 | 路线或区片地价 | 变幅 |
|---|---|---|---|---|
| 钱威路 | 钱桥大街~工农路 | 钱桥 | 1428.33 | 1234.87~1621.79 |
| 钱桥大街 | 育才路~三电办 | 钱桥 | 802.07 | 659.35~944.29 |

**1994 年藕塘镇三等城镇路线及区片地价表**

表 1—5—36　　单位：元/平方米

| 路线或区片名称 | 起止点 | 所在城镇 | 路线或区片地价 | 变幅 |
|---|---|---|---|---|
| 藕塘北路 | 医疗橡胶制品厂~塑料合成厂 | 藕塘 | 821.44 | 682.00~843.76 |
| 菜场片区 | 菜市场周围 | 藕塘 | 871.16 | 869.22~965.88 |

在2000年惠山区未设立之前，原锡山市又开展城镇土地定级估价工作，聘请江苏省金陵土地资产高新技术评估公司开展城镇土地分等定级估价，确定集镇区位条件、集聚规模、基础设施状况、集镇用地潜力、用地产出水平、投入强度等6个因素和15个因子作为土地分等评价指标体系，并确定各因素、因子的权重值，经过收集资料、统计、验证、测算、专家论证，确定当时惠山区域范围内洛社、钱桥、前洲三个镇为一等集镇，西漳、堰桥、石塘湾、玉祁四个镇为二等集镇，长安、杨市、藕塘、陆区四个镇为三等集镇，阳山为四等集镇。集镇土地等级总体上以无锡市为中心呈同心圆分布，一、二等集镇分布在市区周围，向外顺序分布三等和四等集镇，反映出中心城市对集镇地价的巨大影响。

**2001年钱桥、藕塘镇土地基准地价表**

表1—5—37　　　　单位：元/平方米

| 镇 | 土地等级 | 商业用地地价 | 工业用地地价 | 住宅用地地价 |
|---|---|---|---|---|
| 钱桥 | 一等集镇 | 900~1600 | 240~750 | 260~650 |
| 藕塘 | 三等集镇 | 600~1300 | 180~580 | 220~460 |

**2009年钱桥街道区段基准地价表**

表1—5—38　　　　单位：元/平方米

| 镇 | 区段 | 商业用地平均地价 | 住宅用地平均地价 | 工业用地平均地价 |
|---|---|---|---|---|
| 钱桥街道 | 藕塘住宅区 | — | 1000/910 | — |
| | 龙栖湾 | — | 990/900 | — |
| | 晴山蓝城 | — | 1500/1100 | — |
| | 金龙大酒店 | 3000 | — | — |
| | 钱桥新村 | — | 2300 | — |
| | 沈巷新村 | — | 1700 | — |
| | 盛岸花园 | — | 1820/1600 | — |
| | 06017S | 2150 | — | — |
| | 08015S | 2840 | — | — |
| | 06013S | 2300 | — | — |
| | 06014S | 1700 | — | — |
| | 06012S | 3000 | — | — |
| | 职教园区 | — | — | 330 |
| | 钱桥工业集中区 | — | — | 340 |
| | 钱桥镇区 | — | — | 360 |
| | 钱桥工业配套区 | — | — | 330 |

**2004~2014年钱桥（镇）街道土地、房屋资产租金选年收取情况统计表**

表1—5—39　　　　单位：平方米、万元

| 年份 | 土地 | | | 房屋 | | | 年合计租金 |
|---|---|---|---|---|---|---|---|
| | 面积 | 租金 | 每平方米平均租金（元） | 面积 | 租金 | 每平方米租金（元） | |
| 2004 | 418557 | 510.22 | 12.19 | 10175 | 38.89 | 38.22 | 549.11 |
| 2009 | 464957 | 556.09 | 11.96 | 15958 | 46.97 | 29.43 | 603.06 |
| 2014 | 462883 | 716.54 | 15.48 | 18269 | 69.78 | 38.20 | 786.32 |

# 第六章 人 口

早在6000多年前的马家浜文化时期，舜柯山下的赤墩里已有先民居住、生息繁衍。至5000多年前的崧泽文化时期，居住在赤墩里的钱桥先民已种植水稻，用磨成片的长方形石器剥野兽皮，用有着小孔圆盘的陶纺轮将麻纺成线，用鱼鳍形状的满戳印纹的陶器用来烹煮食物。至4000多年前的良渚文化时期，虞舜在舜柯山下带领村民耕作、打猎、捕鱼。公元前248年，春申君带领村民在钱桥龙山梢建造龙尾陵道，又在舜柯山东筑黄城。宋元时期，因钱桥、藕塘地区土地肥沃，河网密布，灌溉便利，耕作有方，外地百姓纷纷前来定居。到明、清时期，境内人口增多，钱桥、藕塘、稍塘营、盛店桥、南西漳等地已形成多个集镇。民国18年（1929），钱桥地区所在第四区（开原乡）人口36510人，藕塘地区所在第十七区（富安乡）人口43965人。1958年，藕塘乡人口12661人。1970年，钱桥公社人口22438人。1982年，藕塘公社人口16272人。1990年，藕塘乡人口18186人。2000年，钱桥镇人口47181人，藕塘镇人口21822人。2010年，由于区域内大中专院校学生户口迁入，钱桥街道常住人口激增至130330人。此后大中专学生户口可以不迁入学校，钱桥街道人口渐趋稳定。2015年，钱桥街道户籍人口70927人，其中60岁以上人口14621人，占户籍人口总数的20.6%；另有外来人口52095人。

## 第一节 人口总量

随着时间的变化，区划建置的变化，人口的自然变动、机械变动等因素，钱桥街道的人口总量在不断变化。民国18年，钱桥地区及藕塘东部地区属无锡县第四区，第四区人口总量36510人；藕塘西部地区属第十七区，第十七区人口总量43965人。

**民国18年第四区（开原乡）、第十七区（富安乡）人口统计表**

表1—6—1　　单位：户、人

| 区公所及市乡名 | 户数 | 人口数 |
|---|---|---|
| 第四区（开原乡） | 7043 | 36510 |
| 第十七区（富安乡） | 8812 | 43965 |

20世纪五六十年代，钱桥、藕塘地区人口出现增长高峰。1958年，藕塘乡总人口达12661人。1964年，钱桥公社人口总量19859人、藕塘公社为13413人。

**1964年6月30日第二次全国人口普查钱桥公社各生产大队人口统计表**

表1—6—2　　单位：户、人

| 大队 | 总户数 | 总人口 | | | 其中未落上常住户口的人数 | 其中非农业的 | |
|---|---|---|---|---|---|---|---|
| | | 合计 | 其中 | | | 户数 | 人口数 |
| | | | 男 | 女 | | | |
| 总计 | 4523 | 19859 | 9796 | 10063 | 5 | 231 | 1102 |
| 钱桥 | 421 | 1660 | 789 | 871 | — | 1 | 8 |
| 五星 | 354 | 1621 | 808 | 813 | 1 | — | 8 |
| 竞丰 | 510 | 2335 | 1173 | 1162 | 1 | 2 | 24 |

续表 1—6—2　　　　单位：户、人

| 大队 | 总户数 | 总人口 | | | 其中未落上常住户口的人数 | 其中非农业的 | |
|---|---|---|---|---|---|---|---|
| | | 合计 | 其中 | | | 户数 | 人口数 |
| | | | 男 | 女 | | | |
| 历村 | 282 | 1356 | 650 | 706 | 1 | — | 4 |
| 舜一 | 261 | 1209 | 578 | 631 | 1 | 1 | 6 |
| 溪南 | 414 | 1839 | 876 | 963 | — | 2 | 25 |
| 洋溪 | 236 | 1110 | 555 | 555 | — | 1 | 5 |
| 黎明 | 230 | 1082 | 563 | 519 | — | 1 | 4 |
| 新丰 | 316 | 1370 | 671 | 699 | — | 1 | 12 |
| 西漳 | 527 | 2215 | 1042 | 1173 | 1 | 12 | 96 |
| 胜丰 | 299 | 1265 | 605 | 660 | — | — | 3 |
| 晓星 | 373 | 1440 | 713 | 727 | — | 2 | 22 |
| 渔业 | 89 | 411 | 212 | 199 | — | — | — |
| 市镇 | 211 | 946 | 561 | 385 | — | 208 | 885 |

**1964 年 6 月 30 日第二次全国人口普查藕塘公社各生产大队人口统计表**

表 1—6—3　　　　单位：户、人

| 大队 | 总户数 | 总人口 | | | 其中未落上常住户口的人口数 | 其中非农业的 | |
|---|---|---|---|---|---|---|---|
| | | 合计 | 其 中 | | | 户数 | 人口数 |
| | | | 男 | 女 | | | |
| 总计 | 2999 | 13413 | 6811 | 6602 | 10 | 109 | 516 |
| 五五 | 311 | 1377 | 703 | 674 | 1 | — | 3 |
| 五九 | 464 | 2115 | 1089 | 1026 | — | 1 | 8 |
| 五星 | 244 | 1064 | 526 | 538 | 2 | — | 4 |
| 火花 | 239 | 1101 | 558 | 543 | — | — | 3 |
| 宇峰 | 277 | 1329 | 640 | 689 | 2 | — | 2 |
| 凯旋 | 331 | 1471 | 741 | 730 | 1 | 1 | 2 |
| 一鸣 | 464 | 2034 | 1031 | 1003 | 2 | 7 | 7 |
| 勤建 | 524 | 2209 | 1114 | 1095 | 2 | — | 7 |
| 林业 | 29 | 154 | 72 | 82 | — | — | 1 |
| 市镇 | 116 | 559 | 337 | 222 | — | 100 | 479 |

20 世纪 70 年代起，国家虽然推行计划生育政策，但由于人口基数大，钱桥、藕塘地区的人口还是不断增加。1970 年，钱桥公社 4876 户、人口 22438 人。1982 年，藕塘公社 4284 户、人口 16272 人。

**1970 年钱桥公社户籍、人口情况综合统计表**

表 1—6—4　　　　单位：个、户、人

| 大队 | 生产队个数 | | 户数 | | | | 人口 | | | |
|---|---|---|---|---|---|---|---|---|---|---|
| | 合计 | 其中：农业队 | 合计 | 农业户 | 其中：贫下中农户数 | 非农业户 | 合计 | 农业人口 | 其中：贫下中农人口 | 非农业人口 |
| 总计 | 193 | 189 | 4876 | 4739 | 3618 | 137 | 22438 | 21221 | 16201 | 1217 |
| 钱桥 | 12 | 12 | 472 | 472 | 404 | — | 1902 | 1902 | 1720 | — |
| 竞丰 | 20 | 20 | 555 | 555 | 406 | — | 2626 | 2626 | 1856 | — |
| 五星 | 16 | 16 | 410 | 410 | 367 | — | 1843 | 1843 | 1606 | — |
| 历村 | 13 | 13 | 306 | 306 | 275 | — | 1498 | 1498 | 1305 | — |
| 舜一 | 13 | 12 | 268 | 268 | 236 | — | 1327 | 1327 | 1172 | — |
| 溪南 | 14 | 14 | 470 | 470 | 276 | — | 2052 | 2052 | 1286 | — |
| 洋溪 | 15 | 15 | 238 | 238 | 122 | — | 1250 | 1250 | 578 | — |
| 黎明 | 14 | 14 | 261 | 261 | 251 | — | 1195 | 1195 | 1182 | — |
| 新丰 | 18 | 18 | 335 | 335 | 251 | — | 1532 | 1532 | 1144 | — |
| 西漳 | 23 | 23 | 559 | 559 | 377 | — | 2375 | 2375 | 1632 | — |
| 胜丰 | 13 | 13 | 324 | 324 | 282 | — | 1447 | 1447 | 1317 | — |
| 晓星 | 19 | 19 | 429 | 429 | 371 | — | 1659 | 1659 | 1403 | — |
| 红旗 | 3 | — | 112 | 112 | — | — | 484 | 484 | — | — |
| 市镇 | — | — | 137 | — | — | 137 | 1248 | 31 | — | 1217 |

### 1982 年 7 月 1 日第三次人口普查藕塘公社各生产大队及市镇人口统计表

表 1—6—5　　　　单位：人

| 大队 | 总人口 | | | | | 有常住户口，已外出一年以上的人口 |
|---|---|---|---|---|---|---|
| | 合计 | 其中 | | | | |
| | | 常住本地，户口在本地 | 常住本地一年以上，户口在外地 | 人住本地不满一年，离开户口登记地一年以上 | 人住本地，户口待定 | |
| 总计 | 16272 | 16160 | 64 | 4 | 44 | 270 |
| 东方红 | 1727 | 1716 | 6 | — | 5 | 17 |
| 东风 | 2628 | 2612 | 12 | — | 4 | 47 |
| 五星 | 1243 | 1234 | 6 | — | 3 | 20 |
| 火花 | 1341 | 1334 | 3 | 2 | 2 | 17 |
| 宇峰 | 1532 | 1527 | 3 | — | 2 | 32 |
| 凯旋 | 1768 | 1762 | 3 | — | 3 | 21 |
| 永红 | 2390 | 2374 | 7 | 1 | 8 | 47 |
| 勤建 | 1961 | 1941 | 9 | 1 | 10 | 40 |
| 林业 | 862 | 856 | 4 | — | 2 | 6 |
| 市镇 | 820 | 804 | 11 | — | 5 | 23 |

1985 年，钱桥、藕塘地区人口进一步增加，钱桥乡人口 29268 人，人口密度为每平方公里 1177.31 人；藕塘乡人口 16624 人，人口密度为每平方公里 829.54 人。1987 年，藕塘乡人口达 17042 人。1990 年，藕塘乡人口 18186 人。

### 1990 年 7 月 1 日第四次全国人口普查藕塘乡各村及居委总户数、总人数统计表

表 1—6—6　　　　单位：户、人

| 村委会 | 总户数 | 总人口 | | | 家庭户 | | | | 集体户 | | | |
|---|---|---|---|---|---|---|---|---|---|---|---|---|
| | | 合计 | 其中 | | 户数 | 人口 | | | 户数 | 人口 | | |
| | | | 男 | 女 | | 合计 | 其中 | | | 合计 | 其中 | |
| | | | | | | | 男 | 女 | | | 男 | 女 |
| 总计 | 4679 | 18186 | 9393 | 8793 | 4602 | 17577 | 8951 | 8626 | 77 | 609 | 458 | 151 |
| 藕塘乡居委 | 207 | 850 | 456 | 394 | 179 | 592 | 293 | 299 | 28 | 258 | 179 | 79 |
| 藕塘村 | 523 | 2025 | 1015 | 1010 | 521 | 2013 | 1006 | 1007 | 2 | 12 | 9 | 3 |
| 东风村 | 794 | 3075 | 1627 | 1448 | 779 | 2956 | 1541 | 1415 | 15 | 119 | 86 | 33 |
| 南水渠村 | 345 | 1299 | 668 | 631 | 340 | 1272 | 642 | 630 | 5 | 27 | 26 | 1 |
| 火花村 | 387 | 1487 | 777 | 710 | 383 | 1470 | 761 | 709 | 4 | 17 | 16 | 1 |
| 宇峰村 | 426 | 1677 | 863 | 814 | 422 | 1659 | 846 | 813 | 4 | 18 | 17 | 1 |
| 盛店村 | 476 | 1842 | 942 | 900 | 474 | 1840 | 940 | 900 | 2 | 2 | 2 | — |
| 稍塘村 | 686 | 2670 | 1385 | 1285 | 679 | 2607 | 1338 | 1269 | 7 | 63 | 47 | 16 |
| 勤建村 | 555 | 2148 | 1107 | 1041 | 551 | 2102 | 1064 | 1038 | 4 | 46 | 43 | 3 |
| 井亭村 | 248 | 988 | 492 | 496 | 242 | 941 | 459 | 482 | 6 | 47 | 33 | 14 |
| 新成村 | 32 | 125 | 61 | 64 | 32 | 125 | 61 | 64 | — | — | — | — |

1994 年年末，钱桥镇总人口 33600 人，藕塘镇总人口 17800 人。

2000 年，钱桥镇人口 47181 人，藕塘镇人口 21822 人。

### 2000 年 11 月 1 日第五次全国人口普查钱桥、藕塘镇人口登记状况表

表 1—6—7　　　　单位：人

| 项目 | | | 镇别 | |
|---|---|---|---|---|
| | | | 钱桥 | 藕塘 |
| 合计 | 小计 | | 47181 | 21822 |
| | 其中 | 男 | 24379 | 11338 |
| | | 女 | 22802 | 10484 |
| 居住本镇、户口在本镇 | 小计 | | 30542 | 16085 |
| | 其中 | 男 | 15031 | 8121 |
| | | 女 | 15511 | 7964 |

续表 1—6—7 单位：人

| 项目 | | | 镇别 | |
|---|---|---|---|---|
| | | | 钱桥 | 藕塘 |
| 居住本镇半年以上，户口在外乡镇 | 小计 | | 15327 | 5318 |
| | 其中 | 男 | 8519 | 2971 |
| | | 女 | 6808 | 2347 |
| 居住在本镇不满半年，离开户口登记地半年以上 | 小计 | | 1042 | 280 |
| | 其中 | 男 | 691 | 172 |
| | | 女 | 351 | 108 |
| 居住本镇，户口待定 | 小计 | | 262 | 137 |
| | 其中 | 男 | 133 | 73 |
| | | 女 | 129 | 64 |
| 居住本镇，现在国外工作学习，暂无户口 | 小计 | | 8 | 2 |
| | 其中 | 男 | 5 | 1 |
| | | 女 | 3 | 1 |

### 2000 年 11 月 1 日第五次全国人口普查钱桥、藕塘镇农业户、非农业户人口统计表

表 1—6—8 单位：人、%

| 镇别 | 合计 | | | 农业户人数 | | | 非农业户人数 | | | 其他 | | | 非农业户口占总人口的比例 | | |
|---|---|---|---|---|---|---|---|---|---|---|---|---|---|---|---|
| | 小计 | 其中 | | 小计 | 其中 | | 小计 | 其中 | | 小计 | 其中 | | 小计 | 其中 | |
| | | 男 | 女 | | 男 | 女 | | 男 | 女 | | 男 | 女 | | 男 | 女 |
| 钱桥 | 47181 | 24379 | 22802 | 32976 | 17121 | 15855 | 13935 | 7120 | 6815 | 270 | 138 | 132 | 29.54 | 15.09 | 14.45 |
| 藕塘 | 21822 | 11338 | 10484 | 18954 | 9670 | 9284 | 2729 | 1594 | 1135 | 139 | 74 | 65 | 12.51 | 7.30 | 5.21 |

2005 年，钱桥镇（两镇已合并）总人口 59729 人。2008 年 10 月 31 日，钱桥街道共有 18851 户，总人口 64576 人，其中男性 31252 人、女性 33324 人。2010 年，由于区域内大中专院校学生户口迁入，钱桥街道人口激增至 130330 人。

### 2010 年 11 月 1 日第六次全国人口普查钱桥街道各社区人口统计表

表 1—6—9 单位：人

| 单位 | 常住人口 | | | 现住人口 | 户籍人口 | 附：户口待定人口 |
|---|---|---|---|---|---|---|
| | 小计 | 其中 | | | | |
| | | 男 | 女 | | | |
| 钱桥街道合计 | 130330 | 69412 | 60918 | 146791 | 68953 | 815 |
| 钱桥社区居委会 | 14355 | 7597 | 6758 | 14541 | 7478 | 18 |
| 华新社区居委会 | 11851 | 6256 | 5595 | 12113 | 6284 | 41 |
| 苏庙社区居委会 | 22734 | 11931 | 10803 | 23475 | 12430 | 55 |
| 溪南社区居委会 | 6993 | 3845 | 3148 | 7387 | 2899 | 8 |
| 舜柯社区居委会 | 5868 | 3473 | 2395 | 6039 | 3228 | 1 |
| 洋溪社区居委会 | 5210 | 2854 | 2356 | 5339 | 3159 | 6 |
| 晓丰社区居委会 | 8095 | 4427 | 3668 | 8261 | 3925 | 11 |
| 西漳社区居委会 | 3505 | 1825 | 1680 | 3679 | 2657 | 1 |
| 藕塘社区居委会 | 4413 | 2289 | 2124 | 4422 | 2427 | 10 |
| 东风社区居委会 | 4945 | 2517 | 2428 | 5058 | 3382 | 5 |
| 南塘社区居委会 | 3311 | 1819 | 1492 | 3315 | 3051 | 5 |
| 盛峰社区居委会 | 3414 | 1738 | 1676 | 3522 | 3416 | 3 |
| 稍塘社区居委会 | 4171 | 2211 | 1960 | 4532 | 2433 | 1 |
| 藕乐苑社区居委会 | 31465 | 16630 | 14835 | 45108 | 12184 | 650 |

2015 年 7 月 31 日，具有钱桥街道户籍户口人数 70927 人，外来人口 52095 人。

# 第二节 人口变动

钱桥街道的人口随着时间、所处社会经济条件和人口自身等各方面因素的变化而不断发生变化。区域内人口变动具体表现为两种因素，一种是人口自然变动，另一种是人口机械变动，又称作人口迁移。1958 年，人口自然变动藕塘公社出生 413 人，死亡 96 人。1960 年，人口机械变动藕塘公社迁入 312 人，迁出 553 人。1964 年上半年，人口自然变动钱桥公社出生 262 人、死亡 71 人，藕塘公社出生 177 人、死亡 50 人；机械变动钱桥公社迁入 136 人、迁出 133 人，藕塘公社迁入 102 人、迁出 100 人。1980 年，人口自然变动藕塘公社出生 270 人，死亡 102 人；机械变动迁入 144 人，迁出 239 人。1989 年，人口自然变动藕塘乡出生 321 人，死亡 134 人。2005 年，人口自然变动钱桥镇出生 345 人，死亡 356 人。2014 年，人口自然变动钱桥街道出生 660 人，死亡 342 人。2015 年，人口自然变动钱桥街道出生 396 人，死亡 413 人。

## 一、人口自然变动

钱桥街道的人口自然变动由于区域内人口出生和死亡所引起的人口数量的增减、人口年龄和性别构成等发生变化。它受到人的生理因素的制约，是人口作为一个生物群体的必然变动，同时也受到境内社会的生产方式及政治、经济、文化、思想意识等因素的影响。

**1964 年 1 月 1 日至 6 月 30 日钱桥公社各生产大队人口自然变动统计表**

表 1—6—10　　单位：人

| 大队 | 出生 | | | 死亡 | | |
|---|---|---|---|---|---|---|
| | 合计 | 其中 | | 合计 | 其中 | |
| | | 男 | 女 | | 男 | 女 |
| 总计 | 262 | 137 | 125 | 71 | 37 | 34 |
| 钱桥 | 21 | 12 | 9 | 14 | 6 | 8 |
| 五星 | 22 | 15 | 7 | 6 | 1 | 5 |
| 竞丰 | 27 | 10 | 17 | 8 | 4 | 4 |
| 历村 | 16 | 7 | 9 | 5 | 2 | 3 |
| 舜一 | 17 | 5 | 12 | 4 | 2 | 2 |
| 溪南 | 25 | 12 | 13 | 2 | 1 | 1 |
| 洋溪 | 23 | 8 | 15 | 6 | 3 | 3 |
| 黎明 | 13 | 9 | 4 | 1 | 1 | — |
| 新丰 | 24 | 15 | 9 | 5 | 5 | — |
| 西漳 | 19 | 9 | 10 | 4 | 3 | 1 |
| 胜丰 | 22 | 12 | 10 | 2 | 2 | — |
| 晓星 | 19 | 13 | 6 | 7 | 3 | 4 |
| 渔业 | 5 | 4 | 1 | 4 | 4 | — |
| 市镇 | 9 | 6 | 3 | 3 | — | 3 |

**1964 年 1 月 1 日至 6 月 30 日藕塘公社各生产大队人口自然变动统计表**

表 1—6—11　　单位：人

| 大队 | 出生 | | | 死亡 | | |
|---|---|---|---|---|---|---|
| | 合计 | 其中 | | 合计 | 其中 | |
| | | 男 | 女 | | 男 | 女 |
| 总计 | 177 | 96 | 81 | 50 | 28 | 22 |
| 五五 | 17 | 7 | 10 | 5 | 3 | 2 |
| 五九 | 29 | 19 | 10 | 8 | 6 | 2 |
| 五星 | 10 | 4 | 6 | 4 | 2 | 2 |
| 火花 | 17 | 8 | 9 | 2 | 2 | — |
| 宇峰 | 24 | 13 | 11 | 8 | 3 | 5 |
| 凯旋 | 20 | 9 | 11 | 3 | 3 | — |
| 一鸣 | 35 | 24 | 11 | 13 | 6 | 7 |
| 勤建 | 20 | 10 | 10 | 5 | 2 | 3 |
| 林业 | 2 | — | 2 | 1 | 1 | — |
| 市镇 | 3 | 2 | 1 | 1 | — | 1 |

## 1964年12月31日至1965年12月31日藕塘公社各大队人口自然变动统计表

表1—6—12　　单位：人

| 大队 | 1964年12月31日人口数 | | | 报告期内的变动 | | | | | |
|---|---|---|---|---|---|---|---|---|---|
| | 合计 | 其中 | | 出生 | | | 死亡 | | |
| | | 男 | 女 | 合计 | 其中 | | 合计 | 其中 | |
| | | | | | 男 | 女 | | 男 | 女 |
| 总计 | 13346 | 6652 | 6694 | 394 | 211 | 183 | 75 | 45 | 30 |
| 五五 | 1390 | 703 | 687 | 52 | 31 | 21 | 10 | 7 | 3 |
| 五九 | 2146 | 1103 | 1043 | 64 | 34 | 30 | 14 | 7 | 7 |
| 五星 | 1065 | 528 | 537 | 27 | 11 | 16 | 6 | 3 | 3 |
| 火花 | 920 | 363 | 557 | 32 | 16 | 16 | 4 | 4 | — |
| 宇峰 | 1339 | 647 | 692 | 30 | 13 | 17 | 12 | 9 | 3 |
| 凯旋 | 1492 | 745 | 747 | 46 | 22 | 24 | 5 | — | 5 |
| 一鸣 | 2052 | 1040 | 1012 | 64 | 42 | 22 | 11 | 6 | 5 |
| 勤建 | 2230 | 1117 | 1113 | 68 | 33 | 35 | 12 | 8 | 4 |
| 林业 | 159 | 75 | 84 | 8 | 7 | 1 | — | — | — |
| 市镇 | 553 | 331 | 222 | 3 | 2 | 1 | 1 | 1 | — |

## 1989~1990年上半年藕塘乡人口自然变动统计表

表1—6—13　　单位：人

| 村委别 | 出生 | | | | | | | | | 死亡 | | | | | | | | |
|---|---|---|---|---|---|---|---|---|---|---|---|---|---|---|---|---|---|---|
| | 1989年上半年 | | | 1989年下半年 | | | 1990年上半年 | | | 1989年上半年 | | | 1989年下半年 | | | 1990年上半年 | | |
| | 合计 | 其中 | | 合计 | 其中 | | 合计 | 其中 | | 合计 | 其中 | | 合计 | 其中 | | 合计 | 其中 | |
| | | 男 | 女 | | 男 | 女 | | 男 | 女 | | 男 | 女 | | 男 | 女 | | 男 | 女 |
| 总计 | 142 | 67 | 75 | 179 | 93 | 86 | 183 | 105 | 78 | 67 | 39 | 28 | 67 | 36 | 31 | 60 | 29 | 31 |
| 藕塘乡居委 | 4 | 1 | 3 | 6 | 1 | 5 | 8 | 5 | 3 | 4 | 3 | 1 | 2 | 2 | — | 1 | — | 1 |
| 藕塘村 | 17 | 7 | 10 | 27 | 14 | 13 | 20 | 10 | 10 | 8 | 4 | 4 | 8 | 3 | 5 | 7 | 1 | 6 |
| 东风村 | 17 | 11 | 6 | 30 | 21 | 9 | 33 | 21 | 12 | 4 | 2 | 2 | 7 | 4 | 3 | 6 | 3 | 3 |
| 南水渠村 | 7 | 5 | 2 | 9 | 4 | 5 | 8 | 6 | 2 | 6 | 4 | 2 | 5 | 2 | 3 | 3 | 1 | 2 |
| 火花村 | 11 | 3 | 8 | 16 | 10 | 6 | 12 | 6 | 6 | 5 | 2 | 3 | 6 | 4 | 2 | 4 | 4 | — |
| 宇峰村 | 18 | 6 | 12 | 16 | 7 | 9 | 15 | 8 | 7 | 6 | 5 | 1 | 6 | 4 | 2 | 8 | 1 | 7 |
| 盛店村 | 16 | 11 | 5 | 14 | 6 | 8 | 11 | 8 | 3 | 11 | 7 | 4 | 6 | 2 | 4 | 7 | 6 | 1 |
| 稍塘村 | 22 | 10 | 12 | 34 | 18 | 16 | 47 | 26 | 21 | 16 | 9 | 7 | 13 | 6 | 7 | 8 | 4 | 4 |
| 勤建村 | 21 | 8 | 13 | 19 | 8 | 11 | 18 | 10 | 8 | 5 | 2 | 3 | 12 | 7 | 5 | 12 | 6 | 6 |
| 井亭村 | 8 | 4 | 4 | 8 | 4 | 4 | 9 | 4 | 5 | 2 | 1 | 1 | 2 | 2 | — | 4 | 3 | 1 |
| 新成村 | 1 | 1 | — | — | — | — | 2 | 1 | 1 | — | — | — | — | — | — | — | — | — |

## 2000年11月第五次全国人口普查钱桥、藕塘镇出生人口分性别统计表

表1—6—14　　单位：人、%

| 镇别 | 出生人数 | | | | 第一孩 | | | | 第二孩 | | | |
|---|---|---|---|---|---|---|---|---|---|---|---|---|
| | 合计 | 其中 | | 性别比 | 小计 | 其中 | | 性别比 | 小计 | 其中 | | 性别比 |
| | | 男 | 女 | | | 男 | 女 | | | 男 | 女 | |
| 钱桥 | 35 | 18 | 17 | 105.88 | 34 | 18 | 16 | 112.50 | 1 | — | 1 | — |
| 藕塘 | 17 | 9 | 8 | 112.50 | 11 | 5 | 6 | 83.33 | 6 | 4 | 2 | 200 |

## 2000年11月第五次全国人口普查钱桥、藕塘镇育龄妇女年龄别生育率及总和生育率统计表

表1—6—15　　单位：‰

| 镇别 | 15~19岁 | 20~24岁 | 25~29岁 | 30~34岁 | 35~39岁 | 40~44岁 | 45~49岁 | 总和生育率 |
|---|---|---|---|---|---|---|---|---|
| 钱桥 | 10.99 | 92.67 | 37.16 | 4.05 | — | — | — | 724.35 |
| 藕塘 | — | 138.36 | 43.24 | 9.62 | 10.99 | — | — | 1011.05 |

## 1958~2000年藕塘（公社、乡）镇人口自然变动选年统计表

表1—6—16　　单位：户、人、‰

| 年份 | 总户数 | 总人数 | 出生 | | | | 死亡 | | | | 自然增长率 |
|---|---|---|---|---|---|---|---|---|---|---|---|
| | | | 小计 | 其中 | | 出生率 | 小计 | 其中 | | 死亡率 | |
| | | | | 男 | 女 | | | 男 | 女 | | |
| 1958 | 2700 | 12661 | 413 | 215 | 198 | 32.62 | 96 | 49 | 47 | 7.58 | 25.04 |
| 1960 | 2659 | 12137 | 221 | 108 | 113 | 18.21 | 203 | 129 | 74 | 16.73 | 1.48 |

续表 1—6—16　　单位：户、人、‰

| 年份 | 总户数 | 总人数 | 出生 | | | | 死亡 | | | | 自然增长率 |
|---|---|---|---|---|---|---|---|---|---|---|---|
| | | | 小计 | 其中 | | 出生率 | 小计 | 其中 | | 死亡率 | |
| | | | | 男 | 女 | | | 男 | 女 | | |
| 1969 | 3258 | 14729 | 326 | 161 | 165 | 22.13 | 72 | 33 | 39 | 4.89 | 17.24 |
| 1972 | 3424 | 15325 | 347 | 158 | 189 | 22.64 | 110 | 66 | 44 | 7.18 | 15.46 |
| 1973 | 3516 | 15478 | 298 | 158 | 140 | 19.25 | 109 | 38 | 71 | 7.04 | 12.21 |
| 1974 | 3614 | 15602 | 290 | 155 | 135 | 18.59 | 118 | 67 | 51 | 7.56 | 11.03 |
| 1975 | 3654 | 15805 | 299 | 142 | 157 | 18.92 | 104 | 50 | 54 | 6.58 | 12.34 |
| 1976 | 3775 | 16021 | 334 | 171 | 163 | 20.85 | 109 | 42 | 67 | 6.80 | 14.05 |
| 1977 | 4016 | 16162 | 303 | 161 | 142 | 18.75 | 125 | 67 | 58 | 7.73 | 11.02 |
| 1979 | 4205 | 16177 | 290 | 165 | 125 | 17.93 | 104 | 56 | 48 | 6.43 | 11.50 |
| 1980 | 4196 | 16243 | 270 | 143 | 127 | 16.62 | 102 | 68 | 34 | 6.28 | 10.34 |
| 1981 | 4467 | 16411 | 314 | 176 | 138 | 19.13 | 110 | 55 | 55 | 6.70 | 12.43 |
| 1984 | — | 16573 | 195 | 104 | 91 | 11.77 | 118 | 61 | 57 | 7.12 | 4.65 |
| 1987 | 4740 | 17042 | 338 | 190 | 148 | 19.83 | 127 | 73 | 54 | 7.45 | 12.38 |
| 2000 | — | 21822 | 148 | 79 | 69 | 6.78 | 155 | 88 | 67 | 7.10 | -0.32 |

2004~2015 年钱桥（镇）街道人口自然变动、自然增长率统计表

表 1—6—17　　单位：人、‰

| 年份 | 户籍人口 | 出生人口 | 出生率 | 死亡人数 | 死亡率 | 自然增长率 |
|---|---|---|---|---|---|---|
| 2004 | 56642 | 389 | 6.87 | 308 | 5.44 | 1.43 |
| 2005 | 59729 | 345 | 5.78 | 356 | 5.96 | -0.18 |
| 2006 | 61941 | 403 | 6.51 | 327 | 5.28 | 1.23 |
| 2007 | 64845 | 416 | 6.42 | 343 | 5.29 | 1.13 |
| 2008 | 68532 | 404 | 5.90 | 355 | 5.18 | 0.72 |
| 2009 | 69131 | 402 | 5.82 | 341 | 4.93 | 0.89 |
| 2010 | 68953 | 452 | 6.56 | 361 | 5.24 | 1.32 |
| 2011 | 69611 | 467 | 6.71 | 375 | 5.39 | 1.32 |
| 2012 | 69773 | 546 | 7.83 | 344 | 4.93 | 2.89 |
| 2013 | 69709 | 572 | 8.21 | 352 | 5.05 | 3.16 |
| 2014 | 70380 | 660 | 9.38 | 342 | 4.86 | 4.52 |
| 2015 | 70927 | 396 | 5.58 | 413 | 5.82 | -0.24 |

## 二、人口机械变动

钱桥街道的人口机械变动是社会经济和政治原因产生的。人口迁移是人口在两个地区之间的空间移动，钱桥、藕塘地区历来有外地人迁来定居的历史。新中国成立以后，由于政治经济等原因，钱桥、藕塘地区人口迁出较多。在外迁人口中，除婚迁、参军、干部外调、升学、招工和支边外，主要是农民大批进城做工。改革开放以后，不发达地区的人口迁移至区域内居住者较多，也有区域内的人口迁移至大城市或发达国家居住。迁移变动使钱桥街道的人口发生变化，也引起区域内人口的性别构成、年龄构成和人口、社会经济的变化。

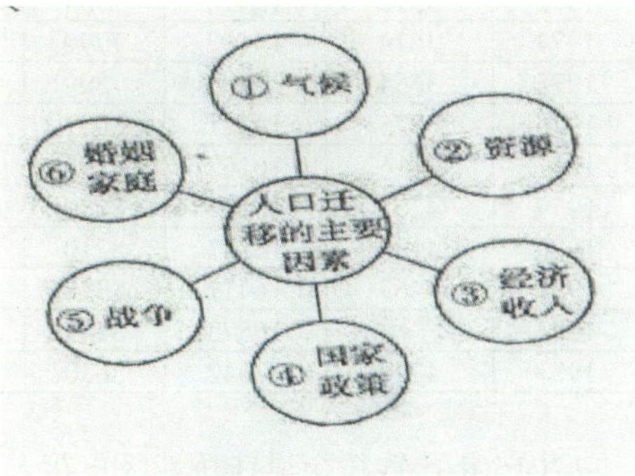


图 1—6—1　钱桥街道人口迁移主要因素图

1964 年 1 月 1 日至 6 月 30 日钱桥公社各生产大队人口机械变动情况统计表

表 1—6—18　　单位：人

| 大队 | 迁入 | 迁出 | 大队 | 迁入 | 迁出 | 大队 | 迁入 | 迁出 |
|---|---|---|---|---|---|---|---|---|
| 总计 | 136 | 133 | 舜一 | 6 | 8 | 西漳 | 7 | 12 |
| 钱桥 | 7 | 13 | 溪南 | 9 | 9 | 胜丰 | 6 | 6 |
| 五星 | 12 | 20 | 洋溪 | 12 | 6 | 晓星 | 16 | 8 |
| 竞丰 | 10 | 15 | 黎明 | 10 | 5 | 渔业 | 1 | 1 |
| 历村 | 2 | 2 | 新丰 | 10 | 8 | 市镇 | 28 | 20 |

1964 年 1 月 1 日至 6 月 30 日藕塘公社各生产大队人口机械变动情况统计表

表 1—6—19　　　　单位：人

| 大队 | 迁入 | 迁出 | 大队 | 迁入 | 迁出 | 大队 | 迁入 | 迁出 |
|---|---|---|---|---|---|---|---|---|
| 总计 | 102 | 100 | 火花 | 9 | 12 | 勤建 | 15 | 15 |
| 五五 | 14 | 11 | 宇峰 | 7 | 2 | 林业 | — | — |
| 五九 | 13 | 7 | 凯旋 | 12 | 12 | 市镇 | 10 | 9 |
| 五星 | 7 | 15 | 一鸣 | 15 | 17 | — | — | — |

1964 年 12 月 31 日至 1965 年 12 月 31 日藕塘公社各大队人口机械变动情况统计表

表 1—6—20　　　　单位：人

| 大队 | 报告期内的变动 | | | | | | | | | | | | | |
|---|---|---|---|---|---|---|---|---|---|---|---|---|---|---|
| | 迁入 | | | | | | | 迁出 | | | | | | |
| | 合计 | | | 外公社迁入 | | 本公社迁入 | | 合计 | | | 迁往外公社 | | 迁入本公社 | |
| | 小计 | 其中 | | 其中 | | 其中 | | 小计 | 其中 | | 其中 | | 其中 | |
| | | 男 | 女 | 男 | 女 | 男 | 女 | | 男 | 女 | 男 | 女 | 男 | 女 |
| 总计 | 153 | 53 | 100 | 47 | 79 | 6 | 21 | 252 | 159 | 93 | 153 | 72 | 6 | 21 |
| 五五 | 10 | 4 | 6 | 4 | 5 | — | 1 | 23 | 19 | 4 | 18 | 2 | 1 | 2 |
| 五九 | 30 | 7 | 23 | 3 | 16 | 4 | 7 | 31 | 17 | 14 | 16 | 11 | 1 | 3 |
| 五星 | 8 | 2 | 6 | 2 | 6 | — | — | 30 | 20 | 10 | 17 | 7 | 3 | 3 |
| 火花 | 12 | 6 | 6 | 6 | 6 | — | — | 12 | 9 | 3 | 9 | 2 | — | 1 |
| 宇峰 | 17 | 4 | 13 | 4 | 7 | — | 6 | 19 | 14 | 5 | 14 | 4 | — | 1 |
| 凯旋 | 10 | 4 | 6 | 4 | 4 | — | 2 | 20 | 12 | 8 | 12 | 8 | — | — |
| 一鸣 | 22 | 7 | 15 | 6 | 12 | 1 | 3 | 32 | 16 | 16 | 15 | 10 | 1 | 6 |
| 勤建 | 20 | 3 | 17 | 2 | 15 | 1 | 2 | 35 | 23 | 12 | 23 | 9 | — | 3 |
| 林业 | 1 | — | 1 | — | 1 | — | — | 6 | — | 6 | — | 4 | — | 2 |
| 市镇 | 23 | 16 | 7 | 16 | 7 | — | — | 44 | 29 | 15 | 29 | 15 | — | — |

1958~1987 年藕塘（公社）乡人口机械变动情况选年统计表

表 1—6—21　　　　单位：户、人

| 年份 | 总户数 | 总人口 | | | 迁入 | | | 迁出 | | |
|---|---|---|---|---|---|---|---|---|---|---|
| | | 合计 | 其中 | | 合计 | 其中 | | 合计 | 其中 | |
| | | | 男 | 女 | | 男 | 女 | | 男 | 女 |
| 1958 | 2700 | 12661 | 6337 | 6324 | — | — | — | — | — | — |
| 1960 | 2659 | 12137 | 6015 | 6122 | 312 | 173 | 139 | 553 | 285 | 268 |
| 1969 | 3258 | 14729 | 7384 | 7345 | 204 | 87 | 117 | 173 | 74 | 99 |
| 1972 | 3424 | 15325 | 7613 | 7712 | 155 | 63 | 92 | 265 | 143 | 122 |
| 1973 | 3516 | 15478 | 7734 | 7744 | 124 | 56 | 68 | 160 | 55 | 105 |
| 1974 | 3614 | 15602 | 7790 | 7812 | 114 | 34 | 80 | 162 | 66 | 96 |
| 1975 | 3654 | 15805 | 7899 | 7906 | 163 | 54 | 109 | 155 | 38 | 117 |
| 1976 | 3775 | 16021 | 8021 | 8000 | 192 | 77 | 115 | 209 | 88 | 121 |
| 1977 | 4016 | 16162 | 8105 | 8057 | 132 | 35 | 97 | 175 | 49 | 126 |
| 1979 | 4205 | 16177 | 8180 | 7997 | 338 | 152 | 186 | 726 | 303 | 423 |
| 1980 | 4196 | 16243 | 8210 | 8033 | 144 | 74 | 70 | 239 | 112 | 127 |
| 1981 | 4467 | 16411 | 8323 | 8088 | 215 | 88 | 127 | 250 | 98 | 152 |
| 1984 | — | 16573 | 8449 | 8124 | 146 | 46 | 100 | 162 | 65 | 97 |
| 1987 | 4740 | 17042 | 8630 | 8412 | 159 | 42 | 117 | 133 | 57 | 76 |

2015 年，钱桥街道钱桥地区户籍人口 49179 人。是年，迁入 1779 人，其中省外迁入 492 人，省内迁入 617 人（不含无锡市），市内迁入 670 人；迁出 868 人，其中迁至省外 89 人，迁至省内 80 人（不含无锡市），迁至市内 699 人。同年，钱桥街道藕塘地区户籍人口 21748 人。

2010~2015 年钱桥街道藕塘地区人口机械变动情况选年统计表

表 1—6—22　　　　单位：户、人

| 年份 | 总户数 | 总人口 | | | 迁入 | 迁出 |
|---|---|---|---|---|---|---|
| | | 合计 | 其中 | | | |
| | | | 男 | 女 | | |
| 2010 | 5971 | 25836 | 12780 | 13056 | 2838 | 3117 |

续表 1—6—22 单位：户、人

| 年份 | 总户数 | 总人口 | | | 迁入 | 迁出 |
|---|---|---|---|---|---|---|
| | | 合计 | 其中 | | | |
| | | | 男 | 女 | | |
| 2011 | 5995 | 25426 | 12726 | 12700 | 2595 | 3023 |
| 2012 | 6039 | 24173 | 12192 | 11981 | 1696 | 2753 |
| 2013 | 6072 | 22957 | 11543 | 11414 | 1372 | 2634 |
| 2014 | 6212 | 22207 | 11184 | 11023 | 701 | 1517 |
| 2015 | 6457 | 21748 | 10948 | 10800 | 690 | 1157 |

## 三、人口流动

钱桥街道人口向外流动的常见形式有本地大学生外出读书、劳动力季节性流动和不定期流动等。

**2000 年 11 月第五次全国人口普查钱桥、藕塘镇户口登记地暂住人口统计表**

表 1—6—23 单位：人

| 镇别 | 合计 | 户口登记地 | | | |
|---|---|---|---|---|---|
| | | 本市（县）其他镇 | 本市区其他街道 | 本省其他市（县）、市区 | 省外 |
| 钱桥 | 2231 | 96 | — | 765 | 1370 |
| 藕塘 | 1145 | 13 | 1 | 651 | 480 |

# 第三节 人口构成

钱桥街道的人口构成分为性别构成、民族构成、年龄构成、文化结构、劳力结构等。

## 一、性别结成

钱桥街道据于人口的出生、死亡，迁移、流动等因素，性别在不断变化，性别比也在发生变化。性别结构是影响境内人口的婚姻、家庭、生育状况的基本因素，也与人口再生产、人口分布、人口迁移及劳动就业等其他人口结构有着直接关系。民国时期，钱桥、藕塘地区性别比一直处在男多女少的情况。1982 年，藕塘公社人口的男女性别比为 103.73。

**1982 年 7 月 1 日第三次全国人口普查藕塘公社各大队户籍人口性别统计表**

表 1—6—24 单位：户、人

| 大队 | 总户数 | 总人口 | | | | 家庭户 | | 集体户 | |
|---|---|---|---|---|---|---|---|---|---|
| | | 合计 | 其中 | | 性别比（女=100） | 户数 | 人数 | 户数 | 人数 |
| | | | 男 | 女 | | | | | |
| 总计 | 4284 | 16272 | 8285 | 7987 | 103.73 | 4272 | 15754 | 12 | 518 |
| 东方红 | 478 | 1727 | 861 | 866 | 99.42 | 478 | 1727 | — | — |
| 东风 | 708 | 2628 | 1325 | 1303 | 101.69 | 708 | 2628 | — | — |
| 五星 | 341 | 1243 | 607 | 636 | 95.44 | 341 | 1243 | — | — |
| 火花 | 357 | 1341 | 681 | 660 | 103.18 | 357 | 1341 | — | — |
| 宇峰 | 404 | 1532 | 766 | 766 | 100.00 | 404 | 1532 | — | — |
| 凯旋 | 466 | 1768 | 912 | 856 | 106.54 | 466 | 1768 | — | — |
| 永红 | 639 | 2390 | 1245 | 1145 | 108.73 | 639 | 2390 | — | — |
| 勤建 | 511 | 1961 | 983 | 978 | 100.51 | 511 | 1961 | — | — |
| 林业 | 226 | 862 | 431 | 431 | 100.00 | 226 | 862 | — | — |
| 市镇 | 154 | 820 | 474 | 346 | 139.99 | 142 | 302 | 12 | 518 |

1990 年，藕塘镇的人口男女性别比为 100.13，男女性别比例基本平衡。2000 年，钱桥镇的人口

男女性别比为 106.92；藕塘镇的人口男女性别比为 108.15，人口男女性别比出现失调。

**2000 年 11 月 1 日第五次全国人口普查钱桥镇、藕塘镇户数、人口数和性别比表**

表 1—6—25　　　　单位：户、人、%

| 项目 | | | | 镇别 | |
|---|---|---|---|---|---|
| | | | | 钱桥 | 藕塘 |
| 户数 | 合计 | | | 15402.00 | 6465.00 |
| | 家庭户 | | | 14250.00 | 6003.00 |
| | 集体户 | | | 1152.00 | 462.00 |
| 人口数 | 合计 | 小计 | | 47181.00 | 21822.00 |
| | | 其中 | 男 | 24379.00 | 11338.00 |
| | | | 女 | 22802.00 | 10484.00 |
| | | 性别比 | | 106.92 | 108.15 |
| | 家庭户 | 小计 | | 42828.00 | 19984.00 |
| | | 其中 | 男 | 21697.00 | 10215.00 |
| | | | 女 | 21131.00 | 9769.00 |
| | | 性别比 | | 102.68 | 104.57 |
| | 集体户 | 小计 | | 4353.00 | 1838.00 |
| | | 其中 | 男 | 2682.00 | 1123.00 |
| | | | 女 | 1671.00 | 715.00 |
| | | 性别比 | | 160.50 | 157.06 |
| 家庭户平均每户人数 | | | | 3.01 | 3.33 |

**2010 年 11 月 1 日第六次全国人口普查钱桥街道户数、人口数和性别比统计表**

表 1—6—26　　　　单位：户、人

| 户数 | | | 人口数 | | | | | | | | | 平均家庭户规模（人/户） |
|---|---|---|---|---|---|---|---|---|---|---|---|---|
| 合计 | 家庭户 | 集体户 | 合计 | 家庭户 | | | | 集体户 | | | | |
| | | | | 小计 | 其中 | | 性别比（女=100） | 小计 | 其中 | | 性别比（女=100） | |
| | | | | | 男 | 女 | | | 男 | 女 | | |
| 43102 | 36135 | 6967 | 130330 | 98961 | 51196 | 47765 | 107.18 | 31369 | 18216 | 13153 | 138.49 | 2.74 |

**1982~2010 年钱桥、藕塘（乡、镇），钱桥街道男女性别比例选年对照表**

表 1—6—27　　　　单位：户、人、%

| 单位 | 年份 | 总户数 | 总人数 | 男性总数 | 男性比例 | 女性总数 | 女性比例 | 性别比例 |
|---|---|---|---|---|---|---|---|---|
| 藕塘镇 | 1982 | 4284 | 16272 | 8285 | 50.92 | 7987 | 49.08 | 103.73 |
| | 1990 | 5787 | 17406 | 8714 | 50.06 | 8692 | 49.94 | 100.25 |
| | 2000 | 6465 | 21822 | 11338 | 51.96 | 10484 | 48.04 | 108.15 |
| 钱桥镇 | 2000 | 15402 | 47181 | 24379 | 51.67 | 22802 | 48.33 | 106.92 |
| 钱桥街道 | 2010 | 43102 | 130330 | 69412 | 53.26 | 60918 | 46.74 | 113.94 |

2010 年，钱桥街道的人口男女性别比为 113.94，人口男女性别比出现严重失调。

## 二、民族构成

钱桥、藕塘地区历来是汉族聚居之地，其他民族人数甚少。2000 年 11 月 1 日第五次全国人口普查，钱桥镇有蒙古族、回族、维吾尔族、苗族、壮族、布依族、朝鲜族、满族、侗族、土家族、畲族等少数民族人口 91 人，占全镇人口总数的 0.19%；藕塘镇有蒙古族、回族、苗族、彝族、壮族、满族、白族、土家族等少数民族人口 31 人，占全镇总人口的 0.14%。2015 年，钱桥街道钱桥地区有蒙古族、回族、苗族、彝族、壮族、布依族、朝鲜族、满族、土家族等少数民族人口 207 人，占总人口的 0.42%。

## 2000 年 11 月 1 日第五次全国人口普查钱桥镇、藕塘镇民族人口统计表

表 1—6—28

单位：人

| 项目 | | | 镇别 | | 项目 | | | 镇别 | |
|---|---|---|---|---|---|---|---|---|---|
| | | | 钱桥 | 藕塘 | | | | 钱桥 | 藕塘 |
| 合计 | 小计 | | 47181 | 21822 | 布依族 | 小计 | | 4 | — |
| | 其中 | 男 | 24379 | 11338 | | 其中 | 男 | 2 | — |
| | | 女 | 22802 | 10484 | | | 女 | 2 | — |
| 汉族 | 小计 | | 47090 | 21791 | 朝鲜族 | 小计 | | 2 | — |
| | 其中 | 男 | 24338 | 11321 | | 其中 | 男 | 1 | — |
| | | 女 | 22752 | 10470 | | | 女 | 1 | — |
| 蒙古族 | 小计 | | 4 | 1 | 满族 | 小计 | | 9 | 1 |
| | 其中 | 男 | 2 | 1 | | 其中 | 男 | 3 | — |
| | | 女 | 2 | — | | | 女 | 6 | 1 |
| 回族 | 小计 | | 14 | 1 | 侗族 | 小计 | | 6 | — |
| | 其中 | 男 | 5 | 1 | | 其中 | 男 | 2 | — |
| | | 女 | 9 | — | | | 女 | 4 | — |
| 维吾尔族 | 小计 | | 1 | — | 白族 | 小计 | | — | 1 |
| | 其中 | 男 | 1 | — | | 其中 | 男 | — | — |
| | | 女 | — | — | | | 女 | — | 1 |
| 苗族 | 小计 | | 24 | 12 | 土家族 | 小计 | | 18 | 6 |
| | 其中 | 男 | 15 | 6 | | 其中 | 男 | 5 | 4 |
| | | 女 | 9 | 6 | | | 女 | 13 | 2 |
| 彝族 | 小计 | | 2 | 2 | 畲族 | 小计 | | 2 | — |
| | 其中 | 男 | 1 | 1 | | 其中 | 男 | 2 | — |
| | | 女 | 1 | 1 | | | 女 | — | — |
| 壮族 | 小计 | | 5 | 7 | — | — | — | — | — |
| | 其中 | 男 | 3 | 4 | — | — | — | — | — |
| | | 女 | 2 | 3 | — | — | — | — | — |

## 2010 年 11 月 1 日第六次全国人口普查钱桥街道民族人口统计表

表 1—6—29

单位：人

| 合计 | | | 汉族 | | | 蒙古族 | | | 回族 | | |
|---|---|---|---|---|---|---|---|---|---|---|---|
| 合计 | 其中 | | 小计 | 其中 | | 小计 | 其中 | | 小计 | 其中 | |
| | 男 | 女 | | 男 | 女 | | 男 | 女 | | 男 | 女 |
| 130330 | 69412 | 60918 | 130282 | 69386 | 60896 | 2 | — | 2 | 14 | 8 | 6 |
| 苗族 | | | 彝族 | | | 壮族 | | | 布依族 | | |
| 小计 | 其中 | | 小计 | 其中 | | 小计 | 其中 | | 小计 | 其中 | |
| | 男 | 女 | | 男 | 女 | | 男 | 女 | | 男 | 女 |
| 15 | 7 | 8 | 1 | 1 | — | 2 | 1 | 1 | 1 | 1 | — |
| 朝鲜族 | | | 满族 | | | 土家族 | | | 土族 | | |
| 小计 | 其中 | | 小计 | 其中 | | 小计 | 其中 | | 小计 | 其中 | |
| | 男 | 女 | | 男 | 女 | | 男 | 女 | | 男 | 女 |
| 1 | 1 | — | 1 | 1 | — | 9 | 5 | 4 | 1 | 1 | — |
| 其他未识别的民族 | | | — | | | — | | | — | | |
| 小计 | 其中 | | — | — | — | — | — | — | — | — | — |
| | 男 | 女 | — | — | — | — | — | — | — | — | |
| 1 | — | 1 | — | — | — | — | — | — | — | — | |

## 2015 年钱桥街道钱桥地区民族人口统计表

表 1—6—30

单位：人

| 合计 | | | 汉族 | | | 蒙古族 | | | 回族 | | |
|---|---|---|---|---|---|---|---|---|---|---|---|
| 合计 | 其中 | | 小计 | 其中 | | 小计 | 其中 | | 小计 | 其中 | |
| | 男 | 女 | | 男 | 女 | | 男 | 女 | | 男 | 女 |
| 49179 | 24526 | 24653 | 48972 | 24432 | 24540 | 25 | 14 | 11 | 46 | 16 | 30 |
| 苗族 | | | 彝族 | | | 壮族 | | | 布依族 | | |
| 小计 | 其中 | | 小计 | 其中 | | 小计 | 其中 | | 小计 | 其中 | |
| | 男 | 女 | | 男 | 女 | | 男 | 女 | | 男 | 女 |
| 28 | 11 | 17 | 1 | 1 | 0 | 19 | 6 | 13 | 9 | 5 | 4 |

续表 1—6—30

| 朝鲜族 | | | 满族 | | | 土家族 | | |
|---|---|---|---|---|---|---|---|---|
| 小计 | 其中 | | 小计 | 其中 | | 小计 | 其中 | |
| | 男 | 女 | | 男 | 女 | | 男 | 女 |
| 13 | 10 | 3 | 45 | 24 | 21 | 21 | 7 | 14 |

## 三、年龄构成

新中国成立后，据先后六次人口普查，钱桥、藕塘地区人口年龄构成的变化较大，少年儿童人口比例逐次下降，青壮年、老年人口比例逐次上升，年龄结构由年轻型过渡到老年型。1964 年第二次全国人口普查，藕塘公社 60 周岁以上的人口 897 人，占总人口的 6.69%；钱桥公社 60 周岁以上的人口 1499 人，占总人口的 7.5%。1982 年第三次全国人口普查，藕塘公社 60 周岁以上的人口 1769 人，占总人口的 10.87%，已进入老龄化社会。2000 年第五次全国人口普查，钱桥镇 60 周岁以上的人口 4546 人，占总人口的 9.6%；藕塘镇 60 周岁以上的人口 2465 人，占总人口的 11.3%。2010 年第六次全国人口普查，钱桥街道 60 周岁以上的人口 11953 人，占总人口的 9.17%。

### 1964 年 6 月 30 日第二次全国人口普查钱桥公社人口年龄普查统计表

表 1—6—31　　单位：人

| 年龄 | 人口数 | | | 年龄 | 人口数 | | | 年龄 | 人口数 | | |
|---|---|---|---|---|---|---|---|---|---|---|---|
| | 合计 | 其中 | | | 合计 | 其中 | | | 合计 | 其中 | |
| | | 男 | 女 | | | 男 | 女 | | | 男 | 女 |
| 总计 | 19859 | 9796 | 10063 | 32 | 189 | 82 | 107 | 65 | 124 | 59 | 65 |
| 不满 1 岁 | 697 | 377 | 320 | 33 | 188 | 92 | 96 | 66 | 99 | 51 | 48 |
| 1 | 701 | 377 | 324 | 34 | 249 | 107 | 142 | 67 | 107 | 38 | 69 |
| 2 | 264 | 151 | 113 | 35 | 235 | 103 | 132 | 68 | 84 | 33 | 51 |
| 3 | 307 | 151 | 156 | 36 | 253 | 123 | 130 | 69 | 51 | 24 | 27 |
| 4 | 400 | 214 | 186 | 37 | 209 | 98 | 111 | 70 | 62 | 19 | 43 |
| 5 | 420 | 223 | 197 | 38 | 215 | 111 | 104 | 71 | 54 | 15 | 39 |
| 6 | 589 | 304 | 285 | 39 | 214 | 109 | 105 | 72 | 54 | 15 | 39 |
| 7 | 539 | 301 | 238 | 40 | 226 | 105 | 121 | 73 | 43 | 14 | 29 |
| 8 | 506 | 266 | 240 | 41 | 249 | 110 | 139 | 74 | 40 | 12 | 28 |
| 9 | 651 | 351 | 300 | 42 | 211 | 104 | 107 | 75 | 30 | 8 | 22 |
| 10 | 558 | 297 | 261 | 43 | 169 | 75 | 94 | 76 | 33 | 7 | 26 |
| 11 | 551 | 298 | 253 | 44 | 186 | 82 | 104 | 77 | 23 | 1 | 22 |
| 12 | 584 | 296 | 288 | 45 | 195 | 73 | 122 | 78 | 14 | 1 | 13 |
| 13 | 503 | 253 | 250 | 46 | 157 | 64 | 93 | 79 | 9 | 2 | 7 |
| 14 | 599 | 321 | 278 | 47 | 154 | 70 | 84 | 80 | 5 | — | 5 |
| 15 | 508 | 282 | 226 | 48 | 176 | 76 | 100 | 81 | 9 | 3 | 6 |
| 16 | 498 | 261 | 237 | 49 | 151 | 65 | 86 | 82 | 2 | — | 2 |
| 17 | 525 | 291 | 234 | 50 | 170 | 81 | 89 | 83 | 10 | — | 10 |
| 18 | 398 | 192 | 206 | 51 | 170 | 82 | 88 | 84 | 4 | 1 | 3 |
| 19 | 361 | 175 | 186 | 52 | 166 | 69 | 97 | 85 | 3 | — | 3 |
| 20 | 280 | 134 | 146 | 53 | 145 | 68 | 77 | 86 | 5 | — | 5 |
| 21 | 226 | 117 | 109 | 54 | 160 | 84 | 76 | 87 | 6 | — | 6 |
| 22 | 323 | 163 | 160 | 55 | 175 | 83 | 92 | 88 | 1 | 1 | — |
| 23 | 283 | 130 | 153 | 56 | 151 | 75 | 76 | 89 | 2 | — | 2 |
| 24 | 280 | 141 | 139 | 57 | 178 | 63 | 115 | 90 | 2 | 1 | 1 |
| 25 | 278 | 142 | 136 | 58 | 167 | 71 | 96 | 91 | 1 | — | 1 |
| 26 | 220 | 115 | 105 | 59 | 156 | 71 | 85 | 92 | — | — | — |
| 27 | 197 | 93 | 104 | 60 | 153 | 74 | 79 | 93 | — | — | — |
| 28 | 263 | 120 | 143 | 61 | 103 | 47 | 56 | 94 | — | — | — |
| 29 | 214 | 95 | 119 | 62 | 132 | 68 | 64 | 95 | — | — | — |
| 30 | 181 | 74 | 107 | 63 | 109 | 57 | 52 | 96 | 1 | — | 1 |
| 31 | 192 | 85 | 107 | 64 | 124 | 59 | 65 | 97 | — | — | — |

## 1964年6月30日第二次全国人口普查藕塘公社人口年龄普查统计表

表1—6—32　　　　单位：人

| 年龄 | 人口数 | | | 年龄 | 人口数 | | | 年龄 | 人口数 | | |
|---|---|---|---|---|---|---|---|---|---|---|---|
| | 合计 | 其中 | | | 合计 | 其中 | | | 合计 | 其中 | |
| | | 男 | 女 | | | 男 | 女 | | | 男 | 女 |
| 总计 | 13413 | 6861 | 6552 | 30 | 143 | 78 | 65 | 61 | 68 | 35 | 33 |
| 不满1岁 | 517 | 278 | 239 | 31 | 132 | 51 | 81 | 62 | 65 | 31 | 34 |
| 1 | 483 | 263 | 220 | 32 | 112 | 49 | 63 | 63 | 69 | 37 | 32 |
| 2 | 198 | 93 | 105 | 33 | 124 | 62 | 62 | 64 | 64 | 29 | 35 |
| 3 | 164 | 89 | 75 | 34 | 129 | 58 | 71 | 65 | 70 | 34 | 36 |
| 4 | 240 | 116 | 124 | 35 | 129 | 63 | 66 | 66 | 55 | 19 | 36 |
| 5 | 282 | 148 | 134 | 36 | 183 | 99 | 84 | 67 | 62 | 26 | 36 |
| 6 | 389 | 194 | 195 | 37 | 137 | 65 | 72 | 68 | 55 | 35 | 20 |
| 7 | 338 | 178 | 160 | 38 | 146 | 75 | 71 | 69 | 39 | 15 | 24 |
| 8 | 338 | 176 | 162 | 39 | 158 | 88 | 70 | 70 | 31 | 10 | 21 |
| 9 | 449 | 235 | 214 | 40 | 145 | 69 | 76 | 71 | 35 | 10 | 25 |
| 10 | 371 | 201 | 170 | 41 | 152 | 81 | 71 | 72 | 37 | 10 | 27 |
| 11 | 392 | 210 | 182 | 42 | 147 | 67 | 80 | 73 | 25 | 9 | 16 |
| 12 | 448 | 240 | 208 | 43 | 100 | 60 | 40 | 74 | 24 | 6 | 18 |
| 13 | 338 | 194 | 144 | 44 | 129 | 62 | 67 | 75 | 26 | 8 | 18 |
| 14 | 393 | 205 | 188 | 45 | 148 | 75 | 73 | 76 | 21 | 9 | 12 |
| 15 | 361 | 181 | 180 | 46 | 129 | 62 | 67 | 77 | 6 | 1 | 5 |
| 16 | 344 | 180 | 164 | 47 | 134 | 63 | 71 | 78 | 10 | 1 | 9 |
| 17 | 356 | 184 | 172 | 48 | 120 | 58 | 62 | 79 | 10 | 2 | 8 |
| 18 | 305 | 164 | 141 | 49 | 116 | 48 | 68 | 80 | 7 | 1 | 6 |
| 19 | 267 | 144 | 123 | 50 | 136 | 69 | 67 | 81 | 6 | 2 | 4 |
| 20 | 197 | 104 | 93 | 51 | 108 | 53 | 55 | 82 | 2 | 1 | 1 |
| 21 | 208 | 99 | 109 | 52 | 105 | 66 | 39 | 83 | — | — | — |
| 22 | 227 | 107 | 120 | 53 | 122 | 65 | 57 | 84 | 4 | — | 4 |
| 23 | 180 | 97 | 83 | 54 | 83 | 51 | 32 | 85 | 1 | — | 1 |
| 24 | 186 | 105 | 81 | 55 | 114 | 49 | 65 | 86 | — | — | — |
| 25 | 183 | 98 | 85 | 56 | 84 | 44 | 40 | 87 | — | — | — |
| 26 | 157 | 79 | 78 | 57 | 90 | 47 | 43 | 88 | — | — | — |
| 27 | 129 | 74 | 55 | 58 | 118 | 56 | 62 | 89 | — | — | — |
| 28 | 171 | 90 | 81 | 59 | 84 | 47 | 37 | 90 | — | — | — |
| 29 | 148 | 67 | 81 | 60 | 105 | 57 | 48 | — | — | — | — |

## 1982年7月1日第三次全国人口普查藕塘公社人口年龄普查统计表

表1—6—33　　　　单位：人

| 年龄 | 人口数 | | | 年龄 | 人口数 | | | 年龄 | 人口数 | | |
|---|---|---|---|---|---|---|---|---|---|---|---|
| | 合计 | 其中 | | | 合计 | 其中 | | | 合计 | 其中 | |
| | | 男 | 女 | | | 男 | 女 | | | 男 | 女 |
| 总计 | 16272 | 8285 | 7987 | 13 | 283 | 146 | 137 | 27 | 413 | 209 | 204 |
| 0 | 287 | 177 | 110 | 14 | 270 | 138 | 132 | 28 | 350 | 175 | 175 |
| 1 | 273 | 141 | 132 | 15 | 261 | 145 | 116 | 29 | 366 | 190 | 176 |
| 2 | 314 | 178 | 136 | 16 | 319 | 174 | 145 | 30 | 410 | 212 | 198 |
| 3 | 280 | 151 | 129 | 17 | 357 | 190 | 167 | 31 | 331 | 186 | 145 |
| 4 | 288 | 141 | 147 | 18 | 355 | 162 | 193 | 32 | 338 | 180 | 158 |
| 5 | 282 | 148 | 134 | 19 | 395 | 213 | 182 | 33 | 316 | 157 | 159 |
| 6 | 280 | 153 | 127 | 20 | 196 | 91 | 105 | 34 | 286 | 145 | 141 |
| 7 | 266 | 132 | 134 | 21 | 115 | 55 | 60 | 35 | 302 | 166 | 136 |
| 8 | 253 | 135 | 118 | 22 | 228 | 108 | 120 | 36 | 288 | 146 | 142 |
| 9 | 295 | 157 | 138 | 23 | 238 | 124 | 114 | 37 | 260 | 138 | 122 |
| 10 | 292 | 133 | 159 | 24 | 328 | 162 | 166 | 38 | 182 | 99 | 83 |
| 11 | 335 | 179 | 156 | 25 | 328 | 173 | 155 | 39 | 172 | 93 | 79 |
| 12 | 310 | 152 | 158 | 26 | 292 | 148 | 144 | 40 | 193 | 99 | 94 |

续表 1—6—33　　单位：人

| 年龄 | 人口数 | | | 年龄 | 人口数 | | | 年龄 | 人口数 | | |
|---|---|---|---|---|---|---|---|---|---|---|---|
| | 合计 | 其中 | | | 合计 | 其中 | | | 合计 | 其中 | |
| | | 男 | 女 | | | 男 | 女 | | | 男 | 女 |
| 41 | 167 | 96 | 71 | 61 | 101 | 50 | 51 | 81 | 21 | 9 | 12 |
| 42 | 154 | 85 | 69 | 62 | 114 | 47 | 67 | 82 | 21 | 8 | 13 |
| 43 | 159 | 89 | 70 | 63 | 118 | 55 | 63 | 83 | 25 | 5 | 20 |
| 44 | 141 | 71 | 70 | 64 | 109 | 48 | 61 | 84 | 15 | 3 | 12 |
| 45 | 121 | 69 | 52 | 65 | 108 | 50 | 58 | 85 | 13 | 5 | 8 |
| 46 | 162 | 78 | 84 | 66 | 97 | 45 | 52 | 86 | 15 | 7 | 8 |
| 47 | 143 | 65 | 78 | 67 | 95 | 46 | 49 | 87 | 4 | 2 | 2 |
| 48 | 121 | 68 | 53 | 68 | 100 | 44 | 56 | 88 | 5 | 2 | 3 |
| 49 | 117 | 43 | 74 | 69 | 71 | 29 | 42 | 89 | 4 | — | 4 |
| 50 | 108 | 43 | 65 | 70 | 74 | 33 | 41 | 90 | 2 | — | 2 |
| 51 | 108 | 60 | 48 | 71 | 86 | 40 | 46 | 91 | 2 | 1 | 1 |
| 52 | 139 | 57 | 82 | 72 | 67 | 37 | 30 | 92 | 1 | — | 1 |
| 53 | 121 | 53 | 68 | 73 | 63 | 25 | 38 | 93 | 1 | — | 1 |
| 54 | 164 | 90 | 74 | 74 | 47 | 23 | 24 | 94 | — | — | — |
| 55 | 128 | 64 | 64 | 75 | 54 | 31 | 23 | 95 | — | — | — |
| 56 | 129 | 66 | 63 | 76 | 63 | 21 | 42 | 96 | — | — | — |
| 57 | 150 | 82 | 68 | 77 | 34 | 15 | 19 | 97 | 1 | — | 1 |
| 58 | 122 | 61 | 61 | 78 | 34 | 14 | 20 | 98 | — | — | — |
| 59 | 122 | 61 | 61 | 79 | 30 | 13 | 17 | — | — | — | — |
| 60 | 148 | 65 | 83 | 80 | 26 | 10 | 16 | — | — | — | — |

## 1990 年 7 月 1 日第四次全国人口普查藕塘乡人口年龄普查统计表

表 1—6—34　　单位：人

| 年龄 | 小计 | 其中 | | 年龄 | 小计 | 其中 | | 年龄 | 小计 | 其中 | |
|---|---|---|---|---|---|---|---|---|---|---|---|
| | | 男 | 女 | | | 男 | 女 | | | 男 | 女 |
| 合计 | 18186 | 9393 | 8793 | 26 | 411 | 190 | 221 | 53 | 120 | 70 | 50 |
| 0 | 332 | 177 | 155 | 27 | 458 | 236 | 222 | 54 | 145 | 71 | 74 |
| 1 | 304 | 154 | 150 | 28 | 241 | 104 | 137 | 55 | 133 | 66 | 67 |
| 2 | 286 | 141 | 145 | 29 | 151 | 79 | 72 | 56 | 152 | 77 | 75 |
| 3 | 396 | 209 | 187 | 30 | 231 | 109 | 122 | 57 | 118 | 48 | 70 |
| 4 | 259 | 143 | 116 | 31 | 248 | 139 | 109 | 58 | 101 | 38 | 63 |
| 5 | 195 | 96 | 99 | 32 | 326 | 164 | 162 | 59 | 100 | 59 | 41 |
| 6 | 187 | 100 | 87 | 33 | 328 | 168 | 160 | 60 | 137 | 67 | 70 |
| 7 | 204 | 116 | 88 | 34 | 296 | 157 | 139 | 61 | 127 | 62 | 65 |
| 8 | 282 | 171 | 111 | 35 | 431 | 226 | 205 | 62 | 168 | 92 | 76 |
| 9 | 276 | 140 | 136 | 36 | 362 | 177 | 185 | 63 | 122 | 55 | 67 |
| 10 | 310 | 177 | 133 | 37 | 361 | 197 | 164 | 64 | 111 | 56 | 55 |
| 11 | 286 | 162 | 124 | 38 | 404 | 216 | 188 | 65 | 141 | 75 | 66 |
| 12 | 280 | 140 | 140 | 39 | 324 | 179 | 145 | 66 | 99 | 43 | 56 |
| 13 | 278 | 149 | 129 | 40 | 343 | 185 | 158 | 67 | 105 | 48 | 57 |
| 14 | 245 | 137 | 108 | 41 | 309 | 154 | 155 | 68 | 127 | 55 | 72 |
| 15 | 257 | 124 | 133 | 42 | 282 | 145 | 137 | 69 | 84 | 35 | 49 |
| 16 | 238 | 122 | 116 | 43 | 290 | 165 | 125 | 70 | 89 | 39 | 50 |
| 17 | 252 | 140 | 112 | 44 | 283 | 144 | 139 | 71 | 105 | 50 | 55 |
| 18 | 295 | 154 | 141 | 45 | 254 | 128 | 126 | 72 | 73 | 33 | 40 |
| 19 | 386 | 212 | 174 | 46 | 181 | 106 | 75 | 73 | 82 | 40 | 42 |
| 20 | 354 | 192 | 162 | 47 | 172 | 93 | 79 | 74 | 69 | 32 | 37 |
| 21 | 353 | 188 | 165 | 48 | 183 | 93 | 90 | 75 | 65 | 33 | 32 |
| 22 | 346 | 172 | 174 | 49 | 161 | 98 | 63 | 76 | 76 | 32 | 44 |
| 23 | 313 | 176 | 137 | 50 | 166 | 89 | 77 | 77 | 46 | 20 | 26 |
| 24 | 360 | 177 | 183 | 51 | 160 | 96 | 64 | 78 | 49 | 22 | 27 |
| 25 | 402 | 201 | 201 | 52 | 150 | 76 | 74 | 79 | 53 | 20 | 33 |

续表 1—6—34　　单位：人

| 年龄 | 小计 | 其中 男 | 其中 女 | 年龄 | 小计 | 其中 男 | 其中 女 | 年龄 | 小计 | 其中 男 | 其中 女 |
|---|---|---|---|---|---|---|---|---|---|---|---|
| 80 | 34 | 13 | 21 | 86 | 18 | 4 | 14 | 92 | 3 | — | 3 |
| 81 | 32 | 10 | 22 | 87 | 7 | 3 | 4 | 93 | 3 | — | 3 |
| 82 | 19 | 10 | 9 | 88 | 5 | 1 | 4 | 94 | 1 | — | 1 |
| 83 | 22 | 11 | 11 | 89 | 7 | 4 | 3 | 95 | 1 | — | 1 |
| 84 | 32 | 8 | 24 | 90 | 7 | — | 7 | 96 | — | — | — |
| 85 | 15 | 7 | 8 | 91 | 1 | 1 | — | 97 | — | — | — |

## 2000 年 11 月 1 日第五次全国人口普查钱桥、藕塘镇人口年龄普查统计表

表 1—6—35　　单位：人

| 年龄分组 | | 钱桥镇 | 藕塘镇 | 年龄分组 | | 钱桥镇 | 藕塘镇 |
|---|---|---|---|---|---|---|---|
| 总计 | 小计 | **47181** | **21822** | 50～54 岁 | 小计 | **3035** | **1526** |
| | 其中 男 | 24379 | 11338 | | 其中 男 | 1579 | 810 |
| | 其中 女 | 22802 | 10484 | | 其中 女 | 1456 | 716 |
| 0 岁 | 小计 | **372** | **148** | 55～59 岁 | 小计 | **1770** | **955** |
| | 其中 男 | 190 | 79 | | 其中 男 | 959 | 520 |
| | 其中 女 | 182 | 69 | | 其中 女 | 811 | 435 |
| 1～4 岁 | 小计 | **1702** | **665** | 60～64 岁 | 小计 | **1457** | **702** |
| | 其中 男 | 898 | 349 | | 其中 男 | 784 | 379 |
| | 其中 女 | 804 | 316 | | 其中 女 | 673 | 323 |
| 5～9 岁 | 小计 | **2528** | **1141** | 65～69 岁 | 小计 | **1000** | **524** |
| | 其中 男 | 1324 | 607 | | 其中 男 | 493 | 256 |
| | 其中 女 | 1204 | 534 | | 其中 女 | 507 | 268 |
| 10～14 岁 | 小计 | **2744** | **1751** | 70～74 岁 | 小计 | **909** | **530** |
| | 其中 男 | 1380 | 923 | | 其中 男 | 401 | 242 |
| | 其中 女 | 1364 | 828 | | 其中 女 | 508 | 288 |
| 15～19 岁 | 小计 | **2738** | **1447** | 75～79 岁 | 小计 | **637** | **373** |
| | 其中 男 | 1222 | 776 | | 其中 男 | 280 | 142 |
| | 其中 女 | 1516 | 671 | | 其中 女 | 357 | 231 |
| 20～24 岁 | 小计 | **4651** | **1887** | 80～84 岁 | 小计 | **353** | **206** |
| | 其中 男 | 2287 | 996 | | 其中 男 | 122 | 81 |
| | 其中 女 | 2364 | 891 | | 其中 女 | 231 | 125 |
| 25～29 岁 | 小计 | **6055** | **2193** | 85～89 岁 | 小计 | **142** | **92** |
| | 其中 男 | 3187 | 1157 | | 其中 男 | 41 | 41 |
| | 其中 女 | 2868 | 1036 | | 其中 女 | 101 | 51 |
| 30～34 岁 | 小计 | **5797** | **2237** | 90～94 岁 | 小计 | **43** | **30** |
| | 其中 男 | 3197 | 1147 | | 其中 男 | 8 | 8 |
| | 其中 女 | 2600 | 1090 | | 其中 女 | 35 | 22 |
| 35～39 岁 | 小计 | **4356** | **2024** | 95～99 岁 | 小计 | **4** | **5** |
| | 其中 男 | 2327 | 1022 | | 其中 男 | 0 | 1 |
| | 其中 女 | 2029 | 1002 | | 其中 女 | 4 | 4 |
| 40～44 岁 | 小计 | **3238** | **1467** | 100 岁及 100 岁以上 | 小计 | **1** | **3** |
| | 其中 男 | 1764 | 768 | | 其中 男 | 0 | 0 |
| | 其中 女 | 1474 | 699 | | 其中 女 | 1 | 3 |
| 45～49 岁 | 小计 | **3649** | **1916** | — | — — | — | — |
| | 其中 男 | 1936 | 1034 | — | — — | — | — |
| | 其中 女 | 1713 | 882 | — | — — | — | — |

## 2000 年 11 月 1 日第五次全国人口普查钱桥、藕塘镇老年人口年龄起点为 60 岁的年龄构成指数表

表 1—6—36　　单位：人、%

| 镇别 | 人口数 合计 | 人口数 0～14 岁 | 人口数 15～59 岁 | 人口数 60 岁及以上 | 百分比 合计 | 百分比 0～14 岁 | 百分比 15～59 岁 | 百分比 60 岁及以上 | 年龄构成指数 总抚养比 | 年龄构成指数 少儿抚养比 | 年龄构成指数 老年抚养比 |
|---|---|---|---|---|---|---|---|---|---|---|---|
| 钱桥 | 47181 | 7346 | 35289 | 4546 | 100 | 15.57 | 74.79 | 9.64 | 33.70 | 20.82 | 12.88 |
| 藕塘 | 21822 | 3705 | 15652 | 2465 | 100 | 16.98 | 71.73 | 11.30 | 39.42 | 23.67 | 15.75 |

## 2010年11月1日第六次全国人口普查钱桥街道人口年龄普查统计表

表1—6—37 单位：人

| 年龄分组 | 小计 | 其中 | | 年龄分组 | 小计 | 其中 | |
|---|---|---|---|---|---|---|---|
| | | 男 | 女 | | | 男 | 女 |
| 总计 | 130330 | 69412 | 60918 | 42岁 | 2646 | 1442 | 1204 |
| **0~4岁** | **4393** | **2385** | **2008** | 43岁 | 2035 | 1106 | 929 |
| 0岁 | 577 | 300 | 277 | 44岁 | 2194 | 1186 | 1008 |
| 1岁 | 1032 | 544 | 488 | **45~49岁** | **8632** | **4607** | **4025** |
| 2岁 | 964 | 505 | 459 | 45岁 | 2091 | 1097 | 994 |
| 3岁 | 960 | 549 | 411 | 46岁 | 1937 | 1028 | 909 |
| 4岁 | 860 | 487 | 373 | 47岁 | 2343 | 1233 | 1110 |
| **5~9岁** | **3895** | **2142** | **1753** | 48岁 | 1524 | 850 | 674 |
| 5岁 | 834 | 449 | 385 | 49岁 | 737 | 399 | 338 |
| 6岁 | 798 | 447 | 351 | **50~54岁** | **5734** | **3105** | **2629** |
| 7岁 | 705 | 381 | 324 | 50岁 | 978 | 515 | 463 |
| 8岁 | 746 | 410 | 336 | 51岁 | 1033 | 562 | 471 |
| 9岁 | 812 | 455 | 357 | 52岁 | 1188 | 672 | 516 |
| **10~14岁** | **4049** | **2228** | **1821** | 53岁 | 1402 | 736 | 666 |
| 10岁 | 810 | 434 | 376 | 54岁 | 1133 | 620 | 513 |
| 11岁 | 810 | 453 | 357 | **55~59岁** | **6167** | **3297** | **2870** |
| 12岁 | 804 | 459 | 345 | 55岁 | 1362 | 764 | 598 |
| 13岁 | 792 | 434 | 358 | 56岁 | 1336 | 707 | 629 |
| 14岁 | 833 | 448 | 385 | 57岁 | 1142 | 611 | 531 |
| **15~19岁** | **17100** | **9743** | **7357** | 58岁 | 1265 | 656 | 609 |
| 15岁 | 1040 | 581 | 459 | 59岁 | 1062 | 559 | 503 |
| 16岁 | 2627 | 1573 | 1054 | **60~64岁** | **4633** | **2408** | **2225** |
| 17岁 | 3273 | 2088 | 1185 | 60岁 | 985 | 522 | 463 |
| 18岁 | 3918 | 2310 | 1608 | 61岁 | 1070 | 539 | 531 |
| 19岁 | 6242 | 3191 | 3051 | 62岁 | 870 | 446 | 424 |
| **20~24岁** | **22330** | **11452** | **10878** | 63岁 | 882 | 480 | 402 |
| 20岁 | 8761 | 4326 | 4435 | 64岁 | 826 | 421 | 405 |
| 21岁 | 5706 | 2917 | 2789 | **65~69岁** | **2686** | **1425** | **1261** |
| 22岁 | 3060 | 1643 | 1417 | 65岁 | 640 | 325 | 315 |
| 23岁 | 2611 | 1442 | 1169 | 66岁 | 631 | 352 | 279 |
| 24岁 | 2192 | 1124 | 1068 | 67岁 | 443 | 241 | 202 |
| **25~29岁** | **10879** | **5552** | **5327** | 68岁 | 476 | 232 | 244 |
| 25岁 | 1826 | 935 | 891 | 69岁 | 496 | 275 | 221 |
| 26岁 | 1895 | 934 | 961 | **70~74岁** | **1872** | **985** | **887** |
| 27岁 | 2104 | 1052 | 1052 | 70岁 | 428 | 208 | 220 |
| 28岁 | 2564 | 1310 | 1254 | 71岁 | 410 | 219 | 191 |
| 29岁 | 2490 | 1321 | 1169 | 72岁 | 399 | 219 | 180 |
| **30~34岁** | **10864** | **5785** | **5079** | 73岁 | 318 | 169 | 149 |
| 30岁 | 2025 | 1007 | 1018 | 74岁 | 317 | 170 | 147 |
| 31岁 | 2289 | 1242 | 1047 | **75~79岁** | **1226** | **581** | **645** |
| 32岁 | 2172 | 1218 | 954 | 75岁 | 332 | 158 | 174 |
| 33岁 | 2075 | 1062 | 1013 | 76岁 | 255 | 113 | 142 |
| 34岁 | 2303 | 1256 | 1047 | 77岁 | 250 | 126 | 124 |
| **35~39岁** | **12150** | **6517** | **5633** | 78岁 | 227 | 102 | 125 |
| 35岁 | 2206 | 1205 | 1001 | 79岁 | 162 | 82 | 80 |
| 36岁 | 2336 | 1260 | 1076 | **80~84岁** | **924** | **356** | **568** |
| 37岁 | 2344 | 1243 | 1101 | 80岁 | 209 | 84 | 125 |
| 38岁 | 2533 | 1357 | 1176 | 81岁 | 192 | 70 | 122 |
| 39岁 | 2731 | 1452 | 1279 | 82岁 | 231 | 90 | 141 |
| **40~44岁** | **12184** | **6640** | **5544** | 83岁 | 171 | 66 | 105 |
| 40岁 | 2855 | 1553 | 1302 | 84岁 | 121 | 46 | 75 |
| 41岁 | 2454 | 1353 | 1101 | **85~89岁** | **446** | **159** | **287** |

续表 1—6—37　　　　单位：人

| 年龄分组 | 小计 | 其中 | | 年龄分组 | 小计 | 其中 | |
|---|---|---|---|---|---|---|---|
| | | 男 | 女 | | | 男 | 女 |
| 85 岁 | 109 | 42 | 67 | 93 岁 | 23 | 4 | 19 |
| 86 岁 | 99 | 37 | 62 | 94 岁 | 22 | 5 | 17 |
| 87 岁 | 103 | 34 | 69 | **95～99 岁** | **28** | **8** | **20** |
| 88 岁 | 69 | 24 | 45 | 95 岁 | 9 | 2 | 7 |
| 89 岁 | 66 | 22 | 44 | 96 岁 | 10 | 3 | 7 |
| **90～94 岁** | **138** | **37** | **101** | 97 岁 | 7 | 1 | 6 |
| 90 岁 | 42 | 12 | 30 | 98 岁 | 0 | 0 | 0 |
| 91 岁 | 27 | 6 | 21 | 99 岁 | 2 | 2 | 0 |
| 92 岁 | 24 | 10 | 14 | — | — | — | — |

2010 年 11 月 1 日第六次全国人口普查，钱桥街道常住人口 130330 人（包括无锡职教园各院校师生人口数），其中 0~14 岁 12337 人、占总人数的 9.47%，15~59 岁 106040 人、占总人数的 81.36%，60 岁及以上 11953 人、占总人数的 9.17%。60 岁及以上 11953 人中，65 岁及以上 7320 人、占总人数的 5.62%。

## 四、文化结构

民国时期，钱桥、藕塘地区民众文化程度普遍较低，大多为文盲。1949 年新中国成立以后，区域内随着人民生活水平的提高，经济收入的增加，青少年入学率增加，人民群众的文化程度逐步提高，群众的文化构成变化较大。1964 年第二次全国人口普查，钱桥公社大学文化程度的人口 54 人，占总人口的 0.27%；藕塘公社大学文化程度的人口 22 人，占总人口的 0.16%。1982 年第三次全国人口普查，藕塘公社大学文化程度的 42 人，占总人口的 0.26%。2000 年第五次全国人口普查，钱桥镇大学专科学历 1029 人、大学本科学历 415 人、研究生学历 7 人，大学文化程度以上的人口占总人数的 3.1%；藕塘镇大学专科学历 299 人、大学本科学历 47 人，大学文化程度的人口占总人数的 1.6%。2010 年第六次全国人口普查，钱桥街道大学专科学历 24295 人、大学本科学历 4591 人、研究生学历 238 人，大学文化程度以上的人口占总人数的 22.4%。

**1964 年 6 月 30 日第二次全国人口普查钱桥公社各大队人口文化程度统计表**

表 1—6—38　　　　单位：人

| 大队 | 合计 | 12 岁以下不在校儿童 | | 不识字 | | 初识字 | | 初小 | | 高小 | 初中 | 高中 | 大学 |
|---|---|---|---|---|---|---|---|---|---|---|---|---|---|
| | | 小计 | 其中：7~12 岁 | 小计 | 其中：13~40 岁 | 小计 | 其中：13~40 岁 | 小计 | 其中：13~40 岁 | | | | |
| 总计 | 19859 | 3905 | 546 | 4154 | 1183 | 512 | 233 | 4723 | 1423 | 3787 | 2201 | 520 | 57 |
| 钱桥 | 1670 | 297 | 33 | 335 | 81 | 37 | 16 | 398 | 104 | 313 | 243 | 45 | 2 |
| 五星 | 1625 | 395 | 56 | 373 | 130 | 63 | 33 | 382 | 148 | 298 | 91 | 23 | — |
| 竞丰 | 2335 | 422 | 32 | 486 | 126 | 51 | 23 | 637 | 186 | 428 | 257 | 52 | 2 |
| 历村 | 1366 | 246 | 23 | 236 | 48 | 63 | 36 | 376 | 111 | 237 | 175 | 30 | 3 |
| 舜一 | 1219 | 247 | 39 | 213 | 41 | 42 | 11 | 274 | 77 | 256 | 155 | 29 | 3 |
| 溪南 | 1749 | 268 | 53 | 385 | 89 | 40 | 20 | 412 | 114 | 369 | 215 | 60 | — |
| 洋溪 | 1120 | 222 | 24 | 237 | 76 | 17 | 8 | 272 | 78 | 213 | 140 | 18 | 1 |
| 黎明 | 1092 | 236 | 34 | 244 | 69 | 16 | 7 | 264 | 90 | 243 | 70 | 17 | 2 |
| 新丰 | 1380 | 302 | 35 | 287 | 81 | 19 | 7 | 345 | 106 | 251 | 142 | 33 | 1 |
| 西漳 | 2225 | 382 | 52 | 447 | 108 | 55 | 18 | 512 | 128 | 479 | 254 | 82 | 14 |
| 胜丰 | 1265 | 262 | 34 | 290 | 85 | 29 | 14 | 321 | 117 | 230 | 108 | 25 | — |
| 晓星 | 1440 | 290 | 54 | 294 | 77 | 56 | 25 | 302 | 91 | 286 | 169 | 43 | — |
| 渔业 | 421 | 158 | 64 | 198 | 131 | 6 | 6 | 34 | 19 | 10 | 15 | — | — |
| 市镇 | 952 | 178 | 13 | 129 | 41 | 18 | 9 | 194 | 54 | 174 | 167 | 63 | 29 |

## 1964年6月30日第二次全国人口普查藕塘公社各大队人口文化程度统计表

表1—6—39　　单位：人

| 大队 | 合计 | 12岁以下不在校儿童 | | 不识字 | | 初识字 | | 初小 | | 高小 | 初中 | 高中 | 大学 |
|---|---|---|---|---|---|---|---|---|---|---|---|---|---|
| | | 小计 | 其中：7~12岁 | 小计 | 其中：13~40岁 | 小计 | 其中：13~40岁 | 小计 | 其中：13~40岁 | | | | |
| 总计 | 13413 | 2630 | 410 | 2818 | 786 | 429 | 167 | 2942 | 916 | 2794 | 1486 | 292 | 22 |
| 五五 | 1407 | 276 | 30 | 308 | 74 | 45 | 20 | 341 | 114 | 278 | 137 | 20 | 2 |
| 五九 | 2145 | 439 | 70 | 450 | 116 | 71 | 25 | 505 | 168 | 437 | 199 | 42 | 2 |
| 五星 | 1094 | 219 | 30 | 215 | 51 | 20 | 7 | 225 | 57 | 226 | 163 | 24 | 2 |
| 火花 | 1131 | 251 | 34 | 258 | 77 | 47 | 14 | 230 | 73 | 219 | 112 | 14 | — |
| 宇峰 | 1359 | 314 | 47 | 308 | 83 | 14 | 2 | 275 | 78 | 299 | 131 | 18 | — |
| 凯旋 | 1501 | 311 | 37 | 328 | 94 | 27 | 16 | 334 | 107 | 326 | 149 | 25 | 1 |
| 一鸣 | 1764 | 164 | 71 | 441 | 148 | 77 | 32 | 438 | 143 | 423 | 195 | 25 | 1 |
| 勤建 | 2239 | 476 | 74 | 424 | 113 | 82 | 38 | 473 | 138 | 451 | 278 | 55 | — |
| 林业 | 184 | 65 | 3 | 28 | 9 | 11 | 4 | 27 | 10 | 37 | 13 | 3 | — |
| 市镇 | 589 | 115 | 14 | 58 | 21 | 35 | 9 | 94 | 28 | 98 | 109 | 66 | 14 |

## 1982年7月1日第三次全国人口普查藕塘公社各大队6岁及以上人口文化程度统计表

表1—6—40　　单位：人

| 大队 | 6岁及以上人口总计 | 大学毕业 | 大学肄业或在校 | 高中 | 初中 | 小学 | 不识字或识字很少 | |
|---|---|---|---|---|---|---|---|---|
| | | | | | | | 合计 | 其中：12周岁以上 |
| 总计 | 14549 | 42 | 5 | 1178 | 4697 | 5927 | 2700 | 2280 |
| 东方红 | 1521 | 1 | — | 122 | 481 | 639 | 278 | 228 |
| 东风 | 2347 | — | — | 153 | 770 | 989 | 435 | 381 |
| 五星 | 1099 | 3 | 2 | 78 | 372 | 446 | 198 | 169 |
| 火花 | 1185 | — | — | 89 | 355 | 461 | 280 | 249 |
| 宇峰 | 1398 | 1 | — | 122 | 467 | 536 | 272 | 233 |
| 凯旋 | 1596 | 3 | — | 121 | 494 | 675 | 303 | 258 |
| 永红 | 2141 | 1 | — | 168 | 672 | 901 | 399 | 340 |
| 勤建 | 1756 | 1 | 1 | 132 | 547 | 780 | 295 | 253 |
| 林业 | 772 | — | — | 63 | 283 | 286 | 140 | 105 |
| 市镇 | 734 | 32 | 2 | 130 | 256 | 214 | 100 | 64 |

## 2000年11月1日第五次全国人口普查钱桥、藕塘镇6岁及以上人口受教育程度统计表

表1—6—41　　单位：人

| 项目 | | | 镇别：钱桥 | 镇别：藕塘 | 项目 | | | 镇别：钱桥 | 镇别：藕塘 |
|---|---|---|---|---|---|---|---|---|---|
| 6岁及6岁以上人口 | 合计 | | 44628 | 20801 | 小学 | 小计 | | 11811 | 6714 |
| | 其中 | 男 | 23024 | 10791 | | 其中 | 男 | 5849 | 3354 |
| | | 女 | 21604 | 10010 | | | 女 | 5962 | 3360 |
| 未上过学 | 小计 | | 1621 | 914 | 初中 | 小计 | | 22007 | 9700 |
| | 其中 | 男 | 336 | 170 | | 其中 | 男 | 11777 | 5246 |
| | | 女 | 1285 | 744 | | | 女 | 10230 | 4454 |
| 扫盲班 | 小计 | | 521 | 272 | 高中 | 小计 | | 5085 | 1835 |
| | 其中 | 男 | 94 | 40 | | 其中 | 男 | 2887 | 1122 |
| | | 女 | 427 | 232 | | | 女 | 2198 | 713 |
| 中专 | 小计 | | 2132 | 1020 | 大学本科 | 小计 | | 415 | 47 |
| | 其中 | 男 | 1120 | 607 | | 其中 | 男 | 299 | 42 |
| | | 女 | 1012 | 413 | | | 女 | 116 | 5 |
| 大学专科 | 小计 | | 1029 | 299 | 研究生 | 小计 | | 7 | — |
| | 其中 | 男 | 657 | 210 | | 其中 | 男 | 5 | — |
| | | 女 | 372 | 89 | | | 女 | 2 | — |

### 2000 年 11 月 1 日第五次全国人口普查钱桥、藕塘镇文盲人口统计表

表 1—6—42　　单位：人、%

| 镇别 | 15 岁及以上人口 | | | 文盲人口 | | | 文盲人口占 15 岁及以上人口比例 | | | 文盲人口占总人口比例 | | |
|---|---|---|---|---|---|---|---|---|---|---|---|---|
| | 合计 | 其中 | | 小计 | 其中 | | 小计 | 其中 | | 小计 | 其中 | |
| | | 男 | 女 | | 男 | 女 | | 男 | 女 | | 男 | 女 |
| 钱桥镇 | 39835 | 20587 | 19248 | 1540 | 296 | 1244 | 3.87 | 0.74 | 3.13 | 3.26 | 0.63 | 2.63 |
| 藕塘镇 | 18117 | 9380 | 8737 | 878 | 156 | 722 | 4.85 | 0.86 | 3.99 | 4.02 | 0.71 | 3.31 |

### 2010 年 11 月 1 日第六次全国人口普查钱桥街道 6 岁及 6 岁以上人口受教育程度统计表

表 1—6—43　　单位：人

| 常住人口 | | | | | | | |
|---|---|---|---|---|---|---|---|
| 项目 | | | 钱桥街道 | 项目 | | | 钱桥街道 |
| 6 岁及以上人口 | 合计 | | 125103 | 高中 | 小计 | | 22770 |
| | 其中 | 男 | 66578 | | 其中 | 男 | 13783 |
| | | 女 | 58525 | | | 女 | 8987 |
| 未上过学 | 小计 | | 1967 | 大学专科 | 小计 | | 24295 |
| | 其中 | 男 | 450 | | 其中 | 男 | 11694 |
| | | 女 | 1517 | | | 女 | 12601 |
| 小学 | 小计 | | 20265 | 大学本科 | 小计 | | 4591 |
| | 其中 | 男 | 9741 | | 其中 | 男 | 2618 |
| | | 女 | 10524 | | | 女 | 1973 |
| 初中 | 小计 | | 50977 | 研究生 | 小计 | | 238 |
| | 其中 | 男 | 28151 | | 其中 | 男 | 141 |
| | | 女 | 22826 | | | 女 | 97 |

2010 年 11 月 1 日第六次全国人口普查，钱桥街道 15 岁及以上人口 117993 人，其中男 62657 人，女 55336 人；15 岁以上文盲人口 1658 人，其中男 321 人、女 1337 人，文盲人口占 15 岁及以上人口比重合计为 1.41%，其中男性占 0.51%、女性占 2.42%。文盲多为民国时期及 20 世纪 50 年代留下的。

## 五、劳力结构

民国 18 年（1929），第四区钱桥地区居民职业占比为农 92%、工 2%、商 1%、其他 5%。1949 年新中国成立初期，钱桥、藕塘地区的劳动力以从事农业为主。1963 年，钱桥公社从事农业的劳力占公社劳力的 93.88%，从事林牧渔业的劳力占 3.15%，从事副业的劳力占 0.07%，从事队办工业的劳力占 0.41%，从事运输邮电业的劳力占 0.12%，从事文教卫生的占 0.09%，从事社务行政管理的劳力占 0.4%，从事其他工种的劳力占 1.88%。

### 1963 年钱桥公社各大队劳动力资源与分配综合统计表

表 1—6—44　　单位：人

| 大队 | 一、劳动力资源 | | | | |
|---|---|---|---|---|---|
| | 合计 | 男劳动力 | | 女劳动力 | |
| | | 小计 | 其中：整劳动力 | 小计 | 其中：整劳动力 |
| 总计 | 8766 | 4109 | 2746 | 4657 | 2658 |
| 钱桥 | 769 | 325 | 163 | 444 | 189 |
| 竞丰 | 1162 | 552 | 378 | 610 | 374 |
| 五星 | 697 | 361 | 253 | 336 | 181 |
| 历村 | 685 | 329 | 196 | 356 | 217 |
| 舜一 | 566 | 281 | 193 | 285 | 90 |
| 溪南 | 748 | 344 | 280 | 404 | 271 |
| 洋溪 | 516 | 250 | 182 | 266 | 218 |
| 黎明 | 383 | 199 | 128 | 184 | 115 |
| 新丰 | 691 | 321 | 210 | 370 | 217 |
| 西漳 | 1050 | 430 | 306 | 620 | 379 |
| 胜丰 | 617 | 265 | 193 | 352 | 178 |
| 晓星 | 587 | 294 | 170 | 293 | 151 |
| 渔业 | 295 | 158 | 94 | 137 | 78 |

续表 1—6—44　　单位：人

| 大队 | 二、公社劳动者 | | | | | | | | | | | |
|---|---|---|---|---|---|---|---|---|---|---|---|---|
| | 合计 | 社内使用的整、半劳动力 | | | | | | | | | 社外使用的整半劳动力 | |
| | | 小计 | 其中 | | | | | | | | 小计 | 其中：合同工 |
| | | | 农业 | 林牧渔业 | 副业 | 队办工业 | 运输与邮电 | 文教卫生 | 社务行政管理 | 其他 | | |
| 总计 | 7554 | 7527 | 7192 | 238 | 5 | 31 | 9 | 7 | 30 | 15 | 27 | 4 |
| 钱桥 | 592 | 577 | 570 | — | — | — | — | — | 3 | 4 | 15 | — |
| 竞丰 | 962 | 959 | 941 | 5 | — | 5 | — | 1 | 3 | 4 | 3 | — |
| 五星 | 635 | 631 | 614 | — | — | 10 | — | — | 3 | 4 | 4 | — |
| 历村 | 614 | 614 | 610 | — | — | — | — | — | 4 | — | — | — |
| 舜一 | 487 | 487 | 484 | — | — | — | — | — | 3 | — | — | — |
| 溪南 | 684 | 684 | 669 | — | — | 9 | — | 2 | 3 | 1 | — | — |
| 洋溪 | 514 | 514 | 511 | — | — | — | — | — | 3 | — | — | — |
| 黎明 | 367 | 367 | 364 | — | — | — | — | 1 | 2 | — | — | — |
| 新丰 | 586 | 583 | 575 | — | — | 1 | 1 | 1 | 3 | 2 | 3 | 3 |
| 西漳 | 856 | 856 | 849 | — | — | 4 | — | — | 3 | — | — | — |
| 胜丰 | 521 | 521 | 520 | — | — | — | — | 1 | — | — | — | — |
| 晓星 | 490 | 489 | 485 | 1 | — | 2 | — | 1 | — | — | 1 | 1 |
| 渔业 | 246 | 245 | — | 232 | 5 | — | 8 | — | — | — | 1 | — |

续表 1—6—44　　单位：人

| 大队 | 三、其他劳动者 | | | 附报 |
|---|---|---|---|---|
| | 合计 | 其中：16 岁以上的在校学生 | 家务劳动者 | 辅助劳动力 |
| 总计 | 1212 | 355 | 857 | 302 |
| 钱桥 | 177 | 98 | 79 | 17 |
| 竞丰 | 200 | 39 | 161 | 74 |
| 五星 | 62 | 4 | 58 | 3 |
| 历村 | 71 | 34 | 37 | 13 |
| 舜一 | 79 | 10 | 69 | 24 |
| 溪南 | 64 | 35 | 29 | 30 |
| 洋溪 | 2 | 2 | — | — |
| 黎明 | 16 | 10 | 6 | 2 |
| 新丰 | 105 | 27 | 78 | 50 |
| 西漳 | 194 | 65 | 129 | 7 |
| 胜丰 | 96 | 8 | 88 | 34 |
| 晓星 | 97 | 21 | 76 | 48 |
| 渔业 | 49 | 2 | 47 | — |

1970 年，钱桥公社从事农业的劳力占公社劳力的 95.54%，藕塘公社从事农业的劳力占公社劳力的 97.4%。

### 1970 年钱桥、藕塘公社各大队劳动力基本情况综合统计表

表 1—6—45　　单位：人

| 公社 | 大队 | 农村男女整、半劳动力 | | 公社 | 大队 | 农村男女整、半劳动力 | |
|---|---|---|---|---|---|---|---|
| | | 合计 | 其中：实际参加农业生产的劳力 | | | 合计 | 其中：实际参加农业生产的劳力 |
| 钱桥公社 | 总计 | 10021 | 9574 | 藕塘公社 | 总计 | 7552 | 7358 |
| | 钱桥 | 903 | 765 | | 东方红 | 772 | 772 |
| | 竞丰 | 1315 | 1228 | | 东风 | 1238 | 1173 |
| | 五星 | 857 | 792 | | 五星 | 574 | 533 |
| | 历村 | 289 | 762 | | 火花 | 627 | 627 |
| | 舜一 | 617 | 561 | | 宇峰 | 791 | 791 |

续表 1—6—45

单位：人

| 公社 | 大队 | 农村男女整、半劳动力 | | 公社 | 大队 | 农村男女整、半劳动力 | |
|---|---|---|---|---|---|---|---|
| | | 合计 | 其中：实际参加农业生产的劳力 | | | 合计 | 其中：实际参加农业生产的劳力 |
| 钱桥公社 | 溪南 | 1009 | 993 | 藕塘公社 | 凯旋 | 925 | 877 |
| | 洋溪 | 649 | 605 | | 永红 | 1229 | 1189 |
| | 黎明 | 581 | 530 | | 勤建 | 961 | 961 |
| | 新丰 | 795 | 651 | | 林业 | 388 | 388 |
| | 西漳 | 1177 | 976 | | 渔业 | 47 | 47 |
| | 胜丰 | 716 | 674 | | — | — | — |
| | 晓星 | 858 | 792 | | — | — | — |
| | 红旗 | 255 | 245 | | — | — | — |

1975 年，钱桥公社从事农业的劳力占公社劳力的 87%，除从事队办企业工作的劳动力外，从事工业企业的劳力占 6.3%、从事交通运输的劳力占 1.6%、从事建筑业的劳力占 0.76%、从事文教卫生的占 0.2%、从事其他工种的劳力占 4.14%。

### 1975 年钱桥公社各大队劳动力综合情况统计表

表 1—6—46

单位：个、户、人

| 大队 | 生产队个数 | | 参加人民公社的 | | 男女整、半劳动力合计 | 其中：参加农业生产的劳动力 |
|---|---|---|---|---|---|---|
| | 合计 | 其中：农业 | 户数 | 人口 | | |
| 钱桥 | 12 | 12 | 537 | 2060 | 1056 | 760 |
| 竞丰 | 21 | 21 | 701 | 2810 | 1454 | 1290 |
| 五星 | 17 | 17 | 446 | 2011 | 1033 | 924 |
| 历村 | 13 | 13 | 370 | 1634 | 889 | 737 |
| 舜一 | 13 | 12 | 328 | 1440 | 634 | 578 |
| 溪南 | 14 | 14 | 512 | 2122 | 916 | 856 |
| 洋溪 | 15 | 15 | 319 | 1335 | 643 | 520 |
| 黎明 | 14 | 14 | 294 | 1284 | 605 | 559 |
| 新丰 | 19 | 19 | 401 | 1613 | 798 | 668 |
| 西漳 | 20 | 20 | 619 | 2534 | 1336 | 1203 |
| 胜丰 | 13 | 13 | 365 | 1527 | 734 | 694 |
| 晓星 | 19 | 19 | 464 | 1765 | 883 | 808 |
| 红旗 | 3 | 3 | 114 | 524 | 298 | 239 |
| 总计 | 193 | 192 | 5470 | 22659 | 11279 | 9836 |

续表 1—6—46

单位：人

| 大队 | 在社办企事业的劳动力（不包括队办） | | | | | |
|---|---|---|---|---|---|---|
| | 小计 | 工业 | 交通运输 | 建筑 | 文教卫生 | 其他 |
| 钱桥 | 124 | 54 | 47 | 11 | 7 | 5 |
| 竞丰 | 100 | 50 | 26 | 18 | 4 | 2 |
| 五星 | 109 | 79 | 14 | 13 | 1 | 2 |
| 历村 | 121 | 113 | 7 | — | 1 | — |
| 舜一 | 56 | 53 | — | 3 | — | — |
| 溪南 | 60 | 5 | 9 | 2 | — | 44 |
| 洋溪 | 56 | 36 | 8 | 6 | — | 6 |
| 黎明 | 46 | 45 | — | 1 | — | — |
| 新丰 | 130 | 108 | 11 | 10 | 1 | — |
| 西漳 | 90 | 54 | 23 | 8 | 5 | — |
| 胜丰 | 40 | 23 | 10 | 7 | — | — |
| 晓星 | 65 | 37 | 11 | 7 | 4 | 6 |
| 红旗 | 59 | 48 | 11 | — | — | — |
| 总计 | 1056 | 705 | 177 | 86 | 23 | 65 |

改革开放以后，随着社会主义市场经济的不断发展，区域内的劳动力从农业转向工业、转向服务业，第二、第三产业已成为吸引劳动力的主体。1981 年，钱桥公社从事农业的劳力占公社劳力的 48.6%，从事社队办企业的劳力占 36.1%，从事林业的劳力占 0.59%，从事牧业的劳力占 0.48%，从事副业的劳力占 2%，从事渔业的劳力占 1.04%，从事其他工种的劳力占 11.19%。

### 1981 年钱桥公社各大队户籍、人口、劳动力情况统计表

表 1—6—47　　单位：个、户、人

| 大队 | 以生产队为核算单位的生产单位 | 农村人民公社的 | | 农村人民公社的劳动力 | | | | | | | | |
|---|---|---|---|---|---|---|---|---|---|---|---|---|
| | | 户数 | 人口 | 合计 | 农业劳动力 | 林业劳动力 | 牧业劳动力 | 副业劳动力 | 渔业劳动力 | 参加社队办企事业单位的劳动力 | 到公社以外各单位的劳动力 | 其他劳动力 |
| 钱桥 | 12 | 580 | 2131 | 1157 | 342 | 5 | — | 5 | — | 58 | 747 | — |
| 竞丰 | 24 | 736 | 2949 | 1413 | 711 | — | 19 | 21 | 14 | 588 | 60 | — |
| 五星 | 17 | 502 | 2104 | 1067 | 433 | — | — | — | — | 480 | 107 | 47 |
| 历村 | 13 | 404 | 1670 | 875 | 386 | 35 | 22 | 66 | 12 | 324 | 20 | 10 |
| 舜一 | 13 | 363 | 1461 | 722 | 386 | 31 | 10 | 21 | — | 216 | 58 | — |
| 溪南 | 14 | 518 | 2080 | 1249 | 787 | — | — | 35 | 17 | 361 | 49 | — |
| 洋溪 | 15 | 363 | 1404 | 711 | 371 | — | — | 2 | 12 | 275 | 26 | 25 |
| 黎明 | 14 | 330 | 1358 | 688 | 480 | — | — | — | — | 194 | 14 | — |
| 新丰 | 19 | 438 | 1631 | 756 | 434 | — | — | — | 8 | 273 | 33 | 8 |
| 西漳 | 21 | 670 | 2523 | 1301 | 582 | — | — | 5 | — | 611 | 103 | — |
| 胜丰 | 15 | 404 | 1575 | 839 | 372 | — | — | — | — | 467 | — | — |
| 晓星 | 19 | 478 | 1800 | 836 | 322 | — | — | 61 | 7 | 432 | 14 | — |
| 红旗 | 4 | 14 | 571 | 385 | 235 | — | — | — | 56 | 62 | 12 | 20 |
| 五七农场 | — | — | 67 | 67 | 19 | — | 7 | 27 | — | 14 | — | — |
| 总计 | 200 | 5800 | 23324 | 12066 | 5860 | 71 | 58 | 243 | 126 | 4355 | 1243 | 110 |

1986 年，钱桥乡从事种植业的劳动力占全乡劳力的 13.5%，从事乡村办企业的劳力占 60.4%，从事组办、联合体工业的劳力占 0.36%，从事林业的劳力占 0.39%，从事牧业的劳力占 0.13%，从事渔业的劳力占 2.3%，从事建筑业的劳力占 2.63%，从事家庭兼营工业的劳力占 0.38%，从事交通运输业的劳力占 1.88%，从事商业饮食业的占 1.05%，从事物资供销仓储业的占 0.18%，从事个体办工业的占 0.6%，从事卫生体育社会福利事业的占 0.22%，从事教育文化艺术广播电视事业的占 0.39%，从事科学研究综合技术服务事业的占 0.08%，从事金融保险业的占 0.04%，从事乡镇经济组织（社务）管理的占 0.53%，从事其他工种的劳力占 14.94%。

### 1986 年钱桥乡各村户籍、人口、劳动力情况统计表

表 1—6—48　　单位：个、户、人

| 村名 | 村民小组 | 乡（镇）的 | | 乡（镇）劳动力年末实有人数 | | | | | | | | | | | | |
|---|---|---|---|---|---|---|---|---|---|---|---|---|---|---|---|---|
| | | | | | 农林牧副渔业 | | | | | | 工业 | | | | | |
| | | | | | | 其中 | | | | | | 其中 | | | | |
| | | 户数 | 人口 | 合计 | 小计 | 种植业 | 林业 | 牧业 | 农民家庭兼营工业 | 渔业 | 小计 | 乡办 | 村办 | 组办 | 联合体办 | 个体办 |
| 钱桥村 | 12 | 670 | 2215 | 1265 | 11 | — | 5 | 5 | — | 1 | 462 | 215 | 247 | — | — | — |
| 苏庙村 | 24 | 802 | 3048 | 1808 | 690 | 659 | — | — | — | 31 | 670 | 349 | 320 | — | — | 1 |
| 威华村 | 18 | 546 | 2203 | 1184 | 111 | 86 | — | 2 | — | 23 | 795 | 290 | 503 | — | — | 2 |
| 历村村 | 13 | 432 | 1613 | 829 | 72 | 55 | 11 | — | — | 6 | 636 | 298 | 313 | — | — | 25 |
| 舜一村 | 14 | 383 | 1433 | 715 | 135 | 111 | 23 | 1 | — | — | 490 | 217 | 269 | — | — | 4 |
| 溪南村 | 14 | 540 | 2084 | 1064 | 209 | 173 | 3 | 2 | 17 | 14 | 768 | 160 | 608 | — | — | — |

续表 1—6—48　　单位：个、户、人

| 村名 | 村民小组 | 乡（镇）的 | | 乡（镇）劳动力年末实有人数 | | | | | | | | | | | | |
|---|---|---|---|---|---|---|---|---|---|---|---|---|---|---|---|---|
| | | | | | 农林牧副渔业 | | | | | | 工业 | | | | | |
| | | | | | | 其中 | | | | | | 其中 | | | | |
| | | 户数 | 人口 | 合计 | 小计 | 种植业 | 林业 | 牧业 | 农民家庭兼营工业 | 渔业 | 小计 | 乡办 | 村办 | 组办 | 联合体办 | 个体办 |
| 洋溪村 | 16 | 372 | 1410 | 765 | 185 | 181 | — | 1 | — | 3 | 423 | 179 | 221 | — | 16 | 7 |
| 周家弄村 | 14 | 357 | 1371 | 795 | 242 | 227 | — | — | 8 | 7 | 367 | 249 | 108 | — | — | 10 |
| 溪北村 | 19 | 447 | 1614 | 867 | 157 | 146 | — | — | 2 | 9 | 595 | 385 | 206 | — | — | 4 |
| 西漳村 | 21 | 694 | 2545 | 1146 | 63 | 19 | — | 5 | 21 | 18 | 850 | 187 | 622 | 19 | — | 22 |
| 胜丰村 | 15 | 406 | 1567 | 916 | 67 | 59 | — | 1 | — | 7 | 801 | 92 | 703 | — | 6 | — |
| 晓星村 | 19 | 493 | 1782 | 972 | 106 | 99 | 7 | — | — | — | 781 | 254 | 527 | — | — | — |
| 鸭船浜村 | 4 | 162 | 595 | 344 | 172 | — | — | — | — | 172 | 138 | 45 | 88 | — | 5 | — |
| 总计 | 203 | 6304 | 23480 | 12670 | 2220 | 1815 | 49 | 17 | 48 | 291 | 7776 | 2920 | 4735 | 19 | 27 | 75 |

续表 1—6—48　　单位：个、户、人

| 村名 | 乡（镇）劳动力年末实有人数 | | | | | | | | | | | |
|---|---|---|---|---|---|---|---|---|---|---|---|---|
| | 建筑业 | 交通运输邮电业 | 商业饮食业 | 物资供销仓储业 | 房地产管理事业、居民服务业和咨询服务业 | 卫生体育社会福利事业 | 教育文化艺术广播电视事业 | 科学研究综合技术服务事业 | 金融保险业 | 乡经济组织（社务）管理 | 其他劳动力 | 其中：到县以上全民、集体、合同、临时工 |
| 钱桥村 | 12 | 25 | 65 | — | — | 4 | 5 | — | — | 6 | 675 | 512 |
| 苏庙村 | 2 | 23 | 7 | — | — | 3 | 2 | — | — | 1 | 410 | 229 |
| 威华村 | 25 | 26 | 10 | 22 | — | 2 | 2 | — | — | 1 | 190 | 180 |
| 历村村 | 12 | 49 | 3 | — | — | 2 | 4 | — | 1 | 8 | 42 | 14 |
| 舜一村 | 11 | 10 | 2 | — | — | — | 3 | — | 1 | 10 | 53 | 46 |
| 溪南村 | 43 | 28 | 2 | — | — | 4 | — | — | 1 | 2 | 7 | 7 |
| 洋溪村 | 56 | 4 | 9 | — | — | 2 | 4 | — | 1 | 8 | 73 | 19 |
| 周家弄村 | 65 | 12 | 10 | — | — | 2 | 7 | — | 1 | 11 | 78 | 25 |
| 溪北村 | 43 | 11 | 8 | — | — | 2 | 10 | — | — | 8 | 33 | 28 |
| 西漳村 | 40 | 42 | 8 | 1 | — | 3 | 4 | 10 | — | 8 | 117 | 20 |
| 胜丰村 | 13 | 5 | 3 | — | — | — | 4 | — | — | 1 | 22 | 13 |
| 晓星村 | 11 | 1 | 6 | — | — | 3 | 4 | — | — | 2 | 58 | 1 |
| 鸭船浜村 | — | 2 | — | — | — | 1 | — | — | — | 1 | 30 | 30 |
| 总计 | 333 | 238 | 133 | 23 | — | 28 | 49 | 10 | 5 | 67 | 1788 | 1124 |

2000 年，钱桥镇从事农、林、牧、渔业的占在业人口的 3.82%，从事采掘业的占在业人口的 0.84%，从事制造业的占在业人口的 66.7%，从事电力、煤气及水的生产和供应的占在业人口 1.01%，从事建筑业的占在业人口的 5.17%，从事水利管理业的占在业人口的 0.17%，从事交通运输、仓储及邮电通信业的占在业人口的 3.65%，从事批发和零售贸易、餐饮业的占在业人口的 9.49%，从事金融、保险业的占在业人口的 0.88%，从事房地产业占在业人口的 0.27%，从事社会服务业的占在业人口的 2.9%，从事卫生体育和社会福利业的占在业人口的 0.54%，从事教育、文化及广播电影电视业的占在业人口的 2.23%，从事科学研究和综合技术服务业的占在业人口的 0.07%，从事国家机关、政党机关和社会团体工作的占在业人口的 2.03%，从事其它行业的占在业人口的 0.24%；藕塘镇从事农、林、牧、渔业的占在业人口的 12.2%，从事采掘业的占在业人口的 1.81%，从事制造业的占在业人口的 60.87%，从事电力、煤气及水的生产和供应的占在业人口 1.18%，从事建筑业的占在业人口的 6.22%，从事水利管理业的占在业人口的 0.16%，从事交通运输、仓储及邮电通信业的占在业人口的 2.83%，从事批发和零售贸易、餐饮业的占在业人口的 8.66%，从事金融、保险业的占在业人口的 0.24%，从事社会

服务业的占在业人口的1.34%，从事卫生体育和社会福利业的占在业人口的0.87%，从事教育、文化及广播电影电视业的占在业人口的1.42%，从事科学研究和综合技术服务业的占在业人口的0.08%，从事国家机关、政党机关和社会团体工作的占在业人口的2.05%，从事其它行业的占在业人口的0.08%。

### 2000年11月1日第五次全国人口普查钱桥、藕塘镇在业人口从事行业调查统计表

表1—6—49　　单位：人

| 项目 | | 镇别 | | 项目 | | 镇别 | |
|---|---|---|---|---|---|---|---|
| | | 钱桥 | 藕塘 | | | 钱桥 | 藕塘 |
| 合计 | 合计 | 2961 | 1270 | 九、金融、保险业 | 小计 | 26 | 3 |
| | 其中 男 | 1688 | 750 | | 其中 男 | 12 | 1 |
| | 其中 女 | 1273 | 520 | | 其中 女 | 14 | 2 |
| 一、农、林、牧、渔业 | 小计 | 113 | 155 | 十、房地产业 | 小计 | 8 | — |
| | 其中 男 | 65 | 75 | | 其中 男 | 4 | — |
| | 其中 女 | 48 | 80 | | 其中 女 | 4 | — |
| 二、采掘业 | 小计 | 25 | 23 | 十一、社会服务业 | 小计 | 86 | 17 |
| | 其中 男 | 19 | 18 | | 其中 男 | 48 | 9 |
| | 其中 女 | 6 | 5 | | 其中 女 | 38 | 8 |
| 三、制造业 | 小计 | 1975 | 773 | 十二、卫生体育和社会福利业 | 小计 | 16 | 11 |
| | 其中 男 | 1064 | 444 | | 其中 男 | 6 | 6 |
| | 其中 女 | 911 | 329 | | 其中 女 | 10 | 5 |
| 四、电力、煤气及水的生产和供应业 | 小计 | 30 | 15 | 十三、教育、文化艺术及广播电影电视业 | 小计 | 66 | 18 |
| | 其中 男 | 16 | 12 | | 其中 男 | 28 | 3 |
| | 其中 女 | 14 | 3 | | 其中 女 | 38 | 15 |
| 五、建筑业 | 小计 | 153 | 79 | 十四、科学研究和综合技术服务业 | 小计 | 2 | 1 |
| | 其中 男 | 139 | 74 | | 其中 男 | — | 1 |
| | 其中 女 | 14 | 5 | | 其中 女 | 2 | — |
| 六、地质勘查业水利管理业 | 小计 | 5 | 2 | 十五、国家机关、政党机关和社会团体 | 小计 | 60 | 26 |
| | 其中 男 | 3 | 2 | | 其中 男 | 35 | 21 |
| | 其中 女 | 2 | — | | 其中 女 | 25 | 5 |
| 七、交通运输、仓储及邮电通信业 | 小计 | 108 | 36 | 十六、其他行业 | 小计 | 7 | 1 |
| | 其中 男 | 93 | 32 | | 其中 男 | 6 | — |
| | 其中 女 | 15 | 4 | | 其中 女 | 1 | 1 |
| 八、批发和零售贸易、餐饮业 | 小计 | 281 | 110 | — | — — | — | — |
| | 其中 男 | 150 | 52 | — | — — | — | — |
| | 其中 女 | 131 | 58 | — | — — | — | — |

### 2000年11月1日第五次全国人口普查钱桥镇、藕塘镇分性别的未工作人口统计表

表1—6—50　　单位：人

| 镇别 | 未工作人口 | | | 在校学生 | | | 料理家务 | | | 离退休 | | |
|---|---|---|---|---|---|---|---|---|---|---|---|---|
| | 小计 | 其中 | | 小计 | 其中 | | 小计 | 其中 | | 小计 | 其中 | |
| | | 男 | 女 | | 男 | 女 | | 男 | 女 | | 男 | 女 |
| 钱桥 | 916 | 294 | 622 | 80 | 46 | 34 | 366 | 40 | 326 | 243 | 113 | 130 |
| 藕塘 | 494 | 177 | 317 | 43 | 30 | 13 | 223 | 30 | 193 | 55 | 35 | 20 |

续表1—6—50　　单位：人

| 镇别 | 丧失工作能力 | | | 从未工作、正在找工作 | | | 失去工作正在找工作 | | | 其他 | | |
|---|---|---|---|---|---|---|---|---|---|---|---|---|
| | 小计 | 其中 | | 小计 | 其中 | | 小计 | 其中 | | 小计 | 其中 | |
| | | 男 | 女 | | 男 | 女 | | 男 | 女 | | 男 | 女 |
| 钱桥 | 118 | 31 | 87 | 28 | 12 | 16 | 51 | 31 | 20 | 30 | 21 | 9 |
| 藕塘 | 97 | 40 | 57 | 11 | 7 | 4 | 32 | 17 | 15 | 33 | 18 | 15 |

2000年11月1日第五次全国人口普查钱桥镇、藕塘镇分性别的在业和失业人口统计表

表1—6—51　　单位：人、%

| 镇别 | 15岁及15岁以上人口 | | | 在业人口 | | | 失业人口 | | | 失业率 | | |
|---|---|---|---|---|---|---|---|---|---|---|---|---|
| | 合计 | 其中 | | 小计 | 其中 | | 小计 | 其中 | | 小计 | 其中 | |
| | | 男 | 女 | | 男 | 女 | | 男 | 女 | | 男 | 女 |
| 钱桥 | 3877 | 1982 | 1895 | 2961 | 1688 | 1273 | 79 | 43 | 36 | 2.60 | 2.48 | 2.75 |
| 藕塘 | 1764 | 927 | 837 | 1270 | 750 | 520 | 43 | 24 | 19 | 3.27 | 3.10 | 3.53 |

# 第四节 婚姻家庭

从家庭结构看，民国时期乃至新中国成立初期，钱桥、藕塘地区的群众以“四世同堂”为荣，几代人在一起生活；改革开放以后，家庭结构日渐发生变化。钱桥、藕塘（公社、乡）镇，钱桥街道严格实施婚姻法，提倡晚婚晚育，结婚按婚姻法规定办理登记手续，离婚按婚姻法规定办理离婚手续。家庭是社会最基本的细胞，是最重要、最核心的社会组织。钱桥街道党工委、办事处维护区域内婚姻的合法、家庭的和谐、生活的幸福。进入21世纪，区域内家庭以二代户为主。

## 一、婚姻登记

旧时，钱桥、藕塘地区百姓受封建思想的束缚，男婚女嫁，全凭“父母之命，媒妁之言”，男女青年没有婚姻自由。1950年5月1日，《中华人民共和国婚姻法》颁布，钱桥、藕塘地区青年男女从此自由恋爱，自主结婚，并由人民政府办理结婚、离婚手续，保护婚姻当事人的合法权益。1980年9月10日，第五届全国人民代表大会第三次会议通过修改的《中华人民共和国婚姻法》，区域内凡符合法定年龄的男女自愿结合者，持本人户籍证明和所在单位证明，到钱桥、藕塘公社民政办申请，办理结婚登记手续，领取结婚证。其间，区域内婚姻家庭相对比较稳定。后经修改的《中华人民共和国婚姻法》，法定最低结婚年龄为男22周岁、女20周岁，钱桥、藕塘公社鼓励青年晚婚晚育，实行计划生育，规定男方25周岁、女方23周岁为晚婚。晚婚晚育者享受一定的婚假和经济待遇。20世纪90年代起，区域内夫妻离婚率增多。2004年起，钱桥（镇）街道执行2001年4月28日第九届全国人民代表大会常务委员会第二十一次会议修正的《中华人民共和国婚姻法》，国务院2003年8月8日发布的《婚姻登记条例》，2003年9月25日民政部发布的《婚姻登记工作暂行规定》以及民政部新出台的《婚姻登记管理条例》。是年12月1日起，根据省市规定，钱桥街道居民的结婚登记手续由惠山区统一办理，结婚登记对象只需凭身份证和户口簿男女双方一同去惠山区政府民政局婚姻登记中心办理。

## 二、婚姻状况

旧时，钱桥、藕塘地区多为一夫一妻制，个别也有一夫二妻的情况，少数贫困男子无力娶妻，一直单身。新中国成立后，钱桥、藕塘地区百姓均按照中华人民共和国婚姻法规定，实行一夫一妻制。随着社会的转型，社会环境的变化，对区域内的婚姻家庭也有所冲击，离婚率（当年离婚对数占当年结婚对数的比率）有所上升。1983年，藕塘乡离婚率为0。1991年，钱桥镇离婚率为2.6%。1995年，藕塘镇离婚率为6.9%。2000年，钱桥镇离婚率为6.9%。2003年，藕塘镇离婚率为13%。2004年，钱桥镇离婚率为14.9%。

2000年11月1日第五次全国人口普查钱桥镇、藕塘镇分性别婚姻状况统计表

表1—6—52　　单位：人

| 镇别 | 15岁及15岁以上人口 | | | 未婚 | | | 初婚有配偶 | | | 再婚有配偶 | | | 离婚 | | | 丧偶 | | |
|---|---|---|---|---|---|---|---|---|---|---|---|---|---|---|---|---|---|---|
| | 合计 | 其中 | | 小计 | 其中 | | 小计 | 其中 | | 小计 | 其中 | | 小计 | 其中 | | 小计 | 其中 | |
| | | 男 | 女 | | 男 | 女 | | 男 | 女 | | 男 | 女 | | 男 | 女 | | 男 | 女 |
| 钱桥 | 3877 | 1982 | 1895 | 598 | 346 | 252 | 2989 | 1543 | 1446 | 68 | 30 | 38 | 39 | 16 | 23 | 183 | 47 | 136 |
| 藕塘 | 1764 | 927 | 837 | 308 | 207 | 101 | 1309 | 670 | 639 | 40 | 16 | 24 | 8 | 5 | 3 | 99 | 29 | 70 |

1983~2003 年藕塘乡（镇）结婚、离婚选年统计表

表 1—6—53　　单位：对

| 年份 | 结婚对数 | 离婚对数 | 年份 | 结婚对数 | 离婚对数 | 年份 | 结婚对数 | 离婚对数 | 年份 | 结婚对数 | 离婚对数 |
|---|---|---|---|---|---|---|---|---|---|---|---|
| 1983 | 131 | — | 1988 | 182 | — | 1994 | 180 | 4 | 1999 | 162 | 13 |
| 1984 | 136 | 1 | 1989 | 190 | — | 1995 | 145 | 10 | 2001 | 131 | 15 |
| 1985 | 170 | 2 | 1991 | 152 | — | 1996 | 170 | 7 | 2002 | 127 | 20 |
| 1986 | 226 | — | 1992 | 134 | — | 1997 | 134 | 10 | 2003 | 138 | 18 |
| 1987 | 183 | — | 1993 | 133 | — | 1998 | 155 | 12 | — | — | — |

1991~2004 年钱桥镇结婚、离婚选年统计表

表 1—6—54　　单位：对

| 年份 | 结婚对数 | 离婚对数 | 年份 | 结婚对数 | 离婚对数 | 年份 | 结婚对数 | 离婚对数 |
|---|---|---|---|---|---|---|---|---|
| 1991 | 347 | 9 | 1996 | 347 | 26 | 2002 | 324 | 33 |
| 1992 | 322 | 8 | 1997 | 323 | 22 | 2003 | 286 | 47 |
| 1993 | 320 | 13 | 1998 | 336 | 29 | 2004 | 404 | 60 |
| 1994 | 298 | — | 1999 | 348 | 36 | — | — | — |
| 1995 | 343 | 21 | 2001 | 310 | 44 | — | — | — |

## 三、家庭规模

新中国成立前，区域内民众受“人丁兴旺、子孙满堂”等传统婚育观念的影响，生育从来不受控制，多数家庭兄弟不分家，过着大家庭生活，一门家中往往人口众多。民国 18 年（1929），第四区（开原乡）钱桥地区每户平均人口 5.18 人，第十七区（富安乡）藕塘地区每户平均人口 4.99 人。

新中国成立后，由于社会安定，人民生活逐步改善，家庭人口观念逐步得到转变。1958 年，藕塘公社共有 2700 户，总人口 12661 人，每户平均人口 4.69 人。1964 年，藕塘公社共有 2999 户，每户平均人口 4.47 人。1972 年，藕塘公社共有 3424 户，每户平均人口 4.48 人。特别是到 70 年代后期，国家提倡计划生育，家庭规模发生变化，以二代户居多。1980 年，藕塘公社共有 4196 户，每户平均人口 3.87 人；1987 年，藕塘乡总人口 17042 人，共有 4740 户，每户平均人口 3.6 人。

2000 年第五次全国人口普查反映，区域内的家庭规模以 2 人户、3 人户为主。是年，钱桥镇 2 人户占总户数的 25.89%，3 人户占总户数的 36.18%，2 人、3 人户占总户数的 62.07%；1 人户占总户数的 10.11%；10 人以上的家庭有 6 户，占总户数的 0.04%。藕塘镇 2 人户占总人数的 20.62%，3 人户占总户数的 31.65%，2 人、3 人户占总户数的 52.27%；1 人户占总户数的 7.81%；10 人以上的家庭有 3 户，占总户数的 0.05%。家庭组合以一代户、二代户为主，钱桥镇一代、二代户占总户数的 81.26%，藕塘镇的一代、二代户占总户数的 72.2%。

2000 年 11 月 1 日第五次全国人口普查钱桥、藕塘镇家庭户规模表

表 1—6—55　　单位：户、%

| 镇别 | 合计 | | 其中一人户 | | 其中二人户 | | 其中三人户 | | 其中四人户 | |
|---|---|---|---|---|---|---|---|---|---|---|
| | 户数 | 占比 | 户数 | 占比 | 户数 | 占比 | 户数 | 占比 | 户数 | 占比 |
| 钱桥 | 14250 | 100 | 1441 | 10.11 | 3690 | 25.89 | 5156 | 36.18 | 1942 | 13.63 |
| 藕塘 | 6003 | 100 | 469 | 7.81 | 1238 | 20.62 | 1900 | 31.65 | 1081 | 18.01 |

续表 1—6—55　　单位：户、%

| 镇别 | 其中五人户 | | 其中六人户 | | 其中七人户 | | 其中八人户 | | 其中九人户 | | 其中十人及十人以上户 | |
|---|---|---|---|---|---|---|---|---|---|---|---|---|
| | 户数 | 占比 | 户数 | 占比 | 户数 | 占比 | 户数 | 占比 | 户数 | 占比 | 户数 | 占比 |
| 钱桥 | 1519 | 10.66 | 396 | 2.78 | 73 | 0.51 | 22 | 0.15 | 5 | 0.04 | 6 | 0.04 |
| 藕塘 | 991 | 16.51 | 248 | 4.13 | 46 | 0.77 | 24 | 0.40 | 3 | 0.05 | 3 | 0.05 |

2000 年 11 月 1 日第五次全国人口普查钱桥镇、藕塘镇家庭户类别表

表 1—6—56　　　　　　　　　　　　　　　　　　　　　　　　　　　　　　单位：户、%

| 镇别 | 合计 | | 其中一代户 | | 其中二代户 | | 其中三代户 | | 其中四代户 | |
|---|---|---|---|---|---|---|---|---|---|---|
| | 户数 | 占比 | 户数 | 占比 | 户数 | 占比 | 户数 | 占比 | 户数 | 占比 |
| 钱桥 | 14250 | 100 | 5032 | 35.31 | 6548 | 45.95 | 2552 | 17.91 | 118 | 0.83 |
| 藕塘 | 6003 | 100 | 1647 | 27.44 | 2687 | 44.76 | 1574 | 26.22 | 95 | 1.58 |

2002 年，藕塘镇共有 6324 户，每户平均人口 2.72 人。2008 年，钱桥镇（钱桥、藕塘镇已合并）共有 18851 户，总人口 68532 人，每户平均人口 3.64 人。2010 年第六次全国人口普查反映，钱桥街道的 2 人户占总户数的 30.55%，3 人户占总户数的 31.44%，2 人、3 人户占总户数的 61.99%；1 人户占总户数的 15.64%，比 2000 年增加近 6 个百分点；10 人以上的家庭有 3 户，占总户数的 0.01%。一代户占总户数 44.13%，二代户占总户数的 41.07%，一代、二代户占总户数的 85.2%；单身老人占总户数的 3%。

2010 年钱桥街道常住人口家庭户规模、类别统计表

表 1—6—57　　　　　　　　　　　　　　　　　　　　　　　　　　　　　　单位：户、%

<table>
<tr><th>年份</th><th>家庭户户数</th><th colspan="13">常住人口家庭</th></tr>
<tr><td rowspan="12">2010</td><td rowspan="12">36135</td><td rowspan="6">其中</td><td rowspan="2">一人户</td><td>户数</td><td>5651</td><td rowspan="2">四人户</td><td>户数</td><td>4235</td><td rowspan="2">七人户</td><td>户数</td><td>112</td><td rowspan="2">十人户</td><td>户数</td><td>3</td></tr>
<tr><td>占比</td><td>15.64</td><td>占比</td><td>11.72</td><td>占比</td><td>0.31</td><td>占比</td><td>0.01</td></tr>
<tr><td rowspan="2">二人户</td><td>户数</td><td>11038</td><td rowspan="2">五人户</td><td>户数</td><td>3130</td><td rowspan="2">八人户</td><td>户数</td><td>39</td><td>—</td><td>—</td><td>—</td></tr>
<tr><td>占比</td><td>30.55</td><td>占比</td><td>8.66</td><td>占比</td><td>0.11</td><td>—</td><td>—</td><td>—</td></tr>
<tr><td rowspan="2">三人户</td><td>户数</td><td>11360</td><td rowspan="2">六人户</td><td>户数</td><td>556</td><td rowspan="2">九人户</td><td>户数</td><td>11</td><td>—</td><td>—</td><td>—</td></tr>
<tr><td>占比</td><td>31.44</td><td>占比</td><td>1.54</td><td>占比</td><td>0.03</td><td>—</td><td>—</td><td>—</td></tr>
<tr><td rowspan="2">其中</td><td rowspan="2">一代户</td><td>户数</td><td>15946</td><td rowspan="2">二代户</td><td>户数</td><td>14842</td><td rowspan="2">三代户</td><td>户数</td><td>5187</td><td rowspan="2">四代户</td><td>户数</td><td>160</td></tr>
<tr><td>占比</td><td>44.13</td><td>占比</td><td>41.07</td><td>占比</td><td>14.35</td><td>占比</td><td>0.44</td></tr>
<tr><td rowspan="4">其中</td><td rowspan="4">有一个60岁及以上老年人的户</td><td colspan="2">小计</td><td>4326</td><td rowspan="4">有两个60岁及以上老年人的户</td><td colspan="2">小计</td><td>3648</td><td rowspan="4" colspan="3">有三个60岁及以上老年人的户</td><td rowspan="4">104</td></tr>
<tr><td rowspan="3">其中</td><td>单身老人户</td><td>1045</td><td rowspan="3">其中</td><td>只有一对老夫妇的户</td><td>1618</td></tr>
<tr><td>一个老年人与未成年的亲属户</td><td>1540</td><td>一对老夫妇与未成年的亲属户</td><td>1307</td></tr>
<tr><td>其他</td><td>1741</td><td>其他</td><td>723</td></tr>
</table>

2014 年，钱桥街道共有 21967 户，总人口 70380 人，每户平均人口 3.20 人，2015 年，钱桥街道户籍人口 70927 人。

## 四、计划生育

钱桥、藕塘（公社、乡）镇，钱桥街道切实执行国家计划生育的基本国策，通过晚婚、晚育、优生、少生，对辖区内人口进行有计划的控制。藕塘公社 1958 年人口出生率为 32.6‰，自然增长率 25.01‰；1975 年人口出生率为 18.92‰，自然增长率 12.34‰；1981 年人口出生率为 19.13‰，自然增长率 12.43‰。1984 年，藕塘乡人口出生率为 11.77‰，自然增长率 5.25‰。2004 年，钱桥镇人口出生率为 6.87‰，自然增长率为 1.43‰。2006 年，钱桥镇人口出生率为 6.51‰，自然增长率为 1.23‰。2009 年，钱桥街道人口出生率为 5.82‰，自然增长率 0.89‰；2012 年人口出生率为 7.82‰，自然增长率为 2.89‰；2014 年人口出生率为 9.38‰，自然增长率 4.52‰。

### （一）宣传教育

1979 年，钱桥、藕塘公社计划生育办公室在卫生院妇产科、民政部门等配合下，在群众中广泛

宣传推行优生优育。2001年，围绕《人口与计划生育法》的颁布和“婚育新风进万家”两大主题，钱桥镇开展多种形式的优生优育优教宣传活动。是年6月，钱桥镇胜丰村建立全区第一个“流动人口计划生育”协会。10月，钱桥镇被中宣部、国家计生委表彰为全国婚育新风进万家先进镇。2002年5月，为纪念“5·29”中国计生协成立22周年，钱桥镇在春来广场举办“性与生殖健康”大型展览会，3000多名育龄群众前往参观。是年9月开始，钱桥、藕塘两镇在流动人口相对集中的农贸市场、统一居住区建立计生协会，同时在非公有制企业启动计生协会组建试点工作。2003年，钱桥镇投资12万元，在钱桥新村建成惠山区首个生育文化园，在镇主干道建成计划生育宣传广告和画廊。2004年12月，钱桥镇被省委宣传部、省人口计生委评为全省婚育新风进万家活动先进集体。2005年起，钱桥镇组织实施计划生育志愿者零距离”服务活动。2006年3月，钱桥镇计生协会被省计生协评为江苏省计划生育志愿者零距离服务活动先进集体。2008年6月，惠山区在钱桥街道召开“走千家万户，传婚育新风”志愿者活动现场会，钱桥街道作专题交流发言。2009年2月，钱桥中学被命名为无锡市青春期教育合格学校。

2010年5月起，钱桥街道推行将独生子女父母奖励金转办为独生子女综合保险，提高独生子女家庭抵御意外风险的能力。是年，惠山职教中心“青春俱乐部”建成使用。2013年，遵照惠山区政府《关于做好0~3岁婴幼儿早期教养工作的试行办法的通知》，街道计生办稳步推进早教工作。截至2014年底，建立了藕乐苑贝贝亲子园、开心宝贝早教园两个早教活动基地。是年12月，藕乐苑贝贝亲子园被无锡市人口计生委命名为无锡市早期教育实验基地。2014年，街道投资15万元，在玉泉公园打造人口文化园——乐园。是年12月，钱桥街道被无锡市人口计生委命名为无锡市人口文化示范基地。是年，街道15个社区均建成人口文化书屋和人口文化中心户，建成计生协会33家，其中市场计生协会2家、流动人口统一居住区计生协会5家、规模企业计生协会26家。同年，钱桥街道独生子女综合保险投保人数2493人，投保比例62.5%。

**（二）人口控制**

1963年，钱桥、藕塘公社分别成立计划生育领导小组。大队由妇女主任负责计划生育工作。1966年，钱桥、藕塘地区计划生育工作进展缓慢，人口增长仍维持在较高水平。1970年春，钱桥、藕塘公社第一批育龄妇女开始实施带环。

1971年，钱桥、藕塘公社贯彻国务院提出的“一个不少、二个正好、三个多了”的计划生育政策。1974年，钱桥、藕塘两公社全面开展计划生育工作。1980年，中央发出《关于控制我国人口增长问题致全体共产党员、共青团员的公开信》，1981年11月，五届全国人大第四次会议提出“限制人口的数量，提高人口的素质”的人口政策；1982年9月，党的十二大把实行计划生育确定为基本国策，同年11月写入新修改的《宪法》。其间，钱桥、藕塘公社党委、政府在组织认真学习宣传《公开信》和“基本国策”的同时，与各大队签订计划生育目标管理责任状。这一时期的计划生育工作取得很大成绩。1988年开始，钱桥镇、藕塘乡的计划生育率大幅提高。

1990年起，钱桥镇、藕塘乡的计划生育贯彻以宣传教育为主、经常性工作为主、避孕节育为主的“三为主”工作方针。1997年后，钱桥、藕塘两镇年均人口出生率基本控制在7‰以下，自然增长率接近零。2000年3月，中共中央作出《关于加强人口与计划生育工作稳定低生育水平的决定》，钱桥、藕塘镇的人口与计划生育工作全面进入依法管理、优质服务的新阶段。

2001年12月，《中华人民共和国人口与计划生育法》颁布，随后《江苏省人口与计划生育条例》《无锡市流动人口计划生育管理条例》相继施行，钱桥、藕塘镇、钱桥街道切实贯彻执行。2014年3月28日，钱桥街道实施江苏省“单独两孩”的政策。

2003~2015年钱桥（镇）街道人口计生工作实绩一览表

表1—6—58　　单位：人、%

| 年份 | | 户籍人口 | 育龄妇女 | 出生总数 | 其中一孩数 | 其中一孩中女孩数 | 出生性别比 | 计划生育率 |
|---|---|---|---|---|---|---|---|---|
| 2003 | 钱桥镇 | 34423 | 10745 | 196 | 180 | 91 | 115.38 | 100.00 |
| | 藕塘镇 | 17288 | 4864 | 97 | 88 | 58 | 67.24 | 100.00 |
| 2004 | | 56642 | 15053 | 389 | 364 | 191 | 104.59 | 99.75 |
| 2005 | | 59729 | 15046 | 345 | 309 | 175 | 95.43 | 99.42 |
| 2006 | | 61941 | 15218 | 403 | 319 | 154 | 125.97 | 99.71 |
| 2007 | | 64845 | 15172 | 416 | 382 | 194 | 112.06 | 99.76 |
| 2008 | | 68532 | 16003 | 404 | 372 | 188 | 115.34 | 100.00 |
| 2009 | | 69131 | 15674 | 402 | 402 | 229 | 92.14 | 100.00 |
| 2010 | | 69793 | 18251 | 452 | 440 | 246 | 92.68 | 100.00 |
| 2011 | | 69611 | 17926 | 467 | 501 | 268 | 106.72 | 99.82 |
| 2012 | | 69773 | 22804 | 546 | 561 | 321 | 99.37 | 99.61 |
| 2013 | | 69709 | 27608 | 572 | 519 | 276 | 113.77 | 99.58 |
| 2014 | | 70380 | 25648 | 660 | 608 | 352 | 108.81 | 99.73 |
| 2015 | | 70927 | 24115 | 396 | 340 | 165 | 107.66 | 99.67 |

### （三）奖励优待

**晚婚晚育奖励**　钱桥街道实行对男女双方均系晚婚者（男25周岁、女23周岁），在原3天婚假的基础上，增加10天；对于晚育的（女24周岁以上生育），延长女方产假30天，给予男方护理假10天的政策。

**节育优待**　1965年10月起，钱桥、藕塘公社对已婚男女进行节育手术，一律免收有关费用。1974年1月，区域内实行免费供应避孕药具，同时享受计划生育手术假期，其间职工照发工资，社员照记工分。1992年11月起，接受节育手术的公民，凭医疗单位的证明可以享受相应的假期。手术者为职工的，在规定的假期内休息，应视为出勤，不影响工资、奖金及福利待遇。

**独生子女及父母奖励**　1979年9月起，钱桥、藕塘公社凡符合计划生育的女社员，产假期间靠工记工，哺乳按生产队规定时间误工不扣分，不影响评奖；领取《独生子女证》的国家干部或企事业单位的干部、职工、社员的独生子女，每年发给儿童保健费20~40元，至14周岁止；独生子女可优先进入托儿所、幼儿园，并给予就医、入学、招工等优惠；农村独生子女可分配成人基本口粮，并按当地标准分得两分自留地和住宅基地（后改为适当照顾）；经济条件好的单位，其职工独生子女的幼托费、农村合作医疗基金费等由单位负责缴纳。领有《独生子女证》的夫妇除享受省规定的退休金、退休工分和养老金外，符合县、镇、村办企业招工条件者，可优先安排。自2002年12月1日《江苏省人口与计划生育条例》实施以后，钱桥、藕塘镇持《独生子女父母光荣证》者，从领证之年起至孩子14周岁止，每年各领取20元或以上的独生子女父母奖励金。

**农村部分计划生育家庭奖励扶助**　2005年6月起，钱桥（镇）街道内户籍人口中年满60周岁，子女在1963年1月1日以后出生，领取《独生子女父母光荣证》且未纳入城镇职工基本养老保险的，每人每月领取60元扶助金，2012年调整到每人每月80元。截至2014年末，钱桥街道内享受奖励扶助金的计划生育家庭共687人。

**计划生育家庭特别扶助**　2005年6月起，钱桥（镇）街道内户籍人口中独生子女死亡或伤残后未再生育或收养子女家庭的夫妻，对符合条件的发放特别扶助金，其中独生子女死亡的，按每人每月150元的标准发放；2013年1月起，发放标准调整到每人每月500元。独生子女伤、病残的，按每人每月120元标准发放；2013年1月起，发放标准调整到每人每月400元。截至2014年末，钱桥街道内享受特别扶助金的计划生育家庭共29户45人。

**持独生子女父母光荣证退休的企业人员一次性奖励金** 2008年开始，按照无锡市政府的要求，钱桥街道开展持《独生子女父母光荣证》的企业退休职工享受计划生育一次性奖励金3600元的实施工作。截至2014年末，共为2118名独生子女父母办理一次性奖励金共762.48万元。

**市级计划生育公益金扶助** 2005年2月起，钱桥（镇）街道按照《无锡市计划生育公益金管理暂行办法》，为街道内符合条件的对象申请办理市公益金。

**区级计划生育公益金扶助** 2005年2月起，钱桥（镇）街道按照《惠山区计划生育公益金管理暂行办法》，做好街道内符合享受区公益金户籍人口的初审上报工作。

**（四）技术服务和药具工作**

1964年，无锡县妇幼保健所在钱桥公社开展落实综合性避孕节育措施。1998年，钱桥镇计划生育办公室在原钱桥农贸市场设立计划生育服务站，配备4名人员（其中配备B超医生一名、聘用退休医生一名），办公用房面积约300平方米。是年，藕塘镇在藕塘医院借用场所设立计划生育服务站，配备4名人员（其中聘请在职医生一名），由于办公条件有限，于2000年在藕塘大桥南堍新建三层楼，面积约450平方米的计划生育服务站。2003年4月，经区机构编制委员会批准，钱桥镇计生服务站增挂“惠山区计划生育指导站钱桥分站”，成为全区“中心站带动分站”运作机制中的三个分站之一。2004年，钱桥、藕塘计划生育服务站两站合并为钱桥镇计划生育服务站，配备人员9名，为育龄群众提供计划生育技术服务、优生指导、宣传教育、避孕药具发放、信息咨询、随访服务、生殖保健、人员培训等多项综合性服务。2008年，钱桥街道按照惠山区提升人口计生优质服务水平的要求，于年底完成钱桥街道“世代服务中心”改造。

**免费孕前优生健康检查** 1981年起，钱桥、藕塘公社计划生育办公室与镇卫生院协同开展婚前咨询服务和婚前检查工作，并规定，凡申请结婚的青年男女，必须到医院进行健康检查，凭医院出具证明方可到镇民政部门领取结婚证，并赠送《新婚必读手册》等优生优育读物。2004年，钱桥镇对结婚青年男女实行自愿婚检。2010年后，通过社区宣传发动，街道组织实施，钱桥街道的免费孕前优生健康检查覆盖率始终保持在90%以上。

**生殖保健** 1981年起，钱桥、藕塘公社对计划生育对象的孕妇进行保健服务，每个孕妇从怀孕3个月起，到镇卫生院妇产科或计划生育服务站登记建卡，接受孕期卫生和优生指导。通过这些服务，计划生育对象的随访服务率、避孕措施及时终止更换率、不良副反应防治率、不孕不育症诊治率、出生缺陷一级干预率均达到85%，期内综合避孕率达到100%，育龄妇女生殖道感染普查普治率达80%以上。2001年起，钱桥、藕塘镇对计划生育育龄妇女的节育手术实行免费服务。育龄妇女分娩后，村、单位妇女干部及时访视，并落实相关节育措施。2015年，钱桥街道育龄妇女产前检查率为100%。

**药具服务** 20世纪70年代到80年代，钱桥、藕塘公社育龄群众的避孕药具由基层医务人员或计划生育干部免费发放给群众使用和服用。90年代起，避孕药具实行以免费发放为主、市场销售为辅的“双轨制”供应。2000年开始，药具服务以当时居住地为主，实行属地管理，全面落实避孕药具免费供应发放，采取多样化发放方式，畅通免费发放主渠道，确保育龄群众能便捷、安全、有效地领取避孕药具。2003年，钱桥、藕塘两镇在辖区内公共场所增设“自动取套机”26台。2008年，钱桥街道围绕药具发放途径拓展、宣传手段创新、服务内涵延伸、信息化建设等内容，全面开展药具服务“零距离”工作，在区域范围内设置55个免费发放网点，构建十分钟药具“零距离”服务圈，为广大育龄群众提供优质可靠的公共服务。2010年，钱桥街道分别在计划生育服务站、五洲国际装饰城、农贸市场、职教园学生街等公共场所及多个社区安装刷二代身份证安全套免费发放机。2013年4月，无锡市流动人口药具服务年活动启动仪式在钱桥街道举行，省人口计生委、市人口计生委、惠山区委相关领导出席会议，与会人员80余人参观钱桥街道“药具十进”工程现场，各级领导对钱桥街道“零距离”工作给予充分肯定。

**（五）流动人口计划生育工作**

1993年，钱桥、藕塘两镇建立流动人口管理协作组，镇计划生育办公室负责流动人口计划生育管理的业务指导。1994年起，两镇计划生育办公室会同公安、劳动等部门，摸清流动人口底数，对流入本地3个月以上的育龄妇女建立台账。1996年10月，两镇计划生育办公室对外地流入已婚育龄妇女进行摸底清理，探索网络式管理。

2001年8月，惠山区政府在钱桥镇胜丰村召开全区流动人口计划生育管理工作现场会，推广胜丰村流动人口集中住宿、集中管理，加强计划生育的经验和做法。2003年4月6日，国家人口计生委、省人口计生委领导考察钱桥镇胜丰村流动人口计划生育工作情况，给予充分肯定。是年6月5日，无锡市人大、市政协、市人口计生委领导带领市人大法制工委、科技文工委负责人至藕塘镇恒源祥村集居点视察流动人口计生工作，为制定出台《无锡市流动人口计划生育管理条例》进行立法调研。

2006年4月，无锡市政府召开全市流动人口计生工作会议，与会人员参观钱桥镇恒源祥村流动人口集居点。钱桥镇负责计生工作的领导在会上作交流发言。同年5月，惠山区政府在钱桥镇召开全区流动人口计生工作现场推进会。是年7月25日，无锡市贯彻《无锡市流动人口计划生育管理条例》汇报座谈会在钱桥镇召开，无锡市人大领导及市人大代表视察恒源祥流动人口集居点和钱桥镇计划生育服务中心。是年11月22日，省人口计生委、市人口计生委领导视察钱桥镇计生服务中心及恒源祥村流动人口集居点的管理、宣传、服务工作，给予高度评价。

2008年，惠山区计生协会在钱桥街道召开流动人口计生工作志愿者活动现场会、推进会。2009年9月，无锡市人口计生委到钱桥街道恒源祥村集居点调研流动人口服务管理工作。2010年起，钱桥街道开展以“七免一普及”为主要内容的综合服务，全街道流动人口计划生育管理服务率达90%以上。

**（六）管理机构**

1979年，钱桥、藕塘公社分别成立计划生育办公室。1983年，钱桥、藕塘公社计划生育办公室分别更名为钱桥、藕塘乡计划生育办公室。1987年，钱桥乡计划生育办公室更名为钱桥镇计划生育办公室。1993年，藕塘乡计划生育办公室更名为藕塘镇计划生育办公室。

2004年2月，钱桥镇与藕塘镇合并，成立新的钱桥镇，原钱桥镇计划生育办公室与藕塘镇计划生育办公室合并，成立新的钱桥镇计划生育办公室。原两镇计生办、服务站搬入易地新建的办公楼，地址位于钱桥街道便民服务中心北侧育才路76号，建筑面积1020平方米。2005年4月，更名为钱桥镇人口与计划生育办公室。2007年11月，更名为钱桥街道人口与计划生育办公室。

**1979~2015年钱桥、藕塘（公社、乡、镇）、钱桥街道计划生育负责人一览表**

表1—6—59

| 机构名称 | 负责人 | |
|---|---|---|
| | 姓　名 | 任职时间 |
| 钱桥公社、乡、镇计划生育办公室 | 陆文琴 | 1979.02~1986.08 |
| | 时文秀 | 1986.09~1987.12 |
| | 张珍娣 | 1988.01~2000.08 |
| | 丁桂珍 | 2000.09~2004.02 |
| 藕塘公社、乡、镇计划生育办公室 | 张寿娣 | 1979.02~1980.10 |
| | 袁杏娣 | 1980.11~1984.12 |
| | 王桂芬 | 1985.01~1986.02 |
| | 边锡凤 | 1986.03~1998.11 |

续表 1—6—59

| 机构名称 | 负责人 | |
|---|---|---|
| | 姓　名 | 任职时间 |
| 藕塘公社、乡、镇计划生育办公室 | 徐建明 | 1998.12~1999.03 |
| | 邹宝根 | 1999.04~2002.02 |
| | 杭月新 | 2002.03~2002.10 |
| | 冯丽萍 | 2002.11~2004.02 |
| 钱桥镇人口和计划生育办公室 | 丁桂珍 | 2004.02~2007.07 |
| 钱桥街道人口和计划生育办公室 | 冯丽萍 | 2007.08~2010.06 |
| | 冯　冰 | 2010.06~ |

### （七）钱桥（镇）街道计划生育先进名录

1989~2014 年钱桥（镇）街道获无锡市委、市政府，省级条线以上表彰的计划生育先进集体和先进个人一览表

表 1—6—60

| 受表彰单位（个人） | 受表彰时间 | 荣誉称号 | 授予部门 |
|---|---|---|---|
| 钱桥镇人民政府 | 1989 年 3 月 | 1988 年度无锡市计划生育工作先进集体 | 无锡市人民政府 |
| 钱桥村 | 1994 年 2 月 | 1992~1993 年度计划生育工作先进集体 | 无锡市人民政府 |
| 钱桥村 | 1996 年 2 月 | 计划生育工作模范村 | 中共无锡市委<br>无锡市人民政府 |
| 惠山区钱桥镇 | 2001 年 10 月 | 全国婚育新风进万家活动先进镇 | 中共中央宣传部<br>国家计生委 |
| 惠山区钱桥镇 | 2004 年 12 月 | 全省婚育新风进万家活动先进集体 | 中共江苏省委宣传部<br>江苏省人口计生委 |
| 钱桥镇计生协会 | 2006 年 3 月 | 江苏省计划生育志愿者“零距离”服务活动先进集体 | 江苏省计生协会 |
| 恒源祥集团公司计划生育协会 | 2007 年 12 月 | 全国计划生育协会企业先进单位 | 中国计生协会 |
| 钱桥街道 | 2008 年 3 月 | 无锡市人口和计划生育示范镇（街道） | 无锡市人民政府 |
| 舜柯村 | 2010 年 3 月 | 全省基层计划生育协会工作先进村协会 | 江苏省计生协会 |
| 舜柯村、西漳村 | 2010 年 12 月 | 全省第二批新农村新家庭计划示范村 | 江苏省人口计生委 |
| 钱桥街道计生服务站 | 2011 年 1 月 | 全省人口和计划生育优秀服务示范站 | 江苏省人口计生委 |
| 舜柯社区 | 2011 年 7 月 | 无锡市“十一五”人口计生工作先进集体 | 无锡市人民政府 |
| 张顺根 | 2011 年 7 月 | 无锡市“十一五”人口计生工作先进个人 | 无锡市人民政府 |
| 藕乐苑社区 | 2011 年 12 月 | 全省首批人口和计划生育基层群众自治示范村（居） | 江苏省人口计生委<br>江苏省计生协会 |
| 钱桥街道计生协会 | 2012 年 8 月 | 全省“世代服务”示范岗 | 江苏省人口计生委 |
| 邓　超 | 2012 年 8 月 | 全省“国策服务”标兵 | 江苏省人口计生委 |
| 何菊芬 | 2012 年 10 月 | 江苏省人口计生基层信息应用操作标兵 | 江苏省人口计生委 |
| 藕乐苑社区 | 2014 年 11 月 | 全国第五批计划生育基层群众自治示范村（居） | 中国计生协会 |

## 第五节　外来人口

钱桥、藕塘地区社会安定、经济发达，乡镇企业多、教育条件好、马路宽广、交通方便、地理位置优越，靠近无锡市城区，吸引众多的外地劳动者至区域内经商务工。2000 年，钱桥镇外来人口 16369 人、藕塘镇外来人口 5598 人；暂住人口钱桥镇 1370 人、藕塘镇 480 人。其中安徽籍、四川籍在境内务工的最多。是年，安徽省户口的劳动者在钱桥镇务工的有 5544 人、在藕塘镇务工的有

1688 人；四川省户口的劳动者在钱桥镇务工的 1586 人、在藕塘镇务工的 525 人。

**2000 年 11 月 1 日第五次全国人口普查钱桥、藕塘镇外来人口户口登记地状况表**

表 1—6—61　　单位：人

| 镇别 | 合计 | | | 外来人口户口登记地 | | | | | | | | | | | | |
|---|---|---|---|---|---|---|---|---|---|---|---|---|---|---|---|---|
| | 小计 | 其中 | | 本市（县） | | | 本市市区 | | | 本省其他市（县）、市区 | | | 省外 | | | |
| | | 男 | 女 | 小计 | 其中 | | 小计 | 其中 | | 小计 | 其中 | | 小计 | 其中 | | |
| | | | | | 男 | 女 | | 男 | 女 | | 男 | 女 | | 男 | 女 | |
| 钱桥 | 16369 | 9210 | 7159 | 1337 | 627 | 710 | 5 | 5 | — | 5947 | 3339 | 2608 | 9080 | 5239 | 3841 | |
| 藕塘 | 5598 | 3143 | 2455 | 512 | 243 | 269 | 4 | 3 | 1 | 2251 | 1227 | 1024 | 2831 | 1670 | 1161 | |

**2000 年 11 月 1 日第五次全国人口普查钱桥、藕塘镇外来人口户口登记地在本省市县状况表**

表 1—6—62　　单位：人

| 现住地 | 合计 | 外来人口户口登记地 | | | | | | |
|---|---|---|---|---|---|---|---|---|
| | | 本市（县）其他乡 | 本市（县）其他镇 | 本市（县）其他街道 | 本市区其他镇 | 本市区其他街道 | 本省其他市（县）、市区 | 省外 |
| 钱桥 | 16369 | 5 | 1332 | — | 3 | 2 | 5947 | 9080 |
| 藕塘 | 5598 | 2 | 509 | 1 | 3 | 1 | 2251 | 2831 |

**2000 年 11 月 1 日第五次全国人口普查钱桥、藕塘镇外来人口户口登记地在外省市状况表**

表 1—6—63　　单位：人

| 户口登记地 | 钱桥 | 藕塘 | 户口登记地 | 钱桥 | 藕塘 | 户口登记地 | 钱桥 | 藕塘 |
|---|---|---|---|---|---|---|---|---|
| 北京市 | 5 | 1 | 安徽省 | 5544 | 1688 | 重庆市 | 65 | 31 |
| 天津市 | 3 | 1 | 福建省 | 111 | 18 | 四川省 | 1586 | 525 |
| 河北省 | 19 | 1 | 江西省 | 192 | 52 | 贵州省 | 63 | 24 |
| 山西省 | 18 | 2 | 山东省 | 107 | 32 | 云南省 | 14 | 8 |
| 内蒙古自治区 | 3 | 2 | 河南省 | 612 | 186 | 陕西省 | 22 | 7 |
| 辽宁省 | 13 | 2 | 湖北省 | 162 | 76 | 甘肃省 | 8 | 10 |
| 吉林省 | 4 | — | 湖南省 | 202 | 9 | 青海省 | 11 | 4 |
| 黑龙江省 | 19 | 9 | 广东省 | 17 | 14 | 宁夏回族自治区 | 2 | — |
| 上海市 | 66 | 22 | 广西壮族自治区 | 11 | 9 | 新疆维吾尔族自治区 | 31 | 3 |
| 浙江省 | 167 | 95 | 海南省 | 3 | — | 合计 | 9080 | 2831 |

**2000 年 11 月 1 日第五次全国人口普查钱桥、藕塘镇外来暂住人口户口登记地在外省市状况表**

表 1—6—64　　单位：人

| 户口登记地 | 钱桥 | 藕塘 | 户口登记地 | 钱桥 | 藕塘 | 户口登记地 | 钱桥 | 藕塘 |
|---|---|---|---|---|---|---|---|---|
| 北京市 | 2 | — | 福建省 | 14 | 1 | 贵州省 | 10 | 4 |
| 河北省 | 2 | — | 江西省 | 16 | 4 | 云南省 | 5 | — |
| 山西省 | 5 | — | 山东省 | 13 | 9 | 陕西省 | 3 | 2 |
| 内蒙古自治区 | 5 | — | 河南省 | 138 | 32 | 甘肃省 | 1 | — |
| 辽宁省 | 6 | 2 | 湖北省 | 18 | 4 | 青海省 | 1 | — |
| 吉林省 | 2 | — | 湖南省 | 18 | 9 | 宁夏回族自治区 | 1 | — |
| 黑龙江省 | 12 | 1 | 广东省 | 2 | 1 | 新疆维吾尔族自治区 | — | 1 |
| 上海市 | 13 | 5 | 广西壮族自治区 | — | 1 | 合计 | 1370 | 480 |
| 浙江省 | 40 | 19 | 重庆市 | 7 | — | — | — | — |
| 安徽省 | 862 | 357 | 四川省 | 174 | 28 | — | — | — |

2010 年 11 月 1 日全国第六次人口普查，钱桥街道外来人口户口登记的共 64978 人，其中男 36886 人、女 28092 人，外来人口中有本市、区其他乡镇、街道的，也有本省其他县、市的，更多的是外省市的。外省市的外来人口遍布全国各地，有青海、新疆、陕西、云南、贵州、重庆、福建、山东、湖北、湖南、广东、广西、海南、辽宁、吉林、黑龙江、内蒙古等各省市自治区。是年，外来人口

为本省其他县（市区）的 35339 人，外来人口为外省的 29639 人。2014 年，钱桥街道外来人口 50095 人，其中男 29503 人、女 20592 人；外来人口为本省其他县（市区）的 16761 人，外来人口为外省的 33334 人。2015 年，钱桥街道外来人口 52095 人，其中外来人口为本省其他县（市区）的 16785 人、外省的 35310 人。

2001~2015 年藕塘镇、钱桥（镇）街道外来流动人口统计表

表 1—6—65　　单位：人

| 单位 | 年份 | 外来人口 | | | 户口登记 | |
|---|---|---|---|---|---|---|
| | | 总数 | 其中 | | 本省人数 | 外省人数 |
| | | | 男 | 女 | | |
| 藕塘镇 | 2001 | 3836 | 2327 | 1509 | 1329 | 2507 |
| | 2002 | 4670 | 2870 | 1800 | 1723 | 2947 |
| | 2003 | 6739 | 4082 | 2657 | 2202 | 4537 |
| 钱桥镇 | 2001 | 13260 | 7955 | 5305 | 4020 | 9240 |
| | 2002 | 18128 | 10875 | 7253 | 5288 | 12840 |
| | 2003 | 26137 | 17079 | 9058 | 7918 | 18219 |
| | 2004 | 43401 | 27583 | 15818 | 13414 | 29987 |
| | 2005 | 46004 | 29488 | 16516 | 13952 | 32052 |
| | 2006 | 49945 | 31754 | 18191 | 14635 | 35310 |
| | 2007 | 47409 | 30365 | 17044 | 13665 | 33744 |
| 钱桥街道 | 2008 | 47472 | 30180 | 17292 | 13663 | 33809 |
| | 2009 | 44105 | 27720 | 16385 | 13399 | 30706 |
| | 2010 | 64978 | 36886 | 28092 | 35339 | 29639 |
| | 2011 | 51996 | 28203 | 23793 | 14080 | 37916 |
| | 2012 | 52092 | 31541 | 20551 | 15699 | 36393 |
| | 2013 | 51370 | 30772 | 20598 | 16156 | 35214 |
| | 2014 | 50095 | 29503 | 20592 | 16761 | 33334 |
| | 2015 | 52095 | 30118 | 21977 | 16785 | 35310 |

# 第六节　长寿老人

随着区域内人民生活水平和医疗技术水平的不断提高，钱桥街道的长寿老人越来越多。在钱桥、藕塘地区居民中流传着顺口溜：“六十小弟弟，七十勿稀奇，八十多来兮，九十也可以，一百多争取。”钱桥街道重视环境建设，建有生态园、卫生村、休闲公园、休闲广场等，展现田园风光的发展之美、生活之美、生态之美、人文之美；重视医疗服务，建有 2 个医疗卫生服务中心、15 个医疗卫生服务站、15 个居家养老站以及钱桥颐养中心。每个社区的卫生医疗服务站都有健康生活方式宣传资料，有血压机、血糖仪、身高体重器、腰围尺、膳食宝塔挂图，有各种常用药品，有病床床位等，还定期给老年人测血糖、量血压。老年人小病不出社区，大病可到街道社区服务中心治疗。1964 年，钱桥公社 60 岁以上的老年人口 1499 人，占总人口的 7.5%；藕塘公社 60 岁以上的老年人口 897 人，占总人口的 6.7%。1990 年，藕塘乡 60 岁以上的老年人口 2135 人，占总人口的 11.7%。2000 年，钱桥镇 60 岁以上的老年人口 4546 人，占总人口的 9.6%；藕塘镇 60 岁以上的老年人口 2465 人，占总人口的 11.3%。2015 年 7 月 31 日，钱桥街道 60 岁以上的老年人口 14621 人，占总人口的 20.6%。

## 一、杖朝老人（80~89 岁）

《礼记・王制》中的“八十杖于朝”是说 80 岁的老人可以拄杖出入朝廷，后泛指 80~89 岁的老人为“杖朝老人”。2015 年 5 月 31 日，钱桥街道 80~89 岁的老年人口 1462 人，占钱桥街道户籍人口的 2.06%；其中男性 578 人、占 39.53%，女性 884 人、占 60.47%；其中钱桥社区 180 人，华新社区 114 人，苏庙社区 88 人，溪南社区 65 人，舜柯社区 96 人，洋溪社区 109 人，晓丰社区 108 人，

西漳社区 77 人，晴山蓝城社区 116 人，藕塘社区 52 人，东风社区 92 人，南塘社区 78 人，盛峰社区 98 人，稍塘社区 87 人，藕乐苑社区 102 人。

### 2015 年 5 月 31 日钱桥街道杖朝老人（80~89 岁）一览表

表 1—6—66

| 社区 | 居民小组 | 姓名、性别 | 居民小组 | 姓名、性别 |
|---|---|---|---|---|
| 钱桥社区 | 马 客 | 张健清 吴根林 宋兴南 俞爱珍（女）陈根凤（女） | 陈家岸新村 | 严幼祥 周 龙 金盘根 喻维斗 沈火春 陈正刚 钱农珍（女）孙尧英（女）华婉琴（女） |
| | 沿 河 | 周福荣 孙鹤宾 周柏笙 缪生发 朱礼银 曾锡清 李正品 周秀珠（女） 支月娣（女） 朱素英（女） 郑秀瑾（女） 杨秀凤（女） 高兰英（女） 周文英（女） | 杨树岸 | 王伟祖 季有根 臧文贤 费绍良 俞耀林 朱增度 刑炳森 包秀珍（女） 陈慧敏（女） 刘湘君（女） 是秀英（女） 刘素珍（女） 李玲燕（女） |
| | 新民新村 | 沈玉多 徐士根 李如柏 奚子才 王永明 庞曼伦 张 华（女） 肖梅珍（女） 李兆芳（女） 全舜华（女）任素绢（女） | 直 街 | 秦一清 石聚根 史伯法 张小妹（女） 孙秀珍（女） 吴梅珍（女） 祝根娣（女） 李兰英（女） 姚祥娣（女） 陈金凤（女） 任玉英（女） 龚士秀（女） |
| | 南 巷 | 诸耀歧 毛晋权 邵秀英（女） 张梅娣（女） | 春惠苑 | 曹德华 芦福其 蒋治康 是秀娣（女） 曹世妹（女） 平玉妹（女） |
| | 浜 头 | 潘明义 龙云凤（女） 吴素珍（女） 蒋玲娣（女） 秦梅娣（女） | 铁狮新村 | 李宝华（女） |
| | 乐泉花园 | 薛阿琴（女） | 乐多花园 | 罗会庆 朱广才 高美兰（女） |
| | 惠钱路141号 | 郑祖烈 陈顺荣 郑建辉 徐焕生 沈雪明 祝宝珍 华萍珠（女） | 惠钱路73号 | 承彩英（女） |
| | 南街91号大楼 | 罗成真 | 潘 巷 | 宋伯均 唐浩正 宋福根 党秀娟（女） |
| | 花园路 | 蔡盘泉 | 学前弄 | 唐菊生 |
| | 周巷新村 | 盛伟倩（女） | 开源公寓 | 吴佩霞（女） |
| | 西巷弄商品房 | 孙延芝 王仲英（女） | 站头新村一期 | 浦桂林 唐金英（女） 赵素芬（女） 姚琴娣（女） |
| | 站头新村二期 | 唐伯明 蒋根兴 沈桂英（女） 刘阿凤（女） 姚文英（女） | 周 巷 | 毛纪良 梁佩新（女） 侯乾英（女） 姚凤娣（女） 陈祥珍（女） |
| | 站 头 | 秦阿毛（女） 殷玲仙（女） 宋国良 | — | — |
| | 站头新村 | 王 光 张金虎 季良杞 高振环 潘阿兴 张俊良 吴玉珍（女） 郭凤英（女） 张玉珍（女） 华苏村（女） 袁金英（女） 唐仲英（女） 薛凤秀（女）成奇华（女） 沈文珍（女） 张秀珍（女） | | |
| | 铁 狮 | 顾涌法 张俊杰 祝伯近 王秀娣（女）王金妹（女） 邓素珍（女） 赵玉荣（女） 张洪英（女） 龚士秀（女） 王长根（女） 吴祥娣（女） 周阿浓（女） 孙荷英（女） 席德荷（女） | | |
| | 桥 南 | 张林度 郑士兴 毛海林 徐明海 周卫无 毛坤寿 尤月芬（女） 邹惠君（女） 王春娣（女） 缪桂和（女） 吴巧珍（女） 黄秀英（女） 张霞云（女） 唐玉珍（女） 方秀英（女） | | |
| | 东 巷 | 祝杏根 毛中良 徐伯清 祝振芳 姚伯伦 刘 曙 马永泉 方爱媛（女） 祝桂娣（女） 程菊英（女） 朱爱珍（女） 陈金玉（女） 许焕妹（女） 毛桂秀（女） 陆焕凤（女） | | |
| 华新社区 | 前周基头 | 吕才伦 周赛珠（女） 陆月珍（女） | 戴 巷 | 戴月清 韩凤娣（女） 俞盘秀（女） 丁美琴（女） |
| | 刘 巷 | 刘听兴 徐梅秀（女） | 后周基头 | 周伯勋 戴金云（女） |
| | 隆泉园 | 秦 靖 王宝娣（女） 谢孝芝（女） 徐晓琦（女） 蔡秀宝（女） 彭正照（女） 吴全英（女） | 戴巷桥 | 窦凤伦 姚洪根 姚俞清 周阿和（女） 姚秀凤（女） 张秀娣（女） 庄一庆（女） |
| | 北下塘 | 苗建昌 蒋根兴 姚焕泉 唐秀娣（女） 赵月敏（女） 赵月英（女） | 下段村 | 陶月娥（女） 单友娣（女） 邵秀英（女） 陆龙秀（女） 秦玉英（女） |
| | 周家桥 | 高仁根 王梅娣（女） | 毛村园 | 徐金初 何妙香（女） |
| | 唐家庄 | 华梅珍（女） | 金 巷 | 倪爱珍（女） |
| | 盛岸花园 | 赵祖铎 唐逸伦 王全德 刘兴杰 高阿毛 唐祥基 王文香 戈定凯 周菊凤（女） 包澄涵（女）季惠芬（女） 时南娣（女） 王凤娣（女） 邵荷娣（女） 成惠芬（女）徐宝娣（女） 杨云娣（女） 杨荷珍（女） 宋惠芳（女） 杨凤娟（女） | | |

续表 1—6—66

| 社区 | 居民小组 | 姓名、性别 | 居民小组 | 姓名、性别 |
| --- | --- | --- | --- | --- |
| 华新社区 | 单家坝 | 袁素珍（女） 李根娣（女） | — | — |
| | 华新苑 | 缪锡金 唐浩根 刘煜星 杨其满 唐根兴 姚余生 刘焕泉 毛荣初 张焕根 毛林生 沈仁兴 周可林 浦凤兴<br>徐寿根 陈根林 刘锡伦 唐良兴 唐全法 边耀清 唐茂清 殷伯锦 奚全娣（女） 凌惠君（女） 杜爱云（女）<br>俞文娟（女） 蒋林娣（女） 芦金女（女） 王阿秀（女） 冯何珍（女） 顾兰珍（女） 陈明娣（女）<br>吴秀珍（女） 费祥琴（女） 张阿凤（女） 苗杏妹（女） 夏阿桂（女） 石桂秀（女） 殷银娣（女）<br>缪秋娣（女） 缪梅秀（女） 杨可龙（女） 姚月秀（女） 周细华（女） 盛惠芬（女） 邬文英（女）<br>俞菊英（女） 庞秀珍（女） 徐寿娣（女） 时云娥（女） 胡秀琴（女） | | |
| 苏庙社区 | 沈巷 | 谢正兴 莫泉初 莫永兴 徐阿勤（女）<br>支雪妹（女）沈彩芬（女） 陈金娣（女） | 前金岸 | 薛阿四 蔡一鹤 奚秀英（女） 郑纪凤（女）<br>时爱娣（女） 陆凤霞（女） 季听娣（女）<br>陈龙娣（女） 陆浓娣（女） |
| | 后金岸 | 刘锁炳 陈瑞英（女） 殷秀珍（女）<br>顾美珍（女） | 李　巷 | 龚龙生 张文瑞 杨寿茂 朱宝娣（女）<br>蒋云娣（女） 朱雪妹（女） 华银金（女）<br>陆曾娣（女） 毛士妹（女） 尤盘娣（女） |
| | 孟家桥 | 高寿宝 张杏珍（女） 徐仁妹（女）<br>冯金凤（女） | 苏　巷 | 章杏泉 薛爱娣（女） 李秀英（女） |
| | 天墩头 | 支锡琴（女） 唐焕娣（女） 张阿毛（女）<br>秦凤英（女） | 余　巷 | 张阿妹（女） |
| | 支巷 | 钱源顺 支仁娣（女） 支兴娣（女）<br>缪梅仙（女） 尤兰珍（女） 支盘娣（女）<br>盛梅珍（女） 吴秀英（女） | 鸭船浜 | 杨银生 汪小妹（女） 杨全秀（女）<br>杨福度 潘荷珍（女） 杨祥妹（女）<br>杨杏兴 周祥妹（女） 殷阿秀（女）<br>沈全福 殷凤英（女） 沈杏仙（女） |
| | 杜巷 | 张丽华（女） 凌金娣（女）张望智 凌福春 凌泉荣 | | |
| | 缪巷 | 缪胜泉 缪伯生 缪海金 缪孝刚 缪盘荣 缪维咸 缪福度 蒋仲贤 张英娣（女） 陶蕴芳（女） 冯杏娣（女）<br>朱听妹（女） 张素琴（女） 石菊仙（女） 宜梅凤（女） 吴梅英（女） 朱寿娣（女） 龚惠秀（女）<br>徐书娣（女） 尤惠娟（女） 张菊娣（女） | | |
| 溪南社区 | 春满园 | 李海根 是全根 是叙兴 章阿财 吴肿敏 吴盘根 黄德昌 吴丙根 凌培兴 是世福 吴国清 吴树辉 李焕金<br>张二苟 张海锁 吴福妹（女） 王凤华（女） 石浓娣（女） 冯惠芬（女） 金荷英（女） 朱碧燕（女）<br>周珍娣（女） 钱君立（女） 章荷英（女） 吴凤珠（女） 贾菊英（女） 宋爱珠（女） 曹德宝（女）<br>张继英（女） 严兰英（女） 吴月秀（女） 汤惠芬（女） 何云霞（女） 张秀英（女） 刘根娣（女）<br>陈映仙（女） | | |
| | 龚二 | 龚惠南 高金娣（女） | 育才路 98 弄 | 沙兰芳（女） |
| | 埭上 | 吴海宝 吴伯兴 吴烈忠 谢太生<br>王来英（女） 吴雪英（女） 吴泉珍（女） | 龚　巷 | 龚耀泉 龚宁苏 龚　辉 曹巧仙（女）<br>李静英（女） 谈兴娣（女） 蔡祥娣（女）<br>龚焕梅（女） 张浓秀（女） 查彩英（女）<br>沈梅珍（女） 余玉琴（女） |
| | 钱桥大街 | 是补生 | 唐　巷 | 胡小凤（女） 王菊仙（女） |
| | 春光苑 | 吴舜义 谭耀良 | 毛　村 | 是振熙 |
| | 火车浜 | 戴阿毛（女） | — | — |
| 舜柯社区 | 前周巷 | 周金清 周伯生 周伯麟 刘云娣（女） | 后周巷 | 费盘清 沭巧仙（女） 庄珍娣（女） |
| | 西　浜 | 周仲谋 张小岳 顾根兴 张兴娣（女）<br>尤赛明（女） | 东　浜 | 吴凤英（女） |
| | 庄　家 | 吴炳兴 缪灿明 赵松勤 吴斌辉 庄健明<br>王秀琴（女） 缪月珍（女） 梁传娣（女）<br>庄秀芬（女） 陈惠珍（女） 俞宝娣（女）<br>朱锦仙（女） 李梅宝（女） 葛凤仙（女）<br>费亚新（女） 张梅珍（女） 朱秀琴（女） | 费　巷 | 缪其生 沈荣兴 费培祖 朱留娣（女）<br>周根娣（女） 龚菊英（女） 庄桂英（女）<br>黄银仙（女） |
| | 前芮巷 | 芮叙法 芮培兴 邵菊英（女）冯根娣（女）<br>芮兰英（女） 缪彩珍（女） | 后芮巷 | 陆寿生 吴秀英（女）奚惠琴（女）任月娣（女）<br>赵秀凤（女） |
| | 陆　巷 | 陆耀祥 蒋正福 | 石　东 | 石永朝 |
| | 石　西 | 石勤章 陈金娣（女）冯根娣（女）石赛珍（女） | 沈　巷 | 许仁娣（女） |
| | 吴　一 | 于生根 张正昌 | 吴　二 | 朱天宝 殷仲庆 朱如源 许月娥（女）<br>周宛珍（女） 郁金娣（女） |

续表 1—6—66

| 社区 | 居民小组 | 姓名、性别 | 居民小组 | 姓名、性别 |
|---|---|---|---|---|
| 舜柯社区 | 殷 巷 | 殷焕良 | 王 巷 | 王志成 李兰英（女）沈金凤（女）徐富英（女） |
| | 沈 巷 | 王耀初 | 花 园 | 王度宝 王荷英（女）蒋宝英（女） |
| | 缪 家 | 缪文俊 冯辰亚（女） | 上秦巷 | 秦浩清 秦雪琴（女）缪季秀（女）周月琴（女） |
| | 后田舍 | 张焕金 | 前田舍 | 丁梅凤（女）赵阿琴（女）邵兴娣（女） |
| | 蒋 巷 | 张可达 朱瑞秀（女） | 田 肚 | 殷锡标 许秀英（女） 沈菊英（女） |
| | 壤 西 | 丁二宝 陈明祥 丁兴泉 边金娣（女） 余祥菊（女） 张梅英（女） 虞月娥（女） | | |
| 洋溪社区 | 俞 巷 | 俞伯兴 俞巧生 张金秀（女）<br>储荷梅（女）徐云娥（女） 俞兴娣（女） | 单 巷 | 单锡其 倪英丽（女） 徐林秀（女）<br>虞丽英（女） 冯琴芳（女） 黄惠英（女）<br>窦金凤（女） 糜红英（女） |
| | 东马山 | 严月娥（女） | 对 桥 | 缪阿仁 |
| | 大坝上 | 丁保林 周婿妹（女）郑杏娣（女） | 顾 巷 | 朱协坤 许秀英（女） 缪金妹（女) |
| | 八间头 | 钱阿妹（女） | 北陈巷 | 王关兴 |
| | 王大河 | 王进兴 陈秀英（女） | 下 渡 | 周菊娣（女） |
| | 官渎桥 | 吕泉坤 | 东冯巷 | 王凤娣（女） |
| | 黄旗岸西 | 陈梅凤（女） | 黄旗岸东 | 秦阿锡 |
| | 时 巷 | 乐秀海 徐友发 尤旭彤（女） | | |
| | 洋溪人家 | 徐文忠 殷祥根 周焕铨 丁国清 俞奇兴 朱兴坤 陈盘泉 盛产林 单裕伦 周龙祥 濮正兴 周鸣其 顾焕清<br>陈煜清 陈耀清 邵胜炳 蒋浓娣（女） 黄杏娣（女） 章美娟（女） 潘荷珍（女） 周桂姐（女）<br>沈荷珍（女） 黄金秀（女） 汪小妹（女） 缪金秀（女） 计惠琴（女） 边瑞娣（女） 缪秀娣（女）<br>王桂珍（女） 周梅英（女） 张焕英（女） 许梅娣（女） 黄荷英（女） 陆金凤（女） 吴兴娣（女）<br>周玲娣（女） 李凤英（女） 戴荷英（女） 黄浓娣（女） 徐珍妹（女） 何爱金（女） 周珍娣（女）<br>章阿林（女） 唐秀英（女） 黄荷珍（女） 金文英（女） 黄秀娣（女） 盛浓芳（女） 陈龙云（女）<br>冯秀珍（女） 张秀珍（女） 黄杏娣（女） | | |
| | 薛 巷 | 薛伯明 薛锦泉 薛荣兴 薛明德 薛志良 薛升初 梅金凤（女） 王兰琴（女） 冯惠芳（女） 张兴度（女） | | |
| | 江胜桥 | 杜根泉 虞龙章 陆泉兴 吕芳兰 徐纪明 孙龙兴 孙伯兴 孙坤兴 奚和凤（女） 方锡梅（女） 刘林妹（女）<br>张荣仙（女） 尤阿珍（女） | | |
| 晓丰社区 | 时巷上 | 时醉度 时丁福 姚国琴（女） 唐金秀（女）<br>孙来娣（女） 尤秀凤（女） 丁月芬（女） 邵琴娥（女） | 晓星苑 | 时南兴 陆盘兴 薛西妹（女） 龚菊娣（女）<br>周秀娣（女） 宗阿娣（女） |
| | 时 湾 | 时云清 时龙飞 周金秀（女） | 邓 巷 | 周阿兴 时兰珍（女） 冯荷英（女） |
| | 陆岸头 | 汪青云 张云娣（女） 陈金娣（女）<br>陈荣秀（女） | 大花岸 | 时纪度 石焕培 潘永康 时荣兴 任文英（女）<br>支秀林（女） 张筱妹（女） 陈杏娣（女）<br>陶芸芳（女） 成桂芳（女） 曾庆凤（女）<br>陶秀英（女） |
| | 砖场上 | 周永忠 周桂根 周忠和 周培清 周培均<br>丁巧珍（女） 唐妙珍（女） 王巧珍（女）<br>周静霞（女） 张月琴（女） 毛慧仙（女）<br>陈文英（女） 莫玲玲（女） 唐菊珍（女） | 王 巷 | 王胜培 王林兴 王云飞 王乾生 王寿兴<br>王其根 沈小弟 时玲娣（女） 张兰秀（女）<br>殷桂林（女） 张桂娣（女） 朱早娣（女）<br>陈宝娣（女） 陆焕娣（女） 宋友娣（女）<br>方荣珍（女） 时玲娣（女） 沈凤秀（女）<br>王兴娣（女） |
| | 龙亨沟 | 张步青 陶锡庆 张凤法 张慧兴<br>张兴娣（女） 高秀林（女） 周洪英（女）<br>吴秀凤（女） 时慧英（女） | 张姆泾 | 王栋泉 唐旭初 张焕琴（女） 孙素珍（女）<br>蒋南娣（女） 邵文琴（女） 高桂珍（女） |
| | 吴 巷 | 吴焕泉 吴金泉 邵秀琴（女） 潘珍凤（女） | 宋 巷 | 吴裕本 吴泉宝 吴树青 苏仁康 廉爱珠（女）<br>王巧秀（女） 顾均英（女） |
| | 高石头 | 张玉敏 黄培林 张胜祥 吕凤珍（女）<br>张汗珍（女） 蒋秀林（女）吴祥秀（女） | 庙 头 | 平锡照 苏培三 须恒宝 苏金媛（女）<br>郁云娥（女） |
| 西漳社区 | 南 漳 | 张胜泉 谭荷凤（女） 彭瑞英（女）<br>许凤珍（女） 钱月娥（女） 王兰珍（女） | 前 潘 | 彭焕良 杨桂香（女） |
| | 后潘西 | 王荣兴 | 孙 家 | 孙锡兴 孙洪良 |
| | 东 塘 | 李瑞英（女） | 东 街 | 唐应望 卞贞女（女） |
| | 张 家 | 孙耀坤 严金媛（女） 唐文英（女）<br>姚银娣（女） 冯茉英（女） | 查 家 | 孙洪昌 孙其昌 彭林娣（女） 毛梅珍（女）<br>陆阿妹（女） 陆红娟（女） 张学秀（女） |
| | 街 前 | 钱仁祥 钱盘泉 钱根泉 荣丽英（女）<br>时荷娣（女） 孙文蔚（女） 吴祥娣（女）<br>周桂芬（女） 江玉英（女） | 岸 里 | 唐汗兴 毛腊妹（女） 张玉英（女）<br>唐三度 彭雪妹（女） 毛彩娣（女）<br>石菊清 唐煜明 唐泉林 唐泉兴 |

续表 1—6—66

| 社区 | 居民小组 | 姓名、性别 | 居民小组 | 姓名、性别 |
|---|---|---|---|---|
| 西漳社区 | 中　街 | 章兰珍（女） 袁金妹（女） 杨小龙（女） | 马　家 | 吴巧英（女） 邓慕英（女） |
| | 木　牌 | 张梅英（女） | 毛　家 | 毛裕清 唐娟娣（女） 蔡金娣（女） |
| | 西　街 | 唐仲荣 王玉华（女） 邵素凤（女）<br>毛芝芬（女） | 墙　门 | 唐仲法 唐霞兰（女） 唐祥凤（女）<br>钱月娥（女） |
| | 牌　楼 | 毛荣兴 郁汉荣 陈桂芬（女） 范佩君（女）<br>须凤娣（女） 陆惠英（女） | 太　基 | 肖月仙（女） 钱焕华（女） 黄芬兰（女） |
| | 浜　头 | 陈传章 钱一鸣 严红兰（女） 钱巧仙（女） 毛凤英（女） 钱爱华（女） | | |
| 晴山蓝城社区 | 男 | 王才根 是荫植 张永宪 韩学仁 邵伯明 吴寿安 唐瑞础 陆文根 邵兴保 杨国林 杨福度 宋根华 许永春<br>徐宝生 陆锡兴 支学良 黄毓良 谈汉良 邹逸清 冯小福 薛开华 黄　健 朱　盈 章士良 严子香 高琼玑<br>邵齐林 陈林生 吴孝益 时　映 李荣均 黄汝钧 袁嘉麟 杨继法 王光华 冯福根 唐金法 缪仲亮 尹秉坤<br>王林富 丁友耕 顾申度 彭志昌 李文旭 吴文元 戴贵延 吴炳达 薛建一 朱涵生 杜甫赔 李　季 沈阿六<br>黄海泉 丁新民 华元良 顾振华 邹焕生 龚凤吉 邹仲华 徐伟忠 邹焕奎 邵祖宝 | | |
| | 女 | 杨祥妹 强泳秋 王小妹 江育仁 周文华 时璇珍 徐凤英 浦珍娣 吴凤妹 谢月英 陈蓉珍 孙合英 赵育珍<br>陆林娣 王兰英 周杏宝 朱静珍 濮正英 秦　琦 张瑞霞 袁菊芳 卞巧珍 丁赛兰 黄洪棣 曹春妹 尤盘云<br>姚月凤 周素珍 沈丽英 谢春花 郑兰英 薛守玉 宋安生 沈慧珍 杜秀英 沈仁娣 于美林 朱榴英 邹素华<br>陆仁娣 强品珍 邹富珍 石毓秀 郭照一 邵珍娣 黄　星 钱韵馨 王阿菊 支云娣 陈秀凤 苏凤英 孙巧珍<br>姚秀珍 钟美斐 | | |
| 藕塘社区 | 前方桥 | 葛厅缅 徐金荣 朱全梅 | 藕塘北路 | 周阿毛（女） |
| | 渔池头东队 | 韦生和 蒋全妹（女） 孙福珍（女）<br>陈洪英（女） | 藕苑新村 | 孙婉玉（女） |
| | 市场 | 吴祥秀（女） 丁祥妹（女） | 藕塘新街 | 蒋甫兴 沈坤和 王希根 |
| | 徐塘庙 | 陶金秀（女） 唐细妹（女） | 藕塘新村 | 魏金明 严炳生 于生贵 胡淑贤（女）<br>王凤英（女） |
| | 后方桥 | 朱锡茂 朱虎森 朱俊益 杨银娣（女）<br>季菊娣（女） 朱月娥（女） 王林凤（女） | 李巷 | 龚金德 朱其南 李爱华（女） 朱文英（女）<br>王惠英（女） 龚金凤（女） 霍根娣（女）<br>顾金娣（女） |
| | 张巷 | 张焕荣 | 解放村 | 杨恒孔 虞梅珍（女） |
| | 徐塘湾 | 王明兰（女） | 渔池头西队 | 吴锡金 张巧娣（女） |
| | 施巷 | 徐仁泉 李同兴 | 藕南 | 倪金生 俞凤秀（女） 周泉妹（女）<br>吴英娣（女） |
| | 朱巷 | 朱育根 刘祥洪 朱桂南 沈裕妹（女） | | |
| 东风社区 | 芦朱巷 | 陈金根 崔珍娣（女） 钮金娣（女） | 冯西 | 冯惠南 冯末生 冯林娟（女） 张菊英（女） |
| | 冯东 | 管瑞英（女） 刘腊英（女） 冯凤妹（女） | 北二 | 陆瑞兴 张焕菊 季金秀（女） 贾秀珍（女） |
| | 梅前 | 梅毓南 梅育兴 梅坤宝 胡容仙（女）<br>刘林娣（女） 丁育秀（女） | 小冯巷 | 范桂英（女） 张阿浓（女） 陈仁棣（女） |
| | 梅后 | 濮裕兴 沈爱珍（女） | 小王巷 | 尤银华 王焕东 强玉珍（女） |
| | 马前 | 陈银兴 沈毅男 张云仙（女）邹道英（女） | 马后 | 王绍庭 夏金凤(女) 陈阿如(女)沈凤英(女) |
| | 唐南 | 钱永南 朱渭明 陆玲娣（女）朱凤珍（女）<br>陈阿菊（女） 周闰月（女） | 唐西 | 钱阿德 陈洪锦 蔡梅秀（女） 沈阿妹（女）<br>郑菊英（女） 王月珍（女） |
| | 唐东 | 陈涛龙 沈菊琴（女） 吴秀英（女） | 西一 | 沈时焕 张全娣（女） 赵银妹（女） |
| | 西二 | 沈宜度 沈南兴 沈菊焕 沈德焕<br>吕秀英（女） 陆如娣（女） 贾云娣（女） | 漳漕巷 | 冯关根 吴东良 陆秀贞（女） 胡明仙（女）<br>任月华（女） 虞阿珍（女） |
| | 新成 | 殷桂秀（女） 周纪秀（女）<br>杨梅秀（女） 沈小妹（女） | 小冯巷 | 朱阿才 王金凤（女） |
| | 洗马浜 | 徐洪娣（女） 冯秀珍（女） 王金凤（女） | 东毛蓬 | 陈仁夫 王全兴 顾和娣（女） 丁祥妹（女）<br>任何宝（女） |
| | 刘古桥 | 薛玉琪 冯菊英（女） 樊秀娣（女） | 湾里 | 施厚本 |
| | 周家里 | 周泉宝 李梅珍（女） 华惠英（女）<br>冯兰芳（女） 许凤珍（女） | 田庄巷 | 汤林娣（女） 俞招娣（女） |
| 南塘社区 | 冯家 | 吕月娥（女） | 新桥头 | 石荷英（女） |
| | 长丰村 | 边祥梅（女） | 蔡巷 | 冯焕松 |
| | 西吴巷 | 王善贤 | 小张巷 | 张　骏 韩杏秀（女） |
| | 大河头 | 冯荣南 冯学清 吴炳康 夏秀英（女）<br>钱仁娣（女） 管阿浓（女） | 东吴巷 | 戈文秀（女） 黄秀芬（女） 张惠英（女）<br>张蓉秀（女） 钱腊凤（女） 王秀英（女） |

续表 1—6—66

| 社区 | 居民小组 | 姓名、性别 | 居民小组 | 姓名、性别 |
|---|---|---|---|---|
| 南塘社区 | 大张巷 | 张慕慈 秦晏平 张志雄 张凤菊 邵梅芬（女） 张寿娣（女） 陆彩英（女） | 南水渠 | 朱阿玉（女） 王道英（女） 李菊娣（女） |
| | 姚巷 | 陆 超 许祥珍（女） 唐杏珍（女） 王仁娣（女） | 小章巷 | 钱永茂 胡玉英（女） 丁巧秀（女） 陆秀华（女） |
| | 小园里 | 周谢生 周炳华 周振夏 周镜清 周亦平 吴瑞娟（女） 丁秀英（女） | 庙塘桥 | 强泉玉 陈永兴 强秋荣 强大生 陈正娣（女） 殷锡妹（女） 蒋秀娣（女） 胡桂秀（女） 陈金妹（女） 刘杏月（女） 查泉英（女） 周巧林（女） 朱梅芝（女） 丁玉琴（女） |
| | 孙巷 | 张兰生 胡文荣 胡裕锡 | 三坝头 | 朱云娣（女） 季福娣（女） 黄美郎（女） 王秀娣（女） |
| | 马巷 | 马茂伦 赵菊凤（女） 张玉英（女） | 浦巷 | 浦凤泉 贾月琴（女） |
| | 芝下 | 尹仁娣（女） 周凤蝶（女） | 高格里 | 梁剑虹 赵爱娣（女） |
| | 殷巷 | 秦阿菊（女） 杨杏娣（女） | 高冯巷 | 杨秀珍（女） 唐其珍（女） |
| 盛峰社区 | 上舍头 | 董凤英（女） 陆秀珍（女） | 东张巷 | 邓华樵 徐荣宝 倪彩娥（女） |
| | 吴巷上 | 吴茂全 吴锡良 刘阿胖（女） 蒋秀凤（女） 张义凤（女） | 盛店桥 | 刘金奇 吴仁兴 陈兆银 朱保仙（女） 吴淑珍（女） 朱泉娣（女） 俞凤珍（女） 王菊娣（女） 薛佩英（女） 沈生棣（女） |
| | 西张巷 | 张全福 王银宝 张绒秀（女） 李巧珍（女） 樊阿凤（女） | 墩上 | 徐伯贤 徐焕海 李松林 徐伯庆 张阿末 李杏妹（女） 杨廷兰（女） 李桂凤（女） 吴静珍（女） |
| | 王 巷 | 王时云 李益新 | 杨家 | 陈全妹（女） 苏琴仙（女） |
| | 俞 巷 | 李福根 朱德生 邵荣娣（女） 王彩娣（女） | 高家旦 | 高甫度 高全兴 吴祥秀（女） 高兴娣（女） 萧彩英（女） |
| | 大坝头 | 谢士英 俞三南（女） 张菊仙（女） 边正英（女） | 大河头 | 姚金福 许秀芳（女） 臧荷吾（女） 侯荣娣（女） |
| | 上俞巷 | 吴文兴 周其昌 虞爱宝（女） | 庄里 | 贾喜根 陈金娣（女） |
| | 西贾村 | 许光伦 陈伯安 吴荷娣（女） 唐金娣（女）沈焕秀（女）陈凤英（女） | 蒋巷 | 蒋俊鑫 蒋锡兴 吴金凤（女） 朱玉秀（女） |
| | 庄桥头 | 蒋瑞兴 吴荷宝（女） 邵凤年（女） 蒋阿梅（女） | 大树下 | 张金祥 张仁焕 周阿浓（女） 章菊仙（女） |
| | 弄 里 | 潘秀珍（女） 尤阿菊（女） | 梨轭基 | 冯月芳（女） |
| | 李 巷 | 戚金海 李荣泉 王云妹（女） | 西坝头 | 邵仁清 邵焕清 杨仁秀（女） |
| | 船浜头 | 金富生 侯玉英（女） | 新藕苑 | 王翠娥（女） 沈华芳（女） 吴允玮（女） |
| | 庄基上 | 蒋焕兴 丁玉英（女） | 盛店埲 | 丁荀度 丁阿兴 吴巧秀（女） |
| | 黄泥坝 | 石银和（女） | — | — |
| 稍塘社区 | 枣树下 | 王纪大 秦玉英（女） 张金娣（女） 李金娣（女） | 杨树浜 | 成凤保 成荀度 成伯初 浦兰芳（女） 朱更凤（女） 周月美（女） 强贞娟（女） |
| | 新丰里 | 徐志良 张志文 吴元坤 吴边太 陈宝生 张月娣（女） 张杏仙（女） 吴汉瑾（女） 贾凤宝（女） 蒋林娣（女） 余巧凤（女） 丁巧英（女） 张凤英（女） 邓阿末（女） 吴仁妹（女） | 陈巷 | 莫静华（女） 张海妹（女） 蒋满娣（女） 蒋秀金（女） 张云凤（女） 王素珍（女） 管秀英（女） |
| | 中大坝 | 秦长生 唐伯兴 吴秀珍（女） 成阿珍（女） 费凤娣（女） | 周巷 | 周伯健 周产福 唐秀金（女） 赵凤英（女） 唐彩英（女） 樊兴娣（女） 张凤珍（女） |
| | 大巷 | 蒋法度 李士清 堵和娣（女） 吕菊娣（女） 顾桂娣（女） | 木排头 | 吴焕泉 徐盘法 周玲娣（女） 张秀凤（女） 张焕玉 俞琴娣（女） 赵小妹（女） |
| | 费家弄 | 王兴茂 丁洪根 丁秀珍（女） 周荷娣（女） 陈阿毛（女） | 湛大坝 | 王善云 王开正 王才兴 马永芳 戈德泉 尤英娣（女） 丁珍娣（女） |
| | 沈巷 | 朱锦山 沈兆生 吴惠琴（女） 王英宝（女） 吴凤仙（女） | 包家岸 | 包伯兴 包叔良 丁祥珍（女） |
| | 叶家墩 | 叶裕康 | 芦岸 | 王培兴 曹月芬（女） |
| | 章巷 | 章荣芳 高志明 章泉兴 陈仁娣（女） | 稍塘 | 费建清 李兰娣（女） 马爱英（女） |

续表 1—6—66

| 社区 | 居民小组 | 姓名、性别 | 居民小组 | 姓名、性别 |
| --- | --- | --- | --- | --- |
| 藕乐苑社区 | 秦家漕 | 张瑾华（女） | 管巷 | 管荣兴 管元兴 张秀娣（女） |
| | 韩巷 | 陈伯南 李秀英（女） 管勤芬（女） | 陈村 | 陈善文 成小妹（女） 殷秀娣（女）<br>俞金花（女） 刘丽英（女） |
| | 小方桥 | 陈凤根 殷菊秀（女） 葛素珍（女） | 河西巷 | 陈河南 陈金生 邵婉珍（女） |
| | 大东店 | 丁盘兴 丁坤法 丁福根 丁荣金 丁金如<br>蒋月娟（女） 俞英娣（女） 冯盘娣（女）<br>沈菊仙（女） 管祥英（女） 张杏娣（女）<br>吴梅英（女） | 小东店 | 丁少麟 丁祥伦 杨秀珍（女） |
| | 椿树巷 | 丁小福 任寿福 丁梅秀（女）<br>丁芝英（女） | 邵巷 | 丁运兴（女） 张明秀（女） 殷惠芬（女）<br>杨荷英（女） 邵士英（女） 俞小妹（女） |
| | 袁巷 | 袁锡宝 袁坤玉 丁全度 屠阿兴<br>王梅娣（女） 王巧凤（女） 李秀娣（女） | 街里 | 曹世泉 丁本立 陈祥娣（女） |
| | 长巷 | 邵杏初 丁承启 吕金秀（女）<br>丁赛金（女） 苏根娣（女） 金月英（女） | 三南队 | 黄阿勤 黄美娟（女） 曹荷英（女） |
| | 三北队 | 丁仲芳 蒋秀英（女） 殷阿毛（女）<br>朱金凤（女） | 西一 | 杨云仙（女） 朱秀芬（女） 臧杏秀（女） |
| | 西二 | 臧月成 吴梅英（女） 陆阿英（女）<br>武凤娣（女） 邹丽珍（女） | 西三 | 倪焕成 沈宝英（女） |
| | 西四 | 倪振娣（女） | 井亭 | 朱伯达 朱伯良 边浓娣（女） 周爱珍（女） |
| | 朱巷 | 朱瑞兴 周静英（女） 陈秀凤（女）<br>殷浓娣（女） 倪季秀（女） 谭金秀（女）<br>陈杏琴（女） | 李家湾 | 王荣大 缪菊仙（女） 殷阿毛（女）<br>钱瑞英（女） 侯全英（女） |
| | 前埠墩 | 陈仲康 | 陈家湾一 | 解秀娟（女） |
| | 陈家湾二 | 龚菊秀（女） 倪宝珍（女） | 山峰 | 王凤岐 范梅秀（女） 陆秀英（女）<br>陆桂英（女） 徐凤英（女） |

## 二、鲐背老人（90~99 岁）

鲐背，指 90 岁的长寿老人，语出《诗经》。《诗·大雅·行苇》：“酌以大斗，以祈黄耇。黄耇台背，以引以翼”。“台”与“鲐”通。《尔雅·释诂上》：“鲐背、耇老，寿也”。鲐是一种鱼，背上的斑纹犹同老人褶皱的皮肤。后人以鲐背泛指 90~99 岁的老人。宋梅尧臣《元日》诗曰：“举杯更献酬，各尔祝鲐背”。2015 年 5 月 31 日统计，钱桥街道 90~99 岁的老人 247 人，占钱桥街道户籍人口的 0.35%；其中男性 77 人、占 31.17%，女性 170 人、占 68.83%；其中钱桥社区 32 人、华新社区 19 人、苏庙社区 23 人、溪南社区 15 人、舜柯社区 8 人、洋溪社区 17 人、晓丰社区 17 人、西漳社区 16 人、晴山蓝城社区 12 人、藕塘社区 9 人、东风社区 9 人、南塘社区 26 人、盛峰社区 14 人、稍塘社区 8 人、藕乐苑社区 22 人。

2015 年 5 月 31 日钱桥街道鲐背老人（90~99 岁）一览表

表 1—6—67

| 社区 | 居民小组 | 姓名、性别 | 居民小组 | 姓名、性别 |
| --- | --- | --- | --- | --- |
| 钱桥社区 | 东巷 | 陈和生 钱阿妹（女） 蒋细妹（女）<br>钱荷英（女） | 直街 | 陈细妹（女） 华锦云（女） 蒋素英（女）<br>强巧凤（女） 邵秀娟（女） |
| | 铁狮 | 沈凤生 唐金秀（女） 薛秀英（女）<br>张如芝（女） | 春惠苑 | 吴秀凤（女） |
| | 新民新村 | 王 欣 孙朝璧 | 杨树岸 | 李钟琦 沙 芸（女） |
| | 站头新村二期 | 唐秀娣（女） | 沿河 | 李秀珍（女） |
| | 潘巷 | 季中娣（女） | 站头 | 毛红英（女） |
| | 周巷新村 | 倪素英（女） | 马客 | 王荷珍（女） 谢祥云（女） |
| | 浜头 | 唐伯和 | 桥南 | 杨文英（女） 张兰芬（女） 荣凤英（女） |
| | 南巷 | 祝四宝 华月仙（女） | 站头新村 | 陈进善 |

续表 1—6—67

| 社区 | 居民小组 | 姓名、性别 | 居民小组 | 姓名、性别 |
|---|---|---|---|---|
| 华新社区 | 盛岸花园 | 周小妹（女） | 前周基头 | 顾月根（女） 张琴和（女） |
| | 北下塘 | 俞菊妹（女） | 后周基头 | 俞永兴 |
| | 金巷 | 盛祥娣（女） | 单家坝 | 周桂凤（女） |
| | 华新苑 | 刘士法 李琴娣（女） 张根秀（女） 陆秀娣（女） 刘桂妹（女） 王阿菊（女） 沈宝珍（女） 缪梅娣（女） 缪仁娣（女） 尤桂凤（女） 时锦梅（女） 时阿浓（女） | | |
| 苏庙社区 | 前金岸 | 张阿虎 | 后金岸 | 毛泉兴 张葛林 |
| | 李巷 | 张文达 张国同 张英玉（女） | 孟家桥 | 张凤金（女） |
| | 缪巷 | 王素珍（女） 支阿菊（女） 陆焕兰（女） 孟金凤（女） | 支巷 | 石秋泉 秦惠英（女） |
| | 余巷 | 余惠英（女） | 许巷 | 冯毛大（女） 顾惠芬（女） |
| | 鸭船浜 | 杨红泉 沈泉荣 王爱金（女） 周桂姐（女） 沈祥妹（女） 沈凤秀（女） 沈桂秀（女） | — | — |
| 溪南社区 | 唐巷 | 钱保华 黄煜奇 | 春满园 | 吴容先 吴坤南 吴仲高 吴锡泉 王仁娣（女）沈三妹（女） 朱绥涵（女） 刘桂园（女） |
| | 龚巷 | 杨仁官（女） 陈梅珍（女） 吴桂娣（女） | 埭上 | 冯初兴 吴凤娣（女） |
| 舜柯社区 | 东浜 | 周赛娣（女） | 庄家 | 朱秋英（女） |
| | 费巷 | 朱留娣（女） | 陆巷 | 陆胜根 |
| | 石西 | 石荣初 | 吴二 | 吴玉英（女） |
| | 吴一 | 张顺昌 | 后田舍 | 芮菊英（女） |
| 洋溪社区 | 洋溪人家 | 濮进泉 吕才伦 俞耀坤 蒋凤兰（女） 张琴和（女） | 单巷 | 单叙生 单金法 单其昌 许阿秀（女） |
| | 对桥 | 陆永法 | 蔡巷 | 单玲娣（女） |
| | 顾巷 | 顾根林 张云秀（女） | 时巷 | 胡祥娣（女） 顾彩娥（女） |
| | 江胜桥 | 周荷妹（女） | 黄旗岸西 | 陈小妹（女） |
| 晓丰社区 | 时湾 | 强云珠（女） 梅群英（女） | 邓巷 | 陈凤娥（女） |
| | 砖场上 | 吴月英（女） 张焕娣（女） | 大花岸 | 时焕初 毛彩娣（女） |
| | 陆岸头 | 王兴根 孙国英（女） 邓惠英（女） | 王巷 | 张坤培 |
| | 龙亨沟 | 张坤泉 | 高石头 | 李阿桂（女） |
| | 庙头 | 苏荣宝 苏培兴 唐宝娣（女） | 吴巷 | 吴焕生 |
| 西漳社区 | 前潘 | 潘炳圻 潘根培 陶美珍（女） | 孙家 | 巢雅娟（女） |
| | 张家 | 彭听娥（女） | 查家 | 祝秀英（女） |
| | 东街 | 邵德甫 | 街前 | 钱焕金 顾惠英（女） |
| | 西街 | 邹彩娥（女） | 岸里 | 龚炳初 毛泉云（女） |
| | 马家 | 潘小妹（女） | 牌楼 | 陆秀英（女） |
| | 太基 | 钱纪度 彭友法 | — | — |
| 晴山蓝城社区 | 晴山蓝城 | 秦大南 许志一 黄盘泉 支桂生 张若倩（女） 邹阿菊（女） 李秀英（女） 郭阿英（女） 周忠民（女） 张阿纪（女） 郑元珍（女） 张金娣（女） | | |
| 藕塘社区 | 前方桥 | 征桂香（女） 吴阿翠（女） | 桥南弄 | 徐兆怀 徐惠珍（女） 刘二妹（女） |
| | 张巷 | 张乾坤 | 施巷 | 张妙英（女） |
| | 后方桥 | 陈根娣（女） 钱菊仙（女） | — | — |
| 东风社区 | 小冯巷 | 冯正生 陈根娣（女）沈云娥（女） | 芦朱巷 | 崔四娣（女） |
| | 新成 | 周秀英（女） 沈秀珍（女） | 刘古桥 | 王爱娣（女） |
| | 北二 | 梅文英（女） | 洗马浜 | 苏芬子（女） |
| 南塘社区 | 长丰村 | 吴梅英（女） | 大张巷 | 冯阿宝（女） |
| | 大河头 | 边祥娣（女） | 南水渠 | 刘玉英（女） |
| | 姚巷 | 黄杏生 王介平 边秀琴（女） | 冯巷 | 冯云凤（女） |
| | 蔡巷 | 冯春法 | 钱家 | 边细妹（女） 唐菊凤（女） |
| | 小张巷 | 张锡昌 | 殷巷 | 汤阿妹（女） |
| | 三坝头 | 何耀均 | 芝下 | 沈荷英（女） |
| | 浦巷 | 浦炳焕 | 小章巷 | 李彩英（女） |
| | 高冯巷 | 匡阿舵 冯梦德 | 孙巷 | 韩月仙（女） 朱容棣（女） |
| | 庙塘桥 | 赵惠英（女） 赵梅英（女） 窦兰珍（女） | 小园里 | 胡月娥（女） 张锡娥（女） |

续表 1—6—67

| 社区 | 居民小组 | 姓名、性别 | 居民小组 | 姓名、性别 |
|---|---|---|---|---|
| 盛峰社区 | 大河头 | 杨仁娣（女） | 大坝头 | 程菊珍（女） |
| | 王巷 | 王时昌　章杏珍（女） | 蒋巷 | 蒋河凤（女） |
| | 西坝头 | 胡惠瑾（女） | 藕塘新街 | 周梅娣（女） |
| | 西张巷 | 毛爱凤（女）　吴月珍（女） | 弄里 | 汪河凤（女） |
| | 大树下 | 张桂英（女） | 东张巷 | 夏荷娣（女） |
| | 吴巷上 | 吴锡南 | 黄泥坝 | 许凤娣（女） |
| 稍塘社区 | 新丰里 | 王金娣（女）　冯龙秀（女） | 杨树浜 | 成兆伦　成梅初 |
| | 枣树下 | 吴仲泉 | 湛大坝 | 陈玉英（女） |
| | 木排头 | 宋芬娣（女） | 稍塘 | 丁焕妹（女） |
| 藕乐苑社区 | 秦家漕 | 杜阿妹（女） | 大东店 | 丁祥法　樊宝娣（女）　马秀凤（女） |
| | 椿树巷 | 周阿凤（女）　丁泉清 | 袁巷 | 袁永宝 |
| | 街里 | 惠玉梅（女） | 长巷 | 丁锡生　丁金娣（女）　刘桂兰（女） |
| | 三家村 | 奚映兰（女） | 西一 | 单阿盘（女）　倪少云 |
| | 西四 | 朱坤裕 | 井亭 | 朱惠珍（女）　王兰珍（女） |
| | 陈家湾 | 于双妹（女）　丁桂娣（女） | 前埠墩 | 姚宝娣（女）　徐三度 |
| | 朱巷 | 王菊秀（女） | — | — |

## 三、期颐老人（100岁以上）

《礼记·曲礼》："百年曰期颐"，意思是人以百年为期，所以称百岁为"期颐之年"。元人陈澔解释说："人寿以百年为期，故曰期；饮食起居动作无不待于养，故曰颐。"2015年钱桥街道百岁老人5人，占钱桥街道总人口的0.0071%。

### （一）2015年钱桥街道百岁老人

**钱桥社区开源公寓　徐留祖　100岁**　徐留祖，男，出生于1915年1月1日。1951年参加无锡水上合作社工作。1956年在无锡市水上先锋社工作。1967年在无锡航运公司工作，至1979年退休。1991年老伴去世。此后，老人与养女一起生活。养女一家照顾老人尽心尽力，老人晚年生活非常幸福。老人一家四世同堂，生活和谐美满。2005年搬入开源公寓9号101室新居。

**藕塘社区徐塘湾　吴孝　101岁**　吴孝，男，出生于1914年11月。1935年至上海从事餐饮工作。1957年支边到内蒙古包头继续从事餐饮工作。1961年，响应党的号召下放到无锡老家务农，当贫农代表。1972年至藕塘中心小学食堂工作。1974年退休，退休后留用至1987年。吴孝平时性格脾气好，心态好，待人和善，在单位工作时与同事和睦相处。吴孝平时注重锻炼，饮食清淡，在80岁时仍然能挑粪桶担下田干活。家庭和睦，没有烦恼，子女都很孝顺，他心里总是乐滋滋的。现在吴孝身体状况良好，在家还天天拉着护栏锻炼。

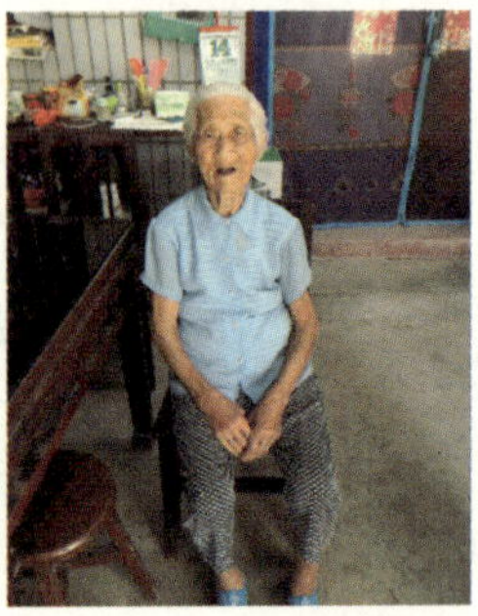

**东风社区冯巷　蔡桂凤　101岁**　蔡桂凤，女，出生于1914年3月18日。年轻时的蔡桂凤个子高挑，做事干净利落。她生育四儿三女，在藕塘医院从事食堂炊事工作，收入稳定，待遇比较丰厚，一直工作到退休。老人退休后在自留田里种种蔬菜，做些力所能及的家务劳动，身体得到了锻炼。现在，蔡桂凤虽然年事已高，但背不驼、耳不聋、身体硬朗，生活能自理，平时经常念念佛。老人的长寿秘诀就是平时有良好的生活习惯，合理的饮食，子女的孝顺，开开心心地过好每一天。

**东风社区新成村 沈秀珍 100 岁** 沈秀珍，女，出生于 1915 年 11 月 15 日，育有四男四女。年轻时的沈秀珍身板硬朗，身体健康。平时靠放麦钓、捕鱼捉虾养育子女，生活实为艰苦。她的长寿秘诀就是平时多吃蔬菜、鱼类，很少吃猪肉，再加上心态平和，得以长命百岁。2015 年，老人有点轻度痴呆，需要子女服侍。

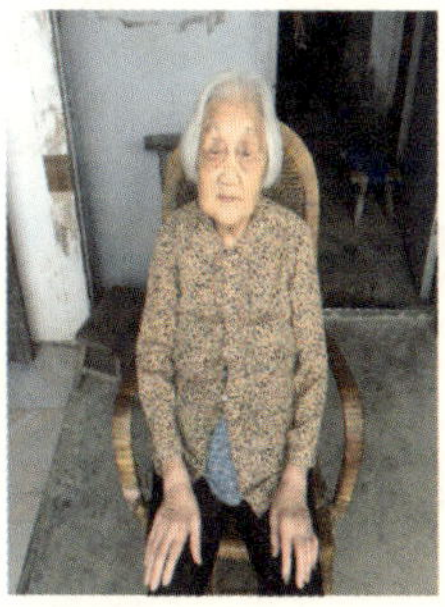

**盛峰社区西张巷 俞阿梅 101 岁** 俞阿梅，女，出生于 1914 年 9 月。俞老太虽然年过百岁，但仍然脸色清秀红润，身体不胖不瘦，衣着清洁合体，动作利索，没有一点老态龙钟的样子，一头白发，闪闪有光。年轻时从事农业工作，体弱多病。从小勤劳俭朴，热爱劳动，心胸豁达，待人和气宽厚，从不与人争长论短，邻里和睦，互敬互爱。100 岁时还能为全家人做饭。现在 101 岁，也不讲究吃穿，从不吃补品，儿孙吃什么，她也吃什么，家常便饭，荤素都吃。儿孙孝顺，大儿子张仁林每天晚上都陪着老人睡觉，一家人其乐融融。

**（二）1995~2015 年已故百岁老人**

1995~2015 年，钱桥、藕塘地区已故百岁老人共 18 人，其中男性 2 人、女性 16 人，去世最高年龄者为藕乐苑社区西村四队龚阿菊、享年 106 岁。

**1995~2015 年已故百岁老人一览表**

表 1—6—68

| 所在社区 | 自然村 | 姓名 | 性别 | 出生年月 | 死亡日期 |
|---|---|---|---|---|---|
| 钱 桥 | 南街沿河 | 庄大姐 | 女 | 1897.12.12 | 1998 年 7 月，享年 101 岁 |
| | 钱桥大街 | 周汝才 | 女 | 1901.07.14 | 2003 年 4 月 10 日，享年 102 岁 |
| | 沈巷新村 | 巫三妹 | 女 | 1904.01.06 | 2005 年 2 月 25 日，享年 101 岁 |
| | 马客 | 杨杏娣 | 女 | 1914.02.18 | 2015 年 4 月 7 日，享年 101 岁 |
| 华 新 | 后巷 | 唐大妹 | 女 | 1905.06.01 | 2005 年，享年 100 岁 |
| | 南下塘 | 郭桂珍 | 女 | 1908.08.17 | 2008 年，享年 100 岁 |
| | 盛岸花园 | 范志英 | 女 | 1908.12.04 | 2010 年 6 月 21 日，享年 102 岁 |
| | 北下塘 | 薛月琴 | 女 | 1913.01.25 | 2013 年，享年 100 岁 |
| 苏 庙 | 后金岸 | 王阿秀 | 女 | 1894.08.05 | 1995 年 8 月 9 日，享年 101 岁 |
| | 孟家桥 | 吴耀明 | 男 | 1909.08.00 | 2009 年 8 月，享年 100 岁 |
| 溪 南 | 毛村 | 计三妹 | 女 | 1910.01.05 | 2010 年 8 月 6 日，享年 100 岁 |
| 舜 柯 | 壤里 | 郭小妹 | 女 | 1900.02.23 | 2001 年 3 月 4 日，享年 101 岁 |
| 东 风 | 小李巷 | 王裕生 | 男 | 1914.09.03 | 2015 年 2 月 6 日，享年 101 岁 |
| | 洗马浜 | 王梅珍 | 女 | 1897.11.00 | 2001 年 3 月，享年 104 岁 |
| 南 塘 | 浦巷 | 杨阿秀 | 女 | 1909.08.00 | 2012 年 11 月，享年 103 岁 |
| | 东吴巷 | 黄阿凤 | 女 | 1905.09.00 | 2009 年，享年 104 岁 |
| | 东吴巷 | 吴阿末 | 女 | 1911.01.00 | 2011 年，享年 100 岁 |
| 藕乐苑 | 西村四队 | 龚阿菊 | 女 | 1903.12.29 | 2009 年 3 月 10 日，享年 106 岁 |

# 第二篇 基础建设

# 第七章 交通运输

钱桥、藕塘地区河道纵横，交织如网。古运河沿区域内北侧而过，与古运河连接的、贯穿东西的洋溪河自双河口进入境内，穿过钱桥、藕塘、稍塘，向西直通太湖，成为区域内交通运输的大动脉。自古以来，钱桥、藕塘地区的交通运输以水路为主，孕育了独具特色的江南水乡交通运输文化。区域内陆路交通运输的公路建设起步较晚，但在无锡县区域内较早。民国7年（1918），由无锡实业家荣德生等投资竣工的惠山通往钱桥的马路，成为无锡城乡连线最早的近代公路。之后又修筑钱桥至藕塘的公路，路面均铺石片，只能通人力车，未曾通过汽车。1955年3月，在民国时期所筑路基基础上筑建钱姚、钱荣公路，1956年建成。1970年10月建成锡陆杨公路，为石子路。改革开放以后，钱桥、藕塘地区不但建筑镇级公路，而且建筑乡村公路；不但有市级公路通过境内，而且有省道、国道通过境内；不但普通公路纵横交错，而且有高速公路通过境内，并在钱桥街道华新社区设立“无锡西站”高速公路道口，还有新长铁路从南塘社区穿过。镇道、市道、省道、国道、高速公路均为黑色路面或水泥路面，双向四车道、六车道、八车道；乡村公路则多为水泥路面。20世纪80年代始，区域内变水上交通运输为主为陆路交通运输为主，居民出行，皆可乘坐公共汽车。2015年，据千户居民调查，区域内户均有私家车0.84辆，居民出行除乘坐公共汽车外可乘坐私家小车。货物运输大部分用卡车运送，既方便，又快捷。

## 第一节 水上交通运输

钱桥、藕塘地区自古就有“江南水乡”之美誉，大小河流交织密布。解放前乃至解放初期，钱桥、藕塘地区水上交通运输主要依赖于舟楫。区域内水上运输的主要河道有京杭大运河钱桥段和贯通东西的洋溪河、直湖港三条。新中国成立后，钱桥、藕塘人民政府组织兴修水利，疏浚航道。1955年、1958年、1959年三次疏浚拓宽直湖港藕塘盛店段。1957年1月，疏浚洋溪河藕塘桥段，土方126万立方米；1959年冬春，疏浚洋溪河北支盛店桥段，土方228万立方米；1976年冬，疏浚拓宽洋溪河钱桥街镇段，整治航道400米，土方2.5万立方米，新建、翻建驳岸600米。古运河、洋溪河、直湖港航道内通区域内各自然村河浜，外达太湖和周边各市县，直至全国各地。

### 一、航道

区域内有省管航道京杭大运河和自双河口入境的洋溪河2条，区管河道1条。

大运河钱桥段西自洛社镇石塘湾入境，东至北塘区山北街道出境，全长2.57公里。洋溪河自双河口西行，经会龙桥，过钱桥，再西行过藕塘桥，至稍塘营，自此而分为南北二支。南支即南邗沟，西南行过张舍桥，贯直湖港而西为花村河，过陆区桥转北为察亭桥河，入南阳湖；北支即北邗沟，由稍塘营西北行，经盛店桥、东塘桥，贯直湖港而西，过新渎桥，西北经长腰山之阴，入南阳湖。洋溪河自双河口至稍塘营全长11.25公里，南邗沟自稍塘营至南阳湖10公里，北邗沟自稍塘营至南阳湖8公里。洋溪河为区域内河流大要，其分支细流不胜枚举。此河可通航500吨级船舶。

区管航道为直湖港，北起京杭大运河，至沪宜高速公路锡宜段 11 号桥入太湖。钱桥街道区域内全长 1 公里，通航 100 吨级船舶。

## 二、客运

民国时期至 20 世纪 80 年代，钱桥、藕塘地区水上有运送客人的班船和班轮。

**班船** 解放前，区域内班船有固定的航线，自无锡三里桥至钱桥，客货兼营，每日来回一趟，均为个体经营，靠风力、人力行驶。20 世纪 40 年代后期，轮船客运兴起。1963 年开始，班船运输逐渐淘汰。

**班轮** 民国时期，经过区域内的客轮有：

华恒轮：轮拖各一，每日来回各一班。自无锡工运桥起，至武进芳桥，途经钱桥、藕塘桥、稍塘桥、张舍、胡埭。

恒顺轮：轮拖各一，每日来回各一班。自无锡工运桥起，至武进雪堰桥，途经钱桥、藕塘桥、稍塘桥、张舍、胡埭等。

华裕轮：轮拖各一，每日来回各一班。自无锡工运桥起，至武进漕桥，途经钱桥、藕塘桥、稍塘桥、新渎桥、陆区桥、大鸿桥。

民国 18 年（1929），区域内另有定时开驶城乡的汽船。

图 2—7—1 20 世纪 60 年代洋溪河中的客运班轮

新中国成立后，客运班轮均归属无锡市航运公司管理，区域内设钱桥、黄旗岸、藕塘桥、稍塘桥、盛店桥等客运站埠的业务。途经钱桥、藕塘地区的班轮有陆区班和湖汉班。陆区班始发站为陆区桥，1963 年 4 月前，终点站在吴桥，后在惠农桥，沿途停靠察亭桥、大鸿桥、盛店桥、稍塘桥、藕塘桥、黄旗岸、钱桥，全程 30 公里。湖汊班始发站为双河尖，终点站为宜兴湖汊，途经区域内钱桥、藕塘桥、稍塘桥等站，全程 76.08 公里。

双河尖

| | | | |
|---|---|---|---|
| 3.70 | ←钱桥 | | |
| 9.15 | 5.45 | ←藕塘桥 | |
| 11.70 | 8.00 | 2.55 | ←稍塘桥 |

图 2—7—2 锡汊线航道区域内站埠里程表（单位：公里）

20 世纪 80 年代开始，区域内公路运输有较大发展，通往钱桥、藕塘的公共汽车日益增多，水上客运流量逐渐减少，水上航线班次随之逐渐收缩。1984 年底，客运站在区域内经营的班轮全部停航。

## 三、货运

区域内主要依靠京杭大运河钱桥段、洋溪河、直湖港盛店段 3 条航道开展水上货运运输业务。解放前，区域内定港、定籍的货运船舶不多。货运都用木船，载货一般在 5~10 吨。货运物资以大米、杂粮、面粉、纱布、大豆、棉花、南北货以及其他生活必需品等为主。

图 2—7—3 洋溪河中装满货物的轮拖

新中国成立后，区域内水上运输发生很大的变化，运输船只逐年增加。1959 年 4 月，钱桥、藕塘公社分别成立钱桥、藕塘运输社船队。1963 年，无锡县成立（水上）运输合作社联合会，管理钱桥等 14 个县属集体所有制运输企业的生产、财务、职工福利以及运输工具更新改造等。1964 年 5 月，无锡县交通局下设无锡县搬运管理站，并在钱桥等 7 个地区建立搬运中队，对搬运组织实行区域管理。1970 年，藕塘运输社船队由藕塘手联社打造 60 马力轮船一条，备拖船两只，组成轮拖。藕塘轮拖主要为粮库、收购站、供销社、砖瓦厂、采矿厂等运输各类物资，由半农半运的船民和农民承担装卸任务。1979 年后，社队和个人运输迅速兴起，水泥挂机船迅速发展，钱桥、藕塘公社生产队共购买 138 条挂机船，队队成立运输专业队，运输各类物资。1984 年，钱桥乡成立无锡县钱桥起重运输公司，下设两个运输队，有运输船 10 条，吨位在 10~15 吨。是年，钱桥乡鸭船浜村购买轮船一艘，名"钱桥水产 2 号"，专门为渔民运输各类鱼苗及水产品。20 世纪 90 年代以后，水上货运逐渐被陆路货运所替代。

## 四、船只

钱桥、藕塘农民大多祖祖辈辈靠种田生活。种田离不开各类农具，舟船便是其中之一。解放前后，区域内农民一般用 3 吨以下的小木船罱河泥、积肥、摆渡等。20 世纪 60 年代出现水泥船。当时水泥船价格便宜，钱桥公社 195 个生产队，藕塘公社 147 个生产队队队都有 3~5 吨的水泥船，有的生产队还有两三条水泥船。生产队组织社员用水泥船罱河泥，上城收集垃圾、摇大粪，卖农副产品，运输建筑材料等。70 年代，随着挂机船迅速发展，钱桥、藕塘公社大部分生产队有挂机船。生产队利用挂机船外出搞运输，载社员看病就医，办婚丧喜事。改革开放以后，农用挂机船逐渐弃用。1979 年，钱桥、藕塘地区有 1251 条农用船，其中木船 274 条、铁皮船 14 条、水泥船 825 条、挂机船 138 条；3 吨以下船只 372 条、3 吨以上船只 879 条。60~80 年代，水泥船、挂机船是钱桥、藕塘地区的粮食增产之舟，农民民生之舟，经济发展之舟，对区域内的农业生产、农民生活曾发挥重要作用。

图 2—7—4 20 世纪 60 年代境内的罱河泥

80 年代以后，辖区内随着分田到户、联产承包责任制的全面实行，农用船只逐渐消失，仅保留部分渔船用于水产养殖和捕捞水产品。苏庙社区鸭船浜部分渔民有常年外出捕鱼为生的习俗，一年中大部分时间外出捕鱼，吃住在船上，2010 年有外出机动捕捞渔船 11 条，总动力 138.2 千瓦，另外区域内尚有内陆养殖非机动船 15 条，总载重 20 吨。

**2010 年钱桥街道苏庙社区捕捞机动渔船统计表**

表 2—7—1 单位：千瓦

| 船名 | 编码 | 作业类型 | 船主 | 主机总功率 |
|---|---|---|---|---|
| 苏锡渔 40009 | 3202061990060006 | 刺网 | 杨瑞兴 | 17.6 |
| 苏锡渔 40010 | 3202061990060007 | 杂渔具 | 沈爱兴 | 8.8 |
| 苏锡渔 40011 | 3202061990060008 | 刺网 | 杨纪荣 | 8.8 |
| 苏锡渔 40024 | 3202061990060009 | 刺网 | 沈玉兴 | 8.8 |
| 苏锡渔 40025 | 3202061990060010 | 刺网 | 沈来兴 | 19.1 |
| 苏锡渔 40027 | 3202061990060011 | 刺网 | 沈和法 | 8.8 |
| 苏锡渔 40028 | 3202061990060012 | 刺网 | 周林英 | 8.8 |
| 苏锡渔 40029 | 3202061990060013 | 杂渔具 | 殷法兴 | 8.8 |
| 苏锡渔 40036 | 3202061990060014 | 刺网 | 沈纪根 | 19.8 |
| 苏锡渔 40037 | 3202061990060015 | 刺网 | 杨云根 | 8.8 |
| 苏锡渔 40053 | 3202061990060016 | 杂渔具 | 殷洪兴 | 20.1 |

2015 年，钱桥街道各社区分别有 1~2 条小船用于清理内河漂流物，有机动捕捞渔船 7 条，总动力 91.7 千瓦。

## 第二节 桥梁渡口

钱桥、藕塘地处江南水乡，桥梁众多，渡口曾有7处。桥型结构有拱桥和梁桥，其中石拱桥、石梁桥居多，木桥次之。区域内古桥梁建设起步较早，藕塘桥，又名藕荡桥，在北宋期间已建桥。钱桥之“桥”的建造可追溯至元朝。据清乾隆《无锡县志》记载，钱桥之“桥”始建于元至元十二年（1275），由钱奎所建。钱桥因此而得名。清道光二十年（1840），藕塘桥重建，为金山石月洞石拱大桥，桥名后演变为藕塘桥。1967年，月洞石拱藕塘桥因建锡陆杨公路拆除，向东移150米重建。后因交通运输量扩大、车辆增多，1989年藕塘桥重新翻建加宽。原藕塘桥是无锡市古典建筑桥梁之一。

改革开放以后，钱桥、藕塘（乡）镇，钱桥街道对原有桥梁先后进行修葺和扩建、改建，也有桥梁因建设发展的需要而消亡。同时新建许多公路桥梁。2011年9月，藕塘桥桥名被列入无锡市古建筑第一批历史地名保护名录。2015年，钱桥街道共有各类桥梁130座。

### 一、历史上的渡口

历史上，钱桥、藕塘区域内桥梁有官修的，也有民修的。民修多为民间义举。有些宽阔的河道横亘在必经之路之间，官不修，民间也缺少经费，因此只能以船渡方式衔接两岸，方便行人往来。钱桥、藕塘地区历史上曾有7处渡口。

**潘葑渡口**　位于晓丰社区（原胜丰村）的张姆泾之东，为京杭大运河上的人渡。《方舆记要》载：“潘葑镇地频运河，自古为往来孔道著名要津，曰潘葑渡。”自石塘湾运河大桥建成后，潘葑渡停渡。

图2—7—5　20世纪70年代新丰渡口“野渡无人舟自横”

**新丰渡口**　位于藕塘社区与稍塘社区两地交界处，在洋溪河上。新丰渡是许巷通往新丰里小马巷方向的人渡。新丰渡于1983年1月停渡。

**马巷渡口**　位于东风社区洋溪河马巷段，是个历史悠久的渡口。民国时期乃至20世纪五六十年代交通闭塞，大河阻隔行人往来，有一马姓者在马巷设立用木船载行人过往的渡口（马巷原名下塘巷，由于设渡口者为马姓，后下塘巷演变成马巷）。马巷渡口渡往南岸为藕塘许巷、渔池头，渡往西南岸为稍塘新丰里小马巷。摆渡船户王金根非常艰辛，即使是半夜叫渡，也随叫随到。马巷渡于20世纪80年代停渡。

**龙亨沟渡口**　位于晓丰社区（原胜丰村）潘葑渡口西面，为京杭大运河钱桥区域内由南向北往来的人渡。自石塘湾运河大桥建成后，龙亨沟渡即停渡。

**埭上渡口**　位于溪南社区，是埭上村民为过洋溪河由南往北到洋溪俞巷上的人渡。1972年建造老洋溪大桥（今永利桥）后，埭上渡即停渡。

**官桩浜渡口**　位于稍塘大队章巷与东方红大队许巷之间的官桩浜口，渡船船户丁阿三。官桩浜渡口于20世纪80年代初停渡。

**许巷渡口**　位于苏庙社区许巷上，为村民从南往北过洋溪河到原杨毛岸的人渡。1972年，老洋溪桥建成后停渡。

### 二、现存主要桥梁

20世纪90年代以后，钱桥、藕塘地区工业生产出现跨越性发展，陆上交通运输繁忙，区域内新建桥梁近40座。2015年统计，钱桥街道区域内新老桥梁共有129座，总长4684.26米。

## 2015年钱桥街道辖区内桥梁情况统计表

表2—7—2　　单位：米

| 桥名 | 建造时间 | 位置 | 所跨河流 | 长度 | 宽度 | 最大跨度 | 载重量 | 结构 | 备注 |
|---|---|---|---|---|---|---|---|---|---|
| 稍塘营桥 | 北宋年间 | 稍塘路 | 洋溪河 | 56.0 | 9.40 | 56.0 | — | 双曲拱 | 1840年重建，1979年东移50米重建 |
| 藕塘桥 | 北宋年间 | 钱陆路 | 洋溪河 | 82.0 | 12.00 | 82.0 | 80吨 | 板梁桥 | 1967年东移150米重建，1989年翻建 |
| 钱桥 | 元至元十二年（1275） | 钱桥老街 | 洋溪河 | 37.0 | 6.00 | 37.0 | 人行桥 | 板梁 | 1976年4月重建为双曲拱桥，2006年重建为平板桥 |
| 宇峰桥 | 明代（1527） | 钱陆路 | 横塘河 | 11.4 | 4.40 | 11.4 | 10吨 | 双曲拱 | 原为木结构桥，1970年改建 |
| 老家桥（又名兴隆桥） | 清代 | 下段村 | 三条河 | 10.0 | 3.00 | — | — | — | — |
| 东观音桥 | 清代 | 东观音堂路 | 东观音堂河 | 13.7 | 3.90 | 13.7 | 3吨 | 板梁 | 1986年易地重建 |
| 夏虞桥 | 清嘉庆八年（1803） | 钱陆路 | 夏虞河 | 37.0 | 18.00 | 37.0 | 30吨 | 板梁 | 1978年重建，1988年拓建（团结桥） |
| 庙塘桥 | 清嘉庆二十年（1815） | 庙塘桥路 | 庙塘桥河 | 16.0 | 5.50 | 16.0 | 3吨 | 板梁 | — |
| 麻姑桥 | 清道光八年（1828） | 稍塘路 | 盛店港 | 24.0 | 8.50 | 24.0 | 5吨 | 板梁 | — |
| 黄土桥 | 清道光十年（1830） | 徐巷 | 黄土桥浜 | 12.0 | 8.00 | 12.0 | 3吨 | 板梁 | — |
| 计家桥 | 清朝咸丰年间 | 历村路 | 东浜河 | 20.0 | 3.00 | 20.0 | 4吨 | 双曲拱 | 1972.04改建 |
| (太平桥)下段村桥 | 清咸丰三年（1853） | 下段村 | 下段村河 | 14.0 | 3.60 | 14.0 | 1吨 | 双曲拱 | 1970.11改建 |
| 李巷桥 | 清宣统二年（1910） | 李巷路 | 李巷浜 | 8.8 | 2.40 | 8.8 | 1吨 | 板梁 | — |
| 秋郅桥 | 民国年间 | 周巷路 | 东观音堂浜 | 12.1 | 4.05 | 12.1 | 3吨 | 板梁 | — |
| 后金岸桥 | 民国4年（1915） | 金岸路 | 金岸河 | 5.0 | 7.50 | 5.0 | 3吨 | 板梁 | 张晓君出资建造 |
| 西冯巷桥 | 民国4年（1915） | 钱家路 | 西冯巷浜 | 9.2 | 6.10 | 9.2 | 3吨 | 双曲桥 | — |
| 新桥头桥 | 民国4年（1915）重建 | 藕南线 | 庙塘河 | 22.6 | 7.65 | 22.6 | 3吨 | 板梁 | — |
| 庙桥(盛店) | 民国9年（1920） | 上舍 | 上舍河 | 7.0 | 1.20 | 12.0 | 1吨 | 板梁 | — |
| 盛店桥 | 民国14年（1925） | 钱陆路 | 盛店河 | 25.0 | 4.50 | 25.0 | 15吨 | 双曲拱 | 1969年东移150米重建 |
| 黄泥坝桥 | 民国24年（1935）4月 | 施巷 | 施巷浜 | 14.0 | 2.90 | 14.0 | — | 板梁 | 危桥 |
| 方桥 | 民国25年（1936）7月 | 藕井线 | 方桥浜 | 7.50 | 7.20 | 7.5 | 3吨 | 板梁 | — |
| 石巷桥 | 民国26年（1937）5月 | 藕井路 | 向阳河 | 13.0 | 6.30 | 13.0 | 1吨 | 双曲拱 | — |
| 唐巷桥 | 20世纪30年代 | 唐巷路 | 埭上浜 | 9.5 | 4.00 | 9.5 | 1吨 | 板梁 | — |
| 埭上桥 | 20世纪30年代 | 埭上路 | 埭上浜 | 9.8 | 5.20 | 9.8 | 1吨 | 双曲拱 | — |
| 蒋家桥 | 民国34年（1945） | 美化路 | 邓巷浜 | 12.0 | 1.80 | 12.0 | 2.5吨 | 木结构 | 1968年改建石板桥2007年改建平板桥 |
| 西聚宝桥 | 民国34年（1945） | 无名路 | 大花岸浜 | 10.0 | 3.00 | 10.0 | 1.5吨 | 石板桥 | 1968年改建拱形桥2009年改建平板桥 |
| 宇新桥 | 民国34年（1945） | 盛峰东张巷 | 下庄浜 | 11.00 | 3.40 | 11.00 | 不通车 | 板梁 | — |
| 双西桥 | 40年代 | 庙塘桥路 | 庙塘桥浜 | 16.90 | 5.10 | 16.90 | 3吨 | 双曲拱 | — |

续表 2—7—2 单位：米

| 桥名 | 建造时间 | 位置 | 所跨河流 | 长度 | 宽度 | 最大跨度 | 载重量 | 结构 | 备注 |
|---|---|---|---|---|---|---|---|---|---|
| 砖场桥 | 解放前 | 无名路 | 钱西河 | 30.00 | 7.00 | 30.00 | 10 吨 | 板梁 | 1968 年改建，2007 年再次改建 |
| 时巷桥 | 1955 年 | 周家弄大道 | 时巷浜 | 13.00 | 4.50 | 13.00 | 3 吨 | 双曲拱 | — |
| 周基头西桥 | 1957 年 | 周基头 | 周基头河 | 16.00 | 4.40 | 16.00 | 3 吨 | 板梁 | — |
| 周基头中桥 | 1957 年 | 周基头 | 周基头河 | 30.00 | 5.50 | 30.00 | 5 吨 | 板梁 | — |
| 吴巷桥 | 1960 年 | 舜一路 | 壤里浜 | 15.20 | 5.60 | 15.20 | 3 吨 | 双曲拱 | — |
| 金球桥 | 1965 年 | 钱桥大街 | 金球浜 | 11.20 | 17.45 | 11.20 | 城市 B 级 | 板梁 | — |
| 蔬菜桥 | 不详 | 庙头路 | 胜丰河 | 15.80 | 4.10 | 15.80 | 3 吨 | 板梁 | 1966 年、2008 年两次改建 |
| 宋家桥 | 不详 | 西胜路 | 胜丰河 | 28.20 | 9.50 | 28.20 | 10 吨 | 板梁 | 1968 年、1986 年、2004 年三次重建 |
| 章戴巷桥 | 1969 年 | 章戴桥路 | 章戴巷河 | 11.60 | 3.30 | 11.60 | 1 吨 | 双曲拱 | — |
| 薛巷桥 | 1969 年 | 薛巷路 | 薛巷浜 | 12.00 | 4.50 | 12.00 | 3 吨 | 板梁 | — |
| 江胜桥 | 1969 年 | 周家弄大道 | 江胜桥河 | 19.50 | 6.00 | 19.50 | 3 吨 | 双曲拱 | — |
| 江胜小桥 | 1969 年 | 江胜路 | 江胜桥河 | 19.50 | 6.00 | 19.50 | 1 吨 | 板梁 | — |
| 胜利桥 | 1970 年 | 锡桥路 | 黄泥坝河 | 15.00 | 5.00 | 15.0 | 30 吨 | 板梁 | 1991 年拓建 |
| 工农桥 | 1970 年 | 锡陆路华润公司 | 沿山河 | 17.00 | 28.00 | 17.00 | 10 吨 | 板梁 | — |
| 迎丰桥 | 1970 年 | 东风村唐巷里 | 唐巷浜 | 12.30 | 2.45 | 12.30 | 1 吨 | 双曲桥 | — |
| 马巷桥 | 1970 年 | 马巷 | 马巷浜 | 14.80 | 2.90 | 14.80 | 3 吨 | 板梁 | — |
| 解放桥 | 不详 | 锡陆路 | 横塘河 | 18.00 | 4.50 | 15.00 | 15 吨 | 双曲拱 | 原为木结构桥，1970 年重建后改为石板桥 |
| 东风桥 | 不详 | 钱陆路 | 芦朱巷浜 | 12.00 | 9.00 | 12.00 | 80 吨 | 板梁 | 原为农用小石桥，1970 年改建，1989 年拓建 |
| 跃进桥 | 1970 年 | 钱陆路 | 唐巷浜 | 11.50 | 9.00 | 7.50 | 80 吨 | 板梁 | 原为木板桥，1989 年改建 |
| 木桥头桥 | 不详 | 钱陆路 | 田庄浜 | 12.00 | 9.00 | 12.00 | 80 吨 | 板梁 | 1970 年改建 |
| 团结桥 | 1972 年 | 锡陆路 | 夏虞河 | 30.00 | 15.00 | 30.00 | 30 吨 | 双曲拱 | 1988 年拓宽（联谊桥） |
| 龙亨沟桥 | 不详 | 龙亨沟 | 龙亨沟浜 | 11.04 | 4.50 | 11.04 | 3 吨 | 板梁 | 1972 年改建，2009 年 1 月重建 |
| 心正桥 | 1973 年 | 焊管厂路 | 西漳浜 | 12.00 | 5.50 | 12.00 | 5 吨 | 板梁 | — |
| 栅岸桥 | 1973 年 | — | 西漳浜 | 15.00 | 3.00 | 15.00 | 10 吨 | 双曲拱 | 1990 年拓建 |
| 工区桥 | 1975 年 6 月 | 工区路 | 梅巷浜 | 11.00 | 9.00 | 11.00 | 3 吨 | 板梁 | — |
| 小官渎桥 | 1975 年 | 官渎路 | 庙塘桥河 | 11.70 | 1.60 | 11.70 | 人行桥 | 板梁 | — |
| 对桥 | 1975 年 | 洋溪大道 | 对桥浜 | 14.60 | 8.00 | 14.60 | 3 吨 | 板梁 | — |
| 浜头小桥 | 1975 年 | 浜头巷 | 西漳浜 | 4.70 | 1.80 | 4.70 | 人行 | 板梁 | — |
| 马家桥 | 1975 年 | 马家路 | 马家浜 | 20.30 | 5.10 | 20.30 | 3 吨 | 板梁 | — |
| 向阳二号桥 | 1976 年 | 向阳大道 | 向阳河 | 16.30 | 4.00 | 16.30 | 1 吨 | 双曲拱 | — |
| 向阳三号桥 | 1976 年 | 向阳大道 | 向阳河 | 15.50 | 3.10 | 15.50 | 1 吨 | 双曲拱 | — |
| 吴巷新桥 | 1976 年 | 吴巷路 | 吴巷浜 | 20.00 | 5.50 | 20.00 | 3 吨 | 板梁 | — |
| 黄泥岸桥 | 1976 年 | 洋溪大道 | 黄泥岸浜 | 14.00 | 9.20 | 14.00 | 5 吨 | 双曲拱 | — |
| 板凳桥 | 1976 年 | 洋溪大道 | 鸭船浜 | 12.80 | 7.10 | 12.80 | 5 吨 | 双曲拱 | — |
| 庙前桥 | 1976 年 | 周家弄大道 | 周家弄河 | 14.50 | 5.50 | 14.50 | 5 吨 | 双曲拱 | — |
| 顾巷桥 | 1976 年 | 洋溪路 | 洋溪河支河 | 34.00 | 32.00 | 34.00 | 城市 B 级 10 吨 | 双曲拱 | — |
| 小陆桥 | 1976 年 | 陆岸头路 | 迈步圩河 | 16.30 | 5.65 | 16.30 | 3 吨 | 板梁 | 2007 年改建 |
| 顺塘桥 | 1976 年 | 佰乐路 | 顺塘河 | 14.00 | 3.00 | 14.00 | 6.5 吨 | 双曲拱 | — |
| 戴巷桥 | 1976 年 | 钱威路 | 王泗浜 | 15.00 | 20.00 | 20.00 | 20 吨 | 板梁 | 1977 年拓宽 |

续表 2—7—2　　单位：米

| 桥名 | 建造时间 | 位置 | 所跨河流 | 长度 | 宽度 | 最大跨度 | 载重量 | 结构 | 备注 |
|---|---|---|---|---|---|---|---|---|---|
| 时巷桥 | 1976 年 | 钱威路 | 邓巷浜 | 15.00 | 30.00 | 20.00 | 20 吨 | 板梁 | 1988 年改建<br>2005 年改建拓宽 |
| 庙桥 | 1977 年 | 液化气站路 | 西漳庙桥浜 | 12.00 | 3.50 | 12.00 | 15 吨 | 双曲拱 | 1985 年整修，2008 年改建成平板桥 |
| 南漳桥 | 1977 年 | 钱洛公路 | 西漳浜 | 37.00 | 7.00 | 37.00 | 15 吨 | 双曲拱 | 1988 年修 |
| 小钱桥 | 1977 年 | 钱威路 | — | 10.00 | 30.00 | 10.00 | 50 吨 | 双曲拱 | — |
| 南西漳桥 | 1977 年 | 常锡公路 | 西漳河 | 30.00 | 20.00 | 35.00 | 10 吨 | 双曲桥 | — |
| 前小桥 | 1978 年 | 西漳中心线 | 西漳浜 | 15.04 | 5.50 | 15.04 | 3 吨 | 板梁 | — |
| 后小桥 | 1979 年 | 西漳中心线 | 西漳浜 | 14.04 | 6.80 | 14.04 | 3 吨 | 板梁 | — |
| 五星桥 | 70 年代 | 南水渠村道 | 南水渠 | 13.50 | 9.45 | 13.50 | 3 吨 | 板梁 | — |
| 友联新桥 | 70 年代 | 庙塘桥村道 | 友联新浜 | 15.04 | 3.50 | 15.04 | 1 吨 | 板梁 | — |
| 水陆桥 | 70 年代 | 大张巷 | 大张巷浜 | 15.50 | 5.60 | 15.50 | 3 吨 | 板梁 | — |
| 大张巷桥 | 70 年代 | 藕南路 | 大张巷浜 | 13.70 | 3.60 | 13.70 | 3 吨 | 板梁 | — |
| 新桥 | 1980 年 3 月 | 粮管所路 | — | 21.00 | 4.07 | 21.00 | 1 吨 | 双曲拱 | — |
| 街前桥 | 1981 年 | 西漳 | 西漳河 | 9.50 | 3.10 | 9.50 | 1 吨 | 双曲拱 | — |
| 晓星桥 | 1981 年 | 晓星路 | 钱西河 | 19.50 | 12.00 | 19.50 | 10 吨 | 板梁 | 2002 年改造 |
| 闸门桥 | 1983 年 | 汇嘉路 | 西漳浜 | 4.40 | 5.70 | 4.40 | 3 吨 | 板梁 | — |
| 玉泉桥 | 1983 年 | 玉泉街 | 玉泉河 | 21.50 | 10.00 | 21.50 | 3 吨 | 板梁 | — |
| 花岸桥 | 1987 年 11 月 | 江海西路 | 钱西河 | 19.50 | 30.00 | 19.50 | 30 吨 | 板梁 | 2001 年扩建 |
| 周基头东桥 | 1988 年 | 钱桥大道 | 周基头河 | 30.00 | 50.00 | 30.00 | 30 吨 | 板梁 | 2011 年 5 月翻建 |
| 洋溪桥 | 1989 年 | 钱桥大道 | 洋溪河 | 61.00 | 18.00 | 61.00 | 30 吨 | 板梁 | — |
| 刘巷新村桥 | 1992 春 | 刘巷新村路 | 刘巷浜 | 16.50 | 5.00 | 16.50 | 3 吨 | 双曲拱 | — |
| 潘巷小桥 | 1992 年 | 潘巷 | 西漳浜 | 15.90 | 1.80 | 15.90 | 人行桥 | 双曲桥 | — |
| 上俞桥 | 1997 年 | 上俞路 | 上俞浜 | 18.30 | 5.45 | 18.30 | 5 吨 | 板梁 | — |
| 舜柯上封桥 | 不详 | 钱洛路 | 向阳河 | 23.60 | 20.00 | 23.60 | 城市 B 级 10 吨 | 板梁 | 1998 年重建 |
| 钢管厂桥 | 90 年代 | 南水渠 | 钢管厂河 | 13.80 | 6.20 | 13.80 | 3 吨 | 板梁 | — |
| 松苓桥 | 2002 年 12 月 | 盛岸西路 | 西漳河 | 50.00 | 50.00 | 50.00 | 50 吨 | 板梁 | 原威华桥址处 |
| 听松桥 | 2002 年 12 月 | 盛岸西路 | 杨毛岸河 | 50.00 | 50.00 | 50.00 | 50 吨 | 板梁 | 北面五星桥自 2002 年 12 月起不通行车辆，在五洲国际装饰城内做景观桥 |
| 漳盛桥 | 2002 年 | 漳盛路 | 庙北浜 | 21.60 | 13.50 | 21.60 | 城市 B 级 10 吨 | 板梁 | — |
| 伟业桥 | 2002 年 | 伟业路 | 夏虞桥浜 | 52.40 | 10.60 | 52.40 | 城市 B 级 10 吨 | 板梁 | — |
| 锦溢桥 | 2002 年 | 锦溢路 | 埭上浜 | 16.50 | 16.10 | 16.50 | 城市 B 级 10 吨 | 板梁 | — |
| 舜南桥 | 2002 年 | 舜南路 | 向阳河 | 32.00 | 16.60 | 32.00 | 城市 B 级 10 吨 | 板梁 | — |
| 金山桥 | 2002 年 | 金山路 | 向阳河 | 14.00 | 13.30 | 14.00 | 城市 B 级 10 吨 | 板梁 | — |
| 毛村桥 | 2002 年 | 金山路 | 毛村浜 | 14.00 | 13.50 | 14.00 | 城市 B 级 10 吨 | 板梁 | — |
| 西坝头桥 | 2002 年 | 西坝头 | 西坝头浜 | 11.00 | 2.80 | 11.00 | 1 吨 | 板梁 | — |
| 兴业桥 | 2002 年 | 纬三路 | 洋溪河支河 | 25.00 | 17.00 | 25.00 | 城市 B 级 | 板梁 | — |
| 上封桥 | 2002 年 | 春满园路 | 支巷浜 | 13.6 | 12.0 | 13.6 | 城市 B 级 | 板梁 | — |

续表 2—7—2　　单位：米

| 桥名 | 建造时间 | 位置 | 所跨河流 | 长度 | 宽度 | 最大跨度 | 载重量 | 结构 | 备注 |
|---|---|---|---|---|---|---|---|---|---|
| 锡钢桥 | 2004年 | 钱威路 | 洋溪河 | 30.0 | 40.0 | 30.0 | 80吨 | 板梁 | 2006年拓宽 |
| 互通桥 | 2005年3月 | 盛岸西路至省道S342线 | — | 100.0 | 12.0 | — | 20吨 | 钢筋混凝土 | — |
| 通溪桥 | 2005年 | 通溪路 | 金岸路浜 | 16.0 | 20.0 | 16.0 | 10吨 | 板梁 | — |
| 永利桥 | 2006年8月 | 新郚路 | 洋溪河 | 57.0 | 17.7 | 57.0 | 城市B级 | 板梁 | — |
| 万东桥 | 2006年 | 万东路 | 万东浜 | 21.0 | 13.2 | 21.0 | 城市B级10吨 | 板梁 | — |
| 丰裕桥 | 2008年 | 西环路 | 洋溪河支河 | 6.0 | 46.0 | 6.0 | 城市B级20吨 | 板梁 | 锡政府〔2012〕83号<br>锡地委〔2012〕9号 |
| 隆舜桥 | 2009年 | 隆舜园 | 金球浜 | 16.0 | 9.4 | 16.0 | 城市B级 | 板梁 | — |
| 星火桥 | 2010年9月 | 徐塘庙 | 花园路浜 | 10.0 | 5.5 | 10.0 | 5吨 | 板梁 | — |
| 舜隆工桥 | 2010年 | 新郚路 | 沿山河 | 12.0 | 20.0 | 12.0 | 20吨 | 板梁 | — |
| 龙栖湾桥 | 2011年5月 | 钱洛路 | 洋溪河 | 460.0 | 28.0 | 460.0 | 30吨 | 板梁 | — |
| 清风桥 | 2012年 | 上伟路 | 洋溪河支河 | 20.0 | 32.0 | 20.0 | 城市B级20吨 | 板梁 | 锡政府〔2012〕804号<br>锡地委〔2012〕72号 |
| 临风桥 | 2012年 | 上伟路 | 洋溪河支河 | 7.0 | 32.0 | 7.0 | 城市B级20吨 | 板梁 | 锡政府〔2012〕804号<br>锡地委〔2012〕72号 |
| 思源桥 | 2012年 | 静影路 | 洋溪河支河 | 6.0 | 12.0 | 6.0 | 城市B级 | 板梁 | 锡政府〔2012〕804号<br>锡地委〔2012〕72号 |
| 御溪桥 | 2012年 | 洋溪路 | 洋溪河支河 | 8.0 | 20.0 | 8.0 | 城市B级20吨 | 板梁 | 锡政府〔2012〕804号<br>锡地委〔2012〕72号 |
| 水影桥 | 2012年 | 洋溪路 | 洋溪河支河 | 100.0 | 16.0 | 100.0 | 城市B级20吨 | 板梁 | 锡政府〔2012〕804号<br>锡地委〔2012〕72号 |
| 观藕桥 | 2012年 | 洋溪路 | 洋溪河支河 | 20.0 | 20.0 | 20.0 | 城市B级20吨 | 板梁 | 锡政府〔2012〕804号<br>锡地委〔2012〕72号 |
| 黄泥坝桥 | 2012年 | 钱藕路 | 黄泥坝河 | 20.0 | 43.0 | 20.0 | 城市B级20吨 | 板梁 | 锡政府〔2012〕804号<br>锡地委〔2012〕72号 |
| 枕溪桥 | 2012年 | 西环路 | 洋溪河 | 138.0 | 41.0 | 138.0 | 城市B级20吨 | 板梁 | 锡政府〔2012〕804号<br>锡地委〔2012〕72号 |
| 养正桥 | 2012年 | 西环路 | — | 41.0 | 46.0 | 41.0 | 城市B级20吨 | 板梁 | 锡政府〔2012〕804号<br>锡地委〔2012〕72号 |
| 上伟路桥 | 2012年 | 上伟路 | 洋溪河支河 | 39.0 | 45.0 | 39.0 | 城市B级 | 板梁 | — |
| 舜龙东桥 | 2012年 | 新郚路 | 沿山河 | 25.0 | 18.0 | 25.0 | 城市B级 | 板梁 | 2012年重建 |
| 东风大桥 | 2012年 | 显山路(东风路) | 洋溪河 | 460.0 | 28.0 | 460.0 | 30吨 | 板梁 | — |
| 新藕大桥 | 2012年 | 新藕路 | 洋溪河 | 460.0 | 28.0 | 460.0 | 30吨 | 板梁 | — |
| 锡宜大桥 | 2013年 | 西环线 | 西坝头浜 | 630.0 | 40.0 | — | — | 钢筋混凝土 | — |
| 藕香桥 | 2013年 | 藕中路 | 洋溪河支河 | 7.0 | 33.0 | 7.0 | 城市B级20吨 | 板梁 | 锡政府〔2012〕804号<br>锡地委〔2012〕72号 |
| 丰盈桥 | 2013年 | 西环路 | 洋溪河支河 | 22.0 | 46.0 | 22.0 | 城市B级20吨 | 板梁 | 锡政府〔2012〕804号<br>锡地委〔2012〕72号 |
| 官渎桥 | 2015年 | 藕洛路 | 庙塘桥河 | 24.0 | 47.0 | 24.0 | 20吨 | 板梁 | — |

## 三、已消失的桥梁

随着社会的发展、建设的需要，钱桥、藕塘地区已有部分桥梁消失。据不完全统计，自20世纪60年代至2015年，区域内共消失桥梁43座。

## 2015年前钱桥街道已消失的桥梁统计表

表2—7—3

| 社区 | 桥名 | 位置 | 建造年代 | 结构 | 消失年代及原因 |
| --- | --- | --- | --- | --- | --- |
| 钱桥 | 铁狮桥 | 铁狮 | 清代 | 石板 | 60年代废除 |
| | 小西桥 | 沿河小队西首 | 民国 | 石板 | 60年代废除 |
| | 大西桥 | 小西桥西面 | 民国 | 木板 | 70年代废除 |
| | 顺塘桥（又名双钱桥） | 陈家岸与孔泾里交界处 | 清代 | 木板 | 80年代废除 |
| | 塘泗桥 | 原塘泗小队的河上 | 民国 | 石板 | 90年代废除 |
| | 通津桥 | 南巷小队南首 | 民国 | 水泥 | 90年代废除 |
| | 东桥（又名永安桥） | 东巷小队东首 | 民国 | 水泥 | 2000年废除 |
| | 马客桥 | 马客小队通往殷缪巷的小河上 | 清代 | 木板 | 2010年因拆迁而消失 |
| | 下徐桥 | 浜头小队东北首 | 民国 | 木板 | 2015年因拆迁而消失 |
| 苏庙 | 苏巷种田桥 | — | 100多年前 | 木板桥 | 1970年消失 |
| | 三节桥 | 缪巷—张巷 | 100多年前 | 水泥桥 | 荣德生出资修建，2008年因拆迁而消失 |
| | 孟家桥 | — | 100多年前 | — | 2008年拆除 |
| | 舜龙桥 | 苏庙南350米 | 1933年 | 钢筋混凝土结构 | 荣德生出资修建，2010年因迁路改造消失 |
| | 支巷桥 | — | 100多年前 | 先为木板桥，后为水泥桥 | 2013年（拆迁） |
| 华新 | 兴隆桥 | 五洲国际城内 | 1934年 | 石桥 | 1986年 |
| | 姚巷桥 | 华新姚巷 | 1976年 | 双曲拱 | 2001年造华新苑小区消失 |
| | 威华桥 | 威华浦巷东南角 | 1933年 | 钢筋混凝土结构 | 荣德生出资修建，2002年12月修筑盛岸西路时拆除 |
| 晓丰 | 东聚宝桥 | 大花岸村东头 | 解放前 | 原石板桥，后拱形桥 | 1997年做管道回水填没建路消失 |
| | 大陆岸桥 | 大陆岸头南 | 1978年 | 拱形桥 | 1998年新建锡宜高速拆除 |
| | 坏桥 | 大花岸村西头 | 解放前 | 原小木桥，后拱形桥 | 2003年建省道S342线拆除 |
| | 善寿桥 | 大陆岸头村后 | 解放前 | 石板桥 | 2005年建西漳工业园区时消失 |
| | 黄泥桥 | 邓巷村西头 | 解放前 | 原小木桥，后拱形桥 | 2006年已成危桥拆除 |
| 洋溪 | 莫塘桥 | 洋溪大道 | 1975年 | 板桥 | 2011年因洋溪公园城建设消失 |
| 藕塘 | 友谊桥 | 藕勤路 | 1980年7月 | 双曲拱桥 | 2008年因职教园区建设需要消失 |
| 东风 | 万年桥 | 唐巷里村 | — | 木桥后改建为水泥桥 | 1970年建锡陆杨公路而消失 |
| | 横沟桥 | 小王巷村 | 1920年 | 石板桥 | 1988年拆除 |
| | 永思桥 | 漳漕巷村 | — | 石板桥 | 2012年因拆迁而消失 |
| | 兴隆桥 | 北一队 | — | 木桥 | 2012年因拆迁而消失 |
| | 刘古桥 | 刘古桥村 | — | 木桥后改建为水泥桥 | 2015年因拆迁而消失 |
| | 西沟桥 | 西沟桥村 | — | 木桥后改建为水泥桥 | 2015年因拆迁而消失 |
| 盛峰 | 宇红桥 | 庄里 | 1925年 | 双曲拱桥 | 2011年因拆迁而消失 |
| | 上俞巷桥 | 上俞巷 | 1997年 | 板桥 | 2011年因拆迁而消失 |
| 稍塘 | 茅蓬桥 | 大巷 | 1870年 | 板凳桥 | 2011年锡西新城建设动迁而拆除 |
| | | | 1976年改建拱形桥 | 双曲拱桥 | |
| | | | 2006年改建板桥 | 平板桥 | |
| | 永丰桥 | 庄里至叶家墩 | 1973年 | 板凳桥 | 2011年锡西新城建设动迁而拆除 |
| | | | 1973年改建拱形桥 | 双曲拱桥 | |
| | 转双桥 | 沈巷 | 1976年前 | 板凳桥 | 2011年锡西新城建设动迁而拆除 |
| | | | 1976年前改建拱形桥 | 双曲拱桥 | |
| | 玉皇桥 | 杨树浜 | 1978年前 | 板凳桥 | 2011年锡西新城建设动迁而拆除 |
| | | | 1978年修建板凳桥 | 木石结构 | |
| 藕乐苑 | 钱工桥 | 管巷与滗里之间 | 民国初期 | 木石结构 | 1973年开拓井亭河而消失 |
| | 张喜桥 | 管巷与陈村之间 | 1975年 | 水泥石结构 | 2007年建职教园而消失 |
| | 河西桥 | 河西巷队内 | 1975年 | 水泥结构 | 2007年建职教园而消失 |
| | 大东店桥 | 大东店队内 | 1975年 | 拱形水泥桥 | 2007年建职教园而消失 |
| | 小方桥 | 陈村与小方桥之间 | — | 水泥结构 | 2007年建职教园而消失 |
| | 通营桥 | 稍塘与勤建交界 | 解放前 | 水泥桥 | 2007年建职教园而消失 |
| | 窑浜桥 | 西村与刘塘交界 | — | 水泥桥 | 2007年建职教园而消失 |

## 四、古桥梁简介

钱桥、藕塘地区曾拥有钱桥、藕塘桥、盛店桥、官渎桥等13座古桥梁。

### （一）钱桥

钱桥又名环龙桥，可能是因此桥靠近惠泉山。惠泉山又名九龙山，故而又名环龙桥。

图2—7—6　清乾隆四十八年（1783）修建的桥碑镶嵌在钱桥桥拱上方

关于钱桥的由来，民间流传两种版本。一说，某天，本邑县令陪一位姓钱的抚台下乡视察。路过洋溪河时，钱抚台站在河畔，看着清澈缓缓流淌的洋溪河水，用手一指说：“此处可造一座桥，景色更为美丽。”县令拍马屁，等抚台一走，就赶忙于该处造座石桥，并以抚台的姓氏定名为钱桥。另一说，当年洋溪河畔居住着金姓和戈姓两个大姓，因平时的纠纷愈积愈多，双方反目成仇，形同冰炭，甚至还发生械斗。但时间淡化了双方的矛盾，几代之后，金姓和戈姓互谅互让，和睦相处，甚至还通婚联姻。为铭记这一段化干戈为玉帛的历史，双方协商，共同出资建造一座象征友爱和团结的新桥。桥名把两个姓氏合成一个字，名为钱桥。

白云苍狗，悠悠世事，钱桥已在历史的风尘中度过700多年。如今钱桥老街上的居民，大多已非金姓和戈姓，而是王姓和张姓了。但这一化矛盾为友爱的故事，还在钱桥地区流传下去。

经查考资料，钱桥的确凿历史为：钱桥又名环龙桥，位于惠泉山麓钱桥市镇，跨洋溪河。元至元十二年（1275），县尹里人钱奎建。清乾隆四十八年（1783）重建钱桥，系石质环形拱桥。民国15年（1926）三月修理，王唯一经办材料石料，桥面宽18尺，桥洞一个，宽20尺，经费80元，为钱桥镇各商号捐助。1957年冬拆除。1958年4月重建钱桥，桥两岸均为块石基础桥墩，桥面由木头铺设而成。1975年底进行开河拆桥，拓宽钱桥北岸一侧东西沿河约300米河道，木质桥随之拆除。1976年4月，重建水泥混凝土双曲拱桥，桥全长30米，宽6米，属水泥阶梯步行桥。由于无锡县钢铁厂等大型企业的运输需要，运输船只吨位从过去的40~100吨发展到400~600吨，原桥的高度严重制约大吨位船只的安全通行，桥梁多次被撞坏，致使“钱桥”变危桥。2005年7月26日，双曲拱桥拆除，是年11月始建造新桥，于2006年1月底竣工。新桥系预应力T梁型平板桥，仍为阶梯式花岗岩踏步步行桥。桥全长30米，宽6米，两侧设花岗岩栏杆、护板，踏步两侧加扶手。桥两端增设照明桥墩四柱八灯，为一座景观桥。

图2—7—7　1958年重建的钱桥桥面由木头铺设而成

图2—7—8　1976年重建的钱桥为水泥混凝土双曲拱桥

图2—7—9　2006年重建的钱桥是一座景观桥

**（二）藕塘桥**

位于藕塘市镇，跨洋溪河，始建于北宋年间。清道光二十年（1840）重建，为石拱月洞桥。1967年桥址东移150米，改建为双曲拱公路桥，长52米，宽4.4米。1989年翻建。2011年9月，藕塘桥桥名被列入无锡市古建筑第一批历史地名建筑类保护名录。

**（三）稍塘营桥**

位于藕塘乡稍塘营西侧，跨洋溪河。元末莫天佑屯兵于此，故名。清道光二十年（1840）重建，为金山石月洞桥。1950年重建方洞石桥。1974年重建，为双曲拱人行桥，长50米，宽3米。1979年桥址东移50米，改建为双曲拱公路桥，净跨56米，宽9.4米。

**（四）夏虞桥**

位于开原夏虞乡蒋巷。夏虞河阔12.67米，民国14年（1925）农历五月改建，经费90元，开原乡支出，蒋菊延经办材料石料。桥面阔5米，桥洞一个，宽6米。

**（五）官渎桥**

藕洛路上的官渎桥始建于明万历三十四年（1606），现存桥碑为该桥梁始建时的标识。1975年，易地新建官渎桥时将原“官渎桥”桥碑砌入新桥。由于年代久远，多次移动，桥碑受损严重，字迹模糊，内容难以辨识。2015年再次翻建。

图2—7—10　明万历丙午年（1606）建造官渎桥时石刻的桥名（右）和石碑（左）依然保存至今

**六）盛店桥**

位于富安盛店乡盛店镇。盛店河阔16.67米，民国14年冬重建，张国香经办，经费1500元，附近居民分担。材料为阳山石、铁栏杆。桥面阔3.33米；桥洞一个，宽5.66米。

**（七）庙桥**

位于富安盛店乡上舍河，河阔8.67米，民国9年（1920）冬重建，张伯安经办。材料为阳山石，桥面阔2.33米；桥洞一个，宽4米。经费500元，张伯安认担半数，余由附近居民分认。

**（八）黄土桥**

位于富安稍塘乡与盛店乡之间的虎路沟，河阔10米，民国10年冬重建，张伯安经办。材料为阳山石，桥面阔2.33米；桥洞三个，宽各3.33米。经费600元，张伯安认担三分之一，余由附近居民分认。

**（九）威华桥**

建于民国22年，是民族资本家荣德生在当时掀起的“千桥会运动”所造桥梁之一。威华桥长33米有余，宽3米有余，为三孔梁式人行桥，中孔净跨度12米，位于浦巷东南角。钢筋混凝土结构，是连接浦巷、唐家庄、新丰、洛社的必经之桥，亦是沟通南北塘河的主要通道。南向的桥名与北向的题名不同，北面题“溷湖桥”，南面题“威华桥”，且各有一副对联。桥墩底部至桥面近10米。

威华桥于2002年12月在修筑盛岸西路时被拆除。2015年，桥址处竖“松苓桥”桥碑，即在景皓饭店旁。

**（十）兴隆桥**

民国23年（1934）夏季适逢大旱，河水干涸，洋溪河全部断水；北运河只剩河漕中有一点水，田里稻苗全部枯死，颗粒无收。为预防再次干旱，村民们决定兴修水利，开河造桥。下段村陆金宝、陆金正二人赴上海募捐资金，在村东南方建造兴隆桥，并由肖尤巷尤盘林、尤盘生兄弟俩负责建造。兴隆桥位于三条河西侧，下段村东南。桥建成后，便于村民过河种田，也是通往钱桥、无锡市区的必经之桥。20世纪末，原河道已填没，桥已拆除，其位置在五洲国际装饰城内。

**（十一）太平桥**

清末太平天国期间建造，故名太平桥，位于钱桥下段村。太平桥形如板凳，又名石板凳桥。桥共三节，桥桩用两节大石条竖立。桥面三节，每节用两块长石条拼成（共六块）。当时没有起重设备，建造此桥的劳动强度相当大，十分艰辛。2015年，太平古桥仍保留，但已是危桥。于是在该桥北侧重建拱桥一座，便于村民往返。

**（十二）永丰桥**

民国23年时逢大旱，河道断水。后周基村周顺昌等人筹集资金，兴建桥梁。单朝荣、单根宝等工匠将原来三节石板桥改建为两大桥墩的大石桥。取名为“永丰桥”，寓意年年五谷丰登。 后因机船进出，中间改用木头桥面。2005年冬，建造驳岸时重建水泥桥梁。2011年，因锡西新城建设而拆除此桥。

**（十三）永善桥**

民国23年，区域内遭受严重旱灾，前周基村村民兴修水利，开河造桥。周永金、周煜泉叔侄、吕逸潘等合资兴建永善桥。聘请惠山三周巷石匠周树根建造。竣工时，村民烧香念佛三天。为纪念此善举，告诫人们要多做善事，定名为“永善桥”。1999年，建造锡宜高速公路时，此桥被拆除。高速公路工程指挥部在永善桥原址东重建水泥桥梁一座，以方便村民往返。

## 第三节 货运码头及港口

旧时钱桥、藕塘地区货物以水运为主，官府及民间都十分重视水上货运码头和港口的设立，多为内河货运码头和港口。码头主要用来装卸货物，港口则是船舶靠岸后装卸货物并运送至本地或周边各地的交汇地，是工农业产品和外贸进出口物资的集散地，是船舶停泊、补充给养的场所。

图2—7—11 20世纪50年代藕塘搬运社搬运工人在码头装货

1950年，钱桥乡成立搬运社，接着藕塘乡也成立搬运社。钱桥、藕塘搬运社负责钱桥和藕塘地区码头、港口的各类货物运输、装卸。

图2—7—12 1985年，钱桥镇境内开始有固定起重机装卸港口

1972年，钱桥交通管理所有职工550人，其中负责码头港口的搬运工人占70%左右。藕塘搬运社有搬运工人200余人，专为驻钱桥、藕塘地区的市、县属企业及供销社、商业社、粮管所等单位搬运货物。搬运货物的工具自备，以竹杠棒、扁担、箩筐、铁铲、绳钩、木质板车等为主，上下码头搬运则靠肩挑、人抬、手搬、车推。改革开放以后，区域内搬运货物量剧增，各码

头、港口相应增添起重机、吊机、卷扬机、装卸机等设备，实现半机械化装卸货物，搬运人员的劳动强度减少，搬运工人也逐年减少。

2011年起，钱桥街道为规范港口码头合法经营，对各港口码头单位进行整顿，遵照颁布的港口有关条例，验收合格后发放经营许可证书。2015年，钱桥街道港口有18家单位，年吞吐量为648万吨。

2015年钱桥街道各港口名称及经营许可证发放登记情况表

表2—7—4

| 单位名称 | 法人代表 | 地址 | 经营范围 | 港口经营认可证号码 | 发证日期 |
|---|---|---|---|---|---|
| 无锡市意达仓储有限公司 | 王如坤 | 钱桥晓丰社区 | 货物装卸仓储服务 | （苏锡惠）港经证（0016）号 | 2012.04.23 |
| 无锡市太湖水泥制品有限公司 | 汤泉济 | 钱桥锦溢路27号 | 货物装卸仓储服务 | （苏锡惠）港经证（0017）号 | 2012.04.25 |
| 无锡市泉济混凝土有限公司 | 汤泉济 | 钱桥锦溢路27号 | 货物装卸仓储服务 | （苏锡惠）港经证（0018）号 | 2012.04.25 |
| 无锡市协力仓储有限公司 | 朱伟杰 | 钱桥溪南工业园锦溢路25号 | 货物装卸仓储服务 | （苏锡惠）港经证（0022）号 | 2012.06.28 |
| 无锡市高嘉仓储有限公司 | 高家贵 | 钱桥西漳社区锡洛路 | 货物装卸仓储服务 | （苏锡惠）港经证（0023）号 | 2012.06.28 |
| 无锡市金港仓储有限公司 | 李其立 | 钱桥钱胡公路488号 | 货物装卸仓储服务 | （苏锡惠）港经证（0026）号 | 2012.07.20 |
| 无锡市华滨仓储有限公司 | 包振华 | 钱桥苏庙社区 | 货物装卸仓储服务 | （苏锡惠）港经证（0027）号 | 2012.07.20 |
| 无锡市天意钢材市场有限公司（原联骥仓储） | 杨伟民 | 钱桥西漳社区 | 货物装卸仓储服务 | （苏锡惠）港经证（0029）号 | 2012.07.20 |
| 无锡龙之杰钢材市场管理有限公司 | 郑长地 | 钱桥惠澄大道66号、77号 | 货物装卸仓储服务 | （苏锡惠）港经证（0032）号 | 2012.09.19 |
| 无锡钱桥带钢市场有限公司 | 唐岳生 | 钱桥西漳社区 | 货物装卸仓储服务 | （苏锡惠）港经证（0033）号 | 2012.09.19 |
| 无锡德圣纵剪厂 | 窦菊萍 | 无锡惠山经济开发区钱桥配套区 | 货物装卸仓储服务 | （苏锡惠）港经证（0039）号 | 2012.12.01 |
| 无锡明隆仓储有限公司 | 周建秋 | 钱桥镇钱胡路 | 货物装卸仓储服务 | （苏锡惠）港经证（0041）号 | 2012.12.02 |
| 无锡市天流物资贸易有限公司 | 汪全根 | 钱桥西漳社区 | 货物装卸仓储服务 | （苏锡惠）港经证（0043）号 | 2013.02.25 |
| 无锡鑫富仓储有限公司 | 汪国富 | 钱桥苏庙社区鸭船浜 | 货物装卸仓储服务 | （苏锡惠）港经证（0046）号 | 2013.03.25 |
| 无锡建昊混凝土有限公司 | 孔德行 | 钱桥西漳社区 | 码头及其他港口设施服务；货物装卸仓储服务 | （苏锡惠）港经证（0064）号 | 2013.10.29 |
| 无锡市胜利石化有限公司 | 葛志刚 | 钱桥西漳社区 | 码头及其他港口设施服务；货物装卸仓储服务 | （苏锡惠）港经证（0073）号 | 2013.12.24 |
| 中投保物流无锡有限公司 | 闫　均 | 钱桥街道惠澄大道77号 | 码头及其他港口设施服务；货物装卸 | （苏锡惠）港经证（0078）号 | 2014.03.05 |
| 无锡海璐建材有限公司 | 许秋良 | 钱桥晓丰社区 | 码头及其他港口设施服务；货物装卸 | （苏锡惠）港经证（0104）号 | 2015.06.04 |

## 第四节 公路建设

进入21世纪，随着国道、省道、市道、区道、乡道等主、次干线路在钱桥、藕塘地区的形成，加上高速公路、高架公路的建成，2015年，区域内共有主干公路71条，已织成公路交通网，路网畅通，繁荣了区域内的经济，加快了钱桥街道城镇化建设的发展。

## 一、公路

钱桥、藕塘地区的公路建设始于民国6年（1917）。民国7年，开原乡山北马路自惠山至钱桥通车后，朱绶章（又名朱伯麟）等倡议，由钱桥扩充直至藕荡（塘）桥。钱桥至藕荡（塘）桥建筑公路路线经勘定，准走上山脚一带，自钱桥迤南至陈漕湾向西过乌泾桥，缘舜柯山麓至芮巷转向西北直抵藕荡（塘）桥，路程距离约12.9公里。建筑土方须500元，由朱绶章等筹集。《锡报》曾以《开原乡扩充马路近闻》为题进行报道。后倡议人朱绶章等邀工程师石某又重新勘定路线，自钱桥经夏虞桥直达藕荡（塘）桥，全长约4公里。同年，荣德生慨然捐资，钱桥至藕荡（塘）桥开原乡山北马路的建筑，集建筑费400余元。马路筑成土方后又缺经费，未立即竣工。开原乡路工局董事蒋遇春认为，既然建成土路，工程半途而废，十分可惜，就与荣德生商量。荣德生又慨然捐资，以完成马路建筑。是年冬，即在土路上铺填煤渣，建筑坝洞、桥梁。但由于夏虞桥、黄泥桥没有改建，故车辆仍不能通行。所筑坝洞因冰冻后至开春又坍倒，煤渣与泥土混合。龚巷前面一段马路两旁所开水沟多处深而阔，一经天雨，泥泞难行，妇女孩子受害不浅。路工局董荣德生等得悉公路坝洞坍塌情况，非常着急，认为该路既已筑就土路，一定不能弃置而废。荣德生对于公益事业提倡不余遗力，立即筹集经费，再行动工。后荣德生又函致该路发起人朱伯麟："迳启者，久不抵北，不知马路近作何状。阅报，载山北一带新辟之路将有坍倒之虞，殊非筑路之初心。鄙人拟即日筹集经费，将桥工及水沟等一律做好，终期可以通车，务使行人称便……"民国10年6月20日，开原北路自钱桥直达藕荡（塘）桥的马路，路上均铺石片，路阔2米。该路经行之黄泥桥亦已改建完善，只有夏虞桥尚未竣工。同年，于藕荡（塘）桥设立车公司。藕荡（塘）桥北面之水渠上，因有第七国民学校，亦拟建筑支路，以与藕荡（塘）桥衔接。当时有王某、冯某等募得款项100余元。是年冬，经过地方人士多方努力，惠山至藕荡（塘）桥马路竣工，通行车辆。在此基础上扩充路线，自龚巷向上，经毛村至张高漕三师农业学校支路建成土方，尚未驳砌石片，经费由当地民众办理。同时扩充沿山脚至萧家湾路线，由三师农校捐助经费若干，附近人民捐助人工百余工，一面铺填煤渣，一面采取黄石，以便驳砌石片路面。

民国19年《无锡年鉴》记载，开原北路钱桥镇至藕荡（塘）桥路长5593.08米，宽3.66米，铺石，路面弧形，向两旁泄水。马路如遇田地，泄水之沟洞则用水泥管或石砌阴沟，路面可通行人力车。全路桥梁2座。沿途地价每亩100元至200元，路基田地每亩给价百元，如不给价，每年贴租洋5元。开原中路始点荣巷，终点钱桥，最早发起人荣棣辉，经费由主办者募捐筹集，路宽2.13米，铺砌石片，路面弧形，向两旁泄水。如有田地，泄水之沟洞则用水泥管或石砌阴沟。是年，自李家湾西经井亭下至张舍，西至陆区桥；又自稍塘桥经盛店桥至新渎桥，公路已于秋冬分别筑成土路，宽3.33米，可通行人力车。自李家湾至张舍一段，由县建设局定入锡宜线内，自姚湾至刘塘桥一段已造成。

开原北路是钱桥至藕塘桥最早、最原始的公路。

**民国19年钱桥、藕塘地区公路一览表**

表2—7—5

| 路名 | 长度 | 阔度 | 路迄地点 |
|---|---|---|---|
| 开原北路 | 10000.00米 | 3.05~4.57米 | 惠山起至藕塘桥止 |
| 开原中路 | 3333.33米 | 2.13~3.05米 | 荣巷起至钱桥止 |

说明：1931年《江苏无锡县农村经济调查第一集（第四区）》

**惠钱路** 由无锡实业家荣德生等筹建，在民国7年（1918）3月竣工的惠山通往钱桥的马路为无锡城乡连线最早的近代公路。1955年3月，由部队投资重新修筑，钱桥段全长4.15公里，弹石和碎石结构，路基宽7.5米，路面宽7米，双车道，二湾道班养护。1973年，全线改筑沥青黑色路面。

2007 年 9 月，公路改造拓宽。2008 年下半年通车，设双向车道，其中快车道宽 20 米，快车道两侧绿化带各宽 1 米，非机动车道宽 2 米，人行道宽 1.5 米。

**钱荣路** 钱荣路的前身为民国时期的开原中路，自钱桥至荣巷，最早发起人荣棣辉，主办经费由主办者募捐筹集。始点为荣巷，终点为钱桥。民国 7 年（1918）兴筑，路基宽 8 米，路面宽 6 米，双车道，铺砌石片，路面弧形，向两旁泄水。开原中路全长 5.12 公里，其中钱桥段长 1 公里。1955 年 3 月，部队投资重新修筑，为部队教练车行车道路，更名为钱荣路，二湾道班养护。2005 年初，实施钱荣路横山口到钱桥新街路段拓宽工程，年底竣工。拓宽后的钱荣路双向 6 车道，宽 46.5 米，其中快车道宽 23 米，中央绿化带宽 5 米，两侧绿化带 2×宽 3.5 米，非机动车道 2×宽 2.5 米，东西两侧人行道分别为 2 米和 2.5 米。

**（老）钱胡路** 1988 年 1 月兴建，1989 年 9 月完工通车，路基宽 18 米、路面宽 15 米，部分桥梁宽 12 米，路面采用 5 厘米沥青加 2 厘米沥青浇铺。南起原钱姚路，北至原国道 G312 线（现江海西路），全长 19.28 公里，途经华新、洋溪、苏庙、溪南、舜柯、藕塘、胡埭、至雪堰桥，为两级公路，其中钱桥段长约 12 公里。2007~2014 年，因道路建设、拓宽等原因，此路逐年分段更换路名。从夏虞桥至溪南段于 2007 年命名为钱藕路，从舜柯至溪南段于 2013 年命名为钱洛路，从夏禹桥往北至江海西路段于 2014 年命名为钱桥大道，2014 年老钱胡路消失。

**锡陆杨公路** 锡陆杨公路于 1969 年 10 月相继施工，逐段衔接。全线分两段，锡陆公路起点为钱桥，途经藕塘桥、阳山、至陆区，全长 17.06 公里；锡杨公路起点在锡陆公路 7+072K 处分叉往杨市，长 4.09 公里。1970 年 10 月，公路全线竣工通车，路基宽 8 米，路面宽 4.5~5.5 米，有桥梁 14 座，藕塘道班养护。2015 年，锡陆杨公路中东起钱威路，西至藕塘职教园校区段命名为钱藕路。

**钱胡路** 钱胡路原名钱姚路，始建于 1955 年 3 月，由部队投资，解放军修筑，为战备军用公路。钱姚路东起钱桥，经陈漕湾、乌泾桥、舜柯山麓、井亭、丁村、管家湾、至姚湾。路基宽 8 米、路面宽 5.5 米，双车道，毛石路面，全长 9.17 公里，其中钱桥、藕塘区域内长 4.85 公里。公路建成后，部队的大型汽车和重型坦克常在这条公路上行驶。20 世纪 70 年代，转为民用。80 年代末，浇铺黑色路面。2008~2009 年，路面拓宽至 30 米，双向 6 车道，中央有绿化带宽 2 米，重铺沥青。2008 年 9 月，钱姚路重新命名为钱胡路。2010 年春通车。

图 2—7—13 2009 年拓宽后的钱胡公路

改革开放后，钱桥、藕塘的公路建设加快。2015 年，区域内国道、省道、市道、区道及镇村主干公路共有 71 条。

2015 年钱桥街道辖区内国道、省道、市道、区道及镇主干公路统计表

表 2—7—6

| 标准名称 | 路名含义 | 建造时间 | 起点 | 讫点 | 长度（公里） | 宽度（米） | 途经政区 |
|---|---|---|---|---|---|---|---|
| 惠钱路 | 惠山至钱桥 | 1918 年建 | 东起惠山 | 西至钱桥 | 4.15 | — | 钱桥街道 |
| 钱荣路（钱桥段） | 钱桥至荣巷 | 1918 年建造 | 北连惠钱路 | 南至滨湖区勤新 | 1.00 | 60 | 钱桥街道 |
| 钱威路 | 以地名为路名，钱桥街镇通往威华 | 1956 年建 | 南起惠钱路与钱荣路相接处 | 北至新国道 G312 线与惠澄大道相接处 | 2.50 | 20 | 钱桥街道 |
| 锡陆路 | 自无锡至陆区而得名 | 1970 年建成 | 东起钱荣路 | 西至陆区桥 | 17.06 | 20 | 钱桥街道 |

续表 2—7—6

| 标准名称 | 路名含义 | 建造时间 | 起点 | 讫点 | 长度（公里） | 宽度（米） | 途经政区 |
|---|---|---|---|---|---|---|---|
| 玉泉路 | 位于玉泉公园附近而得名 | 1983 年建成<br>1988 年拓宽 | 东起佰乐路 | 西至钱威路 | 2.00 | 15 | 钱桥街道 |
| 藕洛路 | 连接洛社集镇和藕塘集镇 | 1984 年建成<br>2013 年拓宽 | 南起省道 S342 线，与钱洛路对接 | 北至国道 G312 线，与洛社人民路对接 | 3.00 | 30 | 钱桥街道、洛社镇 |
| 江海西路(钱桥段，原国道 G312 线) | 无锡市外围路 | 1986 年 12 月建，2012 年改为江海西路 | 东连山北街道会西 | 西至钱桥与洛社分界处 | 5.00 | 40 | 钱桥街道华新、晓丰社区 |
| 振兴路 | 寓意振兴发展 | 1987 年建成 | 南起钱藕路 | 北至钱桥大街 | 0.40 | 15 | 钱桥街道 |
| 钱桥大街 | 位于钱桥街道办事处所在地得名 | 1987 年建成<br>2013 年拓宽 | 东起钱威路 | 西至钱桥大道（规划名称） | 2.31 | 25 | 钱桥街道 |
| 藕塘南路 | 位于钱桥街道藕塘集镇南部得名 | 1987 年建成<br>2013 年拓宽 | 南起钱藕路 | 北至藕塘桥 | 0.15 | 20 | 钱桥街道 |
| 藕塘北路 | 位于钱桥街道藕塘集镇北部得名 | 1987 年建成<br>2013 年拓宽 | 南起藕塘桥 | 北至东风桥，与锡陆路对接 | 0.80 | 20 | 钱桥街道 |
| 钱桥大道 | 位于惠山区钱桥街道办事处所在地西侧 | 1987 年建成<br>2014 年拓宽 | 南起钱胡路 | 北至国道 G312 线与洛城大道对接 | 1.49 | 42 | 钱桥街道 |
| 锡宜路 | 原为锡宜公路一段，故名 | 1988 年建成 | 南至钱胡路 | 北至盛岸西路 | 2.45 | 20 | 钱桥街道 |
| 钱藕路 | 由钱桥市镇通往藕塘市镇得名 | 1989 年建成<br>2007 年拓宽 | 东起钱威路，与惠钱路对接 | 西南至钱胡路 | 8.50 | 40 | 钱桥街道 |
| 玉泉街 | 位于玉泉公园附近而得名 | 2000 年建成 | 南起玉泉路 | 北至盛岸西路 | 2.00 | 12 | 钱桥街道 |
| 盛岸西路(钱桥段) | 无锡城西面主干道 | 2000 年 1 月建 | 东连山北街道宪丰 | 西至钱桥大道 | 5.00 | 50 | 钱桥街道 |
| 景盛路 | 寓意繁荣昌盛 | 2001 年建成 | 南起钱胡路 | 北至钱藕路 | 1.56 | 12 | 钱桥街道 |
| 锦溢路 | 寓意繁荣昌盛 | 2001 年建成 | 南起威尔路 | 北至伟业路支路（规划名称） | 1.26 | 10 | 钱桥街道 |
| 新兴路 | 在新兴公司旁边，以新兴公司命名，2015 年更名为舜新路 | 2002 年建。2006 年由无锡市惠山区人民政府命名为新兴路 | 南起钱桥大街（西街） | 北至盛岸西路 | 1.34 | 20 | 钱桥街道 |
| 三鼎路 | 以三岸塘的三足鼎立命名 | 2004 年建成 | 南起三岸塘大河 | 北至洛社安息堂 | 0.32 | — | 钱桥街道 |
| 金山路 | 吉祥之意 | 2004 年建 | 南起钱胡路 | 北至洋溪河 | 2.06 | 12 | 钱桥街道 |
| 伟业路 | 创造伟大业绩之意 | 2004 年建 | 东起钱胡公路 | 西至金山路 | 1.03 | 10 | 钱桥街道 |
| 威尔路 | 以企业名命名 | 2004 年建 | 东起夏禹河 | 西至金山路 | 1.33 | 12 | 钱桥街道 |
| 万东路 | 大东方之意 | 2004 年建 | 北起锡常公路 | 南至陆岸头自然村 | 1.18 | 12 | 钱桥街道 |
| 汇嘉路 | 吉祥之意 | 2004 年建 | 北起锡常公路 | 南至陆岸头自然村 | 0.56 | 10 | 钱桥街道 |
| 漳盛路 | 以区域命名 | 2004 年建 | 东起锡常公路 | 西至张泾河 | 0.15 | 12 | 钱桥街道 |
| 兴琦路 | 以区域命名 | 2004 年建 | 东起汇嘉路 | 西至万东路 | 0.32 | 8 | 钱桥街道 |
| 三岸路 | 与盛岸路对应 | 2004 年建 | 东起万东路 | 洛社镇雅西村 | 0.68 | 12 | 钱桥街道 |
| 恒溢路 | 用"恒"命名，保持恒心之意 | 2004 年建 | 南起锡宜公路 | 北至源盛路 | 1.05 | 18 | 钱桥街道 |
| 恒亮路 | 用"恒"命名，持之以恒有特色之意 | 2004 年建 | 南起锡宜公路 | 北至源盛路 | 1.20 | 18 | 钱桥街道 |
| 恒新路 | 用"恒"命名，有恒心的坚持下去之意 | 2004 年建 | 南起锡宜公路 | 北至源盛路 | 1.05 | 16 | 钱桥街道 |
| 恒藕路 | 用"恒"命名，藕塘人民有恒心之意 | 2004 年建 | 南起源兴路 | 北至源盛路 | 1.50 | 15 | 钱桥街道 |
| 恒祥路 | 用"恒"命名，有恒心就能吉祥之意 | 2004 年建 | 南起锡宜公路 | 北至源盛路 | 1.20 | 15 | 钱桥街道 |
| 源兴路 | 用"源"命名，有源源不断之意 | 2004 年建 | 东起井亭浜 | 西至大坝漕 | 1.05 | 18 | 钱桥街道 |

续表 2—7—6

| 标准名称 | 路名含义 | 建造时间 | 起点 | 讫点 | 长度（公里） | 宽度（米） | 途经政区 |
|---|---|---|---|---|---|---|---|
| 源盛路 | 用“源”命名，有源头就能兴盛之意 | 2004 年建 | 东起恒藕路 | 西至恒祥路 | 1.05 | 16.0 | 钱桥街道 |
| 胜星路 | 与胜中河对应 | 2004 年建 | 南起国道G312 线 | 北至胜中河 | 0.95 | 15.0 | 钱桥街道 |
| 舜南路 | 因在舜柯社区而得名 | 2004 年建 | 东至夏虞河 | 西至钱胡路 | 1.17 | 12.0 | 钱桥街道 |
| 会岸路 | 与盛岸西路对应 | 2005 年建 | 盛岸西路 | 江海西路 | 0.73 | 24.0 | 钱桥街道 |
| 盛德路 | 寓意崇尚道德品质 | 2005 年建 | 会岸路 | 钱威路 | 2.00 | 24.0 | 钱桥街道 |
| 省道 S342 线 | 省道 | 2006 年动工兴建，2008 年建成 | 东起晓丰社区吴巷 | 西至盛峰社区蒋巷、船浜头 | 7.00 | 30.0 | 钱桥街道 |
| 晓陆路 | 位于钱桥街道晓星村而得名 | 2006 年建成 | 东起钱威路 | 西至三条河河道 | 0.85 | 16.0 | 钱桥街道 |
| 新藕路 | 在藕塘集镇新建而得名 | 2007 年建 | 南起钱藕路 | 北至省道 S342 线 | 1.70 | 40.0 | 钱桥街道 |
| 华学环路 | 因环绕职教园区而命名 | 2007 年建 | 南起钱胡公路 | 与起点连接 | 7.30 | 30.0 | 钱桥街道 |
| 钱胡路 | 钱桥至胡埭 | 2008 年建 | 东起钱荣路 | 西至胡埭 | 15.00 | 100.0 | 钱桥街道 |
| 藕塘路 | 因地名得名 | 2008 年建 | 锡陆路 | 省道 S342 线 | 0.52 | 27.0 | 钱桥街道 |
| 政新北路 | 因在政府新大楼北侧而得名 | 2008 年建 | 藕塘路 | 锡陆路 | 0.51 | 20.0 | 钱桥街道 |
| 惠澄大道 | 连接惠山区和江阴市的道路 | 2009 年建 | 南起省道 S342 线 | 北至暨南大道 | 13.00 | 40.0 | 钱桥街道、洛社镇、前洲街道 |
| 金岸路 | 位于洋溪河岸，故名 | 2010 年建 | 东起钱威路 | 西至育才路 | 0.38 | 12.0 | 钱桥街道 |
| 通溪路 | 通向洋溪河，故名 | 2011 年建成 | 南起钱桥大街 | 北至洋溪河 | 0.50 | 20.0 | 钱桥街道 |
| 钱中路 | 位于钱桥街道街区中间 | 2011 年建成 | 南起钱胡路 | 北至盛岸西路 | 2.86 | 16.0 | 钱桥街道 |
| 上伟路 | 寓意走上伟大之路 | 2012 年建成 | 东起锡宜公路 | 西至钱洛路 | 2.30 | 30.0 | 钱桥街道 |
| 藕中路 | 位于藕塘自然镇中部得名 | 2012 年建成 | 南起洋溪路 | 北至省道 S342 线 | 0.70 | 34.0 | 钱桥街道 |
| 洋溪路 | 在洋溪河附近而得名 | 2012 年建成 | 东起钱桥大道 | 西至钱洛路，与藕洛路对接 | 2.10 | 20.0 | 钱桥街道 |
| 香缇路 | 寓意洋溪河风景优美 | 2012 年建成 | 南起洋溪路 | 北至省道 S342 线 | 0.50 | 16.0 | 钱桥街道 |
| 静影路 | 寓意洋溪河幽静，树木倒映水中 | 2012 年建成 | 南起洋溪路 | 北至省道 S342 线 | 0.60 | 13.0 | 钱桥街道 |
| 林溪路 | 寓意道路在洋溪河旁的树林中穿过 | 2012 年建成 | 南起洋溪路 | 北至云水路 | 0.70 | 16.0 | 钱桥街道 |
| 云水路 | 寓意道路在洋溪河云水之间 | 2012 年建成 | 东起藕中路 | 西至钱洛路 | 0.80 | 16.0 | 钱桥街道 |
| 钱洛路 | 连接钱桥街道和洛社镇得名 | 2012 年建成 | 南起钱胡路 | 北至省道 S342 线 | 3.70 | 40.0 | 钱桥街道 |
| 佰乐路 | 位于百乐时代广场附近得名 | 2012 年建成 | 南起玉泉路 | 北至盛德路 | 1.70 | 30.0 | 钱桥街道 |
| 华飞路 | 寓意飞速发展 | 2013 年建成 | 东起汇嘉路 | 西至万东路 | 0.30 | 10.0 | 钱桥街道 |
| 江盛路 | 连接江海西路和盛岸西路得名 | 2013 年建成 | 南起盛岸西路 | 北至江海西路 | 0.42 | 13.5 | 钱桥街道 |
| 鼎盛路 | 寓意繁荣昌盛 | 2013 年建成 | 南起盛岸西路 | 北至兴盛路 | 0.29 | 20.0 | 钱桥街道 |
| 北湖路 | 在洋溪河之北而得名 | 2013 年建成 | 南起锡兴钢铁厂 | 北至盛岸西路 | 0.14 | 12.0 | 钱桥街道 |
| 显山路 | 在鸡笼山下而得名 | 2013 年建成 | 南起钱胡路 | 北至省道 S342 线 | 3.80 | 40.0 | 钱桥街道 |
| 生态路 | 寓意保护生态 | 2013 年建成 | 南起钱藕路 | 北至智慧路（暂用名） | 0.40 | 7.0 | 钱桥街道 |
| 轩盛路 | 因道路宽敞，与盛岸西路连接而得名 | 2013 年建成 | 南起盛岸西路 | 向北折向西再向南至盛岸西路 | 1.20 | 20.0 | 钱桥街道 |
| 南桥西路 | 位于南塘社区锡杨公路西面得名 | 2014 年建成 | 东起藕杨路 | 西至西环路 | 0.40 | 12.0 | 钱桥街道 |
| 南龙西路 | 位于南塘社区锡杨公路西面龙源催化剂地块处得名 | 2015 年建成 | 东起藕杨路 | 西至西环路 | 0.40 | 12.0 | 钱桥街道 |
| 南龙东路 | 位于南塘社区锡杨公路东面凯龙汽车地块处得名 | 2015 年建成 | 东起南塘小章巷 | 西至藕杨路 | 0.20 | 12.0 | 钱桥街道 |

续表 2—7—6

| 标准名称 | 路名含义 | 建造时间 | 起点 | 讫点 | 长度（公里） | 宽度（米） | 途经政区 |
|---|---|---|---|---|---|---|---|
| 育英路 | 因路旁建有小学而得名 | 2015 年建 | 钱中路 | 钱桥大道 | 1.10 | 16.0 | 钱桥街道 |
| 舜兴路 | 寓意兴旺发达 | 2015 年建 | 育英路 | 盛岸西路 | 1.50 | 20.0 | 钱桥街道 |

## 二、无锡职教园校区公路建设

区域内无锡职教园校区的公路建设结合现状用地情况，结合各校的学生人数，进行重点规划，并切实实施，建成供汽车分向、分车道行驶，连接通往各大中专院校、实训基地、管理中心、商业街等的干线公路，适应师生上学、放学、节假日出行。2015 年，无锡职教园校区公路有文良路、园区二支路、园区东路 B 段、显山路北延、新藕路、园区北路、显山路南延、园区东路 A 段、玉泉路、龙栖湾西路等。

图 2—7—14　无锡职教园校区文良路

**文良路**　东起钱洛路，西至钱藕路，全长 2.918 公里，宽度 26 米，四车道。

**园区东路 B 段**　北起钱藕路，南至文良路，全长约 745 米。道路南北走向，主要沟通的道路有钱藕路、文良路。道路采用城市次干路标建设，设计车速为 40 公里/小时，红线宽度 30 米。

**显山路北延**　北起上伟路，南至钱藕路，道路总长约 1.4 公里，设计车速 40 公里/小时。显山路北延跨洋溪河，不仅沟通洋溪河两岸区域，同时也沟通上伟路、钱藕路、钱胡路等横向主要道路，是职教园校区与外围沟通的一条重要公路。显山路全线跨越一条河道和一条生态岛环形景观河道，设置 1 座涵洞、1 座桥梁。其中跨洋溪河大桥沿道路前行方向依次穿过洋溪路、洋溪河、玉泉路。

**新藕路**　北起省道 S342 线，南至钱藕路，总长约 1.7 公里，设计车速为 40 公里/小时。新藕路跨越洋溪河，不仅沟通洋溪河两岸区域，而且也沟通省道 S342 线、上伟路、钱藕路、钱胡路等横向主要道路，是职教园校区对外沟通的一条重要道路。车辆通过新藕路可以实现职教园校区交通与省道 S342 线之间的快速转换。新藕路全线跨越 3 条河道，设置 3 座涵洞、1 座桥梁。其中跨洋溪河大桥沿道路前进方向依次穿过洋溪路、洋溪河、玉泉路。

**园区北路（上伟路）A 段**　东起钱洛路，西至藕塘大道，总长约 1.1 公里，设计车速为 30 公里/小时。道路为规划的城市支路，服务对象为沿线企事业单位、居民聚居区。沿线有规划的居民区、公共服务设施区域。其中藕塘大道至藕洛路路段为新建路段，藕洛路至钱洛路路段为改建路段。

**显山路南延**　北起园区南路，南至钱胡路，总长约 440 米，设计车速为 40 公里/小时。此路为钱桥地区重要功能结构分区之间的连接道路，沟通钱桥街道北部西站物流集聚区、中部藕塘居住区，以及南部科技研发职教区。

**园区东路 A 段**　北起省道 S342 线，南至钱藕路，总长约 1.42 公里，设计车速为 40 公里/小时。园区东路 A 段为原藕塘镇镇区主干道。为提升藕塘镇镇区的整体形象，于 2012 至 2014 年对该道路进行原地改造，将各管线入地，对道路整体翻新。园区东路 A 段沟通省道 S342 线、上伟路、钱藕路等横向主要道路，是职教园校区对外交通的又一条重要道路。

**园区玉泉路**　西北起于园区西环路，东南至龙栖湾西路，总长约 1.5 公里，设计车速 30 公里/小时。玉泉路是洋溪河南岸的一条沿河景观路，贯通西边智慧岛、东边生态岛，解决局部地区车辆往来通行问题，以服务功能为主。

**龙栖湾西路** 北起玉泉路，南至钱藕路，总长约470米，设计车速为30公里/小时。龙栖湾西路接通玉泉路，环通智慧岛和生态岛，解决局部地区车辆往来通行问题，以服务功能为主。

## 三、国道、省道

**国道G312线** 途经钱桥街道晓丰、华新社区。1986年12月筑建，2012年改建。

**省道S342线（东西走向）** 东始于晓丰社区吴巷，途经时南，经蔡巷、顾巷、单巷、江胜桥、支婆浜、南陈、东马山、西马山，西出于盛峰社区蒋巷、船浜头。2006年动工，2008年建成通车。

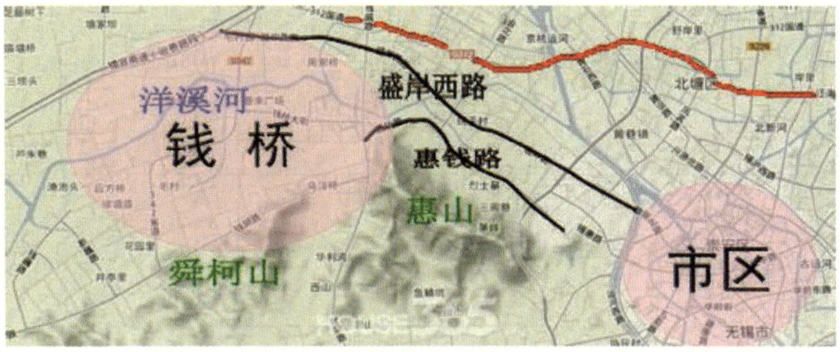


图2—7—15 国道G312线途经钱桥街道华新、晓丰社区

## 四、高速公路道口

锡宜高速公路接沪宁高速和锡澄高速交会点，向西南经钱桥街道北，东始于境内吴巷，贯穿晓丰、西漳、华新、洋溪、东风、南塘、盛峰7个社区，西出于盛店桥船浜头。1999年10月动工修建，2004年秋建成通车。钱桥街道区域内，北部由江海西路匝道口往南通往锡宜高速公路，南部由盛岸西路匝道口往北通往锡宜高速公路。锡宜高速公路在华新社区唐家庄处设立"无锡西"进出口互通站。锡宜高速公路钱桥段全长为5公里，宽度为26米，南北匝道长600米、宽15米，沥青混凝土路面，设计行车速度为100公里/小时，归属交警支队高速三大队管理。

图2—7—16 穿境而过的锡宜高速公路

图2—7—17 锡宜高速公路在钱桥街道域内设"无锡西"进出口互通站

# 第五节 公共交通

1954年，钱桥首通4路公共汽车。1958年，4路公共汽车延伸到藕塘井亭里、丁村。2015年，钱桥街道境内有4路、快2、15路、26路、39路、43路、60路、70路、83路、85路、102路、115路、126路、138路、159路、161路、206路、208路、603路、608路、609路、611路、615路、619路、626路、628路、762路、山北专线、梅园专线等29条公交线路，并建有2个公交停车场。

## 一、公交线路

1954年，锡澄汽车公司经营的无锡市4路公共汽车自无锡火车站始发，首通无锡县区钱桥镇，全程14.5公里，票价1角；1958年改为从五爱广场始发，境内经过钱桥、陈漕湾、上秦巷、赤墩里、井亭里、丁村等，终点站延伸至管家湾。1971年，支线从钱桥延伸到藕塘。改革开放以后，钱桥、藕塘境内的公交线路迅猛发展，至2015年，钱桥街道境内共有公交线路29条。

## 2015 年钱桥街道辖区内公交线路一览表

表 2—7—7

| 公交线路名称 | 起点 | 终点 | 开通时间 | 过境站名 | 每班间隔时间 |
| --- | --- | --- | --- | --- | --- |
| 4 路 | 胡埭停车场 | 复兴路 | 1954 年 | 无锡职教园、江南影视学校、无锡技师学院、无锡汽车工程学校、舜柯村、夏虞桥、钱桥大道、晴山蓝城、钱桥大街、钱桥新街、通溪路（金龙广场）、惠钱路（钱威路）、钱桥（华夏仁和医院）、杨树岸 | 15~25 分钟 |
| 609 路（原无锡县农村公共汽车） | 无锡汽车站 | 洛社客运站 | 1979 年 1 月 1 日 | 威华机械、玉泉公园、盛岸花园、威华、华新村（五洲国际装饰城）、大运酒店 | 10~25 分钟 |
| 15 路 | 招商城汽车南站 | 盛岸公交停车场 | 1982 年 1 月至惠畅里，后延伸 | 杨树岸、钱桥（华夏仁和医院）、惠钱路（钱威路）、通溪路（金龙广场）、钱桥新街、钱桥大街、晴山蓝城、钱桥大道、洋溪桥、盛岸公交停车场 | 5~10 分钟 |
| 43 路 | 河埒口 | 南西漳 | 1989 年 9 月 | 杨树岸、钱桥（华夏仁和医院）、华润公司、振兴路（锡陆路）、国税二分局、苏庙（中富美林湖）、美林湖花园、晴山蓝城、钱桥大街、钱桥新街、通溪路（金龙广场）、玉泉路、钱威路立交、晓星村、西漳焊接厂、南西漳 | 上午 30 分钟，下午 60 分钟 |
| 26 路 | 锡惠公园 | 胡埭（龙延村） | 1990 年 5 月 | 上秦巷、历村、赤墩里、舜柯村、井亭里、园区环路、无锡职教园 | 6~15 分钟 |
| 83 路 | 梅园公交总站 | 火车站 | 1998 年 9 月 26 日 | 钱桥（华夏仁和医院）、杨树岸 | 7~10 分钟 |
| 85 路 | 盛岸公交停车场 | 南禅寺（朝阳广场） | 2000 年 4 月 30 日 | 新郚大道（盛岸西路）、大运酒店、华新村（五洲国际装饰城）、威华、盛岸花园、玉泉公园、威华机械 | 5~10 分钟 |
| 39 路 | 河埒口 | 稍塘 | 2000 年 10 月 20 日 | 杨树岸、钱桥（华夏仁和医院）、华润公司、苏庙（中富美林湖）、恒灵公司、红旗船厂（爱邦公司）、溪南、藕塘中学、藕塘、跃进桥、宇峰、稍塘 | 24~40 分钟 |
| 60 路 | 江南影视学院 | 无锡汽车站 | 2003 年 1 月开通至境内溪北。2011 年 6 月 26 日开通至职教园校区江南影视学院 | 无锡技师学院、无锡汽车工程学校（无锡交通技师学校）展示中心、无锡城市学院（无锡高等师范学院）、金球机械、溪南、钱桥大道、晴山蓝城、钱桥大街、钱桥新街、通溪路（金龙广场）、玉泉路（钱威路）、盛岸花园（下行）、钱威路立交（上行）、玉泉公园、威华机械 | 6~15 分钟 |
| 70 路 | 盛岸公交停车场 | 春潮花园二期 | 2003 年 10 月 16 日 | 新郚大道（盛岸西路）（下行）、大运酒店、华新村（五洲国际装饰城）、威华、盛岸花园、玉泉公园、威华机械 | 5~15 分钟 |
| 206 路 | 公交三场 | 无锡职教园 | 2007 年 9 月 3 日 | 惠钱路（钱威路）、通溪路（金龙广场）、钱桥新街、钱桥大街、晴山蓝城、钱桥大道、夏虞桥、红旗船厂（爱邦公司）、溪南、金球机械、钱胡路（文良路）、无锡城市学院（无锡高等师范学院）、展示中心（下行）、无锡汽车工程学校（无锡交通技师学院）（下行）、无锡技师学院（下行）、江南影视学院（下行）、无锡高等师范学院（无锡城市学院）（上行）、井亭里（上行）、园区环路（上行）、无锡职教园 | 5~10 分钟 |

续表 2—7—7

| 公交线路名称 | 起点 | 终点 | 开通时间 | 过境站名 | 每班间隔时间 |
|---|---|---|---|---|---|
| 208 路 | 胜丰村 | 火车站 | 2004 年 12 月 29 日 | 胜丰村、王巷、蓝晓饭店、江海路（智慧大厦） | 12~20 分钟 |
| 102 路 | 盛岸公交停车场 | 春江花园（学前东路） | 2005 年 4 月 21 日 | 新郚大道（盛岸西路）（下行）、大运酒店、华新村（五洲国际装饰城）、威华、盛岸花园、玉泉公园、威华机械 | 8~11 分钟 |
| 115 路 | 江南影视学院 | 无锡中央车站 | 2007 年 9 月 3 日 | 无锡技师学院、无锡汽车工程学校（无锡交通技师学院）、展示中心、无锡城市学院（无锡高等师范学院）、钱胡路（文良路）、金球机械、溪南、红旗船厂（爱邦公司）、夏虞桥、钱桥大街、洋溪桥、盛岸公交停车场、新郚大道（盛岸西路）（下行）、大运酒店、华新村（五洲国际装饰城）、威华、盛岸花园、玉泉公园、威华机械 | 4~12 分钟 |
| 126 路 | 胡埭停车场 | 无锡中央车站 | 2006 年 5 月 | 无锡职教园（上行）、江南影视学院、无锡技师学院、无锡汽车工程学校（无锡交通技师学院）、钱藕路（无锡城市学院）、园区东路（钱藕路）、龙栖湾小区、溪南、晴山蓝城、钱桥大街、钱桥新街、通溪路（金龙广场）、钱桥（华夏仁和医院） | 9~20 分钟 |
| 138 路 | 盛岸公交停车场 | 市民中心 | 2006 年 5 月 | 大运酒店、新郚大道（盛岸西路）、华新村（五洲国际装饰城）、威华、盛岸花园、玉泉花园、威华机械 | 8~20 分钟 |
| 603 路 | 杨市客运站 | 无锡汽车站 | 2007 年 6 月 | 庙塘桥、凯龙科技、跃进桥、东风、藕塘大道（藕塘北路）、苹果园、藕洛路、工区路、藕塘中学、龙栖湾小区、溪南、红旗船厂、恒灵公司、苏庙（中富美林湖）、国税二分局、振兴街、华润公司、钱桥（华夏仁和医院）、杨树岸 | 10~20 分钟 |
| 608 路 | 河埒口 | 阳山停车场 | 2007 年 6 月 | 江南皮件厂、通溪路（金龙广场）、钱桥新街、钱桥大街、晴山蓝城、恒灵公司、红旗船厂、溪南、龙栖湾小区、藕塘中学、藕塘、东风、跃进桥、中冶钢缆、盛峰工业园、盛店 | 15~30 分钟 |
| 611 路 | 阳山停车场 | 无锡汽车站 | 2008 年 9 月 22 日 | 盛店、盛峰工业园、中冶钢缆、跃进桥、东风、藕塘、藕塘中学、龙栖湾小区、溪南、红旗船厂、苏庙（中富美林湖）、国税二分局、振兴街、华润公司、钱桥（华夏仁和医院）、杨树岸 | 12~20 分钟 |
| 山北专线 | 江南影视学院 | 惠华新村(公交驾培中心) | 2010 年 9 月 | 无锡技师学院、无锡汽车工程学院（无锡交通技师学院）展示中心、无锡城市学院（无锡高等师范学院）、新郚大道（盛岸西路） | 15~20 分钟 |
| 梅园专线 | 无锡职教园 | 梅园公交总站 | 2010 年 9 月 | 无锡高等师范学院（无锡城市学院）展示中心、无锡汽车工程学校（无锡交通技师学院）、无锡技师学院、江南影视学院、西环线 | 15~20 分钟 |
| 快 2 | 无锡中央车站 | 江南影视学院 | 2011 年 9 月 | 杨树岸、钱桥（华夏仁和医院）、通溪路（金龙广场）、钱桥新街、晴山蓝城、美林湖花园、溪南、金球机械、无锡城市学院（无锡高等师范学院）、展示中心、无锡汽车工程学校（无锡交通技师学院）、无锡技师学院 | 10~15 分钟 |

续表 2—7—7

| 公交线路名称 | 起点 | 终点 | 开通时间 | 过境站名 | 每班间隔时间 |
|---|---|---|---|---|---|
| 628 路 | 无锡技师学院 | 玉祁客运站 | 2011 年 9 月 | 无锡汽车工程学院（无锡交通技师学院）、钱藕路（无锡城市学院）、藕塘中学、藕乐苑 | 30~40 分钟 |
| 619 路 | 城际铁路惠山站 | 龙光路（古华山路） | 2012 年 | 南西漳、西漳焊接厂、晓星村、盛岸花园、玉泉花园、威华机械 | 15~25 分钟 |
| 626 路 | 洛社客运站 | 东亭假日花园 | 2012 年 | 南西漳、西漳焊接厂、晓星村、盛岸花园、玉泉公园、威华机械 | 10~20 分钟 |
| 762 路 | 盛岸花园 | 新区客运总站 | 2012 年 | 智慧大厦、胜丰村（智慧大厦） | 10~15 分钟 |
| 615 路 | 泰康新村 | 城际铁路惠山站 | 2013 年 12 月 18 日 | 惠钱路(钱威路)、通溪路（金龙广场）、钱桥新街、钱桥大街、晴山蓝城、水岸花城、大运酒店、洋溪公园城、藕中路（上伟路）、上伟路（藕乐苑） | 20~30 分钟 |
| 159 路 | 江南影视学院 | 钱桥大街 | 2014 年 9 月 | 无锡技师学院、无锡汽车工程学校（无锡交通技师学院）展示中心、无锡城市学院（无锡高等师范学院）、园区东路（钱藕路）（上行）、藕塘中学、藕塘、藕塘大道（政新路）、藕乐苑、上伟路（藕乐苑）、上伟路（惠山金桥学校）、洋溪公园城、洋溪桥、钱桥大道、美林湖（下行）、苏庙（中富美林湖）（下行）、国税二分局（下行）、振兴街（下行）、钱桥新街（下行）、晴山蓝城（上行）、钱桥大街 | 上午 30 分钟，下午 60 分钟 |
| 161 路 | 梅园公交总站 | 藕塘 | 2015 年 3 月 30 日 | 江南影视学院、无锡技师学校、无锡汽车工程学校（无锡交通技师学院）展示中心、无锡城市学院（无锡高等师范学院）、藕塘 | 15~25 分钟 |

## 二、票价

公交车在区域内运营中，票价根据政府核定的线路路程确定，然后印刷票据并收取票款。票据既作为营运中运量统计及结算票款的依据，又作为乘客乘车的凭证。1954 年，钱桥、藕塘地区公共汽车车票起始时为有人售票；后为有人售票、无人售票两种。进入 21 世纪，公共汽车车票全部为无人售票。

### （一）有人售票票价

1956 年 6 月 1 日至 2002 年公交车票价一览表

表 2—7—8　　单位：元

| 时间 | 人/公里票价 | 起价 | 票价进级 | 最高价 | 备注 |
|---|---|---|---|---|---|
| 1956.00 | 0.025 | 0.04 | 0.02 | 0.38 | 4 路车到钱桥 0.14 元 |
| 1959.00 | 0.022 | 0.05 | 0.05 | 0.55 | — |
| 1965.00 | 0.02 | 0.04 | 0.02 | — | — |
| 1973.10 | 0.018 | 0.05 | 0.05 | 0.50 | 此办法一直保持到 1986 年 6 月 30 日止 |
| 1986.07 | 0.023 | 0.05 | 0.05 | — | — |
| 1987.04 | 0.028 | 0.05 | 0.05 | — | 同期内市区线路人公里起价没变动 |
| 1987.06 | 0.0225 | 0.05 | 0.05 | — | — |
| 1988.09 | 0.028（市区） | 0.10 | 0.05 | — | — |
|  | 0.038（郊县） |  |  |  |  |
| 1989.11 | 0.055（郊县） | 0.10 | 0.10 | — | 至钱桥的 4 路车为 0.5 元 |
| 1990.09 | 0.038（市区） | 0.10 | 不足 6 公里 0.05 | — | 市郊县混合公交票用 |
|  |  |  | 6 公里以上 0.10 |  | 市郊混合线采用二段相加计算 |
| 1992.08 | 0.055（市区） | 0.20 | 0.10 | — | — |
|  | 0.069（郊县） | 0.20 | 0.10 |  |  |

续表 2—7—8　　单位：元

<table>
<tr><th>时间</th><th>人/公里票价</th><th>起价</th><th>票价进级</th><th>最高价</th><th>备注</th></tr>
<tr><td>1992.08</td><td>0.085（旅游专线）</td><td>0.20</td><td>0.20</td><td>—</td><td>—</td></tr>
<tr><td rowspan="2">1993.01</td><td rowspan="2">0.055</td><td rowspan="2">0.20</td><td rowspan="2">0.20</td><td rowspan="2">—</td><td>另加客票附加费为 0.02 元/人公里</td></tr>
<tr><td>燃油差价补给为 0.01 元/人公里</td></tr>
<tr><td rowspan="2">1995.04</td><td rowspan="2">票制改革</td><td rowspan="2">0.50</td><td rowspan="2">0.20</td><td rowspan="2">—</td><td>0.5 元一票制的有 3、10、12、13、15、16、20、21、22、310 路</td></tr>
<tr><td>0.5 元进级制的有 1、2、5、11、311、312、820 及 1 路区间</td></tr>
<tr><td>1996.03</td><td>统一起价和进级</td><td>0.50</td><td>0.20</td><td>—</td><td>—</td></tr>
<tr><td rowspan="2">1997.05</td><td>普通大客车 0.084</td><td rowspan="2">—</td><td rowspan="2">—</td><td rowspan="2">—</td><td>含燃油差价补贴</td></tr>
<tr><td>中级大客车 0.097</td><td>客票附加费仍为人公里 0.02 元不变</td></tr>
<tr><td>1998.07</td><td>农工线客票附加费征收标准由人公里 0.02 元调整为人公里 0.03 元</td><td>—</td><td>—</td><td>—</td><td>—</td></tr>
<tr><td rowspan="3">2001.06</td><td>0.07 元（市区）</td><td>0.50</td><td>0.50</td><td rowspan="3">—</td><td rowspan="3">—</td></tr>
<tr><td>0.114 元（农工线）</td><td>1.00</td><td>0.50</td></tr>
<tr><td>半农工线，可用月票</td><td>1.00</td><td>0.50</td></tr>
<tr><td>2002.07</td><td>—</td><td>1.00</td><td>0.50</td><td>—</td><td>农工线 6、7、7 支、17 路线</td></tr>
</table>

### （二）无人售票票价

1997 年 3 月 28 日起，钱桥、藕塘地区 10 条线路实施无人售票，实行 1 元一票制，以后逐步推开，实行无人售票。

2001 年 6 月 5 日，全程不少于 10 公里，实行 1 元一票制；空调大客车实行 2 元一票制，持有月票的乘客票价 1 元。原农工线（包括半农工线）普通公交车，全程不少于 9 公里，实行 1 元一票制；全程不少于 18 公里，全程 2 元，分地段上车 1 元。

2002 年 9 月 1 日起，公交 IC 卡投入使用，沿用 40 多年的纸质卡票完成历史使命。2009 年 10 月 1 日起，根据无锡市政府规定，区域内所有的公交线路刷卡乘车实施 6 折优惠。公交 IC 卡分为通用 IC 卡，即享受 6 折优惠；学生 IC 卡，高、中、小学生及技校学生购买，每月 20 元，限乘 50 次，当月有效；老龄 IC 卡，60~69 岁无锡地区的老人购买，每月 20 元，限乘 50 次，当月有效；高龄老人免费乘车 IC 卡，钱桥、藕塘地区常住户籍 70 周岁以上的老人办理。

## 三、公交停车场

2015 年，钱桥街道有两个公交停车场，一个是盛岸西路停车场，另一个是无锡职教园校区停车场。

### （一）盛岸西路公交停车场

盛岸西路公交停车场是梁溪分公司（原无锡公交公司汽车二场）所在地，位于盛岸西路、钱桥大道西北侧，隶属无锡市公共交通股份有限公司管辖。

2004 年，梁溪分公司征用钱桥镇华新村土地面积 42666.88 平方米，建造盛岸西路公交停车场。于 2005 年春开始动工建设，建筑面积 7635 平方米，停车场面积 35000 平方米，总投资 3500 万元。2006 年 5 月交付使用。

图 2—7—18　盛岸西路公交停车场

盛岸西路公交停车场有各类工作人员 260 余人，除设立梁溪分公司办公所外，下设经理室、党总支、工会、安管中心、营服中心、保修厂车间、职工食堂、油库及客运驾培分公司等。停靠盛岸西路公交停车场的公交线路营运车辆有4、15、39、43、60、70、85、102、115、138、208路等。盛岸西路公交停车场同时负责兄弟场车辆的保修。场内设施设备先进，是一个功能齐全的大型综合停车场。

**（二）无锡职教园校区公交停车场**

无锡职教园校区公交停车场是盛岸公交停车场的分支停车场，地点在钱胡公路南无锡商业职业技术学院东，占地面积3000平方米，是专为职教园校区各院校师生提供每天接送服务的一座小型停车场，2008年建成启用。

图2—7—19 无锡职教园校区公交停车场

## 第六节 公路货运

新中国成立前后，钱桥、藕塘地区陆上货运都凭人扛肩挑，少有人力车运输，更无汽车运输。

钱桥、藕塘地区陆上用汽车货运始于20世纪70年代。由于区域内修筑了公路和拖拉机路，1972年，钱桥公社购置货运汽车，开始经营汽车货运业务。1974年，钱桥公社已有货运汽车5辆。货运汽车主要承担本公社范围内社队企业的原材料和产品进出运输业务。另外，在每年春秋养蚕季节，公社组织到浙江等地采购桑叶，都由汽车日夜兼程赶运。70年代中期，由于乡镇企业的发展，物资供销日益频繁，区域内厂矿企业开始自办汽车运输业务。1978年十一届三中全会以后，钱桥、藕塘地区拖拉机运输专业户应运而生。

1982年底，钱桥、藕塘公社相继建立汽车运输队。汽运队统一受理货源，统一安排运力，统一计费标准。1984年，钱桥乡有农用运输车7辆、挂车5辆，总吨位135吨；有拖拉机运输专业户230户。藕塘乡有货运汽车28辆，总吨位140吨；有拖拉机运输专业户19户。汽车运输以长途为主，拖拉机运输以短途为主。拖拉机运输可以通过乡道、农桥、街巷运输，具有量小、快速、直达的特点，适应于承包大中小基建工程和农户建房起屋运输石料砖瓦，承揽私人零星货物，货源面广量大，尤以建材运输为主。拖拉机个体运输专业户有的自找货源，有的承包给集体单位。80年代中期，区域内陆上货运出现集体、个体一齐上，乡、村、队、厂矿企业联户办运输的“四个轮子一齐转”的新局面。

1986年，钱桥乡有各种汽车182辆（其中客运汽车44辆、载重汽车138辆）、手扶拖拉机294辆、机动三轮车3辆，完成年货运量35.24万吨；藕塘乡拥有各种汽车65辆、其他机动车148辆，全年完成货运量19.01万吨。90年代始，钱桥、藕塘地区陆路货运越来越繁忙，村办企业、乡镇企业均购置货运车辆，采购原料、销售产品多以汽车运输为主。

进入21世纪，国家加大公路建设投资力度，区域内先后建成锡宜高速公路、省道S342线、惠澄大道、盛岸西路等多条公路。钱桥、藕塘地区企业利用国、省、市等主干道公路进行货运，货运量年年增加。除部分居民购买货车专为企业等单位提供个体运输服务外，2004年1月，辖区内久安公路配载服务公司开业。至2015年，先后有无锡拂晓运输公司、无锡诚亿物流有限公司等30家运输公司专门为区域内企业、单位运送各类物资，长途运输遍及全国各地。2014年、2015年，钱桥街道辖区内公路货运额分别为18792.87万元、18844.72万元。

## 第七节 村道建设

解放前，钱桥、藕塘地区经济落后，乡村道路全部为泥土路，弯曲狭窄，下雨天泥泞难走。泥土道路两旁多为农田，村与村之间或村通往集镇的道路少有接脚石。老百姓走街串巷或外出很不方便，农村经济发展迟缓。

20世纪60年代末至70年代初，随着区域内农田基本建设和农业水利建设的加速发展，农业机械化程度不断提高，区域内开始进行村道建设。钱桥、藕塘公社及各大队结合整田平地和水利基本建设，全面规划调整乡村道路，确定灌排总渠（明渠）两旁为骨干道路。骨干道路通往大队办公室所在地及各自然村。当时由于经济条件有限，村道仍多以泥土路为主，宽度仅1~1.5米左右，只能供行人徒步和自行车进出。

70年代中期，为适应农业机械化迅速发展，钱桥、藕塘地区农村的灌排明渠全部改建成地下灌排渠（暗渠），在暗渠上建成比较宽阔的道路。大队的主干道路在原来的基础上拓宽到3米左右，并铺上碎石片，可供手扶拖拉机行驶。80年代，各村的主干道进一步拓宽，不但可供手扶拖拉机行驶，而且可供中型拖拉机和汽车行驶。90年代，钱桥、藕塘地区的部分农户购买小汽车，为适应时代的发展，各村的主干道都喷浇柏油，有的还铺浇水泥。

2000年以后，钱桥、藕塘镇私家汽车、各类运输汽车等迅速增加，区域内乡村主干道全部浇注15厘米厚，2.5~3米宽度的水泥和柏油道路。所有村道两旁全部栽种树木，绿树成荫。道路干净、整洁、美观、直趟。区域内村级道路与镇道、区道、市道、省道、国道，路路相通，四通八达。

2001~2009年，钱桥（镇）街道辖区内新筑主要村道4条，总长3.81公里。新盛路村道位于西漳社区，是进出钱桥工业配套区的必经道路。2014年，由于大型运输车辆频繁出入，道路坑坑洼洼、损坏严重，每逢雨天，路面湿滑、泥水积压，给来往的居民、职工带来不便。社区居委会联系钱桥工业配套区及规划建设部门后，由钱桥街道规划建设局工程建设科牵头，于2014年12月对新盛路进行全面施工改造，2015年5月重新通车启用。新盛路按照二级公路建设标准建造，全长913.6米，宽12米，两边加装防护栏，总投资600余万元。

# 第八节 铁路

2005年建成的新长铁路途经钱桥（镇）街道洋溪、南塘社区，并建有藕塘火车站，办理货运业务。2015年，无锡地铁3号线1期工程启动建设，西起钱桥街道苏庙。是年底，苏庙、舜柯社区完成地铁3号线建设的拆迁工作。

图2—7—20 新长铁路藕塘段

## 一、铁路

穿过区域内的新长铁路于1992年8月经国务院批准立项。1997年9月，海安—藕塘段完成初步设计审查。1998年9月，按统筹规划、共同投资、分段建设、分段收益的原则开工建设；2002年9月30日，基本建成通车；2005年4月1日，全线正式贯通。新长铁路途经钱桥街道藕塘段长达2公里。是年，在南水渠、庙塘桥村建立藕塘火车站，仅办理货运业务，车站及其上下行区间未电气化。藕塘火车站距离新沂火车站444公里，隶属上海铁路局，是四等站。2014年，藕塘火车站划入无锡西站物流园区。

## 二、地铁

2015年4月29日，无锡地铁3号线一期工程可行性研究报告获省发改委批复。3号线一期工程西起钱桥街道苏庙，东至苏南硕放国际机场，在钱桥街道区域内设立龙山梢、钱桥、苏庙3个站点。一期工程建设新梅路车辆段和钱桥停车场，并在境内建设盛岸主变电站。是年8月，钱桥街道区域

内的地铁 3 号线地段开始拆迁工作。钱桥街道及苏庙、舜柯社区积极配合地铁 3 号线工程建设，建

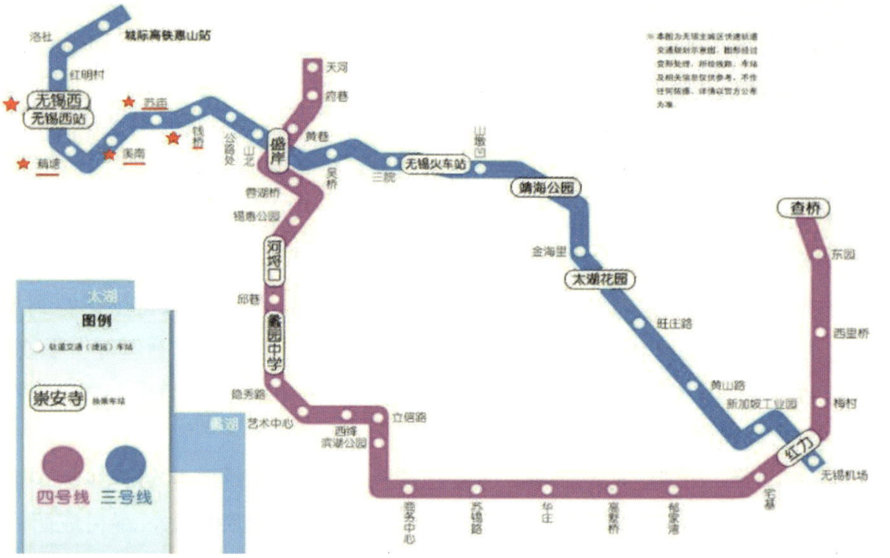


图 2—7—21　无锡地铁 3 号线工程示意图，辖区内地铁站为加“★”号处

立拆迁工作组。同年 9 月 10 日，钱桥街道对境内地铁 3 号线段拆迁房屋进行评估丈量。9 月 15 日与拆迁户见面。9 月 20 日进行拆迁签约。9 月 24 日，钱桥街道苏庙、舜柯社区村民完成拆迁签约，比原计划提前 1 天半完成拆迁签约任务。是年 12 月，辖区内地铁 3 号线启动建设。

## 第九节　交通管理

钱桥、藕塘地区的陆路、水路交通秩序由钱桥、藕塘（乡）镇、钱桥街道交通管理所负责。道路交通建设和养护管理由钱桥街道公路管养领导小组和公路管养办公室、藕塘道班、洋溪桥养护工区负责。

### 一、水上交通管理

钱桥、藕塘地区水上交通管理主要有 3 条河道。民国 21 年（1932）始设无锡县船舶登记所，管辖境内运河段及洋溪河的船运交通秩序。民国 24 年 11 月，设船舶管理委员会，属县建设科领导。船舶管理委员会负责管理境内运河段、洋溪河的水上交通秩序。民国 27 年 1 月起，凡在区域内航行的船舶，凭内河航船公会无锡分会发放的航运许可证才准通行。民国 35 年，颁发《无锡县船只检查办法实施通知》，对船舶进行检验登记，发放航行证件，船舶凭新发放的航行证方可在境内河道通行。民国 37 年 4 月 1 日，成立无锡县船舶管理所，建立以黄埠墩为中心的钱桥等 5 个水上检查站，对来往船舶进行监督检查和签证。钱桥水上交通检查站管理境内洋溪河的船舶往来秩序。1957 年 12 月起，实行船舶进出口航次签证和定期签证制度。在区域内河道航运的签证船舶必须具有有效证件，处于适航状态，配备持有证书的船员，客轮需有一定数量的救生设备，装运危险品要符合安全规定。1983 年 10 月 24 日起，钱桥、藕塘交管所均设船舶签证点，办理船舶签证。

京杭大运河钱桥段属 3 级航道，可通航载运货物 1000~1500 吨船只，2013 年平均每天有航船 2000 余条次，2014 年平均每天有航船 1200 余只次。直湖港藕塘段原属 6 级航道，可通航载运货物 100 吨船只。洋溪河属 4 级航道，可通航载运货物 500 吨左右船只。2015 年，京杭大运河钱桥段和直湖港藕塘段两条内河的交通管理属无锡海事局洛社海事所管辖，洋溪河的交通管理属无锡海事局吴桥海事所管辖。

## 二、公路交通管理

钱桥街道公路交通管理利用工程技术、法制、教育等手段，正确处理道路交通中人、车、道之间的关系，对道路上的车辆和行人进行引导、组织和限制，依法履行对道路旅客运输、货物运输、站场运营、安全监管等，实现境内公路人便于行、车通于道、货畅其流。

### （一）机构及职责

1962 年 8 月，无锡县成立交通局，钱桥、藕塘公社相继成立交通管理领导班子。1981 年 3 月，钱桥、藕塘公社分别成立交通管理站。1985 年，钱桥、藕塘乡分别成立交通管理所。2004 年，钱桥、藕塘两镇合并，钱桥、藕塘交通管理所同时合并。2008 年，钱桥镇交通管理所更名为钱桥街道交通综合管理所。

钱桥街道交通综合管理所负责辖区内交通运输行业管理，具体执行公路运输管理政策及法规；管理辖区内运输市场，维护水陆客运、货运的运输秩序，纠正违章运输，监督检查运价执行情况及运输服务质量；及时了解掌握辖区内经济发展情况和客运流量、流向；负责辖区内汽车、摩托车配件销售及维修业店户的监督管理；负责辖区内公路路政管理和公路养护工作；贯彻执行交通规费政策及规定，负责交通规费征收，检查监督交通运输业户缴纳交通规费的情况；监督、制止在国道、省道、区道、镇道上发生的乱设站卡、乱罚款、乱收费的“三乱”行为和在公路上发生的其他违规行为，维护交通运输业户的合法权益。

**1984~2015 年钱桥、藕塘（乡）镇交通管理所、钱桥街道交通综合管理所历任所长任职表**

表 2—7—9

| 乡、镇名 | 姓名 | 任职时间 |
|---|---|---|
| 钱桥（乡）镇 | 吴士云 | 1984~1997 年 |
| | 殷国奕 | 1997~2004 年 |
| 藕塘（乡）镇 | 王巧生 | 1984~2000 年 |
| | 陈益新 | 2000~2004 年 |
| 钱桥（镇）街道 | 殷国奕 | 2004~2007 年 |
| | 陆才兴 | 2007~2012 年 |
| | 黄　震 | 2012~ |

2015 年，黄震任钱桥街道交通管理所所长。

### （二）钱胡路查报站

钱胡路查报站位于钱桥街道溪南社区夏虞桥西侧，与无锡市公安局交通支队机动大队钱胡路检查中队是两块牌子、一套班子。查报站于 1999 年建办在惠钱路上宪丰与钱桥交界处，原名为无锡市公安局公交分局惠钱路查报站。因汽车流量逐年增加，车辆往来密集及地铁发展方面等原因，查报站于 2006 年迁移至溪南村夏虞桥西侧。不久，更名为无锡市公安局交通治安分局钱胡路查报站。查报站有 6 名警察及 9 名保安。2015 年，查报站占地面积 80 平方米，站内有电脑 4 台、机电台呼叫机和手持通讯台各 3 台。

图 2—7—22　位于夏虞桥西侧的无锡市公安局交通治安分局钱胡路查报站

钱胡路查报站实行每天“四班三运转”，保持路面 24 小时不缺人，负责锡西地区治安查报工作。钱胡路查报站根据市局指挥中心指令和各级公安机关的通缉、通报、协查、协控要求，及时组织做好堵控盘查工作，及时发现和查获各类现行违法犯罪嫌疑人员及可疑车辆物品等；保障通讯畅通和监控设备、计算机、交通工具、武器警械等装备设施完好，确保上级指令及时下达和实施；查缴非法携带、运输的枪支弹药、管制器具、爆炸物品、毒品、淫秽物品、赃款赃物、走私贩私等物品；利用网络及视频监控等科技手段，严密查控过往的各类可疑人、车、物，主动上网比对发现并抓获网上在逃人员及各级公安机关布控人员；坚持常备不懈，对于可能发生的各种突发性暴力案（事）件做到快速反应、制敌于先，并及时向上级公安机关报告；做好各种车辆违法行为的查处工作；做好出城车辆登记盘查工作，协助相关部门堵截涉嫌违法车辆和人员，维护道路交通秩序和周边地区治安秩序，妥善处置各类警情，参加各类抢险救灾和爱民助民工作，随时接受群众的报警和求助；加强与周边派出所、巡防大队、交警大队的联系，强化协防协控意识，形成“棋盘式”防控网络。

钱胡路查报站设在钱桥街道夏虞桥西侧后，对锡西地区和钱桥境内治安做出一定的贡献。2006~2015年，查获违法犯罪及被行政拘留吸毒人员60人，查获5人网上逃犯人员，明显减少路面抢劫、抢夺等刑事案件发生。钱胡路查报站并协助配合交警中队、交通部门做好事故查处违章等工作。

**（三）路政管理**

钱桥街道区域内的路政由街道公路管养领导小组和公路管养办公室、藕塘道班、洋溪桥养护工区执行《中华人民共和国公路法》以及《公路安全保护条例》，依法保护公路设施和维护公路路权。

**公路管养组织机构及职责** 钱桥镇为做好公路的管养工作，于2004年成立公路管养领导小组，下设公路管养办公室。2008年，钱桥镇公路管养领导小组更名为钱桥街道公路管养领导小组。2014年，钱桥街道农村公路管养领导小组组长由街道办事处主任戴震乾担任，副组长由无锡职教园公共事业局局长王华担任。

钱桥街道公路管养领导小组和管养办公室人员经常巡查境内公路的路基，勘查路肩表面是否平整密实、不积水，与路面接壤高差小于2厘米，无明显轮迹，无15厘米以上高草，无杂物、垃圾、堆积物；边坡坡面是否平顺、坚实、无冲沟，无杂草、杂物、垃圾；边沟是否保持通畅，无积水、杂物、杂草、积淤。勘查境内公路路面、桥面清扫是否保持干净，雨天、汛期有无严重积水；沥青路面有无严重裂缝、龟网裂、波浪、蛹包、坑槽、沉陷等病害；水泥砼、路面有无严重裂缝、积泥、拱起、错台、板角断裂等病害，填缝料有无老化、脱落。勘查桥涵构造物，桥面是否整洁、有无堆积物、杂草；构件表面有无损害、开裂、起皮、剥落、锈迹；桥面铺装是否平整、无裂缝，有无局部坑槽、波浪、边角破碎等病害，混凝土桥面有无剥离、渗漏，钢筋露筋、锈蚀现象，有无填缝料老化；桥头有无跳车现象；泄水孔有无堵塞和破损；伸缩缝有无堵塞，连接部件有无松动、脱落、局部破损；桥栏杆、防撞护栏有无损坏；支座有无明显缺陷，活动支座是否灵活有效；墩台及基础是否受到冲刷损害、外露、悬空、下沉，是否受到船只或漂浮物撞击受损，翼墙（侧墙、耳墙）有无开裂、风化剥落和异常变形；锥坡、护坡有无局部塌陷，铺砌面有无缺损、勾缝脱落；涵洞有无损坏、堵塞。勘查沿路设施，里程碑、百米桩、安全桩、警示桩、标线、标志、标牌等有无缺损，是否干净、醒目。勘查绿化路段乔灌木是否及时抹牙、修剪、扶正（尤其是遮挡行车视线和标牌的枝叶）；冬季乔木树干是否在1米以下刷白。勘查养护作业人员上路是否穿戴标识符服装，检查作业路段设置安全作业区情况。勘查路段养护人员巡查记录等业内资料是否真实齐全，了解爱路护路宣传、养护巡查工作的执行情况。

**藕塘道班** 藕塘道班成立于1972年，驻藕塘，有道班房4间，洒水车4辆，职工7人，为钱陆公路及藕杨公路上的养路队。2005年，该道班房因镇政府规划建造龙栖湾商住房小区而拆迁，后搬迁至原藕塘镇政府内。2007年，又搬迁至洛社雅西。2011年6月撤销。

**洋溪桥养护工区** 洋溪桥养护工区位于钱桥大道西侧，2010年开始建造，2011年6月竣工。占地面积5333.36平方米，建筑面积2000余平方米。洋溪桥养护工区由藕塘道班转化而来。2015年，养护工区内有管理人员12人、养护作业人员及保洁员195人。养护公路的主要设备有综合养护车6台、洒水车5台、口砂车1台、其他“三小”机械（小铲雪板机、小平板振动夯、小三轮电动清洗车）4 台、50 千瓦拖拉机 2 台、汽车 5 辆、15 吨压路机 1 台、10 吨压路机 1 台。洋溪桥养护工区主要负责省道 S342 虞宜线（K54+561－K63+100）、省道 S229 盐锡线（K210+198－K220－998）两条省道共 19.339 公里及区域内农村公路、区道共 157.19 公里的日常养护工作。

## 三、养路费、航养费征收

### （一）养路费征收

新中国成立后，钱桥、藕塘人民政府贯彻“以路养路”方针。20 世纪 50 年代，境内车辆的养路费由苏南行政公署交通处无锡公路管理站按《养路费征收实施细则》的规定征收养路费。征收范围为凡领有行车牌照的各类汽车、拖拉机、挂车、改装车、机动车、三轮机动车和各类摩托车。1958 年 10 月 1 日，根据江苏省《关于停征养路费的五项规定的通知》精神，停止征收境内车辆的养路费。1965 年 1 月 1 日起又恢复收取养路费工作，区域内车辆的养路费由无锡市公路管理站统一征收。1999 年 12 月 31 日，根据国务院、交通部规定，停止征收区域内各种车辆的养路费。

### （二）航养费征收

1961 年 3 月，根据《江苏省航道养护费征收和使用暂行办法》，无锡县交通局对钱桥、藕塘的机动船和非机动船开征航道养护费，按营业额收入的 3%，或按马力每月 1 元计征。后经 3 次调整，按营业收入的 6.5%、按马力每月 2.2 元、驳船每吨每月 0.65 元计征。无锡县航政管理部门采取固定和流动相结合的办法，委托钱桥、藕塘两个交通管理所代征，或由航政艇上航检查征收。2000 年起，辖区内对各类通航船只取消征收航养费。

## 四、交通事故

钱桥街道辖区内公路交错纵横，交通发达、便捷。近几年，区域内发生在公路上各类大小交通事故较多。自 2011 年至 2015 年 8 月，发生在公路上的重大交通死亡事故有：钱桥片区 2012 年交通事故，死亡 4 人；2013 年交通事故，死亡 9 人；2014 年交通事故，死亡 11 人，共计 24 人。藕塘片区自 2011 年至 2015 年 8 月因公路交通事故共死亡 18 人。

# 第八章 水 利

钱桥、藕塘地区地处江河太湖之间，水道纵横，沟洫网布，区域内共有大小河道一百多条，兼有星星点点的大小湖荡，形成以大运河辅佐、洋溪河为主轴线的水利系统，农田灌溉、交通运输十分便捷。

钱桥、藕塘地区历来重视水利建设。相传4000多年前虞舜耕作于舜柯山下时，就重视变水害为水利，把山区的洪水引进河道，至今舜柯山下仍保存着“夏虞桥”的桥名。公元前200多年，春申君黄歇在舜柯山下筑黄城，也是为治山中洪水。明、清、民国时代，修圩筑堤，虽蓄泄兼顾，但未治根本，洪涝仍破圩决堤，入民宅、淹农田，钱桥、藕塘地区百姓经常受水害之患。旧时农田灌溉，多以人力车水，或以牛力牵引龙骨水车提水。民国11年（1922），区域内出现戽水机船戽水。民国16年，藕塘田庄巷、浜顶自然村开始用电力灌溉。

新中国成立后，钱桥、藕塘（公社、乡）镇每年冬春组织劳力兴修水利，开拓直湖港，疏浚古运河钱桥段，疏浚洋溪河；拓浚井亭河、西漳河、夏虞河；新开北新河、杨毛岸河、向阳河、大寨河等；筑堤固堤，五乡联圩，万亩联圩。20世纪60年代，流动戽水机船全面改变为固定的机电排灌站，农田灌溉全面实现机械化。70年代，开展以整田平地为重点、“三暗”（暗管降水、暗沟排水、暗渠灌水）工程为特色的农田基本建设，境内87%的农田实现地下灌排。80年代，水利工程从单纯为农业服务转向为整个经济建设和社会服务。改革开放以后，钱桥、藕塘（乡）镇党委、政府，钱桥街道党工委、办事处适应民生和境内社会事业发展的需要，大力加强水利建设，兴水利，除水害，采取各种措施，对自然界的水和水域进行控制和调配，以防止水旱灾害，开发利用和保护水资源，控制和调配自然界的地表水和地下水，推进水利建设实现跨越式的发展，变水害为水利。

## 第一节 河道整治

钱桥、藕塘地区历史上就比较重视河道的整治工作，虞舜时期就把舜柯山区的洪水引入夏虞河。新中国成立后，钱桥、藕塘（公社、乡）镇乃至钱桥街道党工委、办事处按照河道演变的规律及水流情况，因势利导，调整、稳定河道主流位置，控制和调整河势，裁弯取直，筑堤建闸。区域内对于以防洪为目的的河道进行整治，保证有足够的排洪断面，避免出现影响河道宣泄洪水过分弯曲和狭窄的河段，保证主漕相对稳定，同时加强河段控制部位的保护工程；对于以航运为目的的洋溪河、南邗沟、北邗沟、沿山河、庙塘桥河、横塘桥河、三条河、江胜河进行整治，保证河道水流平顺，深漕稳定，满足通航要求的水深、航宽、河弯半径和流速流态，注意航波对河岸的影响；对于以引水灌溉为目的的井亭河、大坝漕等河道进行整治，保证取水口段的河道稳定及无严重的淤泥淤积，以适应区域内防洪、航运、供水、排水等工农业生产的发展和百姓生活的需求。

### 一、河道疏浚

历代封建王朝的县令以及民国政府都十分重视钱桥、藕塘地区河道疏浚。清雍正十二年（1734），无锡知县吴翼祖组织民工疏浚钱桥河，长1166.67米，底宽3.33米。清嘉庆十二（1807）、十九年（1814），无锡先后两次大旱。无锡西乡河道干涸。为救济开原乡钱桥等地水稻旱情，二十二都二图图董支浩明（钱桥大支巷人）联合各图，发动群众，开挖王泗浜，疏浚钱桥至双河段河道，以增水源。

民国20年（1931），钱桥、藕塘地区部分近山村庄不通大河，饮水灌溉皆依赖于池塘，其余村庄农田靠近大河，饮水灌溉依靠河水，但自钱桥至双河河道较淤浅，每至冬令，凡轮船往来，辄难通行。水渠乡之后水渠，有水漕1条，长约半里，久经淤塞，亦妨碍各户饮水及农田灌溉。漳漕巷有公井一口，原供全村村民饮水之用，因年久失修，水质污浊，一到夏季，秽臭触鼻，屡经倡议修筑，只因全村不肯共同出资，未能实行。村民重视金钱，而不知讲求卫生，可见一斑。民国22年8月，无锡县政府征工开浚双河会龙至钱桥河段，钱桥地区出民工疏浚河道。

1951年2月，无锡县组织藕塘区、洛社区11个乡村计12000多名民工修筑皋桥至钱桥、洛社段运河塘岸8.28公里。同时，藕塘区、开原区组织劳力疏浚河道、沟渠，筑堤、堰坝，受益农田11443亩。同年，开原区钱桥乡、藕塘区藕塘乡共疏浚河道5条，全长4920米；开浚沟渠7条，全长721米。

**1951年春藕塘区、开原区农田水利修浚工程统计表**

表2—8—1

| 区别 | 工程名称 | 竣工数量 | | | | 实做工数 | | 工程经费（斤米） | | | 受益面积（市亩） | 增产（万斤） | 备注 |
|---|---|---|---|---|---|---|---|---|---|---|---|---|---|
| | | 建筑物 | | 土方（万立方米） | 石方（万立方米） | 土工（工） | 石工（工） | 核定经费 | | | | | |
| | | 数量 | 单位 | | | | | 贷款 | 公账粮 | 自筹粮 | | | |
| 藕塘 | 疏浚河道 | 2 | 条 | 6300 | — | 4221 | — | 750 | 1500 | — | 1938 | 5.81 | 全部总长4420米 |
| | 开浚沟渠 | 3 | 条 | 1240 | — | 956 | — | 750 | — | 150 | 626 | 1.38 | 全部总长431米 |
| | 修筑圩堤 | 7 | 个 | 1250 | — | 7002 | — | 750 | 1050 | 2175 | 5794 | 17.38 | 全部总长3140米 |
| | 修筑堰坝 | 1 | 道 | 500 | — | 275 | — | — | — | — | 270 | 0.13 | 全部总长30米 |
| | 新建水闸 | 1 | 座 | — | 60 | — | 150 | 750 | — | — | 149 | 0.29 | — |
| 开原 | 疏浚河道 | 3 | 条 | 2800 | — | 2150 | — | — | — | — | 180 | 0.18 | 全部总长500米 |
| | 开浚水塘 | 1 | 个 | 650 | — | 350 | — | — | — | — | 20 | 0.60 | 全部面积3亩，工程经费包括木材在内 |
| | 开浚沟渠 | 4 | 条 | 2800 | 290 | 1488 | 690 | — | — | — | 2178 | 21.78 | 全部总长290米 |
| | 修筑圩堤 | 1 | 个 | 800 | — | 500 | — | — | — | — | 288 | 0.30 | 全部总长3500米 |

1954年11月，藕塘地区的民工参与直湖港的拓浚工程。1955年3月21日，再次拓浚直湖港，藕塘乡、钱桥乡参与。拓浚后，藕塘及钱桥地区的盛店、稍塘、社冈、西漳、洋溪、舜柯等乡2.5万亩农田受益。1958年冬至1960年1月10日，无锡县组织直湖港第二次拓浚工程开工，设直湖港工程指挥部，无锡县副县长陈焕文任总指挥，组织钱桥、藕塘等5个公社2.1万个民工，分段包干施工。实挖土方245万立方米，并在直湖港两岸种植桑树、桃树160万株，泄洪量由原来的79立方米/秒提高到221立方米/秒。1971年，运河钱桥段再次进行疏浚。

1992年8月20日，京杭运河苏南段整治工程开工，其中无锡县境内长24.31公里，钱桥段运河列入其中，按四级航道标准整治。

2015年10月19日，惠山、滨湖两区携手举行沿山河（界河）综合整治工程开工仪式。惠山区、滨湖区领导以及无锡市纪委，市、区水利、环保、城管等相关部门领导参加开工仪式。惠山区副区长主持仪式，滨湖区副区长作项目介绍。惠山区区长李秋峰与滨湖区区长高佩共同为沿山河整治工程开工打桩。钱桥街道境内的沿山河西连夏虞河，东接洋溪河，属惠山区与滨湖区交界河道，河道全长 3110 米，其中惠山段长 910 米，滨湖、惠山共有段长 2200 米。沿山河存在水环境较差、河道淤积严重，部分河道仍为土坡，河岸局部岸线狭窄以及张巷地区地势低洼等问题。此次惠山、滨湖两区携手投资 1014 万元，共同对该河段进行综合整治。是年 12 月底，完成对沿山河按 50 年一遇洪水设计，排涝标准为 3 年一遇（超短历时降雨）进行综合整治，包括河道全线清淤、拓浚张巷段河道，在北岸新建生态挡墙，在南侧新建防洪墙、改造原有混凝土道路，形成新的包围圈（圩区），并在合适位置新建排涝涵站，更新内部排涝管网等。沿山河整治后，能加速宣泄舜柯山脉洪水暴发时的洪水，避免冲毁农作物和当地居民房屋。

## 二、新开凿河道

1975 年秋，藕塘公社新开“北新河”（当时称“火花大寨河”）。北新河从火花大队的高格里到东风大队的周家里，全长 775 米，河面宽 25 米，河底宽 20 米。

1976 年 11 月至 1977 年 4 月，钱桥公社组织社员新开杨毛岸河，全长 2.7 公里，河底高程 0.5 米，平均河底宽 6 米，边坡 1∶2，河面平均宽度 16 米。杨毛岸河与境内的主河道洋溪河接通。开凿杨毛岸河时把几条小河流连接起来，开深拓宽，以解决大雨后农田及时排水，因此杨毛岸河呈“井”字形。是年，溪南大队、舜一大队、历村大队交界处开凿向阳河，全长 2.36 公里，河底平均宽 10 米，边坡 1∶2，河面宽度 30 米。2014 年，钱桥街道组织力量对杨毛岸河重新整治。

## 三、河道清淤

钱桥、藕塘地区河道纵横，河河相连，水域面积约 273.44 万平方米。境内 100 多条用于灌溉的村级河道普遍较窄，河底较浅，容易淤塞。若是干旱季节，水位较低，流量较小，影响水稻田引水灌溉，造成旱灾，农作物枯萎，甚至死亡。20 世纪六七十年代，农民每年在河中罱河泥，用作农田肥料，河中少有淤泥。80 年代，以化肥代替河泥后，河中淤泥逐年增多，以致河道堵塞，影响灌溉和运输，也造成河水污染。改革开放后，钱桥、藕塘（乡）镇历届党委、政府重视对境内河道淤泥的清理。1998 年，钱桥镇计划清除河道淤泥任务 6.05 万立方米，实际完成清除淤泥 6.5 万立方米，占计划的 107.44%；藕塘镇计划清除河道淤泥任务 7.66 万立方米，实际完成清除淤泥 5.2 万立方米，占计划的 67.89%。

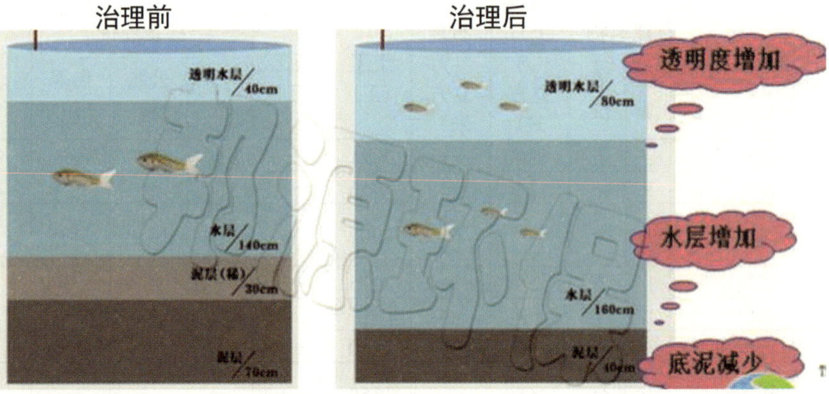

图 2—8—1　21 世纪初钱桥、藕塘地区河道治理前后水质情况对比

1999 年，钱桥镇计划清除 14 条河道淤泥、清除淤泥 8.04 万立方米，实际完成清除淤泥 7.4 万立方米，占计划的 92%；其中清理镇级河道 2 条，长 1.8 公里，清理淤泥 4.6 万立方米；清理村级河道 10 条，长 2.89 公里，清理淤泥 2.8 万立方米。藕塘镇计划清除 12 条河道淤泥、清除淤泥 6.75 万立方米，实际完成清除淤泥 1.2 万立方米，占计划的 17.8%；其中清除镇级河道 1 条、长 0.35 公里、清理淤泥 0.5 万立方米，清理村级河道 4 条，长 0.98 公里、清理淤泥 0.7 万立方米。

图 2—8—2　2000 年，清理淤泥后的洋溪河北邗沟

### 1998~1999 年钱桥、藕塘镇清淤计划及完成情况统计表

表 2—8—2　　　　单位：万立方米、%、条、公里、万元

| 镇名 | 1998 年 | | | 1999 年 | | | | | | | | | | | | | | |
|---|---|---|---|---|---|---|---|---|---|---|---|---|---|---|---|---|---|---|
| | | | | 计划任务数 | | 实际完成数 | | 其中 | | | | | | 计划开工清淤任务 | | | | 筹集清淤专项资金 |
| | | | | | | | | 镇级河道 | | | 村级河道 | | | 镇级 | | 村级 | | |
| | 计划清淤任务 | 完成清淤任务 | 占计划的百分比 | 计划清淤河道 | 计划清淤任务 | 完成清淤任务 | 占计划的百分比 | 完成清淤河道 | 清淤河道长度 | 清淤土方 | 完成清淤河道 | 清淤河道长度 | 清淤土方 | 清淤河道 | 清淤土方 | 清淤河道 | 清淤土方 | |
| 钱桥 | 6.05 | 6.5 | 107.44 | 14 | 8.04 | 7.4 | 92.0 | 2 | 1.80 | 4.6 | 10 | 2.89 | 2.8 | 1 | 0.51 | 1 | 0.3 | 15 |
| 藕塘 | 7.66 | 5.2 | 67.89 | 12 | 6.75 | 1.2 | 17.8 | 1 | 0.35 | 0.5 | 4 | 0.98 | 0.7 | — | — | 5 | 3.1 | 12 |

2000 年，钱桥镇筹集清淤专项基金 15 万元投入，清理镇级河道 1 条、清理淤泥 0.51 万立方米；清理村级河道 1 条、清理淤泥 0.3 万立方米。藕塘镇筹集清理淤泥专项资金 12 万元投入，清理村级河道 5 条，清理淤泥 3.1 万立方米。2001 年，钱桥、藕塘两镇投资 220.4 万元，清除庙塘桥河淤泥 16.3 万立方米，总长度 7.85 公里。庙塘桥河疏浚前河底高程 1.7 米，河底宽 3 米，边坡 1∶3.5；疏浚后河底宽 8 米，边坡 1∶2。

2011 年，钱桥街道对沿山河、三节桥河、向阳河、江胜桥浜等河道进行清淤整治，共疏浚河道 3.87 公里，清淤土方 7.8 万立方米，河道护岸整治 850 米。经过整治，进一步改善了境内河道水质和河容河貌。2013 年，钱桥街道进行洋溪河水流域生态休闲岛景观工程建设。工程地点为钱桥街道藕塘职教园校区内，工程量为开挖湖面、填土筑岛、构筑拦水坝等土方 40.5 万立方米，固浜笼土方 1.46 万立方米。是年，再次开展三条河河道清淤工程，整治河道 3263.8 米，清淤土方 10.7 万立方米（包括支河张泾河、栅岸里浜、迈步圩浜），并翻建原有过水涵管。同时，首次尝试对三条河进行生态河坡整治，夯打桩木护岸 330 米，建成生态护岸绿化 3300 平方米，取得较好的生态景观效果。河边时常出现有居民垂钓的情景。

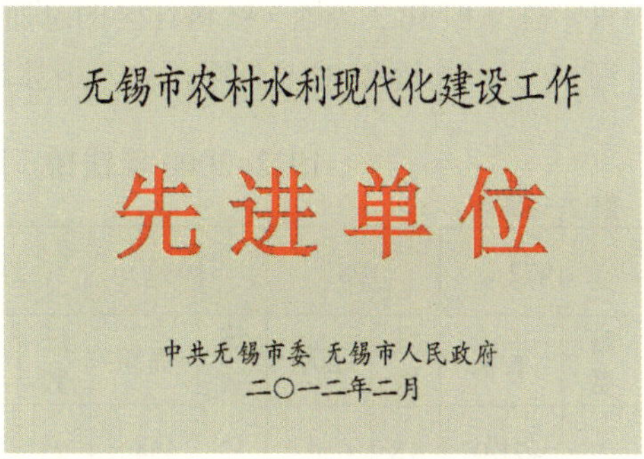


图 2—8—3　2012 年 2 月，钱桥街道被中共无锡市委、无锡市人民政府表彰为无锡市农村水利现代化建设工作先进单位

2014 年，钱桥街道整治毛村园河河道 1.2 公里，清淤土方 1.33 万立方米，新建生态护岸 705 米；整治杨毛岸河道 3.49 公里，清淤 3.45 万立方米（包括支河周基头河），新建护岸 542.68 米；继续对沿山河、邵巷浜两条黑臭河道进行全面整治。2015 年，钱桥街道整治洋溪河南岸（钱桥镇区西段）堤防 480 米，对堤防后侧进行生态景观建设，营造洋溪河风光带。

### 2002~2015 年钱桥镇、藕塘镇，钱桥街道整治河道统计表

表 2—8—3　　　　单位：条、公里、万立方米、米、平方米

| 年份 | 单位名称 | 整治条数 | 总长度 | 清淤土方 | 护岸 | 河岸绿化 |
|---|---|---|---|---|---|---|
| 2002 | 钱桥镇 | 4 | 1.80 | 2.50 | 700.00 | — |
| 2003 | 钱桥镇 | 14 | 4.90 | 11.14 | 759.22 | — |
| | 藕塘镇 | 11 | 4.34 | 5.48 | 2035.00 | — |
| 2004 | 钱桥、藕塘两镇合并后新的钱桥镇 | 20 | 9.64 | 25.34 | 7874.00 | — |
| 2005 | | 50 | 25.80 | 44.18 | 10850.00 | 24300 |
| 2006 | | 19 | 11.24 | 18.80 | 1350.00 | — |

续表 2—8—3　　单位：条、公里、万立方米、米、平方米

| 年份 | 单位名称 | 整治条数 | 总长度 | 清淤土方 | 护岸 | 河岸绿化 |
| --- | --- | --- | --- | --- | --- | --- |
| 2007 | 钱桥街道 | 17 | 8.93 | 17.81 | 2540.00 | — |
| 2008 | | 12 | 16.28 | 38.38 | 3005.00 | — |
| 2009 | | 13 | 8.53 | 13.21 | 1510.00 | — |
| 2010 | | 18 | 5.93 | 9.56 | 1100.00 | — |
| 2011 | | 5 | 3.87 | 7.80 | 850.00 | — |
| 2012 | | 9 | 7.18 | 9.12 | 3761.00 | 22000 |
| 2013 | | 11 | 6.16 | 16.56 | 1570.00 | 3300 |
| 2014 | | 14 | 12.97 | 20.02 | 3914.65 | 3500 |
| 2015 | | 17 | 8.34 | 11.08 | 748.60 | 5080 |

# 第二节　圩区建设

钱桥、藕塘地区多洼地湖荡，由于人口不断增多，古人以开拓水网、筑堤修岸来扩大农田，因此形成众多的内河圩田。民国时期，每当黄梅多雨季节，圩田一片汪洋，农田尽被淹没，农作物遭受灭顶之灾。新中国成立后，钱桥、藕塘（公社、乡）镇，钱桥街道在圩区开展圈圩筑堤、抵御洪水，修筑水闸、调节圩区水位，因地制宜、加强治理等建设。

## 一、圩区概况

钱桥地区圩区占总耕地面积的 60%。1963 年，钱桥共有大小圩区 19 只，总面积 329.27 公顷。其中千亩圩 1 只，面积 241.4 公顷；3.34 公顷以上圩 12 只，总面积 74.67 公顷；3.34 公顷以下圩 6 只，总面积 13.2 公顷。钱桥圩区的总面积占无锡县圩区面积的 3.02%。藕塘地区共有 3.34 公顷以下圩 17 只，总面积 32.8 公顷，占无锡县圩区面积的 0.302%。

1972~2000 年钱桥、藕塘（公社、乡）镇圩区面积选年统计表

表 2—8—4　　单位：只、公顷

| 乡镇 | 1972 | | 1982 | | 1989 | | 1992 | | 1997 | | 2000 | | | | | |
| --- | --- | --- | --- | --- | --- | --- | --- | --- | --- | --- | --- | --- | --- | --- | --- | --- |
| | 圩数 | 面积 | 圩数 | 面积 | 圩数 | 面积 | 圩数 | 面积 | 圩数 | 面积 | 圩数 | 面积 | 其中分类面积 | | | |
| | | | | | | | | | | | | | 水田 | 旱田 | 水面 | 其他 |
| 钱桥 | 20 | 471.07 | 18 | 610.4 | 12 | 654.8 | 23 | 959.34 | 22 | 1178.80 | 25 | 1267.41 | 500.80 | 126.47 | 159.67 | 480.47 |
| 藕塘 | 24 | 48.67 | — | — | 2 | 7.0 | 4 | 18.34 | 5 | 36.34 | 5 | 36.34 | 16.14 | 6.33 | 4.00 | 9.87 |

2013 年，钱桥街道有 10 只圩，其中万亩圩 1 只、千亩圩 3 只、小圩 6 只，圩堤总长 20.7 公里，保护面积 1806.14 公顷；拥有固定排涝站 29 座、泵 61 台，排涝动力 4505 千瓦，排涝流量 86.21 立方米/秒。2015 年，钱桥街道有 10 只圩，其中万亩圩 1 只、千亩圩 3 只、小圩 6 只，圩堤总长 20.7 公里，保护面积 1829.4 公顷；拥有固定排灌站 34 座、泵 70 台，排涝动力 4674.5 千瓦，排涝流量 88.21 立方米/秒。

## 二、圩区治理

钱桥、藕塘地区圩区地势低洼，易受洪涝威胁，圩区治理为修圩、筑堤、建闸、建排涝站，以防洪除涝。民国时期，境内圩区圩堤都为土堤，缺乏科学的防洪标准，限于经费物力，大部分堤身单薄，高度不足，遇较大雨洪，便堤决圩溃。即使遇一般雨涝，圩中心也积水难排，历来圩田土壤积湿严重，只种一季水稻，农民称之为“低地不麦之田”。水稻收获时，常常水深过膝，只能割取稻穗，亩产不过二三百斤。圩区三年之中有一年风调雨顺，稻谷稻柴得以全收，农民已经欣喜万分，农谣称“秋收稻溷浴，三年收一熟”。

新中国成立后，钱桥、藕塘（公社、乡）镇政府重视圩区治理。20 世纪 50 年代，圩区建设重

在加宽堤身、加高堤顶，组织戽水机船排除圩区积水。60年代初，贯彻“三分开、一控制”修筑圩堤要求，即内外排水分开、高低排水分开、灌溉排涝分开，控制内河水位，钱桥、藕塘公社开始修建圩内隔堤、分级闸和固定排涝站。60年代后期，圩区治理按照“二控制”（控制内河水位、控制地下水位）、“三配套”（机电动力配套、堤闸站配套、控制建筑物配套）、“四分开”（洪涝分开、内外分开、灌排分开、高低分开）的要求，逐年加以规划治理。70年代，将防洪闸改建为套闸，既防洪抗旱，又便利船只航运；结合整田平地，对圩内水系进行改造。80年代，开展标准圩建设，对圩堤高度、坡度、排涝能力，闸站质量及工程管理等制定标准，使圩区治理走上规范化道路。90年代，继续发展联圩并圩，分级排涝，全面加高加固圩堤，做足宽、高、坡“三度”标准，逐步建设石驳护岸，兴建必要的排涝站，适当增加排涝流量，对工程老化的圩口闸、站逐步进行更新改造。2013年，钱桥街道区域内形成4个联圩。

**（一）五乡联圩**

解放前，钱桥万东乡圩区唐家庄一带流行着一首民谣：“唐家庄啊唐家庄，一场大雨白茫茫，三年倒有两年荒，凤凰不落锅底塘，有女不嫁唐家庄……”

1949年春，刚刚获得解放的唐家庄翻身农民，欢欣鼓舞的心情还没来得及释放，7月12日夜里一场大雨，就把这股热情彻底浇灭。88毫米的大雨，圩里水位急剧上升，刚插下的秧苗正转青发棵时，惨遭灭顶之灾。是年颗粒无收，农民靠救济生活。

1950年，唐家庄农民在党的领导下，开展土地改革，组织互助组，走合作化道路，生产、生活面貌虽有改善，但抗洪排涝力量单薄。1954年春末夏初，连续大雨到7月初，降雨前后共3个多月，雨量444毫米。无锡市郊区农委领导组织低洼地区农民抗灾，多次开会讨论，寻求排涝抗洪方法。社冈乡七村农会主任浦听泉有一次在会上不急不慢地站起来发言：“你们说的办法都是小打小闹，各自为战，只能救小灾，不能战胜大水。我看，我们要在共产党领导下联合抗灾。众所周知，唐家庄三联河周围是这个地区的低洼地带，把西漳乡、社冈乡、洋溪乡、旺巷乡、张镇乡等五个乡的低洼田围起来，建成一个大围，只要筑十六条大坝，建成一个五乡联圩，就能有效地解决水灾。”郊区农委主任沈勇根一听，觉得有理，于是决定深入实地调查研究。会后，沈勇根按浦听泉的指点，从浦巷出发，在圩区实地考察，一圈走下来，稍作修正，拍板定案：五乡建十六条土坝，南面从黄旗岸坝开始，向东是杨毛岸坝，再是墅塘桥坝、唐家庄浦巷坝、大花岸坝、陆岸头坝、西漳岸里坝；向北是七星桥坝、英邵巷坝、顾巷坝；往西便是肖家桥坝、盛巷坝、曹家桥坝、周家弄坝、时巷冷水湾坝。筑坝后，钱桥以及靠近钱桥地区的洛社地域的低洼圩区全部围在十六条坝里面，主要包括唐家庄的东南西北圩、六十圩（即后来五洲装饰城一带），下段村的田季岸（即后来万健广场），黄江岸（即后来洛城西南角），晓星大花岸西、西漳的新桥岸及周家弄一带三百亩头（即后来的洋溪人家）。

五乡联圩方案拍板定案后，各村立即发动群众。说干就干，救灾物资、木桩、铅丝、草包马上送往现场。农民热情高涨，挑灯夜战，冒雨筑坝。尤其是洛社地界的村民，圩区虽小、利益少，但发扬风格，一样接受任务。仅三四天时间，十六条大坝差不多同时完成。站基设在唐家庄浦巷，抽水机立即投入排涝。那时，抽水机还是烧木柴的大飞轮机船，口径小，抽水慢，两天后，围区水位略有降低。实践还来不及证明五乡联圩是成功之举的时候，由于水位落差大，墅塘桥坝突然发生险情，八号铅丝像切萝卜一样把一尺直径的木桩拦腰切断，溃坝就在眼前。圩区人民几天的努力将毁于一旦。说时迟，那时快，浦听泉立即下令周伯泉的抽水机船沉入河底，挡住汹涌的水流。同时挑土、堆草包，突击抢修土坝。经过一天抢险，一条土坝就筑得严严实实。与此同时，各坝区村民吸取教训，一边抽水、一边堆土，加固坝基。又经过几天奋战，圩区水位终于下降，人们初识五乡联圩的功效。

农业合作化运动中，从互助组、初级社、高级社到人民公社，钱桥地区的农民每年冬季一边抓生产，一边搞水利建设。圩区设防从海拔 5 米到 5.2 米再到 5.5 米，逐步提高；圩田设施从土坝向块石混凝土闸发展，后来建套闸；水泵也从木柴飞轮泵向柴油机泵、电动泵发展，直到大口径乌工泵。外围圩岸从单一防洪堤发展到与灌区水渠相结合，圩区设施逐步完善合理。五乡联圩成为钱桥地区的水利成功之举，作用越来越显现。

1955 年钱桥乡五乡联圩受益面积及圩堤管理分工统计表

表 2—8—5　　单位：公顷、公里

| 单位 | 小计 | 其中 | | | | 圩堤管理分工 | | |
|---|---|---|---|---|---|---|---|---|
| | | 水田 | 旱田 | 水面 | 其他 | 起 | 讫 | 长度 |
| 五星 | 80.88 | 51.40 | 3.34 | 23.34 | 2.80 | 浦　巷 | 周家弄 | 1.00 |
| 晓星 | 98.15 | 56.54 | 8.27 | 33.34 | — | 小陆岸 | 大花岸 | 2.19 |
| 西漳 | 111.21 | 61.00 | 6.87 | 40.00 | 3.34 | 外运河 | 小陆岸 | 1.99 |
| 黎明 | 172.98 | 118.13 | 1.31 | 52.47 | 1.07 | 周家弄 | 三八圩 | 1.93 |
| 洛社 | 101.55 | 73.34 | 4.80 | 21.54 | 1.87 | 木塘桥 | 周基头 | 2.33 |
| 总计 | 564.77 | 360.41 | 24.59 | 170.69 | 9.08 | — | — | 9.44 |

（二）万亩大联圩

钱桥万亩大联圩位于钱桥镇西北部，东与无锡市郊区山北北圩相连，南至洋溪河（双河），西至洛社镇界，北至京杭运河，面积 988.1 公顷，其中水田 342.09 公顷、旱田 106 公顷、水面 132.54 公顷、其它面积 407.47 公顷。田面高程 3.5 米。

钱桥万亩大联圩是在五乡联圩钱桥镇部分的基础上扩展而成。1954 年冬，将洛社区的张镇、王（旺）巷两乡的雁荡岸、东南岸等 9 处小岸及旺巷农场与无锡市第六区第一分区的钱桥、洋溪、西漳 3 个乡的杨毛岸、大花岸等小圩及滩地联并，建成五乡联圩，面积为 573.46 公顷，堤长 9.435 公里。1958 年区域建制调整后，五乡联圩分属洛社与钱桥 2 个公社，洛社境内 268.67 公顷，钱桥境内 138.59 公顷，但名为联圩，实则分别管理。1982 年后，洛社部分则另组浜口联圩及盛巷联圩，五乡联圩便全在钱桥乡境内，包括威华、晓星、西漳、周家弄、溪北 5 个村及鸭船浜村部分土地，面积 468.54 公顷。1991 年冬扩建，称钱桥万亩大联圩，面积 698.73 公顷，堤长 10.21 公里。1997 年，又将陈家岸、沈家岸等小圩并入，东界由南西漳河移至与无锡市郊区山北北圩相接，面积增至 988.07 公顷，堤长 10.29 公里。

**万亩联圩圩堤**　1972 年，圩地顶高 5.5 米，顶宽 1.5~2.5 米，内外坡均为 1∶1.075，石护坡长度仅 230 米。

1973~1980 年钱桥万亩大联圩工程情况统计表

表 2—8—6　　单位：土方、平方米、亩、座、个、米

| 年份 | 总工程量 | | | 配套工程 | | | |
|---|---|---|---|---|---|---|---|
| | 渠道 | 堤防 | 平整土地 | 桥梁 | 涵闸 | 机房 | 石驳岸 |
| 1973 | 5700 | 6000 | 3680.00 | 3 | 1 | — | 500 |
| 1974 | 6000 | 6000 | 3840.00 | 3 | 2 | 1 | 600 |
| 1975 | 1900 | 6000 | 2080.00 | 2 | 1 | — | — |
| “五五”期内 | — | 635 | 1386.40 | — | — | — | — |
| 合计 | 13600 | 18635 | 10986.40 | 8 | 4 | 1 | 1100 |

经过 25 年建设，至 1997 年，圩堤已有长 3.89 公里的堤顶加高至 6.50 米，长 1.97 公里的堤顶加高至 5.5 米，顶宽 3 米，外坡 1∶1，内坡 1∶1.5，浆砌石驳岸 5.66 公里。

**万亩圩区“三闸”**　“三闸”指防洪闸、套闸、分段闸。钱桥乡境内五乡联圩组建时，同时建大花岸防洪闸。1956 年、1958 年又分别建成浦巷、西漳及杨毛岸 3 座套闸。圩内高低分级治理时陆续修建胜丰、顾家岸、晓星及威华墅塘桥 4 座分级抗洪闸及后底岸分级套闸。1982 年，全圩有防洪

闸1座、套闸4座、分级闸4座、分级套闸1座。1991年扩建成钱桥万亩大联圩时，新建钱桥南、北闸（投资214万元）及薛巷3座防洪闸。至1997年，共有观音堂、钱桥南、钱桥北、薛巷闸防洪闸4座，杨毛岸套闸1座，大花岸、墅塘桥、顾家岸、迈步圩、南漳、下徐桥闸分级闸6座，张泾河分级套闸1座。

**万亩圩区排涝站** 1958年建周巷头、浦巷及张泾河3座灌排两用站，至1975年，又相继建里三八、将军桥、西漳、大花岸、杨毛岸、后底岸及三百圩等7座排涝站，共装置电动机12台，动力284千瓦，排涝流量6.31立方米/秒。此后，陆续建迈步圩、观音堂、周家圩、南西漳、薛巷及利达站，废里三八、将军浜、西漳及周巷头站。1991年又建南西漳站。至1997年，共有圩口排涝站7座，动力696.5千瓦，排涝流量15.0立方米/秒；内排站4座，动力175千瓦，排涝流量3.67立方米/秒。

**（三）修圩筑堤**

1951年，钱桥乡修筑圩堤一条，全长3500米，建筑用土方800万立方米，受益面积19.2公顷。藕塘乡修筑圩堤7条，全长3140米，建筑用土方1250万立方米，动用人工7002工，受益面积386.27公顷；同时修筑堰坝1道，全长30米，建筑土方500立方米，实做人工275工，受益面积18公顷。1957年，钱桥乡西漳村在南西漳市镇之北修筑西堤坝，用于圩区防汛，坝长39米。

为防止特大水灾，区域内圩堤不断加高加宽，至1977年，钱桥、藕塘地区所有圩堤堤顶加高至5.5米以上，顶宽1.5~2.5米以上，内外坡均为1∶1.075，石护坡长230米；其中4.89公里堤顶加高至6.50米，2.97公里堤顶加高至5.5米，顶宽3米，外坡1∶1，内坡1∶1.5，浆砌块石驳岸6.66公里。

1985年，钱桥乡有18只圩，圩田面积610.43公顷，其中水旱田408.54公顷、旱田30.77公顷、水面159.3公顷、其他面积11.82公顷；圩区田面高程3.9~4.4米（吴淞零上米），筑圩堤总长20.29公里，其中堤顶高程5.51~5.99米的堤3.5公里、堤顶高程5.01~5.50米的堤12.36公里、堤顶高程5米以下的堤4.43公里；圩区新建石驳岸共计2.07公里，其中浆砌的堤1.97公里、干砌的堤0.1公里。

**1950~1992年钱桥地区小圩区修筑圩堤统计表**

表2—8—7　　单位：平方米、米

| 圩区地点 | 范围 | 圩田面积 | 筑圩年份 | 重修年份 | 规格 | 圩堤长度 |
|---|---|---|---|---|---|---|
| 缪　巷 | 南岸（棉长安） | 40000.20 | 1951 | 1957 | 1.5×2.5 | 300 |
| — | 塘公岸（支巷） | 40000.20 | — | 1992 | 1.5×2.5 | 300 |
| 缪　巷 | 缪巷~三节桥 | — | — | — | 1.2×2.5 | 540 |
| 苏　庙 | 缪巷~苏巷 | 16666.75 | 1992 | — | 1.2×2.5 | 540 |
| — | 包括支东队 | 10000.05 | 1992 | — | — | — |
| 杜　巷 | 杜巷 | 20000.10 | 1992 | — | 3.5×5.5 | — |
| 余　巷 | 余巷 | 13333.40 | 1992 | — | 3.5×5.5 | — |
| 支　巷 | 支巷 | 18666.76 | 1992 | — | 3.5×3.5 | 1200 |
| 孟家桥 | 杜巷 | 12000.06 | — | — | — | 400 |
| 后金岸 | 后金岸 | 26666.80 | 1992 | — | 3.5×5.5 | 800 |
| 鸭船浜 | 莫塘桥 | 200001.00 | 1960 | 1992 | 6.5×5.5 | 2500 |
| 鸭船浜 | 鸭船浜洋溪桥 | 80000.40 | 1957 | 1992 | 6.5×5.5 | 2500 |
| 苏　庙 | 小天墩头 | 80000.40 | 1950 | — | — | — |
| | 共计 | 557336.12 | — | — | — | 9080 |

由于圩区得到有效保护，钱桥、藕塘地区圩内居民生活、生产得到有效保障。1995年，圩内共有居民2450户、8132人，工厂63家，工农业生产总产值9.1亿元，年产商品粮34万公斤。

至2013年，钱桥街道境内形成四个联圩，即钱桥大联圩、庙塘桥河联圩、市镇联圩、向阳河联圩。钱桥大联圩位于洋溪河以北，京杭大运河以南，西至庙塘桥河、江胜桥河，东至北塘区山北镇，保护面积1017.54公顷，保护人口1.8万人；庙塘桥河联圩对庙塘桥河沿线的大张巷圩、西冯巷圩、

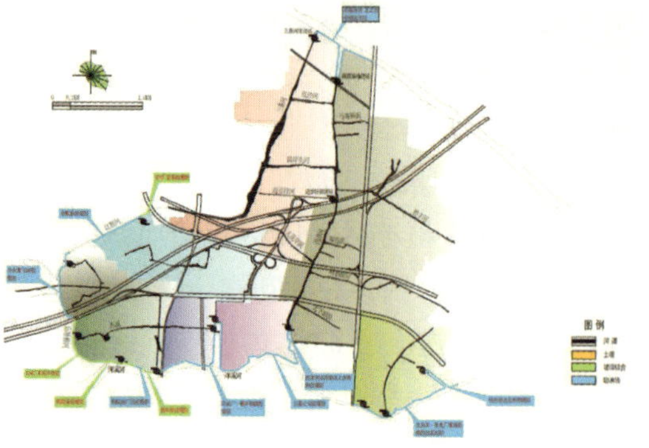

图 2—8—4　2013 年钱桥大联圩堤防现状分布图

大河头圩、庙塘桥南岸、北岸等 5 只小圩进行联圩并圩，保护面积 234.8 公顷；市镇联圩北临洋溪河，南靠锡陆路，西至钱胡路，东到沿山河，保护面积 204.54 公顷；向阳河联圩对向阳河、夏虞河沿线 10 只小圩进行联圩并圩，保护面积 224.07 公顷。另有 6 只小圩：李家圩北临洋溪河，东靠夏虞河，西至锦溢路，南到伟业路，圩堤长度 1.275 公里，其中土堤 0.235 公里，坡墙结合 0.23 公里，防洪墙 0.81 公里，高程一般在 5.5 米左右，保护面积 31.2 公顷；百罗圩北临埭上浜，东靠夏虞河，西至锦溢路，南到锡陆路，圩堤长度 0.7 公里，为钢筋混凝土标准堤防，保护面积 7.27 公顷；缪巷岸圩西临夏虞河，北靠锡陆路，南至三节桥河，东到舜新路，土堤长度 0.865 公里，保护面积 26.67 公顷；江胜桥圩位于钱桥西北部，东临江胜桥河，南靠锡宜高速、庙塘桥河，北至青上桥河，西与洛社镇张镇村交界，保护面积 24.67 公顷；藕塘市镇北圩圩堤长 0.703 公里，其中坡墙结合堤防 0.595 公里，防洪墙 0.108 公里，保护面积 20.07 公顷；藕塘市镇南圩圩堤长度 0.79 公里，其中土堤 0.14 公里、防洪墙 0.65 公里，保护面积 13.34 公顷。

图 2—8—5　2013 年戴巷段堤防

图 2—8—6　2013 年江胜桥锡宜高速公路段堤防

### 2013 年钱桥街道圩区堤防情况统计表

表 2—8—8　　　　单位：公顷、米

| 圩名 | 保护面积 | 堤防范围 | 责任单位 | 堤防长度 | 所在河道 | 其中 | | | 堤防高程 | 顶宽 | 护岸形式 | 护岸高程 |
|---|---|---|---|---|---|---|---|---|---|---|---|---|
| | | | | | | 土坡 | 坡墙结合 | 防洪墙 | | | | |
| 钱桥大联圩 | 1017.54 | 国道 G312 线~金巷 | 华新社区 | 130 | 江胜河 | — | 130 | — | 6.5 | 2.5~3.0 | 石驳岸 | 5.0 |
| | | 金巷段 | 华新社区 | 495 | 江胜河 | — | — | 495 | 6.2 | — | — | — |
| | | 戴巷段 | 华新社区 | 145 | 江胜河 | — | — | 145 | 6.2 | — | — | — |
| | | 新开河章巷段 | 洛社 | 260 | 江胜河 | — | — | 260 | 6.0 | — | — | — |
| | | 冷水湾~省道 S342 线 | 洋溪、华新 | 860 | 江胜河 | — | — | 860 | 6.2 | — | — | — |
| | | 省道 S342 线~洋溪河 | 洋溪、苏庙 | 740 | 庙塘桥河 | — | 740 | — | 6.5 | 3.5~5.0 | 防洪墙 | 4.0 |
| | | 鸭船浜段 | 苏庙社区 | 370 | 洋溪河 | — | 370 | — | 6.5 | 3.0 | 土工模袋 | 5.5 |
| | | 鸭船浜厂区段 | 苏庙社区 | 80 | 洋溪河 | — | — | 80 | 5.6 | — | — | — |
| | | 黄旗岸段 | 洋溪社区 | 240 | 洋溪河 | — | 240 | — | 6.5 | 3.0 | 土工模袋 | 5.5 |
| | | 印染厂段 | 洋溪社区 | 320 | 洋溪河 | — | — | 320 | 6.0 | — | — | — |
| | | 化工设备厂等 | 洋溪社区 | 200 | 洋溪河 | — | — | 200 | 6.0 | — | — | — |
| | | 永利桥~县钢港池 | — | 160 | 洋溪河 | — | — | 160 | 6.0 | — | — | — |

续表 2—8—8　　　　单位：公顷、米

| 圩名 | 保护面积 | 堤防范围 | 责任单位 | 堤防长度 | 所在河道 | 其中 | | | 堤防高程 | 顶宽 | 护岸形式 | 护岸高程 |
|---|---|---|---|---|---|---|---|---|---|---|---|---|
| | | | | | | 土坡 | 坡墙结合 | 防洪墙 | | | | |
| 钱桥大联圩 | 1017.54 | 雪丰钢铁段 | — | 1630 | 洋溪河 | — | — | 1630 | 6.2 | — | — | — |
| | | 三星公司~锡兴北路 | — | 800 | 洋溪河 | — | — | 800 | 5.8 | — | — | — |
| | | 西漳河南站~北路（东西岸） | — | 260 | 洋溪河 | — | — | 260 | 6.2 | — | — | — |
| | | 锡兴北路 | — | 720 | 洋溪河 | — | — | — | 5.4~5.8 | — | — | — |
| | | 钱威路 | — | 690 | 洋溪河 | — | — | — | 6.0~5.0 | — | — | — |
| | | 北沿河~陈家岸 | 钱桥社区 | 480 | 洋溪河 | — | — | 480 | 6.0 | — | — | — |
| | | 华特钢带段 | 钱桥社区 | 280 | 洋溪河 | — | — | 280 | 5.6 | — | — | — |
| | | 县钢电厂~钱桥港池口 | 钱桥社区 | 420 | 洋溪河 | — | — | 420 | 5.4 | — | — | — |
| | | 港池口~顺塘桥站 | 钱桥社区 | 240 | 钱桥港池 | — | — | 240 | 6.0 | — | — | — |
| | | 顺塘桥站~德圣仓储 | 钱桥社区 | 250 | 钱桥港池 | — | — | 250 | 5.6 | — | — | — |
| | | 港池东岸转角 | 钱桥社区 | 25 | 洋溪河 | — | — | 25 | 6.0 | — | — | — |
| | | 并铁堆场（至北塘区） | 钱桥社区 | 95 | 洋溪河 | — | — | 95 | 5.2 | — | — | — |
| | | 苏嘉港池段 | 西漳社区 | 150 | 京杭运河 | — | — | 150 | 7.0 | — | — | — |
| | | 苏嘉厂区运河段 | 西漳社区 | 410 | 京杭运河 | — | — | 410 | 6.5 | — | — | — |
| | | 苏嘉厂区港池段 | 西漳社区 | 350 | 西漳河 | — | — | 350 | 6.5 | — | — | — |
| | | 钢材市场港池段 | 西漳社区 | 350 | 西漳河 | — | — | 350 | 6.1 | — | — | — |
| | | 钢材市场运河段 | 西漳社区 | 170 | 京杭运河 | — | — | 170 | 6.0 | — | — | — |
| | | 龙之杰仓储运河段 | 西漳社区 | 190 | 京杭运河 | — | — | 190 | 6.0 | — | — | — |
| | | 小计 | — | 11510 | — | — | 1480 | 8620 | — | — | — | — |
| 向阳河联圩 | 224.07 | 夏虞桥南侧段 | 溪南社区 | 122 | 夏虞河 | — | — | 122 | 6.0 | — | — | — |
| | | 食品站北侧段 | 溪南社区 | 280 | 夏虞河 | — | — | 280 | 5.5 | 2.5 | — | — |
| | | 食品站段 | 溪南社区 | 60 | 夏虞河 | — | — | 60 | 6.0 | — | — | — |
| | | 食品站~向阳闸站 | 溪南社区 | 240 | 夏虞河 | — | — | 240 | 5.5 | 2.5 | — | — |
| | | 向阳闸站南段 | 溪南社区 | 230 | 夏虞河 | — | — | 230 | 5.5 | 2.5 | — | — |
| | | 庄家岸段 | 舜柯社区 | 305 | 沿山河 | 305 | — | — | 5.5 | 2.5~5.0 | — | — |
| | | 庄家岸排沟段 | 舜柯社区 | 105 | — | — | — | 105 | 6.0 | — | — | — |
| | | 小计 | — | 1342 | — | 305 | — | 1037 | — | — | — | — |
| 市镇联圩 | 204.54 | 洋溪大桥~孟家桥站 | 晴山蓝城 | 1050 | 洋溪河 | 570 | 480 | — | 6.0~6.5 | 2.5~3.0 | — | — |
| | | 奥波公司段 | 苏庙社区 | 120 | 洋溪河 | — | — | 120 | 5.3~5.5 | — | — | — |
| | | 后金岸段 | 苏庙社区 | 245 | 洋溪河 | — | 245 | — | 6.5 | 3.0 | 石驳岸 | 4.5 |
| | | 后金岸厂区段（金岸站东） | 苏庙社区 | 495 | 洋溪河 | — | — | 495 | 6.0 | — | — | — |
| | | 金岸站~钱桥大街 | 苏庙社区 | 750 | 洋溪河<br>沿山河 | — | — | 750 | 6.0 | — | — | — |
| | | 钱桥大街南段 | 晴山蓝城 | 160 | 沿山河 | — | — | 160 | 5.5 | — | — | — |
| | | 邵巷段 | 晴山蓝城 | 1440 | 沿山河 | 570 | 725 | 145 | 5.5~5.8 | — | — | — |
| | | 小计 | — | 4260 | — | 1140 | 1450 | 1670 | — | — | — | — |
| 李家圩 | 31.20 | 协达纵剪厂段 | 溪南社区 | 245 | 洋溪河 | — | — | 245 | 5.5 | — | — | — |
| | | 构件厂段 | 溪南社区 | 85 | 洋溪河 | 85 | — | — | 5.8~6.0 | — | — | — |
| | | 太湖水泥制品厂段 | 溪南社区 | 565 | 洋溪河 | — | — | 565 | 6.0 | — | — | — |
| | | 岸里排涝站南段 | 溪南社区 | 380 | 夏虞河 | — | 230 | 150 | 5.5 | 2.0~2.5 | 石驳护岸 | 4.2 |
| | | 小计 | — | 1275 | — | 85 | 230 | 960 | — | — | — | — |

续表 2—8—8　　单位：公顷、米

| 圩名 | 保护面积 | 堤防范围 | 责任单位 | 堤防长度 | 所在河道 | 其中 | | | 堤防高程 | 顶宽 | 护岸形式 | 护岸高程 |
|---|---|---|---|---|---|---|---|---|---|---|---|---|
| | | | | | | 土坡 | 坡墙结合 | 防洪墙 | | | | |
| 百罗圩 | 7.27 | 锦溢路~钱胡路 | 溪南社区 | 700 | 夏虞河<br>埭上浜 | — | — | 700 | 6.0 | — | — | — |
| 缪巷岸 | 26.67 | 钱胡路~新郦路 | 苏庙社区 | 865 | 夏虞河<br>三节桥河 | 865 | — | — | 6.5 | 3.0~5.0 | — | — |
| 江胜桥 | 24.67 | 锡宜高速~青上桥河 | 洋溪社区 | 550 | 江胜河 | 550 | — | — | 6.5 | 3.0 | — | — |
| 藕塘市镇南圩 | 13.34 | 振华印染厂段南街站西段 | 藕塘社区 | 365 | 洋溪河 | — | — | 365 | 5.5 | — | — | — |
| | | 南街站东侧~转角藕塘大桥两侧 | 藕塘社区 | 215 | 洋溪河 | — | — | 215 | 6.0 | — | — | — |
| | | 转角处 | 藕塘社区 | 80 | 洋溪河 | 80 | — | — | 6.0 | 2.5 | — | — |
| | | 新村站北段 | 藕塘社区 | 70 | 浜头浜 | — | — | 70 | 6.0 | — | — | — |
| | | 新村站南段 | 藕塘社区 | 60 | 浜头浜 | 60 | — | — | 6.0 | 2.5 | — | — |
| | | 小计 | — | 790 | — | 140 | — | 650 | — | — | — | — |
| 藕塘市镇北圩 | 20.07 | 藕塘大桥~北街站 | 东风社区 | 108 | 洋溪河 | — | — | 108 | 6.0 | — | — | — |
| | | 北街站~阳山法庭 | 东风社区 | 595 | 洋溪河<br>田庄浜 | — | 595 | — | 6.5 | 2.0~5.0 | 石驳护岸 | 4.5 |
| | | 唐巷里 | 东风社区 | 800 | 唐西浜 | — | — | 300 | 5.5 | 2.0~5.0 | 石驳 | 2.7 |
| | | 小计 | — | 1503 | — | — | 595 | 408 | — | — | — | — |
| 合计 | 1569.37 | — | — | 22795 | — | 3085 | 3755 | 14045 | — | — | — | — |

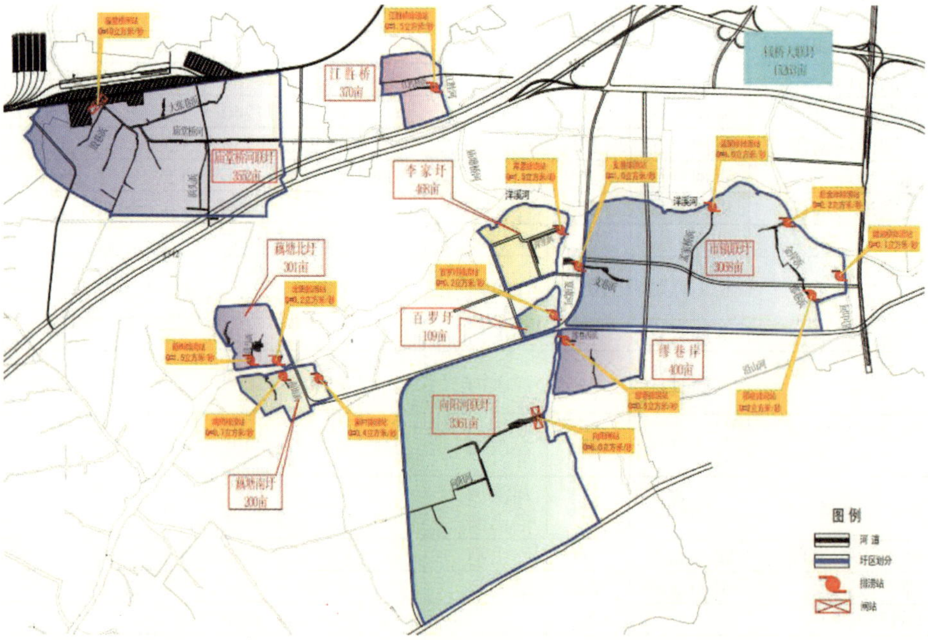


图 2—8—7　2015 年钱桥街道千亩及千亩以下圩区堤防现状分布图

### （四）威华、新丰村治水

民国时期，威华地区从威华桥往西有东南圩，位于墅塘桥西面，面积约 2 公顷；西南圩位于东南圩西面，面积约 4 公顷；东北圩位于唐家庄西南面，面积约 5.34 公顷；西北圩位于东北圩正西方向，面积约 4 公顷。村民把这 4 个圩称之为东南西北圩，即现在的五洲国际装饰城城址。三十圩位于三条河北面，唐家庄西面，面积约 2 公顷；六十圩位于唐家庄西北，面积约 4 公顷；座圩位于唐家庄北面，面积约 4.67 公顷；羊角圩位于唐家庄西北面，面积约 1.34 公顷。新丰地区舍前圩位于毛村园、刘巷东南面，面积约 1.34 公顷；二十七圩在舍前圩南面，面积约 1 公顷；三十八圩位于黄旗岸西面，面积约 1 公顷；河东圩位于杨毛岸东面，周家桥西面，面积约 10 公顷；芦柴滩位于毛村园、刘巷东南面，面积约 5.34 公顷；尖岸圩位于周基头东南面，面积约 2 公顷；田季岸圩位于下段村、肖尤巷东面，唐家庄西面，面积约 13.34 公顷。

解放前，浦巷、墅塘桥等近千亩圩田每当梅雨季节，常常一片汪洋，禾苗全部淹没水中，十年九年荒。新中国成立后，在党和政府的领导下，五星、新丰人民在圩区筑堤建闸、抗洪排涝。1954 年开始建五乡联圩，筑 16 条土坝围成五乡联圩。1957 年，兴修水利，逐步完善圩堤，在浦巷建水泥闸。1972 年冬，建设套闸，在原新丰大队杨毛岸建造杨毛岸套闸，安装 32 英寸排涝泵。1976 年冬开新河、填老河，对原闸进行更新改造，还在浦巷重新建造一座排涝站，设立排水泵。同时，把杨毛岸闸移到新开河道口，专门建造排涝站，设两只排水泵出水；在沿墅塘桥西面的新开河内建造闸门一座，在刘巷南面舍前圩沿新开河内也建造一座闸门，还另建北下塘灌溉站、单家坝三岸田节治闸、后底岸座闸，均设立排涝泵。这样，整个五星、新丰地区做到分级排水，在一小时内就可以降低内河水位。1991 年 7 月战胜特大洪灾后，钱桥镇政府为彻底根除水害，在钱桥毛渎口到西漳浜各建一座涵闸，并配大口径排涝泵，全天候专人值班。从此，威华、新丰地区圩区低洼田能旱涝保收。

**（五）圩区河闸建设**

1950 年，钱桥乡境内五乡联圩组建时，同时建大花岸防洪闸。1956 年、1958 年又分别建成浦巷、西漳及杨毛岸 3 座套闸。圩内高低分级治理时陆续修建成胜丰、顾家岸、晓星及威华墅塘桥 4 座分级防洪闸及后底岸分级套闸。1982 年，钱桥公社全圩有防洪闸 1 座、套闸 4 座、分级闸 4 座、分级套闸 1 座。1985 年，钱桥乡圩区建套闸（含防汛套）5 座、防洪闸（不含防汛套）1 座、分级闸 4 座，共建三闸 10 座。1992 年扩建成钱桥大联圩时，投资 214 万元新建钱桥南、北闸及薛巷 3 座防洪闸。至 1997 年，共有防洪闸 4 座（观音堂、钱桥南、钱桥北、薛巷闸）、套闸 1 座（杨毛岸闸）、分级闸 6 座（大花岸、墅塘桥、顾家岸、迈步圩、南漳、下徐桥闸）、分级套闸 1 座（张泾河）。

图 2—8—8　2015 年向阳闸站外观

2003 年，建成向阳闸站，工程总投资 400 万元。向阳闸站位于向阳河东端，夏虞河西岸，是向阳河联圩的主要排涝闸站。向阳闸站建有 4 台 32 英寸排涝泵及 4 米升卧式防洪闸，排涝动力 380 千瓦，排涝流量为每秒 8 立方米，排涝模数为每平方公里每秒 3.57 立方米。

图 2—8—9　2015 年庙塘桥闸站外观

2008 年，建成庙塘桥闸站。庙塘桥闸站位于南塘社区，坐落于新长铁路南、庙塘桥与殷巷浜交会处，是庙塘桥河联圩主要排涝闸站。该闸站由无锡市河海水利建筑安装工程有限公司进行施工，工程总投资 500 万元。闸站规模为 4 台 36 英寸轴流泵，分别配套动力为 130 千瓦的电动机，排涝流量为每秒 10 立方米，同时建设一座 4 米升卧式闸门。

2012 年，钱桥街道实施钱桥大联圩达标建设工程。达标建设工程有四个分部工程：钱桥南闸改建工程，位于锡兴钢铁厂内，工程规模为建设4台40英寸、1台32英寸排涝泵，配套动力为4台180千瓦、1台132千瓦，排涝流量为每秒14 立方米，内河整治护岸长度264.5米，外河防洪墙加固长度149.3米；杨毛岸排涝站增建工程，位于华新社区杨毛岸河处，工程规模为增建1台32英寸排涝泵，配套动力为1台95千瓦，增加流量为每秒2立方米；冷水湾排涝站改建工程，位于洋溪社区冷水湾，工程规模为建设2台24英寸排涝泵，配套动力为2台45千瓦，排涝流量为每秒2立方米，0.8米涵闸，新开挖河道长度89米；江胜桥河堤防工程，位于江胜桥河，新建钢筋混凝土防洪墙，长度867.5米。

2013年，进一步进行钱桥万亩大联圩建设，特别是对江胜桥河堤防进行配套工程建设在惠山区各乡镇中创首例，得到无锡市、惠山区水利局好评。

**（六）圩区排涝站建设**

1955年，钱桥地区五乡联圩时在唐家庄浦巷建成首个简易戽水机排涝点。1958年，钱桥公社建周巷头、浦巷、张泾河3座排涝站。1975年，钱桥公社相继建将军桥、里三八、西漳、大花岸、杨毛岸、后底岸、三百圩7座排涝站。20世纪八九十年代，钱桥（乡）镇又先后建迈步圩、观音堂、周家圩、南西漳、薛巷等排涝站。

1972~2000年钱桥、藕塘（公社、乡）镇圩区固定排涝站选年统计表

表2—8—9　　单位：个、公顷、座、千瓦、立方米/秒

| 年份 | （公社、乡）镇 | 圩数 | 排区面积 | 排涝站数量 | 动力 | 流量 |
|---|---|---|---|---|---|---|
| 1972 | 钱桥 | 20 | 580.80 | 8 | 332 | — |
| | 藕塘 | 24 | — | — | — | — |
| 1982 | 钱桥 | 18 | 345.74 | 17 | 462 | 7.2 |
| | 藕塘 | — | — | — | — | — |
| 1992 | 钱桥 | 23 | 783.40 | 21 | 1256 | 23.0 |
| | 藕塘 | 4 | 13.67 | 3 | 10 | 0.4 |
| 1997 | 钱桥 | 22 | 117.67 | 23 | 1467 | 24.0 |
| | 藕塘 | 5 | 23.34 | 5 | 90 | 0.8 |
| 2000 | 钱桥 | 25 | 1267.40 | 31 | 1642 | 27.0 |
| | 藕塘 | 5 | 36.34 | 5 | 90 | 0.8 |

2015年，除废除的排涝站外，钱桥街道境内共有西漳河南、西漳河北、鸭船浜、金巷、支巷、迈步圩、缪巷岸、杨毛岸、冷水湾、邵巷、三条河、塘泗桥、李家圩、藕塘北街、陈家岸、后金岸、大花岸、晓丰园区、高吴巷、孟家桥、洋溪、百罗圩、北沿河、藕塘南街、藕塘新村、藕塘新街、江胜桥、东溪、藕塘市镇北圩、藕塘市镇南圩等30座排涝站。

**西漳河排涝南站**　西漳河排涝南站位于华新社区，坐落于西漳河南端，是钱桥万亩大联圩西漳河排区主要排涝泵站，排涝区面积为368公顷。1992年春，建设钱桥南闸。随着华新地区地面沉降、城镇化发展及水情工况等多种原因，排涝动力严重不足，遇到汛期强降雨时来不及排涝。同时，由于钱桥南闸建设年代较久，设备及建筑比较陈旧，2011年8月经有关部门安全检测，排涝站安全隐患突出。2012年，钱桥街道对钱桥南闸又进行改造重建。改造重建工程由无锡市河海水利建筑安装工程有限公司进行施工，监理单位为无锡市泓利工程监理有限公司，工程投资1100万元。西漳河排涝南站改造重建后成为钱桥街道规模最大的排涝站。排涝站规模为4台40英寸轴流泵和1台32英寸潜水轴流泵，分别配套180千瓦、135 千瓦电动机，建设1.5米×1.5米涵闸1座，排涝流量为每秒14 立方米。西漳河排区排涝模数为

图2—8—10　2015年西漳河排涝南站外观

每平方公里每秒 5.84 立方米。

**西漳河排涝北站** 西漳河排涝北站位于南西漳社区，坐落于西漳河北端、西漳钢材市场港池南端。1992 年春，建设钱桥北闸，2007 年建设西漳钢材市场港池时往南移建，是钱桥大联圩西漳河排区主要排涝泵站之一，由无锡市河海水利建筑安装工程公司进行施工，工程总投资 400 万元。西漳河排涝北站规模为 3 台 36 英寸轴流泵，分别配套动力为 130 千瓦电动机，排涝流量为每秒 7.5 立方米。

图 2—8—11 2015 年西漳河排涝北站外观

**鸭船浜排涝站** 位于苏庙社区，坐落于洋溪河北岸，鸭船浜南端，是洋溪排区主要排涝站之一。鸭船浜排涝站建成于 1994 年，规模为 1 台 24 英寸轴流泵，配套动力为 45 千瓦电动机，排涝流量为每秒 1 立方米。

**金巷排涝站** 位于华新社区金巷，坐落于江胜河金巷堤防边，建成于 1995 年。金巷排涝站规模为 1 台 12 英寸轴流泵，配套动力为 18.5 千瓦电动机，排涝流量为每秒 0.2 立方米。

**支巷排涝站** 位于苏庙社区，坐落于夏虞河东岸、支巷浜西端，是市镇联圩西街排区主要排涝站之一，建成于 2000 年。支巷排涝站原规模为 1 台 24 英寸轴流泵，由于支巷浜水面积较小，调蓄能力不够，于 2008 年在原泵房间增加 1 台 12 英寸轴流泵。2015 年排涝动力为 55.5 千瓦，排涝流量为每秒 1 立方米。

**迈步圩排涝站** 位于晓丰社区迈步圩河东端，西漳河西岸，是三条河排区二级排涝站，建成于 2002 年。迈步圩排涝站规模为 24 英寸和 12 英寸轴流泵各 1 台，分别配套动力为 37 千瓦和 22 千瓦的电动机，排涝流量为每秒 1 立方米。

**缪巷岸排涝站** 坐落于夏虞河东岸，缪巷西浜西端，建成于 2002 年。缪巷岸排涝站规模为 16 英寸和 12 英寸潜水泵各 1 台，分别配套动力为 30 千瓦和 15 千瓦电动机，排涝流量为每秒 0.5 立方米，排涝模数为每平方公里每秒 1.87 立方米。

**杨毛岸排涝站** 位于华新社区，坐落于杨毛岸河南段，县钢港池北端，是杨毛岸排区主要排涝站，排涝区面积为 174.47 公顷。杨毛岸排涝站建成于 2003 年，原规模为 2 台 32 英寸轴流泵，排涝流量为每秒 4 立方米。由于排涝流量严重不足，于 2012 年又进行改建，增加 1 台 32 英寸轴流泵，由无锡市河海水利建筑安装工程公司进行施工，工程总投资 350 万元。

图 2—8—12 2015 年杨毛岸排涝站外观

杨毛岸排涝站改建后规模为 3 台 32 英寸轴流泵，分别配套动力为 95 千瓦电动机，排涝流量为每秒 6 立方米，排区排涝模数为每平方公里每秒 3.11 立方米，待后底岸站建成后，将增加至每平方公里每秒 4.51 立方米。

**冷水湾排涝站** 位于洋溪社区，坐落于冷水湾浜与江胜河交界口，为冷水湾排涝区主要排涝站，排涝区面积为 39.34 公顷。冷水湾排涝站建成于 2003 年。原规模为 1 台 12 英寸混流泵，流量仅为每秒 0.2 立方米，排涝动力明显不足，于 2012 年又进行改建，由无锡市河海水利建筑安装工程有限公司进行施工，工程总投资 180 万元。改建后规模为 2 台 24 英寸轴流泵，分别配套动力为 45 千瓦电动机，排涝流量为每秒 2 立方米。冷水湾排区排涝模数

图 2—8—13 2015 年冷水湾排涝站外观

为每平方公里每秒 5.09 立方米。

**邵巷排涝站** 位于晴山蓝城社区，坐落于钱桥市镇邵巷浜南端，是市镇联圩金岸排区主要排涝站之一，建成于 2003 年。邵巷排涝站规模为 1 台 32 英寸轴流泵，配套动力为 95 千瓦电动机，排涝流量为每秒 2 立方米。

**三条河排涝站** 位于西漳社区，坐落于京杭运河南岸，三条河北端，是钱桥大联圩三条河排区主要排涝站，排涝区面积为 199 公顷。三条河排涝站建成于 2004 年，2010 年对出水口进行改造，由无锡市河海水利建筑安装工程公司进行施工。排涝站规模为 3 台 32 英寸轴流泵，分别配套动力为 95 千瓦电动机，排涝流量为每秒 6 立方米。三条河排区排涝模数为每平方公里每秒 3.02 立方米。

图2—8—14 2015 年三条河排涝站外观

**塘泗桥排涝站** 位于晴山蓝城社区塘泗桥，沿山河西岸，建成于 2004 年。塘泗桥排涝站无引水河道，进水为 4 米×10 米蓄水池，规模为 1 台 10 英寸混流泵，配套动力为 10 千瓦电动机，排涝流量为每秒 0.1 立方米。

**顺塘桥排涝站** 位于钱桥大联圩顺塘桥河上，建成于 2013 年。顺塘桥排涝站规模为 32 英寸和 24 英寸排涝泵，配套动力分别为 95 千瓦、30 千瓦，排涝流量为每秒 3 立方米。

**李家圩排涝站** 坐落于夏虞河西岸，岸里浜东端，建成于 2004 年。李家圩排涝站规模为 24 英寸和 20 英寸轴流泵各 1 台，分别配套动力为 45 千瓦和 30 千瓦电动机，排涝流量为每秒 1.5 立方米，排涝模数为每平方公里每秒 4.81 立方米。

**藕塘北街排涝站** 位于东风社区，洋溪河北岸，建成于 2005 年。北街排涝站规模为 12 英寸混流泵 1 台，配套动力为 18.5 千瓦电动机 1 台，排涝流量为每秒 0.2 立方米。

**陈家岸排涝站** 位于钱桥社区，坐落于洋溪河北岸、玉泉河南段，是钱桥排区主要排涝站，排涝区面积为 94 公顷。陈家岸排涝站建成于 2006 年。排涝站规模为 2 台 32 英寸轴流泵，分别配套动力为 95 千瓦电动机，排涝流量为每秒 4 立方米。2015 年，排涝模数为每平方公里每秒 4.26 立方米，待顺塘桥排涝站建成后将增至为每平方公里每秒 6.91 立方米。

图 2—8—15 2015 年陈家岸排涝站外观

图2—8—16 2015 年后金岸排涝站外观

**后金岸排涝站** 位于苏庙社区，坐落于后金岸浜与洋溪河交界口，是市镇联圩金岸排区主要排涝站之一，建成于 2006 年。后金岸排涝站规模为 32 英寸和 12 英寸轴流泵各 1 台，分别配套动力为 32 千瓦和 18.5 千瓦电动机，排涝流量为每秒 2.2 立方米。

**孟家桥排涝站** 位于晴山蓝城社区，坐落于洋溪河南岸、孟家桥浜北端，是市镇联圩西街排区主要排涝站之一，建成于 2006 年。孟家桥排涝站规模为 2 台 32 英寸轴流泵，分别配套动力为 95 千瓦电动机，排涝流量为每秒 4 立方米。

图 2—8—17 2015 年孟家桥排涝站外观

**洋溪排涝站** 位于洋溪社区黄旗岸，坐落于洋溪河北岸，毛村园河南端 ，是洋溪排区主要排涝站之一，排涝区面积为83.47公顷。洋溪排涝站建成于2007年，由无锡市河海水利建筑安装工程有限公司负责施工，工程总投资150万元。

图2—8—18 2015年洋溪排涝站外观

洋溪排涝站规模为32英寸轴流泵3台，配套动力为95千瓦电动机3台，排涝流量为每秒6立方米。2015年，洋溪排区排涝模数为每平方公里每秒7.19立方米（包括东溪站、鸭船浜站）。

**百罗圩排涝站** 坐落于夏虞河西岸，建成于2007年。百罗圩排涝站规模为12英寸混流泵1台，排涝动力为22千瓦电动机，排涝流量为每秒0.2立方米，排涝模数为每平方公里每秒2.75立方米。

**北沿河排涝站** 位于钱桥社区北街北沿河与洋溪河河口，建成于2008年，是钱桥排区排涝站之一。由于北沿河排涝站位于华润公司天然气管道东侧，根据规定，在管道5米范围内的建筑物必须看得到室内，因此建设该排涝站的墙体采用钢管结构。北沿河排涝站规模为1台12英寸轴流泵，配套动力为18.5千瓦电动机，排涝流量为每秒0.2立方米。

**藕塘南街排涝站** 位于藕塘社区洋溪河南岸，藕塘南街浜北端，建成于2009年。南街排涝站规模为20英寸和12英寸轴流泵各1台，配套动力为30千瓦和18.5千瓦电动机各1台，排涝流量为每秒0.7立方米。

**藕塘新村排涝站** 位于藕塘社区的大浜头浜东岸，建成于2009年。藕塘新村排涝站规模为2台12英寸轴流泵，配套动力为18.5千瓦电动机，排涝流量为每秒0.4立方米。

图2—8—19 2015年藕塘新街排涝站外观

**藕塘新街排涝站** 位于东风社区洋溪河北岸、洗马浜南端，是藕塘市镇北圩主要排涝泵站，主要解决藕塘新街南部以及东风村渔业队的排水。藕塘新街排涝站于2010年进行改建，由无锡市水利工程有限公司进行施工，工程总投资150万元。藕塘新街排涝站规模为24英寸和20英寸轴流泵各1台，分别配套动力为45千瓦、30千瓦电动机各1台，排涝流量为每秒1.5立方米，并增设0.8米×0.8米涵闸，以便平时引排水。

图2—8—20 2015年江胜桥排涝站外观

**江胜桥排涝站** 位于江胜桥浜东端，建成于2011年。江胜桥排涝站规模为24英寸、20英寸排涝泵各1台及0.8米涵闸，分别配套45千瓦、30千瓦电动机各1台，排涝流量为每秒1.5立方米，排涝模数为每平方公里每秒6.08立方米。

图2—8—21 2015年东溪排涝站外观

**东溪排涝站** 位于洋溪地块，坐落于庙塘桥河东岸，上伟路桥南侧，东溪西端，是洋溪排区主要排涝站之一。东溪排涝站建成于2012年，由锡西城投进行建设。排涝站规模为2台24英寸轴流泵，配套动力为55千瓦电动机，排涝流量为每秒2立方米，控制水位为吴淞高程3.6米。同时建设1台12英寸轴流泵，为东溪浜景观河道调水。

**藕塘市镇北圩排涝站** 位于东风社区藕塘市镇北，有排涝站 2 座，建成于 2013 年。藕塘市镇北圩两座排涝站规模为水泵 3 台，排涝动力为 93.5 千瓦电动机，排涝流量为每秒 1.7 立方米，排涝模数为每平方公里每秒 8.47 立方米。

**藕塘市镇南圩排涝站** 位于藕塘市镇之南，共有排涝站 2 座，建成于 2013 年。藕塘市镇南圩两座排涝站规模为水泵 4 台，排涝动力为 85.5 千瓦电动机，排涝流量为每秒 1.1 立方米，排涝模数为每平方公里每秒 8.25 立方米。

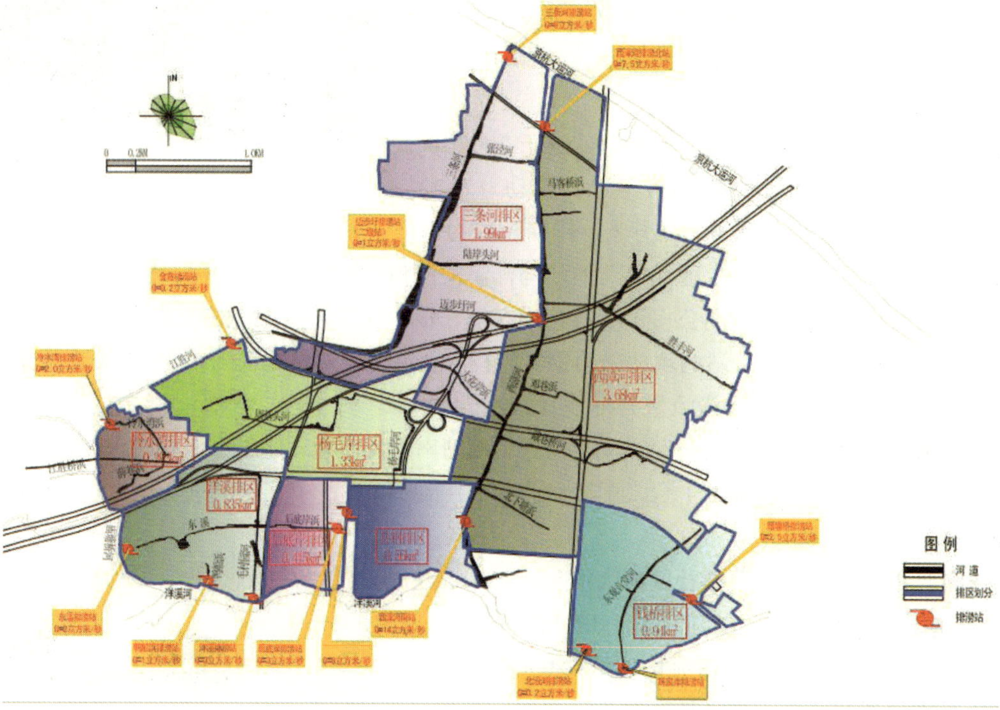


图 2—8—22 2013 年钱桥大联圩排区、排涝站位置分布现状图

## 2013 年钱桥街道排涝站设备设施基本情况统计表

表 2—8—10

| 圩区名称 | 泵站名称 | 水泵型号/(台) | 电机型号/(台) | 电柜型号/(台) | 启闭机/(台) | 回水闸门（米） | 供电 |
|---|---|---|---|---|---|---|---|
| 钱桥大联圩 | 西漳河排涝南站 | 40ZLB-125/4 | JSL14-12-180 千瓦/4 | XL-21-185 千瓦/4 | QLC-3 吨/1 | 1.5*1.5 | 毛村线、毛贰支线 01 号，1250 千伏变电站（无锡前力电器安装有限公司） |
| | | 800QZ-100/1 | JJL-135 千瓦/1 | XL-21-120 千瓦/1 | | | 晓星线 36 号 |
| | 西漳河排涝北站 | 900ZLB-180/3 | JSL137-12-130 千瓦/3 | JJL-135 千瓦/3 | QLC-3 吨手动/1 | 1.5*1.5 | 苏嘉供电 |
| | 三条河排涝站 | 800ZLB-125/3 | JSL12-10-95 千瓦/3 | XL400A-95 千瓦/3 | — | 0.8*0.8 | 箱变：QXB(II）-1，400 千伏安，10 千伏隆达线，材料支线 05 号 |
| | 杨毛岸排涝站 | 800ZLB-125/3 | JSL12-10-95 千瓦/3 | XL-21-95 千瓦降压启动柜/4 | QLC-2 吨手动/1 | 0.8*0.8 | 综合变（XW6-10 400 千伏安）箱变，舜柯线，圩排直线 06 号 315 千伏安 |

续表 2—8—10

| 圩区名称 | 泵站名称 | 水泵型号/（台） | 电机型号/（台） | 电柜型号/（台） | 启闭机/（台） | 回水闸门（米） | 供电 |
|---|---|---|---|---|---|---|---|
| 钱桥大联圩 | 后底岸排涝站（在建） | 800ZLB-125/1 | JSL12-10-95 千瓦/1 | — | SFZ-3 吨手电/1 | 0.8*0.8 | 综合变(XW6-10 400 千伏安)箱变，舜柯线，圩排直线 06 号 315 千伏安 |
| | | 600ZLB-160/1 | Y280M-8-45 千瓦/1 | — | 双向 3 吨手动/1 | 1.2*1.2 | |
| | 洋溪排涝站 | 800ZLB-160/1 | JSL126-10-95 千瓦/1 | JJL-100 | QLC-3 吨手动/1 | 0.8*0.8 | 200 千伏变，振兴线水利支线 02 号 |
| | | 600ZLB-125/1 | Y280M-8-45 千瓦/1 | JJL-55 | | | |
| | 鸭船浜排涝站 | 600ZLB-160/2 | Y280M-8-45 千瓦/1 | 45 千瓦降压启动柜/1 | — | — | 黄西线联排支线 02 号 |
| | 陈家岸排涝站 | 800ZLB-160/2 | JSL126-10-95 千瓦/2 | XL-400A-95 千瓦/2 | QLC-2 吨手动/1 | 0.8*0.8 | 县钢泵工线 1105 |
| | 顺塘桥排涝站（在建） | 800ZLB-125/1 | JSL12-10-95 千瓦/1 | — | SFZ-5 吨手电/1 | 1.5*1.5 | 在建 |
| | | 600QZB-100D | 30 千瓦/1 | — | | | |
| | 金巷排涝站 | 300HW-8A/1 | Y180M-4-18.5 千瓦/1 | QJ3-22/1 | — | — | 金巷泵 II 线 2305 |
| | 冷水湾排涝站 | 600ZLB-160/2 | YL280-8-45 千瓦/2 | XL-21-50 千瓦/2 | QLC-2 吨手电/1 | 0.8*0.8 | 200 千伏安箱变（XW6-1）高雄线 农机支线 07 号 |
| | 北沿河排涝站 | 300ZB-5.7B/1 | Y180M-4-18.5 千瓦/1 | JJL-22 千瓦/1 | — | — | 南街 11 线 |
| | 迈步圩排涝站 | 600ZLB-160/1 | Y280S-8-37 千瓦/1 | JJL-50 千瓦/1 | — | — | 陆岸线 |
| | 东溪排涝站 | 600ZLB-125/2 | Y280S-8-45 千瓦/2 | — | — | 1.2*1.2 | — |
| | | 350QZB-70D | — | — | — | | — |
| 市镇联圩 | 后金岸排涝站 | 800ZLB-160/1 | JSL126-10-95 千瓦/1 | XL-400A-95 千瓦/1 | QLC-3 吨手电两用/1 | 0.8*0.8 | 春丰线 竞丰支线01号 315 千伏安 |
| | | 300ZLB-5.7A/1 | Y180M-4-18.5 千瓦/1 | XL-21-22 千瓦/1 | | | |
| | 邵巷排涝站 | 800ZLB-160/1 | JSL126-10-95 千瓦/1 | 95 千瓦降压启动柜/1 | — | 0.8*0.8 | 梅林线三八支线 03 号 400 千伏安 |
| | 孟家桥排涝站 | 800ZLB-160/2 | JSL126-10-95 千瓦/2 | SLD-300A-95 千瓦/2 | QL-50-SD/1 | 0.8*0.8 | YBM-12 箱变 310 千伏安，奥波线政府支线 |
| | 支巷排涝站 | 500ZLB-160/1 | Y280S-8-37 千瓦/1 | 40 千瓦降压启动柜/1 | — | — | 400 千伏安综合黄西线2号，支巷浜泵 II 线 2101 |
| | | 300ZB-5.7B/1 | Y180M-4-18.5 千瓦/1 | JJ-22/1 | — | — | |
| | 塘泗桥排涝站 | 200HW/1 | Y160M-4-11 千瓦/1 | QJ3-22/1 | — | — | 溏泗桥 1 线 1103，梅林线溏泗支线 03 号 400 千伏安 |
| 藕塘市镇 北圩 | 北街站 | 300HW/1 | Y180M-4-18.5 千瓦/1 | QJ3-22/1 | — | — | — |
| | 藕塘新街排涝站 | 600ZLB-160/1 | $Y_2$280M-8-45 千瓦/1 | XL-21-55 千瓦/1 | QLC-2 吨手电/1 | 0.8*0.8 | 渔业村变 综合变 400 千伏安，渔业村线（二） |
| | | 500ZLB-70/1 | $Y_2$250M-8-30 千瓦/1 | XL-21-40 千瓦/1 | | | |

续表 2—8—10

| 圩区名称 | 泵站名称 | 水泵型号/(台) | 电机型号/(台) | 电柜型号/(台) | 启闭机/(台) | 回水闸门（米） | 供电 |
|---|---|---|---|---|---|---|---|
| 藕塘市镇南圩 | 南街排涝站 | 500ZLB-70A/1 | Y250M-8-30 千瓦/1 | XL-21-40 千瓦/1 | QLC-3 吨手动/1 | 0.8*0.8 | 南街变 400 千伏安，南街 11 线 |
| | | 300ZLB-5.7A/1 | Y180M-4-18.5 千瓦/1 | XL-21-22 千瓦/1 | | | |
| | 藕塘新村排涝站 | 300ZLB-5.7A/2 | Y180M-4-18.5 千瓦/2 | XL-21-22 千瓦/2 | — | — | 东浜头变 200 千伏安，苹果线（东浜支线 01） |
| 百罗圩 | 百罗圩排涝站 | 300HW-8A/1 | Y180M-4-18.5 千瓦/1 | QJ3-22/1 | — | — | — |
| 缪巷岸 | 缪巷排涝站 | 300HW-8A/1 | Y180M-4-18.5 千瓦/1 | QJ3-22/1 | — | — | 200 千瓦缪中一线，1404，锦溢线，缪中支线 06 号 |
| | | 400HW/1 | Y250M-4-30 千瓦/1 | JJL-30 千瓦/1 | — | — | |
| 江胜桥圩 | 江胜桥排涝站 | 500ZLB-70/1 | $Y_2$250M-8-30 千瓦/1 | XL-21-40 千瓦/1 | Z30 千伏直联式启闭机/1 | 0.8*0.8 | 庙前 1 变 200 千伏安，高雄线桥浅支线 26 号 |
| | | 600ZLB-160/1 | $Y_2$280M-8-45 千瓦/1 | XL-21-50 千瓦/1 | | | |
| 李家圩 | 岸里排涝站 | 500ZLB-70/1 | Y250M-8-30 千瓦/1 | 30 千瓦降压启动柜/1 | QLC-2 吨手动/1 | 0.8*0.8 | 综合变 160 千伏安，黄西线岸排支线 16 号 |
| | | 600ZLB-160/1 | Y280M-8-45 千瓦/1 | 45 千瓦降压启动柜/1 | | | |

2014 年，钱桥街道在工业园区夏虞河新建防洪墙 559 米，并对 720 米长的堤防进行整治。2015 年，钱桥街道对辖区内 32 座泵站中的 20 座进行信息化改造，水利站可对其进行远程监控，大大提高了防汛工作的快速反应能力。

图 2—8—23　2015 年钱桥街道千亩及千亩以下圩区闸站、排涝站现状分布图

2015 年钱桥街道闸站、排涝站基本情况统计表

表 2—8—11　　单位：公里、公顷、英寸/台、千瓦/台、立方米/秒、万元

| 圩区名称 | 圩堤长度 | 保护面积 | 泵站名称 | 建设年份 | 设备数量 | | 排涝流量 | 投入资金 |
|---|---|---|---|---|---|---|---|---|
| | | | | | 水泵 | 电机 | | |
| 钱桥大联圩 | 11.51 | 1017.54 | 西漳河排涝南站 | 1992<br>2013 改建 | 40/4、32/1 | 180/4、132/1 | 14.0 | 1100 |
| | | | 西漳河排涝北站 | 1992<br>2007 移建 | 36/3 | 130/3 | 7.5 | 400 |
| | | | 三条河排涝站 | 2004<br>2010 改造 | 32/3 | 95/3 | 6.0 | 150 |
| | | | 杨毛岸排涝站 | 2003<br>2012 增建 | 32/3 | 95/3 | 6.0 | 350 |
| | | | 后底岸排涝站 | 2013 | 32/1、24/1 | 95/1、45/1 | 3.0 | 260 |
| | | | 洋溪排涝站 | 2007 | 32/1、24/1 | 95/1、45/1 | 3.0 | 150 |
| | | | 鸭船浜排涝站 | 1994 | 24/1 | 45/1 | 1.0 | 50 |
| | | | 东溪排涝站 | 2012 | 24/2 | 55/2 | 2.0 | 200 |
| | | | 陈家岸排涝站 | 2006 | 32/2 | 95/2 | 4.0 | 150 |
| | | | 顺塘桥排涝站 | 2013 | 32/1、24/1 | 95/1、30/1 | 2.5 | 300 |
| | | | 金巷排涝站 | 1995 | 12/1 | 18.5/1 | 0.2 | 15 |
| | | | 冷水湾排涝站 | 2003<br>2012 改建 | 24/2 | 45/2 | 2.0 | 180 |
| | | | 北沿河排涝站 | 2008 | 12/1 | 18.5/1 | 0.2 | 20 |
| | | | 迈步圩排涝站 | 2002 | 24/1、12/1 | 37/1、22/1 | 1.0 | 40 |
| | | | 大花岸排涝站 | 2013 改建 | 12/2 | 18.5/2 | 0.4 | 27 |
| | | | 晓丰园区排涝站 | — | 12/1 | 18.5/1 | 0.2 | 8 |
| | | | 高吴巷排涝站 | — | 12/1 | 18.5/1 | 0.2 | 14 |
| 庙塘桥河联圩 | — | 236.80 | 庙塘桥闸站 | 2008 | 36/4 | 130/4 | 10.0 | 500 |
| 向阳河联圩 | 1.33 | 224.07 | 向阳闸站 | 2003 | 32/4 | 95/4 | 8.0 | 400 |
| 市镇联圩 | 3.01 | 204.54 | 后金岸排涝站 | 2006 | 32/1、12/1 | 95/1、18.5/1 | 2.2 | 150 |
| | | | 邵巷排涝站 | 2003 | 32/1 | 95/1 | 2.0 | 50 |
| | | | 孟家桥排涝站 | 2006 | 32/2 | 95/2 | 4.0 | 250 |
| | | | 支巷排涝站 | 2008 | 24/1、12/1 | 37/1、18.5/1 | 1.0 | 50 |
| | | | 塘泗桥排涝站 | 2004 | 10/1 | 10/1 | 0.1 | 15 |
| 李家圩 | 1.08 | 31.20 | 岸里排涝站 | 2004 | 24/1、20/1 | 45/1、30/1 | 1.5 | 240 |
| 百罗圩 | 0.70 | 7.27 | 百罗圩排涝站 | 2007 | 12/1 | 22/1 | 0.2 | 15 |
| 缪巷岸 | 1.08 | 26.67 | 缪巷排涝站 | 2002 | 16/1、12/1 | 30/1、15/1 | 0.5 | 20 |
| 江胜桥 | 0.55 | 24.67 | 江胜桥排涝站 | 2011 | 24/1、20/1 | 45/1、30/1 | 1.5 | 180 |
| 藕塘市镇北圩 | 0.65 | 20.07 | 北街站 | 2005 | 12/1 | 18.5/1 | 0.2 | 15 |
| | | | 藕塘新街排涝站 | 2010 | 24/1、20/1 | 45/1、30/1 | 1.5 | 150 |
| 藕塘市镇南圩 | 0.60 | 13.34 | 南街排涝站 | 2009 | 20/1、12/1 | 30/1、18.5/1 | 0.7 | 110 |
| | | | 藕塘新村排涝站 | 2009 | 12/2 | 18.5/2 | 0.4 | 40 |
| 合计 | 20.51 | 1806.17 | 32 座 | — | 65 台 | 4582 | 87.0 | 5550 |

## 三、圩区管理

钱桥、藕塘地区有较大规模的圩区。圩区是否安全，不但影响到当地的农作物收成，而且影响到当地的经济发展，更主要是关乎人民生命财产的安全。钱桥、藕塘（公社、乡）镇对圩区管理一向十分重视。1962 年 3 月始，钱桥、藕塘公社严格执行无锡县农业水利局制定的《无锡县圩堤涵闸山塘水库管理养护条例》，加强圩区管理。

1981 年起，钱桥、藕塘公社执行无锡县公布的《无锡县人民政府关于保护圩区水利工程设施的布告》，公社管委会规定区域内圩堤、涵闸、泵站、石驳岸和其周围的绿化树木，属于人民集体所

有，由圩区管委会管理，任何单位和个人不得侵占，不准破坏；严禁在堤顶和堤坡上扒口破堤、挖土取泥、铲草放牧、埋葬骨灰、建窑盖房和种植影响水土保护的农作物；严禁撬取、盗卖护堤石驳岸石料和挪用、盗窃抢险器材等物资；任何单位和个人不得擅自堵塞涵洞、强令启闭闸门、私自启动机泵；干部群众都有责任保护好圩区水利工程设施；对保护圩区水利工程设施有功的人员和单位，给予表彰和奖励；对破坏圩区水利工程设施的，查明事实，追究责任，严肃处理，对情节恶劣、后果严重的，依法惩办。

1982年10月6日，钱桥人民公社成立水利委员会。同时，大队成立水利管理领导小组，由大队农业主任、灌区主任、管水员代表、责任户代表3~5人组成。农业主任和灌区主任分别担任大队水利管理领导小组正副组长，以加强对圩区的管理。

1997年8月，钱桥镇人民政府专门成立镇区联圩防洪保安工作管理委员会。镇区联圩防洪保安工作管理委员会是镇政府直接领导的管理联圩工程和设施，并协调圩区管理工作的职能机构，在业务上接受无锡县农机水利局和水利管理站的指导。联圩管委会划定东起塘泗桥浜在县水泥制品厂西围墙至钱陆路北侧部分，南从梅林食品厂东沿钱陆路北侧至育才路东侧，西从育才路经镇政府南侧新街、工业公司西侧到苏庙奥波公司，北起奥波公司黄沙仓库沿运河南岸经后金岸排涝站到塘泗桥浜为圩区范围。管委会规定圩区内排涝设施、设备实行责任管理，不得推诿扯皮；水位达到3.5米时实施关闸排涝方案，如需预降水位，由镇防汛抗旱指挥部统一部署，任何单位不得擅自作主；切实保护圩岸及抗洪设施的牢固及安全，按照圩区设施使用管理规定的条款核查、监督圩区设施使用情况，对违章使用和损毁圩区设施的事端作出处理。2015年，区域内圩区由水利农机服务站负责管理。

## 第三节　农田排灌

2000多年前，钱桥、藕塘地区农民就用龙骨水车排灌农田。民国11年（1922），区域内开始有戽水机船进行排灌水。民国16年，开原乡藕塘地区田庄巷、浜顶自然村在无锡县内最早使用电力灌溉。20世纪50年代，钱桥、藕塘地区农田排灌仍普遍用戽水机和人力龙骨水车。60年代始，才逐步以电力排灌替代人力、畜力和机械排灌。

### 一、人畜力排灌

民国时期，在水稻栽秧季节，钱桥、藕塘农民就用龙骨水车车水灌田，然后栽秧。一般都是以6人轴水车车水，以自然村为工作单位，6人一组上龙骨车轮番车水，有的以小时计算时段，3个小时为一个工作时段；有的以水车活动斗板轮回一转拨一根筹码计算时段。一个时段结束，换上第二批人，连续轮番上岗，歇人不歇车，日夜车水。每部水车每天约灌溉农田6~8亩。

图2—8—24　民国时期境内农民用2人轴龙骨水车灌水

民国11年，开原乡有耕牛304头，畜力水车230部；人力水车148部，灌溉耕地面积7179公顷，其中圩田1350余公顷。

20世纪50年代初，钱桥、藕塘地区人力水车和牛力水车仍是农田灌溉的主要工具。

1950年钱桥西漳地区人力水车及机船灌排点统计表

表2—8—12　　单位：部、个

| 供水点名称 | 人力水车 | 机船点 | 供水点名称 | 人力水车 | 机船点 |
|---|---|---|---|---|---|
| 家边岸 | 2 | — | 新桥岸 | 4 | — |

续表 2—8—12　单位：部、个

| 供水点名称 | 人力水车 | 机船点 | 供水点名称 | 人力水车 | 机船点 |
|---|---|---|---|---|---|
| 杨树岸 | 2 | — | 心正桥岸 | 3 | — |
| 上下黄天荡 | 2 | — | 影息墩 | 2 | — |
| 黄泥沟 | 1 | — | 猪槽头 | 1 | — |
| 栅岸里 | 3 | — | 庙桥头 | — | 1 |
| 西三岸 | 1 | — | 大水井 | — | 1 |
| 八拾岸 | 2 | — | 三大坝 | — | 1 |

## 二、机械排灌

民国11年（1922）后，无锡制造内燃机，开始时生产8~18马力内燃机，后生产20~25马力内燃机，发展成柴油冷进车。钱桥、藕塘地区的业主至无锡城内购买机械排灌设备安装在木船上，成为“戽水机船”，为农户流动灌溉农田，收取费用。民国29年12月，第四区（即原开原乡、富安乡）有104条戽水机船，每月需用柴油312吨。解放前，胜丰、西漳地区少有农田使用戽水机船灌溉种植水稻，仅张姆泾陈尧芳和唐文祥各有1条戽水机船（租用），其余农田均用人力、畜力提水灌溉农田。

1949年4月至1950年，钱桥的五星和新丰地区有11条戽水机船，分别是杨思桥有杨宝泉1条电动机船、杨荣宝1条戽水机船（租用）、黄阿二1条戽水机船；姚巷有姚芳林1条戽水机船；周家桥有夏根荣1条戽水机船（租用）；周基头有周伯泉、周仲荣兄弟两人2条戽水机船，陆金宝2条戽水机船，周和尚1条戽水机船；下段村有盛杏林、盛荣林兄弟二人合有1条戽水机船；周家弄蔡培根等4户合购1条戽水机船。机船农忙时灌溉，秋季装配碾米机，为农户碾米。这种戽水机船灵活方便，颇受村民欢迎，一直使用到建立电力灌溉站后才逐渐淘汰。

### 1952年藕塘地区戽水机船统计表

表2—8—13

| 类别 | 数量 | 合计 |
|---|---|---|
| 引擎类型 | 冷进10台、柴油6台、火油1台 | 17台 |
| 马力 | 冷进226匹、柴油114匹、火油14匹 | 354匹 |
| 马力 | 硬柴9匹、柴油8匹 | 17匹 |
| 经营性质 | 独资16家、合伙1家 | 17家 |
| 自有水泵 | 12英寸4台、11英寸6台、10英寸12台 | 22台 |
| 租用水泵 | 12英寸1台 | 1台 |
| 实用水泵 | 12英寸48台、11英寸88台、10英寸120台 | 256台 |
| 木船 | 自有9条、租用8条 | 17只 |

民国至解放初期，钱桥、藕塘地区的戽水机船均为私人所有，一般用来为农户提水灌溉水稻田。圩田区如遇到大水，戽水机船也用来排涝。灌溉、排涝后，船主收取一定的灌溉费或排涝费。灌溉费按灌溉的总面积摊派到户，如在圩田排水，按每小时收费。50年代中期，藕塘桥桥北东风地区机船灌溉站有：田庄巷与漳漕巷之间设有一个机船灌溉站；唐西与小王巷之间设有一个机船灌溉站；北一、北二、周家里、西毛蓬共用一个机船灌溉站；刘古桥、芦朱巷、湾里共用一个机船灌溉站；马巷芝麻叉浜有一个机船灌溉站；刘古桥横浜上有一个机船灌溉站。钱桥、藕塘地区机船灌溉一直使用到1958年建造电力灌溉站之后，才逐渐被电灌站所替代。

图2—8—25　20世纪50年代钱桥、藕塘地区使用的戽水机船

**1969 年、1970 年藕塘公社机灌、电灌水费核算表**

表 2—8—14　　单位：元

| 项目 | | 机灌 | | | | | 电灌 | | | | |
|---|---|---|---|---|---|---|---|---|---|---|---|
| | | 合计 | 每时平均 | | 每亩平均 | | 合计 | 每时平均 | | 每亩平均 | |
| | | | 1969 年实绩 | 1970 年 | 1969 年实绩 | 1970 年 | | 1969 年实绩 | 1970 年 | 1969 年实绩 | 1970 年 |
| 水费 | | 4477.96 | 2.67 | 2.58 | 3.75 | 2.92 | 34093.10 | 2.29 | 2.59 | 2.39 | 2.36 |
| 水费成本 | | 4475.96 | 2.67 | 2.46 | 3.75 | 2.92 | 33304.60 | 2.25 | 2.54 | 2.39 | 2.30 |
| 其中 | 燃料 | 2030.03 | 0.92 | 1.17 | 1.29 | 1.32 | 17099.64 | 1.29 | 1.30 | 1.36 | 1.18 |
| | 附工资及加费 | 736.64 | 0.64 | 0.42 | 0.90 | 0.48 | 5481.83 | 0.33 | 0.42 | 0.35 | 0.38 |
| | 维修费 | 689.86 | 0.60 | 0.40 | 0.85 | 0.45 | 6380.97 | 0.41 | 0.49 | 0.44 | 0.44 |
| | 基本折旧费 | 262.21 | 0.10 | 0.02 | 0.14 | 0.17 | 971.66 | 0.06 | 0.07 | 0.07 | 0.07 |
| | 其它直接费 | 504.72 | 0.18 | 0.30 | 0.25 | 0.33 | 1021.16 | 0.05 | 0.08 | 0.05 | 0.07 |
| | 经营管理费 | 252.50 | 0.23 | 0.15 | 0.32 | 0.17 | 2349.34 | 0.11 | 0.18 | 0.12 | 0.16 |

## 三、电力排灌

民国 14 年（1925），供农村用电的第一座 33 千伏邓巷变电所建成运行，供钱桥、藕塘等地照明用电和开原乡电力戽水。民国 16 年，开原乡利用武进戚墅堰发电厂的电力在藕塘浜顶、田庄巷（今属钱桥街道东风社区、南塘社区）两处建立电力戽水站，搭建一座临时房屋，电源线架到房屋处，电动机与戽水机（水泵）装在木底架上（14.71 千瓦的感应式电动机和 10 英寸离心式水泵），灌溉农田 60 公顷，首创无锡县电力戽水。

20 世纪 60 年代初期，钱桥、藕塘公社都建立机电抽水站，属全民事业单位。两个公社的机电抽水站各有机船十多条，分配到各个大队。有条件的生产队实行机船灌水，没有条件的生产队仍用龙骨水车车水。当时，国营机船和私营机船共同存在，同样承担农田的戽水任务。60 年代末至 70 年代，由于区域内电力事业的发展，钱桥、藕塘公社各大队、生产队普遍建立电力灌溉站。电力灌溉站替代人力、畜力为主的“三车”（风力水车、人力水车、畜力水车）和戽水机船，减轻钱桥、藕塘地区农民的劳动强度，有力地推动农业生产发展。

### （一）公社（乡、镇）级电力灌溉站

1969 年 5 月 10 日，无锡县机电灌溉直属站由查桥吼山迁至钱桥公社，筹建无锡县农机修造厂，承担全县农业灌溉机械的修配任务。

70 年代，钱桥、藕塘公社机电灌溉站（一般称抽水站）在各大队建立机电灌溉分站，属公社机电灌溉站管理。各大队的机电灌溉分站一般灌溉水稻面积为 66.67~100 公顷。每个大队灌溉站设灌区主任，具体负责农田的灌水工作。大队灌溉站如果有不能送达水的生产队田块，则由抽水站的流动机船负责灌水。是时，钱桥、藕塘地区不再用人工车水灌溉农田。

**1958~1973 年钱桥公社灌溉站建设选年统计表**

表 2—8—15

| 建设年份 | 灌溉站名称 | 机房(座) | 配电变(千伏安) | 水泵 | | | | 进排涵洞(只) | 渡槽(个) | 倒虹吸(个) | 干渠长(米) | 支渠长(米) | 净物高程(米) | 流量(米/秒) | 灌溉面积(公顷) |
|---|---|---|---|---|---|---|---|---|---|---|---|---|---|---|---|
| | | | | 型号 | 动力(马力) | 口径(英寸) | 数量(台) | | | | | | | | |
| 1958 | 上秦巷 | 3.0 | 100 | 混 | 54 | 16 | 1 | — | — | 2 | 2370 | 2600 | 7.0 | 0.28 | 118.94 |
| 1959 | 天灯头 | 2.0 | 100 | 双 | 40 | 18 | 1 | — | — | — | 300 | 3500 | 3.9 | 0.32 | 118.87 |
| 1962 | 西水车 | 1.5 | 100 | 混 | 40 | 16 | 1 | — | 3 | — | 1350 | 2830 | 4.1 | 0.26 | 104.07 |
| 1962 | 时　巷 | 1.0 | — | 混 | 18 | 12 | 1 | — | 1 | — | 500 | 1450 | 3.7 | 0.13 | 40.47 |
| 1970 | 将军浜 | 2.0 | 100 | 离 | 18 | 10 | 1 | — | 1 | 1 | 650 | 1100 | 2.9 | 0.14 | 36.60 |
| 1971 | 陈家岸 | 1.0 | 50 | 离 | 20 | 11 | 1 | — | — | — | 310 | 1200 | 2.6 | 0.12 | 21.60 |

续表 2—8—15

| 建设年份 | 灌溉站名称 | 机房（座） | 配电变（千伏安） | 水泵 | | | | 进排涵洞（只） | 渡槽（个） | 倒虹吸（个） | 干渠长（米） | 支渠长（米） | 净物高程（米） | 流量（米/秒） | 灌溉面积（公顷） |
|---|---|---|---|---|---|---|---|---|---|---|---|---|---|---|---|
| | | | | 型号 | 动力（马力） | 口径（英寸） | 数量（台） | | | | | | | | |
| 1972 | 花园浜 | 2.0 | 75 | 混 | 41 | 14 | 1 | — | 1 | — | 4200 | — | 6.2 | 0.23 | 89.74 |
| 1973 | 许巷浜 | 2.0 | — | 离 | 21 | 12 | 1 | — | — | — | 1000 | 500 | 2.5 | 0.17 | 38.67 |
| | 岸　里 | 2.0 | — | 离 | 25 | 12 | 1 | 1 | — | — | 700 | 1000 | 2.5 | 0.17 | 34.50 |

**2000 年钱桥、藕塘镇电力灌溉统计表**

表 2—8—16

| 镇名 | 灌区（个） | 灌溉面积（公顷） | 灌溉泵站（座） | 10 英寸以上水泵（台） | 动力（千瓦） |
|---|---|---|---|---|---|
| 钱桥镇 | 12 | 726.67 | 46 | 50 | 533 |
| 藕塘镇 | 9 | 533.34 | 61 | 64 | 742 |

### （二）大队、村、社区电力灌溉站

***西漳地区电力灌溉站*** 1958 年，钱桥、藕塘建立公社、大队、生产队后，西漳地区开展整田平地，兴修水利，逐步建筑地下渠道，建立固定电灌站，替代人力水车及机船点取水灌溉。胜丰北片于 1962 年在高石头建造第一座电力灌溉站，南片于 1968 年在王巷建造第二座电力灌溉站。到 70 年代，东片建造三大坝、大水沟两座电灌站。东塘、南漳、孙家部分田块由胜丰高石头电灌站供水。到 80 年代后期，新建南西漳新桥沟电灌站，原胜丰村高石头电灌站灌溉的农田由南西漳新桥沟电灌站灌溉。同时，建造张泾河闸大电灌站，负责新桥岸、家边岸、杨树岸、上下黄天荡、栅岸里区域农田的灌溉；建造黄泥沟站、影息墩站、猪槽头站 3 座电力小灌溉站，灌溉心正桥岸区域的农田；再建造两座小电灌站，负责灌溉百拾岸、西三岸地区的农田。

西漳地区有两片低洼内涝田，于是在 20 世纪 80 年代再建黄泥井、张泾闸排涝站。1991 年，在南北河建北闸大型排涝站，在友谊桥北建大型排涝站，淘汰黄泥井、张泾闸排涝站。1993 年，在京杭大运河龙亨沟地段建造第三座电力灌溉站，此后高石头灌溉站不再使用。2002 年，王巷灌溉站在农田不种稻麦后被废除。

至 21 世纪初，西漳地区耕地面积逐渐减少，镇、村两级办工业园区，耕地大面积被征用办厂。2015 年，区域内仅栅岸里还有 133334 平方米土地继续种植粮食、蔬菜等，还保留栅岸里一座小型电力灌溉站灌溉农田，其余各大小灌溉站全部淘汰。

***苏庙地区电力灌排站*** 1964~2008 年，苏庙地区水利工程重点建设排灌站 8 座，用于灌溉排涝。苏庙村在改革开放中，积极做好水利保障，为土地承包村民服务。

**1964~2008 年苏庙地区排灌站基本情况统计表**

表 2—8—17　　单位：公里、公顷、英寸/台、立方米/秒

| 圩区名称 | 圩堤长度 | 保护面积 | 泵站名称 | 建设年份 | 设备数量 | | 排涝流量 |
|---|---|---|---|---|---|---|---|
| | | | | | 水泵 | 水泵 | |
| 钱桥大街 | 5.00 | 46.67 | 鸭船浜排涝站 | 1994 | 24/1 | 45.0/1 | 1.0 |
| 市镇联圩 | — | — | 庙浜灌溉站 | 1964 | 24/1 | — | — |
| | — | — | 许巷灌溉站 | 1974 | 12/1 | 柴油机 | — |
| | 3.01 | 20.46 | 孟家桥排涝站 | 1992 | 32/2 | 95.0/2 | 4.0 |
| | — | — | 支巷排涝站 | 2000 | 12/1 | 18.5/1 | 1.0 |
| | | | | 2008 | 24/1 | 37.0/1 | |
| | — | — | 邵巷排涝站 | 2003 | 32/1 | 95.0/1 | 2.0 |
| | — | — | 石金岸排涝站 | 2006 | 32/1 | 95.0/1 | 2.2 |
| | | | | | 12/1 | 18.5/1 | |

续表 2—8—17　　单位：公里、公顷、英寸/台、立方米/秒

| 圩区名称 | 圩堤长度 | 保护面积 | 泵站名称 | 建设年份 | 设备数量 | | 排涝流量 |
|---|---|---|---|---|---|---|---|
| | | | | | 水泵 | 水泵 | |
| — | 1.08 | — | 缪巷排涝站 | 2002 | 16/1 | 30.0/1 | 0.5 |
| | | | | | 12/1 | 15.0/1 | |

**舜柯地区电力排灌站**　1970~1985 年，舜柯地区共建设 12 个泵站，设水泵 15 只，用于圩区排灌。

1970~1985 年舜柯地区排灌站情况统计表

表 2—8—18　　单位：米、公顷、台、英寸

| 圩区名称 | 圩提长度 | 保护面积 | 泵站名称 | 创建年份 | 设备数量 | |
|---|---|---|---|---|---|---|
| | | | | | 水泵 | 口径 |
| 壤里 | 560 | 2.34 | 壤里 | 1970 | — | 8 |
| | | | | 1985 | 1 | 16 |
| — | — | — | 花园浜 | 1973 | 2 | 16 |
| 东浜 | 858 | 5.27 | 东浜河 | 1973 | 2 | 8 |
| | | | 东浜岸里 | 1975 | 1 | 8 |
| 沈巷 | 600 | 13.5 | 沈巷站 | 1974 | 2 | 12 |
| 庄家 | 380 | 2.73 | 庄家 | 1975 | 1 | 8 |
| — | — | — | 田肚浜 | 1975 | 1 | 16 |
| — | — | — | 纸箱厂桥 | 1975 | 2 | 16 |
| 西浜 | 350 | 2.67 | 西浜岸里 | 1980 | 1 | 8 |
| — | — | — | 吴巷 | 1980 | 1 | 8 |
| — | — | — | 田舍 | 1980 | 2 | 8 |
| — | — | — | 陆巷 | 1981 | 1 | 8 |
| 合计 | 2748 | 26.51 | — | — | 15 | — |

**南塘地区电力排灌站**　20 世纪 40 年代，南水渠、庙塘桥地区主要依靠人工车水，把大河水逐级提升到农田里。40 年代后，有机船打水，用英国人造的冷进车带动水泵同时装在船上。河岸上做好龙口，龙口至农田做好明渠，分流到每一块农田。那时有人力水车与机船同时进行灌溉农田。

50 年代末到 60 年代初，南水渠、庙塘桥地区通电后开始使用电力灌溉，电动机带动水泵，建造固定站基。庙塘桥地区共有 10 座电灌站，分别是殷巷、小园里、小章巷、浦巷、芝藤树下、马巷、三坝头各 1 座，庙塘桥 3 座；南水渠地区共有 5 座电灌站，分别是大张巷、新桥头、西冯巷、小张巷、大河头各 1 座。这些电力灌溉站先后建于 60 年代、70 年代、80 年代。

20 世纪 80 年代初，在大队机电灌溉站送不到水的生产队，由生产队自筹资金，建立 6 英寸泵或 8 英寸泵的电力戽水点。这样，南水渠大队、庙塘桥大队的农田灌溉全部实现电力化。

**华新地区电力灌溉站**　1957 年冬，五星、新丰地区在浦巷及北下塘建立第一座电力灌溉站，新丰地区在单家坝建立一座电力灌溉站。后由于水利建设事业发展，杨毛岸又建立两座电力灌溉站。为方便农田灌溉，做到分级灌溉，不浪费水资源，还利用农船安装电动水泵，采取流动分级灌溉。

**晓星地区电力灌溉站**　1968 年，晓星大队在时巷东建时巷电力灌溉站，主供时巷、砖场、邓巷、时湾等村的水稻田灌溉。是年，在将军浜建立一座电灌站，主供邓巷、大花岸、砖场等村的水稻田灌溉。70 年代初，在现华润燃气公司南面建庙桥电灌站。1982 年，在三条河东建大陆电灌站，专供大陆岸头等村的水稻田灌溉。1987 年，在大、小陆岸头中间建小陆岸头电灌站，专供小陆岸头、砖场村的水稻田灌溉。以上电灌站均于 2004 年拆除。

## 四、水利渠系建设

解放前后，戽水机船流动灌溉，一般利用车埃，只有渠首无渠系，灌水串灌漫灌，排水则从高田放入低田，低田放入河沟。20 世纪 50 年代后期起，钱桥、藕塘公社开始进行沟渠建设，但灌区

较大，渠道高，渠线长，有干渠，少支渠，无毛渠，相当一部分田块灌排不分，串灌漫灌。60年代中期，渠道灌排结合，初步改变境内没有渠道、漫水灌溉的状况。

1971年始，钱桥、藕塘公社在“农业学大寨运动”中大规模进行农田水利基本建设，从平土墩、塞河浜、整田平地、扩大耕地面积，发展到全面开展以“一改三结合”为主的农田基本建设。一改是改革路渠，从串灌漫灌改为渠系灌溉。随着地下渠道的发展，逐步把明渠改为暗渠。结合挑高填低，搞好整田平地，格田成方；结合沟渠配套，搞好丘排丘灌，灌排分开；结合调整粮桑插花，搞好粮田成片、桑园成带。同时，进行河、桥、田、林、路、村综合规划，按照“灌得好、排得快”的要求，调整渠系，将灌排两用改为灌排分开，一头灌，一头排，排灌自立门户，以适应种植三熟制的需要。钱桥、藕塘公社电力灌溉站的普遍建立、全面供水，促进了农田排灌系统的建设，对农田排灌设施进行全面规划，实行一丘两头沟，灌排两分开。根据公社规划，各大队均筑起长达千余米的灌溉渠道。每一方格子化田的田块两头都建有排灌水渠。插秧、禾苗用水时，灌水渠的水流直接灌到每块田里；干稻时，将稻田里的水排到另一条排水渠。灌排分开，农田要水就有水，不要水时就能迅速把稻田中的水排干，推动了农业生产的发展。

70年代中期，明渠逐步被地下渠道（暗渠）替代。1978年开始推行“三暗”（暗灌、暗排、暗降）。80年代，全面推广“三暗”工程，使农田水利基本达到灌得好、排得快、降得低、控得住的要求，有力地推动了粮食生产的发展。

90年代，钱桥、藕塘镇继续加快“三暗”农田的发展，以农田水利基本建设为龙头，对农田进行新一轮的整治。按照“田块格子化、沟渠永久化、降渍管道化、农田林网化、泵站标准化”的要求，高标准建设农田，力求做到农田建设与基本农田保护区相结合，与农业规模经营相结合，与丰产方相结合。

2000年，钱桥镇建成胜丰村千亩以上高标准农田方71.47公顷，藕塘镇建成藕塘村千亩以上高标准农田方72.34公顷。

**1991~2000年钱桥、藕塘镇农田水利基本建设整地平田面积选年统计表**

表2—8—19 单位：平方米、万立方米

| 镇名 | 1991年 | | 1992年 | | 1995年 | | 1997年 | | 1998年 | | 1999年 | | 2000年 | |
|---|---|---|---|---|---|---|---|---|---|---|---|---|---|---|
| | 面积 | 土方 | 面积 | 土方 | 面积 | 土方 | 面积 | 土方 | 面积 | 土方 | 面积 | 土方 | 面积 | 土方 |
| 钱桥 | 53333.6 | 1 | 66667 | 2 | 66667 | 1 | 33333.5 | 3 | 133334.00 | 6.50 | 110000.55 | 2.00 | 20000.1 | 0.1 |
| 藕塘 | — | — | — | — | — | — | — | — | 170667.52 | 2.94 | 10000.05 | 5.90 | — | — |

**2000年钱桥、藕塘镇“三暗”工程实际使用统计表**

表2—8—20 单位：公里

| 镇别 | 暗渠 | | 暗排 | | 暗降 | |
|---|---|---|---|---|---|---|
| | 地下渠道 | 其中<br>灰土渠道 | 地下排沟 | 其中<br>水泥板面排沟 | 田间暗降 | 其中<br>塑料波纹管 |
| 钱桥 | 52.98 | 11.10 | 47.10 | 41.15 | 2121 | 1856 |
| 藕塘 | 46.73 | 3.70 | 28.52 | 28.52 | — | — |

**2000年钱桥、藕塘镇累计建成水利渠系高标准和中等标准农田面积统计表**

表2—8—21 单位：公顷

| 镇别 | 水稻田 | 其中已建成 | |
|---|---|---|---|
| | | 高标准农田 | 中等标准农田 |
| 钱桥 | 742 | 573.54 | 148.47 |
| 藕塘 | 791 | 172.00 | 599.00 |

2000年钱桥、藕塘镇累计建成水利渠系高标准农田方统计表

表2—8—22 单位：个、亩

| 镇别 | 已建成高标准农田方 | | 其中 | | | | | | | |
|---|---|---|---|---|---|---|---|---|---|---|
| | | | 1001~2000亩 | | 501~1000亩 | | 301~500亩 | | 100~300亩 | |
| 钱桥 | 13 | 8603 | 3 | 3832 | 3 | 2562 | 3 | 1230 | 4 | 979 |
| 藕塘 | 6 | 2580 | 1 | 1085 | 1 | 840 | — | — | 4 | 655 |

2001年后，钱桥、藕塘地区的种植业结构发生很大变化，以传统种植稻麦为主调整为种植水蜜桃及蔬菜、花卉、苗木等经济作物为主。盛峰村蒋巷、庄里水蜜桃基地，勤建茶场、玛亚景观园艺场、西漳石斛灵芝种植基地，晓丰、华新葡萄种植基地，怡情花卉草花基地，稍塘杨树浜蔬菜基地等规模专业种植基地积极引进、使用先进喷滴管设备，以提高灌溉效果，实行节水灌溉，累计节水灌溉面积40公顷。为提高抗灾应变能力，各涉农社区积极推进永久性水泥明排渠建设，区域内粮食基地、蔬菜基地水泥明排渠覆盖率为100%，水蜜桃及其它基地水泥明排渠覆盖率在80%以上，有标准化水泥明排渠40公里，做到旱时能及时灌溉，涝时能及时排水。2015年，晓丰、西漳、南塘、盛峰等社区使用集体所有的泵站为农户提供农田灌溉，覆盖面积达90%以上。

2015年钱桥街道灌溉站基本情况统计表

表2—8—23

| 灌溉站名称 | 装机流量（立方米/秒） | 装机功率（千瓦） | 水泵型号 | 灌溉站名称 | 装机流量（立方米/秒） | 装机功率（千瓦） | 水泵型号 |
|---|---|---|---|---|---|---|---|
| 栅岸里灌溉站 | 0.08 | 11.0 | 8" | 黄泥坝灌溉站 | 0.20 | 18.5 | 12" |
| 胜丰灌溉站 | 0.30 | 30.0 | 16" | 盛北灌溉站 | 0.11 | 13.0 | 10" |
| 高格里灌溉站 | 0.20 | 18.5 | 12" | 庄桥头灌溉站 | 0.15 | 15.0 | 10" |
| 凯旋灌溉站 | 0.21 | 22.0 | 12"，10" | 盛南灌溉站 | 0.25 | 22.0 | 14" |

## 第四节　山区水利

钱桥、藕塘地区既有大片圩田，又有连绵山丘。舜柯山、桃花山、鸡笼山连在一起，在钱桥街道南部绵延5公里。钱桥、藕塘（公社、乡）镇政府对山区水利建设极为重视。

1955年，藕塘乡为解决丘陵区沿山农田的灌溉，建设蓄水工程。钱桥乡组织农民在沿山山麓开凿"沿山河"，长3.2公里，宽10米，从夏虞河开始连通洋溪河钱桥段，流入洋溪河，主要解决暴雨期间舜柯山区泄洪。1958年秋冬，藕塘公社组织社员在李家湾开挖"勤建水库"。勤建水库位于藕塘乡桃花山和鸡笼山之间。勤建人民在大队干部带领下，在李家湾湾底动用上万人次劳力修筑勤建水库。水库土坝长200米，蓄水面积2万平方米，蓄水深度2米，蓄水量4万立方米。大坝用水泥封面，北侧刻有"勤建水库"4个大字。李家湾面积大，湾口深，水库蓄水量小，遇大旱仍不能解决当地山区水稻灌溉的需水量。

1973年冬，藕塘公社勤建、井亭人民在鸡笼山下、钱姚公路以北200米处从东到西新开凿一条灌排总渠，取名为"勤建河"，河长2200米，宽10米。同年在西村新开一条灌排总渠，长500米，宽5米，南接勤建河，北与西村浜相通。勤建河的开挖，既能在山洪爆发时挡住鸡笼山山水毁坏粮田，又有蓄水功能，能补充大坝漕取水的不足。鸡笼山下的井亭河是山洪暴发时的主要泄洪河道。原河道狭窄，河底浅薄，泄洪和运输功能较差。是年冬，藕塘公社革委会组织上万民工开拓井亭河。开拓后的井亭河提升了山洪暴发时的泄洪能力，也增强了林业大队前埠墩的轮窑运输砖坯和红砖的能力。

藕塘地区的李家湾距井亭河水源2公里。1975年，井亭大队在藕塘抽水站的帮助下建立三级提水系统：第一级，从井亭河提水，通过宽2米、深2米的水渠把河水送到前埠墩旁的几个大水塘里；

第二级，把大水塘里的水再提送到钱姚公路以南的水塘中；第三级，把钱姚公路之南水塘中的水提送到石和尚山东侧的一个容水量约为200立方米的水池中，再将水池中的水通过宽2米、深1.5米的水渠送到李家湾山脚下的水库中。这样，确保李家湾150亩水稻田的灌溉用水。

1976年11月至1977年4月，钱桥公社组织劳力新开向阳河，全长2.36公里。向阳河从夏虞河始至上封桥，流入洋溪河，河底高程0米，河底平均宽10米，边坡1∶2，河面宽度30米。开挖向阳河时，把几条小河同时连起来。开挖向阳河主要是解决舜柯山山区的泄洪问题，同时为舜一、历村两个大队的农田灌溉及农民运送肥料、粮食等提供畅通水路。

山区茶田装喷管，确保茶树正常生长。勤建茶场坐落在青山湾，井亭茶场坐落在李家湾。每当夏季和秋季，天气干燥，常遇干旱，影响茶叶的质量与产量。1983年、1985年，井亭茶场、勤建茶场在藕塘乡党委政府、无锡市农机水利部门支持下，在茶田装上喷管，受益面积14万平方米。每当干旱时实行一级抽水喷灌，如遇特大干旱则实行二级抽水喷灌。半固定喷灌采用泵站、管道固定，不设固定喷头，投资较少。其间，藕塘勤建茶场平均每亩投入资金仅232.6元，井亭茶场平均每亩投入资金500元，装置半固定喷灌。

钱桥地区山区泄洪河道有沿山河，藕塘地区山区泄洪河道有井亭河、秦家漕、河西漕、东店浜、大坝漕、丁村浜、西村浜。20世纪80年代，勤建、井亭村组织村民对大坝漕进行拓宽加深，对其他6条泄洪漕河进行冲水式清除河床淤泥（即把淤泥用泵吸打入两岸稻田之中）。

1983~1985年藕塘乡山区喷灌设备受益面积及投入资金统计表

表2—8—24

| 村别 | 设备 | | | 机房座 | 受益面积（亩） | | | | | 压力管道（米） | | | 喷头（个） | 投资（万元） | | | 建设年份 |
|---|---|---|---|---|---|---|---|---|---|---|---|---|---|---|---|---|---|
| | 水泵（型号/台） | 电动机（型号/台） | 柴油机（型号/台） | | 合计 | 固定 | 半固定 | 其中 | | 6英寸 | 2英寸 | 立杆（根） | | 合计 | 其中 | | |
| | | | | | | | | 茶 | 林果 | | | | | | 县 | 乡村 | |
| 井亭 | 3BA-6/1 | — | 295/1 | 1 | 80 | 80 | — | 80 | — | 320 | 900 | 65 | 50 | 4.00 | 1.0 | 3.00 | 1983 |
| 勤建 | 3BA-6/1 | 17/1 | — | 1 | 132 | — | 132 | 92 | 40 | 910 | — | — | 36 | 3.07 | 1.5 | 1.57 | 1985 |

2006年，无锡（藕塘）职教园区建设后，东店浜、丁村浜、西村浜等泄洪河漕虽已填没，但泄洪功能较强的井亭河、官桩浜、秦家漕、大坝漕等仍还保留，并筑建石驳岸，确保山区泄洪畅通。2011年，钱桥街道水利站进行山区水土保持工程建设，对李家湾水流域进行综合治理，修正塘坝3座，建成泄洪沟3090米、筑建1米高固浜笼生态护岸1.05公里，埋设DN600PVC管33米，埋设DN800PVC管23米，受益植被面积22000平方米，疏通山涧小溪1条。

## 第五节　防汛抗洪抗旱

钱桥、藕塘地区属中纬度季风与海陆相过渡地带的重叠地区。每年春夏之交，冷暖空气交遇，造成阴雨连绵。夏秋季节则多台风暴雨，又常受长江洪峰和太湖高水位影响，客水压境，下泄水路不足，从而造成洪涝灾害。历史上区域内汛涝年份多于干旱年份。钱桥、藕塘（公社、乡）镇党委、政府，乃至钱桥街道党工委、办事处在防汛抗涝上不但思想重视，而且防洪抗涝的基础设施建设扎实，抗灾物资准备充足。同时，（公社、乡、镇）街道、（大队、村）社区都有一支专兼职抗洪队伍。

### 一、防汛机构及措施

治水、防汛历来是钱桥、藕塘地区干部群众与灾害性洪水作斗争的一项重要工作。为做好防汛工作，避免或减轻洪涝灾害对人民、集体财产的损失，钱桥、藕塘（公社、乡）镇党委、政府，钱桥街道党工委、办事处切实贯彻《中华人民共和国水法》《中华人民共和国防洪法》《中华人民共和国防汛条例》，加强领导，建立健全组织，明确责任，采取有效措施，落实各项防汛准备工作，全力做好防汛抗洪工作。

1957年3月，无锡县成立抗排队，第一排灌动力管理站设于藕塘，负责藕塘片区的抗洪排涝任务。1958年，无锡县成立第一抗排队，抗排队基地设在藕塘。1958~1963年，钱桥、藕塘两个公社先后建立抽水站，负责水田灌溉和水灾抗排。

1979年11月，抗排队与藕塘机电排灌管理站合并（两块牌子，一套班子）。1983年11月，抗排队与藕塘机电排灌管理站分设。是年，钱桥机电排灌管理站获江苏省排灌管理先进奖。1985年1月，抗排队再次与藕塘机电排灌管理站合并。

1986年12月，第一排灌动力管理站设有修船厂和水利设备修造厂，以后更新水泥抗排船（装295柴油机）9艘。1996年开始建抗排艇5艘（4艘装33.08千瓦柴油机，1艘装55.13千瓦柴油机）。2000年4月，第一排灌动力管理站与藕塘水利管理站分设，第一排灌动力管理站站址迁往锡沪路九里河船闸。

## 二、抗洪

从唐贞观三年（629）至民国37年（1948），钱桥、藕塘地区有记载的共发生较大水灾77次，其中唐代10次、元代7次、明代29次、清代22次、民国9次。水灾以明景泰五年（1454）、明成化十七年（1481）、明正德五年（1510）、明嘉靖四十年（1561）、明万历十五年（1587）、明天启四年（1624），清嘉庆五年（1800）、清道光三年（1823）、清道光二十九年（1849）等为最烈。近代境内以民国20年（1931）水灾为最甚，河水瀰溢，圩堤溃决，街道尽淹，田禾尽没。

1951年4月下旬，钱桥、藕塘地区的圩区农田严重受淹，其中有数百亩失收。1954年5月5日至7月底，暴雨3次、大雨7次，雨日67天，降水量799.7毫米，加之客水涌入境内，南门水位达4.73米，区域内圩堤溃决，一片汪洋，为百年未遇之大洪涝。钱桥乡稍高的钱桥街镇地段及藕塘乡近山区的勤建、稍塘等地的村庄场上都被大水淹没。当时，仅有少量的戽水机船，钱桥、藕塘地区圩区农民无抗洪能力，只能等待大水退去后，至8月初才能在田中补插秧苗。

1991年，区域内又遭到特大洪涝灾害，全年降水量1630.7毫米。是年汛期，雨日48天，连降中雨、大雨、暴雨，降水量1115.1毫米，南门水位4.88米，均创有记载以来最高纪录。钱桥、藕塘镇的圩田水稻均遭灭顶之灾。暴雨期间，区域内受灾地区的乡、镇企业组织工人在厂门口用沙袋筑堤，然后再用抽水泵把厂内的洪水排出厂外。圩区农民加固圩岸，昼夜巡视，严防决堤。钱桥镇威华、溪北、晓星、西漳、周家弄5个行政村是重灾区。溪北村后底岸自然村村民家中平均水深1米，宅基地最低的3户村民家中水深2米。钱桥镇驻村干部和溪北村干部立即组织村中群众离家避洪水，并挨家挨户巡查。在巡查中发现有1位老太太还没有离家避洪，2位村干部和3位村民立即跳进洪水，游到这位老太太家中，把躲在三层阁上的老太太用小皮船救出。无锡县钢铁厂党委伸出援助之手，用汽车运去长15米、宽1.5米的5块钢板，放置河中，架起一道“钢板大坝”。钱桥镇驻村干部调集数台排水泵至重灾区进行排水。由于架起“钢板大坝”，使外河进村的水量大大减弱，水泵日夜排涝一个星期，洪水逐渐退却。在抗洪救灾的日日夜夜里，无锡县和钱桥镇政府派驻在威华等5个村里的干部在参加抗洪救灾的同时，还为村民发放食品和生活用品，使村民们在受到洪水威胁时感受到党和政府送去的温暖。藕塘乡东风村梅巷自然村也是重灾区。梅巷靠近洋溪河藕塘段河边，洪水涌来，势不可挡，不但村民家中进水，而且靠近村边的一只大鱼塘受到严重威胁。藕塘乡驻村干部和东风村村委干部及时运去装有泥土的草包和蛇皮包，组织村民把圩堤加高，并通知藕塘抗排队立即把排涝机船开到梅巷鱼塘边进行排水，减少养鱼户经济损失。

1999 年藕塘镇各村抗洪抢险情况汇总表

表 2—8—25

| 村名 | 受灾粮田面积（亩） | 受灾鱼塘（亩） | 受灾自然村（个） | 受灾户数 | 受灾人数（人） | 危房（间） | 疏散、转移人群（人） | 抢修、加固圩岸（公里） | 出动水泵数（台） | 投入抗洪人次 | 投入资金（万元） |
|---|---|---|---|---|---|---|---|---|---|---|---|
| 南水渠 | 250 | — | 12 | 200 | 900 | 25 | 60 | — | 1 | 800 | 6.0 |
| 庙塘桥 | 250 | — | 7 | 150 | 460 | 10 | 120 | 2.0 | 9 | 500 | 12.0 |
| 东　风 | 260 | — | — | 1 | 2 | 3 | — | 1.5 | 1 | 180 | 1.1 |
| 盛　店 | 400 | — | — | — | — | — | — | 0.5 | 2 | 200 | 0.3 |
| 稍　塘 | 300 | — | 3 | 15 | 50 | 1 | — | — | — | 50 | — |
| 宇　峰 | 30 | — | — | — | — | — | — | — | — | — | — |
| 勤　建 | 150 | — | — | — | — | 2 | — | — | — | — | — |
| 藕　塘 | 100 | — | 1 | 10 | 30 | — | — | — | — | — | — |
| 新　成 | — | 50 | 1 | 7 | — | — | — | — | — | 40 | 2.5 |
| 合　计 | 1740 | 50 | 24 | 383 | 1442 | 41 | 180 | 4.0 | 13 | 1770 | 21.9 |

1949~2015 年，钱桥、藕塘地区共发生水灾 22 次，其中 1949 年、1954 年、1962 年、1991 年、1999 年、2015 年为特大水灾。

2015 年 6 月 15~17 日，钱桥、藕塘地区强降雨持续两天多，36 小时内降水量达 198 毫米。京杭大运河无锡站水位超过 1991 年的 4.88 米，达到 5.30 米。特别在 16 日 20 时到 17 日 15 时 50 分降水量 160 毫米，属百年一遇。暴雨期间，钱桥街道大部分路段出现深度积水，部分企业和民房进水，企业无法生产，家中进水居民无法生活。眼看大水进厂，职工用沙袋或泥袋在厂门口拦住大水。进水多、机器浸在水中的企业，用水泵一级抽水或二级抽水，把洪水排出厂外。暴雨期间的 6 月 17 日清晨 5 时许，钱桥街道党工委、办事处召开党政领导紧急联席会议，迅速组织防汛工作领导小组，部署防汛工作。会后，全体党政领导及助理以上干部立即前往挂

图 2—8—26　2015 年 6 月 15 日，钱桥、藕塘地区公路上一片汪洋

图 2—8—27　2015 年 6 月 17 日，企业职工用沙袋筑堤，挡住大水进厂

图 2—8—28　2015 年 6 月 17 日，救灾专项小组人员把受灾群众转移到安全地带

钩社区和企业实地查看水情。同时，社区、城管、水利、交通等部门联合行动，投入抗洪救灾第一线。针对新郳路、盛岸路、运河西路等多处道路积水情况，城管部门采取紧急措施，将积水段排水管道井盖掀开泄洪，对积水区域进行疏通引流，确保窨井盖排水口不被垃圾堵塞，及时解除汛情，保障群众出行安全。针对社区居民家中进水受淹情况，社区工作人员及时查看、慰问受灾群众，并

与电力部门联系，将受淹居民居住区的电源切断，把孤寡老人、重病人员转移到卫生院。社区还成立救灾专项小组进行集中排查，做好受灾户统计工作，加强危房户监督管理，并将受灾严重的居民安排到旅馆中过渡。针对河道沿岸出现河水倒灌情况，社区工作人员协助企业紧急运送沙包、架设水泵、疏通下水管道、清淤窨井，尽量将损失减少到最小。同时，通过短信、微博、微信等通讯手段，街道党工委、办事处向广大居民及时发送暴雨防范信息与防汛工作进展情况。街道、社区针对圩区低洼情况，及时组织排水，还组织力量护堤，排水机泵24小时运作。这次洪涝灾害中，钱桥街道境内的农作物、蔬菜田基本无损失，房屋无倒塌。

### 三、抗旱

自唐贞元六年（790）至民国37年（1948），钱桥、藕塘地区发生旱灾有据可查的有63次，其中唐代3次、五代十国1次、宋代4次、元代1次、明代24次、清代26次、民国4次。大灾之年，河湖干涸，官塘绝流，田土龟裂，稻禾枯槁，民炊无米，河汲无水，“树皮剥食殆尽”，或“大旱而蝗”，或“瘟疫大作，民室闭门，相枕而死，村落尽空”。

清乾隆年间，无锡地方封建士绅迷信“风水”，在显应桥下筑坝，阻止太湖水直通济运灌溉锡西北农田。古显应桥横跨于无锡城西门外西水墩与棚下街之间，太湖水穿桥而过，直通京杭运河，系河湖间的主要正流，县西北乡农田赖以灌溉，关系水利之巨。清嘉庆二十四年（1819），无锡大旱。钱桥大支巷图董支浩明“情切桑梓，御灾捍患”，竭力主张浚通显应桥，并率锡邑农民以导湖济运，但有忤于邑中巨绅，掀起一场轩然大波。支浩明因此被陷，三木酷敲，叩胫碎骨，囚于长邑（今苏州）。但诬陷终究难胜正义，支浩明最后“部驳饬释”而胜诉。此即清代轰动一时的“显应桥案”，是钱桥支浩明带领锡邑农民战胜地方封建僚绅势力的一部抗旱水利斗争史。此案在民间流传颇广，家喻户晓，稗史传说，举手可得。支浩明在他的《分给执凭》中谈到“至十九年又遭大旱，捐资将王泗浜、钱桥河至双河疏浚，引湖水直达运河，分灌支港，庠救田畴。”

新中国成立后，1950~1997年中有14年为干旱年。由于钱桥、藕塘公社、乡、镇政府组织力量历年疏浚河道，建设灌溉泵站，大力发展水利，虽干旱，但不致成灾，农业收成仍较好。1998~2015年，钱桥、藕塘镇，钱桥（镇）街道重视水利基本建设，投入较多资金修建水闸、泵站，即使出现干旱年份，只要及时开闸引水、启泵灌溉，就能彻底解决旱情。

## 第六节 水资源管理

钱桥、藕塘地区气候湿润，雨量充沛，河道密布，又有古运河沿境而过，洋溪河穿境而过，因此地表水、地下水资源都比较丰富。地表水平水年（频率50%）降水量1050~1070毫米，地表径流量0.335亿立方米；特殊干旱年（频率95%）降水量714毫米，小于年蒸发量。过境水主要有两部分，一部分是京杭大运河的来水，另一部分为南面太湖通过直湖港入境洋溪河的水量。计入境水资源人均1241立方米，亩均水资源1527立方米。针对20世纪八九十年代地下水超采、地下水开发利用引发的生态和环境问题，钱桥、藕塘（乡）镇党委、政府，钱桥街道党工委、办事处有力地开展对地下水的管理和保护工作。

### 一、地下水开采的危害和禁止

钱桥、藕塘地区大规模开采地下水始于20世纪80年代。因地下水超采造成严重的环境和地质问题，于21世纪初境内16眼深井封堵15眼，仅保留1眼深井供观察区域内地下水位升降幅度之用。

#### （一）地下水开采

钱桥、藕塘地区地下水的开采由来已久，民间凿井汲水，均开采浅层潜水，井深不过3~5米。

20 世纪 70 年代，浅层地下水（潜水和微承压水）开始受到污染，乡村生活用水改用深井水。1980 年开始，钱桥、藕塘开凿深井。80 年代中期，由于地表水污染程度加剧，工业和生活用水便都使用地下水，开采规模迅速加剧。进入 90 年代，地下水的开采达到高潮。1996 年，钱桥、藕塘镇共有深井 16 眼，第Ⅰ层承压水、第Ⅱ层承压水，基岩裂隙水的年开采量达 131.11 万立方米。新建工矿企业也以地下水为生活用水，纷纷开凿深井。

**（二）地下水超采的危害**

钱桥、藕塘地区自 80 年代起大量开采地下水后，破坏地下水的平衡，造成日益严重的地质环境问题，地下水平均以每年 2~3 米的速度下降。由于地下水位急剧下降，导致大面积的地面沉降。钱桥沿京杭大运河地区形成带状分布的区域性沉降。钱桥镇北部属较重沉降区，累计沉降量普遍大于 600 毫米；钱桥镇以南大部分地区，累计沉降量大于 200 毫米。

地面沉降使水利工程的防洪能力降低，洪涝灾害的损失增加，还导致产生地裂缝。1992 年，钱桥镇溪北村毛村园出现的地裂缝使 28 户居民的房屋开裂，裂缝最宽的达 20 厘米。此外，地面沉降还使桥梁净空减小，对建造公路等增加工程量。

**1996 年钱桥、藕塘镇地下水开采状况统计表**

表 2—8—26　　单位：眼、万立方米

| 镇别 | 第Ⅰ层承压水 | | 第Ⅱ层承压水 | | 基岩裂隙水 | | 累计 | |
|---|---|---|---|---|---|---|---|---|
| | 井数 | 开采量 | 井数 | 开采量 | 井数 | 开采量 | 井数 | 开采量 |
| 钱桥 | 5 | 28.60 | 9 | 101.36 | — | — | 14 | 129.96 |
| 藕塘 | 1 | 0.15 | — | — | 1 | 1.00 | 2 | 1.15 |
| 合计 | 6 | 28.75 | 9 | 101.36 | 1 | 1.00 | 16 | 131.11 |

1997 年，钱桥镇地下水埋深 80 米以上，钱桥市镇地下水埋深至 89.15 米，降至含水层内，地下水开采处于疏干状态，水资源日趋枯竭。

**（三）地下水开采的禁止**

钱桥、藕塘镇于 2000 年切实贯彻江苏省第九届人民代表大会常务委员会第十八次会议通过的《关于在苏锡常地区限期禁止开采地下水的决定》，在制定封闭深井计划的基础上，2001 年开始全面实施封井。2001 年，区域内封闭深井 9 眼，2002 年封闭深井 1 眼，2003 年封闭深井 4 眼。2003 年 12 月 31 日全面实现禁止开采地下水。同时，制定封闭深井计划，并组织实施。逾期不封井的，强制封井，并处以 5000 元以上 30000 元以下的罚款。封井费用由取水单位或者个人负担。2004 年封闭深井 1 眼。三年内共封闭深井 15 眼。至此，仅有 1 眼深井未封。

**2001~2004 年钱桥、藕塘镇封闭深井统计表**

表 2—8—27　　单位：米

| 编号 | 镇名 | 深井采水单位 | 取水层 | 深度 | 封井年份 |
|---|---|---|---|---|---|
| 230506 | 钱桥 | 无锡溪南鞋业有限公司 | Ⅰ层压 | 39 | 2001 |
| 230708 | | 锡山市钱桥胜丰实业公司 | Ⅱ层压 | 110 | 2001 |
| 230809 | | 江苏石油集团石塘湾油库 | Ⅱ层压 | 120 | 2001 |
| 231012 | | 无锡龙舜实业总公司 | Ⅱ层压 | 65 | 2001 |
| 231114 | | 无锡爱依斯凯瑞克燃机电力有限公司 | Ⅱ层压 | 138 | 2001 |
| 230101L | | 江苏石油集团石塘湾油库 | Ⅱ层压 | 130 | 2001 |
| 231113 | | 无锡爱依斯凯瑞克燃机电力有限公司 | Ⅱ层压 | 138 | 2002 |
| 230102 | | 锡山市华力帘子线有限公司 | Ⅱ层压 | 110 | 2003 |
| 230202 | | 锡山市特种工业丝有限责任公司 | Ⅱ层压 | 105 | 2003 |
| 230607 | | 锡山市钱桥无纺布材料厂 | Ⅱ层压 | 105 | 2003 |
| 230201L | | 西漳村 | Ⅱ层压 | 120 | 2003 |

续表 2—8—27　　单位：米

| 编号 | 镇名 | 深井采水单位 | 取水层 | 深度 | 封井年份 |
|---|---|---|---|---|---|
| 230304 | 钱桥 | 无锡市苏嘉镁碳砖有限公司 | Ⅱ层压 | 120 | 2001 |
| 230405 | | 锡山市苏南异型钢管有限公司 | Ⅱ层压 | 64 | 2001 |
| — | 藕塘 | 振华印染厂 | — | — | 2001 |
| — | | 藕塘水厂 | — | — | 2004 |

仅存一眼取水编号为230203的深井，位于无锡市华力帘子线有限公司内，深度为180米。2004年，钱桥镇水政科决定将230203号深井作为观察井保留。是年，水政科浇铸一块厚实的水泥板，盖在这眼深井上，并用螺帽把水泥板与深井拧紧，严防取水，同时防止深井内污染，起到封井效果。保留230203号深井的主要作用是观察境内地下水位升降幅度；另一个作用是出现饮用水水污染或者自来水发生用水危机，可以作为临时饮用水水源。水政科通过230203号深井对地下水的观察，钱桥街道境内2004~2015年地下水位上升1米。2015年，230203号深井位于晓星菜场北侧花坛内。

## 二、取水许可证

1994年，钱桥、藕塘镇全面推行取水许可证制度，并逐步对取水设备统一安装计量装置。1996年，强化水资源管理，狠抓基础工作，非农业取水户安装计量设施，地下水资源井统一编号，安装搪瓷标牌，建立水资源统计、用水报表、用水计划、取水审批制度。1998~2000年，围绕促进经济可持续发展，境内强化水资源管理，突出计划用水，狠抓改水、节水，实行四个一管理，即对深井实施一张证（取水许可证）、一块牌（搪瓷编号牌）、一套计量设施（水表或计时器）、一本账（深井取水台账），大力控制水资源开采量。2010年，钱桥街道核准12家企业可以在内河取水，发放取水许可证。

2010~2013年钱桥街道核准取水许可证统计表

表 2—8—28

| 取水单位 | 法人代表 | 取水许可证号 | 发证日期 | 搪瓷牌号 | 组织机构代码证号码 | 单位性质 | 所属行业 | 取水用途 |
|---|---|---|---|---|---|---|---|---|
| 江苏沙钢集团锡兴特钢有限公司 | 严士富 | A02060609 | 2010.04.26 | 3202850601 | 25013773-9 | 其他 | 冶金 | 工业 |
| 无锡市雪丰钢铁有限公司 | 严士富 | A02060610 | 2010.04.26 | 3202850606 | 72416545-X | 其他 | 冶金 | 工业 |
| 无锡联合钢铁有限公司热电厂 | 浦惠林 | A02060612 | 2010.04.26 | 3202850602 | 60797446-9 | 其他 | 钢铁 | 工业 |
| 无锡市振华印染有限公司 | 陈振华 | A02060601 | 2013.01.00 | 3202850801 | 72741817-6 | 私营 | 纺织 | 工业 |
| 无锡市惠山区钱桥街道晓丰社区居民委员会 | 张钰良 | A02060602 | 2013.01.00 | 3202850605 | A8053891-0 | 集体 | 其他 | 工业 |
| 江苏苏嘉集团新材料有限公司 | 龚育才 | A02060603 | 2013.01.00 | 3202850607 | 73330974-2 | 中外合资 | 冶金 | 工业 |
| 无锡华生精密材料股份有限公司 | 吴锦虎 | A02060604 | 2013.01.00 | 3202850609 | 72520458-8 | 外资 | 冶金 | 工业 |
| 无锡市金晨型钢有限公司 | 时竹梅 | A02060605 | 2013.01.00 | 3202850610 | 74819267-1 | 股份制 | 冶金 | 工业 |
| 无锡孟仕玻璃有限公司 | 孟平海 | A02060606 | 2013.01.00 | 3202850611 | 75324012-1 | 私营 | 其他 | 工业 |
| 无锡中诚印染有限公司 | 赵洪超 | A02060607 | 2013.01.00 | 3202850613 | 73115402-X | 私营 | 纺织 | 工业 |
| 无锡华润实业公司 | 陈卫国 | A02060608 | 2013.01.00 | 3202850617 | 25003846-6 | 股份制 | 建材 | 工业 |
| 无锡市亿和盛化纤有限公司 | 周育义 | B02060605 | 2013.01.00 | — | 70407689-8 | 其他 | 化工 | 工业 |

续表 2—8—28　　单位：吨、只、台

| 取水单位 | 取水口地址 | 经度 | 纬度 | 取水许可水量 | 取水地点 | 计量设施 | | | 排入河道名称 |
|---|---|---|---|---|---|---|---|---|---|
| | | | | | | 水表 | 计时器 | 流量计 | |
| 江苏沙钢集团锡兴特钢有限公司 | 锡钢桥西1000米 | 120°13′25.11″ | 31°36′28.134″ | 100 | 洋溪河 | — | — | 1 | 洋溪河 |
| 无锡市雪丰钢铁有限公司 | 锡钢桥西1850米 | 120°13′5.646″ | 31°36′33.03″ | 300 | 洋溪河 | — | — | 3 | 洋溪河 |
| 无锡联合钢铁有限公司热电厂 | 锡钢桥西1000米 | — | — | 1980 | 洋溪河 | — | 3 | — | 洋溪河 |

续表 2—8—28　　　　单位：吨、只、台

| 取水单位 | 取水口地址 | 经度 | 纬度 | 取水许可水量 | 取水地点 | 计量设施 | | | 排入河道名称 |
|---|---|---|---|---|---|---|---|---|---|
| | | | | | | 水表 | 计时器 | 流量计 | |
| 无锡市振华印染有限公司 | 藕塘大桥西 200 米 | 120°10′50.03″ | 31°35′44.50″ | 30 | 洋溪河 | — | 2 | — | 市镇污水管网 |
| 无锡市惠山区钱桥街道晓丰社区居民委员会 | 钱桥街道晓丰 | 120°14′23.16″ | 31°38′3.55″ | 10 | 京杭大运河 | — | 2 | — | 市镇污水管网 |
| 江苏苏嘉集团新材料有限公司 | 洋溪大桥西 400 米 | 120°13′21.08″ | 31°38′39.07″ | 10 | 京杭大运河 | 1 | 1 | — | 市镇污水管网 |
| 无锡华生精密材料股份有限公司 | 钱桥镇玉泉路 | 120°14′5.02″ | 31°36′12.24″ | 10 | 洋溪河 | — | 1 | — | 市镇污水管网 |
| 无锡市金晨型钢有限公司 | 洋溪河后金岸 | 120°13′18.97″ | 31°36′28.51″ | 10 | 洋溪河 | — | 2 | — | 市镇污水管网 |
| 无锡孟仕玻璃有限公司 | 洋溪大桥东 100 米 | 120°13′57.66″ | 31°38′19.52″ | 8 | 京杭大运河 | — | 2 | — | 市镇污水管网 |
| 无锡中诚印染有限公司 | 向阳河东段 | 120°12′12.08″ | 31°35′28.89″ | 10 | 洋溪河 | — | 2 | — | 市镇污水管网 |
| 无锡华润实业公司 | 塘泗桥南 150 米 | 120°13′41.74″ | 31°35′59.63″ | 10 | 塘泗桥河 | — | 2 | — | 市镇污水管网 |
| 无锡市亿和盛化纤有限公司 | 惠山区钱威路 | 120°13′47.47″ | 31°37′22.34″ | 2 | 地下水 | — | 1 | — | 市镇污水管网 |

## 三、水利普查

2011 年，钱桥街道水利农机服务站按照国务院的部署和水利部制定的水利普查实施方案，全面清查境内江河湖塘的基本情况、社会用水状况和各类水利工程的数量与分布、规模与能力及效益等基本情况，建立基础水利信息平台。同时把所有堤防、护岸、排涝站、灌溉站等水利设施，以及所有的取水口和排污口全部标注到地图上。

## 四、水资源费收缴

20 世纪 60 年代，按照国家规定，农村只收取农田灌溉水费。

**1967 年、1968 年钱桥、藕塘公社机电灌水费价格核定表**

表 2—8—29　　　　单位：亩、元

| 公社名 | 1967 | | | | | | 1968 | | | | | |
|---|---|---|---|---|---|---|---|---|---|---|---|---|
| | 机灌 | | | 电灌 | | | 机灌 | | | 电灌 | | |
| | 亩数 | 每时价格 | 每亩价格 | 亩数 | 每时价格 | 每亩价格 | 亩数 | 每时价格 | 每亩价格 | 亩数 | 每时价格 | 每亩价格 |
| 藕塘 | 4196.00 | 1.95 | 3.15 | 12063.00（804.20 公顷） | 1.83 | 2.48 | 2751（183.40 公顷） | 2.30 | 3.10 | 13375.58（891.71 公顷） | 2.86 | 1.97 |
| 钱桥 | 3804.34 | 2.57 | 3.09 | 15427.67（1028.51 公顷） | 2.17 | 2.05 | 3715（247.67 公顷） | 2.59 | 2.81 | 15575.00（1038.34 公顷） | 2.33 | 1.94 |

1985 年 7 月 22 日，国务院颁发《水利工程水费核订、计数和管理办法》；1990 年 5 月、1997 年 1 月，无锡县政府、锡山市政府先后颁发《无锡县水利工程水费收交实施办法》《锡山市水利工程水费收交实施细则》，钱桥、藕塘（乡）镇政府切实执行，区域内河道、塘坝、涵闸、堤防等水利工程和抽水站所做的工程都实行有偿供水。农业、工矿企业（镇、村企事业单位及“三资”企业、私营企业）和其他一切取（排）水户均按规定交纳水利工程水费。

### 1990年、1997年钱桥镇、藕塘（乡）镇执行的水资源收费标准表

表2—8—30　　单位：元

| 项目 | | 1990年1月1日起执行 | 1997年1月1日起执行 |
|---|---|---|---|
| 农副业用水（每亩） | 稻麦田（每年） | 1.60 | 4.00 |
| | 旱田（每年） | 0.20 | 0.50 |
| | 林果茶等经济作物 | 0.50 | 2.00 |
| | 蔬菜 | 0.50 | 4.00 |
| | 特种水产、精养鱼池 | 15.00 | 15.00 |
| | 围网养鱼 | 10.00 | 10.00 |
| | 外荡养鱼 | 2.00 | 3.00 |
| 工矿企事业单位 | 自来水（非水厂、每吨） | 0.02 | 0.04 |
| | 自来水厂（生活用水、每吨） | 0.01 | 0.02 |
| | 发电用水（煤发电、每吨） | 0.01 | 0.01 |
| | 发电用水（油发电、每吨） | 0.01 | 0.01 |
| | 水泥生产用水（每吨） | 0.08 | 0.15 |
| | 化肥生产用水（每吨） | 1.50 | 2.00 |
| | 建筑用水（每平方米） | 0.30 | 0.50 |
| 其他 | 冲污水（每吨） | 0.05 | 0.04 |
| | 超标排污冲污（每吨） | — | 0.10 |

### 2001~2015年钱桥（镇）街道水利农机服务站各项水费收费统计表

表2—8—31　　单位：万元

| 年份 | 水资源费 | 南水北调基金 | 河道堤防占用费 | 工程水费 | 合计 |
|---|---|---|---|---|---|
| 2001 | 13.33 | — | — | 17.00 | 30.33 |
| 2002 | 9.13 | — | — | 18.93 | 28.06 |
| 2003 | 1.45 | — | 1.85 | 15.56 | 18.86 |
| 2004 | 14.29 | — | 10.59 | 21.45 | 46.33 |
| 2005 | 2.18 | — | 6.45 | 19.29 | 27.92 |
| 2006 | 2.80 | — | 0.73 | 7.46 | 10.99 |
| 2007 | 3.22 | 0.94 | 3.53 | 8.02 | 15.71 |
| 2008 | 0.52 | — | 2.90 | 32.95 | 36.37 |
| 2009 | 5.10 | — | 2.90 | 26.20 | 34.20 |
| 2010 | 1.10 | — | 18.90 | 20.00 | 40.00 |
| 2011 | 2.60 | — | 5.90 | 22.50 | 31.00 |
| 2012 | 0.30 | — | 6.70 | 33.00 | 40.00 |
| 2013 | — | — | 8.77 | 27.93 | 36.70 |
| 2014 | — | — | 8.05 | 32.18 | 40.23 |
| 2015 | 8.40 | — | 15.15 | 5.88 | 29.43 |
| 合计 | 64.42 | 0.94 | 92.42 | 308.35 | 466.13 |

### 2015年钱桥街道水资源收费项目、标准一览表

表2—8—32

| 收费项目 | 计费单位 | 收费标准（元） |
|---|---|---|
| 一、水资源 | — | — |
| 1、地表水 | 元／立方米 | 0.20~0.40 |
| 2、地下水 | 元／立方米 | 3.60~10.00 |
| 二、水利工程费 | — | — |
| 1、工业用水 | 元／立方米 | 0.09 |
| 2、农业用水 | — | — |
| （1）稻麦田 | 元／亩／年 | 7.00 |
| （2）经济作物（含瓜果、经济树、蔬菜、茶树） | 元／亩／年 | 5.00~12.00 |
| （3）旱田 | 元／亩／年 | 0.90 |
| （4）池塘养殖 | 元／亩／年 | 25.00 |
| （5）河塘养殖 | 元／亩／年 | 7.50 |
| 三、河道堤防工程占用补偿款 | — | — |
| 1、兴建建筑物、设施停放、堆放物料 | 元／平方米／月 | 0.50~1.00 |
| 2、占用内河河岸线 | 元／平方米／月 | 3.00~5.00 |
| 3、从事旅游、娱乐费 | 元／平方米／月 | 0.20~0.80 |
| 4、从事种植、养殖的 | 元／平方米／月 | 0.01~0.05 |
| 5、设置渔网、鱼簖捕鱼的 | 元／月、张（道、处） | 10.00~50.00 |

# 第七节 管理机构及经费

钱桥、藕塘（乡）镇，钱桥街道的水利机构是维系境内水利建设的重要纽带，其职责包括农田水利工程、管理水资源与河道、规划水利工程、防汛抗旱、防止水土流失、调解农村水利纠纷等。钱桥、藕塘（乡）镇政府，钱桥街道办事处加强对水利资金的投入和筹措，争取上级政府的支持，鼓励农民自力更生、艰苦奋斗，在统一规划的基础上，按照“谁收益、谁负担”“多筹多补，多干多补”的原则，积极筹措水利建设经费。

## 一、管理机构

清末和民国期间，开原乡钱桥、富安乡藕塘无专职水利管理机构和人员，民间水利事务由图董负责。建国初期，钱桥、藕塘地区小型农田水利工程和农田灌溉工作由乡政府领导。1952 年 2 月，无锡县戽水业同业公会藕塘区分会主任为黄泉根。1954 年，钱桥、藕塘乡分别设灌溉管理小组。1956 年，钱桥、藕塘乡分别设抽水机队，具体负责农田灌溉工作。1959 年，钱桥、藕塘公社分别建立灌溉站，撤销抽水机队。1961 年，钱桥、藕塘公社恢复抽水机队建置。1964 年 12 月，钱桥、藕塘公社分别成立水利管理机构，定名为“机电灌溉管理站”，为无锡县水利局派出机构，属全民所有制事业单位，实行独立经济核算。1979 年更名为机电排灌管理站，1987 年更名为水利管理站。2001 年，水利管理站和农机服务站合并，更名为水利农机服务站。2004 年，由于钱桥、藕塘两镇合并，钱桥镇水利农机服务站与藕塘镇水利农机服务站合并，成立新的钱桥镇水利农机服务站，办公地点设在藕塘。2007 年，更名为钱桥街道水利农机服务站。2015 年，钱桥街道水利农机服务站在职人员 13 人。

钱桥街道水利农机服务站认真贯彻执行国家有关水利工作的法律、法规、方针、政策；根据主管部门工作意见，结合街道内具体情况，提出实施方案，充分发挥职能部门的参谋助手作用；在主管局和钱桥街道的领导下，全面做好水行政执法、水资源、水利设施、机电排灌管理，以及防汛防旱和各项水利规费收缴工作；在授权范围内办理有关证、照手续；协助钱桥街道制订水利建设规划，搞好工程勘测、计划编制和现场指导，严格质量监控；严格执行财经纪律，遵守各项财务制度，根据主管部门的规定，编制财务预算、决算，严格费用开支范围和开支标准，分清资金渠道，合理使用资金；按时完成上级下达的经济指标；认真抓好机电排灌泵站、闸和其它水利工程设施的使用、管理、维修及配套工作；努力提高管理、技术人员素质，搞好安全生产、文明生产，加强社会主义精神文明建设。

**1957~1963 年钱桥、藕塘人民公社抽水机队负责人、队长任职表**

表 2—8—33

| 公社名称 | 1957 年 11 月 | 1959 年 6 月 25 日 | 1963 年 5 月 13 日 | |
|---|---|---|---|---|
| | 队长 | 队长 | 负责人 | 队长 |
| 钱桥 | — | 杨仁甫 | 吴瑞林 | 朱炳坤 |
| 藕塘 | 黄泉根 | 黄泉根 | 穆叙宝 | 王学忠 黄泉根 |

**1964~2000 年钱桥、藕塘（公社、乡）镇水利管理站正、副站长任职表**

表 2—8—34

| 镇（公社、乡）别 | 正职 | | 副职 | |
|---|---|---|---|---|
| | 姓名 | 任职时间 | 姓名 | 任职时间 |
| 钱桥 | 张金鹏 | 1970.03~1975.03 | 吴瑞林 | 1964.12~1970.01 |
| | 唐仁兴 | 1975.03~1976.09 | 朱炳坤 | 1964.12~1975.03 |
| | 徐祖兴 | 1981.08~1985.03 | 朱燕庆 | 1973.07~1975.08 |
| | 唐炳良 | 1985.09~1998.10 | 唐仁兴 | 1976.09~1984.05 |
| | 吕　荣 | 2000.06~2000.12 | 唐益华 | 1985.09~2000.12 |
| | — | — | 邵镜清 | 1987.06~1998.11 |
| | — | — | 毛福民 | 1987.12~1993.07 |

续表 2—8—34

| 镇（公社、乡）别 | 正职 | | 副职 | |
| --- | --- | --- | --- | --- |
| | 姓名 | 任职时间 | 姓名 | 任职时间 |
| 藕塘 | 穆叙宝 | 1964.12~1970.04 | 何福度 | 1968.12~1981.09 |
| | 樊祥兴 | 1984.06~1985.01 | 叶纪兴 | 1975.03~1978.12 |
| | 孙长兴 | 1985.01~1994.06 | 吴瑞林 | 1979.05~1980.09 |
| | — | — | 樊祥兴 | 1981.08~1984.06 |
| | — | — | 徐建华 | 1984.06~1986.07 |
| | 丁建明 | 1994.06~2000.04 | — | 1998.05~2000.04 |
| | — | — | 丁建明 | 1991.09~1994.06 |
| | 徐建华 | 2000.04~2000.12 | — | 2000.04~2000.12 |

**1976~2015 年钱桥、藕塘（公社、乡）镇，钱桥街道农机服务站、水利农机服务站站长任职表**

表 2—8—35

| 镇（公社、乡）别 | 单位名称 | 姓名 | 职务 | 任职时间 |
| --- | --- | --- | --- | --- |
| 钱桥（公社、乡）镇 | 钱桥公社农机服务站 | 芮灿根 | 站长 | 1979~1983 |
| | 钱桥乡农机服务站 | 张如兴 | 站长 | 1983~1985 |
| | | 殷惠忠 | 站长 | 1985~1987 |
| | 钱桥镇农机服务站 | 殷惠忠 | 站长 | 1988~1991 |
| | | 张如兴 | 站长 | 1992~1996 |
| | 钱桥镇农机服务站 | 时焕文 | 站长 | 1996~2001 |
| 藕塘（公社、乡）镇 | 藕塘公社农机服务站 | 吴文玉 | 站长 | 1976~1982 |
| | 藕塘乡农机服务站 | 吴文玉 | 站长 | 1983~1985 |
| | | 吴金根 | 站长 | 1986~1993 |
| | 藕塘镇农机服务站 | 吴金根 | 站长 | 1994~1995 |
| | | 陶阿祥 | 站长 | 1995~1997 |
| | | 张明生 | 站长 | 1998~2000 |
| | 藕塘镇水利农机服务站 | 徐建华 | 站长 | 2001~2004 |
| 钱桥（镇）街道 | 钱桥镇水利农机服务站 | 吕　荣 | 站长 | 2001~2007 |
| | 钱桥街道水利农机服务站 | 吕　荣 | 站长 | 2007~ |

**1982~2015 年钱桥、藕塘（乡）镇、钱桥（镇）街道水利站、水利农机服务站职工人数选年统计表**

表 2—8—36　　单位：人

| 年份 | 单位 | | | 年份 | 单位 | | |
| --- | --- | --- | --- | --- | --- | --- | --- |
| | 钱桥水利站 | 藕塘水利站 | 钱桥（镇）街道水利农机服务站 | | 钱桥水利站 | 藕塘水利站 | 钱桥（镇）街道水利农机服务站 |
| 1982 | 39 | 67 | — | 1995 | 97 | 59 | — |
| 1983 | 38 | 67 | — | 1996 | 92 | 58 | — |
| 1984 | 35 | 56 | — | 1997 | 95 | 54 | — |
| 1985 | 38 | 55 | — | 1998 | 93 | 51 | — |
| 1986 | 46 | 53 | — | 1999 | 85 | 46 | — |
| 1987 | 43 | 51 | — | 2000 | 65 | 49 | — |
| 1988 | 50 | 59 | — | 2001 | 13 | 14 | — |
| 1989 | 50 | 60 | — | 2004 | — | — | 19 |
| 1990 | 50 | 57 | — | 2006 | — | — | 18 |
| 1991 | 79 | 56 | — | 2009 | — | — | 17 |
| 1992 | 91 | 62 | — | 2011 | — | — | 16 |
| 1993 | 92 | 64 | — | 2013 | — | — | 16 |
| 1994 | 94 | 65 | — | 2015 | — | — | 13 |

## 二、水利建设经费

民国时期，钱桥、藕塘地区对河道疏浚、修桥筑堤等水利建设所需经费主要依靠呈上级政府请拨银两和地方名士捐款。新中国成立后，境内按政府确定的兴修水利贯彻“民有民办”的原则，国家给予少量补助，一般水利建设土方、劳力采取“按田出资，按劳出力”的办法。1958 年，钱桥、藕塘公社贯彻“以社队自办为主，国家补助为辅”“合理负担、统筹兼顾”的原则筹措水利经费。60年代，根据中央提出的“调整、巩固、充实、提高”的方针，钱桥、藕塘公社水利建设以调整为主、修补为主，量力而行。70年代，区域内大搞以平整土地为中心的农田水利基本建设，坚持“先后受益、大体平衡”的原则，水利经费做到合理负担。80年代以后，钱桥、藕塘地区水利建设贯彻“谁受益、谁负担”的政策，采用劳动积累的办法，把土方任务按照劳力情况（包括务工社员）分配到受益地区的农户；修建石驳岸和“三闸”工程，所需资金较大，采取镇、村集资为主，上级政府补贴的办法。

1997年1月1日起，按照“谁受益，谁负担”的原则，钱桥镇联圩建设管理及维修经费自以下渠道筹集：联圩内农田保护面积按每亩每年5元收费；圩内企业按年产值万分之五及土地占有面积每平方米2.5元收费；商业营销用房按每平方米（占用面积）5元收费，个体商业按每户100元收费；社会福利、行政事业单位按固定资产收费，标准为每百万元（不足百万元按百万元计算）收取千分之五；居民每户收取10元。收取费用专款专用，任何单位不得擅自动用。

1999年，藕塘镇成为锡山市灌溉工程锡西地区示范区，实施面积640003.2平方米，修筑防渗渠道4公里，工程投资25.3381万元，其中国债9.6万元、省级配套3.2万元、地方配套6.4万元、镇级自筹6.1381万元。

1950~2000年钱桥、藕塘（公社、乡）镇累计完成土石方及水利建设劳动量统计表

表2—8—37　　单位：万立方米、万工日

| 公社、乡镇别 | 土、石方合计 | 其中 | | 水利建设劳动量 |
|---|---|---|---|---|
| | | 土方 | 石方 | |
| 钱桥 | 847.41 | 837.91 | 9.50 | 497.53 |
| 藕塘 | 600.68 | 598.79 | 1.89 | 353.84 |

1950~2000年钱桥、藕塘（公社、乡）镇累计完成水利建设投资总经费统计表

表2—8—38　　单位：万元

| 公社、乡镇别 | 水利建设投资 | 其中投资来源 | | 其中投资用途 | | |
|---|---|---|---|---|---|---|
| | | 省、市、县 | （公社、乡）镇（大队）村 | 农田水利 | 机电排灌 | 其它 |
| 钱桥 | 3398.02 | 642.53 | 2755.49 | 2938.51 | 459.51 | — |
| 藕塘 | 1228.73 | 181.09 | 1047.64 | 1114.90 | 111.25 | 2.58 |

2004年，钱桥镇（钱桥、藕塘两镇已合并）水利建设投资总经费136.84万元，2005年投资总经费601.39万元，2006年投资总经费595.62万元。2007年，钱桥街道水利建设投资总经费777.86万元，2008年投资总经费588.21万元，2009年投资总经费543.92万元，2010年投资总经费432.29万元，2011年投资总经费639.98万元，2012年投资总经费2287.65万元，2013年投资总经费1373.22万元，2014年投资总经费1597.94万元，2015年投资总经费1137.5万元。

# 第九章 供电用电

钱桥、藕塘地区用电历史较早。民国16年（1927），藕塘浜顶、田庄巷用电力戽水灌溉农田为无锡县最早。新中国成立后，国家发展电力，推进了钱桥、藕塘区域内的工农业生产大力发展。2015年，钱桥街道辖区内建有220千伏和500千伏的两个大型变电站，高压供电线路110条、总长527.64公里。

## 第一节 区域通电及输变线路建设

钱桥地区由于地处无锡市郊，用电历史较早。民国14年，33千伏的邓巷变电所供应钱桥、藕塘地区。33千伏输电线从戚锡线交接，以2300伏电压投运，供应区域内钱桥、藕塘桥、南西漳以及外域石塘湾等地区的照明用电和开原北乡电力戽水。民国16年，2条33千伏戚锡输电线为干线的输配电网络途经境内，开原乡藕塘地区浜顶、田庄巷接通戚墅堰发电厂发电线路，用电力戽水，灌溉农田。民国26年，日军侵占无锡后，区域内屡遭日机轰炸，不少电杆和电线被毁，浜顶、田庄巷电力戽水即废弃。

新中国成立以后，人民政府大力发展电力事业，钱桥、藕塘地区用电量逐步增多，主要电源来自戚墅堰发电厂、望亭发电厂、谏壁发电厂、新安江水电站。20世纪60年代，钱桥、藕塘地区农田灌溉用电、民宅用电基本普及。1971年，无锡市第二条220千伏超高压输电线和变电站落户钱桥历村舜柯山北麓，主变电量150000千伏安。从此，钱桥地区电力供应由市区线路供电，电源点是35千伏盛岸变电所。

1983年，110千伏、10千伏供电线路有钱桥线、龙山线、高石头线，钱桥乡电力供应、电力增容等条件与邻乡镇相比有绝对优越。之后，钱桥地区先后由10千伏西坝头变电所、35千伏藕塘变电所、110千伏溪南变电所供电。1987年，藕塘乡为解决辖区内长时期缺电的情况，以发展工业生产和解决民用电为目标，从阳山35千伏变电所引进1条10千伏线路，形成双线路供电。

1991年，藕塘乡在东风村新建35千伏变电所1座，主变1600千伏安。变电所建造经费由无锡市供电局解决。从东风村变电所新架设5条线路通往藕塘工业园区及部分村。东风变电所特设双路电源开关，一路接通张镇变电所，另一路接通上秦巷（张湾）变电所。两条供电线路如有其中一条对藕塘区域内停电，双路电源开关可接通另一条线路。张镇变电所是对藕塘供电的主供线路，上秦巷（张湾）变电所是对藕塘供电的备用线路。

2014年，钱桥街道辖区内有110千伏变电所9座、35千伏变电所3座，10千伏线路87条、电杆8754支；400伏低压线路353条、电杆3402支，线路总长度608公里，沿接户线总长度250.71公里；10千伏变压器848台，总容量47.6万千伏安。是年，供电营业客户41393户，年销售电量达8.80亿千瓦时。2015年，钱桥街道低压线路电网改造和建设投入资金415万元。

2010~2015 年钱桥街道低压线路电网改造和建设资金投入统计表

表 2—9—1　　　　单位：万元

| 年份 | 投入资金 | 年份 | 投入资金 |
|---|---|---|---|
| 2010 | 517.45 | 2013 | 665.57 |
| 2011 | 527.32 | 2014 | 331.01 |
| 2012 | 886.98 | 2015 | 415.00 |

2010~2015 年钱桥街道电网供电量统计表

表 2—9—2　　　　单位：万千瓦时、%

| 数量 年份 项目 | 2010 | 2011 | 2012 | 2013 | 2014 | 2015 |
|---|---|---|---|---|---|---|
| 电量 | 81750.62 | 86053.28 | 89266.88 | 92027.63 | 87972.19 | 61959.53 |
| 比上年增 | 4.70 | 5.26 | 3.73 | 3.09 | -4.41 | -29.57 |

# 第二节 变电站

钱桥街道辖区内建有舜柯、惠泉两座具有一定规模的变电站，为减小区域内输电线路上的电能损耗及线路阻抗压降，将电压升高；为满足区域内电力用户的需要，又将电压降低，并分配给各用户。

## 一、舜柯变电站

1971 年 7 月，无锡供电局主办的 220 千伏无锡变电所在钱桥公社舜柯山北麓建成，铭牌主变容量为 18 万千伏安，实际认可容量为 15 万千伏安。从此，钱桥公社农村电网得到发展。舜柯变电站重点解决锡西地区用电紧张的问题。2015 年，舜柯变电站运营正常。

图 2—9—1　2015 年江苏省电力公司舜柯 220 千伏变电站

## 二、惠泉变电站

1994 年，江苏省电力公司主办的惠泉 500 千伏变电站在藕塘镇稍塘村落成，用地面积 1.53 万平方米，主变容量为 22 万千伏安。2006 年，稍塘变电站进行第二期工程建设，用地面积增加到 2.33 万平方米，主变容量扩大到 50 万千伏安。2008~2015 年，稍塘变电站进行第三期工程建设，主变容量仍为 50 万千伏安。2015 年，惠泉变电站运行正常。

图 2—9—2　2015 年江苏省电力公司惠泉 500 千伏变电站

# 第三节 电网建设

新中国成立初期，钱桥、藕塘地区人民政府加强地方用电设施建设，为发展农业、工业和提高人民生活水平提供电能。改革开放以后，钱桥、藕塘地区乡镇工业企业和私营企业蓬勃发展，工、农、商业用电量迅速上升，钱桥、藕塘镇政府投入资金，加强电网建设。2004 年，钱桥、藕塘两镇并镇后，进一步加强供电线路建设。2015 年，钱桥街道辖区内共有供电线路 110 条，总长度 527.64 公里。

## 一、电网的形成

新中国成立初期，钱桥、藕塘地区农村线路电杆以木杆为主。木杆容易腐烂，特别是东北松电杆，从木芯烂起，外表难以发现，所以经常发生倒杆停电事故。20世纪60年代，因木材和钢材原料紧缺和电力线路安全运行需要，逐渐用水泥杆代替木杆。开始时采用圆锥形水泥杆，后因国家水泥杆分配量减少，曾就地加工方形水泥杆，不久又改为圆形水泥杆。1975年始，钱桥、藕塘公社供电线路上的木杆全部调换为圆形水泥杆，高度为7.5米至10米。钱桥地区为无锡市近郊，1949~1979年，一部分地区的电力由市区35千伏盛岸变电所供给，钱桥人通称之为市线、石门线；钱桥另一部分地区和藕塘地区由洛社变电所供给，钱桥、藕塘人通称之为县线。

20世纪80年代，钱桥、藕塘地区因有线路途经公路、河道，杆塔高度不够，开始启用15~18米水泥杆替代，高压线路则全部利用铁塔架线。1983年，盛岸变电所升格为110千伏后，区域内电网建成钱桥线、龙山线、高石头线等。1990~1992年，藕塘“三电”（节约用电、计划用电、安全用电）办公室用两年多时间在藕塘地区各行政村安装路灯，同时安装17只电表。路灯使用国家电，以减轻各村的经济负担。1984~2014年，钱桥地区又建成110千伏西坝头变、35千伏钱桥变、110千伏钱桥变供电；藕塘地区相应建成藕塘线、林业线、勤建线、市镇线、恒源线、稍塘线等30条供电线路。

图2—9—3　21世纪初境内的高压线

2015年钱桥街道区域内供电线路一览表

表2—9—3　　单位：公里

| 上级站所名称 | 线路名称 | 线路总长度 | 上级站所名称 | 线路名称 | 线路总长度 |
|---|---|---|---|---|---|
| 河东变 | 10千伏普利线141 | 5.24 | 溪南变 | 10千伏交通线142 | 2.36 |
| 河东变 | 10千伏毛巷线116 | 2.15 | 溪南变 | 10千伏中诚线141 | 1.62 |
| 钱桥变 | 10千伏宏大线151 | 3.99 | 溪南变 | 10千伏采石线135 | 1.41 |
| 钱桥变 | 10千伏洋溪线142 | 2.27 | 溪南变 | 10千伏翔华线134 | 5.85 |
| 钱桥变 | 10千伏装饰线135 | 2.06 | 溪南变 | 10千伏锦溢线133 | 4.69 |
| 钱桥变 | 10千伏中环线134 | 5.87 | 溪南变 | 10千伏晴山线132 | 8.79 |
| 钱桥变 | 10千伏钱大线133 | 4.05 | 溪南变 | 10千伏旺盛线131 | 1.62 |
| 钱桥变 | 10千伏华钢线132 | 3.40 | 溪南变 | 10千伏环山线125 | 8.65 |
| 钱桥变 | 10千伏高石线131 | 4.50 | 溪南变 | 10千伏船研线124 | 7.16 |
| 钱桥变 | 10千伏陆岸线125 | 3.65 | 溪南变 | 10千伏天翔线123 | 3.00 |
| 钱桥变 | 10千伏胜丰线123 | 5.14 | 溪南变 | 10千伏埭上线122 | 2.10 |
| 钱桥变 | 10千伏钱丰线122 | 1.94 | 溪南变 | 10千伏岸里线121 | 1.37 |
| 钱桥变 | 10千伏钱桥线121 | 2.99 | 溪南变 | 10千伏藕乐线119 | 3.92 |
| 钱桥变 | 10千伏五洲线119 | 3.10 | 溪南变 | 10千伏壤里线118 | 4.57 |
| 钱桥变 | 10千伏华新线118 | 3.25 | 溪南变 | 10千伏芮巷线117 | 2.72 |
| 钱桥变 | 10千伏惠澄线117 | 5.20 | 溪南变 | 10千伏高基线116 | 4.20 |
| 钱桥变 | 10千伏梅林线116 | 8.97 | 溪南变 | 10千伏孟家线115 | 2.64 |
| 钱桥变 | 10千伏苏庙线115 | 4.36 | 溪南变 | 10千伏金岸线114 | 4.95 |
| 钱桥变 | 10千伏舜柯线114 | 7.27 | 溪南变 | 10千伏西浜线113 | 5.09 |
| 钱桥变 | 10千伏毛村线113 | 4.23 | 溪南变 | 10千伏历村线112 | 4.25 |
| 钱桥变 | 10千伏舜一线112 | 3.04 | 溪南变 | 10千伏吉辰线111 | 1.60 |
| 山北变 | 10千伏田农线123 | 7.34 | 雅西变 | 10千伏隆达线119 | 6.10 |
| 山北变 | 10千伏河北线121 | 7.01 | 雅西变 | 10千伏盛巷线151 | 5.78 |
| 山北变 | 10千伏仁和线116 | 2.14 | 雅西变 | 10千伏兴达线112 | 3.74 |
| 苏巷变 | 20千伏金乐线215 | 3.05 | 雅西变 | 10千伏瑞通线111 | 4.38 |
| 苏巷变 | 20千伏金属线214 | 3.31 | 朱巷变 | 10千伏信技线151 | 0.00 |
| 苏巷变 | 20千伏苏洋线213 | 3.57 | 朱巷变 | 10千伏官林线148 | 5.92 |
| 苏巷变 | 20千伏藕光线212 | 19.32 | 朱巷变 | 10千伏尚伟线147 | 10.80 |
| 苏巷变 | 20千伏钱业线211 | 1.14 | 朱巷变 | 10千伏园区线133 | 7.55 |
| 苏巷变 | 10千伏金龙线127 | 3.11 | 朱巷变 | 10千伏卫星线132 | 5.01 |

续表 2—9—3 单位：公里

| 上级站所名称 | 线路名称 | 线路总长度 | 上级站所名称 | 线路名称 | 线路总长度 |
|---|---|---|---|---|---|
| 苏巷变 | 10 千伏桥光线 126 | 3.49 | 朱巷变 | 10 千伏显山线 131 | 4.73 |
| 苏巷变 | 10 千伏亚星线 125 | 5.74 | 朱巷变 | 10 千伏环镇线 125 | 10.64 |
| 苏巷变 | 10 千伏站村线 124 | 6.74 | 朱巷变 | 10 千伏陈村线 124 | 5.98 |
| 苏巷变 | 10 千伏恒大线 123 | 3.93 | 朱巷变 | 10 千伏富润线 123 | 12.11 |
| 苏巷变 | 10 千伏高雄线 122 | 13.73 | 朱巷变 | 10 千伏师业线 122 | 1.90 |
| 苏巷变 | 10 千伏凯水线 121 | 8.31 | 朱巷变 | 10 千伏劳保线 121 | 7.74 |
| 苏巷变 | 10 千伏金石线 117 | 3.20 | 朱巷变 | 10 千伏解放线 119 | 9.02 |
| 苏巷变 | 10 千伏黄西线 116 | 4.79 | 朱巷变 | 10 千伏苹果线 118 | 8.42 |
| 苏巷变 | 10 千伏振兴线 115 | 4.32 | 朱巷变 | 10 千伏职中线 117 | 0.57 |
| 苏巷变 | 10 千伏利道线 114 | 6.64 | 朱巷变 | 10 千伏航空线 116 | 2.82 |
| 苏巷变 | 10 千伏西站线 113 | 1.55 | 朱巷变 | 10 千伏技影线 115 | 2.47 |
| 苏巷变 | 10 千伏春来线 112 | 2.18 | 朱巷变 | 10 千伏藕塘线 114 | 5.74 |
| 苏巷变 | 10 千伏奥波线 111 | 5.70 | 朱巷变 | 10 千伏邵辉线 113 | 4.03 |
| 五村变 | 10 千伏殷邹线 124 | 5.69 | 朱巷变 | 10 千伏林业线 112 | 5.53 |
| 五村变 | 10 千伏法狮线 123 | 6.03 | 朱巷变 | 10 千伏勤建线 111 | 4.33 |
| 五村变 | 10 千伏钱北线 122 | 5.87 | 藕塘变 | 10 千伏藕铁线 124 | 0.00 |
| 五村变 | 10 千伏樟树线 121 | 6.75 | 藕塘变 | 10 千伏市镇线 123 | 3.88 |
| 西坝头变 | 10 千伏钱皋线 122 | 4.30 | 藕塘变 | 10 千伏冯巷线 121 | 3.50 |
| 西坝头变 | 10 千伏原石线 121 | 6.52 | 藕塘变 | 10 千伏恒源线 119 | 4.12 |
| 西坝头变 | 10 千伏惠岸线 116 | 2.63 | 藕塘变 | 10 千伏唐巷线 117 | 4.88 |
| 西坝头变 | 10 千伏陈漕线 113 | 8.96 | 藕塘变 | 10 千伏稍塘线 115 | 4.82 |
| 西坝头变 | 10 千伏红星线 135 | 4.92 | 藕塘变 | 10 千伏张红线 112 | 6.12 |
| 西坝头变 | 10 千伏地质线 143 | 3.69 | 藕塘变 | 10 千伏盛店线 111 | 6.80 |
| 西坝头变 | 10 千伏惠岸线 116 | 2.63 | 杨市变 | 10 千伏新华线 111 | 1.20 |
| 溪南变 | 10 千伏职教线 151 | 3.36 | 阳山变 | 10 千伏粮站线 122 | 6.12 |

## 二、工业用电、农副业用电、民用电

钱桥、藕塘地区用电分为工业用电、农副业用电、民用电三大类。工业用电主要是乡镇企业用电，使用三相四线制或三相五线制供电，额定电压为 380 伏。农副业用电包括农业灌溉及水利设施建设操作用电、农业农作物栽培及收获用电、农产品冷藏及粮食仓储用电、水产养殖用电、畜牧业用电等。民用电为农村及市镇居民家用电，额定电压为 220 伏。工业用电、农副业用电、民用电的三类用电价各不相同。

### 1996 年钱桥、藕塘镇用电分类统计表

表 2—9—4 单位：万千瓦时

| 镇名 | 用电量合计 | 工业用电 | | | | | 农副业用电 | | 民用电 | | | | | 柴油发电机发电量 |
|---|---|---|---|---|---|---|---|---|---|---|---|---|---|---|
| | | 小计 | 市属工业 | 镇办工业 | 村办工业 | 其他类工业 | 小计 | 其中排灌 | 小计 | 市镇居民用电 | 市镇公益用电 | 农村居民用电 | 农村公益民用电 | |
| 钱桥 | 37528 | 35687 | 20438 | 12887 | 2036 | 326 | 349 | 108 | 1299 | 236 | 479 | 356 | 228 | 193 |
| 藕塘 | 9879 | 9050 | — | 4608 | 3456 | 986 | 206 | 50 | 523 | 51 | 13 | 253 | 206 | 100 |

### 2002~2015 年钱桥（镇）街道工业、农副业、民用电情况统计表

表 2—9—5 单位：万千瓦时

| 年份 | 镇名 | 总用电量 | 工业 | 其中私营工业 | 农业 | 社会生活 |
|---|---|---|---|---|---|---|
| 2002 | 钱桥 | 82554 | 79077 | 2246 | 540 | 2937 |
| | 藕塘 | 6383 | 5362 | 314 | 201 | 820 |

续表 2—9—5　　单位：万千瓦时

| 年份 | 镇名 | 总用电量 | 工业 | 其中私营工业 | 农业 | 社会生活 |
|---|---|---|---|---|---|---|
| 2003 | 钱桥 | 91772.00 | 86714.00 | 3362 | 784.00 | 4274.00 |
| | 藕塘 | 8181.00 | 7163.00 | 372 | 143.00 | 875.00 |
| 2004 | 钱桥 | 110704.00 | 101736.00 | 4534 | 1564.00 | 7404.00 |
| 2005 | 钱桥 | 134023.00 | 124178.00 | 4829 | 1731.00 | 8114.00 |
| — | — | — | — | 商贸 | — | 居民生活 |
| 2006 | 钱桥 | 137396.00 | 132540.00 | 367 | 369.00 | 4120.00 |
| 2007 | 钱桥 | 146404.00 | 140667.00 | 592 | 315.00 | 4830.00 |
| 2008 | 钱桥 | 141843.00 | 135465.00 | 835 | 107.00 | 5436.00 |
| 2009 | 钱桥 | 141013.00 | 133966.00 | 914 | 46.00 | 6087.00 |
| 2010 | 钱桥 | 165098.00 | 156759.00 | 1019 | 41.00 | 7279.00 |
| 2011 | 钱桥 | 159555.00 | 150933.00 | 1076 | 39.00 | 7507.00 |
| 2012 | 钱桥 | 143606.00 | 133775.00 | 1256 | 34.00 | 8541.00 |
| 2013 | 钱桥 | 141391.00 | 129986.00 | 1400 | 48.00 | 9957.00 |
| 2014 | 钱桥 | 133940.00 | 123888.00 | 1316 | 36.00 | 8700.00 |
| 2015 | 钱桥 | 146678.26 | 137998.26 | — | 31.00 | 8469.02 |

## 第四节　用电管理

为统一管理用电，节能降耗，消除隐患，加强农业、副业、三产业、工业企业和居民的供电用电，提高供用电管理水平，使用电单位更加安全、经济、合理地使用电能，更好地提高全社会用电的整体经济效益和社会效益，20 世纪 70~90 年代，钱桥、藕塘（公社、乡）镇实行计划用电、集资买电、节约用电、安全用电。进入 21 世纪，由于电能充足，钱桥、藕塘区域内实行全面开放性的电力市场。

### 一、计划用电

新中国成立后，辖区内工农业生产发展迅速。20 世纪 70 年代末，钱桥、藕塘地区的乡镇工业异军突起，用电量急速上升，但国家电力事业的发展跟不上区域内工农业生产和人民生活用电量的需求。国家统配电量增长缓慢，供需矛盾突出，电网长期超负荷运行，因而国家实行计划用电。1970 年，周恩来总理发出各行各业都要实行计划用电的指示以后，国务院多次规定实行计划用电。之后，电力部门颁布多项用电法规，钱桥、藕塘公社的用电计划受国家宏观控制。1983 年，钱桥、藕塘乡实行计划用电包干使用的管理办法，定量供应，超用拉闸限电，今超明还。同年，实行“先农业，后工业；先生活，后其他”的用电原则。1986 年 4 月起，为合理使用有限的电量，避免高峰超负荷拉闸，钱桥、藕塘乡实施 6∶4 比例（即峰谷比：白天 60%、夜间 40%）的用电计划安排，要求每个用电单位，每家企业都按照 6∶4 比例的原则安排使用电能，坚持开深夜班，多用深夜低谷电，或在顶峰用电时间段采取柴油机自发电等措施。“三电”（节约用电、计划用电、安全用电）办公室在每台配备的低压出线处均安装峰谷计量表，直接控制超计划用电考核、结算峰谷电费。超额使用电能实施罚款。如超用峰电即扣年计划电量的 1.5~2 倍，并处以罚款；少用谷电则取消下年度用电指标。当时钱桥、藕塘地区的每家企业，特别是用电大户被迫深夜加班，用足谷电。时以经济手段严格控制超峰用电，取得较好的效果。

### 二、集资买电

20 世纪 80 年代以后，钱桥、藕塘（乡）镇电量供需矛盾突出。无锡市在加强输变电工程建设的同时，采取多家办电、加工电、自发电等措施，实行“谁投资、谁受益”的政策。钱桥、藕塘为尽量能争取到更多的电量，缓解用电紧张局面，1984 年，钱桥乡向谏壁电厂 9 号、10 号机组集资 50 万元（其中各村集资 21 万元、乡办企业集资 29 万元），藕塘乡向谏壁电厂集资 40 万元（其中各村集资20万元、乡办企业集资20万元），买到较多电量。以后，钱桥乡又投入20万元，藕塘乡又投入15万元向新海电厂、利港电厂集资买电。1986~1987年，钱桥、藕塘乡又积极购买电力债券和用电权，三年后开始得益分配电量，并逐年增加。同时，组织煤、油等燃料送到电厂进行加工，增加电量。1988年，钱桥镇、藕塘乡在无锡县计委统一部署下，专门组织人员去山西产煤地区采购计划外煤炭，把采购到的煤炭运送至电厂换取加工电指标。80年代，区域内电量构成为：国家电网统网电+集资电+煤炭加工电。钱桥镇、藕塘乡用以上三项措施争取到的电量对促进区域内工农业生产持续发展、稳定用电秩序、确保人民生活用电起到较好的作用。

## 三、全面开放的电力市场

2002年，电力市场全面开放，钱桥、藕塘镇取消集资买电和采购煤炭代加工电，实行工业、农业、商业及民用电电价分别统一，做到“三公开、四到户、五统一”（电价公开、电费公开、电量公开；服务到户、销售到户、抄表到户、收费到户；统一电价、统一发票、统一抄表、统一核算、统一考核），杜绝一村一电价、乱涨价、乱收费的现象，真正使企业和老百姓得到用电的实惠。

## 四、安全用电

1957年，钱桥、藕塘地区35千伏和110千伏线路改用木横担和双球间隙，加装驱鸟器，配电变压装置避雷器，出线处改装油开关或自动合闸，提高绝缘水平，保障安全用电。1980年，钱桥、藕塘公社相继建立用电安全监察小组，更新设备装置。1981年10月，钱桥、藕塘公社分别成立“三电”办公室，同时组建电器安装队，负责本公社总表内用户的电器安装和维修，并大力推广触电保安器，配电出线处安装率达93%。自备发电一律安装双投顺开关。同时，改造400伏低压线及沿接户线。“三电”办公室设专职安全员一名，负责安全用电的宣传、监察、检查、用电培训等。“三电”办公室还组织村级电工及企业电工学习各项安全用电的规程、规则，健全农村电工、企业电工的安全考核、持证上岗制度，层层建立安全用电责任制，还对配电间进行大规模更新改造。1982年，“三电”办公室对农村400伏电力企业均安装一级和二级触电保安器，钱桥公社辖区内安装264台，藕塘公社辖区内安装176台。1984年，触保器的安装扩展到农村及市镇居民每家用户，钱桥、藕塘乡共安装居民用户触保器16440台，安装率达100%，投运率为96%，并有分管电工进行定期检查及试跳。触保器的安装和投运大大减少和避免人身触电死亡事故的发生。1986年，钱桥、藕塘乡开展“用电标准村”和“用电标准乡”的建设。1987年10月，经无锡市供电局和无锡县“三电”办公室等上级部门验收，钱桥镇成为首批“用电标准乡”。钱桥区域内13个村也村村达到“用电标准村”要求，由上级颁发给合格证书。

2015年，国家电网无锡供电公司工作人员在辖区内110千伏胡杨线上进行等电位带电作业，一架无人机在现场监控，保障施工安全。在作业过程中，工作人员应用无人机开展巡查监护作业，加强作业现场监控，全方位了解带电作业施工状况，进一步提升作业效率和质量，确保人身和线路安全。

图2—9—4 2015年区域内胡杨线110千伏线路带电检修，一架无人机在现场监控，确保安全

## 五、节约用电

1981年，钱桥、藕塘“三电”办公室成立后第一件事即抓节约用电。在当时电能供需矛盾突出、电力严重紧缺的情况下，抓好节约用电对缓解电力供需矛盾，推进供用电技术进步，提高经济效益、社会效益都具有重大意义。钱桥、藕塘乡节电工作先期主要是开展取缔包灯制、长明灯、不夜灯、电炉烧水，动力配套禁止大马拉小车，取消农业脱粒等无表用电，清理工厂转供电。之后，又主抓

低效率、高能耗设备的技术改造，抓产品电能单耗考核，推广和安装低压电容器、交流接触器无声运行，安装各种节电器，采用远红外加热新技术、新光明照明节电等。1982 年，钱桥公社辖区内的无锡县农机厂应用“交流接触器无声运行”新技术，节电成果显著。1985 年，钱桥、藕塘乡农田灌溉水泵全面测试，实行装表计量。通过一系列节电措施，节电效果显著。1986 年，钱桥乡一年节电 12.3 万千瓦时以上。

### 六、电价电费

1950 年，钱桥、藕塘地区的照明电价为 0.19 元/千瓦时、工业电价为 0.095 元/千瓦时。1954~1963 年，区域内照明电价为 0.19 元/千瓦时、工业电价为 0.09 元/千瓦时、农业电价为 0.06 元/千瓦时。1980~1986 年，区域内照明电价为 0.22 元/千瓦时、工业电价为 0.085 元/千瓦时、农业电价为 0.06 元/千瓦时。1994 年，区域内工业电价为 0.324 元/千瓦时、代加工峰电价为 0.21 元/千瓦时、谷电价为 0.085 元/千瓦时。

2012 年起，250 千伏安及以下的专用变实行峰谷电价：峰电价为 1.4335 元/千瓦时、平电价为 0.8601 元/千瓦时、谷电价为 0.3867 元/千瓦时；315 千伏安及以上的专用变实行二部制结源电价：容量费每千伏安×30 元，峰谷价为 1.1002 元/千瓦时、平电价为 0.6601 元/千瓦时、谷电价为 0.32 元/千瓦时。是年起，钱桥街道对居民照明实行峰谷阶梯电价，按每月每户 230 千瓦时为基础，即 230 千瓦时以内为 0.5283 元/千瓦时，230~400 千瓦时为 0.5783 元/千瓦时，400 千瓦时以上为 0.8283 元/千瓦时，5 人户及以上用户第一阶梯增加至 330 千瓦时/月。峰谷电价之峰电价为 0.5583 元/千瓦时、谷电价为 0.3583 元/千瓦时，均价为 0.4583 元/千瓦时。

## 第五节 地方电力

20 世纪 70~90 年代，为弥补国家电力的不足，钱桥、藕塘（公社、乡）镇各大队、行政村和社队办企业纷纷购买柴油发电机组，自行发电，以解决乡镇企业工业生产用电和农村照明用电。自行发电电压不超过 110 千伏，输电距离在十几公里以内。1995 年，钱桥镇村级发电机组容量共 7000 千瓦，藕塘镇村级发电机组容量共 4750 千瓦，钱桥镇镇办企业和区域内锡山市市属企业发电机组容量共 4250 千瓦；藕塘镇镇办企业发电机组容量共 3300 千瓦。辖区内规模较大的市属厂矿无锡县钢铁厂建有 6000 千瓦的自发电站。进入 21 世纪，钱桥街道区域内建有无锡西区燃气热电有限公司。

### 一、自备发电

20 世纪 70~90 年代，钱桥、藕塘地区乡镇工业异军崛起，用电量急剧上升，供需缺电量占到 40%。为不影响区域内工业生产、经济发展，钱桥、藕塘公社各社办企业都购买功率 100~1000 千瓦柴油发电机组，在用电避高峰时进行自行发电，以满足企业生产用电的需要。各大队则购买 50~200 千瓦小型柴油机发电机组，在晚上避高峰停电时发电，以满足全大队社员的照明用电。

**1995 年钱桥镇各村柴油机发电机组统计表**

表 2—9—6　　单位：千瓦、台

| 村名 | 发电机组容量 | 数量 | 村名 | 发电机容量 | 数量 |
|---|---|---|---|---|---|
| 钱桥村 | 500 | 3 | 周家弄村 | 400 | 5 |
| 威华村 | 600 | 6 | 鸭船浜村 | 200 | 3 |
| 晓星村 | 600 | 5 | 苏庙村 | 600 | 6 |
| 胜丰村 | 800 | 7 | 溪南村 | 500 | 5 |
| 西漳村 | 1100 | 9 | 历村村 | 600 | 5 |
| 溪北村 | 400 | 5 | 舜一村 | 400 | 5 |
| 洋溪村 | 300 | 5 | 合计 | 7000 | 69 |

1995 年区域内锡山市市属厂、钱桥镇镇办企业柴油机发电机组统计表

表 2—9—7　　单位：千瓦、台

| 企业名称 | 发电机组容量 | 数量 | 企业名称 | 发电机组容量 | 数量 |
|---|---|---|---|---|---|
| 锡山市塑料制品厂 | 200 | 1 | 钱桥金属压延厂 | 200 | 1 |
| 锡山市人民印刷厂 | 200 | 1 | 钱桥百乐皮件厂 | 200 | 1 |
| 锡山市冷冻食品厂 | 200 | 1 | 钱桥仪器设备厂 | 100 | 1 |
| 江苏省金球集团公司 | 200 | 1 | 制革厂 | 200 | 1 |
| 锡山市水泥制品厂 | 200 | 1 | 镁碳砖厂 | 500 | 1 |
| 锡山市建筑公司 | 100 | 1 | 采矿厂 | 100 | 1 |
| 锡山市锅炉安装公司 | 50 | 1 | 南达复合衬套厂 | 50 | 1 |
| 钱桥抽水站 | 50 | 1 | 充氧站 | 100 | 1 |
| 钱桥帘子线一分厂 | 200 | 1 | 江南船舶辅机厂 | 100 | 1 |
| 钱桥帘子线二分厂 | 500 | 1 | 华东电力 | 100 | 1 |
| 钱桥帘子线三分厂 | 500 | 1 | 合计 | 4250 | 22 |
| 钱桥钢窗厂 | 200 | 1 | — | — | — |

1995 年藕塘镇各村柴油发电机组统计表

表 2—9—8　　单位：千瓦、台

| 村名 | 容量 | 数量 | 村名 | 容量 | 数量 |
|---|---|---|---|---|---|
| 井亭村 | 400（200+200） | 2 | 庙塘桥村 | 450（200+200+50） | 3 |
| 藕塘村 | 600（200+200+200） | 3 | 东风村 | 700（200+200+200+50+50） | 5 |
| 稍塘村 | 700（200+200+100+100+100） | 5 | 南水渠村 | 300（200+100） | 2 |
| 勤建村 | 600（200+200+200） | 3 | 新成村 | 100（100） | 1 |
| 盛店村 | 400（200+200） | 2 | 合计 | 4750 | 29 |
| 宇峰村 | 500（200+200+100） | 3 | — | — | — |

1995 年藕塘镇镇办企业柴油发电机组统计表

表 2—9—9　　单位：千瓦、台

| 企业名称 | 容量 | 数量 | 企业 | 容量 | 数量 |
|---|---|---|---|---|---|
| 弹力丝厂 | 500 | 1 | 塑料厂 | 200 | 1 |
| 压延厂 | 500 | 1 | 建筑站 | 50 | 1 |
| 预应力拉丝厂 | 500 | 1 | 集装箱厂 | 200 | 1 |
| 农机厂 | 200 | 1 | 绝缘胶厂 | 50 | 1 |
| 工具厂 | 200 | 1 | 煤机厂 | 100 | 1 |
| 印染厂 | 500+50 | 2 | 藕塘医院 | 50 | 1 |
| 手联社 | 200 | 1 | 合计 | 3300 | 14 |

## 二、无锡县钢铁厂自发电站

20 世纪 80 年代，钱桥地区无锡县钢铁厂建立自发电站，负荷 5 万千瓦。县钢铁厂为解决厂内工业用电，1986 年经无锡县计划委员会批准，共投资 2040 万元（其中无锡县投资 614 万元）筹建 2 台 6000 千瓦发电机组。整个工程于 1986 年 7 月 10 日破土动工，是年 10 月 20 日并网发电，2 台汽轮机系南京汽轮电机厂制造的中压冲动凝气机，2 台锅炉系武汉锅炉厂制造，型号为 WGL35/39 型，额定蒸汽量每小时 35 吨。是年共发电 1811 万千瓦时，其中电站用电 194 万千瓦时、上网电量 315 万千瓦时、自发用电量 1302 万千瓦时。2003 年，为进一步提高循环经济水平，县钢铁厂自发电站实施 75 吨全燃气技改项目，并于 10 月 20 日并网投运，年发电总量每年稳定在 2 亿千瓦时以上。

## 三、无锡西区燃气热电有限公司

无锡西区燃气热电有限公司的前身是 1995 年在西漳村区域内建造的新华发电有限公司，2012 年 6 月 8 日注册成立，注册资本 5 亿元。2014 年更名为无锡西区燃气热电有限公司，是无锡市市政公用产业集团的全资子公司，为国有独资法人企业，主要从事天然气发电和蒸汽供应。公司位于惠

澄大道与规划运河西路交叉口、无锡市惠澄大道62号西漳社区境内，占地面积74667.04平方米。公司项目一期工程规划建设一套9F级（容量400兆瓦）大型燃气蒸汽联合循环机组和燃气应急备用锅炉，远期留有扩建一套9F级燃机的条件。一期工程总投资16.5亿元，建成后年供热量达126万吨，年发电量可达22亿千瓦时，全厂年平均热效率为75.34%，年平均热电比为49.36%。

图2—9—5　2013年11月15日，无锡西区燃机热电联产项目举行奠基仪式

无锡西区燃气热电有限公司项目建成后将替代黄巷、双河尖两家燃煤热电厂和周边燃煤锅炉。西区燃气热电厂供热范围南至县前西街、梁溪河、钱姚路、刘闾路，东至沪宁高速，西至与常州交界处，北至京杭大运河、锡澄运河、广石路。规划供热半径约16公里，最远供热距离为半径15公里。近期热负荷汇总为最大342吨/小时，平均230吨/小时，最小129吨/小时。

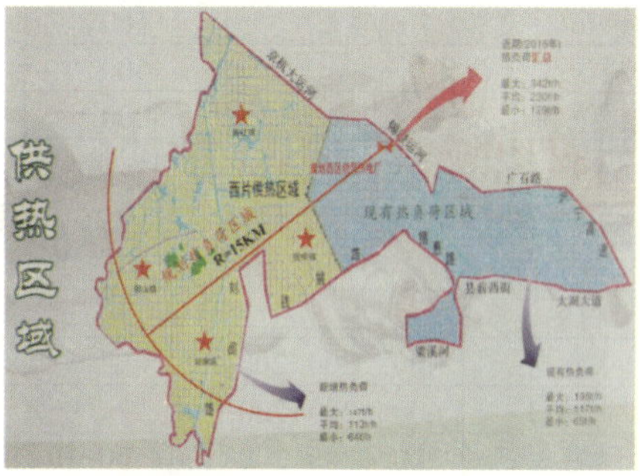

图2—9—6　无锡西区燃气热电厂供热区域图

无锡西区燃气热电厂建成后，将减少原煤消耗46.214万吨/年，减少烟尘排放1845吨/年，减少二氧化硫排放1759吨/年，减少氮氧化物排放1343吨/年，减少灰渣排放11.6万吨/年，提高热点能源利用效率12.52%。同时，有利于改善惠山风景区及京杭大运河风光带沿岸生态环境、消除燃煤热电厂给周边居民生活和环境带来的影响、优化电源结构、提高能源利用效率，具有良好的生态效益、社会效益和经济效益，有利于社会和谐稳定发展。

图2—9—7　无锡西区燃气热电厂内部设备

图2—9—8　无锡西区燃气热电厂外观

2015年上半年，无锡西区燃气热电有限公司厂区工程的主厂房汽机房上部结构、燃机房上部结构5.59米施工完毕，电控综合楼层面施工30%，天然气调压站土方开挖、垫层浇筑完成，化学车间0m设备基础及沟道施工20%，余热锅炉房第三层钢架构吊装完成，应急锅炉3.18米层混凝土浇筑完成，6.18米层及屋面结构施工完成。热网工程中运河西路热网管道建设累计完成施工2652米，占工程总量的50%，其中地埋管2152米、架空管500米。电力送出线路项目220千伏出线工程经省发改委核准，完成220千伏电力出线的可行性研究报告，并积极做好220千伏电力送出线路建设的前期工作。12月15日，无锡西区燃机热电联产项目燃气锅炉投产供热，无锡市副市长朱爱勋参加投产供热启动仪式。12月16日，《无锡日报》以《无锡西区燃机热电联产项目燃气锅炉投产供热》为题、《江南晚报》以《无锡西区燃机热电联产项目燃气锅

图2—9—9　2015年12月15日，在无锡西区燃机热电联产项目燃气锅炉正式投产供热当日，无锡市热电厂两根大烟囱不冒烟了

炉正式供热•市热电厂两根大烟囱不冒烟了》为题，均作报道。

在无锡西区燃机热电联产项目燃气锅炉投产供热当日，无锡市热电厂也同时关停。是日，在吴桥上就能望到市热电厂两根大烟囱已经不冒烟了。无锡西区燃气热电厂是无锡首座天然气热电厂（2016年上半年正式投产并网发电）。

# 第六节 电力管理

20世纪50年代及其以前，钱桥、藕塘地区无电力管理机构。1966年以后，钱桥、藕塘相继设立用电站、用电领导小组、“三电”办公室、供电所，对辖区内的电力进行安全、优质、经济的管理，对电力设施进行检修和维护，确保电网运行连续、稳定，保证供电的可靠性。

## 一、电力管理机构

1966年6月，无锡供电局建立农村用电管理所（简称农电所），钱桥、藕塘公社分别建立用电站，负责用电管理和抄表收费。1972年7月，为适应国家对电力的宏观控制，无锡县革命委员会设立供电办公室，钱桥、藕塘公社相应建立用电领导小组，各大队设专职或兼职电工，有的大队是电工和广播线务员由1人担任。

1981年，钱桥、藕塘公社相继成立“三电”（节约用电、计划用电、安全用电）办公室。“三电”办公室行政上属公社领导，业务上与供电局的派出机构用电站共同负责地区的用电管理等工作。“三电”办公室开始时设计划员1人、安全员1人，后增设节电员1人。各大队和各乡镇企业建立相应的用电小组，各大队配置专职电工1人，规模较大的厂矿企业配有专职电工，规模较小的企业配有兼职电工，从而钱桥、藕塘公社分别形成有100多人的电力管理队伍。1983年，钱桥“三电”办公室办公楼建成（地址在镇政府大楼西首），用电站迁入新大楼与“三电”办公室合并办公。随着用电事业的发展，原“三电”办公室办公楼已不适应形势需要。1987年，钱桥镇在钱桥大街择地新建“三电”办公室大楼。1989年，钱桥镇“三电”办公室迁入新的大楼办公。

随着体制改革的深入，1992年7月，“三电”办撤销，钱桥镇、藕塘乡分别成立电力管理站，属事业编制。无锡县编制办核定钱桥电力管理站编制12人。

2001年5月，电力管理站撤销，分别更名为钱桥、藕塘镇供电营业所，划归供电部门领导管理，后又更名为钱桥供电所、藕塘供电所。2002年，由于供电局体制改革，改为供电公司，属企业性质，故钱桥、藕塘供电所相应改成企业性质。钱桥、藕塘两镇合并后的2007年，钱桥、藕塘供电所合并，成立钱桥供电所。钱桥供电所认真贯彻执行国家有关电力法规、制度、标准，做好农村供电和电力营销工作；负责区域内农村低压电网的建设与改造；负责所辖供电区域内农村低压电网的生产、运行、维护工作；负责所辖供电区域内农村供电线路、设备的属地化管理工作；受理或办理供电区域内的新装、增容、临时用电和变交用电工作；开展供电区域内的用电检查工作；负责所辖供电区域内计量装置的安装、维护管理工作；负责供电区域内抄表、收费工作，抄表收费全面实行“三公开、四到户、五统一”；负责供电所生产安全工作，搞好农村安全用电工作，指导用户安全用电；认真做好农村供电所规范服务，积极开拓农村电力市场；加强供电所内部管理和自身建设，负责所内职工的管理和考核。钱桥供电所设钱桥、藕塘两个营业厅，分设抄表班、营业班、运维班3个班组。是年6月，钱桥供电所被江苏省电力公司评为“一流供电所”。

钱桥供电所地处惠山区钱桥街道新街，接近市郊。供电所辖区总面积为46.21平方公里，担负钱桥、藕塘地区的供、用电及抢修线路工作。2009年底，所辖110千伏变电所4座、35千伏变电所5座，10千伏线路64条；10千伏变压器848台，总容量47.6万千伏安，其中综合变419台，容量11.2万千伏安，营业客户41393户，年销售量达7.18亿千瓦时。是年，钱桥供电所被江苏省电力公司评为“电费回收先进单位”。2014年，钱桥供电所共有职工55人，其中党员11人，高级工5人、中级工43人、初级工7人。

1966~2007年藕塘用电站、“三电”办公室、电力管理站、供电所负责人一览表

表2—9—10

| 姓名 | 职务 | 任职时间 | 姓名 | 职务 | 任职时间 |
|---|---|---|---|---|---|
| 张兴度 | 用电站站长 | 1966~1992 | 李福宝 | 三电办书记 | 2000.00~2002.09 |
| 吴国兴 | 三电办主任 | 1981~1982 | 丁海浪 | 供电所所长 | 2002.09~2006.01 |
| 吴金南 | 三电办主任 | 1983~1985 | 杨建兴 | 供电所所长 | 2006.01~2007.09 |
| 李福宝 | 三电办主任 | 1985~2000 | — | — | — |

1966~2015年钱桥用电站、“三电”办公室、电力管理站、供电所负责人一览表

表2—9—11

| 姓名 | 职务 | 任职时间 | 姓名 | 职务 | 任职时间 |
|---|---|---|---|---|---|
| 周元泉 | 用电站站长 | 1966.00~1969.00 | 唐志高 | 供电所所长 | 2002.01~2003.03 |
| 冯林宝 | 用电站站长 | 1969.00~1972.00 | 管海俊 | 供电所所长 | 2003.03~2004.06 |
| 毛建华 | 用电站站长 | 1972.00~1985.00 | 杨建兴 | 供电所所长 | 2004.06~2007.09 |
| 倪盘兴 | 用电站站长 | 1985.00~1990.00 | 李　明 | 供电所所长 | 2007.09~2010.09 |
| 周焕章 | 三电办主任 | 1981.00~1988.00 | 李　晓 | 供电所所长 | 2010.09~2012.01 |
| 顾仁泉 | 三电办主任<br>电力站站长 | 1989.00~2001.05 | 管黎江 | 供电所所长 | 2012.01~ |
| 顾仁泉 | 供电所所长 | 2001.05~2002.01 | — | — | — |

2015年，管黎江任钱桥供电所所长。

## 二、线路维修

钱桥供电所分设运维班、营业班、抄表班3个班组。运维班负责钱桥、藕塘地区线路维修、抢修、检查、保护线路等，其中10000伏以上的线路维修、抢修、检查、保护由无锡市供电局直接负责，400伏以下线路由钱桥供电所负责。钱桥供电所运维班每月定期组织电力安装队与各村、各企业的电工组成线路维修检查工作小组，发现线路出现故障，立即进行抢修。尤其是农村大忙季节，运维班更加重视线路维修、保护和安装等工作。对遇到各类严重自然灾害，涉及到损伤电力线路，运维班立即组织电工及时抢修，确保电能畅通运送。1993年冬下大雪，区域内电线电杆多处折断，钱桥、藕塘“三电”办公室集中人力、物力、财力及时抢修，确保钱桥、藕塘地区工农业生产、商贸服务业、居民的用电供给和安全。

进入21世纪，钱桥供电所运维班定期对辖区内的线路进行检修，确保供电线路畅通运行。2011~2015年，钱桥供电所维修低压线路及接户线多处，主要项目有原35~50平方毫米裸导线更换成120平方毫米绝缘导线，接户线原16平方毫米更换成35平方毫米以上铜塑线，以及部分低压线路维修和线路改造等，全面满足钱桥（镇）街道辖区内居民用电要求。

2011~2015年钱桥供电所低压线路维修情况统计表

表2—9—12　　单位：个、千米、万元

| 年份 | 维修项目 | 维修线路长度 | 投入资金 | 年份 | 维修项目 | 维修线路长度 | 投入资金 |
|---|---|---|---|---|---|---|---|
| 2011 | 21 | 16.9 | 168 | 2014 | 26 | 18.5 | 260 |
| 2012 | 28 | 21.4 | 320 | 2015 | 34 | 25.7 | 415 |
| 2013 | 23 | 21.8 | 190 | 合计 | 132 | 104.3 | 1353 |

# 第十章 邮政电信

元朝时，钱桥地区设有潘葑驿站，藕塘地区设有井亭官亭。潘葑为水驿，井亭为马驿。所谓驿站，即为“邮驿”，是古代传送官府文书的设置。明、清时期，潘葑驿站、井亭官亭仍继续沿用。民国时期，钱桥、藕塘地区街镇所在地设有5处邮政代办所。钱桥、藕塘地区通讯事业始于民国18年（1929）。是年，钱桥区域内已装有电话2部。

新中国成立后，钱桥、藕塘市镇分别设有邮政支局，南西漳、稍塘、盛店桥设有邮政代办所。邮政支局、邮政代办所负责区域内的信件、包裹、报刊等的邮寄、收发、投递。1978年，区域内始有电报专线。改革开放以后，钱桥、藕塘地区通讯事业蓬勃发展。尤其是1998年邮政电信分营后，区域内电信事业的发展与时俱进，从传统事业制度到现代企业制度。2015年，钱桥地区有住宅电话9000户、藕塘地区有住宅电话6000户；钱桥街道辖区内有移动电话用户70000户、宽带用户26500户。

## 第一节 机构与体制

古代官府在钱桥、藕塘地区设置的驿站较早。元代，官府在钱桥设有潘葑驿站，为急递铺；在藕塘鸡笼山下前埠墩东设有井亭。井亭为古代的官亭，通往井亭官亭有一条官路，路宽3米，土质，道路平坦而不弯曲。井亭官亭有4根3米多高、边长30厘米左右的阳山石方石做柱子，亭顶木质，上有青黑色圆筒瓦盖顶。亭中南北各有石条做石凳，地上用阳山石铺地。亭子地面中央打有一口水井，井水很满，供过往邮差、官员、军队兵马饮水之用。潘葑驿站、井亭驿站在明、清两代时仍然沿用。

民国18年（1929），第四区（开原乡）邮政代办所设有4处，其中钱桥1处、藕塘桥1处；第十七区（富安乡）邮政代办所设有5处，其中稍塘桥1处。民国34年抗战胜利后，钱桥、藕塘街上设邮政代办所，乡村信柜有南西漳、稍塘2处。

1949年，无锡钱桥、藕塘地区邮电机构设钱桥邮政代办所，开设店号为协顺；设藕塘邮政代办所，开设店号为义和祥；设稍塘桥邮政代办所，开设店号为张协兴；设盛店桥邮政代办所，开设店号为公茂。1951年9月，无锡电信局和邮政局两局合并，成立无锡邮电局，钱桥等6处设电信服务点。1954~1955年，无锡县内（含无锡市郊）151个私商承办的代办所撤销33个，钱桥邮政代办所改为自办机构，设立营业处。1956年，钱桥营业处改称为邮电支局。

1957年底，无锡县共有17个邮电支局，钱桥为其中之一；藕塘则为邮政支局，稍塘、盛店、南西漳为邮政代办所。1962年5月，钱桥仍为邮电支局，藕塘改设为邮电所，南西漳、稍塘、盛店桥为代办所。是年12月，钱桥邮电支局分属无锡市邮政局和无锡市电信局领导。1973年，钱桥邮电支局属无锡县邮电局领导。

1985年，藕塘从邮电所上升为邮电中心支局，南西漳、稍塘仍为邮政代办所。1998年10月，根据信息产业部下发的《邮电分营工作指导意见》，邮电体制进行大改革，实行邮电分营，移动、寻呼业务进行剥离。钱桥邮电支局、藕塘邮电中心支局的邮政与电信业务分开，分别成立钱桥邮政支局、藕塘邮政支局；钱桥电信分局、藕塘电信分局。2001 年，惠山区邮政分局成立，钱桥、藕塘邮政支局属惠山区邮政分局领导。

1949~2015 年钱桥邮政代办所、邮电所、邮电支局、邮政支局历任领导任职表

表 2—10—1

| 机构名称 | 姓名 | 职务 | 任职时间 | 机构名称 | 姓名 | 职务 | 任职时间 |
|---|---|---|---|---|---|---|---|
| 邮政代办所 | 郑顺泉 | 所长 | 1949.10~1955.00 | 邮电支局 | 徐　伟 | 支局长 | 1985.01~1992.05 |
| 邮电所 | 谈荫余 | 所长 | 1956.00~1959.00 | | 史听祖 | 支局长 | 1992.05~1997.00 |
| | 王松兴 | 所长 | 1960.00~1974.00 | | 殷国清 | 支局长 | 1997.00~1998.10 |
| 邮电支局 | 李本根 | 支局长 | 1975.00~1976.01 | 邮政支局 | 朱幽枫 | 支局长 | 1998.10~2014.09 |
| | 殷金祥 | 支局长 | 1976.02~1982.05 | | 孙志军 | 支局长 | 2014.09~ |
| | 边国金 | 支局长 | 1982.05~1985.01 | — | — | — | — |

1958~2015 年藕塘邮政代办所、邮政支局、邮电所、邮电中心支局、邮政支局历任领导任职表

表 2—10—2

| 机构名称 | 姓名 | 职务 | 任职时间 | 机构名称 | 姓名 | 职务 | 任职时间 |
|---|---|---|---|---|---|---|---|
| 邮政代办所 | 杨斌伟 | 所长 | 1958 前 | 邮电中心支局 | 殷国清 | 支局长 | 1996~1998 |
| 邮政支局 | 闵何友 | 支局长 | 1958~1959 | 邮政支局 | 张玉泉 | 支局长 | 1998~1998 |
| 邮电所 | 杨斌伟 | 所长 | 1959~1964 | | 丁荣法 | 支局长 | 1998~2005 |
| | 章善庆 | 所长 | 1964~1966 | | 戈曙光 | 支局长 | 2005~2007 |
| | 徐达忠 | 所长 | 1966~1978 | | 周林伟 | 支局长 | 2007~2012 |
| | 徐伯清 | 所长 | 1978~1985 | | 孙志军 | 支局长 | 2012~2014 |
| 邮电中心支局 | 徐伯清 | 支局长 | 1985~1994 | | 朱幽枫 | 支局长 | 2014~2015 |
| | 王振民 | 支局长 | 1994~1995 | | 韩　娟 | 支局长 | 2015~ |
| | 苏明明 | 支局长 | 1995~1996 | — | — | — | — |

1998~2015 年钱桥、藕塘电信分局历任领导任职表

表 2—10—3

| 钱桥电信分局 | | | 藕塘电信分局 | | |
|---|---|---|---|---|---|
| 姓名 | 职务 | 任职时间 | 姓名 | 职务 | 任职时间 |
| 殷国清 | 分局长 | 1998.10~2007.01 | 徐　军 | 分局长 | 1998~2007 |
| 刘　洪 | 分局长 | 2007.01~2013.03 | 殷国清 | 分局长 | 2007~2008 |
| 杨文军 | 分局长 | 2013.03~2015.01 | 顾春煜 | 分局长 | 2008~2010 |
| 张逸安 | 分局长 | 2015.01~ | 田　雨 | 分局长 | 2010~2014 |
| — | — | — | 谈　晋 | 分局长 | 2014~ |

2015 年，孙志军、韩娟分别任钱桥邮政支局、藕塘邮政支局支局长；张逸安、谈晋分别任钱桥、藕塘电信分局分局长。

# 第二节 邮政

自元朝始，钱桥、藕塘地区的邮政就有驿站、官亭传递官府文书。民国 11 年（1922），藕塘地区稍塘桥始设有邮政代办所。是年 6 月 27 日《锡报》刊登《稍塘桥邮务发达》报道，称“西乡稍塘桥镇居户栉比，人民大多经商在外。前年由张协兴油饼杂货号号主张文蔚为交通便于起见，向邮电商妥，设置信柜一处，逐日收发函件，该处人士咸皆称便。该号倘遇紧急信件，不论风雨远近，辄雇差专送，以故深得地方人士赞许。迩来邮务日见发达，每日书报函件往来颇多。邮电局长有鉴于此特将情形群告南京总局，请改为代办所。日前已由总局校准，定于阳历七月一日实行，并由锡局先行函知。且邀张君到城接洽，商议改设手续云云”。同年 7 月 1 日，稍塘桥邮政信柜即更设为邮政代办所。民国 34 年，钱桥、藕塘桥均设有邮政代办所。

图 2—10—1　民国 12 年，稍塘桥邮政信柜使用的信柜戳

1950年，区域内钱桥、社冈里、藕塘桥、稍塘桥、盛店桥的邮政代办所均为轮船邮路。无锡邮电局发送的信件通过自市内大洋桥（工运桥）开出的客轮送至钱桥、藕塘地区的5个代办所，再由各代办所发送至收件人。改革开放以后，区域内邮政持续、高速、健康发展，邮政网络四通八达，联结全国，联通世界。进入21世纪，区域内出现圆通快递、申通快递、亿佳汇快递等快递连锁店，邮件往来更是快捷方便。

## 一、信件

解放前，区域内信件大多由邮政代办所收寄投递，也有托人捎带信件，互通音讯。1950年，钱桥、社冈、藕塘、稍塘、盛店的邮政代办所办理函件种类有信函、明信片、新闻稿件、定期出版物、印刷品、贸易契、文件、货样等8类。代办所仅对附近地段上门投递，路线较远的地段代办所则委托人带信或捎口讯，由收件人自己到代办所领取邮件。

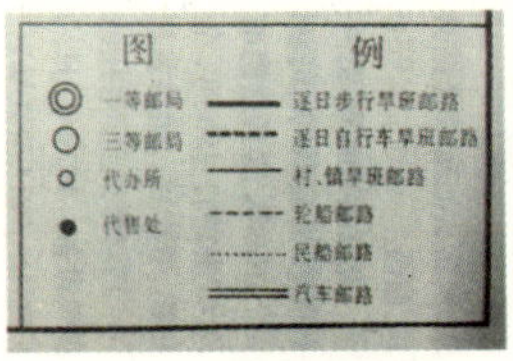


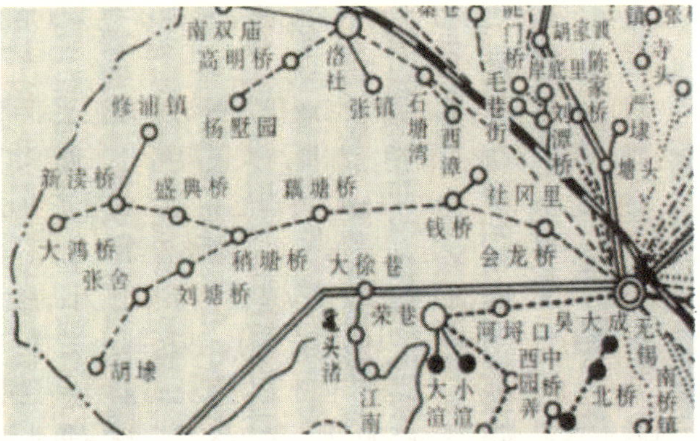


图2—10—2　1950年钱桥、藕塘地区邮路示意图

1954年，本埠平信资费为每封0.04元、外埠平信资费为每封0.08元，保价费为保价额的3%，航空邮件费为每10克0.08元。1959年，南西漳、稍塘、盛店桥邮政代办所设委办投递员。委办投递员的报酬由邮电局和所属大队共同分担。1960年10月6日，钱桥邮电支局、藕塘邮电所同时开办特种挂号信函业务，使用特挂信封，用户可以邮寄粮票、布票、食用油票、共青团组织关系、粮食转移证。特种挂号信函由投递员亲投到户，与收件人一起当面开拆点验。1962年4月起，藕塘邮电所停止收寄特种挂号信函。1966年9月至1969年4月，钱桥邮电支局、藕塘邮电所邮寄《毛泽东著作》免收邮费，按挂号手续收寄处理。1983年，钱桥邮电支局平均日发邮政信件1053件。1985年8月1日，钱桥邮电支局、藕塘邮电中心支局开办国际、国内邮政特快专递业务。是年，钱桥邮电支局发送各类邮件10053件。1986年，钱桥乡邮路总长222.65公里。是年，钱桥邮电支局全年收发平信54.39万封，邮寄函件14.95万件，邮件业务计费29.97万元；藕塘邮电中心支局开通全乡邮路4条，全年邮件业务2.02万件。2004年，本埠平信资费为0.80元，外埠平信资费为1.20元。2005年底，钱桥、藕塘邮政支局增加全球优先函件服务、普通邮资信封、明信片、回音卡、DM邮送广告、EMS“全夜航”、单证照特快专递等业务。2015年，钱桥邮政支局的邮政编码为214151，藕塘邮政支局的邮政编码为214153，南西漳邮政代办所的邮政编码为214152。是年，钱桥邮政支局邮寄信件45985封，藕塘邮政支局邮寄信件32220封。

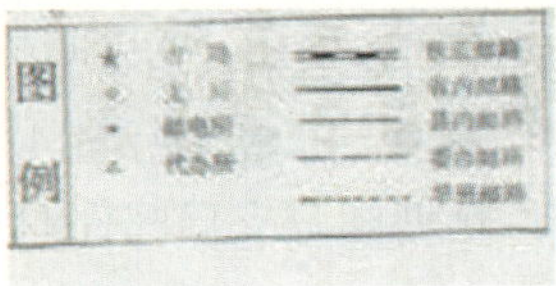

图2—10—3　1985年钱桥、藕塘地区邮路示意图

## 二、包裹

1950年，钱桥、藕塘邮政代办所开始办理包裹投递业务。投寄包裹包括衣物、食品等，邮资以体积和重量计算。1954~1955年，钱桥、藕塘邮政代办所经整顿改为自办机构后，仍办理邮寄、投递包裹业务。1961年，钱桥邮电支局、藕塘邮电所开办包裹航空投递业务，邮寄包裹取消中国人民

邮政三联单收取邮资的办法，邮资以邮票贴在包裹详情单上盖章后生效。1962 年 6 月起，钱桥邮电支局、藕塘邮电所停止收寄包裹业务。是年 10 月，无锡县钱桥等 16 个邮电支局恢复收寄包裹业务。1971 年，无锡县藕塘等 32 个农村邮政支局、邮电所开办邮寄包裹业务。

1979 年 7 月 1 日起，钱桥邮电支局、藕塘邮电所开办 2 类保价包裹邮寄业务。翌年开办交寄商品包裹业务。1986 年，钱桥邮电支局邮寄包裹 9515 件。2002 年，钱桥、藕塘邮政支局开办快递包裹业务。2004 年始，钱桥、藕塘邮政支局办理国内快递包裹和国际邮寄包裹业务。2015 年，钱桥邮政支局邮寄包裹 2850 件，藕塘邮政支局邮寄包裹 490 件。

## 三、汇兑

民国时期，钱桥、藕塘邮政代办所均办理汇兑业务。如有高额汇票和电报汇票，则到洛社营业处办理。新中国成立初期，邮局与人民银行分工办理汇兑业务，个人汇款归邮局承办。

1953 年，银行与邮局修订办理汇兑业务的分工办法后，钱桥、藕塘邮政代办所只办理个人零星汇款，每张限额 300 元。同年，实行剪格汇票，汇票限额仍为每张 300 元，汇费一律为每张 0.2 元。1959 年，邮局汇兑制度作较大改革，汇票限额为每张 1000 元，但钱桥邮电支局、藕塘邮电所收寄汇款限额为每张 100 元。1961 年 9 月，钱桥邮电支局、藕塘邮电所停止汇兑业务。同年 10 月至 1962 年，钱桥邮电支局、藕塘邮电所又恢复兑付汇票、代办汇款收寄，限额为每张 30 元。1980 年，规定每张汇票最高汇额为 500 元；翌年 8 月，规定每张汇票最高汇额为 5000 元。1986 年，钱桥邮电支局邮汇金额为 75.68 万元。2001 年，钱桥、藕塘邮政支局开办电子汇兑业务。2003 年 8 月，新增汇兑回音卡业务、礼仪汇兑业务。2005 年后，钱桥、藕塘邮政支局可办理 200 多个国家和地区的汇款业务，不同国家和地区的收款人在几分钟内即可收到汇款者汇出的款项。同时，办理国内邮政礼仪汇款，客户可通过钱桥、藕塘邮政支局邮寄赠送鲜花、礼品等。2014 年，藕塘邮政支局邮政汇兑 856 张，汇费总额为 11.36 万元；钱桥邮政支局汇兑 3500 张。2015 年，藕塘邮政支局邮政汇兑 536 张，汇费总额 9.86 万元；钱桥邮政支局汇费总额 65.56 万元。

## 四、报刊发行情况

解放前，无锡的报纸由报业分会包销投送钱桥、藕塘地区，主要发行《锡报》《大锡报》《人报》《江苏民报》《中央日报》《申报》等。杂志则由书店代销。

新中国成立后，钱桥、藕塘邮政代办所试办订销《苏南日报》等业务和图书业务。1950 年 10 月，实行“邮发合一”，正式发行《苏南日报》，以后又陆续发行《工人生活报》《新华周报》《苏南大众》《教育通讯》等报纸杂志。1959 年，贯彻邮政“以报纸发行为纲”的精神，无锡邮电局开辟 6 条早班网络，用接力赛的办法发送报纸，钱桥邮电支局、藕塘邮电所，稍塘、盛店、南西漳邮政代办所当天就能收到《无锡报》和当天的《新华日报》，并发送给读者。1986 年，钱桥邮电支局发行报刊 203.93 万份；藕塘邮电中心支局邮件业务量 20189 件，报刊发行量 42785 份。2015 年，钱桥邮政支局邮件业务量 45985 件，报刊发行 187.5 万份；藕塘邮政支局邮件业务量 32220 件，报刊发行 206.7 万份。

### 1994~2015 年钱桥邮电支局、邮政支局业务情况选年统计表

表 2—10—4

| 类别 | 项目 | 1994 年 | 2004 年 | 2014 年 | 2015 年 |
|---|---|---|---|---|---|
| 信件 | 业务量（件） | 76860.0 | 65250.00 | 46875.00 | 45985.00 |
| | 收费（元） | 88680.0 | 74870.00 | 52620.00 | 55652.00 |
| 包裹 | 业务量（只） | 2025.0 | 1778.00 | 1455.00 | 2850.00 |
| | 收费（元） | 16230.0 | 14889.00 | 7140.00 | 28521.00 |
| 邮政汇款 | 业务量（件） | — | — | 3500.00 | 1825.00 |
| | 收费（万元） | — | — | — | — |
| 报刊发行 | 业务量（种/万件） | 658/121.1 | 1215/151.20 | 1332/169.50 | 3216/187.50 |
| | 涉及用户（户） | 2500.0 | 2780.00 | 2980.00 | — |
| 邮政快递 | 业务量（件） | 37800.0 | 21960.00 | 7200.00 | 8571.00 |
| | 收费（万元） | 75.6 | 43.92 | 14.40 | 18.70 |
| 邮政储蓄 | 业务量（亿元） | — | 1.67 | 4.40 | 4.46 |

1994~2015 年藕塘邮电中心支局、邮政支局业务情况选年统计表

表 2—10—5

| 类别 | 项目 | 1994 年 | 2004 年 | 2014 年 | 2015 年 |
|---|---|---|---|---|---|
| 信件 | 业务量（件） | 51240.00 | 43500.00 | 31250.00 | 32220.00 |
| | 收费（元） | 59120.00 | 49913.00 | 35080.00 | 35180.00 |
| 包裹 | 业务量（只） | 675.00 | 596.00 | 485.00 | 490.00 |
| | 收费（元） | 5410.00 | 4963.00 | 2380.00 | 2401.00 |
| 邮政汇款 | 业务量（件） | 1262.00 | 1020.00 | 856.00 | 536.00 |
| | 收费（万元） | 16.75 | 13.79 | 11.36 | 9.86 |
| 报刊发行 | 业务量（种/万件） | 970/163.10 | 1037/176.20 | 1235/187.90 | 1385/206.70 |
| | 涉及单位（个） | 203.00 | 219.00 | 228.00 | 236.00 |
| 邮政快递 | 业务量（件） | — | 16237.00 | 16200.00 | 16000.00 |
| | 收费（万元） | — | 33.50 | 32.40 | 30.40 |
| 邮政储蓄 | 业务量（亿元） | 0.35 | 1.01 | 1.80 | 2.00 |

2015 年，钱桥邮政支局占地面积 650 平方米，建筑面积 1200 平方米；藕塘邮政支局占地面积 230 平方米，建筑面积 720 平方米。

## 五、速递

### （一）钱桥揽投站

2007 年 1 月，国家邮政局设立特快专递业务后，钱桥揽投站于 2008 年 12 月 26 日成立，并开始办理速递物流业务。中国邮政速递物流股份有限公司无锡市分公司钱桥揽投站位于钱桥街道锡陆路 409 号。2009~2012 年，钱桥揽投站速递量从少到多，逐年增加。2013~2015 年，速递投送各类信件、包裹等快件年均 37.2 万件，发出快件量年均 18 万件。2015 年，钱桥揽投站占地面积 150 平方米，工作人员 12 人。

### （二）圆通速递钱桥总部

圆通速递钱桥总部位于钱桥街道钱胡路 800 号，2014 年 11 月成立。速递范围为钱桥、藕塘地区，每天收到包裹、信件、快件量 3000 件左右，每天发出快件量 800 件左右。2014 年 11 月~2015 年 12 月中旬，共收到快件 109 万件，发出快件 30 万件。2015 年，圆通速递钱桥总部占地面积 200 平方米，工作人员 6 人。

图 2—10—4　圆通速递钱桥总部

### （三）申通快递店

申通快递店位于钱桥街道锡陆路 379 号，投送范围为钱桥街道区域， 2015 年 6 月开业。每天信件包裹派件量平均 1000 多件，取件量平均 500 多件。2015 年 6 月~12 月 20 日，申通快递店信件、包裹派件量共计 21 万件，取件量共计 10.5 万件。是年，申通快递店占地面积 150 平方米，工作人员 11 人。

### （四）亿佳汇快递店

2015 年 7 月 1 日亿佳汇快递店成立。亿佳汇快递店是无锡市快递协会连锁店，位于钱桥街道美林湖花园 117-4 号，投送区域为钱桥街道。每天信件、包裹收进快件量平均为 400 件，发出快件量平均 400 件。是年 7 月~12 月 20 日，信件、包裹等共收进快件量 72000 件，共发出快件量 72000 件。同年，亿佳汇快递店占地面积 100 平方米，工作人员 7 人。

# 第三节 电信

钱桥、藕塘地区的电信利用有线、无线的电磁系统或者光电系统，传送、发射或者接收语音、

文字、数据、图像以及其他形式的各种信息，有电话服务、电报服务、BB 机服务、手机服务、多媒体通讯服务、网络服务等。2015 年，电信已经成为区域内政府机关、学校、企事业单位、广大群众克服时间和距离障碍的十分重要而又十分便捷的信息交流和传播的方式。

## 一、电报

1978 年，无锡县第一条电传报路——洛社报路开通。同年，为解决话传困难，增开藕塘等 3 条话传专线，外地发到藕塘的电报由藕塘邮电所投送；从藕塘发电报去外埠，藕塘邮电所将电文转告洛社邮电支局转发。

1985 年，无锡县又开通钱桥等 4 条电传报路。钱桥邮电支局可直接向全国各地发各类电报，外地发到钱桥的电报由钱桥邮电支局投送。

90 年代中期，钱桥、藕塘镇村村户户通电话后，电报收发量日趋减少。

2006 年 9 月 30 日，公众电报改为传真，区域内电报电路全部退出历史舞台。

## 二、电话

民国 18 年（1929），钱桥区域内装有电话 2 只，距清朝宣统三年（1911）农历七月无锡邑人杨翰西等在无锡北门内兴隆桥创办的无锡电话公司 5.5 公里。是年，省政府议定无锡县建设四乡长途电话计划书，由县建设局负责，经费以官民合资为原则，此案由江苏省政府 179 次会议通过，藕塘、稍塘为“第四组直西线”。第四组直西线的线路如下：

县城—惠山镇—钱桥—藕塘桥—稍塘桥—张舍镇— 陆区桥
胡埭桥（可与宜兴长途线衔接）

第四组直西线装置交换机处为藕塘桥，距县城 10 公里。省路线对数 9 对，省路线距离 180 公里，省出资经费 1600 元。

民国 18 年通往藕塘桥、稍塘桥第四组直西线装机计划表

表 2—10—6

| 镇名 | 装机（台） | 距城（公里） | 话线长（1 对） | 电杆里数 | 装置费（元） | | | | 备注 |
|---|---|---|---|---|---|---|---|---|---|
| | | | | | 线 | 木杆 | 话机 | 共计 | |
| 藕塘桥 | 1 | 10 | 20 | 8.5 | 400 | 680 | 40 | 1120 | 自钱桥接至该镇 |
| 稍塘桥 | 1 | 12 | 24 | 4.0 | 480 | 320 | 40 | 840 | 由藕塘桥接至该镇 |

民国 20 年 12 月 18 日，第四组直西线第一期工程竣工，装置藕塘桥等电话 19 处，先后接入省长话无锡交换机总机。民国 24 年 1 月 1 日起，通话以 5 分钟为一次，按距离远近分四级收费，藕塘每次话费为 0.08 元。

民国 26 年底，日本侵华战火蔓延至钱桥、藕塘地区，省长途电话无锡交换所总机撤离，钱桥、藕塘长途电话中断。民国 34 年抗战胜利后，无锡县政府积极恢复农村电话。是年 7 月 1 日，无锡县电信专用所对藕塘等 8 个乡镇开通长途电话。藕塘农村电话由洛社分交换所通达，藕塘设总机。同年，钱桥电信代办所挂发电话按长途电话最低级话价按次计费，每次按 3

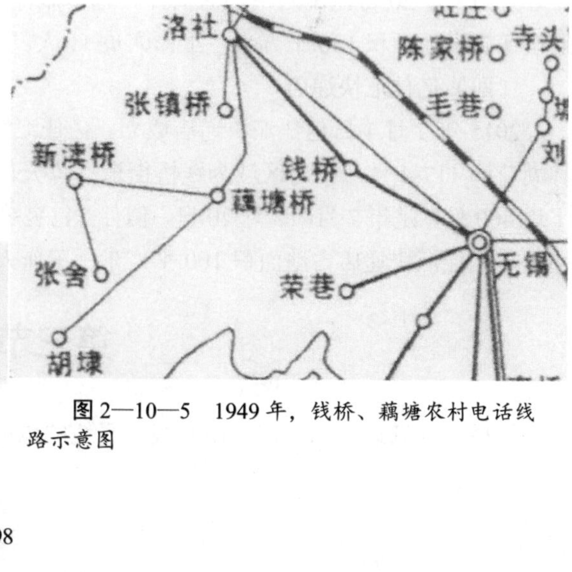


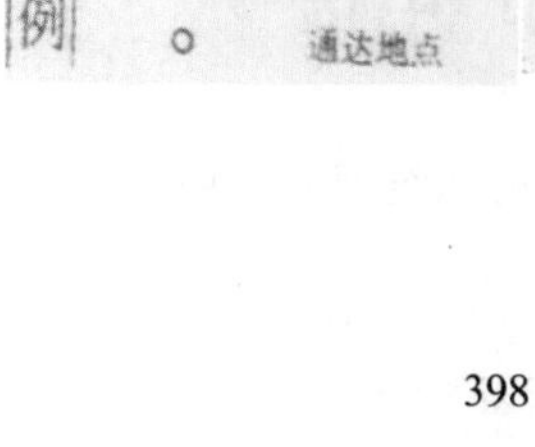


图 2—10—5　1949 年，钱桥、藕塘农村电话线路示意图

图2—10—6 20世纪60年代钱桥、藕塘地区的架空电话线

分钟计，每次 0.08 元。民国 35 年（1946）9 月，无锡县乡区增设钱桥等 6 处服务点。

1952 年，藕塘乡交换机容量 5 门，实装电话机 6 台。1956 年，钱桥杆线割入市话。1958 年 11 月，无锡县成立邮电广播科，设立藕塘邮政支局等 8 个总机。钱桥邮电支局、藕塘邮政支局安装中继线路手摇电话总机，区域内各大队和企事业单位安装分机。1960 年，钱桥、藕塘电话号码升为 4 位制。

1962 年 5 月，无锡县邮电局撤销县区电话通信，改称农村电话，由无锡市邮电局农村邮电科管辖。至此，对全县中继电话进行调整，钱桥、藕塘至无锡直达电话线路不变。

1963 年，钱桥邮电支局为地方国营交换点，有交换机容量 50 门、用户 39 户，会议电话终端机 1 台；藕塘邮电所为公社经营交换点，有交换机容量 50 门、用户 22 户，会议电话终端机 1 台。

**1963 年 4 月钱桥、藕塘地区实行的农村电话资费表**

表 2—10—7　　单位：元

| 业务种类 | 资费标准 | 备注 |
|---|---|---|
| 通话费 | 每次 0.10 | 不分距离远近 |
| 会议电话通话费 | 按照每一次受话地点的实际通话时间结算 | 会议电话按每一受话地点计算 |
| 正机月租费 | 甲种 2.00、乙种 5.00 | — |
| 同线电话月租费 | 甲种 2.00、乙种 4.00 | — |
| 副机月租费 | 乙种 2.00 | — |

20 世纪 80 年代初，藕塘地区村村都通磁电总机，辖区内各大队（村委）分别设立 50 门至 100 门小程控电话总机。1980 年 11 月 15 日，区域内电话号码由 4 位制升至 5 位制；1985 年 11 月 23 日，电话号码由 5 位制升至 6 位制。

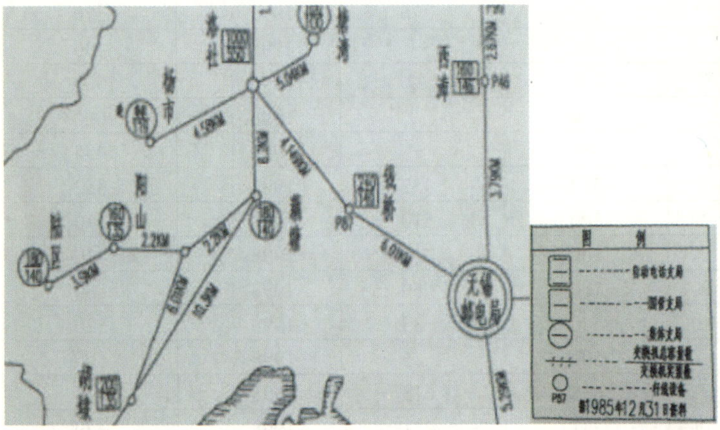


图 2—10—7 1985 年，钱桥、藕塘农话设备简图

图 2—10—8 1985 年，藕塘邮电中心支局载波机器

1985 年，钱桥邮电支局装 60 门自动电话机。1986 年，钱桥邮电支局为地方国营性质，藕塘邮电中心支局为农话大集体性质。是年，钱桥邮电支局装机容量 260 门，电缆总长 18.7 公里，安装磁

石电话机158架、自动电话67架，洋溪、钱桥、胜丰村和县钢铁厂、冶金机械厂均设有电话分机，往来电话3.25万次、长途电话11919次；藕塘邮电中心支局安装电话92部，装机总量200台，增设自动电话机37架、分机9台。同年，钱桥、藕塘地区的农村通讯设备自动与磁石装置在澳大利亚农村通讯邮电通讯代表团参观后受到好评。

90年代初期，钱桥邮电支局、藕塘邮电中心支局的磁电总机全部淘汰，大部分村委通上小程控交换机。钱桥邮电支局自办总机12台，藕塘邮电中心支局自办总机9台。钱桥邮电支局的磁电总机换100门小程控交换机，有80多个用户。1992年9月26日，洛社局（3）77局改为331局，安装S1240机型，开通具有国际直拨功能程控电话5000门。1993年底，容量升为32000门，含区域内藕塘村、勤建村模块。1994年，辖区内均安装自动全国直拨电话。是年8月28日，电话号码由6位制升至7位制。1995年，钱桥邮电支局建有5000门从荷兰进口的程控交换机。是年6月18日，钱桥320局安装S1240机型，开通具有国际直拨功能程控电话6000门。

图2—10—9　1994年8月28日，境内电话号码由6位制升至7位制

1997年，钱桥、藕塘地区大部分村委、企业都安装直线电话。1998年，钱桥电信与邮政分营时总机容量扩展到12000门，成为中转站后再分批到每个村落小区。区域内钱桥、威华、溪北、苏庙、鸭船浜、溪南、舜一、历村、洋溪、周家弄、晓星、胜丰、西漳、藕塘、东风、南水渠、庙塘桥、盛店、宇峰、稍塘、勤建、井亭村先后成为“电话村”。是年，钱桥、藕塘地区开始使用小灵通。

20世纪60年代末~1998年钱桥、藕塘（公社、乡）镇安装电话及成为“电话村”统计表

表2—10—8　　单位：部

| 村 | 60年代末 70年代初 磁石电话 | 80年代 小程控 | 90年代 | | 成为“电话村”时间 | 1998年 拥有电话数 |
|---|---|---|---|---|---|---|
| | | | 自动电话 | 全国 直拨电话 | | |
| 井　亭 | 1 | 50 | 312 | — | 1989年 | 312 |
| 苏　庙 | 1 | 50 | 350 | 10 | 1992年 | 360 |
| 历　村 | 1 | 100 | 280 | 375 | 1992年 | 375 |
| 舜　一 | 1 | 100 | 180 | 370 | 1993年 | 370 |
| 勤　建 | 1 | 50 | 430 | — | 1995年 | 430 |
| 威　华 | 1 | 100 | 100 | 2 | 1996年 | 1500 |
| 溪　北 | 1 | 100 | 100 | 2 | 1996年 | 1000 |
| 钱　桥 | 1 | 100 | 350 | — | 1997年 | 455 |
| 溪　南 | 1 | 50 | 352 | 352 | 1997年 | 352 |
| 洋　溪 | 1 | 50 | 100 | 510 | 1998年 | 510 |
| 周家弄 | 1 | 50 | 100 | 410 | 1998年 | 410 |
| 胜　丰 | 1 | 50 | 100 | 50 | 1998年 | 580 |
| 晓　星 | 1 | 100 | 400 | 35 | 1998年 | 520 |
| 西　漳 | 1 | 500 | 500 | 5 | 1998年 | 505 |
| 藕　塘 | 2 | 200 | 615 | 615 | 1998年 | 615 |
| 东　风 | 2 | 100 | 231 | 231 | 1998年 | 479 |
| 南水渠 | 1 | 50 | 150 | 150 | 1998年 | 200 |
| 庙塘桥 | 1 | 50 | 170 | 170 | 1998年 | 220 |
| 盛店、宇峰 | 2 | — | 667 | 1294 | 1998年 | 1294 |
| 稍　塘 | 1 | 100 | 200 | 650 | 1998年 | 650 |

2005年，钱桥、藕塘地区电话号码由7位制升到8位制（含小灵通）。2006年，钱桥镇总户数14818户，住宅电话总数14610门，住宅电话普及率为98.6%。2010年底，钱桥电信分局容量为17000门，含华新苑模块。2015年，钱桥地区有住宅电话9000户，藕塘地区有住宅电话6000户。

图2—10—10 2005年12月10日，境内电话号码由7位升至8位

## 三、移动通信

20世纪末至21世纪初，钱桥、藕塘地区的移动通信经历了BB机（传呼机）、"大哥大"、小灵通、手机、宽带网络等发展过程。移动通信可以使区域内百姓通信的双方至少有一方在移动状态下进行信息交流，以及移动客户与固定客户之间进行通信，其优点是实现无线通信，在移动情况下通信。移动通信网络更具有系统容量大、通信质量好、频率利用率高、频率规划灵活的特点。2015年，钱桥街道辖区内共有移动电话用户70000户、宽带用户26500户。

### （一）传呼机

1989年，钱桥、藕塘地区百姓中开始用BB机（传呼机）。当时，区域内数字传呼机1000多元一只，中文传呼机3000多元一只。1998年，由于手机的逐渐推广，BB机在区域内渐渐淘汰。

### （二）移动电话

1989年4月，无锡地区开通首套450兆模拟移动电话；1992年，移动通信A系统开通投产，成为无锡电信史上一个重要跨越。当时，钱桥邮电支局、藕塘邮电中心支局开始开办移动电话业务。模拟移动电话时被称为"大哥大"，但体积太大又太笨重，且价格昂贵，区域内使用的人不多，仅有一些企业主使用。1993年，移动通信B系统开通投产；1995年实现无线移动电话由模拟向数字的过渡。1998年5月，钱桥、藕塘开通移动基站。是年，区域内建造移动基站铁塔，开通139G网，移动电话用户逐年增多，渐至普及。2005年，手机在钱桥、藕塘地区百姓中普遍使用。2011年，政府出资，凡钱桥、藕塘户籍的70周岁以上的独居老年人办理手续后可免费发放试用老年人手机。2015年，钱桥、藕塘地区共有中国电信、中国移动、中国联通门市部37家，用户70000户。

图2—10—11 1998年，钱桥电信分局建造在营业部院内的电信塔

### （三）中国电信、中国移动、中国联通

中国电信、中国移动、中国联通是中国三大电信运营商。2002年11月，中国电信股份有限公司无锡分公司成立惠山区局钱桥、藕塘分局，主要经营移动电话、电话、电报、宽带、传呼等业务。

中国电信在辖区内的号码号段为133、153、180、189，其中180、189为电信3G。

中国移动在辖区内的号码号段为134、135、136、137、138、139、147、150、151、152、157、158、159、182、187、188，其中157、187、188为移动3G。

中国联通在辖区内的号码号段为131、132、155、156、185、186，其中156、185、186为联通3G。

2015 年钱桥街道中国电信、中国移动、中国联通门市部一览表

表 2—10—9

| 运营商名称 | 门市部名称 | 地点 |
|---|---|---|
| 中国电信 | 中国电信全网通手机卖场 | 钱桥大街 444 号 |
| | 中国电信钱桥营业厅 | 钱桥大街 108 号 |
| | 中国电信全网通手机卖场 | 钱桥大街 68 号 |
| | 全网通智能手机移动 4G 手机卖场（藕塘职教园体验店） | 学生街 8 号 |
| | 全网通手机卖场（西城荟营业厅） | 钱桥大街 |
| | 中国电信苹果专卖店 | 藕塘北路 1 号 |
| | 百乐时代手机卖场 | 百乐和园 100-5 号 |
| | 全网通手机卖场 | 盛岸西路 366 号 |
| | 国轩手机卖场 | 盛德路 43 号 |
| | 全网通手机卖场 | 华新苑农贸市场 12 号 |
| | 家家乐手机卖场 | 胜丰中路 16 号 |
| | 中国电信全网通手机卖场 | 藕塘工区路 2 号 |
| 中国移动 | 中国移动手机连锁卖场 | 钱桥大街 448-450 号 |
| | 中国移动手机专卖店（授权经销商） | 钱桥大街 46 号 |
| | 钱桥京品惠手机店 | 钱桥大街 141-4 号 |
| | 钱桥大街手机卖场 | 钱桥大街 448 号 |
| | 中国移动专卖店 | 新兴路 1 号 |
| | 中国移动无锡分公司 | 钱桥大街 12 号 3 |
| | 中国移动通信金羽手机店 | 钱桥大街 145-8 号 |
| | 中国移动专卖店 | 钱桥大街 105-1 号 |
| | 中国移动手机专卖场 | 钱桥大街 103 号 |
| | 中国移动钱桥新街第一指定专营店 | 钱桥大街 81-83 号 |
| | 钱桥小米手机店（移动） | 钱桥大街 75 号 |
| | 中国移动惠钱营业店 | 惠钱路 286 号 |
| | 中国移动通信 | 玉泉路 36 号 |
| | 小米 4G 手机连锁店 | 文良路 155 号 |
| | 中国移动文良路专卖店 | 文良路 209 号 |
| | 中国移动专卖店 | 盛岸西路 470 号 |
| | 中国移动专卖店 | 盛德路 27 号 |
| | 中国移动专卖店 | 胜丰中路 6 号 |
| | 中国移动手机专卖店 | 藕塘北路 29 号 |
| | 中国移动手机专卖店 | 藕塘北路 60 号 |
| 中国联通 | 钱桥世联通讯器材经营部 | 钱桥大街 105-1 号 |
| | 钱桥晓冬通讯器材店 | 钱桥大街 77-99 号 |
| | 钱桥小米手机店（联通） | 钱桥大街 75 号 |
| | 中国联通惠钱路营业店 | 惠钱路 284 号 |
| | 4G 手机连锁卖场 | 藕塘北路 27 号 |

## （四）宽带网络

2000 年，钱桥、藕塘开通第一条上网速度为 2M 宽带。2007 年 4 月，无锡电信宽带网络遍及钱桥镇（钱桥、藕塘两镇已合并）各行政村。钱桥广电站在 2013 年开通宽带用户 3200 户。2014 年底，中国电信、中国移动、中国联通在钱桥地区宽带用户达 18000 户，藕塘地区宽带用户达 8500 户。2015 年，钱桥地区有宽带用户 18500 户，藕塘地区有宽带用户 8600 户。

# 第十一章 村镇建设

5000多年前，钱桥、藕塘区域内赤墩里已有部落居住，狩猎，采野果，种植水稻，用树木、茅草搭建房屋，形成村落。2013年8月10日，无锡市文化遗产保护和考古研究所在《赤墩遗址发掘完工报告》中写到："在双墩的中部（赤墩崧泽文化的土墩为双墩东西分布，双墩共用一个非常纯净的灰土构成的基础）还有一堵建筑在土墩东侧墩与外围的南北向的墙基……"。考古人员在赤墩遗址发掘考古中还发现多个柱洞。这充分证实5000多年前的崧泽文化时期，赤墩已有人类建村落居住。公元前248年，钱桥地区已有苏庙等村落。元朝时，钱桥、稍塘营已形成集市，藕塘地区有洗马浜等村庄。明朝时，藕塘桥已形成集市。自崧泽文化时期至民国时期的5000多年中，区域内农民、居民居住条件差，多为平房、草房，少有楼房；出行条件差，都为阡陌泥道，弯曲难行；都用河水淘米、汏菜、做饭、做菜、饮用、洗衣；集镇面貌差，街道狭窄，房屋破旧，环境肮脏；镇容村貌，少人问津。民国18年（1929）8月，无锡市政筹备处根据城厢现状，参照当时首都南京和国外城市规划、制订《划分市区计划》，计划将无锡城分为行政、工业、商业、住宅、田园、风景六区，其中商业区东北以运河为界，西南经钱桥、惠山镇、城南公园（夹城里）和西门，沿街设银行、商场及各种贸易机构。

新中国成立初期，区域内农村、集镇面貌少有改变，住房、道路、饮水等条件仍很差。1959年11月，《无锡市城市规划及建设原则》中把钱桥等7个镇规划成卫星城镇。20世纪70年代，钱桥、藕塘公社组织各大队、生产队开展整田平地、挑高填低，挑平坟墩、填塞河浜、整治村庄。1976年后，钱桥、藕塘公社的社、队办企业兴起发展，区域内农民建造新房的要求迫切。根据这一新的情况，两公社党委分别提出新农村建设的规划，在沿公路和大队主干道两旁规划农民住宅建设地基，并结合进行村庄整治。

1982年4月，无锡市政府出台《无锡市城市总体规划》，市区规模为东至外环路（江海路），南至南桥镇，西至荣巷，北至惠山梢和舜柯山，钱桥地区列入无锡市城市规划之内。1983年，钱桥乡有127个自然村、1个钱桥集镇；藕塘乡有137个自然村、1个藕塘集镇，村、镇面貌虽有改观，但仍不乏贫穷、落后。1984年，钱桥、藕塘乡在社会主义精神文明建设的新形势下，分别对市镇建设进行新的规划。是年7月，藕塘乡党委、政府决定把原在洋溪河南面的藕塘老街搬迁至洋溪河之北，重新规划集镇，建造新街。钱桥乡决定在老街之西拓展，建造新街。

改革开放以后到20世纪80年代末，钱桥、藕塘地区经济发展、社会发展迅速。钱桥镇、藕塘乡党委、政府重视区域内村镇建设的规划和实施，建设社会主义新农村、示范村，创建无锡市幸福街道、幸福社区，以满足辖区内农村居民日益增长的物质生活和文化生活的需要。钱桥镇、藕塘乡的村镇建设结合区域内经济发展的状况和要求，结合自然环境、资源条件和历史情况等，统筹兼顾，综合部署村庄和集镇的各项建设。同时，处理好近期建设与远景发展、改造与新建的关系，使村庄、集镇建设的规模、速度、标准与经济发展和农民的生活水平相适应，做到合理用地、节约用地，充分利用原有建设用地，以有利生产、方便生活为原则，合理安排镇村公共设施和公益事业的建设布局，促进区域内各项事业协调发展，保护和改善生态环境，防止污染和其他公害，加强镇容村貌、绿化美化、环境卫生建设。

90年代，钱桥、藕塘镇开展社会主义现代化新农村建设、江苏省卫生村镇建设、社会主义精神文明村建设。1997年，藕塘镇人民政府组织各村制订农村现代化建设规划。是年，井亭村村民委员会会同锡山市农村现代化办公室、锡山市建委规划设计室研究，率先制订出《井亭村农村现代化建设规划》。1998年8~11月，藕塘镇人民政府、锡山市建委规划设计室与藕塘镇制订出镇区及全镇各村农村现代化建设规划。各村现代化建设规划的主要内容有：村域现状概述，村域条件综合分析，规划依据和指导思想，规划目标，总体规划布局，道路、绿化、水系规划，给水规划，排水规划，供电规划，邮电规划，广播有线电视规划，环卫、环保、防灾规划，规划实施措施等。

进入21世纪，钱桥、藕塘镇启动生态村建设。钱桥镇华新村率先创建成功无锡市生态村。2006年，钱桥镇（钱桥、藕塘两镇已合并）开展社会主义现代化新农村示范村建设，并在华新、西漳两村进行试点。是年，华新村、西漳村率先创建成功无锡市社会主义现代化新农村示范村，两村入选无锡市第一批示范村名单。

2007年7月，钱桥镇出台《钱桥地区“十一五”建设规划》。“十一五”建设规划的定位是以发展居住、职业教育为主，工业提升层次，同时发展市场、物流业的城市综合区功能；布局是形成“一园”（藕塘职教园）、“三廊”（锡宜高速生态绿化走廊、洋溪河生态绿化走廊、舜柯山生态绿化走廊）、“三中心”（钱桥地区中心、钱桥镇区中心、藕塘镇区中心）、“四区”（南西漳与民政工业区、钱桥配套区、钱桥商贸市场区、站前商贸物流区）、“五片”（藕塘居住片、洋溪居住片、华新居住片、钱桥居住片、盛岸居住片）的功能结构。是年，钱桥街道又有1个社区、4个村创建成为无锡市社会主义现代化新农村示范村。

2008年，钱桥街道成立社会主义现代化新农村示范村建设领导小组，同时出台新农村示范村建设考核细则。是年，又有6个村创建成功无锡市社会主义现代化新农村示范村。至2010年，钱桥街道15个社区中有14个社区（其中晴山蓝城社区为2010年新建置社区，不列入考评范围）创建成为无锡市社会主义现代化新农村示范村，达标率为100%。同年，社会主义新农村建设升级，无锡市出台创建幸福街道、幸福社区的意见。钱桥街道党工委、办事处根据市委、市政府要求，按照幸福街道、幸福社区的创建标准认真规划，于2012年成立钱桥街道幸福街道、幸福社区创建领导小组，制订创建细则，明确创建要求，提出创建目标。2013年，钱桥街道创建成为无锡市社会主义现代化新农村幸福街道，区域内15个社区全部创建成为无锡市社会主义现代化新农村幸福社区，达标率为100%。

## 第一节 钱桥市镇建设

钱桥市镇位于龙山梢下、双河和洋溪河交汇处。钱桥建于元朝，经过明朝、至清朝初期，由于水上交通发达，钱桥人口猛增，形成具有一定规模的乡村集市。民国时期乃至20世纪50~70年代，钱桥集镇几乎没有发展，仍为南、北两条街，是钱桥（乡）公社政府所在地。街道狭窄，宽5.6米，两边建有房屋，开设店铺。主要店铺有肉铺10家，米行9家，鱼行3家，烟酒店、南北杂货店5家，中药房、西药店3家，铁匠铺3家，茶馆2家，纸马店3家，饭店、熟食店3家，棺材铺4家，理发店4家，摇面摊（店）2家，皮匠店4家，修车行1家，照相馆1家，铜匠店（修锁、配钥匙）1家，酱油糟坊3家，邮政代办所1家，还有无锡著名的“庄源大”油坊（工商兼营）1家。

1983年4月22日，钱桥乡人民政府出台《关于钱桥市镇建设及管理规定》，明确改制后的乡政府村镇建设办公室管理职能，并提出“切实抓好钱桥市镇的建设工作”。《关于钱桥市镇建设及管理的规定》的主要内容为：市镇内新建、扩建、改建的一切工程均应先向村镇建设办公室申报，办理审批手续，领取许可证后方可施工；凡属市镇范围内的空地、池塘、河浜，由村镇建设办公室严格控制建设；市镇内马路、街道、公共场所的植树绿化，由村镇建设办公室统一规划实施；市镇宣传栏、广告牌、卫生设施等，由村镇建设办公室统一规划设置；对违章建筑、设施及镇区内畜禽棚、圈，依规拆除、罚款没收。

《关于钱桥市镇建设及管理规定》经钱桥乡第八届人民代表大会第二次会议通过，于 1983 年 4 月 23 日起执行。这是钱桥市镇建设的第一部规程，钱桥市镇整容与扩容由此启动。1985 年，钱桥乡镇工业快速发展，成为亿元乡。1986 年，钱桥乡人民政府出台《钱桥市镇扩编规划》，钱桥市镇进入旧貌换新颜的建设阶段。

## 一、新市镇规划

1986 年，设在钱桥市镇的部属单位及无锡市、无锡县属企业事业单位有 13 家，乡镇企业有 30 家，村办企业有 20 多家，拥挤不堪的钱桥古镇已无法适应日新月异的时代变迁。如果再不改变现状，已无法适应发展的需要。是年，钱桥乡人民政府多次商量、调研，召开专题研讨会后，决策编制《钱桥集镇扩编规划》，报无锡县委、县政府，并经无锡县第九届第 27 次县长办公会议批准实施。《钱桥集镇扩编规划》共分四个部分：

### （一）1985 年钱桥旧市镇状况

**土地、人口** 钱桥古镇占地 0.8 平方公里；全乡人口达 25000 人，其中非农人口 9702 人、农业人口 4592 人，亦工亦农 3508 人，另有部、省、市、县属单位户口不在本镇的干部、职工 7200 人。

**商业** 集镇拥有国营商店 1 家、集体商店 37 家、个体有证商贩 320 家，就业职工 577 人。全年商店营业额 1211.42 万元。

**交通运输** 河道班船（轮船）已停开，水上运输繁忙；陆上交通于 1970 年建设锡陆（杨）公路、锡洛公路后，及原有钱荣路、钱惠路、钱姚路，形成 5 条主干公路。4 路公交车及农村长途公交车，每天 120 班次，旅客日流量达 6350 人次。机动车通过钱桥镇平均日流量 3000 辆以上。

**邮政电信** 集镇邮电所 1 家，市镇上有自动电话 60 门，日发邮件 1053 件。

**供电** 钱桥古镇用电主要由市区、石门、龙山变供电所供给，镇内仅有 1 万伏高压线，电力明显不足。

**教育** 市镇上有中学 1 所，学生 887 人，教职工 124 人；中心小学 1 所，学生 1600 多人，教职工 201 人；幼儿班 3 个，入学幼儿 110 人。

**卫生** 市镇上有乡卫生院 1 所，拥有床位 100 张、医务人员 56 人。

**住房及生活设施** 钱桥古镇有公房（房管所管理）319 间，建筑面积 9988.59 平方米；居民房屋 450 多间，建筑面积 34200 平方米，居民人均居住面积约 16 平方米。集镇的自来水供水主要从无锡市区延伸向钱桥镇区供水。市镇上有公共厕所 12 个、垃圾箱 35 个、蓄水池仅 1 个。

图 2—11—1 1985 年的钱桥老街

### （二）老街存在的问题

老街区街道狭窄，店面破旧杂乱，住房拥挤，布局混乱，很难改造成商业街区；随着人口剧增，生活设施严重不足；文教卫生设施落后，不能适应现代教育和现代医务要求；钱洛公路横贯集镇，影响交通安全与环境卫生；镇区环卫污染严重，又无法彻底改造。

### （三）规划

**规划时期** 近期 1986~1990 年；远期 1990~2000 年。

**规划镇区范围** 东自部属单位地质石油中心实验室起，西至苏庙村李巷；南自无锡县塑料厂起，北到无锡市外围公路以南区域。近期规划钱桥新市镇总面积为4.5平方公里，比老市镇扩容3.7平方公里，是老市镇面积的5倍多。

**新市镇定位** 钱桥新市镇成为全乡政治、经济、文化的中心，建成以冶金、机械、塑料、建筑工业为主体，商贸、工业、农业综合发展的交通便捷的工业卫星开放型集镇。

### （四）布局

**工业区** 集镇原有工业分布比较分散，市、县属企业较多，且具一定规模。故新规划保留原有市、县、镇工业企业，控制其拓展。拟在钱桥以北、无锡市规划的无锡外围路以南，划定为工业区。钱桥新市镇工业用地为2平方公里，占新市镇近期规划用地44%。

**商业区** 老街商业基本保留，但由于老街狭窄，建筑混杂，无发展余地，拟规划将农机厂大门向西越过河道，开辟一条800多米长的商业大街。大街中间为南、北两条支街，形成一个新的商业中心，为第三产业发展提供必要条件。同时，在新街内结合个体商业发展，拟建第二个农贸市场。

**文化区** 旧集镇文化设施缺乏。规划在锡洛路（今钱威路）钢铁桥东侧沿河建4000平方米文化宫一座，在新街内建影剧院一座。

**居民住宅区** 新市镇居民住宅区采取多点形式安排，一方面对老街居住区进行改造，另一方面在敬老院南侧和新街西侧的南北两边规划为居民住宅区。居民住宅可以通过商品房形式交易，也可以用私建公助和公建私助相结合的办法进行。

**文教卫生** 旧集镇中小学校、医院均在老街，发展受到限制，拟全部易地重建。幼儿园、中心小学规划迁移至中学处。中学搬迁至新街西端。医院迁移至新街，原医院并给皮件厂。

**行政区** 乡政府不迁移，在规划新建医院以西的新街西侧，安排其它行政单位、工业公司、工商、税务等迁入。

**环卫、绿化** 拟增设垃圾箱10只，建公厕3座；改造老街区环境卫生设施，扩大绿化面。

**其它** 全面完善自来水供水，增加电力供应配备，完善排水系统建设，加强邮电通讯配置。各工矿企事业单位在“七五”期间全部安装自动电话。调整道路建设。建设1000余平方米广场一个。

## 二、新市镇建设

钱桥（乡）镇政府按照1986年制定的规划递交给无锡县第九届第27次县长办公会议批准的《钱桥集镇扩编规划》在20世纪80年代后期至90年代分步实施建设。至20世纪末，钱桥新市镇展露新姿，政区面积从原0.8平方公里扩大到4.5平方公里，从六个方面根本性地改变了钱桥市镇的旧貌：

### （一）拆农机厂，建金球大桥、钱桥大街

钱桥新市镇开建，关键在于要把无锡县农机厂拦腰一刀，从大门开始直拆到沿河，为筑建钱桥大街、金球大桥（宽40米）腾出空间。钱桥乡政府在无锡县委、县政府支持与协调下，无锡县农机厂主动配合钱桥新市镇建设，实实在在地解决钱桥新街建设的瓶颈，使工程顺利展开。

1987年，金球大桥建设工程开工后，一条长1000余米的钱桥大街建设同时启动。至1988年，钱桥新市镇的格局基本形成。钱桥大街东起江南皮件厂，西至李巷自然村东首，实做工程长1300米，宽30米，路中心绿岛宽3米，两旁人行道各宽4.5米。钱桥大街的街宽与预留位保持时代建设水准。

### （二）商业街区形成

东西钱桥大街建设与锡陆（杨）公路成平行线，中间相距250余米。在锡陆路沈巷段引一条南北直线与钱桥大街交会，建成钱桥大街的第一条支街，名振兴街。振兴街宽20米，两旁人行道各宽4米，路面宽12米。

以钱桥大街与振兴路交会处为中心，大街南区建设商业中心；在振兴路北端两侧，沿钱桥大街建设供销合作社和商业合作社商贸大楼。整条振兴街为个体工商户的设店区域。在振兴路西侧，钱桥大街南侧，又建成钱桥新农贸市场。钱桥新市镇商业中心经几年建设，至20世纪末，初步形成规模。

### （三）企事业单位建设

钱桥大街建成后，在钱桥老街上的企事业单位先后进驻钱桥大街。按照规划，为迅速形成新市镇功能配套，不拘于谁先谁后，均可进驻。至90年代，钱桥大街东从金球大桥起，北区为塘泗桥民宅区，南区依次建有钱桥建筑站、钱桥供电所、三电办、钱桥卫生院、钱桥信用社储蓄所、钱桥交管所、工商所、派出所。在农贸市场以西、钱桥大街南侧建有无锡工商银行钱桥分行、钱桥邮政局、电信局。

### （四）文化设施建设

新市镇建设注重公共文化事业发展，钱桥大街中心地段在沿振兴路直线钱桥大街北侧建造一个大型广场，中间建造钱桥影剧院。钱桥邓巷人，时任无锡市委书记邓鸿勋特为“钱桥影剧院”书写院名。

影剧院东侧为钱桥文化中心、金龙广场、金龙大酒店及相关文化娱乐活动室。钱桥大街公共文化事业设施的建设，彰显钱桥文化事业发展的新里程。

### （五）学校建设

在振兴路西300余米，再建一条与其平行的育才路。这是钱桥大街的第二条支街。育才路宽20米，两边人行道各宽4米，路面宽12米。路以育才命名，是集中中小学校、成教中心之路。

钱桥中心小学建设在钱桥大街以南、育才路西侧，占地面积33333.33平方米。钱桥中学与成教中心，建设在钱桥大街以北，育才路西侧。中学占地面积40000平方米，成教中心占地面积6666.67平方米。钱桥中心幼儿园不再附设在小学，搬迁至中心小学前。1989年，钱桥镇政府首先安排幼儿园建设在钱桥大街南侧、育才路东侧、原邵巷自然村北侧，占地面积6666.67平方米。至2003年，钱桥镇中学、小学、幼儿园全部建成开学。

### （六）住宅区与商品房建设

新市镇规划对住宅区商品房建设有条经典性的指导原则为“居民住宅可以通过商品房形成交易，也可以用私建公助和公建私助相结合的办法进行”。按照这一原则，采取多点安排，与市镇建设同步实现钱桥新市镇居民住宅区迅速形成。

**集镇居民多点安排与工厂家舍建设** 在金球大桥下的无锡县农机厂根据居民住宅私建公助的这条原则，对厂区布局作重新调整与安排：大街东堍北侧为厂区，南侧为小高层家舍，以解决部分在厂职工住房。

钱桥乡政府在金球大桥北侧还划出一段地块，供无锡县农机厂建造店面和职工家舍，以解决县农机厂几百名职工的住房。在金球大桥西堍北侧，为塘泗桥居民私房区。

无锡县钢铁厂积极支持钱桥新市镇建设，争取到了在振兴路西、沿锡陆路北侧地段建造钢铁厂的家舍，以解决厂内上千名职工的住房。同时，钱威路（原钱洛路）南端西侧与锡陆路北侧，无锡县钢铁厂与无锡县塑料厂、无锡县人民印刷厂同时争取到建设职工住宅用地。三家企业分别在该地段建设十几幢家舍。

在钱桥大街北侧，育才路东侧，无锡县塑料厂、无锡县人民印刷厂、无锡县农机研究所等企事业单位都分别争取到一批宅基地，供职工私建公助住房。钱桥镇村镇建设办公室只统一规划住宅的长宽与楼高及每栋楼之间的间距，其建房中的一些具体问题由职工和企业协商解决。

**邵巷新村居民小区建设** 体现划块私建住宅的原则，在邵巷自然村北侧、钱桥派出所以南地区至锡陆公路区间的住宅区是钱桥乡政府为镇区职工，中小学、幼儿园教职工，医务人员安排的居民私宅建设区。政府划地块给单位，由单位根据申请人需要，出资私建住宅，取名为邵巷新村。

邵巷新村大部分是钱桥中学、钱桥中心小学教师，钱桥医院医务工作者及镇区职工私建的民宅小区。钱桥镇村镇建设办公室只规划房屋统一规格、区间道路、下水道系统等，住房由居民出资自建。仅短短三年时间，至1992年，邵巷新村小区建成。

**商品房建设** 为迅速形成钱桥新市镇格局，充分利用土地资源，钱桥乡政府于1987年成立钱桥房产开发公司，致力于新市镇建设。钱桥房产开发公司进行钱桥商品房建设源于钱桥新市镇建设的东风。

钱桥房产开发公司成立后，首次开发地块就是“钱桥新村”。钱桥新村位于钱桥大街农贸市场南，锡陆公路钢铁厂家舍北侧，东到振兴街（私房），西到育才路沿街。新村占地面积63000平方米，建筑面积68582.16平方米。1988年配合钱桥大街建设时开工，1989年竣工。当时，平均售价每平方米900元。

1994年，在锡陆路中段南区，原无锡县电气自动控制设备厂土地上，开发商品住宅楼4栋。当时，平均售价每平方米1100元。1997年，钱桥集资风波后，在钱桥中心小学北区拆除行政楼，划出15000平方米的校舍地块，开建育才公寓二栋11层小高层与多层商品房百余套。建成后，每平方米售价2000元。

钱桥新市镇建设至2004年钱桥镇与藕塘镇合并前，已形成道路“二纵二横”，行政区、商业区、工业区、文化区、教育区、居民住宅区融为一体的崭新格局。

图2—11—2　2015年钱桥大街一角

## 第二节　藕塘市镇建设

《无锡金匮县志》中记载：“藕塘桥跨阳溪口，道光二十年重建。”据考，藕塘集市在明代已形成，后才修筑藕塘桥。因此，藕塘市镇至今至少已逾300年以上历史。

民国18年（1929），无锡合作研究社经五年筹划，在藕塘创办信用合作社。该信用合作社为藕塘市镇有史以来第一家金融机构。

藕塘旧市镇分南街与北街，分别在藕塘桥的南堍与北堍。1949年前，南街长200余米，北街区长30余米，街宽4米左右。南街开有肉铺、南北货店、茶馆店、烟酒店、理发店、馒头店、小吃店、铁匠铺、药店、诊所、鱼行等店铺60余家，还有民丰米行、朱伯麟油坊、洪大油厂、乾源茧行；北街开有裁缝店、山地货、肉店、茶馆店、木行、小吃店、杂货店等26家，另有裕昌茧行、轮船码头等。

1956年，国家对私营工商业进行社会主义改造，成立藕塘商业合作社与供销社。公私合营后的南街商店有杂货店、铁业店、烟酒店、山地货、小吃店、理发店、中西药店、肉店、米行等店铺32家，另有吴工云邮局；北街有杂货店、铁业行、烟酒、小吃店、酱油作坊、药店、缝纫店等商铺16家。

1970年，锡陆杨公路穿过藕塘市镇，藕塘市镇成为无锡西片门户。当时，藕塘市镇范围不足0.2平方公里。镇区内政府机构、乡属单位、供销社、粮管所、银行、信用社及上百家商店（已有个体户）都挤压在一起，堪称“小”而“挤”。

20世纪70年代后期，随着改革开放，藕塘市镇不少个体企业开店营业。80年代初，在移建的新藕塘桥北段路以东，先后开办藕塘工具厂、标准件厂、水泥制品厂等企业，藕塘市镇工业发展区域雏形初成。

图2—11—3　20世纪70年代的藕塘老市镇

1983年初，藕塘乡人民政府成立村镇建设办公室，规划藕塘新市镇建设，把藕塘新市镇建设提上议事日程。藕塘新市镇建设的总体规划为：保留原藕塘集市南街与北街，同时从洋溪河北，原北街区往北至锡陆杨公路东风段（东西走向）之间，东起锡陆杨路东侧冯巷，西至田庄浜建造藕塘市镇新街。藕塘新市镇建设包括新藕塘桥北堍东侧工业区，东西长约1500米，南北含原北街发展区，长约1000余米。总体规划藕塘新市镇扩大到1.5平方公里，比老市镇扩容1.3平方公里，是老市镇面积的7倍多。藕塘新市镇建设分两期实施，第一期至80年代末，初步形成新藕塘桥北之锡陆杨公路东为工业区、路西为商业区与行政区之规模；第二期为90年代，完善第一期建设与规划后开发锡陆杨路以北区域。是年7月，藕塘新市镇规划经藕塘乡党委、政府讨论通过形成决议后，立即启动建设。村镇建设办公室先在东风村洗马浜村民组征地26666.67平方米，在冯西村民组征地6666.67多平方米，后又在冯西征地4万平方米，共计7万多平方米土地，筹划新街建设。是年，乡政府召开新市镇建设协调会议，确定藕塘建筑站负责人高勤宝负责组织力量，于年底完成新街路基建设。是年底，一条与锡陆杨公路东风段（东西走向）平行的藕塘新街路基建成，全长400余米。1983~1984年，位于藕塘桥南端、锡陆杨公路东侧的藕塘自来水厂建成。

1984年，藕塘乡村镇办又组织筑路队伍在新街路基浇注路面，在新街两侧建造店面房屋。是年底，一条全长400米、宽40米的藕塘新街建成。同年，南起老藕塘北街洋溪河口，北至锡陆杨公路东风段（南北走向），全长250米、宽40米的藕塘政新路建设启动，1985年迅速建成。自此，藕塘新市镇形成商贸区。东西走向的藕塘新街与南北走向的政新路呈十字交叉，将新市镇划分成四大块：东区两块以商业与商业机构为主，有供销社、商业合作社、门店、农业公司、会议中心、农贸市场及小商品市场等；西区两块以行政机构与服务业为主。1988年，在藕塘新市镇西区建成藕塘工业公司、藕塘工业供销公司、村镇建设办、粮管所、居委、公安派出所、三电办、供电所、邮电局，后又建成工商所、国税所与地税所，初步形成藕塘行政服务体系，政新路南端同时落成藕塘文化中心。藕塘新街最西端田庄浜河口，建成藕塘建筑公司预制场。民居民宅建设安排在锡陆杨公路之北，政新北路之东区域。1989年，在藕塘新市镇区域内共有168家商店落户。藕塘新市镇商业中心基本形成。

图2—11—4　1988年，藕塘文化中心落成

为完善藕塘新市镇建设，90年代初，藕塘、东风两村在锡陆杨公路东风段（东西走向）东起政新路口，西到木桥头两侧开发店面房。东风村采用集体投资，统一规划建设，由企业或个体工商户购置的方法，又成功开拓一条新街区。1991~1993年，在政新路南端，藕塘（乡）镇政府办公楼、藕塘广播电视站建成并投入使用，行政服务中心在新市镇区全面形成。同时，税务局分设国税、地税二所迁移至政新路南区西侧。

1994年，藕塘镇政府决策开建政新路向北延伸段，即跨过锡陆杨公路再往北延伸550米，宽40米，建设藕塘政新北路。是年，镇政府在新街以北田庄巷建成敬老院。1995年，无锡农行藕塘支行、信用社在新街西区落成。同年，藕塘交管所在新街西区建成。1998年，在政新北路与锡陆杨公路交叉口西侧，藕塘大酒店开建。1999年，政新北路西侧商业店面房在藕塘大酒店北开建。是年，位于政新北路的藕苑新村第一期洋房小区开建。2001~2003年，政新北路路东店面房与第二期藕苑新村商品房住宅区开建。

2005年，在藕塘镇与钱桥镇合并之后，藕塘新市镇内有邮政储蓄银行、中国银行、建设银行、平安保险公司等先后落户。一个集工业、商贸、文化、教育、卫生、行政服务的现代化藕塘新市镇已初具规模。

图2—11—5　2015年藕塘新市镇一瞥

# 第三节 钱桥街道城市化建设

2008年初，钱桥街道党工委制订、出台《钱桥地区控制性详细规划》。控制性详细规划提出在钱桥街道46.21平方公里的范围内建设“五大名城”“五大中心”，优化空间结构，即打造最适宜生活居住的山水名城、最适宜投资创业的工商名城、最适宜创新创造的设计名城、最适宜旅游度假的休闲名城、最具人文特质的文化名城，加快建设国际先进制造技术中心、区域性的商贸物流中心、设计创意中心、旅游度假中心和职业教育中心，着力推进内涵更新建新区、功能延展建新城、区域提升建新镇、基层优化建新社区、城乡统筹促互动，全域实现都市化的城镇化战略，构建都市组团为中心、新市镇为纽带、郊区社区为基础的区域城市化发展格局。控制性规划的发展目标为：道路畅通，出入方便；街园一体，协调发展，互联互动；发挥山水优势，形成青山围绕、绿楔深入、洋溪河串珠式河岛贯穿、省道绿化屏障的网状生态体系；发挥职教优势，使职教功能成为地区支撑，打造地区标志；建设适宜人居、充满活力的社区。是年2月，无锡（藕塘）职教园区管理委员会、钱桥街道办事处为全面实现新一轮城市创建目标，促使区域内城市创建工作紧跟时代步伐，成立钱桥街道城市创建领导小组。城市创建领导小组具体规划、指导、实施区域内城镇化建设。

2004~2015年，钱桥、藕塘两镇合并后的10多年间，钱桥街道建设公路16条、大桥4座，形成3条生态廊道、一主三副中心格局，建成4个经济发展区、五大宜居片区，变化巨大。

## 一、路（桥）网建设形成四纵四横

2004~2015年，钱桥街道辖区内建成钱威路高架、惠澄大道、西环线、钱桥大街、舜新路（原新郚大道）、钱胡路、上伟路、鼎盛路、钱洛路、钱桥大道、显山路、新藕路、江盛路、跨省道S342线高架、运河西路、新盛路等16条公路和葑溪大桥、龙栖湾大桥、新藕桥、显山桥4座桥梁，总计36.42公里。区域内道路突显“四纵四横”主干道骨架，“四纵”为钱威路、新藕路、钱洛路、钱桥大道，“四横”为钱姚路、钱藕路、盛岸西路、新盛路。“四纵四横”次干道网络成型，“四纵”次干道为园区西路、园区东路、舜新路（原新郚大道）、育才路；“四横”次干道为车站路、园区北路—上伟路、纬三路—园区路、园区南路。

2015年10月，地铁3号线建设在区域内启动，苏庙社区缪巷中一组、中二组部分住户，缪巷西组大部分住户，舜柯社区东浜组、西浜组部分居民完成搬迁任务。

## 二、三廊（线）生态骨架显露

在钱桥、藕塘区域内，南有舜柯山脉山林葱绿，中有洋溪河二岸翠绿飘带，北有锡宜高速公路两侧绿林环绕。三条东西走向的山、水、陆绿化走廊把区域内整个地区串联起来，形成绿化生态骨架。

## 三、一主三副中心定格

钱桥街道与无锡职教园街园合一，形成一主三副中心的格局，一主为钱桥中部商业中心；三副为钱桥市镇中心、藕塘市镇中心、职教园文化岛中心。

钱桥中部商业中心以钱桥大街两端商贸区，原县农机厂置换地块开发综合性商住楼为主，形成中环恒达国际广场，集电影院、KTV歌厅、小型娱乐场所、大型超市、服饰贸易及肯德基餐饮为一体；大街西段建成西城荟，形成一公里繁华商业地段。

藕塘市镇中心以政新北路、藕洛路、藕塘大道建设为契机，配套商业布局，完善路灯、地下管网及公共设施建设，成为街区中心。2007年以后，惠山区人民法院阳山法庭落户政新路。新藕苑，藕乐苑一期、二期、三期，苹果园，盛世翡翠等商品房小区相继建成，人口剧增，商店达408家。世纪华联、嘉宜福超市，农村商业银行、中国农业银行、邮政银行、中国银行、中国建设银行、江苏银行、保险公司等先后面市。建成镇北公园、藕乐汇生活广场、藕塘广场，形成藕塘商业文化休闲中心。居住人口达2万余人。

钱桥市镇中心位于钱桥大街与振兴路。在街面管网重新整修后，钱桥街道办事处于2009年又投入800万元资金，对大街中心路段与振兴街进行城市化提升，完成亮化工程，使镇区中心更亮丽，更富地标启迪。在钱桥市镇中心已集聚众多住宅小区，路灯配置率100%，居住人口近7万人。因治污关闭沙钢锡兴钢铁企业，钱桥成为真正宜居小区。

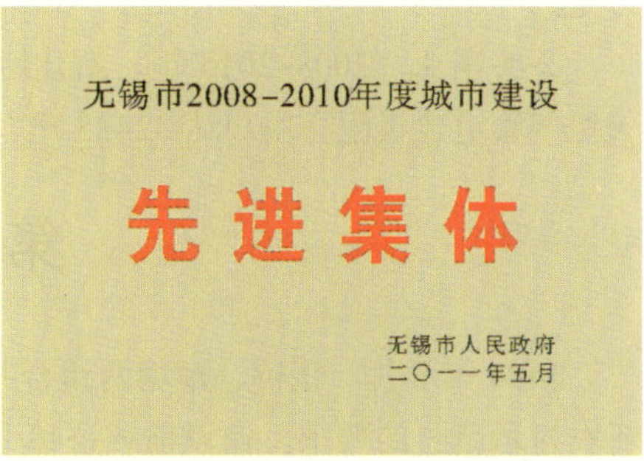

图2—11—6 2011年5月，钱桥街道被无锡市人民政府表彰为“无锡市2008~2010年度城市建设先进集体”

职教园、文化岛中心位于钱桥街道西南部。2015年，无锡职教园校区已入驻大、中专院校8所，1个无锡市公共实训基地，在校学生10万余人。职教园文化岛中心、学生街区占地面积46666.67平方米，总建筑面积36000平方米（含校管中心大楼），总投资5444万元。

## 四、四个经济发展区建成

2015年，钱桥街道建成科技研发职教区、经济建设工业区、物流园区、商贸集群区四个经济发展区。

**职教园校区形成科技研发职教区** 钱桥街道积极借助职教园校区大中专院校及东北大学等科技研发力量，提升钱桥工业科技研发力度；转化恒源祥工业区职能，改造工业园区为职教实训基地，提高科技水平。

**发展经济建设工业区** 钱桥工业配套区是惠山经济发展区的重点配套区之一，总面积5866666.67平方米，主要由溪南、舜柯、恒源祥、南塘及南西漳无锡市民政福利工业园区构成，是钱桥工业经济的支柱，年均产出300亿元左右。工业区内以闻名全国“焊管之乡”为依托的冶金企业为多数，集生产各种高频超薄、精密焊管、异型钢管、冷拔无缝管于一体，门类齐全、规格繁多。产品广泛应用于五金、机械、汽车、油田等行业。苏嘉镁碳砖是中国最大的镁碳系列耐火材料生产基地，产品出口美、日、俄等国和欧洲、东南亚地区。恒源祥生产的羊绒制品是国家免检产品，也是国家名牌产品。

**建成物流园区** 以无锡西站（盛岸西路）、西环线、锡宜高速道口及锡洛路沿线组成物流集散地。洋溪河及大运河西漳、胜丰段利用水上资源建成高嘉仓储，龙之杰、振兴仓储等一大批物流企业，年营业额创30亿元。

**道口商贸集群区** 锡宜高速公路道口西侧区域内建成国内最大的建材装饰商场——无锡五洲国际装饰城，于2008年10月28日开业，国内外知名品牌企业TOTO、马可波罗、TCL照明、东鹏等入驻。华东地区知名企业伟达五金总部进驻盛岸西路锡宜道口。

## 五、建成五大宜居片区

钱桥街道五大宜居片区为钱桥宜居片区、华新宜居片区、盛岸宜居片区、藕塘宜居片区和洋溪宜居片区。

**钱桥宜居片区** 于2004~2014年建成美林湖、晴山蓝城、金岸世家、金龙公寓、隆舜园、龙韵怡景苑、春来苑、春满苑、春光苑、舜柯家园、春惠苑、金岸小区、金苏公寓、欣欣苑、育才公寓等小区，建筑总面积190.86万平方米，总投资47.205亿元。

**华新、盛岸宜居片区** 于2003~2012年建成，建筑面积710063.86平方米，总投资192738万元。

**藕塘宜居片区** 于2006~2015年建成，建筑总面积1913000平方米，总投资380193万元。

**洋溪宜居片区** 于2008~2014年建成，建筑总面积2935624平方米，总投资180408.4万元。

五个宜居片区占地总面积746.73公顷，总投资122.54亿元。

## 六、公共事业建设

**教育事业** 2010~2015年，钱桥中心幼儿园、藕塘中心幼儿园易地新建；新建金桥实验学校惠山校区、无锡华锐实验小学；钱桥中学、藕塘中学教学楼、宿舍楼改造翻建，共投入资金28805.5万元。

**公共事业** 2008~2015年，新建地税四分局、国税二分局；铺设自来水管道总长221.52公里；天然气管道建设配套用户达32435户、商业用户69户。

## 第四节 示范村建设

2004年2月，钱桥、藕塘两镇合并后，新的钱桥镇党委、政府按照无锡市提出的建设社会主义新农村示范村的要求，在以前钱桥镇、藕塘镇新农村建设基础上，重新制订《钱桥镇创建社会主义现代化新农村建设示范村规划》，规划分为创建标准、创建要求、创建领导小组、创建宣传标语等四个部分。创建标准为经济发展、生活富裕、社会文明、社区整洁、管理民主。各村建立创建领导小组，由村书记、村主任任正、副组长，并配备相应人员组成创建社会主义现代化新农村建设示范村工作班子。围绕创建标准，制定争创规划和实施方案，做到有目标、有重点、有措施，扎实开展创建社会主义现代化新农村建设示范村工作。同时，各村建立争创备案制度，建立争创工作台账，对争创活动的进展情况和工作成效有统计、有分析、有报告，及时做好有关资料整理、上报和归档工作；建立争创工作年度报告制度，坚持实事求是，对全年的争创活动有全面系统的文字分析报告，于每年4月初报镇争创办公室。

钱桥镇创建社会主义现代化新农村示范村从改善农民生产、生活环境，促进农业生产发展，优化村容村风村貌，提升村民自治管理水平入手，实施试点、延伸、铺开“三步走”战略。按照因地制宜、科学规划、量力而行、办好示范、突出重点的工作思路，有重点、有计划、高标准、高起点地进行建设，全力打造11个无锡市社会主义现代化新农村建设示范村和4个惠山区社会主义现代化新农村建设示范点，以此推动全镇社会主义现代化新农村建设工作进程。

2005年，钱桥镇在创建社会主义现代化新农村示范村建设中，一批重大基础设施工程，一批标志性公园、绿地景点、休闲广场、住宅小区，一批事关全局的社会事业重大工程相继开工建设，并陆续投入使用。为完善自然村功能、提高自然村品位，顺应社会发展和钱桥人民的生活需求，是年镇政府投入4000多万元资金，对全长1120米的钱桥大街、振兴路、育才路等进行全面改造，努力打造文明示范一条街。建造春来广场、玉泉公园、南西漳健身广场等大规模的现代化健身休闲广场。全镇18个村，村村建造露天舞池、篮球场、室内乒乓球室、图书阅览室、老年活动室、室内健身室等一系列文化体育设施，极大地丰富居民的文化生活。同时，继续加大环境整治力度，强化建设项目的环保审批，着力推进冶金酸洗和印染行业的整治，加快对高能耗、低效益企业和落后企业实行关停并转；加强畜禽养殖管理，建立农业生态示范区；全面减少农药对水环境的污染；不让新的污染项目进入辖区，从源头上控制和减少污染物的排放总量；以实施农村“三集中”（工业向园区集中、农业向规模集中、农民向城镇和新型社区集中）为抓手，在推进园区建设和重点项目建设的同时，开展大拆迁、大整治、大建设。在创建社会主义现代化新农村建设示范村过程中，全镇社会事业蓬勃发展，综合治理卓有成效，农村面貌焕然一新，各行各业繁荣兴旺，人民群众安居乐业。创建社会主义新农村示范村的成效重点体现在发展经济、为民办实事、镇村建设一体化、农民增收、有效提升新农村建设水平等方面。2006年，西漳村、华新村率先创建成为无锡市社会主义现代化新农村示范村。

2007年，为加速区域内的社会主义现代化新农村示范村建设，成立无锡（藕塘）职教园区、钱桥（镇）街道推进社会主义现代化新农村示范村建设领导小组。领导小组下设争创社会主义现代化新农村示范村工作办公室、农村规划编制工作办公室、农民居住集中工作办公室、乡镇工业集中工作办公室、现代都市农业示范园区建设工作办公室、农村“三大合作”工作办公室、农村社会保障体系建设工作办公室、现代农民培训工作办公室。同年，加大农村环境综合整治的力度和投入，辖区内各村在环境整治、道路建设、废水治理、家河清理、绿化等各项事业中共投入资金近 5 亿元。是年，钱桥镇通过省级环境优美乡镇验收；恒源祥、庙塘桥和南西漳、华新 4 个村通过省级生态村验收；西漳、华新两个村通过无锡市社会主义新农村示范点考核验收。是年底，全街道已有 6 个村组建股份合作社，股东 24871 人，总收入 4387 万元，股金分红总额达 173.2 万元，人均可分 70 元。钱桥街道同时在辖区内发展“房东经济”，开拓渠道，创新致富方式，增加农民资产性、经营性收入，积极引导农民拓宽增收来源。钱桥社区管理中心、华新村、胜丰村 3 个试点村共完成农民合股认购标准厂房 13500 平方米，135 名参股农民可以享受租金收入。同时，落实完善机制，增收致富，以社会养老保险、医疗保险、失业保险、被征地农民基本生活保障、低保为主的“五道保障线”在钱桥街道辖区内形成，农民具有各类保障。是年，钱桥社区、舜柯村、溪南村、恒源祥村紧接着创建成为无锡市社会主义现代化新农村示范村。

2004~2008 年，钱桥（镇）街道村级经济发展势头迅猛，成为区域内经济又好又快发展的一支生力军。2008 年，辖区内村级经济完成总量占钱桥经济总量的 55%以上，其中苏庙、华新、西漳、胜丰、晓星、溪南村以及钱桥社区的经济总量均超过 10 亿元，为带动一方百姓致富、建设社会主义现代化新农村示范村打下坚实的经济基础。同年，全街道实行工资集体协商制度。钱桥街道人均收入超过 12000 元。企业本地职工社保、农保参保率达 100%，农村基本医疗大病保险参保率达到 100%，为 20000 多名失地农民办理基本生活保障，率先在惠山区成立村级社保服务平台，巩固完善最低生活保障制度，共为 4362 名新征地农民和 16053 名历次被征地失地农民办理基本生活社会保障。仅负担社保资金一项，钱桥街道每年支出资金达 7000 多万元。街道对无收入来源的老年城镇居民实行每月 120 元的生活补贴。在实现本地职工社保全覆盖的基础上，进行养老保险和医疗保险扩面。同时，不断创造就业岗位，加大对“4050”（女性 40 周岁以上、男性 50 周岁以上）人员及失地农民的就业培训。社区卫生服务不断优化，建立 2 家社区卫生服务中心、14 个社区卫生服务站，构建多层次的新型医疗卫生服务体系，形成“小病在社区、大病进医院”的就医格局。建立江苏省首家镇级爱心超市。

争创社会主义现代化新农村示范村活动是钱桥街道城市化建设的重要活动载体，创建工作成效显著。钱桥街道一手抓示范村和示范点建设，一手抓薄弱村转化。对经济基础好、领导班子强的骨干村先行建成示范村、示范点，发挥榜样示范作用；对经济薄弱村，加大扶持力度，设专项帮扶资金，促进薄弱村改善发展环境，增加村级收入，推动经济发展，加快脱贫转化。钱桥社区和南水渠村是钱桥街道建设新农村示范点的创建村。2006~2008 年，2 个村共投入创建资金超过 2000 万元，其中钱桥社区管理中心投入创建资金 1500 多万元，南水渠村投入创建资金 800 多万元。2008 年末，钱桥社区和南水渠村先后通过无锡市社会主义现代化新农村建设示范点的验收。

在社会主义现代化新农村示范村建设中，钱桥（镇）街道制订出台再就业扶持政策，对企业进行政策性补贴，鼓励企业录用失地劳动力和“4045”（女性 40 周岁以上、男性 45 周岁以上）人员。2007~2008 两年辖区内共录用失地农民 1085 人，其中“4045”失地农民 386 人。街道补贴给企业促进就业资金 197.7 万元。钱桥街道积极鼓励居民就业，落实完善就业市场，免费对村镇居民进行技能培训。2008 年，全街道有村级企业 736 家。各村村委会积极主动与企业主协商，优先安排本村村民就业，区域内有 18921 名在籍居民在村级企业工作，人均年收入超 1.2 万元。钱桥街道稳妥推进农村“三大合作”组织建设，推进村级集体经济股份合作制改革，确保集体资产保

图2—11—7 钱桥街道被中共无锡市委、无锡市人民政府表彰为“2007~2009 年度无锡市文明街道”

值增值；鼓励农民以土地承包经营权入股，发展多形式的农村土地股份合作社；大力发展有组织制度、有合作手段、有较大规模、有明显效益的“四有”农民专业合作经济组织，提高农产品进入市场的组织化程度。是年，钱桥街道把各村的集体经营性资产量化到村民，村民每年有分红。至2008年，辖区内建造100多万平方米的安居房，农村居民的生产和生活环境得到进一步改善。绿色钱桥纵深推进，家河整治，青龙山、惠山殡葬整治三年任务二年基本完成。开展重点河流的专项整治，加大环境整治长效管理力度。2006~2008年，辖区内开展“清洁家河”工程三年投入资金3133万余元。

2008年12月，钱桥街道党工委、办事处配合市、区对辖区内社会主义现代化新农村示范村建设规划的实施情况进行全面考核验收。是年，胜丰、晓星、庙塘桥、苏庙、稍塘、南水渠村又建成无锡市社会主义现代化新农村示范村，钱桥街道创建无锡市社会主义现代化新农村建设示范村的比例达80%。

2008年苏庙村创建无锡市社会主义新农村建设示范村考核得分表（示范村考核样本选辑）

表2—11—1

| 项目 | 内容 | 标准分值 | 发展实绩 | 得分 |
|---|---|---|---|---|
| 经济发展（25分） | 人均应税销售收入≥8万元 | 6分 | 239万 | 6 |
| | 工业在开发园区和工业集中区的产出比例达90%以上 | 5分 | 90% | 5 |
| | 全面提高农机化水平，大力推进农业产业化经营，农业适度规模经营面积的比例达80%以上 | 5分 | 90% | 5 |
| | 村级经济发展品牌化、科技化、外向化特色明显，三次产业有一个市级以上产品品牌，有一个以上省级或国家级星火、火炬计划科技项目 | 4分 | 4个省级 | 4 |
| | 大力发展股份经济，实现集体资产保值增值，村级人均年可支配收入≥500元 | 5分 | 1500元 | 5 |
| 生活富裕（25分） | 农民人均纯收入≥13000元 | 7分 | 10267元 | — |
| | 人均住房建筑面积≥40平方米 | 3分 | >40 | 3 |
| | 本村企业职工、被征地农民社会养老保障覆盖率100%，纯农民社会养老保障覆盖率95%以上 | 6分 | 100% | 6 |
| | 巩固完善社区卫生服务站，农民大病医疗保险覆盖率100% | 2分 | 100% | 2 |
| | 农民最低生活保障覆盖率100%，并全面实行分类施保 | 2分 | 100% | 2 |
| | 开展扶贫帮困活动，与贫困家庭结对帮扶率100% | 2分 | 100% | 2 |
| | 提高电话、电脑、有线广播、电视普及率，农民生活信息化程度达80%以上 | 3分 | 84.1% | 3 |
| 社会文明（18分） | 普及九年制义务教育，高中（含职高、中专）入学率达95%以上 | 4分 | 100% | 4 |
| | 青壮年农民接受过不同形式职业技能培训率80%以上 | 3分 | 96% | 3 |
| | 无违法生育，计划生育率100% | 2分 | 100% | 2 |
| | 建有一个以上设施完善的文教体育活动场所 | 2分 | 有 | 2 |
| | 文明户、五好家庭等创建活动达标率90%以上 | 4分 | 97.4% | 4 |
| | 无重大刑事案件，人民群众对社会治安满意率95%以上 | 3分 | 96% | 3 |
| 社区整洁（20分） | 无违章搭建，按规划农民居住集中比例达50%以上 | 5分 | 80% | 5 |
| | 村内主干道硬化工程全面实施到位 | 2分 | 到位 | 2 |
| | 村主干道、河道和居住集中区全部实施绿化、美化工程 | 3分 | 到位 | 3 |
| | 村内主干道和居住集中区等公共场所路灯安装率100% | 2分 | 100% | 2 |
| | 工业污染源稳定达标排放，有效控制农业面源污染，河塘水体保洁整治全面达标 | 3分 | 达标 | 3 |
| | 全面禁止秸秆露天焚烧，农户自来水普及率、垃圾集中处理率和无害化卫生户厕普及率达98%以上 | 5分 | 100% | 5 |
| 管理民主（12分） | 积极推进村级党组织公开直选，村民委员会和村股份经济合作社的民主选举率100%，村民对村级领导班子满意率达85%以上 | 3分 | 98% | 3 |
| | 村级经济发展、社会事业建设和村内重大事务坚持民主决策，村民知晓率达80%以上 | 3分 | 90% | 3 |
| | 村民代表、股东代表参与村级民主管理活动率达80%以上 | 3分 | 95% | 3 |
| | 全面执行各项政策，按季实行村务公开，农民对村务公开的满意率达90%以上 | 3分 | 95% | 3 |
| 合计 | | 100分 | — | 93 |

2009年，东风、藕塘、洋溪村成功创建无锡市社会主义现代化新农村示范村。至此，全街道创

建成为无锡市社会主义现代化新农村建设示范村的比例达 83.3%。

2006~2009 年钱桥（镇）街道行政村已创建成无锡市社会主义现代化新农村示范村情况表

表 2—11—2　　　　单位：个、%

| 行政村 | 创建成年份 | 村数 | 累积达标比例 |
|---|---|---|---|
| 西漳村 | 2006 | 2 | 13.3 |
| 华新村 | | | |
| 桥北社区 | 2007 | 4 | 40.0 |
| 舜柯村 | | | |
| 溪南村 | | | |
| 恒源祥 | | | |
| 胜丰村 | 2008 | 6 | 80.0 |
| 晓星村 | | | |
| 庙塘桥村 | | | |
| 苏庙村 | | | |
| 稍塘村 | | | |
| 南水渠村 | | | |
| 东风村 | 2009 | 3 | 83.3 |
| 藕塘村 | | | |
| 洋溪村 | | | |

## 第五节 创建幸福街道、幸福社区

2010 年，钱桥街道党工委、办事处在辖区内创建完成无锡市社会主义现代化新农村建设示范村的基础上，把创建无锡市社会主义现代化新农村幸福街道、幸福社区列为工作的重点，摆到首要位置，制定创建幸福街道、幸福社区的目标任务，强化组织领导，成立创建社会主义现代化新农村幸福街道、幸福社区领导小组。创建领导小组下设 8 个办公室，分别是创建无锡市社会主义现代化新农村幸福街道幸福社区工作办公室、规划编制工作办公室、农民居住集中工作办公室、乡镇工业集中工作办公室、现代都市农业示范园区建设工作办公室、农村“三大合作”工作办公室、农村社会保障体系建设工作办公室、现代农民培训工作办公室。同时，围绕保障民生、平安和谐、生态宜居、服务利民的实施方案，开展一系列街道统筹、社区联合、涉及民生、事关人民幸福的具体工作。钱桥街道创建社会主义现代化新农村幸福街道、幸福社区的方针是以思想道德建设为中心环节，做到四个“坚持”，即坚持服务为中心，服务为大局；坚持一切为了群众，一切依靠群众；坚持教育与管理相结合；坚持分类指导，从实际出发。钱桥街道党工委、办事处，各社区党总支、居委会以理想信念为核心，引导居民坚定建设有中国特色社会主义的信念，坚定改革开放和现代化建设的信心，坚定对党和政府的信任，引导居民崇尚科学、反对迷信、抵制邪教，形成科学、文明、健康的生活观念和生活方式。同时，丰富街道文化生活，健全街道服务体系，保障居民生活方便；建立街道社会治安综合治理工作网络，完善群防群治体系，使居民安居乐业；建设环境整洁优美街道，让居民具有良好的生活空间；健全街道管理体制，让居民享有优质规范的服务。钱桥街道党工委、办事处把创建幸福街道纳入街道发展的总体规划，明确创建幸福街道的目标及阶段性任务，统筹安排，循序渐进，持续发展，各条线工作分工负责，齐抓共建。钱桥街道党工委是创建幸福街道活动的直接组织者和领导者，组织街道党团员和热心公益事业的人士，充分发挥他们在创建幸福街道活动中的骨干作用。增强街道党组织的凝聚力，提高街道服务居民、服务发展、服务社会的整体水平，大力开展争做文明居民、争创幸福家庭活动，以人为本，切实加强幸福街道建设工作。在创建无锡市社会主义现代化新农村幸福街道、幸福社区的进程中，钱桥街道现代服务业经济异军突起。是年，钱桥街道的服务业经济实现爆发式增长，全年实现服务业开票销售 225 亿元，同比增 87.5%。

2011 年，创建无锡市幸福街道、幸福社区成绩斐然，全街道已办理土地换社保的人口达 37646

人，农民社保办理率达92.5%。此外，街道还积极探索社会主义现代化新农村幸福街道、幸福社区创建进程中的社区收入、社区管理等难题的破解之道，社区收入明显增长。

**2011年钱桥街道各社区固定收入统计表**

表2—11—3　　　　单位：万元

| 社区 | 社区固定收入 | | | | |
|---|---|---|---|---|---|
| | 合计 | 其　中 | | | |
| | | 土地租金 | 房屋租金 | 电力设施租金 | 其他经营性收入 |
| 钱　桥 | 710 | 81 | 606 | 23 | — |
| 华　新 | 800 | 360 | 160 | — | 280 |
| 苏　庙 | 868 | 274 | 464 | 130 | — |
| 溪　南 | 327 | 134 | 193 | — | — |
| 舜　柯 | 342 | 178 | 148 | 16 | — |
| 洋　溪 | 154 | 132 | 4 | 13 | 5 |
| 晓　丰 | 890 | 640 | 210 | 40 | — |
| 西　漳 | 595 | 347 | 177 | — | 71 |
| 藕　塘 | 255 | 83 | 76 | 19 | 77 |
| 东　风 | 339 | 217 | 27 | 46 | 49 |
| 南　塘 | 367 | 265 | 46 | — | 56 |
| 盛　峰 | 168 | 135 | — | 18 | 15 |
| 稍　塘 | 274 | 204 | — | 60 | 10 |
| 藕乐苑 | 468 | 419 | 31 | — | 18 |
| 合　计 | 6557 | 3469 | 2142 | 365 | 581 |

中共无锡市委、无锡市人民政府颁发的《关于命名无锡市社会主义现代化新农村建设幸福村的决定》中，2011年惠山区共34个单位创建成为社会主义现代化新农村幸福村，其中钱桥街道华新、晓丰、西漳、东风、南塘、藕乐苑、舜柯、稍塘、苏庙、溪南等10个社区被命名为无锡市社会主义现代化新农村建设幸福社区，占惠山区幸福村（社区）总数的29.4%。是年，辖区内15个社区中已有10个社区在第一批创建工作中达标，其余5个社区，无论是经济综合实力、社区可支配收入，还是基础设施建设等，与创建成功的幸福社区相比，有较大差距。钱桥街道遵循“整体推进，分年达标”原则，发挥好街道、社区两级主体作用，强化政策引导和资金扶持，不断提升全社会参与力度，形成分年跟进机制，确保实现全街道完成争创目标。同年，钱桥街道村庄整治任务36个，整治验收合格30个，验收合格率达83%。

**2011年钱桥街道村庄整治验收合格自然村一览表**

表2—11—4

| 社区名称 | 自然村名 | 验收情况 | 社区名称 | 自然村名 | 验收情况 |
|---|---|---|---|---|---|
| 钱　桥 | 周　巷 | 合格 | 晓　丰 | 大花岸 | 合格 |
| | 站　头 | 合格 | | 龙亨沟 | 合格 |
| | 潘　巷 | 合格 | | 砖　场 | 合格 |
| 华　新 | 单家坝 | 合格 | | 高石头 | 合格 |
| 苏　庙 | 前金岸 | 合格 | | 张姆泾 | 合格 |
| | 李　巷 | 合格 | 藕　塘 | 三家村 | 合格 |
| 溪　南 | 龚　巷 | 合格 | 东　风 | 芦朱巷 | 合格 |
| | 埭　上 | 合格 | 盛　峰 | 大坝头 | 合格 |
| 舜　柯 | 庄　家 | 合格 | | 西坝头 | 合格 |
| | 蒋　巷 | 合格 | | 弄　里 | 合格 |
| | 前　周 | 合格 | 稍　塘 | 陈　巷 | 合格 |
| | 后　周 | 合格 | | 新丰里 | 合格 |
| | 费　巷 | 合格 | 藕乐苑 | 陈家湾 | 合格 |
| 洋　溪 | 江胜桥 | 合格 | | 山　峰 | 合格 |
| | 时　巷 | 合格 | | 前埠墩 | 合格 |

2011年、2012年，钱桥街道服务业销售一直保持高位平稳增长势头，其中生产性服务业——带

钢、卷板交易市场成为全国三大交易中心之一，盛岸西路商务区基本形成一个汽车4S店集聚区、两个城市综合体、三个钢贸交易中心为构架的“一区、两体、三中心”发展格局。房地产业逐步摆脱过去“钱桥板块”的阴影，日渐打出“锡西新城”的品牌。

2011年钱桥街道东风社区创建幸福村（社区）考评得分表（幸福社区考评样本选辑）

表2—11—5

| 项目 | 内容 | 标准分值 | 发展实绩 | 得分 |
|---|---|---|---|---|
| 发展先进 | 农业适度规模经营面积达到90%，高效农业面积达到60%，农业机械水平达到85% | 4 | 分别达到 | 4 |
| | 村级年度人均可支配收入超过1500元 | 6 | 1650元 | 6 |
| | 参加农民合作经济组织农户覆盖率达90% | 4 | 100% | 4 |
| 生活富裕 | 农民人均纯收入达到2.4万元；最低生活保障户比例低于2% | 6 | 1.8万元<br>2% | 4 |
| | 本地农村劳动力充分就业率达到95%以上 | 3 | 95% | 3 |
| | 企业职工城保参保率达到100%；适龄居民养老保险参保率达到96% | 4 | 100%<br>96% | 4 |
| | 居民医疗保险参保率达99% | 3 | 99% | 3 |
| | 农村居民成套住宅率达95% | 4 | 95% | 4 |
| 生态优美 | 林木覆盖率达到27% | 4 | 32% | 4 |
| | 河塘整治率100% | 4 | 100% | 4 |
| | 生活污水处理率达到省级“生态村”标准 | 4 | 达到 | 4 |
| | 无害化卫生厕普及率100%，垃圾无害化处理率100% | 4 | 100%<br>100% | 4 |
| | 专业保洁队伍人数不低于户籍人数的4‰ | 4 | 5‰ | 4 |
| 社会和谐 | 村（社区）幼儿园全面建成市优质幼儿园 | 4 | 达标 | 4 |
| | 青壮年（19~40周岁）劳动力技能培训率达到98% | 4 | 98% | 4 |
| | 公共文化设施建设达标，功能完备并常年开放 | 3 | 达标 | 3 |
| | 建有省级一类标准以上体育设施 | 4 | 有 | 4 |
| | 科普“一站一会一栏一员”健全率达100% | 4 | 100% | 4 |
| | 村（社区）综合服务中心建设达标，扁平化管理实施到位 | 3 | 到位 | 3 |
| | 星级文明户、五好家庭等文明创建达标率达到95%以上 | 4 | 95% | 4 |
| 法治平安 | 村务、财务按季公开率100%，民主管理满意率达到95%以上 | 4 | 100%<br>95% | 4 |
| | “人防、物防、技防”网络健全率达100% | 4 | 100% | 4 |
| | 民间纠纷受理率100%，调解成功率95%以上 | 4 | 100%<br>98% | 4 |
| | 无重大刑事案件、无重大责任事故、无群体性事件，社会治安满意率达到98%以上 | 4 | 98% | 4 |
| | “一证二合同三承诺”制度覆盖率达95%以上 | 4 | 95% | 4 |
| 合计 | | 100 | — | 98 |

2012年，钱桥街道常住人口7万人、流动人口近7万人，职教园校区在校师生8万余人。是年，街道完成全社会开票销售收入580亿元，其中工业300亿元、服务业280亿元；完成财政总收入14.79亿元，一般预算收入7.72亿元；农民人均纯收入达19203元。钱桥街道创建无锡市社会主义现代化新农村幸福街道、幸福社区成效显著，规划布局科学合理，生态环境整洁优美，基础设施和公共服务平台功能完善，居民社会保障水平领先。在创建无锡市社会主义现代化新农村幸福街道、幸福社区的进程中，钱桥

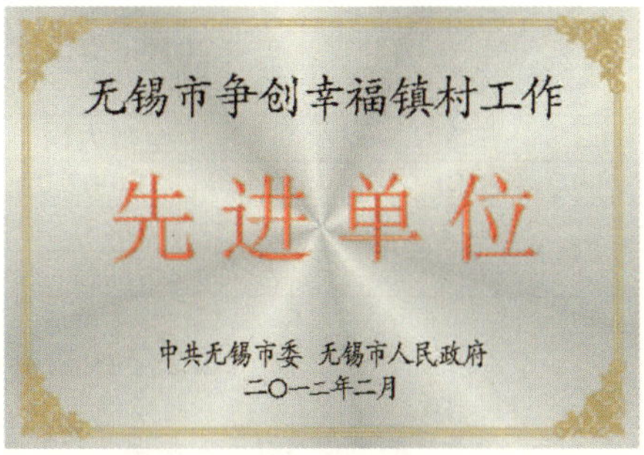


图2—11—8 2012年2月，钱桥街道被中共无锡市委、无锡市人民政府表彰为“无锡市争创幸福镇村工作先进单位”

街道在服务民生方面以加速城市化建设为抓手，全力推进环境及配套设施建设，同时注重推进社会保障工程。同年，钱桥街道被中共无锡市委、无锡市人民政府表彰为无锡市争创幸福镇村工作先进单位。是年，钱桥街道GDP总量由2010年的84.1亿元增加到101.2亿元，人均GDP由2010年的12万元增加到14.5万元；农民人均纯收入从2010年的14306元增加到19203元；15个社区服务中心验收、职教园电子政务平台统一入网验收全部合格。

### 2012年钱桥街道创建无锡市社会主义现代化新农村建设“幸福街道”报告表

表2—11—6

| 镇　名 | 钱桥街道 | 行政村个数 | 14 | 幸福村个数 | 已创：10个 拟创：4个 |
|---|---|---|---|---|---|
| 户籍人口（万人） | 6.8 | 劳动力人数（万人） | 6.6 | 农用地面积/耕地面积（万亩） | 1.1<br>0.47 |
| 全镇国内生产总值（亿元） | | 101.2 | 农民人均纯收入（元） | | 19203 |
| 财政总收入（亿元） | | 14.79 | 财政一般预算收入（万元） | | 77259 |

附报：1、“幸福镇”建设工作计划及实施方案（重点提出创新及特色做法，针对创建薄弱环节提出相关工作措施）
2、社保覆盖率91.8%　合作组织覆盖率80%
林木覆盖率31.2%　生活污水处理率94%
和谐村（社区）覆盖率80%

### 2012年钱桥街道创建无锡市社会主义现代化新农村“幸福镇（街道）”考核得分表

表2—11—7　　单位：分

| 考核项目 | 评分标准 | 标准分值 | 得分 |
|---|---|---|---|
| 规划布局科学合理 | 三次产业和镇村体系空间布局结构不断优化，农业、工业、居住“三个集中”有序推进，“三个集中”度高于全市平均水平 | 20 | 20 |
| 生态环境整洁优美 | 村庄环境整治任务全面完成（2012年考评标准为50%的村完成村庄环境整治任务） | 20 | 20 |
| 基础设施和公共服务平台功能完善 | 村级“四有一责”建设全面达标（标准以江苏省《关于在全省实施村级“四有一责”建设行动计划的意见》规定为准） | 20 | 20 |
| 社会保障水平领先 | 农村劳动力充分就业率达到95%以上，居民养老保险、医疗保险覆盖率均达到99%以上 | 20 | 20 |
| 2/3以上的村创建为“幸福村” | 本年度参与“幸福村”评选的村，主观评价得分不低于全市评价水平 | 20 | 20 |
| 合　　计 | | 100 | 100 |

### 2010~2012年钱桥街道人均GDP统计表

表2—11—8

| 年度 | GDP总量（亿元） | 全镇人口（万人） | 人均GDP（万元） |
|---|---|---|---|
| 2010 | 84.1 | 6.98 | 12.0 |
| 2011 | 95.8 | 6.96 | 13.7 |
| 2012 | 101.2 | 6.99 | 14.5 |

### 2010~2012年钱桥街道农民人均纯收入统计表

表2—11—9　　单位：元

| 年度 | 全市人均 | 钱桥街道人均 | 超市人均额度 |
|---|---|---|---|
| 2010 | 14002 | 14306 | 304 |
| 2011 | 16438 | 16738 | 300 |
| 2012 | 18903 | 19203 | 300 |

### 2012年钱桥街道各社区居民医保参保情况统计表

表2—11—10　　单位：人、%

| 社区 | 应参保 | 已参保 | 参保率 | 社区 | 应参保 | 已参保 | 参保率 |
|---|---|---|---|---|---|---|---|
| 钱桥 | 850 | 861 | 101.29 | 晴山蓝城 | 629 | 760 | 120.83 |
| 华新 | 1320 | 1316 | 99.70 | 藕塘 | 809 | 801 | 99.01 |
| 苏庙 | 1343 | 1348 | 100.37 | 东风 | 1096 | 1087 | 99.18 |

续表 2—11—10 单位：人、%

| 社区 | 应参保 | 已参保 | 参保率 | 社区 | 应参保 | 已参保 | 参保率 |
|---|---|---|---|---|---|---|---|
| 溪南 | 762 | 756 | 99.21 | 南塘 | 1090 | 1080 | 99.08 |
| 舜柯 | 1064 | 1054 | 99.06 | 盛峰 | 1432 | 1421 | 99.23 |
| 洋溪 | 1060 | 1051 | 99.15 | 稍塘 | 1002 | 995 | 99.30 |
| 晓丰 | 1108 | 1101 | 99.37 | 藕乐苑 | 1067 | 1062 | 99.53 |
| 西漳 | 703 | 698 | 99.29 | 合计 | 15335 | 15391 | 100.37 |

2012 年，钱桥、洋溪社区创建成为无锡市社会主义现代化新农村幸福社区。

2013 年，藕塘、盛峰社区创建成为无锡市社会主义现代化新农村幸福社区。至此，全街道 100% 创建成无锡市社会主义现代化新农村幸福社区。是年，钱桥街道被无锡市委、市政府命名为无锡市社会主义现代化新农村建设幸福街道。在创建无锡市社会主义现代化新农村幸福村（社区）考评中，苏庙、华新、舜柯、溪南、西漳、晓丰、东风、钱桥社区分别获得 98 分，南塘、藕乐苑、稍塘、洋溪社区分别获得 96 分。

## 第六节 村镇供水、供气设施建设

钱桥、藕塘地区在民国时期至 20 世纪五六十年代，农民饮用水大多为河水，有少量的农民饮用地表井水。黄梅雨下过后，河水浑浊，泥沙含量较多，农民就把河水存入缸中，撒入明矾搅打，让泥沙沉淀于缸底，然后饮用缸中澄清的水。60 年代后期，各生产队开井引水，一个生产队一般开凿 1~2 眼井，社员都到生产队里的井中取水饮用。70 年代，钱桥、藕塘市镇地区开挖深井，能饮用到深井水的仅是市镇上的居民、市镇单位及市镇周围生产队的社员；钱桥、藕塘地区农民的燃料都是稻柴、麦柴、山柴、野草，市镇居民都用煤球作燃料。

80 年代初，区域内部分地区农民用上自来水。80 年代末，区域内部分地区农民和居民使用瓶装液化气。90 年代，钱桥镇、藕塘乡的百姓都用上自来水。90 年代末，农民以柴草作燃料和液化气同时使用。进入 21 世纪，区域内农民、居民普遍用液化气作燃料。2010 年，钱桥街道安置房小区、商品房小区安装天然气管道，小区内居民都用上管道天然气。2015 年，区域内居民（农民）或用管道天然气，或用瓶装液化气为燃料。

### 一、供水

1953 年以前，钱桥、藕塘地区居民、农民均无自来水饮用。1953~1954 年，驻钱桥地区部队以及无锡县蚕种场为区域内首先使用自来水的单位。80 年代初，钱桥乡开始接用无锡市自来水公司的水管，供应市镇居民饮用；藕塘乡建立自来水厂，以深井取水供应市镇居民及市镇周围农民饮用。1982 年，藕塘林业大队各生产队均通上自来水。1987 年，钱桥镇威华村成为区域内的首个自来水村。20 世纪 90 年代，钱桥、藕塘地区家家户户用上自来水。自来水价格随着市场价格的变化而变化，2000 年，民用自来水收费从每吨 1.40 元，至 2015 年，调整为第一阶梯收费为每吨 3.90 元。

#### （一）概况

1953 年，驻钱桥地区的部队营房接通梅园自来水厂的自来水。1954 年，钱桥区域内的无锡县蚕种场从部队驻地接管，开始通自来水，与驻钱桥地区部队营房成为钱桥地区首用自来水的两个单位。

20 世纪 80 年代初，钱桥乡开始接用无锡市自来水公司水管，后逐步扩大自来水供水范围。1981 年底，藕塘自来水厂筹建，1982 年建成，以深井取水，供市镇单位及市镇居民饮用。藕塘深井刚开凿时每小时出水为 50 吨，此后逐年减少，供水范围仅为藕塘桥南街、北街，冯巷西队和洗马浜生产队的 150 户居民、农户，以及藕塘印染厂、藕塘中学等单位。是年，藕塘公社林业大队投资 120 万元，从无锡梅园水厂铺设专用水管 8 公里接入林业大队，全大队各生产队都通上自来水，当地农民开始饮用自来水。

1984年，一场因“水”引起的事故在藕塘地区爆发。是年5月，藕塘中心小学、稍塘小学、火花小学学生突然爆发流行性肝炎。解决吃水问题已成为藕塘乡政府迫在眉睫的大事。9月，无锡县召开第九次人民代表大会，藕塘乡县人大代表冯南华就此事写成提案，联合其他代表向大会提交关于解决有关民生问题的藕塘人民饮水的提案。这份提案引起无锡县委、县政府的高度重视。不久，在市、县二级政府协调下，针对藕塘地区因舜柯山脉的缘故，深井出水量很少的实际情况，决定由无锡市梅园水厂直供藕塘区域内自来水。1985年，钱桥市镇和钱桥村通上自来水，受益人口7876人。

1986年，藕塘乡成立改水办公室，筹建接通无锡市自来水公司自来水的工作。1987年上半年，藕塘至无锡市自来水厂管道铺设完成，并通水。水源供水管口径为DN300，月供水量为6万吨。从此，藕塘乡部分农户、居民用上自来水。

1987年12月18日，钱桥镇威华村顺利铺设18号铸钢自来水总管1800米后，全村家家户户通上自来水，成为“无锡县自来水村第八村”。1988年，钱桥镇溪南、胜丰、西漳，藕塘乡勤建等各村也相继都用上自来水。1993年，钱桥镇与东埪、西漳、洛社4个镇在无锡县35个镇中率先完成全镇通上自来水。

2006年钱桥镇镇域自来水普及率统计表

表2—11—11 单位：户、人、%

| 单位 | 户数 | 人口数 | 入户数 | 受益人口数 | 普及率 |
|---|---|---|---|---|---|
| 晓星村 | 547 | 2013 | 547 | 2013 | 100 |
| 西漳村 | 665 | 2582 | 665 | 2582 | 100 |
| 胜丰村 | 497 | 1783 | 497 | 1783 | 100 |
| 洋溪村 | 786 | 2494 | 786 | 2494 | 100 |
| 溪南村 | 632 | 2166 | 632 | 2166 | 100 |
| 舜柯村 | 799 | 2833 | 799 | 2833 | 100 |
| 苏庙村 | 985 | 3680 | 985 | 3680 | 100 |
| 华新村 | 977 | 4114 | 977 | 4114 | 100 |
| 新村居委 | 889 | 2300 | 889 | 2300 | 100 |
| 桥南居委 | 1319 | 3621 | 1319 | 3621 | 100 |
| 桥北居委 | 1004 | 2637 | 1004 | 2637 | 100 |
| 锡兴家委 | 586 | 1597 | 586 | 1597 | 100 |
| 金球家委 | 157 | 482 | 157 | 482 | 100 |
| 藕塘居委 | 455 | 1364 | 455 | 1364 | 100 |
| 藕塘村 | 473 | 1702 | 473 | 1702 | 100 |
| 东风村 | 781 | 2782 | 781 | 2782 | 100 |
| 庙塘桥村 | 405 | 1477 | 405 | 1477 | 100 |
| 盛峰村 | 882 | 3336 | 882 | 3336 | 100 |
| 南水渠村 | 371 | 1279 | 371 | 1279 | 100 |
| 稍塘村 | 792 | 2737 | 792 | 2737 | 100 |
| 勤建村 | 555 | 2287 | 555 | 2287 | 100 |
| 恒源祥村 | 261 | 993 | 261 | 993 | 100 |
| 合计 | 14818 | 50259 | 14818 | 50259 | 100 |

2007年3月，藕塘自来水厂体制改革，正式并入无锡市自来水总公司管理，更名为无锡市自来水总公司藕塘服务所，后更名为无锡市自来水有限公司藕塘服务所。2013年，月供水量12万吨左右，自来水用户约1.2万户。

1981~2015年藕塘自来水厂、无锡市自来水有限公司（总公司）藕塘服务所历任负责人

表2—11—12

| 藕塘自来水厂 | | 无锡市自来水有限公司（总公司）藕塘服务所 | |
|---|---|---|---|
| 负责人 | 任职时间 | 负责人 | 任职时间 |
| 沈德生 | 1981~1986 | 李正华 | 2007.04~2011.03 |
| 梅伯平 | 1987~1999 | 王志成 | 2011.04~ |
| 李正华 | 1999~2007 | — | — |

2015年9月，钱桥街道辖区内自来水供水管道总长度221.52公里，其中管径尺寸为Φ≥800毫米的管道37.80公里，管径尺寸为500毫米≤Φ<800毫米的管道39.43公里，管径尺寸为300毫米≤Φ<500毫米的管道30.17公里，管径尺寸为Φ<300毫米的管道114.12公里。每月供水量约为55万吨，总用户数（市自来水公司抄表收费）26610户。

**（二）自来水价格**

2000年11月以前，钱桥、藕塘地区民用自来水每立方米收费为1.15元，工业用自来水每立方米收费为1.55元。2000年12月，民用自来水每立方米收费标准提高0.25元，即每立方米收费为1.40元；工业用自来水每立方米收费标准提高0.15元，即每立方米收费为1.70元；商业服务用自来水每立方米收费标准调整为2.05元。2002年3月1日起，生活用自来水由每立方米收费标准自1.40元调整到2.00元；工业用自来水、商业用自来水分别由1.70元、2.05元调整到2.30元、2.60元。另增设一类特种用水，如桑拿、洗车等用水，收费标准为每立方米2.80元。

2009年，无锡市实施自来水“阶梯水价”。区域内居民生活用水分别为三个等价，用户每月用自来水20立方米以下为第一等级，收费标准为每立方米3.2元；每月用水20~30立方米为第二等级，超过第一等级用水量的部分其收费标准为每立方米4.8元；第三个等级为每月用水30立方米以上，超过第二等级用水量的部分其收费标准为每立方米6.4元。

2015年调整为：第一阶梯年用水量≤180立方米，收费标准为每用户每立方米3.9元；第二阶梯180立方米<年用水量≤300立方米，收费标准为每用户每立方米5.00元；年用水量>300立方米，收费标准为每用户每立方米8.50元。

## 二、供气

20世纪80年代末，钱桥、藕塘地区农户开始使用瓶装液化气作燃料，与柴草结合使用；至90年代，农户普遍使用瓶装液化气。进入21世纪，钱桥、藕塘镇、钱桥街道走“能源消耗少，环境污染少”的发展道路，实行“节能优先、结构多元、环境良好、市场推动”的燃料发展之路，在市镇及其周围铺设天然气管道，让居民使用上绿色环保、经济实惠、安全可靠、改善家居环境、提高生活质量的天然气。

**（一）液化气**

1984年，无锡县机关液化气钱桥储配站开始在钱桥西漳村筹建。1985年，第一期210立方米储罐建成投产，专门供应无锡县机关工作人员作燃料。西漳村民唐伯川是钱桥储配站筹建者（后任站长），成为钱桥、藕塘地区最早使用瓶装液化气的用户之一。后钱桥液化气储配站逐年进行二、三、四期工程拓展建设，先后建造300立方米、400立方米、200立方米的三只大型储气罐。之后，瓶装液化气逐步放开，钱桥地区更多干部及群众开始使用液化气。

1988年，钱桥镇政府决定建立占地面积1333平方米、建筑面积500平方米的钱桥液化气供应站。钱桥液化气站时任站长时建文，后为杜仁兴。1989年，西漳村每户集资600元购买钢瓶，该村率先在钱桥、藕塘地区实现户户使用液化气。是年，钱桥镇政府、惠山区公路管理处与历村村委联合在历村上秦巷之南的舜柯山坡上建设3只各100立方米储罐的液化气储配站。

1990年，藕塘乡稍塘村投资建办村液化气供应站，供应全村750户、2450人的生活用燃气。1991年，藕塘乡勤建村与上海能化集团共同投资530万元，在长巷之南、钱胡路之北建设两只各100立方米的储罐。当年，藕塘地区在勤建液化气供应站新开液化气用户600户。1992年，无锡县钢铁厂建造液化气储配站。是年，钱桥镇、藕塘乡液化气由原来凭卡、集资充气到逐步放开，满足各家各户及各企事单位的燃气需求。至此，钱桥、藕塘地区家家户户都使用瓶装液化气。1996年，钱桥液化气供应站最高峰全年供气量达2080吨。

1997年，钱桥镇与上海绿能公司开发石化生产残液，用新型燃气供应市镇居民炒菜煮饭。1998

年1月12日，《解放日报》刊登一篇题为《马上与上海徐欣公司开发石化生产残液，钱桥镇农民用新型燃气炒菜煮饭》的报道，报道称："笔者日前走访锡山市钱桥镇，看到镇上1200余户居民都在使用一种名叫'碳五混空管道燃气'炒菜煮饭。据了解，这里是江苏省建委为推广使用新能源而设立的一个试点镇，已经在国内燃气界专家的指导下进行了一年时间的成功使用。当时，镇上居民的厨房内，看到使用的也是普通的煤气灶具和热水器，灶具上换一个燃烧头，点火后，冒出的火苗很旺，与常见的煤气、石油液化气无异。这种新类型可燃气是通过管道输送的，由研究开发这种燃气的锡山市钱桥绿能燃气有限公司和上海绿能事业发展公司在钱桥镇上建一小型气化站，每天产气可达1000立方米，然后从预设的管道通往各家各户。可燃气主要来源于石化厂和炼油厂，是石油化工生产过程中产生的轻烃类残液，来源丰富，价格低廉。但因常态下它是液体，用之不便、弃之可惜，化工部门对它感到头痛。它经气化混入一定比例的空气，便可输送到千家万户，像石油液化气一样使用，减少对环境的污染，热效率接近石油液化气，而成本则降低30%。"

2005年，西漳村液化气钱桥储配站由无锡市液化气公司、锡山市液化气公司、无锡华润燃气有限公司三家合资，更名为无锡华润燃气有限公司钱桥储配站。2009年，钱桥储配站进行改扩建，除保留液化气储配站外，新建中高压调压站（西气东输与川气交会调压）和天然气加气站。2010年，钱桥街道液化气供应居民与单位共约3万户，年输气量1万吨。

随着更高清更高效管道天然气的逐步推开，钱桥液化气供应站供气量逐渐减少。2014年，钱桥街道全年灌气量仅为100余吨。是年，瓶装液化气每瓶14.5公斤，气价为100元。

**（二）天然气**

2004年，无锡华润燃气有限公司为钱桥盛岸花园二期共706户居民开通管道天然气，该小区成为钱桥、藕塘地区首批管道天然气的用户。2005年，钱桥新村、春来苑等一批老的商品房、安置房小区也相继架设天然气管道通到各楼各户。是年始，辖区内新建的商品房、安置房小区天然气管道都作为配套设施建设一步到位。新藕苑安置房小区、苹果园商品房小区分别于2009年12月、2010年用上天然气。

2013年，钱桥街道办事处与藕乐苑社区居委会共同投资600万元，为全社区居民架设天然气管道。是年4月1日起，民用管道天然气销售价格上调0.3元/立方米，即由每立方米2.20元调整为2.5元。同日，无锡市正式实行"阶梯气价"。按照全年计算，每户家庭每年用气量在600立方米（每月50立方米）以内，按每立方米2.5元结算；超过部分实行阶梯气价，按每立方米3元结算。2014年10月，藕乐苑社区居民全部用上管道天然气。

2015年9月，钱桥街道管道天然气居民用户数量达32435户，商业用户数量为42家，工业用户数量为27家。

## 第七节 市镇、社区公共建筑

钱桥、藕塘（乡）镇，钱桥街道在社会主义现代化新农村建设中先后建造政府、部门、社区的办公建筑、教育建筑、文化建筑、医疗卫生建筑、通信建筑、财税金融建筑、农贸市场等公共建筑。钱桥街道内的公共建筑一般由三大部分组成，即主要使用部分、辅助使用部分和交通联系部分。每幢建筑都考虑大小、容量、采光、通风、形状等条件，按主、次、内、外、闹、静关系等合理安排，使其各得其所，符合安全性原则、实用性原则、系统性原则、审美性原则、合理性原则、环保性原则。在村镇建设中，根据社会发展、经济发展、机构增设、教育发展、医疗卫生事业发展等，藕塘市镇自1975年至2011年，共建造公共建筑64736.82平方米；钱桥（镇）街道各（村）社区自1960年至2014年，共建造公共建筑84710.26平方米；钱桥市镇自1985年至2015年，共建造公共建筑171946.48平方米。

## 1975~2011年藕塘市镇主要公共建筑统计表

表2—11—13　　　　单位：平方米

| 单位名称 | 建造年份 | 占地面积 | 建筑面积 |
|---|---|---|---|
| 藕塘粮管所用房 | 1975~1978 | 6003.0 | 2803.00 |
| 原藕塘农副总公司 | 1984 | 317.0 | 1150.00 |
| 藕塘广电站（新）用房 | 1984 | 310.0 | 560.00 |
| 原藕塘文化站用房 | 1986 | 456.0 | 456.00 |
| 藕塘农贸市场 | 1987 | 4500.0 | — |
| 藕塘广电站（原）用房 | 1991 | 250.0 | 458.00 |
| 藕塘卫生服务中心 | 1992 | 5530.6 | 4680.00 |
| 藕塘水厂用房 | 1993 | 2000.0 | 1300.00 |
| 原藕塘工商所用房 | 1994 | 600.0 | 784.80 |
| 藕塘敬老院 | 1994 | 7537.0 | 1280.00 |
| 农行藕塘所用房 | 1995 | 560.0 | 1120.00 |
| 藕塘交管所用房 | 1995 | 1380.0 | 820.00 |
| 无锡农村商业银行藕塘支行 | 1995 | 584.0 | 1127.20 |
| 原藕塘居委用房 | 1995 | 74.0 | 222.00 |
| 原藕塘土管所用房 | 1995 | 489.0 | 505.00 |
| 藕塘安息堂 | 2000 | 9040.0 | 1800.00 |
| 藕塘中学校舍 | 2003 | 20000.0 | 11000.00 |
| 藕塘中心小学校舍 | 2003 | 29083.0 | 13926.00 |
| 钱桥街道环卫所用房 | 2003 | 10672.0 | 4222.20 |
| 阳山法庭用房 | 2007 | 9805.0 | 3250.00 |
| 无锡职教园校管中心 | 2008 | 15311.0 | 3817.62 |
| 藕塘派出所用房 | 2011 | 2000.0 | 3000.00 |
| 藕塘幼儿园校舍 | 2011 | 10980.0 | 6455.00 |
| 总计 | — | 137481.6 | 64736.82 |

## 2014年钱桥街道各社区主要公共建筑统计表

表2—11—14　　　　单位：平方米

| 社区名称 | 公共建筑名称 | 建造年份 | 占地面积 | 建筑面积 |
|---|---|---|---|---|
| 钱桥 | 钱桥社区老村委（包括站）办公用房 | 1980 | 824.0 | 2225.00 |
| | 钱桥社区办公用房 | 1984 | 1023.0 | 1742.00 |
| | 龙山活动室 | 1997 | 111.0 | 100.00 |
| | 钱桥社区桥北菜场 | 1999 | 5508.0 | 830.00 |
| | 钱桥社区卫生服务站（旧）用房 | 2004 | 72.0 | 216.00 |
| | 钱桥社区桥南活动中心 | 2005 | 710.0 | 161.00 |
| | 玉泉公园活动室 | 2005 | 449.0 | 1347.00 |
| | 钱桥原春惠苑菜场 | 2011 | 1166.0 | 430.00 |
| | 钱桥社区老街活动中心 | 2012 | 154.0 | 251.00 |
| | 钱桥社区卫生服务站（新）用房 | 2014 | 324.0 | 292.00 |
| 华新 | 华新社区原溪北小学校舍 | 1960 | 2000.0 | 550.00 |
| | 华新社区办公楼 | 1980 | 1500.0 | 950.00 |
| | 社区联防队办公用房 | 2004 | 500.0 | 220.00 |
| | 华新苑社区服务中心 | 2005 | 500.0 | 850.00 |
| | 苏嘉路门面房 | 2005 | 5000.0 | 3500.00 |
| | 华新苑农贸市场 | 2005 | 1200.0 | 2400.00 |
| | 华新社区下段村菜场 | 2014 | 200.0 | 120.00 |
| 苏庙 | 苏庙社区居委会用房 | 1992 | 1600.0 | 2400.00 |
| | 金苏饭店 | 1992 | 500.0 | 1792.00 |
| | 民工楼 | 1998 | 955.5 | 2733.00 |
| | 苏庙活动中心 | 2008 | 528.0 | 656.00 |
| | 卫生室 | 2008 | 250.0 | 180.00 |
| | 春光苑活动室 | 2008 | 44.0 | 40.00 |
| | 春光苑物业办公室 | 2008 | 166.0 | 150.00 |

续表 2—11—14　　　　单位：平方米

| 社区名称 | 公共建筑名称 | 建造年份 | 占地面积 | 建筑面积 |
|---|---|---|---|---|
| 苏庙 | 苏庙农贸市场 | 2011 | 1000.0 | 800.00 |
| | 超市、店面房 | 2000~2012 | 9000.0 | 9700.00 |
| 舜柯 | 舜柯社区办公楼 | 1986 | 6300.0 | 1602.00 |
| | 综合楼 | 1992 | 3800.0 | 1140.00 |
| | 农贸市场 | 2009 | 3346.0 | 1842.00 |
| 洋溪 | 洋溪社居委办公楼 | 2011 | 252.0 | 756.00 |
| | 老年活动室 | 2012 | 200.0 | 180.00 |
| | 农家书屋 | 2012 | 56.0 | 50.00 |
| | 乒乓球室 | 2012 | 77.0 | 50.00 |
| | 社区卫生服务站 | 2012 | 289.0 | 260.00 |
| | 志愿者服务站 | 2012 | 145.0 | 130.00 |
| | 老党员活动中心 | 2012 | 110.0 | 100.00 |
| | 农贸市场 | 2014 | 667.0 | 600.00 |
| 晓丰 | 胜丰老年活动室 | 1989 | 447.0 | 415.80 |
| | 胜丰菜场 | 1996 | 693.3 | 342.00 |
| | 晓星菜场 | 2002 | 1400.0 | 1350.00 |
| | 社区服务中心 | 2006 | 1667.0 | 1159.66 |
| | 晓星老年活动室 | 2008 | 400.0 | 654.00 |
| 西漳 | 社区卫生服务中心 | 1978 | 330.0 | 256.00 |
| | 西漳职工楼 | 1982 | 620.0 | 760.00 |
| | 西漳社区老年活动室 | 1982 | 830.0 | 510.00 |
| | 西漳环卫队用房 | 1985 | 620.0 | 380.00 |
| | 西漳社区居委办公用房 | 1991 | 900.0 | 2110.00 |
| | 西漳农贸市场 | 2003 | 1580.0 | 1300.00 |
| 晴山蓝城 | 居家养老服务中心 | 1995 | 100.0 | 300.00 |
| | 晴山蓝城社区办公用房 | 2009 | 1016.0 | 2032.00 |
| | 金岸世家配套用房 | 2012 | 667.0 | 600.00 |
| | 金龙公寓二期配套用房 | 2014 | 167.0 | 150.00 |
| | 恒泰商业广场配套用房 | 2014 | 244.0 | 220.00 |
| 藕塘 | 农贸市场 | 1986 | 3600.0 | — |
| | 藕塘社区居委办公楼 | 1991 | 1600.0 | 1820.00 |
| | 老年活动室（社区） | — | 180.0 | 140.00 |
| | 老年活动室（新街） | — | 160.0 | 130.00 |
| 东风 | 东风老办公大楼 | 1994 | 3000.0 | 1000.00 |
| | 东风社区居家养老用房 | 1996 | 300.0 | 50.00 |
| | 东风社区志愿者服务站 | 1996 | 1000.0 | 200.00 |
| | 东风社区服务中心 | 2011 | 1440.0 | 1800.00 |
| | 东风社区服务中心 | 2014 | 3200.0 | 1800.00 |
| | 东风社区卫生服务站 | 2014 | 300.0 | 500.00 |
| | 东风社区老年活动室 | 2014 | 300.0 | 500.00 |
| 南塘 | 南塘社区居委会 | 1997 | 746.4 | 1430.00 |
| | 社区卫生服务中心 | 1997 | 222.0 | 200.00 |
| | 庙塘桥老年活动室 | 1997 | 93.0 | 84.00 |
| | 南水渠老年活动室 | 2006 | 200.0 | 180.00 |
| 盛峰 | 盛峰社区办公楼 | 2006 | 1930.0 | 1000.00 |
| | 老年活动室 | 2013 | 64.0 | 128.00 |
| | 居家养老用房 | 2013 | 56.0 | 50.00 |
| | 盛峰社区医务室 | 2014 | 167.0 | 150.00 |
| 稍塘 | 稍塘社区居委会办公用房 | 70 年代 | 1560.0 | 1266.00 |
| | 机耕队用房 | 70 年代 | 935.0 | 660.00 |
| | 老厂厂房 | 70 年代 | 1370.0 | 3500.00 |
| | 警务站用房 | 2006 | 320.0 | 100.00 |

续表 2—11—14　　单位：平方米

| 社区名称 | 公共建筑名称 | 建造年份 | 占地面积 | 建筑面积 |
|---|---|---|---|---|
| 稍塘 | 农贸市场 | 2008 | 2150.0 | 1078.00 |
| | 祭化房 | 2011 | 468.0 | 150.00 |
| | 居家养老服务中心 | 2011 | 1500.0 | 875.00 |
| | 社区卫生服务中心 | 2011 | 2340.0 | 421.00 |
| 藕乐苑 | 原恒源祥村办公楼 | 2001 | 1351.0 | 1216.00 |
| | 室内菜场 | 2001 | 644.0 | 580.00 |
| | 藕乐苑社区居委、服务中心办公楼 | 2005 | 1800.0 | 5500.00 |
| | 老年活动室 | 2010 | 267.0 | 240.00 |
| | 物业办公室（会所） | 2010~2012 | 3100.0 | 4077.80 |
| | 大型停车场 | 2012 | 5000.0 | — |
| 合计 | | — | 103571.2 | 84710.26 |

**1985~2015 年钱桥市镇主要公共建筑统计表**

表 2—11—15　　单位：平方米

| 单位名称 | 建造年份 | 占地面积 | 建筑面积 |
|---|---|---|---|
| 钱桥颐养中心 | 1985 | 7530.0 | 8500.00 |
| 钱桥文体服务中心 | 1987 | 5900.0 | 5000.00 |
| 钱桥供电所用房 | 1988 | 1267.0 | 4200.00 |
| 钱桥卫生服务中心 | 1988 | 8827.0 | 8442.00 |
| 中国工商银行钱桥支行用房 | 1989 | 192.0 | 300.00 |
| 钱桥邮政电信大楼用房 | 1989 | 650.0 | 1200.00 |
| 钱桥幼儿园（原）校舍 | 1988~1989 | 10706.0 | 5663.00 |
| 钱桥中心小学校舍 | 1989~1991 | 54780.0 | 21513.20 |
| 钱桥派出所用房 | 1992 | 1900.0 | 2770.00 |
| 钱桥街道机关大楼（包括原工业公司） | 1993 | 13502.7 | 8588.90 |
| 钱桥便民服务中心大楼 | 2008 | | 870.50 |
| 街道计生大楼 | 2008 | | 1100.00 |
| 钱桥工商分局用房 | 1994 | 886.8 | 600.00 |
| 无锡农村商业银行钱桥支行用房 | 1994 | 1926.9 | 2453.30 |
| 钱桥交管所用房 | 1992~1994 | 1662.8 | 1238.20 |
| 国税二分局用房 | 1998 | 4696.0 | 2400.00 |
| 钱桥房管所用房 | 1998 | 480.0 | 420.00 |
| 钱桥安息堂 | 2000 | 4500.0 | 2500.00 |
| 钱桥国土所用房 | 2003 | 3344.1 | 4473.38 |
| 地税四分局用房 | 2008 | 7251.0 | 3948.00 |
| 钱桥成人教育中心 | 2011 | 8670.0 | 2580.00 |
| 钱桥农贸市场 | 2011~2012 | 15730.0 | 6030.00 |
| 钱桥中学用房 | 2013 | 28248.0 | 15395.00 |
| 金桥实验学校惠山校区校舍 | 2014 | 45430.0 | 36087.00 |
| 无锡华锐实验小学校舍 | 2012~2014 | 13280.0 | 15000.00 |
| 钱桥幼儿园（新）校舍 | 2013~2015 | 16840.0 | 10674.00 |
| 合计 | — | 258200.3 | 171946.48 |

## 第八节 广场、公园

在社会主义现代化新农村建设中，钱桥镇、藕塘镇，钱桥（镇）街道十分重视市镇和农村的广场、公园建设，为居民提供良好的休憩和活动场所。2000~2013 年，钱桥（镇）街道和相关（村）社区投入资金 4514.94 万元，建设大型广场 7 个，总面积 178295 平方米；投入资金 1709 万元（不含生态岛建设资金），建成公园 4 个，总面积 174313 平方米。

## 一、广场

钱桥、藕塘地区的春来、山泉、藕苑、恒源祥、南西漳、东风、藕乐苑等广场为居民提供聚会、休息、娱乐的空间，是居民远离喧嚣的地方，体现人们与大自然的亲近和回归。钱桥街道和相关社区致力于烘托广场的文化氛围，以广场为载体，弘扬具有地方特色的中华民族文化，从而使广场成为展示街道和社区形象的窗口。

### （一）春来广场

春来广场位于钱桥大街西端北侧，临近钱桥街道办事处所在地，南向面对春来苑安置小区，西面与北面均为晴山蓝城小区。广场附近有春来苑、春满园、春光苑等安置小区，故此广场取名为春来广场。取名春来广场既有配套以上三个小区的格局之意，又有寓意春天来临的意思。

图 2—11—9　2015 年春来广场一隅

春来广场第一个广场于 2000 年由钱桥镇政府投资 400 万元建成，总面积 10000 平方米。广场内建有标志性的雕塑、卵石小道、水池、舞场、健身广场、长亭等。2008 年，为适应社会发展、居民文化生活的需求，在原广场的西侧、晴山蓝城小区内再建第二个春来广场，占地面积 19000 平方米，总投资 600 万元，2009 年竣工。广场内建有标志性大石块，健身广场、亲水广场、亭台水道、浮雕围廊、绿化景观。集错落的绿化、平面的广场、休憩的庭院、潺潺的溪流、蜿蜒的小道、开放的器材、功能齐全的舞台于一体。场地宽广、环境优美，是广大居民锻炼、休息、娱乐的多元活动场所。

### （二）山泉广场

山泉广场位于钱胡路南侧，倚舜柯山麓而建，青山绿水，天然氧吧。钱桥街道投资 2800 万元，于 2012 年 8 月开始建造，2013 年竣工。广场占地面积 120060 平方米，建有广场景观、山林绿化、茶艺园、休闲竹园、游步道、栈桥、旱溪等景观。山泉广场是集养生、休闲、健身于一体的开放式广场。

### （三）藕苑广场

藕苑广场因位于藕塘集镇所在地而命名，东至藕塘农贸市场，西至政新路，南至洗马浜，北至藕塘广电站。

广场于 2000 年建造，总投资 80 万元，占地面积 3335 平方米。设施逐年增添完善，建有舞场、健身广场、门球场等活动场地。藕苑广场是藕塘市镇居民健身、休闲的场所。

图 2—11—10　2015 年藕苑广场一景

### （四）恒源祥广场

恒源祥广场位于藕乐苑社区前埠墩南侧，占地面积 5000 多平方米。2001 年由原恒源祥村投资 34 万元建成。广场内有篮球场、司令台、舞池、凉亭等。2013 年 10 月，藕乐苑社区又投入 10.94 万元资金，扩建面积 1000 平方米的水泥活动场地，添置健身器材 15 件。恒源祥广场是藕乐苑社区未拆迁的前埠墩、陈家湾等自然村居民休闲、健身、活动的场所。

### （五）南西漳广场

南西漳广场位于西漳社区西漳一邨小区内。此广场由惠山区、钱桥镇、西漳村集体出资，以及辖区内企业老板及社会人士捐资建设，共投入资金 200 余万元。广场占地面积 8000 平方米，于 2005

年9月动工，2006年春投入使用。广场内建有健身广场、露天舞池、健身器械区等，为社区居民健身休闲、文化娱乐提供活动场所和优美环境。

### （六）东风文化广场

东风文化广场于2015年8月动工，是年底竣工并开放使用。东风文化广场总投资280万元，占地面积8000多平方米。广场坐落在原漳漕巷地块、藕塘北路拐弯处，设有“东风文化广场”“藕园”的标志性建筑大石块。文化广场是集娱乐、休闲于一体的多功能活动场所。原来的漳漕巷永思桥（小石桥）迁移到广场内，广场绿草茵茵，小桥流水，是居民养生、健身的好去处。

东风社区新藕苑二期内还设立健身广场，于2015年7月动工，是年底竣工。健身广场总投资80万元，占地面积3000多平方米。每天清晨和傍晚，居民在广场上有的健身，有的跳舞，有的聚谈，满足广大居民的休闲生活需要。

### （七）藕乐苑广场

藕乐苑广场位于钱桥街道最大的安置小区——藕乐苑内。广场建于2008年，面积900平方米，其中健身场地850平方米，健身器材场地50平方米。健身场地投资30万元，能容纳200人做健身操。

藕乐苑广场场地全用花岗石铺就，场地周边安装地灯。广场上方装有照明灯。广场南面建有15平方米的音响广播室，室内配有大功率音响1套。广场西南面有健身器材9件。藕乐苑广场的特点是注重文化建设，广场四周有25块法制宣传的金属展板。广场西北角有20米长的木质座位，座位上方有玻璃遮雨棚。雨棚四周装有彩色灯带。藕乐苑广场是藕乐苑社区居民休闲、健身、娱乐之极好场所。每天晚上，百余名老年人在广场上跳老年舞，吸引众多居民观看同乐。

## 二、公园

钱桥街道有玉泉、晓星、顺风苑、生态岛等4个公园，以满足区域内居民游览、观赏、儿童游戏、文娱活动、文化科学普及等现代生活的需要。钱桥街道的4个公园把造景与功能区相结合，将树木、花卉、水体、山石、草坪、建筑物等按园林艺术的原理有机组合起来，使景区、景点、景色、景物等内容与形式相协调，成为主次分明的山水艺术构图。辖区内的4个公园以其环境深幽、景色优美、清凉避暑而受到居民们的青睐，成为情侣、老人、孩子们生活中不可缺少的休闲场所。

### （一）玉泉公园

玉泉公园位于钱桥社区，佰乐路西侧，周巷、站头、潘巷东侧。2002年，钱桥社区自筹资金1000余万元，自行设计、建造玉泉公园，为居民提供休闲和体育锻炼、文艺活动的场所。公园总面积26680平方米。公园内设池塘水面2133平方米、假山1座、二层音乐茶吧1个、各式休闲凉亭7座、紫藤长廊150米、健身器材场地1处，广场面积2200平方米，露天舞池面积615平方米，标准灯光篮球场2片，社区活动中心面积1200平方米。其中，社区活动中心设居家养老休息室、棋牌室、书场、农家书屋、健身室、会议室、书画室等。玉泉公园自2003年秋季落成后，极大地丰富社区居民和周边北塘区、滨湖区居民的业余生活，成为钱桥社区一张闪亮的名片。2013年，钱桥社区在玉泉公园内再投资60万元，新建配有LED大屏幕的玉泉大舞台。公园每天接待不同兴趣、不同爱好、不同年龄段的居民前来休闲、活动。

### （二）晓星公园

晓星公园坐落于晓丰社区西片的钱西河畔，南靠晓星大道，建成于2008年7月。公园占地面积26000平方米，总投资350多万元。公园内绿树成荫，鸟语花香，设施齐全。

晓星公园建有大型广场、露天大舞池、2片篮球场、10个投篮场、露天健身场等。健身场内有高低单杠2套、双杠2套、肋木架2套、儿童压板2套、腰背按摩器2套、肩关节康复器2套、坐蹬器2套、漫步机2套、健身机2套等18套健身器材。

公园内另建有一座占地面积400平方米的二层楼老年活动室。活动室门前有一个供老年人跳舞和打太极拳等运动的小广场。活动室内有棋牌室、阅览室、图书室、乒乓球室、健身室和一个供老年人开展科普学习、听书、娱乐活动的场所。

晓星公园内还建有歇凉亭两座、精工细雕的金山石桥一座，桥下池内金鱼成群，莲花朵朵。沿金鱼池塘内环为鹅卵石曲径小道，外环是高低起伏的漫步跑道。桥旁有假山流水，绿树丛中设有花岗岩石板小道。

每天清晨至上午，晓星公园总有七八十位早锻炼人群，有的跳舞，有的打太极拳，有的快走慢跑，有的散步等。下午，公园则是老年人活动的天地，有的下棋，有的打牌，有的阅报，有的三五成群扯扯老空，其乐融融。一到傍晚，是公园最热闹的时光，约有300多名四邻八村的乡亲涌进公园，进入各自喜好的场所，有的跳流行舞，有的跳广场舞，有的打篮球，有的做各种健身运动等。晓星公园是晓丰社区居民休闲、娱乐、健身的极好场所。

图2—11—11　2015年晓星公园之貌

**（三）顺风苑公园**

顺风苑紧靠晓丰酒店（原胜丰宾馆），与晓丰社区的村道相依，与宋巷自然村相靠。宋巷示范点的小花园花卉点缀、绿荫环抱顺风苑。

顺风苑于2003年始建，2004年竣工，占地面积8233平方米。建设总投资186万元，其中胜丰村委出资134.5万元，村内21家企业赞助51.5万元。宋巷示范点小花园占地面积11400平方米，投资113万元。2015年，晓丰社区把顺风苑与宋巷示范点小花园连成一片，总称顺风苑。顺风苑花卉芬芳、绿树成荫。公园内设荷花池、露天舞场、凉亭6个、健身器材10余套。曲径旁设有石墩。每天有很多居民在顺风苑公园里跳舞、跑步、散步、利用器材进行健身等。夏天，还有很多居民陪着小孩到公园里乘凉、休闲、聊天。顺风苑公园是晓丰社区居民锻炼、健身、休闲、修身养性的好地方。

**（四）生态休闲岛公园**

生态休闲岛公园位于钱桥街道西部、鸡笼山以北的藕塘区域，藕塘中心小学、朱巷之西。其东侧为商业规划区，西侧为规划科技研发职教园校区办公区，南侧为钱藕路及职教园校区，北侧为洋溪河。南北通显山路，接规划中的地铁无锡西站。生态休闲岛规划总面积102000平方米。

生态休闲岛公园于2012年10月动工建设，2015年已完成16500平方米建设。是年，生态岛建筑主要有特色浮桥、钢结构景观桥、景观亭、特色拱桥、入口广场、生态水平游步道、公共停车场等。主岛以落叶水杉为绿化景观，辅岛为自然常绿本土植物为衬。生态岛的景观建设亲近自然，以天然河道划分水面，是钱桥街道公共开放的村镇绿洲、市民公园。

图2—11—12　2015年生态休闲岛公园景观

## 第九节　镇容村貌

钱桥、藕塘地区的镇容村貌建设起始于改革开放以后的1983年。是年，钱桥、藕塘乡分别成立村镇建设办公室。1997年，钱桥镇村镇建设办公室设立城建监察中队，重点抓镇容村貌建设。

进入21世纪，钱桥镇、藕塘镇，钱桥街道加强镇容村貌的建设和管理。根据国务院《村庄和集镇规划建设管理条例》、建设部《建制镇规划建设管理办法》和《中国城乡环境卫生体系建设》等有关规定，钱桥（镇）街道把辖区内的镇容村貌和环境卫生事业纳入国民经济和社会发展规划，并切实组织实施。

2001年起，钱桥、藕塘地区的镇容村貌和环境卫生管理实行统一领导、专人管理与群众管理相结合的原则。钱桥镇、藕塘镇村镇建设办公室具体负责城市创建、市容管理、环境保洁、农村环境综合整治工作。各社区相继建立城管工作站，分别有环卫、绿化专职人员15人左右。辖区内主次干道、广场、绿地、水域、河道、公共厕所、垃圾收运、环境卫生设施保洁等由环卫所负责；小街小巷、住宅区由村民委员会、居民委员会或物业管理部门负责；车站、停车场、影剧院等公共场所由管理单位或经营单位负责；集市、农贸市场由市场产权单位、开办单位或者经营单位负责；经营性门店、摊点由经营者负责；建筑工地由施工企业负责；家庭场地、牲畜饲养、自用厕所，以及柴草、垃圾、粪便等由住户负责；农作物大棚由经营者负责。

为加强镇容村貌建设，钱桥镇、藕塘镇，钱桥街道同时明确村镇新建、改建、扩建的建筑物必须符合村镇规划要求，建筑物的造型、高度、色彩、外墙装饰要与周围环境相协调；原有的建筑物必须保持外形完好、整洁。同时，严格禁止在临街的庭院围墙外擅自搭建、扩建建筑物；禁止在临街的建筑物立面上安装突出墙体的护栏；禁止在临街的建筑物外吊挂有碍观瞻的物品；禁止在庭院外墙之外搭建厕所、猪圈，堆放柴草、垃圾、粪肥等；禁止在主要街道和交通路口分发、悬挂经营性宣传物品；禁止擅自占用道路摆摊设店、堆放物品和从事维修等经营活动；禁止在车行道、人行道及其他妨碍交通、影响镇容村貌的地区停放各类车辆；禁止在建筑物的外墙及市政公用设施、树木上涂写、刻画、张贴宣传品；禁止随意倾倒垃圾、污水等；禁止利用道路打场晒谷；禁止其他有碍村镇环境卫生的各种行为。

2001年始，钱桥镇、藕塘镇，钱桥街道镇容村貌建设和环境卫生管理分为"整治—提升—创优"三个阶段。整治阶段为2001~2004年，重点整治露天粪坑、垃圾、淤泥"三大顽症"，掀起声势浩大的"粪坑整治""垃圾整治""淤泥整治"三大整治运动。提升阶段为2005~2006年，全面开展"家河整治工程""污染企业整治工程"和"景观建设工程"三大工程。创优阶段为2006~2012年，围绕深化村庄整治，实施"路长制"和"河长制"管理，建设绿色钱桥，营造优美生产环境、生活环境、生态环境，对拆迁后的保留自然村实施"穿衣戴帽"改造，实现"五化"，修复还原江南农村容貌。2012年，钱桥街道跨入全国环境优美乡镇和国家卫生镇的行列，15个社区均成为省级卫生村。

## 一、管理机构

1957年以前，钱桥、藕塘地区无镇容村貌的管理机构。1958年人民公社化时，钱桥、藕塘公社分别建立居委会。居委会下设清管所，负责市镇区域的卫生打扫、粪便管理等工作。

1970年，钱桥、藕塘公社分别成立爱国卫生运动委员会，负责市镇、农村的爱国卫生运动工作。爱国卫生运动委员会下设环境卫生管理所。陈惠良自1970年至1995年任钱桥（公社、乡）镇爱国卫生运动委员会主任，兼任钱桥环卫管理所所长。

1983年，钱桥、藕塘乡分别成立村镇建设办公室，王鹤鸣任钱桥乡（镇）村镇建设办公室主任；冯文伦、胡松林先后任藕塘乡（镇）村镇建设办公室主任。环卫管理所仍属爱国卫生运动委员会领导。是年始，区域内镇容村貌分别由钱桥、藕塘乡村镇建设办公室管理，环境卫生则由文卫办兼管。

1995年，钱桥、藕塘镇分别成立环卫所。环卫所为村镇建设办公室的下属机构，负责区域内的道路清扫和保洁，清运生活垃圾。藕塘环卫所办公地点在藕塘新街45号，面积100平方米，贾建明于1995~2004年任环卫所所长。钱桥环卫所办公地点在钱桥南街52号，面积150平方米，朱伯林于1995~2013年任环卫所所长，陈文光于2013年接任。

1997年1月，钱桥镇成立城建监察中队。城建监察中队为村镇办的下属机构，第一任中队长邵仁杰，高炳良于1998年接任至2003年。2003年6月，城建监察中队更名为城市管理中队。是年至2004年，高炳良任城市管理中队中队长，曾伟成、邵健、唐春明先后接任中队长。2004年，钱桥、藕塘两镇合并后，钱桥镇成立村镇建设创建办公室，邹宝根任负责人。是年，藕塘环卫所并入钱桥环卫所。

2007年下半年，无锡（藕塘）职教园区与钱桥街道实行街园合一的体制后，成立规划建设局，下设城市管理办公室，后更名为城管科。胡松林、杨燕、邵健先后任负责人。2015年，邵健任城管科科长。

## 二、社区环卫组织、设备

20世纪90年代初，钱桥、藕塘镇各村开始建立一支专业的环卫队伍。1995年，西漳村成立环卫队，共有4名环卫队员。1998年，环卫队员增加至6人。2000年，南水渠、庙塘桥村分别成立环保队伍，由党支部书记亲自抓村貌建设和环境管理。2002年，西漳村环卫队员增加至19人。是年，西漳村委投入37万元资金购置环保农用车2辆、抽粪车1辆、垃圾收集车1辆。2003年，稍塘村成立环境卫生管理机构，下设健康教育组、绿化组、除害组、督查组。2005年，为加强村貌建设，西漳村委制订村貌建设工作计划，同时制定绿化管理制度、公厕管理制度、除四害工作制度、道路保洁制度、河道保洁制度、每月保洁考评制度等。2006年10月，藕乐苑社区成立环卫管理领导小组，党总支书记任组长，书记亲自抓环境美化工作。2013年，西漳村垃圾桶装化率达100%，统一用机械化环卫收集车把垃圾清运至桃花山填埋，做到垃圾日产日清、主干道一日两清扫、内巷道一日一扫、河道内无漂浮物、绿化带内无枯枝败叶。

2015年，南塘社区环卫专业队伍9人，对社区内每个村实行分片管理，负责垃圾清运、道路清扫、河道保洁清淤、环保设施维护更新、绿化整治等，确保社区环境舒适美丽。南塘社区每年支出30余万元资金用于环卫专业队伍人员的工资等。是年，稍塘社区有环卫保洁人员11人，对居民小组及厂区进行地段划分保洁，做到道路洁、河水清、村容美。同年，藕乐苑社区有环卫队员15人，垃圾桶330只。环卫队员分段负责小区内的树木修剪、绿化区清除杂草、道路保洁、垃圾清运等。藕乐苑社区每年支付垃圾清运费23万元，其中生活垃圾清运费18万元、建筑垃圾清运费5万元。

**2015年钱桥街道各社区环卫组织、环卫设备统计表**

表2—11—16　　单位：人、座、个、辆

| 社区名称 | 环卫队成立时间 | 环卫队员人数 | 环卫设备 | | | | |
|---|---|---|---|---|---|---|---|
| | | | 垃圾收集房 | 垃圾桶 | 垃圾清运车 | 保洁车 | 板车 |
| 东　风 | 1990.00 | 25 | 8 | 46 | 1 | — | — |
| 西　漳 | 1995.00 | 19 | — | 110 | 1 | — | — |
| 钱　桥 | 1997.00 | 26 | — | 276 | 1 | — | — |
| 苏　庙 | 2000.00 | 9 | 42 | 200 | 3 | — | — |
| 洋　溪 | 2000.00 | 5 | — | 120 | 4 | — | — |
| 南　塘 | 2000.00 | 9 | — | 165 | 2 | — | — |
| 华　新 | 2000.08 | 14 | 30 | 300 | 1 | — | — |
| 舜　柯 | 2001.00 | 13 | 85 | 180 | 1 | 5 | 2 |
| 晓　丰 | 2002.00 | 20 | — | 400 | 1 | — | — |
| 稍　塘 | 2003.00 | 11 | 2 | 50 | 2 | — | — |
| 盛　峰 | 2006.00 | 15 | — | 80 | 1 | — | — |
| 藕乐苑 | 2006.10 | 15 | — | 330 | 3 | — | — |
| 溪　南 | 2007.00 | 23 | 31 | 115 | 1 | — | — |
| 晴山蓝城 | 2013.01 | 9 | 5 | 310 | 1 | — | — |
| 藕　塘 | 2015.00 | 2 | — | 15 | 1 | — | — |

## 三、道路保洁

20世纪90年代，钱桥、藕塘地区的主要道路实行一天两次打扫，不要求保洁。2003年始，辖区内道路实行全天清扫保洁。

2006年始，辖区内景观道路实行“路长制”管理，并制定“路长制”管理考核标准，明确分工、落实责任、定期检查、开展创优竞赛。是年，钱桥镇共投入“路长制”管理资金580万元。

“路长制”的具体工作任务是首先对各路段下发《“路长制”责任路（街）市容市貌存在问题现状调查表》，实地调查摸底，弄清现状，清晰把握突出问题和薄弱环节，制定整治工作方案，列出整改预算计划；同时，对沿线店面的遮阳棚、破烂广告牌统一拆除，由政府与商家各半承担费用，按照统一标准重新制作；对外墙进行涂装刷新；取缔违法建设；植绿补绿等；与沿线每家商户签订“协议”“门前五包责任书”，保证环境卫生管理的长效性、有效性；每半个月对“路长制”管理工作情况进行统计，在“督查通报”上进行通报，每半年进行管理绩效统计。

**2006年钱桥镇景观达标路（街）创优竞赛“路长制”管理考核标准表**

表2—11—17

| 项目 | 标准 | 考核配分 |
|---|---|---|
| 道路容貌（45） | 全面推行市容环卫责任区制度，沿街店面、单位“环境卫生责任书“签约率、落实率分别达到100% | 5 |
| | 道路两侧无占道经营、无乱堆物、无擅自施工作业等现象 | 5 |
| | 道路、桥梁、绿地、广场、景点等公共场所和公共设施上无吊挂、晾晒衣物 | 4 |
| | 道路沿线建筑物外立面、电线杆、灯杆或其它设施上无乱涂写、乱张贴、乱刻画 | 5 |
| | 道路沿线无违法建设，临街建筑物无擅自开设门和窗、变更门窗等行为 | 5 |
| | 临街、30~50米背街里弄建（构）筑物外立面统一粉刷，指示牌等公共设施定期清洗，保持整洁美观。破残墙面及时拆除或整修 | 5 |
| | 临街建筑物外墙的空调室外机（窗机）统一高度、统一位置安排 | 2 |
| | 临街建筑物不得设置遮阳篷。经批准设置的停车篷保持整齐、清洁、美观，布质材料每年更换 | 3 |
| | 各类建设工地出入口通道要硬化，并配备和落实车辆冲洗设施，实行封闭施工，密闭运输，围墙墙面美化处理。严禁车辆带泥上路和抛洒滴漏 | 3 |
| | 机动车、非机动车要划定区域定点停放，保持整齐有序 | 4 |
| | 道路沿线夜间亮化要到位 | 4 |
| 环境卫生（40） | 道路及公共场所地面及时保洁，保持整洁。铁路、河道、立交等各类桥梁要粉刷 | 8 |
| | 废物箱、果壳箱等分类垃圾收集设施布局合理，位置适当，数量充足，设施完好，并保持箱体及周围地面整洁。水冲式公厕标识齐全，设施完备，内外整洁 | 8 |
| | 经批准的临时性占道摊点合理布局，并配有专用垃圾收集容器，保持经营场地整洁 | 4 |
| | 从事车辆维修、清洗的单位或个人保持经营场所及周围环境整洁，防止废油、废液等污染环境 | 3 |
| | 道路两侧及重点地区不得设置收购废旧物品点、铝合金加工点等易造成环境污染的经营场所。已批准设置的，加快迁移 | 3 |
| | 花坛绿带和交通隔离带、路侧石、排水管道、窨井盖等设施完好，绿化带内无蔓生杂草、垃圾杂物，树木无乱吊挂，缺损树木及时添补 | 8 |
| | 道路沿线河道落实专人管理，确保水面无漂浮物和岸脚、岸被垃圾，日常保洁到位 | 6 |
| 户外广告（15） | 道路中央及两侧户外广告、沿街单位店牌店招设置规范，整洁美观，亮化设施完好 | 3 |
| | 无乱设撑牌、灯箱。无擅自设置的户外广告牌（含条幅、布幅、门头等），核准期限到期后及时清理 | 4 |
| | 严格控制户外广告设置密度。未经批准，严禁占用绿地或利用广场等公共设施悬挂标语或设摊进行宣传活动 | 2 |
| | 公告栏、招贴栏、阅报栏、画廊等公共信息栏位置适当，明确责任部门，定期更换内容，定期进行清洗，保持整洁 | 2 |
| | 户外广告专用设施不空置。对未能及时发布广告的，以公益性广告补充版面 | 2 |
| | 夜间广告灯光亮化设施保持完好，运转正常 | 2 |

### 2007 年钱桥（镇）街道“路长制”管理绩效统计表

表 2—11—18

| 道路名称 | 长度（公里） | 总投入（万元） | 取缔遮阳篷（只） | 制作店招店牌（块） | 取缔违法建设（平方米） | 取缔违法广告（块） | 外墙立面粉刷（平方米） | 瓷砖立面清洗（平方米） | 植绿补绿（平方米） | 道路平整硬化（平方米） | 路侧石维修更换（块） | 新添分类果壳箱（只） | 新建垃圾收集房（座） | 查处“三乱”（处） |
|---|---|---|---|---|---|---|---|---|---|---|---|---|---|---|
| 钱胡路 | 7.0 | 78.21 | 168 | — | 1800 | 260 | 18500 | — | 6500 | 2500 | 350 | 10 | 5 | 2 |
| 盛岸西路 | 7.5 | 59.05 | 20 | 20 | 530 | 26 | 30000 | — | 3000 | 450 | 300 | 10 | 2 | 1 |
| 钱桥大街 | 5.0 | 21.84 | 83 | 83 | 40 | 220 | 8000 | — | — | — | — | — | — | — |
| 锡杨路 | 3.0 | 67.50 | 35 | — | 1450 | 18 | 31500 | — | 920 | 650 | 1750 | 10 | 5 | — |
| 藕洛路 | 2.5 | 39.22 | 15 | — | 450 | 13 | 21000 | 800 | 2000 | — | 1300 | 15 | 2 | 3 |
| 国道 G312 线 | 4.5 | 33.90 | 81 | 54 | 983 | 16 | 15000 | 16000 | — | 500 | 202 | 5 | — | 5 |
| 锡陆路 | 11.0 | 202.54 | 302 | 80 | 1200 | 441 | 102000 | 200 | 4200 | 3500 | 10000 | 3 | 7 | 6 |
| 惠钱路 | 2.5 | 32.25 | 40 | 23 | 300 | 120 | 9200 | — | 920 | 450 | 305 | 10 | 3 | — |
| 钱威路（锡常） | 7.0 | 45.90 | 66 | 17 | 250 | 90 | 32653 | — | 6500 | 550 | 300 | 30 | 10 | 5 |
| 合计 | 50.0 | 580.41 | 810 | 277 | 7003 | 1204 | 267853 | 17000 | 24040 | 8600 | 14507 | 93 | 34 | 22 |

2013 年，区域内有收集车 2 辆，车牌号为苏 B93789、苏 B85881；扫地车 2 辆，车牌号为苏 B93785、苏 B69107；洒水车 1 辆，车牌号为苏 B85673；垃圾车 3 辆，车牌号为苏 BA2808、苏 B50353、苏 B3G186；皮卡车 2 辆，车牌号为苏 B819C7、苏 B52539。2014 年，增铲车 1 辆。

钱桥街道的道路保洁以机械保洁和人工保洁相结合，最大限度地发挥人扫、机扫、冲洗的组合优势，确保区域内道路干净整洁。2015 年，钱桥街道创新思路，“路长制”围绕管理细节和每个交通节点出台“一路一策”，抓整改、抓治理，全方位优化出行环境，把钱桥大街这条主干道打造成党建文明示范街、交通秩序创建街、志愿服务新风街和诚信经营文明街的样板路。是年，全街道共有道路保洁员 180 人，设备有后压缩垃圾运输车 3 辆、垃圾运输车 3 辆、皮卡 2 辆、扫地车 2 辆、道路洒水车 1 辆、三轮保洁车 100 辆；环卫所环卫车辆年累计行驶路程 111072 公里，平均每月行驶路程 9256 公里，平均每月使用油费 19198 元。

### 2015 年钱桥街道环卫所道路清扫保洁一览表

表 2—11—19　　单位：米、元

| 道路名称 | 道路起止 | 道路级别 | 长度宽度 | 清扫方式 | 清扫费用 |
|---|---|---|---|---|---|
| 钱桥大街 | 钱威路至工商银行 | 一级 | 900×30 | 承包：用 5 人清扫保洁 | 100000 |
| 钱桥大街 | 工商银行至镇政府西<br>锡陆路至钱桥影剧院<br>锡陆路至春来广场 | 一级 | 200×30<br>300×20<br>400×30 | 承包：用 5 人清扫保洁 | 100000 |
| 钱桥西街 | 镇政府西至钱桥大道 | 二级 | 1000×30 | 承包：用 3 人清扫保洁（机扫） | 60600 |
| 锡陆路 | 钱威路至夏虞桥 | 二级 | 2500×30 | 用 4 人清扫保洁（机扫） | 75800 |
| 锡陆路 | 夏虞桥至龙栖湾 | 二级 | 2000×30 | 承包：用 2 人清扫保洁（机扫） | 45000 |
| 钱藕路 | 龙栖湾至显山路 | 三级 | 1500×30 | 用 2 人清扫保洁（机扫） | 37400 |
| 锡陆路 | 钱藕路至东风桥 | 一级 | 2000×25 | 用 6 人清扫保洁（机扫） | 121200 |
| 锡陆路 | 东风桥至唐巷 | 二级 | 1500×20 | 用 2 人清扫保洁 | 38400 |
| 锡陆路 | 唐巷至东塘桥 | 四级 | 4000×20 | 用 3 人清扫保洁 | 45000 |
| 藕洛路 | 藕塘医院至省道 S342 线 | 二级 | 1000×20 | 用 1 人清扫保洁 | 19200 |
| — | 省道 S342 线至洛社交界 | 四级 | 800×20 | 承包：用 1 人清扫保洁 | 5000 |
| 钱威路 | 钱荣路至钢铁桥 | 二级 | 800×30 | 承包：用 3 人清扫保洁（机扫） | 60600 |
| 钱威路 | 钢铁桥至盛岸西路 | 二级 | 900×30 | 承包：用 3 人清扫保洁（机扫） | 60600 |
| 钱威路 | 盛岸西路至国道 G312 线 | 三级 | 600×30 | 承包：用 1 人清扫保洁（机扫） | 15000 |
| 惠钱路 | 钱皋路至惠警医院 | 二级 | 2000×30 | 承包：用 3 人清扫保洁（机扫） | 60600 |

续表 2—11—19 单位：米、元

| 道路名称 | 道路起止 | 道路级别 | 长度宽度 | 清扫方式 | 清扫费用 |
|---|---|---|---|---|---|
| 钱荣路 | 勤新交界至老 4 路汽车站<br>惠警医院至钱威路 | 二级 | 1000×30 | 承包：用 3 人清扫保洁（机扫） | 60600 |
| 钱姚路 | 勤新交界至舜一加油站 | 四级 | 2500×50 | 承包：用 2 人清扫保洁（机扫） | 30000 |
| 钱姚路 | 井亭至西环路 | 三级 | 2500×40 | 承包：用 2 人清扫保洁（机扫） | 30000 |
| 钱洛路 | 国道 G312 线至省道 S342 线 | 三级 | 600×30 | 承包：用 1 人清扫保洁（机扫） | 15000 |
| 钱洛路 | 省道 S342 线至友谊桥 | 四级 | 2500×40 | 承包：用 2 人清扫保洁（机扫） | 30000 |
| 钱桥大道 | 国道 G312 线至洋溪大桥 | 四级 | 1500×40 | 承包：用 1 人清扫保洁（机扫） | 15000 |
| 钱桥大道 | 洋溪大桥至夏虞桥 | 四级 | 1000×30 | 承包：用 2 人清扫保洁（机扫） | 40000 |
| 钱洛路 | 省道 S342 线至向阳桥 | 四级 | 2400×20 | 承包：用 2 人清扫保洁（机扫） | 26000 |
| 钱胡路 | 向阳桥至井亭 | 四级 | 2000×30 | 承包：用 1 人清扫保洁 | 15000 |
| 锡杨路 | 藕塘唐巷至杨市交界 | 四级 | 2000×20 | 用 2 人清扫保洁 | 30000 |
| 新业路 | 锡陆路至永利桥 | 三级 | 1000×30 | 承包：用 2 人清扫保洁（机扫） | 40000 |
| 新业路 | 永利桥至盛岸西路 | 四级 | 1000×30 | 承包：用 1 人清扫保洁（机扫） | 19200 |
| 藕塘大街 | — | 一级 | 600×30 | 用 3 人清扫保洁 | 57600 |
| 上伟路 | 钱桥大道至钱洛路 | 四级 | 2300×30 | 用 7 人清扫保洁（机扫） | 134400 |
| 藕中路 | — | 四级 | 710×30 | 用 2 人清扫保洁（机扫） | 38400 |
| 静影路 | — | 四级 | 580×30 | 用 1 人清扫保洁 | 19200 |
| 洋溪路 | — | 四级 | 2190×30 | 用 1 人清扫保洁 | 19200 |
| 香缇路 | — | 四级 | 550×31 | 用 1 人清扫保洁 | 19200 |
| 云水路 | — | 四级 | 760×32 | 用 1 人清扫保洁 | 19200 |
| S342 辅道 | — | 四级 | 640×33 | 用 1 人清扫保洁 | 19200 |
| 林溪路 | — | 四级 | 767×34 | 用 1 人清扫保洁 | 19200 |

## 四、生活垃圾处置

2003 年，钱桥、藕塘地区设有垃圾收集房 2000 间。垃圾收集房的垃圾由环卫所负责清运。2005 年，钱桥镇域内产出生活垃圾约 2.92 万吨，所有生活垃圾都做到日产日清，全部运至无锡市生活固体废弃物处理场——桃花山填埋场填埋，严格执行《国家生活垃圾填埋污染控制标准（GB16889—1997）》与《国家生活垃圾焚烧污染控制标准（GB18485—2000）》垃圾无害化处理的有关标准，生活垃圾无害化处理率为 100%。是年，钱桥环卫所建造鸭船浜生活垃圾中转站。

2006 年，钱桥镇投入资金 3000 万元，出动人力 6 万余人次参加专项整治，清运暴露垃圾 7 万吨，建造垃圾箱 1400 只，各村按总人口 3%~5%配备专业环卫队伍。是年，辖区内在苏庙支巷路建造 80 平方米压缩式垃圾中转站一座，在钱桥镇建成区内建有垃圾收集房 92 座，设置果壳箱和垃圾桶 133 只。

2006 年钱桥镇建成区垃圾收集房一览表

表 2—11—20 单位：座

| 分布地段 | 数量 | 分布地段 | 数量 | 分布地段 | 数量 |
|---|---|---|---|---|---|
| 钱桥新村 | 12 | 育才路 | 5 | 站头小区、制氧路 | 10 |
| 邵巷新村 | 5 | 惠钱路 | 5 | 街道办前后、商品房区 | 7 |
| 塘泗桥 | 5 | 钱荣路 | 5 | 合计 | 92 |
| 钱桥老街 | 8 | 老街东边各主路及沿河 | 8 | — | — |
| 钱桥大街 | 15 | 玉泉公园及小洋房范围 | 7 | — | — |

2006 年钱桥镇建成区果壳箱、垃圾箱一览表

表 2—11—21 单位：只

| 分布地段 | 数量 | 分布地段 | 数量 | 分布地段 | 数量 |
|---|---|---|---|---|---|
| 钱桥新街 | 13 | 钱荣路 | 3 | 小洋房区、新兴路 | 15 |
| 振兴街 | 4 | 育才路 | 6 | 办公楼前后商品房范围 | 4 |
| 钱陆路 | 35 | 玉泉路至小洋房主干道 | 7 | 合计 | 133 |
| 钱威路 | 20 | 玉泉街 | 6 | — | — |
| 惠钱路 | 10 | 站头范围 | 10 | — | — |

2015年，钱桥街道区域内设有塑料垃圾桶800只、果壳桶100只，每月清运垃圾3000吨，日平均清运垃圾100吨。

## 五、改厕、公厕建设

20世纪，钱桥、藕塘地区由于长期受到传统生活习惯影响，乡村中露天粪坑随处可见，对地表水和大气环境质量造成严重损害，成为影响农村环境质量的三大顽症之一。2002年，钱桥镇统一行动，取缔露天粪坑，取缔过程中由村集体给农户一定的补偿。至2003年，共取缔露天粪坑600余只。与此同时，组织专业队伍，按统一标准建造三格式无害化粪池。

2005年，钱桥镇（钱桥、藕塘两镇已合并）取缔回潮露天粪坑151只，筑建三格式化粪池752只。2006年，钱桥镇建成区设有公厕15只（不包括农村），均为水冲式公厕，普及率达到100%。公厕有环卫所专人管理，落实保洁。粪便池有盖，粪池不满溢。镇区住户均享有卫生厕所，辖区内农户卫生厕所覆盖率达88.56%。是年底，辖区内露天粪坑全部取缔，建成三格式大型化粪池600余只、卫生户厕7359户、无害化卫生户厕5760户，改厕率88.53%；镇区15座公厕经过全面改造，全部达到二类或三类公厕标准。

2006年钱桥镇改厕情况统计表

表2—11—22　　单位：户、%

| 单位 | 总户数 | 其中 | | 其中 | | 其中 | |
|---|---|---|---|---|---|---|---|
| | | 卫生户厕 | 比率 | 无害化卫生户厕户数 | 比率 | 粪尿入三格式化粪池户数 | 改厕率 |
| 新村居委 | 889 | 245 | 27.56 | 644 | 72.44 | — | 100.00 |
| 桥南居委 | 1319 | 403 | 30.55 | 916 | 69.45 | — | 100.00 |
| 桥北居委 | 1004 | 469 | 46.71 | 436 | 43.43 | 99 | 90.14 |
| 锡兴家委 | 586 | — | — | 586 | 100.00 | — | 100.00 |
| 金球家委 | 157 | — | — | 157 | 100.00 | — | 100.00 |
| 苏庙村 | 985 | 652 | 66.19 | 236 | 23.96 | 97 | 90.15 |
| 华新村 | 977 | 279 | 28.56 | 603 | 61.72 | 95 | 90.28 |
| 晓星村 | 547 | 303 | 55.39 | 166 | 30.35 | 78 | 85.74 |
| 西漳村 | 665 | 36 | 5.41 | 526 | 79.10 | 103 | 84.51 |
| 胜丰村 | 497 | 393 | 79.07 | 39 | 7.85 | 65 | 86.92 |
| 洋溪村 | 786 | 464 | 59.03 | 112 | 14.25 | 210 | 73.28 |
| 溪南村 | 632 | 309 | 48.89 | 258 | 40.82 | 65 | 89.72 |
| 舜柯村 | 799 | 568 | 71.09 | 112 | 14.02 | 68 | 85.11 |
| 藕塘居委 | 455 | — | — | 394 | 86.59 | 61 | 86.59 |
| 藕塘村 | 473 | 255 | 53.91 | 175 | 37.00 | 43 | 90.91 |
| 东风村 | 781 | 698 | 89.37 | 17 | 2.18 | 66 | 91.55 |
| 庙塘桥村 | 405 | 300 | 74.07 | 11 | 2.72 | 94 | 76.79 |
| 南水渠村 | 371 | 14 | 3.77 | 313 | 84.37 | 44 | 88.14 |
| 盛峰村 | 882 | 582 | 65.99 | 19 | 2.15 | 281 | 68.14 |
| 稍塘村 | 792 | 689 | 86.99 | 24 | 3.03 | 79 | 90.03 |
| 勤建村 | 555 | 464 | 83.60 | 5 | 0.90 | 86 | 84.50 |
| 恒源祥村 | 261 | 236 | 90.42 | 11 | 4.21 | 14 | 94.64 |
| 合计 | 14818 | 7359 | 49.66 | 5760 | 38.87 | 1648 | 88.53 |

2006年钱桥镇建成区公共厕所情况统计表

表2—11—23

| 公共厕所地段 | 是否水冲式 | 公共厕所地段 | 是否水冲式 | 公共厕所地段 | 是否水冲式 |
|---|---|---|---|---|---|
| 电影院 | 是 | 邵巷 | 是 | 煤球厂 | 是 |
| 育才路 | 是 | 农药厂 | 是 | 老街 | 是 |
| 振兴路 | 是 | 桥北农贸市场 | 是 | 农贸市场 | 是 |
| 埭桥 | 是 | 地税 | 是 | 北街3弄 | 是 |
| 皮件厂 | 是 | 东巷 | 是 | 北街东弄 | 是 |

钱桥街道于2012年对钱桥、藕塘集镇区公厕进行维修、出新；2013年，对钱荣公路公厕进行改造；2014年，对藕苑新村公厕进行改造。

随着区域内城市化建设进程的快速推进和职教园大规模地拆迁建设，许多农村居民入住安置房或商品房，生活环境和卫生条件得到明显改善。与此同时，结合城乡环境整洁行动、村庄整治等，钱桥街道针对一些相对偏僻的自然村开展生活污水点源化治理，农村无害化户厕普及率大幅提高。2015年，钱桥街道改厕完成率已超过99.3%。

2015年钱桥街道市镇公厕情况统计表

表2—11—24　　单位：平方米、座、只

| 所处辖区 | 所处位置 | 建筑面积 | 是否水冲式 | 座数 | 蹲数 | 建成年份 |
|---|---|---|---|---|---|---|
| 藕塘 | 老菜场 | 20 | 是 | 1 | 6 | 1990 |
| 钱桥 | 小学南面 | 35 | 是 | 1 | 8 | 1995 |
| 钱桥 | 影剧院内 | 30 | 是 | 1 | 6 | 1995 |
| 钱桥 | 影剧院外 | 30 | 是 | 1 | 6 | 1995 |
| 钱桥 | 振兴路 | 48 | 是 | 1 | 8 | 1995 |
| 钱桥 | 老菜场 | 48 | 是 | 1 | 9 | 1995 |
| 钱桥 | 农药厂 | 54 | 是 | 1 | 6 | 2005 |
| 藕塘 | 藕苑广场 | 10 | 是 | 1 | 4 | 2005 |
| 钱桥 | 邵巷 | 48 | 是 | 1 | 8 | 2006 |
| 藕塘 | 桥南老街 | 12 | 否 | 1 | 4 | 2008 |
| 藕塘 | 桥北老街 | 8 | 否 | 1 | 4 | 2009 |
| 藕塘 | 政新北路 | 12 | 是 | 1 | 6 | 2010 |

## 六、绿化造林，改善镇容村貌

钱桥（镇）街道重视生态景观绿地建设、生态廊道建设，大力营造大型绿地、交通绿地、广场绿地、街头绿地、居住区绿地及沿河沿路生态林，以改善生态环境。

绿地建设应用园林植物进行绿化，乔木、灌木高低错落，色块斑斓，郁郁葱葱，起到“荫”“景”“净”的综合作用。仅2005年，镇政府就投入资金800万元，绿化面积120万余平方米。2006年，经惠山区建设局普查确认，钱桥镇建成区公共绿地面积为170912.5平方米，人均公共绿地面积为12.5平方米。

图2—11—13　2006年锡宜高速钱桥胜丰段生态绿化走廊

2006年钱桥镇建成区公共绿地统计表

表2—11—25　　单位：平方米

| 地段 | 绿地 | 花坛 | 合计 | 地段 | 绿地 | 花坛 | 合计 |
|---|---|---|---|---|---|---|---|
| 春来广场 | 13053 | — | 13053 | 前金岸绿地 | 3001.0 | — | 3001.0 |
| 钱桥新村小区 | — | 4406 | 4406 | 李巷绿地 | 6670.0 | — | 6670.0 |
| 欣欣山庄小区 | — | 950 | 950 | 春来苑小区 | 20000.0 | — | 20000.0 |
| 邵巷新村小区 | 1178 | 359 | 1537 | 春满园小区 | 21575.0 | — | 21575.0 |
| 梅林春苑小区 | 300 | 500 | 800 | 苏巷绿地 | 900.0 | — | 900.0 |
| 杨树岸新村小区 | — | 2565 | 2565 | 天墩头绿地 | 1400.0 | — | 1400.0 |
| 塘泗桥 | 796 | — | 796 | 钱荣路绿地 | 9472.0 | — | 9472.0 |
| 镇政府大院 | 4500 | — | 4500 | 钱桥新街 | 3200.0 | — | 3200.0 |
| 玉泉公园 | 16680 | — | 16680 | 育才路 | 2538.0 | — | 2538.0 |
| 周巷休闲绿地 | 3000 | — | 3000 | 盛岸西路绿地 | 28669.5 | — | 28669.5 |
| 桥北洋房小区 | 5200 | — | 5200 | 钱威路 | — | 11100 | 11100.0 |

续表 2—11—25 单位：平方米

| 地段 | 绿地 | 花坛 | 合计 | 地段 | 绿地 | 花坛 | 合计 |
|---|---|---|---|---|---|---|---|
| 开源公寓 | — | 200 | 200 | 玉泉街 | 3000.0 | 5500 | 8500.0 |
| 新民新村小区 | — | 200 | 200 | 合计 | 145132.5 | 25780 | 170912.5 |

## 2006 年钱桥镇公共绿化树木统计表

表 2—11—26 单位：棵、平方米

| 地段 | 行道树 | | 树木覆盖面积 | 地段 | 行道树 | | 树木覆盖面积 |
|---|---|---|---|---|---|---|---|
| | 数量 | 面积 | | | 数量 | 面积 | |
| 钱桥新街 | 261 | 1566 | 1566 | 钱荣路 | 70 | 280 | 280 |
| 振兴路 | 72 | 360 | 360 | 育才路 | 159 | 954 | 954 |
| 钱陆路 | 425 | 1700 | 1700 | 玉泉路 | 264 | 1584 | 1584 |
| 盛岸西路 | 2325 | 2325 | 2325 | 玉泉街 | 232 | 1160 | 1160 |
| 钱胡路 | 1200 | 3600 | 3600 | 合　计 | 5208 | 14329 | 14329 |
| 惠钱路 | 200 | 800 | 800 | — | — | — | — |

## 2006 年钱桥镇镇区主要道路绿化情况表

表 2—11—27 单位：米、平方米、棵、%

| 名称 | 长度 | 宽度 | 面积 | 行道树 | 绿化带长 | 绿化普及率 |
|---|---|---|---|---|---|---|
| 钱桥新街 | 1280 | 17.5 | 22400 | 261 | 1280 | 100 |
| 振兴街 | 350 | 12.0 | 4200 | 72 | 350 | 100 |
| 钱陆路 | 3500 | 26.0 | 91000 | 425 | 3500 | 100 |
| 钱威路 | 2220 | 20.0 | 44400 | — | 2220 | 100 |
| 盛岸西路 | 3100 | 47.0 | 145700 | 2325 | 3100 | 100 |
| 钱胡路 | 2600 | 16.0 | 41600 | 1200 | 2600 | 100 |
| 惠钱路 | 1150 | 14.0 | 16100 | 200 | 1150 | 100 |
| 钱荣路 | 310 | 22.8 | 7068 | 90 | 310 | 100 |
| 育才路 | 580 | 14.0 | 8120 | 159 | 580 | 100 |
| 玉泉路 | 685 | 8.0 | 5481 | 264 | 685 | 100 |
| 玉泉街 | 605 | 8.0 | 4840 | 232 | 605 | 100 |
| 合计 | 16380 | 205.3 | 390909 | 5228 | 16380 | 100 |

## 2006 年钱桥镇森林覆盖率情况统计表

表 2—11—28 单位：公顷、%

| 单位 | 土地面积 | 生产绿地 | 道路绿地 | 防护绿地 | 农村绿化 | 风景林地及山林 | 森林面积 | 森林覆盖率 |
|---|---|---|---|---|---|---|---|---|
| 钱桥社区 | 329.38 | 0.24 | 0.82 | — | — | 11.67 | 12.73 | 3.86 |
| 苏庙村 | 248.17 | — | 0.33 | — | 9.53 | — | 9.86 | 3.97 |
| 舜柯村 | 489.00 | 23.08 | 4.50 | 4.48 | 3.61 | 163.33 | 199.00 | 40.70 |
| 洋溪村 | 290.92 | 12.78 | 43.25 | 1.55 | 8.13 | — | 65.71 | 22.59 |
| 华新村 | 364.43 | 5.33 | 42.04 | — | 29.79 | — | 77.16 | 21.17 |
| 西漳村 | 217.14 | — | 5.52 | — | 4.16 | — | 9.67 | 4.45 |
| 胜丰村 | 152.02 | 14.00 | 1.20 | 3.40 | 1.58 | — | 20.18 | 13.27 |
| 晓星村 | 164.80 | — | 17.39 | 2.10 | 0.56 | — | 20.05 | 12.17 |
| 溪南村 | 241.72 | — | 12.91 | — | — | — | 12.92 | 5.35 |
| 藕塘村 | 171.35 | 1.77 | 2.90 | — | 10.31 | — | 14.98 | 8.74 |
| 东风村 | 282.65 | 3.19 | 94.37 | 7.35 | 24.24 | — | 129.15 | 45.69 |
| 南水渠村 | 133.19 | 8.39 | 15.14 | 0.48 | 14.13 | — | 38.14 | 28.64 |
| 庙塘桥村 | 157.19 | 6.66 | — | 1.20 | 16.35 | — | 24.21 | 15.40 |
| 盛峰村 | 408.10 | 5.34 | 133.40 | 3.70 | 5.95 | — | 148.39 | 36.36 |
| 稍塘村 | 291.49 | 10.66 | 0.70 | — | 45.90 | — | 57.26 | 19.64 |
| 勤建村 | 312.75 | 20.40 | 0.18 | 0.32 | 19.67 | 139.86 | 180.43 | 57.69 |
| 恒源祥村 | 192.34 | 11.05 | 0.12 | — | 5.80 | 64.52 | 81.50 | 42.37 |
| 合计 | 4446.64 | 122.89 | 374.77 | 24.58 | 199.71 | 379.38 | 1101.34 | 24.77 |

2013 年，钱桥街道森林覆盖率由 1973 年的 7%增长至 33%。

图 2—11—14 2015 年区域内绿地

图 2—11—15 2015 年南塘社区竹林

# 第十节 卫生村、生态村创建

2000~2004 年，钱桥镇、藕塘镇 17 个行政村（街道办）全部创建为省级卫生村，西漳村创建成为省级生态村。钱桥镇政府还建立环境卫生长效管理机制，把“太湖杯”城创与创建优美乡镇、生态村活动有机结合起来。2006 年，上级相关各部门对钱桥镇进行全面考核，结论是钱桥镇创建全国环境优美乡镇各项考核指标均达标，钱桥镇成功创建为全国环境优美乡镇。

**2006 钱桥镇创建全国环境优美乡镇考核指标完成情况统计表**

表 2—11—29

| 考核内容 | 指标名称 | | 指标值 | | | 指标完成情况 |
|---|---|---|---|---|---|---|
| | | | 东部 | 中部 | 西部 | |
| 社会经济发展 | 农民人均纯收入（元/年） | | ≥4500 | ≥3000 | ≥2200 | 9063 |
| | 城镇居民人均可支配收入（元/年） | | ≥8000 | ≥6500 | ≥5000 | 13500 |
| | 公共设施完善程度 | | 完善 | | | 完善 |
| | 城镇建成区自来水普及率（%） | | ≥98 | | | 100% |
| | 农村生活饮用水卫生合格率（%） | | ≥90 | | | 100% |
| | 城镇卫生厕所建设与管理 | | 达到国家卫生镇有关标准 | | | 达标 |
| 城镇建成区环境 | 地表水环境质量 | | 达到环境规划要求 | | | 达标 |
| | 近岸海域海水水质（只考核沿海乡镇） | | — | | | — |
| | 空气环境质量 | | 达到环境规划要求 | | | 达标 |
| | 声环境质量 | | 达到环境规划要求 | | | 达标 |
| | 重点工业污染源排放达标率（%） | | 100 | | | 100% |
| | 生活垃圾无害化处理率（%） | | ≥90 | | | 100% |
| | 生活污水集中处理率（%） | | ≥70 | | | 71.17% |
| | 人均公共绿地面积（平方米/人） | | ≥11 | | | 12.5 |
| | 主要道路绿化普及率（%） | | ≥95 | | | 100% |
| | 清洁能源普及率（%） | | ≥60 | | | 75.67% |
| | 集中供热率（%，只考核北方城镇） | | ≥50 | | | — |
| 乡镇辖区生态环境 | 森林覆盖率（%） | 山区地区 | — | | | — |
| | | 丘陵地区 | — | | | — |
| | | 平原地区 | ≥10 | | | 24.8% |
| | 农田林网化率（%，只考核平原地区） | 南方 | ≥70 | | | 77.7% |
| | | 北方 | ≥85 | | | |
| | 草原载畜量（亩/羊，只考核草原地区） | | 符合国家不同类型草地相关标准 | | | — |
| | 水土流失治理度 | | ≥70 | | | 100% |
| | 农用化肥施用强度（公斤/公顷，折纯） | | ≤280 | | | 271.4 |
| | 主要农产品农药残留合格率（%） | | ≥85 | | | 100% |
| | 规模化畜禽养殖场粪便综合利用（%） | | ≥90 | | | — |
| | 规模化畜禽养殖场污水排放达标（%） | | ≥75 | | | — |
| | 农作物秸秆综合利用率（%） | | ≥95 | | | 96.7% |

2008年，钱桥街道通过国家级生态镇验收。是年，南水渠、华新、庙塘桥、恒源祥村等先后被评为省级生态村；钱桥中心小学、藕塘中心小学被评为省级绿色学校；华新苑、盛岸花园被评为省级绿色小区。

2000~2008年钱桥镇、藕塘镇省级卫生村、生态村成功创建一览表

表2—11—30

| 村名 | 卫生村建成时间 | 生态村建成时间 | 等级 | 村名 | 卫生村建成时间 | 生态村建成时间 | 等级 |
|---|---|---|---|---|---|---|---|
| 钱桥街道办 | 2000 | — | 省级 | 藕塘村 | 2003 | — | 省级 |
| 苏庙村 | 2000 | — | 省级 | 东风村 | 2003 | — | 省级 |
| 胜丰村 | 2000 | — | 省级 | 南水渠村 | 2003 | 2008 | 省级 |
| 西漳村 | 2000 | 2004 | 省级 | 庙塘桥村 | 2003 | 2008 | 省级 |
| 舜柯村 | 2002 | — | 省级 | 盛峰村 | 2003 | — | 省级 |
| 洋溪村 | 2002 | — | 省级 | 稍塘村 | 2003 | — | 省级 |
| 华新村 | 2002 | 2008 | 省级 | 勤建村 | 2003 | — | 省级 |
| 晓星村 | 2003 | — | 省级 | 恒源祥村 | 2003 | 2008 | 省级 |
| 溪南村 | 2003 | — | 省级 | — | — | — | — |

图2—11—16　2009年，南水渠村村景一角

2009年，南水渠村被省质检部门授予“江苏省村庄绿化模式标准化示范区”称号，成为无锡乃至苏南地区村庄绿化的样板。南水渠村党支部和村委以“构建和谐家园、营造人居环境”、建设社会主义现代化新农村为奋斗目标，以创建绿色家园示范村为抓手，科学规划，重点突破，充分利用村边隙地、房前园地和屋后空地，实施村庄增绿补绿，规划建绿，累计用于绿化和基础设施的资金400余万元。同时，根据村内河道纵横、民居依水而筑的特点，做足“水文章”，建设景观曲桥4座，设置渔人码头、生态驳岸、文化长廊、仿古亭榭等景点，栽树种花、植草铺绿，营造独具特色的江南水乡风貌。在省、市主管部门的验收考核中，南水渠村得到各级专家的高度评价。

2012年，钱桥街道成为全国生态镇、国家级卫生镇。

# 第十二章 小区建设

随着钱桥、藕塘地区农村城市化建设的加快，钱桥镇、藕塘镇党委、政府，钱桥街道党工委、办事处自21世纪初始大规模地推进安置房的建设和商品房的开发。

安置房是钱桥街道党工委、办事处的一项民生工程，是政府在辖区内进行道路建设、职教园校区建设、工业园区建设、市镇建设、其他公共设施建设项目时对被拆迁户进行安置的保障性住房。

商品房建设对钱桥、藕塘地区的经济有着可观的拉动作用。在市场经济条件下，钱桥街道党工委、办事处鼓励房地产开发经营公司在辖区内开发商品房。开发商在辖区内开发商品房必须具备齐全的国有土地使用证、建设用地规划许可证、建设工程规划许可证、建设工程施工许可证、商品房销售（预售）许可证“五证”和住房质量保证书、住房使用说明书“二书”。

2015年，钱桥街道共有春来苑等安置房住宅区13个，建筑面积2133286平方米，其中住宅建筑面积1759899平方米；美林湖花园等商品房住宅区共19个，其中住宅建筑面积2319864.5平方米，另有16个规模较小的商品房点。

## 第一节 安置房小区建设

钱桥、藕塘地区大规模安置房建设起始于2003年。2005~2015年，镇、街道共投入资金483743万元，建成春来苑、春满园、华新苑、春光苑、洋溪人家、舜柯家园、春惠苑、晓星苑、新藕苑、藕乐苑、金岸小区、站头新村二期、金苏公寓等安置房小区，住宅套数17401套，住宅建筑面积1759899平方米，建设安置小区配套用房64453万平方米，地下室113940平方米。

### 一、春来苑小区

春来苑小区地处苏庙社区，东至李巷，西至新郸路，南至苏庙菜场，北至钱桥大街。小区建设总投资7250万元，总面积8.8万平方米，其中住宅面积78379平方米，总套数691套；公建配套用房面积5079.29平方米，地下室面积4265.25平方米。一期为6层框架结构，于2005年3月竣工。二期分别为11层、18层框架结构，于2011年7月竣工。

图2—12—1 春来苑安置房小区

春来苑小区安置2003年钱桥新街建设工程施工拆迁的苏庙村李巷、杜巷、支巷、许巷、余巷自然村居民126户；2009年6月，晴山蓝城建设工程施工拆迁，安置苏庙村小余巷自然村居民40户。

2015年，春来苑小区入住在籍人口910人。

### 二、春满园小区

春满园小区东至新郸路，南至钱藕路（锡陆路），西至钱桥大道，北至钱桥大街，属溪南社区管辖。小区建设总投资1.25亿元，占地面积14.4万平方米，其中住房面积129825平方米。小区住房均为6层框架结构，1382套。一期工程于2006年5月竣工，二期工程于2007年9月竣工。

图2—12—2　春满园安置房小区

春满园小区安置2003~2005年溪南工业园区建设工程施工拆迁的溪南村毛村、南巷、岸里、火车浜自然村部分居民；2004~2005年，建设钱威路工程施工拆迁，安置华新村北戴巷、钱荣路、钱威路、锡陆路、南街沿河250户居民；2006年，春满园小区建设工程施工拆迁，安置苏庙村支巷自然村50户居民；2007年5月，建设钱桥污水处理厂施工拆迁，安置晓丰村陆岸头自然村57户居民；2012年10月，春满园小区三期建设工程施工拆迁，安置苏庙村支巷自然村192户居民。至2015年，春满园共安置1293户居民，入住在籍人口3315人。是年，春满园小区内在清代名人支浩明故居处就地建造支浩明纪念馆。

## 三、华新苑小区

华新苑小区地处华新社区，东至山北街道会西社区，南临盛岸花园，西至钱威路，北至江海西路，是钱桥较大的安置小区。小区建设总投资0.7亿元，总面积14万平方米，其中住宅面积130860平方米。小区住房均为6层框架结构，共1440套，配套用房面积900平方米。一期工程于2003年5月竣工。二期、三期工程分别于2006年、2007年竣工。

图2—12—3　华新苑安置房小区

华新苑小区安置2003年8月锡宜高速F匝道、商贸园区建设工程施工拆迁的华新村唐家庄21户居民；10月，锡兴钢铁公司厂区扩建施工拆迁，安置华新村后底岸、陈东、陈西、前杨、杨巷、周西、墅塘桥自然村共186户居民。2004年2月，洛城大道建设工程施工拆迁，安置华新村肖尤巷自然村4户居民；8月，国道G312线拓宽施工拆迁，安置华新村肖尤巷自然村9户居民；锡兴钢铁公司厂区二期扩建施工拆迁，安置华新村南下塘自然村86户居民、周家桥自然村68户居民；西漳工业园区建设工程施工拆迁，安置西漳村前、后潘巷自然村10户居民；华新苑安置房建设工程施工拆迁，安置华新村北戴巷自然村17户居民；华新村地块拍卖，安置华新村殷缪巷自然村69户居民。2004~2005年，华新苑安置房建设工程施工拆迁，安置华新村姚巷、杨思桥自然村130户居民。2008年10月，华新村浦巷地块（唐家庄）拍卖拆迁，安置华新村浦巷、中巷、前巷等自然村133户居民。

2015年，华新苑小区入住1232户、在籍人口2267人。

## 四、春光苑小区

春光苑小区地处苏庙社区，东至舜新路（原新郧路），西至缪巷，南至钱桥中心幼儿园、华锐小学，北至钱藕（锡陆）路。小区建设总投资3.5亿元，占地总面积16.3万平方米，住宅面积134415平方米，共建住房1390套。另有公建配套用房面积5815平方米、地下室面积2621平方米。小区一期工程于2008年7月竣工，二期工程于2011年4月竣工。

春光苑小区于2006年5月安置德克环保设备公司建设工程施工拆迁的溪南村毛村自然村23户居民；2005~2007年，溪南标准厂房建设工程施工拆迁，安置溪南村毛村自然村70户居民；2007年6月，新郧大道建设工程施工拆迁，安置苏庙村苏巷自然村9户居民；2008年5月，春光苑安置小区建设工程施工拆迁，安置苏庙村小天墩头、苏巷自然村113户居民；是年8月，钱姚路拓建拆迁，安置舜柯村上秦巷、恒源祥村6户居民；10月，美林湖小区建设工程施工拆迁，安置苏庙村大天墩头自然村96户居民；2009年7月，无锡职教园校区无锡高等师范学校建设工程施工拆迁，安置舜柯村石巷头、陆巷自然村114户居民。2015年，春光苑小区入住在籍人口3457人。

图2—12—4 春光苑安置房小区

## 五、洋溪人家小区

洋溪人家小区位于钱桥大道之西，香缇路之东，洋溪路之北，上伟路之南，属洋溪社区管辖。小区建设总投资2.9亿元，总面积24.48万平方米，住宅面积203971平方米，共建住房1995套。同时，建有30套配套用房，面积为26087平方米，地下室14231平方米。小区一期工程于2008年7月竣工，二期工程于2010年7月竣工，三期工程于2013年3月竣工。

图2—12—5 洋溪人家安置房小区

洋溪人家小区安置2006年3月省道S342线建设工程施工拆迁的华新、胜丰、洋溪、晓星村245户居民。2008年，藕乐苑安置房二期施工建设安置洋溪村西马山自然村29户居民。2009年4月，洋溪自来水管道建设工程施工拆迁，安置洋溪社区蔡顾巷自然村7户居民；5月，洛社新城建设工程施工拆迁，安置华新村肖尤巷自然村26户居民；省道S342线绿化带建设工程施工拆迁，安置华新村周基头、毛村园自然村113户居民；10月，上伟路、藕中路工程施工拆迁，安置洋溪村丁巷、支婆浜91户居民。2010年7月，洋溪A1、A2、A3地块施工拆迁，安置苏庙村鸭船浜、高基上144户居民；10月，钱胡路工程施工拆迁，安置洋溪村黄旗岸11户居民、华新村4户居民；12月，洋溪地块工程施工拆迁，安置洋溪村南陈、下渡、俞巷、单巷、东马山、对桥、蔡巷、顾巷、庙前巷、周家弄等409户居民。2015年，洋溪人家小区入住在籍人口3876人。

## 六、舜柯家园小区

舜柯家园小区地处舜柯社区，东至荣巷街道勤新社区，西至钱桥大道，南临舜柯东浜巷，北至育英路。小区建设工程总投资2.8亿元，占地总面积14万平方米，住宅面积11.2万平方米，公建配套住房面积1116平方米，地下室面积11872平方米。小区住房分别为6层、11层、18层框架结构，共建住房1116套，2013年8月竣工。

图2—12—6 舜柯家园安置房小区

2010年3月，舜柯家园小区安置无锡职教园校区华学南路建设工程施工拆迁的舜柯村田肚里自然村44户居民；7月，钱桥大道建设工程施工拆迁，安置舜柯村西浜头自然村20户居民。2011年3月，无锡职教园校区艺校建设工程施工拆迁，安置舜柯村吴巷自然村11户居民；8月，无锡职教园显山路建设工程施工拆迁，安置舜柯村殷巷、沈巷自然村97户居民。居民于2014年1月入住。

2015年，舜柯家园小区实住在籍人口816人。

## 七、春惠苑小区

图2—12—7　春惠苑安置房小区

春惠苑小区地处钱桥社区，东至龙韵怡景苑，西至复兴村，南至惠钱路，北至洋溪河。小区建设总投资0.8亿元，总面积3.5万平方米，住宅面积3.15万平方米。小区住房分别为6层、11层、18层框架结构，共建住房296套。公建配套住房面积1932平方米，地下室面积3685平方米。春惠苑小区于2009年12月竣工。

2007年8月，春惠苑小区安置惠钱路拓建建设工程施工拆迁的钱桥街道惠钱路边158户居民；春惠苑安置房建设工程施工拆迁，安置钱桥街道东巷自然村15户居民。2008年7月，惠钱路拓建（增拆）建设工程施工拆迁，安置锡陆路边4户居民。

2015年，春惠苑小区共入住在籍人口525人。

## 八、晓星苑小区

图2—12—8　晓星苑安置房小区

晓星苑小区地处晓丰社区，东至钱西河，西至恒星路，南至大花岸浜，北至晓星大道。小区建设总投资1.5亿元，占地总面积3万平方米，住宅面积27381平方米。住房均为6层框架结构，共计330套。晓星苑安置小区一期工程于2008年7月竣工，二期工程于2009年7月竣工。

2006年5月，晓星苑小区安置钱威路延伸建设工程施工拆迁的晓星村时巷、路西、路东11户居民。2008年6月，晓星村标准厂房建设工程施工拆迁，安置晓星村陆岸头自然村45户居民；11月，惠澄路工程拆迁，安置西漳村东街张家26户居民。2011年3月，时湾、朝南地块江海路交叉建设工程施工拆迁，安置晓丰村时湾、朝南自然村55户居民。2014年，晓丰危房改造建设工程施工拆迁，安置晓丰社区大花岸自然村18户居民。2008年8月始，拆迁户居民入住晓星苑。

2015年，晓星苑小区共入住266户居民，常住人口763人，其中户籍人口253人。

## 九、新藕苑小区

图2—12—9　新藕苑安置房小区

新藕苑小区东邻藕塘大道、西至东风工业园，南至锡陆杨公路，北至省道S342线，属东风社区管辖。小区建设总投资13.6亿元，占地总面积24.35万平方米，住宅面积19.13万平方米，共建住房1764套。另有一期公建配套用房面积2885平方米、地下室面积6553平方米。一期B标段工程为6层框架结构，于2013年8月竣工。二期工程建设分别为6层、11层、18层、33层框架结构，于2014年12月竣工。

新藕苑小区安置2007年5月西环线建设工程施工拆迁的稍塘村、盛峰村167户居民；盛岸西路延伸段建设工程施工拆迁，安置洋溪、盛峰、东风村293户居民。2010年1月，锡西物流建设工程施工拆迁，安置南塘社区西吴巷、马巷、倪巷等自然村115户居民；5月，钱藕路延伸段建设工程施工拆迁，安置藕塘社区施巷、李巷自然村9户居民。2011年3月，南塘仓储建设工程施工拆迁，安置南塘社区小章巷自然村16户居民；锡杨路西侧基础设施建设工程施工拆迁，安置南塘社区孙巷、浦巷自然村36户居民；5月，新藕路东园区北路南建设工程施工拆迁，安置东风社区西沟桥、刘古桥、马巷、李巷自然村231户居民；8月，盛峰地块建设工程施工拆迁，安置盛峰社区盛店埄、李巷、上俞巷等自然村353户居民；10月，南塘社区工业园建设工程施工拆迁，安置南塘社区小园里自然村6户居民；11月，藕乐苑三期B标段地块建设工程施工拆迁，安置东风社区冯东、冯西、小冯巷自然村111户居民。2012年11月，新藕路东园区北路南（新增）建设工程施工拆迁，安置东风社区湾里自然村12户居民。2013年6月，西环线延伸建设工程施工拆迁，安置南塘社区小园里4户居民。2014年，南塘深国际建设工程施工拆迁，安置南塘社区高格里、小章巷、浦巷自然村93户居民。

2015年，新藕苑小区入住在籍居民612户，实住在籍人口2358人。

## 十、藕乐苑小区

藕乐苑小区地处藕塘街镇之东北，是钱桥街道规模最大的安置小区，东至钱洛路，西至藕洛路，南临洋溪河，北依省道S342线、锡宜高速公路，属藕乐苑社区管辖。小区建设总投资16.32亿元，占地总面积682686平方米，住宅面积547068平方米，共建住房5517套。另有公建配套用房面积10093平方米，地下室面积37209平方米。一期工程建设住房均为6层框架结构，于2006年12月竣工。二期、三期A标段建设住房分别为6层、11层、18层框架结构，于2011年11月开工、2013年12月竣工。三期B标段于2013年6月开工、2015年12月竣工。

图2—12—10 藕乐苑安置房小区

藕乐苑小区于2005年10月安置龙栖湾商品房建设工程施工拆迁的藕塘村4户居民。2006年1月，藕塘北街建设工程施工拆迁，安置藕塘村2户居民；5月，无锡职教园校区建设工程施工拆迁，安置恒源祥、勤建、舜一、稍塘村等1117户居民。2007年6月，新藕苑安置小区建设工程施工拆迁，安置东风村漳漕巷、周家里、陆巷自然村58户居民；是年，盛世翡翠花园建设工程施工拆迁，安置东风村田庄巷自然村9户居民。2010年7月，无锡职教园双置换李家湾自然村地块建设工程施工拆迁，安置李家湾自然村50户居民；11月，新藕苑安置房及社区配套建设工程施工拆迁，安置东风村漳漕巷、田庄巷自然村80户居民。2011年3月，职教校区显山路东侧、钱藕路南侧建设工程施工拆迁，安置藕塘社区前方桥、后方桥、渔池头自然村276户居民；是年，藕乐苑三期建设工程、新藕苑二期建设工程施工拆迁，安置东风社区梅巷、陆巷自然村121户居民；同年，无锡职教园洋溪路建设工程施工拆迁，安置稍塘社区包家岸、芦岸自然村43户居民；5月，钱藕路北侧园区东路东侧建设工程施工拆迁，安置藕塘社区岸里、大浜顶自然村83户居民；8月，稍塘社区地块建设工程施工拆迁，安置稍塘社区木排头、叶家墩、枣树下自然村373户居民。2012年10月，园区东路新建工程施工拆迁，安置藕塘社区徐塘庙自然村17户居民。2013年6月，南塘社区小园里地块建设工程施工拆迁，安置南塘社区小园里自然村69户居民。2014年，龙栖湾小区扩建工程施工拆迁，安置藕塘社区朱巷、施巷、桥南弄、黄泥坝、李巷自然村218户居民。

2015年，藕乐苑小区入住在籍人口4405人。

## 十一、金岸小区

金岸小区位于晴山蓝城社区，南至金龙公寓，北至洋溪河，东至通溪路，西与苏庙社区金岸上为邻。小区建设总投资0.68亿元，总面积为6.5万平方米，住宅面积55250平方米。另有配套用房面积 7497 平方米，地下室面积 9295 平方米。小区共建住房 382 套，分别为 11 层、18 层框架结构。

2008 年 9 月，钱桥农贸市场及金岸小区建设施工拆迁，金岸小区安置钱桥村塘泗桥、坝上、塘泗路 95 户居民。金岸小区于 2011 年 12 月竣工，2012 年 1 月拆迁户始入住。

2015 年，金岸小区实住在籍人口 702 人。

图 2—12—11　金岸小区安置房小区

## 十二、站头新村二期小区

站头新村二期位于钱桥社区，东至玉泉步行街，西至钱威路，南至金茂玉泉街，北至站头新村一期。小区建设总投资 1.8 亿元，占地总面积 7.7 万平方米，住宅面积 53650 平方米。另有公建配套用房面积 1890 平方米、地下室面积 17920 平方米。小区共建住房 504 套，分别为 11 层、18 层框架结构。站头新村二期由无锡城西产业公司投资建设，钱桥建筑公司承建施工。工程于 2010 年 8 月开工，2012 年 12 月竣工。

图 2—12—12　站头新村二期安置房小区

2010 年 3 月，站头新村二期小区安置北下塘地块建设工程施工拆迁的华新村北下塘自然村 51 户居民；4 月，XDG—2007—62 标块建设工程施工拆迁，安置钱桥社区浜头、马客自然村 80 户居民。2013 年 7 月，新藕路东侧、北侧等洋溪地块建设工程施工拆迁，安置华新社区刘巷自然村 5 户居民。

2015 年，站头新村二期安置小区实住在籍人口 407 人。

## 十三、金苏公寓小区

金苏公寓小区地处晴山蓝城社区，为金岸小区二期工程。小区东至苏庙社区金岸上，西至晴山蓝城一期，南至钱桥中学，北至洋溪河，属晴山蓝城社区管辖。小区建设总投资 1.8 亿元，总面积 7.63 万平方米，住宅面积 6.43 万平方米。另建有地下室面积 6288.82 平方米，配套用房面积 1159.8 平方米。小区共建住房 594 套，均为 33 层框架结构。2011 年 5 月开工，2013 年 8 月竣工。2011 年 8 月，晴山蓝城三期工程施工拆迁，安置苏庙村孟家桥 55 户居民。

图 2—12—13　金苏公寓安置房小区

金苏公寓于 2014 年 6 月始入住拆迁户。2015 年实住在籍人口 300 人。

2005~2015 年钱桥街道安置房小区建设一览表

表 2—12—1　　单位：万元、平方米、套

| 安置小区名称 | 总投资 | 竣工时间 | | 小区占地总面积 | 住宅建筑面积 | 住宅套数 | 配套用房建筑面积 | 地下室建筑面积 |
|---|---|---|---|---|---|---|---|---|
| 春来苑 | 7250 | 一期 | 2005 年 3 月 | 88000 | 78379 | 691 | 5079 | 4265 |
| | | 二期 | 2011 年 7 月 | | | | | |
| 春满园 | 12500 | 一期 | 2006 年 5 月 | 144000 | 129825 | 1382 | — | — |
| | | 二期 | 2007 年 9 月 | | | | | |

续表 2—12—1　　单位：万元、平方米、套

| 安置小区名称 | 总投资 | 竣工时间 | 小区占地总面积 | 住宅建筑面积 | 住宅套数 | 配套用房建筑面积 | 地下室建筑面积 |
|---|---|---|---|---|---|---|---|
| 华新苑 | 7000 | 一期 2003 年 5 月<br>二期 2006 年<br>三期 2007 年 8 月 | 140000 | 130860 | 1440 | 900 | — |
| 春光苑 | 35000 | 一期 2008 年 7 月<br>二期 2011 年 4 月 | 163000 | 134415 | 1390 | 5815 | 2621 |
| 洋溪人家 | 29000 | 一期 2008 年 7 月<br>二期 2010 年 7 月<br>三期 2013 年 3 月 | 244800 | 203971 | 1995 | 26087 | 14231 |
| 舜柯家园 | 28000 | 2013 年 8 月 | 140004 | 112000 | 1116 | 1116 | 11872 |
| 春惠苑 | 8000 | 2009 年 12 月 | 35000 | 31500 | 296 | 1932 | 3685 |
| 晓星苑 | 15000 | 一期 2008 年 7 月<br>二期 2009 年 7 月 | 30000 | 27381 | 330 | — | — |
| 新藕苑 | 136000 | 一期 2013 年 8 月<br>二期 2014 年 12 月 | 243500 | 191300 | 1764 | 2885 | 6553 |
| 藕乐苑 | 163193 | 一期 2006 年 12 月<br>二期 2013 年 12 月<br>三期 2015 年 12 月 | 682686 | 547068 | 5517 | 10093 | 37209 |
| 金岸小区 | 6800 | 2011 年 12 月 | 65000 | 55250 | 382 | 7497 | 9295 |
| 站头新村二期 | 18000 | 2012 年 12 月 | 77000 | 53650 | 504 | 1890 | 17920 |
| 金苏公寓 | 18000 | 2013 年 8 月 | 76300 | 64300 | 594 | 1159 | 6289 |
| 合计 | 483743 | — | 2129290 | 1759899 | 17401 | 64453 | 113940 |

## 第二节　商品房小区建设

改革开放后，钱桥、藕塘地区城市化建设进程加快，辖区内人口快速增长，农民（居民）收入增加，生活水平提高，越来越讲究生活的质量、居住的条件和环境。钱桥街道党工委、办事处顺应社会发展，顺应民心民意，大力推进商品房的开发和建设，为居民创造一个安全、舒适、整洁、方便的生活环境和生活居所。2003~2015 年，钱桥街道区域内开发建设的商品房有美林湖花园、晴山蓝城、盛岸花园、金岸世家、金龙公寓、苹果园、盛世翡翠、龙栖湾花园、隆泉园、隆舜园、乐泉花园、乐多花园、龙韵怡景苑、欣欣苑、育才公寓、钱桥新村、香缇半岛、百乐和园、恒泰商业广场商品房等 19 个小区，共计建筑面积 2319864.5 平方米。2015 年，区域内另有于 1980~2006 年早期开发的、规模较小的商品房小区和商品房点 16 个。

### 一、美林湖花园

美林湖花园位于钱桥街道锡陆路与兴业大道（舜新路）交汇处锡陆路 423 号，东至钱中路，南至育英路，西至舜新路，北至钱藕路（锡陆路），属苏庙社区管辖。

图 2—12—14　美林湖花园

美林湖花园小区项目建设的投资总金额 5.6 亿元，占地面积共 98786.3 平方米，建筑总面积 300000 平方米，绿化率达 45%。房型为花园洋房、多层住宅、小高层住宅、高层住宅、商铺、联排别墅。

小区总共分 4 期开发，共建商品房 2000 套。楼盘配套有 1 万平方米的社区商业用房，7000 平方米中央广场；二期 17#~24#之间建有儿童乐园、篮球场、健身场等。

一期开盘时间 2007 年 12 月 28 日，交付时间为 2009 年 6 月，销售面积 55296 平方米。

二期开盘时间 2009 年 12 月 26 日，交付时间为 2010 年 6 月 30 日，销售面积 67184 平方米。

三期开盘时间 2011 年 10 月，交付时间为 2012 年 6 月 30 日，销售面积 78498 平方米。2012 年 12 月，高层均价 6200~6300 元/平方米，洋房型 7000 元/平方米。

四期开盘时间 2013 年 9 月，交付时间为 2013 年 12 月 31 日，销售面积 69518 平方米。2015 年 9 月，均价 7200 元/平方米。

2015 年，美林湖花园住户数 1990 户，实住在籍人口 1511 人。

## 二、晴山蓝城

晴山蓝城位于钱桥大街 351 号，东临钱桥街道办事处、钱桥中学，南至钱桥大街，西至钱桥大道，北至洋溪河，属晴山蓝城社区管辖。晴山蓝城项目建设总投资 19.4 亿元，占地面积共 316626.3 平方米，建筑面积 598253 平方米。小区共分 4 期开发建设：第一期投资 3.7 亿元，竣工总建筑面积 177015 平方米，1173 套；第二期投资 5.3 亿元，竣工总建筑面积 191599 平方米，1307 套；第三期投资 5.6 亿元，竣工总建筑面积 140503 平方米，998 套；第四期投资 4.8 亿元，竣工总建筑面积 89136 平方米，696 套。房型为多层住宅、小高层住宅、高层住宅、商铺，共建商品房 4164 套。小区配套设施有高标准的社区会所、标准网球场、16 班幼儿园和 7000 多平方米商业街。

图 2—12—15　晴山蓝城

开盘时间 2008 年 3 月 31 日。2009 年 12 月 31 日交付海棠园，2010 年 12 月 31 日交付香桂园，2012 年 1 月 31 日交付洋房，是年 6 月 30 日交付美域。

销售价格 2008 年 6 月均价 3650 元/平方米，2013 年 7 月均价 6020 元/平方米，2015 年 9 月均价 6369 元/平方米。

2015 年，晴山蓝城住户数 3654 户，实住在籍人口 7213 人。

## 三、盛岸花园

盛岸花园位于惠山区盛岸西路与钱威路交界处，东至隆泉园，南至盛岸西路，西至钱威路，北至盛德路，属华新社区管辖。盛岸花园项目建设投资总金额 4.19 亿元，占地总面积 86000 平方米，建筑面积 223966 平方米。建筑结构、类型有砖混、板楼、多层、小高层。

盛岸花园建设分 3 期进行。一期工程于 2003 年 1 月开工，2003 年 11 月竣工，计 318 套，均价 1800 元/平方米；二期工程于 2003 年 12 月开工，2005 年 1 月竣工，计 302 套，均价 2500 元/平方米。一期、二期建配套用房面积 150 平方米、地下室面积 1800 平方米。三期工程于 2004 年 7 月开工，2006 年 6 月竣工，计 967 套，均价 3200 元/平方米。三期建配套用房面积 350 平方米、地下室面积 1930 平方米。

图 2—12—16　盛岸花园

2015 年，盛岸花园商品房小区实住在籍人口 2146 人，其中 31~43 号为安置房，安置 2002 年 2 月盛岸西路建设工程施工拆迁的华新村高草棚、小园里自然村 69 户居民。

## 四、金岸世家

金岸世家位于钱桥街道钱桥大街北侧（原农药厂厂址），东至沿山河，南至金岸路，西至通溪路，北至洋溪河，属晴山蓝城社区管辖。金岸世家项目建设总投资 2.5 亿元。

金岸世家开工时间为 2009 年 7 月 22 日，竣工时间为 2010 年 5 月 3 日。总用地面积 49272.6 平方米，总建筑面积 105984.0 平方米。建有商品房总套数 525 套。另有酒店式公寓、高层住宅、商铺共 284 套。

图 2—12—17 金岸世家

2015 年，金岸世家实住人口 1114 人。

## 五、金龙公寓

金龙公寓位于无锡市惠山区钱桥街道钱桥大街，东至通溪路，南至钱桥大街、苏庙金岸上，西至金龙酒店，北至金岸小区，属晴山蓝城社区管辖。

一期工程占地总面积 15564.9 平方米，建筑总面积 15607 平方米，项目建设总投资 4500 万元，建成商品房总套数 145 套。开工时间为 2006 年 5 月 18 日，竣工时间为 2008 年 1 月 31 日。

图 2—12—18 金龙公寓

二期工程占地总面积 24902.8 平方米，建筑总面积 61711 平方米，项目建设总投资 2 亿元，建成商品房总套数 284 套。开工时间为 2012 年 4 月 28 日，竣工时间为 2014 年 4 月 25 日。

2015 年，金龙公寓实住在籍人口 580 人。

## 六、苹果园

图 2—12—19 苹果园

苹果园位于省道 S342 线与藕塘大道交会处，东临东风原田庄巷河道、与盛世翡翠隔河相望，南至政新路，西至藕塘大道，北至省道 S342 线，属藕乐苑社区管辖。苹果园项目建设总投资 5 亿元，占地总面积 79022 平方米。

苹果园房型有多层住宅、公寓花园洋房、小高层住宅。建筑总面积 164461 平方米，其中住宅用房面积 117444 平方米、1190 套，商业用房面积 16460 平方米。

苹果园开发建设共分为 3 期。一期开盘时间为 2008 年 6 月 28 日，交付时间为 2009 年 10 月，销售 325 套；二期开盘时间为 2011 年 12 月 2 日，交付时间为 2012 年 4 月 30 日，销售 337 套；三期开盘时间为 2012 年 6 月 10 日，交付时间为 2013 年 9 月 10 日，销售 528 套。2013 年 7 月 9 日销售价格为均价 4800 元/平方米；2014 年 7 月 30 日均价 5700 元/平方米；2015 年 7 月 1 日均价 5400 元/平方米。

2015 年，苹果园实住在籍人口 410 人。

## 七、盛世翡翠苑

图 2—12—20 盛世翡翠苑

盛世翡翠苑位于省道 S342 线与藕洛路交会处，东至藕洛路，南至藕乐汇生活广场，西隔河与苹果园相望，北至省道 S342 线，属藕乐苑社区管辖。盛世翡翠商品房小区项目建设总投资 3500 万元。

盛世翡翠房型有多层住宅、小高层住宅、高层住宅。建筑总面积 68942.48 平方米，共建商品房 604 套。

盛世翡翠开发建设共分 3 期。一期开盘时间为 2011

年10月底，交付时间为2012年4月4日；二期开盘时间为2012年6月30日；三期开盘时间为2014年5月。

2012年12月，销售价格高层均价为4800元/平方米，二期花园洋房销售均价为7000元/平方米，三期销售均价为5000元/平方米；2014年10月，高层销售均价为5500元/平方米；2015年9月，高层销售均价为5400元/平方米。

2015年，盛世翡翠实住在籍人口195人。

## 八、龙栖湾花园

龙栖湾花园位于钱桥街道钱藕路北侧，东至施巷河，南至钱藕路（锡陆路），西至无名路，北至洋溪河，属藕塘社区管辖。龙栖湾花园商品房小区项目建设总投资2.75亿元。

图2—12—21　龙栖湾花园

龙栖湾花园建筑总面积95566平方米，总套数638套。配套用房面积1919.13平方米，地下室面积11439.14平方米

小区开发建设分二期进行：一期开工时间为2005年7月，竣工时间为2007年1月；二期开工时间为2012年9月，竣工时间为2014年6月。

2015年，龙栖湾花园实住在籍人口350人。

## 九、隆泉园

隆泉园位于盛岸西路北侧，仁和皇家花园南侧，东至山北街道，南至盛岸西路，西至盛岸花园，北至盛德路。隆泉园商品房小区项目建设总投资2.7亿元。

图2—12—22　隆泉园

隆泉园占地总面积85000平方米，建筑总面积111106.21平方米。商品房总套数902套。房型为多层住宅。

隆泉园商品房小区建设开工时间为2003年，竣工时间2005年。是年，销售均价为2800元/平方米。

2015年，隆泉园实住在籍人口905人。

## 十、隆舜园

隆舜园位于钱荣路、惠钱路、锡陆路交会处钱荣路309号，东至钱荣路，南至荣巷街道勤新社区，西至埭桥，北至钱藕（锡陆）路。隆舜园项目建设总投资额为3.9亿元。

图2—12—23　隆舜园

隆舜园占地总面积63197.8平方米，建筑总面积93597平方米。开工时间为2007年，竣工时间2009年。是年，销售均价为4475元/平方米。

房型有多层住宅、酒店式公寓、小高层住宅、商铺、办公用房、联排别墅、双拼别墅，共计691套。

2015年，隆舜园入住户数691户，实住在籍人口905人。

## 十一、乐泉花园

乐泉花园位于盛岸西路与钱威路交界处东南，东至玉泉步行街，南至站头新村二期，西至钱威路，北至盛岸西路，属钱桥社区管辖。乐泉花园商品房小区项目建设总投资1.1亿元。

乐泉花园占地总面积19999.4平方米，建筑总面积47154平方米；另有公建配套（含地下室）

面积 1499.5 平方米。商品住房总套数 352 套，房型有二房一厅、三房一厅。

乐泉花园开工时间为 2005 年 3 月 3 日，竣工时间为 2006 年 10 月 31 日。是年，开盘均价 3240 元/平方米。

2015 年，乐泉花园实住在籍人口 663 人。

图 2—12—24　乐泉花园

## 十二、乐多花园

乐多花园位于盛岸西路与钱威路交界西南处，东至钱威路，南至锡兴钢铁厂，西至港龙广场，北至盛岸西路，属钱桥社区管辖。乐多花园项目建设的总投资 0.9 亿元。

乐多花园占地总面积 21315.4 平方米，建筑面积 52900 平方米，商品住房总套数 363 套。房型有二房一厅、三房一厅。另有公建配套（含地下室）面积 4876.64 平方米。

乐多花园开工时间为 2003 年 12 月 1 日；开盘时间为 2004 年 1 月 10 日，开盘均价 2580 元/平方米；竣工时间为 2005 年 11 月 18 日。

2015 年，乐多花园入住在籍人口 773 人。

图 2—12—25　乐多花园

## 十三、龙韵怡景苑

龙韵怡景苑位于无锡市惠钱路北侧，东至无锡华顺食品有限公司，南至惠钱路，西为春惠苑，北临洋溪河，属钱桥社区管辖。龙韵怡景苑项目建设总投资 1.2 亿元。

小区占地总面积为 18543 平方米，建筑面积为 42203 平方米，绿化率达 38.5%。建筑结构和类型有砖混、板楼、多层、高层、小高层、花园洋房。

图 2—12—26　龙韵怡景苑

龙韵怡景苑开发建设共分 3 期。开盘时间分别为 2008 年、2009 年、2010 年 7 月。2009 年 7 月 13 日，销售均价 4100 元/平方米；2010 年 7 月 14 日，销售均价 5700 元/平方米；2011 年 7 月 14 日，销售均价 6000 元/平方米；2012 年 7 月 13 日，销售均价 6000 元/平方米；2015 年 8 月，商住销售均价 6174 元/平方米，别墅销售均价 6800 元/平方米。

2015 年，龙韵怡景苑实住在籍人口 595 人。

## 十四、欣欣苑

欣欣苑位于钱藕（锡陆）路南侧，东至欣欣山庄，南至小河区域内所建居民住宅区，西至钱桥带材厂，北至农村商业银行钱桥支行，属苏庙社区管辖。欣欣苑项目建设总投资 2000 万元。

欣欣苑占地总面积 16000 平方米，建筑总面积 19319.12 平方米。开工建设时间为 2001 年，竣工时间为 2005 年。是年，销售均价为 1300 元/平方米。

欣欣苑建筑结构和类型有砖混、板楼，多层、高层，共建 82 套。

图 2—12—27　欣欣苑

2015 年，欣欣苑实住在籍人口 390 人。

## 十五、育才公寓

育才公寓位于钱桥大街与育才路交界处，东至育才路，南至钱桥中心小学，西至李巷自然村，北至钱桥大街，属苏庙社区管辖。育才公寓商品房小区项目建设的投资总金额为4000万元。

图2—12—28　育才公寓

育才公寓占地总面积15000平方米，建筑面积16282.98平方米。建筑结构有砖混、板楼；类型有6层、11层。商品住房101套。

育才公寓建设开工时间为2002年，竣工时间为2004年。是年，销售均价为2000元/平方米。

2015年，育才公寓实住在籍人口93人。

## 十六、钱桥新村

钱桥新村位于钱桥街道镇区中心位置，东至振兴街，南至钱藕路，西至育才路，北至钱桥大街，属晴山蓝城社区管辖。钱桥新村项目建设投资总金额0.4亿元。

图2—12—29　钱桥新村

钱桥新村占地总面积63000平方米，建筑面积68582.16平方米。小区建设开工时间为1988年，竣工时间为1989年。是年，销售均价为900元/平方米。

2015年，钱桥新村实住在籍人口2362人。

## 十七、香缇半岛

香缇半岛位于上伟路南侧，东至香缇路洋溪人家小区，南至洋溪河，西至庙塘河洋溪绿园，北至上伟路，属洋溪社区管辖。香缇半岛商品房小区项目建设投资总金额1.22亿元。

图2—12—30　香缇半岛

香缇半岛分二期建设。一期一标段土地总面积85404平方米，建筑总面积61653平方米。商品住房均为框架结构，分别有5层、10层、11层。开工时间为2013年7月15日，竣工时间为2014年11月15日。

二期XDG—2009—75地块总建筑面积56530平方米，建有14栋单体、4栋小高层。楼层为地下二层，地上10~11层。另有10幢5层花园洋房。开工时间为2013年7月15日，竣工时间为2014年7月15日。开盘时间为2014年10月1日，销售住宅均价6500元/平方米，别墅均价9000~14000元/平方米。

## 十八、百乐和园

百乐和园位于盛岸西路与佰乐路路口，东至佰乐路，南至玉泉公园，西至玉泉街，北至盛岸西路，属钱桥社区管辖。百乐和园项目建设投资总金额63838万元。

图2—12—31　百乐和园

百乐和园占地总面积29375.6平方米，建筑面积63046.86平方米。建筑类型有别墅、洋房、高层。商品住房总套数396

套，配套商铺 19 套。

百乐和园开工建设时间为 2011 年 1 月 31 日，竣工时间为 2012 年 4 月 30 日。是年，开盘销售均价 7100 元/平方米。

2015 年，百乐和园入住在籍人口 99 人。

## 十九、恒泰商业广场商品房小区

恒泰商业广场商品房小区位于钱桥大街与钱威路交会处西北侧，东至钱威路，南为恒泰商业广场商业区，西至塘泗桥，北至洋溪河。恒泰商业广场商品房小区项目建设投资总金额 3 亿元。

恒泰商业广场商品房小区占地面积 20000 平方米，建筑面积 53000 平方米，皆为高层建筑。商品房 264 套，2012 年开盘，开盘均价 5200 元/平方米。

2015 年，恒泰商业广场商品房小区住户数 239 户，实住在籍人口 351 人。

图 2—12—32 恒泰商业广场

1989~2015 年钱桥（镇）街道辖区开发商品房小区一览表

表 2—12—2 单位：万元、平方米

| 商品房小区名称 | 开发商 | 投资金额 | 土地面积 | 建筑面积 | 竣工时间 |
|---|---|---|---|---|---|
| 美林湖花园 | 无锡中富置业有限公司 | 56000.0 | 98786.3 | 300000.00 | 一期：2009 年 6 月<br>二期：2010 年 6 月<br>三期：2012 年 6 月<br>四期：2013 年 12 月 |
| 晴山蓝城 | 无锡华强房地产开发有限公司 | 194000.0 | 316626.3 | 598253.00 | 一期：2009 年 12 月<br>二期：2010 年 12 月<br>三期：2012 年 1 月<br>四期：2012 年 6 月 |
| 盛岸花园 | 无锡苏嘉房地产有限公司 | 41900.0 | 86000.0 | 223966.00 | 一期：2003 年 11 月<br>二期：2005 年 1 月<br>三期：2006 年 6 月 |
| 金岸世家 | 无锡华宸置业发展有限公司 | 25000.0 | 49272.6 | 105984.00 | 2010 年 5 月 |
| 金龙公寓 | 无锡市欣宏房地产开发有限公司 | 24500.0 | 15564.9 | 15607.00 | 2008 年 1 月 |
| | | 20000.0 | 24902.8 | 61711.00 | 2014 年 4 月 |
| 苹果园 | 无锡市藕塘房地产开发有限公司 | 50000.0 | 79022.0 | 164461.00 | 一期：2009 年 10 月<br>二期：2012 年 4 月<br>三期：2013 年 9 月 |
| 盛世翡翠苑 | 无锡市盛世房地产开发有限公司 | 3500.0 | 41768.9 | 68942.48 | 一期：2011 年 10 月<br>二期：2012 年 6 月<br>三期：2014 年 5 月 |
| 龙栖湾花园 | 无锡苏嘉房地产开发有限公司 | 27500.0 | 60645.7 | 95566.00 | 一期：2007 年 1 月<br>二期：2014 年 6 月 |
| 隆泉园 | 无锡市钱桥房地产开发有限公司 | 27000.0 | 85000.0 | 111106.21 | 2005 年 |
| 隆舜园 | 无锡市钱桥房地产开发有限公司 | 39000.0 | 63197.8 | 93597.00 | 2009 年 |
| 乐泉花园 | 无锡市乐多房地产开发有限公司 | 11000.0 | 19999.4 | 47154.00 | 2006 年 10 月 |
| 乐多花园 | 无锡市乐多房地产开发有限公司 | 9000.0 | 21315.4 | 52900.00 | 2005 年 11 月 |
| 龙韵怡景苑 | 无锡市乐多房地产开发有限公司 | 12000.0 | 18543.0 | 42203.00 | 一期：2009 年 7 月<br>二期：2010 年 7 月<br>三期：2011 年 7 月<br>四期：2012 年 7 月<br>五期：2015 年 8 月 |
| 欣欣苑 | 无锡市钱桥房地产开发有限公司 | 2000.0 | 16000.0 | 19319.12 | 2005 年 |
| 育才公寓 | 无锡市钱桥房地产开发有限公司 | 4000.0 | 15000.0 | 16282.98 | 2004 年 |
| 钱桥新村 | 无锡市钱桥房地产开发有限公司 | 4000.0 | 63000.0 | 68582.16 | 1989 年 |

续表 2—12—2　　单位：万元、平方米

| 商品房小区名称 | 开发商 | 投资金额 | 土地面积 | 建筑面积 | 竣工时间 |
|---|---|---|---|---|---|
| 香缇半岛 | 无锡瑞城置业有限公司 | 12208.4 | 85404.0 | 118183.00 | 一期一标段：2014 年 11 月<br>二期 XDG-2009-75：2014 年 7 月 15 日 |
| 百乐和园 | 无锡天盛置业有限公司 | 63838.0 | 29375.6 | 63046.86 | 2012 年 4 月 |
| 恒泰商业广场商品房小区 | 无锡恒达中环国际房地产开发有限公司 | 30000.0 | 20000.0 | 53000.00 | 2012 年 |

## 二十、规模较小的商品房小区和商品房点

钱桥街道除 2003~2014 年开发建设 19 个具有一定规模的商品房小区外，另有于 1981~2004 年先后开发建设的 16 个规模较小的商品房小区和商品房点。

1981~2004 年钱桥、藕塘（公社、乡）镇开发建设规模较小的商品房小区一览表

表 2—12—3　　单位：套、人

| 小区名称 | 地理位置 | 所属管辖社区 | 建造年份 | 套数 | 2015 年实住在籍人数 |
|---|---|---|---|---|---|
| 惠钱路 69 号、73 号 | 惠钱路（惠景花园）南面 | 钱桥 | 1981 | 40 | 138 |
| 惠钱路 141 号 | 东至总参干休所，南至惠钱路，西至钱威路，北至中国银行 | 钱桥 | 1985 | 57 | 144 |
| 杨树岸新村 | 东至 8724 部队，南至 8724 部队，西至兴杨弄，北至惠钱路 | 钱桥 | 1990 | 284 | 432 |
| 花园路小区 | 东至钱桥老街，南至花园路安置房，西至钱威路，北至花园路 | 钱桥 | 1995 | 132 | 262 |
| 阳光小区 | 东至阳光饭店，南至戴巷浜，西至新江南大厦，北至江海西路 | 晓丰 | 1997 | 12 | 36 |
| 惠钱路 280 号、284 号、286 号 | 东至复兴村，南至惠钱路，西至钱威路，北至新民新村 | 钱桥 | 1998 | 48 | 118 |
| 周巷新村 | 东至玉泉公园，南至玉泉路，西至钱威路，北至钱桥居委 | 钱桥 | 1999 | 378 | 682 |
| 铁狮新村 | 东至钱桥老街，南至机电皮件厂，西至钱威路，北至钱桥老街 | 钱桥 | 1999 | 72 | 133 |
| 复兴村 | 东至春惠苑，南至惠钱路，西至迎龙路，北至东巷街 | 钱桥 | 1999 | 47 | 83 |
| 梅林春苑 | 东至华润家舍，南至锡陆路，西至邵巷新村，北至邵巷新村 | 晴山蓝城 | 2000 | 168 | 496 |
| 育才路 98 弄 | 东至育才路，南至钱桥大街，西至苏庙李巷，北至钱桥中学 | 晴山蓝城 | 2000 | 54 | 519 |
| 南街 91 号 | 东至也园路，南至南街，西至桥南老街，北至洋溪河 | 钱桥 | 2001 | 42 | 94 |
| 新民新村 | 东至复兴村，南至惠钱路，西至钱威路，北至迎龙路 | 钱桥 | 2002 | 168 | 568 |
| 藕苑新村 | 东临藕乐苑，南至藕塘北路，西至政新北路，北至上伟路 | 藕塘 | 2002 | 276 | 200 多 |
| 开源公寓 | 东至西巷弄，南至百乐皮件厂，西至钱威路，北至洋溪河 | 钱桥 | 2004 | 144 | 423 |
| 陈家岸新村 | 东至华业华特有限公司，南至陈家岸村，西至玉泉河，北至玉泉路 | 钱桥 | 2004 | 24 | 771 |

## 二十一、化解老新村商品房物业管理难点

钱桥新村、华润小区建造于 20 世纪 90 年代，建筑面积 9 万余平方米，居住居民 835 户，为商品房老新村。由于老新村没有物业公司管理，平时保洁、垃圾清运只能由钱桥街道“贴钱”来承担。2010~2013 年，作为钱桥街道为民办实事的项目，政府投入数百万元，分别对这两个老新村的道路、绿化、停车位、管网、外墙、屋顶等硬件设施进行全面升级。2011 年，钱桥新村由苏润物业公司进驻管理。2014 年，华润小区由苏润物业公司进驻管理。

# 第十三章 环境保护

进入 21 世纪，钱桥（镇）街道在经济发展和城市化建设方面取得显著成绩的同时，注重人与社会、人与自然的协调发展，既要金山银山，更要绿水青山，将生态环境建设作为可持续发展、造福子孙后代的头等大事来抓，采取扎实措施，对遭到破坏的绿地、山林、空气、水环境等进行生态修复，大力促进经济建设和生态环境的和谐发展，地表水、空气、声环境质量、重点工业污染源排放初步达到环境规划要求，生活垃圾无害化处理。钱桥污水处理厂一期工程竣工投产后，生活污水集中处理率达 71.17%。清洁能源普及率为 75.67%。农用化肥施用强度 271.3 公斤/公顷（折纯），主要农产品农药残留合格率为 100%。农作物秸秆综合利用率为 96.7%。境内自来水普及率为 100%，农村生活饮用水卫生合格率为 100%，城镇公厕建设与管理达到国家卫生镇标准，镇区住户均享有卫生厕所，辖区内农户卫生厕所覆盖率达 88.56%，其中无害化卫生厕所覆盖率达 38.9%。辖区内生态环境优美。人均公共绿地面积 12.5 平方米，主要道路绿化普及率为 100%，森林覆盖率为 24.6%，农田林网化率为 77.7%，水土流失治理率为 100%。2000 年 9 月，钱桥镇被江苏省爱国卫生运动委员会表彰为江苏省卫生镇。2005 年 3 月，钱桥镇被中共无锡市委、无锡市人民政府表彰为生态环境建设先进镇。2007 年 8 月，钱桥镇被江苏省环境保护委员会表彰为江苏省环境优美乡镇。2008 年，钱桥街道被评为全国城市生态恢复可持续发展示范区。2015 年，钱桥街道严格落实“河长制”，同时实行水上无人机、水面冲锋舟、堤岸徒步巡的立体巡河新模式，集中力量打好黑臭水体歼灭战、断面达标攻坚战、水质提升持久战，确保街道、社区两级 113 条大小河道水质持续改善。是年，辖区内锡兴钢铁公司全厂停产，拆除高炉、转炉，并通过环保部的现场核查。

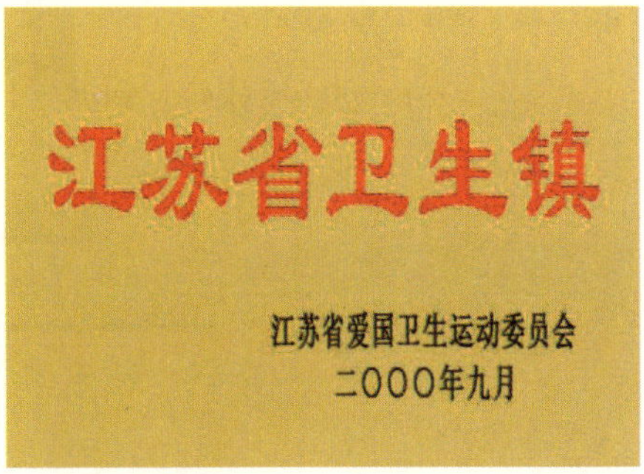


图 2—13—1 2000 年 9 月，钱桥镇被江苏省爱国卫生运动委员会表彰为江苏省卫生镇

图 2—13—2 2005 年 3 月，钱桥镇被中共无锡市委、无锡市人民政府表彰为生态环境建设先进镇

图 2—13—3 2007 年 8 月，钱桥镇被江苏省环境保护委员会表彰为江苏省环境优美乡镇

## 第一节 机构设置

1986 年 5 月，钱桥乡、藕塘乡分别设置一名环保员，赵晋高、黄月平分别为钱桥乡、藕塘乡第

一任环保员。1987年，钱桥镇、藕塘乡相继建立环境保护办公室。环境保护办公室设在村镇建设办公室，钱桥镇薛子明任村镇建设办公室副主任，分管环保工作。1991年7月，钱桥镇、藕塘乡环保员为乡、镇人民政府助理，列入乡镇机关编制。乡镇环保员接受分管环保工作的乡镇长领导，业务上接受无锡县环保局指导。1997年6月，锡山市环境监理站更名为锡山市环境监理大队，下设6个环境监理中队，钱桥镇为其中设立环境监理中队之一。2004年，钱桥、藕塘两镇合并，藕塘镇1名环保员并入钱桥环境监理中队。2005年，钱桥镇建立环境保护组织网络，镇长华亚军为责任人。

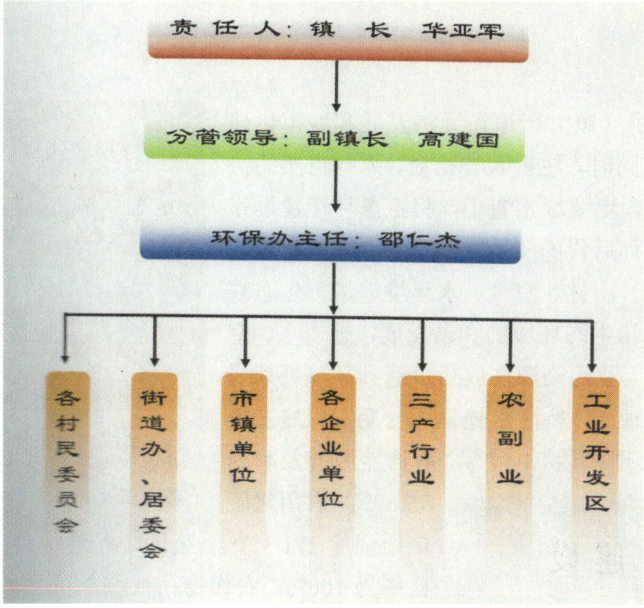


图2—13—4 2005年钱桥镇建立环境保护组织网络图

2007年，太湖水蓝藻爆发后，无锡（藕塘）职教园、钱桥镇设立环保分局。是年8月15日，环保分局下设综合管理科、环境监察科、水务管理办公室3个职能科室。2015年，钱桥街道环保分局共有13人，其中局长1人、副局长2人，综合管理科3人、环境监察科3人、水务管理办公室4人。

## 第二节 环境污染

20世纪50年代，钱桥、藕塘地区少有工业企业，工业污染少；农民种田施用自然肥料，污染源少；自然空间自净能力较强，空气清新，河水清澈，农村及居民主要饮用河水。60年代，农民种田使用少量化肥，大量使用“六六六”“滴滴涕”等农药，加上城市污染水流入农村，钱桥、藕塘地区环境开始受到污染。70年代，农田片面追求复种指数，大量施用化肥、农药。农田中部分化肥和农药随水排入河中，造成水体富营养和环境轻度污染。80年代以后，钱桥、藕塘地区乡镇企业崛起，化工、印染、电镀等行业上马后治污措施没有及时到位，所产生的废水、废气、废渣污染环境。同时，大量农业劳动力转向工业，农村以河泥、大粪、垃圾等作为有机肥料的人工生态循环活动基本停止，河道淤塞、河床抬高、水质下降，加上人流物流量剧增，大量的生活垃圾、生活污水以及超标的机动车辆尾气、噪音，使环境受到严重危害。

### 一、山林破坏

钱桥、藕塘境内有6座矿山，始开采于20世纪六七十年代，处于计划经济时期，没有很好地规划、利用和保护。由于矿山进行大规模开采，原有的植被、植物群落被逐渐破坏，山体水土流失严重，日益破坏自然景观和生态景观，造成矿区和周边环境的极不协调。矿区附近地表弃渣、废石随意堆放，使周边部分农田形成荒坡、荒地。大风一起，沙粒、尘土飞扬，严重影响矿区附近居民的身体健康和生存环境。

## 二、能源结构不合理

20世纪八九十年代，钱桥、藕塘地区的经济增长方式还是粗放型，在资源、环境方面付出很大的代价，工业能源煤炭消费比例大，优质能源消费比例小。其时，煤炭类、油类能源的大量使用，对环境造成较大污染。进入21世纪初，钱桥（镇）街道工业发达，企业众多，加上胜丰工业园、西漳工业园、溪南工业园、东风工业园、恒源祥工业园等大小工业园穿插其中，主导产业是冶金、印染、纺织等，传统产业比重大，传统能源能耗多，能源消费结构不尽合理，环境污染加重。

## 三、河道、河水破坏

钱桥地区冶金企业数量众多，由于产业结构粗放，环保意识不强，20世纪八九十年代企业直排式的水处理方式曾令区域内“黄河”“黑河”泛滥，严重影响人民群众的生活，破坏钱桥、藕塘地区的青山绿水。90年代的井亭河是钱桥、藕塘地区水质最为恶劣的河道之一，绒线厂、印染厂排放的生产污水、生活污水导致河水又黑又臭，站在马路边就能闻到河中散发出来的臭味，河水黑得像墨汁，毛笔蘸着就能写字。西漳河、胜丰河沿河的冶金酸洗废水导致河水长期泛黄，河面油污遍布，水质常年为劣五（Ⅴ）类，成为“黄河”。

**2004年钱桥镇部分河道水质状况检测表**

表2—13—1　　　　单位：毫克/立方米

| 河流名称 | 河道等级 | 监测断面名称 | 溶解氧 | 氨氮 | 总磷 | 高锰酸盐指数 | 目前水质类别 |
|---|---|---|---|---|---|---|---|
| 洋溪河 | 省市级 | 刘塘桥 | 2.48 | 2.39 | 0.26 | 8.00 | 劣Ⅴ |
| | | 藕塘大桥 | 2.87 | 2.23 | 0.21 | 7.50 | 劣Ⅴ |
| | | 若冰桥 | 2.78 | 3.20 | 0.53 | 7.70 | 劣Ⅴ |
| 直湖港 | 省市级 | 船浜头 | 3.61 | 2.88 | 0.29 | 6.80 | 劣Ⅴ |
| 南西漳河 | 镇　级 | 松龄桥 | 1.67 | 4.66 | 0.21 | 8.60 | 劣Ⅴ |
| | | 南西漳河入京杭运河口 | 2.62 | 7.64 | 0.45 | 11.00 | 劣Ⅴ |
| 横塘桥河 | 县　级 | 庙桥 | 3.45 | 0.48 | 0.59 | 6.00 | 劣Ⅴ |
| 盛店港 | 县　级 | 粮库旁 | 3.17 | 1.80 | 0.17 | 6.20 | Ⅴ |
| | | 麻姑桥 | 3.17 | 2.50 | 0.17 | 7.20 | 劣Ⅴ |
| 向阳河 | 镇　级 | 经二路桥 | 2.68 | 5.90 | 0.42 | 12.80 | 劣Ⅴ |
| 杨毛岸河 | 镇　级 | 听松桥 | 3.77 | 0.50 | 0.17 | 8.20 | Ⅳ |
| 毛村园河 | 镇　级 | 毛村园 | 3.52 | 0.75 | 0.18 | 13.30 | Ⅴ |
| 胜丰河 | 镇　级 | 宋家桥 | 6.70 | 7.31 | 0.43 | 13.80 | 劣Ⅴ |
| 三条河 | 镇　级 | 友谊桥 | 2.02 | 14.60 | 0.45 | 17.70 | 劣Ⅴ |
| 夏虞河 | 镇　级 | 夏虞桥 | 6.50 | 3.62 | 0.14 | 14.70 | 劣Ⅴ |
| 大坝漕 | 镇　级 | 钱藕路桥 | 1.63 | 2.34 | 0.67 | 18.70 | 劣Ⅴ |
| 虎路沟 | 镇　级 | 黄土桥 | 3.66 | 1.43 | 0.16 | 6.50 | Ⅳ |
| 田庄浜 | 镇　级 | 东风桥 | 3.61 | 4.57 | 0.28 | 13.30 | 劣Ⅴ |
| 唐西浜 | 镇　级 | 跃进桥 | 3.30 | 0.14 | 0.36 | 7.60 | Ⅴ |
| 大张巷浜 | 镇　级 | 大张巷桥 | 2.79 | 0.42 | 0.33 | 6.80 | Ⅴ |
| 施巷浜 | 镇　级 | 锡陆路桥 | 2.45 | 5.32 | 0.64 | 9.20 | 劣Ⅴ |
| 转双桥河 | 镇　级 | 转双桥 | 2.98 | 6.20 | 0.46 | 13.30 | 劣Ⅴ |
| 徐塘湾浜 | 镇　级 | 友谊桥 | 3.11 | 7.12 | 0.36 | 11.30 | 劣Ⅴ |
| 井亭河 | 镇　级 | 藕塘绒线厂旁 | — | 2.51 | 0.20 | — | 劣Ⅴ |
| 梅巷浜 | 镇　级 | 梅巷村道旁 | — | 7.76 | 0.34 | 12.40 | 劣Ⅴ |
| 江胜河 | 镇　级 | 江胜桥 | — | — | — | — | Ⅴ |
| 庙塘桥河 | 镇　级 | 木塘桥（鸭船浜） | 5.02 | 4.71 | 0.10 | 4.60 | 劣Ⅴ |

## 四、空气质量恶化

20世纪末，钱桥、藕塘地区一根根烟囱高高竖起，空中浓烟滚滚。加上农民在野外燃烧秸秆，对辖区内大气环境的质量造成严重影响，空气中所含污染物质增多，区域内大气环境质量恶化，影响人体健康。

## 五、固废处理渐趋严峻

钱桥、藕塘地区的固体废弃物主要有生活垃圾和工业固废。20世纪末，钱桥、藕塘地区每年的生活垃圾产生量为4万多吨。工业固废大部分是炉渣和冶炼渣，小部分是废水处理后的污泥及其它固废。21世纪初，钱桥街道每年煤渣产生量约为2.65万吨，工业污泥产生量约为1万吨。

## 六、放射源污染环境

由于钱桥街道产业结构的特点，冷轧企业较多，因此放射源也多。21世纪初，辖区内33家企业有放射源，共计252枚放射源，占惠山区放射源总量的70%。主要放射源为AM214测厚仪，还有19家单位用的是X射线。

2001年钱桥镇相关企业放射源单位及数量统计表

表2—13—2　　单位：枚

| 企业名称 | 数量 | 企业名称 | 数量 |
|---|---|---|---|
| 无锡爱邦辐射技术有限公司 | 27 | 无锡豪普金属制品有限公司 | 6 |
| 无锡市江南不锈钢特种材料厂 | 3 | 无锡市海鼎冷轧带钢有限公司 | 6 |
| 无锡顺特金属制品有限公司 | 2 | 无锡市群力精密合金板带有限公司 | 7 |
| 无锡市钱桥不锈钢冶炼厂 | 3 | 无锡市钱桥带材有限公司 | 7 |
| 无锡市钱威金属压延有限公司 | 3 | 无锡勇达钢带有限公司 | 6 |
| 无锡发达冷轧有限公司 | 3 | 无锡市聚泰薄板有限公司 | 7 |
| 无锡华兰钢带有限公司 | 4 | 无锡市华工薄板有限公司 | 10 |
| 无锡市瑞宏冷轧带钢有限公司 | 4 | 无锡市广润金属制品有限公司 | 8 |
| 无锡市瑞华不锈钢有限公司 | 4 | 无锡钱桥带钢有限公司 | 9 |
| 无锡市雄诚冷轧带钢有限公司 | 5 | 无锡百盛钢带有限公司 | 10 |
| 无锡市盈凯冷轧钢管有限公司 | 5 | 无锡华生精密材料股份有限公司 | 10 |
| 无锡吉辰钢带有限公司 | 5 | 无锡市鸿成冷轧有限公司 | 12 |
| 无锡苏嘉创奇冷轧带钢有限公司 | 6 | 无锡市华精钢带有限公司 | 25 |
| 无锡市华力薄板有限公司 | 6 | 无锡市华特钢带有限公司 | 27 |
| 无锡市创威冷轧有限公司 | 6 | 无锡市永昊不锈钢材料厂 | 3 |
| 无锡波龙精密带钢有限公司 | 6 | 无锡市挺盛金属制品有限公司 | 4 |
| 无锡市品盛金属制品有限公司 | 3 | 合计 | 252 |

# 第三节　环境治理

进入21世纪，钱桥镇党委、政府，钱桥街道党工委、办事处以“生态优先”的理念指导村镇建设，以“循环利用”的理念发展经济，以“上下联动”的理念推进环境治理，在区域内营造一个适于生产、宜于人居的绿色家园，打造水清、树绿、山青的生态空间，让钱桥、藕塘人民喝上干净的水，呼吸清洁的空气，吃上放心的食物，在优美的环境中生产、生活。

图2—13—5　2006年9月17日，钱桥镇党委、政府召开创建省级环境优美乡镇动员大会

## 一、成立领导小组

2004年6月30日，钱桥镇成立烟尘控制区、噪声达标区建设领导小组；12月21日，成立钱桥镇印染行业、电镀行业专项整治领导小组。2005年8月21日，成立钱桥镇惠山青龙山殡葬整治工作领导小组；10月11日，成

立钱桥镇环保卫生综合整治暨城管创优工作督查领导小组。2006 年 2 月 14 日，成立钱桥镇冶金酸洗行业专项整治领导小组；7 月 6 日，成立钱桥镇河道长效管理领导小组。

## 二、出台环境治理文件

2004 年 7 月 5 日，钱桥镇人民政府出台《关于加强烟尘控制管理的若干意见》。2005 年 2 月 28 日，出台《钱桥镇环境保护工作要点》；4 月 18 日，出台《关于加强水污染防治的意见》；5 月 22 日，钱桥镇的区、镇人大代表、政协委员 21 人对全镇环保治理工作进行视察后，于 5 月 29 日出台《关于人大代表、政协委员视察镇环境保护工作情况的报告》；7 月 15 日，镇政府出台《关于进一步加强环境保护的意见》；8 月 13 日，出台《关于建设清洁能源区的意见》；11 月 2 日，出台《人大代表对钱桥镇环境卫生综合整治和环境保护工作的建议和意见》。2006 年 4 月 23 日，出台《钱桥镇环境建设规划》；4 月 28 日，出台《钱桥镇创建全国环境优美乡镇活动方案》；4 月 29 日，出台《钱桥镇实施“路长制”镇分管领导责任分工管理工作意见》；5 月 12 日，出台《关于镇区生活污水实行统一集中处理的暂行规定》。

图 2—13—6　2006 年钱桥镇环境保护规划图

## 三、开展环境治理宣传

钱桥镇在镇区和居民居住区设立环保宣传橱窗，2006 年，在区域内设立大型环保公益广告牌、灯箱等 2000 多条（块），编印《环保知识进万家》宣传资料 23 期。

2006 年钱桥镇环保宣传阵地一览表

表 2—13—3　　　　单位：平方米

| 形式 | 地址 | 面积 | 小计 | 形式 | 地址 | 面积 | 小计 |
|---|---|---|---|---|---|---|---|
| 宣传橱窗 | 钱桥新村 2 号楼 | 6.0 | 108.4 | 黑板报 | 桥南居委 | 2.00 | 10.92 |
| | 钱桥新村南门卫 | 6.0 | | | 桥北菜场东 | 1.92 | |
| | 钱桥镇政府大院东首 | 30.0 | | | 钱桥街道办大门对面 | 2.00 | |
| | 钱桥中心小学校门北 | 9.0 | | | 钱桥医院 | 5.00 | |
| | 杨树岸新村 | 8.0 | | 大型公益广告牌 | 中国银行对面 | 15.00 | 197.00 |
| | 邵巷新村邵巷路口 | 8.0 | | | 幼儿中心前面 | 18.00 | |
| | 桥南居委内 | 8.0 | | | 育才公寓东首 | 18.00 | |
| | 桥北菜场东 | 9.6 | | | 钱桥中学校门前 | 18.00 | |
| | 钱桥街道办大门对面 | 4.8 | | | 玉泉桥桥旁 | 14.00 | |
| | 钱桥医院 | 10.0 | | | 街道新兴路 | 6.00 | |
| | 工商分局院内 | 5.0 | | | 钱桥西街 | 108.00 | |
| | 育才路 | 4.0 | | 小型公益广告牌 | 钱桥农贸市场 | 3.00 | 113.00 |
| 黑板报 | 钱桥新村 | 9.0 | 14.0 | | 钱桥新村 | 35.00 | |
| | 金岸新村 | 3.0 | | | 苏庙村 | 40.00 | |
| | 新民新村 | 2.0 | | | 钱桥街道办 | 35.00 | |

2007~2009 年，钱桥街道组织开展“环保知识进万家”“争做环保小公民”环保知识讲座、环保征文比赛、环保知识竞赛、“路洁河清家乡美”摄影展等一系列宣传教育活动和绿色社区、生态村、绿色学校创建活动，营造人人关心环境保护、个个参与创建优美环境的浓厚氛围。

## 四、矿山整治

钱桥、藕塘地区南部为丘陵地带。20 世纪 60 年代，钱桥、藕塘公社相关大队在舜柯山、鸡笼山等山区开办钱桥、历村、舜一、勤建、林业（大队办）、井亭（公社办）等 6 家采矿厂。在近半个世纪的矿山开采过程中，矿山地质环境遭到严重破坏，被开采的山体悬崖陡壁，险象丛生，岩石裸露，矿区大片土地坑塘残丘，高低落差大，晴天尘土飞扬，雨天泥浆流淌，严重破坏舜柯山、鸡笼山一线丘陵的自然生态环境。

为加强矿山生态环境保护，2004 年，钱桥镇党委、政府（钱桥、藕塘两镇已合并）作出禁止开山采石的决定，关停勤建、林业、历村等 6 家矿山企业。是年，钱桥镇成立矿山整治工作领导小组，制定矿山整治计划，认真组织实施矿山治理的设计方案、招投标、施工、竣工验收等一系列工作。是年底，辖区内 6 家矿山企业全部关闭。

2005 年初，根据惠山区政府《惠山区矿山环境综合整治工作实施意见》的精神，钱桥镇把实施山体复绿和整治土地为目标的矿山环境整治工作作为“绿色无锡”工程的组成部分。惠山青龙山保护工程建设启动后，钱桥镇根据无锡市人大常委会关于将惠山青龙山建设成为重要的生态休闲胜地的定位要求，即调整森林公园区域内矿山环境综合整治的规划方案和实施要求。原先，只是考虑重点做好道路两侧范围内的宕口整治，后考虑到旅游休闲的功能定位，山林深处也常会有人游玩，因而不但考虑到景观，而且考虑到景观区的安全。为此，将森林公园范围内原来不在整治规划范围内的林业矿区、恒源祥矿区等也列入综合整治规划，调整综合整治方案。通过规划方案的调整，森林公园区域内所有的 6 个宕口全部得到安全和景观方面的综合整治，顺应森林公园功能定位的要求。钱桥镇政府针对舜柯山至鸡笼山一带沿线矿山因开挖、采石形成众多荒凉宕口的面貌，按照“修复山体、消除隐患、平整土地、绿化环境、恢复生态，实现经济效益、资源利用、环境保护、景观效果统一”的矿山环境综合整治标准，从保护生态环境、合理开发利用资源的实际出发，对需整治的钱桥采矿厂、历村采矿厂、舜一采矿厂和勤建采矿厂进行实地勘察，对需爆破清除的土石方量及坡面复绿面积进行测算，实行“一矿一方案”，编制 4 家采石矿区环境综合治理的可行性方案，制定科学合理的复垦复绿实施方案。矿山复垦工作进展较快，在清理浮石、消除地质灾害隐患后，是年 9 月，完成山坡平整面积达 20 多万平方米，矿山复绿工程付予实施。同时，钱桥镇加快推进矿山复耕复绿工程，采取降低坡面高度、坡面复绿、地面复耕绿化造景等多种形式进行整治。将开采后的裸露岩体进行遮掩复绿，种植绿色植物，形成新的自然景观。根据计划，在矿山复绿工程中引入市场机制，采取招标形式，加快整治步伐，吸引民间资本参与矿山复绿工作。9 月 23 日，钱桥镇召开采石宕口复垦招标会议。出席会议的有无锡市国土资源局主要职能处室的领导，无锡市第五公证处，惠山区区政府领导龚如清、惠山区国土局领导李长林，钱桥镇镇长华亚军及 6 家参拍单位的法人代表。共有 11 家单位报名参与竞标，其中 4 家单位中标，制定计划，全面落实矿山复绿整治。是年，在山体景观改造、充分利用耕地、环境优化等方面取得显著成绩。复绿工作在废弃矿山的矿区坡面上开设马道，形成 60° 的稳定坡面，既排除滑坡崩塌的地质灾害隐患，又为植被生长创造固土蓄水的条件，然后覆上厚度不小于 60 厘米的泥土，并整理复耕，形成可耕作耕地（旱地）。复绿苗木的选择以乔木、灌木为主，四季成活，常绿常青，突出“野生”内涵。结合旅游开发建设需要，在平面上适度建造健康文明的人造景观，美化环境，整合旅游资源。2005~2009 年，钱桥（镇）街道矿山整治上拨经费共 2812.2 万元，其中区政府拨款 257 万元、市政府拨款 751 万元、省政府拨款 100 万元、中央财政拨款 300 万元。

图 2—13—7　2005 年，井亭矿山的宕口在机械化整治

2005~2009 年钱桥（镇）街道矿山整治统计表

表 2—13—4　　单位：公顷、万元

| 矿山名称 | 平面整治 | | 坡面整治 | | 整治总资金 | 整治基金 | | | | | | 收支结余 |
|---|---|---|---|---|---|---|---|---|---|---|---|---|
| | 面积 | 资金 | 面积 | 资金 | | 余量资源费 | 市政府拨款 | 区政府拨款 | 省政府拨款 | 中央财政拨款 | 土地置换收益返回 | |
| 钱　桥 | 7.83 | 82.25 | 0.74 | 721.5 | 803.75 | 155 | 264 | 32 | — | — | 235 | - 117.75 |
| 历　村 | 7.83 | 124.25 | 0.61 | 591.5 | 715.75 | 225 | 254 | 27 | 100 | — | 355 | 245.25 |
| 舜　一 | 9.33 | 98.00 | 0.18 | 175.5 | 273.50 | — | 18 | 9 | — | — | 280 | 33.50 |
| 林　业 | 3.33 | 35.00 | 0.15 | 149.5 | 184.50 | — | 30 | 15 | — | — | 100 | - 39.50 |
| 恒源祥 | 4.27 | 44.80 | 0.19 | 188.5 | 233.30 | 28 | 50 | 25 | — | — | 128 | - 2.30 |
| 勤　建 | 7.13 | 74.90 | 0.54 | 526.5 | 601.40 | 138 | 135 | 149 | — | 300 | 214 | 334.60 |
| 合　计 | 39.72 | 459.20 | 2.41 | 2353.0 | 2812.20 | 546 | 751 | 257 | 100 | 300 | 1312 | 453.80 |

2010 年 10 月，钱桥街道矿山综合整治基本结束，平面复垦土地 47.28 万平方米，矿山复绿 10 万平方米，种植香樟树 15800 棵，喷播绿化面积 2.7 万平方米。勤建矿山被评为部、省矿山整治示范项目。

2014 年 12 月 13 日，钱桥街道矿山整治权拍卖会在钱桥国土资源所举行，参拍单位共有 6 家，经过 28 轮激烈角逐，最后 3 家单位中标。此次矿山整治权拍卖成交总额创历史以来的全市新高。2015 年，钱桥街道矿山整治、复绿工作全部完成。

## 五、家河治理

钱桥（镇）街道以疏通水系、改善水质为目标，大力开展家河治理，清理淤泥杂草，清除岸脚垃圾杂物、整治岸坡，恢复和发挥村庄河道的功能。2004 年，全镇投入 3000 多万元，整治河道 86 条，总长 33.6 公里，清淤 53 万立方米，建设护岸近 20 公里，河岸绿化 2.5 万平方米，无侵占河道的违章建筑。

图 2—13—8　苏嘉集团整治后的河道碧波荡漾

2005~2006 年，钱桥镇组织开展“清洁家河”工程，共投入资金 3133 万余元。2006 年 7 月，钱桥镇成立“河长制”管理领导小组和办公室，统一组织协调“河长制”管理工作，并按照“统一规划、综合整治、突出重点、明确责任、限期治理、分段实施”的工作原则，制定《关于全面开展“河长制”管理工作的实施意见》和《钱桥镇“河长制”管理工作标准》。境内 20 条主河道均由党委、政府领导任“河长”，各部门负责人为“副河长”，沿河各相关村书记为村级河长。同时，建立和落实河道环境保护目标责任制考核办法，建立“河长制”管理保证金专户，正副河长都缴纳保证金，并且通过严格考核，使“河长制”管理工作与领导干部政绩和薪酬直接挂钩。是年，钱桥镇治理河道 27.45 公里，河道清淤 23920 立方米，砌石驳岸 21116 米。

图 2—13—9　溪南工业园区整治后的河道波光粼粼

2008 年，钱桥街道河道综合整治投入资金 2180 多万元，河道绝大多数水质好转，无一恶化。根据“污染在河道，源头在岸上”的情况，街道办事处坚持河道、岸上一起抓，对河道沿岸的企业制定“一源一档一策”，落实封堵排污口、削减排污量、雨污分流、中水回用、限期接管等措施。是年，封堵排污口121个，限期企业接管53家；完成15条河道的清淤工作，完成清淤16.03公里，清淤土方38.38万立方米；加大对河道两侧50米范围内生态林建设力度，完成沿河两侧绿化22.9万平方米；新筑河道驳岸2286米；打捞河道漂浮物5634.2吨，清理河道岸脚垃圾2959.5吨；清理河道沿岸乱涂写1907处；新建7个生活污水集中收集点；完成沿河企业生活污水接管92家，沿河村庄村民生活污水接管2661户；在河道内围养水葫芦等水生植物总面积达4.8万平方米，全面增强河道自身净化能力。切实加强农业面源污染和畜禽养殖业污染的整治工作，落实大牲畜退出机制，整治沿河畜禽养殖户64户，关停取缔5家沿河畜禽养殖场。是年，从惠山区环保局通报的10月份河道最新监测数据表上看到，钱桥街道境内实施“河长制”管理的20条主河道变化较大，达到“水清、岸美、畅通”的目标。

图2—13—10　溪南社区村边池塘

2009年，钱桥街道投入资金830万元，完成河道清淤24.94公里，清淤土方78.5万立方米，年内完成13条河道的清淤任务，对具备条件的河道还进行水体交换，沟通水系，调活水体，改善水质。同时，加强对河道的保洁，每条河道都成立专业保洁队伍。与此配合加快生态重建步伐，在河道内围养水葫芦等水生植物增20万平方米，河道自身净化能力得到充分加强；加大对河道两侧50米范围内生态林建设力度，完成沿河两侧绿化38.67万平方米。

图2—13—11　整治后的西漳河查家浜水明如镜

**2014年钱桥街道主要河道“河长制”分工责任表**

表2—13—5

| 河流名称 | 河道等级 | 监测断面名称 | 途经社区 | 河长 | 副河长 | 社区河长 |
|---|---|---|---|---|---|---|
| 直湖港 | 省市级 | 船浜头 | 盛峰 | 刘俊伟 | 徐新宇 钱晓海 | 吴永伟 |
| 洋溪河 | 省市级 | 刘塘桥 | 钱桥、晴山蓝城、苏庙、洋溪、华新、东风、藕塘、稍塘、藕乐苑 | 杜　巍 | 吕　荣 邵仁杰 | 周群新 邓　超 王　华 陈　协 虞黎杰 金国洪 吴耀兴 徐建明 |
| | | 藕塘大桥 | | | | |
| | | 若冰桥 | | | | |
| 向阳河 | 镇级 | 经二路桥 | 舜柯、溪南 | 张　凌 | 周宏良 杭月新 | 缪正明 朱根华 |
| 夏虞河 | 镇级 | 夏虞桥 | 溪南、舜柯、苏庙 | 朱益明 | 陆文晓 丁有为 | 朱根华 缪正明 王　华 |
| 大张巷浜 | 镇级 | 大张巷桥 | 南塘 | 倪　军 | 龚伟光 陶阿祥 | 强林华 |
| 田庄浜 | 镇级 | 东风桥 | 东风 | 姜　军 | 杨　燕 邵　健 | 金国洪 |
| 三条河 | 镇级 | 友谊桥 | 西漳、晓丰 | 杨国忠 | 李　鹏 章芬芳 | 钱坤生 周建秋 |
| 毛村园河 | 镇级 | 毛村园 | 华新、洋溪 | 王　华 | 缪燕东 顾晓平 | 虞黎杰 陈　协 |
| 大坝漕 | 镇级 | 小东店桥 | 藕乐苑 | 王　华 | 张文亚 周　晟 | 朱一骏 |
| 井亭河 | 镇级 | 藕塘绒线厂旁 | 藕乐苑、舜柯 | 邵小明 | 吴建初 朱立新 | 朱一骏 缪正明 |
| 江胜河 | 镇级 | 江胜桥 | 洋溪、华新 | 邓　莉 | 俞　俭 匡　胜 | 陈　协 虞黎杰 |
| 杨毛岸河 | 镇级 | 听松桥 | 华新 | 马靖宇 | 俞亚度 冯　冰 | 虞黎杰 |
| 庙塘桥河 | 镇级 | 鸭船浜 | 苏庙、洋溪、南塘 | 成建兴 | 陈建明 沈秀丽 | 王　华 陈　协 强林华 |
| 盛店港 | 县级 | 粮库旁 | 稍塘、盛峰 | 邵伟东 | 周建洪 周文虎 | 徐建明 吴永伟 |
| | | 麻姑桥 | | | | |

续表 2—13—5

| 河流名称 | 河道等级 | 监测断面名称 | 途经社区 | 河长 | 副河长 | 社区河长 |
|---|---|---|---|---|---|---|
| 施巷浜 | 镇级 | 锡陆路段 | 藕塘 | 吕　明 | 冯建康 刘燕萍 | 吴耀兴 |
| 唐西浜河 | 镇级 | 跃进桥 | 东风 | 费红萍 | 丁海云 冯晓芳 | 金国洪 |
| 南西漳河 | 镇级 | 松龄桥<br>南西漳河入京杭运河口 | 西漳、华新、晓丰 | 姚　亮 | 李　慷 钱　霞 | 钱坤生 虞黎杰 周建秋 |
| 横塘桥河 | 县级 | 庙桥 | 东风、稍塘、盛峰、南塘 | 虞黎杰 | 陈　刚 吴伟兴 | 金国洪 徐建明 吴永伟 强林华 |
| 虎路沟 | 镇级 | 黄土桥 | 稍塘、盛峰 | 虞黎杰 | 沈秀娟 浦小龙 | 徐建明 吴永伟 |
| 胜丰河 | 镇级 | 宋家桥 | 西漳、晓丰 | 张惕浩 | 宗朝阳 王志洪 | 钱坤生 周建秋 |

2014 年“河长制”工作考核标准表

表 2—13—6

| 项目 | 考　核　标　准 | 分值 | 考 核 方 法 |
|---|---|---|---|
| 组织领导10 分 | “河长制”管理工作列入党委、政府议事日程，每半年至少召开一次专门研究“河长制”管理工作的党政联席会；进一步推进落实镇（街道）级“河长制”管理“全覆盖”工作；街道、社区两级建立由主要领导负总责的“河长制”管理领导班子和工作班子；建立健全长效保洁机制，确保每条河道均有长效保洁队伍，“河长制”管理工作经费落实，有保障 | 4 | 查阅相关文件和资料，一项未做到的扣 1 分 |
| | 区级“河长制”河道“一河一策”工作台账资料齐全，河道保护志愿者工作手册及时填写，信息翔实 | 3 | 台账资料不齐全的按比例扣分 |
| | 信息上报机制健全，每月上报简讯 4 条或主讯（不少于 600 字）1 篇 | 3 | 完不成的按比例扣分 |
| 水质改善情况30 分 | 根据街道“河长制”管理河道全年综合评定水质类别，分Ⅰ~Ⅲ类、Ⅳ类、Ⅴ类和劣Ⅴ类共四档，分别得 15 分、12 分、10 分和零分 | 15 | 计算平均值作为该项考核的得分 |
| | 街道“河长制”管理河道按照《2012 年度惠山区区级“河长制”管理工作绩效考核标准》中“断面水质”及“水质创优”加分栏指标的得分计算平均得分率 | 15 | 将平均得分率作为该项考核的得分率，即 15 分×得分率 |
| 日常督查考核20 分 | 根据 2012 年度“河长制”管理工作绩效考核标准，积极开展自查自纠工作，做到有图片和文字记录，每月每河不少于 4 次 | 5 | 台账不到位的按比例扣分 |
| | 对区河长办检查发现的突出问题立即责任到人落实整改，在规定时间内整改完毕，并以图片加文字形式回复 | 5 | 整改不到位的按比例扣分 |
| | 河长办每月进行日常督查，每季度河长办成员单位联合检查，并对整改问题进行回访和督查 | 10 | 根据绩效考核评分标准扣分，对发现同一问题两次以上的河道加倍扣分 |
| 重点工作考核20 分 | 各块面每年营造 1 条生态修复、景观营造示范河道 | 10 | 实地察看，完不成的全扣 |
| | 各块面每年推出 1 条科技治理河道 | 10 | 实地察看，完不成的全扣 |
| 年终综合检查20 分 | 根据 2012 年度“河长制”管理工作绩效考核标准进行全面考核 | 15 | 将各块面的所有河道（百分制）得分平均值按 15%的权重作为该项考核的得分 |
| | 制定河道定期轮浚计划并落实到位；实施河道调水方案并落实到位 | 5 | 一项未做到的扣 3 分，扣完为止 |

2015 年，钱桥街道共有河道保洁队员 96 人、垃圾打捞船 45 条。河道保洁队员每日及时打捞河面漂浮物和清运岸脚垃圾，确保河容河貌的整洁。

## 六、水污染治理

污水治理工作是水环境治理中的一项重要的治本措施。钱桥街道水污染治理在源头控制、建造综合污水处理厂、铺设污水管网三方面下大力气。

### （一）源头控制

**实行“三同时”** 钱桥街道严格建设项目中防止污染的设施必须与主体工程同时设计、同时施工、同时投入使用的“三同时”标准同步进行，在源头上控制水污染源。2005年，钱桥镇44家企业、单位按照“三同时”标准，控制水污染源，强化水污染治理。

2005年钱桥镇“三同时”项目一览表

表2—13—7

| 企业名称 | 产品项目 | 三废处理情况 |
|---|---|---|
| 无锡市联润带钢有限公司 | 年加工5000吨冷轧带钢 | 酸洗外加工，生产过程无废水、废气，冷却水回用，加热用电、噪声达标 |
| 无锡亿利达薄板有限公司 | 镀锡薄板、金属包装制品 | 无工艺废水排放口，镀锡液循环回用，废气达标 |
| 无锡市盛通纺织品涂层有限公司 | 年加工150万米织物涂层项目 | 导热油炉配套除尘装置，除尘废水回用，清洗废水焚烧处置，废气达标，噪声达二类标准 |
| 无锡苏嘉创奇钢管有限公司 | 年产60000吨冷轧带钢生产建设项目 | 生产废水处理后回用于生产，0.5吨锅炉淘汰，酸洗工艺加热利用集中供热，噪声达标 |
| 无锡舜特金属制品有限公司 | 新增1台煤气发生炉 | 废水循环使用，废气达标排放 |
| 无锡鸿源汽车配件厂 | 汽车配件、普通机械配件、模锻加工 | 锻打加热炉采用低硫无烟煤，往复炉排湿式脱疏烟气达标排放，噪声达标 |
| 无锡市惠山区钱桥镇藕塘卫生院 | 建筑面积1000平方米的医用大楼 | 建筑施工对周围无影响，污水经处理后达标排放 |
| 无锡市聚泰薄板有限公司 | 年产28000吨冷轧精密带钢 | 生产废水处理后回用，退火炉烧液化气，1吨锅炉燃0#柴油、酸洗废气处理后达标排放 |
| 无锡市申雅织造有限公司 | 增加200万米/年浆纱加工及一台4吨锅炉 | 锅炉配套除尘装置，废气达标排放并为临时使用，噪声达二类标准，清洗废水回收利用 |
| 无锡市惠山区钱桥镇溪南村民委员会 | 总建筑面积8450平方米，钱桥镇溪南村打工楼项目 | “三同时”验收合格，污水接入镇工业园区管网 |
| 无锡市钱桥化工设备有限公司 | 高颈法兰生产制造 | 回火以煤气发生炉产生煤气为燃料，废气达标，噪声达二类标准 |
| 无锡舜昌钢管有限公司 | 年产1万千瓦太阳能发电设备 | 零部件清洗用乙醇，板基清洗废水循环使用，固体废物安全处置 |
| 无锡华力薄板有限公司 | 40000吨/年冷轧精密带钢加工 | 废水处理后回用，酸雾处理后达标排放，退火电加热 |
| 无锡吉辰钢带有限公司 | 冷轧带钢、焊管、型钢 | 生产废水处理后回用，退火炉电加热，0.5吨锅炉燃0#柴油，酸洗废气处理后达标排放 |
| 无锡市昌润冷轧有限公司 | 年产20000吨冷轧带钢 | 生产废水处理后回用，退火炉燃液化气，1吨锅炉废气处理后达标，酸洗废气处理后达标 |
| 无锡市海鼎冷轧带钢有限公司 | 年产20000吨冷轧带钢 | 生产废水处理后回用，退火炉电加热，1吨锅炉烟尘、酸洗废气处理后达标，废酸落实回收 |
| 无锡市波龙精密钢带有限公司 | 年产20000吨冷轧带钢 | 生产废水处理后回用，退火炉电加热，0.5吨锅炉废气、酸洗废气处理后达标排放，废酸回收 |
| 无锡华精钢带有限公司 | 年产50000吨带钢技改 | 冷却水回用，新增0.8吨锅炉燃0#柴油，退火炉用煤气发生炉，废气达标，噪声达二类标准 |
| 无锡广润金属制品有限公司 | 增30000吨/年冷轧带钢 | 废水处理后回用，退火炉燃液化气，1吨锅炉废气达标排放 |
| 无锡市金溪管带有限公司 | 年产30000吨冷轧带钢技改扩能 | 淘汰2台燃煤退火炉，改建2条酸洗生产线，新增2台冷轧机组，废气达标，废水处理后回用 |
| 无锡市丛鑫管带有限公司 | 冷轧带钢、焊管 | 生产废水处理后用于生产，退火炉燃液化气，废气达标排放 |
| 无锡钱桥废酸处置有限公司 | 年处理50000吨废酸，3000吨废乳化液处置及综合利用项目 | 废酸处置产生的废水循环使用，冷却水回用，生产用蒸气集中供气 |
| 无锡鼎元精拔钢管有限公司 | 年产24000吨高压锅炉项目 | 生产废水处理后回用，酸雾处理后排放，锅炉废气达标排放，所有炉子配套除尘措施 |
| 无锡市西站锻造有限公司 | 100万件/年柴油机柱塞套，5000件/年摩托车方向器 | 锻打加热用中频电加热，冷却水回用，噪声达二类标准，废料回收利用 |

续表 2—13—7

| 企业名称 | 产品项目 | 三废处理情况 |
| --- | --- | --- |
| 无锡苏嘉房地产开发有限公司 | 89147 平方米的龙栖湾小区 | 雨污分流，生活污水处理后接管 |
| 无锡市德昶精密铸造有限公司 | 100 吨/年铸造金属模具，10 吨/年普通机械零配件 | 0.5 吨锅炉与 2 台焙烧炉燃 0#柴油，废气达标排放，冷却水循环使用 |
| 无锡市华夏冷轧钢管有限公司 | 冷轧钢管、带钢浸锌、焊管、冷弯型钢、钢结构 | 生产废水处理后回用，退火炉电加热，1 吨锅炉废气处理后达标，酸洗废气处理后达标 |
| 无锡合利金属宽板带有限公司 | 15000 吨/年冷轧带钢，2500 吨/年普碳钢冷轧带钢 | 生产废水处理后回用，退火炉电加热，0.8 吨锅炉燃 0#柴油，酸洗废气处理后达标，废酸落实回收 |
| 无锡豪普金属制品有限公司 | 年产 1000 吨焊管，20000 吨冷轧带钢 | 生产废水处理后回用，退火炉电加热，1 吨锅炉废气处理后达标，废酸落实回收 |
| 无锡市天地冷拉特钢有限公司 | 冷拉型钢 | 噪声达二类标准，夜间不生产，废乳化液、矿物油委托有资质的单位无害化处理 |
| 无锡市盈凯冷轧钢管有限公司 | 年产 15000 吨冷轧带钢 | 生产废水处理后回用，退火炉用液化气，0.5 吨锅炉燃无烟煤，酸洗废水处理后达标 |
| 无锡阁特精密冷拔管有限公司 | 年加工 3500 吨精密冷拔管、3000 吨焊管 | 雨污分流，生产废水处理后回用，酸洗加热用 0.5 吨锅炉，废水达标，废酸回收 |
| 无锡舜特金属制品有限公司 | 冷轧带钢、热浸锌钢带扩建 | 热浸锌电加热，带钢用 0#柴油加热，噪声达二类标准 |
| 无锡市瑞宏冷轧带钢有限公司 | 10000 吨/年冷轧带钢 | 生产废水处理后回用，退火炉燃液化气，酸洗酸雾处理后达标，废酸委托有资质的单位处置 |
| 无锡市昌宏钢管有限公司 | 100 吨/年不锈钢复合管搬迁，增项 2000 吨/年无缝钢管 | 退火炉用煤气发生炉，烟尘达标排放，烟囱高于 15 米，噪声达二类标准，无生产废水排放 |
| 无锡华晶精钢带有限公司 | 研发中心大楼 | 雨污分流，建筑施工加强管理，夜间施工报大队 |
| 无锡联创薄板有限公司 | 年产 10 万吨冷轧带钢 | 废水处理后回用于生产，退火炉燃液化气，酸洗加热 1 吨锅炉，废气处理后达标 |
| 无锡市创威冷轧有限公司 | 25000 吨/年冷轧带钢 | 退火炉燃液化气，噪声达二类标准，无生产性废水排放口，边角料外卖 |
| 无锡宏钢机械制造有限公司 | 冷轧带钢 | 废水处理后用于生产，退火炉电加热，酸洗加热用 1 吨锅炉，废气达标 |
| 无锡大地薄板有限公司 | 3 万吨/年冷轧带钢、薄板生产，10 万吨/年钢管生产，3 万吨/年卷板 | 废水处理回用，酸雾处理后达标排放，退火炉电加热 |
| 无锡市舜惠冶金机械有限公司 | 30000 吨/年精密带钢 | 废水处理后回用，酸洗的酸雾处理后达标排放，退火炉电加热 |
| 无锡华工带钢有限公司 | 2000 吨/年冷轧带钢加工项目 | 雨污分流，酸洗冲洗废水经处理后回用，酸雾配套碱喷淋，退火炉燃石油气 |
| 无锡先锋热处理有限公司 | 金属件热处理 | 工艺废气达标，噪声达二类标准 |
| 无锡达盛带钢有限公司 | 冷轧带钢、型钢生产 | 酸洗外加工，退火电加热，噪声达二类标准 |

说明："三同时"项目评估形式为报告表、实地勘查

2006 年，钱桥镇 28 家建设项目环评和"三同时"执行率达 100%。是年，又关停、并转稍塘电镀厂、恒丰印染厂等 3 家重污染企业。工业排污总量控制在许可证核定范围内，印染行业达到国家一级排放标准，冶金酸洗废水中水利用、循环回用，实现零排放。

**控制生产废水排放** 钱桥镇严格控制生产废水排放，制定企业循环用水处理方案，指导企业改进废水污染治理设备，提高废水循环利用率，减少循环用水排放，解决企业循环用水的根本处理问题。

2002 年，锡兴钢铁集团投入资金 1800 多万元建成高炉—转炉区 5 个水循环回用系统，水循环利用率达到 95.3%，吨钢耗新水仅 5.4 吨，提前达到冶金行业控制标准。2005 年，苏南异型钢管公司投入资金 1500 多万元，对原来酸性废水经初级中和处理后就对外排放的工艺进行持续改进，100%全面实行冶金酸性废水闭路循环使用；厂区实行雨水、生活污水和企业废水排放通道分离，杜绝废

水随雨水管网外泄污染的现象。

2006年钱桥镇相关企业控制生产废水排放达标统计表

表2—13—8

| 企业名称 | 主要污染物名称 | 污染物排放达标情况 | 备注 |
|---|---|---|---|
| 无锡市华盛化工助剂厂 | PH、SS、COD | 达标 | 一般源 |
| 无锡市嘉诚金属制品有限公司 | PH、SS | 达标 | 一般源 |
| 无锡舜特精密合金板带有限公司 | PH、SS | 达标 | 一般源 |
| 无锡市勇达钢带有限公司 | PH、SS | 达标 | 一般源 |
| 无锡市金溪管带有限公司 | PH、SS | 达标 | 一般源 |
| 无锡市瑞宏冷轧带钢有限公司 | PH、SS | 达标 | 一般源 |
| 无锡市振华印染有限公司 | COD、SS | 达标 | 重点源 |
| 无锡市中诚印染有限公司 | COD、SS | 达标 | 重点源 |
| 无锡市藕塘绒线厂 | COD、SS | 达标 | 重点源 |
| 无锡市钱桥佳美染色有限公司 | PH、COD、SS | 达标 | 重点源 |
| 无锡市舜特金属制品有限公司 | PH、SS | 达标 | 一般源 |
| 无锡市锦宏精密缸体有限公司 | PH、SS | 达标 | 一般源 |
| 无锡市华顺食品工业有限公司 | PH、COD、SS、BOD | 达标 | 一般源 |
| 无锡市海鼎冷轧带钢有限公司 | PH、SS | 达标 | 一般源 |
| 无锡市华力薄板有限公司 | PH、SS | 达标 | 一般源 |
| 无锡市波龙精密钢带有限公司 | PH、SS | 达标 | 一般源 |
| 无锡市化工薄板有限公司 | PH、SS | 达标 | 一般源 |

**进行冶金酸洗企业环境专项整治** 冶金酸洗行业是钱桥传统支柱产业，企业数量众多。2005年，民营企业金鹏环保有限公司出资100余万元建造钱桥镇废酸处置中心。

图2—13—12 2005年8月18日，民营企业金鹏环保有限公司出资建造废酸处置中心，图为钱桥镇废酸处置中心奠基典礼

2006年开展第一轮冶金酸洗行业专项整治始至2014年已有9个年头，企业原有环境保护措施已经不能满足环境管理的要求。为切实改善环境质量，2014~2015年，钱桥街道开展第二轮冶金酸洗行业环境专项整治行动。整治的要求是企业排污管网做到雨污分流，封堵所有非法管道，每家企业只允许设立一个雨水排放口，并在出水口设立专门采样监控窨井，竖立标志牌，安排人员进行24小时监管；采取废酸集中处置的措施，完善废酸回收管理办法。会同公安部门加强成品酸供应管理，根据每家企业进废酸处置中心的废酸处理量审批成品酸的供应量，从源头上把治污工作落到实处；加大监管检查力度，督促整治企业改进工艺，减少用水用酸量，整改治理设施，提高治污能力，减少污染物的排放量；严格执行四联单制度，控制废酸、皂化液外流。

图2—13—13 2015年钱桥镇废酸处置中心设备

2014~2015年，钱桥街道开展第二轮酸洗行业环境专项整治，钱桥带钢有限公司、苏南异型钢管有限公司、江南高精度冷拔管有限公司、中冶钢缆有限责任公司、稍塘电缆钢丝厂等50家企业均达标。

**（二）建造综合污水处理厂**

2005年初，钱桥镇成立污水治理筹备处，负责污水厂、总管网及相关配套设施的建设。是年，钱桥镇率先与香港惠记集团合作，以BOT（建设、运营、移交）的模式成立无锡钱惠污水处理有限公司，投资1.5亿元（其中惠记集团投资0.45亿元），建造日处理能力2万吨的钱桥综合污水处理厂。是年4月14日，钱桥综合污水处理厂投资合作项目正式签约。7月20日，污水处理厂奠基开工。一期工程按照2万吨/天的污水处理能力建设，管网一期工程为设计输送能力5万吨/天主管和外排管道以及2万吨/天以上的污水支管。管网铺设工程覆盖钱桥46.21平方公里的全部镇域面积，施工穿越胜丰、华新等10多个行政村，穿越国道G312线、锡宜高速、省道S342线、盛岸西路、锡陆路、钱胡路、惠钱路、藕塘大街等重要道路，穿越盛岸花园、华新苑农民安居房等10多个新老居住小区。施工范围广，难度大。钱桥镇污水处理厂工程部配合港方项目部，大胆进行设计变更，果断增加工程费用，采用顶管、拖拉管等非开挖工艺，最大程度减少对交通的影响。2006年5月，全镇排污企业管网以及公用网集中区内用水大户企业的污水管网全部接通。累计完成各类管径混凝土管12000米，各类管径HDPE管3900米，铺设钢管1900米，管网工程投资7000多万元。职教园校区的管网直至钱荣路江南学院的污水管网也同时接入。是年8月，气温高达37℃以上，从西漳村京杭大运河排放口开始的10多公里施工地带上，参加施工的人员有1200多人。为赶时间，施工人员还利用夜间轮番作业。

图2—13—14　2005年7月20日，钱桥镇举行投资1.5亿元的钱桥综合污水处理厂奠基仪式

2006年10月24日，钱桥镇举行钱桥综合污水处理厂竣工投运仪式。无锡市人民政府副市长吴建选，惠山区委、区政府领导到场祝贺并讲话。钱桥综合污水处理厂的竣工投运，既是钱桥镇人民期盼已久的大喜事，也是无锡市实施西部开发战略、推进城镇建设的又一重大举措，更是一项功在当代、利在千秋的环保工程和民心工程，将大大提高钱桥的污水处理能力，对于推动钱桥污水处理的再生利用，加快本地区水污染治理步伐，乃至改善整个惠山区的生态环境和人居发展环境，促进经济社会和谐发展产生积极的影响。钱桥综合污水处理厂是第一个在无锡地区引进港资建设的镇级综合污水处理厂，也是惠山区唯一一家使用CAST工艺的综合污水处理厂。

图2—13—15　2006年10月24日，钱桥综合污水处理厂举行竣工仪式

2008年，钱桥街道按照惠山区政府限期治理要求和江苏省水污染防治条例的规定，抓紧实施对钱桥综合污水处理厂的相关工艺及设施进行提标改造。3月，钱桥街道与香港理工大学达成技术合作协议，全面实施污水处理提标改造工作。提标改造工程完成后，从检测结果看，出水COD浓度始终保持在40左右，已达到国家一级A排放标准。是年5月30日起，污水处理厂尾水执行国家一级A排放标准。同年，钱桥街道积极配合治太“6699”（六大应急对策、六大工作机制、九大清源工程、九大治污措施）总体部署，加大污水管网的建设力度，污水处理厂输入污水快速增长。

图2—13—16　竣工后的钱桥污水处理

2009年，来水峰值已达到污水处理厂一期设计的2万吨/天处理能力。公司控股股东香港惠记集团高度重视污水厂的扩建工作，与钱桥街道党工委、办事处友好协商后，启动污水处理厂扩建工程

投资建设，通过严格的方案比选，确定工程主工艺采用 $A^2/O$+微絮凝+转盘过滤工艺。

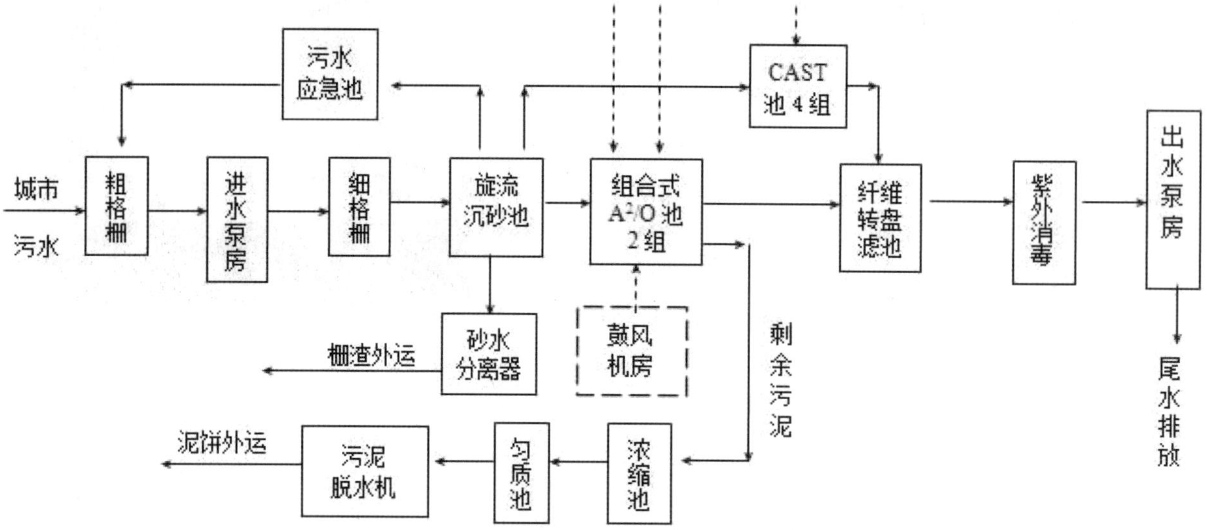


图 2—13—17　污水处理厂扩建工艺流程总图

说明：栅渣金属等细小固体物由污水处理厂内部处理；泥饼运至石塘湾无锡金园环境科技有限公司进行再利用，污水处理厂按每吨 370 元付费。

扩建工程建设规模为 3 万吨/天，加上原一期工程污水处理能力 2 万吨/天，使污水处理能力达 5 万吨/天。扩建工程分两个阶段实施，第一阶段建成全部土建部分和 1.5 万吨/天的设备安装，使污水处理厂处理能力达到 3.5 万吨/天；第二阶段 1.5 万吨/天设备视水量增长情况择机施工。扩建工程项目被列为江苏省、无锡市“太湖水环境治理”重点工程和“生态区创建”重点工程。污水处理厂第一阶段扩建工程于 2010 年 7 月建成，工程总投资 3000 万元。是年 8 月，扩建工程设施运营正常，出水水质良好、稳定，达到国家一级 A 排放标准。

随着区域内无锡职教园校区大中专院校的全面进驻和钱桥街道城镇化建设的不断推进，入户支管建设不断投入，污水收集量相应增长。2012 年，污水日平均来水量已达 3.3 万吨，高峰时来水已超过每天 3.5 万吨设计处理能力。为使来水全部能得到有效处理，2012 年底，启动污水处理厂二期第二阶段扩建工程 1.5 万吨/天的设备、安装施工和自动化系统供应商招标。2013 年 3 月开工建设，工程总投资 700 万元。是年 6 月底，第二阶段扩建工程施工完成，同时进水调试，出水稳定，达到国家一级 A 标准。二期扩建工程全部建成投运后，达到每天 5 万吨的污水处理能力。

钱桥街道与香港惠记集团以 BOT 模式成立的钱惠污水处理有限公司经营状况微利，工业污水平均处理价格 3.7 元/吨，生活污水费由钱桥街道支付每年 2000 余万元。截至 2015 年，已累计处理污水 8938 万吨。

**2015 年钱桥综合污水处理厂处理污水及排水水质统计表**

表 2—13—9

| 处理污水（万吨） | | | 排水水质（毫克/升） | | | | |
|---|---|---|---|---|---|---|---|
| | | | 项目 | COD | 氨氮 | 总磷 | 总氮 |
| 处理总水量 | | 1478.35 | 进水浓度 | 212.0 | 29.80 | 2.34 | 38.5 |
| 其中 | 工业污水 | 120.54 | 出水浓度 | 33.2 | 0.28 | 0.26 | 12.4 |
| | 生活污水 | 1357.81 | 执行标准 | 50.0 | 5.00 | 0.50 | 15.0 |

**（三）污水管网实现区域内全覆盖**

2005 年，钱桥镇（钱桥、藕塘两镇合并后）铺设市政污水总管网 22 公里，建造污水泵站 1 座，为污水处理后续工作的开展奠定基础。

2006 年钱桥镇建成区生活污水排放接管水量统计表

表 2—13—10　　单位：人、吨

| 单位名称 | 人数 | 日排水量 | 接管水量 | 备注 |
|---|---|---|---|---|
| 钱桥新村小区 | 1162 | 139.44 | 139.44 | 150 公斤/人×人数×80% |
| 金岸新村小区 | 298 | 35.76 | 35.76 | 150 公斤/人×人数×80% |
| 欣欣山庄小区 | 253 | 30.36 | 30.36 | 150 公斤/人×人数×80% |
| 沈巷、埭桥 | 674 | 80.88 | 80.88 | 150 公斤/人×人数×80% |
| 邵巷新村小区 | 944 | 113.28 | 113.28 | 150 公斤/人×人数×80% |
| 桥南老街区 | 468 | 56.16 | 56.16 | 150 公斤/人×人数×80% |
| 塘泗桥 | 503 | 60.36 | 60.36 | 150 公斤/人×人数×80% |
| 梅林苑 | 430 | 51.60 | 51.60 | 150 公斤/人×人数×80% |
| 钱威路 | 489 | 58.68 | 58.68 | 150 公斤/人×人数×80% |
| 钱桥北街 | 698 | 83.76 | 83.76 | 150 公斤/人×人数×80% |
| 玉泉街 | 521 | 62.52 | 62.52 | 150 公斤/人×人数×80% |
| 前金岸 | 168 | 20.16 | 20.16 | 150 公斤/人×人数×80% |
| 春来苑小区 | 601 | 72.12 | 72.12 | 150 公斤/人×人数×80% |
| 孟古桥李巷 | 255 | 30.60 | 30.60 | 150 公斤/人×人数×80% |
| 缪巷、苏巷、天墩头 | 768 | 92.16 | 92.16 | 150 公斤/人×人数×80% |
| 饭店浴室 | — | 180.00 | 180.00 | 日用水量 225 吨×80% |
| 合计 | 8232 | 1167.84 | 1167.84 | — |

2006 年，钱桥镇建成区生活污水排放量为 1640.76 吨/日，已建成日处理能力 20000 吨的污水处理厂一座，其中送入污水处理厂的生活污水量为 1167.84 吨/日，处理率达 71.18%，达到国家考核的标准要求。

2006 年 8 月钱桥镇排水系统服务情况统计表

表 2—13—11

| 名称 | 排水系统 | | | 服务人口 | 备注 | |
|---|---|---|---|---|---|---|
| | 长度（米） | 管类 | 管径（毫米） | | | |
| 钱桥新街 | 1280 | 水泥圆形 | 450 | 1877 | 窨井：14 只 | 收水井：59 只 |
| 振兴街 | 350 | 水泥圆形 | 450 | 1362 | 窨井：14 只 | 收水井：14 只 |
| 锡陆路 | 3500 | 水泥圆形 | 450 | 2283 | 窨井：137 只 | 收水井：137 只 |
| 钱桥西街 | 1500 | 水泥圆形 | 600 | 1005 | 窨井：60 只 | 收水井：100 只 |
| 钱威路 | 2220 | 水泥圆形 | 600 | 831 | 窨井：112 只 | 收水井：204 只 |
| 钱荣路 | 310 | 水泥圆形 | 450 | 253 | 窨井：10 只 | 收水井：20 只 |
| 惠钱路 | 1150 | 水泥圆形 | 450 | 1834 | 窨井：40 只 | 收水井：76 只 |
| 育才路 | 580 | 水泥圆形 | 450 | 253 | 窨井：28 只 | 收水井：28 只 |
| 玉泉路 | 685 | 水泥圆形 | 450 | 1226 | 窨井：6 只 | 收水井：21 只 |
| 玉泉街 | 605 | 水泥圆形 | 450 | 1279 | 窨井：20 只 | 收水井：20 只 |
| 花园路 | 210 | 水泥圆形 | 450 | 290 | 窨井：9 只 | |
| 站头新村路 | 300 | 水泥圆形 | 450 | 226 | 窨井：12 只 | 收水井：6 只 |
| 盛岸西路 | 3100 | 水泥圆形 | 800 | 805 | 窨井：124 只 | 收水井：124 只 |
| 苏巷路 | 150 | 水泥圆形 | 450 | 149 | — | |
| 总计 | 15940 | — | — | 13673 | 窨井：586 只 | 收水井：809 只 |

2008 年，钱桥街道把推进污水管网建设列为为民办实事的重要工程，“三年任务一年完成”主管网建设。1 月 17 日，《新华日报》在 A7 版刊登《钱桥严管农村生活污水排放》的报道。同年 6 月 30 日，38 条、65.53 公里的镇村污水管网工程全部竣工，其中瑞众 BT 工程 22.66 公里，自建工程 42.87 公里，对职教园校区、工业集中区、集镇区实现污水管网全面覆盖。2009 年，钱桥街道大力开展排水达标区创建、管网建设、接管整改及污水厂二期扩容工作。按照先新建小区后老居民小区、先污染企业后住宅小区、先集中区域后分散区域的“三先三后”原则，完成 260 家企事业单位、居民小区、饭店、浴室的接管工作，确保生活污水处理率达 70%以上。同年，完成春光苑、晴山蓝城

等 6 个片区“清源行动”的创建任务，全面实现设施、养护、管理“三到位”的考核目标；新建东风园区、藕塘中学及部分新建安居房小区内部管网 23 公里，超额完成 15%；加强对 125 家已接管企业的整改力度，到 12 月底，已通过惠山区排水管理处验收的有 119 家，合格率为 95%；继续推进污水接管工作，进一步提高已建管网系统利用率，新接管单位 86 家；积极推进钱桥污水处理厂扩容工作，签订 BOT 建设协议，6 月竣工投运。加强管网维护力度，采用购买服务的方式，把区域内 120 多公里的管网划分为两大片区，通过公开招投标形式，聘请专业养护公司对管网系统进行定期养护，确保污水管网及其附属设施安全、高效运行。

2010 年，钱桥街道全面推进排水达标区创建工作，以排水达标区创建工作为核心，推进雨污水管网建设，加强接管截污以及管网养护工作。至是年 10 月，已完成 10 个排水达标区的创建任务，完成率达 100%；对溪南工业片区、西漳民政园区两个区域进行雨污水管网改造，长度达 12.87 公里；完成新增污水管网建设 5 公里，扩大污水收集覆盖率；加强企业接管力度，做好控源截污工作，完成企业接管 48 家；管网养护工作顺利开展，对区域内所有污水管网彻底清查，编制污水管养护工作图，有效地保证区域内污水收集系统的正常运行。

图 2—13—18　2010 年钱桥街道生活污水管网养护工作图

2011 年，加快直湖港流域企业接管工作，完成 102 家直湖港流域企业的接管工作；加快排水达标区和拓展片区的创建，根据清源行动总体目标要求，完成 4 个排水达标区和 21 个拓展片区的创建任务；加快污水管网的建设，结合市政道路建设及洋溪地块的开发，制订 4.5 公里的污水管网建设任务，实际完成 5.31 公里，完成率达 118%。2012 年 5 月初，钱桥街道设立排水管理办公室。是年，钱桥街道完成 20 块排水达标区及 21 块排水达标区拓展片区的“回头看”任务，有序推进拓展片区内排水户的接管工作；三大工业园区排水户接管工作按照年初制定的任务时间节点全部完成；完成直湖港流域企业接管任务，排水户已通过区级排水管理处验收；完成 47 家排水户的规范接管工作；计划完成 4.8 公里的市政污水管网建设任务，实建管网 5.22 公里，超额完成任务；完成天物金属制品交易中心地块污水总管移位工程，与老管联通。

2013 年，钱桥街道加快实施工程减排，52 号井于 5 月 1 日前顺利完成抢修任务；投入 120 多万元整改资金，对玉泉街沿街店面及菜场、金岸至邵巷河道排水口、原农经公司以及欣欣苑小区等进行雨污分流改造；以钱桥污水处理厂新增 1.5 万吨/日处理量为有利载体，加大 COD 的削减量，工程于 6 月底完工，7 月初投入运行，多削减 COD1300 吨/年；突出结构减排，加快印染行业提标改造治理任务的步伐，按照环保部新的接管标准，对废水预处理设施的改造进行技术指导和服务，督促企业在限期内完成任务；完成 57 个片区的“回头看”任务；完成 1.004 公里污水管网的敷设工作；完成 1 个排水拓展片区通过区排水管理处验收；投入专项资金对溪南提升泵站动力进行清淤；加强对已建管网和已接排水户的有效管理。

### （四）区域内河流水质

钱桥（镇）街道在水污染处理上严格实行源头控制、建造综合污水处理厂、污水管网实现区域内全覆盖，辖区内河流综合水质标识指数明显好转。直湖港水质综指 2007 年为 7.41，2014 年为 2.9；井亭河水质综指 2007 年为 9.31，2014 年为 2.84；向阳河水质综指 2007 年为 7.32，2014 年为 3.72；横塘桥河、大张巷浜、毛村园河水质综指 2007 年为 3.49，2014 年为 2.84；大坝漕水质综指 2007 年为 5.95，2014 年为 3.33；庙塘桥河水质综指 2007 年为 4.56，2014 年为 2.71；夏虞河水质综指 2009 年为 4.24，2014 年为 3.38；西漳河水质综指 2011 年为 6.17，2014 年为 3.95；三条河水质综指 2011 年为 5.43，2014 年为 4.39。

## 七、土地污染治理

位于钱桥大街的无锡市惠山农药厂有 40 多年的历史，曾在无锡颇具盛名，但是在 20 世纪八九十年代，由于过度追求经济利益而忽视生态保护，造成厂区内的土壤受到严重污染，已经危及到周边地区居民的正常生活。21 世纪初，南京环境科学研究所对该厂的土壤进行连续三年的调查、取证、实验，将厂区面积分为 A、B、C 三个区域，其中 A 区域为原来老的生产厂区，B 区域为生活办公区，C 区域为后来的化工农药生产区。经过场地植被调查发现，A、B 区域基本正常，但是 C 区域存在严重污染。深度调查采样后发现，仅 7.2 公顷土壤中含有上百种污染物，其中 7 个污染物为致癌物，主要有滴滴涕、苯、二甲苯、二氯乙烷、氯仿、六氯苯。研究所对这些致癌物进行人体健康风险评估，从口腔摄入、皮肤接触、可吸入接触等方面，发现这些物质毒性强、易挥发，对人体健康有很大影响。研究所成员对场地进行清理后，又对地面进行挖掘，向下挖一米后发现，污染区域占一大半，挖掘 3 米和 5 米后，污染程度逐渐减少，一直向下挖 10 米后才发现土壤基本没有污染。2005 年 6 月，钱桥镇政府联系有关部门，对惠山农药厂进行强制性停产关闭。同时，按照中国环境保护部南京环境科学研究所制定的土壤污染清理与修复方案，对症下药落实具体措施：对轻度污染土壤进行原位翻耕后添加有机料进行挥发和降解，然后绿化修复；对中度污染土壤全部深挖，并把污染土运到舜柯山采石宕口进行安全填埋；对重污染土壤全部深挖，并把污染土运到无锡市桃花山垃圾填埋场进行安全填埋。

钱桥镇、藕塘镇充分控制土地污染源，严格控制化肥使用量。农技站进行土样采集测试、田间试验，加强技术指导服务，加强测土配方施肥信息发布，加强应用效果调查，实施“节氮、稳磷、增钾”的科学施肥模式，提高化肥的使用效率。2006 年，惠山区农林局对钱桥镇的农田普查后确认：钱桥镇农用化肥施用强度 271.3 公斤/公顷，达到本项指标规定的≤280 公斤/公顷标准要求。

**2006 年钱桥镇各村农用化肥施用情况表**

表 2—13—12

| 单位 | 耕地总面积（亩） | 化肥纯用量（吨） | 折亩施纯量（公斤） | 其中：公斤/亩 | | | 农用化肥施用强度（公斤/公顷） |
|---|---|---|---|---|---|---|---|
| | | | | 纯氮 | 五氧化二磷 | 氧化钾 | |
| 钱桥社区 | 215 | 3.87 | 18.0 | 15.4 | 1.3 | 1.3 | 270.0 |
| 苏庙村 | 545 | 9.81 | 18.0 | 15.4 | 1.3 | 1.3 | 270.0 |
| 舜柯村 | 1192 | 21.58 | 18.1 | 16.1 | 1.0 | 1.0 | 271.5 |

续表 2—13—12

| 单位 | 耕地总面积（亩） | 化肥纯用量（吨） | 折亩施纯量（公斤） | 其中：公斤/亩 | | | 农用化肥施用强度（公斤/公顷） |
|---|---|---|---|---|---|---|---|
| | | | | 纯氮 | 五氧化二磷 | 氧化钾 | |
| 洋溪村 | 1930 | 35.13 | 18.2 | 15.6 | 1.30 | 1.30 | 273.0 |
| 华新村 | 833 | 15.07 | 18.1 | 15.9 | 1.10 | 1.10 | 271.5 |
| 西漳村 | 470 | 8.46 | 18.0 | 15.4 | 1.50 | 1.50 | 270.0 |
| 胜丰村 | 735 | 13.23 | 18.0 | 15.4 | 1.50 | 1.50 | 270.0 |
| 晓星村 | 749 | 13.48 | 18.0 | 15.4 | 1.50 | 1.50 | 270.0 |
| 溪南村 | 82 | 1.48 | — | — | — | — | — |
| 藕塘村 | 1131 | 20.47 | 18.1 | 15.3 | 1.40 | 1.40 | 271.5 |
| 东风村 | 2254 | 41.02 | 18.2 | 15.6 | 1.30 | 1.30 | 273.0 |
| 南水渠村 | 849 | 15.37 | 18.1 | 16.1 | 1.00 | 1.00 | 271.5 |
| 庙塘桥村 | 1742 | 31.38 | 18.2 | 15.7 | 1.25 | 1.25 | 273.0 |
| 盛峰村 | 3850 | 70.07 | 18.2 | 15.7 | 1.25 | 1.25 | 273.0 |
| 稍塘村 | 2256 | 41.06 | 18.2 | 13.7 | 2.25 | 2.25 | 273.0 |
| 勤建村 | 126 | 2.26 | 18.0 | 15.4 | 1.30 | 1.30 | 270.0 |
| 恒源祥村 | 32 | 0.58 | 18.0 | 15.4 | 1.30 | 1.30 | 270.0 |
| 平均 | — | — | 18.1 | 15.5 | 1.30 | 1.30 | 271.3 |
| 合计 | 18991 | 344.32 | — | — | — | — | — |

说明：农用化肥使用标准要求为≤280 公斤/公顷

2005~2006 年钱桥镇主要农产品抽样检测农药残留合格统计汇总表

表 2—13—13

| 产品名称 | 检验日期 | 受（委）检单位 | 检测结论 | 检测机构 |
|---|---|---|---|---|
| 惠亭牌太湖翠竹 | 2005.06.17 | 钱桥镇藕塘七一茶场 | 符合 NY5244-2004《无公害食品 茶叶》标准（铅含量≤5.0 毫克/公斤的要求） | 农业部茶叶质量监督检验测试中心 |
| 惠亭牌太湖翠竹 | 2005.07.11 | 钱桥镇藕塘七一茶场 | 农药残留未检出 | 中国农业科学院茶叶研究所农产品质量安全检测室 |
| 碧螺春 | 2006.06.25 | 钱桥镇藕塘七一茶场 | 检查项目符合 GB2762—2005 标准、GB2763—2005 标准和 GB18957—2003 标准规定的三级品要求，检验合格 | 江苏省产品质量监督检验中心所 |
| 空心菜 | 2006.05.31 | 洋溪基地 | 合格 | 无锡市农产品质量检测中心 |
| 毛白菜 | 2006.06.30 | 舜柯基地 | 合格 | 无锡市农产品质量检测中心 |
| 长豆 | 2006.06.20 | 晓星基地 | 合格 | 无锡市农产品质量检测中心 |
| 鸡毛菜 | 2006.06.30 | 稍塘基地 | 合格 | 无锡市农产品质量检测中心 |
| 包菜 | 2006.06.30 | 东风基地 | 合格 | 无锡市农产品质量检测中心 |

2008 年，经过国家环保部门、江苏省环保厅以及无锡市环保局的综合调查、实验、论证，无锡惠山农药厂地块生态全面恢复。是年 11 月，钱桥街道被评为全国城市生态恢复及可持续发展示范区。

## 八、大气环境保护

钱桥、藕塘地区大气污染物控制的重点为二氧化硫、氮氧化物和颗粒物。在大气环境保护方面，钱桥镇、藕塘镇重点实施二氧化硫排放总量控制，从注重重点行业总量削减向全面减排转变；全面推行“煤改气”，禁止使用高污染燃料，企业使用天然气、液化石油气、电等清洁能源；建立健全相应的多污染物减排政策，加强技术指导和监管机制。

2002 年，锡兴钢铁集团投资 7000 多万元，建成高炉、转炉煤气回收和综合利用系统，年回收煤气 19 亿立方米，大幅度减少二氧化硫和粉尘的排放；自主研发固硫型煤生产线，加上掺烧高炉煤气，使热电厂全年减少二氧化硫排放 1250 吨、烟尘排放 600 吨。这一先进技术在江苏、山东、浙江等地推广。同时投入 15 万元资金建立环境监测站，对污染源进行 24 小时监控。

农作物秸秆野外燃烧是钱桥、藕塘地区大气污染源之一。2005 年始，钱桥镇严格禁止在野外燃烧稻草、麦秆、油菜秆等，规定部分用作燃料外，其余的粉碎后还田作肥料。

**2005 年钱桥镇夏、秋熟作物秸秆综合利用情况统计表**

**表 2—13—14** 单位：公顷、%

| 社区 | 夏熟作物面积 | | | 夏熟作物秸秆利用 | | | 秋熟作物秸秆利用 | | | |
|---|---|---|---|---|---|---|---|---|---|---|
| | 小麦面积 | 油菜面积 | 合计 | 粉碎还田面积 | 用作燃料面积 | 秸秆综合利用率 | 水稻面积 | 粉碎还田面积 | 用作燃料面积 | 秸秆综合利用率 |
| 苏庙 | — | — | — | — | — | — | 10.67 | 4.27 | 5.67 | 93.16 |
| 舜柯 | 4.00 | 1.00 | 5.00 | 4.00 | 0.67 | 93.40 | 24.53 | 9.80 | 14.07 | 97.31 |
| 洋溪 | 10.00 | 2.00 | 12.00 | 10.00 | 1.67 | 97.25 | 54.40 | 21.74 | 32.34 | 99.41 |
| 华新 | — | 1.34 | 1.34 | — | 1.20 | 89.55 | 19.47 | 7.80 | 10.40 | 93.48 |
| 西漳 | 15.60 | — | 15.60 | 15.60 | — | 100.00 | 16.20 | 6.47 | 8.07 | 89.75 |
| 胜丰 | 10.07 | — | 10.07 | 10.07 | — | 100.00 | 16.00 | 6.40 | 8.27 | 91.69 |
| 晓星 | 6.00 | 1.07 | 7.07 | 6.00 | 0.94 | 98.16 | 16.07 | 6.40 | 8.47 | 92.53 |
| 溪南 | — | — | — | — | — | — | — | — | — | — |
| 藕塘 | 0.07 | 0.34 | 0.41 | 0.08 | 0.33 | 100.00 | 41.93 | 16.80 | 24.33 | 98.09 |
| 东风 | 1.00 | 2.67 | 3.67 | 1.00 | 2.34 | 91.01 | 22.00 | 8.80 | 11.27 | 91.23 |
| 南水渠 | — | 1.54 | 1.54 | — | 1.54 | 100.00 | 20.87 | 8.34 | 11.67 | 95.88 |
| 庙塘桥 | — | 0.67 | 0.67 | — | 0.67 | 100.00 | 37.27 | 14.04 | 21.67 | 95.81 |
| 盛峰 | 5.40 | 13.07 | 18.47 | 5.40 | 12.67 | 97.83 | 64.80 | 25.94 | 38.07 | 98.78 |
| 稍塘 | 3.34 | 4.67 | 8.01 | 3.34 | 4.33 | 95.76 | 51.07 | 20.40 | 30.00 | 98.69 |
| 勤建 | — | — | — | — | — | — | 0.41 | 0.14 | 0.27 | 100.00 |
| 恒源祥 | — | — | — | — | — | — | — | — | — | — |
| 合计 | 55.48 | 28.37 | 83.85 | 55.49 | 26.36 | 97.61 | 395.69 | 157.34 | 224.57 | 96.52 |

2006 年，惠山区农林局对钱桥镇农村普查后确认钱桥、藕塘地区夏熟作物秸秆综合利用率为 97.6%，秋熟作物秸秆综合利用率为 96.7%，达到本项指标规定的≥95%的指标值。是年，钱桥镇镇区使用电、液化气、太阳能等清洁能源的年耗量折合标煤为 22.99 万吨；镇区能源消耗总量折合标

图 2—13—19 2006 年钱桥镇空气和水环境功能区划图

煤为 30.71 万吨（其中锡兴钢铁集团有限公司全年用电 54051 万千瓦时，每月耗原煤 8027 吨，全年耗原煤 96320 吨）。钱桥镇建成区清洁能源普及率为 74.85%。

### 2006 年钱桥镇建成区清洁能源普及情况统计表

表 2—13—15　　　　单位：吨

| 单位名称 | 耗煤 | | 清洁能源 | | | | | | |
|---|---|---|---|---|---|---|---|---|---|
| | 原煤 | | 电（千瓦时） | | 液化气 | | 柴油 | | 合计 |
| | 数量 | 折标煤 | 数量 | 折标煤 | 数量 | 折标煤 | 数量 | 折标煤 | 折标煤 |
| 中国银行 | — | — | 34920 | 14.10 | 0.18 | 0.31 | — | — | 14.41 |
| 工商银行 | — | — | 36000 | 14.55 | 0.18 | 0.31 | — | — | 14.86 |
| 建设银行 | — | — | 18000 | 7.27 | — | — | — | — | 7.27 |
| 农业银行 | — | — | 24000 | 9.70 | 0.18 | 0.31 | — | — | 10.01 |
| 交通银行 | — | — | 50000 | 20.20 | 0.18 | 0.31 | — | — | 20.51 |
| 锡州商业银行 | — | — | 59508 | 24.10 | 0.18 | 0.31 | — | — | 24.41 |
| 钱桥卫生院 | — | — | 59000 | 23.83 | — | — | 2.00 | 2.94 | 26.77 |
| 国税分局 | — | — | 60000 | 24.24 | — | — | 1.13 | 1.66 | 25.90 |
| 地税分局 | — | — | 36000 | 14.55 | — | — | 0.36 | 0.62 | 15.17 |
| 工商分局 | — | — | 23000 | 9.29 | — | — | 0.36 | 0.62 | 9.91 |
| 交管所 | — | — | 27684 | 11.18 | 0.18 | 0.31 | — | — | 11.49 |
| 供电所 | — | — | 14000 | 5.66 | 0.60 | 1.03 | — | — | 6.69 |
| 国土所 | — | — | 36000 | 14.55 | 1.00 | 1.72 | — | — | 16.27 |
| 清管所 | — | — | 24000 | 9.70 | 0.36 | 0.62 | — | — | 10.32 |
| 房管所 | — | — | 5000 | 2.02 | — | — | — | — | 2.02 |
| 派出所 | — | — | 98740 | 39.89 | 0.90 | 1.55 | 1.20 | 1.76 | 43.20 |
| 影剧院 | — | — | 10000 | 4.04 | — | — | — | — | 4.04 |
| 邮政局 | — | — | — | — | — | — | — | — | — |
| 电信局 | — | — | 312000 | 126.10 | — | — | — | — | 126.10 |
| 镇机关 | 8.00 | 5.71 | 208984 | 84.44 | 0.18 | 0.31 | 3.46 | 5.08 | 95.54 |
| 钱桥中学 | 30.00 | 21.43 | 100000 | 40.40 | — | — | — | — | 61.83 |
| 钱桥中心小学 | — | — | 138500 | 56.00 | 0.30 | 0.51 | 13.20 | 19.40 | 75.91 |
| 钱桥中心幼儿园 | 25.36 | 18.11 | 36880 | 14.90 | 5.00 | 8.62 | — | — | 41.63 |
| 金龙大酒店 | 600.00 | 428.57 | 700000 | 282.82 | — | — | 24.00 | 35.29 | 746.68 |
| 巍峰宾馆 | 50.00 | 35.71 | 6000 | 2.42 | — | — | — | — | 38.13 |
| 绿勤家园酒店 | — | — | 20000 | 8.08 | 0.36 | 0.62 | 10.00 | 14.70 | 23.40 |
| 美味园酒家 | — | — | 12000 | 4.85 | 0.28 | 0.47 | 5.76 | 8.47 | 13.79 |
| 明华楼酒家 | — | — | 24000 | 9.70 | 0.90 | 1.55 | 5.76 | 8.47 | 19.72 |
| 金苏大饭店 | — | — | 78000 | 31.52 | 0.48 | 0.83 | 10.00 | 14.70 | 47.05 |
| 贵宾楼 | 9.00 | 6.43 | 90000 | 36.36 | 2.16 | 3.72 | 11.88 | 17.50 | 64.01 |
| 钱桥老年公寓 | 15.00 | 10.71 | 115384 | 46.62 | 0.18 | 0.31 | — | — | 57.64 |
| 锡兴集团公司 | 96320 | 74716 | 540512280 | 218367.00 | 1955.00 | 3128.00 | 2349.00 | 3424.00 | 299635.00 |
| 百特皮件公司 | — | — | 930000 | 375.75 | — | — | 10.00 | 14.70 | 390.45 |
| 金球机械公司 | 3.00 | 2.14 | 900000 | 363.63 | — | — | — | — | 365.77 |
| 华顺食品公司 | 1529.36 | 1092.40 | 2911000 | 1176.16 | — | — | 1.20 | 1.76 | 2270.32 |
| 无锡华润公司 | 1255.00 | 896.43 | 740000 | 299.00 | — | — | 250.00 | 367.64 | 1563.07 |
| 居民总户数4604 户 | — | — | — | — | 690.60 | 1190.68 | — | — | 1190.68 |
| 总计 | 99844.72 | 77233.64 | 548450880 | 221574.62 | 2659.38 | 4342.40 | 2699.31 | 3939.31 | 307089.97 |

### 2006 年钱桥镇相关企业工业废气污染源排放达标情况统计表

表 2—13—16

| 企业名称 | 主要污染物 | 污染物排放达标情况 | 备注 |
|---|---|---|---|
| 无锡市勇达钢带有限公司 | 烟尘、二氧化硫、工艺废气 | 达标 | 一般源 |
| 无锡市金溪管带有限公司 | 工艺废气 | 达标 | 一般源 |

续表 2—13—16

| 企业名称 | 主要污染物 | 污染物排放达标情况 | 备注 |
|---|---|---|---|
| 无锡市正龙无纺布有限公司 | 烟尘、二氧化硫 | 达标 | 一般源 |
| 无锡开源集团福胜锻造有限公司 | 烟尘、二氧化硫 | 达标 | 一般源 |
| 无锡市瑞宏冷轧带钢有限公司 | 烟尘、二氧化硫、工艺废气 | 达标 | 一般源 |
| 无锡市绫丰纺织品有限公司 | 烟尘、二氧化硫 | 达标 | 一般源 |
| 无锡市化工设备有限公司 | 烟尘、二氧化硫 | 达标 | 一般源 |
| 无锡市聚泰薄板有限公司 | 烟尘、二氧化硫、工艺废气 | 达标 | 一般源 |
| 无锡舜特精密合金板带有限公司 | 烟尘、二氧化硫 | 达标 | 一般源 |
| 无锡国豪管业有限公司 | 烟尘、二氧化硫 | 达标 | 一般源 |
| 无锡市华盛化工助剂厂 | 烟尘、二氧化硫 | 达标 | 一般源 |
| 无锡市嘉诚金属制品有限公司 | 工艺废气 | 达标 | 一般源 |
| 无锡市太湖水泥制品有限公司 | 烟尘、二氧化硫 | 达标 | 一般源 |
| 无锡市舜特金属制品有限公司 | 烟尘、二氧化硫、工艺废气 | 达标 | 一般源 |
| 无锡市锦宏精密缸体有限公司 | 烟尘、二氧化硫 | 达标 | 一般源 |
| 无锡黑崎苏嘉耐火材料有限公司 | 烟尘、二氧化硫 | 达标 | 一般源 |
| 无锡金汇涂层厂 | 烟尘、二氧化硫 | 达标 | 一般源 |
| 无锡华丽达纺织涂层厂 | 烟尘、二氧化硫 | 达标 | 一般源 |
| 无锡市海鼎冷轧带钢有限公司 | 工艺废气 | 达标 | 一般源 |

2015 年 4 月，东风社区一家塑料生产企业日夜生产，产生大量有毒气雾，随风飘落，严重影响周边居住环境，导致周围村民庭前屋后种植的花草树木、蔬菜等大面积灼伤、枯死，河里的鱼虾大量死亡。惠山区人民检察院获悉这一情况后，立即前往现场实地踏勘、调查，并将制作的检察公函和收集到的相关证据送达惠山区环保局，要求环保部门迅速对该企业依法予以查处，勒令停止生产，并对水样及枯死作物损失原因及后果进行鉴定。惠山区环保局接到监督函后，当即与钱桥街道环保分局有关人员赶往现场进行检查，要求塑料生产企业对正在直接通过地面渗排废水的行为立即整改，并依据新修订的《中华人民共和国环保法》对该企业的主要污染生产设备进行查封。同时，提请区农林局对受损树木等进行损伤鉴定。经采集鉴定，证明树木呈现的是有毒气体引起的典型危害症状，责令企业赔偿村民损失 75000 元。其间，塑料生产企业负责人无视区环保局对其作出设备查封的处理决定，趁晚上无人之机，擅自撕毁封条，将被查封的产污设备、设施进行转移。鉴于该企业主的恶劣行径，为严肃法纪，震慑抗法行为，惠山公安分局对该企业主擅自撕毁并转移被查封生产设备的暴力抗法行为作出行政拘留决定，并将该企业主抓获归案。

**2015 年钱桥街道改用清洁能源的企业一览表**

表 2—13—17 单位：吨

| 新设备类别 | 使用单位 | 锅炉型号 | 额定出力 | 燃料种类 | 燃料用量 | 整治方式 |
|---|---|---|---|---|---|---|
| 工业锅炉 | 无锡市福滋食品厂 | LSG0.2-0.4-WII | 0.20 | 无烟煤 | — | 生物质 |
| 工业锅炉 | 惠山区钱桥新成餐具清洁配送服务部 | LSG0.3-0.7-T | 0.30 | 生物质 | — | 生物质 |
| 工业锅炉 | 无锡友丽莱露制衣有限公司 | LSC0.5-0.4-TM | 0.50 | 生物质 | 100 | 生物质 |
| 工业锅炉 | 无锡华顺民生食品有限公司 | SZL2-1.25-AⅡ | 2.00 | 烟煤 | 800 | 淘汰 |
| 工业锅炉 | 无锡江南高精度冷拔管有限公司 | DZL2-1.0-AⅡ | 2.00 | 烟煤 | 900 | 拆迁停用 |
| 工业锅炉 | 无锡市二泉植绒材料厂 | KZL2-8-AII | 2.00 | 烟煤 | 30 | 接蒸汽 |
| 有机热载体液相炉 | 无锡市华丽达纺织涂层厂 | YLL-1400MA | 1.40 | 烟煤 | 50 | 生物质 |
| 有机热载体液相炉 | 无锡市金汇涂层厂 | YLL-1400MA | 1.40 | 烟煤 | 70 | 接蒸汽 |
| 有机热载体液相炉 | 无锡市新潮科技有限公司 | YLL-1400MA | 1.40 | 烟煤 | — | 接蒸汽 |
| 有机热载体液相炉 | 无锡双鹰布业有限公司 | YLL-1400MA | 1.40 | 烟煤 | 600 | 天然气 |
| 工业锅炉 | 无锡奥波冷拔特异钢管有限公司 | DZL1-0.7-AⅡ | 1.00 | 烟煤 | 15 | 天然气 |
| 工业锅炉 | 无锡恒力标准件制造有限公司 | LSC0.8-0.4-AIII | 0.80 | 烟煤 | 300 | 生物质 |
| 工业锅炉 | 无锡钱桥带钢有限公司 | LHG0.8-0.7-AIII | 0.80 | 烟煤 | 100 | 接蒸汽 |

续表 2—13—17 单位：吨

| 新设备类别 | 使用单位 | 锅炉型号 | 额定出力 | 燃料种类 | 燃料用量 | 整治方式 |
|---|---|---|---|---|---|---|
| 有机热载体液相炉 | 无锡胜鑫涂层有限公司 | YLL-700MA | 0.70 | 烟煤 | 300 | 天然气 |
| 有机热载体液相炉 | 无锡市绫丰纺织品有限公司 | YLL-700MA | 0.70 | 烟煤 | 200 | 接蒸汽 |
| 有机热载体液相炉 | 无锡市正龙无纺布有限公司 | YGL-700MA | 0.70 | 烟煤 | 200 | 天然气 |
| 有机热载体液相炉 | 无锡渊博纺织有限公司 | YLL-700MA | 0.70 | 烟煤 | 260 | 生物质 |
| 工业锅炉 | 无锡群力精密合金板带有限公司 | LSG0.5-0.4-TM | 0.50 | 白煤 | 108 | 天然气 |
| 工业锅炉 | 无锡群力精密合金板带有限公司 | LSG0.5-0.4-WII | 0.50 | 烟煤 | — | 天然气 |
| 工业锅炉 | 无锡东风皮革化工厂 | KZL0.5-7-AII | 0.50 | 烟煤 | 5 | 天然气 |
| 工业锅炉 | 无锡市昌润冷轧有限公司 | LSC0.5-0.4-AIII | 0.50 | 烟煤 | 200 | 天然气 |
| 工业锅炉 | 无锡鸿源特钢制品有限公司 | LSC0.5-0.4-AⅡ.WⅡ | 0.50 | 烟煤 | 22 | 电加热 |
| 工业锅炉 | 无锡市锦宏精密缸体有限公司 | LSS0.5-0.09-Y（Q） | 0.50 | 烟煤 | 200 | 天然气 |
| 工业锅炉 | 无锡新汇利涂料厂 | LHG0.5-0.4-AⅡ | 0.50 | 烟煤 | 5 | 接蒸汽 |
| 有机热载体液相炉 | 无锡市东方绝缘胶有限公司 | YGL-350GM | 0.35 | 烟煤 | 10 | 生物质 |
| 工业锅炉 | 无锡市锡栋合成材料厂 | LSG0.2-0.4-AII | 0.20 | 烟煤 | 8 | 电加热 |
| 生活锅炉 | 无锡市藕塘大酒店 | LSG0.2-0.04-WII | 0.20 | 无烟煤 | 50 | 电加热 |
| — | 无锡阁特精密冷拔管有限公司 | — | — | 煤 | 200 | 电加热 |
| 工业锅炉 | 无锡市藕塘绒线厂 | SZL10-1.6-AII | 10.00 | 烟煤 | — | 接蒸汽 |
| 工业锅炉 | 无锡中诚印染有限公司 | SZL10-1.25-AII | 10.00 | 烟煤 | 4000 | 接蒸汽 |
| 工业锅炉 | 无锡中诚印染有限公司 | SZL10-1.6-AⅡ | 10.00 | 烟煤 | — | 接蒸汽 |
| 有机热载体液相炉 | 无锡市振华印染有限公司 | YLW-9400MA | 9.40 | 烟煤 | — | 拆迁 |
| 有机热载体液相炉 | 无锡市振华印染有限公司 | YLW-7000MA | 7.00 | 烟煤 | 15000 | 拆迁 |
| 工业锅炉 | 无锡华润实业公司 | DZL4-1.25-AII | 4.00 | 烟煤 | 3000 | 接蒸汽 |
| 工业锅炉 | 无锡法斯特鼎元精密钢管有限公司 | DZL2-1.0-AⅡ | 2.00 | 烟煤 | 780 | 接蒸汽 |
| 工业锅炉 | 无锡市世通食品有限公司 | KZL2-8 | 2.00 | 烟煤 | 400 | 接蒸汽 |
| 工业锅炉 | 无锡市万马化工有限公司 | DZL2-1.0-AⅡ | 2.00 | 烟煤 | 400 | 接蒸汽 |
| 工业锅炉 | 无锡市翔盛化纤厂 | DZL2-1.0-AⅡ | 2.00 | 烟煤 | 500 | 接蒸汽 |
| 工业锅炉 | 无锡百盛带钢有限公司 | DZL1-0.7-AII | 1.00 | 烟煤 | 250 | 接蒸汽 |
| 工业锅炉 | 无锡市创威冷轧有限公司 | LSG1-0.7-T | 1.00 | 生物质 | 200 | 接蒸汽 |
| 工业锅炉 | 无锡市广润金属制品有限公司 | DZL1-0.7-AⅡ | 1.00 | 烟煤 | 400 | 接蒸汽 |
| 工业锅炉 | 无锡市雄诚冷轧带钢有限公司 | LHG0.8-0.4-AIII | 0.80 | 烟煤 | 200 | 接蒸汽 |
| 工业锅炉 | 无锡勇达钢带有限公司 | LSG0.8-0.4-WII | 0.80 | 无烟煤 | 280 | 接蒸汽 |
| 有机热载体液相炉 | 无锡市新潮科技有限公司 | YLL-700M | 0.70 | 烟煤 | 750 | 接蒸汽 |
| 工业锅炉 | 无锡发达冷轧有限公司 | LSC0.5-0.4-TM | 0.50 | 烟煤 | 320 | 天然气 |
| 工业锅炉 | 无锡君盛精密管带有限公司 | LSG0.5-0.04-AIII | 0.50 | 烟煤 | 100 | 接蒸汽 |
| 工业锅炉 | 无锡市昌宏钢管有限公司 | LSC0.5-0.4-AIII | 0.50 | 烟煤 | 25 | 接蒸汽 |
| 工业锅炉 | 无锡市海鼎冷轧带钢有限公司 | DZL0.5-0.8-AⅡ | 0.50 | 烟煤 | 300 | 接蒸汽 |

## 九、殡葬整治

2005年，钱桥镇以无锡市建造惠山、青龙山生态公园为契机，实施对龙山、舜柯山、鸡笼山一线的殡葬整治。是年，迁埋各类坟墓12000多穴，置换土地44170.67平方米，有效地实现山地资源可持续利用。2007年2月1日，惠山区区长吴仲林一行到钱桥镇实地查看3处殡葬整治现场，进一步下达殡葬整治任务。钱桥镇殡葬整治领导小组按照区领导提出的要求，充分尊重群众习俗，抓住大寒殡葬整治的有利时机，做好思想宣传工作，成立施工队伍，日均整治近1000穴坟墓。是年2月5日，钱桥镇殡葬整治坟墓累计达17451穴，完成任务数达80.3%，其中

图2—13—20　2007年2月1日，惠山区区长吴仲林（右二）一行实地查看殡葬整治现场

溪南、苏庙、勤建、恒源祥等4个村的整治工作完成90%以上，尤其是勤建村，殡葬整治完成率达98.22%。

### 十、配合地铁3号线建设，提升域内环境质量

2015年12月，地铁3号线建设工程在钱桥街道辖区内开建，沿线周边的生态环境面貌的提升牵动着居民的心。为使百姓既能在优美的环境下生活，又能尽快搭上地铁三号线这趟“高速列车”让出行变得更便利，钱桥街道党工委、办事处多次组织各项检查，采取多项措施确保地铁建设周边环境良好。是年，锡兴钢铁公司实现全厂停产，拆除高炉、转炉的关键部件，并通过环保部的现场核查。无锡西区燃气热电厂替代黄巷电厂供热，黄巷电厂燃煤机组停运，确保完成无锡市全年节能减排和环保部重点督办任务。金鹏水处理公司因危险废物经营许可证换证停产4个月，为不影响酸洗企业的正常生产，街道积极协调，帮助80多家区域内企业度过金鹏停产期间的危废处理困难，杜绝出现严重环境问题。全街道在完成21家煤改气任务的基础上，又超额淘汰和改造5台燃煤小锅炉、7台煤气发生炉，其中振华印染厂实现整厂拆迁，淘汰2台10吨以上锅炉。同时，钱桥街道成立无锡市首个由政府、社区、院校、企业组成的四位一体的环保志愿者队伍“我爱绿在行动”，开展环保政策宣传、环保知识普及、环保生活体验、环保创意设计和环境违法监督等活动。晴山蓝城社区在环保、工商、城管等多部门联动下，通过疏堵结合、高压严管、过程追踪、长效管理等方法完成锡西片最大的餐饮行业集聚区的油烟整治工程，其经验和做法在惠山区推广。

## 第四节 环境监测

为保护环境，钱桥（镇）街道对辖区内环境进行经常性地监测。通过对影响环境质量因素的代表值的测定，确定环境质量、污染程度及其变化趋势，给环境管理、控制污染源、合理使用自然资源、制订环境保护规划等提供科学依据。区域内环境部门重点开展地表水质量检测、废气监测、烟尘监测、环境空气质量监测、声环境质量监测等。

### 一、地表水水质监测

2006年始，钱桥（镇）街道为全面准确地掌控辖区内地表水环境质量，摸清各河流、支流的水质变化趋势，及时向环保部门提供可靠的技术数据支持，对高桥断面、藕塘大桥断面、若冰桥断面的地表水水质进行不定期监测。

2006年钱桥镇地表水水质监测情况表

表2—13—18　　　　单位：毫克/立方米

| 监测项目 | | | | | | | | | | | | | | | |
|---|---|---|---|---|---|---|---|---|---|---|---|---|---|---|---|
| 监测位置 | W2点（高桥断面） | | | | | W3点（藕塘大桥断面） | | | | | W4点（若冰桥断面） | | | | |
| 监测日期 | $P^H$值 | 高锰酸盐指数 | 氨氮 | 总磷 | 石油类 | $P^H$值 | 高锰酸盐指数 | 氨氮 | 总磷 | 石油类 | $P^H$值 | 高锰酸盐指数 | 氨氮 | 总磷 | 石油类 |
| 1月5日 | 7.35 | 9.5 | 1.47 | 0.25 | 0.46 | 7.46 | 6.2 | 1.76 | 0.18 | 0.29 | 7.14 | 13.5 | 1.68 | 0.32 | 0.34 |
| 3月2日 | 7.10 | 8.9 | 1.41 | 0.21 | 0.51 | 6.91 | 6.9 | 1.91 | 0.18 | 0.31 | 7.06 | 9.6 | 1.86 | 0.36 | 0.42 |
| 5月9日 | 7.16 | 9.1 | 1.30 | 0.22 | 0.22 | 7.06 | 5.8 | 1.60 | 0.16 | 0.38 | 6.70 | 13.1 | 1.32 | 0.38 | 0.26 |

2007~2015年，钱桥（镇）街道环保分局对辖区内横贯东西的洋溪河主要水污染项目进行检测，2007年氨氮为3.8毫克/升，总磷为0.44毫克/升，化学需氧量为41毫克/升；2015年氨氮为2.06毫克/升，总磷为0.14毫克/升，化学需氧量为19毫克/升，水质明显好转。

2007~2015 年洋溪河主要水污染项目变化趋势统计表

表 2—13—19　　单位：毫克/升

| 污染项目 | 污染项目年均值 | | | | | | | | |
|---|---|---|---|---|---|---|---|---|---|
| | 2007 年 | 2008 年 | 2009 年 | 2010 年 | 2011 年 | 2012 年 | 2013 年 | 2014 年 | 2015 年 |
| 氨氮 | 3.80 | 3.92 | 2.52 | 3.13 | 2.05 | 2.32 | 2.38 | 2.41 | 2.06 |
| 总磷 | 0.44 | 0.44 | 0.63 | 0.36 | 0.25 | 0.39 | 0.18 | 0.15 | 0.14 |
| 化学需氧量 | 41.00 | 35.00 | 31.00 | 30.00 | 27.00 | 33.00 | 22.00 | 22.00 | 19.00 |

## 二、工业废气、烟尘监测

2002 年 6 月，惠山区环境监测站对钱桥镇无锡苏源发电有限公司的烟尘排放浓度、烟气排放浓度、二氧化硫排放浓度进行监测。监测结果达到国家规定的标准要求。

2002 年 6 月 14 日无锡市惠山区环境监测站对无锡苏源发电公司工业废气、烟尘测试报告表

表 2—13—20

| | | | | | |
|---|---|---|---|---|---|
| 受检单位 | 无锡苏源发电有限公司 | | 地址 | 钱桥镇 | |
| 锅（窑）炉 | 燃气轮机 | 型号 | FT8 | 烟囱高度 | 40 米（铁） |
| 监测仪器 | 应用 3021H 型自动烟尘（气）测试仪 | | | 编号 | NO.425 |
| 测试日期 | 2002/6/14 | | | | |
| 监测目的 | 监督性监测 | | | | |
| 监测内容 | 烟尘排放浓度<br>烟气排放浓度<br>二氧化硫排放浓度 | | | | |
| 监测依据 | 参照 GB13271—2001《锅炉大气污染物排放标准》　参照 GB5468—91《锅炉烟尘测试方法》 | | | | |
| 备注 | 共 2 台燃气轮机，于 1995 年底投入生产，燃料为 0#柴油，正常生产用量为 11 吨/小时 | | | | |
| 结论 | 本次监测结果：实测烟尘排放浓度 12 毫克/立方米（标态），实测二氧化硫排放浓度 11.2 毫克/ 立方米（标态）。烟气排放黑度小于林格曼 1 级，达到 GB13271—2001《锅炉大气污染物排放标准》规定的要求 | | | | |

2003 年 12 月，惠山区环境监测站对藕塘镇无锡市振华印染有限公司的烟尘排放浓度、烟气排放浓度、二氧化硫排放浓度进行监测。监测结果为三项监测内容均达标。

2003 年 12 月 25 日无锡市惠山区环境监测站对无锡市振华印染有限公司工业废气、烟尘测试报告表

表 2—13—21

| | | | | | |
|---|---|---|---|---|---|
| 受检单位 | 无锡市振华印染有限公司 | | 地址 | 藕塘镇 | |
| 锅（窑）炉 | 蒸汽锅炉 | 型号 | SZL15-1.6-AII | 烟囱高度 | 50 米（砖） |
| 治理设施名称 | 水膜除尘器 | | | 型号 | / |
| 监测仪器 | 应用 3012H 型自动烟尘（气）测试仪 | | | 编号 | NO.425 |
| 测试日期 | 2003/12/25 | | | | |
| 监测目的 | “三同时”验收监测 | | | | |
| 监测内容 | 烟尘排放浓度<br>烟气排放浓度<br>二氧化硫排放浓度 | | | | |
| 监测依据 | GB13271—2001《锅炉大气污染物排放标准》<br>GB5468—91《锅炉烟尘测试方法》 | | | | |
| 备注 | 该锅炉于 2003 年 6 月开始使用<br>燃料为烟煤，用量为 25 吨/d<br>引风机功率：75 千瓦，鼓风机功率：22 千瓦 | | | | |
| 结论 | 对照 GB13271—2001：2001 年 1 月 1 日起建成使用的锅炉，在二类区其烟尘最高允许排放浓度 200 毫克/立方米（标态），烟气排放黑度林格曼 1 级，二氧化硫最高允许排放浓度 400 毫克/立方米（标态）的标准要求，本次检测结果：烟尘排放浓度达标，烟气黑度达标，二氧化硫排放浓度达标。 | | | | |

2005 年 8 月 16~19 日，江苏省环境监测中心对辖区内锡兴钢铁集团企业的原料场烧砖车间、炼铁车间和炼钢车间的除尘设施进行监测。监测结果表明该企业的烧结机、高炉出铁场、高炉热风炉污染物排放均达到《工业炉窑大气污染物排放标准》（GB9078—1996）表 2、表 4 二级标准要求；原料场、炼铁车间、炼钢车间、烧结车间除尘设施颗粒物排放均达到《大气污染物综合排放标准》（GB16297—1996）表 2 中二级标准要求；燃气锅炉烟尘、二氧化硫、氮氧化物排放浓度满足《锅炉大气污染物排放标准》GB13271—2001 二类区中Ⅱ时段标准。

**2005 年 8 月 19 日江苏省环境监测中心对锡兴钢铁集团企业环保检测结论表**

表 2—13—22

| 类别 | 污染物达标情况 | 总量控制情况 |
| --- | --- | --- |
| 有组织废气 | 验收监测期间，烧结机、高炉出铁场、高炉热风排放口粉（烟）尘、二氧化硫排放满足《工业炉窑大气污染物排放标准》GB9078—1996 表 2、表 4 二级标准。原料场除尘、烧结车间除尘、炼铁车间除尘、炼钢车间除尘粉尘排放浓度、排放速率满足《大气污染物综合排放标准》（GB16297—1996）表 2 中二级标准。燃气锅炉烟尘、二氧化硫、氮氧化物排放浓度满足《锅炉大气污染物排放标准》GB13271—2001 二类区中Ⅱ时段标准 | 废气中：烟尘、粉尘、二氧化硫年排放总量均满足总量控制指标要求 |
| 固废 | 全部安全处置和综合利用，不外排，零排放 | 零排放 |
| 总结论 | 该项自己按国家有关建设项目环境管理法规要求，进行环境影响评价，工程相应的环保设施与主体工程同时设计、同时施工、同时投入使用，较好地执行了环保“三同时”制度。公司重视环保工作，建立了环保管理体系和环保运行台账，落实了各类污染物风险防范措施。验收监测期间，废气中各类污染物均能达标排放，固体废弃物零排放。建议该项目通过验收 | |

### 三、环境空气质量监测

21 世纪初，钱桥、藕塘地区经过几年的产业结构调整和污染源整治，区域内的空气质量得到明显改善，一级标准为自然保护区、林区、风景名胜区；二级标准为规划中确定的居住区、商业区、交通居民混合区、文化区、一般工业区和农村地区；三级标准为特定工业区。

钱桥（镇）街道为进一步改善环境空气质量，营造良好生态，创造清洁适宜的环境，保护境内人民身体健康，坚持长期地、不定期地进行空气质量监测。区域内环境空气质量检测设立两个点，G1 点为勤建村村委，G2 点为钱桥镇人民政府。监测执行标准为《环境空气质量标准》GB3095—1996。

**2005 年钱桥镇环境空气质量监测结果表**

表 2—13—23

| 监测地点 | G1 点：勤建村村委 | | | | 监测地点 | G2 点：钱桥镇人民政府 | | | |
| --- | --- | --- | --- | --- | --- | --- | --- | --- | --- |
| 日期 | 监测结果（单位：毫克/立方米） | | | | 日期 | 监测结果（单位：毫克/立方米） | | | |
| | 采样时间 | 二氧化硫 | 二氧化氮 | PM10 | | 采样时间 | 二氧化硫 | 二氧化氮 | PM10 |
| 排放标准 | — | $SO_2$ <0.061 | $NO_2$ <0.04 | PM10 <0.10 | 排放标准 | — | $SO_2$ <0.061 | $NO_2$ <0.04 | PM10 <0.10 |
| 12 月 26 日 | 07：00-08：00 | 0.032 | 0.031 | 0.090 | 12 月 26 日 | 07：00-08：00 | 0.035 | 0.021 | 0.078 |
| | 10：00-11：00 | 0.052 | 0.026 | 0.083 | | 10：00-11：00 | 0.037 | 0.013 | 0.157 |
| | 13：00-14：00 | 0.041 | 0.014 | 0.132 | | 13：00-14：00 | 0.039 | 0.059 | 0.116 |
| | 16：00-17：00 | 0.039 | 0.026 | 0.117 | | 16：00-17：00 | 0.043 | 0.021 | 0.129 |
| 12 月 27 日 | 07：00-08：00 | 0.032 | 0.012 | 0.096 | 12 月 27 日 | 07：00-08：00 | 0.037 | 0.041 | 0.121 |
| | 10：00-11：00 | 0.043 | 0.028 | 0.086 | | 10：00-11：00 | 0.039 | 0.059 | 0.156 |

续表 2—13—23

| 监测地点 | G1 点：勤建村村委 | | | | 监测地点 | G2 点：钱桥镇人民政府 | | | |
|---|---|---|---|---|---|---|---|---|---|
| 日期 | 监测结果（单位：毫克/立方米） | | | | 日期 | 监测结果（单位：毫克/立方米） | | | |
| | 采样时间 | 二氧化硫 | 二氧化氮 | PM10 | | 采样时间 | 二氧化硫 | 二氧化氮 | PM10 |
| 排放标准 | — | $SO_2$ <0.061 | $NO_2$ <0.04 | PM10 <0.10 | 排放标准 | — | $SO_2$ <0.061 | $NO_2$ <0.04 | PM10 <0.10 |
| 12 月 27 日 | 13：00-14：00 | 0.040 | 0.010 | 0.102 | 12 月 27 日 | 13：00-14：00 | 0.047 | 0.018 | 0.103 |
| | 16：00-17：00 | 0.046 | 0.025 | 0.103 | | 16：00-17：00 | 0.048 | 0.013 | 0.136 |
| 12 月 28 日 | 07：00-08：00 | 0.031 | 0.036 | 0.125 | 12 月 28 日 | 07：00-08：00 | 0.031 | 0.058 | 0.116 |
| | 10：00-11：00 | 0.053 | 0.026 | 0.117 | | 10：00-11：00 | 0.038 | 0.053 | 0.100 |
| | 13：00-14：00 | 0.048 | 0.040 | 0.100 | | 13：00-14：00 | 0.036 | 0.058 | 0.095 |
| | 16：00-17：00 | 0.055 | 0.036 | 0.102 | | 16：00-17：00 | 0.049 | 0.023 | 0.082 |

## 2010 年钱桥街道环境空气质量 G2 点监测情况表

表 2—13—24

| 日期 | 监测结果　　单位：毫克/立方米（标准状态） | | | |
|---|---|---|---|---|
| | 采样时间 | 二氧化硫 | 二氧化氮 | PM10 |
| 排放标准 | — | $SO_2$ <0.061 | NO2 <0.04 | PM10 <0.10 |
| 2010 年 6 月 7 日 | 02：00-03：00 | 0.042 | 0.032 | 0.080 |
| | 08：00-09：00 | 0.037 | 0.037 | 0.082 |
| | 14：00-15：00 | 0.032 | 0.030 | 0.068 |
| | 20：00-21：00 | 0.048 | 0.029 | 0.071 |
| 2010 年 6 月 8 日 | 02：00-03：00 | 0.036 | 0.030 | 0.082 |
| | 08：00-09：00 | 0.038 | 0.036 | 0.085 |
| | 14：00-15：00 | 0.043 | 0.026 | 0.072 |
| | 20：00-21：00 | 0.039 | 0.025 | 0.070 |
| 2010 年 6 月 9 日 | 02：00-03：00 | 0.043 | 0.028 | 0.076 |
| | 08：00-09：00 | 0.037 | 0.034 | 0.077 |
| | 14：00-15：00 | 0.042 | 0.033 | 0.073 |
| | 20：00-21：00 | 0.048 | 0.031 | 0.069 |
| 2010 年 6 月 10 日 | 02：00-03：00 | 0.043 | 0.030 | 0.074 |
| | 08：00-09：00 | 0.038 | 0.036 | 0.081 |
| | 14：00-15：00 | 0.044 | 0.035 | 0.068 |
| | 20：00-21：00 | 0.048 | 0.034 | 0.086 |
| 2010 年 6 月 11 日 | 02：00-03：00 | 0.038 | 0.028 | 0.078 |
| | 08：00-09：00 | 0.048 | 0.034 | 0.068 |
| | 14：00-15：00 | 0.036 | 0.036 | 0.070 |
| | 20：00-21：00 | 0.043 | 0.029 | 0.082 |
| 2010 年 6 月 12 日 | 02：00-03：00 | 0.045 | 0.034 | 0.078 |
| | 08：00-09：00 | 0.053 | 0.036 | 0.070 |
| | 14：00-15：00 | 0.036 | 0.030 | 0.073 |
| | 20：00-21：00 | 0.038 | 0.029 | 0.080 |
| 2010 年 6 月 13 日 | 02：00-03：00 | 0.040 | 0.029 | 0.074 |
| | 08：00-09：00 | 0.037 | 0.026 | 0.078 |
| | 14：00-15：00 | 0.042 | 0.030 | 0.082 |
| | 20：00-21：00 | 0.046 | 0.031 | 0.088 |

## 2011 年钱桥街道环境空气质量 G2 点监测情况表

表 2—13—25

| 日期 | 监测结果　单位：毫克/立方米（标准状态） | | | | |
|---|---|---|---|---|---|
| | 采样时间 | 二氧化硫 | 二氧化氮 | 采样时间 | PM10 |
| 排放标准 | — | $SO_2$ <0.061 | $NO_2$<0.04 | — | PM10 <0.10 |
| 2011 年 12 月 19 日 | 02：00-03：00 | 0.039 | 0.042 | 2：00-14：00 | 0.064 |

续表 2—13—25

| 日期 | 监测结果 单位：毫克/立方米（标准状态） | | | | |
| --- | --- | --- | --- | --- | --- |
| | 采样时间 | 二氧化硫 | 二氧化氮 | 采样时间 | PM10 |
| 2011 年 12 月 19 日 | 08：00-09：00 | 0.038 | 0.036 | 2：00-14：00 | 0.064 |
| | 14：00-15：00 | 0.047 | 0.029 | | |
| | 20：00-21：00 | 0.041 | 0.039 | | |
| 2011 年 12 月 20 日 | 02：00-03：00 | 0.043 | 0.036 | 2：00-14：00 | 0.058 |
| | 08：00-09：00 | 0.047 | 0.032 | | |
| | 14：00-15：00 | 0.048 | 0.026 | | |
| | 20：00-21：00 | 0.053 | 0.037 | | |
| 2011 年 12 月 21 日 | 02：00-03：00 | 0.046 | 0.030 | 2：00-14：00 | 0.058 |
| | 08：00-09：00 | 0.043 | 0.034 | | |
| | 14：00-15：00 | 0.042 | 0.037 | | |
| | 20：00-21：00 | 0.040 | 0.032 | | |
| 2011 年 12 月 22 日 | 02：00-03：00 | 0.046 | 0.030 | 2：00-14：00 | 0.068 |
| | 08：00-09：00 | 0.043 | 0.033 | | |
| | 14：00-15：00 | 0.044 | 0.032 | | |
| | 20：00-21：00 | 0.046 | 0.037 | | |
| 2011 年 12 月 25 日 | 02：00-03：00 | 0.041 | 0.032 | 2：00-14：00 | 0.056 |
| | 08：00-09：00 | 0.043 | 0.039 | | |
| | 14：00-15：00 | 0.044 | 0.041 | | |
| | 20：00-21：00 | 0.041 | 0.031 | | |

## 2012 年钱桥街道环境空气质量 G2 点监测情况表

表 2—13—26

| 日期 | 监测结果 单位：毫克/立方米（标准状态） | | | | |
| --- | --- | --- | --- | --- | --- |
| | 采样时间 | 二氧化硫 | 二氧化氮 | 采样时间 | PM10 |
| 排放标准 | — | $SO_2$ <0.061 | $NO_2$ <0.04 | — | PM10 <0.10 |
| 2012 年 8 月 27 日 | 02：00-03：00 | 0.037 | 0.021 | 2：00-14：00 | 0.079 |
| | 08：00-09：00 | 0.034 | 0.033 | | |
| | 14：00-15：00 | 0.042 | 0.021 | | |
| | 20：00-21：00 | 0.043 | 0.045 | | |
| 2012 年 8 月 28 日 | 02：00-03：00 | 0.047 | 0.031 | 2：00-14：00 | 0.072 |
| | 08：00-09：00 | 0.043 | 0.032 | | |
| | 14：00-15：00 | 0.045 | 0.039 | | |
| | 20：00-21：00 | 0.042 | 0.036 | | |
| 2012 年 8 月 29 日 | 02：00-03：00 | 0.037 | 0.030 | 2：00-14：00 | 0.076 |
| | 08：00-09：00 | 0.039 | 0.040 | | |
| | 14：00-15：00 | 0.041 | 0.035 | | |
| | 20：00-21：00 | 0.043 | 0.035 | | |
| 2012 年 8 月 30 日 | 02：00-03：00 | 0.036 | 0.026 | 2：00-14：00 | 0.087 |
| | 08：00-09：00 | 0.035 | 0.018 | | |
| | 14：00-15：00 | 0.038 | 0.030 | | |
| | 20：00-21：00 | 0.036 | 0.021 | | |
| 2012 年 8 月 31 日 | 02：00-03：00 | 0.032 | 0.025 | 2：00-14：00 | 0.076 |
| | 08：00-09：00 | 0.034 | 0.024 | | |
| | 14：00-15：00 | 0.036 | 0.041 | | |
| | 20：00-21：00 | 0.037 | 0.038 | | |
| 2012 年 9 月 1 日 | 02：00-03：00 | 0.042 | 0.029 | 2：00-14：00 | 0.069 |
| | 08：00-09：00 | 0.039 | 0.041 | | |
| | 14：00-15：00 | 0.041 | 0.034 | | |
| | 20：00-21：00 | 0.039 | 0.029 | | |
| 2012 年 9 月 2 日 | 02：00-03：00 | 0.042 | 0.027 | 2：00-14：00 | 0.065 |
| | 08：00-09：00 | 0.041 | 0.041 | | |
| | 14：00-15：00 | 0.040 | 0.046 | | |
| | 20：00-21：00 | 0.038 | 0.049 | | |

2014 年，钱桥街道环保分局对辖区内环境空气质量监测的结果反映，区域内的环境空气中二氧

化硫排放小于 0.061 毫克/立方米，二氧化氮排放小于 0.04 毫克/立方米，PM10 排放小于 0.10 毫克/立方米。

2014 年钱桥街道钱桥大街 22 号环境空气质量监测情况表

表 2—13—27

| 日期 | 监测结果　单位：毫克/立方米（标准状态） | | | | |
|---|---|---|---|---|---|
| | 采样时间 | 二氧化硫 | 二氧化氮 | 采样时间 | PM10 |
| 排放标准 | — | $SO_2$ <0.061 | $NO_2$ <0.04 | — | PM10 <0.10 |
| 2014 年 2 月 7 日 | 02：00-03：00 | 0.048 | 0.030 | 2：00-14：00 | 0.068 |
| | 08：00-09：00 | 0.044 | 0.023 | | |
| | 14：00-15：00 | 0.045 | 0.019 | | |
| | 20：00-21：00 | 0.041 | 0.017 | | |
| 2014 年 2 月 8 日 | 02：00-03：00 | 0.042 | 0.038 | 2：00-14：00 | 0.055 |
| | 08：00-09：00 | 0.040 | 0.061 | | |
| | 14：00-15：00 | 0.046 | 0.068 | | |
| | 20：00-21：00 | 0.049 | 0.036 | | |
| 2014 年 2 月 9 日 | 02：00-03：00 | 0.049 | 0.026 | 2：00-14：00 | 0.064 |
| | 08：00-09：00 | 0.043 | 0.031 | | |
| | 14：00-15：00 | 0.045 | 0.018 | | |
| | 20：00-21：00 | 0.045 | 0.034 | | |
| 2014 年 2 月 10 日 | 02：00-03：00 | 0.050 | 0.015 | 2：00-14：00 | 0.072 |
| | 08：00-09：00 | 0.043 | 0.034 | | |
| | 14：00-15：00 | 0.039 | 0.035 | | |
| | 20：00-21：00 | 0.040 | 0.023 | | |
| 2014 年 2 月 11 日 | 02：00-03：00 | 0.042 | 0.026 | 2：00-14：00 | 0.065 |
| | 08：00-09：00 | 0.040 | 0.036 | | |
| | 14：00-15：00 | 0.043 | 0.031 | | |
| | 20：00-21：00 | 0.042 | 0.039 | | |

## 四、声环境质量监测

20 世纪 80 年代以前，钱桥、藕塘地区企业少，公路少，村庄幽静，居民区安静。90 年代以后，区域内企业大量增加，公路建设迅猛，噪音的投诉呈逐年上升趋势。国家规定噪声标准为白天不超过 60 分贝，夜间不超过 50 分贝。钱桥镇政府为掌握辖区内声环境质量状况，对区域内声环境质量、道路声环境质量、功能区声环境质量进行不定期监测。

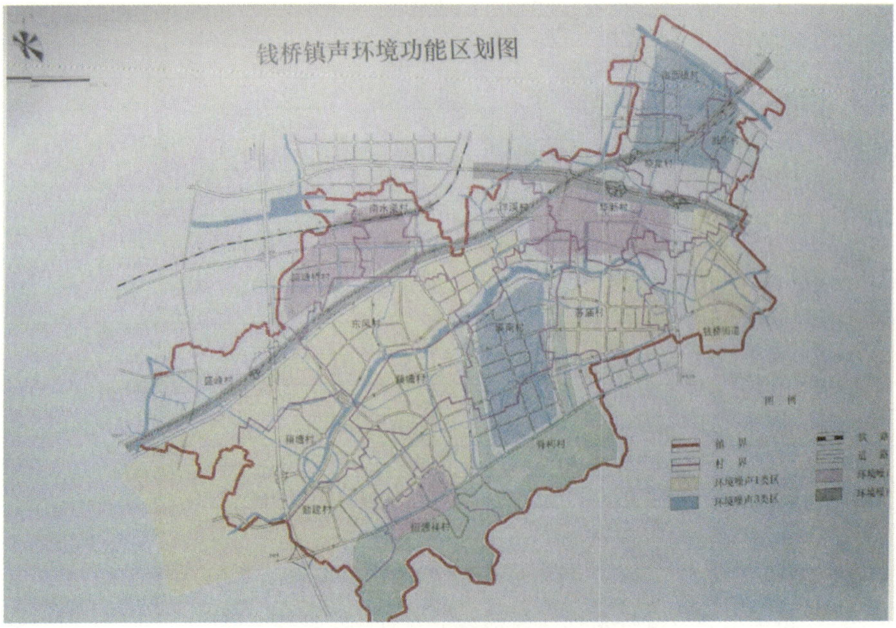


图 2—13—21　2006 年钱桥镇声环境功能区划图

### 2006年1月5日钱桥镇声环境质量监测情况表

表2—13—28　　单位：分贝

| 测点位置 | 测试时间 | 2006年1月5日区域环境噪声监测结果（A） | | | | | |
|---|---|---|---|---|---|---|---|
| | | $L_{eq}$ | $L_{10}$ | $L_{50}$ | $L_{90}$ | δ | 主要噪声源 |
| N1 南西漳工业园区（无锡豪普金属制品厂门前） | 昼间 | 64.9 | 68.3 | 58.3 | 55.6 | 5.2 | 工业、交通 |
| | 夜间 | 54.4 | 56.7 | 51.4 | 47.9 | 38.0 | 工业 |
| N2 居住区（欣欣山庄136#门前） | 昼间 | 56.5 | 60.3 | 49.2 | 47.0 | 5.3 | 生活、交通 |
| | 夜间 | 44.0 | 48.2 | 41.7 | 36.3 | 4.6 | 生活 |
| N3 学校（钱桥中学） | 昼间 | 51.5 | 53.5 | 50.1 | 48.2 | 2.4 | 生活 |
| | 夜间 | 42.1 | 42.6 | 41.5 | 39.7 | 1.8 | 生活 |
| N4 商业区（钱桥农贸市场） | 昼间 | 70.9 | 73.7 | 67.1 | 62.2 | 4.6 | 生活、交通 |
| | 夜间 | 42.2 | 43.5 | 41.0 | 40.1 | 1.9 | 生活 |
| N5 钱桥配套区（无锡宏昌钢管有限公司门前） | 昼间 | 64.2 | 66.5 | 54.6 | 50.1 | 6.6 | 工业 |
| | 夜间 | 51.6 | 53.2 | 43.0 | 38.5 | 6.1 | 工业 |
| N6 农村居住区（勤建村） | 昼间 | 51.0 | 53.8 | 46.1 | 42.7 | 4.6 | 生活 |
| | 夜间 | 41.7 | 45.9 | 39.4 | 33.4 | 4.6 | 生活 |
| N7 农村居住区（盛峰村） | 昼间 | 49.4 | 52.8 | 46.2 | 43.1 | 3.9 | 生活 |
| | 夜间 | 42.9 | 47.3 | 38.2 | 33.4 | 5.2 | 生活 |
| N8 藕塘建成区（藕塘供电所门前） | 昼间 | 58.9 | 61.8 | 56.1 | 52.7 | 3.8 | 生活 |
| | 夜间 | 43.8 | 46.8 | 42.1 | 37.4 | 3.6 | 生活 |
| N9 无锡西站地区（南水渠健身广场） | 昼间 | 55.1 | 58.1 | 47.8 | 45.9 | 5.2 | 生活 |
| | 夜间 | 38.6 | 42.9 | 34.0 | 31.9 | 4.3 | 生活 |
| 备注 | 监测期间：晴，西北风，风速3~3.5米/秒。N2、N4测点昼间监测时受交通噪声影响 | | | | | | |

### 2006年1月6日钱桥镇声环境质量监测情况表

表2—13—29　　单位：分贝

| 测点位置 | 测试时间 | 2006年1月6日交通噪声监测结果（A） | | | | | |
|---|---|---|---|---|---|---|---|
| | | $L_{eq}$ | $L_{10}$ | $L_{50}$ | $L_{90}$ | δ | 过往车辆/船流量 |
| 国道G312线 | 昼间 | 84.4 | 81.8 | 77.5 | 73.0 | 2.9 | 3900辆/小时<br>小车1300辆　大车2600辆 |
| | 夜间 | 65.8 | 69.7 | 60.9 | 55.0 | 5.5 | 1800辆/小时<br>小车300辆　大车1500辆 |
| 锡宜公路 | 昼间 | 97.1 | 82.6 | 77.2 | 71.5 | 8.8 | 1700辆/小时<br>小车500辆　大车1200辆 |
| | 夜间 | 59.3 | 61.2 | 56.4 | 51.7 | 4.0 | 400辆/小时<br>小车130辆　大车270辆 |
| 锡宜高速公路 | 昼间 | 67.4 | 70.7 | 65.5 | 58.4 | 4.8 | 1100辆/小时<br>小车600辆　大车500辆 |
| | 夜间 | 55.7 | 58.9 | 51.0 | 44.6 | 5.3 | 210辆/小时<br>小车110辆　大车100辆 |
| 洋溪河 | 昼间 | 67.4 | 72.0 | 60.1 | 54.5 | 6.6 | 8艘/小时 |
| | 夜间 | 50.5 | 54.1 | 44.8 | 41.1 | 5.0 | 1艘/小时 |
| 备注 | 监测期间：多云，西北风，风速2~3米/秒。国道G312线、锡宜公路交通噪声监测期间受过往车辆喇叭影响 | | | | | | |

2012~2015年，钱桥街道环保分局在职教园校区设点对声环境质量进行监测，监测所得数据反映声环境质量良好。

### 2012~2015年钱桥街道职教园校区设点环境噪声监测情况表

表2—13—30

| 年份 | 功能区 | | 一季度 | 二季度 | 三季度 | 四季度 |
|---|---|---|---|---|---|---|
| 2012 | 昼间等效声级 | 达标时段数（分） | 16.0 | 16.0 | 16.0 | 15.0 |
| | | 达标率（%） | 100.0 | 100.0 | 100.0 | 93.8 |
| | | 超标时段数（分） | 0 | 0 | 0 | 1.0 |
| | | 超标率（%） | 0 | 0 | 0 | 6.2 |
| | 夜间等效声级 | 达标时段数（分） | 8.0 | 8.0 | 0 | 8.0 |
| | | 达标率（%） | 100.0 | 100.0 | 0 | 100.0 |

续表 2—13—30

| 年份 | 功能区 | | 一季度 | 二季度 | 三季度 | 四季度 |
|---|---|---|---|---|---|---|
| 2012 | 夜间等效声级 | 超标时段数(分) | 0 | 0 | 8.0 | 0 |
| | | 超标率（%） | 0 | 0 | 100.0 | 0 |
| | 昼间等效声级 Ld　dB(A) | | 46.4 | 43.6 | 46.4 | 49.5 |
| | 夜间等效声级 Ln　dB(A) | | 39.7 | 30.8 | 52.0 | 39.5 |
| | 昼夜等效平均声级 Ldn　dB(A) | | 47.8 | 42.8 | 57.5 | 49.5 |
| 2013 | 昼间等效声级 | 达标时段数(分) | 16.0 | 16.0 | 15.0 | 15.0 |
| | | 达标率（%） | 100.0 | 100.0 | 93.8 | 93.8 |
| | | 超标时段数(分) | 0 | 0 | 1.0 | 1.0 |
| | | 超标率（%） | 0 | 0 | 6.2 | 6.2 |
| | 夜间等效声级 | 达标时段数(分) | 6.0 | 7.0 | 8.0 | 8.0 |
| | | 达标率（%） | 75.0 | 87.5 | 100.0 | 100.0 |
| | | 超标时段数(分) | 2.0 | 1.0 | 0 | 0 |
| | | 超标率（%） | 25.0 | 12.5 | 0 | 0 |
| | 昼间等效声级 Ld　dB(A) | | 46.8 | 49.7 | 51.3 | 49.0 |
| | 夜间等效声级 Ln　dB(A) | | 42.5 | 39.9 | 42.2 | 36.4 |
| | 昼夜等效平均声级 Ldn　dB(A) | | 49.6 | 49.8 | 51.6 | 48.3 |
| 2014 | 昼间等效声级 | 达标时段数(分) | 15.0 | 14.0 | 16.0 | 16.0 |
| | | 达标率（%） | 93.8 | 87.5 | 100.0 | 100.0 |
| | | 超标时段数(分) | 1.0 | 2.0 | 0 | 0 |
| | | 超标率（%） | 6.2 | 12.5 | 0 | 0 |
| | 夜间等效声级 | 达标时段数(分) | 7.0 | 8.0 | 7.0 | 8.0 |
| | | 达标率（%） | 87.5 | 100.0 | 87.5 | 100.0 |
| | | 超标时段数(分) | 1.0 | 0 | 1.0 | 0 |
| | | 超标率（%） | 12.5 | 0 | 12.5 | 0 |
| | 昼间等效声级 Ld　dB(A) | | 51.4 | 53.3 | 44.1 | 47.7 |
| | 夜间等效声级 Ln　dB(A) | | 42.3 | 41.0 | 43.1 | 41.2 |
| | 昼夜等效平均声级 Ldn　dB(A) | | 51.7 | 52.7 | 49.3 | 49.2 |
| 2015 | 昼间等效声级 | 达标时段数(分) | 16.0 | 15.0 | 14.0 | 15.0 |
| | | 达标率（%） | 100.0 | 93.8 | 87.5 | 93.8 |
| | | 超标时段数(分) | 0 | 1.0 | 2.0 | 1.0 |
| | | 超标率（%） | 0 | 6.2 | 12.5 | 6.2 |
| | 夜间等效声级 | 达标时段数(分) | 1.0 | 6.0 | 6.0 | 8.0 |
| | | 达标率（%） | 12.5 | 75.0 | 75.0 | 100.0 |
| | | 超标时段数(分) | 7.0 | 2.0 | 2.0 | 0 |
| | | 超标率（%） | 87.5 | 25.0 | 25.0 | 0 |
| | 昼间等效声级 Ld　dB(A) | | 50.3 | 52.1 | 50.7 | 52.3 |
| | 夜间等效声级 Ln　dB(A) | | 46.3 | 45.6 | 47.5 | 42.3 |
| | 昼夜等效平均声级 Ldn　dB(A) | | 53.3 | 53.6 | 54.2 | 52.3 |

## 第五节　城市生态恢复国际论坛

2008 年 11 月 15 日，联合国城市生态恢复国际论坛在钱桥街道职教园校区召开。城市生态恢复国际论坛由联合国人居环境论坛理事会与无锡（藕塘）职教园区管委会联合主办。联合国副秘书长、联合国前安理会主席安瓦尔·乔杜里（Ambassador Anwarul K. Chowdhury），联合国友好理事会（NGO）主席、著名环保外交家努尔•布朗博士（Dr. Noel Brown），世界非政府组织联合会秘书长泰吉•哈马德（Taj Hamad），国际生态城市建设者协会执行主任科斯汀•米勒（Kirstin Miller）等世界知名生态环保权威人士到钱桥街道参加

图 2—13—22　2008 年 11 月 15 日，联合国城市生态恢复国际论坛在钱桥街道职教园校区召开

论坛。国家环保部自然生态司副司长王德辉，江苏省环保厅副厅长赵挺，江苏省环保厅副厅级巡视员周迁，无锡市委、市政府主要领导等参加论坛。国内外知名城市生态环保专家及建设单位代表近150人也应邀参加论坛。

图2—13—23 环保部自然生态司副司长王德辉在论坛讲话

城市生态恢复国际论坛首先由无锡市人民政府领导致欢迎词。之后，中外权威专家围绕城市生态修复典型单位——无锡（藕塘）职教园区城市生态修复及可持续发展系列项目成果，从宏观、中观、微观以及历史、目前、未来等多层面、多角度深入分析城市生态恢复对于地区、国家乃至全球环境安全、经济文化发展等领域的重大战略影响，并就城市生态恢复的战略指导思想、规划发展原则及建设方略等进行广泛的研讨。

论坛大会上，先进典型单位代表钱桥街道领导作职教园区城市生态修复工作汇报；环保部专家作“关于原惠山农药厂（位于钱桥街镇）地块生态修复成果”科研报告；国家城市人居环保科研评审专家就上述典型成果的创新价值、积极影响及示范作用作评估发言；生态修复项目建设单位华宸置业领导发言；国内外环保专家作研讨发言；无锡市惠山区人民政府领导作主题发言；联合国友好理事会主席、著名环保外交家努尔•布朗博士发言；江苏省环保厅领导发言；环境保护部生态司领导发言；联合国副秘书长主席安瓦尔•乔杜里发言。努尔•布朗博士在发言中高度评价无锡（藕塘）职教园区生态恢复典型成果所取得的创新价值、积极影响及示范作用。

图2—13—24 联合国副秘书长、联合国安理会前主席安瓦尔•乔杜里（Ambassador Anwarul K. Chowdhury）在论坛讲话

论坛大会结束前，联合国副秘书长、联合国安理会前主席安瓦尔•乔杜里、环保部及江苏省环保厅领导向城市生态修复先进典型单位——无锡（藕塘）职教园区管委会、钱桥街道办事处领导颁发城市生态恢复及可持续发展示范区荣誉证书及奖牌。同时，论坛向全体与会人员发布《城市生态恢复国际论坛无锡宣言》。

图2—13—25 论坛大会上颁发给钱桥街道的联合国城市生态恢复及可持续发展示范区奖牌

图2—13—26 论坛大会上颁发给钱桥街道的联合国城市生态恢复及可持续发展示范区荣誉证书

# 第三篇 经济

# 第十四章 农 业

钱桥、藕塘地区自古以来即是鱼米之乡、物产丰富，农业生产历史悠久，水稻种植已有5000多年历史。在赤墩遗址出土的文物中，有大量崧泽文化时期先民用于农业耕作的石器。中国科学院专家在赤墩遗址取样后鉴定发现水稻种子遗迹，确切证实5000多年前崧泽文化时期区域内赤墩里已开始种植水稻。至隋唐时期，钱桥、藕塘地区已形成稻麦二熟制复种技术。清代起，栽桑养蚕成为钱桥、藕塘地区农村主要副业。清末，开原、富安乡乡民职业约计农民占90%，手工业及零贩商各占4%。

民国时期，钱桥、藕塘地区主要农产品除稻、麦外，还有蚕茧，耕地粮食产量大于人口食粮，约为10∶5。粮食输出数约占总产量的1/2，鲜茧全数输出。民国10年（1921），开原乡藕塘桥开办私立小麦试验场，职员2人，试验面积75亩，效果很好。民国18年，江苏省政府农矿厅在钱桥设立“江苏省立蚕丝试验场”，面积150亩，内分总务、蚕桑、蚕丝、试验、检验、推广六个部门，专以试验为目的。民国19年，藕塘桥居民632人，其中纯农424人，占总人数的67.1%；钱桥镇居民986人，其中纯农751人，占总人数的76.17%；夏虞乡814人，其中纯农705人，占总人数的86.61%；水渠乡583人，其中纯农471人，占总人数的80.8%；官渎乡445人，其中纯农355人，占总人数的79.8%。

解放前，钱桥、藕塘地区农民少地、无地，收入甚微，生活艰难。1950年9月，钱桥、藕塘农村进行土地改革，实行“耕者有其田”，激发广大农民的生产积极性，但是农民仍然承受着自然灾害及繁重的体力劳动。天旱年份农民大多靠人工车水灌溉农田，少有机船戽水。1952年，区域内农村组织互助组，农民从事农业生产进行互助合作。1953年，钱桥历村村民抗旱，曾用13级水车，靠人力车水把大河水提送到舜柯山下水稻田。农民的劳动工具还是简单的锄头、铁耙、镰刀，少有用耕牛代替人工劳作。小麦脱粒仍然沿用古老的掼床、门板，依靠人力拍打，水稻脱粒使用脚踏轧稻机。是年，试办初级社，农民土地入股，统一经营。1956年，钱桥乡、藕塘乡普遍创办高级社，土地归集体所有，收益按劳分配。政府引导组织起来的农民兴修水利，逐步普及机电灌溉，增强抗御自然灾害的能力，区域内农业稳步发展。1958年，钱桥、藕塘分别成立人民公社，土地属集体所有，经营以公社为核算单位。1959年3月，改公社核算为大队核算。是年6月，恢复社员自留地。1959~1961年，钱桥、藕塘地区农产品出产严重不足。60年代初，钱桥、藕塘地区农民始用东垶式机电二用稻麦脱粒机。1961年10月始，钱桥、藕塘公社贯彻“调整、巩固、充实、提高”的八字方针。12月，钱桥、藕塘公社实行“三级所有，队为基础”的以生产队为基本核算单位的农业经营核算模式，农业生产得到恢复和发展。1966年之后的10年，推广种植双季稻，宣扬平均主义，劳动效率低下，农民被常年紧紧束缚在土地上，付出巨大的劳动代价，却没有获得应有的回报，钱桥、藕塘地区农民年人均分配水平徘徊在100元上下。1970年，区域内开始用手扶拖拉机耕田。1978年中共十一届三中全会以后，辖区内农民思想大解放，很多“禁区”被冲破。

**1978 年钱桥公社三级经济统计表**

表 3—14—1　　　　单位：万元

| 类别 | | 合计 | 其中 | | |
|---|---|---|---|---|---|
| | | | 公社一级 | 大队一级 | 生产队一级 |
| 总收入 | | 1515.49 | 463.78 | 499.39 | 552.32 |
| 其中 | 农业收入 | 331.16 | 0.63 | 3.25 | 327.28 |
| | 副业收入 | 227.26 | 0.89 | 13.10 | 213.27 |
| | 工业收入 | 957.07 | 462.26 | 483.04 | 11.77 |
| 当年纯利润结余 | | 164.68 | 17.74 | 146.94 | — |
| 年末固定资产（原值） | | 225.62 | 0.85 | 146.27 | 78.50 |

1980 年，钱桥、藕塘地区开始实行家庭联产承包责任制。1982 年春，钱桥、藕塘公社各生产队全面推行家庭联产承包责任制，把土地经营权还给农民，激发农民的生产积极性，农村劳动生产力得以解放。是年，农民人均分配水平创历史新高，钱桥、藕塘农村人均收入分别达 260 元、247.5 元，比 1977 年的 102 元翻一番多。1983 年，钱桥、藕塘地区耕作制度由“双三制”恢复稻麦两熟制。同年秋播，试行推广“免耕麦”。1984 年，钱桥、藕塘地区的水稻农田推行化学除草剂，替代人工耥稻、稀稻；秋熟播种全面推广免耕麦。种植水稻、小麦用工量分别比 1982 年减少 59%、51%。农民减轻繁重的体力劳动，从土地上解放出来，忙时务农，闲时做工，亦工亦农。是年，钱桥、藕塘乡工农业总产值分别为 11376 万元、6630 万元，比推行家庭联产承包责任制前 1980 年的 1771 万元、1069.1 万元翻 6 倍多。1986 年，钱桥、藕塘乡农民人均纯收入分别达到 864 元、855 元，农业内部结构由种植水稻、三麦向种植蔬菜、果树等高效益的多种经营方向发展，出现西红柿、韭菜、香葱等许多蔬菜专业村。

**1986 年钱桥、藕塘乡农业产值统计表**

表 3—14—2　　　　单位：万元、%

| 乡名 | 项目 | | 全年产值 | | 比 1978 年增 | 比 1985 年增 | 1978 以来年平均递增 |
|---|---|---|---|---|---|---|---|
| | | | 金额 | 占比 | | | |
| 钱桥 | 农副业总产值 | | 860.75 | 100.00 | 40.86 | 47.00 | 5.10 |
| | 其中 | 农业 | 490.29 | 56.96 | 57.27 | 12.58 | |
| | | 林业 | 3.95 | 0.46 | 23.78 | 84.56 | |
| | | 牧业 | 116.56 | 13.54 | | 49.90 | |
| | | 副业 | 124.34 | 14.45 | | 309.01 | |
| | | 渔业 | 125.61 | 14.59 | | 216.00 | |
| 藕塘 | 农副业总产值 | | 640.05 | 100.00 | 55.38 | 16.92 | 6.92 |
| | 其中 | 农业 | 454.51 | 71.01 | 80.64 | 23.64 | |
| | | 林业 | 8.92 | 1.39 | 15.74 | -7.95 | |
| | | 牧业 | 138.48 | 21.64 | | 85.36 | |
| | | 副业 | 17.67 | 2.76 | | -76.77 | |
| | | 渔业 | 20.47 | 3.20 | | 5.68 | |

1992 年 3 月，华东地区最大的桂林 2 号联合收割机生产基地在钱桥镇溪南村建成。翌年，全镇实现小麦收割机械化。1993 年 1 月，粮油价格放开，钱桥、藕塘镇农业步入市场经济轨道，农业产业结构开始大规模调整。1995 年始，区域内水稻收割使用“洋马”联合收割机，农民摆脱繁重的体力劳动。2011 年，钱桥街道农业用地以多种经营为主（包括农业耕地、山林、园地、池塘），多种经营总面积 11187 亩，其中蔬菜 1456 亩、花卉 251 亩、苗木 1930 亩、葡萄 108 亩、桃树 6587 亩、茶树 540 亩、水产 315 亩，经济效益比种粮提高 10 倍多，水稻种植面积仅剩 387 亩。是年，农业经济总量与工业总产值之比为 1∶217，与区域内 1949 年的农业经济总量与工业总产值之比为 1∶0.067 相比，可谓天壤之别。2014 年，钱桥街道农民（居民）人均收入 26389 元。钱桥、藕塘地区农村以种植稻麦粮食作物为主的农业格局历经沧桑之变，进入工业化、城市化的新时代。2015 年，钱桥街

道辖区内农作物种植面积6499亩，其中水稻面积310亩、果树面积3237亩、蔬菜面积1411亩、茶树面积540亩、苗木花卉面积1001亩，农业总产值42785万元。

## 第一节 种植业

5000多年前崧泽文化时期，钱桥赤墩里就已种植水稻。明、清、民国时期，以大豆为榨取食油的原料，农民除种植稻、麦外，普种大豆。20世纪60年代，增种油菜。进入90年代，蔬菜业、林果业、花卉业有较大发展。进入21世纪，钱桥、藕塘地区工业、商贸服务业快速发展，耕地面积锐减。2015年，钱桥街道水稻种植面积为1980年的1%。

### 一、耕作制度

钱桥、藕塘地区的农田有水旱田、旱田之分。水旱田夏季多种植水稻，秋季多种植三麦、油菜；旱田多种植蔬菜、瓜果等旱熟作物。

#### （一）水旱田耕作制度

钱桥、藕塘农村水旱田传统习惯稻麦连作，一年两熟。夏种在立夏、小满间种植单季稻，秋种在霜降、立冬间播种小麦。秋种大部分田块种植小麦，少部分田块种植红花草、蚕豆、油菜、金花菜。秋种时，钱桥、藕塘农民习惯把金花菜籽与河泥拌和，成条浇播在稻板茬上；蚕豆在大元麦田间隔种；也有大元麦间套种西香瓜。区域内有沿袭历史上种植早中稻的习惯。1961年，钱桥、藕塘公社种植早中稻13695亩，占水稻总面积的41%。种植早中稻为秋种提供早茬口，大元麦种植面积比例相应扩大，占三麦面积的21%。区域内农作物换茬有水稻—小麦；水稻—绿肥、油菜、蚕豆、金花菜；水稻—大元麦、西香瓜；水稻—冬闲田等情况。

1965年，钱桥、藕塘公社推广种植双季稻，形成稻—稻—麦、稻—稻—油菜、稻—稻—绿肥“二水一旱”的换茬方式。1975~1979年，钱桥、藕塘公社实行100%双三制。农民每年有三个大忙：初夏抢收夏熟作物三麦、油菜，抢栽前季稻；7月中旬到立秋抢收前季稻，抢栽后季稻（俗称双抢）；10月下旬到立冬抢收后季稻，抢种三麦、油菜。农民高强度劳作尤以“双抢”大忙为甚，气候条件是盛夏高温酷暑，季节紧，任务重，每天下田劳动“鸟叫做到鬼叫”。勤建大队农民称“双抢”为“两个黑洞洞，三个急匆匆”（清晨天不亮下田，晚上挂满星星收工；吃早饭、中饭、晚饭匆匆忙忙）。双季稻出米率低，米质差，农民实际耗粮多，口粮不能满足需要。小麦收割后，农民以麦片、面粉为主食，“以麦换米”还要按计划分配。境内“双三制”时期高产量、高成本、低效益情况明显，农民人均生活水平100元左右。据跟踪调查资料显示，1982年，区域内种植双季稻每亩亏本20.27元，1983年，钱桥、藕塘地区恢复稻麦两熟制，农业走上健康发展的道路，逐步走向以效益为中心的经济作物为主的种植模式。

#### （二）旱田耕作制度

钱桥、藕塘地区旱田零星分布于河边、山麓、埄地、路边、宅旁。耕作制度主要有两种：一年二熟制，秋播为种植麦类、油菜、蚕豆等，春播以种植大豆、芝麻、瓜类、山芋等为主。一年多熟制以常年种植蔬菜为主，春夏季以种植青菜、苋菜、韭菜、细菜、马铃薯、长豆、茄子、青毛豆、扁豆、丝瓜、蕹菜、莴苣为大宗，秋冬季则以种植菠菜、青菜、白菜、萝卜、大蒜、金花菜、豌豆苗、雪里蕻等居多。

### 二、种植面积

钱桥、藕塘地区种植业素以大片土地种粮为主。夏季普种单季稻，其中大豆、芝麻、薯类、西香瓜等在旱田零星种植。秋季以种植小麦为主，搭配种植早熟大元麦，以调剂茬口。1959年，藕塘公社有耕地面积17917亩，其中种植水稻面积16198亩。1961年，钱桥公社秋熟水稻面积18148亩，其中种植早、中稻5132亩，晚稻13016亩，另种有山芋378亩、西香瓜383亩；秋季种植小麦9980

亩、大麦 385 亩、元麦 1484 亩、油菜 181 亩、绿肥 2485 亩。1963 年，藕塘公社秋季种植小麦 10355 亩、大麦 958 亩、元麦 475 亩、油菜 470 亩、绿肥 2849 亩；夏季种植水稻 16184 亩，其中早、中稻 1472 亩，晚稻 14712 亩，另种植西香瓜 507 亩、大豆 106 亩、芝麻 99 亩。

20 世纪 70 年代至 80 年代初，钱桥公社水稻面积常年稳定在 18000 亩左右，藕塘公社稳定在 15000 亩左右。1982 年，区域内实行家庭联产承包责任制以后，粮食过剩，种植业结构急剧向高效农业发展。90 年代至 21 世纪初，区域内道路建设、工业园区建设、职教园校区建设用地激增，耕地面积日渐减少。2011 年，钱桥街道农业耕地面积为 8789 亩，其中果树、花卉等 6946 亩，蔬菜 1456 亩，水稻 387 亩。是年，粮食总产量 349.2 吨，农业总产值超 3 亿元；绿化面积覆盖率达 31.95%。2012 年，钱桥街道农业耕地面积锐减至 6168 亩，其中水稻田面积 385 亩。全街道农业用地以多种经营为主，有桃园 3164 亩、葡萄园 73 亩、蔬菜 1010 亩、花卉 251 亩、苗木 679 亩、牧草 48 亩、食用菌 18 亩、茶树 540 亩、水产 120 亩，并逐渐向专业化、规模化方向发展。2013 年，钱桥街道农作物面积 4736 亩，其中蔬菜面积 1411 亩、水稻面积 585 亩。是年，农业总产值 4 亿元，粮食总产量 554.8 吨，蔬菜产量 10120 吨。2015 年，钱桥街道水稻面积 310 亩，仅占 1980 年水稻种植面积的 1%，粮食总产量 302 吨。

### 三、粮食产量

解放前，受社会制度、小农经济、自然灾害所制约，钱桥、藕塘地区粮食产量很低。民国 19 年，第四区（开原乡）农田收获较丰，为近年来所未有，但米价一落千丈，每石自 20 元跌至 10 元尚不足。农民农产丰收，但收入减少。

**民国 19 年（1930）钱桥、藕塘地区部分乡镇农业产量统计表**

表 3—14—3

| 乡镇别 | 水稻 | | | 麦 | 蚕 | 桑 |
|---|---|---|---|---|---|---|
| | 面积 | 产米 | 平均亩产 | | | |
| 藕塘桥镇 | 1074 亩 | 2685 石 | 2.50 石 | 859 石 | 610 台 | 3880 担 |
| 钱桥镇 | 1229 亩 | 2858 石 | 2.33 石 | 1063 石 | 391 台 | 2054 担 |
| 夏虞乡 | 1308 亩 | 4630 石 | 3.54 石 | 1470 石 | 584 台 | 4400 担 |
| 水渠乡 | 1562 亩 | 3900 石 | 2.50 石 | 1250 石 | 550 台 | 4900 担 |
| 官渎乡 | 782 亩 | 3036 石 | 3.88 石 | 626 石 | 351 台 | 2654 担 |

说明：按出米率 75%计算，平均亩产 480 斤

新中国成立初期，钱桥、藕塘地区水稻亩产 400~500 斤，三麦亩产 100 斤左右。20 世纪 50 年代中期，党和政府积极采取措施，发展农业生产，粮食产量迅速增长，水稻亩产 700 斤左右。1958 年人民公社化以后，“浮夸风”“瞎指挥风”“共产风”盛行，加上自然灾害，1959~1961 年粮食产量大幅减产。钱桥、藕塘公社 1961 年比 1959 年分别减产 42%、42.8%。

**1959~1964 年钱桥、藕塘公社粮食作物面积、产量选年统计表**

表 3—14—4

| 年份 | 公社名称 | 全年粮食总产(万斤) | 小麦 | | | 大麦 | | | 元麦 | | | 早、中稻 | | | 晚稻 | | |
|---|---|---|---|---|---|---|---|---|---|---|---|---|---|---|---|---|---|
| | | | 面积(亩) | 单产(斤) | 总产(万斤) | 面积(亩) | 单产(斤) | 总产(万斤) | 面积(亩) | 单产(斤) | 总产(万斤) | 面积(亩) | 单产(斤) | 总产(万斤) | 面积(亩) | 单产(斤) | 总产(万斤) |
| 1959 | 钱桥 | 1472 | 7099 | 355 | 252 | — | — | — | — | — | — | 3463 | 733 | 254 | 11395 | 848 | 966 |
| | 藕塘 | 1348 | 6663 | 240 | 160 | — | — | — | — | — | — | 2265 | 721 | 163 | 13933 | 736 | 1025 |
| 1961 | 钱桥 | 854 | 9980 | 137 | 137 | 385 | 101 | 4 | 1484 | 128 | 19 | 5132 | 393 | 202 | 13016 | 378 | 492 |
| | 藕塘 | 772 | 7059 | 136 | 96 | 1923 | 150 | 29 | 680 | 140 | 10 | 8563 | 424 | 363 | 6926 | 396 | 274 |
| 1962 | 钱桥 | 1117 | 13040 | 195 | 254 | — | — | — | — | — | — | 1450 | 470 | 68 | 16384 | 485 | 795 |
| | 藕塘 | 975 | 10981 | 171 | 188 | — | — | — | — | — | — | 1992 | 489 | 97 | 14054 | 491 | 690 |
| 1963 | 钱桥 | 1341 | 12399 | 164 | 203 | 94 | 171 | 2 | 1015 | 134 | 14 | 2166 | 543 | 118 | 16491 | 609 | 1004 |
| | 藕塘 | 1220 | 10355 | 157 | 163 | 958 | 174 | 17 | 475 | 137 | 7 | 1472 | 632 | 93 | 14712 | 639 | 940 |

续表 3—14—4

| 年份 | 公社名称 | 全年粮食总产(万斤) | 小麦 | | | 大麦 | | | 元麦 | | | 早、中稻 | | | 晚稻 | | |
|---|---|---|---|---|---|---|---|---|---|---|---|---|---|---|---|---|---|
| | | | 面积(亩) | 单产(斤) | 总产(万斤) | 面积(亩) | 单产(斤) | 总产(万斤) | 面积(亩) | 单产(斤) | 总产(万斤) | 面积(亩) | 单产(斤) | 总产(万斤) | 面积(亩) | 单产(斤) | 总产(万斤) |
| 1964 | 钱桥 | 1718 | 三麦 14717 | 191 | 281 | — | — | — | — | — | — | 1181 | 614 | 73 | 17598 | 775 | 1364 |
| | 藕塘 | 1515 | 三麦 11828 | 178 | 211 | — | — | — | — | — | — | — | — | — | 16119 | 809 | 1304 |

1963~1965 年，中央提出“以粮为纲”，调整政策，钱桥、藕塘地区粮食连年大幅增产。1966~1973 年，粮食产量滑坡。1975~1979 年，100%种植双季稻，粮食产量又迅速提高，但稻米质量大幅下降。1978~1979 年，创粮食产量历史记录。1982 年实行家庭联产承包责任制，藕塘公社队队超大包干任务，夏粮有 29 个生产队总产翻一番，单、后季稻平均亩产增 204 斤，总产增 39%。1983 年，全部恢复稻麦二熟制，成为历史上第四个高产年。从此，粮食生产稳定健康发展，单产屡创历史新高，总产受面积因素影响逐年减少。

### 1968~1983 年钱桥公社稻麦面积、产量选年统计表

表 3—14—5

| 年份 | 粮食总产(万斤) | 三麦 | | | 前季稻 | | | 后季稻 | | | 单季稻 | | |
|---|---|---|---|---|---|---|---|---|---|---|---|---|---|
| | | 面积(亩) | 单产(斤) | 总产(万斤) | 面积(亩) | 单产(斤) | 总产(万斤) | 面积(亩) | 单产(斤) | 总产(万斤) | 面积(亩) | 单产(斤) | 总产(万斤) |
| 1968 | 1640 | 12269 | 293 | 359 | 679 | 580 | 39 | 18 | 666 中稻 | 1 | 18017 | 689 | 1241 |
| 1970 | 1862 | 12552 | 251 | 315 | 5610 | 616 | 346 | 6583 | 469 | 309 | 12008 | 743 | 892 |
| 1971 | 2093 | 10699 | 338 | 362 | 6859 | 933 | 640 | 14065 | 537 | 755 | 4482 | 749 | 336 |
| 1972 | 1848 | 11529 | 270 | 311 | 10840 | 574 | 622 | 13241 | 429 | 568 | 5238 | 663 | 347 |
| 1973 | 2004 | 11445 | 251 | 287 | 9426 | 609 | 574 | 11863 | 656 | 778 | 6552 | 557 | 365 |
| 1976 | 2438 | 11105 | 463 | 514 | 13888 | 723 | 1004 | 18295 | 503 | 920 | — | — | — |
| 1978 | 2676 | 11019 | 509 | 561 | 13815 | 700 | 967 | 18101 | 634 | 1148 | — | — | — |
| 1979 | 2681 | 11627 | 579 | 673 | 13390 | 658 | 881 | 18010 | 626 | 1127 | — | — | — |
| 1980 | 1838 | 10487 | 511 | 536 | 10966 | 555 | 609 | 13964 | 313 | 437 | 3591 | 713 | 256 |
| 1981 | 1598 | 10873 | 318 | 346 | 3907 | 455 | 178 | 17776 | 604 | 1074 | — | — | — |
| 1982 | 2293 | 10977 | 600 | 659 | 2969 | 696 | 207 | 3620 | 472 | 171 | 14097 | 891 | 1256 |
| 1983 | 2170 | 10510 | 537 | 564 | — | — | — | — | — | — | 17760 | 904 | 1606 |

### 1965~1984 年藕塘（公社）乡稻麦面积、产量统计表

表 3—14—6

| 年份 | 粮食总产(万斤) | 三麦 | | | 前季稻 | | | 后季稻 | | | 单季稻 | | |
|---|---|---|---|---|---|---|---|---|---|---|---|---|---|
| | | 面积(亩) | 单产(斤) | 总产(万斤) | 面积(亩) | 单产(斤) | 总产(万斤) | 面积(亩) | 单产(斤) | 总产(万斤) | 面积(亩) | 单产(斤) | 总产(万斤) |
| 1965 | 1549 | 10835 | 213 | 231 | 709 | 607 | 43 | 562 | 475 | 27 | 15488 | 806 | 1248 |
| 1966 | 1764 | 9568 | 240 | 230 | 3649 | 631 | 230 | 3231 | 509 | 164 | 12587 | 906 | 1140 |
| 1967 | 1406 | 9781 | 204 | 200 | 1446 | 611 | 88 | 880 | 300 | 26 | 14676 | 744 | 1092 |
| 1968 | 1303 | 9903 | 268 | 265 | 1035 | 537 | 56 | 15857 | 619 | 982 | — | — | — |
| 1969 | 1651 | 10128 | 230 | 233 | 3253 | 560 | 182 | 3632 | 513 | 186 | 12185 | 862 | 1050 |
| 1970 | 1553 | 10132 | 261 | 264 | 5330 | 601 | 320 | 3400 | 501 | 170 | 12252 | 652 | 799 |
| 1971 | 1723 | 9231 | 321 | 296 | 9207 | 586 | 540 | 11407 | 523 | 597 | 4116 | 705 | 290 |
| 1972 | 1528 | 9305 | 275 | 256 | 8086 | 570 | 461 | 15508 | 523 | 811 | — | — | — |
| 1973 | 1626 | 9236 | 264 | 244 | 7013 | 610 | 428 | 8492 | 488 | 414 | 7008 | 771 | 540 |
| 1974 | 1894 | 9294 | 370 | 344 | 8150 | 670 | 546 | 15492 | 648 | 1004 | — | — | — |
| 1975 | 1977 | 9295 | 390 | 363 | 11050 | 701 | 775 | 15488 | 542 | 839 | — | — | — |
| 1976 | 2144 | 9160 | 478 | 438 | 12081 | 724 | 875 | 15330 | 542 | 831 | — | — | — |
| 1977 | 1827 | 9090 | 178 | 162 | 12081 | 701 | 847 | 15325 | 534 | 818 | — | — | — |
| 1978 | 2173 | 9100 | 525 | 478 | 11749 | 659 | 774 | 15103 | 610 | 921 | — | — | — |
| 1979 | 2180 | 9075 | 619 | 562 | 10183 | 656 | 668 | 15103 | 629 | 950 | — | — | — |

续表 3—14—6

| 年份 | 粮食总产(万斤) | 三麦 | | | 前季稻 | | | 后季稻 | | | 单季稻 | | |
|---|---|---|---|---|---|---|---|---|---|---|---|---|---|
| | | 面积(亩) | 单产(斤) | 总产(万斤) | 面积(亩) | 单产(斤) | 总产(万斤) | 面积(亩) | 单产(斤) | 总产(万斤) | 面积(亩) | 单产(斤) | 总产(万斤) |
| 1980 | 1095 | 9074 | 471 | 427 | 874 | 564 | 49 | 15069 | 411 | 619 | — | — | — |
| 1981 | 1373 | 8800 | 361 | 318 | 3368 | 534 | 180 | 15066 | 581 | 875 | — | — | — |
| 1982 | 1907 | 8800 | 561 | 494 | 3237 | 711 | 230 | — | — | — | 15066 | 785 | 1183 |
| 1983 | 1812 | 8800 | 515 | 453 | 268 | 695 | 19 | — | — | — | 15066 | 890 | 1341 |
| 1984 | 1997 | 8982 | 561 | 504 | — | — | — | — | — | — | 15436 | 967 | 1493 |

### 1985~2000 年藕塘（乡）镇稻麦面积、产量统计表

表 3—14—7

| 年份 | 粮食总产(万斤) | 三麦 | | | 水稻 | | |
|---|---|---|---|---|---|---|---|
| | | 面积(亩) | 单产(斤) | 总产(万斤) | 面积(亩) | 单产(斤) | 总产(万斤) |
| 1985 | 1541.38 | 10583 | 334.3 | 353.79 | 14310 | 829.9 | 1187.59 |
| 1986 | 1737.39 | 9481 | 441.5 | 418.59 | 13631 | 967.5 | 1318.80 |
| 1987 | 1681.95 | 8800 | 402.6 | 354.29 | 13631 | 974.0 | 1327.66 |
| 1988 | 1666.59 | 8583 | 461.6 | 396.19 | 13272 | 957.2 | 1270.40 |
| 1989 | 1655.96 | 8600 | 374.0 | 321.64 | 13290 | 1004.0 | 1334.32 |
| 1990 | 1695.41 | 8600 | 420.0 | 361.20 | 13281 | 1004.6 | 1334.21 |
| 1991 | 1653.75 | 8600 | 452.0 | 388.72 | 13150 | 962.0 | 1265.03 |
| 1993 | 1762.99 | 8295 | 505.4 | 419.23 | 13200 | 1018.0 | 1343.76 |
| 1994 | 1743.54 | 8010 | 430.0 | 344.43 | 13335 | 1049.2 | 1399.11 |
| 1995 | 1780.23 | 7380 | 515.2 | 380.22 | 11970 | 1169.6 | 1400.01 |
| 1996 | 1864.39 | 7590 | 589.7 | 447.58 | 11880 | 1192.6 | 1416.81 |
| 1997 | 1927.39 | 9450 | 537.8 | 508.22 | 11865 | 1196.1 | 1419.17 |
| 1998 | 1675.14 | 8370 | 300.0 | 251.10 | 11865 | 1200.2 | 1424.04 |
| 1999 | 1606.83 | 8085 | 455.7 | 368.43 | 11505 | 1076.4 | 1238.40 |
| 2000 | 1257.80 | 2580 | 476.0 | 122.81 | 10305 | 1101.4 | 1134.99 |

### 2008~2015 年钱桥街道稻麦面积、产量统计表

表 3—14—8

| 年份 | 粮食总产(万斤) | 三麦 | | | 水稻 | | |
|---|---|---|---|---|---|---|---|
| | | 面积(亩) | 单产(斤) | 总产(万斤) | 面积(亩) | 单产(斤) | 总产(万斤) |
| 2008 | 83.16 | 360 | 625.0 | 22.50 | 504 | 1203.6 | 60.66 |
| 2009 | 77.11 | 325 | 628.4 | 20.42 | 458 | 1237.8 | 56.69 |
| 2010 | 74.37 | 325 | 690.2 | 22.43 | 417 | 1245.6 | 51.94 |
| 2011 | 69.84 | 325 | 695.2 | 22.59 | 387 | 1221.0 | 47.25 |
| 2012 | 70.27 | 325 | 697.0 | 22.65 | 385 | 1237.0 | 47.62 |
| 2013 | 110.97 | 523 | 727.0 | 38.02 | 585 | 1247.0 | 72.95 |
| 2014 | 82.24 | 318 | 737.0 | 23.44 | 470 | 1251.0 | 58.80 |
| 2015 | 60.29 | 290 | 739.0 | 21.43 | 310 | 1253.4 | 38.86 |

2015 年，钱桥街道水稻亩产 1253.4 斤，小麦亩产 739 斤，粮食总产 60.29 万斤。

## 四、油料作物

民国时期至解放初，钱桥、藕塘地区主要种植大豆为食油原料来源。民间多有油坊。大豆榨油后的副产品豆饼用作猪饲料，亦是农作物的优质肥料。20 世纪 50 年代起，区域内种植油菜，亩产油菜籽百斤上下。60 年代，油菜种植面积扩大。70 年代，亩产油菜籽 200 斤左右，区域内农民食油低水平自给。1982 年联产承包责任制后，油菜种植面积扩大，总产达历史最高水平，农民食油从此自给有余。但种植油菜经济效益低，1982~1990 年，种植油菜 9 年平均每亩总收入 119.58 元，总成本 123.42 元，每亩亏本 3.84 元。市场食油供应充足后的 90 年代起，区域内油菜种植面积逐渐减少。

### 1962~1996 年藕塘（公社、乡）镇油菜面积、产量选年统计表

表 3—14—9　　单位：亩、斤、万斤

| 年份 | 面积 | 单产 | 总产 | 年份 | 面积 | 单产 | 总产 |
|---|---|---|---|---|---|---|---|
| 1962 | 402.00 | 73.00 | 2.93 | 1964 | 536.0 | 142.0 | 7.61 |
| 1963 | 492.00 | 50.00 | 2.46 | 1971 | 981.6 | 235.0 | 23.07 |

续表 3—14—9 单位：亩、斤、万斤

| 年份 | 面积 | 单产 | 总产 | 年份 | 面积 | 单产 | 总产 |
|---|---|---|---|---|---|---|---|
| 1972 | 1017.89 | 219.50 | 22.34 | 1980 | 1419.6 | 183.2 | 26.01 |
| 1973 | 1157.59 | 194.07 | 22.47 | 1981 | 1624.1 | 212.0 | 34.43 |
| 1974 | 1083.00 | 162.40 | 17.59 | 1982 | 1615.0 | 236.0 | 38.11 |
| 1975 | 1086.30 | 178.60 | 19.40 | 1986 | 1561.0 | 219.8 | 34.31 |
| 1976 | 1154.00 | 130.40 | 15.05 | 1987 | 1854.0 | 198.1 | 36.73 |
| 1977 | 920.00 | 91.00 | 8.37 | 1993 | 450.0 | 240.0 | 10.80 |
| 1978 | 1097.20 | 238.00 | 26.11 | 1995 | 375.0 | 288.0 | 10.80 |
| 1979 | 1049.60 | 216.00 | 22.67 | 1996 | 225.0 | 311.1 | 7.00 |

1962~1997 年钱桥（公社、乡）镇油菜面积、产量选年统计表

表 3—14—10 单位：亩、斤、万斤

| 年份 | 面积 | 单产 | 总产 | 年份 | 面积 | 单产 | 总产 |
|---|---|---|---|---|---|---|---|
| 1962 | 371.0 | 85.7 | 3.18 | 1977 | 1511.0 | 65.0 | 9.82 |
| 1963 | 391.0 | 73.7 | 2.88 | 1978 | 1719.5 | 185.0 | 31.81 |
| 1964 | 533.0 | 140.0 | 7.46 | 1979 | 1851.0 | 132.0 | 24.43 |
| 1968 | 1230.0 | 205.5 | 25.28 | 1980 | 1610.9 | 127.0 | 20.46 |
| 1969 | 982.2 | 172.9 | 16.98 | 1981 | 2394.7 | 179.6 | 43.01 |
| 1970 | 1215.2 | 228.2 | 27.73 | 1982 | 2226.8 | 190.5 | 42.42 |
| 1971 | 1210.4 | 241.8 | 29.27 | 1983 | 1887.8 | 156.5 | 29.54 |
| 1972 | 1471.0 | 229.0 | 33.69 | 1985 | 1657.0 | 158.0 | 26.18 |
| 1973 | 1501.6 | 172.0 | 25.83 | 1988 | 316.0 | 222.0 | 7.02 |
| 1974 | 1511.9 | 150.5 | 22.75 | 1993 | 195.0 | 256.4 | 5.00 |
| 1975 | 1539.0 | 172.0 | 26.47 | 1997 | 150.0 | 306.7 | 4.60 |
| 1976 | 1333.0 | 112.0 | 14.93 | — | — | — | — |

进入 21 世纪，区域内只有少数农民在旱田上种植少量油菜。

## 五、丰产方高产竞赛活动

1982 年，实行家庭联产承包责任制后，为适应一家一户种植的需要，钱桥、藕塘（乡）镇以示范典型带动农户推广应用新品种、新技术，提高科学种田水平，积极组织高产竞赛活动，村村搞百亩丰产方。1987 年，藕塘乡稍塘村获无锡县水稻丰产方三等奖。1989 年，钱桥镇西漳村，藕塘乡藕塘村、稍塘村获无锡县“丰收杯”高产竞赛水稻百亩丰产方优胜奖。1990 年，藕塘乡稍塘村获无锡市水稻丰产方达标奖。1999 年，藕塘镇东风村在无锡市农业局组织的农业领导工程丰产方竞赛中获蚕豆丰产方优胜奖。2000 年，藕塘镇藕塘村获无锡市科技示范园区效益农业示范奖。2008 年，钱桥街道西漳村水稻丰产方获无锡市第三名、惠山区第一名。2009 年，西漳村获无锡市水稻丰产方三等奖。2010 年，西漳村 200 亩水稻丰产方在省农林厅组织的实割实测抽样调查中，水稻亩产达 1440 斤，稻麦二熟亩产超吨粮，获无锡市一等奖。2011 年，西漳村获无锡市水稻丰产方二等奖。2012 年，西漳村获省级粮食丰产方无锡市小麦丰产方一等奖、水稻丰产方二等奖。

## 六、主要应用技术

钱桥、藕塘地区种植水稻有育秧、移栽、管理等应用技术。三麦种植技术随时代的发展而发展，旧时种植三麦都为粗放型，20 世纪 70 年代提出精耕细作，80 年代普遍推广免耕麦。区域内种植油菜自 50 年代始，为耕翻移栽种植；进入 80 年代，推广免耕油菜、直播油菜。

### （一）水稻栽培

#### 1、育秧

**大苗育秧** 传统为水育秧，秧田大都用近村冬闲田。冬季把土地翻耕冻酥，翌年开春做秧田之前上水把泥块捣烂。钱桥、藕塘地区也有很多农户用红花草田、蚕豆田做秧田。红花草、蚕豆箕用作秧田基肥。解放初期，区域内农民做秧田整块田无埨沟，落谷时在田中踏几条脚路即作分埨。早稻在谷雨至立夏、晚稻在小满左右浸稻种。浸种用蒲包装入稻种后沉入河水中，或用缸加水浸种，

待谷芽露白，即播种。早稻秧田亩播种量200~250斤，秧田与大田之比为1∶25~1∶30；晚稻秧田亩播种量200斤左右，秧田与大田之比为1∶15~1∶20。秧田落谷后在秧板上普遍盖足秧灰，注意水浆管理，湿润齐苗，浅水育秧，秧苗移栽前施起身肥。1952年，区域内推广稀播育壮秧，秧田亩用种量降为150~180斤，秧田与大田之比为1∶15左右。50年代末，秧田亩用种量又降至140斤。60年代提出培育“扁蒲带蘖水秧”，种子经晒、泥水、盐水选种，药剂浸种等处理；秧田落谷前普施基肥；秧板平、光、烂、熟，埨阔5尺，埨埨有沟；育秧期间拔除杂草，用药防病治虫。70年代，育秧期间用化学药剂除草。秧田亩播量降至80~100斤，秧田与大田之比为1∶8~1∶10。

**半旱育秧** 俗称通气秧田，70年代普及，应用于单、双季稻。育秧前抢早翻土晒垡，放样定埨开沟，干整细捣，施入基肥，浅水削碎整平，底施化肥做成秧板，播前浇上河泥落谷。半旱育秧的优点是秧苗的秧根发达。

图3—14—1 区域内农民在秧田落谷

图3—14—2 区域内农民落谷后刮泥浆

**条寄育秧** 20世纪70年代百分之百双三制时期，钱桥、藕塘地区为培育后季稻壮秧，采用中苗先寄栽生长15~20天，再拔秧至大田定栽。此方法对后季稻增产作用显著。

**小苗育秧** 即工厂育秧，在播种前先备好床土，用质地疏松、肥力较高的熟土经碎土过筛后制成营养土。播种至立苗均可在人工可控条件下操作，以机械为主流水操作。种子由播种机播入秧盘后，在场地叠堆盖膜保湿。种子立芽后，秧盘上秧板，盖膜齐苗。秧苗二叶期时，在傍晚时分揭膜并灌水湿润，追施断奶肥，栽前二天施用起身肥。

**露地小苗** 也叫肥床旱育，90年代起在钱桥、藕塘地区推广应用。秧田利用冬闲田熟化培肥，也可利用农民自留地、菜地干做秧板，播种后浇足水份，撒秧灰，再盖薄膜，薄膜上薄铺麦草，保温保湿。秧苗一叶一心时在傍晚时揭膜。此育秧苗法简单易行，省工、省秧田。利用旱育优势，秧苗根系发达，栽入大田爆发力强，栽后一片青，无败苗，为水稻高产稳产奠定坚实的基础。随着水稻壮秧剂的问世，肥床旱育很快替代传统的水育秧，成为区域内育秧技术上的一次重大改革。

图3—14—4 左：使用壮秧剂秧苗，右：常规育秧秧苗

图3—14—3 1995年藕塘镇农技站使用壮秧剂秧苗与常规育秧秧苗生长情况对比

**抛秧小苗** 用塑孔抛秧软盘浇河泥后播种，育成带泥球的秧苗。起秧前1~2天脱水，成球抛入整平的大田。抛秧小苗省工、简便，秧苗根系发达，抛入大田后爆发

力强，水稻长势好，产量高。2000 年，钱桥镇农技站“抛秧技术的应用”获江苏省农业科技进步三等奖；农业服务公司推广的小苗商品化供秧获江苏省农业丰收奖二等奖。2014 年，钱桥街道 470 亩水稻田全部实施抛秧，平均亩产 1251 斤。2015 年，钱桥街道水稻种植面积 310 亩，继续全部实施抛秧，平均亩产 1253.4 斤。

**2、移栽**

钱桥、藕塘地区单季稻秧苗移栽时间以起莳（农历夏至，公历每年 6 月 21~22 日）为始，谚有“头莳不抢，二莳不让”。秧苗移栽前，大田须干耕晒垡，施足基肥，基肥多用草塘泥，后上水整平田地，移栽插秧。民国时期至解放初期，莳秧为稀植大棵，行距“伸手一托”，株距“尽脚一缩”，亩栽 1 万穴，每穴 7~8 株。50 年代末，普及小株方型密植，株行距 5×5 寸，亩栽 2.4 万穴，水稻耕作栽种逐步向规范、科学方向发展。

图 3—14—5　区域内农民进行秧苗移栽（拔秧）

图 3—14—6　区域内农民进行秧苗移栽（莳秧）

20 世纪六七十年代推行双三制时期，移栽的季节、方式随之改变。栽插前季稻的冬闲田、红花草田在“五一”节前后始移栽，麦茬田在 5 月下旬移栽，最迟不栽“芒种秧”。栽插密度 4×4 寸，亩栽 3~4 万穴。为保密度，当时推行“拉线定点”莳秧。后季稻移栽季节更紧，7 月 20 日前后进入移栽期，最迟于立秋栽插结束。

**3、栽后管理**

水稻移栽后一般以深水护苗 2~3 天，活棵后浅水促分蘖。解放前至 20 世纪 80 年代初，农民一直采用“大耥、小耥”、耘稻等人工除草措施管理。

图 3—14—7　区域内农民耥稻（水稻中耕除草）

图 3—14—8　区域内农民耘稻（水稻中耕除草）

1985 年起，结合施分蘖肥，在化肥中拌用化学除草剂一起施用，节省大量人工，深受钱桥、藕塘农民欢迎。化学除草剂推广当年即基本达 100%。

秧苗移栽至大田 40 天左右搁田。搁田即把稻田中的水放掉。单季稻搁田一般在大暑时进行，俗有“秋前不搁稻，秋后要懊恼”之说。搁田掌握“四周不发白，中间麻丝尺，表土新根发”为宜。以后整个孕穗期薄水勤灌，抽穗后稻田中干干湿湿。

### （二）麦类栽培

历史上钱桥、藕塘地区农户视三麦为“小熟”，耕作粗放。解放初，区域内种麦以“包心墒”为主，即麦墒中间 2~3 棵稻桩不翻耕，二边各 2~3 棵稻桩向中间翻土合拢，粗斩一遍泥块后撒麦子，再细斩一遍泥块，称为种麦。大都为“白田下种”，不施肥。三麦为旱性作物，不耐湿，易遭渍害，产量一般不足 100 斤。50 年代中期起，推广麦田开沟排水，达到“一方麦田，二头出水，三沟配套，四面脱空”的防渍要求。播种前增施有机肥料，薄片深翻，精细整地，三麦产量开始逐步增长。

1982 年，钱桥、藕塘地区实行家庭联产承包责任制后，逐步推行免（少）耕麦。是年秋播期间遭连续阴雨天气，为不误三麦播种季节，藕塘东风大队洗马浜冯法兴率先在承包田内试行稻板条播，待天气好转即起沟盖土。藕塘公社管委会随即召开现场会，推广这种免耕种麦方法。翌年，藕塘公社小麦免耕示范田平均亩产达 662.3 斤。至 1985 年，藕塘乡免耕麦面积 10085 亩，占三麦面积的 96.7%，并出现“脚踏条播麦”“压板麦”（水稻收割后撒播麦子再起沟复土）“套播麦”等省工简便、抓住播种季节的种麦方式。免耕麦的主要技术措施是播种量控制每亩 8~10 公斤，条播麦幅距 30 厘米，播后及时起沟复土，压缩基本苗，并根据免耕麦易早衰的特点，施足穗肥，综合除草，做好防病除虫工作。

大麦（皮大麦）、元麦（裸粒大麦）产量低，收割后一般都作猪饲料。因其成熟期早，可以用其调节茬口，粮食紧张年代用以“接熟”（青黄不接时作粮食使用）。大元麦栽培技术与小麦大致相同，播期在 10 月底至 11 月 10 日，精细播种，开好排水沟，施足基肥、苗肥和拔节孕穗肥，加强田间管理，做好防治病虫害工作。

### （三）油料作物栽培

民国时期至 20 世纪 50 年代，钱桥、藕塘地区农民以种植大豆为食油原料。1962 年起，区域内扩种油菜，选用耐寒耐肥、抗病高产的朝鲜胜利油菜种子。传统种植油菜方法为耕翻移栽种植，一般于 9 月中下旬播种，推广稀播、间苗、足肥培育壮苗。种植油菜的方法是适时移栽，施足基肥，增施磷钾肥，重施苔肥，普施淋花肥，防治好油菜蚜虫。70 年代至 80 年代初，油菜籽亩产稳定在 100 公斤左右。1982 年，受免耕麦影响，免耕油菜面积迅速扩大。1985 年，区域内稻板茬油菜全部为免耕栽培。免耕油菜的主要技术措施：选用“甘蓝型”良种，9 月 15~25 日适时播种，育成矮壮塌棵壮苗；适期早栽，每亩 0.8 万~1 万株（株距 1.2~1.5 尺×5~6 寸），用铁锹在稻板上插缝栽插油菜秧苗，或劈沟后栽种。栽后管理须施足肥料，氮、磷、钾、硼配套，普施苗肥，重施苔肥，后期根外喷磷、钾肥，用好化学除草剂，防治病虫害，开沟排水，培土松土等。80 年代后期，区域内试种稻茬免耕直播油菜。免耕直播油菜于 10 月中下旬播种，在收割后的稻板上劈浅沟条播，亩用籽 0.5~0.75 公斤，分别在 1~2 叶、3~4 叶时分次间苗。每亩定苗 2.5 万株，一般亩产油菜籽 150 公斤左右。

### （四）选留品种

钱桥、藕塘地区在民国时期就重视选留稻麦品种，有“好娘养好囡、好种产量高”之说，从美国、日本等引进优良品种。20 世纪 60 年代，贯彻“自选、自繁、自留、自用”的选留种子方针。

#### 1、水稻品种

据《农政全书》记载，明代，太湖流域已种植水稻芦花白品种，时钱桥、藕塘地区亦已种植此品种。清乾隆《授时通考》记载，苏锡地区木樨球、铁粳青等稻种广为种植，钱桥、藕塘地区引入栽种。民国时期，区域内多为“霜降一齐倒”的品质较好的地方品种，如光头黄、处暑黄、一时兴、大圆粒、有芒早黄稻、无芒早黄稻、白谷糯、红谷糯、野稻、小白稻、牛毛黄、洋稻、飞来凤、荒三担等。

新中国成立后，区域内推广一批高产稳产、抗逆性强的地方品种，晚粳稻以老来青、芦花白为主。60 年代开始，区域内推广矮杆、耐肥、抗倒、高产的晚粳良种农垦 58（世界稻）。80 年代，由双三制逐步恢复稻麦二熟制，主要品种有锡丰1号、武复粳、农林百选、武育粳2号等当家品种。糯稻品种有紫金糯、804、香血糯、太湖糯。

双季稻主要种植品种：前季稻全部为籼稻，有矮南早1号、二九青、原丰早、矮脚南特号、广陆矮4号；后季稻主要品种有武农早、桂花黄、东亭3号、农桂早3-7。

**2、麦类品种**

钱桥、藕塘地区小麦品种有美国白皮麦、吉利、阿夫、武麦、扬麦4号、扬麦5号、宁麦9号、宁麦13号；大麦有早熟3号；元麦有浙114。

**3、油菜品种**

解放前，钱桥、藕塘地区油菜种植以白菜型的四月蔓为主。新中国成立后引进早生朝鲜品种。60年代，推广甘蓝型朝鲜胜利油菜，以后陆续更新为沪油、宁油系列。90年代起，推广种植中油821。

**4、种子选留**

民国10年（1921），省立第三师范校长顾述之受上海面粉工会委托，在开原乡钱桥田舍头西南开设小麦试验场。其地价及开办费，全由工会出资，经常费用由工会津贴约3~4年，此后自立经营。顾述之嘱长子顾复（震吉）主其事，从事稻麦试验繁殖。小麦试验场有田地70亩，房屋10间，设有铅丝网室、玻璃室等设备，农具敷用。场中试验事项，全由顾复担任。第一年进行品种比较试验，向美国、日本及本国各省购买优良小麦种子，共122种，分行种植，根据其种植面积推算每亩收量，比较结果，选出较优者12种，供第二年选种之用；栽培法试验分播种日期、播种疏密、中耕壅土次数日期三类；以及轮栽试验、肥料试验等4项试验。第二年各种试验均继续进行，并注意育种，将第一年所选出的第一、第二、第三、第四的四个品种作为育种的基本种，施行纯系淘汰法。划出1区，专供育种用地，每种占地2分，用一粒播法，特别注意栽培方法，试验结果选出最优良的品种20个体，供第三年比较试验用。第三年各种试验仍继续进行，在上年育种之20个体中，留10个体，共种植面积1分，划为10方，每方1厘，种植1个体，培养出的种子，即一系统，其结果得出最优良的4个品种。第四年每系种植面积5厘，第一号以第四系收量最多，出穗期最早；第二号种以第八、第十三两系为最优（第一号美国白皮、第二号日本赤皮），其他各种试验，亦都有明显结果。第五年起，按照普通栽培方法，再加以比较，第一、第二两号试验结果，继续优良，然后即从事繁殖。试验历程前后共6年，因此小麦试验场自民国17年始，已有优良麦种供应。稻种试验自小麦试验场成立第三年起开始试验，注意育种及品种比较、肥料使用试验。是年，顾复在藕塘桥办的种子试验场育成“314”水稻新品种，农民竞相串换种植。麦种中美国白皮一种，稻种中“晚稻上”一种，早稻“处暑黄”一种，均品质好、收量多、价值高，推行日广，大受农户欢迎，货到市场，商家极为重视。小麦试验场还兼事养猪养鸡。又因距大河甚远，取水较难，故开挖池塘，用于蓄水。

民国24年2月21日，钱桥毛村成立产销合作社。合作社成立后即进行改良稻种试验。稻种繁殖区面积23.4亩，选种光头黄稻种140斤，秋收谷种70担，社员调换20担，其余继续繁殖。民国32年，小麦试验场引进“金大2905”小麦新品种30包，至钱桥、藕塘、安镇等地种植。

民国时期钱桥、藕塘地区农户稻麦种子都自行留种、串换、购买。新中国成立后，推广优良品种作为粮油作物增产丰产的重要措施。50年代初，钱桥、藕塘粮管所贯彻中央提出的选种“就地繁殖、就地推广”方针，设立专仓收购贮存、调换种子。1958年起，钱桥、藕塘公社贯彻中央提出的“自选、自繁、自留、自用为主，调剂为辅”的方针，自行选留稻、麦种子。1962年以生产队为核算单位后，由各生产队自选自留种子。种子选留的方法有穗选、块选、田块单打单收，确保种子纯度。公社留有部分备种，供调剂备用。1982年，家庭联产承包责任制后，村村建有种子仓库，由村集体供种。凡经审定推广的良种，由乡镇农技站负责引进试种，或引进原种繁育后推广。

90年代末，钱桥胜丰农场成为无锡县种子公司的品种试验和繁种基地，考察不同水稻品种的产量、特性，研究各品种不同的栽培技术。1999~2011年，钱桥农技站在西漳、胜丰农场先后进行10年水稻品比试验，建立繁种基地，为锡山市（惠山区）大面积推广应用水稻高产、优质新品种提供实验基地及良种种源。主要推广示范的水稻新品种有武香粳9325、武育粳2号、武运粳7号、武香粳14号、武粳15号、常农粳5号、武运粳23号、武运粳30号、南粳46等。繁育的良种除满足钱桥、藕塘地区水稻种植外，每年还向邻近乡镇供应5万~6万斤优质良种。

**（五）肥料使用**

钱桥、藕塘地区农民根据有机肥料、化学肥料的不同性质使用肥料，有机肥料一般用作基肥，化学肥料一般用作追肥。

**1、肥料种类**

**有机肥料** 钱桥、藕塘农民有“庄稼一枝花，全靠肥当家”的农谚，农家人把家肥当宝贝。有机肥料有猪灰、羊灰、兔灰（统称厩肥）、人粪尿、河泥、豆（菜）饼、红花草、豆萁、秸秆、稻柴、麦柴等。红花草、豆萁、稻柴用于搅拌于河泥之中发酵腐烂，亦可直接翻埋入土腐烂肥田。河泥是农家必备肥料。一到冬季，钱桥、藕塘农民便开始罱河泥。天冷冰冻，罱泥网竿一出水，罱泥农民手上一把冰，冻得手发麻。乡下河道中的淤泥每年都罱得干干净净，还要上无锡城里罱河泥。河泥用稻草、秸秆混和。一到春天，不论男女都要挑河泥，把河泥挑到田间灰潭里。生产队每块田头都有1~2只灰潭，到红花草盛花期，农民们把河泥从灰潭中搭上来，一人挑水，一人下灰潭，用一层红花草，一层河泥间隔，农民称之为“同灰”。水稻插秧前，农民把灰潭中“同灰”后的河泥挑入田中，形成大自然的良性生态循环，这是钱桥、藕塘农耕时代的纪实。20世纪60年代，新增水浮莲、水葫芦、水花生、绿萍（简称“三水一绿”）为有机肥源。后因水花生难以腐烂，再生能力极强，未能成“肥宝”，反受其害。种植双三制期间，因肥源有限，钱桥、藕塘农民摇船到无锡城里“捉（收集）垃圾”，城里每只垃圾箱都被农民掏得干干净净，还挨家挨户到市民家里倒垃圾。垃圾运回队里用于种山芋、盖麦田。垃圾中偶有玻璃瓦片，生产队派人到田里捡掉，以防水田作业时擦伤手脚。城市大粪更是个宝，农民不但要花钱买，还要计划供应。每遇计划下来，生产队社员下午开船去城里指定地点，晚上作业，半夜船中装满大粪后摇回生产队，经过水上关口凭票通行，以防乡下人“偷粪”。钱桥、藕塘农民不管春夏秋冬、刮风下雨，城市计划大粪绝不会放弃。草木灰是农家大宗钾肥来源，用以盖秧板、盖蚕豆、盖麦田。70年代初，推广沼气，把人畜粪、稻草、青草等经沼气池发酵，提高有机肥速效养分含量，以提高肥效。

**化学肥料** 化学肥料解放前俗称肥田粉，钱桥、藕塘地区农户使用很少。1951年起，逐渐有农户使用。1958年人民公社化后，化肥使用量逐年增多，作为水稻、三麦、油菜的追肥。60年代起，钱桥、藕塘地区使用含氮化肥，有硫酸铵、碳酸氢铵、尿素、氨水、硝酸铵、氯化铵；含磷化肥以过磷酸钙为主，还曾使用钙镁磷肥，重过磷酸钙、磷矿粉；含钾化肥有硫酸钾、氯化钾。70年代初，钱桥、藕塘地区使用复合肥料，有氮磷复合肥、磷钾复合肥、氮磷钾复合肥。1980年后，因硫酸铵、氨水、硝酸铵、氯化铵贮运、使用不便，易挥发及伤害农作物而停用。1989年，开始推广使用水稻长粗期专用的氮钾硅复合肥和稻麦除草型复合肥。

**生物肥料** 70年代初，区域内土法生产赤霉素“九二〇”，施用抗生菌肥料“五四〇六”。油菜普遍推广应用硼肥，增产效果显著。1987年以后，推广应用“802”植物生长调节剂。1996年，在肥床旱育秧田全面应用水稻营养壮秧剂，效果十分显著。

**2、施肥方法**

钱桥、藕塘地区农民传统习惯把有机肥作为基肥施用。水稻亩施80担草塘泥作基肥，或以人畜粪浇白田作基肥。麦田施用基肥，用堆肥作盖籽肥。70年代初，用“城里河泥”（因市区河道河泥多、泥黑、肥力好）作基肥。实行家庭联产承包责任制后，草塘泥逐年减少，并很快消失，农户用猪、羊、兔灰等厩肥作基肥。越冬麦田用碳酸氢铵“打塘穴施”，随即细土覆盖，提高肥效。双三制期间，除前季稻施有机肥外，其余均以化肥当家。

80年代中期，区域内开始推广用化学肥料对农作物进行根外追肥，先后用“802”植物活力素、磷酸二氢钾、惠满丰等植物生长调节剂在作物生长后期喷施，应用较为普遍。80年代后期推行秸秆还田。

### （六）作物保护

钱桥、藕塘地区农作物保护措施主要是防病、治虫、除草。20世纪60年代以前，多为人工防治作物的病虫害和除去杂草。70年代后，广泛使用农药，用机械器具替代人工对农作物防病、治虫、除杂草。

#### 1、主要病虫草害

区域内粮油作物的病、虫、草害随着耕作制度、品种、气候等因素变化，其消长亦呈变化状，年度之间波动较大，主要病虫草害发生情况如下表。

1960~2015年钱桥、藕塘地区水稻、麦类、油菜主要病、虫、草害一览表

表3—14—11

| 作物类别 | 病害 | 虫害 | 草害 |
|---|---|---|---|
| 水稻 | 白叶枯病、纹枯病，稻瘟病、稻曲病、黄矮病、条纹叶枯病、恶苗病、菌核病、细菌性基腐病、干尖线虫病、胡麻斑病 | 蝗虫、大螟、二化螟、三化螟、纵卷叶螟、稻飞虱、稻象甲、稻苞虫、稻螟蛉、稻叶蝉、稻蝽象、稻蓟马 | 稗草、丁香蓼、矮慈菇、水花生、千金子、鸭舌草、野荸荠、三角草 |
| 麦类 | 线虫病、纹枯病、白粉病、赤霉病、黑穗病、大麦条纹病、大元麦黄花叶病 | 蚜虫、粘虫、麦叶蜂、麦蜘蛛 | 看麦娘、日本看麦娘、猪殃殃、牛繁缕、碎米荠、雀舌草、大巢菜 |
| 油菜 | 菌核病、病毒病、霜霉病、白锈病 | 蚜虫、菜青虫、白粉碟 | 同麦类草害 |

#### 2、防治方法

解放前，钱桥、藕塘地区农民种田常视农作物发生病虫害为天意，多用兴庙拜佛，祈求消灾。新中国成立后，防治稻、麦、油菜病虫害贯彻“防重于治、人工防治为主”的方针。1952年，为防治螟虫，钱桥、藕塘、稍塘、舜柯、社冈、西漳、洋溪乡（镇）政府发动农民、学生开展挖稻根、歼螟虫群众运动，农田掘去90%的稻根。同时，采用点灯诱蛾、采卵块等人工治螟方法。60年代初，尚缺药械，农民把农药粉剂装入纱布袋挑在竹竿上拍打治稻、麦病虫。1968年，稻飞虱大发生，钱桥、藕塘农民用古老的“滴油杀虫”方法，在水稻上水后，先在稻田中用竹筒拖滴柴油，再用竹棒振动稻棵，赶虫落水，稻飞虱触油而死。70~90年代，贯彻“药剂为主，综合防治”的方针，根据病虫、草害发生情况，合理使用农药。2000年以后，钱桥、藕塘（镇），钱桥街道顺应国家和群众对无公害农产品的需求，降低农药使用量，积极

图3—14—9 20世纪50年代藕塘区人民政府颁发的治螟模范二等奖奖章

图3—14—10 20世纪60年代区域内农民点灯诱杀螟虫

图3—14—11 70年代区域内农民用喷雾器在秧田喷洒农药除虫

推广使用物理、生物法防治农作物病虫害，最大程度减少使用化学农药。农作物病虫害防治方法主要有：水稻普遍推迟播期，以避螟虫，水稻、蔬菜基地使用太阳能杀虫灯杀虫，花卉使用黄板诱蚜，水蜜桃挂迷向丝避虫；同时使用一大批高效、低毒的新型生物农药，取代传统高毒化学农药防治农作物病虫害，确保农产品质量安全。

**3、防治病虫害器械及施药**

60年代中期起，区域内使用单杆喷雾器、揿压式喷雾器、背负式喷雾器、手摇喷粉器施药。70年代，使用工农36型机动喷雾器。80年代，使用东方红18型弥雾机。1982年，实行家庭联产承包责任制后，背负式手动喷雾器普及家家户户。

1960~2000年钱桥、藕塘地区稻麦、油菜、蚕豆主要病、虫、草害使用农药一览表

表3—14—12

| 农作物 | 病虫草害 | 使用药剂 | 使用除草剂 |
|---|---|---|---|
| 水稻 | 二化螟、三化螟 | 666、(666、1605、1059混合粉)、223、苏化203、西微因、马拉松、甲胺磷、乐胺磷、三唑磷、康宽 | — |
| | 纵卷叶螟 | 杀虫双、甲胺磷、乐胺磷、杀虫脒、乐斯本 | — |
| | 稻飞虱 | 混灭威、扑虱灵、吡虫啉、吡蚜酮 | — |
| | 稻蓟马、稻象甲 | 敌百虫、乐果、甲胺磷、乐胺磷、敌杀死 | — |
| | 纹枯病 | 稻脚青、井岗霉素 | — |
| | 稻瘟病、稻曲病 | 稻瘟净、三环唑、井岗霉素、芽孢杆菌 | — |
| | 牛毛草、丁香蓼、千金子、牛牦毡、瓜皮草 | — | 丁草胺、除草醚、稻田净、千金、卞黄隆 |
| | 稗草 | — | 敌稗 |
| | 矮慈菇，鸭舌草 | — | 二甲四氯 |
| 小麦 | 蚜虫（包括油菜） | 乐果、敌杀死 | — |
| | 粘虫 | 敌百虫、乐胺磷、甲胺磷 | — |
| | 纹枯病 | 井岗霉素 | — |
| | 白粉病 | 石硫合剂、粉锈宁 | — |
| | 赤霉病 | 多菌灵 | — |
| | 看麦娘、芒草 | — | 绿麦隆、绿黄隆、异丙隆、骠马 |
| | 猪殃殃、牛繁缕 | — | 二甲四氯 |
| 油菜 | 菌核病 | 多菌灵 | — |
| | 看麦娘 | — | 稳杀得 |
| 蚕豆 | 赤斑病 | 多菌灵，结合轮作，增施钾肥 | — |
| 各类农作物 | 水花生、露地杂草 | — | 草甘膦、使它隆 |

## 七、蔬菜

钱桥、藕塘地区蔬菜资源十分丰富。春夏季有细菜、苋菜、韭菜、莴苣、马铃薯、长豆、茄子、青毛豆、扁豆、丝瓜、蕹菜、冬瓜等，秋冬季有菠菜、青菜、白菜、萝卜、大蒜、慈菇、金花菜、豌豆苗等。区域内蔬菜在无锡市场上都很俏销。50年代初，西漳青大头、稍塘金花菜，农民整船运往无锡城里去卖。1953年，藕塘乡漳漕巷村从蔬菜育苗到蔬菜栽培形成一条龙生产基地，村民冯仁宝、冯关泉从上海亲戚处引进西红柿种子发到村上的每户人家，使漳漕巷村成为无锡市西红柿唯一育种供应基地。以后，又从种西红柿发展到种茄子、菜椒。漳漕巷人还创造用玻璃棚温室育苗，在当时已属于高科技，村上家家户户都搭玻璃棚育苗。西红柿种苗供应到陆区、坊前、常州等地。到1958年，漳漕巷及田庄巷、北陆巷附近几个村成为无锡市场西红柿的主要供货商，村民每天雇用一只小班船，合伙把蔬菜瓜果挑到船上，运往无锡城三里桥批发市场。钱桥西漳村农民有一句顺口溜，叫“种田不种菜，一世不发财”。藕塘稍塘村农民称“一年开销（零用钱）全靠卖金花菜”。种蔬菜卖是钱桥、藕塘农民一项重要的经济收入。特别是人民公社化以后，农民靠少量自留地种菜卖菜。“文化大革命”期间，种菜卖菜受到严格限制，规定每家每户种植西红柿、茄子、长豆、黄瓜等不

得超过 20 棵，种植韭菜不得超过 2 厘田。

中共十一届三中全会以后，钱桥、藕塘地区农民种植蔬菜开始大发展。1979 年，藕塘东风大队漳漕巷生产队队长冯南华带领社员大搞蔬菜种植等多种经营。漳漕巷队摸准市场脉搏，家家户户搞暖棚，培育西红柿、茄子、菜椒等秧苗，一时红火，供不应求，引来四面八方的人前来参观学习，甚至安徽、湖北等地也远道而来学习取经。1980 年，漳漕巷队集体分配水平由 1979 年每个劳动日 0.4 元增加到 1 元；1981 年，人均集体分配 271 元，比 1978 年的 113 元翻一番多。是年，无锡市政府在东风大队漳漕巷、周家里队建 100 亩蔬菜基地，蔬菜上交无锡市锡澄蔬菜批发市场。1983 年，冯文伦代表漳漕巷生产队出席江苏省先进集体表彰大会。1988 年，钱桥镇蔬菜面积从 1979 年的 128.3 亩扩大到 3142 亩；藕塘乡扩大到 1907 亩。1989 年，东风村蔬菜基地从漳漕巷、周家里扩大到马巷、西沟桥、刘古桥、东西毛蓬，总面积 500 亩。90 年代，钱桥、藕塘地区农业产业结构调整，蔬菜生产稳步发展。1991 年，钱桥镇蔬菜面积达 4342 亩、藕塘乡 2020 亩。1999 年，钱桥镇农业公司创办向阳蔬菜种苗中心，建有钢架大棚 10 亩，进行蔬菜育苗，每年培育各类蔬菜种苗 200 多万株，其中冬春季有西红柿、菜椒、丝瓜、黄瓜、长豆、冬瓜等种苗 150 万株，夏季有包菜、花菜种苗 40 万株，药芹、莴苣 1.8 万盘。由于种苗质量好、品种齐，呈现供不应求的局面。蔬菜种苗还远销常州、苏州等周边地区。向阳蔬菜种苗中心成为无锡市最大的工厂化育苗中心之一。2000 年，区域内蔬菜生产逐渐向规模化、专业化、设施现代化方向发展，种植效益不断提高。2006 年，钱桥镇切实加强生态农业建设，调整优化农业产业结构，发展都市农业，着力提高无公害、绿色和有机产品的比重，培植洋溪、东风、舜柯、稍塘、晓星等 5 个无公害蔬菜基地。2010 年，区域内农户种植蔬菜每亩纯收入达 10744.1 元。

2011 年后，随着各项社会事业的发展，钱桥、藕塘地区用地十分紧张，蔬菜用地常被挤占，东风村的市属蔬菜基地消失。而区域内常住人口急剧增长，加上 5 万多外来人口，蔬菜供需矛盾突出，大部分蔬菜需靠外地调入。2013~2014 年，钱桥街道筹措资金 451 万元，对区域内 4 个蔬菜基地进行改造，加强基础设施建设，其中稍塘蔬菜基地投资 141 万元，用于整地 11 万元，住户农房改造、仓房场地建设 45 万元，修改水泥明排渠、水泥道路、河塘整治 50 万元，新建蔬菜大棚 100 个、计 30 万元，安装喷滴管投资 5 万元。蔬菜基地设施改善后，加大提高复种指数，增加产量，提高效益，同时又增加抗灾能力，有力稳定菜农从事蔬菜种植的积极性。稍塘蔬菜基地生产的大棚豌豆苗、糯玉米颇有名气，有 3 户种植户，每户每年进货豌豆种子 25 吨培育豌豆苗。每亩用种 3000 斤，全部使用有机肥料，生长期 30~35 天，亩产 6000 多斤，批发价每斤 2 元。如遇寒潮冰冻天气，价格每斤 4 元多，经济效益可观。稍塘蔬菜基地大棚糯玉米亩产 1000 斤，每亩收入 4000 多元，成本 400 元，再加上常规蔬菜，一年纯收入每户 10 多万元。蔬菜生产的规模化、专业化、设施现代化成为钱桥街道农业生产的一个特色项目。

图 3—14—12 2013 年，稍塘蔬菜基地由财政部、农业部批准为三新工程（新品种、新农艺、新技术）示范基地

**2014 年钱桥街道辖区内蔬菜种植情况统计表**

表 3—14—13 单位：户、人、亩

| 社区 | 种植户数 | 种植人数 | 种植面积 | 种植所在地 | 社区 | 种植户数 | 种植人数 | 种植面积 | 种植所在地 |
|---|---|---|---|---|---|---|---|---|---|
| 晓丰 | 11 | 22 | 47.80 | 时巷 | 西漳 | 12 | 24 | 80.70 | 栅岸 |
| 晓丰 | 8 | 16 | 26.78 | 王巷 | 稍塘 | 3 | 6 | 90.00 | 杨树浜 |
| 华新 | 21 | 42 | 84.19 | 金戴巷 | 合计 | 80 | 160 | 438.77 | — |
| 洋溪 | 25 | 50 | 109.30 | 薛巷、江胜桥 | — | — | — | — | — |

2015年，钱桥街道辖区内常年种植蔬菜面积1411亩，占农作物种植面积的21.71%。建有商品蔬菜基地5个，分别是稍塘社区杨树浜蔬菜基地100亩，洋溪社区薛巷、江胜桥蔬菜基地200亩，华新社区金戴巷蔬菜基地200亩，西漳社区栅岸蔬菜基地100亩，晓丰社区时巷、王巷蔬菜基地30亩。蔬菜基地全部配套标准钢架大棚，共建大棚1116个；同时建水泥明排沟，其中喷滴管设施面积100亩。规模化、专业化、设施现代化种植蔬菜不但增强抗灾能力，而且提高复种指数，经济效益大大提高。据抽样调查，区域内蔬菜基地年亩产在1万斤以上，亩纯收入1万~2万元（含人工），菜农户均收入10万元以上。由于钱桥街道人口不断增长，比90年代增1倍多，而蔬菜地种植面积不到90年代的20%，区域内蔬菜供求矛盾日益突出。是年12月30日对舜柯菜场（历村）调查，菜场占地面积3347平方米，蔬菜固定摊位3个，全由外地人经销，菜源由无锡朝阳批发市场提供，其中菜椒、黄瓜、茄子、韭菜、大葱、西红柿、刀豆等产地主要来自山东，约占50%；莴苣、大白菜、大蒜、萝卜、冬瓜等产地主要来自苏北大丰、东台，约占30%；毛白菜、苋菜、青菜、药芹、金花菜等来自无锡本地。另外还有西宁、兰州、甘肃的包菜，内蒙古的土豆，云南的洋葱，浙江、常熟的花菜，海南岛的西兰花、娃娃菜，福建的冬笋、冬瓜等。本地蔬菜以叶菜类为主，仅零星供应，数量不足10%。

图3—14—13　2015年，稍塘蔬菜基地豆苗大棚

## 八、河塘菱藕业

旧时，钱桥、藕塘地区农户利用河道、池塘养菱种藕以增加收入，弥补农田产出不足。

### （一）菱业

钱桥、藕塘地区河塘除养鱼外，还栽植四角菱。区域内种植四角菱水口清、土质肥，所产菱角品质好，在无锡市场享有盛誉。1962年，钱桥种植四角菱186亩，收获四角菱121800斤；藕塘34亩，收获22300斤。钱桥、藕塘地区农家孩子上学，父母在他们的书包里都要放一些四角菱，菱谐音“灵”，以祈愿孩子读书聪明。春季四角菱发芽后，叶子迅速升至水面，根扎河塘淤泥之中，所以四角菱一般不需施肥。为保证水上运输畅通，区域内农民、渔民用铅丝、草绳把种植的菱围起，预先用竹竿打桩固定，绳子上再用水花生一把一把扎住，连接起来，随着水花生在水中生长，把四角菱安全保护起来。夏季炎热，需用六六六混合粉在种菱区域喷洒2~3次，以防虫害。秋季，是四角菱收获季节。水中采菱是钱桥、藕塘农民的一种“绝活”。农民用木板制成“菱桶”，人坐在桶中采摘菱角，保持菱桶平衡就需要技巧。四角菱栽培管理简单，成本低，又不占用耕地，是河网地区一项很好的副业。随着区域内工业经济的发展，80年代后期种菱业逐渐消失。

### （二）藕业

藕塘桥原名藕荡桥，莲藕生长季节需要长年积水，因明清时期有众多荷塘而得名。20世纪60~80年代，（东方红）藕塘大队许巷仍种植莲藕。钱桥、藕塘莲藕于每年4月下旬播种，夏季8~9月开花，叶又称荷叶，圆形，顶生单叶，直径30~90厘米，正面为绿色或蓝绿色，上有白色蜡粉，不沾水滴。莲藕的花称荷花、莲花，有白色、红色、淡红色，加上绿叶扶持，具有很高的观赏价值。莲藕的食用部分为地下茎，生熟均可食用，味甘、性平，有益胃健脾、养血补肾功能，具较高的药用价值。藕粉是久负盛誉的传统滋养食品，营养价值高，味道鲜

图3—14—14　2015年，洋溪社区的荷塘

美，老少皆宜。2002年，洋溪村有藕60亩。2007年，因征用该处土地，种藕历史结束。2015年，洋溪社区香缇半岛内仍有少量莲藕种植，以供游人观赏。

## 第二节 农业经济制度变革

解放前，钱桥、藕塘地区的大量土地为少数人所占有，广大贫苦农民只占有少量的土地，农业落后，农村萧条，农民贫困。新中国成立后，经过土地改革，区域内农民拥有自己的土地，推进了农业的发展。经过高级社、人民公社后，土地属集体所有，农业得到快速发展。改革开放以后，实行家庭联产承包责任制、股份合作制，极大地提高农业生产效率。

### 一、解放前农业状况

解放前，钱桥、藕塘地区的土地均为私有制，大量土地均为少数人所占有。无地或少地的贫苦农民只能向地主租田或出卖劳动力，每到青黄不接时要向地主借粮，深受地租、雇工和高利贷剥削。

#### （一）耕作田亩

民国19年（1930），第四区（即原开原乡）共税田50535亩有余，内耕作亩数37557亩。其中稻田25589亩，占耕地总数的68.1%；桑田10273亩，占耕地总数的27.4%；鱼池共计400余个，计1695亩，占耕地总数的4.5%。户均占耕田5.39亩，人均占耕田1.09亩。自藕塘桥镇起沿开原北路一带乡镇，稻田亩数均占耕地总数的75%以上，而蚕桑独多。

民国19年钱桥、藕塘地区部分乡镇耕地面积统计表

表3—14—14　　单位：亩、%

| 乡镇别 | 总亩数 | 其中 | | 占比 | | 乡镇别 | 总亩数 | 其中 | | 占比 | |
|---|---|---|---|---|---|---|---|---|---|---|---|
| | | 稻田 | 桑田 | 稻田 | 桑田 | | | 稻田 | 桑田 | 稻田 | 桑田 |
| 藕塘桥镇 | 1462 | 1074 | 388 | 73.46 | 26.54 | 水渠乡 | 2052 | 1562 | 490 | 76.12 | 23.88 |
| 钱桥镇 | 1592 | 1229 | 363 | 77.20 | 22.80 | 官渎乡 | 1077 | 782 | 295 | 72.61 | 27.39 |
| 夏虞乡 | 1789 | 1308 | 481 | 73.11 | 26.89 | — | — | — | — | — | — |

#### （二）地权

民国18年，第四区（即原开原乡）农民有自有土地、自营耕地、雇工耕地三种类型。田中所有收益完全属于自己者，谓之自耕农；租借他人土地，完纳田租于地主者，谓之佃农。

民国18年钱桥、藕塘地区土地占有与使用情况一览表

表3—14—15　　单位：%、亩

| 分类 | 占户比 | 占有土地 | | | 使用土地 | | |
|---|---|---|---|---|---|---|---|
| | | 占比 | 户均 | 人均 | 占比 | 户均 | 人均 |
| 地主 | 5.7 | 40.5 | 43.66 | 8.55 | 6.1 | 7.95 | 1.56 |
| 富农 | 5.8 | 19.9 | 21.07 | 3.28 | 16.7 | 21.51 | 3.35 |
| 中农 | 20.4 | 21.9 | 6.62 | 1.38 | 29.4 | 10.77 | 2.25 |
| 贫农 | 68.1 | 17.7 | 1.59 | 0.35 | 47.8 | 5.24 | 1.16 |

民国19年钱桥、藕塘地区各乡镇自耕农、佃农占比统计表

表3—14—16　　单位：%

| 乡镇名 | 占比 | | 乡镇名 | 占比 | |
|---|---|---|---|---|---|
| | 自耕农 | 佃农 | | 自耕农 | 佃农 |
| 藕塘桥镇 | 33.5 | 66.5 | 水渠乡 | 42.3 | 57.7 |
| 钱桥镇 | 33.0 | 67.0 | 官渎乡 | 53.7 | 46.3 |
| 夏虞乡 | 40.1 | 59.9 | — | — | — |

#### （三）耕户

民国19年，第四区共6913户，其中耕户6181户，专营他业户732户。统计全区不满5亩之农

家3678户，占59.5%；5亩以上至15亩者2066户，占33.43%；16亩以上至30亩者397户，占6.42%；30亩以上者40户，占0.65%。统观全区耕地，以不满5亩之户为占多数；30亩以上者，则不仅为数甚少，且耕地多属客户佃农包揽承种。

**民国19年钱桥、藕塘地区部分乡镇耕户一览表**

表3—14—17　　　　单位：户、%

| 乡镇名 | 耕户 | | | | | 占比 | | | |
|---|---|---|---|---|---|---|---|---|---|
| | 总数 | 1~5亩 | 6~15亩 | 16~30亩 | 30亩以上 | 1~5亩 | 6~15亩 | 16~30亩 | 30亩以上 |
| 藕塘桥镇 | 185 | 85 | 80 | 17 | 3 | 45.95 | 43.24 | 9.19 | 1.62 |
| 钱桥镇 | 210 | 60 | 104 | 41 | 5 | 28.57 | 49.52 | 19.32 | 2.38 |
| 夏虞乡 | 263 | 30 | 181 | 50 | 2 | 11.41 | 68.82 | 19.01 | 0.76 |
| 水渠乡 | 188 | 20 | 123 | 38 | 7 | 10.64 | 65.43 | 20.21 | 3.72 |
| 官渎乡 | 124 | 50 | 68 | 6 | 0 | 40.32 | 54.84 | 4.84 | — |

**（四）赋税及租额**

清朝直至民国元年（1912），钱桥、藕塘地区田地课税多为交纳白粮米。民国2年，钱桥、藕塘地区废除满漕名额，改征银元，平田每亩共征省县税及带征地方各费合银九角六分六厘，又带征清丈费每亩0.1元，不及1亩者以1亩计。

民国18年，第十七区（原富安乡）农民经济状况十分竭蹶，粮米赋税多无力交纳，宁可交纳1/10滞纳罚金，至翌年交清扫尾。民国19年，第四区（原开原乡）田地课税有高田、平田、低田、滩荡及山墩之区别。各类田地，如折实平田征税，每亩每年完纳正附各税在0.9元以上。附税每年有所增加，约占全税之半。优良价高的田地，没有超过政府地价1%的规定；次下田地已超过规定数额，农民负担税额较重。业佃之间，从国民革命军抵达江南以后在无锡地区曾有一度抗租之事，只有第四区业佃情感向称融洽，未经波及，况且业佃纠纷鲜有发生。所有租额之大小，全按田地的优劣及出产之多寡为断，每亩每年租额米最少5斗，最高8斗；麦租2斗。民国19年起，钱桥、藕塘地区遵省令改征地价税，每年起征两期，第一期征四成，第二期征六成。

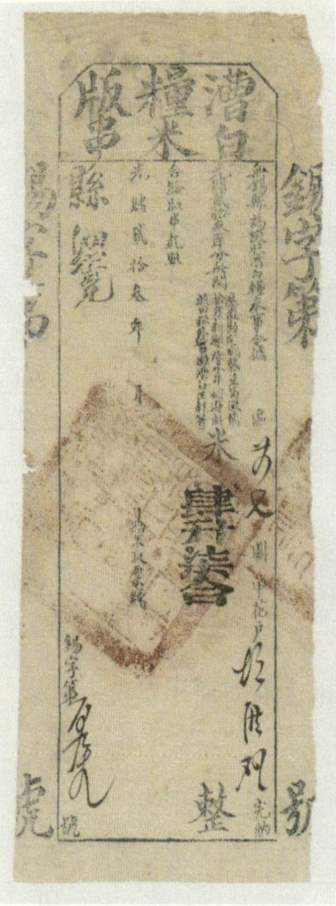
漕白糧米
版串

图3—14—15　光绪二十三年漕白粮米交纳凭证

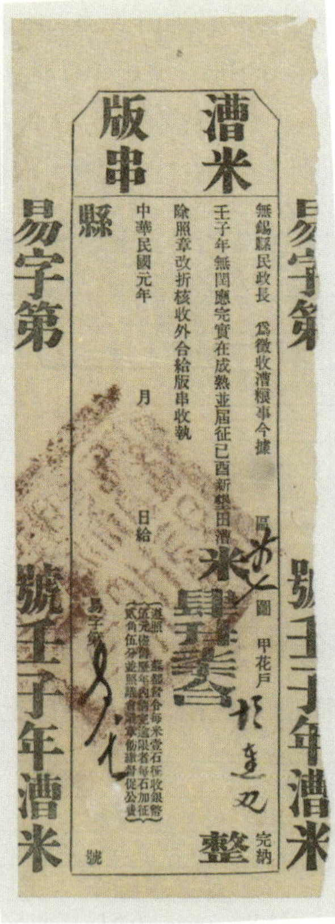
漕米
版串
易字第　號壬子年漕米
無錫縣民政長　爲徵收漕糧事今據
中華民國元年　月　日給

图3—14—16　民国元年交纳漕粮大米凭证

下忙錢糧
版串
易字號癸丑年下忙
無錫縣知事　爲徵收錢糧事今據
中華民國二年　月　日給

图3—14—17　民国2年下忙钱粮交纳银两凭证

### 民国19年（1930）开原乡每年每亩税额一览表

表3—14—18

| 地别 | 漕米（升） | 银（分） | 地别 | 漕米（升） | 银（分） |
|---|---|---|---|---|---|
| 平田 | 6.000261 | 5.731 | 滩荡 | 2.319232 | 2.224 |
| 高田 | 4.769418 | 4.555 | 山墩 | 0.613421 | 0.587 |
| 低田 | 4.446347 | 4.246 | — | — | — |

### 民国19年开原乡忙漕正附各税一览表

表3—14—19　　单位：元

| 税别 | 每石漕米应征银额 | 每两忙银应征银额 | 税别 | 每石漕米应征银额 | 每两忙银应征银额 |
|---|---|---|---|---|---|
| 正附税 | 7.00 | 2.05 | 抵补预算亩捐 | 0.08 | — |
| 手数料 | 0.25 | 0.10 | 教育亩捐 | 0.39 | — |
| 地方费 | 1.05 | 0.15 | 农业改良亩捐 | — | 0.35 |
| 普及教育亩捐 | 0.67 | 0.35 | 筑路费 | — | 0.87 |
| 警察亩捐 | 0.67 | 0.70 | 合计 | 10.11 | 4.57 |

### 民国19年开原乡每亩租田种植农作物支出统计表

表3—14—20　　单位：工、元

| 项别 | 工数 | 折合工价 | 机器灌溉费 | 种子费 | 肥料费 | 缴租折费 | 农具修理费 | 磨砻工价 | 总计费 |
|---|---|---|---|---|---|---|---|---|---|
| 粳稻 | 12.50 | 6.55 | 1.60 | 0.33 | — | 5.60 | 0.15 | 0.65 | 14.88 |
| 籼稻 | 11.00 | 5.76 | 1.60 | 0.32 | — | 5.60 | 0.15 | 0.65 | 14.08 |
| 糯稻 | 13.50 | 6.55 | 1.60 | 0.34 | — | 5.60 | 0.15 | 0.65 | 14.89 |
| 小麦 | — | 8.16 | — | 0.74 | — | 1.10 | — | — | 10.00 |
| 蚕豆 | 4.44 | 1.99 | — | 0.35 | — | 1.40 | — | — | 3.74 |
| 茭白 | 30.00 | 15.00 | 1.60 | 10.00 | — | 米麦价7.20 | — | — | 33.80 |
| 瓜 | 60.00 | 30.00 | — | — | — | 5.60 | — | — | 35.60 |
| 苜蓿 | 4.00 | 2.00 | — | 0.60 | — | 1.40 | — | — | 4.00 |
| 紫云英 | 2.00 | 1.00 | — | 1.00 | — | 1.40 | — | — | 3.40 |
| 菱 | 10.00 | 5.00 | — | 8.00 | 计折忙漕银0.38 | — | — | — | 13.38 |

民国19年，自耕户每亩支出费，即将缴租费换忙漕费（计每年输纳钱粮漕米约共银九角六分六厘），计粳稻13.337元、籼稻11.952元、糯稻13.326元、小麦5.650元、蚕豆2.340元、茭白51.566元、瓜54.966元、苜蓿3.60元、紫云英3.00元、菱13.375元。

### 民国19年开原乡每亩租田种植农作物收入统计表

表3—14—21

| 项别 | 米粮或果实 | | 萺杆 | | 总计费 | 农户净收入 |
|---|---|---|---|---|---|---|
| | 数量 | 价值 | 数量 | 价值 | | |
| 粳稻 | 2.40石 | 19.44元 | 4233.0斤 | 1.58元 | 21.02元 | 6.14元 |
| 籼稻 | 1.88石 | 15.00元 | 418.3斤 | 1.65元 | 16.65元 | 2.57元 |
| 糯稻 | 2.06石 | 18.33元 | 421.3斤 | 1.49元 | 19.82元 | 4.93元 |
| 小麦 | 0.70石 | 4.98元 | 157.7斤 | 0.84元 | 5.82元 | -4.18元 |
| 蚕豆 | 0.73石 | 5.02元 | 70.0斤 | 0.32元 | 5.34元 | 1.60元 |
| 茭白 | — | — | 15000.0支 | 100.00元 | 100.00元 | 66.20元 |
| 瓜 | 4000.00斤 | 80.00元 | — | — | 80.00元 | 44.40元 |
| 苜蓿 | — | — | 200.0斤 | 不计 | — | — |
| 紫云英 | — | — | 200.0斤 | 不计 | — | — |
| 菱 | 450.00斤 | 20.00元 | — | — | 20.00元 | 6.62元 |

民国19年，农户自耕田农作物每亩收入为粳稻7.68元、籼稻4.69元、糯稻6.49元、小麦-4.18元、蚕豆2.99元、茭白48.43元、瓜25.03元、菱6.62元。

解放前，盛店乡新民村西张巷地主每亩收租米（糙米）5斗，每年春天放高利贷米1石，到秋天加利4~5斗，俗称加4、加5；盛店村大坝头富农放高利贷加6；洋溪乡溪北村地主每亩收租米5~8斗，最高收1石1斗。解放战争时期，国民党连年发动内战，区域内农业生产遭受严重创伤。1949年，钱桥、藕塘地区水稻亩产仅400斤，三麦亩产80斤。1950年土改前，钱桥、藕塘地区地主人均占有土地10.22亩，富农人均占有3.09亩，中农人均占有1.27亩，贫农人均占有0.58亩，雇农人均占有0.24亩。

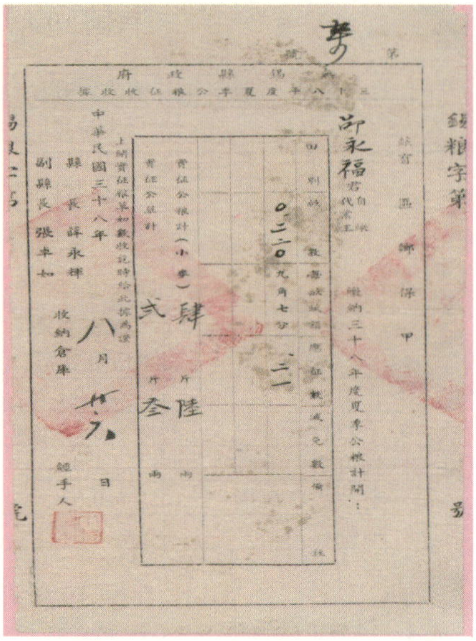

图3—14—18　1949年8月，区域内夏季公粮交纳凭证

### （五）田地价值

田地价值大小，随交通水利及户口和供求情况而定。沿开原干路各处田地交通水利两均方便，户口也较繁荣，地价较高，每亩200元左右。沿开原北路及阳溪河各处田地，水利虽然通畅，但交通及户口远不如上述各处便利与繁密，故价格较低，每亩80元左右。至沿山一带田地，因河道不通、灌溉不便，地价最低，每亩56元左右。钱桥、藕塘地区的山地，城乡人士争相购置以作坟场，故价格甚高。

**民国19年钱桥、藕塘地区各乡镇田地价值一览表**

表3—14—22　　单位：元

| 田地等级 / 乡镇别 | 每亩田价 | | | 每亩地价 | | |
|---|---|---|---|---|---|---|
| | 上 | 中 | 下 | 上 | 中 | 下 |
| 藕塘桥镇 | 200 | 100 | 80 | — | — | — |
| 钱桥镇 | 200 | 100 | 80 | 200 | 30 | 20 |
| 夏虞乡 | 150 | 100 | 60 | 30 | 20 | 15 |
| 水渠乡 | 120 | 100 | 80 | 20 | — | — |
| 官渎乡 | 100 | 90 | 80 | — | — | — |

民国24年，国民政府军政部在江苏无锡县钱桥征地，建造部队营房。征地补偿款套用南京市小营里土地的标准，每亩补偿17元。钱桥农民觉得很吃亏，不接受这一补偿标准，推出代表，跟征地方交涉。钱桥民众代表说：“土地补偿款给的太少了，我们不征。”当时钱桥土地每亩价格为200元，17元与200元之间差距太大。民众代表一次次交涉，逼得国民政府军政部一次次让步，后来让到每亩68元。终因抗日战争全面爆发，营房未及建造，军政部就西撤。

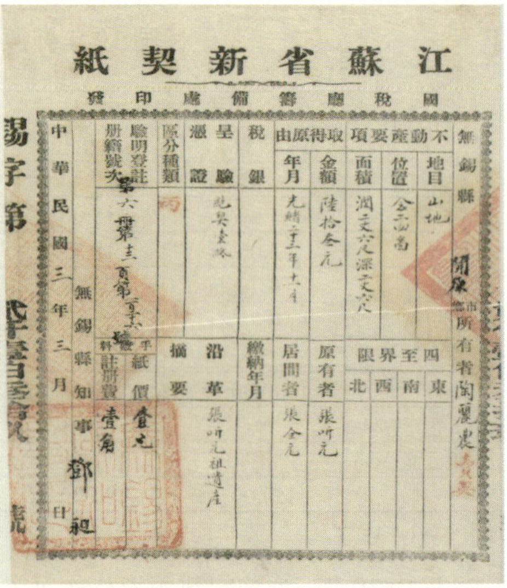

江蘇省新契紙
國稅廳籌備處印發

图3—14—19　民国3年3月无锡县知事邓昶颁发给开原乡陶丽农的不动产山地卖契

### （六）土地买卖

民国19年，钱桥、藕塘地区买卖田地有活契、死契、耕种契三种。活契属押款性质，契内载明买卖年限及应还租子，年满后，卖主可向买主取赎。死契则卖主永为佃农，买主永为田主，即所说的永佃权者。耕种契，则卖主对于

所卖地完全脱离关系，不再过问权属，卖买田地中止。耕种契及死契照原价加 1/10，全部由买主承担；若系活契，照原价加 5%，由卖主担任 2%、买主担任 3%。

## 二、土地改革

黃炎培副總理離錫
行前曾往錫縣考察
【蘇南新聞處訊】中央人民政府政務院黃炎培副總理等自抵錫後，業於二十二日上午由蘇南人民行政公署管文蔚主任、錢孫卿副主任、中共蘇南區黨委書記陳丕顯、蘇南土改委員會歐陽惠林主任、中共無錫縣委書記莫珊等陪同前往正在進行土地改革的無錫縣[illegible]區錢橋鄉進行實地考察，聽取該鄉鄉村幹部及農民代表的回報，下午曾赴無錫近郊梅園、黿頭渚等名勝地區遊覽，當晚黃副總理等應邀出席人民政協全國委員會委員榮德生先生的宴會後即搭車離錫。
意共成立三十週年紀念

图 3—14—20　1950 年 1 月 23 日《苏南日报》刊登黄炎培副总理至钱桥乡考察土地改革的报道

1950 年 1 月 22 日，中央人民政府政务院副总理黄炎培在苏南人民行政公署主任管文蔚、副主任钱孙卿，中共苏南区党委书记陈丕显，苏南土改委员会主任欧阳惠林，中共无锡县委书记莫珊等陪同下到无锡县钱桥乡实地考察土地改革情况，听取钱桥乡乡、村干部及农民代表关于土地改革的汇报，还直接去农村向农民了解土改工作。黄炎培在考察中看到土改工作相当烦、难，但已经有很好的解决办法，且欣喜地看到在土改工作中，钱桥乡农民生产积极性十分高涨。9 月，藕塘区政府组织钱桥、藕塘、稍塘、万东等乡进行土地改革。土改运动贯彻依靠贫雇农，团结中农，孤立富农，没收地主土地、房屋，消灭封建剥削制度的政策。各乡建立农会，由农会组织农民实施民主评定阶级成分，斗地主、分田地。是年，稍塘乡在 849 户农户中评定为地主成分的 29 户，占 3.42%；评定为富农成分的 17 户，占 2%；评定为中农成分的 264 户，占 31.1%；评定为贫雇农成分的 539 户，占 63.49%。钱桥、藕塘地区贫雇农户平均每人分得土地 0.85 亩，中农户平均每人分得土地 0.6 亩。是年，钱桥、藕塘地区农民家家户户都领到由人民政府颁发的土地证，从法律上获得保障私有土地。

## 三、互助组

1951 年，藕塘区政府按照中央指示，组织钱桥、藕塘地区的农民走社会主义道路。农民之间以换工、代工、帮工等形式组成互助组，先组织季节性互助组，后又发展到常年性互助组。1954 年，盛店乡有季节性互助组 26 个，常年性互助组 12 个；稍塘乡有季节性互助组 24 个，常年性互助组 53 个。互助组建立评工记分制度，采取按时记工、按田定工、按劳评工、以工换工等方式进行互助合作。农民的私有耕牛、农具等公用的，付给租金或结工计算。互助组主要为农民之间的劳力合作，农忙时相互支援，使一些弱劳力农户得到帮助，不失时机地抓住抢收抢种季节。互助组时期，土地所有权仍属农民个人所有。

## 四、初级农业生产合作社

1953 年 1 月 3 日，藕塘乡周泉根互助组在毛巷试办无锡县第一个初级农业生产合作社。随着《中共中央关于发展农业生产合作社的决议》的颁布，钱桥、藕塘地区农业合作化运动掀起高潮。1954 年 5 月 5 日，盛店乡第七选区第三初级农业合作社成立，当年水稻亩产 615 斤，人均口粮 607 斤，社员劳动报酬年人均 47.3 元，土地报酬年人均 26.58 元，役畜农具报酬平均每人 0.09 元，每人平均总收入 73.97 元。其中土地报酬占总分配的 36.1%。1955 年，钱桥乡苏庙地区先后成立竞丰、竞业、建新、苏庙、胜利等 9 个初级农业合作社。是年，全国人大常委会副委员长黄炎培率领三个工作组到无锡地区考察农业合作化运动，其中一个工作组曾到竞丰初级农业合作社考察。1954~1955 年，藕塘乡 4 个行政村成立 4 个初级农业生产合作社；盛店乡先后成立盛店中心农业合作社、盛店乡第二初级农业合作社、盛店乡第三初级农业合作社。至 1956 年，钱桥地区共有 39 个初级农业生产合作社，藕塘地区共有 28 个初级农业生产合作社。初级农业生产合作社以社为统一核算单位，土地入股统一经营，劳动力统一管理，生产资料统一使用，收益统一按土劳比例分配。初级农业生产合作社比互助组更具优越性，农田普遍增产增收。

## 五、高级农业生产合作社

1956年，钱桥、藕塘地区开展农业合作化运动，掀起小社并大社、大办高级社的高潮。钱桥地区先后成立五星、新丰、竞丰、溪南、舜一、历村、洋溪、黎明、晓星、胜丰、庆丰、余丰（西漳）、钱桥等13个高级农业生产合作社；藕塘地区先后成立勤建、五五（藕塘）、五九（东风）、五星（南水渠）、火花、一鸣（稍塘）、凯旋（盛店）7个高级农业生产合作社。高级农业生产合作社集中领导，统一经营，下设生产队。生产队为基层生产单位，实行包产、包工、包成本，超产奖励的“三包一奖”责任制。生产队内实行定额管理和评工计分制度，坚持按劳取酬、多劳多得的分配原则。1957年，藕塘地区五五高级社共318户农户，1343人，耕地1839亩，其中社员自留地89亩，占耕地面积的4.8%。水稻平均亩产483.2斤，三麦平均亩产110.4斤，油菜平均亩产80斤，人均分到口粮482.3斤，人均年劳动报酬37.20元。凯旋高级农业生产合作社共576户农户、2628人，耕地面积3768亩，其中社员自留地180亩，占耕地面积的4.8%，下辖31个生产队。是年，凯旋高级社水稻平均亩产538.2斤，小麦平均亩产76斤，油菜平均亩产86.3斤，人均分到口粮476.2斤，人均年劳动报酬51.76元。藕塘地区的7个高级农业生产合作社提留的公积金、公益金平均占分配总收入的12.7%，比初级社时提高9个百分点，用于增加对烈军属、困难户的经济补助和集体资金的积累。高级社时因出现急于求成、经营管理不善等现象，区域内出现农民退社风波。

## 六、人民公社

### （一）组建

1958年9月17日，钱桥人民公社成立，入社农户5858户，下辖18个生产大队，63个生产小队。是年9月，藕塘人民公社成立，下辖南、北二大工区，20个生产队，入社农户2731户。在全国“大跃进”的热潮中，钱桥、藕塘公社以组织军事化、行动战斗化、生活集体化的形式进行生产和生活，搞“大兵团作战”，无固定耕作区。是年秋收秋种，钱桥公社历村大队农民集中吃、住在溪南毛村，却到东北塘、堰桥劳动作业。区域内社员家家户户拆“小灶”，生产队办公共食堂。是年秋冬，钱桥公社有公共食堂138个，藕塘公社有公共食堂57个。粮食实行供给制，农民吃饭不要钱，粮食生产放“卫星”，亩产1吨粮。当时的口号是“15年超过英国”“共产主义就在眼前”，共产风、命令风、浮夸风、瞎指挥风、干部特殊风“五风”盛行，劳力、财力、物资无偿调用，严重挫伤社员生产积极性。

### （二）经营管理

钱桥、藕塘人民公社初建时以公社为核算单位，土地、劳力、耕畜、大中型农具、林木、水利设施等均属公社所有，由公社统一调度、使用、分配。1958年10月，钱桥、藕塘公社取消评工记分，实行粮食供给制加工资制。是年底，核算劳动报酬人均年分配钱桥公社为63.01元，藕塘公社为58.55元，其中供给制消费分别占81.2%、87.8%，劳动工资报酬年人均分别为11.80元、7.13元。因以公社为核算单位，经济来源基础差、弊病多，1959年3月起，钱桥、藕塘改公社核算为大队核算。1961年12月，钱桥、藕塘公社实行“三级所有，队为基础”的以生产队为基本核算单位的政策，把所有权落实到生产队，克服平均主义，调动社员的劳动积极性，农业经营管理渐趋正常。在此期间，社员被平调的物资财产获得退赔。

1966年“文化大革命”开始，钱桥、藕塘公社农业经营管理制度上强调突出政治，反对“工分挂帅”“物质刺激”，宣扬“宁要社会主义的草，不要资本主义的苗”。1968年，普遍推行“以时记工、自报公议”的“大寨式”评工记分制度，取消定额计工，再次出现劳动计酬上的平均主义。1972年5月，无锡县推广藕塘公社“现金不借支、实物不预支、年终不超支”的“小三不”管理制度，逐步健全公社、大队、生产队的经营管理体制。1976年起，对公社、大队所属的工、副业单位全面实行独立核算，定收入、定人员、定报酬、定上缴，包干补贴、超奖减赔的“四定一奖赔”责任制。

### （三）社员自留地

1956年，钱桥、藕塘地区组建高级社时，每户社员留有一份自留地，自行种植蔬菜或饲料。1958年9月建办人民公社，社员自留地全部转为集体经营的公共食堂菜园地和饲料地。1959年6月，恢复社员自留地，一般占耕地总面积的5%以内。是年，钱桥、藕塘公社分别有社员自留地1058亩、645亩。1962年，社员自留地由5%增加到7%。社员自留地除种植蔬菜以安排日常生活外，还有多余蔬菜可以上市买卖，增加收入。

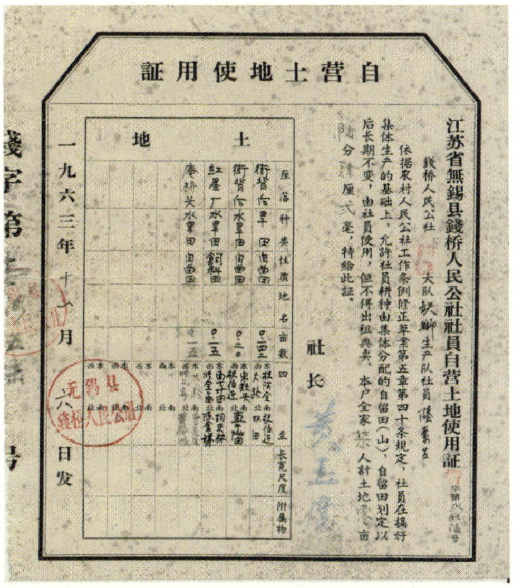
自營土地使用証

江苏省無錫县錢桥人民公社社員自營土地使用証

錢桥人民公社 大队 生产队社員 陸素芝

依据农村人民公社工作条例修正草案第五章第四十条规定，社員在搞好集体生产的基础上，允許社員耕种由集体分配的自留田（山），自留田划定以后长期不变，由社員使用，但不得出租典卖。本户全家柒人計土地 亩 分 厘 毫，特給此証。

社长

| 坐落 | 种类 | 性质 | 地名 | 亩数 | 四至 | 长宽尺度 | 附属物 |
|---|---|---|---|---|---|---|---|
| 街背 | 旱田 | 自留田 | | 0.四三 | | | |
| 街背 | 水旱田 | 自留田 | | 0.二0 | | | |
| 红屋厂 | 水旱田 | 饲料田 | | 0.一五 | | | |
| 庵桥头 | 水旱田 | 自留田 | | 0.一五 | | | |

一九六三年十一月六日发

图3—14—21　1963年11月6日钱桥人民公社颁发给钱桥大队社员陆素芝的自留田土地使用证

## 七、农业家庭联产承包责任制

1978年中共十一届三中全会以后，钱桥、藕塘公社党委思想大解放，对自留地、家庭副业、集体贸易放宽种种限制，区域内农民思想活跃。1979年，藕塘公社永红大队沈巷生产队率先自发搞家庭联产承包责任制。1980年，钱桥公社有3个生产队搞家庭联产承包责任制，26个生产队口粮田划给个人承包。一部分人则认为“辛辛苦苦30年，一夜回到解放前”，有些老干部认为这是走回头路，搞单干倒退。公社干部怕出乱子，怕犯政治错误，搞不清可不可以这样做，采取观望态度。是年11月30日，钱桥公社调查组在深入调查的基础上，写出《关于生产责任制的调查》报告（现存无锡市档案馆）。调查报告认为“农村搞生产承包责任制后，收效显著，出现社员干劲足，种植质量好，季节抓得紧，真正做到人尽其职，克服生产大呼隆，提高粮食产量，增加现金分配，同时还能腾出时间多搞副业生产”，对搞农业生产责任制给予充分肯定。至1981年春，钱桥公社35个生产队的农民自发实行家庭联产承包责任制；至1981年秋，家庭联产承包责任制发展到94个生产队。是年冬，藕塘公社147个生产队全部实行家庭联产承包责任制。

家庭联产承包责任制是在土地、基本生产资料公有制的基础上，把适宜家庭经营的耕地承包给农户，使农户获得经营自主权。生产队耕地按人分口粮田、劳分责任田、猪分饲料田的形式划分到农户经营，农户无法承担的部分仍归公社、大队合作经济组织经营。公社、大队合作经济组织为承包户进行农技、农机、灌水、植保等全方位服务，从而逐步健全这一“户为基础，统分结合”的农业双层经营体制，把农户经营的积极性和集体经营的优越性结合起来。1982年春，钱桥公社195个生产队仅剩一个生产队未实行家庭联产承包责任制。是年，钱桥公社夏粮有历村、洋溪、黎明、胜丰、晓星、新丰、溪南7个大队、99个生产队总产超历史，三麦平均单产600斤，比1981年亩产增88.7%。8月10日，藕塘公社东风大队写了《我们是怎样搞好农业联产到劳的》调查文章（现存无锡市档案馆），把家庭联产承包责任制进一步推广到副业生产上。调查文章以漳漕巷生产队搞副业生产承包责任制为典型，社员年分配水平从上年的86元增加到210元，实现农民收入一年翻一番。东风大队组织各生产队干部到漳漕巷生产队召开现场会，推广漳漕巷生产队进行副业生产承包责任制的经验。同年，钱桥公社粮食总产增664万斤，比1981年增41.5%，农业总产值678万元，比1981年翻一番多。是年，藕塘公社三麦亩产561斤，比1981年亩产增200斤，增产55.4%，完成三购任务625.3万斤，比1981年增251.3万斤，增长67.2%。

1983年1月，中共中央下达《关于当前农村经济政策的若干问题》的文件，钱桥、藕塘公社全面推行家庭联产承包责任制。1984年，藕塘乡三购实绩达900.7万斤，超购522.6万斤。是年，区域内各村建立农工商联合社，推进农村经济的发展。1985年，钱桥、藕塘乡人均生活水平分别为789元、720元，比1981年翻两番。随着农村劳动生产力解放，大批农民从土地上解放出来。1986年，钱桥乡务农劳力仅占17.4%，比1970年务农劳力占91%减73.6%。实行农业家庭联产承包责任制是钱桥、藕塘地区农业、农村经济发展的重要转折点。

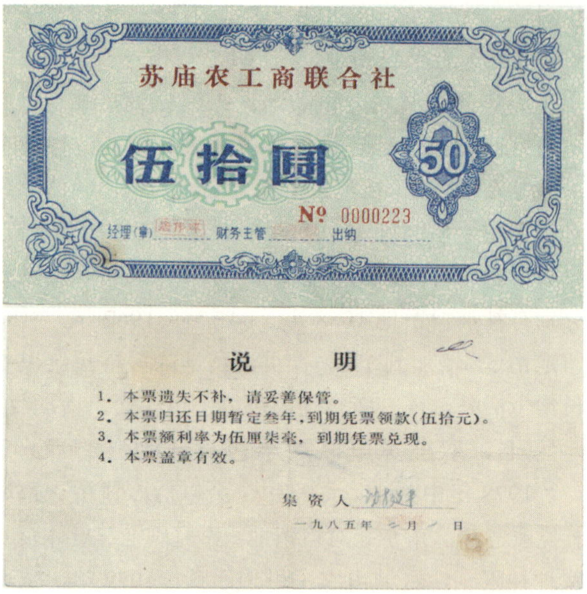


图3—14—22　1985年2月1日苏庙农工商联合社集资票（上正面、下反面）

## 八、村级股份经济合作制

2004年，钱桥镇为深化村级集体经济体制改革，明晰村集体资产产权，确保村民合法的经济权益，解决村民因户口流动、规划拆迁、住所易地、农村基层管理模式变化所带来的后顾之忧，根据国家有关法律、法规和政策，对村级集体经济组织进行股份合作制改革，组建村股份经济合作社。

村股份经济合作社通过资产清查，资产量化，明晰村集体资产产权，确保集体资产保值增值，确保村民的劳动成果和经济权益，提高股民收益，促进经济繁荣和村（社区）公共事业建设。同时，充分发挥村民对村集体经济的监督作用，加强村委会勤政廉政建设，使村股份合作社成为一种产权明晰、经营科学、管理民主、分配合理的新型独立的经济组织。钱桥镇各村在成立村级经济合作社的同时，取消原村实业公司。

图3—14—23　2012年12月20日钱桥街道举行钱桥农村社区股份合作联社成立仪式

### （一）组建规则

组建村股份经济合作社前，钱桥镇全面核实所有村级集体经济组织资产数额，明晰村集体经济组织所有资产的权属关系，并将清查结果报镇集体资产管理部门核实审定。属于合作社所有的资产均属合作社股东所有，并受国家法律保护，任何单位和个人不得侵占、平调和肢解。股份经济合作社股份的设置是把集体经济净资产数额（不包括非经营性资产和资源性资产）进行量化，设置集体股、个人股两个类型。个人股又分人口股和劳动股，也有不设劳动股的。股份一经量化确认，新增人口不再增加，原股份保持不变。人口股以组建股份合作社时在册农业户口（不包括享受离退休待遇的离退休人员）人员为依据，不同对象享受份额有所不同，劳动股的计算以村民在有效的年龄段（男16~60周岁，女16~55周岁）内的工作年数作为劳动股的计算年数。获得股权的人员发给股份合作社股权证书，如本人或其继承人同意，股份可在合作社股东内部进行股份转让，但不得退股和提现。集体股主要是解决村委会日常的行政、事业性开支，集体股所有权归全体股东所有。股份合作社的纯收益在提取法定公积金、公益金后按股份分配红利。红利须经镇集体资产管理部门审核，并经股东代表大会讨论后方可进行分配。

股份经济合作社有严密的组织管理机构，有股份经济合作社章程。按照章程，股东代表大会是合作社的最高权力机构。股东由各村民小组选举产生，任期三年。股东代表大会每年至少定期召开一次。董事会是股东代表大会选举产生的常设执行机构，每届任期三年，董事长由董事会选举产生。监事会由股东代表大会选举产生，监事会成员不得由董事、财务负责人兼任。监事会的职权是检查、监督合作社财务报表，并定期公布；监督、检查董事长和董事会成员执行股东代表大会决议情况，指出、纠正董事会成员的违反法律、法规、违反董事会决议和章程的行为，列席董事会会议。董事会以发展经济为手段，以提高效益为目标，加强对合作社资产的管理，依法搞好合作社的经营，可采取独资经营、股份合作、出租、拍卖、兼并等办法，盘活合作社资产存量，确保合作社资产保值、增值。严禁将合作社的资产无偿出借给单位和个人，严禁以合作社名义为其他单位和个人作经济担保。建立合作社资产登记制度，每年清查盘点一次。合作社独立建账，贯彻勤俭办社、民主理财的方针，严格控制经营性开支，杜绝非经营性开支，切实加强财务管理、资产管理和财会核算，定期向股东公布财务收支和资产经营情况，充分发挥股东对合作社的民主管理，有效地对合作社经营和财务进行监督。

### （二）组建过程

2004 年，钱桥镇政府对相关的 12 个行政村进行全面发动，成立民主理财小组，并做大量基础工作。胜丰村的改革工作因村制宜、有条不紊。苏庙村分三个层面扎实推进股份制改革。是年 8 月下旬，12 个相关行政村资产清理工作结束。10 月 25 日，庙塘桥村股份经济合作社成立大会在村大会议室举行，全体村民、股东代表参加成立大会，并表决通过《庙塘桥股份经济合作社章程》《庙塘桥股份经济合作社第一届股东代表大会董事会、监事会选举办法》，选举产生村第一届董事会、监事会成员。镇党委副书记边裕安、华卫贤到会祝贺并讲话。庙塘桥村是全镇成立的首家村级股份经济合作社。是年 11 月 4~6 日，苏庙、溪南、舜柯、胜丰、藕塘等 5 个行政村的村级股份经济合作社相继成立。2005 年 1 月，钱桥镇股份合作改革领导小组对庙塘桥、溪南、舜柯、胜丰、藕塘、苏庙村进行审核确定，6 个村总资产 3.17 亿元，其中经营性资产 1.34 亿元，净资产 1.83 亿元。

2014 年 4 月，盛峰社区进行账务审核、实物盘点，截至是年 3 月，净资产为 1316.9 万元，其中经营性资产 724.9 万元，非经营性资产 592 万元；资源性资产有水旱田面积 2000 亩，企业租用土地面积 120 亩，年收益 120 万元，房屋租赁面积 200 平方米，年收益租金 1.5 万元，电力资产租赁年收益租金 15 万元。盛峰社区遵循“公正、公平、公开、合理、依法”的原则，将已经核实的村集体经营性资产折股量化到人，以股权形式确定股民在股份经济合作社中所占总股金的份额，股权仅作为股民获得股金、红利分配的依据，可以依法继承。对于户口外迁人口、已故人员的股权，如本人愿意，经董事会批准，可以在股份经济合作社的股东内部转让，但不得退股和提现。股份一经量化和确认，实行新增人口不再增加、去世及户口外迁不再减少的政策，保持不变。盛峰社区核定社区股民 3606 人，选举股东代表 73 人。盛峰社区股份经济合作社的总股本为 720 万元，每股为 720 元，折合 10000 股，其中集体股为 288 万元，折合 4000 股，占总股本的 40%；个人股（人口股）为 432 万元，折合 6000 股，占总股本的 60%。是年 11 月，盛峰社区召开股份经济合作社成立大会，并在会上表决组建董事会和监事会。至 2015 年，钱桥街道 15 个社区中有 13 个社区成立农村股份经济合作社，其中 10 个社区的股份经济合作社对股民进行收益分配，南塘、盛峰、藕乐苑社区股份经济合作社未进行分配。

2005~2015 年钱桥（镇）街道部分社区股份经济合作社收益分配表

表 3—14—23　　单位：万元

| 社区 | 合作社成立时间 | 2005 | 2006 | 2007 | 2008 | 2009 | 2010 | 2011 | 2012 | 2013 | 2014 | 2015 | 合计 |
|---|---|---|---|---|---|---|---|---|---|---|---|---|---|
| 苏庙 | 2004.00 | 67.00 | 67.00 | 67.00 | 89.00 | 120.00 | 134.00 | 134.00 | 134.00 | 157.00 | 179.00 | 179.00 | 1327.00 |
| 溪南 | 2004.00 | 21.19 | 21.19 | 21.19 | 21.19 | 21.19 | 21.19 | 21.19 | 21.19 | 21.19 | 21.19 | 21.19 | 233.09 |
| 舜柯 | 2004.00 | 64.00 | 64.00 | 64.00 | 64.00 | 64.00 | 64.00 | 64.00 | 64.00 | 64.00 | 64.00 | 64.00 | 704.00 |
| 藕塘 | 2004.11 | — | — | — | — | — | — | — | 14.00 | 14.00 | 20.00 | 20.00 | 68.00 |
| 西漳 | 2006.00 | — | 10.51 | 21.02 | 21.02 | 21.02 | 31.53 | 31.53 | 31.53 | 31.53 | 31.53 | 31.53 | 262.75 |
| 东风 | 2011.09 | — | — | — | — | — | — | — | — | — | — | 31.70 | 31.70 |

续表 3—14—23　　　　单位：万元

| 社区 | 合作社成立时间 | 2005 | 2006 | 2007 | 2008 | 2009 | 2010 | 2011 | 2012 | 2013 | 2014 | 2015 | 合计 |
|---|---|---|---|---|---|---|---|---|---|---|---|---|---|
| 华新 | 2012.11 | — | — | — | — | — | — | — | — | 32.66 | 36.25 | 39.87 | 108.78 |
| 洋溪 | 2012.11 | — | — | — | — | — | — | — | — | — | 11.09 | 22.18 | 33.27 |
| 晓丰 | 2012.11 | — | — | — | — | — | — | — | 57.65 | 86.48 | 115.30 | 144.13 | 403.56 |
| 稍塘 | 2012.11 | — | — | — | — | — | — | — | — | 7.12 | 7.12 | 7.12 | 21.36 |

## 第三节　农村产业结构调整

1949~2015 年，钱桥、藕塘地区的农业结构、农村产业结构不断发生变化，具体反映在季节性种植业结构调整、农业内部结构调整、农村产业结构调整等方面。

### 一、种植业结构调整

自 5000 多年前的新石器崧泽文化时期始，钱桥、藕塘地区以种植稻、麦等粮食作物为主。清代、民国时期均是“稻、麦合邑皆种”，其他作物“产额寥寥”。

新中国成立后的五六十年代，农作物扩种油菜、绿肥，但仍以种植稻、麦等粮食作物为主。60 年代初，钱桥、藕塘公社水稻种植面积占总面积的 70%~90%，三麦种植面积占总面积的 65%，其他作物种植面积占总面积的比例大致是绿肥 14%，山芋、西香瓜各占 2%，大豆、芝麻各占 0.5%，油菜占 2%，桑田占 5%。70 年代，钱桥、藕塘公社水稻面积分别稳定在 18000 亩、15000 亩；三麦面积，钱桥公社稳定在 11000~12000 亩，藕塘公社稳定在 9000~10000 亩，仍以种粮为主。钱桥、藕塘地处无锡近郊，农民有种植蔬菜、上城卖菜的习惯。1978 年后蔬菜生产从禁锢到开放，市场潜力巨大，钱桥、藕塘地区很快出现许多蔬菜种植专业村，如藕塘东风村马巷成为韭菜村，漳漕巷、北陆巷、田庄巷、东西毛蓬成为西红柿村，刘古桥成为香葱村。刘古桥农民家家户户种香葱，每户年收入达万元，经济效益比种稻、麦大幅度提高。

80 年代中期，钱桥、藕塘乡农民利用本地特色，夏熟作物扩种蚕豆，上城出售青蚕豆，经济效益比种植小麦提高 4 倍。钱桥乡历村、舜一村，夏熟作物均以种植蚕豆为主。1993 年，藕塘镇蚕豆种植面积 2418 亩，占总面积 29.2%。1999 年，无锡市政府在藕塘镇东风村蚕豆丰产方召开一市三县农业结构调整现场会，在藕塘历史上尚属首次。藕塘镇分管农业镇长陈喜成接受中央电视台电视采访关于种植业结构调整的经验，并在中央台播放。

图 3—14—24　1999 年东风村蚕豆丰产方，无锡市一市三县现场会在此召开

油菜种植由于经济效益低，种植面积逐渐萎缩，2000 年后，钱桥、藕塘地区油菜种植逐渐消失。2011 年，钱桥街道蔬菜种植面积 1456 亩，占耕地面积的 30.75%。2015 年，钱桥街道蔬菜种植面积 1411 亩，占农作物种植面积的 21.71%。

### 二、农业内部结构调整

1993 年，国家取消粮食合同定购，粮油价格全面放开，钱桥、藕塘镇农民放开手脚，发展多种经营，桃树、花卉、苗木、葡萄等种植面积迅速扩大，水产养殖迅速发展。2000 年，农民开挖鱼池，推土机进入农家田园，开挖鱼塘，搞起特种水产养殖。2004 年，区域内特种水产面积 567 亩，其中养蟹 471 亩，专业户汪福度、李金山、朱吉祥、张建清、周凤根等养的蟹味道鲜美，在无锡市场上小有名气，上门客络绎不绝，供不应求。藕塘东风村汪泉法养殖南美白对虾 22.5 亩，年销售收入 16.7 万元，亩均利润 2800 元。2010 年，钱桥街道桃树种植面积 6587 亩、商品性花卉种植面积 251 亩、苗木种植面积1930亩、葡萄种植面积108亩，粮食作物水稻种植面积缩减到417亩，仅占多种经营总面积3.4%。粮食作物总产出占种植业总产出的比重为1.2%。是年，钱桥街道农业总产值28677万元，比1985年的1156万元增27521万元，增长23.8倍。2015年，钱桥街道农业总产值42785万元。

2004~2015年钱桥（镇）街道农业总产值统计表

表3—14—24　　　　单位：万元

| 年份 | 总产值 | 年份 | 总产值 | 年份 | 总产值 |
|---|---|---|---|---|---|
| 2004 | 11332 | 2008 | 20036 | 2012 | 37557 |
| 2005 | 10820 | 2009 | 26553 | 2013 | 40467 |
| 2006 | 12594 | 2010 | 28677 | 2014 | 41946 |
| 2007 | 12640 | 2011 | 34396 | 2015 | 42785 |

### 三、农村产业结构调整

钱桥、藕塘地区自古以农为主。新中国成立后，仍以种粮为主，尚处于自给自足的自然经济时代。1959年，藕塘公社农业经济总产值38.57万元，其中种植业占27.7%，社员家庭饲养业（养猪、羊、兔、鸡、鸭、鹅等）总产值占50.9%，手工业占1.8%。其时，常见区域内农民用鸡蛋换取生活必需品。60年代，钱桥、藕塘地区工业基础仍很薄弱。1969年，藕塘公社有社办采矿厂1家、队办采矿厂2家，开采白泥、块石；1家社办钣金厂，东方红、永红大队2家五金加工厂，9个大队各有1家粮饲加工厂，从业人员146人，其中亦工亦农143人，占总劳力1.9%。70年代末，钱桥、藕塘地区工业生产起步发展。1982年，实行家庭联产承包责任制以后，区域内农村劳动生产力大解放，农业结构由第一产业向第二产业转型。1985年，钱桥成为工业亿元乡，工业产值达10352万元，比1980年的1457万元增长7.1倍。90年代，区域内工业生产快速发展，以后的10年中，钱桥镇工业总产值年增长3.2倍。亦工亦农在80年代还是香饽饽，至90年代末，本地劳动力已明显不足。进入21世纪，出现外地民工到钱桥、藕塘地区的打工潮。2000年，安徽、四川到钱桥、藕塘镇打工计9343人。2013年，钱桥街道外来从业人员17304人，外来人口突破5万人。2014年，钱桥街道工业总产值274.98亿元，占工农业总产值98.5%。2015年，钱桥街道农村产业结构已由过去的农业产业为主转变为以工业、商贸服务产业为主。

## 第四节 农村分配制度

1951年前，钱桥、藕塘地区的农民都是一家一户各归各种田，田中出产的稻、麦、蔬菜自种自吃。有的农户也搞一些养猪、羊、鸡、鸭等副业，以增加家中收入。1952年，农民走合作化道路后，钱桥、藕塘地区的农民纷纷组织互助组。互助组农民采用以工换工、按时记工、按劳评工等方式进行分配。1954年初级社时，土地入股统一经营，实行统一核算，劳动评分，收益统一按土劳比例分配。是年，盛店乡庙桥村初级农业生产合作社土地报酬人均25.05元，役畜农具报酬人均0.23元，劳动报酬人均46.92元、占65%，人均口粮598斤。1956~1957年，区域内先后成立高级社。高级社取消土地分红，耕畜和大型农具作价归社，收益按劳分配。

1958年9月，建立钱桥、藕塘人民公社，以公社为基本核算单位。农民吃饭不要钱，分配供给制。1959年3月，改为以生产大队为基本核算单位，基本工资加奖励分配制弊病甚多。1961年12月起，取消基本工资加奖励分配制，推行按劳分配制度，以生产队为基本核算单位。劳动力实行评工计分，多劳多得。每年分夏、秋二季按审批后的方案把粮食、柴草、现金进行分配。夏季预分，秋季决分。社员口粮分配实行基本口粮加劳动粮，以“三定”（定产、定购、定销）为基础，超产多吃，减产少吃。“文化大革命”期间，强调突出政治，实行“自报公议”的“大寨式”评工计分方式，以出工时间为标准，取消定额计酬，出现平均主义“大呼隆”。1976年以后逐渐恢复定额计工方式。

1982年，钱桥、藕塘地区实行家庭联产承包责任制，耕地按人分口粮田、按劳分责任田的形式分给社员承包经营。承包户在完成“上缴国家的，留给集体的”后，其余全部归农户所有。乡村企业职工的收入由原“劳动在厂、分配在队”改为社队办企业直接分配，与企业经济效益挂钩。由此，农民收益分配由原生产队一本账改为集体统一经营收入、承包经营收入、社队办企业单位直接工资收入、经济联合体经营收入、农民自营经济收入等多方面组成。2006年以后，钱桥、藕塘地区农民逐渐转换成居民，大多到企业工作，分配多为计件制，企业按月发放部分工资，年终结清。2015年，钱桥、藕塘地区多为居民，大部分在企业工作，实行各尽所能、按劳分配的分配制度；少数居民搞多种经营，各施其才，多劳多得。

## 第五节 农业规模经营

1982年，钱桥、藕塘公社实行家庭联产承包责任制后，粮食产量大幅增长，农民家家户户粮满屯、谷满仓。区域内农民不再像以前那样守着土地围着粮食转，大批劳动力转向非农产业。随着钱桥、藕塘地区乡镇工业的崛起，务工务农收入的剪刀差越来越大。一部分农民只愿种口粮田，不愿种责任田；一部分富裕起来的农民更是宁愿买粮吃，也不要种口粮田。区域内农田抛荒弃耕现象日渐严重。1983年，钱桥、藕塘乡、村二级为稳定粮食生产，保证完成征购任务，对产出商品粮采取补贴措施。在这种新的形势下，钱桥、藕塘地区一部分种田能手凭借技术优势，扩大责任田，成为种田大户，农业规模经营逐步发展起来。

80年代中期，钱桥镇、藕塘乡出现农业规模经营的新形势。规模经营既有本地农民承包土地的种粮大户，也有外地人前来承包经营耕地的种田大户。在土地适度规模经营初始阶段，种田大户承包土地的规模较小，以5~10亩为多，但发展很快。1985年，钱桥乡有种田大户387户。藕塘乡从1985年的18户至1989年发展到396户。

**1985年藕塘乡种田专业户统计表**

表3—14—25　　单位：户、亩、斤

| 村名 | 户数 | 承包耕地 | 粮食总产 | 定购任务 | 完成实绩 | 村名 | 户数 | 承包耕地 | 粮食总产 | 定购任务 | 完成实绩 |
|---|---|---|---|---|---|---|---|---|---|---|---|
| 藕塘 | 9 | 88.30 | 97130 | 45907 | 49941 | 宇峰 | 3 | 33.56 | 36916 | 16001 | 16500 |
| 东风 | 1 | 9.50 | 10450 | 5381 | 6882 | 盛店 | 3 | 28.96 | 31856 | 15339 | 16165 |
| 南水渠 | 1 | 8.78 | 9658 | 5246 | 5268 | 稍塘 | 1 | 7.50 | 8250 | 3940 | 5126 |

说明：根据无锡县农工部规定的统一标准，规模经营面积5亩以上的专业户，定购任务5000斤以上

**1989年藕塘乡农田规模经营统计表**

表3—14—26　　单位：亩、个

| 村名 | 规模经营面积 | | | 其中种田大户 | | | | 规模经营面积分类 | | | | | |
|---|---|---|---|---|---|---|---|---|---|---|---|---|---|
| | 经营面积 | 其中 | | 个数 | 面积 | 其中外地人员承包经营 | | 5~10亩 | | 11~15亩 | | 16~20亩 | |
| | | 口粮田 | 责任田 | | | 个数 | 面积 | 个数 | 面积 | 个数 | 面积 | 个数 | 面积 |
| 藕塘 | 142.93 | 48.50 | 94.43 | 24 | 142.93 | — | — | 24 | 142.93 | — | — | — | — |
| 东风 | 188.00 | 63.00 | 125.00 | 31 | 188.00 | 1 | 8 | 31 | 188.00 | — | — | — | — |
| 南水渠 | 179.75 | 87.33 | 92.42 | 32 | 179.75 | — | — | 32 | 179.75 | — | — | — | — |
| 火花 | 261.40 | 109.00 | 152.40 | 41 | 261.40 | — | — | 41 | 261.40 | — | — | — | — |
| 宇峰 | 373.20 | 152.00 | 221.20 | 62 | 373.20 | — | — | 62 | 373.20 | — | — | — | — |
| 盛店 | 496.00 | 209.00 | 287.00 | 80 | 496.00 | — | — | 80 | 496.00 | — | — | — | — |

续表 3—14—26　　　　单位：亩、个

| 村名 | 规模经营面积 | | | 其中种田大户 | | | | 规模经营面积分类 | | | | | |
|---|---|---|---|---|---|---|---|---|---|---|---|---|---|
| | 经营面积 | 其中 | | 个数 | 面积 | 其中外地人员承包经营 | | 5~10 亩 | | 11~15 亩 | | 16~20 亩 | |
| | | 口粮田 | 责任田 | | | 个数 | 面积 | 个数 | 面积 | 个数 | 面积 | 个数 | 面积 |
| 稍塘 | 460.00 | 250.00 | 210.00 | 73 | 460.00 | 3 | 60 | 70 | 400.00 | 1 | 11 | 2 | 49 |
| 勤建 | 300.00 | 110.00 | 190.00 | 53 | 300.00 | — | — | 53 | 300.00 | — | — | — | — |
| 合计 | 2401.28 | 1028.83 | 1372.45 | 396 | 2401.28 | 4 | 68 | 393 | 2341.28 | 1 | 11 | 2 | 49 |

80 年代末，区域内有的村开始创办村办农场，同时大批外地人到钱桥镇、藕塘乡农村承包农田。1989 年，胜丰村把北片各生产队的劳力田集中在一起，办起胜丰北农场，面积 210 亩。胜丰村进行大量投资，购买东方红 70 型推土机，落差大的田块用推土机推平，落差较小的田块组织浙江绍兴农民工进行抽垅整田。是年 10 月 13 日，胜丰村正式宣布成立胜丰农场，将全村 300 余亩责任田再次由集体统一经营，成为分田到户后无锡县第一个农田集体经营的村。胜丰农场实行机械化耕作是农业发展的方向，成为无锡县的一面旗帜。

1991 年，钱桥镇历村村创办历村一农场、二农场，西漳村创办西漳农场。是年，钱桥镇建办 14 个村办集体农场，规模经营 2050 亩连片责任田，占全镇责任田的 64%。1992 年，藕塘乡勤建村创办独立核算的勤建农场，东风村以村农业综合服务站为依托、创办村办小农场。东风村村办农场面积 45.56 亩，有仓房 1240 平方米，水泥晒场 1200 平方米，当年小麦亩产 583.8 斤，比附近种田大户亩产 397 斤亩增 186.8 斤；亩纯收入（包括商品粮补贴）84.48 元，比种田大户亩均纯收入 23.13 元增 61.35 元。村办农场不但经济效益高，而且抗御自然灾害能力强。是年，钱桥镇晓星村创办晓星第一农场、第二农场。同年，藕塘乡东风村外地种粮大户沈克炎承包粮田 145 亩，种麦 137 亩，每亩纯收入负 8.83 元；水稻每亩纯收入 112 元，总纯收入 15030.29 元，加上村补贴每斤商品粮 0.08 元，年纯收入 30401.41 元，其中获得镇、村商品粮补贴费占比 50.56%。镇、村二级对生产商品粮进行补贴的措施，不但鼓励村办农场的积极性，同样鼓励外地人在区域内承包农田的积极性。村办农场和外地人在区域内承包农田，暂时缓解农民不愿种田的矛盾。1993 年，钱桥镇村办集体农场达 24 个，成为无锡市第一个实现农场规模经营农业的乡镇。钱桥镇 3800 亩责任田全部由 24 个村办农场承担，农村走上农业集约化经营的道路。是年起至 1996 年，钱桥镇、村二级共投入建农资金 1400 万元，村办农场设施日趋完善，比种田大户抗御自然灾害的能力强，使农业生产基础更扎实，效益更高，为工业和其他各业发展奠定坚实的基础。

20 世纪 90 年代末，区域内农业产业结构大规模调整，大批粮田转为种植经济作物。钱桥、藕塘地区农户依托阳山水蜜桃品牌以种植水蜜桃为主，一批种粮大户转为种植水蜜桃大户，如盛峰社区陈逢文由种植水稻改为种植水蜜桃 40 亩。2015 年，钱桥街道有 10 亩以上的种桃大户 18 户，种植 30 亩以上的蔬菜大户 3 户，种粮个体农场 2 家。

## 第六节 农场简介

早在 20 世纪 70 年代，钱桥公社就创办“五七农场”，进行农业科学实验。20 世纪 80 年代末，外地来区域内的种田专业户缺乏仓房场地，农作物收获季节若遇到连续阴雨等不利气候，粮食往往发生霉烂变质，收入减少，这种粗犷型的农业经营模式难以为继。钱桥、藕塘镇、村二级及时采取以工补农改为以工建农的措施，村办小农场应运而生，也有村农业综合服务站承包经营的小农场，耕作由粗犷到精细，经济效益和社会效益不断提高。21 世纪初，区域内村办农场逐渐由个体承包，成为个体农场。随着农村城镇化建设的发展，土地被陆续征用，部分农场陆续消亡。2015 年，钱桥

街道仅剩西漳农场、胜丰农场两家个体农场。

## 一、“五七”农场

钱桥公社“五七”农场始建于1978年，由原蘑菇养殖场、种猪场、钱桥农业科学试验场三场组合而成。农场地点在新丰大队杨毛岸，由新丰大队几个生产队和黎明大队黄东生产队供地80余亩。周仁法任书记、场长，时焕学任副书记、农科站站长。

“五七”农场内部分农业科技试验场、种猪场、菌种场三块机制。

农业科技试验场占水旱田45亩、旱地2亩、池塘1亩。这地块原为一片低洼地，杂草丛生，土地高低不平，土质低劣。农业科技试验场职工主要由乡镇单位提供，何锡良任负责人。开办初期，重点平整土地，积极造田。经一年，已改变原有地貌，达到土地成方、地质肥沃、田力均匀，为稳产高产、进行科学试验打下基础。第二年开始，农业科技试验场进行高产实验，有新品种对比实验，新品种培育、鉴定和推广实验，小麦水稻栽培实验。同时，开办农业科学理论学习班，为各大队、生产队培养农业技术人员。试验场的主要成果有稀播育秧，通过实验对比，数据整理，为钱桥公社及无锡县推广稀播育秧提供科学理论依据。此科研成果在无锡县农业会议上发言推广，获得无锡县农业科研进步奖。试验场另有成果为实验培育杂交水稻种子；生产高产小麦、水稻纯种供应，新品种引进推广；高产小麦稀播试验，成片亩产量在900斤以上，最高亩产达998斤；水稻高产实验成片亩产高达1100斤，最高达1250斤。农业科技试验场有仓库二间、工具库三间约150平方米，水泥场地300平方米。

种猪场有土地20余亩，其中一部分土地建造猪舍40间，另一部分土地种植猪饲料。时泉根任负责人，配1名兽医、4名饲养员，6名饲料种植员。种猪场的成果主要是为全公社提供母猪种猪及苗猪。

菌种场建造蘑菇种植房800平方米，建造灭菌操作房、菌种培养室100平方米，并购置大型灭菌高压锅等有关器械。陈桂兴任负责人。菌种场的主要任务是为全公社及洛社、藕塘、石塘湾等公社养殖蘑菇提供菌种，并为钱桥本公社各生产队提供蘑菇种养技术。培植菌种的原材料为棉籽壳及一定量的营养素，调节好$P^{H}$值，通过高压灭菌消毒、接种、培养等工艺，育成菌种。陈桂兴既是培植菌种的指挥员，又是技术指导员，全面负责菌种场工作。

“五七”农场建有仓库、生活用房、农业用房等。仓库为双跨12间，约500平方米。生活用房、办公用房及小工厂用房为12间二层楼，870平方米，下层为小工厂，上层为办公室、农科站教室、农业实验室。食堂用房四间，170平方米。农场水泥场地1400平方米，自有挂机船1条。

职工基本报酬由农场自给，约200~250元/年，年终一次性发给。定员干部报酬由钱桥公社支付，按职位42元、45元、48元/月不等。

“五七”农场经历创建、发展、消亡的过程。1981年，种猪场和菌种场土地转为工业用地。1992年，“五七”农场消亡。

## 二、胜丰农场

1989年，钱桥镇胜丰村创办胜丰北农场，面积200多亩。1990年初，胜丰村又办南农场，面积176亩，地点沈古岸。沈古岸属边缘地，原始地高低不平，落差大，不利机械耕作。胜丰农场成立后，种植的稻麦长势喜人，连年获得丰收，多次获得上级领导的表彰和肯定，同时成为无锡县种子公司种子基地。1993年5月23日，国家副主席荣毅仁视察胜丰农场，江苏省委副书记曹鸿鸣、无锡市委副书记陈璧显、无锡县委书记何正明、县长陆荣德、钱桥

图3—14—25　20世纪90年代胜丰农场一片丰收景象

镇党委书记俞觉然、胜丰村党支部书记王保良、村委主任张正明、农机队长张瑞龙、农场场长李建东等陪同。1994年，由于劳动力转移，胜丰村委把不愿种口粮田的农户口粮田收回，口粮由农场供应，办起第三、第四农场。全村四个农场共600余亩耕地，每个农场分配耕田150亩左右。是年，胜丰村委进行大量投资，耕作全部实行机械化，购进收割小麦用的桂林收割机4台、收割水稻用的大湖1350收割机4台、耕地用的中型拖拉机35型和50型5台，播种小麦用的复式旋耕机、盖麦用的手扶拖拉机各2台，秧苗移栽用的插秧机6台。

2000~2001年，胜丰南片两个农场土地全部征用，发展工业，变为工业区。2011年，胜丰农场由个体承包。2015年，胜丰农场为个体承包农场。

## 三、历村农场

1991年，钱桥镇历村村创办历村一农场、二农场，耕地面积200亩。历村一农场农田面积100亩，基础设施由镇村二级投资，有仓房10间，晒谷场1200平方米，插秧机2台，耕种全部实行机械化作业，每年完成征购任务11万斤。历村二农场农田面积100亩，有仓房8间，晒谷场800平方米。2000年因土地被征用，历村一农场、二农场结束经营。

## 四、西漳农场

1991年，钱桥镇西漳村创办西漳农场，农田面积250亩，1993年又扩大150亩。1999年分东、西两大农场。西农场后发展成为西漳农场，面积360亩。农场的水泥路，农田水泥明排渠，高标准农田“三暗”方都有镇、村二级投资。西漳农场拥有仓房13间，水泥晒场2000多平方米。2000年，西漳农场由个体承包。农场个体承包后积极参与农业社会化服务，担负起全村农户农田的供秧任务。2010年，西漳农场宁麦系统小麦单产达900多斤，水稻亩产达1440斤，实现稻麦亩产超吨粮。是年，西漳农场场长毛盘良被中华人民共和国农业部授予全国粮食生产大户称号。2012年，西漳农场丰产方获省级粮食丰产方无锡市小麦丰产方一等奖，水稻丰产方二等奖。由于土地征用，2015年，西漳农场水稻面积减少至100亩。

图3—14—26 西漳农场被农业部定为水稻万亩高产创建示范片

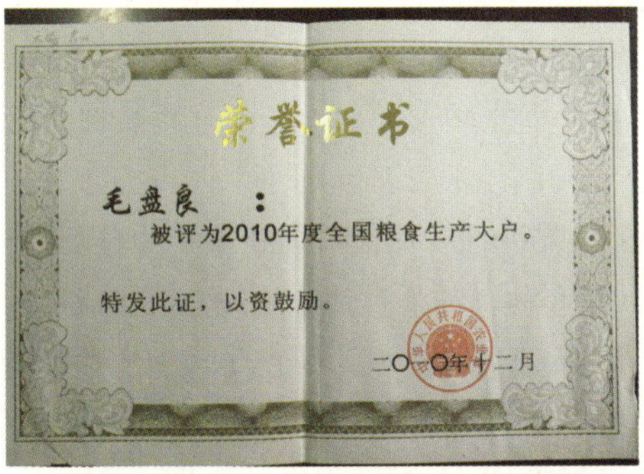


图3—14—27 2010年12月西漳农场场长毛盘良被中华人民共和国农业部评为全国粮食生产大户

## 五、晓星农场

1992年，钱桥镇晓星村创办晓星第一农场、第二农场，面积280亩。1994年秋，晓星第一农场、第二农场合并为晓星农场。镇村二级先后对晓星农场投资250万元，建有仓房17间，水泥晒场1600平方米，购置中型拖拉机7台、太湖1350收割机2台、桂林2号联合收割机2台、插秧机4台。晓星农场经济实行独立核算。2003年因征用土地，晓星农场结束经营。是年，农场拥有净资产70万元，资金盈余十几万元。

## 六、勤建农场

1992年，藕塘乡勤建村创办独立核算的勤建农场，面积60亩，有仓库10间、水泥晒场600平方米、插秧机3台，耕作全部实行机械化。勤建农场创办后，依托无锡市、县农业技术部门的支撑，在农业生产中运用农业高产新技术、新农艺，成为无锡县农业生产重点示范方，在农业科学技术中起到示范带头作用。无锡县多次在勤建农场召开农业生产现场会，勤建农场多次获得无锡市、县的奖励。1999 年，为提高农业效益，引领农户进行农业产业结构调整，勤建农场联系南京农业大学中药材研究所所长、教授郭巧生指导示范种植中药材丹参，走出一条农业科研与生产相结合的新路。2005 年，因无锡（藕塘）职教园校区建设，勤建农场土地全部被征用而结束经营。

## 第七节 蚕桑业

钱桥、藕塘地区素有栽桑养蚕的传统。清光绪十三年（1887）三月，石塘湾孙伯瑜与上海外商买办顾逸夫订立合同，开设仁昌茧行于钱桥一带。丝厂与茧商在产茧地收茧、烘茧之场所称茧行。依照“大清律”之规定，茧行为牙行之一种，牙行为买卖之中间商，以赚取佣金为业。设立茧行，当向牙厘总局请领行帖，每证缴纳银 130 两，倘未领证而开业者，除苛多额罚金外，还没收其所收之茧。钱桥、藕塘地区各茧行在开业期间都将许可证张贴，备官吏检查。随着区域内蚕桑事业的发展，鲜茧产量逐年增多，民国 17 年（1928），省政府农矿厅设立蚕丝试验场筹备处于无锡西门仓浜。民国 18 年，藕塘桥有徐裕昌茧行、纶源茧行、乾源洽记茧行 3 家；稍塘桥有榕大茧行，盛店桥有鼎丰茧行，钱桥有礼昌茧行。钱桥、藕塘地区 6 家茧行共有单灶具 122 具。当时，有土地的农民基本上家家栽桑，户户养蚕。

民国 19 年春，西门外仓浜江苏省政府农矿厅设立的蚕丝试验场迁址于钱桥黄旗岸，改名蚕业试验场，规划模范桑园，扩充实验事业，计开办费 10 万余元，常年经费为 4 万余元。全场面积 150 余亩，有西式洋房 2 座，一为办事室兼职员寝室，一为试验室、标本室、教学室兼学生寝室。另有精制蚕室 1 座及平房式厨房、膳堂工人宿舍各一进。钱桥黄旗岸蚕业试验场办事组织分总务、养蚕、栽桑三部。养蚕部又分为试验、制种两组。试验组又分成 5 股，品种育成百余种，内有新品种 50 余种，以试验何种为最有希望。制种组又分成原种制造股和普通种制造股 2 股。原种制造股，原种计育 200 余蛾；普通种制造股，普通种共育蚁量 16 两，约制春种 7000 张、秋种 6000 张。所有蚕种售发普通农户饲育。栽桑部桑田面积百余亩，试验桑种，共计 70 余种。钱桥黄旗岸蚕业试验场场长罗广瀛，技师技佐暨其他职员共 19 人，场工 27 人。同年春，钱桥镇黄旗岸开办无锡永泰丝厂第二蚕种制造场。3 月初，第二蚕种制造场圈地栽桑，兴工建筑。场内职员有经理 1 人、技术主任 1 人、技术员 4 人、事务员 1 人。蚕事部所招女子蚕业指导员养成所学生 12 人在场实习。是年，所育蚕种系春制秋种支 4×101，及其反交 101×支 4，共计蚁量 19 两，制秋种 18000 余张。同年，第四区（原开原乡）产桑 108607 担，育蚕 10754 台。但蚕因天时影响，只有半数收入。

民国 19 年（1930）钱桥、藕塘地区茧行一览表

表 3—14—27　　　　单位：付

| 地址 | 号名 | 号主 | 灶具数 | 地址 | 号名 | 号主 | 灶具数 |
|---|---|---|---|---|---|---|---|
| 稍塘桥 | 榕大 | 匡仲谋 | 28 | 钱桥 | 礼昌 | 郑子卿 | 22 |
| 丁村 | 张乾昌 | 袁黼臣 | 1 | 藕塘桥 | 徐裕昌 | 徐亦周 | 24 |
| 盛店桥 | 鼎丰 | 张兆生 | 16 | 钱桥 | 徐兴昌 | 徐宝成 | 32 |
| 潘葑 | 通裕 | 孙伯芬 | 1 | 藕塘桥 | 纶源 | 唐癸生 | 16 |
| 潘葑 | 隆昌 | 费逊轩 | 24 | 藕塘桥 | 乾源洽记 | 朱伯祺 | 16 |
| 南西漳 | 中兴 | 蔡竹君 | 12 | 盛店桥 | 义泰 | 钱国华 | 1 |
| 南西漳 | 通义 | 唐葵孙 | 16 | — | — | — | — |

民国 20 年春，黄旗岸蚕业试验场开办女子蚕业进习班，以培养蚕业技术人才为主旨，招收学生 34 人，3 年卒业。是年 4 月，无锡县立蚕桑场设立育蚕指导所于毛村，定名为无锡县立蚕桑场毛村育蚕指导所，以育蚕示范，使农民效法及指导农民实行改良育蚕方法为主旨。该所主任指导员王叔

和与蚕桑场训练班学生4人驻所操作。是年，春蚕举行共同催青的蚕户106户，蚕种577张。所内示范蚕蚁量3钱，亦共育一室。催青日期自4月1日起至4月25日止，25日收蚁后共同饲育稚蚕蚕户有9户，蚁量8两5钱。在共同饲育期间，每蚕户有1人寄宿指导所内，悉听指导员指导饲育方法，直到蚕户春蚕事宜结束，指导所事务亦同时结束，指导员等均返场。抵秋蚕期开始，指导员再到所如法指导，惟不育示范蚕，只是专家巡回指导而已。同年，为扩大养蚕规模，钱桥地区建成两个蚕种制造场，分别是钱桥蚕种制造者潘家槐独资成立永泰二场，生产“红永”牌蚕种，自有桑田130亩，租借70亩植桑，有蚕室24间，贮桑室19间，上簇室14间，其它用房30间，由蒋师辒担任蚕种制造技术员；省立研究机关由汤锡祥在钱桥成立蚕种实验场，生产“红色场印”蚕种，自有桑田35亩，蚕室8间，兼育原种附属室14间，由周元勋任蚕种制造主任技术员。是年，无锡成立5个蚕茧中心指导所，藕塘桥为第五中心指导所所址。第五中心指导所下设指导分所18处。中心指导区委派长期正副指导员各一人，驻乡就近督察；各分所各派短期指导员2人，办理消毒、指导、宣传等事宜。毛村产销合作社育蚕指导所春期共育蚕种200张，产鲜茧84担，一部分鲜茧共烘，得干茧20担；秋期共育蚕种140张，产鲜茧36担。翌年续办育蚕指导所，共育蚕种200张，产鲜茧81担，其中一部分鲜茧共烘，得干茧11担。

**民国24年钱桥地区蚕种制造场基本情况一览表**

表3—14—28　　单位：间、亩

| 场名 | 场地 | 组织 | 商标 | 蚕种制造者 | 主任技术员 | 设备 | | | | | | 限制最大蚁量（公分） |
|---|---|---|---|---|---|---|---|---|---|---|---|---|
| | | | | | | 蚕室间数 | 附设室间数 | | | 桑田亩数 | | |
| | | | | | | | 贮桑室 | 上簇室 | 其他 | 自有 | 租借 | |
| 永泰二场 | 钱桥 | 独资 | 红永牌 | 潘家槐 | 蒋师辒 | 24 | 19.5 | 14 | 30 | 130 | 70 | 1600 |
| 蚕种实验场 | 钱桥 | 省立研究机关 | 红色场印 | 汤锡祥 | 周元勋 | 8 | — | — | 兼育原种，附属室共计14间 | 35 | — | — |

民国25年（1936）春，毛村产销合作社向蚕桑模范区领得改良桑苗400株，补植于藕塘地区老桑树田间。是年，钱桥开有广成丝厂、钱桥瑞昌丝厂。同年，藕塘桥中心指导所移设于方桥镇。

抗日战争时期，日本侵略者独霸蚕丝市场，强行推销日本蚕种，压低蚕茧价格，拒收本种蚕茧，钱桥、藕塘地区的蚕桑事业严重受挫。

**民国28年日军特务部统计华中蚕丝公司所属蚕种制造场一览表**

表3—14—29　　单位：间、张

| 场号 | 场名 | 场址 | 房间数 | 制种张数 |
|---|---|---|---|---|
| 江南第18制造场 | 育蚕试验所 | 钱桥 | 60 | 20000 |
| 江南第23制造场 | 福安 | 藕塘桥张高漕 | 26 | 6000 |
| 江南第27制造场 | 永泰 | 钱桥 | 110 | 45000 |

抗日战争胜利后，蚕丝恢复外销，但因物价飞涨，货币贬值，钱桥、藕塘蚕农养蚕积极性难以恢复，有的甚至毁桑种粮。民国36年春，钱桥、藕塘两地蚕桑业逐渐恢复。无锡蚕桑模范区为藕塘桥蚕桑会提供5916株桑苗，用于栽植，配给蚕种21张，并为蚕农中的困难户提供贷款。藕塘乡农会125户桑农获得贷款344元。当时参加养蚕人员有125人，蚕种153张，种贷8944元，共育贷3060元。同年，藕塘区成立蚕桑指导所，由上级派指导员对109户养蚕户进行技术指导。109户养蚕户共养蚕309张，每张蚕种产茧35.625斤。是年，藕塘区春期收茧茧行6家，收鲜茧76980斤，秋期开业茧行增至15家。是年春期，盛店桥张兆生的鼎丰茧行由浙江长安镇朱仲卿所开长安丝厂负责收购干茧。是年秋期，钱桥由陈鸿赓成立鸿达茧行，由上牌楼潘家槐的新生丝厂负责收购干茧；

藕塘桥朱耀炳成立公昌乾记茧行，由南仓门吴瑞麟的大伟丝厂负责收购干茧；稍塘桥由章锡荣成立榕大茧行，由南上塘袁叔平所开美伦丝厂负责收购干茧。

民国37年藕塘区秋期开业茧行一览表

表3—14—30　　单位：乘

| 行名 | 地址 | 负责人 | 开灶乘数 | 收茧丝厂名称 | 负责人 | 地址 | 合格证号数 | 许可证号数 |
|---|---|---|---|---|---|---|---|---|
| 有成 | 张　舍 | 黄瑞兴 | 4 | 信大 | 王同楼 | 跨塘桥 | 217 | 152 |
| 鸿达 | 钱　桥 | 陈鸿赓 | 4 | 新生 | 潘家槐 | 上牌楼 | 176 | 157 |
| 永昌 | 张新桥 | 张乾夫 | 5 | 惠大 | 张晓臣 | 吴大成 | 213 | 131 |
| 恒昌祥 | 察亭桥 | 许子芳 | 5 | 江南 | 周元勋 | 龙船浜 | 132 | 128 |
| 协鑫 | 胡　埭 | 马风山 | 4 | 瑞纶 | 张思深 | 洛社 | 218 | 113 |
| 德丰 | 新渎桥 | 姚坤泉 | 4 | 江南 | 周元勋 | 龙船浜 | 211 | 111 |
| 民生 | 官渎桥 | 朱士佩 | 4 | 美伦 | 袁叔平 | 南上塘 | 215 | 98 |
| 其顺 | 新渎桥 | 钱兰荪 | 4 | 恒昌 | 居珩甫 | 洛社 | 131 | 54 |
| 大成 | 胡　埭 | 吴芝修 | 4 | 永泰 | 薛祖康 | 知足桥 | 219 | 70 |
| 其隆 | 新渎桥 | 钱兰荪 | 4 | 富兴一厂 | 郑郭弟 | 知足桥 | 129 | 58 |
| 公昌乾记 | 藕塘桥 | 朱耀炳 | 4 | 大伟 | 吴瑞麟 | 南仓门 | 244 | 16 |
| 裕民 | 张　舍 | 陈　渊 | 4 | 长安 | 朱仲卿 | 浙江长安镇 | 216 | 19 |
| 鼎丰 | 盛店桥 | 张兆生 | 5 | 长安 | 朱仲卿 | 浙江长安镇 | 210 | 20 |
| 徐大兴 | 大徐巷 | 徐汉臣 | 6 | 永泰 | 周玉麟 | 知足桥 | 130 | 47 |
| 榕大 | 稍塘桥 | 章锡荣 | 4 | 美伦 | 袁叔平 | 南上塘 | 212 | 41 |

1949年解放后，创办于民国24年（1935）的无锡县蚕种场蚕种生产统属苏南行署蚕业管理局

图3—14—28　50年代区域内农户用蚕匾养蚕

图3—14—29　蚕食桑叶

监检计量制造。1950年春，无锡县蚕种场取消“红色场印”牌号，统一使用红五角星商标，统一价格，场名以编号表示。

图3—14—30　1955年4月26日，无锡蚕种场欢送两位蚕桑技术员支援外省时合影

1956年6月起，无锡县蚕种场由江苏省蚕种公司统一管理。原永泰、丰年、益友，无锡蚕丝试验场合并为无锡蚕种繁殖场。是年6月3日，钱桥春茧已经登场，6月7日起茧站普遍开始收茧。由于蚕农们采用“高温快速养蚕法”，茧子质量比往年好，匀净、色白、茧形大、茧层厚，每张蚕种产量一般在70斤以上。最高的钱桥裕丰社4张半蚕种每张平均收茧89斤。国家为鼓励蚕农的积极性，收茧中贯彻“优茧优价、劣茧低价”的政策，每担优茧给予1元5角奖励。

1960年，钱桥公社有桑田807亩，产茧271担；藕塘公社有桑田837亩，产茧285担。1961年，

盛店茧行春期收鲜茧13823斤，其中上茧11590斤、下茧2233斤；烘干茧5119斤，其中上茧4346斤、下茧773斤。鲜上下茧总值13633元，干上下茧总值15551.5元，实付烘茧费用939.5元，鲜干茧对照净余金额978.6元，平均每担净余13.1元。是年，盛店茧行夏期收鲜茧2947斤，其中上茧2665斤、下茧282斤；烘干茧1111斤，其中上茧982斤、下茧129斤。每担鲜上下茧总值2791元，干上茧价格307元，干上下茧总值3254元，实付烘茧费用360.9元，鲜干茧对照净余102.1元，平均每担净余3.5元。

### 1963~1965年盛店、钱桥茧行收茧情况统计表

表3—14—31　　单位：斤、元

| 年份 | 盛店茧行 | | | | | 钱桥茧行 | | | | |
|---|---|---|---|---|---|---|---|---|---|---|
| | 收茧总量 | 其中 | | 平均每担价格 | 总金额 | 收茧总量 | 其中 | | 平均每担价格 | 总金额 |
| | | 上茧 | 下茧 | | | | 上茧 | 下茧 | | |
| 1963 | 8413.0 | — | — | — | — | 24010.0 | — | — | — | — |
| 1964 | 8793.8 | 8106.6 | 687.2 | — | — | 5033.9 | 4641.5 | 392.4 | — | — |
| 1965 | 14131.8 | 12382.9 | 1748.9 | 120.5 | 1702881.9 | 9294.9 | 3846.0 | 5448.9 | 152 | 1412824.8 |

1970年，钱桥公社有桑田1025亩，养蚕种1462张，产鲜茧811担；藕塘公社有桑田887亩，养蚕种1353张，产鲜茧816担。

### 1966~1971年无锡县蚕种场（场址钱桥）基本情况统计表

表3—14—32

| 年份 | 总人口（人） | 其中 | | 土地面积（亩） | 其中耕地面积（亩） | 蚕种总产（张） | 丝茧总产（斤） | 桑叶总产（担） | 拖拉机（辆） | 总产值（万元） | 羊存量（头） | 盈亏（万元） | 工资总额（万元） | 流动资金（万元） |
|---|---|---|---|---|---|---|---|---|---|---|---|---|---|---|
| | | 劳动力数（人） | 场内临时工数（人） | | | | | | | | | | | |
| 1966 | 55 | 35 | 20 | 178 | 154 | 19465 | 6488 | 3295 | — | 6.52 | 96 | +1.93 | 3.20 | 7.0 |
| 1967 | 66 | 34 | 32 | 178 | 154 | 15730 | 6000 | 3800 | — | 6.95 | 150 | +2.10 | 3.20 | 7.0 |
| 1968 | 54 | 33 | 21 | 178 | 154 | 37149 | 6416 | 3772 | — | 8.33 | 200 | +1.42 | 3.60 | 7.0 |
| 1969 | 56 | 34 | 22 | 178 | 154 | 44013 | 3906 | 3635 | 1 | 9.53 | 181 | +3.39 | 3.45 | 7.1 |
| 1970 | 51 | 31 | 20 | 178 | 154 | 37629 | 943 | 3129 | 1 | 9.89 | 232 | +0.87 | 3.80 | 7.1 |
| 1971 | 55 | 34 | 21 | 178 | 154 | 39544 | 1900 | 3650 | 1 | 9.71 | 318 | -1.30 | 3.95 | 7.1 |

### 1956~1977年无锡县蚕种场（场址钱桥）生产蚕种数量统计表

表3—14—33　　单位：张

| 年份 | 总计 | 其中 | | 年份 | 总计 | 其中 | | 年份 | 总计 | 其中 | |
|---|---|---|---|---|---|---|---|---|---|---|---|
| | | 春制 | 秋制 | | | 春制 | 秋制 | | | 春制 | 秋制 |
| 1956 | 105198 | 100008 | 5190 | 1964 | — | — | — | 1972 | 21826 | 21826 | — |
| 1957 | 95741 | 94695 | 1046 | 1965 | 17781 | 12495 | 5286 | 1973 | 20809 | 20809 | — |
| 1958 | 118920 | 100025 | 18895 | 1966 | 19465 | 17832 | 1633 | 1974 | 26629 | 26629 | — |
| 1959 | 48807 | 44473 | 4334 | 1967 | 15730 | 10371 | 5359 | 1975 | 19095 | 18462 | 633 |
| 1960 | 71457 | 69454 | 2003 | 1968 | 37149 | 30300 | 6849 | 1976 | 22880 | 20923 | 1957 |
| 1961 | 24630 | 14931 | 9699 | 1969 | 44013 | 39348 | 4665 | 1977 | 4966 | 4966 | — |
| 1962 | 26296 | 22772 | 3524 | 1970 | 37629 | 33098 | 4531 | — | — | — | — |
| 1963 | 20036 | 19061 | 975 | 1971 | 39554 | 32490 | 7064 | — | — | — | — |

70年代中期，钱桥、藕塘公社部分大队向大桑园发展。钱桥公社晓星大队建大桑园80多亩，胜丰大队建大桑园40多亩。藕塘公社火花大队在马巷生产队建大桑园60亩，勤建大队利用鸡笼山山麓坡地建大桑园100余亩。大桑园建立后，生产大队建立养蚕专业队，专门负责大桑园的桑树管

理和养蚕。1978 年，钱桥区域内的无锡县蚕种繁殖场并入西漳蚕种场。

**1958~1985 年钱桥、藕塘（公社）乡蚕桑业选年统计表**

表 3—14—34　　　　单位：亩、张、担

| 单位名 | 年份 | 桑田面积 | 蚕种张数 | 鲜茧产量 | 单位名 | 年份 | 桑田面积 | 蚕种张数 | 鲜茧产量 |
|---|---|---|---|---|---|---|---|---|---|
| 钱桥公社 | 1958 | 1013.0 | — | — | 藕塘公社 | 1959 | 885.00 | — | — |
| | 1960 | 807.0 | 1067.0 | 271.0 | | 1960 | 837.00 | 1083.0 | 285.0 |
| | 1962 | — | 236.0 | 102.0 | | 1962 | — | 395.0 | 147.0 |
| | 1965 | 426.0 | — | — | | 1965 | 202.18 | — | — |
| | 1968 | 945.0 | — | 805.0 | | 1966 | 487.20 | — | 562.6 |
| | 1970 | 1025.6 | 1462.3 | 811.4 | | 1967 | 776.30 | 1000.0 | 778.6 |
| | 1971 | 1029.0 | 1559.5 | 830.5 | | 1968 | 805.40 | — | 894.0 |
| | 1972 | 908.0 | 1542.0 | 889.9 | | 1969 | 853.60 | — | 904.2 |
| | 1973 | 889.5 | 1289.0 | 702.8 | | 1970 | 887.50 | 1353.0 | 816.5 |
| | 1974 | 944.5 | 1199.5 | 747.3 | | 1971 | 851.90 | 1353.0 | 819.5 |
| | 1975 | 874.8 | 900.0 | 542.3 | | 1972 | 837.80 | 1636.3 | 1032.2 |
| | 1976 | 878.3 | 989.5 | 708.8 | | 1973 | 837.80 | 1418.0 | 772.5 |
| | 1977 | 805.2 | 1187.5 | 746.0 | | 1974 | 777.70 | 1213.0 | 715.5 |
| | 1978 | 783.4 | 1196.5 | 687.2 | | 1975 | 802.60 | 946.0 | 553.0 |
| | 1979 | 759.8 | 1456.3 | 960.6 | | 1976 | 837.50 | 684.5 | 448.1 |
| | 1980 | 773.5 | 1407.3 | 950.8 | | 1977 | 670.30 | 584.5 | 392.6 |
| 钱桥乡 | 1985 | 365.0 | 397.7 | 255.0 | | 1978 | 615.00 | 春茧 152.2 担 | |
| | — | — | — | — | | 1979 | 555.00 | 春茧 208.4 担 | |
| | — | — | — | — | | 1980 | 450.30 | 820.8 | 679.8 |
| | — | — | — | — | | 1981 | 484.70 | 844.9 | — |

藕塘乡蚕桑原为传统副业，由于工业的发展，1986 年蚕桑业渐趋淘汰，桑田仅存 35 亩，年产蚕茧 2.2 吨，比 1985 年分别下降 91.4%和 72.6%。20 世纪 90 年代后，钱桥、藕塘地区蚕桑业逐渐消失。

## 第八节 饲养业

钱桥、藕塘地区农户历来重视饲养猪、羊、兔、鸡等畜禽，作为家庭重要副业。养猪、养羊、养兔既能增加家庭经济收入，又可以把家畜家禽的粪便用作种植稻麦之肥料，以改良土壤，提高产量。“文化大革命”期间，区域内家庭饲养业受到限制。改革开放后，钱桥、藕塘公社饲养业得到很大发展，区域内出现养猪、养家禽等饲养专业户。

**1978 年钱桥、藕塘公社各大队畜禽业生产统计表**

表 3—14—35　　　　单位：头、羽、只

| 公社名称 | 大队名称 | 猪 | | | | | | | 羊 | | | 家禽 | 家兔 |
|---|---|---|---|---|---|---|---|---|---|---|---|---|---|
| | | 生猪合计 | 其中 | | 母猪合计 | 其中 | | 年出栏 | 合计 | 其中 | | | |
| | | | 集体 | 私人 | | 集体 | 私人 | | | 山羊 | 绵羊 | | |
| 钱桥 | 钱桥 | 451 | 155 | 296 | 65 | 64 | 1 | 458 | 36 | 29 | 7 | 1995 | 405 |
| | 竞丰 | 1209 | 393 | 816 | 139 | 138 | 1 | 1228 | 297 | 155 | 142 | 2590 | 1500 |
| | 五星 | 667 | 649 | 18 | 126 | 126 | 0 | 1039 | 62 | 62 | 0 | 951 | 951 |
| | 历村 | 1041 | 611 | 430 | 151 | 147 | 4 | 890 | 454 | 301 | 153 | 1720 | 865 |
| | 舜一 | 446 | 113 | 333 | 86 | 86 | 0 | 666 | 274 | 198 | 76 | 2190 | 1440 |
| | 溪南 | 1093 | 464 | 629 | 147 | 145 | 2 | 1157 | 208 | 102 | 106 | 1128 | 766 |
| | 洋溪 | 509 | 140 | 369 | 76 | 75 | 1 | 814 | 237 | 179 | 58 | 1485 | 940 |
| | 黎明 | 731 | 338 | 393 | 73 | 72 | 1 | 565 | 162 | 152 | 10 | 958 | 1067 |
| | 新丰 | 604 | 135 | 469 | 90 | 90 | 0 | 774 | 164 | 142 | 22 | 836 | 790 |
| | 西漳 | 865 | 180 | 685 | 117 | 117 | 0 | 922 | 110 | 0 | 110 | 1875 | 1180 |

续表 3—14—35　　单位：头、羽、只

| 公社名称 | 大队名称 | 猪 | | | | | | | 羊 | | | 家禽 | 家兔 |
|---|---|---|---|---|---|---|---|---|---|---|---|---|---|
| | | 生猪合计 | 其中 | | 母猪合计 | 其中 | | 年出栏 | 合计 | 其中 | | | |
| | | | 集体 | 私人 | | 集体 | 私人 | | | 山羊 | 绵羊 | | |
| 钱桥 | 胜丰 | 678 | 314 | 364 | 100 | 99 | 1 | 655 | 122 | 43 | 79 | 1812 | 803 |
| | 晓星 | 950 | 254 | 696 | 110 | 110 | 0 | 848 | 59 | 38 | 21 | 1581 | 426 |
| | 红旗 | 93 | 17 | 76 | 9 | 9 | 0 | 97 | 21 | 6 | 15 | 401 | 195 |
| | 五七农场 | 400 | 400 | 0 | 35 | 35 | 0 | 0 | 0 | 0 | 0 | 0 | 0 |
| | 合计 | 9737 | 4163 | 5574 | 1324 | 1313 | 11 | 10113 | 2206 | 1407 | 799 | 19522 | 11328 |
| 藕塘 | 东方红 | 585 | 56 | 529 | 91 | 90 | 1 | 767 | 221 | 211 | 10 | 1462 | 905 |
| | 东风 | 1152 | 477 | 675 | 149 | 116 | 33 | 1261 | 411 | 394 | 17 | 2953 | 1040 |
| | 五星 | 437 | 30 | 407 | 84 | 81 | 3 | 588 | 114 | 112 | 2 | 1315 | 618 |
| | 火花 | 664 | 282 | 382 | 73 | 73 | 0 | 720 | 128 | 113 | 15 | 1010 | 1179 |
| | 宇峰 | 641 | 247 | 394 | 133 | 121 | 12 | 592 | 154 | 148 | 6 | 1525 | 885 |
| | 凯旋 | 1020 | 409 | 611 | 157 | 111 | 46 | 986 | 161 | 157 | 4 | 725 | 617 |
| | 永红 | 884 | 227 | 657 | 135 | 124 | 11 | 1097 | 120 | 73 | 47 | 2290 | 841 |
| | 勤建 | 1160 | 565 | 595 | 170 | 170 | 0 | 926 | 217 | 141 | 76 | 2135 | 1365 |
| | 林业 | 291 | 45 | 246 | 79 | 78 | 1 | 413 | 145 | 131 | 14 | 480 | 485 |
| | 渔业 | 3 | 3 | 0 | 0 | 0 | 0 | 0 | 1 | 1 | 0 | 0 | 0 |
| | 合计 | 6837 | 2341 | 4496 | 1071 | 964 | 107 | 7350 | 1672 | 1481 | 191 | 13895 | 7935 |

## 一、家畜饲养

### （一）猪

养猪是钱桥、藕塘农户的传统习惯，是农户的重要副业。民国时期，盛店桥开有猪角，交易苗猪。农户养猪既增加农田肥料，又增加经济收入，因而民国时期至新中国成立后，区域内农户家家户户养猪。

1950年，藕塘区钱桥乡养猪年末存栏4695头。1958年成立人民公社后，农户养猪减少，以集体养猪为主。是年，藕塘公社成立繁殖场，养种猪200多头，培育繁殖优良品种。是年年末，藕塘公社存栏猪4947头。1960年，钱桥公社养肉猪1468头，其中集体养猪1369头，占总数的93.3%；饲养配种公猪17头、有繁育能力的母猪352头。是年，藕塘公社肉猪存栏1345头，其中集体饲养1280头，占总数的95.2%；饲养配种公猪17头、有繁育能力的母猪317头。1961年，区域内粮食歉收，社员口粮亦难以保证，养猪场大部分停办。1963年，贯彻“公私并举，私养为主”的方针，钱桥、藕塘公社引进“约克夏”良种公猪和纯“二花脸”母猪。1965年，藕塘公社生猪总数6482头，其中集体饲养2005头，年内出售和自宰2015头。60年代末，区域内生产队集体养猪逐渐恢复。1968年，藕塘公社养猪6482头，其中有繁育能力的母猪559头，集体养肉猪2005头，占总数的31%，出栏肉猪5160头。1969年，藕塘公社年初生猪存栏6482头，年内销售5160头。1976年，藕塘公社成立种猪场，饲养公猪5头，有繁育能力的母猪80头。藕塘公社种猪场每年向市场提供苗猪2000多头。1978年，藕塘公社养肉猪6837头，出栏7350头；其中集体饲养2314头，占33.85%；饲养有繁育能力的母猪1071头，集体饲养964头，占90%。1980年，藕塘公社种猪场因经济效益不佳而停办。1982年实行家庭联产承包责任制后，区域内集体养猪逐年减少，以私人养猪和养猪专业户为主。1986年，钱桥乡出售肉猪6562头，比1985年增80.2%；藕塘乡出售肉猪5657头，比1985年增22.8%。1989年，江苏省商业厅、物价局、财政厅、农林厅发布《关于提取发展生猪生产基金有关问题的通知》，规定凡经营生猪的单位或个体经营者，必须提取发展生猪生产基金。钱桥镇、藕塘乡收提标准为食品站每收购一头生猪提取5角，从外地调入一头生猪提取0.2元，列入生产成本，按月上交乡财政所；个体屠宰经营户每收购一头猪缴纳3元。钱桥、藕塘地区于1990年1月1日起执行，钱桥镇、藕塘乡政府委托钱桥、藕塘畜牧兽医站在进行生猪肉品检疫时一并收取。兽医站按收费的5%提取手续费，余额按月缴乡财政所。乡、镇财政所收取的发展生猪生产基金存入农业发展

专项基金专户，专款专用。

1995年，勤建村55岁的徐龙兴从勤建化工厂厂长岗位上退休后贷款30万元，加上平时积蓄的20万元，共投资50万元租用西村四队10亩旱地，建造11幢、每幢9间的房屋当上养猪专业户。徐龙兴充分利用猪舍，每幢猪舍养猪250头。除去饲料储存和工具房外，存栏生猪1800头，每天要运回10吨饲料。为采购品质良好的苗猪，徐龙兴近至胡埭、杨市，远至苏北、浙江采购苗猪。渐渐地，远近闻名，两三年后苗猪户上门推销，无论在价格上还是在品种上都有选择的余地。根据福建需要大肥猪的市场，徐龙兴选择肥大高产的猪种养殖。一头20~60斤的小猪，经过9个月的饲养，可长到450~500斤。一头猪的出售价可达3000~3400元。其养猪讲究防病治病，每批猪出栏后，猪舍立即彻底消毒，待数日后再进苗猪饲养。平时，十分注意猪的精神状态，观察猪的进食、排泄、活动，一旦发现猪有不良状态，立即隔离饲养，请兽医治疗。徐龙兴还把死亡的猪解剖，仔细观察，研究死亡的原因，逐渐学会给猪看病。还充分利用养猪场多幢猪舍间的空间，拦网养鸟。养猪后的第三年，从上海买回大渔网拉在猪舍间的上空，又从四川买回10羽野鸡，其中2羽公鸡，8羽母鸡，同时买回一对孔雀，开始放养繁殖。野鸡和孔雀繁殖率很高，养殖高峰时达到1万多羽。

1964~1998年钱桥（公社、乡）镇生猪饲养选年统计表

表3—14—36　　单位：头

| 年份 | 生猪存栏数 | 其中 | | | | 集体饲养 | | | | | 肉猪出栏 | | |
|---|---|---|---|---|---|---|---|---|---|---|---|---|---|
| | | 公猪 | 母猪 | 肉猪 | 苗猪 | 小计 | 公猪 | 母猪 | 肉猪 | 苗猪 | 累计数 | 收购 | 自宰 |
| 1964 | 4892 | — | — | — | — | — | — | — | — | — | — | — | — |
| 1965 | 8866 | — | — | — | — | 1784 | — | — | 1784 | — | 8049 | — | 8049 |
| 1968 | 5824 | — | 525 | 5295 | — | 1151 | — | 481 | 670 | — | — | — | — |
| 1970 | 7041 | — | — | 4281 | — | 2760 | — | 730 | 2030 | — | — | — | — |
| 1971 | 8132 | — | — | 5952 | — | 2180 | — | — | — | — | 7736 | — | 482 |
| 1972 | 7869 | — | — | — | — | 1808 | — | — | — | — | 8627 | — | 849 |
| 1973 | 6453 | — | — | — | — | 2131 | — | — | — | — | 8708 | — | 1176 |
| 1975 | 8148 | — | 975 | 7173 | — | 2562 | — | 975 | 1587 | — | 9627 | — | 1096 |
| 1976 | 9136 | — | 955 | | — | 3559 | — | 932 | 2627 | — | 8646 | — | 2186 |
| 1978 | 9737 | — | 1324 | 8413 | — | 4163 | — | 1313 | 2850 | — | 10109 | — | 390 |
| 1979 | 10202 | — | 1433 | 8765 | — | 3417 | — | 1383 | 2034 | — | 13602 | — | 317 |
| 1980 | 7481 | — | 969 | — | — | 1965 | — | 884 | 1081 | — | 13089 | — | 85 |
| 1984 | 4171 | 2 | 236 | 2710 | 1223 | 217 | 2 | 30 | 27 | 158 | 10725 | 86 | — |
| 1986 | 2705 | 1 | 160 | 1900 | 644 | — | — | — | — | — | 6562 | 130 | 156 |
| 1987 | 2197 | 3 | 78 | 1727 | 389 | 3 | 3 | — | — | — | 5929 | 213 | 73 |
| 1988 | 2119 | 3 | 99 | 1539 | 478 | 82 | 3 | 4 | 75 | — | 6029 | 14 | 1379 |
| 1989 | 4616 | 3 | 155 | 3554 | 904 | 268 | 3 | 8 | 215 | 42 | 9454 | 58 | 2547 |
| 1990 | 4309 | 1 | 104 | 3587 | 617 | 105 | 1 | 5 | 81 | 18 | 10258 | 11 | — |
| 1991 | 3697 | — | 97 | 3077 | 523 | — | — | — | — | — | 10250 | 10 | 1491 |
| 1993 | 3250 | — | 98 | 2702 | 450 | 130 | — | — | 130 | — | 10880 | — | 2780 |
| 1995 | 4352 | 3 | 78 | 2633 | 1638 | 80 | — | — | 80 | — | 10640 | — | 1330 |
| 1996 | 3028 | 3 | 60 | 2360 | 605 | 34 | — | — | 34 | — | 11714 | 1050 | — |
| 1998 | 2344 | 3 | 43 | 2022 | 276 | — | — | — | — | — | 7701 | — | — |

2004年，钱桥镇共有生猪养殖户123户，生猪存栏总数9402头，其中苗猪530头、肉猪8726头、母猪146头，全年出栏生猪22331头。2006年8月，勤建村全村土地建造无锡（藕塘）职教园校区，徐龙兴养猪养鸟停业。2013年，钱桥街道生猪养殖户仅剩8户，生猪存栏436头，其中肉猪420头，母猪16头，全年出栏生猪2003头。2014年，区域内养猪户全部停止养猪。

（二）牛

民国时期至解放初，钱桥、藕塘地区农户养有水牛、黄牛和奶牛。

**耕牛**　民国时期，区域内农户多养水牛和黄牛，较为富裕的农户才有能力饲养，主要用于农田

耕作和脱粒、碾磨。1950年，藕塘区钱桥乡有黄牛1头、水牛53头；西漳乡有黄牛3头、水牛27头。1957年，钱桥乡有水牛44头，西漳乡有水牛15头。1958年人民公社化后，钱桥公社有水牛56头、黄牛2头；藕塘公社有水牛39头、黄牛33头。1959年，钱桥公社有水牛93头、黄牛4头；藕塘公社有水牛39头、黄牛68头。1962年，钱桥公社有耕牛46头，藕塘公社有耕牛55头。随着农业机械化的起步，区域内耕牛逐渐减少。1964年，钱桥公社有耕牛18头。1965年，藕塘公社有耕牛22头。1970年，钱桥公社仅存耕牛2头，藕塘公社仅剩耕牛5头。

**奶牛** 钱桥、藕塘地区在20世纪60年代就有农户饲养奶牛。溪北大队下段村陆忠其、陆锡其兄弟养奶牛6头，唐家庄唐金海饲养奶牛10头。1982年实行家庭联产承包责任制后，区域内奶牛饲养获得发展。1984年，钱桥乡有4户农户饲养奶牛19头，藕塘乡有3户农户饲养奶牛4头。1988年，钱桥镇奶牛存栏数4头，产奶12吨。1990年，钱桥镇存栏奶牛7头，产奶18吨；藕塘乡有奶牛2头，产奶2吨。2004年，稍塘村26岁的周维新不当老板当牛倌，投资20多万元建牛舍，购奶牛16头，办起奶牛场，仅半年多时间，已繁殖小奶牛5头，牛奶日产量从原来的100多公斤增加到150多公斤。是年，钱桥镇奶牛养殖户6户，存栏81头，牛奶产量321吨。2006年，钱桥镇奶牛饲养专业户达10户，主要分布勤建村2户、恒源祥村1户、稍塘村1户、藕塘村1户、盛峰村1户、西漳村1户、华新村3户。随着太湖蓝藻的爆发，为减少禽畜粪便污染水体，加上奶牛饲养成本逐年提高，牛奶销售困难，养牛户难以维持经营，2008年全部退养。

### （三）羊

**农户养羊** 钱桥、藕塘地区农户多养山羊和绵羊，以家庭私养为主，少量集体饲养。山羊宰杀后出售羊肉和羊皮，绵羊剪毛后出售。皮张和羊毛由供销社收购。同时农户养羊还能积肥，作为稻、麦田基肥。1957年，钱桥乡养羊1993头，其中山羊1066头、绵羊927头；西漳乡养羊1170头，其中山羊340头、绵羊830头；藕塘乡养羊3318头，其中山羊1854头、绵羊1464头。1959年，钱桥公社养羊1877头，其中山羊655头、绵羊1222头；藕塘公社养羊825头，其中山羊404头、绵羊421头。1965年，钱桥公社养羊1739头，其中山羊751头、绵羊988头；藕塘公社养羊1412头，其中山羊889头、绵羊523头。1970年，藕塘公社养羊1634头，其中山羊673头、绵羊961头。1978年，藕塘公社养羊1672头，其中山羊1481头、绵羊191头。进入20世纪90年代，区域内农户养羊逐年减少。

1964~1998年钱桥（公社、乡）镇养羊选年统计表

表3—14—37　　单位：头

| 年份 | 羊 | | | 年份 | 羊 | | |
|---|---|---|---|---|---|---|---|
| | 小计 | 其中 | | | 小计 | 其中 | |
| | | 山羊 | 绵羊 | | | 山羊 | 绵羊 |
| 1964 | 1597 | 818 | 779 | 1984 | 1861 | 1767 | 94 |
| 1968 | 1183 | — | — | 1986 | 3110 | 3077 | 33 |
| 1970 | 2231 | 279 | 1952 | 1987 | 2322 | 2311 | 11 |
| 1971 | 1921 | 243 | 1678 | 1988 | 2322 | 2311 | 11 |
| 1972 | 1333 | 277 | 1056 | 1989 | 1715 | 1670 | 45 |
| 1973 | 1218 | 273 | 945 | 1990 | 1818 | 1798 | 20 |
| 1975 | 1718 | 913 | 805 | 1991 | 6774 | 6743 | 31 |
| 1976 | 1620 | 950 | 670 | 1993 | 6741 | 6741 | — |
| 1978 | 2206 | 1407 | 799 | 1995 | 1680 | 1600 | 80 |
| 1979 | 2617 | 1948 | 669 | 1996 | 1400 | 1400 | — |
| 1980 | 2115 | 1543 | 572 | 1998 | 560 | 560 | — |

2004年，钱桥镇农户养羊存栏195头，出栏305头。2013年，钱桥街道农户养羊存栏250头，出栏175头。2015年，规模养羊农户仅剩2户：盛峰社区徐富强存栏120头，藕乐苑社区周景伟存栏70余头。

**无锡县种羊场** 无锡县种羊场位于钱桥境内的杨树岸，为全民事业单位。1979年2月，经无锡县革命委员会批准，同意在钱桥公社建立无锡县种羊场。初办种羊场时，有42名职工。1980年，种羊场饲养湖羊170头、奶山羊170头。是年，种羊场在无锡县相关地区建立乡配种站，形成湖羊良种繁殖体系，促进全县养羊业的发展。至1990年，种羊场计提供省内外种羊2100余头，提供出口羔皮1900余张。科研方面先后获部、省级科技成果奖3次。1994年底，种羊场有固定资产380万元，实现产值800万元；职工56人，其中党员17人。2003年9月，钱桥种羊场进行转制，场内干部、职工由惠山区另行安排工作。

### （四）兔

钱桥、藕塘地区养兔始于20世纪50年代，都为农户私养，是农户副业收入之一。1957年，钱桥乡养兔2261只，其中毛兔1076只；西漳乡养兔4863只，其中毛兔2913只。1959年，钱桥公社养兔7327只，藕塘公社养兔7065只。1960年，钱桥公社养兔9789只，藕塘公社养兔4423只。70年代，钱桥、藕塘地区引进安哥拉长毛兔和青紫蓝皮肉两用兔等优良品种。兔皮、兔毛供销社逢集收购。1975年，钱桥公社养兔18480只。1978年，钱桥公社养兔11328只、藕塘公社养兔7935只。

1984年，藕塘乡养兔达到最高峰9280只。以后随着乡镇工业的发展，大量劳动力由农业向工业转移，家庭养兔业逐年下降。1985年，钱桥乡养兔11328只，比1975年减少38.7%。

1990年，钱桥镇年末养兔2538只，出栏21400只；藕塘乡养兔1700只，出栏7200只，养兔比1984年减少81.7%。2004年，藕塘镇养兔存栏190只，出栏740只。2015年，区域内未拆迁的少量农户仍然养兔。

## 二、家禽饲养

钱桥、藕塘地区农户饲养家禽历史悠久。民国时期至解放初期，区域内家家户户农民养鸡，母鸡下蛋，农户自己食用或出售，公鸡年末宰杀过年、祭祖。部分农户还养鸭养鹅。人民公社化后，集体饲养家禽逐步兴起。1958年，藕塘公社成立繁殖场，养鸭500多羽，养鹅700多羽，并且孵化苗鸭和苗鹅供应市场。1959年，藕塘公社饲养家禽4867羽。钱桥公社“鸭船浜”就是因为渔民利用芦苇滩塘饲养大量鸭而得名。

**1960年钱桥、藕塘公社家禽饲养统计表**

表3—14—38　　单位：羽

| 公社名称 | 总数 | 其中 | | 其中 | | | | | | | | |
|---|---|---|---|---|---|---|---|---|---|---|---|---|
| | | 集体 | 社员 | 鸡 | | | 鸭 | | | 鹅 | | |
| | | | | 总数 | 其中 | | 总数 | 其中 | | 总数 | 其中 | |
| | | | | | 集体 | 社员 | | 集体 | 社员 | | 集体 | 社员 |
| 钱桥 | 9916 | 278 | 9638 | 8534 | 88 | 8446 | 1166 | 103 | 1063 | 216 | 87 | 129 |
| 藕塘 | 5189 | 584 | 4605 | 2594 | 125 | 2469 | 1556 | 310 | 1246 | 1039 | 149 | 890 |
| 合计 | 15105 | 862 | 14243 | 11128 | 213 | 10915 | 2722 | 413 | 2309 | 1255 | 236 | 1019 |

“文化大革命”期间，社员饲养家禽遭到禁止。“文化大革命”结束后，钱桥、藕塘地区大量引进国内外优良家禽品种，鸡品种有莱亢鸡、狼山鸡、乌骨鸡、罗丝鸡等；鸭品种有锦鸭、绍兴鸭、北京鸭等；鹅品种有白鹅、狮头鹅、灰鹅等。

改革开放后，区域内家禽饲养得到较快发展，不但放开饲养家禽，而且出现一批家禽饲养专业户。鹌鹑、珍珠鸡、野鸡、野鸭、肉鸽等品种也有所增加，专业户都进行饲养，有的农户甚至养起孔雀。1978年，钱桥公社饲养家禽19522羽，藕塘公社饲养家禽13895羽。1984年，钱桥和藕塘两乡共出售家禽35526羽。1986年，钱桥乡养家禽43296羽，比1985年增32.7%；藕塘乡养家禽19895羽，比1985年增201%。1988年，钱桥镇年末存栏家禽36300羽，出栏50900羽，禽蛋产量1360吨；藕塘乡存栏16300羽，出栏31300羽，禽蛋产量80吨。是年，钱桥镇鹌鹑年末存栏600万羽，出栏 500 万羽，产蛋 36 吨；藕塘乡年末鹌鹑存栏 0.5 万羽，出栏 0.53 万羽，产蛋 5 吨。1990 年，钱桥镇鹌鹑存栏 3.4 万羽，出栏 3.6 万羽，产蛋量 14 吨；藕塘乡鹌鹑存栏 1.12 万羽，出栏 1.1 万羽，产蛋量 12 吨。勤建村徐龙兴 1998 年利用猪舍间的空间扯起大网，饲养野鸡和孔雀，养殖高峰年，野鸡、孔雀数达到 1 万余羽。1999 年，舜一村花园里杜锡南创办养鸡场，饲养海蓝蛋鸡 3000 羽。

2000 年，随着农业产业结构的调整，藕塘镇涌现出“七种八养九行当”的生动局面，出现一批新型养殖户。稍塘村吴一其贷款 3 万元，自筹资金 2 万元，共 5 万元搭棚养殖 3500 羽肉鸭，并与堰桥经纪人邢梅珍联系，落实销路。是年，藕塘镇养鸽专业户钱云雷连续三次到鸽子之乡苏北宝应县购回 150 对美国落地王种鸽，盖起 120 平方米的鸽舍，短短一年时间，繁殖 1000 多对。两年多后因禽流感爆发，钱云雷把鸽子全部出售后停养。2002 年，吴一其又与钱寿康合作，投资 5 万多元办起养鸭场，利用丝网架空饲养的肉鸭生长周期短，两年内投放市场 1 万多羽成鸭，收益颇丰。2004 年，钱桥镇家禽存栏 16290 羽，其中鸡 14870 羽、鸭 300 羽、鹅 1120 羽，全年出栏家禽 16290 羽。2005 年，钱桥镇家禽存栏 13530 羽，其中鸡 11200 羽、鸭 2200 羽、鹅 130 羽，全年出栏家禽 23208 羽。2009 年，舜一村花园里杜锡南养鸡场养鸡发展到 6000 羽，日产蛋 350 公斤，年销量 120 吨，年纯收入 9 万元。2013 年，鑫盛农疗站在盛峰社区兴办鑫盛蛋鸡养殖场，蛋鸡存量 6500 羽，年产蛋 6 万公斤。

图 3—14—31　2014 年盛峰社区鑫盛蛋鸡养殖场一角

2015 年，盛峰社区高家旦养鸡专业户万鹤云年养鸡 15000 羽，品种为鸬鹚鸡，日产蛋量 825 公斤，年产蛋量 301125 公斤。鸡饲料皆为绿色食品。鸡粪晒干后装入蛇皮袋出售给桃农作有机肥料。养鸡大户年收入 15 万元左右。是年，南塘社区小张巷养鸡专业户钱育兴年养草鸡 1000 余羽、鹅 50 多羽，均为散养，饲料为玉米、菜叶；草鸡蛋每斤卖价 20 元，鹅每羽卖价 200 元。钱桥街道兽医站对高家旦、小张巷养鸡场每两月抽样检查 1 次，确保鸡、蛋的质量。是年，钱桥街道全年家禽出栏 10300 羽。

## 三、养蜂业

1957 年，藕塘乡姚巷农民姚伯钧初始养蜂 11 箱。1959 年，藕塘公社第四大队集体养蜂 16 箱。1962 年，钱桥公社养蜂 7 箱。1968 年 4 月，藕塘公社凯旋大队开始养蜂，品种为中国蜂，由社员蒋浩生、章兆龙负责放养，后购入 9 箱意大利蜂，中国蜂移交给张颜平所带领的一个组放养。钱桥、藕塘养蜂人员根据蜜蜂分群、按花期规律巡回全国各地辗转放养，一路凭着《放养证》畅通无阻。近地放养由汽车托运蜂箱，远地放养由火车转运蜂箱，南到广东，北到黑龙江，风餐露宿。养蜂人员对转移地区蜜源植物分布面积、花期以及气候条件、地理环境等了如指掌，常年走南闯北，故有“追花夺蜜”之称。蜂蜜产出后，一般就地销售，钱款通过汇款寄回家中或大队。1973 年，凯旋大队意大利蜂发展到 50 多箱，中国蜂发展到 80 余箱。1974 年，由于多方原因，中国蜂病死，凯旋大队不再养蜂，意大利蜂在广东出售。1984 年藕塘乡养蜂 100 箱，1986 年养蜂 70 箱。1988 年，藕塘乡养蜂 70 箱。1990 年藕塘乡养蜂 60 箱，1991 年养蜂 50 箱，1993 年养蜂 30 箱，1995 年养蜂 30 箱。1997 年，藕塘镇姚伯钧所养中国峰发展到 60 箱，但之后其因身体原因不再养蜂。至此，藕塘和钱桥不再养蜂，只有外地养蜂户驻扎到钱桥、藕塘地区放蜂采蜜。

## 四、兽医站

钱桥、藕塘兽医站都成立于 1956 年。兽医站成立初期，主要负责畜牧生产繁殖、畜禽疾病防治等技术服务。80 年代初期，重点推广禽畜新品种、饲养新技术，广泛推广母猪人工授精及新药品、新饲料的经营活动。1996 年，政府实行生猪定点屠宰以后，站内从原来以服务工作为主变成以检疫监督为主，检疫职能也从市场检疫转变为屠宰点集中检疫。

2004年，钱桥、藕塘两镇合并后，钱桥兽医站和藕塘兽医站即合二为一，办公地点在藕塘市镇。钱桥（镇）街道兽医站的主要职能是负责辖区内动物疫病的防控工作，包括动物疫病的防治、扑杀、治疗、疫病监测、病死动物无害化处理；负责辖区内动物疫病测报，养殖技术推广及监管；负责辖区内动物及动物产品的检疫，包括地产检疫、屠宰检疫及病害动物产品的无害化处理。是年开始，钱桥（镇）街道兽医站每年承担全镇4万多头生猪屠宰检疫任务。同年禽流感爆发期间，钱桥镇兽医站在锡宜高速无锡西出口处设立动物检查站，实行24小时值班检查。2012年，晓丰社区梅建刚养鸭场突发感染疫情，钱桥街道兽医站及时做好疫情处置工作，将3000羽鸭全部扑杀，并做好相关消毒工作，制止疫情的蔓延和传播。

2015年，钱桥街道兽医站主要工作以防疫监督为主，每年春季和秋冬季开展两次重大动物疫病预防免疫工作，每年夏季开展一次高温大消毒工作。平时对规模养殖场定期进行巡督管理，常年做好狂犬病门诊免疫工作。

**1956~2015年钱桥、藕塘（公社、乡）镇、钱桥街道历任畜牧兽医站站长任职表**

表3—14—39

| 钱桥畜牧兽医站 | 任职时间 | 藕塘畜牧兽医站 | 任职时间 |
|---|---|---|---|
| 张寿南 | 1956~1964 | 周阿度 | 1957~1962 |
| 陆瑞林 | 1964~1997.05 | 盛锡其 | 1963~1979 |
| 陆　宇 | 1997.06~2004.04 | 夏伟荣 | 1980~1981 |
| — | — | 丁裕兴 | 1982~1983 |
| — | — | 边大南 | 1984~1986 |
| — | — | 张国洪 | 1987~1998 |
| — | — | 陶阿祥 | 1999~2004 |
| 钱桥（镇）街道畜牧兽医站站长 | | 陶阿祥 | 2004~ |

# 第九节 林果花卉业

钱桥、藕塘地区南部农户利用山区丘陵优势，发展林果花卉业。民国时期，藕塘丁村成为无锡水蜜桃的发祥地。1949年新中国成立以后，钱桥、藕塘政府组织相关大队在山区植树造林，种毛竹、栽果树，建立茶场，“惠亭”“勤梅”牌茶叶成为江苏省著名商标。钱桥街道重视山林防火工作，2007年建立森林防火领导小组；2008年起建设引水上山工程，确保山林安全。2009年，钱桥街道辖区内有花卉苗木2181亩。2015年，钱桥街道辖区内有桃园3164亩、葡萄园228亩、茶树540亩。

## 一、林业

### （一）山区造林

民国初期，政府提倡植树造林，钱桥、藕塘地区丘陵地带多植松柏。抗战时期，日本侵略军在舜柯山、鸡笼山山区滥伐树木，区域内林业资源遭到严重破坏。

新中国成立后，政府每年组织干部、群众进入山区开展义务植树造林活动，以种植马尾松为主。1961年，藕塘公社勤建大队始建林业队，建苗圃一个，培育苗木。70年代初，钱桥公社历村、舜一大队相继成立林业队。1970年，钱桥公社舜一大队建苗圃8亩，造林15亩，栽种毛竹7亩。1971年，藕塘公社林业大队、勤建大队相继成立“七一”林场、“八一”林场，引进杉木、毛竹种植。是年，藕塘公社山区造林27亩，种植毛竹48亩，开建桃梨果园112亩。1972年，藕塘公社山区造林196亩，苗圃育苗13亩，植树6万余株。是年，历村大队建苗圃5亩，植树2万余株，发展果园种植梨树23亩、桃树3亩；舜一大队发展桃园15亩。1973年，藕塘公社造林280亩，育苗18亩。1974年，钱桥公社历村大队有毛竹10亩、杉木50亩。1977年，历村、舜一大队有果园160亩，其中桃树111亩，年产水蜜桃927担；梨树49亩，年产梨5担。80年代初，随着生产队逐渐解体，山区林业一度处于失管状态，竹笋、毛竹滥拔滥砍，竹林面积急剧下降，钱桥公社历村大队已长成林的毛竹全部消失，山区杉木滥伐无人问津。1982年，藕塘公社林业大队有苗圃61亩、毛竹175亩。

2015年，藕乐苑社区李家湾尚有毛竹80亩，舜柯社区舜柯山尚有毛竹30亩。是年，钱桥街道有山林地总面积4467亩，其中钱桥社区235亩、舜柯社区2143亩、溪南社区50亩、藕乐苑社区2039亩。舜柯山、鸡笼山山区一线，因长年封山育林，山上植被丰厚，已有野生灵芝出现。山区成为钱桥、藕塘人民的天然氧吧。

### （二）平原绿化

民国时期，钱桥、藕塘地区河埒高墩主要种植榉树、榆树、楝树、刺槐、泡桐、柳树等。20世纪80年代起，随着农村经济的发展，平原苗木结构发生很大变化，农户逐步种植山茶、桂花、腊梅、月季、雪松、龙柏、黄洋、广玉兰、香樟、银杏等观赏花卉、树种和桃、葡萄等经济树种。90年代，农业结构调整，桃树、苗木种植面积急剧上升。至2011年，区域内平原林木面积达8517亩。21世纪初，公路绿化面积急剧上升，区域内高速公路、新长铁路、直湖港两旁植树绿化带宽度从50米发展到250米，总面积7197亩。市、区、镇每年补贴绿化带承包农民每亩800元，其中市补贴50%，区、镇分别补贴25%。2015年，无锡市补贴绿化带400余万元，钱桥街道平原绿化覆盖率大大提升。

### （三）村庄绿化

建设美好家园，打造“花园城市”成为钱桥、藕塘人民的共同愿望。2009年，钱桥街道完成村庄绿化面积1000亩、成片林面积650亩，被评为无锡市绿色家园示范镇。2010~2013年，钱桥街道完成村庄成片林面积652亩，小区绿化70万平方米。2015年，钱桥街道绿化覆盖率由1973年的7%提高到33%。

## 二、茶树

20世纪60年代以前，钱桥、藕塘地区虽有山地，却无茶树栽培。70年代初，藕塘公社勤建、林业大队，钱桥公社历村、舜一大队先后从浙江、福建引进福鼎茶树在山区种植。1974年，藕塘公社有茶树230亩，其中勤建130亩、林业100亩，年产茶各50斤。1976年，钱桥公社有茶树80亩，其中历村70亩、舜一10亩。1978年，藕塘林业大队“七一”林场、勤建大队“八一”林场购买手拉百叶烘干机，以烘青、炒青并举。藕塘茶叶一上市就受到消费者的青睐。是年，钱桥公社先后创办历村茶场、舜一茶场，舜一大队茶树发展到60亩。1983年，勤建“八一”林场更名为勤建茶场。1984年，藕塘“七一”林场生产的一级烘青和炒青，首次在全省茶叶评比中获优质产品奖。90年代初，历村茶场和舜一茶场两茶场规模逐渐缩小。1999年，“七一”林场更名“七一”茶场。区域内以“七一”茶场生产的“惠亭”牌和勤建茶场生产的“勤梅”牌系列茶最为知名。七一、勤建茶场主要生产太湖翠竹、碧螺春、炒青、红茶等，连年获江苏省“陆羽杯”名特茶评比一等奖、特等奖，全国“中茶杯”名优茶评比特等奖，第二届中国农业博览会金奖和国际名优茶食品加工技术博览会金奖，第五届国际名茶金奖，巴黎国际博览会金奖，获江苏省著名商标、江苏省优质产品证书，为消费者信得过产品，并获得食品行业中最高级别的有机食品证书。1999年、2001年、2002年，钱桥舜一茶场生产的无锡毫茶先后获全国“中茶杯”名优茶评比特等奖、一等奖，江苏省“陆羽杯”名特茶评比一等奖。

2003年4月2日，藕塘镇举办无锡藕塘首届茶叶节，惠山区领导、江苏省茶叶协会理事会副理事长朱锡坤等到场祝贺。茶叶节的主题是“以茶为媒，扬藕塘声誉；以茶会友，引中外客商；以节为体，促经济发展”。藕塘首届茶叶节上，有舞龙、腰鼓、锣鼓、扇舞等群艺表演，有大型广场歌舞演出，有茶场的名茶展示、现场炒茶等系列活动。

2010年，丁国琴承包的“七一”茶场面积80亩，陈强承包的勤建茶场面积120亩，年平均单产36公斤，每公斤290元，亩产值10440元，扣除成本，亩纯收入5179元。七一、勤建茶场随着种植规模的扩大，为使茶叶不变质，分别增添茶叶保鲜冷藏库，使生产出的茶叶长年冷藏在3℃~5℃

中保持干燥不变质。2012 年，勤建茶场、七一茶场开发的红茶新品获全国茶叶评比第二届“国饮杯”一等奖。2014 年，七一茶场投资 50 万元，购置一套自动化、清洁化茶叶炒制流水线，从杀青到成品全部自动化操作，不但摆脱繁重的人工操作，而且保证茶叶的质量，开创茶叶炒制现代化生产的新局面。2015 年，钱桥街道茶树种植面积 540 亩。

**三、花卉苗木**

1978 年改革开放前，钱桥、藕塘地区花卉苗木仅有少数家庭在庭院内栽培，作为个人爱好培植观赏。改革开放以后，藕塘公社东风大队漳漕巷生产队率先搞起花卉苗木种植，作为多种经营的一个项目，花卉苗木种植缓慢起步。

1980 年，漳漕巷生产队社员冯炳伟承包生产队苗圃 10 亩，从培植普通树苗黄杨、龙柏、广玉兰、山茶、柳杉、桂花、雪松到培植香橼、无齿枸骨、鸡爪槭、五针松、火棘、小叶女贞，一时颇有名气。1985 年，冯炳伟被评为江苏省劳动模范。90 年代初，冯炳伟苗圃开始种植梅花，研究梅花盆景造型技术，创造了盆景技艺中的岭南派技法与盆景形态相结合的造型方法，在全国第三届梅花精品展览会上获得 10 金、15 银的优异成绩。冯氏梅花造型技术达到国内领先水平，先后在上海、北京植物园，北京世界花卉大观园、无锡梅园、常州花博园，承德、长沙等地举办冯氏梅花盆景展，曾被《中国花卉报》《无锡日报》、北京电视台、无锡电视台等多家新闻媒体报道。

1993 年，钱桥镇洋溪村对桥村民陆杏生开始在 2 亩承包土地上从事花木生产。90 年代中期，陆

图 3—14—32　冯氏梅花盆景技艺展选景

杏生创办的无锡怡情花卉有限公司成为无锡市最大的草花产、供基地之一，在广大客户中享有盛名，

图 3—14—33　怡情花卉有限公司培植的兰花盆景及草花叶绿花红

产品多样，供不应求。草花经济效益较高，以每盆 0.8 元计算，亩产值 80000 多元，每亩纯收入 16000

多元。

1998年，华新村花木专业户孙培龙从搞鲜切花、插花起家，品种有非洲菊、玫瑰、月季、菊花、麦冬草等，一束5株卖10元，每亩纯收入超万元，面积从18亩发展到60亩。

2000年，无锡市舜柯山花卉园艺有限公司成立，花卉、苗木种植面积50亩，主要种植香樟、桂花、杜鹃、紫薇、红枫、雪松、山茶、茶梅、无齿枸骨、广玉兰、栾树、红叶李等几十个品种，同时兼营辖区内公路两旁、园区、绿化带清理杂草、除虫、施肥、修剪等养护工作。2002年，盛峰村60多岁周金来老当益壮，种植28亩花草苗木，涉及香樟、棕榈、松杉、广玉兰、桂花、山茶、雪松等20多个品种。2003年，朱亚云在钱桥镇溪南小毛村创办无锡市玛亚园艺景观工程制作场，占地30亩。2006年，冯炳伟花卉苗圃发展到300多亩，范围扩大到石塘湾、洛社、前洲、胡埭，武进、昆山等地。2009年，洋溪村陆杏生怡情花卉园发展到70多亩，年产草花500多万盆。是年，钱桥街道有花卉苗木2181亩。

**2009年钱桥街道花卉苗木主要专业户一览表**

表3—14—40　　单位：亩

| 专业户姓名 | 属地社区 | 面积 | 专业户姓名 | 属地社区 | 面积 |
|---|---|---|---|---|---|
| 张晓峰 | 胜丰 | 165 | 王尤良 | 舜　柯 | 60 |
| 陆杏生 | 洋溪 | 71 | 石伯荣 | 舜　柯 | 28 |
| 毛寿兴 | 洋溪 | 150 | 潘光霞 | 舜　柯 | 70 |
| 朱仁德 | 洋溪 | 215 | 曹志贤 | 舜　柯 | 88 |
| 孙培龙 | 华新 | 60 | 陆小度 | 庙塘桥 | 35 |
| 秦阿兴 | 舜柯 | 15 | 周金来 | 盛　峰 | 50 |
| 张素凤 | 舜柯 | 15 | 蒋焕良 | 盛　峰 | 10 |
| 殷宇中 | 舜柯 | 30 | 冯炳伟 | 东　风 | 110 |
| 周晓宏 | 舜柯 | 60 | 曹志贤 | 南水渠 | 80 |

2015年，无锡市舜柯山花卉园艺有限公司种植面积达150亩；无锡市玛亚园艺景观工程制作场种植面积发展到70亩，并与上海市花协仙人掌多肉植物专业委员会结成合作伙伴，主要栽培绿植、多肉等各种花卉植物。玛亚园艺景观工程制作场主要栽培品种有景天科的石莲花属、番杏科的生石花属、仙人掌科植物，其他还有如仙女杯属、火鸡、山地玫瑰、丘比特、香草、惠比含笑、西瓜寿等4000多个品种，其中98.9%为进口品种，主要来自南美、北美、墨西哥、韩国、日本、欧美、非洲等地。其中龙骨葵属的月界，造型奇特，意境优雅，来自南非纳米比亚，市场价格每盆达3万~5万元。玛亚园艺景观制作场年销量500多万盆，配送至无锡市、常州等大超市，年产值1000多万元。是年4月，玛亚园艺制作场与上海多肉植物协会合作成功举办无锡地区首届多肉植物展销会。玛亚园艺景观工程制作场栽培的多肉植物的引种主要是从国外引进种子，繁殖后再进行扦插无性繁殖，全部为大棚栽培。土壤全部采用德国进口营养土，每年进口7个集装箱，总费用63万元。玛亚园艺景观工程制作场资产总值3000多万元，是无锡市内规模最大、品种最多的多肉植物生产基地。是年，钱桥街道有苗木培育基地750亩，花卉培育基地251亩。

图3—14—34　2015年玛亚园艺景观工程制作场培养的肉质景观植物一角

## 四、瓜果

### （一）水蜜桃

无锡藕塘丁村是无锡水蜜桃的发祥地之一。南京大学出版社1992年出版的《无锡指南》一书在

“无锡名特产”中这样记载：“无锡种植水蜜桃历史不太长，它来源于浙江奉化的水蜜桃。1930年前后，无锡藕塘桥丁村上‘三六桃园’引进奉化桃苗开始种植，是为无锡水蜜桃的发祥地。”藕塘桥丁村种植桃树有其独特优势，900亩可耕地中有三分之一在鸡笼山脚下。山脚下土质优良，早晨云雾缭绕，适宜于种植水蜜桃。民国期间，藕塘桥丁村种植水蜜桃发展到西村、井亭村的沿山地带。解放前夕，桃树面积有近千亩，出现以丁文宝、丁金宝、丁邦达为主的种植桃树大户，在离通营桥（俗称三节桥）南200米处建有水蜜桃罐头食品加工厂。种桃大户在包桃子时把删下的小桃子加工成罐头食品远销海内外。每当桃子出产季节，丁村祠堂是水蜜桃的集散地，有专人负责收购和运输，利用丁村浜的水路把水蜜桃运往苏州、上海等地。当时水蜜桃的品种比较多，有早洛林、白凤桃、倦石郎、红花桃、岗山桃、蟠桃等。各品种的水蜜桃除颜色不同，成熟日期也不同，因而口感也不同。早洛林最早，7月上旬就上市，不过口味稍差；小暑前后的早白凤、小暑红、倦石郎口感较好；大暑是品赏藕塘丁村水蜜桃的黄金季节，白凤桃、红花桃、白花桃的口味压倒一切，人们真正品尝到无锡水蜜桃的皮薄、肉嫩、汁多、甜润的美味；岗山桃最晚，到八月中下旬才上市。

解放初，钱桥、藕塘地区农户种植水蜜桃品种有白凤、白花、红花，果型不大，一般1斤3~4个，但口感很好，汁多味甜，香气浓郁，很受消费者喜爱。20世纪50年代中期，藕塘盛店桥设有水蜜桃交易市场。无锡城里的客商到盛店桥交易市场采购水蜜桃后，每天都乘班船把桃子运往无锡、上海等地，引来周围四乡桃农前来交易。1958年，藕塘公社有桃园810亩；1959年有桃园677亩；1960年有桃园589.31亩，种植水蜜桃35358棵，年收获水蜜桃1349担。是年，钱桥公社有桃园119.8亩，种植水蜜桃4794棵，收获水蜜桃839担。当时，每亩桃树平均收入134元。“文化大革命”期间，片面强调“以粮为纲”，把种桃视作走资本主义道路，一户种植桃树不得超过3棵，区域内桃树面积急剧下降。1966年，钱桥公社有桃园8亩，藕塘公社10.9亩。1970年，钱桥公社舜一大队有桃园11亩。1971年，藕塘公社林业大队有桃园52亩，勤建大队有桃园31亩，凯旋大队有桃园2亩。1972年，钱桥公社历村大队有桃园3亩，舜一大队有桃园15亩。1975年，钱桥公社有桃园20.5亩，藕塘公社46亩。1978年中共十一届三中全会以后，农户开始在自留地上种植桃树。1979年，盛峰地区上舍头桃农温来兴在自留田上种桃树半亩。1980年，钱桥公社有桃园112亩，藕塘公社有桃园132亩。1982年实行家庭联产承包责任制以后，少数农户在责任田中种植桃树。1986年，钱桥乡有桃园286亩，年产水蜜桃186.5吨，比1985年增114.4%。1988年，钱桥镇有桃园290亩，藕塘乡有桃园605亩。

90年代，农业产业结构调整，钱桥、藕塘镇政府号召农户种植桃树，水蜜桃生产进入大发展时期。21世纪初，借助阳山水蜜桃的品牌，同时依托阳山水蜜桃销售市场，解决了农民水蜜桃销售难的问题，区域内桃农原来只种植一二亩桃树，后发展到规模化种植。2001年，藕塘镇有桃树5000余亩，桃树专业户145户，专业户桃树种植面积达1030亩。2002年5月，藕塘镇成立桃农协会、菜农协会，两协会会长为胡锡建。桃农和菜农两大协会以专业的组织形式大力开展会员之间的横向联系、同行业之间的交流，及时为桃农、菜农提供信息和技术，及时扶持刚跨入种植行业的新手“入门”，提升本地区农副产品的质量、档次和市场占有率，实现“农业增效、农民增收”。藕塘镇政府每年每亩补贴种桃户200元，三年不变。

图3—14—35　2015年夏，盛峰社区水蜜桃基地硕果累累

2010年，钱桥街道种植桃树6587亩，占耕地总面积的73.4%，年产水蜜桃8664吨，总产值11164万元，占农副业总产值的38.9%。2015年，盛峰社区徐益新种植面积扩大至21亩，其中5亩老桃树淘汰翻新，年纯收入13万

元；温来兴种植桃树面积发展至 8.5 亩，年纯收入 7.5 万元；邵焕清种植桃树面积 10.5 亩，品种有白凤，朝辉，早、中、晚湖景，年纯收入 8 万元。由于农村土地被大量征用，是年，钱桥街道桃园面积减至 3164 亩。

2015 年钱桥街道盛峰社区水蜜桃主要种植大户统计表

表 3—14—41 单位：亩

| 姓名 | 种植地点 | 面积 | 姓名 | 种植地点 | 面积 | 姓名 | 种植地点 | 面积 |
|---|---|---|---|---|---|---|---|---|
| 夏惠兴 | 黄泥坝 | 10.0 | 邵焕清 | 西坝头 | 10.5 | 张自新 | 大树下 | 10 |
| 徐建东 | 黄泥坝 | 12.0 | 徐仲良 | 墩　上 | 15.0 | 徐东白 | 庄基上 | 12 |
| 夏云南 | 黄泥坝 | 13.0 | 戈建华 | 西坝头 | 10.0 | 许宪岗 | 庄基上 | 14 |
| 徐益明 | 黄泥坝 | 12.0 | 邵永建 | 西坝头 | 10.0 | 叶　青 | 庄基上 | 10 |
| 徐益新 | 黄泥坝 | 21.0 | 邵永义 | 西坝头 | 10.0 | 徐燕萍 | 庄基上 | 16 |
| 李燕华 | 犁轭基 | 43.5 | 强兴荣 | 盛店桥 | 10.0 | 黄俊联 | 庄基上 | 13 |
| 温来兴 | 上舍头 | 8.5 | 朱金玉 | 大树下 | 10.0 | — | — | — |

（二）葡萄

新中国成立初期，本地葡萄在区域内农家庭院偶有种植，品种较劣，果小味酸。20 世纪 80 年代中期，钱桥、藕塘地区农户从浙江引进巨峰、红富士葡萄新品种，果大味甜，在农家庭院、家前屋后种植。90 年代，农业产业结构调整，农户开始在自家责任田中种植葡萄。2001 年，胜丰村宋巷村民王寿南开始种葡萄，品种有夏黑、滕稔（俗称乒乓球葡萄）、美人指，亩产 3000 多斤。葡萄成熟时如遇天气好，亩纯收入可达万元，如遇阴雨天气，葡萄霉烂开裂，价格低，收入甚微。2004 年，华新村李聪种植葡萄 15.7 亩，种植品种为夏黑。葡萄架、种苗等基础设施投资每亩 1 万多元，为防鸟害，四周都围上防护网。正常年景，每亩纯收入 5000 多元。2005 年，钱桥镇葡萄种植面积 108 亩。2015 年，钱桥街道葡萄种植面积 207.7 亩。

图 3—14—36 2015 年夏，晓丰社区宋巷王寿南种植的葡萄园内一片丰收景象

2015 年钱桥街道葡萄种植面积统计表

表 3—14—42 单位：户、亩

| 社区 | 种植地点 | 种植户数 | 种植面积 | 社区 | 种植地点 | 种植户数 | 种植面积 |
|---|---|---|---|---|---|---|---|
| 晓丰 | 宋巷 | 1 | 18 | 洋溪 | 江胜桥 | 9 | 50.7 |
| 洋溪 | 薛巷 | 4 | 19 | 华新 | 金戴巷 | 11 | 120.0 |

（三）西瓜、香瓜

钱桥、藕塘地区种植西瓜、香瓜的历史可追溯到明、清时期，农户一般以自食为主，少有上市出售。1961 年，钱桥公社种植西瓜、香瓜 383 亩，藕塘公社种植西瓜、香瓜 507 亩。70 年代，种植西瓜、香瓜有所限制。1972 年，钱桥公社西瓜、香瓜种植面积 246 亩，藕塘公社种植面积 238 亩。西瓜品种主要有解放、华东 26 号，香瓜有黄金瓜、十条筋、青皮绿肉、小白娘。这些品种口感好，是人们喜爱的夏令果品。90 年代，外地西瓜大量进入本地，市场上出现大棚西瓜、无籽西瓜，品质更好。1990 年，藕塘乡种植西瓜、香瓜面积 160 亩，钱桥镇种植面积 47 亩。随着钱桥、藕塘工业经济的发展，商品流通量增大，区域内西瓜、香瓜市场逐渐被外地产品占领。

（四）梨

20 世纪 70 年代，钱桥公社舜一、历村大队，藕塘公社林业、勤建大队开始在山麓种植梨树。

1971年，藕塘公社林业大队有梨树27亩。1974年，藕塘公社勤建大队有梨树7亩，钱桥公社历村大队有梨树27亩、舜一大队4亩。1975年，藕塘公社有梨树28亩。1977年，舜一大队有梨树39亩。80年代初，区域内大面积种植梨树逐渐消失。2015年，偶有农户在庭前屋后种植。

### 五、山林防火

钱桥、藕塘地区舜柯山、鸡笼山一线山地面积4467亩，其中林地4199亩，是惠山区森林防火重点地区，对保护森林资源和生态环境责任重大。

解放后，舜柯山、鸡笼山、龙山时有山林火灾发生。70年代初，舜柯山西山湾清明节上坟引发火灾，依靠部队官兵，舜一、历村大队群众上山用松枝拍打灭火。1995年，鸡笼山大火，自山之南坡引起，过火面积300余亩。2007年，鸡笼山、舜柯山张湾发生较大火情。是年，钱桥街道成立森林防火领导小组，街道办主任任组长，各相关部门负责人任领导小组成员，制定护林防火制度，签订防火责任状，制订防火应急预案，山区护林防火工作进入正规化、制度化。

2008年，钱桥街道成立森林防火专业队伍，设立专职护林员15名，建立二支消防半专业队伍，人数30人，工资费用纳入街道财政预算，每年支付40万元。是年起，钱桥街道同时加强森林防火设施建设，对山林重点防控区域、地段进行引水上山。街道每年组织人员对每个山头开辟防火隔离带，清除杂草及易燃物；抓好防火宣传工作，把护林防火指挥部人员名单、联络方式、护林防火制度、护林员名单上墙，公布于众，便于监督、联系，便于处理紧急火警。在进山道口、山区交通要道、林旁路边设立永久性森林防火宣传牌及防火警示标语。2010~2012年，区域内山区无火灾事故发生。2013~2014年，龙山、舜柯山、鸡笼山先后发生火情三起，由于防范措施严密，都能及时扑灭，未造成任何损失。

2015年，钱桥街道已完成钱桥社区龙山、舜柯社区张湾、藕乐苑社区鸡笼山三处引水上山工程，在半山腰设置消防专用蓄水池20只，容量705立方米，设置防火通道3条，添置专用水泵6台，输水消防管道4000米，资金投入累计160余万元。是年，在舜柯山、鸡笼山地区开辟防火隔离带，设立防火仓库5座。仓库内有灭火弹、灭火机、水泵、水管、铁扫帚等，并有专人保管，确保每个道口都有防火物资。

辖区内每年清明节前后上山扫墓的群众超过15万人。钱桥街道在清明节扫墓高峰期采取严密的交通管理和安全保障措施，由农技站、民政办、交管所、城管队、洛社交警队、阳山交警队、派出所、卫生院及相关社区等单位和部门负责人组成清明扫墓安全保障指挥部，落实各相关部门的职责。届时，护林防火专职人员，护林员全部上岗巡查，严禁火种上山。同时配备专业消防队伍，现场待命，备足灭火器械及物资，制定防火预案，加强森林防火宣传，提倡文明祭扫。

## 第十节 水产

钱桥、藕塘地区河流纵横，水网交织。河中多鱼、虾、鳖，明清时期就有渔民在区域内驾船捕鱼。新中国成立后，钱桥、藕塘公社组织渔民开挖池塘，人工养鱼养虾。20世纪80年代，区域内出现利用水面育小蚌、养蚌珠的专业户。

### 一、渔业

民国时期，钱桥、藕塘地区有少量渔民从事捕捞业。渔民以渔船为家，靠撒网捕鱼维持生计，俗称“网船上”。时钱桥渔业主要集中在京杭大运河吴桥段西面，双河、洋溪河以及沿山河两旁的港、汊、浜三处。

20世纪40年代，在水面上生活几十年的钱桥渔民汪培生从沈巷旁的庙浜上买下2亩多田地耕种，后又与几个兄弟在许巷浜口、支巷桃花岸西瓜滩买进5亩多田地，先后共买下8亩土地，边捕鱼边耕作。1950年土地改革时期，经土改干部提议、政府同意，将汪培生原先几块分散的土地合并，再从小天墩头南河滩划出2块共8亩土地给汪培生，并颁发给土地证。自此，汪培生在持有土地证的土地上建房造屋。1951年，汪杏林、汪杏兴等渔民除捕鱼外还从事农业生产，并在小天墩头一个土岗上搭起四间低矮的房子定居。1957年，渔民在党组织领导下加固从老洋溪河到鸭船浜的圩堤，再从莫塘桥至周家弄建造外围圩堤，总长5000多米。圩堤底宽6.5米，顶宽3米，高5.5米，确保圩堤牢固。

1958年钱桥人民公社成立，钱桥渔民保留原建制，按原生产组织进行生产活动。是年，钱桥公社党委和政府制定农林牧副渔全面发展规划，把区域内的内河定为水产养殖基地，水产面积800余亩。同年，藕塘公社在藕塘老街北街以西划出10亩芦滩荡开挖鱼池，组织藕塘渔民成立渔业大队。藕塘渔业大队有渔民90多人，渔船10条。部分渔民在河岸上搭个小棚，让老年人和孩子住在小棚里，中年渔民住在渔船上。藕塘渔业大队以粗放粗养的方式饲养青鱼、草鱼、鲢鱼、鲫鱼、鳊鱼等，供应市场。渔民仍以捕捞为业，收入纳入集体经济。同年，钱桥渔业大队向无锡市运输公司租用一只机帆船进行改装，把轮舱改成活水舱，到长江捕捞鱼苗。捕得的鱼苗一部分在长江边的九江出售，一部分带回来进行孵化育苗试验。渔业大队专门派沈小兴到无锡县水产养殖场学习孵化鱼苗的方法。2年后，沈小兴学成回渔业大队进行鱼苗孵化培育。1960年下半年，钱桥渔业大队委托无锡市红旗造船厂设计制造“钱桥2号水产轮”。

**1960年钱桥、藕塘公社捕捞船与捕捞量统计表**

表3—14—43　　　　单位：艘、吨

| 公社 | 项目 | 渔船数 | 载重量 | 捕捞量 | 公社 | 项目 | 渔船数 | 载重量 | 捕捞量 |
|---|---|---|---|---|---|---|---|---|---|
| 钱桥 | 淡水捕捞渔船 | 46 | 138 | 25 | 藕塘 | 淡水捕捞船 | 11 | 132 | 4 |
| | 机帆船 | 租用 | 138 | 25 | | 机帆船 | 0 | 0 | 0 |
| | 木帆船 | 46 | 11 | — | | 木帆船 | 11 | 132 | 4 |
| | 3~9吨 | 2 | — | 9 | | 3~9吨 | 0 | 0 | 0 |
| | 3吨以下 | 44 | 127 | 16 | | 3吨以下 | 11 | 132 | 4 |

**1960年钱桥、藕塘公社水产养殖面积、产量统计表**

表3—14—44　　　　单位：亩、担

| 公社 | 养殖面积 | 水产类别 | 淡水水产总量 | 其中商品量 | 公社 | 养殖面积 | 水产类别 | 淡水水产总量 | 其中商品量 |
|---|---|---|---|---|---|---|---|---|---|
| 钱桥 | 410 | 鱼类 | 510 | 420 | 藕塘 | 227 | 鱼类 | 423 | 72 |
| | | — | — | — | | | 虾蟹类 | 371 | 50 |
| | | — | — | — | | | 贝类 | 52 | 22 |

钱桥渔业大队委托无锡市红旗造船厂设计制造的“钱桥2号水产轮”经过2年多时间的设计、制造，由无锡机床厂安装柴油机后全面建成。1963年春季，排水量36吨、60匹柴油机为动力的水产轮正式下水。渔业大队渔民抓住桃花汛期、鱼类繁殖力最高、鱼籽最多的时期，用钱桥2号水产轮开往长江捕鱼，首开无锡渔民到长江捕获鱼苗的先例。捕得的大鱼、小鱼、鱼籽大部分在长江沿江出售，少部分则带回无锡供应无锡鱼苗市场。同时，扩展自己的鱼苗孵化基地，把从长江捕捞的鱼籽进行孵化，把捕获的鱼苗放进池塘加以繁殖、养护，为中国北方地区水库、河湖提供长江鱼苗，开创自古以来南鱼北养的先例。同时，为钱桥地区3万多人口提供水产品。

1964年，钱桥公社对鱼池的开发总体规划是两池夹一岸，配套排灌系统。在鸭船浜专门设立一座排灌站，配两台24吋水泵，每台水泵排水量1.9立方米/秒，确保鸭船浜渔区在汛期有良好的安全保障。1965年，钱桥公社先后划拨土地300余亩给渔业大队。渔业大队用大部分土地开发鱼池。之后，渔业大队又到周家弄等地开发鱼池。是年，无锡县在钱桥试点渔民陆上定居，钱桥公社在进一步做好小天墩头渔民定点居住和鸭船浜渔民定点居住的基础上，又选择高基上建造渔民定居点。自此，钱桥所有渔民都在陆上定居。

1977年，藕塘公社拨出土地，发动渔民自建房屋，上岸定居，渔民结束在船上漂泊的生活。1979年，藕塘渔业队扩大水产养殖面积60余亩，仍以粗放粗养的5个品种的鱼供应市场。1980年，藕塘渔业队试验鱼、蚌混养，由于蚌珠滞销，两年后不再养殖蚌珠。

1981年，钱桥公社鸭船浜大队建立无锡县第五水产养殖场。是年，藕塘公社养鱼面积509.8亩，养鱼生产队143个，斤两鱼种62200斤，数头鱼379700尾，生产鱼苗20万尾；育蚌队11个，育蚌85万只，二龄蚌34万只，育珠三角蚌7500只，育珠湖蚌48700只，年产蚌珠30斤。随着农村土地承包，1982年藕塘渔业队也开始实行承包制。全队分成三个组，不但养殖原有的品种，而且发展特种水产，品种有蟹、虾、甲鱼。1983年，鸭船浜大队有鱼池445亩，农耕地130亩。是年，藕塘渔业队有28户人家，138人。

威华与溪北两村低洼圩地区占耕地总面积的45%，圩地土质差，漏水漏肥，种植稻麦成本高、工夫大、产量低。改革开放前以种植稻麦为主，不能发展多种经营，广大农民收入很低。改革开放后，威华、溪北村民解放思想，走多种经营发展道路，因地制宜、调整产业结构。1984年冬至1985年冬，威华、溪北两村掀起开发鱼池的高潮。威华村在东南西北圩（现在五洲国际装饰城）开发鱼池250亩。其间，无锡县多管局在威华村召开开挖鱼池现场会，以推动全县掀起水产养殖业热潮。溪北大队在芦柴地、舍前圩、27圩等地开挖鱼池，面积达150余亩。鱼池开挖后先是集体饲养，随着农村经济体制的变革，为调动养鱼人员的积极性，采取私人承包的办法，承包金额上交村委。承包养鱼人员在发展渔业生产的同时，还充分利用鱼池，经营养蚌接珠，提高经济效益。

1986年，钱桥乡水产养殖面积1263亩，年产成鱼500吨，比1985年增53.8%；藕塘乡产成鱼155.2吨，比1985年增2.8%。1987年，钱桥镇水产养殖面积2110亩，水产品收获鱼类518吨，虾、蟹1吨，人工养殖产珍珠66公斤；藕塘乡水产养殖面积521亩，水产品收获鱼类172吨，虾、蟹1吨，人工养殖产珍珠110公斤。

进入90年代，藕塘渔民把平房翻建成楼房，中年人仍以捕鱼为主，年轻人进工厂务工；钱桥镇威华、溪北两村养鱼接珠进入高峰期。1995年，藕塘镇东风村李金山停办铸件厂，只身前往常熟阳澄湖学培养蟹苗技术，后即又往苏北兴化承包百余亩水面繁殖小蟹。1997年，经过一年多的学习、实践、研究，李金山回到家乡东风村承包50多亩水塘，投资12万元办起养殖场，去大连购回优良品种“长江”蟹苗，放养在30亩水塘内；同时，在另20余亩水塘内套养青虾、河蚌、鱼等品种，当年即收回投资9万元。2000年，李金山养殖场出产螃蟹达1200余斤，获利2万多元。渔民汪福度投资10万元，借用藕塘村靠近洋溪河边的35亩低洼田养蟹34亩，养甲鱼1亩多，经济收入比单一养鱼大幅度提高。

由于发展需要，建设锡西地区最大的五洲国际商贸城，2000年底至2001年初，威华、溪北村400多亩鱼池全部停养。

**1982~2000年稍塘（大队）村养殖户开挖鱼池统计表**

表3—14—45　　单位：亩

| 姓名 | 项目 | 年份 | 面积 | 姓名 | 项目 | 年份 | 面积 | 备注 |
|---|---|---|---|---|---|---|---|---|
| 肖永兴 | 先养蟹后养虾 | 1982 | 1.0 | 许耀良 | 牛蛙 | 1998 | 1.0 | — |
| 王一丰 | 蟹 | 1982 | 1.5 | 王平西 | 牛蛙 | 2000 | 10.6 | 2011年拆迁停养土地归政府 |
| 沈国庆 | 养蚌后养鱼 | 1988 | 3.0 | 吴永远 | 先养蟹后养鱼 | 2000 | 13.0 | 2014年拆迁停养土地归政府 |
| 吴晓清 | 牛蛙 | 1992 | 1.0 | — | — | — | — | — |

2001 年，鸭船浜村与苏庙村合并。2009 年，苏庙社区成立，钱桥渔民们完全融入现代生活环境之中。

2008~2012 年钱桥街道水产养殖面积统计表

表 3—14—46　　单位：亩

| 年份 | 总计 | 鱼种放养 | 特种水产 | | | | |
|---|---|---|---|---|---|---|---|
| | | | 小计 | 白对虾 | 蟹 | 龙虾 | 鳖 |
| 2008 | 465 | 300 | 165 | 105 | 60 | 0 | 0 |
| 2009 | 452 | 257 | 195 | 60 | 20 | 100 | 15 |
| 2010 | 450 | 250 | 200 | 100 | 0 | 100 | 0 |
| 2011 | 315 | 270 | 45 | 30 | 15 | 0 | 0 |
| 2012 | 120 | 120 | 0 | 0 | 0 | 0 | 0 |

2001~2015 年钱桥、藕塘镇，钱桥街道水产品总量统计表

表 3—14—47　　单位：吨

| 镇别 | 2001 年 | 2002 年 | 2003 年 | 2004 年 | 2005 年 | 2006 年 | 2007 年 | |
|---|---|---|---|---|---|---|---|---|
| 钱桥镇 | 753 | 865 | 494 | 615 | 633 | 519 | 884 | — |
| 藕塘镇 | 145 | 153 | 153 | — | — | — | — | — |
| 钱桥街道 | 2008 年 | 2009 年 | 2010 年 | 2011 年 | 2012 年 | 2013 年 | 2014 年 | 2015 年 |
| | 486 | 258 | 237 | 237 | 84 | 11 | 11 | 11 |

说明：2004~2007 年钱桥镇的数字为钱桥、藕塘两镇合并的数字

## 二、传统捕捞工具和方式

钱桥、藕塘地区渔民常规捕鱼的工具和方式有：

**拉网**　用细麻线或蜡线编结而成，长度不一，有长 15 米、30 米，宽 3~4 米的几种拉网。拉网四周系绳子作牵引，绳子称为“纲”。“纲举目张”即源自于此。网的长度部位一边绳子上固定多个每段长 20~30 厘米的木棍作“浮子”，另一边长度部位的绳上系铁块，作“沉子”。渔民把网放入河中，在河的两岸拉着绳子往前走，另有渔民在河的另一端坐在船上用木棒敲击，发出“叭叭叭”的声响，让鱼往拉网的方向游去。待拉网与渔船靠拢时即收网，把鱼捕捉入船。

**扛网**　扛网的制作和拉网相同。捕鱼时，扛网不移动，固定在河道的一个地方，网的一边浮在水面上，网的另一边沉在河底。在放置扛网的两岸装有绞关，扛网两端的绳子系在绞关上。约待一个小时，绞关启动，沉在河中的网很快上升，鱼在网中，用海斗把鱼打捞上岸。

**小网**　用两根各长 2.5 米的竹子，同方向弯成半圆，两个半圆形的竹子中间用铁丝扎牢，然后把细麻线编结成的网系在半圆形的竹子上，在河滩或浅河处捕捉鱼、虾。

**撒网**　网的直径 6.7 米左右，网撒开时网成圆锥形，网底系铁片，使网易沉入河底，网的上方有一条网纲（绳子）。船上有两位渔民，一人撒网，一人摇船。船牵引网摇过一段河程，撒网人即收网。鱼在网中，拉网将鱼放入渔船。

**扳网**　扳网呈正方形，网边各长 3~5 米左右。在网的四角分别系上竹竿，竹竿的另一端用绳子把 4 根竹竿系在一起绑在一根能撑起的毛竹竿顶上，再把一根绳子的一端系在撑竿的顶端。撑竿的一端插在捕鱼的河边，扳网沉入河中。捕鱼人握住系在撑竿顶上的绳子，待网沉入河中一二十分钟后，拉动系在撑竿顶上的绳子，撑竿竖起，扳网浮出水面，鱼在网中，即用海斗捞起网中之鱼。

**丝网**　用坚牢的丝线结成网，网眼可大可小，网长五六米，宽一二米。把丝网竖着放入河中，由于网线很细，鱼儿在游动时不注意，游过网时，头部穿过网眼，而鱼身穿不过，捕鱼人就能捕到鱼。丝网捕到的鱼一般都是川条之类的小鱼。

**簖**　簖是一种古老的捕鱼工具。用竹竿把只有进口而没出口的竹笼子插在水深 1 米处的地方，由于进口处的口子向笼子里面弯着，鱼、虾、蟹进入笼子后很难游出笼子，从而能捕到鱼、虾。

**麦钓**　又叫“弹钓”。在一条线上，系上数十或上百个小竹片。小竹片有弹性，把小竹片弯曲后

插上麦子，称为麦钓。然后，把系着数十或上百只麦钓的线放入河中。鱼把麦子吞进嘴里，麦子脱落，小竹片弹开，将鱼嘴撑住，鱼难以挣脱，捕鱼人即可捕到鱼。

**饵钓** 即把一根金属丝弯成钩状，钩状的金属丝一端插上鱼饵，另一端系上一条线，再把线系在竹竿上。在靠近鱼钩的线上系上“浮结”，把鱼钩放入水中，等待鱼儿上钩。“浮结”被拖入水中，说明鱼已上钩。钓鱼者把鱼竿拉起，即能钓到鱼。

**罩笼** 用竹篾做成直径 1.5 米，高 1 米的圆锥状形笼罩。春夏暴雨发大水，低洼田地积水，鲫鱼从河中游到积水田中产籽，人们即可用罩笼罩鱼。

**水老鸦** 水老鸦一般黑色，是捕鱼能手。渔民摇着小渔船，带上一、二十只水老鸦。船在水中前行，水老鸦进入水中捕鱼。水老鸦一旦捕到鱼，就会把鱼咬在嘴里，上船把鱼吐在船仓里。

**藏笼** 用竹篾编织成近似于圆桶形的捕鱼工具，长约 1.3 米，口部直径 50 厘米左右，尾部直径一般 30 厘米。进口处用篾做成“倒齿”，鱼只能进不能出。大雨时，把藏笼放置在水流湍急处。根据鱼逆水而上的性能会游入藏笼，捕鱼者就能捕到鱼。

**捕黄鳝** 捕黄鳝的方法有两种，一种是捉黄鳝，另一种是钓黄鳝。捉黄鳝大多是在水稻田上水时或插秧后，水温高，黄鳝晚上出来觅食在稻田边游动，人用手或用竹夹即可捉到。钓黄鳝时间大多在水稻秧苗活棵后的夏季，在稻田周围田埂处有黄鳝洞。捕捉者在钢丝钓（硬钓）或粗线钓（软钓）上放上食饵，把钓慢慢地伸进洞内。一般情况下，黄鳝会上钓，即可把黄鳝拉出洞。

**捉泥鳅** 在上水后或插好秧的稻田里，或在浅水的河潭、水沟中都有泥鳅，可用手捉，亦可用工具捕捉。

**捕蛳螺** 在一根竹竿的顶上固定一个直径 10~15 厘米、用竹片或铅丝撑起的三角形网兜，沿河岸捕蛳螺。20 世纪六七十年代，钱桥、藕塘地区很多小孩下河或到太湖边摸蛳螺。摸到的蛳螺上市卖，然后攒钱交学费。

### 三、养蚌育珠

1979 年，钱桥公社洋溪大队社员单瑞其开始私人养蚌，利用单巷生产队 8 亩水面和三条河 25 亩水面养蚌育小蚌，每亩 18000 余只，共育小蚌 60 万只。20 世纪 80 年代初，区域内开始饲养小蚌和接种大蚌。小蚌出售每只 5 分到 1 角。凡是有鱼塘的生产队都在小蚌上接种，进行大蚌育珠。大蚌育珠在当时很盛行。1980 年，藕塘公社育小蚌 207 万只。是年，藕塘公社宇峰大队大坝头生产队利用 3 亩水面养殖大蚌和小蚌，社员章阿国接蚌珠技术高超。1981 年，藕塘公社育蚌队 11 个，育蚌数 85 万只，二龄蚌 34 万只，接三角蚌育珠 7500 只，接湖蚌育珠 48700 只，产蚌珠 30 斤。

1982 年，藕塘渔业队试接种蚌珠，鱼蚌混养，育蚌 1000 多只。1979~1983 年，东风大队漳漕巷生产队依靠 3 亩多水面育小蚌，每年出售十几万只，收益相当可观，社员每工分红 3.6 元。1983 年，苏州地区行署多管局组织有关人员到藕塘宇峰大队大坝头生产队召开河蚌育珠现场会，章阿国在现场会上介绍接蚌育珠的经验。

1984 年，商品蚌珠价涨至每斤 1000 元，洋溪村村民单瑞其年收入 3 万元；其中最便宜的一年蚌珠每斤仅几十元，收入甚微。由于接种技术要求高，控制病害又缺乏经验，养蚌育珠成功的少，失败的多，所以多数生产队亏本。加上蚌珠销售低迷，导致河蚌育珠的生产队越来越少。1989 年，单瑞其到漕桥等地承包鱼塘 200 亩，养殖蚌珠，最多时雇佣 60 人接种，管理人员 10 人。2003 年，因蚌珠价格低廉，单瑞其停养蚌珠，区域内养蚌育珠消失。

## 第十一节 农具农机

20 世纪 70 年代以前，钱桥、藕塘地区农民都以锄头、铁耙从事农业生产；70 年代以后，逐渐由机械化农机具替代古老的锄头、铁耙等传统农具。区域内的传统农具有铁制农具、木制农具、竹制农具等；现代农机具有耕作机械、植保机械、收脱机械、粮饲加工机械等。

## 一、传统农具

钱桥、藕塘地区的传统农具有铁耙、锄头、扁担、牛耙、犁、木砻、水车、石磨等。其中牛耙、犁、木砻、水车、石磨等用水牛作为牵引动力，或进行耕田、耙地，或引水灌溉农田，或碾米磨粉。因此民国时期乃至新中国成立初期，钱桥、藕塘地区的农民把耕牛视作大型农具。

图3—14—37 牛力车水

### （一）铁制农具

**铁耙** 习惯称“四齿铁耙”，按不同用途有圆齿钉耙、方齿铁耙、尖齿铁耙、鸭脚齿铁耙、套齿铁耙、铁搭铁耙等，用于水旱田作业。

**锄头** 按形状分类，可分为板锄、狭锄、套齿锄、老鹰锄等，用于中耕除草。

**铁锹** 由古时的“耒插”演化而来的铁制工具。有阔铁锹、狭铁锹，用于铲土、开沟、筑缺、加田岸等。20世纪70年代，开麦田暗沟时，区域内发明一种带“翅膀”的铁锹（在开沟时用右脚踏在铁锹的“翅膀“上，用以借力，使铁锹插入泥土能深一点）。

**犁** 古名“耒耜”，为铁木合制农具，通过人力或牛力牵引用于田间耕翻土地。

**牛耙** 有铁木合制和木制两种。铁木制的名叫“平耙”，木制的名叫“百耖”，呈长方形，由耕牛拉动用于水旱田碎土和莳秧时平整土地。

**鸰尖** 独齿，一头尖，一头扁平，用于起石坎、坌树桩等。

**镰刀** 常用的有半月形镰刀和鲫鱼背镰刀，用于收割稻麦和割柴草等。20世纪60年代，发明锯齿形镰刀，仅用于割稻。

**桑剪** 比普通剪刀大些，形状略有不同，用于修剪桑树、树枝、花木整形。

**丫枪** 铁制的丫叉，装在2.5米左右长的竹竿一端，用于叉稻、叉柴之用。

**横刀** 形似弯刀，以3~5米长的竹杆为柄，用于割耙水草。

**铡刀** 俗称“绞刀”，用铁制成，由上下两片刀片合成。两片的前端用螺丝连在一起，下面的刀片固定在长凳上，上面的刀片另一端有木柄，可用手握住，用于绞铡柴草。

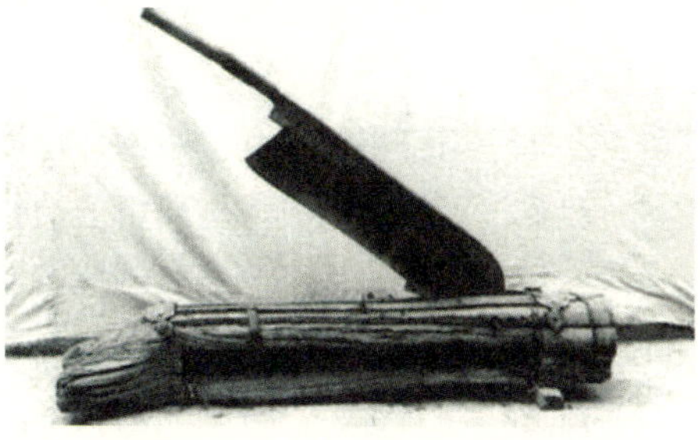

图3—14—38 旧时区域内农户用于铡断杂草、山芋藤的铡刀

**斜凿** 上呈圆状，下呈扁平锋利状，可装木柄，用于种菜、摘菜、除草等。

**耥** 铁木合制，长约25~45厘米、宽10~15厘米，下面有4~6排铁钉，钉端成钩状。耥固定在竹竿上，有长耥和短耥、大耥和棬耥之分，用于水稻大田中耕除草。

**草耙** 俗称“耙草铁耙”，齿宽、扁而平，用于耙水草。

### （二）木制农具

**秧凳** 上下两块木板连接成“工”字型状，用于秧田坐着拔秧。

**扁担** 用木或竹做成，用于挑运稻、麦和肥料、柴草等。

图3—14—39 民国时期区域内农户掼稻麦用的稻床

**稻床** 用于人工掼稻、掼麦脱粒之用的木制工具。

**粪桶** 用木片箍成圆桶，用于装运大粪等。1980年后被塑料粪桶替代。

**粪勺** 木片制成，小圆型，有底连1.5米左右的竹柄，用于掏粪、浇水等，后被塑料粪勺替代。

**蚕台** 以一定长度的木料或毛竹制成三角坐状架子，用于叠放蚕匾养蚕。

**木砻** 用木制成的碾米工具，有大砻、小砻两种。大砻用牛力牵动，亦称“牛砻”；小砻有4~6人牵动，使稻谷碾成糙米。

**水车** 又称“龙骨水车”，它由车轴、撑肩、扶行、车筒、斗板、练头、水架等组成。凭脚力转动车轴，车轴带动斗板运转，斗板带水从车筒流出，有2~6人上车不等。有的水车以牛力牵引，转动水车，用于农田灌溉或排泄洪水。

图3—14—40 解放前后，区域内农民用于农田灌水的龙骨水车

**风车** 由木架、罩壳、风叶、摇手柄等构成，用于扇净粮食中的残壳、杂物。

图3—14—41 解放前后，区域内农民用于扇净稻麦中的芒刺、瘪谷、瘪麦等杂物的风车

**木船** 分前中后三舱的水运工具，配有橹或扁桨，划水而行，用于罱河泥，上城捉垃圾、摇大粪，兼运输。后被水泥船替代。

**橹** 划船工具，长约4米左右，一头形似扁桨，沉入船尾水中，另一头由1人把橹摆摇，一人扭绷，多用于吨位农船划水前进。

**菱桶** 形似大木盆状，以椭圆形为主，桶深30~60厘米，用于河中采菱。

**捞欠** 一般用大方木块凿成，后有塑料捞欠、铝捞欠等。捞欠柄连接竹杆，用于拷河泥、拷水。

（三）竹制农具

**指头篮** 古称“耘爪”，耘稻时套在手指上，以防伤害手指。

**箬帽** 俗称“斗笠”，用竹篾夹油纸制成，圆顶、宽边，用于雨天戴在头上遮雨，常与蓑衣配套使用。

**畚箕** 用于盛搬粮食、杂物、垃圾等。也有用藤、铁、铝等材料制成的。

**扫帚** 用竹梢制成，主要用于清扫场地上的粮食和杂物等。

**土筐** 用小竹片、藤条等制成畚箕状，一面底平、三面环状略高，在三角处系上绳索后，用于挑运泥土、杂肥、畜肥。

**篾篮** 用竹片、藤条制成圆状形，高约50厘米，并在两边扣上绳子，用于装乱柴、杂草、草木灰、桑叶等。

**爪耙** 用竹片制成三角弯曲状，连接竹杆，用于扒集乱柴、杂草等。

**连枷** 用10多条小竹块拼紧后用皮筋绑住，制成长方形状，与竹竿灵活连接，用于击打未脱净的稻、麦等秸头。

**翻耙** 用一根毛竹竿连接一块木板，用于翻晒粮食。

**篙子** 长竹一端固定装上铁椎或铁钩，用于撑船。

**罱网** 又称“网夹”，用竹片、麻线合制成三角形状，两片合成，中间连接两根长竹竿，用于夹捞河泥。

图3—14—42 区域内农民使用过的斗、升量具

（四）农活配套用具

**升箩** 口大底小的四方形量具，以10合为一升。

**斗** 用木片制成一定圆形的量具，以10升为1斗。

**斛子** 上下大小不等的方形量具，用于计量粮食，以5斗为1斛。

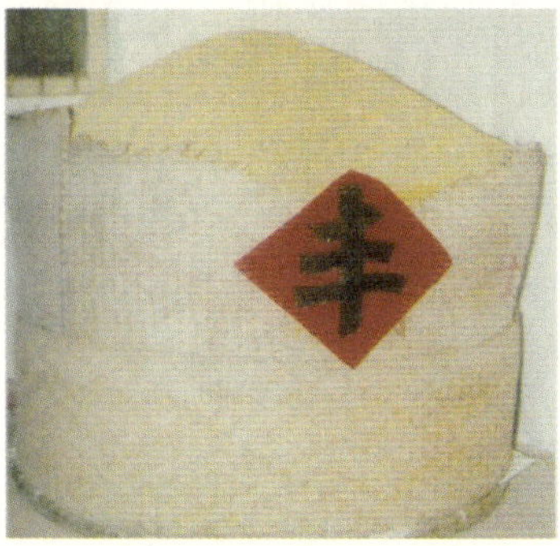

图3—14—43 民国时期至解放初期，区域内农民用栈条囤储稻谷

**木臼** 粮食加工工具，用于脚踩臼杜榔头打稻谷成米。

**竹匾** 用竹、篾和竹片制成圆状形，有大中小3种，大者用于养蚕，以及风扬稻、麦，与栈条配套储放粮食等；中者常用于晾晒食物等；小者用于挑选种子、制作食品等。

**栈条** 用竹片或藤条制成，有长约5米、宽近1米和长约8米、宽20厘米的两种，与蚕匾配套用于储放粮食。

**竹筛** 用竹篾制成圆状形，筛面的眼有大小之分，分米筛、糠筛等，用于筛米、筛糠等。

**竹箩** 用竹片制成圆形或略方形状，高约60厘米，或扣上绳子，用于装运粮食和其他物品。

图3—14—44 解放前后，区域内农户磨粉用的石磨

**石磨** 由上下两块圆形石块凿制组成。上面一块一侧有孔，孔中可放入米、麦等粮食用于磨粉。

**笤帚** 用粟子或高粱梗梢等扎制而成，用于扫集粮食、清扫室内垃圾等。

**蓑衣** 用蓑草编织而成，用于雨天至田间耕作时遮雨，常与箬帽配套使用。在20世纪70年代改用塑料雨衣。

**凉帽** 一般用麦秆制成，用于夏秋节遮阳避热，或与蓑衣配套使用。

图3—14—45 区域内农户推草鞋

**草鞋** 用稻草和小绳制成，代替布鞋，穿在脚上挑运稻麦、肥料，干湿无妨。

**蒲鞋** 用稻草和蒲草编制而成，形如圆口布鞋，替代布鞋，冬季麦田加工、踏麦时穿。也有贫困农民在冬季当作棉鞋，比较暖和。

**布袋、麻袋** 用布线或麻线织成，有大小之分，用来装运粮食等用。20世纪70年代后出现蛇皮袋，替代布袋、麻袋。

**笆斗** 用柳、藤条加竹片合制而成，有大、中、小三种，用于盛装粮食或其它杂物。

**（五）其他农具**

图3—14—46 解放前后，区域内农民滚场用的碌碡

**绷架络** 用麻绳扣结而成，用于挑柴草或与笆斗配套装运粮食等。

**担钩绳** 用大麻绞合而成，在绳的一端系一小木钩，用于捆索稻、麦、柴草等，利于挑运。

**石臼** 石制工具，与舂米榔头配合，用于舂米。

**碌碡** 用金山石凿成圆柱状，重有好几百斤，两头中间凿槽口，以塞木套，用绳拉动，用于碾物或滚压土场。

## 二、现代农机具

### （一）耕作机械

**人工绞关犁** 1958年农耕使用的一种人力强牵引犁。这种绞关犁需6人操作，4人推动转盘，1人收放钢缆（或绳索），日耕地2~3亩。1958年，藕塘公社有绞关犁210部，其中成套绞关犁146

部。后因绞关犁工作效率低而被淘汰。

**电动绞关犁** 20世纪60年代，区域内曾经使用电动绞关犁，后因田头电源限制，加上电力供应紧张而弃用。

**手扶拖拉机** 20世纪60年代末，钱桥、藕塘地区开始应用手扶拖拉机。勤建大队椿树巷和反修队合资购买藕塘公社第一台手扶拖拉机。1970年，钱桥公社有手扶拖拉机4台，1972年增加到40台，1977年达到102台。70年代末，藕塘公社有手扶拖拉机73台，1988年增加到167台。

图3—14—47 20世纪六七十年代，钱桥、藕塘公社各生产队使用的手扶拖拉机

**中型拖拉机** 1975年，藕塘公社购置第一台东风—50型中型拖拉机。以后，全公社9个大队分别相继购进中型拖拉机。中型拖拉机不仅可以耕田和耙田，还可以作为联合收割机的动力机械。1986年，钱桥乡新购中型拖拉机6台。1988年，钱桥镇有中型拖拉机39台，藕塘乡有中型拖拉机25台。因乡镇企业的大力发展，农田不断减少，2004年，钱桥、藕塘两镇合并后中型拖拉机仅有27台。2015年，随着农业产业结构调整，大批农田被工业园区、职教园校区、商品房和安置房小区建设征用，生产粮食的农田逐步退出，耕作机械除晓丰社区和西漳社区各有一台中型拖拉机供农场使用外，其余全部被淘汰。

图3—14—48 20世纪七八十年代，区域内使用的中型拖拉机

**条播机** 1982年后，区域内推广三麦条播，各大队购进浅耕灭茬条播机，用于进行三麦条播。

**开沟机** 70年代末，区域内开始应用小刀盘开沟机。小刀盘开沟机开沟40厘米深，11~14厘米宽，抛土细碎均匀。1978年，藕塘公社有小刀盘开沟机10台。

**水稻育秧机械** 主要有播种机。播种机有硬板、衬套、马达等组成，用于水稻工厂化育秧。1998年，钱桥镇有11套、藕塘镇有1套水稻育秧机械。

**插秧机** 插秧机在区域内未有工厂化育秧之前就使用过。1978年，藕塘公社有插秧机11台，钱桥公社有机动插秧机5台。90年代，钱桥镇有插秧机17台，藕塘镇有插秧机5台。

**拔秧机** 拔秧机于20世纪70年代在区域内开始使用。1978年，钱桥公社有拔秧机4台，藕塘公社有机动拔秧机1台。

### （二）植保机械

**手动喷药器** 20世纪50年代，农业合作化时期区域内试用少量手动式药械器。人工手动药械器分为手压背包式喷雾器和手摇式喷粉器。1959年，钱桥公社有喷雾器133台、喷粉器39台；藕塘公社有喷雾器77台、喷粉器76台。进入60年代，每个生产队都有2~3台喷雾（粉）器。70年代，逐步试用机动喷雾（粉）器。

**机动喷雾（粉）器械** 20世纪70年代前后，机动喷雾（粉）器开始使用。1978年，钱桥公社有机动喷雾（粉）器45台，藕塘公社有机动喷雾（粉）器46台。机动喷雾（粉）器主要有工农—36型、东方红—18型等，配备3~4马力汽油机或柴油机作为动力。三种型号的机动喷雾（粉）器，具有喷雾压力大、射程远、工效高、转移方便等特点。

**植保机** 1999年，钱桥镇有机动植保机83台，藕塘镇有1台。

### （三）收脱机械

**脚踏脱粒机** 民国19年（1930），区域内始有脚踏轧稻机。民国29年，区域内出现双人脚踏轧稻机。1957年，钱桥、藕塘地区普遍使用无锡县锡南木业社制成的稻麦两用脱粒机。1959年，钱桥公社有脚踏轧稻机 493 台，藕塘公社有 163 台。

**机电两用脱粒机** 1959 年，区域内开始使用机电稻麦两用脱粒机，钱桥公社有 6 台。1964 年，推广使用全喂入式锥形滚动脱粒机（俗称“大炮脱粒机”）。1968 年，钱桥公社有机电两用脱粒机 168 台。1970 年，藕塘公社有机电两用脱粒机 171 台，其中全自动脱粒机 5 台。

**打风机** 1970 年前后，机电两用脱粒机在区域内使用后，每个生产队都配套电动打风机 1~3 台。

图 3—14—49 20 世纪 70 年代区域内使用电动脱粒机脱粒

**联合收割机** 20 世纪 80 年代中期，区域内开始使用联合收割机。稻麦收割、脱粒靠联合收割机全自动完成，主要用桂林 2 号联合收割机。1986 年，钱桥乡新购联合收割机 1 台。是年末，钱桥乡各类农业机械总动力达 23532 马力。1988 年，钱桥镇溪南村与无锡县农机研究所联合创办全喂入式收割机厂，生产“太湖”牌联合收割机。1990 年，钱桥镇和藕塘乡共有桂林 2 号全喂入式收割机 30 台。1994 年，钱桥镇私人购置洋马联合收割机 4 台，藕塘镇私人购置 2 台，为农户进行有偿服务。是年，钱桥镇有联合收割机 56 台，藕塘镇 38 台。至 2013 年，溪南全喂入式收割机厂共生产联合收割机 600 多台。

### （四）粮饲加工机械

民国时期，稍塘农民俞宝泉和顾兴宝各购置一条机动船，为农户开展戽水和轧米有偿服务。1957 年农业合作化以后，机动船戽水纳入抗排队，轧米随之停止。1958 年后，各大队把碾米机、磨粉机、饲料粉碎机装在船上或板车上，流动为农户进行粮食加工。60 年代初，每个大队至少办有一个固定的粮饲加工厂，为农户进行碾米、磨粉、打饲料。供应市场的粮食则由公社粮站加工厂负责。

1959~1978 年钱桥、藕塘公社主要农机具选年统计表

表 3—14—48　　单位：张、台

| 公社名 | 年份 | 耕田机械 | | | | | 脱粒机械 | | 植保机械 | | 加工机械 | | | 农用水泵 |
|---|---|---|---|---|---|---|---|---|---|---|---|---|---|---|
| | | 犁 | 耙 | 手扶拖拉机 | 中型拖拉机 | 胶轮手推机 | 机电脱粒机 | 脚踏脱粒机 | 喷雾器 | 喷粉器 | 碾米机 | 磨粉机 | 粉碎机 | |
| 钱桥 | 1959 | 111 | 60 | — | — | — | 6 | 493 | 133 | 39 | — | — | 1 | — |
| | 1962 | 72 | 62 | — | — | — | 71 | 99 | 30 | 19 | — | — | 1 | 26 |
| | 1964 | 6 | 8 | — | — | 29 | 129 | 118 | 59 | 4 | 5 | 11 | 1 | 4 |
| | 1968 | — | — | — | — | — | 168 | 58 | 261 | 7 | 11 | 12 | 8 | 64 |
| | 1970 | 1 | — | 4 | — | — | 222 | 10 | 411 | 27 | 10 | 10 | 5 | 111 |
| | 1972 | | — | 40 | 1 | 137 | 244 | — | 447 | — | 22 | 17 | 17 | 130 |
| | 1974 | 63 | — | 67 | 1 | 172 | 266 | — | 457 | — | 16 | 14 | 9 | 109 |
| | 1978 | 6 | — | 106 | 9 | 475 | 268 | — | 424 | 45 | 20 | 19 | 16 | 124 |
| 藕塘 | 1959 | 40 | 34 | — | — | — | — | 163 | 77 | 76 | — | — | — | — |
| | 1962 | 79 | 62 | — | — | 9 | 29 | 227 | 50 | 19 | — | — | 1 | 15 |
| | 1966 | 15 | 13 | — | — | 13 | 151 | 17 | 110 | 16 | 11 | 16 | 10 | 42 |
| | 1970 | — | — | 2 | — | 215 | 171 | — | 313 | 76 | 24 | 21 | 12 | 82 |
| | 1972 | 2 | — | 29 | — | 210 | 164 | — | 300 | — | 25 | 22 | 17 | 108 |
| | 1974 | 42 | — | 58 | — | 300 | 173 | — | 390 | — | 26 | — | 15 | 81 |
| | 1975 | 34 | — | 79 | 1 | 203 | 127 | 27 | 29 | 249 | 21 | 18 | 13 | 55 |
| | 1978 | 20 | 20 | 73 | 8 | — | — | — | 46 | 147 | — | — | — | — |

### （五）农机惠民政策

2010 年开始，种植专业户在购买农机具时政府实行补贴措施。补贴标准按农机具购买价格的 30% 兑付。补贴资金由国家、省、市、区分级负担。

## 三、农机服务

1972 年，钱桥、藕塘公社分别成立农机服务站。农机服务站的主要职责是宣传贯彻党和政府有

关农业机械化的方针、政策、法律、法规，负责制订钱桥、藕塘地区农业机械化规划并实施，负责协调农机队开展农机有偿服务，落实两项资金，促进农业机械化良性发展；搞好农机维修、年检，指导各村保管、保养农机具等关键性措施，高标准完成农机作业任务；开展农机社会化服务，协调农机跨区作业，既保证不错农时，又最大限度地增加农机手和农户的收入。农机站设立农机服务队和农机配件商店，及时搞好农机维修和农机配件供应。70年代生产队集体种田时，农机服务站负责对各生产队的手扶拖拉机手培训机耕、机耙等技术。少数无手扶拖拉机的生产队，农机站调剂有手扶拖拉机的生产队帮助其进行农业机械服务，费用按照双方自愿、平等协商的原则由无农业机械的生产队付给进行农业机械服务的生产队。

20世纪80年代至2009年，农机服务站组织各村农机队负责为各农户进行水稻田插秧前的机耕、机耙、机插（小部分田），为各农户进行麦田机械开沟种麦及收割。各村委都对农户进行农机服务补贴，视各村经济状况不同而补贴金额亦有所不同。有的村对农户实行免费服务，农机服务费用全由村里支付，如藕塘乡勤建村。大部分村则根据农机服务成本向农户收取费用，一般收取水稻机耕、机耙费用30元/亩左右，机插秧（包括供秧）100元/亩左右，小麦机械开沟、种麦10元/亩左右，小麦收割30~40元/亩。时水稻收割机为私人所有，收割费用由机主向农户收取70~100元/亩不等。

2010年后，钱桥街道农民成为居民，已不再种植水稻、小麦，只有农场种植稻麦。农场种植水稻、小麦全部实现机械化，费用由农场自理。农机服务站负责指导农场进行机械耕作。

## 第十二节 土特产、名牌农产品

民国20年（1931），第四区（原开原乡）地方土特产以四角菱、猪血菌、桂花栗子及鱼四种为最著名。鱼多产于内河，每年产量约1万余担，均销售于本县及上海、常熟各鱼行，销售总额年值银15万元以上。新中国成立后，钱桥、藕塘地区地方土特产以钱桥蚕豆、西漳青大头、稍塘金花菜最为知名。2015年，钱桥街道名牌农产品有“惠亭”牌茶叶、“勤梅”牌茶叶、“安井”牌速冻米面制品、世通番茄酱罐头等。

### 一、土特产

#### （一）钱桥蚕豆

钱桥、藕塘地区有句老话，叫“立夏见三鲜”，蚕豆为三鲜之一。立夏以后，区域内家家户户餐桌上少不了一盘炒蚕豆子，其色如翡翠，其味香糯甜嫩，是初夏一道时令佳肴。钱桥蚕豆历史悠久。据史料记载，清乾隆皇帝南巡时，惠山寺僧进献钱桥青蚕豆，乾隆尝后赞不绝口。历史上，钱桥历村、舜一，藕塘井亭、勤建、稍塘等农户都有上城卖青蚕豆的习惯。藕塘毗邻钱桥，城里人一般都称之为“钱桥蚕豆”，很受市民青睐。解放后，钱桥、藕塘农户种植蚕豆沿用老品种。因种子退化而蚕豆不能留种，引进启东蚕豆为主，由粮食部门采购豆种供应。

20世纪80年代初，藕塘公社引进肖山早蚕豆供应农户种植，因上市早，一时红火。1985年，藕塘又引进慈溪白皮蚕豆。白皮蚕豆粒大、皮薄、质糯，很受无锡市民喜爱。翌年，藕塘农民纷纷种植白皮蚕豆，钱桥地区的农户也迅速普遍种植。

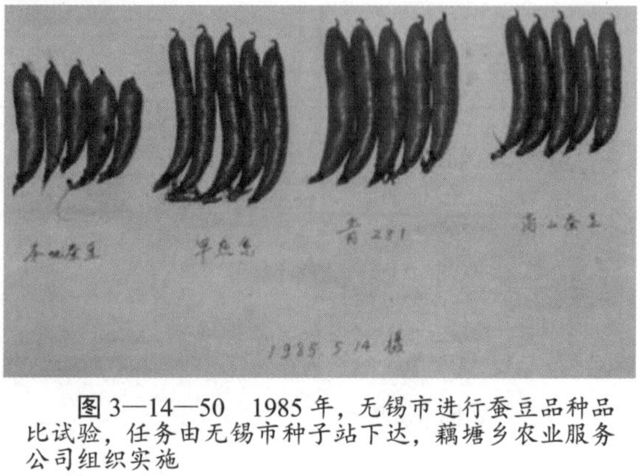

图3—14—50　1985年，无锡市进行蚕豆品种品比试验，任务由无锡市种子站下达，藕塘乡农业服务公司组织实施

钱桥蚕豆按其子粒的大小可分为大粒蚕豆、中粒蚕豆、小粒蚕豆三种类型。大粒蚕豆宽而扁平，千粒重在800克以上；中粒蚕豆呈扁椭圆形，千粒重为600~800克；小粒蚕豆近圆形或椭圆形，

千粒重为400~650克。蚕豆按其皮颜色不同可分为青皮蚕豆、白皮蚕豆和红皮蚕豆等。钱桥、藕塘农户多种大粒蚕豆、白皮蚕豆，皮薄粒大、香糯甜嫩。每逢春末夏初，钱桥白皮青蚕豆常常是无锡市民餐桌上的时鲜菜肴。

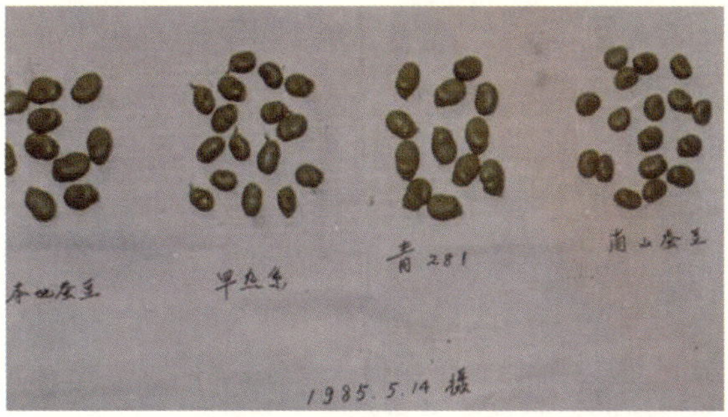

图3—14—51　1985年藕塘乡农业服务公司进行蚕豆品种比较研究

藕塘乡农技站因势利导，对种豆农户进行技术指导，推广合理密植、适时早播、增施钾肥、开沟降湿、防病防虫等栽培技术，农户种植的白皮蚕豆产量很快提高，亩产可达500~750公斤，亩均收入达700~1000余元，比种植小麦增收5~10倍。同时，白皮蚕豆与小麦轮作换茬，既肥田灭草又解决了种植效率低、卖麦难等问题。藕塘农业公司每年从慈溪引进白皮蚕豆种子2万多斤。1982~1985年，无锡市蔬菜公司每年都要从外地购进鲜蚕豆供应市场，依次为2.18万担、1.97万担、0.82万担、0.85万担。1986年起，无锡市蔬菜公司停止外购蚕豆，钱桥、藕塘成为无锡市青蚕豆生产基地。是年，藕塘农技站试验成功蚕豆施用钾肥对防治蚕豆赤斑病有显著效果，蚕豆亩产1721.9斤，每亩增产达236%，填补市内蚕豆高产栽培技术的空白。同年，藕塘农业公司研究的“菜用蚕豆的引种与高产栽培技术”获无锡市政府科技成果四等奖。1987年，藕塘乡蚕豆种植面积1406.2亩。

1993年，藕塘乡蚕豆种植面积发展到2418亩。钱桥、藕塘地处无锡近郊，农民白天采摘蚕豆，黎明即到无锡城里出售。1998年，藕塘镇蚕豆种植面积突破2500亩，形成“家家户户种蚕豆，老老少少卖青豆”的局面。每当蚕豆上市季节，无锡市区农贸市场全是钱桥、藕塘地区农民出售的白皮蚕豆。钱桥、藕塘蚕豆名气更大。

蚕豆为长日照作物，喜温暖湿润气候和pH6.2~8的粘壤土，含水量较大，但土壤过湿易生立枯病和锈病。钱桥、藕塘蚕豆种植多为间作、套作，少连作。种植方法为点播、条播，一般行距33厘米左右，株距为12~18厘米，采用深沟高畦。稻田种植冬蚕豆时，在水稻收割后抢种，施肥以有机肥和钾肥为主。有机肥和钾肥能与蚕豆根部的根瘤菌共生固氮。区域内种植蚕豆的主要病害有锈病、赤斑病、立枯病，主要虫害是蚕豆象。1999年，藕塘农业公司研究的“菜用蚕豆高产栽培技术研究与应用”获江苏省农林厅科技成果三等奖。

2015年，随着区域内经济的发展，农民住房的拆迁、土地被征用，钱桥、藕塘地区种植蚕豆的习俗虽尚还存在，技术尚还传承，但种植面积已寥寥无几。每当青蚕豆上市季节，常有城里人到钱桥、藕塘寻觅蚕豆。

### （二）西漳青大头

钱桥西漳村种植青大头始于清末，至民国时期已很有名气。新中国成立初期至互助合作化时期是西漳青大头种植鼎盛时期。西漳青大头以其口感好，甚至炒菜不用油也很好吃而赢得市场口碑，产品销往无锡城、雪堰桥、张渚、江阴、宜兴、常州、苏州等地。西漳农户把西漳青大头整船整船地装运出去卖，无锡惠农桥、北塘大街沿河是卖西漳青大头的集散地。西漳青大头一般亩产达100多担。20世纪50年代，每担价格1.5元左右。一亩青大头可卖150~200元，可抵2亩稻谷钱。冬季遇大雪天，每担青大头可卖到2~3元。西漳农民家家户户种青大头，都有一套种菜经验。“若要菜秧大，莫放处暑过”，西漳农户培育的青大头菜秧苗棵棵粗壮。早稻收割后的9月底10月初已全部完成菜秧移栽。大的西漳青大头一棵要长到7~8斤。“文化大革命”期间，西漳农民种植西漳青大头停止。1976年以后，西漳青大头恢复种植并得到发展。2015年，西漳社区农民均成为居民，仅有少数居民在自留地上仍然种植青大头。

### （三）稍塘金花菜

稍塘金花菜始于清末民国初。解放前，外地种客田的农户到稍塘落户，开荒种地，冬季农田习惯不种麦，而是种植金花菜。由于经济效益好，在稍塘地区农户中广泛种植，陈巷、木排头一带家家户户种金花菜，一时小有名气。新中国成立后，稍塘农民沿袭传统习惯，秋收后每户一般种植 2~3 亩金花菜。农户零用开销钱一年全靠卖金花菜收入。稍塘农民把金花菜装在船上，整船整船载往无锡城里卖。无锡惠农桥是稍塘金花菜的集散地，每次船上的金花菜一上岸，即一抢而空。陈巷、木排头的金花菜抢占了城里城外的蔬菜销售市场。城里有些商贩还主动到陈巷、木排头上门收贩金花菜。于是，稍塘陈巷、木排头金花菜的名气就越来越响。也有农户把金花菜销往雪堰桥、常州等地。20 世纪 50 年代，每斤金花菜 3~5 分钱，一熟金花菜春节前可割二批，年后可再割 2~3 批次。

稍塘农民种植金花菜有一套经验，10 月上旬早稻收割后，把金花菜种子与河泥相拌，待金花菜籽发芽后用河泥稀释，浇在稻板上，再盖上垃圾，20 天后即可割第一批。稍塘金花菜多与蚕豆混种、或间夹种，一块田抽三埨，再起沟，便于排水。蚕豆与金花菜间夹种的优点是：蚕豆通风透光、生长条件好，产量高；金花菜由于有蚕豆遮光，生长娇嫩，口感好。蚕豆与金花菜轮作，茬口安排科学合理，每亩收入胜过大熟水稻。种植金花菜不但省工省本，剩下残茬绿肥又是水稻优质肥料，来年水稻本钱小、产量高。稍塘金花菜开花后，味道更为鲜美，常吃不厌，是无锡市民十分喜爱的蔬菜。

金花菜适应于土地疏松的地里种植生长，以旱地为宜。但是陈巷、木排头村民经过不断实践，发展为在大批水稻田里种植。特别是生产队建制后，种植金花菜成为稍塘地区陈巷、木排头一带多个生产队大面积种植的经济作物之一。

稍塘陈巷、木排头金花菜不仅种得好，而且那里的农家都有一手烹饪金花菜的好手艺——炒金花菜。炒金花菜一定要油多锅热，油熬热后将一部分油盛出放置在空碗里。金花菜下锅后，用筷子在滚烫的油锅里把它翻几个身，再喷些白酒，借以引出香味，待金花菜将熟时再喷少许清水，放入盐和味精。炒熟的金花菜盛碗后，把预先熬熟的油倒入，稍作搅拌。按这种操作程序炒出的金花菜清香可口，碧绿鲜嫩，百吃不厌。客人吃到木排头村民炒的金花菜都赞不绝口，回味无穷。2015 年，稍塘社区有专业户大棚种植金花菜，并有少数居民在自留地上种植。

## 二、名牌农产品

### （一）“惠亭”牌茶叶

钱桥街道“七一”茶场位于太湖之滨鸡笼山下，空气清新，土壤肥沃，有独特的自然环境、地理条件和水土资源。“七一”茶场生产的“惠亭”牌茶叶 1984 年获省、全国评比大奖，“惠亭牌”太湖翠竹蝉联十四届江苏省“陆羽杯”名特茶评比特等奖和一等奖，连续八届获全国“中茶杯”名优茶评比特等奖和一等奖。2002 年，“七一”茶场被江苏省认定为无公害茶叶生产基地。2003 年，“惠亭”牌茶叶又被农业部认定为无公害产品。2005 年，“惠亭”牌茶叶由中国绿色食品发展中心认证为 AA 级绿色食品，同年获食品行业中最高级别的有机食品证书。2006 年，场长丁国琴被评为无锡市十佳农民女状元、无锡市农业产业化妇女创业奖。2013 年，“惠亭”牌茶叶获江苏省著名商标；2015 年获农业部无公害农产品认定证书。

1995~2015 年藕塘“七一”茶场所产名特茶获国家级奖项一览表

表 3—14—49

| 获奖时间 | 奖项 | 颁奖单位名称 |
|---|---|---|
| 1995 年 | 中国农业博览会金奖 | 中国农博会 |
| 1995 年 | 获国际食品及加工技术博览会金奖 | 国际食品及加工技术博览会 |
| 1997 年 | 第二届“中茶杯”评比特等奖 | 中国茶叶学会 |
| 2001 年 | 第四届“中茶杯”评比特等奖 | 中国茶叶学会 |
| 2002 年 | 获国际名茶叶评比银奖 | 国际食品及加工技术博览会 |
| 2003 年 | 第五届“中茶杯”评比一等奖 | 中国茶叶学会 |
| 2003 年 2 月 | 无公害农产品认定证书 | 中国农业部农产品质量安全中心 |
| 2005 年 | 获国际名茶叶评比金奖 | 国际食品级加工技术博览会 |
| 2005 年 | 第六届“中茶杯”评比一等奖 | 中国茶叶学会 |

续表 3—14—49

| 获奖时间 | 奖项 | 颁奖单位名称 |
|---|---|---|
| 2007 年 | 获有机食品证书 | 北京中绿华夏有机食品认证中心 |
| 2007 年 | 被评定为 AA 级绿色食品 | 中国绿色食品发展中心 |
| 2007 年 | 第七届“中茶杯”评比特等奖 | 中国茶叶学会 |
| 2009 年 | 第八届“中茶杯”评比一等奖 | 中国茶叶学会 |
| 2011 年 | 第九届“中茶杯”评比一等奖 | 中国茶叶学会 |
| 2012 年 | 第二届“国饮杯”全国茶叶评比一等奖 | 中国茶叶学会 |
| 2012 年 10 月 | 无公害农产品认定证书 | 中国农业部农产品质量安全中心 |
| 2013 年 | 第十届“中茶杯”评比一等奖 | 中国茶叶学会 |
| 2015 年 6 月 | 无公害农产品认定证书 | 中国农业部农产品质量安全中心 |

### （二）“勤梅”牌茶叶

钱桥街道勤建茶场生产的“勤梅”牌茶叶自 1987 年起连年获省、全国评比大奖，在江苏省“陆羽杯”名特茶评比中连获九届特等奖和一等奖，其中三次获江苏省第一名。在全国“中茶杯”名优茶评比中连续获三届特等奖、五次金奖，并获四届国际名茶金奖。1991 年，“勤梅”牌茶叶获江苏省优质食品证书、江苏省消费者信得过产品，成为江苏市场绿色食品推荐品牌，中国农科院有机茶生产基地，被中国产品质量保障中心授予“中国知名品牌”称号。2003 年，“勤梅”牌商标被江苏省工商行政管理局认定为著名商标。

1995~2013 年勤建茶场所产名特茶获国家级奖项一览表

表 3—14—50

| 获奖时间 | 奖项 |
|---|---|
| 1995 年 | 中国农业博览会金奖 |
| 1996 年 | 国际食品级加工技术博览会金奖 |
| 1997 年 6 月 | 中国茶叶学会颁发的第二届“中茶杯”一等奖 |
| 1999 年 2 月 | 中国茶叶学会颁发的第三届“中茶杯”一等奖 |
| 1999 年 2 月 | 农业部质量监督检验测试中心颁发全国检验合格证书 |
| 2001 年 6 月 | 中国茶叶学会颁发的第四届“中茶杯”特等奖 |
| 2001 年 6 月 | 中国茶叶学会颁发的第四届“中茶杯”金奖 |
| 2002 年 5 月 | 中国国际茶叶博览会韩国茶叶学会颁发的国际金奖 |
| 2003 年 3 月 | 中国轻工产品质保中心颁发的中国知名品牌 |
| 2003 年 5 月 | 中国农业部颁发的无公害农产品证书 |
| 2003 年 6 月 | 中国茶叶学会颁发的第五届“中茶杯”特等奖 |
| 2004 年 6 月 | 中国中轻产品质保中心颁发国家合格评定质量达标放心食品 |
| 2004 年 9 月 | 中国茶叶研究所颁发的有机食品证书 |
| 2004 年 11 月 | 由中国茶叶学会，中国农业科学院，农业部茶叶质量监督检验测试中心颁发的勤梅牌茶叶入选《中国茶叶品牌指南》一书 |
| 2005 年 10 月 | 中国茶叶学会颁发的第六届“中茶杯”金奖 |
| 2007 年 7 月 | 中国茶叶学会颁发的第七届“中茶杯”银奖 |
| 2008 年 5 月 | 上海国际文化节第十五届“中国名茶”金奖 |
| 2009 年 1 月 | 全国茶叶行会质量放心国家标准合格产品 |
| 2009 年 8 月 | 中国茶叶学会颁发的第八届“中茶杯”特等奖 |
| 2010 年 7 月 | 中国知名品牌 |
| 2010 年 8 月 | 中国茶叶学会颁发的首届“国饮杯”炒青一等奖 |
| 2010 年 8 月 | 中国茶叶学会颁发的首届“国饮杯”烘青一等奖 |
| 2011 年 8 月 | 中国茶叶学会颁发的第九届“中茶杯”特等奖 |
| 2012 年 8 月 | 中国茶叶学会颁发的第二届“国饮杯”烘青一等奖 |
| 2012 年 11 月 | 中国茶叶学会颁发的第二届“国饮杯”红茶一等奖 |
| 2013 年 1 月 | 中国茶叶学会颁发的第十届“中茶杯”一等奖 |

### （三）“安井”牌速冻米面制品

无锡华顺民生食品有限公司为华东地区最大的速冻食品生产企业之一，其生产的“安井”牌速冻米面制品获“中国驰名商标”“江苏省名牌产品”称号。“安井”牌速冻米面制品由安井宁波汤圆系列、安井面点系列、安井包点系列、安井灌汤水饺、安井火锅料、安井点心系列六大系列组成，产品覆盖全国各大城市，远销美国、加拿大、澳大利亚、俄罗斯、英国、德国等20多个国家。公司每年消化粮食2万多吨，消化蔬菜等农副产品9000多吨，为江苏省农业产业化龙头企业，全国农产品加工示范企业。

**（四）世通番茄酱罐头**

世通食品有限公司是江苏省农业产业龙头企业和出口创汇企业，其生产的世通番茄酱罐头产品全部远销欧洲、非洲。年收购消化本地及新疆、浙江、句容等地的农产品6000多吨。

## 第十三节 农业管理机构

明、清时期，锡邑重大农事由无锡县知县总管，钱桥、藕塘地区无专门农业管理机构。

民国时期，无锡县政府设建设局监管农业，建设局下设农业推广所，钱桥、藕塘、稍塘乡设农业协进会，指导农民改良种子，防治农作物病虫害，应用新式农具，指导发展畜牧事业及防治兽疫疾病等技术。

新中国成立初期，藕塘区人民政府设生产建设股，钱桥、藕塘、稍塘、舜柯、社冈、西漳、会龙、洋溪等乡人民政府配专职生产委员1人，统管农业行政事务。60年代初，藕塘公社建立农业技术推广站。1965年，钱桥公社始设农业技术推广站，站长唐伯兴。农技推广站主要职责是做公社领导的农业生产参谋，掌握农作物苗情、虫情、天情、地情，推广良种和先进技术，普及科学种田知识，是促进农业生产发展的一支活跃力量。70年代初，农院毕业生马汉基、陈凤泉等充实到钱桥、藕塘公社农技站，钱桥、藕塘农技队伍素质普遍提高。同时，各生产大队建立农科队，各生产队设专职农技员。钱桥、藕塘公社建成公社农技站、大队农科队、生产队专职农技员三级农业科技网。钱桥、藕塘农业科技网的建立，对解决当时“双三制”面积扩大后农事复杂的情况，促进农业生产发展发挥重要作用。

进入80年代，钱桥、藕塘（公社）乡农业工作由管委会一名副主任或副乡长专职分管。1983年3月，钱桥、藕塘公社相继成立农业服务公司和多种经营服务公司。农业服务公司下设农技站、农机站。农技站除设站长外，还配备作物栽培、植物保护、种子、土壤肥料等专职农业科技人员。大队组建农技推广组。1985年，钱桥、藕塘乡分别建立村级农业综合服务站，站长由村负责农业的定员干部担任。村农业综合服务站下设农技、管水、农机三支专业服务队伍。农技专业服务队负责农技宣传、肥药供应等技、物服务；管水专业服务队负责全村农田灌排；农机服务专业队负责全村机耕，麦田机开沟等农机服务。

1990年，钱桥镇胜丰村、藕塘乡东风村农业综合服务站设有种子仓库、化肥农药仓库，油料仓库、农机仓库和农业服务人员工作室。是年，经县农业局验收，胜丰、东风村率先成为标准化农业综合服务站。1992年、1994年，钱桥、藕塘镇农业服务公司、多种经营服务公司两大公司合并，先后成立钱桥、藕塘镇农副业总公司。

2001年12月，钱桥、藕塘镇农副业总公司撤销，相继建立钱桥、藕塘镇农业技术综合服务站，主管农业事务。2004年2月，钱桥、藕塘两镇合并，钱桥镇农业技术综合服务站与藕塘镇农业技术综合服务站合二为一，建立新的钱桥镇农业技术综合服务站。在粮田面积急剧减少的新形势下，钱桥镇农业技术综合服务站丝毫没有减弱对农业的技术指导。由于区域内水稻、三麦播种面积大幅减少，水稻病虫害特大爆发，农技站积极采取措施，加强预测预报，组织专车把高效农药直接送到田头，及时控制农作物病虫害的发生和危害。2006年，钱桥镇被评为综合防治水稻病虫害示范镇，水稻平均单产稳定在1200斤以上，小麦亩产900斤以上。

2007年11月，钱桥镇更设为钱桥街道，钱桥镇农业技术综合服务站更名为钱桥街道农业技术综合服务站。钱桥街道农业技术综合服务站内设粮油栽培技术员、蔬菜技术员、农产品质量安全监管员、林果技术员、农业统计员，水产、渔政、山林防火等岗位。钱桥街道农业技术综合服务站工作职能顺应时代发展，加强对农产品的质量安全监督，对全街道农药经销单位定期检查有否违规农药出售、并与农药经销单位签订承诺书，确保区域内农产品无公害。在蔬菜方面，钱桥街道农业技术综合服务站更有一套严密措施，实行严格的市场准入制度。凡农贸市场上经营的蔬菜，都须具一票一证，注明蔬菜来源，同时出具农药残留合格证。对自产自销的蔬菜，进行检测，在钱桥中心菜场、藕塘中心菜场、华新村农贸市场设立三个检测室。区域内蔬菜基地生产的蔬菜在上市前都必须进行检测，确保蔬菜源头安全。对于各村农贸市场，钱桥街道农业技术综合服务站督促各市场管理委员会每星期进行二次抽测，确保市民吃上“放心菜”。

新时期农业服务工作涉及方方面面，诸如城市绿化、生态村、森林村建设、山林防火等，钱桥街道农业技术综合服务站都要面对。2011年，钱桥街道农业技术综合服务站被评为无锡市森林防火先进单位。2012年，钱桥街道农业技术综合服务站获无锡市小麦高产增效示范方一等奖、水稻高产增效示范方二等奖。

**1965~2015年钱桥、藕塘（公社、乡）镇、钱桥街道农业管理机构负责人任职表**

表3—14—51

| 机构名称 | 姓名 | 职务 | 任职时间 | 机构名称 | 姓名 | 职务 | 任职时间 |
|---|---|---|---|---|---|---|---|
| 钱桥公社农业技术推广站 | 唐伯兴 | 站长 | 1965~1969 | 藕塘公社副业办公室 | 丁小弟 | 主任 | 1978~1982 |
| | 沈汉中 | 站长 | 1969~1983 | | 邵焕清 | 主任 | 1982~1983 |
| 钱桥（公社、乡）镇农业服务公司 | 时焕煜 | 经理 | 1983~1985 | 藕塘（公社、乡）镇农业技术推广站 | 冯荣南 | 站长（兼） | 1980~1983 |
| | 马汉基 | 副经理 | 1983~1984 | | 周正坚 | 站长 | 1983~1994 |
| | 马汉基 | 经理 | 1985~1987 | | 徐世民 | 站长 | 1994~1996 |
| | 宦云中 | 经理 | 1987~1992 | | 华勤新 | 站长 | 1996~2001 |
| | 唐才良 | 副经理 | 1987~1992 | 藕塘（公社、乡）镇农业服务公司 | 周正坚 | 副经理 | 1983~1994 |
| | 何亦清 | 副经理 | 1989~1992 | | 吴文玉 | 副经理 | 1983~1984 |
| | 龚裕根 | 书记 | 1991~1992 | | 吴文玉 | 经理 | 1984~1985 |
| 钱桥公社副业办公室 | 俞德生 | 主任 | 1965~1976 | | 高勤宝 | 经理 | 1985~1986 |
| | 唐锡英 | 主任 | 1976~1983 | | 李正兴 | 副经理 | 1986~1991 |
| 钱桥（乡）镇多种经营服务公司 | 张建华 | 经理 | 1983~1990 | | 高勤宝 | 经理 | 1987~1988 |
| | 唐盘泉 | 副经理 | 1983~1985 | | 马其兴 | 经理 | 1988~1994 |
| | 缪寿良 | 副经理 | 1984~1990 | 藕塘（公社、乡）镇多种经营服务公司 | 冯南华 | 经理 | 1983~1986 |
| | 石煜清 | 副经理 | 1984~1985 | | 冯忠明 | 副经理 | 1983~1994 |
| | 吴勇良 | 副经理 | 1984~1985 | | 邵焕清 | 副经理 | 1983~1986 |
| | 沈国良 | 经理 | 1990~1992 | | 管荣兴 | 副经理 | 1984~1985 |
| | 卞惠忠 | 副经理 | 1990~1992 | | 冯文伦 | 经理 | 1986~1990 |
| 钱桥镇农副业总公司 | 沈国良 | 总经理 | 1992~1997 | | 唐惠明 | 副经理 | 1986~1994 |
| | 唐才良 | 副总经理 | 1992~1998 | | 章治平 | 经理 | 1990~1994 |
| | 卞惠忠 | 副总经理 | 1992~1997 | 藕塘镇农副业总公司 | 马其兴 | 总经理 | 1994~1996 |
| | 龚裕根 | 副总经理 | 1992~1998 | | 冯忠明 | 副总经理 | 1994~1999 |
| | 龚福增 | 副总经理 | 1992~1998 | | 周正坚 | 副总经理 | 1994~2001 |
| | 卞惠忠 | 总经理 | 1997~2001 | | 张明生 | 副总经理 | 1995~1998 |
| 钱桥（镇）街道农业技术综合服务站 | 卞惠忠 | 站长 | 2001~2008 | | 唐国良 | 总经理（兼） | 1997~1998 |
| | 龚卫光 | 站长 | 2008~ | | 陈喜成 | 总经理（兼） | 1998~2001 |
| | 华勤新 | 副站长 | 2013~ | | 王焕东 | 副总经理 | 1999~2001 |
| — | — | — | — | 藕塘镇农业技术综合服务站 | 胡锡建 | 站长（兼） | 2001~2003 |
| — | — | — | — | | 王焕东 | 副站长 | 2001~2004 |
| — | — | — | — | | 华勤新 | 副站长 | 2001~2004 |
| — | — | — | — | | 管正伦 | 站长 | 2003~2004 |

2015年，龚卫光任钱桥街道农业技术综合服务站站长、华勤新任副站长。

# 第十五章 工 业

明、清时期，钱桥、藕塘地区有少量小手工业者。藕塘西吴巷从事淘箩、菜篮的制作；钱桥丁单巷从事苗篮、菜篮、篾席的制作。清光绪三十年（1904），藕塘盛店许仲达等引进手摇袜机，开始半机械织袜。

民国5年（1916），历村庄家庄兰芳在钱桥街上开办“庄源大”榨油厂。民国6年，钱桥北街郑子卿开办鼎盛丝厂。民国19年，藕塘朱焕根开办酱油厂、朱伯麟开办油坊。民国35年，藕塘盛店桥庄基上开办绣花庄，专事绣花。民国期间，区域内还有极少数农户购买戽水机船，春夏给农户戽水灌溉农田，秋冬为农户碾米，收取费用。

1956年，钱桥、藕塘地区分别成立手联社，把手工业者组织起来，为区域内首个大集体企业。50年代后期，钱桥、藕塘公社利用山区资源，兴办采矿厂，继之开办为农服务的农机修配厂、粮食加工厂等。60年代开办砖瓦厂、造船厂、纸盒厂等，是为工业萌芽阶段。

进入70年代，钱桥、藕塘公社依靠自身积累的资金，先后开办水泥制品厂、印刷装订厂、五金厂、纺织机械配件厂等。钱桥公社有9家社队办企业，藕塘公社有6家社队办企业，是为起步阶段。1978年，藕塘公社工业产值577万元。

80~90年代，钱桥、藕塘（公社、乡）镇工业进入快速发展期。1980年，钱桥公社胜丰大队创办钱桥丝绸印染厂，经营丝绸染色。1983年，藕塘乡建成无锡县涤纶丝厂，年产丙纶丝300吨。1984年，钱桥乡晓星村创办无锡县涤纶丝二厂，与钱桥工业公司联营，年产锦纶长丝473吨。1985年，钱桥乡无锡县制革厂投产，配备整烫拉软机、真空干燥机、大型烫革机等现代化设备，能够生产精加工的服装、皮鞋面革。同年，藕塘塑料型材厂生产塑料地板、船用隔舱板、槽板和管材。是年末，钱桥乡有工业企业137家，工业总产值10352万元，利润930万元，已初步形成冶金、化纤、建材、皮件、彩印等行业；藕塘乡有工业企业55家，工业总产值3207万元，利润138万元，已形成机械、冶金、轻工、化工、染织、橡塑、电子电讯、采矿、食品等行业。1986年，钱桥乡有工业企业146家，务工农民7776人，工业总产值16050万元；藕塘乡有工业企业58家，务工农民5265人，工业总产值4762万元。是年，钱桥乡成为江苏省27个亿元乡之一。

**1986年钱桥乡工业产值统计表**

表3—15—1　　　　单位：万元、%

<table>
<tr><th rowspan="2">乡镇别</th><th rowspan="2" colspan="2">项目</th><th colspan="2">全年产值</th><th rowspan="2">比1978年增</th><th rowspan="2">比1985年增</th><th rowspan="2">1978以来平均年递增</th></tr>
<tr><th>金额</th><th>占</th></tr>
<tr><td rowspan="6">钱桥</td><td colspan="2">工业总产值（80年不变价）</td><td>14479</td><td>100.00</td><td>1597.40</td><td>43.73</td><td>42.47</td></tr>
<tr><td rowspan="5">其中</td><td>乡办工业</td><td>5445</td><td>37.61</td><td>1310.60</td><td>32.42</td><td>39.20</td></tr>
<tr><td>村办工业</td><td>7651</td><td>52.84</td><td rowspan="4">1538.30</td><td>43.82</td><td rowspan="4">41.80</td></tr>
<tr><td>队办工业</td><td>322</td><td>2.22</td><td>24.32</td></tr>
<tr><td>联合工业</td><td>153</td><td>1.06</td><td>71.91</td></tr>
<tr><td>个体工业</td><td>908</td><td>6.27</td><td>208.80</td></tr>
</table>

## 1986年钱桥乡评为江苏省27个农村亿元乡之一基本情况统计一表

表3—15—2

| 项目类别 | 计量单位 | 编号 | 数量 | 项目类别 | 计量单位 | 编号 | 数量 |
|---|---|---|---|---|---|---|---|
| 甲 | 乙 | 丙 | 1.00 | 甲 | 乙 | 丙 | 1.00 |
| 全乡总户数 | 户 | 1 | 6304.00 | 机收面积 | 亩 | 47 | — |
| 全乡总人口 | 人 | 2 | 23480.00 | 农村用电量 | 万千瓦时 | 48 | 990.71 |
| 全乡劳动力 | 人 | 3 | 12771.00 | 农用化肥施用量（折纯量） | 吨 | 49 | 2000.00 |
| 1、农业劳动力 | 人 | 4 | 1815.00 | 农田水利有效灌溉面积 | 平方米 | 50 | 10533333.33 |
| 2、林牧副渔劳动力 | 人 | 5 | 357.00 | 现价农村社会总产值 | 万元 | 51 | 18664.00 |
| 3、工业劳动力 | 人 | 6 | 7824.00 | 农业总产值 | 万元 | 52 | 1177.00 |
| （1）乡办工业劳动力 | 人 | 7 | 2920.00 | 工业总产值 | 万元 | 53 | 16050.00 |
| （2）村办工业劳动力 | 人 | 8 | 4735.00 | 建筑业总产值 | 万元 | 54 | 702.00 |
| （3）组及联合体办工业劳动力 | 人 | 9 | 121.00 | 交通运输业总产值 | 万元 | 55 | 502.00 |
| （4）家庭工业劳动力 | 人 | 10 | 48.00 | 商业、饮食业总产值 | 万元 | 56 | 233.00 |
| 4、建筑业劳动力 | 人 | 11 | 333.00 | 农村经济总收入 | 万元 | 57 | 2217.00 |
| 5、交通运输业劳动力 | 人 | 12 | 288.00 | 其中：出售产品收入 | 万元 | 58 | 682.00 |
| 6、商业、饮食业、服务业劳动力 | 人 | 13 | 133.00 | 在总收入中：农业总收入 | 万元 | 59 | 1094.00 |
| 7、其他劳动力 | 人 | 14 | 2021.00 | 工业总收入 | 万元 | 60 | 93.00 |
| 年末耕地面积 | 亩 | 15 | 17832.00 | 建筑业总收入 | 万元 | 61 | 57.00 |
| 工农业总产值（80年不变价） | 万元 | 16 | 15339.80 | 交通运输业总收入 | 万元 | 62 | 144.00 |
| 农业总产值（80年不变价） | 万元 | 17 | 860.76 | 商业、饮食业总收入 | 万元 | 63 | 147.00 |
| 1、农业产值 | 万元 | 18 | 490.30 | 各项费用 | 万元 | 64 | 624.00 |
| 2、林业产值 | 万元 | 19 | 3.95 | 纯收入 | 万元 | 65 | 2307.00 |
| 3、牧业产值 | 万元 | 20 | 116.56 | 1、国家税金 | 万元 | 66 | 44.00 |
| 4、副业产值 | 万元 | 21 | 124.34 | 2、集体提留 | 万元 | 67 | 89.00 |
| 5、渔业产值 | 万元 | 22 | 125.61 | 3、农民所得 | 万元 | 68 | — |
| 工业总产值（80年不变价） | 万元 | 23 | 14479.00 | 农民从企事业直接得到的工资 | 万元 | 69 | 972.00 |
| 1、乡办工业产值 | 万元 | 24 | 5445.00 | 每人平均 | 元 | 70 | 863.51 |
| 2、村办工业产值 | 万元 | 25 | 7651.00 | 参加分配的人口 | 人 | 71 | 23311.00 |
| 3、组及联合体工业产值 | 万元 | 26 | 475.00 | 农村内部生产性积累 | 万元 | 72 | 18.00 |
| 4、家庭工业产值 | 万元 | 27 | 908.00 | 以村为单位按人均所得分组 | 个 | 73 | 13.00 |
| 农作物总播种面积 | 亩 | 28 | 29815.00 | 400元以下 | 个 | 74 | — |
| 粮食（包括大豆）播种面积 | 亩 | 29 | 27963.00 | 400~600元 | 个 | 75 | — |
| 总产量 | 吨 | 30 | 10685.00 | 600~800元 | 个 | 76 | 2.00 |
| 其中：小麦总产量 | 吨 | 31 | 2682.00 | 800~1000元 | 个 | 77 | 9.00 |
| 稻谷总产量 | 吨 | 32 | 7899.00 | 1000~1500元 | 个 | 78 | 2.00 |
| 棉花总产量 | 吨 | 33 | — | 1500~2000元 | 个 | 79 | — |
| 油料总产量 | 吨 | 34 | 104.00 | 2000元以上 | 个 | 80 | — |
| 国家收购粮食 | 吨 | 35 | 3184.00 | 年末生产性固定资产原值 | 万元 | 81 | 3260.00 |
| 当年出栏肥猪头数 | 头 | 36 | 4244.00 | 1、乡一级 | 万元 | 82 | 1940.00 |
| 年末猪存栏头数 | 头 | 37 | 2705.00 | 2、村一级 | 万元 | 83 | 1200.00 |
| 年末大牲畜存栏头数 | 头 | 38 | 11.00 | 3、组一级 | 万元 | 84 | 44.00 |
| 水产品产量 | 吨 | 39 | 2045.00 | 4、新经济联合体 | 万元 | 85 | 8.00 |
| 年末农业机械总动力 | 马力 | 40 | 23532.00 | 5、农民家庭 | 万元 | 86 | 68.00 |
| 大中型拖拉机 | 混合台 | 41 | 27.00 | 专业户户数 | 户 | 87 | 387.00 |
| 小型拖拉机（含手扶拖拉机） | 混合台 | 42 | 227.00 | 新经济联合体个数 | 个 | 88 | 65.00 |
| 农用排灌动力机械 | 马力 | 43 | 1805.00 | 农民年末银行存款 | 万元 | 89 | 1163.00 |
| 联合收割机 | 台 | 44 | — | 全乡商业机构数 | 个 | 90 | 10.00 |
| 农用载重汽车 | 辆 | 45 | — | 全乡商业机构的从业人员 | 人 | 91 | 349.00 |
| 机播面积 | 亩 | 46 | — | 全乡社会商品零售额 | 万元 | 92 | 483.00 |

### 1986年钱桥乡评为江苏省27个农村亿元乡之一基本情况统计二表

表3—15—3

| 项目类别 | 计量单位 | 编号 | 数量 | | 项目类别 | 计量单位 | 编号 | 数量 |
|---|---|---|---|---|---|---|---|---|
| 甲 | 乙 | 丙 | 1 | | 甲 | 乙 | 丙 | 1 |
| 乡、村办企业基本情况 | — | — | 乡办 | 村办 | 普通中学数 | 所 | 165 | 4 |
| 企业个数 | 个 | 93 | 37 | 109 | 在校学生 | 人 | 166 | 1278 |
| 其中：农业企业 | 个 | 95 | — | — | 专任教师 | 人 | 167 | 124 |
| 工业企业 | 个 | 97 | 33 | 107 | 农村小学数 | 所 | 168 | 12 |
| 运输企业 | 个 | 99 | 2 | 2 | 在校学生 | 人 | 169 | 4271 |
| 建筑企业 | 个 | 101 | 1 | — | 专任教师 | 人 | 170 | 178 |
| 年末人数 | 人 | 103 | 3668 | 7220 | 农村成人教育在校学生数 | 人 | 171 | — |
| 其中：农业企业 | 人 | 105 | — | — | 农村成人教育专任教师 | 人 | 172 | — |
| 工业企业 | 人 | 107 | 3090 | 7070 | 医院数 | 所 | 173 | 1 |
| 运输企业 | 人 | 109 | 271 | 150 | 病床数 | 张 | 174 | 52 |
| 建筑企业 | 人 | 111 | 307 | — | 卫生技术人员数 | 人 | 175 | 53 |
| 全年总收入 | 万元 | 113 | 5254 | 7198 | 影剧院 | 座 | 176 | — |
| 其中：农业企业 | 万元 | 115 | — | — | 敬老院个数 | 个 | 177 | 1 |
| 工业企业 | 万元 | 117 | 5012 | 7018 | 在院老人 | 人 | 178 | 23 |
| 运输企业 | 万元 | 119 | 242 | 180 | 幼儿园个数 | 个 | 179 | 12 |
| 建筑企业 | 万元 | 121 | — | — | 入园人数 | 人 | 180 | 851 |
| 各项费用支出 | 万元 | 123 | 4084 | 6272 | 托儿所个数 | 个 | 181 | 1 |
| 国家税收 | 万元 | 125 | 410 | 571 | 入托人数 | 人 | 182 | — |
| 利润 | 万元 | 127 | 270 | 549 | 通电人口 | 人 | 183 | 23480 |
| 全年工资总额 | 万元 | 129 | 421 | 703 | 通自来水人口 | 人 | 184 | 20280 |
| 年末固定资产原值 | 万元 | 131 | 2039 | 2008 | 通公路村数 | 个 | 185 | 13 |
| 年末固定资产净值 | 万元 | 133 | 1696 | 1581 | 公路里程 | 公里 | 186 | 15 |
| 年末占用流动资金 | 万元 | 135 | 2120 | 1689 | 乡村企业与外地企业联营的单位数 | 个 | 157 | 1 |
| 银行贷款 | 万元 | 137 | 1359 | 1076 | 乡村企业引进外地资金金额 | 万元 | 159 | — |
| 在乡村企业利润中用于 | — | — | — | — | 乡村企业交售外贸部门产品的金额 | 万元 | 161 | 300 |
| 其中：支援农业生产 | 万元 | 139 | 10 | 16 | 乡村企业中产值500万元以上的企业数 | 个 | 163 | — |
| 企业扩大再生产 | 万元 | 141 | 6 | 4 | 乡村企业引进技术人才数 | 人 | 149 | — |
| 社员分配 | 万元 | 143 | 6 | 24 | 其中：工程师 | 人 | 151 | — |
| 村镇建设 | 万元 | 145 | 80 | 29 | 助理工程师 | 人 | 153 | — |
| 社会福利 | 万元 | 147 | 8 | 29 | 技术员 | 人 | 155 | — |

说明：本表数据为1980年不变价统计数据

1996年，钱桥镇工业总产值27.09亿元，利润8183万元，年末固定资产值5.8亿元；藕塘镇工业总产值10.09亿元，利润5486万元，年末固定资产值2.77亿元。90年代后期，钱桥镇发生集资风波，经历了3年经济困难时期，藕塘镇工业稳中发展。

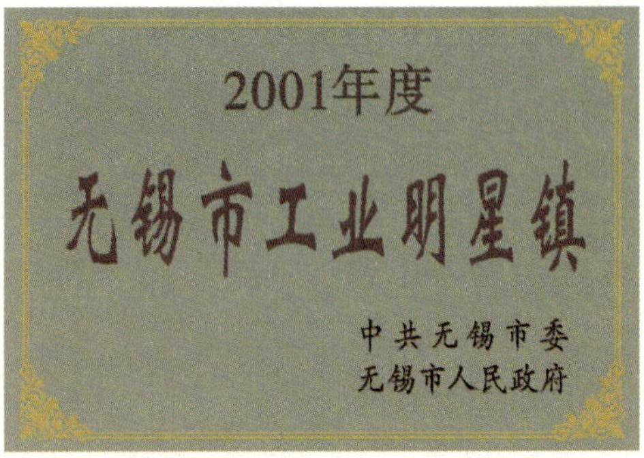

图3—15—1　2001年钱桥镇被中共无锡市委、无锡市人民政府表彰为无锡市工业明星镇

进入21世纪，钱桥、藕塘镇，钱桥街道的工业向高科技新兴产业发展。2001年钱桥镇被中共无锡市委、无锡市人民政府评为无锡市工业明星镇。2002年5月，惠山经济开发区钱桥配套区建立，规划面积4.06平方公里，注册资金1.01亿元。2004年，国家统计局公布的首届“千强镇”中，钱桥镇名列第42位（全国“千强镇”评比始于2003年，每两年评比一次）。是年，钱桥镇又被中共无锡市委、无锡市人民政府表彰为无锡市工业明星镇。

图3—15—2 2004年钱桥镇被中共无锡市委、无锡市人民政府表彰为无锡市工业明星镇

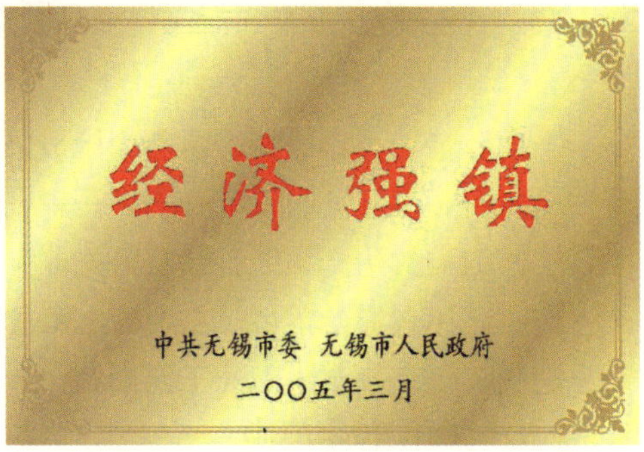


图3—15—3 2005年3月钱桥镇被中共无锡市委、无锡市人民政府表彰为经济强镇

2005年3月，钱桥镇被中共无锡市委、无锡市人民政府表彰为“经济强镇”。2006年10月14日，国家统计局发布的全国“千强镇”名单中，钱桥镇名列第37位。2007年，钱桥街道围绕“双百”竞赛，工业开票销售收入223.03亿元，同比增24.9%。2008年4月，钱桥街道被中共无锡市委、无锡市人民政府表彰为“无锡市扶持民营经济发展先进集体”。

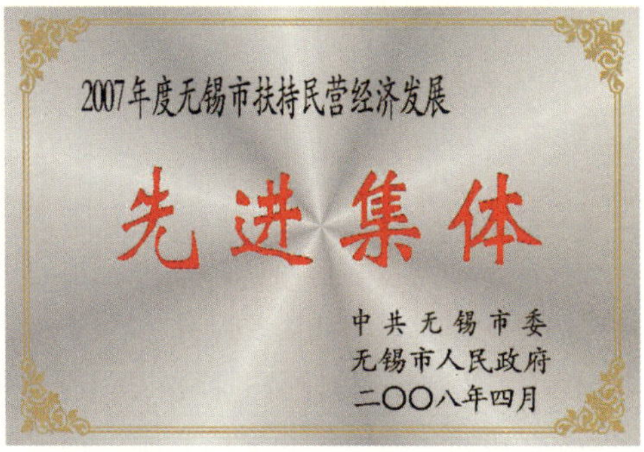


图3—15—4 2008年4月钱桥街道被中共无锡市委、无锡市人民政府表彰为无锡市扶持民营经济发展先进集体

2011年，钱桥街道共有工业企业907家，其中新增165家；全年工业总产值312.5亿元，其中规模以上工业企业总产值247.1亿元，完成工业销售收入310亿元。2013年，钱桥街道工业投入14亿元，同比增18.6%，技改投入9.3亿元；工业总产值275.6亿元，主营业务收入279.8亿元，利税总额19.4亿元，利润总额10.2亿元，全年完成自营出口总额1.6亿美元，协议注册外资3178万美元，到位注册外资2111万美元。2015年，钱桥街道共有工业企业1238家，全年工业总产值203.96亿元，主营业务收入206.38亿元。

## 第一节 解放前私营工业

清光绪三十年（1904），藕塘盛店乡许仲达、蒋秀庆等引进手摇袜机，开办织袜铺，部分农户以手摇袜机织袜营生，织袜形成一定规模。

民国5年（1916），历村庄家庄兰芳在钱桥沿河南街投资1万元，开办庄源大榨油厂，为独资私营企业。庄源大聘请职员2人、工人25人，是年总产值10万元。民国6年，钱桥北街郑子卿在北街开设鼎盛丝厂。后因保护钱桥农田，鼎盛丝厂搬迁至周山浜。民国10年，鼎盛丝厂更名为无锡瑞昌丝厂。民国时期，区域内粮食加工主要是农户用石臼、石磨加工，也有农户用牲畜（牛）拉磨代客加工。民国14年，钱桥老街开办粮油加工厂。

民国15年，瑞昌丝厂生产的丝绸在美国费城召开的国际博览会上获得甲等大奖。民国19年，藕塘南街朱焕根开办酱油厂，职工3人；朱伯麟开办油坊一爿、洪大油厂一爿。民国21年，瑞昌丝厂民族资本拥有172台丝车，民国27年4月发展到240台丝车。民国36年，藕塘区开有28家茧行，进行收鲜茧、烘干茧。民国37年，藕塘老街开办民丰碾米厂，号主浦勤裕。杨思桥杨宝泉、黄阿二，戴巷桥姚芳林，周基头周伯泉，下段村陆金宝、盛杏林等共有10条戽水机船，稍塘俞宝全、顾兴宝各有1条戽水机船，农忙时为农田灌溉，农闲时在戽水机船上装碾米机，为当地农民碾米、加工饲料等。藕塘丁村种桃户开办生毛桃罐头加工厂。

# 第二节 传统手工业

明、清、民国时期乃至新中国成立后的50~70年代，钱桥、藕塘地区民间小百工种类繁多，主要有木匠、泥瓦匠、铁匠、石匠、铜匠、漆匠、裁缝、理发师、爆炒米者、弹棉花匠等等。这些小百工与人们的生产、生活息息相关，从业经营者大多以家庭个体经营为主，少数行业雇佣伙计经营。生产工艺比较原始落后，生产资金微薄。随着社会发展、时代变迁，至2015年区域内大多民间百工已消失，仅有少数手工业工匠尚存。

## 一、手工业门类

钱桥、藕塘地区传统手工业门类众多，有50多个。手工业者都凭一双巧手，凭吃苦耐劳的精神，从事造房起屋、油漆装潢、制作竹器、缝制衣服、修锁配匙、补锅补碗、理发磨刀、修钟修表、补鞋修伞、宰猪斩肉、修船织网、修理电器、修车补胎等工作。随着经济的发展、人民生活水平的提高，2015年区域内许多手工业行业大多消失，只能成为历史的记忆。

### （一）木匠

钱桥、藕塘地区木匠有圆作木匠（又叫箍桶匠）、大木匠、小木匠、杂作木匠、雕花匠之分。

**圆作木匠** 或称箍桶匠，主要从事制作各类小家具，如农户家庭用的蒸糕桶、蒸饭桶、盛饭桶、大小浴盆、脚盆、拗手、锁桶、晒桶、立桶、坐车、水桶、锅盖、托盘、菱桶、油料桶、粪桶、马桶、粪勺等。解放前后，钱桥、藕塘市镇均开设数家圆木作业店，南西漳、稍塘、盛店桥三条街上也有少量圆木作业店。圆作木匠分为三种类型，即一种是专门制作白坯家具（因旧时嫁女儿需陪嫁16~32件圆木器），另一种是专门制作各类农具，还有一种是专门制作炊事用具。民国时期至新中国成立初期，钱桥南北老街有顾三福、许阿度等3家圆作店，西漳街有1家圆作店，竞丰有戴阿大、支根福圆作匠，藕塘老街有曹锡英、王杏林圆作店，盛店桥有徐伯贤、李松林圆作店，李家湾有薛金林圆作匠。圆作匠一般收益较高，在地方上略有名气。20世纪50年代后期，一部分圆作木匠加入手工业联社，一部分仍串东巷走西巷从事个体经营。随着社会发展，工业产品的大量涌现，婚嫁习俗的改变，圆作业逐渐在区域内消失。

**大木匠** 专门从事造房起屋及制作水车等。民国时期至新中国成立初，钱桥唐伯清、孟家桥支阿培、李巷张浩正、江胜桥孙焕泉，大花岸梅建生、梅泉根父子等大木匠都有一手高超精湛的木工技艺。钱桥地区的名宅大多出于他们之手。其中梅泉根父子还参与建造惠山祠堂、寄畅园、庵堂寺庙、神华根（今称精神病医院）等多样建筑，斧艺过人、雕工技术精湛。50年代，梅泉根号称无锡第一斧，届时无锡评比大木工手艺，其名列第二。藕塘街上张祖根，稍塘叶家墩叶阿三专做牛打水车和人力水车。做这种木工的大木匠很难找到，张祖根、叶阿三在藕塘地区颇有名气。大东店丁盘兴、朱巷朱锡根、朱锡坤等大木匠，在当地也有一定名气。

**小木匠** 主要制作家具，如床、柜、桌、木椅及旧时棺材等。床、柜、桌、椅、大橱、五斗橱的用料一般以木头（杉木、松木、榆木）和各类树木为材料，有钱人家的桌椅、床选用红木、楠木制作，工艺由木匠师傅参照图样或凭自己实践经验而定。江胜桥孙泉兴、大花岸梅建生、时阿二、盛店桥庄里有户一家三代小木匠手艺精湛，精制各种家具，在本地和邻乡都有一定名气。

民国时期，区域内有专做棺材的木匠（又称四面匠），亦为小木匠。棺材用料由主家选定，品种有独幅棺材、两套棺材（棺椁）等。棺材两边墙用4块木材（一边2块）拼成，底、盖各用3块木材拼成，其尺码统一为长6尺7寸半、宽2尺4寸半（区域内民间有“棺材呒大小，六尺七寸半”之说）。区域内富裕人家的老人在世时就定制寿材，称之为寿器。寿材搁在厅室的一角，以求增寿。穷人家往往在老人去世后，用家中几块铺板请“四面匠”拼成，也叫薄皮棺材。钱桥马裕泉、高永法、高永泰，后周基头周炳法是制作棺材的能工巧匠。李巷张浩正制作棺材一副好手，四邻八方有一定的名气；藕塘龚盘兴制作棺材名闻周边乡镇。

**杂作木匠** 主要制作小木器，如木箱、扁担、扛担、农具中的拶欠、大小耥以及牛耕的木耙、木犁等。杂作木匠多从外地采购各种成材树木制作成品。成品制成后以一户一小船或二户一小船装运，销往周边地区的节场庙会。20 世纪 80 年代，区域内加工樟木箱兴盛，每只箱子卖价 130~180 元不等，杂作木匠可获利 30~40 元。

**雕花匠** 根据主家要求在家具等木制物品上雕刻花草树木、鸟兽虫蝶等各式图样，雕得惟妙惟肖。砖场上周朝君雕花手艺极好。缪巷缪锡金是一位修佛匠，技艺高超，常至寺庙中雕刻佛像，在钱桥地区颇有名气。

**（二）泥瓦匠**

钱桥地区素有泥瓦匠窠窝称号。泥瓦匠主要从事建房造屋，砌墙盖瓦，使用工具有泥刀、灰桶、木尺、三角尺、铁铲鞋、刷帚等。其建筑设计多靠祖传图样和实践经验，也有按房主的建造要求进行施工。泥瓦匠几乎分布于钱桥、藕塘地区各自然村落。泥瓦匠中推荐技术高超者为作头师傅。作头师傅带上数个徒弟一起开设工地，人工费一般以点工结算，也有的包工结算。区域内泥瓦匠有砌墙、粉刷、雕塑、画花等专业高手。民国时期区域内泥瓦匠以缪巷江阿本为高手。新中国成立后泥瓦匠高手有缪巷缪根荣、缪金和，唐家庄唐阿三、唐锦清、唐锡龙等为代表。唐顺良砌各式灶头起火、发落；杨毛岸陈盘泉手巧玲珑，一人一天砌一副灶头，速度快、质量好；肖尤巷以尤荣根为代表有 10 多个泥瓦匠，其中尤盘生砌灶、灶上画花、画灶神很有名；龙亨沟张惠兴等泥瓦匠造房起屋能做老式屋脊，在 20 世纪 60~80 年代专为企业建筑各类高烟囱、炉灶、窑洞；南水渠冯金法、盛店桥犁轭基俞银泉、勤建邵巷俞焕金等泥瓦匠名气都比较大；东风大队西沟桥沈安宝制作的灶头省柴、火旺，在锡西地区很有名气。

**（三）漆匠**

小木匠制成的木制家具都为白坯。白坯要经过漆匠上漆，如脚盆、拗手、浴盆、立桶、木桶、锁桶、睏桶、汤盘、座车、挑水桶、面粉桶、长凳、小板凳、长台、八仙台、四仙台、圆台、樟木箱、床、橱、柜等。还有庙堂寺院的柱梁、神台、匾额、神位等，都要经过漆匠刮灰嵌缝、干后用砂纸擦光洁，连续加工数次，最后上漆 2~3 次，使之美观耐用。20 世纪 80 年代后，房屋装潢、门窗上漆、内外墙涂料等都由漆匠完成。钱桥手联社景焕金、苏庙支巷张宝成、缪巷缪锡金等都是比较有名气的漆匠。

**（四）垏屋匠**

民国时期至解放后五六十年代，区域内农户住房都为砖木结构平房，兄弟邻居之间协约借壁，房屋互相牵制。若其中一二间要拆除，或迁造别处，其他房屋容易向空地间慢慢倾斜；也有房屋因年代久远，整排房屋发生倾斜，于是就产生一种抢救危房的行业——垏屋。垏屋一般由 6 人左右组成团队，带上垏屋工具：几条粗麻绳、几个硬树桩、几只用硬木做成的土卷扬机、一把铁锤，以及一些小工具。垏屋时在倾斜的墙壁一侧地上打桩，又在梁与柱脚上端结好绳索，吊上大石块，然后采取类似卷扬机的原理，把靠近地面一端的绳索慢慢卷动，使柱脚上端与木梁慢慢移动。这样，由于每根柱脚上的工作同步进行，仅用几个小时，房屋倾斜就能纠正。同时，修补好柱脚之间单壁倒塌的部分。晓星大队砖场上周其昌、大花岸等有人从事此行。70 年代后，随着房屋的拆旧建新和钢筋水泥结构房屋增多，垏屋行业消失。

**（五）铺托板**

20 世纪 70 年代起，钱桥、藕塘地区建筑楼房之楼板普遍采用钢筋混凝土预浇。泥水匠建筑房屋不备浇制楼板的托板，因此有人购进大量板材，做成托板，供建房户租用。苏庙凌泉裕等人多年从事铺托板工作。80 年代，托板专业户渐多，挂靠泥瓦匠，专为造房户服务。铺托板专业户购买木板和小钢管，把木板加工成一定尺度，在钢管两头配上长短伸缩的铁脚。铺托板时把钢管搁置在水泥梁下，用铅丝扎紧，然后在钢管上铺设木板。铺托板以建房面积多少收取费用。

**（六）钻墙孔**

1990年后，钱桥、藕塘地区农户、居民家用电器增多。安装如空调、厨房吸油烟机等需要在墙上钻孔，以便出水排气，墙体钻孔专业人员就此产生。钻墙孔者在住宅小区楼道旁张贴服务项目与联系方法，随呼随到。他们带上直径7~15厘米不同规格的圆柱形电钻或电锤，每钻一个孔收费20~50元不等。钻墙孔者往往与管道工一起作业。

**（七）疏通管道**

1990年后，钱桥、藕塘镇区商品房及乡间住房设施改造，厨房间和卫生间都装配下水道。下水道长期使用后容易堵塞，由此，疏通管道专业应运而生。疏通管道专业人员把机器连接电源，把长条软管渐渐伸入管道，打开机器，软管旋转，十几分钟后，堵塞的管道就可疏通。每疏通一次管道收取30~50元服务费。

**（八）竹匠**

钱桥、藕塘地区竹匠有扁竹与圆竹两种。

**扁竹匠** 制作的竹器主要有筛、匾、栈条、廒垫、油篓、煤篓、土笪、竹篮、苗篮、箩箕、饭箩、蔑席、畚箕、罩笼、鱼篓、退笼、酒篓头、蒸笪头等。钱桥老街有许阿大等3家扁竹匠店。竞丰缪洪庆、支锡源，藕塘老街于明生，勤建大队徐生保、张元华等扁竹匠手艺好，都有一定的名气。竹子原料多为农户从村前屋后的竹园自供，亦有从外地购进。20世纪六七十年代，区域内竹器兴盛，竹器种类普及。扁竹匠一家或夫妻、或父子、或兄弟姐妹起早摸黑编制，制成后常以船运肩挑到附近街镇赶节场，或走村串巷销往钱桥、藕塘、洛社、常州等地。80年代起，塑料制品、铝制品、不锈钢制品等取代竹器制品。进入21世纪，区域内竹器编织消减，扁竹匠已很难找到。

**圆竹匠** 制作的竹器主要有竹床、竹台、竹凳、竹椅、竹橱、竹梯、蒸笼、筷笼、躺椅、竹塌、竹扁担、竹耥、铁耙柄、爪耙、扫帚、粪夹，连枷等。竹器农具价格低廉、轻巧、区域内农户使用很广。藕塘老街殷泰财、盛店西坝头章玖宝制作竹器农具的家史有70余年，名闻藕塘和周边地区。80年代后期，此类竹器制作日趋减少。

**（九）铁匠**

铁匠主要是锻打铁制农具，有铁耙、铁锹、锄头、镰刀、火夹等。铁匠使用的工具有铁墩头、各式钳子、大小铁榔头、土炉灶、风箱。钱桥、藕塘老街上都有铁匠铺。民国时期至解放初期都为私人经营，一个有名气的师傅带上2~3个徒弟开铺。制作铁制农具时，先把铁块放到土炉灶中烧红烧软，然后师傅一手拿起钳子夹起烧红的铁块放至铁墩头上，另一手拿起一把小铁榔头，按照制作要求，凭师傅手艺用小铁榔头指点，徒弟拿起大榔头不断锤打，使铁块成为各种各样的农具。70年代，铁匠加入钱桥、藕塘手联社后，在设备上进行改造，购买各种型号的气锤榔头及鼓风机等，劳动强度获得减轻，同时提高生产效率。钱桥街上许爱生、秦和尚、戴寿裕，藕塘街上周根宝、顾海金、陈洪祖、蒋任泉，稍塘街上蒋仁清等都是有一定名气的铁匠。2015年，区域内盛岸西路578号私人开设赵记铁匠店，为夫妻店，店主赵品书，主要加工小型农具及建筑用工具。

**（十）石匠**

石匠选用优质石料凿制成石刻、石碑，建筑用的柱子石、方块石、门槛石、墩子石、狮子石、井栏石、磨井石、桥栏石、踏步石、河滩石、猪槽、石臼、石锁等。石匠凭一把榔头、一把凿子把石块凿成一定的形状，或在石块上雕刻美观的图案、凿写优美的文字。大户人家造房起屋时的“泰山石敢当”自古以来就有“驱邪止煞、吉祥平安”的寓意，都为石匠凿成。钱桥老街有李振兴、藕塘老街有李正兴父子，都是区域内有名的石匠。2015年，区域内舜柯山公墓有几位石匠专为丧户凿刻墓碑上的文字。

（十一）裁缝

民国时期到新中国成立初期，钱桥、藕塘地区大人、小孩的衣服都由裁缝缝制。裁缝缝制衣服皆为手工操作，缝制工具仅是一把尺、一把剪刀、一根针、一根线。区域内裁缝大多是夫妻合伙，或一个师傅带上徒弟到农户家中缝制衣裤。名声较大的称“大裁缝”（又名老式裁缝)。民国初期，农村男子下身穿外围桌裙、有的穿马夹、有的穿长衫，高档女子都穿旗袍。这些服装都由裁缝量体裁衣，一针一线缝制。新中国成立后，缝纫机逐步普及，区域内居民喜爱穿人民装、列宁装、学生装、中山装等，使用缝纫机缝制这些服式的裁缝称之为西式裁缝。钱桥街上的张东坡、顾子兰、黄佛宝，竞丰邹焕奎，周基头、毛村园俞耀伦、俞耀坤、赵寿生、毛银生、俞炳兴，戴巷桥姚洪根、窦梅初，杨思桥杨关林，藕塘街上黄天生、林三度、李阿培、冯土伦，西张巷王裕度、张海林，盛店桥顾文宝、蒋锡元，稍塘街上秦三度、徐镜良，丁村徐宝荣、龚长根，井亭朱孝三等人都是有名的中、西式裁缝。改革开放以后，随着人民生活水平的提高，钱桥、藕塘地区人们穿衣着装有很大的变化，服装款式多样，小青年穿着讲究品牌，大多到城镇商店、超市购买时装，乡间从事裁缝业的日渐减少。2015 年，钱桥、藕塘农贸市场有摆摊缝制棉毛衫裤的裁缝。

（十二）铜匠

民国时期至新中国成立后，区域内铜匠为农户浇铜勺、铲刀、脚炉、手炉、蜡签、香炉、汤婆子，或修配钥匙、包角装门环、修补铜制品等。铜匠使用的工具为一把套箍长板锉，一把陀螺形的牵仔钻，一台什锦台虎钳，一把长短身的大剪刀等。铜匠招揽生意不用喊叫，一担在肩，走路慢条斯理地晃动担子，担上的铜片发出“叮铃咣啷”的响声，引得顾客前来做生意。50 年代后期，铝制品开始流行，区域内又出现白铁铜匠，专门修钢精锅、水壶，用白铁皮打造水桶、畚箕、喷壶等。钱桥街上铜匠店、白铁匠店有时泉元等 3 家，藕塘街上有陈春根、顾友良、米仁宝 3 家，西漳街上有 1 家。钱桥手联社王进兴、洋溪大队东马山笪国兴等白铁匠在区域内较有名气。

（十三）皮匠

又叫鞋匠。民国时期至解放初期，皮匠有的肩挑一副担子，有的肩背一只大帆布包，内放楦头、锥子、弯柄刀、铁托子（亦称朝天櫈)、锤子、砧板、钉子、鞋绳、鞋线等，走村串巷，为农户上新鞋、补旧鞋、钉掌子。皮匠生意季节性较强。临近春节，大人小孩都要做一双新鞋过年。其时，皮匠日夜忙碌。钱桥街上唐行海、曹荣生、李金贵、吴少伦、许海泉、朱金泉，西漳街上苏建法、姚仁根，唐家庄唐银海，毛村园毛坤培，藕塘街上皮匠阿茂，盛店桥蒋国荣，稍塘街徐桂生，新丰里马金海，湛大坝戈阿苟、戈德泉，勤建大队西村谢根法等皮匠都有一定名气。改革开放后，随着经济发展，村头巷尾已少见皮匠。2015 年，钱桥街上有 2 家、藕塘街上菜场内有 3 家皮匠摆摊头，为广大群众修补各类鞋子。

（十四）弹棉匠

民国时期，弹棉花匠大多在家中个体经营，或在钱桥、藕塘街上设店，代客加工棉胎，也有的在冬季到农户家中加工棉胎。弹棉匠弹棉花都靠手工操作，工具为一张弦丝大弓，一把圆木弹棉花木榔头，一根吊弓棒及定做的圆木垫、竹笪等。弹棉匠将棉花反复弹打，使其松而柔软，然后把又松又软的棉花均匀地摊放在阔门板上，再用碾纱盘把棉花压成形，配以红绿纱线固形，即成被絮。弹棉匠一人一天可弹 20 市斤棉花（包括旧棉絮)，可加工成 4 条棉胎。20 世纪五六十年代，钱桥、藕塘供销社到冬季专设弹棉花加工场。溪北大队厉兴生、毛荣初，江胜桥孙焕清，藕塘大队缪巷季阿弟，盛店桥蒋师傅等人从事此业。80 年代，弹棉花品种发展到弹羊毛、弹化学纤维等。随着城乡絮棉织毯厂家增多，居民多购买商品棉胎，弹棉花生意逐渐清淡。2015 年，钱桥、藕塘镇上还开有 5 家弹棉花店。

**（十五）船匠**

民国时期至新中国建立初期，区域内部分农户备有木船，作为运输之用。新木船多用长梢杉木，由船匠一剖为二，制作船底（有的船底也用柏木制作）、船帮、船头、船梢等。每块木材相互抽槽，再用二头尖中间圆的铁钉（俗称枣核钉）拼接而成。前后舱坐板的木料一般达十二三厘米厚。木船造型大有讲究，要从装物多少、划船快慢、拨船轻便等全面设计。钱桥、藕塘地区船匠以大花岸顾长发，前埠墩徐杏才、周锡春比较有名。木船使用数年后需要维修，船户维修需要与船匠预约。到时，修船匠带上榔头、凿子、铁钉、斧头、锯子、麻丝、油灰等上门维修，根据船体损坏、腐朽程度，去除朽木，用准备好的新木板换上，或在拼接缝口嵌上麻丝油灰，完工后就结清修船费用。大花岸顾长发、时三度等10余人，椿树巷丁本度，丁村丁锡兴等10余人都为船匠。70年代，木船逐渐被水泥船替代。水泥船使用过程中撞坏破损须修补，船匠就备上水泥、钢丝网等补洞修理。80年代后，区域内船只运输被汽车运输所替代，船匠消失。

**（十六）理发师**

又称剃头佬。从事理发者都在年轻时就拜师学业，一般三年满师。理发工具有轧刀、剃刀、剪刀、夹剪、刮刀布、围裙、肥皂等。街坊剃头师傅租房或在自家开店，为顾客服务，名气大的在店内带上几个徒弟。乡村剃头师傅把理发工具包在剃头用的围布里，掖着转村头，为顾客服务。民国时期，区域内每位成年人剃一个头3~5分钱。新中国成立后到70年代，理发工具改进为电轧剪和吹风机等，理一次发0.1~0.5元。进入90年代，每位成年人剃头一次5~10元不等。剃头师傅为刚满月的婴儿第一次剃头收费加倍，主家还配红纸包。钱桥、藕塘、西漳、稍塘、盛店桥老街都有理发店。钱桥街上理发师傅朱云林、陈国荣、耿四子、王大明、王辣苟，藕塘街上朱福金、王伯生、杨金生、于德升，五星大队李九文，晓星大队时国兴，西漳大队高绿叶，盛店桥陈绍兴、徐伯兴等均有一定名气，或在街头设店，或转村头为顾客服务。进入21世纪，区域内各街镇都设有美发美容店，除理发外还可以烫发、染发。

**（十七）磨剪刀佬**

从业磨剪刀者肩扛长板凳，板凳一头按上粗细磨刀石，凳边挂一只小水桶、水刷、拭刀布，走村穿巷吆喝“磨剪子来削薄刀”，招呼生意。磨刀师傅用粗砂石磨厚口子，用细砂石磨薄口子，磨出刃口，俗称“出锋”。磨剪刀时把两爿剪刀弄得松紧适中，然后在细砂石上磨锋利。钱桥南街李师傅，藕塘东风赵大龙等人从事此业。

**（十八）修钟表匠**

新中国成立前后，随着机械钟表输入境内，经济条件好的农户都购置座钟或闹钟。70年代，钱桥、藕塘地区戴手表的人逐渐增多，钟表修理业由此产生。钱桥街上高松林，藕塘街上蒋文杰、李玉，西漳街上潘师傅等人有一手修钟表的好技术。2015年，区域内各大型超市设有钟表修理柜。

**（十九）修伞匠**

民国时期，从事修伞的匠人肩挑一副担子，担子一头为一扁圆木桶，内放修理零配件；另一头方框架内插满多种新旧伞柄。破旧的油布伞、纸伞经修伞匠稍加修补，就可继续使用。新中国成立后，钱桥、藕塘老街都设有修伞摊。1980年后，市场上的自动伞、缩折伞增多，修伞匠修补的部位大多在伞骨、开关。2015年，仍有修伞匠进入社区，修理各种雨伞、遮阳伞。

**（二十）补锅匠**

民国时期，钱桥、藕塘乡间补锅者肩挑担子，串村走巷，边走边喊，然后停在村巷一角，用生铁补锅。补锅开始时拉风箱生火，炉中放一只小坩锅，坩锅内插满碎铁片，上盖稻草，把碎铁片熔化成铁水。补锅时，先将铁锅破损处擦干净，再用尖嘴榔头轻敲出一条小缝，揭去坩锅上草灰，捞去铁水表面氧化层，左手垫一块圆形厚布，上铺一层黑沙，把铁水准确地放至裂缝里面，右手抓一

图 3—15—5 旧时区域内补锅匠为农户补锅

卷雪茄似的旧布卷，往铁水上一按，“吱”地一声冒出一股青烟，铁水就平整地凝固在裂缝里。这样反复几次，裂缝补满，再用白泥水一涮就成。钱桥街上潘师傅、藕塘街上陈师傅从事此行业。

（二十一）补缸匠

民国时期至新中国成立后的70年代，钱桥、藕塘乡间染坊、糟坊、酱园及农户腌菜、盛米、盛水等都用缸。破裂的缸，弃之可惜，故有补缸行业出现。补缸者多为串村走巷的外地人，以绍兴人居多。补缸工具极简单，只需几支钨钢小凿子，一把钢制小榔头，几斤生铁末子。生铁末子用火融化后，加半斤盐就成补缸原料。补缸时，补缸匠用小凿子凿宽缸上破裂的缝口，将拌好的材料嵌进缝内即成。补缸上的长裂缝还得加铁搭子，以增加牢度。

（二十二）补碗匠

民国时期至新中国成立后70年代，区域内农户破碗舍不得扔掉，就请补碗匠修补。补碗匠挑一副转担，有人招呼“补碗”即歇担、坐矮凳，膝上铺块布，先将破碗片对接好，再绕上几圈线固定，夹在双膝间，然后取一个夹有极细的装有金刚钻头的小弓，在碗的裂缝两边钻上几个对称小孔，按上搭钉，用小锤把搭钉轻轻敲平，粘上白色瓷浆即成。补碗者江西人居多，钻眼时发出“自咕自咕”的声音，故区域内有“江西人补碗，自顾自”之俗语。

（二十三）屠夫

俗称杀猪佬。杀猪佬穿一件挡水胶皮系身头，带一套单刃尖刀、刮毛刀、挺杖、挂钩、大斩刀等工具，专为农户杀猪宰羊。年尾岁末为屠宰忙季。民国时期，屠夫杀猪仅取2斤猪肉即为宰猪工钱，还可征得主顾同意，带走猪肺或肚档一份。也有农户请屠夫杀猪后卖肉，工钱以时日或数量支付。比较有名的屠夫有钱桥食品站顾三福，新丰大队周振祥、陆顺清，勤建大队徐金生、丁荣荣、丁士金，盛店桥刘海宝等。

（二十四）开井

新中国成立后，区域内居民多饮用井水，于是开井者应事而生。开井由2~3人一上一下配套作业。井下人一鼓作气往下挖泥，并把泥土装在箩筐里；井上人用绳子吊筐取出泥土。家用井深度一般5、6米，井下人挖掘到泉眼后，井上人就向下输送砖或瓦，井里人从井底沿井壁把砖或瓦向上盘。待砖或瓦盘至井口，再筑好井栏圈，井底用黄沙石子沉淀。钱桥黄旗岸秦炳兴，藕塘盛峰村姚炳元，东风村梅俊兴等多年从事此行。挖井费用按井大小和深度收取。

（二十五）棕藤编织匠

钱桥、藕塘地区经济稍宽裕的农户家中都用棕棚床和藤制作品。藤制作品有藤凳、藤榻、藤椅、藤书架等。这类制品都由棕藤编织匠制作。棕棚以榉、柚、槐、朴树做成框架，以棕绳、棕线穿编棚床，坚韧耐用。区域内从事此业者有胜丰陈龙海、勤建邵巷丁炳奎等。棕藤制品用久损坏后还可请棕藤编织匠修理。

（二十六）蒲草编织匠

蒲草编织的种类很多，钱桥、藕塘地区常见的有蒲包、草鞋、草包等。区域内低洼地多生长蒲草，蒲草编织匠就地取材，秋天收割蒲草后进行晒干、软化处理，然后按长短分成不同规格。手艺好的编织匠编织得既快又好，一天能编织20多只蒲包。但此活需长年累月蹲在地上操作，蒲草编织匠常常腰酸背痛，严重的成为驼背。民国时期，钱桥、藕塘地区乡村会编织草鞋、蒲鞋的人很多，年龄多为老年人，实际是区域内老年农民的一项副业。草鞋多用稻草编织，也有蒲草鞋。蒲草鞋种类有浅帮和高帮两种，用蒲草和布筋混合编织，中间嵌点芦花，就成芦花蒲鞋。钱桥张梅生、前周基周惠泉、唐家庄唐逸伦、黄旗岸潘士清、高伯生等老人在20世纪五六十年代制作的芦花蒲鞋品种多、质量好，经久耐用，老少皆宜。70年代后，区域内蒲鞋、草鞋逐渐消失，蒲包逐渐被塑料袋或蛇皮袋替代。

（二十七）稻草编织

稻草用途广泛。民国时期至新中国成立后70年代，每到冬季，钱桥、藕塘地区挨家挨户以三人一组用稻草绞粗草绳、细草绳（又叫莳秧绳），为农忙时肩挑草肥和莳秧作准备。每逢养蚕季节，蚕到大眠后成熟吐丝时农户利用稻草绞草龙，待蚕做茧时把蚕安放到草龙上结茧。

图3—15—6　区域内农民用稻草绞草绳

旧时，钱桥、藕塘地区农户储存大米多用米囤。农户家家户户都会扎米囤。米囤制作简单，用秋后晒干的清洁稻草作材料，工具为铁制的囤指钻和中等竹管子用于扎米囤时穿孔扎柴符。农户扎米囤都在冬天农闲时间，手艺好的起早摸黑，一天可扎一只米囤。每只米囤可装100~300公斤大米。有的农户还用清白稻草制成大小不一的柴窠作焐窝，用于冬天置放脚炉、饭锅等保暖。有的农户还把稻草编织的焐窠、坐垫到市场上出售，以增加家庭收入。新中国成立前后，区域内一些村民用蒲、芦、柴、草、树皮、动物筋类等编织成各种物品，俗称草编，品种有芦蓆、芦帘、蒲席、蒲凳、蒲鞋、柴囤、米囤、草鞋、草袋、草帽、草绳、树皮绳、草帘、蒸腰等。

图3—15—7　区域内农民用稻草编织的米囤用以存放白米

1969年，钱桥公社副业办公室与无锡市惠山农药厂签订销售合同，用稻草编织草垫，为农药厂包装农药服务。竞丰、洋溪、黎明、新丰、五星、晓星大队几乎家家户户利用农闲时间打草垫。草垫价格大的一只0.3~0.5元，小的一只0.1~0.2元不等。

（二十八）织网

钱桥、藕塘渔业大队的渔民都会织网，种类有大小渔网、杆网、搭网、撒网、综网、虾网等。民国时期至解放初期，渔网以棉、麻、丝线织成网衣；至20世纪六七十年代，逐步用化学纤维（尼龙线）替代。织成网衣后将拉紧的网衣放松，使并拢的网目适当张开。这样网衣长度就会相应缩短，把这种缩短的网衣均匀地结扎在纲绳上，这个过程叫“缩结”。“缩结系数”有织网者掌握，讲究技术，以确定网眼的大小和捕获效果。结织的网具除供自用外，还有一些织网专业户把织成的各种网到钱桥、藕塘、洛社、常州等地销售，或到乡镇节场上销售。钱桥渔业大队汪杏泉、杨荣宝等人织网较有名气。随着社会经济发展，区域内鱼池逐年被征用淘汰，织网者逐渐减少。

（二十九）爆炒米者

清末至民国时期，钱桥、藕塘乡间有爆炒米者挑着爆炒米机、风箱、煤炭、麻袋、坐椅等，在冬季串村走巷叫唤“要爆炒米吧，一斤米可爆一麻袋”，引得大人小孩拿着米在村旁避风处排队等候。稍待一刻钟工夫，只听得爆炒米机“啪”地一声响，一麻袋炒米就可拿回家当零食吃。进入21世纪，区域内家家户户经济条件好转，市场食品丰富，但仍有人喜欢吃炒米，爆炒米者不绝。2015年，钱桥、藕塘、西漳、稍塘、盛店桥老街亦有流动爆炒米者到各社区居民点爆炒米和炒糖。钱桥华新社区陈剑清从事此业。

**（三十）补套鞋匠**

民国时期至解放初，钱桥、藕塘区域内很多农户在雨天一般都穿钉鞋或赤脚。有的家庭有一双套鞋，也要穿上几代人。新中国成立后，农户渐渐购买套鞋，视套鞋为稀物。套鞋破了，舍不得扔掉，就请补套鞋师傅修补。补套鞋匠身背一只大木箱，里面装有锉刀、剪刀、斜口刀、胶水及废旧套鞋等物。补套鞋时，补鞋匠先把待修补的套鞋破洞处用锉刀锉去表皮，再用补鞋胶水均匀地涂在上面，稍微晾干；同时在废旧的套鞋上剪下一块与待补处大小稍大的胶皮，同样锉表皮、涂胶水、微晾干。最后把胶皮粘在套鞋修补处压紧。待胶皮与修补的套鞋粘牢固后，用斜口刀切去胶皮周边毛边，敲击几下，就完成修补。民国时期至20世纪70年代末，区域内常有补套鞋师傅走村串巷，为民服务。至90年代，人民生活水平提高，补套鞋师傅在区域内消失。

**（三十一）擦皮鞋**

1985年后，钱桥、藕塘地区穿皮鞋者越来越多，外地打工妇女多在街头公共场所靠擦皮鞋谋生。擦皮鞋工具简单，两张小板凳，双方相对坐下，一块擦布，一块石腊，数盒各式鞋油，几分钟就把皮鞋涂上鞋油，擦得光亮。擦一双皮鞋收费1~2元不等。2015年，钱桥街上影剧院旁仍有擦皮鞋匠出现。

**（三十二）豆腐花担**

磨豆腐者把豆腐花做在两只圆状形的保温木桶内，一只桶上面盛放油盐糖酱等佐料，另一只桶上面盛放10多只碗具，挑着走村串巷叫卖。民国时期至20世纪70年代，区域内乡村常见肩挑担子卖豆腐花者。一小碗热腾腾的豆腐花卖价5分钱。竞丰大队支巷支锡昌、新丰大队肖尤巷肖叙根三兄弟多年从事此业。90年代后，豆腐花担多为外地人经营，主要设摊在农贸市场。2015年，苏庙社区凌伯荣、盛峰社区王伯林仍经常推着车子，走村串巷卖豆腐花。

**（三十三）豆腐坊**

民国时期至20世纪50年代末，钱桥、藕塘老街开有豆腐坊，农村少数村民也开设豆腐坊。做豆腐以黄豆为原料，把黄豆浸胖后磨成浆，再用盐卤、石膏点花，制成豆腐、百叶。经营豆腐坊者吃苦耐劳，早晨二、三点钟起床，天亮前把黄豆制成豆腐、百叶，然后肩挑担子到街镇摆摊，或者走村串巷叫卖。农历十二月初十开始，区域内村民都到豆腐坊去预订豆腐、百叶，并交一定的加工费。此时，豆腐坊操作人员整日整夜繁忙，一直持续到除夕之夜。钱桥老街李炳生，新丰大队前周基头周浩琼父子（又叫豆腐阿坤），稍塘大队湛大坝豆腐阿二、豆腐阿三，章巷上豆腐阿荀，勤建大队西村徐阿顺、徐林生父子等所制豆腐、百叶都很有名气。

**（三十四）货郎担**

民国时期至新中国成立初期，区域内乡村中有中老年人肩挑装着日用小百货的货郎担串村走巷卖百货。日用百货大到书包笔筒、杯盘毛巾，小至胭脂花粉、针头线团。货郎担者手摇拨浪鼓，常去偏僻村落为村民购买小百货提供方便。有的货郎担还备有小孩食品，以换取钱物。钱桥供销社职工张守帮之母从事此业。

**（三十五）换糖佬佬**

民国时期至新中国成立初期，换糖佬用面粉与饴糖配料，做成扁圆状形的糖块，放在箩筐上面干净的木板上，肩挑担子，串村走巷，叫唤着“破布头烂棉絮、废铜烂铁换糖啰”，喊声不绝，引得孩童回家拿些碎布头或烂金属前来换糖。“换糖佬佬三饶头”，孩童非要换糖佬再敲下一块饶头糖才罢。钱桥街上朱师傅等人从事此行。

**（三十六）茶担**

区域内乡民因居家狭小，或缺餐具餐桌，或图省事，逢婚丧寿庆，就请茶担上门服务。茶担备有宴席所需的餐具。改革开放后，随着经济发展，居民生活优裕，婚丧寿庆举办宴席，请厨师上门服务。厨师包办桌椅碗筷、烹调菜肴、提供茶水等茶担全套服务，就连拣菜洗碗的下手也由厨师招来，然后按桌数计取报酬。进入21世纪，区域内还有部分家庭请用茶担。

**（三十七）绣娘**

1946年，藕塘盛店桥庄基上开办绣花庄。绣花庄把绣花材料发到心灵手巧的农家妇女手中。农家妇女绣好花后再交到绣花庄，经检验合格，绣花庄发给工钱。盛店绣花庄产品销售国内各大城市，甚至出口西欧各国。区域内也有独户绣娘把刺绣作品赶集或上街叫卖，以度生计。70年代中期，钱桥公社五星大队开办绣花加工场，专为城里大型服装商店及无锡童装厂加工绣花，兴盛时期，绣娘达到100余人。

**（三十八）剪鞋样**

新中国成立前后，钱桥、藕塘农村中有些巧妇专剪鞋样卖。鞋样有纸质的，也有用碎布经浆糊粘成硬衬剪成的。剪鞋样巧妇剪成大小不一、尺寸多样的鞋样供人选择。改革开放后，区域内居民到商店购买成品鞋渐多，剪鞋样巧妇逐渐消失。

**（三十九）纳鞋底**

明、清、民国时期至20世纪70年代，钱桥、藕塘地区的农妇都会纳鞋底、做鞋子。农妇在纳鞋底的底层铺一块新布，然后用零散碎布在这块布上一层一层叠起，最后在上面再盖上一块新布，接着用棉线在纳成的鞋底上一针针来回扎紧，扎得既均匀又整齐。鞋底扎好后用剪刀剪去四周毛边。这种鞋底穿在脚上软硬适中、渗汗透气、穿着舒适。农妇扎好一双成年人的鞋底，往往要用上10～15个黄昏的时间。区域内也有农妇专门代客加工纳鞋底，或把做成的鞋底上街出售，各式尺寸任人挑选。改革开放后，农村居民多在城镇商店购买成品鞋，妇女纳鞋底已经看不到。

**（四十）梳头姨娘**

民国时期，区域内有梳头姨娘。梳头姨娘多数在40岁上下，手提装有梳篦簪钗等物的夜盒，为嫁娘梳头化妆，或为爱打扮的妇女化妆。梳头姨娘擅长时尚新款式，盘横爱司、盘乌髻、剪前刘海、盘双环辫。化妆时，梳头姨娘口咬一根长白线，一头绕左手指，右手指绷住线中央，与被化妆者面面相对，时近时远，绞去脸上汗毛，俗称“绞面”，以适应嫁娘或爱梳妆打扮妇女的需求。新丰大队肖尤巷须纪妹从事此行业。进入90年代，人民生活水平提高，新娘或爱漂亮的妇女化妆高档，聘请化妆师傅跟踪服务，价格较为昂贵。

**（四十一）补衣（袜）师傅**

民国时期，钱桥、藕塘街上都有补衣、补袜师傅摆摊。1990年后，外来妇女来区域内打工，身背褡包和针织工具，在街头一角专事衣着修补。本地人家一些高档羊毛衫、皮衣、呢裤、袜子等不小心扎硬洞、撕小口，就上街请补衣袜师傅修补。一个小洞或一条口子修补按用工量多少收费，一般在5～10元之间。2015年，钱桥新老农贸市场旁各有一家修补衣服店，藕塘农贸市场有5个修补衣服的摊位，生意很好。

**（四十二）凿坑垢匠**

民国时期至新中国成立后60年代，区域内农户多在家中设有“茅坑”，或野外用缸存放粪便，以作农田肥料。年长日久，茅坑或粪缸内四周就凝积上一层厚厚的污秽肮脏之物，俗称坑垢。坑垢有一种特殊的药用价值，于是有人专事此行。凿坑垢者趁茅坑、粪缸掏空之际，带上榔头、扁凿，身着旧服，带上手套，花上数小时，轻重有度地把粪垢凿下来，然后打包带走，并向主家收取一定的人工费。

**（四十三）消烟囱佬**

民国时期至新中国成立后80年代，区域内农户做饭炒菜都用灶头。年长日久，灶头烟囱中积上一层厚厚黑灰，以致灶膛火势不旺，浓烟返回。于是就有专事消烟囱灰的人。消烟囱从业者带上一根长长的并能弯曲的竹篾条，从灶膛下面直往上消，在烟囱中来回几次，能把烟囱中的烟灰全部清除下来。

**（四十四）扎纸马、花圈**

民国时期，钱桥、藕塘地区乡间艺人用竹片、柳条、芦苇杆、彩纸、铁丝等为原料，扎成动物骨架、灯笼骨架、花灯骨架等，然后在这些骨架上糊上油彩纸，统称扎纸马，多用于喜庆婚丧或庙会。新中国成立后，扎纸马以残疾人居多，除扎灯笼、纸马外，还扎花圈、箱子、房子、椅子、汽车、电器设备等冥器。2015 年，钱桥河庄头、苏庙李巷（钱桥新街）、藕塘菜场西南面等 4 家经营花圈、扎纸马生意。

**（四十五）刻纸马**

钱桥、藕塘街坊村巷有人用红、黄、蓝、白、青多种纸色底板或手绘制作，或拓印出五路财神、灶君老爷、赵公元帅、增福财神、招财童子等脸谱，用于春节、年关、节日供祀灶神等。刻纸马分行业性，如酒坊刻杜康、木匠刻鲁班、肉店刻关公、读书人家刻孔子等，以供祀神像，祈求平安，居家吉祥。

**（四十六）电器修理**

20 世纪 80 年代中期，钱桥、藕塘地区人民生活水平逐年上升，建成新楼房后就使用高档的电器，如收音机、电风扇、电视机、洗衣机、冰箱、电饭锅、电炒锅、微波炉、空调等。90 年代初期，电脑、液晶电视等高档电器逐步进入普通家庭。如此，电器修理户、电器维修店先后涌现。2015 年，钱桥有艺创空调维修服务部、晓梅电器修理部；藕塘有振华、宣荣、海龙、小吴等电器修理部，共有 51 家电器修理店。收费按照各类电器损坏情况而定。

**（四十七）汽车修配**

改革开放后，钱桥、藕塘地区市场经济欣欣向荣，社队企业、私营企业蓬勃发展。有条件的企业和单位逐步购买各类汽车。20 世纪 80 年代后，钱桥、藕塘地区陆续开设多家汽车修理和保养店。进入 21 世纪，区域内居民家庭购买轿车基本普及。一户人家拥有小轿车少的 1 辆，多者 2~3 辆。运输专业户购买各类运输车辆。汽车长期运行后必须保养，有部分汽车也会发生故障或损坏，必须到就近和定点汽车修配厂去保养和修理。2015 年，钱桥街道有冬嘉汽车维修有限公司、钱桥晓星汽车修配厂、藕塘大众、粤艺、首佳、三友、金鹰、胜达、浩明、恩友等汽车修配及保养店、厂、公司，共有 91 家之多。

**（四十八）摩托车、电动车修理**

20 世纪 80 年代末至 90 年代，钱桥、藕塘地区经济条件较好的家庭购买“幸福”“大黑沙”“铃木”等有名气、质量好的摩托车。进入 21 世纪，购买摩托车、电动车已在区域内全面普及。

摩托车、电动车长期使用，零部件会损坏，就得保养、修理。于是，摩托车、电动车修理店陆续在钱桥、藕塘街镇及村级公路两旁等地开设。2015 年，钱桥街道有 58 家摩托车、电动车修理店，藕塘有祥龙、超威、福临门、富尔欣、小夏、唐巷、小虎等修理店。修理价格按摩托车、电动车损坏情况而定。

**（四十九）开水灶**

开水灶，民间称“老虎灶”，一般开设在市镇、街头，以砻糠、废木屑、煤炭等为燃料，为居民供应开水，兼设盆汤浴室。20 世纪六七十年代，每瓶（以普通 5 磅热水瓶为计量单位）开水价格为 1 分钱，其后随着物价因素变化开水价格也逐步提高。进入 21 世纪，每瓶开水价格为 1~2 角钱。此后，液化气、管道煤气、天然气逐渐成为主要燃料，开水灶服务因污染环境受到限制，但部分老居民仍有需求，区域内遂出现“懒汉炉”的无压热水炉。“懒汉炉”仍采用煤炭、木柴等为燃料烧开水供应，但在农村城市化建设中大多逐渐淘汰。2015 年，钱桥地区个别居住小区仍有“懒汉炉”为民供应开水，价格为每瓶 3 角。

**（五十）家禽宰杀**

21 世纪前，鸡、鸭、鹅、鸽等家禽宰杀均为居民自行解决。进入 21 世纪，随着人们生活水平的提高，代为宰杀家禽成为人们的需求，区域内各农贸市场宰杀家禽逐渐成为售卖家禽摊点的辅助性服务项目。代为宰杀（包括拔毛、开膛）家禽每只收费 1~2 元。

**（五十一）家用电器清洗工**

80 年代起，各种家用电器进入普通家庭。脱排油烟机、空调等家用电器使用时间一长，清洗成为居民的消费需求。除生产厂家特约维修部承担清洗家用电器服务外，专业清洗服务工应运而生。2015 年，钱桥街道各居住小区居民都需要专业清洗人员上门清洗电器服务，只要电话预约，随喊随到。

**（五十二）保洁工**

保洁工保洁服务包括小区保洁、楼宇保洁、家庭保洁等。其中，小区保洁、楼宇保洁包含在物业管理之中，有物业聘用保洁工；家庭保洁有包月、钟点工和一次性清扫等种类。经济条件较富裕家庭的保洁有包月、或钟点工、或春节前一次性保洁服务。

**（五十三）废品回收**

废品回收在区域内有多个回收站。开办废品回收站须注册登记，属市物资回收利用总公司管理。2015 年，钱桥、藕塘地区废品回收人员相当庞杂，有游走于市镇街巷、居民小区拣拾废旧物品的“拾荒者”，也有专门到企事业单位和居民小区收购旧纸箱、旧报刊、旧家电等物品的谋生者。

**1982 年钱桥公社五匠日工资统计表**

表 3—15—4　　　　单位：元

| 项目 | | 标准 | 项目 | | 标准 | 项目 | | 标准 |
|---|---|---|---|---|---|---|---|---|
| 固定工资的五匠 | 泥工 | 1.80 | 小手工业者 | 漆匠 | 2.00 | 小手工业者 | 修套鞋 | 1.50 |
| | 木工 | 1.80 | | 白铁匠 | 2.00 | | 修塑料鞋 | 1.50 |
| | 缝纫 | 1.80 | | 浇铸铜匠 | 3.00 | | 修伞 | 1.50 |
| | 弹棉匠 | 2.00 | | 修钟表 | 2.50 | | 补锅匠 | 1.50 |
| | 雕花匠 | 2.00 | | 穿藤椅 | 2.50 | | 理发 | 1.50 |
| | 竹匠 | 2.00 | | 修无线电 | 1.50 | | 磨刀 | 1.80 |
| 小手工业者 | 箍桶匠 | 2.00 | | 挖井 | 3.00 | | 拖板车 | 2.00 |
| | 铜匠 | 2.00 | | 修球鞋 | 1.50 | | 接蚌 | 3.00 |

## 二、手工业联社

1956 年，钱桥、藕塘乡分别把区域内的铁匠、木匠、竹匠、皮匠、裁缝、船匠、箍桶匠等小手工业者组织起来，成立钱桥手工业联社、藕塘手工业联社（简称手联社）。钱桥手联社内设综合修配组、制鞋组、缝纫社、竹器组、木业社等；藕塘手联社内设铁业社、木业社、竹器社、缝纫社等。

**1970 年钱桥、藕塘公社手工业联社经济实绩统计表**

表 3—15—5　　　　单位：万元

| 钱桥手联社 | | 藕塘手联社 | |
|---|---|---|---|
| 企业名称 | 总产值 | 企业名称 | 总产值 |
| 钱桥综合修配组 | 7.64 | 藕塘铁业生产合作社 | 3.84 |
| 钱桥制鞋组 | 0.55 | 藕塘竹木生产合作社 | 3.11 |
| 钱桥缝纫社 | 3.29 | 藕塘缝纫生产合作社 | 0.61 |
| 钱桥竹器组 | 2.87 | — | — |
| 钱桥木业社 | 3.47 | — | — |

1972 年钱桥、藕塘公社手工业联社总产值统计表

表 3—15—6 单位：万元

| 钱桥手联社 | | | 藕塘手联社 | | |
|---|---|---|---|---|---|
| 企业名称 | 总产值 | 利润 | 企业名称 | 总产值 | 利润 |
| 钱桥手工业电机社 | 31.63 | 12.06 | 藕塘铁业社 | 4.7 | 0.89 |
| 钱桥木器社 | 2.27 | 0.17 | 藕塘木业社 | 3.7 | 0.55 |
| 钱桥缝纫社 | 10.52 | 0.01 | 藕塘缝纫社 | 2.7 | 0.19 |
| 钱桥修业组 | 3.07 | 0.06 | — | — | — |
| 钱桥综合组 | 1.52 | 0.35 | — | — | — |
| 钱桥鞋业 | 0.51 | 0.02 | — | — | — |

1996 年、1999 年，藕塘、钱桥手联社分别转制。

# 第三节 乡镇（社队）工业

钱桥、藕塘地区的工业起步于社队工业，后发展成园区工业；或起步于小打小闹的小手工业，后发展成高科技的产业；或起步于在庙宇、祠堂、破屋内办企业，后发展成拥有数十、数百亩土地，数万、数十万平方米厂房，数百、数千名职工的大型企业；或起步于数千元产值的企业，后发展成数千万元、数亿元产值的企业。尤其是进入 21 世纪以后，钱桥、藕塘地区的工业进入飞速发展阶段，成为国内外享有盛誉的“焊管之乡”“冷轧之都”，江苏省第一家焊管企业、第一家热轧钢带企业、第一家冷轧带钢企业、第一家镁碳砖厂均诞生于此。2015 年，钱桥街道通过科技招商、无地招商、整治低效用地、盘活存量等措施，不断拓展发展空间，一批重大项目顺利投产，辖区内有街道办、工业园区企业 103 家，社区企业 1238 家；工业生产总值 203.96 亿元，全年主营业收入 206.38 亿元。

## 一、乡镇（社办）企业

钱桥、藕塘地区乡镇（社队）工业发展经历了 6 个阶段。20 世纪五六十年代为乡镇（社办）工业的萌芽时期；70 年代为起步时期；80~90 年代为快速发展时期，同时也经历过因集资风波造成的困难时期；21 世纪初为稳定发展时期；2004 年钱桥、藕塘两镇合并后至 2015 年为向高科技新兴产业发展时期。

### （一）1958~1969 年为萌芽时期

1958 年，钱桥、藕塘公社开始兴办工业。钱桥公社先后开办粮饲加工厂、农具修配厂、轴承厂、采矿耐火材料厂、造船厂、麻纺厂、纺织厂、砖瓦厂、化肥厂、制鞋厂、服装厂、陶罐厂；藕塘公社先后开办采矿厂、农具厂、农药化肥厂、木器厂、水泥厂、造船厂、缝纫厂、砖瓦厂、食品加工厂等企业。

1958 年钱桥、藕塘公社社队工业企业经济实绩统计表

表 3—15—7 单位：元

| 公社名 | 企业名称 | 总产值 | 按新规定计算总产值 | 固定资产原值 | 工业生产值 | 利润总额 | 上缴利润 |
|---|---|---|---|---|---|---|---|
| 钱桥 | 钱桥农具修配厂 | 25000 | 23000 | 3453 | 1223 | 2000 | 2000 |
| | 钱桥轴承厂 | 7000 | 7000 | 3540 | 3540 | — | — |
| | 钱桥采矿耐火材料厂 | 69892 | 69892 | 516 | 490 | 6089 | 4026 |
| | 钱桥造船厂 | 2200 | 2200 | — | — | — | — |
| | 钱桥竹器工坊 | 2300 | 2300 | — | — | 200 | — |
| | 钱桥木业社 | 40000 | 40000 | — | — | — | — |
| | 钱桥麻纺织厂、砖瓦化肥厂 | 19300 | 19300 | 7446 | 7446 | 4800 | — |
| | 钱桥制鞋厂 | 8540 | 8540 | — | — | — | — |
| | 钱桥红旗服装厂 | 18000 | 18000 | — | — | — | — |
| | 钱桥工业水泥化肥农药加工厂 | 6000 | 6000 | — | — | 2344 | — |

续表 3—15—7　　　　单位：元

| 公社名 | 企业名称 | 总产值 | 按新规定计算总产值 | 固定资产原值 | 工业生产值 | 利润总额 | 上缴利润 |
|---|---|---|---|---|---|---|---|
| 藕塘 | 藕塘农具厂 | 17500 | 17500 | 2000 | 2000 | — | — |
| | 藕塘采矿厂 | 32700 | 32700 | 305 | 305 | — | — |
| | 藕塘农药化肥厂 | 54630 | 16200 | — | — | — | — |
| | 藕塘木器厂 | 21500 | 21500 | — | — | — | — |
| | 藕塘水泥厂 | 30000 | 30000 | 2000 | 2000 | — | — |
| | 藕塘造船厂 | 18300 | 9600 | 440 | 440 | 650 | 200 |
| | 藕塘缝纫厂 | 8800 | 8800 | 1680 | 1680 | | 259 |
| | 藕塘砖瓦厂 | 17700 | 17700 | — | — | — | — |
| | 藕塘食品加工厂 | 8100 | 8100 | — | — | — | — |

1959 年，钱桥公社又相继开办粮饲厂、酿酒厂、印刷厂、综合厂；藕塘公社开办化工厂。1960 年，钱桥、藕塘公社对工业企业进行紧缩和调整。

**1960 年钱桥、藕塘公社工业企业经济实绩统计表**

表 3—15—8　　　　单位：万元

| 公社名 | 企业名称 | 总产值 | 其中季度分类产值 | | | | 商品性生产 | 商品产值 |
|---|---|---|---|---|---|---|---|---|
| | | | 一季度 | 二季度 | 三季度 | 四季度 | | |
| 钱桥 | 钱桥公社农机厂 | 24.43 | 7.78 | 7.60 | 4.96 | 4.09 | 0.80 | 25.43 |
| | 钱桥公社印刷厂 | 2.56 | 0.71 | 0.57 | 0.64 | 0.64 | 0.80 | 2.46 |
| | 钱桥公社服装厂 | 8.85 | 3.44 | 1.99 | 2.08 | 1.34 | — | 8.75 |
| | 钱桥公社粮饲加工厂 | 2.47 | 0.71 | 0.67 | 0.42 | 0.67 | — | 2.47 |
| | 钱桥公社酿酒厂 | 4.52 | 1.58 | 1.68 | 1.26 | — | 4.97 | 4.97 |
| | 钱桥公社麻纺厂 | 0.31 | 0.31 | — | — | — | 0.34 | 0.34 |
| | 钱桥公社陶瓷厂 | 11.23 | 5.10 | 4.67 | 1.46 | — | 3.60 | 11.80 |
| | 钱桥公社採矿厂 | 1.31 | — | 0.78 | 0.53 | — | — | 1.10 |
| | 钱桥公社造纸厂 | 0.08 | — | 0.08 | — | — | — | 0.08 |
| | 钱桥公社制鞋厂 | 1.95 | 0.51 | 0.44 | 0.49 | 0.51 | — | 2.00 |
| | 钱桥公社化肥厂 | 12.33 | 5.77 | 6.08 | 0.48 | — | — | 13.50 |
| 藕塘 | 藕塘农业机械厂 | 4.67 | — | 1.12 | 2.00 | 1.55 | 6.82 | 4.57 |
| | 藕塘农具修配厂 | 4.88 | 1.09 | 2.09 | 1.08 | 0.62 | 0.76 | 4.72 |
| | 藕塘化工厂 | 4.45 | 1.93 | 1.56 | 0.80 | 0.16 | 0.41 | 4.05 |
| | 藕塘採矿厂 | 53.58 | 35.14 | 15.44 | 2.32 | 0.68 | 35.58 | 53.08 |
| | 藕塘砖瓦厂 | 1.22 | 0.21 | 0.60 | 0.41 | — | 0.82 | 1.22 |
| | 藕塘木质农具厂 | 16.27 | 6.02 | 6.25 | 1.91 | 2.09 | 0.65 | 16.05 |
| | 藕塘缝纫厂 | 38.63 | 17.93 | 11.78 | 4.58 | 4.34 | — | 38.63 |
| | 藕塘併线厂 | 1.64 | — | 1.64 | — | — | 1.64 | 1.64 |
| | 藕塘食品加工厂 | 1.50 | 0.23 | 0.43 | 0.43 | 0.41 | 0.36 | 1.50 |
| | 藕塘粮饲料加工厂 | 34.94 | 6.50 | 7.75 | 6.36 | 14.33 | — | — |

1960~1961 年，钱桥、藕塘公社企业中压减大量人员充实农业生产第一线，社队企业实行关、停、并、转，社队工业陷入低谷。1964 年，钱桥、藕塘公社社队工业有所复苏，钱桥公社开办纸盒厂。

1966 年“文化大革命”开始，钱桥地区国营、市、县属大集体工业企业处于停顿状态，给区域内社队企业的发展带来契机。钱桥、藕塘公社各大队相继开办农机修造厂、农机五金厂、粮饲加工厂等。1969 年，钱桥、藕塘公社同时开办农机（具）厂等。之后，区域内限制社队工业发展，提出社队工业只能生产为农服务产品，不能与农业“争劳力、争资金、争材料、争土地”。这一时期，钱桥、藕塘地区社队工业折腾多、发展慢。

### （二）1970~1978 年为起步时期

1970 年，中共无锡县委第四次党代会召开，会议号召全县人民“围绕农业办工业、办好工业为农业”，钱桥、藕塘公社掀起大办工业热潮，集中人力、物力、财力，大力发展支农工业。钱桥公社先后开办公社采矿厂、无锡县仪器设备厂。

**1970 年钱桥、藕塘公社社办工业企业经济实绩统计表**

表 3—15—9　　单位：万元

| 企业名称 | 总产值 | 企业名称 | 总产值 |
|---|---|---|---|
| 钱桥粮饲加工厂 | 1.75 | 钱桥农机具修造厂 | 4.17 |
| 钱桥水泥制品厂 | 1.40 | 藕塘採矿厂 | 3.60 |
| 钱桥福利纸盒厂 | 5.60 | 藕塘农机厂 | 13.94 |

**1970 年钱桥、藕塘公社生产大队队办工业企业统计表**

表 3—15—10　　单位：家、人、万元

| 公社名称 | 企业分类 | | | | | 年末全部人员数 | 其中亦工亦农数 | 总产值 |
|---|---|---|---|---|---|---|---|---|
| | 合计 | 农机修理厂 | 五金厂 | 粮饲加工厂 | 砖瓦厂 | | | |
| 钱桥 | 20 | 5 | 7 | 8 | — | 362 | 362 | 61.23 |
| 藕塘 | 15 | 2 | 1 | 9 | 3 | 165 | 165 | 20.84 |

1971 年，钱桥公社开办汽车修配厂。

**1971 年钱桥、藕塘公社社办企业工业总产值年报综合表**

表 3—15—11　　单位：万元

| 公社名称 | 全年合计 | 一季度 | | | | 二季度 | | | | 三季度 | | | | 四季度 | | | |
|---|---|---|---|---|---|---|---|---|---|---|---|---|---|---|---|---|---|
| | | 小计 | 一月 | 二月 | 三月 | 小计 | 四月 | 五月 | 六月 | 小计 | 七月 | 八月 | 九月 | 小计 | 十月 | 十一月 | 十二月 |
| 钱桥 | 71.29 | 8.49 | 2.28 | 2.52 | 3.69 | 11.84 | 3.34 | 4.64 | 3.86 | 18.11 | 5.90 | 2.58 | 9.63 | 32.85 | 16.75 | 4.65 | 11.45 |
| 藕塘 | 33.00 | 7.00 | 1.00 | 2.50 | 3.50 | 5.00 | 2.30 | 0.80 | 1.90 | 11.50 | — | 1.00 | 10.50 | 9.50 | — | 5.60 | 3.90 |

1972 年，钱桥公社开办钱桥水泥厂和五金塑料厂。

**1972 年钱桥、藕塘公社社办工业企业经济实绩统计表**

表 3—15—12　　单位：万元

| 公社名 | 企业名称 | 总产值 | 利润 |
|---|---|---|---|
| 钱桥公社 | 钱桥农机厂 | 67.49 | 5.03 |
| | 钱桥交通工具厂 | 1.74 | 0.50 |
| | 钱桥水泥制品厂 | 10.79 | -0.23 |
| | 钱桥采矿厂 | 3.90 | — |
| | 钱桥皮鞋厂 | 5.98 | 0.79 |
| | 钱桥福利制盒厂 | 6.33 | 1.57 |
| 藕塘公社 | 藕塘农机厂 | 61.7 | — |

1974 年，藕塘公社开办第一纺织塑料配件厂。1975 年开办公社水泥制品厂、皮鞋厂、皮件厂。

**1975 年钱桥、藕塘公社社办工业企业概况表**

表 3—15—13　　单位：万元、家、人

| 公社名称 | 全年总产值 | 全年净利润 | 年末固定资产 | 流动资金 | 企业数 | 年末人员数 | 直接生产工人数 | 其中外来人员数 | 全年工资总额 | 其中转队工资数 |
|---|---|---|---|---|---|---|---|---|---|---|
| 钱桥 | 154.64 | 45.03 | 51.95 | 5.32 | 41 | 987 | 948 | 2 | 29.72 | 29.72 |
| 藕塘 | 100.96 | 28.32 | 33.61 | — | 26 | 569 | 543 | 4 | 15.11 | 14.91 |

70年代后期，钱桥、藕塘公社社办工业冲破“一围绕（围绕农业办工业）”和“三就地（就地取材、就地加工、就地销售）”的束缚，确定“四个服务（服务农业、服务工业、服务外贸出口、服务人民生活）”和“四个为主（以小为主、以补为主、以配为主、以联为主）”的发展指导思想，社办工业呈现新的发展态势。1976~1978年，钱桥公社先后开办无锡县第二磁性材料厂、无锡县钢窗厂、无锡县轻质隔热耐火材料厂、无锡县皮件厂；藕塘公社开办藕塘砖瓦厂。

**1977年钱桥、藕塘公社社办工业（包括下放的手联社）经济实绩统计表**

表3—15—14　　单位：家、万元

| 公社名称 | 单位数 | | 现行价格总产值 | | 现行价格净产值 | | 不变价格总产值 | | 其中按季度分 | | | | 其中按服务对象分 | | |
|---|---|---|---|---|---|---|---|---|---|---|---|---|---|---|---|
| | 合计 | 其中手工业联社 | 合计 | 其中手工业联社 | 合计 | 其中手工业联社 | 合计 | 其中手工业联社 | 一季度小计 | 二季度小计 | 三季度小计 | 四季度小计 | 为农业生产 | 为工业生产 | 为人民生活 |
| 钱桥 | 10 | 1 | 311.54 | 51.48 | 164.47 | 32.05 | 312.04 | 58.44 | 71.26 | 80.68 | 68.99 | 90.61 | 16.54 | 272.28 | 22.72 |
| 藕塘 | 7 | 1 | 235.95 | 34.27 | 120.71 | 18.97 | 240.76 | 39.13 | 45.29 | 58.45 | 61.85 | 75.17 | 7.35 | 206.44 | 26.97 |

1978年，南西漳开始走“以钢代木”之路，办起焊管厂。

**（三）1979~1997年7月为快速发展时期**

1978年，中共十一届三中全会所确定的路线、方针、政策为钱桥、藕塘（公社、乡）镇工业发展创造前所未有的历史机遇，钱桥、藕塘乡镇工业进入快速发展期。钱桥、藕塘（公社、乡）镇党委、政府运用乡镇工业灵活的经营机制，调整产品结构，提出乡镇工业“六个轮子一起转（乡办、村办、生产队办、联户办、个体办和条线办）”的发展策略，区域内乡镇工业初步形成一定程度的工业体系。钱桥、藕塘乡镇企业发扬“五大精神”，即“四千四万”的创业精神（走遍千山万水、吃尽千辛万苦、说尽千言万语、经历千难万险）、“一包三改”的改革开拓精神（实行厂长承包制；改干部任免制为聘用制、改固定工资制为浮动工资制、改工人录用制为合同制）、“三上三创”的奋发向上精神（上质量、上管理、上规模；创新、创优、创汇）、年年困难年年上的积极进取精神、农村建设“一盘棋”的全局精神。钱桥、藕塘乡镇工业在激烈的竞争中不断发展壮大，所有制以乡村集体经济为主，企业规模以中小型为主，工业结构以机械工业为主，产品门类为劳动密集型和技术密集型兼而有之，陈旧的技术设备得到更新改造，技术、管理队伍茁壮成长，横向经济联营之路越走越宽，出口创汇步伐加快。1983年，钱桥乡初步形成“四个一（一条丝、一块皮、一根管、一条带）”的晓星绦纶丝、百乐皮件、南西漳焊管、公社农机厂的带钢，带动全镇工业发展。1984年，藕塘乡无锡县传动起重机械厂开发生产集装箱，开办集装箱厂。藕塘集装箱厂成为中国集装箱总公司成员厂之一。

1989年，国家实行宏观调控，钱桥镇、藕塘乡从实际出发，遵照无锡县委、县政府提出的要求，推行东亭镇“一调二改三提高”（调整产业结构；加快技术改造、深化企业改革；提高工业组织程度、提高管理水平、提高经济效益）的经验，对耗能大、污染严重企业全面进行整顿调整，并积极培养、引进工程技术人员，加快企业技术改造步伐，提高经济效益。是年，钱桥镇完成工业产值3.93亿元，藕塘乡完成工业产值1.76亿元。同年，钱桥镇相继开办无锡县钱桥电器修理加工厂、无锡县金属压延厂、无锡县钱桥卷帘门厂、无锡县充氧站、无锡县钱桥环保设备厂、无锡县涤纶丝二厂、无锡县制革厂、无锡县镁碳砖厂、无锡县无线电五厂、上海梅林食品厂无锡分厂、哈尔滨松江电炉厂无锡联营厂；藕塘乡相继开办藕塘印染厂、无锡县整流设备厂、藕塘印刷厂、藕塘福利厂、藕塘建筑装潢厂、无锡县采煤机配件厂、无锡县花色标准件厂、无锡县金属材料压延厂等企业。

1995 年，钱桥镇人民政府完成经济总量 30 亿元之后，调动广大企业的积极性，坚定发展不放松，困难面前不畏缩，争创一流企业，为振兴钱桥经济、完成和超额完成各项经济指标发奋图强。是年 5 月 18 日，钱桥镇人民政府命名表彰“五龙十虎”企业，“五龙”为乡镇企业，分别是江苏威力达化纤集团公司、无锡舜特钢管集团公司、无锡市苏嘉镁碳砖厂、无锡百乐皮件集团公司、无锡县特种钢带厂；“十虎”为村办企业。

**（四）1997 年 8 月~1999 年为困难时期**

1997 年 7 月，钱桥镇发生集资风波。集资风波严重影响钱桥乡镇企业的发展。是年，钱桥镇销售产值 15.76 亿元，利润负 3018 万元；1998 年完成销售产值 13.68 亿元，利润负 1365 万元；1999 年完成销售产值 15 亿元，利润 491 万元。是年，藕塘镇完成销售产值 12.06 亿元，利润 38 万元。

**（五）2000~2003 年为稳定发展时期**

钱桥镇工业战线上的领导和职工没有被集资风波造成的困难所吓倒，在钱桥镇党委、政府的正确领导下，发扬积极创新、开拓进取、求真务实的精神，克服前进道路上的困难，为寻找钱桥经济发展的路子动脑筋、想办法，千难万难不怕难，真干实干创新干，乡镇工业经济大幅度回升。2000 年，钱桥镇工业产值 21.96 亿元，利润 2433 万元；藕塘镇工业产值 12.97 亿元，利润 845 万元。2001 年，钱桥镇工业产值 31.56 亿元，利润 3142 万元；藕塘镇工业产值 11.03 亿元，利润 1890 万元。2002 年，钱桥镇工业产值 46.59 亿元，利润 9369 万元；藕塘镇工业产值 11.05 亿元，利润 5636 万元。2003 年，钱桥镇工业产值 78.83 亿元，利润 13223 万元；藕塘镇工业产值 15.07 亿元，利润 5486 万元。

**1971~2003 年钱桥（公社、乡）镇工业经济实绩统计表**

表 3—15—15　　单位：家、万元

| 年份 | 企业数 | 工业总产值 | 增加值 | 产品销售收入 | 利税总额 | 利润总额 | 年末固定资产原值 | 资产统计 | 负债统计 | 所有者权益 |
|---|---|---|---|---|---|---|---|---|---|---|
| 1971 | 30 | 72 | 24 | 69 | 18 | 14 | 38 | — | — | — |
| 1972 | 32 | 94 | 25 | 92 | 20 | 15 | 40 | — | — | — |
| 1973 | 35 | 132 | 53 | 130 | 25 | 21 | 45 | — | — | — |
| 1974 | 38 | 149 | 45 | 147 | 30 | 25 | 48 | — | — | — |
| 1975 | 42 | 161 | 65 | 152 | 54 | 50 | 52 | — | — | — |
| 1976 | 45 | 221 | 108 | 201 | 75 | 64 | 76 | — | — | — |
| 1978 | 59 | 988 | 644 | 858 | 359 | 300 | 280 | — | — | — |
| 1979 | 67 | 1252 | 788 | 1245 | 383 | 313 | 402 | — | — | — |
| 1980 | 74 | 1457 | 906 | 1438 | 410 | 355 | 485 | — | — | — |
| 1981 | 81 | 2330 | 1397 | 2328 | 535 | 448 | 655 | — | — | — |
| 1982 | 77 | 2754 | 1652 | 3370 | 573 | 423 | 1057 | — | — | — |
| 1983 | 103 | 3379 | 2027 | 4011 | 788 | 510 | 1084 | — | — | — |
| 1984 | 105 | 5156 | 2454 | 4785 | 1051 | 541 | 1439 | — | — | — |
| 1985 | 137 | 10352 | 3623 | 9089 | 1555 | 930 | 2536 | — | — | — |
| 1986 | 136 | 16050 | 5133 | 12030 | 1800 | 819 | 3260 | — | — | — |
| 1987 | 136 | 20346 | 6575 | 19632 | 1437 | 528 | 5657 | — | — | — |
| 1988 | 150 | 31472 | 9198 | 22513 | 1966 | 653 | 8422 | — | — | — |
| 1989 | 141 | 39324 | 9382 | 27012 | 1571 | 107 | 11651 | — | — | — |
| 1990 | 163 | 44174 | 11394 | 33854 | 1895 | 43 | 13609 | — | — | — |
| 1991 | 165 | 63088 | 13937 | 50672 | 2865 | 297 | 22956 | — | — | — |
| 1992 | 160 | 123114 | 18066 | 116150 | 935 | 470 | 29995 | — | — | — |
| 1993 | 179 | 151020 | 221154 | 124317 | 3079 | - 2774 | 42675 | 106173 | 79143 | 27030 |
| 1994 | 183 | 197356 | 29795 | 138251 | 1793 | 1182 | 45565 | 125436 | 97057 | 28379 |
| 1995 | 179 | 308056 | 39018 | 200350 | 17906 | 15004 | 49125 | 128751 | 101816 | 26935 |

续表 3—15—15 单位：家、万元

| 年份 | 企业数 | 工业总产值 | 增加值 | 产品销售收入 | 利税总额 | 利润总额 | 年末固定资产原值 | 资产统计 | 负债统计 | 所有者权益 |
|---|---|---|---|---|---|---|---|---|---|---|
| 1996 | 186 | 270915 | 55410 | 260120 | 4279 | 8183 | 58075 | 135585 | 99781 | 35804 |
| 1997 | 211 | 231393 | 48828 | 157566 | 1819 | - 3018 | 69514 | 163828 | 140506 | 23322 |
| 1998 | 274 | 160875 | 25972 | 136892 | 2703 | - 1365 | 62905 | 156687 | 112123 | 44564 |
| 1999 | 281 | 165218 | 29252 | 150262 | 5810 | 491 | 66620 | 154900 | 101512 | 53388 |
| 2000 | 325 | 219641 | 42211 | 212269 | 11866 | 2433 | 82064 | 163777 | 107799 | 55978 |
| 2001 | 372 | 315608 | 59777 | 301718 | 13448 | 3142 | 104579 | 221572 | 148341 | 73231 |
| 2002 | 374 | 465896 | 98719 | 459191 | 19635 | 9369 | 116634 | 317859 | 212228 | 105631 |
| 2003 | 390 | 788252 | 175000 | 786506 | 34987 | 13223 | 270633 | 577313 | 393536 | 183777 |

1984~2003 年藕塘（乡）镇工业经济实绩统计表

表 3—15—16 单位：家、万元

| 年份 | 企业数 | 工业总产值 | 增加值 | 产品销售收入 | 利税总额 | 利润金额 | 年末固定资产原值 | 资产统计 | 负债统计 | 所有者效益 |
|---|---|---|---|---|---|---|---|---|---|---|
| 1984 | 58 | 3111 | 622 | 2468 | 21.19 | 220 | 13030.00 | — | — | — |
| 1985 | 55 | 3207 | 1021 | 2621 | 29.14 | 138 | 124.39 | — | — | — |
| 1986 | 58 | 4762 | 952 | 3328 | 200.00 | 88 | 1178.00 | — | — | — |
| 1987 | 61 | 6515 | 1303 | 4421 | 225.00 | - 72 | 1668.00 | — | — | — |
| 1988 | 63 | 8873 | 1774 | 8029 | 543.00 | - 97 | 2258.00 | — | — | — |
| 1989 | 72 | 17564 | 3629 | 15284 | 767.00 | -245 | 5597.00 | — | — | — |
| 1990 | 89 | 19214 | 4063 | 16817 | 865.00 | — | 6110.00 | — | — | — |
| 1991 | 99 | 24433 | 5192 | 22591 | 1134.00 | — | 8816.00 | — | — | — |
| 1992 | 94 | 44342 | 9421 | 36002 | 2522.00 | — | 13375.00 | — | — | — |
| 1993 | 100 | 67305 | 12116 | 60550 | 2748.00 | — | 21113.00 | 5579 | 41360 | 7158 |
| 1994 | 100 | 73813 | 11051 | 61269 | 1165.00 | — | 23679.00 | 9814 | 42292 | 12917 |
| 1995 | 82 | 103945 | 14737 | 78068 | 3988.00 | — | 26636.00 | 116343 | 49482 | 17397 |
| 1996 | 81 | 100870 | 20018 | 97077 | 8041.00 | — | 27747.00 | 78356 | 57970 | 20386 |
| 1997 | 130 | 115027 | 24949 | 107574 | 7738.00 | 5360 | 31027.00 | 83080 | 64506 | 18574 |
| 1998 | 148 | 119407 | 25892 | 86000 | 8422.00 | 6023 | 28332.00 | 78432 | 55487 | 22926 |
| 1999 | 128 | 120584 | 3000 | 188013 | 2967.00 | 38 | 27999.00 | 74259 | 57785 | 16474 |
| 2000 | 171 | 129746 | 33058 | 110237 | 4700.00 | 845 | 32735.00 | 82783 | 61084 | 21699 |
| 2001 | 189 | 110262 | 24484 | 100475 | 5701.00 | 1890 | 33446.00 | 87433 | 60615 | 26818 |
| 2002 | 192 | 110525 | 24659 | 100605 | 9112.00 | 5636 | 31660.00 | 80082 | 55420 | 24662 |
| 2003 | 297 | 150748 | 330000 | 150942 | 10193.00 | 5486 | 36299.00 | 103681 | 74737 | 28944 |

**（六）2004~2015 年为从传统产业迈向高科技新兴产业时期**

2004 年，钱桥、藕塘两镇合并。新的钱桥镇乡镇工业、民营企业仍以传统的冶金、机械、化工行业为主。2011 年，钱桥街道共有企业 1385 家，其中各类冶金企业 380 多家，全年实现工业总产值 312.5 亿元。是年下半年开始，钱桥街道依托自身优势，着力打造产、学、研一体化的工业新格局，积极发挥冶金新材料产业产学研战略联盟作用，新兴产业投入 19 个项目，投资额达 6.8 亿元，光伏、风电、汽车零部件、新材料四大新兴产业强势崛起，为发展高科技新兴产业夯实坚实基础。是年，钱桥街道传统冶金产业得到恢复性增长，重点骨干企业发挥中流砥柱作用，前 50 位企业完成产值 182 亿元，占总产值的 58.2%；全镇工业总产值 312.48 亿元，利税总额 31.38 亿元，利润总额 24.28 亿元。

2012 年，钱桥街道工业投入 12.52 亿元，技改投入 9.5 亿元，其中新兴产业投入 8 亿元。是年，工业总产值达 277.14 亿元，利税总额 21.98 亿元，利润总额 12.52 亿元。钱桥街道在保持“焊管之乡”“冷轧之都”的同时，在以冶金、机械、纺织、化工、轻工等行业为优势的前提下，在沙钢集团锡兴特钢有限公司、江苏苏嘉集团有限公司等龙头企业带领下，出现无锡爱邦辐射技术有限公司、无锡市永凯达齿轮有限公司、江苏德克环保设备有限公司等一批领军新兴产业。

2013年，钱桥街道工业投入14亿元，技改投入9.3亿元。是年，工业总产值达275.6亿元，利润总额10.17亿元，利税总额18.86亿元。同年，新兴产业异军突起，江苏龙源催化剂有限公司、无锡市凯龙汽车设备制造有限公司产值增幅比上年超100%；江苏德克环保设备有限公司、无锡新金鑫交通设备有限公司产值比上年增幅80%；无锡华顺民生食品有限公司、无锡联创薄板有限公司产值增幅比上年超50%。是年，南塘工业小区争取获得土地指标16万平方米后，土地资源使用效率、产出率大幅提高，先后引进凯龙汽车设备制造有限公司、无锡美业机械有限公司、南方电工机械有限公司、无锡市创能机械制造有限公司等一批高科技新兴产业企业。

**2013年钱桥街道规模以上企业一览表**

表3—15—17　　　　单位：人、万元

| 单位名称 | 法定代表人 | 创办时间 | 主要产品 | 人数 | 主营业务收入 | 营业税金 | 资产总计 |
|---|---|---|---|---|---|---|---|
| 江苏沙钢集团锡兴特钢有限公司 | 浦惠林 | 1964.08 | 炼铁 | 2803 | 690130 | — | 306060 |
| 无锡华润实业公司 | 陈卫国 | 1966.03 | 电器辅件配线件及结构辅件生产 | 250 | 9697 | — | 8037 |
| 江苏苏嘉集团有限公司 | 龚育才 | 1986.03 | 耐火材料制造 | 1850 | 250178 | — | 131512 |
| 无锡中冶钢缆有限责任公司 | 强林华 | 1994.09 | 钢绞线制造 | 182 | 39008 | — | 16411 |
| 无锡市华东电力设备有限公司 | 张文珍 | 1995.01 | 电力设备制造 | 170 | 11945 | — | 19299 |
| 无锡华特钢带有限公司 | 吴锦虎 | 1995.12 | 优质冷轧钢带 | 220 | 11271 | — | 14391 |
| 无锡恒力标准件制造有限公司 | 沈　希 | 1997.07 | 轴类配件标准件的制造 | 280 | 4350 | — | 4293 |
| 无锡市亿和盛化纤有限公司 | 周育义 | 1998.01 | 锦纶帘子线制造 | 46 | 6571 | — | 2486 |
| 无锡百特皮件有限公司 | 杨祥娣 | 1998.06 | 皮革制品制造 | 253 | 4093 | — | 11436 |
| 无锡市中亿钢品有限公司 | 单　群 | 1999.07 | 冷弯型钢制造 | 42 | 2068 | 10.7 | 2055 |
| 无锡惠泉凸轮轴有限公司 | 浦国源 | 2000.06 | 内燃机发动机零部件制造（油嘴油泵配件） | 165 | 4099 | — | 3322 |
| 无锡市振华印染有限公司 | 陈振华 | 2001.04 | 棉、化纤印染加工 | 400 | 7166 | — | 7116 |
| 江苏苏嘉集团新材料有限公司 | 龚育才 | 2001.12 | 镁碳砖 | 622 | 42143 | — | 68988 |
| 无锡市金晨型钢有限公司 | 时竹梅 | 2003.04 | 扁钢制造 | 95 | 6210 | — | 3205 |
| 无锡华顺民生食品有限公司 | 刘鸣鸣 | 2005.12 | 冷冻食品制造 | 1482 | 37779 | — | 25968 |
| 无锡舜特机械有限公司 | 李忠学 | 2006.09 | 钢制打包带制造 | 42 | 2229 | — | 3613 |

**2013年钱桥街道规模以下企业一览表**

表3—15—18　　　　单位：人、万元

| 单位名称 | 法定代表人 | 创办时间 | 主要产品 | 人数 | 主营业务收入 | 营业税金 | 资产总计 |
|---|---|---|---|---|---|---|---|
| 无锡市矿泉水厂 | 蒋晓波 | 1991.01 | 矿泉水生产 | 3 | 35 | 0.56 | 52 |
| 无锡市金星工具有限公司 | 徐锡伟 | 1992.09 | 丝锥搓丝板 | 25 | 197 | 1.23 | 639 |
| 无锡市恒丰印染有限公司 | 姚岳峰 | 1993.04 | 坯布染色 | 8 | 214 | 2.11 | 791 |
| 无锡市锡羚化工设备厂 | 周建国 | 1994.07 | 冷凝器搅拌制造 | 30 | 1442 | 35.92 | 1212 |
| 无锡市振华印刷有限公司 | 陆　宇 | 1996.04 | 装潢印刷制造 | 14 | 313 | 2.00 | 168 |
| 无锡市南达复合衬套有限公司 | 彭荣祖 | 1997.01 | 复合衬套制造 | 9 | 94 | 0.52 | 123 |
| 无锡市世通食品有限公司 | 邬志伟 | 1997.12 | 食品罐头制造 | 42 | 1255 | 1.00 | 1843 |
| 无锡市永振轧钢工艺工贸有限公司 | 石永清 | 1998.06 | 模具的制造、加工 | 10 | 385 | 1.10 | 815 |
| 无锡市华锡容器构件有限公司 | 吉云良 | 1998.07 | 法兰制造 | 28 | 1432 | 5.99 | 1085 |
| 无锡市惠山钱桥防腐配件厂 | 周仁忠 | 1998.08 | 防腐配件的制造加工 | 8 | 499 | 2.99 | 220 |
| 无锡市三峰仪器设备有限公司 | 支合一 | 1998.09 | 型沙试验仪器制造 | 19 | 603 | 5.00 | 207 |
| 无锡市钱威金属压延有限公司 | 张宏芬 | 1998.12 | 冷轧带钢制造 | 35 | 1148 | 7.93 | 1452 |
| 无锡方大电子有限公司 | 方新根 | 1998.12 | 电子产品制造 | 9 | 110 | 10.55 | 1452 |

续表 3—15—18　　　　单位：人、万元

| 单位名称 | 法定代表人 | 创办时间 | 主要产品 | 人数 | 主营业务收入 | 营业税金 | 资产总计 |
|---|---|---|---|---|---|---|---|
| 无锡光裕磁电管件有限公司 | 丁嘉忠 | 1999.07 | 焊管制造 | 11 | 19 | 0.32 | 313 |
| 无锡市钱中热处理厂 | 秦惠民 | 1999.08 | 热处理加工 | 35 | 698 | 8.08 | 605 |
| 无锡市协舟机械厂 | 黄解华 | 1999.10 | 机械零件的加工 | 4 | 37 | 0.66 | 110 |
| 无锡市舜特精密钢管有限公司 | 陆奇良 | 2000.01 | 无缝钢管制造 | 9 | 416 | 1.92 | 146 |
| 无锡市永成淀粉有限公司 | 计单炜 | 2000.03 | 淀粉制造 | 8 | 667 | 4.06 | 328 |
| 无锡鸿源特钢制品有限公司 | 时锡华 | 2000.03 | 预应力混凝钢丝 | 40 | 1947 | 2.24 | 2025 |
| 无锡市东方绝缘胶有限公司 | 陈焕江 | 2000.12 | 绝缘胶 | 55 | 1336 | 14.69 | 909 |
| 江苏恒灵化工装备有限公司 | 王春其 | 2001.06 | 防腐设备制造 | 42 | 791 | 1.90 | 2672 |
| 无锡惠汕精密合金管件有限公司 | 顾惠娟 | 2001.08 | 型钢的加工 | 3 | 70 | 0.09 | 327 |
| 无锡华阳钢杆有限公司 | 陈琴芳 | 2001.11 | 金属结构制造 | 10 | 458 | 2.19 | 419 |
| 无锡市新大机械有限公司 | 邱建新 | 2001.12 | 开槽槽机制造 | 26 | 722 | 4.29 | 919 |
| 无锡市华冠集装箱厂 | 陈　钟 | 2003.04 | 玻璃集装架 | 60 | 1036 | 12.74 | 1213 |
| 无锡市奇松冷弯型材厂 | 季其松 | 2003.04 | 衬钢加工 | 2 | 158 | 1.02 | 47 |
| 无锡华邦电工设备有限公司 | 钱忠扬 | 2003.07 | 印字轮制造 | 6 | 501 | 20.42 | 465 |
| 无锡市南达焊管有限公司 | 陆琴珍 | 2003.08 | 焊管的制造 | 4 | 336 | 0.80 | 209 |
| 无锡市龙华红外电器厂 | 支元龙 | 2003.12 | 红外电器制造 | 8 | 30 | 0.46 | 36 |
| 无锡市神龙热处理厂 | 杨　尖 | 2004.03 | 金属表面热处理加工 | 3 | 48 | 0.18 | 34 |
| 无锡市华安电磁屏蔽机房成套设备有限公司 | 刘昆英 | 2004.06 | 金属结构铸造 | 3 | 109 | 0.09 | 87 |
| 无锡翔华自动化设备有限公司 | 丁伟平 | 2005.01 | 自动化控制设备及零配件制造、加工 | 4 | 90 | 0.85 | 104 |
| 无锡瑞博拉链制造有限公司 | 万启文 | 2005.04 | 拉链制造 | 15 | 427 | 0.46 | 478 |
| 无锡华富机械制造有限公司 | 孙志健 | 2005.05 | 包装专用设备及配件加工制造 | 6 | 110 | 0.47 | 187 |
| 无锡市立天钢管有限公司 | 黄国清 | 2006.10 | 焊管型钢的制造 | 8 | 1351 | 3.65 | 222 |
| 无锡泰耐窑炉材料有限公司 | 陆培祺 | 2006.12 | 耐火材料批发 | 2 | 204 | 0.17 | 110 |
| 无锡市钱桥文教书版印刷有限公司 | 庞建新 | 2007.04 | 包装装潢印刷品的印刷 | 3 | 19 | 0.13 | 133 |
| 无锡融旺轻工机械厂 | 缪建新 | 2007.11 | 橡塑嵌条 | 4 | 101 | 7.38 | 112 |
| 无锡市惠山人民印刷厂 | 惠三良 | 2008.06 | 包装印刷 | 42 | 190 | 1.32 | 296 |
| 无锡狮王金属带箔有限公司 | 王添宝 | 2008.09 | 金属带箔批发 | 3 | 30 | 0.17 | 51 |
| 无锡市天成工艺雕刻有限公司 | 李清贤 | 2009.10 | 工艺雕刻 | 1 | 5 | 0.18 | 5 |
| 无锡市伟业焊管厂 | 张锡良 | 2011.02 | 焊管的制造、加工 | 4 | 295 | 0.47 | 234 |
| 无锡丰辰机械部件有限公司 | 赵燕清 | 2011.08 | 其他专用设备制造 | 4 | 80 | 0.25 | 117 |
| 无锡市惠山塑料合成型材料厂 | 许志荣 | 2012.01 | 塑料地板制造 | 5 | 144 | 0.45 | 284 |
| 无锡市惠山兴达塑料厂 | 张　英 | 2012.02 | 塑料膜的制造加工 | 2 | 49 | 0.71 | 25 |
| 无锡赣融机电设备有限公司 | 潘紫亮 | 2012.03 | 其他专用设备制造 | 5 | 46 | 0.34 | 15 |
| 无锡奥旭光电科技有限公司 | 马秀珍 | 2012.07 | 电子产品制造 | 5 | 297 | 0.19 | 145 |
| 无锡市金盛弹簧有限公司 | 黄顺清 | 2015.10 | 减震器弹簧 | 30 | 610 | 18.00 | 350 |

2014年，钱桥街道工业经济危机与机遇并存，困难与挑战同在，全年工业开票销售收入稳定在237亿元、财政总收入15.14亿元。工业经济发展稳步推进，凯龙高科技、江苏龙源催化剂有限公司产值增幅比上年超过150%；汽配行业增幅居前；华盛橡胶、美业机械、神意法兰等企业增幅都在两位数以上；装备制造业发展态势强劲，海达集团、创能机械、华润实业公司等一批企业增幅比上年超过30%；西漳工业小区、南塘工业小区定为江苏钱桥高新产业园。

图3—15—8　江苏·钱桥高新产业园

是年，钱桥街道对27只1000万元以上工业项目完成工业投入18亿元，其中西区热电项目完成投资额超6亿元，凯龙三期、华顺民生、恒力标准件、玖爱吾玖爱科技等企业投资项目进入投产和试产期。2015年，钱桥高新产业园以高科技引领企业发展，共有高新技术企业15家，其中国家级3家，新批国家重点新产品2项，创钱桥街道历史新高。

2004~2015年钱桥（镇）街道工业经济实绩统计表

表3—15—19　　单位：家、万元

| 年份 | 企业数 | 工业总产值 | 增加值 | 产品销售收入 | 利税总额 | 利润总额 | 年末固定资产原值 | 资产统计 | 负债统计 | 所有者权益 |
|---|---|---|---|---|---|---|---|---|---|---|
| 2004 | 916 | 1281488 | 267587 | 1280955 | 54842 | 19986 | 322145 | 891638 | 641569 | 250069 |
| 2005 | 947 | 1669218 | 327093 | 1677616 | 82354 | 31655 | 442556 | 1038947 | 727990 | 310957 |
| 2006 | 995 | 1830426 | 376085 | 1830156 | 127145 | 71592 | 526949 | 1220328 | 823443 | 396885 |
| 2007 | 1020 | 2162538 | 415110 | 2230328 | 151624 | 87709 | 612634 | 1405526 | 906243 | 499283 |
| 2008 | 1032 | 2676046 | 462008 | 2688744 | 129211 | 61443 | 634526 | 1453545 | 940132 | 513413 |
| 2009 | 872 | 2513264 | 490236 | 2454334 | 140067 | 91342 | 613929 | 1504988 | 968590 | 536398 |
| 2010 | 918 | 2759671 | 545348 | 2751419 | 220380 | 138155 | 862061 | 1718585 | 1037271 | 681314 |
| 2011 | 907 | 3124831 | 582949 | 3099873 | 313786 | 242846 | 742469 | 1840464 | 1152393 | 688071 |
| 2012 | 1068 | 2771409 | 625044 | 2770319 | 219768 | 125165 | 867652 | 1889164 | 1180517 | 708647 |
| 2013 | 1079 | 2756340 | 668512 | 2797590 | 188624 | 101697 | 1007678 | 1930552 | 1209434 | 721118 |
| 2014 | 1297 | 2749816 | 663637 | 2747519 | 222859 | 122310 | 1179550 | 2046487 | 1220968 | 825519 |
| 2015 | 1238 | 2039641 | 166350 | 2063808 | 226060 | 123813 | 1024165 | 1796781 | 1050488 | 746293 |

## 二、村（队）办工业

钱桥、藕塘地区村（队）办工业始于20世纪50年代末，各大队以开办粮饲加工厂、山芋淀粉厂、农机具修理厂等起步。1958年，钱桥公社舜一大队开办白泥厂。

60年代初，在国民经济调整中，区域内一些队办企业被调整下马，也有少数队办企业顶着风浪、克服困难继续办下去。1962年，钱桥公社竞丰大队在金岸上蔡阿伦大屋内开办糖精厂。1963年，藕塘公社勤建大队在陈村祠堂开办粮食加工厂。1965年，钱桥公社胜丰大队建办砖瓦窑厂。1966年，钱桥公社新丰大队土法上马开办螺丝五金加工厂。1967年，晓星大队在邓巷开办晓星五金厂，接着在将军浜开办柳条厂。是年，藕塘公社勤建大队开办采矿厂，产品主要以白泥为主，同时经营块石、石子、石沙。1968年，钱桥公社五星大队购买一台破旧车床经修理后开办五金加工厂；黎明大队开办农机修配厂；溪南大队开办粮饲加工厂。是年，藕塘公社稍塘大队创办第一爿五金厂；东方红大队利用毛巷生产队的蚕室开办大队农具五金加工坊；林业大队开办白泥厂，当年收益近5万元。1969年，藕塘公社东方红大队购买10台仪表车床，生产手用丝攻产品。20世纪60年代末，藕塘公社东风大队以冯福兴、陈仁芳等人首办钣金厂。

进入70年代，钱桥公社各大队相继开办鞋帽社、钱桥机电配件厂、钱桥标准件厂等；洋溪大队创办袜厂、针织厂、羊毛衫厂、礼帽厂；黎明大队开办砖窑厂、服装厂、彩印厂等；历村大队创办五金厂；竞丰大队利用生产队仓库开办农机加工厂。藕塘公社勤建大队先后创办农机厂、橡胶厂、模具厂等；永红大队陆续创办船舶修理厂、镀锌厂、电镀厂、锁厂；五星大队创办五金配件厂、橡塑厂；火花大队创办粮食加工厂、农机厂、金属丝网厂；东方红大队创办山芋淀粉加工厂、羊毛衫加工坊、藕塘标准件厂；凯旋大队创办粮食加工厂、淀粉厂、农机厂、服装厂。70年代中期，东风大队先后创办纸盒厂、服装厂等队办企业；钱桥公社钱桥大队利用简陋设备开办五金螺丝厂，西漳大队创办粮饲加工厂、砖瓦厂、柳条编织厂、服装厂、刺绣厂、五金加工厂等。

### 1977年钱桥、藕塘公社队办工业经济实绩统计表

表3—15—20　　　　单位：家、万元

| 公社名称 | 计算单位 | 全年总产值 | 一季度 | | | | 二季度 | | | | 三季度 | | | | 四季度 | | | |
|---|---|---|---|---|---|---|---|---|---|---|---|---|---|---|---|---|---|---|
| | | | 小计 | 一月 | 二月 | 三月 | 小计 | 四月 | 五月 | 六月 | 小计 | 七月 | 八月 | 九月 | 小计 | 十月 | 十一月 | 十二月 |
| 钱桥 | 45 | 352 | 58 | 17 | 14 | 27 | 87 | 31 | 26 | 30 | 76 | 31 | 15 | 30 | 131 | 39 | 25 | 67 |
| 藕塘 | 26 | 221 | 36 | 10 | 9 | 17 | 53 | 22 | 16 | 15 | 52 | 13 | 18 | 21 | 80 | 23 | 19 | 38 |

1978年，钱桥公社西漳大队建成西漳焊接管厂投产，接着陆续办起带钢厂、东方锅炉热管厂、化工厂、玻璃管厂等。西漳大队成为苏南地区冶金焊管带钢行业的发源地之一。

进入80年代，钱桥公社竞丰大队先后开办钢模板厂、干洗机厂、化工厂；舜一大队先后开办五金厂、纸箱厂、化工厂；晓星大队先后开办化纤厂、日化厂、化工搪瓷厂；胜丰大队先后开办五金厂、羊毛衫厂、染色厂、袜厂、毛纺厂、铸件厂；溪南大队先后开办塑料彩印厂、鞋厂、毛纺厂；历村大队先后开办钢窗厂、采矿厂、金辉幕墙公司、不锈钢厂。藕塘公社宇峰大队先后开办电热器材厂、电热元件厂、铸件厂等8家企业；林业大队先后开办纺配厂、洗毛厂、蒸呢布厂、绒线厂；南水渠大队先后开办造漆厂、冲床厂、紧固件厂；盛店大队先后开办集装箱厂、化工助剂厂、环保设备厂等12家企业；火花大队创办罗拉厂，后改为减震器厂；稍塘大队先后创办皮鞋厂、彩印厂、制钉厂等6家企业。

进入90年代，藕塘（乡）镇勤建村先后开办化工厂等7家村办企业；藕塘村先后开办纸箱厂、钻石工具厂、五金厂；稍塘村又开办无锡第二合金钢制铸厂等5家企业；火花村创办新田摩托车厂。钱桥镇苏庙村创办苏庙异型钢管厂；鸭船浜渔业村先后开办万达焊管厂、针织厂、印刷厂；晓星村先后开办翔盛化纤厂、焊管厂；胜丰村建成染色厂。1991年，钱桥镇胜丰村因工业发展快，获钱桥镇第一个亿元村的荣誉称号。是年，藕塘乡井亭村与上海恒源祥公司联合成立加盟工厂。1994年，钱桥、藕塘镇有8家企业被评选为全国、江苏省最佳经济效益企业，其中村办企业有5家，分别是无锡县钱桥焊接厂、无锡县钱桥钢管厂被评为全国最佳经济效益企业；无锡县钱桥印染厂、无锡县江南液压减震器厂、无锡县藕塘绒线厂被评为江苏省最佳经济效益企业。1995年，钱桥镇在经济总量完成30亿元之后，为调动广大工业企业的积极性，钱桥镇人民政府特命名公布钱桥“龙腾企业”“虎跃企业”的决定，统称“五龙十虎”企业。其中龙腾企业为镇办企业，虎跃企业为村办企业。

### 1995年5月18日钱桥镇人民政府公布村办“十虎”企业名录表

表3—15—21

| 企业名称 | 所在村名 | 企业名称 | 所在村名 |
|---|---|---|---|
| 无锡县钱桥焊接管厂 | 西漳村 | 无锡干洗机制造厂 | 苏庙村 |
| 无锡县钱桥带钢厂 | 西漳村 | 无锡钱桥金属带材厂 | 苏庙村 |
| 无锡县钱桥印染厂 | 胜丰村 | 无锡县溪达毛纺厂 | 溪南村 |
| 无锡县钱桥毛纺厂 | 胜丰村 | 无锡溪南鞋业有限公司 | 溪南村 |
| 无锡县钱桥钢管厂 | 钱桥村 | 无锡县威华冷弯型钢厂 | 威华村 |

是年，藕塘镇井亭村无锡市藕塘绒线厂成为拥有8台套1800纺锭一条龙生产的现代化大型企业，年产4400吨高档绒线，年产值突破4亿元大关，年上缴利税3000万元。

## 三、企业转制

1996年，钱桥、藕塘镇镇、村办企业全面实行转制，村办集体所有制企业转为股份制、民营、

个体制企业。是年，藕塘镇转制企业占企业总数的 98.6%。2002 年春，藕塘镇盛峰村创建盛峰工业园，村办转制企业均进入工业园区。

2013 年，钱桥街道洋溪社区共有股份制、民营、个体制企业 90 余家，全年销售产值超过 15 亿元。2014 年，钱桥街道晓丰社区实现工业总产值 17 亿元，股份制、民营、个体制企业达到 120 多家。是年，盛峰社区积极招商引资，到年底已有 50 多家股份制、民营、个体企业进驻，年总产值达 4 亿元。2015 年，钱桥街道共有村办转制企业 1133 家。

# 第四节 市属、县属企业

钱桥镇为无锡县工业重镇。20 世纪下半叶至 21 世纪初，钱桥（公社、乡）镇有无锡市惠山农药厂、无锡市仪表二厂、无锡市红旗造船厂、无锡市永凯达齿轮有限公司 4 家市属企业；有无锡县人民印刷厂、无锡县水泥制品厂、无锡县农机修造厂、无锡县塑料制品厂、无锡县钢铁厂、无锡县食品冷冻厂等 6 家县属企业。

## 一、市属企业

### （一）无锡市惠山农药厂

1964 年，无锡市轻化工业局根据江苏省人民委员会批复和无锡市人民委员会关于医药和农药不能在同厂同地生产的通知，于同年 10 月决定在钱桥老街西侧（苏庙金岸上自然村）无锡锡新油脂厂与无锡酒精厂旧址开办无锡市惠山农药厂，并把江南药厂农药车间及设备并入，固定资产 1569.35 万元（其中江南药厂农药车间划入固定资产原值 61.6 万元），厂房面积 29595 平方米，有 6 个生产车间、一个机修车间，一幢办公行政大楼，另设保健站、食堂、托儿所等，有职工 2830 人。是年底，无锡市惠山农药厂正式投产，以生产“223”乳剂为主。1965 年，惠山农药厂生产农药达 6000 吨。1966 年，甲基胂酸钙、甲基硫化胂两种原药在惠山农药厂投产（1974 年因含砷废水超标而停产）。

1970 年，惠山农药厂建成年产 50 吨的除草剂中试车间，当年生产 10%~20%除草醚粉剂 562 吨。翌年起，先后生产取代脲类除草剂的敌草隆、灭草隆、菲草隆。1974 年，燃化部石化研究院下达燃化部重点科技发展项目“改进西维因热法工艺”中试任务在无锡市惠山农药厂组织攻关，经 3 年试制，获得成功。因其工艺、装备、分析等方面有重大突破，在国内处于领先地位，为中国发展多种氨基甲酸酯农药奠定基础，获全国科学大会表彰和江苏省科技成果三等奖。1975 年，无锡市惠山农药厂由江苏省先后投资 222 万元建成年产 700 吨的多菌灵生产车间。此后，停止“666”“223”农药生产。1977 年 10 月，无锡市惠山农药厂与山西省农药研究所合作，采用西维因、混灭威的基础工艺，进一步开发试制成功速灭威、叶蝉散、巴沙等高效杀虫剂，为生产多性能氨基甲酸酯农药的发展创出路子。

1980 年，二乙氨基甲酰氯在无锡市惠山农药厂问世。1982 年，惠山农药厂建造多菌灵含酚废水处理站。是年，国务院发出限期停止高毒高残留农药生产及无锡市被定为旅游开放城市后，无锡市对惠山农药厂农药生产实行控制。1983 年，混灭威车间年产能力由 300 吨提高到 800 吨，并建成年产 3000 吨光气、煤气的合成车间。混灭威、西维因、多菌灵原药生产工艺处国内领先地位。1984 年，无锡市惠山农药厂停止生产有机氯、有机磷等剧毒农药，企业逐步转向。

图 3—15—9 1984 年 11 月惠山农药厂综合服务公司发行的股票

1985 年，无锡市惠山农药厂增加电子化工材料产品生产。以后，进口农药增多，惠山农药厂生产的农药销售明显下降，只生产杀虫剂、杀菌剂、除草剂三大类原药18个品种，生产品种比1984年减少53.3%，生产各类农药量比1984年下降69.4%。由于加强环境保护，同时农村耕田大量减少，随之农药使用量大量减少，2007年无锡市惠山农药厂关闭。

**（二）无锡市仪表二厂**

1966年，第三机械工业部在华东地区发展一批与航空工业配套的地方工厂。是年4月，无锡市筹建无锡市仪表二厂于钱桥原工商联政治学校内（老钱桥人叫社会主义教育学堂）。无锡市红旗机械厂抽调加工主要设备及人员组成筹建试制小组，在北京232厂热心帮助下，无锡市仪表二厂研制精密远读航空地平仪及各种航空变阻器，成为航空变阻器生产点之一。1970年，经过全厂职工努力，航空变阻器先后投入批量生产。1971年，航空变阻器年产量达14677个，产品性能、质量都较好。1984年，航空变阻器产品被评为航空工业部优质产品。后无锡市仪表二厂属无锡市郊区。

**（三）无锡市红旗船厂有限公司**

无锡市红旗造船厂成立于1958年，原厂址在锡惠路14号，是无锡市历史悠久的造船厂之一。2005年，厂址迁至钱桥镇。2006年9月进行增量改制，更名为无锡市红旗船厂有限公司，公司为国有控股企业，由江苏湖光光电有限公司、无锡产业发展集团有限公司和无锡城镇集体工业联社共同组建。

公司有锻压、切削、焊接、起重等各种生产设备390多台，能够满足造船生产的需要；拥有武器装备质量管理体系证书、装备承制单位注册证书、武器装备科研生产许可证、二级保密资格单位证书，并取得23项实用新型和发明专利证书。

无锡市红旗船厂有限公司主要生产舟桥、船舶、钢结构等产品。船舶先后主要生产用于上海世博会的450客位浦江观光游船、巴士300客位浦江观光船和巴士450客位浦江观光船；用于三峡观光的全通透水翼铝合金观光游艇以及36.2米全回转拖轮等。公司在民用出口船舶方面与新加坡船东及国内外贸公司建立比较稳定的合作关系，建造30米、32米全回转拖轮和铝合金钓鱼艇，建造量呈上升趋势。公司还承接大量钢结构工程，主要产品有公路收费站棚、钢结构桥梁、空间网架结构、空间网壳结构等。公司生产的舟桥产品和军辅船多次获得军队以及国家科技进步奖。

无锡市红旗船厂有限公司位于钱桥街道工业集中区伟业路12号，占地面积89935.8平方米，建筑面积32480.08平方米。2014年，公司有正式员工175人，各类专业技术人员37人，其中具备中高级职称的11人，各工种高中级技工58人。是年，公司固定资产8794万元，实现销售1.4亿元。

图3—15—10　2015年无锡市红旗船厂有限公司

**（四）无锡永凯达齿轮有限公司**

无锡永凯达齿轮有限公司原为无锡市第二工业学校的校办企业——无锡市机械工艺设备厂。1987年4月开工建设，厂址在二工校校内，租用二工校890.77平方米校舍为车间、库房和办公室，职工53人，各种机械加工设备30余台，固定资产70余万元，流动资金15万元。办厂宗旨是支持办学资金，改善办学条件，并为学生提供实习场地。企业性质为集体所有制校办企业，经济独立核算，自负盈亏。企业主营生产工装模具、机械配件，兼营电器配件生产。

1989年，无锡市机械工艺设备厂在无锡地区享有较高的市场信誉，在邻近省市有一定知名度。工厂拥有42台金属切削机床，其中齿轮加工机床20台，逐步形成技术、设备、工艺等特长门类齐全的齿轮制造能力和成批生产低、中、高精度的各类齿轮轴类能力的厂家。是年，更名为无锡第二齿轮厂。

1994年，企业获得上海大众汽车公司的配套生产许可证。工厂抓住这一发展契机，进行25万件/年齿轮生产线的技改项目研制，总投资200万元。1996年，企业的产品结构由原来单一的机床配件生产增加到轿车发动机齿轮、压缩机齿轮的生产。同时，与国内著名汽车制造商形成稳定的配套供货关系，与国际知名的ATALS公司配套生产高精度的齿轮。工厂为满足市场需求，决定再提高精密磨齿生产能力，提高高、精、尖产品生产能力，先后贷款购置两台YK7232蜗杆砂轮磨齿机。1997年，依托上海大众058 903 133自动皮带张紧器国产化配套成功的背景，第二齿轮厂实施“轿车皮带张紧器生产大楼”技改项目建设，总投资500万元。是年，张紧器生产车间成立并投入生产。1998年，企业通过ISO 9002质量体系认证。2000年，被评为全国抽查合格产品。

2001年1月10日，无锡第二齿轮厂转制，更名为无锡永凯达齿轮有限公司。是年，06A一汽大众张紧器配套成功，公司在市场获得更大的影响力。2002年，中国首个自主知识产权的汽车制造商安徽奇瑞公司与永凯达齿轮有限公司进行张紧器生产合作。伴随奇瑞的迅速成长，永凯达齿轮有限公司张紧器设计、生产制造水平有了质的飞跃，得到更多国内知名主机厂的青睐。是年，公司通过QS 9000 &VDA 6.1质量体系认证。2004年，公司通过ISO/TS 16949质量体系认证。

2005年12月，公司迁至景盛路15号无锡惠山经济开发区钱桥配套区。是年，通过ISO/TS 16949&ISO 9001质量体系认证。2006年，通过美国汉胜PLUS+3级审核。2007年2月13日，永凯达压缩机零件首批出口美国。无锡永凯达齿轮有限公司的压缩机零件的客户从1家发展到6家，不但在欧美市场立稳脚跟，而且拓展到日本、印度等市场。2012年，永凯达齿轮有限公司技改投资1050万元；2013年，技改投资3732万元；2014年，技改投资500万元。

图3—15—11 2015年无锡永凯达齿轮有限公司

2015年，公司生产的配套压缩机齿轮和配套高压油泵齿轮成为美国伊顿公司、阿特拉斯、英格索兰、寿力机械、日本神钢、印度艾格、开利等公司授权的OEM供应商；生产的汽车发动机齿轮和自动皮带张紧器等零件是国内唯一被上海大众、一汽大众、上汽荣威、安徽奇瑞、比亚迪、海马和江淮等汽车制造公司授权的OEM供应商；产品涵盖别克、大众、奥迪、标致、奇瑞等车系。是年，公司建筑面积为28000平方米，汽车齿轮及配件年生产能力达250万件，汽车自动皮带张紧器的年生产能力达150万件。产品年出口额为300万美元。公司有职工260人，其中具有专业技术职称人员82人，占全公司员工总数的32%。公司共有380台重点设备，其中有小巨人数控车床9台、富士数控车床3台、霍夫勒磨齿机5台、莱斯豪尔磨齿机5台、数控端内磨4台（非进口）、数控端外磨1台、海克特加工中心1台、韩国UGINT加工中心2台、日本纪和加工中心2台、易孚迪热处理1台、五/六轴数控滚齿机11台（非进口）、日本数控滚齿机2台、测齿中心3台、三坐标测量机1台、P100L数控齿轮测量中心1个。

## 二、县属企业

### （一）江苏沙钢集团锡兴特钢有限公司

江苏沙钢集团锡兴特钢有限公司位于钱桥洋溪河畔盛岸西路600号，是无锡县资产和经营规模最大的县属大集体企业。公司的前身为无锡县农具厂。1964年初，无锡县手工业管理局为解决镰刀生产的产量和质量问题，决定实行集中定点生产。5月，手工业管理局抽调张泾手联社主任黄荣臻筹建无锡县镰刀生产合作工厂。同月，经江苏省苏州专员公署手工业管理局批准，定名为无锡县农具厂。是年7月1日，无锡县农具厂在12间破草房内挂牌成立，主要生产农用镰刀。黄荣臻任厂长。

1965年初，无锡县改革农业耕作技术，推广密植四四方和三熟制，农具需求量大幅度上升。为满足全县农具需求，支持农业生产，县农具厂围绕镰刀产量、质量为中心开展技术革新。6月初，刚到任的副厂长孙满度主持制定《关于镰刀生产机械化发展规划》。工人们建成2个盐浴淬火炉和回火炉，自制出镰刀刃口检验钢尺，赶制出落料冲床等一系列机械设备。同年9月，建成机械化镰刀生产流水线，定型生产木梳式、皂荚式镰刀，日产量增至800把，正品率提高到99%。是年，固定资产10295元，职工44名，当年生产镰刀2.11万把。1966年，工厂建成并铁车间，决定冶炼再生铁，用其他厂的报废设备改装成高6.5米、宽1.5米、重16吨的天平炉。1967年4月25日，天平炉投产出铁，日产生铁15吨。是月，在天平炉基础上建成铸件车间。是年，向苏州专区提供再生铁530吨，浇铸铁件221.8吨，同时生产出东埄式1800型动力稻麦二用脱粒机部件和高压喷雾器、农用水泵等。1968年，工厂组织技术工人成立革新小组，从改革工艺着手改变天平炉耗焦大、停修长、费用多的状况。1969年初，终于在反复试验中革新成“一步浇铸法”新工艺，使再生铁冶炼焦比下降，检修期由一周缩短为一天，并能直接浇铸机械铸件，还炼出高质量的“紫口生铁”，再生铁的年生产能力提高一倍。是年，镰刀质量被评为苏州专区样板，产品开始由专区调拨供应外县。同年，着手筹建φ250×7轧钢车间，抽调7人组成轧钢筹建小组，外出收集无锡、上海等8个单位的轧钢资料。7月下旬，工人们自造轧机机架等轧钢设备160多吨，自制6台 F-1型10尺车床，从而解决轧钢设备的金加工能力。

1970年7月1日，φ250轧钢车间建成投产，轧出无锡县历史上的第一批钢材。是年8月25日，无锡县农具厂更名为无锡县钢铁厂（简称“县钢”）。同年，又着手筹建3吨电炉炼钢车间，工人们自制3吨电炉炉壳和15吨行车、烧钢平板。1971年10月15日，第一炉钢水顺利出钢，当年产钢522吨。自此，企业开始转向以钢铁生产为主业的轨道。1973年8月，县钢对轧钢车间进行第一次技术改造，一架轧机头道实现自动进钢，安装钢坯入炉提升辊道、轧机正、反回盘，更换主电机，扩建厂房。第一次技术改造大大减轻职工劳动强度，改善劳动条件。1974年8月，在边生产边改造设备的情况下，县钢轧钢车间又进行第二次技术改造，新增两架320铸钢机架，更换原φ250轧机主减速机，装置双层辊道，轧机线速度调整到2.81米/秒，同时完成18米连续式加热炉重建和28米冷床扩建，使轧钢生产基本实现机械化。轧机进坯能力增加，圆钢成材率、合格率提高，年生产能力达2万吨。1975年初，为解决自产钢锭的开坯问题，县钢开始筹建500开坯车间。这一工程受到无锡县革命委员会高度重视。是年8月，县钢干部职工完成革新项目27个，自制配套设备187台（套），完成金加工设备800吨，义务劳动总工时20085个。1976年5月1日，县钢500轧钢车间建成投产，形成炼钢—开坯—轧材一条龙生产。是年，县钢产钢10015吨，首次突破1万吨，轧材10337吨，开坯14250吨。1977年，县钢为解决发展后的用氧需求和促进生产能力配套，建成150立方米制氧车间，并着手在炼钢车间扩建2#3吨电炉。1978年，县钢已初具规模，占地面积67428平方米，职工1280人，设有炼钢、一轧（开坯）、二轧（轧材）、制氧、机修5个生产车间。是年，企业总产值达2669.23万元，全员劳动生产率23263元/人，实现利润256万元。

1980 年，无锡县有冶金企业 20 家，其中社队冶金企业 19 家。为加强行业管理，扬长避短，协作生产，无锡县人民政府于 1981 年 1 月决定成立无锡县钢铁总厂，与县钢为“一套班子，两块牌子”，归口企业 19 家，其中县属企业 1 家、社办企业 12 家、队办企业 6 家。是年 5 月，二轧车间进行全面技术改造，增设φ320 轧机一组，φ250 轧机更换成铸钢件机组，工艺上增二联小连轧，建成无水冷滑轨连续式加热炉，加上机床、成品冲剪等改造项目，从根本上改变轧材工艺布局，形成一条圆钢半连续生产流水线，轧机线速度达 5.7 米/秒，年生产能力提高到 4 万吨。同年，县钢完成全厂管道配套输氧、电炉短网改造、薄形钢锭模应用等 120 个革新项目，使工厂钢、坯、材质量稳步提高，消耗下降。是年，开始建设半连续热轧线材车间。同年，随着国民经济调整，国家压缩基建，半连续热轧线材车间停建，土建停顿，设备搁置。企业经过对冶金市场情况分析，通过专家论证，半连续热轧线材车间改建成半连续热轧带钢车间，7 月改建工程动工。1982 年 10 月，经无锡县人民政府批准，无锡县钢铁总厂的炼钢和制氧车间划出，改建为无锡县炼钢厂；带钢车间改建为无锡县带钢厂。两厂均为经济独立核算的县属集体企业，隶属于无锡县钢铁总厂领导。是年 12 月 15 日，热轧带钢一次试产成功。1983 年 4 月 22 日，无锡县钢铁总厂更名为无锡县冶金工业公司。公司的体制、任务和职责与原钢铁总厂相同。是年，企业实行经济承包责任制，对全厂 276 个生产岗位和 116 个辅助岗位修正落实劳动定额和定编定员，内部管理得到加强。工厂完成热带钢粗轧工艺，一轧、二轧设备及节能等 15 个填平补齐配套更新项目和技术改造，使生产能力再度加强，跨上一个新的台阶。同年，县钢产钢 47601 吨、钢坯 16 万吨、钢材 38566 吨、热轧带钢 35219 吨，总产值 10040 万元，产值首次突破亿元大关，占无锡县县属工业总产值的 1/5 多，创利 853.7 万元，上交利税 254 万元，居江苏同类企业首位，人均创利为县属工矿企业人均水平的 2.25 倍。1984 年，工厂继续修正完善经济承包责任制，指标逐项分解，逐级承包，签订 82 份各个类型的经济承包合同，试行干部聘用制、任期制、班长组阁制等，提高企业内部机制运行效率。是年，3 号 3 吨电炉和第二台 150 立方米制氧机分别建成投产，投资 120 万元的热轧带钢二期工艺改造工程竣工，使热轧带钢实际生产能力进一步提高。为使企业具有稳固的发展潜力和雄厚后劲，县钢领导果断决定、大胆规划“七五”期间建设一条“电炉—连铸—热送”高效节能短流程生产线的重要工程，使企业在激烈的竞争中取得“快半步”的优势。是年 12 月，中共无锡县委将县冶金公司组建成行政性公司，孙满度任公司经理，县钢、无锡县炼钢厂、无锡县带钢厂隶属于无锡县冶金工业公司领导。

1985年初，县钢首批实行厂长（经理）负责制，强化生产指挥、经营业务、科技开发等方面的领导，使工厂发展迈出新的步伐。是年3月，工厂先后邀请马鞍山钢铁设计院、大连钢厂，西德、日本等国内外同行业专家到厂作技术诊断和可行性研究。通过分析企业现状、国内经济和社会发展需求及发达国家的同行业技术水平、发展趋势，决定引进国外先进设备，建设“电炉—连铸—热送”生产线，并具体规划电炉、连铸及与之配套的110千伏变电所、2×6000千瓦自备电厂等四个项目，总投资预算4278.57万元。经江苏省、无锡市、无锡县计委、经委相继批准后，县钢领导即赴国外专题考察。是年8月19日，无锡县人民政府决定将县冶金工业公司建为经济实体，撤销原有钢铁、炼钢、带钢厂三个县属厂建制，在公司下设五个分厂：炼钢分厂、带钢分厂、轧钢一分厂、轧钢二分厂、机修分厂，仍保留无锡县钢铁厂牌子，与冶金工业公司为一套班子。是年9月，110千伏变电所工程率先破土动工，拉开四项工程建设的序幕。同年11月、12月，分别与意大利巴斯高公司、日本住友三菱、共英商团签订购进 AL430SP 型34吨高功率电炉和 MC-6S 三流连铸机的合同。1987年8月1日，县钢从意大利引进的34吨高功率电炉试产放钢；11月9日，从日本引进的 R6流连铸机热负荷试车。1988年8月20日，2号电炉成功产出第一炉钢水。是年11月，县钢与中国国际信托投资公司下属的兴业公司合资组建成联营企业“无锡锡兴钢铁联合公司”。1989年2月5日，首次热送—连铸试生产取得成功。

1990年10月10日，江苏省计委、经委，冶金部科技司组织有关专家到锡兴钢铁联合公司进行“电炉—连铸—热送—热轧”生产线论证，并向国家计经委上报。是年12月14日，“电炉—连铸—热送—热轧”生产线被国家计委列为国家“八五”工业试验性项目。1992年7月，无锡县人民政府根据深化改革、政企分开的原则，决定将无锡锡兴钢铁联合公司与县冶金工业公司职能分离，机构和人员分设。是年12月，无锡锡兴钢铁联合公司先后与香港合升发展有限公司、中国置业（控股）有限公司签订协议，合资兴建无锡合兴钢铁有限公司、无锡联合钢铁有限公司和无锡三星钢铁有限公司3家合资企业。1993年，锡兴钢铁联合公司实施70吨高功率电弧炉技术项目改造，引进国外二手电炉炼钢设备，投资总额4.24亿元。1994年1月，经江苏省体改委批准，无锡锡兴钢铁联合公司改组，设立无锡锡兴钢铁股份有限公司。是年6月25日，经江苏省体改委批准，以原无锡县钢铁厂为核心，以无锡锡兴钢铁股份有限公司、无锡锡兴实业发展公司、无锡锡兴贸易公司为紧密层；以无锡合兴钢铁有限公司、无锡联合钢铁有限公司、无锡三星钢铁有限公司、无锡县特种冷带厂等4家企业为半紧密层；以海口保税区中联贸易公司等21家企业为松散层，组建“江苏锡兴集团”，并将无锡县钢铁厂更名为“江苏锡兴集团公司”。是年12月26日，70吨高功率电弧炉、精炼系统热负荷试车。

1997年10月，锡兴集团公司与意大利达涅利公司就70吨电炉、精炼、连铸工艺线的技改完善方案进行洽谈；11月，与福克斯和奥钢联进行多轮洽谈，商讨三星电炉区的完善改造方案。由于企业多年来技改项目投资较多，集资、贷款利息负担重，锡兴集团公司生产秩序失常，企业运转迟缓。1999年3月始，在锡山市政府的协调下，二炼分厂、带钢分厂、电厂实行封闭贷款运行。由于电炉生产线试产周期长、消耗高、产量低，产品缺乏竞争力，亏损日益严重，职工人心不稳，环境治理设施缺失，周边环境日益恶化。是年，锡兴集团公司生产经营处于低谷，企业凝聚力减弱，人才外流严重，企业濒临倒闭。是年11月19日，为顺应发展大局，盘活沉淀资产存量，由雪浪初轧厂租赁江苏锡兴集团公司的主体电炉分厂。租赁合作成功后，雪浪初轧厂实施70吨高功率电炉技术改造。

2000年10月18日，设立无锡市雪丰钢铁有限公司，实施70吨超高功率电弧炉节能技术改造等项目。2001年9月6日，雪丰公司租赁经营的70吨康斯迪废钢烟气预热高功率电炉——连铸生产线经过一年多的技术改造顺利出钢，投入正常生产，各项技经指标达到设计要求，吨钢电极消耗等部分指标达到同类电炉世界先进水平。2002年，锡兴股份有限公司所欠债务沉重，银行贷款达3.27亿元、集资款达11877.38万元、设备改造资金欠债11328.97万元，公司坏账、呆账达6190.16万元，银行欠款、集资本息、担保、股权等负债7.26亿元。公司在职职工4678名，离退休职工997名，下岗退养职工708名，都要领取基本生活费；职工生活福利欠债较多，职工工资有4年未进行调整，与兄弟企业的工资水平相差3个档次，欠缴社会保险费1467万元。是年7月31日，惠山区委、区政府根据企业实际情况，对锡兴股份有限公司领导班子进行调整。公司领导班子调整后，以浦惠林总经理为核心的领导班子对公司的现状进行全面剖析，以对社会高度负责的责任感和对企业强烈的事业心提出“吃饭、建设、还债”的六字发展方针，确保锡兴公司的稳定发展。是年下半年始，公司陆续引进资金9亿元，实施战略性技改，拉开新一轮创业发展的序幕。同年9月15日，公司成立“铁水热装工程指挥部”。9月28日，公司“铁水热装工程指挥部”揭牌，拉开锡兴新一轮技改帷幕。铁水热装工程的主体部分是由2座450立方高炉、一台65吨转炉、一台65吨LF精炼炉、一台6机6流方坯连铸机、1.5万千瓦发电机组、纯燃煤气75吨锅炉以及5400立方制氧机和输变电设施改造等项目组成。2003年11月10日，江苏锡兴集团公司进行资产重组。11月26日，经惠山区工商行政管理局核准，江苏锡兴集团公司变更为“江苏锡兴集团有限公司”。2004年3月18日，铁水热装工程1#高炉顺利出铁。这标志着公司结束有钢无铁的历史，成为真正意义上的钢铁联合企业。同月，投资2840多万元建成高炉冷却、高炉冲渣、转炉湿法除尘、转炉冷却、烧结冲洗等5个水循环回用系统；投资7985万元对炼铁区、综合原料场、转炉区配置28台高效除尘器；投资5300余万元建设固体废弃物综合利用设施，对各种除尘器收集的粉尘、氧化铁皮、转炉污泥和渣铁进行回用。是年4月，投资8350万元建设一座5万立方米高炉煤气柜和一座3万立方米转炉煤气柜，以及相应的配套设施。9月，技改系列项目全面竣工投产，为公司的可持续发展注入生机和活力。10月，投资130万元建设年产4万吨固硫型煤生产线，通过煤气掺烧及采用固硫型煤两大脱硫除尘措施，使热电厂全年减少排放二氧化硫1250吨、烟尘600吨，较好解决热电厂烟囱冒黑烟的污染问题；2005年3月，投资20多万元建立环境检测站，添置烟尘自动测试仪一台、林格曼黑度仪一台、声级计二台、数码照相机一台及废水检测设备浊度仪一台、酸度仪一台、分光光度计一台、电子天平仪等。6月，投资650多万元建设轧制废水处理站和生活污水处理站，实现中水回用及生产循环水系统的补充，解决污水直排问题。是年，投资300万元建设一台120立方米的蓄

图3—15—12　2002年锡兴集团的两座450立方高炉建成

热器，回收转炉余热锅炉蒸汽，通过转炉煤气、余热蒸汽回收利用等一系列工程。

2007年2月，锡兴集团转炉炼钢实现负能耗炼钢。是年7月，投资1500万元对带钢加热炉燃烧原料由重油改为高炉、转炉煤气，每年减少二氧化硫排放312吨，减少烟粉尘排放23吨。是年，投资1000多万元建设棒材车间水处理气浮装置，确保生产用水循环使用，提高中水循环利用率；投资300多万元进行厂区绿化，绿化面积占厂区面积的30%以上，达到抑尘、阻噪的目的。是年，公司向无锡市慈善总会认捐500万元，建立“锡兴爱心”基金。2008年4月，公司一次性捐款800万元给惠山区慈善总会，用于慈善公益事业。2009年9月，公司捐款50万元，建立见义勇为基金。

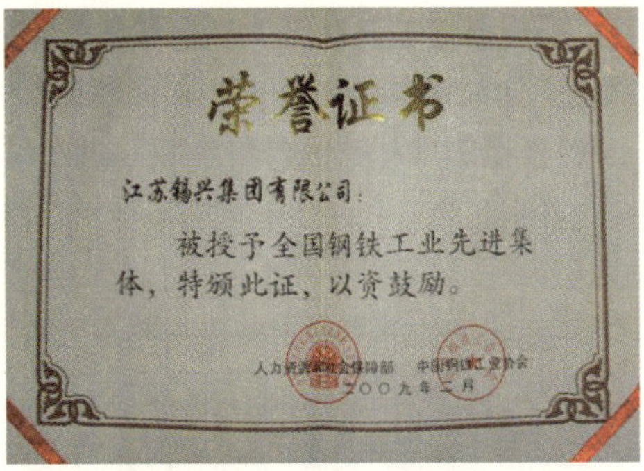

图3—15—13 2009年2月，人力资源和社会保障部、中国钢铁工业协会表彰锡兴集团为“全国钢铁工业先进集体”

2010年1月15日，根据江苏省《钢铁产业调整和振兴规划纲要》精神，经友好协商，江苏锡兴集团有限公司与江苏沙钢集团有限公司进行联合重组，江苏锡兴集团有限公司更名为“江苏沙钢集团锡兴特钢有限公司”，成为沙钢集团控股子公司。是年1月24日，江苏沙钢集团锡兴特钢有限公司在湖滨饭店隆重举行揭牌仪式。2011年，锡钢追加500万元基金用于开展慈善爱心救助活动。是年11月，一次性捐款50万元给惠山区红十字会，用于救助公益事业。同时，对华新村累计给予2589.551万元的经济支持，对钱桥村累计10年无偿供给煤渣30余万吨，折合1300余万元的经济支持；为邻近地区单位安排外包劳务合作，全年金额近300万元。

图3—15—14 2010年江苏沙钢集团锡兴特钢有限公司

2013年底，沙钢集团锡兴特钢有限公司成为华东地区知名的钢铁联合企业，拥有二座450立方米高炉—65吨转炉炼钢—精炼—真空脱气—连铸生产线1条，电炉—精炼—真空脱气—连铸生产线2条，热轧带钢生产线1条，大棒材生产线1条，¢140mm热轧制管机组，具有年产铁120万吨、钢230万吨、材95万吨生产能力的先进设备。行政在编的主要分厂有炼铁分厂、一炼分厂、二炼分厂、三炼分厂、630分厂、带钢分厂（辖140车间）及制氧分厂、自备电厂、动力分厂。厂区占地面积1000553.7平方米，在职职工人数3194名。公司主要产品有优质碳素结构钢、低合金结构钢、船用钢、锅炉及压力容器用钢为主导钢种的矩形连铸坯、锅炉管圆坯、石油专用管圆坯、热轧优质带钢和合金钢锻造钢锭。公司拥有“锡兴”牌优质碳素结构钢热轧

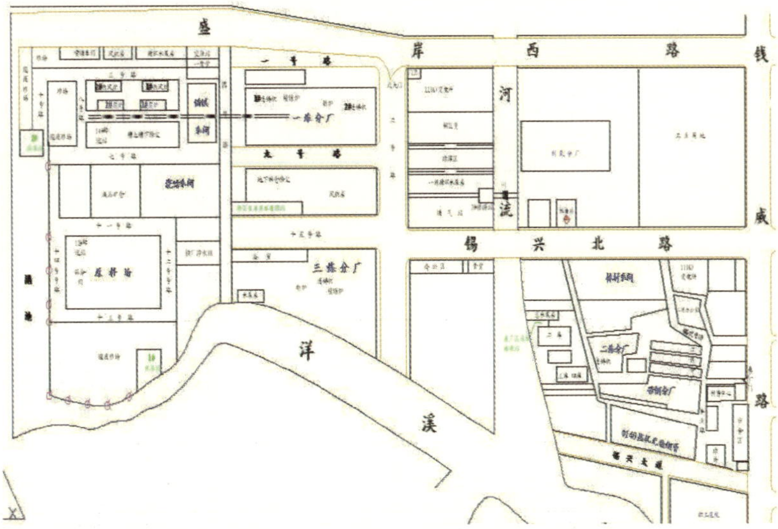

图3—15—15 2013年江苏沙钢集团锡兴特钢有限公司厂区平面图

优质带钢和“雪丰”牌优质碳素钢圆管坯两类省级名牌产品和省级著名商标。企业通过质量管理体系、计量测量管理体系、环境保护管理体系及职业健康安全管理体系的认证。企业先后获得“全国钢铁工业先进集体”“江苏省质量管理优秀企业”“江苏省百强民营企业”“无锡市十佳效益型企业”“无锡市培训先进集体”等称号。

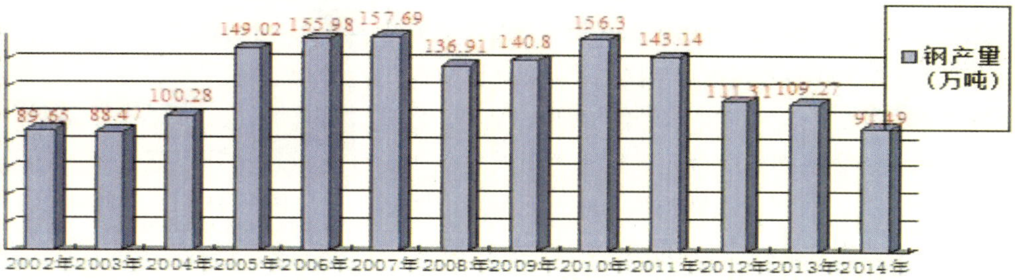


图 3—15—16　2002~2014 年锡兴特钢有限公司累计钢产量 1630.31 万吨分年图表

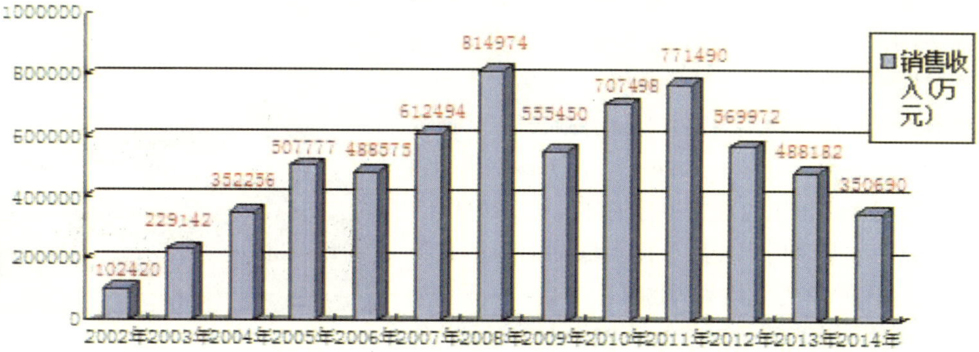


图 3—15—17　2002~2014 年锡兴特钢有限公司累计销售收入 609.42 亿元分年图表

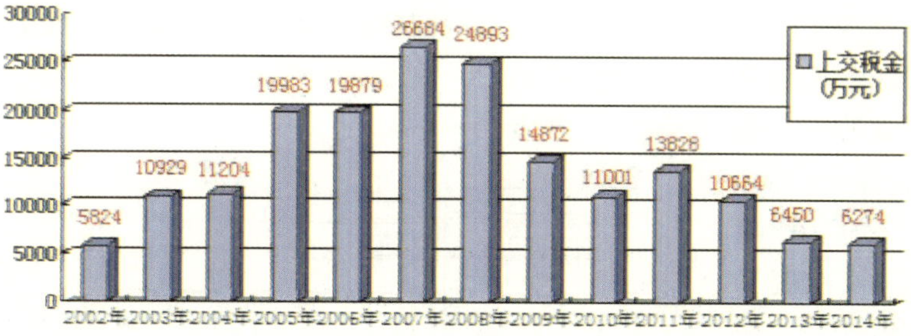


图 3—15—18　2002~2014 年锡兴特钢有限公司累计上缴税收 18.5 亿元分年图表

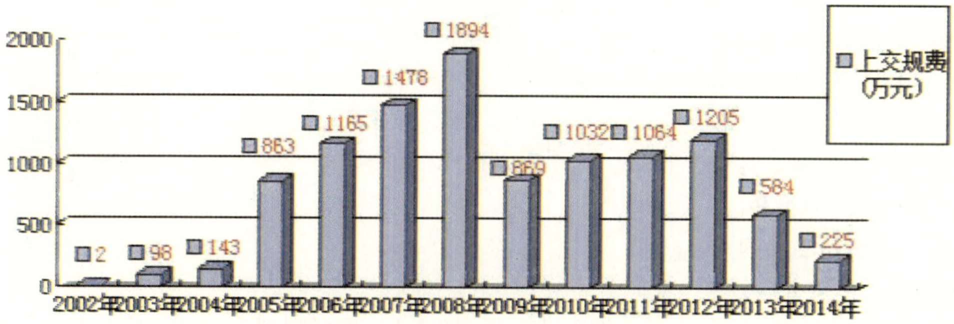


图 3—15—19　2002~2014 年锡兴特钢有限公司累计上缴规费 1.06 亿元分年图表

锡兴特钢有限公司由于所处地理环境及周边空间布局影响，企业发展受到限制。为落实国家和省、市化解钢铁过剩产能工作的决策部署，锡兴特钢有限公司于 2015 年 1 月 30 日全线停产，先后与全体职工终止、解除劳动合同。公司进入转型发展新阶段。

### （二）地方国营无锡县人民印刷厂

地方国营无锡县人民印刷厂创建于 1959 年底，位于惠钱路 218 号，西靠钱桥市镇，东邻地质部石油中心实验室，水陆交通十分便利。1963 年 5 月，无锡县人民印刷厂与无锡县针织厂、地方国营无锡县印刷厂、无锡县宇宙美术工艺厂合并，改名为无锡县宇宙美术印刷厂。1966 年 10 月，恢复无锡县人民印刷厂厂名，有固定资产值 1022.32 万元：货车 5 辆、客车 3 辆，主要专业印刷设备 120 台，金属切削机床 8 台，动力机械总功率 352 千瓦，2 台日本进口丝网印刷机，1 台胶印机。

1970 年 12 月 16 日，无锡县人民印刷厂又与创建于 1956 年 11 月的无锡县贴花印刷厂合并，厂名仍为无锡县人民印刷厂。1973 年 10 月，又成立无锡县贴花纸厂，与无锡县人民印刷厂实行两块牌子、一套班子。无锡县人民印刷厂主要产品有铅印、彩印、全木贴花纸、陶瓷贴花纸、复合包装等。1974 年，“太湖牌”陶瓷贴花纸和凤凰自行车贴花纸获江苏省优质产品奖。1985 年，有职工 723 人，年产值 983 万元，利润总额 128.8 万元。1991 年，产值 1250 万元，利润 70.6 万元。1995 年 8 月，由于无锡县撤县设锡山市，更名为锡山市人民印刷厂。2000 年 12 月 26 日，撤锡山市建惠山区，更名为无锡市惠山人民印刷厂。印刷厂法定代表惠三良。企业占地面积 29540 平方米，厂房建筑面积 28136 平方米，职工人数 70 人。2001 年，惠山人民印刷厂由钱桥镇人民政府管辖。

图 3—15—20　1970 年无锡县人民印刷厂外观

随着社会主义市场经济快速发展，新兴印刷行业众多，市场竞争激烈，无锡市惠山人民印刷厂经济效益欠佳。2004 年 12 月 31 日，无锡市惠山人民印刷厂关闭，资产转让出售，资金用于解决职工分流安置、欠付职工医疗费等。

### （三）无锡华润实业公司

无锡华润实业公司位于锡陆路 46 号，原名为无锡县水泥制品厂，创建于 1966 年 3 月，是一家全民所有制企业。公司占地面积 58000 平方米，建筑面积 23000 平方米。1993 年 10 月，进行改制，更名为无锡华润实业公司。1997 年，列为无锡市首批国有企业转制股份制试点企业之一。1998 年 1 月，转为股份有限责任公司。公司相继获江苏省明星企业、江苏省高新技术企业、江苏省著名商标和全国模范职工之家等称号。

经过 50 年的发展和创新，华润实业公司以高新技术和高质量的产品在业界创立良好的信誉和口碑，发展成为集砼电杆研发、设计、生产、销售于一体的省高新技术企业，拥有完善的售后服务。高强度大弯距部分预应力电杆是无锡华润实业公司联合供电设计院所、科研部门不断开发研制的高新技术产品，拥有多项国家专利技术，形成以φ310×18 米、21 米、24 米、27 米、30 米、33 米、36 米、42 米以及同上述高度和分段的φ270 系列，主要适用于 110 千伏单、双回路和多回路输电线路，以及由上述杆型组成的 220 千伏自立式门型杆塔，辅以φ230×15 米、18 米、21 米法兰连接式高强度电杆为 35 千伏主干线。对于面广量大的 10 千伏、20 千伏输电线路，根据用户的不同需求，以φ230 系列、φ300 系列、φ400 系列、φ500 系列满足线路 30°~90°转角、内张杆塔、终端杆塔的技术要求。其中用不同的杆塔锥度来满足不同使用弯距的需要，φ500×15 米的最大允许使用弯距为 1200KN.m。至 2005 年，已有 10 万多根根部法兰式电杆应用在电力输电线路中，节省大量的电力基建投资和打拉线占用的土地。是年，针对电杆连接钢圈焊接安全性差和防腐、现场施工困难等难题，华润实业公司在国内首创中间连接法兰，并根据杆塔抗拉弯矩大小设计出内法兰连接和外法兰连接，解决了法兰的热镀锌防腐、电杆连接法兰和电杆原体连接的强度以及电杆连接后的垂直度等难题。公司生产后投运的输电线路共计有数万套法兰连接电杆垂直度达到 100%，输电线路的安全性得到有效保障。有六项电杆新技术、新产品填补国内空白，并获国家专利局颁发的专利证书，相继获国家级新产品奖、华东电力集团公司科技进步二等奖、江苏省人民政府科技进步三等奖等殊荣。产品受到七省二市用户欢迎，并出口到蒙古、尼日利亚等国家，成为国内法兰式大弯距部分预应力高强度系列电杆研发、设计、制造工艺、技术、销售配套服务的先行企业和高新技术企业。

2011 年，华润实业公司在配合江苏省宏观经济研究院承担的国家“973”非并网风电项目大庆油田、辽河油田、江苏大丰风电海水淡化等示范工程中，提供高强度部分预应力锥形混凝土杆塔的设计和制造，为国家“973”非并网风电项目产业化做出贡献。2013 年，华润实业公司主产品电杆年产量 37836 支，混凝土电杆 16977 立方米，总产值 7631 万元；销售收入 9643 万元；实现利润 201.2 万元，上缴各类税收 561 万元。2014 年，华润实业公司主产品电杆年产量达 53067 支，混凝土电杆 23775 立方米，完成销售收入 11931 万元，总产值 9445 万元；实现利润 303 万元，上缴各类税费 964 万元。

2015 年，主产品电杆产量达 44358 支，混凝土电杆 19872 立方米，总产值 8455 万元，销售收入 7548 万元，上缴各类税费 852.4 万元。是年，华润实业公司主要生产设备有桥式起重机 3 台、门式起重机 4 台、钢筋切断机 10 台、对焊机 14 台、电焊机 51 台、混凝土拌料机 6 台、全自动打圈机 4 台、混凝土保护机械 2 台、桥式行车 11 台、双梁行车 2 台、锅炉 2 只、喂料机 2 台、液压冷镦器 9 台、电杆离心机 2 台、电杆钢筋预应力张拉机 2 台、电杆钢筋骨架组装机 2 台、空压机 6 台、绕筋机 2 台、装载机 2 台、混凝土搅拌站 2 个、车床 14 台、锯床 2 台、各式刨床 8 台、各式钻床 8 台、卧式镗床 2 台、剪板机 4 台、折弯机 2 台、半自动气割机 2 台、卷板机 2 台、发电机 2 台、地磅 2 台、叉车 2 台、万能试验机 4 台、压力机 2 台、水泵 4 台，变电所 2 座。

图 3—15—21　2015 年无锡华润实业公司

**（四）无锡金球机械有限公司**

无锡金球机械有限公司始建于 1969 年 6 月，原名为地方国营无锡县农机修造厂，位于钱威路 54 号，属全民所有制企业。占地面积 25000 平方米，建筑面积 18000 平方米，拥有职工 790 余人。无锡县农机修造厂主要从事拖拉机、内燃机、粮饲机等农机修理和生产农用泵、丰产打洞机等产品生产。1978 年，县农机厂成为冶金部定点生产冶金机械配件企业，后又成为省冶金配件公司成员厂。80 年代初，开始生产 100 吨、160 吨折弯机，水田耙、干燥车等，以及铜液泵、挖掘机、推土机等配件，同时对外进行柴油机、水泵等修理，年销售收入 300 多万元。

1984 年，更名为无锡冶金机械厂，成功开发 C 型折弯机，并形成 40 吨、100 吨、125 吨、160 吨 C 型折弯机和 125 吨双机联动等系列产品，同时进行金属软管机、喷浆机、1000KG-M 液压扳手等新品试制，实现年销售收入 900 多万元。与此同时，企业还成立对外经营综合公司，主要面向商店、招待所、饭店、歌舞厅等。

1993 年，更名为江苏金球集团，并发展成立 12 个子公司，产品有折弯机、剪板机、转移印花机、煤矿机械、联合收割机等，经营所涉及的领域还有客车制造、保健品生产以及餐饮、住宿、商店等三产服务业。

2001 年底，改制成股份制民营企业，并注册更名为无锡金球机械有限公司。公司不断加大科技投入，先后获得十几项国家发明专利、实用新型专利。2007 年，公司获评江苏省高新技术企业。2011 年 4 月，搬迁至钱桥街道原钱胡公路 572 号（现为钱洛路 99 号）。是年获国家科技部创新扶持奖励基金支持。无锡金球机械有限公司始终坚持产品质量体系建设，先后获得出口产品质量许可证、

ISO9001 国际质量体系认证、CE 认证，建立稳定的质量保证体系和生产管理服务网络，先后获得江苏省“重合同、守信用”企业，高新技术企业、高新技术产品企业、国家级重点新产品企业、优质信用企业、科技型创新企业、外向型出口企业等荣誉称号。

2013 年 10 月，转制为私营独资企业。创办 47 年以来，公司已经发展成集科研、生产、销售、服务于一体的多功能、科技型、外向型企业。2015 年，金球机械有限公司占地面积 40000 多平方米，建筑面积 28000 多平方米。公司装备力量雄厚，拥有美国数控龙门铣床、捷克数控落地镗铣床，中国台湾数控加工中心、100 吨行车等一系列标志性工业设备，共有各类生产和检测设备 149 台。是年，成功设计 30×6000 大规格剪板机。为便于吊装和运输，首次研制成功拆分式机架，在公司剪板机制造技术史上具有里程碑意义。同时还研制成功宽台面、大横梁的数控转塔冲床，设计移动台面式数控伺服转塔冲床。折弯机吨位从 40 吨扩大到 3000 吨，长度从 2 米增加到 16 米。是年，公司有职工 250 余人，构建成四大车间、七个科室和一个后勤部，拥有硕士 4 人、大中专以上人员 109 人，其中专业技术人员 21 人，高级职称 4 人、初中级职称 24 人、高级技工 5 人。公司具有自营出口权，主要产品有液压折弯机、液压剪板机、异形曲面快速成型机、数控刨槽机和数控转塔冲床，产品遍布欧美、中东及东南亚等世界 30 多个国家和地区，在国内拥有一定的知名度。同年 9 月，被国家科技部评为“江苏省数控一代机械产品创新区域应用示范企业”。

图 3—15—22　2015 年无锡金球机械有限公司

**（五）无锡爱邦辐射技术有限公司**

无锡爱邦辐射技术有限公司创建于 2005 年，由江苏省交通厅省属全资国有企业转制而成，是一家集辐照电缆料、辐照电线、辐射电子加速器及束下装置的研发、制造和辐射加工服务于一体的国家级高新技术企业。公司位于无锡惠山经济开发区钱桥配套区伟业路 8 号，占地面积 53000 余平方米，总资产 1.3 亿元。同年，爱邦公司是国内唯一一家具有高频高压（0.5MeV-5MeV）和直线型加速器（10MeV 两个类别）10 个系列制造能力的企业，部分产品达到国际同类产品先进技术水平，填补国内空白。是年，依托自己的科技力量，爱邦设计填补国内空白的 5.0MeV 高频高压电子加速器，并完成主机的安装。

2006 年，爱邦完成另一项具有国际先进水平的国内第一台 0.5MeV 自屏蔽加速器的研发。由于该加速器采用自屏蔽结构，大大减少厂房建设成本，并且可实现在线辐照加工，可广泛应用于轮胎预硫化、电池隔膜、热缩薄膜、电子线等辐照产业，具有广阔的市场前景。爱邦成为国内唯一的拥有完整 7 个规格加速器的生产厂家、第一家拥有加速器满负荷全性能调试装置和拥有自主知识产权的软件控制系统的生产厂家。短短 3 年，爱邦公司就已销售加速器 16 台，其中 4 台加速器与国家发改委民用非动力核技术产业化项目相配套。迅速崛起的爱邦凭借着雄厚的技术实力、毫不逊色的产品质量开始进军国际市场。

爱邦的发展战略定位在“民用非动力核技术”产业，组建实力雄厚的加速器研究所，致力于研发市场急需的新型高频高压电子加速器。短短几年时间，公司一举创下中国辐射加工行业五个第一：国内第一家唯一专业化加速器生产厂家，第一家成功研制开发填补国内空白、达到国际先进水平的 0.5MeV 自屏蔽、1.0MeV 大束流、拥有全型号加速器生产厂家，第一家向主流发达国家出口加速器的生产厂家，第一家拥有加速器满负荷全性能的调试装置的生产厂家，第一家拥有自主知识产权的软件控制系统的厂家，被核工业总公司和行业协会确定为国家“十一五”规划全国辐射行业九大产业化基地之一。同时，在欧、美、日三家传统加速器生产、输出大国的国际竞标中，进入俄罗斯、韩国等发达国家主流市场，实现高新核技术机电产品的成套设备出口。中国同位素与辐射加工行业协会理事长赵文彦在了解爱邦公司传奇般的创业历程后，在全国电子辐照加速器装备产业化及运用问题研讨会上作出“爱邦创造了中国加速器产业化的一个奇迹”的高度评价。

爱邦公司先后承担江苏省科技成果转化专项资金、国家经贸委发展专项资金、国家出入境检验局公益资金等多项重大项目，先后获得“国家高新技术企业”“江苏省五一劳动奖状”“江苏省百家优秀科技成长型企业”“江苏省民营科技企业”“无锡市十佳科技创新型企业”等荣誉称号。

图 3—15—23　2015 年无锡爱邦辐射技术有限公司外观

至 2015 年，公司已成功研发销售 200 台加速器，据行业协会不完全统计，已经连续三年市场占有率超 70%，是国内唯一实现向主流国家出口加速器的厂家，在国内率先实现电子加速器出口零的突破。是年，公司有员工 150 余人，其中研发人员 46 人，建有“江苏省电子辐照加速器工程技术研究中心”“省级院士工作站”“国家级博士后科研工作站”等重大技术创新载体，并配备国内实力最强的三支研究团队。

**（六）无锡龙舜实业有限公司**

无锡龙舜实业有限公司坐落于无锡惠山经济开发区钱桥配套区舜南路 3 号，占地面积 21000 余平方米，建筑面积 12000 余平方米。

无锡龙舜实业有限公司的前身为无锡县塑料制品厂，成立于 1958 年 10 月 18 日。1963 年，固定资产为 1.2 万元，主要生产粪勺、烟咀等小商品，年销售产值 18.9 万元。建厂初期，共有职工 33 人，11 间矮平房，5 台设备。小、穷、差、弱是建厂初期的基本情况。1965 年，无锡县塑料制品厂由石塘湾迁至钱桥后，进行一系列技术改造，不断开发新产品，成为水利电力部定点生产电缆附件和冷却塔塔芯的专业工厂。10 月 18 日，取得无锡县人民委员会颁发的工商字第 0197 号企业登记证，为县属集体企业。

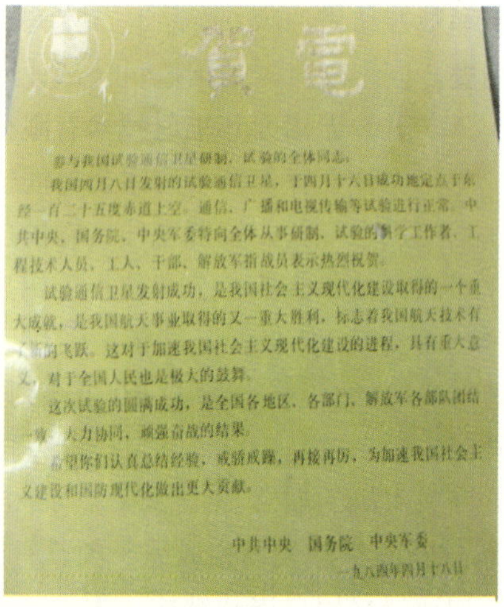
贺电

参与我国试验通信卫星研制、试验的全体同志：

我国四月八日发射的试验通信卫星，于四月十六日成功地定点于东经一百二十五度赤道上空。通信、广播和电视传输等试验进行正常。中共中央、国务院、中央军委特向全体从事研制、试验的科学工作者、工程技术人员、工人、干部、解放军指战员表示热烈祝贺。

试验通信卫星发射成功，是我国社会主义现代化建设取得的一个重大成就，是我国航天事业取得的又一重大胜利，标志着我国航天技术有了新的飞跃。这对于加速我国社会主义现代化建设的进程，具有重大意义，对于全国人民也是极大的鼓舞。

这次试验的圆满成功，是全国各地区、各部门、解放军各部队团结一致、大力协同、顽强奋战的结果。

希望你们认真总结经验，戒骄戒躁，再接再厉，为加速我国社会主义建设和国防现代化做出更大贡献。

中共中央　国务院　中央军委

一九八四年四月十八日

图 3—15—24　1984 年 4 月 16 日，中共中央、国务院、中央军委发给无锡县塑料厂的贺电

70 年代，无锡县塑料制品厂从福建、江西、四川、内蒙古、湖北、北京等地大专院校、科研院所、大型国企引进化工、机械、材料等各类专业技术人员 13 人。与西北、东北、华北、华东四个电力设计院，西安热工院、邮电部设计院、上海电缆研究所、武汉高压研究所、晨光化工研究院等 10 多家科研院校广泛合作，将企业建成科研院所的中试基地。双方进行多方面合作，研发新产品。1976 年，企业固定资产 120 万元，销售产值 1009.9 万元，职工人数 364 人。企业产品广泛应用于电力通信、自控、毛主席纪念堂、卫星发射基地等，受到中央有关部门嘉奖。

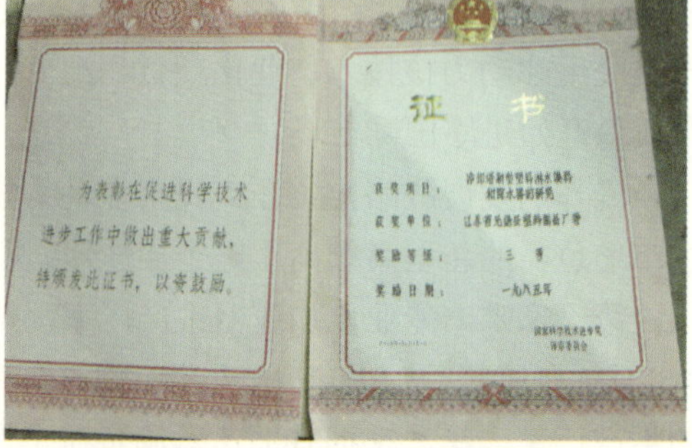

图 3—15—25　1985 年无锡县塑料厂的“冷却塔新型塑料淋水填料的研究”被国家科学技术进步奖评审委员会评定为三等奖

80 年代初，积极引进国外先进技术、先进设备及先进管理理念，先后从德国 Krass Maffei 公司引进具有世界一流水平的塑料管材双螺杆挤出流水线，从意大利 Comi 公司引进全自动连续成型机，从比利时 Hamon 公

司引进全套发电厂冷却塔冷却系统技术，从日本勉励龙公司引进全自动吸塑成型机，从德国德罗斯马赫公司引进双壁波纹管生产技术和全套生产流水线。80年代末期，企业年销售达3000多万元，利润达400多万元。生产的冷却塔塔芯材料获国家科技进步三等奖，除水器获电力工业部重大科技成果二等奖。

1993年，公司出资60万美元、外方出资20万美元，成立中外合资无锡金源电力电信塑胶有限公司。是年，在原无锡县塑料制品厂的基础上组建无锡龙舜实业总公司，公司下辖塔芯、电缆附件、薄膜、波纹管、机械5个分厂，以及物资公司和8个科室。1995年，公司牵头国内三家企业、国外四家企业共同出资100万美元成立江苏米可多农膜发展有限公司。公司主要生产各类电缆保护管、冷却塔塔芯材料、绝缘带、自粘带、浇铸剂、气动管缆等电工电气材料以及各类货舱搬运设备等。产品多次获国家、省、部、市、县科技成果奖和新产品奖。产品“龙山牌”为注册著名商标，并于2000年通过ISO9001·2000标准的质量体系认证。企业多次获江苏省重合同守信用企业、省民营科技企业、质量工作优秀企业、无锡市和谐劳动关系先进企业等荣誉称号。

2000年4月，企业进行重大改革，锡山市人民政府统一安排，转制为无锡龙舜实业有限公司。无锡龙舜实业总公司通过一系列工作，筹集到资金220万元，由35个股东和16个股民参股的职工持股会组成。是年10月18日，锡山市工商行政管理局批准有自然人控股的无锡龙舜实业有限公司成立。

**2012~2015年龙舜实业有限公司的主要技经指标统计表**

表3—15—22　　单位：万元、吨

| 年份 | 收入 | 利税 | 固定资产原值 | 资产合计 | 负债合计 | 净资产 | 制品吨位 |
|---|---|---|---|---|---|---|---|
| 2012 | 1039.81 | 69.46 | 1523.87 | 3425.53 | 1872.24 | 1553.28 | 1268.48 |
| 2013 | 5668.28 | 255.89 | 1851.28 | 5440.71 | 2339.21 | 3105.50 | 6065.74 |
| 2014 | 5138.06 | 249.05 | 2083.52 | 4767.16 | 1939.86 | 2827.30 | 5109.38 |
| 2015 | 4841.09 | 265.32 | 2128.91 | 4565.46 | 1795.56 | 2769.90 | 4955.35 |

2015年，龙舜实业有限公司有职工50余人，法定代表人宗良。

**（七）无锡县食品冷冻厂**

无锡县食品冷冻厂于1975年5月筹建，1977年5月破土动工，1979年4月建成投产，原名无锡县冷冻厂，隶属于无锡县商业局，是以生产出口冻兔为主的综合加工厂。厂区位于钱桥镇东南部惠钱路218号，占地面积20646平方米，厂房面积10940平方米，固定资产435万元。

1982年2月，经无锡县商业局批准，更名为无锡县食品冷冻厂。1983年，本地兔收宰量创历史最高水平，达129万只，当年创利达80万元。1979~1987年，9年内共收兔2606万斤、宰兔573万只，其中旺季（4~6月）宰兔272万只，约占全年的48%。出口冷冻兔肉5132吨、冷冻兔副产品955吨，外销欧美、日本和东南亚国家。无锡县食品冷冻厂连同其他产品的加工，平均年销售总额345.2万元。

1991年，县食品冷冻厂职工400人，设备有9吨冷藏车2辆，冷库2座，库容量为700吨、2100立方米；氨制冷压缩机7台，能量为94万大卡的制冷系统；库温保持在-30℃的管架式急冻54吨、-18℃的低温冷冻600吨，0℃左右低温冷藏100吨；1200平方米的分割封闭型宰兔车间，链长180米和宰杀、剥皮机等单机20多台，日处理1.2万只兔子的工艺完善流水线。拥有一次可容2万只待宰兔房舍3幢，配有容量为500千伏安变压器一台，250千伏安的发电机一台以及皮件车间、机修车间等配套设施一应俱全。是年，年产值409.7万元，年利润35万元。1998年，新产品兔脑混血酶粉为医药试剂，获无锡市科技改革三等奖，批量出口年创汇100多万美元。

2000年，钱桥、藕塘地区和周边乡镇农户养殖兔子已经很少，企业原材料严重不足。2001年8月，食品冷冻厂关闭。企业资产先以租赁形式，后卖给华顺民生食品有限公司。

# 第五节 工业体制

1955年前，钱桥、藕塘地区的工业都为私营企业。1956~1983年，大多为集体所有制企业或全民所有制企业。1984~1992年，有集体企业、有全民所有制企业、有中外合资企业、有联合体企业、有个体企业。1993年，钱桥、藕塘镇、村集体企业实行所有制改革，按照“以卖为主、卖租结合、一次定性”的方针，企业先后进行转制。转制后的企业或为有限责任公司，或为股份制合作企业，或为个体民营企业。职工队伍、资金积累、职工分配、供销业务等随着工业体制的变化而发生相应的变化。2009年，辖区内企业全部转制，集体所有制企业转为股份制、民营、个体企业。

## 一、所有制演变

清光绪三十年（1904），盛店乡许仲达、蒋秀庆独资引进手摇袜机开织袜厂。民国时期至解放初期，钱桥、藕塘地区少有工业，其所有制均为私有制。民国5年（1916）钱桥庄兰芳独资开办榨油厂。民国18年，钱桥、藕塘有烘茧茧行13家，均系个体经营企业。民国19年，藕塘南街朱焕根独资开办酱油厂。1952年，钱桥开办钱桥米厂；1953年，藕塘开办民丰米厂，均为私有制企业。

1952~1955年钱桥、藕塘地区工业私营企业主要经济实绩表

表3—15—23　　单位：元

| 年份 | 企业名称 | 总产值 | 营业额 | 资本额 | 生产资产 | 全部资产 | 资产净值 | 备注 |
|---|---|---|---|---|---|---|---|---|
| 1952 | 庄源大油饼厂 | 4720400 | 3167330 | — | — | — | — | 钱桥地区 |
| | 钱桥米厂 | 10313790 | 739430 | — | — | — | — | |
| 1953 | 庄源大油饼厂 | 2847700 | — | 374400 | — | — | — | |
| | 钱桥米厂 | 15381050 | 1039000 | 132420 | — | — | — | |
| | 民丰碾米厂 | 1333690 | — | 27010000 | — | — | — | 藕塘地区 |
| 1954 | 民丰碾米厂 | 上半年度 943520 | — | — | — | — | — | |
| 1955 | 民丰碾米厂 | 140（新币） | — | 22000（新币） | 26120 | 25120 | 14220 | |

1956年，国家对私营企业和个体手工业实行社会主义改造，区域内铁木业、竹业、缝纫业等各项服务性行业合并，钱桥、藕塘分别成立手工业联社，属大集体所有制企业。1958年大办社办工业，钱桥、藕塘手工业联社下放，分别由钱桥、藕塘公社统一领导管理，性质仍为大集体所有制企业。

20世纪60年代中期，钱桥、藕塘公社各大队开始兴办粮饲加工、农机修造、五金加工、纸盒、纸箱制造等为主的工业，其经济性质为大队集体所有制。1970年以后，钱桥、藕塘公社所有社队办工业企业按社办社有、队办队有的政策，分别为公社和大队集体所有制。1977年，藕塘公社社队办企业共计26家。1979年，钱桥公社社办队办企业共计67家。

1984年，按中央规定，乡镇工业所有制可以有乡（镇）办、村办、组办、户办、联户办等形式，无锡县皮件厂（县属企业）与溪南鞋厂组成经济联合体，为工贸合营企业。同时，钱桥乡开办哈尔滨松江电炉厂无锡联营厂国集联营企业。1986年，钱桥乡有工业企业326家，其中乡办企业25家、村办企业111家、各类联合体企业68家、个体企业122家；藕塘乡有工业企业166家，其中乡办企业28家、村办企业70家、各类联合体企业52家、个体企业16家。

1993年10月27日，按中共无锡县委员会、无锡县人民政府颁发《关于镇村集体小型企业产权拍卖转让的试行办法》的通知，钱桥、藕塘镇对区域内乡镇企业实行所有制改革，遵循“以卖为主、卖租结合、一次定性、分段实施”的方针进行企业转制。是年底，溪南鞋厂在无锡县率先进行体制改革，于1994年1月采取租卖结合的办法，按国家颁布的法规组建“溪南鞋业有限公司”。1995年，溪南鞋业有限公司销售收入5000万元，比1993年翻一番，结算利润达500万元，负债率由1993年的75.8%降至46.32%，净资产达1460万元，股金从建办时的400万元扩展至900万元，上缴国家

税金从1993年的30万元增加到250万元，职工人均收入从1993年的2900元提高到6300元。溪南鞋厂转制初见成效，成为无锡县乡镇企业产权制度改革的成功典型之一。自此以后，钱桥、藕塘镇的镇村集体企业全面开始转制，从集体企业转制为或有限责任公司、或股份合作制企业、或个私民营企业。是年，钱桥镇转为股份制企业12家、个私民营企业6家；藕塘镇转为有限责任公司2家、转为有限公司12家。

90年代中期，区域内发展外向型经济，钱桥、藕塘镇部分企业开始向国际市场招商引资，出现合资企业。1994年，溪南实业公司与香港信龙发展有限公司合资联办“无锡信龙毛纺织有限公司”。1995年，钱桥镇无锡市苏嘉镁碳砖厂与日本黑崎窑业株式会社合资成立“无锡黑崎苏嘉耐火材料公司”；无锡县帘子线厂与中国香港舜川企业公司合资，后更名为无锡威力达帘子布有限公司；无锡市高速分析仪器厂浊度分厂与日本日模必路达株式会社合资；无锡舜龙特种管件有限公司与中国台湾十荣企业有限公司合资。1996年，藕塘镇、村148家企业转制146家，转制企业占全镇企业总数的98.6%。

2000年，钱桥镇31家镇办企业转制为有限责任公司、无锡市矿泉水厂转制为私营企业，107家村办集体企业分别转制为有限责任公司、私营企业和股份合作制企业；藕塘镇17家镇办企业中10家转制为有限责任公司，7家转制为私营企业和股份合作制企业，83家村办集体企业分别转制为有限责任公司、私营企业和股份合作制企业。2003年12月，钱桥镇江苏德克环保设备有限公司与澳大利亚亚联集团合资。2009年，钱桥街道区域内集体所有制企业全部完成转制。

2015年5月，藕塘社区大洋高科（无锡）电气有限公司与韩国合资，生产集肤加热装置。是年，钱桥街道有外商合资企业共87家。

## 二、职工队伍

民国时期至新中国成立初期，钱桥、藕塘地区的工业企业职工队伍多为企业主雇佣的工人。20世纪60年代，钱桥、藕塘公社工业企业职工队伍有经营管理干部、工程技术人员、操作工人三种类型。经营管理干部来自于农村，以生产队、大队干部为主，少数系市镇企业职工及三年经济困难时期中的下放工人和机关、单位下放干部，工程技术人员多为城市全民企业下放的技术工人，操作工大多为区域内农民亦工亦农。1975年，钱桥公社有企业职工987人，藕塘公社有企业职工569人，大多为亦工亦农。1982年起，钱桥、藕塘地区工业战线实行一包、二改、三调整，改进企业用人制度，对乡办企业的干部进行调整，选拔在工业一线经过长期实践、有文化、刻苦钻研、懂经营、会管理的中青年担任厂长、副厂长，充实企业的领导班子；选拔业务素质好、技术熟练、品德好的中青年担任科室领导和车间主任。技术人员主要来自一线工人、有一技之长的能工巧匠和城市下放人员。以后根据企业需要，不断引进大中专毕业生或到外地引进专业技术人员。1988年，钱桥镇有镇村两级企业职工12042人，藕塘乡有乡村两级企业职工9673人；其中钱桥、藕塘两乡镇的村级企业职工达14507人。80年代后期，钱桥、藕塘地区工业经济飞速发展，镇（乡）村企业根据需要，不断从外来民工中招工以充实职工队伍。2000年，钱桥镇有企业职工12655人，藕塘镇有企业职工6458人。2015年，钱桥街道企业职工27057人。

1958~2015年钱桥、藕塘（公社、乡）镇、钱桥街道企业职工选年统计表

表3—15—24　　单位：人

| 年份 | 企业职工 | | 年份 | 企业职工 | |
|---|---|---|---|---|---|
| | 钱桥 | 藕塘 | | 钱桥 | 藕塘 |
| 1958 | 310 | 285 | 1976 | 804 | 613 |
| 1959 | 230 | 240 | 1979 | 1312 | 1147 |
| 1970 | 362 | 165 | 1980 | 1490 | 1235 |
| 1974 | 839 | 532 | 1981 | 2765 | 1948 |
| 1975 | 987 | 569 | 1982 | 2127 | 1996 |

续表 3—15—24　　单位：人

| 年份 | 企业职工 | | 年份 | 企业职工 | |
|---|---|---|---|---|---|
| | 钱桥 | 藕塘 | | 钱桥 | 藕塘 |
| 1984 | 2312 | 2034 | 2003 | 25897 | 7077 |
| 1986 | 7776 | 6549 | 年份 | 钱桥（镇）街道 | |
| 1988 | 12042 | 9673 | 2004 | 37000 | |
| 1989 | 12600 | 9752 | 2005 | 30216 | |
| 1990 | 11865 | 8871 | 2006 | 35457 | |
| 1991 | 11813 | 10490 | 2007 | 37018 | |
| 1994 | 10944 | 7284 | 2008 | 34016 | |
| 1995 | 11980 | 6911 | 2009 | 39600 | |
| 1996 | 12334 | 5864 | 2010 | 30600 | |
| 1997 | 11975 | 6098 | 2011 | 30924 | |
| 1998 | 12016 | 5468 | 2012 | 33831 | |
| 1999 | 7741 | 8142 | 2013 | 34276 | |
| 2000 | 12655 | 6458 | 2014 | 31363 | |
| 2001 | 14611 | 7456 | 2015 | 27057 | |
| 2002 | 19213 | 7223 | — | — | |

## 三、资金积累、分配

### （一）资金积累

20 世纪 60 年代初期，钱桥、藕塘公社社队办工业主要依靠生产队公益金、公积金等积累资金，利用生产队仓库、庙宇、祠堂、校舍等作为厂房，购买国营企业淘汰的二手设备，修旧利废，开厂办厂。

60 年代中期，钱桥、藕塘公社依靠各大队上交的积累资金，同时向银行、信用社借贷一部分资金开办社办企业。社办厂坚持走艰苦奋斗、自力更生的创业之路，依靠企业自我积累、自我发展。钱桥、藕塘公社纸盒厂、搬运站等企业全靠手工干活奋斗积累资金。1966 年 5 月 10 日，无锡县经济委员会下发《关于社办企业的管理办法（试行草案）》。钱桥、藕塘公社按照“管理办法”，把利润的 30%~40%留给企业作公积金，作为发展再生产的资金；留 8%~10%作为福利基金和奖励基金，用于职工的医药公伤补助和必要的奖励，其余的全部上交公社作为公社所有资金。上交给公社的资金主要用于对社办企业发展新项目投资，扩大社办企业再生产；用于公社范围内的兴修水利、添置农业机械、修建道路、桥梁等农业基本建设；用于支援贫穷生产队购买农船、农机；用于支持贫下中农发展家庭副业；用于补助学校、农技站等事业单位。60 年代后期至 70 年代，根据政策，钱桥、藕塘公社社队办企业可享受所得税二免三减半的待遇，即新办企业自办企业之日起二年内免征所得税，第三年所得税减 50%；校办企业按增值税额度减免 70%；福利企业税收全免。新产品开发及技术改造经省有关部门批准，产品及项目可享受贴息贷款或技改奖奖励基金。同时，在企业内部加强技术改造，提高劳动生产效率；进一步加强成本核算、降本节支、加强企业内部管理以提高经济效益。务工社员实行低报酬，平时每月只发 12 元钱伙食费，其余报酬到年终分配时结算，全部转入生产队记工。社办企业套用务工社员的大部分资金作为企业生产资金、流动资金周转。社队工业的资金依靠上述多种方式逐步积累，由无到有，由少到多，由弱到强。1978 年改革开放以后，国家调整金融政策，有一定经济实力的社队企业通过乡镇政府担保可向银行申请工业贷款。

**1978 年钱桥、藕塘公社队办企业利润使用方向统计表**

表 3—15—25　　单位：万元

| 项目 | 钱桥 | 藕塘 | 项目 | 钱桥 | 藕塘 |
|---|---|---|---|---|---|
| **积累使用总计** | **184.30** | **98.01** | 其中农田水利基本建设 | 18.93 | 5.53 |
| | | | 用于农业机械化 | 14.70 | 5.68 |
| 一、用于对农业的支援：合计 | 97.35 | 69.75 | 化肥农药、农膜生产费用补贴 | 19.46 | 7.51 |

续表 3—15—25　　　　单位：万元

| 项目 | 钱桥 | 藕塘 | 项目 | 钱桥 | 藕塘 |
|---|---|---|---|---|---|
| 直接拨款支持穷队 | 21.13 | 23.88 | 三、用于文教卫生福利合计 | 7.09 | 3.42 |
| 其中拨给分配的 | 17.23 | 23.88 | 其中文教事业 | 0.38 | 0.33 |
| 拨给基建的 | 3.90 | — | 卫生事业 | 5.11 | 2.57 |
| 其它 | 2.00 | 3.27 | 福利事业 | 1.60 | 0.52 |
| 二、用于企业扩大再生产合计 | 69.23 | 16.17 | 四、其他合计 | 10.63 | 8.67 |
| 其中用于企业基本建设 | 52.51 | 14.47 | 其中用于社队行政及事业单位的基建 | 0.54 | 1.40 |
| 下拨企业流动资金 | 16.72 | 1.70 | 用于误工补贴 | 5.51 | 6.35 |
| — | — | — | 用于其它 | 4.58 | 0.92 |

80 年代中期，钱桥、藕塘（乡）镇、村工业有较大发展，镇村两级经济日益壮大，企业除利用自有资产扩大投资生产外，乡镇政府加大对企业固定资产的投资额。进入 21 世纪，钱桥、藕塘镇，钱桥街道进一步加大对企业固定资产的资金投入。2010 年，钱桥街道企业投入 150288 万元，2011 年投入 102357 万元，2012 年投入 125183 万元，2013 年投入 140026 万元，2014 年投入 177872 万元，2015 年投入 201550 万元，用于区域内企业建设厂房、更新设备。2010~2015 年，钱桥街道投入企业新产品开发资金达 30100 万元，合计开发工业新产品 82 项，其中国家级 6 项，省级 76 项；投入技改资金 25000 万元。同期，钱桥街道企业投入固定资产 897276 万元，另有企业的集资、合资资金积累。

**（二）职工报酬**

乡镇企业职工分配贯彻“按劳分配、多劳多得”的原则。20 世纪 50 年代末至 60 年代初，区域内社办工业计酬方法有：行政干部为固定工资制，职工为基本工资加奖励，化工等难以确定定额的企业为计时工资制，服装、制鞋以手工为主的企业为计件工资制。钱桥、藕塘公社社队办厂职工工资为每天 0.8~1 元之间，即月工资 24~30 元之间，最高不超过每月 36 元。

60 年代中期，钱桥、藕塘公社务工社员收入归己，但必须向生产队交积累；或者收入交队，评工记分，并由生产队发给补贴。1970 年以后，为稳定农村务农队伍，钱桥、藕塘公社社员务工实行“劳动在厂、收入交队和忙时务农、闲时务工”的评工记分制。生产队发给务工社员补贴、统一分配计酬：务工社员享受务农同等劳动力的口粮标准和劳动奖励粮食，如技术高的或劳动强度较大的给予 10%~15%的技术补贴，在社办厂工作每天有 0.1~0.15 元菜金补贴。由于各生产队的经营管理水平不同、工分单价不同，务工社员的实际收入难以体现与本厂职工同工同酬，分配上不尽合理，矛盾较多。70 年代中期，实行“收入归队，评工记分，合理补贴”的办法后，社队办职工人均年收入 450 元左右。

1980 年，钱桥、藕塘公社借鉴梅村、堰桥公社经验，实行工资转队，按比例分成，企业对生产队适当进行补贴等。1981 年，钱桥、藕塘公社进一步规定务工社员交队工资比例最高不能超过 40%，企业对生产队按工资总额补贴 10%，其中 50%纳入统一分配。1983 年，实行家庭联产承包责任制后，乡镇企业职工计酬方法也随之改变，根据不同行业，采用不同计酬方法，有“定额承包、超利分成、减利减酬”，有“基本工资加奖励”，有计件工资制等。行政管理人员实行基本工资、职务工资、超产奖励的组合工资，平时发基本工资，年终一次性结算，进行二段分配。是年，钱桥、藕塘乡镇企业对工资进行调整提高，日工资额在 1.2~1.5 元之间，技术人员、劳动强度较大的职工日工资为 2 元，因而企业职工月工资为 36 元、45 元、60 元。

1985 年，钱桥乡乡办企业职工平均月工资为 87 元，藕塘乡乡办企业职工平均月工资为 75 元；钱桥乡村办企业职工平均月工资为 81 元，藕塘乡村办企业平均月工资为 73 元。是年，百乐皮件厂职工月工资 82 元，藕塘农机厂职工最高工资水平每月 70 元。90 年代乡镇企业转制后，一般实行计件制，由企业主根据职工的岗位、技术、产品数量、质量等核发给工资。2014 年，钱桥街道企业职工年收入平均达47510元，平均月工资3959元。2015年，钱桥街道规模以上企业职工年人均收入达49900元，平均月工资4158元。

### 四、供销业务

钱桥、藕塘（公社、乡）镇村工业原材料采购和产品销售主要依靠市场调节。20世纪60年代，钱桥、藕塘社队工业的产品销售主要为区域内农业生产和人民生活服务，以地产地销为主。

70年代，区域内社队企业主要承接国企业务，进行原料加工，无供销困难，并可以利用加工过程中剩余的边角废料生产小型工业商品。粮饲加工、砖瓦均属地产地销。社队两级企业没有专门的供销机构。同时根据无锡县主管部门规定，企业通过鉴证可以承接原料加工生产。1978年以后，政策放宽，企业可以根据实际情况销售部分产品，如钱桥、藕塘公社的五金塑料、小型电机、汽车配件、农机产品、老百姓生活用品等企业开始自己销售。随着经济管理体制深入改革，在开放搞活的方针指导下，企业产品可直接面向市场，如钱桥环保设备厂生产的环保设备，钱桥五金塑料厂生产的五金板牙丝攻，仪器设备厂生产的硬度计、运筛仪器等；藕塘农机厂生产的各类农机产品，藕塘集装箱厂生产的各类集装箱等；无锡县自行车缝纫机工具厂生产自行车、缝纫机的各类丝攻、板牙等。

进入80年代，社队工业快速发展，供销业务量迅速扩大。1983年，钱桥、藕塘公社工业公司分别成立供销经理部，负责组织采购金属、煤炭、汽柴油等生产资料。钱桥公社在南西漳建造6000吨级的一个油库，为社队企业解决能源困难。以后，钱桥、藕塘乡又分别成立工业供销公司。80年代后期，钱桥、藕塘（乡）镇企业外贸产品迅速发展，部分企业产品向国外销售。

1994年10月，钱桥镇先后成立工业物资经理部、冶金贸易公司；藕塘镇成立供销公司。1995年，钱桥镇有供销公司3家，藕塘镇有供销公司2家。一些规模较大的骨干企业和村农工商联社相继建立供销服务机构。这些供销服务机构承担镇村两级企业的原辅材料采购、储运、串换，销售产品、签订产品销售合同、商品托运等业务。20世纪90年代中期，区域内企业转制后的供销业务由企业自行运作。

## 第六节 工业能源、设备

民国时期至20世纪50年代，钱桥、藕塘地区的工业都以煤、柴油为能源，工业设备数量少、功能陈旧落后。60~90年代，工业能源除用煤、柴油、汽油、焦炭外，以电力和燃气为动力，工业设备成倍增加，功能由落后向先进发展，电动机、车床、钻床、冲床、磨床、铣床、刨床、锅炉、吊车、行车、锻压设备等广泛应用。进入21世纪，为加强环保，煤、油、焦炭等仅有少数企业使用，工业的大量动力为电和气，设备应用高科技工业设备，并引进国外先进工业设备。

### 一、能源

#### （一）煤、油

1949年至新中国成立初期，钱桥、藕塘地区农村工业能源以煤为主，碾米机、柴油机以柴油为动力燃料。

1958年至70年代，随着社队工业的起步，煤、柴油、汽油成为社队工业广泛应用的能源。80年代，钱桥、藕塘地区部分企业用锅炉进行化工镀锌、冶炼钢铁，煤、焦炭的使用量成倍增加。1980年，钱桥公社工业企业万元产值能源消耗率为27%~28%，藕塘公社工业企业能源消耗率为28%~29%。随着经济总量不断上升，企业加强内部管理后在能源上进行挖潜革新、节能降耗。2012~2014年，钱桥街道企业万元产值能源消耗率降为20%~25%，尝到降低能源消耗的甜头，出现企业利润总量上升的趋势。2015年，钱桥街道工业企业消耗煤2662.4吨，比1999年减少73%。

### （二）电力

1958年，钱桥、藕塘公社部分大队用电力进行粮饲加工。是年，钱桥公社创办社办企业10家，藕塘公社创办社办企业9家，电力开始为区域内工业生产服务。钱桥、藕塘地区随着工业生产的发展，用电量日益增长。1996年，钱桥镇工业用电量35687万千瓦时，藕塘镇工业用电量9050万千瓦时。2003年，钱桥镇工业用电量86714万千瓦时，藕塘镇工业用电量7163万千瓦时。2014年，钱桥街道工业用电量123888万千瓦时。是年，钱桥街道拥有10千伏变压器848台，总容量47.6万千伏安，其中综合变419台，年销售用电量达7.18亿千伏安。2015年，工业用电量为137998万千瓦时。

### （三）工业用气

1977年，区域内有无锡县钢铁厂制氧分厂和钱桥公社充氧站两家工业气体供应站。县钢铁厂制氧分厂占地面积22000平方米，建筑面积8900平方米，主体设备由国外引进，生产工艺采用分子筛吸附，膨胀空气进上塔的精馏无氢制氧工艺流程，居行业领先地位，并有储罐6只，达到20000Nm3/h生产规模。钱桥充氧站占地面积3300平方米，建筑面积1500平方米，设备有制氧机1套、氧压机1台。

无锡县钢铁厂制氧分厂和钱桥公社充氧站致力于开发生产工业用瓶装压缩氧气、氮气、纯氮、高氮纯氮、二氧化碳等几种高品质瓶装气体。所生产的气体除供应钱桥、藕塘地区外，还供应无锡、常州等地。

**1984~1999年藕塘（公社、乡）镇工业企业能源消耗选年统计表**

表3—15—26　　　　单位：吨

| 年份 | 煤 | 焦炭 | 柴油 | 汽油 | 年份 | 煤 | 焦炭 | 柴油 | 汽油 |
|---|---|---|---|---|---|---|---|---|---|
| 1984 | 11266 | 349 | 301 | 321 | 1994 | 13634 | 169 | 327 | 359 |
| 1985 | 13993 | 412 | 206 | 332 | 1995 | 11892 | 137 | 205 | 301 |
| 1986 | 13011 | 383 | 219 | 384 | 1996 | 15547 | 165 | 247 | 253 |
| 1987 | 12983 | 376 | 320 | 424 | 1997 | 17820 | 140 | 159 | 481 |
| 1988 | 10399 | 379 | 298 | 396 | 1998 | 26911 | 215 | 201 | 512 |
| 1989 | 12672 | 393 | 306 | 432 | 1999 | 30842 | 384 | 433 | 636 |
| 1993 | 13222 | 179 | 258 | 309 | — | — | — | — | — |

**1971~2015年钱桥（公社、乡）镇、钱桥街道工业企业能源消耗选年统计表**

表3—15—27　　　　单位：吨、立方米

| 建置 | 年份 | 煤 | 焦炭 | 柴油 | 汽油 | 煤油 | 重油 |
|---|---|---|---|---|---|---|---|
| 钱桥公社 | 1971 | 75.00 | — | — | — | — | — |
| | 1972 | 158.70 | — | 0.63 | — | — | — |
| | 1973 | 110.90 | — | 2.51 | — | — | — |
| | 1974 | 175.25 | — | 29.60 | — | — | — |
| | 1975 | 505.00 | 19.5 | 35.50 | — | — | — |
| | 1976 | 644.00 | 220.0 | 56.20 | — | — | — |
| | 1977 | 651.55 | — | — | — | — | — |
| | 1978 | 1053.80 | 210.0 | 234.85 | — | — | — |
| | 1981 | 4468.00 | 41.0 | 41.00 | 18.17 | — | 15.00 |
| | 1982 | 13502.00 | 1043.9 | 333.73 | 200.20 | — | 12.00 |
| | 1983 | 7307.50 | 935.0 | 282.72 | 913.80 | — | — |
| 钱桥乡 | 1984 | 23660.00 | 582.0 | 582.00 | 552.00 | — | — |
| | 1985 | 28385.00 | 922.0 | 216.00 | 581.00 | 1623.00 | 277.00 |
| | 1986 | 27320.00 | 710.0 | 418.00 | 630.00 | — | 5.00 |
| 钱桥镇 | 1987 | 26134.00 | 785.0 | 521.00 | 1325.00 | — | 10.00 |
| | 1988 | 23241.00 | 792.0 | 413.00 | 789.00 | — | 6.00 |
| | 1989 | 17321.28 | 975.4 | 387.02 | 529.86 | 5.15 | 2.18 |
| | 1993 | 12291.00 | 21.00 | 131.01 | 20.29 | — | |
| | 1994 | 36456.00 | 187.00 | 877.00 | 962.00 | — | |

续表 3—15—27 单位：吨、立方米

| 建置 | 年份 | 煤 | 焦炭 | 柴油 | 汽油 | 天然气 |
|---|---|---|---|---|---|---|
| 钱桥镇 | 1995 | 35288.00 | 112.00 | 610.00 | 893.00 | — |
| | 1996 | 41794.00 | 175.00 | 665.00 | 679.00 | — |
| | 1997 | 35857.00 | 283.00 | 321.00 | 33664.00 | — |
| | 1998 | 36386.00 | 291.00 | 726.00 | 981.00 | — |
| | 1999 | 42250.00 | 1044.00 | 866.00 | 858.00 | — |
| 钱桥（镇）街道 | 2006 | 237277.00 | 597315.00 | 5571.00 | 1218.00 | — |
| | 2007 | 208324.00 | 581317.00 | 1155.00 | 1648.00 | — |
| | 2008 | 169542.00 | 545917.00 | 2029.00 | 933.00 | — |
| | 2009 | 92011.00 | 566630.00 | 810.00 | 140.00 | — |
| | 2010 | 91887.00 | 545097.00 | 677.00 | 128.00 | — |
| | 2012 | 94106.71 | 594130.07 | 1336.39 | 617.94 | — |
| | 2013 | 87108.00 | 577886.00 | 1308.47 | 623.77 | — |
| | 2014 | 104543.00 | 526008.00 | 1064.96 | 530.13 | — |
| | 2015 | 2662.40 | — | 606.82 | 605.06 | 2030.12 |

## 二、设备

民国5年（1916）11月，钱桥庄源大榨油厂创办，时有榨油机4台、米车一台、马达3台。民国21年，鼎盛丝厂有172台缫丝车；至民国24年发展为240台。1951年，庄源大榨油机发展至28台；1954年，榨油机发展至36台。1955年，藕塘民丰米厂有碾米机4台、砻谷机1台。1958年，区域内开始创办社队办厂。1959年，钱桥公社有电动机4台、纺线车38台、粮饲厂砻谷车1台、碾米机1台；藕塘公社采矿厂有粉碎机1台。1961年，钱桥公社有8尺车床1台、6尺车床2台、打铁炉灶10个、印刷机2台；藕塘公社有柴油机21台、发电机1台、电动机4台、8尺车床1台、6尺车床2台、刨床1台、打铁炉灶6个。

进入70年代，钱桥、藕塘公社社队工业发展重点是以工养农，因而金属切削机械和动力设备大量增加。1977年，钱桥公社有金属切削机床75台，其中车床43台、钻床10台、龙门刨床1台、牛头刨床11台、镗床1台、挫齿机2台、磨床1台、锯床2台，其他机床4台；土机床31台、台钻27台、仪表车47台、砂轮机与抛光机15台；锻压设备13台、电焊机17台、内燃机8台。藕塘公社有金属切削机床27台，其中车床20台、钻床3台、牛头刨床3台、滚齿机1台；土机床9台、电钻14台、仪表车床19台、砂轮机7台、锻压设备3台、电动机171台、锅炉1台（0.75吨）、内燃机15台（206千瓦）、发电机8台（184千瓦）。

### 1970~1978年钱桥、藕塘公社社队办工业企业设备一览表

表 3—15—28 单位：台

| 公社名 | 设备名称 | 1970年 | 1971年 | 1972年 | 1973年 | 1974年 | 1975年 | 1976年 | 1977年 | 1978年（队办） |
|---|---|---|---|---|---|---|---|---|---|---|
| 钱桥 | 金属切削机床 | 3 | — | — | 22 | 31 | 28 | — | 31 | — |
| | 卷板机 | — | — | — | — | — | 1 | — | — | — |
| | 各类电动机 | — | 88 | 164 | 171 | 273 | 288 | 296 | 323 | 319 |
| | 行车 | — | — | — | — | 5 | — | — | — | — |
| | 车床 | 3 | 14 | 26 | 43 | 34 | 69 | 58 | 43 | 52 |
| | 磨床 | — | — | — | 2 | 2 | 3 | 2 | 2 | 4 |
| | 仪表车床 | — | 23 | 34 | 18 | 19 | 47 | 48 | 47 | 22 |
| | 电焊机 | — | 6 | 7 | 7 | 12 | 14 | 14 | 18 | 17 |
| | 大小钻床 | 4 | 13 | 17 | 26 | 15 | 39 | 13 | 37 | 62 |
| | 牛头刨床 | — | 1 | 2 | 6 | 10 | 7 | 13 | 11 | 14 |
| | 龙门刨床 | — | — | — | — | — | 1 | — | 1 | — |
| | 镗床 | — | — | — | 2 | 2 | 3 | 1 | 1 | — |
| | 锯床 | — | — | — | 1 | 1 | 2 | 3 | 4 | 3 |
| | 锻压设备 | — | 2 | — | 3 | 7 | — | 4 | 8 | 17 |

续表 3—15—28　　　　单位：台

| 公社名 | 设备名称 | 1970年 | 1971年 | 1972年 | 1973年 | 1974年 | 1975年 | 1976年 | 1977年 | 1978年（队办） |
|---|---|---|---|---|---|---|---|---|---|---|
| 钱桥 | 砂轮及抛光机 | — | — | — | — | — | — | — | 15 | 16 |
| | 内燃机 | — | — | 4 | 7 | 4 | 5 | — | 6 | — |
| | 铣床 | — | 1 | — | 1 | 6 | 4 | 2 | 4 | 3 |
| | 电煤炉 | — | — | — | — | — | 13 | 13 | 3 | — |
| | 空压机 | — | 2 | — | — | — | 3 | 5 | 3 | — |
| | 球磨机 | — | 2 | 2 | 2 | 2 | 2 | — | — | — |
| | 碾米机 | 3 | 25 | 20 | 21 | 22 | 22 | 27 | 27 | — |
| | 砻谷机 | 1 | 7 | 7 | 8 | 9 | 8 | 8 | 8 | — |
| | 糠车 | 2 | 14 | 17 | 18 | 20 | 19 | 25 | 25 | — |
| | 轧粉机 | 2 | 13 | 13 | 16 | 13 | 15 | 19 | 19 | — |
| | 冲床 | — | 4 | 5 | 10 | 7 | 10 | 8 | 8 | — |
| | 切纸机 | — | 5 | — | — | — | 5 | 5 | 5 | — |
| | 土机床 | — | 20 | — | — | 31 | 4 | 23 | 23 | — |
| | 空气锤 | 2 | — | 2 | 2 | — | 4 | 4 | — | — |
| 藕塘 | 卷板机 | — | — | — | — | 1 | 1 | 2 | 1 | 1 |
| | 各类电动机 | 18 | 20 | 31 | 40 | 80 | 90 | 105 | 120 | 70 |
| | 行车 | — | — | — | 2 | 4 | 5 | 6 | — | 2 |
| | 车床 | 4 | 10 | 22 | 30 | 65 | 70 | 75 | 75 | 30 |
| | 磨床 | 1 | 2 | 4 | 5 | 11 | 11 | 12 | 2 | 2 |
| | 电焊机 | 3 | 5 | 6 | 10 | 16 | 20 | 25 | 25 | 10 |
| | 大小钻床 | 5 | 6 | 7 | 9 | 18 | 25 | 30 | 31 | 10 |
| | 牛头刨床 | 2 | 3 | 4 | 5 | 7 | 7 | 8 | 8 | 2 |
| | 龙门刨床 | — | — | — | — | — | 1 | 1 | 1 | — |
| | 镗床 | — | — | 1 | 2 | 3 | 3 | 4 | 4 | — |
| | 锯床 | 2 | 3 | 3 | 5 | 10 | 12 | 19 | 19 | 7 |
| | 锻压设备 | 3 | 3 | 3 | 4 | 4 | 4 | 4 | 4 | 1 |
| | 砂轮及抛光机 | 2 | 4 | 5 | 7 | 10 | 12 | 21 | 23 | 5 |
| | 内燃机 | — | — | — | 2 | 2 | 4 | 5 | 4 | 2 |
| | 铣床 | — | — | 1 | 2 | 4 | 7 | 10 | 10 | 2 |
| | 空压机 | — | — | — | — | 2 | 5 | 10 | 10 | 2 |
| | 球磨机 | — | — | — | — | — | — | 3 | 3 | — |
| | 碾米机 | 3 | 3 | 3 | 4 | 7 | 8 | 10 | 12 | — |
| | 轧粉机 | 3 | 3 | 4 | 5 | 9 | 10 | 12 | 12 | — |
| | 冲床 | — | — | — | — | 3 | 8 | 20 | 18 | 4 |
| | 土机床 | 1 | 1 | 2 | 5 | 6 | 6 | 10 | 11 | 2 |
| | 折弯机 | — | — | — | — | — | — | 1 | — | — |
| | 码头吊 | — | — | 1 | 1 | 1 | 1 | 1 | — | — |
| | 冲天炉 | — | — | — | 1 | 1 | 1 | 1 | — | — |

## 1981~1989 年藕塘（公社）乡乡村工业企业设备选年统计表

表 3—15—29　　　　单位：台

| 设备名称 | 1981年 | 1982年 | 1983年 | 1985年 | 1989年 |
|---|---|---|---|---|---|
| 各类电动机 | 120 | 130 | 300 | 360 | 510 |
| 抛光机、砂轮机 | 30 | 32 | 40 | 60 | 100 |
| 捲扬机、拌和机 | 3 | 10 | 20 | 50 | 100 |
| 行车 | 10 | 20 | 25 | 42 | 75 |
| 空压机 | 15 | 16 | 18 | 30 | 40 |
| 电焊机 | 32 | 45 | 60 | 110 | 130 |
| 大小钻床 | 40 | 60 | 70 | 85 | 98 |
| 牛头刨床 | 12 | 15 | 16 | 18 | 25 |
| 剪板机 | 2 | 3 | 3 | 4 | 5 |
| 卷板机 | 2 | 4 | 4 | 5 | 7 |
| 锻压设备 | 5 | 5 | 5 | 6 | 10 |
| 球磨机 | 3 | 4 | 5 | 6 | 8 |

续表 3—15—29　　单位：台

| 设备名称 | 1981 年 | 1982 年 | 1983 年 | 1985 年 | 1989 年 |
|---|---|---|---|---|---|
| 内燃机 | 7 | 7 | 7 | 7 | 7 |
| 发电机 | 8 | 8 | 8 | 9 | 10 |
| 印刷机械 | 5 | 5 | 5 | 6 | 6 |
| 缝纫机 | 40 | 50 | 60 | 70 | 100 |
| 镗床铣床 | 18 | 20 | 22 | 35 | 38 |
| 土机床 | 3 | 15 | 16 | 20 | 20 |
| 车床 | 90 | 110 | 130 | 210 | 300 |
| 磨床 | 13 | 18 | 18 | 30 | 40 |
| 冲床 | 25 | 45 | 60 | 70 | 95 |
| 碾米机 | 10 | 10 | 11 | 11 | 12 |
| 轧粉机 | 12 | 12 | 12 | 12 | 13 |
| 仪表车床 | 30 | 35 | 40 | 70 | 90 |
| 拉丝机 | 7 | 9 | 10 | 20 | 25 |
| 印染机 | 1 | 2 | 2 | 2 | 3 |
| 捻线机 | 3 | 4 | 4 | 5 | 10 |
| 织布机 | — | — | — | — | 10 |
| 注塑机 | 5 | 7 | 10 | 12 | 24 |
| 橡胶压机 | 3 | 5 | 9 | 10 | 13 |
| 冲天炉 | — | 2 | 2 | 3 | 3 |

1990~1996 年，钱桥、藕塘（乡）镇各类企业引进国内外大量先进设备，骨干企业的装备焕然一新，基本达到高端水平。

1981~1996 年钱桥（公社、乡）镇镇村办工业企业设备选年统计表

表 3—15—30　　单位：台

| 设备名称 | 1981 年 | 1982 年 | 1983 年 | 1985 年 | 1989 年 | 1993 年 | 1994 年 | 1995 年 | 1996 年 |
|---|---|---|---|---|---|---|---|---|---|
| 冷轧、冷磨机组 | — | — | 10 | — | 42 | — | — | — | — |
| 各类电动机 | 335 | 916 | 1465 | 1576 | 1602 | 505 | 38 | — | — |
| 抛光机、砂轮机 | 17 | 19 | 26 | 27 | 4 | 21 | 26 | 30 | — |
| 各种锅炉 | 7 | 7 | 6 | 8 | 32 | 7 | 30 | 43 | 28 |
| 捲扬机、拌和机 | — | — | 30 | 28 | 30 | — | 42 | 27 | 51 |
| 吊车、行车 | 2 | — | 2 | 5 | 19 | 19 | 51 | 45 | 53 |
| 空压机、压力机 | 2 | 2 | 7 | 9 | 22 | 32 | 24 | 12 | 30 |
| 各类电焊机、电焊炉 | 37 | 42 | 33 | 50 | 79 | 18 | 78 | 142 | 43 |
| 大小钻床 | 22 | 40 | 64 | 63 | 52 | 21 | 11 | 3 | 13 |
| 牛头刨床 | 9 | 11 | 16 | 18 | 26 | — | — | — | — |
| 各类剪、卷板机 | 1 | 1 | 3 | 3 | 30 | 5 | 17 | 11 | 25 |
| 各类油压机 | 7 | 7 | 5 | 8 | 12 | 24 | 32 | 50 | 35 |
| 各类锻压设备 | 15 | 59 | 30 | 9 | 69 | 16 | 48 | 55 | 68 |
| 球磨机 | 8 | 8 | 8 | 8 | 10 | 10 | 2 | 20 | 11 |
| 各类内燃机 | — | 9 | 13 | 13 | 22 | 3 | 6 | 3 | — |
| 罩式电退火炉、电炉 | 1 | 9 | 8 | — | 13 | 8 | 5 | 24 | 35 |
| 发电机 | — | — | — | — | 47 | — | — | — | — |
| 袜机 | — | — | — | — | 64 | — | — | — | — |
| 印刷机械 | — | — | — | — | 39 | — | 11 | 12 | |
| 针织袜机 | — | — | — | — | 123 | — | — | — | — |
| 缝纫机 | — | — | — | — | 118 | — | — | 164 | 316 |
| 其他机械设备 | — | — | — | — | 465 | — | — | — | — |
| 焊管机组 | — | 2 | 3 | 10 | 12 | — | 35 | 46 | 37 |
| 冷轧、热轧机组 | — | 1 | 5 | 7 | 11 | — | 45 | 7 | 40 |
| 冷压机组 | — | 2 | 4 | 5 | 7 | — | 16 | 27 | 33 |

续表 3—15—30　　　　单位：台

| 设备名称 | 1981 年 | 1982 年 | 1983 年 | 1985 年 | 1989 年 | 1993 年 | 1994 年 | 1995 年 | 1996 年 |
|---|---|---|---|---|---|---|---|---|---|
| 柴油机 | 13 | 6 | — | — | — | — | — | — | — |
| 汽油机 | 1 | 33 | — | — | — | — | — | — | — |
| 镗床铣床 | 5 | 5 | 12 | 14 | 18 | — | — | — | — |
| 土易机床 | 3 | 18 | 15 | 14 | 15 | — | — | — | — |
| 车床、磨床 | — | 36 | 9 | 82 | 135 | — | 77 | 67 | 52 |
| 冲床、刨床 | — | 17 | 30 | 38 | 41 | 6 | 7 | 9 | 24 |
| 轧糠机 | — | 4 | 19 | 19 | 21 | — | — | — | — |
| 其他粮饲机 | — | 2 | 10 | — | 11 | — | — | — | — |
| 碾米机 | — | 9 | 18 | 18 | 20 | — | — | — | — |
| 轧粉机 | — | 5 | 10 | 11 | 12 | — | — | — | — |
| 毛织机、帘子布织机 | — | 8 | — | — | 32 | 30 | 25 | 25 | 30 |
| 空气锤 | — | — | 4 | — | — | — | — | — | — |
| 仪表车床 | — | — | 42 | 45 | 51 | — | — | — | — |
| 初、复检机 | — | — | — | — | — | 66 | 51 | 51 | 38 |
| 浸渍机 | — | — | — | — | — | 1 | 1 | 1 | 1 |
| 牵伸机 | — | — | — | — | — | 8 | 15 | — | 14 |
| 纺丝机 | — | — | — | — | — | 3 | 4 | 7 | 43 |
| 氧压机、制氧机 | — | — | — | — | — | 2 | — | — | 1 |
| 手摇横机 | — | — | — | — | — | — | 236 | 120 | 120 |
| 硫化设备 | — | — | — | — | — | — | 6 | 15 | 26 |
| 各类反应锅 | — | — | — | — | — | — | 17 | 20 | 12 |
| 化工设备 | — | — | — | — | — | — | 16 | 40 | 63 |
| 染整设备 | — | — | — | — | — | — | 56 | 28 | 48 |
| 隧道室 | — | — | — | — | — | — | 2 | 2 | — |
| 其他设备 | — | — | — | — | — | — | 72 | 53 | 33 |

### 1993~1996 年藕塘镇镇村企业工业设备统计表

表 3—15—31　　　　单位：台

| 设备名称 | 1993 年 | 1994 年 | 1995 年 | 1996 年 | 设备名称 | 1993 年 | 1994 年 | 1995 年 | 1996 年 |
|---|---|---|---|---|---|---|---|---|---|
| 各类电动机 | 600 | 660 | 700 | 1000 | 各类内燃机 | 7 | 7 | 7 | 7 |
| 各类砂轮机 | 90 | 100 | 110 | 150 | 电炉、电退火炉 | 3 | 4 | 4 | 5 |
| 各种锅炉 | 8 | 9 | 10 | 12 | 车、磨、刨床 | 500 | 550 | 600 | 610 |
| 吊车、行车 | 90 | 92 | 95 | 99 | 帘子布织机 | 18 | 18 | 20 | 20 |
| 空压机 | 60 | 67 | 69 | 72 | 浸渍机 | 1 | 1 | 1 | 1 |
| 各类电焊机 | 135 | 140 | 150 | 170 | 纺织机 | 30 | 35 | 38 | 42 |
| 大小钻床 | 110 | 130 | 150 | 160 | 手摇横机 | 5 | 5 | 5 | 5 |
| 冲床 | 120 | 130 | 150 | 160 | 印刷机械 | 6 | 6 | 5 | 5 |
| 剪板机 | 5 | 5 | 5 | 5 | 硫化设备 | 20 | 22 | 26 | 30 |
| 卷板机 | 7 | 7 | 7 | 7 | 粉碎机、混料机 | 10 | 10 | 11 | 13 |
| 各类锻压设备 | 35 | 40 | 40 | 48 | 化工设备 | 50 | 50 | 50 | 55 |
| 球磨机 | 15 | 16 | 19 | 20 | 染整设备 | 10 | 10 | 12 | 15 |

2000~2014 年，钱桥（镇）街道各类骨干企业引进国内外大量先进设备，企业设备基本达到高端水平。

### 2000~2014 年钱桥（镇）街道企业引进国外先进工业设备统计表

表 3—15—32

| 企业名称 | 引进设备名称 | 引进年份 | 台（套） |
|---|---|---|---|
| 无锡华生精密材料股份有限公司 | 森吉尔轧机（美国） | 2000.00 | 1 台 |
| | 拉伸弯曲矫直机（德国） | 2000.00 | 1 台 |
| 沙钢集团锡兴特钢有限公司 | 70 吨康斯迪废钢烟气预热电炉 | 2004.00 | 1 台 |

续表 3—15—32

| 企业名称 | 引进设备名称 | 引进年份 | 台（套） |
| --- | --- | --- | --- |
| 无锡金球机械有限公司 | 数控龙门铣床（美国） | 2011.08 | 1台 |
| | 数控落地镗铣床（捷克） | 2012.00 | 各1台 |
| | 数控加工中心 | 2014.00 | 1套 |
| 无锡永凯达齿轮有限公司 | 小巨人数控车床 | 2005.00 | 9台 |
| | 富士数控车床（日本） | 2005.00 | 3台 |
| | 霍夫勒磨齿机 | 2005.00 | 5台 |
| | 莱斯豪尔磨齿机 | 2005.00 | 5台 |
| | 数控端外磨 | 2005.00 | 1台 |
| | 海克特加工中心 | 2005.00 | 1台 |
| | 韩国UGINT加工中心 | 2005.00 | 2台 |
| | 纪和加工中心（日本） | 2005.00 | 2台 |
| | 易孚迪热处理 | 2005.00 | 1台 |
| | 数控滚齿机 | 2005.00 | 2台 |
| | 测齿中心 | 2005.00 | 3台 |
| | 三坐标测量机 | 2005.00 | 1台 |
| | P100L数控齿轮测量中心 | 2005.00 | 1套 |
| 无锡江南高精度冷拔管有限公司 | 液压冷拔机 | 2010.00 | 4台 |
| | 多辊矫直机 | | 4台 |
| | 刮削滚光机 | | 9台 |
| | 辊底式连续退火炉 | | 1台 |
| 江苏苏嘉集团有限公司 | PLC控制系统设备 | 2011.00 | 24套 |
| 无锡华精新材料股份有限公司 | 20辊森吉米尔轧机 | 2013.00 | 3台 |
| | 智能高效高温晶粒反应设备 | 2013.00 | 14套 |
| | HF2000高频感应燃烧炉 | 2013.00 | 1台 |
| 凯龙高科技股份有限公司 | 激光切割机组、焊接机器人 | 2013.00 | 1台 |
| | 四辊数控液压卷板机 | | 2台 |
| | 伺服压装专机 | | 1台 |
| | 伺服四轴折弯机 | | 1台 |
| | 转塔式数控冲床 | | 3台 |
| 无锡天辰冷拉型钢有限公司 | 高精度联合拉拔机生产线 | 2014.00 | 3（条） |

# 第七节 外贸出口

1979年，钱桥公社外贸出口产品有无锡县皮件厂生产的“百特”品牌各类票夹、皮包等，通过外贸公司远销美国、日本、加拿大、澳大利亚等十几个国家和地区。80~90年代，钱桥、藕塘乡（镇）企业出口产品增多。进入21世纪，钱桥（镇）街道外贸出口额迅速增加。

### 1988年无锡县工业系统钱桥镇出口产品统计表

表 3—15—33

| 系统名称 | 企业名称 | 性质 | 地址 | 外贸收购额（万元） | 主要外贸产品 | | | | |
| --- | --- | --- | --- | --- | --- | --- | --- | --- | --- |
| | | | | | 名称 | 商标 | 产品水平 | 单位 | 数量 |
| 纺织系统 | 无锡县钱桥毛纺厂 | 村办 | 钱桥胜丰 | 500.00 | 针织绒 | — | — | 吨 | 700.00 |
| | 无锡县钱桥胜丰羊毛衫厂 | 村办 | 钱桥胜丰 | 130.17 | 毛衫 | — | — | 万件 | 3.52 |
| | | | | | 罗纹 | — | — | 万副 | 65.71 |
| | 无锡县钱桥胜丰染色厂 | 村办 | 钱桥胜丰 | 100.00 | 针织绒 | — | — | 吨 | 357.00 |
| 轻工系统 | 工贸合营无锡江南皮件厂 | 镇办 | 钱桥 | 916.53 | 皮票夹 | 太湖 | — | 万打 | 6.21 |
| | 无锡县制革厂 | 镇办 | 钱桥 | 701.78 | 牛皮蓝板皮 | — | — | — | — |
| | | | | | 二层蓝板皮 | — | — | — | — |
| | | | | | 猪皮服装 | — | — | — | — |
| | 无锡县梅林食品厂 | 镇办 | 钱桥 | 227.50 | 食用菌 | 梅林 | — | 吨 | 400.00 |

续表 3—15—33

| 系统名称 | 企业名称 | 性质 | 地址 | 外贸收购额（万元） | 主要外贸产品 | | | | |
|---|---|---|---|---|---|---|---|---|---|
| | | | | | 名称 | 商标 | 产品水平 | 单位 | 数量 |
| 轻工系统 | 无锡县溪南鞋厂 | 村办 | 钱桥溪南 | 200.00 | 拖鞋 | — | — | 万双 | 29.00 |
| | 无锡县塑料制品厂 | 县办 | 钱桥 | 98.97 | 淋水板条 | 龙山 | 省优 | 吨 | 46.27 |
| | 无锡县钱桥晓星肠衣厂 | 村办 | 钱桥晓星 | 86.42 | 肠衣 | — | — | 万把 | 4.02 |
| | 无锡县集成乳胶厂 | 村办 | 钱桥 | 40.00 | 乳胶手套 | — | — | 万只 | 263.00 |
| 冶金系统 | 无锡县钱桥焊管厂 | 村办 | 钱桥 | 158.31 | 焊管 | — | — | 吨 | 879.50 |
| 商业系统 | 无锡县食品冷冻厂 | 县办 | 钱桥 | 478.00 | 鲜冻兔肉 | — | — | 吨 | 564.00 |
| | | | | | 冻乳猪 | — | — | 吨 | 60.00 |

1997 年，无锡维维制锁有限公司生产的“安峰”牌各类金属锁远销韩国、日本、澳大利亚、美国、法国等 60 多个国家。1999 年 8 月 25 日，无锡苏嘉镁碳砖有限公司申请批准进出口经营权后，“苏嘉牌”镁碳砖远销日本、美国、德国、奥地利、新西兰、俄罗斯及东南亚等国家和地区，年出口外汇居同行前列。2000 年 6 月，华东电力设备有限公司申请批准进出口经营权后，生产设备配套产品远销到国外。

进入 21 世纪，钱桥、藕塘地区的外贸出口额增长速度加快。2001 年，无锡江南高精度冷拔管有限公司生产的“贝来”钢管、金属管、金属管道配件等产品远销阿根廷、埃及、巴西、德国、俄罗斯、韩国、荷兰、加拿大等 27 个国家。2007 年 2 月 13 日开始，无锡市永凯达齿轮有限公司生产的产品销售到美国、德国、法国、印度、泰国、日本等。2009 年，钱桥街道外贸出口企业 68 家，出口额 10213 万元。

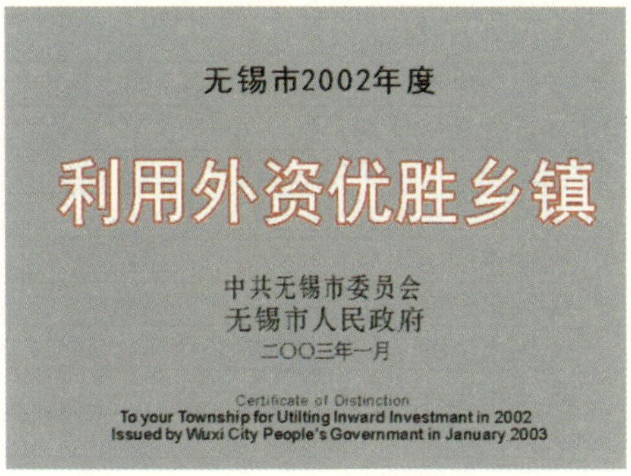


图 3—15—26 2003 年 1 月钱桥镇被中共无锡市委员会、无锡市人民政府评为无锡市 2002 年度利用外资优胜乡镇

## 2009 年 12 月钱桥街道外贸进出口统计表

表 3—15—34 单位：万元、%

| 企业名称 | 当月出口 | 累计出口 | 累计同比 | 当月进出口 | 累计进出口 | 累计同比 |
|---|---|---|---|---|---|---|
| **A 内资** | 358 | 3781 | -54.61 | 630 | 5066 | -42.67 |
| A1 外贸公司 | 39 | 274 | -49.51 | 39 | 274 | -49.59 |
| 无锡汇金国际贸易有限公司 | 38 | 273 | -46.08 | 38 | 273 | -46.17 |
| 无锡市汇安国际贸易有限公司 | 1 | 1 | -98.47 | 1 | 1 | -98.47 |
| A2 生产企业 | 318 | 3507 | -54.97 | 591 | 4792 | -42.22 |
| 无锡光彩机械有限公司 | 12 | 12 | -50.01 | 12 | 12 | -50.01 |
| 无锡美业机械制造有限公司 | 0 | 15 | -28.52 | 0 | 17 | -50.44 |
| 无锡百顺钢管有限公司 | 0 | 0 | -100.00 | 0 | 0 | -100.00 |
| 无锡龙腾画材有限公司 | 6 | 105 | -21.10 | 6 | 108 | -21.17 |
| 无锡金球机械有限公司 | 5 | 175 | -61.37 | 5 | 175 | -61.39 |
| 无锡市万利达化工有限公司 | 48 | 302 | 3.14 | 48 | 302 | 3.15 |
| 无锡市威力达工业布有限责任公司 | 0 | 57 | -77.93 | 0 | 57 | -85.17 |
| 无锡华信雷达工程有限责任公司 | 5 | 39 | -52.28 | 5 | 39 | -52.28 |
| 无锡市华东电力设备有限公司 | 0 | 18 | -80.26 | 0 | 258 | 46.58 |
| 无锡威普钢管有限公司 | 0 | 54 | 127.63 | 0 | 54 | 127.63 |
| 江苏艇王模塑有限公司 | 0 | 0 | -100.00 | 0 | 0 | -100.00 |
| 无锡永凯达齿轮有限公司 | 15 | 95 | 312.99 | 15 | 95 | 174.48 |
| 无锡大陆钢管有限公司 | 12 | 60 | -95.14 | 12 | 60 | -95.22 |
| 无锡江南高精度冷拔管有限公司 | 7 | 144 | -75.70 | 7 | 144 | -75.70 |

续表 3—15—34　　单位：万元、%

| 企业名称 | 当月出口 | 累计出口 | 累计同比 | 当月进出口 | 累计进出口 | 累计同比 |
|---|---|---|---|---|---|---|
| 无锡中冶钢缆有限责任公司 | 0 | 0 | — | 0 | 0 | -86.50 |
| 无锡维维制锁有限公司 | 97 | 775 | -36.97 | 97 | 775 | -36.97 |
| 无锡百特皮件有限公司 | 5 | 92 | -69.97 | 7 | 116 | -68.66 |
| 无锡市海达集装箱厂 | 0 | 85 | 97.12 | 0 | 85 | 96.98 |
| 无锡市正安机电设备有限公司 | 0 | 0 | -100.00 | 0 | 0 | -100.00 |
| 无锡爱邦辐射技术有限公司 | 0 | 0 | -100.00 | 0 | 0 | -100.00 |
| 无锡市熊盛焊管有限公司 | 0 | 0 | -100.00 | 0 | 0 | -100.00 |
| 无锡市创能机械制造有限公司 | 27 | 476 | 33.63 | 27 | 477 | 33.73 |
| 无锡市顺成装饰材料有限公司 | 35 | 561 | -56.29 | 35 | 561 | -56.28 |
| 无锡华精新型材料有限公司 | 0 | 11 | — | 0 | 11 | — |
| 无锡市马芮金属制品有限公司 | 0 | 0 | — | 0 | 0 | — |
| 无锡市大宏钢铁贸易有限公司 | 4 | 21 | -95.44 | 4 | 21 | -95.44 |
| 无锡市振华印染有限公司 | 0 | 1 | — | 0 | 1 | — |
| 无锡市藕塘钢板网厂 | 0 | 0 | -100.00 | 0 | 0 | -100.00 |
| 无锡市江南船舶设备有限公司 | 0 | 0 | -100.00 | 0 | 0 | -100.00 |
| 无锡市亚格拉有色金属管厂 | 1 | 39 | 121.06 | 1 | 39 | 121.06 |
| 无锡贝来钢管有限公司 | 0 | 0 | -100.00 | 0 | 0 | -100.00 |
| 江苏龙源催化剂有限公司 | 0 | 0 | — | 264 | 901 | 453.80 |
| 无锡科诺达电子有限公司 | 1 | 34 | -18.23 | 5 | 53 | 11.88 |
| 无锡市万马化工有限公司 | 4 | 5 | 307.35 | 4 | 5 | 307.35 |
| 无锡盛利纺织品有限公司 | 28 | 231 | 165.81 | 28 | 240 | 174.28 |
| 无锡市恒盛车轮有限公司 | 1 | 56 | -53.86 | 1 | 56 | -53.86 |
| 无锡市广润金属制品有限公司 | 0 | 35 | — | 0 | 35 | — |
| 无锡市汇安五金制造有限公司 | 0 | 1 | — | 0 | 1 | — |
| 无锡晋荣机械有限公司 | 2 | 3 | — | 2 | 3 | — |
| 无锡市藕塘绒线厂 | 0 | 0 | — | 0 | 75 | — |
| 无锡市南热冲压件有限公司 | 0 | 1 | — | 3 | 12 | — |
| 无锡市智科机械有限公司 | 1 | 2 | — | 1 | 2 | — |
| 无锡胜科煤矿设备制造有限公司 | 2 | 2 | — | 2 | 2 | — |
| **B 外资** | 531 | 5779 | -63.96 | 588 | 6739 | -59.90 |
| 无锡埃力克钢管有限公司 | 0 | 41 | -26.58 | 0 | 41 | -26.58 |
| 无锡舜特金属制品有限公司 | 40 | 232 | -24.56 | 40 | 232 | -24.56 |
| 江苏米可多农膜发展有限公司 | 0 | 0 | — | 0 | 0 | -100.00 |
| 无锡华生精密合金材料有限公司 | 0 | 3 | -51.73 | 0 | 668 | 132.61 |
| 无锡法斯特鼎元精密钢管有限公司 | 52 | 1147 | -72.00 | 52 | 1147 | -72.00 |
| 无锡联创薄板有限公司 | 45 | 594 | -81.34 | 45 | 594 | -81.34 |
| 江苏苏嘉集团新材料有限公司 | 84 | 404 | -40.86 | 84 | 404 | -40.86 |
| 无锡黑崎机械有限公司 | 29 | 187 | -19.74 | 29 | 189 | -20.58 |
| 无锡海达安全玻璃有限公司 | 6 | 57 | -45.96 | 7 | 59 | -43.85 |
| 无锡百乐皮件有限公司 | 8 | 211 | -22.29 | 12 | 216 | -27.86 |
| 无锡黑崎苏嘉耐火材料有限公司 | 239 | 1901 | -28.96 | 284 | 1997 | -35.08 |
| 无锡安达皮件五金有限公司 | 12 | 161 | -68.26 | 12 | 161 | -68.26 |
| 无锡惠山天人制衣有限公司 | 0 | 0 | -100.00 | 0 | 0 | -100.00 |
| 无锡群昶精密铸造有限公司 | 0 | 9 | -75.22 | 0 | 9 | -75.22 |
| 无锡金博电子电器有限公司 | 0 | 0 | -100.00 | 0 | 0 | -100.00 |
| 无锡法斯特管业有限公司 | 13 | 640 | -82.65 | 13 | 640 | -82.65 |
| 无锡爱西匹钢芯有限公司 | 0 | 8 | — | 6 | 42 | -13.17 |
| 无锡苏嘉钢管股份有限公司 | 0 | 4 | 225.58 | 0 | 6 | 308.59 |
| 无锡钱桥带钢有限公司 | 0 | 0 | -100.00 | 0 | 0 | -100.00 |
| 江苏德克环保设备有限公司 | 0 | 36 | 56.38 | 0 | 87 | 273.61 |
| 无锡市光彩机械制造有限公司 | 0 | 78 | -5.77 | 0 | 78 | -6.17 |
| 无锡托达康机床附件有限公司 | 3 | 28 | 347.66 | 4 | 30 | 370.94 |
| 无锡法斯特能源开发科技有限公司 | 0 | 38 | 48.81 | 0 | 139 | 441.94 |

2010年，钱桥街道出口额13071万元，2011年出口额15428万元。2012年，区域内外贸出口企业增至83家，出口额18007万元。无锡华盛橡胶新材料科技股份有限公司生产“帆盛”牌高性能不溶性硫磺系列橡胶硫化机在是年取得欧盟REACH注册认证，产品出口至日本、韩国、印度、俄罗斯、加拿大、巴西、澳大利亚等国家。无锡凯龙高科技股份有限公司生产的船用柴油发动机SCR尾气后处理系统、柴油机颗粒捕集系统（DDF）等产品远销韩国、俄罗斯等国。2013年，区域内外贸出口企业94家，出口额16198万元。2014年，钱桥街道出口额16956万元。2015年5月，南塘社区工业小区内成立大洋高科（无锡）电气有限公司，与韩国合资，生产集肤加热装置，产品远销国外。是年，无锡黑崎苏嘉耐火材料有限公司外贸出口额达3399万元，居钱桥街道之首。无锡市晨源建筑器材有限公司外贸出口额1826万元，无锡市创能机械制造有限公司外贸出口额1567万元。同年，钱桥街道外贸出口总额16653万元。

### 1986~2015年钱桥（乡）镇、钱桥街道外贸出口总额统计表

表3—15—35　　　　单位：万元

| 建置 | 年份 | 出口额 | 建置 | 年份 | 出口额 | 建置 | 年份 | 出口额 |
|---|---|---|---|---|---|---|---|---|
| 钱桥乡 | 1986 | 1164 | 钱桥镇 | 1996 | 65510 | 钱桥（镇）街道 | 2006 | 9215 |
| 钱桥镇 | 1987 | 3202 | | 1997 | 38087 | | 2007 | 14792 |
| | 1988 | 2874 | | 1998 | 23946 | | 2008 | 22938 |
| | 1989 | 3758 | | 1999 | 24023 | | 2009 | 10213 |
| | 1990 | 4132 | | 2000 | 31857 | | 2010 | 13071 |
| | 1991 | 5400 | | 2001 | 2756 | | 2011 | 15428 |
| | 1992 | 11123 | | 2002 | 2629 | | 2012 | 18007 |
| | 1993 | 10750 | | 2003 | 3105 | | 2013 | 16198 |
| | 1994 | 30111 | 钱桥（镇）街道 | 2004 | 6356 | | 2014 | 16956 |
| | 1995 | 47000 | | 2005 | 7400 | | 2015 | 16653 |

### 2015年12月钱桥街道外贸出口企业一览表

表3—15—36　　　　单位：万元

| 企业名称 | 当月出口 | 累计出口 | 对比累计出口 | 累计出口金额增减% | 当月进口 | 累计进口 | 对比累计进口 | 累计进口金额增减% | 当月进出口 | 累计进出口 | 对比累计进出口 | 累计进出口金额增减% |
|---|---|---|---|---|---|---|---|---|---|---|---|---|
| 合计 | 1101 | 15378 | 16928 | -9.14 | 69 | 1034 | 1479 | -30.07 | 1171 | 16407 | 18404 | -10.82 |
| **A内资** | **738** | **10495** | **11325** | **-7.29** | **44** | **763** | **1031** | **-25.84** | **783** | **11255** | **12353** | **-8.84** |
| $A_1$外贸公司 | 64 | 819 | 659 | 24.35 | 0 | 137 | 50 | 171.23 | 64 | 956 | 709 | 34.80 |
| 无锡汇金国际贸易有限公司 | 55 | 534 | 407 | 31.18 | 0 | 76 | 33 | 127.60 | 55 | 610 | 440 | 38.48 |
| 无锡市汇安国际贸易有限公司 | 0 | 13 | 4 | 220.77 | 0 | 0 | 0 | — | 0 | 13 | 4 | 220.77 |
| 江苏海达国际贸易有限公司 | 1 | 184 | 137 | 34.51 | 0 | 61 | 17 | 256.26 | 1 | 245 | 154 | 59.12 |
| 江苏苏嘉集团无锡国际贸易有限公司 | 3 | 31 | 82 | -62.31 | 0 | 0 | 0 | — | 3 | 31 | 82 | -62.31 |
| 无锡诺森国际贸易有限公司 | 0 | 6 | 26 | -78.37 | 0 | 0 | 0 | — | 0 | 6 | 26 | -78.37 |
| 无锡奥铖国际贸易有限公司 | 0 | 9 | 0 | — | 0 | 0 | 0 | — | 0 | 9 | 0 | — |
| 无锡怡帆凯经贸有限公司 | 0 | 0 | 3 | -100.00 | 0 | 0 | 0 | — | 0 | 0 | 3 | -100.00 |
| 无锡创希瑞贸易有限公司 | 0 | 33 | 0 | — | 0 | 0 | 0 | — | 0 | 33 | 0 | — |
| 无锡安珂国际贸易有限公司 | 5 | 9 | 0 | — | 0 | 0 | 0 | — | 5 | 9 | 0 | — |
| $A_2$生产企业 | 674 | 9676 | 10666 | -9.25 | 44 | 626 | 981 | -35.98 | 719 | 10299 | 11644 | -11.50 |
| 无锡光彩机械制造有限公司 | 16 | 118 | 113 | 4.86 | 0 | 0 | 0 | -100.00 | 16 | 118 | 113 | 4.72 |
| 无锡美业机械制造有限公司 | 5 | 71 | 105 | -32.49 | 0 | 1 | 0 | 5473.47 | 5 | 71 | 105 | -31.98 |
| 无锡龙腾画材有限公司 | 0 | 8 | 13 | -38.28 | 0 | 0 | 0 | — | 0 | 8 | 13 | -38.28 |
| 无锡金球机械有限公司 | 4 | 129 | 101 | 27.86 | 0 | 0 | 0 | — | 4 | 129 | 101 | 27.86 |
| 无锡华信雷达工程有限责任公司 | 3 | 73 | 83 | -11.98 | 0 | 0 | 0 | — | 3 | 73 | 83 | -11.98 |
| 无锡威普钢管有限公司 | 0 | 7 | 7 | 7.20 | 0 | 0 | 0 | — | 0 | 7 | 7 | 7.20 |

续表 3—15—36 单位：万元

| 企业名称 | 当月出口 | 累计出口 | 对比累计出口 | 累计出口金额增减% | 当月进口 | 累计进口 | 对比累计进口 | 累计进口金额增减% | 当月进出口 | 累计进出口 | 对比累计进出口 | 累计进出口金额增减% |
|---|---|---|---|---|---|---|---|---|---|---|---|---|
| 江苏艇王运动车制造有限公司 | 0 | 123 | 111 | 10.72 | 0 | 0 | 0 | — | 0 | 123 | 111 | 10.72 |
| 无锡永凯达齿轮有限公司 | 0 | 43 | 168 | -74.58 | 0 | 0 | 0 | -100.00 | 0 | 43 | 168 | -74.59 |
| 无锡大陆钢管有限公司 | 0 | 24 | 25 | -4.21 | 0 | 0 | 0 | — | 0 | 24 | 25 | -4.21 |
| 无锡江南高精度冷拔管有限公司 | 32 | 590 | 1150 | -48.68 | 0 | 0 | 0 | -100.00 | 32 | 590 | 1150 | -48.68 |
| 无锡维维制锁有限公司 | 28 | 343 | 524 | -34.65 | 0 | 0 | 0 | — | 28 | 343 | 524 | -34.65 |
| 无锡百特皮件有限公司 | 6 | 57 | 90 | -36.39 | 0 | 7 | 16 | -54.66 | 6 | 64 | 105 | -39.16 |
| 无锡市海达集装箱厂 | 0 | 1 | 18 | -92.42 | 0 | 1 | 0 | 199.63 | 0 | 2 | 18 | -87.65 |
| 无锡爱邦辐射技术有限公司 | 10 | 32 | 62 | -49.46 | 0 | 36 | 10 | 266.31 | 10 | 67 | 72 | -6.96 |
| 无锡市创能机械制造有限公司 | 132 | 1423 | 1567 | -9.21 | 0 | 44 | 47 | -5.77 | 132 | 1467 | 1614 | -9.11 |
| 无锡市马芮金属制品有限公司 | 1 | 16 | 25 | -36.71 | 0 | 0 | 0 | — | 1 | 16 | 25 | -36.71 |
| 无锡市藕塘钢板网厂 | 0 | 4 | 7 | -49.24 | 0 | 0 | 0 | — | 0 | 4 | 7 | -49.24 |
| 无锡市江南船舶设备有限公司 | 0 | 18 | 46 | -61.40 | 0 | 0 | 0 | — | 0 | 18 | 46 | -61.40 |
| 无锡市亚格拉有色金属管厂 | 10 | 115 | 114 | 1.44 | 0 | 0 | 0 | — | 10 | 115 | 114 | 1.44 |
| 无锡贝来钢管有限公司 | 0 | 32 | 9 | 250.50 | 0 | 0 | 0 | — | 0 | 32 | 9 | 250.50 |
| 无锡科诺达电子有限公司 | 0 | 2 | 1 | 225.80 | 3 | 25 | 302 | -91.55 | 3 | 28 | 302 | -90.84 |
| 无锡盛利纺织品有限公司 | 19 | 177 | 247 | -28.42 | 0 | 0 | 0 | — | 19 | 177 | 247 | -28.42 |
| 无锡市恒盛车轮有限公司 | 16 | 241 | 267 | -9.83 | 0 | 0 | 0 | — | 16 | 241 | 267 | -9.80 |
| 无锡市广润金属制品有限公司 | 0 | 191 | 200 | -4.31 | 0 | 0 | 0 | — | 0 | 191 | 200 | -4.31 |
| 无锡晋荣机械有限公司 | 2 | 15 | 12 | 32.32 | 0 | 0 | 0 | — | 2 | 15 | 12 | 32.32 |
| 无锡华士船机械设备有限公司 | 0 | 0 | 40 | -99.03 | 0 | 0 | 0 | — | 0 | 0 | 40 | -99.03 |
| 无锡市南热冲压件有限公司 | 9 | 114 | 245 | -53.41 | 0 | 0 | 0 | -100.00 | 9 | 114 | 245 | -53.45 |
| 无锡市智科机械有限公司 | 0 | 85 | 86 | -0.63 | 0 | 0 | 0 | — | 0 | 85 | 86 | -0.63 |
| 无锡市万东机械有限公司 | 0 | 4 | 2 | 128.86 | 0 | 0 | 0 | — | 0 | 4 | 2 | 128.86 |
| 无锡苏南电工机械有限公司 | 4 | 37 | 93 | -60.52 | 0 | 0 | 0 | -100.00 | 4 | 37 | 93 | -60.59 |
| 无锡绿科环保科技有限公司 | 0 | 5 | 153 | -96.82 | 0 | 0 | 4 | -100.00 | 0 | 5 | 157 | -96.90 |
| 无锡豪思达电动车有限公司 | 0 | 8 | 25 | -66.67 | 0 | 0 | 0 | — | 0 | 8 | 25 | -66.67 |
| 无锡市黄氏电器制造有限公司 | 0 | 3 | 23 | -87.28 | 0 | 0 | 0 | — | 0 | 3 | 23 | -87.28 |
| 无锡杰博电器科技有限公司 | 4 | 36 | 34 | 3.67 | 0 | 0 | 8 | -100.00 | 4 | 36 | 42 | -15.12 |
| 无锡华盛橡胶新材料科技股份有限公司 | 19 | 358 | 437 | -18.14 | 0 | 0 | 0 | — | 19 | 358 | 437 | -18.14 |
| 无锡创能动力科技有限公司 | 3 | 20 | 16 | 26.95 | 0 | 0 | 0 | — | 3 | 20 | 16 | 26.95 |
| 无锡天艺印刷有限公司 | 8 | 70 | 64 | 8.73 | 0 | 0 | 0 | — | 8 | 70 | 64 | 8.73 |
| 无锡市情光机械有限公司 | 0 | 0 | 0 | — | 0 | 2 | 3 | -28.40 | 0 | 2 | 3 | -28.40 |
| 无锡红旗船厂有限公司 | 0 | 752 | 0 | — | 37 | 252 | 438 | -42.37 | 37 | 1004 | 438 | 129.34 |
| 无锡金鑫科技有限公司 | 0 | 0 | 0 | — | 0 | 34 | 0 | — | 0 | 34 | 0 | — |
| 无锡益百动力机械有限公司 | 9 | 64 | 62 | 3.39 | 0 | 0 | 0 | — | 9 | 64 | 62 | 3.73 |
| 无锡市黑亿涂装环保设备有限公司 | 0 | 0 | 11 | -100.00 | 0 | 1 | 2 | -10.61 | 0 | 1 | 13 | -88.35 |
| 凯龙高科技股份有限公司 | 0 | 15 | 16 | -7.68 | 0 | 128 | 134 | -5.12 | 0 | 142 | 150 | -5.39 |
| 无锡市冉枫金属制品有限公司 | 0 | 2 | 5 | -61.17 | 0 | 0 | 0 | — | 0 | 2 | 5 | -61.17 |
| 无锡市金义博仪器科技有限公司 | 0 | 0 | 0 |  | 0 | 0 | 4 | -96.27 | 0 | 0 | 4 | -96.27 |
| 无锡市晨源建筑器材有限公司 | 88 | 1147 | 1826 | -37.17 | 4 | 6 | 3 | 128.56 | 93 | 1153 | 1828 | -36.92 |
| 无锡明宇金属栅栏有限公司 | 12 | 256 | 207 | 23.82 | 0 | 0 | 0 | — | 12 | 256 | 207 | 23.82 |
| 无锡市汉尚机械有限公司 | 99 | 1087 | 1045 | 4.04 | 0 | 1 | 3 | -52.89 | 99 | 1088 | 1048 | 3.89 |
| 无锡市菲洛伊机械制造有限公司 | 38 | 462 | 653 | -29.24 | 0 | 0 | 0 | -100.00 | 38 | 462 | 653 | -29.25 |
| 无锡奥波净化除湿空调有限公司 | 0 | 3 | 7 | -55.85 | 0 | 0 | 0 | — | 0 | 3 | 7 | -52.84 |
| 无锡惠汕金属制品有限公司 | 31 | 376 | 48 | 675.83 | 0 | 0 | 0 | — | 31 | 376 | 48 | 675.83 |
| 无锡市日圣塑胶有限公司 | 0 | 0 | 1 | -100.00 | 0 | 0 | 0 | — | 0 | 0 | 1 | -100.00 |
| 无锡澍德机械制造有限公司 | 1 | 4 | 2 | 116.51 | 0 | 0 | 0 | — | 1 | 4 | 2 | 116.51 |

续表 3—15—36　　单位：万元

| 企业名称 | 当月出口 | 累计出口 | 对比累计出口 | 累计出口金额增减% | 当月进口 | 累计进口 | 对比累计进口 | 累计进口金额增减% | 当月进出口 | 累计进出口 | 对比累计进出口 | 累计进出口金额增减% |
|---|---|---|---|---|---|---|---|---|---|---|---|---|
| 无锡渊搏纺织有限公司 | 0 | 0 | 1 | -100.00 | 0 | 0 | 0 | — | 0 | 0 | 1 | -100.00 |
| 无锡市福肯焊割设备有限公司 | 1 | 54 | 140 | -61.37 | 0 | 0 | 0 | — | 1 | 54 | 140 | -61.37 |
| 无锡利凯儿童用品有限公司 | 8 | 148 | 147 | 1.11 | 0 | 0 | 0 | — | 8 | 148 | 147 | 1.11 |
| 无锡海达尔精密滑轨有限公司 | 10 | 71 | 23 | 205.30 | 0 | 10 | 1 | 1390.73 | 10 | 80 | 24 | 237.89 |
| 无锡尚格钢格板有限公司 | 0 | 0 | 3 | -100.00 | 0 | 0 | 0 | — | 0 | 0 | 3 | -100.00 |
| 无锡市马杰克庆典用品有限公司 | 15 | 70 | 59 | 20.20 | 0 | 0 | 0 | — | 15 | 70 | 59 | 20.20 |
| 无锡市中德装饰新材料有限公司 | 20 | 364 | 102 | 255.64 | 0 | 0 | 4 | -95.63 | 20 | 364 | 106 | 242.45 |
| 无锡市桑丽人造草坪地毯有限公司 | 7 | 104 | 15 | 607.69 | 0 | 2 | 0 | — | 7 | 106 | 15 | 620.43 |
| 无锡斯瑞钢管制造有限公司 | 0 | 0 | 10 | -100.00 | 0 | 0 | 0 | — | 0 | 0 | 10 | -100.00 |
| 无锡市锡穗海事设备有限公司 | 0 | 19 | 0 | — | 0 | 74 | 2 | 3515.82 | 0 | 93 | 2 | 4455.69 |
| 华邦精密钢管无锡有限公司 | 2 | 4 | 0 | — | 0 | 0 | 0 | — | 2 | 4 | 0 | — |
| 无锡市顺荣电器科技有限公司 | 2 | 18 | 0 | — | 0 | 0 | 0 | — | 2 | 18 | 0 | — |
| 无锡金字塔文具用品有限公司 | 0 | 18 | 0 | — | 0 | 0 | 0 | — | 0 | 18 | 0 | — |
| 无锡市锦立换热设备有限公司 | 0 | 1 | 0 | — | 0 | 0 | 0 | — | 0 | 1 | 0 | — |
| 无锡市大华精密陶瓷制造有限公司 | 0 | 2 | 0 | — | 0 | 0 | 0 | — | 0 | 2 | 0 | — |
| 无锡市远通气体有限公司 | 0 | 0 | 0 | — | 0 | 2 | 0 | — | 0 | 2 | 0 | — |
| 无锡市威玛格工程机械有限公司 | 0 | 42 | 0 | — | 0 | 0 | 0 | — | 0 | 42 | 0 | — |
| **B 外资** | **363** | **4883** | **5603** | **-12.87** | **25** | **271** | **448** | **-39.81** | **388** | **5152** | **6051** | **-14.86** |
| 无锡华生精密合金材料有限公司 | 0 | 7 | 14 | -50.82 | 0 | 0 | 0 | — | 0 | 7 | 14 | -50.82 |
| 无锡法斯特鼎元精密钢管有限公司 | 0 | 44 | 7 | 494.49 | 0 | 0 | 0 | — | 0 | 44 | 7 | 494.49 |
| 江苏苏嘉集团新材料有限公司 | 17 | 89 | 113 | -20.82 | 0 | 0 | 0 | — | 17 | 89 | 113 | -20.82 |
| 无锡黑崎机械有限公司 | 26 | 412 | 505 | -18.54 | 0 | 23 | 2 | 853.93 | 26 | 434 | 508 | -14.48 |
| 无锡海达安全玻璃有限公司 | 59 | 601 | 1059 | -43.31 | 0 | 0 | 1 | -100.00 | 59 | 601 | 1060 | -43.35 |
| 无锡百乐皮件有限公司 | 0 | 7 | 8 | -7.33 | 0 | 0 | 0 | — | 0 | 7 | 8 | -7.33 |
| 无锡黑崎苏嘉耐火材料有限公司 | 237 | 3283 | 3399 | -3.40 | 23 | 226 | 338 | -33.12 | 260 | 3510 | 3737 | -6.09 |
| 无锡法斯特管业有限公司 | 0 | 14 | 8 | 68.75 | 0 | 0 | 0 | — | 0 | 14 | 8 | 68.75 |
| 无锡爱西匹钢芯有限公司 | 0 | 2 | 0 | — | 1 | 13 | 34 | -63.01 | 1 | 14 | 34 | -58.36 |
| 无锡苏嘉钢管股份有限公司 | 0 | 1 | 2 | -47.02 | 0 | 0 | 0 | — | 0 | 1 | 2 | -47.02 |
| 无锡托达康机床附件有限公司 | 21 | 275 | 255 | 7.55 | 1 | 6 | 4 | 51.05 | 22 | 280 | 259 | 8.18 |
| 无锡中金服装有限公司 | 3 | 137 | 150 | -8.37 | 0 | 3 | 5 | -47.77 | 3 | 140 | 155 | -9.72 |
| 无锡埃力克钢管有限公司 | 0 | 11 | 35 | -67.85 | 0 | 0 | 0 | — | 0 | 11 | 35 | -67.85 |
| 维博泰克金鑫（无锡）换热器有限公司 | 0 | 0 | 48 | -100.00 | 0 | 0 | 64 | -100.00 | 0 | 0 | 111 | -100.00 |

## 第八节 三资企业及港澳台资企业

1989 年 6 月，钱桥、藕塘地区首家三资企业无锡金辉幕墙工程有限公司成立，中国香港投资 20 万美元，注册资本为 50 万美元。1992 年 5 月，钱桥镇无锡百乐皮件有限公司成立。百乐皮件有限公司是由中国香港新潮皮件股份有限公司出资 33 万美元，总投资 78 万美元，注册资本为 55 万美元的合资企业，主要生产各类皮包、皮件、皮夹等产品。1993 年 10 月，无锡安达皮件五金有限公司有台商洪进发出资 128 万美元，成为钱桥镇首家台商独资企业。是年年末，钱桥、藕塘镇共有三资企业及港澳台资企业 20 家。

1995 年，江苏苏嘉集团有限公司与日本黑崎窑业株式会社合资成立无锡黑崎苏嘉耐火材料有限公司，日方出资 965.39 万美元，总投资为 2105 万美元，注册资本 454.3 万美元。公司主要生产各类镁碳砖等产品。至 1999 年，钱桥镇有中外合资企业 10 家，投资总额 6816.72 万美元，其中外方认缴2331.74万美元，外资占资金总额的34%。

2000年，无锡市锦盛运输起重有限公司与中国香港广达有限公司合资成立无锡华生精密材料股份有限公司，有香港广达出资391.76万美元，总投资2500万美元，注册资本391.76万美元。2001年12月，江苏苏嘉集团有限公司与新加坡JP新材料有限公司合资，新加坡JP新材料有限公司出资1114.37万美元，总投资3225.81万美元，注册资本1173.02万美元。

2010年，钱桥街道中外合资企业增加至28家，投资总额34554.08万美元，外方认缴8231.52万美元，外资占资金总额的24%。

**1989~2014年钱桥、藕塘（乡）镇，钱桥街道三资企业及港澳台资企业一览表**

表3—15—37　　单位：万美元

| 行政区划 | 企业名称 | 中方投资者 | 登记时间 | 投资国别、地区、个人 | 投资总额 | 中方注册资本 | 外方、地区注册资本 |
|---|---|---|---|---|---|---|---|
| 钱桥镇 | 无锡金辉幕墙工程有限公司 | 金辉幕墙厂 | 1989.06 | 中国香港 | 70.00 | 50.00 | 20.00 |
| | 无锡锡昶精密铸造有限公司 | 锡昶精密铸造厂 | 1991.05 | 中国台湾 | 67.50 | 50.00 | 17.50 |
| | 无锡威利达帘子布有限公司 | 威利达帘子布厂 | 1991.07 | 中国香港 | 600.00 | 400.00 | 200.00 |
| | 无锡百乐皮件有限公司 | 百乐皮件厂 | 1992.05 | 中国台湾 | 101.80 | 55.00 | 46.80 |
| | 无锡锡美陶瓷贴花纸有限公司 | 锡美陶瓷贴花纸厂 | 1992.07 | 美国 | 72.90 | 52.00 | 20.90 |
| | 无锡锡达制衣有限公司 | 锡达制衣厂 | 1992.07 | 中国台湾 | 55.00 | 35.00 | 20.00 |
| | 无锡锡兴钢铁有限公司 | 锡兴钢铁厂 | 1992.09 | 中国香港 | 603.50 | 403.00 | 200.50 |
| | 无锡日模洪裕浊度仪有限公司 | 日模洪裕浊度仪厂 | 1992.11 | 日本 | 32.90 | 22.00 | 10.90 |
| | 无锡舜龙特种管件有限公司 | 舜龙特种管件厂 | 1992.12 | 中国香港 | 84.00 | 40.00 | 44.00 |
| | 无锡锦协防腐涂覆有限公司 | 无锡市利达化工厂 | 1992.12 | 阚俊义 | 90.00 | 80.00 | 10.00 |
| | 无锡光裕磁电有限公司 | 光裕磁电厂 | 1993.02 | 中国香港 | 41.00 | 24.00 | 17.00 |
| | 无锡博达营养食品有限公司 | 博达营养食品厂 | 1993.04 | 中国香港 | 78.40 | 55.00 | 23.40 |
| | 无锡金源电力电信塑胶有限公司 | 无锡龙舜实业有限公司 | 1993.04 | 港源水利电力工程有限公司 | 80.00 | 60.00 | 20.00 |
| | 无锡安达皮件五金有限公司 | — | 1993.10 | 洪进发（中国台湾） | 128.00 | — | 100.00 |
| | 无锡联合钢铁有限公司 | 无锡锡兴钢铁股份有限公司 | 1995.00 | 嘉业（中国香港）有限公司 | 2952.00 | 2214.00 | 738.00 |
| | 无锡黑崎苏嘉耐火材料有限公司 | 江苏苏嘉集团有限公司 | 1995.12 | 黑崎窑业株式会社 | 1419.69 | 454.30 | 965.39 |
| | 无锡华特钢带有限公司 | 无锡市锦盛运输起重有限公司 | 1995.12 | 广达有限公司 | 600.00 | 421.50 | 178.50 |
| | 江苏米可多农膜发展有限公司 | 江苏新农信息咨询有限公司 | 1996.00 | 米可多化工株式会社（日本） | 148.30 | 5.90 | 142.40 |
| | 无锡钱桥带钢有限公司 | 唐岳生 | 1997.12 | 生华科技（中国香港）有限公司 | 40.30 | 30.12 | 14.18 |
| | 无锡同济新型材料有限公司 | 无锡钱桥带钢有限公司 | 1999.04 | 唐川度（中国香港） | 38.73 | 28.27 | 10.46 |
| | 无锡华生精密材料股份有限公司 | 无锡市锦盛运输起重有限公司 | 2000.00 | 广达有限公司(Wide Achiere)（Ltd） | 1316.83 | 925.07 | 391.76 |
| | 江苏苏嘉集团新材料有限公司 | 江苏苏嘉集团有限公司 | 2001.12 | 新加坡JP新材料有限公司 | 2287.49 | 1173.02 | 1114.37 |
| | 无锡法斯特鼎元精密钢管有限公司 | 江苏苏嘉集团有限公司 | 2002.04 | TOTAL BOOST ENTER PRISES LIMITED | 806.00 | 363.00 | 443.00 |
| | 无锡海达安全玻璃有限公司 | 无锡市海达集装箱厂 | 2003.00 | 新华海国际贸易地产有限公司 | 150.00 | 105.00 | 45.00 |
| | 无锡黑崎机械有限公司 | — | 2003.00 | 黑崎播磨株式会社（日本） | 210.00 | — | 150.00 |

续表 3—15—37　　　　单位：万美元

| 行政区划 | 企业名称 | 中方投资者 | 登记时间 | 投资国别、地区、个人 | 投资总额 | 中方注册资本 | 外方、地区注册资本 |
|---|---|---|---|---|---|---|---|
| 钱桥镇 | 无锡群旭精密铸造有限公司 | 无锡群昶精铸有限公司 | 2003.05 | MP.林志和 | 13.00 | 3.00 | 10.00 |
| | 无锡埃力克钢管有限公司 | 江苏苏嘉集团有限公司 | 2003.08 | 金河投资有限公司 | 600.00 | 375.00 | 225.00 |
| | 无锡德克环保设备有限公司 | 北京国电龙源环保工程有限公司 | 2003.12 | APA 国际投资有限公司 | 110.71 | 739.39 | 361.32 |
| 藕塘（乡）镇 | 无锡宇发多彩涂料有限公司 | 宇发多彩涂料厂 | 1992.07 | 中国香港 | 81.30 | 60.00 | 21.30 |
| | 无锡福源金属制品有限公司 | 福源金属厂 | 1992.07 | 中国香港 | 97.50 | 72.00 | 25.50 |
| | 无锡金友电子有限公司 | 金友电子厂 | 1992.07 | 中国台湾 | 48.40 | 34.00 | 14.40 |
| | 无锡利发银镜玻璃有限公司 | 利发银镜玻璃厂 | 1992.10 | 中国香港 | 430.00 | 220.00 | 210.00 |
| | 无锡华亭自行车有限公司 | 华亭自行车厂 | 1992.12 | 中国香港 | 67.30 | 50.00 | 17.30 |
| | 无锡新欣真空设备有限公司 | 新欣真空设备厂 | 1992.12 | 中国香港 | 50.00 | 35.00 | 15.00 |
| | 无锡永鑫不锈钢有限公司 | 永鑫不锈钢厂 | 1992.12 | 中国香港 | 50.00 | 35.00 | 15.00 |
| | 无锡盛欣灯具机械有限公司 | 盛欣灯具机械厂 | 1993.01 | 中国香港 | 36.00 | 21.00 | 15.00 |
| | 无锡纬通微型气泵有限公司 | 纬通微型气泵厂 | 1993.01 | 中国台湾 | 34.00 | 20.00 | 14.00 |
| 钱桥（镇）街道 | 无锡市雪丰钢铁有限公司 | 无锡市雪浪钢铁集团有限公司 | 2004.00 | 金帕特有限公司 | 2971.35 | 2193.35 | 778.00 |
| | 无锡华曼重工机械有限公司 | 蔡斌 | 2004.00 | 朱放宇 | 133.03 | 99.75 | 33.28 |
| | 无锡恒瑞羊绒制品有限公司 | 无锡市泰朗特贸易有限公司 | 2004.00 | 中国香港万达纺织有限公司 | 30.00 | 14.70 | 15.30 |
| | 无锡法斯特管业有限公司 | — | 2004.10 | YOKEFE LLOW HOLDIN GSLIMITED | 850.00 | — | 850.00 |
| | 无锡华顺民生食品有限公司 | 福建安井食品股份有限公司 | 2005.00 | 中国香港安井食品有限公司 | 954.55 | 715.91 | 238.64 |
| | 无锡佳欣电子产品有限公司 | 无锡市佳欣塑料制品有限责任公司 | 2005.00 | 君雄国际有限公司 | 40.00 | 30.00 | 10.00 |
| | 无锡钱惠污水处理有限公司 | 无锡市钱桥综合污水处理厂 | 2005.00 | 中国香港惠记集团 | 540.00 | 24.00 | 516.00 |
| | 无锡法斯特能源开发科技有限公司 | — | 2005.00 | YOKEFELLOW HOLDIN GSLIMITED | 547.60 | — | 547.60 |
| | 无锡联创薄板有限公司 | — | 2005.00 | 中国香港瑞丰商贸有限公司 | 2500.00 | 1000.00 | 6500.00 |
| | 无锡舜特金属制品有限公司 | 王一新 | 2005.09 | 中国香港国际龙舜投资有限公司 | 99.00 | 19.80 | 79.20 |
| | 无锡新华新能源发展有限公司 | 新华水力发电有限公司 | 2006.00 | REGEN INTER NATIO NALL TD | 1750.06 | 1268.79 | 481.27 |
| | 无锡中金服装有限公司 | 无锡市柏荣服装厂 | 2006.00 | 宗仁菅正 | 20.00 | 10.00 | 10.00 |
| | 无锡君盛精密管带有限公司 | — | 2006.00 | 荣昌国际（中国香港）有限公司 | 64.29 | — | 64.29 |
| | 江苏舜翔有限公司 | — | 2006.00 | 王新月 | 176.05 | — | 176.05 |
| | 江苏永舜有限公司 | — | 2006.00 | 永舜国际（中国香港）有限公司 | 161.21 | — | 161.21 |
| | 无锡五洲国际装饰城有限公司 | — | 2006.00 | 中国香港五洲国际集团有限公司 | 4913.67 | — | 4913.67 |
| | 无锡市振业织造有限公司 | 陈振华 | 2006.07 | 郑义 | 135.16 | 102.30 | 32.86 |
| | 无锡百顺钢管有限公司 | — | 2007.00 | 中北国际有限公司 | 159.10 | — | 159.10 |
| | 无锡爱西匹钢芯有限公司 | 无锡钱桥带钢有限公司 | 2008.00 | ACPHOCDING HONGKONG LIMITED | 239.62 | 119.81 | 119.81 |
| | 无锡群联钢业工程有限公司 | 浦东红 | 2009.00 | 朱劲松 | 60.24 | 45.18 | 15.06 |

续表 3—15—37　　　　单位：万美元

| 行政区划 | 企业名称 | 中方投资者 | 登记时间 | 投资国别、地区、个人 | 投资总额 | 中方注册资本 | 外方、地区注册资本 |
|---|---|---|---|---|---|---|---|
| 钱桥（镇）街道 | 无锡市藤本旭光精工科技有限公司 | — | 2009.00 | 藤本茂 | 14.64 | — | 14.64 |
| | 维博泰克金鑫（无锡）换热器有限公司 | 无锡金鑫集团股份有限公司 | 2011.00 | Wabtec chinarail Products&servic esholding limited | 120.00 | 18 | 102.00 |
| | 无锡海嘉建设有限公司 | — | 2012.00 | 中建国际投资（中国）有限公司 | 2365.74 | — | 2365.74 |
| | 无锡市沪锡混凝土制品有限公司 | — | 2014.00 | 王荣、施秀明 | 163.01 | — | 163. 01 |

2015 年 5 月，坐落于南塘工业小区的大洋高科（无锡）电气有限公司成立，中方与韩国方大洋 DAIYN 共同投资，成为中韩合资企业，总投资额 1000 万美元，其中韩方投资 400 万美元，主要生产集肤加热装置产品。是年，钱桥街道中外合资企业又发展 8 家，投资总额为 13885.8344 万美元，其中外方认缴 6759.052 万美元，外资占资金总额的 49%。同年，钱桥街道三资企业及港澳台资企业 41 家。

## 第九节 条线、福利企业

20 世纪 70 年代，国家对校办企业设有免税政策，钱桥、藕塘地区中、小学为改善办学条件和师生福利，先后创办校办工厂。至 80 年代，区域内中学、中心小学、村校几乎每所学校都开有校办工厂。1984 年，钱桥、藕塘乡农服公司、多服公司先后开办橡塑厂、特种标准件厂等条线福利企业，安排残疾人员进企业工作。1998 年，国家取消校办企业免税政策后，校办企业转制为私营、民营企业。2015 年，钱桥街道有无锡市春风橡塑制品厂等 8 家福利企业。

### 一、条线企业

1971 年，钱桥中学白手起家创办“五七”工厂（后改为教学仪器厂）和塑料厂，生产平板仪器和塑料制品等。1973 年，南西漳初中创办无锡县教育地球仪厂，办厂 10 余年间，地球仪产品出口创汇，远销日本、新加坡等国。1975 年，向阳初中创办塑料袋加工厂。1976 年，藕塘中学因地制宜、白手起家，开办无锡县藕塘中学电器厂，发起人徐美度。藕塘中学电器厂从杨市拉回几台锈蚀不用的旧冲床，经修理后加工垫圈及电器零部件。经过多年的打拼，藕塘中学电器厂产值、利润年年上升，资金全部用于学校教育事业和师生福利。是年，藕塘中心小学在徐塘庙旧校舍内创办藕塘塑料彩印厂，产品销售、经济效益良好，在无锡县小学校办企业彩印行业中名列第二名。1977 年，钱桥中心小学创办无锡县文教塑料用品厂。1978 年，黎明初中创办黎明联中搪瓷厂，开办 10 多年间共为学校积累资金 58 万元，此资金全部用于翻建两层校舍楼及添置学校公共设备。1979 年 12 月，钱桥中心小学又开办无锡县环境保护设备二厂。

1983 年始，钱桥农业服务公司陆续创办钱桥塑料制品厂、钱桥涂装净化设备厂、钱桥锅炉辅件厂、钱桥合金线厂。1984 年，钱桥中心小学成立无锡县第一家华茂实业公司，公司总经理刘邦俊。华茂实业公司下设无锡县文教塑料用品厂、无锡县制版印刷厂、无锡县教育玩具厂、无锡县电气自动控制设备厂 4 个分厂。1985 年，钱桥中心小学校办厂实现产值 352 万元，创造利润 69 万元，全部用于学校教育事业。是年，钱桥中学教学仪器厂停产，更名为无锡县钱桥密封件厂，产值在原有基础上提高至 12 万元，利润 6 万余元。在此期间，南西漳小学开办电瓶厂，胜丰小学开办印刷厂，晓星小学开办电扇零件厂，威华小学开办防腐垫圈厂，苏庙小学开办电器修配厂，溪南小学开办塑料制品厂，历村小学开办烫塑料袋加工业务，舜一小学开办包装纸箱印刷厂，溪北小学开办袜厂、密封件轴承厂，周家弄小学开办化工机械设备厂，洋溪小学开办沥青加热厂，鸭船浜小学开办水泥包装袋印字厂。

**1986 年藕塘乡条线工业企业一览表**

表 3—15—38　　单位：万元、人

| 类别 | 企业名称 | 创办年份 | 固定资产 | 职工人数 | 全年产值 | 主要产品 |
|---|---|---|---|---|---|---|
| 手联社 | 第五服装厂 | 1981 | 85.0 | 251 | 147.90 | 服装 |
| | 合成型材厂 | 1985 | | | | 渔轮槽板、客车地板 |
| 多服公司 | 食品厂 | 1984 | 3.6 | 30 | 27.00 | 糕点 |
| | 橡胶塑料制品厂 | 1984 | 21.6 | 76 | 24.00 | 橡胶塑料制品 |
| | 电讯电器厂 | 1985 | 11.4 | 52 | 28.00 | 电讯元件、仪器 |
| | 藕塘特种标准件厂 | 1986 | 13.7 | 51 | 12.91 | 特种标准件 |
| 农服公司 | 净化设备厂 | 1984 | 2.4 | 37 | 19.00 | 塑料焊接、农机配件 |
| | 橡塑厂 | 1985 | 3.5 | 18 | 14.00 | 橡塑制品 |
| | 制钉二厂 | 1985 | 5.4 | 24 | 47.00 | 元钉 |
| 居委 | 控制设备厂 | 1984 | 5.4 | 60 | 50.00 | 控制设备、电器 |
| | 五金电器厂 | 1985 | | | | — |
| | 自来水厂 | 1985 | | | | 自来水、水暖安装 |

1989 年，钱桥中学校办农场改为校办企业，与河埒乡孙蒋村联手创办钱中热处理厂。1990 年，钱桥多种经营服务公司又开办利达化工厂等企业。

**1989 年钱桥镇、藕塘乡校办企业基本情况统计表**

表 3—15—39　　单位：人、万元

| 乡镇 | 职工数 | 固定资产总额 | 流动资金总额 | 全员劳动生产率 | 产值 | 利润 |
|---|---|---|---|---|---|---|
| 钱桥 | 1152 | 210.93 | 282.70 | 0.76 | 872.89 | 124.44 |
| 藕塘 | 193 | 73.74 | 74.15 | 0.85 | 163.48 | 23.84 |

校办企业历年所得利润大部分用于改善办学条件和师生福利。20 世纪 90 年代中期，校办企业机制逐渐不适应国家整体经济发展的形势。90 年代后期，根据上级指示，钱桥、藕塘镇校办企业实行关停并转。1998 年，校办企业免税取消，企业大多转制为私营、民营企业。

## 二、福利企业

1984 年，藕塘乡人民政府创办区域内第一家社会福利企业——无锡县橡塑二厂，为有劳动能力的 34 名残疾人提供自食其力的条件。1985 年，钱桥乡创办无锡诚智炼钢辅助材料有限公司福利企业。1993 年 9 月，钱桥镇共有福利企业 3 家。

1996 年，藕塘镇有福利企业 11 家，安置肢体、智力、视力、听力残疾人员 372 人。2000 年，藕塘镇 9 家福利企业年产值 1.35 亿元，安置残疾人员 328 名，并为 258 名残疾职工办理养老保险，保费为 61200 元。

**2003 年钱桥、藕塘镇福利企业一览表**

表 3—15—40　　单位：万元、人

| 镇名 | 企业名称 | 创办时间 | 法人代表 | 主营产品 | 销售 | 安置残疾人员 |
|---|---|---|---|---|---|---|
| 钱桥 | 无锡诚智炼钢辅助材料有限公司 | 1985.00 | 马敬宇 | 耐火材料 | 3154 | 43 |
| | 无锡市泉力金属管材厂 | 1993.09 | 武阿扣 | 高频直缝焊管 | 2172 | 21 |
| | 无锡溪达毛纺有限公司 | 1987.00 | 龚明达 | 针织绒、毛纱 | 4000 | 80 |
| 藕塘 | 无锡市春风橡塑制品厂 | 1987.00 | 龚瑞兴 | 橡胶制品、橡塑制品 | 500 | 14 |
| | 无锡市信达热交换器厂 | 1998.01 | 何国清 | 热交换器 | 1717 | 29 |
| | 无锡市藕塘绒线厂 | 1989.09 | 陈伯清 | 绒线 | 2422 | 81 |

续表 3—15—40 单位：万元、人

| 镇名 | 企业名称 | 创办时间 | 法人代表 | 主营产品 | 销售 | 安置残疾人员 |
|---|---|---|---|---|---|---|
| 藕塘 | 无锡惠泉凸轮轴有限公司 | 2001 | 浦国源 | 油泵配件、五金配件 | 1485 | 43 |
| | 无锡县太湖造粒厂 | 1992 | 吴耀兴 | 塑料粒子 | 560 | 19 |
| | 无锡预应力钢丝有限公司 | 1990 | 刘　栋 | 预应力钢丝 | 3000 | 25 |
| | 无锡西源电力装备厂 | 2003 | 王建伟 | 焊管、弯道 | 98 | 7 |

2004~2014 年钱桥（镇）街道福利企业统计表

表 3—15—41 单位：家、万元、人

| 年份 | 企业数 | 销售 | 安置残疾人员 | 参保残疾人员 |
|---|---|---|---|---|
| 2004 | 7 | 19007 | 226 | 226 |
| 2005 | 7 | 21764 | 204 | 204 |
| 2006 | 7 | 23154 | 203 | 203 |
| 2007 | 7 | 23914 | 184 | 184 |
| 2008 | 8 | 27424 | 223 | 223 |
| 2009 | 10 | 34868 | 322 | 322 |
| 2010 | 10 | 43018 | 366 | 366 |
| 2011 | 10 | 46565 | 360 | 360 |
| 2012 | 8 | 51720 | 262 | 262 |
| 2013 | 7 | 26823 | 243 | 243 |
| 2014 | 8 | 25071 | 204 | 204 |

2015 年，钱桥街道有福利企业 8 家，安置残疾人 207 人工作。

2015 年钱桥街道福利企业一览表

表 3—15—42 单位：人

| 企业名称 | 创办时间 | 法人代表 | 主营产品 | 安置残疾人员 |
|---|---|---|---|---|
| 无锡诚智炼钢辅助材料有限公司 | 1985.00 | 彭　红 | 耐火材料 | 16 |
| 无锡市春风橡塑制品厂 | 1987.00 | 龚瑞兴 | 橡胶制品、橡塑制品 | 14 |
| 无锡市藕塘绒线厂 | 1989.09 | 陈伯清 | 绒线 | 55 |
| 无锡南方制动件有限公司 | 1994.01 | 吴立兴 | 洗衣机制动带 | 58 |
| 无锡市锦立换热设备有限公司 | 1998.01 | 何锦东 | 热交换设备 | 12 |
| 无锡西源电力装备厂 | 2003.08 | 王敏益 | 焊管、弯道 | 10 |
| 无锡市华力薄板有限公司 | 2009.04 | 王娟华 | 精密薄板 | 24 |
| 无锡市太华精密陶瓷制造有限公司 | 2014.00 | 吴建平 | 陶瓷研磨器 | 18 |

# 第十节 工业门类

民国时期，钱桥、藕塘地区仅有制作食油、碾米等食品工业和织袜等纺织工业。20 世纪 60 年代，工业门类逐渐增多，有采矿业、机械工业、轻工业等。2015 年，钱桥街道有冶金工业、机械工业、纺织工业、轻工业、化学工业、电子仪表工业、造船工业、食品工业、建筑材料、建筑业、环保设备工业、运输装卸业等 12 个门类。其中冶金工业是钱桥街道的拳头工业，钱桥有“焊管之乡”“冷轧之都”的美誉。

## 一、冶金工业（含重工业）

钱桥地区的冶金工业始于 1964 年无锡县农具厂，1970 年更名为无锡县钢铁厂，后发展成为江苏沙钢集团锡兴特钢有限公司。钱桥村办冶金行业自 1978 年开始，西漳大队首先开办西漳焊接管厂，引进两台高频焊管机组，生产各种规格的焊管。在焊管业发展基础上，西漳村又陆续开办焊管二厂、带钢厂等冶金企业，成为苏南地区冶金焊管带钢的发源地之一。

1980 年初，钱桥公社党委、政府决定开办无锡县金属压延厂，购买冷轧冷钢设备两条流水生产线，生产普碳带钢。1983 年，钱桥乡威华村开办“轻质耐火材料厂”。藕塘地区冶金工业起始于 1984 年。是年，无锡县预应力钢丝厂开办，有职工 100 余人，主要生产预应力钢丝，年产量 3000 吨，设备有拉丝机、拉直机、回火炉、酸洗池等。藕塘村办冶金行业与乡办企业同步开始，是年，宇峰村开办铸件厂，有职工 60 余人，主要生产坑管，年生产 2000 吨，设备有五吨冲天炉、筛砂机、混砂机、硬模数套等。1985 年，藕塘金属压延厂开办，主要生产电焊条焊丝等产品，职工 230 人，设备有拉丝机、校直机、回火炉、酸洗机等，年生产焊丝条 1000 多吨。1986 年 9 月，钱桥乡成立无锡县镁碳砖厂。1989 年，藕塘乡无锡（中冶）钢缆责任有限公司开办，从德国进口生产桥梁用钢缆自动流水线，职工 100 多人，年生产能力达 10000 吨级。进入 90 年代，无锡县钱桥特种带钢厂成立，主要产品有冷轧各类型号优质带钢和不锈钢带钢等，产品销售到全国各地。

2005 年 8 月 18 日，钱桥镇成立无锡联创薄板有限公司，公司注册资金 1000 万美元，是专业生产热镀锌带钢出口型企业，拥有 4 条热镀锌生产线分剪机，年生产力 15 万吨。产品规格厚度 0.6~3 毫米、宽度 680 毫米以内，产品销售全国各地，还远销比利时、英国、德国、西班牙、土耳其、伊朗、巴基斯坦等国家。

钱桥是全国闻名的“焊管之乡”。钱桥的焊管工业与天津大邱庄、广东乐从齐名，是中国三大钢管生产流通基地之一。2015 年，钱桥街道各类冶金企业 774 家，各类钢贸市场年交易额超过 300 亿元，占全国带钢交易总量近 60%。钱桥带钢及钢管生产比重占到钱桥街道 GDP 总比重的 65%，吸纳就业率 68%，财税贡献率 62%。是年，钱桥街道重点冶金企业有江苏苏嘉集团公司、无锡联创薄板有限公司、无锡华精新材料股份有限公司、无锡江南高精度冷拔管有限公司、无锡华精钢带有限公司、无锡华生精密材料股份有限公司、无锡天辰冷拉型钢有限公司、无锡华工薄板有限公司、无锡大陆钢管有限公司、无锡大金高精度冷拔钢管有限公司、无锡市广润金属制品有限公司。

**（一）江苏苏嘉集团有限公司**

江苏苏嘉集团有限公司（以下简称“苏嘉集团”）创建于1986年，位于西漳村，创办人龚海涛。是年3月，研制的镁碳砖通过省级鉴定，开创炼钢用耐火材料新纪元。同年9月26日，成立无锡县镁碳砖厂。1989年，“全国转炉炉衬工作会议”在无锡县镁碳砖厂召开，冶金部原副部长吴溪淳主持会议。1990年，更名为无锡市苏嘉镁碳砖厂。1993年，更名为无锡市苏嘉镁碳砖有限公司，与美国 S&S INTERSOURCE.LLC.建立合作关系，开始出口贸易。1994年，苏嘉镁碳砖有限公司第一次参与制订镁碳砖行业标准，冶金部副部长殷瑞钰到苏嘉公司视察。

1995 年，苏嘉与日本黑崎窑业株式会社合资成立“无锡黑崎苏嘉耐火材料有限公司”。是年，企业改制为民营企业，更名为无锡苏嘉镁砖有限公司。苏嘉以部分资产与日本新日铁公司黑崎播磨公司合资，设无锡黑崎苏嘉耐火材料公司，生产滑板、连铸“三大件”（长水口、清入水口、塞棒）等。1997 年，设立无锡苏嘉钢管股份有限公司，生产取代无缝管的焊管。是年，苏嘉首创“100 吨超高功率电炉耐材整体承包”，开创行业新的经营模式；第二次参与制订镁碳砖行业标准；“苏嘉牌高抗镁碳砖”获“江苏名牌产品”荣誉称号（延续至 2015 年）。1998 年，苏嘉通过中国冶金工业质量体系认证中心的 ISO 质量体系认证。是年，设立苏嘉创奇焊管有限公司，生产机械用焊管。

2000 年，公司更名为江苏苏嘉股份有限公司，研制成功“高性能滑板砖”，代表国内滑板连用技术最高水平。2001 年，“高抗镁碳砖”获“国家重点新产品”证书，同时获“江苏省优秀新产品（金牛奖）”证书。是年 3 月，苏嘉钢管股份有限公司收购并建立苏嘉金龙大酒店有限公司。4 月，设立苏嘉房地产开发有限公司，同时设立江苏苏嘉集团有限公司，对子公司实行集团化管理。12 月，苏嘉镁砖公司更名为“江苏苏嘉集团新材料有限公司”（中外合资企业）。2002 年，苏嘉被评为国家级“高新技术企业”，获“国家火炬计划重点高新技术企业”证书，连铸“三大件”（长水口、清入水口、塞棒）产品工场投产，具备世界先进水平。是年 4 月，苏嘉集团新材料有限公司设立无锡鼎元精拔钢管有限公司生产低合金无缝管。同年，苏嘉集团参加中东（迪拜）秋季商品交易会（IATF）。2003 年，苏嘉集团“高性能滑动水口”获“国家重点新产品”证书、“江苏省火炬计划项目验收合格”证书；公司获中国保护消费者基金会“重质守信企业”荣誉称号；通过 ISO9001：2000 质量管理体系认证；获江苏省“计量合格确认证书”。同年，苏嘉建立无锡市耐火新材料工程技术中心，通过 CNAS 认可及计量认证国家级质检机构的设立。7 月，收购设立创奇冷轧带钢有限公司，配套生产冷轧带钢。同年，参加德国杜塞尔多夫国际铸造、铸品、冶金及热技术处理技术展览会。2004 年 8 月，苏嘉集团有限公司走出国门，在新加坡设立凌海控股有限公司；10 月，收购无锡苏嘉钢管股份有限公司，设立无锡法斯特管业有限公司。2005 年，“苏嘉”商标获“江苏省著名商标”荣誉称号。2006 年 5 月，无锡法斯特管业有限公司在新加坡上市。11 月，无锡法斯特能源科技有限公司成立。是年，苏嘉集团有限公司被无锡市科技局认定为市级工程技术研究中心，与奥地利 Rischka Metallurgical Services 公司签订奥地利/斯洛伐克/斯洛文尼亚/捷克地区独家代理协议，获“产品质量国家免检”证书。是年，“苏嘉”商标入选“中国驰名商标”数据库；“非氧化物复合低碳镁碳砖”获“国家火炬计划项目”证书；公司获“维护消费者权益诚信服务满意单位”荣誉称号；苏嘉大厦正式投入使用。2007 年 4 月，无锡法斯特管业有限公司（406 机组）成功投产。是年，公司“非氧化物复合低碳镁碳砖”获“国家重点新产品”证书，获“中华名特优产品指定供货单位”荣誉称号，“苏嘉牌滑板砖”获“中国优质产品”荣誉称号；公司获“江苏省耐火材料行业最佳企业”“江苏省明星企业”荣誉称号。2008 年，公司通过 ISO14001 环境管理体系认证，获“江苏省耐火材料第一品牌”荣誉称号，与无锡联合钢铁有限公司以互相参股的形式合资组建成立无锡法斯特联合钢铁有限公司。是年，厂区实行雨污分离，生活污水接入污水处理厂并签订接管协议，工业用水循环使用；生活垃圾及危废分开堆放，生活垃圾由钱桥街道环卫中心负责处理，危废由固废中心处理。2009 年，苏嘉获“江苏省民营科技企业”证书。公司与院士李鹤林合作，承担“江苏省企业院士工作站”项目，解决油套管方面多个技术难题，如约完成合同规定的建设任务和考核指标，顺利通过验收；公司在越南新建越南钢管分公司，运行并投产。

2010年，苏嘉通过ISO18001职业健康安全管理体系认证，承担“江苏省工程技术研究中心建设”项目，成立“江苏省新型镁基复合耐火新材料工程技术研究中心”，获“江苏省安全生产监督管理诚信企业”“劳动保障诚信企业”荣誉称号。是年，苏嘉集团有限公司成立无锡耘林艺术品交易中心有限公司，进军文化产业。建立安全生产管理制度、每年签订安全生产责任状。建立职业健康体检台账，建立安全生产操作规程，事故应急预案。同年，公司获得东方认证中心的ISO18001职业健康安全管理体系证书。2011年，苏嘉企业技术中心被认定为“江苏省企业技术中心”。2012年，公司获“江苏省科技型中小企业”证书、“江苏省信息化与工业化融合试点企业”证书。是年，苏嘉集团销售收入25亿元，科技研发投入超过2000万元。

经过近30年的奋斗，苏嘉集团成为一个拥有10余个实体子公司、多元化经营、跨区域、跨国别的集团化企业。2015年，苏嘉集团拥有员工2000余人，总资产17.3亿元。苏嘉集团是江苏省工业明星企业、无锡市十大民营企业集团之一，无锡市百家最佳、最强企业。集团下辖三个子集团，分别是耐火物集团、钢管集团和三产集团。

耐火物集团下辖3个子公司，主要生产炼钢用耐火材料，年销售额超过10亿元。其中苏嘉新材料公司是国内最大的镁碳砖生产企业、国家级高新技术企业、中国耐火材料行业协会副会长单位。产品供应国内百余家骨干钢铁企业，国内市场占有率达12%以上，还远销日本、美国、德国、奥地利、新西兰、俄罗斯及东南亚等国家和地区。“苏嘉牌高强度镁碳砖”自1997年起至2015年连续多年被评为“江苏省名牌产品”。企业拥有18项授权专利，其中11项发明专利。WKS（黑崎苏嘉）是苏嘉集团与日本最大的耐材企业“黑崎播磨”公司的合资企业，主要生产国际一流品质的滑板、连铸“三大件”。由于引进日本同行的先进技术，连铸用滑板的使用次数在国内领先。无锡诚智炼钢辅助材料有限公司主要生产不定型耐火材料和透气元件等。

钢管集团下辖5个具有独立法人的子公司，年产各类钢管50多万吨，是无锡地区规模最大的钢管生产企业之一。集团生产的油田用油管和套管及管线管均取得美国石油协会的API认证，并已在国内外主要油田得到广泛应用。汽车传动轴管被列入国家级火炬计划，是江苏省高新技术产品。“苏嘉牌汽车传动轴管”连续多年获“江苏省名牌产品”称号，2015年已占全国传动轴管市场超过30%的份额，一汽、上汽都是用户。

三产集团下辖无锡苏嘉房地产开发有限公司、无锡苏嘉金龙商务酒店、无锡市耘林艺术品交易中心有限公司等，构成苏嘉集团新的经济增长点。无锡耘林艺术品交易中心有限公司建成全国最具规模、最规范、面向世界的艺术品交易平台，实现上市。江苏苏嘉集团有限公司创始人龚海涛先后获无锡市工业明星厂长（经理）、无锡市劳动模范、无锡市改革开放三十年杰出企业家、江苏省优秀新产品（金牛奖）高抗镁碳砖主要开发设计人员、江苏省优秀民营企业家、全国乡镇企业家、中国知名企业家、中华知名杰出人才、中国耐火工业二十年“杰出耐火人”。

**（二）无锡联创薄板有限公司**

无锡联创薄板有限公司成立于2005年8月18日，注册资金1000万美元，是一家专业生产热镀锌带钢的企业。公司坐落于钱桥街道金山路9号，占地面积32739平方米。

公司坚持“以人为本、科学管理、至诚服务、服务创新、挑战极限”的宗旨，发扬“诚信、合作、创新、敬业、进取”的企业精神，产品通过开发、研制、生产、销售等全过程，得到用户的充分肯定。公司于2008年12月16日通过ISO14001环境管理体系认证、企业资信等级AAA级认证。2009年8月16日，通过ISO9001：2008质量管理体系认证。2010年2月，获“劳动保障诚信企业”称号以及安全生产标准化、清洁生产标准化等管理体系认证。

无锡联创薄板有限公司产品规格为：厚度0.6~3.0毫米，宽度680毫米以内，适用于耐腐蚀耐高压镀锌管材、家用电器高档镀锌背板、高强度电缆桥架材料及型钢、龙骨、钢结构檩条、货架、太阳能支架、汽车等。

2013年，联创生产薄板16.8万吨，销售65618万元，利税667万元；2014年，生产薄板17.5万吨，销售73899万元，利税560万元。2012~2014年，公司相继获得江苏省名牌产品、江苏省质量信得过企业、江苏质量服务信誉AAA级优秀企业、江苏省著名品牌、依法管理诚信经营示范企业、江苏省民营科技企业及江苏省高新技术（后备）企业、江苏省企业设计中心等殊荣。

图3—15—27 2015年无锡联创薄板有限公司

2015年，无锡联创薄板有限公司生产薄板19万吨，销售66252万元，利税360万元。是年，公司有固定资产4567万元，建有标准化厂房25000平方米，拥有4条热镀锌生产线、4组分剪机、氨分解等先进的生产设备和覆层测厚仪、硬度计、拉力机等先进的检测仪器，年生产力15万吨。

**（三）无锡华精新材股份有限公司**

无锡华精新材股份有限公司坐落于江苏省惠山冶金新材料产业集群区钱桥街道内，是一家专业生产钢铁功能性材料的企业，法定代表人龚一飞。

公司创建于2006年12月，原名为无锡华精新型材料有限公司，注册资本7200万元。2011年，公司启动上市工作。6月，冷轧取向硅钢经省经信委新产品投产鉴定，产品达到国内先进水平。同年12月，冷轧取向硅钢被认定为高新技术产品，公司获得自营进出口权，企业资信等级为AAA级，并通过 ISO9001 质量体系认证、ISO14001 环境体系认证。

2012 年 5 月，公司进行股份制改革，更名为无锡华精新材股份有限公司。是月，冷轧取向硅钢项目被国家科技部认定为国家火炬计划产业化示范项目；10 月，公司被认定为国家高新技术企业；12 月，被江苏省经委认定为江苏省科技型中小企业。公司技术中心在技术中心主任、硕士研究生、高级工程师龚建达的带领下，于 2013 年 12 月被江苏省经委等 7 个部门认定为“省级企业技术中心”。

公司拥有国内最先进的 20 辊森吉米尔轧机 3 台套，高效连续脱碳退火生产线、渗氮涂层线、绝缘涂层线各 2 台套，智能高效高温晶粒反应设备 14 台套，完备的金属材料元素、磁性、铁损、强度、延伸、硬度和层间电阻、叠片系数、涂层附着力等精密化检验仪器和设备，为公司产品的开发研究及经营项目的转型升级提供完备的研发基础。公司主要生产“冷轧取向硅钢”及“强附着高塑性连续热镀铝锌合金钢带”两个产品。成功研发出 Q120、Q110 牌号冷轧取向硅钢，其中高磁导率级冷轧取向硅钢的磁极化强度≥1.90 吨，最高达到 1.93 吨，在同行业中达到国内先进水平，产品受到广大用户的青睐。强附着高塑性连续热镀铝锌合金钢带主要被广泛应用于桥梁、船舶、锅炉、车辆及重要建筑结构。2014 年，公司生产冷轧取向硅钢 2.2 万吨，销售 2.1 万吨；生产强附着高塑性连续热镀铝锌合金钢带 10.5 万吨，销售 10.5 万吨。是年，公司资产总额 28345.72 万元，固定资产净值 9846.83 万元。拥有技术人员 37 人，其中高级技术人员 3 人、中级技术人员 2 人。公司为国家金属学会电工钢分会会员单位，是江苏省内唯一一家生产冷轧取向硅钢的专业企业。同年，公司成功挂牌全国中小企业股份转让系统，简称“华精新材”。

至 2015 年，公司拥有 9 项发明专利、7 项实用新型专利，是江苏省内唯一一家拥有自主知识产权的冷轧取向硅钢生产企业。是年 8 月，公司顺利通过国家高新技术企业复审。同年，公司生产冷轧取向硅钢 2.41 万吨，销售 2.32 万吨；生产强附着高塑性连续热镀铝锌合金钢带 11.34 万吨，销售 10.94 万吨。是年，公司占地总面积 66666.67 平方米，建筑总面积 41000 平方米，拥有职工 270 人。

图 3—15—28　2015 年无锡华精新材股份有限公司

2012~2015 年华精新材股份有限公司销售收入、利税统计表

表 3—15—43　　单位：万元、%

| 年份 | 销售收入 | 利润 | 税金 | 固定资产 | 资产负债率 |
|---|---|---|---|---|---|
| 2012 | 77705 | 3005 | 1654 | 11303 | 70.13 |
| 2013 | 75105 | 1426 | 1754 | 10757 | 67.75 |
| 2014 | 59212 | 1128 | 1339 | 9847 | 59.08 |
| 2015 | 52355 | 3090 | 2240 | 8961 | 27.16 |

### （四）无锡江南高精度冷拔管有限公司

无锡江南高精度冷拔管有限公司前身为 1992 年创办的无锡县江南液压缸体厂。1996 年，在新一轮的企业体制改革中，无锡县江南液压缸体厂转制成功，更名为无锡江南高精度冷拔管有限公司，是一家股份制企业。位于钱桥街道锡陆路 368 号。公司董事长支向军。

公司充分发挥企业团队合力，努力开拓市场，奋斗十年，至 2006 年，职工从原有的 78 人发展到 700 多人，销售额从原有的 800 多万元增加至 10 多亿元，占地面积从原有的 17333.33 平方米发展到 101333.33 平方米，建筑面积从原有的 15000 多平方米扩大到 80000 多平方米。2006 年，同时建立无锡贝来钢管有限公司、无锡金苏电镀有限公司、无锡新贝来液压有限公司、扬州贝来机械有限公司4个分公司。2008年，公司投入大量财力，优化公司理化中心，使之达到省级试验中心标准。

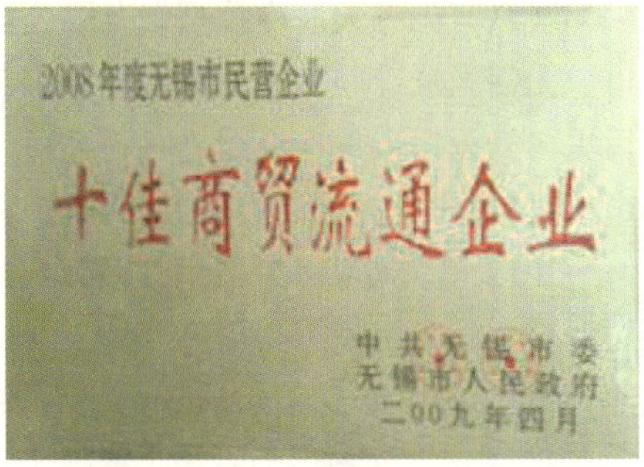


图3—15—29　2009年4月公司被无锡市委、无锡市人民政府表彰为“十佳商贸流通企业”

2012年，公司销售收入98600万元，企业税收1213万元。2014年，公司申报江苏省高新技术企业，一次性通过认证。公司吸收大量高校毕业的高才生为已用。2015年，公司大专以上学历占比35%，硕士学位5名，分布于企业各个重要岗位，发挥重要作用。是年，公司固定资产净值1.4亿元。公司主要设备有液压冷拔机4台、链条拔机3台、冷轧机6台、多辊矫直机4台、刮削滚光机9台、无氧化回火炉1台、辊底式连续退火炉1台、热轧穿孔机2台、定径机2台、调质生产线1台，其他各类辅助生产设备200多台/套，形成高精度冷拔管、热轧无缝钢管的生产制造体系。

公司产品销往阿根廷、埃及、巴西、德国、俄罗斯、韩国、荷兰、加拿大、加蓬、美国、日本、马来西亚、泰国、瑞典、土耳其、西班牙、希腊、新加坡、伊朗、意大利、印度、印度尼西亚、阿曼、墨西哥、菲律宾、比利时等27个国家和中国台湾地区。

**（五）无锡华生精密材料股份有限公司**

无锡华生精密材料股份有限公司前身为无锡华生精密合金材料有限公司，创办于2000年12月，为中外合资企业，法定代表人吴锦虎。公司位于钱桥街道玉泉路81号，占地面积57700平方米，建筑面积38000平方米，其中厂房面积35000平方米。公司拥有美国进口二十辊森吉米尔轧机1台、十四辊轧机4台，卧式连续退火线8条，拉伸弯曲矫直机3台（其中1台为德国进口恩格尔拉矫机）、连续脱脂清洗机2台、台湾精密分条机7台。公司主要产品为不锈钢精薄带材、钛合金带材及钛箔，年产不锈钢带1.5万吨、钛带（箔）1000吨。

公司生产的不锈钢产品主要用于电子电器、通讯、汽车、医疗等行业，广泛应用于生产电子元器件、手机零部件、电脑硬盘和接插件、钮扣电池、注射针管、光纤电缆、纺织钢筘、活塞环、汽缸垫、精细焊管等领域，替代进口的高精度不锈钢专用材料；生产的钛产品主要用于石化、核电、海水淡化、电气、体育休闲、制盐、制药、冶金等领域。公司成立“无锡华生精密箔材冷轧工程技术研究中心”。研究中心共有人员19名，其中高级职称1人、中级职称3人、助理级工程师6人。

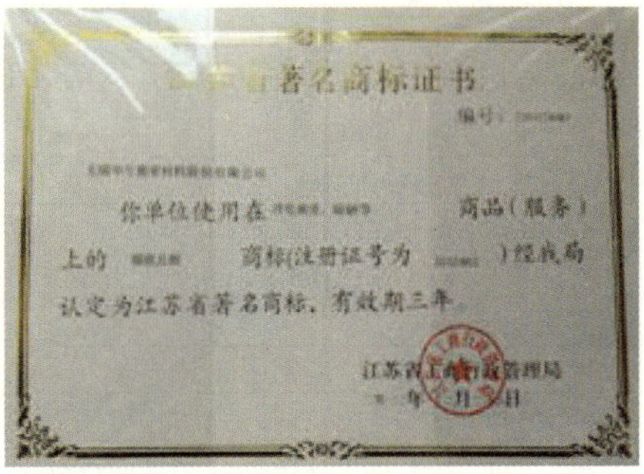

图3—15—30　2012年12月29日公司的“锡联及图”商标被江苏省工商行政管理局确定为著名商标

2015年，公司主要研发项目有防穿刺高疲劳次数冷轧不锈钢带、海上作业用不锈钢尺簧材料，投入经费384万元。是年，公司有职工126人，注册资本9000万元人民币，总投资1800万美元，固定资产1.8亿元人民币。

**2012~2015年华生精密材料股份有限公司年业绩统计表**

表3—15—44　　单位：吨、万元

| 年份 | 产量 | 销量 | 销售收入 | 税收 |
|---|---|---|---|---|
| 2012 | 6339.0 | 6327 | 1776 | 474.50 |
| 2013 | 7025.0 | 6919 | 1744 | 701.44 |
| 2014 | 7593.0 | 7753 | 2033 | 845.60 |
| 2015 | 9125.0 | 8608 | 1905 | 716.70 |

### （六）无锡天辰冷拉型钢有限公司

无锡天辰冷拉型钢有限公司原名为无锡钱桥冷拉型钢厂，创办于1991年。1998年8月，改制后更名为无锡天辰冷拉型钢有限公司，企业性质由乡镇集体企业转变为民营企业。公司位于钱桥街道玉泉路88号。法定代表人孙屏东。

图3—15—31　无锡天辰冷拉型钢有限公司车间一角

2012年，天辰冷拉型钢有限公司被授予国家高新技术企业称号。公司设有高精度冷拉型钢工程技术研究中心。2013年，公司研究中心被评为无锡市级工程技术研究中心；2014年，又被评为省级工程技术研究中心。是年，公司冷拉型钢产量33000吨，销售收入1.4亿元。产品销售遍布全国28个省市自治区及东南亚等地。

2015年，研发机构拥有科技人员35名，其中研发人员19人，拥有高级职称人员5人。公司每年投入研发资金800余万元，每年均有3~4个研发项目获市级批准立项。

公司拥有高精度联合拉拔机生产线3条、棒材球化退火炉生产线1条、5~60吨链式拉机10台套、卧式和倒立式盘圆拉机5台套以及型钢和盘条抛丸生产线4条，各类大功率退火炉、倒角机、各类精矫直机和冷轧机等主要生产设备20余台套。

公司主要生产各类冷拉型钢和冷拉异型钢。常规产品有各类规格的圆钢、扁钢、方钢、六角钢以及可以为客户定制各类异型截面的冷拉异型钢产品。钢种覆盖普碳钢、优碳钢、合结钢、碳工钢、弹簧钢、轴承钢、工具钢、冷镦钢、易切削钢、马氏体不锈钢等。

**2006~2015年天辰冷拉型钢有限公司获得荣誉及各类资格认证证书一览表**

表3—15—45

| 荣誉或资格名称 | 项目编号 | 获得年份 | 颁发单位 |
|---|---|---|---|
| 高新技术产品认定证书（产品名称：冷轧制坯、精整冷拉新工艺及数控机床直线导轨型钢） | 060206G0064N | 2006.07 | 江苏省科学技术厅 |
| 国家火炬计划项目证书（冷轧制坯、精整冷拉新工艺及数控机床直线导轨型钢项目） | 2007GH030063 | 2007.12 | 科学技术部火炬高技术产业开发中心 |
| 企业资信等级（AAA） | — | 2010.00 | 江苏恒大信用评价有限公司 |
| 实用新型专利证书（链式冷拔机用自动落料装置） | ZL 2009 2 0046613.3 | 2010.02 | 中华人民共和国国家知识产权局 |
| 发明专利证书（中碳钢钢棒冷拉拔方法） | ZL 2009 1 0032480.9 | 2011.01 | 中华人民共和国国家知识产权局 |
| 高新技术企业证书 | GR201232000335 | 2012.08 | 江苏省科学技术厅 |
| 实用新型专利证书（冷拉型钢用扭矫机） | ZL 2012 2 0501628.6 | 2013.03 | 中华人民共和国国家知识产权局 |
| 实用新型专利证书（冷拉型钢轧头用送料装置） | ZL 2012 2 0501209.2 | 2013.03 | 中华人民共和国国家知识产权局 |
| 高新技术产品认定证书（高精度、高性能冷拉型钢） | 130206G0013N | 2013.05 | 江苏省科学技术厅 |
| 发明专利证书（低碳合金钢球化方法） | ZL 2012 1 0166324.3 | 2014.02 | 中华人民共和国国家知识产权局 |
| 实用新型专利证书（一种六角型钢冷拔模具） | ZL2013 2 0649932.X | 2014.04 | 中华人民共和国国家知识产权局 |
| 实用新型专利证书（冷拉型钢盘圆料矫直剪切装置） | ZL 2013 2 0649927.9 | 2014.04 | 中华人民共和国国家知识产权局 |
| 质量管理体系认证证书（GB-T19001-2008/ISO9001：2008） | 02014Q21429R2M | 2014.06 | 北京中大华远认证中心 |
| 实用新型专利证书（一种柴油机高压油泵用角铁型钢的冷轧头辊） | ZL 2014 2 0519032.8 | 2015.01 | 中华人民共和国国家知识产权局 |
| 实用新型专利证书（一种拉拔机用钳口板） | ZL 2014 2 0519004.6 | 2015.01 | 中华人民共和国国家知识产权局 |
| 无锡市名牌产品证书（天辰牌高精度、高性能冷拉型钢） | — | 2015.01 | 无锡市质量工作领导小组 |
| 实用新型专利证书（通过式涡流探伤机用送料辊） | ZL 2014 2 0604604.2 | 2015.02 | 中华人民共和国国家知识产权局 |
| 发明专利证书（用低碳高硫易切削钢生产小型方扁钢的冷轧—拉拔方法） | ZL 2013 1 0255267.0 | 2015.03 | 中华人民共和国国家知识产权局 |

2012~2015 年无锡天辰冷拉型钢有限公司销售收入利税统计表

表 3—15—46 单位：万元

| 年份 | 销售收入 | 净利润 | 税收 |
|---|---|---|---|
| 2012 | 13691 | 810 | 623 |
| 2013 | 14011 | 818 | 670 |
| 2014 | 13911 | 928 | 481 |
| 2015 | 11436 | 694 | 413 |

2015 年，公司老厂区占地面积 17733.33 平方米，建筑面积 12400 平方米，其中厂房面积 9000 平方米；新厂区占地面积 13333.33 平方米，建筑面积 8800 平方米，其中厂房面积 7600 平方米。是年，公司职工人数 130 人；新厂房设备、基建投资合计 2500 余万元，固定资产 3000 余万元。

**（七）无锡华工薄板有限公司**

无锡华工薄板有限公司创办于 2005 年 4 月 14 日，位于钱桥街道洋溪社区，洋溪河北岸，国道 G312 线、锡宜高速公路旁。法人代表张静霞。公司注册资本 1000 万元，其中陈协出资 838 万元，占 83.8%；陈依吉出资 162 万元，占 16.2%。公司占地面积 18000 平方米，生产车间面积 16800 平方米。

公司拥有年产 8 万吨优质冷轧光亮带钢生产能力，主要生产设备有四辊三连轧 1 套、500 四辊可逆轧机 1 台、850 四辊可逆轧机 1 台、强对流钟罩式退火炉 10 组、连续酸洗线 3 条、500 两辊平整拉矫机 1 台、850 四辊平整拉矫机 1 台、纵剪机 2 台、横切机组 4 台、精密轧辊磨床 2 台以及完善的各种检测设备。公司主要生产 Q195、Q215、Q235、SPCC、SPCD、SPCE、08AL、SS400、DC01、ST12、SAE1006、SAE1008 等钢种的冷轧光亮钢带，其中产品规格最小厚度 0.20 毫米，最大厚度 3.0 毫米，最小宽度 20 毫米，最大宽度 780 毫米。

公司一贯奉行“质量第一、信誉第一、用户至上”的宗旨，以人为本，持续发展，不断技术创新，建立一支团结、高效的团队，利用自身的特色和雄厚的技术力量，积极拓展经营领域和发展空间，以优良的产品质量、合理的价格满足客户的需求。产品具有化学成分稳定、表面清洁光亮、精度高、易于进行涂镀加工、很好的力学性能和工艺性能、品种多、用途广等特点，广泛应用于家具家电、办公文具、灯饰、电器、五金制品等行业。

2012 年，华工薄板有限公司销售收入 1.3 亿元，利税总额 365 万。2013 年，销售收入 1.43 亿元，利税总额 500 万元。2014 年，年产量 9 万吨，年销售收入 1.28 亿元，利税总额 685 万元。

**（八）无锡大陆钢管有限公司**

无锡大陆钢管有限公司创办于2003年，北靠京杭运河与沪宁高速、锡宜高速、省道S342线、国道G312线。公司法定代表人陆沣。

公司是生产大中型口径焊接方、矩形钢管的大型企业，拥有400×300、200×200、60×160等大中型截面方、矩型管生产线和冷弯型钢机组，常年生产标准为GB/T6728-2002、GB/T6725-2002、JIS3466、EN10219、ASTM A500等各种大中型口径优质焊接钢管。产品主要用于建筑钢结构，如大型体育馆、展览馆、工业厂房、高层建筑、煤矿矿井等。

公司以市场为导向、企业为主体、结构调整为主线，以科技创新提高产品质量和技术水平来实现经济的新增长。公司通过CE认证ISO9001。公司不断开拓国内国际市场，提高产品的市场占有率，产品出口韩国、美国、中东等20多个国家和地区。

2015年，无锡大陆钢管有限公司占地面积39000平方米，建筑面积15000平方米，职工60人，固定资产5000万元。

图 3—15—32 2015 年无锡大陆钢管有限公司

2012~2015年无锡大陆钢管有限公司产值、地税统计表

表3—15—47　　单位：万元

| 年份 | 2012 | 2013 | 2014 | 2015 |
|---|---|---|---|---|
| 产值 | 15750.11 | 17162.10 | 12457.09 | 7778.49 |
| 地税 | 72.67 | 76.66 | 57.84 | 70.32 |

### （九）无锡大金高精度冷拔钢管有限公司

无锡大金高精度冷拔钢管有限公司于2000年3月15日核准开业，是一家私营有限责任公司。公司注册资本600万元，由自然人出资成立。法定代表人龚明达。龚明达为公司董事长，包渭滨、张锡兴为副董事长，许卫东任公司总经理。公司实行总经理负责制。公司于2001年通过ISO9001质量管理体系认证。

2004年4月，公司变更法定代表人，原法定代表人龚明达撤资，不再担任法定代表人和董事长，股本金在原股东之间转让，由包渭滨担任法定代表人和董事长，公司注册资本不变。

2006年，公司通过ISO14001环境管理体系认证。2008年5月，公司进行增资，股东结构不变，注册资本增加为2500万元。2011年4月，公司股东发生变化，董事长包渭滨、副董事长张锡兴撤资，转让股本金，由总经理许卫东接受。许卫东担任公司法定代表人、董事长和总经理职务。

公司是一家生产冷拔钢管的专业企业。主要生产设备有300吨全液压高精度冷拔生产线3条，RT3C-600-9全纤维双头台车式电阻炉2台，钢管辊底式无（微）氧化低温回火炉一台，具有世界先进水平的进口SRS2590-9米、6米、3米切削滚压数控镗床5台，数控自动矫直机2台，油缸数控环缝002自动焊机6台及其他金加工辅助生产设备。主要检测设备有超声波涡流联合探伤机、直读光谱仪、光学显微镜、万能拉伸试验机、冲击试验机、洛氏硬度机、粗糙度仪、测厚仪等。

公司主导产品有液压和气动缸筒用精密钢管，缸筒规格为内径φ40~400毫米；多级液压缸用管，缸筒规格为外径φ40~250毫米。产品主要用于工程机械、纺织机械、冶金机械、塑料机械、启闭机械、矿山机械、汽车传动轴、商用车—自卸车、玻璃机械滚动管、电机壳等生产制造领域。另外，公司还可以根据客户的特殊需求量身定制。公司年生产能力达33600吨。产品销往全国各地，外销市场有印度、芬兰、美国、印尼、韩国等。

图3—15—33　2015年无锡大金高精度冷拔钢管有限公司厂区

公司与北京科技大学、河海大学常州分院签订技术开发合同书，结为研产合作伙伴。公司注重新产品的开发与生产工艺创新的投入，被评为江苏省民营科技企业、江苏省高新技术企业。

2012~2015年无锡大金高精度冷拔有限公司销售收入及利税统计表

表3—15—48　　单位：万元

| 年份 | 2012 | 2013 | 2014 | 2015 |
|---|---|---|---|---|
| 销售收入 | 12192.76 | 13720.91 | 11979.56 | 8977.06 |
| 利润总额 | 481.87 | 960.69 | 968.17 | 498.65 |
| 税收总额 | 736.07 | 779.15 | 891.17 | 620.77 |

2015年，公司位于钱桥街道钱胡公路508号，土地为50年租用，占地面积35000平方米，建筑面积为25000平方米。是年，公司有职工175人，其中大专以上学历占30.3%。

### （十）无锡市广润金属制品有限公司

无锡市广润金属制品有限公司创办于2004年11月，注册资本1080万元，是冷轧带钢、薄板、热镀锌钢带的专业生产企业。公司位于钱桥街道舜柯村钱胡路578号，占地面积26000平方米，标

准化厂房 24000 平方米。法定代表人王军。

企业拥有酸洗生产线，350、450、650 可逆轧机，退火设备，氨分解、热镀锌钢带生产线等主要生产设备。主要产品为厚 1~4.5 毫米、宽 700 毫米以内的冷轧钢带及热镀锌钢带的金属复合材料，并可自行制造各种热镀锌钢结构件、冲压件。企业产品具有柔韧性高、使用寿命长的特点，应用于各种 C 型钢、Z 型钢、高频焊管、电力桥架、网架、卷帘门用板、家用电器、汽车用板、高速公路护栏及热镀锌带钢出口等。

2006 年，公司成立无锡市复合金属新材料工程技术研究中心，先后进行环保型复相镀锌钢带、高合金深冲化镀锌钢带、诱导塑性相变镀锌钢带等项目的研发，3 项项目获得无锡市科学技术局的立项（立项编号分别为 2013G596、2013G598、2013G597），并有 3 项发明专利和 19 项实用新型专利获得授权。

2013 年，企业被评为江苏省高新技术（后备）企业、江苏省民营科技企业、科技型中小企业。2014 年，汽车用金属复合材料节能技术改造项目获省级 80 万元重点技术改造项目专项资助。

公司股权为王军以货币方式出资 1761.31 万元，占 87.82%；王建新以货币方式出资 256.69 万元，占 12.18%。2015 年，公司有员工 118 人，其中本科学历专技人员 17 人、大专中专技术人员 36 人。产品销往韩国、新加坡、也门、卡塔尔等国家和中国香港地区，年出口额 300 万~500 万美元。

## 二、机械工业

钱桥、藕塘地区机械工业发展较早，有县属企业，也有社队企业。其中以无锡县农机修造厂为代表的机械行业始创于 1969 年 7 月，从事拖拉机、内燃机、粮饲机等农机修理。是年，钱桥公社创办公社农机厂，购进国营大企业淘汰的老式 C6136 车床 4 台，其它车床 4 台、冲床 3 台、铣床 1 台，选调熟悉机械生产的城市下放工人和技术人员到厂就职，从修理戽水机、制造小型农具开始。藕塘农机厂始创于是年 10 月，有藕塘手工业联社支援设备及技术人才，以修理农机具为主，以后生产脱粒机等农机产品。1972 年，藕塘农机厂制造车床、刨床，与陆区农机厂联合生产上海海运局龙门起重机，后又生产桥式行车、JZQ 型圆柱齿轮减速箱。

70 年代，钱桥公社 13 个大队先后建办农机五金修造厂，担负起大队各类农机修理任务，生产各种不同型号的五金螺丝，发展壮大集体经济。在钱桥公社统一规划下，公社农机厂与各大队农机厂形成农机修造网，做到各类农具小修不出队、大修不出社；藕塘公社 10 个生产大队先后开办农机五金加工厂。1979 年，藕塘农机厂试生产 TQ45 型自升式塔式起重机，当年通过鉴定，成为无锡县首台 6 层以下建筑用起重机设备。

80 年代，钱桥（乡）镇机械工业进一步发展。1980 年，无锡市华东电力设备有限公司创建，是国家电力公司定点企业和国家电力公司电力机械归口管理企业。1982 年起，藕塘农机厂生产毛纺机、电风扇等产品。是年，藕塘农机厂更名为无锡县传动起重机厂。1984 年，无锡县传动起重机厂开发生产集装箱产品，为中国集装箱总公司的成员厂。传动起重机厂拥有大、中、小各种车床 50 余台，滚齿机、插齿机、镗床、铣床、磨床等 30 余台，牛头刨、龙门刨数台，另有铸件用冲天炉、筛砂机、混砂机等多台，冷作用折弯机、剪板机、冲床、电焊机多台，各类行车数台。无锡县传动起重机厂成为锡西片机械加工、设计、制造系一体的全功能生产加工厂。

1990 年，无锡市光彩机械制造有限公司、无锡恩豪成机械有限公司、无锡豪森威尔液压机械有限公司等企业先后创办。1999 年，华东电力设备有限公司通过 ISO9001 质量管理体系认证，产品从研发设计到售后服务均严格按照质量管理体系流程组织生产、销售。企业生产的“东珍”牌产品广泛应用于电力工程、市政工程、给排水工程、泵站、石油化工、纺织印染等，产品销往海内外 300 多个厂家，出口远销日本、德国、美国等国家和地区。是年，钱桥镇拥有机械行业企业 47 家，其中镇办企业 6 家、村办企业 41 家；藕塘镇拥有机械行业镇办企业 5 家、村办企业 21 家。

2004 年，钱桥、藕塘两镇合并后，凯龙高科技股份有限公司、无锡市创能机械制造有限公司、无锡美业机械制造有限公司等高科技机械企业脱颖而出。2015 年，钱桥街道区域内有 5 家规模以上高科技机械企业。

### （一）凯龙高科技股份有限公司

无锡市凯龙汽车设备制造有限公司成立于 2001 年 12 月，为民营企业，位于钱桥配套区庙塘桥藕杨路 158 号。2012 年 11 月，公司收购江苏蓝烽科技延伸产业链（位于江苏省镇江市大港新区）。2013 年，产品获中国机械联合会科学技术奖一等奖。

2014 年 2 月，凯龙汽车设备制造有限公司股改结束，更名为凯龙高科技股份有限公司，法定代表人臧志成。是年，公司投入研发资金 4000 余万元，承担国家重点产业振兴和技术改造、国家重点新产品、江苏省科技成果转化、江苏省科技创新基金、江苏省科技发展、江苏省企业博士集聚、无锡市科技创新、无锡市优秀政产学研、无锡市研发机构等多项国家、省、市、区专项计划任务。公司成立以来，共获国家知识产权局批准专利 84 项，其中发明专利 27 项。

凯龙技术研究院是国家级博士后科研工作站、江苏省重点企业研发机构、江苏省工程技术研究中心、江苏省企业技术中心、江苏省企业工程中心，研发方向涵盖催化剂载体、催化涂层及催化剂活性组分研究、喷射控制器软硬件控制策略研究、尾气后处理产品结构及其焊接技术等领域，聚集各类专业背景的设计研发工程人员 192 名，其中博士 8 名、硕士 39 名；还与江苏大学、华中科技大学、华东理工大学、一汽集团无锡油泵油嘴研究所长期合作。

公司自主设计建造尿素喷射泵流水线、DCU 装配流水线、喷嘴流水线、尿素存储罐、催化剂、载体等多条生产流水线。拥有激光切割机、焊接机器人、四辊数控液压卷板机、伺服压装专机、五轴加工中心、伺服四轴折弯机、转塔式数控冲床等一批先进的制造设备。同时，公司还拥有 10 个发动机试验室、SCR 各零部件实验台、缓速器实验室、集中润滑实验室、ATS 实验室、电磁风扇离合器实验室等，致力于核心技术的研究和为产品系统提供解决方案。

凯龙高科自成立以来，致力于车辆节能、环保产品的研发与应用，开发生产了车/船用柴油发动机 SCR 尾气后处理系统、柴油机颗粒捕集系统（DPF）、气体发动机尾气后处理系统、汽油发动机尾气净化器等核心产品。同时，辅以生产公交客车行业的汽车尾气节能暖风系统、发动机智能温控冷却系统（ATS）、电涡流缓速器、客车底盘集中润滑系统等系列产品。

凯龙是全国内燃机标准化委员会柴油机 SCR 尾气后处理工作组组长单位，牵头和参与制定 9 项 SCR 行业标准、5 项 DPF 行业标准、2 项催化剂载体行业标准、1 项 SCR 系统用尿素溶液加注装置行业标准、1 项暖风系统行业标准。公司率先通过国际著名认证机构 SGS 的 ISO/TS16949-2009 质量管理体系认证、北京世标认证中心 ISO14001:2004 环境管理体系认证。公司为中国内燃机行业排头兵企业、江苏省科技创新企业、江苏省知识产权标准化示范创建单位、江苏省科技企业上市培育入库企业、江苏省标准化良好行为企业、中国工业中小企业品牌竞争力百强企业、无锡百强百佳企业。2014 年，公司产品获上海市科技进步科学技术奖一等奖。

图 3—15—34　2015 年凯龙高科技股份有限公司

凯龙高科技股份有限公司除凯龙总部外，另设凯龙技术研究院、凯龙蓝烽新材料科技有限公司、长安分公司、江苏凯龙宝顿动力科技有限公司。2014 年，资产总额 10.2 亿元。2015 年，凯龙与韩国、德国等国外企业客户建立良好的合作关系。是年，企业占地总面积 15 万余平方米，建筑面积 12 万平方米，其中厂房面积 10 万平方米，职工 1300 余人。是年，企业主营业务收入 6.3 亿元。

2012~2015 年凯龙高科技股份有限公司销售收入、利税统计表

表 3—15—49　　　　单位：万元

| 项目 | 2012 年 | 2013 年 | 2014 年 | 2015 年 |
|---|---|---|---|---|
| 主营业务收入 | 15905 | 31892 | 62936 | 63000.0 |
| 税收 | 1839 | 1532 | 3078 | 2748.2 |

### （二）无锡美业机械制造有限公司

无锡美业机械制造有限公司创建于 1976 年，位于新长铁路和锡宜高速公路之间，钱桥街道南塘东路 3 号。法定代表人樊徐清。公司占地面积 28000 平方米，建筑面积 15660 平方米，厂房面积 15000 平方米，固定资产 5000 万元，职工 226 人。公司有技术人员 28 名，其中工艺开发 2 名、模具工装设计 5 名、工艺设计 3 名、模具工装制造维护 18 名。

公司主要合作伙伴有江苏无锡小天鹅股份有限公司、无锡松下冷机有限公司、博西华电器（江苏）有限公司、博西威家用电器有限公司、博世汽车系统（无锡）有限公司、韩国世钟工业有限公司、无锡沃可橡胶工程有限公司、奥斯博格风机有限公司、北京大昌庆镇汽车部件有限公司、江苏大昌弹簧工业有限公司、东风汽车集团等知名企业。

公司主要设备有 10~250 吨冲床 90 台套，40~500 吨油压机 8 台，电脉冲、数控车床、加工中心(CNC)、折弯机各 2 台，数控铣床 3 台，镭射切割机 1 台、数控折弯机 4 台、焊接设备 12 套；主要检测检验设备有万能工具显微镜、英国产涂层测厚仪、三座标测量仪、硬度机、拉力机等，并建有计量室，配备具有专业资质的计量管理员。产品出口美国、俄罗斯、巴西、墨西哥、德国等国家。

2008 年，公司被表彰为无锡市明星企业。2011 年 10 月，被表彰为江苏省优秀企业。2013 年，美业机械制造有限公司销售收入 13719 万元，实现利润 722 万元，上缴税金 785 万元；2014 年销售收入 15864 万元，实现利润 751 万元，上缴税金 706 万元。

图 3—15—35　2015 年无锡美业机械制造有限公司

2015 年，美业机械制造有限公司已发展成为拥有 3 家全资子公司和 3 家股份公司的小型集团企业。各子公司各有特色，集家电配件、汽车配件、通讯器材的零部件加工、各类冷冲模具设计、制造以及自动线的设计和制造于一体。是年，公司销售收入 15129 万元，实现利润 698 万元，上缴税金 579 万元。

### （三）无锡市晨源建筑器材有限公司

无锡市晨源建筑器材有限公司创办于 2000 年 10 月 1 日，位于钱桥街道东风工业园，是一家生产各式建筑用脚手架为主的综合型生产加工企业。法定代表人潘燕清。公司占地面积 15000 平方米，厂房、事务所面积为 2600 平方米，年加工能力 10000 吨。公司引进国内外先进生产技术及科学的管理方法，拥有一批多年从事脚手架开发、设计的专业技术人员及一批先进的制造加工设备，能承接各项金属制品的加工制造业务，能在不同程度方面满足各类客户的需要。主要产品有门式脚手架系列、盘式脚手架系列、碗扣式脚手架系列及各种建筑器材配件。主要产品出口美国、加拿大、日本等国。

图 3—15—36　2012 年晨源建筑器材有限公司被江苏质量诚信监督委员会、江苏省产品质量监督保障中心确定为“江苏省质量诚信五星级企业”

2012~2015 年无锡市晨源建筑器材有限公司销售、利润、税收统计表

表 3—15—50　　单位：万元

| 年份 | 销售 | 利润 | 税收 | 年份 | 销售 | 利润 | 税收 |
|---|---|---|---|---|---|---|---|
| 2012 | 9200 | 380 | 145 | 2014 | 13000 | 1380 | 412 |
| 2013 | 10300 | 1030 | 358 | 2015 | 8000 | 918 | 280 |

**（四）无锡市创能机械制造有限公司**

无锡市创能机械制造有限公司创建于 2005 年 6 月 2 日，位于钱桥街道庙塘桥村。公司占地面积 22447.7 平方米，建筑面积 19158.17 平方米，注册资金 2700 万元。法定代表人贾君剑。

无锡市创能机械制造有限公司是私营企业，主要研制和生产小型工程建筑机械。2007 年，公司通过 ISO9001 质量管理体系认证。公司生产的小型工程机械风冷柴油机配件系列在国内行业占有率达 90%。产品主要有平板夯、切割机、冲击夯、混凝土振动机、混凝土抹平机、潜水泵等工程机械，年生产 3 万多台。

图 3—15—37　2015 年无锡市创能机械制造有限公司

2015 年，公司资产总额 1 亿元，净资产 2000 万元。公司有员工 128 人，其中管理人员 10 人、科技人员 25 人、生产人员 93 人；其中本科学历 8 人、大专学历 35 人，占员工总数的 33%；其中高级职称 1 人、中级职称 5 人，占员工总数的 4%。公司是银行 A 级资信企业。是年，总产值 10662 万元，利润总额 245 万元，资产负债率 67%，其中公司出口退税达 1300 多万元。

**（五）无锡市华东电力设备有限公司**

无锡市华东电力设备有限公司创建于 1980 年，是国家火炬计划重点高新技术企业、国家级高新技术企业和江苏省民营科技企业。公司位于钱桥街道溪南工业园区。

公司拥有一流的现代厂房建筑、一流的硬件设施和软件设施，注册资本 1 亿元，固定资产 8000 多万元，占地面积 70666.67 平方米，建筑面积 56880 平方米，生产厂房 40000 平方米。法定代表人张文珍。

公司拥有先进的数控、液压、金属切削机床和大中小型冷作生产设备共 300 多台套以及化学分析室、物理性能实验室和探伤室，为保证产品质量奠定良好的基础。公司是集产品设计、生产销售和售后服务于一体的电力、环保、压力容器、锅炉和风电机组等设备的专业制造供应商。1999 年，公司通过 ISO9001 质量管理体系认证。

公司生产的东珍牌产品广泛应用于电力工程、市政工程、给排水工程、泵站、石油化工、纺织印染、污水处理、农田渠系排灌和风电能源等领域。产品销往全国各地近 300 多厂家，并出口远销日本、德国、英国、印度、印度尼西亚、伊朗、土耳其、越南等国家和中国香港。2013~2015 年，公司年均实现销售收入 1.1 亿元，利税 700 万元，连续 16 年被评为重合同守信用企业、资金信用 AAA 级单位，并被江苏省恒大信用评价有限公司授予 A 级纳税信用等级单位，被无锡市机械局表彰为无锡市机械行业文明单位，取得无锡市安全生产监督管理局颁发的安全生产标准化企业证书以及中国钢结构协会颁发的中国钢结构制造企业二级资质证书。

图 3—15—38　2015 年无锡市华东电力设备有限公司

2015 年，公司有员工 300 余人，其中科研技术人员 55 人。公司拥有研发部，研发人员 10 余人，其中高级

职称占50%以上。公司先后获实用新型专利10余项，新专利产品销售总额占公司总销售额80%以上。

## 三、纺织工业

1979年12月，藕塘手联社缝纫车间改建为无锡县第五服装厂，生产各类服装；木业车间改建为家具厂。1983年，藕塘创办无锡县涤纶丝厂，年产丙纶长丝300吨。1984年，钱桥乡创办无锡县锦纶厂（无锡县涤纶丝厂），翌年6月投产。1986年，钱桥乡溪南村创办溪达毛纺厂，1987年投产，占地面积2.4公顷，建筑面积2000平方米，纱锭生产从2400锭开始。1987年，无锡市藕塘绒线厂（恒源祥绒线一厂）创办，位于井亭村。1989年，无锡县锦纶厂投资25万元扩建生产车间。是年底，无锡县锦纶厂生产锦纶混纺丝644.69吨、涤锦共混丝150.10吨、涤纶低弹丝112.3吨，销售收入达1960.71万元。

1990年，胜丰染整厂创建，位于钱桥镇胜丰村，占地面积16333.42平方米，建筑面积12400平方米，设备值1400万元，年产值8000万元，年利润400万元。时胜丰染整厂有职工185人、技术人员10人、干部5人。厂长王优良。胜丰染整厂是印染各种布类业务的厂家，业务范围有北京、上海等全国各地的服装厂家。设备有长车2台、定型车2台、卷染机20余台，另有烧毛机、扎光机等。1991年，上海恒源祥公司与藕塘绒线厂合作，专业生产“恒源祥”牌系列绒线。1994年，溪南村溪达毛纺厂有12000毛纺锭，主要产品有精纺毛料、精纺丝等，精纺毛产量达2200吨，产值达1.3亿元，职工100余人。1995年，钱桥镇组建江苏省威利达化纤集团公司，职工达1424人。1996年，胜丰染整厂转制为私营企业，产品销售收入达57332万元，固定资产12276万元，利润总额2031万元。1997年1月，胜丰村胜丰印染厂开办，生产加工各类纺织品及染色，全年销售产值1019万元，总资产1307万元，职工40人。

2000年4月，无锡市德润制衣有限公司创办，职工28人，年产值601万元，资产337万元，主要从事各式服装、鞋帽制造。2001年8月28日，江苏中诚印染股份有限公司创办，位于钱胡路568号。公司占地面积38000平方米，建筑面积40000平方米，厂房面积36000平方米，投资5000万元。法定代表人赵洪超。2004年6月，无锡市宁宁服装厂创办，职工15人，年产值702万元，资产422万元，从事各式服装生产。2006年，钱桥无锡中金服装有限公司创建，职工110人，年产值1287万元，资产358万元，主要从事各式服装制造、加工。

2015年，恒源祥绒线一厂占地面积80000平方米，建筑面积35000平方米，纺纱锭子6000锭，固定资产5000万元，成为纺纱、染色、包装到成品出厂全套流水线的规模效益型企业。同时，配套建造总用地面积2000平方米，日处理量为1800吨的污水处理站。恒源祥绒线一厂被无锡市评为先进企业、明星企业，获国际羊毛标志和IS09002质量认证证书，“恒源祥”商标成为中国驰名商标。是年，江苏中诚印染股份有限公司销售产值达13067万元，先后通过ISO9000质量管理体系认证和ISO14000环境管理体系认证的复审，获得“Oeko-Tex ®Standard100”欧标认证。中诚公司投入巨资，将污水处理设施改造升级，日处理量可达2400吨，一次性通过惠山区环保局的验收。同年，中诚公司投入5000万元资金，扩建新厂房2万平方米；6月，公司在新三板挂牌上市。是年，中诚公司固定资产11886万元，职工285人，其中开发研究人员与科技人员20人；主要设备有烧毛机2套、巨型卷染机8台、高温高压卷染机4台、常温常压卷染机6台、蒸化机2台、染色机3套、水洗机2套、烘干机2套、热定型机8套、预缩机3套、磨毛机2套、打卷机12台、蒸汽锅炉2台、退煮漂机3台、丝光机2台、印花机6台、冷轧机1台、冷染机1台、焙烘机1台、轧光机1台。

图3—15—39　2013年9月28日国际羊毛嘉年华无锡站活动暨恒源祥品牌体验中心启幕

2012~2015 年江苏中诚印染股份有限公司销售业绩统计表

表 3—15—51　　单位：万元

| 年份 | 销售收入 | 纳税 | 年份 | 销售收入 | 纳税 |
|---|---|---|---|---|---|
| 2012 | 4146 | 56 | 2014 | 8743 | 134 |
| 2013 | 7722 | 106 | 2015 | 13067 | 456 |

2015 年 12 月底，钱桥街道纺织业企业达 87 家。

## 四、轻工业

钱桥、藕塘地区的轻工业源于历史悠久的手工业。20 世纪七八十年代，钱桥、藕塘地区轻工业生产为初级阶段，设备较为落后，大多以手工操作为主。90 年代以后，钱桥、藕塘地区轻工业进入旺盛期，玻璃和塑料制造业等设备较为先进，经济效益良好。2015 年，钱桥街道轻工业主要有印刷、文教用品、绣花制品、家具木材加工、木质小农具、竹藤草制品、制革、皮革制品、制锁、各类塑料制品、日用五金制造、玻璃及玻璃品制造加工、日用化工、生活搪瓷等十多种行业、220 余家企业。

### （一）印刷

20 世纪七八十年代，藕塘公社东风大队、稍塘大队先后开办彩印厂，印刷业务以印刷塑料包装袋为主。区域内印刷业以无锡县人民印刷厂为龙头企业。1984 年 10 月，无锡市稍塘彩印厂创办，位于稍塘路 15 号，法定代表人章义壮。稍塘彩印厂专业从事纸质包装、制版、印刷、覆膜、装订一条龙服务，1985 年，产值仅 4.3 万元。是年，县人民印刷厂有职工 723 人，年产值 983 万元，利润总额 128.8 万元；1991 年产值 1250 万元，利润 70.6 万元。主要产品有铅印、彩印、全木贴花纸、陶瓷贴花纸、复合包装等，“太湖牌”陶瓷贴花纸和凤凰自行车贴花纸获省优质产品奖。

90 年代，钱桥镇溪南村、苏庙村先后开办彩印厂。90 年代末，稍塘彩印厂产值达 100 余万元。2015 年，稍塘彩印厂产值达 220 余万元。

### （二）制革与皮革制品

明、清、民国时期，区域内有少数农民就地取材，加工畜皮、兽皮成裘革出售或代客加工。1979 年 7 月，钱桥皮件厂创办，主要生产羊皮、牛皮票夹和各式男女皮包，款式设计总样达 2000 多种，其中出口款式 800 多种，由于做工讲究、交货及时，受到外商赞扬。80 年代初，钱桥皮件厂的“太湖牌皮夹”获江苏省优质产品证书，真皮票夹获农牧渔业部优质产品证书。1985 年，钱桥皮件厂有职工 214 人，专业设备 30 台，年产各类票夹 29700 打，全年产值 232 万元。是年 5 月，无锡县制革厂在钱桥乡建成投产，配备整烫拉软机、真空干燥机、大型熨革机等现代化设备，生产精加工服装、皮鞋面革等产品。1989 年，无锡县制革厂工业总产值 1322.1 万元，职工人数 595 人，占地面积 61911 平方米，房屋建筑面积 13700 平方米，生产用房 8150 平方米。是年 9 月 4 日，钱桥皮件厂更名为无锡百乐皮件有限公司。

1994 年 9 月，百乐皮件有限公司被列为中国企业 500 佳第 98 位、中国乡镇活力企业 500 佳第 39 位。是年，产值达 1.5 亿元，出口创汇 1500 万美元。1987~2000 年，董事长杨祥娣先后被省、市、县各级政府、上级部门颁发各类奖牌、荣誉证书等 78 项。2014 年，百乐皮件厂生产各类票夹、皮包等产品 5.3 万打。近 30 年来，百乐皮件有限公司全体员工发扬拼搏、进取、求实、创新的企业精神，外拓市场，内抓管理，创出“BAITE”品牌，成为集科研、开发、生产、经营于一体的高档次高品位的皮件生产基地，是德国 PUMA 及中国公安部警察证的定点生产基地。2015 年，公司有职工 250 名，其中高级经济师 3 名、技术设计人员 85 名，厂房建筑面积 22580 平方米，占地面积 17350 平方米，机械设备 644 套，总资产 14600 万元，固定资产 3718 万元。

### （三）塑料制品

1963 年，无锡县塑料制品厂生产农用薄膜以及粪勺、粪桶、烟咀等小商品，主要为农业生产服务。60年代中期，产品转为工业用塑料制品，受水电部华东物资管理处委托研制电缆附件成功，后连续开发绝缘产品18种、工业配件11种，逐渐形成系列化的电缆附件产品。

1980年10月，无锡县塑料制品厂获电力部重大科研成果二等奖。1985年，藕塘塑料型材厂创办，生产塑料地板、船用隔舱板、公交车地板、槽板和管材。1991年，无锡金洲塑料型材有限公司成立，占地面积7567.4平方米，法定代表人顾士金。公司主要生产经营冰箱塑料配件、橡塑制品、造粒、中空玻璃门加工制造，主要设备有造粒机、挤出机、注塑机等。2008年后，金洲塑料型材有限公司产值、销售收入进入高峰期。2015年，销售收入达574.46万元。

**（四）制锁**

无锡维维制锁有限公司创立于1982年11月，原为无锡县稍塘锁厂，位于稍塘大队。1999年10月转制为私营企业。公司占地面积20300平方米，建筑面积15000平方米，员工150人，专业技术人员30余人，年产锁具450万套，注册资金2300万元、固定资产2500万元。法定代表人王美燕。公司专业生产各类插芯门锁、复合门锁及各种材质的门把手，广泛适用于家庭、宾馆的木门、铁门、不锈钢门、铝合金门。门锁品种齐全，通用性强。公司以雄厚的技术力量、先进的工艺设备、高精度专用设备为保证，以精益求精的质量意识为宗旨，以合理的价格、优质的服务为基础，产品远销俄罗斯、巴西、保加利亚、荷兰等45个国家和中国台湾、香港地区。2012年，销售产值5752万元；2013年，销售产值5036万元；2014年，销售产值4852万元；2015年，销售产值3055万元。

**（五）玻璃制品**

1984年，西漳村创办玻璃厂，并试制成功石英玻璃，年销售产值100余万元。产品销售全国各地。2003年3月，无锡海达安全玻璃有限公司（又称海达集团）创办，为专业生产各类玻璃产品的企业。公司于2008年通过ISO9001：2000质量管理体系认证。2004年10月，无锡市大洋玻璃装饰工程有限公司创办，职工93人，年销售产值4380万元。2006年3月，无锡市国鑫玻璃有限公司创办，专门生产制造钢化玻璃，职工18人，年销售产值247万元。2009年3月，无锡市天和玻璃有限公司创办，主要从事钢化玻璃制造加工，职工65人，年销售产值达2691万元。

2010年3月，无锡市盛洋玻璃有限公司创办，主要生产各类玻璃制品，职工25人，年销售产值660万元。2013年，海达集团销售收入12881万元，利润1441万元，税金445万元。2014年，海达集团被江苏省科学技术厅评为高新技术企业。是年，海达集团销售收入16418万元，利润1077万元，税金522万元。

2015年，海达集团具有年生产2400万平方米太阳能玻璃、建筑玻璃和汽车安全玻璃的能力。海达集团成为产品精度高、质量好（透光率好、自爆率低）而远销法国、美国、土耳其等国世界级的大公司。是年，公司销售收入11392万元，利润603万元，税金297万元。同年，海达集团有员工500余人，拥有独立的研发机构。公司有科研人员28人，其中博士1人、硕士1人，本科7人，高级职称5人；职工中大专以上学历53人。

图3—15—40　2015年无锡海达安全玻璃有限公司

**（六）生活搪瓷**

1987年，无锡县藕塘塑料厂改为无锡县华东生活搪瓷厂。华东生活搪瓷厂生产的日用脸盆、菜盆、搪瓷浴缸等产品经久耐用、美观大方，在无锡市、县各地有很高的知名度。其中年产50000多只搪瓷浴缸销往全国各大中城市，供不应求。1991年，华东生活搪瓷厂开发的墙地砖日产量达80多万片，为华东地区行业之首。1995年，华东生活搪瓷厂被广东佛山中浩搪瓷厂兼并。

**（七）标准件**

2015年，钱桥街道辖区内有无锡市第二标准件、无锡恒力标准件两家规模以上标准件制造企业。

**无锡市第二标准件制造有限公司** 无锡市第二标准件制造有限公司前身为无锡县藕塘东风标准件厂，创办于1974年，厂址东风大队木桥头西南侧，厂房占地面积100平方米，注册资金10万元，法定代表人沈庆龙。1984年，更名为无锡县第二标准件厂，注册资金50万元。1985年，厂房扩建至3000平方米，职工110人，工业销售产值达500多万元。1998年转制后更名为无锡市第二标准件制造有限公司，占地面积6800平方米，建筑面积4500平方米。法定代表人金国洪。公司生产、销售不锈钢高强度紧固件多种品牌，规格M8~M130，级别4.8~12.9级，执行标准有国标、部标、行业标准、美国标准ASME、A193、A194、A320、石化标准SH等。

公司产品用户主要有中石化、中石油、中海油、核电、建筑、化工机械、压力容器等行业。公司技术力量雄厚，加工设备齐全，工艺先进，检测设备齐全，测试项目完备。同时，建立有效的质量管理体系，通过GB/T19001-2008质量管理体系、GB/T24001-2004环境管理体系认证，取得特种设备制造许可证（压力管道），中核集团合格供应商证书，安全生产标准化证书等。

公司拥有中石油物资供应商、中石化供应商、中核工程公司供应商、东方核电供应商、中海油合格供应商等多家商家，获得国家专利5项。1985~2015年，公司生产、销售总产值59387万元，利润5900万元。2015年，公司有职工80人，技术人员12人。

**无锡恒力标准件制造有限公司** 1997年，无锡恒力标准件制造有限公司创办，占地面积15000平方米，建筑面积22000平方米，坐落于南塘社区南桥西路8号。法定代表人沈国平。恒力标准件制造有限公司专业生产各种高强度、不锈钢紧固件、全自动波轮洗衣机减速离合器用各种齿轴类零件。公司“恒标”牌产品在国内外享有很高的声誉。

公司是中国石化集团物资装备公司、中国石油天然气集团公司的网络成员企业；是美的集团、海尔集团的战略供应商。公司确立“技术创新，产品争优，服务求诚”的经营理念，在同行业中率先获得ISO9001质量体系认证证书、ISO14001环境管理体系认证证书、安全生产标准化认证证书、中华人民共和国特种设备制造许可证。产品广泛应用于石油化工、电力、风电、核电、压力容器、桥梁、家电等行业。2014年，年销售产值6000万元，利税900多万元。

2015年，公司生产的高强度不锈钢紧固件年销量达1000吨，各种高精度、齿轴类零件年销量1500万件。是年，销售产值7000万元，利税1050万元。公司有员工350名，工程技术人员20名，其中高级工程师2名，工程师8名；拥有国家级发明专利2项，获“江苏省科技型中小企业”“江苏省民营科技企业”称号。公司总资产1亿元人民币，机械加工设备400余台（套），热处理设备11台（套），其中日本进口小巨人品牌全能数控QTN-150/300C/10台，台湾产齿工位成型机CBF-134L/1台及自动热处理流水线KCWAT-800X8000X120/1台，国内先进智能装备无心磨30台，外园磨5台，各类钻孔机床12台，数控机床150台。

图3—15—41 2015年无锡恒力标准件制造有限公司

## 五、化学工业

1976年，藕塘公社勤建大队始办勤建化工厂，生产C5－9混合脂肪酸乙二醇脂（0259）增塑剂，年销售产值高峰期达120万元左右。勤建化工厂经营10年后，因建无锡商业学院而拆迁停办。

1982年，钱桥公社威华大队开办综合化工厂，生产120号溶剂油。1983年，藕塘乡井亭村、钱桥乡溪南村生产元明粉，产量分别达200吨左右。1984年2月，苏庙村创办无锡新汇利涂料厂，生产环氧树脂，职工4人，年产值19万元。1986年10月，无锡市钱桥助剂厂创办，生产电镀光亮剂，职工25人，年销售产值达450万元。

1992年4月，钱桥镇溪北村开办无锡万利化工厂，占地面积10000.05平方米，厂房5000平方米，生产过氧硫酸钠，年产量1500吨，职工25人，年产值达350万元左右。1995年，无锡华盛橡胶新材料科技股份有限公司创办，专业生产橡胶硫化剂、粘合剂。1998年10月，无锡市先达化工纺织有限公司创办，生产合成树脂，职工6人，年产值达347万元。

2001年3月，无锡市万马化工有限公司创办，位于西漳工业园区新盛路，占地面积10000平方米，建筑面积7000平方米，职工32人。公司生产过氧碳酸钠，远销西欧等10多个国家。2004年，华盛橡胶新材料科技股份公司搬迁至溪南工业园区伟业路19号，占地面积29499平方米，建筑面积15656平方米，注册资本5600万元，总资产30000万元。2008年3月3日，江苏龙源催化剂有限公司正式注册成立，位于钱胡路557号，后搬迁至溪南工业园区金山路，主要产品为烟气脱硝SCR催化剂的研发制造、销售。2010年12月27日，华盛橡胶新材料科技股份公司变更为股份有限公司。

2013年，龙源催化剂有限公司销售产值达81900万元。因企业发展需要，原厂房及基础设施不能满足发展需求，部分设备、人员搬迁至宜兴，溪南工业园区留下部分厂房及人员。2014年，华盛橡胶新材料科技股份有限公司无锡生产基地销售产值达28207万元，万马化工有限公司销售产值1200万元。

2015年，万马化工有限公司工业销售产值1500万元。是年，华盛橡胶新材料科技股份有限公司成为亚洲地区不溶性硫磺行业中的龙头企业，并拥有江苏、安徽两大生产基地，有员工170余人，其中有各类科技人员28人。生产的“帆盛”牌高性能不溶性硫磺，年产量达42109吨，产品远销日本、韩国等十多个国家。是年，钱桥街道拥有化工企业27家。

**（一）江苏龙源催化剂公司**

江苏龙源催化剂公司创办于2008年3月3日，是由北京国电龙源环保工程有限公司投资的一家集研究、开发、设计、制造、检测于一体的全资国有高新技术企业，位于钱桥街道工业园区，厂房总面积约60000平方米。法人代表隆玉周。

公司主要从事锅炉烟气脱硝用蜂窝式催化剂生产、销售及其他相关业务，注册资金5000万元，年产量24000立方米。公司在引进SCR蜂窝式催化剂生产技术及工艺的基础上，进行消化吸收和再创新，自主研发、生产出能适应国内恶劣烟气条件的蜂窝式催化剂。产品综合指标达到或超过国外同类产品，打破国外垄断，成为国内唯一掌握脱硝催化剂全部核心技术的公司。

公司成立“国电集团SCR催化剂分析测试中心”，拥有世界一流的催化剂检测及研发设备。2012年12月，公司分析测试中心通过中国合格评定国家认可委员会（CNAS）评审组现场评审，获得CNAS证书。公司取得一大批知识产权，先后获得34项国家专利，参与3项国家863课题——“我国高灰烟气对催化剂性能影响研究及脱硝工程示范”“高效脱硝催化剂开发及关键生产设备的研制”和“大宗工业固废处理与资源化技术及示范”的研究，承担江苏省科技成果转化专项资金项目"用于国电电厂高含尘烟气条件的脱硝催化剂"的研究，参与《火电厂烟气脱硝催化剂检测技术规范》行业标准、《脱硝催化剂技术规范》国家标准和环保部《脱硝催化剂再生技术指南》的编制。

2013年，公司销售收入81900万元，上缴税费8074万元；2014年销售收入67571万元，上缴税费7457万元；2015年销售收入51137万元，上缴税费7789万元。是年，公司在册职工200余人，其中拥有中级职称以上的专业人员30人，研究生以上学历的人员10名。

**（二）无锡华盛橡胶新材料科技股份有限公司**

无锡华盛橡胶新材料科技股份有限公司创办于1995年，是一家民营股份制企业，位于钱桥街道伟业路18号，公司董事长陈杰。公司宗旨坚持“为世界橡胶工业服务”，是一家生产橡胶硫化剂及粘合剂系列产品的国家高新技术企业。2011年，公司成为亚洲地区不溶性硫磺行业中的龙头企业，拥有江苏、安徽两大生产基地。其中安徽基地上海京海（安徽）化工有限公司，位于和县历阳镇工业园，是国内老牌的不溶性硫磺生产单位。华盛橡胶新材料科技股份有限公司于是年投资 6000 万元收购上海京海（安徽）化工有限公司 100%股权，以扩大公司在这一领域的综合实力。

公司主要产品为“帆盛”牌高性能不溶性硫磺（IS-HS）系列橡胶硫化剂，于 2012 年取得欧盟 REACH 注册认证，产品出口至日本、韩国、印度、俄罗斯、加拿大、巴西、澳大利亚等国家。

2012 年，公司获国家高新技术企业证书；2013 年获国家火炬计划立项 1 件、获国家火炬计划产业化示范项目证书；2014 年获国家重点新产品、江苏省重大科技成果转化专项资金 1 项、获江苏省科学技术奖三等奖。2014 年，公司生产量达 42109 吨，总销售收入达 28207 万元，其中出口 2461 吨，实现出口销售收入 465 万美元。是年，公司获国家重点新产品证书。

图 3—15—42　2015 年华盛橡胶新材料科技股份有限公司

公司建有江苏省（华盛）橡胶制品关键助剂工程技术研究中心、江苏省企业技术中心，建筑面积 1400 平方米，其中实验室约 600 平方米，中试基地 800 平方米。企业拥有成套的精细化工分析、检测、研发设备，总价值 500 多万元。拥有产品开发、检测能力的优异团队，科技人员 28 人，其中两名为享受国务院特殊津贴的专家。2015 年，公司共拥有 13 项专利，其中授权发明专利 5 项，实用新型专利 8 项，获中国橡胶工业协会推荐品牌产品。是年，无锡华盛橡胶新材料科技股份有限公司有员工 170 人，区域占地面积 29499 平方米，建筑占地面积 15656 平方米，总建筑面积 17498 平方米。公司注册资本 5600 万元，总资产 30000 万元，有固定资产 3421 万元。

**2012~2015 年华盛橡胶新材料科技股份有限公司销售、利税统计表**

表 3—15—52　　　　单位：万元、吨

| 年份 | 2012 | 2013 | 2014 | 2015 |
|---|---|---|---|---|
| 总销售额 | 22519.00 | 24651.00 | 28207 | 30147 |
| 总销售量 | 30167.31 | 35400.46 | 39895 | 42916 |
| 利税总额 | 4390.00 | 5858.00 | 5593 | 5164 |

## 六、电子仪表工业

1976 年，钱桥手工业联社创办无锡县第二磁性材料厂，生产各类硬磁产品，有 2501、601、401、201、202、Φ40 等硬磁和软磁。1978 年，无锡县设备仪器厂创建，主要产品有强度机、透气仪、冲样机、烘干器、洗砂机、混砂机、筛砂机、硬度计、数显硬度计、型砂试验仪等。70 年代末，无锡县整流设备厂创建，主要生产电机控制柜等产品，`职工 80 余人。

1984 年，无锡县设备仪器厂生产型砂试验仪 100 余台、强度机 120 台、透气仪 120 台、烘干器 100 台、洗砂机 80 台。是年，销售收入 272.28 万元，职工人数 196 人。1985 年 7 月，无锡市压力仪表有限公司创办，主要从事矿用安全仪器制造，职工 23 人，年产值达 543 万元。1987 年，无锡县第二磁性材料厂生产各类硬磁共计 88 万只，其它硬磁 26400 只，软磁 10 万只。是年，职工人数 122 人，全年总产值 135 万元。主要设备有小方窑 4 只、油压机 10 台、球磨机 10 台等。1995 年，无锡县整流设备厂因并厂消失。

2001 年 3 月，稍塘村无锡新一代电力电器有限公司创办，注册资金 5050 万元，职工 125 人，厂房面积 10000 平方米，主要产品为电器、电柜制造加工，年产值达 7814 万元。2004 年 6 月，无锡南方电工机械有限公司创立，位于盛峰社区，注册资金 2000 万元，员工 80 人，主要产品为电线电缆制造加工，年产值达 7415 万元。

2005 年，无锡爱邦辐射技术有限公司创建，是由江苏省交通厅省属全资国有企业转制而成的企

业，位于溪南工业园区伟业路 8 号。公司设立工程技术研究中心一座，配备国内实力最强的三支研究团队。是年，在韩国举行的国际招标中，爱邦公司首次亮相就“好戏连台”，在与欧、美、日等国家和地区的公司同台竞技中一举中标。2006 年，在俄罗斯举行的国际招标中又一举中标。爱邦公司是国内唯一拥有高频高压（0.5Mev—5Mev）和直线型加速器（10Mev两个类别）10 个系列制造能力的企业，部分产品达到国际同类产品的先进技术水平，填补国内空白。2010 年，土耳其、埃及、印度等许多国家都与爱邦达成加速器购买意向。2014 年销售产值达 7308 万元。至 2015 年，公司成功研发销售的加速器连续三年市场占有率超 70%，率先实现国家电子加速器零出口的突破。公司已通过德国莱茵公司TUV ISO13485、ISO11137、ISO9001 等质量管理体系认证，与中科院高能物理研究所合作共建国内首家电子辐照加速器技术工程中心。

2015 年，钱桥街道有 85 家电子仪表企业。

## 七、造船工业

区域内造船工业起始于 1958 年。钱桥公社在砖场上开办钱桥造船厂，主要业务为造船及木船修理。是年，钱桥造船厂有员工 22 人，总产值 2200 元。同年 5 月，藕塘公社开办藕塘造船厂，主要业务为造新船、修旧船。是年，藕塘造船厂总产值 18300 元，固定资产 440 元，全年利润总额 650 元，职工 12 人，全年工资总额 5088 元。

1988 年，无锡市江南船舶设备有限公司在域内创办，是内河海洋船舶、海洋石油平台、甲板机械专业生产厂家。工厂占地面积 25000 平方米，生产用房 14500 平方米，机加工设备有龙门刨、龙门铣、镗床、滚齿机大型机床等。江南船舶设备有限公司隶属中国船舶工业集团公司，为常务理事单位。同时与日本福岛、川崎，德国林德力士乐公司等进行合作，主要生产各类液压起重机，有绿色环保特色的新一代电动起重机、液压锚机、电动锚机、液压系泊绞车以及各类特种船用甲板、机械产品。产品配套应用在科学考察船、油船、拖船、货船、工程船、车客渡，还与国外油轮、液化气船、散货船、船台绞车进行配套。公司与海洋石油平台配套，如胜利 2—4 号，中心 1—2 号 7 个一体化平台的吊机、艇机、艇架，铺管船上液压锚机、液压绞车、200 吨卷扬机、5000 吨级船台绞车，大港油田锚绞车，辽河油液压伸缩臂吊等设备。20 世纪 90 年代末，钱桥、藕塘地区另开办船舶配件及附件厂家。

进入 21 世纪，钱桥、藕塘镇造船配件业有所发展。2004 年 1 月，无锡市华洋玻璃钢船业有限公司注册成立，主要从事各类玻璃钢船、艇制造，职工 9 人，年销售产值 618 万元。是年，无锡市红旗造船厂响应无锡市委、市政府号召，实行退城进园，进驻钱桥配套区溪南工业园区伟业路 12 号，占地面积 89935.8 平方米，建筑面积 32480.08 平方米。2008 年 5 月，无锡芳英船舶配件厂创办，业务为制造船舶配件，职工 25 人，年产值 475 万元。

2012 年 1 月 23 日，《中国船舶》报刊登江南船舶设备有限公司国内首台自主品牌 50 吨变频船用起重机顺利通过法国船级社检验及正式出厂检验的信息。无锡市江南船舶设备有限公司制造的特大型设备得到中国船舶重工集团公司第七一五研究所船东赞扬。公司获得 CCS 船检认证，还取得 CCS、ABC、BV、LR、DNV、GL、NK 船级证书。产品被评为优质产品，销往到美国、法国、英国、丹麦、挪威、希腊、日本、新加坡、印度尼西亚、缅甸、泰国、越南等国家和中国香港地区。2014 年，江南船舶设备有限公司职工 260 人，其中专业技术人员 20 人，拥有固定资产 8500 万元，已形成年产船用甲板机械 350 台套的规模生产能力。法人代表蔡子清。

2015 年，钱桥街道区域内从事造船业的企业有 2 家，其余 10 家为制造船用辅件及配件企业。

## 八、矿产业

1958 年，钱桥、藕塘公社分别开办采矿厂，位于钱桥公社舜柯山麓和藕塘公社井亭里，主要开采白泥。是年，钱桥公社采矿厂年开采白泥 1433 吨，年产值 69892 元，从业人员 284 人，全年工资总额 4260 元；藕塘井亭采矿厂年开采白泥 800 吨，年产值 32700 元，从业人员 130 人，全年工资总额3150元。

60~70年代，钱桥、藕塘两采矿厂从事开发块石和轧各类型号石子。1978年，历村采矿厂职工150人，年开采块石12万吨。1989年，历村采矿厂开采块石、石子产量达12.71万吨，职工人数53人，全年总收入114.75万元；藕塘采矿厂年开采量10.17万吨，全年总收入110万元。

2003年，钱桥采矿厂职工人数150人，年开采量200万吨；藕塘勤建采矿厂职工150人，年开采量120万吨；舜一采矿厂年开采量80万吨；林业采矿厂年开采量30万吨。2004年，根据省人大、市政府关于对矿山进行综合环境整治的精神，钱桥、藕塘地区所有采矿厂全部关闭。

## 九、食品工业

民国时期，钱桥有榨油厂、藕塘有酱油厂等食品工业。1958年，藕塘公社开办食品加工厂，生产酱油，年产量23吨，年产值8100元。1959年，钱桥公社开办钱桥酿酒厂，年酿土烧酒3吨，产值4700元。进入60年代初，国民经济进行调整，以农为主，公社食品厂因设备、卫生不达标准而歇业。1979年，无锡县商业局在钱桥惠钱路218号开办无锡县食品冷冻厂，同年4月投产。

1984年1月，钱桥乡与上海梅林罐头食品厂合办“上海梅林罐头食品厂无锡分厂”，位于锡陆路梅林苑处，企业性质为集体，占地面积13320平方米，厂房面积7000平方米。1989年9月，无锡县政府、无锡县商业局招商引入港澳台资金，在原无锡县食品冷冻厂内开建无锡华顺民生食品有限公司（合资）。是年，梅林罐头食品厂销售收入1500万元，职工120多人，主要产品为家禽类、豆类罐头食品，年产量2500吨，出口至东南亚和中东地区。1997年10月，梅林罐头食品厂企业实行转制，更名为无锡市世通食品有限公司，投资1200万元，搬迁至新洋溪桥堍，占地面积3470平方米，建筑面积2700平方米，设食品加工车间、辅助车间、办公楼等，设备有五条流水生产线，生产番茄酱等农副产品罐头食品，年产量7000吨。产品全部出口到欧洲德国、法国等国家。

图3—15—43　2010年12月华顺民生食品有限公司被中华人民共和国农业部确认为“全国农产品加工业示范企业”

2006年，无锡华顺民生食品有限公司因生产规模扩大，原生产厂房不能满足生产需要，搬迁至钱桥配套区西漳工业园区。至2012年底，无锡华顺民生食品有限公司搬迁完毕。公司主要生产各种包子类、广式点心、水饺、汤圆及手抓饼等100多个品种。

2013年，世通食品有限公司产值2700万元，上缴税收2.4万元。2014年，世通食品有限公司产值3700万元，上缴税收3.33万元。是年，无锡华顺民生食品有限公司销售产值5.14亿元。无锡华顺民生食品有限公司是钱桥街道食品规模最大的生产厂家，也是钱桥街道重点企业之一，是华东地区最大速冻食品生产企业之一，“安井”牌速冻面制品成为中国驰名商标。2015年，世通食品有限公司产值3500万元，上缴税收3.15万元。

2015年，钱桥街道食品行业企业共有35家。

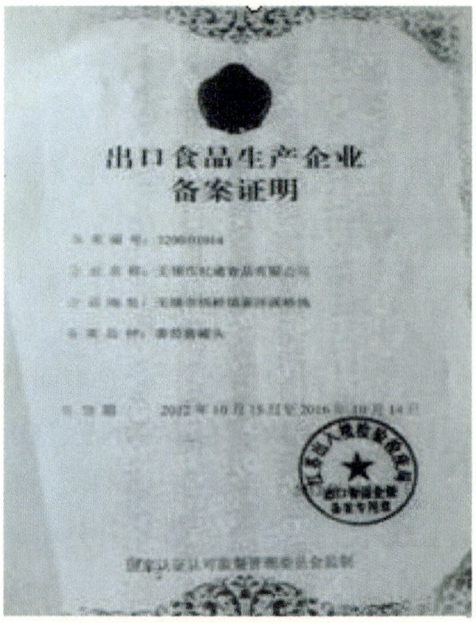


图3—15—44　2012年10月世通食品有限公司经江苏出入境检验检疫局批准为出口食品生产企业

## 十、建筑材料业

**建筑材料生产**　1958年，钱桥公社在鸭船浜开办小型砖瓦厂，年生产青砖84000块，当年出售30000块。同年，藕塘公社在盛店桥开办砖瓦厂，年生产青砖390000块、本瓦260000张，总产值

17700元。60年代初，国民经济全面调整，大办农业、大办粮食，钱桥、藕塘公社工业紧缩，砖瓦厂关闭，人员充实农业第一线。

1973年初，钱桥公社筹建钱桥水泥厂，同年7月投产，生产325号水泥5054吨。70年代中期，钱桥、藕塘公社再度办起砖瓦厂。1976年，钱桥公社在历村大队筹建砖瓦厂；藕塘公社在井亭村钱埠墩建办砖瓦厂，轮窑22门，职工300人，设备有制砖机1台、粉碎机1台、输送机3条，日产红砖10万块。1977年，钱桥砖瓦厂由于制砖、烧结砖经验不足，基础设施存在一些问题，砖、瓦成品率不高。1979年，钱桥砖瓦厂烧结砖技术过关，设备完善，全年生产8×5红砖1317万块，8×5青砖240万块，本瓦190万张。是年，钱桥水泥厂生产400号水泥3719吨。

1982年，钱桥砖瓦厂有职工180人，生产8×5红砖1874万块，本瓦100.5万张。1983年，钱桥公社晓星大队水泥厂列为三类企业。1984年，在全国乡镇办水泥厂质量评比中，钱桥乡水泥厂为合格企业。

**水泥制品** 1970年，钱桥公社筹办水泥制品厂，1971年6月投产，年生产水泥桁条2588根，多孔板5910块。1974年，藕塘公社建办预制场，年生产水泥桁条7万根、多孔板2.8万块。1976年，藕塘预制场生产水泥桁条7.2万根、多孔板6.8万块。1979年，钱桥公社水泥制品厂生产桁条3748根、多孔板3986块。1985年，无锡县建材工业公司对全县水泥制品厂产品组织质量评比，藕塘水泥制品厂产品名列前茅。

**金属门窗制造** 1972年，钱桥公社在农机厂分设钢窗车间，逐步形成批量生产，自行设计专用模具和定位夹具，采用压力机下料冲孔，提高构件的精度和劳动生产率，降低工人劳动强度，产品质量过硬。是年，生产钢门、钢窗8万平方米。1978年1月，钱桥公社与无锡县钢铁厂联办无锡县钢窗厂，4月投产。1979年，唐山地震后恢复建设，灾区急需大量钢门钢窗。无锡县基建局在全县选择设备完善、质量稳定可靠、管理水平较好的无锡县钢窗厂为重点生产钢窗单位。是年，无锡县钢窗厂生产18.06万平方米钢窗，为支援唐山重建家园作出贡献。80年代初，钱桥、藕塘公社钢窗厂有所发展，五星、竞丰、历村、东风大队等先后创办钢窗厂。1983年4月，钱桥公社卷帘门厂开发、生产钢、铝卷帘门。1989年，钱桥卷帘门厂占地面积9780平方米，房屋建筑面积2606平方米，职工达294人，完成卷帘门生产3593万平方米。是年6月，历村村开办无锡金辉幕墙公司，制造铝合金门窗，全年完成产值1385万元。

20世纪90年代，因整治环境、限制取土等原因，区域内建筑材料业、水泥制品业、钢门窗制造业逐渐消失。

## 十一、建筑业

民国34年（1945），第四区（开原、富安乡合并设区）钱桥朱银记为3家建筑施工单位之一，从事区域内民房建筑。民国时期，民房建筑施工大多为手工操作，主要工匠有木工、瓦工、石工、油漆工四大工种。钱桥、藕塘地区传统的大型建筑施工都是民间能工巧匠参照《营造法式》和《营造法原》构图放样。大多民居则靠祖传图样或凭能工巧匠实践经验而建，采用传统的砖木结构。20世纪60年代，钱桥、藕塘公社分别成立建筑公司。进入70年代，区域内农村住房大多翻建平房，少数有钱人家翻建成二层楼房。传统砖木结构过渡到钢筋混凝土与砖木混合结构。施工和技术方面也有变化，钢筋需扎丝折弯拌混凝土，极个别民房用磨矾石、水泥嵌缝等，成为建筑施工的工种。进入80年代，建筑地基、结构与材料有三大变化：造厂房、住房的地基从“三七”灰土、黄石基础到全部采用砖混基础；从砖木结构、砖混结构发展到框架结构；门窗材料从木材、钢材到铝合金。砌墙、砂浆用不同标号的黄沙、石灰、水泥，根据不同的标号进行拌和，清水墙用水泥嵌缝得到广泛普遍推广，外墙粉刷全部用水泥和黄沙，屋内墙面用水泥黄沙拌和后进行打底，再用石灰纸筋粉白。施工从靠人工操作，到架设塔吊起重机。2004年，无锡市泉济混凝土有限公司在钱桥镇溪南工业小区开始筹建，2005 年 10 月投产，开始向市场供应混凝土后，区域内重大项目用户不再用搅拌机拌和水泥，直接向泉济混凝土公司定购，既减轻劳动强度，又增加房屋牢度和安全系数。

2013 年经济普查时，钱桥街道建筑、建筑材料业共有 52 家。2015 年，钱桥街道建筑、建筑材料业达 132 家。

**（一）无锡市钱桥建筑安装工程有限公司**

无锡市钱桥建筑安装工程有限公司创建于 1964 年。1983 年，经钱桥乡政府、无锡县城乡建设局批准，更名为无锡县钱桥建筑公司，位于钱桥大街 8 号，后迁至盛岸西路 582 号。1990 年，经江苏省建工局审核批准为工民建三级资质施工企业。2001 年，公司转制为股份制企业。2004 年，晋升为二级资质企业。2012 年，经中华人民共和国住房和城乡建设部批准为房屋建筑工程施工总承包壹级资质企业。公司占地面积 6111.7 平方米，建筑面积 4663.85 平方米，固定资产 2508 万元。

公司经营资质范围为房屋建筑施工总承包一级、建筑装修装饰专业承包三级、钢结构专业承包三级、市政公用工程施工总承包三级、起重设备安装专业承包三级、机电设备安装专业承包三级。公司先后三次获江苏省建筑业“先进企业”奖。2002~2014 年连续获无锡市建筑业“优秀企业”奖。承建的无锡职教园区展示接待中心、藕塘中心幼儿园、钱桥中心幼儿园、金龙公寓等工程获无锡市“太湖杯”优质工程奖，大箕山征地拆迁安置房三期（西拓）Ⅲ标段工程获江苏省建筑施工文明工地称号。

**2012~2014 年钱桥建筑安装工程有限公司资产、负债、经营统计表**

表 3—15—53　　　　单位：万元

| 项目 | 2012 年 | 2013 年 | 2014 年 |
|---|---|---|---|
| 总资产 | 27396.72 | 36839.80 | 41193.00 |
| 流动资产 | 26778.19 | 36016.53 | 40544.72 |
| 总负债 | 21063.86 | 29871.35 | 34034.88 |
| 流动负债 | 21063.86 | 29871.35 | 34034.88 |
| 销售收入 | 33616.40 | 39288.60 | 33788.99 |
| 税前利润 | 897.42 | 1738.44 | 1192.09 |
| 税后利润 | 579.28 | 1373.06 | 854.17 |

2015 年，公司有员工 3500 余名，其中管理人员 350 人、生产人员 3000 人；有职称技经人员 320 人，其中工程系列职称的高级工程师 12 人、工程师 70 人、初级职称人员 200 人；持证上岗项目经理 39 人，其中一级注册建造师 14 人、二级注册建造师 20 人、小型项目管理师 5 人。公司实行总经理负责制，对各项目实行“独立核算、自负盈亏”的项目经营责任制。公司设 8 个项目经理部，下设财务科、技术科、安保科等科室。各科室对各项目部实行对口条线管理，确保各项目正常施工运作。公司对各项目经理部进行工期、质量、安全及成本“四要素”承包考核。年施工产值超 3 亿元。

钱桥建筑安装工程有限公司历任负责人有张浩度、徐洪南、周敏芳、唐锦清、黄海兴、唐锡龙；包渭滨、潘惠良先后任书记。

**（二）无锡惠山工程实业有限公司藕塘分公司**

无锡市惠山工程实业有限公司藕塘分公司的前身为藕塘建筑站。藕塘建筑站成立于 1963 年，蒋阿焕、何波仙分别任正副站长。办公地点在藕塘大桥北桥堍之东一座二层楼里。1971 年 3 月，藕塘公社革委会研究决定由蔡文樾、吴源泉、李福宝三人重组建筑站，办公地点不变。蔡文樾、吴源泉系下放干部，安排在藕塘公社革委会工作，建筑站重组完成后，两人仍回革委会工作，建筑站实际工作由李福宝负责。是年底，东风大队书记冯仁海调至建筑站任书记，高勤宝任副站长兼技术员，李福宝任会计。

1976 年，高勤宝任藕塘建筑站书记、站长。1982 年，建筑站和水泥制品厂合并，管辖建筑、水泥制品、轮窑业务，高勤宝任经理。1983 年，建筑站更名为藕塘建筑安装公司，在藕塘新街西头新建公司办公楼，高洪兴任经理。1988 年，藕塘建筑安装公司职工 250 人，其中技术工种人员有瓦工

139人、木工23人、架子工3人、钢筋工5人、机修工2人、混凝土工4人、油漆工5人、管道工10人、工程技术人员11人。1993年陈茂文接任经理。1998年转制后，更名为藕塘建筑安装有限公司。2002年，更名为无锡惠山工程实业有限公司藕塘分公司，曹纯林任公司经理。公司位于钱桥街道藕塘新街101号，占地面积5336平方米。2012年，无锡惠山工程实业有限公司藕塘分公司年销售收入3400万元，2013年销售收入3477万元，2014年销售收入5471万元。

### （三）无锡市新兴建筑工程有限公司

无锡新兴建筑工程有限公司位于钱桥街道钱洛路12号，前身为20世纪80年代初成立的个体经营建筑施工工程队，没有施工机械设备，只是做一些乡间民房建筑的小业务。80年代末，领取营业执照，法定代表人强惠兴。90年代，工程队发展为具有“四级”施工资质的建筑企业。随着企业的壮大发展，公司多层次、多种类地培养大量的技术人才。2003年，公司注册资金2000万元。2006年，公司跃升为具有房屋建设工程施工总承包国家一级资质、市政公用工程施工总承包二级、机电设备安装工程专业承包三级、起重设备安装工程专业承包三级、建筑装修装饰工程专业承包三级、消防设施工程专业承包三级的企业。

公司多项工程获“扬子杯”“太湖杯”及省、市级优质结构、文明工地等荣誉称号，连年获“省建筑业优秀企业”“省安全生产先进单位”“省银行资信AAA级”“市重合同守信用企业”“市文明单位”“市建筑业优秀企业”等荣誉称号。

2015年，公司注册资金1亿元，实行董事会领导下的总经理负责制，设有董事办、经营部、工程部、财务部、综合部等管理部门，并设多个专业施工项目部。

### （四）无锡南方混凝土有限公司

无锡南方混凝土有限公司隶属于中国建材集团南方水泥公司，前身为无锡市泉济混凝土有限公司，成立于2006年10月，位于钱桥工业配套区锦溢路27号。公司总投资5800万元，拥有HZS-150混凝土生产线2条、HZS-225和HZS-200混凝土生产线各1条，年生产混凝土能力180万立方米。公司占地面积26666.67平方米，建筑面积4000平方米。2014年5月，更名为无锡南方混凝土有限公司。

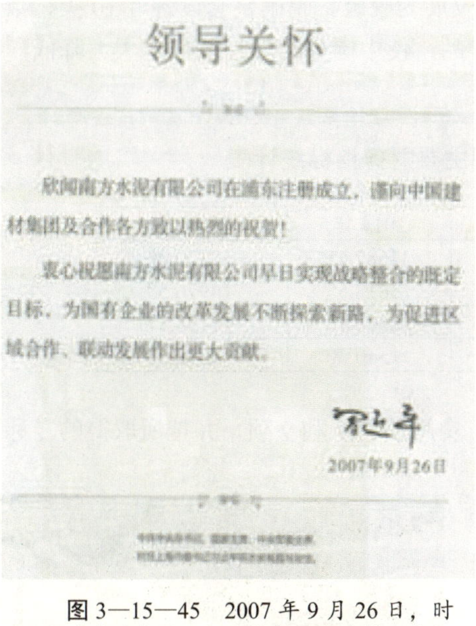
领导关怀

欣闻南方水泥有限公司在浦东注册成立，谨向中国建材集团及合作各方致以热烈的祝贺！

衷心祝愿南方水泥有限公司早日实现战略整合的既定目标，为国有企业的改革发展不断探索新路，为促进区域合作、联动发展作出更大贡献。

习近平

2007年9月26日

图3—15—45 2007年9月26日，时任上海市委书记、上海警备区党委第一书记习近平给南方混凝土有限公司题写贺信

图3—15—46 2015年无锡南方混凝土有限公司

2013~2015年无锡南方混凝土有限公司产量、产值、利税统计表

表3—15—54　　单位：万立方米、万元

| 年份 | 产量 | 产值 | 利税 |
|---|---|---|---|
| 2013 | 130 | 45000 | 5000 |
| 2014 | 120 | 39000 | 2500 |
| 2015 | 65 | 21000 | 1000 |

2015年，南方混凝土有限公司在职职工100余人，其中高级职称1人、中级职称10余人，初级技术人员20余人。

## 十二、环保设备业

1976年，钱桥中心小学开办无锡县第二环境保护设备厂。1982年，钱桥公社创办民政环保设备厂，生产处理污水环境保护设备等。2001年4月，胜丰村开办无锡市金鹏环境工程有限公司，生产各类环保设备。

2015年，钱桥街道从事环保设备生产企业共13家，其中江苏德克环保有限公司、无锡神华环保科技有限公司、无锡市星亿涂装环保设备有限公司为规模较大的厂家。

### （一）江苏德克环保有限公司

江苏德克环保设备有限公司成立于2003年12月，是由澳大利亚亚联集团和中国国电集团共同出资组建的一家生产火电厂脱硫脱硝设备和风电部件的中外合资国有控股企业。

德克公司主要生产火电厂的燃煤电厂烟气净化装置、锅炉辅机设备和风电部件等，包括干式除渣系统、烟气脱硫吸收塔喷淋系统、真空皮带脱水机、侧进式搅拌器、烟气换热器GGH、除雾器、滤网、脱硫挡板门、烟气脱硝反应器、风力发电机机架、轮毂、机舱座等。2004年2月，德克公司经国家商务部批准为自营进出口企业。同年12月，通过ISO9000—2000质量管理体系认证。2007年，公司生产的除雾系统被评为江苏省高新技术产品，生产的喷淋管、除雾器被评为无锡市质量信用产品。是年，公司专业研发机构“火电厂脱硫脱硝研发中心”被评为无锡市企业技术中心和江苏省外资研发机构。2009年，生产的DEC牌烟气脱硫系统喷淋盘被评为无锡市名牌产品。是年，公司被评为高新技术企业。

公司坚持“专业、务实、创新、发展”的企业理念和“技术创新、经济高效”的发展原则。注册资本由500万元发展至8000万元；产值由2000万元发展到近3亿元；员工由10几名发展到近300名；厂房由租赁发展到自建7万平方米；产品由单个发展为脱硫、脱硝整套设备近10类、数十个品种，基本实现关键脱硫脱硝设备国产化，替代进口产品，使中国电力环保的成本大大降低，有力推动国家节能减排和环境保护事业的发展。

**2012~2015年德克环保设备有限公司主要财务指标统计表**

表3—15—55　　　　单位：万元

| 财务指标 | 2012年 | 2013年 | 2014年 | 2015年 |
|---|---|---|---|---|
| 总资产 | 36091.45 | 38019.34 | 34687.41 | 32230.06 |
| 总负债 | 19472.61 | 20290.02 | 15818.55 | 14976.58 |
| 营业收入 | 22073.98 | 27491.09 | 28596.16 | 17198.17 |
| 利润总额 | 884.94 | 1516.84 | 1540.30 | 1012.65 |

2015年，德克环保有限公司拥有国家发明专利3项、实用新型专利9项，并把所取得的专利技术及时转化为产品，与200多家电厂建立业务关系。

### （二）无锡神华环保科技有限公司

无锡神华环保科技有限公司成立于2013年5月，注册资金6500万元。公司主要经营烟气脱硝净化设备的研发、制造、销售和技术服务等业务。

图3—15—47　无锡神华环保科技有限公司生产车间一角

公司拥有年产8000立方米脱硝催化剂的生产线，生产工艺成熟，技术可靠，产品质量稳定，为国内脱硝催化剂的主要供应商之一。公司为绥中发电有限责任公司生产2×1000MW#4机组预留层脱硝催化剂，根据项目的烟气条件及性能要求设计脱硝催化剂的方案为20×20孔蜂窝式脱硝催化剂。催化剂单体长度 865 毫米，每个反应器安装 108 个标准模块和 9 个非标模块，两个反应器催化剂总体积约 320 立方米，运行效果良好，达到出口NOx浓度小于 100mg/Nm3，NH3 逃逸率小于 3ppm等性能要求，达到烟气中氮氧化物的达标排放。

公司为国网能源哈密煤电有限公司哈密电厂生产 4×660MW 机组工程脱硝催化剂，根据项目的烟气条件及性能要求设计脱硝催化剂的方案为 20×20 孔蜂窝式脱硝催化剂。催化剂单体长度为 795 毫米，催化剂初装两层，备用一层，单台机组安装 210 个标准模块，催化剂体积约 550 立方米，运行效果良好，达到出口 NOx 浓度小于 60mg/Nm3，NH3 逃逸率小于 3ppm 等性能要求，实现烟气中氮氧化物的达标排放。

2013 年，公司生产销售脱硝催化剂 1800 立方米，供货单位集中在国华电力、四川能源集团和神皖集团等。2014 年，公司生产销售脱硝催化剂 7000 多立方米，供货单位集中在国能（神东电力）集团、国华电力等。2015 年，公司占地面积 26666.67 平方米，员工 100 余人，其中本科以上学历 22 人，平均年龄 37 岁。

#### （三）无锡市星亿涂装环保设备有限公司

无锡市星亿涂装环保设备有限公司位于钱桥街道东风社区，创办于 1987 年，占地面积 10000 平方米。星亿公司宗旨是为客户提供专业的表面处理设备及配套环保设备，主要包括塑胶电镀、镀铜、镀锌、镀镍、硬铬、氧化、电泳、滚镀、环形电镀等多种全自动生产线。同时，根据用户和环保要求，设计配备各种废水处理、废水回用、废气处理、纯水等成套设备。

星亿公司自主研发的自动化控制系统具备参数设置和修改、数据显示、设备监控及报警等功能。公司技术人员可通过远程控制系统随时随地了解现场设备运行状况或编写、修改异地生产线设备运行程序，处理异常情况。

2015 年，星亿已成为北京比亚汽车零部件有限公司、江阴模塑集团有限公司、敏实集团、宁波四维尔汽车零部件有限公司、宁波中骏上原汽车零部件有限公司、上海飞机制造有限公司、上海造币厂等多家企业、奔驰宝马奥迪等汽车品牌的指定配套商。此外，公司生产的生产线已出口至美国、韩国、泰国、缅甸等多个国家和地区。

2013~2015 年星亿公司销售收入利税统计表

表 3—15—56　　单位：万元

| 年份 | 资产总额 | 营业收入 | 净利润 | 实缴税费总额 |
|---|---|---|---|---|
| 2013 | 8723 | 8032 | 558 | 534 |
| 2014 | 9366 | 10208 | 784 | 585 |
| 2015 | 11828 | 13485 | 2691 | 1582 |

### 十三、装卸搬运业

钱桥、藕塘地区早在 20 世纪 50 年代就有装卸搬运队伍。装卸搬运工人为企业、商店、粮站等装船、装车、卸货、搬运各种物资。至 80 年代，钱桥搬运队发展成钱桥运输起重公司，成为有一定规模、良好设备、有吊装技术的装卸起重企业。进入 21 世纪，随着机械工业的发展，区域内机械装卸搬运替代人工装卸搬运。2015 年，钱桥街道仅有钱桥运输公司驻华润公司装卸队 11 名职工。

#### （一）钱桥装卸搬运业

解放初期，钱桥乡就有装卸搬运队伍，时称之为“脚班”。最早脚班人员仅有马涌泉等 10 余人。业务主要是为个体商店装卸班船上运来的各种商品物资。装卸搬运工平时务农，如有业务，立即到指定地点突击完成。1956 年，钱桥成立装卸搬运队，创始负责人张浩度。是年，钱桥装卸搬运队成立钱桥地区第一个工会组织，名称为“钱桥搬运工会”，工会负责人陈和生。钱桥装卸搬运队搬运工有 60 余人，其主要业务是为钱桥地区厂矿企业、粮管所、供销社等装卸、搬运货物。60 年代始，钱桥装卸搬运队增加起重业务，增置木头扒杆、绞盘洞等设备。是时，钱桥装卸搬运队分为二组，一组为起重搬运组，二组为副业组（扛茶叶箱、浇柏油、钉板箱等）。

1970年，钱桥装卸搬运组改组为交通运输管理站。交通运输管理站分三块：装卸搬运组、起重组、运输管理组。装卸搬运组又分码头固定组和市镇基本组、码头固定组分别负责县钢码头、惠山农药厂码头、县农机码头等装卸搬运工作，各码头都设有负责人和记工员；市镇基本组主要负责供销社、农具部、粮站、食品站、蚕种场茶叶仓库以及其他县属小厂的货物装卸搬运。起重组主要承接钱桥公社和无锡市县内的起重业务。运输管理组主要负责业务和调度。

1975年，钱桥起重组改建为无锡县港务管理处钱桥作业区。1980年，组建为无锡县钱桥运输起重公司。1982年，钱桥运输起重公司为江阴广播电视局吊装微波塔，塔高86米。1987年，为镇江冷库吊装32吨级车、跨距7米的双悬臂龙门起重机，重量为80吨；为苏州白洋湾吊装10吨/5吨、长76米、重125吨的龙门式装卸桥。1988年，为无锡市广电局吊装电视发射塔，成功把当时华东海拔第一高塔——无锡电视发射塔吊装就位，使这座97米高的塔身，连同30米高的塔楼稳稳矗立在海拔302米高的惠山二茅峰上。1989年，为无锡供电局吊装22万伏、重量为108吨的变压器，上下运输至无锡火车站，后运输至沈阳。1990年，为锡兴钢铁厂吊装重达125吨的室内桥式起重机。1991年为无锡市第四橡胶厂、1992年为厦门泉州进出口公司、1993年为贵阳青镇电厂、1994年为海南三亚市、上海宝钢、上海闵行等吊装各类重吨位设备。

**1977~1994年钱桥运输起重公司销售劳务收入选年统计表**

表3—15—57　　单位：万元

| 年份 | 销售劳务收入 | 年份 | 销售劳务收入 | 年份 | 销售劳务收入 |
|---|---|---|---|---|---|
| 1977 | 50.66 | 1982 | 70.34 | 1987 | 203.66 |
| 1978 | 56.84 | 1983 | 72.05 | 1988 | 224.28 |
| 1979 | 62.15 | 1984 | 98.32 | 1989 | 220.24 |
| 1980 | 68.11 | 1985 | 157.01 | 1990 | 219.51 |
| 1981 | 63.21 | 1986 | 175.99 | 1994 | 258.75 |

1995年，钱桥运输起重公司为江阴电厂、1996年为上海宝冶公司、1998年为无锡曙光模具公司、1999年为上海宝冶钢管厂、苏州精细化工集团吊装各类重吨位设备。2000年转制，转制后更名为无锡市金星起重运输公司，主要承接运输起重、吊装业务。是年，为南京热电厂吊装重吨位设备。2001年为无锡海鹰集团、2002年为无锡工力机械厂等吊装各类重吨位设备。2004年底，公司拥有5吨、10吨、40吨汽车，液压平板车及8吨、16吨、100吨、150吨轮胎式汽车吊，15吨、20吨、40吨、60吨、100吨、150吨级起重扒杆等吊装设备。

2015年，钱桥运输起重公司驻华润公司装卸队职工11名。公司主要负责人先后有张浩度、唐小娣、周洪福、唐瑞兴、杨海度、顾荣泉、李金康、张如兴等。

**（二）藕塘装卸搬运业**

1971年上半年，藕塘交通运输管理站成立时内设两个企业，即搬运组和两个船运队，为政企合一、独立核算、自负盈亏的企业。是年，搬运组投运业务，有6个搬运工人，主要为藕塘供销社、合作商店及社队办厂进货、出货等进行装卸搬运。

藕塘交通运输管理站的船运队于1973年下半年开始运行。船运队分为一号船队和二号船队。一号船运队为大船队，运输货轮由藕塘交通运输管理站委托厂家打造，马力80匹，后挂拖船5~8只水泥船，载重量约120吨船皮。徐金荣、张宜度先后担任船运队队长。一号船队主要为藕塘采矿厂运送白泥、黄石，为社办企业运送煤炭、水泥、原辅材料、建筑材料等。1982年底，因乡村企业都有自己的运输船只，运输业务清淡，一号大船队减至三只挂机船（大轮和多余船只卖掉，职工分别安置），勉强维持运行。

二号船队由木质机帆船当船头，后拖两只木质货船，总船皮 70 吨左右。先后由徐金荣、朱佳南担任船队长。运输货物同一号船队相同。二号船队因船破旧维修不起、业务清淡亏本等原因，于 1983 年停运。

1985 年 4 月，藕塘搬运组撤销、终止营业，在职的搬运职工安排至乡办厂工作。是年同月，一号船队停止营业。三只挂机船的队长黄月平、黄金元、时炳元及船工等分别安排工作。

## 第十一节 工业园区

进入 21 世纪，钱桥（镇）街道通过资源整合，实行节约用地、集约用地，发展工业，加强城镇化建设，进行“三集中”，即工业向园区集中，实施“退二进三”、腾笼换凤或“退二还一”、易地置换；农业用地向适度规模经营集中，鼓励农户间规范流转，组建土地股份合作社，发展现代农业；农户向城镇或新型社区集中居住，换房进镇、进社区。2015 年，钱桥街道无锡惠山经济开发区钱桥配套区面积 617.47 公顷，有恒源祥工业小区、溪南工业小区、西漳工业小区、南塘工业小区组成，共有规模企业 167 家。

### 一、钱桥镇工业园区

2000 年 10 月，经无锡市规划局批准，钱桥镇成立钱桥镇工业园区。钱桥镇工业园区的地点设在溪南。是年 10 月 30 日，钱桥镇人民政府为加强对钱桥镇工业园区（溪南）的开发建设工作，保证各外来资金顺利投资，成立钱桥镇工业园区领导小组。工业镇长任钱桥镇工业园区领导小组组长，工业总公司副总经理任领导小组副组长；领导小组成员由镇工业总公司招商办、技监科、安保科，镇环保办、村镇建设办、资管办、工商所、三电办、土管所、房管所、地税分局、国税分局领导，溪南村、威华村书记等担任。2001 年，钱桥镇工业园区纳入无锡惠山经济开发区钱桥配套区。

### 二、恒源祥工业园小区

藕塘镇恒源祥无锡工业园成立于 2001 年 3 月。是年 3 月 18 日，恒源祥无锡工业园区举行揭牌仪式，无锡市委副书记、市长吴新雄，惠山区区委书记朱伦昌、区长毛海圻，区委常委、副区长阙信芳等领导到场祝贺。出席揭牌仪式的还有恒源祥集团董事长、总经理，藕塘镇政府领导。恒源祥无锡工业园区规划用地面积 1.5 平方公里。是年 7 月，恒源祥工业园区委托上海同济城市规划设计研究院规划设计总体方案，前后分二期工程建设。恒源祥无锡工业园区围绕“打造特色、营造规模”的总体目标，度假村建设总投资 500 万元，于 2002 年 5 月结束基建。同时，经惠山区区政府批准设立无锡惠山经济技术开发区恒源祥配套区。经过一年多招商引资，2003 年底已有多家企业进驻，当时投入生产的企业有茂祥袜业有限公司、女囡童装有限公司、羊绒制品有限公司、江苏恒源祥毛针织有限公司。新厂房扩建后，毛针织有限公司进驻。是年，恒源祥职工公寓大楼于 6 月 25 日动工，占地面积 13333.33 平方米；恒源祥物贸中心基建工程于 7 月 1 日动工；恒一、恒二、恒三路的道路建设于 7 月 10 日竣工；上海恒源祥家纺有限公司基建工程于 7 月 15 日动工，占地面积 100000 平方米；中国纺织原料总公司项目于 7 月 28 日动工，占地面积 66667 平方米。源一路于是年底施工结束。2004 年 2 月，惠山区进行乡镇区域调整，藕塘镇并入钱桥镇，恒源祥工业园区纳入惠山区经济开发区钱桥配套区统一管理，设置为恒源祥工业园小区。

### 三、南西漳无锡市民政福利工业园区

2002 年 6 月，经惠山区发展计划局批准，无锡市民政局在钱桥镇胜丰村、西漳村、晓星村建设无锡市民政福利工业园区，用地面积 23.33 公顷，总投资 1500 万元。2003 年 4 月，南西漳西侧规划建设钱桥配套区二期工程，规划建设用地 100 公顷。2004 年，无锡市民政福利工业园区纳入惠山区经济开发区钱桥配套区统一管理。

## 四、无锡惠山经济开发区钱桥配套区

2001年10月，钱桥镇人民政府决定建设经济开发区钱桥配套区，规划面积3.869平方公里，委托上海同济城市规划设计研究院设计总体方案及一期工程。2002年1月20日，设计方案通过惠山区规划分局初审。2月6日，无锡市规划局组织专家对设计方案进行论证，并提出规划修改方案，后由上海同济城市规划设计研究院重新修改配套区的规划方案。是年5月，经惠山区人民政府批准，无锡惠山经济开发区钱桥配套区宣告成立，是无锡市惠山经济开发区重点配套区之一，注册资金1.01亿元人民币，规划面积4.06平方公里。钱桥配套区位于钱桥街道以西，东临钱桥大道、南接钱胡路、西临钱洛路、北临洋溪河。是年，钱桥配套区的开发建设有序进行，一期工程的基础配套设施路、桥、水、电、通讯基本完成；招商引资的基础配套设施较有成效，引进工业企业40余家，并开工建设，成交土地93.34公顷。2003年年底，钱桥镇党委、政府实施配套区二期工程建设。二期工程位于南西漳村西侧，南到国道G312线、西到洛社雅西村、北到锡常公路，占地面积1000000余平方米。

2004年2月，惠山区实施乡镇区划调整，藕塘镇并入钱桥镇行政管辖，恒源祥配套区纳入钱桥配套区统一管理。2010年年底，钱桥配套区启动面积433.67公顷，其中恒源祥工业集中区规划用地1.5平方公里，先启动用地75公顷；溪南工业集中区规划用地391.6公顷，其中先启动用地263.33公顷；西漳工业集中区规划用地150.87公顷，其中先启动用地95.33公顷。2013年，建立钱桥配套区南塘工业园区，规划用地160000平方米，引进凯龙公司、无锡美业机械制造有限公司等高科技企业。是年，钱桥配套区实现销售总收入262亿元，亩均销售收入达到400万元，亩均国地两税达15.1万元；到位注册外资2000万美元；完成投入资金总额17.3亿元，完成到位外资2000万美元。

2013年钱桥街道净园区规模以上企业一览表

表3—15—58　　单位：人、万元

| 单位名称 | 法定代表人 | 创立时间 | 主要产品 | 人数 | 主营业务收入 | 资产总计 |
|---|---|---|---|---|---|---|
| 无锡金球机械有限公司 | 平　伟 | 1969.06 | 工业自动控制系统装置 | 300 | 6685 | 7757 |
| 无锡永凯达齿轮有限公司 | 荣兆明 | 1987.06 | 齿轮汽车零部件制造 | 281 | 11888 | 24748 |
| 无锡金鑫科技有限公司 | 许　超 | 2001.08 | 食品添加剂瓜尔胶的制造加工 | 35 | 2335 | 12517 |
| 无锡市德氟隆防腐设备有限公司 | 陈　伟 | 2002.06 | 钢衬四氧反应条制造、钢衬四氧管道制造、储罐 | 38 | 2063 | 1395 |
| 无锡市光彩机械制造有限公司 | 易仕桂 | 2003.06 | 机械模具制造 | 126 | 4420 | 1611 |
| 无锡新金鑫交通设备有限公司 | 谈玉琴 | 2003.07 | 铁路机车车辆配件制造 | 83 | 8382 | 8043 |
| 江苏德克环保设备有限公司 | 李敬东 | 2003.12 | 风电发电关键配套件制造 | 368 | 21813 | 36239 |
| 无锡君盛精密管带有限公司 | 陆君安 | 2004.03 | 冷拔钢管 | 52 | 2447 | 1229 |
| 无锡爱邦辐射技术有限公司 | 张祥华 | 2005.05 | 辐射加速器的制造 | 130 | 7224 | 11810 |
| 无锡市苏云钢承板有限公司 | 易书云 | 2005.05 | 钢承板压制 | 25 | 1026 | 279 |
| 无锡联创薄板有限公司 | 邹雄伟 | 2005.08 | 强附着高塑性锌合金钢带生产 | 108 | 49876 | 14668 |
| 无锡市凯龙汽车设备制造有限公司 | 臧志成 | 2001.12 | 柴油机发动机SCR尾气处理系统 | 250 | 31892 | 16000 |

2013年钱桥街道净园区规模以下企业一览表

表3—15—59　　单位：人、万元

| 单位名称 | 法定代表人 | 创立时间 | 主要产品 | 人数 | 主营业务收入 | 营业税金 | 资产总计 |
|---|---|---|---|---|---|---|---|
| 无锡龙舜实业有限公司 | 宗　良 | 1993.09 | 塑料制造 | 22 | 5668 | 23.62 | 5441 |
| 江苏米可多农膜发展有限公司 | 米原稔一 | 1995.10 | 塑料制造业 | 31 | 4565 | 0.02 | 1755 |
| 无锡市钱桥松江电炉厂 | 潘旭东 | 1997.10 | 电炉制造 | 3 | 81 | 0.35 | 151 |
| 无锡市黄氏电器制造有限公司 | 赵秋新 | 1998.08 | 电机制造 | 101 | 3474 | 16.24 | 1904 |
| 无锡市双能电力电讯器材厂 | 唐亚良 | 1998.10 | 注塑、金加工 | 4 | 15 | 0.20 | 587 |
| 无锡佳利达焊管型钢有限公司 | 王光基 | 1999.05 | 型钢加工 | 8 | 714 | 2.79 | 419 |
| 无锡市鼎欣钢球有限公司 | 朱义如 | 2000.05 | 钢球的制造 | 2 | 65 | 0.35 | 355 |

续表 3—15—59　　　　单位：人、万元

| 单位名称 | 法定代表人 | 创立时间 | 主要产品 | 人数 | 主营业务收入 | 营业税金 | 资产总计 |
|---|---|---|---|---|---|---|---|
| 无锡市高力标准件有限公司 | 钱彩霞 | 2001.08 | 标准紧固件的制造 | 18 | 615 | 2.81 | 800 |
| 无锡泰克电子有限公司 | 周泉焕 | 2002.04 | 电子工业专业设备的制造 | 14 | 295 | 2.88 | 1076 |
| 无锡市兰华纺织机械有限公司 | 陈建华 | 2002.07 | 纺配件制造 | 19 | 623 | 2.63 | 219 |
| 无锡市伟特钢管有限公司 | 龚伟良 | 2002.08 | 焊管加工 | 8 | 999 | 4.23 | 476 |
| 无锡市凯达来塑胶有限公司 | 史洪福 | 2003.01 | 塑料加工 | 25 | 577 | 0.68 | 921 |
| 无锡市润科工贸有限公司 | 孙福宝 | 2003.01 | 电动车塑料件配件 | 10 | 383 | 3.57 | 73 |
| 无锡华士船机械设备有限公司 | 罗利民 | 2003.02 | 船舶辅料制造 | 21 | 230 | 0.04 | 1155 |
| 无锡先锋热处理有限公司 | 蔡　军 | 2003.04 | 金属热处理加工 | 25 | 476 | 4.06 | 382 |
| 无锡市昌亿机床制造有限公司 | 陈国堂 | 2003.04 | 金属切割机床的制造 | 22 | 748 | 1.80 | 720 |
| 无锡市锦业型钢有限公司 | 缪国兴 | 2003.05 | 型钢焊管加工 | 6 | 721 | 0.93 | 217 |
| 无锡天威紧固件制造有限公司 | 刘　宜 | 2003.05 | 紧固件加工 | 32 | 1637 | 7.24 | 1839 |
| 无锡科诺达电子有限公司 | 黄根友 | 2003.06 | 电子产品制造 | 19 | 209 | 0.09 | 1171 |
| 无锡永顺电子有限公司 | 吴永良 | 2003.07 | 电子器件制造 | 7 | 274 | 1.70 | 236 |
| 无锡黑崎机械有限公司 | 西村高洋 | 2003.08 | SN 装置 | 115 | 2909 | 18.96 | 2680 |
| 无锡市桑丽人造草坪地毯有限公司 | 罗　曦 | 2003.11 | 塑料人造草坪制造 | 44 | 1654 | 2.96 | 1260 |
| 无锡苏通机械有限公司 | 龚　伟 | 2004.03 | 机械配件制造 | 20 | 392 | 2.68 | 519 |
| 江苏舜翔有限公司 | 蒋亚杰 | 2004.09 | 家用五金制品 | 5 | 173 | 1.91 | 1277 |
| 无锡科锐电气有限公司 | 蒋志军 | 2004.11 | 发电机、电压调节器制造 | 20 | 867 | 6.99 | 1585 |
| 无锡市苏云钢承板有限公司 | 易书云 | 2005.05 | 钢承板压制 | 25 | 1026 | 2.38 | 279 |
| 无锡安卡特工具有限公司 | 浦文红 | 2005.05 | 机械刀具的加工制造 | 15 | 607 | 1.42 | 1035 |
| 江苏东铁钢结构有限公司 | 陈天华 | 2005.11 | 钢结构件的制造 | 17 | 373 | 0.73 | 2822 |
| 无锡市胜鑫搪玻璃设备有限公司 | 是冠儿 | 2006.02 | 搪玻璃设备制造 | 8 | 233 | 2.13 | 139 |
| 无锡市富源达焊管有限公司 | 蒋　龙 | 2006.04 | 焊管加工 | 11 | 1298 | 3.37 | 341 |
| 无锡市新瑞塑粉有限公司 | 王运新 | 2006.05 | 塑粉制造加工 | 5 | 129 | 0.80 | 135 |
| 无锡宏海电子有限公司 | 黄根福 | 2006.07 | 音叉条片制造 | 11 | 1045 | 6.24 | 1374 |
| 无锡市万丰无损检测设备有限公司 | 黄志强 | 2006.08 | 检损设备制造 | 9 | 163 | 3.32 | 19 |
| 无锡中协自动化设备有限公司 | 薛钟末 | 2006.09 | 电控柜制造 | 6 | 152 | 1.05 | 259 |
| 无锡市宏泰祥钢管有限公司 | 沈　宏 | 2006.11 | 焊管型钢制造 | 9 | 1879 | 4.45 | 772 |
| 无锡惠汕冷弯型钢有限公司 | 高　伟 | 2006.11 | 冷弯型钢加工 | 9 | 871 | 2.05 | 255 |
| 无锡市大裕机械制造有限公司 | 殷兰珠 | 2007.01 | 机械零部件加工 | 16 | 268 | 2.70 | 191 |
| 无锡市威创精密模具有限公司 | 李志琴 | 2007.07 | 模具生产 | 2 | 25 | 1.15 | 111 |
| 无锡市鑫鸿钢铁炉辅材料厂 | 蒋　伟 | 2007.08 | 脱硫剂制造加工 | 12 | 1048 | 4.28 | 341 |
| 无锡市金义博仪器科技有限公司 | 叶反修 | 2007.10 | 实验分析仪器仪表制造 | 58 | 757 | 4.37 | 1732 |
| 无锡市康乐调味品厂 | 王再飞 | 2007.11 | 调味品制造 | 6 | 163 | 0.78 | 196 |
| 无锡市乐明液压设备有限公司 | 韩立武 | 2008.03 | 普通机械制造 | 5 | 147 | 0.85 | 107 |
| 无锡尚格钢格板有限公司 | 曹　植 | 2008.03 | 钢格板及附件加工 | 7 | 1431 | 5.24 | 803 |
| 无锡市佳腾机械制造有限公司 | 石　岩 | 2008.06 | 钢管加工 | 5 | 236 | 1.57 | 216 |
| 无锡市风云机械模具厂 | 袁杏珍 | 2008.12 | 模具制造 | 8 | 289 | 2.72 | 229 |
| 无锡市新光电器机械厂 | 殷戍麟 | 2011.11 | 机械产品加工 | 1 | 8 | 0.03 | 53 |
| 无锡市京合机械制造有限公司 | 韩翠华 | 2012.07 | 其他通用设备制造 | 30 | 205 | 1.00 | 201 |
| 无锡裕通模塑科技有限公司 | 顾晓成 | 2013.04 | 陶瓷磨具制造 | 6 | 75 | 0.00 | 912 |

2014 年，无锡惠山经济开发区钱桥配套区规划面积 6174666.67 平方米，先启动面积 4336666.67 平方米。钱桥配套区主要有恒源祥小区、溪南小区、西漳小区、南塘小区组成。工业行业主要以冶金、机械、纺织、化工、轻工、电子等行业为主，其中支柱产业为传统冶金行业，占到规模企业比重的三分之二。是年，钱桥配套区 167 家规模企业中机械类企业 37 家，占到规模企业的 22.2%，完成产值 16.57 亿元，同比增 10%，其中凯龙汽车、新金鑫交通、华信雷达等企业增幅都超过 10%；食品类企业完成 13.81 亿元，同比增 62.8%。

2015 年，无锡市惠山经济开发区钱桥配套区溪南工业园小区东至钱桥大道、南至钱胡路、西至钱洛路、北至洋溪河；西漳工业园小区东至山北交界、南至江海西路、西至三条河、北至京杭大运

河；恒源祥工业园小区东至井亭、南至钱胡路、西至恒祥路、北至文良路；南塘工业园小区东至西毛蓬、南至省道S342线、西至西环线、北至洛南大道。

## 第十二节 名优产品

钱桥街道工业名优产品共有30余种，其中百乐皮件有限公司生产的各类皮件自1997年至2015年连年评为省市名牌产品，苏嘉集团生产的高抗镁碳砖为中国免检产品，金球机械有限公司生产的液压板折弯机等为中华人民共和国冶金工业部优质产品、中国名牌产品，藕塘绒线厂生产的恒源祥牌绒线为中国知名品牌，华顺民生食品有限公司生产的“安井”牌速冻面制品为中国驰名商标。

1987~2004年钱桥镇、藕塘（乡）镇工业名优产品一览表

表3—15—60

| 产品名称 | 产品荣誉级别 | 荣誉获得时间 | 生产企业 |
|---|---|---|---|
| 皮件（票夹） | 无锡县名优产品 | 1994年 | 新华皮件厂 |
| | 江苏省名牌产品 | 1997~2004年 | 无锡百乐集团有限公司 |
| | 无锡市名牌产品 | 2000~2004年 | |
| | 江苏省著名商标 无锡市知名商标 | 2000~2004年 | |
| 苏嘉牌高强度镁碳砖（耐火材料） | 江苏省名牌产品 | 1999~2005年 | 江苏苏嘉集团有限公司 |
| 高抗镁碳砖 | 无锡名牌产品 中国免检产品 | 2000~2004年 | 江苏苏嘉集团有限公司（1986~1999年）<br>江苏苏嘉集团新材料有限公司（1999~2015年） |
| 液压板料折弯机压力机 | 中华人民共和国冶金工业部优质产品 | 1987~2004年 | 无锡冶金机械厂（1986~1994年）<br>无锡金球机械有限公司（1994~2004年） |
| WC67Y100/3200，125/3600板料折弯机 | | 1990年 | |
| 金球牌WC67Y系列液压板材料折弯压力机 | 无锡市十二届工业产品大型供货会银奖 | 1991年 | |
| 液压板料折弯机、液压摆式剪板机 | 国家技术监督局质量监督司、中国消费者协会、中国质量检验协会、中国名牌 | 1994年 | |
| 2-WE67K-400/5000型双机联动数控板料折弯机 | 96中国专利新产品博览会金奖 | 1996年 | |
| 折弯机、平板机、卷板机剪板机、开卷机 | 无锡市知名商标“金球”商标 | 2003年 | |
| 锡联牌冷轧钢带 | 无锡市名牌产品 国家免检产品 | 1989年 | 无锡华生精密材料股份有限公司（华特） |
| | 江苏省名牌产品 | 1997年 | |
| | 优质特色售后服务消费者首选企业 | 1999年 | |
| 热轧长卷带钢 | 江苏省著名品牌 | — | 沙钢集团锡兴特钢有限公司（无锡市雪丰钢铁有限公司） |
| 螺纹管 | 江苏省著名品牌 | — | |
| 干湿机 | 无锡市名牌产品 | — | 无锡奥波净化除湿空调有限公司 |
| 焊管 | 无锡市名牌产品 | — | 无锡市舜特焊管有限公司 |
| 帘子布 | 无锡市名牌产品 | — | 无锡市威力达帘子布有限公司 |
| 热风隔绝门 | 无锡市名牌产品 | — | 无锡市华东电力设备有限公司 |
| 27M高强度部分预应力锥形砼电杆 | 华东电管局科技进步二等奖 | 1996年 | 无锡华润实业有限公司 |
| ＄270MM/＄590MM ＄630MM-24M | | | |
| ＄270MM-24M27M高强度部分预应力砼电杆 | 国家级新产品江苏省著名产品 | 1996年 | |
| 部分预应力环形电杆＄270MM-24M、27M环形高标号、高强度部分预应力高压电杆 | 无锡市科委专利项目优质奖<br>江苏省人民政府三等奖 | 1998年 | |

续表 3—15—60

| 产品名称 | 产品荣誉级别 | 荣誉获得时间 | 生产企业 |
|---|---|---|---|
| 36M40M 高强度部分预应力电杆 | 惠山区科协优秀项目二等奖 | 2002 年 | 无锡华润实业有限公司 |
| 锡山牌环形钢筋混凝土电杆 | 无锡市质量信得过产品 | 2004 年 | |
| 龙山牌电缆辅件冷却塔塔芯材料塑料波纹管 | 无锡市知名商标 | 2000 年 | 无锡县塑料制品厂（无锡龙舜实业有限公司） |
| 奥云牌液压缸体 | 中国第六届新技术新产品博览会银奖 | 1994 年 | 无锡县江南液压缸体厂 |
| | 第二届科技精品博览会金奖 | 1995 年 | |
| 恒源祥牌绒线 | 中国知名品牌 | — | 藕塘绒线厂 |
| 中惠牌 高强度、低松弛、预应力钢绞线 | 江苏省名牌产品 | 2000 年 | 无锡市中冶钢缆有限公司 |
| “藕花牌”铝塑中空塑料地板 | 林业部优质产品 | 1991 年 | 无锡县塑料合成型材厂 |

2005~2015 年钱桥（镇）街道工业名优产品一览表

表 3—15—61

| 产品名称 | 荣誉级别 | 荣获时间 | 生产企业 |
|---|---|---|---|
| 皮件（票夹） | 无锡市名牌产品 | 2005~2015 年 | 无锡市百特皮件有限公司 |
| | 无锡市知名商标 | | |
| | 江苏省名牌产品 | | |
| | 江苏省著名商标 | | |
| 苏嘉牌高强度镁碳砖（耐火材料） | 江苏省名牌产品 | 2005~2015 年 | 江苏苏嘉集团有限公司（1999~2015 年） |
| 高抗镁碳砖 | 无锡名牌产品<br>中国免检产品 | 2005~2015 年 | |
| 烟气脱硫过程中吸收塔除雾用装置 | 江苏省高新技术产品 | 2007 年 | 江苏德克环保设备有限公司 |
| DEC 牌烟气脱硫系统喷淋盘 | 无锡市名牌产品 | 2009 年 | |
| “安井”牌速冻面制品 | 中国驰名商标<br>江苏省名牌产品<br>无锡市名牌产品<br>上海十大畅销产品 | 2005~2015 年 | 无锡华顺民生食品有限公司 |
| 车辆节能•环保产品 | 中国工业中小企业品牌竞争力百强企业 | 2013 年 | 凯龙高科技股份有限公司 |
| 奥云牌高精度冷拔无缝钢管 | 无锡市名牌产品 | 2007 年 | 无锡江南高精度冷拔管有限公司 |
| | 被国内两家著名企业：徐工液压、湖南特力液压评为优秀供应商 | 2011 年 | |
| 镀锌薄板带钢 | 江苏省名牌产品 | 2012 年 6 月 | 无锡联创薄板有限公司 |
| “帆盛”牌高性能不溶性硫磺（IS—HS）系列橡胶硫化机 | 无锡市名牌产品 | 2014 年 | 无锡华盛橡胶新材料科技股份有限公司 |
| | 国家重点新产品 | | |
| | 中国橡胶工业协会推荐品牌产品 | 2015 年 | |
| 混凝土振动器、石材切割机等 | 无锡市知名商标 | 2014 年 11 月 | 无锡市创能机械制造有限公司 |
| 天辰牌高精度高性能冷拉型钢 | 无锡市名牌产品 | 2015 年 1 月 | 无锡天辰冷拉型钢有限公司 |

# 第十三节 进入惠山区百强企业

钱桥街道为惠山区工业重镇，工业企业的规模、销售、产值、利税等方面在惠山区名列前茅。自 2011 年惠山区评比百强企业始，钱桥街道每年的百强企业在区内占比很大。2011 年，钱桥街道进入惠山区百强企业 20 家，占惠山区百强企业的五分之一；2012 年，钱桥街道进入惠山区百强企业 16 家，占惠山区百强企业的六分之一；2013 年，钱桥街道进入惠山区百强企业 16 家，占惠山区百强企业的六分之一；2014 年，钱桥街道进入惠山区百强企业 15 家；2015 年，钱桥街道进入惠山区百强企业 13 家。

## 2011年钱桥街道进入惠山区百强企业排位一览表

表3—15—62　　单位：万元

| 在惠山区排位 | 企业名称 | 销售 | 利税 | 产值 | 增加值 | 实缴税金 |
|---|---|---|---|---|---|---|
| 1 | 江苏沙钢集团锡兴特钢有限公司 | 768635 | 127299 | 748536 | 152230 | 15767 |
| 7 | 江苏苏嘉集团有限公司 | 250757 | 20836 | 250617 | 60395 | 8964 |
| 29 | 无锡华精新型材料有限公司 | 69111 | 43 | 69111 | 10368 | 0 |
| 30 | 无锡联创薄板有限公司 | 63203 | 1734 | 67058 | 15501 | 127 |
| 34 | 无锡舜特金属制品有限公司 | 52196 | 8357 | 53693 | 10165 | 261 |
| 38 | 无锡市凯龙汽车设备制造有限公司 | 47087 | 3200 | 49844 | 10461 | 1045 |
| 44 | 无锡江南高精度冷拔管有限公司 | 41631 | 8624 | 51730 | 11958 | 1845 |
| 51 | 无锡华顺民生食品有限公司 | 38574 | 5378 | 39477 | 9473 | 1281 |
| 60 | 无锡华生精密材料股份有限公司 | 35004 | 852 | 38715 | 5000 | 900 |
| 63 | 无锡中冶钢缆有限公司 | 32882 | 6916 | 35993 | 8302 | 169 |
| 69 | 无锡广润金属制品有限公司 | 30749 | 384 | 31727 | 5162 | 126 |
| 79 | 无锡美业机械制造有限公司 | 27333 | 3048 | 30370 | 7289 | 563 |
| 83 | 江苏德克环保设备有限公司 | 26581 | 4300 | 27105 | 6516 | 945 |
| 85 | 无锡市泉济混凝土有限公司 | 26391 | 3504 | 27356 | 6453 | 0 |
| 86 | 无锡海达安全玻璃有限公司 | 25269 | 4946 | 26959 | 6410 | 1238 |
| 91 | 无锡舜特精密合金板带有限公司 | 23182 | 2406 | 23077 | 2769 | 258 |
| 92 | 无锡市华夏冷轧镀锌带钢有限公司 | 22321 | 206 | 21925 | 3288 | 130 |
| 93 | 无锡大陆钢管有限公司 | 22226 | 267 | 23626 | 3726 | 336 |
| 97 | 江苏龙源催化剂有限公司 | 21398 | 4375 | 23932 | 3222 | 213 |
| 99 | 无锡市华力薄板有限公司 | 21126 | 216 | 23470 | 3444 | 120 |

## 2012年钱桥街道进入惠山区百强企业一览表

表3—15—63　　单位：万元

| 在惠山区排位 | 企业名称 | 现价工业总产值 | 主营业务收入 | 利税 |
|---|---|---|---|---|
| 1 | 江苏沙钢集团锡兴特钢有限公司 | 652863 | 690130 | 30248 |
| 7 | 江苏苏嘉集团有限公司 | 250606 | 250178 | 42163 |
| 25 | 无锡华精新型材料有限公司 | 71466 | 72088 | 4670 |
| 30 | 无锡联创薄板有限公司 | 52293 | 49876 | 11899 |
| 34 | 无锡舜特金属制品有限公司 | 49479 | 45546 | 6459 |
| 37 | 江苏苏嘉集团新材料有限公司 | 42040 | 42143 | 10300 |
| 40 | 无锡江南高精度冷拔管有限公司 | 39061 | 41086 | 9226 |
| 43 | 无锡华顺民生食品有限公司 | 37890 | 37711 | 8010 |
| 44 | 无锡中冶钢缆有限责任公司 | 36190 | 39008 | 7042 |
| 59 | 无锡华生精密材料股份有限公司 | 27019 | 25371 | 664 |
| 62 | 江苏龙源催化剂有限公司 | 26923 | 39283 | 15830 |
| 68 | 无锡市广润金属制品有限公司 | 23505 | 24843 | 240 |
| 74 | 江苏德克环保设备有限公司 | 21948 | 21838 | 3569 |
| 76 | 无锡舜特金属合金板带有限公司 | 21107 | 20834 | -1329 |
| 79 | 无锡市凯龙汽车设备制造有限公司 | 20235 | 15686 | 5724 |
| 84 | 无锡市泉济混凝土有限公司 | 19627 | 38715 | 6573 |

## 2013年钱桥街道进入惠山区百强企业一览表

表3—15—64　　单位：万元

| 在惠山区排位 | 企业名称 | 现价工业总产值 | 主营业务收入 | 利税 |
|---|---|---|---|---|
| 1 | 江苏沙钢集团锡兴特钢有限公司 | 661960 | 676542 | 34321 |
| 5 | 江苏苏嘉集团有限公司 | 253912 | 253919 | 33803 |
| 8 | 无锡华精新型材料有限公司 | 63109 | 67136 | 4717 |
| 20 | 无锡华顺民生食品有限公司 | 59353 | 48879 | 4993 |
| 22 | 无锡联创薄板有限公司 | 50681 | 61511 | 4767 |
| 29 | 江苏苏嘉集团新材料有限公司 | 41151 | 41641 | 4976 |

续表 3—15—64　　单位：万元

| 在惠山区排位 | 企业名称 | 现价工业总产值 | 主营业务收入 | 利税 |
|---|---|---|---|---|
| 30 | 无锡市广润金属制品有限公司 | 40002 | 34993 | 4836 |
| 33 | 无锡江南高精度冷拔管有限公司 | 37364 | 31554 | 3499 |
| 47 | 无锡市凯龙汽车设备制造有限公司 | 34040 | 34593 | 4437 |
| 49 | 无锡舜特金属制品有限公司 | 32441 | 31427 | -311 |
| 50 | 无锡中冶钢缆有限责任公司 | 31821 | 33237 | 5710 |
| 57 | 江苏德克环保设备有限公司 | 27125 | 27204 | 2555 |
| 65 | 江苏龙源催化剂有限公司 | 81900 | 81900 | 22710 |
| 66 | 无锡华生精密材料股份有限公司 | 25109 | 16441 | 718 |
| 98 | 无锡华盛橡胶新材料科技股份有限公司 | 19412 | 18777 | 3735 |
| 99 | 无锡美业机械制造有限公司 | 18881 | 18719 | 1293 |

### 2014 年钱桥街道进入惠山区百强企业一览表

表 3—15—65　　单位：万元

| 在惠山区排位 | 企业名称 | 现价工业总产值 | 主营业务收入 | 利税 |
|---|---|---|---|---|
| 1 | 江苏沙钢集团锡兴特钢有限公司 | 692216 | 701588 | 55965 |
| 7 | 江苏苏嘉集团有限公司 | 253035 | 257052 | 41283 |
| 24 | 江苏龙源催化剂有限公司 | 81000 | 65152 | 18048 |
| 26 | 凯龙高科技股份有限公司 | 77449 | 83459 | 11762 |
| 35 | 无锡联创薄板有限公司 | 61075 | 61817 | 7903 |
| 37 | 无锡华顺民生食品有限公司 | 57675 | 50969 | 5475 |
| 43 | 无锡华精新材股份有限公司 | 48314 | 49730 | 2740 |
| 45 | 江苏苏嘉集团新材料有限公司 | 46067 | 47367 | 4750 |
| 55 | 无锡江南高精度冷拔管有限公司 | 35494 | 30604 | 3980 |
| 57 | 无锡市广润金属制品有限公司 | 32698 | 31946 | 5853 |
| 75 | 江苏德克环保设备有限公司 | 26862 | 28308 | 4794 |
| 83 | 无锡华生精密材料股份有限公司 | 23977 | 19702 | 1847 |
| 91 | 无锡华盛橡胶新材料科技股份有限公司 | 21649 | 21510 | 3367 |
| 94 | 无锡华精钢带有限公司 | 21218 | 22010 | 295 |
| 96 | 无锡美业机械制造有限公司 | 20781 | 20864 | 2392 |

### 2015 年钱桥街道进入惠山区百强企业一览表

表 3—15—66　　单位：万元

| 在惠山区排位 | 企业名称 | 现价工业总产值 | 主营业务收入 | 利税 |
|---|---|---|---|---|
| 3 | 江苏苏嘉集团有限公司 | 409606 | 409606 | 68934 |
| 24 | 无锡市广润金属制品有限公司 | 81493 | 76158 | 11156 |
| 31 | 无锡联创薄板有限公司 | 66252 | 67111 | 10855 |
| 33 | 无锡华顺民生食品有限公司 | 64339 | 68764 | 5930 |
| 37 | 无锡美业机械制造有限公司 | 55343 | 56272 | 5844 |
| 38 | 无锡华生精密材料股份有限公司 | 54322 | 50444 | 4142 |
| 41 | 无锡江南高精度冷拔管有限公司 | 51057 | 52063 | 6418 |
| 43 | 凯龙高科技股份有限公司 | 49094 | 46510 | 5084 |
| 48 | 江苏苏嘉集团新材料有限公司 | 44304 | 44304 | 5270 |
| 65 | 无锡华精新材股份有限公司 | 31696 | 31696 | 5398 |
| 70 | 无锡华精钢带有限公司 | 30701 | 30701 | 877 |
| 89 | 江苏龙源催化剂有限公司 | 51137 | 51137 | 19675 |
| 95 | 无锡华盛橡胶新材料科技股份有限公司 | 18921 | 18921 | 2307 |

说明：江苏龙源催化剂有限公司利税数据含公司下属各分厂利税

## 第十四节 管理机构

明、清、民国时期，钱桥、藕塘地区少有工业，也没有工业管理机构。

1956年，经过社会主义改造，钱桥、藕塘分别成立手工业联合社，属无锡县手工业合作社领导。1959年，钱桥、藕塘公社分别建立工业办公室，配备3~5名工作人员管理公社工业、指导大队工业，确定一名党委副书记或公社副社长分管。1961~1964年整顿调整过程中，工业办公室人员有所减少，但机构保留不变。“文化大革命”期间，钱桥、藕塘公社革命委员会直接领导、管理工业办公室。1972年、1974年，钱桥、藕塘公社先后成立工交办公室。1983年，钱桥、藕塘公社建置改成乡以后，两乡分别建立经济联合委员会（简称经联委），为乡级经济管理领导机构，下设工业公司、农业公司、多种经营服务公司、建筑公司、交管站等；各大队成立农工商联合社，负责工业等经济管理工作。1985年，钱桥、藕塘乡撤销经联委，分别建立乡工业实业总公司，同时各村成立村工业实业总公司。1987年，钱桥改乡为镇，工业实业总公司更名为钱桥镇工业总公司。2002年，钱桥、藕塘镇工业总公司改设为镇经济贸易服务站。

2004年，钱桥、藕塘两镇合并，钱桥、藕塘镇经济贸易服务站合二为一。2006年11月，无锡市委、市政府建立中共（藕塘）职教园区工作委员会和无锡（藕塘）职教园管委会，与钱桥镇实行园镇合一的管理体制，钱桥镇经济贸易管理站改设为无锡职教园经济发展和招商局。

**1972~2015年钱桥、藕塘（公社、乡）镇，钱桥街道工业管理机构历任领导任职表**

表3—15—67

| 建置 | 姓名 | 任职时间 | 职务 | 建置 | 姓名 | 任职时间 | 职务 |
|---|---|---|---|---|---|---|---|
| 钱桥公社 | 杨海度 | 1972.00~1976.00 | 工交办公室主任 | 藕塘公社 | 冯荣南 | 1974.00~1980.00 | 工交办公室主任 |
| | 邵奇林 | 1976.00~1982.00 | 工交办公室主任 | | 黄海兴 | 1980.00~1983.00 | 工交办公室主任 |
| 钱桥乡 | 黄海兴 | 1983.00~1987.06 | 工业公司经理 | | 王伯生 | 1983.00~1984.00 | 工业公司经理 |
| 钱桥镇 | 黄海兴 | 1987.07~ 1990.08 | 工业公司经理 | 藕塘乡 | 管忠兴 | 1984.00~1985.00 | 工业公司经理 |
| | 张煜良 | 1990.09~1990.12 | 工业公司经理 | | 陆稼英 | 1985.00~1989.00 | 工业总公司总经理 |
| | 黄海兴 | 1990.12~1994.05 | 工业公司、工业总公司经理 | | 芮卓君 | 1990.00~1992.00 | 工业总公司总经理 |
| | 彭建清 | 1994.05~1995.03 | 工业总公司经理 | | 李建兴 | 1992.00~1993.00 | 工业总公司总经理 |
| | 包金明 | 1995.03~1997.12 | 工业总公司(乡镇企业管理服务站）总经理 | 藕塘镇 | 芮卓君 | 1993.00~1995.00 | 工业总公司总经理 |
| | 沈国良 | 1997.12~2004.02 | 工业总公司（经济贸易服务站）总经理 | | 张桐生 | 1996.00~1998.00 | 工业总公司总经理 |
| 钱桥(镇)街道 | 沈国良 | 2004.03~2005.00 | 工业总公司（经济贸易服务站）总经理 | | 管忠兴 | 1998.00~1999.00 | 工业管理站站长 |
| | 高建国 | 2005.00~2009.10 | 经济贸易服务站站长、无锡职教园经济发展和招商局局长 | | 杨忠伟 | 1999.00~2000.00 | 工业管理站站长 |
| | 朱益明 | 2009.10~2014.10 | 无锡职教园经济发展和招商局局长 | | 王盘兴 | 2001.00~2004.02 | 经贸站站长 |
| | 刘永祥 | 2014.10~ | 无锡职教园经济发展和招商局局长 | — | — | — | — |

2015年，刘永祥任无锡职教园经济发展和招商局局长。

# 第十六章 商贸服务业

明、清、民国时期，钱桥、藕塘地区仅有钱桥、藕塘、稍塘、南西漳、盛店等老街开设一些小商小店，商品匮乏，都为一些油盐酱醋、日用百货、食品之类。新中国成立后的五六十年代，区域内商贸业发展缓慢。1958 年，钱桥公社商贸服务业零售总额 392.36 万元，藕塘公社零售总额 144.87 万元。1965 年，钱桥公社商贸服务业零售总额 273 万元，藕塘公社零售总额 179.4 万元。改革开放后，钱桥、藕塘地区居民、农户纷纷开办个体商店。90 年代，区域内涌现大型商店和超市。

1995~2000 年钱桥、藕塘镇商贸服务业增加值汇总表

表 3—16—1　　单位：万元

| 年份 | 钱桥镇 | 藕塘镇 | 年份 | 钱桥镇 | 藕塘镇 |
|---|---|---|---|---|---|
| 1995 | 22500 | 9902 | 1998 | 10000 | 16785 |
| 1996 | 29300 | 14000 | 1999 | 11345 | 18014 |
| 1997 | 15000 | 16100 | 2000 | 20000 | 20300 |

进入 21 世纪，钱桥、藕塘地区的商贸业越来越发达，商店林立，商品繁多，商业繁荣，市场兴旺，建造商贸步行街、大型综合商业广场等。2003 年，钱桥镇党委、政府提出经济从“二三一”向“三二一”（“一”为农业，“二”为工业，“三”为商贸服务业）转变的发展战略，利用京杭大运河和洋溪河得天独厚的河道运输优势和锡宜高速道口、国道 G312 线优势，大力发展仓储流通业，加快建设大型商贸市场。2005 年，钱桥镇完成商贸服务业开票销售 43 亿元，投入商贸服务业 9 亿元，新办商贸服务企业 98 家。2006 年，钱桥镇完成商贸服务业开票销售 53 亿元，投入商贸服务业 11.52 亿元，新办商贸服务企业 101 家。2007 年，商贸服务业作为钱桥的支柱产业，钢贸市场运行稳健，其中龙之杰及振兴两大钢贸市场完成营业收入 200 亿元，占服务业开票销售收入的 75%左右。是年，玉泉商贸步行街一期工程投资 600 多万元，已经营业的店铺达 100 多家，解决 300 多名失地农民就业。

2010 年，钱桥街道全年实现商贸服务业开票收入 230.5 亿元，同比增 87.5%；完成服务业投入 32.16 亿元，比上年增 20.31%；服务业增加值完成 26 亿元，同比增 29.98%，占全社会地区生产总值比例的 38%，比上年提高 4 个百分点；实现消费品零售总额 11.89 亿元，同比增 8.78%；新办商贸企业 180 家。是年，江苏钱桥金属制品交易中心有限公司成立。交易中心建筑面积 6.63 万平方米，总投资 4.5 亿元。金属制品交易中心围绕钱桥街道千家金属制品企业，搭建现货交易、电子商务、信息推广、产品展示、出口推广、金融物流监管、政务服务等六大产业服务平台，致力于打造集交易、采购、研发、出口、仓储为一体的华东地区最具专业化、最具影响力的金属制品现货交易中心。2011 年，钱桥街道实现商贸服务业开票收入 292.7 亿元，同比增长 26.98%；完成服务业投入 36.1 亿元，同比增长 12.25%；商贸服务业增加值完成 31.7 亿，同比增长 21.92%，占全社会地区生产总值比例为 33%。龙之杰与振兴两大钢材市场经营规模迅速扩大，分别被江苏省经贸委评为省级“重点物流

基地”和“重点物流企业”。大宗钢铁电子交易中心日均交易量达 40 万吨，日均交割 1 万吨以上。2012 年，盛岸西路商务片区基本形成“一个汽车 4S 店集聚区、两个城市综合体、三个钢贸交易中心”为构架的“一区、两体、三中心”发展格局。是年，钱桥街道社会商品销售总额达 20.43 亿元，比上年增加 16.21%；进出口总额 18839 万美元，比上年增 17.33%；其中进口额 832 万美元，比上年增 5.67%，主要商品有设备、原材料等；出口额 18007 万美元，比上年增 16.72%，主要商品有钢管、钢板、机械等，销往 80 多个国家和地区；商贸服务业销售收入 338.53 亿元，实现服务外包协议金额 2300 万美元。

2013 年，钱桥街道商贸服务业投入 44.6 亿元，同比增 13.5%；商贸服务业实现营业收入 319 亿元；商贸服务业增加值占地区生产总值比重为 36.9%。是年 6 月 13 日，五洲国际控股有限公司在香港成功上市。2014 年，钱桥街道商贸服务业投入 52.09 亿元，社会消费品零售总额 40.64 亿元，纳税营业收入 357.43 亿元，增加值 46.33 亿元，自营出口总额 1.7 亿美元。2015 年，投入商贸服务业 58.51 亿元，社会消费品零售总额 43.03 亿元，纳税营业收入 342.44 亿元，增加值为 48.95 亿元。

2001~2015 年钱桥、藕塘镇、钱桥街道商贸服务业主要经济指标完成情况表

表 3—16—2 单位：万元

| 建置 | 年份 | 三产增加值 | 社会消费品零售总额 | 固定资产投资完成额 | 自营出口总额（万美元） | 服务业纳税营业收入 |
|---|---|---|---|---|---|---|
| 钱桥 | 2001 | 23105 | 5955 | 7127 | 2756 | — |
| 藕塘 | | 18014 | 3410 | 2103 | 213 | — |
| 钱桥 | 2002 | 28959 | 7800 | 7278 | 2629 | — |
| 藕塘 | | 20500 | 3800 | 1000 | 732 | — |
| 钱桥 | 2003 | 33968 | 9552 | 37076 | 3105 | — |
| 藕塘 | | 23000 | 4800 | 6860 | 2226 | — |
| 钱桥（镇）街道 | 2004 | 64878 | 17008 | 67290 | 6356 | — |
| | 2005 | 96879 | 50673 | 92143 | 7400 | — |
| | 2006 | 116496 | 58660 | 115203 | 9215 | — |
| | 2007 | 142100 | 67978 | 205084 | 14792 | — |
| | 2008 | 176143 | 79200 | 227359 | 22938 | |
| | 2009 | 200521 | 109312 | 267345 | 10213 | |
| | 2010 | 260600 | 118868 | 321618 | 13071 | 2304954 |
| | 2011 | 316709 | 175845 | 361064 | 15428 | 2927008 |
| | 2012 | 368056 | 204255 | 392589 | 18007 | 3385317 |
| | 2013 | 427205 | 357773 | 445786 | 16198 | 3190247 |
| | 2014 | 463263 | 406350 | 520858 | 16956 | 3574254 |
| | 2015 | 489525 | 430255 | 585142 | 16653 | 3424370 |

# 第一节 街市商业沿革

钱桥街道区域内有钱桥老街、藕塘老街、南西漳老街、稍塘营老街、盛店桥老街 5 条古老的街市。老街分别先后形成于宋代、明代、清朝末年和民国时期。民国 19 年（1930），钱桥老街有 49 家店铺，藕塘老街有 65 家店铺。进入 21 世纪，钱桥、藕塘地区商业繁荣，出现新型商业街区。新型商业街区商铺林立，商品琳琅满目。2015 年，钱桥街道辖区内的 5 条老街经过数百年的商贸洗礼，有的面积扩大，商铺数以百计地倍增，市场繁荣；有的则易地新建；有的因建置变化，则商业萎缩，商店所剩无几。新增的新型商业街区有青春假日风情时尚街区、西城荟商业街和金茂玉全街。

## 一、钱桥街市

钱桥街市借助于古龙山梢官道与洋溪河水道，在宋代形成。元至元十二年（1275），由钱奎建钱

桥而钱桥街市闻名，兴盛于明清时期。清光绪十三年（1887）三月，石塘湾孙伯瑜与上海外商买办顾逸夫订立合同，开设“仁昌”茧行于钱桥街市。

钱桥街市曾是周边地区的商贸文化中心，东起惠山镇的市民，西北至藕塘、阳山、陆区、杨市的农民都到钱桥街市赶集采买，喝茶听书。南街市面繁盛，民居多开店设坊；北街乡风淳朴，居家多耕读自足。街面上米铺、油坊、南北货店、棺材铺、茶楼、书场等一应俱全，尤以米铺油坊最为兴盛。民国时期，钱桥街市有商铺上百家，其中益丰、益泰丰、正丰、正昌、茂丰等米行数十家。闻名于无锡地区的庄源大油坊，前店后坊，员工有几十人，还兼办“槽坊”“酱坊”及杂粮买卖。现存南岸油车弄的油坊是庄源大老屋，三开间二层楼，还能看出当年的富商气派。油车弄是庄源大的作坊工场。老街北头的二层百年老屋是马家开的珠宝店，后人都去异地，如今老楼变成理发店。北街的郑家大院曾是钱桥地区有名的乡绅大户，其残存的有阔达门厅，高挑四开间，花墙各异，楠木精雕等；园中一口古井，硕大的井圈用金山石凿成（江南井圈常见用青石凿制，用金山石的亦不多见），可见当年老街首富气派。

**民国19年（1930）钱桥、藕塘市镇商店开设统计表**

表3—16—3　　单位：家

| 商店别 | 钱桥市镇 | 藕塘桥市镇 | 商店别 | 钱桥市镇 | 藕塘桥市镇 | 商店别 | 钱桥市镇 | 藕塘桥市镇 |
|---|---|---|---|---|---|---|---|---|
| 槽坊 | 2 | 2 | 面店 | 3 | 5 | 铜锡器 | 0 | 0 |
| 茧行 | 1 | 3 | 酒店 | 5 | 4 | 材板铺 | 1 | 2 |
| 粮食行 | 2 | 1 | 茶店 | 5 | 7 | 石灰行 | 0 | 1 |
| 鱼行 | 2 | 3 | 肉铺 | 0 | 5 | 石铺 | 1 | 0 |
| 猪行 | 1 | 1 | 裁缝铺 | 4 | 0 | 竹匠店 | 0 | 1 |
| 绸布庄 | 0 | 0 | 铁器店 | 1 | 2 | 杂货店 | 3 | 7 |
| 洋货店 | 0 | 2 | 理发店 | 1 | 4 | 小贩摊 | 3 | 3 |
| 中式药店 | 2 | 3 | 盐店 | 1 | 1 | 油厂 | 0 | 1 |
| 茶食店 | 3 | 2 | 皮匠店 | 3 | 2 | 合计 | 49 | 65 |
| 饭馆 | 3 | 2 | 纸马店 | 2 | 1 | — | — | — |

新中国成立初期，钱桥街市的米行与米厂联合经营，再逐渐合并。1950年，钱桥街镇共有商铺124家，其中米行12家、粮食加工坊6家、杂货店8家、百货店3家、棉货店4家、山地货店3家、肉铺9家、鱼行4家、饭店3家、小吃店7家、熟食店1家、生面店3家、豆腐坊8家、茶馆店8家、酱酒坊4家、邮政代办所1家、药材店3家、理发店5家、裁缝店3家、老虎灶浴室2家、照相馆1家、皮匠店6家、铁匠铺3家、白铁铜匠店2家、修车行1家、石匠店3家、圆木坊3家、染坊1家、砖瓦石灰店2家、纸马店2家、寿材店3家，另有救熄会（水龙宫）2个，轮船码头1个。

**1950年钱桥街镇商铺一览表**

表3—16—4

| 行业 | 名称 | 业主 | 名称 | 业主 | 名称 | 业主 |
|---|---|---|---|---|---|---|
| 米行 | 永昶米行 | 黄泉生 | 协泰米行 | 毛　良 | 顺裕米行 | 邓志明 |
| | 源丰米行 | 邹海宝 | 协丰米行 | 邹奎宝 | 时和米行 | 丁子兴 |
| | 鸿大米行 | 陈洪根 | 宋鸿号米行 | 宋文江 | 正昌米行 | 张浩正 |
| | 庆丰米行 | 朱仲庆 | 云璋米行 | 朱云璋 | 藕成米行 | 朱藕成 |
| 粮食加工作坊 | 黄公升碾米厂 | 黄阿盘 | 益丰碾米厂 | 毛仁辅<br>毛振兴 | 大隆碾米厂 | 马辛初<br>时金宝<br>祝阿泉 |
| | 元泰丰碾米厂 | 毛盘根 | 五丰碾米厂 | 王耀兴<br>秦志清 | 协泰丰碾米厂 | 毛　良 |

续表 3—16—4

| 行业 | 名称 | 业主 | 名称 | 业主 | 名称 | 业主 |
|---|---|---|---|---|---|---|
| 杂货店 | 顺昌烟酒杂货店 | 黄子凡 | 信泰宜日杂店 | 王之寅 | 正卿日杂店 | 许正卿 |
| | 宋沛记杂货店 | 宋金南 | 子兴日杂店 | 丁子兴 | 仲寅日杂店 | 时仲寅 |
| | 根茂日杂店 | 蒋根茂 | 福金日杂店 | 王福金 | — | — |
| 百货店 | 子凡日用百货店 | 黄子凡 | 世荣日用百货店 | 顾世荣 | 阿伦日用百货店 | 王阿伦 |
| 棉货（布线）店 | 金荣布店 | 顾金荣 | 元泉布线店 | 蒋元泉 | 一丰布线店 | 周一丰 |
| | 仲寅布线店 | 时仲寅 | — | — | — | — |
| 山地货店 | 桂根山地货店 | 郑桂根 | 中青山地货店 | 钱中青 | 锡轩山地货店 | 冯锡轩 |
| 肉铺 | 荀大肉铺 | 郑荀大 | 瑞裕肉铺 | 毛瑞裕 | 瑞宝肉铺 | 毛瑞宝 |
| | 松轩肉铺 | 庄松轩 | 阿二肉铺 | 陈阿二 | 大姐肉铺 | 王大姐 |
| | 文江肉铺 | 宋文江 | 阿泉肉铺 | 祝阿泉 | 永法肉铺 | 高永法 |
| 鱼行 | 金和鱼行 | 毛金和 | 树元鱼行 | 吴树元 | 炳南鱼行 | 宋炳南 |
| | 锡荣鱼行 | 毛锡荣 | — | — | — | — |
| 饭店 | 寿记饭店 | 黄寿记 | 荣根饭店 | 黄荣根 | 荣正饭店 | 吴荣正 |
| 小吃店 | 阿大馒头店 | 吴阿大<br>吴金龙<br>吴金虎 | 荣正馄饨店 | 吴荣正 | 荣春馄饨玉兰饼店 | 戴荣春 |
| | 金才面、羊汤店 | 张金才 | 小龙馄饨店 | 张小龙 | 长宝大饼油条店 | 王长宝 |
| | 兰英大饼油条店 | 李兰英 | — | — | — | — |
| 熟食店 | 阿福熟食店 | 郁阿福 | — | — | — | — |
| 生面店 | 桂泉生面店 | 朱桂泉 | 纪德生面店 | 祝纪德 | 阿大生面店 | 陈阿大 |
| 豆腐坊（店） | 玉珍豆腐坊 | 蒋玉珍 | 荣初豆腐坊 | 郑荣初 | 金川豆腐坊 | 李金川 |
| | 金荣豆腐坊 | 李金荣 | 炳生豆腐坊 | 李炳生 | 炳法豆腐坊 | 李炳法 |
| | 隆泉豆腐坊 | 陈隆泉 | 阿纪豆腐坊 | 宋阿纪 | — | — |
| 茶馆店 | 阿东茶馆店 | 唐阿东 | 南泉茶馆店 | 姚南泉 | 纪根茶馆店兼书场 | 张纪根 |
| | 金德茶馆店 | 黄金德 | 荣根茶馆店 | 朱荣根 | 士良茶馆店 | 钱士良 |
| | 家宝茶馆店 | 周家宝 | 荣正茶馆店 | 吴荣正 | — | — |
| 酱酒坊 | 庄元大酱酒坊 | 庄福庆 | 周恒昌酱酒坊 | 周寅臣<br>周惠臣 | 良达酱酒坊 | 郁良达 |
| | 万康酱酒坊 | 冯　氏 | — | — | — | — |
| 邮政代办所 | 钱桥邮政代办所 | 孙锦荣<br>郑顺泉 | — | — | — | — |
| 药材店 | 济寿堂中药店 | 孙德昌 | 保春堂中药店 | 孙雪清 | 周裕堂大药店 | 孙文圻 |
| 理发店 | 文林理发店 | 朱文林 | 腊荀理发店 | 王腊荀 | 国荣理发店 | 陈国荣 |
| | 太明理发店 | 王太明 | 思子理发店 | 耿思子 | — | — |
| 裁缝店 | 东坡裁缝店 | 俞东坡 | 紫兰裁缝店 | 顾紫兰 | 佛宝裁缝店 | 黄佛宝 |
| 老虎灶浴室 | 阿如老虎灶 | 王阿如 | 高记浴室 | 高金山 | — | — |
| 照相馆 | 文星照相馆 | 张文杰 | — | — | — | — |
| 皮匠店 | 荣生皮匠店 | 曹荣生 | 银海皮匠店 | 唐银海 | 锦泉皮匠店 | 朱锦泉 |
| | 锦贵皮匠店 | 李锦贵 | 云泉皮匠店 | 许云泉 | 绍伦皮匠店 | 吴绍伦 |
| 铁匠铺 | 戴记铁匠铺 | 戴佑余 | 秦记铁匠铺 | 秦和尚 | 许记铁匠铺 | 许爱生 |
| 白铁、铜匠店 | 泉元白铁（铜）匠店 | 时泉元 | 进兴白铁（铜）匠店 | 王进兴 | — | — |
| 修车行 | 伏万祥修车行 | 伏万祥 | — | — | — | — |
| 石匠店 | 振兴石匠店 | 李振兴 | 福生石匠店 | 李福生 | （另 4 家不祥） | — |
| 圆木坊 | 三福圆木坊 | 顾三福 | 阿度圆木坊 | 许阿度 | （另 1 家不祥） | — |
| 染坊 | 跃和染坊（协和染坊） | 郑子梦<br>任云洁 | — | — | — | — |
| 砖瓦石灰店 | 建培砖瓦石灰店 | 邬建培 | 锡培砖瓦石灰店 | 邬锡培 | — | — |
| 纸马店 | 顾记纸马店 | 顾阿伦 | 曹记纸马店 | 曹根培 | — | — |
| 寿材店 | 马记寿材店 | 马裕泉 | 高记寿材店 | 高永法 | 泰记寿材店 | 高永泰 |

1951 年，钱桥供销社成立。1953 年，粮食实行统供统销，钱桥街市的粮食由钱桥粮管所统筹。1956 年，钱桥街市的私营商店、作坊、摊贩实行公私合营。

1984 年，钱桥镇区扩大，在老街西面建设新街。镇区商贸业迅速扩张，百业兴旺，市场繁荣。

1986 年，钱桥乡有商业网点 762 个，从业人员 1866 人。其中国营商店 4 家，职工 31 人；集体商店 43 家，职工 186 人；个体商店 715 户，从业人员 1649 人。全年社会商品零售总额 928 万元，农副产品收购额 11.7 万元，集市贸易成交额 174.57 万元。钱桥供销社为农业供应化肥、农药、铁木竹具计费 123 万元。是年，钱桥乡政府规划、实施新市镇建设。

图 3—16—1　1950 年钱桥老街示意图

经过十多年的建设，至 20 世纪末，钱桥街镇形成二纵二横街路，行政区、商业区、工业区、文化区、教育区、居民住宅区合一的新型市镇，面积由 1985 年的 0.8 平方公里扩增到 4.5 平方公里。2015 年，钱桥市镇新街区商业大厦林立、商品房小区、安置房小区十余家，常住人口近 10 万人，已形成以钱桥大街为主，振兴路、舜新路为副的商业中心格局，上千家商店兴盛于市，一派繁荣景象。

## 二、藕塘街市

藕塘桥宋时属无锡县布政乡。明万历年间划区并乡，藕塘桥属开原区下扇布政乡，街市已形成。藕塘老街分南北两街，中间隔着洋溪河。建于北宋年间的藕塘桥贯穿洋溪河上，连接南北两街。

清末民国初，藕塘街上有茶食店、肉铺、药房、面馆、纸马店、铁匠铺、酱油铺、茶馆、赌场、茧行、水磨作坊、香烛店、棺材店铺等。老街北头总是生意不灵，很多店面开了就关，店主跑到南街开店。因此，藕塘南街的商店越来越多，商业越来越兴旺。

民国初年，藕塘老街又开设公大油厂。民国 18 年（1929），藕塘老街开有 3 家茧行。此后，藕塘北街又建轮船码头。由于水路交通方便，藕塘老街商贸业较为兴旺。藕塘茧行是藕塘地区蚕茧的交易中心，茧行里堆满蚕茧的时候，满屋满地都是白花花一片。春秋之交，空旷的茧房就会聚满乡亲斗蟋蟀或赌钱。

逢年过节，藕塘老街口搭戏台，连续唱几天摊黄，四邻八方的人都会前往看戏。春节里，调龙灯队一拨又一拨。老街上居民会推选一个人去接龙灯。接龙灯的人把龙灯接到一家一户，恭喜发财。户主开门接纳龙灯，就要给红包，贫穷一点的居民就干脆不开门。老街上的居民最爱看夜里调龙灯。

龙身里面点亮蜡烛，黑夜里煞是好看。晚上，龙灯队一到藕塘桥上，先把龙头探向洋溪河中，谓之“龙戏水”。最惊险的是“龙打滚”，调龙灯的人从龙身上跳来跳去，看去就像龙在打滚。龙打滚要有高超的技艺，弄不好龙体中的蜡烛会把布做的龙身点燃烧起来。有一次，龙灯队在藕塘桥上龙打滚时，一不小心，把龙灯烧成了火龙。

新中国成立初期，藕塘老街商业店铺基本稳定。1951 年，藕塘成立供销合作社。1956 年，藕塘个体商贩公私合营。

**民国 27 年、1949 年，1956 年、1958 年藕塘桥南北老街商铺开设统计表**

表 3—16—5

北↑ 藕塘老街北街街道（西侧）

| 民国 27 年 业主、商铺 | 1949 年 业主、商铺 | 1956 年 业主、商铺 |
|---|---|---|
| 大河塘 | | |
| 朱伦成·旧服装 | 朱伦成·旧服装 | 朱伦成·杂货 |
| — | 阿茂·皮匠 | — |
| 顾友良 | 朱仁宝 | — |
| 铁业社 | 叶有声·诊所 | 叶有声·诊所 |
| | 黄泉根·南货店 | 黄泉根·南货店 |
| 冯阿六·茶店 | 阿毛娘·茶店 | 阿毛娘·茶店 |
| 王根宝·烟酒 | 王根宝·烟酒 | 王根宝 |
| 王伯生·理发 | 王伯生·理发 | — |
| 张月华·酒店 | 张月华·酒店 | 俞佛祥·木行 |
| 张阿桂 张叙兴·山地货 | 张阿桂·山地货 | 张阿桂·山地货 |
| 姚梅生·小吃 | 姚梅生·馒头 | 姚梅生 |
| 胡雪莹·杂货 | 胡雪英·杂货 | 黄宝林·机船 |
| — | 冯惠南娘 | — |
| 杨金生·理发 | 杨金生·理发 | 杨金生 |
| — | 吴培荣·肉店 | 冯仁根·饭店 |
| — | — | — |
| — | — | — |

藕塘老街北街街道（东侧）

| 1956 年 业主、商铺 | 1949 年 业主、商铺 | 民国 27 年 业主、商铺 | 街后 |
|---|---|---|---|
| 竹器店 | 大会堂 | 藕塘中心小学操场 | |
| 1938~1949 年 陈洪根·铁匠店 | | | |
| 1949~1956 年 朱焕根·酱油坊 | | | |
| 黄永泉 黄永根 | | | |
| 空地 | | | |
| 陈洪祖后造 | | | |
| — | 姚阿末 | — | 藕塘中心小学操场 |
| 龚阿六·肉店 | 龚阿六·肉店 | 龚阿六·肉店 | |
| — | — | — | |
| 黄泉焕·人寿堂饭店 | | | |
| — | 李阿培·缝纫店 | — | |
| 龚根泉 | | 龚茂兴·南北货 | 原为“裕昌茧行”，后建藕塘中心小学 |
| — | 龚盘度·鱼行 | — | |
| 冯士伦·缝纫店 | | | |
| 张伦祥 | 张伦祥·酒店 | | |
| 1960 年前后藕塘抽水站 | 冯焕春 | — | |
| | 陈仲道·春和堂药店 | | |
| 肉店 | 1956 年藕塘乡镇府 | | — |
| — | — | — | |
| — | | — | |
| 藕塘横街 | | | |
| — | 周林宝肉店 | 【轮船码头】 | |

洋溪河　藕塘桥　洋溪河

北↑ 藕塘老街南街街道（西侧）

| 民国 27 年 业主、商铺 | 1949 年 业主、商铺 | 1956 年 业主、商铺 | 1958 年 业主、商铺 |
|---|---|---|---|
| 轮船码头 | — | — | — |
| 阿曹·鱼行 | 严炳生·茶食 | | 公社所在地 |
| 陈福来·茶食 | 邵金金·缝纫 | | 居委 |
| 龚惠泉·南北货 | 张林奎·鱼行 | 唐文荣·日杂 | 日杂商店 |
| | 许正兴·山地货 | | |
| | | | |
| 李金英·杂货店 | | 龚炳良·酒店 | 龚炳良 |
| 丁凤山·百货 | — | — | 商店批发部 |
| 产根·茶店 | 陆廷相·布店 | — | |
| 周裕泰·布店 | 崔阿二·布店 | — | 塑料厂（副食品部） |
| 张焕兴·百货 | 唐秀芝·笆斗 | — | |

藕塘老街南街街道（东侧）

| 1958 年 业主、商铺 | 1956 年 业主、商铺 | 1949 年 业主、商铺 | 民国 27 年 业主、商铺 |
|---|---|---|---|
| — | — | 第一楼茶店 | 第一楼茶室 |
| 粮站 | — | — | 医药 |
| | — | 张锡荣米行 | — |
| | — | 小学 | |
| | — | | |
| | — | | |
| | — | 清宁道院 | |
| | — | | |
| | — | 李林度·石匠 | |
| 消防队 | — | 民丰米厂 | 龚锡根洪大油厂 |
| 空地 | — | — | — |

续表 3—16—5

| | | | | |
|---|---|---|---|---|
| 胡佳梅•杂货 | 龚阿听•米行 | — | | |
| 陈洪海•小吃 | 胡进兴•肉店 | — | | |
| 吴子平•茶食 | 胡佳梅•杂货 | — | 张伟大 | |
| — | 陈洪海•小吃 | 周维新•药店 | 周朴仁 | |
| — | 吴子平•茶食 | 戴凤珍•豆腐 | 山地货 | |
| — | 吴彩英•豆腐 | 吴子平•日用 | | |
| 陈耀奎•药店 | | 丁一平•山货 | 丁建明 | |
| — | 丁凤山•百货 | 丁凤山•百货 | 丁凤山 | |
| — | 丁巧泉•饭店 | 义丰 | 环保厂 | 豆腐店 |
| 高永泰•棺材店 | 龚三男•杂货 | 龚盘兴 | | |
| 石根培•饭店 | 石泉生•饭店 | 石泉生•饭店 | 供销社食堂 | |
| — | 吴锡良•花店 | 吴锡良•花店 | | |
| 朱伯麟•油厂 | 魏耀泉•柴行 | | 魏明良(魏纪兴) | |
| 张耀成娘•山芋店 | | — | 黄阿满 | |
| 顾杏根•铁铺 | | — | 陆逢献 | |
| 朱明泉•茶店 | | 王惠明•茶店 | 环保厂 | |
| 周维新•药店 | | | 陈尚志 | |
| — | — | — | 图书馆 | |
| — | — | — | | |
| — | — | — | 金属去污厂 | |
| — | — | — | | |
| — | 于明生•竹器 | — | 大会堂 | |
| 乾源•茧行 | | — | | |
| — | 龚盘兴•木业 | — | 农具部 | |
| — | 蔡进康•苗猪 | — | | |
| 陈荣海•纸店 | 殷泰财•竹店 | — | 陈伯祥 | |
| — | — | — | | |
| — | — | — | 黄菊娣 | |
| — | — | 陈奎生药店(耀济堂) | 过冠生 | |
| 陈军才•医室 | | | | |
| 盈盈•牛肉店 | — | — | — | |
| — | 周福林•香店 | 徐三宝 | — | |
| — | 程晋生•香店 | | — | |

藕塘老街南街街道

| | | | | |
|---|---|---|---|---|
| | — | 镇公所 | 合作社 | — |
| | 民丰米厂 | | | — |
| | — | | | — |
| | — | 丁阿福•鱼行 | | — |
| — | 义和祥•副食 | 吴仁生•邮局 | | 吴子云•邮局 |
| 图书馆 | 吴工云•邮局 | 龚炳元•肉店 | | |
| 龚炳元 | — | 龚仁元•杂货 | | |
| 黄国华 | — | 殷汝海•银匠 | | |
| 殷汝海 | 殷汝海•百货 | 丁阿焕•肉店 | | |
| 理发店 | 王龙海•理发 | | | |
| 胡志成 | — | 胡生梅•糟坊 | | 胡裕成•糟坊 |
| 徐志祥 | — | 殷振亚•杂货 | | — |
| 张阿茂 | — | 吴亦可•医室 | | |
| 范炳元 | 陆林相•布店 | | | — |
| 黄荣仁 | 黄连根•布店 | | | 李盘盘•纸马风水店 |
| 张龙根 | 张兴海•酒摊 | 张兴海•烟摊 | | |
| 许阿七 | — | 许振杨•医室 | | |
| 崔阿二 | 崔阿二•布店 | 崔阿二•布店 | | — |
| 张祖根 | — | 王杏妹•圆木 | | — |
| 张耀忠 | — | 杨如山•医室 | | |
| 徐金良 | — | — | | — |
| 李小荣 | 陈云霞•生面 | 李洪洪生面店 | | — |
| 徐老七 | — | 徐老七水果店 | | — |
| 杨炳奎 | — | — | | — |
| 李振兴 | — | 吴伯琴•茶店 | | |
| 于明生 | 于明生•竹店 | 邵文渭•纸店 | | |
| 曹海江 | — | — | | — |
| 王富生 | — | 周根宝•铁铺 | | — |
| 周根宝 | — | 黄学全•漆店 | | — |
| 单炳义 | — | — | | — |
| | — | 单少堂•医室 | | 龚文秀•医室 |
| 龚盘兴 | — | — | | — |
| | — | — | | — |
| | — | — | | — |

1958年，藕塘成立商业合作社。1983年，藕塘乡人民政府规划新街，决定易地新建于锡陆杨公路东风段南面。1985年新街建成后，藕塘老街逐渐废弃。1998年，藕塘商业社并入藕塘供销社。

2004年，藕塘镇与钱桥镇合并。藕塘市镇区域内新开发多家商业住宅小区与藕乐苑、新藕苑等安置小区，商业、服务业迅速发展。政新路、藕洛路等新辟街市成为藕塘商业新街区。2015年，藕塘老街的店面均迁至藕塘桥南锡陆公路旁新街，老街仅剩有白铁匠、烟酒、餐饮、门窗制作、文具用品、生面店等30多家。

## 三、南西漳街市

南西漳紧靠大运河，水上交通自古发达。民国时期，从无锡市工运桥（大洋桥）与吴桥开出的二班班轮每天途经南西漳，于是南西漳街市商贸活动频繁。南西漳街市开有几十家店铺，有南北货店、文具百货店、米行、铜匠店、铁匠店、木业铺等，还有邮政代办所、水龙宫等，一度成为锡西地区商业活动的中心，曾被百姓称之为“十里古街”。

1949年，南西漳老街是万东乡驻地。1950年，南西漳老街成为西漳乡驻地。新中国成立初期，南西漳老街商业稳定。1956年，商店、摊贩实行合作化，成立合作商店。1958年成立人民公社后，南西漳街的商店并入钱桥商业合作社。钱桥供销社在南西漳街开设门市部。1983年改革开放后，南西漳街个体工商户有所发展。2015年，南西漳老街有个体商店22家。

1949~2015年南西漳老街传统商店开设选年统计表

表3—16—6　　单位：家、人

| 行业 | 1949年前后 | | 1983年前后 | | 2015年 | |
|---|---|---|---|---|---|---|
| | 商店数 | 从业人数 | 商店数 | 从业人数 | 商店数 | 从业人数 |
| 烟酒 | 1 | 2 | 3 | 5 | 4 | 7 |
| 南北货 | 1 | 2 | 0 | 0 | 2 | 2 |
| 裁缝店 | 2 | 2 | 2 | 2 | 0 | 0 |
| 文具 | 1 | 1 | 1 | 1 | 2 | 4 |
| 百货 | 1 | 2 | 1 | 2 | 2 | 4 |
| 电器五金店 | 1 | 2 | 1 | 2 | 1 | 1 |
| 饭店 | 2 | 7 | 2 | 6 | 3 | 16 |
| 点心店 | 2 | 2 | 2 | 3 | 3 | 7 |
| 摇面店 | 2 | 2 | 2 | 2 | 1 | 1 |
| 大饼油条 | 1 | 2 | 1 | 2 | 2 | 4 |
| 羊肉店 | 1 | 3 | 1 | 1 | 0 | 0 |
| 豆腐店 | 3 | 3 | 1 | 1 | 0 | 0 |
| 茧行 | 1 | 1 | 0 | 0 | 0 | 0 |
| 熟食店 | 1 | 2 | 1 | 2 | 0 | 0 |
| 米行 | 1 | 2 | 1 | 2 | 1 | 1 |
| 药店 | 1 | 2 | 1 | 2 | 1 | 2 |
| 砖瓦店 | 0 | 0 | 1 | 2 | 0 | 0 |
| 典当 | 1 | 2 | 0 | 0 | 0 | 0 |
| 木器业 | 1 | 2 | 0 | 0 | 0 | 0 |
| 寿材店 | 1 | 2 | 0 | 0 | 0 | 0 |
| 园木竹店 | 1 | 2 | 0 | 0 | 0 | 0 |
| 铜匠铺 | 1 | 2 | 0 | 0 | 0 | 0 |
| 铁匠铺 | 1 | 2 | 0 | 0 | 0 | 0 |
| 合计 | 28 | 49 | 21 | 35 | 22 | 49 |

## 四、稍塘营街市

稍塘营为水上交通要道。清宣统三年（1911），稍塘营老街首开一爿茶馆店。以后，接踵开设小吃店、饭店、百货店等，逐步形成一条小街。民国时期，客运轮船每天有三班经过。来往船只多，客人多，小商小贩多，开设店铺也越来越多，市面大了。街头店铺有饭店2家、茶馆店3家、药店2家、理发店2家，还有烟酒百货店、棉布裁缝店、小吃熟食店、鱼摊、肉铺、香烛店、算命店、大饼油条店、皮匠店、摇面店、豆腐店、竹木器店、柴摊头、寿材店、诊所、轮船局、邮政所、救火会等，形成繁荣的市面、热闹的街头。稍塘营农民家家种桑，户户养蚕。民国18年（1929），杨墅园实业家匡仲谋看中稍塘营商业小街兴旺发达，在街后开办“榕大”茧行。

1950年4月，稍塘乡人民政府设立在稍塘营街上。1955年，藕塘供销合作社组织成立稍塘门市部。1956年，个体工商户改造后，稍塘门市部组织成立合作商店。1960年，藕塘信用合作社成立稍塘服务站。1962年，藕塘供销合作社扩大稍塘门市部规模，经营农药、化肥、农具、铁器、木器、竹器、背包喷雾器、板车轮胎、日杂货、生活日用品等，还定期收购猪、兔子、兔毛、毛皮等农副产品。1974年，稍塘营老街成立五匠亦工亦农服务站，开办裁缝、皮匠门市部。

1995年，新麻姑桥北50米处建造20间稍塘新街，逐步形成稍塘露天菜场。2000年，稍塘新街对面又新建26间店面。2006年，稍塘新街露天菜场建成钢架结构有篷菜场。2007年，稍塘营老街全部拆除，消失。

2008年，因雪灾稍塘新街有篷菜场被大雪压塌，后重建水泥框架结构稍塘营农贸市场。菜场周围有超市4家。2015年，稍塘营新街有1个农贸市场、25家个体商店。

1949~2015 年稍塘营老街、新街开设各类商店选年统计表

表 3—16—7　　单位：家、人

| 行业 | 1949 年前后 | | 1983 年前后 | | 2015 年（新街） | | 行业 | 1949 年前后 | | 1983 年前后 | | 2015 年（新街） | |
|---|---|---|---|---|---|---|---|---|---|---|---|---|---|
| | 商店数 | 从业人数 | 商店数 | 从业人数 | 商店数 | 从业人数 | | 商店数 | 从业人数 | 商店数 | 从业人数 | 商店数 | 从业人数 |
| 烟酒 | 1 | 2 | — | — | 6 | 9 | 算命店 | 1 | 1 | — | — | — | — |
| 南北货 | 1 | 2 | — | — | — | — | 轮船局 | 1 | 1 | 1 | 1 | — | — |
| 棉布、针织 | 1 | 2 | — | — | — | — | 理发店 | 2 | 4 | 1 | 2 | 3 | 3 |
| 裁缝店 | 2 | 4 | 1 | 10 | — | — | 皮匠 | 1 | 1 | — | — | — | — |
| 百货 | 1 | 2 | 1 | 2 | 4 | 11 | 茶店 | 3 | 6 | — | — | — | — |
| 电器五金店 | — | — | — | — | 1 | 1 | 糖果店 | 1 | 2 | — | — | — | — |
| 饭店 | 2 | 6 | 1 | 3 | 1 | 4 | 香烛店 | 1 | 2 | — | — | — | — |
| 点心店 | — | — | — | — | 1 | 2 | 邮政代办 | 1 | 3 | 1 | 3 | — | — |
| 摇面店 | 1 | 2 | — | — | — | — | 诊所 | 1 | 2 | 1 | 2 | — | — |
| 大饼油条 | 1 | 2 | — | — | 3 | 7 | 柴摊头 | 1 | 2 | — | — | — | — |
| 羊肉店 | 1 | 2 | — | — | — | — | 糕饼店 | 1 | 2 | — | — | — | — |
| 豆腐店 | 1 | 2 | — | — | — | — | 供销社 | — | — | 1 | 5 | — | — |
| 茧行 | 1 | 15 | — | — | — | — | 摩托修理 | — | — | — | — | 1 | 1 |
| 药店 | 2 | 4 | 1 | 1 | 1 | 1 | 小型浴室 | — | — | — | — | 1 | 1 |
| 寿材店 | 1 | 3 | — | — | — | — | 窗帘店 | — | — | — | — | 1 | 1 |
| 园木竹店 | 1 | 2 | — | — | — | — | 彩票店 | — | — | — | — | 1 | 1 |
| 铁匠铺 | 1 | 3 | — | — | — | — | 中国移动 | — | — | — | — | 1 | 2 |
| 肉店 | 1 | 1 | 1 | 1 | — | — | 合计 | 34 | 81 | 10 | 30 | 25 | 44 |
| 鱼摊头 | 1 | 1 | — | — | — | — | — | — | — | — | — | — | — |

## 五、盛店桥街市

民国时期，盛店桥街市虽然不大，但名气不小。盛店桥有南北二条官道途经，通洋溪河的北邗沟穿境而过。从无锡开出的两条水上航班一条经盛店桥通往陆区，一条经盛店桥通往南宅，从而繁荣了盛店街市。盛店街市店铺众多，商品琳琅满目，还定期开设猪角、牛角、羊角。每逢赶集日，商贾云集，十分热闹。盛店桥义泰茧行有相当规模，成为藕塘地区收茧集散地。

1956 年，盛店街市的商店、摊贩实行合作化。1958 年藕塘人民公社成立后，盛店桥商店由藕塘供销社派驻，后开设双代店。2015 年，盛店桥已看不到以前兴旺的集市，仅有 14 家商店以及 1 个农贸市场。农贸市场为午市，每天下午比较兴旺。

1949~2015 年盛店桥老街开设各类商店选年统计表

表 3—16—8　　单位：家、人

| 行业 | 1949 年前后 | | 1983 年前后 | | 2015 年 | | 行业 | 1949 年前后 | | 1983 年前后 | | 2015 年 | |
|---|---|---|---|---|---|---|---|---|---|---|---|---|---|
| | 商店数 | 从业人数 | 商店数 | 从业人数 | 商店数 | 从业人数 | | 商店数 | 从业人数 | 商店数 | 从业人数 | 商店数 | 从业人数 |
| 烟酒 | 4 | 15 | 3 | 6 | 4 | 10 | 熟食店 | 1 | 2 | 1 | 2 | — | — |
| 南北货 | 2 | 5 | — | — | — | — | 药店 | 1 | 2 | — | — | — | — |
| 棉布、针织 | 2 | 5 | — | — | — | — | 砖瓦店 | 1 | 10 | — | — | — | — |
| 裁缝店 | 2 | 5 | 2 | 4 | — | — | 典当 | — | — | — | — | — | — |
| 文具 | 2 | 4 | — | — | — | — | 木器业 | 1 | 2 | — | — | — | — |
| 百货 | 2 | 4 | — | — | 1 | 2 | 寿材店 | — | — | — | — | — | — |
| 饭店 | 1 | 4 | — | — | 3 | 10 | 园木竹店 | 1 | 2 | — | — | — | — |
| 点心店 | 1 | 2 | 1 | 2 | 3 | 6 | 铜匠铺 | 1 | 2 | — | — | — | — |
| 摇面店 | 2 | 4 | 1 | 2 | — | — | 铁匠铺 | 1 | 2 | — | — | — | — |
| 大饼油条 | 1 | 2 | — | — | 1 | 2 | 修家电 | — | — | — | — | 1 | 1 |
| 豆腐店 | 1 | 2 | — | — | — | — | 修电动车 | — | — | — | — | 1 | 2 |
| 茧行 | 1 | 10 | — | — | — | — | 合计 | 28 | 84 | 8 | 16 | 14 | 33 |

## 六、潘葑街市

潘葑，是1000多年前京杭运河无锡段跨越运河两岸的一个繁荣街市，南岸钱桥胜丰地区和山北会西地区交界地带、北岸石塘湾梅泾地区均属于潘葑街市区。潘葑段运河水深流急，是苏南运河交通要冲，历来为兵家必争之地。潘葑运河两岸建有塘岸，北岸称上塘，南岸称下塘。上塘街市尤为繁华。潘葑街市有驿站、功夫馆、油麻店、茶馆、小吃店、酒店连着酒坊，鳞次栉比。潘葑作为一处驿站，常州方向来的船户较多。五代十国时，潘葑经历了一场大战。《资治通鉴》记载公元913年，十国中的越国军队在潘葑被吴国军队战败的历史。宋代，潘葑是国家的酒库，时潘葑酒名扬天下。800多年前，南宋诗人杨万里坐船经过潘葑，写下了脍炙人口的《晓经潘葑》诗篇，诗中的船夫、房屋、垂柳情景交融。《太平天国战争全史》记载：清咸丰十年（1860）5月29日，太平天国忠王李秀成率部由常州向东直扑无锡，与退守无锡“安好营寨，四门稳扎”的清军在潘葑附近皋桥决战，清军惨败，参战清军几乎全部阵亡，潘葑居民逃光，房屋烧光。时清政府已没落，无力重建潘葑街市，潘葑从此消失，画上句号。20世纪60年代进行水利建设，挖渠时在潘葑出土很多酒缸碎片。20世纪80年代，随着潘葑渡口的撤销，潘葑地名消逝在历史的烟云里。

## 七、新型商业街区

进入21世纪，钱桥、藕塘地区的人民生活水平提高。为适应区域内和周边地区人民的生活需求，钱桥、藕塘镇，钱桥街道精心规划、设计、建造新型商业街。新型商业街有利于发展传统商业，同时抓住符合现代消费的“流行、时尚”核心文化元素，打造全新的商业形式，集文化、艺术、休闲、餐饮、购物于一体，将丰富业态与顶级环境资源相配置，以完全开放式的空间满足顾客看、听、嗅、味、触的全感官享受。2015年，钱桥街道有青春假日风情时尚街区、西城荟商业街、金茂玉全街3条新型商业街。

### （一）青春假日风情时尚街区

青春假日风情时尚街区位于无锡职教园校区文良路，是锡西新城的文化产业核心区，周边被8所高职院校环绕，并有大型住宅区100公顷以及350万平方米产业园，为时尚街区带来强大的消费力量。

青春假日风情时尚街区占地面积42071平方米，建筑总面积67336平方米，其中商业用房63000平方米、地下车库面积4300平方米。2015年底，完成一期198套的建筑，主体面积20540平方米。时尚街区共分为5个区域，以青春、活力、时尚、潮流为主题，集餐饮、购物、文娱、数码、运动、优居6大业态于一体，涵盖特色餐饮、国际影院、大型超市、连锁酒店、创意精品、休闲娱乐等多种商业业态，着力打造成为锡西最具特色的商业街区。

无锡职教园作为全国最大的职教园区之一，区域周围没有成型的同类商业中心，项目所定位的一站式青春风尚街区填补市场空白。在青春假日风情时尚街区不但能够享受到各地的特色美食，而且能感受不同地域的文化。青春假日风情时尚街被江苏省餐饮协会授予“江苏省特色饮食文化示范建设街区”的荣誉。除特色美食之外，街区还引进世界500强国际影院米高梅、跨国连锁品牌肯德基、台湾最大的咖啡连锁店85℃、全球著名体育用品品牌耐克、阿迪达斯等，与众多大牌商家合力打造成一站式青春风尚街区。无锡天御地产联合150余家品牌商家与共青团无锡市团委合作，创建无锡最大的“青年创业就业见习基地”，长期为职教园内院校学生提供约300多个见习岗位，使学生课余时间能积极参加社会实践，丰富青春历程。

街区以综合楼加步行街为组合，步行街中间增设互动式主题广场。综合楼和步行街之间、外街和内街之间都有连廊互通，不仅能有效汇聚人流，而且能达到循环流通的效果。青春假日风情街区主推20~80平方米临街旺铺，在街区内配合青春主题，融入创意小品、活力运动、动漫游戏广场等，以极具特色的创意街区形式吸引人气，带来源源不断的消费力。青春假日风情街区采用同步国际的业态规划，区别于传统步行街，以青春、回忆为主题特色。

**（二）西城荟商业街**

西城荟商业街地处锡西新城中心最繁华的商圈，位于钱桥大街和舜新路十字交会黄金地段，由无锡永利集团无锡华强房地产开发有限公司于 2013~2015 年建设。

西城荟商业街商业用房面积 45000 余平方米，集购物、餐饮、休闲、娱乐、社交、商务、住宿等多重功能于一体。2015 年，已进驻商店 262 家，形成 1000 米条状型商业街，体现出独特的城市展示面长、商铺临街面大、服务半径大、吸纳客群广、优秀的均好性等五大价值点。

西城荟商业街采用 LIVING MALL 全新消费理念，通过各个业态合理搭配，将生活、街道与 MALL 完美融合，集萃特色餐饮和休闲娱乐两大主流业态，为周边四大小区、近万人消费人口提供一种更高效、更优质、更自由、更具活力的生活方式。

西城荟商业街紧邻地铁 3 号线，便捷的交通足以吸纳沪宁沿线源源不断的人流、物流、资金。优越的地理位置、成熟的周边配套，在打造 1000 米条形商业街的同时，还创造新颖的酒店公寓，让项目整合成集居住、商业为一体化的生活购物中心。

**（三）金茂玉全街**

金茂玉全街位于盛岸西路与玉泉路交汇处，于 2013 年 1 月建设，是年 12 月竣工。金茂玉全街占地面积 9000 平方米，项目投资 9000 万元，建筑面积 22000 平方米。金茂玉全街以运动休闲为主题，赋予市场活力，吸引年轻人消费，集娱乐、教育、文化、餐饮、生活服务等现代时尚于一体。2015 年，已有星音悦 KTV、轻语网吧、新天一教育、艺菲舞蹈、诸葛烤鱼、悠味阁中式快餐、贡板鱼河鲜火锅、足玉轩等品牌进驻。

## 第二节 粮油购销

早在宋元之时，钱桥、藕塘为无锡地区主要产米区之一，享盛产稻米之誉。明末，钱桥、藕塘为无锡稻米集散地之一。至清光绪年间，钱桥、藕塘街上已开设米行。抗日战争时期，日军出于侵华战争需要，对米麦采取压价强购、充公没收等高压措施，对农民强迫低价供售军粮，钱桥、藕塘农民损失惨重。抗战胜利后，国民党以“劝售军粮”“紧急军粮”的名义在钱桥、藕塘地区搜刮粮食。新中国成立以后，国家对区域内粮食实行统购统销，钱桥、藕塘分别设立粮站。粮站负责境内稻麦、油菜籽的收购、储存，负责粮油销售。2015 年，钱桥街道粮管所位于藕塘镇区三家弄 7 号。

### 一、粮食购销

钱桥、藕塘自古以来为粮食主产区。粮油食品交易受全国闻名的无锡城三里桥米市的影响，民国时期钱桥、藕塘街市粮油店铺作坊林立，粮油商贸盛行。民国 5 年（1916），钱桥庄源大油坊名号已闻名锡城，交易遍及大江南北，油品成为江、浙、皖三省品牌。民国 26 年，日军侵占无锡，钱桥、藕塘粮油行业损失惨重，庄源大油坊受到严重冲击，原材料短缺、规模压缩到仅能维持生计。

抗战胜利后，粮油购销渐趋正常，区域内粮油行业有所恢复，庄源大油坊营业有所回升。民国 35 年，钱桥、藕塘米市粮价暴涨，严重威胁区域内人民生活。

1949 年初，钱桥街市有米行米店近 30 家，藕塘街市有近 20 家。是年 4 月 23 日，无锡解放，区域内私营米行、作坊面临资金短缺、生产能力过剩，经营十分困难的局面。钱桥、藕塘政府实行新经济政策，对粮食实行在国营经济指导下的自由购销政策，鼓励私营米行、作坊恢复经营。5 月 17 日，区域内粮食市场恢复交易，粉麸市场相继恢复。是年 6 月始至 1950 年春节期间，区域内市场出现三次粮价上涨风潮，苏南行署与无锡市政府及时采取一系列行政、经济措施，取缔投机，平抑粮价，稳定市场，钱桥、藕塘老百姓生活逐渐获得安定。

1950 年 3 月 3 日，根据中央人民政府政务院“关于统一国家财政经济工作的决定”，钱桥、藕塘人民政府对粮食加强统一管理和调度。1951 年 6 月，钱桥、藕塘供销社为国家代购代销粮食。1953

年，国家颁发《关于实行粮食计划收购和计划供应的命令》，钱桥、藕塘地区取消粮食自由市场，对城乡非农人口用粮实行计划销售，并对农民征购粮食，按多余多购、少余少购、不余不购的原则，实行计划收购。是年12月，区域内非农人口实行“计划定点，凭证供应”粮食（简称统购统销），取消粮油市场，禁止粮食自由买卖。1954年初，国家对粮食实行统购统销。5月，钱桥、藕塘市镇居民粮食供应改为“定点凭证，按计划供应”，私营粮店全部改为私营粮食代销店。钱桥地区农村（当时为无锡市郊区）自当年秋粮登场开始，实行粮食计划定产、归户结算与粮食征购、留、销结合的办法，同时取消农村粮食市场，区域内粮食分定量、定销、统销和补助粮油供应四种：定量供应对象为市镇居民，按工种、年龄、职业、确定供应标准，由粮食部门统一销售，居民凭证购买；定销对象是渔民户、退休人员；统销对象是人多田少的农民；补助粮油供应是对全民事业单位人员因劳动、出差、开会和水利建设等方面的用工补助（这项政策一直延续至1979年）。是年，钱桥有6家米厂、米行（前店后坊）联合起来，成立联合体，统一承接政府粮食加工任务。

**1954~1979年钱桥、藕塘市镇居民粮食定量供应标准表**

表3—16—9　　　　单位：公斤/月

| 供应对象 | | 供应标准 | 供应对象 | 供应标准 |
|---|---|---|---|---|
| 居民 | 3周岁以下幼儿 | 3.5 | 教师、企业单位工作人员、机关干部 | 14~14.5 |
| | 3周岁不满6周岁儿童 | 6.5 | 退休干部、退休工人 | 14~14.5 |
| | 6~10周岁 | 10.0 | 退休保养人员 | 12.0 |
| | 10周岁以上 | 12.0 | 轻体力工作劳动者 | 14~17 |
| 大中学生 | | 15.0 | 重体力工作劳动者 | 18~20 |
| 在职职工 | | 14.5 | 长病假人员 | 14.0 |
| 茧站烘工重工业职工 | | 21~24 | 因公伤病假三个月以上人员 | 15.0 |
| 搬运工 | | 17.0 | — | — |

1955年5月20日，无锡供销社系统把国家代理的粮食购销业务划交粮食局，钱桥、藕塘地区设粮站经营粮食。是年8月，钱桥、藕塘地区粮食实行定产、定购、定销（简称三定），一定三年不变，增产不增购，平年照购，歉年减产减购。是年，盛店乡庙桥村初级农业生产合作社人均口粮达299公斤。同年10月起，使用江苏省地方粮票和全国通用粮票，粮食凭票供应。

图3—16—2　1955年区域内通用的中华人民共和国粮食部印制的全国通用粮票

图3—16—3　20世纪60年代区域内通用的江苏省粮食厅印制的江苏省地方粮票

1956年1月，钱桥粮食部门实行公私合营，正式接管区域内6家联合起来的米行作坊，并拆建分散小仓房、小作坊，建设约1500平方米大仓库，铺设一片晒场。是年，藕塘粮食部门同时实行公私合营。同年，无锡市郊区粮管所钱桥粮站在钱桥老街南西沿河开设门市部。区域内粮油由“三定”到户改为“以户到社”结算。1957年，食油开始定量供应。

1958年，钱桥人民公社成立，钱桥地区划归无锡县管辖。是年，钱桥人民公社建立钱桥粮管所。钱桥粮管所翻建晒场、仓库。粮食实行供给制，钱桥、藕塘人民公社普建公共食堂，一度实行“吃饭不要钱”，造成粮食管理上的混乱。

1961年，农民人均每月口粮10公斤原粮。1962年，以生产队为单位计算粮食三定任务，同时油料开始配有统购任务。1963 年，油料实行“定产、定购、定销”政策，粮油市场重新开放。1965 年，重新调整“三定”基数，一定三年不变。“文化大革命”期间，粮食集市贸易再度被全面禁止。1969 年冬起，实行超购加价 30%的奖励。

**1970 年钱桥公社各大队粮食三购、留粮统计表**

表 3—16—10 单位：公斤

| 大队名称 | 粮食总产量 | 三购任务完成 | | 农村留粮 | | |
|---|---|---|---|---|---|---|
| | | 征购 | 种子 | 社员口粮 | 当年储备 | 累计储备粮数 |
| 总计 | 9505619.00 | 1570056.00 | 374800 | 6824510.25 | 844029.50 | 265815.50 |
| 钱桥 | 632313.25 | 40676.75 | 21350 | 568472.50 | 56417.50 | 13681.50 |
| 竞丰 | 1221279.25 | 239820.00 | 51250 | 844070.25 | 106978.75 | 22631.00 |
| 五星 | 876066.00 | 186254.25 | 36650 | 596006.25 | 77818.50 | 20410.75 |
| 历村 | 868055.50 | 145610.00 | 67100 | 518180.00 | 67952.75 | 34488.25 |
| 舜一 | 629630.00 | 114823.50 | 25800 | 431526.75 | 52084.25 | 20780.00 |
| 溪南 | 1036887.75 | 191503.50 | 53350 | 694457.75 | 89668.75 | 35333.75 |
| 洋溪 | 637782.50 | 181734.25 | 10950 | 419114.25 | 57598.50 | 23969.50 |
| 黎明 | 525975.00 | 82578.00 | 20750 | 387890.00 | 57622.25 | 11258.50 |
| 新丰 | 652379.75 | 107802.00 | 5700 | 485156.75 | 63448.75 | 20307.00 |
| 西漳 | 895696.75 | 45796.75 | 44700 | 734956.75 | 81183.25 | 20243.25 |
| 胜丰 | 650468.75 | 122272.00 | 19600 | 473023.50 | 54274.50 | 19587.00 |
| 晓星 | 737830.25 | 111185.00 | 17600 | 537683.75 | 72934.25 | 20992.50 |
| 红旗 | 141254.25 | — | — | 133971.75 | 6047.50 | 2132.50 |

1971 年，再次调整征购基数，改一定三年延长为一定五年不变（1971~1975 年），超购任务不超过超产部分的 40%，超购价从加价 30%提高到 50%。1975 年，三定政策期满后又延长至 5 年。钱桥、藕塘地区自 1953 年粮食计划收购起至 1978 年，粮食的统销价格基本不变。1978 年后农村粮油市场恢复，全面开放粮油集市贸易，粮食购销实行包干。1979 年，中央出台政策对农民出售粮食给予提价补贴。当年钱桥、藕塘夏粮上市收购价提高 20%左右，超出基数出售的粮食再加价 50%，购销价格倒挂幅度增大。同年 9 月，恢复粮食议购议价，如晚粳稻每百斤统销价为 10.2 元，统购价为 13.6 元，统购价一般超过统销价的 30%。

**1979 年钱桥、藕塘部分粮食品种每百斤购销价格表**

表 3—16—11 单位：元

| 品种 | 统购价 | 统销价 | 品种 | 统购价 | 统销价 |
|---|---|---|---|---|---|
| 粳稻 | 13.6 | 10.2 | 大麦 | 10.9 | 7.8 |
| 籼稻 | 11.6 | 8.4 | 标准面粉 | 19.5 | 16.0 |
| 小麦 | 15.8 | 11.3 | 大豆 | 34.5 | 13.2 |

**1971~1981 年钱桥公社粮食产量与“定购”完成实绩表**

表 3—16—12 单位：万公斤

| 公社 | 年度 | 收入 | | | | 三购完成实绩 | | | |
|---|---|---|---|---|---|---|---|---|---|
| | | 粮食总产 | 统销 | 动支储备 | 其他收入 | 合计 | 征购 | 超购 | 议购 |
| 钱桥 | 1971 | 1048.95 | 13.15 | — | 1.15 | 280.75 | 230.95 | 29.45 | 20.35 |
| | 1972 | 925.60 | 21.55 | — | 2.00 | 221.40 | 216.40 | 5.00 | — |
| | 1973 | 1035.65 | 17.30 | — | 2.35 | 273.30 | 235.30 | 18.00 | 20.00 |
| | 1974 | 1162.85 | 18.10 | — | 0.50 | 351.00 | 237.00 | 37.00 | 77.00 |
| | 1975 | 1140.35 | 20.05 | 42.70 | 0.50 | 374.50 | 236.40 | 45.55 | 92.55 |
| | 1976 | 1219.40 | 19.80 | — | 0.40 | 345.00 | 236.95 | 37.00 | 71.05 |
| | 1977 | 1073.00 | 27.00 | 32.30 | 0.90 | 292.55 | 231.95 | 35.55 | 25.05 |
| | 1978 | 1336.35 | 28.85 | — | 0.75 | 358.90 | 235.75 | 37.50 | 85.65 |
| | 1979 | 1341.15 | 27.65 | — | 2.30 | 346.35 | 248.10 | 66.20 | 32.05 |
| | 1980 | 931.40 | 40.15 | 70.15 | 10.10 | 134.55 | 132.05 | 2.50 | — |
| | 1981 | 799.80 | 37.90 | 64.20 | — | 145.00 | 103.20 | 41.80 | — |

1971~1981 年钱桥、藕塘公社粮食“定留”与储备情况统计表

表 3—16—13

| 公社 | 年度 | 三留 | | | | | | | 其他支出（万公斤） | 储备（万公斤） |
|---|---|---|---|---|---|---|---|---|---|---|
| | | 合计（万公斤） | 种子 | | 口粮 | | | 饲料（万公斤） | | |
| | | | 每亩（公斤）) | 粮数（万公斤） | 人口（人） | 每人（公斤） | 粮数（万公斤） | | | |
| 钱桥 | 1971 | 730.84 | 21.65 | 87.65 | 21395 | 282.75 | 604.94 | 38.25 | 19.70 | 32.00 |
| | 1972 | 704.92 | 21.35 | 87.45 | 21650 | 270.10 | 584.77 | 32.70 | 0.10 | 13.75 |
| | 1973 | 733.06 | 20.00 | 89.60 | 21930 | 277.00 | 607.46 | 36.00 | 0.80 | 48.45 |
| | 1974 | 778.80 | 21.00 | 99.90 | 22263 | 283.50 | 631.15 | 47.75 | 17.95 | 33.60 |
| | 1975 | 820.30 | 23.00 | 119.10 | 22620 | 283.00 | 640.15 | 61.05 | 9.15 | — |
| | 1976 | 837.16 | 23.00 | 108.90 | 22952 | 289.00 | 663.31 | 64.95 | 14.70 | 42.65 |
| | 1977 | 835.41 | 23.00 | 111.95 | 23215 | 284.00 | 659.31 | 64.15 | 4.90 | 0.15 |
| | 1978 | 993.46 | 22.80 | 108.85 | 23521 | 316.00 | 743.26 | 141.35 | 12.30 | 0.25 |
| | 1979 | 1007.14 | 20.00 | 96.90 | 22999 | 320.90 | 738.04 | 172.20 | 3.25 | 14.35 |
| | 1980 | 909.83 | 19.35 | 75.70 | 23291 | 300.00 | 698.73 | 135.40 | 9.45 | 2.45 |
| | 1981 | 761.59 | — | 55.00 | 23143 | 270.38 | 625.74 | 80.85 | — | 0.30 |
| 藕塘 | 1971 | 531.22 | 24.25 | 79.40 | 14754 | 283.90 | 418.87 | 32.95 | 13.05 | 16.55 |
| | 1972 | 503.12 | 16.35 | 70.00 | 14929 | 271.50 | 405.32 | 27.80 | — | 5.30 |
| | 1973 | 511.44 | 18.65 | 70.25 | 15017 | 276.25 | 414.84 | 26.35 | 1.70 | 11.85 |
| | 1974 | 559.64 | 19.45 | 82.05 | 15175 | 283.85 | 430.74 | 46.85 | 15.95 | 20.35 |
| | 1975 | 602.24 | 21.00 | 111.70 | 15350 | 284.00 | 435.94 | 54.60 | 12.10 | 1.05 |
| | 1976 | 621.52 | 20.90 | 101.95 | 15556 | 289.00 | 449.57 | 70.00 | 35.70 | 19.30 |
| | 1977 | 599.64 | 21.90 | 90.25 | 15654 | 283.50 | 443.79 | 65.60 | 13.40 | 0.05 |
| | 1978 | 730.65 | 21.25 | 92.95 | 15842 | 328.65 | 520.65 | 117.05 | 8.90 | 1.95 |
| | 1979 | 711.89 | 20.50 | 81.65 | 15481 | 330.85 | 512.19 | 118.05 | 10.20 | 3.20 |
| | 1980 | 661.43 | 20.50 | 71.55 | 15579 | 308.00 | 479.83 | 110.05 | 5.10 | 0.90 |
| | 1981 | 549.50 | — | 71.65 | 15588 | 270.08 | 421.00 | 56.85 | — | — |

1981 年，钱桥公社市镇居民户人口 4359 人、农业户人口 23143 人；藕塘公社市镇居民户人口 813 人、农业户人口 15588 人。1982 年，粮食全购全销改为购销差额包干，一定 4 年不变，减少统购总量，增加超购部分，让钱桥、藕塘公社农民多得实惠。1984 年，钱桥、藕塘乡逐步减少统购品种，大麦、元麦、蚕豆、大豆等品种退出统购范畴，统购品种由原来的 7 种减少到 2 种（稻麦），其余实行市场多渠道经营。1985 年，钱桥、藕塘乡取消粮食统购，改为合同定购（即征购）。合同定购任务纳入国家计划，合同定购任务以外的为市场调节（超购、议购部分），粮食市场逐步放开搞活。

1988 年，钱桥镇、藕塘乡计划粮食销售项目由原来的 15 个压缩到 7 个，市场调节进一步扩大，形成多渠道竞争经营粮食的形势，打破粮食部门一统天下格局。1993 年 4 月 1 日起，粮油价格全面放开，区域内粮油生产步入市场经济轨道。是年，钱桥粮管所收购稻麦 1750 吨，年销量 2500 吨。

图 3—16—4　1996 年区域内通用的锡山市粮食局印制的 1 月份大米券

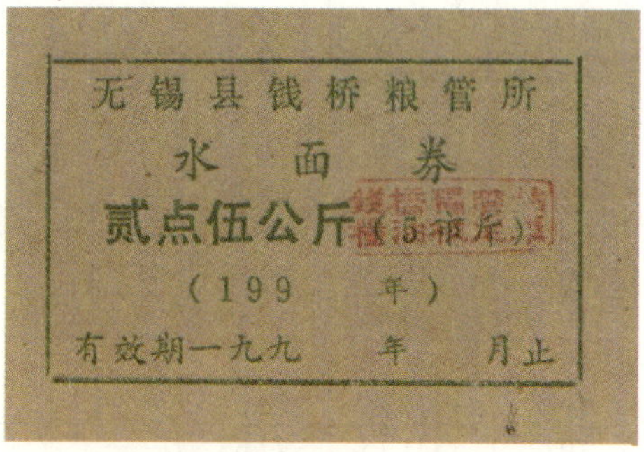


图 3—16—5　20 世纪 90 年代钱桥粮管所印制的在钱桥镇内流通的水面券

## 1997年藕塘粮管所收购粮食统计表

表 3—16—14　　　　单位：公斤、元

| 品种 | 1月 | | 6月 | | 11月 | | 12月 | |
|---|---|---|---|---|---|---|---|---|
| | 数量 | 金额 | 数量 | 金额 | 数量 | 金额 | 数量 | 金额 |
| 小麦 | — | — | 444955.0 | 662270.56 | — | — | — | — |
| | | | 823418.5 | 963514.10 | | | | |
| 粳稻 | 1030 | 1524.40 | — | — | 756048.00 | 1201186.63 | 16105 | 25184.75 |
| | | | | | 480140.50 | 659074.96 | 33845 | 45685.88 |
| 小麦种加价 | — | — | — | 1076.00 | — | — | — | — |
| 合计 | 1030 | 1524.40 | 1268373.5 | 1626860.66 | 1236188.50 | 1860261.59 | 49950 | 70870.63 |
| 跨阳山 | — | — | — | 217569.00 | 312824.18 | — | — | — |

说明：同一品种同一栏中一分为二的，线上为定购数，线下为议购数

## 1998年藕塘粮管所收购粮食统计表

表 3—16—15　　　　单位：公斤、元

| 品种 | | 6月 | | 7月 | | 11月 | | 12月 | |
|---|---|---|---|---|---|---|---|---|---|
| | | 数量 | 金额 | 数量 | 金额 | 数量 | 金额 | 数量 | 金额 |
| 小麦 | | 178194 | 229125.39 | 1861 | 2367.60 | — | — | 1897.5 | 3036.17 |
| | | 79480 | 87924.22 | 636 | 700.51 | | | | |
| 粳稻 | | — | — | — | — | 697800.5 | 1069853.35 | 36525.5 | 51833.32 |
| | | | | | | 481007.5 | 665165.60 | 5468.0 | 7766.37 |
| 种子加价 | | — | 4528.56 | — | — | — | 2425.04 | — | — |
| 代储粳稻 | | — | — | — | — | 53810.0 | — | — | — |
| 合计 | | 257674 | 321578.17 | 2497 | 3068.11 | 1232618.0 | 1737443.99 | 43891.0 | 62635.86 |
| 跨阳山 | 小麦 | 260425 | 33535.16 | — | — | — | — | — | — |
| | 粳稻 | — | — | — | — | 180922.5 | 282974.13 | 1114.5 | 1785.91 |
| | | | | | | 65928.0 | 93780.11 | 6861.5 | 9731.48 |

说明：同一品种同一栏中一分为二的，线上为定购数，线下为议购数

## 1959~1999年藕塘（公社、乡）镇粮食产、购、留选年统计表

表 3—16—16　　　　单位：万公斤、公斤

| 年份 | 粮食总产 | 购 | | | | 储备粮 | 年人均口粮 |
|---|---|---|---|---|---|---|---|
| | | 三购小计 | 征购 | 超购 | 议购 | | |
| 1959 | 674.00 | 243.50 | 243.50 | — | — | — | 210.95 |
| 1960 | 493.35 | 184.20 | 184.20 | — | — | — | 164.05 |
| 1962 | 487.50 | 221.00 | 221.00 | — | — | — | — |
| 1963 | 618.50 | 215.50 | 215.50 | — | — | — | — |
| 1964 | 757.00 | 299.55 | 218.40 | 59.95 | 21.20 | 5.55 | — |
| 1965 | 774.50 | 318.30 | 238.25 | 56.50 | 23.55 | 10.75 | — |
| 1966 | 881.50 | 331.05 | 239.30 | 72.85 | 18.90 | 73.00 | — |
| 1967 | 728.00 | 280.40 | 231.35 | 22.85 | 26.20 | 3.90 | — |
| 1968 | 651.50 | 241.40 | 228.00 | 13.40 | — | 2.80 | — |
| 1969 | 825.50 | 336.10 | 235.90 | 50.20 | 50.00 | 6.40 | 276.00 |
| 1970 | 779.50 | 286.80 | 230.00 | 32.95 | 23.85 | 8.50 | 272.50 |
| 1971 | 860.50 | 307.40 | 268.05 | 11.55 | 27.80 | 11.55 | 283.00 |
| 1972 | 764.00 | 256.15 | 250.00 | 6.15 | — | 2.05 | 271.50 |
| 1973 | 813.50 | 290.45 | 268.40 | 4.50 | 17.55 | 11.85 | 276.25 |
| 1974 | 947.50 | 351.55 | 274.50 | 24.55 | 52.50 | 29.30 | 283.85 |
| 1975 | 988.00 | 392.50 | 273.90 | 43.50 | 75.10 | 120.35 | 284.00 |
| 1976 | 1071.50 | 395.00 | 274.00 | 40.00 | 81.00 | — | 289.00 |
| 1977 | 913.00 | 316.50 | 270.25 | 25.25 | 21.00 | — | 283.50 |
| 1978 | 1087.50 | 347.50 | 275.75 | 22.65 | 49.10 | — | 328.65 |
| 1979 | 1090.00 | 371.65 | 289.75 | 52.65 | 29.25 | — | 330.85 |
| 1980 | 770.00 | 169.50 | 167.80 | 1.70 | — | — | 309.00 |
| 1981 | 686.50 | 187.00 | 137.05 | 49.95 | — | — | 270.00 |

续表 3—16—16　　单位：万公斤、公斤

| 年份 | 粮食总产 | 购 | | | | 储备粮 | 年人均口粮 |
|---|---|---|---|---|---|---|---|
| | | 三购小计 | 征购 | 超购 | 议购 | | |
| 1982 | 953.80 | 312.65 | 189.65 | 123.00 | — | — | 325.95 |
| 1983 | 906.75 | 312.90 | 190.15 | 122.75 | — | — | 320.50 |
| 1984 | 998.60 | 450.35 | 189.05 | 261.30 | — | — | 321.50 |
| 1985 | 770.65 | 249.50 | 225.00 | 24.50 | — | — | 300.80 |
| 1986 | 868.70 | 207.00 | 205.00 | 2.00 | — | — | 319.90 |
| 1987 | 838.60 | 207.00 | 205.00 | — | 2.00 | — | 339.30 |
| 1988 | 833.30 | 205.65 | 201.15 | — | 4.50 | — | 340.40 |
| 1990 | 848.10 | 243.80 | 201.10 | 38.20 | 4.50 | — | — |
| 1991 | 827.90 | 219.55 | 172.95 | 46.60 | — | — | — |
| 1997 | 963.70 | 303.00 | — | — | — | — | — |
| 1998 | 837.50 | 172.40 | — | — | — | — | — |
| 1999 | 803.40 | 35.90 | — | — | — | — | — |

2000年，钱桥、藕塘粮管所进行体制改革，人员分流，经营场所放开，企业转制。2005年，钱桥粮管所与藕塘粮管所合并，所址在藕塘三家弄7号。2015年，钱桥街道粮管所所址仍为藕塘三家弄7号。

## 二、油料购销

新中国成立前后，钱桥、藕塘地区食油以大豆油为主。大豆油主要原料为黄豆，区域内基本上由钱桥庄源大榨油厂供应大豆油。

1954年，国家对食油实行统购统销，食油供应分为定量供应、统销供应。区域内人员凭卡凭票计划供应食油。1956年，钱桥、藕塘地区高级农业生产合作社引进油菜种植并大面积推广，增加食用油原料品种。

1961年，钱桥、藕塘公社对生产队实行油料定产、定购、包干自给的政策。生产队油料作物实行包面积、包产量、包任务的“三包”政策，在完成定购任务的前提下，多产多吃、少产少吃。1966年，钱桥、藕塘公社油料作物改为“定产、定购、统购余油、只购不销”的政策。1979年，藕塘公社豆油统购价每50公斤165元，统销价每50公斤83元；菜籽油统购价每50公斤106元，统销价每50公斤78元。

### 1971~1980年钱桥、藕塘公社油菜籽产、购、留统计表

表 3—16—17

| 公社 | 年度 | 产量 | | | 征超购 | | | 种子（万公斤） | 分配口油 | | | |
|---|---|---|---|---|---|---|---|---|---|---|---|---|
| | | 面积（亩） | 单产（公斤） | 总产（万公斤） | 合计（万公斤） | 征购（万公斤） | 超购（万公斤） | | 人口（人） | 菜籽（万公斤） | 每人平均 | |
| | | | | | | | | | | | 菜籽（公斤） | 实际折油（公斤） |
| 钱桥 | 1971 | 1210.4 | 120.90 | 14.63 | 1.65 | 0.30 | 1.35 | 0.05 | 21268 | 12.95 | 6.05 | 1.91 |
| | 1972 | 1472.0 | 114.40 | 16.84 | 2.80 | 1.35 | 1.45 | 0.05 | 21557 | 14.00 | 6.45 | 2.10 |
| | 1973 | 1501.6 | 86.00 | 12.91 | 2.20 | 0.90 | 1.30 | 0.05 | 21773 | 10.65 | 4.90 | 1.62 |
| | 1974 | 1511.9 | 75.25 | 11.37 | 1.25 | 0.65 | 0.60 | 0.05 | 22128 | 10.05 | 4.65 | 1.51 |
| | 1975 | 1535.0 | 86.00 | 13.20 | 1.65 | 0.85 | 0.80 | 0.10 | 22498 | 11.45 | 5.10 | 1.65 |
| | 1976 | 1333.0 | 56.00 | 7.46 | 0.10 | 0.10 | — | 0.10 | 22807 | 7.25 | 3.15 | 1.00 |
| | 1977 | 1511.0 | 32.50 | 4.91 | — | — | — | 0.05 | 22977 | 4.85 | 2.10 | 0.70 |
| | 1978 | 1719.5 | 92.50 | 15.91 | 1.55 | 1.30 | 0.25 | 0.10 | 23231 | 14.25 | 6.10 | 2.01 |
| | 1979 | 1851.0 | 66.00 | 12.22 | 1.40 | 0.70 | 0.70 | 0.10 | 22864 | 10.70 | 4.65 | 1.48 |
| | 1980 | 1610.3 | 63.50 | 10.22 | 0.40 | 0.20 | 0.20 | 0.05 | 23010 | 9.85 | 4.25 | 1.45 |
| 藕塘 | 1971 | 981.6 | 117.50 | 11.53 | 1.80 | 0.30 | 1.50 | 0.05 | 14650 | 9.70 | 6.85 | 2.15 |
| | 1972 | 1018.0 | 109.75 | 11.17 | 1.30 | 0.60 | 0.70 | 0.05 | 14903 | 8.95 | 5.97 | 2.03 |
| | 1973 | 1157.6 | 97.04 | 11.23 | 2.25 | 0.55 | 1.70 | 0.05 | 14903 | 8.95 | 5.97 | 2.03 |
| | 1974 | 1083.0 | 81.20 | 8.79 | 1.20 | 0.35 | 0.85 | 0.05 | 15064 | 7.55 | 5.00 | 1.69 |

续表 3—16—17

| 公社 | 年度 | 产量 | | | 征超购 | | | 种子（万公斤） | 分配口油 | | | |
|---|---|---|---|---|---|---|---|---|---|---|---|---|
| | | 面积 | 单产（公斤） | 总产（万公斤） | 合计（万公斤） | 征购（万公斤） | 超购（万公斤） | | 人口（人） | 菜籽（万公斤） | 每人平均 菜籽（公斤） | 每人平均 实际折油（公斤） |
| 藕塘 | 1975 | 1086.0 | 89.30 | 9.70 | 1.40 | 0.40 | 1.00 | 0.05 | 15229 | 8.25 | 5.45 | 1.80 |
| | 1976 | 1154.0 | 65.20 | 7.52 | 0.50 | 0.20 | 0.30 | 0.10 | 15427 | 6.90 | 4.50 | 1.45 |
| | 1977 | 920.0 | 45.50 | 4.19 | 0.05 | 0.05 | — | 0.05 | 15539 | 4.10 | 2.65 | 0.85 |
| | 1978 | 1097.2 | 119.00 | 13.06 | 1.15 | 0.55 | 0.60 | 0.05 | 15689 | 11.85 | 7.55 | 2.53 |
| | 1979 | 1049.6 | 108.00 | 11.34 | 1.95 | 0.95 | 1.00 | 0.05 | 15568 | 9.35 | 6.02 | 1.51 |
| | 1980 | 1419.6 | 91.60 | 13.00 | 0.60 | 0.30 | 0.30 | 0.05 | 15479 | 12.35 | 8.00 | 2.90 |

1983 年，钱桥、藕塘乡实行家庭联产承包责任制后，农户在口粮田中抽出一部分土地种植油菜。油菜籽产出后，农户到粮站或个体兑换店兑换食油，不足部分向市场购买。1993 年后，钱桥、藕塘地区取消油料统购统销，市场放开食油购买。

## 三、粮油仓储

1958 年，钱桥、藕塘粮食管理所成立，与仓储（库）实行“库所合一”的建制，以方便农户交售、购买粮油。钱桥粮管所设在钱桥老街南沿河，即钱威路 47 号。藕塘粮管所设在藕塘镇区三家弄 7 号，占地面积 9635 平方米，建筑面积 300 平方米（含粮油、饲料经营面积）、仓储面积 700 平方米。

钱桥、藕塘粮管所仓储房屋全部是民营出资建造，粮油仓库房型杂、规模小、库容少、设施简陋。后逐年加以修缮、改造成中式砖木结构的堆栈、仓廒。20 世纪 60 年代，国家投资改建成砖混结构的苏式仓房。1965 年，钱桥、藕塘粮管所粮油仓储保管开展“四无”粮仓创建活动，推行“清洁仓”，仓内做到“六面光”：上、下、左、右、墙壁、椽檩，达到无缝、无洞、无虫害、无虫巢；屋外“四不留”：无杂草、无垃圾、无积水、无粮食狼藉。是年，钱桥站点曾受到无锡县粮食局嘉奖，藕塘粮站受到无锡县粮食局表扬。

20 世纪七八十年代，钱桥、藕塘粮管所仓储房又建成圆筒仓库。钱桥地区由于是无锡县工业重镇，非农人口增速较快，为保证常年粮油供应，仓储曾多次扩容、翻建仓库，以储存周转调运粮油。1976 年，在无锡市、县粮食局领导下，钱桥、藕塘粮管所设立“四无”运动办公室，组织粮食仓库、加工厂开展“四无粮仓”创建活动。“四无”即无虫害、无鼠雀、无霉变、无事故。在以后几十年里，“四无”为钱桥、藕塘粮管所粮食仓储管理的重点内容，上级每年检查、评比。1983 年，钱桥、藕塘粮管所按照江苏省粮食局下达的“四无粮仓”新要求、新标准，开展创建活动。1985 年，江苏省粮食局对钱桥、藕塘粮管所仓廪进行“四无粮仓”复查、考评，钱桥、藕塘全面达标。

1988 年，钱桥粮管所占地面积 7200 平方米，仓储面积 3000 平方米，储粮吨位 2500 吨，常年存粮 2000 吨左右；粮油、饲料经营面积 600 平方米，粮油、饲料年经营量 2500 吨左右。1993 年，钱桥粮管所收购入库稻麦 1750 吨。1993~2015 年，藕塘粮管所每年收购入库夏粮 500 吨、秋粮 1000 吨左右（本地收购不足，则到苏北等外地收购粮食）。

## 四、粮食加工

明、清、民国时期至新中国成立初期，钱桥、藕塘地区农户粮食加工以石臼舂米，后发展到木砻碾米，以人力、畜力为主，每个自然村都有碾米木砻。民国 5 年（1916），庄源大油坊引进碾米机，是钱

图 3—16—6 新中国成立前后，区域内农民人工舂米

桥地区采用机器轧米的第一家。解放初期，钱桥、藕塘地区米行前店后坊，有十几家米厂。另外，有机船老板用戽水机械配套碾米机，巡走各村各巷，为农户加工碾米。

1956年，钱桥、藕塘米厂公私合营后成立粮食加工厂。1958年成立人民公社后，钱桥、藕塘除渔业大队外，每个大队都创办粮饲加工厂。20世纪七八十年代，区域内乡镇工业大发展，粮食加工都以个体为主，个体户用手扶拖拉机配套碾米机，上门为农户服务。进入21世纪，区域内居民都食用商品粮，不再需要自行粮食加工。

### 五、粮油管理机构

1951年，钱桥、藕塘供销社为国家代购粮食，同时规范米店、粮行代售粮食。1955年5月20日，藕塘供销社代购粮食业务划交无锡县粮食局下设藕塘粮站经营。钱桥供销社当时行政区划属无锡市郊区领导，钱桥粮站归郊区粮管所管理。1958年，钱桥划归无锡县，钱桥人民公社成立钱桥粮管所。同年，藕塘人民公社成立藕塘粮管所。钱桥粮管所以收购本地粳稻、小麦、油料为主，稻、麦每年收购1750吨左右；统销以大米、面粉、食油为主，饲料、杂粮为辅，年销售量2500吨左右。藕塘粮管所以收购本地粳稻、小麦、油料为主，秋粮年收购在1000吨左右，夏粮每年500吨小麦入库。1993年4月，取消统购统销，放开粮油市场。

钱桥粮管所（站）历任负责人有倪宪英、蒋德林、沈雄熙、张晋芳、殷廷熙、边桂泉、张锡明、戴学民、陈贯明。藕塘粮管所（站）历任负责人有边桂泉、张锡明、章宜南、薛建一、张德其、徐国龙。2015年，钱桥粮管所仍然保留，无人员；藕塘粮管所有正式职工2人、临时工2人，所长徐国龙，兼钱桥、藕塘粮管所联合党支部书记。

## 第三节 供销合作社与商业社

民国12年（1923）12月，无锡合作研究所在钱桥成立。民国18年，无锡合作研究所在藕塘创办信用合作社，负责采购、经销商品，类同于商业合作社。是年，钱桥、藕塘地区的重要商业主要为收买鲜茧、运销米麦，无重要制造品。商品输入有服装类、生活用品类、豆饼、麸皮类、油类、烟酒类、杂物类；其输出粮食约占总产量二分之一，鲜茧全数输出。

民国19年，钱桥、藕塘地区农产品运销及交易以米、麦、茧三者为大宗。米麦大都售粜锡城各粮行，运输方法或自雇船只或托航船装运。农户售数在5石以内的，大都委托航船代运，运费每石约在1角左右。钱桥、藕塘桥均设有茧行，农民鲜茧即可在附近市镇脱售。农民日常油盐酱醋所需亦可在钱桥、藕塘镇上购买。民国24年，钱桥、藕塘街上洋货充斥，并日渐侵入农村。藕塘桥每逢农历每月三、六，钱桥每逢农历每月二十八为买卖小猪角期，各种小商小贩亦因此咸集镇上，售卖各类农具和农户用品。

民国30年3月，日本苏州特务机关长发布命令，有限责任消费合作社行使伪中国合作社无锡支社职能，宣告伪无锡支社正式成立。翌年4月，由于无锡县乡区治安情况不佳，仅成立钱桥、藕塘、荣巷等11个农村分社，在“清乡”中也无形告终。

1951年4月，苏南行政公署在钱桥试点建立供销合作社与信用部。7月11日，钱桥供销合作社成立，区委书记魏家磊兼任钱桥供销合作社主任，刘群任专职副主任，周宝瑞任监事主任，社员人数3514人，股金额3514元，经营范围日用品、百货、粮食。同日，藕塘区钱桥供销合作社信用部开业。10月20日，藕塘供销合作社成立，钱桥供销合作社副主任刘群兼任藕塘供销合作社主任，沈凤生任专职副主任，李昌贤任监事主任，社员人数3339人，股金额3217元，经营范围为日用品、棉布、粮油。藕塘供销合作社业务上从属钱桥供销合作社领导。11月20日，“钱桥供销合作社信用部”从钱桥供销合作社中划出，单列为“钱桥信用合作社”，属无锡县人民银行领导。钱桥、藕塘供销合作社认真贯彻中央提出的“发展经济、保障供给”的财政经济工作总方针，干部职工不计报酬，艰苦创业，夜以继日为农民代购粮食。之后，钱桥、藕塘供销合作社收购农副产品逐步扩大至蚕茧、生猪、家禽、水蜜桃、西瓜、黄麻、废品等。同时，大力采购、供应地方上紧缺的饼肥、杂肥、饲料、耕牛、种子等农用物资，还开设存入稻谷、预购饼肥的专项业务，推广使用化肥、农药，培训种田技术，辅导农民科学种田。

1953年，钱桥、藕塘供销合作社分别在南西漳、稍塘、盛店等集镇扩设网点，增加供收品种。1954年7月1日，钱桥供销合作社随行政区域变动，划归无锡市领导。1955年，国家对私营商业实行“利用、限制、改造”的政策，钱桥、藕塘政府对私营业主区别对待，在货源上给予照顾和限制，确保私营商店正常营业。是年4月，藕塘供销合作社隶属于新渎区，更名为新渎区供销合作社藕塘站。同年5月20日，供销合作社系统为国家代理的粮食购销业务划交给县粮食局下设的粮食管理部门经营，钱桥供销合作社粮食门市部划归无锡市郊区粮管所领导，新渎区供销合作社藕塘站的粮食门市部划归无锡县粮食局领导。

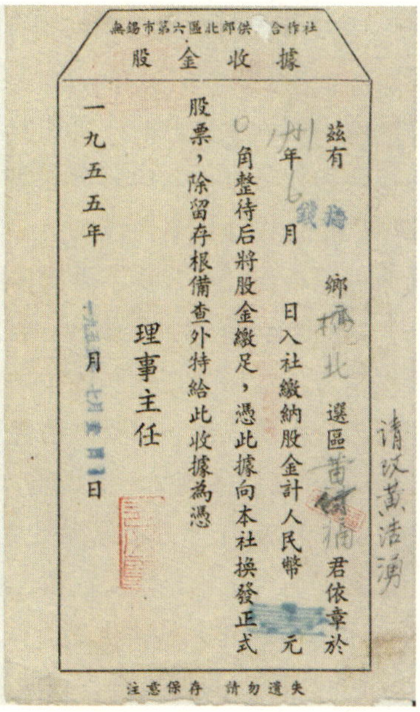
無錫市第六區北郊供銷合作社
股金收據
茲有　鄉　選區　君依章於　年　月　日入社繳納股金計人民幣　元　角整待后將股金繳足，憑此據向本社換發正式股票，除留存根備查外特給此收據為憑
理事主任
一九五五年　月　日
注意保存　請勿遺失

图3—16—7 1955年7月1日无锡市第六区北郊供销合作社发给钱桥乡桥北选区黄浩福的股金收据

1956年1月，国家对私营商业进行社会主义改造，实行全行业公私合营，钱桥、藕塘供销合作社成为名副其实的农村商业市场主渠道。1957年，钱桥合作商店成立。1958年，藕塘合作商店成立。藕塘合作商店下辖藕塘、稍塘饭店，稍塘、盛店综合商店，藕塘桥南、桥北、盛店理发店，藕塘百货店，藕塘药店，藕塘山地货店以及唐巷、井亭、新桥头下伸店共15家，股金5870.02元。是年4月，无锡县供销合作社第一次并入商业局；5月，钱桥、藕塘基层供销合作社更名为国营商店，由集体所有制改为全民所有制。新渎区供销合作社藕塘站更名为国营藕塘商店。是年7月，钱桥划归无锡县管辖，钱桥供销合作社更名为国营钱桥商店。同年9月，钱桥、藕塘人民公社成立，人、财、物下放到人民公社管理，钱桥、藕塘的合营、合作商店、下伸店、食品站并入供销合作社（人员、资金同时并入），性质全都为国营商店，同时供销合作社更名为钱桥、藕塘公社供销分配部。于是，供销合作社的各项规章制度及合作商店的规定消失，正常的经营秩序被打乱，造成严重经济损失。

**1958年钱桥、藕塘国营商店主要商品零售情况统计表**

表3—16—18

| 货品 | 钱桥 | 藕塘 | 货品 | 钱桥 | 藕塘 | 货品 | 钱桥 | 藕塘 |
|---|---|---|---|---|---|---|---|---|
| 煤炭 | 1213吨 | 346吨 | 新药 | 322（百元） | 61（百元） | 棉布 | 100029米 | 55679米 |
| 土农药 | 253市担 | 342市担 | 国药 | 81（百元） | 26（百元） | 毛巾 | 968打 | 228打 |
| 桐油 | 49市担 | 21市担 | 棉花 | 199市担 | 80市担 | 袜子 | 1123打 | 227打 |
| 明矾 | 3172公斤 | 456公斤 | 卫生衫裤 | 541打 | 198打 | 棉毛衫裤 | 233打 | 86打 |
| 全套力车 | 2套 | 无 | 力车外胎 | 10条 | 3条 | 汗背心 | 211打 | 140打 |
| 化肥 | 3553市担 | 849市担 | 土化肥 | 1482市担 | 2339市担 | 胶鞋 | 3783双 | 1101双 |
| 农药 | 1151公斤 | 1836公斤 | 漂白粉 | 85公斤 | 152公斤 | 柴油 | 67263公斤 | 39244公斤 |
| 汽油 | 7公斤 | 无 | 煤油 | 29506公斤 | 18175公斤 | 电灯泡 | 1916只 | 未统计 |
| 农药械 | 198架 | 90架 | 土水泥 | 4吨 | 0.1吨 | 水泥 | 6吨 | 1吨 |
| 毛竹 | 469根 | 121根 | 新农具 | 47（百元） | 16（百元） | 元钉 | 1665公斤 | 632公斤 |
| 骨粉 | 198市担 | 7市担 | 麻类 | 1市担 | 4市担 | 纯碱 | 2116公斤 | 1048公斤 |
| 金笔 | 32打 | 12打 | 钢笔 | 73打 | 15打 | 毛线 | 686市斤 | 232市斤 |
| 火柴 | 57341包 | 22800包 | 肥皂 | 100500条 | 26880条 | 镀锌铁丝 | 1368公斤 | 328公斤 |

1959年10月，藕塘公社供销分配部童泉宝被江苏省人民政府表彰为江苏省先进工作者。1960年，进入国民经济困难时期，钱桥、藕塘供销分配部竭尽全力，采购以吃、烧为主的商品和开展“小秋收”活动，供应胡萝卜、马铃薯等代食品种，帮助百姓克服困难，渡过难关。1961年11月，无锡县供销合作社恢复，钱桥、藕塘供销分配部分别更名为钱桥供销合作社、藕塘供销合作社。钱桥、藕塘合作商店从供销合作社中划出，恢复“合作商店”名称。

1962年5月，无锡县供销合作社召开四届一次社员代表大会。会上，钱桥、藕塘供销合作社恢复民办性质。会后，钱桥、藕塘供销合作社从种子、资金、肥料、农具、技术、推销等10个方面支持区域内农副业生产的恢复和发展，支持蚕桑、养猪事业，积极推进苎麻、兔毛、家兔等收购，增加社队和社员收入。1963年，钱桥供销合作社更名为钱桥中心供销合作社，管辖藕塘供销合作社。藕塘供销合作社更名为钱桥中心供销合作社藕塘商店。1966年，随着“文化大革命”的展开，钱桥、藕塘供销合作社经营秩序再次被打乱，供销合作事业又一次受到干扰。

1969年，无锡县供销合作社又一次并入商业局，集体所有制又一次改为全民所有制。钱桥、藕塘供销合作社撤销，建立钱桥供销合作社革命委员会、藕塘供销合作社革命委员会。钱桥、藕塘合作商店分别属钱桥、藕塘供销合作社革命委员会，下伸店改为“代购代销店”（简称双代店）。1973年10月，商业体制又一次调整，合作商店再次从供销社中划出，单独建制。钱桥、藕塘合作商店再次成立。1978年8月，无锡县重建供销合作社，9月1日与商业局分开办公，钱桥、藕塘供销合作社革命委员会撤销，恢复钱桥、藕塘供销合作社名称。1979年，钱桥供销合作社被表彰为无锡县先进集体。1981年，钱桥供销合作社办公地点由钱桥老桥堍迁至钱威路24~25号。

1982年11月，钱桥、藕塘公社把合作商店建立成集体商业总店。1983年，集体商业总店改为商业合作社（简称商业社）。6月，钱桥、藕塘供销合作社试点推行承包责任制。是年，钱桥、藕塘

图3—16—8　1983年4月钱桥供销合作社发行的股票（上正面下反面）

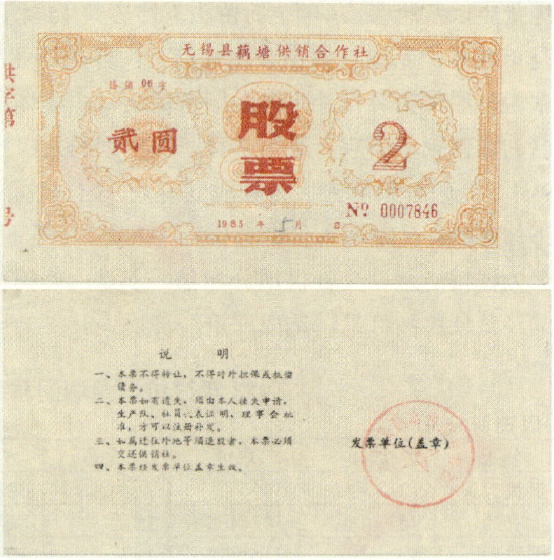


图3—16—9　1983年5月藕塘供销合作社发行的股票（上正面下反面）

供销社由全民单位改制为民办单位。同年，藕塘合作商店共有部门12个，职工49人（其中合同工9人），自我资金1033.18元，固定资产61360元，全年营业额960547元、利润53352元。1984年5月，钱桥、藕塘供销合作社、商业社根据无锡县委、县政府批转的县联社《关于深入进行体制改革报告》精神，推行“一包、三改、六放权”，开展经营承包签约工作。1986年，藕塘乡随着农村商品经济的迅速发展，乡村两级已经基本形成比较完整的商业网络，供销社、食品站、合作商店共有36个门市部，从业人员170人；个体商店35家，从业人员50人；乡办商店10家，从业人员74人。

是年，藕塘乡全年商品零售总额 537.7 万元，农副产品收购总额 150.8 万元，其中外贸产品收购 7.41 万元，乡政府投资 2 万元兴建农贸市场，集市贸易额 207.36 万元。藕塘供销社全年供应化肥 1936 吨、农药 48.5 吨、木材 675 立方米、竹制农具 13361 件、铁制农具 6281 件，总额 36.8 万元。

1987 年，钱桥供销合作社商品净销售额 1211 万元，利润总额 30.53 万元，每日商业流动资金周转额 65.5 万元，被无锡市、县评为“双超”基层大社；藕塘供销合作社商品净销售额 604 万元，利润总额 5.18 万元，每日商业流动资金周转额 72.9 万元。1988 年 12 月，钱桥、藕塘供销合作社第一期经营承包签约工作全部结束。是年，钱桥供销社被评为“江苏省首创国内净销售 1000 万元、利润 30 万元单位”。

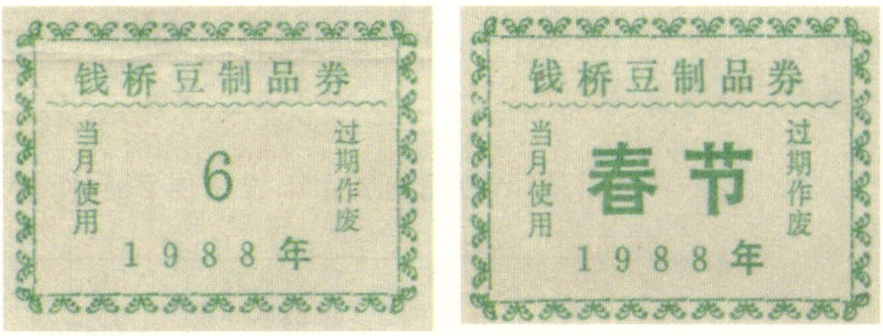


图 3—16—10 1988 年钱桥供销合作社 6 月和春节豆制品

## 1989 年钱桥供销社商品流通统计表

表 3—16—19 单位：万元

| 一、国内纯购进 | 金额 | 三、国内纯销售 | 金额 |
|---|---|---|---|
| 总额 | 459.50 | 总额 | 1539.86 |
| 化学肥料类 | 41.57 | 售给城乡居民消费品 | 525.62 |
| 化学农药类 | 14.34 | 售给社会集团消费品 | 84.93 |
| 竹木类 | 3.62 | 售给农民的农业生产资料 | 154.45 |
| 其它农业生产资料类 | 2.92 | 售给村代购代销店生活资料 | 72.83 |
| 茶叶类 | 0.76 | 售给供销社以外的集体商业 | 282.10 |
| 土产类 | 9.40 | 售给个体城镇商贩 | 88.37 |
| 干鲜菜类 | 0.57 | 售给其它行业 | 281.99 |
| 调味品类 | 4.47 | 调给省外商业系统 | 3.54 |
| 日用杂品类 | 24.26 | 调给市内县外及县内商业系统 | 45.69 |
| 废旧物资类 | 49.62 | 供应出口 | 0.34 |
| 畜产品类 | 0.24 | 四、期末库存 | 金额 |
| 肉食禽蛋类 | 1.93 | 总额 | 208.69 |
| 建筑材料类 | 13.80 | （一）生活资料库存 | 161.97 |
| 糖烟酒类 | 50.25 | 其中 1、糖烟酒类 | 70.55 |
| 针织品类 | 62.35 | 2、针纺织品类 | 27.82 |
| 百货文化类 | 32.93 | 3、百货文化类 | 33.64 |
| 五交化类 | 74.77 | 4、五交化类 | 22.99 |
| 其它类 | 71.70 | （二）生产资料库存 | 43.01 |
| 二、国内纯调入 | 金额 | 其中 1、化肥类 | 9.90 |
| 总额 | 809.80 | 2、农药类 | 20.45 |
| 省外商业系统调入 | 74.97 | （三）农副产品库存 | 0.27 |
| 省内市外商业系统调入 | 99.49 | （四）废旧物资库存 | 3.44 |
| 市内县外及县内商业系统调入 | 635.34 | — | — |

1990 年，无锡市经委企业管理领导小组表彰钱桥供销合作社为市级先进企业。1991 年 4 月，钱桥供销合作社被无锡市人民政府表彰为一期承包先进企业。

## 1988~1991 年钱桥、藕塘供销合作社经营主要指标统计表

表 3—16—20 单位：万元、吨

| 单位 | 年份 | 自有资金 | 其中社员股金 | 采购 | | 销售 | | 销售商品总值 | 商业利润总额 | 化肥 | |
|---|---|---|---|---|---|---|---|---|---|---|---|
| | | | | 合计 | 其中农副产品 | 合计 | 其中零售 | | | 销售（吨） | 库存（吨） |
| 钱桥 | 1988 | 228.05 | 23.96 | 553.73 | 18.28 | 1391.18 | 371.26 | 1511.00 | 33.77 | 2074 | 393 |
| 藕塘 | | 138.49 | 11.58 | 253.29 | 13.37 | 717.68 | 495.07 | 726.00 | 8.78 | 1769 | 152 |
| 钱桥 | 1989 | 266.55 | 43.23 | 459.50 | 16.04 | 1490.29 | 837.83 | 1539.86 | 34.14 | 1906 | 445 |
| 藕塘 | | 138.65 | 13.23 | 227.88 | 6.65 | 603.99 | 408.50 | 613.04 | -9.64 | 1865 | 181 |

续表 3—16—20　　　　单位：万元、吨

| 单位 | 年份 | 自有资金 | 其中社员股金 | 采购 | | 销售 | | 销售商品总值 | 商业利润总额 | 化肥 | |
|---|---|---|---|---|---|---|---|---|---|---|---|
| | | | | 合计 | 其中农副产品 | 合计 | 其中零售 | | | 销售（吨） | 库存（吨） |
| 钱桥 | 1990 | 301.00 | 46.00 | 438.09 | 12.77 | 1481.83 | 653.73 | 1550.00 | 16.10 | 2094 | 306 |
| 藕塘 | | 143.00 | 12.00 | 200.60 | 4.45 | 589.06 | 382.50 | 6.04 | 1.78 | 1771 | 138 |
| 钱桥 | 1991 | 203.00 | 54.00 | 1600.00 | 16.00 | 1227.00 | 778.00 | 1701.00 | 1.11 | 1899 | 306 |
| 藕塘 | | 157.00 | 11.00 | 661.00 | 6.00 | 597.00 | 518.00 | 721.00 | 0.40 | 1804 | 157 |

## 1992~1993 年钱桥供销合作社 22 个部门销售情况统计表

表 3—16—21　　　　单位：万元

| 部门 | 负责人 | 1992 | | 1993 | |
|---|---|---|---|---|---|
| | | 销售额 | 毛利润 | 销售总额 | 毛利润 |
| 合计 | — | 2302.50 | 225.14 | 3776.03 | 323.23 |
| 生产资料部 | 吴荣芳 | 187.04 | 16.55 | 223.33 | 28.43 |
| 采购站 | 孙国忠 | 65.33 | 5.08 | 66.34 | 5.69 |
| 综合批发 | 何建新 | 586.69 | 30.93 | 994.39 | 22.72 |
| 五化交 | 冯　鸣 | 413.55 | 46.13 | 412.12 | 51.38 |
| 纺织 | 沈红芹 | 40.78 | 4.80 | 53.55 | 7.33 |
| 小百货 | 张兰娣 | 10.97 | 15.09 | 117.65 | 18.04 |
| 文具 | 堵玉芹 | 83.04 | 13.58 | 82.39 | 14.45 |
| 副食品 | 唐建良 | 172.06 | 25.14 | 248.92 | 33.98 |
| 家俱商店 | 陈亚芬 | 80.23 | 10.80 | 141.61 | 20.00 |
| 百货批发 | 殷永仙 | 102.57 | 8.05 | 130.37 | 8.36 |
| 建材商店 | 潘文明 | 116.98 | 12.77 | 226.35 | 18.39 |
| 用品 | 周亚琴 | 132.18 | 17.43 | 142.60 | 21.58 |
| 物资贸易站 | — | 31.95 | 2.43 | 186.53 | 1.87 |
| 五化交批发 | 厉式如 | 247.55 | 15.77 | 278.93 | 20.15 |
| 综合商店 | — | 31.43 | 0.58 | 150.95 | 3.65 |
| 大厦五化交 | 巫忠良 | — | — | 104.34 | 11.66 |
| 大厦针织 | 俞月冬 | 0.15 | 0.01 | 49.02 | 7.66 |
| 大厦小百货 | 黄芝芳 | — | — | 57.02 | 8.47 |
| 大厦文具 | 吴　峥 | — | — | 29.01 | 4.88 |
| 大厦副食品 | 华荫霞 | — | — | 31.59 | 5.17 |
| 大厦家具 | 黄淇淇 | — | — | 24.92 | 4.06 |
| 医药商店 | 张维龙 | — | — | 24.10 | 5.31 |

1996 年 1 月，藕塘商业合作社开设“如意自选超市”，改变传统的商品经销经营模式。是年，钱桥供销合作社被江苏省供销合作总社评为省明星基层供销合作社。

## 1993~1997 年钱桥供销合作社化肥、农药等销售统计表

表 3—16—22　　　　单位：吨、万元

| 年份 | 化肥销售 | | 农药销售 | | 农膜销售 | | 茶叶销售 | | 再生资源销售净收入 |
|---|---|---|---|---|---|---|---|---|---|
| | 数量 | 净收入 | 数量 | 净收入 | 数量 | 净收入 | 数量 | 净收入 | |
| 1993 | 1163.10 | 108.25 | 23.61 | 12.03 | 4.56 | 3.88 | 1.50 | 5.10 | — |
| 1994 | 1389.72 | 142.60 | 29.70 | 27.30 | 3.70 | 4.06 | 1.53 | 4.60 | — |
| 1995 | — | 190.34 | — | 71.85 | — | 13.09 | — | 4.58 | 18.00 |
| 1996 | — | 197.80 | — | 28.20 | — | 8.91 | — | 5.72 | 3.66 |
| 1997 | — | 167.00 | — | 26.70 | — | 6.44 | — | 1.50 | 3.40 |

1998 年 1 月，钱桥、藕塘商业合作社分别并入钱桥、藕塘供销社。是年 7 月，钱桥、藕塘供销

社开始转制。

1998年钱桥镇商业合作社经营情况统计表

表3—16—23　　单位：万元、人

| 单位 | 资产总计 | 商品销售收入 | 商品销售税金及附加 | 行业净利润 | 职工人数 |
|---|---|---|---|---|---|
| 汇总 | 513.89 | 147.70 | 0.44 | 8.80 | 76 |
| 钱桥医药商店 | 27.97 | 50.58 | 0.14 | 4.10 | 7 |
| 钱桥商场 | 61.34 | 49.18 | 0.22 | 1.65 | 29 |
| 钱桥商业批发部 | 14.77 | 12.40 | 0.05 | 0.15 | 6 |
| 钱桥商行 | 29.98 | 34.82 | 0.01 | 0.90 | 26 |
| 钱桥商业招待所 | 1.38 | 0.72 | 0.02 | — | 3 |
| 钱桥商业社（行政） | 378.45 | — | — | 2.00 | 5 |

1999年钱桥供销合作社房屋清理表

表3—16—24　　单位：平方米、万元

| 房屋面积 | 地　点 | 建造年份 | 建筑面积 | 账面原值 | 账面净值 | 房产证号码 | 土地证号码 |
|---|---|---|---|---|---|---|---|
| 农具部化肥仓库 | 花园路41号 | 1969 | 288.00 | 3.74 | 3.74 | 003822 | 土管所证明 |
| 农具部农药仓库17间 | 花园路41号 | 1969 | 489.60 | 9.79 | 9.79 | — | 土管所证明 |
| 生产资料东仓库 | 东沿河 | 1979 | 468.00 | 19.89 | 9.14 | 003816 | 土管所证明 |
| 采购站门市部 | 西沿河 | 1987 | 123.12 | 5.23 | 3.92 | 003819 | 土管所证明 |
| 建材商店 | 钱威路59号 | 1993 | 415.37 | 15.12 | 13.60 | 003806 | 土管所证明 |
| 农建部 | 花园路41号 | 1993 | 190.40 | 5.20 | 5.20 | 003820 | 土管所证明 |
| 商贸中心 | 钱威路9~24号 | 1996 | 5168.00 | 502.26 | 472.43 | 016912<br>#003821 | 土管所证明 |
| 发电机组 | 钱威路9~24号 | 1996 | — | 7.65 | 7.65 | — | — |
| 土地总计 | 10228.74m² | — | 5168.00 | 163.66 | 163.66 | — | — |
| 总计 | — | — | 12310.49 | 732.54 | 689.13 | — | — |

1970~1999年藕塘供销合作社销售、利润、固定资产、人员选年统计表

表3—16—25　　单位：万元、人

| 年份 | 销售金额 | 利润 | 固定资产 | 职工数 | 年份 | 销售金额 | 利润 | 固定资产 | 职工数 |
|---|---|---|---|---|---|---|---|---|---|
| 1970 | 156.00 | 4.70 | 15 | 20 | 1994 | 1200 | 27.00 | 130 | 128 |
| 1980 | 339.00 | 8.00 | 20 | 30 | 1995 | 1260 | 33.74 | 180 | 128 |
| 1990 | 604.00 | 18.00 | 22 | 50 | 1996 | 1050 | 25.00 | 180 | 130 |
| 1991 | 719.25 | 22.66 | 100 | 98 | 1997 | 980 | 23.00 | 180 | 120 |
| 1992 | 927.10 | 23.00 | 120 | 100 | 1998 | 850 | 5.00 | 180 | 105 |
| 1993 | 1061.96 | 24.99 | 130 | 110 | 1999 | 650 | 3.00 | 316 | 105 |

2000年，锡山市撤市建区，钱桥、藕塘供销合作社、商业合作社资产、经营隶属惠山区钱桥、藕塘镇政府管理。

1976~2000年藕塘供销合作社生活资料、生产资料销售选年统计表

表3—16—26　　单位：元

| 年份 | 生活资料销售额 | 生产资料销售额 | 年份 | 生活资料销售额 | 生产资料销售额 |
|---|---|---|---|---|---|
| 1976 | 6050000 | — | 1995 | 8500000 | 1720301 |
| 1986 | 6900000 | — | 1996 | 7800000 | 1461165 |
| 1990 | 7080000 | 1057197.95 | 1997 | 6500000 | 942461 |
| 1991 | 8200000 | 1088558.19 | 1998 | 6000000 | 801500 |
| 1992 | 8900000 | 1071891.00 | 1999 | 5100000 | 723000 |
| 1993 | 9700000 | 1168275.25 | 2000 | 转制 | 转制 |
| 1994 | 9500000 | 1361006.00 | — | — | — |

## 1951~2002 年钱桥、藕塘供销合作社历任书记、主任一览表

表 3—16—27

| 单位 | 书记 | 主任 | 任职时间 | 机构名称 |
|---|---|---|---|---|
| 钱桥供销合作社 | 魏家磊（兼） | 刘群 | 1951.07.11~1952 年 | 1951 年 7 月 11 日成立藕塘区钱桥供销社 |
| | | 陈晓刚 | 1953~1954 年 | 藕塘区钱桥供销社 |
| | — | 张金发 | 1954~1957 年 | 郊区钱桥供销社 |
| | 郑振初 | 郑振初 | 1958~1959 年 | 国营无锡县钱桥商店钱桥人民公社供销分配部 |
| | 王美娟 | 王美娟 | 1960 年 | 国营无锡县钱桥商店钱桥人民公社供销分配部 |
| | 管同古 | 闵开英 | 1961~1962 年 | 国营无锡县钱桥商店钱桥人民公社供销分配部 |
| | 管同古 | 管同古 | 1963 年 | 钱桥中心供销合作社 |
| | 管同古 | 刘再卿 | 1964~1967 年 | 钱桥中心供销合作社 |
| | 刘再卿 | 刘再卿 | 1968~1969 年 | 钱桥供销合作社革命委员会 |
| | 沈凤生 | 沈凤生 | 1970~1978 年 | 钱桥供销合作社革命委员会 |
| | 沈凤生 | 沈凤生 | 1979~1980 年 | 钱桥供销合作社 |
| | 江厚壁 | 江厚壁 | 1981~1982 年 | 钱桥供销合作社 |
| | 章士良 | 江厚壁 | 1983~1986 年 | 钱桥供销合作社 |
| | 江厚壁 | 江厚壁 | 1987~1995 年 | 钱桥供销合作社 |
| | 杨心一 | 杨心一 | 1996~2000 年 | 钱桥供销合作社 |
| 藕塘供销合作社 | 刘　群（兼） | 沈凤生 | 1951~1952 年 | 藕塘区藕塘供销社 |
| | | | 1952~1954 年 | 新渎区藕塘供销社 |
| | | | 1955~1957 年 | 新渎区供销社藕塘站 |
| | 吴国良 | 吴国良 | 1958~1959 年 | 国营无锡县藕塘商店藕塘人民公社供销分配部 |
| | 邓中铮 | 洑子贤 | 1960 年 | 国营无锡县藕塘商店藕塘人民公社供销分配部 |
| | 谢中林 | 洑子贤 | 1961~1962 年 | 国营无锡县藕塘商店藕塘人民公社供销分配部 |
| | | | 1963~1967 年 | 钱桥中心供销社藕塘站 |
| | 丁新民 | 丁新民 | 1968~1974 年 | 藕塘供销合作社革命委员会 |
| | 俞云龙 | 俞云龙 | 1975~1976 年 | 藕塘供销合作社革命委员会 |
| | 李建群 | 李建群 | 1977 年 | 藕塘供销合作社革命委员会 |
| | 秦仲豪 | 秦仲豪 | 1978 年 | 藕塘供销合作社革命委员会 |
| | | | 1979 年 | 藕塘供销合作社 |
| | 秦仲豪 | 庄洪元 | 1980 年 | 藕塘供销合作社 |
| | 姚金生 | 姚金生 | 1981~1982 年 | 藕塘供销合作社 |
| | 陈银根 | 姚金生 | 1983 年 | 藕塘供销合作社 |
| | 陈银根 | 夏正道 | 1984~1985 年 | 藕塘供销合作社 |
| | 陈银根 | 陈银根 | 1986 年 | 藕塘供销合作社 |
| | 陈银根 | 卫世民 | 1987~1990 年 | 藕塘供销合作社 |
| | 卫世民 | 卫世民 | 1990~1991.06 | 藕塘供销合作社 |
| | 周平康 | 周平康 | 1991.06~2002.05 | 藕塘供销合作社 |

## 1982~2002 年钱桥、藕塘商业社负责人任职表

表 3—16—28

| 钱桥商业社 | | | | 藕塘商业社 | | | |
|---|---|---|---|---|---|---|---|
| 主任 | | 副主任 | | 主任 | | 副主任 | |
| 姓名 | 任职时间 | 姓名 | 任职时间 | 姓名 | 任职时间 | 姓名 | 任职时间 |
| 孔庆华 | 1982.12~1996.01 | 蒋虎伟 | 1982.12~1984.05 | 周焕文 | 1982.12~2000.03 | — | — |
| 孙文美 | 1996.02~1998.12 | 韩锦城 | 1982.12~1996.01 | | | | |
| 杭亚芳 | 1998.12~2000.12 | 许红专 | 1996.02~1997.02 | | | | |
| 罗新文 | 2001.01~2002.01 | 李　军 | 1997.03~2000.06 | | | | |

2001 年，钱桥供销社撤销、关闭。2002 年 1 月 8 日，钱桥镇人民政府发文“钱桥商业社关闭、撤销”。是年 5 月，藕塘供销社撤销、关闭。

## 第四节 食品站

解放前，钱桥、藕塘农村农民生活水平低下，养猪为增加家庭副业收入，生猪卖给屠宰场或猪贩子。农民食用鲜肉只有集镇上有店供应或鲜肉摊位巡游村头供应。1951 年，区域内生猪收购和鲜肉供应由钱桥、藕塘供销合作社经营。

1964 年 5 月，无锡市食品分公司设立张舍中心食品站，下辖藕塘、钱桥等 7 个食品购销组（即无锡县区划内简称锡西片）。1968 年 8 月，撤销张舍中心食品站，将畜、禽、蛋的购销业务划归各公社供销合作社经营。1978 年、1980 年，钱桥、藕塘分别先后建立食品站。

### 一、钱桥食品站

1978 年，钱桥食品站从钱桥供销合作社分离出来，单独建制为钱桥食品站，属无锡县食品公司领导。钱桥食品站位于钱桥老镇区东巷。站区占地面积 1942.5 平方米，建筑面积 1051.3 平方米，固定资产 272925 元，职工 14 人，主要经营猪、牛、羊、禽、蛋、肉，兼营熟制品、腌制品、水产品、南北货、糖烟酒、罐头食品。1991 年，钱桥食品站收购外地活猪 761 头，屠宰 3276 头。

2002 年，钱桥食品站转制。惠山区食品公司钱桥食品站更名为无锡市惠山食品有限公司钱桥食品站，聘朱家增为站长。2006 年，惠钱路拓宽，位于东巷地界的钱桥食品站搬迁。钱桥镇政府将食品站安置至钱桥配套区锦溢路 4 号。新建食品站占地面积 3330 平方米、建筑面积 2600 平方米、固定资产（含设备、设施）3897479 元。许可经营项目有生猪屠宰加工、各类预包装食品零售；一般经营项目有五金交电、百货等。新站加强装备投入，添置脱毛机、焚化炉，推进机械化屠宰，减轻工人劳动强度。是年，职工 13 人。2010 年职工 12 人，2015 年职工 6 人。

1997~2015 年钱桥食品站生猪外地收购、屠宰情况选年统计表

表 3—16—29　　单位：头

| 食品站名称 | 年 份 | 外地收购活猪 | 定点屠宰 | 合计 |
|---|---|---|---|---|
| 锡山市食品公司钱桥食品站 | 1997 | 4556 | 1925 | 6481 |
| | 1999 | 1485 | 3878 | 5363 |
| | 2002 | 2013 | 4908 | 6921 |
| 无锡市惠山食品有限公司钱桥食品站 | 2004 | 9402 | 4387 | 13789 |
| | 2010 | 16564 | 3199 | 19763 |
| | 2014 | 7651 | 34670 | 42321 |
| | 2015 | 6000 | 36000 | 42000 |

钱桥食品站历任站长为祝炳荣、杨筱毛、朱家增。

### 二、藕塘食品站

1980 年，藕塘食品站从藕塘供销合作社中分离出来，单独建制为藕塘食品站。藕塘食品站位于藕塘桥南桥堍，建筑面积 560 平方米，职工 20 人，年销售 80 万元。

1998 年，藕塘食品站职工 12 人，收购生猪 10000 头，年销售 700 万元。2002 年，藕塘食品站转制。转制后，更名为无锡市惠山食品有限公司藕塘站。2004 年，藕塘镇与钱桥镇合并，藕塘站未变。2008 年 12 月，藕塘站关闭。

藕塘食品站历任站长为王玉伦、王潘、杨筱毛、费满忠。

## 第五节 个体、股份制商业

明、清时期，钱桥、藕塘地区商店较少。民国时期，区域内钱桥老街有南北货、烟酒、大饼油条、纸马店等 118 家；藕塘老街有烟酒、南北货、寿材，匾竹店等 57 家；南西漳老街有烟酒、南北

货、砖瓦店等 28 家；稍塘营老街有烟酒、南北货、茶馆、裁缝店等 34 家；盛店桥老街有烟酒、南北货、生面、豆腐店等 28 家，钱桥、藕塘地区共有商店 265 家。新中国成立以后，钱桥、藕塘地区的商店逐步增多。70 年代，各大队都出现烟酒、食用品的代办店。改革开放以后，大街小巷都设有商店。2015 年，钱桥街道有个体商店 5211 家、股份制商店 1385 家，共有商店 6596 家，是民国时期的 24.89 倍。

## 一、个体商店

2015年，钱桥街道个体商店18个大类，共计5211家，分别有百货、衣着类1074家，农副产品类209家，烟酒类238家，餐饮、旅馆类644家，果品、休闲食品类349家，医疗、药品类53家，家具、装潢、建材类1191家，五金、电器类192家，电子产品类103家，美容美发美体类162家，中介代理、咨询机构、培训类147家，文化、艺术品类207家，手工业服务类203家，杂货、农（机）具类120家，门店工业材料、设备类132家，劳务类12家，汽车配件与保养类67家，健身、休闲娱乐类108家。

2015 年钱桥街道辖区内个体商店分类统计表

表 3—16—30　　单位：家

一、百货、衣着类

| 主要经营范围 | 家数 | 主要经营范围 | 家数 | 主要经营范围 | 家数 | 主要经营范围 | 家数 |
|---|---|---|---|---|---|---|---|
| 百货 | 234 | 鞋 | 26 | 日用品 | 62 | 布行 | 1 |
| 服装 | 221 | 女鞋 | 26 | 皮具 | 18 | 餐具 | 4 |
| 男装 | 13 | 鞋帽 | 32 | 床上用品 | 5 | 雨具 | 3 |
| 女装 | 56 | 皮鞋 | 4 | 饰品 | 36 | 小百货 | 1 |
| 童装 | 67 | 纺织（家纺）、针织 | 55 | 清洁用品 | 1 | 小超市 | 47 |
| 内衣 | 33 | 棉胎 | 4 | 布艺 | 22 | 绒线店 | 7 |
| 鞋服 | 4 | 化妆品 | 46 | 杯业 | 1 | 羊毛衫、羊绒衫 | 3 |
| 童鞋 | 5 | 母婴用品 | 18 | 胸罩 | 1 | 眼镜 | 18 |

二、农副产品类

| 主要经营范围 | 家数 | 主要经营范围 | 家数 | 主要经营范围 | 家数 | 主要经营范围 | 家数 |
|---|---|---|---|---|---|---|---|
| 蜂蜜 | 1 | 蔬菜 | 107 | 豆制品 | 14 | 农产品 | 6 |
| 粽子 | 2 | 菌类 | 3 | 生面 | 3 | 粮油 | 11 |
| 牛肉 | 1 | 糕团、麦饼类 | 6 | 干货 | 3 | 茶叶 | 4 |
| 冷冻食品 | 2 | 鲜肉 | 35 | 洁菜、净菜 | 5 | 南北货 | 5 |
| 调味品 | 1 | — | — | — | — | — | — |

三、烟酒类

| 主要经营范围 | 家数 | 主要经营范围 | 家数 | 主要经营范围 | 家数 | 主要经营范围 | 家数 |
|---|---|---|---|---|---|---|---|
| 烟酒 | 204 | 烟酒日杂 | 6 | 粮油烟酒 | 1 | 酒业商行 | 22 |
| 烟酒食品 | 2 | 烟酒百货 | 1 | 烟草 | 2 | — | — |

四、餐饮、旅馆类

| 主要经营范围 | 家数 | 主要经营范围 | 家数 | 主要经营范围 | 家数 | 主要经营范围 | 家数 |
|---|---|---|---|---|---|---|---|
| 旅馆 | 51 | 饮食 | 30 | 面饭店 | 8 | 海鲜 | 3 |
| 小吃 | 137 | 拉面 | 11 | 大酒店 | 20 | 面馆 | 32 |
| 熟食、卤菜 | 49 | 羊肉 | 9 | 馄饨、水饺 | 18 | 大饼 | 2 |
| 热炒、快餐 | 21 | 烤鸭 | 4 | 米线 | 3 | 鱼丸 | 2 |
| 西餐 | 4 | 猪手 | 8 | 酒家、饭店 | 108 | 黄焖鸡米饭 | 3 |
| 老鹅汤 | 2 | 牛肉汤 | 4 | 自助餐厅 | 1 | 铁板烧 | 1 |
| 饭团 | 1 | 烤羊腿 | 1 | 麻辣烫 | 13 | 龙虾 | 5 |
| 包子馒头 | 20 | 火锅 | 35 | 牛鸡排 | 2 | 大排档 | 1 |
| 鸭脖 | 5 | 汉堡鸡排 | 12 | 手抓饼、锅贴 | 6 | 煎饼、寿司、日式料理 | 4 |
| 披萨 | 2 | 凉皮 | 1 | 烧烤 | 3 | 韩式料理 | 2 |

五、果品、休闲食品类

| 主要经营范围 | 家数 | 主要经营范围 | 家数 | 主要经营范围 | 家数 | 主要经营范围 | 家数 |
|---|---|---|---|---|---|---|---|
| 果品 | 187 | 水果店 | 53 | 炒货店 | 2 | 奶茶 | 33 |
| 奶制品 | 4 | 冷饮类 | 6 | 零食 | 6 | 面包、蛋糕 | 2 |
| 食品 | 6 | 甜品 | 7 | 饮品 | 7 | 冰激凌 | 1 |
| 净水 | 8 | 烘焙坊 | 27 | — | — | — | — |

续表 3—16—30 单位：家

六、医疗、药品类

| 主要经营范围 | 家数 | 主要经营范围 | 家数 | 主要经营范围 | 家数 | 主要经营范围 | 家数 |
|---|---|---|---|---|---|---|---|
| 大药房 | 21 | 诊所 | 3 | 门诊部 | 2 | 药剂 | 1 |
| 灰指甲 | 2 | 推拿按摩 | 9 | 水疗 | 2 | 医疗 | 3 |
| 保健计生用品 | 10 | — | — | — | — | — | — |

七、家具、装潢、建材类

| 主要经营范围 | 家数 | 主要经营范围 | 家数 | 主要经营范围 | 家数 | 主要经营范围 | 家数 |
|---|---|---|---|---|---|---|---|
| 办公家具 | 3 | 家具 | 154 | 铝合金 | 3 | 涂料 | 4 |
| 水暖器材 | 4 | 陶瓷用品 | 89 | 洁具 | 45 | 淋浴房设备 | 1 |
| 防火板 | 1 | 轻钢龙骨 | 4 | 防火材料 | 4 | 窗帘、窗饰 | 32 |
| 管件、管道 | 2 | 地毯 | 8 | 卷帘门 | 3 | 木业 | 72 |
| 花岗岩 | 2 | 钢窗 | 1 | 大理石 | 1 | 楼梯 | 11 |
| 厨柜 | 32 | 油漆 | 6 | 物资 | 4 | 古典艺雕 | 1 |
| 门业 | 69 | 石材 | 34 | 板材 | 3 | 硅藻泥材料 | 1 |
| 地板 | 33 | 彩钢瓦 | 2 | 吊顶 | 13 | 马赛克 | 2 |
| 墙纸 | 23 | 钛铝型材料 | 1 | 床垫 | 2 | 机械装璜 | 1 |
| 涂装服务 | 1 | 栅栏 | 2 | 防水材料 | 1 | 玻璃 | 12 |
| 相框 | 1 | 背景墙 | 1 | 装璜材料 | 92 | 灯具 | 34 |
| 水泥 | 1 | 装潢设计 | 9 | 厨具设备 | 6 | 灯饰 | 47 |
| 装潢装饰 | 20 | 厨具 | 4 | 建材 | 278 | 保险箱 | 2 |
| 彩钢板 | 1 | 包装材料 | 2 | 水暖电器 | 2 | 水电安装 | 4 |

八、五金、电器类

| 主要经营范围 | 家数 | 主要经营范围 | 家数 | 主要经营范围 | 家数 | 主要经营范围 | 家数 |
|---|---|---|---|---|---|---|---|
| 五金 | 114 | 电线电缆 | 4 | 电子秤 | 1 | 电工器材 | 2 |
| 电器 | 29 | 空调 | 1 | 照明器材 | 2 | 水电材料 | 3 |
| 家电 | 12 | 机电 | 1 | 电动工具 | 5 | 太阳能 | 1 |
| 厨房电器 | 10 | 机械 | 1 | 电器设备 | 3 | 阀门 | 3 |

九、电子产品类

| 主要经营范围 | 家数 | 主要经营范围 | 家数 | 主要经营范围 | 家数 | 主要经营范围 | 家数 |
|---|---|---|---|---|---|---|---|
| 电脑销售 | 20 | 通讯器材 | 32 | 软件开发 | 2 | 电脑维修 | 7 |
| 手机 | 30 | 数码产品 | 5 | 信息系统集成 | 1 | 通信 | 1 |
| 计算机耗材 | 1 | 电子商务 | 2 | 数据产品 | 1 | 电子耗材 | 1 |

十、美容美发美体类

| 主要经营范围 | 家数 | 主要经营范围 | 家数 | 主要经营范围 | 家数 | 主要经营范围 | 家数 |
|---|---|---|---|---|---|---|---|
| 美容美发 | 98 | 美容养生 | 9 | 美甲 | 1 | 洗牙 | 1 |
| 化妆工作室 | 1 | 美容美体 | 4 | 化妆品 | 46 | 护肤品 | 2 |

十一、中介代理、咨询机构、培训类

| 主要经营范围 | 家数 | 主要经营范围 | 家数 | 主要经营范围 | 家数 | 主要经营范围 | 家数 |
|---|---|---|---|---|---|---|---|
| 房产中介、咨询 | 18 | 法律咨询 | 3 | 舞蹈培训 | 2 | 武术培训 | 2 |
| 经济信息、信息服务 | 9 | 教育咨询 | 3 | 围棋培训 | 1 | 工程技术培训 | 1 |
| 经济咨询 | 26 | 美容咨询 | 1 | 职业咨询 | 1 | 搏击培训 | 1 |
| 会计 | 4 | 健康咨询 | 23 | 科技咨询 | 2 | 美术培训 | 1 |
| 商标 | 1 | 艺术文化培训 | 10 | 贸易商行 | 21 | 琴行 | 7 |
| 心理咨询 | 2 | 书法培训 | 2 | 书画培训 | 3 | 贸易 | 3 |

十二、文化、艺术品类

| 主要经营范围 | 家数 | 主要经营范围 | 家数 | 主要经营范围 | 家数 | 主要经营范围 | 家数 |
|---|---|---|---|---|---|---|---|
| 音像 | 1 | 影像图片社 | 1 | 画坊 | 4 | 旗帜 | 1 |
| 租片 | 1 | 摄影 | 7 | 书店 | 8 | 体育用品 | 7 |
| 乐器 | 1 | 灯箱 | 2 | 园艺设计 | 14 | 办公用品 | 28 |
| 照相馆 | 6 | 复印 | 3 | 婚庆 | 1 | 礼品 | 1 |
| 文印 | 2 | 礼仪 | 1 | 茶、茶具 | 20 | 喜庆用品 | 4 |
| 鲜花 | 7 | 印务部 | 5 | 花艺坊 | 2 | 玉器 | 2 |
| 工艺品 | 17 | 广告设计 | 1 | 花艺 | 1 | 珠宝首饰 | 7 |
| 广告制作 | 4 | 图文店 | 38 | 字牌制作 | 3 | — | — |
| 文具用品 | 3 | 印刷 | 1 | 十字绣 | 3 | — | — |

续表 3—16—30　　　　单位：家

十三、手工业服务类

| 主要经营范围 | 家数 | 主要经营范围 | 家数 | 主要经营范围 | 家数 | 主要经营范围 | 家数 |
|---|---|---|---|---|---|---|---|
| 电器修理 | 8 | 电机修理 | 6 | 起重机修配 | 2 | 自行车修理 | 14 |
| 电动工具修理 | 1 | 修皮鞋 | 1 | 电梯修理 | 4 | 白铁皮 | 7 |
| 木制品制作 | 1 | 钟表修配 | 7 | 蓄电池修换 | 1 | 缝纫修补 | 4 |
| 擦鞋吧 | 1 | 门窗制作 | 35 | 皮具修理 | 1 | 空调、电器修理 | 20 |
| 机械修理 | 7 | 开锁 | 6 | 电脑维修 | 7 | 摩托车修理 | 3 |
| 机电修理 | 2 | 电动车修理 | 48 | 干洗 | 16 | 铝制品修补 | 1 |

十四、杂货、农（机）具类

| 主要经营范围 | 家数 | 主要经营范围 | 家数 | 主要经营范围 | 家数 | 主要经营范围 | 家数 |
|---|---|---|---|---|---|---|---|
| 综合商店 | 59 | 农具 | 3 | 拖拉机修配 | 1 | 水族用品 | 2 |
| 商行 | 1 | 铁业摊 | 2 | 钓具 | 3 | 绿化 | 1 |
| 门锁具 | 1 | 烟花爆竹 | 14 | 香烛 | 5 | 拖拉机 | 1 |
| 劳保用品 | 4 | 竹器 | 1 | 农资 | 5 | — | — |
| 杂货 | 2 | 日杂 | 12 | 园林机具 | 3 | — | — |

十五、门店工业材料、设备类

| 主要经营范围 | 家数 | 主要经营范围 | 家数 | 主要经营范围 | 家数 | 主要经营范围 | 家数 |
|---|---|---|---|---|---|---|---|
| 物资经营 | 15 | 机械设备 | 3 | 消防器材 | 7 | 钢绳 | 1 |
| 供水 | 1 | 锅炉 | 1 | 保温材料 | 1 | 金属制品 | 1 |
| 锯片 | 3 | 机电 | 13 | 金属材料 | 1 | 油泵 | 1 |
| 锯业 | 1 | 制冷 | 2 | 钢模板 | 3 | 化工 | 1 |
| 蓬布 | 1 | 叉车 | 2 | 冰块 | 1 | 柴油机 | 1 |
| 橡胶 | 1 | 万向轴 | 1 | 热能 | 1 | 不绣钢 | 1 |
| 冷冻 | 2 | 传动轴 | 1 | 筛网 | 1 | 设备附件 | 1 |
| 器械经营 | 1 | 起重机械 | 8 | 冲压件 | 1 | 橡塑 | 3 |
| 净化设备 | 1 | 机床 | 2 | 焊管 | 3 | 粘胶 | 1 |
| 数控 | 1 | 耐火材料 | 1 | 环保 | 1 | 坚固件 | 1 |
| 环保设施 | 1 | 行车配件 | 23 | 万向节配件 | 1 | 管道 | 1 |
| 高分子 | 1 | 安防器材 | 1 | 模具制作 | 6 | 润滑油 | 5 |

十六、劳务类

| 主要经营范围 | 家数 | 主要经营范围 | 家数 | 主要经营范围 | 家数 | 主要经营范围 | 家数 |
|---|---|---|---|---|---|---|---|
| 环卫服务 | 4 | 人工搬运 | 2 | 家政 | 1 | 客运 | 1 |
| 保洁 | 3 | 跑腿服务 | 1 | — | — | — | — |

十七、汽车配件与保养类

| | | | | | | | |
|---|---|---|---|---|---|---|---|
| 汽车急修 | 5 | 汽车美容 | 14 | 汽车服务 | 2 | 车辆修理 | 8 |
| 洗车场 | 4 | 汽车养护 | 7 | 轮胎修补 | 7 | 汽车装璜 | 2 |
| 轮胎 | 10 | 汽配 | 1 | 汽车玻璃 | 4 | 汽车附件 | 3 |

十八、健身、休闲娱乐类

| 主要经营范围 | 家数 | 主要经营范围 | 家数 | 主要经营范围 | 家数 | 主要经营范围 | 家数 |
|---|---|---|---|---|---|---|---|
| 歌舞厅 | 1 | 歌厅 | 2 | 宠物商店 | 10 | 健康器材 | 2 |
| 瑜伽 | 1 | 茶室 | 11 | 游戏 | 2 | 桌球 | 14 |
| 儿童乐园、儿童玩具 | 9 | 浴（室）场 | 24 | 咖啡厅 | 3 | 游泳馆 | 1 |
| 足浴 | 15 | 票务 | 2 | 麻将桌 | 1 | 旅游商店 | 7 |
| 健身 | 3 | — | — | — | — | — | — |

说明：主要经营范围依据个体户营业执照

## 二、股份制商店

2015 年，钱桥街道有股份制商店 1385 家，其中百货、服装店 51 家，烟酒、杂货、茶叶店 23 家，餐饮、旅馆、浴室 44 家，手机、电脑专卖店 12 家，茶室、咖啡屋 1 家，照相、广告店 13 家，美容美发店 1 家，歌舞厅、影剧院、评书场 23 家，旅游门店 22 家，家教、中介、培训店 61 家，手工服务业商店 38 家，家具、装潢店 50 家，其它（废旧回收、家禽家畜购销等）商店 1046 家。

## 三、酒店选介

2015 年，钱桥街道区域内具有一定特色与规模的酒店有无锡市苏嘉金龙商务酒店有限公司、海景壹号海鲜大酒店、河潭潭大酒店。

### （一）无锡市苏嘉金龙商务酒店有限公司

苏嘉金龙商务酒店有限公司位于钱桥新街 103 号，于 2006 年 12 月开业。金龙商务酒店占地面积约 2000 平方米，共有房间 102 间，其中标准客房 60 间、大床房 30 间、套房 12 间。客房均按四星级酒店要求设计、建设。酒店配套设施有餐饮、美容美发、棋牌、游泳池。其周边设施有 KTV、温泉浴室等。2015 年获惠山区旅馆行业工作突出成绩奖。

图 3—16—11 苏嘉金龙商务酒店

### （二）海景壹号海鲜大酒店

海景壹号海鲜大酒店是一家以海鲜为主并具有地方养生菜肴特色的高档纯餐饮酒店，于 2011 年 12 月营业。酒店位于惠钱路 81 号。

酒店共有餐位 1200 个，豪华包厢 43 个。宴会大厅可容纳 500 人同时就餐。就餐环境温馨、舒适、典雅。无论是家庭聚餐、商务宴请或是举行盛大宴会及结婚典礼等都能够享受到热情、真诚的服务以及国内顶级大厨烹制的美味佳肴。

2011~2015 年海景壹号海鲜大酒店四年中月均收入 400 万元左右，每年可创造税收 300 万元左右。

图 3—16—12 海景壹号海鲜大酒店

### （三）河潭潭大酒店

河潭潭大酒店位于钱桥街道藕塘镇西，1995 年 5 月 12 日营业。酒店占地面积 350 平方米，建筑面积 500 平方米，可以容纳 23 桌客人同时用餐。主要经营餐饮，以经济实惠、富有特色的家常菜吸引众多顾客。河潭潭大酒店在钱桥、藕塘地区有相当好的声誉，久盛不衰，生意兴隆。2006 年以来，营业额年平均 200 万元，上缴税金年 16 万元左右，年收入 20 万元左右。多年来获无锡市“先进个体户”“无锡市光彩之星”“惠山区光彩之星”等荣誉称号。2015 年，河潭潭大酒店加盟店增至 3 个。

# 第六节 农贸市场

明、清、民国时期，乃至解放以后的 50~70 年代，钱桥、藕塘地区无形成一定规模的农贸市场，农副产品都在钱桥、藕塘、西漳、稍塘、盛店等老街上进行交易。进入 80 年代，钱桥、藕塘乡及各村逐步建造农副产品交易集贸市场。2015 年，钱桥街道有钱桥集贸市场有限公司、藕塘农贸市场两个镇级农贸市场；有桥北、晓丰、西漳、苏庙、华新、舜柯、恒源祥、溪南、稍塘、洋溪等 10 个村级农贸市场。

## 一、镇级农贸市场

### （一）钱桥集贸市场有限公司

钱桥农贸市场于 1984 年建成，在原钱桥大街邮政局之东，振兴路西，占地面积 8000 平方米，建筑面积 5000 平方米。1985 年投入运行，带动钱桥新市镇格局迅速形成。

进入 21 世纪，钱桥市镇人流量迅速增长，位于钱桥大街中心位置的农贸市场已不再适应区域内日益增多的人口。2010年，钱桥街道党工委决定以市场运作方式，成立“钱桥集贸市场有限公司”，并迅速投资建设，把原农贸市场搬迁至通溪路81号。2012年3月，新的钱桥农贸市场正式运作。新农贸市场占地6000平方米，建筑面积5700平方米，交通便捷，有相当面积的停车地段。2015年，农贸市场内设鲜肉类摊位10家、蔬菜类20家、卤菜类7家、水产类7家、干货酱菜类6家、豆制品5家、冰冻杂件3家及其他各类摊位37家。钱桥农贸市场责任人1人，管理员5人，保洁员8人。

**（二）藕塘农贸市场**

藕塘农贸市场创建于1983年3月，是扩建藕塘新市镇时把散于沿河的几个露天小菜市场集中起来建设在藕塘新街。藕塘农贸市场占地面积2500平方米，建筑面积2300平方米。

2015年，藕塘农贸市场内有鲜肉类摊位9个、蔬菜类摊位17个、卤菜类摊位4个、水产类摊位6个、干货酱菜类摊位2个、豆制品摊位3个、冰冻杂件摊位6个，其他小摊位103个。藕塘农贸市场负责人1人，有管理人员5人，保洁员4人。随着藕塘市镇安置房小区和商品房小区建设日新月异，市镇人口剧增。为方便居民生活，钱桥街道决定在政新路与藕新路交会处易地新建藕塘农贸市场于藕乐汇生活广场二楼，规划建筑面积5000平方米。是年底，藕塘新街原农贸市场继续营业，藕乐汇生活广场二楼的新农贸市场正在建设之中。

## 二、村级农贸市场

**（一）钱桥桥北农贸市场**

钱桥桥北农贸市场主要为钱桥社区及钱桥镇区以北地区居民服务的菜市场。钱桥桥北农贸市场位于钱威路69号，占地面积3500平方米，建筑面积6000平方米，建成于2000年1月。

2015年，钱桥桥北农贸市场内设有鲜肉摊位1个、水产摊位12个、冷冻豆制品摊位6个、净菜摊位2个、家禽摊位2个、蔬菜等其他摊位131个。市场负责人1人、管理员6人，保洁工作外包给钱桥社区环卫站负责。

**（二）晓丰农贸市场**

晓丰农贸市场创建于2002年3月，主要为晓丰社区居民日常生活服务。农贸市场位于晓丰社区中心，东靠钱威路，占地面积1400平方米，建筑面积1350平方米。

2015年，晓丰农贸市场有商铺店面房21间，开有粮油店、面饭店、餐饮店、小吃点心店、生面店以及鞋帽、衣裤、理发、电信、彩票、药店等。菜场内设有120多个摊位，其中蔬菜摊位20多个、禽类摊位1个、肉类摊位2个、鱼类摊位2个、水果摊位2个、南北干货酱菜摊位4个、豆制品摊位3个、熟食类摊位3个，糕团、馒头、电信摊位5个，小商品杂货摊位5个。市场日人流量达500余人。市场负责人1人、管理员2人。市场保洁由社区环卫站负责。

**（三）西漳农贸市场**

2001年，西漳村委为规范农贸集市，在西漳老街建造西漳农贸市场。西漳农贸市场占地面积1500平方米，建筑面积1330平方米。西漳农贸市场进行市场化运作，由邵世其承包。2015年，市场内有肉类摊位3个、水产摊位1个、豆制品摊位1个、副食品摊位1个，蔬菜类摊位12个。市场主要为西漳社区居民与工业园区职工的生活服务。

**（四）苏庙社区农贸市场**

苏庙社区农贸市场建成于2011年。当时，钱桥街道春满园、春来苑、春光苑安置小区正逐渐形成，晴山蓝城商品房小区日趋完善，美林湖商品房小区已入住大批住户，而在钱桥镇西区却无一农贸市场，居民生活很不方便，由此成为社会的热点。为解决民生大事，苏庙社区在钱桥街道支持下，规划在春来苑的西南角、春满园的东门、新业路段投资建设占地2500平方米、建筑面积800平方米的农贸交易市场。同时，开办1400平方米现代联华超市（内有蔬菜、肉类等供应），为聚居在钱桥市镇西片近3万人民的生活提供方便，受到老百姓赞扬。

2015年，苏庙农贸市场内有蔬菜类摊位12个、鲜肉摊位4个、杂货类摊位2个、早点摊位4个、炒货类摊位2个、豆制品摊位2个、水产类摊位6个、禽类摊位2个、熟食类摊位11个，生面店1家、水果店2家、羊汤店1家以及联通手机店1家，其他服务类如补鞋匠、缝纫铺等3个。农贸市场负责人1人、管理员5人。

**（五）华新苑农贸市场**

华新苑农贸市场是在2007年华新苑安置小区一期、二期形成后，为方便华新社区居民生活而建设的民生工程。华新苑农贸市场位于华新苑三期内，占地面积2000平方米，建筑面积1700平方米。

2015年，华新苑农贸市场内设蔬菜类摊位36个、肉类摊位5个、水产类摊位2个、家禽类摊位3个、豆制品摊位2个、杂货类摊位5个，另有一些其他服务类临时摊位。市场负责人1人、管理员与保洁人员5人。

**（六）舜柯社区农贸市场**

舜柯社区农贸市场建成于2008年7月，位于景盛路上。舜柯农贸市场占地面积3347平方米，建筑面积1842平方米，有店面房20间。

2015年，市场内设有固定摊位12个，分别是鲜肉、蔬菜、干货、水果、鲜鱼、冷冻杂品、豆制品等。另有其他非固定、临时进行农产品交易的较多摊位。舜柯农贸市场主要为舜柯社区居民和溪南工业园区职工提供生活服务。舜柯农贸市场负责人1人、专业清洁员1人。

**（七）藕乐苑社区恒源祥农贸市场**

恒源祥农贸市场建成于1996年，位于钱胡路原恒源祥村村委办公楼南侧，占地面积8000平方米，建筑面积3000平方米。

2015年，恒源祥农贸市场内设鲜鱼摊位2个、禽类摊位2个、鲜肉摊位3个、熟食摊位2个、蔬菜摊位6个、水果摊位3个以及服装摊位8个、日杂摊位3个、种子店1家，另有农户临时卖蔬菜摊位多个。恒源祥农贸市场隶属藕乐苑社区管理。市场负责人1人，配有市场管理员及清洁工2人。

**（八）溪南农贸市场**

2002年，钱桥镇规划开发溪南、舜柯地区为惠山区工业开发区钱桥配套区。在工业开发区初具规模后，人口剧增。为方便群众生活，溪南村投资建设溪南农贸市场，2006年建成。溪南农贸市场占地面积1030平方米，建筑面积820平方米。农贸市场内设有摊位88个，其中肉摊位2个、水产摊位2个、豆腐摊位2个、干货摊位5个、熟食摊位5个、水果摊位5个，其余都是蔬菜摊位。

2008年，溪南社区又在农贸市场沿街建造16间门面房，开设药店、手机店、杂货店、面饭店、熟食店、鞋店等。2015年，农贸市场负责人1人，管理员、保洁员5人。

**（九）稍塘农贸市场**

稍塘农贸市场建成于2006年8月，位于稍塘路，占地面积2668平方米，建筑面积1078平方米。稍塘农贸市场为稍塘社区居民及周围厂区职工提供生活服务。

2015年，稍塘农贸市场内设鱼虾水产类摊位6个、熟食食品卤菜类摊位7个、鲜肉类摊位5个、酱菜类摊位2个、小吃类摊位5个、家禽类摊位2个、豆制品摊位3个、水果类摊位3个、蔬菜类摊位25个、副食品摊位3个。稍塘农贸市场负责人1人、管理人员4人、清洁员2人。

**（十）洋溪社区农贸市场**

洋溪社区农贸市场建成于2013年3月，位于洋溪社区洋溪人家安置小区内。洋溪农贸市场占地面积1000余平方米，建筑面积630平方米。

2015年，洋溪社区农贸市场内设猪肉摊位2个、水产摊位2个、熟食品摊位2个、百货杂品摊位1个、豆制品摊位1个、蔬菜摊位3个、水果摊位1个，另设临时性农民、居民农产品交易点。

农贸市场负责人1人、管理员2人、清洁工1人。

## 第七节 专业市场

20世纪80年代以前，钱桥、藕塘地区的钢材依靠物资部门调拨或派员外出采购。1985~1990年，无锡县冶金公司调拨给钱桥镇政府500吨钢材，为省拨价；调拨给威华村800吨钢材为省拨价、300吨钢坯为国拨价、300吨钢坯为市场价；调拨给钱桥村300吨钢材为省拨价、300吨钢坯为国拨价、300吨钢坯为市场价。

2007年，全国钢管交易中心在钱桥崛起，钱桥有大小钢管企业500多家，焊管企业年消耗带钢400多万吨。钱桥带钢是左右长三角地区带钢市场的标杆，钱桥镇借全国“焊管之乡”的美誉做大做强三产。是年，全国各地钢管企业生产商获悉钱桥镇建立钢管交易中心消息后，即有280多家生产企业洽谈合作。

随着钱桥、藕塘地区商贸服务业的快速发展，区域内形成多个专业市场。2015年，钱桥街道有大规模集中交易钢材的龙之杰、振兴钢材专业市场；有大规模集中交易建材、装饰材料的五洲国际装饰城专业市场；有大规模集中交易精品服饰、潮流饰品、日用百货、文体休闲、精品家纺的五洲国际小商品专业市场；有大规模集中交易奥迪、沃尔沃、上海大众、东风日产等的锡西汽车城专业市场；有大规模集中交易轴承轴壳、电动工具、标准件、工量刃具、机床附件、磨料磨具、化工产品、电线电缆、低压电器等的伟达五金专业市场。这些专业市场具有商品的专门性、交易双方开放性、交易以批发为主等共同特点。

### 一、钢材专业市场

钱桥街道凭“焊管之乡”“冷轧之都”的美誉和钱桥、藕塘周边地区对钢材的需求，促进钱桥地区以钢铁交易为龙头的服务业迅猛发展。2013~2014年，龙之杰、振兴两大钢材专业市场相继与天物·无锡、中投保物流合并重组。

图3—16—13 2009年4月16日龙之杰钢材市场在上海杨浦区举行春季招商会

#### （一）龙之杰钢材市场

2009年初，江苏龙之杰钢铁中心成立，实施先招商、后建公司办公地点的策略。是年4月16日，江苏龙之杰钢铁交易中心主办的2009年春季招商会在上海杨浦区的上海财大豪生大酒店隆重举行，来自全国各地的120多位商界人士欢聚一堂，共商发展大计，共谋美好未来。招商会上，上海慧升金属有限公司、上海迪广金属材料有限公司等4家客商代表当场与江苏龙之杰钢材交易中心签约。同年6月20日，“江苏龙之杰钢材交易中心”奠基，无锡市副市长、惠山区区长、常务副区长、副区长等市区领导以及远道而来的福建省委统战部副部长、福建省周宁县政协主席出席奠基仪式。是年，奠基开工建设的江苏龙之杰钢铁交易中心分A、B两座，其中A座19层、B座27层，计划总投资3亿元，总建筑面积10万平方米，是集现代钢材交易、办公、金融服务、快捷酒店及商业配套于一体的大型钢材商务中心。龙之杰钢材交易中心位于钱桥街道惠澄大道葑溪大桥南堍。

2011年6月18日，总投资5亿元，建筑面积近10万平方米的“江苏龙之杰钢材交易中心”大楼落成封顶。是年，驻场经营户286家，交易额1146147万元，被江苏省经贸委评定为省级“重点物流基地”。2012年完成交易额981878万元。

2013年，龙之杰（2）号库由无锡天物合并重组；龙之杰钢铁交易中心与中投保物流无锡有限公司合作兼并。

（二）振兴钢材市场

2009 年 5 月 20 日，由无锡职教园区、无锡振兴钢材市场、江苏民丰担保有限公司联合主办的无锡振兴钢材市场开业典礼暨钢管钢带市场招商恳谈会在白金汉爵大酒店举行，来自全国各地的 600 多名商界精英共商合作、共谋发展、共话未来。

图 3—16—14　2009 年 5 月 20 日钱桥街道举行无锡振兴钢材市场开业典礼

振兴钢材市场位于钱桥大道洋溪桥南堍。2011 年，驻场经营户 305 家，年交易额 904415 万元，被江苏省经贸委评定为省级“重点物流企业”。2012 年完成年交易额 978087 万元。2014 年，重组为天物集团天物现代物流无锡库。

## 二、无锡五洲国际装饰城有限公司

图 3—16—15　五洲国际装饰城

无锡五洲国际装饰城有限公司（港资）由五洲国际控股有限公司（股票代码 01369.HK）投资兴建，于 2005 年立项，项目总投资 20 亿元人民币，规划占地 46.67 公顷，总建筑面积 70 万平方米。项目所在地交通地理位置优越，东靠锡宜高速下匝道口，南倚盛岸西路，西临华新社区，北沿江海西路，周边有洛社新城等。公司成立于是年 2 月，注册资本 30000 万元，主要从事商业地产的开发。五洲国际装饰城是无锡市政府的重大项目和重点培育市场，于是年全面投入建设，总投资 15 亿元人民币，总建筑面积约 45 万平方米。五洲国际装饰城是一个集装饰建材批发、家居零售、小商品批发零售、仓储配送、休闲餐饮配套于一体的一站式交易中心。法人代表舒策城。

2005 年 11 月 26 日，无锡市重点培育市场——无锡五洲国际装饰城隆重开工，客商和群众 3000 余人到场。无锡市政府、人大领导，惠山区区委、区政府领导，钱桥镇党委、政府领导及投资商家乡——浙江泰顺县领导出席开工典礼，并为项目开工建设剪彩。

2006 年，五洲国际装饰城一期沿街商铺竣工，提前完成招商，率先运营。在钱桥镇政府的大力支持和公司领导的共同努力下，是年 3 月五洲国际装饰城被中国建设部及中国房协等评选为“2006

图 3—16—16　2006 年 3 月五洲国际装饰城被中国房地产业协会经济合作委员会、中国房地产产品创新研究中心、搜房网表彰为“中国最具影响力（商业）新盘”

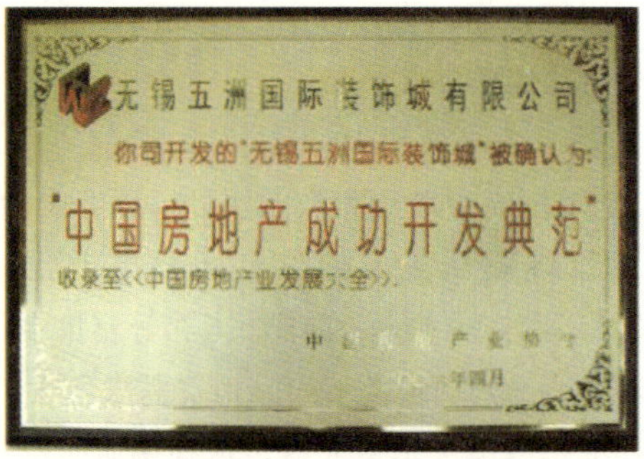


图 3—16—17　2006 年 4 月中国房地产业协会命名五洲国际装饰城有限公司为“中国房地产成功开发典范”

年中国最具影响力（商业）新盘”，4月被评为“中国房地产成功开发典范”。10月28日，无锡五洲国际装饰城全面开业，无锡市人民政府市长、江苏省经贸委副主任出席开业庆典，无锡市人民政府副市长、无锡市惠山区区委书记、中国建筑材料工业协会副会长、浙江省泰顺县人民政府县长、钱桥镇党委书记等分别作开业致辞。

图3—16—18　2006年10月28日五洲国际装饰城盛大开业

五洲国际装饰城一期建材装饰材料市场总建筑面积11.54万平方米，已销售97270平方米，达到85%销售比率，剩余商铺自营。建材装饰材料市场以销售板材、陶瓷、灯具、布艺、家具、卫浴、五金、门业、石材、橱柜、油漆等家居建材为主。同年，入驻商家达900多户，年销售13亿元，年实现利润总额达8500万元。

五洲国际装饰城二期家居生活广场总建筑面积12.67万平方米，是集购物、休闲、娱乐、观光、展览为一体的全新体验式家居主题购物中心，以软装饰、后装修为主要经营特色，营造良好的购物环境、创造体验消费市场内涵，对商业模式、业态组合、经营管理等实现全面升级，做到“在购物中休闲，在休闲中购物”。五洲国际装饰城二期家居生活广场自2007年销售以后，被评为“最具投资价值商业项目”“2007~2008最期待中国房地产项目”“2008年最佳商业销售楼盘”，并取得2008年无锡商业楼盘销售第一的称号。二期家居生活与红星美凯龙、苏宁电器等一批知名品牌商家强强联手，招商率达到100%，汇集科勒、TOTO、欧派橱柜、顾家工艺、喜临门床垫、皇朝家俬、芝华士沙发、美迪家具等260余家国内外著名品牌，于2009年5月1日开业。是年，销售业绩连创新高，项目总计可销售11万平方米，已销售89030平方米，剩余商铺自营。年总销售收入6.5亿元，实现利润总额达2亿元。

五洲国际装饰城三期小商品城项目分E栋、AB栋、F栋三个展馆，分批建设，集品牌展示、产品交易于一体，荟萃潮流饰品、日用百货、文体休闲、精品服饰、精品家纺等种类，成为“小商品的海洋，购物者的天堂”，其优势为坐拥长三角立体物流交通中央枢纽，扼守无锡西大门，占据黄金商业地段；江海西路、锡宜高速、盛岸西路和锡宜路四条交通干道汇合，交通便捷；毗邻锡宜高速匝道口，近十条公交线路通往无锡各地，贯穿东西南北。沪宁城际高铁惠山站近在咫尺，快速通达长三角各城市。

五洲国际装饰城三期小商品城以一流的规划设计、完善的市场配套，打造一个五星级的小商品市场。小商品城通过通道和连廊的巧妙设立，形成铺铺临通道的“街区式”商铺，完全消除商业死角。内设产品交易中心、仓储物流中心、电子商务中心、餐饮娱乐等配套功能，成为一个功能完善的五星级市场。设计时尚的外立面，通过品牌手扶电梯、宽阔的主通道，让消费者轻松往来，打造一个五星级的购物环境。

图3—16—19　2011年5月29日全国人大常委会原副委员长王汉斌视察五洲国际装饰城后欣然题词

无锡洛城等超10万人口大型住宅区聚集小商品城之西，全国规模空前的职教园区——藕塘职教园区，盛岸花园、晴山蓝城等众多大型住宅区云集于此；锡西传统“四强”——洛社、钱桥、前洲、玉祁等富庶乡镇邻近小商品城，经济实力雄厚，居民小商品消费需求巨大。五洲国际小商品城瞄准锡西庞大消费人群，填补锡城西部小商品市场空白，抢先抢占财富大蛋糕。

五洲国际装饰城三期E栋项目于2010年5月开工，2011年6月开业，总投资2亿元，总建筑面积约4.5万平方米。项目分为地下一层、地上四层，主要经营副食品。项目可售总面积34515平方米，吸引大批客商前来投资经营，开门率达到98%。是年，已售33000平方米，销售总价3.85亿元，实现利润总额9400万元。

五洲国际装饰城三期AB栋，总建筑面积10.4万平方米，可售面积8.1万平方米，分地下一层，地上四层。负一层以停车和仓储为主，一层主要经营潮流精品，二层主要经营日用百货，三层主要经营文体休闲用品，四层主要经营品牌服饰、休闲餐饮等，成为一站式购物中心。三期AB栋于2012年7月中旬开工建设，2012年年底开盘预售，销售收入总额达9亿元。2014年4月开业。

五洲国际装饰城三期F栋项目于2014年5月开发建设，规划建筑面积25000平方米，2015年在建中。

无锡五洲国际装饰城有限公司是主要从事开发专业市场的商业地产公司，从业人员37人，其中大专以上学历27人，拥有各类专业职称19人。公司凭借着长期的开发经验、一流的设计理念、优异的管理团队，科学的市场管理，不断营造出繁荣新颖的专业市场。2005~2015年，五洲国际装饰城对外投资27家，投资额达10亿余元。2015年，营业收入2947万元、税金1110万元。

2005~2015年无锡五洲国际装饰城投资一览表

表3—16—31　　单位：万元

| 投资公司名称 | 投资金额 | 投资公司名称 | 投资金额 |
|---|---|---|---|
| 盐城五洲置业有限公司 | 2000 | 沈阳五洲国际工业博览城有限公司 | 10000.0 |
| 无锡五洲国际置业有限公司 | 5000 | 龙口五洲国际商贸城有限公司 | 1900.0 |
| 大理五洲国际商贸城有限公司 | 2000 | 无锡五洲国际商业运营有限公司 | 5000.0 |
| 盱眙五洲国际置业有限公司 | 5000 | 江阴五洲置业有限公司 | 5400.0 |
| 荣昌县五洲五金装饰城有限公司 | 5640 | 无锡中南置业投资有限公司 | 3661.4 |
| 山东五州国际家居博览城有限公司 | 1020 | 无锡市龙祥投资有限公司 | 1240.0 |
| 烟台五洲国际商品博览城有限公司 | 950 | 无锡市崇安新城龙安置业有限公司 | 3858.0 |
| 南通五洲国际投资有限公司 | 4080 | 江苏五洲国际商业发展有限公司 | 2000.0 |
| 无锡五洲商业投资有限公司 | 2000 | 瑞安市五洲国际商贸城有限公司 | 5000.0 |
| 无锡市龙腾商业投资发展有限公司 | 5000 | 吉林市五洲国际房地产开发有限公司 | 2000.0 |
| 无锡五洲龙盛商业有限公司 | 2000 | 菏泽市牡丹区五洲置业有限公司 | 1500.0 |
| 建湖五洲国际置业有限公司 | 2000 | 郑州五洲国际工业博览城房地产有限公司 | 5000.0 |
| 襄阳五洲国际商贸城有限公司 | 10000 | 五洲国际（乐清）电工电气城有限公司 | 10200.0 |
| — | — | 合计 | 103449.4 |

2006~2015年无锡五洲国际装饰城有限公司业绩统计表

表3—16—32　　单位：万元

| 年份 | 营业收入 | 税金 | 年份 | 营业收入 | 税金 |
|---|---|---|---|---|---|
| 2006 | 22749 | 3140 | 2012 | 909 | 444 |
| 2007 | 15166 | 2093 | 2013 | 8847 | 1430 |
| 2008 | 25217 | 4306 | 2014 | 1723 | 481 |
| 2009 | 20633 | 3523 | 2015 | 2947 | 1110 |
| 2010 | 27053 | 4143 | 合计 | 163816 | 28434 |
| 2011 | 38572 | 7764 | — | — | — |

## 三、锡西汽车城

锡西汽车城位于钱桥街道盛岸西路、江海西路（原国道G312线）两侧，是汽车4S店集聚区，于2007年开始建设。2011年驻场经营户6家，年交易额6.5亿元。是年，惠山区服务业规模以上零售前10位企业中，锡西汽车城占其中4席，即无锡能众汽车销售服务公司、无锡广联达汽车销售有限公司、无锡能达汽车销售有限公司、无锡天物中辰讴歌汽车销售有限服务公司，分列第2、3、7、

9位。

2012年，锡西汽车城4S聚集区形成进口大众、沃尔沃、奥迪等13家品牌4S店，全年实现营业收入10.3亿元。2014年，锡西汽车城4S聚集区驻场经营户14家，年纳税营业额185459万元。是年6月，钱桥街道成立锡西汽车联盟，由奥迪、进口大众、一汽大众、上海大众、沃尔沃、别克、雪弗兰、讴歌、东风日产、斯柯达、东风标致、东风雪铁龙、悦达起亚、宝马（在建）等14家4S店会员单位组成。锡西汽车城致力打造中高端汽车4S店集聚区，培养锡西中高端汽车消费综合体。同年，锡西汽车城一期已投资8亿元，实现营业收入185459万元。

2015年，锡西汽车城4S集聚区驻场经营户15家，代理汽车品牌奥迪、沃尔沃、上海大众、进口大众、一汽大众、东风日产、东风标致、东风雪铁龙、斯柯达、讴歌、路虎、莲花、别克、悦达起亚等，年纳税营业额176182万元。是年，锡西汽车城以商引商，引入摩卡国际名车，MALL二手车交易市场通过论证，并完成注册。

**2014年、2015年锡西汽车城（盛岸路）纳税营业收入一览表**

表3—16—33　　单位：万元

| 4S店名称 | 代理汽车品牌 | 2014年纳税营业收入 | 2015年纳税营业收入 |
|---|---|---|---|
| 无锡能众汽车销售服务有限公司 | 上海大众 | 28613 | 26614 |
| 无锡广联达汽车销售服务有限公司 | 东风日产 | 15733 | 13379 |
| 无锡能达汽车销售服务有限公司 | 斯柯达 | 12542 | 11196 |
| 无锡银合汽车销售服务有限公司 | 讴歌 | 2727 | 5336 |
| 无锡富绅汽车销售服务有限公司 | 沃尔沃 | 14406 | 12981 |
| 无锡世之贸汽车销售风月无涯有限公司 | 路虎 | 174 | 96 |
| 无锡景翔汽车销售有限公司 | 莲花 | 950 | 539 |
| 无锡德孚汽车销售有限公司 | 奥迪 | 51258 | 53114 |
| 无锡金阊众翔汽车销售服务有限公司 | 进口大众 | 12808 | 6398 |
| 无锡宝达汽车销售服务有限公司 | 一汽大众 | 20971 | 16773 |
| 无锡市淳泰汽车销售服务有限公司 | 东风标致 | 7712 | 3955 |
| 无锡江南上通汽车销售服务有限公司 | 别克 | 13565 | 20203 |
| 无锡市翎力汽车销售服务有限公司 | 东风雪铁龙 | 3970 | 5076 |
| 无锡市悦亚汽车销售服务有限公司 | 悦达起亚 | 30 | 440 |
| 无锡市开利星空汽车销售有限公司 | — | — | 82 |
| 合计 | — | 185459 | 176182 |

### （一）东风日产无锡广联达旗舰店

东风日产无锡广联达旗舰店是经东风日产授权在无锡地区设立的集汽车销售、售后服务、零部件供应、信息反馈为一体的4S专营店，成立于2009年9月。广联达旗舰店位于钱桥街道盛岸西路610号-1（锡宜高速出口附近），地理位置优越，交通便利。

无锡广联达旗舰店是严格按照高标准规划、高起点建设的汽车4S店，占地面积14300平方米，建筑面积7492平方米，其中展厅面积1000平方米，售后汽车维修区域面积达3000平方米，并设客户等待区、休息休闲空间及VIP专属区，为客户提供全方位完善的服务。

“用户至上、信誉第一”是广联达旗舰店不变的宗旨，坚持“让用户称心、让用户放心、以用户为中心”的原则，规范服务程序，全天24小时服务，开展免费抢救、免费检测、免费咨询、优惠修理、电话回访、购车预约、维修保养等多种服务活动，严格按照东风汽车的管理模式，以最规范的接待、最先进的设备、最专业化的修理、最纯正的原厂备件、最合理的工时收费为广大用户提供汽车上牌、保险、售前、售中、售后一条龙服务。2011年，广联达旗舰店被无锡市商务局评为全市商贸流通业增量经济先进企业。

2015 年，无锡广联达旗舰店销售的车型有旗舰类为天籁•公爵、天籁，SUV 类为楼兰、奇骏、逍客，家轿类为轩逸、骊威、阳光，动感类为骐达、GTS、玛驰等。是年，广联达旗舰店有员工 85 名，其中大专以上学历员工占 78%。是年，纳税营业收入 13379 万元。

图 3—16—20 2015 年东风日产无锡广联达旗舰店

**（二）无锡能达汽车销售服务有限公司**

无锡能达汽车销售服务有限公司成立于 2010 年 10 月，是上海大众斯柯达最高规格的 F 级 4S 店，占地面积 7333.37 平方米，建筑面积 7166 平方米。公司坐落于钱桥街道盛岸西路 610 号，靠近锡宜高速出口与无锡内环高架，交通便利，无论对于宜兴、常州还是锡山、惠山、市区的维修客户、购车业务都非常方便。

2010~2014 年，无锡能达经营斯柯达汽车短短的五年时间，已经在无锡地区取得良好的经营业绩和口碑。无锡能达汽车销售服务有限公司作为斯柯达品牌的 F 级店，在展厅规模、人员配备、硬件设施等方面都是最高级别。公司是厂方的标杆店，硬件与软件都是按最高标准建设，是集整车销售、维修、服务、二手车置换等四位于一体的华东地区最大的斯柯达 4S 店。

图 3—16—21 2015 年无锡能达汽车销售服务有限公司

2015 年，公司经营斯柯达明锐、速派、晶锐、野帝、新锐等车型。是年，纳税营业收入 11196 万元。

**（三）无锡富绅汽车销售服务有限公司**

无锡富绅汽车销售服务有限公司是 VOLVO 无锡最新授权、通过沃尔沃总部严格验收、经国家商务部和工商总局备案，于 2010 年 8 月 16 日注册成立的无锡地区最大全新标准 4S 中心。无锡富绅汽车销售服务有限公司是江苏明都汽车集团旗下全资子公司，由江苏明都汽车集团注资 1000 万元投建。公司占地面积 3441 平方米，建筑面积 10491 平方米，其中展厅所占面积 1403 平方米，售后维修区域所占面积达 8193 平方米，内设客户等待区、休息休闲空间及 VIP 专属区，为客户提供全方位完善的服务。公司于 2013 年 1 月 16 正式营业，集整车销售、售后维修和索赔、纯正零配件业务及信息反馈为一体。城市展厅及快修中心位于钱桥街道江海西路 1101 号，地处无锡城西汽车市场，距市中心仅 3 公里，交通十分便捷。经营范围包括亚太沃尔沃品牌汽车、长安沃尔沃品牌汽车、进口沃尔沃品牌汽车、汽车零配件的销售、百货零售、二类汽车维修、代理意外伤害保险、机动车辆保险贸易咨询服务、二手车经纪、代办车辆上牌、办证、年审服务、汽车展览展示等服务。公司拥有全套进口现代化维修检测设备。展厅环境高雅、舒适。所有员工均通过 VOLVO 汽车厂方培训及考核。

2014 年，公司被评为无锡汽车 4S 店售后满意度十佳单位。2015 年，无锡富绅汽车销售服务有限公司销售的车型有 XC90、S80L、XC60、S60L 、V60、V40、V40CC。是年，公司有员工 60 人，大专以上学历员工占 80%。公司开展全天 24 小时服务、免费抢修、免费检测、免费咨询、优惠修理、

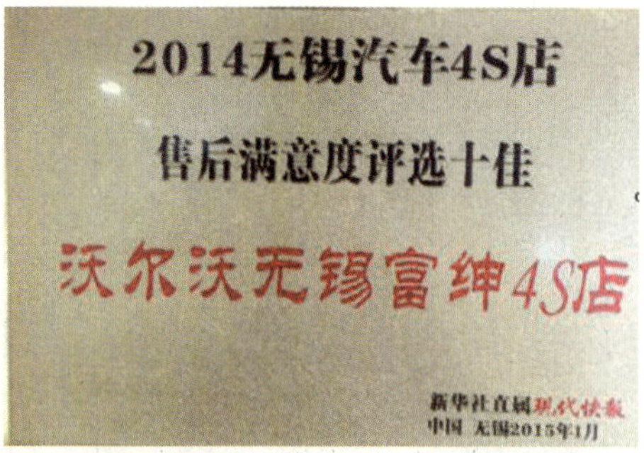


图 3—16—22　2014 年富绅被评为无锡汽车 4S 店售后满意度评选十佳单位奖牌

图 3—16—23　2015 年无锡富绅汽车销售服务有限公司

电话回访、购车预约、维修保养等多种优质服务活动，为 VOLVO 品牌用户提供快捷、全面、贴心的服务。是年，纳税营业收入 12981 万元。

**（四）无锡能众汽车销售服务有限公司**

无锡能众汽车销售服务有限公司于 2010 年 6 月开业，是无锡地区规模最大、档次最高、服务功能最全的上海上汽大众汽车品牌旗舰店。公司注册资本 1100 万元，占地面积 12592.12 平方米，建筑面积 6479.08 平方米，其中展厅 1500 平方米、维修车间 4000 平方米、办公区 500 平方米。另有停车场 2535 平方米。公司位于钱桥街道锡宜高速入口处、盛岸西路 616 号，交通便利。

公司拥有高素质、高技术专业人员 100 余人，其中本科 12 人、大专 71 人，40 名机修工。销售人员和售后服务人员均接受过上海上汽大众严格的专业技术和业务培训。全套 4000 平方米高标准的维修车间，充足的汽车备件备品，技术精湛的维修人员，为广大客户实现更好、更快、更满意的服务。

公司秉承“创业、专业、敬业”的经营理念，追求“专家型”服务水平和精益求精的服务质量，让客户得到便捷、轻松和温馨的现代享受。2011 年整车销售 1682 辆，销售额 2.1 亿元，维修台次 8160 台，产值 760 万元；2012 年整车销售 1625 辆，销售额 2.15 亿元，维修台次 13211 台，产值 1408 万元；2013 年整车销售 1746 辆，销售额 2.18 亿元，维修台次 16566 台，产值 1742.65 万元；2014 年整车销售 2148 辆，销售额 2.63 亿元， 维修台次 21413 台，产值 1784.18 万元。2015 年，纳税营业收入 2.66 亿元。

**（五）无锡金阊众翔汽车销售服务有限公司**

无锡金阊众翔汽车销售服务有限公司成立于 2010 年 8 月 3 日，其企业性质为有限责任公司，是大众进口汽车（VGIC）的集汽车销售、汽车维修、配件销售、信息反馈于一体的特许经销商，也是国家工商局批准的品牌轿车经营单位。公司位于钱桥街道江海西路 1107 号，注册资金 2000 万元，占地面积 10400 平方米，建筑面积 15429 平方米，其中展厅面积 1060 平方米、维修车间面积 14180 平方米、其它面积 189 平方米，是无锡地区最新、规模最大的进口大众特许经销商。公司特许经销、维修大众进口汽车（VGIC）系列轿车，配备进口大众系列轿车修理所需的全套检测及维修设备。网络化管理、精确的服务于修车的每一个环节，并提供进口大众汽车纯正配件，执行进口大众汽车质量担保条例。

图 3—16—24　2015 年无锡金阊众翔汽车销售服务有限公司

2014 年，无锡金阊众翔汽车销售服务有限公司被大众汽车（中国）销售有限公司评为大众进口车五星级经销商、江苏省机动车维修质量信誉 AA 等级。2015 年，公司纳税营业收入 6398 万元。

**（六）无锡德孚汽车有限公司**

无锡德孚汽车有限公司成立于2012年10月12日，位于钱桥街道江海西路1111号。公司由无锡德尔投资集团投资1500万元注册资金，占地面积16000平方米，建筑面积13321平方米，拥有员工117人。公司业务为销售一汽大众奥迪品牌汽车及汽车零配件、润滑油、百货。同时，进行一类汽车维修（乘用车）；代理机动车辆保险、意外伤害保险；代办车辆上牌、办证、年审服务；进行贸易咨询服务、汽车保养服务、汽车展览展示服务、二手车经纪。

2013年公司年销售额（不含税）4.9亿元；2014年年销售额5.06亿元。2015年，公司纳税营业收入53114万元，获一汽大众奥迪销售事业部最佳用户满意奖。

**（七）无锡市翎力汽车销售服务有限公司**

无锡市翎力汽车销售服务有限公司位于钱桥街道江海西路1099号，是一家自然人控股的有限责任公司。公司成立于2012年7月25日，占地面积10240.5平方米，投资金额4000万元，主要经营东风雪铁龙品牌汽车及售后维修服务。公司建立良好的销售服务体系，形成先进的企业管理模式；拥有一流的室内汽车展示大厅、技术先进的维修车间、大型的汽车配件中转库和高档的办公和休息环境。公司实施以客户满意为中心的经营理念，为客户提供购车、保险、上牌、信贷、维修、配件供应、紧急救援、三包索赔等一条龙优质服务。2014年，公司获华东地区东风雪铁龙优秀经销商称号。2015年，公司有员工50多名。是年，纳税营业收入5076万元。

图3—16—25 2015年无锡市翎力汽车销售服务有限公司

**（八）无锡景翔汽车销售有限公司**

无锡景翔汽车销售有限公司成立于2010年，位于钱桥街道盛岸西路588号。企业性质为有限责任公司，主营东南汽车、三菱汽车、莲花汽车的销售与售后服务。公司注册资金500万元，展厅面积500平方米，修理车间1100平方米。2015年，有员工15人，年销售额1000万元。是年，纳税营业收入539万元。

**（九）无锡市通顺汽车修理有限公司**

无锡市通顺汽车修理有限公司成立于2001年，位于钱桥街道盛岸西路588号。企业性质为有限责任公司，注册资金500万元人民币。公司占地面积12000平方米，建筑面积11000平方米，主营二类汽车的维修、汽车配件的零售。

2015年，有职工30余人，技术人员占职工总数的50%以上，其中工程师1人、助理工程师4人、高级技工12人，持证总检员2人、持证结算员3人，年修理营业额在3000万元以上。

**（十）无锡江南上通汽车销售服务有限公司**

无锡江南上通汽车销售服务有限公司成立于2013年8月，为私营企业，注册资金1000万元，位于江海西路1105号。公司内展厅总面积达11370平方米，其中销售展车区2500平方米，可以同时容纳展出20辆别克车；展厅接待能力强大，可同时接待100多位客户，在业内位居前列。售后车间拥有各类维修工位23个，有效地提高维修、保养汽车的进度。另外，售后客户休息区提供免费的茶水和饮料，配备多媒体影音室、上网休闲区、吸烟室等配套设施。江南上通自开业后至2015年12月，两年多的时间共销售汽车1210辆。是年，纳税营业收入20203万元。

## 四、无锡伟达五金有限公司

无锡伟达五金有限公司总部位于钱桥街道盛岸西路591号，在无锡新区有梅村分公司、无锡西部金城湾女人街有中桥分公司。伟达五金有限公司是服务于实体制造业的专业五金机电产品商贸企业。公司于 1992 年 9 月成立，营业面积达 22000 平方米，注册资本 2288 万元。公司坚持“优质的商品、优惠的价格、优秀的服务、优良的信誉”，取得瞩目的成果。经营的品种涵盖实体企业所需的手动工具、电动工具、小型机械、标准件、轴承轴壳、建筑五金、水暖管件、化工产品、工量刃具、机床附件、磨料磨具、电线电缆、低压电器、文具用品、劳保用品等 40 多个门类，10 万多种五金机电商品。伟达五金有限公司是无锡地区乃至长三角地区规模最大、经营品种最多、有相当知名度的专业五金大卖场，年销售额达 3 亿元。

图 3—16—26　2015 年无锡伟达五金有限公司

伟达五金有限公司是中国五交化商业协会副理事长单位、无锡市五金机电商会会长单位、无锡市“A 级纳税单位”。法人代表方向明。

2000 年，公司被评为无锡市贸易五十强企业；2003 年，被中共江苏省委、江苏省人民政府评为江苏省文明单位标兵；2004 年，被江苏省人民政府评为“AAA 级重合同守信用企业”；2007 年，被评为江苏省和谐劳动关系模范企业；2008 年，被中国商业联合会评为中国商业服务业改革开放三十周年卓越企业；2009 年，被中国商业联合会评为“企业信用等级 AAA 级企业”；2012 年，被中国商务部定为“商贸流通业典型统计调查企业”；2015 年，伟达五金机电商场被中国人力资源部、中国商业联合会评为“全国商贸流通服务业先进集体”。 是年，公司有员工 280 人，其中高级经济师 3 人。

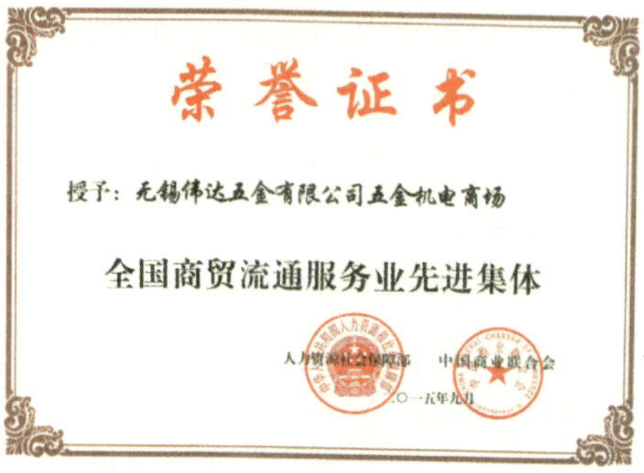

图 3—16—27　2015 年 9 月，无锡伟达五金有限公司五金机电商场被中华人民共和国人力资源和社会保障部、中国商业联合会授予“全国商贸流通服务业先进集体”证书

### 五、天物无锡金属贸易有限公司

天物无锡金属贸易有限公司成立于 2004 年 1 月，位于钱桥盛岸西路 590-592 号，由天津物产金属国际贸易有限公司投资，注册资金 9000 万元。公司面向钱桥及周边地区的焊管、型钢、冷轧压延、涂镀等金属制品生产企业，主要从事钢材、铁矿石、煤炭等大宗商品经营。2014 年，公司经过 10 年发展，已成为无锡地区最大的带钢贸易供应商，终端客户占比始终保持在 90%以上，累积客户已达 5500 家，并与其中 200 多家大型金属制品企业保持长期战略合作关系。2015 年，公司有员工 25 人，年销售额 44.82 亿元，营业收入 37.92 亿元。

## 第八节　超市和商业广场

钱桥、藕塘地区经济发达、商业兴旺，不但商店鳞次栉比，而且有大型超市，居民购物进入超市可任意挑选各类物品；不但有大型超市，而且有商业广场，可满足居民休闲娱乐、美食购物的需求。2015 年，钱桥街道有一定规模的超市 12 家、商业广场 5 家。

### 一、超市

#### （一）华润万家钱桥/藕塘门店

华润万家是中央直属国有投资企业集团，世界 500 强企业，中国最大的零售连锁企业集团。1996 年，华润万家在钱桥开业，营业面积 500 多平方米，经营食品、百货、生鲜水果、服饰等商品，员工 10 余人，是钱桥地区首家规模较大的生活超市。华润万家金球店前身为 1989 年开业的无锡永安超市金球连锁店，1998 年在钱威路 24~25 号开设永安超市钱桥地区第二家连锁店，2009 年兼并为华润万家仓卖店，经营面积 1665 平方米，职工 35 人，单品 8000 余种。2011 年，驻店经营户 5 家，交易额 4307 万元。2014 年，营业额 800 万元左右，布局调整后于是年歇业。2015 年，华润万家在钱桥街道共开设 5 家门店。

2015 年钱桥街道华润万家门店一览表

表 3—16—34　　单位：平方米、种

| 门店名称 | 开业时间 | 营业面积 | 地　址 | 经营类别 | 经营单品总数 |
|---|---|---|---|---|---|
| 无锡金球店 | 2009 年 5 月 13 日 | 454.0 | 钱桥大街 43-59 号 | 食品、用品 | 6500 |
| 无锡盛岸店 | 2009 年 5 月 13 日 | 529.0 | 盛岸西路 462 号底层 | 食品、用品 | 6000 |
| 无锡藕乐店 | 2009 年 5 月 6 日 | 486.0 | 藕塘藕乐苑 | 食品、用品 | 3000 |
| 藕塘苹果园店 | 2010 年 9 月 6 日 | 296.0 | 藕塘政新路 1/3/7 号二层 | 食品、用品 | 3000 |
| 晴山蓝城店 | 2012 年 4 月 7 日 | 183.4 | 钱桥大街 351 号 | 食品、用品 | 3000 |

**（二）大润发盛岸西路店**

大润发（RT-MART）是由台湾润泰集团于 1997 年创立的超市品牌，大润发盛岸西路店位于盛岸西路与佰乐路交会处东南角，超市全称无锡润百商业有限公司，由无锡大润发有限公司与无锡百乐集团公司合力打造、共同投资。2015 年 7 月 17 日开业，营业面积 9000 平方米，商品有生鲜、杂货、百货、家电类等计 30000 余种，为钱桥地区最大规模的超市。大润发建有网上商城，线下购物大润发，线上购物飞牛网。盛岸店有导购员队伍，服务到位，有专业、负责、方便、快捷的售后服务中心。同时，为市民免费提供接送班车，免费便利寄包，免费价格查询，还利用每周末开展如“暑期夏令营”“早餐小主厨”“环保小奇兵”“妙趣课堂”等丰富多彩的少儿、幼儿互动活动，集购物、休闲、娱乐于一体。是年底，无锡润百商业有限公司共有员工 300 余人，营业收入 6400 万元。

图 3—16—28　2015 年大润发盛岸店入口处

图 3—16—29　亿嘉福购物中心钱桥店

**（三）亿嘉福购物中心钱桥店**

亿嘉福购物中心钱桥店全称为亿嘉福百货店，位于钱桥街道通溪路 79 号金龙中心广场（钱桥新农贸市场旁），是一所集购物、休闲于一体的综合性购物中心。钱桥店于 2013 年 11 月 30 日开业，经营面积 5320 平方米，经营项目有蔬菜水果、鲜肉水产、休闲食品、进口食品、粮油、日用百货、服饰鞋帽、黄金珠宝、儿童游乐等。2015 年 12 月重新装修后调整开业，有员工 25 人，经营场所 4500 平方米，各类单品 15000 余种。

**（四）苏杭时代购物中心钱桥店**

苏杭时代购物中心钱桥店位于惠钱路 137 号，2010 年 12 月营业。2015 年，苏杭时代钱桥店有职工 31 人，营业面积上下两层共 6000 平方米。商品类别有百货、食品、生鲜、肉类、水产等计 2000 余种。

**（五）现代华联钱桥分公司**

无锡市现代华联商贸有限公司钱桥分公司位于钱桥街道舜新路 36-1 号，2011 年 12 月 30 日开业。2012~2014 年，营业利税 95 万元。2015 年，现代华联钱桥分公司经营面积 865 平方米，员工 10 人，经营食品、百货等500余个品种。

### （六）藕德福生活购物广场

藕德福生活购物广场前身是上海发联超市藕塘店，在2001年开业，经营面积1000余平方米，后歇业。藕德福生活购物广场注册登记名称为惠山区钱桥藕大福食品超市，地点在藕塘北路23号，藕塘老菜场对面原发联超市场所。2015年年底，装修后重新开业，经营面积2000平方米。经营种类有食品、百货、服装鞋帽、黄金等单品14000余种。

### （七）藕乐万佳食品超市

钱桥藕乐万佳食品超市前身是世纪华联超市藕塘店，位于藕塘北路75号，2005年11月28日开业，经营面积900多平方米，经营品种为食品、百货等，单品约10000余种。

### （八）嘉宜福生活购物中心

嘉宜福生活购物中心其前身是欧德隆超市藕塘店，位于藕塘北路59号，2005年开业，至2010年停歇。嘉宜福生活购物中心于2010年重新装修后开业，上下两层面积1000平方米，位于钱桥街道藕塘北路58号。2015年，嘉宜福生活购物中心经营食品、百货、蔬菜、水果、服装、床上用品、箱包等大类10000余种单品。

## 二、商业广场

### （一）无锡百乐时代广场

无锡百乐时代广场地处盛岸西路与佰乐路交会处，由百乐集团倾力打造，是锡西地区唯一一个商业纯自持、体量最大的商业综合体，投资35亿元，总建筑面积45万平方米。百乐广场汇聚大型购物中心、智能写字楼、星级酒店、高档住宅、大型停车场于一体，建成于2014年。

**商业定位** 百乐广场商业面积约17万平方米，以年轻时尚的中高收入者及周边家庭为主要消费群。集购物、餐饮、休闲、娱乐、社交、商务等多重功能，设CGV影院、大润发超市、汤姆熊欢乐世界、台北纯K KTV、杰士健身会所等五大主力店，以室内步行街为主轴，与数百家国际国内知名连锁品牌自然相连、有序组合，形成强大的商业核动力，打造首屈一指的一站式锡西生活新中心。

**室内步行街** 大型室内商业步行街是百乐广场的灵魂和纽带。百乐广场室内步行街呈U字型，总长1200米、总建筑面积近50000平方米，共四层。步行街每层均有两大出口与主力店无缝对接，充分实现客流互动；17组扶手电梯和5组直达电梯贯通停车场和每个楼层，输送客流至各个角落；有四大出入口，共2000个机动车停车位。室内步行街整体业态为餐饮类占比48%，服装类占比30%，配套类占比22%。

**业态规划** 无锡百乐广场以餐饮美食、休闲娱乐为核心，聚集人气；以时尚的服装零售为亮点，提升品质；以生活配套为联接，丰富的功能满足消费者的全方位需求；以完美的业态组合，形成消费聚合效应。其中生活超市类占32%、餐饮类占23%、时尚服饰等零售类占19%、娱乐类占17%、生活配套类占9%。餐饮娱乐业面积近4万平方米，是2015年锡西地区规模最大、品牌最集中、风味最齐全的餐饮娱乐消费场所。

**特色分布** 百乐广场以其多元业态及逾百个国内外知名品牌商家联袂奉献最新最时尚的消费体验：B1层“生活荟萃”；1层“优雅漫步”，汇聚超市及国内外众多名品，直达时尚前沿，让顾客尽情畅享高品质生活；2层“潮流童趣”，儿童娱乐、家庭趣味，为鲜活潮流汇聚之地；3层“食尚乐享”，特色美食、异域佳肴、主题餐饮及电玩娱乐，为都市新贵首选；4层“餐娱诱惑”，影院、时尚餐饮、知名连锁餐饮，极致享味觉、视觉盛宴；5层“动感活力”健身所在，独立泳池、高温瑜珈室、动感单车等组合设计，满足都市人对健康、乐活的热爱和追求。

**知名品牌** 百乐广场内的国内外知名品牌有必胜客、肯德基、星巴克、屈臣氏、奇乐儿、ONLY、VERO MODA、JACK&JONES、汉拿山、香天下、拉夏贝尔、太平鸟、NIKE、ADIDAS、黄记煌、塔可、鱼酷、新贝乐、糖纸、DQ、食其家、博观表行、大润发、CGV影城等。2015年，进驻商家总数100家，项目年销售总额1.6亿元。

**（二）金龙中心广场**

金龙中心广场东至通溪路、南至钱桥大街、西至塘泗桥、北临钱桥农贸市场，总用地面积35728平方米，建成于2013年。

图3—16—30 金龙中心广场

金龙中心广场建筑总面积19487.82平方米，上下共4层。其中一层总面积4848.41平方米，已销售套数99套，销售面积为4000.82平方米；已出租间数90间，出租面积3624.2平方米。二层总面积5278.83平方米，已销售套数86套，销售面积为2104.31平方米；已出租间数167间，出租面积为4939.6平方米。三层总面积5354.55平方米，已销售套数27套，销售面积为555.73平方米；已出租间数115.5间，出租面积为2391.2平方米。四层总面积4006.03平方米，已销售套数76套，销售面积为1661.1平方米；出租面积为248平方米，其中有13间为招商代理公司出租。

2015年，金龙中心广场一层入驻亿嘉福超市，总面积1871.48平方米，总投资2亿元；另入驻啄木鸟、七匹狼、东珂药房、米奇童鞋、食干家、风云手机等。一层共出租商铺面积3238.31平方米，另有775.69平方米被亿嘉福超市租用作仓库，还剩余可出租面积448.52平方米。二层入驻亿嘉福超市、风云健身等。二层共出租商铺面积4939.6平方米，剩余339.23平方米被亿嘉福超市租用做儿童乐园使用。三层入驻新万里大酒店、韩国烤肉、宜家教学等。三层共出租商铺面积2391.2平方米，剩未出租面积为2963.35平方米。四层416平方米出租于宗耀武道。

**（三）恒泰商业广场**

恒泰商业广场位于钱桥大街与钱威路交会处，建成于2012年，原名为“恒达中环商业广场”，建筑面积28000平方米。全场共分5层，底一层为停车处、如海超市；1~4层为餐饮类、休闲、娱乐类、零售类等。入驻商户有肯德基、LI-NING、NIKE、ADIDAS、战斗鸡排、阿姨奶茶、苹果体验店、亲子园、唯依、宝岛眼镜、奥康、中国黄金、劳士顿手表集合店、虎都男装、海澜之家、两点一刻、易伴便利店、左纳利皮皮卡儿童乐园、可爱可亲、佳乐汇量贩式KTV、爱99台球会所、塔提奶茶、一粒香饭、卿临韩品、大城小爱、西缘牛排、新影联影院。2015年，恒泰商业广场销售总额1000万元。

图3—16—31 恒泰商业广场

**（四）藕乐汇生活广场**

藕乐汇生活广场位于藕塘街区中心位置，上伟路以北，政新北路以东，是藕塘核心区的商业综合体。四周分布有藕乐苑、新藕苑、苹果园、盛世翡翠、藕苑新村等住宅区。项目总用地面积4.5万平方米，总建筑面积10万平方米。一期于2013年开工建设，投资5000万元，占地2.3万平方米，建筑面积为43455万平方米，其中住宅用房5700平方米、商业用房24500平方米。藕乐汇生活广场是锡西一站式社区型欢乐购物中心，是一座集大型品牌超市、五星级农贸市场、星级影院、餐饮、休闲、娱乐、时尚购物街为一体的精品生活购物中心。2015年主体建筑竣工，进入招商阶段。

**（五）港龙商业广场**

港龙商业广场位于盛岸西路与钱威路交会处西侧、无锡港龙商业中心内。无锡港龙商业中心由无锡港龙投资有限公司开发建设，项目总投资额42030万元，占地面积25186平方米，总建筑面积92268平方米，其中商业用房71341平方米，住宅用房20711平方米，于2013年11月18日一次性开工建设。2015年，港龙商业广场主体建筑基本完工，进入招商阶段。

## 第九节 物流业

进入21世纪，钱桥地区新兴物流业商贸服务包括仓储、配载、物流三块。2015年，钱桥街道有高嘉仓储、天物现代、中投保、龙之杰、久安、意达等38家仓储、道路运输物流企业。

### 一、无锡市高嘉仓储有限公司

高嘉仓储有限公司前身是不足2000平方米的仓储公司，始建于1996年，地点在钱桥苏庙村，是钱桥地区最早的物流公司。为扩大经营，2004年易地新建，选址在钱桥南西漳村。是年3月，更名为无锡市高嘉仓储有限公司。公司位于钱桥街道西漳社区锡洛路，东临惠澄大道、北依京杭大运河，毗邻国道G312线、省道S342线、锡宜高速、石塘湾铁路货运站，水陆交通运输十分便利。公司法人代表高家贵。主要业务为仓储服务、纵剪。

无锡市高嘉仓储有限公司占地面积5万多平方米，建筑面积1.5万平方米，室内库5.5万平方米，室外库2.5万平方米。公司有自建可停泊1500吨级船舶的深水码头，码头吊装作业区14跨，达560米驳岸线，可同时停靠12只货船进行上下货物的装卸作业。长年库存钢材20万吨，钢材年吞吐量可达300万吨。拥有4条开平纵剪钢卷生产线，年加工能力60万吨，纵剪加工厚度2~14毫米、宽度480~2200毫米的热轧钢卷。

高嘉仓储致力于网络化信息平台的开发、建设，两栋公司大楼配备100兆规模的光纤上网，建立自己的网站，整合无锡地区的钢材资源，为广大钢材经销商提供国内钢铁实时资讯、无锡地区钢材咨询查询，为供应商、销售商、生产商提供可靠、可信、便利的交易平台。

高嘉仓储采用最先进的高达仓储物流管理系统，实现仓储管理、财务管理、客户管理等一体化。同时，公司各处安装电子监控系统，为客户的财务、货物提供安全保障。

在钢材市场相对萧条的情形下，仍有一批国家企业如中铁集团、中钢集团、中储集团以及无锡金属集团、江苏苏嘉集团、浙江物产集团、浙江金属等一批生产性集团公司以及沙钢集团、南钢集团、武钢集团、中天钢铁、华西钢铁等国内知名物资流通行业巨头和国内的生产性行业的巨头落户于高嘉仓储公司。

2013年，高嘉仓储有200家企业入驻，资产总计400.79亿元，营业收入144.02亿元，主营业务收入136.42亿元，营业税金及附加5900万元。2014年，又进驻单位30多家。2015年，高嘉仓储公司年仓储销售额990.34万元。

### 二、天物现代物流江苏有限公司

天物现代物流江苏有限公司成立于2012年11月，由天津物产金属国际贸易有限公司投资，注册资金5900万元，位于盛岸西路390号。公司主要经营各种钢材仓储、加工、物流配送服务，在无锡地区有5大仓库，均具有钢材纵剪加工能力，具有70万吨钢材仓储容量、200万吨钢材年加工量，是无锡最大的钢材仓储公司。2015年，有员工67人，位于辖区内晓丰社区的天物②号库，存放量8万吨，月加工量12000吨；位于辖区内南西漳的天物③号库，存放量12万吨，月加工量30000吨。公司先后获“全国物流业重大储备项目”“江苏省‘十二五’物流规划重点项目”称号。

### 三、中投保物流无锡有限公司

中国投融资控保物流无锡有限公司（简称中投保物流）成立于2014年，注册资金200万元，是一家集仓储、贸易、加工、办公与金融服务于一体的综合性现代物流企业。是年4月21日正式对外营业。公司位于钱桥街道惠澄大道77号（西漳社区）。公司有两大股东：中国投融资担保股份有限公司（占股75%），投资额为150万元；上海粤商实业有限公司（占股25%），投资额50万元。

公司拥有配套办公楼4000平方米，能够满足各类客户的不同办公需求。中投保物流中心库毗邻办公区域，紧靠京杭大运河，仓储面积为3.7万平方米，全部为15米挑高室内库，库存量可达12万~15万吨。拥有4个1000吨码头停靠泊位，库区与码头直接相连。同时，公司有35吨吊货行车12台，1条卷板纵剪线，为客户提供带钢开平、纵剪加工服务。钢材入库、存放、出库皆为全程计算机网络管理，24小时保安巡逻，确保存放在中投保物流中心库的物资安全。

2015年底，公司入驻企业136家，年出库量15万吨，纵剪加工量为8000吨，贸易成交量2600吨。

## 四、无锡市龙之杰仓储纵剪有限公司

无锡市龙之杰仓储纵剪有限公司位于钱桥街道晓丰社区龙亨沟（京杭大运河南岸），成立于2003年5月26日，总经理王汉平，法人代表张梅珠，注册资金500万元，占地面积4665.7平方米，建筑面积3800平方米。公司有吊装码头1个，行车5台，主要经营搬运、装卸，带钢卷板纵剪、开平加工，金属材料、建筑材料销售，综合货运站（场）仓储。2015年，带钢、卷板年吞吐量10万吨，销售金额225.81万元。是年，进驻公司有无锡市合利昌贸易有限公司、无锡市帝诺钢铁有限公司。

图3—16—32 2011年6月18日由无锡龙之杰控股集团有限公司投资5亿元建设的钢铁交易中心落成典礼媒体见面会

## 五、南西漳外贸仓库

无锡市钱桥南西漳外贸仓库位于京杭大运河旁葑溪大桥南右侧，建造于1981年，为西漳大队集体筹资40万元建成。南西漳外贸仓库占地面积8000平方米，建筑面积5200平方米，主要经营机械设备、仓储物流。仓库主要设备有叉车。2012~2015年每年营业额为95万元左右。2015年，南西漳外贸仓库有6家公司堆放物资。

## 六、潘葑中百仓库

潘葑中百仓库位于京杭大运河南岸、胜丰村张姆泾地段、潘葑浜东山北会西村孙巷。潘葑中百仓库创建于1984年，逐年建造，逐年发展，于1994年完成建造，占地面积5775平方米，建筑面积18000平方米。

潘葑中百仓库与无锡市中百站合作，进出堆放百货物品，有冰箱、空调、洗衣机、电视机、各种布类等，年产值100万元左右。2012年，无锡市因建设运河西路，潘葑中百仓库拆除。

## 七、久安物流配载服务有限公司

无锡市久安物流配载服务有限公司（久安停车场）地处钱桥街道钱威路255号、省道S342线交叉口。久安物流由孟朝霞、陈月廷投资100万元建设，占地面积10000平方米，建筑面积5000平方米，于2004年1月开业。公司主要经营配载、物流停车，至2015年吞吐量72万吨，年交易额约为1.6亿元。

## 八、意达仓储有限公司

无锡市意达仓储有限公司位于京杭大运河南岸，胜丰村张姆泾地段，创办于2006年，占地面积15000平方米，建有室内仓储、室外露天场仓储、办公大楼等。主要业务是存储带钢，来往带钢装卸，年吞吐量35万吨。2015年，总经理王欢兴，法定代表人李红。

2014~2015 年钱桥街道仓储、道路运输物流业单位销售额一览表

表 3—16—35　　单位：万元

| 单位名称 | 法定代表人 | 行业 | 2014 | 2015 |
|---|---|---|---|---|
| 中投保物流无锡有限公司 | 闫　钧 | 仓储业 | 1996.26 | 1015.86 |
| 无锡市高嘉仓储有限公司 | 高家贵 | 仓储业 | 917.00 | 990.34 |
| 无锡拂晓运输有限公司 | 黄从红 | 道路运输业 | 459.12 | 564.55 |
| 无锡市华盛运输有限公司 | 王素芬 | 道路运输业 | 123.30 | 557.18 |
| 无锡市舒华物流有限公司 | 舒启华 | 道路运输业 | 253.43 | 491.53 |
| 无锡市神鹏运输有限公司 | 王艺成 | 道路运输业 | 100.81 | 438.75 |
| 无锡成功运输有限公司 | 刘建萍 | 道路运输业 | 10.81 | 389.36 |
| 无锡市山水运输有限公司 | 林国荣 | 道路运输业 | 350.43 | 239.05 |
| 无锡市锦江物流有限公司 | 江美涛 | 道路运输业 | — | 236.34 |
| 无锡市良佳运输有限公司 | 尤静佳 | 道路运输业 | 231.59 | 234.34 |
| 无锡金钱豹运输服务有限公司 | 须志烈 | 道路运输业 | 83.13 | 190.11 |
| 无锡市钱进运输有限公司 | 陈　强 | 道路运输业 | — | 78.18 |
| 无锡市玮璟运输有限公司 | 周荣玮 | 道路运输业 | 800.14 | 52.85 |
| 无锡市聚贤运输有限公司 | 刘　峰 | 道路运输业 | — | 45.83 |
| 无锡常辉运输有限公司 | 唐晓玉 | 道路运输业 | 191.37 | 37.43 |
| 无锡长储现代物流有限公司 | 邓海永 | 道路运输业 | — | 26.29 |
| 无锡泰瑞运输有限公司 | 李树义 | 道路运输业 | 31.92 | 0.27 |
| 无锡市钱桥交通服务有限公司 | 吴　燕 | 道路运输业 | 1251.56 | — |
| 无锡市意达仓储有限公司 | 李　红 | 仓储业 | 486.77 | 443.01 |
| 无锡市天意仓储有限公司 | 王祥娣 | 仓储业 | 143.31 | 343.56 |
| 无锡市协力仓储有限公司 | 朱伟杰 | 仓储业 | 264.70 | 274.88 |
| 无锡市龙之杰仓储纵剪有限公司 | 张梅珠 | 仓储业 | 82.13 | 225.81 |
| 无锡明隆仓储有限公司 | 周建秋 | 仓储业 | — | 205.22 |
| 无锡诚亿物流有限公司 | 杨如军 | 道路运输业 | 3995.80 | 3566.56 |
| 无锡华海运输有限公司 | 王金海 | 道路运输业 | 657.97 | 1540.89 |
| 无锡东鑫运输有限公司 | 曾吉林 | 道路运输业 | 706.82 | 1308.17 |
| 无锡市速腾大件运输有限公司 | 徐　飞 | 道路运输业 | 4709.96 | 1300.36 |
| 无锡市金昶通运输有限公司 | 雷凤珍 | 道路运输业 | 917.92 | 1212.29 |
| 无锡中强运输有限公司 | 李玉强 | 道路运输业 | 457.91 | 1195.82 |
| 无锡市远帆运输有限公司 | 徐凤娟 | 道路运输业 | 689.09 | 1135.86 |
| 无锡博世运输有限公司 | 王　超 | 道路运输业 | 223.98 | 1071.45 |
| 无锡新通臣运输有限公司 | 柯　伟 | 道路运输业 | 452.59 | 889.55 |
| 无锡市万源运输有限公司 | 徐银坤 | 道路运输业 | 777.32 | 790.19 |
| 无锡市顺邦物流有限公司 | 龚林奇 | 道路运输业 | — | 679.39 |
| 无锡顺全运输有限公司 | 任　军 | 道路运输业 | 1315.90 | 572.13 |

# 第十节　电子商务

进入 21 世纪，钱桥街道相关企业利用电脑技术和网络技术进行商务活动，设立交易平台，为交易双方或多方提供交易撮合及相关服务。2015 年，钱桥街道电子商务业有无锡天物江苏钱桥金属制品交易中心有限公司。

## 一、无锡市大宗钢铁电子交易中心有限公司

无锡市大宗钢铁电子交易中心有限公司位于钱桥街道钱胡路（今钱藕路）500 号，2009 年 7 月成立并开业，法定代表人顾丹礼。

2011 年，大宗钢铁电子交易中心日均成交量达 40 万吨，日均交割量 1 万吨以上。是年，新建“无锡市大宗钢铁电子交易中心”项目获立项批准，土地 2 万余平方米，项目计划投资约 7 亿元。后因市场形势，无锡市大宗钢铁电子交易中心有限公司关闭。

## 二、江苏钱桥金属制品交易中心有限公司

江苏钱桥金属制品交易中心有限公司属天津物产集团有限公司，成立于 2010 年，位于钱桥街道盛岸西路 590 号、592 号。交易中心建筑面积超 6.63 万平方米，总投资达 4.57 亿元。

图 3—16—33　2014 年 2 月 27 日"天物·钢联总督"举行招商发布会及揭牌仪式

江苏钱桥金属制品交易中心应用无锡天物公司与北京邮电大学共同研发的"现代钢铁物流物联网 ERP 管理系统"引用大量传感、智能识别、视频在线、无线互联等科技技术，能够为存货企业和金融机构提供实时精准的信息查询服务，保障物资流通安全、高效。现代钢铁物流物联网 ERP 管理系统处于国内仓储行业领先水平，可以随时随地使用 U 盾登陆系统查询货物的实时数据，向各仓库下达各种对货物处置的要求和指令或将货物发送到电子商务平台进行宣传和交易。

江苏钱桥金属制品交易中心精心打造"钢联总督"和"带钢管家"，围绕钱桥街道上千家金属制品企业搭建现货电子商务交易平台、信息推广平台、金融服务平台、产品研发平台、出口推广平台和产品展示平台，致力于打造集交易、采购、研发、出口、仓储为一体的华东地区最具专业化、最具影响力的金属制品现货交易中心，为广大客户提供导购助销、钢厂代理订货等贸易服务，形成以物流为基础的全流程钢材事务解决方案，先后获江苏省现代服务业发展重点项目、无锡市服务业综合改革示范点、惠山黑色金属电商产业园、惠山黑色金属集聚区等荣誉。2015 年，公司营业收入 68.9 万元。

## 第十一节　房地产服务业

钱桥、藕塘地区房地产服务业兴起于 20 世纪末、21 世纪初。1987 年，钱桥房地产开发公司成立。1993 年，藕塘房产开发公司成立。2015 年，钱桥街道辖区内共有 11 家一定规模的房地产开发公司。

### 一、无锡市钱桥房地产开发有限公司

无锡市钱桥房地产开发有限公司原名无锡县钱桥房地产开发公司，是于 1987 年 7 月经无锡县计划委员会批准成立的、具有三级开发资质的专业房地产开发公司，法人代表包渭滨，性质原属乡镇集体企业。公司从无到有、从小到大，开始着眼于钱桥镇范围内的商品房开发，后发展向外省市开发商品房。

1997 年，公司顺应时代发展要求，进行转制，成为股份合作制企业。2001 年 7 月 12 日，实行二次转制，公司更名为无锡市钱桥房地产开发有限公司，注册资金 1000 万元。2005 年 2 月，注册资金增为 2000 万元。公司多次被评为无锡市明星企业、无锡市城建系统先进单位。在商品房开发中，公司秉承"统一规划、合理布局、综合开发、配套建设"的方针，严格按照钱桥镇政府城市总体规划，先后开发建成钱桥新村 1 号—22 号房、梅林春苑、欣欣山庄、镇政府家舍、工业公司 1 号房—5 号房—7 号房—8 号房、苏庙 1 号房—2 号房、金岸新村、老邮局住宅、花园路住宅、农贸市场门面楼、沈巷弄住宅、欣欣苑一期、育才公寓、隆泉园等住宅小区；并参与堵巷新村、黄巷新村、建筑路住宅、家乐花园、溪南新村、盛岸新村、二泉花园、安徽芜湖商住区等项目，累计开发面积达 80 万平方米。

2003 年，公司被江苏省无锡市工商行政管理局评为重合同守信用企业。2004 年，公司通过 ISO9001 质量保证体系认证。公司开发建设的工程质量合格率始终保持 100%。

2005 年，无锡市钱桥房地产开发有限公司成立无锡隆舜置业有限公司，注册地址在钱桥镇江海西路 1089 号，企业性质为有限公司，法定代表人包振华。是年，公司房地产开发资质为（暂）二级，先后开发隆舜园、藕乐汇生活广场项目。2015 年，公司有职工 38 人，其中各类专业技术人员 23 人，高级职称 2 人。公司下设项目部、工程部、物管部、财务部与营销策划公司。

## 二、无锡市藕塘房地产开发有限公司

藕塘房地产业起步于20世纪90年代初。1993年3月，藕塘镇组建成立“无锡县藕塘房产开发公司”，冯文伦任公司总经理。公司注册资金200万元，开发资质暂四级，专业从事房地产开发业务。藕塘房产开发公司成立后，根据藕塘老镇区的实际情况，决定从南街沿公路老区拆迁改造开发为突破口，进行市镇建设。是年5月，藕塘南街1号、2号商业住宅楼开工建设，建筑面积2913平方米。是年底竣工，第一批业主进驻开店。

1994年初，藕塘房产开发公司开发建设重心向藕塘桥北镇区转移，针对商业社、供销社区域内尚有部分未建设地块和一些破旧的建筑，经政府会同县供销社协商，决定依据藕塘镇政府对集镇的总体规划，进行整体设计联合开发。是年，公司被江苏省建设委员会评为江苏省1994年村镇房地产开发优秀企业。1995年6月，公司更名为锡山市藕塘房产开发公司。是年至1996年，公司连续被评为锡山市三产发展先进单位。1997年，公司先后对沿藕塘北路的商业社地块和供销社地块开发建设，大楼底层按商业用房要求设计，2~4层按住宅要求设计，总建筑面积6250平方米；对原旧农贸市场进行改造，在市场四周配套开发一批商业用房，共建商业房面积7250平方米（不含农贸市场2500平方米）；把原新街两旁不合理的建筑物拆除，建设新街综合楼4730平方米。

1998~1999年，公司利用东风村委、镇卫生院、手联社等单位在集镇规划区内沿街沿路的存量土地，以联合经营委托开发的模式进行房产开发，先后建成东风公寓楼、卫生院商住楼、手联社商业楼，共新建商品房15000平方米。2000年10月，公司更名为无锡市藕塘房产开发公司。

2002年，根据藕塘镇建设、发展规划，公司通过挂牌竞价方式取得位于藕塘北路北侧“2002-G-7”号国有土地出让的使用权，按照规划局的核准，开发建设“藕苑新村”住宅小区，开发商品房43200平方米，其中配套建设商业用房7200平方米，入住居民256户，商户29家。2002年3月，在藕塘镇政府的直接指导下，企业进行转制，组建成立股份制企业，公司更名为无锡市藕塘房产开发有限公司，办公地点在藕塘政新路15号。

2006年底，公司通过挂牌拍卖方式，取得位于藕塘大道东侧、编号为“锡国土2006-56号”国有土地的使用权，土地面积120787.6平方米，拟建220000平方米规模较大的商品房住宅区（其中41700平方米土地后转给盛世房产开发）。是年11月，公司增资至800万元，开发资质升至三级，更名为无锡市藕塘房地产开发有限公司。 2011年1月，企业注册资金增资至2500万元，开发苹果园小区，工程质量100%合格，验收一次性通过。苹果园小区总建筑面积16.88万平方米。配套商业用房50家。2015年，营业收入47325.7万元。

## 三、无锡苏嘉房地产开发有限公司

无锡苏嘉房地产开发有限公司成立于2001年，位于钱桥大街103号，凭借苏嘉集团公司雄厚的资金实力高起点进军房地产开发市场。

无锡苏嘉房地产开发有限公司注册资金为2000万元，资质为二级，是一家按现代企业管理制度组建的股份制企业。公司有专业技术人员20余人，设立总经办、财务部、行政部、工程部、经管部、营销部等多个部门。在苏嘉集团公司“科学决策、稳健经营”的发展思路指导下，资本规模迅速扩大，成功开发盛岸花园、龙栖湾花园、苏珈商业广场、句容城市客运枢纽等房地产项目。

苏嘉房地产开发有限公司秉承“和谐 自然 健康 生活”的开发理念，以优美的人居环境、时尚的住宅设计、完善的物业管理为主轴，充分考虑社会消费能力，为老百姓打造理想的置业环境。 盛岸花园住宅小区是苏嘉房地产公司精心规划设计、隆重推出的力作。盛岸花园楼盘分三期建设，共26万平方米，集中体现人与环境的和谐、美轮美奂的住宅设计、现代化的物业管理，是一个在无锡北区享有盛誉的精品小区。龙栖湾小区北临洋溪河、南接锡陆杨公路，区域地理位置优越，交通便利，总建筑面积8.48万平方米，建筑形式由4栋高层、12栋多层联排、6栋四层普通住宅。苏珈商业广场集居住、购物、餐饮、休闲、娱乐、酒店、办公七大功能于一体，导入一站式商业体。

苏嘉房地产开发有限公司先后获得惠山区政府授予的“领头羊奖”“惠山区先进集体”“质量服务信誉AAA优秀房地产公司”等称号。随着公司逐步发展，公司通过对海外先进养老项目的研究，结合中国实际情况，决定向专业化养老地产转型，于2015年开工建设高端养老社区“耘林生命公寓”，选址于风景优美且紧邻中心城区的太湖之滨。这是无锡地区首个综合性养老社区，配套设置专业老年康复医院和护理院，提供产权出售或出租两种形式，菜单式收费服务。耘林生命公寓由被誉为“世界上最好的养老机构——荷兰生命公寓”专业团队指导和运营，提供全方位的一站式养老服务体系。

## 四、无锡市欣宏房产开发有限公司

无锡市欣宏房产开发有限公司成立于2002年9月，企业为有限责任公司，法人代表王子贤，注册资本2000万元。公司位于钱桥街道钱桥大街99号。公司成立后，在钱桥镇党委、政府以及建设行政主管部门的领导下，积极利用本地社会经济的优势资源，大力发展房地产业，先后开发建设开源公寓、金龙公寓、金龙公寓二区、金龙中心广场等商住项目，开发建设总面积10万余平方米，其中金龙公寓二区工程获“惠山区优质工程”项目称号。2015年，公司具有专业职称的工程技术管理人员20余人，其中有中、高级职称10人。

## 五、无锡华强房地产开发有限公司

无锡华强房地产开发有限公司成立于2003年，是永利地产集团有限公司的旗舰子公司，国家一级房地产开发企业，总注册资金3.98亿元。公司秉承集团“以产业报国，用优质技术与产品服务社会”的经营宗旨，以人为本，创新争先，追求卓越，汇集各类人才40余人，其中大专以上学历员工29人。公司设办公室、财务部、开发部、工程部、营销部、物业部等部室。

永利地产集团华强房地产开发有限公司以多元化开发的战略眼光关注锡西新城发展，倾情打造晴山蓝城，筑就锡西新城幸福人居典范，水岸花城创新规划转型，开启锡西新城精品住宅时代；西城荟全生活商业街区推出；启动孟家桥地块，打造锡西新城高端别墅社区。项目总面积45.34公顷，总建筑面积近60万平方米，分四期项目开发，设计多种物业形态：多层阳光房、情景小高层、河畔景观高层、花园洋房、别墅、酒店式公寓等。

一期项目晴山蓝城共计1000多户，于2007年底全面交付。二期项目水岸花城总建筑面积32万平方米，景观分为五大组团：海棠园、牡丹园、听枫园、玉兰园、香桂园，另配备近1000米的沿河景观带、近2000平方米的中央水景，为小区居民提高生活质量；邀请一级资质的上海上房物业担纲物业管理，为小区居民带来更贴心的服务。三期项目西城荟（NCC）是永利地产集团在无锡精心打造的“全生活商业街区”项目，力邀绿城中瀚担当建筑规划、澳大利亚澳派打造多元化商业景观空间，总建筑面积近10万平方米。项目秉承Living Mall for more living的全新消费理念，依托锡西新城最繁华的钱桥大街，集餐饮、休闲、酒店、娱乐、购物、办公等多种业态于一体。

华强房地产开发有限公司所建晴山蓝城项目先后获2007年无锡楼盘热销榜前十强，2008年蝉联无锡楼盘热销榜前十强，2009年获无锡十大名盘称号、无锡楼盘销售排名第8位（销售套数第6位），2010年获无锡十大名盘称号，2011年获无锡市园林式居住区称号，2012年获无锡最具投资价值楼盘（house365）、无锡最具影响力楼盘等荣誉。2015年，营业收入12758.9万元。

## 六、无锡中富置业、瑞城置业有限公司

无锡中富置业有限公司、无锡瑞城置业有限公司隶属于中益产业发展集团有限公司。无锡中富置业有限公司成立于2006年9月21日，注册资金5000万元；无锡瑞城置业有限公司成立于2009年11月3日，注册资金5000万元。

无锡中富置业有限公司开发项目有钱桥美林湖花园，建筑面积36万平方米，于2014年12月全部交付入住。其中小区四期47号房获无锡市工程质量最高奖“太湖杯”奖。2015年，无锡瑞城置业有限公司开发建设项目为“香缇半岛”，建筑面积10万平方米。

## 七、无锡天盛置业有限公司

无锡天盛置业有限公司成立于2008年5月，是一家具有房地产开发二级资质的企业，注册资本2亿元，位于钱桥街道钱威路33号，法人代表苗忠。

无锡天盛置业开发建设的XDG-2007-62号地块——百乐商业广场，总投资25亿元，项目分为A、B、C三个地块，规划总建筑面积44万平方米，其中A、B地块为高档住宅小区，C地块为集大型超市、影院、百货、餐饮、娱乐、星级酒店及高端写字楼等业态于一体的一站式大型城市综合体。百乐商业广场于2011年7月被无锡市政府确认为市级城市综合体项目，且为惠山区唯一的市级城市综合体项目。

百乐商业广场B地块住宅项目总建筑面积80800平方米，于2013年6月底竣工交付； A地块住宅项目总建筑面积为189600平方米，于2015年5月开工建设，其中6号、8号、9号、3号、1号已领取预销售许可证，分别于是年8、9、12月分批开盘销售；C地块商业项目总建筑面积171800平方米，其中3#裙房大商业已于2015年10月底开业。是年，公司有员工40余人。

## 八、无锡市盛世房地产开发有限公司

无锡市盛世房地产开发有限公司成立于2003年，注册资本2000万元，后注册资本增加到6600万元，成为一家具有二级开发资质的企业。公司董事长强樊新，总经理王强。

无锡市盛世房地产开发有限公司本着“创建精品，奉献社会”的经营理念，积极探索与市场机制相适应的经营策略与方针，坚持“以人为本”的设计思想，以提供优质住宅为己任，坚持走品牌化道路。公司先后开发“盛世翡翠”“盛世兰亭”等居住小区，以新颖的设计、独特的造型、优美的环境完美展示现代生活的新空间，为住户创造优美、安全、舒适、方便、文明和具有较高文化品位的生活环境。

公司多年来热心支持公益事业，陆续投入爱心基金数百万元。2008年，四川汶川特大地震抗震援建中，公司获“抗震援建，大爱无疆”荣誉称号。公司被惠山区政法委、法院等6家政府部门联合授予“外来人员管护教育基地”，连年获得大爱惠山慈善明星荣誉称号，获无锡市希望工程爱心奉献奖。2015年固定资产867.9万元，流动资金22441.2万元。

## 九、无锡市天御房地产开发有限公司

无锡市天御房地产开发有限公司于2012年注册成立，注册资金5000万元，属房地产开发暂三级资质企业，位于无锡市惠山区职教园区。公司着力打造“青春假日风情时尚街区”项目，使之成为无锡地区标杆性项目。

公司在无锡职教园校区打造的青春假日风情时尚街区项目占地面积42071平方米，建筑总面积67336平方米，其中商业面积63000平方米，地下面积4300平方米。公司秉承“诚信、务实、双赢”的经营理念，打造“以客为尊、以人为本、追求卓越、团队精神”的企业文化。2015年，公司有正式员工18人，外聘3人，其中本科以上学历者占55%。

## 十、无锡港龙投资有限公司

无锡港龙投资有限公司是港龙控股集团旗下苏州港龙控股集团有限公司全资子公司，成立于2011年3月。港龙控股集团是中国商业地产综合实力10强企业，投资无锡港龙投资有限公司注册资金5000万元人民币。港龙投资有限公司位于钱桥街道盛岸西路591号。公司成功开发昆山港龙建材、木材市场，淮安义乌国际小商品城，苏州港龙枫桥商业街，太仓江南农副食品城，海盐中国国际紧固件五金城等多个项目。2013年10月，开发钱桥地区港龙商业广场，占地面积25186.3平方米，建筑总面积91445.22平方米，总投资28991万元，集住宅、商业、办公为一体。2015年，流动资金43356.8万元

## 十一、无锡市恒达中环房产有限公司

无锡市恒达中环房产有限公司是无锡星湖投资集团旗下子公司，成立于2011年7月，位于钱桥

街道钱威路与钱桥大街交会处西北侧。2012 年，公司开发的恒泰广场是钱桥区域内首个集“休闲、购物、娱乐、餐饮、金融、商务”为一体的大型城市综合体，是区域内拥有影响力的大型商业中心和地标性建筑，总投资 8365 万元，占地面积 21000 平方米，建筑面积 55421 平方米。恒达•中环国际北区为高层居住区，南区为大型商业区。2015 年营业收入 2079.5 万元。

## 第十二节 商贸服务业管理

民国时期，钱桥、藕塘地区商贸服务业由商会管理。1958 年，钱桥、藕塘人民公社分别设立公社分配部，商贸服务业、手工业、供销合作社由公社分配部统一领导。

改革开放以后，钱桥、藕塘地区个体工商户与私营服务业大批涌现，条线与集体企业也纷纷经营商贸服务业。进入 80 年代，钱桥、藕塘地区商贸服务业管理体制基本形成个体工商户、私营企业由个体商业协会管理；传统商贸由供销合作社管理；生活资料由多服公司参与管理；工业原辅材料由供销公司管理的格局。1982 年，钱桥公社工交办公室设立供销经理部。1983 年，钱桥乡在工业总公司中设立供销经理部，张耀成兼任供销经理部经理。1984 年，钱桥供销经理部改设为钱桥乡工业供销公司，潘国荣任经理。1985 年，藕塘乡工业总公司设立藕塘乡工业供销公司，沈盘兴任经理。

进入 90 年代后，钱桥、藕塘镇分别建立第三产业办公室，属工业总公司领导。1992 年，沈国平任藕塘乡工业供销公司经理。是年，钱桥镇在三产办公室的基础上率先成立三产总公司，张锡兴任总经理兼书记，副总经理先后由包渭滨、江厚壁、盛培清、李立初、王子贤担任。三产总公司管辖钱桥供销社、商业社、房产开发公司、液化气站、劳动服务公司、个体协会、文化中心等与商贸服务业相关的单位。1994 年，钱桥镇工业供销公司转制。1995 年，藕塘镇在三产办公室的基础上成立三产总公司，由副镇长张桐生兼总经理。1996 年，藕塘镇工业供销公司转制。1998 年，施光亮任藕塘镇三产总公司副总经理。

2001 年 8 月~2004 年，钱桥镇三产总公司由周建平任总经理。2004 年，钱桥镇与藕塘镇合并，两镇三产总公司同时合并，建立新的钱桥镇三产总公司，副镇长马伟兼任总经理。2007 年，无锡（藕塘）职教园成立后，钱桥街道设立服务业发展办公室，钱桥街道党工委副书记刘国胜兼任服务业发展办公室主任。服务业发展办公室的主要职责是参与园区国民经济发展战略和目标的研究、制定，负责制定职教园区、钱桥街道第三产业总体发展规划和行业发展规划，贯彻落实国家、省、市、区关于发展服务业的各项方针政策和法律法规，拟订促进和扶持服务业发展的地方性政策和法规，编制并组织实施园区和钱桥街道服务业发展计划，监测园区和钱桥街道服务业发展状况，组织对服务业发展和改革中重大问题的调查、研究、分析，收集、整理、发布区域内服务业的信息，组织和协调服务业项目建设、改造、论证和报批工作；负责授权范围内服务业项目的管理，组织协调并参与服务业对外合作交流工作，培育、发展和完善城乡市场，推进第三产业结构调整，协调服务业各行业改革方案的实施，指导相关行业协会工作。钱桥街道服务业发展办公室下设综合科、发展规划科、商贸流通科。

**2008~2015 年无锡职教园、钱桥街道商贸服务业发展办公室历任领导任职表**

表 3—16—36

| 主任姓名 | 任职时间 | 职务 | 副主任姓名 | 任职时间 | 职务 |
|---|---|---|---|---|---|
| 刘国胜 | 2008~2012 | 钱桥街道党工委副书记 | 蒋国平 | 2004~2010 | 兼综合科科长 |
| 杨国忠 | 2012~2013 | 钱桥街道办事处副主任 | 俞　俭 | 2014~ | 兼商贸科科长 |
| 邓　莉 | 2013~ | 钱桥街道办事处副主任 | — | — | — |

2015 年，邓莉任钱桥街道服务业发展办公室主任，俞俭任副主任。

# 第十七章 财税金融

民国时期，开原、富安乡分别设财务员，负责政府财税征收工作；上海利康等6家保险公司在钱桥、藕塘地区开办财产水火保险。民国18年（1929），区域内创办藕塘信用合作社。民国29年，区域内有日商设立的7家保险公司办理保险业务。

新中国成立初期，钱桥、藕塘地区9个乡镇分别设立财粮员1人，负责政府财税征收工作。1951年，钱桥供销社成立信用部，是苏南农村第一个信用合作机构。是年，无锡县人民银行在区域内办理保险业务。1954年，钱桥、藕塘分别成立信用合作社。1958年，钱桥、藕塘公社成立，两公社管委会分别设财务会计1人，负责辖区内财税工作。1980年，钱桥、藕塘分别设立农业银行营业所。1981年，钱桥、藕塘公社分别成立财政所。1984年后，钱桥、藕塘地区相继开设工商银行等银行单位。1986年，钱桥、藕塘乡分别开始建立乡一级财政。钱桥、藕塘乡财政所为乡政府的财政职能部门。是年，钱桥乡财政收入1028.8万元，藕塘乡财政收入386.06万元。90年代开始，钱桥、藕塘地区相继开设保险营业所。2004年，钱桥、藕塘两镇合并，两镇财政所合一。是年，钱桥镇财政收入49664万元，其中可用财力16325.8万元（含预算外收入）。2008年，无锡职教园（钱桥街道）设立财政审计局，钱桥街道财政所保留。是年，钱桥街道财政收入124298万元，可用财力36758.37万元（含预算外收入），财政支出36651.24万元。2014年，钱桥街道财政收入151372万元，可用财力78257.7万元（含预算外收入），财政支出78166.83万元。2015年，钱桥街道财政总收入153073万元，可用财力102095.81万元（含预算外收入），财政支出102007.1万元，收支基本平衡。是年，钱桥街道区域内有无锡市惠山区国家税务局第二税务分局、无锡市惠山区地方税务局第四税务分局，有中国农业银行等16家银行，有9家保险公司等金融机构。

## 第一节 财政

宋元时期，官府颁布田赋令，把五代十国时名目繁多的苛捐杂税归并为按田亩征收。钱桥、藕塘地区农田按亩分夏、秋两季纳税，为官府财政收入。清代延续此法。民国时期，钱桥、藕塘地区乡、镇政府征收忙银附税、漕米附税、芦渔课附税、长短期牙行营业附税、契税附税等。民国18年（1929），开原乡收税银330元，富安乡收税银299元。民国20年，国民政府废除忙漕名额，均征银元。钱桥、藕塘地区平田每亩共征省、县税及带征地方各费合银9角6分6厘。

新中国成立后，钱桥、藕塘（乡）公社人民管委会行政经费主要由无锡县人民政府拨付。1986年后，随着钱桥、藕塘乡一级财政体制的建立，乡、镇、街道财政按上级规定，筹集和运用财政资金，参与乡镇范围内国民收入的分配和再分配，进行乡镇基础设施建设和新农村基础设施建设。

### 一、财政机构设置

1981年，钱桥、藕塘公社分别成立财政所。2000年，钱桥镇成立财政结算中心，隶属于钱桥镇财政所，主要承担钱桥镇行政事业单位会计集中核算的职能。2004年，钱桥、藕塘两镇合并，钱桥财政所、藕塘财政所两所合一。财政所主要岗位有所长、总预算会计、行财员、企财员、农财员、出纳会计。

所长负责做好财政收入的组织、分析工作，协调国税、地税等部门组织好各项财政收入；加强支出管理，贯彻“厉行节约，量入为出”的原则，各项款项的支付严格对照预算，确保财政收支平衡；负责财政惠民补贴资金、财政项目资金和民生工程的政策宣传、资金管理和项目监督。

总预算会计负责年度财政预算草案的编制和分析，适时提出修正建议；负责年度预算资金的拨款、审核与核算工作；负责按会计制度规定办理日常会计业务，认真做好财政预算内外资金的记账、算账和报账工作，及时报送各类报表；负责组织和编审财政总决算工作，指导下属行政事业单位的年度决算工作和报表汇总工作。

行财员负责机关及各部门的会计核算工作，办理社会保障资金的报盘申报工作，负责本级固定资产的基础管理工作。企财员负责全镇企业单位的各项上交规费的收缴工作，按规定收取场地使用费，配合上级财政部门做好“三资”企业年度财政核查及财政登记证的核发工作。农财员负责贯彻并组织实施国家有关农业税、农业特产税、契税、耕地占用税、财政支农资金等方面的政策法规、制度；分解落实农税征收指标，负责农业税、农业特产税、契税、耕地占用税的收缴工作；负责农税收入决算报表的编制、审核、汇总工作。出纳会计严格按照国家现金管理条例和银行结算办法规定办理现金支付和银行结算业务；登记现金和银行存款日记账，根据办理完毕、审核无误的记账凭证或原始凭证，逐日逐笔登记现金和银行存款日记账，并做到及时、准确、账账相符、账实相符；保管好库存现金、有价证券、有关印章、空白支票和收据等。

2008年，钱桥街道与无锡职教园实行“街园合一”后，成立无锡职教园财政审计局，原钱桥街道财政所仍保留，实行“二块牌子，一套班子”体制。无锡职教园财政审计局下设6个科室，分别为预算科、财政支付中心、资产管理科、农办、招投标办、协护税工作站。

**1981~2015年钱桥、藕塘（公社、乡）镇，钱桥街道财政部门负责人任职表**

表3—17—1

| 单位 | 姓名 | 职务 | 任职时间 |
|---|---|---|---|
| 钱桥（公社、乡）镇 | 严其坤 | 所长 | 1981.00~1991.00 |
| | 苗盘清 | 所长 | 1992.00~2002.00 |
| | 冯建康 | 所长 | 2002.00~2007.11 |
| 藕塘（公社、乡）镇 | 吴国根 | 所长 | 1981.00~1988.00 |
| | 吴建芬 | 所长 | 1988.00~1996.00 |
| | 张惠仙 | 所长 | 1996.00~2003.00 |
| 钱桥街道 | 冯建康 | 所长 | 2007.11~ |
| | 奚晓敏 | 局长 | 2008.09~2011.10 |
| | 冯建康 | 副局长 | 2008.09~ |
| | 吕　明 | 局长 | 2012.11~ |

2015年，无锡职教园财政审计局局长吕明，副局长冯建康；冯建康兼任钱桥街道财政所所长。

## 二、财政收入

新中国成立初期，钱桥、藕塘、稍塘、舜柯、社冈、西漳、会龙、洋溪等乡行政经费全部靠国家供给。1958年，钱桥、藕塘成立人民公社，财政实施“收支两条线，超收奖励，结余留用”的规定，收入全部上交国家，支出由无锡县财政局按计划拨款。1959年，藕塘公社财政总收入63841.85元，其中企业收入16556.29元、工商各税34890.48元（工商统一税29691.89元、工商所得税352.78元、屠宰税3319.57元、牌照税138.20元、盐税1388.04元）、预算外收入12395.08元（工商税附加267.56元、小学杂费收入10357元、公房公产收入1744.55元、其他收入25.97元）。1978年开始，钱桥、藕塘公社社队办企业迅速发展，公社试行财政收入包干，但一切税收仍归县地方财政。1983

年，钱桥、藕塘撤社建乡后，乡政府财政收入除上级政府拨款行政、事业费外，还有来自工商税、农业税的分成，来自各企业上缴利润、教育事业附加费以及建农补农基金、水利建设统筹、公用设施配套费等拨款。

1986年，钱桥、藕塘乡分别首建乡一级财政。乡财政所作为乡政府财政职能部门，加强财政管理，发挥财政职能，正确处理好各方面的分配关系，统筹管理好各项资金，加速转轨变型，运用“三财”之道，促进经济发展，保证乡党委、乡政府经济建设和事业发展规划的实施。是年，钱桥乡国家预算内实现财政收入826.6万元，其中农业税25.84万元、工商税800.76万元；乡有地方财政资金预算收入150万元，年终决算收入202.2万元，比预算增长34.8%，其中企业上缴收入114.8万元、公共事业收入24万元、其他收入7.1万元、教育事业附加收入56.3万元。同年，藕塘乡地方财政决算总收入为386.06万元，完成预算收入的115%，其中国家预算内收入300.81万元，超额完成20.4%；企业上缴利润40万元；教育经费附加收入19.45万元，其它收入25.8万元。1987年，钱桥镇、藕塘乡财政实行“收支挂钩、比例包干、总额分成、增收另定分成比例”的体制，按确定的分成比例，合理安排使用预算内资金。

1990年，钱桥镇国家预算内财政收入总额1723.99万元，其中工商税收类收入1684.32万元，农牧业税和耕地占用税类收入39.67万元；另完成国务院下达的国库券和特种债券任务28.25万元。按县乡财政体制分成比例结算，钱桥镇财政固定分成收入为118.36万元，增超收分成收入0.52万元，个体税及城建税分成收入72.13万元，连同追加指标，预算内收入分成结算总收入191.01万元；加上年结余94.26万元，本年度预算内总财力为285.27万元。国家预算外部分按国务院文件规定，征收农村教育事业费附加151.13万元，按县乡财政管理体制划分税收地方附加分成收入2.32万元，合计收入为153.45万元；加上上年结余3.8万元，可安排财力为157.25万元。镇自有地方财政资金部分企业上缴收入139.02万元，建农及公共事业基金收入148.84万元，事业单位收入76.03万元，其他收入84.98万元；加上上年结余54.03万元，合计可用财力为502.9万元。是年，藕塘乡财政收入总额741万元；预算内、预算外收入为603万元，其中工商税收入431万元，农业税及耕地占用税32万元，其它税收入15万元，上级拨款收入106万元，上年结余转入12万元，农业税附加收入等7万元；乡有资金收入138万元，超收36万元，其中上缴利润60万元，上缴专用基金（建农补农基金）15万元，上缴公共事业额10万元，收取教育附加额41万元，其他收入12万元；另完成国务院下达的国库券和特种债券15.34万元。

1993年，藕塘镇财政总收入1516万元，比上年增收458万元，增长42%；国家预算内收入932万元，增收228万元，其中工商各税收入706万元，农业税、耕地占用税、农林特产税、契税及上级补助收入226万元；预算外、镇有资金收入584万元，其中建农、补农资金26万元，企事业单位上交155万元，减免税统筹收入101万元，教育费附加收入130万元，县财政局分成款112万元，其他收入60万元。另外，为县财政局收缴防洪保安资金23万元，电视台集资款20万元，购买国库券45万元。1996年，藕塘镇财政总收入2685万元，比上年增收715万元，增长36%；国家预算内收入为1882万元，其中工商各税收入1517万元，农业税、耕地占用税、农林特产税、契税收入115万元，市局体制分成250万元；预算外、镇有资金收入803万元。另外，代锡山市政府收缴上交规费67.3万元，其中人民教育基金27万元、防洪保安资金23.3万元、劳动积累17万元，款额全部解缴市财政局。

2000年，农村税费改革前，钱桥镇财政收入大体由预算内收入、预算外收入和自筹资金三部分组成。农村税费改革后，镇财政收入范围进行调整，大体为预算内收入和预算外收入两大块。预算内收入主要是税收收入，惠山区对钱桥（镇）街道实行“核定基数、收支挂钩、定基包干、超收分成、短收赔补、专项比例返回”的分税制财政体制。钱桥（镇）街道预算内收入由以1999年核定的钱桥镇、藕塘镇预算内支出基数和镇范围内组织征收的增值税、所得税、营业税等收入超基数分成收入组成。预算外收入有防洪保安资金的返回款收入，也有上级补助收入、基础设施配套费返回款、土地出让金净收益、经营性资产收益收入、其他收入等组成。是年，钱桥镇完成国家各项财政收入9223.75万元，比上年增长28.98%，其中，国税完成7242.3万元、地税完成1384.93万元、比上年增长12.3%，城镇建设维护税313.14万元、比上年增长55.19%、由地税征收，农业四税完成283.38万元、比上年增长110.89%，主要是调整公路征土耕田占用税；镇级预算外财政收入执行情况为：综合基金收入3124.86万元（其中国税完成1534.05万元、地税完成1579.41万元、工商11.4万元），本年可安排财力为2684.90万元。是年，藕塘镇财政总收入4566.57万元（包括体制分成款），与年初预算3605万元相比增收961.57万元，增长26.7%。其中，完成国家预算内财政收入3333.44万元,与年初预算2422万元相比增加911.44万元，增长37.6%；完成预算外镇有资金财政收入1233.13万元，比年初预算1183万元增收50.13万元，增长4.3%；另外，完成锡山市市政府收缴综合基金任务290.2万元，款项全部上缴市财政。

2001年，藕塘镇财政总收入为4660.50万元（包括体制分成款），比上年增收93.93万元，增长2.06%，其中完成国家预算内财政收入3345.20万，比上年增收12万元；完成镇级财政收入1315.30万元，比年初预算的1180万元增收135.30万元，增长11.47%。另外，完成无锡市政府收缴综合基金任务290.2万元，款项全额上缴市财政。

2002年，钱桥镇完成国家各项预算内财政收入21352.99万元，比上年增长91.61%，其中国税完成15584.04万元、比上年增长84%，地税完成4199万元、比上年增长140%，城镇建设维护税完成611.95万元、比上年增长83.67%，农业四税完成958万元、比上年增长247%；镇级预算外资金财政收入预算执行情况为：综合基金收入4608.71万元（其中国税2281.43万元、地税完成2318.44万元、工商8.84万元），事业单位上缴收入80.48万元，其它收入15.95万元。镇级预算外收入共计4705.14万元，加上上年结余32.16万元，本年可用财力4737.3万元。是年，藕塘镇财政总收入6131.94万元（包括体制分成款），比上年增收1471.5万元，增长31.6%，比年初预算增收962.94万元,增长18.6%。其中，完成国家预算内财政收入4674.56万元，比上年增收1329万元，镇级财政收入1457.38万元，比年初预算1420万元增收37.38万元，增长2.63%。另外，完成无锡市政府收缴综合基金等任务121万元，款项全额上缴市财政。

2003年，钱桥、藕塘镇财政工作和其他工作一样，稳中有进。财政收入本着“取之于民、用之于民”和“一保吃饭、二保建设”“量入为出、确保平衡”的原则，尽量收足、收好资金，保障机关正常运转，满足各部门的合理需要。是年，钱桥镇完成国家预算内各项财政收入30258万元，比上年增长41.7%，其中国税完成24289万元，比上年增长55.85%；地税完成5383万元，比上年增长28.2%；农业四税完成586万元。藕塘镇财政总收入8636.1万元(包括体制分成款)，比上年增收2504.16万元，增长41%，比年初预算增收484.1万元，增长5.94%；其中完成国家预算内财政收入5886.1万元、比上年增收1211.54万元、增长25.92%，比预算增收634.1万元，增长12.1%；完成镇级财政收入2750万元，比上年增收1293万元，比年初预算增收850万元，增长45%；另外，完成无锡市政府收缴综合基金等任务141.8万元，款项全额上交市财政。

2005年，钱桥镇财政总收入72935万元，其中一般预算收入26659万元，可用财力16709.37万元。2006年，钱桥镇完成GDP总值520165万元，财政总收入84550万元。

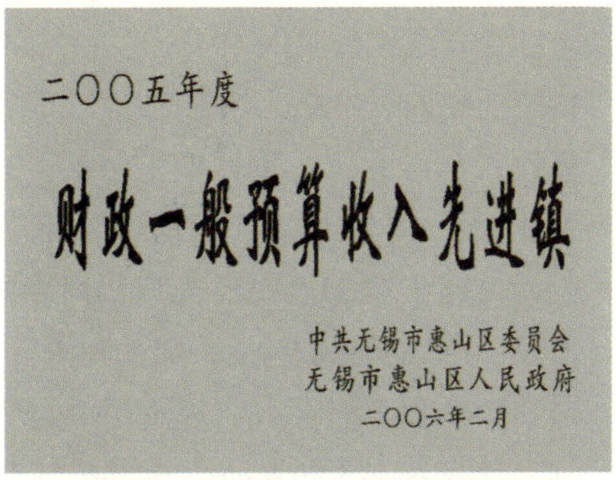


图3—17—1　2006年2月钱桥镇被中共无锡市惠山区委员会、无锡市惠山区人民政府表彰为2005年度财政一般预算收入先进镇

2001~2006 年钱桥镇经济发展一览表

表 3—17—2

| 年份 | GDP | | 经济总量 | | 财政收入 | | 农民人均收入 | |
|---|---|---|---|---|---|---|---|---|
| | 完成（万元） | 增幅% | 完成（万元） | 增幅% | 完成（万元） | 增幅% | 完成（元） | 增幅% |
| 2001 | 132392 | 50 | 499066 | 32.0 | 14084 | 46.10 | 5358 | 8 |
| 2002 | 180499 | 36 | 710170 | 42.3 | 26058 | 85.02 | 5838 | 9 |
| 2003 | 294717 | 63 | 1173641 | 65.3 | 34837 | 33.69 | 6586 | 13 |
| 2004 | 368121 | 25 | 1665204 | 41.9 | 49664 | 42.56 | 8049 | 22 |
| 2005 | 455785 | 24 | 2170112 | 30.3 | 72935 | 46.86 | 9443 | 17 |
| 2006 | 520165 | 14 | 2438073 | 12.3 | 84550 | 15.93 | 10625 | 13 |

2007 年，钱桥街道财政收入 111852 万元，其中可用财力 22530.11 万元。2008 年，钱桥街道完成全社会开票销售收入 389 亿元，比 2007 年同比增 23.4%。2009 年，是钱桥街道最为困难的一年，受国际金融危机影响，年初经济大幅下滑，到 6 月起开始探底复苏回升。是年，通过努力，钱桥街道全年完成全社会开票销售收入 332.8 亿元，财政收入达 111167 万元，基本回到 2007 年的水平。这是自改革开放以来，钱桥历史上首次出现负增长的一年。2010 年，钱桥街道经济高开稳走，完成全社会开票销售收入 492 亿元，同比增 47.84%，其中工业营业收入 267 亿元，同比增 26%；服务业营业收入 225 亿元，同比增 87.5%；完成财政总收入 13.11 亿元，同比增 17.9%，其中一般预算收入 6.8 亿元，同比增 18.5%；全社会固定资产投入 47.05 亿元, 同比增 15.5%。

2011 年，钱桥街道完成地区生产总值 97.8 亿元，同比增 17%；完成全社会开票销售收入 580 亿元，同比增 17.9%；其中工业营业收入 300 亿元，同比增 12.3%；服务业营业收入 280 亿元，同比增 24.4%；服务业增加值占 GDP 的比重 39%；完成财政总收入 14.79 亿元，同比增 12.86%，其中一般预算收入 7.8 亿元，同比增 14.7%。是年，钱桥街道被江苏省商务厅、财政厅授予“江苏省服务外包人才培训基地”等称号。2012 年，受到国际国内不利经济形势的影响，钱桥街道经济虽然面临困境，但依然迎难而上，取得新的成绩，工业产值上半年完成 150.89 亿元，同比增长 3.1%，完成全年计划的 42%，其中完成规模产值 120.6 亿元，同比增长 5.1%；服务业营业收入上半年完成 190 亿元，比上年同期增长 41.8%；社会消费品零售总额完成 13 亿元，比上年同期增长 18%。财政总收入全年完成 15.1 亿元，同比增长 2.11%，可使用财力 7.49 亿元。2013 年，钱桥街道完成地区生产总值 115.7 亿元，同比增 10%；完成财政总收入 15.05 亿元，其中一般预算收入 8 亿元，同比增 0.4%；全社会固定资产投入 58.6 亿元；社会消费品零售总额 35.8 亿元，同比增长 29.8%；完成全社会开票销售收入 598.8 亿元；农民年人均纯收入 23801 元，同比增长 11%。

2014 年，钱桥街道全力以赴推进各项经济工作，经济总体保持平稳健康的发展态势：全年完成全社会开票销售收入 594.8 亿元；其中完成工业开票销售收入 237.8 亿元，同比略降；完成服务业纳税营业收入 357 亿元，同比增 12.04%；完成财政总收入 15.14 亿元，同比增 0.6%，其中公共财政预算收入 8.13 亿元，同比增 1.65 %；完成全社会固定资产投入 70.04 亿元，同比增 19.5%，其中完成工业投入 18 亿元，同比增 31.2%；服务业投入 52.07 亿元，同比增 18.83%；完成到位外资 2781 万美元，同比增 31.74%；完成出口总额 1.7 亿美元，同比增 16.83%；完成服务外包业务总额 8868 万美元，同比增 42.2%；实现社会消费品零售总额 41.6 亿元，同比增 16%。是年，钱桥街道实际可用财力决算为 7.83 亿元，比上年增长 7.4%，其中预算内收入为 3.87 亿元，占可用财力总数的 49.5%；预算外收入为 3.96 亿元，占可用财力总数的 50.5%。与 2004 年钱桥镇与藕塘镇两镇合并时相比，预算内收入增长到 5.5 倍，预算外收入增长到 4.3 倍。2015 年，钱桥街道财政收入 15.31 亿元，其中可用财力 10.21 亿元。

**2004~2015 年钱桥（镇）街道财政收入统计表**

表 3—17—3　　　　单位：万元

| 年份 | 合计 | 增值税 | 消费税 | 企业所得税 | 营业税 | 个人所得税 | 城建税 | 土地增值税 | 房产税 | 土地使用税 | 印花税 | 车船税 | 契税 | 耕占税 | 教育费附加 | 农业税 | 地方教育附加及基金 |
|---|---|---|---|---|---|---|---|---|---|---|---|---|---|---|---|---|---|
| 2004 | 49692 | 31259 | 95 | 6517 | 3942 | 1390 | 1787 | 547 | 447 | 149 | 499 | 1 | 1675 | 1356 | — | 28 | — |
| 2005 | 72934 | 47431 | 76 | 10334 | 4962 | 2263 | 2616 | 751 | 612 | 203 | 625 | — | 2576 | 485 | — | — | — |
| 2006 | 84550 | 52542 | 18 | 12525 | 7803 | 4045 | 2569 | 1113 | 942 | 246 | 714 | — | 1713 | 320 | — | — | — |
| 2007 | 111852 | 64503 | — | 19278 | 7917 | 5009 | 2862 | 994 | 1857 | 2334 | 957 | — | 4035 | 40 | 1204 | — | 862 |
| 2008 | 124298 | 68243 | 0 | 22478 | 9708 | 6593 | 3230 | 1180 | 2104 | 3297 | 1245 | — | 3680 | 266 | 1346 | — | 928 |
| 2009 | 111167 | 57807 | 0 | 14406 | 11924 | 7083 | 3315 | 3705 | 2054 | 3197 | 1208 | — | 2478 | 1734 | 1408 | — | 848 |
| 2010 | 131053 | 57363 | — | 22398 | 15109 | 9880 | 4125 | 6545 | 2341 | 3115 | 1676 | — | 5347 | 551 | 1733 | — | 870 |
| 2011 | 147903 | 62651 | — | 25679 | 17162 | 11225 | 5855 | 6366 | 2782 | 3167 | 1843 | — | 6424 | 775 | 2468 | — | 1506 |
| 2012 | 151021 | 65608 | — | 25096 | 20490 | 8990 | 6315 | 5053 | 3389 | 3269 | 1860 | — | 6030 | 659 | 2589 | — | 1673 |
| 2013 | 150547 | 66347 | 1 | 25638 | 23877 | 8133 | 6267 | 3250 | 3575 | 3138 | 1442 | — | 2771 | 1844 | 2589 | — | 1675 |
| 2014 | 151372 | 68564 | 5 | 22575 | 24940 | 8633 | 6909 | 3647 | 4123 | 3216 | 1396 | 1 | 2270 | 547 | 2764 | — | 1782 |
| 2015 | 153073 | 71030 | 6 | 17502 | 27694 | 9175 | 7389 | 1410 | 4423 | 2654 | 1228 | 1 | 5810 | — | 2898 | — | 1853 |

**2004~2015 年钱桥（镇）街道财政可用财力统计表**

表 3—17—4　　　　单位：万元

| 年份 | 总收入 | 其中 | |
|---|---|---|---|
| | | 预算内收入 | 预算外收入 |
| 2004 | 16325.80 | 7086.82 | 9238.98 |
| 2005 | 16709.37 | 10231.96 | 6477.41 |
| 2006 | 17022.20 | 11188.17 | 5834.03 |
| 2007 | 22530.11 | 16716.00 | 5814.11 |
| 2008 | 36758.37 | 20541.37 | 16217.00 |
| 2009 | 33803.24 | 19150.94 | 14652.30 |
| 2010 | 40247.30 | 27688.06 | 12559.24 |
| 2011 | 52741.72 | 34314.18 | 18427.54 |
| 2012 | 74865.73 | 42428.78 | 32436.95 |
| 2013 | 72886.56 | 36808.14 | 36078.42 |
| 2014 | 78257.70 | 38713.23 | 39544.47 |
| 2015 | 102095.81 | 43336.91 | 58758.90 |

## 三、财政支出

新中国成立初期，钱桥、藕塘、稍塘、舜柯、社冈、西漳、会龙、洋溪、盛店乡干部实行供给制，每人每月发大米 45 斤。后供给制改为工资制，乡主要干部（书记、乡长、财粮委员）每月工资 15 元，办公经费每人每月 1.5 元，经费支出由县财政下拨。1958 年成立人民公社以后，钱桥、藕塘公社财政支出基本上按县财政局核定的基数合理安排使用。

1986 年，钱桥、藕塘乡开始建立乡级财政。是年，钱桥乡国家预算内财政支出情况为农、林、水、气事业费支出 6.2 万元，文、教、科、卫事业费支出 51.9 万元，城镇维护费支出 0.2 万元，工商及其他部门事业费支出 1.6 万元，抚恤及社会福利事业费支出 7.9 万元，行政事业费支出 5.4 万元，肉类补贴支出 0.3 万元，合计支出总额为 73.5 万元，结余 57.8 万元；乡有地方财政资金各项支出决算为农业支出 10.4 万元（其中扶持农业机械 4.6 万元、粮食专业户补贴 2.6 万元、水利支出 1.8 万元、其他支出 1.4 万元），多种经营支出 7.3 万元（其中畜牧茶果补贴 3.3 万元、结转水产及其他补贴 4 万元），工业支出 9.4 万元，文化及卫生事业支出 84 万元（其中文化宫投资 81.7 万元、文化宣传 1.1 万元、清卫支出 1.2 万元），公共事业支出 28.4 万元（其中敬老院基建及其他支出 22.7 万元、市镇维护支出 5.7 万元），行政支出 10.4 万元（其中购传真机 1.3 万元、机关工资及行政性开支 9.1 万元），其他支出5.3万元（其中计划生育及幼托补贴1.4万元、其他专项支出3.9万元），教育事业支出31.2万元（其中返回各村1985年附加用于村校建设14.3万元、用于教育补贴及基建16.9万元），合计总支出186.4万元，收支相抵结余15.8万元，加上上年结余48.3万元，滚存结余额为64.1万元，其中教育附加结转下年度49.1万元，基本达到收支平衡，略有结余。是年，藕塘乡财政支出79.11万元，主要用于村镇建设、文化教育、补偿农业和财政开支，收支相抵结余6.14万元；上缴国家税金799.57万元，其中农业税170.24万元、工商各税629.33万元。从以上决算结果看，钱桥、藕塘乡从是年始建立的乡一级财政，建立县、乡财政包干体制，能真正完善乡一级政府的职能，壮大乡政府的财力，有利于地方各项事业的发展。

1990年，钱桥镇国家预算内资金支出执行情况为支援农村各项生产支出类115.42万元，农、林、水气等部门事业费支出类2.2万元，城镇维护建设支出56.67万元，文教卫生事业费支出92.14万元，工商及其他部门事业费支出2.81万元，抚恤及社会救济费支出9.12万元，行政事业费支出9.04万元，公检法支出0.26万元，价格补贴及其他支出4.27万元，合计总支出291.93万元，收支相平。国家预算外支出情况为：教育费附加按镇村施教管理体制划分结转返村用于村校部分为44.05万元、用于中心小学新校舍基建投资部分107.09万元，收支持平；税收地方附加中支付广播事业费1.52万元，结余4.6万元。镇自有地方财政资金支出为企业投资支出7.11万元，农业支出63.48万元，多种经营支出为13.42万元，文教卫生支出71.49万元（其中教育事业支出71.31万元，卫生支出0.18万元），公共事业支出224.16万元，行政支出57.03万元，其他支出28万元，合计支出总额为464.69万元。收支相抵结余38.22万元，基本达到收支平衡、略有结余的要求。是年，藕塘乡财政决算总支出738.4万元，比预算数增加132.4万元（主要工商各税超收上解县金库因素），全年结余2.6万元。各项收支执行情况为：预算内支出600.4万元，其中上解县金库各种税收为485万元，用于农副业支出8万元，城市维护建设费24万元，教育经费为41万元，卫生支出13.5万元，公费医疗经费4.5万元，上解中央借款15万元，国家行政人员经费5万元，抚恤和社会福利救济费4.4万元；乡有资金支出，预算外支出为138万元，其中农副业支出为25万元，主要用于补贴农业机械、农村道路建设、农药化肥等，文教卫生支出为68万元（用于教育事业费33万元，用于卫生支出新建卫生院35万元），市镇建设为6.5万元，行政支出及其他支出38.5万元。

1993年，藕塘镇财政总支出为1512万元，各项支出执行情况为国家预算内支出932万元，其中上解国库756.4万元，支援农业生产支出59万元，文教支出75万元，抚恤和社会福利救济费12万元，行政支出13.6万元，其他各部门支出4万元，卫生支出12万元；预算外、镇有资金支出580万元，其中农副业支出43万元，文化宣传支出15万元，教育支出156万元，卫生事业费支出12万元，公共事业费支出268万元，行政支出86万元。1996年，藕塘镇财政总支出2683万元，各项支出执行情况为：国家预算内支出1882万元，其中上解锡山市金库1632万元，支援农副业生产支出38万元，文教卫生事业支出142万元，抚恤费和社会福利救济费20万元，行政支出管理费23万元，行政事业单位离退休经费27万元；预算外、镇有资金支出801万元，其中扶持乡镇企业发展支出180万元，农副业支出45万元，文教卫生支出85万元，公共事业、市镇建设、创建文明卫生镇等支出265万元，行政支出160万元，上缴减免款、统筹款等其他支出66万元。

2000年，钱桥镇预算内支出总额为1346.4万元，支出执行情况为文教广播事业费470.91万元、农林水事业费17.96万元、行政事业费117.84万元、公检法事业费34.07万元、财政及其它事业费8.88万元、卫生事业费93.50万元、民政及社会救济事业费34万元，支农及分成支出569.24万元；预算外财政支出总额为2682.69万元，支出执行情况为农田水利及产业结构调整支出173.7万元（其中水利建设100万元、包括上年水利工程款23.76万元、产业结构调整40万元、圩区排涝费等支出9.94万元），文教卫生支出247.42万元（其中教师人员经费及离退休人员工资资金214.95万元、清退代课教师工资5.21万元、教师节4.3万元，文化、卫生、计生经费22.96万元），市镇配套公共事业支出100.31万元（其中春来广场土建工程25万元、道路桥梁55.66万元、绿化及其它零星工程8.65万元、溪北危房拆迁费11万元），创建省级卫生镇支出187.67万元（其中创建各项工程经过审计部门审核工程款155.17万元，河道清淤、处理乱堆放等零星工程及创建费用32.50万元），敬老院人员工资4.50万元，行政支出456.80万元，派出所事业费40万元，义务兵代劳费30万元，招商引资支出11.85万元，粮油差价、下放人员安置费、老年社员抚养费及征土工养老金、农业税等支出76.48万元，其它支出25.80万元，支持集资兑付638.16万元，综合基金返回各村厂690万元，由资管办负责返回，收支相抵结余27.98万元，其中本年结余6.06万元，基本达到收支平衡，略有结余的要求。是年，藕塘镇财政总支出为4560.41万元，与年初预算3587万元相比，增加支出973.41万元，增长27.1%，与收入同比例增长。其中，国家预算内支出3333.44万元，与年初预算相比增支911.44万元，增长37.6%，支出执行情况为：上缴国家财政2830.27万元（国税地税、农业四税、不含消费税，比预算增缴841.27万元、增长42.3%），支援农副业生产支出40.92万元、与预算持平，文教卫生事业支出347.28万元、比预算增加支出93.28万元（支出增加主要用于支付中小学教师的增资），抚恤费和社会福利救济费支出13.53万元、与预算持平，行政支出管理费101.44万元（其中公检法支出23.68万元，职工医疗养老保险金77.76万元）、与预算持平；预算外镇有资金支出1226.97万元，与年初预算相比增支61.97万元，增长5%，支出执行情况为：扶持乡镇企业支出280万元（主要用于兑付集资款），农副业事业支出77.08万元（主要用于农业产业结构调整），文教卫生事业支出196.37万元（中小学161.17万元，卫生事业35.2万元），公共事业、市政建设等支出373.23万元（主要用于创建文明卫生镇、藕苑公园落成等），行政事业及其他各项支出300.29万元（主要用于行政管理人员的工资及增资、汽车维修、招待费、离退休人员养老金等）。是年，财政收入稳步增长，兑付大部分农民集资款。

2001年，藕塘镇财政总支出为4658.50万元，与上年相比增加支出98.09万元，增长2%，与收入同比例增长。其中，国家预算内支出3345.20万元，与上年相比增加12万元，支出执行情况为上缴国家财政2826.74万元（国税地税、农业四税，不含消费税），支援农副业生产支出11.57万元、与预算持平，文教卫生事业支出418.24万元、比预算增加支出93.28万元（主要用于支付中小学教师的增资），抚恤费和社会福利救济费支出13.53万元，行政支出管理费75.12万元（其中公检法支出29.20万元）；预算外镇有资金支出1313.30万元，与年初预算相比增支143.30万元，增长12%，支出执行情况为：扶持乡镇企业支出109万元（主要用于兑付集资款），农副业事业支出105万元（主要用于农业产业结构调整），文教卫生事业支出187万元（中小学180万元、卫生事业7万元），公共事业、市政建设等支出264万元（主要用于创建文明卫生镇、安息堂建造等），行政事业及其他各项支出648.30万元（主要用于行政管理人员及派出所的工资及增资、汽车维修、招待费、离退休人员养老金、医疗养老保险费、最低生活保障费等）。是年，财政收入稳步增长，财政支出基本满足各方面的合理需要。

2002年，钱桥镇国家预算内支出执行情况为支出文教广播事业费785.43万元，支出农、林、水事业费24万元，支出行政事业费284万元，支出公检法事业费60.46万元，支出财政及其它事业费12.96万元，支出卫生事业费108.5万元，支出民政及社会救济费40万元，支出城市建设维护费475.08万元，支出支农及分成支出513.16万元，合计支出2303.59万元，收支平衡；预算外镇财政支出执行情况为：农业水利建设支出77.48万元，文教卫生支出256.40万元（其中教师人员经费及离退休人员工资奖金227.57万元、文化卫生宣传等经费28.83万元），市镇配套及公共事业支出131.92万元（其中钱桥大街绿带护栏10.76万元、影剧院装修18万元、镇区绿化费21.65万元、道路桥梁建设45.01万元、市镇配套工程16.10万元、春来广场门球场5.2万元、城管经费6.7万元、其它零星支出8.5万元），敬老院人员工资9.19万元，行政支出546.33万元（包括工业公司），招商引资138.50万元，派出所经费84.50万元，义务兵代劳费37.00万元，粮油差价、老年社员抚养费、工作人员及征土工养老金等31.09万元，机关、派出所、中小学医疗金、事业人员养老金、医疗金75.55万元，其它各项支出143.62万元，集资兑付874.64万元，综合基金返回各村厂2296.48万元、由资管办负责返回，合计支出金额为4702.71万元。收支相抵结余34.60万元，其中当年结余2.44万元，基本达到收支平衡，略有结余。是年，藕塘镇财政总支出为6130.70万元，与上年相比增加支出1472.2万元，增长31.6%，与预算相比增加支出970.7万元，增长18.6%，与收入同比例增长。其中，国家预算内支出4674.56万元，与上年相比增加1329.36万元，支出执行情况为：上缴国家财政3922.07万元（国税地税，农业四税，不含消费税），支援农副业生产支出15万元、比预算增长30%，文教卫生事业支出448.37万元、比预算增加支出38.37万元、增长9.8%（支出增加主要用于支付中小学教师增资），抚恤费和社会福利救济费支出14.23万元、比预算增长5%，行政管理费及其他支出274.89万元（其中公检法支出30万元）；预算外资金支出1456.14万元，与年初预算相比增支45.14万元，增长3%，支出执行情况为：扶持乡镇企业支出223.46万元（用于兑付集资款），农副业事业支出73.58万元（主要用于农业产业结构调整），文教卫生事业支出314.69万元（小学235.69万元，其中征土补偿款98万元、电脑款20万元；中学32万元；幼儿园18万元；卫生事业29万元），公共事业、市政建设等支出210.93万元（用于创建文明卫生镇和民心工程等），乡镇统筹49.37万元（用于全镇退休干部职工的退休金），公检法支出62.58万元（用于公安、司法），行政事业及其他各项支出521.53万元（主要用于行政管理人员增资、汽车维修、离退休人员养老金、医疗养老保险费、最低生活保障费等）。

2003年，钱桥镇预算内支出执行情况为：支出文教、广播事业费1081.91万元，农、林、水事业费28.96万元，行政事业费291.07万元，公、检、法、司事业费76.91万元，财政及其它事业费15.79万元，卫生事业费93.5万元，民政及社会救济费49.5万元，机关、派出所、中小学医疗金、事业单位养老金、医疗金144万元，城市维护建设费788.36万元，支农及分成支出380万元，合计总支出为2950万元，收支平衡；镇级预算外资金支出执行情况为：支出农业水利建设159.89万元，文教支出291.96万元（其中教师及离退休人员经费258.97万元、文化宣传等经费32.99万元），卫生经费52.33万元（防非经费），市镇配套及公共事业支出201.37万元（其中创建经费75.49万元、锡宜高速绿化38.57万元、城管经费4.89万元、社会停车场16.27万元，下水道、大街礼花灯、自来水改造等零星工程66.15万元），敬老院人员经费、抚恤费15.27万元，行政支出579.94万元（包括经贸服务站），科技事业、招商引资252.35万元，派出所经费176.6万元（其中人员经费95万元，道路监测、添置设备等81.6万元），义务兵代劳费37.00万元，粮油差价、老年社员抚养费、工作人员及征土工养老金等72.16万元，其它各项支出169.74万元，支持集资款兑付235.25万元，综合基金返回各村、厂5118.89万元，由资管办负责返回，合计支出金额为7362.75万元，收支相抵结余37.43万元，其中当年结余2.84万元。是年，藕塘镇财政支出本着厉行节约的原则，重管理、紧支出，做到收支平衡，略有盈余。是年，藕塘镇财政总支出为8631.10万元，与上年相比增加支出2500.40万元，增长41%，与预算相比增加支出1481.10万元，增长20.6%，与收入同比例增长。其中国家预算内支出5886.10万元，与上年相比增加1211.54万元，支出执行情况为：上缴国家财政4946.10万元（国税地税、农业四税，不含消费税），支援农副业生产支出15万元、与去年持平，文教卫生事业支出507万元、比上年增加支出13%（支出增加主要用于支付中小学教师的增资），抚恤费和社会福利救济费支出14.23万元、与去年持平，行政管理费及其他支出403.77万元（其中公检法支出40万元）；预算外镇有资金支出2745万元，与上年相比增支1288.86万元，支出执行情况为：农副业事业支出63万元（主要用于农业产业结构调整），文教卫生事业支出673.6万元（其中小学509.8万元、中学86.2万元、幼儿园53.1万元、卫生事业24.5万元），公共事业、市政建设等支出300万元（福利事业160万元、市镇建设140万元），乡镇统筹55万元（用于全镇退休干部、职工的退休金），公检法支出130万元（用于公安、司法），行政事业费用支出997万元（主要用于行政管理人员工资及增资、上半年汽车维修、一次性汽车处理、招待费、会议费用、离退休人员养老金、医疗养老保险费、最低生活保障费等），有关事业单位的拨款 142.5 万元（其中居委 30 万元、敬老院 39 万元、社保 48.5 万元、民政 25 万元），年终各项招待费用和各项会议费用 90 万元，镇管干部及一般工作人员的工资、奖金（包括联防费用）以及国家干部的年终奖金 133 万元，其他支出 160.9 万元。是年财政收入稳步增长，收支盈余 5 万元，较好地完成年初预算任务。

2011 年，钱桥街道完成全社会固定资产投入 46.34 亿元，同比增 16%。2012 年，钱桥街道全社会投入上半年完成 26.8 亿元，同比增长 10.2%，其中上半年完成工业投入 5.64 亿元，同比增长 11.24%，完成年计划的 45%；服务业投入上半年完成 21.16 亿元，比上年同期增长 10%。2013 年，钱桥街道完成全社会支出 7.27 亿元，其中文教卫生事业支出 1.99 亿元、社会保障支出 2.48 亿元、城乡社区事务支出 1.25 亿元、农田水利建设支出 2573.25 万元、其他支出 1.29 亿元。2014 年，钱桥街道完成全社会支出 7.82 亿元，其中文教卫生事业支出 1.56 亿元、社会保障支出 2.03 亿元、城乡社区事务支出 3.13 亿元、农田水利建设支出 2395.5 万元、其他支出 8633.76 万元。2015 年，钱桥街道完成全社会支出 10.2 亿元，其中文教卫生事业支出 1.93 亿元、社会保障支出 8083.73 万元、城乡社区事务支出 6.19 亿元、农田水利建设支出 2615.52 万元、其他支出 1.01 亿元。

2004~2015 年钱桥（镇）街道财政支出统计表

表 3—17—5　　单位：万元

| 年份 | 总支出 | 其中 | | | | |
|---|---|---|---|---|---|---|
| | | 文教卫生事业 | 社会保障 | 城乡社区事务 | 农田水利 | 其他支出 |
| 2004 | 16311.96 | 3188.64 | 109.95 | 9110.58 | 711.42 | 3191.37 |
| 2005 | 16602.75 | 3383.81 | 549.01 | 7583.35 | 778.71 | 4307.87 |
| 2006 | 16997.21 | 4219.89 | 1194.28 | 5136.90 | 741.31 | 5704.83 |
| 2007 | 22490.53 | 5094.40 | 1387.59 | 9050.74 | 2183.84 | 4773.96 |
| 2008 | 36651.24 | 8104.80 | 1837.16 | 17408.18 | 2581.92 | 6719.18 |
| 2009 | 33782.58 | 8669.22 | 7547.82 | 7587.89 | 1940.40 | 8037.25 |
| 2010 | 40172.34 | 10964.31 | 8387.58 | 9845.44 | 1606.15 | 9368.86 |
| 2011 | 52712.37 | 18691.72 | 14678.04 | 6355.89 | 1698.84 | 11287.88 |
| 2012 | 74815.28 | 16955.51 | 12878.13 | 26708.54 | 5947.53 | 12325.57 |
| 2013 | 72687.18 | 19919.75 | 24798.14 | 12532.49 | 2573.25 | 12863.55 |
| 2014 | 78166.83 | 15569.87 | 20270.76 | 31296.94 | 2395.50 | 8633.76 |
| 2015 | 102007.10 | 19313.38 | 8083.73 | 61892.55 | 2615.52 | 10101.92 |

## 四、财政收支平衡

钱桥、藕塘镇，钱桥街道财政工作切实贯彻上级改革措施和管理规定，同时从区域实际出发，逐步建立和完善预决算管理、财务会审、资金运行、电脑管理等制度。在街道各项开支急剧增长的情况下，开源节流，尽可能求得财力集聚与使用平衡，通过预算管理，增强支出安排的计划性。在实际操作中，运用预算来控制支出的规模、结构和时序进度，每年基本实现收支平衡。2010 年钱桥街道财政结余 74.96 万元，2011 年钱桥街道财政结余 29.35 万元，2012 年钱桥街道财政结余 50.45 万元，2013 年钱桥街道财政结余 199.38 万元，2014 年钱桥街道财政结余 90.87 万元，2015 年钱桥街道财政结余 88.71 万元。

2010~2015 年钱桥街道财政结余统计表

表 3—17—6　　单位：万元

| 年份 | 可用财力 | 财政支出 | 结余 | 年份 | 可用财力 | 财政支出 | 结余 |
|---|---|---|---|---|---|---|---|
| 2010 | 40247.30 | 40172.34 | 74.96 | 2013 | 72886.56 | 72687.18 | 199.38 |
| 2011 | 52741.72 | 52712.37 | 29.35 | 2014 | 78257.70 | 78166.83 | 90.87 |
| 2012 | 74865.73 | 74815.28 | 50.45 | 2015 | 102095.81 | 102007.10 | 88.71 |

## 五、财政贡献

钱桥（镇）街道是财政上解街道，每年都向中央、省、市、区上缴财政部分收入，同时做好财政对口支援工作。2002 年，钱桥镇被惠山区评为为国家贡献先进镇。2007 年，钱桥镇被无锡市评为对口支援工作先进集体。2004~2015 年，钱桥（镇）街道共完成财政总收入 143.94 亿元，其中上缴中央、省、市、区 113.12 亿元，占同期预算内财政收入的 78.58%，年均上缴 9.43 亿元。

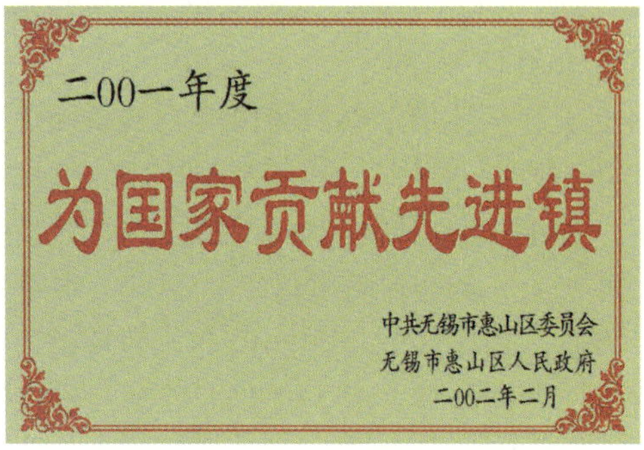


图 3—17—2　2002 年钱桥镇被评为惠山区“为国家贡献先进镇”

图3—17—3　2007 年 3 月钱桥镇被无锡市对口支援领导小组评为 2006 年度全市对口支援工作先进集体

**2004~2015 年钱桥（镇）街道上缴财政统计表**

表 3—17—7　单位：万元、%

| 年份 | 财政总收入 | 上缴中央、省、市、区 | | 年份 | 财政总收入 | 上缴中央、省、市、区 | |
|---|---|---|---|---|---|---|---|
| | | 金额 | 占总收入比例 | | | 金额 | 占总收入比例 |
| 2004 | 49664 | 42577.18 | 85.73 | 2010 | 131053 | 103364.94 | 78.87 |
| 2005 | 72935 | 62703.04 | 85.97 | 2011 | 147903 | 113588.82 | 76.80 |
| 2006 | 84550 | 73362.83 | 86.77 | 2012 | 151021 | 108592.22 | 71.91 |
| 2007 | 111851 | 95135.00 | 85.06 | 2013 | 150547 | 113738.86 | 75.55 |
| 2008 | 124297 | 103755.63 | 83.47 | 2014 | 151372 | 112658.77 | 74.43 |
| 2009 | 111167 | 92016.06 | 82.77 | 2015 | 153073 | 109736.09 | 71.69 |

## 第二节 税务

清末，钱桥、藕塘地区推行“厘捐”制度。钱桥、藕塘的工商税收有盐税、茶税、酒税、渔税、当税、牙税、契税、土药税（鸦片）、常关税、厘税、茧捐、房捐及其它杂税杂捐。

民国元年（1912）11 月，国民政府公布国家税及地方税法草案。钱桥、藕塘地区的国家税分为 16 种，即田赋、盐税、关税、常关税、统捐、厘金、矿税、契税、牙税、当税、牙捐、烟捐、酒税、茶税、糖税、渔业税；地方税有 20 种：田赋附加税、商税、牲畜税、土膏捐、油捐、酱油捐、船捐、杂货捐、店捐、房捐、戏捐、车捐、乐户捐、茶馆捐、饭馆捐、肉捐、鱼捐、屠捐、夫行捐及其它杂捐税收。

抗日战争胜利后，国民政府在钱桥、藕塘地区开征的税收有属中央税的为货物统税（后改为货物税）、国产烟酒类税、营利事业所得税、报酬及薪资所得税、利息所得税、财产租赁所得税、一时所得税、非常时期过份利得税（民国 36 年改为特种过份利得税），综合所得税、遗产税、印花税、特种营业税、土地税（即田赋，占 30%）；属省税的有营业税、契税附加、土地税（占 20%）；属县（市）税的有营业税（由省分给 50%）、遗产税（由中央分给 30%）、屠宰税、房捐、营业牌照税、使用牌照税、筵席及娱乐税、契税、地价税和土地增值税、土地税（占 50%）。

新中国成立后，按国家规定，钱桥、藕塘地区的税收体现“取之于民、用之于民”的社会主义税收性质，执行“合理负担”的税收政策，做到“依法办事、依率计征”。1958 年，建立钱桥税务所。1995 年，建立藕塘税务所。2015 年，钱桥街道区域内有惠山区国家税务局第二税务分局、惠山区地方税务局第四税务分局。

### 一、钱桥税务所

1949 年 7 月，无锡县税务局增设开原稽征所，驻地荣巷，辖钱桥、荣巷、南桥等地，在钱桥设驻稽征员。1950 年 4 月，无锡县开原稽征所改称无锡县税务局第四税务所，辖开原区业务。1951 年 9 月，第四税务所变更名称，为无锡县荣巷镇税务所，辖开原、藕塘两区业务。1951 年 11 月，开原区划归无锡市，荣巷镇税务所撤销，钱桥仍属开原区，税务业务移交无锡市税务局。

1958 年 7 月，无锡县划归无锡市领导，钱桥建立税务所。1959 年 4 月，以片建所，钱桥税务所划归洛社片税务所管辖。1962 年 1 月，无锡县原 5 个片税务所撤销，建立 9 个税务所，其中钱桥设立税务所。1969 年 2 月，钱桥税务所撤销，钱桥人民公社设一名税务员，属公社编制。

1972 年 7 月，恢复建立钱桥税务所。1978 年，钱桥税务所完成税收收入 1161 万元，其中工商税收收入 695.1 万元。1982 年，钱桥地区年工商税收纳税额超千万元，成为无锡县第一个突破工商税额千万元的公社。1983 年 10 月，钱桥乡建立税务组，业务上由钱桥税务所领导。1985 年，钱桥乡工商税收收入 1842.2 万元。1988 年，钱桥税务所驻地钱桥，职工 3 人。钱桥税务所辖钱桥、藕塘、石塘湾、杨市，并设钱桥、藕塘、杨市、石塘湾税务组。是年，钱桥镇工商税收收入突破 2000 万元，达 2681.8 万元，与前洲、东埄位居无锡县各乡镇工商税收前列。

1990 年，钱桥税务所管辖钱桥、藕塘、胡埭、陆区、杨市、阳山 6 个税务组。1992 年钱桥镇工商税收收入 1709.7 万元。1994 年 3 月 4 日，钱桥税务所又增辖石塘湾税务组。1994 年 7 月，国税、地税分设。1995 年 3 月，钱桥镇成立无锡县地方税务局钱桥中心税务所。2002 年 8 月，钱桥税务所并入惠山地方税务局钱桥征收管理分局。

钱桥历任税务组组长、税务所所长为唐年、冯安森、李佑通、陈一洲、虞掌林、李建秋、王焕兴、钱玛翔、许寿生。

## 二、藕塘税务所

1949 年 5 月，无锡县组建新渎稽征所，驻地藕塘桥，辖藕塘、杨市、新渎、张舍、胡埭、陆区税务。1950 年 4 月，新渎稽征所更名为无锡县税务局第八税务所，辖区不变。1951 年 9 月，无锡县税务局第八税务所变更为无锡县税务局新渎税务所，藕塘区业务划归荣巷镇税务所管辖。1951 年 11 月，荣巷镇税务所撤销，藕塘区税务业务仍划给新渎镇税务所。1956 年 4 月，藕塘乡税务业务调整为洛社税务所管辖。1957 年 11 月，藕塘乡税务又调整为属新渎税务所管辖。

1958 年 12 月，设藕塘税务组，属钱桥税务所管辖。1959 年 4 月，藕塘税务组属洛社税务所管辖。1962 年 1 月，藕塘税务组划归钱桥税务所管辖。1969 年 2 月，无锡县撤税务所，一社设一名税务员，藕塘人民公社设一名税务员，属公社编制。1972 年，无锡县建 6 个税务所，藕塘属钱桥税务所管辖。1978 年，藕塘工商税收 70.6 万元。

1983 年，藕塘乡建立税务组，业务上由钱桥税务所领导。1985 年，藕塘工商税收 227.5 万元。1988 年，藕塘工商税收 326.5 万元。

1995 年 9 月，藕塘建立税务所，属无锡县地方税务局钱桥中心税务所领导。1998 年，藕塘地税征收工商税收 630 万元。

2001 年 12 月，藕塘税务所在中国加入世贸组织的第一年围绕“依法治税，从严治队，科技加管理”三方面下功夫，充分发挥税收职能作用，服务经济大局，全年 1~11 月份共入库税款 874 万元，较上年同期 469 万元增收 405 万元，增幅为 86.35%；对漏管税源、波动税源和亏损申报、零申报企业提出质询，责令其自查申报，共入库税款 180 万元；入库企业所得税 336 万元，较上年同期的 99 万元增收 237 万元；入库个人所得税 187 万元，较上年同期 132 万元增收 55 万元；征缴入库社保费 317 万元，准期入库率为 100%；入库综合基金 554 万元，较上年同期增收 1.68 万元。

2002 年 8 月，藕塘税务所撤销，设税务点。是年，藕塘税务点紧紧围绕以事实为依据，组织收入为中心，以税收政策法规为准绳，规范内部岗责体系，规范税收征管业务，规范税收征管执法程序，规范征、管、查、衔接、协调制度，规范 CTAT8 软件操作，规范股份 Ian 纳税申报，规范国税机关执法行为，提高征纳双方对税法的遵循度，完成 2950 万元税收任务，比上年同期增 460 万元；完成基金 750 万元，比上年同期增 250 万元。

2003年，藕塘镇为更好地保障农税政策落实，方便群众随时随地交税，挤出20多万元资金建造农税征收大厅，添置计算机等设备，将全镇农户的纳税数据全部输入电脑系统备案。是年7月9日，藕塘镇建立惠山区首个农税征收大厅开始交点征收，得到全镇4300多户农户的支持。2004年，钱桥、藕塘两镇合并，藕塘税务点并入钱桥。

藕塘历任税务组组长、税务所所长为堵津颖、魏敏华、丁国平、孙振华、朱金泉、周仁鹤。

## 三、无锡市惠山区国家税务局第二税务分局

无锡市惠山区国家税务局第二税务分局（简称惠山国税二分局）前身为无锡县国家税务局第六分局、锡山市国家税务局第六分局、无锡市惠山区国家税务局第二管理分局。

1995年4月，无锡县国家税务局第六分局成立。是年8月，更名为锡山市国家税务局第六分局。2001年9月8日，更名为无锡市惠山区国家税务局第二管理分局。2004年7月，更名为惠山区国家税务局第二税务分局，撤销原征收股、综合股、第一管理组（钱桥）、第二管理组（藕塘）、第三管理组（杨市）、第四管理组（陆区），成立一股、二股、三股、四股，所辖杨市镇划至第一税务分局管辖。惠山国税二分局位于钱桥镇锡陆路258号，占地面积4600多平方米，建筑面积2500平方米，拥有一个230平方米的现代化征收大厅和一个80多平方米的档案室。

图3—17—4　惠山区国家税务局第二税务分局

2005年，惠山国税二分局围绕积极组织收入、服务地方经济发展的工作宗旨，做好“依法治税、从严治队、科技加管理”三篇文章，树立国税的良好社会形象，为地方经济的发展创造良好的税收政策环境、管理环境和服务环境。惠山国税二分局承担钱桥镇、阳山镇3035户纳税人的税收征管任务，其中钱桥镇纳税户数为2069户。惠山国税二分局坚持办税服务首问责任制、责任追究制、限时办结制、服务承诺制四项制度，不断提高办税服务质量，不断规范办税服务程序和执法行为。对福利企业积极实施分类管理以及分级负责制度，建立定期巡查制度，加强税收政策的辅导，把税收优惠政策落到实处。在个别企业遭受灾害后，及时到企业了解情况，帮助企业加强核算，保证税收优惠政策减免的顺利到位，是年就办理各类退税1229万元。同年，国税二分局税收收入总量上升到5.07亿元，同比增长达52.71%。惠山国税二分局被江苏省委、省政府、省文明委评为江苏省文明单位标兵，成为无锡市国税系统唯一获此殊荣的单位；被无锡市评为“无欠税局排头兵”。2006年，惠山国税二分局先后获江苏省文明单位、全省国税系统文明单位、江苏省国税系统先进集体、无锡市国税系统好班子等荣誉称号。是年，国税二分局实现4.16亿元税收收入，6年来共兑现各类退税2.71亿元。

2007年1月份，国税二分局首月组织收入达5630万元，较上年同期增加380万元，增幅7.23%；其中钱桥镇所占比例达79.6%，完成4479万元，较上年同期增加266万元，增幅达6.31%。惠山区国税二分局分管钱桥、阳山两个镇的国税税收工作，辖区内有3000多家企业，这些企业经营有盈有亏，税收也有多有少，解密国税二分局连续60个月实现无欠税，是与申报率和入库率作为衡量工作业绩的重要指标分不开的。国税二分局制定严格的责任制，将责任分解到个人，层层落实，每月督促，由片管员掌握企业的基本情况，对资金不足的企业事先提醒。同时，国税二分局对申报、征收、入库等业务流程加强监控，明确各部门和各岗位之间的协调、衔接制度，促使分局每月的准期申报率达100%，月均准期入库率达99.95%，为月底实现无欠税奠定坚实的基础。同时实施人性化服务，提高准期入库率，与时俱进地提升基层执法规范化、工作标准化、管理科学化“三化”建设。国税二分局税收干部通过换位思考，对企业实施“提醒申报、带款申报、预警入库”，从每月7日起，由片管员提醒未申报的企业尽快申报；在企业前来申报时，提醒企业安排好缴税资金；在税款限缴期内，由片管员督促已申报但税款预储账户余额不足企业及时解款等。国税二分局还积极推行“一窗

式”管理，简化办税流程，对认证、报税、申报业务进行整合，做好岗位调整和衔接工作，定岗定人，明确责任。推出“特需服务、预约服务、延时服务”，实现“一站式”“一条龙”服务，确保纳税人满意。2002 年 6 月~2007 年 5 月，共计 60 个月，国税二分局每月的税收入库率均达到 100%，创下全省国税系统“零欠税”时间最长的纪录。2007 年 5 月 29 日，无锡市国税局局长张群星到国税二分局调研，除调研国税二分局为桃农服务方面的具体措施外，重点调研在确保连续 5 年实现无欠税方面所采取的一系列措施。是年，惠山区国税二分局切实深化作风与效能建设活动，以江苏无锡国税“服务 e 站”品牌建设为载体，积极打造分局服务品牌，创新征管措施、深挖增收潜力、规范执法行为，税收收入总量年均增长 30%，

2009 年 3 月 31 日，钱桥街道个体及零星税收委托代征工作站揭牌成立并正式启动运行。惠山区地税局、国税二分局、地税二分局以及无锡职教园、钱桥街道财政审计局相关领导参加揭牌仪式。是年 4 月 10 日，国税二分局、地税二分局联合将“税收服务直通车”驶进龙之杰钢材市场，并成立龙之杰钢材市场税法宣传基地，签订“税企同舟促发展——纳税服务维权承诺”协议。龙之杰钢材市场内 110 余户经营户不用出门就可享受到税务部门上门便捷而高效的服务。国税、地税工作人员还向经营户们发放优惠政策宣传材料，对经营业主关心的仓储运输、搬运力资开票等热点问题作出耐心细致的答复。从此离市镇较远的无锡龙之杰钢材市场的驻场经营户再也不用为路远办理税务手续难、税收政策了解不深而发愁。4 月 14 日，钱桥商会、国税、地税代表与辖区苏嘉集团等 30 余位商会正、副会长、理事同济一堂，召开税企恳谈会，及时传递税收新政、共议困难、同商对策、齐谋发展。这标志着钱桥街道“纳税人之家”由以往单一的一家式涉税维权发展为跨部门综合维权，在政策扶持、协同机制上先行一步，推动区域“纳税人之家”的活动内涵不断丰富完善。惠山国税二分局通过“纳税人之家”实现与政府相关职能部门的长期稳定合作，建立部门间经济税源信息交换机制，围绕征地拆迁、职工安置、房地产开发、退城进园等事项，落实协同机制，构建“政府领导、地税牵头、部门协同、社区联动”的多级协护税联动网络体系。

图 3—17—5 2009 年 4 月 10 日，国税二分局、地税二分局将“税收服务直通车”驶进龙之杰钢材市场

图 3—17—6 2009 年 4 月 14 日，国税二分局、地税二分局召开税企恳谈会

2006~2015 年钱桥（镇）街道国税税收收入统计表

表 3—17—8　　单位：万元

| 年份 | 增值税 | 所得税 | 合计 |
|---|---|---|---|
| 2006 | 52541.94 | 4549.13 | 57091.07 |
| 2007 | 64502.74 | 6587.72 | 71090.46 |
| 2008 | 68242.12 | 11453.55 | 79695.67 |
| 2009 | 57807.34 | 8538.80 | 66346.14 |
| 2010 | 57362.99 | 13834.35 | 71197.34 |
| 2011 | 62651.23 | 16051.23 | 78702.46 |
| 2012 | 65610.83 | 17273.33 | 82884.16 |
| 2013 | 66347.12 | 16373.13 | 82720.25 |
| 2014 | 68563.96 | 13604.57 | 82168.53 |
| 2015 | 71030.09 | 11844.90 | 82874.99 |

1995~2015 年钱桥国税六分局、第二管理分局、二分局干部任职表

表 3—17—9

| 机构名称 | 党支部书记 | | 行政干部 | | | |
|---|---|---|---|---|---|---|
| | 姓名 | 任职时间 | 分局长 | | 副分局长 | |
| | | | 姓名 | 任职时间 | 姓名 | 任职时间 |
| 无锡县国家税务局第六分局 | 彭耀辉 | 1995.04~1995.08 | 彭耀辉 | 1995.04~1995.08 | 吴惠元 | 1995.04~1995.08 |
| 锡山市国家税务局第六分局 | 彭耀辉 | 1995.08~2001.09 | 彭耀辉 | 1995.08~2001.09 | 吴惠元 | 1995.08~2001.09 |
| 惠山区国家税务局第二管理分局 | 彭耀辉 | 2001.09~2001.11 | 彭耀辉 | 2001.09~2001.11 | 吴惠元 | 2001.09~2001.11 |
| | 王建兴 | 2001.11~2004.07 | 王建兴 | 2001.11~2004.07 | 浦雄伟 | 2001.11~2004.07 |
| 惠山区国家税务局第二分局 | 王建兴 | 2004.07~2004.12 | 王建兴 | 2004.07~2004.12 | 浦雄伟 | 2004.07~2012.08 |
| | 关榕年 | 2004.12~2015.02 | 关榕年 | 2004.12~2015.02 | 石　瑜 | 2004.12~2008.11 |
| | — | — | — | — | 张东炜 | 2008.11~2010.08 |
| | — | — | — | — | 平建中 | 2010.08~ |
| | — | — | — | — | 堵津颖 | 2012.08~2015.02 |
| | 魏敏华 | 2015.02~ | 魏敏华 | 2015.02~ | 雍　华 | 2015.02~ |

2015 年，无锡市惠山区国家税务局第二税务分局魏敏华任党支部书记、分局长，平建中、雍华任分局副局长，有正式在编人员 17 名，其中本科学历 6 名、大专学历 11 名，中共党员 17 名。惠山区国税二分局负责钱桥街道、阳山镇的增值税与所得税等有关国税收征管理工作，辖管钱桥、藕塘、阳山征管户数 6526 户，其中企业 3658 家、个体经营 2868 户。

## 四、无锡市惠山地方税务局第四税务分局

无锡市惠山地方税务局第四税务分局（简称惠山地税四分局）前身为无锡县地方税务局钱桥税务中心所、锡山市地方税务局钱桥税务分局、无锡市锡惠地方税务局钱桥分局、无锡市惠山地方税务局钱桥征收管理分局、无锡市惠山地方税务局第二税务分局。

1995 年 3 月，建立无锡县地方税务局钱桥税务中心所。1996 年 6 月，更名为锡山市地方税务局钱桥税务分局。2001 年 4 月，更名为无锡市锡惠地方税务局钱桥分局。2002 年 8 月，更名为无锡市惠山地方税务局钱桥征收分局。2003 年 6 月，更名为无锡市惠山地方税务局第二税务分局。2006 年，惠山地税二分局获江苏省文明单位、江苏省“五一”巾帼标兵岗、无锡市地税系统最佳办税服务厅、无锡市地税局四星级服务单位等荣誉称号。局长陆夏冰立个人三等功、被评为优秀公务员。

2007 年，惠山地税二分局按照“抓早、抓紧、抓实、抓出成效”的组织收入工作总要求，从科学预测、税源监控、税款征收、基础管理等方面着手，1 月份共组织入库各项收入 7180 万元，较上年同期增收 2700 万元，增长 60%，其中入库税收收入 6154 万元，同比增收 2962 万元，增长 92.8%，增幅名列惠山区各分局之首；入库非税收入 713 万元，同比增收 54 万元，增长 8%，组织收入实现新年首月“开门红”。惠山地税二分局完成的入库税收收入中，钱桥镇所占比例达 79%，入库税收收入达到 4865 万元，同比增幅达 99.1%。是年，地税二分局紧密结合税收工作实际，采取一系列工作措施，扎实推进作风与效能建设，通过召开纳税人座谈会、发放调查表格等多种形式，多渠道了解纳税人对办税服务厅工作的意见和建议，针对个别窗口工作压力大、纳税人需等候时间长等实际问题，采取多项措施，重新整合窗口资源、调整窗口设置，全面推行“一窗式”服务，取得良好的成效。是年 1~4 月，地税二分局办税服务厅各窗口共开具税票 7000 余张，受理审核申报表万余份，办理有奖发票兑奖、销售印花税票等涉税事务 400 余件。

2008 年，惠山地税二分局餐饮业营业地税收入增长迅速，2 月份餐饮业营业税收入达 31.3 万元，同比增收 10 万元，增幅 46.95%。餐饮业营业税占服务业营业税比重达 27%，较同期的 16.5%增长 10.5 个百分点。2009 年 4 月 24 日，惠山区地税二分局“纳税人之家”政策对接暨点题服务走进晓星村，向晓星村企业宣讲扶持企业发展优惠政策。活动现场，地税二分局的税法演讲团、巾帼服务团详细阐述扶持企业发展优惠政策和方便纳税两个“五十条”，受到企业法定代表人的欢迎。特别

是点题活动过程中，征纳互动，场面热烈，充分体现“纳税人之家”服务企业、服务新农村建设的主题。

2012 年 10 月，惠山地税二分局更名为无锡市惠山地方税务局第四税务分局，设综合股与风险应对股，在职人员 21 人。惠山地税四分局位于锡陆路 319 号，占地面积 7251 平方米，建筑面积 3948 平方米。

图 3—17—7 无锡市惠山区地方税务局第四税务分局

惠山地税四分局负责钱桥、藕塘地区营业税、企业所得税、城市维护建设税、个人所得税、城镇土地使用税、土地增值税、房产税、印花税等税种、基金、费等有关地税征收管理工作。各税种始征时间为：1994 年征收企业所得税，1995 年征收营业税、个人所得税、城市维护建设税、房产税；2000 年征收城镇土地使用税；2001 年征收印花税。

## 1995~2015 年钱桥、藕塘镇，钱桥街道地税收入统计表

表 3—17—10　　　　单位：万元

| 年份 | 钱桥镇 | | 藕塘镇 | | 年份 | 钱桥（镇）街道 | |
|---|---|---|---|---|---|---|---|
| | 税收 | 其他收入 | 税收 | 其他收入 | | 税收 | 其他收入 |
| 1995 | 625 | — | 200 | — | 2004 | 6458 | 9094 |
| 1996 | 763 | 685 | 225 | 257 | 2005 | 7900 | 7275 |
| 1997 | 1325 | 737 | 285 | 302 | 2006 | 14629 | 10962 |
| 1998 | 1049 | 1103 | 336 | 532 | 2007 | 22854 | 16508 |
| 1999 | 1167 | 1278 | 370 | 410 | 2008 | 27618 | 18860 |
| 2000 | 1540 | 1515 | 430 | 480 | 2009 | 32289 | 17701 |
| 2001 | 2674 | 1654 | 588 | 470 | 2010 | 40289 | 23937 |
| 2002 | 3913 | 2770 | 1677 | 1500 | 2011 | 44135 | 23937 |
| 2003 | 4324 | 4108 | 1912 | 2354 | 2012 | 46371 | 24840 |
| — | — | — | — | — | 2013 | 48712 | 29287 |
| — | — | — | — | — | 2014 | 49956 | 32968 |
| — | — | — | — | — | 2015 | 51214 | 40690 |

## 1995~2015 年钱桥地税中心所、分局、二分局、四分局干部任职表

表 3—17—11

| 机构名称 | 党支部书记 | | 行政干部 | | | |
|---|---|---|---|---|---|---|
| | 姓名 | 任职时间 | 所长、分局长 | | 副所长、副分局长 | |
| | | | 姓名 | 任职时间 | 姓名 | 任职时间 |
| 无锡县地方税务局钱桥税务中心所 | 王焕兴 | 1995.03~1996.06 | 王焕兴 | 1995.03~1996.06 | 严卫中 | 1995.03~1996.05 |
| | | | | | 虞掌林 | 1995.03~1996.06 |
| 锡山市地方税务局钱桥税务分局 | 王焕兴 | 1996.06~1998.12 | 王焕兴 | 1996.06~1998.12 | 严卫中 | 1996.06~1999.11 |
| | | | | | 虞掌林 | 1996.06~2001.04 |
| | 严卫中 | 1999.11~2001.04 | 严卫中 | 1999.11~2001.04 | 许寿生 | 1999.11~2001.04 |
| 无锡市锡惠地方税务局钱桥分局 | 严卫中 | 2001.04~2002.08 | 严卫中 | 2001.04~2002.08 | 虞掌林 | 2001.04~2002.08 |
| | | | | | 许寿生 | 2001.04~2002.08 |
| 无锡市惠山地方税务局钱桥征收管理分局 | 许寿生 | 2002.08~2003.06 | 许寿生 | 2002.08~2003.06 | 陶晋吉 | 2002.08~2003.06 |
| 无锡市惠山地方税务局第二税务分局 | 许寿生 | 2003.06~2006.08 | 许寿生 | 2003.06~2006.08 | 陶晋吉 | 2003.06~2004.07 |
| | 陆夏冰 | 2006.08~2011.06 | 陆夏冰 | 2006.08~2011.06 | 丁超奇 | 2006.07~2006.08 |
| | 虞泽来 | 2011.06~2012.10 | 虞泽来 | 2011.06~2012.10 | 王向新 | 2006.07~2008.01 |
| | — | — | — | — | 诸　亮 | 2008.01~2011.06 |
| | — | — | — | — | 丁立君 | 2008.01~2008.03 |
| 无锡市惠山地方税务局第四税务分局 | 陆夏冰 | 2012.10~ | 陆夏冰 | 2012.10~ | 章海萍 | 2011.06~ |
| | — | — | — | — | 杨敏刚 | 2014.04~ |

2015年，无锡市惠山地方税务局第四税务分局陆夏冰任党支部书记、分局长，章海萍、杨敏刚任分局副局长。

## 第三节 金融

民国以前，钱桥、藕塘地区无金融机构。民国12年（1923），钱桥开办有史以来第一家金融机构，名为“无锡合作研究社”。1949~1978年，区域内金融机构为信用社和人民银行服务所。进入90年代，钱桥、藕塘地区相继开办各家银行。2015年，钱桥街道辖区内有16家银行，业务量都很可观。

### 一、金融机构沿革

随着货币的流通，区域内金融业逐渐形成合作事业。民国12年12月，钱桥建立无锡合作研究社，为钱桥、藕塘地区第一家金融机构。民国18年，江苏省政府农矿厅为提倡农村创办金融合作事业，在无锡县设立第二区合作社指导所，并派员分赴钱桥、藕塘等各乡宣传。由于当时农民智识幼稚，初闻合作社之名，十分怀疑；又因为农业金融机构尚未设立，加以农民思想保守，不易推动，藕塘镇镇长徐伯平深感农村金融枯竭，生产资本缺乏，不组织合作社不足以解除农民困难，于是反复向农民循循善诱地宣传后，藕塘镇有18人愿意加入。于是推举人员筹备，起草社章，呈无锡县政府批准设立。是年8月29日，藕塘桥信用合作社成立，选举徐伯平等3人为理事、龚耀孙等3人为监事，并呈报无锡县政府登记。藕塘桥信用合作社性质为无限责任，社员36人，股本82元。是年冬，江苏省农民银行无锡分行先后在钱桥等19个农村集镇自办和委托典当办理农产品储押、放款业务办事处，先后在钱桥等3处购地建造储压仓库233间。20世纪20年代，钱桥市镇南街沿河开有农民银行钱桥仓库。农民银行钱桥仓库为无锡地区的重要金融机构。

图3—17—8　20世纪20年代，钱桥市镇南街沿河农民银行钱桥仓库大门上方的标牌

民国19年1月26日，藕塘桥信用无限合作社登记社员73人，股额127元，理事主席徐伯平。藕塘桥信用合作社办事人员信用优良，社员与非社员的存款都较为富足，因而定期存款居多。信用社发给存折为凭，利率月息一分，每6个月付息一次。合作社社员多能贫富合作，受信授信业务都稳健进行，经济能力亦可自足自给，无须外界援助，是无锡县不可多得的信用合作社，因成绩突出，民国22年6月受无锡县政府传令嘉奖。民国24年，藕塘桥信用社社员73人。社员能和衷共济、互助合作，社务日臻发达。民国18~24年，藕塘桥信用合作社共办理贷款13次，共计金额14652元。其中第十次放款因受旱灾影响，经理事会议决，准予转期6个月，其余均按期清偿。

**民国18~25年藕塘桥信用合作社存款、放款统计表**

表3—17—12　　　　单位：元

| 存款 | | | 放款 | | | |
|---|---|---|---|---|---|---|
| 年份 | 存款总数 | 存款余额 | 次数 | 放款时间 | 放款金额 | 用途 |
| 民国18年 | 585 | 225 | 第一次 | 民国18年 | 230 | 肥料 |
| 民国19年 | 595 | 410 | 第二次 | 民国19年1月 | 594 | 肥料 |
| | | | 第三次 | 民国19年6月 | 915 | 肥料 |
| 民国20年 | 602 | 337 | 第四次 | 民国20年2月 | 235 | 肥料 |
| | | | 第五次 | 民国20年6月 | 1300 | 肥料 |

续表 3—17—12 单位：元

| 年份 | 存款 | | 放款 | | | |
|---|---|---|---|---|---|---|
| | 存款总数 | 存款余额 | 次数 | 放款时间 | 放款金额 | 用途 |
| 民国 21 年 | 602 | 537 | 第六次 | 民国 21 年 1 月 | 1612 | 肥料 |
| | | | 第七次 | 民国 21 年 12 月 | 1610 | 肥料 |
| 民国 22 年 | 1417 | 0 | 第八次 | 民国 22 年 7 月 | 1341 | 肥料 |
| | | | 第九次 | 民国 22 年 12 月 | 1380 | 肥料 |
| 民国 23 年 | 628 | 628 | 第十次 | 民国 23 年 6 月 | 1325 | 肥料 |
| | | | 第十一次 | 民国 23 年 12 月 | 1325 | 肥料 |
| 民国 24 年 | 645 | 645 | 第十二次 | 民国 24 年 6 月 | 1370 | 肥料 |
| | | | 第十三次 | 民国 24 年 12 月 | 1415 | 肥料 |
| 民国 25 年 | 754 | 754 | — | — | — | — |

1951 年 4 月，中国人民银行苏南分行抽调镇江、常州、苏州、松江专区 4 个中心支行和无锡县支行的农村金融干部 6 名，在钱桥供销社试办信用部。是年 7 月 11 日正式开业，这是解放后苏南农村第一个信用合作机构，业务范围为钱桥、会龙、社冈 3 乡（小乡）和南西漳第七行政村，共有社员 3059 人。业务内容为办理定期、活期存款业务；办理贷款以农业、渔业、副业、生活为主，并辅以私人借贷和代理银行发行有奖储蓄等。钱桥供销社信用部实行独立核算、自负盈亏。同年 11 月 20 日，根据中国人民银行华东区行“关于在供销社内部不宜设立信用部”的指示，“钱桥供销社信用部”改为“钱桥信用社”，由无锡县人民银行领导，业务范围扩大为钱桥、会龙、社冈、南西漳 4 个乡。藕塘设立信用服务处。1953 年 6 月 1 日，撤销藕塘信用服务处，增设钱桥营业所。1954 年，钱桥、藕塘乡相继成立信用合作社。同年 8 月，钱桥营业所划归无锡市郊区管辖。

**1955 年钱桥、藕塘地区信用合作社机构一览表**

表 3—17—13 单位：户、元、人

| 信用合作社名称 | 地址 | 营业范围 | 建立年月 | 入社户数 | 已收股金 | 主任 | 副主任 | 职工人数 |
|---|---|---|---|---|---|---|---|---|
| 钱桥 | 钱桥市镇 | 钱桥乡、社冈乡、南西漳乡 | 1951.11 | 4140 | 4217 | 范方舟 | 吴盘桂 | 4 |
| 藕塘 | 藕塘桥市镇 | 藕塘乡 | 1954.09 | 815 | — | 王希根 | — | 1 |
| 稍塘 | 稍塘桥市镇 | 稍塘乡 | 1954.10 | 320 | — | — | — | 1 |

1958 年 7 月，无锡市撤销郊区，钱桥划归无锡县管辖。钱桥信用合作社属钱桥乡管辖。同年 9 月，无锡县建立 39 个人民公社，原人民银行下设的营业所与各乡信用合作社合并，建立信用部，对外挂两块牌子，既是人民公社信用部，又是县人民银行基层营业所，归所在公社统一领导。钱桥、藕塘营业所与信用合作社分别合并，分别成立信用部，分属钱桥、藕塘公社领导。1959 年 5 月，原下放给各公社的信用部及其人员收归无锡县人民银行统一管理。

1963 年，钱桥、藕塘恢复信用合作社建制。无锡县人民银行陆续撤销部分公社营业所，以经济区域建立 13 个营业所，钱桥公社仍设立营业所。钱桥营业所辖钱桥、藕塘信用合作社。1966 年 2 月 7 日，无锡县人民银行在藕塘公社勤建大队搞试点，以生产队为单位建立民主理财小组，每月公布账目，民主审核财务，收到良好效果，并总结经验在无锡县全面推广。1968 年 3 月 22 日，成立中国人民银行无锡县支行革命委员会。县支行革委会把无锡县 13 个营业所业务分别以公社为单位建立银行服务所与信用社，钱桥、藕塘分别设银行服务所与信用社，实行两块牌子、一套班子，立两本账，分开核算，各计盈亏。1969 年，钱桥、藕塘公社信用合作社与人民银行服务所实行合署办公，在各大队设立信用服务站和现金管理站，统一管理信贷资金和办理储蓄存款业务，为社队农业生产服务。

1973 年 10 月 11 日，中国人民银行无锡县支行将公社一级的银行服务所改为营业所，钱桥、藕塘设立营业所，并在钱桥等县属厂矿比较集中的地区设立“分理处”。1974 年 10 月 3 日，钱桥分理处成立。1977 年 4 月，钱桥、藕塘信用合作社机构恢复，与人民银行分理处、营业所合署办公。1980 年 1 月 1 日，钱桥、藕塘营业所改设为农业银行营业所，与信用社合署办公，并代理人民银行业务。

### 1983 年钱桥、藕塘信用合作社体制改革前后情况表

表 3—17—14　　单位：人、户、元

| 乡名 | 理事主任 | 理事副主任 | 理事人数 | 监事人数 | 社员代表人数 | 社干总人数 | 其中 | | 公积金 | | 固定财产 | | 原有股金情况 | | 清扩股后股金 | |
|---|---|---|---|---|---|---|---|---|---|---|---|---|---|---|---|---|
| | | | | | | | 正式工 | 农民工 | 1965 年 | 1982 年 | 1965 年 | 1982 年 | 户数 | 金额 | 户数 | 金额 |
| 钱桥 | — | 秦浓英 | 2 | 7 | 69 | 8 | 7 | 1 | 3316 | 248414 | 272 | 52208 | 3603 | 9719.30 | 6399 | 19357.00 |
| 藕塘 | 石金度 | — | 2 | 6 | 50 | 8 | 7 | 1 | 6922 | 135243 | 359 | 27074 | 2286 | 6598.91 | 4168 | 12505.48 |

1984 年 10 月 11 日，钱桥设立工商银行办事处。钱桥工商银行办事处辖钱桥、胡埭二地区业务。1985 年，进行金融体制改革，钱桥、藕塘乡信用合作社与农业银行的机构正式分开，资金、业务分立。

### 1985 年钱桥、藕塘信用合作社基本情况一览表

表 3—17—15　　单位：元、人

| 信用社名称 | 拥有股金 | 主任 | 副主任 | 职工人数 | | |
|---|---|---|---|---|---|---|
| | | | | 合计 | 正式职工 | 农民工 |
| 钱桥 | 19357 | — | 秦浓英 | 12 | 8 | 4 |
| 藕塘 | 12505 | — | 石金度 | 14 | 9 | 5 |

### 1950~1985 年钱桥、藕塘金融机构活期、定期储蓄存款利率表

表 3—17—16　　单位：月息 ‰

| 日期 | 活期利息 | | 定期利息 | | | | | | | | |
|---|---|---|---|---|---|---|---|---|---|---|---|
| | 存折 | 支票 | 一个月 | 三个月 | 六个月 | 九个月 | 一年 | 二年 | 三年 | 五年 | 八年 |
| 1950 年 12 月 | 10.5 | 7.0 | 18.0 | 20.0 | 23.0 | 26.0 | 27.5 | — | — | — | — |
| 1951 年 3 月 | 10.5 | 7.0 | 18.0 | 21.0 | 24.0 | 27.0 | 30.0 | — | — | — | — |
| 1951 年 8 月 1 日 | 9.0 | 6.0 | 15.0 | 18.0 | 21.0 | 24.0 | 27.0 | — | — | — | — |
| 1952 年 3 月 15 日 | 6.6 | 4.5 | 10.5 | 13.5 | 16.0 | 18.0 | 20.0 | — | — | — | — |
| 1952 年 6 月 25 日 | 4.5 | 4.5 | 7.5 | 9.0 | 10.5 | — | 12.0 | — | — | — | — |
| 1953 年 1 月 16 日 | 4.5 | 4.5 | 7.5 | 8.1 | 9.0 | 10.5 | 12.0 | — | — | — | — |
| 1955 年 10 月 1 日 | 2.4 | | — | 4.2 | 5.1 | — | 6.6 | — | — | — | — |
| 1959 年 1 月 1 日 | 1.8 | | — | — | 3.0 | — | 4.0 | — | — | — | — |
| 1959 年 7 月 1 日 | 1.8 | | — | 2.4 | 3.9 | — | 5.1 | 5.25 | 5.42 | — | — |
| 1965 年 6 月 1 日 | 1.8 | | — | — | 2.7 | — | 3.3 | — | — | — | — |
| 1971 年 10 月 1 日 | 1.8 | | — | — | — | — | 2.7 | — | — | — | — |
| 1979 年 4 月 1 日 | 1.8 | | — | — | 3.0 | — | 3.3 | — | 3.75 | 4.2 | — |
| 1980 年 4 月 1 日 | 2.4 | | — | — | 3.6 | — | 4.5 | — | 5.10 | 5.7 | — |
| 1982 年 4 月 1 日 | 2.4 | | — | — | 3.6 | — | 4.8 | — | 5.70 | 6.6 | 7.5 |
| 1985 年 4 月 1 日 | 2.4 | | — | — | 4.5 | — | 5.7 | — | 6.60 | 6.9 | 7.5 |
| 1985 年 8 月 1 日 | 2.4 | | — | — | 5.1 | — | 6.0 | — | 6.90 | 7.8 | 8.7 |

进入 90 年代，钱桥、藕塘地区金融机构日渐增多。1992 年，中国农业银行钱桥营业所升格为支行；1997 年，藕塘营业所升格为支行。2000 年，中国建设银行钱桥分理处升级为无锡钱桥支行。2001 年 1 月，中国交通银行东湖塘分理处迁至钱桥镇，更名为中国交通银行钱桥分理处。2003 年，中国工商银行钱桥办事处升格为二级支行，更名为无锡钱桥支行。2008 年，中国邮政储蓄银行股份有限公司在钱桥街道开设钱桥、藕塘支行。2010 年 7 月，锡州农村商业银行钱桥、藕塘营业所分别升级为钱桥、藕塘支行。2012 年 4 月，江苏银行股份有限公司在钱桥街道区域内开办无锡职教园支行。是年 9 月，中国建设银行股份有限公司在藕塘市镇开办无锡藕塘支行。同年 10 月，中国银行在藕塘开办藕塘支行。2013 年，中国农业银行股份有限公司在盛岸西路开设玉泉支行。是年，中国银

行无锡市钱桥分理处升级为钱桥支行；江苏银行股份有限公司在藕塘开办无锡藕塘支行。2014年7月，中国交通银行锡北支行迁至钱桥街道区域内，更名为中国交通银行股份有限公司盛岸支行。2015年，钱桥街道辖区内有16家金融机构。

## 二、货币

图3—17—9 清代，钱桥、藕塘地区流通的雍正通宝、乾隆通宝、大清铜币、大清银币等铜钿

图3—17—12 民国时期，区域内流通的印有孙中山头像的关金券（左正面右背面）

图3—17—10 民国3年区域内流通的“袁大头”银元

图3—17—11 民国21年区域内流通的“三鸟币”银元

图3—17—13 民国37年，区域内流通的印有蒋介石头像的金圆券（正面）

图3—17—14 2015年，区域内流通的中国人民银行印制的有毛泽东头像的第五套100元新版人民币（上正面下背面）

钱桥、藕塘地区历史悠久、经济开发较早，5000多年前崧泽文化时期就种植水稻。商周之际，开始用“贝”作币。春秋战国时期，以贝币、布币、刀币、爰金等币作为商品交换的货币。秦统一中国后，规定以圆形方孔的半两钱为统一货币，钱桥、藕塘地区开始使用“秦币”，并一直沿用至北宋年间。北宋时期开始用纸币，区域内百姓时称“交子”“钱引”，后称之为“交钞”“宝钞”“银票”“钞票”等。明、清时期，区域内流通金、银及外圆方孔的铜钱，另外还有银票。民国时期，钱桥、藕塘地区流通货币繁多，有袁世凯头像的“袁大头”银元，有孙中山头像的“三鸟币”银元，有南方国民政府发行的“毫洋券”，有交通银行发行的“中交票”，有农业银行发行的“新钞券”，有日本正金银行发行的“正金票”，有香港汇丰银行发行的“汇丰票”以及后来国民政府发行的“金圆券”等。1949年新中国成立后，区域内均流通中国人民银行印制的人民币。2015年，区域内货币流通第五套人民币，同时流通第四套人民币。

## 三、民间借贷

民国时期，钱桥、藕塘地区农村经济除少数自耕农尚可足衣足食，佃农除向人借贷外，毫无经济可言。农民终年勤劳，尚不足以温饱，大都寅吃卯粮，其借贷赊欠，均以茧市为约期，故境内农村金融均于茧市结束。时钱桥、藕塘地区民间金融流通方法大致为聚会、借贷、典当、预约赊欠及抵卖等。

**聚会** 钱桥、藕塘地区有七子会及十子会等名目，自首会至末会，其收点利息均相等。七子会一年一举，十子会一年两举，普通以阴历五月底、十一月底为会期。会有大有小，有50元的会，有70元的会，有100元、200元的会。集会之时，首会宴请会脚，各会员将应点会款交齐，然后掷色，以多点者得会。会款不齐，则问责首会，决无徇情拖欠的人。因此，区域内农民对于会之信用，都能牢守勿替。如果会期不能交款者，则其人从此以后经济信用完全损失，邻里不齿，实是钱桥、藕塘古风。

**借贷** 区域内农民除购置不动产外，一般没有大宗开支，因此佃农借贷都为5元至10元的小借贷。放款机关除乡村富户外，则有地方公款，如水龙存款，或一姓之祭款及一巷之公款等，名目甚多，其规定借款以5元至10元为限。常规定一定日期为收款、放款之期，经年不贷，到期必将上年放出之本利如数清偿，事毕仍放出。利息大都为全年二分。凡放公款，一般不需抵押品；若向富户借贷，则必须以不动产作为抵押品，其利率不一，按月自一分至三分、四分不等。

**典当** 民国时期，钱桥、藕塘镇皆有典当，抵押品除衣饰外，兼当木器、谷米等，月利二分。衣服18个月满期，谷则以每年谷雨为满期，米以白露为满期，满期则不得回赎。

**预约赊欠及抵卖** 区域内有一种投机者，于冬春之间赊放白米或衣料等，约期以茧市清还，其价值时常在该值基础上增十分之二三，故俗称“赊白米”，又称“一粒米头”。更有所谓“青桑票”者，贫困家庭，难以卒岁，于是将明年的桑叶出票预卖，其价值常在普通时价半数以下，至清明时可以回赎，借三还四；过清明就必需以青桑抵当。区域内贫困户饮鸩止渴，较之二月卖新丝、五月粜新谷，状况更惨。

**钱会** 民国20年（1931），开原乡钱会有十字会、新会、总会三会。十字会、总会每年二举，新会每年三举，利率则以十字会最重（收会以后照原押本加利四成），新会次之（收会以后照原押本加利三成），总会最轻（收会以后照原押本加利二成）。会员人数：十字会连首会共11人，新会及总会会员人数多寡不一。所有会款总额自50元起，至500元止，视集会者能力与用途大小而异。凡届满集会之期，各将应押会款交齐，然后掷色，以点多者得会。这种会制，在民国时期是钱桥、藕塘农民用之于流通金融的唯一良法。

## 四、金融单位简介

2015年，钱桥街道区域内有16家金融机构，分别是中国农业银行钱桥、藕塘、玉泉支行，无锡农村商业银行钱桥、藕塘支行，中国银行钱桥、藕塘支行，中国工商银行钱桥支行，中国建设银行钱桥、藕塘支行，中国交通银行盛岸、钱桥支行，江苏银行无锡职教园、藕塘支行，中国邮政储蓄银行钱桥、藕塘支行。

### （一）中国农业银行股份有限公司无锡惠山钱桥支行

1953年6月1日，中国人民银行无锡县支行增设钱桥营业所。1954年8月，钱桥营业所划归无锡市郊区管辖。1958年7月，钱桥营业所划归无锡县支行管辖。是年9月，中国人民银行无锡县支行钱桥营业所与各乡信用合作社合并，建立钱桥人民公社信用部，对外挂两块牌子，既是人民公社信用部，又是县人民银行钱桥营业所。1963年，无锡县人民银行撤销公社营业所，以经济区域建立13个营业所，其中钱桥营业所业务范围辖钱桥、藕塘。1968年3月，以公社为单位设中国人民银行钱桥服务所，与钱桥信用合作社实行合署办公。

1973 年 10 月，因钱桥地区县属厂矿比较集中，设钱桥分理处。1980 年 1 月 1 日，改称中国农业银行无锡县支行钱桥营业所，与信用合作社合署办公，并代理人民银行业务。1985 年，中国农业银行无锡县支行钱桥营业所与钱桥信用合作社机构正式分开。钱桥营业所职工 9 人。1986 年，钱桥农业银行营业所和信用合作社办理储、贷、汇业务，全年收储存款 2081.36 万元，其中个人储蓄 1162.77 万元；发放贷款 2870.57 万元，其中农业贷款 57.87 万元，企业贷款 2812.70 万元。

图 3—17—15 中国农业银行股份有限公司无锡惠山钱桥支行

钱桥营业所（分理处）历任负责人有许牧照、张振民、沈云耕、黄健、王炳元、钱翰藻。

1992 年 11 月 28 日，中国农业银行钱桥营业所更名为中国农业银行无锡钱桥支行，位于钱桥新街 103 号。2009 年 1 月，农业银行股改上市，中国农业银行无锡钱桥支行更名为中国农业银行股份有限公司无锡惠山钱桥支行（简称钱桥农行）。是年 7 月 1 日，钱桥农行作为农行惠山支行二级支行正式运营。钱桥农行的主要业务为吸收公众存款；发放短期、中期、长期贷款；办理国内外结算；办理票据承兑与贴现；发行金融债券；代理发行、代理兑付、承销政府债券；从事银行卡业务，提供信用证服务；代理收付款项；提供保管箱服务；代理资金清算；各类汇兑业务；外汇存款、贷款、汇款等业务；自营、代客外汇买卖；外币兑换、外汇担保、养老金托管及其他委托资产类托管业务；自营、代理贵金属买卖业务；个人理财业务；电话银行、手机银行、网上银行业务；经国务院银行业监督管理机构等监管部门批准的其他业务。钱桥农行先后获“农行无锡分行 2011 年度文明单位”“2012 年度无锡惠山支行先进集体”称号。

2013 年底，钱桥农行资金总量 14.65 亿元，比年初增 9009 万元；本外币个人存款总量 9.8 亿元，其中个人定期存款 5.56 亿元，比年初增 2854 万元；个人理财资金 1.3 亿元，比年初增加 9699 万元；个人资金总量 11.11 亿元，比年初增加 1.13 亿元；对公存款总量 3.49 亿元，各项贷款余额 5.49 亿元，完成中间业务收入 666 万元。2014 年末，钱桥农行资金总量 13.33 亿元，其中本外币个人存款总量 10.61 亿元，比年初增 2100 万元；对公存款 2.71 亿元；各项贷款余额 5.6 亿元。2015 年末，钱桥农行资金总量 13.99 亿元，总量比年初增 6500 万元，其中本外币个人存款总量 10.89 亿元，比年初增 2877 万元；对公存款 3.06 亿元；各项贷款余额 4.95 亿元。是年，钱桥农行有在职员工 17 人。

钱桥农行历任负责人为杨京、黄霞、华晓宇。

**（二）中国农业银行股份有限公司无锡惠山藕塘支行**

1952 年，中国人民银行无锡县支行在藕塘设服务处，直属县支行领导，有职工 6 人。1953 年 6 月 1 日，县支行撤销藕塘服务处，设营业所，属钱桥营业所领导。1957 年 10 月，县人民银行以区设营业所，藕塘属新渎营业所管辖，主任李俊松，副主任马荣兴，职工 10 人。1958 年 9 月，建立藕塘人民公社信用部，营业所与信用合作社合并，既是人民公社信用部，又是县人民银行基层营业所。

1963 年，县人民银行撤销藕塘公社营业所，藕塘业务属钱桥营业所管辖。1966 年，钱桥营业所主任张振民负责藕塘业务，职工 8 人。1968 年 3 月，以公社为单位设立中国人民银行无锡县支行藕塘服务所，服务所与信用社合署办公。1973 年 10 月 11 日，改称藕塘营业所。

1980 年 1 月 1 日，改称中国农业银行藕塘营业所，与公社信用合作社合署办公，并代理人民银行业务。1985 年，营业所与信用合作社正式分开单列。1986 年，藕塘农业银行、信用社年末存款 649.53 万元，其中个人储蓄 421 万元；全年发放贷款 3192.66 万元，其中农业贷款 29.53 万元，企业贷款 2462.33 万元，商业贷款 691.7 万元，其他贷款 9.1 万元，全年收回贷款 2692.32 万元。

藕塘营业所历任负责人有钱进、杨家祥、邵宗德、沈子春、阮杰成、王炳元、王仁玉、周国祥、强福兴、王诚一、张静。

1997年11月28日，成立中国农业银行无锡藕塘支行，位于藕塘新街46号。2009年1月，农业银行股改上市，中国农业银行无锡藕塘支行更名为中国农业银行股份有限公司无锡惠山藕塘支行（简称藕塘农行）。

藕塘农行主要业务为吸收公众存款；发放短期、中期、长期贷款；办理国内外结算；办理票据承兑与贴现；发行金融债券；代理发行、代理兑付、承销政府债券；从事银行卡业务，提供信用证服务；代理收付款项；提供保管箱服务；代理资金清算；各类汇兑业务；外汇存款、贷款、汇款等业务；自营、代客外汇买卖；外币兑换、外汇担保、养老金托管及其他委托资产类托管业务；自营、代理贵金属买卖业务；个人理财业务；电话银行、手机银行、网上银行业务；经国务院银行业监督管理机构等监管部门批准的其他业务。

2015年末，藕塘农行本外币存款比年初增1273万元，其中对公存款增加1664万元；各项贷款客户22户，共6200万元。是年，有在职员工10人。藕塘农行历任负责人为陆群艳、朱丽萍。

**（三）中国农业银行股份有限公司无锡惠山玉泉支行**

中国农业银行股份有限公司无锡惠山玉泉支行（简称农行玉泉支行）成立于2013年3月，位于盛岸西路418号1~5。

农行玉泉支行主要业务有吸收公众存款；发放短期、中期、长期贷款；办理国内外结算；办理票据承兑与贴现；发行金融债券；代理发行、代理兑付、承销政府债券；从事银行卡业务，提供信用证服务；代理收付款项；提供保管箱服务；代理资金清算；各类汇兑业务；外汇存款、贷款、汇款等业务；自营、代客外汇买卖；外币兑换、外汇担保、养老金托管及其他委托资产类托管业务；自营、代理贵金属买卖业务；个人理财业务；电话银行、手机银行、网上银行业务；经国务院银行业监督管理机构等监管部门批准的其他业务。

2015年末，农行玉泉支行存款总额3.2亿元，贷款总额2亿元。是年，在职职工11人。农行玉泉支行历任负责人为华晓宇、沈莉娜。

**（四）无锡农村商业银行股份有限公司钱桥支行**

1951年4月，钱桥供销社试办信用部。是年7月11日，钱桥供销社信用部正式开办，是新中国成立后苏南农村最早建立的信用合作机构，地址在钱桥南街，供销社专职副主任刘群兼任信用部主任。钱桥供销社信用部业务范围为钱桥、会龙、社冈3个乡和南西漳的第七行政村，共有社员3059人。当时未集股金，由钱桥供销社从社员股金中拨出人民币500万元（旧币）作信用部的资金，办理定期、活期存款业务，贷款以农业、副业、生活为主，并辅以私人借贷和代理银行发行有奖储蓄等，实行独立核算、自负盈亏。同年11月20日，改为“钱桥、社冈、西漳信用合作社”，驻地钱桥，业务范围扩大为钱桥、会龙、社冈、南西漳4个乡，年吸收社员4140人，筹集股金4217万元（旧币），历任负责人毛海林、朱焕林。

图3—17—16 无锡农村商业银行股份有限公司钱桥支行

1955年8月，钱桥、社冈、西漳信用合作社划给无锡市郊区管辖，主任范方舟、副主任吴盘桂，职工4人。1958年7月，钱桥、社冈、西漳信用合作社又划归无锡县管辖，历任负责人唐俊、蒋金祥、毛凤贞。是年9月，钱桥、社冈、西漳信用合作社与人民银行基层营业所合并，改建成钱桥人民公社信用部，人员下放到公社，业务受人民银行领导。1969年，钱桥信用合作社与人民银行钱桥营业所实行合署办公，一套班子、两块牌子、独立核算、各负盈亏。

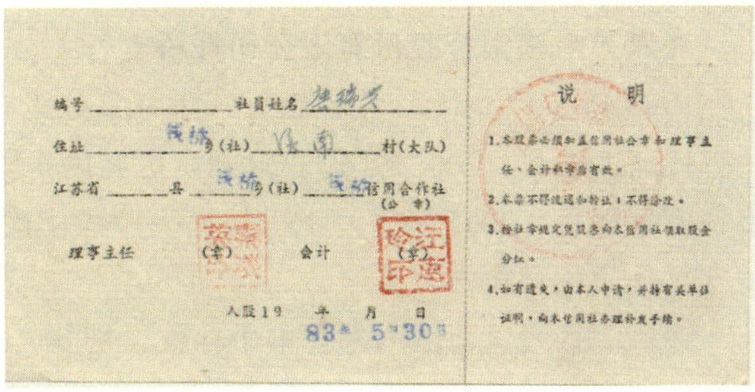


图 3—17—17　1983 年 5 月 30 日钱桥信用合作社发给溪南唐瑞兴的叁元股票（左正面右反面）

1985 年，进行金融体制改革，钱桥信用合作社与人民银行钱桥基层营业所机构正式分开。是年，钱桥信用合作社拥有股金 19357 元，秦浓英任副主任，职工 12 人，其中正式职工 8 人、农民工 4 人。

2005 年 6 月，无锡市城郊信用联社进行股份制改革，成立江苏锡州农村商业银行，钱桥信用合作社即更名为江苏锡州农村商业银行钱桥营业所。历任主任为张静、郑建芬、章晓。

2010 年 7 月 19 日，更名为无锡农村商业银行股份有限公司钱桥支行，地址在钱桥街道钱藕路（原锡陆路）301 号。主要业务为货币银行服务，为企业、客户提供存款、贷款、公司融资、人民币结算、投资理财基金、现金管理、生活缴费等多项服务。历任行长为万树新、陶俊。2015 年，黄升任行长。

**（五）无锡农村商业银行股份有限公司藕塘支行**

1955 年 1 月，藕塘地区成立稍塘信用合作社，地址稍塘桥，职工王希耕 1 人。是年 9 月，成立藕塘信用合作社，地址藕塘桥，职工 1 人。1957 年下半年，稍塘信用合作社并入藕塘信用合作社。1958 年 9 月，中国人民银行无锡县支行藕塘营业所与藕塘信用合作社合并，组成藕塘人民公社信用部，人员机构下放到藕塘公社，业务受县人民银行领导。

1985 年，进行金融体制改革，藕塘信用合作社与县人民银行藕塘营业所机构正式分开。是年，藕塘信用合作社拥有股金 12505 万元，职工 14 人，其中正式职工 9 人，农民工 5 人。

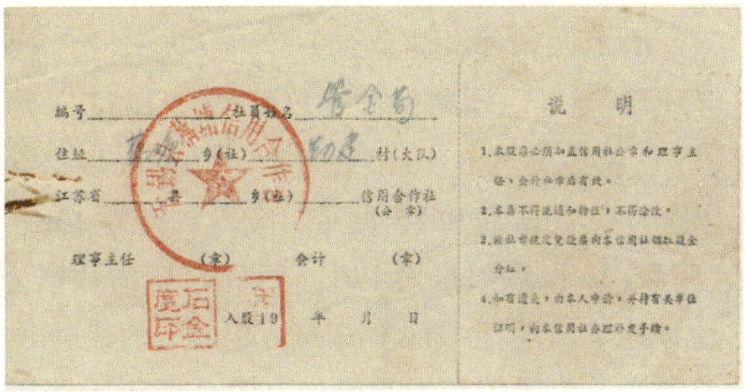


图 3—17—18　20 世纪 90 年代藕塘信用合作社发给勤建村管金苟叁元股票（左正面右反面）

2000 年 10 月 12 日，藕塘农村信用合作社第九届社员代表大会第二次会议隆重召开，会议听取藕塘信用社监事会的工作报告，听取第九届藕塘信用社监事会的清产核算报告，通过藕塘镇农村信用社与无锡市农村信用合作联合社合并重组的决议，选举产生无锡市农村信用合作社社员代表大会代表。是年，藕塘信用合作社积极支持“三农”，支持私营、民营企业的发展，促进农村经济健康发展。共计发放农业贷款 2101 万元，为藕塘镇培育一批新的经济增长点。

2005 年 6 月，无锡市城郊信用联社进行股份制改革，成立江苏锡州农村商业银行，藕塘信用合作社即更名为江苏锡州农村商业银行藕塘营业所。2010 年 7 月 19 日，更名为无锡农村商业银行股份有限公司藕塘支行。2015 年，藕塘支行存款 9 亿元。历任主任（行长）为王希耕、石金度、王敏彪、万树新、吴铭、陶俊、秦裕德、倪建峰。

### （六）中国银行股份有限公司钱桥支行

1993年5月14日，中国银行钱桥办事处成立，位于钱桥惠钱路284号。2002年5月29日，更名为中国银行无锡市钱桥分理处。2005年1月15日，变更为中国银行无锡钱桥支行（简称钱桥中行）。

图3—17—19　中国银行股份有限公司钱桥支行

钱桥中行经营范围为办理本币存款、贷款、外贸信贷，结算和个人人民币储蓄的金融服务，上述范围凭有效许可证件经营。代理险种有健康保险、机动车辆保险、意外伤害保险、人寿保险、与贷款标的物相关的财产保险、企业财产保险、家庭财产保险。

2011年，钱桥中行本外币存款余额73710万元，本外币贷款余额33303万元；2012年，本外币存款余额65247万元，本外币贷款余额30272万元。

2013年11月21日，中国银行无锡钱桥支行更名为中国银行股份有限公司无锡钱桥支行。是年，本外币存款余额68378万元，本外币贷款余额28967万元。2014年，钱桥中行本外币存款余额71579万元，本外币贷款余额19927万元；2015年，本外币存款余额77046万元，本外币贷款余额20915万元。钱桥中行历任主任、行长为王惠民、张虎刚、秦茹芳、李伟刚、施畅、周振宇、张方勇、匡宇、朱雁、华伟。

### （七）中国银行股份有限公司藕塘支行

中国银行股份有限公司藕塘支行（简称藕塘中行）创办于2012年10月24日，营业网点地址在钱桥街道藕塘新街36号。

图3—17—20　2012年12月7日中国银行藕塘支行举行开业典礼

藕塘中行主要业务为存款、贷款、结算业务；办理外汇存款、外汇兑换；办理票据贴现；代理发行、代理兑付、销售政府债券；代理收付款项。代理业务有保险业务，贵金属业务，基金业务。

2012年末，藕塘中行存款数据为2253万元；2013年末，存款数据为8310万元，贷款数据5617万元；2014年末，存款数据为9685万元，贷款数据为13824万元；2015年末，存款数据为14621万元，贷款数据为11230万元。是年，藕塘中行在编人员8名。历任行长为任胜、蔡磊、沈斌炜。

### （八）中国工商银行股份有限公司无锡钱桥支行

中国工商银行股份有限公司无锡钱桥支行（简称钱桥工行）创办于1984年1月，原名为中国工商银行钱桥办事处，隶属于中国工商银行无锡县支行，位于钱威路60号。1992年，工行钱桥办事处迁址于钱桥大街100号。1995年，无锡县撤县建市，工行钱桥办事处隶属于中国工商银行锡山市支行。2000年末，锡山市撤市建区，工行钱桥办事处隶属于中国工商银行惠山支行。2003年，工商银行进行股份制改革，工行钱桥办事处升格为二级支行，名称变更为中国工商银行股份有限公司无锡钱桥支行。

图3—17—21　中国工商银行股份有限公司无锡钱桥支行

钱桥工行经营范围为办理人民币存款、结算业务；办理外币储蓄、外币兑换业务；代理收付款项及代理保险业务；办理上级行在中国人民银行批准的业务、范围内授权的业务；经中国人民银行批准的其他业务。钱桥工行积极为地方经济作贡献，扶助支持小微企业和“三农”，向小微企业投放1亿多元的贷款，向钱桥农村社区股份合作联社等农业类投放贷款，同时积极推动藕塘职教园区产城一体化项目，投放3个亿项目贷款。

2006~2015年钱桥工行存款、贷款统计表

表3—17—17　　单位：万元

| 项目 | 2006年 | 2007年 | 2008年 | 2009年 | 2010年 | 2011年 | 2012年 | 2013年 | 2014年 | 2015年 |
|---|---|---|---|---|---|---|---|---|---|---|
| 各项贷款 | 14160 | 19868 | 25362 | 14305 | 13047 | 15833 | 10693 | 27738 | 50375 | 54917 |
| 各项存款 | 25736 | 24707 | 34960 | 36774 | 42153 | 49972 | 55741 | 52642 | 57530 | 59397 |

2015年末，钱桥工行各项存款59397万元，各项贷款54917万元。网点干部员工共计11人。钱桥工行历任负责人为薛建华、李永棣、钱德甫、陆中兴、何毅华、何斌、杨晓燕、陶冠华、张云、俞佳敏、顾嘉林、郑伟峰。2015年，郑伟峰任行长。

**（九）中国建设银行股份有限公司无锡钱桥支行**

中国建设银行股份有限公司无锡钱桥支行（简称钱桥建行）位于钱桥大街103号。1993年12月，中国建设银行在钱桥建立分理处。2000年，升级为中国建设银行股份有限公司无锡钱桥支行。

钱桥建行主要业务为办理人民币存款结算业务，外币储蓄结算业务，代理收付结算业务，保险业务，中国银监会批准的理财黄金业务。2015年，有职工13人。历任负责人（主任、行长）为陈洪明、蒋营、刘震、李萍。

图3—17—22 中国建设银行股份有限公司无锡钱桥支行

**（十）中国建设银行股份有限公司无锡藕塘支行**

中国建设银行股份有限公司无锡藕塘支行（简称藕塘建行）位于钱桥街道藕塘市镇政新路17号，创办于2012年9月3日。

藕塘建行主要业务及代理业务有吸收公众存款，发放短期、中期和长期贷款，办理国内结算，办理票据承兑和贴现，代理发行、代理兑付政府债券，买卖政府债券、金融债券，从事同业拆借，办理本、外币储蓄，从事银行卡业务，提供信用证服务及担保，代理收付款项及代理保险业务，提供保管箱服务，经中国银行业监督管理委员会批准并由上级行授权的其他业务。

藕塘建行2012年存款4000万元；2013年存款9800万元，贷款2000万元；2014年存款11800万元，贷款3000万元；2015年存款12896万元，贷款3000万元。

藕塘建行历任行长李萍、奚继东。

**（十一）中国交通银行股份有限公司无锡盛岸支行**

中国交通银行锡北支行于2014年7月迁至钱桥街道百乐和园100-12号，更名为中国交通银行股份有限公司盛岸支行（简称盛岸交行），并升格为中心支行，下辖钱桥支行。

盛岸交行的主要业务有办理人民币存款、贷款、结算业务，办理票据贴现，代理发行金融债券，代理发行、兑付、销售政府债券，代理收付款项及代理保险业务，办理外汇存款、外汇贷款、外汇汇款、外汇结售汇、外币兑换业务，以及总行在中国银行业监督管理委员会批准的业务范围内授权的业务，经中国银行业监督管理委员会批准的其他业务。

盛岸支行2013年存款7.9亿元，2014年存款6.8亿元，2015年存款9.8亿元。是年，盛岸交行

职工 19 人。历任行长（主任）为王正明、王勇、华祝平、方中。2015 年，方中任行长。

**（十二）中国交通银行股份有限公司钱桥支行**

中国交通银行股份有限公司钱桥支行于 2001 年 1 月自东湖塘分理处迁址至钱桥新街 24 号，更名为中国交通银行钱桥分理处。2003 年 11 月更名为中国交通银行钱桥支行，同时升格为直属支行。2013 年 10 月，降为二级支行，并归属中国交通银行股份有限公司无锡盛岸支行领导。

**2005~2015 年中国交通银行股份有限公司钱桥支行存款统计表**

表 3—17—18　　单位：万元

| 年份 | 存款额 | 年份 | 存款额 | 年份 | 存款额 |
|---|---|---|---|---|---|
| 2005 | 27000 | 2009 | 139000 | 2013 | 44000 |
| 2006 | 60000 | 2010 | 209000 | 2014 | 41000 |
| 2007 | 60000 | 2011 | 228000 | 2015 | 49000 |
| 2008 | 74000 | 2012 | 79000 | — | — |

2015 年，钱桥交行职工 10 人。历任行长（主任）为周小敏、浦燕。

**（十三）江苏银行股份有限公司无锡职教园支行**

江苏银行股份有限公司无锡职教园支行（简称钱桥江苏银行）创办于 2012 年 4 月，位于钱桥街道春来苑 40 号 9~16。

无锡职教园支行主要业务有办理各项存款、贷款、结算业务，代理收付款项及代理保险业务以及在中国银监会批准的业务范围内授权的业务；特色业务有储蓄智存宝业务，支持小微企业的“税 e 融”业务。

至 2015 年末，备注存款余额 2.74 亿元，各项贷款余额 1395 万元。

2015 年，钱桥江苏银行有干部员工 8 人。历任行长为刘园、徐勇。

图 3—17—23　2012 年 4 月 26 日江苏银行无锡职教园支行举行开业典礼，惠山区区委书记吴仲林（中）出席

**（十四）江苏银行股份有限公司无锡藕塘支行**

江苏银行股份有限公司无锡藕塘支行创办于 2013 年 1 月 25 日，位于钱桥街道藕塘政新路。藕塘支行的主要业务为办理人民币存款、结算业务；代理收付款项及代理保险业务；办理其上级行在中国银行业监督管理委员会批准的业务范围内授权的业务；经中国银行业监督管理委员会批准的其他业务。至 2015 年底，存款余额 8698 万元。是年，有职工 8 人。

历任行长为刘祖健、廉明姬、吕俊敏。

**（十五）中国邮政储蓄银行股份有限公司无锡市钱桥支行**

钱桥邮局于 1998 年开办邮政储蓄业务。2000 年钱桥邮局储蓄存款 2.63 亿元；2004 年末，储蓄存款 1.67 亿元。2008 年，成立中国邮政储蓄银行股份有限公司无锡市钱桥支行，位于钱桥大街 108 号，隶属于钱桥邮政支局领导，由支局长兼任银行负责人。邮政储蓄钱桥支行主要业务有储蓄、理财。2010 年，邮政储蓄钱桥支行储蓄存款 3.23 亿元；2014 年，储蓄存款 4.47 亿元。2015 年，有职工 8 人。

历任行长为朱幽飒、孙志军。

图 3—17—24　中国邮政储蓄银行股份有限公司无锡市钱桥支行

**（十六）中国邮政储蓄银行股份有限公司无锡市藕塘营业所**

藕塘邮局于1998年始开办邮政储蓄业务。2004年，藕塘邮局储蓄存款0.89亿元。2007年，成立中国邮政储蓄银行股份有限公司无锡市藕塘营业所，地址在藕塘政新路4号。主要业务为邮政储蓄。2010年末，中国邮政储蓄银行股份有限公司无锡市藕塘营业所储蓄存款1.05亿元。2014年末，藕塘营业所迁至政新路57号。是年，储蓄存款1.86亿元。2015年，藕塘营业所有职工13人。邮政储蓄银行藕塘营业所历任主任为周林伟、孙志军、朱幽飒、韩娟。

## 第四节 保险

民国初期，上海利康、先施等6家公司到钱桥、藕塘地区经营人寿和财产、水、火保险，钱桥庄源大油饼厂投保财产、水、火险。民国5年（1916），中华福众联保寿险有限公司前到钱桥、藕塘地区经营特种普通寿险。是年至民国26年，保险公司承保区域内财产计银3万两，法币57.17万元。日军侵占无锡后，中华福众联保寿险有限公司在区域内业务停止。

民国29年6月，日商经营的7家保险公司在区域内经营财产等保险业务。抗日战争胜利后，国民党政府接管日伪保险财产，无锡有宝丰、太平、保平等17家保险公司，钱桥庄源大油饼厂向宝丰投保财产保险。

1951年11月，无锡县人民银行办理保险业务，其中有耕牛保险，钱桥、藕塘二地农民耕牛在保。1953年3月，无锡县建立中国人民保险公司无锡县保险公司（简称县保险公司），其保险业务由中国人民银行无锡县支行下属各营业所代理，继续办理耕牛保险业务。钱桥、藕塘地区耕牛继续向县保险公司投保。是年8月，县保险公司停办，业务移交无锡市保险公司，钱桥、藕塘地区耕牛保险同时移交到市保险公司。

1980年7月，钱桥、藕塘地区恢复保险业务，办理企业财产保险。是年7月26日，区域内无锡县塑料制品厂首家进行企业财产保险，标的为账面固定资产原值、定额流动资产、专用基金物资、专用基金未完工程等金额，实收保险费18206.64元。同年，无锡县保险公司始办汽车及公众安全责任险，区域内无锡县塑料制品厂投保汽车3辆，保险金额40600元，保险费1100元。

1982年，无锡县保险公司开办轻便摩托车保险业务，不保车损险，单保第三者责任险，钱桥、藕塘地区有10多辆摩托车投保（如溪南吴忠其等）。1983年，县保险公司开办拖拉机保险业务，不保车损险，单保第三者责任险。1985年，钱桥、藕塘乡凡在采矿厂运石子的50余辆拖拉机全部投保。是年3月，中国人民保险公司无锡县支公司成立，钱桥、藕塘保险业务由农行钱桥营业所、藕塘营业所代理。1990年12月19日，无锡县保险公司钱桥保险服务所成立。2002年10月28日，中国人民财产保险股份有限公司无锡市惠山支公司钱桥营销服务部开业，位于盛岸西路550号。惠山支公司钱桥营销服务部主要业务为对营销员开展日常培训和管理，收取营销员代收的保险费、单证等资料，分发保险公司签发的保险单、保险收据等相关单证，接受客户咨询投诉，经分公司核保后打印保单，经公司授权从事相关车险和家财险的理赔工作，国家法律规定的或国家保险监管机构批准的其他业务。保险品种有财产损失险、车辆保险、责任保险、信用保险、贷款保险、意外伤害保险、短期健康保险、短期保险等人民币或外币保险业务；与上述相关的再保险业务；各类财产保险、意外伤害保险、短期健康保险。理赔流程及手续为拨打报案电话95518，公司理赔服务人员将询问出险情况，协助安排救助，告知后续理赔处理流程并指导拨打报警电话，紧急情况下可先拨打报警电话；事故勘察和损失确认，在出险人协助下，公司理赔人员或委托的公估机构、技术鉴定机构到事故现场勘察事故经过，了解涉及的损失，查阅和初步收集与事故性质、原因和损失情况等有关的证据和资料，确认事故责任，之后指导出险人填写出险通知书（索赔申请书），公司与出险人共同进行损失确认；出险人根据公司书面告知的索赔须知内容提交索赔所需的全部材料，公司及时对出险人提交的索赔材料的真实性和完备性进行审核确认；赔款领取，在出险人提交的索赔材料真实齐全的情况下，公司根据保险合同的约定和相关的法律法规进行保险赔款的准确计算和赔案的内部审核工作，并与出险人达成最终赔偿协议，与出险人商定赔款支付方式和保险合同的约定，向出险人支付赔款。

1997~2012 年，钱桥、藕塘地区相继开办中国人民财产保险股份有限公司无锡市惠山支公司藕塘营业所、钱桥营销服务部等 9 家保险公司。

**1997~2012 年钱桥、藕塘镇，钱桥街道先后进驻保险公司一览表**

表 3—17—19

| 企业名称 | 法定代表人 | 经营地址 | 经营范围及方式 | 许可经营项目 | 开业日期 |
|---|---|---|---|---|---|
| 中国人民财产保险股份有限公司无锡市惠山支公司藕塘营业部 | 邵建华 | 藕塘新街 132 号 | 财产损失保险、责任保险、信用保险、意外伤害保险 | — | 1997.07.22 |
| 中国人寿保险股份有限公司无锡市惠山支公司藕塘营业部 | 姚　忠 | 藕塘新街 | — | 人寿保险、健康保险、意外伤害保险等各类人寿保险 | 1997.07.22 |
| 中国人民财产保险股份有限公司无锡市惠山支公司钱桥营销服务部 | 张　辉 | 盛岸西路 550 号 | 财产损失险、车辆保险、责任保险、信用保险、贷款保险、意外伤害保险、短期健康保险、短期保险等人民币或外币保险业务 | — | 2002.10.28 |
| 中国太平洋人寿保险股份有限公司惠山支公司钱桥营销服务部 | 吴映波 | 钱威路 24 号 | | — | 2003.01.24 |
| 中国人寿保险股份有限公司无锡市惠山支公司钱桥第二营销服务部 | 姚　忠 | 钱桥大街 103 号 8 幢 2 楼 | | — | 2003.09.29 |
| 无锡诚安保险代理有限责任公司 | 赵永康 | 盛岸西路 605 号 | | — | 2004.10.27 |
| 中国太平洋财产保险股份有限公司无锡市惠山支公司钱桥营销服务部 | 陈坚忠 | 钱桥新街菜场南 7 幢 7 号 8 号 | | — | 2012.12.17 |
| 江苏华美保险代理有限公司无锡分公司 | 崔　飒 | 盛岸花园 12 号 201 | 在江苏省行政辖区内代理销售保险产品，代理业务 | — | 2011.10.20 |
| 中国人寿财产保险股份有限公司无锡市惠山支公司 | 杨核峰 | 盛岸西路 591 号 5 楼 | — | 财产损失保险、责任保险、信用保险和保证保险 | 2012.10.12 |

2015 年，钱桥街道区域内仍为 9 家保险公司进驻，继续办理各种保险业务。

# 第十八章 经济管理

20世纪80年代初，钱桥、藕塘先后设立工商管理组，开始对工商业进行全面管理。1981年，钱桥、藕塘公社成立财政所后，有专职机构开始开展统计工作，进行统计管理。1984年，钱桥、藕塘乡分别设立安保科，开展对企业的安全管理，推进区域内经济发展。1987年，钱桥镇成立质监科和技术科，负责监测区域内产品质量和产品技术。1997年，钱桥、藕塘镇分别成立价格管理站，开始对区域内商品价格进行管理。1999年，钱桥、藕塘镇成立资产管理委员会，对区域内的国有、集体资产进行登记管理。2001年，钱桥镇成立财政结算中心。2008年，无锡职教园管理委员会设立财政审计局，同时财政结算中心更名为财政支付中心。2015年，钱桥街道辖区内的经济管理有资产管理、统计管理、审计管理、物价管理、质量技术管理、工商行政管理、安全管理等。

## 第一节 资产管理

1999年，钱桥、藕塘镇分别成立资产管理委员会，下设资产管理办公室。

2004年，钱桥、藕塘两镇合一，钱桥、藕塘镇资产管理委员会合二为一，成立新的钱桥镇资产管理委员会，下设资产管理科。资产管理委员会成立后，加强区域内国有、集体资产管理工作，规范国有、集体资产管理行为，有效维护国有、集体资产的安全完整，提高国有、集体资产的使用效益，确保国有、集体资产保值、增值。

2007年，钱桥镇资产管理委员会更名为钱桥街道资产管理委员会。钱桥街道资产管理委员会资管科具体负责国有、集体资产的登记造册，按权属实行分类别委托管理。委托管理模式为钱桥街道的国有、集体土地及房产由资管科管理；经发公司所建厂房、校区公共服务管理中心学生街沿街商铺分别由经发公司、校区公共服务中心管理，各自收益全部纳入街道财政审计局相关账户；医院、学校的商业用房等收益纳入财政结算中心收支两条线账户管理；安置房沿街商铺委托所在小区的社区管理。资管科与受托单位签订委托管理合同，并对受托单位的管理定期进行检查、督促。金龙中心广场、钱桥老菜场、钱中路等沿街商铺，委托相关物业公司管理；双置换土地及其他闲置土地等资源性资产由无锡市钱藕农业有限公司管理，登记造册并报资管科备案。

资产管理科每年组织一次对国有、集体经营性资产清查、清理，与账面数核对，做到账实相符。对在清查过程中发现的有账无物或有物无账的资产查明其原因，填写清查表，报资管科备案，确保摸清国有、集体资产家底。2014年，钱桥街道资产管理委员会根据惠山区政府要求，结合街道实际情况，制定《关于加强钱桥街道国有、集体资产管理的办法》。《办法》明确了国有、集体资产是街道范围内所属钱桥街道的经营性房屋资产、其他闲置资产及土地等资源性资产。是年，钱桥街道资产管理委员会对区域内国有、集体资产进行全面登记造册，资管科对区域内资产进行清查，清查结果为集体土地租赁面积 462884平方米， 收取土地租金708万元；出租经营性厂房及商铺面积52865

平方米，收取房屋租金1033万元。

钱桥（镇）街道历任资产管理委员会主任为戴家元、杜巍、戴震乾，副主任为冯建康、奚晓敏、吕明。

## 第二节 统计管理

民国时期至新中国成立后70年代，钱桥、藕塘地区政府无统计管理机构。80年代始，钱桥（公社、乡）镇财政部门、经联委、经营管理办公室兼做乡、村统计工作。2005年，钱桥镇成立统计办公室，负责对区域内的农业、工业、商贸服务业、劳动、交通运输、住户人口进行统计，不定期进行普查，为政府施政提供第一手资料。

### 一、机构设置

1981年，钱桥、藕塘公社成立财政所后统计工作由财政所人员兼任。1983年7月，钱桥乡任命潘凤祥为钱桥乡经济联合委员会办公室主任兼统计员。是年，藕塘乡任命高玉鸣为藕塘乡专职统计员。无锡县对任命的乡镇专职统计员同时进行培训。钱桥、藕塘乡自任命统计员开始，乡会计和村会计兼做乡、村的统计工作。如此，乡、村两级统计工作对接，条线统计工作进入正轨。1984年4月，钱桥乡由经管办经管员姚雪芬接任统计工作。1986年，经过机构调整，统计工作并入工业总公司财务科合署办公。1991年，藕塘乡统计员高玉鸣离岗退养后，先后由俞秋芬、李春娟、强锡峰、朱君君、沈秀丽接任藕塘乡（镇）专职统计员。2000年始，钱桥、藕塘镇各村由村会计负责统计工作，同时大部分村都配备统计员，负责日常统计工作。2004年，钱桥、藕塘两镇合并后，沈秀丽负责统计工作。2005年10月28日，钱桥镇正式挂牌成立统计办公室，设统计助理1名，分设工业、服务业、园区统计人员5名。2008年，统计办公室并入职教园经发局综合科，由姚雪芬负责统计工作。2014年6月，钱桥街道作出《关于调整无锡职教园部分下属单位机构设置及职能的决定》，决定经济发展和招商局设统计科，原经贸站统计办公室更名为经发局统计科，设统计助理1名。2015年10月，毛灵燕任统计科副科长。

### 二、统计业务

80年代，钱桥、藕塘乡统计工作的重点是进行国民财产统计和国内生产总值核算。进入90年代，随着区域内国民经济的发展，为适应对外开放的需求，钱桥、藕塘镇逐步扩大统计的对象、范围和内容，对农业、工业、第三产业、劳动、交通运输、住户人口等逐步建立统计报表，并制成各类统计分析资料，供地方政府领导参考决策。

### 三、大型调查统计

1985~2013年，钱桥、藕塘（乡）镇，钱桥街道统计办根据上级部门统一部署，开展2次农业普查、3次工业普查、3次人口普查、3次经济普查；成立惠山区以来，进行31次基本单位普查以及富民监测、城镇住户调查等各类调查统计工作。2013年，钱桥街道被评为江苏省第三次经济普查工作先进集体。

#### （一）人口普查

2010年5月，全国第六次人口普查工作启动，时间节点为2010年11月1日零时。钱桥街道党工委成立以街道办事处副主任、社会事务管理局局长为组长，由统计办、司法所等部门抽调人员组成普查办公室。区域内各村（社区）成立14个村级人口普查工作领导小组，选聘150名普查指导员、470名普查员，划分14个普查区，416个普查小区。经过绘制地图—入户摸底—入户登记—过录汇总—编码、抽检等程序，覆盖钱桥、藕塘地区49607户居民，涉及164246人，其中登记户籍户数

43102户，常住人口130330人，户籍人口68953人，外来人口64978人，出生人口452人、出生率6.56‰，死亡人口361人、死亡率5.24‰；自然增长率1.32‰。

**（二）经济普查**

2005年3月1日，钱桥镇“全国第一次经济普查数据落实工作”圆满完成，对全镇1176家法人单位和54家产业活动单位进行详细清查，摸清各单位的经济家底，为以后全镇经济发展和政府决策提供可靠的依据。经惠山区经普办查询核实，钱桥镇上报的经济普查内容详实、项目齐全、数据准确，得到市、区有关部门高度评价。

2013年8月27日，第三次经济普查在钱桥街道启动，时间节点为是年12月13日，时期资料为2013年度。2014年8月全面结束，历时一年。第三次经济普查经历清查摸底—正式登记—初审阶段—录入阶段—查缺补漏5个阶段。第三次经济普查首次采用PDA设备，对建筑物进行定位和数据录入。虽然增加普查工作的难度，提高对普查员的素质要求，但也同时提高了普查数据的真实性和准确率，为地方政府全面及时掌握各行业经济情况提供精确的第一手资料。为确保普查任务的圆满完成，钱桥街道成立经济普查领导小组，下设办公室。经济普查领导小组组长由街道办事处主任杜巍担任，副组长分别由分管工业、服务业和职教园校区领导朱益明、杨国忠、邵小明担任，办公室主任由毛灵燕担任。同时，选调44名调查员、132名普查员进行培训和任务分解，共划分15个普查小区，普查出经济运行体8044户，其中法人单位2571家、产业活动单位199家、个体工商户5274家。

**2013年第三次经济普查钱桥街道各社区普查情况统计表**

表3—18—1　　单位：个、户

| 社区名称 | 法人单位合计 | 四上法人 | 四下法人 | 产业活动 | 个体户 | 经济体总计 |
|---|---|---|---|---|---|---|
| 钱桥 | 144 | 12 | 132 | 22 | 575 | 741 |
| 藕塘 | 85 | 7 | 78 | 21 | 404 | 510 |
| 苏庙 | 113 | 15 | 98 | 10 | 305 | 428 |
| 华新 | 245 | 22 | 223 | 41 | 1810 | 2096 |
| 舜柯 | 194 | 27 | 167 | 15 | 85 | 294 |
| 溪南 | 391 | 40 | 351 | 6 | 203 | 600 |
| 洋溪 | 60 | 4 | 56 | 3 | 66 | 129 |
| 西漳 | 294 | 36 | 258 | 13 | 107 | 414 |
| 晓丰 | 363 | 28 | 335 | 16 | 239 | 618 |
| 东风 | 95 | 6 | 89 | 2 | 169 | 266 |
| 南塘 | 82 | 6 | 76 | 2 | 65 | 149 |
| 盛峰 | 88 | 5 | 83 | 1 | 71 | 160 |
| 稍塘 | 111 | 3 | 108 | 0 | 57 | 168 |
| 藕乐苑 | 153 | 10 | 143 | 10 | 325 | 488 |
| 晴山蓝城 | 153 | 12 | 141 | 37 | 793 | 983 |
| 社区合计 | 2571 | 233 | 2338 | 199 | 5274 | 8044 |

**2013年第三次经济普查钱桥街道辖区内法人单位中行业分类统计表**

表3—18—2　　单位：家、万元

| 报表类别 | 单位家数 | 营业收入 | 报表类别 | 单位家数 | 营业收入 |
|---|---|---|---|---|---|
| 农业 | 11 | 1048 | 重点服务业 | 7 | 21198 |
| 工业 | 1542 | 3031566 | 住宿餐饮业 | 8 | 1363 |
| 建筑业 | 47 | 98058 | 房地产业 | 20 | 170935 |
| 批发零售 | 638 | 2590682 | 其他 | 298 | 36842 |

2014年8月，钱桥街道圆满完成第三次经济普查工作，全面摸清了全街道的家底。是年，钱桥街道经济普查办公室被评为江苏省先进集体。

## 第三节 审计管理

钱桥（镇）街道在未设立财政结算中心和财政审计局以前，审计工作由上一级审计局对区域内财政拨款单位进行财政审计。

1998年，锡山市委组织部委托锡山市审计局对钱桥镇党委书记离任时进行审计。锡山市审计局于是年10月19日至11月10日对时任钱桥镇党委书记职务期间的经济责任进行审计及调查。审计本着为建立干部任期经济责任审计制度积累基础资料的宗旨，主要对时任党委书记离任时镇、村两级集体净资产、任期内财政收支及负债情况以及主要经济指标完成情况进行审计及调查，并将审计结果当面征询离任党委书记及钱桥镇党、政主要领导意见，取得书面回函。审计以镇财政所、经管办、税务所等单位提供的会计资料为基础，采用抽查、复核、重点审计与双方共同协商相结合的方式，重点审查镇财政所、镇工业总公司、农村经济服务站、养老保险所；抽查了镇级事业单位以及威利达集资点、威利达集团公司留存企业等，抽查面达67%。审计结束，锡山市审计局写出书面审计报告。此后每一位党委书记、镇长离任时均按此方法进行离任审计。

2001年1月，钱桥镇成立财政结算中心。财政结算中心负责行政事业单位及政府各部门的国库集中支付结算工作、行政事业单位的财政拨款预算工作、行政事业单位和内设机构财务的审计工作。钱桥镇财政结算中心成立后，建立国库单一账户体系，根据会计核算的实际情况，设立预算外资金财政专户（收入账户）和财政零余额账户（支出账户），各预算单位不再另设立预算单位零余额账户。

2006年始，钱桥镇财政结算中心采用国库集中支付的模式进行会计核算。每年初，钱桥镇财政结算中心对全镇12家行政事业单位做好财政拨款预算明细资料工作；每年对隶属政府机构、但财务不在结算中心的单位进行查账审计；每年对医院、敬老院等单位的经营盈亏状况进行奖惩审计工作；年终时对需增拨财政资金的预算单位、医院等单位的当年实际经营收支情况的结算做好审计工作。

2008年，无锡（藕塘）职教园成立财政审计局（内设财政支付中心）后，制定《财政支付中心会计岗位职责》《财政支付中心出纳岗位职责》以及《财政支付中心资金运行操作程序》等规章制度。支付中心人员对照不同的分工工作要求，严格票据结算流程，为规范国库集中支付提供可靠依据。

国库支付采用财政直接支付及授权支付两种方式。经街道负责财政的领导与钱桥农行协商同意，钱桥街道财政支付中心采用专门的“财政国库集中支付凭证”作银行支付令，用于财政支付过程的业务结算。

国库集中支付的程序由以下环节组成：预算指标的批复，部门预算采用零基预算，经人代会或人大主席团批准后，财政部门以指标核定书的形式下达给各预算单位；用款计划的申请，正常经费由财政部门根据全年预算分月下达，部门专项资金由预算单位以部门预算为依据，根据用款进度每月底向财政申报用款计划；财政支付的申请，单位需要进行资金支付时，预算单位采用统一的财政支付中心报销汇总审批表进行申报，由各单位报账员、单位负责人签字，再由主管领导审批，最后由财政支付中心领导审核，经核实，报销附件手续齐全、合法有效的原始凭证才能送达到支付中心有关人员处审核兑付；开具财政支付凭证，财政支付中心对要开具支付令的预算单位的报销汇总审批表首先进行审核确认，填写预算单位指标支付类型、功能类型、运用的经济科目以及使用指标金额，然后进行审核指标生成用款，再由支付中心部门审核，最后填写支付凭证的付出和收款单位等内容，对支付凭证审核生成支付令。每张支付令的开出，都必须经过上述一道道审核环节，不能缺漏，为支付令的正确开具提供保障。财政资金的支付、清算，代理银行依据《财政国库集中支付凭证》将财政资金通过财政零余额账户支付给收款人或用款单位账户，农业银行每天下午将资金由“预算外资金账户”划至“财政零余额账户”，结平代理银行当天垫付的资金。每天下午代理银行与人民银行进行资金清算后，做到“财政零余额账户”无余额。资金的核算，支付中心出纳根据一天开具的支付令进行分单位汇总，然后将汇总表交付支付中心会计或预算单位会计核对，再由支付中心会计结合银行《财政支付凭证》，进行财务核算处理。

采用国库集中支付的优势能加强对各单位费用支出环节的层层监督，提高会计信息质量，从而在源头上预防和治理腐败，对错误的动机防患于未然。同时，财政资金由分散管理转变为统一管理，能最大限度地减少财政资金的库外沉淀，增强财政部门统筹调动资金的能力，做到小钱办大事，实现财政资金使用效率的最大化，有利于加强各单位财务管理，严格预算编制，强化预算执行。单位支出是按政府核定的预算使用财政资金，财政可随时掌握各项预算的执行进度，以加强预算资金管理，为制定更科学、更合理的预算方案提供准确信息。

2015 年，钱桥街道财政支付中心配有 6 名工作人员，负责 40 多家单位和部门的 31 本账套的日常财务兑付结算、审计工作。

## 第四节 物价管理

民国时期，钱桥、藕塘地区的物价数度暴涨，国民政府，钱桥、藕塘地方政府无法控制区域内物价。新中国成立初期，人民币在区域内立足未稳，曾出现涨价风暴。20 世纪 50 年代初，中央人民政府制定“稳定市场，稳定价格”的方针，区域内物价逐步趋向稳定。1997 年，钱桥、藕塘镇分别成立价格监督管理站，对区域内市场价格实行监督、管理。2005 年，钱桥镇“价格管理站”更名为“价格监督服务站”；2007 年，更名为钱桥街道价格监督服务站。2015 年，钱桥街道价格监督服务站加强对区域内商品价格的监督，积极受理群众对价格和收费方面的来电、来信、来访，营造良好的价格管理氛围。

### 一、机构设置

1997 年春，钱桥、藕塘镇分别成立价格监督管理站，办公地点分别设在钱桥、藕塘镇工业总公司。监督站人员由工业总公司抽调兼职。价格监督站监督商业定价行为，规范商品标签填写，对饭店、浴室、卡拉 OK 厅等服务娱乐场所根据锡山市物价局规定进行定级，对生活资料某一时段定出价格指数并及时上报。钱桥、藕塘镇价格监督站隶属于锡山市物价局，工作人员薪酬由镇政府支付。2003 年，惠山区机构编制委员会根据国家计委《关于建立农村价格监督网络的通知》和惠山区政府办公室《关于建立农村物价监督网络的意见》，同意在钱桥、藕塘镇经济贸易服务站分别挂“钱桥镇价格监督管理站”“藕塘镇价格监督管理站”牌子。2004 年，钱桥、藕塘两镇合并，钱桥、藕塘价格监督管理站合二为一，配备 3 名专兼职人员（其中站长 1 名），在镇经济贸易服务站在编在职人员、镇物价员中调剂使用，不另行核增人员编制，业务上接受惠山区物价局领导。2005 年，根据无锡市政府办公室转发市物价局《关于开展价格监督服务进社区工作意见》，钱桥镇价格监督管理站更名为“钱桥镇价格监督服务站”。2007 年 12 月，更名为钱桥街道价格监督服务站。

钱桥街道价格监督服务站负责区域内价格监督，及时为价格管理部门提供涉农价格和收费公示制度的落实情况，调查、反馈涉农价格和收费政策的执行情况，查处价格违法行为，协助价格管理部门做好相关的宣传工作。

钱桥（镇）街道价格监督服务站历任兼职负责人为王湖江、丁有为、李慷。

### 二、价格管理

明、清时期，钱桥、藕塘地区商品物价随市场需求而变化。社会稳定，物价就相对稳定；社会动荡，价格便出现较大波动，甚至出现通货膨胀。

民国初期，区域内市场以银元为流通货币，币值较为稳定，各种商品价格呈缓慢幅度上升。日伪时期，日军进行疯狂的经济掠夺，钱桥、藕塘地区的生产遭到严重破坏，市场百物匮乏，物价直线上升。民国31年（1942）8月，汪伪政府以储备券取代法币，区域内物价飞涨数倍。是月，钱桥、藕塘地区每石白米由三月份的170元猛涨到520元，十二月份又涨至620元。民国33年，汪伪政府增发1万元、5万元、10万元大面额储备券，区域内货币加速贬值，物价随之疯涨。

抗日战争胜利后，国民党中央政府发行关金券。关金券每元兑新法币20元。关金券和新法币两种货币同时流通，钱桥、藕塘地区物价暴涨，中等大米每石由5.5万元涨至104万元，暴涨17.9倍；“鹰牌”火油每听由3.6万元涨至58万元，暴涨15倍。民国37年8月，国民党政府发行金圆券，实行限价，但未奏效。金圆券面额越发越大，区域内物价越涨越烈，货币贬值世界罕见。

图3—18—1　民国29年（1940）中国银行印制在区域内流通的法币（上正面　下背面）

1949年5月18日，中央人民政府公布在全国使用人民币，限期禁用金圆券。钱桥、藕塘地区的地方投机势力趁人民币立足未稳，抬高金银市价，区域内又掀起涨价风暴。是年7月，区域内遭受水灾、风灾，钱桥、藕塘地区一时粮食供应紧张。城乡投机势力又一次在钱桥、藕塘掀起以粮棉为主的涨价风暴，市场零售价格直线上升。是年8月，区域内大米价格上涨7.67倍，小麦上涨4.09倍，棉花上涨5.77倍，白布上涨4.33倍，食糖上涨5.81倍，煤油上涨3.64倍，食盐上涨4.64倍。中央人民政府即制定“发展经济，保障供给，稳定市场，稳定价格”的方针，努力恢复生产，打击投机倒把、囤积居奇、哄抬物价行为。1950年，钱桥、藕塘镇，稍塘、舜柯等乡人民政府努力组织民用物资，保障市场供应，平抑物价，在较短的时间内，使区域内物价渐趋稳定。

图3—18—2　1949年5月中国人民银行印制的人民币开始在钱桥、藕塘地区流通（上正面　下背面）

1953年，钱桥、藕塘地区对粮食、油料、棉花实行统购统销，定量供应。其他生产资料由国家分配，统一定价。物价管理纳入计划管理，管理权限逐渐集中。1955年起，钱桥、藕塘供销社根据上级物价部门的要求，对市场物价进行管理。

1959~1961年，三年经济困难时期，钱桥、藕塘地区工农业生产大幅度下降，主要消费品供不应求，贸易市场价格大幅度上涨，大米价格最高时每公斤达6元左右，猪肉每公斤10元，鸡蛋、蔬菜等其他副食品上涨幅度均较大。1960年12月，黄豆、花生、油料、粮食统购价格上调，粳米每50公斤由7.8元上调至10.12元，小麦每50公斤由9.2元上调至11.3元，黄豆每50公斤由10.12元上调至10.6元。为稳定城镇职工生活，钱桥、藕塘公社对城镇职工实行粮食差价补贴，每人每年补贴4元；又规定对粮食、食油、食盐、食糖、煤炭、火柴、棉絮、棉织品等18类生活必需品实行定量供应，销售价格不作调整；对因农产品收购价格提高而产生的经营性亏损由国家补贴。同时，在保证定量供应的同时，对糖果、糕点、烟酒、钟表、自行车和部分棉织品等少数配给商品实行敞开供应，开始时一般高于平价的3倍左右，之后逐步降低。至1964年，以上商品基本恢复平价。是年，钱桥、藕塘公社对油菜籽增产增购部分实行加价奖励，每50公斤从19.8元加价至23.5元；菜油每50公斤从67元加价至85.8元。之后，根据国家对有些不合理的商品价格有步骤地进行调整，钱桥、藕塘地区逐步缩小价格“剪刀差”。1966年8月，钱桥、藕塘市场按中央规定冻结物价。1967年5月，按上级规定，钱桥、藕塘地区小百货、文化用品、棉织品、五交化、日用杂品取消城乡差价，实行统一价格。1971年，钱桥、藕塘公社提高油料等农产品收购价格，降低化肥等支农产品价格，碳酸氢铵、尿素平均降价10%，农药降低10.15%。1972年，根据无锡县商业局统一规定，区域内经营大饼、油条、面、饭等7种大众食品和18种汤、炒、卤菜的规格和价格综合经营毛利率不得超过25%。1975年，钱桥、藕塘地区调整化肥、农药调拨差价与部分品种的销售价格，化肥调拨差价由原来6.5%调整为3.5%，农药调拨差价由7%调整为4%，地产碳酸氢铵每吨比原价降低4元。

1978年后，随着经济体制改革不断深入，钱桥、藕塘农贸市场日趋繁荣，价格随行就市，部分商品出现议价购销。1980年，钱桥、藕塘地区逐步放开小商品价格，实行企业定价，市场调节。1985年，粮食由统购改为合同定购，工业用粮改议价供应。1989年，区域内开始实行价格双轨制，即以政府定价为主，市场调节为辅。1998年，钱桥、藕塘地区98%的商品逐步放开价格，价格管理由政府定价到政府提出指导价，再到市场调节价，政府对商品价格直接管理逐渐弱化。

2007年4月30日~5月20日，太湖蓝藻爆发期间，区域内桶（瓶）装饮用水需求量大幅上升，钱桥镇价格监督服务站及时下发《无锡市物价局关于保持桶（瓶）装饮用水价格基本稳定的政策提醒函》，引导经营者坚持诚实守信，不得随便涨价，并每天到供水点进行监督检查，将检查情况向区局汇报，及时处理对五洲装饰城净水站、洞庭山净水店、华联超市桶装矿泉水价格的投诉，遏制了净水价格的上涨。8月份，由于市场受全球粮食减产的影响，国际粮价出现较大幅度上涨，从而牵动区域内粮食、食用植物油、生猪等产品价格上涨，引起社会的普遍关注。钱桥镇价格监督服务站及时下发《惠山区物价局关于保持主副食品价格基本稳定的政策提醒函》，到各粮油经营单位走访、提醒、告诫，要求经营户自觉遵守价格政策，维护良好的价格秩序，不得趁机乱涨价，并要求严格执行明码标价的规定，让消费者进行监督。2010年，钱桥街道价格监督服务站接待群众价格咨询来电5次、来访2起、市区转接来信2封，及时做好价格政策宣传、解释，做到有报必查、查必有果、有果必答，并配合区检查所调查处理解决价格举报投诉4起。2011~2015年，钱桥街道价格监督服务站在惠山区物价局具体指导下，围绕“强基础、稳价格、安民生、保改革、促发展、建和谐”的工作目标，全力整顿和规范价格秩序，重点加强“米袋子”“菜篮子”“气罐子”“油瓶子”等群众关心的热点商品进行价格监测，对猪肉、蛋、粮油、鸡、鸭、蔬菜等主副食品通过收集数据，掌握走势，准确分析，切实为政府科学制定价格调控政策提供有效依据；对有关粮油批发户、液化气站实行提价申报、备案、审批等临时价格干预措施，确保钱桥街道区域内粮、油、肉等主要副食品价格基本稳定。在节假日，加大对农副产品、粮食、食用油、肉、禽蛋、奶等生活必需品以及液化气等重要商品价格的巡查，减少价格欺诈行为发生，规范价格市场。会同相关部门开展惠农价格政策、惠农收费政策、涉农价格和收费公示制度专项检查，进一步规范涉农收费，切实减轻农民负担；推进依法行政，大力宣传《价格法》《价格违法行为行政处罚规定》《中华人民共和国反垄断法》等价格法律法规，在大型商品市场悬挂大幅宣传标语，营造良好的价格管理氛围。同时，畅通价格诉求渠道，在12358价格举报工作方面坚持做到“热心、耐心、用心、公心”，积极受理群众对价格和收费方面的来电、来访、来信，及时处理和解答群众涉及药品医疗、成品油、交通运输、教育等方面的咨询和举报，有效化解价格矛盾。

## 三、价格监督检查

钱桥、藕塘镇，钱桥街道价格监督服务站实行“以调控稳定价格、以监管惠民生、以服务促发展”的工作要求，对辖区内的企事业单位和市场的价格行为进行市场价格监督检查，不断优化消费环境，着力解决民生价格问题。钱桥街道价格监督服务站对价格监督检查的常规工作为常规价格监测和对市场进行不定期地巡查。2014年，共巡查80多批次，巡查情况及时反馈给上级物价部门。同时，做好应急性价格监测预警工作，在重大节日期间，每日对大超市和农贸市场价格进行监测，确保节假日期间居民重要消费品价格的稳定，第一时间掌握粮油肉蛋等群众生活必需品价格变动情况，必要时开展价格专项检查；对节假日捏造、散布涨价信息、恶意囤积等手段，对哄抬物价的行为以及对缺斤短两、以假充真、以次充好等变相涨价行为进行专项整顿。是年，钱桥街道价格监督服务站共收到群众举报投诉事件7起，主要涉及超市和物业，全部得到处理，办结率100%。对涉及“三农”的价格和企事业单位的政策性收费进行督查管理，规范市场价格秩序，有效防止乱收费和乱摊派，确保国家和地方政府的惠农、惠民政策落到实处。

2015年钱桥街道农贸市场价格选日调查表

表3—18—3　　单位：元

| 类别 | 品种 | 规格 | 重量 | 价格 | | | | |
|---|---|---|---|---|---|---|---|---|
| | | | | 5月25日 | 6月5日 | 7月15日 | 8月15日 | 9月15日 |
| 成品粮 | 粳米 | 苏北特等 | 500克 | 2.3 | 2.5 | 2.5 | 2.5 | 2.4 |
| | 粳米 | 东北特等 | 500克 | 2.8 | 2.8 | 2.8 | 2.8 | 2.4 |
| | 面粉 | 特一 | 500克 | 2.5 | 2.3 | 2.3 | 2.3 | 2.3 |
| | 黄豆 | 标准品散装 | 500克 | 4.5 | 4.0 | 4.0 | 4.0 | 4.5 |
| | 红豆 | 标准品散装 | 500克 | 5.5 | 5.5 | 5.0 | 6.0 | 6.5 |
| | 绿豆 | 标准品散装 | 500克 | 6.0 | 6.0 | 6.0 | 7.0 | 6.5 |
| 水产品 | 带鱼 | 冻 中等 | 500克 | 18.0 | 15.0 | 15.0 | 15.0 | 20.0 |
| | 鲫鱼 | 活 350g左右 | 500克 | 8.0 | 9.0 | 9.0 | 9.0 | 10.0 |
| | 草鱼 | 活 2500g左右 | 500克 | 7.5 | 7.5 | 8.0 | 8.0 | 8.0 |
| | 河虾 | 鲜活 中等 | 500克 | 60.0 | 65.0 | 45.0 | 80.0 | 65.0 |
| | 鲢鱼 | 活 1500g左右 | 500克 | 5.0 | 6.0 | 4.0 | 5.0 | 4.0 |
| 副食品 | 豆腐 | 无包装 | 500克 | 2.0 | 2.5 | 2.5 | 2.0 | 1.3 |
| | 百叶 | 整张 | 500克 | 5.0 | 5.0 | 5.0 | 5.0 | 5.0 |
| 肉禽蛋 | 鲜猪肉 | 去骨后腿肉 | 500克 | 12.5 | 13.5 | 12.0 | 16.0 | 15.0 |
| | 鲜猪肉 | 肋条肉 | 500克 | 13.0 | 13.0 | 12.0 | 15.0 | 14.5 |
| | 鲜牛肉 | 新鲜去骨 | 500克 | — | — | — | — | 30.0 |
| | 活草鸡 | 1~1.5kg/只 | 500克 | 12.0 | 13.0 | 12.0 | 16.0 | 16.0 |
| | 白条鸡 | 新鲜 | 500克 | 9.0 | 9.0 | 9.0 | 9.0 | 9.0 |
| | 鸡蛋 | 洋鸡蛋 | 500克 | 5.0 | 4.2 | 4.0 | 4.8 | 5.3 |
| | 鸡蛋* | 草鸡蛋 | 500克 | 10.0 | 10.0 | 11.0 | 11.0 | 9.0 |
| 食用油 | 大豆油 | 金龙鱼 | 5公升 | 55.0 | 45.0 | 45.0 | 45.0 | 45.0 |
| | 菜籽油 | 金龙鱼 | 5公升 | 65.5 | 62.0 | 62.0 | 62.0 | 65.0 |
| | 调和油 | 金龙鱼 | 5公升 | 66.0 | 63.0 | 63.0 | 63.0 | 55.0 |
| 蔬菜类 | 青菜 | 新鲜 | 500克 | 3.0 | 2.0 | 3.0 | 3.0 | 2.0 |
| | 大白菜 | 新鲜 | 500克 | 1.5 | 2.0 | 2.0 | 2.0 | 1.5 |
| | 黄瓜 | 新鲜 | 500克 | 3.5 | 3.0 | 3.5 | 3.5 | 2.5 |
| | 白萝卜 | 新鲜 | 500克 | 2.0 | 1.5 | 1.5 | 2.0 | 2.0 |
| | 茄子 | 新鲜 | 500克 | 3.5 | 3.0 | 4.0 | 4.0 | 3.0 |
| | 西红柿 | 新鲜 | 500克 | 3.5 | 3.5 | 3.5 | 3.8 | 4.0 |
| | 青椒 | 新鲜 | 500克 | 4.0 | 4.0 | 4.5 | 4.5 | 3.0 |
| | 菠菜 | 新鲜 | 500克 | 5.0 | 4.0 | 5.0 | 5.0 | 8.0 |
| | 韭菜 | 新鲜 | 500克 | 2.5 | 3.0 | 4.0 | 4.0 | 3.0 |
| | 芹菜 | 新鲜 | 500克 | 5.0 | 3.0 | 4.0 | — | 4.0 |
| | 包菜 | 新鲜 | 500克 | 2.0 | 2.0 | 2.0 | 2.5 | 2.0 |
| | 生姜 | 新鲜 | 500克 | 7.0 | 6.0 | 6.5 | 7.0 | 5.0 |
| | 蒜头 | 新鲜 | 500克 | 5.5 | 4.5 | 5.5 | 5.5 | 6.0 |
| | 冬瓜 | 新鲜 | 500克 | 2.0 | 1.5 | 2.0 | 1.5 | 1.5 |
| | 花菜 | 新鲜 | 500克 | 3.0 | 2.5 | 5.0 | 5.0 | 4.0 |

# 第五节 质量技术管理

钱桥、藕塘（乡）镇，钱桥街道重视区域内工业产品的质量和技术的提升，重视农副产品的质量和安全，领导技术监督办公室组织开展质量和技术兴镇活动，确保区域内需持证企业持有生产许可证，加强质量、计量、技术的监督与管理，推进区域内重点产品与国际接轨。

## 一、机构设置

20 世纪 80 年代，随着乡镇工业的快速发展，质量和技术监督成为钱桥、藕塘地区政府重要事务。1987 年 6 月、1988 年 3 月，经无锡县计量局和技术监督局批准，钱桥镇、藕塘乡工业公司先后成立质检科和技术科，后统一更名为质量和技术监督办公室。钱桥工业公司质量和技术监督办公室先后由周群新、陆文晓兼任主任，藕塘工业公司质量和技术监督办公室由胡松林兼任主任。2004 年，钱桥、藕塘两镇合并后，钱桥、藕塘工业公司质量和技术监督办公室合二为一，由陆文晓兼任质量和技术监督办公室主任。钱桥、藕塘镇，钱桥街道质量和技术监督办公室负责监测区域内质量标准与计量等基础工作，稽查和打击假冒伪劣产品及后续整治等相关工作。2015 年，陆文晓仍兼任质量和技术监督办公室主任。

## 二、质量监督与管理

钱桥、藕塘（乡）镇、钱桥街道质量和技术监督管理办公室重视区域内企业生产产品许可证办理、管理，配合做好质量和技术兴镇工作，做好国家、省、市到区域内对产品质量和技术的抽查工作，做好农副产品的质量监测工作。

### （一）企业产品许可证申领发放

企业产品许可证制度是规范企业生产行为的一项政策性法规，钱桥、藕塘镇，钱桥街道质量和技术监督管理办公室每年负责区域内各家企业产品许可证的申报和领取工作。2003 年，钱桥镇质量和技术监督管理办公室为 4 家不锈钢、鼎元精拔及两个制氧企业办理申报和领取许可证，帮助“双钱”搪瓷有限公司等 2 家企业申报、领取压力容器许可证。2007~2015 年，钱桥街道每年需持证企业生产许可证持证率达 100%。

### （二）配合国家、省、市质监部门对产品质量抽查

国家级、省、市级等质监技术机构根据不同的任务、不同的性质每年都要到钱桥、藕塘地区定期抽查或专项抽查，规范区域内产品质量和产品生产技术，确保产品达到相关产品标准和技术要求，落实稳定质量提升等客观性评价体系，防范质量风险等系统性要求。上级质监技术机构每次到区域内抽查，钱桥、藕塘镇，钱桥街道质量和技术监督管理办公室积极配合，并保持较高的合格率。2007 年，国家级、省级质监技术机构到钱桥街道区域内抽查 91 批次，市级质监技术机构到区域内抽查 120 批次；2008~2010 年间，国家、省级质监技术机构每年到钱桥街道区域内抽查 200 余批次，区域内各企业生产许可证、产品持证率均在 100%。2011 年，钱桥街道质量和技术监督管理办公室加强对区域内 157 家冶金企业产品质量安全主体的核查和产品质量的专项整治，并配合省、市质监系统对钢管、钢带等产品的质量抽查工作及市、区食品检查大家行活动。检测结果，钱桥街道的合格率均高于国家平均水平。此外，配合市、区质监部门抓好打击制假售假等行为。

2012 年，钱桥街道质量和技术监督管理办公室配合国家、省、市、区质监部门对区域内企业进行产品质量监督抽查 225 批次。国抽、省抽、市抽、区抽合格率均达到 100%。同时，配合市区质监部门抓好打击制假售假等行为，确保质量合格率和产品整体水平稳中有升。2013 年，配合国家、省、市、区质监部门对区域内企业产品进行质量监督抽查 190 批次。国抽、省抽、市抽、区抽合格率均达到 100%。2014 年，配合国家、省、市、区质监部门对区域内企业产品进行质量监督抽查 125 批次。国抽、省抽、市抽、区抽合格率达 96.3%。质量合格率高于市、区平均水平。2015 年，配合国家、省、市、区质监部门对境内企业产品进行质量监督抽查 97 批次。国抽、省抽、市抽、区抽合格

率达98.6%。质量合格率高于市、区平均水平。

**（三）开展质量兴（镇）街道活动**

20世纪90年代末开始，质量兴镇在钱桥、藕塘镇兴起。钱桥、藕塘镇确定每年9月为产品质量月，广泛宣传质量政策和质量规范，营造干部群众齐抓共管产品质量的氛围，推动两镇的产品质量不断提升。2007年8月，针对区域内冶金企业集聚的特点，钱桥镇质量和技术监督办公室对300家企业开展专项调查，使企业领导和职工对产品质量意识有进一步提高。是年，区域内批准省名牌产品企业2家，批准省质量信用产品1个，申报无锡市信用产品4个，申报无锡市名牌产品5个。2009年，钱桥街道申报省名牌产品企业4家，申报市名牌产品5个。

钱桥街道质量和技术监督办公室确立品牌战略，培育各级名牌梯队，区域内企业品牌意识得到较大提升。2010年，申报复评省名牌产品企业4家，通过省质量信用评价企业4家，申报复评市名牌产品企业8家。对省级以上名牌企业和规模以上企业贯彻《卓越绩效管理评价准则》，制订三年名牌培育计划和奖励措施。2011年，申报复评省名牌产品企业1家，新申报2家；申报市名牌产品8个，申报质量信用等级评价企业2家。2012年，申报复评省名牌产品企业2家，新申报4家；申报市名牌产品6个。

2013年9月28日，“2013年国际羊毛嘉年华”无锡站活动暨恒源祥品牌体验中心启幕。“国际羊毛嘉年华”无锡站活动由无锡市藕塘绒线厂承办。藕塘绒线厂成为恒源祥的第一个加盟工厂，是年举办恒源祥的第一届质量月活动，同年又开创新的第一家恒源祥品牌体验中心。恒源祥品牌体验中心汇集服装、家纺、毛针织、制衣等，几乎囊括恒源祥品牌的各个产业。是年，新申报省名牌产品企业3家，复评1家；新申报市名牌企业4家，复评4家；完成推行首席质量官制度企业2家；申报质量信用AA级企业1家。是年，经江苏省质量技术监督局验收确认，钱桥街道成功创建为“省冶金新材料优质产品生产示范区”。

2014年，钱桥街道工业产品质量又有新的提升，申报省名牌产品2个、市名牌产品8个、复审名牌产品6个。凯龙高科技股份有限公司的柴油发动机SCR尾气后处理系统和龙源催化剂有限公司的脱硝、脱硫催化剂均获得省级重大成果转化资金项目。是年，钱桥街道获省名牌产品3个、市名牌产品19个。是年，钱桥金属材料检验服务中心正式运行，凸显更便捷优惠的服务，为不同的客户提供不同的检测服务模式。2015年，钱桥街道新增省名牌产品2个、市名牌产品7个。此外，还累计获得省著名商标11个、市知名商标23个。恒源祥羊绒制品获得中国名牌，苏嘉镁碳砖厂生产的“高强度镁碳砖”、华特公司生产的“优质钢特殊钢带”等产品获得国家免检产品称号。是年，钱桥街道“经济贸易服务中心”被中国质量协会、全国用户委员会评为“全国实施用户满意工程先进单位”，钱桥街道被江苏省质量管理协会评为“江苏省质量管理示范乡镇”。

**（四）加强各项质量监测**

进入21世纪，钱桥（镇）街道质量和技术监督办公室为对区域内农产品质量监测，分别在藕塘农贸市场、钱桥农贸市场、华新农贸市场设立3个蔬菜安全检测室，对全街道12个农贸市场的蔬菜统一进行监测。省、市质监部门到钱桥街道抽检的蔬菜、水蜜桃、茶叶等样品，合格率达100%；抽检的食品生产企业产品合格率达到93%以上，高于无锡全市平均水平。在工程质量上，省市质量部门到钱桥街道抽检的施工许可证办理率达100%，一次性通过验收率达100%，监督档案资料齐全，新开工建筑节能标准执行率达100%。在服务质量上，钱桥街道创建成功晴山蓝城社区新郕路商业特色街，创建成功华新社区和藕乐苑社区商业示范区，创建成功无锡市放心早餐店，勤建茶场“勤梅牌”茶叶经评审被列为惠山区十大旅游产品之一。

## 三、计量监督与管理

钱桥街道质量和技术监督办公室切实规范企业完善计量管理制度和计量测试手段，保证计量器具的准确率在规定范围之内。1988年开始，计量基础管理工作一直是钱桥、藕塘质量和技术监督办公室的一项重点工作，分别成立计量管理领导小组，分一、二、三级计量合格企业认定。1996年，一、二、三级计量合格企业认定改为保证确认和合格确认。2003年，钱桥镇质量和监督办公室帮助2家计量器具生产企业进行新产品计量许可证的申领工作，帮助11家企业通过无锡市计量合格确认验收。2010~2011年，钱桥、藕塘两家农贸市场、医院计量器具受检率达100%，合格率达100%。2007~2014年，钱桥街道质量和技术监督办公室完成计量合格确认企业80家。2014年，钱桥街道质量和技术监督办公室进一步完善企业的计量管理体系，注重对企业计量管理人员的培养和培训，使企业的计量工作朝着健康、有序、有效、规范化方向发展。2003~2015年，钱桥（镇）街道质量和技术监督办公室累计培训计量管理人员500多人次。同时加强对企业计量器具的管理力度，计量器具定期受检。同期，共累计定检企业计量器具600多个批次，合格率达98%。

### 四、标准化管理

钱桥（镇）街道质量和技术监督办公室主要负责全（镇）街道国家标准、行业标准搜集，对没有符合国家强制标准和推荐标准的产品，督促企业制订和完善（修订）企业标准，促成其生产符合国家标准的产品；对市场知名度较高、产品质量水平较好的产品，落实采用国际标准和国外先进标准；负责帮助企业制定和修订企业标准工作。2003年，钱桥镇质监办帮助企业制定和修订各类企业标准21个。是年，区域内贯彻产品标准化形势空前高涨，达到30家企业。同年，钱桥镇质监办为企业搜集提供国内外产品标准130余份，办理产品标准执行证书250份，通过ISO9000认证企业达20多家，促进企业与国际化标准接轨，5家公司获市级优秀企业，10家企业获区级优秀企业。2007年8月14日，华生精密合金材料有限公司起草制定的《针管用不锈钢精密冷轧钢带标准》被批准为国家标准。2012年，钱桥街道企业标准执行证书年检率和到期复查率都超过90%，完成凯龙汽车标准化良好行为企业AAA级验收。是年12月15日，无锡金球机械有限公司起草制订的《异形曲面快速成形机标准》被批准为中华人民共和国机械行业标准。

2007~2014年，钱桥街道质监办共办理产品标准执行证书1107份，修订标准259只，积极鼓励企业抓内涵质量和外延质量同步提高，切实贯彻执行国际标准和国外先进标准，有序推进产品和服务与国际化接轨。2008~2014年，钱桥街道共有47个产品采用国际标准通过省级验收，52家企业通过ISO9000认证。2014年，注销过期企业标准20余个。2015年，钱桥街道质量和技术监督办公室共帮助企业完成制定国家标准5个，行业标准20个，采用国际标准6个，有效地提高企业产品在市场上的竞争力，促进了企业的发展。是年，钱桥街道共有4家企业通过省级知识产权管理国标验收。

## 第六节 工商行政管理

钱桥、藕塘地区的工商管理起始于明代，官府在主要道路、水路设卡，根据商品品种、数量，按规定交纳工商税。20世纪80年代，钱桥、藕塘分别设立工商管理组；继之，先后设立工商所。进入21世纪，钱桥设工商分局，负责对区域内的企业、商店等注册登记、管理，负责商标注册等工作。

### 一、机构设置

明清时期，钱桥、藕塘地区工商管理与社会上的经济活动惯用契约，对洋溪河水路必经处设卡收税等。民国时期，随着近代机器工业的兴起，钱桥、藕塘地区的商业有所发展，开原、富安乡地方政府根据国民政府颁布的各种单行法规，开始对工商业进行管理，经济合同开始使用。由于当时战乱频繁、社会动荡，商品市场均为自由买卖，度量衡单位不一，物价暴涨，商业投机行为盛行，市场极度混乱。加上市场流通货币先后有银元、法币、关金券、金圆券等，更迭频繁，因此，钱桥、藕塘地区工商税的收取根据县分派的指标数，分配安排承包者包干收税、足额上交，超额归承包者。

新中国成立后，人民政府制定和颁布一系列工商管理方面的制度和法规，钱桥、藕塘地区全面开展企业登记管理、市场管理、个体工商户管理，并对市场经济活动实施监督，保护合法经营，取缔非法活动。1956年，钱桥、藕塘地区在生产资料私有制的社会主义改造完成后，工商行政管理逐步形成和规范。

1958年，钱桥、藕塘人民公社成立，区域内工商管理归公社领导，供销社配合对工商业实施管理。“文化大革命”期间，钱桥、藕塘公社的物资管理部门以及相关专业监督机构被撤销，集市贸易被禁止，个体经济被取缔，工商管理工作削弱，甚至停顿。

1976年，钱桥、藕塘公社开始配设市场管理员。1982年，钱桥、藕塘公社分别设立工商管理组。1987年4月，钱桥乡成立工商所、藕塘乡成立工商组，直属无锡县工商局领导。1988年11月，藕塘乡成立工商所。1995年8月，无锡县撤县建立锡山市，钱桥、藕塘镇工商所隶属于锡山市工商局领导。同年10月，省以下工商行政管理部门实行垂直领导，更名为无锡市锡山工商行政管理局钱桥、藕塘工商所。2000年，锡山市撤市建区，又改称为无锡市惠山区工商行政管理局钱桥、藕塘工商所。2002年9月，工商系统实行机构改革，设立无锡市惠山区工商行政管理局钱桥工商分局，下辖藕塘工商组。2004年，钱桥、藕塘两镇合并，藕塘工商组并入钱桥工商分局。2015年4月，惠山区工商局与药监局、食监局合并，成立惠山区市场监督管理局，钱桥街道设立惠山区市场监督管理局钱桥分局，惠山区药监、食监管理局钱桥分局。

钱桥工商（组）所历任主要负责人为孙国兴、冯正翔、王巧英、刘国胜、朱剑峰、冯海荣、周信毅；藕塘工商（组）所历任主要负责人为唐胜圻、张国兴、曹惠良、张志刚、陈丽英、张伟；钱桥工商行政管理分局局长周信毅；钱桥街道惠山区市场监督管理局钱桥分局，惠山区药监、食监管理局钱桥分局局长钱平江。

## 二、企业登记、注册商标管理

2001年度，藕塘工商所加强对个体工商户验照贴花工作及企业年检工作，年检企业245家，清理出3年未年检企业10家，2年未年检企业14家，1年未年检企业15家。企业注册登记是钱桥、藕塘工商管理部门的主要职责之一。钱桥、藕塘工商所、钱桥工商分局历年来对辖区内的企业、个体工商户开业、变更、歇业等进行注册登记。企业和个体工商户生产、经营必须到钱桥、藕塘工商所、钱桥工商分局注册登记，取得营业执照后，方可合法经营。对一些特殊企业和群众做到急事急办、特事特办。2002年11月底，藕塘工商组办理新登记注册企业63家、变更登记164家、歇业27家、新办个体户75家。是年，藕塘工商组加大取缔无证经营的力度，特别对无证照经营焦点地稍塘无证照经营个体户进行重点整治和规范，引导办证照34家，取得较好效果；共清理无证经营141户，发出违章提示通知及办照通知214份，引导办证125家，取缔无证照经营13家。

2005年，在保持共产党员先进性活动中，钱桥工商分局充分发挥职能作用，积极引导民营企业树立“商标就是效益”的观念，引导和鼓励民营企业运用商标战略开拓市场。工商分局领导和员工从自身职能出发，提出“以注册商标为切入点，以创名优品牌为核心”的扶持战略，走访企业，办培训班，发放专题宣传材料，帮助企业确定商标名称，设计商标图案，使许多民营企业在较短的时间内就获得商标使用权，先后注册“群联”“久益”等一批具有地方特色的企业产品商标。

钱桥、藕塘工商所，钱桥工商分局每年为企业和个体工商户办理好营业执照。截至2015年12月，钱桥街道有各类企业3682家，其中私营企业3399家，内资企业182家，外资企业80家，农民合作社21家；在册个体工商户5671家，其中工业820家，手工业63家，商业178家，餐饮业703家，服务业232家，建筑业26家，修理业、养殖业等其他行业3649家。

区域内注册商标管理一般在企业注册时同时进行。惠山区工商局设立商标事务所，钱桥工商分局设立专管员。到钱桥工商分局注册商标的程序为注册法人提出申请，专管员受理申请后整理好有关资料，报送区商标事务所，经层层审查后由国家商标批准部门核发证书。钱桥工商分局对辖区内的商标拥有单位的商标使用情况和到期续转都要每年进行年审。截至2015年12月，钱桥街道有注册商标598只，其中被评为江苏省著名商标的有江苏无锡百乐皮件有限公司的“百特”牌注册商标、江苏苏嘉集团有限公司的“苏嘉”牌注册商标、无锡华生精密材料股份有限公司的“锡联”牌注册商标、无锡安井食品营销有限公司的“安井”注册商标、无锡华润实业公司的“锡山”牌注册商标、无锡维维制锁有限公司的“安峰”牌注册商标、无锡市惠山区藕塘勤建茶场的“勤梅”牌注册商标、七一茶场“惠亭”牌注册商标、无锡南方电工机械有限公司注册的图形商标。

## 三、市场管理

钱桥、藕塘工商组、所，钱桥工商分局对辖区内的企业单位、个体工商户等经济实体和营利性组织依照国家的法律、法规进行监督管理，保护合法经营，制止打击非法经营。1987年后，钱桥集贸市场连续多年被评为市级、省级文明集贸市场、明星市场、超亿元市场。

2000年12月，藕塘工商所提高执法打假力度，共整顿查处5家商标印刷企业、13家无证挂靠企业、1家侵权假冒企业。2002年，藕塘工商所拓宽农贸市场的管理领域，进一步实施农贸市场“放心食品工程”，对市场内的肉类、蔬菜、饮食店等进行定期、不定期地检查，设立蔬菜残留农药检测点。是年，钱桥工商分局进一步规范市场经营秩序，使鲜肉类、水产类、蔬菜类、南北杂货类等商品均进入市场经营，并统一使用电子秤，划行归市、有序经营。市场管理部门每天坚持对蔬菜类和干果类食品进行农药残留检测，并在公布栏内公布当天检测结果，对市场的熟食制品进行定期和不定期地抽查，把食品放心工程落到实处，使区域内群众真正吃上放心食品。

2015年，钱桥工商分局查处各类违法违规案件47起，罚没金额95.39万元。

## 四、规费、管理费管理

2002年，藕塘工商组通过个体户一年一度的验照贴花，整顿规范市场，清理无照经营，引导办证，认真做好国家规费、市场管理费及个体工商户管理费收缴工作，全年共收取两费62.5万元，比2001年增加17.8%。同时，履行工商职能，强化监管力度，加大市场准入关，严厉打击制售假冒伪劣等严重违法行为，全年受理各类案件51件，罚没入库金额22.8万元。2004年，藕塘工商组并入钱桥工商分局，但收费仍分别收取。2008年1月1日起，根据中华人民共和国人大常委会文件精神，上述两项收费停止收取。

2002~2007年钱桥工商分局、藕塘工商组规费收取统计表

表3—18—4　　单位：万元

| 年份 | 钱桥 | | 藕塘 | |
|---|---|---|---|---|
| | 市场管理费 | 个体工商户管理费 | 市场管理费 | 个体工商户管理费 |
| 2002 | 42.0 | 63.8 | 22.5 | 40.00 |
| 2003 | 43.0 | 68.4 | 23.1 | 42.60 |
| 2004 | 45.6 | 73.4 | 21.8 | 44.95 |
| 2005 | 44.1 | 83.4 | 24.0 | 47.45 |
| 2006 | 46.2 | 90.6 | 23.8 | 52.60 |
| 2007 | 48.3 | 98.5 | 22.6 | 59.19 |

## 五、经济合同管理

钱桥、藕塘工商所、钱桥工商分局负责区域内经济合同的管理。经济合同是买卖双方为避免经济纠纷而设立的各自应承担的义务和责任的文书，具有法律效力，一般由购入方向销售方工商管理部门发函，请求工商部门了解销售方的经营情况和诚信程度，然后在钱桥、藕塘镇，钱桥街道工商管理部门的见证下，双方签订购销合同。2014年前，钱桥街道工商分局平均每年为企业见证合同20多份。2015年，钱桥街道工商分局停止该业务办理。是年12月，钱桥街道有省市级“重合同守信

用”企业98家，其中无锡百乐皮件有限公司、无锡金球机械有限公司、无锡龙舜实业有限公司、无锡卓成塑料制品有限公司、无锡市博海消防制造有限公司被评为江苏省级“重合同守信用”企业。

## 第七节 安全管理

钱桥、藕塘镇，钱桥街道重视生产安全工作，以推动区域内经济工作的持续发展，把安全纳入各生产单位的重要管理目标，组织相关人员每年进行安全培训，定期或不定期地进行生产安全大检查，确保企业安全生产，设备安全运行，职工安全操作。

钱桥、藕塘镇，钱桥街道安全管理和劳动保护工作始终贯彻“安全第一、预防为主、综合治理”的方针，全面贯彻实施国家“劳动法”“安全生产法”“江苏省安全生产条例”等法律法规，加强安全生产宣传、教育、培训，落实安全生产责任制，开展安全检查、排查和消除安全事故隐患，实行专项整治，夯实安全生产基础管理工作，建立健全街道、社区、企业三级管理网络，建立企业管理、行业管理、群众监督、行政监察、人人遵章守纪的安全生产工作体制。

### 一、管理网络

钱桥、藕塘地区是无锡乡镇企业发源地之一，区域内安全生产工作随着乡镇工业的发展显得越来越重要。20世纪80年代初，钱桥、藕塘公社工交办公室及经济联合委员会设立安全保卫办公室，有一名兼职人员负责安全工作，各村办和重点乡办企业配备专、兼职安全员。1984年，钱桥、藕塘乡分别设立工业公司安保科，配备2名专职管理人员，负责全乡企业的劳动保护和安全生产工作。乡办企业、村委及村办企业配备专、兼职安全员。至此，钱桥、藕塘乡，村，企业三级安全管理网络正常运行，开展工作。1985年，钱桥、藕塘乡政府为加强对安全生产管理力度，成立以乡长为首的安全生产和防火安全委员会，其组成单位由派出所、三电办、交管所、工业公司、农服公司、多服公司、宣传办、司法办等，初步形成政府监管、企业管理、群众监督的安全管理体系和主管条线、群管为网、条块结合、协同配合的安全管理网络。1980~2004年间，钱桥（公社、乡）镇安监负责人先后由唐亚农、孙焕初担任，藕塘（公社、乡）镇安监负责人先后由丁军、叶小兴、吴金南、吴福初、施光亮、高敏华担任。2004年钱桥、藕塘两镇合并后，于12月29日新的钱桥镇在赋和大厦举行“安全生产监察中队”成立大会暨揭牌仪式。钱桥镇安全生产监察中队由5名人员组成。2004~2015年间，钱桥（镇）街道安全生产监察中队先后有丁有为、高敏华任中队长。

### 二、安全管理

钱桥、藕塘（乡）镇安保科，钱桥（镇）街道安全生产监察中队对境内企业全面落实安全责任制，进行安全教育，组织安全培训，开展安全检查，把安全工作落到实处。

#### （一）安全责任制

1993年，钱桥、藕塘镇政府在安全生产管理工作中落实安全生产责任制，各镇办企业、村委与镇政府签订安全生产责任书，纳入管理目标，实行安全生产一票否决制。后改为安全生产目标管理承诺书、告知承诺书，由各企业单位主要负责人签约，纳入年终考核之中。企业领导人是企业第一责任人，贯彻管生产必须管安全的要求，主要领导全面负责，分管领导具体负责，一级抓一级，一级对一级负责，把安全责任制层层落实到企业、车间、班组和职工。2014年，钱桥街道成立安全生产委员会和消防安全委员会，各社区、各部门建立完善党政同责制度，落实安全生产属地管理责任，把安全生产工作摆在第一要务纳入总体工作目标，纳入党建工作内容，纳入年度综合考核，同计划、同部署、同考核、同推进、同落实，落实“同责同负”，完善安全生产问责和追责机制，安监中队与各主管领导、部门负责人签订安全责任状27份，与社区签订责任状15份，与企业签订安全告知承诺书948份。2015年，安全生产监察中队与街道各主管领导、部门负责人签订安全责任状27份，与社区签订安全责任状 15 份，与企业签订安全告知承诺书 1091 份，以增强安全生产责任，落实安全监管措施。

**（二）安全教育培训**

钱桥、藕塘乡镇企业的职工大都来自于农村，亦工亦农。企业新职工多为外来务工人员，文化水平低、安全意识差、工作经验少、自我保护能力差。20 世纪 80 年代开始，钱桥、藕塘（乡）镇每年开展岗位安全培训，提高企业厂长、经理的安全意识，提高对安全生产法律、法规的认知，提高安全管理水平。同时，各企业加大对安全的投入和生产安全环境的提升、改善，对电工、金属焊接、起重工、司炉工、压力容器操作工、行车操作工、厂内机动车驾驶员等特种工种分别进行安全技能培训，做到持证上岗，杜绝“三违”（违章操作、违章指挥、违反劳动纪律）现象发生，减少生产安全事故，确保企业人身、设备安全。进入 21 世纪，钱桥（镇）街道各项安全培训量及相关人员的安全培训率逐年提高。2014 年，安监中队全年共组织各类安全培训班 20 期，培训 2212 人次：其中一般企业负责人和安全员培训班 7 期，培训人数 930 人；危化品企业安全培训班 2 期，培训人数 380 人；特种设备（电梯）安全管理员培训班 1 期，培训人数 100 余人；特种设备作业人员起重机、叉车、锅炉、压力容器培训班 3 期，培训人数 258 人；特种作业人员电焊、电工培训班 5 期，培训人数 442 人；烟花爆竹安全管理培训班 1 期，培训 42 人；与工会联合举办企业班组长安全培训班 1 期，培训人数 60 人。2015 年，安监中队组织各类培训班 12 期，共培训 1294 人次。除进行法定培训外，街道安监中队还组织企业做好职工全员安全培训，通过企业自主组织培训、邀请专家进行安全讲座、安全文艺演出进企业、观看安全警示片等，从安全基础知识、安全法律法规、岗位职责和操作规程、劳动纪律、职业危害、应急救援、交通安全、消防安全等各个方面提高职工的安全意识和防范技能。是年，有 1137 家企业进行全员培训，12000 人受到安全教育。

**（三）安全检查**

钱桥、藕塘（乡）镇安保科，钱桥街道安监中队始终把安全检查作为一项制度，常抓不懈地进行。1994 年始，钱桥、藕塘镇安保科每季度都例行安全大检查，从规章制度、操作规程、活动纪录到工作现场的安全设施、保护装置、劳动保护用品使用、安全用电、重点部位等方面全面进行检查，对检查中发现的事故隐患，发出立即或限期整改通知书；对重大事故隐患责令停业整顿，确保避免重大事故出现。为使检查不走过场，钱桥镇安保科把乡镇企业分成二个组、村级企业分成二个组，交叉进行检查，一个不漏地检查到每家企业；对特种设备如起重机、锅炉、压力容器等，按照规定每台设备都组织专业机构进行年检，确保特种设备的安全可靠性；对易燃易爆生产单位、运输单位加强防火安全检查，并按规定配齐消防器材，企业成立义务消防队。

2004 年，为进一步提高区域内食品卫生安全程度，保障人民群众身体健康，钱桥镇开展食品卫生专项整治系列活动。是年 8 月，钱桥镇发放食品卫生知识宣传材料 1000 多份，组织对全镇 79 个单位、640 名食品高危行业（饭店、卤菜、食品、加工、食堂）从业人员进行“预防食物中毒”培训及考试，参考率达 100%。同时，按照《无锡市惠山区食品安全专项整治工作行动方案》，成立食品卫生安全专项整治督察小组，制定《钱桥镇食品卫生专项整治工作方案》，下发至食品行业各单位，明确整治目的、时间和要求。镇食品卫生安全专项整治督察小组先后 3 次组织工商、卫生防疫、城管、质监、联防队等职能部门对镇区、村级农贸市场进行专项检查，取缔无证无照及不合格卤菜摊位 11 家，并对全镇 210 家高危企业进行全面督察，对 2 家不能按照要求限期整改的食品单位实施处罚，对学校食堂、教室饮水及周边快餐店和小卖部进行全面督查，严防不卫生食物与过期食品流入学生口中。2005 年 1 月 27 日，据群众举报，钱桥镇安全生产监察中队会同卫生院防疫科、工商所、城管监察中队等部门开展联合执法行动，对多家无证经营的个体医生的非法行医行为进行制止，赶赴非法行医场所，没收其药品和设施，对经营者提出严重警告。另外，执法队还检查部分理发、饮食店等个体小店，对无证经营者发出限期整改通知书。

2012年始，钱桥街道广泛开展安全标准化创建工作，通过安全达标企业发挥以点带面的示范作用，有力推进周边企业安全管理水平的整体提高。钱桥街道安监中队在开展日常安全检查的基础上，全面开展企业安全生产专项整治工作。2014年，安监中队持续抓好辖区内14家化工企业主要负责人履职制落实，对11家危化品企业安全生产标准化评审中发现的不符合项整改情况进行“回头看”，确定8家企业存在有限空间作业场所41处。坚持日常检查与有伤必查、可燃性粉尘、液压升降平台等专项检查相结合，重点对安全生产责任制、安全管理制度和岗位操作规程、车间安全管理措施和设备设施安全隐患进行督查，共检查企业214家次，查出隐患245条，整改完毕204条。

2015年，安监中队开展消除重大安全隐患为重点的安全检查整改专项活动，参加人员1000余人次，共排查企业安全隐患535家次，排查消防安全隐患20起，处罚企业10家；对3家重大安全隐患危险源企业进行整治，完成自动化改造及远程控制；对8家石油化工企业、化学品罐区企业开展专项安全大检查，完成化学品罐区专项整治；确定整治的有限空间5家、煤气发生炉9家、液态金属运输3家、爆炸性粉尘9家、液氨使用及涉氨制冷企业39家，共65家企业已完成整治62家；督促企业开展隐患自查自纠活动，辖区内93%企业网上申报隐患自查自纠情况，上报隐患项、整改项，整改率99%，投入整改资金150万元。截至是年底，钱桥街道135家企业通过三级安全标准化达标，164家企业通过小微企业安全达标，累计通过安全标准化创建企业299家。

## 三、安全设施

1985年，钱桥、藕塘两乡推广安全防护装置，从“四有四必”抓起，做到有轮必有罩，有轴必有套，有洞必有盖，有台必有栏，使各种机械设施的冲、压、锯、刨等危险传动外露部分有安全防护，保障操作人员的安全。同时，对易燃易爆场所作出规定：用电一律使用防爆电器；对有毒有害工作场所，根据国家有关部委规定改善劳动条件，完善良好的通风和防护设施，防止职工中毒和职业病的发生。企业做到正确、按时发放各类劳动保护用品，规范每个劳动者正确穿着、佩戴、使用劳动防护用品进入工作场所。2004年后，钱桥（镇）街道安监中队进一步加强对各企业安全设施检查，确保各企业安全设施齐全、有效。2015年，钱桥街道列出安全生产专项经费30万元，安监中队把经费专款专用，主要用于安全培训、安全活动以及安全防护用品、装备的添置，安全生产奖励等，其中安全培训专用3万元，添置消防中队消防器材17万元，应急救援流转专用5万元、安全生产奖励5万元。

## 四、安全事故查处

安监中队在安全生产专项整治工作、创建安全生产标准化、加强对特种设备管理、安全教育培训等工作每年都有量的提升、质的突破。2010~2014年，钱桥街道企业发生因不安全生产引起的死亡事故16起，死亡16人。死亡事故按工伤类别分有物体打击9起、触电事故3起、机械伤害2起、高处坠落2起。钱桥街道安监部门、公安、监察、工会等部门对不安全生产引起的伤亡事故进行严肃查处，实行“四不放过”，即事故原因未查明不放过、责任人未处理不放过、整改措施未落实不放过、全厂员工未受到教育不放过。钱桥（镇）街道安监中队认真彻底查清事故原因，对事故中的每一个环节都进行认真细致的调查。在查清原因的基础上，以事实为依据，依法严肃追究事故责任，以法律、法规为准绳，认定事故的直接责任、主要责任、重要责任和领导责任，依据有关法律、法规，对相关责任人严肃处理。同时严肃查处失职、渎职、违法、违纪行为，构成犯罪的移送司法机关依法惩处。其间，有2名国家公职人员因安全责任受到党内严重警告处分，1名负责人受到刑事处分。2015年，钱桥街道安监中队以完善安全生产长效机制为目标，以狠抓隐患排查治理为抓手，安全生产事故数和死亡数实现“双下降”，生产事故1起，死亡1人。